中国中小企业年鉴（2016）

YEARBOOK OF CHINA SMALL AND MEDIUM ENTERPRISES

《中国中小企业年鉴》编委会 编

九 州 出 版 社
JIUZHOUPRESS

版权页

图书在版编目（CIP）数据

中国中小企业年鉴. 2016 / 《中国中小企业年鉴》编委会编. -- 北京 : 九州出版社, 2017.9
ISBN 978-7-5108-5945-8

Ⅰ. ①中… Ⅱ. ①中… Ⅲ. ①中小企业—中国—2016—年鉴 Ⅳ. ①F279.243-54

中国版本图书馆CIP数据核字(2017)第 239419 号

中国中小企业年鉴（2016）

作　　者　《中国中小企业年鉴》编委会 编
出版发行　九州出版社
地　　址　北京市西城区阜外大街甲 35 号 (100037)
发行电话　(010)68992190/3/5/6
网　　址　www.jiuzhoupress.com
电子信箱　jiuzhou@jiuzhoupress.com
印　　刷　北京市海天舜日印刷有限公司
开　　本　215 毫米 ×290 毫米　16 开
印　　张　56
字　　数　1800 千字
版　　次　2017 年 11 月第 1 版
印　　次　2017 年 11 月第 1 次印刷
书　　号　ISBN 978-7-5108-5945-8
定　　价　580.00 元

中国中小企业年鉴（2016）

中国中小企业年鉴编委会（2016）

各地中小企业主管部门

杨叶阳	北京市经济和信息化委员会中小企业处副处长
任　鹏	天津市中小企业发展促进局副局长
郑莉笑	河北省工业和信息化厅副厅长
李东洪	山西省中小企业局党组书记、局长
薛　亮	辽宁省工业和信息化委员会副主任
韩　广	大连市经济和信息化委员会副主任、副局长
翟宪枝	吉林省工业和信息化厅副厅长
戴建东	黑龙江省中小企业服务中心主任
傅新华	上海市经济和信息化委员会副主任
祁　彪	江苏省经济和信息化委员会副主任
杜华红	浙江省经信委副主任
吴韦人	安徽省经济和信息化委员会 党组成员副主任
刘用美	福建省经济和信息化委员会中小企业处调研员
张潘正	厦门市经济和信息化局副局长
辛清华	江西省工业和信息化委员会党组成员、总工程师
王兆春	山东省中小企业局局长
张　琳	青岛市经济和信息化委员会副主任、中小企业发展局局长
胡树华	湖北省经济和信息化委员会副主任
黄东红	湖南省经济和信息化委员会党组成员、副主任
姚德洪	广东省经济和信息化委员会党组成员、省中小企业局局长
顾宏伟	深圳市中小企业服务署署长
莫　桦	广西壮族自治区工业和信息化委员会党组书记、主任
韩　勇	海南省工业和信息化厅厅长
张勇军	重庆市中小企业发展指导局副局长
翟　刚	四川省经济和信息化委员会（省中小企业局）副主任
唐文祥	云南省工业和信息化委员会党组副书记、副主任
邱　川	西藏自治区工业和信息化厅副厅长
尤战存	陕西省中小企业促进局总经济师
张富奎	甘肃省工业和信息化委员会副主任
陶兴德	青海省经济和信息化委员会中小企业发展局局长
尹　君	宁夏回族自治区非公有制经济服务局（中小企业发展局）副巡视员
陈　辰	新疆维吾尔自治区中小企业局副局长
赵世民	新疆生产建设兵团工业和信息化委员会副主任

编辑说明

一、《中国中小企业年鉴（2016）》（以下简称《年鉴》），收录内容为2015年1月1日至2016年12月31日间的相关文献、资料，记述了这一阶段我国中小企业改革与发展的重大事件和主要成就。

二、本《年鉴》收录范围除香港、澳门、台湾三地外全国31个省、自治区、直辖市、5个计划单列市以及新疆生产建设兵团。各地相关资料按最新发布的全国行政区划顺序编排。

三、本《年鉴》以工具书形式编排，分成重要文献、综述、国家扶持中小企业政策与措施、各省市中小企业改革与发展、中小企业统计资料、政策法规、调研与实践、附录等八篇。

四、2015－2016年地方中小企业的主要经济指标统计数据由各地中小企业管理部门协助提供。

五、附录中“年度推荐企业”由各地中小企业管理部门推荐，是宣传展示优秀中小企业的公益性平台。

六、本书的编辑出版工作得到了工业和信息化部领导和中小企业局领导的重视，得到国家统计局等部门的大力支持，也得到各省市中小企业主管部门和服务机构的大力配合和支持。在各方共同努力下，《年鉴》稿件质量不断提高，使本书信息服务功能不断完善和加强。在此我们向支持、参与本书工作的所有同志致以深深的敬意。

七、对于本书存在的不足、疏漏与错误请大家批评指正。让我们共同努力，不断提高《年鉴》的质量和水平，为我国中小企业事业的发展做出贡献。

《中国中小企业年鉴》编委会

2016年12月31日

重要图片

2015.3.24第6次中欧中小企业政策对话会议

2015.3.26苗圩部长出席全国中小企业暨扶助小微企业专项行动电视电话会议并讲作重要讲话

2015.3.26全国中小企业暨扶助小微企业专项行动电视电话会议在京召开

2015.4.16第十二届中国国际中小企业博览会全国动员会在京召开

2015.4.16第十二届中国国际中小企业博览会组委会第一次全体会议在京召开

2015.9.6由中国民主建国会中央委员会、工业和信息化部、中国侨联、湖南省人民政府共同主办的"2015'中国（湖南）非公有制经济发展论坛暨海外侨领侨商三湘行活动"在湖南省长沙市开幕

2015.10.10苗圩参观第十二届中国国际中小企业博览会

2015.12.3国家中小企业发展基金工作会议召开

2015.12.3苗圩出席国家中小企业发展基金工作会议并讲话

第十二届中国国际中小企业博览会新闻发布会

“2016中小企业信息化服务信息发布会”在京召开

2016.1.29冯飞出席国家中小企业发展基金首支实体基金成立会议

2016.7.25冯飞出席全国中小企业工作电视电话会议

冯飞出席第十三届中国国际中小企业博览会新闻发布会

2016
新起点 新征途
CISMEF
第十三届中博会跨境电商展
暨2016中国跨境电商领袖峰会
国家级跨境电商展 • 行业资源集体亮相 • 助力中国企业走出去 • 推动外贸转型升级
2016
新起点 · 新征途
CISMEF
第十三届中博会跨境电商展
暨2016中国跨境电商领袖峰会

中博会1

Fung
OMNI SERVICES
Fung

中博会2

重要图片

2016.07.14“第九届APEC中小企业技术交流暨展览会”在深圳召开

冯飞出席第九届APEC中小企业技术交流暨展览会

"2016（第五届）中国中小企业服务大会"在京召开

冯飞出席2015－2016年度中小企业经营管理领军人才高级培训班

信息
时代
INFORMATION
战略决策更为重要

序

在我国，中小企业数量占全部企业数量的90%以上，提供了80%以上的城镇就业岗位，完成了65%以上的发明专利和75%以上的新产品开发，创造的最终产品和服务价值已占到国内生产总值的60%，纳税约为国家税收总额的50%。因此，中小企业是我国企业中数量最大、最具创新活力的企业群体，是推进大众创业、万众创新的基础，在增加就业、促进经济增长、科技创新与社会和谐稳定等方面具有不可替代的作用，对国民经济和社会发展具有重要的战略意义。中小企业的快速发展，离不开有效的社会化服务体系支撑。促进中小企业公共服务体系和服务平台建设，形成规范高效的服务机制，畅通信息发布渠道，建立健全服务信息系统，是优化中小企业服务环境，促进中小企业发展的重要工作。

《中国中小企业年鉴》自创办以来，在中小企业信息服务体系中发挥了重要的作用。作为我国第一部系统、全面介绍我国中小企业现状及趋势分析的信息服务工具书，年鉴多年来坚持不懈地为中小企业、政府以及各类服务机构提供全面、有效的数据和信息服务。通过整理汇编国务院及各部门指导、扶持中小企业的政策、法规，为中小企业提供政策信息，帮助中小企业了解并充分利用各类扶持资金、政策；通过宣传交流地方中小企业工作成绩和成功经验，促进各地发挥地区优势，发展地方特色产业；通过提供各类中小企业服务机构信息，为中小企业解决资金、技术、人才、市场等问题提供信息支持。

经过多年的积累，年鉴形成了全面、高效的信息征集系统，国家统计局为年鉴提供年度中小企业主要指标数据，并专门撰写中小企业发展状况分析报告。各级中小企业主管部门为年鉴提供权威、详实的数据和资料。在大家共同努力下，年鉴编辑质量伴随着我国中小企业事业的发展而不断提高，年鉴的信息服务功能不断增强和完善，年鉴工作已成为中小企业服务体系建设的一项重要内容，成为增强服务能力、优化服务环境的重要抓手。在此，我对年鉴各组稿单位的辛勤努力表示诚挚的感谢！我相信，在社会各界的支持下，《中国中小企业年鉴》会越办越好，能充分发挥自身优势，提供全面的信息服务，为促进我国中小企业持续健康发展做出更大贡献！

2017年8月22日

目　录

CONTENTS 目录

目 录

第四篇 各地中小企业改革与发展

第五篇 中小企业和民营经济统计数据

目录

第六篇 政策法规

目 录

目 录

第七篇 调研与实践

目 录

第一篇・重要文献

部委领导讲话

促进中小企业持续健康发展 推动形成大众创业、万众创新浪潮
——在2015年全国中小企业工作暨扶助小微企业专项行动电视电话会议上的讲话

工业和信息化部部长 苗圩

（2015年3月26日）

同志们：

我们今天召开这次会议，主题很鲜明，就是贯彻落实中央关于支持中小企业发展的决策部署和要求，总结2014年工作，部署2015年重点工作，推动进一步落实和完善支持中小企业发展各项政策措施，推动形成大众创业、万众创新浪潮。刚才，江苏、广东、湖南和重庆的代表做了典型发言，都讲得很好，相信他们的经验做法对大家有很好的启发。

下面，我谈三点意见。

一、2014年工作基本情况

过去的一年，我国发展面临的环境复杂严峻，全球经济复苏艰难曲折，国内经济下行压力持续加大，多重困难和挑战相互交织，中小企业特别是小微企业发展面临的困难和问题尤为突出。各级工业和信息化主管部门认真贯彻党中央、国务院的决策部署，以落实好现有支持小微企业发展政策为重点，深入开展扶助小微企业专项行动，攻坚克难，创新进取，各项工作取得积极进展。这些成效可以归纳为“六个进一步”。

一是发展环境进一步改善。在各相关部门共同努力下，国务院印发了《关于扶持小型微型企业健康发展的意见》（国发〔2014〕52号），各有关部门出台了一系列支持小微企业发展的政策措施。尤其是商事制度改革等一系列改革举措的实施，极大地激发了创业创新活力，新创企业大量涌现。这其中，财税部门进一步加大了税收支持力度，比如将小微企业减半征收企业所得税由年应纳税所得额低于6万元进一步提高至10万元，将小微企业、个体工商户暂免征收增值税、营业税的标准，由月销售额2万元提高到3万元等，政策针对性强，含金量高。河北、山西、吉林等地共出台促进中小企业发展配套文件47个，从资金引导、减轻税负、缓解融资难等方面提出具体措施。同时，为切实解决政策落实“最后一公里”问题，国务院专门派出督查组，对14个省市支持小微企业发展政策落实情况进行了督查，对发现的问题督促相关地方进行了认真整改，确保了政策措施落地实施、取得实效。

二是融资难融资贵问题进一步缓解。我们继续深化落实我部与建设、交通、农业银行的合作，通过与建设银行、交通银行总结和推广政银合作模式等形式，推动金融机构加大对小微企业信贷支持。截至2014年底，小微企业贷款增速比各项贷款平均增速高4.2个百分点。2014年，中央财政14.1亿元支持的744家担保机构，新增中小企业担保贷款1.27万亿元，受保中小企业32.4万户。此外。各地还通过建立成长型、“专精特新”型中小企业项目库，开展多种形式的银企对接活动，并通过发行中小企业集合债，设立股权投资基金，开展融资租赁，建立应急资金等方式，多渠道帮助中小企业缓解融资难融资贵。

三是企业减负工作进一步推进。去年6月，国务院办公厅出台了《关于进一步加强涉企收费管理减轻企业负担的通知》（国办发〔2014〕30号），明确建立支持小微企业的长效机制，全面落实已出台的各项收费减免措施，将暂免小微企业管理类、登记类和证照类行政事业性收费改为长期措施。我部充分发挥国务院减轻企业负担联席会议协调机制作用，推动建立涉企收费清单制度，督促各地公布相应收费清单并实现常态化公示，大力减轻小微企业负担，减低大众创业成本，加快万众创新步伐。

四是公共服务体系进一步完善。截至2014年底，各地中小企业公共服务平台网络已累计带动服务资源5万多个，服务企业143万家（次）。实行有进有出的动态管理，新认定国家中小企业公共服务示范平台99家，取消7家示范平台资格。与此同时，我们继续推动实施创办小企业计划，各地共认定小企业创业基地1700多家，入驻企业10多万户，提供就业岗位420万个。继续举办大学生百日招聘活动，共有9100余家中小企业发布了招聘信息，28万名大学生提交了就职信息。建立和完善中小企业管理咨询专家库，鼓励和引导管理咨询机构开展中小企业管理诊断和管理咨询服务。各地通过国家中小企业银河培训工程、中小企业大讲堂等平台，开展中小企业经营管理者等方面的培训，据不完全统计，各地共培训280万人次。

五是转型升级工作力度进一步加大。我们会同有关部门实施了中小企业知识产权战略推进工程，在32个城市试点培育一批具有知识产权优势的中小企业，在59个中小企业集聚区开展知识产权托管试点工作。会同财政部、科技部和天津市政府开展中小企业创新转型试点工作，实施了万企转型升级行动计划。开展了中小企业两化融合和信息化推进工作，引导信息化服务商为中小企业开展线上线下培训和应用推广活动近千万人次。江苏、上海、宁波等地通过建设产品库、开展精品展、打造电商链服务平台等多种形式，提升中小企业专业化发展和协作配套水平。

六是交流合作进一步加强。按照党中央、国务院的统一部署，去年9月，在南京成功举办APEC第21次中小企业部长会议，马凯副总理出席开幕式并致辞，会议还通过了《关于促进中小企业创新发展的南京宣言》。此外，我部在义乌、广州先后举办了第八届APEC中小企业技术交流暨展览会和第11届中国国际中小企业博览会，为中小企业搭建起“走出去、引进来”的平台，得到了各地的高度重视和积极配合。

一年来，各地围绕“扶助小微企业专项行动”做了大量工作，取得了积极成效。在此，我代表工业和信息化部，向各有关部门给予的大力支持表示衷心感谢，向从事中小企业工作的同志们表示亲切问候！

二、准确认识和把握面临的新形势新要求

我国经济发展进入新常态，增长速度正从高速增长转向中高速增长，经济发展方式正从规模速度型粗放增长向质量效率型集约增长，经济结构正从增量扩能为主转向调整存量、做优增量并举的深度调整，经济发展动力正从传统增长点转向新的增长点。认识新常态，适应新常态，引领新常态，对我们做好新形势下中小企业工作提出了新的要求。

总体看，中小企业发展有着良好机遇和有利条件。比如，我国经济社会发展基本面长期趋好，新型工业化、信息化、城镇化、农业现代化持续推进，国内市场潜力巨大，产业体系更加完备，科技水平大幅提高，劳动力素质明显改善，基础设施日益完善，生产要素综合优势更加突出，总体环境良好。比如，随着全面深化改革深入推进，中小企业发展政策环境不断优化，内生动力和活力进一步释放，特别是随着信息网络技术发展和普及应用加快，两化深度融合稳步推进，中小企业发展空间空前扩大。但也要看到，中小企业发展中还存在不少困难和挑战，比较突出的是：一是经济增速减缓，下行压力加大。部分中小企业订单不足，生产经营状况仍不容乐观。中国制造业采购经理指数（PMI）中，中小企业PMI指数长期位于50%的临界点以下，另据统计局抽样调查显示，2014年四季度小微企业景气指数为97.9，比三季度下降0.1个百分点，仍处于不景气区间。二是工业产品价格持续下降，生产要素成本上升，小微企业融资难融资贵问题突出，企业盈利能力进一步减弱。据统计局抽样数据，去年，小微企业营业利润比上年增长4.6%，增幅比前三季度下降3.2个百分点，比2013年下降3个百分点。三是中小企业在传统产业集中度高，普遍存在消耗高、产能过剩、产品同质化严重等问题，产业结构优化升级势在必行。促进中小企业持续健康发展，对这些问题，我们必须高度重视，积极推动解决。

尤其要重视的是，当前经济下行压力加大，传统增长引擎马力下降，必须向促改革要动力，向调结构要助力，向惠民生要潜力，以结构性改革推进结构调整。结构调整要有发展目标和宏观政策引导，但归根到底要靠微观主体，靠他们连续不断地开办新企业、开发新产品、开拓新市场。李克强总理多次强调，中国经济要顶住下行压力、实现“双中高”，必须用好政府和市场这“两只手”，培育打造新引擎，改造升级传统引擎，形成“双引擎”。打造新引擎，就是要推动大众创业、万众创新。中小微企业大有可为，要扶上马、送一程，使“草

根”创新蔚然成风、遍地开花。同时，信息网络技术的迅猛发展和普及应用，推动了创新门槛迅速降低、创新环境空前开放、创新与创业紧密结合，为大众创业、万众创新提供了新平台、新工具、新空间。现在只要“一机在手”、“人在线上”，实现“电脑+人脑”的融合，就可以通过“创客”、“众筹”、“众包”等方式获取大量知识信息，对接众多创业投资，引爆无限创意创造。去年以来，随着简政放权力度加大，新增市场主体呈现井喷之势，其中很多企业都与互联网、信息技术应用有关。中小企业是经济活力的源泉，大众创业、万众创新蕴藏着无穷创意和无限财富，是取之不竭的“金矿”。支持中小企业发展，必须与推动大众创业、万众创新紧密结合起来。

中小企业发展关系经济发展的动力和活力。各级主管部门要站在全局和战略的高度，进一步增强责任感和使命感，坚定发展信心，把思想和行动统一到党中央、国务院的重大决策部署上来。要把促进中小企业发展和推动经济提质增效升级、促进民生持续改善结合起来，把推动大众创业、万众创新摆在更加重要位置，进一步解放思想，创新理念，完善措施，推动中小企业工作不断迈上新台阶。

三、扎实做好2015年促进中小企业发展工作

今年，为推动工业转型升级、两化深度融合，我部确定继续实施转型升级“6+1”专项行动，扶助小微企业专项行动是其中一项。前段时间，部里已经正式印发实施方案，启动了这个专项行动。我们要以此为抓手，支持促进中小微企业和非公经济持续健康发展，大力推动大众创业、万众创新。需要指出的是，从我部系统来说，中小企业工作不是某个部门的任务，而是全系统的共同责任，大家都要从各自职责出发，做好相关工作。关于扶助小微企业专项行动具体工作任务，实施方案已有明确部署和要求，这里不再一一罗列，重点就做好今年这方面工作提几点要求。

第一，要切实为中小微企业松绑减负。前面提到，去年以来，随着简政放权力度加大，新增市场主体显著增多。支持中小企业发展，推动大众创业、万众创新，首要的是要降低市场准入门槛，扫清制度障碍，给市场主体创业创新留出空间。部里和地方主管部门都要秉承法无授权不可为、法无禁止皆可为、法定职责必须为的原则，继续推进简政放权、放管结合，探索推行清单管理制度，最大限度地减少行政审批，着力加强事中事后管理。对保留的行政审批事项，要贯彻落实国务院关于规范国务院部门行政审批行为改进行政审批有关工作的通知要求，通过实行“一个窗口”受理、推行受理单制度、实行办理时限承诺制等措施，规范程序，提高效率，改进服务。要大力推进重点领域和关键环节改革，特别是进一步落实好民间资本进入电信、军工领域各项改革举措，更大程度激发民间投资活力。同时，要进一步做好企业减负工作，巩固和扩大过去工作成果，真正让企业轻装上阵。重点是要继续推动全国和各省市涉企行政审批前置中介服务收费清单对外公开，取消没有法律法规依据的涉企收费项目。进一步完善涉企收费公示制度，建设全国涉企收费项目库并公开接受社会监督。组织专项督查行动，加强对清单之外违规收费的监督检查。

第二，要在扎实推动政策落实上狠下功夫。中小微企业发展很不容易，我们要加大政策支持，对他们扶上马、送一程，让他们走得稳、行得远。近年来，针对小微企业面临的问题，国家在加大财税支持、缓解融资难融资贵、鼓励创业创新、支持公共服务平台建设等方面，连续出台了系列政策措施。前几天，财政部、国家税务总局下发了关于小型微利企业所得税优惠政策的通知，进一步将年应纳税所得额上限从10万元提高至20万元，这是支持小微企业发展的又一重要举措，充分体现了国家对小微企业发展的高度重视。可以说，现在支持中小微企业的政策已经不少，关键是要落实好，着力解决“最后一公里”问题。这方面，地方发挥着关键作用。各级主管部门特别是市县部门要发挥贴近企业的优势，既要把企业的诉求反映上来，也要把国家的政策落实下去。要结合实际、因地制宜，细化和实化各项政策措施，简化办事流程、提高服务效率，切实帮助中小企业特别是小微企业用好、用足政策。今年上半年，国办将对国发52号文件落实情况开展专项督查，各地也要加强对政策落实情况的监督检查，对检查中发现的问题要认真整改。当前，现有政策不落实，有体制问题，也有宣传不到位的问题。我们要注重加强与相关部门沟通协作，通过多种方式和途径，对每一项出台的政策及时做好宣传，扩大政策宣传的覆盖面，提高中小企业对政策的知晓度。还需要强调的是，要高度重视立法工作。今年部里将按照全国人大财经委的要求，抓好中小企业促进法修订工作。各地也要加强地方中小企业立法，将行之有效的扶

持中小企业发展政策措施以法律法规形式固化下来，不断提高依法促进中小企业发展的水平。

第三，要着力解决中小企业发展面临的突出问题。这主要是融资难、融资贵问题。说实在的，中小企业融资难、融资贵是世界性难题，解决起来的确不容易。这方面，我们要多管齐下、综合施策。一方面，过去已有的工作要继续抓好。比如，推动金融机构加大对小微企业的信贷支持。今年，银监会将银行业小微企业金融服务工作目标由以往单纯侧重贷款增速和增量的“两个不低于”调整为“三个不低于”，即力争实现对小微企业贷款增速不低于各项贷款平均增速，贷款户数不低于上年同期户数，申请贷款获得率不低于上年同期水平。各级主管部门要主动加强与地方银监部门的协同配合，继续开展与所在地银行业分支机构的合作，创新政银合作模式，务实帮助小微企业提高获得信贷支持的能力。比如中小企业信用担保体系建设。最近，我部下发了关于进一步促进中小企业信用担保机构健康发展的意见，重点是引导推动中小企业信用担保体系建设，促进担保机构更好地为小微企业服务。各地要在推动中小企业信用担保机构合规经营的基础上，引导担保和再担保机构聚焦主业，增强实力，不断创新、丰富担保产品与服务。另一方面，要积极探索实践新思路新举措。今年重点是两个，一是要按照中小企业促进法和国发14号文件的要求，加快设立国家中小企业发展基金，充分发挥国家财政资金的政策引导和杠杆放大作用，带动更多地社会资金支持中小企业发展。二是要适应互联网金融发展趋势，积极探索网络金融服务小微企业的新模式。

第四，要做好“互联网+”这篇大文章。互联网与各行业各领域的融合，不仅将加快信息网络技术与现代制造业结合，促进新技术、新产品、新业态的培育发展，也能为大众创业、万众创新提供肥沃的土壤。目前，部里在这方面已经采取了系列措施。比如壮大信息消费，协调推动落实和完善配套政策措施，抓住4G、北斗导航发展机遇，支持各类智能终端产品关键技术研发和产业化，推动基于数字家庭技术的影音娱乐、智能家电、健康保健、居家养老等产品的推广应用，积极发展移动互联网、IPTV、手机电视等新型消费，抓好信息消费试点城市和智慧城市建设等。比如实施宽带中国2015专项行动，抓住4G发展机遇，加快宽带网络建设与业务开发应用。比如实施智能制造专项行动，通过试点示范，推动提升关键智能部件、装备和系统自主化能力，提高产品、装备、生产、管理和服务智能化水平。这方面工作要按照既定方案抓紧抓好，切实让互联网更好成长，根深叶茂，引领创新创业新潮流。当然，中小企业自身的两化融合更要扎实推进。要继续抓好中小企业信息化推进工程和中小企业两化融合能力提升行动实施。各地要支持引导信息服务商开发适合中小企业的信息产品和服务，推广面向中小企业的云计算、移动互联网等应用，支持中小企业运用信息技术发展核心业务，探索中小企业加快推进两化融合、提高创新能力的有效途径。

第五，要进一步加强和改进公共服务。这是我们工作的重要抓手。这方面，要继续大力推进小企业创业基地、公共服务平台等的建设，加强对中小企业的创新服务，抓好中小企业人才培养，支持鼓励中小企业走出去和引进来等。在推进小企业创业基地建设方面，近期我部正在研究制定国家小型微型企业创业示范基地建设管理办法，重点是引导各地以建设国家小型微型企业创业示范基地为抓手，充分利用闲置厂房、各类工业园区以及孵化基地等现有资源加快培育和支持小企业创业基地建设，切实缓解创业场地难、创业成本高等问题。文件下发后，各地要认真抓好落实，着力提升小型微型企业创业基地建设质量和水平，为创业创新提供载体。在鼓励中小企业走出去和引进来方面。今年要继续推动落实APEC第21次中小企业部长会议南京宣言有关倡议，深化拓展APEC框架下中小企业领域的交流与合作，并筹备办好第12届中国国际中小企业博览会。各地要抓住“一带一路”建设的历史机遇，充分利用各类交流合作平台，组织并支持更多本地中小企业参会参展，不断拓展国内外市场，支持中小企业产品和服务“走出去”，把国外的技术和资源“引进来”，促进中小企业产品创新和转型升级。

同志们，促进中小企业和非公有制经济持续健康发展，推动形成大众创业、万众创新浪潮，我们肩负的责任重大、任务艰巨。我们要更加紧密地团结在以习近平同志为总书记的党中央周围，锐意进取，扎实工作，努力完成今年各项工作任务，为促进经济平稳健康发展和社会和谐稳定作出新的贡献。

充分发挥国家中小企业发展基金作用
开创中小企业发展新局面
——在国家中小企业发展基金工作会议上的讲话

工业和信息化部部长　苗 圩

（2015年12月3日）

同志们：

大家下午好！今天，财政部与工业和信息化部召开这次会议，主要目的是贯彻落实党中央、国务院战略部署，推动做好国家中小企业发展基金有关工作。刚才，6个省市的同志介绍了设立中小企业发展基金方面的工作，讲得都很好。之前，楼继伟部长已经就相关工作进行部署。下面，结合我部职能，就进一步做好国家中小企业发展基金工作，促进中小企业发展讲几点意见。

一、充分认识设立国家中小企业发展基金的重要意义

中小企业是我国数量最大、最具创新活力和内生动力的企业群体，是国民经济和社会发展的重要力量，更是实施大众创业、万众创新的重要载体。截止9月底，全国实有各类市场主体7500余万户，每千人拥有企业数达15.2户，其中绝大多数都是中小企业特别是小微企业。目前，中小企业提供了全国50%以上税收，创造了60%以上的国内生产总值，完成了70%以上的发明专利。更为重要的是，各类中小企业提供了80%的城镇就业岗位，吸纳了90%的新增就业人员。可以说，促进中小企业发展，就是最大的民生。发展中小企业特别是小微企业不仅关系经济发展，而且事关社会稳定和小康目标实现。

党中央、国务院高度重视中小企业发展，近年来，国务院制定了一系列促进中小企业发展的政策措施，对中小企业财税扶持力度不断加大，中小企业发展环境进一步改善，融资问题有所缓解，公共服务体系建立得到进一步加强。为进一步支持中小企业创业创新，9月1日，国务院第104次常务会议决定设立国家中小企业发展基金，这是贯彻落实《中小企业促进法》，发挥市场配置资源作用，改革创新投融资机制，支持大众创业万众创新，推动转型升级创新发展的又一重要举措。

一方面，基金的设立，将市场配置资源的决定性作用和更好发挥政府引导作用有机结合，是财政资金支持手段的创新改革。国家中小企业发展基金的设立，将充分发挥中央财政资金杠杆作用和乘数效应，吸引社会资本投入，共同扩大对中小企业股权投资，并建立起符合市场经济要求的基金管理体制和运营机制，提高基金的运行效率、投资收益和政策穿透力。同时，国家中小企业发展基金充分体现国家政策意图，弥补市场失灵，促进解决市场基金解决不了的问题。对于激发中小企业创业创新活力和动力具有重要意义。

另一方面，基金的设立，将进一步拓宽中小企业融资渠道，是缓解中小企业融资难、融资贵的重要途径。中小企业融资难、融资贵仍然是制约中小企业发展最突出的问题，也是世界性的普遍问题。近年来，相关部门做了大量工作，想了不少办法，出台了一系列缓解融资难、融资贵的政策措施，进一步加大了对小微企业的信贷投放，多措并举缓解企业融资问题。但仍有不少小微企业反映，由于规模小、信用度不够、可抵押资产少，获得银行贷款的难度较大。同时，面向中小企业的直接融资渠道也有待进一步拓宽。中小企业发展基金的设立，既能引导社会资金集聚，构建资金池，形成资本的供给效应；又能运用股权投资等多样化直接融资方式，优化社会资金配置方向，对银行融资形成了有力补充，对进一步缓解中小企业融资难、融资贵有重要的现实意义。

此外，基金的设立，将动员更多的社会资源支持小微企业创业创新，是推动大众创业、万众创新的有力支撑，是实现稳增长、调结构、增强发展新动能的重要手段。随着“双创”浪潮的蓬勃兴起，在无数新构想、新创意、新技术的驱使下，大量种子期、初创期小微企

业如雨后春笋般不断涌现，这些项目投资成本高、周期长、风险大，有的企业甚至还未渡过“生存关”，缺乏资金是它们面临的最大问题。而风投资金往往条件严格、创投基金门槛普遍较高、银行融资更加困难，这在很大程度上阻碍了创业创新步伐。中小企业发展基金的设立，将进一步发挥财政资金的引导带动作用，通过将社会资本在实体经济不同领域和企业发展不同阶段的优化配置，把资源引导到最需要的环节，与金融机构、地方政府以及各类企业合作，共同为广大种子期、初创期成长型小微企业“扶上马、送一程”，培育创意、鼓励创新，形成大众创业、万众创新的良好局面。同时，基金的设立，将进一步增强经济运行动力、提升经济发展质量，从供给层面培育新的增长点，为小微企业创新发展提供有力支撑。

二、狠抓落实，积极推进国家中小企业发展基金设立工作

2002年《中小企业促进法》明确提出设立国家中小企业发展基金。2012年，国务院对依法设立国家中小企业发展基金再次提出了明确要求。各级中小企业主管部门和相关部门不断加强调查研究和论证，开展了积极的探索，取得了一定成效。借鉴各国设立政府基金支持中小企业发展的管理方式和经验，适应我国政府职能不断转变新要求，设立国家中小企业发展基金的条件也逐渐成熟。今年9月1日，国务院常务会议决定设立总规模600亿元的国家中小企业发展基金，由中央财政出资150亿元，通过创新机制，多次放大，带动社会资本，支持各行业、各领域种子期、初创期成长型中小企业发展。9月11日，国务院正式批复基金设立方案，对基金设立工作提出更为明确的要求。

一是基金设立的目的。是要发挥财政资金“四两拨千斤”的杠杆作用，吸引社会资本投入，更好地促进中小企业特别是小微企业加快发展。为此，中央财政在与其他社会资本合作的过程中，将对基金门槛收益率以内的收益部分，由其他社会出资人优先分红；对超过门槛收益率的部分，国家出资所持股权承诺适当让利。此外，中央财政回收资金将优先用于基金实体滚存使用，这也有利于建立财政资金使用更加公平有效的新机制。

二是基金运作的方式。基金将按照“落实国家战略、构建多元架构、实行市场运作、扩大惠及范围”的原则，实行所有权、管理权和托管权相分离，基金的发起、设立、投资、管理、到期退出均按市场化原则操作。通过招投标等方式择优选择若干具有专业能力的基金管理机构负责运营，采取市场化、专业化的方式运作。基金设立理事会，主要负责引导和监督，不干预基金的市场化运作。基金实体原则上采用有限合伙制模式运作，通过基金合伙人协议、委托管理协议等法律文件明确政策方向，合理选择投资项目。

三是基金的投资模式。结合中小企业数量多，单户企业投资额不大等特点，基金将由若干支基金集合而成。既有采取母基金的方式，发挥乘数效应吸引社会资本，有效扩大中小企业股权投资规模，引导子基金更多地支持各类中小企业发展。也可采取一定比例的直接投资方式，提高政策的穿透力。确保基金投向能够更好地体现国家政策性的要求，促进解决市场基金解决不了的问题，建立政府与市场协同、中央与地方协同、财政资金与社会资金协同支持小微企业创新发展的长效机制。

为加快推进国家中小企业发展基金的设立，落实好国务院有关工作要求，我部成立领导小组及筹备办公室，按照“积极稳妥、制度为先，团结协作、有序推进”的工作原则，与财政部等相关部门一起，积极开展前期各项准备工作，深入研究基金的定位、指导思想、工作原则，明确基金的制度设计、功能搭配和运作模式，力求在顶层设计上搞准、搞对、搞顺，做到既符合十八大精神、又符合全面深化改革的新要求、更符合我国中小企业发展的客观实际。经过紧张有序、扎实有效的筹备，国家中小企业发展基金理事会及理事会办公室已于昨天正式成立。在此，我对国家中小企业发展基金理事会及理事会办公室的顺利组建表示衷心的祝贺，并对长期关心和支持工业和信息化部工作的相关部委、各省市政府，金融机构及社会各界表示衷心的感谢！

三、进一步做好国家中小企业发展基金相关工作，尽早发挥政策效益

当前，我国经济正处于稳增长调结构促转型增效益的关键时期，为实现国家战略意图和市场机制相统一，今后国家中小企业发展基金的设立运转工作必须坚定信心、锐意进取、奋发有为，牢固树立创新、协调、

绿色、开放、共享的发展理念，着力做好以下几方面工作：

（一）要坚持围绕国家发展战略，推进创新，支持发展。

中小企业发展基金设立的一项重要原则就是实现国家战略意图，基金工作要有政策针对性，着力提高经济发展质量和效益，重点推动传统产业中小企业转型升级、提质增效，引导更多的中小企业进入先进制造业、现代服务业等国家倡导的重点产业和战略性新兴产业领域，支持各类中小企业融入到新模式、新业态、新产品的创新发展中来。

一是推进大众创业、万众创新，培育和打造经济增长新引擎。支持海外高层次人才回国创业项目。支持新一代信息技术、高端制造等重点领域人才创业创新项目，支持大学生、高校、科研院所科研技术人员创业，支持农民工携带资源回乡创业，不断推动新技术、新产业、新业态健康发展。

二是推进实施“中国制造2025”，促进工业化和信息化融合发展。支持节能环保、生物技术、信息技术、智能制造、高端装备、新能源等新兴产业中小企业发展，支持新一代信息通信技术、高档数控机床和机器人、航空航天装备、海洋工程装备及高技术船舶等十个重点领域中小企业发展壮大。支持专注于细分市场，协作配套能力强，为大企业、大项目和产业链提供优质零部件、元器件、配套产品和配套服务的专业化中小企业发展。

三是推进“互联网+”行动计划，支持互联网和中小企业融合发展，支持中小企业基于互联网的各类创新。打造众创、众包、众扶、众筹等平台推动中小企业生产方式、经营模式、供应链和物流链创新，培育和推广个性化定制、云制造、数据技术和服务、电子商务、在线营销、互联网金融等新模式、新业态，促进传统产业中小企业与新兴产业融合发展。

四是推进生产性服务业、高端服务业和新兴服务业中小企业发展。支持优质高效的服务业中小企业发展。支持生产性服务业中小企业向专业化和价值链高端延伸，支持制造业中小企业由生产型向生产服务型转变，支持生活性服务业中小企业向精细和高品质转变。

五是推进传统产业中小企业转型升级。支持中小企业瞄准国际同行业标杆推进技术改造，引进新技术、新设备改造传统工艺，将传统粗放型生产模式向网络化智能化转换，优化生产流程，全面提高产品技术、工艺装备、能效环保等水平，不断提升产业的利润和附加值。

六是强化企业创新主体地位，支持创新型小微企业健康发展。支持开展产学研用合作，促进创新型小微企业应用高新技术和先进适用技术，实现技术升级。支持高等学校、科研院科技成果向中小企业转移，促进科技成果产业化，推动科技与中小企业的深度融合。

七是推进绿色发展方式。支持中小企业提高能源资源使用效率，减少建设用地使用及能源和水资源消耗，控制碳排放和主要污染物排放量。支持发展节能环保型中小企业，引导企业采用节能减排和绿色环保技术，走绿色清洁生产和低碳循环发展之路。

（二）要坚持基金的市场化运作，扩大惠及范围，发挥基金助推作用。

中小企业发展基金打破了体制、系统、行业的局限，将支持范围覆盖到全社会、全行业，各类优秀中小企业和优质创业创新项目都有机会获得支持。基金工作要充分发挥社会性、开放性、长效性、规范性等优势，充分发挥地方政府和社会各界的积极性，集聚各类社会资金、社会资源，支持和引导广大中小企业创新转型、提质增效，转变发展方式，走可持续发展之路。当然，作为国家基金，在具体运作中一定要坚持高标准、高水平、严要求，更好地发挥引领和示范作用。

基金运作中要把支持创业创新型市场主体发展放在重要的位置，努力培育一批自主创新能力强、技术水平领先、具有良好企业管理水平的创业创新型中小企业、小微企业。一是要发挥专业基金管理机构熟悉市场运作、熟悉行业情况的优势，发现和培育有潜质的小微企业，要关注新颖独特、技术先进、有市场前景的种子期、初创期项目，为他们施展创新才能、发展壮大提供更多的机会，创造更好的条件。要注意发挥各类众创空间的作用，既要利用小企业创业基地、科技企业孵化器等寻找优质项目，也要注重从创客空间、车库咖啡、创新工场等新兴载体中挖掘潜在项目。二是通过基金相关协议约定明确政策方向，要有全局性，扩大普惠面，打破地域、行业限制。项目选择上不能一味关注热门行业和重点地区，要注重宽领域、广覆盖，要将基金覆盖到所有地区、所有行业，更多关注具有一定技术含量、一定发展潜力的初创期企业，将支持重点渗透到各行各业中小企业核心竞争力缺乏的薄弱环节，让广大中小企业在创新发展的过程中享受到政策红利。二是遵循基金市场化运作的一般规律，妥善处理好短期盈利和长期发展之间的关系。建立合理的容错机制和完善的激励机制，把工作的导向和着眼点放在推动中小企业转型升级、提质增效、创新发展上来。积极引导企业专注核心业务，走"专精特新"发展道路；鼓励企业按照市场需求，推进技术、产品、管理模式和商业模式创新；支持产业链中小企业与核心环节企业协同创新，推动中小企业的产品融入大企业产业链等。此外，基金还要注意发挥资源撬动作用，把众创、众包、众扶、众筹等社会资源都带动起来，让更多的实验室、工程研究中心、企业技术中心等平台资源面向中小企业开放，更多的高校、科研院所科研资源与中小企业对接，让更多的创业创新资源向中小企业集聚。

（三）要坚持基金的科学管理、规范运作。

在吸收国内外经验的基础上，国家中小企业发展基金设立了理事会、理事会办公室、专家咨询委员会的组织构架。理事会负责审定基金重大事项，监督并定期总结基金运行情况，不干预基金的市场化运作。理事会办公室设在我部中小企业局，负责理事会日常工作。专家委员会将由各有关部门推荐人选组成，负责向理事会提供投资及基金管理等方面的政策建议。作为理事会办公室所在单位，我部将加强与财政部、科技部、发展改革委、工商总局的密切沟通协作，加强顶层设计，不断健全完善各项制度，逐步建立和完善基金实体实现市场化运作，同时实现国家政策性目标的管理机制。

国家中小企业发展基金对我们而言还是一个新事物，需要在实践中不断摸索、逐步完善。昨天，基金理事会正式成立，原则通过了理事会工作规则、理事会办公室工作规则、首期直投基金的设立思路，即将启动基金管理机构的公开招标工作，并计划稍后开始设立母基金。在今后的工作过程中，一是要构建基金的多元架构，既发挥乘数效应吸引更多社会资本，又确保基金投向更好体现政策要求，形成多元竞争格局，确保基金运作有效。二是要建立健全基金设立运作的管理制度体系，抓紧建立实体基金绩效考核机制，通过各种创新制度安排，实现募资、设立、管理、收益分配、到期退出的全方位规范化、市场化运营。三是要摆正政府在基金工作中的角色定位，要在避免行政干预基金市场运作的同时，充分发挥政府引导和监管作用，运用好绩效评价和检查监督等手段推动基金运营达到政策目标，确保实现基金"政策性"和"收益性"相统一。四是要注意充分调动起地方的积极性，鼓励地方政府资金参与到子基金的设立中来。根据我部前期的摸底和调研，全国已有20多个省市设立了与中小企业发展有关的基金，还有不少省市正在积极筹建，不少金融机构和大企业也表现出对参与基金工作的热情和意愿。在此，希望在座的各省市代表，能够将本次会议的精神带回去，指导推动本地区参与到国家中小企业发展基金工作中来，上下联动、形成合力，切实扩大对中小企业的股权投资规模，建立起覆盖全国的中小企业股权投资机制，使更多的中小企业受益，促进形成大众创业、万众创新的良好局面。

扬帆远航、征程在即。在党中央国务院的坚强领导下，在五部门的共同努力下，在各省市区和社会各界的大力支持下，国家中小企业发展基金一定能够发挥好积极的作用，为推动中小企业健康平稳发展，加快转变经济发展方式，实现更高质量、更有效率、更加公平、更可持续的发展作出更大贡献。谢谢大家。

新常态下中小企业信息化大有可为
——在2015中小企业信息化服务信息发布会上的书面致辞

工业和信息化部党组成员、副部长毛伟明

（2015年5月5日）

各位来宾，各位朋友：

大家上午好!

今天，我部在这里召开中小企业信息化服务信息发布会，总结2014年中小企业信息化推进工作并介绍2015年工作重点，推介支持中小企业创新发展的信息化解决方案，推动信息化服务商与地方中小企业主管部门、工业园区和产业集群开展合作，非常及时，意义重大。首先，我代表工业和信息化部，对长期关心、支持中小企业信息化推进工作的有关专家、信息化服务企业、服务机构、行业协会以及新闻媒体等表示衷心感谢!对今天到会的各方代表表示诚挚欢迎!

下面，我以“新常态下中小企业信息化大有可为”为题，就新形势下进一步推进中小企业信息化与大家做个交流。

一、新形势下中小企业信息化推进工作更为重要

当前，国际经济复苏依旧疲弱，国内经济下行压力加大。从国际看，为寻求新的经济增长点，德国政府提出工业4.0战略，美国在先进制造领域不断加大投入，其目的都是要抓住机遇，利用信息技术对经济社会发展的拉动作用，提升经济发展质量，在新一轮科技革命中抢占先机，保持在国际竞争中处于优势地位。从国内看，我国经济进入新常态，党中央、国务院提出要推动新型工业化、信息化、城镇化和农业现代化协同发展的要求。其中，信息化是关键。中小企业信息化是推动信息化发展的重要内容，在新形势下作用更为突出。从领域看，新一代信息技术引领的科技革命正在兴起，网络制造、智能装备、新能源、新材料、众筹众包等新业态、新模式方兴未艾。产业形态、结构布局、生产方式和竞争模式的更迭变化速度加快。从结构看，绝大部分传统产业已趋饱和，产能过剩问题十分突出，迫切需要利用云计算、大数据、物联网、移动互联网、机器人等信息技术对传统产业加以改造，进一步挖掘和提升传统产业的发展潜力。从动力看，在新常态下，消费、投资、出口需求发生了变化，需要重塑经济增长的内生动力，通过优化要素结构，更多地依靠知识、信息和人力资本，更多地依靠技术进步和制度变革，更多地依靠创新驱动来发展经济，催生更多新的经济增长点。

二、推进中小企业信息化工作的几个重点领域

政府工作报告中指出，要推动云计算、大数据、物联网与现代制造业结合，促进电子商务、文化创意、互联网金融等产业融合发展。2015年，中小企业信息化推进工作要紧紧围绕这一工作任务，依托中小企业信息化推进工程，利用互联网和信息技术破解制约中小企业发展难题，改善和优化中小企业发展环境，把着力提升中小企业“两化”融合能力，更好发挥中小企业在产业链和创新链中的作用放在更加突出的位置。

一是加快推进智能制造。积极实施《中国制造2025》，以工业互联网和自主可控的软硬件产品为支撑，发展智能装备，推动智能制造。大力发展高档数控机床、工业控制系统、工业机器人等，创新个性化定制、网络众包、云制造等新型制造模式。积极引导和支持中小企业参与产业链，打造创新链，推动生产制造过程的智能化和网络化，提高产品质量和协作配套能力。

二是实施“互联网+”行动计划。推动互联网在现代制造业深化应用和融合发展，促进开源软件、3D打印、创客空间、众包众筹等新技术、新模式与传统产业有机结合。运用云计算、大数据、移动互联网等信息技术，为中小企业的研发、管理、生产、营销和物流等

核心业务提供信息化服务。

三是为大众创业，万众创新搭建平台。利用互联网，为推动大众创业、万众创新创造更加便捷、更加有利的条件。进一步强化政府的公共服务，丰富和完善市场化和社会化服务，推动基于互联网的信息服务和中小企业公共服务体系建设，促进满足个性化、多样化需求的众创、众筹、众包等新模式、新业态发展。继续探索互联网金融业支持小微企业发展的做法和经验，打造资金链，为产业发展和中小企业创新加油助力，为推动大众创业、万众创新提供支持和服务。

三、对推进中小企业信息化的希望和要求

中小企业信息化推进工程已经组织实施了10年。在坚持发挥市场配置资源决定性作用，组织和调动社会信息化服务资源方面做了大量有益探索，也得到企业和各专业机构的关注和支持，所取得的成效是有目共睹的。为进一步提升中小企业信息化水平，我提几点建议。

一是处理好政府与市场的关系，充分发挥市场配置资源的决定性作用。坚持“政府扶持中介、中介服务企业”的原则，发挥政府的引导和推动作用，营造良好环境，完善扶持政策，搭建服务平台，建立合作机制，组织动员信息化服务商、中介服务机构等广泛参与，推动供需合作。发挥信息化企业和服务机构市场定位准、运行机制活、互补性强的特点，加强战略合作，组成服务联盟，共同打造满足中小企业发展需求的服务链。发挥大型信息化服务商的人才、技术和服务优势，实施专项计划，广泛开展信息化培训和应用推广活动，帮助中小企业提高信息化应用和创新发展能力。

二是要用好新技术、创新新模式，为中小企业提供好用、会用、实用的服务产品。当前，云计算、大数据、移动互联网等新一代信息技术广泛应用，“互联网+”、智能制造等新型生产模式快速发展，给中小企业发展带来了巨大变化。中小企业信息化推进工程要坚持以企业需求核心，调动大型信息化服务商、信息化服务机构，运用新技术，创新服务模式，开发适合中小企业、特别是小微企业发展的信息化产品和解决方案，不断降低小微企业信息化的应用成本和门槛，为小微企业提供经济实惠、简捷方便、省心安全的服务，切实提高中小企业信息化水平，助力企业成长。

三是要将推动中小企业信息化工作与中小企业服务体系建设结合起来。近年来，我部会同财政部支持各省市开展中小企业公共服务平台网络建设工作，集聚服务机构5万多家，年服务中小企业140多万家，已成为中小企业服务体系的骨干架构。信息化服务是中小企业服务的重要内容，希望信息化企业和服务机构能与各地的平台网络加强合作。一方面，将信息化服务产品放到平台网络上，丰富平台网络服务内容，提高在线服务项目比重。另一方面，发挥平台网络覆盖面广、贴近企业的优势，汇集企业信息化服务需求，开发新的信息化服务产品，加强信息化服务，更好地实现供需对接，使中小企业信息化推进工作更加深入、更加有效。

同志们，回顾历史，中小企业信息化走过了辉煌的10年，取得了有目共睹的成绩；展望未来，中小企业信息化推进工作任重而道远。让我们共同努力，凝心聚力，携手同行，不断推动中小企业信息化取得新成效、创造新业绩。

谢谢大家!

抓住新机遇 打造新引擎 开创中小企业创新转型工作新局面
——在全国中小企业创新转型经验交流会暨电视电话会议上的讲话

工业和信息化部党组成员、副部长 毛伟明

（2015年6月2日）

这次会议的主要任务，是深入贯彻落实党中央、国务院关于加快实施创新驱动发展战略的指示精神，围绕工业和信息化部党组作出的转型升级“6+1”专项行动的要求，交流各地推动中小企业创新发展的做法和经验，总结天津市开展中小企业创新转型试点工作情况，并对进一步营造“大众创业、万众创新”良好环境，促进中小企业创新转型工作进行部署。

一、创新转型是中小企业持续健康发展的根本动力和必然选择

近年来，各部门、各地方围绕推动中小企业创新转型做了大量工作。我部积极实施中小企业创新能力提升计划，以中小企业信息化推进工程和知识产权推进工程为抓手，不断加强创业创新服务，促进中小企业“专精特新”发展。科技部着力优化科技型中小企业政策环境，加强创新孵化生态体系建设，推动创新协同和科技资源开放共享。财政部调整优化中小企业发展专项资金支持方式，落实并完善加计扣除、加速折旧等支持创新的税收优惠政策，减免小微企业税费负担，不断加大中小企业创业创新支持力度。各地方在加强资金扶持、开展创业培训、培育创新企业、推动产学研合作、完善公共服务等方面积极探索、务实推进。特别是天津市开展的中小企业创新转型试点，力度大、发力准、工作实，取得了显著成效。

今年以来，在全球经济深度调整和我国发展进入新常态的背景下，随着国务院一系列促进中小企业创业发展政策措施的出台和落实，中小企业发展环境逐步改善，总体保持了发展态势，但下行压力还在持续加大。推动中小企业创新转型，任务更加紧迫、意义更加重大、内涵更加丰富。

——推动中小企业创新转型是培育和催生经济发展新动力的重要力量。经济发展进入新常态，表面是增速换挡，实质是增长动力的转换和接续，抓住了创新转型，就是抓住了经济发展的本质和动力，找准了稳增长、调结构、惠民生的着力点。

——推动中小企业创新转型是落实大众创业、万众创新的具体行动和有效方式。大众创业、万众创新呈现出两个显著特点。一是创业与创新高度融合。二是创业创新已成为新的时代潮流。

——推动中小企业创新转型面临着重要机遇和有利条件。一方面，创业创新的门槛和成本进一步降低，极大地激发了各类市场的热情。另一方面，大数据、云计算、移动互联网等技术和应用快速更新，为创业创新提供了新平台、新工具、新空间，突破了传统的智力和地域限制，促进了创业创新资源向中小企业集聚。加之国内庞大的消费能力和市场需求，为中小企业创造了无限的创新空间。

二、做实抓好中小企业创新转型发展的关键环节

新常态下，要打造“双引擎”，实现“双中高”，摆脱旧的路径依赖，用改革破难题、清障碍，向简政放权要动力，向公共服务要助力，充分释放创业创新活力。

（一）深入推进简政放权，进一步释放创新转型动能。

简政放权是深化改革的总开关。中小企业是简政放权的主要受益者，各级中小企业主管部门不仅要争取率先建立“权力清单、负面清单、责任清单”，用刚性的制度管权用权，进一步挖掘取消和下放行政审批空间，更要对中小企业反映强烈的审批事项和繁文缛节认真进行梳理，积极反映，推动解决，拆掉束缚创业创新的条条框框。

（二）多措并举，加大对中小企业创新转型扶持力度。

一要优化对创新转型的支持方式。改进、优化财政资金的支持方式和方向，把支持的重点聚焦在创业创新、转型升级上，聚焦在加强公共服务上。二要让中小企业创新轻装前行。要为中小企业多减负、多让利，让他们敢创业、创成业。要研究提出取消、调整、规范涉企收费的政策措施，三要建立起与创业创新相适应的融资服务体系。各地推出了不少好做法。比如设立了中小企业信用风险补偿资金或基金，开展了科技型小微企业贷款保证保险试点，建立了"政银保"风险共担机制，引导互联网金融机构发展等。

（三）强化服务支撑，为中小企业创新转型搭好台。

一要提高综合服务水平。创新服务机制，充分发挥市场力量。要创新服务形式，开展形式多样，各具特色的创业创新活动。要创新服务内容，在知识产权侵害快速法律援助、建立现代企业制度、支持创业人才及创业团队等方面，不断拓展服务内容。二要务实推进创业服务机构建设。进一步完善创新创业生态系统，激发大众创新创业活力。充分发挥服务机构在组织、协调、服务等方面的"软实力"，聚集和帮助创业者在更大范围组织调配资源，提高创业效率。要推动以社会力量为主，构建市场化的创业服务机构，加大对创业服务机构和创业团队的扶持力度。三要抓好中小企业公共服务平台网络建设。作为中小企业服务体系的骨干架构，平台网络是我们服务中小企业的重要载体。2011年以来，我部会同财政部支持了30个省和5个计划单列市的平台网络建设，带动服务机构6万多家，年服务企业140多万家，为中小企业创业创新发展提供了坚实的服务支撑。要从强化服务功能、拓宽服务范围、延伸服务触角等方面不断完善平台网络。

（四）运用好两个市场、两个资源，为中小企业创新转型开辟新空间。

一方面，加强高端产业的引进来。支持中小企业通过企业并购、技术转让、人才引进、职业培训等方式，积极引进国外先进技术、设备和管理经验，实现跨越式发展。对我国每年需要进口高端产品进行筛选，创造环境和条件，到海外招商引资，将这些产品的生产企业或者团队吸引到国内来创业或建厂。另一方面，助力中小企业走出去。"一带一路"战略的实施，为中小企业"走出去"、主动参与产业分工调整提供了重要机遇，随着中小企业"走出去"的步伐加快，迫切需要有关服务和服务机构也要"走出去"。

三、充分发挥"互联网+"和"中国制造2025"对中小企业创新转型的带动作用

（一）让"互联网+"为中小企业创新转型插上翅膀。

互联网深刻影响和改变了我国的经济社会发展。推动"互联网+"，要利用互联网和信息通信技术，把互联网和包括传统行业在内的各行业、各领域结合起来，实现跨界融合，优化资源配置，提高生产效率，推动技术、产品、服务、模式创新。"互联网+小微企业"是"互联网+"行动计划的重点内容。各地要继续以实施中小企业信息化推进工程和中小企业两化融合能力提升行动计划为载体，以推广两化融合管理体系为抓手，把"互联网+小微企业"工作推向纵深。要加强网络基础设施建设，提升网络互联互通能力和安全水平，为"互联网+"提供网络平台和服务保障。要着力解决各部门公共数据碎片化、打通难、开放不足等问题，推动公共数据整合，并优先向中小企业开放，支持中小企业创新。

（二）充分发挥"中国制造2025"在中小企业创新转型中的推动引领作用。

"中国制造2025"对未来十年推进制造强国建设工作作出全面部署，将要实施的五大工程都与中小企业密切相关。其中，制造业创新中心建设工程将对中小企业创新产生巨大支撑作用。各地要将制造业创新中心建设、支持共性技术研发与中小企业创业创新工作统筹推进，加大投入。智能制造工程能帮助中小企业有效缩短产品研制周期、降低生产成本、提高生产效率、提升产品质量，推动中小企业实现对用户个性化和定制化需求的快速响应，实现贴近客户需求，智能化生产的目标。各地要因地制宜地在资金、技术等方面给予支持。也可以选择重点行业一些中小企业开展智能工厂应用示范。

无论"互联网+"，还是"智能制造"，都要与具体的产品和服务结合起来才能落地。发达国家在引导中小企业发展中，并不强调"大"，而是强调"专"，鼓励中小企业把产品做到全球最好，或成为产业链关键一环。"专精特新"是中小企业可持续发展的必然选择，是我们扶持中小企业发展的出发点和落脚点。要支持中小企业在细分领域和专业市场专注主营业务，打造核心竞争力，在融资、市场开拓、公

共服务、政府采购等环节对“专精特新”企业进行倾斜。

四、抓好组织领导，确保各项措施落地生根

中小企业创新转型涉及面广，与我部其他中心工作相互衔接、相互支撑、融为一体，推进中小企业创新转型，是整个工信系统的重要任务。

一要加强领导、统筹推进。天津市创新转型一条重要经验就是领导重视，组织有力，设立了工作组，副市长担任组长，13个政府部门共同发力。各级中小企业主管部门要进一步提高认识，把推动中小企业创新转型作为当地加快转变经济方式、调整产业结构，推动传统产业与新兴产业融合发展的重要抓手，切实加强领导，充分发挥促进中小企业发展工作协调机制作用，形成工作合力。

二要明确路径、加强落实。要明确推动中小企业创新转型的路径和方法，既要做好培育增量的加法，又要做好淘汰落后的减法，还要做好发展新动力的乘法。要坚持以“大众创业、万众创新”为主线，以“互联网+”和“中国制造2025”为抓手，以“专精特新”为主攻方向，深入推进各项工作。各地要完善考评，坚持用好督查、考核、第三方评估、社会评价等机制，狠抓政策落实。

三要优化环境、完善服务。要不断优化环境，通过深化改革、简政放权，最大限度的释放中小企业创新活力。进一步完善公共服务，围绕产业链部署创新链、围绕创新链完善资金链，加强技术、人才、资金、政策、管理等创业创新资源的整合和利用，完善扶持政策和激励措施，加速“三链”有机协同。为推动这项工作，近期，我部印发了《关于推动“大众创业、万众创新”有关工作的通知》，提出八项重点任务，希望各地能够按照文件要求，抓好落实，做好相关工作。

以众智促创新 聚众慧谋发展
——在中国中小企业高峰论坛上的演讲

工业和信息化部副部长、党组成员 辛国斌

（2015年10月10日）

尊敬的马来西亚贸工部黄家泉部长、朱小丹省长，各位来宾，各位朋友，女士们、先生们：

大家下午好！很高兴和大家在金秋十月相聚在美丽的珠江之畔，共同出席第十二届中国中小企业高峰论坛。本次论坛以“创新驱动，智造未来”为主题，汇聚各方智慧，共同探寻新形势下提升中小企业创新能力和智能制造水平之路，很有现实意义。在此，我谨代表工业和信息化部对论坛的召开表示热烈祝贺，对各位来宾的到来表示诚挚的感谢！

当今世界，新一轮科技革命和产业革命方兴未艾，以德国“工业4.0”、美国“工业互联网”、新工业法国为代表的国家战略相继推出，人工智能、大数据、3D打印等新技术、新产品不断涌现，特别是以信息技术与制造技术深入融合为特征的智能制造模式，正在引发整个制造业的深刻变革。量大面广的中小企业直面市场的激烈竞争，对市场需求的反应灵敏，创新愿望强烈，成为技术创新的主力军和重要载体。提升中小企业的自主创新能力，对提高新技术、新工艺、新产品在产业中的迅速扩散，促进一国产业技术创新，增强国际竞争力具有重要意义。

女士们，先生们！

当前，国际金融危机深层次影响尚未消除，世界经济复苏乏力。在经济全球一体化的背景下，中国经济也面临着不少的困难和下行压力，同时一些深层次的矛盾正日益显现，经济的波动起伏也在所难免。不过，越是面对复杂多变的局面，就越不能被悲观情绪左右，而是要直面困难，重塑信心。

应当看到，在转方式调结构的过程中，中国经济正在出现不少新亮点，包括产业结构加速升级、新市场主体快速生成、能源消耗进一步下降、城乡收入差距进一步缩小等，总的来看，我国经济的走势缓中趋稳、稳中向好。特别是随着“大众创业、万众创新”浪潮的蓬勃兴起，越来越多的大学生、科技工作者、企业职员和技术骨干，纷纷涌入到创业创新的队伍中，无数新构想、新技术、新事物被变为现实，全社会创新智慧与创造活力得到了极大的

激发。正是这种创业创新的精神，提供了中国经济持续健康发展的新动力，也增强了我们克服困难的信心与决心。

企业是创新的主体。今年以来，我国深入实施创新驱动发展战略，大力推进“中国制造2025”和“互联网+”行动，通过信息技术与各产业领域的融合创新，推动以智能制造为代表的技术变革，在转变发展方式中培育新的竞争优势。我国有大量中小企业集中于传统产业，生产方式粗放，普遍存在能耗高、产能过剩、产品附加值低、同质化严重等问题，提升中小企业创新能力、实现产业结构优化升级势在必行。

为推动中小企业发展，扶持“草根”创新，我国政府密集出台了一系列扶持政策，含金量高、针对性强，抓住涉及中小企业发展的关键领域和薄弱环节，精准发力，定向施策，各项工作取得了积极成效。

一是政策环境不断改善。大力推动行政审批制度改革，取消和下放行政审批600多项。加大清理涉企收费力度，实施普遍性降费政策，每年减轻企业和个人负担900多亿元。全面推进商事制度改革，推行工商登记“先照后证”，注册资本由实缴改认缴，企业年检改年报公示，“三证合一、一照一码”等改革措施，降低了企业注册门槛，新创企业大量涌现。今年1–7月，新设立市场主体1955万户，平均每天新登记注册3.77万户，其中绝大多数是中小企业。

二是财税支持力度加大。2015年，中央财政安排116亿元支持中小企业发展，主要用于开展“小微企业创业创新基地城市示范”，以城市创业创新基地为载体促进中小微企业发展。同时，税费减免政策不断出台，将减半征收企业所得税的小微企业范围由年应纳税所得额不低于10万元逐步提高到了30万元，将月销售额3万元以内小微企业免征增值税、营业税的优惠政策延长至2017年底。据统计，今年上半年，全国小微企业共减免税收达486亿元。

三是融资环境持续改善。今年以来，我国已实施3次降准、4次降息，并通过多次实施定向降准，积极发展民营银行，推动信用保证保险服务，加强融资担保体系建设等措施，不断扩大小微企业信贷资金来源，降低小微企业融资成本。截至6月末，金融机构人民币小微企业贷款余额16.2万亿元，同比增长14.5%，增速比同期大、中型企业贷款分别高5.2个和3.3个百分点。同时，通过发展全国中小企业股份转让系统、降低创业板首发门槛等措施，进一步拓宽中小企业融资渠道。前不久，国务院决定建立总规模为600亿元的国家中小企业发展基金，通过设立母基金、直投基金等方式，支持种子期、初创期成长型中小企业发展，这是政府携手市场激发中小企业创新活力的又一重要举措。

四是创业创新全面发力。国家大力推进众创空间和网络众创平台发展，引入众创、众包、众扶、众筹等新模式，不断增强创新资源的聚集能力和企业内生创新活力，将有界的传统企业转变为开放式、协同式的创新平台。为改善中小企业创业创新环境，工业和信息化部深入推进中小企业公共服务平台网络建设，支持30个省和5个计划单列市搭建互联互通、资源共享的平台网络。开展国家小型微型企业创业示范基地建设，推动创业基地为创业者提供网站搭建、网络安全、数据存储等智慧化应用服务，鼓励和支持网络创业。实施中小企业信息化推进工程，打造一批高质量的工业云服务平台，支持互联网骨干企业与信息技术服务商合作，研发集成10大类1032个云服务，面向27万中小企业提供服务。此外，我部在全国范围内开展了“扶助小微企业专项行动”和“小微企业政策宣传月”活动，为中小企业创业创新营造良好的社会环境。

女士们，先生们！

随着经济全球化的不断深入，各国经济相互依存，彼此命运休戚与共。加强国际间交流合作，对促进各国中小企业互利共赢、协同发展大有帮助。本届中博会由中国和马来西亚联合主办,中马两国是隔海相望的亲密邻邦，有着悠久的历史往来。早在600多年前，海上丝绸之路就通达马六甲，促进了中马之间的经济文化交流，也在两国历史上留下了浓墨重彩的一笔。随着“一带一路”战略构想的提出，古老的海上丝绸之路被赋予了新的内涵，中马经济往来迎来了前所未有的重要机遇。中小企业在其中将发挥重要作用，加强和深化中马两国及与各国和地区的中小企业合作具有巨大的潜力和广阔的前景。

各位来宾，各位朋友，女士们，先生们！

交流促发展，合作促共赢。为此，我衷心希望，各位与会嘉宾能围绕本次论坛的主题，集思广益、贡献良策、凝聚共识。通过智慧火花的碰撞，充分实现创新理念、创新模式、创新实践的交流，为推动中小企业创新发展、加强国际合作共赢做出积极贡献。

最后，预祝论坛取得圆满成功！祝各位来宾工作顺利，生活愉快，身体健康！

谢谢大家。

"互联网+"助力中小企业创新发展
——在2016中小企业信息化服务信息发布会上的书面致辞

工业和信息化部副部长 冯 飞

（2016年5月5日）

各位来宾，新闻界的朋友们：

大家上午好！

为进一步贯彻《国务院关于大力推进大众创业万众创新若干政策措施的意见》，落实《国务院关于积极推进"互联网+"行动的指导意见》，今天，我部在这里召开中小企业信息化服务信息发布会，围绕"汇聚社会资源，支持大众创业万众创新"这个主题，总结2015年中小企业信息化推进工作，发布2016年工作要点，以及推动互联网和信息技术应用，支持中小企业创业创新的服务信息。首先，我代表工业和信息化部，对长期关心和支持中小企业信息化推进工作的有关专家、信息化服务企业和服务机构、行业协会以及新闻媒体表示衷心感谢！对今天到会的各方代表表示诚挚欢迎！

当前，国际经济复苏缓慢，发达经济体总需求不足和长期增长率不高现象并存，新兴经济体总体增长率下滑趋势难以得到有效遏制。为寻求新的经济增长点，德国提出工业4.0战略，美国加大对先进制造领域的投入，都是要抓住互联网和信息技术高速发展对经济拉动的机遇，在新一轮科技革命和产业变革中抢占先机，保持在国际竞争中处于优势地位。我国经济虽然存在产能过剩、市场需求下滑等下行压力，以及繁重的供给侧改革任务，但近期公布的多项经济指标均不同程度地反映出经济企稳的迹象。一季度GDP的增速为6.7%左右。3月份制造业采购经理指数(PMI)为50.2%，比上月回升了1.2个百分点；非制造业商务活动指数为53.8%，比上月上升了1.1个百分点，为近两年来较大升幅，略高于去年同期水平。制造业和非制造业指数回升意味着经济发展的积极因素不断增加。

中小企业在历次工业革命中扮演着重要角色。新技术革命给经济社会带来了重大变革，也给中小企业发展带来了机遇。促进两化深度融合，大力提升中小企业的发展质量和核心竞争力，推动企业成为技术创新的主体，对抓住新一轮科技革命和产业变革的机遇，保持经济可持续发展，形成新动能具有重要意义。互联网使中小企业创新需求强、决策快、机制活的优势得到充分发挥，拓展了国内外市场，提高了发展能力。信息技术的应用缓解了中小企业在信息获取、经营管理、市场营销等方面的困难。但税负重、成本高、融资难等依然是制约中小企业发展的突出问题，中小企业要在新形势下稳健经营，迫切需要打造新模式，培育新动能，实现转型升级和创新发展。

十八届五中全会强调，实现"十三五"发展目标，破解发展难题，厚植发展优势，必须牢固树立创新驱动发展理念，推动云计算、大数据、物联网与现代制造业的融合发展。工业和信息化部认真贯彻党中央、国务院决策部署，推动实施《中国制造2025》，落实《国务院关于积极推进"互联网+"行动的指导意见》，不断提升信息化与工业化融合发展水平，推动"互联网+中小微企业创新创业培育行动"等计划的实施，利用互联网和信息技术破解制约中小企业发展难题，改善和优化中小企业发展环境，把着力提升中小企业"两化"融合能力，更好发挥在产业链和创新链中的作用放在更加突出的位置。

一是实施《中国制造2025》。以工业互联网和软硬件产品为支撑，发展高档数控机床、工业控制系统、工业机器人等智能装备，推动制造业的数字化、网络化和智能化。加强工业云平台能力建设，提供面向小微企业的在线研发设计、生产控制、设备管理、质量监控等软件应用与服务，支持中小企业参与产业链和创新链，走专业化、精细化、特色化和新颖化，即"专精特新"发展之路。开展制造过程智能化和网络化服务，提高中小企业的产品质量和协作配套能力。

二是继续实施中小企业信息化推进工程。打造开放共享的资源平台，推动互联网和信息技术在中小企业的深化应用，促进开源软件、3D打印、网络制造等新技术、新模式与中小企业的有机结合。实施信息化专项计划，运用云计算、大数据、移动互联网等支持中小企业应用电子商务，创新经营管理模式。探索供应链金融、电子商务信用融资等方式缓解小微企业融资难。

三是推动小微企业创业创新。利用互联网和大数据强化政府公共服务，推动和完善社会化服务。发展众创、众包、众筹、众扶等新模式新业态，促进中小企业与大企业协同创新与协同制造，推动大众创业、万众创新。要建设一批智慧型小微企业创业创新基地。打造“创客中国”创业创新服务平台，促进个性化定制和柔性化生产，满足个性化、多样化需求，组织开展创客大赛、创客和小微企业创新成果展览展示等活动。

“创新、协调、绿色、开放、共享”五大发展理念是“十三五”乃至更长时期我国经济发展的思路和方向，也是促进中小企业发展和推进中小企业信息化工作的原则和目标。中小企业信息化水平的提升，特别是互联网和信息技术的快速发展和应用普及，将有助于降低中小企业的经营成本，加速中小企业的转型升级进程。今天到会的很多专家、信息化服务企业和媒体界的朋友都长期参与了中小企业信息化推进工作，做出了积极而重要的贡献。希望大家继续关注并支持中小企业发展和信息化工作，共同促进我国中小企业信息化再上一个新的台阶。

谢谢大家！

优化发展环境 加大支持力度 促进非公有制经济和中小企业创新发展
——在2016中国（河南）非公有制经济发展论坛上的致辞

工业和信息化部副部长 冯 飞

（2016年6月14日）

尊敬的陈昌智副委员长，尊敬的马培华副主席，尊敬的陈润儿省长，各位领导、各位来宾，企业家朋友们：

大家上午好！

非常高兴和大家相聚在中原大地、黄河之畔的郑州，共同参加“2016年中国（河南）非公有制经济发展论坛”。在此，我谨代表工业和信息化部对论坛召开表示热烈祝贺！对民建中央长期以来对我部工作的支持表示衷心感谢！对河南省委、省政府为论坛成功举办所做的精心筹备表示衷心感谢！对各位来宾表示诚挚地欢迎！借此机会，我就促进非公有制经济和中小企业发展，介绍一些情况，供大家参考。

改革开放以来，党和国家高度重视非公有制经济和中小企业的发展，确定了“两个毫不动摇”的政策方针。习近平总书记在今年“两会”期间，着重强调要坚持和完善社会主义基本经济制度，重申“三个没有变”。国务院多次召开常务会议，研究部署应对经济下行压力、推动中小企业和非公有制企业创新发展。各地区、各部门积极贯彻落实党中央、国务院决策部署，加大政策落实力度，各项工作取得积极成效：

一是全面深化改革，发展环境进一步优化。三年多来，按照国务院着力推进简政放权、放管结合、优化服务的部署，各部门共取消和下放行政审批事项618项，占原有审批事项的36%，本届政府承诺减少1/3的目标已提前超额完成；非行政许可审批彻底终结。中央层面核准项目共减少76%，投资项目开工前的报建审批事项由65项减至42项。中央政府定价项目减少80%，资质资格认定事项压减44%。“先照后证”、“三证合一、一照一码”等全面实施，工商登记前置审批精简85%，市场准入和运行的制度成本大幅降低。根据世界银行报告，近两年我国营商便利度在全球的排名每年提升6个位次。

二是推动结构调整，创业创新活力显现。国务院及有关部门密集连续出台推动大众创业、万众创新政策措施，推动设立和扩大国家自主创新示范区，支持小微企业创业创新基地示范城市、大众创业万众创新示范基地等建设，开展“全国大众创业万众创新活动周”等活动，培育经济发展新动力。我部会同有关部门以“大众创业、万众创新”为主线，深入实施制造业与互联网融合发展，启动实施《中国制造2025》，设立国家新兴产业创业投资引导基金、中小企业发展基金，开展“创客中国”大赛，建设制造企业互联网“双创”平台，推动大中小企业协同创新和协同制造。1-4月，全国新登记市场主体459.7万户，同比增长13.1%。

三是加大财税支持，企业负担切实减轻。实施定向减税，应纳所得税额30万元以内小型微利企业减半征收企业所得税等优惠政策延长至2017年底；对符合条件的孵化器企业减免营业税、房产税、城镇土地使用税；扩大企业研究开发费用税前加计扣除的范围。据统计，2015年全国减免小微企业和创新型企业税费负担3500亿元以上。营改增试点全面推开，预计将为企业减轻税负5000多亿元。全面清理和规范涉企收费，2015年中央层面取消45项行政事业性收费，停征、降标和归并10项政府性基金，每年累计可减轻企业负担400亿元以上；各地区停（免、减、缓）征的涉企收费减轻企业负担1000亿元以上。设立国家中小企业发展基金，2016年1月29日，国家中小企业发展基金的首支实体基金正式运营。进一步减轻企业社保负担，有条件地降低基本养老保险单位缴费比例、失业保险总费率，规范并阶段性降低住房公积金缴存比例。初步测算，采取以上措施每年可减轻企业社保负担1000多亿元。

四是创新融资方式，积极缓解中小企业融资难。推动落实国务院关于金融支持实体经济特别是小微企业发展的各项政策，加强和改善融资服务。2016年我部与人民银行等有关部门联合印发了《关于金融支持工业稳增长调结构增效益的若干意见》、《加强信息共享 促进产融合作行动方案》，促进金融机构加大对企业的精准支持。积极推进应收账款质押融资工作，截至2016年5月25日，人民银行应收账款融资服务平台促成融资交易近3.6万笔，促成融资总额突破2万亿元，平台吸引企业用户5.6万家，中小企业用户占比达89%，七成融资注入中小企业。积极推动银税互动信用贷款，税务总局和银监会推动纳税信用与借贷信用有机结合，以信促信，2015年7月–12月，支持金融机构运用纳税信用信息为5.1万户小微企业发放贷款580亿元。支持中小企业的信用担保服务，据不完全统计，2015年，全国3384家中小企业信用担保机构新增担保额1.58万亿元，新增中小企业担保户数48.85万户。拓宽直接融资渠道，截止到2016年6月1日，全国中小企业股份转让系统累计挂牌企业超过7400多家。

五是搭建服务平台，公共服务得到加强。中央财政支持各地开展中小企业公共服务平台网络建设，至2015年底，参加建设的平台有905个，带动服务资源8.5万家，开展服务对接活动21.5万次，服务企业216万家。我部培育和认定了486家国家中小企业公共服务示范平台，各地共认定服务（示范）平台6884家。组织开展了国家中小企业银河培训工程，每年培训50万人次中小企业经营管理人员；实施了中小企业经营管理领军人才培训。自2004年以来，连续举办了十二届中国国际中小企业博览会，为国内外中小企业搭建展览、展示、交易、合作的平台。

总的来看，经过各方面的共同努力，政策效用正在逐步显现，非公有制经济和中小企业发展总体上保持了增长态势。以工业为例，1–4月，规模以上非公有制工业企业（不含外商投资企业）实现主营业务收入、利润总额分别增长5.9%、8.4%，分别比全部规上工业企业增速高3.6和2.9个百分点。1–5月，在我国出口下降1.8%的情况下，民营企业出口增长5.7%，占出口总值的46.9%，比去年同期提高3.3个百分点。

与此同时，非公有制经济和中小企业发展也面临严峻挑战。突出表现为用工、土地等要素成本上升，市场需求不振，资源环境约束趋紧，企业生产经营困难加剧。5月份，小型企业PMI为48.6，已经连续23月位于临界点以下，企业家形容遇到了“三座大山”：市场的冰山、融资的高山、转型的火山，民间投资增速回落。为此，国务院部署开展促进民间投资专项督查工作。目前，各地区、各部门已完成了自查工作，9个督查组和4家评估调研单位已完成了实地督查和评估任务。各地、各部门针对发现的问题正在认真研究整改。

下一步，工业和信息化部作为国务院负责中小企业和非公有制经济发展工作的宏观指导部门，将坚决贯彻党中央、国务院的部署和要求，会同有关部门，重点做好以下工作：

一要进一步抓好政策落实。充分发挥国务院促进中小企业发展工作领导小组办公室协调机制作用，推进统筹规划和政策协调。加大政策宣传，加强对政策落实情况的跟踪、考核，推动各项惠企政策落到实处。

二要进一步营造良好发展环境。运用市场化、法制化思维打造服务型政府，推动建立既“清”又“亲”的新型政商关系。推进供给侧结构性改革，进一步助力企业降本增效，提高竞争力。

三要进一步推动创业创新发展。支持扩大小微企业创业创新基地城市示范范围，培育一批示范带动作用强的国家小微企业创业创新示范基地，推动实施“互联网+小微企业”创业创新培育行动，搭建协同创新平台，支持中小企业“专精特新”和产业集群发展。

四要进一步加强中小企业融资服务。推动金融支持实体经济特别是“无缝续贷”“循环借贷”等惠企金融政策的落实。创新融资方式，推动开展应收账款质押、知识产权质押等动产融资和互联网金融助力小微企业发展试点，拓展融资渠道。

五要进一步健全服务体系。加快中小企业公共服务平台网络建设，发挥中小企业公共服务示范平台的带动作用，为中小企业创业创新提供支撑服务。进一步改善政府服务，提高服务效率。

各位来宾，企业家朋友们：

中部地区是我国重要的农产品、能源原材料、现代装备制造和高技术产业基地、综合交通运输枢纽，在我国区域发展战略体系中具有十分重要的地位。促进中部地区崛起战略实施以来，在党中央、国务院正确领导下，中部地区抢抓机遇、开拓进取，经济实现较快增长，总体实力大幅提升，非公有制企业和中小企业也得到快速发展。河南省也取得了显著的成绩，非公有制经济占到了本省GDP的70%。本次论坛以“非公有制经济创新发展与中部崛起”为主题，将对中部乃至全国的非公有制经济发展起到重要和积极的推动作用。

我们相信有党中央、国务院的正确领导，有各级政府和社会各界的关心、支持，有企业家们的不懈努力，非公有制经济和中小企业将进一步迸发活力，为中国经济和社会发展做出更大贡献！

最后，祝河南省经济发展更上一层楼！祝本届论坛取得圆满成功！

谢谢大家！

第九届APEC中小企业技术交流暨展览会主论坛演讲稿

工业和信息化部副部长　冯　飞

（2016年7月14日）

尊敬的秘鲁驻华大使胡安·卡洛斯·卡普纳伊先生、韩国中小企业厅次长崔寿圭先生、朱小丹省长、马兴瑞书记、袁宝成副省长、徐勤市长，各位来宾，女士们、先生们：

大家上午好！

非常高兴能和大家相聚在充满创新活力和创业梦想的深圳市，以“创新实现梦想”为主题，共同探讨新形势下如何激发APEC中小企业创新活力，促进亚太经济共同繁荣发展，很有现实意义。在此，我谨代表中国工业和信息化部，对各位来宾的到来表示热烈的欢迎！借此机会，我愿意与大家分享中国促进中小企业创新发展的思考和进展。

当前，世界经济处于一个较长的调整期，在深度调整中曲折复苏、增长乏力，不稳定不确定因素增加。在错综复杂的经济形势下，中国经济进入新常态，增速从高速增长转向中高速增长、发展方式将从规模速度型向质量效益型转变、增长动力从物质要素投入为主转向创新驱动为主，这些变化是中国经济向形态更高级、分工更优化、结构更合理阶段演化的必经过程。中小企业是中国最大的企业群体，占企业总数99.7%，是中国经济的重要组成部分。中国经济要成功跨越这个必经过程，中小企业的转型升级和结构调整既是重点，更是难点，面临着严峻的现实挑战和难得的发展机遇。

一方面，中小企业的生产经营压力依然较大。资本、土地等要素成本持续维持高位，资源环境约束趋紧，招工难、用工贵以及融资难、融资贵等问题亟待进一步缓解。长期积累的结构性矛盾更加凸显，创新能力不强，大多数中小企业仍处于价值链低端，低价格、低效益和高产能、高库存“两低两高”的局面短期内难以扭转，转方式、调结构任务十分艰巨。

另一方面，中小企业发展也面临着重大机遇。中国经济长期向好的基本面没有改变，全面深化改革正在释放新的动力、激发新的活力。随着商事制度、行政审批、财税金融等一批具有全局意义的重大改革不断深化，市场体系更趋公平开放透明，中小企业发展的市场环境、政策环境和服务环境将更加优化。新技术的广泛应用特别是信息技术与产业的深度融合正在引发以智能制造为核心的产业变革，不断催生新产品、新业态、新市场和新模式，新一轮科技革命和产业变革与中国经济发展方式转变的历史性交汇，为中小企业提供了广阔的创新发展空间。

综合判断，中国中小企业发展仍处于大有可为的重要战略机遇期。当前面临的困难和问题，主要不是周期性的，而是结构性的；有需求侧的，但矛盾的主要方面在供给侧。主要表现在要素配置扭曲、产业结构不合理，有效供给不足。要破解这些难题，对症药方和根本之道在供给侧结构性改革。按照“十三五”规划提出的创新、协调、绿色、开放、共享的发展理念，中国政府把推进供给侧结构性改革作为破解突出矛盾和问题的工作主线，大力推动大众创业、万众创新，针对制约中小企业发展的关键领域和薄弱环节，精准发力，定向施策，出台实施了一系列含金量高、针对性强的扶持政策，改善发展环境，优化公共服务，支持中小企业抓住发展机遇，转变发展方式，提高发展质量。

一、加快结构调整，改善供给。推动中小企业提高产品和服务有效供给能力，一方面运用法律、经济、技术等手段，促进高污染、高耗能和资源浪费严重的中小企业落后产能退出；另一方面，引导中小企业“专精特新”发展，围绕《中国制造2025》重点领域，重点培育主营业务突出、竞争力强的“专精特新”中小企业，打造一批专注于细分市场，技术或服务出色、市场占有率高的“单项冠军”。支持和引导中小企业开展个性化定制、柔性化生产，补上企业竞争力不强这个短板。比如青岛红领集团，运用大数据分析海量的版型、款式等服装数据，支持用户通过互联网实现个性化定制，实现了传统产业的改造提升。他们的做法在今年4月APEC中小企业工作组及配套会议上，与各经济体进行了分享。

二、推进职能转变，放活市场。简政放权，放管结合，深化行政审批、投资审批等制度改革，形成有利于创业创新的良好氛围。从2013年至今，共取消和下放了500多项行政审批事项，企业注册法定时间平均由20天减少为5天。通过推行“先照后证”，简化企业注册程序，降低了企业注册门槛，新创企业大量涌现。2016年1-4月，全国新登记企业157.2万户，同比增长27.5%，企业开工率达71.4%，八成企业实现创收，超半数开业企业实现纳税。从今年10月1日起，“五证合一、一照一码”将开始实施，即在全面实施工商营业执照、组织机构代码证、税务登记证“三证合一”的基础上，再整合社会保险登记证和统计登记证，这将进一步简化企业登记程序。

三、加大财税支持，减轻企业负担。对小微企业实施税收定向减免优惠政策，提高税收起征点，减半征收小微企业所得税，对企业研发费用在缴纳企业所得税时实行加计扣除，降低高新技术企业所得税税率，免征技术转让、技术开发、技术咨询、技术服务等行业的增值税。从今年5月1日开始，中国全面推广营业税改增值税，所有行业的税负只减不增，同时阶段性降低职工社会保险的企业缴费费率，切实降低企业经营成本，大量企业尤其是中小微企业将从中受益。

四、改善融资环境，缓解融资难。保持货币信贷和社会融资规模合理增长，适当下调金融机构贷款基准利率，对符合结构调整需要、能够满足市场需求的小微企业贷款，适当降低银行准备金率。扩大支持小微企业的再贷款和专项金融债规模，鼓励担保机构为小微企业提供低保费的担保服务，不断降低企业融资成本。同时，进一步拓宽融资渠道，扩大直接融资规模，降低企业资金杠杆。通过发展多层次资本市场、放宽创业板首发门槛、支持风险投资机构发展等措施，引导各类社会资金增加有效供给。为撬动更多的社会资金支持初创期的中小企业发展，由中央财政出资150亿元，吸引企业、金融机构等共同参与，中国设立了总规模为600亿元的中小企业发展基金，主要投向种子期和初创期成长型中小企业。该基金将把市场化运作和实现政策目标有机结合起来，实现与市场化基金的联动投资，研究探索投贷联动机制，为中小企业提供更加多元化的融资服务方式。目前，首支实体直投基金已开展投资运作，另外3只直投子基金管理机构的招标评审等工作也已完成。

五、优化服务环境，促进创业创新。创业创新公共服务资源的开放共享，全球创业创新资源的整合利用，创业创新要素的跨地区、跨行业自由流动，对于企业的创新发展至关重要。在这方面，我们依托“互联网+”、大数据等，发展众创、众包、众扶、众筹等新模式，推动新技术、新产业、新业态加速成长，推动资金链引导创业创新链、创业创新链支持产业链、产业链带动就业链，实现创新驱动发展，打造新引擎、形成新动力。鼓励大企业与中小企业协同创新，通过跨领域、协同化、网络化的创新平台，更便捷地获取和使用外部创新资源，提升企业的设计、制造、管理和服务水平。比如中国的海尔集团创建了“海尔开放创新平台”，企业可以聚合全球资源满足用户的碎片化需求，帮助创业者降低创业门槛，找到创新技术的市场化路径。目前，该平台上已有200万家全球一流资源网络，每月可产生超过500个创意及创新项目。

各位来宾、各位朋友，女士们、先生们！

亚太地区是全球经济最为活跃的区域，国际货币基金组织发布的最新报告认为，亚太地区今明两年经济增长依然强劲，GDP增速将达到5.3%，几乎占到全球经济增长的三分之二，是全球经济增长最重要的引擎。中国国家主席习近平先生在2015年APEC第23次领导人非正式会议上指出："我们应该立足当前、面向未来，运用亚太经合组织这一重要平台，推进合作共赢，让亚太继续引领全球增长"。

中小企业是APEC框架下最重要的合作领域之一，也是促进亚太地区繁荣发展的重要源泉，加强和深化各经济体之间的中小企业合作具有巨大的潜力和广阔的前景。中国是世界上最大的发展中国家，是极具增长潜力的新兴市场。今年一季度，中国经济继续保持中高速增长，GDP增速6.7%，规模以上中小工业企业实现利润同比增长10.2%，战略性新兴产业增长10%，高技术产业增长9.2%，发明专利增长55.3%，其中70%以上的专利是中小企业完成的，每天新增的企业主体超过1万家。这充分说明，中国经济发展中的积极因素正在加快聚集，经济增长新动力正在孕育形成。按照世界银行的数据估算，2015年中国经济增长对全球经济增长的贡献率达到了26.1%，仍然是促进全球经济增长的最积极因素。我们欢迎亚太地区的中小企业抓住中国发展的机遇，共享发展的成果。

为此，我衷心希望，各位嘉宾通过智慧火花的碰撞，凝聚共识，交流创新理念、创新模式、创新实践，为推动中小企业创新发展、促进亚太地区经济合作共赢做出积极贡献。

最后，预祝论坛取得圆满成功！

谢谢大家！

贯彻发展新理念推进"双创"新引擎 开创"十三五"中小企业发展新局面
——在全国中小企业工作电视电话会议上的讲话

工业和信息化部副部长 冯 飞

（2016年7月25日）

今天召开这次会议，是为了贯彻落实党中央、国务院关于支持中小企业发展的决策部署，总结回顾"十二五"时期促进中小企业发展工作取得的成绩和经验，研究部署"十三五"促进中小企业发展的思路和举措，推动进一步落实和完善支持中小企业发展的各项工作。

一、充分肯定"十二五"时期的主要工作

"十二五"期间，我国发展环境复杂严峻，全球经济复苏艰难曲折，国内经济下行压力加大，多重困难和挑战相互交织，中小企业特别是小微企业发展面临的困难和问题突出。各级中小企业主管部门认真贯彻党中央、国务院的决策部署，以落实好支持小微企业发展政策为重点，加大小微企业扶持力度，攻坚克难，创新进取，各项工作取得积极进展。这些成效可以概括为"六个进一步"，这里相关成效也包括今年上半年开展的工作。

一是发展环境进一步优化。一方面，"十二五"期间，支持中小企业发展的法律政策体系不断完善。2011年经国务院同意，我部会同统计局等4部委印发了新的中小企业划型标准，2012年国务院出台了《关于进一步支持小型微型企业健康发展的意见》，2014年出台了《国务院关于扶持小型微型企业健康发展的意见》，2015年又印发了《国务院关于大力推进大众创业、万众创新若干政策措施的意见》，各地区、各部门也出台了一系列支持小微企业发展的配套政策。另外，全国人大财经委已审议通过《中小企业促进法（修改草案）》（送审稿），计划10月提请全国人大常委会审议。应当说，支持中小企业发展的政策法律体系已初步建立。同时，我部充分发挥领导小组办公室协调机制作用，明确相关工作制度，制定各成员单位年度工作要点，加强督促，推动落实。另一方面，国家着力推进"放管服"，近三年，国务院各部门共取消和下放行政审批事项618项，取消非行政许可审批类别，工商登记前置审批精简85%，全面实施"三证合一、一照一码"，个人和企业资质资格认定事项压减44%，一系列改革举措的深入推进，极大地激发了小微

企业活力和创造力。

二是财税扶持进一步加强。“十二五”期间，中央财政支持中小企业发展的专项资金超过650亿元。2015年开始，财政部会同我部等5部门开展“小微企业创业创新基地城市示范”工作，2015年中央财政按3年示范奖励总额的70%拨付资金84亿元，2016年，北京昌平区、河北唐山市等15个城市入围第二批小微企业创业创新基地城市示范。2015年，国务院批准设立国家中小企业发展基金。目前，首支实体基金完成资金募集并开展投资，后续3~4支直投子基金管理机构的招标遴选工作也在有序推进。同时，国家加大减税降费力度。2015年仅落实小微企业和个体工商户起征点政策、小型微利企业所得税减半征收这两项政策就免税近千亿元。今年5月，国家全面推开“营改增”试点，大量小微企业也已从中获益。另外，我部充分发挥国务院减轻企业负担部际联席会议机制作用，全面清理规范涉企收费，建立和实施企业收费目录清单制度，为企业松绑。国家还规定从今年5月起两年内，阶段性降低养老保险单位缴费比例、失业保险费率和住房公积金缴存比例。

三是金融支持进一步加大。全面贯彻落实国务院金融支持小微企业发展的政策措施，继续深化落实我部与相关金融机构战略合作，推动金融机构加大对小微企业的支持。据银监会统计，截至2016年6月末，全国小微企业贷款余额近25万亿元，实现了“三个不低于”目标。我部印发《关于进一步促进中小企业信用担保机构健康发展的意见》，从8个方面提出促进担保机构发展的具体举措。推动设立国家融资担保基金，做好财政资金支持中小企业信用担保代偿补偿工作。会同税务总局印发《中小企业信用担保机构免征营业税审批事项取消后有关问题的通知》，推动符合条件的担保机构享受免征营业税政策。另外，与人民银行研究推进应收账质押款融资工作，在四川省绵阳市开展中小企业应收账款质押融资试点，多渠道缓解企业融资难和融资贵问题。此外，各地也通过开展银企对接、银税互动等活动，通过发行中小企业集合债，设立股权投资基金，开展融资租赁，建立应急资金等方式，多措并举帮助中小企业缓解资金问题。

四是“双创”工作进一步推进。我部认真贯彻落实国务院关于大众创业、万众创新的战略部署，推动“创客中国”平台建设，举办创客中国大赛。在全国“双创”活动周期间，各地开展“双创”活动800余次，累计服务近58万人次。实施了创办小企业计划，各地共认定小企业创业基地2495家，入驻企业26万户，提供就业岗位500余万个。在此基础上，我部开展了国家小微企业创业创新示范基地培育和认定，2015年公告首批95家示范基地。另一方面，国家扩大允许固定资产加速折旧的行业范围，完善了研发费用加计扣除政策，放宽享受政策的研发活动范围并简化程序，引导中小企业走“专精特新”发展道路。我部联合知识产权局在59个小企业集聚区开展知识产权托管试点。实施中小企业信息化推进工程和“互联网+小微企业”创新创业培育行动，引导信息化服务企业和电信运营商建设服务平台，支持中小企业应用互联网和信息技术，做强核心业务，实现创新发展。此外，为促进以中小企业集聚为特征的产业集群发展，我们加大了工作力度。据不完全统计，目前，各地销售收入超过100亿元的产业集群1198个，超过500亿元的161个，超过1000亿元的61个，这些产业集群已成为稳增长、促就业的重要力量。

五是公共服务体系进一步完善。“十二五”期间，我部共认定511家国家中小企业公共服务示范平台并实施动态管理，经复核共取消25家示范平台资格。中央财政累计安排15亿元支持各地中小企业公共服务平台网络建设。按照边建设边服务的要求，四川、浙江、山东等26个省市平台网络自2012年陆续开通。目前，各地平台网络共带动社会各类服务机构8.47万个，2015年服务企业216.07万家（次），已经成为中小企业服务体系的骨干架构。我们组织实施企业经营管理人才素质提升工程和中小企业银河培训工程，每年完成对1000名中小企业领军人才和50万人次企业经营管理人员的培训。建立和完善中小企业管理咨询专家库，鼓励和引导管理咨询机构开展中小企业管理诊断和管理咨询服务。连续三年在全国范围组织实施以“扶助小微、转型成长”为主题的扶助小微企业专项行动，动员全社会力量关注、支持、帮助小微企业发展。

六是交流合作进一步增强。我部先后与美国、韩国、日本、德国、欧盟及亚太经合组织（APEC）等在中小企业领域建立了双边和多边合作机制，中小企业交流合作进一步深化。成功举办第21次APEC中小企业部长会议、12届中国国际中小企业博览会和9届APEC中小企业技术交流暨展览会。“十二五”期间，中博会累计为境内外近1.5万户中小企业提供展览展示面积50余万平米，达成合同、意向金额1400多亿元。我部还以中外中小企业合作园区建设为抓手，结合政府间中小企业政策对话机制，促成了一批中外合作区的产业项目实施。2013年以来，先后批复设立了中德（太仓）中小企业合作示范区、中德（揭阳）中小企业合作区、中国（广州）中小企业先进制造业中外合作区。

回顾过去的五年，成绩来之不易。这些成绩，是在国内外深层次矛盾凸显，经济下行压力持续加大的情况下取得的。在困难和压力面前，各有关部门，各级中小企业主管部门坚决贯彻党中央、国务院的决策部署，攻坚克难，开拓进取，扎实工作，采取有力措施稳妥应对，各项工作取得了积极成效。

二、准确把握当前中小企业发展面临的新形势

当前，在全球经济深度调整和我国经济发展进入新常态的背景下，随着国务院一系列促进小微企业创立发展政策的出台和落实，小微企业发展环境逐步改善，总体保持了发展态势。应当看到，小微企业发展仍具有良好支撑基础和不少有利条件。比如，我国发展仍处于大有作为的重要战略机遇期没有变，经济稳定发展的基本面没有变，新常态下发展向结构更合理阶段演化的趋势没有变。又比如，新型工业化、信息化、城镇化、农业现代化持续推进，国内市场潜力巨大，产业体系更加完备，科技水平大幅提高，劳动力素质明显改善，基础设施日益完善，生产要素综合优势更加突出。与此同时，随着“双创”向纵深推进，小微企业发展政策环境不断优化，特别是中国制造2025、“一带一路”建设和供给侧结构性改革的深入推进，新一代信息技术与传统产业加速融合，“互联网+”、分享经济等新业态势头强劲，中小企业的内生动力和活力将得到进一步释放。

同时，我们也要看到，世界经济继续深度调整，国内经济仍处于“三期叠加”阶段，有效需求乏力和有效供给不足并存，经济持续下行带来的不利影响和长期积累的深层次矛盾特别是结构性矛盾进一步显现，虽然在一些方面出现积极变化，但小微企业发展仍存在不少问题和挑战。一是经济增速减缓，下行压力加大，部分小微企业订单不足，生产经营状况仍不容乐观。今年6月中国制造业采购经理指数（PMI）中，小企业PMI为47.4%，比上月下降1.2个百分点，继续位于临界点以下。统计局小微工业企业问卷调查显示，今年二季度，认为市场需求不足的企业占比达到53.4%，自2013年四季度以来，这一比例持续上升。二是民间投资增速下滑。1~6月，全国固定资产投资同比名义增长9%，但民间固定资产投资仅增长2.8%，比1~5月回落1.1个百分点，比上年同期回落8.6个百分点，比2015年全年回落7.3个百分点。不少中小企业投资观望情绪严重，投资信心、力度普遍比前几年低。三是工业产品价格低位徘徊，用工、土地、资金等生产要素成本上升，物流、环保等费用增加，融资难融资贵问题仍然突出，两头挤压企业利润空间，企业增产不增收、增收不增利，盈利能力进一步减弱。对这些问题，我们必须高度重视，积极推动解决。

需要强调的是，习近平总书记在不同场合多次提出“要不断扩大中等收入群体”，李克强总理也常说“就业稳，经济就稳，社会就稳”。不论是中等收入群体的扩大还是就业的稳定，根本上都要靠大量中小企业的创设与发展，靠他们不断推动“双创”，培育扩大新动能，加快发展新经济。各级中小企业主管部门要不断创新工作思路，工作不仅要从小企业本身入手，还可以从大企业方面着眼。比如，“双创”不仅是小企业的空间，一样是大企业的优势。海尔集团是个大企业，但海尔“双创”平台的特色之处，就在于能够提供小企业不具备的战略协同能力，将平台上的制造、设计、物流、分销等能力整合成生态系统，为创业的大量小微企业提供服务。同时，海尔还搭建起共享平台，将财务、人力等基础服务变成信息化服务，让小企业降低成本、少走弯路，带动小微企业的发展。

总之，中小企业发展关系到经济发展的动力和活力。各级主管部门要站在全局和战略的高度，进一步增强责任感和使命感，坚定发展信心，把思想和行动统一到党中央、国务院的重大决策部署上来。要把促进中小企业发展和推动经济提质增效、促进民生持续改善结合起来，把推动“双创”和推进供给侧结构性改革摆在更加重要的位置，进一步解放思想，创新理念，完善措施，推动中小企业工作不断迈上新台阶。

三、下一阶段的工作重点

今年是“十三五”的开局之年，“十三五”时期，我国中小企业仍处于可以大有作为的重要战略机遇期。我部

将坚决贯彻落实党中央、国务院的决策部署，紧紧围绕创新、协调、绿色、开放、共享五大发展理念，着力推动大众创业、万众创新，着力做好规划的组织实施，狠抓政策落实。

第一，要狠下功夫抓好政策落实。近年来，国家和各地出台的促进小微企业发展的政策措施可谓不少，但仍有不少企业反映，政策落不了地，实际享受的优惠少，获得感少。尤其是近期在国务院开展的民间投资政策落实专项督查中，再次暴露了不少政策不落实的问题。对于抓落实问题，中央领导同志高度重视。习近平总书记多次强调“一分部署，九分落实”，李克强总理也强调“施政之要贵在落实，重在实干”，中央领导同志要求的核心就是要通过强力推动政策落实，尽快释放政策效力，惠及广大小微企业。上半年，我部会同各成员单位进一步细化实化相关政策，提出了包括财税支持、金融扶持、稳定就业岗位、优化“放管服”等方面共28条支持小微企业发展的重要举措上报国务院，李克强总理、张高丽副总理和马凯副总理等国务院领导同志做了重要批示。下一步，我部将会同各成员单位加大工作力度，狠抓工作落实。需要强调的是，在政策落实方面，地方发挥着关键作用，各级主管部门要切实把国家的政策落实下去，同时还要把企业的诉求反映上来。当前政策不落实，有体制机制问题，也有宣传不到位、督促不到位的问题。我们要充分发挥牵头部门作用，注重加强与有关部门的沟通协商，加强对政策的宣传解读，提高中小企业对政策的知晓度。同时，加大工作督促，形成政策落实合力，使政策发挥出最大成效，激发广大中小企业的良好预期和宝贵信心，促进中小企业健康发展。

第二，要切实抓好规划的组织实施。我部发布的《促进中小企业发展规划（2016-2020年）》，提出了下一个五年促进中小企业发展的总体思路、发展目标、主要任务和重要措施。规划提出，在“十三五”期间，要积极推进“两个专项行动”，即“互联网+”小微企业专项行动和中小企业国际化促进专项行动；“四个关键工程”包括“专精特新”中小企业培育工程，服务能力建设工程，产业集群发展能力提升工程和中小企业管理能力提升工程。同时，要完成五项主要任务，分别是推进创业兴业，激发活力；提升创新能力，增强动力；推动转型升级，改善供给；拓展内外市场，开放发展；推进职能转变，改进服务。各地要抓紧研究提出具体贯彻落实措施，切实抓好规划的组织实施。力争实现“中小企业整体水平进一步提高，创新能力进一步增强，企业素质进一步提升，发展环境进一步优化”的总体目标。另外，为着力解决中小企业发展面临的突出问题，我部进一步转变工作思路、创新工作方式，拟重点再抓好中小企业大数据应用（包括重点推动部门数据信息资源开放共享以及利用大数据信息），中小企业服务援助（主要包括中小企业维权机制建设等）、中小企业金融创新（主要包括推进中小企业应收账款融资及金融机构助力中小企业走出去等）以及中小企业市场拓展（包括开展中小企业军工配套培育示范和推进政府采购促进中小企业发展）等几件实事。目前，我部正在细化实施方案，稳步推进。各地中小企业主管部门要结合本地实际认真做好落实。同时及时总结经验，发现问题，相关情况及时上报我部。

第三，要进一步强化创业创新。当前经济增长的传统动力减弱，必须加大结构性改革力度，培育和催生经济社会发展新动力，根本上讲就是要推动大众创业、万众创新，通过大力创设和发展小微企业，连续不断地开办新企业、开发新产品、开拓新市场，打造新动能。比如，要继续支持各地小微企业创业基地建设，培育一批示范带动作用强的国家小微企业创业创新示范基地。联合财政部等部门继续做好“小微企业创业创新基地城市示范”有关工作。又比如，在全球新一轮科技革命和产业变革中，要大力推动“互联网+小微企业”，实施小微企业创业创新培育行动，推动互联网技术支持小微企业创业创新。积极发展众创、众包、众扶、众筹等新模式，搭建协同创新平台，促进生产与需求对接、传统产业与新兴产业融合、大企业与中小企业合作。同时，继续实施大学生创业引领计划。继续实施中小企业知识产权推进工程。进一步促进产业集群健康发展，提升产业集群竞争能力。加强创业辅导，完善创业创新服务平台。

第四，要着力缓解小微企业融资难、融资贵问题。关于融资问题，各地区、各有关部门都采取了积极措施，做了不少工作，应当说有了很大改进，但面对千千万万小微企业的需求而言还有差距。在这次民间投资政策落实专项督查中，企业对融资难、融资贵问题仍然反映突出。中小企业融资难、融资贵问题是个世界性难题，解决起来确实不容易。这方面，我们还是要多管齐下，综合施策。一方面，正在开展的工作要继续抓好。比如，进一步推动有关部门和金融机构落实国务院关于金融支持实体经济特别是小微企业发展的各项政策，落实和深化与有关银行签署的中小企业金融服务备忘录和战略合作协议，探索多种增信途径，加大对小微企业信贷支持。各级主管部门要主动加强与地方金融部门的协同配合，继续开展与所在地银行业分支机构的合作，创新政银合作模式，务实帮助小微企业提高获得信贷支持的能力。又比如，推进省级再担保机构建设，发挥好代偿补偿资金作用，完善融资担保体系，引导担保机构创新发展。另一方面，要积极探索实践新思路、新举措。要加快推动设立国家融资担保基金；要与人民银行共同开展应收账款融资专项行动，不断扩大融资规模，推动信用保证保险服务支持小微企业发展有关工作。

第五，要进一步完善公共服务体系。这是我们工作的重要抓手。这方面，要继续做好平台网络建设、公共服务平台培育，抓好中小企业人才培养，支持鼓励中小企业交流与合作，做好运行监测分析等。各地要进一步加快中小企业公共服务平台网络建设，完善平台网络服务标准和功能，提高服务质量。这里我要强调一下，各地在抓好平台网络建设和运营的同时，要认真做好竣工验收考核工作。目前，进入项目验收阶段的省市大部分已按要求完成验收，但仍有个别省市未按时完成，未完成的省市要认真查找原因，加强整改，将责任落实到人，尽快完成验收工作。同时，加强中小企业公共服务示范平台动态管理，发挥示范平台带动作用。完善“创客中国”公共服务平台，组织实施“创客中国”大赛。进一步提升中小企业管理水平，完善中小企业管理咨询专家库，推动中小企业管理创新。继续组织实施企业经营管理人才素质提升工程。认真做好第13届中国国际中小企业博览会有关工作。这里还要强调一点，在当前经济形势下，各地更要密切跟踪中小企业运行情况，重点加强对规模以下企业的运行监测，不断提高运行监测能力与预警水平。工作中要特别关注资金周转、市场、成本、用工等情况，发现苗头性、倾向性问题，要及时向当地政府报告并提出对策建议。对停产、亏损小微企业可能存在的失业增加、影响社会稳定等问题和隐患，一旦出现要及早反映，防止矛盾扩大。

第六，要进一步优化小微企业发展环境。从根本上说，促进小微企业发展，重在优化发展环境。我经常讲，给钱不如给政策，给政策不如给环境，给小微企业的最大支持是创造有利于企业发展的公平的发展环境。为此，我们要继续发挥领导小组办公室协调机制作用，加强部门联动，推进统筹规划和政策协调，保障政策顺利实施。各地中小企业管理部门作为牵头部门，要针对新形势和新变化，围绕小微企业融资、市场、财税政策、土地等，主动与相关部门沟通协调，形成合力，千方百计解决当前小微企业遇到的突出问题。同时，继续做好国家中小企业发展基金工作，有条件的地方也要积极争取地方党委和政府支持，设立明确的中小企业发展基金，支持初创期、种子期成长型中小企业发展。另外，我部还将与发展改革委等部门继续推动非公有制企业建立现代企业制度和东北地区民营经济改革发展试点工作，并会同相关部门加大扶持小微企业发展政策宣传，形成全社会支持小微企业发展的良好氛围。

同志们，今年是全面建成小康社会决胜阶段的开局之年，在新形势下推进小微企业持续健康发展，意义更加重大，任务也更加艰巨，我们要深入贯彻落实中央重大决策部署，改革创新，拼搏进取，扎实推进小微企业各项工作，努力开创中小企业工作新局面，为实现“十三五”经济社会发展目标做出更大的贡献。

在第十三届中国国际中小企业博览会开幕招待会上的致辞

工业和信息化部副部长 辛国斌

（2016年10月9日）

尊敬的阿祖马纳·穆塔耶部长、卡尔拉吉·米什拉部长，尊敬的朱小丹省长，女士们、先生们、朋友们：

大家晚上好！

很高兴在金秋十月与各位新老朋友相聚广州，共同祝贺第十三届中国国际中小企业博览会隆重开幕。在此，我谨代表中国工业和信息化部、代表中博会组委会，向前来参加第十三届中博会的境内外嘉宾和朋友表示热烈的欢迎和衷心的感谢！

中博会自2004年创办以来，已成功举办了十二届，是目前中国规模最大、参展企业最多、专门面向中小企业的国际展会，已经成为世界各国中小企业进入中国、中国中小企业走向世界的重要平台。本届中博会由中国和科特迪瓦、印度共同联合主办，科特迪瓦是首个联合主办的非洲国家，至此，中博会联合主办国已涵盖了亚洲、欧洲、大洋洲、美洲、非洲五大洲，印度是继俄罗斯后参与联合主办的第二个金砖国家，这充分说明了中博会的影响力正在进一步扩大。

近年来，科特迪瓦经济快速发展，目前是非洲第三大经济体，中科经贸关系日益密切，双方在基础设施、资源开发等领域都开展了务实的合作。印度近年来的经济增长速度引人瞩目，中印同为世界上最大的发展中国家、新兴经济体和金砖国家成员，发展目标相通契合，发展进程相互促进，经贸合作领域前景广阔、潜力巨大。这次阿祖马纳·穆塔耶、卡尔拉吉·米什拉两位部长专程率团参加中博会，这是两国进一步拓展与中国经贸合作特别是中小企业合作的具体行动，必将推动中科、中印合作再上新台阶！

女士们、先生们、朋友们！

中小企业在世界各国经济发展中有着极其重要的地位，如何推动广大中小企业转型升级、创新发展，已成为各国政府尤其是亚非等发展中国家政府共同面对的重大课题。中国政府高度重视中小企业发展，把推进供给侧结构性改革作为破解突出矛盾和问题的工作主线，大力推动大众创业、万众创新，针对制约中小企业发展的关键领域和薄弱环节，精准发力，综合施策，出台实施《“十三五”促进中小企业发展规划》、《中国制造2025》和“互联网+”行动计划等一系列政策措施，通过改善发展环境，优化公共服务，支持中小企业抓住发展机遇，转变发展方式，提高发展质量。广大中小企业积极应对市场变化，正在加速进行结构调整和产业变革，新技术、新模式、新业态层出不穷，有力地支撑了中国经济平稳健康发展。

女士们、先生们、朋友们！

当前，世界经济在深度调整中曲折复苏，正处于新旧增长动能转换的关键时期。上一轮科技和产业革命提供的动能面临消退，新一轮增长动能尚在孕育。面对当前世界经济的复杂形势和风险挑战，中国国家主席习近平在G20杭州峰会上提出建设创新型、开放型、联动型、包容型世界经济。可以说，这是世界各国合力应对当前全球经济难题的一剂良方。中小企业是各国对外经贸关系中最重要的合作领域之一，也是促进各国经济繁荣发展的重要源泉。当前，随着经济全球化不断深入发展，中小企业日益成为对外合作的主力军。特别是中国“一带一路”、亚投行、国际产能合作等重大战略的实施，为中小企业带来新的发展机遇，中小企业在国际合作中大有可为。我们愿与世界各国一道，充分发挥中博会的桥梁和纽带作用，不断夯实合作领域，创新合作机制，进一步加强中国与世界各国各地区中小企业的交流合作，实现共同发展、共同繁荣，为推动世界经济走上强劲、可持续、平衡、包容增长之路做出积极贡献。

最后，预祝第十三届中国国际中小企业博览会取得圆满成功！谢谢大家！

在2016年“创客中国”创新创业大赛上的致辞

工业和信息化部副部长 辛国斌

（2016年10月10日）

各位领导、各位来宾，来自全国各地的参赛选手以及媒体界的朋友们：

大家上午好!

今天，工业和信息化部在这里举办2016年“创客中国”创新创业大赛决赛，这是我部贯彻落实党中央、国务院推进大众创业、万众创新和促进中小企业健康发展的战略部署，在全国“双创”活动周期间开展的一项重要活动。首先，我代表工业和信息化部对大家积极参与此次活动表示热烈欢迎，并预祝参赛选手决出水平，取得好成绩。

党的十八届五中全会指出，创新是引领发展的第一动力，必须把发展的基点放在创新上，释放新需求，创造新供给，加快实现发展动力转换。“十三五”是我国全面建成小康社会的决胜阶段，也是产业转型升级的关键时期，工业和信息化部在建设制造强国和网络强国的战略部署中，担负着推动信息产业与装备制造业融合发展、促进大中小企业创业创新的重要职责。推动工业互联网发展，培育众创设计、网络众包、个性化定制、服务型制造等新模式，完善产业链，打造新型制造、协同发展的产业生态体系，建设一批面向制造企业特别是中小企业的“双创”服务平台，培育一批具有较强国际竞争力的龙头企业，打造一批小微企业创业创新基地是“十三五”面临的重要任务。依托我部“创客中国”国家创新创业公共服务平台开展的“创客中国”创新创业大赛，将在制造强国建设、制造业和互联网深度融合、推进大中小企业创新创业工作中发挥积极作用。

一是平台将为推动制造强国建设集聚资源。当前，我国经济发展进入新常态，制造业依靠大规模投资、低成本要素投入和出口拉动的传统模式难以为继，必须加快新旧动能转换，努力向中高端水平迈进。“创客中国”平台运用众创、众包、众扶和众筹等新理念和新模式，坚持“围绕产业链,打造创新链，提升价值链”，将线上服务与线下开展系列赛事活动紧密结合，通过举办“创客大赛”，集聚创客和小微企业的创新资源与成果，实现了“集众智、汇众力”，促成了大企业与中小企业、创客的供需对接，为制造业创新增添了活力。

二是平台为深化制造业与互联网融合发展创造条件。《国务院关于深化制造业与互联网融合发展的指导意见》（国发〔2016〕28号）明确指出，要鼓励完善制造业“双创”服务体系，开创大中小企业联合创新创业的新局面；结合“双创”示范基地建设，培育一批支持制造业发展的“双创”示范基地。“创客中国”平台以开展基于互联网的协同制造服务为重点，有效整合全社会、多元化的制造资源和创新资源，通过共享云设计、网络制造、3D打印等技术，为中小企业开展个性化定制和柔性化生产服务，推动中小企业参与产业链和创新链。通过建立创客实验室和创客大学，整合企业、社会、学校等多方资源，帮助小微企业在线学习，使用开源硬件制作创新作品，推动大企业与创客、小微企业协同设计、协同制造和协同发展。

三是平台是我部开展“双创”工作的重要抓手和窗口。推进大众创业、万众创新，对于推动经济结构调整、打造发展新引擎、增强发展新动力、走创新驱动发展道路具有重要意义。当前，推动大众创业、万众创新也面临着体制机制约束、资金人才支撑不足、市场竞争环境有待优化等问题。“创客中国”平台在改善“双创”环境、破解融资瓶颈、优化政府公共服务等方面进行了有益探索。通过众创、众包、众扶、众筹等新模式，推动创客和小微企业的创新产品与产业实现对接，使“双创”成果真正成为促进制造业发展的新动能。

本次大赛是我部主办的首场赛事，借此机会，我提几点希望和建议：

一是推进央地合作，提升品牌影响。“创客中国”平台是汇聚中小企业创新成果，推动创新创业的载体，要通过在各地搭建“创客中国”分平台，举办区域和专题赛事活动，形成资源共享、互动合作的机制，在全国营造浓厚的“双创”氛围。各地中小企业主管部门要根据本地产业布局和中小企业发展实际，凝聚更广泛、更丰富的资源，不断完善平台的服务功能，扩大平台和大赛的影响，实现全国平台资源的高效共享与对接，为中小企业和创客创新创业提供支持和服务，逐步形成“大企业带动小企业发展，小企业促进大企业创新”合作共赢的生态体系。

二是聚焦关键领域，实现创新突破。配合实施《中国制造2025》，围绕关键共性技术、关键领域、主导产品和工业基础能力的薄弱环节，发布大企业、龙头企业的需求信息，开展有针对性地联合攻关，通过网络众包，寻求创客和小微企业根据任务需求进行的创意设计和创新成果。既帮助大企业利用外部资源进行技术和产品创新，同时提升创客和小微企业创新成果的实用价值。

三是完善服务功能，探索市场模式。不断完善和创新平台的服务功能，借助平台集聚的创新资源、资金资源、政府资源、服务资源等，推进协同制造、产融合作和供需对接，积极探索利用互联网打造产业生态体系，采用市场化手段实现创新项目产业化，发展新型创新创业空间的方法途径，促进中小企业创新发展。

在本次大赛的筹备过程中，作为承办单位的我部信息中心和广东省经信委的同志们付出了辛勤劳动，各地中小企业主管部门积极组织地方赛事，遴选出大量创新项目，全国创客平台和创客群体积极参与大赛各项活动。对此，我代表主办单位工业和信息化部，对大家给予本次大赛的支持和帮助致以诚挚的谢意！

最后，预祝本届“创客中国”大赛取得圆满成功！

在第十三届中博会科特迪瓦展馆开馆仪式上的致辞

工业和信息化部副部长 辛国斌

（2016年10月10日）

尊敬的阿祖马纳·穆塔耶部长，各位领导、各位嘉宾，女士们、先生们，朋友们：

大家好！

在此，我谨代表中博会组委会和中国工业和信息化部，对阿祖马纳·穆塔耶部长率领科特迪瓦代表团出席本届中博会表示热烈的欢迎和衷心的感谢！对科特迪瓦展馆开馆表示热烈的祝贺！

科方作为本届中博会的联合主办国之一，组织了30多家中小企业参展，展览面积达到1200平方米，不仅展示了科特迪瓦的特色产品，还体现了科特迪瓦的文化，特别是阿祖马纳·穆塔耶部长亲率高规格的政府代表团出席中博会，体现了科特迪瓦对中博会的高度重视。

中国十分重视与科特迪瓦的友好合作，两国在工业、农业、林业等领域有着良好的合作基础，双方经贸关系和经济技术合作不断取得新突破。2015年中科双边贸易已突破17亿美元，持续保持两位数增长。今年4月，中国全国政协主席俞正声对科特迪瓦进行了正式友好访问，推动了中非“十大合作计划”与科特迪瓦“2016—2020发展规划”的对接，必将进一步促进两国中小企业在各领域的合作。

女士们、先生们，朋友们！

中国与科特迪瓦经济互补性强，发展潜力巨大，合作前景非常广阔。希望双方以合办第十三届中博会为契机，把握机遇，携手共进，深化两国中小企业领域的交流与合作，努力将中科互利共赢合作水平提升到新高度。

最后，祝科特迪瓦展取得圆满成功，祝科特迪瓦的各位朋友工作顺利、满载而归！谢谢大家！

在第十三届中国国际中小企业博览会国际产业合作与投资对接洽谈会开幕式上的致辞

工业和信息化部副部长 辛国斌

（2016年10月10日）

尊敬的阿祖马纳·穆塔耶部长、卡尔拉吉·米什拉部长，尊敬的胡春华书记、朱小丹省长，女士们，先生们，朋友们：

大家上午好！

在这美好的金秋时节，很高兴出席第十三届中博会国际产业合作与投资对接洽谈会开幕式。在此，我谨代表中国工业和信息化部对洽谈会的成功举办表示热烈的祝贺！对一直以来为推动中小企业国际交流合作做出积极努力的各界人士表示衷心的感谢！

当前中小企业国际化发展日益广泛深入，各国政府都在积极探索支持中小企业国际化发展的新途径、新模式。中国工业和信息化部与中国银行联合开展“促进中小企业国际化发展行动计划”，旨在强化信息共享和政策协同，搭建跨境撮合服务平台，创新金融支持方式，改善金融服务，促进中小企业融入全球市场，利用全球要素。今天，我们依托中博会的平台，举办国际产业合作与投资对接洽谈会，就是落实“促进中小企业国际化发展行动计划”的一项具体行动，将为各国中小企业技术合作、寻找商机、融入全球价值链提供帮助支持。

女士们、先生们、朋友们！

当前，新一轮科技革命与产业变革正在全世界范围蓬勃兴起，为中小企业的国际合作拓展了新空间，提供了新动能，中小企业正日益成为国际经贸合作的主力军。中国是世界上最大的发展中国家，是极具增长潜力的新兴市场。今年上半年，中国经济继续保持中高速增长，GDP增速6.7%，规模以上中小工业企业实现利润同比增长8.3%，高技术产业和装备制造业增加值同比分别增长10.2%和8.1%。这充分说明，中国经济发展中的积极因素正在加快聚集，经济增长新动力正在孕育形成。按照世界银行的数据估算，2015年中国经济增长对全球经济增长的贡献率达到了26.1%，仍然是促进全球经济增长的最积极因素。我们欢迎各国中小企业搭乘中国发展的快车，抓住中国发展的机遇，共享发展的成果。我们愿意同世界各国一道，充分发挥中小企业跨境撮合平台的作用，不断拓宽合作领域，深化合作机制，开展多形式、多领域的务实合作，进一步推动各国中小企业成长壮大，为促进世界经济的繁荣发展做出贡献。在座各位企业家既是中小企业国际合作的推动者又是受益者，希望大家能够利用这次机会，在接下来的时间里，深入沟通交流，密切合作，取得满意的收获。

最后，祝本次对接洽谈会取得圆满成功！谢谢大家！

把握机遇 引领变革 推动中小企业创新发展

——在中国中小企业高峰论坛上的演讲

工业和信息化部副部长 辛国斌

（2016年10月10日）

尊敬的阿祖马纳·穆塔耶部长、卡尔拉吉·米什拉部长、王江平副局长、袁宝成副省长，各位来宾，女士们、先生们，朋友们：

下午好。很高兴在这金秋时节,与大家相聚在美丽的南海之滨广州，共同出席第十三届中国中小企业高峰论坛。本次论坛以“变革的力量”为主题，聚焦中小企业在新形势下的创新发展与变革转型，很有前瞻性和现实意义。在此，我谨代表中国工业和信息化部，对本次论坛的召开表示热烈的祝贺，对与会嘉宾和媒体界朋友们表示诚挚的欢迎和感谢！

当前，信息技术、生物技术、新能源技术、新材料技术等的重大突破和融合创新，正在引发新一轮科技革命和产业变革，给人类生产和生活方式带来了深刻变化，也为世界发展注入了新的活力。前不久，在中国杭州召开的二十国集团峰会提出《创新增长蓝图》，与会各国一致决定，通过创新、新工业革命、数字经济和结构性改革等新方式，为世界经济开辟新道路，拓展新边界。面对新一轮科技革命和产业变革，中小企业迎来新的历史性发展机遇。只有提振信心、主动作为，向创新要动力，向改革要活力，才能把握机遇，引领变革，赢得发展主动权。

中小企业是中国最大的企业群体。中国高度重视中小企业创新发展。近年来，为促进中小企业创新转型，中国政府抓住涉及中小企业发展的关键领域和薄弱环节，更多地运用改革的办法，精准发力，定向施策，密集出台了一系列扶持政策，含金量高、针对性强，成效非常明显。截止到2015年末，工商登记中小企业超过2000万家，个体工商户超过5400万户，中小企业提供了80%以上的城镇就业岗位，是就业的主渠道。同时，量大面广的中小企业也是中国经济创新的源泉。中国65%的发明专利、75%以上的企业技术创新、80%以上的新产品开发，都是由中小企业完成的。当然，我们也清醒地看到，中国中小企业发展仍然面临许多困难和问题，创新发展的基础还不牢固。一方面，中小企业生产经营压力较大，融资难、融资贵、用工难、税费负担重等问题依然突出。另一方面，中小企业结构性矛盾突出、自主创新能力不强，大量企业仍集中在传统产业，转型升级势在必行。

中国目前正在实施第十三个五年规划。“十三五”时期，中国中小企业发展仍处于重要战略机遇期。随着中国新型工业化、城镇化、信息化、农业现代化的大力推进，以及《中国制造2025》、“互联网+”行动计划、“一带一路”建设等重大战略举措的深入实施，中小企业创新发展势头更加巩固。通过推进供给侧结构性改革，深化商事制度、行政审批、投资审批、财税、金融等的改革，中小企业发展的创新环境更加优化。以互联网为核心的信息技术与各行各业深度融合，日益增长的个性化、多样化需求，不断催生新产品、新业态、新市场和新模式，为中小企业提供了更加广阔的创新发展空间。特别是随着“大众创业、万众创新”浪潮的蓬勃兴起，最大程度汇集企业内外部创新要素和智慧资源，极大地激发了中小企业创新创业活力。为此，我们将牢固树立和贯彻落实创新、协调、绿色、开放、共享的发展理念，以提质增效为中心，把创新驱动摆在核心位置，深化改革，改善服务，完善政策法规，充分利用好国际国内两个市场、两种资源，推动中小企业依靠创新开辟新路径、实现新突破。

一是持续优化发展环境。这是中小企业发展的前提基础。近三年来，国家有关部门取消和下放行政审批事项618项，砍掉了一大批行政审批中介服务事项，取消、停征、减免一大批行政事业收费和政府性基金。全面推进商事制度改革，推行工商登记“先照后证”，全面实施“五证合一、一照一码”。同时，加大对中小企业发展的财税支持，对符合条件的小微企业暂免征收增值税和营业税、减半征收企业所得税，不断完善研发费用税前加计扣除和固定资产加速折旧企业所得税政策。据统计，仅落实暂免征收增值税营业税政策，2015年为2800多万纳税人共减免税收约800亿元。从今年5月起，全面推开“营改增”试点，大量中小企业从中受益。下一步，我们将继续推进简政放权、放管结合、优化服务，进一步取消下放调整行政审批事项，着力抓好“五证合一、一照一码”的全面实施，不断释放市场活力。结合新形势，加快修订《中小企业促进法》，强化法律对中小企业保障和促进作用。切实抓好促进中小企业发展规划（2016-2020年）的组织实施，为中小企业发展提供指引。

二是进一步改善融资环境。这是当前工作的重心所在。我们将全面贯彻落实国务院金融支持小微企业发展的政策措施，推动金融机构加大对小微企业的支持，积极发展民营银行，推动融资担保体系建设。推动设立国家融资担保基金，做好财政资金支持中小企业信用担保代偿补偿工作。同时，通过发展多层次资本市场、支持风险机构发展等措施，进一步拓宽中小企业融资渠道，扩大直接融资规模和有效资金供给。去年9月，国务院决定建立总规模为600亿元的国家中小企业发展基金，引导带动社会资金共同支持种子期、初创期成长型中小企业发展。目前，首支实体直投基金已开展投资运作，后续子基金的设立工作也在有序推进中。随着国家中小企业发展基金引导带动作用进一步增强，相信会有更多有创新和发展潜力的中小企业得到支持。

三是着力加快推进中小企业信息化发展。这是促进中小企业转型发展的重要途径。近年来，我们大力实施中小企业信息化推进工程，取得了显著成效。中小企业研发、生产、财务、管理等各类软件及服务应用日益普及。全国中小企业信息化服务网络基本形成，依托大型信息化服务企业建立了6000多个分支服务机构，汇聚了60多万家软件开发商和信息化服务商，每年开展数万场宣传培训和应用推广等活动。“十三五”时期，我们将继续深入实施中小企业信息化推进工程，开展“互联网+”小微企业专项行动，推动协同制造、个性化定制和柔性化生产，提高中小企业特别是小微企业的快速响应和柔性高效的供给能力。同时，积极利用“互联网+”发展众创、众包、众扶、众筹等新模式新业态。引导信息化服务企业和电信运营商建设服务平台，支持中小企业应用互联网和信息技术，做强核心业务，实现创新发展。

四是不断加强创新创业服务。推动中小企业创新发展，核心是要提高中小企业的创新能力和整体素质。当前，分享经济快速增长和互联网应用深度拓展，正加快推进创业创新模式变革，创业创新资源的开放共享、生产要素的自由流动和新技术新手段的深入应用，成为推进创业创新发展的关键。我们将支持“创客中国”平台建设，举办“创客中国”创新创业大赛。加强小微企业创业创新基地、中小企业公共服务平台等载体能力建设，培育一批示范带动作用强的国家小微企业创业创新示范基地。发挥中小企业服务平台网络骨干架构作用，加强互联互通，实现资源优势互补，不断优化创新服务环境。同时，我们将围绕《中国制造2025》确定的重点领域，着力推进中小企业“专精特新”发展，培育一大批主营业务突出、竞争力强的“专精特新”中小企业；打造一批专注于细分市场，技术或服务出色、市场占有率高的“单项冠军”。鼓励中小企业以专业化分工、服务外包、订单生产等方式与大企业、龙头骨干企业建立稳定的合作关系。

五是进一步深化国际交流合作。促进中小企业发展始终是世界各国面临的共同任务，加强中小企业领域国际交流合作是各国的共同选择。近年来，我们着力深化双边和多边合作机制，举办了中德、中美、中欧等中小企业政策对话。推动中外中小企业合作区建设，在广州、太仓、芜湖等多地设立了中外中小企业合作区，比如中德（太仓）中小企业合作示范区就聚集了230多家德资企业。同时，围绕“一带一路”建设，我国中小企业与沿线国家和地区合作交流也日益增加。今后，我们将进一步深化中小企业领域的国际交流合作，务实推进双边、多边中小企业合作，支持中小企业“走出去”和“引进来”，支持中小企业引进境外资金、技术、人才、管理经验，不断增强发展能力。推动中外中小企业合作区建设，支持条件成熟的地方到海外建设中国中小企业中心，推动中小企业融入全球产业链和价值链。

女士们，先生们。

新一代信息技术的迅猛发展,正加速推动经济全球化的进程，世界各国经济相互依赖、相互融合，国际间的交流合作变得空前活跃。中博会通过策划举办一系列论坛活动、领袖峰会、圆桌会议、产品和技术展览等，为加强中小企业国际合作、交流互动搭起了重要平台。

本届中博会由中国、印度和科特迪瓦联合主办，三国虽相隔万里，但合作日趋紧密，中印同为文明古国，又都是金砖国家，古有往来互鉴之情，今有共同复兴之业，而与科特迪瓦的携手，为中博会首次带来了非洲的生机与活力，更为中非中小企业架起了合作交流、互惠共赢的桥梁。三国中小企业各有所长，各具特色，经济结构有较强的互补性，加强双、多边合作，有着巨大的潜力和广阔的前景。

一年一度的中国中小企业高峰论坛吸引来自国内外的政商学界代表集思广益，建言献策，已经成为中博会一张闪亮的名片。我衷心希望，与会各位嘉宾围绕本次论坛的主题，在更大范围、更广领域、更高层次交流沟通、贡献良策，集众智、聚众慧，共同探索中小企业创新、变革的发展道路。

最后，预祝本次论坛取得圆满成功。祝各位来宾工作顺利，生活愉快，身体健康！

谢谢大家。

在2016中小企业服务高峰论坛暨“互联网+”中小企业平台上线活动上的致辞

工业和信息化部党组成员、总工程师　张　峰

（2016年12月8日）

尊敬的各位来宾，女士们、先生们，朋友们：

大家下午好！

非常高兴能够跟大家齐聚一堂，共同出席2016中小企业服务高峰论坛暨“互联网+”中小企业平台上线活动。本次论坛以“畅享服务 融合创新 转型发展”为主题，聚焦新形势下中小企业服务创新与供给优化，推动中小企业创新转型发展，具有很强的时代感和重要的现实意义。在此，我谨代表工业和信息化部，对本次论坛的召开表示热烈的祝贺，对与会嘉宾和媒体朋友们表示诚挚的问候，向长期以来对中小企业发展做出重要贡献的各界朋友表示衷心感谢！

中小企业是我国数量最大、最具创新活力的企业群体,在促进经济增长、推动创新、增加税收、吸纳就业、改善民生等方面发挥着重要作用。截至2016年9月，我国工商登记中小企业数量超过2100多万户，个体工商户超过5700万户，中小企业提供了80%以上的城镇就业岗位，是就业的主渠道。与此同时，中小企业是创新和活力的源泉。我国中小企业完成了65%以上的发明专利、75%以上的技术创新、80%以上的新产品开发。党中央、国务院高度重视中小企业发展，密集出台了一系列政策措施，取消和调整一批行政审批项目，推动实施“营改增”，提高小微企业增值税和营业税起征点，扩大减半征收所得税范围等，中小企业发展环境进一步改善。

当前，我国经济发展进入新常态，以互联网为核心的信息经济加速发展。一方面，数据已成为重要的生产要素。在“云计算+互联网+智能终端”的发展模式下，数据驱动创新发展，促使传统行业发生革命性变化，大幅提升经济社会运行效率。另一方面，新经济发展基础不断夯实。以互联网、移动通信和大数据为主要标志的新一代信息技术与实体经济不断融合，新产业、新业态、新模式快速形成。与此同时，个性化和定制化生产将成为主流的制造范式，生产组织和社会分工呈现网络化和扁平化，基于互联网平台的共享经济和个人创业者将赢得巨大发展空间。为顺应信息经济发展趋势，推动经济社会持续健康发展，国家实施了供给侧结构性改革、“大众创业万众创新”、《中国制造2025》、“互联网+”、“一带一路”等一系列重大战略和决策部署，加快释放改革和政策红利，大力培育新增量、新动能，打造经济发展新引擎。这些均为促进中小企业利用新技术、新产业、新业态和新模式，释放发展活力，激发增长潜力，提高供给效率，转变发展方式，提供了强有力的支撑和保障。

我国经济发展已经到了一个新的历史节点上，技术环境、市场环境、政策环境等发生着重大变化，中小企业正在迎来新的历史性发展机遇。只有提振信心、主动作为，向创新要动力、向改革要活力，才能把握机遇，引领变革，赢得发展主动权。信息经济时代，互联网在推动创业创新发展、转变经济发展方式、调整经济结构方面发挥着重要作用，其与实体经济融合发展为中小企业创新转型创造新机遇、开辟新路径。一方面，中小企业要充分利用云计算、大数据、物联网、人工智能、先进制造等先进技术，加快基于互联网的各类创新创造，加快发展新技术、新应用、新业态，利用众创、众包、众扶、众筹等新模式，解决信息化、技术研发、投融资、创业创新、市场拓展、国际合作等问题，推动传统行业中小企业向数字化、网络化、智能化转型以及国际化发展。加快中小企业与大企业协同创新和协同发展，引导大企业发挥产业链优势向中小企业尤其是小微企业和创业者共享数据、平台、研发工具、营销渠道等资源，形成大企业带动、中小企业协作配套发展新局面。另一方面，在开放合作、互利共赢的基础上，利用“互联网+”模式，培育服务新业态，汇集整合行

业协会、服务联盟、综合性服务机构的优质线上线下服务资源，创新服务内容和服务模式，为中小企业持续提供全方位、专业化优质服务。

促进中小企业公共服务体系和服务平台建设，形成规范高效的服务机制，畅通信息发布渠道，建立健全服务信息系统，打造线上线下一体化的服务平台，是优化中小企业服务环境，促进中小企业发展的重要工作。我部着重瞄准政策服务和志愿服务短板，大力推进“互联网+”中小企业平台建设，利用互联网手段纵向打通共享中央政府、地方政府和地方园区政策资源通道，横向打通跨部门、跨省市、跨行业中小企业政策服务通道。此外，还将充分发挥社会各方力量，探索志愿性、援助性服务机制，解决市场服务失灵问题。

女士们，先生们，朋友们。

本次论坛提供了一个很好的多方交流合作平台，对推动政策服务和志愿服务起着重要作用。希望社会各方广泛参与到促进中小企业发展工作中来，发挥各自优势，加强共享与合作，形成合力，共同创造中小企业服务新机制。希望企业家们不忘初心、攻坚克难，瞄准市场需求、难点和痛点，提供有效供给，打开中小企业发展新局面。希望“互联网+”中小企业平台充分发挥整合资源作用，扎实推进政策服务和志愿服务，在中小企业创新转型发展方面提供更多、更好的服务支撑。与此同时，我衷心希望，各位与会嘉宾围绕本次论坛主题，在更大范围、更广领域、更高层次上，集思广益，凝聚共识。

最后，预祝本次论坛取得圆满成功。谢谢！

省区市领导讲话

在市民营经济发展工作领导小组第五次（扩大）会议上的讲话

天津市委副书记，市人民政府市长、党组书记　王东峰

（2015年12月18日）

同志们：

这次会议的主要任务是，深入贯彻党的十八届五中全会和习近平总书记系列重要讲话精神，认真落实市委十届八次全会部署要求，总结今年工作，交流情况，安排部署明年重点任务，推动全市民营经济持续健康发展。刚才，市委常委、统战部部长刘长喜同志讲了重要意见，大家要认真落实。市民营办主任尉永久同志汇报了《天津市民营经济发展工作领导小组2015年工作要点》落实情况，对《2016年工作要点（征求意见稿）》作了说明，市发展改革委、市商务委、市科委、市市场监管委、市金融局、市审批办和河西区、东丽区分别作了交流发言，大家讲得都很好，工作扎实，措施有力，经验宝贵，成效显著。

今年以来，全市各级各部门认真贯彻落实中央精神和市委、市政府决策部署，主动适应经济发展新常态，抢抓五大战略机遇，加大改革创新力度，采取了一系列务实管用的措施，做了大量艰苦细致的工作，推动全市民营经济保持持续发展的良好态势。一是规模效益不断提升，对经济增长的拉动作用更加突出。面对严峻复杂的国内外经济形势，我市民营经济持续发展，成为全市经济新的增长点，对增加财政税收和扩大社会就业发挥了重要作用。1至10月份，民营经济完成增加值5749.27亿元，实现税收1095.95亿元，吸纳就业20.1万人，分别同比增长13.9%、3%和12.29%，民营经济增加值占全市经济总量的比重达到46.66%，新注册民营企业5.18万户，民营经济市场主体达到64.35万户，提前一年完成市委、市政府提出的60万户目标。二是产业结构不断优化，创新能力明显增强。坚持创新驱动发展，大力推进产业结构优化升级，进一步增强民营企业发展的内生动力和核心竞争力。1至10月份，民营经济二、三产业同比增长10.89%和20.8%，第三产业比重达到83.4%，高于全市平均水平；有4819家企

业完成5066个转型升级项目，预计到年底累计将超过1万家，三年任务两年完成；新增民营科技型中小企业和科技小巨人企业1.1万家和330家，分别占全市总量的95%和85%。三是区域合作不断扩大，“走出去”战略成效显著。紧紧抓住京津冀协同发展、“一带一路”建设、自由贸易试验区建设等重大国家战略机遇，持续加大民营经济项目引进和对外投资力度，有力提升了全市开放型经济发展水平。1至10月份，外地民营企业在津投资项目达1719个，到位资金2775.35亿元，占全市吸引内资额的80%。其中，京冀民营企业在津投资合计达到1523.57亿元，占比超过50%。成功举办第三届全国民企投资贸易洽谈会，签约总投资1826.36亿元，三届累计签约投资总额达5132.36亿元，前两届项目落实率达到82%；全市民营企业实现外贸出口额93.3亿美元，核准赴境外投资122家，分别占全市的21.8%和76.3%。四是服务水平不断提高，投资环境进一步优化。各级各部门注重发挥职能作用，在提升服务效能上下功夫，大力推进商事登记、行政审批等制度改革，特别是围绕低成本、便利化，着力营造国际化的投资和贸易服务环境，坚持“一企一策”，积极为广大民营企业排忧解难办实事，受到了广大企业的肯定和好评，为民营经济发展做出了积极贡献。在此，我代表市委、市政府向大家表示衷心感谢。

成绩来之不易，我们要巩固和发展已有成果，同时更要清醒地看到存在的差距和不足。主要表现在：一是民营经济发展不够充分，产业层级还不够高，传统的加工制造业比重较大，战略性新兴产业、高端制造业和现代服务业发展不足；二是创新发展不足，科技研发投入不够，自主创新能力有待进一步提高；三是解放思想程度不够，大企业大集团较少，企业利用资本市场上市挂牌和融资的能力不强；四是投资发展环境需进一步优化，在放宽市场和行业准入及投资环境和服务等方面，仍然存在“玻璃门”、“弹簧门”、“旋转门”现象，一些工作人员不作为、慢作为的问题时有发生等。对此，我们要深入分析研究，采取有针对性的措施，切实加以解决。下面，我讲三点意见：

一、深入贯彻党的十八届五中全会精神和市委、市政府部署，切实增强推进民营经济发展的机遇意识和自觉性

党的十八届五中全会描绘了全面建成小康社会的宏伟蓝图，提出要牢固树立“创新、协调、绿色、开放、共享”五大发展理念。习近平总书记在讲话中强调，要以新的理念引领发展，转方式、调结构，着力解决好发展质量和效益问题。中央“十三五”规划建议提出要“毫不动摇鼓励、支持、引导非公有制经济发展”，“鼓励民营企业依法进入更多领域，引导非国有资本参与国有企业改革，更好激发非公有制经济活力和创造力。”这些都为我们加快转变发展方式，推动民营经济持续健康发展、民营企业做大做强做优提供了重要遵循。

市委、市政府认真落实中央决策部署，前不久召开的市委十届八次会议全面贯彻五大发展理念，紧紧围绕加快实现天津“一基地三区”的定位和全面建成高质量小康社会目标要求，明确了“十三五”时期天津发展的指导思想、主要目标、重点任务和保障措施，强调要促进民营经济加快发展，鼓励民营企业依法进入更多领域，引入非国有资本参与国有企业改革。各级各部门一定要把思想和行动统一到中央决策和市委、市政府部署要求上来，牢固树立五大发展理念，切实增强机遇意识、改革意识、创新意识、开放意识和责任意识，按照转方式、增后劲、补短板、防风险、促发展的要求，科学谋划“十三五”时期民营经济发展各项工作，努力使民营企业成为创新发展的生力军、协调发展的增长极、绿色发展的践行者、开放发展的先行者、共享发展的助推器，为加快建设美丽天津、全面建成高质量小康社会做出新的更大贡献。

二、坚持创新发展，全面提升民营经济质量效益和水平

明年是实施“十三五”规划的开局之年，是全面实现2013年市委、市政府出台的《关于进一步加快民营经济发展的意见》确定目标任务的决胜之年。各级各部门要积极主动适应新常态，牢牢把握新机遇，加大创新驱动发展力度，

在培育新产业、新业态、新技术、新模式上下功夫、见成效，努力实现全市民营经济市场主体达到70万户以上、民营企业达到32万户以上、民营经济增加值占全市生产总值比重达到48%以上的目标，推动我市民营经济发展再上新水平、迈上新台阶。

（一）加大产业结构优化升级力度，努力推动民营经济转型升级、提质增效。

一是要在大力发展先进制造业上下功夫。要立足发展先进制造业和建设先进制造研发基地，瞄准国际一流水平和产业发展趋势，按照《中国制造2025》要求，借鉴德国“工业4.0”经验，认真落实天津先进制造业和研发基地发展规划，深入推进新型工业化和信息化深度融合，加快发展高端装备制造、新一代信息技术、生物医药、新能源、新材料、节能环保、工业机器人、3D打印设备、新能源汽车等高端产业和战略性新兴产业，更好地发挥民营企业生力军作用。二是要在加快民营企业转型升级和改造提升传统产业上下功夫。要认真总结推广企业转型升级的经验做法，引导广大民营企业通过合资合作、研发和引进先进技术、先进工艺等途径，加大对比较优势突出的石化、冶金、纺织、钢铁、自行车等传统产业的改造提升力度，大力发展“专精特新”产品，通过兼并重组等方式，淘汰落后产能，化解过剩产能，实现结构优化、效益提高、就业不减、资源节约、环境改善。三是要在发展现代服务业上下功夫。要着眼构建现代服务经济新体系，有序引导和鼓励社会资本加大投入力度，加快推进科技研发、管理咨询、软件设计、金融保险、信息服务、电子商务、现代物流、品牌营销等生产性服务业发展，推动先进制造业服务全覆盖，支持民营企业大力发展休闲娱乐、文化旅游、体育健身、教育培训、养老医疗等新兴消费业态，不断推动生活性服务业向精细和高品质转变，切实提升现代服务业发展水平，促进消费升级，充分发挥消费推动经济增长的有效作用。

（二）加大科技创新和研发转化力度，努力提升企业核心竞争力。

一是加快民营科技型中小企业大发展，着力打造科技小巨人升级版。要继续深入开展“一助两促”活动，加大中小微企业贷款风险补偿机制落实力度，大力培育发展科技型中小企业和小巨人企业，推动符合条件的民营科技型企业成为市级和国家级高新技术企业，全面提升高新技术企业规模化、高质化水平，力争2016年再培育提升民营科技小巨人企业300家，支持科技型中小企业提质增效500家。二是加快民营企业自主创新步伐，着力提升企业科技创新能力。要充分依托“一区二十一园”平台载体和先行先试的政策优势，鼓励引导民营企业与国内外高校、科研院所深化科技合作，加快建设京津、津冀科技园区和产业园区，支持民营科技型企业开展“制造+服务”、“龙头企业+引进培育”、互联网跨界融合等商业模式创新试点，完善保障科技成果处置自主权和收益权制度，使更多科技成果在我市落地转化，努力形成一批“杀手锏”高新技术、高端产品和优质品牌，有效提升企业核心竞争力。三是加快推进大众创业、万众创新，着力提升众创空间和“双创特区”建设水平。深入实施“千企万人”支持计划和百万技能人才培训福利计划，鼓励支持大学生和科技人员创新创业，积极发展众创、众包、众扶、众筹，加快开展众创空间示范工程建设，加大对民营企业创业基地项目支持力度，积极引导社会资本与创客空间、创新工场等新型孵化载体建设运营相结合，为民营企业发展提供广阔的创新平台。

（三）加大“走出去、引进来”力度，努力引进更多大项目好项目。

一是全面推进民营企业“走出去”战略。要紧紧抓住“一带一路”和中韩、中澳自贸区建设的重大机遇，认真实施民营企业“走出去”战略，加快推进苏伊士合作区和市级境外产业园区建设，支持引导有条件的企业强强联合、抱团发展、“借船”出海，积极到国外投资办厂、兼并收购，进一步优化资源配置，不断开拓新市场。要健全支持民营企业“走出去”服务机制，加快建设境外投资咨询服务平台，注重强化风险防控，为民营企业抢占国际市场商机提供信息咨询、政策法规、风险预警等多方面服务。二是全面深入推进招商引资引智引技工作。要围绕京津冀协同发展和扩大开发开放，充分发挥我市区位、港口、产业优势，面向多领域、多行业，重点引进一批高端高质高新项目和关联配套项目，努力争取一批全国500强民企总部落户天津。特别是要把人才绿卡制度和相关政策落实到位，面向国际国内吸引各类专业人才带项目、带团队、带资金、带技术来津发展，为民营经济发展增添新动力。三是全面提升民营经济开放发展水平。要加快京津冀民营企业合作平台建设，深化京津冀民营企业互动交流，支持民营企业利用自由贸易试验区制度和政策优势，广泛参与外企合资合作，不断拓展民营企业发展新空间。要认真组织"全国民营企业天津行"活动，精心筹备第四届全国民企贸易投资洽谈会，加大项目储备力度，确保一届比一届效果好，并对已签约项目逐一落实责任，积极有效协调，尽早落地投产见效。

（四）加快推进企业股改和上市挂牌及融资工作，努力推动民营企业做大做强做优。

一是大力支持民营企业股份制改造和上市挂牌。要按照"股改一批、辅导一批、挂牌一批、上市一批"的思路，加强分类辅导和服务，有针对性地采取措施，支持企业增强运用资本市场融资的能力，特别是要以民营科技小巨人企业、高新技术企业和竞争力强、成长性好的民营企业为重点，加强民营企业上市和挂牌后备资源库建设，建立信息化管理平台，扎实做好培训、改制、辅导、报审、上市的梯度培育工作，积极协调解决股改中涉及的税收、土地、规划、产权、信贷等实际问题，加快推进企业股改和上市挂牌进程。二是大力引导已上市挂牌民营企业加大融资力度。目前全市上市民营企业14家，新三板挂牌民营企业72家。要积极引导已上市企业充分认识和把握新形势，抓住用好当前资本市场的利好政策，利用增发、配股、优先股、公司债、可转债等各类股权债权融资工具进行再融资，通过并购重组、产业整合和结构调整做大做强做优。支持鼓励新三板挂牌民企加强与做市商的对接合作，用好股权、债权融资工具，提升企业做市交易能力和价格发现水平，增强企业流动性和吸引力，加快推进达到首次公开募股条件的挂牌民企早日转板，进一步扩大融资能力。三是大力提高服务和监管水平。要坚持"两手抓"，一手抓支持服务，积极开辟"绿色通道"，简化审批手续，深入企业广泛听取意见建议，建立企业名录和帮扶清单，实行"一企一策"，有针对性地提供优质高效服务；一手抓监督管理，严格规范企业经营行为，引导民营企业依法运用各类工具和平台融资融券，防范金融风险，推进民营企业持续健康发展。

三、进一步优化投资和服务环境，全力抓好各项工作落实

（一）全面加强组织领导和政策落实。

要进一步强化组织领导，认真落实区县主体责任，加大政策执行和落实力度，确保各项政策落地生根。市民营办要健全完善工作机制，及时检查政策落实情况，坚决纠正一些工作人员不作为、慢作为、乱作为等问题，组织力量开展明查暗访，确保把政策和措施落到实处。

（二）全面优化投资和服务环境。

要巩固拓展"十个一"改革成果，坚持放管结合，减少审批事项，简化审批程序，强化事中事后监管，不断激发市场活力和社会创造力，同时，要创新管理服务机制和手段，加快建设全市民营企业信息化网络服务平台，实现资源共享和互联互通，为企业提供全方位、低成本、便利化服务。

（三）全面强化宣传引导和检查考核。

要加强政策宣传和引导，认真总结推广好的经验和做法，树立一批民营企业先进典型，发挥示范引领作用，努力营造良好社会氛围。要健全完善目标责任制，明确各项任务的时间表、路线图，层层分解任务，逐级落实责任，加强监督考核，确保全面完成年度工作任务，扎实推进民营经济持续健康发展，为建设美丽天津贡献力量。

加大创新驱动发展力度 全面提升民营经济发展的质量和效益
——在全市民营经济创新发展工作座谈会上的讲话

天津市委副书记，市人民政府市长、党组书记　王东峰

（2016年7月29日）

同志们：

今天的会议十分重要，主要任务是深入贯彻全国科技创新大会精神和习近平总书记在庆祝中国共产党成立95周年大会上的重要讲话精神，认真落实市委十届九次全会部署要求，扎实推进创新驱动发展战略，总结上半年全市民营经济工作，交流经验做法，部署下半年重点任务，推动民营经济创新发展。

刚才，市民营办主任尉永久等5位部门和区县负责同志作了汇报，天津汽车模具股份公司董事长常世平等4位企业负责人作了经验介绍。大家讲得都很好，各有特色，工作实、措施硬、效果好，经验宝贵，大家要相互学习借鉴，更好地促进民营经济创新发展。树起副市长对今年以来的全市民营经济工作作了全面总结，对下半年工作进行了部署，我都赞同，各级各有关部门单位要抓好落实。

多年来，市委、市政府对民营经济发展一贯高度重视，采取了一系列有力有效的措施，特别是2013年出台了含金量很高的27号文件，明确了三年发展的目标要求、重点任务和工作措施。各区县、各有关部门单位和广大民营企业认真贯彻中央精神和市委、市政府决策部署，主动作为，开拓创新，做了大量艰苦细致的工作，推动民营经济取得了新的成效。今年上半年，全市民营经济市场主体累计达到72.56万户，民营企业32.22万户，年营业收入超5亿元的民营企业913户，提前超额完成60万户、30万户和300户的三年目标任务。其中，民营科技型中小企业和营业收入超亿元民营科技型企业分别达到7.7万家和3190家，占全市总数的95%和85%；民营经济完成增加值3969亿元，同比增长13.2%；实现税收855.98亿元，增长24.52%，占全市的52.35%；民间投资4375.5亿元，增长8.4%，占全市的56.9%；民营经济就业占全市的53%，各主要经济指标增速均高于全市平均水平。我市民营经济的持续快速发展，对于推动全市经济增长和产业转型升级、增加财政收入、扩大就业都发挥了十分重要的作用。在此，我代表市委、市政府，向各级各部门各单位同志们和全市广大民营企业家、民营企业从业人员表示衷心感谢并致以崇高敬意！下面，我讲几点意见。

一、深入贯彻习近平总书记重要讲话精神和市委十届九次全会部署，进一步增强创新驱动发展的紧迫感和责任感

中央对民营经济和创新驱动发展高度重视，并做出了一系列决策部署。今年3月4日，习近平总书记在看望全国政协民建、工商联界委员时强调：“实行公有制为主体、多种所有制经济共同发展的基本经济制度，是中国共产党确立的一项大政方针，必须毫不动摇巩固和发展公有制经济，毫不动摇鼓励、支持、引导非公有制经济发展”，并重申“非公有制经济在我国经济社会发展中的地位和作用没有变，我们毫不动摇鼓励、支持、引导非公有制经济发展的方针政策没有变，我们致力于为非公有制经济发展营造良好环境和提供更多机会的方针政策没有变。”今年5月30日，习近平总书记在全国科技创新大会上指出：“要在我国发展新的历史起点上，把科技创新摆在更加重要位置，吹响建设世界科技强国的号角”，并科学描绘了我国到2020年进入创新型国家行列、到2030年进入创新型国家前列、到新中国成立100年时成为世界科技强国“三步走”的宏伟蓝图，明确提出科技创新要面向世界科技前沿、面向经济主战场、面向国家重大需求“三个面向”的重要要求。7月1日，习近平总书记在庆祝中国共产党成立95周年大会上强调：

"要坚持以经济建设为中心，坚持以新发展理念引领经济发展新常态，加快转变经济发展方式、调整经济发展结构、提高发展质量和效益，着力推进供给侧结构性改革，推动经济更有效率、更有质量、更加公平、更可持续地发展，加快形成崇尚创新、注重协调、倡导绿色、厚植开放、推进共享的机制和环境。"市委坚决贯彻落实中央精神，召开十届九次全会，对我市建设创新型城市和产业创新中心提出"三步走"的战略目标和要求，并审议通过《关于贯彻落实<国家创新驱动发展战略纲要>的实施意见》。这些都为我市民营经济和民营企业创新发展指明了方向，我们一定要把思想和行动统一到中央精神和市委、市政府部署上来，加快推动民营经济创新驱动发展，为全市经济社会持续健康发展做出新贡献。

（一）切实增强创新意识和开放意识，牢固树立和落实新发展理念。

我们既要充分肯定我市民营经济取得的成绩和实践经验，更要立足当前，面向未来发展，主动适应和引领经济新常态，牢固树立和落实新发展理念，着力解决产业结构、转型升级、科技创新和扩大开放等方面的突出问题，教育引导广大民营企业进一步增强危机意识、创新意识、开放意识和市场竞争意识，采取有针对性的措施，面对激烈的市场竞争，主动识变、应变、求变，坚决克服小富即安、满足现状的思想，在创新发展中积极作为，提质增效，提升企业核心竞争能力。全市各级各部门一定要把民营经济发展置于国内外经济发展的大背景、大格局中审视、谋划和推进，大力推进供给侧结构性改革，把发展民营经济与推进京津冀协同发展、自贸试验区建设、自主创新示范区建设、"一带一路"建设结合起来，与实施创新驱动发展战略和实施"十三五"规划结合起来，与深化改革、扩大开放和大力发展混合所有制经济结合起来，全面提升民营经济发展质量效益和水平。

（二）切实增强担当意识和服务意识，真正把"亲""清"要求落到实处。

习近平总书记在看望全国政协民建、工商联界委员时强调指出："新型政商，概括起来说就是'亲''清'两个字"，并分别从领导部门和非公人士角度提出了明确要求。习近平总书记的重要指示，为纯洁政治生态、重塑政商关系、优化发展环境提供了重要遵循，我们要深刻领会、认真贯彻。联系我市民营经济发展的实际，有些同志仍然存在认识上的偏差。有的不愿意与民营企业家打交道，服务不主动，支持不到位，不作为、慢作为、乱作为的现象不同程度的存在；有的不敢与民营企业家交往，也不了解企业的实际情况和困难，支持服务和管理形成"两张皮"，缺乏针对性和实效性，甚至在落实和执行政策上找各种理由刁难和设障等，现实中也存在有的同民营企业交往越了红线、没有底线、官商勾结、以权谋私，搞利益输送，最终迷失自我等，这两种倾向和问题都必须坚决纠正。各区县、各有关部门单位一定要按照习近平总书记"亲""清"的指示要求，在深化认识、担当尽责上下功夫，真心实意支持服务民营经济发展，特别结合深化"十个一"改革，进一步明确权力清单、责任清单、服务清单，公开透明、公平公正，创新服务的方式方法，加快构建信息化网络服务平台，切实提高服务效能，优化投资发展环境。全市各级领导干部和公职人员既要敢于同民营企业打交道、交朋友，深入了解民营企业发展中的所思所盼和困难，勇于担当、敢于负责，亲商安商富商，积极为企业排忧解难办实事，又要坚持公私分明、干净用权，防止和杜绝以权谋私。广大民营企业也要依法生产经营，积极承担社会责任，保障企业员工合法权益，树立良好社会形象，实现可持续发展。

（三）切实增强目标意识和问题意识，不断提升责任感和自觉性。

中央对发展非公有制经济的政策十分明确，一以贯之，市委、市政府始终大力支持民营经济发展，截至目前，2013年27号文件确定的四项指标有三项超额完成，民营经济增加值占全市生产总值比重今年的目标为48%，去年底为47.1%，今年上半年为46.7%，还有一定的差距，特别是在各区县之间不尽平衡。截至今年上半年，民营经济增加值占本区县生产总值比重有9个区县超过

50%，提前半年超额完成三年目标任务的要求。其中，列在前三名的为津南区、静海区、宝坻区，分别为85.4%、85%、84.5%，后三名为和平区、滨海新区、河西区，分别为13.3%、25.9%和 27.3%。在民营经济市场主体发展方面，按总量排序，前三名为滨海新区、武清区、南开区，后三名为和平区、红桥区、宁河区。因此，各级各有关部门单位要始终坚持“两个毫不动摇”“三个没有变”，围绕市委、市政府提出的三年发展目标，认真组织开展一次“回头看”。完成任务较好的要继续努力，巩固拓展成果，高质量超额完成任务。完成任务不理想的要自加压力，找准原因，迎头赶上，确保年底前全面完成目标任务。特别是要着眼“十三五”时期乃至未来长期发展，加大民营经济发展力度，注重听取广大民营企业的意见和建议，支持帮助解决实际问题，按照市委十届九次全会提出创新驱动发展的目标要求，加快推进民营经济实现新的突破性发展。

二、加大创新驱动发展力度，推动民营经济做强做优做大

（一）大力推进科技创新，切实加快民营经济转型升级和提质增效。

科技创新是创新驱动发展的核心，抓住了科技创新，就抓住了牵动民营经济发展的牛鼻子，要突出重点，加大力度，创新发展，提质增效。一是要加大科技型企业发展力度，全面提升民营企业创新能力。在全市科技型企业和营业收入超亿元民营科技型企业中，民营企业分别占到95%和85%，成为推动经济发展的重要力量。各级各部门要按照市委、市政府的部署，在大力发展科技型中小企业和打造科技领军企业上下功夫，既要注重发展数量和发展质量，又要在提升科技型民营企业创新能力上下功夫、见成效，深入实施“小升高”“小壮大”“小做强”工程，积极支持民营企业开展关键核心技术研发，建立企业技术中心和重点实验室，努力形成一批科技领军企业和“杀手锏”高新技术及高端产品。二是要加大科技创新带动产业转型升级力度，全面提升企业核心竞争能力。要紧紧围绕建设全国先进制造研发基地，瞄准世界一流水平，认真落实《中国制造2025》，借鉴德国“工业4.0”经验，深化供给侧结构性改革，着力提升产业层级和水平，推进新型工业化与信息化深度融合发展，以智能制造、机器替代、自动控制为重点，加快推进智能制造和互联网、云计算、大数据产业化发展进程。既要大力通过科技创新引领带动和改造提升传统产业，深入开展“万企转型升级”行动，引导广大民营企业通过合资合作、研发和引进先进技术、先进工艺等，加快淘汰落后产能，开发更多“专精特新”产品；又要依托科技创新大力发展战略性新兴产业，重点推进高端装备、航空航天、新一代信息技术、生物医药、新能源新材料、节能环保等优势产业发展，努力打造一批具有国际竞争力的产业集群。三是要加大协同创新和产学研用一体化发展力度，全面提升科研成果转化能力。要深入推进民营科技企业与高校、科研院所建立产学研用相结合的市场化协同创新机制，搭建技术研发、市场融资、人才交流和资源整合的创新平台，促进产业链、创新链、技术链、资本链深度融合，打通科技成果转化通道，确保科技成果转化落地见效。要加快建立跨行业和区域的产业技术创新战略联盟，开展技术合作，加大联合攻关力度，攻克一批关键核心技术，及时有效地把科研成果转化为产品和产业。要充分利用京津冀协同创新和开放创新的平台，加快构建京津冀协同创新共同体，积极引进首都大院大所、科研机构和高端人才团队来津聚集，推动更多首都优质科技成果在我市转化和产业化。各区县、各部门单位要分工负责，按照“谁主管谁负责”和属地化原则，深入开展调查研究，加大支持帮扶力度，理清各自优势产业和产业链条，培育发展一批民营领军企业和龙头企业，推动民营经济转型升级和提质增效。市民营办、市工信委、市科委、市教委要分工协作，整合资源，形成合力，为民营企业创新发展创造良好的环境。

（二）大力推进大众创业万众创新，切实激发民间投资。

创业创新在稳增长、调结构、促就业中发挥着重要

作用。要采取有针对性的措施，激发大众创业万众创新的积极性。一是进一步创新体制机制，增强全社会创业创新活力。要通过改革的办法，破除制约民间投资的体制机制性障碍，严格落实“非禁即入”“非禁即准”原则，进一步放宽市场准入，破除不合理限制和隐性壁垒，营造一视同仁的公平投资环境。要深化“十个一”改革，进一步减少行政审批事项，降低创业门槛，积极发展社会化中介服务，为创业创新提供低成本、便利化、全要素服务。要认真落实市委、市政府出台的支持大众创业、万众创新的各项措施，支持高校、科研院所、国有企事业单位科技人员离岗创业，支持在职科研人员兼职创新和大学生自主创业，推动形成大众创业、万众创新热潮。二是进一步推进国家自主创新示范区建设，充分发挥先行先试政策助推民营企业创新发展的作用。要依托“一区二十一园”，用足用好国家自主创新示范区“6+4”政策，深化科技管理服务改革，积极推行股权、期权、分红等激励措施，提高科技人员成果转化收益分享比例，切实解决好科研成果转化涉及的成果所有权、收益权、处置权、成果转化平台、技术转移机构、融资渠道等问题，同时有针对性地健全完善贷款风险补偿、高新技术企业认定等方面政策措施，充分调动各方面创新积极性。广大民营企业要充分利用自创示范区先行先试政策，努力在产业发展、创新体系、人才引进等方面取得新突破，构筑发展新优势。三是要进一步推进众创空间和“双创特区”建设，大力提高服务创业创新的综合能力。广大民营企业特别是科技领军企业要积极参与众创空间和“双创特区”建设，在提升众创空间质量效益和特色化、专业化、国际化发展上下功夫，大力发展众创、众包、众扶、众筹等新模式，充分发挥社会资本参与建设和运营的积极作用，培养和孵化更多企业和研发团队，集聚更多国内外先进技术和高端人才，为科技创新和经济发展持续提供动力。

（三）大力推进金融创新和企业兼并重组，切实提升民营经济对内对外开放水平。

一是要加快推进民营企业积极参与金融创新运营示范区建设，努力构建多层次金融服务体系。要积极支持民营企业发展金融、保险、证券、资产管理、各类基金、融资租赁、科技金融等金融业态，按程序报批，严格规范管理，引导更多民营企业积极申请使用种子基金、天使投资引导基金和创业投资引导基金，支持鼓励各类保险机构开发推广民营科技企业贷款保证保险、贷款担保责任保险等新型产品，支持民营企业用好中小微企业贷款风险补偿政策，简化知识产权质押融资流程，对符合条件的民营科技企业开展质押贷款，有效防范金融风险，多渠道解决民营企业“融资难”“融资贵”问题。

二是要加快推动民营企业股改上市挂牌和融资，努力提升企业利用资本市场的能力和水平。要认真落实不久前召开的全市企业上市工作座谈会精神，进一步加大工作力度，引导更多民营企业充分认识资本市场的重大意义，积极引入和建立多元化股权结构，不断加大股份制改造力度，形成股权结构合理、财务关系清晰、企业规范治理的运行机制。要加大民营企业股改力度，鼓励企业根据自身规模、行业和条件，分别到主板、创业板、中小板、新三板等多层次资本市场申请上市或挂牌。已上市企业要积极利用增发、配股、优先股、公司债、可转债等各类股权、债权融资工具进行再融资。新三板挂牌企业要加大做市交易，增强企业流动性和吸引力。

三是要加快民营企业“走出去”步伐，努力实现国内外企业间并购重组。要引导和支持民营企业抓住“一带一路”和中韩、中澳自贸区建设的重大机遇，面向国内外市场，通过境外投资、跨境电子商务、参加展览会等途径，加大“走出去”和兼并重组力度，收购和兼并国外研发机构和关键核心技术，建立跨区域和全球的生产基地、研发中心、采购中心。各级各部门要为民营企业“走出去”提供信息咨询、业务技术指导、政策法规、风险预警和综合服务等。要鼓励支持民企与央企、国企、外企合作，特别是结合深化国有企业改革，大力发展混合所有制经济，实现民营与国有资本优势互补。

要精心筹备第四届全国民企贸易投资洽谈会，既要抓好前三届引进项目的落实，又要对新的招商引资项目加强跟踪服务，让更多的大项目、好项目尽早在天津落地见效。

（四）大力育才引才聚才，切实推进高端人才队伍和高技能大军建设。

创新驱动实质上是人才驱动，加快推进民营经济创新发展，必须深入实施人才强市战略，发挥人才的带动支撑作用。一是要加强高端创新人才队伍建设，切实筑牢科技创新根基。要严格落实我市现有人才培养、引进、落户、使用、奖励等各项政策措施，加强政策统筹、协调和创新，用足用好“千人计划”、“千企万人”支持计划、加快引进海外高端人才推进计划、“万侨创新”行动计划等扶持政策，面向海内外广揽人才，努力吸引更多从事国际前沿科学技术研究、与我市重点产业发展相关的高端科技领军人才和高层次创新型人才来津落户发展。二是要加强高技能人才队伍建设，切实形成高素质产业大军。要紧紧围绕建设产业创新中心的目标，依托海河教育园区和各高职院校，发挥好中德应用技术大学的示范带动作用，通过合作办学、联合培养等途径进一步加强民营企业与高职院校的对接衔接，促进产业、行业、企业、职业和专业“五业”联动。要大力引导民营企业培育和弘扬“工匠精神”，深入实施“百万技能人才培训福利计划”，创新“互联网+职业培训包”模式，打造一支高素质产业大军。三是要加强企业家队伍建设，切实提升民营企业现代管理水平。要坚持目标需求导向，鼓励支持民营企业建立现代企业制度、完善法人治理结构，大力推进新型企业家培养工程和企业家摇篮计划，积极开展企业家大讲堂、高级研修班和现场参观考察交流等培训活动，培育更多具有战略思维、世界眼光，会经营、善管理和具有创新精神的优秀企业家。要加快民营企业职业经理人资质培训和评价制度建设，培育发展职业经理人市场机制，努力打造市场化、专业化、国际化的职业经理人队伍，解决“家族式”“作坊式”管理弊端，使企业更好适应向高水平、国际化、大集团方向发展的需要。

三、进一步加强组织领导，努力营造民营经济创新发展的良好氛围

（一）进一步强化组织领导，扎实推进非公经济党建工作。

各区县各有关部门单位要更加高度重视民营经济创新发展工作，进一步加强组织领导和工作指导，形成一级抓一级、层层抓落实的常态长效机制。要加强非公企业党的建设，不断扩大党组织和党的工作有效覆盖，以开展“两学一做”学习教育为契机，推动“三会一课”等党内组织生活和活动经常性开展，解决好流动党员和“口袋党员”管理等问题，切实做好党员教育管理和服务工作，充分发挥共产党员的先锋模范作用，充分发挥非公企业党组织在企业职工群众中的政治核心作用和企业发展中的政治引领作用，为民营企业创新发展提供有力组织保障。

（二）进一步加大宣传引导力度，确保各项政策落实到位。

各级各部门要注重民营经济创新发展工作和成效的宣传，利用报纸、电视、网络等各类媒介，大力宣传先进典型企业和优秀民营企业家，广泛宣传各项政策，坚持“抓两头、带中间”，充分发挥典型示范引领作用和政策导向作用。同时，对政策落实不到位和不作为、乱作为等问题及时通报曝光，充分发挥舆论监督和群众监督作用，推动各项政策措施落到实处，为民营经济创新发展营造良好舆论和社会环境。

（三）进一步加强督促检查，狠抓考核和责任落实。

市级各有关部门和各区县要对照全市及各自确定的民营经济发展目标任务，按照各自工作职责，细化任务分工，建立工作台账，严格考核，明确时间表、路线图和责任人，全力抓好工作落实，确保全面超额完成年度和三年目标任务，加大民营经济创新发展力度，推动建设创新型城市和产业创新中心，为建设美丽天津做出新贡献。

在全省促进非公有制经济发展大会上的讲话

湖南省委书记、省人大常委会主任　杜家毫

（2015年5月15日）

毫不动摇鼓励、支持、引导非公有制经济发展，是我们党在改革开放实践中确立并将长期坚持的基本方针。今天召开全省促进非公有制经济发展大会，主要是深入贯彻党的十八大和十八届三中、四中全会精神以及习近平总书记系列重要讲话精神，落实省委、省政府关于促进非公有制经济发展的若干意见，对新常态下加快我省非公有制经济发展作出全面部署。刚才，省经信委、省工商联、株洲市介绍了工作经验；稍后，守盛书记将作重要讲话，我们要认真学习、深刻领会。下面，我讲三点意见。

一、充分认识加快发展非公有制经济的新形势

改革开放以来，非公有制经济从无到有、从小到大，促进其发展的环境、政策，及其承担的使命也发生了极大变化，全社会对非公有制经济发展既寄予厚望，更提出了新的要求。我们促进非公有制经济加快发展，必须准确分析、把握面临的新形势、新要求。

一是非公有制经济已经具备加快发展的基础和条件。从发展现状看，我省非公有制经济的总量、质量、效益都在加快提升，为进一步做大规模、提高水平奠定了基础。2014年，全省非公有制经济完成增加值1.59万亿元，占GDP的比重将近60%；10家民营企业入围中国民营企业500强；吸纳二、三产业从业人员超过2000万；实缴税金总额占全省的“半壁江山”以上，为我省经济社会发展作出了重要贡献。从发展环境看，无论是国家对非公有制经济的定位、政策，还是我省的具体措施和各项改革，都在为非公有制经济“松绑减负”，释放“利好”。近几年来，我省出台实施行政程序规定、规范行政裁量权办法和政府服务规定，大力推进政府职能转变和行政审批制度改革，实施“三清单一目录”制度，制定优化发展环境十条禁止性规定，公布涉企收费目录，以及国家和省级专项支持经费公开、公示、上网申请等，为非公有制经济发展创造了宽松的环境。

二是非公有制经济面临做大做强做优的新机遇。国家正大力实施的“一带一路”、长江经济带、京津冀协同发展三大战略，创造了巨大的投资和产品需求，蕴含着巨大的发展机遇。我省广大非公有制企业完全可以充分利用“两个市场、两种资源”，在全国、全球范围的产能转移、产业协作、产品输出中占据一席之地。对非公有制经济不合理规定的废除，以及各种隐性壁垒的消除，为非公有制经济全面进入经济社会发展各领域创造了条件。尤其是，国家允许非公有制企业进入特许经营领域，对一些具有盈利预期的公益性项目，采取公私合营（PPP）的方式，引导非公有制企业有序参与。我省39个工业大类行业中，非公有制经济均有分布，并在电子信息、移动互联网、食品加工、新能源、新材料、环保产业等新兴产业和主导产业中占有重要地位。国家明确规定国有投资项目允许非国有资本参股，鼓励发展国有资本、集体资本、非公有资本交叉持股、相互融合的混合所有制经济，为非公有制经济参与国企改革和国有资本重组，创造了新的政策环境。我们要鼓励、支持、引导非公有制企业抢抓机遇、用好机遇，在更广阔的舞台大显身手、大展宏图。

三是非公有制经济已步入大有作为的新时期。当前，我省经济下行压力依然很大，要求我们创造性地开展工作，调动各方面的积极性，确保减速不失势、调整不休整。非公有制经济在拉动投资、促进消费、扩大开放以及吸纳就业、推动改革、引领创新等方面，具有不可替代的重要作用，完全可以发挥市场经济风向标、改革发展试金石、技术创新先行者的优势，先行一步、快走一步，成为稳增长的生力军。尤其是，根植于湖湘文化的企业家，

从来就具备“敢为人先”的开拓创新精神，创造了很多新技术、新产品、新业态、新模式。据统计，全省专利的65%、技术创新的75%、新产品的80%都来自非公有制企业，1907家高新技术企业中非公有制企业占90%以上。全省非公有制企业要努力在新常态下自我革命、自我更新、自我提升，在应对经济下行压力、加快转型升级中发挥更大作用。

二、非公有制经济要为全省适应引领新常态作出积极贡献

适应引领新常态、实现稳增长各项目标，是我们共同的责任。广大非公有制企业要积极投入、主动作为，共同促进经济平稳健康发展。

探索开拓市场、培育消费的经验。当前，经济下行压力较大，一个重要原因就是需求萎缩、市场疲软。全省非公有制企业要在培育市场、发现新的商机、引导消费等方面，发挥更大作用。要积极开拓国际市场。国家实施“一带一路”战略，倡导建立亚洲基础设施投资银行，将为我省工程机械、轨道交通、有色冶金、工程承包等产业创造良好机会。广大非公有制企业要善于抢占先机、勇于走出国门，积极构建国际营销网络，促进我省有竞争优势的产品拓展更大国际市场、占有更多市场份额。要主动适应“互联网+”产业的发展。以互联网思维谋划企业发展，高度重视和发挥互联网、大数据的作用，创新生产和营销模式，促进商品销售线上、线下互动，把生产与消费更紧密地联系起来，形成新的生产+消费模式，以进一步降低全产业链成本，提高产品的市场占有率和附加值。要努力培育新的消费热点。适应个性化、多样化消费渐成主流的形势，积极发现和培育文化教育、健康养老、休闲旅游、信息服务、绿色环保等新兴消费热点，带动居民消费升级，不断扩大消费需求。

争做转型升级、创新发展的示范。非公有制企业机制活、适应性强，创新驱动愿望强烈，在新的发展时期，更要引领全省企业进入创新发展、转型发展轨道。要促进传统企业转型。这方面，我省有些非公有制企业迈出了实质性步伐。比如，远大集团发展住宅产业；三一重工由单一装备制造业向装备制造业和综合服务业转型，拓展液化天然气、风力发电等新产品；蓝思科技积极发展新材料等，这些例子都说明非公经济具有转型创新发展的活力。要加大政策支持力度，支持传统企业利用现有的技术、市场和制造优势，积极拓展新的发展领域，开展“二次创业”、走出经营困境。要大力发展新技术、新产品、新业态、新模式。就我省而言，这几年迅速发展的移动互联网、3D打印、工业机器人、两型住宅、绿色环保等新兴产业，主要是非公有制企业支撑和创造的。广大非公有制企业要站在产业发展、技术变革和市场变化的最前沿，积极发展新技术、主动研发新产品、率先发展新业态、不断探索新模式，为全省经济增长提供持久动力。要推动产业集群发展。我们既要培育顶天立地的龙头企业，也要培育铺天盖地的中小企业。要依托我省的优势产业，大力发展全产业链的协作配套，发挥龙头企业的辐射带动作用，鼓励中小微企业参与协同创新，实现专业化生产、社会化协作，形成大中小微企业优势互补、共同发展的格局。

创新挖潜增效、自我提升的机制。非公有制企业要转变观念、调整思路，向市场要发展、向管理要效益。要提升信息化水平。国家将在上半年正式推出“中国制造2025”总体规划，我省也将结合省情实际，制定具体的发展目标和规划。广大非公有制企业要以此为契机，加快促进工业化与信息化融合，向研发、生产、管理、销售等环节延伸，实现制造业的数字化、网络化、智能化。要提升经营管理水平。适应法治社会建设要求和市场规则，坚持按法律、按规矩、按市场原则办事，走守法经营、诚信经营的路子。学习借鉴国内外先进企业的经验和模式，提高企业的精细化管理水平，依靠精细的管理降低成本、挖潜增效。要提升产品质量水平。质量就是品牌和竞争力，是企业发展的生命线。要将质量内化为企业发展的核心理念，向技术创新、加强管理和人才培养

要质量，完善企业质量管理体系，提高从业人员素质技能，推行标准化生产、标准化服务，依靠质量奠定企业长远发展的坚实基础。

努力实现企业发展与社会进步相统一。社会责任感是企业发展常青的基础，广大非公有制企业要自觉担当社会责任。要严格落实《劳动法》及相关法律法规，善待员工，保障员工的工作条件和待遇，为员工创造全面发展的机会。尤其是当前经济形势严峻，要慎重裁员，让员工安心工作、体面工作。要切实履行环保责任，严格落实《环保法》等法律法规和政策要求，严格执行环境保护设施"三同时"制度，确保环保设施正常运行、发挥效益，促进环境保护和生态文明建设。同时，要严格依法保障消费者权益，在力所能及的基础上积极参与社会公益事业，着力打造企业新形象。

三、致力营造支持非公有制经济健康发展的良好环境

各级各部门要把支持非公有制经济发展作为一项重要工作来抓，齐心协力、改进服务，努力为非公有制经济发展营造良好环境。

一是要简政放权。一方面，要把该放的权力放开、放到位。认真落实"三清单一目录"，进一步深化商事制度和行政审批制度改革，优化审批流程、简化准入手续，彻底打破"玻璃门""弹簧门""旋转门"。要按照国务院关于再砍掉一批审批事项、一批行政审批中介事项、一批审批过程中的繁文缛节、一批企业登记注册和办事的关卡、一批不合法不合规不合理收费的要求，大力清理规范部门行政审批中介服务，推行涉企收费清单管理，坚决整治"红顶中介"，清除审批"灰色地带"。按照"非禁即入"原则，进一步放宽民营经济投资领域和准入条件，支持非公有制企业通过PPP等方式进入基础产业、基础设施、市政公用事业、保障性住房、金融服务等领域。另一方面，各级政府要把该管的事务管到位。按照"谁审批谁监管、谁主管谁监管"的原则，强化事中和事后监管，严格规范企业生产经营活动。加强社会信用体系建设，建立失信者行业禁入制度，加快形成企业自治、行业自律、社会监督、政府监管的多元共治格局。

二是要创新方式、优化服务。紧紧围绕企业转型发展的实际需求，逐个产业、逐个企业实施精准化服务，在培育新业态和新模式、研发新技术和新产品、开拓新兴市场等方面，有针对性地采取措施，"一企一策"帮助企业解决实际困难和问题。特别是服务外向型企业时，要在通关、出口信贷和退税、咨询服务、风险防范等方面，帮助企业更好地扩大产品出口，更好地防控投资风险。完善中小企业公共服务平台，优化养老保险、失业保险缴纳机制，形成具备政策咨询、创业创新、人员培训、技术研发、融资担保、法律援助、商务服务等多种功能的社会化服务体系。加强中小企业信用担保体系建设，推动县、市、区政府、园区建立小微企业贷款风险补偿资金池，支持更多优秀的非公有制企业上市融资。

三是要锻造队伍、提升素质。发展非公有制经济，关键还要有一批敢闯、敢干、敢试的企业家。要引导企业家扎扎实实创业、老老实实做事，以实干、实业、实绩铸造湖湘企业家的精气神。各级各部门要高度重视民营企业家队伍建设，有计划、有步骤地开展专题教育培训，不断提升企业家的思想素质和经营管理水平，努力建设一支具有现代理念、国际视野、战略眼光、创新意识的高素质民营企业家队伍。要大力宣传国家支持非公有制经济发展的政策法规，推广成功企业的经验模式，提升企业家的成就感、荣誉感和归属感，努力在全社会营造理解、关心、支持民营企业家发展的良好氛围。广大民营企业家要不断增强社会责任感，诚实诚信经营，积极承担社会责任，树立民营企业家的良好形象。

同志们，做大做强非公有制经济，是推动我省经济社会持续健康发展的重要举措。我们要在以习近平同志为总书记的党中央坚强领导下，按照省委决策部署，齐心协力，开拓进取，积极作为，努力推动全省非公有制经济发展迈上新台阶，为全面建成小康社会作出更大贡献！

在全区中小企业股权融资经验交流会的讲话

广西壮族自治区人民政府常务副主席　唐仁健

（2015年9月29日）

各位企业家朋友，同志们：

大家好！今天我们在这里隆重召开全区中小企业股权融资经验交流会，共同研究破解中小企业融资难题、推动全区中小企业转型发展，对调整优化经济结构具有十分重要的意义。在此，我谨代表自治区党委、自治区人民政府对本次活动的成功举办表示衷心的祝贺，对挂牌的百家中小企业致以诚挚的祝福！借此机会，就中小企业发展特别是“金融支小”问题谈几点个人的看法。

一、认清形势，抢抓中小企业发展新机遇

今年以来，我区上下深入学习贯彻党的十八大，十八届三中、四中全会和习近平总书记系列重要讲话精神，全力以赴稳增长、促改革、调结构、惠民生、防风险。随着各项稳增长举措的进一步落实，全区简政放权、重大基础设施项目推进、降电价清收费、扶持工业企业发展、促消费发展三产、发展特色农业、金融扶持实体经济、财政政策支持和盘活存量资金等工作初见成效，利好因素不断增多。上半年，地区生产总值增长8%，规模以上工业增加值增速连续3个月上扬，服务业增加值增速自2003年以来首次快于二产，固定资产投资增长18.5%，全区经济运行趋稳、结构调整趋优、企业信心趋强、民生发展趋好，总体呈现回稳向好势头。

今年两会期间，习近平主席从全局战略高度赋予了广西三大战略新使命，即面向东盟的国际大通道、西南中南地区开放发展新的战略支点、“一带一路”有机衔接的重要门户。前不久在南宁举行的2015中国500强企业高峰论坛签约了93个项目，总投资额3072.4亿元，创下了历届高峰论坛投资额之最，这也充分说明全国知名大企业对我区战略机遇的高度认可。当前，我区正按照“三个定位”要求，把握方向、抢抓机遇，大力实施“一带一路”国家战略和北部湾经济区、西江经济带“双核驱动”战略，坚持产业优先，加快发展新型工业化，加快转变经济发展方式，确保实现“两个建成”。企业是地区经济增长的主动力，新的战略定位赋予了广西企业新的使命，也为全区中小企业战略转型提出了新的方向。

当今区域经济形势最明显的特征就是“板块化”，我国正经历一场影响未来相当长一段时期的经济地理变革，国内不同地区的发展态势各有千秋，产业结构调整走在前列的东部地区总体领先，西部加快赶超。我区经济也呈现趋稳向好的态势。但随着全区经济发展全面进入新常态，增速换挡和结构调整阵痛相互交织，我区经济下行压力在持续加大，受影响最直接、遭冲击最大的就是企业。经济下行期往往也是转型升级加速期，要善于捕捉和利用好这个“时间窗口”，以壮士断腕的决心转方式、调结构、促升级，大力发展新产业、新业态、新技术、新模式，破解新旧产业和增长动力“青黄不接”的困境。自治区年中工作会议要求以促进企业持续健康发展为主战场，出台的“48条稳增长”措施大多是解决中小微企业融资、用电和市场等方面存在的困难和问题。可以说，自治区党委、政府在要求确保中小微企业稳发展、调结构方面，措施非常多，力度也非常大。针对制约中小企业发展的资金瓶颈，自治区各级各部门也采取了一系列卓有成效的举措，今天的百家企业集中挂牌就是推动企业融资迈上新台阶的有力举措。希望各级各部门和广西中小企业一起以此为契机，抢抓机遇，破解发展瓶颈，切实推动企业转型升级。

二、多措并举，切实缓解中小企业融资难问题

中小工业企业是区域经济增长的主要引擎、技术创新的重要力量和扩大就业的主力军，对我区经济社会发

展起着举足轻重的作用。自治区党委、政府一直以来都非常重视中小企业的发展，根据党中央、国务院关于支持中小企业发展有关政策措施，我区相继出台了《关于加快中小企业发展的若干意见》、《关于实施抓大壮小扶微工程的意见》、《关于加快新型工业化实现跨越发展的决定》等一系列政策措施，将加快中小企业发展列入全区经济社会发展的重大战略，为中小企业快速发展提供了可靠的政策保障和发展动力。近年来，我区中小企业发展成绩显著。截至2014年底，全区中小企业实现工业增加值4063.5亿元，约占全区规模以上工业增加值的80%；提供税收1402.8亿元，占全区总税收的70.9%;相比5年前，各项指标均实现了翻番。全区发明专利80%以上由中小企业申报，全区科技型中小企业占国家级和自治区级高新技术产业开发区企业总数的80%以上，吸纳从业人员达571万人。中小企业的迅猛发展为全区经济社会发展做出了突出贡献，但作为制约中小企业发展主要瓶颈——融资难、融资贵的问题却一直都没有得到有效解决。这就需要政府和企业共同努力，打通资金流向中小企业的管道。

（一）进一步拓宽间接融资渠道

目前我区中小企业自有资金严重不足，筹集资金的渠道不宽，多数中小企业主要依赖民间借贷、社会集资等有限形式筹集发展资金，致使一些企业有好的技术、好的产品，却因资金缺乏，难以扩大规模，难以提高市场占有率，难以提高市场竞争力，难以把好的企业、好的产品做大做强。截至2014年底，广西银行业金融机构小微企业贷款余额3974.1亿元，仅占全区银行业金融机构贷款余额的24.7%，离发达地区还有一定差距。目前全区中小企业融资缺口在1500亿元以上，融资成本在 12%-15%左右，高的在18%，银行贷款占融资总额的70%以上，融资渠道单一、成本高、缺口大等现状亟须改变。

针对中小企业融资难、融资贵的问题，必须进一步创新服务方式，积极帮助企业拓宽融资渠道。通过实施中小企业发展专项补助、中小工业企业信贷引导资金、中小企业信用担保机构风险补贴、债券融资贴息、万家成长型中小企业信贷扶持工程、“P2P”网络金融等财政金融政策措施，激励金融机构加大信贷投放，帮助融资性担保机构增加注册资本金，加大政银企合作力度，特别是大力开展惠企贷工作，加大对银行业金融机构新增贷款奖励和风险补偿力度，不断提高融资性担保机构风险补偿等，推动担保公司降低收费标准，引导信贷源集中支持中小企业，增加中小企业资金来源主渠道的“流量”。

（二）不断提升股权融资比重

除了贷款以外，中小企业要充分利用多层次的资本市场，加强与上海、深圳等资本市场的对接，加强企业上市和挂牌步伐，拓宽中小企业直接融资难渠道。据初步统计，今年以来，有3家企业在上交所挂牌上市，全区境内上市企业达到35家。8家企业在三板挂牌，挂牌达到22家。在区域性股权交易市场挂牌方面，广西企业在区内外踊跃参与，目前累计已有251家企业在北部湾股权交易所实现挂牌服务，推动10%挂牌企业进行股份改制，其中29家挂牌企业通过发行私募债、增资扩股、股权转让、收益权转让、资产管理等直接融资手段成功实现融资9亿元，平均每家企业融资3100万元，融资满足率比较高，较好的解决了企业短期流动资金的需求，优化资产结构。要进一步发展壮大北部湾股权交易所市场，大力引进各类产业发展基金，建立健全多层次的资本市场，进一步丰富直接融资的金融工具，提升服务中小微企业的能力。

三、产融结合，加快打造面向东盟的区域性股权交易新平台

股权融资是中小企业筹集资金的重要方式，随着我区经济的高速发展和融资需求的不断扩大，股权融资以其独特的优势受到了越来越多成长性中小微企业特别是高新技术创新创业型企业的欢迎，这就需要北部湾股权交易所积极发挥新作为。

一要推动北部湾股权交易所尽快做大做强。北部湾

股权交易所是自治区人民政府批准设立的区域性股权市场，是地方多层次资本市场的重要组成部分，也是中小微企业培育和规范的园地、融资中心，以及地方政府扶持小微企业政策运用的平台以及资本市场中介服务的延伸。正是由于区域性股权市场具有全方位服务中小微企业的市场功能和定位，大力发展区域股权市场已得到社会各界的充分认可，全国各地政府均将其纳入地方经济金融战略规划的重要组成部分，大力鼓励和支持其发展。广西亦不例外，自治区人民政府对区域性股权市场的发展给予厚望，要努力把北部湾股权交易所建设成为我国西南、中南区域股权交易重要市场。

二要加大政府支持力度。大力发展区域性股权市场不仅能完善地方经济金融体系，也能在解决中小微企业融资难、融资贵问题上走出一条新路子，同时还可以作为广西沿边金融综合改革的重要实施和推动载体。希望各级政府部门都能认识到区域性市场的重要作用，鼓励并支持其发展，尤其是要鼓励企业到北部湾股权交易所挂牌，接受规范培育、股份改制以及辅导上市等服务，做大做强企业，促进地方经济转型升级和平稳增长。此次由自治区工信委组织推荐百家中小企业在北部湾股权交易所挂牌，以及在14个地市建立中小企业孵化基地，是新经济业态下的一种新尝试，各级各部门应充分利用好北部湾股权交易所的平台功能和专业优势，把企业推向市场，以“授之以渔”的方式促其规范成长和做大做强。

三要努力促进产融结合。科技创新与资本市场的有效对接，是推进经济发展方式转变和实施自主创新战略的根本途径。产业转型升级，离不开金融的支持，交易所要加快推进科技金融创新，集聚发展各类金融，促使科技和金融创新成为实体经济发展的助推器，扶持民间金融健康发展，为全区中小企业转型升级提供源源不断地金融支持。要进一步完善区域性股权市场的金融生态系统，通过区域性股权市场的辅导培育功能，大力支持创新创业型企业的发展，强化与自治区政府各相关职能部门的合作，积极帮助挂牌企业运用资本市场中的各类金融工具解决其发展资金需求，优化企业法人治理结构，促进企业上下游产业链优化整合，盘活现有资产，提升市场竞争力 。

四、简政放权，促进中小企业加快发展

中小企业工作涉及面广，做好中小企业转型升级和健康发展，我区的稳增长工作就做好了一大半。

一要继续深入推进简政放权，进一步释放创新转型动能。简政放权是深化改革的总开关和牛鼻子，也是企业创新创业生态环境里的阳光和水分，简政放权不到位，创业创新的种子就无法破土而出。中央大规模简政放权后，自治区也下放了不少审批权限，有些下放到地方的审批事项，需要进一步做好衔接。中小企业是简政放权的主要受益者，各级中小企业主管部门不仅要争取率先建立“权力清单、负面清单、责任清单”，用刚性的制度管权用权，进一步挖掘取消和下放行政审批空间，更要对中小企业反映强烈的审批事项和繁文缛节认真进行梳理，积极反映，推动解决，坚决拆掉束缚创业创新的条条框框。

二要多措并举，不断拓展服务手段。要结合实际，坚持不断优化发展环境，最大限度地释放中小企业创新活力。进一步明确工作重点，明确推动我区中小企业创新转型的路径和方法，既要做好培育增量的加法，又要做好淘汰落后的减法，还要做好发展新动力的乘法。要坚持以“大众创业，万众创新”为主线，以“互联网+”和“中国制造2025”为抓手，以缓解融资难、融资贵为突破口，以“专精特新”为主攻方向，加强考核，深入推进各项工作。在多渠道缓解企业融资难题的同时，要进一步完善公共服务，围绕产业链部署创新链、围绕创新链完善资金链，加强资金、技术、人才、政策、管理等创业创新资源的整合和利用，进一步完善扶持政策和激励措施。要配套国家中小企业发展基金，加快设立自治区中小企业发展基金，与社会资本、市县政府财政性资金合作，共同设立若干支股权投资子基金，构建“1+N”的母

子投资基金，市场化运作，在支持中小企业发展壮大后再退出来，再把钱投到其他初创期的企业上，实现循环使用，重点支持战略性新兴产业、高新技术产业、先进装备制造业等高成长性中小企业发展。

三要加大对中小企业创新转型扶持力度，大力推动大众创业、万众创新。进一步改进、优化财政资金的支持方式和方向，把支持的重点聚集在创业创新、转型升级上，聚焦在加强公共服务上。为中小企业多减负、多让利，让他们敢创业、创成业，让中小企业创新轻装前行。缺少抵押物、风险高的特点在创业创新企业身上表现得更为明显，要建立起与创业创新相适应的融资服务体系，各市已推出了不少好做法，比如，南宁市的“两台一会”和柳州市政府、协会、金融机构“三位一体”的信用贷款合作模式都取得了比较好的效果，要相互学习借鉴。

四要强化服务支撑，为中小企业创新转型搭好台。要继续创新服务机制、提高综合服务水平，把政府部门“端菜”变为更多由中小企业“点菜”，企业需要什么服务，我们就提供什么服务，切实提高服务效能。要抓好广西中小企业公共服务平台网络建设，目前已建成以政策发布子平台系统、在线资金申报子系统、投融资子平台为基础的一期服务功能建设，要加快二期建设进度，确保2016年底前全部建成，并从强化服务功能、拓展服务范围、延伸服务触角等方面不断完善平台网络。

五要统筹协调，进一步加强对中小企业服务工作的组织领导。根据国务院关于调整促进中小企业发展工作领导小组精神和我区工作要求，自治区也调整了促进中小企业发展工作领导小组，由我担任组长，黄日波副主席和陈刚副主席担任副组长，自治区相关厅局为组成单位，希望领导小组切实加强领导、强化统筹，充分发挥促进中小企业发展工作协调机制作用，形成工作合力，切实解决好中小企业发展面临的困难和问题，推动全区广大中小企业加快发展。

同志们，当前我区经济发展正处在一个新的起点上，企业发展大有可有，希望各位企业家以这次挂牌为契机，加快做大做强做优企业，推动企业迈向高层次资本市场，创造更加美好的前景。为加快中小企业健康发展，全面推动实现我区经济转型升级发展作出新的贡献！

在全国中小企业工作电视电话会议上的汇报发言

广西壮族自治区工业和信息化委主任　莫 桦

（2016年7月25日）

尊敬的部长，各位领导：

大家好！

按照会议安排，我代表广西壮族自治区工业和信息化委员会向大会汇报。汇报的题目是“主动作为化解融资问题，推动降本再助力企业发展”。

面对当前复杂的经济环境，在工信部中小企业局的领导下，我委主动作为，在全区开展 “千名干部入千企”服务企业活动，问计于企，精准施策，努力保持中小企业在转型升级中持续健康发展。目前，广西中小微企业（含工商个体户）150多万户， 2015年小微工业企业增加值同比增长11.8%，高于全区工业增加值增速4.0个百分点，高于大中型工业企业增加值增速5.9个百分点。小微工业企业对广西规模以上工业增长贡献率达到49.1%，拉动增长3.8个百分点。

我们重点从两个方面采取措施：

一、设立中小工业企业信贷引导资金，缓解企业融资难题

融资难、融资贵是制约广西中小企业发展的突出问题。为此，广西自2014年10月设立中小工业企业信贷引导资金，由自治区本级财政和市级财政等比出资设立。当年从自治区工业和信息化发展资金调剂1.5亿元、从中小企业发展基金安排1亿元共2.5亿元作为自治区首期资金，各市财政按1:1配套，形成了5亿元的信贷引导资金规模。到2016年，自治区财政累计安排4.5亿元，各市配套4.5亿元，信贷引导资金规模达9亿元，专项用于引导和促进金融机构开展“惠企贷”业务，“惠企贷”是指金融机构以财政提供的信贷引导资金作为风险补偿增信手段，向工信部门推荐的中小工业企业发放贷款的业务。开展的方式是合作银行接到当地工信部门推荐的企业名单后开展尽职调查并进行贷款审批，对有担保类型企业可获得最高2000万元以内的贷款额度；无担保类型可获得最高500万元以内的贷款额度支持。各市工信部门按一定的比例将信贷引导资金存在合作银行指定的账户，作为“惠企贷”的风险补偿金，合作银行在风险补偿金到位后一个月内发放贷款。“惠企贷”的推出，使抵押物不足的企业也可能得到贷款。引导资金采取无偿循环使用方式，减小了中间环节，降低了中小企业融资成本，使财政资金起到“四两拨千斤”的作用。

经过近两年实践，“惠企贷”已取得实效：到2015年底，全区14个市全部开展了“惠企贷”业务工作，各市工信部门与70多家银行分行签署合作协议，截止到今年5月底，全区通过各级工信部门向银行申请贷款企业总数1839家，合作银行向788家中小企业发放贷款余额 48.9亿元，有效解决部分企业贷款的急难愁问题。

二、全力推动企业降本工作

为切实帮助企业降本增效，深入推进供给侧结构性改革，4月25日，我委牵头起草并协调40多个部门报自治区政府印发实施《关于降低实体经济企业成本若干措施的意见》，从加大简政放权，降低制度性交易成本；降低企业税赋负担；降低行政事业性收费；普降社保缴费比例，降低企业人工成本；降低企业融资和财务成本；降低电力成本；降低企业物流成本方面推出41条政策措施。其中既有普惠性的政策，如实现地方性涉企行政事业性收费“零收费”、全面推开“营改增”、普遍降低企业养老保险缴费比例，职工基本养老保险缴费比例由20%降至19%等。也有定向性的政策，如重点园区给予养老保险缴费比例由20%降至14%的特殊支持。在降低电力成本方面，明确继续降低一般工商业销售电价1.5分/千瓦时；免收新增电力用户临时接电费用；实施临时丰枯水期季节性电价，开展峰谷分时电价政策试点，推进电力市场化改革和电力直接交易。我委加大政策落实力度，积极探索售电公司参与电力市场化交易，与广西电力交易中心等单位就相关购售电交易方式、市场准入以及售电牌照业务的办理等进行沟通交流，起草了售电公司与电力用户、售电公司与发电企业的购售电意向协议。经自治区政府同意，我们组织开展了三批电力直接交易，参与的用电企业达111家，交易规模135亿千瓦时，占广西电网公司上年度销售电量的14.5%，预计可降低企业用电成本15亿元。

下一阶段，我们将认真贯彻本次会议精神，以中小企业“十三五”发展规划为引领，紧紧结合本地实际，加大“惠企贷”、降低企业成本“41条”等惠企措施的实施力度，深入推进供给侧结构性改革，扩大政策覆盖面和扶持力度，加强“两学一做”学习，提升服务水平和质量，推动中小企业健康发展。

第二篇·综述

2015年中国中小企业发展情况

一、中小企业概况

中小企业是中国企业中数量最大、最具创新活力的企业群体，是推动“大众创业、万众创新”的基础，在增加就业、促进经济增长、科技创新与社会和谐稳定等方面具有不可替代的作用，对国民经济和社会发展具有重要的战略意义。截至2015年12月31日，全国工商登记企业2185.82万户、个体工商户5407.94万户。根据中小企业划型标准和第三次经济普查数据测算，以工业为例，从企业占比上来看，大型企业占全部工业企业数量的0.4%，中型企业占2.4%，小型企业占33.0%，微型企业占64.2%，中小微企业数量合计占99.6%。从就业分布来看，大型企业就业人数占工业企业全部就业人数的24.5%，中型企业占22.5%，小型企业占41.1%，微型企业占11.9%，中小微企业合计超过75%。

二、中小企业在经济社会发展中发挥的重要作用

（一）中小企业是保持国民经济平稳较快发展的重要力量。

中小企业是数量最大、最具活力的企业群体，是社会主义市场经济的重要组成部分，是我国实体经济的重要基础。中小微企业占全国企业总数的99%以上。同时，中小企业创造的最终产品和服务价值已占到国内生产总值的60%，纳税约为国家税收总额的50%。中小企业所占GDP比重、纳税比例，充分说明在经济建设中不仅要重视发展“顶天立地”的大企业，更要重视发展“铺天盖地”的中小企业。

（二）中小企业是关系改善民生与社会稳定的重要基础。

就业是民生之本，是社会和谐之基，促进中小企业发展就是最大的民生工程。中小企业量大面广，提供就业岗位多，吸纳就业人员多，这对缓解就业压力具有非常重要的作用。中小企业提供了80%以上的城镇就业岗位。国有企业下岗失业人员80%以上在中小企业实现了再就业，大量农民工主要在中小企业务工。近年来不少高校毕业生也把中小企业作为就业的重要选择，相当数量军队退役人员在中小企业实现就业。大企业随着自动化程度越来越高，在提高生产效率和增加财政收入方面作用突出，但在解决就业方面的作用却逐渐减小。所以，缓解就业压力，就要鼓励“大众创业、万众创新”，就要大力发展中小企业。中小企业发展得好，人们的收入就能提高，社会就更加和谐稳定。

（三）中小企业是推动创新和转变发展方式的关键。

中小企业是推动创新的生力军。中国65%的发明专利、75%以上的新产品开发都是由中小企业完成的。2015年，中小企业创新活动更加活跃、创新领域更加广泛，不仅在原有的传统产业中保持旺盛活力，而且在信息、生物、新材料等高新技术产业和信息咨询、工业设计、现代物流、电子商务等服务业中成为新兴力量。2015年，中国电子商务交易额达到21.8万亿元，其中网上零售额达到3.9万亿元，居世界第一位，这中间绝大部分都是中小企业贡献的。中小企业占全国经济总量的半壁江山以上，要完成转变发展方式、提高发展质量的任务，就必须大力支持中小企业发展，充分调动和发挥中小企业在促进经济发展方式转变和实施创新发展战略中的重要作用。

（四）中小企业在改革开放中的作用日益增强。

中小企业发展，既是改革开放的重要成果，也是改革开放的重要力量。量大面广、机制灵活的中小企业参与竞争，形成了充满活力的市场环境，为充分发挥市场在配置资源中的基础性作用创造了条件。中小企业贴近市场，活跃在市场竞争最激烈的领域，与市场有着本质的联系，是构建市场经济体制的微观基础，它的发展为社会主义市场经济创造了多元竞争、充满活力的环境。实践证明，中小企业发展好的地区，往往也是人民生活较为富裕的地区，也是率先实现小康的地区。发展中小企业，使广大人民群众从发展中得到实惠，过上更加富裕的生活，有利于促进社会的和谐安定。

三、促进中小企业发展政策体系进一步完善

在党中央、国务院的决策部署下，各地区、各部门认真贯彻落实，促进中小企业发展工作取得积极成效。截至2015年底，初步形成了由一部法律、一个协调机制、

一个标准和六个重要文件组成的法律政策体系。

一部法律是，2003年颁布实施的《中小企业促进法》，标志着中国促进中小企业发展工作步入法制轨道。一个协调机制是，2009年国务院成立了促进中小企业发展工作领导小组，由时任国务院副总理张德江担任领导小组组长，工业和信息化部、发展改革委等17个部门负责同志为成员。2013年，新一届政府组建后，国务院决定继续保留领导小组并调整了组成人员，由马凯副总理担任组长，新增加文化部为成员单位，成员单位增至18个，领导小组办公室设在工业和信息化部。一个标准是，2011年工业和信息化部会同统计局、发展改革委、财政部修订了中小企业划型标准，报请国务院同意后印发实施。这次标准修订增加了微型企业标准，扩大了行业覆盖面，同时将个体工商户纳入参照执行范围。新的划型标准不仅有利于加强对中小企业的分类统计管理，也为促进中小企业发展各项政策的出台提供了依据。

六个重要文件，一是2005年出台的《国务院关于鼓励支持和引导个体私营等非公有制经济发展的若干意见》（国发〔2005〕3号，简称非公36条），这是我国第一个支持非公有制经济发展的国务院文件，核心是市场准入和推进公平竞争。第二个是2009年，为了应对国际金融危机对中小企业的影响，出台的《国务院关于进一步促进中小企业发展的若干意见》（国发〔2009〕36号，简称国发36号文件），这个文件在扶持中小企业发展，提振企业信心，促进中小企业在国际金融危机中率先实现企稳回升中发挥了积极作用。第三个是2010年，出台的《国务院关于鼓励和引导民间投资健康发展的若干意见》（国发〔2010〕13号，简称民间投资36条），文件进一步拓宽了民间投资的领域和范围，为民间投资健康发展创造良好环境。第四个是2012年，出台的《国务院关于进一步支持小型微型企业健康发展的意见》（国发〔2012〕14号，简称国发14号文件）。文件是首次针对小微企业发展出台的政策意见，标志着我国在扶持中小企业发展的政策取向上发生了转变，政策更加注重环境，更加注重服务，更加注重普惠，更加注重小微企业，政策取向是雪中送炭，而不是锦上添花。第五个是2014年，印发的《国务院关于扶持小型微型企业健康发展的意见》（国发〔2014〕52号，简称国发52号文件），文件从资金支持、财税优惠、创业基地建设、促进企业信息互联互通等方面提出一系列政策措施，扶持小微企业（含个体工商户）健康发展，核心是鼓励创业，形成大众创业、万众创新的新局面。第六个是2015年，印发的《国务院关于大力推进大众创业万众创新若干政策措施的意见》（国发〔2015〕32号），文件通过不断完善体制机制、健全普惠性政策措施，加强统筹协调，构建有利于大众创业、万众创新蓬勃发展的政策环境、制度环境和公共服务体系，以创业带动就业、创新促进发展，促进小微企业健康发展。

四、2015年促进中小企业发展工作进展及成效

2015年，工业和信息化部认真学习贯彻落实党的十八大及十八届三中、四中、五中全会精神，会同国务院促进中小企业发展工作领导小组（以下简称领导小组）各成员单位，紧紧围绕国发〔2012〕14号、国发〔2014〕52号和国发〔2015〕32号文件的贯彻落实，积极推动落实2015年重点工作，深入开展扶助小微企业专项行动，优化发展环境，增强公共服务能力，推进两化深度融合，深化国际交流合作，进一步转变职能，不断激发中小企业和非公有制经济的发展活力。

（一）进一步优化发展环境。

一是工业和信息化部充分发挥领导小组办公室协调机制作用。印发了领导小组成员单位2015年工作要点，涉及18个部门共46项工作任务。及时召开领导小组办公室会议，传达国务院领导批示精神，推动政策落实，研究政策预案。二是配合全国人大开展中小企业促进法修订工作。组织赴浙江、广东、四川召开座谈会专门听取中小企业意见，并征询起草顾问小组意见建议，对中小企业促进法修改草案（初稿）进行了修改完善。三是开展“十三五”中小企业发展规划研究工作。委托相关单位开展规划的前期研究，并通过领导小组办公室会议对有关部门参与规划起草工作进行部署。修改完善了规划提纲，认真组织开展规划编制起草工作。四是组织实施扶助小微企业专项行动。工业和信息化部印发了专项行动方案及分工，召开电视电话会议进行部署。会后，各地中小企业主管部门结合本地实际制定了实施方案，积极组织开展相关工作。8-9月，工业和信息化部会同领导小组成员单位在全国范围组织开展小微企业政策宣传月活动。经济日报刊发了部领导专题文章，发展改革委、财政部等领导小组成员单位发布了政策解读文

章。充分发挥政府部门网站、新闻媒体、办事窗口的宣传作用，采取报刊、网络、微博、微信等多种方式让企业知晓政策，享受政策，取得了积极成效。五是改革调整中小企业发展专项资金。按照财税体制改革的要求，财政部对中小企业发展专项资金的支持方式和方向进行了大的调整。财政部会同工业和信息化部、科技部、商务部、工商总局联合开展了“小微企业创业创新基地城市示范”工作，将对小微企业的项目直接支持，改为对示范城市的整体支持，以城市创业创新基地为载体促进中小微企业发展，共有山西太原、辽宁沈阳等15个城市成为首批小微企业创业创新基地城市示范。

（二）推动大众创业、万众创新，促进中小企业转型升级。

一是认真落实《政府工作报告》重点工作部门分工。针对“中小微企业大有可为，要扶上马、送一程，使‘草根’创新蔚然成风、遍地开花”的任务分工，工业和信息化部研究制定了落实工作方案及细化任务分工，推动领导小组各成员单位和部内相关司局认真落实。同时，印发了《工业和信息化部关于做好推动大众创业、万众创新工作的通知》（工信部企业〔2015〕167号），推动各地中小企业主管部门营造大众创业、万众创新的良好氛围。二是推进小微企业创业基地建设。为充分发挥小微企业创业基地在“创业带动就业、创业促进创新”中的作用，工业和信息化部印发了《国家小型微型企业创业示范基地建设管理办法》（工信部企业〔2015〕110号），并组织各地推荐申报，公告了首批95家国家小微企业创业创新示范基地。截至2015年12月31日，经省级中小企业主管部门认定的小企业创业基地有2400多个，基地入驻企业26万户以上，提供就业岗位500多万个。三是实施中小企业信息化推进工程、两化融合能力提升行动。工业和信息化部研究制定了“互联网+小微企业”行动计划。组织召开中小企业信息化服务信息发布会、支持中国互联网协会实施“移动互联网+中小企业”行动计划，促进信息化服务与中小企业需求对接。支持工业和信息化部信息中心围绕“创客中国”主题，搭建服务平台，通过互联网集聚资源，为创客提供线上线下相结合的服务。四是推动中小企业创新转型。开展中小企业提高产品质量、创建品牌活动，推动中小企业“专精特新”发展。工业和信息化部会同科技部、财政部共同推动天津中小企业创新转型试点工作，在天津市组织召开了全国中小企业创新转型经验交流会。工业和信息化部与科技部共同推动中小企业技术创新发展，支持科技中介机构建设中小企业研发经费税前加计扣除政策运用与辅导信息化平台，开展网上培训、辅导申报程序和运用实务。六是印发《工业和信息化部关于进一步促进产业集群发展的指导意见》，从规划引导、提升龙头企业带动、加强区域品牌建设、提高产业集群信息化水平、提升创新能力等7个方面，提出意见，推动产业集群转型升级。七是组织开展“全国大众创业万众创新活动周”相关活动。工业和信息化部成立部内工作小组，推荐展览展示项目。同时，将中国国际中小企业博览会纳入“双创活动周”的重要活动内容，组织北京市中小企业公共服务平台开展相关配套活动。另外，印发工作通知，要求各地中小企业主管部门同期开展“双创”活动。

（三）进一步完善公共服务体系。

一是推进中小企业公共服务平台网络建设。截至2015年12月31日，全国30个省市和5个计划单列市启动了平台网络建设，共有887个平台参与了平台网络建设，带动社会各类服务机构7.51万个，组织开展了针对小微企业需求的各类服务活动15.84万次，服务企业183.58万家（次）。二是加强示范平台管理。工业和信息化部组织开展了对国家中小企业公共服务示范平台的年度检查和服务情况的抽查测评。组织开展对技术类示范平台享受科技开发用品进口免税政策资格申报工作，3家平台获得免税资格，8家平台复审合格，继续享受免税政策。三是推动中小企业管理提升。完善中小企业管理咨询专家库，组织开展第四批专家遴选工作，鼓励和引导管理咨询机构开展中小企业管理诊断和管理咨询服务。四是加强中小企业人才队伍建设。工业和信息化部组织实施企业经营管理人才素质提升工程，完成2014-2015年度1100余名中小企业经营管理领军人才培训工作。印发2015-2016年度培训通知，公布培训机构学员选拔及培训方案。五是工业和信息化部与教育部继续联合举办全国中小企业网上百日招聘高校毕业生活动，全国共有9046家企业在网上发布了招聘信息，提供就业岗位近10万个，有25.8万余名高校毕业生提交求职信息。

（四）进一步改善融资环境。

一是经国务院批准，中央财政出资150亿元，广泛吸引社会资本，共同形成600亿元的国家中小企业发展基金。财政部、工业和信息化部等5部门召开了国家中小企业发展基金理事会成立大会暨第一次会议，表决产生了理事会相关人选，审议通过了相关规则。12月，召开国家中小企业发展基金工作会议，部署并推进基金设立相关工作。二是工业和信息化部全面落实和深化与有关银行的中小企业金融服务合作。推进地方中小企业主管部门与银行分支机构建立合作机制，探索开拓新的合作途径，促进银担合作。加强与中国建设银行合作，在中小企业担保贷款保证保险、小微企业应收账款质押融资等领域取得新进展。三是引导保险机构为担保机构提供增信和分险服务。保监会、工业和信息化部、商务部、人民银行、银监会联合印发了《关于大力发展信用保证保险服务和支持小微企业的指导意见》（保监发〔2015〕6号），推动保险机构与担保机构合作，提高担保机构防范风险的能力。四是加强中小企业担保体系建设。工业和信息化部印发《关于进一步促进中小企业信用担保机构健康发展的意见》（工信部企业〔2015〕83号），对促进担保机构健康发展提出了意见和要求。与税务总局联合开展中小企业信用担保机构免征营业税工作，经审核，356家信用担保机构享受三年内免征营业税政策。复核取消了24家不符合条件担保机构的免税资格。同时，按照国务院深化行政审批改革的部署要求，工业和信息化部会同税务总局印发担保机构免征营业税审批事项取消后有关问题的通知，税务总局根据通知印发免税公告，延续免税政策。五是推动四川等省利用中征应收账款融资服务平台，开展小微企业应收账款质押融资工作。

（五）进一步推动交流合作。

一是组织参加第22次APEC中小企业部长会。经过多轮反复磋商和会议讨论，成果文件基本反映了我方关切和诉求，继承和体现了2014年APEC中小企业部长会议成果，重申和肯定了南京宣言精神在促进亚太地区中小企业创新发展的积极作用。二是加强双多边政策交流。组织召开第6次中欧中小企业政策对话会议，并就第3次中韩中小企业政策交流委员会会议和第3次中美中小企业政策对话筹备工作与两国进行沟通。在首届中德中小企业合作交流会期间，与德国经济和能源部东亚经贸处代表就第5次中德中小企业政策磋商相关事宜交换了意见。三是稳步推进改革创新，成功举办第12届中国国际中小企业博览会（以下简称中博会）。本次展会面积共有11万平方米，5000个国际标准展位，共有近3000家中外中小企业参展。四是培育中外中小企业合作园区，推动搭建中小企业经贸合作平台。经研究论证，工业和信息化部批复同意在广东省揭阳市设立“中德（揭阳）中小企业合作区”，并批复同意创建中国（广州）中小企业先进制造业中外合作区。

（六）积极推动非公有制经济健康发展。

工业和信息化部在促进中小企业和非公有制经济发展工作中做到“三同时”，即同时研究、同时布置、同时推进。一是推动开展非公有制企业建立现代企业制度试点工作。同意在广东省开展民营企业建立现代企业制度的试点工作，通过先行先试，探索民营企业建立现代企业制度的有效途径和方法，及时总结经验，为非公有制企业建立现代企业制度工作提供有效借鉴。二是工业和信息化部加强与全国工商联的合作机制，积极在促进非公有制经济发展、分析研判中小企业和非公有制经济运行态势等方面加强沟通交流。三是工业和信息化部与民建中央、湖南省人民政府、中国侨联联合举办了2015年中国非公有制经济发展论坛。四是工业和信息化部配合中央统战部，参与《关于加强和改进非公有制经济代表人士综合评价工作的意见》的研究起草工作，促进非公有制经济人士健康成长。五是加强中小企业和非公企业运行监测和分析研判工作。利用中小企业生产经营运行监测平台，及时了解和掌握中小企业运行态势，形成《中小企业问卷调查快报》《中小企业经营运行情况快报》《全国规模以上中小工业企业经济运行情况月度报告》等系列报告，为研判中小企业和非公经济运行态势、研究制定扶持政策提供支撑。

2016年中国中小企业发展情况

一、我国中小企业的基本情况

中小企业是中国企业中数量最大、最具创新活力的企业群体，是推进大众创业、万众创新的基础，在增加就业、促进经济增长、科技创新与社会和谐稳定等方面具有不可替代的作用，对国民经济和社会发展具有重要的战略意义。据国家工商总局数据显示，截至2016年末，我国实有企业2596万户，个体工商户5930万户。根据中小企业划型标准和第三次经济普查数据测算，以工业为例，从企业占比上来看，大型企业占全部工业企业数量的0.4%，中型企业占2.4%，小型企业占33.1%，微型企业占64.2%，中小微企业数量合计占99.7%。从就业分布来看，大型企业就业人数占工业企业全部就业人数的24.5%，中型企业占22.5%，小型企业占41.1%，微型企业占11.9%，中小微企业合计超过75%。

二、中小企业在经济社会发展中的重要作用

（一）中小企业是“大众创业、万众创新”的重要基础。

在我国经济进入新时期、新阶段、新常态的大背景下，国家实施“创新驱动发展战略”，深入推进“大众创业、万众创新”，中小企业是实施“双创”的重要基础，是推动“双创”发展的重要力量。随着企业“五证合一”、电子注册等商事制度改革的深入推进，市场准入环境持续改善，市场准入便捷性不断提高，市场主体保持快速增长，企业创立呈爆发式增长。根据国家工商总局数据显示，2016年全国新设企业552.8万户，同比增长24.5%，日均新设企业达1.5万户，创历年新高。截至2016年末，我国实有企业2596万户，比2012年增长1229万户，年均增长17.4%；个体工商户5930万户，比2012年增长1871万户，年均增长9.9%。

（二）中小企业已成为最具活力的经济增长点。

随着供给侧结构性改革的不断深入和一系列稳增长、调结构、惠民生政策的作用下，中小企业数量不断扩大，实力不断增强，已成为经济平稳发展的重要增长点。中小企业数量占全部企业数量的90%以上，中小企业创造的最终产品和服务价值已占到国内生产总值的60%，纳税约为国家税收总额的50%。另据国家统计局数据显示，截至2016年底，全国规模以上中小工业企业达到37.0万家，比2012年底新增4.5万家。2016年，全国规模以上中小工业企业实现主营业务收入72.2万亿元、利润4.3万亿元，比2012年分别增长了32.2%和26.5%。

（三）中小企业是吸纳就业的主渠道。

中小企业量大面广，提供就业岗位多，吸纳就业人员多，这对缓解就业压力具有非常重要的作用。在我国，中小企业提供了80%以上的城镇就业岗位，大量农民工在中小企业务工，不少高校毕业生也把中小企业作为就业的主要选择，相当数量的军队转业人员在中小企业实现就业。另外，国家工商总局数据显示，全国私营企业从业人员数量从2012年末的11296万增加到2016年末的17997万，年平均增长12.3%。大企业随着自动化程度越来越高，在提高生产效率和增加财政收入方面作用突出，但在解决就业方面作用却逐渐减小，所以缓解就业压力，就要大力发展中小企业，中小企业发展得好，老百姓的收入就能提高，社会就更加和谐稳定。

（四）中小企业是推动创新和转变发展方式的关键。

我国65%以上的发明专利、75%以上的新产品开发都是由中小企业完成的。当前，中小企业创新活动更加活跃，创新领域更加宽泛，不仅在原有的传统产业中保持旺盛活力，而且在信息、生物、新材料、工业设计、现代物流、电子商务等新技术、新产业、新业态、新模式的“四新”领域迅速崛起。2016年全国网络零售交易额达5.16万亿元，同比增长26.2%，是2012年的3.9倍，绝大部分是中小企业贡献的。“十二五”期间，全国32个中小企业知识

产权战略推进工程试点城市的中小企业集聚区专利申请量年均增长53%，专利授权增速超过30%。中小企业在产业链和创新链中的作用日益凸显，产业集群取得了快速发展，据不完全统计，我国已形成销售收入超过20亿元的产业集群2530个，拥有企业95万户，吸纳就业5257万人，销售收入48万亿元。同时，“专精特新”中小企业发展迅速，各地共培育认定“专精特新”中小企业1.4万多家。

（五）中小企业已成为“走出去”的主要力量。

随着我国改革开放的不断深入和“一带一路”战略的逐步实施，越来越多的中小企业将经营战略着眼于国内外两个市场，以全球视野来谋划企业的长远发展，跨国经营步伐明显加快，成为国内企业“走出去”的重要力量。海关总署数据显示，2016年，我国民营企业进出口总值9.28万亿元，占我国外贸总值的38.1%，比2012年提高6.5个百分点。近年来，由于全球贸易延续放缓态势，我国出口形势严峻，但中小企业机制灵活、创新能力强，把握住了新兴市场快速崛起的商机，依然保持较平稳的发展。海关总署数据显示，2016年，民营企业出口下降0.2%，而同期全国货物出口下降2.0%，外商投资企业下降2.2%，国有企业下降5.6%。

三、中小企业发展面临的主要困难和问题

2016年，我国中小企业经济运行总体呈现缓中趋稳、稳中向好的走势，主要经济指标出现积极变化，国家统计局数据显示，2016年，全国规模以上中小工业企业主营业务收入、利润总额同比分别增长6.0%和6.2%，分别比上年同期提高2.5、2.0个百分点，工业和信息化部中小企业局问卷调查显示（以下简称“问卷调查”），2016年12月，25.4%的中小企业认为经营状况较好，连续4个月上升，比上年同期提高3.2个百分点。但税费负担重、市场需求低迷等问题依然制约着中小企业特别是小微企业的发展。

（一）税费负担重，企业压力大。

小微企业本小利薄，对各种税费负担的承受能力较差。虽然目前国家对部分小微企业实行了税费优惠政策、但符合优惠条件的企业有限，优惠力度较弱。部分地方中小企业主管部门反映，在经济下行税收减少的压力下，税收刚性加大，企业实际税负未见明显减轻。

（二）市场低迷，竞争激烈。

问卷调查显示，2016年12月，中小企业国内、外订单指数分别为47.7%和47.0%，仍处于收缩区间。其中，反映国内外订单减少的企业比例较反映订单增加的企业比例分别高4.7个和6.0个百分点。2016年12月，小型企业PMI为47.2%，连续29个月处于收缩区间。

（三）原材料价格上涨速度快于PPI，企业生产成本增加。

钢材、铝材、玻璃、煤炭、石油等原辅材料和能源价格上涨较快。问卷调查显示，2016年12月，中小企业原材料购进价格指数为59.4%，比上年同期提高9.4个百分点，连续12个月上升；能源购入价格指数为56.7%，比上年同期提高6.2个百分点，连续4个月上升。

（四）用工成本持续上升，社保负担偏重。

近年来，各地最低工资持续上调，企业的用工成本随着上涨，社保基数也水涨船高。虽然国家降低了部分险种的比例，但幅度较小，且是小险种，效果尚不明显。特别是小微企业工资普遍低于社会平均工资水平，但需按社会平均工资缴纳社保费用，小微企业负担较重。

（五）中小企业融资难问题依然突出。

问卷调查显示，2016年有融资需求的中小企业中，38.8%的企业反映融资需求不能满足，较上年降低0.3个百分点，没有明显改善。银行惜贷、压贷、抽贷、断贷现象时有发生，银行对中小企业的贷款利率普遍上浮30%以上。

此外，中小企业销售回款难、人才缺乏、环保约束加大、创新转型难、制度性交易成本高、政府公共服务有待进一步优化等问题，也都影响着中小企业的发展和企业家的信心，投资意愿总体偏弱。

四、2016年促进中小企业发展工作进展情况

2016年以来，在错综复杂的国内外形势下，工业和信息化部会同国务院促进中小企业发展工作领导小组（以

下简称领导小组）各成员单位认真贯彻党中央、国务院的决策部署，主动适应经济发展新常态，坚持稳中求进工作总基调，更加注重推进供给侧结构性改革和民生改善，认真落实促进小微企业发展的政策措施，着力优化发展环境、加大财税扶持、拓宽融资渠道、推动创业创新、完善公共服务，各项工作取得积极成效。

（一）发展环境进一步优化。

一是充分发挥领导小组办公室协调机制作用，明确了会议、联络、督办等工作制度，牵头制定各成员单位年度工作要点，涉及18个部门71项工作任务，并加强工作督促。二是完善支持中小企业发展的法律体系。《中小企业促进法（修改草案）》（送审稿）已经全国人大财经委审议通过，并于2016年11月经全国人大常委会第一次审议，正在按程序加快修订。三是编制发布“十三五”中小企业发展促进规划。2016年，工业和信息化部印发了《促进中小企业发展规划（2016－2020年）》（以下简称《规划》），并加大《规划》宣传力度，推动各地聚焦重点领域，加强对中小企业的资金支持、基金引导和政策服务，认真贯彻落实。另外，国家着力推进“放管服”，近几年，国务院分9批审议通过取消和下放共618项行政审批事项，取消了非行政许可事项，工商登记前置审批精简85%，全面实施“五证合一”“一照一码”，极大地激发了小微企业的双创活力。同时，工业和信息化部与发展改革委等部门共同推进了东北地区民营经济发展改革工作。与民建中央、河南省人民政府在郑州联合主办2016中国（河南）非公有制经济发展论坛。与中央统战部等14个部门联合印发《关于加强和改进非公有制经济代表人士综合评价工作的意见》，促进非公有制经济人士健康成长。

（二）财税支持进一步加大。

一是加快国家中小企业发展基金设立运行。在5个部门的共同努力下，截至2016年底，国家中小企业发展基金4支直投子基金均已完成注册设立工作，首期出资已全部实缴到位并正式启动运营，投向首批种子期、初创期成长型中小企业项目。二是继续开展小微企业创业创新基地城市示范工作。2016年，财政部、工业和信息化部等5部门开展第二批“两创示范”。通过公开竞争选拔，西安等15个城市被纳入示范范围，中央财政安排资金76.65亿支持两批示范城市开展创业创新活动。三是进一步推动小微企业减税降费。全面推进营改增后，为保证原兼营增值税业务和营业税业务的小微企业享受优惠力度不变，国家明确增值税小规模纳税人分别核算原增值税业务销售额和营改增试点业务销售服务、无形资产销售额的，可分别享受营业额不超过3万元暂免征收增值税优惠政策。另外，国家规定将免征教育费附加、地方教育附加、水利建设基金的范围，由现行按月纳税的月销售额或营业额不超过3万元扩大到不超过10万元（按季度纳税的季度销售额或营业额由不超过9万元扩大到不超过30万元），进一步扩大小微企业免征政府性基金范围。国家还规定从2016年5月起两年内，阶段性降低养老保险单位缴费比例、企业保险费率和住房公积金缴存比例，进一步减轻企业负担。

（三）融资难融资贵进一步改善。

一是人民银行运用定向降准、差别化存款准备金、支小再贷款等货币政策工具支持小微企业发展，拓宽小微企业资金来源。截至2016年末，66家银行发行小微企业金融债5840亿元，发行首单微小企业贷款资产支持证券规模5.3亿元，发行以不良小微企业贷款为基础资产的不良资产证券化产品9.3亿元。二是加大信贷支持力度。小微企业信贷总量稳步攀升。人民银行数据显示，截至2016年末，全国小微企业贷款余额20.8万亿元，同比增长16%，占全部企业贷款余额的32.1%，占比较上年同期水平高1.6个百分点。三是拓宽直接融资渠道。支持符合条件的中小企业上市融资，大幅简化发行条件，优化创业板首发财务准入指标。2016年，中小板新增上市公司和再融资共186家，合计募集资金2534.83亿元；创业板新增上市公司和再融资145家，合计募集资金1110.50亿元；共有9618家中小微企业在新三板挂牌，合计融资1010.26亿元。2016年，发展改革委共核准17支小微企业增信集合债168.8亿元。四是开展应收账款融资工作。工业和信息化部会同人民银行研究通过应收账款、存货及仓单等动产质押融资模式改进和完善小微企业金融服务。人民银行统计，2016年，应收账款融资服务平台促成应收账款融资金额2.6万亿元，同比增长89.7%。截至2016年末，应收账款融资服务平台累计帮助中小型政府采购供应商融资640.9亿元。五是促进融资担保机构发展。融资性担保业务监管部际联席会议印发文件督促引导融资担保为小微企业服务，降低融资成本，将服务小微企业户数、担保贷款规模、担保收费优惠等作为考核政府性融资担保机构的要素。六是加强信用体系建设。截至2016年末，全国累计为261.14万户小微企业建立信用档案，为47.16万户中小企业获得银行贷款。另外，税务总局和银监会深化银税互动机制，进一步将受惠群体由A级纳税人拓展至B级，通过推广"出口信用贷"、搭建"线上"服务平台等，帮助小微企业融资。

（四）创业创新活力进一步激发。

一是鼓励小微企业创业兴业。推进商事制度改革，2016年，全国日均新登记企业1.51万户，其中大多数是小微企业。人力资源社会保障部通过创业担保贷款及贴息、创业培训和服务等措施，鼓励创办小微企业。工业和信息化部继续开展国家小微企业创业创新示范基地培育和认定，联合发展改革委、财政部、国土资源部、税务总局印发《关于推动小型微型企业创业创新基地发展的指导意见》，加强工作指导。科技部深化专业化众创空间，提出首批17家国家示范性专业化众创空间。二是促进小微企业创新发展。工业和信息化部开展"互联网+"小微企业创业创新培育行动，召开2016年中小企业信息化服务信息发布会，支持大型信息化服务商面向中小企业开展研发设计、经营管理等系列服务，印发《关于进一步推进中小企业信息化的指导意见》。会同知识产权局继续实施中小企业知识产权战略推进工程。加快实施国家科技成果转化引导基金，支持科技成果转化，2016年设立了6支子基金。

（五）公共服务水平进一步提高。

工业和信息化部推动中小企业公共服务平台网络建设，做好平台网络建设和服务信息报送工作。加强示范平台动态管理，完成第二批国家中小企业公共服务示范平台的复核工作，190家平台通过复核。主办首届"创客中国"创新创业大赛，全国共有3189个项目通过"创客中国"平台报名参赛，大赛活动营造了良好的双创氛围。继续完善中小企业管理咨询专家信息库，目前已有六批入库专家570名。加强中小企业和非公有制经济运行监测和分析研判工作，印发了《关于进一步做好中小企业运行监测工作的通知》。继续实施企业经营管理人才素质提升工程和中小企业银河培训工程，全年完成对50万中小企业经营管理者和1000名中小企业领军人才的培训。继续与教育部联合举办全国中小企业网上百日招聘高校毕业生活动，新注册高校毕业生达33万余人。另外，工商总局持续推进小微企业名录工作，全年累计访问量已达到531万人次。商务部、农业部、文化部等部门继续加大中小商贸流通企业、中小文化企业和农产品加工企业的公共服务力度。海关总署构建海关关企合作平台，便利中小出口企业网上办理海关业务、问题咨询、信息查询等，完善监管通关机制，促进通关便利化。质检总局搭建检验检测公共技术服务平台，加强国家产业计量测试中心建设，提升为中小企业提供技术支撑服务的能力。

（六）推动中小企业交流合作与市场开拓。

工业和信息化部召开第五次中德中小企业政策磋商会、第三次中美中小企业政策对话会、第七次中欧中小企业政策对话会，参加第23次APEC中小企业部长会议、中欧工业对话磋商机制会议、第12次金砖国家经贸联络组会、第2次金砖国家中小微企业圆桌会，做好第五期德国中小企业经理人来华交流班，深化与有关经济体在中小企业领域的交流合作。成功举办第9届APEC中小企业技术交流暨展览会和第13届中国国际中小企业博览会。推进中外中小企业合作区建设，正式批复设立中欧（江门）、中德（芜湖）、中德（蒲江）中小企业合作区。举办第二届中德中小企业合作交流会。与中国银行印发《促进中小企业国际化发展五年行动计划（2016–2020年）》，推动搭建中小企业市场开拓经贸合作平台。

第三篇·国家扶持中小企业政策与措施

2015-2016年度中小企业经营管理领军人才培训工作情况

一、项目背景

企业经营管理人才素质提升工程是《国家中长期人才发展规划纲要（2010-2020年）》部署的12项国家重大人才工程之一，中央人才工作协调小组明确由国资委会同工业和信息化部等有关部门组织实施。2011年9月，工业和信息化部与国资委正式发布了《关于印发<企业经营管理人才素质提升工程实施方案>的通知》，启动中小企业经营管理人才培养计划，重点开展中小企业经营管理领军人才培训（以下简称“领军人才培训”）。为做好相关工作，工业和信息化部成立了企业经营管理人才素质提升工程协调小组，由部领导担任组长，中小企业局和人事教育司主要负责同志为副组长，办公室设在工业和信息化部人才交流中心。

领军人才培训以“政府引导、市场运作、面向企业、讲求实效、整合资源、共建共享”为基本原则，依托优质培训资源，以提高中小企业现代经营管理水平和企业竞争力为核心，以培养高素质企业家和职业经理人为重点，统筹推进中小企业经营管理人才培训工作。领军人才学员按照公开、平等、竞争、择优的原则进行选拔，主要针对成长性良好、在区域或行业中处于龙头骨干地位的中小企业经营管理者及高级职业经理人，兼顾具有发展潜质的创业型中小企业经营管理者，每年培训1000名。

领军人才培训从我国中小企业发展的实际情况出发，结合企业成长需求，协调利用社会优质资源，统一选派辅导员加强培训管理和效果评估，并对学员进行跟踪服务，突出政企交流、实战博弈、全国互动、十年复训和搭建共赢平台等特色。学员结业后统一颁发“中小企业经营管理领军人才”培训证书。

通过建立和完善政府引导、优质培训资源广泛参与的中小企业经营管理人才培训体系，逐步健全助推中小企业转型升级和创新发展的引领服务机制。大力推进领军人才培训，搭建企业互动交流与资源整合平台,培养造就一批具有战略眼光、开拓精神、创新能力、社会责任感的优秀企业家和高水平企业经营管理人才队伍；培育一批具有显著发展优势和国际竞争力的领军型中小企业。

二、2015-2016年度工作进展情况

按照工业和信息化部对企业经营管理人才素质提升工程的统一部署和《工业和信息化部办公厅关于做好2015-2016年度中小企业经营管理领军人才培训工作的通知》（工信厅企业函〔2015〕242号）要求，积极发挥工业和信息化部人才交流中心协调小组办公室综合协调作用，加强对培训工作全过程的跟踪管理，领军人才培训实施工作进展顺利。2015-2016年度中小企业经营管理领军人才培训项目共有清华大学、北京大学、北京理工大学、哈尔滨工业大学、西北工业大学、浙江大学、上海交通大学、武汉大学、中山大学、厦门大学、四川大学、南京大学、中国科学院大学、中国中小企业发展促进中心、工业和信息化部电子第五研究所、中国家用电器协会、中国电子信息产业发展研究院、中国企业评价协会、中国工业设计协会和中国汽车工业进出口有限公司等23家承担机构，开设领军人才培训班26个，其中区域班21个、行业班5个，共培训领军学员1200多名，参训学员所在企业来自全国30个省（区、市）、涵盖国民经济20个大类行业中的18类，基本覆盖了国民经济的重点领域；2016年4月、6月，分别于成都、广州举办两次领军企业家商业思潮巡回周，为各年度领军企业家提供交流互动、学习平台；2016年6月，在广州举办全国领军人才班长交流活动，充分发挥领军人才公共服务平台的内生动力，助力搭建完善的公共服务平台；2016年9月，在西安开展全国领军人才班委培训活动，发挥领军班委对班级建设的重要作用，促进领军学员企业健康发展；2016年10月，为满足领军学员深度交流诉求，强化领军学员结业后的组织归属感，成立了领军企业家联谊会（2014-2015年度）；全年推荐9名领军学员参加“两化融合与‘互联网+’制造业高级研修班”和“增加品种、提升品质、培育品牌‘三品工程’高级研修班”等工业和信息化部行业研修项目，为学员提供了更多的学习和培养机会。

2015-2016年支持中小企业发展财税政策情况

2015至2016年，按照国务院的统一部署，工业和信息化部、财政部、税务总局会同国务院有关部门在继续贯彻落实已出台的一系列支持小微企业发展的财税政策基础上，又适时推动出台了新的扶持政策，帮助缓解小微企业融资难，减轻税费负担，促进创业创新，推动结构调整和转型升级，营造有利于小微企业发展的良好环境。

一、进一步完善税收优惠政策

一是进一步降低企业所得税税负。将小微企业减半征收所得税标准由10万元逐步提高到30万元。2015年3月13日，经国务院批准，财政部、国家税务总局印发《关于小型微利企业所得税优惠政策的通知》（财税〔2015〕34号），自2015年1月1日至2017年12月31日，对年应纳税所得额低于20万元（含20万元）的小型微利企业，其所得减按50%计入应纳税所得额，按20%的税率缴纳企业所得税。此后，2015年9月2日，经国务院批准，财政部、国家税务总局印发《关于进一步扩大小型微利企业所得税优惠政策范围的通知》（财税〔2015〕99号），自2015年10月1日起至2017年12月31日，对年应纳税所得额在20万元到30万元（含30万元）之间的小型微利企业，其所得额减按50%计入应纳税所得额，按20%的税率缴纳企业所得税。

二是延长小微企业增值税和营业税优惠政策执行期限。为进一步扶持小微企业发展，经国务院批准，2015年8月27日，财政部、国家税务总局印发《关于继续执行小微企业增值税和营业税政策的通知》，对月销售额2万元（含本数，下同）至3万元的增值税小规模纳税人免征增值税、对月营业额2万元至3万元的营业税纳税人免征营业税的政策继续执行至2017年12月31日。

三是全面推开营业税改征增值税试点。经国务院批准，财政部、国家税务总局印发《关于全面推开营业税改征增值税试点的通知》（财税〔2016〕36号），自2016年5月1日起，在全国范围内全面推开营业税改征增值税试点，建筑业、房地产业、金融业、生活服务业等全部营业税纳税人，纳入试点范围，由缴纳营业税改为缴纳增值税。其中，中小企业普遍减税，有力支持了中小企业发展，据税务部门统计，2016年5-11月，全国建筑业、房地产业、金融业、生活服务业四大行业新纳入营改增的934万户小规模纳税人税负平均下降了26.7%。

四是完善研究开发费用税前加计扣除政策。财政部、国家税务总局 科技部印发《关于完善研究开发费用税前加计扣除政策的通知》（财税〔2015〕119号），自2016年1月1日起，取消研发活动领域限制，扩大享受企业所得税税前加计扣除的研发活动范围和研发费用口径，并简化审核管理，鼓励企业加大研发投入。

五是完善固定资产加速折旧企业所得税政策。根据国务院常务会议有关决定精神，2015年9月17日，财政部税务总局《关于进一步完善固定资产加速折旧企业所得税的通知》（财税〔2015〕106号），对轻工、纺织、机械、汽车四个领域重点行业的企业2015年1月1日后新购进的固定资产，可由企业选择缩短折旧年限或采取加速折旧的方法。对上述行业的小型微利企业2015年1月1日后新购进的研发和生产经营公用的仪器、设备，单位价值不超过100万元的，可由企业选择缩短折旧年限或采取加速折旧的方法。

二、继续加大财政资金支持力度

一是开展小微企业创业创新基地城市示范工作。2015年起，中小企业发展专项资金发生较大变化，根据财政部、工业和信息化部等五部门印发的《关于支持开展小微企业创业创新基地城市示范工作的通知》（财建〔2015〕114号），财政部会同工业和信息化部、科技部、商务部、工商总局联合开展“小微企业创业创新基地城市示范”，将对小微企业的项目直接支持，改为对示范城市的整体支持，发挥地方贴近小微企业、处理复杂信息的优势，以城市创业创新基地为载体促进中小微企业发展。通过竞争性选拔，2015、2016年有两批共30个城市（区）入围“双创”基地城市示范，其中，2015年首批分别有山西太原、辽宁沈阳、黑龙江省哈尔滨市、上海市浦东新区、浙江省杭州市、安徽省合肥市、福建省三明市、厦门市、江西省南昌市、湖北省武汉市、湖南省长沙市、广东省江门市、四川省成都市、甘肃省张掖市、宁夏自治区石嘴山市15个市（区）；2016年第二批分别有北京市昌平区、河北省唐山市、内蒙古自治区呼和浩特市、江苏省扬州市、宁波市、山东省济南市、青岛市、河南省洛阳市、深圳市、广西壮族自治区柳州市、重庆市九龙坡区、贵州省贵阳市、云南省昆明市、西藏自治区拉萨市、陕西省西安市15个市（区）。

二是推动国家中小企业发展基金设立运营。2015年9月1日，国务院第104次常务会议决定设立国家中小企业发展基金，基金总规模600亿元，中央财政出资150亿元，通过创新机制，多次放大，将带动上千亿元社会资本，支持工业、农业、科技、教育、文化等各个行业、各个领域种子期和初创期成长型中小企业。

根据《国务院关于国家中小企业发展基金设立方案的批复》（国函〔2015〕142号）要求，财政部、工业和信息化部、科技部、发展改革委和工商总局五部门协调配合，积极推动国家中小企业发展基金设立工作。截止到目前，4支实体基金已完成设立并投入运营。实体基金聚焦于种子期、初创期成长型中小企业的投资，积极发挥基金支持面向全国、全行业的政策导向作用。所投项目地域分布华东、华南、华中、东北、华北及西部地区，基本覆盖了全国各区域，兼顾了对欠发达地区项目的投资。

三、实施普遍性降费政策

2015年以来实施普遍性降费政策，自2015年1月1日起，一是取消或暂停征收依法合规设立、但属于政府提供普遍公共服务或体现一般性管理职能的收费，包括企业、个体工商户注册登记费等12项收费。二是对小微企业免征组织机构代码证书费等42项行政事业型收费，至2017年底，对月销售额或营业额不超过3万元的小微企业，自登记注册之日起3年内免征教育费附加、文化事业建设费等5项政府性基金。三是对安排残疾人就业未达到规定比例、在职职工总数不超过20人的小微企业，自登记注册之日起3年内免征残疾人就业保障金。四是对养老和医疗服务机构建设减免土地复垦费、房屋所有权登记费等7项收费。继续对自主择业创业高校毕业生、登记失业人员、残疾人和复转军人，免征管理、登记和证照类行政事业型收费。

自2016年2月1日起，将免征教育费附加、地方教育附加、水利建设基金的范围，由月销售额或营业额不超过3万元扩大到10万元，进一步取消、停征和整合新菜地开发建设基金等7项政府性基金，取消地方违规设立的政府性基金，预计每年可为企业再减负260万元。

2016年5月1日起，将现行对小微企业免征的18项行政事业性收费的免征范围扩大到所有企业和个人。

四、深入推进商事制度改革

2015年，国务院常务会议确定实施“三证合一”登记制度改革，将工商、质监、税务分别核发证照，改为由工商部门一次性核发营业执照。确保2015年底实现“三证合一、一照一码”登记模式在全国推开。

2016年，全面实施“五证合一”“两证整合”改革。10月1日，全面实施“五证合一”改革，在全面实施企业“三证合一”基础上，再整合社会保险和统计登记证，实现“五证合一、一照一码”，降低创业准入的制度性成本，截至2016年11月底，全国发放“五证合一、一照一码”营业执照233.5万张。12月1日，全面实施个体工商户“两证整合”改革，截至2016年12月19日，发放“两证整合”营业执照186.3万张。同时，推进“先照后证”改革，修订企业登记前置审批项目目录。实施工商登记审批事项目录动态管理。上海浦东开展“证照分离”改革。

商事制度改革推动了大众创业、万众创新，新设企业大量涌现，企业活跃度不断提高。据工商总局统计，2014年3月1日至2016年2月底，新登记企业830.17万户，是改革前四年新登记企业数的总和。另据统计，2016年全年新登记企业增长24.5%，平均每天新增1.5万户，加上个体工商户等，各类市场主体每天新增4.5万户。

2015年非公有制经济发展情况

非公有制经济［本节非公有制经济主要是指个体和私营经济。］是社会主义市场经济的重要组成部分，在稳定增长、促进创新、增加就业、改善民生等方面发挥了重要作用。非公有制经济是稳定经济的重要基础，是国家税收的重要来源，是技术创新的重要主体，是金融发展的重要依托，是经济持续健康发展的重要力量。非公有制经济创造了60%左右的国内生产总值，80%左右的社会就业，提供了超过一半的税收和46%左右的外贸出口，民间固定资产投资已占到全社会固定资产投资的60%以上。

一、非公有制经济规模不断扩大

近年来，非公有制经济得到迅猛发展，经济规模不断扩大，经济实力不断增强。据国家工商总局数据显示，截至2015年末，全国个体工商户和私营企业户数合计7316.1万户，比上年末增长12.0%，占全国各类市场主体户数的94.4%，比重较上年末提高0.2个百分点；注册资本（金）94.3万亿元，比上年末增长51.7%，户均注册资本（金）128.8万元，比上年末增加33.7万元。

从私营企业情况看，截至2015年末，全国私营企业1908.2万户，比上年末增长23.4%；占全国实有企业户数的87.3%，比重较上年末提高2.3个百分点；注册资本（金）90.6万亿元，增长52.9%，户均注册资本（金）474.5万元，比上年末增加91.6万元。私营企业户数排名前五位的省市为：广东（248.1万户）、江苏（182.2万户）、山东（134.3万户）、上海（133.8万户）和浙江（129.2万户），5省市私营企业合计827.6万户，占全国私营企业户数的43.3%。

图 1　2010-2015年全国实有私营企业户数变化情况

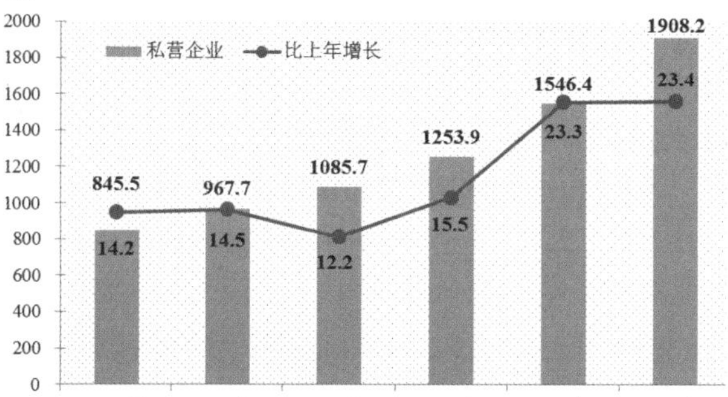

数据来源：国家工商总局

从个体工商户情况看，截至2015年末，个体工商户5407.9万户，比上年末增长8.5%，占全国各类市场主体户数的69.8%，比重较上年末回落2.1个百分点；注册资本（金）3.7万亿元，增长26.1%，户均注册资本（金）6.8万元，比上年末增加0.9万元。个体工商户数量排名前五位的省市为：广东（493.0万户）、山东（453.0万户）、江苏（387.2万户）、湖北（319.4万户）和浙江（317.7万户），5省个体工商户合计1970.4万户，占全国个体工商户数量的36.4%。

非公有制经济成为地方稳定经济增长的重要引擎。2015年，江苏非公有制经济实现增加值47398.7亿元，比上年同比增长8.8%，占GDP比重达67.6%。其中，私营个体经济占GDP比重为43.4%，分别比上年提高0.2%和0.6%。广东民营经济完成增加值38846.2亿元，同比增长8.4%，增速比上年提高0.1%，比全省平均水平高0.4%，对全省经济增长的贡献率为53.8%，拉动全省经济增长4.3%，占全省地区生产总值的53.4%，比重比上年提高0.1%。中西部地区非公有制经济的贡献同样突出。安徽民营经济实现增加值12647.9亿元，同比增长10.4%，占全省生产总值的比重为57.5%，对全省经济增长的贡献率为67.7%；缴纳税收2190.4亿元，同比增长5.5%，占全省税收的比重为68.2%；民间投资17260.4亿元，同比增长17.6%，占全省投资比重为72.0%，对全省投资增长的贡献率为95.2%；进出口总额达1451.2亿元，同比增长7.9%，比全省进出口增速快7.4个百分点，占全省进出口的比重为47.8%。截至2015年末，河南非公有制经济单位数量达295.3万个，占全省市场主体总数的99.7%；非公有制经济贡献了上年全省55.7%的地方财政收入、60%以上的进出口总值、74.3%的GDP、80%以上的新增就业。2015年，四川非公有制经济实现增加值18266.0亿元，比上年增长8.3%，占GDP的比重为60.7%，对GDP增长的贡献率为63.8%。2015年，陕西非公有制经济实现增加值9695.6亿元，比上年增长12.7%，占GDP的比重从2010年的49.5%提高到2015年的53.4%；在全省GDP增量中，非公有制经济的贡献度达到了58.2%，拉动经济增长4.7%，成为拉动全省经济平稳较快发展的重要增长点。

二、非公有制企业成为拉动工业增长的生力军

近年来，以私人控股企业［私人控股企业包括：在企

业的全部实收资本中，私人经济成分的出资人拥有的实收资本（股本）所占企业全部实收资本（股本）的比例大于50%的私人绝对控股；在企业的全部实收资本中，私人经济成分的出资人拥有的实收资本（股本）所占比例虽未大于50%，但相对大于其他任何一方经济成分的出资人所占比例的私人相对控股，或者虽不大于其他经济成分，但根据协议规定拥有企业实际控制权的私人协议控股。］为主体的非公有制工业经济迅速发展，成为拉动工业增长的生力军和重大引擎。据国家统计局数据显示，截至2015年末，全国规模以上私人控股工业企业28.8万户，占全部规模以上工业企业户数的76.9%，较上年末提高0.8个百分点；其从业人员、主营业务收入、利润总额等主要指标占规模以上工业企业的比重均高于50%。

表 1　2015年规模以上私人控股工业企业主要指标比重情况

指　标	全部工业企业	私人控股企业	比重（%）
企业户数（万户）	37.4	28.8	77.0
从业人员（万人）	9398.1	5096.1	54.2
资产合计（万亿元）	100.0	39.2	39.2
主营业务收入（万亿元）	110.3	59.6	54.0
利润总额（万亿元）	6.4	3.7	57.8

数据来源：国家统计局

2015年，全国规模以上私人控股工业企业经济运行保持增长态势，主营业务收入增速放缓，利润总额保持平稳增长，企业亏损面同比有所扩大，从业人员同比下降。

主营业务收入同比增长5.2%。2015年，全国规模以上私人控股工业企业实现主营业务收入59.6万亿元，比上年增长5.2%，增速比上年回落4.3个百分点，比同期规模以上工业企业主营业务收入增速（0.8%）高4.4个百分点（国有控股企业同比下降7.8%、外商及港澳台商控股企业同比下降3.9%）；占规模以上工业企业主营业务收入的54.0%，比重较上年提高2.4个百分点。

利润总额同比增长5.6%。2015年，全国规模以上私人控股工业企业实现利润总额3.7万亿元，比上年增长5.6%，增速比上年同期提高0.1个百分点（同期规模以上工业企业利润总额同比下降2.3%，国有控股企业下降21.9%，外商及港澳台商控股企业下降11.3%）；占规模以上工业企业利润总额的57.7%，比重较上年提高4.3个百分点。

图 2　2015年主要经济类型企业主营业务收入及利润增长速度

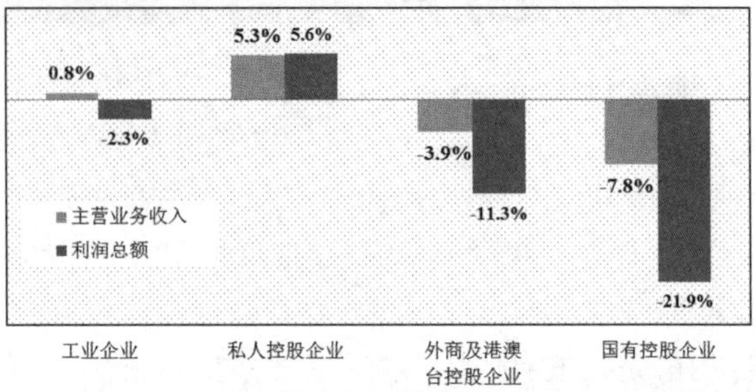

数据来源：国家统计局

主营业务收入利润率为6.15%。2015年，全国规模以上私人控股工业企业主营业务收入利润率为6.15%，与上年基本持平，比同期规模以上工业企业主营业务收入利润率（5.76%）高0.39个百分点，比国有控股企业（4.64%）、外商及港澳台商控股企业（5.31%）分别高1.51个和0.84个百分点。

企业亏损面为10.3%。截至2015年末，全国规模以上私人控股工业企业亏损面为10.3%，比上年扩大1.2个百分点，比同期规模以上工业企业亏损面（13.2%）低2.9个百分点，比国有控股企业（29.8%）、外商及港澳台商控股企业（21.0%）分别低19.5个和10.7个百分点。

从业人员同比下降0.9%。截至2015年末，全国规模以上私人控股工业企业从业人员5096.1万人，比上年末下降0.9%，降幅比同期规模以上工业企业降幅（-2.0%）低1.1个百分点，比国有控股企业降幅（-3.0%）低2.1个百分点，比外商及港澳台商控股企业降幅（-3.3%）低2.4个百分点。

每百元资产实现主营业务收入158.6元。2015年，全国规模以上私人控股工业企业每百元资产实现主营业务收入158.6元。为同期规模以上工业企业每百元资产实现主营业务收入（115.9元）的1.4倍、国有控股企业（63.6元）的2.5倍、外商及港澳台商控股企业（85.8元）的1.8倍。

三、大型民营企业发展势头良好

（一）中国企业500强情况。

中国企业联合会和中国企业家协会依据2015年企业营业收入规模排名发布的“2016年中国企业500强”榜单中，民营企业有205家（比上年减少2家）。其中，民营企业在营业收入、资产、利润、纳税、职工人数等指标上，分别占500强的24.1%、10.3%、23.2%、11.5%、18.9%（见表1-4）。在

205家民营企业中，营业收入超过1000亿元的有32家，进入2016年财富世界500强的民营企业达到16家。其中，两家资产规模最大的民营金融企业平安保险集团和民生银行分别达到4.8万亿元、4.5万亿元，大连万达集团资产也超过了9000亿元。

表 2 中国企业500强主要指标情况（2015年数据）

所有制企业数	企业数	营业收入		资产总额		纳税总额		从业人员	
	户	亿元	占比%	亿元	占比%	亿元	占比%	万人	占比%
全国	500	594623.1	100.0	2232721.6	100.0	40421.1	100.0	3175.9	100.0
民营	205	143082.8	24.1	229070.8	10.3	4646.3	11.5	600.6	18.9
中央国有	84	285978.1	48.1	1559756.7	69.9	23939.7	59.2	1663.3	52.4
地方国有	211	165562.2	27.8	443894.1	19.9	11835.1	29.3	912.0	28.7

数据来源：中国企业500强分析报告

中国制造业企业500强中，有317家民营企业，占总数的63.4%。317家民营企业的营业收入总额为10.7万亿元，占比为40.3%；利润总额达到3483.9亿元，占比为61.2%；资产总额为9.0万亿元，占比为30.7%；纳税总额达3265.5亿元，占比为18.4%。亏损企业12家，亏损面3.8%，亏损额为45.8亿元，平均营业收入利润率达到3.3%，平均资产利润率为3.9%，平均资产周转率1.2次/年，人均营业收入242.4万元，人均利润8.0万元。

中国服务业500强中的民营企业规模不断扩大。中国服务业企业500强中，民营企业共计215家，占比为43.0%；拥有资产总计18.7万亿元，占比为9.9%，比上年增加0.6个百分点；实现营业收入6.2万亿元，占比为23.0%，比上年增加2.7个百分点；实现利润总额3996.0亿元，占比为18.1%，比上年增加3.2百分点；实现纳税2401.0亿元，占比为15.1%；拥有员工252.0万人，占比为18.8%，比上年增加1.4个百分点。

（二）中国民营企业500强情况。

全国工商联依据2015年民营企业经营情况发布的中国民营企业500强榜单显示，民营500强企业各项经营指标稳步提升，呈现出良好的发展势头和经营业绩。2015年，民营企业500强入围门槛首次突破百亿元大关，达101.8亿元，其中有12家企业入围世界500强。

营业收入总额稳步增加。2015年，民营企业500强营业收入总额户均为323.1亿元，同比增长10.1%。其中有5家企业营业收入突破3000亿元大关，分别是：华为投资控股有限公司（3950.1亿元）、苏宁控股集团（3502.9亿元）、山东魏桥创业集团有限公司（3332.4亿元）、联想控股股份有限公司（3098.3亿元）和正威国际集团有限公司（3003.6亿元）。

资产总额明显增长。2015年，民营企业500强资产总额户均为346.0亿元，同比增长25.2%。资产总额突破1000亿元的企业有34家，比上年增加13家，其中大连万达集团股份有限公司以9033.6亿元蝉联资产总额榜首。

利润水平持续提升。2015年，民营企业500强税后净利润总额6976.6亿元，同比增长17.7%；营业收入净利润率为4.3%，同比增加0.3个百分点；净资产收益率13.3%，同比下降0.7个百分点。其中商务服务业、电子计算机、通讯及其他电子制造业的净资产收益率分别达到25.13%、23.10%和18.88%。

税收贡献继续加大。2015年，民营企业500强纳税总额6420.6亿元，同比增长12.1%，占全国税收比重达5.1%；户均纳税12.8亿元。其中纳税额超过200亿元的企业有4家，分别为：华为投资控股有限公司（460.0亿元）、万科企业控股有限公司（311.9亿元）、大连万达集团股份有限公司（302.0亿元）和恒大地产集团有限公司（200.0亿元）。

创造的就业岗位增多。2015年，民营企业500强从业人员827.0万人，同比增长10.1%，户均达1.7万人。其中，比亚迪股份有限公司从业人员达到19.6万人，位居首位。

产业结构逐步优化。2015年，第三产业入围民营企业500强的企业数量连续五年增长，由上年的130家增加到137家；第二产业入围企业数量降低，由上年的364家减少到357家。制造业仍为500强企业的主体，入围数量291家，占比58.2%。前十大行业，呈现出由传统产业向新兴产业调整的趋势；电子计算机、通讯及其他电子设备制造业，由上年的11家增加至18家，并首次进入前十大行业。

此外，2015年民营企业500强中，共有183家参与“一带一路”建设；有138家通过对外直接投资、对外工程承包等方式，实现海外收入总额达到1641.54亿美元，比上年增加427.36亿美元。

四、民间固定资产投资增速放缓

民间投资是我国固定资产投资保持较快增长、经济保持平稳运行的重要支撑力量，对稳增长、促改革、调结构、惠民生、防风险起到了重要作用。2010年，《国务院关于鼓励和引导民间投资健康发展的若干意见》（国发〔2010〕13号）提出，要规范设置投资准入门槛，鼓励和引导民间资本进入市政公用事业、金融服务、石油产业等领域，不得单独对民间资本投资设置附加条件。2014年，国务院印发的《关于创新重点领域投融资机制鼓励社会投资的指导意见》（国发〔2014〕60号）提出，要进一步放开市场准入、创新投资运营机制、推进投资主体多元化、完善价格形成机制等创新措施，特别是要求推广政府和社会资本合作模式。2015年，《国务院关于落实<政府工作报告>重点工作部门分工的意见》（国发〔2015〕14号）文件明确提出，大幅放宽民间投资市场准入，鼓励社会资本发起设立股权投资基金。政府采取投资补助、资本金注入、设立基金等办法，引导社会资本投入重点项目。

自2012年5月，国家统计局开始公布民间固定资产投资数据以来，民间投资增速一直高于全社会投资增速，进入2015年，民间投资逐步放缓，特别是下半年，民间投资增速和全社会投资增速几乎同步。2015年，民间固定资产投资35.4万亿元，比上年增长10.1%（扣除价格因素实际增长的12.1%），增速比上年回落8.0个百分点；民间固定资产投资占全国固定资产投资（不含农户）的比重为64.2%，与上年持平。

图 3 2012年以来民间投资产与全国投资增速情况（%）

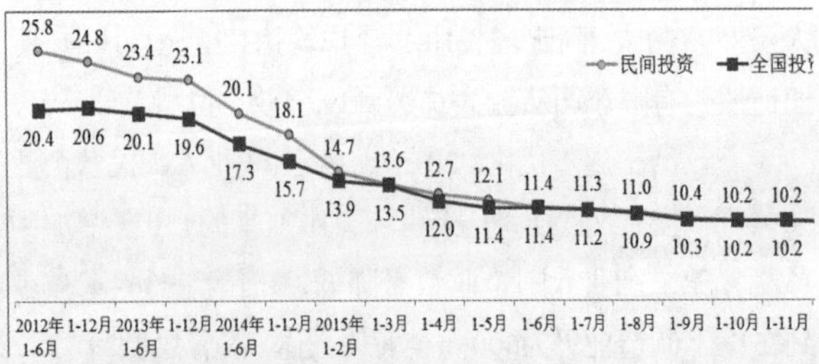

数据来源：国家统计局

分地区看，东部地区民间固定资产投资15.4万亿元，比上年增长13.5%，占全国民间固定资产投资的43.5%；中部10.2万亿元，比上年增长16.6%，占比28.8%；西部6.9万亿元，比上年增长3.9%，占比19.6%；东北2.9万亿元，比上年下降9.5%，占比8.1%。

图 4 2015年全国民间固定资产投资地区占比情况

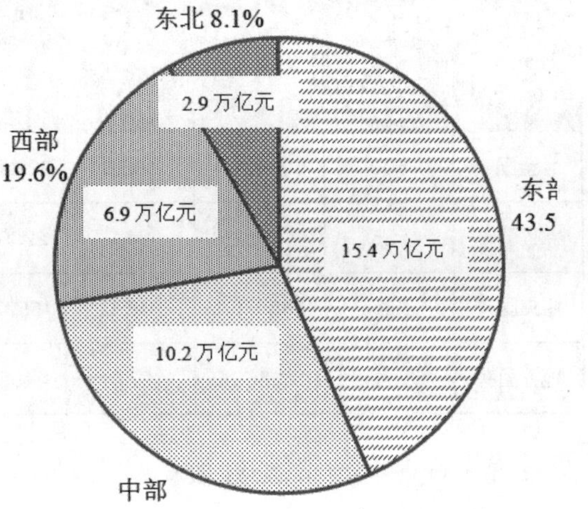

数据来源：国家统计局

分产业看，第一产业民间固定资产投资1.3万亿元，比上年增长33.1%，占全国民间固定资产投资的3.6%。第二产业17.7万亿元，比上年增长9.4%，占比50.0%。其中，工业民间固定资产投资17.5万亿元，比上年增长9.3%，占全部工业投资的79.6%。第三产业16.4万亿元，比上年增长9.4%，占比46.4%。其中，水利、环境和公共设施管理业投资1.5万亿元，比上年增长29.2%；交通运输、仓储和邮政业投资1.2万亿元，比上年增长24.5%。

图 5 2015年全国民间固定资产投资产业占比情况

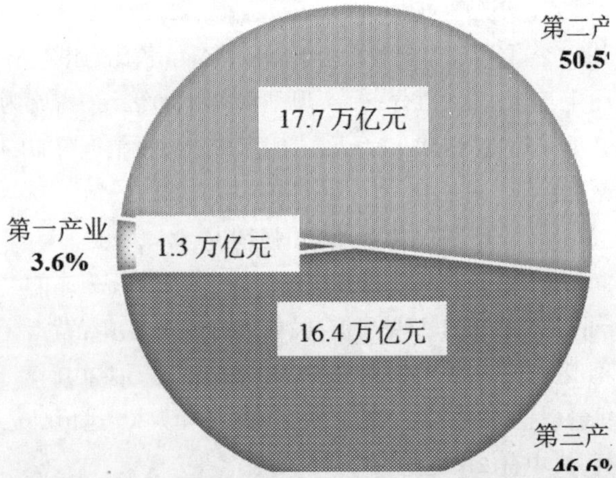

数据来源：国家统计局

五、私营企业外贸进出口保持平稳增长

近年来，非公有制外贸企业发展迅速，出口增长迅猛，成为对外开放的一支生力军。根据海关统计，2015年，私营企业进出口总值8.6万亿元，同比下降0.1%（2014年同比增长6.8%），降幅小于全部企业进出口降幅（−7.0%）6.9个百分点；占全部企业进出口总值的35.0%，比重较上年提高2.4个百分点。

私营企业出口继续保持增长，成为按企业性质分出口增长唯一的主体。2015年，私营企业出口总值6.0万亿元，同比增长3.2%（同期，全部企业出口同比下降1.8%，国有企业下降4.6%，外商投资企业下降5.5%，其他企业下降4.1%），增速较上年回落6.3个百分点；占全部企业出口总值的42.8%，比重较上年提高2.0个百分点。

图 6 2015年主要经济类型企业出口总值同比增长情况

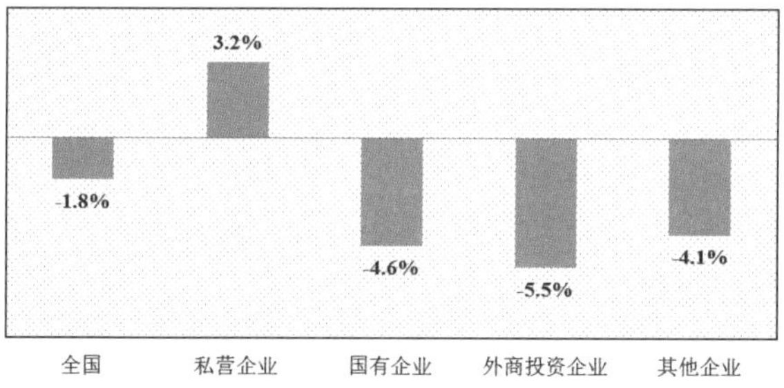

数据来源：中国海关网站

私营企业进口同比下降。2015年，私营企业进口总值2.6万亿元，同比下降6.9%（2014年同比增长1.5%），降幅小于全部企业进口降幅（−13.2%）6.3个百分点，小于国有企业进口降幅（−16.1%）9.2个百分点，小于外商投资企业进口降幅（−7.7%）0.8个百分点；占全部企业进口总值的24.5%，比重较上年提高1.7个百分点。

民营企业成为我国实施"走出去"战略的新生力量。从2010年开始，尤其是2012年6月国家发展改革委、商务部、外交部等八部委联合发布《关于鼓励和引导民营企业积极开展境外投资的实施意见》之后，民营企业对外投资在数量和金额方面突飞猛进，一些有实力的大型民营企业到境外投资兴业，民营企业日益成为对外投资的新生力量，其对外投资的数目已超半数，投资金额也在快速增长，接近对外投资的半壁江山。商务部数据显示，2015年，非公有制企业占我国对外投资的65.3%，年末的存量达到35.6%，境外并购金额占当年境外并购金额的75.6%；全年民营企业投资达到207宗，远高于国有企业80宗的数量。

图 7 2015年主要经济类型企业进口总值比增长情况

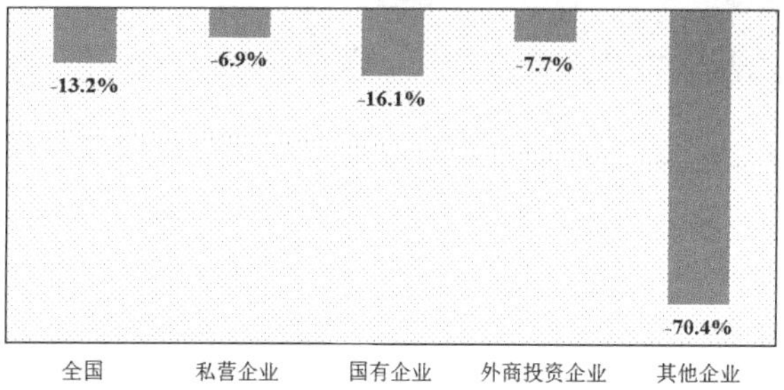

数据来源：中国海关

六、中国非公有制经济发展论坛

"中国非公有制经济发展论坛"（以下简称"非公论坛"）由中国民主建国会中央委员会于2003年创办，至今已举办了12届。自2008年起，非公论坛由民建中央与工业和信息化部、举办地省级人民政府等共同主办。主办单位主要领导担任非公论坛组委会名誉主任，举办地省级人民政府主要负责人担任组委会主任，工业和信息化部领导担任组委会副主任，出席论坛并发表主题演讲。参加论坛的嘉宾，除了国家领导人、共同主办单位和举办地的省部级领导外，还包括民建系统的各地负责人、民建会员、海内外企业家、知名学者等。每届论坛同时举办投资或合作项目签约、捐赠仪式、当地商务考察等配套活动。

非公论坛举办以来，得到各方面的支持和关注，成为一个具有重要社会影响力的论坛品牌，对营造促进非公有制经济发展氛围，加强促进非公有制经济发展政策宣传力度，推动非公有制经济健康发展都具有重要作用。

2015年9月，由中国民主建国会中央委员会、工业和信息化部、中国侨联、湖南省人民政府共同主办的"2015中国（湖南）非公有制经济发展论坛暨海外侨领侨商三湘行活动"在湖南省长沙市开幕。本届论坛主题为"适应新常态 促进新转变 谋划非公有制经济新发展"。全国人大常委会副委员长、民建中央主席陈昌智出席论坛并致辞。工业和信息化部党组成员、办公厅主任莫玮出席论坛并发表主旨演讲。湖南省委副书记、省长杜家豪出席论坛，湖南省委副书记孙金龙致辞，湖南省副省长何报翔、中国侨联副主席乔卫等发表主旨演讲。来自海内外的民建会员和企业家代表等共1200余人参加论坛开幕式。本次论坛邀请了专家学者、民营企业家等嘉宾进行演讲，举办了捐赠、项目考察、投资合作项目签约仪式等活动，共签约项目106个，涉及现代服务业、先进制造业、农业产业化和基础设施建设等领域，签约总金额为617.6亿元。

2016年非公有制经济发展情况

非公有制经济［本节非公有制经济主要是指个体和私营经济。］是我国社会主义市场经济的重要组成部分，创造了60%左右的国内生产总值，80%左右的社会就业。党中央、国务院高度重视非公有制经济的发展，近年来出台了一系列鼓励、支持和引导非公有制经济发展的政策意见。习近平总书记在全国“两会”期间，着重强调“两个毫不动摇”和“三个没有变”，提出了构建新型政商关系，进一步坚定私营个体等非公有制企业发展的信心。

图 1 2010-2016年全国实有私营企业户数变化情况

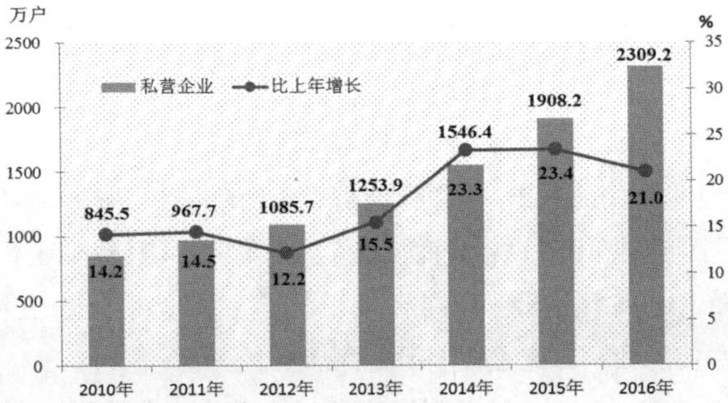

数据来源：国家工商总局

一、非公有制经济实力不断增强

随着市场准入环境持续优化，非公有制企业市场活力进一步增强，企业户数继续增加，经济规模不断扩大，经济实力不断增强。据国家工商总局数据显示，截至2016年末，全国个体工商户和私营企业户数合计8239.2万户，比上年末增长12.6%，占全国各类市场主体户数的94.6%，比重较上年末提高0.2个百分点；注册资本（金）94.3万亿元，比上年末增长43.1%，户均注册资本（金）163.8万元，比上年末增加33.7万元。

从私营企业情况看，截至2016年末，全国私营企业2309.2万户，比上年末增长21.0%；占全国实有企业户数的90.7%，比重较上年末提高3.4个百分点；注册资本（金）130.5万亿元，增长44.1%，户均注册资本（金）565.1万元，比上年末增加90.6万元。私营企业户数排名前五位的省市为：广东（317.2万户）、江苏（222.9万户）、山东（174.9万户）、浙江（152.1万户）和上海（149.0万户），5省市私营企业合计1016.1万户，占全国私营企业户数的44.0%。

从个体工商户情况看，截至2016年末，个体工商户5930.0万户，比上年末增长9.7%，占全国各类市场主体户数的72.0%，比重较上年末提高2.2个百分点；注册资本（金）4.4万亿元，增长20.0%，户均注册资本（金）7.5万元，比上年末增加0.7万元。个体工商户数量排名前五位的省市为：广东（541.17万户）、山东（501.76万户）、江苏（438.83万户）、浙江（352.61万户）和四川（314.67万户），5省个体工商户合计2149.0万户，占全国个体工商户数量的36.2%。

非公有制经济成为地方经济增长的重要力量。2016年，江苏非公有制经济实现增加值51510.3亿元，比上年增长8.0%，占全省GDP比重达67.7%，比上年提高0.1个百分点；其中，私营个体经济占GDP比重为43.6%，比上年提高0.2个百分点。山东非公有制经济实现增加值39040.9亿元，比上年增长7.7%；占全省GDP比重为58.3%，比上年提高0.1个百分点；其中，民营经济增加值34258.6亿元，增长8.0%；占GDP的比重为51.1%，提高0.2个百分点。广东民营经济实现增加值42578.8亿元，比上年增长7.8%，对全省经济增长的贡献率为53.8%，拉动全省经济增长4.3%，占全省GDP比重53.6%，比重比上年提高0.2%。中西部地区非公有制经济的贡献同样突出。2016年，安徽民营企业缴纳税收2154.5亿元，占全省税收的比重为64.2%；民间投资18371.5亿元，比上年增长6.5%，占全省投资比重为68.7%；出口153.1亿美元，占全省出口的53.8%。湖南非公有制经济实现增加值18739.9亿元，占全省GDP比重的60.0%，比上年提高0.4个百分点，比全省增加值增速快0.8个百分点；实缴税金1657.5亿元，增长2.7%，占全省实缴税金的比重为53.6%，比上年提高0.1个百分点。2016年，四川民营经济增加值19863.3亿元，比上年增长8.1%，占GDP的比重为60.8%，对GDP增长的贡献率为63.9%。2016年，陕西非公有制经济实现增加值10310.1亿元，比上年增加679.9亿元；

占全省GDP比重为53.8%，比上年提高0.4个百分点；对全省经济增长的贡献率达56.7%，拉动GDP增长4.3个百分点，成为拉动全省经济平稳较快发展的主力军。

二、非公有制企业成为拉动工业增长的生力军

近年来，以私人控股企业［私人控股企业包括：在企业的全部实收资本中，私人经济成分的出资人拥有的实收资本（股本）所占企业全部实收资本（股本）的比例大于50%的私人绝对控股；在企业的全部实收资本中，私人经济成分的出资人拥有的实收资本（股本）所占比例虽未大于50%，但相对大于其他任何一方经济成分的出资人所占比例的私人相对控股，或者虽不大于其他经济成分，但根据协议规定拥有企业实际控制权的私人协议控股。］为主体的非公有制工业经济迅速发展，成为拉动工业增长的生力军和重大引擎。据国家统计局数据显示，截至2016年末，全国规模以上私人控股工业企业（以下简称“私人控股企业”）29.4万户，占全部规模以上工业企业户数的77.7%，较上年末提高6.3个百分点；其企业户数、从业人员、主营业务收入、利润总额等主要指标占规模以上工业企业的比重均高于50%。

2016年，私人控股企业经济运行保持增长态势，主营业务收入增速放缓，利润总额保持平稳增长，企业亏损面同比有所扩大，从业人员同比下降。

表 1　2016年规模以上私人控股工业企业主要指标占比情况

指 标	全部工业企业	私人控股企业	比重（%）
企业户数（万户）	37.9	29.4	77.7
从业人员（万人）	9188.9	5098.0	55.5
资产合计（万亿元）	106.8	42.4	39.7
主营业务收入（万亿元）	115.2	63.9	55.5
利润总额（万亿元）	6.9	3.9	56.5

数据来源：国家统计局

主营业务收入同比增长7.1%。2016年，私人控股企业实现主营业务收入63.9万亿元，比上年增长7.1%，增速比上年提高1.9个百分点，比同期规模以上工业企业主营业务收入增速（4.9%）高2.7个百分点（国有控股企业同比增长0.3%、外商及港澳台商控股企业同比增长4.3%）；占规模以上工业企业主营业务收入的55.5%，比重较上年提高1.5个百分点。

图 2　2016年私人控股经济类型企业主营业务收入及利润速度（%）

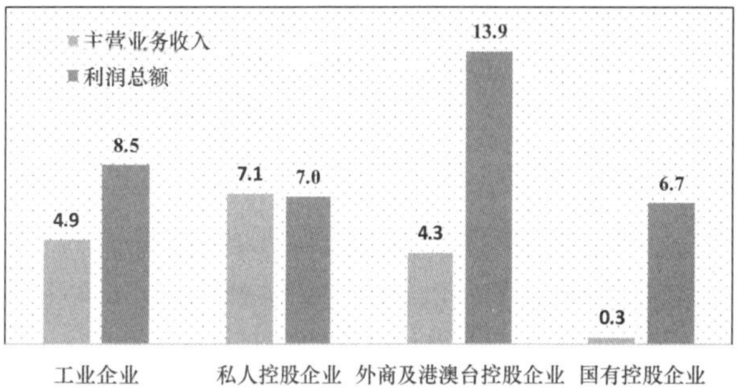

数据来源：国家统计局

利润总额同比增长7.0%。2016年，私人控股企业实现利润总额3.9万亿元，比上年增长7.0%，增速比上年同期提高1.4个百分点（同期规模以上工业企业利润总额同比增长8.5%，国有控股企业增长6.7%，外商及港澳台商控股企业增长13.9%）；占规模以上工业企业利润总额的56.5%，比重较上年提高1.2个百分点。

主营业务收入利润率为6.14%。2016年，私人控股企业主营业务收入利润率为6.14%，与上年同期基本持平，比同期规模以上工业企业主营业务收入利润率（5.97%）高0.17个百分点，比国有控股企业（5.03%）高1.11个百分点，比外商及港澳台商控股企业（6.37%）低0.23个百分点。

企业亏损面为9.5%。截至2016年末，私人控股企业亏损面为9.5%，比上年缩小0.8个百分点，比同期规模以上工业企业亏损面（11.9%）低2.4个百分点，比国有控股企业（26.8%）、外商及港澳台商控股企业（18.5%）分别低17.3个、9.0个百分点。

从业人员同比下降0.7%。截至2016年末，私人控股企业从业人员5098.0万人，比上年末下降0.2%，降幅比同期规模以上工业企业降幅（−2.4%）低1.7个百分点，比国有控股企业降幅（−4.6%）低3.9个百分点，比外商及港澳台商控股企业降幅（−4.2%）低3.5个百分点。

每百元资产实现主营业务收入150.4元。2016年，私人控股企业每百元资产实现主营业务收入150.4元。为同期规模以上工业企业每百元资产实现主营业务收入（107.8元）的1.4倍、国有控股企业（57.7元）的2.6倍、外商及港澳台商控股企业（117.8元）的1.3倍。

三、私营企业外贸进出口保持平稳增长

近年来，非公有制外贸企业发展迅速，出口增长迅猛，成为对外开放的重要力量。根据海关统计，2016年，私营企业进出口总值8.8万亿元，同比增长2.4%（2015年同比下降0.1%），同期全部企业进出口同比下降0.8%；占全部企业进出口总值的36.2%，比重较上年提高1.2个百分点。

私营企业出口与上年同期持平，其他性质企业出口同比下降。2016年，私营企业出口总值6.0万亿元，与上年同期持平（上年同期同比增长3.2%），同期全部企业出口同比下降1.9%，国有企业下降5.5%，外商投资企业下降3.0%，其他企业下降0.9%；占全部企业出口总值的43.6%，比重较上年提高0.8个百分点。

图 3　2016年主要经济类型企业出口总值同比增长情况

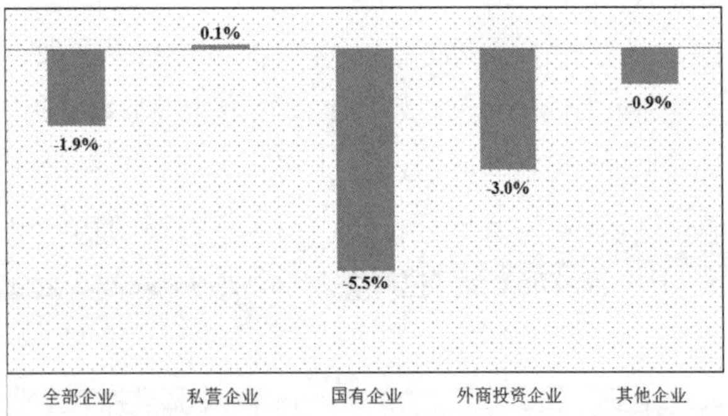

数据来源：中国海关

私营企业进口同比增长。2016年，私营企业进口总值2.8万亿元，同比增长8.2%（2015年同比下降6.9%），增速比全部企业进口（0.8%）高7.4个百分点，同期国有企业同比下降5.6%，外商投资企业下降1.1%；占全部企业进口总值的24.5%，比重较上年提高1.8个百分点。

私营等非公有制企业"走出去"的步伐不断加快，企业总体数量和投资额逐步增加，已经成为我国实施走出去和"一带一路"战略落地的中坚力量。近几年，民营企

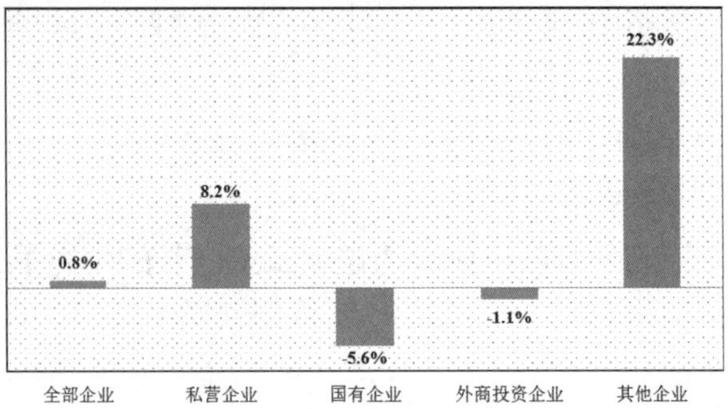

图 4　2016年主要经济类型企业进口总值比增长情况

数据来源：中国海关

业对外投资在数量和金额方面突飞猛进，一些有实力的大型民营企业到境外投资兴业，民营企业日益成为对外投资的新生力量，其对外投资的数目已超半数，投资金额也在快速增长。商务部数据显示，2015年非公制企业境外并购金额占当年境外并购金额的75.6%，在数量和金额上均首次超过了公有制经济的企业。2016年上半年，民营企业海外并购290宗，披露的并购金额1094.2亿美元，境外并购数量和金额分别占比为64%、36%。

四、民间固定资产投资增速放缓

促进民间投资健康发展，既利当前又惠长远，对稳增长、保就业具有重要意义，也是推进结构性改革特别是供给侧结构性改革的重要内容。党中央、国务院高度重视促进民间投资健康发展，各地区、各部门积极推动落实《国务院关于创新重点领域投融资机制鼓励社会投资的指导意见》（国发〔2014〕60号）、《国务院关于鼓励和引导民间投资健康发展的若干意见》（国发〔2010〕13号）等政策意见，推动非公有制经济健康发展，激发民间投资活力。

自2012年5月，国家统计局开始公布民间固定资产投资数据以来，民间投资增速一直高于全社会投资增速，2015年，民间投资增速放缓，下半年，民间投资增速和全社会投资增速几乎同步。2016年民间投资延续放缓态势。2016年，民间固定资产投资36.5万亿元，比上年增长3.2%，增速比上年回落6.9个百分点；民间固定资产投资占全国固定资产投资的比重为61.2%，较上年同期回落3.0个百分点。

图 5 2012年以来民间投资产与全国投资增速情况（%）

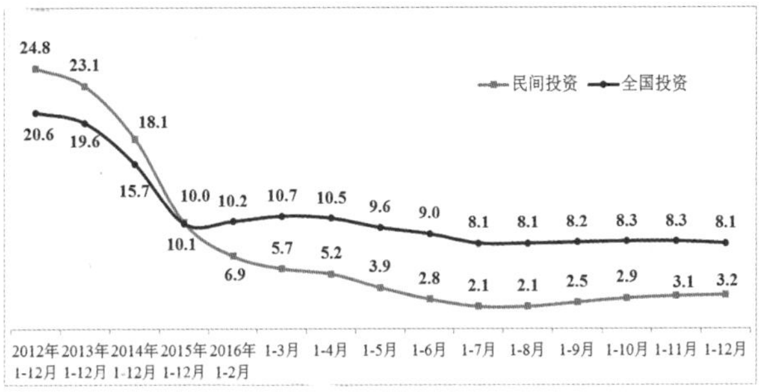

数据来源：国家统计局

分地区看，东部地区民间固定资产投资16.5万亿元，比上年增长6.8%，占全国民间固定资产投资的45.1%；中部10.8万亿元，比上年增长5.9%，占比29.5%；西部7.1万亿元，比上年增长2.4%，占比19.5%；东北2.2万亿元，比上年下降24.4%，占比5.9%。

图 6 2016年全国民间固定资产投资地区占比情况

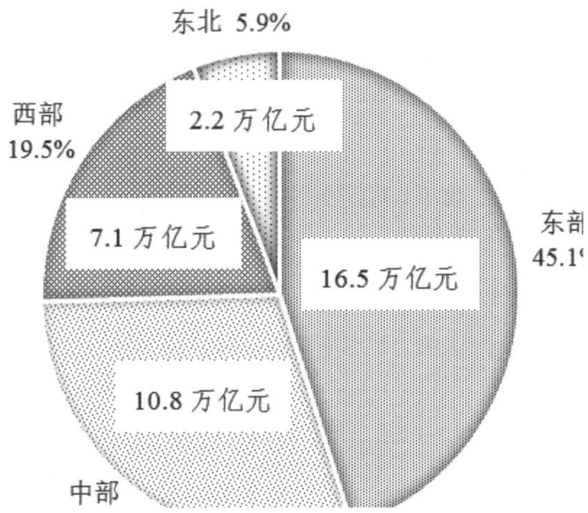

数据来源：国家统计局

分产业看，第一产业民间固定资产投资1.5万亿元，比上年增长18.1%，占全国民间固定资产投资的4.1%。第二产业18.3万亿元，比上年增长3.2%，占比50.0%。其中，工业民间固定资产投资18.1万亿元，比上年增长3.4%，占全部工业投资的79.4%。第三产业16.7万亿元，比上年增长2.0%，占比45.9%。其中，水利、环境和公共设施管理业投资1.5万亿元，比上年增长6.2%；交通运输、仓储和邮政业投资1.2万亿元，比上年下降2.4%。

图 7 2016年全国民间固定资产投资产业占比情况

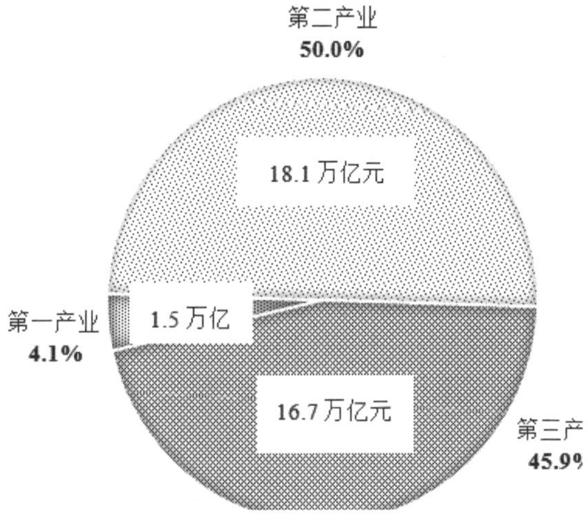

数据来源：国家统计局

五、促进民间投资健康发展专项督查工作

民间投资是稳增长、调结构、促就业的重要支撑力量，党中央、国务院为此出台了一系列政策措施，但民间资本准入门槛高、困难多、阻力大等问题仍比较突出，政策“最后一公里”梗阻依然存在。受多重因素影响，自2012年5月国家统计局发布民间固定资产投资数据以来，2016年一季度民间固定资产投资增速（5.7%）首次出现大幅低于全国固定资产投资增速（10.7%）的情况，引起了国务院的高度重视。为激发民间投资潜力和创新活力，促进民间投资回稳向好，2016年5月4日，第132次国务院常务会议决定对促进民间投资健康发展情况开展专项督查。5月9日，国务院办公厅印发了《国务院办公厅关于开展促进民间投资专项督查的通知》（国办发明电〔2016〕10号），要求对促进民间投资政策落实情况开展专项督查。在各省（区、市）、各有关部门开展自查的基础上，5月20日到30日国务院派出9个督查组赴18个省（区、市）开展实地督查，并委托全国工商联、发展研究中心和行政学院作了政策落实情况第三方评估。本次实地督查由国务院办公厅统筹协调，国家发展改革委、科技部、工业和信息化部、财政部、国土资源部、环境保护部、住房城乡建设部、水利部、银监会9部门有关负责同志带队，督查范围包括北京、河北、山西、辽宁、吉林、黑龙江、江苏、浙江、福建、江西、湖北、湖南、广东、重庆、四川、陕西、青海、新疆18个省

（区、市）。

在实地督查、评估、调研过程中，9个督查组和4家评估调研单位深入一线，深入基层，召开300多场座谈会，实地走访了500多家民营企业，访谈3000多名企业家、行业协会代表、有关政府人员等，发放调查问卷10000多份，广泛听取各方意见建议，初步查清了民间投资的基本情况和存在的主要问题。从督查调研情况看，这几年各地认真贯彻落实党中央、国务院决策部署，在促进民间投资方面做了大量工作，特别是通过简政放权、放管结合、优化服务改革，大大激发了民间投资活力，促进大众创业、万众创新，催生了大批新的市场主体，增强了发展新动能。但督查也发现一些突出问题：部分法规政策不配套、不协调、落实不到位；民营企业在市场准入、资源配置和政府服务等方面难以享受与国企同等待遇；融资难融资贵、缴费负担重；一些干部不作为、不会为、乱作为，少数地方政府失信等，这些都严重影响了民间投资健康发展。

6月22日，国务院常务会议听取了专项督查和第三方评估调研情况汇报，对做好民间投资有关工作提出进一步要求。为深入贯彻落实党中央、国务院领导同志重要指示精神和国务院常务会议部署，国务院办公厅印发了《关于进一步做好民间投资有关工作的通知》（国办发明电〔2016〕12号），对进一步做好民间投资有关工作进行部署，要求充分认识促进民间投资健康发展的重要意义，认真抓好督查和评估调研发现问题的整改落实，继续深化简政放权、放管结合、优化服务改革，努力营造一视同仁的公平竞争市场环境，着力缓解融资难融资贵问题，切实降低企业成本负担，强化落实地方政府和部门的主体责任，加大政策解读和舆论宣传力度。我部根据国务院的部署和要求，认真做好促进民间投资健康发展专项督查工作及相关工作：

开展部门自查。于2016年5月24日向国办报送了自查报告，并对自查中发现的问题提出了整改意见。一是成立了促进民间投资工作领导小组，梳理了23方面44项工作，明确落实责任。二是对督查发现问题中涉及我部职责部分进行梳理，按照国办要求，提出了整改报告。三是按照国务院132、138次常务会和《国务院办公厅关于进一步做好民间投资有关工作的通知》要求，我部提出了促进制造业民间投资和民营企业转型发展的具体措施，报国务院办公厅。

赴地方开展实地督查、督导。按照国办的统一部署，我部冯飞副部长担任国务院第3督查组组长，于2016年5月下旬带队对吉林省、黑龙江省促进民间投资进行了实地督查；辛国斌副部长带队，于2016年7月下旬赴山东省进行促进民间投资督导。在实地督查中发现的主要问题有：政府服务尚需进一步优化；公平竞争的市场环境有待进一步完善；企业成本高，社会负担重；企业融资难、融资贵问题突出；人才缺乏制约民营经济发展。

六、不断优化非公有制经济发展环境

工业和信息化部作为国务院负责促进中小企业发展的宏观指导部门，将促进中小企业发展与促进非公有制经济发展“同时研究、同时部署、同时促进”，充分发挥国务院促进中小企业发展工作领导小组办公室协调机制作用，加强部门联动和政策协调，加强政策宣传和政策落实情况的跟踪、评估及政策储备，提高政策措施的针对性、有效性和可操作性，不断优化中小企业和非公有制经济发展环境。

深化改革，营造公平开放的市场环境，促进民间投资健康发展。

进一步简政放权，转变政府职能，全面推进政务公开，运用市场化、法制化思维打造服务型政府，对各类市场主体依法管理、依法提供服务、依法维护其合法权利、依法创造公平竞争的良好环境。全面清理不利于民间投资和民营企业发展的法律法规和政策文件，开展政策公平性审查，着力放开市场准入，切实破除“玻璃门”“天花板”等各种隐性壁垒，鼓励和支持民间投资进入。

在鼓励民间资本进入电信领域方面。一是开展移动通信转售业务试点工作。截至2016年底，我部向42家民营企业发放了试点批文，累计发展用户超4300万，占移动用户总数超过3%，直接吸引民间投资超过30亿元。为下一阶段正式商用做出了有益探索。二是向民间资本开放宽带接入市场。截至2016年底，宽带接入网业务试点城市已从最初的16个扩大到73个，我部共向200多家（次）民营企业发放了试点批文。

在积极推进"民参军"工作方面。一是放宽进入领域，减少许可项目。2015年9月1日起实施的《新版武器装备科研项目生产许可目录》所列许可项目，比前版减少62%。二是改进和完善国家军民融合公共服务平台，推动军队与军工需求信息、民营企业能力信息、民用优势技术与产品信息、"民参军"专业服务机构信息等军民用信息资源共享。三是支持民用先进技术成果在军用领域应用。编制发布年度"民参军"技术与产品推荐目录，有针对性地向军队用户和军工单位推荐先进的民用适用技术成果和优势民营企业。2009年至今，已编制发布7期"军转民"目录和"民参军"目录。

发挥合力，会同有关部门共同推动非公有制经济健康发展。

一是加强与中央统战部、民建中央、全国工商联的沟通交流与合作，密切关注非公有制经济发展动态，共同营造有利于非公有制经济发展环境，推动非公有制经济健康发展和非公有制经济人士健康成长。2016年与中央统战部等14部门联合印发《关于加强和改进非公有制经济代表人士综合评价工作的意见》。综合评价作为非公有制经济人士政治安排和评优表彰的前置程序和必经环节，是促进非公有制经济人士健康成长重要的基础性工作。2013年，我部与全国工商联建立了部际合作机制,在以往合作的基础上，进一步增进两部门的工作联系，从建立多层级的联系制度、联合召开座谈会、联合开展调研、促进军民融合、加强信息交流与沟通、开展政策评估等方面加强合作，形成相互支持、通力合作、重点推进、共促发展的良好格局，共同促进中小企业和非公有制经济健康发展。

二是推动开展非公有制企业建立现代企业制度试点工作。组织开展关于鼓励私营企业建立现代企业制度课题研究，联合发展改革委组织召开专家和企业座谈会、部分省市促进非公有制经济发展工作座谈会，听取意见，总结交流各省市推动非公有制企业建立现代企业制度工作开展情况。

三是与发展改革委等单位联合印发了《关于推进东北地区民营经济发展改革的指导意见》、《关于开展东北地区民营经济发展改革示范工作的通知》，共同开展东北地区民营经济发展改革试点示范城市遴选及相关工作，深入推动东北地区民营经济发展改革，健全和完善促进民营经济健康发展的体制机制，优化民营经济发展环境，推动建立"亲""清"新型政商关系，探索形成具有东北地区区域特色的民营经济发展新模式。

此外，积极配合发展改革委、国资委，做好国有企业改革和发展混合所有制、引导民间投资进入通信业和国防科技工业、军转民、民转军等方面的工作。

七、中国非公有制经济发展论坛

2016年6月，由中国民主建国会中央委员会、工业和信息化部、河南省人民政府共同主办的2016中国非公有制经济论坛在河南省郑州市开幕。本届论坛以"非公有制经济创新发展与中部崛起"为主题，旨在搭建交流合作平台，探索加快非公有制经济发展的新方法和新途径。全国人大常委会副委员长、民建中央主席陈昌智出席开幕式并致辞，全国政协副主席、民建中央常务副主席马培华出席开幕式，河南省省长陈润儿、工业和信息化部副部长冯飞出席论坛并致辞。来自全国30个省（自治区、直辖市）民建会员、专家学者、企业界人士等近1600人参加了论坛。论坛期间举办了投资项目签约仪式，共签约项目80个，签约总金额达到803亿元人民币；还举行了"2016思源救护中国行"暨芭莎公益慈善基金（河南）救护车捐赠仪式，共向河南省的9个国家级贫困县公立医院捐赠了20辆救护车。

非公论坛举办以来，得到各方面的支持和关注，成为一个具有重要社会影响力的论坛品牌，对营造促进非公有制经济发展氛围，加强促进非公有制经济发展政策宣传力度，推动非公有制经济健康发展都具有重要作用。

附表一

2016年规模以上非公有制工业企业各省市主要效益指标

省市	企业数	亏损面	从业人员		主营业务收入		主营业务成本	
	户	%	万人	同比 %	亿元	同比 %	亿元	同比 %
全国	353926	11.0	7405.3	−1.8	893949.4	6.3	771420.7	6.2
北京	2645	22.5	56.4	−6.3	8287.5	4.2	6628.7	4.5
天津	4793	18.9	112.4	−2.9	21146.8	6.0	17999.2	6.3
河北	13854	10.6	272.7	−1.6	37203.2	6.1	32788.5	5.9
山西	2657	34.9	70.8	−2.9	5991.7	6.1	5224.0	3.9
内蒙古	3549	18.5	68.4	−2.0	14265.5	9.7	11919.6	9.3
辽宁	9326	20.8	140.9	−18.4	13990.8	−36.4	12081.8	−37.5
吉林	5214	5.5	87.0	−5.2	14863.4	6.4	12711.0	6.3
黑龙江	3479	16.4	47.2	−6.3	6519.6	0.9	5699.0	1.1
上海	7824	21.7	169.8	−6.8	20410.1	0.5	16642.1	−0.7
江苏	46096	12.1	1007.6	−1.6	139254.8	8.1	119991.0	8.2
浙江	39003	13.1	634.1	−1.6	54971.7	4.2	46434.9	3.3
安徽	18548	6.8	240.5	0.0	31328.4	9.4	27518.4	9.8
福建	16571	6.6	374.9	−2.1	37711.3	8.5	32628.4	8.4
江西	9563	4.9	230.9	2.7	29193.9	9.4	25633.9	9.2
山东	38576	6.4	711.9	−2.5	123739.8	3.4	109506.4	3.7
河南	21976	3.5	575.2	1.4	66812.1	9.8	58472.3	10.0
湖北	15432	7.5	258.4	0.9	33377.3	9.3	29064.5	9.9
湖南	13291	4.8	266.9	1.3	30427.8	9.6	26162.1	9.7
广东	40070	13.7	1282.2	−3.5	109597.1	8.0	93054.3	7.9
广西	4804	14.8	127.6	1.8	15566.2	10.1	13489.9	11.1
海南	283	24.4	7.8	−3.7	1183.2	−2.5	925.2	−5.2
重庆	6230	7.1	149.0	4.8	17408.5	13.0	15014.0	13.5
四川	12413	8.3	253.5	−1.8	30432.8	10.0	26195.4	10.2
贵州	4457	13.3	54.3	5.6	6746.8	19.0	5720.5	19.8
云南	3387	25.4	49.7	−1.2	4614.8	12.7	3980.5	12.8
西藏	77	27.3	0.8	0.0	77.4	12.8	47.3	10.5
陕西	4647	14.1	78.0	1.3	10030.6	16.6	8342.8	17.6
甘肃	1614	28.6	17.6	−3.3	1636.1	6.7	1425.5	6.9
青海	445	31.7	8.4	6.3	979.1	7.7	870.2	6.0
宁夏	1093	27.5	19.1	1.1	2311.1	11.6	2028.5	9.4
新疆	2009	28.9	31.3	3.0	3870.0	8.9	3220.8	5.9

数据来源：国家统计局

附表二

2016年规模以上非公有制工业企业各省市主要效益指标

省市	利润总额		产成品存货		应收账款	
	亿元	同比 %	亿元	同比 %	亿元	同比 %
全国	55462.4	8.9	29793.1	3.5	96242.2	10.6
北京	527.5	6.8	461.3	−2.1	2272.6	10.9
天津	1668.4	4.4	525.9	5.2	2892.8	14.4
河北	2339.1	14.9	1023.3	5.9	2447.5	4.4
山西	148.4	262.8	377.6	−5.6	1033.9	3.3
内蒙古	1101.0	18.6	386.8	−5.1	878.0	8.4
辽宁	671.6	−36.0	788.3	4.1	2225.6	3.3
吉林	736.2	9.0	320.1	0.9	960.6	5.6
黑龙江	335.1	0.8	236.0	−1.5	608.1	−0.5
上海	1326.5	12.7	1103.4	1.2	5371.6	13.9
江苏	9206.2	10.7	4206.3	5.9	16633.8	10.0
浙江	3564.0	16.3	3026.4	2.6	9980.8	7.4
安徽	1704.9	6.3	995.3	3.6	3548.4	14.5
福建	2415.9	18.9	1339.9	2.3	3756.9	9.0
江西	2173.3	13.3	702.0	9.7	1638.3	14.7
山东	7374.8	1.6	3417.5	1.3	6232.5	6.9
河南	4881.3	6.1	1328.5	8.0	4502.9	21.7
湖北	1647.1	4.8	1061.9	4.4	2970.5	15.3
湖南	1348.7	2.9	640.0	9.9	1879.5	15.5
广东	6509.7	8.4	4195.4	3.2	16898.5	10.9
广西	970.1	5.1	546.5	9.2	1126.3	12.1
海南	71.1	60.5	72.1	−12.0	172.8	14.2
重庆	1175.1	12.9	500.7	6.1	1842.6	16.5
四川	1710.4	15.5	959.8	4.2	2750.8	5.7
贵州	336.5	14.7	185.5	−4.9	582.6	17.0
云南	196.4	37.0	290.3	0.3	556.0	6.2
西藏	17.2	14.7	7.8	56.0	13.4	39.6
陕西	828.7	23.5	398.3	4.0	901.5	12.6
甘肃	48.4	10.5	165.7	−0.6	407.3	28.0
青海	21.0	33.8	61.0	0.2	133.4	10.7
宁夏	93.0	44.4	216.4	2.9	384.8	22.1
新疆	314.7	94.4	253.0	3.1	637.9	9.0

数据来源：国家统计局

2015-2016年中小企业服务体系建设情况

2015至2016年，在国务院有关部门的大力支持下，在各级中小企业主管部门的共同努力下，在中小企业服务机构的广泛参与下，经过一系列探索和实践，我国中小企业服务体系建设成效显著，政策体系进一步完善，服务体系架构进一步健全，服务环境不断优化，服务活动丰富多彩。

一、政策体系进一步完善

2015年至2016年，国务院陆续出台了一系列支持中小企业服务体系发展的政策。2015年印发的《国务院关于大力推进大众创业万众创新若干政策措施的意见》（国发〔2015〕32号）和《国务院关于加快构建大众创业万众创新支撑平台的指导意见》（国发〔2015〕53号），要求培育创业创新公共服务平台，实现创新与创业、线上与线下、孵化与投资相结合，构建有利于大众创业、万众创新蓬勃发展的政策环境、制度环境和公共服务体系。2016年印发了《国务院办公厅关于建设大众创业万众创新示范基地的实施意见》（国办发〔2016〕35号），经国务院同意，支持建设一批双创示范基地、扶持一批双创支撑平台、突破一批阻碍双创发展的政策障碍、形成一批可复制可推广的双创模式和典型经验。

工业和信息化部认真贯彻落实国务院关于促进中小企业发展的战略部署，围绕中小企业服务体系建设，出台相关落实意见。2015年，印发了《工业和信息化部关于印发＜国家小型微型企业创业示范基地建设管理办法＞的通知》（工信部企业〔2015〕110号）。2016年，印发了《工业和信息化部关于印发＜国家小型微型企业创业创新示范基地建设管理办法＞的通知》（工信部企业〔2016〕194号），进一步明确了创业创新服务基地的定位。工业和信息化部与国家发展和改革委员会、财政部、国土资源部、国家税务总局联合印发了《关于推动小型微型企业创业创新基地发展的指导意见》（工信部联企业〔2016〕394号），进一步优化小型微型企业创业创新环境，促进小型微型企业创业创新基地规范发展，推动中小企业转型升级。

二、服务体系进一步健全

截至2016年底，国发〔2012〕14号文件和《“十二五”中小企业成长规划》提出的80%以上省市基本形成中小企业公共服务平台网络；支持建立和完善4000个中小企业公共服务平台、重点培育500个国家中小企业公共服务示范平台；支持和培育3000个小企业创业基地的中小企业服务体系建设核心目标全面完成，中小企业服务体系建设取得了显著成效。

（一）基本完成了中小企业公共服务平台网络建设任务。

自2011年起，我部会同财政部安排15亿元中央财政补助资金，分四批支持了30个省（自治区、直辖市）和5个计划单列市开展平台网络建设。截至2016年底，中央财政累计安排补助资金14.745亿元，35个省市共1045个平台（含省平台和窗口平台）开展了平台网络建设。累计完成建设投资总计59.62亿元，占计划总投资的107.66%；累计改造场地面积169.98万平方米，超过计划改造面积的23.77%；累计购置设备及软件127205台（套）。已有33个省市的平台上线开通，其中22个省市已竣工验收。按照“边建设，边服务，边完善”的要求，据不完全统计，2016年平台网络带动了12.15万个各类服务机构开展服务活动22.96万次，服务企业246.03万家（次），服务人数841.89万人，提供呼叫服务32.78万次。以省级公共服务平台为枢纽，主要城市和重点产业集群公共服务平台为“窗口”，信息畅通、供需对接便捷、服务覆盖面广、具有一定社会影响力的平台网络初步建成，成为中小企业服务体系的骨干架构。

（二）培育和建设了一批中小企业公共服务平台。

自2011年起，我部先后分四批组织认定了511个国家中小企业公共服务示范平台。2015年至2016年，服务平台不断完善服务功能，提高服务能力，主动开展公益性服务，积极承担政府部门委托的各项任务，在解决中小企业共性需求，畅通信息渠道、改善经营管理、提高服务质量、增强市场竞争力、实现创新发展等方面发挥了重要的支撑作用。截至2016年底，国家示范平台组织带动社会服务资源10万多家，服务中小企业中小200多万家，组织开展信息、技术、创业、培训和融资服务超过350万场（次），服务人数超过300万人（次），起到了良好的示范带动作用。

（三）发展了一批小微企业创业创新基地。

为认真贯彻落实国务院推动大众创业万众创新和促进中小企业健康发展的战略部署，截至2016年底，全国共培育和支持中小企业创业基地4000余个，入驻企业19万余家，提供就业岗位500余万个，基地为推动小微企业创业创新发展提供了有力支撑。2015年和2016年，工业和信息化部共公告了两批194个国家小型微型企业创业创新示范基地。示范基地广泛吸引中小企业入驻，构建大企业、中小企业、专业机构联动互补的双创生态体系，充分发挥了中小企业在稳增长、促就业中的核心作用。据统计，这194个示范基地入驻小微企业3.8万家，提供就业岗位70余万个。同时，示范基地积极整合社会服务资源，开展了多种形式的服务，内容涉及信息、技术、创业、培训、融资等方面。2016年，194家示范基地集聚各类社会合作机构2800余家，创业创新服务人员5500余人，创业服务导师2000余人，服务企业72000余家，服务人数47万余人（次）。

（四）实施中小企业信息化推进工程，为中小企业搭建信息化服务平台。

自2005年起实施的中小企业信息化推进工程，按照“政府引导、企业主体、社会参与”的原则，推进工程充分发挥大型信息化服务商、专业服务机构在人才、技术、资源等方面的优势，引导和鼓励他们以自有资金建设和完善了一批中小企业信息化服务平台，建立了一批中小企业信息化专业服务机构，形成了覆盖全国的服务网络。

2016年，中国电信、百度、工信部信息中心等18家大型电信运营商、信息化服务商和专业服务机构逐步完善中小企业信息化服务体系，不断提高信息化服务能力，积极开展中小企业信息化服务活动。据不完全统计，已在全国建立了907个服务机构，配备近11万名服务人员，联合近7600多家专业合作伙伴；企业投入的资金约18.72亿元；年内组织开展宣传培训和信息化推广活动13000余场，参加活动的人数达670多万人（次），与地方政府部门签署了409份合作协议。

(五)创新转型试点成效显著。

2013年12月30日，我部与科技部、财政部联合在天津市开展中小企业创新转型试点工作。到2016年末，全市累计有1.55万家企业完成1.86万个转型升级项目，超额完成了三年1.2万家中小企业转型升级的目标。从完成路径来看，累计完成改造提升项目12999项、完成专精特新项目2376项，完成兼并重组172个，产业转型1402项，关停淘汰企业1137家。从经济效益看，已完成转型升级企业2016年末和转型升级前的2013年末相比，企业主营业务收入和利税总额同比增长超过50%，万元单位工业产值能耗同比下降超过15%；从业人员同比增长超过10%。提升效益、保持就业、节约资源、改善环境等多重目标基本达到，中小企业创新转型试点成效显著。

(六)一批“专精特新”中小企业脱颖而出。

2013年，我部印发了《关于促进中小企业“专精特新”发展的指导意见》（工信部企业〔2013〕264号），鼓励中小企业集聚自身资源，做专做精主营业务，形成差异化竞争优势，全面提高发展质量和整体素质。各地中小企业主管部门积极贯彻落实，培育认定“专精特新”中小企业。截至2016年底，各省级中小企业主管部门认定的“专精特新”中小企业累计14000多家（次），涌现出一批专业技术突出、产品质量优秀、企业效益明显的中小企业，有力地提高了企业的发展质量，增强了发展实力。

（七）服务活动丰富多彩。

一是举办了“创客中国”大赛。这是推动“大众创业、万众创新”工作的重要抓手，2015年、2016年，各地推荐的创业创新项目创新性强、科技含量高，总体质量好，极大地激发了中小企业和创客的双创热情。二是参加并组织了“全国双创活动周”的相关活动。2015年和2016年活动周期间，各地中小企业主管部门组织开展服务活动1400多场次，服务近123万人（次）；开展各类展示展览活动870多场次，参加活动65万人（次）。三是组织开展创业创新培训。组织了“互联网+小微企业”高级研修班，支持合肥市中小企业服务中心举办赛飞创业辅导师培训，创业讲座、创业特训营。委托中国生产力促进中心开展研发费用加计扣除政策辅导培训，帮助企业切实享受政策实惠。委托中国质量协会开展质量品牌宣传培训，推动中小企业加强质量管理，提高品牌意识。支持中国中小企业协会和人民日报社人民网开展全国“中小企业服务体系创新典型案例”征集活动。

2015-2016年中小企业融资及担保发展情况

一、发展环境逐步改善

近年来，受经济下行压力影响，小微企业市场环境趋紧，融资难融资贵问题凸显，成为制约企业发展的突出问题。党中央、国务院高度重视缓解中小企业融资难融资贵问题，密集出台多个文件，引导和推动金融资源向小微企业倾斜，中小企业融资的政策措施不断完善。如《国务院关于进一步促进资本市场健康发展的若干意见》（国发〔2014〕17号），《国务院办公厅关于多措并举 着力缓解企业融资成本高问题的指导意见》（国办发〔2014〕39号），《国务院关于印发推进普惠金融发展规划（2016—2020年）的通知》（国发〔2015〕74号）、《国务院关于促进融资担保行业加快发展的意见》（国发〔2015〕43号），《国务院关于促进创业投资持续健康发展的若干意见》（国发〔2016〕53号）等。这些政策文件覆盖各类融资渠道、各个关键环节，虽然有些不是直接针对中小企业的，但中小企业是重要适用主体，从而构建起了中小企业融资和担保的基本政策框架。

有关部门按照国务院要求，细化具体措施，充实丰富政策内容，明确部门分工，加强监督检查，推动中央政策落到实处。财政部于2013年放宽了小微企业不良贷款核销标准，并根据国务院决定，于2015年与我部等部门联合设立了总规模为600亿元的国家中小企业发展基金。人民银行多次下调存贷款基准利率，引导市场利率和社会融资成本下行，并持续改善小微企业融资的信用信息服务。国家税务总局于2015年发布公告，进一步提高金融企业涉农贷款和中小企业贷款实施简易程序税前扣除的限额，简化税前扣除证据材料，联合银监会在全国范围内开展“银税互动”助力小微企业发展活动。银监会连续5年印发了小微企业金融服务专项指导意见，深化差异化监管要求，出台了促进小微企业贷款到期续贷“无缝对接”的政策。证监会在加大清理整顿各类交易场所的同时，推动区域性股权市场规范发展，发挥其支持中小企业多样化融资，推动中小企业规范运作，增强金融服务普惠性等方面的积极作用。

我部始终将推进缓解中小企业融资难作为一项重要工作职责，纳入我部促进中小企业发展的整体工作，统一部署，统筹考虑。近年来，我部积极发挥国务院促进中小企业发展工作领导小组办公室协调机制作用，发挥职能优势，加大政策协调与落实，促进政策落地。一是贯彻落实国务院领导批示要求，与人民银行联合会同有关部门推动开展小微企业应收账款质押融资工作。二是落实国务院领导批示要求，会同财政部、银监会推进完善中小企业信用担保体系。印发《工业和信息化部关于进一步促进中小企业信用担保机构健康发展的意见》（工信部企业〔2015〕83号）。推动设立国家融资担保基金。协调税务总局落实中小企业信用担保机构免征营业税政策，做好营改增后免税政策衔接工作；协调财政部、税务总局继续实施中小企业融资（信用）担保机构风险准备金所得税前扣除政策。与财政部经建司联合安排15.9亿元财政资金，依托省级再担保机构，在北京等6省（市）开展担保代偿补偿试点工作。三是配合全国人大财经委修订《中小企业促进法》，在修订草案中将“融资促进”单列一章，从金融管理部门职责、发展中小金融机构、完善动产担保融资、健全中小企业政策性担保制度、拓宽直接融资渠道、发挥保险作用、完善信用体系等方面做出了系统性的规定。四是印发《“十三五”促进中小企业发展规划》，提出了“十三五”时期完善融资政策、促进金融创新、增加资金供给、推进担保体系建设等方面的重点工作，强调融资对规划实施的保障作用。五是全面落实我部与有关银行签署的《中小企业金融服务战略合作协议》，总结推广政银合作模式。2016年8月，我部印发《促进中小企业国际化发展五年行动计划（2016—2020年）》，推进各地中小企业主管部门和中国银行各分支机构建立政银企合作机制，发挥中国银行“中小企业跨境撮合服务平台”作用，为中小企业提供专业服务。2017年3月，我部与邮储银行签订《中小企业金融服务战略合作协议》，未来五年内，邮储银行将建设600家小微企业特色支行，为《促进中小企业发展规划（2016—2020年）》重点工程与专项行动支持的项目累计投放5000亿元信贷支持。

二、中小企业融资取得新进展

各地区、各部门和金融机构积极推进政策落实，推动融资创新，不断改善融资服务，中小企业融资工作取得积极成效。

（一）小微企业贷款规模持续扩大。

根据银监会数据，截至2016年末，银行业金融机构用于小微企业的贷款（包括小微型企业贷款、个体工商户贷款和小微企业主贷款）余额26.7万亿元，同比增长13.8%。中国人民银行数据显示，2016年末，我国小微企业人民币贷款余额为20.84万亿元，同比增长16%，比同期大型和中型企业贷款增速分别高7.2个和9.1个百分点；小微企业贷款余额占企业贷款余额的32.1%，占比比上年同期高1.6个百分点；全年小微企业贷款增加3万亿元，同比多增7815亿元，增量占同期企业贷款增量的49.1%，比上年同期高12.5个百分点。据银监会数据，截至2017年2月末，全国小微企业贷款余额户数1348.13万户，较上年同期多112.26万户。

（二）融资成本有所下降。

针对中小企业反映突出的“融资贵”问题，中国人民银行采取下调贷款基准利率和对符合审慎经营要求且“三农”或小微企业贷款达到一定比例的商业银行实施定向降准等措施引导市场利率和融资成本下行。据人民银行监测，截至2016年3月份，企业融资成本为4.55%，比2015年末下降76个基点，同比下降228个基点。分企业类型看，大型、中型企业融资成本分别为3.89%和4.46%，分别比2015年末下降24和6个基点，分别比2015年同期下降162和147个基点；小型、微型企业融资成本相对高些，分别为6.69%和7.08%，分别比2015年同期下降209和232个基点。也就是说企业规模越小，融资成本相对比较高。从贷款利率来看，也呈下降态势。2016年3月份，企业贷款利率为4.90%，比2015年末下降8个基点，比2015年同期下降142个基点。其中，大型、中型、小型、微型企业贷款利率分别为4.33%、5.09%、5.67%和5.79%，分别比2015年末下降2个、11个、8个和26个基点。

但是，不少小微企业难以从银行业金融机构获得融资，只得转而求助民间借贷，民间借贷成本大幅高于银行贷款成本。以温州地区为例，据温州市金融办监测数据，2017年4月14日温州地区民间融资综合利率指数为16.06%。

（三）中小企业融资模式创新加快。

中国人民银行、工业和信息化部共同会同有关部门推进小微企业应收账款融资工作，充分发挥中国人民银行征信中心应收账款融资服务平台等金融基础设施作用，推动供应链核心企业和政府采购主体支持小微企业应收账款融资，引导金融机构和其他融资服务机构扩大应收账款融资业务规模，构建供应链上下游企业互信互惠、协同发展的生态环境，优化商业信用环境。2016年，应收账款融资服务平台促成融资成交6.6万笔，成交金额近4万亿元，7成资金流入中小企业，在提高中小企业融资可获得性，降低融资成本方面发挥了积极作用。工商管理部门指导小微企业利用动产抵押、股权质押和注册商标专用权质押进行融资，2015年，我国新增专利权质押金额560亿元，惠及2000余家企业。2016年，新增专利质押融资额达436亿元，在质押专利项目融资金额达到1045亿元。保监会、工业和信息化部、商务部、人民银行、银监会联合出台《关于大力发展信用保证保险服务和支持小微企业的指导意见》（保监发〔2015〕6号），引导发挥保险增信融资功能，推动信用保证保险业务支持小微企业发展。2016年，小额贷款保证保险为8.91万家小微企业获得融资金额315.90亿元。

（四）多层次资本市场加大对中小企业直接融资支持力度。

资本市场从实体经济的内在需求出发，发挥优化资源配置、引导要素有序流动的积极作用。证监会推动中小企业发行上市，积极支持创新创业企业发展。2016年全年共核准162家中小企业发行上市，其中多数为符合战略性新兴产业发展方向的企业。截至2017年4月20日，中小企业板上市公司848家，创业板上市公司626家。全国中小企业股份转让系统快速扩容，截至2017年4月20日，挂牌公司总数达11109家，其中创新层944家，基础层10165家。2017年，《国务院办公厅关于规范发展区域性股权市场的通知》（国办发〔2017〕11号）出台，明确区域性股权市场是主要服务于所在省级行政区域内中小微企业的私募股权市场，是多层次资本市场体系的重要组成部分，是地方人民政府扶持中小微企业政策措施的综合运用平台。截至2016年底，全国共有40家区域性股权市场（除云南外其他省市均已设立），挂牌企业1.74万家，展示企业5.94万家，2016年为企业实现融资2871亿元。

三、担保体系建设持续推进

2016年，中小企业信用担保行业继续朝着《国务院关于促进融资担保行业加快发展的意见》（国发〔2015〕43号，以下简称国发43号文件）提出的“减量增质”发展目标深度调整，机构数量下降，实力稳步增强，银担合作继续推进，体系建设加快推进。同时，担保机构新增小微企业业务下降，代偿风险持续增加，行业发展面临的风险依然较大。据我部“中小企业信用担保业务报送系统”数据，2016年共有2852家担保机构和21家再担保机构报送业务数据。

（一）担保机构“减量增质”。

2852家担保机构注册资本总规模4956.07亿元，户均注册资本1.74亿元。担保机构数量较去年减少532家，同比下降15.7%，户均注册资本同比增加14.8%，表明机构“减量增质”效果明显，发展实力增强。注册资本亿元以上担保机构数量占比达67.7%，资本占比达92.1%，占比均稳步提升。国有及国有控股担保机构（以下简称“国资担保机构”）和民营担保机构中，注册资本亿元以上的机构数量占比分别为71.7%和63.8%，同比分别提高3.5个和1.7个百分点。

（二）服务聚焦小微企业，新增担保规模有所下降。

2016年末，担保机构在保户数70.33万户，其中个人及小微企业在保户数占96.2%；担保责任余额1.71万亿元，其中个人及小微企业担保责任余额占56.8%。2016年，受部分担保机构退出影响，2852家担保机构新增担保额1.40万亿元，同比下降11.6%，降幅较去年扩大1.2个百分点。担保机构平均放大倍数降至2.98倍，降至3以下，比2015年下降0.07倍。新增担保户数和新增担保笔数分别为46.17万户和53.02万笔，均同比下降5.5%。

（三）国资担保机构业务占比扩大。

国资担保机构数量和注册资本总额占比分别为48.6%、61.8%，户均注册资本2.21亿元。民营担保机构数量和注册资本总额占比分别为51.4%、38.2%，户均注册资本1.29亿元。在新增担保额中，国资担保机构与民营担保机构分别占71.0%和29.0%，国资担保机构业务占比持续提高。国资担保机构户均新增担保额7.17亿元，是民营担保机构2.77亿元的1.59倍，国资担保机构仍是担保业务发展的主要力量。

（四）代偿继续提高，经营风险加大。

2016年，担保机构代偿压力继续加大，代偿率从2015年的3.1%增至3.2%，略有增加，代偿率高于5%的省数量从2015年的4个升至2016年的8个。担保机构本期代偿额增速趋缓，由2015年同比增长46.6%，降至2016年同比增长12.1%。受期末累计担保代偿额持续大幅增加影响，担保机构拨备覆盖率降至80.0%，同比下降了6.8个百分点,连续两年低于120%～150%的风险警戒范围。拨备覆盖率不到60%的有12个省，其中低于30%以下的有3个省。担保机构代偿提高、资产流动性下降、偿债能力降低，经营风险加大。

（五）担保体系建设持续推进，再担保业务稳步增长。

21家再担保机构户均注册资本达到24.94亿元，较去年上涨0.86亿元。截至2016年末，开展再担保业务的20家再担保机构（含东北再担保）与884家担保机构签订了合作协议，并与642家担保机构开展了再担保业务，占全部担保机构总数的22.5%，同比提高6.3个百分点；新开展再担保业务10.59万笔，其中个人及小微企业再担保业务8.59万笔，占比81.0%；本期新增再担保额3069.52亿元，同比增长16.4%。再担保机构个人及小微企业新增再担保额与解除再担保额之比为1.04，大于1，表明再担保机构对个人及小微企业再担保服务意愿有所增强。

2015-2016年中小企业对外合作与交流情况

2015-2016年我国中小企业对外合作与交流工作取得积极进展。

一、深化双多边合作机制，为中小企业走出去、引进来营造良好的政策环境

（一）深化中小企业双边合作机制。

1.第五次中德中小企业政策磋商会在揭阳市召开。会议由工业和信息化部副部长冯飞、德国经济和能源部议会国务秘书伊丽斯·格莱克共同主持，会议围绕两国中小企业最新政策、初创企业政策及融资支持、商协会合作项目和活动、中小企业发展环境等议题进行了交流与探讨。通过深入的研讨，双方就构建合作平台、推进示范项目、加强企业家交流以及创新金融合作等领域达成了一揽子共识。

2.第三次中美中小企业政策对话会议在广州召开。2016年2月9日，工业和信息化部副部长冯飞与美国商务部助理部长在广州市共同主持召开了第三次中美中小企业政策对话会议。会议围绕两国中小企业发展情况及促进政策、制造创新与中小企业、中小企业案例分享、商协会合作项目和活动等议题进行了交流探讨。双方将进一步拓宽中小企业合作领域，重点加强在创新发展、双向贸易及投资、智能生产制造等领域的合作。

3.在日中经济协会访华团交流对话活动期间与日方交流中小企业政策。2015年11月和2016年9月日中经济协会访华期间，工业和信息化部与日方举办了交流对话活动，向日方介绍了中国中小企业发展的情况。

4.第1次和第2次两岸中小企业合作工作小组会议分别在北京和台北举行。2015年8月3日工业和信息化部与台湾“经济部”在京召开第1次两岸中小企业合作工作小组会。工业和信息化部、商务部、国台办、台湾“经济部”、两岸智库专家和服务机构代表共约30人参会。双方介绍了两岸中小企业发展情况及促进政策，研究商议了工作小组的定位、任务、程序、参与成员等架构，讨论确定了加强政策交流、强化共同孵化、推动孵化机构合作和服务资源共享、支持研究机构交流和工商协会开展经贸交流活动等合作建议和重点任务。

工业和信息化部、国台办组成代表团于2015年11月10日至14日赴台，与台“经济部”共同主持召开了第2次两岸中小企业合作工作小组会议和交流研讨会，并拜会参访了相关服务机构和中小企业。会议商定了两岸中小企业合作对接窗口单位，达成了共同孵化和育成方面合作的共识，支持两岸开展相关经贸交流活动，加大APEC领域和创业创新活动中的支持合作。

（二）深化中小企业多边合作机制。

1.工业和信息化部组团参加了第22次、第23次亚太经合组织（APEC）中小企业部长会议和第40次、第41次、第42次APEC中小企业工作组会议。第22次APEC中小企业部长会议在菲律宾怡朗市召开，工业和信息化部、外交部、国家开发银行组成中国代表团与会。会议主要有三项议题，我代表团就第二项议题“推动中小企业现代化、标准和一致化”向与会经济体介绍了我国推动智能制造，实施“互联网+行动”计划，为中小企业提供信息化服务的经验做法。就第三项议题“通过增强可持续发展能力，促进中小微企业包容性增长”做了主题发言，介绍我国推进大众创业万众创新的政策措施。会议通过了《第22次APEC中小企业部长会议申明》和《怡朗倡议》。

第23次APEC中小企业部长会议在秘鲁利马举行。工业和信息化部、外交部、中国银行等组成中国代表团参会。会议重点讨论了以下议题：一是推动中小企业创新；二是通过数字化转型增强中小企业的影响；三是绿色化中小企业融入全球价值链。高官会议主席、APEC秘书处、APEC中小企业工作组主席和APEC工商咨询理事会（ABAC）分别做工作报告陈述。会议还审议通过《APEC中小微企业绿色可持续发展2017年战略》和《第23次APEC中小企业部长联合声明》。

2015年6月10日，第40次APEC中小企业工作组会议在美国亚特兰大举行。工业和信息化部、国家开发银行等组成中国代表团与会。

2015年9月23日至24日，第41次APEC中小企业工作组会议在菲律宾怡朗市举行。工业和信息化部、国家开发银行组成中国代表团与会。

2016年4月24日至28日，第42次APEC中小企业工作组会议以及配套会议在越南胡志明市举行。工业和信息化部、中央网信办组成中国代表团与会。

2.第6次、第7次中欧中小企业政策对话会议分别在北京和布鲁塞尔召开。2015年3月24日，工业和信息化部副部长毛伟明与欧盟中小企业副特使德瑞克女士在北京共同主持召开第6次中欧中小企业政策对话会议。双方就支持中小企业发展最新政策、融资担保和国际化、产业集群及中小企业发展机遇等议题进行了交流和研讨。双方均表示，愿充分发挥中欧中小企业定期政策对话机制作用，不断拓展合作领域，创新合作形式，丰富合作内容，提升合作层次，支持和鼓励双方服务机构、商会协会、产业集群开展务实合作，推动欧盟中小企业技术、品牌与中国制造、市场等资源深度对接，共同促进双方中小企业携手发展和实现互利共赢。

2016年9月14日，工业和信息化部副部长辛国斌与欧盟委员会企业与工业总司副总司长伊斐尔德·施维曼共同主持召开第7次中欧中小企业政策对话会议，会议在中小企业政策、中小企业融资渠道和国际化等方面进行了讨论交流。

3.首届亚欧会议中小企业融资研讨会在意大利罗马召开。2015年10月29日–30日在意大利罗马由意大利外交部、意大利银行和意大利国际事务研究院等举办的首届亚欧会议中小企业融资研讨会，工业和信息化部、外交部、中国银行、中国进出口银行、国家开发银行、大公国际资信评估有限公司等组成中国代表团与会。会议讨论了在亚欧会议框架内促进中小企业融资国际合作等内容。研讨会共设三个讨论议题，分别是亚欧中小企业融资的框架及工作环境、通过资本和私募基金的准入以激发亚欧中小企业投资的新方式、亚欧中小企业的全球化市场——抓住信贷资金的机遇。中国银行分享了搭建中欧中小企业对接合作平台，扩大融资的实践作法并表示，中国银行作为中国国际化、多元化程度最高的商业银行，将继续致力于以金融力量帮助各国中小企业互联互通，实现市场和技术的互补和转换，从而达到互利双赢。大公国际资信评估有限公司介绍了大公国际的业务特点和其充分把握中欧间贸易合作发展趋势，在强化中欧间相互投资上的优势。中国进出口银行参与了各议题的配套讨论环节。

4.第12次金砖国家经贸联络组会和第2次金砖国家中小微企业圆桌会在印度阿格拉召开。金砖国家代表介绍了支持中小企业发展的政策措施，交流了经验和做法。如：印度通过完善政策、发展制造业，鼓励创业和融资等方式促进中小企业发展；俄罗斯出台了《2016—2030年中小企业发展战略》，提出整合扶持机构资源、扩大公共采购、技术开发、缓解融资、税收优惠、改善管理和加强能力建设等8大发展目标。南非通过发展规划、新成长路径、中期发展战略来促进中小企业发展，在公共采购、促进乡镇企业发展和开拓市场等方面采取了积极措施。工业和信息化部、商务部等部门组成中国代表团参会并介绍了中国中小企业促进政策和措施，就参会代表关注的融资和税收政策进行了交流。

二、支持中小企业开拓国内外市场，搭建经贸交流平台

第十二届中国国际中小企业博览会由工业和信息化部、工商总局、广东省人民政府和马来西亚国际贸易与工业部联合主办，于2015年10月10日至11月4日分四期在广州举办。中共中央政治局委员、广东省委书记胡春华，工业和信息化部部长苗圩和副部长辛国斌出席。包括中国和马来西亚在内的34个国家和地区的2200多家中小企业参展。马来西亚作为联合主办国组织了约150家企业参展，行业涉及食品、服装、生活用品、服务及医药等。

第十三届中国国际中小企业博览会由工业和信息化部、工商总局、广东省人民政府和科特迪瓦商务部、印度微中小企业部联合主办，于10月10日至13日在广州保利世贸博览馆举办境外主题展、境内主题展，以及节能展、智造纺织与服装展;10月16日至20日、10月24日至27日在广州国际采购中心展馆分两期举办智慧建材与家居展、智能制造与装备展。会前，中共中央政治局委员、省委书记胡春华会见参加第十三届中国国际中小企业博览会的科特迪瓦国家企业事务、手工业及中小企业部部长阿祖马纳·穆塔耶和印度微中小企业部部长卡尔拉吉·米什拉。广东省省长朱小丹、工业和信息化部副部长辛国斌、工商总局副局长王江平等出席会议。包括中国在内的31个国家和地区的2700多家企业参展，展览面积10万平方米，展位总数4510个；共有18.5万人次进场参观、洽谈和采购，其中客商4.6万人次，来自48

个国家和地区；达成合同项目120个，意向项目341个。

第九届APEC中小企业技术交流暨展览会由工业和信息化部和深圳市政府共同主办，于2016年7月14日-16日在深圳举办。工业和信息化部副部长冯飞、广东省副省长袁宝成、深圳市市长许勤；韩国中小企业厅次长崔寿圭先生，秘鲁驻华大使胡安·卡普纳伊先生，智利大使馆参赞卡洛斯·梅里诺先生，巴布亚新几内亚驻华大使克里斯多夫·梅罗先生等一同出席。主会场共设1624个展位，总面积5.1万平方米，展区分为创新成果展、创新企业展、洽谈对接区、论坛活动区。共有1126家企业参展，其中境外企业152家，涵盖所有21个经济体。

三、积极推动区域合作

工业和信息化部批复设立了中国（广州）中小企业先进制造业中外合作区、中德（芜湖）中小企业合作区、中德（蒲江）中小企业合作区。

2015年12月，中国（广州）中小企业先进制造业中外合作区挂牌成立，通过“一核四区”（广州开发区为核心区，南沙经济技术开发区、增城经济技术开发区、广州国际创新城、天河智慧城为辐射带动区）的园区发展体系，按照建设高水平的全国中小企业先进制造业中外合作区的目标，加强与全球高科技创新源头国家的高校、科研机构、企业的合作，开展协同创新、协同制造、协同服务，力促国外先进的研发、技术、产业、人才、服务与广州中小企业有效对接。

2016年8月，工业和信息化部正式批复设立中德（芜湖）中小企业合作区，该合作区总规划面积约81平方公里，结合芜湖产业基础，围绕汽车及新能源、工业机器人及智能制造、光电信息及平板显示等重点领域，培育发展一批竞争力强的专精特新中小企业。

2016年8月，工业和信息化部正式批复设立中德（蒲江）中小企业合作区，该合作区将按照“平台+园区”“政府+机构+企业”模式，加强与德国在装备制造、精密机械、生物医药、节能环保等先进制造业领域的合作，以加快推动中小企业的产业升级和结构调整。

2016年6月6日—7日，由工业和信息化部、广东省人民政府、德国工商大会联合主办的第二届中德中小企业合作交流会在广东揭阳举行。会前，中共中央政治局委员、广东省委书记胡春华会见了出席交流会的德国工商大会主席史伟哲等外国嘉宾。广东省副省长袁宝成、工业和信息化部中小企业局副局长田川、德国联邦雇主总会名誉主席洪德博士等出席会议。来自德国、法国、西班牙、奥地利、捷克的184家企业（机构）和来自全国各地的230多家中方企业参与了现场对接、交流，共签署合作协议30份、合作意向书30份、合作会谈纪要208份，内容涉及科技、卫生、能源、环保、金融、人力资源等领域。

2016年8月1日，工业和信息化部印发了促进中小企业国际化发展五年行动计划（2016年-2020年）》，推进各地中小企业主管部门和中国银行各分支机构建立政银企合作机制，强化信息共享和政策协同，发挥中国银行“中小企业跨境撮合服务平台”的作用，创新金融支持方式，改善金融服务，促进中小企业融入全球市场，利用全球要素。

根据工业和信息化部与德国联邦经济和能源部签订的中小企业经营管理人员培训合作协议，工业和信息化部接待了第四期、第五期德国中小企业经理人来华交流班。中方讲授了中国经济现状、东西方文化差异等，帮助德国企业家进一步明确来华商务目标，充实了中国中小企业政策措施及发展概况、国际贸易法规、商务文化、德企在华投资流程等课程，并安排学员赴四川成都和蒲江、广东深圳和揭阳、江苏太仓等中德中小企业合作基础较好的地区开展交流培训。组织多场交流会和对口洽谈，选择了一批与德有合作意向的中小企业作为受访企业，使德国学员不仅了解企业生产、研发、营销、物流等运营情况，还能够与企业交流管理经验，探讨合作意愿。同时，中方还派遣近百名中国中小企业经营管理人员赴德培训交流，通过培训考察，使中国中小企业经营管理人员对德国及德国企业国际经营管理和营运有较为全面地了解，开拓与德国、欧盟国家中小企业之间的国际合作。

大力促进中小企业发展
——《中国制造2025》解读文章

中小企业是推动“大众创业、万众创新”的基础，在增加就业、促进经济增长、科技创新与社会和谐稳定等方面具有不可替代的作用，对国民经济和社会发展具有重要的战略意义。《中国制造2025》把促进大中小企业协调发展作为深入推进制造业结构调整的工作重点，把进一步完善中小企业政策作为战略支撑和保障，这是新常态下全面促进中小企业发展的重要部署。要充分认识大力发展中小企业的重大意义，努力完成《中国制造2025》提出的任务和措施。

一、全面认识中小企业的重要地位和作用

大力发展中小企业，是我国一项长期的战略任务。党中央、国务院始终高度重视中小企业发展问题，中央领导多次就中小企业发展问题作出重要指示和批示。近年来，国务院制定了一系列促进中小企业发展的政策措施，各地区、各部门认真贯彻落实，并结合本地区、本部门实际出台了一系列配套办法和实施意见。对中小企业财税扶持力度不断加大，中小企业发展环境进一步改善，中小企业融资难问题有所缓解，公共服务体系得到加强。在各级政府和各项政策支持下，经过中小企业自身的努力，近年来中小企业稳步发展，在国民经济和社会发展中的地位作用进一步增强。

（一）中小企业是保持国民经济平稳较快发展的重要力量。

中小企业是数量最大、最具活力的企业群体，是社会主义市场经济的重要组成部分，是我国实体经济的重要基础。根据中小企业划型标准和第二次经济普查数据测算，目前中小微企业占全国企业总数的99.7%，其中小微企业占97.3%。同时，中小企业创造的最终产品和服务价值已占到国内生产总值的60%，纳税约为国家税收总额的50%。中小企业所占GDP比重、纳税比例，充分说明在经济建设中不仅要重视发展“顶天立地”的大企业，更要重视发展“铺天盖地”的中小企业。

（二）中小企业是关系改善民生与社会稳定的重要基础。

就业是民生之本，是社会和谐之基，促进中小企业发展就是最大的民生工程。中小企业量大面广，提供就业岗位多，吸纳就业人员多，这对缓解就业压力具有非常重要作用。目前，中小企业提供了80%以上的城镇就业岗位。国有企业下岗失业人员80%以上在中小企业实现了再就业，大量农民工主要在中小企业务工。近年来不少高校毕业生也把中小企业作为就业的重要选择，相当数量军队退役人员在中小企业实现就业。大企业随着自动化程度越来越高，在提高生产效率和增加财政收入方面作用突出，但在解决就业方面的作用却逐渐减小。所以，缓解就业压力，仅指望大企业是不行的，就是要鼓励“大众创业、万众创新”，就是要大力发展中小企业。中小企业发展得好，人们的收入就能提高，社会就更加和谐稳定。

（三）中小企业是推动创新和转变发展方式的关键。

中小企业是推动创新的生力军。近年来，我国65%的发明专利、75%以上的新产品开发都是由中小企业完成的。当前，中小企业创新活动更加活跃、创新领域更加广泛，不仅在原有的传统产业中保持旺盛活力，而且在信息、生物、新材料等高新技术产业和信息咨询、工业设计、现代物流、电子商务等服务业中成为新兴力量。2014年我国电子商务交易额达到13万亿元，同比增长25%，其中网络零售额增长49.7%，绝大部分都是中小企业贡献的。目前，中小企业已占全国经济总量的半壁江山以上，要完成转变发展方式、提高发展质量的任务，就必须大力支持中小企业发展，充分调动和发挥中小企业在促进经济发展方式转变和实施创新发展战略中的重要作用。

（四）中小企业在改革开放中的作用日益增强。

中小企业发展，既是改革开放的重要成果，也是改革开放的重要力量。量大面广、机制灵活的中小企业参与竞争，形成了充满活力的市场环境，为充分发挥市场在

配置资源中的基础性作用创造了条件。中小企业贴近市场，活跃在市场竞争最激烈的领域，与市场有着本质的联系，是构建市场经济体制的微观基础，它的发展为社会主义市场经济创造了多元竞争、充满活力的环境。实践证明，中小企业发展好的地区，往往也是人民生活较为富裕的地区，也是率先实现小康的地区。发展中小企业，使广大人民群众从发展中得到实惠，过上更加富裕的生活，有利于促进社会的和谐安定。

二、促进中小企业发展的战略任务和重点

《中国制造2025》对促进中小企业结构调整与转型升级提出了明确的工作任务，为新时期促进中小企业发展工作赋予了新的内涵。

（一）激发中小企业创业创新活力。

李克强总理在十二届三次会议上所做的《政府工作报告》中提出，推动大众创业、万众创新，这是创业创新的"升级版"。当前经济增长的传统动力减弱，必须加大结构性改革力度，就是要培育和催生经济社会发展新动力，根本上讲就是要大力创设和发展小微企业。要靠连续不断地开办新企业、开发新产品、开拓新市场，来改造传统引擎，打造新引擎。我国有13亿多人口，9亿多劳动力，6000多万企业和个体工商户，蕴藏着无穷的创造力，千千万万的小微企业活跃起来，必将汇聚成发展的巨大动能，打造中国经济发展的新一代发动机。随着商事制度、行政审批、项目核准等方面的改革不断深化，创业环境不断改善，市场主体持续大幅增加。2015年一季度，新登记注册企业84.4万户，同比增长38.4%；新增注册资本4.8万亿元，增长90.6%，创业主体更加多元，大众创业、万众创新的氛围越来越浓厚，创业创新的引擎作用进一步增强。

要激发中小企业创业创新活力，就是要鼓励创办小企业，开发新岗位，以创业促就业，力争使中小企业数量持续增加，向社会提供更多的就业机会和岗位。要最大限度减少对微观事物的管理，市场机制能有效调节的经济活动一律取消审批，对保留的行政审批事项规范管理、提高效率；直接面对基层、量大面广、属于能交由市场解决或交由地方管理更方便有效的经济社会事项，一律下放地方和基层管理。同时，注重放管结合，切实防止

审批事项边减边增、明减暗增现象发生。进一步加大商事制度改革的政策宣传。尽快建立与商事制度改革相配套的后续市场监管体系，加强部门间的沟通衔接，明确监管责任，规范监管行为。

（二）促进中小企业转型升级，实现“专精特新”发展。

进一步提高中小企业“专精特新”水平，发展一批主营业务突出、竞争力强、成长性高、专注于细分市场的专业化“小巨人”企业，不断提高发展质量和水平，走专业化、精细化、特色化、新颖化发展之路，是实现中小企业转型升级的重要途径。要积极引导中小企业专注核心业务，提高专业生产、服务和协作配套能力，为大企业、大项目和产业链提供零部件、配套产品和配套服务，促进大中小企业协调发展；引导中小企业精细化生产、精细化管理、精细化服务，以美誉度高、性价比好、品质精良的产品和服务在细分市场中占据优势；引导中小企业利用特色资源，弘扬传统技艺和地域文化，采用独特工艺、技术、配方或原料，研制生产具有地方或企业特色的产品，引导中小企业开展技术创新、管理创新和商业模式创新，培育新的增长点，形成新的竞争优势。通过培育和扶持，不断提高“专精特新”中小企业的数量和比重，提高中小企业的整体素质。

（三）提高中小企业产业集群发展水平。

近年来，产业集群已经成为我国中小企业发展的重要组织形式和载体，对于提高专业化分工与协作配套、促进生产要素有效集聚和优化配置、降低创业创新成本以及节约社会资源等方面具有重要作用，是工业化和信息化发展到一定阶段的必然趋势。目前，产业集群已覆盖了纺织、服装、皮革、五金制品、工艺美术等大部分传统行业，在信息技术、生物工程、新能源、新材料以及文化创意产业等新技术领域发展加速，涌现出一批龙头骨干企业和区域品牌，在县域经济发展中作用显著。

实践表明，促进中小企业产业集群发展，有利于集约使用土地，集中治理环境，有利于统筹区域和城乡发展，加速工业化、信息化、城镇化和农业现代化进程，有利于转变中小企业发展方式，提高产业竞争力。在当前形势下，要充分认识到促进产业集群发展，对于当前缓解中小企业运行的下行压力，拉动经济、稳定就业形势和扩大出口的重要意义。要切实加强对产业集群发展的宏观管理、规划引导和协调服务，优化产业集聚环境，提高专业化协作水平，积极培育龙头骨干企业，加强区域品牌建设，鼓励创新资源向集群集聚。利用现代信息技术建设智慧集群，提升中小企业产业集群核心竞争力。要进一步提升专业化协作，鼓励和引导大企业与中小企业通过专业分工、服务外包、订单生产等多种方式，建立协同创新、合作共赢的协作关系。发挥龙头骨干企业的技术引领和示范带动效应，鼓励龙头骨干企业将配套企业纳入共同的供应链管理、质量管理、标准管理、合作研发管理等，提高专业化协作和配套能力。

（四）支持中小企业走出去和引进来。

当前我国对外开放进入新阶段，必须加快构建开放型经济新体制，实施新一轮高水平对外开放，以开放的主动赢得发展的主动、国际竞争的主动。从中小企业情况看，要以建设“一带一路”为契机，积极支持中小企业稳定和开拓国际市场。鼓励有实力的中小企业参与境外基础设施合作和产能合作，推动中国装备走向世界，促进冶金、建材等产业对外投资。加大出口信用保险以及各类出口信贷对中小企业的支持力度。鼓励中小企业到境外收购技术和品牌，带动产品和服务出口。指导和帮助中小企业运用世界贸易组织规则维护企业合法权益，为中小企业提供应对反补贴、反倾销等方面的法律援助。发挥行业协会作用，加强行业自律，规范中小企业进出口经营秩序，从源头上避免恶性竞争和贸易纠纷。

支持建立各类中小企业产品技术展示中心，鼓励中小企业利用电子商务拓展市场，降低市场开拓成本。继续办好中国国际中小企业博览会，重点培育和发展一批适合中小企业开拓市场的品牌展会。支持中小企业参加各类展览展销活动，鼓励减免中小企业参展展位费。

坚持中小企业“走出去”和“引进来”相结合，坚持引进资金、引进技术和引进智力相结合。发挥已签署的合作协议和已建立的政策对话机制作用，深化中欧、中美等中小企业政策对话与合作、中德培训等方面的务实合作。发挥中外中小企业合作园区示范作用，积极探索中小企业国际合作新途径和新机制，加强与国外政府、国际机构和中小企业组织之间的双边和多边合作及政策对话。

三、进一步落实和完善中小企业政策

为解决中小企业生存发展中存在的突出问题，需要进一步落实和完善政策，加强帮扶，强化服务，营造更加有利于中小企业创业兴业的良好环境，按照党中央、国务院的总体部署，做好工作，确保取得实效。

（一）抓好政策落实。

工业和信息化部将继续发挥国务院促进中小企业发展工作领导小组办公室协调作用，加强部门联动，推进统筹规划和政策协调，建立评估机制，保障相关政策顺利实施。推动建立落实小微企业政策年度督促检查长效机制，严格各地小微企业工作考核制度，确保中央政令畅通，切实将财税、金融等扶持政策落到实处。进一步细化、实化和补充完善促进小微企业发展的政策措施，确保已出台的各项政策取得实效。结合经济形势变化和小微企业反映的问题，有针对性地研究提出新措施、新办法。同时，各地也要大胆实践，积极创新，积累经验，加强对相关政策的补充完善。

（二）加强财税扶持。

按照深化预算管理制度改革的要求，改进和完善财政资金分配方式，减少行政性审批，优化中小企业发展专项资金支持重点、方式和范围，做好小微企业创业创新基地城市示范工作。积极推进设立并用好国家中小企业发展基金，充分发挥中央财政资金的政策引导作用，创新投融资体制机制，引导和带动社会资金支持中小企业发展。研究提出进一步加大面向中小企业的税收政策扶持力度和覆盖面的建议。加快推进营业税改征增值税工作，强化税收优惠政策落实督查，方便纳税人办理涉税事宜。做好涉企减负工作，推动全国和各省市涉企收费清单对外公开，完善涉企收费公示制度，清单外一律不得收费。

（三）加强融资支持。

以改革的方式，着力解决小微企业融资难、融资贵问题。加强和改进小微企业服务。认真落实国务院关于金融支持实体经济特别是小微企业的各项政策。鼓励商业银行加大小微企业金融服务专营机构建设力度，创新产品服务，不断提高金融服务小微企业的能力。鼓励发展中小金融机构，推动具备条件的民间资本依法发起设立中小型银行等金融机构。加强多层次资本市场体系建设，支持中小企业依托全国中小企业股份转让系统开展融资。推动信贷资产证券化，扩大企业债券发行规模，发展金融衍生品市场。继续推进中小企业担保体系建设，大力发展政府支持的担保机构和再担保机构，引导担保机构提高小微企业担保业务规模。清理整顿各种不合理金融服务收费。积极发展面向小微企业的融资租赁、知识产权质押、信用保险保单质押贷款。完善互联网金融相关标准和制度，促进互联网金融健康发展。大力发展普惠金融，让所有市场主体都能分享金融服务的雨露甘霖。

（四）强化创业创新公共服务。

增加公共产品、公共服务是2015年政府工作报告确定的双引擎之一，要加强创业服务和创业导师队伍建设，大力发展众创空间，支持各地小企业创业基地建设，培育一批示范带动作用强的国家小微企业创业示范基地。以中小企业公共服务平台网络建设和国家中小企业公共服务示范平台培育认定为重点，推进中小企业服务体系建设。完善中小企业公共服务平台网络建设，实现互联互通、信息共享、服务协同，为中小企业提供“找得着、用得起、有保证”的公共服务。加快推进科研设施和仪器向高校、科研院所、企业、社会研发组织等社会用户全面开放，实现资源共享，进一步提高科技资源利用效率。提高小微企业经营管理水平，抓好中小企业银河培训工程和领军人才培训，开展职工技能培训和创业培训。

（五）营造小微企业发展的良好环境。

加强组织领导和统筹协调，形成全社会促进小微企业发展工作的良好氛围，营造更好的大众创业、万众创新的发展环境。进一步完善小微企业统计调查工作，加强对新创设小微企业的跟踪调查。积极构建和谐劳动关系，完善中小企业社会保障。进一步做好有关政策文件的宣传解读工作，充分发挥政府部门网站、新闻媒体、办事窗口的宣传作用，采取报刊、网络、微博、微信等多种方式让企业知晓政策，享受政策。

第四篇·各地中小企业改革与发展

北京市

2015年和2016年北京市中小企业改革发展的总体情况

2015、2016年是我市全面深化落实《北京市促进中小企业发展条例》的两年，也是推进大众创业万众创新，引导中小企业转型升级，向“高精尖”发展的关键年。两年来北京市中小企业改革发展的总体情况主要包括四大方面：

一、强化政策保障

做好条例分工落实和政策梳理宣贯工作。一是狠抓《条例》落实，细化2016年任务分工，分解形成了7大方面62项重点举措，并督促领导小组责任单位定期开展落实情况自查；二是系统梳理中小企业支持政策，梳理国家和我市中小企业政策1762条；三是积极开展政策宣贯，举办各类政策服务活动73场，服务企业3915家次。

落实《关于大力推进大众创业万众创新的实施意见》。根据《实施意见》任务分工要求，明确了由我委承担的7项牵头任务，10项配合任务的委内主责及配合处室，明确任务内容及工作计划；同时按季度跟进各项任务工作进展情况，积极协调解决工作推进过程中的重点难点问题，并按半年度及年度形成任务落实总结报告。

制定北京市担保机构免征增值税政策。2016年，我们牵头会同国税局、地税局制订并印发了《关于全面推开营改增试点后中小企业信用担保机构免征增值税有关事项的通知》（京经信委发〔2016〕42号），符合条件的担保机构从事中小企业信用担保或者再担保业务取得的收入可免征增值税，并采取备案管理方式，简化程序。

编制《北京市促进小微企业创新成长的若干措施》。以推动中小企业创新发展为出发点，精准发力，聚焦新技术、新产品、新模式、新业态（简称“四新”），通过建立“四新”小微企业培育库、提升中小企业公共服务平台网络服务功能等方式加快培育和促进小微企业成长。

二、用好专项资金

截止2016年底，我委负责中小专项资金共计6.65亿元，其中安排中小企业发展基金增资3亿元，昌平中小微企业双创发展基金首批出资1.5亿元，中小企业公共服务平台和小企业基地资金8825万元、创新融资资金1.18亿元，评审、绩效评价等相关费用815万元。

聚焦三大融资方式，加大贴息力度。2016年，对通过信托、融资租赁、私募债等渠道获得债权资金的中小企业，给予2%的贴息，共支持集合信托项目84项，支持金额2301万元；融资租赁项目80项，支持金额2192万元；私募债项目10项，支持金额813万元。

聚焦两类机构，加大奖励力度。一是奖励积极为中小企业融资、实行优惠费率的金融服务机构，共支持12家机构，支持金额2528万元；二是奖励为小微企业提供800万元以下融资担保（再担保）服务的担保机构和再担保机构，共支持机构16家，支持金额4008.72万元。

聚焦两类载体，加大补助力度。2016年，北京市中小企业发展专项资金服务体系建设项目共征集两批项目，支持项目39项，其中公共服务平台建设项目31项，小企业创业基地项目8项，共支持资金8825万元，带动社会投资2.1亿元。

三、加强基金引导

截至2016年底，我市中小企业发展基金规模已达25.7亿元，其中，创投引导基金16.2亿元，债权基金约7.5亿元，风险补偿基金2亿元。

创投引导基金成效显著。2016年完成了第九批合作创业投资机构的征集工作，15家引导基金参股创投企业设立总规模共计29.4亿元，相当于前8批的总和。目前，引导基金累计完成退出16家，退出金额约3.9亿元已回拨至引导基金专设账户。

债权融资基金运转顺畅。总规模7.5亿元，共设立3支子基金，重点用于缓解企业短期流动资金不足问题。其中政府出资3亿元，3家合作机构出资4.5亿元。2016年，3支债权基金全部完成出资。目前已发放债权融资68笔，融资金额约6.1亿元。

风险补偿基金作用初显。风险补偿基金规模2亿元，调动了北京银行等合作机构开展小微信贷业务的积极性。目前，北京银行累计发放小微企业贷款约1006.6亿元，发放企业1.07万家，其中纳入风险补偿基金备案的小微企业信用贷款约36亿元，发放企业745家。目前未发生风险补偿。

四、平台基地建设

组织申报国家小微企业示范基地。根据工业和信息化部《关于推荐第二批国家小型微型企业创业创新示范基地的通知》（工厅企业〔2016〕535号）文件要求，我们积极开展申报工作，我委推荐的4家基地全部通过审核。

支持昌平区申报国家"小微企业创业创新基地城市示范"。支持昌平区成功申报2016年小微企业创业创新基地城市示范，指导昌平区编制工作落实计划，督促其根据五部委要求，积极做好各项工作的执行，并将相关工作计划上报工信部。支持设立昌平中小微企业双创发展基金，基金规模9亿元。

做好平台网络验收工作。根据工信部、财政部相关要求，我们会同市财政局开展了北京市中小企业公共服务平台网络项目的整体验收工作：对市级枢纽平台及16个区、31个产业集群共47家窗口平台进行了验收。

强化平台网络服务功能。一是完成16家区级联网窗口分平台升级改版工作，初步实现了平台网络间通知公告、热点信息、活动信息、政策咨询的互联互通；二是已开通16个区窗口首期视频直播系统，能够支持600人同时观看网络直播，500人同时在线观看网络课程；三是平台与重点合作机构在知识产权、技术转移和成果转化等专业性强的技术服务方面达成合作，完善平台系统服务功能的同时引入专业模块。

开展"双创周"创新创业系列服务活动。按照2016年全国双创周北京会场筹备组的安排部署及筹备会上隋振江副市长对我委的工作要求，依托北京市中小企业公共服务平台网络，通过"1+16+N"协同互促的方式，聚焦"发展新经济，培育新动能"的双创主题，开展政策解读、创业沙龙会、项目路演等各类特色活动共计105场，吸引了3600余家次企业、1万余人次参加，成效显著。

此外，我们积极推动中小企业开放发展，在京津冀协同方面，会同北京市中小企业服务联盟召开了京津冀中小企业服务一体化工作联络会议，在产业转移、服务资源对接等方面初步建立联络机制；在国际化方面，积极带领北京市中小企业"组团出海"，组织企业参加APEC小企业会议、中国国际中小企业博览会等活动，帮助企业拓展市场、对接资源。

天津市

2015年天津市中小企业改革发展总体情况

一、2015年中小企业发展概况

（一）基本现状

2015年，全市中小企业市场主体34.08万户，其中，中小企业31.07万家，比上年增加68857家；注册资本金4.56万亿元，比上年增加7449.42亿元；从业人员499.23万，比上年增加48.58万人。规模以上工业企业增加值同比增长18.6%；税收收入1973.56亿元，同比下降1.42%；外贸出口总额138.5亿美元，同比下降5.2%。

2015年，全市有限额以上中小企业1.26万家，职工人数182.61万，总资产6.53万亿元。营业收入3.48万亿元，同比增长8.32%；利润总额1556.63亿元，同比增长7.23%；税金总额626.82亿元，同比增长2.39%。

2015年，中小企业数量占全市总量的99.88%，注册资金占全市总量的94.83%，从业人员占全市城镇企业的85%，营业收入占全市的66.28%，税收收入占全市总量的68%，外贸出口额占全市总量的27.06%。

（二）产业结构

2015年，全市中小企业中，第一产业2157家，同比增加383家；第二产业6.96万家，同比增加7191家；第三产业23.9万家，同比增加53384家。三次产业数量比重为0.69∶22.4∶76.9，第三产业比重同比提高2.6个百分点，第二产业比重下降2.58个百分点。

2015年，全市限额以上中小企业中，第二产业与第三产业数量的比重为54.38∶45.62；营业收入的比重为49.01∶50.99。第二产业6874家，实现营业收入1.7万亿元，同比增长11.65%，其中工业企业5145家，实现营业收入1.53万亿元，同比增长7.84%。第三产业5766家，实现营业收入1.77万亿元，同比增长5.29%。

（三）行业结构

2015年，全市规模以上工业的中小企业以重工业为主。重工业销售收入12302.78亿元，同比增长5.94%，占工业80.39%；轻工业销售收入3000.16亿元，同比增长16.37%，占工业19.61%。年收入超500亿元的行业有黑色与有色冶金、通用与专用设备、食品加工与制造、通信电子及计算机设备、金属制品、化学原料及制品、汽车制造、电气机械及器材等八大行业，上述行业实现销售收入11354.11亿元，同比增长8.72%，占总量74.2%。

2015年，全市限额以上中小企业服务业中，批发零售业1076家，营业收入11859.82亿元；住宿餐饮业110家，营业收入49.15亿元；交通运输业1137家，营业收入1584.76亿元；房地产业1247家，营业收入1429.16亿元；社会服务业2196家，营业收入2795.43亿元。

（四）区域分布

2015年，全市31.07万家中小企业分布情况是，滨海新区7.91万家，占总量25.46%；市内六区8.07万家，占总量25.97%；涉农区县14.92万家，占总量48.02%。

2015年，营业收入超2000亿元的区县有6家，分别是滨海新区7828.75亿元，东丽区3500.08亿元，西青区3618.4亿元，津南区2760.36亿元，北辰区2682.64亿元，和平区2318.37亿元,中央企业2449.2亿元。上述区县共实现营业收入25157.8亿元，占全市中小企业营业总收入的72.39%。

（五）固定资产投资

2015年，全市中小企业共有固定资产投资项目6093项，本年完成固定资产投资4798.8亿元，同比增长10.28%。其中，当年竣工投产项目4604项，新增固定资产3676.83亿元。

投资项目中，第一产业555项，本年完成投资270.15亿元，同比增长12.19%。其中当年竣工投产项目503项，新增固定资产229.73亿元。

第二产业4149项，本年完成投资3475.66亿元，同比增长8.89%。其中当年竣工投产项目3027项，新增固定资产2625.12亿元。其中工业3899项，本年完成投资3084.32亿元，同比增长3.99%。其中当年竣工投产项目2857项，新增固定资产2390.03亿元。

第三产业1389项，本年完成投资1052.98亿元，同比增长14.61%。其中当年竣工投产项目1074项，新增固定资产821.98亿元。

（六）中小微企业发展的特点

总体规模不断扩大。在全市中小企业中，中型企业有4061家，占1.39%；小型企业有6.39万家，占21.83%；微型企业有22.43万家，占76.65%，小型和微型企业总和占到98.48%。

产业结构持续优化。传统制造业企业加快向优势产业转型升级，第三产业比重持续上升，旅游业、总部经济、创意产业等正在迅速崛起，产业内部结构逐步合理。

创新能力大幅增强。科技型中小企业迅猛发展，2015年末，已突破7.1万户，占全市中小企业比重达24.3%，其中销售收入超亿元的科技小巨人达到3400多户；科技型中小企业专利申请占全市企业总量的85%。

社会贡献明显提高。2015年，中小微企业工业增加值增长18.6%，快于规模以上工业9.2个百分点，比重达46.5%。

二、2015年民营经济发展概况

（一）基本现状

2015年，天津市民营经济市场主体发展到66.75万户，比上年增加11.48万户；拥有从业人员401.62万人，比上年减少23.41万人；注册资本金2.31万亿元，比上年增加0.69万亿元。民营经济实现增加值7781.42亿元，同比增长13.5%；全年完成外贸出口额111.1亿美元，同比下降3.13%；实现国地税地方收入1255.15亿元，同比增长4.34%。

其中，民营企业28.67万家，比上年增加5.95万家；从业人员334.98万人，比上年减少32.45万人；注册资本金22479.63亿元，比上年增加6496.2亿元；实现国地税地方收入1169.57亿元，同比增长5.11%。个体工商户35.61万户，比上年增加4.35万家；从业人员66.64万人，比上年增加9.04万人；注册资本金314.88亿元，比上年增加68.95亿元；实现国地税地方收入85.59亿元，同比下降5.09%。

2015年，全市限额以上民营企业8875家，资产总额24332.84亿元，当年实现营业收入19399.32亿元，同比增长12.79%；实现利润总额1300.8亿元，同比增长31.19%；实现税金总额621.41亿元，同比增长28.56%。

2015年，民营企业数量占全部内资企业的94.86%，注册资本金占全部内资企业的54.7%，从业人员占全市城镇企业的76%，民营经济增加值占全市地区生产总值的47.05%，实现国地税地方收入总额占全市总量的43.25%。

（二）产业结构

目前，民营经济已基本实现了“非禁即可”，其经营领域已涉及现代服务业、教育、医疗卫生，以及典当、金融信托、金融租赁、国际保理等新兴金融行业。2015年，天津民营企业中已有科学研究、技术服务和地质勘查企业54341家，租赁和商务服务业企业30734家，金融业企业5148家，信息传输、计算机和软件业企业6591家。在全市各类私募基金、股权基金企业中，民营经济成分也占相当比重。

从产业结构看。2015年，天津市民营企业28.67万家，其中，第一产业1964家，占总量的0.68%；第二产业62696家，占总量的21.87%，其中工业45179家，占总量的15.76%；第三产业222067家，占总量的77.45%。

限额以上民营企业中，第二产业实现营业收入12873.7亿元，同比增长13.05%，占总量的66.36%。其中，工业实现营业收入12044.07亿元，同比增长13.39%，占总量的62.09%；建筑业实现营业收入829.63亿元，同比增长8.34%，占总量的4.28%。第三产业实现营业收入6525.62亿元，同比增长12.28%，占总量的33.64%。

从产品结构看。2015年，总量最大的黑色与有色金属冶炼业实现销售收入3240.23亿元，同比增长10.15%；金属制品行业实现销售收入980.99亿元，同比增长5.12%；通用与专用设备制造业实现销售收入996.48亿元，同比增长27.64%；化学原料与制品制造业实现销售收入692.83亿元，同比下降0.06%；交通运输设备制造业实现销售收入1125.77亿元，同比增长28.44%；电气机械及器材制造业实现销售收入661.25亿元，同比增长39.15%；食品加工与制造行业实现销售收入1294.14亿元，同比增长20.48%；橡胶制品业实现销售收入394.4亿元，同比增长8.36%；纺织与服装行业实现销售收入176.02亿元，同比增长21.63%；计算机、通信和其他电子设备制造业实现销售收入201.68亿元，同比增长6.67%。

（三）规模水平

投资规模。2015年，民营企业户均注册资本金784万元，比上年增加80.6万元。注册资本金超千万元企业40339家，比上年增加12410家。其中注册资本金在1000~5000万元企业30788家，比上年增加9271家；五千万到亿元企业5726家，比上年增加2075家；亿元以上企业3825家，比上年增加1064家。营业收入超5亿元民营企业913家，比上年增121家。民营企业集团522个，比上年增加89个。

生产规模。目前，天津市有大型企业418家，其中民营企业130家。2015年，天津企业100强中有民营企业24家；全国民营企业500强中有天津民营企业和集团14家；中国企业500强中有天津民营企业5家，分别是天津荣程联合钢铁集团有限公司、天狮集团有限公司、天津友发钢管集团有限公司、天津领先控股集团有限公司、天津塑力线缆集团有限公司。

上市公司。截至2015年末，天津民营企业有境内上市公司14家，新三板挂牌公司83家。其中，上证A股3家，分别是中源协和、天士力、银龙预应力材料；深证A股2家，分别是国恒铁路、鑫茂科技；中小板3家，分别是赛象科技、九安医疗、天汽模；创业版6家，分别是红日药业、瑞普生物、经纬电材、长荣股份、鹏翎股份、凯发电气。

（四）民营经济发展的特点

市场主体发展迅猛。2015年末，民营经济市场主体同比增长20.77%；注册资本金同比增长42.3%，民营企业同比增长26.18%。

经济社会贡献突出。2015年，民营经济完成增加值同比增长13.5%，占全市经济总量达47.05%；实现税收同比增长4.34%，占全市43.25%。规模以上民营工业企业实现总产值同比增长15.6%，占全市规模工业比重44.99%。民间投资同比增长12.5%，占全市投资总额58.08%。

“走出去”势头保持强劲。2015年，全市民营企业实现外贸出口占全市总量的21.7%。核准民营企业赴境外投资占全市76.3%，成为“走出去”的主力军。

科技实力持续提升。2015年，新增民营专利申请占全市的77%，新增民营专利授权量占全市的68%。拥有有效专利的民营企业超过7000家，专利申请“消零”的民营企业超过2000家。民营科技型小企业达6.8万家，占全市科技型中小企业的95%；民营科技小巨人企业达2890家，占全市科技小巨人企业的85%。

三、2015年重点工作

2015年，天津市中小企业局认真贯彻落实国家工信部和市委、市政府决策部署，深入开展“三严三实”专题教育活动，狠抓党的建设，团结带领广大党员干部积极转变作风，扎实推进万企转型升级、民营经济、楼宇经济、示范工业园区、区县重大项目、服务体系等重点工作，取得较好成效，中小企业和民营经济健康快速发展。

（一）示范工业园区贡献突出

示范工业园区配套设施、创新平台和安全生产体系建设加快推进，园区产业特色和发展水平不断提升。

考核督导切实加强。天津市中小企业局牵头组织市政府督查室、市规划局、市国土局、市环保局、市财政局等部门组成联合考察组，对2014年度31个示范工业园区的开发建设、招商引资、产业集聚、产出贡献、发展环境等情况进行综合考核，评定15个年度优秀园区，14个达标园区，2个未达标园区。制定园区年度考核办法和实施细则，考核经济规模与增长速度、园区配套与绿色发展以及考核发展质量与产出效益。考核设定3大类28个子项指标，制定了一般园区综合考核指标体系和物流园区综合考核指标体系。

基础设施更加完善。31个园区累计完成基础设施建设200.72平方公里，投入资金376.59亿元，全部实现垃圾统一处理，28个园区健全污水处理设施，部分园区建有安全消防站、一站式服务大厅、蓝领公寓等综合配套设施。根据各园区建设需要，牵头组织天津市规划局、国土房管局等有关部门，完成了宁河现代产业区总体规划范围调整、南站地区开发建设平衡土地置换方案（调整西青汽车工业区总体规划范围），会同市财政局给予西青学府工业区市政基础设施建设费和平衡费的专项补助等。

运行监测不断优化。年初，根据中小微企业监测报表制度，对中小企业运营监测平台进行了系统升级。下半年，为堵塞网站安全漏洞，提高网站安全防范等级，对天津中小企业经济运行网站进行改造升级。每月联网直报企业2955家，其中小微企业2014家，示范工业园区企业941家。天津市中小企业局每月向工信部中小企业监测平台报送1500家小微企业生产运行监测数据，比上年增加500家。利用天津市中小企业运营监测平台，先后完成工信部“小微企业调查问卷”、“大企业拖欠中小企业资金情况调查”及“小微企业创业发展扶持政策和信息化应用情况问卷调研”等多项临时性调查任务，共上报有效调查问卷600多家。

创新实力大力增强。拥有市级及以上孵化器和生产力促进中心38个，企业工程技术中心和重点实验室21个，市级高新技术产业区6个,市级专利试点园区10个。

转型升级成效显著。上半年对园区万企转型信息化平台数据信息填报内容逐项进行了规范，并督促园区定期完成网上填报。28个园区实施转型升级项目，其中7个园区关停企业27家，清理土地2583.31亩，引进高端企业28个。24家企业完成31台自备燃煤锅炉改燃，削减燃煤5.4万吨。改造1台65蒸顿供热燃煤锅炉，实施24小时监控，达标排放。

安全责任得到强化。制定局党政领导干部安全生产“党政同责、一岗双责”制度和加强园区安全生产指导意见，局领导带队组成安全生产整治小组，推动区县开展园区安全生产大检查,共检查企业8587家，发现安全隐患15979项，督促整改15855项，投入整改资金671.5万元。

贷款贴息落实到位。在2014年示范工业园区贴息工作基础上，组织开展了9个未获得全额贴息资金的园区余款申报工作，结息时间至2015年6月底，经华寅五洲会计师事务所审计，经市财政核定，对八里台工业区等6个园区全额拨付了贴息余款。

安全生产抓紧抓实。年初，天津市中小企业局向市政府递交安全生产责任书，同时，要求各园区管委会与属地政府签订安全生产责任书并在我局备案。制定并下发《2015年区县示范工业园区安全生产工作要点》，圆满完成冬季安全生产大检查工作和春季安全生产大检查工作。天津市中小企业局及区县园区主管部门、园区管委会共出动检查组1950组次，出动检查人员8049人次，检查企业8587家次，发现安全隐患15979项，完成整改15855项，投入整改资金671.5万元。其中，重大隐患10项，完成整改8项，关停企业2家。“8.12”特大火灾事故发生后，深入开展了大检查、大排查、大整治专项行动，天津市中小企业局及时制定了《示范工业园区安全生产大检查大排查大整治工作实施方案》，8月份，天津市中小企业局领导班子成员分别带队，组成四个安全生产检查组，深入31个示范工业园区，对安全生产工作进行全面检查。

发展后劲持续增强。一大批好项目相继落户，累计签约3674项，其中已开工3218项、竣工2653项，完成投资4913.46亿元；注册企业达1.23万家，其中驻区3684家。园区全年实现工业总产值3664.43亿元，同比增长25.21%；上交税金168.65亿元，增长39.24%；从业人员达33.43万人，增长19.47%。

（二）楼宇经济质量效益稳步提升

2015年，天津市中小企业局按照市委市政府关于楼宇经济发展的总体部署，大力推动楼宇经济转型升级，高效能盘活存量楼宇，高水平管理运行楼宇，高质量培植新建楼宇，促进楼宇经济提质增效，取得了实效。

空置楼宇启动盘活。结合落实市政府扶持盘活空置楼宇政策，引导各区县根据各自实际制定相应政策。市政府出台《支持中心城区楼宇经济发展财政政策》，为加快盘活空置楼宇提供了政策保障。天津市中小企业局引导全市16个区县积极出台相应的促进楼宇经济发展政策，加大盘活空置楼宇扶持力度。结合《责任状》签订和落实《考核办法》，组织各区县分解三年任务，制定详细的行动计划。我们起草了《天津市盘活空置楼宇年度考核办法》，完善考核机制。市政府与各区县主要领导签订了《责任状》，按照各区县现有空置楼宇面积的30%，作为2016年限期盘活的责任目标，即截止到2016年底前全市盘活空置楼宇面积的任务是399.6万平方米。结合中心城区空置楼宇全部打造成亿元楼的要求，组织开展新一批亿元楼宇项目申报工作。按照市委市政府楼宇经济发展工作总体目标要求，天津市中小企业局组织了第五批亿元楼宇申报工作，在中心城区空置楼宇中筛选第五批亿元楼宇项目。中心城区175个空置楼宇打包成为50个亿元楼宇进行了申报，商务面积共计461.3万平方米，空置面积277.3万平方米，占总商务面积的60.1%。项目实施后，2018年预计可创税56.2亿元，50个项目全部达到或超过亿元目标。结合贯彻落实京津冀协同发展规划纲要，组织各区县加快空置楼宇盘活。天津市中小企业局会同各区县充分利用京津冀协同发展的契机，积极承接首都非核心资源转移，一方面抓资源整合，一方面推进楼宇招商，建立盘活空置楼宇工作绿色通道，及时协调解决各种问题，降低空置率，空置楼宇盘活工作取得了显著成效。

升级改造明显提速。第二批商务楼宇转型升级工作成效显著。天津市中小企业局组织启动了第二批商务楼宇转型升级工作，组织中心城区26个商务楼宇开展转型升级。共计投入1300多万元，用于楼宇基础设施改造提升和服务平台的建设完善，楼宇的软硬件水平得到明显提升，办公条件得到大幅改善。积极引进优质税源型企业，提升商务楼宇的单位产出率。转型楼宇积极创建特色楼宇，明确楼宇功能定位，突出产业特色，全力引进符合楼宇主导业态的龙头企业，26座楼宇主导产业企业入驻率达到60%，形成企业集群发展，提高了竞争力。开展亿元楼宇项目物业公司达标验收工作。天津市中小企业局会同市国土资源和房屋管理局开展物业达标验收工作，对全部重点商务楼宇项目物业公司开展考核验收，达到亿元楼宇项目全覆盖。开展市优物业企业评选和国优物业企业报送工作，对评选出的市优和推选报送的国优物业项目给予一定的财政奖励。通过考核验收，整体提升了天津市亿元楼宇项目的物业管理服务水平，物业从业人员的服务意识也得到了大幅提升。开展“电力服务进楼宇”工作。天津市中小企业局组织中心城区楼宇项目开展申报市工信委电力需求侧管理专项资金备选项目。配合“促发展、惠民生、上水平”活动，组织相关电力部门和企业为楼宇及入驻企业提供全方位的用电服务。

“百村楼”工程顺利实施。根据“发展壮大农村集体经济八项政策措施”规定，天津市中小企业局会同市农委、市财政局对涉农区县的15座百村商务楼宇项目进行了扶持，下半年新拨付财政扶持资金3600万元，累计拨付资金达到5100万元，支持薄弱村发展楼宇经济，改善民计民生。

楼宇经济管理平台健全完善。依据科学性、针对性、可比性、可操作性原则，天津市中小企业局在原有楼宇经济发展信息平台的基础上，进一步完善楼宇综合数据体系，新加入了空置楼宇盘活工作的动态管理，为楼宇经济健康可持续发展提供数据支持。

2015年，全市运营商务楼宇达778个，商务面积2239万平方米，实现税收622.4亿元，完成全年500亿元目标，171个楼宇税收超亿元。前四批214个亿元楼宇项目创税361.8亿元，占楼宇总税收58.1%，158个楼宇税收过亿元。河西区、滨海新区分别被评为中国楼宇经济“十大实力城区”之一和“十大潜力城区”之一。

（三）万企转型升级成效显著

领导重视抓推动。实施万企转型升级行动计划，推动中小企业加快创新转型，是天津市落实国家重大战略部署的重要抓手，市委、市政府对此高度重视，市领导多次召开会议，专题研究，亲自指导。天津市万企转型升级行动计划领导小组每月主持召开现场推动会，促进企业主动、区县互动、上下联动，形成了一股合力。各区县、市有关部门高度重视抓实施，精心组织抓落实，全力帮扶促发展，推动转型升级各项工作扎实有效开展。

分解目标抓落实。结合各区县实际和市有关部门职能，年初制定并下发年度区县万企转型升级行动计划任务目标，做到了目标到区县，责任到部门，落实到基层，层层有人抓，层层抓落实。2015年，在原有基础上经过细化，已形成了6条主路径，15条子路径，每一条路径，层次都较为清晰，企业可以自愿选择。同时，天津市中小企业局根据每条子路径的不同特点，研究制定了转型升级的认定标准，真正让企业转型有方向、升级有标准。

推进典型抓带动。积极发掘各路径的先进做法和特色亮点，编辑了200家典型企业成功案例，印发了《天津市万企转型升级典型案例第一辑》。精选了100个天津市已认定的“专精特新”产品（技术）案例，纳入《天津智造天津市中小企业"专精特新"产品(技术)案例集》。2015年,工信部在天津市召开了全国中小企业创新转型试点经验交流会,天津市万企转型升级工作被作为典型经验深入交流。人民日报、经济日报、中央电视台等中央媒体集中宣传报道了天津市推动万企转型升级的典型经验和做法。通过宣传典型成功案例,剖析经验做法,组织现场观摩,促进学习交流,形成示范带动效应,带动一大批企业走上了创新转型发展之路。

落实政策抓帮扶。认真贯彻落实近期国家和天津市关于扶持中小微企业发展的一系列政策举措,两年共落实市级资金7.09亿元,扶持企业1866个;16个区县投入扶持资金20.36亿元,支持了6169个企业转型升级。深入开展了以"助小微、促创业、促创新"为重点的"扶助小微企业专项行动",建立了"一库""一会""一队"融资服务机制,帮助转型升级企业破解融资难题。强化对接服务,召开了中小微企业转型升级专场融资对接会,为900家转型升级企业提供无缝对接融资服务,对接融资需求额达236亿元;为122户转型升级企业落实贷款30.46亿元。

加强考核督成效。采用日常督查和年底考核相结合,专门成立了八个督查抽验小组,深入企业,现场查验核对转型升级实施情况,促进万企转型升级工作月月有变化,季季见成效。每年年初由市万企转型升级工作领导小组办公室牵头,完成了对上一年年工作的考核,形成了考核报告,对转型升级工作做了准确客观的评价。

2015年,全市累计12239家企业完成14633个转型升级项目,从数量上已实现了两年任务三年完成。从已完成转型升级企业抽样结果看,万元单位工业产值能耗同比下降15.38%;企业主营业务收入比2013年同比增长32.84%;利税总额比2013年同比增长45.21%。已完成转型的1.2万多家企业从业人员达到106.8万人,比2013年同比增长10.18%,劳动生产率比2013年提高20.56%。总体来看,效益提高、就业不减、资源节约、环境改善等多重目标基本达到。

(四)重大项目建设持续加快

九批980个区县重大项目建设进展顺利,全年完成投资259.9亿元,超年计划8.2%;累计完成投资6039.7亿元,投资率97.3%;南通锻压设备生产项目、东方环球影城项目、中小企业孵化器项目、宏泰机械加工项目等28个项目投产或部分投产,累计竣工投产项目947个,投产率96.6%。工业仍保持了良好的投资劲头,本年新增竣工投产项目13个,九批项目中仅余9个项目未竣工投产,累计投资率分别高出农业和服务业8.1和2.4个百分点;服务业继续稳步推进,本年新增竣工投产项目15个,高出工业2个,本年完成投资140.8亿元,高出工业22%。

2015年,天津市投入大量资金不断改造提升31个示范工业园区和商务楼宇,切实改善投资环境,吸引了众多投资项目,截至目前累计储备了374个项目,计划总投资1528.2亿元,这些项目将为区县经济的发展注入源源不断的发展后劲。进一步为重大项目争取各级专项扶持资金和优惠性政策,充分调动现有项目实施主体的投资积极性,尽快将项目转化成实实在在的经济增量,提高项目实施效果。2015年利用天津市涉农区县工业技术改造市财政扶持资金,以贷款贴息、设备补助、重大项目补助等形式共对7个项目,给予了709万元的扶持资金。

随着一批批大项目投入运营,项目效益水平不断提升,经济引擎作用显著增强。从工业项目看,竣工投产的区县重大工业项目,为区县工业持续保持平稳较快发展提供了有力的支撑。截至2015年底,已纳入区县属规模以上工业统计月报库的大项目达300个,全年实现工业总产值超2500亿元,投入产出比达到1:2.3,大项目效益初步显现。

(五)民营经济工作有力推动

强化机制和制度建设,科学有效推动工作落实。落实重点任务责任,制定《天津市民营经济发展工作领导小组2015年工作要点》,明确了民营经济发展目标、22项重点工作和责任分工。加强工作组织推动,两次召开全市民营经济发展工作会议,总结交流经验,研究部署工作,确保了各项工作扎实深入推进。开展2015年区县民营经济发展绩效季度评估和民营经济发展成果观摩交流活动,起到了激励先进、鞭策后进作用。加大绩效考核工作力度,组织开展了2014年度民营经济发展工作考评,分别对16个区县和32个市有关部门支持服务民营经济发展工作进行考核。启动"十三五"规划编制工作,在广泛调研的基础上,组织起草天津市民营经济发展"十三五"规划,在总结"十二五"期间全市民营经济发展成效的基础上,提出了"十三五"期间民营经济发展的思路、目标、重点任务和保障措施。

强化扶持政策和兑现落实,发展环境不断优化。坚持多措并举推动各项民营经济政策落到实处。积极落实财税扶持政策。市财政拨付民营经济和中小企业发展专项资金及万企转型升级相关专项资金4.3亿元，支持民企1244家、载体和服务机构52个次；拨付社保和岗位补贴7.8亿元，稳定职工岗位1.9万个；拨付众创空间补助及种子引导基金1.1亿元、大学生创业补助0.4亿元；拨付上市专项资金0.3亿元，支持97家民营企业完成改制、挂牌或上市。为10.33万户个体工商业户和4.56万户小规模纳税人落实税收优惠，共免税4.48亿元；为1万户盈利小微企业减免企业所得税0.5亿元，为5.7万户小微纳税人减免营业税0.8亿元。规范财政专项资金使用管理。制定《天津市获中国企业500强、中国民营企业500强和中国驰名商标的民营企业奖励资金实施细则》《天津市民营企业院士专家工作站、博士后工作站建站补助资金实施细则》等制度措施。进一步清理收费，编制了涉企行政事业性收费项目目录清单，并在门户网站实行常态化公开，接受社会监督。开展形式多样的政策宣讲活动，加强政策梳理，编发《国家和天津市中小微企业相关政策汇编》《天津市中小企业和民营经济政策要点摘编》等4万册，供广大企业学习运用。加强与全国和本市新闻媒体合作，对65家优秀民营企业的发展经验和26个优秀企业家典型事迹，以及34个市有关部门和16个区县支持服务民营经济发展的好经验好做法展开连续报道，共刊播相关报道400余篇，营造了良好舆论氛围。

强化服务体系建设，注重为民营企业排忧解难办实事。着力推动民企诚信管理、社会融资担保、“走出去”、大众创业和法律等服务体系建设，有效提升了公共服务水平。加强诚信管理服务体系建设，累计归集公示数据信息894.94万条，实现了民营经济市场主体信用信息公示覆盖率100%。汇集56个部门信用激励和限制措施共205项，编制了目录。建立市场主体联合监管系统，实现信用风险等级分类和公示，实行了经营异常名录制度。加强社会融资担保服务体系建设，落实中小微企业贷款风险补偿机制，搭建民营企业融资对接平台。截至2015年底，各项贷款余额26768亿元，比年初新增3438亿元，同比增长15.2%。全年中小微企业贷款增速保持在30%以上。融洽会期间，1132家企业与693家投资机构现场对接4795次，达成意向融资额375亿元，主要为民企。加强“走出去”服务体系建设，对1亿美元以下境外投资办企事项实行“准备案制”，通过“走出去”指引公众服务号、商务海外营销网络等加强信息支持。举办外经贸政策宣讲会10场，惠及民企近3000家。加强大众创业服务体系建设，制定区县和院校众创空间建设支持措施，共认定支持众创空间和小企业创业基地项目77个。开展双创周活动，组织41项企业创新创业服务和13项展览展示等活动，涉及各类创业者8200余人。落实创业担保贷款、税费减免等政策，发放创业担保贷款4.15亿元，同比增长116.3%。加强法律服务体系建设。

强化转型升级和提质增效系列行动，民营经济质量效益明显提升。实施民企“百千万”发展行动，推进百户民企集团培育发展行动，健全民营大企业大集团数据库，制定了区县、市有关部门“包户帮扶”工作计划；开展咨询诊断服务，推动实施“一企一策”。新增2家民企入选中国企业500强、2家民企入选中国民营企业500强。全年新增民营科技型企业1.2万家，新增民营科技小巨人企业420家，服务和支持700余家民营科技型企业实现提质增效。推进万家民企转型升级行动,以“五个一批”为重点，通过目标牵引、措施支撑、考核督促、典型带动等一系列措施，推进万家民企加快转型升级步伐。制作天津市万企转型升级专题片，编印典型案例集，圆满承办了国家工信部在天津召开的全国中小企业创新转型经验交流暨电视电话会议。实施民企上市挂牌工作计划，出台《关于进一步促进企业利用资本市场加快发展的实施意见》和《关于支持我市企业上市融资加快发展有关政策》等文件，召开加快推动企业上市工作部署动员会，成立18个工作组深入区县和企业开展上市服务活动，推动民企加快了上市、挂牌步伐。截至2015年底，全市新增上市、挂牌民企共84家，16个区县实现上市、挂牌企业消零。实施民企品牌战略计划，积极宣传和推动落实新《商标法》，开发商标管理系统，提高管理和服务效能。民营经济主体新增申请商标注册16112件；拟认定天津市著名商标121件，其中民营企业97件，占80.17%；新获全国驰名商标民企9户。工业企业品牌培育体系建设效果明显，全市名牌产品达640件，其中民企占80%。实施创新驱动发展战略。大力支持民企科技创新，新组织实施民营科技领军企业重大创新项目17项，支持200家民营科技企业开发市级重点新产品，认定50件（项）具有自主知识产权的“杀手锏”高端产品和高新技术。支持民营科技企业建立研发机构，新增民企重点实验室42家、科技孵化器21家、工程技术中心34家、市级企业技术中心43家。支持了31家民企院士专家工作站和博士后工作站建设。

强化合作交流，促进民营经济共赢发展。健全京津冀民营企业合作联动机制。京津冀民营经济主管部门和工商联系统实现互访交流，达成多项合作共识，建立工作联系和会商机制。在第二次全国知名民企天津行活动和第三次全国民洽会期间，加强京津冀民企合作交流，津京两地实现了多个区县间产业对接合作。开展民企与国企、外企对接合作活动。加快推进新一轮国企改革,分两批集中组织国企在产权交易市场和市国资委网站公开推介披露招商引资信息，吸引各类社会资本参与国企改革。共完成83户企业开放搞活，预计引进外部资金105亿元，大部分为民间资本。

（六）开放合作力度不断加大

2015年，天津市中小企业局积极会同区县，通过制定符合示范工业园区（亿元楼宇）自身客观实际、发挥载体特长、具有特色的招商方案，紧抓京津冀协同发展、建设自由贸易园区、加快滨海新区开发开放、建设国家自主创新示范区、以及“一带一路”建设五大历史机遇,以产业规划为引导，开展招商引资攻坚年活动，掀起了新一轮的招商引资热潮。帮助相关区县引进了上海复星集团、辽宁禾丰牧业、华运金融租赁、天绘北斗导航数据中心、搜房网总部园区等一批符合我市产业布局、经济效益好、成长潜力大的大项目好项目。2015年，示范工业园区新增到位投资额完成820亿元人民币，同比增长12.1%，亿元楼宇招商引资情况好于往年。

2015年，天津市中小企业局会同相关委办局和区县初步建立了民营经济招商的长效机制。扎实推动了前两届民洽会签约项目的落实工作，截至2015年底，项目落实率超过80%，资金到位额超过800亿元。高水平举办了第三届民洽会、第九届融洽会全国知名民企天津行、2015外埠行等系列“走出去、请进来”活动。其中，10月15日举办的第三届民洽会，签约项目达到211个，总投资额1826.36亿元，实现了民企招商规模、质量双提升。

2015年，天津市中小企业局积极落实京津冀协同发展国家重大战略。重点承接科技成果转化和高端产业转移，引进了北京搜房网、北京中发实业等一批好项目。通过举办2015京津冀产业转移系列对接活动等平台，进一步加强了津冀两地合作，支持浩年节能、赛诺科技、广顺源机械等我市高新技术企业在河北省建立科技成果转化基地，同时吸引了大城丰能集团、天成企业集团等河北省企业在我市设立研发中心、区域总部。

2015年，天津市中小企业局继续拓展重点招商渠道。进一步巩固了国家部委、行业商协会和中介机构的合作渠道。圆满完成了王宏江副市长率市政府代表团访问德国、西班牙、英国的重点任务，在招商引资、中小企业交流合作等领域取得了多项重要成果，受到了市领导充分肯定。经济合作处协助高新区赴欧洲推动了德国中小企业创新园区的建设及招商工作，高效、务实、敬业的工作水平和工作态度得到了相关区县的高度评价。同时，充分借助津洽会、融洽会、九八投洽会、高交会等重点会展，会同相关区县开展了10多次的小团队针对性招商活动，取得了积极效果，深圳华因康基因研究院、深圳零下五十度冷链物流等一批好项目正在积极推进。

2015年，天津市中小企业局积极开拓中小企业对内、对外合作交流新领域。借助国家“一带一路”战略，抢抓自贸区本地优势，紧扣京津冀发展有利形势，积极开拓中小企业对内、对外合作交流新领域。

在“请进来”方面：从平台建设上，启动了中德中小企业合作示范园区前期工作。借助太仓、揭阳等地的经验，积极打造服务京津冀的中德企业交流中心、研发设计合作中心和德国企业中国北方集聚中心，推动德国和中国更多的智能制造和生产性服务业企业入园发展，目前已经和工信部、北辰就园区选址，产业定位，入区政策等磋商了初步方案，与德国“工业4.0”的发起方—西门子公司和中国制造业产业联盟建立了合作框架，利用市场手段推动园区的开发建设。同时，积极推动了西门子中国公司与我市中小企业的点对点合作交流，促进了天津市腾讯等双创平台的改造和提升，推动了天津深之蓝、海亮科技等公司的转型升级。

在“走出去”方面，圆满完成了天津市中小企业局局领导赴参台湾出访任务，推动了天津市中小企业与台湾经贸永续发展策进会、台湾工业同业总会等协会的交流合作。同时，与德国西门子、德国弗劳恩霍夫协会、德国工商会、西班牙巴塞罗那中华总商会、西班牙CASA中心、法国ABE商务公司等中小企业服务机构建立了良好的关系，为企业海外投资、拓展搭建了渠道；帮助了天津华盾置业投资有限公司、天津优联投资发展集团等有条件的中小企业和民营企业“抱团出海”；与山东省庆云县建立天津危险化学品中小企业发展合作机制，推动天津企业“走出去”，进行产业合作。

2016年天津市中小企业改革发展总体情况

一、2016年中小企业发展概况

（一）基本现状

2016年，全市中小企业市场主体42.04万户，其中，中小企业38.64万家，比上年增加7.57万家；注册资本金6.1万亿元，比上年增加1.54万亿元；从业人员449万人，比上年增加15.4万人。规模以上工业企业增加值同比增长14.65%；税收收入2325.26亿元，同比增长15.83%；外贸出口总额155.34亿美元，同比下降5.5%。

2016年，全市有限额以上中小企业1.3万家，职工人数166.96万，实现营业收入3.5万亿元，同比增长2.43%；利润总额1324.45亿元，同比下降14.09%；税金总额518.03亿元，同比下降6.67%。

2016年，中小企业数量占全市总量的99.9%，注册资金占全市总量的96.1%，从业人员占全市城镇企业的79.35%，营业收入占全市的64.89%，税收收入占全市总量的77.3%，外贸出口额占全市总量的35.08%。

（二）产业结构

2016年，全市中小企业中，第一产业2715家，同比增加558家；第二产业7.96万家，同比增加1万家；第三产业30.41万家，同比增加6.51万家。三次产业数量比重为0.7∶20.61∶78.69，第三产业比重同比提高1.79个百分点，第二产业比重下降1.79个百分点。

2016年，全市限额以上中小企业中，第二产业与第三产业数量的比重为52.59∶47.41；营业收入的比重为45.89∶54.11。第二产业6836家，实现营业收入1.6万亿元，同比增长2.12%，其中工业企业5251家，实现营业收入1.52万亿元，同比增长8.99%。第三产业6163家，实现营业收入1.89万亿元，同比增长2.7%。

（三）行业结构

2016年，全市规模以上工业的中小企业年收入超500亿元的行业有黑色冶金、金属制品、汽车制造、电气机械及器材、化学原料及制品、农副产品加工业、通用与专用设备制造业、铁路船舶航空航天和其他运输设备制造业、通信电子及计算机设备九大行业，上述行业实现销售收入10701.82亿元，同比增长9.56%，占总量的70.23%。

2016年，全市限额以上中小企业服务业中，批发零售业1051家，营业收入12410.51亿元；住宿餐饮业95家，营业收入45.25亿元；交通运输业1259家，营业收入1547.43亿元；房地产业1283家，营业收入1817.59亿元；社会服务业2475家，营业收入3097.16亿元。

（四）区域分布

2016年，全市38.64万家中小企业分布情况是，滨海新区9.97万家，占总量的25.8%；市内六区9.76万家，占总量的25.26%；涉农区18.74万家，占总量48.49%。

2016年，营业收入超2000亿元的区县有7家，分别是滨海新区8581.48亿元，西青区3982.23亿元，东丽区3069.68亿元，和平区2684.21亿元，津南区2570.99亿元，北辰区2474.82亿元，武清区2039.23亿元。上述区县共实现营业收入25402.65亿元，占全市中小企业营业总收入的72.66%。

（五）固定资产投资

2016年，全市中小企业共有固定资产投资项目5529项，本年完成固定资产投资3728.64亿元，其中当年竣工投产项目2284项，新增固定资产2239.54亿元。

投资项目中，第一产业531项，本年完成投资211.48亿元，其中当年竣工投产项目274项，新增固定资产138.7亿元。

第二产业3398项，本年完成投资2368.09亿元，当年竣工投产项目1461项，新增固定资产1433.01亿元。其中工业3270项，本年完成投资2299.58亿元，其中当年竣工投产项目1399项，新增固定资产1389.57亿元。

第三产业1600项，本年完成投资1149.07亿元，其中当年竣工投产项目549项，新增固定资产667.83亿元。

（六）中小微企业发展的特点

总体规模不断扩大。在全市中小企业中，中型企业有4100家，占1.06%；小型企业有8.42万家，占21.8%；微型企业有22.77万家，占77.04%，小型和微型企业总和占到98.82%。

产业结构持续优化。传统制造业企业加快向优势产业转型升级，第三产业比重持续上升，全市中小企业中第三产业占78.69%，提高1.79个百分点。

创新能力大幅增强。科技型企业突破8.6万户，其中营业收入超亿元的科技型企业达3800户。

社会贡献明显提高。中小企业工业增加值增长快于全市规模以上工业6.25个百分点；全年实现税收占全市的77.3%；从业人员增长3%。

二、2016年民营经济发展概况

（一）基本现状

2016年，天津市民营经济市场主体发展到79.33万户，比上年增加12.58万户；拥有从业人员413.09万人，比上年增加11.47万人；注册资本金3.48万亿元，比上年增加1.17万亿元。民营经济实现增加值8579.87亿元，同比增长13.2%；全年完成外贸出口额113.82亿美元，同比增长2.4%；实现国地税地方收入1322.22亿元，同比增长18.73%。

其中，民营企业36.06万家，比上年增加7.39万家；从业人员337.2万人，比上年增加3.75万人；注册资本金3.4万亿元，比上年增加1.16万亿元；实现国地税地方收入1302.75亿元，同比增长19.21%。个体工商户40.2万户，比上年增加4.59万家；从业人员75.89万人，比上年增加9.25万人；注册资本金385.37亿元，比上年增加70.49亿元；实现国地税地方收入19.47亿元，同比下降6.3%。

2016年，全市限额以上民营企业9309家，当年实现营业收入22052.88亿元，同比增长13.77%；实现利润总额1340.08亿元，同比增长9.73%；实现税金总额646.72亿元，同比增长6.39%。

2016年，民营企业数量占全部内资企业的95.64%，注册资本金占全部内资企业的62.65%，从业人员占全市城镇企业的63.2%，民营经济增加值占全市地区生产总值的47.97%，实现国地税地方收入总额占全市总量的43.96%。

（二）产业结构

目前，民营经济已基本实现了“非禁即可”，其经营领域已涉及现代服务业、教育、医疗卫生，以及典当、金融信托、金融租赁、国际保理等新兴金融行业。2016年，天津民营企业中已有科学研究、技术服务和地质勘查企业73148家，租赁和商务服务业企业41749家，金融业企业5442家，信息传输、计算机和软件业企业8308家。在全市各类私募基金、股权基金企业中，民营经济成分也占相当比重。

从产业结构看。2016年，天津市民营企业36.06万家，其中，第一产业2524家，占总量的0.65%；第二产业72791家，占总量的20.18%，其中工业50003家，占总量的13.87%；第三产业285308家，占总量的79.12%。

限额以上民营企业中，第二产业实现营业收入13889.22亿元，同比增长11.78%，占总量的62.98%。其中，工业实现营业收入12977.81亿元，同比增长11.91%，占总量的58.85%；建筑业实现营业收入911.41亿元，同比增长9.96%，占总量的4.13%。第三产业实现营业收入8163.66亿元，同比增长17.31%，占总量的37.02%。

从产品结构看。2015年，总量最大的黑色与有色金属冶炼业实现销售收入3258.88亿元，同比增长2.58%；金属制品行业实现销售收入1097.59亿元，同比增长11.84%；通用与专用设备制造业实现销售收入1252.1亿元，同比增长29.92%；化学原料与制品制造业实现销售收入620.9亿元，同比增长25.03%；交通运输设备制造业实现销售收入1220.53亿元，同比增长9.47%；电气机械及器材制造业实现销售收入751.6亿元，同比增长21.79%；食品加工与制造行业实现销售收入1430.22亿元，同比增长12.22%；橡胶制品业实现销售收入469.74亿元，同比增长12.75%；纺织与服装行业实现销售收入290.26亿元，同比增长25.69%；计算机、通信和其他电子设备制造业实现销售收入207.09亿元，同比增长3.24%。

（三）规模水平

投资规模。2016年，民营企业户均注册资本金944万元，比上年增加160万元。注册资本金超千万元企业53859家，比上年增加13520家。其中注册资本金在1000~5000万元企业40634家，比上年增加9846家；五千万到亿元企业7962家，比上年增加2236家；亿元以上企业5263家，比上年增加1438家。2016年营业收入超5亿元民营企业1076家，比上年增加163家。民营企业集团601个，比上年增加79个。

生产规模。目前，天津市有大型企业384家，其中民营企业121家。2016年，天津企业100强中有民营企业23家；全国民营企业500强中有天津民营企业和集团13家；中国企业500强中有天津民营企业4家，分别是天津荣程祥泰投资控股集团有限公司、天津宝迪农业科技股份有限公司、天狮集团有限公司、天津友发钢管集团股份有限公司。

上市公司。截至2016年末，天津民营企业有境内上市公司15家，新三板挂牌公司157家。其中，上证A股5家，分别是中源协和、天士力、银龙预应力材料、天海投资股份、博迈科；深证A股1家，为鑫茂科技；中小板3家，分别是赛象科技、九安医疗、天汽模；创业版6家，分别是红日药业、瑞普生物、经纬电材、长荣股份、鹏翎股份、凯发电气。

（四）民营经济发展的特点

市场主体发展迅猛。2016年末，民营经济市场主体同比增长18.86%，新注册16.59万户，增长18.34%。民营企业同比增长25.77%，新注册8.49万户，增长26.94%，占全部新注册企业的97.19%。

经济社会贡献突出。2016年，民营经济完成增加值占全市经济总量达48%；实现税收占全市43.96%。民间投资达8167.98亿元，增长7.6%，占全市投资总额的55.8%。规模以上民营工业企业完成总产值1.37万亿元，增长13.5%，高于全市7.8个百分点，占全市的46.7%。

"走出去"势头保持强劲。2016年，共备案核准赴境外投资民营企业195家，投资额228.76亿美元，分别占全市的89%和87.33%。

科技实力持续提升。2016年，民营科技型企业新增1.38万家，累计达8.3万家，其中规模过亿元企业新增380家，累计达3310家，占全市规模过亿元科技型企业的85%。

三、2016年重点工作

2016年，市中小企业局认真贯彻党的十八大、十八届五中、六中全会精神和习近平总书记系列重要讲话精神，落实国家工信部和市委、市政府决策部署，紧紧围绕"四个全面"战略布局，切实狠抓党建主体责任落实，不断增强"四个意识"，以新发展理念为指导、以供给侧结构性改革为主线，补短板，上水平，团结带领广大党员干部攻坚克难、创新进取、稳中求进，扎实推进民营经济、万企转型升级、楼宇经济、示范工业园区、服务体系建设等重点工作，中小企业和民营经济健康快速发展。

深入开展"两学一做"狠抓党建主体责任落实。局党组坚定维护以习近平总书记为核心的党中央权威，严守政治纪律和政治规矩，全面落实从严治党要求，严肃党内政治生活，扎实推进党建主体责任落实，党的建设切实加强，在中小企业和民营经济发展工作中的推动作用得到了充分体现。一是开展"两学一做"教育，凝心聚力抓党建。制定"两学一做"学习教育方案，局党组成员分工进行四个专题辅导，开展了知识竞赛、参观展览、收看建党95周年大会等系列活动。以蒋颖案件为反面典型引以为鉴，开展针对性廉政警示教育。二是落实管党治党职责，全面从严抓党建。全面落实"一岗双责"，坚持把党风廉政建设摆在突出位置，组织专题讲座，签订《党风廉政建设责任书》。按照巡视组"回头看"反馈问题意见，制定《整改任务工作台账》。组织学习《准则》《条例》等，集中观看廉政题材节目和警示片。完成中小企业协会"四风"问题自查整改工作和协会换届工作。三是夯实制度建设，履职尽责抓党建。贯彻执行民主集中制，落实"三重一大"决策机制，召开局党组会议30次、局长办公会议26次、局务会议12次。进一步建章立制，完善批评与自我批评、党组议事规则、"三重一大"事项集体决策、干部选拔任用等制度。四是强化支部建设，求真务实抓党建。完成局机关党委换届改选工作，新成立中小企业生产力促进中心党支部，调整中心领导班子，使各项工作步入正轨。完成全局党员党费补缴工作，做到日常党费收缴制度化、规范化。组织党支部书记以及基层党务工作骨干参加专题培训学习，定期召开支部民主生活会。认真组织落实《"五好党支部"创建活动方案》，党员干部思想作风大为转变，克服人员少、任务重等困难，带病坚持工作，主动加班加点。基层党组织战斗堡垒作用进一步发挥，为全市中小企业和民营经济发展提供了强有力的思想政治组织保证。

着力推动民营经济发展保持平稳增长。全市民营经济主要指标增速均高于全市平均水平，在保持经济增长、科技创新、结构优化、扩大就业、增加财政收入等方面发挥了积极作用。一是统筹协调更加有力。加强全市工作统筹规划，建立工作情况季报机制，制定2016年工作要点，明确发展目标、21项重点工作和责任分工。二是检查考核力度加大。完善区民营经济发展工作考核办法，开展民营经济发展年度考核。落实国务院专题督查部署和领导小组要求，三次组织市有关责任部门开展对照自查和问题整改，推动落实发展目标和重点任务。组织开展全市民营经济观摩交流活动。三是企业培育重点推进。实施民营大企业大集团培育发展行动，深入企业调研帮扶，购买服务为20家企业开展个性化咨询诊断，实施“一企一策”。完成高级职业经理人资格认证培训100人。推动民营企业上市挂牌，新增主板上市2家、新三板挂牌75家。四是扶持政策切实落实。对新获中国企业500强、民营企业500强、驰名商标以及建立院士专家工作站、博士后工作站等43家民营企业，落实资金2300万元。五是梳理问题认真整改。按照市领导系列批示指示精神，认真落实中央巡视组“回头看”反馈意见和市委市政府整改任务部署，组织开展调研，梳理问题，起草《市委市政府关于大力推进民营经济发展的意见》。

扎实推进万企转型升级深入实施。围绕“六个一批”精准发力，推动万企转型升级取得新成效。一是主体责任有效落实。制定完善年度计划，做到目标到各区、责任到部门。二是考核监督不断完善。组成考核组开展综合考评，依托综合信息管理平台，加强统计分析、动态监测，及时督促协调。三是评估方式科学合理。聘请第三方机构对三年来万企转型升级工作进行总结评估。积极谋划新举措，起草了新一轮企业创新转型行动计划方案。四是管理创新深入推进。启动精益管理创新示范行动，筛选确定4个区、16家企业为试点，实施精准培育帮扶。五是资金扶持力度加大。全市共安排资金2.897亿元，扶持转型项目1865个。六是转型升级成果突出。有3936家企业实施了4167个转型升级项目，完成全年任务的138.9%，累计共1.55万家企业完成1.86万个转型升级项目，超额完成三年任务目标。

精准引导楼宇质量效益显著提升。加大调研推动力度，助力楼宇资源盘活、升级改造、提质增效。一是重点楼宇持续发展。推出第五批亿元楼宇项目，重点培育了和平区津湾广场等49个商务楼宇。二是空置楼宇有效盘活。累计盘活486座楼宇空置面积440.2万平方米，超年度指标10.2%，入驻企业1.42万家，从业人数11.5万人，实现税收171.9亿元。三是管理服务全面提升。实施“一楼一策”帮扶服务。开通运行楼宇经济信息化平台，实现全市楼宇网络化、动态化服务管理。四是楼宇转型成效显现。投入资金6.44亿元，助推36座楼宇实现转型升级，入驻企业1256家，从业人数1.63万人，实现税收4.3亿元。全市运营商务楼宇达785座，商务面积2325万平方米，入驻企业7.58万家，从业人数50.2万人。实现税收632.6亿元，超额完成年度计划；税收超亿元楼宇达200座。

持续发力园区承载能力明显增强。落实园区年度考核激励政策，推动园区集约、安全、绿色发展，不断提升质量、效益和实力。一是基础设施投入加大。29个示范工业园区累计完成基础设施建设面积213.08平方千米，投入建设资金540.32亿元。二是园区考核奖励落实。制定完善有上有下年度考核竞争机制方案，评定10个优秀园区，19个达标园区，优秀园区每个落实奖励1000万元，淘汰2个未达标园区。三是创新驱动深入实施。开展园区提质增效调研，撰写转型升级典型经验案例，推动园区先进制造研发基地和产业创新中心建设，全年盘活园区闲置土地2579.76亩。四是安全生产牢牢抓紧。制定安全生产工作指导意见，签订责任书，召开专题会议、组织基层培训，集中开展安全生产大检查、大整改活动。出动检查组2469组次，检查人员7369人次，检查驻区企业9868家，发现安全隐患并督促整改1.17万项，投入整改资金580.35万元。全面开展“四清一绿”工作，完成园区内77台燃煤锅炉改造。五是发展后劲持续增强。园区累计签约项目3856个，计划总投资1.24万亿元；已开工及竣工项目3463个，累计完成投资6942.38亿元。29个园区全年完成工业总产值5639.8亿元，增长22.32%；实现营业收入5872.65亿元，增长22.97%；上交税金231.88亿元，增长17.78%；从业人员45.6万人，增长25.7%。

加强跟踪实现重大项目建设进展顺利。坚持把大项目建设作为增强各区发展后劲的有效举措，狠抓建设投产取得实效。一是坚持项目动态跟踪。及时掌握各区在建项目进展情况，加强过程监管。二是项目投资投产率高。九批980个区县重大项目，全年完成投资81.9亿元，超计划5个百分点；累计完成投资6121.6亿元，投资率为98.7%；新增投产或部分投产项目11个，超计划3个，累计竣工投产项目958个，投产率为97.8%，各指标均超额完成。三是项目拉动作用强。重大项目竣工投产拉动区属规模以上工业继续保持平稳较快增长，全年完成总产值1.28万亿元，同比增长13.1%，占全市规模以上工业的43.7%。

多点发力推动开放合作力度不断加大。紧抓京津冀协同发展、自贸区建设和自主创新示范区建设等机遇,开展招商引资，拓展合作交流空间。一是建成招商长效机制。举办第四届全国民企贸易投资洽谈会、第十届融洽会全国知名民企天津行、2016外埠行等系列

"走出去、请进来"的招商引资活动。第四届民洽会签约项目174个，意向投资额达1889.55亿元，全国500强和民企500强投资项目16个。前三届民洽会签约项目已落实337个，投资额3352.63亿元，落实率达78.2%。各区举办各类招商洽谈活动超过2000场，项目总投资额达5200亿元。二是积极拓展招商渠道。在长三角、珠三角、环渤海举办各种招商对接会超过200场次。巩固了国家部委、驻外机构、外国驻华机构、各地商协会、基金、投资公司、律师事务所为主体的招商引资渠道。三是落实协同发展任务。启动河北承德津冀六沟产业园区支援建设工作，在园区规划、招商引资、结对帮扶、人员培训等方面制定了对口支援帮扶方案。四是开拓合作交流领域。推动北欧科技园区与北欧企业、大学、研发部门、政府等交流合作。推动清华大学天津高端装备研究院、国家知识产权局专利局专利审查协作天津中心与我市中小企业技术合作，建立了天津市先进制造产业发展基金区项目分库。推动天津天大求实、天津顶硕科贸等公司与西藏昌都地区投资合作。

统筹推进服务体系建设更加优化。一是平台建设全面提速。高标准完成平台网络建设顶层设计建设细化方案，开展了公共服务平台网络建设招标及开发建设工作，已启动平台网络软件开发与平台运营项目建设工作。拨付2000万元财政专项资金。二是组织培训力度加大。完成中小企业培训3.53万人、百万技能人才培训3.69万人。组织45名企业总裁及高管参加第六期清华大学天津中小企业高级工商管理总裁研修班。完成中小企业管理诊断咨询项目200个。三是创新创业切实增强。向国家推荐40余个创客组及企业组项目参加"创客中国"创新创业大赛。组织申报国家小微企业创业创新基地城市示范项目，完成市级创业创新示范基地申报评审工作。组织开展双创周活动，会同市妇联、团市委组织开展女性创业计划书大赛和青年创业大赛等活动。四是运行监测服务及时。完成区属规模以上工业运行调度。完善中小微企业监测报表制度，每月监测小微企业2500余家并上报国家工信部中小企业局，完成年度中小企业发展报告和季度运行手册。

（九）多措并举促进管理服务水平全面提升。一是规划编制顺利完成。编制完成《天津市中小企业"十三五"规划》和《天津市民营经济发展"十三五"规划》。二是法治建设贯穿全局。信息报送和考核制度、法律顾问制度、行政应诉制度等建设全面完善，内部控制体系建设得到加强，依法行政能力水平显著提高。三是法律服务力度加大。确定17家法律服务机构开展法律服务项目。开展法治宣传教育和法律援助，帮助中小企业开展法律维权。四是提案办理高效完成。圆满完成人大代表和政协委员提案建议办理答复工作，满意率100%。五是帮扶工作深入实施。开展促惠上活动，积极对接宝坻、蓟州、宁河等区，深入企业一线进行实地帮扶。组织专人驻冶金集团、渤海钢铁集团开展帮扶工作。六是舆论宣传力度加大。深入各区和协会商会开展政策宣传，举办20多场政策宣讲活动，参加两期"公仆走进直播间"节目，并广泛借助中央和本市媒体，宣传民营企业和中小微企业优秀典型，报道各区和市有关部门支持服务企业经验做法。

河北省

2015年河北省中小企业改革发展总体情况

2015年，全省各级工信部门深入贯彻党的十八大和十八届三中全会精神，围绕省委、省政府各项经济工作部署，坚持稳中求进的工作总基调，全面落实加快民营经济发展的政策措施，积极开展"扶助小微企业专项行动"，加大工作力度，提高服务能力，抓创业、强服务、调结构、促转型，推动全省民营经济实现了平稳较快发展。

一、基本运行情况

2015年，全省民营经济单位个数达275.6万个，同比增加9.2万个，同比增长3.5%；其中民营法人企业35万个，同比增加3.5万个；期末从业人员2132.4万人，同比增长2.4%，约占全社会二三产业从业人员的76.8%；其中民营法人企业从业人员1071.6万人，同比增长4.2%。

全省民营经济全年累计完成增加值20186.4亿元，同比增长7.3%，占全省GDP比重为67.7%，比上年提高0.1个百分点；上交税金2409.4亿元，同比下降11.2%，占全省全部财政收入的59.5%，比上年下降12.6个百分点，占全部税收的比重为72.4%，与上年基本持平；实现营业收入100597.2亿元，同比增长5.4%；完成固定资产投资17498.9亿元，同比增长10.6%，占全省全社会固定资产投资的59.4%，与上年基本持平；完成利润总额7190.9亿元，同比增长4.4%。

在国内外经济形势严峻复杂和下行压力持续加大的情况下，民营经济总体保持了平稳向好的发展态势，为全省经济稳步发展提供了强力支撑。

二、主要运行特点

重点骨干企业发挥支撑作用。规模以上工业企业和大企业（集团）等重点骨干企业是支撑民营经济发展的重要力量，虽然近年来，工业企业因调结构转型升级发展呈缓增长态势，但重点行业骨干企业的产业带动作用依然非常明显。2015年，全省规模以上民营工业企业13320个，同比增加713个，完成增加值8239.1亿元，营业收入33928.8亿元，上交税金868.6亿元，分别占全部民营工业企业的87.3%，69.5%和82.5%，分别占全部民营经济的40.8%，33.7%和36.1%。年营业收入10亿元以上民营大企业（集团）207个，总营业收入14452.5亿元，纳税554.2亿元，分别占全部民营经济的14.37%和23%。2015年度全省百强民营企业平均纳税额由2013年的38814万元提高到2015年的44959万元，增幅达15.8%，企业纳税规模呈快速增长。

重点骨干企业积极顺应市场需求和产业转移变化，行业结构进一步调整优化，为后续强势发展和带动产业壮大将发挥更大作用。规模以上工业41个行业中，31个增加值同比实现增长，其中，食品制造，家具制造业，金属制品，汽车制造，计算机、通信和其他电子设备制造等优势发展产业增幅超过10%；食品工业，家具制造，仪器仪表制造，电气机械及器材制造，通信设备、计算机及其他电子设备制造和废弃资源综合利用等利润总额同比增长超过10%；高耗能产业中仅石油加工、炼焦和核燃料加工增幅较大。207个民营大企业（集团）中，非高耗能行业企业106个，占比51.2%；其中电子信息、食品制造、生物医药和新能源等优势工业企业51个，现代服务业企业25个，装备制造业企业30个。2015年度百强民营企业中，战略新兴产业企业24个，其中企业较多是：电子信息5个，现代服务5个，生物医药4个；华夏幸福基业投资产业园区，东旭集团发展新一代信息技术，河北三河燕达实业大健康新医疗产业，河北翼辰实业集团开发新型建材，河北御捷车业创新能源汽车品牌，传统产业中河北普阳钢铁、河北津西钢铁的产品结构改造提升，冀南钢铁集团、河北新华联合冶金的产业重组升级对全省民营企业转型升级、创新发展具有重要的引领示范带动作用。

转型升级投资成为主导方向。投资持续增长是拉动民营经济稳步发展的重要支撑，也是改善民营经济产业布局和结构调整的主要推动力。近年来，随着市场倒逼加重和产业转移政策支持加大，民营企业投资方向和结构逐步优化，传统产业投资加快转向科技创新、转型升级方向，战略新兴产业、现代服务业、文化产业等呈现快速增长，全省科技型中小企业数量达2.9万家，高新技术企业中民营企业占到90%以上。“十二五”期间，在民营投资优化的驱动下，全省民营经济产业结构更趋优化，第二产业所占比重逐年下降，2015年第二产业占比64.97%，比2010年下降6.89个百分点，其中工业占比60.24%，比2010年下降7.31个百分点，第三产业占比则由2010年的27.05%上升到33.28%。

2015年，全省民营法人企业累计固定资产投资17498.9亿元，同比增长10.6%；其中，投资亿元以上施工项目3478个，总投资达6741.4亿元，同比增长14.1%；投产项目11955个，占全部施工项目（181874个）的65.8%，同比增长5.1个百分点。全省高新技术产业投资同比增长17.9%，高出全社会固定资产投资7.3个百分点；其中，生物技术投资增长27.5%，电子信息投资增长39.5%，新能源投资增长35.3%，均高出全省民营经济固定资产投资增速15个百分点以上。民营企业实施工业技改项目5266项，总投资达13055亿元。全省钢铁行业投资占比从2010年的12.5%逐年下降到2015年的7%，投资结构的优化带动产业结构不断改善。长城汽车乘用车节能环保增压直喷汽油机产业化与示范应用，河北泰纳新材料科技氯化聚乙烯改性合成橡胶新材料开发与应用二期，中亨新材料公司年产900万平方米高效无机真空绝热板工业强基等项目获得国家专项资金支持。石家庄民营投资中先进制造业增势强劲、纺织行业向中高端转型、医药企业发展后劲明显；沧州依托河北序能生物技术有限公司建设以高端原料药及中间体、医药制剂及医药关联产业的生物医药产业集群，依托天瑞星、中能环科重点建设新能源和节能环保产业集群；在中捷高新区建设以智能数控设备、工业机器人、3D打印机以及精密仪器等为主的高端制造产业集群。全年全省京津冀产业对接签约150个重点项目，总投资超过4500亿元，将进一步带动民营企业转型升级投资增长。

产业集聚推动县域经济发展。2015年，全省125个（7个县撤并入区）县域民营经济稳定增长，支持了县域经济平稳发展。全年合计完成增加值14364.5亿元，同比增加585.2亿元，总量占GDP的比重达74.4%，其中121个县（市）占比超过50%，清河县和迁安市等24个超过80%。全省各级深度落实工信部《关于进一步促进产业集群发展的指导意见》，大力实施集群示范工程，创建特色产业名县名镇，打造特色产业区域品牌，加大公共技术服务支持，开启智慧集群建设试点，县域重点产业集聚更为突出，发展质量和水平不断提升，成为民营经济发展的强劲动力。

2015年，全省306个（比上年减少了13个）重点县域产业集群完成增加值5361.6亿元，占县域GDP和民营经济比重分别为27.8%和37.3%；营业收入22396.4亿元，占县域民营经济的33.3%，同比增加0.4个百分点；上交税金370.1亿元，占县域民营经济的33.4%，同比增加1个百分点。125个县（市）中，38个县（市）产业集群增加值占本地GDP比重超过40%；其中，容城县、清河县和安平县等9个县（市）占本地GDP比重超过70%，比上年增加1个。98个产业集群填报主营产品收入占国内市场的比重，58个占比超过了10%，其中17个超过了30%，7个超过了50%；37个填报主营产品收入占国际市场的比重，13个占比超过10%，其中4个超过30%。

2015年，全省新确定平乡县自行车等5个产业集群为“河北省中小企业示范产业集群”，总数达到51个；组织11个产业集群申报智慧集群建设试点；对冀州市采暖铸造等8个产业集群组织发展规划论证；推荐宁晋电信电缆、辛集皮革、隆尧食品等3家产业集群申报工信部区域品牌建设试点示范；确定孟村县等9个县（市、区）为“河北省特色产业名县（市、区）”、安新县三台镇等7个镇为“河北省特色产业名镇”，获得“国字号”的“中国之都、之乡、名城、名县、基地”等区域品牌达106个，获得“省字号”的“名县、名镇、名产业、特色产业基地”等特色产业区域品牌达121个。

政策支持促进小微企业成长。近年来，工商注册资本登记制度改革全面实施和“大众创业、万众创新”行动深入开展，极大地激发了全社会投资创业的热情，成为小微企业快速成长的主推动力。2015年，全省小微法人企业大幅增长，经营个数达31.6万个，比上年增加3.3万个，同比增长11.6%，小微企业个数占全省民营企业个数超过90%；从业人员733.3万人，同比增长6%，分别占全省民营企业和全社会二三产业人员的68.4%和26.4%，同比分别提高1.1和1.9个百分点。

全省各级部门全面吸纳和深入落实国家和地方扶持小微企业发展的一系列政策和措施，全面提升“扶助小微企业专项行动”质量，在政策宣传、融资、技术、减负和转型升级等全方位支持小微企业创新壮大。一是优化政策环境。出台《关于扶持小型微型企业健康发展的实施意见》，扶持政策体系更加完善；各级利用各种媒体加大宣传力度，营造发展氛围；通过“阳光理政”栏目解读扶持政策，帮助小微企业更好地理解和运用政策，着力打通政策落实“最后一公里”。二是完善公共服务。建设全省中小企业公共服务体系，新增省级示范平台20个，总数达127个；平台网络和服务成效显现，省平台和39个窗口平台联通，带动服务机构969个，累计服务小微企业31858家；推荐6家申报第一批国家小型微型企业创业示范基地；全省各类创业辅导基地达368个，入驻小微企业7600多家；“金色阳光法律服务行动”开展6场，服务小微企业近2万家。三是缓解融资难题。加强政银企保对接，与18家商业银行和2家保险公司签署总额为7612.8亿元的扶持小微企业贷款战略合作协议，实际完成8226.7亿元；全系统开展小微企业银企保对接活动292次，推荐项目3860个，落实贷款1000亿元；设立河北省小额票据贴现分中心19家，为1086家小微企业办理小额票据贴现业务

26354笔，贴现金额199.4亿元。四是增强人才支撑。实施中小企业人才队伍提高工程，组织名家讲坛活动12场次，培训企业管理者5000人；企业远程学堂为200个用户开通网络点播课程，培训10万多人次；开展网上百日招聘高校毕业生活动、高校毕业生人才招聘会、中高级专业技术人才招聘服务周等，为1000多家小微企业引智引才万余人。2015年，全省小微企业主要经济指标同比实现稳定增长，全年完成营业收入33118.9亿元，同比增长11.2%，比全省民营企业高4.3个百分点；上交税金897.4亿元，同比增长1.3%，占全部财政收入的22.1%；完成固定资产投资6572亿元，同比增长14.3%，比全省民营企业高3.8个百分点，占全社会固定资产投资的22.3%，同比提高0.4个百分点。

三、2015年主要工作

进一步优化发展环境。以省政府名义出台《关于扶持小型微型企业健康发展的实施意见》《关于促进融资性担保行业规范发展的意见》等文件，使扶持企业发展的政策体系更加完善。充分利用各种媒体，加大宣传力度，营造发展氛围。通过"阳光理政"栏目，开展扶持小微企业政策解读活动，促使小微企业更好地了解政策、理解政策、运用政策，着力打通政策落实"最后一公里"。研究制定2015年度扶助小微企业专项行动实施方案，明确任务目标，制定推进措施，年初有安排、年中有小结、年末有总结。以省级中小企业公共示范平台为主体，辐射带动各级服务机构，组织开展了"五个一"活动。梳理各地各部门贯彻落实省委、省政府《关于大力推进民营经济加快发展的若干意见》情况，查找政策落实中存在的问题，提出对策建议，并向省政府呈报情况报告。

进一步完善公共服务。着力抓好全省中小企业公共服务体系建设，新增省级中小企业公共服务示范平台20个，总数达到127个。加大平台网络建设和服务力度，探索平台网络市场化运营，推广邯郸窗口平台市场化业务板块，省平台和39个窗口平台实现互联互通，聚集带动服务机构969个，服务小微企业31858家。修订《河北省中小企业创业辅导基地管理办法》，对107家省级备案的创业辅导基地进行星级评定，13家被评为五星级创业基地；组织推荐6家企业申报第一批国家小型微型企业创业示范基地，其中石家庄市科技创新服务中心、秦皇岛市高新技术创业基地被评为首批国家创业创新示范基地；全省拥有各类创业辅导基地368个，入驻小微企业7600多家，安排就业近20万人。开展"金色阳光法律服务行动"6场次，累计发放各类辅导资料3万余册，服务小微企业近2万家。组织编写《中小企业民营经济政策法规汇编》《河北省企业职工法律知识读本》，举办中小企业政策法规培训班7期。创新服务模式，针对企业共性问题，组织"订单式"服务54场，服务企业近6000家。精心组织30名专家学者深入开展"专家学者企业行"活动6场，为企业提供智力服务和技术支撑。

进一步破解融资难题。加强政银企保对接合作，会同河北银监局、省工商联与18家商业银行和2家保险公司签署总额7612.8亿元的扶持小微企业贷款战略合作协议，实际完成8226.7亿元；组织全系统针对小微企业开展银企保对接活动292次，推荐项目3860个，落实贷款1000亿元。着力做大省级、做强市级、做实县级融资担保机构，为企业提供增信服务，全省融资性担保机构共488家，注册资本金648亿元，形成3000亿元的担保能力。组建我省首家再担保公司，开展融资担保机构风险补偿，为21家符合条件的融资担保机构风险补偿2770万元。配合有关部门设立河北省小额票据贴现分中心19家，为1086家中小微企业办理300万元以下小额票据贴现业务26354笔，贴现金额199.4亿元。同时，还分别与省银监局、省财政厅设立河北省中小微企业应急互助发展基金和中小企业发展基金。

进一步强化人才支撑。深入实施民营经济组织和中小企业人才队伍提高工程，促进重点人才培养、实用人才集聚、全员素质提高。依托清华、北大、上海交大等高校优势资源，组织142名中小企业经营管理领军人才和400多名中小企业高层经营管理者参加专题培训。开展首期民营企业家后备人才培养高级研修班，为60名民营企业家后备人才进行为期半年的培训。组织中小企业发展名家讲坛活动12场次，培训中小微企业管理者5000人。培养壮大创业辅导师队伍，举办创业辅导师培训班2期，培育辅导师达129人。依托时代光华在线学习平台的优质教学资源，建立“河北中小企业远程学堂”，以省级培训基地和中小企业公共服务机构为依托，以普及工商管理知识、提高综合素质为目的，为200个用户开通8个门类、300门网络点播课程，培训达10万多人次。开展中小企业网上百日招聘高校毕业生活动、中小企业高校毕业生人才招聘会、中小企业中高级专业技术人才招聘服务周等活动，为全省1000多家中小企业引智引才1万多人。

进一步助企开拓市场。紧紧抓住京津冀协同发展重大机遇，积极搭建对外开放服务平台，助力企业开拓国内国际两个市场。一是助力企业“走出去”。组织企业参加廊坊投洽会“新兴产业展”、2015中国（河北）节能减排与资源综合利用博览会、信息产业周等省内展洽活动；组织我省部分企业参加第十二届中国国际中小企业博览会、中国西部国际装备制造业博览会、中国电子信息博览会、中国软件博览会、中国国际工业博览会等国内大型展洽活动。达成各类贸易成交协议和意向金额达23.56亿元，同比增长16.8%。二是区域合作取得新进展。在工信部指导下，联合北京、天津成功举办了2015京津冀产业转移系列对接活动，接待4000多名省内外客商，促成150个重点合作项目，总投资4500多亿元。做好产业援疆援藏工作，我省在巴州、二师投资建设41个项目。同时，组团赴中东欧、非洲国家推动项目洽谈与合作，为我省企业带来新的发展机遇。

进一步推动企业转型升级。实施产业集群示范和提升工程，新增5个省级中小企业示范产业集群，总数达到51个；新增36家省级产业集群龙头企业，总数达到425家。做强产业集群区域品牌，提升产业集群经济竞争力，新培育特色产业名县、名镇16个，总数达到137个。组织开展河北省对标示范企业创建活动，新认定“河北省对标示范企业”36家。深入开展“百个公共技术服务平台，千名技术人员，服务万家企业”活动，在技术层面支持企业转型升级，推广新技术847项，服务企业4.6万家。出台《关于促进中小企业“专精特新”发展的意见》，印发《河北省“专精特新”中小企业认定管理办法》，启动“专精特新”中小企业培育工作，进一步引导中小企业提高创业创新水平。

2016年河北省中小企业改革发展总体情况

2016年，全省民营经济努力应对经济下行和污染治理压力，积极适应经济发展新常态规律，总体呈现稳中有进、稳中向好的发展态势，实现了“十三五”良好开局。

一、基本运行情况

2016年，全省民营经济单位个数达287.1万个，同比增加11.5万个；其中，民营法人企业38.5万个，同比增加3.4万个。期末从业人员2181.1万，同比增长2.3%，约占全社会二三产业从业人员的77%；其中，民营法人企业从业人员1112.7 万，同比增长3.8%。

全省民营经济累计完成增加值21583.1亿元，同比增长7.2%，占全省GDP比重为67.8%，比上年提高0.1个百分点；上缴税金2666.2亿元，同比增长10.7%，占全部财政收入比重的61%，比上年提高1.5个百分点；实现营业收入107105.8亿元，同比增长6.5%；利润总额7542.1亿元，同比增长4.9%；完成固定资产投资18799.4亿元，同比增长7.4%，占全社会固定资产投资比重59.2%，比上年下降0.2个百分点。民营经济占全省经济比重稳定在六成以上，发挥着愈加重要的发展支撑作用。

二、主要运行特点

民营经济结构逐步优化。2016年，全省民营经济共完成固定资产投资18799.4亿元，占全社会固定资产投资总额的近六成，保持了持续增长，逐步有效地推动了民营经济产业布局优化和结构调整转变。战略新兴产业、科技新能源、现代服务业等投资呈现较快增长，传统优势产业科技创新、转型升级投资逐步增大，逐步向高精尖和中高端迈进。全省科技型中小企业数量达4.2万家，占全省中小企业比重达到11%；有效期内高新技术企业超过2000家，其中民营高新技术企业占比超过70%。全省高新技术产业投资同比增长10.7%，高出全社会固定资产投资2.3个百分点；其中，生物技术投资增长21.2%，新能源投资增长33.5%，环保产业投资增长28.8%，均高出全省民营经济固定资产投资增速14个百分点以上。

投资结构的优化带动产业结构不断改善。2016年民营企业投资亿元(含)以上施工项目3600多个，完成投资占全部民营企业投资的38.6%，当年投产项目近1700个，对推进民营经济产业结构持续优化发挥了重要作用。截止2016年底，全省民营经济第二产业占比62.85%，比2010年下降9.02个百分点，其中工业占比58.42%，比2010年下降9.13个百分点，第三产业占比则由2010年的27.05%上升到35.17%。

规模企业支撑作用增强。2016年，全省在完善民营经济政策体系，浓厚发展氛围方面力度大，支撑强。制定《关于促进民营经济又好又快发展的意见》，进一步推进扶持民营经济政策落实落地；编制印发《河北省民营经济“十三五”发展规划》，为我省民营经济发展绘制宏伟蓝图；省委、省政府组织召开全省民营经济发展大会，选树2015年度民营经济先进市县、百强民营企业、优秀民营企业家、创业功臣等先进典型并给予奖励，极大地激发了民营企业加快转型升级发展的热情。全面推动民营规模企业向好回升发展，规模以上工业企业经济效益稳步增长，带动产业发展作用依然显著，各行业大型龙头企业实力不断增强，运行质量效益实现稳定提升。

规模以上工业企业支撑发展作用明显。2016年，全省规模以上民营工业企业13746个，完成增加值8727.7亿元，营业收入36926.9亿元，上交税金878.3亿元，分别占全部民营工业企业的87.5%，72%和76.7%，分别占全部民营经济的40.4%，34.5%和32.9%。重点行业规模企业发展加快。规模以上工业41个行业中，26个增加值同比实现增长，其中，食品制造、文教体育用品制造、医药制造、化学纤维制造、仪器仪表制造、电气机械等传统产业及汽车制造、计算机、通信和其他电子设备制造等新兴产业营业收入和利税增幅均达到10%以上。龙头企业行业优势逐步显现。年营业收入10亿元以上民营大企业(集团)214个，资产总额达14430.5亿元，营业收入14006.2亿元，实现利税535.6亿元，分别占全省民营企业总量的35.3%、19.2%和26%。新奥集团股份有限公司营业收入突破千亿元，成为我省首个千亿收入民营企业，保定长城汽车利税达到100亿元，成为全省盈利规模最大的民营企业；214个大型民营企业平均收入达65.1亿元，利税2.49亿元，质量效益突出；行业分布上电子信息、食品制造、精细化工、生物医药和新能源等优势工业企业63个，现代服务业企业15个，装备制造业企业29个，占比达到50%。

县域产业稳步发展壮大。2016年，各级部门在政策落实上大力支持重点产业集群集聚发展、提升发展、智慧发展，强力推动了县域经济稳定较快增长。一是培育重点产业集群，新确定平乡县自行车等5个产业集群为“河北省中小企业示范产业集群”，总数达到51个。二是开展智慧集群试点工作。推进实施《关于加快推进“互联网+”产业集群建设的实施意见》，选择安国中药等4个产业集群作为智慧集群建设试点。三是加快培育产业集群区域品牌。定兴食品、宁晋电缆、隆尧食品、辛集皮革4个产业集群列入工信部产业集群区域品牌建设试点。四是创建特色产业名县名镇。新评定特色名县名镇12个，全省获得“国字号”的“中国之都、之乡、名城、名县、基地”等区域品牌达106个，获得“省字号”的“名县、名镇、名产业、特色产业基地”等特色产业区域品牌达121个。

2016年，全省县域287个重点产业集群(年营业收入5亿元以上)直接带动企业17.1万家，吸纳从业人员385万，完成增加值5304.7亿元，占县域GDP和民营经济比重分别为27.2%和36.5%；上交税金393亿元，占县域财政收入和民营经济比重分别为22.4%和31.8%。121个县(市)中，84个民营经济增加值占本地GDP比重超过70%；其中，辛集市、正定县、清河县和迁安市等20个县(市)占比超过80%。121个县(市)中，71个民营经济上缴税金占本地全部财政收入比重超过70%；其中，滦平县、阜城县、隆尧县和大厂县等30个县(市)占比超过80%。

创业创新效果更加突出。近年来，全省全面深入开展“大众创业、万众创新”行动，极大地激发了全社会创业创新热情，推动小微企业快速发展。2016年，全省小微企业经营个数大幅增长，总数达34.4万个，比上年增加2.8万个，同比增长8.9%；小微企业占全省民营企业个数比重达到90%。小微企业从业人员777.8万，同比增长6.1%，占全省民营企业从业人员比重的69.9%，同比提高1.5个百分点。实现营业收入3659.2亿元，同比增长10.5%，比民营企业增速高4.1个百分点；完成固定资产投资7497亿元，同比增长14.1%，比民营企业增速高6.7个百分点。

三、存在的突出问题

营商环境有待进一步优化。一是政策获得感不强。政策创新力度不够大，有些政策可操作性差，存在照转照搬现象，解决实际问题效率不高；政策宣传不到位，部分企业对政策知晓度偏低。二是办事效率不够高。基层部门为企业服务链条有缺失，虽然许多地方设立了政务大厅和行政审批中心，但各管理环节尚未有效整合，距离为企业提供实质性一站式和保姆式服务还有距离。三是行政执法不够规范。个别基层部门涉企检查不公开不透明，存在多头或重复检查等问题。四是社会诚信体系不够完善。社会信用服务体系仍处于逐步完善过程中，在民营企业急需的融资、投资和开拓市场等方面，信用评价尚不能满足需求；信用监管机制不够完善，对失信企业的制约还不够。

企业经营管理水平不高。2016年，全省小微企业利润同比增长仅为1.3%，民营企业固定资产投资增幅由上年的10.6%下降到7.4%，企业应对市场风险能力不强，经营信心较为低迷。一是经营管理模式滞后。有七成以上的民营企业仍热衷于家族式管理，“小富即满”保守思想严重，企业管理简单粗放，应对市场风险较差。二是转型升级压力大。民营中小企业自身资金实力和技术力量薄弱，判断市场和把握发展时机的能力不足，创新转型发展的能力不强。三是人才短缺。多数民营企业文化底蕴浅，招来的管理和技术人员难以真正融入企业，“高级人才难引进，中级工人难留住”成为民营企业现实写照，中小企业中高层管理和科技人才平均任职时间不到3年。

企业经营成本居高不下。一是税负偏重。中小监测企业的税费占利润比例过高，多数传统产业企业税费年均增长速度高于利润增长，企业盈利空间逐年下降。二是用工成本上涨过快。近三年，全省民营经济劳动者报酬年均增长10%，分别高出营业收入和利润总额5.3和6.1个百分点。据调查，去年中小工业监测企业一般工人工资普遍上涨20%左右，部分行业高级技工工资成倍上浮，压缩企业盈利空间。三是企业生产经营的交通运输、包装和配套服务等中间费用增长较快。据调查，中小监测企业中间费用年均增长约在15%左右，超过了企业利润上涨速度一倍以上，占中小企业经营支出比重提升较快，部分重点企业服务费用支出占到了运营成本的25%以上。

融资难题仍然十分突出。贷款难仍是制约企业发展的瓶颈问题。2016年全省民营企业固定资产投资中自有资金占比高达74%，而从金融机构贷款的比重不到12%。民营中小企业一般规模小，信用等级低，抵押物少；金融机构审批放贷时间较长，放贷周期太短。同时，为加强风险防控,金融机构对“高限”行业企业采取抽贷、压贷措施,部分续贷承诺难以有效兑现,不少企业无法筹措资金,有的企业面临资金链断裂风险，处于停产边缘。部分企业虽是靠民间借贷维持正常生产，但民间借贷款利息高、风险大，生产经营难以长久维持。

四、2016年主要工作

完善政策，加强宣传，实现民营经济发展环境大提升。一是在政策体系完善方面，制定《关于促进民营经济又好又快发展的意见》，进一步推进扶持民营经济政策落实落地。印发《河北省民营经济“十三五”发展规划》，为我省民营经济发展绘制宏伟蓝图。下发省民营经济工作要点，对民营经济全年工作进行安排部署。二是在营造发展氛围方面，组织召开全省民营经济发展大会，选树2015年度民营经济先进市县、百强民营企业、优秀民营企业家、创业功臣等先进典型并给予奖励。组织新闻媒体开展系列宣传活动，编制了《河北省民营经济政策指南》，通过开辟专栏、微信H5页面等形式，全方位、多角度开展民营经济宣传，全年在河北日报、河北经济日报、河北电台、河北新闻网等刊发、播发和发布报道达500多篇。三是在减轻企业负担方面，完善省涉企收费清单和政府性基金目录清单，修订省级政府定价涉企经营服务性收费目录清单，联合有关部门全面清理6项、停征2项涉企行政事业性收费项目，停征、合并了一批政府性基金，初步测算可为企业减轻缴费负担近10亿元。

创新引领，搭建平台，实现民营经济“双创”实力大提升。一是在“双创”载体建设方面，新增创业辅导基地31个，目前全省拥有各类基地399个，入驻小微企业8000余家，吸纳20余万人就业。清河羊绒等3家基地、唐山市分别入选第二批国家小微企业创业创新示范基地、示范城市。二是在“专精特新”中小企业培育方面，首批认定105家，印发《河北省“专精特新”中小企业提升实施方案》，组织召开“专精特新”企业对接活动，推动“专精特新”中小企业创新转型发展。三是在推动产业集群发展方面，制定《关于加快推进“互联网+”产业集群建设的实施意见》，推进互联网技术与产业集群融合发展。选择安国中药等4个产业集群作为试点，开展智慧集群建设工作。大力培育产业集群区域品牌，定兴食品等4个产业集群列入工信部产业集群区域品牌建设试点。组织开展特色产业名县名镇、特色产业园区创建和示范集群评定工作，新增特色名县名镇12个、复核20个。四是在推动企业转型发展方面，印发《河北省万家中小工业企业转型升级行动实施方案（2016-2020年）》，推动企业转型升级。指导大厂县开展民营经济综合改革试点工作，组织民营企业建立现代企业制度试点工作，为民营经济创新转型探索可复制可推广的成功经验。组织137个小微企业和创客参加2016年“创客中国”创业创新大赛，清新张家口能源科技有限公司研发的框架圆风力发电机组型风光互补路灯项目荣获“创客中国”小微企业组三等奖。

强化培训，引进人才，实现民营经济人才素质大提升。一是在实施重点人才培养工程方面，依托清华大学、上海交通大学等知名高校优势资源，组织650名中小企业经营管理领军人才、高层管理者和民营企业家后备人才等参加长期和短期培训。以提升中小微企业经营管理人员的整体素质为重点，在全省以大讲堂的形式举办12场名家讲坛，培训5000多人。分行业、分专题举办各类业务培训和巡讲60期，累计培训业务管理人员6100人次。二是在实施实用人才聚集工程方面，组织开展民营企业招聘周、中小企业网上百日招聘高校毕业生活动、中小企业高校毕业生人才招聘会等活动，引进2.8万人到中小微企业就业。发挥以职业院校为主的百家省级民营经济人才培训基地作用，为民营企业输送各类人才近万人。三是在实施全员素质提升工程方面，加强省级民营经济人才培训基地建设，全省民营经济人才培训基地达到204家。加大“河北中小企业远程学堂”建设力度，依托时代光华在线学习平台等优质教学资源，扶助中小微企业开展自主培训，全省完成各级各类培训200万人次（含企业自主培训）。

多措并举，破解瓶颈，实现民营经济融资能力大提升。一是在开展“政银企保”对接方面，组织全系统针对小微企业开展银企保对接活动592次，推荐项目9876个，落实贷款1284亿元。大力推动银企对接、产融合作，全年完成支持中小微企业融资9708.98亿元，超额完成9.07%。二是在推进担保体系建设方面，着力做大省级、做强市级、做实县级担保机构，全省融资性担保机构355家，注册资本金总额581亿元。省再担保公司注册资本增加至10亿元，进一步增强再担保服务能力。三是在加大风险补偿力度方面，为符合条件的融资担保机构和银行金融机构风险补偿2305万元。同时，全省24家小额票据贴现分中心，累计办理300万元以下小额票据贴现业务贴现金融217.77亿元，受益企业1.2万多家。

完善体系，开拓市场，实现民营经济服务水平大提升。一是在健全服务体系方面，加大平台网络建设和服务力度，省平台和39个窗口平台实现互联互通，聚集带动服务机构2000多个，服务小微企业2.3万家。配合省工商局，建设小微企业名录系统，为小微企业搭建起跨部门、跨领域、多功能的服务平台。二是在开展服务活动方面，举办省中小企业服务大篷车邯郸行、山海关行活动。针对企业共性问题，开展36场次的“订单式服务”活动，服务企业4200多家。组织40余名专家学者赴河间、冀州等13个县300家企业开展“专家学者企业行”活动，提出了一批技术解决方案。组织“金色阳光”法律服务行动8场，为1100多家中小微企业提供法律服务。组织省中小企业服务中心等100家省级民营经济人才培训基地，开展“四个一”帮扶活动。三是在组织民企入冀活动方面，赴北京、上海、济南等地走访了50余家全国工商联执委企业和知名民企，组织上海、山东、河南、深圳4场民企入冀投资说明会，引进合作项目36个，总投资160多亿元；达成合作意向97项，金额达830亿元。四是在经贸展洽活动开展方面，举办经洽会新兴产业展、京津冀通航产业成果展等经贸展洽活动，组织我省企业参加西博会、工博会、中博会等国内大型经贸展洽活动，达成各类贸易成交协议和意向金额70.47亿元。

山西省

2015年山西省中小企业改革发展总体情况

一、2015年中小企业发展情况

2015年，面对复杂严峻的经济形势，山西省认真贯彻落实党中央、国务院的决策部署，主动适应和把握经济新常态，坚持稳中求进和改革创新，坚持问题导向、服务为本，迎难而上，主动作为，认真做好稳增长、促改革、调结构、惠民生、防风险各项工作，全省中小微企业在克服困难中奋力前行。

（一）关于中小企业发展主要经济指标情况。

据测算，2015年，全省中小企业法人单位18.25万户，比2014年净增2.83万户；完成增加值5936.30亿元，同比下降2.0%，占GDP的比重为46.4%，比2014年的47.4%降低1个百分点；完成营业收入23279.90亿元，同比下降2.0%；上缴税金881.90亿元，同比下降8.2%；年末从业人员383.6万人，比2014年同期净增5.2万人，增长1.4%。

从中小企业营业收入分月增长变化看，全省中小企业经济运行总体呈现低开低走、小幅波动、缓中趋稳的态势。2015年1–2月全省中小企业经济运行同比增长2.97%，增速比2014年同期下降4.52个百分点。2015年上半年中小企业经济运行逐月放缓，但基本都处在正增长区间；下半年则连续6个月在负增长区间内小幅波动。1–7月全省中小企业营业收入同比增长–1.52%，1–8月同比增长–0.95%，前三季为–1.94%，1–10月为–1.99%，1–11月为–1.42%，1–12月为–1.99%。小幅波动、稳中趋缓的特征明显。

（二）关于中小企业固定资产投资情况。

2015年，全省中小企业完成固定资产投资1103.08亿元，同比下降25.9%。在本年完成的固定资产投资中，国家及有关部门扶持资金9.08亿元，占全部投资的0.8%；金融机构贷款178.27亿元，占全部投资的16.2%；引进资金37.70亿元，占全部投资的3.4%；自有资金840.75亿元，占全部投资的76.2%；其他资金37.28亿元，占全部投资的3.4%。

2015年，全省中小企业固定资产投资中，第一产业投资65.65亿元，同比增长19.0%，占比6.0%，比重提高2.2个百分点；第二产业投资637.66亿元，同比下降27.8%，占比57.8%，比重下降1.6个百分点；第三产业投资399.76亿元，同比下降27.2%，占比36.2%，比重下降0.7个百分点。全省中小企业固定资产投资中，煤、焦、冶三大传统产业投资79.25亿元，较2014年减少64.0%；非传统产业投资520.71亿元，较2014年减少26.3%。

2015年，全省中小企业固定资产投资施工项目1927个，其中亿元以上项目510个，完成投资722.36亿元；5000万~1亿元项目364个，完成投资192.22亿元；1000~5000万元项目643个，完成投资160.38亿元；500~1000万元项目310个，完成投资28.11亿元。全年新开工项目946个，其中工业项目566个，占比59.8%；第三产业项目229个，占比24.2%。全年投产项目770个，其中工业项目484个，占比62.9%；第三产业项目164个，占比21.3%。

（三）关于中小工业企业主要经济指标情况。

2015年，山西省中小企业局统计监测的工业企业数据为：全省工业企业法人单位4.15万户，比2014年减少5724户；完成营业收入5933.59亿元，同比下降9.5%；上缴税金346.18亿元，同比下降13.2%；年末从业人员181.37万，比2014年同期减少17.42万人，同比下降8.8%；利润总额438.94亿元，同比下降11.7%。

据国家工信部反馈资料显示，2015年，山西省规模以上中小工业企业3486户，比2014年增加34户；亏损面45.5%，比2014年扩大4.4个百分点；实现主营业务收入5910.4亿元，同比下降18.7%；主营业务成本5126.3亿元，同比下降18.7%；税金总额329.2亿元，同比下降8.0%；利润总额2.0亿元，同比下降98.0%；产成品存货377.4亿元，同比增长0.5%；应收账款1110.8亿元，同比增长6.1%。

（四）关于规模以上中小工业企业行业分布情况。

据山西省中小企业局年度行业监测数据显示，2015年，中小工业企业数排在前6位的行业依次为：煤炭开采和洗选业、非金属矿物制品业、农副食品加工业、化学原料和化学制品制造业、黑色金属冶炼和压延加工业、通用设备制造业，这六个行业单位数占全部单位总计的54.5%。

从业人员排在前6位的行业依次为：煤炭开采和洗选业、非金属矿物制品业、化学原料和化学制品制造业、黑色金属冶炼和压延加工业、石油加工炼焦和核燃料加工业、有色金属冶炼和压延加工业，这六个行业从业人员占全部从业人员总计的59.7%。

营业收入排在前6位的依次为：煤炭开采和洗选业、石油加工炼焦和核燃料加工业、黑色金属冶炼和压延加工业、化学原料和化学制品制造业、有色金属冶炼和压延加工业、农副食品加工业，这六个行业营业收入占营业收入总计的61.7%。

（五）关于500~2000万元中小工业企业生产销售情况。

2015年，500~2000万元中小工业企业4023户，年平均从业人员21.10万人，实现工业产值595.94亿元，销售产值564.48亿元，营业收入556.70亿元，利润总额36.70亿元，上缴税金22.29亿元，劳动者报酬49.02亿元。

企业个数排在前6位的行业依次为：其他制造业、非金属矿物制品业、农副食品加工业、煤炭开采和洗选业、金属制品业、黑色金属冶炼和压延加工业，这六个行业单位数占全部单位总计的60.6%。

从业人员排在前6位的行业依次为：其他制造业、非金属矿物制品业、煤炭开采和洗选业、金属制品业、农副食品加工业、通用设备制造业，这六个行业从业人员占全部从业人员的58.7%。

营业收入排在前6位的行业依次为：其他制造业、煤炭开采和洗选业、农副食品加工业、非金属矿物制品业、金属制品业、黑色金属冶炼和压延加工业，这六个行业营业收入占总计的64.6%。

（六）关于中小工业企业出口情况。

2015年，全省有产品出口的中小工业企业246户，比2014年同期减少18户；实现出口产品交货值814281万元，同比下降10.6%。

按出口规模分，年出口产品交货值在500~1000万元的企业54户，实现交货值48456万元；年出口产品交货值在1000~3000万元的企业65户，实现交货值159914万元；年出口产品交货值3000万元以上的企业75户，实现交货值577351万元。

按主要产品分，全年焦炭出口企业3户，出口焦炭22万吨，出口产品交货值16080万元；金属镁出口企业5户，出口金属镁6351吨，出口产品交货值7164万元；活性炭出口企业4户，出口活性炭12410吨，出口产品交货值6535万元；铸铁件出口企业37户，出口铸铁件235867吨，出口产品交货值167662万元；汽车配件出口企业5户，出口汽车配件15816吨，出口产品交货值21029万元；法兰出口企业31户，出口法兰83600吨，出口产品交货值85175万元；磁性材料出口企业1户，出口磁性材料360吨，出口产品交货值6675万元；糖醛出口企业1户，出口糖醛1000吨，出口产品交货值820万元；玻璃器皿出口企业43户，出口玻璃器皿82827万件，出口产品交货值73083万元；陶瓷制品出口企业4户，出口陶瓷制品3331万件，出口产品交货值3452万元；芦笋出口企业5户，出口芦笋5420吨，出口产品交货值4470万元；药品出口企业2户，出口药品867万片（粒/支），出口产品交货值2438万元；其他产品出口企业103户，出口产品交货值419273万元。

（七）关于第三产业中小企业主要经济指标情况。

2015年，山西省中小企业局统计监测的从事第三产业的中小企业法人单位11.48万户，从业人员144.26万，实现营业收入4028.36亿元，利润总额298.71亿元，上缴税金179.28亿元，劳动者报酬287.07亿元。

分行业看，交通运输仓储业营业收入575.99亿元，占第三产业营业收入总计的14.3%；批发零售业营业收入1678.42亿元，占41.7%；住宿及餐饮业营业收入718.12亿元，占17.8%；居民服务、修理和其他服务业营业收入448.46亿元，占11.1%；其他行业营业收入607.37亿元，占15.1%。

（八）关于全省重点监测的中小企业情况。

2015年，全省重点监测的中小企业1212户，其中工业861户，农林牧渔业84户，建筑业43户，第三产业224户。从企业规模上看，中型企业330户，占监测单位总数的27.22%；小型企业745户，占61.46%；微型企业137户，占11.32%。

全年1212户重点监测的中小企业中，亏损企业427户，亏损面35.23%，同比增长5.53%。其中，中型企业亏损135户，亏损面40.91%；小型企业亏损252户，亏损面33.83%；微型企业亏损40户，亏损面29.20%。

2015年，全省1212户重点监测的中小企业实现营业收入970.11亿元，同比下降14.93%；营业成本844.56亿元，同比下降15.2%；应收账款221.54亿元，同比增长7.91%；应缴税金21.28亿元，同比下降23.03%；从业人员20.03万，同比下降5.91%。

2015年，全省861户重点监测的工业中小企业中，采矿业实现营业收入44.16亿元，同比下降17.87%；制造业实现营业收入698.62亿元，同比下降14.76%。其中，农副食品加工业实现营业收入102.47亿元，同比增长2.49%；食品制造业实现营业收入49.15亿元，同比下降11.09%；石油加工、炼焦和核燃料加工业实现营业收入101.48亿元，同比下降29.63%；化学原料和化学制品制造业实现营业收入42.20亿元，同比下降23.62%；医药制造业实现营业收入47.72亿元，同比增长9.47%；非金属矿物制品业实现营业收入55.54亿元，同比下降5.58%；黑色金属冶炼和压延加工业实现营业收入85.79亿元，同比下降24.37%；计算机、通信和其他电子设备业实现营业收入9.34亿元，同比下降6.08%；设备制造业实现营业收入72.17亿元，同比下降2.74%；其他制造业实现营业收入132.75亿元，同比下降19.46%。

2015年，全省224户重点监测的服务业中小企业中，住宿业实现营业收入0.81亿元，同比下降3.42%；餐饮业实现营业收入1.74亿元，同比下降8.94%；批发和零售业实现营业收入134.26亿元，同比下降17.67%；交通运输仓储和邮政业实现营业收入4.23亿元，同比下降39.78%；其他服务业实现营业收入5.89亿元，同比下降28.97%。

（九）关于全省重点监测的特色产业集群情况。

2015年，全省重点监测的特色产业集群22个，涉及企业2313户。12月份开工生产的企业1339户，总开工率为57.89%，较2014年同期提高0.99个百分点。其中，开工率在80%以上的产业集群8个，分别是大同医药、侯马装备制造、怀仁陶瓷、清徐醋业、稷山纸包装、太谷玛钢、闻喜金属镁、榆次液压；开工率在60~80%的产业集群5个，分别是汾阳白酒、交城铸造机加工、屯留农副产品、太原不锈钢、榆次纺机；开工率不足60%的产业集群9个，分别是大同县活性炭、定襄法兰、平遥铸造、祁县玻璃器皿、山阴乳制品、万荣添加剂、阳城陶瓷、阳泉耐火材料、原平皮带机。

2015年，全省重点监测的22个产业集群，实现营业收入475.52亿元，同比下降21.73%。全年营业收入同比增长速度为正的产业集群有9个，分别是：大同医药、汾阳白酒、怀仁陶瓷、稷山纸包装、清徐醋业、祁县玻璃器皿、万荣添加剂、阳城陶瓷、原平皮带机。其中，万荣添加剂和阳城陶瓷2个产业集群增速达两位数。全年营业收入增长速度为负的产业集群有13个，分别是：大同县活性炭、定襄法兰、侯马装备制造、平遥铸造、山阴乳制品、太谷玛钢、屯留农副产品、交城铸造机加工、太原不锈钢、闻喜金属镁、阳泉耐火材料、榆次纺机、榆次液压。其中，大同县活性炭、定襄法兰、平遥铸造、山阴乳制品、屯留农副产品、榆次纺机、榆次液压7个产业集群降幅达两位数，最高的屯留农副产品产业集群降幅达90.6%。

（十）关于主要产品产量情况。

2015年，全省重点监测的44种产品产量中，21种产品产量同比增长，23种产品产量同比下降。产量增幅较大的产品主要有：水泥、服装、肉制品、白酒、罐头食品、淀粉、干果系列等。产量降幅较大的产品主要有：生铁、铁精矿粉、焦油、铁矿石、生铝矾土、汽摩铸件、电石、饮料、食用植物油等。

（十一）关于主要产品价格情况。

2015年，12月份与年初相比，全省重点监测的10种主要产品出厂价格除水泥出厂价格上涨13.3%以外，主焦煤、主焦洗精煤、配煤、电煤、焦炭、钢坯、钢材、精矿粉、砖9种产品出厂价格均呈下降之势。其中，降幅在20%以下的有配煤17.0%；降幅在20~30%之间的有钢坯24.0%、钢材22.5%、主焦煤24.6%、主焦洗精煤28.4%；降幅在30%以上的有电煤39.0%、焦炭39.0%、精矿粉33.1%、砖30.0%。

（十二）关于各市经济发展情况。

2015年，营业收入增长速度超过全省平均水平的有太原、大同、长治、晋城、运城5个市，阳泉、朔州、忻州、吕梁、晋中、临汾6个市低于全省平均水平。11个市中，有7个市经济呈现负增长。营业收入增速最高的大同（6.61%）与最低的阳泉（-13.72%）相比，两者高低相差7.11个百分点。

（十三）关于个体经济情况。

2015年，全省个体工商户户数81.35万，年末从业人员304.45万，实现营业收入3697.43亿元，上缴税金105.15亿元。

二、2015年主要工作

（一）强化政策引导，优化发展环境。

一是推动各项政策有效落地。围绕创优中小微企业发展环境，认真抓好“国29条”和我省“17条”“15条”“12条”等一系列政策的落实，确保各项扶持措施在中小微企业落地生根、见到实效。省中小企业局联合发改、财政等部门，及时下拨省级各类扶持资金；联合税务、物价等部门，积极落实针对小微企业、科技型小微企业的各类税收优惠政策，全年为小微企业减免营业税、所得税等各类税费25.4亿元；联合金融部门，努力改善对中小微企业的融资服务；联合国土部门，为586户民营企业解决了土地遗留问题，颁发了土地使用证书，为322户民企办理他项权力证书，有力支持了中小微企业发展。

二是不断完善政策支持体系。省委、省政府研究出台了《关于加快民营经济发展的意见》（晋发〔2015〕15号）、《关于进一步支持小型微型企业健康发展的措施》（晋政办发〔2015〕70号），太原、忻州、临汾等市相继出台了扶持中小微企业发展的配套措施，全省促进中小企业、民营经济发展的政策措施进一步完善。新制定出台的政策措施覆盖范围更广、支持力度更大，针对性更强、含金量更高，更具指导性和操作性。

三是建立健全工作推进机制。全省自上而下成立促进民营经济发展工作领导小组，召开全省民营经济发展推进大会，实施"一企一策"精准帮扶企业，着力破解准入、环境、资金短缺等九大难题。注重简政放权，积极推进省级公共资源交易场所和信息化建设，公布省政府权力清单和责任清单，减少省政府部门行政职权5343项。

四是持续开展政策宣讲宣传。根据企业实际需求，全省中小企业系统有针对性地组织开展"送政策、送专家、送服务"三送活动和"法律进企业"等活动，帮助企业了解政策、吃透政策、用好政策；通过编印最新政策汇编、网上宣传、手机推送、乡镇企业管理员上门送达等多种方式，扩大政策的知晓度。组织宣讲团先后赴11个市进行政策宣传讲解，进一步激发大众创业、万众创新的热情。组织开展"小微企业政策宣传月"活动，多形式、多角度的宣讲解读政策；全方位、高强度地宣传报道推动小微企业发展的经验做法和先进典型，全社会形成了关心小微企业成长、支持小微企业发展的浓厚氛围。

（二）坚持分类指导，助推快速成长。

一是推进小微企业创办。实施商事制度改革，实现"先照后证"，推行"三证合一""一照一码"，在全省范围内集中开展"双创"活动周，组织开展创业大赛、创业大讲堂、创业沙龙、创业训练营等创业创新活动。依托全省223个小微企业服务站，开展创业培训和创业辅导，积极培育各类市场主体，累计接待来访人员2.3万人次，帮助解决问题7500多个。全年新创办小微企业6.71万户，为全省经济发展注入新活力。

二是推进"小升规"企业成长。建立"小升规"企业培育库和营业收入500~2000万元企业基础信息库，进一步完善奖励办法，加强帮扶指导，进行重点监测，推动小微工业企业规范升级。2015年，全省共有319户"小升规"企业通过国家统计局审核，进入规模以上工业企业行列，成为全省工业经济发展的新骨干。

三是推进中小企业集群化发展。制定出台现代煤化工、装备制造、铝工业等七大领域重大项目布局推进意见，编制实施民营企业较为集中的十大细分行业重大项目布局方案，支持中小企业、民营企业做优做大做强。制定出台《关于加快中小企业产业集群发展的实施意见》，组织编制《山西省中小企业产业集群发展规划（2016-2020）》，明确全省未来五年中小企业产业集群发展的方向和领域，支持定襄法兰、清徐醋业、祁县玻璃器皿等传统优势产业集群发展壮大，促进太原不锈钢、榆次液压、稷山纸包装等新兴产业集群的发展。

（三）改善融资服务，缓解融资困难。

一是完善客户推介机制。全年累计向金融机构推荐中小微企业1595户，达成融资担保合作意向680.7亿元。到2015年底，全省小微企业贷款余额3995.33亿元，较年初增加205.72亿元、增长5.43%；小微企业贷款户数19.61万户，高于2014年1.71万户。

二是深化政银企保合作。安排专项资金1000万元，对2014年小微企业贷款季均余额超基数30%以上的银行业金融机构进行风险补偿补助。开展银税合作，为302户守信小微企业发放贷款8.42亿元，纳税信用真正转化成了扶持企业发展的"真金白银"。积极推广"助保贷"等有效融资模式，省级财政为各市拨付奖励资金1.94亿元，推动66个县开展中小微企业融资模式创新工作。至2015年底省市县三级政府共投入资金11.2亿元，累计为中小微企业发放助保金贷款68.3亿元，财政资金放大6.1倍，杠杆效应明显，撬动银行对中小微企业发放贷款效果显著。

三是加强担保体系建设。为开展中小微企业担保业务业绩突出的担保公司，申请国家风险补偿资金和营业税减免；筹措2000万元扩充省中小企业发展融资担保有限公司国有资本金；安排省级专项资金4862万元，支持符合条件的担保机构扩大对中小微企业的融资业务，享受补助的21户担保机构上一年度共为1838户中小微企业提供贷款担保82.5亿元。

四是拓宽直接融资渠道。开展中小企业改制上市暨"新三板"挂牌专题培训，制定出台全省《中小企业规范化改制三年行动计划》和《2015年中小企业规范化改制工作推进方案》，对在中小板、创业板、"新三板"、山西股权交易中心上市或挂牌融资的中小企业分别给予100万元、50万元、10万元的一次性资金奖励，鼓励中小企业通过互联网平台以股权众筹等新模式进行融资。推动28家中小企业在“新三板”挂牌。截至2015年底，全省在“新三板”挂牌中小企业达到32家；在创业板上市企业3家，在中小板上市企业4家，150家中小企业在上海股权交易托管中心Q板挂牌，1305家中小企业在山西股权交易中心挂牌展示。

（四）推进创业创新，加快转型升级。

一是推进创业基地建设。积极指导协调，推动太原市成功入选首批国家小微企业创业创新基地城市示范。坚持新建与改造并重，鼓励和支持各类社会资本利用闲置土地、厂房、楼宇等改造建设创客空间、众创空间、创业社区、创新工场、微型企业孵化园、科技孵化器、商贸企业集聚区等小微企业创业基地，帮助中小企业特别是初创期小微企业解决用地难问题。2015年支持新建省级中小企业创业基地14个，全省省级中小企业创业基地达到81个，占地面积3719.73万平方米，总投资367.18亿元，入驻企业3394家，吸纳就业人员约10万人。

二是推进企业技术创新。引导企业改造升级和科技创新，支持企业发展新技术、新模式、新业态、新产业。2015年，支持新建省级中小企业技术中心46个，全省省级中小企业技术中心达到158个，拥有全国领先技术122项、发明专利203项、实用新型专利487项、外观设计专利157项。

三是推进企业品牌建设。支持中小企业实施品牌发展战略，帮助近千家企业制定了商标品牌发展规划。安排财政资金2000万元，对2014年获得国家驰名商标（10件）和山西省著名商标（300件）的中小微企业进行资金奖励，并对企业在省级以上主流媒体开展品牌推广活动进行资金补助。

四是推进企业素质提升。实施“3个1”经营者素质提升工程，圆满完成100名小微企业优秀经营者、1000名有发展潜力的小微企业主、10000名小微企业管理人员的培训任务。特别是针对100名小微企业优秀经营者的培训，创新培训方式，采用公共理论课集中上、专业课分产业集群上、实践应用课到典型企业上的有效形式，积极开辟第二、第三课堂；组织企业家开展项目对接和产品推荐会等活动，为企业家提供“融智融资”、“互联互赢”的平台，推动企业相互扶助、共赢发展，深受中小微企业欢迎。仅北京大学一个培训班，45%以上关联度高的企业形成了对接，班内合作销售超过1亿元。组织全省非公有制（乡镇）企业工程系列高级专业技术职务任职资格评审工作，共有147人通过评审，为中小企业发展提供了人才支持。

五是推进固定资产投资。制定《推进2015年山西省中小企业固定资产投资任务工作方案》，实施“一月一跟踪、一月一分析、一月一汇报”的推进机制，及时分析研究、积极帮助企业解决固定资产投资过程中存在的困难和问题，促进项目建设顺利推进。举办全省中小企业固定资产投资政策专题培训班，邀请省直有关部门的专家就企业减负、土地、环境、资金等要素资源配置和扶持中小企业发展政策进行了全面深入的宣讲解读，进一步增强中小微企业发展信心，激发投资热情。至2015年底，全省中小微企业固定资产投资完成771亿元，对全省发展新兴产业、培育新动能和促进结构调整发挥了积极的促进作用。

（五）创新服务方式，完善服务体系。

一是推进中小企业公共服务平台网络建设。整合服务资源，创新服务方式，建立协同机制，不断完善22个专业应用平台、9个市级综合服务窗口平台和24个产业服务窗口平台的服务功能，开通山西省中小企业公共服务微信平台。目前，山西省中小企业公共服务平台网络已入驻服务机构579家，入驻中小微企业10000余户，发布服务项目1166项，发布服务活动信息893条，提供线上线下各类服务9300余项。

二是培育公共服务示范平台。按照开放性和资源共享性原则，培育全省中小微企业公共服务示范平台，为区域和行业中小微企业提供各类服务。2015年，新培育认证省级公共服务示范平台31家，目前全省已培育认证国家级公共服务示范平台7家、省级公共服务示范平台71家。

三是加强服务联盟建设。召开全省中小企业服务联盟工作会议，成立法律维权服务专业联盟。组织服务联盟成员单位分别赴山西传媒学院、三益电子产业集群、清徐醋业产业集群、大同活性炭产业集群等地开展服务活动14场，面对面帮助企业解决实际问题。

四是帮助企业开拓市场。先后组织全省100多家中小微企业300多种产品参加第十二届中国国际中小企业博览会、第十一届中俄蒙经贸洽谈暨商品展销会和2015中国——阿拉伯国家博览会，进行产品推介，开展合作洽谈，达成多个合作意向。

五是加强经济运行监测。积极应对经济下行压力，不断完善省市县乡“四级联动”和全面统计、19个直报县、22个产业集群、1500户重点企业、200户企业手机快速调查“五位一体”的运行监测体系，及时掌握发展动态，强化预测预警分析，引导中小微企业积极应对经济下行压力，实现平稳增长。

2016年山西省中小企业改革发展主要工作

一、狠抓政策落实，优化中小企业发展环境

一是推动政策有效落地。围绕创优中小企业发展环境，在认真落实近年来国家和山西出台的一系列政策措施的基础上，突出抓好省委省政府《关于加快民营经济发展的意见》、省政府《关于进一步支持小型微型企业健康发展的措施》的贯彻落实，推动各项扶持措施在中小微企业落地生根、见到实效，让中小微企业真正从政策落实中增强获得感。

二是加强政策调查研究。对标一流，借鉴先进省市发展经验，组织调研考察组，分别赴浙江、广东、重庆三地就创业创新、转型升级等课题开展学习交流，积极做好政策研究与储备。深入开展政策落实“回头看”，综合评估政策落实效应，为中小企业提供政策分析与利用支持。

三是加大政策宣传力度。以“扶持小微、助力成长”为主题，深入企业宣讲解读政策、推广经验做法，先后组织“送政策、送专家、送服务”三送活动14场，开展“送法律进企业”活动5场，服务企业1500余家，中小微企业扶持政策的社会知晓率进一步提高。

四是积极开展帮扶指导。组织协调促进民营经济发展工作领导小组成员单位，开展多项调研检查活动，建立健全领导干部联系帮扶中小企业、民营企业工作机制，省、市、县三级选派精兵强将，深入开展干部入企服务，践行“亲”“清”新型政商关系，宣传解读政策、开展专题调研、组织供需对接、实施跟踪辅导，帮助解决困难，累计帮扶企业5000余家。

二、实施“双创”工程，推动大众创业万众创新

一是开展双创示范县建设。充分发挥市、县政府整合资源、聚集要素、缩短流程、提高效率的作用，探索建立政府扶持中小微企业发展的新机制，安排专项资金6540万元，支持全省8个“中小企业创业创新基地示范县”建设，引领带动中小企业创业创新发展。

二是推进小微企业创办。建立完善创业辅导师队伍，依托全省375个小微企业服务站，开展创业培训和创业辅导，不断壮大中小微企业总量。2016年，新创办小微企业8.59万户，为全省经济发展注入了新活力。

三是加强创业基地建设。召开全省中小企业创业基地现场会，规范创业基地建设，提升综合服务水平。太原清控创新基地被国家工信部评为第二批国家级小型微型企业创业创新示范基地。2016年，新认定省级中小企业创业基地19个，全省省级中小企业创业基地达到100个，厂房面积3762.26万平方米，带动投资391.55亿元，入驻企业4056户，吸纳就业11.76万人，取得了明显的经济效益和社会效益。

四是推动企业技术创新。实施创新能力提升计划，开展产学研合作，引导中小企业改造升级和科技创新。支持新建省级中小企业技术中心45个，全省省级中小企业技术中心达到203个，拥有全国领先技术125项、发明专利258项、实用新型专利739项、外观设计专利274项。

五是组织开展双创活动。组织中小企业“双创活动周”成果展览展示活动，举办“山西省中小微企业创业创新转型升级”高峰论坛，激发中小企业创业创新活力。推荐50个项目参加2016年“创客中国”创新创业大赛，2个项目入选大赛前200名，荣获优秀组织奖。组织“四新”中小企业评价活动，174家中小企业入选2016年山西省“四新”中小企业。

三、改善融资服务，缓解中小企业融资困难

一是深化政银企保合作。组织召开多场次、多层次的金融产品推介会、银企洽谈会，实施客户推荐制，有效提高供需对接成功率。全年各级中小企业管理部门向金融机构推荐中小微企业1800多户，达成融资担保合作意向410亿元。

二是推广创新融资模式。积极推广“助保贷”等有效融资模式，为各市拨付2016年创新中小微企业融资模式奖励资金1亿元，省市县三级政府累计投入资金16.67亿元，共为1883户中小企业发放贷款70亿元，杠杆效应明显。大力开展银税合作，累计向2400余户优质纳税小微企业投放贷款79.14亿元，纳税信用真正转化成了扶持企业发展的“真金白银”。

三是加强担保体系建设。为开展中小微企业担保业务业绩突出的担保公司进行担保业务补助，共下达担保补助资金2830万元。享受补助的33户担保机构共为2537户中

小微企业提供担保贷款105亿元。

四是加大信贷支持力度。鼓励和引导银行业金融机构创新金融产品和服务方式，加大对小微企业的信贷支持力度，进一步缓解小微企业融资困难。安排专项资金1000万元，对57户银行业金融机构进行风险补偿补助。

五是推动企业直接融资。实施《中小企业规范化改制三年行动计划》，落实资金奖励政策，建立挂牌企业资源库。围绕中小企业股权融资、改制上市，举办3期培训班，累计有760余户成长型中小企业参加培训。全年新推动33户中小企业在“新三板”挂牌，全省在“新三板”挂牌中小企业达到65户。

四、坚持分类指导，助推中小企业转型升级

一是组织编制发展规划。围绕“十三五”谋篇布局，做好顶层设计，组织编制《山西省“十三五”中小微企业发展规划》，提出了“十三五”时期的发展目标、主要任务和保障措施，明确了以提高中小微企业发展质量和效益为中心，以提高创业创新能力为主线，完善政策体系，改善公共服务，优化发展环境，促进健康发展的总体思路。

二是推进“小升规”企业培育。完善“小升规”企业培育库，强化跟踪监测与帮扶指导，安排专项资金进行奖励，推动小微工业企业规范升级。2016年，全省有313户小微企业进入规模以上工业企业行列，成为工业经济发展的新骨干。

三是推动产业集群发展。编制《山西省中小企业产业集群发展规划（2016–2020）》，推动产业集群转型升级，引导中小企业集群化发展。安排专项资金2860万元，对稷山印刷包装等6个产业集群进行奖励。目前，全省已形成40多个产业特色鲜明、比较优势突出、具有一定竞争力的中小企业集聚区。

四是推进固定资产投资。积极开展全省“各类项目受理大起底”工作，实施“一月一跟踪、一月一分析、一月一汇报”的推进机制，研究解决固定资产投资工作推进过程中存在的困难和问题。2016年，全省中小微企业在建项目1153个，完成固定资产投资788.55亿元，对全省发展新兴产业、培育新动能和促进结构调整发挥了积极的促进作用。

五、创新服务方式，强化中小企业公共服务

一是推进公共服务平台建设。积极构建“1+11+24”平台网络体系（1个省级枢纽平台、11个市级综合服务窗口平台、24个产业服务窗口平台），整合服务资源，完善服务功能，基本形成了互联互通、资源共享、服务协同、覆盖全省的中小企业公共服务平台网络。截止到2016年底，省级枢纽平台共入驻中小微企业11143户，发布服务需求260项；入驻服务机构达758家，发布服务项目1559项、服务活动1194条，线下各类服务6738项。在全国已建成的29个平台网络中我省综合排名位居前列。

二是加快培育示范平台。按照开放性和资源共享性原则，培育全省中小微企业公共服务示范平台，为区域和行业中小微企业提供各类服务。2016年，新培育认证省级中小企业公共服务示范平台14家，全省国家级和省级示范平台达91家。

三是切实加强人才培训。与清华大学合作，建立“山西省小微企业经营者素质提升工程培训基地”、“山西省中小企业产学研合作培训基地”。实施“3个1”经营者素质提升工程，着力构建我省多层次、广覆盖的中小微企业公益性人才培训体系，全省中小企业整体素质进一步提升。组织开展2016年度全省非公有制（乡镇）企业高级职称评审工作，212人获得高级工程师任职资格，全省非公企业专业人才队伍进一步壮大。

四是推动企业品牌建设。支持中小企业实施品牌发展战略，帮助近千家企业制定了商标品牌发展规划。安排专项资金对2015年获得国家驰名商标（3件）和山西省著名商标（301件）的中小企业进行资金奖励，引导广大中小企业树立品牌意识，创建自主品牌，增强市场竞争力。

五是帮助企业开拓市场。先后组织125户中小微企业、300多种产品，参加第13届中国国际中小企业博览会、第9届APEC中小企业技术交流暨展览会、第12届中俄蒙中小企业商品展览会等大型展会，累计签约22项，签约金额4110.8万元。荣获第9届APEC中小企业技展会最佳组织奖。

六是强化经济运行监测。依托省市县乡“四级联动”和全面统计、19个直报县、22个产业集群、1500户重点企业、200户企业手机快速调查“五位一体”的运行监测体系，及时了解企业发展动态，强化预测预警分析，为各级各部门科学决策提供依据，引导企业积极应对经济下行压力，实现持续健康发展。

辽宁省

2015年辽宁省民营经济、中小企业重点工作完成情况及2016年工作安排

根据省委、省政府对经济工作的总体部署，2015年全省民营经济、中小企业系统深入贯彻落实党的十八届三中、四中全会精神、中央经济工作会议精神和习近平总书记系列重要讲话精神，坚持稳中求进的工作总基调，全面深化改革，改进服务方式，严格依法行政，使全省民营经济、中小企业在宏观经济下行压力不断加大的情况下，实现了平稳发展。今年全省民营经济累计实现增加值16331亿元，同比下降16%，占全省GDP的比重为56.8%；出口交货值1526亿元，同比下降28.1%；利润总额3803亿元，同比下降17.2%；上交税金1671亿元，同比下降19.1%；固定资产投资10349亿元，同比下降27.6%。

一、2015年重点工作完成情况

（一）深化改革，推动建立民营经济发展新机制。

开展了鼓励私营企业建立现代企业制度改革工作。研究探讨了民营企业建立现代企业制度示范标准、认定办法（试行）和相关配套政策，正在着手研究制定出台《全省民营企业建立现代企业制度创新的意见》工作。

开展了培育壮大一批民营企业集团工作。起草完成了《关于培育壮大我省民营企业集团的调研报告》，协调解决部分民营龙头骨干企业的瓶颈性困难。建立制定了考核调度制度。预计到2015年底，全省年营业收入超百亿元及以上企业8个；50~100亿元企业10个；10~50亿元企业50个。

进一步推进了非公有制经济综合配套改革示范区试点工作。重点加强了对营口非公经济综合配套改革示范区建设的指导，从深化领导体制改革、简政放权、政策制度创新、完善法制环境、服务体系建设、创新工作方式方法等方面提出了指导意见。在审批流程和环节改革方面，对营口非公经济综合配套改革示范区建设给予资金支持。

推进了《民营经济“十三五”发展规划》的编制工作。按照省政府的统一部署，协调省社科院和相关业务处室，完成了《民营经济“十三五”发展规划》的编制工作，经省政府常务会议审议原则通过。

（二）实施创业战略，提升经济活力。

大力推进中小微企业创业基地建设工作。按照李希书记在2015年省《政府工作报告》中提出的关于“支持中小微企业创业基地建设”的要求，我局组成专题调研组，对全省中小微企业创业基地建设情况进行了调研，形成了《关于我省中小微企业创业基地建设的调查报告》，陈求发省长、周忠轩常务副省长和刘强副省长分别对该报告做了重要批示。按照省领导的批示要求，代省政府起草了《辽宁省人民政府关于大力推进中小微企业创业基地建设的指导意见》（辽政发〔2015〕44号），明确了全省要重点发展的六种创业基地类型，对创业基地建设提供土地、金融、财税、贴息、市场开拓等综合支持，力争在“十三五”期间，全省创业基地总数达到370家以上。制定了《辽宁省中小微型企业创业示范基地建设管理办法》，开展省级创业示范基地的认定和管理工作，促进全省创业基地的建设和发展。

推进了彰武县省中小微企业创业基地建设。截止到10月末，创业基地新签约项目8个，招商引资到位资金17.4亿元；新开工建设项目6个，竣工项目6个，续建项目5个，正在洽谈对接项目16个，实现全口径产值55亿元，实现销售收入52.5亿元。

（三）推进中小企业创新发展，让创新驱动形成新的生产力。

推进了全省中小企业公共技术服务平台建设工作。重点围绕产业集群、高校、科研院所及大型企业，创建并培育了20家辽宁省重点中小企业公共技术服务平台，全省中小企业公共技术服务平台创建数量达到149家，平均每年为企业提供技术咨询、产品设计15000多次。

推进了全省中小企业“专精特新”工程的进一步

实施。组织各市申报中小企业“专精特新”产品技术508项，有211项产品（技术）符合“专精特新”标准，被认定为2015年辽宁省中小企业“专精特新”产品（技术），其中达到国际先进水平和填补国内空白项目151项，占71.5%，全省“专精特新”产品技术已达到2351项。

推进了我省中小企业“两化融合”工作的深入实施。制定了“推进信息化与工业化深度融合，完善中小企业技术创新体制机制”工作方案，成立了辽宁省推进中小企业信息化和工业化融合工作领导小组，建立了以省中小企业网为龙头的三级中小企业信息化服务网络体系。

（四）强化直接融资能力，推进融资体系建设。

进一步强化银企合作。积极搭建融资平台，大力推进银企合作。与工、农、中、建、交五大国有银行和邮储银行共同推动融资服务进园区活动，预计2015年，开展银企对接活动109次，达成贷款意向40.68亿元，实现贷款22.3亿元；大力推进 “助保贷”产品，沈阳、大连、抚顺、丹东、营口、铁岭、辽阳、盘锦、朝阳、葫芦岛10个市投入政府资金11500万元，共为83户中小微企业贷款37245万元；深入开展“融资顾问”进园区工作，有26户企业在融资顾问的帮助下实现融资5.4665亿元。

进一步完善融资服务体系。联合省财政厅修改完善了《辽宁省中小微企业融资担保机构贷款担保风险补偿专项资金管理办法》。加大对融资担保机构支持力度，启动了2015年度风险补偿金申报工作。会同省财政厅对2014年度中小企业信用担保机构贷款担保风险补偿金项目支出进行了绩效评价。

加强信用体系建设。召开了“全省中小微企业融资及信用体系建设工作会”，举办了“2014年度省中小企业信用担保机构贷款担保风险补偿金项目支出绩效评价工作培训班”，截止到9月末，全省（不含大连市）重点开展中小企业融资担保业务的融资性担保机构118家，注册资本金172.39亿元，共为3576户中小微企业提供贷款担保239.31亿元。

（五）支持企业走出去，进一步开拓国内外市场。

支持民营企业、中小企业开拓国际市场。落实省委、省政府主动融入国家“一带一路”开放战略，推动我省中小企业加快“走出去”，在丹东市和本溪市组织开展了“借方舟出海，助民企走出去”中国方舟推介活动，中国方舟分别与丹东、本溪中小企业服务中心及辽宁曙光汽车集团、丹东鑫兴碳素有限公司等6家企业签订了《战略合作框架协议》，取得了显著的实效。

支持民营企业、中小企业开拓国内市场。开展大中小企业协作配套网上对接工作，调度大小企业配套项目共4868项，涉及配套金额256.3亿元。其中，采购品种2287个，涉及采购金额37.1亿元；销售品种2581项，涉及金额219.2亿元。举办了2015辽宁本溪大小企业协作配套对接会，鞍钢集团、本钢集团等11个大企业和大学院所与来自沈阳、本溪等70余家中小企业进行对接，涉及配套金额超过100亿元，其中涉及采购金额60多亿元。组织省内中小企业参加了中国国际中小企业博览会。

（六）促进政策法规落实，完善法规体系建设。

继续做好政策法规制定工作。完成了《辽宁省发展民营经济实施方案》编制工作。按照省《政府工作报告》的工作部署，代省政府起草了《辽宁省发展民营经济实施方案》（辽政发〔2015〕31号），着力解决民营企业在创办、成长、税费、融资等方面存在的实际困难。

做好政策法规的落实工作。起草了关于《国务院关于扶持小型微型企业健康发展的意见》（国发〔2014〕52号）落实情况的报告，并上报省政府办公厅。起草了关于辽宁省中小企业局贯彻落实小微企业各项政策情况的汇报，参加了工信部中小企业司来辽宁调研工作。

做好法治辽宁建设和依法行政工作。开展本局行政职权及相应责任梳理和清理，配合省政府有关部门开展部门权力清单和相应责任清单建设工作。

（七）推进专项运行监测工作，完善经济运行监测体系。

加强了运行监测工作。组织召开了全省2014年度民营经济、乡镇企业统计年报汇总工作会议，全面完成了2014年统计年报汇总，加强了对民营经济主要经济指标和停产半停产情况月报的监测分析，顺利地完成中小企业生产运行数据监测申报工作。

加强了经济运行监测分析。制定了2015年民营经济运行监测工作指导意见，对各市监测分析工作进行指导。加强了对主要经济指标的预测及经济运行趋势的分析，认真研究全省民营经济运行监测数据及动态情况。组织了全省中小企业停产半停产情况调研，逐月监测中小微企业停产半停产情况。

（八）推进服务体系建设，营造发展良好环境。

推进了中小微企业权益保护工作。协调省司法厅筛选出20家实力强、积极参与为中小微企业服务活动的律师事务所，纳入维权服务平台，使维权服务平台律师事务所达到30家。在鞍山、营口、大连等市开展了2015年法律维权服务进园区活动，为中小微企业提供政策咨询和法律援助。推进了中小企业服务体系建设，与省财政厅共同组织开展了平台网络建设的验收工作，完成了国家级示范平台运营情况的检查，安排部署了省级公共服务示范平台认定工作。

推进培训与管理咨询工作。开展了“百名专家 百日巡诊”工作，印发了“百名专家 百日巡诊”活动方案，在沈阳市、鞍山市和阜新市开展了现场咨询活动，取得了良好成效。举办了《企业集速盈利系统》公益讲座，邀请专家就企业利润最大化订单组合及财务决策、企业瓶颈管理等进行讲解，中小企业老板及高层管理人员共60人参加。召开了部分管理咨询服务机构座谈会，沈阳、大连等省内20几家服务机构及部分咨询公司驻沈分支机构参加座谈。

二、2016年重点工作安排

在民营经济、中小企业发展取得显著成果的同时，仍然存在着一些制约其发展的矛盾和问题。一是发展不够充分、各市发展不平衡问题突出，大型企业数量不够多、核心竞争力不够强，中小微企业发展不够活跃，在企业数量和经济总量、发展质量等方面与经济发达省份相比存在较大差距；二是产业结构矛盾仍然比较突出，传统产业比重偏高，产品附加值低、生产工艺水平低、市场竞争力不强的企业较多，高新技术和新兴产业、现代服务业企业发展相对滞后；三是民营经济发展的外部环境有待进一步改善，政策落实不到位情况依然存在，制约发展的体制和机制性障碍仍然比较突出；四是民营企业、中小企业的整体经营管理水平不高，经营管理者创新意识不强，管理方式落后，缺少高技能人才，自主创新能力不足；五是民营企业、中小企业普遍面临要素瓶颈制约问题，产品技术研发、金融服务、土地供应、劳动力供给等各项要素普遍短缺。

为深入贯彻落实省委、省政府关于民营经济、中小企业的工作部署，破解制约民营经济、中小企业发展的体制机制性障碍，着力解决民营经济发展不充分问题。2016年，我局将重点主要做好以下几个方面工作。

（一）落实国家促进民营经济、中小微企业发展的相关要求，扫除影响民营经济改革发展的思想障碍。

继续全面贯彻落实习近平总书记在部分省区党委主要负责同志座谈会上重要讲话精神，会同省有关部门和各市政府形成合力，着力在改善民营企业经营环境，打破限制民营经济发展的体制机制障碍方面下功夫，推动实施《辽宁省民营经济“十三五”发展规划》，确保各项任务措施落到实处。积极贯彻《国务院关于近期支持东北振兴若干重大政策举措的意见》提出关于在东北地区开展民营经济发展改革试点的工作部署，密切跟踪《关于东北地区开展民营经济发展试点工作的意见》正式文件的出台，推动条件成熟的市争取纳入改革试点地区，组织试点方案编制工作，通过试点为促进全省民营经济改革发展提供可复制推广的经验。

（二）开展服务全省中小微企业的“百千万”活动。

为帮助中小微企业应对严峻的经济形势，激发全省中小微企业的创业创新活力，在全省范围内开展“百支专家团队扶助千企惠及万人创业创新专项行动”（以下简称“百千万”活动），即：即组织相关领域专家、业务骨干组成100支以上专家团队，深入1000家以上中小微企业，“一对一”为企业提供创业、管理、销售、融资、产品研发、法律维权等方面咨询服务，分析和解决生产经营中存在的问题。同时通过举办创业辅导、综合培训、产学研对接、银企对接等系列活动，培育和辅导一万人次以上小微企业创业人员，帮助创业者提高创业创新能力。

（三）全力推动大众创业、万众创新，营造中小企业创业创新良好氛围。

认真贯彻落实国家和省委、省政府出台的一系列文件精神，切实加大对小微企业创办、创业平台建设的支持力度，不断改善中小企业创业创新环境。着力打造中小微企业创业、创新的良好条件，实施中小微企业创业基地建设计划，采取政府推动、社会各类主体建设、市场化运营的方式，鼓励各市利用闲置的厂房和土地，以及在现有的工业园区等建立中小微企业创业基地，为中小微企业创业提供平台载体。重点完善创业创新公共服务体系建设，为中小企业创业创新发展提供多层次、全方位的服务支撑。积极推动创业辅导师队伍建设，为更多小微企业创业提供精准的服务，有效提高创业成功率。

（四）提升民营企业、中小微企业素质，推动民营企业加快转型升级。

实施大型民营企业（集团）培育工程，积极落实支持企业并购、支持首台（套）重大技术装备的研制与应用项目、支持引进海外先进适用技术项目等政策，着力培育大型民营企业（集团）做优做强。大力推动中小企业技术创新，实施中小企业“专精特新”培育工程，坚持“政府支持、集中资源、上下联动、择优培育”的原则，培育一批拥有“专业化、精细化、特色化、新型化”产品（技术）的中小企业。

（五）加强民营经济、中小微企业政策法规体系建设。

深入开展《辽宁省发展民营经济实施方案》政策落实的督查工作，协调省人大开展《辽宁省中小微企业权益保护条例》执法检查工作，对各地宣传、实施和贯彻《方案》《条例》的有关情况、政策体系机制建设情况、相关措施落实情况进行检查。收集整理国家和各省出台的有关中小微企业发展新政策，加强调研，深入研究，为我省出台有关中小微企业发展新政策做准备。深入到企业，开展调研，了解掌握小微企业系列政策的执行效果及小微企业的相关建议，为出台新的政策提供依据。

（六）拓宽融资渠道，着力缓解中小微企业融资难问题。

进一步强化银企合作。加大与银行业金融机构的合作力度，推进“助保贷”，扩大合作银行范围，推动设立风险补偿金；探索信用保证保险，推进中小微企业贷款融资模式；开展“融资顾问走近中小微企业”活动，服务工作向小微企业、产业集群、产业园区和基地延伸。

大力拓展融资渠道。加强与辽宁股权交易中心的合作，扩大“中小微企业板”挂牌企业数量；大力推进企业上市培育工作，推动符合条件的企业到“新三板”、创业板、中小板等市场上市融资；推动符合条件的市设立转贷资金，推进供应链融资以及P2P网贷、众筹等互联网金融融资手段服务我省中小微企业。

进一步强化信用担保体系建设。全力推进新修订的中小企业融资担保机构贷款担保风险补偿资金管理办法的实施；进一步扩大中小微企业信用数据库入库企业数量，扩大信用数据应用。

（七）大力促进民营企业、中小企业开拓国内外市场。

组织中小企业参加中国国际中小企业博览会、APEC中小企业技术交流暨展览会等全国性、国际性展销展洽活动；落实支持中小微企业参与政府采购政策，优先安排向中小企业购买商品或服务；贯彻落实省委、省政府提出的主动融入国家“一带一路”开放战略，开展“借方舟出海 民企走出去”专项行动，积极组织民营企业与西姆集团中国方舟平台对接，创新国际合作模式，运用“互联网+”思维和技术，为辽宁企业“走出去”搭建互利共赢平台。

（八）加快完善中小微企业公共服务体系建设，持续扩大服务体系规模。

引导高校、科研院所等社会各类服务机构面向中小微企业提供服务，进一步推动形成具有专业化、社会化特点的中小企业服务体系，扩大服务领域和服务面，惠及更多的中小微企业；依法维护中小企业权益，建立健全法律维权服务体制机制，构建省、市、县三级维权服务体系，通过开展线上法律咨询活动，为中小企业提供优质的法律援助服务；加快完善中小企业公共服务平台网络服务功能，实现互联互通，不断充实和完善全省平台网络；实施民营企业建立现代企业制度引领计划，制定民营企业建立现代企业制度示范标准和认定办法等相关配套政策，树立企业管理创新示范，鼓励和引导企业完善治理结构，建立现代企业制度；围绕民营企业代际传承，积极开展“创二代”培育计划，帮助企业接班人掌握现代化企业管理知识，转变“家族式管理”思维，引导建立现代企业制度，增强社会责任感和依法经营意识，确保全省民营企业稳定健康发展。

2016年辽宁省民营经济发展情况

一、2016年民营经济发展总体情况及所做的工作

2016年，我省民营经济工作认真贯彻落实国家及省委、省政府关于促进民营经济、中小企业发展的各项政策措施，以做好企业服务工作为着力点，研究破解制约企业发展的融资、技术、市场及发展环境等问题，全省民营企业、中小企业实现了平稳发展。2016年全省民营经济各项经济指标出现大幅下降。全年累计实现增加值11054亿元，比上年下降32.3%；出口交货值1170亿元，同比下降23.4%；利润总额2580亿元，同比下降32.1%；上交税金1397亿元，同比下降16.4%；固定资产投资4445亿元，同比下降57%。重点工作有：

（一）组织开展“百千万”帮扶行动，促进民营经济稳增长。

按照省政府的总体部署，在全省范围内开展了百支专家团队千名机关干部帮扶万家民营企业和外资企业专项行动（以下简称“百千万”帮扶行动）。全省共组建了146支专家团队、4275名公务员的帮扶队伍，帮助企业解决发展中遇到的突出问题，促进企业平稳运行。2016年，全省共组织专家走访企业4200余家，梳理问题需求4500余条，协调解决问题3600余个；组织召开融资对接、管理咨询、法律维权等帮扶专项会议35次，企业满意率达到80%。

（二）深入推进改革工作，破除民营经济发展体制机制障碍。

1.认真贯彻落实中发〔2016〕7号文件，印发了《贯彻落实7号文件的实施方案》，把促进民营经济发展的政策措施具体细化分解落实到各级政府、各有关部门。

2.认真贯彻落实国家发改委等四部委联合出台的《关于推进东北地区民营经济发展改革的指导意见》（发改振兴〔2016〕623号），组织开展了东北地区民营经济发展改革试点城市申报工作，大连、鞍山、营口、辽阳、盘锦5市成为国家试点城市。

3.推进民营企业建立现代企业制度工作。印发了《关于促进和鼓励民营企业建立现代企业制度的指导意见》和《关于加强民营企业管理创新的指导意见》，组织召开了建立现代企业制度示范和管理创新经验交流会，在全省推广建设现代企业制度。

4.深入推进民营经济改革政策措施的落实。制定了《贯彻落实发展民营经济实施方案2016年工作计划》，加强与省直有关部门协调，共同推进《辽宁省发展民营经济实施方案》的贯彻落实。

（三）加大培育升级考核力度，提升民营企业规模实力。

1.启动实施了民营工业企业培育计划，印发了《辽宁省民营工业企业培育行动实施方案（2016-2018年）》，提出在三年时间内通过实施“大做强”“小升规”“个转企”三项工程，着力培育一批大型民营企业集团、龙头企业，大力发展规模以上企业，促进个体工商户转型升级为企业，三年培育目标已分解落实到各市，主要任务和责任分工也落实到各级政府、各有关部门。

2.加强了规模以下工业企业增长目标考核工作。会同省统计局研究确定了2016年各市规下工业企业增长速度和增长数量指标，纳入省政府对各市的目标绩效考核。

3.继续推进培育民营企业集团和龙头企业工作。制定了培育民营企业集团和龙头企业工作方案和考核办法，在沈阳等市召开了民营龙头企业家座谈会，深入了解民营龙头企业发展现状及存在问题并协调帮助解决。

（四）提升转型升级和创新能力，增强民营经济发展动力。

1.鼓励企业技术创新，推动中小企业发展“专精特新”产品技术。2016年，审核评定了520项中小企业产品技术项目，其中290项产品技术被认定为省级中小企业“专精特新”产品。

2.加强中小企业公共技术服务平台建设。印发了《关于申报2016年辽宁省中小企业公共技术服务平台的通知》，对各市推报的39家公共技术服务平台进行审核，28家获得省级认定。

3.开展产学研对接活动，推进科学成果有效转化，帮助沈阳新城石油机械制造有限公司与辽河油田开展“数控往复式潜油电泵”节能环保新技术对接，推动新技术转化推广。

4.组织开展了技术专家进企业“一对一”精准技术

服务活动。组织20个技术专家团队、50名技术专家走进鞍山、抚顺等地区101家中小微企业，实地咨询并现场解决企业提出的问题，开展“一对一”技术交流与合作，实现精准服务。

（五）拓宽融资渠道，解决中小企业融资难、融资贵问题。

1.加强与金融机构合作，推进中小微企业信用融资工作。与人民银行沈阳分行签订《推进辽宁省中小微企业信用体系建设合作协议》，共同建立“辽宁省中小微企业信用培育池”，为“入池”企业创新提供包括信贷支持在内的综合性金融服务和信用培育、辅导咨询等服务，提升企业的信用状况和信用等级，改善企业的融资条件。

2.深入开展银企对接活动。与建设银行、广发银行、邮政储蓄银行沈阳分行、辽宁股权交易中心等金融机构密切合作，针对开发中小微企业特色金融产品和服务模式。2016年，全省共组织了2076户中小微企业参加银企对接活动106次，其中743户企业达成贷款意向151.35亿元，帮助209户企业实现贷款47.29亿元，组织全省12个市90多名企业家参加了“第四届中国中小企业投融资交易会”。

3.积极推进融资顾问进企业工作。组建了省级和各市15个融资顾问团队，根据企业融资需求开展一对一的精准帮扶。2016年，全省共组织183人次融资顾问专家团队深入645家次企业，开展为企业融资服务活动57次，帮助企业融资3.56亿元。

4.推进信贷融资创新，重点推进“助保贷”的应用与推广。2016年，全省共有11个市投入政府资金3.42亿元，有114户企业获得“助保贷”贷款3.92亿元。

5.加强融资担保体系建设。持续推进中小微企业融资担保机构加大为中小微企业贷款担保的力度。2016年，全省（不含大连）为中小微企业提供融资担保的机构为109家，注册资金169.3亿元，期末在保户数11401户，期末担保责任余额362.36亿元，累计担保代偿19.56亿元。

（六）落实“走出去”发展战略，帮助民营企业开拓市场。

充分运用中国方舟平台，推动我省中小企业加快“走出去”步伐，目前已与省内4个市签署了战略合作协议。组织省内中小企业参加了第十三届中国中小企业博览会和第九届APEC中小企业技术交流暨展览会，展览展销活动取得了良好效果；组织开展了大小企业协作配套活动，调度了12家大企业5000余项采购需求和400余项销售需求。

二、我省民营经济发展中存在的主要困难和问题

虽然多年来我省民营经济发展取得了长足进步，但与发达地区相比，仍然存在较大差距，即使与我省排名相近的河南（全国第5位）、河北（全国第6位）、四川（全国第8位）等省份相比，在发展速度上落后于河南省，在企业数量增长上落后于四川省，在社会贡献方面与河南、河北、四川相比也有所下降。究其原因，主要存在以下几方面问题：

“重大轻小”。我省仍存在重国有、轻民营，重大工业、轻服务业，重大项目、轻小项目的传统观念和习惯性思维，导致一些地方政府在抓经济工作的指导思想、战略布局和工作部署上没有把发展民营经济放在重要位置。

产业结构不合理。长期以来，我省民营经济产业结构与国有大工业雷同的现象仍然没有改变，传统产业比重偏高，转型升级进展缓慢。初加工产品多、中间产品多，终端产品少，产品附加值低。生产工艺水平低、市场竞争力不强的企业较多，高新技术和新兴产业、现代服务业企业发展相对滞后。

融资难、融资贵。融资难、融资贵问题是当前企业特别是小微型企业面临的最大难题，中小微企业贷款利率上浮比例高，融资成本增加，企业贷不到款、不敢贷款的现象突出。

管理水平不高。相当数量的私营企业还没有建立起现代企业制度，实行家族体制管理居多，经营理念落后，创新意识不强，缺乏现代企业管理经验和国际视野，缺少高技能人才，人才流失严重。

税费负担仍然较重。与发达省份相比，我省中小企业税赋仍然较高。据抽样调查显示，每百元营业收入的税费负担率，高新技术企业为8%~10%、第三产业为10%~15%、装备制造业为15%~20%，大幅增加了企业经营成本，导致企业负担沉重。

三、2017年民营经济工作打算

认真贯彻党的十八大和十八届三中、四中、五中、六中全会精神，深入学习习近平总书记系列重要讲话，按照中发7号和国发28号文件要求，按照省委省政府的总体部署，以培育壮大民营经济的总体实力为主线，以着力破解

民营经济发展瓶颈困难为突破口，以不断提高民营经济创新能力为核心，以不断营造民营经济营商环境为基础，激发民营经济活力，做大做强民营经济总量，为辽宁经济结构调整和健康发展发挥重要作用。

（一）开展企业转型升级专项行动，培养壮大民营经济总体实力。

认真落实《辽宁省民营工业企业培育行动实施方案》（辽政办发〔2016〕120号），以培养壮大民营经济总体实力为主题，推动实施“大做强”“小升规”“个转企”三大工程，重点安排民营经济发展短板、科技创新和融资三项调研任务。通过实施民营工业企业培育计划，不断扩大民营经济总量规模，提升民营经济质量与效益。

（二）深入落实各项扶持政策，依法保护民营企业合法权益。

1.做好民营经济、中小企业政策法规的宣传落实工作。继续深入宣传贯彻落实国家中小企业促进法、我省促进中小企业发展条例和中小微企业权益保护条例，贯彻落实促进中小微企业发展的各项政策。

2.组织开展规模以下企业免费法律体检。主要依托中小微企业法律维权平台组成法律专家服务团队，深入企业开展法律体检服务，通过座谈、调查问卷、现场考察、审阅材料等形式，对企业法律风险进行全面评估，及时发现潜在风险，协助完善制度，堵塞存在漏洞。

3.开展中小微企业法律维权知识培训活动。组织开展全省联动“7.28”法律维权咨询活动日，现场为中小微企业提供政策解读、法律维权咨询、发放政策汇编资料等服务。以小微企业管理人员为对象，2017年计划举办4~5次中小微企业法律维权知识培训班。

（三）大力实施创新驱动战略，加快民营经济转型升级步伐。

1.依托产业集群和大企业人才、技术优势打造中小企业公共技术服务平台，为企业提供共性技术研发、行业产品技术检测服务。积极培育“专精特新”自主品牌，建立中小企业“专精特新”项目库，推广一大批具有行业特点、产品技术水平领先的“专精特新”产品技术。

2.推动中小企业信息化应用。根据国家《关于进一步推进中小企业信息化的指导意见》（工信部企业〔2016〕445号），实施新兴产业“双创”行动，加快发展“互联网+创业网络体系”，开展中小微企业信息化建设及“互联网+”应用知识培训，促进互联网和信息技术在中小企业生产制造、经营管理、市场营销各个环节的应用，提升中小企业信息技术应用水平，增强创业创新活力，形成经济发展新动能。

（四）创新融资方式，提升为中小微企业开展融资服务的能力和水平。

1.开展“银企对接，融资顾问进企业服务”活动。组织省、市融资顾问团队和相关金融机构，在每个市每季度开展一次融资对接活动，为企业提供精准服务，有效解决民营企业融资需求。

2.鼓励银行机构创新信贷产品与服务。推动建立省级中小企业应急转贷基金，鼓励有条件的市设立转贷应急基金，减轻企业融资成本负担。鼓励、引导各商业银行面向民营工业企业、中小微企业推出特色的金融产品和服务模式，重点推进“助保贷”、“税融通”等产品的推广应用。

3.建立健全中小微企业信用体系。健全“中小微企业信用培育池”，向各金融机构推荐“入池”企业，鼓励银行在信用贷款、增加抵押品比率、增加信贷期限等方面进行支持。同时，开展信用培育及信用咨询工作，提高“入池”企业信用等级，增强融资能力。

（五）进一步完善中小微企业公共服务体系建设，为大众创业搭建服务平台。

1.根据“中发7号”文件关于“推进民营企业公共服务平台建设”的部署，完善全省中小企业公共服务平台网络建设，积极发挥省枢纽平台的核心带动作用，广泛收集支持民营企业、中小企业的政策，丰富平台网络政策信息资源，探索开展线上线下政策宣传解读等服务活动。

2.继续加强对中小微企业创业基地建设的指导，重点推动建设以创业园、众创空间、孵化器等为载体的创业创新公共服务平台，通过组织申报国家级小微企业创业创新示范基地和开展省级创业基地评审认定工作，促进和提升全省创业基地的建设发展水平，争取在年底前新认定省级中小微企业创业示范基地20家，示范基地总数达到150家以上。三是提高小微企业创业基地专职辅导人员的服务水平和能力，以创业基地管理及服务人员为主要对象，举办一期创业辅导师培训班，计划培训人员50名。

吉林省

2015年吉林省民营经济发展情况

一、基本情况

近年来，省委、省政府高度重视民营经济发展，提出了突出发展民营经济的重大战略举措，出台了突出发展民营经济的意见，全面实施了五大工程。全省工信系统按照省委省政府的要求，迅速行动，扎实工作，推动民营经济较快发展。在当前经济下行压力较大的情况下，民营经济在发展总量、发展效益和社会贡献等方面都有了新的突破，成为支撑和推动全省经济增长的重要力量。

2015年全省民营经济实现主营业务收入32634.2亿元，同比增长8.8%；上缴税金741.8亿元，同比下降2.8%；从业人员723.8万，同比增长5.4%；私营企业户数和个体工商户分别为23.5万户和136.23万户，同比分别增长19.8%和7.6%；民营增加值实现7336.9亿元，占GDP比重为51.4%。

二、主要举措

民营经济改革试点平稳启动，示范带动作用逐步显现。积极与省市相关部门沟通协调，推进政策措施的落实，并安排2000万专项资金，支持长春市民营经济改革示范区重点项目。经过2年的先行先试，以“一区多点”示范点为突破口，长春市民营经济改革取得了显著成效。一是推进行政审批制度改革，进一步推进了审批项目清理工作，长春市行政审批项目由原来的823项减少到目前的246项，减放比例达到70.1%，市本级非行政许可审批全部实现“零审批”。二是推进商事制度改革，进一步推进了工商登记制度改革，全面落实了先照后证登记制度，除国家法律法规规定继续保留的34项工商登记前置审批事项外，全部实行了先发照后办证制度。全力推进了“五证合一”、“一照一码”登记制度改革，并于10月1日开始正式实施，极大地方便了企业，提高了办事效率。三是推进市场体系建设，依托吉林长春产权交易中心，建成了集产权、股权、技术产权、文化产权、金融资产、农村产权、环境能源交易于一体的专业化区域性产权交易市场。依托兴隆综合保税区，建立起国家跨境电子商务贸易平台，已有超过180万件商品通过保税区出口到80多个国家和地区。四是推进创新体系建设，依托北湖科技园搭建了涵盖公共技术、投融资和市场开拓三个方面的专业平台，已有40多家高水平研发机构入住。建成了市级以上科技企业孵化器25家，建筑面积达到180万平方米。五是推进融资服务体系建设，积极推进了吉林长春产权交易中心股权交易平台、“助保金池”等融资平台建设，加快推进融资担保机构、小额贷款公司发展，今年共帮助民营企业实现融资440亿元。六是推进创业服务体系建设，建成市级以上创业孵化基地72户，在孵企业2188户，累计毕业企业468户，带动就业60639人。依托国家中小企业发展促进中心长春培训基地，举办各类创业培训、创业项目对接、创业咨询、人才招聘活动89期（次），共培训和服务近2.5万人次。通过公开招标方式共引进25家服务机构入驻，为中小企业提供资产评估、环评、审计等八个方面的免费服务。累计服务中小企业1200户，财政拨付补贴资金200万元。七是推进试点区域载体建设，今年长春市开发区（工业集中区）预计完成基础设施投资134.9亿元，新开工投资3000万元以上基础设施项目85个，新增和完善基础设施配套面积20平方公里左右，夯实了民营经济发展硬环境。

深入推动各项政策的贯彻落实。充分发挥民营经济领导小组办公室职能，向各成员单位下发了《关于提供全省突出发展民营经济工作进展情况的通知》，从反馈的情况来看，各单位都积极主动的加强对我省民营企业的扶持和服务，采取有效措施，提高服务效能，优化发展环境，全力推进民营经济加快发展。省发改委从转变思想观念、拓宽民营经济投资领域、推动民营企业自主创新和转型升级、营造良好发展环境等方面入手，出台了《吉林省人民政府关于鼓励和引导民间投资健康发展的实施意见》《吉林省发展改革委关于支持民营经济发展的意见》等一系列政策措施，坚持“非禁即准，平等对待”的原则，向民间投资开放所有法律法规未明确禁入的行业和领域。吉林省工商局采取多项措施贯彻落实注册资本登记制度改革，使市场主体准入更加宽松、窗口服务更加优化、信用信息更加公开，进一步释放改革红利，改革举措催生了发展的新动力，激发了市场主体活力，推进吉林省民营经济迅猛发展。住建厅代省政府下发了《关于加快推进民间资本参与城市基础设施建设的实施意见》（吉政办发〔2014〕27号），支持和鼓励民间资本参与城市基础设施建设。科技厅重点打造了科技研发平台、企业创新平台、公共服务平台和资源共享服务平台等科技平台，为民营企业技术创新和成果展提供了有效载体。省地税局落实小微企业（含个体工商户）税收优惠政策，2014年减免营业税、企业所得税、印花税等共计3.2亿元，2015年1-7月减免营业税、企业所得税、印花税以及政府性基金等3.8亿元。省人社厅最大限度地减轻企业负担，将我省失业保险费率由现行条例规定的3%降至2%，政策实施后可为全省参保企业和职工个人分别减轻25%、50%的缴费负担。省食药监局出台了《创新监管方式促进食品医药产业加快发展若干规定》，从开辟“绿色通道”、下放许可权限、简化审批程序、降低准入门槛、鼓励资源整合等多个方面扶持企业发展。其他省直部门也都纷纷采取有效措施，助力民营经济快速发展。各地政府加大工作落实力度，筹措设立专项资金，加强公共服务，营造发展环境。

深入落实国务院关于支持小型微型企业健康发展的意见，促进小微企业健康发展。出台《吉林省关于支持小型微型企业健康发展的意见》，召开新闻发布会，对我省支持小微企业发展政策进行解读，扩大政策影响力。为积极缓解劳动密集型中小企业遇到用工成本上升、生存和发展的压力，保进就业，列支专项资金1000万元，支持了轻工、纺织、机械、电子四个行业79户中小企业设备更新给予补助。为推进农村集体经济发展，促进当地就业，列支专项资金500万元，支持56户村级微型企业发展。深入开展“中小企业入规升级专项行动”。推动一批中小工业企业尽快进入规模以上企业，为全省稳增长提供支撑，在全省开展了“2015年中小企业入规升级专项行动”，向各市（洲）、县（市、区）工信系统下发了中小企业入规升级专项行动方案，并建立了入规企业培育库。对30户入规升级企业固定资产投资项目给予450万元财政专项资金支持，支持项目实现投资1.2亿元。预计2015年入规企业达到407户。

“双创”活动深入推进，创业载体作用明显。按照国家工信部关于开展“双创活动周”的统一部署，我厅组织全省工信系统开展了“双创活动周”活动，收到了较好效果。根据目前统计，“双创周”期间全省工信系统共开展服务170余次，参加人数36000余次；展览展示60余次，参加人数42000余人；组织银行、担保、投资等融资服务机构开展各种融资服务，为500余家企业，解决了7亿余元的资金问题；充分利用各种网络平台资源和展会现场，线上线下集中发布创业政策及宣传信息，为广大创业者营造了大众创业万众创新的浓厚氛围。有效开展创业活动，积极培育市场主体。继续开展“万名创业者、万名小老板”和高技能人才培训。到目前为止，全省共举办各类创业培训班158期，培训22865人。其中，基础培训16000人；电子商务培训3000人；实用技术培训3865人。为大学生创业搭建平台。指导省创业促进会，成功举办了2015年度吉林省第二届“梦想杯”大学生创业大赛，并组织来自上海、苏州、北京、天津、沈阳、长春等地的近50位来自企业领袖级的创业导师走进吉林省内50所大学，进行了60余场次的创业宣讲，分享创业收获培养商业素质，宣讲会每场人数200~1800人，直接间接影响数万人。

推进创业孵化基地建设。组织省内部分创业孵化基地工作人员考察省内创业孵化示范基地，相互学习、取长补短。在全省重点抓了产业型、科技型、大学生创业型等众创空间示范典型，构建新型创业服务模式，并通过省级专项引导资金重点扶持了一批创新创业基地的建设和发展。完善了“吉林省创业孵化基地服务和管理系统”。完成了“创业孵化基地基本信息报送子系统”的开发工作，并成功上线运行；完成了对“创业孵化（示范）基地核准子系统”“创业项目征集和推介子系统”“创业孵化基地招商信息发布子系统”“孵化基地信息交流子系统”的需求调研分析和概要设计工作。到年末，全省省级创业孵化基地总数将超过180个，总孵化规模超过6500户，在孵企业超过4500户，带动就业超过11万人。

抓好融资服务工作，全力缓解民企资金困难。一是积极做好银企保对接工作，着力满足重点企业有效融资需求。两次召开全省政银企保对接会议，共实现银企保合作贷款签约项目532个，签约金额134.8亿元，满足了部分重点企业的有效融资需求。与此同时，积极做好融资服务市州行活动，在市州召开了小规模、专业化的银企对接活动，为部分重点企业提供了必要的融资支持。二是召开金融机构联络员会议。先后召开2次金融机构联络员会议，主要是对当前经济形势进行通报，对“四有一缺”企业项目进行推荐，对公共财税政策进行宣传与解读，不断增强金融机构信贷投放信心，提高金融机构开展银企对接活动和服务中小微企业积极性。三是全面加强融资担保体系建设，为企业融资提供有效载体。开展了融资性担保机构合规性审查工作，对资本金使用、业务开展、风险控制、内控制度建设等情况进行了合规性审查，为促进行业健康发展奠定了坚实基础。四是助保金池业务试点工作进展顺利，放大与引导效应逐步显现。2015年，扩大助保金池试点范围，列支5000万元新设助保金池6个，实现了市（州）全覆盖。截止到目前，全省已设立助保金池11个，铺底资金总规模为1.65亿元，已开展业务77笔，贷款额度为4.7亿元，解决了部分重点企业的有效融资需求。

推进企业电子商务发展。落实省政府与阿里集团战略合作协议相关内容，在辽源组织召开了“省政府与阿里集团推进全省中小企业电子商务现场会”，对全省企业电子商务（B2B）进行全面部署，围绕全省规上企业、特色工业园区、专业市场等领域，建立电子商务企业培育库，加强政策支持与服务，已推动了1600户中小企业使用阿里巴巴平台实现网络销售。继续实施全省中小企业网络营销“翔计划”工程，着力推进企业开展互联网营销，已推进1000户中小企业进入百度集团网络营销体系。省级中小企业引导资金列支1010万元对企业开展电子商务给予补助。

健全服务体系。一是组织开展了国家中小企业公共服务示范平台运营情况大检查。根据国家工信部要求，对前三批国家中小企业公共服务示范平台（10家）运营情况和服务满意度进行测评。二是完成我省中小企业公共服务平台网络建设项目验收。对全省中小企业公共服务平台网络建设项目进行考核验收。在全省范围内对省平台和27个窗口平台建设项目进行了考核评估，通过自行申报、预审答辩、督导整改、现场验收四个环节，顺利实现“两个”互联互通。即在全国率先实现与国家平台的互联互通，在全省实现27家窗口平台与省枢纽平台的互联互通。三是推进政府购买公共服务试点。与财政沟通，选择长春市开展政府购买公共服务试点。按照“政府扶持中介，中介服务企业”的原则，充分发挥市场配置资源的决定性作用，提高配置效率，优化服务环境，拟通过为中小企业提供法律服务、管理咨询等，降低企业成本，增强企业竞争实力。目前全省已建立覆盖省、市、县三级中小企业公共服务平台115个，国家示范平台11个，聚集服务机构379家，注册企业1万余户，年服务企业5.5万户。

加强民营经济统计监测。一是不断完善运行监测体系。组织开展5期新增500户监测企业统计人员和直报点管理员培训班，扩大监测样本量，目前，我省国家重点监测企业达到1000户，新设直报点47个，有效地提高了运行监测数据报送质量。初步形成月有国家千户、民营工业规上调度指标系统，季有全口径民营指标调度和分析系统的民营经济运行统计监测体系。二是加强要素保障，保持民营经济平稳增长。结合我厅开展的“工业稳增长”服务活动、包保停产企业和中小企业入规活动，加强民营企业现场调研，强化生产要素保障，重点围绕民营企业融资、用地、减负、服务、科技创新等企业关心的方面，全面给予帮扶，反映情况，解决问题，使民营经济各项政策落到实处，确保民营经济稳步增长。

三、当前我省民营经济发展中面临的主要难题

融资难融资贵问题仍然比较突出。我省中小微企业资金缺口仍然较大。2014年，据我厅对730户重点企业流动资金需求的定时监测，共需资金238亿元，自筹解决62.2亿元，缺口达175.8亿元，这些企业多数为民营性质的中小企业。融资贵的问题也较为突出。据统计，中小微企业银行信贷融资成本平均超过12%，部分企业甚至超过15%。从小额贷款公司和典当行获取资金的企业融资成本平均达到30%以上。

要素成本快速提升，转型升级难度加大。一是要素成本增加。2014年，受大宗商品价格低迷以及国内产能过剩压力持续影响，直接导致民营规上工业企业产品库存高达580.6亿元，同比增长7.4%；应收账款533.2亿元，同比增长7.1%；产销率97.6%，同比下降0.2个百分点，二是结构性矛盾对民营经济的影响进一步突出。我省一般加工工业和资源密集型产业比重过大，新能源汽车、新材料、信息产业等新兴产业占全省工业的比重不高，高端制造业和生产性服务业发展滞后，项目的拉动作用也在逐渐下降。三是制造业和服务业融合发展不足，生产性服务业比重为39%，比发达省份低20个百分点左右。服务外包、物联网等新型业态规模小、数量少、层次低，电子商务交易额仅为发达省份的10%左右。

人才短缺。技术创新人才缺乏，人力成本不断上升，民营企业人才储备总量不足，综合素质总体不高，部分行业、企业存在着“旧人流失、新人难招”的现象。据统计，目前长春市60%的民营企业缺少高级职业经理人，50%工业型民营企业缺少高级技术人才，90%的民营企业存在用工缺口。

创新能力不足。一是部分民营企业决策者创新意识

不强，投入方面长期“欠账”严重，发展后续项目少；二是部分民营企业决策者缺乏合作意识,不愿意增加投入与高校及科研单位进行合作开发，从而禁锢了企业的创新发展。目前，全省规模以上工业企业新产品产值率只有5.8%，低于全国平均水平0.1个百分点。三是受所处发展阶段及规模限制，我省民营企业在技术研发人员与经费投入上明显不足。长春市有科技含量的民营企业仅占民营企业总户数的4.5%，80%的工业民营企业每年的研发经费支出占全年销售收入不足1%。

四、下步开展工作

继续推进民营经济重点改革。探索民营经济“十三五”发展新方向、新路径，加快体制创新、完善政策支持和市场服务体系。落实国家支持东北振兴的政策措施，协调并推荐长春市、通化市纳入东北振兴国家民营经济改革试点范围，并协助两市做好试点城市方案编制工作，力争将两市纳入第一批试点。继续抓好长春市突出发展民营经济综合配套改革示范区试点工作，协调省政府各部门，深入推进政策措施的落实，以点带面加快推进长春市改革试点进程；选择一区多点中的一点，组织召开长春市民营经济配套改革示范区改革经验交流会，推广成功经验和做法，激发我省民营经济发展活力。

进一步抓好民营经济运行和中小企业监测工作。正确研判形势，加强政策分析，进一步完善民营经济运行分析报告；加强与上级部门沟通，掌握国家工作方向。做好国家中小企业生产经营运行监测平台工作。扩大样本量力争达到1500户，通过增补样本，提升样本质量，掌握中小企业运行情况，做到月有规上民营工业企业生产指标表、规上民营工业企业财务指标表、重点监测企业月报表，季度有民营经济全口径分析报告，切实把运行监测工作做实、做细。

进一步推动小微企业健康发展。深入贯彻落实国务院关于支持小型微型企业健康发展的意见，重点落实好我厅负责的小微企业贷款贴息和增加小微企业担保增量业务补助政策，加大支持和服务小微企业资金额度。继续推动“中小企业入规升级”专项行动。调整和完善“入规升级”企业培育库，2016年培育拟入规企业规模力争达到1000户，力争推动500户中小企业由规下进入规上。

加大中小企业市场开拓力度。一是围绕全省90个特色工业园区、20个专业市场，继续加强与阿里、百度集团合作，重点组织工业企业加入阿里诚信通平台，扩大企业B2B电子商务规模；继续实施全省中小企业网络营销“翔计划”工程，着力推进企业开展互联网营销，列支专项资金，补助开展电子商务的企业入网服务费用。二是继续组织好各地区参加各种专业展会，力争发展一批域外代理商、成功推介一批特色产业加工项目帮助企业扩大市场份额。

进一步推进全民创业工程。深入开展国家小微型企业创业示范基地和省级创业孵化示范基地创建工作，建设旗舰型、品牌型孵化基地，力争消除省级创业孵化基地建设空白点，基地总量达到200户。探索建立吉林省创业孵化产业战略联盟，鼓励现有省级创业孵化基地建立“创新工场”“创业咖啡”“创客公园”等多种形式的众创空间，提升对创业者的培育功能。抓好“双万”和技能人才培训，创新培训方式，由集中办班向园区、社区、院校、集群和重点企业延伸；扩宽培训领域，由教学培训向实训延伸，确保完成培训3万名以上的目标。

进一步推进中小企业服务体系建设。充分发挥中小企业公共服务平台的作用，为中小企业提供“找得着、用得起、有保障”的服务。一是探索政府购买服务。依托省级中小企业公共服务平台，为2016年拟入规企业免费开展法律服务（非涉诉）和财务审计服务，从中小企业服务体系专项资金中列支，补助所发生费用。二是定期开展专项服务。每季度组织平台网络和公共服务平台重点围绕融资担保、人才培训、创业创新、市场开拓和管理创新等开展精准服务。三是提升平台服务能力。召开全省中小企业公共服务平台服务能力建设座谈会，加强中小企业公共服务平台建设，整合社会化服务机构，重点打造科技创新、创业培育、市场开拓等服务平台。进一步提升国家中小企业公共服务示范平台的服务能力，起到引领和示范带动作用。

做好中小企业融资服务工作。一是做好银企对接工作。工作重心和工作重点向市（州）、工业园区以及重点企业倾斜，以开展小规模、多样化的银企对接工作为主，使银企对接工作取得实效。二是做好助保金池工作。做好对四有一缺企业融资需求项目的梳理工作，摸清企业融资需求情况，做好入池企业的征集和前期调查工作，充分发挥已设立的助保金池的融资服务功能，有效缓解四有一缺企业融资难。

2016年吉林省民营经济发展情况

一、全省民营经济发展总体情况

今年以来，根据省委省政府部署和要求，按照“变中求新、变中求进、变中突破”的原则，以深化民营经济改革和创新驱动为主线，积极应对压力和挑战，民营经济保持稳中有进的增长态势，对全省经济发展起到了重要支撑作用。

一是政策环境不断优化。今年3月4日，习近平总书记在全国政协民建和工商联的联组会上做了关于非公有制经济发展的重要讲话。省委、省政府立即跟进落实，4月12日召开了全省突出发展民营经济推进大会，就坚持党的基本经济制度、落实推动民营经济发展“五项举措”、建立“亲”“清”政商关系、加强改进服务、推动政策落实、营造良好发展环境进行了全面系统部署,出台了《关于进一步促进民营经济加快发展的实施意见》。3月22日，全国政协王钦敏副主席带队来吉林进行专题调研，将非公经济发展作为调研重点，3月29日俞正声主席针对非公经济发展又在吉林召开了两次座谈会，对于我省推进新一轮振兴发展，起到重要的推动作用。国务院对我省促进民间投资政策落实情况和重大政策落实情况开展了两次督查，有力地推动了党中央、国务院重大决策部署落实，有效促进民间投资健康发展。5月份又召开了全省软环境视频大会，认真贯彻习近平总书记等中央领导对东北软环境建设做出的重要批示，出台了《关于进一步加强经济发展软环境建设的意见》，明确提出了9个方面41条措施。今年7月27日，举办首届全球吉商大会，邀请国内外1200余名吉商聚集吉林，成立“吉商联合会”，凝聚提炼“吉商精神”，激发吉商回乡创业、投资吉林的热潮。8月30日，中央深改组召开第27次会议，审议通过的《关于完善产权保护制度依法保护私有产权的意见》，以及10月18日李克强总理主持召开国务院振兴东北地区等老工业基地推进会议，又进一步为发展民营经济、保护民营企业家合法权益提供了新的制度保障和改革机遇。这一系列举措，也极大增强了全省民营经济发展的动力和活力。

二是效益缓中有升。2016年，全省民营经济实现主营业务收入36028亿元，同比增长8.3%；上缴税金755.9亿元，同比增长1.9%，企业户数25.9万户，同比增长10.1%；个体工商户147.2万户，同比增长8%。全省民间投资完成10200.05亿元，同比增长12%，占全省固定资产投资比重为74.1%，高于全省固定资产投资增速2.4个百分点。降本减负初见成效，全面落实省政府出台的推动企业降成本52条政策措施和清费减负优化发展软环境4期公告，李克强总理对我省清费减负工作给予了充分肯定。

三是产业转型发展的新动能持续积蓄。认真贯彻落实省政协《关于加快我省工业转型升级的建议案》、制定出台了中国制造2025吉林实施纲要、推进制造业与服务业融合发展行动方案、支持新型产业发展战略联盟建设的实施意见、推进医药健康产业发展实施意见、新能源汽车推广应用补贴资金管理办法等政策意见，以民营经济为主的战略性新兴产业展现了良好发展态势。先进装备制造产业，远距离、长航时无人机实现产业化，六自由度工业机器人和3款服务机器人成功研制。前三季度，全省装备产业增加值同比增长10.1%，高于全省平均水平3.7个百分点。生物医药产业，菌苗、疫苗、单克隆抗体等各类型产品成功研制，我省已成为重要的基因工程药物和疫苗生产基地。全省医药产业增加值同比增长11.6%，高于全省平均水平5.2个百分点。电子信息产业，“吉湾一号”CPU、超高密度LED显示屏、CMOS传感器、绝对式光栅尺实现批量生产。全省电子信息制造业增加值同比增长8.4%，高于全省平均水平2个百分点。新材料产业，碳纤维、玄武岩纤维、聚酰亚胺纤维、聚醚醚酮、有机电致发光材料等一批新材料实现规模化生产。

四是“双创”氛围不断浓厚。从完善相关政策、机制和措施，优化创业创新发展环境等方面入手开展一系列工作，激励和引导大众创新创业。截至目前，全省每天新生成企业297户，比年初增长52%。一是改革试点引领“双创”。 2014年省委、省政府启动长春市民营经济改革试点工作以来，长春市不断优化民营经济发展环境，制定优惠政策、注重载体建设，强化服务保障、破解发展难题，民营经济呈现加快发展的良好态势，长春市民营经济总量占全省民营经济的33%，已成为全省经济社会发展最具活力的增长点和重要支撑力量。二是科研成果孵化“双创”。 我们把建设省光电子创业孵化基地、化工新材料创业孵化基地、吉林大学科技园等列入省政府重点工作任务，分别投入6000万元、2000万元、1500万元进行重点扶持。吉林省光电子产业孵化器共有在孵企业52家，服务机构15家。2016年在孵企业预计实现销售收入2.35亿元，利润0.34亿元，税金0.35亿元，已发展成为集聚光电子创新要素与资源系统集成的光电子生态产业园区。三是龙头企业带动“双创”。按照“平台+服务”的发展模式，东北袜业园已聚集入园企业810户、拥有100多个自主品牌，织袜产能达23亿双，园区产值达65亿元，直接和间接安置就业2.3万人。中国针织协会已申报在东北袜业园建设承接国家产业转移示范园区。四是公共服务助推“双创”。目前全省已建成孵化基地183家，众创空间55个，累计出孵企业1800户，在孵企业5000户，东北袜业园等3个基地晋级为“国家小型微型企业创业示范基地”。全省共认定省级中小企业公共服务平台150家，整合各类中介服务机构407家，全年共为5.5万户企业提供服务。全省已上线开通阿里巴巴诚信通店铺3510个，6979家企业在百度引擎平台进行互联网营销。确定了438户企业开展私营企业建立现代企业制度试点，组织近千名民营企业家开展私营企业建立现代企业制度培训。全省共举办“双万”培训班160期，培训21650人；举办技能人才培训230期，培训13100人。

五是融资难、融资贵有所缓解。截止到年底，全省小微企业贷款余额2985.53亿元，同比增长11.6%，低于各项贷款增速0.8个百分点；小微企业贷款户数17.55万户，比去年同期增加0.76万户。全省共有融资性担保机构205户，资本金规模257亿元，在保责任余额890亿元，平均担保费率1.89%，同比下降0.31个百分点。全省共设立“助保金池”26个，铺底资金3亿元，开展业务194笔，贷款额度12.5亿元，有效地缓解了部分企业融资难、融资贵问题。

近年来，我省民营经济发展总体是好的，但同发达省份比较，差距较大，推动民营经济发展还面临一些难题。

民营总量不大。1-9月份，我省民营经济实现增加值4844亿元，是广东的16.9%、浙江的25.1%、江苏的34.3%、辽宁的45.7%、黑龙江的80.5%。民营企业数量少，我省现有民营企业24.3万户，仅为广东的9.2%、江苏的12.8%、浙江的17.8%、辽宁的71.5%，比黑龙江多1.4万户；我省主板上市企业40户，而浙江省298户，江苏省276户，广东省221户，辽宁73户，黑龙江35户；在2016年中国民营企业500强中，浙江占134家，江苏占94家，广东占50家，而我省只有修正药业1家（黑龙江1家），即使是与辽宁7家相比，也差距明显。我省民营企业产业层次不高,偏重化工型、偏资源型、偏传统型的产业结构，“原”字号“初”字号产品居多的单一产品结构还没有得到有效改善。

创新能力不强。总体看，我省拥有自主知识产权、掌握核心技术和市场竞争能力的企业少。表现为创新投入低，2015年规上工业企业R＆D经费支出占主营业务收入比重约为0.36%，低于全国平均水平0.5个百分点；专利数量少，2015年工业企业专利申请数、拥有有效发明专利数分别为2370件和2432件，只占全国的0.37%和0.4%；成果本地转化率低，2015年在技术市场成交2891项合同中，买方单位属于我省的有1747项，占60.4%，有近40%的技术成果流到域外。全省首批筛选的1100户科技小巨人企业，仅占规上工业总数的19.5%，有在建项目企业不足240户，科技成果产业化能力不强。

管理水平有待提升。人才短缺是制约民营经济发展的瓶颈，既缺乏高素质企业家，又缺乏科技专家与管理团队，更缺乏职业技能人才。大部分民营企业以家庭式、作坊式管理模式为主，尚未建立现代企业制度。受传统观念束缚，安于现状、“小富即安、不成即满”，制约民营企业整体素质的提升。在转型升级的新形势下，面临“不想转、不会转”的困惑。

发展环境有待优化。制度性交易成本较高，项目审批特别是新开工项目审批环节多,办理手续复杂,审批时间长。在项目许可审批过程中,很多主管部门要求提供的审批材料互为前置条件,导致企业无所适从。行业准入还有很多限制,民营市场主体往往难以获得同等的市场准入条件。在争取国家专项建设基金、PPP、招投标、融资等方面，民营企业竞争环境相对弱势。

二、下一步重点工作

李克强总理在振兴东北地区等老工业基地推进会议上明确表示，要“打赢东北振兴攻坚战”！民营经济已经成为全省振兴发展的“半壁江山”，民营经济也是市场在配置资源中起最决定性作用的重要板块，下一步计划从五个方面“更好地发挥政府作用”，推进贯彻落实“新35条”；积极采纳和落实好省政协、各民主党派、政协委员关于民营经济发展的意见、建议。

注重政策落实机制，切实增强企业政策获得感。努力把政策制订过程转化成为协商凝聚扶持共识，协同创新政策，协调推进落实的过程，深度解决政策“悬空”问题。一是建立部门协同落实政策机制，进一步强化全省加快民营经济发展联席会议，协调解决全省民营经济发展中出现的问题，促进有关部门各司其职，密切配合，形成推动民营经济发展的强大合力。二是建立政商“亲”“清”助推机制，研究建立省市县三级领导联系重点开发区、工业园区、公共服务平台工作制度，明确发展目标和发展路径，聚焦项目、人才、规划和融资等主要问题，协调解决发展难题。深入开展工业转型升级三年行动计划，帮助企业协调解决运行、投资和项目建设中遇到的困难和问题。三是建立降本减负协调机制，突出把握结构性，改革供给侧，重点打好企业降本减负“组合拳”。认真落实省政府发布的4期清费减负公告精神，持续推进企业降成本专项行动，对行政事业性收费等政府定价的省级经营服务性收费目录清单施行动态管理，真正为民营企业“松绑减负”。四是建立政策获得服务机制，依托全省中小企业公共服务平台网络，集聚优质服务资源，通过政府委托、奖励、购买服务等方式，大力实施政策落实、融资担保、人才支撑、创新创业、市场开拓五大服务工程，推进线上线下一体化、枢纽窗口协同化，推动各项政策落实、落细，让民营企业真正获得政策。

完善“五大体系”，着力构建协调服务机制。开展优化投资营商环境专项行动，推动“法治东北、信用东北”建设，真正激发社会潜能，释放东北发展的内生动力。2017年将进一步从营造“五大体系”入手，着力构建公正有力、公平有效、公开有序的协调服务机制。一是完善融资服务体系。推动产融合作试点，建立产融对接服务平台，发挥首钢东北振兴产业发展基金等投融资功能，促进重点产业发展。积极拓宽助保金池业务范围，降低担保机构担保费率，规范小额担保贷款，降低企业融资成本。二是完善创新服务体系。构建政府支持，企业、研发机构、资本协同推进，共享科技成果的协同创新机制。加快先进医疗器械、碳纤维、秸秆生物利用等产业协同创新中心建设，全面推进新技术、新产业、新模式、新业态，着力提升制造业创新能力。三是完善市场服务体系。适应“互联网+”的发展新趋势，推动与阿里巴巴、聚贸等大型电商平台合作，加强营销第三方平台建设，为中小微企业提供供应链运营服务。采用更加优化的营销方式，帮助创新型企业“首购首用”“平台运用”，保障新产品、新技术、新工艺市场推广的效率、效益和效果。四是完善创业服务体系。培育新的创新创业载体，以创新产业带动创业就业。推广协同创新中心模式，增强成果孵化和产业转化能力。积极推进小型微型企业创业示范基地建设，围绕重点产业，依托产业链，指导建设创业示范基地，为创业企业、团队和个人提供各种要素的服务。五是完善人才服务体系。积极整合各方资源和力量，大力推进互联网协同，进一步激发创新创业的网络协同合力。重点抓好企业家、科技领军人才、技能人才三支队伍建设。全力提升民营企业家互联网思维、资本运作和驾驭创新能力。全力推进产教融合发展，加大企业技能人才培训力度，重点围绕装备制造、医药健康、电子信息等领域的人才需求，开展定向精准培训和精益锻炼。

突出创新驱动，实施工业转型升级三年行动计划。一是建立分业施策的转型升级推进机制，结合制造业升级改造重大工程包计划，围绕发展新兴产业、改造传统产业关键领域和薄弱环节，在汽车、石化等10大行业分别制定并组织实施转型升级三年行动计划。二是实施工业强基行动计划，重点推进156种标志性核心基础零部件、关键基础材料、先进基础工艺和产业技术基础，构筑转型升级的产业技术基础，推动平台强基、产业升级。开展轻工、纺织、食品、医药领域消费品工业“三品”（增品种、提品质、创品牌）专项行动和“同线同标同质”工程试点。三是实施智能制造行动计划，以重大产品和成套装备的智能化为突破口，抢占高端装备制造的制高点。支持一批智能制造重点企业纳入国家试点示范。四是实施绿色制造行动计划，以清洁生产，资源循环再利用、再制造，能源高效利用为重点内容，推动传统产业绿色化改造。实施服务型制造行动计划，积极发展创新设计，培育服务制造新业态、新模式，充分依托新一代信息技术和人工智能技术，加快推进产业模式创新。

搭建双创平台，培育创新创业社会氛围。一是推广应用T2T平台，增强产业孵化能力。构建基于“互联网+”的集众智推众创产业生态体系。突出抓好长春光机所“T2T”平台等一批“创新创业”平台。二是推进平台集聚、集群发展。完善特色园区等区域性发展平台，推动辽源袜业园等特色园区进一步完善平台建设。推动“吉林一号”“吉湾一号”集群发展，打造光电子产业生态集群。三是促进传统创业孵化基地转型升级。改变创业孵化基地靠收取租金运营的传统模式，向服务型、产业型延伸。把创业孵化基地打造成中小微企业聚集区，切实降低入孵企业成本，有效化解创业风险。四是促进双创平台开放合作。开放“双创”平台聚集的各类资源，加强与各类创业创新基地、众创空间合作，为全社会提供专业化服务。加强与韩国江原道在生物医药方面的交流合作，推动我省生物医药医疗器械产业的发展，在开放合作中实现共创共赢。五是推动产教融合发展。坚持企业主体、以教为先、改革创新和共建共享，围绕构建新型产教融合体系，依托重点园区、重点企业、重点院所与现有职业教育体系中的重点院校合作，共同建设开放型产教融合平台。

促进法律保障，依法建设投资营商环境。一是深入贯彻中央深改组第27次会议精神，真正促进从立法、执法、司法、守法上确立产权（权利、机会和规则）公平平等的价值取向，坚持平等保护、全面保护、依法保护。二是重点完善政府守信践诺机制，促进各级政府及部门严格兑现、认真履行在招商引资、政府与社会资本合作等活动中与投资主体依法签订的各类合同，着力解决政府不依法行政、政府失信导致行政公权力侵害企业和公民产权等问题。三是积极引入第三方评估机制，对政策的贯彻落实情况进行动态化评估。全力配合相关方面，加快开展民营经济立法调研等准备工作，深度促进依法建设投资营商环境。

上海市

2015年上海中小企业服务工作总结

2015年，上海市认真落实国家“扶助小微企业专项行动”要求，细化落实扶持政策，深化培育“专精特新”企业，优化服务体系运转，强化小微企业服务，努力促进上海中小企业的健康平稳发展。

一、细化落实扶持政策

协调贯彻落实“国发52号文”。发挥市促进中小企业发展工作领导小组作用，协调23个部门报送贯彻落实《国务院关于扶持小型微型企业健康发展的意见》（国发〔2014〕52号）工作情况，组织召开了上海市促进中小企业发展工作领导小组各成员单位联络员会议，推进政策落地。协调各相关委办局，完成市人大“中小企业活力竞争力”专项监督审议意见办理工作。

组织召开政策宣传月活动。根据工信部要求，8月20日至9月20日期间，组织开展“小微企业政策宣传月”活动，收集了国家及本市上百项小微企业政策，各区县、服务机构开展了近千场服务活动，服务企业上万家。

研究制订中小企业服务“十三五”规划。依托专业机构，组织开展“上海市优化中小企业服务‘十三五’规划”编制工作，形成了规划初稿。

二、深化培育“专精特新”企业

出台上海市发展“专精特新”三年行动计划。6月29日，市经信委、商务委、科委、国资委、人社局、质量技监局、金融办7部门印发了《上海市发展“专精特新”中小企业三年行动计划（2015-2017）》（沪经信企〔2015〕365号），提出3年培育目标，即滚动培育1500家“专精特新”中小企业，其中国内“隐形冠军”150家、国际“隐形冠军”15家。经组织申报和复核，发布了2015年度1323家的“专精特新”企业名单。据企业自主申报和初步统计，其中，产品细分市场占有率位于国际和国内前三名的有560家，处于第一名的345家。

推出“专精特新”企业价值增值计划。利用信息化手段，搭建“专精特新”企业合作平台，开通“专精特新”企业号（微信版），完成内部试运行；组织举办了“专精特新”企业“走进央企”系列活动，分别与中国商飞、江南造船厂、航天八院、电科所等大型企业开展了航空、船舶、航天、智能制造产业链的专项对接活动。组织质量服务机构为“专精特新”企业开展质量诊断及咨询培训服务，完成2014年度1459家“专精特新”企业知识产权情况调研，据统计，有授权专利的企业1079家、有注册商标的企业1006家、有登记的软件著作权的469家。联合中国移动上海市分公司和上海市计算机行业协会，开展2场针对“专精特新”中小企业信息化推广活动。

推动企业间“联谊、联智、联业”。支持组建了上海市“专精特新”企业家联谊会及上海市“专精特新”智能制造、绿色食品、绿色消费品专业委员会，支持筹建科技创新、合作交流、企业发展和品牌推广等小组，支持开展“联谊、联智、联业”活动；改版升级“企业家联谊会”会刊（微信号），按周推送联谊会动态、企业风采等内容；组织开展合作交流，举办企业家沙龙活动，组织“专精特新”企业参加米兰世博会、第十二届中国中小企业博览会、“第12届中国—东盟博览会”“第11届中国新疆喀什—中亚南亚商品交易会”和“2015两岸企业家紫金山峰会”等展会、论坛活动。利用各种媒体加强“专精特新”企业宣传，在解放日报集中报道了15家“隐形冠军”企业典型。

加强企业家培训和企业服务。委托复旦、交大开展了2期中小企业领军人才培训，新培训企业家近百名。组织企业家参加《中国制造2025》专题培训，参加党委党外人士专题培训等。配合委人教处开展了“上海市领军人才”和“优秀农民工”推荐和申报。联合市科协、市人才办、市发改委、市科委、市国资委等相关部门，继续推动“专精特新”企业院士专家工作站的建站工作，提高“专精特新”企业的技术创新能力，截至2015年底，累计建站企业41家。针对企业需求，市级服务中心组织“半月坛”、政策解读、安全等各类公益性专业培训近40期次，培训人员2500余人次。

三、优化服务体系运转

做好“上海市中小企业服务互动平台”运营。集聚服务资源，完善平台功能，做好平台运营，2015年底平台集聚上线的服务机构345家，服务志愿者120名，服务档案29782条，平台注册企业数35291家。依托本市产业园区（商务楼宇），研究探索服务中小企业的“创+服务站”模式。

探索中小企业服务第三方绩效评估工作。在工信部指导下，探索开展中小企业服务第三方绩效评估工作，走访相关部门，召开了系列座谈会，听取专家学者、政府部门、区县、服务机构及企业对评估工作的意见建议，筹建评估工作专家委员会和咨询委员会，设计评估指标体系、评估流程，形成并完善评估工作方案。选定了委托的专业机构，动员全部服务机构参加试验性评估，试点开展第三方绩效评估工作。

完成2015年上海市中小企业服务机构申报、复核工作。组织开展了市级中小企业服务机构组织申报和复核，发布了2015年度上海市中小企业服务机构名单，截至2015年底，新申报和复核通过的市级中小企业服务机构总数达到361家。对7家中小企业公共服务示范平台进行了测评。

办好《信息速递》。完善推送渠道，丰富信息内容，结合“双创”工作推进，2015年推出了3期的《上海中小企业信息速递》（创业者）专刊，增加了区县政策举措内容介绍，分6期推出了6个区县的政策举措，通过纸质版、网络版、手机版、微信版的方式每月向10万家以上中小企业免费推送，截至2015年底，累计推送45期。发放《上海市中小企业发展志愿服务指引2015》4300份，提供现场咨询近500人次。

四、推进大众创业万众创新

开展国家双创基地城市示范试点。贯彻落实“大众创业、万众创新”战略，支持浦东新区成功申报入围国家首批“小微企业创业创新基地城市示范”（全国共有15个城市入选），获得了6亿元的国家资金资助（分3年到位）。指导浦东新区细化小微企业创业创新政策举措，引导其他区县争创“小微企业创业创新基地城市示范”。

组织开展“双创活动周”活动。根据工信部要求，10月中旬组织区县及各类中小企业服务机构开展了“双创活动周”活动，引导制订完善及宣传双创政策，组织开展各类双创服务和展览展示活动上百场，营造良好的创业创新氛围。

加强小微企业创业创新服务。根据工信部“扶助小微企业专项行动”要求，组织开展“扶持小微企业，发展专精特新”主题服务活动，支持小微企业创业创新。继续发挥中小企业发展服务志愿团作用，深化“走进产业园服务中小微”专题活动，2015年开展了19场志愿者服务活动，直接服务中小企业900多家次，累计开展志愿者服务活动42场，服务企业2700余家次。联合市质量协会以及市标准化协会等专业化机构，2015年开展了3次质量提升和2期标准化公益性培训。组织100多家中小企业参与2015年全国中小企业网上百日招聘高校毕业生活动。

五、创新融资服务

召开季度中小企业信贷工作例会。按季度组织召开信贷工作例会，交流中小企业金融创新产品和融资服务经验，帮助商业银行开发针对性的信贷产品，评选了2015年度上海中小企业融资服务最佳合作伙伴。2015年度信贷例会共帮助企业融资对接近10亿元。组织了7次融资服务沙龙活动，帮助银企对接。据上海银监局统计，2015年末，上海银行类小微企业贷款余额10541.27亿元，较年初增加267.33亿元，增幅2.60%，低于同期银行类各项贷款增幅6.18个百分点。同期，上海银行类小微企业贷款户数16.51万户，较年初增长3.58万户；上海法人银行小微企业申贷获得率约95.97%，比去年同期增长23.9个百分点。2015年末，上海银行类金融机构小微企业贷款覆盖率21.59%，较年初上升4.55个百分点；小微企业综合金融覆盖率307.50%，较年初增长45.99个百分点。

备战上交所“战略新兴板”。加强与上交所沟通协调，积极参与“战略新兴板”的推进。加紧首批上市企业资源培育的工作筹备，建立完善重点培育企业数据库，会同市金融办、市科委、上海证监局等相关部门、区县、机构，形成了2248家“战略新兴板”后备企业名单和近200家重点培育企业名单；召开了系列重点培育企业座谈会开展企业情况梳理工作，全面掌握拟上市企业的主要信息；联合上交所共同举办了“第18期百家中小企业改制上市系列培训暨第1期高级研修班”，对本市60余家战略新兴产业和“互联网+”为代表的重点拟上市企业的近120名高管开展系统性培训。同时，协调推进“战略新兴板”产业导向及相关机制建设，探讨研究解决共性问题。支持中小企业各类资本市场挂牌上市，编印《上海市中小企业改制指南2015版》（修订）、《2015上海中小企业风投与私募指南》和《2015上海E板挂牌企业项目与募资推介手册》等手册，举办了6场对接资本市场的培训活动，培训440家企业700余人次。2015年，本市新增主板、创业板上市公司17家，累计募集资金93.65亿元。其中主板上市12家，募集资金81.16亿元；创业板上市5家，募集资金12.49亿元。全市共有6家企业已通过发审会审核待发行上市，其中主板4家，创业板2家。另有62家本市中小企业已向中国证监会报送了IPO申请材料（主板46家、中小板2家、创业板14家）。此外，本市共有813家中小企业在场外市场挂牌，其中全国中小企业股份转让系统490家、上海股权托管交易中心323家。

研究制订“四新”企业、小微企业助贷金方案。根据工信部要求，形成本市四新企业、小微企业“助力贷”方案，联合商业银行、担保机构，以基金方式鼓励商业银行为小微企业提供信贷支持。

支持担保行业的发展。研究制定《关于进一步促进本市融资担保行业持续健康发展的若干意见》，通过组建大型政策性担保机构、完善市区政策性融资担保体系、探索搭建“投、贷、担”联动平台、推进银担合作风险分担、落实资金补贴扶持等措施，有效放大担保业务倍数。通过专项资金倾斜，引导担保机构开展小微企业融资担保业务，将微型企业担保业务的资助比例提高到2%，小型企业则为0.2%，2015年，市中小企业发展专项资金支持10家担保机构1000万元。

做好中小微企业融资运行监测工作。重点围绕银行信贷、小额贷款和P2P三条融资成本曲线开展运行监测工作。在分析三种利率趋势的基础上，每个季度发布《上海中小企业季度融资报告》，分析中小企业融资运行情况，推动和引导全社会关心中小微企业融资工作。

六、做好专项资金管理和运行监测

开展专项资金申报工作。编制年度资金预算安排，完成2015年上海市中小企业发展专项资金项目指南下发、组织申报、项目审核、管理合同签订、资金安排等工作。2015年共受理区县上报项目341个，第一批资助中小企业116个，安排市级财政专项资金9800万元。其中，小微企业资金支持比例约占72%。

研究设立上海市中小企业发展基金。根据国家部署，上海市经信委、市财政局共同研究上海市中小企业发展基金设立工作，形成了上海市中小企业发展基金管理办法（初稿）。

开展中小企业运行监测。开展优化小微企业运行监测指标体系的课题研究，设置适合的报送内容，建立专项运行监测机制，强化本市小微企业运行监测工作。加强专项运行监测，提升中小企业运行监测质量。2015年，本市小微企业运行监测样本企业每月平均数量为1078家，月上报率79%左右，基本覆盖了全行业、全地区。及时将相关数据报送工信部，月平均上报企业数550家左右。

（上海市促进中小企业发展协调办公室）

2016年上海促进中小企业发展工作总结

2016年，围绕更好发挥中小企业在建设科创中心和助推“双创”工作中的重要作用这一核心，细化落实扶持政策，优化服务体系运转，创新培育“专精特新”中小企业，推进中小企业创业创新，改善融资环境，助推中小企业开拓市场，建立运行监测新机制，发挥财政资金作用，努力促进上海中小企业健康平稳发展，顺利完成了2016年度的各项目标任务。

一、细化落实扶持政策

组织梳理中小企业相关政策。为使企业更简明扼要地掌握和运用各类政策，从重要性、实用性、可操作性角度出发，委托专业机构对2013-2016年国家和上海市中小企业政策法规开展收集、整理与专题研究，累计梳理国家级和本市地级政策259条，其中国家级134条、地方级125条。

编制《优化中小企业服务“十三五”规划》。组织开展《上海市优化中小企业服务“十三五”规划》编制工作，起草编制过程中多次深入企业调研，召开座谈会，征求相关委办局及各区意见，并组织专家论证。该规划在未来五年内为中小企业服务工作指明了方向。

二、优化服务体系运转

全面启动中小企业服务第三方评估稽核工作。编制《中小企业服务第三方绩效评估操作手册》和《上海市中小企业服务机构第三方绩效评估指标》。通过政府采购，确定2家第三方绩效评估机构，对284家服务机构开展第三方评估。

提升“上海市中小企业服务互动平台”服务能力。2016年底平台注册企业数36641家，集聚上线的服务机构360家，服务志愿者150名，累计服务档案34703条，全年累计审核各类服务项目3186条，审核、发布通知公告1905条，累计审核了2273条机构和企业的认证信息。依托互动平台建立了中小企业运行监测数据库、专精特新企业数据库和中小企业服务机构数据库，进一步增强了对全市中小企业服务工作的数据支撑能力。

完成2016年国家和市级中小企业服务机构资质申报、

复核工作。组织开展国家小型微型企业创业创新示范基地申报和国家中小企业企业公共服务示范平台复核工作，完成市级中小企业服务机构组织申报。截至2016年底，申报通过的国家小型微型企业创业创新示范基地6家，复核通过的国家中小企业企业公共服务示范平台17家，市级中小企业服务机构总数达到361家。

积极开展“双创活动周”活动。根据工信部要求，10月中旬组织各区及各类中小企业服务机构开展了“双创活动周”活动，组织各区、园区、服务机构开展政策宣讲、解读等活动约30场。

三、创新培育“专精特新”中小企业

起草《关于提升“专精特新”中小企业国际竞争力的实施意见》，做好顶层设计。参照日本、德国等发达国家中小企业发展经验，结合上海城市定位，联合委综合规划处、研究室、发展研究中心等处室和单位，起草了《关于提升“专精特新”中小企业国际竞争力的实施意见》，拟从提升企业科技创新能力、提高企业全球布局能力、拓宽国际市场、培养高端人才、培育国际自主品牌、提高企业管理水平、健全国际市场拓展网络、打造跨境服务平台、加强信息服务和优化金融服务等十个方面，以提升国际竞争力为核心，全力打造“专精特新”中小企业培育工程2.0版。

加强交流对接，促进合作共赢。举办五场“大手牵小手”活动，组织“专精特新”企业家赴上海光明、上海电建、上海电气、三大运营商、上海化工区等交流对接，参与企业累计近100家次，产业链对接硕果初现，其中上海珍岛与上海电信已达成合作意向，上海东智屏科贸有望取得赛科石化、巴斯夫化工项目合同。鼓励“专精特新”企业“走出去”，带领10家企业赴陕西丹凤考察商务投资环境，10家企业赴深圳学习大型企业先进管理经验，带领4家企业赴德国意大利考察，组织5家企业与德国勃兰登堡企业代表团对接交流。会同市产业技术研究院，举办了2期“工业4.0—智能制造主题活动暨中德高科技投资对接会”，提供与德国专家和企业家深入交流合作的机会。

充实企业队伍，加强企业服务。组织2016年度“专精特新”中小企业申报和遴选工作，坚持好中选优原则，“专精特新”企业群体将扩大到1591家。开展第二轮“专精特新”企业家培训，100位“专精特新”企业家通过学校授课、现场教学等形式开阔视野、开拓创新思路，提升了企业管理水平。举办2期“专精特新”财务总监培训，每期4天，共培训了100多位财务总监。举办3期首席质量官培训，培育了200余家企业质量代表。利用微信平台建立覆盖市中小企业近500名管理人员的“微课堂”，与广州“学道家塾”培训机构合作，进行了“跨界观”、“名师说”等80场微课堂直播。打造“中小企业之家”，以服务“专精特新”企业为主，全年已举办活动52场,包括企业家沙龙、产业链研讨对接、政策讲座等，参加人员共计1337人次。

精心服务，满足“专精特新”企业人才需求。组织开展“专精特新”中小企业走进校园系列招聘活动。通过校园宣讲会、专业的人才招聘网站和HR微信群等渠道加大信息化宣传力度，深入上海知名高校二级院系定向组织中小企业进行招聘活动，共举办14场走进校园系列招聘活动，共计355家企业参加招聘，提供近2000多个工作岗位，面试人数6800名，意向录取人数2512名。

四、围绕“双创”服务，推进中小企业创业创新服务

成功举办“阿里巴巴诸神之战全球创客大赛暨2016上海最具投资潜力50佳创业企业评选活动”，营造良好创业创新氛围。会同阿里巴巴创新中心、上海市国际股权投资基金协会、上海股权投资协会、上海市创业投资行业协会，共同举办阿里巴巴诸神之战全球创客大赛暨“2016上海最具投资潜力50佳创业企业”评选工作。代表上海出战诸神之战全球总决赛的斗象和大不自多两家公司，当场获“阿里云银杏谷联名基金”投资5000万元。经评审，结合微信平台公众投票，以及专业征信机构诚信尽职调查，产生了“2016上海最具投资潜力50佳企业”。整个过程区、园区、企业积极参与，传统媒体、新媒体持续报道，活动受到了社会的关注，营造了良好的创业创新氛围。

探索开发及运维“创业创新助手”微信公众号。针对创业过程中开业服务、创业政策信息不对称及创业服务成本高等突出问题，探索开发并上线了围绕创业政策、创企活动等内容的“创业创新助手”公众号，以新设立的0~1岁中企业和创业者为主要服务对象,设置了“开业服务”、“创业政策”“创业礼包”三大板块。定期推送微信文案，积极配合开展“50佳创业企业”线上评选活动。加强公众号宣传推广，印制了宣传海报和折页手册，通过区工商注册窗口及市民办事大厅主动推送，加大社会影响力。

建设“双创”服务载体，提升“双创”服务队伍能力。搭建一批以创业园区为主的“双创”服务载体，培育一支以园区高级管理者为主的“双创”服务队伍，提高“双创”服务质量和可持续性。采用集中授课、分组讨论、学习考察、主题交流、经验分享等形式，组织了两期“上海市创业园区高级管理者培训班”，超过100名创业园区高管参加培训，为扎实推进“双创”工作创造良好的条件。

响应全国“创业创新辅导能力提升暨创业辅导师”培训，2016年共组织推荐了150多名来自市、区、园区的中小企业服务同志参加了与市经济和信息化发展研究中心共同承办的上海培训班。

扎实推进中小企业志愿者服务工作。2016年共开展“走进产业园，服务中小微”主题服务活动18场。为进一步健全志愿者服务体制、机制，提升志愿者服务效果，组织召开了志愿者代表座谈会。参加工信部主办的“2016中小企业服务高峰论坛”，系统介绍了上海中小企业志愿服务工作情况。

五、改善融资环境

深化中小企业改制（挂牌）上市培育工作。加强协调，联合交易所、相关委办和各区职能部门，共同解决企业改制上市过程中的诉求。大力培养企业上市专业人才，与上交所联合推出董秘培训上海专场，共150位“专精特新”企业人员参加了培训。针对海外构架回归企业反映的实际问题，委托专业机构编印《红筹架构企业回归境内资本市场操作指南相关问答》，以一问一答、通俗易懂的形式向企业解答回归上市等相关问题。围绕企业规范改制、IPO实操、场外市场、投融资对接、政策解读等主题，先后举办了“第二十期百家中小企业改制上市系列培训暨资本市场高级研修班”“中小企业场外市场专题培训”“沪台女创客智慧分享会”和“中小企业专项资金项目管理培训班”4场公益培训和论坛活动，累计服务企业327家次，近600人次。“半月坛”系列活动举办专题讲座8场，共有340人次参加了培训。

夯实中小微企业融资运行监测工作。重点监测中小企业信贷利率、互联网融资利率、小额贷款公司小贷利率走势，按季度开展中小企业融资问卷调查，第一时间了解和掌握中小企业融资动态。在此基础上，发布《上海中小企业季度融资报告》，分析中小企业融资运行情况，推动和引导全社会关心中小微企业融资工作。

完善中小企业信贷例会机制。发挥政府引导功能，专题研究“加强银企对接深化产融合作”“深入推进银政保合作”“金融支持专精特新中小企业提升国际竞争力”等中小企业融资的热点问题。发挥银企对接功能，1~3季度帮助近300家中小企业融资对接超过25亿元。发挥评优功能，开展2016年度“中小企业融资服务最佳合作伙伴”评选工作。信贷例会已成为集“融资对接、业务交流、金融创新”功能三位于一体的高端平台，是引领中小企业融资工作的重要抓手。

完善担保机构政策扶持体系。全力支持市担保基金管理中心，加快建设“重点园区和重点银行两个全覆盖”为目标的融资担保合作网络，在项目对接、业务宣传、人员培训等方面提供便利。落实资金补贴政策，给予9家担保机构业务补贴1092万元，支持担保机构有效放大担保业务倍数，调动商业银行和担保机构的积极性。

做好科创型中小企业融资服务。为有效拓宽本市科创型中小企业的融资渠道，聚焦投资者目光，市中小企业上市促进中心与上海股权交易托管中心、东方企业发展服务中心联合编写了《上海科创型挂牌企业项目与募资推介手册（2016）》，梳理了本市近60家上股交挂牌中小企业（科创板为主）的基本资料、亮点、需求等信息，通过展示企业形象、发布实际需求，以促进企业与投资机构的交流与融资合作。

加强投融资宣传。推出《上海市小微企业融资索引（2016版）》，向全市小微企业宣传融资信息。借助微信公众号“创新创业助手”，发布商业银行对公业务网点、各银行开户结算收费标准、金融创新产品等信息。通过“上市助手”微信公众号汇集市区改制上市扶持政策、上市审核要点和融资信息动态，实现信息及时定向推送，目前，关注人数达800余人。

六、助推中小企业开拓市场

贯彻“一带一路”国家战略，鼓励中小企业“走出去”。组织举办了“一带一路”国际市场拓展交流会，详细解读沿线国家在贸易、投资、文化等政策，邀请沿线国家驻沪总领事、“一带一路”权威专家、税务和法务专家现场指导。整合相关资源，针对上海中小企业特点编写了《“一带一路”中小企业投资指南》。加强与“一带一路”沿线国家驻沪领事机构之间的联系，建立长效沟通机制，助力上海中小企业“走出去”，10月26日，举办了驻沪领事座谈会，16个国家的驻沪总领事、领事及相关工作人员参加活动。

启动“市经信系统工会内部共享计划”，帮助“专精特新”中小企业助推品牌、开拓市场。联手市经信系统工会共同协商确定推进方案，选择消费品和食品行业的“专精特新”专业委员会会员企业，在上海检测中心举办了“专精特新与经信系统工会共享计划”启动仪式暨推广活动。编印“市经信系统工会共享计划”手册，收录了39家企业300多个产品。通过向大型企业推荐团购等方式，让工会的会员福利实现增值。积极组织工会主席走访中小企业，帮助中小企业推广品牌，拓展市场，帮助企业现场解决实际困难和问题。

组织参加知名展览会，营造中小企业公平竞争的市场环境。与日本冲绳、大阪、京都、横滨和大田区企业进行商务交流，共同促成企业对接，实现中日中小企业之间技术转型升级，加强情报交流。组织中小企业参加了中国中小企业博览会、APEC技术交易会、新疆喀什·中亚南亚商品交易会、2016亚洲智能制造装备产业商谈会、中国——东盟博览会等展会。

七、开展中小企业运行监测

确立“三四五”中小企业运行监测工作机制。牵头对运行监测工作进行了系统性谋划与制度性安排，落实了市中小企业办、市中小企业上市促进中心、各区及有关社会化机构三大主体的职责，明确了数据获取与保存、整理与加工、信息分析与研判、提出举措和建议四个工作步骤，确定了重点监测的五方面数据：即政府部门的面上数据，“专精特新”中小企业数据，批量化微型企业数据，各区组织报送的小微企业数据以及融资运行数据。

初步建成运行监测数据库。在市统计局、工商局、人民银行上海总部及有关协会、社会化机构、大数据公司的支持下，在各区及直报企业的配合下，目前数据来源稳定，报送基本正常，五大方面数据已全部进入“上海市中小企业服务互动平台”，形成“运行监测数据库”。

按季度编写运行监测分析报告。在数据汇总基础上，加强统计分析，力求全面反映本市工业中小企业、“专精特新”中小企业发展状况，反映小微企业用工、盈利、税负等情况，反映中小企业融资情况。在此基础上，总结特点，发现问题和困难，并对未来发展趋势进行研判，形成季度运行监测报告。目前已完成半年度和三季度运行监测分析报告。

八、加强宣传服务

逐步改版《上海中小企业》杂志。《上海中小企业》杂志探索编辑模式，逐步实施责任编辑制度，并与《劳动报》合作互开专栏，完成23篇有关“专精特新”和创业创新企业的宣传报道；尝新每期鲜明主题，按照年初制定全年策划主题内容大方向；尝试调整编辑风格，从封面到内页、从形式到内容、直至整体排版设计风格都在不断调整变化。

联手各区办好《上海中小企业信息速递》。《上海中小企业信息速递》继续与区县联手，每月重点推出区级中小企业扶持政策梳理、汇集和解读。完成了14个区级中小企业扶持政策的系列宣传。完善推送渠道，通过纸质版、网络版、手机版、微信版，每月向10万家以上中小企业免费推送，截至2016年底，累计推送55期。

全面改版《中小企业服务交流》。重点加强介绍各区服务中小企业服务经验、典型宣传。改版以来已经刊登长宁、奉贤、杨浦和松江4个区服务中小企业的工作经验。

整合开发上海中小企业微信公众号。开发“上海中小企业”微信公众号，整合中小企业信息宣传和服务通道，提升中小企业宣传的权威性。兼具“信息宣传”与“企业服务”两项功能，同时申请订阅号与服务号。建成后，将作为移动端市级层面服务中小企业工作的官方媒体，发挥其信息传递速度快、信息容量大、互动性强等特点，发挥其权威性及服务资源整合作用，是宣传上海中小企业工作的综合窗口。

九、发挥财政资金作用

按要求、按进度完成2016年上海市中小企业发展专项资金项目指南下发、组织申报、项目审核、管理合同签订、资金安排等工作。2016年共受理各区上报项目352个，资助249个，安排市级财政专项资金9999万元。其中，小微企业资金支持比例约占67%。

（上海市促进中小企业发展协调办公室）

江苏省

2015年江苏中小企业及民营经济发展情况

一、中小企业和民营经济发展概况

全省中小企业积极应对经济发展新常态，坚持稳中求进，转型升级步伐加快，创新能力和发展活力增强，发展质量和效益不断提高。2015年，全省中小企业203万家，占全省企业总数的99.8%；工业企业52.3万家，其中，规模以上中小工业企业46585家，占全省规模以上工业企业数的97.4%；实现工业总产值9.57万亿元、主营业务收入9.24万亿元，分别占规模以上工业比重的62.5%、62.3%；实现利税总额10061.64亿元、利润总额6286.98亿元，分别占规模以上工业比重的63.3%和65.4%；全省规模以上中小工业实现出口产品交货值8231.38亿元，同比增长0.5%。全省规模以上中小工业主要行业中，机械、石化和轻工三大行业支撑作用显著，实现产销总量均突破万亿元，其中，机械行业总产值和主营业务收入总量均突破2万亿元，分别为28293.90亿元和26944.01 亿元，同比分别增长8.9%和7.4%；医药行业增长较快，实现总产值、主营业务收入和利润总额同比分别增长16.2%、14.8%和17%，分别比上年同期提高3.5个、2.2个和2.6个百分点；纺织行业稳步增长，实现总产值、主营业务收入和利润总额同比分别增长7.3%、6.7%和11.7%，分别比上年同期提高0.6个、0.2个和1个百分点；轻工行业增势较好，实现利润总额同比增长13.7%，比上年同期提高2.6个百分点；建材、石化、电子行业利润总额增幅有所回落，同比分别增长1%、10.8%、17.6%，增幅分别比上年同期回落11.7个、2.8个、2.7个百分点；冶金（有色）行业利润总额为负增长，比上年同期降低20.9个百分点。

全省民营经济面对严峻复杂的国内外经济形势，坚持稳中求进、稳中提质，在加快转型升级中保持平稳健康发展。2015年，全省民营经济完成增加值3.9万亿元，同比增长8.9%，比全省GDP增幅高0.4个百分点，对全省GDP增长的贡献率达57.4%，比上年提高0.6个百分点。规模以上民营工业全年完成增加值1.8万亿元，占全省规模以上工业的比重为54.5%，同比增长10.9%，比全省规模以上工业增幅高2.4个百分点；实现利润总额5536亿元，同比增长12.4%，比全省规模以上工业增幅高3.3个百分点。全省工商部门新注册私营企业户数39.4万户，同比增长41.8%，私营企业累计登记户数达182.2万户，比上年底增加24.7万户；私营企业注册资本总额达7.3万亿元，比上年底增长30.4%。全省完成民间投资3.2万亿元，同比增长14 %，高于全部固定资产投资增幅3.6个百分点，民间工业投资达1.7万亿元，占全省工业投资总额的72.9%。创新能力不断提升。2015年底，全省民营科技企业达101046家，实现总收入72812亿元，同比分别增长19.8%和17.8%；从业人员数近850万，比上年增长16.4%。民营企业实现出口总额1131.2亿美元，同比增长0.2%，增幅高于全省出口增速1.1个百分点。

二、工作举措

优化发展环境。重抓政策落实，抓好近年来《国务院关于进一步支持小型微型企业健康发展的意见》（国发〔2014〕14号）、《国务院关于扶持小型微型企业健康发展的意见》（国发〔2014〕52号）和《国务院关于大力推进大众创业万众创新若干措施的意见》（国发〔2015〕32号）文件的贯彻落实工作。按照省政府办公厅要求，会同省有关部门开展专题调研，完成我省贯彻落实国发〔2014〕52号文件的综合评估报告。加强政策的综合协调，在省级层面构建了由20个省级部门或单位组成的促进中小企业发展的工作联系协调机制。在全省部署开展扶助小微企业专项行动。研究制定了我省《2015年扶助小微企业专项行动实施方案》，明确目标要求、重点任务、序时进度和保障措施，指导各市、县制定方案，落实专项行动计划。在全省组织开展“小微企业政策宣传月”（8月20日-9月20日）和开展“双创周”（10月19日-23日）活动。指导市县经信部门制定方案，加强政策宣传，充分利用网络等媒体平台等加大政策宣传力度。组织编印《小微企业创业创新政策解读200问》，免费发放到基层经信部门、部分产业园区、小企业创业基地和企业。

完善服务体系。线上线下两条线共同推进。线上着力推进省平台网络项目建设。按照工信部部署要求，建设以省平台为枢纽，60个窗口平台为节点，全省资源共享、互联互通的平台网络。线下着力加强三级中小企业服务中心和星级平台建设。引导各地大力推进服务中心进园区、进政府行政中心，使服务更加接“地气”。目前无锡、镇江、宿迁3市进入市政府行政大厅。南京、常州、南通、淮安等中心进入园区。推进服务联盟建设。省级层面推动以“企业、基地和服务机构”于一体的形式，整合一批实力强、质量和资信好的中小企业服务机构成立了江苏省中小企业创业创新服务联盟，开展公共服务活动。完善星级平台认定标准，加强分类培育和管理。由省辖市认定一、二星级平台，省认定三、四、五星级平台。目前全省已认定三星以上公共服务平台445家，推荐国家认定中小企业公共服务示范平台28家，星级平台起到了示范带动作用，推动服务体系建设迈上新台阶。

推动创新发展。大力培育科技小巨人企业。省市县联动开展科技小巨人企业培育，入库企业达800多家，组织专家现场考察，围绕高端化、国际化，认定50家省级科技小巨人企业，省级小巨人企业累计达100家。积极探索借助资本市场促进中小企业创新发展的新途径，推进科技小巨人等成长型企业在省股交中心挂牌。大力推进专精特新发展。围绕前沿技术领域以及智能制造、新材料、高端配套等细分行业，认定公布50个省级专精特新产品，引领企业向专精特新方向发展。省级专精特新产品累计达250个，入库产品超过2000个。组织专业咨询机构，围绕专业化、精细化、特色化、新颖化，对10家专精特新企业开展咨询诊断，形成诊断报告，帮助企业提升发展水平。大力推进中小企业公共技术服务平台建设。省市县已建技术服务平台500余家，其中，省级中小企业公共技术服务示范平台100家，国家级技术类示范平台26家。

推进两化融合。以数字企业创建为抓手，实施中小企业信息化推进工程。围绕“互联网+制造”领域实施深度应用，累计认定五星级数字企业229家，引导中小企业推进互联网融合升级。支持数字企业云服务平台发展，平台累计注册用户达10万户，聚合软件与信息服务企业200多家，整合在线服务产品近1000款。开展小微企业信息化服务券试点，帮助小微企业提升信息化水平。创新财政资金扶持方式，按照普惠式、引领式的原则，制定《省市合作开展小微企业信息化服务券试点工作方案》，选择南京市和昆山市先行试点。组织信息化服务商答辩评审会，确定10家信息化服务商，发布服务项目清单和价格清单。开发信息化服务券管理平台，建立较为完善的监管体系。召开“互联网+小微企业”推进会，发布一批“互联网+”服务平台，促进小微企业两化融合。

搭建创业平台。组织举办第三届“中国江苏中小企业创新创业大赛”，积极营造“大众创业、万众创新”氛围。省内主流媒体《江苏新时空》、新华网、新浪网等电视和网络媒体都进行了报道。推进小企业创业基地建设，研究完善全省小企业创业基地建设标准和管理办法，截止到2015年底，全省227家小企业创业示范基地共提供创业场所5500多万平方米，吸纳2.6万家小微企业进驻，解决就业90多万人。组织推荐南京金港科技创业中心、苏州博济科技创业园、大丰市大中镇中小企业园、泗洪县青阳镇小企业创业基地4家单位申报第一批国家小型微型企业创业示范基地并全部通过。大力开展农民用网活动，创建5个农村青年电商创业培育示范基地、13个农民用网推广活动培训基地，帮助农民利用互联网技术开网店，取得了良好的效果，部分地区逐步发展形成了淘宝村。

缓解融资难题。加大担保监管力度，促进担保行业平稳发展。截至2015年底，全省融资性担保机构共333家（含35家分支机构），注册资本总额436.8亿元，担保业务在保余额1315.4亿元，在保户数3.1万户。深入研究分析经济新常态下民营中小企业融资面临的新情况、新问题，不断创新服务内容和方式，服务小微企业融资超过2万家。依托全省各级中小企业服务中心，加强与金融机构沟通协调，打造商业银行、担保公司、创投公司及民营中小微企业交流合作的公共服务平台。加强系统内融资服务人员业务培训，组织形式多样的融资项目洽谈签约和“融资大篷车”等银企对接活动。推动各地设立转贷应急资金，有效解决中小微企业贷款“过桥”难题，全省49家平台资金总规模达48.45亿元，全年为8000多家中小微企业提供转贷资金超过1100亿元。

拓展发展空间。举办“2015年现代农业装备、工程机械产业中小企业协作配套对接会”。组织邀请41家省内外农业装备、工程机械主机企业和10家科研院所参加。20余家重点配套企业和200余家中小配套企业实现12亿元成交意向，达成12项科研成果转化意向。组织全省节能环保、智能制造与现代装备等新兴行业90家企业参加第十二届中博会。举办“2015年江苏中小企业国际化发展——走进日本交流会、走进意大利交流会”，两场交流会先后邀请我省中小企业驻外代表处、外方政府有关部门和江苏赴外投资企业代表、我省有意赴外开展交流合作的中小企业代表和产业集聚区负责人合计近三百人参会。

加强人才培训。全面推进中小企业人才培训“百千万工程”，全省完成20万人次培训任务。着力提升企业家能力素质，分别举办万企升级总裁班和青年企业家领导力、卓越女性领导力高级研修班，220名企业家参加系统学习。举办标杆企业参访考察班，分批组织江苏企业家赴广东、福建、湖北等地知名企业、典型企业参观考察，学习创新转型成功经验。紧紧围绕转型升级开展重点培训，举办“中国制造2025江苏行动暨中小企业转型升级”专题培训，帮助中小企业全面了解智能制造发展态势和我国的战略部署。在德国慕尼黑工业大学举办“工业4.0暨高端制造境外研修班”。举办“互联网+中小企业”系列培训，为传统中小企业通过互联网实现转型升级探寻道路。全面提高小微企业经营管理水平，在各市举办“中小企业经营管理研修班”，为各地培训企业人员超过2500人。举办“竞争力提升大讲堂”、“新常态下中小企业发展之路”等20场专题公益巡回讲座，超过7000人次接受培训。通过省市县联动，全省中小企业高管培训已基本实现全覆盖。

2016年江苏中小企业及民营经济发展情况

一、中小企业和民营经济发展概况

全省中小企业发展良好，主要指标运行好于上年、好于预期，稳中向好的趋势有所加强。截至2016年底，全省中小企业总数达248.2万家、同比增长22.3%，其中，工业企业55.3万家、同比增长6.6%。规模以上中小工业企业46367家，位居全国第一；实现总产值、主营业务收入102919.1亿元和99929.2亿元，同比分别增长9.5%、9.7%，增速比上年同期分别高1.1和2.6个百分点；实现利润总额6906.4亿元，占全省上规模工业65.6%，同比增长10.9%，分别高于工业总产值和主营业务收入增幅1.4个和1.2个百分点；主营业务收入利润率为6.9%，同比提高0.1个百分点；企业亏损面为12.4%，比上年同期下降1.5个百分点。规模以上中小工业八大行业中，机械、轻工、石化三大行业产销总量均突破万亿元，主营业务收入分别增长10.8%、11.7%和11.3%。要素资源向优势企业集聚趋势明显，有技术含量、产品不断升级的企业订单饱满，产品供不应求。专精特新小巨人入库企业主营业务收入、利润总额和研发投入总额同比增速分别达25%、35%和28%。从对全省经济的贡献看，民营中小工业较为亮眼。中小企业对工业增长贡献率达84.1%，拉动工业增长5.9个百分点。中小（民营）企业上缴税金占全省税务部门直接征收总额的58.4%；从业人数增长11.6%，新增就业人数的80%以上是中小企业贡献的。民营工业支撑作用尤为明显，民营企业占规模以上中小工业企业总数的77.3%，主营业务收入占69.2%，利润总额占65.3%，民营中小工业拉动规上中小工业利润总额增长6.8个百分点，对中小工业利润总额增长的贡献率为62.6%。

全省民营经济坚持稳中求进，主要指标增幅保持在合理区间，发展质量稳步提升，在加快转型升级中保持平稳健康发展。2016年全省新登记私营企业和个体工商户合计127.7万户，同比增长23.9%；累计为661.7万户，比上年底增加92.4万户，其中，私营企业累计登记户数为222.9万户，比上年底增加40.8万户；个体工商户累计登记户数为438.8万户，比上年底减少51.6万户。全省私营企业集团达2070户，比上年底增加576户。2016年全省私营企业和个体工商户新增注册资本（金）20687.4亿元，同比增长35%；累计达102371.3亿元，比上年底增长33.7%。2016年，全省实现民间投资34233.7亿元，同比增长6.8%，低于全部固定资产投资增速0.7个百分点；占全部投资的比重为69.3%，较上年同期下降0.4个百分点；对固定资产投资增长的贡献率达63.2%。民间投资超过七成在工业领域，占工业投资总额的71.6%。2016年，全省民营经济上缴税金6921亿元，同比增长4%，高于全省税收增幅2.2个百分点；占全省税务部门直接征收总额的58.4%，占比同比提高1.3个百分点。2016年，全省民营企业实现出口总额1039.7亿美元，同比下降8.1%。截至2016年底，全省规模以上民营工业企业达到36347家，占全省规模以上工业企业数的76.4%，比上年底提高0.9个百分点。2016年，规模以上民营工业累计实现增加值19758.7亿元，占全省规模以上工业比重为55.8%,比上年底提高1.3个百分点，同比增长9.8%，拉动全省规模以上工业增速5.4个百分点，对全省规模以上工业增长贡献率达69.6%；规模以上民营工业实现主营业务收入92718.7亿元，同比增长9.7%；实现利润总额6017亿元，同比增长8.9%。

二、工作举措

一是优化发展环境。认真贯彻落实国家和省政府及有关部门支持中小微企业发展政策文件，开展专题调研。梳理近年来国家和省支持中小微企业发展的各项政策措施，编印成册，免费发放到基层经信部门、产业园区和企业。通过开展“进企业送服务解难题”活动，省市县联动，依托平台网络和新闻媒体，线上线下协同加强政策宣传推广，进一步扩大扶持中小微企业政策的覆盖面和知晓度。

二是提升服务能力。推进“1+60+X”全省中小企业公共服务平台网络建设，创新“互联网+服务”模式，实现平台服务“全天候”。全省累计培育国家中小企业公共服务示范平台28家、省星级公共服务平台500多家，到2016年底平台网络入库企业44395家，整合服务机构1828家，提供服务项目3357个，开展服务活动2363场，受理服务评价49780次，累计服务中小微企业24万多家，服务人数48万余人次。实施中小企业人才培训“百千万工程”，全年培训20万人次。

三是促进创业创新。开展专精特新和科技小巨人企业培育。全省2016年认定省级专精特新产品50个、省级科技小巨人企业50家，累计数分别达到300个和150家。激发创业创新活力，连续四年组织举办“中国江苏中小企业创新创业大赛”，成为全省中小微企业展示创业创新成果的平台。培育创业载体。目前全省已建设8家国家小型微型企业创业创新示范基地、465家省级重点培育小企业创业基地和252家省级小企业创业示范基地，其中省级示范基地全年累计提供创业场所5500多万平方米，吸纳2.6万家中小微企业进驻，解决就业90多万人，实现营业收入近4000亿元。2016年协助并支持扬州市成功申报全国小微企业创业创新基地示范城市。

四是推进中小企业信息化。制定印发《江苏省“互联网+小微企业”行动计划》，推动互联网技术与小微企业深度融合，使互联网成为小微企业创新转型、提质增效的重要驱动力。实施中小企业信息化推进工程，创建数字企业。全省星级数字企业达3万家，其中，五星级数字企业229家。推动中小企业信息化平台建设，培育了e企云等一批信息化平台。e企云平台累计注册用户达15万户，聚集软件与信息服务企业200多家。开展小微企业信息化服务券试点，帮助小微企业提升信息化水平。

五是缓解融资难题。全省中小微企业贷款余额稳中有升，截至2016年末，江苏银行业金融机构用于小微企业的贷款余额27072亿元，占全省贷款余额的29.12%；小微企业贷款较年初增加3035亿元，增幅12.63%，较年初增加2.5个百分点；小微企业贷款户数84.12万户，较年初增加3.33万户；小微企业申贷获得率92.04%，较上年同期增加1.17个百分点。加强担保体系建设，助力中小微企业融资。截止到2016年底全省共有融资担保机构302家，其中法人机构268家，分支机构34家。注册资本482.71亿元，在保余额1701.14亿元，在保户数27370户。

浙江省
2016年浙江省中小企业发展概况

2016年，浙江全省上下认真贯彻落实中央和省委、省政府的决策部署，以“八八战略”为总纲，以“五大发展理念”为引领，省促进中小企业发展领导小组各成员单位紧密合作、完善政策举措，沿着“个转企”“小升规”“规改股”和“股上市”的主线，大力推进工业领域供给侧结构性改革，加大对中小企业发展的指导、协调、扶持和服务力度，促进中小企业发展，取得显著成效。全年全省累计完成“个转企”2.13万家，“小升规”3300家，“规改股”企业752家，“股上市”924家。年末全省在册市场主体528.6万户，其中，企业168.4万户。总计中，规模以上中小工业企业3.96万家，完成工业增加值9783.84亿元，实现工业总产值50328.46亿元；平均吸纳从业人员551.04万。

一、促进中小企业发展的主要工作

（一）推进市场主体升级发展。

面对宏观经济形势趋紧、增速放缓，行业整治，企业经营难度增大等现状，全省中小企业相关主管部门总结经验，加强合作、完善举措，沿着“个转企”“小升规”“规改股”和“股上市”的主线，进一步深化推进市场主体升级。

1.服务与倒逼相结合，大力推进“个转企”。部门联动深化行政审批制度和商事主体登记制度改革，全面推进社会组织“三证合一”和个体工商户“两证整合”登记制度。削减68%的行政许可事项和清理取消37项省级地方法规设定行下许可；创新企业投资项目高效审批和“零地技改”项目审批机制，清理、规范和减少中介服务事项等服务小微企业成长。全年新设市场主体95.8万户，其中，新设企业30.8万户，新设个体工商户64.5万户。综合运用行政、市场、中介机构等力量，定点对接与帮扶，努力当好服务小微企业的“店小二”，持续推进市场主体升级，促进“个转企”2.13万家。

2.规范与扶持相结合，深化推进“小升规”。强化机制建设，规范化、制度化推进小微企业上规升级，保障工业经济稳增长和优化调整结构。围绕省委省政府确定的七大万亿产业和战略性新兴产业发展目标，以上年度应税主营业务收入1000~2000万元的企业为重点，科学筛选确定3829家小微企业作为“小升规”培育对象企业，建立“小升规”重点企业培育库。制定出台《浙江省“小升规”培育企业监测报表制度》，构建重点培育企业定期调查和服务机制，建立省、市、县和乡镇（街道、园区）“四级”培育监测工作队伍并层层抓落实的目标任务工作责任制，全省全年合计高质量地培育“小升规”企业3300家。

3.保障与创新相结合，引导企业“规改股”促进“股上市”。贯彻落实降压减负政策，优化发展环境，引导规模以上工业企业多层次对接资本市场，促进企业“规改股”和“股上市”。全年新增中小板4家，全省累计131家；新增创业板10家，合计60家；新增“新三板”挂牌企业493家，合计总数904家；新增浙江股权交易中心挂牌企业691家，累计挂牌企业3859家；新增融资99亿元；累计实现各类融资447亿元。

（二）着力优化中小企业发展环境。

1.加强中小企业政策宣贯和指导服务。贯彻落实《中国制造2025浙江行动纲要》，组织编制《浙江省中小企业发展“十三五”规划》，制订出台《创新型中小微企业培育工程实施意见》。对2013年以来国家及省出台的一系列扶持中小企业发展的政策进行全面梳理，编印《促进中小企业发展政策摘编》发放全省中小企业。在省主流媒体《浙江日报》开设“中小企业之窗”，专栏宣传“小升规”企业典型案例及转型升级成功经验；并同步在浙江在线、浙江新闻APP等新媒体渠道上进行报道。组织开展全省“中小微企业政策宣贯月”活动和“中小微企业法律服务月”活动，发放各类政策宣传资料10万余份，通过短信、网络、微信等推送信息2万余条；举办各类培训355场次，组织开展13场法律巡讲和公益咨询专场活动，有针对性地提供小微企业急需的政策解读和法律咨询服务，帮助企业了解政策，用好用足政策，加强风险防范意识，降低企业创业经营风险。

2.强化政策落实降低中小企业负担。切实贯彻落实好国务院和省委省政府扶持中小企业发展政策，出台《浙江省人民政府办公厅关于进一步降低企业成本优化发展环境若干意见》（浙政办发〔2016〕39号）。深化行政审批制度改革，推进企业高效审批机制和市县一体化行政审批机制，深化商事制度改革，组织实施“五证合一、一照一码”登记制度。深入贯彻落实国务院小型微利企业、软件企业、高新技术企业、研发费用加计扣除等各项税收优惠政策；严格落实按现有费率70%征收地方水利建设基金的政策；暂停向企事业单位和个体经营者征收地方水利建设基金政策；取消、停征、整合及降低标准部分行政事业性收费和政府性基金；临时性下调失业保险单位缴费，下降工伤、生育保险费率；以及下浮职工基本医疗保险缴费比例的政策。组织实施小微企业“服务券”和“创新券”制度。着力规范市场秩序，开展集中整治公用企业限制竞争行为活动，加强合同监管，纠正违法格式条款1100余条；出台优化市场消费环境和加强金融消费权益保护政策，推进消法地方立法修订。

3.组织系列专项服务中小企业发展行动。组织开展“2016民企‘双对接’活动周”和“万名工商（市场监管）干部连万家小微企业”等活动；组织省内17个县（市、区）结合实际、分别开展有针对性的“小微企业机器换人”“电商换市”和“管理提升”等“小升规”十大专项行动；聚焦政策和要素资源，指导服务小微企业上规升级。组织实施“万企升级、千企攀高和百企创强”行动，全省分别新认定科技型中小企业7654家、高新技术企业2595家和首批高成长科技型中小企业1431家。组织评选新增“小升规”企业“创业之星”205家，并举办“创业之星”企业管理创新总裁研修班，提升企业精益管理的理念和能力。

（三）完善中小企业公共服务体系。

1.规范公共服务平台建设。制定《加强省中小企业公共服务平台网络运行管理的若干意见》和《省中小企业公共服务平台网络运行考核办法》，明确省、市、县三级平台的运行定位和量化考核指标。加强管理，规范运营，促进公共服务平台网络的活跃度大幅提升，注册企业数同比增长55.0%，注册机构数同比增长22.8%，提供有效服务次数同比增长71.1%；服务平台的微信公众号粉丝数从年初的6.6万增长到25.5万，比去年同期增长283.0%。

2.提升公共服务功能。省中小企业公共服务平台网络提供各类服务产品17493项，梳理推送中小企业政策信息9342条，全省各级服务平台线上累计为企业提供有效服务365.7万次。针对各地线下中小微企业的需求，在全省各地组织开展670场专题“小微企业服务日”活动，服务企业5.7万余家。以发现“浙江好项目”为主题，组织开展2016浙江省中小微企业创新创业大赛，省内外730家投融资机构、560家中小企业服务机构参与。全省各地举办26场路演海选，11场地市决赛；500多个“双创”项目和企业参与，160个项目进行路演海选，83个项目进入地市决赛，20个项目入围总决赛。推动各级政府产业基金对接参与大赛的“双创”项目，成功达成合作项目37个。

3.强化中小企业运行监测和管理咨询服务。完善监测平台功能，加强小微企业运行监测分析和指导，按月编发全省小微企业运行分析报告和年度中小企业运行分析报告。组织《浙江省中小企业发展基金的探索与建议》和《全省“小升规”工作的成效、问题及下步深化推进的建议》等多项课题研究。

（四）建立健全多层次融资保障机制。

1.发展新型金融机构，强化信贷保障。出台促进科技金融结合11条政策意见，引导金融机构在自主创新示范区、高新技术开发区设立科技支行39家。发展以中小微企业作为主要服务对象的金融新型服务机构和组织，随着浙江网商银行和温州民商银行等两家民营银行顺利开展业务，全省拥有民间融资服务中心41家、民间资本管理公司25家。推进天使投资、风险投资、创业投资等支持创业创新的私募基金集聚、建设金融特色小镇，全省年末经中国基金业协会登记的私募基金管理人1421家，管理基金总规模6969亿元。引导金融机构加大对全省15000多家科技型中小企业的信贷支持，年末全省科技型小微企业贷款余额达到1310.7亿元。2016年末，全省小微企业贷款余额29207亿元，同比增长5.9%。小微企业贷款户数163万户，比年初增加21万户；小微企业申贷获得率91.9%，比上年同期提高2.29个百分点。

2.创新金融产品和服务模式，拓宽融资渠道。促进银行业金融机构拓宽抵质押物范围，推进商标质押融资工作，为缺乏固定资产的小微企业提供专利权质押、股权质押、存货质押等业务，并推动设立专项风险补偿基金，对专利权质押贷款进行风险补偿。2016年末全省商标权质押贷款余额达47.7亿元，专利权质押贷款余额12.1亿元。运用互联网技术创新特色服务模式，推进

“网络贷款”；探索投贷联动，通过创投机构代持小微企业的股权共享增值收益的方式融资。引导金融机构对小微企业减费让利，通过再贷款、再贴现、专项债等定向支持小微企业，全省共发行小微企业专项金融债285亿元。引导中小企业对接上市公司并购重组，通过上市公司“以大带小”、“以强扶弱”带动中小企业发展，全年合计并购重组375起，涉及金额1616亿元。

3.建设信用信息平台，完善融资担保体系。深入贯彻省政府《关于推进政策性融资担保体系建设的意见》，推进组建“省担保集团公司”和“省农业信贷担保公司”2家省级政策性担保公司，促进全省各市、县（市、区）成立政策性担保机构。编制实施《浙江省融资担保行业“十三五”发展规划》，组织开展《浙江省推动产融合作三年行动计划（2016–2018年）》，推动组建“浙江省中小企业担保服务联盟”，并举办担保服务联盟与深圳鹏金所、杭州市民卡、金投行、义乌市民间融资服务中心、鑫合汇、广金所、信达新财富、皮城金融等金融组织对接活动，探索“互联网+”担保的服务模式。继续组织举办“浙江省融资担保机构高级研修班”。加强中小企业征信系统建设，强化信用信息征集，全省范围内建立了23万户尚未与银行发生信贷关系的小微企业信用档案。推动16家银行与国税部门构建“银税”信息互动机制，信贷部门通过系统对接方式可以便捷获取企业纳税数据。完善融资担保政策，实施银行业金融机构小微企业贷款风险补偿、融资担保机构风险补偿、小额贷款公司财政扶持等政策激励，引导金融机构加大对小微企业融资支持力度。加强政保合作机制建设，推进省出口信用保险公司与地方政府合作，搭建小微出口政府联保平台34个，实现全省小额贷款保证保险累计承保3.78万户，贷款金额170.84亿元。

（五）强化创业创新服务。

1.加强创业创新服务体系建设。省级层面出台推进中小微企业“专精特新”发展的政策性实施意见，组织11个省级行业协会首批认定浙江省“隐形冠军”企业20家，“隐形冠军”培育企业108家。落实中小企业“创新产品”采购政策、鼓励组成联合体参与政府采购活动、全省政府采购中小微企业产品占全省实际采购总金额的45%。推动高等学校、科研院所、行业龙头企业技术中心等社会检测资源开放，提升全省分析测试领域科技资源利用效能。探索实行“创新服务券”等购买公共服务方式，推动科研设施和仪器设备等科技资源向社会开放的运行机制，支持市县推广应用“创新服务券”。推进开放实验室、加快“智慧检测”项目建设、组织百名专家专场报告会、千场技术咨询、开展标准创新和质量提升技术指导、推进科研成果转化应用等十项帮扶“组合拳”，助力中小微企业发展。

2.创新创业人才培育和团队建设。安排专项资金支持各地落实各项就业创业政策，组织实施高校毕业生就业促进计划和大学生创业引领计划，推进高校毕业生就业创业。推动农创客、农技专家、涉农高校、创投机构等主体组建省农创客发展联合会，统一资源平台，引导大学生投身农业创业。组建协调机构，构建推动木雕根雕石刻和文房产业发展长效机制，促进木雕根雕石刻和文房等经典产业中小企业发展。整合设立引进培育领军型创新团队专项资金，支持企业引进培育领军型创新创业团队和人才，全年全省合计引进培育15个领军型创新创业团队。

3.创业创新载体建设。制定《浙江省小微企业创业创新园（基地）管理和评价办法》，建立小微企业园备案、统计和绩效评价机制。全省推进上网备案小微企业园211家，合计入驻企业22176家，完成总产值1063.0亿元，实现利润总额69.4亿万元，入驻企业平均从业人数合计53.0万。对备案小微企业园进行绩效评价和对省级小微企业园动态调整，新确定省级小微双创示范园29家，新增国家级小微“双创”示范基地5家。鼓励各地构建专业化、差异化、多元化的众创空间，全年省级备案众创空间129家、国家备案59家，纳入国家级科技企业孵化器管理的众创空间80家。同时，指导推进杭州未来科技城和阿里巴巴集团加快国家双创示范基地建设。

4.大力发展创业投资。推动创投制度建设，培育发展创业投资、天使投资。争取国家创投基金，设立省级科技成果转化引导基金，安排专项资金，引导市县政府、金融资本和社会资本各类资本投资种子期、初创期、成长期等创业早期的科技型中小微企业和高新技术企业，推动小微企业加大创新投入和研发力度。全省备案创投企业320家，基金规模320亿元。组织举办第十届中国产学研合作创新大会暨2016浙江网上技术市场活动周，促进科技成果转化达成交易项目262项，成交金额20.0亿元。全年全省各地开展科技成果竞拍活动10场，竞拍成果309项，成交额5.0亿元。

（六）推动中小企业对外合作交流。

1.推进“一带一路”建设。加强《浙江参与一带一路沿线国家国际产能合作的机遇、策略与建议》课题研究，编制出台《义甬舟开放大通道建设之产业发展行动方案》。指导中小企业抢抓“一带一路”沿线国家工程市场，推动浙江水泥、钢铁等优势产能与“一带一路”沿线国家加强国际产能合作，增进贸易往来。全年全省投资“一带一路”沿线国家项目144个，对外直接投资备案额为75.0亿美元；在沿线48个国家完成工程营业额约23.5亿美元。

2.开展系列中外交流活动。举办第11届中国（义乌）国际文化产品交易会，世界15个国家和地区及国内19个省市的1300家企业参展，来自93个国家和地区的11.7万名客商及观众参会。组织举办“中东欧博览会”和“中国投资论坛”等活动，开办沙特、哈萨克斯坦、吉尔吉斯斯坦、越南、伊朗、捷克等货物贸易自办展。组织30家企业参加第九届APEC中小企业技术交流暨展览会、47家企业参加第十三届中国国际中小企业博览会；组织企业与日本、加拿大、阿联酋哈伊马角酋长国、迪拜等国以及香港和台湾地区开展多种形式的对接交流活动。推进中小企业国际化培训，组织近80名企业高管国际化发展培训，组织22名优秀设计人才赴日本开展高端培训，组织25名富成长性中小企业高管赴日精细化管理培训。

3.推动国际产业合作提升浙江品牌。推进嘉兴中德中小企业合作区、浦江中捷水晶产业合作园等以及其他地区创建工信部授牌的国际中小企业合作园区。组织实施“浙江制造”中小企业质量提升行动，出台《2016年浙江名牌产品申报评价指南》，成立“浙江制造”品牌建设促进会，组织开展“浙江制造”标准制订、品牌培育、认证实施、人才培养等工作推进全省品牌创建。全年新受理浙江名牌560个，培育“浙江制造”品牌企业800家，制定“浙江制造”标准165个，获得“浙江制造”证书77张，其中国际合作证书16张。同时，组织开展“寻找‘浙江制造’大工匠”活动，推选20个代表“浙江制造”高品质形象的工匠。

浙江省经信委（浙江省中小企业局）

安徽省

2015年安徽省民营经济、中小企业发展情况

一、民营经济为推进“调转促”做出重要贡献

2015年，按照省委、省政府的决策部署，全省上下系统联动，各成员单位通力协作，围绕政策落实、创业创新、优化环境、服务主体等重点任务，持续发力，精准施策，有力地促进了全省民营经济持续健康发展，为加快推进“调转促”做出了重要贡献。

一是总量贡献持续提升。2015年，全省民营经济实现增加值12647.9亿元，增长10.4%，占全省生产总值的比重为57.5%，对全省经济增长的贡献率67.7 %。民营企业缴纳税收2190.4亿元，增长5.5%，占全省税收的比重为68.2%。民间投资17260.4亿元，增长17.6%，占全省投资比重为72%，对全省投资增长的贡献率为95.2%。民营企业进出口总额达1451.2亿元，增长7.9%，比全省进出口增速快7.4个百分点，占全省进出口的比重为47.8%。

二是创新势能持续积聚。民营高新技术企业2900家，占全省高新技术企业的比重为92%；设立院士工作站的民营企业由上年的54家增加到69家，占全省的比重为60.5%。民营企业申请的专利占全社会的61.4%，涌现出一批拥有核心竞争力的民营企业。

三是创业活力持续迸发。2015年，新登记注册各类市场主体47.2万户，增长15.8%，其中新登记企业14.4万户、增长18.4%。截至2015年底，全省私营企业57.4万户、个体工商户204.6万户，同比分别增长26.9%、8.9%。合肥市小微企业创业创新基地试点市建设取得新进展。以众筹、众包、众智、众扶模式为主的新型创客空间、孵化器等不断涌现。

四是载体建设持续推进。培育认定105个“安徽省小微企业创业基地”，入驻企业数5960户，带动就业19.31万人。培育省级产业集群专业镇189个，聚集规模以上企业4357户，占全省规上企业数的近1/4；实现营业收入6745.5亿元，增长19.7%，占全省规上

企业营业收入的近1/5；从业人员153.76万人，增长12.1%。营业收入百亿元以上产业集群专业镇15个，其中超200亿元的3个。

二、紧扣“六围绕六推进”大力实施民营经济提升工程

2016年全省民营经济工作总体要求是：深入贯彻党的十八大、十八届三中、四中、五中全会及全省经济工作会议精神，认真学习贯彻习近平总书记在全国政协十二届四次会议民建、工商联界委员联组会上的重要讲话精神，大力实施民营经济提升工程，围绕解决市场主体不多的问题，推进创业创新发展；围绕解决市场主体不强的问题，推进专精特新发展；围绕解决发展方式不优的问题，推进集聚集约发展；围绕解决发展层次不高的问题，推进开放合作发展；围绕解决市场不畅的问题，搭建产销衔接平台；围绕解决融资难、融资贵的问题，推进产融合作，努力实现民营经济总量质量双提升。重点抓好九个方面的工作：

精准发力政策落实。一是完善政策扶持体系。借鉴外省支持民营经济和中小企业发展的经验，研究我省民营经济发展新情况和新问题，推动《安徽省中小企业促进条例》和“民营经济20条”修订完善。二是持续高密度宣传政策。继续开展“双创走江淮”、产业集群“百镇行”、政策“进基层、进企业、进创业基地、进公共服务平台”“安徽青年创业大讲堂”等主题宣传活动，联合安徽卫视举办民营经济高端论坛。三是开展《民营经济提升工程实施方案》督查活动，推动各地和省有关部门细化实化国家和省支持民营经济和中小企业发展的政策措施，强化政策的跟踪问效、考核评估。

持续推进简政放权。一是做好国务院取消下放行政审批事项的承接和落实，协同推进“放管服”，进一步取消和下放行政审批事项。探索建立企业投资负面清单制度。加快行业协会商会与行政机关脱钩。二是进一步落实完善鼓励民间投资的政策措施，出台《安徽省基础设施和公用事业特许经营暂行办法》。推出一批政府与社会资本合作（PPP）项目。三是深入推进“先照后证”改革后加强事中事后监管工作。全面落实工商注册登记便利化改革。

全面激发创业活力。一是举办“中国梦·创业行——安徽青年在行动”活动，开展“赛飞”创业辅导培训，举办“赢在江淮”安徽创业大赛、安徽青年创业大赛和“创业之星”评选活动。二是推进合肥国家级小微企业创业创新基地示范城市建设，培育认定省级小微企业创业基地30家，争创国家级小微企业创业创新示范基地2~3家。三是加快推进创业孵化平台建设，开展第二批青年创业园创建。四是加强创业技能培训，对本地创业者和有创业意愿的人员进行培训，提高创业成功率。

大力实施创新驱动。一是抓好创新驱动“1+6+2”配套政策落实。落实省大型科学仪器设备资源共享共用补助政策，提高共享共用率。二是推进“江淮双创汇”行动，落实众创空间等新型孵化器建设扶持政策，发展众创、众包、众扶、众筹“四众”模式，培育一批创业示范基地、众创空间、专业孵化器。三是培育认定“专精特新”中小企业500户，推动产业集群专业镇提质创牌，打造一批百亿元产业集群专业镇。继续开展民营企业主导制定国际标准、国家标准和行业标准奖补工作。

促进开放合作发展。一是举办我省与全国知名民营企业加快长江经济带发展推进会，组织中小企业参加“中博会”、“工博会”等大型展会，推动建设中德中小企业产业园。二是鼓励民营企业“走出去”，推动我省民营企业更多参与中非工业化合作计划、中非农业现代化合作计划、中非基础设施合作计划等项目建设。出台我省外贸促进政策，支持民营企业参加境外专业展会、开展国际产品认证、境外商标注册和申请专利。

提升金融保障能力。一是扩大民营企业信贷投放规模，推进银行业金融机构通过发行专项金融债、资产证券化等多种途径，扩大可用信贷资金规模。二是积极争取民营银行试点资格，引导符合条件的民营企业参与我省农村商业银行、村镇银行、小额贷款公司增资扩股。三是推进金融产品和服务方式创新，加快在全省推广“税融通”“助保金”“信贷+担保”“信贷+保险”等信贷产品和模式。积极运营好省小额票据贴现中心，开展产融结合试点示范，推动3~5家企业设立财务公司、金融租赁公司。四是充实直接融资后备企业资源库，推进民营企业首发上市和再融资。

引导民营企业通过发行集合债券、集合票据和私募债券等方式，扩大债券融资规模。五是健全“4321”新型政银担试点工作调度机制，完善以风险补偿为核心的风险分担机制，力争政策性融资担保机构资本金达到500亿元，市级政策性融资担保机构放大倍数达5倍、县级放大倍数达到4倍。依托省信用担保集团推进全省再担保体系建设，加快成立省级再担保机构。六是加快推进全省社会信用体系建设，完善省公共信用信息共享服务平台功能。

优化改善营商环境。一是开展降低实体经济企业成本行动。全面落实国家出台的减税降费政策，进一步清理规范中介服务，降低制度性交易成本。二是减轻企业负担，建立健全企业负担信息反馈、调查评价和收费清单调整公示机制，坚决查处各种涉企乱收费、乱摊派行为。三是健全社会化服务平台。以“1+4+X”综合服务平台为依托，加强中小企业公共服务示范平台建设，推广亳州等地网上为企服务模式；壮大省级中小企业服务联盟，建立健全省、市、县（区）三级中小企业社会化服务体系，打造全省中小企业的“服务淘宝”。四是深入学习宣传贯彻习近平总书记在全国政协十二届四次会议民建、工商联界委员联组会上的重要讲话精神，保护民营企业家合法权益，建立“亲”“清”新型政商关系。

培育企业做强做大。一是实施小微企业成长培育工程，大力推进“个转企、小升规、规改制、股上市”。二是开展民营企业建立现代企业制度试点。三是开展企业经营者素质提升和新生代培养“万人计划”，启动实施“江淮英才工程”“技工大省建设”和“国际化人才引智计划”。

改进评估考核体系。一是健全民营经济统计报表制度，继续开展安徽省民营企业百强排序活动。二是督查民营经济专项扶持资金使用情况并进行评估问效，据此优化省民营经济发展专项扶持资金分配方案。三是修订民营经济考核办法，开展2015年度民营经济考核，对发展民营经济先进市、县（市、区）进行通报。

（安徽省经信委中小企业局）

2016年安徽省民营经济、中小企业发展情况

一、基本情况

2016年，安徽省认真学习贯彻习近平总书记在全国政协十二届四次会议民建、工商联界委员联组会上的重要讲话精神，按照省发展民营经济领导小组“六围绕、六推进”的工作部署，戮力同心，协调联动，大力实施民营经济提升工程，民营经济发展呈现量质齐升的良好态势，为全省经济增长提供了强力支撑。

一是总量提升。2016年，全省规上民营工业企业全年实现增加值7281.3亿元，增长10.4%，民营工业增加值占全部规上工业比重由2015年的70.4%提高到72.2%。2016年，民营企业实现进出口194.8亿美元，其中出口152.7亿美元，民营企业进出口占全省进出口的比重为44.1%。

二是贡献提升。2016年，民营企业缴纳税收2154.5亿元，占全省税收的比重为64.2%；民间投资18371.5亿元，增长6.5%，占全省投资比重为68.7%。

三是主体提升。“个转企、小升规”成效突出，全年新登记私营企业17.87万户、个体工商户39. 79万户，同比增长32.27% 、26.13%，带动就业145万人；净增规上工业企业1328户，居全国第1位；“专精特新”中小企业1200户；4家企业入选中国民企500强。民营高新技术企业由上年的2900家增加到3666家，占全省高新技术企业的比重由上年的93%提高到95%；设立院士工作站的民营企业由上年的69家增加到98家，占全省的比重为66%。

四是载体提升。截至2016年底，累计建成城市就业创业园、创业街、农民工创业园、大学生创业孵化基地、留学人员创业园等专业化创业园（区）662个。国家小型微型企业创业创新示范基地7个，省级小微企业创业基地135个、省级产业集群专业镇213个，创业大学5所、创业学院25所，青年创业园9个。其中，合肥国家级小微企业创业创新基地示范市建设成效显著，荣事达智能家居“双创”平台成为国家级标杆，工投·创智天地、中国声谷创业园小微基地、北城智能家居（家电）产业“双创”基地等一批独具特色和实

力的小微企业创业基地相继建成。

二、存在的问题

尽管国家、省接续出台了一大批相关政策措施，形成了鼓励、支持、引导民营经济发展的政策体系，民营经济发展面临前所未有的良好政策环境和社会氛围。但是由于一些原因，这些政策的配套措施没有完全到位，政策落地没有达到预期效果。加之，新常态下市场的不确定性增多，民营经济发展还有一些亟须破解的难题。

一是市场的冰山融化缓慢。市场有效需求不足是民营企业当前面临的首要难题，同时，市场准入限制仍然较多，在当前经济增速放缓、市场不景气的背景下，民营企业投资意愿低迷，2016年全省民间投资仅增长6.5%，低于全省投资增速5.2个百分点，民间投资占全省投资比重从2015年的72%下降为68.7%。

二是融资的高山依然存在。民营企业特别是中小微企业融资渠道狭窄；银行慎贷惜贷压贷情况较多，对担保机构全额担保的贷款，银行贷款利率仍上浮30%~70%；在开展“4321”担保合作时，个别银行仍要求企业缴纳贷款额20%的担保金，或要求企业提供反担保物、缴纳保障金、购买履约保险等方式，将风险转嫁给企业。

三是转型的火山尚未跨越。民营企业建立现代化企业制度滞后，整合利用外部资源能力不足，缺人才、缺技术、缺设计、缺创意、缺名牌，同时对新技术、新产品、新业态、新商业模式学习不多、把握不住，存在“不想转、不会转、不敢转”现象。

四是新型政商关系亟须构建。据省工商联调研结果，民营企业家普遍反映随着从严治党反腐倡廉的不断深入，不“清”的问题得到极大改善，但不“亲”的矛盾日益凸显。如在国企混改、PPP项目及银行贷款等方面，政策上对民营企业鼓励支持，但落实过程中，一些办事部门顾虑重重、拖拉推诿，企业形象地说“门好进了、脸好看了、但事更难办了”。

三、2017年工作安排

2017年民营经济工作的总体要求是：以五大发展理念为根本遵循，贯彻落实中央和省经济工作会议精神，围绕五大发展行动计划总体部署，继续实施民营经济提升工程，聚力优环境、育主体、促双创、创品牌、搭平台、强服务，促进民营经济全面提质增效，实现稳中向好向优向上，使小企业铺天盖地、大企业顶天立地，市场活力和社会创造力竞相迸发，为建设五大发展美好安徽贡献力量。力争全年民营经济增加值占全省GDP的58.5%，新增注册民营企业12万户以上、省级“专精特新”中小企业500户。

围绕上述目标任务，重点做好七个方面的工作：

（一）营商安商亲商环境上再优化。

一是开展民营经济环境优化年活动，利用新媒体宣传促进民间投资、扶持小微企业发展等系列政策，及时总结宣传各地发展民营经济的先进经验和民营企业典型。全面落实支持民营经济发展各项政策，推动《安徽省中小企业促进条例》修订完善。二是做好国务院取消下放行政审批事项的承接和落实，协调推进“放管服”，进一步取消和下放行政审批事项。探索建立企业投资负面清单制度。加快行业协会商会与行政机关脱钩，清理整治“红顶中介”。三是贯彻落实国务院《企业投资项目核准和备案管理条例》、《政府核准的投资项目目录》（2016年）和省委、省政府《关于进一步促进民间投资的若干意见》，出台我省《企业投资项目核准和备案管理办法》，及时修订省政府核准的投资项目目录。四是大力促进民间投资企稳回升，推广政府和社会资本合作（PPP）模式，开展中小城市重大市政工程领域深化政府和社会资本合作（PPP）模式创新试点，在生态环保、市政、交通、医疗、养老、教育等领域再推出一批PPP合作项目。推进PPP项目资产证券化和专项企业债工作，拓宽PPP项目资金来源。五是深入推进商事制度改革，全面实施“五证合一、一照一码”、个体工商户“两证整合”登记制度，推进登记注册全程电子化建设。六是鼓励和支持民营资本参与拟上市国有及国有控股企业股份制改造，加大省属企业公司制股份制改革力度，鼓励和支持民营资本参与充分竞争领域国有企业改革重组，出台《安徽省国有控股混合所有制企业开展员工持股试点实施意见》。七是完善考核工作机制，以省委、省政府名义通报表扬2016年民营经济考核先进市县。开展安徽民企百强和民营经济十强县评选活动。开展民营经济提升工程实施专项督查。

（二）企业主体培育壮大上再发力。

一是抓大扶小育特色并举，培育龙头企业，开展安徽省民企百强评选，对新进入中国民营企业500强的企业实施奖励，力争新增销售收入超10亿元企业20户以上。开展民营企业建立现代企业制度试点，推动“个转企、小升规、规改股、股上市”，推动市县落实激励政策。全年新增注册民营企业12万户以上。二是实施“创业江淮”行动计划，开展“创业江淮”地市行、高校创业大讲堂、“创客中国”安徽省创新创业大赛等活动。完善创新创业融资渠道，落实创业担保贷款政策，优化贷款流程，落实贷款贴息资金。联合徽商银行打造“整贷直发”2.0版，优化贷款审批流程；联合芝麻信用和网商银行，扎实推进网上信用贷款工作。三是建设创业服务云平台，出台《电子创业券发行管理办法》，按照“免费为主、收费为辅”的原则，加快创业服务云平台建设运行，提升实际服务需求与创业资源匹配速度和成功率。四是推进小微企业名录的建设和运用，不断完善名录各板块功能，推进小微企业信用信息共享，有效发挥小微企业名录促进政策实施、扶持企业发展的功能和作用。五是实施企业经营者素质提升和新生代培养“万人计划”，按照精准化、系列化、模块化的要求，开展中小企业业主、领军人才、技术专才等多层次培训。

（三）推进企业创新发展上再聚焦。

一是完善创新型省份建设政策，落实高新技术企业所得税优惠、研发费用加计扣除等普惠性政策。修订《省科技成果转化实施细则》，完善科技成果转化体制机制，加强科技成果转化政策激励。二是继续开展“江淮双创汇”系列交流、培训、路演、对接活动。鼓励支持各地建设众创空间、星创天地等新型孵化载体，完善“创业苗圃+孵化器+加速器+产业基地”的孵化体系。实施高层次科技人才团队扶持计划。三是加快构建产学研用协同创新体系，开展行业性、区域性产学研对接活动。组建智能制造、绿色建筑等产业技术联盟，培育认定省级企业技术中心100个、技术创新示范企业30家，建设省级制造业创新中心5家，支持合肥等市争创中国制造2025试点示范城市。四是实施“互联网+制造”行动计划，积极争取国家智能制造试点示范项目，推进数字化、智能化改造，培育认定省智能工厂20家、数字化车间100个左右。五是实施“专精特新”培育计划，培育认定“专精特新”中小企业500户，新增一批行业“单项冠军”和“配套专家”。建立专精特新企业后备库，遴选基本具备条件成长为专精特新企业的中小微企业1000户。

（四）载体建设提质创牌上再开拓。

一是培育创业载体，建设10所左右的创业大学（学院），认定4~5个青年创业园，重点扶持高校毕业生等青年群体创办生产性服务业企业。推进合肥国家级小微企业创业创新基地示范城市建设，培育认定省级小微企业创业创新基地30家，争创国家级小微企业创业创新示范基地2~3家。二是开展“质量品牌升级江淮行—走进企业”和中国质量奖、省政府质量奖获奖企业巡回宣讲活动，推进卓越绩效等先进质量管理方法，树立质量奖标杆企业，打造一批在社会和行业有影响、有质量创新能力和发展前景的安徽名牌产品和质量品牌升级工程示范企业。三是实施工业质量品牌专项行动，开展国际对标和产品品质对标活动，推进产业集群区域品牌建设。实施“增品种、提品质、创品牌”战略，全年培育省级新产品500个、安徽工业精品100个以上。加大重点行业标准制修订力度，继续开展民营企业主导制定行业以上标准奖补工作。四是实施“互联网+产业集群”行动，以产业集群专业镇为基础，支持市、县（区）建设一批中小企业特色园区，培育认定3~5个“智慧集群”，建立健全产业集群专业镇 “五个一”公共服务体系。

（五）金融服务保障能力上再提升。

一是进一步完善金融机构支持地方发展经营业绩考核办法，引导银行业金融机构对符合产业政策、有发展前景的先进制造业、战略性新兴产业等领域的民营企业扩大信贷投放。推动扩大抵质押物范围，增加“小个农”金融创新产品。加大对“4321”政银担、“税融通”宣传推广，围绕统一代偿补偿政策、强化协同追偿机制，丰富不良资产处置方式等方面完善操作办法。二是畅通直接融资渠道，推进民营企业首发上市和再融资。完善直接融资后备资源库，推动民营企业到全国股转系统挂牌，在省区域性股权市场创建“专精特新”板，全年力争100家省“专精特新”企业挂牌融资。鼓励民营企业发行公司债、企业债、短期融资券、中期票据、集合债券、集合票据和私募债券。三是继续推广小额贷款保证保险业务，争取设立专项风险基金。督促保险机构充分考虑小微企业资金需求“短、小、频、急”的特点，为小微企业提供“低门槛、低成本、易操作”的贷款保证保险服务。

（六）推进开放合作发展上再深入。

一是推进省与全国知名民企推动长江经济带战略发展洽谈会签约的100个5亿元以上重点合同项目落地。谋划和推介一批投资规模大、产业链条长、集聚效应强的项目，与全国知名民企进行合作对接。二是推动中德（芜湖）中小企业合作区建设。扩展中德中小企业交流合作范围，支持滁州等地中德中小企业合作交流。三是加强与中国银行安徽省分行的战略合作，做好中小企业跨境合作服务。依托中国中小企业信息网安徽分网，建立中小企业国际产业合作与投资对接平台。四是鼓励民企“走出去”，围绕“一带一路”、国际产能合作，引导民营企业在矿产资源、新兴能源、装备制造、建筑材料、农业开发等领域开展合作。组织民营企业参加广交会、华交会等国内知名展会和境外专业展会，推进境外营销网络建设。

（七）为企服务平台网络上再扩展。

一是企业服务精准化，依托安徽工业云平台建立专精特新数据库，对1200户专精特新企业实施管理诊断，根据企业需求推荐专业服务机构，实现精准帮扶。二是平台建设标准化，建立健全省中小企业公共服务示范平台建设标准和服务评价标准。在整合全省中小企业服务综合网络平台的基础上，推进“平台服务进网络、网络互联成体系”，构建覆盖全省的中小企业服务平台网络。建立全省中小企业服务机构联盟。开展服务机构服务目录发布、服务需求网上对接和能力提升培训。三是为企服务便捷化，推广亳州市建立“政企直通车”微信云平台、滁州市设立企业帮扶中心、芜湖市开展“互联网+政务服务”建设易企网大数据平台等为企服务新模式。

（八）新型政商关系构建上再起步。

一是贯彻落实中共中央国务院《关于完善产权保护制度依法保护产权的意见》，建立对涉及产权纠纷的中小企业维权援助机制，提振企业家信心，让企业家专注创业、安心创业、愉快创业。二是推动出台我省《构建新型政商关系的若干意见》。三是贯彻省促进民间投资政策，建立各级领导干部联系民营企业工作机制。

福建省

2015年福建省中小企业改革发展总体情况

2015年，福建省认真贯彻落实国家和省促进中小企业发展政策措施，持续优化中小企业发展环境，全省中小企业实现平稳较快发展。

一、中小企业基本运行情况

截至2015年末，全省共有中小微工业企业6.61万户，其中规模以上中小微工业企业1.68万户，规模以下小微工业企业4.93万户。2015年，中小微工业实现工业总产值31529亿元。规模以上中小微工业总产值、增加值、主营业务收入分别为28892亿元、7000亿元、27822亿元，产销同比均保持增长；规模以下小微工业实现总产值2637亿元，同比增长7.3%。

二、主要特点

一是产销增速高于全部工业平均水平，对全部工业增长的贡献率均提高。2015年，我省全部小微工业增加值、主营业务收入同比增幅均高于全部工业，对全部工业增长的贡献率均有所提高。其中，对全部工业增加值增长的贡献率为58.9%，同比提高15.7个百分点；对全部工业主营业务收入增长的贡献率为72.7%，提高18.9个百分点。

二是降息对企业降本增效产生积极作用。2015年，国家多次下调金融机构人民币存贷款基准利率和存款准备金率，以确保资金流动充裕，降低社会融资成本。受此影响，小微企业降息效果较为明显。2015年，全省规模以上小微工业企业利息支出占营业利润的比重为13.6%，同比下降2.7个百分点。

三是企业减税受惠面进一步扩大。2015年1月始，全国企业所得税减半征收起征点调高至20万元，10月始起征点又调高至30万元，使获得所得税减半征收优惠的小微工业企业面进一步扩大。据对1500户小微工业企业调查，2015年有30.9%的企业享受企业所得税减半征收政策，同比上升20.1个百分点。

三、存在的主要问题

一是需求总体偏弱，企业订单减少。2015年，世界经济整体复苏疲弱，增长速度放缓。经济增速放缓造成外需疲软，不仅导致全球贸易量增速下降，也使我省出口受到影响。据国际货币基金组织2016年1月份估算，2015年世界贸易量同比增长2.6%，增速同比回落0.8个百分点。从全国看，2015年全国出口额14.13万亿元，同比下降1.8%。从福建省看，2015年全省出口额7013.24亿元，同比仅增长0.6%，增幅比上年回落4.8个百分点。外需疲软，内需也呈现回落走势。据对我省5260户小微工业企业调查显示，2015年列入调查企业新签内贸订单额为2831.10亿元，同比下降3.3%。

二是成本持续上涨，挤压盈利空间。近年来，在人工成本、土地和资源环境成本等不断上涨的推动下，我省中小微企业综合成本持续上涨，不断挤压企业盈利空间。在企业各项成本构成中，人力成本较高是中小微企业面临较为突出的问题。据对1500户小微工业企业调查，在回答"当前面临的最突出问题"时，有56.7%的企业反映劳工成本上升快，位居各问题之首。

三是产能过剩突出，有效供给不足。随着经济下行压力的不断加大，国内外需求减弱，加上长期以来重复建设、重复生产，同质化竞争严重，部分产品尤其是中低端产品产能过剩问题突出。中低端产品产能过剩、产品供过于求，加剧了产品出厂价格的下跌。2015年，我省工业生产者价格各月下跌幅度在2.4%~3.6%之间，远超出2014年各月0.8%~2.0%的跌幅。另一方面，随着消费需求的升级，却呈现出高端产品有效供给不足的状况。以部分工业行业为例，2015年我省装备制造业增加值占全省工业的22.0%，比全国平均水平低8.1个百分点，其中智能装备产业仅占机械工业的6.7%；我省纺织产品初加工纺纱产品产能比重较高，而市场上需求量较大的高技术含量、高附加值的产业用纺织品的产能比重较低。

四是企业融资困难，融资成本偏高。尽管近年全国及省出台了多项支持中小微企业融资的政策，企业融资难、融资贵现象有所改善，但受到中小微企业自身担保抵押不足、企业经营风险加大等因素影响，仍有部分中小微企业反映融资较为困难。据对158户获得银行贷款的小微企业调查，2015年仍有近三成企业反映融资难。由于融资困难，现有资金无法满足需求，部分小微企业只能转向利率更高的民间借贷和企业间拆借，导致融资成本偏高。

四、2015年福建省推动中小企业发展的主要做法及成效

加强政策宣贯与落实。一是制定扶持政策。全面落实国发〔2014〕52号等文件，及时研究出台我省政策措施，2015年省政府密集出台了《促进工业创新转型稳定增长十条措施》《扶持小微企业加快发展七条措施》等涉及中小企业发展的扶持政策措施11件89条，其中《扶持小微企业加快发展七条措施》从落实税收政策、支持企业直接融资、强化融资服务、加强用工保障、发展公共服务、支持基地建设和完善信息平台七个方面为小微企业提供有力支持。二是加大政策宣传培训。为帮助中小微企业用好用足国家和省里的扶持政策，我省积极做好分类梳理、细化解读等工作，通过图表、小册子、短信息、互联网络平台等多种形式，让各项政策清晰明了，确保广大小微企业读懂各项政策。充分利用新闻媒体、现场宣讲、面对面咨询、政策培训等多种形式深入开展政策宣传，指导和帮助企业充分掌握和运用各项政策，最大限度地发挥各种扶持政策的促进作用。2015年全省经信系统举办新闻发布会、政策解读培训会、服务对接会、点对点政策咨询会等活动110余场次；发放《惠企政策文件选编》2万余册、发送政策信息5万多条。三是加强督促检查。2015年多次组织深入全省9个地市及平潭综合实验区开展"惠企政策落实情况专项督查"，确保扶持小微企业发展的各项财税优惠政策执行到位。

加快推进中小企业公共服务平台建设。一是深入推进福建省中小企业公共服务平台网络建设，完成第一、二批项目建设并实现互联互通，已具备实体服务大厅、网上服务大厅、968871服务热线、手机软件终端、微信公众号5种服务方式；整合汇聚服务机构600余家，组织开展线上线下服务活动521场，服务企业5.5万多家。二是培育认定省中小企业公共服务示范平台、省级小微企业创业基地49个，泉州海西电

子信息产业育成基地和源和1916创意产业园被认定为第一批国家小型微型企业创业创新示范基地。建立了示范平台、创业基地统计报告制度，按季度汇总并通报示范平台、创业基地运营和服务情况。厦门、三明市被确定为首批国家小微企业创业创新城市示范，国家财政给予15亿元专项资金支持。三是扎实开展"百日招聘"活动，组织556家"专精特新"企业发布944个招聘岗位，发布企业信息数量居全国第四位。

深化小微企业两化融合。一是深入实施中小企业信息化推进工程。实施"互联网+小微企业"行动计划，积极引导信息化服务商开发适合小微企业需求的信息化产品，推广面向小微企业的云计算、移动互联网等应用。通过信息网络平台支持中小企业发展的服务模式和有效途径，解决制约中小企业生存发展的研发、管理和市场开拓等突出困难，重点开展中小企业研发、管理升级、电子商务公共服务平台试点。举办"互联网+"传统产业政策研讨会暨"2015创新IT驱动产业升级"城市论坛，积极推进中小企业信息化进程。二是加强创新服务，助力小微企业专精特新发展。依托科技中介服务机构，引导组建和完善创新平台，为产业集群小微企业技术创新提供科研成果信息收集、扩散，以及先进适用技术评估、推广应用等服务。组织开展产学研合作，以"6.18"为平台，组织推介企业技术需求和高校、科研机构项目成果，促进项目对接和成果转化，形成具有自主知识产权的核心技术，增强创新型小微企业的核心竞争力。2015年"6.18"期间，共向高校、科研院所征集2036项技术成果向企业推介；向企业、行业技术开发基地征集技术需求535项，核实整理出378项进行汇编并向高校科研院所单位推介，实现项目对接341项。三是开展质量品牌诊断、推广先进质量管理方法、培育工业品牌等活动，引导小微企业加强质量品牌能力建设。强化专业服务，提升小微企业运用和保护知识产权能力。加快创新人才引进，优化企业人才结构，促进小微企业转型升级。

加强管理提升培训。依托中小企业公共服务平台网络，搭建中小企业管理培训平台和企业管理咨询平台，充分运用线上、线下培训等多种途径培养企业经营管理人才。举办中小企业经营管理领军人才培训班、企业高级经营管理人才研修班，提高中小企业经营管理水平。全省各地市创新工作方式，持续加强企业人才培养，厦门市组织开展30场（期）"小微企业管理提升系列培训""中小企业成长大讲堂"等活动，培养企业人才近3000人次；泉州市实施《千名企业家和百名经济管理者素质提升培训三年计划》，通过举办企业管理创新名家讲坛、职业经理人高层次人才沙龙等活动，培养企业人才1500余人次；三明市创建"企业远程培训示范基地"、利用"时代光华"远程培训平台为百余家企业举办内训500余期；莆田市与清华大学合作开设"创新驱动与转型升级"研修班，培养骨干企业人才50名。

有效缓解融资难、融资贵问题。积极拓宽融资渠道，为中小微企业提供资金保障。一是积极搭建政银企合作平台。2015年省经信委与建设银行、邮储银行、国家开发银行、兴业银行等签订《战略合作协议》，引导金融机构加大信贷投放、优化贷款程序，支持中小微企业发展。2015年12月末，全省企业贷款余额18854亿元、同比增长9.33%，小微企业贷款余额6544亿元、同比增长7.36%。二是发挥类金融机构作用。引导融资担保公司、小额贷款公司、典当行、融资租赁公司等类金融机构聚焦小微企业，为创业创新提供资金支持。2015年全省融资性担保机构为3.8万户（次）中小微企业提供近660亿元的融资担保服务；小额贷款公司、典当行等机构为企业提供贷款800亿元。三是支持企业直接融资。发挥"省级小微企业发债增信资金池"作用，为小微企业发债、银行业金融机构贷款等融资提供增信服务，截至2015年末已为11家企业提供融资增信，融资金额达4050万元。鼓励和支持企业在全国中小企业股份转让系统和海峡股权交易中心挂牌和融资，2015年安排1200万元用于小微企业挂牌交易费用补助。四是发挥应急保障资金作用。建立省市县三级企业资金应急处置机制，截至2015年末，全省有8个市、55个县（市、区）设立中小微企业应急转贷周转金，资金总额77亿元，累计发放周转金13008笔，周转资金总额1155亿元，为6277家企业解决应急转贷困难。五是发挥"助保贷"等增信机制作用。截至2015年末，全省共有310户小微企业通过"助保贷""万家小微企业成长计划"获得贷款10.5亿元。

支持中小企业开拓市场。积极为中小企业搭建展示、交易、交流、合作平台,帮助小微企业开拓市场。组织中小企业参加各种展销会、博览会,省级财政给予参展企业展位费、展品运输费等相关费用补助。各地市积极帮助小微企业开拓市场,福州市印发《关于进一步支持工业产品开拓市场的若干意见》,选择金属材料及制品、水泥建材等十大类工业产品作为试点,遴选重点企业列入《福州市工业产品推荐使用目录》,对进入《目录》的企业在政府投资项目工程采购中优先使用《目录》产品;南平市组织实施"千家小微企业上网工程",大力扶持电商企业,建设"武夷山茶城网",引导180余家茶叶企业入驻,网上销售额已达800多万元;宁德市引导小微企业应用省内外知名电子商务平台促进产品销售,大力发展工业企业电子商务,全市电子商务年交易规模达110亿元。

进一步减轻小微企业负担。针对小微企业面临的融资贵、用工难、税负重等问题,制定了《2015年福建省减轻企业负担工作方案》。从全面清理行政审批前置服务项目及收费、严格执行涉企收费目录清单、开展行业协会专项治理、进一步完善企业负担调查平台、深入开展企业减负政策宣传、积极开展调查研究、强化监督检查、加强工作落实八个方面切实落实减轻企业负担的各项政策措施。

2016年福建省中小企业改革发展总体情况

2016年,福建省认真贯彻落实国家和省里扶持中小企业发展政策,认真贯彻落实《福建省促进中小企业发展条例》,着力完善政策支撑体系、推动中小企业公共服务体系建设、创新融资服务机制、提升经营管理水平,有效保障全省中小企业健康发展。

一、中小企业基本运行情况

截至2016年末,福建省共有规模以上中小微工业企业16801个,同比增长2.9%。2016年1-12月,规模以上中小微工业实现总产值32248亿元,同比增长9.6%;增加值7843亿元,同比增长8.3%,规模以上中小微工业增加值占规模以上工业增加值的比重逾七成,拉动规模以上工业增加值增长5.9个百分点;出口交货值4473亿元,同比增长7.9%;主营业务收入30617亿元,同比增长8.4%;利润总额1769亿元,同比增长13.3%。

二、主要特点

生产增幅高于全国及部分东部省份。中小微工业增加值占我省规模以上工业比重逾七成,1-12月拉动我省规模以上工业增加值增长5.9个百分点。与全国及部分东部省份比较,1-11月我省规模以上工业增加值增幅比全国平均水平高出1.7个百分点,比广东、浙江分别高出1.2个百分点和1.7个百分点。其中,规模以上中小微工业增加值增幅高出浙江2.9个百分点。

主要效益指标增幅仍高于全国平均水平。1-12月,我省规模以上工业主要效益指标增幅仍高于全国平均水平。其中,主营业务收入和利润总额同比增幅分别比全国平均水平高出2.0个百分点和11.0个百分点;主营业务收入利润率为6.27%,比全国平均水平高出0.30个百分点。

供给侧改革取得积极进展。1-12月,随着供给侧结构性改革的持续推进,工业领域重点改革取得积极进展,主要体现在:一是部分去产能行业产成品存货同比下降。12月末,规模以上煤炭开采和洗选业产成品存货同比下降34.0%,化学原料和化学制品制造业下降21.3%。二是企业负债率降低。12月末,规模以上中小微工业企业资产负债率为49.99%,同比降低0.97个百分点。三是企业税费负担下降。据税务部门统计,2016年我省税务部门办理各类减免税(含征前减免)746亿元,其中,在出口退税方面,我省每出口1元退税0.1元,高于全国平均水平(0.08元);在营改增方面,2016年我省全面推开营改增试点的小规模纳税人有25.5万户,占全部试点纳税人的81.4%,2016年5月至12月,25.5万户小规模纳税人税负平均下降了27.6%。

三、存在的主要问题

订单额下降,出口增速下滑。受2016年全球经济增长总体疲软，发达经济体增速依然缓慢，外需仍不足等因素影响，2016年我省中小企业出口面临较大困难。中小微工业企业中，中型企业出口情况总体要好于小微企业，而小微企业出口情况则不容乐观，不仅外贸订单额下降，出口交货值增幅也出现了一定程度的下滑。据对1114户小微工业企业调查，2016年列入调查的小微企业新签外贸订单额为383.08亿元，同比下降1.3%。从出口交货值看，2016年规模以上小微工业实现出口交货值1778.03亿元，同比增长6.5%，增幅同比下降8.9个百分点。其中，小型企业增幅同比增长9.2%，增幅同比回落6.5个百分点；微型企业增幅同比大幅下降55.9%，降幅同比扩大53.1个百分点。

降成本压力逐步增大。2016年以来，受原油、煤炭、钢材、有色金属等主要原材料价格的持续上涨等因素影响，我省工业生产者购进价格与工业品出厂价格涨幅开始由“低进低出”转为“高进低出”，形成价格涨幅剪刀差，进一步加大企业尤其是中小微企业降成本的压力。与大型企业相比较，中小微企业成本上涨问题突出。1-12月，规模以上中小微工业主营业务成本为26757.30亿元，同比增长8.6%，增幅分别高出规模以上工业、大型工业1.7个百分点和6.2个百分点；规模以上中小微工业每百元主营业务收入的主营业务成本为87.39元，同比增加0.12元，而同期大型工业每百元主营业务收入的主营业务成本为83.02元，减少0.64元。从全年看，中小微工业的成本也呈现出逐季上涨走势，1-12月规模以上中小微工业每百元主营业务收入的主营业务成本同比由1-6月下降0.01元转为增加0.12元，为2016年以来月度累计最高。

贷款难问题依然存在。目前，抵押贷款仍是我省中小微工业企业进行融资尤其是间接融资的最主要方式。我省多数中小微工业企业规模小、抵押物少，已有的抵押物一般均已做了抵押，因此抵押物不足，难以获得银行贷款。而从银行方面看，面对经济下行，近几年加强了风险管控，存在着压贷、惜贷等行为，进一步加大了企业贷款的难度。据对1422户小微工业企业调查显示，2016年第四季度有贷款需求的291户企业中，有170户占58.4%的企业未能贷到款，比重数同比上升3.7个百分点。从全年来看，在有贷款需求的企业中，仍有62%的企业存在贷款难问题。

四、2016年福建省促进中小企业发展主要措施及成效

突出完善公共服务体系。一是持续优化政策环境。近年来研究出台了《促进全省工业经济稳定增长若干措施》《关于降低企业成本减轻企业负担的意见》《福建省中小企业成长计划（2016-2018年）》等一系列政策，进一步优化了中小企业发展政策环境。深入开展政策宣贯工作，充分利用新闻媒体、现场宣讲、面对面咨询、政策培训等多种形式深入开展政策宣传，2016年共举办新闻发布会、政策解读培训会、服务对接会、点对点政策咨询会等活动236场次；发放各类政策选编5.8万余册、发送政策信息10万多条，服务企业30余万户次，有效帮助中小企业充分掌握和运用各项政策。二是建设服务平台网络。着眼为中小企业提供找得到、用得起、有保障的一站式服务，搭建服务平台网络。2016年已完成由1个省级枢纽平台、9个市级综合窗口平台、32个产业集群和专业窗口平台构成的福建省中小企业公共服务平台网络建设并投入运营。构建了实体服务大厅、网上服务大厅、968871服务热线、手机软件终端、微信公众号5种服务方式。截至2016年底汇聚2160个优质服务机构，为中小企业提供信息、投融资、创业、人才培训、技术创新、管理咨询、市场开拓、法律等服务，开展服务活动17007场次，服务企业7.3万家次。三是培育双创服务载体。组织开展福建省中小企业公共服务示范平台、福建省省级小微企业创业基地等“双创”服务载体认定工作，2016年新培育认定省级示范平台21个、省级小微企业创业基地18家。截至2016年底全省共培育省级及以上中小企业公共服务示范平台117个、小微企业创业基地49家。建立双创服务载体季度统计报告制度，推动开展服务中小企业活动。2016年117个省级示范平台共开展服务活动9.9万场（次），服务企业18.8万家次。49家省级小微企业创业基地入驻企业2899家，其中入驻小微企业2556家。四是搭建交流展示平台。积极为中小企业搭建交流展示平台，助力开拓国内外市场。2016年组织了41家新一代信息技术、智能制造、高端装备、节能环保、

创新设计等领域中小企业参加第九届APEC技展会、第十三届中博会，取得较好参展效果。举办“双创活动周”活动，组织企业参加展览展示活动13场，参加人员达2739名。组织13家中小微企业、15个创客项目参加2016年“创客中国”创新创业大赛。

突出破解融资难融资贵问题。一是推动产融合作政银企对接。会同有关部门建立产融合作工作机制，常态化、分层次征集发布近20个领域重点企业、重点项目的融资需求清单，并通过信息清单发布会、产融合作政银企对接会等形式，推动重点企业（项目）与银行业金融机构对接。省级层面，先后征集发布两批241项、216亿元重点企业、重点项目融资需求清单，举办2016年福建省产融合作政银企对接会，为银企信息共享、对接合作搭建平台。至2016年底，已有16家银行与95家企业（项目）成功对接，授信总额194亿元，实现融资89亿元。地市层面，至2016年底共汇总企业融资需求1987亿元，开展对接活动86场次，授信总额1178亿元。二是组织制造业与融资租赁业对接。联合省商务厅举办两期“制造业与融资租赁业对接洽谈会”，组织105家有融资需求的制造业企业与32家融资租赁公司代表开展面对面对接洽谈，现场共有28家制造业企业与15家融资租赁企业达成合作意向，融资金额9.81亿元。三是引导企业对接资本市场改革发展。推动建立全省利用资本市场企业库，并纳入全省产融合作工作范畴，委托有关机构组织开展企业直接融资培训辅导活动，充分利用工信部与上海证券交易所联合建立的对接工作机制，引导并推荐企业利用资本市场改制上市和发行公司债、资产支持证券、股债关联产品等，推动企业利用资本市场改革发展。四是发挥“助保贷”增信作用。充分发挥“助保贷”平台作用，为小微企业融资提供增信支持。至2016年底“助保贷”平台累计为全省302户小微企业发放助保金贷款10.45亿元。五是支持企业直接融资。将规模为3000万元的省级“小微企业发债增信资金池”调整为“中小微企业融资增信资金池”，拓宽资金池增信对象和业务范围，至2016年底，共有17家企业通过资金池增信获得融资5200万元。继续支持小微企业在全国中小企业股份转让系统和海峡股权交易中心挂牌交易融资，2016年度共安排1200万元专项资金对小微企业挂牌交易进行补助。

突出企业管理创新提质增效。一是实施管理提升工作专项。贯彻落实工信部等11部委《关于引导企业创新管理提质增效的指导意见》，引导企业遵循10个主要路径提质增效。利用中小企业公共服务平台推广国内10家著名企业创新管理提质增效的典型经验。实施企业管理提升专项工作，组织开展企业管理咨询诊断、企业管理经验分享推广、企业直接融资辅导等系列活动，点面结合提升中小企业提升经营管理水平。围绕食品加工、纺织服装、软件IT、机械制造、陶瓷5个处于转型瓶颈期行业，为50家成长型行业中小企业提供管理专家驻厂咨询诊断服务；在设区市组织11场企业管理典型经验分享推广活动，邀请17名省内知名企业家和专家为583家中小企业的827名管理者分享了先进管理经验；以培训、沙龙、路演等方式举办7场企业直接融资辅导活动，为近300家中小微企业直接融资进行全方位辅导。二是树立一批人才示范标杆。完成第二批20名省企业高级经营管理人才遴选，并给予相应专项资金奖励。开展第三批省企业高级经营管理人才遴选，向省委人才办推荐24名“第三批福建省企业高级经营管理人才”候选人，为全省广大企业树立了一批具有典型示范意义的经营管理人才标杆。三是组织管理人才交流培训。联合厦门大学完成两期75人工信部中小企业经营管理领军人才培训，启动第五期40人中小企业经营管理领军人才班。联合浙江大学举办2016年高成长企业经营管理人才培训班和2016年企业高级经营管理人才研修班，组织100名省级高成长企业中高层经营管理人员、企业高级经营管理人才及推荐人选参训。

江西省

2015年江西省中小企业改革发展情况

2015年，在省委、省政府的正确领导下，全省中小企业系统围绕工业强省战略和推进新型工业化目标，以全面深化改革为统领，以促进转型升级为主线，紧扣创业、创新、服务三大关键领域，完善培训辅导、创业孵化、公共服务、投融资四大体系建设，持续深入实施成长工程，积极开展扶助小微企业专项行动，着力解决事关企业发展的管理、技术、资金、市场等实际问题，努力克服宏观经济下行压力带来的不利影响，迎难而上，奋力拼搏，锐意进取，各项工作务实有效推进，继续保持了全省中小企业健康较快发展势头，为全省工业经济平稳增长作出了重要贡献。

一、基本情况

2015年，全省注册企业户数48.6万，工商个体户165.9万，规模以上中小微工业企业9026户。全省规模以上中小微工业企业实现增加值5940.1亿元，同比增长11.2%；主营业务收入23898.4亿元，增长6.6%；利税2704.9亿元，同比增长4.7%。

二、运行特点

生产经营总体稳定，生产水平好于效益水平。1-12月，全省规模以上中小工业企业完成增加值5940.1亿元，占规模以上工业的81.7%，同比增长11.2%，增幅略低于三季度的11.3%，高于同期规模以上工业2.0个百分点；实现主营业务收入23898.4亿元，占规模以上工业的73.6%，增长6.6%，高于同期规模以上工业2.3个百分点，高出全国平均水平3.1个百分点，位居全国前列；利税2704.9亿元，占规模以上工业的76.3%，增长4.7%，高于同期规模以上工业0.9个百分点。企业亏损面持续下降，1-12月亏损面为6.8%，分别低于一季度、上半年、三季度2.3、0.5、0.3个百分点。1-11月，全省工业用电量平稳增长，累计增长3.9%。

区域经济趋向协调，"龙头"活力进一步彰显。省委、省政府提出的"龙头昂起、两翼齐飞、苏区振兴、绿色崛起"的发展格局基本形成。从区域来看，1-12月，"龙头"（南昌和九江）、"东翼"（上饶、鹰潭、景德镇和抚州）、"西翼"（新余、萍乡和宜春）、"苏区"（赣州和吉安）规上中小工业企业主营业务收入各占全省的29.9%、25.0%、22.8%、22.3%；增加值分别占全省的29.9%、23.2%、24.0%、22.9%；利税各占全省的26.6%、23.2%、27.6%、22.6%。

主要行业平稳增长，利税增幅五升二降。1-12月，全省中小企业主要行业（七大主营业务收入过千亿行业），主营业务收入增速五大行业保持不同程度增长：化学原料和化学制品制造、农副食品加工、电气机械和器材制造、纺织服装、非金属矿物制品主营业务收入分别增长9.4 %、8.9%、8.4%、6.5%、6.2%；黑色金属冶炼和压延加工、有色金属冶炼和压延加工主营业务收入负增长分别为-1.4%、-0.08%。利税总额增幅五升二降：化学原料和化学制品利税总额、农副食品加工、电气机械和器材制造、非金属矿物制品、纺织服装利税总额分别增长9.2%、13 %、7.6%、1.5%、6.9%，黑色金属冶炼和压延加工制造、有色金属冶炼和压延加工分别为负增长-2.5%、-4.2%。

三、主要工作

专精特新中小企业认定培育扎实推进。2015年组织申报认定了第二批290家专精特新中小企业，目前共认定专精特新中小企业564家。在上年基础上，继续从省本级中小企业发展专项中切块600万元资金，择优对39家企业实施技术成果转化，完成转化投入，实现产业化即一企一技技术创新示范项目的企业给予奖补。

并组织了其中32家企业参加第十二届中小企业博览会，达成意向合同金额3000余万元，其中签订合同510万元。通过上述举措，引导中小企业向专精特新方向发展，提升中小企业专精特新水平。

创业载体和公共服务平台功能同步拓展。2015年，认真落实工信部《国家小型微型企业创业示范基地建设管理办法》，按照规定的条件功能要求，择优向工信部推荐上报了5家小微企业创业孵化基地，同时相应提高了省级小微企业创业园认定门槛，组织申报筛选认定了新一批19家小微企业创业园，全省省级小微企业创业园达35个。2015年全省已建成1家枢纽平台+10综合服务平台+22个产业服务平台的平台网络体系并实现业务贯通。目前线上即时汇总系统聚集服务机构2491家，线下入驻服务机构546家，为全省小微企业创新创业提供信息咨询、政策解答、法律代理、融资担保、证照办理、行政审批与人才培训等综合性服务。开展了“首届江西省中小企业星级服务机构征集评选”活动，认定星级服务机构100家，积极打造全省中小企业社会化服务体系的核心资源，50家国家和省级中小企业公共服务示范平台也较好地发挥示范带动作用，为中小企业提供优质服务。

创业大学培训辅导深入实施。依托省市12所创业大学，按照“以企业诊断咨询为主、以导师辅导为主、以开放式办学为主”的办学模式，采取补贴学费方式，对中小企业创业者和企业家开展了一系列公益性、针对性、连续性和系统性培训，打开创业者创业思路，提升企业家经营管理素质和水平。2015年累计培训一年制学员企业5109家，开展创业服务活动1017次。省创业大学举办了领军人才电商产业班、科技型中小企业等3个总裁班，培训学员179名，帮助提升中小企业管理理念和经营管理水平，深受企业欢迎。

民营企业建立现代企业制度试点有序开展。在上年基础上，2015年我们开展了升级版的民营企业建立现代企业制度试点工作，以上市上板为指向，引导全省优秀民营企业主动实施股份制改造，逐步建立产权清晰、治理合理、管理科学的现代企业制度。制定了切实可行的、有操作性的活动方案，举办了集中上市辅导活动，130余户企业踊跃报名参训，30多家律师事务所、会计事务所、券商、基金公司、管理咨询公司、培训机构等专业机构竞相服务，活动采用专题讲座、实地考察、案例分析、项目路演、基金推介等多样化的集训方式，在政府的引导下形成了市场认同的价值链条，初步实现了集聚资源、打通渠道、培育品牌的目的。

缓解中小企业融资难全新探索。2015年，在继续以政银企对接、健全担保体系等多种方式解决中小企业融资难的同时，我们探索开展了小微企业创业园风险补偿引导基金试点工作，首次从省本级中小企业发展专项资金中切块2000万元，按“两聚集一放大”即聚集小微企业创业园，聚集初创期、轻资产小微企业，放大资金规模的思路，在全省筛选部分试点小微企业创业园运营商，按不少于1∶1比例配套出资，共同组成小微企业创业园创业风险补偿引导基金，委托基金公司运作，按照有限保证风险代偿模式，撬动合作银行资金，向园内小微企业提供免抵押免连保、利率优惠的流动资金贷款支持，目前有关工作正在有序推进，取得初步成效，一定程度满足了小微企业创业资金需求，降低了小微企业创业成本。

资金项目申报监管进一步加强。一是按照有扶有控原则，2015年对3900万元省级中小企业发展专项资金进行科学合理分配，支持了小微企业创业园小微企业流动资金贷款风险补偿、专精特新企业一企一技技术创新示范、民营企业建立现代企业制度试点等。二是积极作为，支持南昌申报全国小微企业创业创新基地示范城市。前期通过提供咨询意见，完善申报资料，对上协调争取，参与指导竞争性公开答辩等方式，帮助南昌市成功入选全国小微企业创业创新基地示范城市，争取到为期三年总额9亿元的政策支持。同时主动对接国家中小企业发展基金，摸底调查各设区市设立基金支持全口径中小企业发展情况。三是加快进度，完成以往项目验收。2015年，按照工信部有关通知（工信厅联企业函〔2015〕9号）的要求，组织专家对全省34个平台网络项目进行了评审。委托设区市继续完成2014年以前获得国家中小企业发展专项资金支持的未验收项目的验收，完成了两批89个项目验收，下拨尾款资金1871万元。

2016年江西省中小企业改革发展情况

2016年，在省委、省政府的正确领导下，全省中小企业贯彻新发展理念，按照供给侧结构性改革要求，围绕工业强省战略和新型工业化目标，努力克服宏观经济下行压力带来的不利影响，迎难而上，奋力拼搏，锐意进取，各项工作务实有效推进，中小企业发展保持了持续健康较快势头，为全省工业经济平稳增长作出了重要贡献。

一、基本情况

2016年，全省注册企业户数54.8万，工商个体户162.8万，规模以上中小工业企业9901。全省规模以上中小工业企业实现增加值6035亿元，主营业务收入26032亿元，利润总额1925亿元，同比分别增长10.1%、8.6%和9.4%。

二、运行特点

产销同步较快增长。2016年，全省规模以上工业中小企业完成增加值6035亿元，占全省规模以上工业的77.3%，同比增长10.1%，增速高于全省规模以上工业1.1个百分点。实现主营业务收入26032亿元，占规模以上工业的73.3%，增长8.6%，与同期规模以上工业持平，高出全国平均水平2.6个百分点。从业人员267.5万人，增长2.1%。

效益质量明显提升。2016年，实现利润总额1925亿元，占规模以上工业的80.2%，增长9.4%，高出全国平均水平3.2个百分点。企业亏损面持续收窄，亏损面为5.6%，同比下降1.2个百分点。

非公有制经济较快增长。2016年，全省非公有制经济实现工业增加值5321.38亿元，同比增长9.7%，规模以上非公有制经济工业实现主营业务收入29193.9亿元，同比增长9.4%。增速分别高于同期全省规模以上工业0.7和0.8个百分点。

民间投资平稳增长。2016年，全省非公有制经济完成固定资产投资15095.02亿元，增长15.8%，高于同期全省固定资产投资增速1.8个百分点。其中民间投资13830.19亿元，增长9.8%，增速呈先抑后扬态势，较上半年回升0.5个百分点。

三、主要工作

进一步夯实了工作基础。为规范专项资金管理及相关认定工作程序、内容及要求，2016年全年制定或制订完成了7个办法。一是与省财政厅联合印发《中国制造2025专项资金支持中小企业发展试行办法》（赣财经2016）4号）、《江西省小微企业创业园创业风险补偿引导基金管理办法（暂行）》（（赣财经〔2016〕5号）两个办法。二是制修订《中国制造2025专项资金支持中小企业发展分项资金安排操作办法》（赣工信企业字〔2016〕150号）、《江西省“专精特新”中小企业认定管理暂行办法》（赣工信企业字〔2016〕288号）、《江西省创业大学培训辅导管理暂行办法》（赣工信企业字〔2016〕289号）、《江西省小型微型企业创业创新示范基地认定管理办法》（赣工信企业字〔2016〕353号）、《江西省中小企业公共服务示范平台认定办法》（赣工信企业字〔2016〕534号）五个办法。

创业创新载体建设实现新突破。一是新制订的小微企业创业创新示范基地认定办法，提高了认定条件门槛，强化了企业孵化功能，整体提高了小微企业创业创新载体建设水平要求。目前，全省已有小微企业创业创新示范基地（含省级小微创业园）35个，入驻小微企业2600家。其中，2016年新增认定6个省级创业创新基地。二是国家级小微企业创业创新示范基地实现“零”

的突破。优化推荐国家级小型微型企业创业创新示范基地制度设计，成功推荐九江恒盛科技园、江西淘鑫电商基地等4家基地晋升国家级小微企业创业创新示范基地，国家级创业创新示范基地实现了“零”的突破。三是促进小微风险金充分落地运行，与9家小微企业创业园合作，累计为52家创业园企业发放贷款3710万元。

“专精特新”企业培育有了新进展。一是组建形成了中小企业专家库。2016年10月，经各设区市、委内行业处室及相关科研院所推荐，分专业方向遴选了300多名专家，组建形成了中小企业专家库。二是按新修订的认定办法，组织新增认定260多家“专精特新”企业。三是引导帮助“专精特新”企业开拓国内外市场。2016年7月和10月，先后分别组织各32家“专精特新”企业参加第九届APEC中小企业技术交流暨展览会、第十三届中国国际中小企业博览会，取得了良好成效。四是与省科技厅联合举办的第3期、第4期“科技型中小企业总裁MBA班”，每个月安排一次课（两天时间），内容丰富且切合企业实际需要，深受企业总裁们欢迎。

政银合作帮扶企业有了新举措。为贯彻落实工信部《促进中小企业国际化发展五年行动计划（2016-2020年）》，推动我省中小企业国际化发展，破解中小企业融资难题，2016年10月，我委与中国银行江西省分行建立了合作推进机制。12月6日上午，我委与中国银行江西省分行在南昌联合举办“促进江西中小企业国际化发展合作推进会”，签订了政银合作协议，共同推出了中小企业融资专属产品“中小通”，李贻煌副省长全程出席会议并领头启动“中小通”系统、见证签约仪式。根据战略合作协议，我委与中行省分行将以融资、融信、融智、融技为主要内容，从政策协同引导、金融支持、重点领域跨境撮合等方面开展持续深入合作，未来五年中国银行江西省分行对省内中小企业投入新增百亿授信额度，提供低门槛、低成本、快通道的一揽子优惠金融服务。

“双创”工作寻求了新抓手。2016年10月至12月，我委与省非公办联合主办了2016江西创业创新大赛（首届），打造项目征集、辅导优化、路演竞赛、创投对接等完整服务链条，发现、扶持、培育一批优秀创业创新中小微企业。12月15日，大赛总决赛在江西广播电视台600平米演播大厅举行，大赛“十强”选手产生。此次大赛企业参赛积极性高，新经济领域参赛项目多（涉及智能制造、3D打印、互联网+、大健康、VR/AR等领域参赛创业创新项目109个），“十强”项目达成投资机构邀约金额13.51亿元，新华社、人民网、江西广播电视台等众多媒体对大赛进行了密集报道，微信公众号社会关注量达617万次，营造了创业创新的浓厚社会氛围。

公共服务平台培育体系进一步完善。一是新制定的中小企业公共服务示范平台认定办法，条件门槛更高，认定程序更规范，标准更明晰，并将新形势下中小企业急需的相关服务列为公共服务平台的主要功能要求。二是按照新的认定办法，组织新增认定20家省级中小企业公共服务平台。

非公经济工作扎实推进。深入开展民营企业建立现代企业制度试点，与省政府金融办、省证监局共同举办了7次全省民营企业建立现代企业制度暨集中上市集训活动，对50家民营企业进行了股份制改造项目奖补，培育了15家参训企业在新三板挂牌。落实省委、省政府和省非公办重大工作部署，配合做好促进非公经济、民间投资发展政策落实工作督查，响应“万名干部进万企”活动，赴数十家非公企业开展实地调研，宣讲党和政府促进非公经济发展的方针政策，帮助解决了一批非公企业遇到的困难和问题。

山东省

2015年山东中小企业发展概况

2015年是“十二五”收官之年，山东省中小企业认真贯彻落实中央、国务院和省委、省政府重大决策部署，积极推动大众创业、万众创新，调整优化结构，加快转型升级步伐，大力发展互联网和电子商务，促进产业集群和特色产业发展，强化公共服务，顺利完成了“十二五”规划确定的主要目标任务，在经济社会发展中的地位作用更加突出。

经济实力显著增强。大众创业热情高涨，新增企业“井喷式”发展，规模效益不断提高。截至2015年底，全省中小企业总数发展到149万户，位居全国第三位，比2010年增加了81万户，增长119%；注册资本8.2万亿元，增长1.91倍；安排城镇就业3100万余人，增长1.06倍。规模以上中小工业企业达到39387家，比2011年新增4208家，实现主营业务收入94834亿元、上缴税金3471亿元、利润5763亿元，比2011年分别增加23758亿元、1522亿元、1113亿元，增长33.4%、78.1%、23.9%，分别位居全国第一和、第二位。

创新能力不断提升。科技创新和管理创新成为中小企业转调升级的主引擎。全省中小企业研发投入占全年销售收入达到1.8%左右，研发人员占全部从业人员的9%左右，中小工业企业的高新技术产业产值占规模以上工业比重超过32.1%。培育认定省级“专精特新”中小企业1383家，“一企一技术”研发中心692家、创新企业841家。战略性新兴产业企业3.8万家，占6.0%，从业人员299万人，占12%。规模以上高新技术企业2016个，占规模以上制造业的5.1%，比2010年提高了0.8个百分点。信息传输、软件和信息技术服务企业1万余个，从业人员27万余人，分别比2010年提高了43%和85%。

经济结构持续优化。三产服务业占比不断提高。2015年，全省中小企业一、二、三产企业户数占比为4.9∶10.7∶84.4，实现增加值占比为7.9∶46.8∶45.3，二、三产从业人员达到2887.9万，比2010年增加476.5万人。中小企业呈现个体分散向产业聚集发展的趋势，2015年底全省年销售收入过100亿元的产业集群发展到204个，比2010年新增108个。

创业兴业成效显著。创业辅导、创业服务、基地建设同步推进。全省建成省市级创业辅导基地500家，建筑面积8696万平方米，入驻企业4.6万家，从业人员110万。其中省级创业基地203家，建筑面积3520万平方米，入驻企业22294家，从业人员47万人。省市级创业辅导师达到688名，省级创业辅导师182名。举办各类创业培训847期，培训13.7万人次。枣庄市山亭区城头镇豆制品创业辅导基地等6家被评为国家级小微企业创业创新示范基地。

新兴业态迅速崛起。创业创新催生了新经济蓬勃发展。2015年，高新技术、新业态、新模式发展迅速，产值增幅在30%以上。仓储物流、电子商务、工业设计、文化创意等现代服务业增幅达到36%。新注册的企业中，第三产业占比超过了70%。全省新登记第三产业市场主体132.6万户，注册资本11827.3亿元，同比分别增长24.7%和55.2%，分别占新增登记市场主体总量的86.0%和72.6%。教育培训、文化体育娱乐业、信息传输软件和信息技术服务业新登记户数成倍增长，分别同比增长186.7%、149.5%、101.0%。

服务体系不断完善。山东省中小企业平台网络的建设带动了一大批特色突出、功能健全、信誉良好的服务商（机构）向平台集结，形成了多种形式的服务商群。2015年聚集各类服务机构1745家，涵盖管理咨询、金融服务、电子商务、政策扶持、创业指导、法律服务、人才服务、信息技术、技术创新、市场开拓、工业设计、企业文化12大类2000多个服务产品，累计开展各类服务9000多期，服务企业27万余家。

地位作用更加突出。面广量大的中小企业遍布各个行业，在吸纳就业、活跃经济、推动创新和保障社会稳定等方面发挥着举足轻重的作用。2015年，全省中小企业实有户数149万占全省企业总数的99.5%，实现增加值约3.49万亿元占50.5%；拥有省级以上企业技术中心1012户占82.5%，技术创新项目占78.7%，完成研发了65%以上的发明专利和80%以上的新产品；全省新增城镇就业和新增农村劳动力转移就业244万人，几乎全部为中小企业吸纳。

“十二五”时期，我省中小企业发展中还存在一些亟需解决的问题和不足。万人拥有中小企业户数不多，创业创新热情有待进一步激发；大多数中小企业还没有建立现代化企业制度，管理方式落后；创新能力和研发投入不足，产品技术含量和附加值偏低；公共服务体系不健全，企业融资困难仍很突出；“双创”新增企业服务业多、先进制造企业少，转型升级的压力和难度依然较大。

2016年山东中小企业发展概况

2016年，全省中小企业系统深入贯彻落实中央、国务院和省委、省政府一系列重大战略部署，牢牢把握稳中求进工作总基调，坚持“走在前列”目标定位，面对经济下行压力，迎难而上，戮力前行，不断创新工作思路和方法，着力推动大众创业万众创新，加快推进新旧动能接续转换，全省中小企业数量持续快速增长，经济运行缓中趋稳、稳中向好，产业结构不断优化升级，新业态新经济蓬勃发展，实现了“十三五”发展的良好开局。2016年全省中小企业新增企业41万户、总量达到190万户，位居全国第3位。2016年全省规模以上中小工业达到39699户，实现增加值同比增长6.66%，实现主营业务收入、利润分别同比增长2.7%、0.4%，规模以上中小工业实现主营业务收入、利润总额均居全国各省市第2位。全省2014－2016年累计新增企业99万户，超过了改革开放以来前35年的企业总数。中小企业数量的大幅增加，提供了大量的就业机会和税源，为全省经济稳定持续发展发挥了重要作用。

【机关建设】山东省中小企业局认真落实中央和省委、省政府重大战略部署，在全系统扎实开展“两学一做”学习教育，深入学习习近平总书记系列重要讲话精神，切实增强“四个意识”特别是核心意识、看齐意识，全力推进学习型党组织和学习型机关建设。坚决把从严治党作为抓党建工作的重中之重，狠抓组织纪律和党风廉政建设，全局党员干部理论素养和思想境界得到了提升，干事创业的自觉性和主动性不断提高，业务服务的针对性和精准度明显增强，各项工作取得了新进展。

【发展考核】按照《山东省小微企业发展考核办法》要求，会同省财政、统计、工商、人行等部门组成考核小组，对17市小微企业发展情况进行考核。考核结果经省政府同意后以省中小企业发展领导小组名义进行通报。在考核结果应用上，不打分、不排名，原原本本公布各项指标数据，为各地搭建对比先进、发现短板、改进工作的平台，对各地中小企业发展起到了激励推动作用。

【创业兴业】大力营造大众创业、万众创新的浓厚氛围，使创业成为一种时尚、成为一种生活方式、成为小微企业蓬勃增长的源泉。到2016年，全省建设国家级小微企业创业创新示范基地 11家、省级小企业创业辅导基地254家，省级创客空间33家。与潍坊科技学院、山东理工大学、山东理工职业学院、山东外国语职业学院共建4所省级创业创新学院，加大创业创新人才培养，举办巡回大讲堂106期，全省培训14.6万多人次。2014－2016年，全省每月新增小微企业2.75万户，其中2016年每月新增3.41万户。

【创新驱动】创新成为中小企业发展的新追求、新动力。2016年继续深入实施全省中小企业“一企一技术”创新工程，培育“专精特新”优势企业，新培育省级“一企一技术”研发中心和创新企业457家，累计达到1990家；新增省级“专精特新”中小企业822家，累计达到2205家。“一企一技术”创新企业、“专精特新”企业、高新技术企业，充分发挥在细分市场优势，加大科技创新，在“增品种、提品质、创品牌”上精准发力，孕育成长了一大批产业细分领域的领军企业和隐形冠军，为新旧动能转换注入了新的生机和活力。2016年新增省级“一企一技术”研发中心和创新企业中，高新技术企业占35%，“专精特新”企业中高新技术和装备制造业占58.9%。

【产业集群】产业集群已经成为我省经济发展的重要产业形态。2016年召开全省产业集群工作会议，组织实施产业集群壮大工程，颁布《山东省产业集群发展规划（2016-2020）》，吹响全省产业集群创新发展的集结号。2016年，省级产业集群达到121个、山东省特色产业镇达到200个，全省产业集群拥有省级以上名牌产品、著名和驰名商标2234个，拥有冠国字号“名城”“基地”“之都”“之乡”“示范区”称号的产业集群或特色产业区域品牌近百个。省级产业集群的电子商务覆盖率达到80%以上，电子信息、生物医药、新能源、新材料、高端装备制造的比重达到25%以上。全省产业集群实现主营业务收入占到全省工业经济的50%，产业集聚度进一步提高，成为全省经济健康持续发展的强大动力。

【互联网+】移动互联网、物联网、云计算、大数据等新一代信息技术广泛应用，现代信息技术与各行各业进一步渗透融合，电子商务、智能制造、个性定制等新产品、新技术、新业态、新模式层出不穷，新经济、新动能成为中小企业发展的新亮点。深入实施山东省中小企业互联网+制造业、+服务业、+集群、+平台4项示范培育行动，持续推进电商村、电商园区、电商市场等6项培育计划。举办中国（山东）网博暨跨境电商展洽会，开展电商之路培训工程，我省农村电商、工业互联网发展走在全国前列。我省开展的电子商务推进年，得到了国家工信部的表扬。2016年，全省淘宝村发展到108个，比上年增加44个。

【国际合作】完善省中小企业对外交流合作平台，积极对接“一带一路”建设，服务中小企业“走出去”，开展国际化合作。山东省中小企业局与山东省外事办公室，举办“山东—马来西亚经贸合作交流会”、“山东—南澳州经贸洽谈会”、“迪拜经贸推介会”等多项活动，组织1500多家企业参与对接洽谈。随郭树清省长出访以色列，与以色列LR集团签署加强技术创新战略合作协议。随省委常委、济南市委书记王文涛率领的中共友好代表团出访俄罗斯，出席第七届中俄中小企业合作圆桌会议。随季湘绮副省长出访英国，在装备制造、节能环保、新材料新能源研发等方面达成多个合作意向。2016年，全省组织17个中小企业经贸交流团400多家企业赴德国、法国、越南等国家和地区参加经贸考察，在中小企业产品开发、电子商务等领域签订合作意向160个，金额近30亿元。

【公共服务】建立完善山东省中小企业公共服务平台网络，构建省、市、县三级平台服务协同机制，实现平台服务县域全覆盖。到2016年底，省平台网络系统聚集各类服务机构2466家，注册企业数量达1.2万家，发布服务项目近1.1万个，举办服务活动约2万次。

湖北省

2015–2016年湖北省中小企业发展情况

一、全省中小微企业基本情况

中小微企业是实体经济的重要基础，是推动我省经济社会发展的重要力量，在繁荣经济、增加就业、推动创新、催生产业等方面发挥着越来越重要的作用。湖北省委、省政府高度重视中小微企业发展，把大力发展中小微企业作为稳增长、调结构、惠民生的重要抓手，作为建设“五个湖北”和“建成支点、走在前列”的重大战略举措，着力推进体制机制创新，不断优化发展环境，建立健全公共服务体系，中小微企业不断成长壮大，实现持续健康发展。截止到2016年底，全省实有市场主体406.32万户，企业总户数94万，其中私营企业81.7万户，规模以上工业企业16355户。全省规模以上中小工业企业实现主营业务收入29335.5亿元，同比增长9.3%；实现利润1430.1亿元，同比增长2.7%；税金总额714.2亿元，同比增长–5.7%。全省民营经济实现增加值17801.65亿元，占全省GDP的比重为55.1%，对全省经济增长的贡献率为57.2%，拉动全省经济增长4.6个百分点。

二、所做的主要工作

全省经信系统以一法四个文件的贯彻实施为主线，即《湖北省实施<中华人民共和国中小企业促进法>办法》《省委省政府关于进一步加快个体私营等非公有制经济发展的若干意见》《省政府关于进一步鼓励和引导民间投资健康发展的实施意见》《省政府关于进一步促进全省中小企业发展的意见》《省政府关于大力推动民营经济跨越式发展的意见》，切实推动全省中小企业、民营经济工作。

（一）坚持以中小企业成长工程为抓手，着力做大市场主体增量。

一是服务大众创业。全省各地认真落实国家和省支持创业创新的政策措施，加强创业基地建设，改善创业服务，降低创业门槛，开展了一系列创业培训活动，形成了“武汉光谷创业咖啡”、“创业门诊”、“创业沙龙”、“创业实训班”等一批有影响力的创业服务品牌。二是强化分类指导。突出支持小微企业创办、加快发展规模企业、大力培植龙头企业，促进了小企业快速成长和骨干企业发展壮大。切实抓好“成长工程百户重点培育企业”、“百户重点企业技术改造示范工程”、“百户两化融合试点示范企业”等重点培育工作，形成示范效应，使一批中小企业成为行业龙头、产业骨干。三是培育千户进规。按照年初签订的新增规模以上工业企业1200户的工作目标，各地将成长工程目标任务纳入政府目标管理体系，切实加强组织领导，健全工作机制，强化目标管理。通过高起点招商引资，使一批新投产的企业进入规模以上企业行列；通过重点扶持一批优势小微企业，支持他们加快成长为规模企业，2016年全省新增规模以上工业企业1468家。四是改善经营环境。持续开展减负维权专项行动，与有关部门一道，针对企业反映突出的涉企收费问题，重点整治了行政许可、行政审批前置性和强制性准入规定的中介收费等问题，制定了《湖北省及省直部门和单位涉企行政事业性收费目录清单》，《湖北省政府性基金目录清单》《湖北省政府定价管理的涉企经营服务收费目录清单》《省级涉企行政审批前置服务项目收费清单》四个清单，保持了企业减负高压态势。

（二）着力实施《中国制造2025湖北行动纲要》，发展壮大新兴制造业。

主要突出“三个重点”：一是提升制造业创新能力。扎实推进工业强基工程，着力推动制造企业、科研院所、金融资本等创新资源的整合，在光电、遥感等领域，成立14个省级以上新型产业技术研究院；在新能源汽车、机器人等行业，组建50家产业技术创新战略联盟。在此基础上，聚集前沿技术和关键共性技术，建立“法人实体+产业联盟”协同创新的新型创新载体，成立光电子、新能源汽车、海工装备3个省级制造中心。二是聚焦十大重点领域。主动对接工信部《中国制造2025分省市指南》，围绕十大重点领域，突出集成电路、光通信、新能源汽车、高端数控装备、北斗、海工装备、生物医药等细分领域，一个领域、一个行动方案、一个重大项目包，谋划和实施一批先进制造业投资项目，在行业细分领域培育一批“小巨人”，既争第一又争唯一，加快形成独特的比较优势，培育新经济重要增长点。要实现新旧动能转换接续，必须加快发展先进制造业，培育一批世界级先进制造业集群核心区。三是开展重大工程和重点领域的试点示范。积极争取国家支持，加快推进“中国制造2025”各类试点示范，以点带面，促进湖北制造发展模式转型和产业升级。武汉市获批创建国家《中国制造2025》城市试点示范，宜昌市入围首批产融合作试点城市，我省6批共争取国家专项建设基金211亿元，其中制造业核心竞争力与技术改造专项145亿元，拉动全省制造业投资1424亿元。

（三）着力加快传统产业改造升级，巩固提升传统动能。

重点开展“三个行动”：一是开展技改专项行动。支持一批重大技术改造工程建成投产，着力提升我省传统产业装备、网络信息化、品牌质量、绿色发展和集约集聚发展水平。出台《关于推进传统产业改造升级的若干意见》，实施“万企万亿技改工程”，着力打造“双引擎”，加快新旧动能转换接续。今年1–2月，全省工业完成投资650.5亿元，同比增长9.0%，其中：制造业完成投资584.2亿元，同比增长10.6%，分别比去年同期和去年全年加快4.8、4.2个百分点；技术改造完成投资135.2亿元，同比增长37.6%，比去年同期增长67.2个百分点。二是开展质量提升行动。实施增品种、提品质、创品牌“三品工程”，编制出台湖北省发展消费品“三品”专项行动计划，推进一批创新成果产业化项目和老产品改造扩能项目，提升工业有效供给能力。积极创建国家中小企业公共服务示范平台，我省现有国家级中小企业公共服务示范平台14家，国家级小型微型企业创业创新示范基地7家。三是开展节能减排行动。实施绿色制造工程，编制出台全省《工业绿色制造体系建设实施方案》；针对150家“双高”企业开展节能专项监察，扎实推进节能降耗；积极推广应用清洁生产先进适用技术，实施清洁生产推行方案；大力发展循环经济，重点推进8个循环经济园区和7大循环经济产业发展园区发展。去年全省单位工业增加值能耗下降7.39%。

（四）完善创新服务方式，努力提升中小企业公共服务水平。

一是公共服务平台网络初步建设。通过三年多的平台网络项目建设，全省初步建成了由1个省枢纽平台、17个市州综合窗口服务平台和15个产业窗口服务平台构成的全省中小企业公共服务平台网络。省枢纽平台和武汉市综合窗口服务平台等14个平台被工信部认定为“国家中小企业公共服务示范平台”，60家服务机构被评为省级示范平台和基地，全省已经形成一个高集成、广覆盖、全服务的平台网络。二是整合社会服务资源效果明显。主动争取政府各部门的支持，加强与行业协会、专业机构的交流合作，积极推进建立“枢纽、窗口、服务点”三联动的工作机制，初步实现线下服务统一行动，呼叫服务统一号码，在线服务统一网络。积极整合全省平台网络服务资源，开展创业辅导、法律服务、融资担保、企业信息化、管理咨询、产学研对接、人才培训、节能减排等服务活动，服务成效明显。三是资源共享和互联互通初步实现。大力推广“互联网+服务”模式，目前已初步实现全省中小微企业服务资源共享、互联互通和服务协同。服务方式也由传统的窗口大厅服务拓展至线上对接、96500热线呼叫、远程直播共享、中小微企业专版、中小微企业之声、平台APP以及微信、微博等移动互联网新方式。平台在中小微企业和服务机构中的知名度、满意率和美誉度不断提升。四是积极开展服务企业的各项活动。编印《中小微企业政策百问百答》（第三版）、《中小微企业法律服务手册》《中小微企业金融服务手册》《中小微企业税收政策解读与运用》等，免费发放全省中小微企业。与长江商报联合开办《服务中小微企业》专版，每月2期4个版面；与楚天交通广播电台共同开设“中小微企业之声”栏目，每天播出一小时，宣传和解读支持中小企业发展的政策措施；组织开展“服务中小微企业楚天行”系列活动和“扶助小微企业专项行动”，营造全社会都关心支持中小微企业发展的良好氛围。

（五）不断深化银企合作，切实改善中小微企业融资服务。

一是建机制，着力推动银企合作互信。建立银企合作推进机制，各级经信部门定期组织收集企业融资需求，通过中小企业园区行和产融对接会等活动，及时向银行推介市场前景好、竞争力强的优势企业、优质项目，着力改善“银企信息不对称”，克服小微企业金融服务“缺信用、缺信息”的矛盾。去年，向省内各金融机构推介1511家重点企业的贷款需求480亿元。二是搭平台，着力拓宽企业融资渠道。每年开展形式多样的金融服务园区行、行业行、集群行等银企对接活动100余场，将小微企业金融服务覆盖到县乡基层，努力满足多样化的融资需求。省中小企业服务中心举办融资服务行活动，邀请各类金融专家及服务机构计划开展融资服务行系列活动6场，现场推介金融服务产品，解答企业在融资方面的困惑。2016年末，全省企业贷款余额2.01万亿元，同比增涨12.8%；中小微型企业贷款余额达1.32万亿元，占全省企业贷款余额的65.7%，同比增长13%。三是抓担保，着力增强中小企业信用能力。把担保行业作为政府服务中小微企业的重要抓手，强壮担保机构的‘枝干’，力争担保倍数最大化，最大限度地降低担保费率，直接助力地方小微企业发展。截至2016年末，全省在保企业6.8万家，在保余额1311亿元，其中小微企业在保1.5万户，在保余额509亿元，分别占当期在保户数、在保余额总量的22.1%和38.8%，为缓解中小企业融资难作出了重要贡献。

（六）积极谋划非公有制经济改革，扎实推进民营企业建立现代企业制度试点和企业家培育工作。

一是全面分解改革任务和推进责任落实。积极发挥省支持非公有制经济健康发展体制机制创新专项领导小组办公室牵头作用，针对我省非公有制经济发展体制机制存在的束缚和障碍，统筹协调30家省直成员单位，研究改革工作、制定工作要点，建立工作台账、全面分解任务、推进责任落实。二是谋划推进非公经济改革工作。会同有关部门清理和修订不适应非公有制经济发展的地方法规、政府规章和规范性文件，进一步营造良好政策环境；支持民营企业参与国有企业改制重组、合资经营和股权多元化改革，投资自然垄断或特许经营行业，促进混合所有制经济发展。三是推进民营企业建立现代企业制度。按照三中全会要求，在全国率先出台《省政府关于引导和鼓励民营企业建立现代企业制度的若干意见》《关于开展民营企业建立现代企业制度试点工作实施方案》和《关于在武汉国灸科技开发有限公司等民营企业中开展建立现代企业制度试点工作的通知》，形成我省推进民营企业建立现代企业制度的制度体系。在全省范围内选择确定了115家有条件的骨干民营企业开展建立现代企业制度试点工作，积极协调各地、各有关部门，争取政策、落实措施、强化支持，及时解决试点企业的困难和问题，在全省形成共同推动民营企业现代企业制度建设的强大合力。四是着力打造领军民营企业家队伍。从2012年开始，我委和省委人才办一道在民营企业中实施湖北省重大人才工程“123”企业家培育计划，每年在全省民营企业中选拔50名年龄在45岁以下的董事长或总经理以三年为一个周期进行重点培育，2016年已进行到第5期，目前该计划已累计培育民营企业家五期 233名，同时带动了市县民营企业家培育工程。通过“华中科技大学、中国浦东干部学院、海外知名商学院、企业移动课堂”四个层面前后衔接的链条式培训，探索形成一套“省内—国内—国外”延展，“院校课堂—知名企业—学员公司”互动的链条式培育模式，突出理想信念教育，提升综合能力素质，促进了企业家成长和企业发展。此项工作已初见成效，在国内和省内产生了积极影响，成为我省服务民营经济发展的品牌工程。

三、中小企业当前面临的主要困难和问题

一是民企公平待遇难以落实。地位不平等是民营企业反映最强烈的问题，也是造成公平待遇难落实的主要原因。一些地方和金融机构在投资核准、融资服务、财税政策、土地使用等方面，尤其是PPP项目招投标，对民营企业不能做到一视同仁，在规模上“重大轻小”，在身份上“重公轻私”，在地域上“先内后外”。一些法律法规政策措施缺乏配套细则，有的政策措施针对性、操作性还不够强，为少数地方和部门设置玻璃门、弹簧门、旋转门提供了空间。在与企业家的交流中，他们普遍反映“我们不要过多的政策照顾，我们只需要相对公平的待遇”，落实公平待遇，是民营企业最期盼、最需要解决的问题。

二是民间投资增速低位徘徊。宏观上，当前全球经济复苏进程缓慢和不平衡，不确定因素增多；国内经济运行下行压力大，部分行业产能过剩，投资回报率下滑。同时，当前结构调整仍处在转型升级和新旧动能转换的关键期，调整的阵痛期在持续，投资者观望氛围浓厚。2016年，全省民间投资完成18840.18亿元，增长2.5%，比2015年回落12.4个百分点，低于全省投资平均增速10.6个百分点。民间投资占全省投资的比重为

63.9%，比上年下降6.6个百分点。工业投资增长7.4%，较上年回落5.4个百分点，其中制造业投资增长6.4%，回落5.5个百分点，工业投资占全部比重由2015年的42.1%降至39.9%，制造业发展后劲不足。

三是融资难问题仍然突出。融资难、融资贵仍然是当前企业特别是民营中小制造业企业反映最普遍、最突出的问题，通过国家工信部中小企业监测直报平台连续几年的跟踪调查来看，我省规模以上民营中小工业企业平均有70%有融资需求，在有融资需求的企业中，只有64%的企业融资需求能够得到满足。分企业规模看，33%的中型企业、37%的小型企业和42%的微型企业融资需求不能得到满足。主要原因是：融资渠道狭窄，股权融资、股票上市、发行债券等融资方式，小微企业可望不可及；金融机构太少，我省各类银行业法人机构129家，数量太少，难以将业务覆盖小型、微型企业；贷款规模受限。近几年，国家货币政策由适度宽松转向稳健，银行信贷规模受到限制，无法满足所有的贷款需求。再加上由于中小企业不仅信用风险高，而且贷款业务成本也高，出于信用风险及业务成本的考虑，再加上考核追责机制，所以银行尽量少贷或不贷以规避风险，金融资本"脱实入虚"问题突出。

四是企业生产经营依然困难。从成本看，2016年，全省规上制造业百元主营业务成本为85.86元，高于上年同期0.23元，高出全国0.1元。随着大宗商品价格持续上涨，以及人工、用地、环保等刚性成本上升，后期企业将面临更大的成本压力。从资金看，2016年，全省规上制造业企业应收账款4047.2亿元，同比上升14.5%，高于主营业务收入7.1个百分点，连续12个月增幅超过10%。1-12月，全省规上制造业两项资金占用达5575.8亿元，同比增长10.5%，快于主营业务收入增速3个百分点。从亏损企业看，亏损企业1248户，比去年同期增长1.7%，亏损面8%。

四、下一步发展民营制造业的工作思路

下一步，我们将坚持工业强省目标，从贯彻落实《中国制造2025》最关键、最核心、最根本的环节入手，进一步完善推进机制，增强战略定力，形成强大合力，加快推进中小企业跨越转型。重点突出"六抓"：一是抓成长工程，着力壮大市场主体。大力实施中小企业成长工程，突出支持小微企业创办，特别是支持新一代信息技术、高端制造等重点领域创业创新项目。加快发展规模企业、大力培植龙头企业，引导中小企业走"专精特新"发展之路，着力培育一大批有实力、有潜力、有竞争力的中小企业，使之成长为核心竞争力强的行业龙头、产业骨干。二是抓重点产业，推进传统产业转型升级。继续完善"四六十"行动计划，认真落实省政府"关于加快传统产业改造升级的意见"，加快冶金等四个优势传统产业的调整改造转型升级，加快食品等六个支柱产业做强做优，加快新一代信息技术等十个前瞻性、战略性产业发展壮大，加快发展大数据、云计算、物联网、人工智能等互联网新经济、新业态，全力构建湖北未来产业发展新体系。三是抓创新驱动，增强中小企业业发展内生动力。积极争取国家在我省布局1~2家制造业创新中心，加快建设区域制造业创新体系，全面推进科技、管理、市场、商业模式创新，加快质量、品牌和标准创新，加快核心关键共性技术研发和科技成果产业化。四是抓融合发展，打造中小企业竞争新优势。加快"制造业与互联网"融合，办好"楚天杯"工业设计大赛，加快发展大数据产业，推进楚天云平台和湖北工业云平台建设。加快产融结合，加快大中小企业融合发展，加快军民深度融合。五是抓项目投资，增强中小企业发展后劲。加快补齐技改投资、高端制造投资、战略项目谋划储备和招商引资短板，推进国家存储器基地等重大项目实施，千方百计激活民间投资、扩大制造业有效投资。

（湖北省经信委中小企业发展处）

湖南省

2015年湖南省非公经济和中小企业工作总结及2016年工作要点

2015年，全省非公有制经济和中小企业主动适应新常态，克服重重困难，继续保持平稳较快发展。前三季度，全省非公有制经济实现增加值12065.63亿元，同比增长9.4%，占全省地区生产总值的比重达59.6%，较上年同期提高0.3个百分点；全省新增中小企业7.2万户，新增个体工商户24.2万户。预计全年全省非公有制经济、中小企业增加值增速分别达到9.5%、8.5%左右，在全国各省市区中排名靠前。

一、2015年全省促进非公经济和中小企业发展工作情况

2015年，领导小组各成员单位深入贯彻落实省委省政府决策部署，按照深化经济体制改革总要求，坚持稳中求进总基调，紧密配合，通力协作，共同促进全省非公有制经济和中小企业企稳回升、健康发展。主要做了以下几个方面的工作：

（一）狠抓政落实策，着力优化非公有制经济和中小企业发展环境。

一是抓政策制定。按照省委全面深化改革领导小组的工作部署并经省委、省政府领导同意，省经信委牵头、相关部门参与，出台了《省委 省政府关于促进非公有制经济发展的若干意见》（湘发〔2015〕3号），围绕全面提升非公有制经济发展的总量、质量和效益的改革目标提出了50条政策意见；出台《湖南省人民政府关于进一步扶持小型微型企业健康发展的实施意见》（湘政发〔2015〕13号），提出了17条政策意见。省科技厅推动出台《湖南省人民政府关于加快科技服务业发展的落实措施》（湘政发〔2015〕25号），促进科技型中小企业创新创业。省人社厅推动出台《省委 省政府关于促进创新创业带动就业工作的实施意见》（湘发〔2015〕7号），加强对创新创业人才的政策支持。株洲、益阳、郴州等市也出台了或即将出台促进非公有制经济和中小企业发展的政策文件。

二是抓政策宣传。各有关部门积极开展各种送政策到基层、到企业活动，加强政策宣传，帮助非公有制经济和中小企业及时了解政策，正确运用政策，切实享受实惠。长沙海关联合省商务厅、财政厅在邵阳举办全省加工贸易经验交流及政策宣讲会，引导加贸企业用好政策，加快转型升级。省国税局以税法宣传和纳税辅导为着力点，通过12366纳税服务热线、网上和实体纳税人学校、税收大讲堂活动、“网送税法”、“税收服务直通车”等，帮助纳税人及时了解国家最新的税收政策。省委宣传部组织省直主要新闻媒体，大力宣传促进非公有制经济和中小企业发展的方针政策，通过各种类型、不同层次的宣传，树立我省非公有制经济和中小企业的良好社会形象。省经信委牵头组织召开高规格的全省促进非公有制经济发展大会。省委书记、省人大常委会主任徐守盛，省委副书记、省长杜家毫出席会议并作重要讲话，省委副书记孙金龙主持。省领导黄建国、郭开朗、韩永文、孙建国、易炼红、张文雄、于来山、何报翔、黄兰香、欧阳斌出席。会议为全省非公有制经济发展指明了发展方向、明确了工作任务，促进了扶持政策的落实，营造了良好的发展氛围。

三是改善经济发展环境。省工商局深化商事制度改革，积极推进注册资本、前置审批、“三证合一”等方面登记制度改革，前3季度引导2.7万余家个体工商户转型升级为私营企业；通过全国企业信用信息公示系统（湖南）公示市场主体行政处罚信息4247条，列入经营异常名单录和标注为经营异常状态的企业8.4万多户，通过企业信息公示提高企业诚信守法经营意识。省质监局加大打假制劣工作，组织重要消费品安全专项执法行动20余个，整治重点产品质量问题区域8个，为企业发展净化市场环境。省公安厅全力加强经济领域违法犯罪打击防控力度，建立经济犯罪预警防范机制，维护全省市场经济秩序。省高级人民法院积极开展知识产权法、税法、公司法、合同法等经济法律知识宣传，针对合同纠纷和侵权纠纷充分发挥审批职能，切实保护非公有制经济和中小企业权益。省交通运输厅加大交通基础设施建设力度，积极推进运输业转型升级，为非公有制经济和中小企业发展提供快捷便利的现代物流。长沙海关加速推进区域通关一体化改革区区联动，全面推广集中汇总纳税改革，大幅减轻企业负担，有力地促进了外贸发展。省统计局进一步完善非公有制经济统计监测报表制度，撰写《湖南非公有制经济发展研究》专题报告，为省委、省政府及相关管理部门判断非

公有制经济形势、指导非公有制经济发展提供统计数据及信息支撑。

（二）加强金融财税支持，切实减轻非公有制经济和中小企业负担。

一是加大财政资金扶持力度。2015年省财政筹集用于支持企业发展的各类专项资金约30亿元，70%投向非公有制经济和中小企业；研究设立规模为50亿元的新兴产业发展基金，支持战略性新兴产业发展；出资7.6亿元，按每个县1000万元的标准在76个县市设立担保业务机构，实现担保机构县域全覆盖；整合设立规模为3.6亿元的中小企业发展专项资金，用于支持中小企业公共服务体系建设，改善中小企业融资环境，促进中小企业转型升级。新设立“中小企业合作成长基金”、“中小企业合力专项资金”，每年为中小微企业提供资金支持超过5亿元；2014-2015年筹集资金30亿元，扶持全省100个创新创业园区建设，新建3000万平米以上标准厂房，引进5000家以上创新创业企业；2013-2015年，扶持特色农产品加工、特色制造、特色旅游产业28个重点县发展，每个重点县支持不低于1亿元、3年累计支持不低于3亿元；2014-2018年，每年筹集2亿元专项资金支持移动互联网产业发展；2013-2015年，安排新能源汽车推广补贴资金8.24亿元。

二是加强金融支持力度。各有关部门针对非公有制经济和中小企业融资难融资贵的突出困难，各司其职，各尽其责，加强融资服务，拓宽融资渠道，改善融资环境。人民银行长沙中心支行出台《湖南省金融“两支一扶”工作实施方案》，开展金融机构执行小微信贷政策情况评估，引导金融机构加大对科技创新领域的信贷投入，积极帮助中小企业发展直接融资；湖南银监局配套出台《关于深化小微企业金融服务的实施意见》以及《关于湖南银行业进一步支持实体经济发展的指导意见》，下发《关于湖南银行业金融机构健全企业成本负担加强要素保障工作的指导意见》等12条措施；省政府金融工作办制定《湖南股权交易所私募债业务管理暂行办法》；湖南证监局从政策引导、业务培训等方面协助地方政府做好上市企业培育；省经信委进一步完善全省中小企业信用担保体系，推进省中小企业融资超市网平台建设，召开2015年全省中小企业融资平台建设推进会，与建设银行、邮储银行合作开展“助保贷”业务；省地税局、省国税局联合9家商业银行签订“银税互动”协议，通过税银互动发放信用贷款13.24亿元，惠及企业742家。各相关部门从政策、工作措施、平台建设、指导服务各方面切实加强融资服务，缓解非公有制经济和中小企业融资困难。截止10月末，全省小微企业贷款同比增长25.1%，高于全部贷款平均增速9.1个百分点；1-10月，新增小微企业贷款723.2亿元，同比多增362亿元，增速快于全部贷款增速1.7个百分点。新增6家企业首发融资共募集资金52.86亿元，中部六省排名第一，全国排名第6位；新三板挂牌企业91家、在审企业25家、储备企业172家，全国排名分别为第13、13、12位。

三是减轻企业税费负担。各部门全面落实深化改革要求，减负放权，帮助非公有制经济和中小企业轻装上阵，顺利渡过经济下行压力期。省人社厅出台失业保险稳岗政策，给企业发放稳定就业岗位补贴，允许困难企业一定期限内缓缴失业保险费，并将失业保险费率由现行条例规定的3%降至2%，将工伤保险平均费率由1%降至0.75%，生育保险费率从不超过1%降到不超过0.5%。省地税局树立“不落实税收优惠政策也是收过头税”的理念，将落实税收优惠政策、推进税收改革、优化纳税服务作为工作重心，全面落实营业税起征点调高、小型微利企业所得税优惠、重点群体创业就业税收优惠、产业优化升级税收优惠、科技服务业发展营业税税收优惠等政策，全年减免税额近8亿元；推进营改增试点，2015年上半年试点纳税人减税21.64亿元。省国税局全面规范税收办理与进户执法，推进多元办税，大幅度提高办税效率，即办事项达到73%，精简事项报送资料39%，压缩办理环节62%，缩减办理时限56%。省财政厅会同省发改委、省人社厅等相关部门取消9项行政事业收费（其中包括3项一级项目），对小微企业免征土地证书工本费等23项行政事业性收费、教育附加费等5项政府性收费，每年预计减轻企业负担10亿元。省质监局暂停征收工业产品生产许可证审查费，对小微企业免征组织机构代码证书费等8项收费，同时降低检验检测收费标准，每年可为企业减少成本近1亿元。长沙海关取消积极海关预归类服务等收费项目，支持企业出口减免税、退税，1-9月办理减免税1615批次，减免税款2.78亿元，促成国家将湖南硬质合金出口退税率由9%提升至13%。

（三）大力推进创业创新，增强非公有制经济和中小企业发展活力。

一是加强创业创新平台建设。省发改委着力推进“135”创新创业工程，省科技厅积极发展高新技术产业集群，省经信委加快小型微型企业创业基地建设步伐、实施中小企业“专精特新”发展行动，省人社厅大力推进创业型城市、创业示范基地和创业孵化基地建设，省国土厅加大新产业新业态土地供应，省质监局促进起重机械、烟花爆竹两个国际标准化组织和20个全国专业标准化技术委员会（秘书处）落户我省。全省已认定5个省级创业城市、17个特色产业园、4个国家级小型微型企业创业基地、73家省级中小微企业创业基地、431家创业孵化基地，新增3个企业国家重点实验室、16个省重点实验室、25个升级工程技术研究中心，国家级高新区达到6个、省级高新区9个，高新技术企业1817家，其中90%以上是非公有制企业和中小企业。长沙市出台加速转型创新法制的33条意见，并获批列入国家智能成套装备产业区域集聚发展试点和全国首批15个小微企业创业创新基地城市示范试点；长沙国家高新区获批成为国家首批25家科技服务业区域单位试点。株洲市建立规模为1亿元的科技成果转化基金，引进微软研究中心，建设动力谷自主创新园。湘潭市与深圳清华大学研究院合作共建长株潭清华创新中心。衡阳市培育创业基地23个，入驻企业500余家，孵化企业66家。常德市引进浪潮集团投资30亿元新建云计算中心，开展智慧城市建设。全省大众创业、万众创新基础不断夯实。

二是积极组织创业创新活动。省委统战部、省工商联牵头，会同省委宣传部、省经信委、省人社厅在全省组织创新创业先进典型巡回报告活动100场，企业家作报告588人次，现场听众4万余人；团省委等部门举办“挑战杯”湖南省大学生课外学术科技作品竞赛活动、湖南省青年创业创新大赛；省经信委组织市州、县市区和服务机构开展“双创活动周”活动，指导和支持潇湘晨报举办“2015年创富V计划暨湖南创新创业大赛”；省科技厅举办第四届中国创新创业大赛（湖南赛区）暨第二届湖南省创新创业大赛。益阳市、邵阳市分别举办青年创新创业大赛，取得积极反响。各种形式的创业创新活动有力地激发了全省上下创业创新的热情与活力，在社会掀起“大众创业、万众创新”的新浪潮。

（四）精准开展公共服务，帮助非公有制经济和中小企业提质增效。

一是加强公共服务体系建设。省经信委积极培育和扶持技术创新、检验检测、仓储物流、人才培训、管理咨询、市场开拓等中小企业公共服务平台和服务机构，通过投资补助、服务后补助和政府购买服务等方式，支持公共服务平台和服务机构改善条件，拓展功能，为中小微企业提供优质服务。构建了覆盖14个市州、17个产业、122个县级窗口的中小企业公共服务平台网络，其中21家公共服务平台被认定为国家中小企业公共服务示范平台。目前平台网络已聚集服务机构3902家（全国排名第二），服务产品6237个（全国排名第三），入库中小微企业67054家（全国排名第二）。

二是开展能力提升服务活动。各部门针对非公有制经济和中小企业人才缺乏、管理水平不高、融资能力较弱、法律意识不强等情况，进一步转变职能，积极开展各种服务活动，帮助提升素质和能力，增强发展后劲。省科技厅组织实施“科技领军人才培养计划”、“引进海外高层次人才百人计划”、“企业科技创新创业团队支持计划”等创新创业人才项目。省农委加大农产品加工龙头企业培育力度，全省新增规模以上农产品加工企业300家。省人社厅组织开展各类职业培训71.26万人次、创业培训8.83万人次。省教育厅积极发展职业教育，促进校企合作，为非公有制经济和中小企业输送技术技能人才33.9万余人。省委统战部、省工商联举办各种法律宣传培训活动和金融改革创新活动。省经信委举办中小企业“腾飞杯”管理升级活动，实施“携手行动2015—企业家志愿者助力小微企业大型公益活动”，帮助小微企业突破管理瓶颈。

三是促进市场开拓与对外交流。各有关部门加强引导和支持，帮助非公有制经济和中小企业“走出去”，缓解国内市场需求低迷困境，加大国际市场开拓力度。省商务厅努力扩大非公有制经济外贸经营主体，新增备案外贸非公企业500多家；积极支持优秀非公企业参与广交会、华交会、中国—东盟博览会、亚欧博览会等重点展会，前10月我省有进出口实绩的非公企业2852家，比上年同期增加288家。省工商联、省商务厅、邵阳市人民政府承办湖南经济合作洽谈会暨第七届湘商大会，197家境内外湖南异地商会负责人参会，发布重点招商项目470个，签约97个，总投资700亿元。省经信委组织举办“湖南—新疆吐鲁番中小企业对接会”、第十一届湘台经贸交流合作会“互联网+”促中小企业转型发展论坛，组团参加第十二届中国中小企业博览会、APEC技展会，帮助中小企业开拓国内外市场。

二、2016年全省非公有制经济和中小企业工作要点

（一）工作目标。

促进非公有制经济和中小企业发展政策进一步完善

落实，发展环境进一步优化，发展质效进一步提高，发展后劲和活力进一步增强。2016年，全省非公有制经济完成增加值比上年增长9%左右，中小企业完成增加值比上年增长8.5%左右，新创办小微企业4万家以上。

（二）总体思路。

紧紧抓住中国制造强国建设战略机遇，深入贯彻落实中央和省委经济工作会议、全国工业和信息化工作会议精神，以促进非公有制经济和中小企业转型升级为主线，以落实政策、优化环境、完善服务、提升素质为重点，引导中小企业专精特新发展，提升非公有制经济和中小企业的发展质量和水平。

（三）工作重点。

1.以促进扶持政策贯彻落实为重点，优化非公有制经济和中小企业发展环境。继续深入开展"扶持小微企业专项行动"和政策落实年活动，立足新媒体开展形式多样的"送政策到企业"活动，为中小企业提供全方位的政策咨询辅导服务。组织开展中小企业和非公有制经济扶持政策贯彻落实督查活动，确保惠企业政策落地。以国家中小企业发展基金的设立为契机，积极向国家推荐国家中小企业发展基金（地方）管理机构。

2.以促进转型升级为重点，引导中小企业"专精特新"发展。出台《湖南省促进中小企业转型升级的实施意见》，按照培育催生一批、培养壮大一批、改造提升一批、重组淘汰一批的要求，调整优化全省中小企业结构，培育提升中小企业竞争力。贯彻落实"中小企业专精特新发展专项行动计划"，促进中小企业专业化、精细化、特色化、创新化发展。进一步推进中小企业信息化建设，引导中小企业与信息服务商对接，在生产、管理、研发、营销等各个环节加强信息化应用，促进两化融合，实现企业转型升级。继续深入开展管理升级活动，采取共性需求政府购买与个性需求市场对接相结合、集中辅导与深度服务相结合、线下服务与在线考评相结合的方式，引导中小企业建立现代管理制度，提升管理水平和经济效益。推进中小企业"银河培训工程"，加强中小企业人才培训，提升中小企业整体素质，继续与北京大学、人民大学等高校合作，举办中小企业高级管理人才培训班，与美国、德国的培训机构合作，举办境外智能制造、软件与集成电路培训班。组织举办"湖南省中小企业创新博览会"，展示中小企业创新成果，推介"专精特新"示范企业和创新产品。

3.以精准服务为重点，加快完善中小企业服务体系。进一步发挥省中小企业公共服务平台的核心枢纽作用，提升整合资源、活动引领、运营管理、可持续发展能力，广泛组织开展"精准服务进园区"、"精准服务进企业"活动。进一步加快市州中小企业公共服务平台建设进度，提高平台窗口、"96871"等综合接待协调处理能力。进一步支持产业窗口服务平台拓展服务功能，发挥平台资源优势，对中小企业在产业政策、精益生产、产品研发、技术创新、情报交流、品牌创建等提供多环节、全领域、深层次的专业服务。加快探索县市区、工业园区中小企业公共服务平台建设模式，遴选、培育一批县级中小企业公共服务示范平台，总结推广经验，为全省中小企业公共服务平台网络全覆盖打基础。加大培育、扶持中小企业社会化服务机构力度，修订《湖南省中小企业核心服务机构管理办法》，复核、认定、规范管理省级中小企业核心服务机构，鼓励、支持、引导中小企业社会化服务机构，从"简单型、咨询型"向"复合型、创新型"转变，立足自身优势，创新服务方式、服务产品和服务手段，深入工业园区、中小企业开展法律法规、财经管理、金融投资、电子商务、人才培训、市场开拓等领域的精准服务。积极支持工业物流企业、物流园、物流平台的建设，提高社会化、专业化发展水平。

4.以提高创业基地服务能力建设为重点，推进大众创业万众创新。建立和完善中小微企业创业基地运行管理系统，推动创业基地信息化建设和规范化管理；鼓励和支持创业基地加强服务能力建设，创新创业基地运营管理模式，提升创业基地对小微企业创立、孵化、加速、发展等全生命链的辅导、服务水平。积极培育国家小型微型企业创业创新示范基地；加强创业创新宣传，积极开展创业创新竞赛，宣讲解读创业创新政策，树立创业创新先进典型，营造浓厚创业创新氛围。加强调研、总结长沙市国家小微企业创业创新基地城市示范工作经验，积极推广成功的做法和管理模式，推动全省大众创业万众创新上新的水平。

5.以中小企业信用担保体系建设为重点，着力缓解融资难融资贵问题。一是完善银担合作机制。推动构建可持续的银担商业合作模式，确保审批成立的融资担保公司能够与银行机构顺利开展贷款担保业务，推动建立银担合作风险分担机制。二是完善政策性融资担保机构财政扶持机制。加大财政投入力度，扩大省中小企业发展专项资金规模，加大对小微企业和"三农"融资担保业务奖励的力度。

适时设立代偿补偿资金账户，鼓励再担保机构对融资担保机构开展的单户500万元以下的小微企业融资担保业务进行代偿分担。三是建好中小企业融资超市。不断完善融资超市服务功能，扩大服务覆盖面，构建省、市、县及园区多层次政府主导公益性的融资服务平台。四是继续深化与银行机构的合作。鼓励银行创新服务产品，扩大对中小企业的信贷规模，创新政银企合作机制，推广"助保贷"信贷模式，推动县市区和园区建立统贷平台。五是不断拓宽中小企业融资渠道。支持中小企业通过多层次资本市场、互联网金融、股权众筹、票据、债券、信托等多渠道融资，鼓励开展应收账款质押融资、供应链融资、贸易融资等，引导有条件的地方设立中小企业"过桥"资金。六是举办全省中小企业融资服务创新产品推介会。推介湖南省中小企业融资超市，建立"互联网+"促中小企业融资机制；组织银行机构、证券、保险、股权投资、融资租赁、互联网金融等各类融资服务机构，推介为中小企业融资服务的新产品、新模式，扩大中小微企业融资可获得性。

6.以充分利用两种资源两个市场为重点，加快中小企业走出去步伐。一是落实我委与台湾工业总会签署的《加强湖南与台湾中小企业交流合作框架协议》，组织部分中小企业赴台湾考察交流，加强湘台经济合作，促进中小企业转型发展。二是组织中小企业参加在广州举办的第十三届中国中小企业博览会、参加在深圳举办的第九届APEC中小企业技术交流暨展览会，推介我省中小企业"专精特新"创新产品，推动中小企业加快"走出去"步伐。三是配合有关方面做好我省中小企业与台湾电电公会的交流对接以及"埃塞俄比亚·湖南装备制造合作园区"建设协调等相关工作。

7.以完善长效机制为重点，抓好基础工作。充分发挥省促进非公有制经济和中小企业发展工作领导小组办公室的作用，修订"促进非公有制经济和中小企业发展工作考核奖励办法"，完善政策落实第三方评估机制、非公企业问题交办机制，促进全省非公有制经济和中小企业持续健康发展。进一步加强非公有制经济和中小企业统计运行监测分析工作，建立完善省、市、县三级非公有制经济和中小企业运行监测分析工作制度。加强与省工商联的合作，进一步完善"厅际合作机制"。加强中小企业队伍建设和党风廉政建设，组织市县两级中小企业服务中心、窗口平台负责人培训，提升工作人员业务素质，切实转变工作作风，增强工作的凝聚力和战斗力。

广东省

2015年以来广东省中小企业及民营经济改革发展情况

一、基本情况

广东省中小企业及民营经济保持平稳健康发展态势，企业发展活力和创造力进一步增强。

一是中小微企业规模不断壮大。2016年，全省规模以上中小微工业企业实现增加值16964.14亿元，较2015年增长6.4%，占全省规模以上工业增加值的比重与2015年持平，达53.2%。与此同时，中小微企业主体快速增长，2016年，全省以中小微企业为主体的民营经济单位个数达872.54万个，较2015年增长15.3%；其中，私营企业数达317.17万户，较2015年增长27.8%。

二是中小微企业的经营效益保持较快增长。2016年，全省规模以上中小微工业企业实现利润总额3977.47亿元，较2015年增长11.9%，增速比全省规模以上工业和大型企业分别高0.9、1.7个百分点。

三是民营经济地位和作用进一步凸显。在稳定经济增长方面，2016年，全省以中小微企业为主体的民营经济完成增加值42578.76亿元，较2015年增长7.8%，占全省经济的比重达53.6%，较2015年提高0.2个百分点。在促进就业方面，2016年，民营经济从业人员3364.5万，较2015年增长2%，提供了我省80%以上的新增就业岗位。在激发投资活力方面，2016年，我省民间固定资产投资完成20504.39亿元，较2015年增长13.5%，占整体投资比重达62.1%。在促进出口方面，2016年，民营经济完成出口17468.54亿元，较2015年增长8.1%，比全省出口增速高9.4个百分点，占全省出口总额比重为44.3%。

四是民营企业创新能力不断增强。从科技创新看，2016年，广东高新技术企业数量达到19857家，其中民营企业占比达80%。民营企业开发完成的发明专利、创新成果和新产品分别占我省总件数的65%、75%和80%以上。截至2016年底，我省省级企业技术中心达831家，其中民营企业占70%以上。从管理模式创新看，民营企业利用上市、挂牌等规范企业经营管理的意识不断增强。2016年，我省共新增46家民营控股参股上市公司，占全省新增上市公司数量的96%；共新增907家"新三板”挂牌上市企业，其中民营企业占比达98%。

二、主要措施

2015年以来，按照国务院关于扶持小型微型企业平稳健康发展的工作部署，根据省委省政府部署，我们主要从优化中小企业发展环境、着力解决突出难题、不断完善公共服务体系、务实推进中小企业对外交流合作等方面来促进我省民营经济和中小微企业平稳健康发展。

不断完善促进中小企业发展的政策措施。2015年以来，我省相继出台《关于促进小微企业上规模的指导意见》《关于创新完善中小微企业投融资机制的若干意见》《关于促进小微企业稳定发展的若干政策措施》和《关于促进民营经济大发展的若干政策措施》，提出了力争到2017年底全省实现10000家小微企业转型升级为规模以上企业的目标，缓解中小企业融资难、融资贵的18条政策措施，促进小型微型企业健康稳定发展的15条政策措施和促进民营经济大发展大提升的25条政策措施。与此同时，2015年以来省委省政府相继召开了全省中小微企业工作会议、全省民营经济工作座谈会和全省民营经济工作现场会，不断提振我省中小微企业、民营企业的发展信心，凝聚全省各地各部门促进中小微企业、民营经济发展的合力。

着力缓解中小微企业融资难融资贵。一是推进政策性融资担保和再担保机构建设，截至2016年底，全省已设立或正在筹建的政策性融资担保和再担保机构共26家，投入资本金达80多亿元。二是加快建立全省中小企业信贷风险补偿机制，截至2016年底，全省已有21个地市、顺德区及20个县（区）设立了信贷风险补偿资金，实现了全省地级以上市全覆盖。三是加大对中小企业票据贴现支持力度，遴选并支持3家银行设立“广东省中小微企业小额票据贴现中心”。四是积极拓宽中小企业融资渠道，设立省中小微企业发展基金，重点支持符合我省产业发展方向、成长或创新性强、掌握核心技术或资源的战略性新兴产业、现代服务业、先进制造业领域的中小微企业。同时，推出“广东省高成长中小企业板”，打造中小企业上市培育平台。

积极推进大众创业万众创新。一是开展国家级和省级小微“双创示范”城市建设，积极支持江门市建设国家级小微企业“双创示范”城市，并认定广州市、汕头市、肇庆市及珠海高新区、佛山市南海区、梅州兴宁市6个市区为“广东省小微企业创业创新基地城市示范”，以点带面，带动全省“双创”工作。二是加强国家和省级创业创新示范基地创建工作，截至2016年底，全省共认定省小企创业基地101家，基地建设建筑面积超过3000万平方米，入驻企业超过1.6万家，入驻创业服务机构超过900家，基地内从业人员超过55万。同时，加强国家级小型微型企业创业创新示范基地培育和创建工作，目前全省共有11个国家级示范基地，数量居全国首位。三是开展创业创新服务活动，举办中小企业创业辅导师培训，组织“双创周活动”，2016年双创周期间举办各类活动55场，参加人数2.49万人次。四是优化中小微企业公共技术服务体系，推动省级示范平台与重点产业、重点区域技术服务平台协调发展，构建点线面结合，布局合理、资源共享、功能完善、运转高效的中小微企业公共技术服务体系。

提升公共服务水平和能力。一是建设全省中小企业公共服务平台网络，截至2016年底，入库服务机构7718家，服务产品8830项，入库咨询专家有420多位，均居全国前列。同时，不断完善平台网络功能，开通968115免费律师咨询服务热线，提供在线免费法律咨询及法律文书审核；开通管理咨询服务内容，上传咨询机构500家、服务产品和服务内容500项。二是完善公共服务平台政策体系，研究制定《关于加快全省中小企业服务中心建设指导意见》和《广东省中小企业公共服务示范平台认定的管理办法》，加强对各地中小企业服务中心和优质服务平台资源的指导和管理。三是实施中小微企业人才培育计划。2015-2016年安排省财政专项资金支持开展超过300场培训，培训中小企业经营管理人员超3万人次。四是完成万家中小企业上网触电工作计划，2016年安排省财政专项资金支持京东、苏宁两家电子商务平台，用于补助减免我省新入驻平台的3000家中小微企业的有关费用。五是积极推进小微企业上规模工作，在粤东西北地区12个市和惠州、江门、肇庆共15个市，各遴选一个促进小微企业上规模示范县，给予财政奖励，以点带面，促进小微企业上规模。

务实推进中小企业对外交流合作。一是2015年成功举办第十二届中国国际中小企业博览会，包括中国在内的35个国家和地区的2630家企业参展，展览面积11万平方米，展位总数4494个，共有来自86个国家和地区的24.1万人次进场参观、洽谈和采购，其中客商9.72万人次,达成合同、意向金额154.2亿元；同期举办了各类论坛活动52场次。2016年成功举办第十三届中国国际中小企业博览会，包括中国在内的31个国家和地区的2700家企业参展，展览面积10万平方米，展位总数4510个；有来自48个国家和地区的18.5万人次进场参观、洽谈和采购，其中客商4.6万人次，达成合同项目120个，意向项目341个；同期举办了34场次论坛和对接、推介及赛事活动。二是大力推进中小企业合作区建设，重点支持江门市创建中欧中小企业国际合作区、揭阳市创建中德中小企业合作区、广州市创建中小企业先进制造业中外合作区。三是实施粤意中小企业高管培训合作项目（GIT2），2016年在全省征集环保、服装等领域的意向合作企业78家，并组织部分企业赴意培训。

三、存在问题。

我省中小企业、民营经济发展在取得显著成绩的同时，也累积了不少困难问题，仍存在一些障碍。主要表现在：

中小微企业融资难、融资贵问题仍然突出。据省经济和信息化委调查，66.7%的企业曾申请融资被拒，78.6%的企业认为贷款利率太高，小微企业贷款利率普遍比基础利率上浮30~50%，加上其他各项费用，融资年成本约为融资额的10~13%，中型企业约为8~10%。中小微企业最需要的固定资产贷款尤为困难，企业的固定资产贷款仅占银行实际放贷的20%左右。

招工难与用工贵并存。特别是劳动密集型企业的一线工人和技能型人才比较紧缺。2015年，据广东调查总队调查，在规模以下工业有招工需求的企业中，能招到全部或大部分的仅占31.5%。“五险一金”单位缴纳部分占总用工成本比重上升至24%。

民营经济自身发展仍存在薄弱环节。企业规模普遍偏小，虽然民营经济单位数多，但个体户比重接近2/3，民营企业占比偏低。产业层次整体仍然不高，创新型民营企业仍然较少，研发投入不足，大多处于价值链的中低端，缺乏自主知识产权和核心竞争力。

民营经济生存和发展环境亟待改善。民营企业市场准入仍存在障碍，“弹簧门”、“玻璃门”问题还很突出，一些市场领域对民营企业开放的制度障碍仍未消除；企业生产经营成本较高，税费负担仍然较重；一些支持创业创新的政策针对性不强、落地困难。

四、下一步工作。

2017年，我们将继续按照国家和省的部署要求，不断优化中小企业发展环境，创新完善中小微企业投融资机制，扶持中小企业做大做强，完善公共服务体系，促进我省中小企业持续平稳健康发展。将重点做好以下几方面工作：

一是进一步创新完善中小微企业投融资机制。推动中小微企业融资担保体系建设，推进完善中小微企业信贷风险补偿机制，推动省中小微企业发展基金加快投入运作，继续完善省中小微企业小额票据贴现中心建设。

二是扶持中小企业做大做强。建设“高成长企业库”，遴选和扶持一批“专精特新”高成长中小企业，继续推进小微企业上规模，提升中小企业整体竞争力。强化中小企业技术进步支撑体系，推动广东省中小企业技术服务联盟建设，加快培育中小企业公共技术服务示范平台和创新产业化示范基地。

三是完善公共服务体系。研究制订服务体系建设行动计划，开展中小微企业服务券试点，继续开展大众创业万众创新工作，加强赛飞创业辅导师培训，实施民营企业“十百千万”培训工程，组织实施中小微企业管理提升计划。利用中博会等对外交流平台，继续加强中小企业对外交流合作，统筹推进广州、佛山、江门、揭阳等市加强中外中小企业国际合作区建设，继续推进粤意中小企业高管培训合作、德国“工业4.”0和意大利品牌与产业集群等境外培训合作，促进发展产业集群转型升级。

广西壮族自治区

2015年广西壮族自治区中小企业改革发展总体情况

一、中小企业及非公经济发展概况

（一）基本情况

2015年，广西全部工业增加值6338.28亿元，同比增长7.7%，其中规模以上工业增加值增长7.9%。规模以上工业企业产品销售率94.8%，比上年回落0.5个百分点。全区工业企业实现主营业务收入2.0万亿元，同比增长8.42%，规模以上工业企业实现利润1175.37亿元，增长21.21%，工业品产销率为94.82%，同比下降0.5个百分点。规模以上企业户数5421户，同比增长2.53%，从业人员160.79万。

2015年，广西规上非公有工业增加值同比增长10.3%，国有控股企业工业增加值同比增长2.8%。非公有工业增加值增速比广西规上工业增幅高2.4个百分点，比国有控股企业增幅高7.5个百分点，对广西规上工业增长贡献率高达90.6%，拉动广西规上工业增长7.1个百分点；而国有控股企业对广西工业增长贡献率为9.7%，仅拉动增长0.8个百分点。

二、开展的主要工作

（一）创新举措，着力破解中小企业融资困局。

开展“惠企贷”融资服务。为缓解企业融资难，广西2014年10月设立中小工业企业信贷引导资金，由自治区本级财政和市级财政等比出资，首期资金从自治区工业和信息化发展资金调剂1.5亿元、从中小企业发展基金安排1亿元共2.5亿元作为自治区资金，各市财政按1∶1等比出资。今年自治区再增加2.0亿元资金安排到各市。中小工业企业信贷引导资金专项用于引导和促进金融机构开展“惠企贷”业务，“惠企贷”是指金融机构以财政提供的信贷引导资金作为风险补偿增信手段，向工信部门推荐的中小工业企业发放贷款的业务。开展的方式是合作银行接到当地工信部门推荐的企业名单后开展尽职调查并进行贷款审批，对有担保类型企业可获得最高2000万元以内的贷款额度；无担保类型可获得最高500万元以内的贷款额度支持。各市工信部门按一定的比例将信贷引导资金存在合作银行指定的账户，作为“惠企贷”的风险补偿金。“惠企贷”的推出，使抵押物不足的企业也可能得到贷款。引导资金采取无偿循环使用方式，减小了中间环节，降低了中小企业融资成本，使财政资金起到“四两拨千斤”的作用。截至2015年12月31日，自治区财政累计安排4.5亿元，市级配套44400亿元，信贷引导资金规模达8.94亿元，合作银行已向573家中小企业发放贷款累计40.57亿元。有效解决部分企业贷款的急难愁问题。

推进股权融资服务。自治区工信委与广西北部湾股权交易所和上海股权托管交易中心加强合作，在广西中小企业联合会和各市中小企业服务中心建立“中小企业挂牌上市孵化基地”，选择一批有股权交易意向的中小企业，进入孵化示范基地培育，指导企业做好财务、管理等各项制度的规范工作，条件成熟后，向股权交易所推荐，开辟了中小企业直接融资新渠道。2015年自治区工信委承办自治区人民政府召开“全区中小企业股权融资经验交流会”，组织150家中小企业在广西北部湾股权交易所集中挂牌 。2015年共推荐363家中小企业在广西北部湾股权交易所挂牌；组织7家中小企业集体在上海股权托管交易中心Q板挂牌；推荐4家企业到深圳前海股权交易中心挂牌。通过推荐企业上市挂牌，搭建融资新平台，打通了我区中小企业直接融资和对接资本“蓝海”的新通道。

开展P2P平台网上融资服务。适应互联网金融发展趋势，积极探索金融服务小微企业的新模式，建立广西投融资网，引进服务团队，开展P2P网络金融服务，致力于整合各方资源，联合有实力的中小企业信用担保公司，引入区内外资金，盘活民间资本，发展普惠金融，为中小企业提供专业、高效的融资服务。积极探索金融服务中小微企业的新模式，自今年3月上线以来截至12月31日，P2P平台共上线融资项目80个借款标，为26家中小企业成功融资1.2亿元。

实施中小微企业信用担保风险补偿资金和小企业贷款风险补偿资金。今年，30家中小企业担保机构获自治区财政补助中小微企业信用担保机构风险补偿资金5079.18万元，引导信用担保机构为2991户中小微企业担保，担保金额449.92亿元。176家银行分行（支行）、农村信用社小额贷款公司获自治区补助3099.27万元小企业贷款风险补偿资金，引导金融机构为小微企业贷款554.85亿元。

（二）聚焦成长，多措并举推动中小企业快速发展。

开展"双创"活动。开展全区"大众创业万众创新"活动周启动仪式；与邮储银行广西区分行等部门联合举办2015年"邮储银行杯"创业创富大赛（广西赛区），推进金融支持"大众创新 万众创业"活动，组织企业参加全国总决赛，桂林"喀斯特"服饰有限公司"喀斯特民族创意生活馆"和广西宏美农业科技有限公司"木瓜蛋白酶产业化"凭借出色表现得到评审团的一致肯定，分别斩获创意组、创业初创组冠军。

大力实施企业培育。充分发挥好中小企业发展专项资金的引导作用，实行"一企一策"帮扶措施，鼓励中小企业专精特新发展。2015年共安排自治区中小企业发展专项资金0.5亿元，扶持企业项目49个，项目总投资11亿元；安排自治区农产品加工企业扶持资金0.2亿元，扶持企业项目28个，项目总投资6.5亿元。

帮助企业拓展市场。组织我区中小企业参加第十二届中国国际中小企业博览会、第18届中国农产品加工业投资贸易洽谈会等大型会展和举办广西工业博览会，积极搭建合作交流平台，宣传"广西产品"，推动区内企业进入政府采购目录，努力帮助企业开拓市场。

积极开展项目申报推荐工作。认真组织开展国家小型微型企业创业创新示范基地、小微企业创业创新基地城市示范和农产品加工综合利用示范县、示范园区、示范企业的申报工作，发挥好小型微型企业创业基地在"创业带动就业、创业促进创新"中的作用，营造大众创业、万众创新的良好环境。积极向国家工信部推荐4家小型微型企业创业创新示范基地、1家小微企业创业创新基地城市示范，发挥小型微型企业创业基地在"创业带动就业、创业促进创新"中的作用，营造大众创业、万众创新的良好环境。

（三）优化服务环境，积极扶持企业持续健康发展。

深入开展专项行动。一是开展2015年扶助小微企业专项行动。二是开展政策宣传月活动。三是深入开展"千名干部入千企"对口服务活动。共落实1097名工信干部对口服务1118家工业企业。四是继续开展"政策落实年"和"企业服务年"活动。五是深入企业和基层调研。委领导分片负责14个市，协调解决企业用工、融资、用地用电用水等困难问题。六是推动落实自治区、市、县（市、区）三级主要领导与重点企业"直通车"沟通机制。加强定期报告、联席会议、督促检查等工作。七是开展"汇聚八方力量、共筑稳定增长"活动。联合国税、金融部门采取税收政策优惠小微企业、银税合作扶持诚信企业等措施帮扶企业。八是开展中小企业网上百日招聘高校毕业生活动。活动期间全区有486家中小企业在中国中小企业信息网招聘平台注册登记，发布招聘信息244个。

开展中小企业公共服务平台建设。打造"1+N+14"广西中小企业公共服务平台网络项目建设，建立全区中小微企业融资服务数据库，2015年已完成二期建设。

认真做好每年一度非公有制人员职称评定工作。通过职称评定工作，为优秀人才脱颖而出创造条件，提高了专业技术人员的社会地位、稳定了专业技术人员队伍，通过对学术、技术、专业水平及业绩的考核和评价，激励了专业技术人员的进取精神，促进了人才的成长，对促进中小企业发展和科技创新发挥了重要的作用。

2016年广西壮族自治区中小企业改革发展总体情况

一、中小企业及非公经济发展概况

2016年，全区全部工业总产值完成2.54万亿元，全部工业增加值完成6764.13亿元，规模以上工业总产值同比增长8.9%；规模以上工业增加值同比增长7.5%，高于全区GDP 0.2个百分点，工业占全区GDP的比重为37.1%。全区工业企业实现主营业务收入2.19万亿元，同比增长9.0%，实现利润1287.7亿元，同比增长8.9%，工业品产销率为95.9%，同比提高1.1个百分点。规模以上企业户数5524户，同比增长3.56%，从业人员163.6万。

二、开展的主要工作

（一）强化服务意识，提高服务质量。

全区工信部门持续开展"千名干部入千企"活动，采取"一业一策""一企一策"，帮助企业解决困难和问题。落实好为企业减税降费政策，保护各方面投资的积极性，瞄准制约产业发展突出问题对症下药，着力解决地方和企业反映强烈的融资难、用电贵和物流成本高问题，促进市场"回暖"。实行自治区工信委领导分片负责14个市定点协调服务制度，协调解决企业发展和项目建设存在的困难和问题。通过座谈会、工信委网站对答等方式强化政企互动，切实帮助企业解决困难和问题。为了更好的向中小企业提供有效的服务，我委建设了广西新产品推介和交易平台、广西食品工业企业诚信信息公共服务平台。组织企业参加“创客中国”创业创新大赛，通过双创大赛，激发企业的创业创新意识。

（二）加强融资工作，拓宽融资渠道。

一是大力开展“惠企贷”工作，努力扩大企业融资规模。探索以政府资金为企业增信，引导银行业金融机构为加工企业提供更多贷款支持的方式，取得较好成效，2016年继续扩大“惠企贷”融资规模，安排1.2亿元作为自治区中小工业企业信贷引导资金，扩大各市引导资金规模。截止到2016年12月底，全区用于开展“惠企贷”的信贷引导资金共计到位11.1亿元（其中自治区资金下达5.7亿元，各市配套资金共到位5.4亿元），开展“惠企贷”的合作银行已向中小企业发放贷款累计1252笔，发放贷款累计86.39亿元，发放贷款余额累计50.89亿元。有效解决部分企业贷款的急难愁问题。工信部充分肯定我委中小企业融资创新服务工作，专门安排我委在全国中小企业电视电话会议上就“惠企贷”作经验交流发言。二是通过小贷风险补偿专项资金和中小微企业信用担保风险补偿资金，鼓励担保机构用担保机构为2474户中小微企业担保金额350.80亿元，引导金融机构为小微企业贷款51.92亿元，扩大了中小微企业贷款规模。三是为有条件的成长型企业提供上市咨询、融资、投资服务，促进20家中小企业在北部湾股权交易所挂牌。

（三）重拳出击降成本，减轻企业负担。

针对企业反映突出的制度性交易、税费、融资、用工、用电、物流等七个方面负担重情况，自治区工信委牵头41个部门研究制定自治区降低实体经济企业成本41条政策措于4月25日正式印发，改善企业发展环境,助力企业轻装快行。加强政策宣传贯彻工作，成功举行了降成本41条新闻发布会，加强与各部门沟通、联系，组织编印了政策解读文本。强化跟踪督查，组成多个调研组，对部分地市和重点园区、企业进行了实地走访和全面检查，定期向自治区政府报送贯彻落实情况，自治区工信委起草的《关于自治区降低实体经济企业成本若干措施落实情况的报告》得到了自治区主要领导的批示，经过自治区的协调，降低企业职工基本养老保险缴费比例等多项措施得到有效落实。自治区出台降成本41条的政策“组合拳”，有效降低企业成本，助推企业转型升级，激发了经济发展新动能，获得了广泛影响，成功入选“2016年度广西十大新闻”。

（四）强化“双创”平台建设 。

加快中小微企业“大众创业、万众创新”发展，柳州市成为第二批全国小微企业创业创新基地城市示范试点，柳州市柳东小微企业创业创新基地、民华科技企业孵化器桂林创新大厦孵化基地被工信部确定为第二批国家小型微型企业创业创新示范基地。南宁·中关村“双创”示范基地揭牌运营。

（五）推进重点项目建设。

按照“投产一批、建设一批、开工一批、储备一批”大力推进项目建设。在技术改造、技术创新等方面给予更多支持，2016年，自治区财政安排中小企业发展专项资金（含农产品加工扶持资金）7550万元，支持中小企业专精特新项目73个，拉动总投资157198万元，项目建成后预计新增税收25514万元，新增就业6358人。

（六）加大市场开拓力度。

继续抓好产销对接平台建设，广西新产品推介和交易平台建设运营二期项目通过验收。开展工业新产品认定补助工作，250个工业新产品获得补助。组织召开2016年广西工业和信息化产品展示会，号召“广西人了解广西工业，广西人爱用广西产品”，积极营造“创品牌、推品牌、爱品牌”的社会氛围。组织企业参加第13届中国国际中小企业博览会、第九届APEC中小企业技术交流暨展览会、粤桂黔高铁经济带工业博览会、第18届中国国际工业博览会等，打响广西产品、广西品牌。

海南省

2015年海南省中小微企业发展总体情况

截至2015年底，全省中小微企业贷款余额突破1000亿元；全年全省小微企业（注册100万以下企业）新增13404户，同比增长3.55%；新登记个体工商户62631户，同比增长28.26%；全省中小微企业实现增加值1790.77亿元，同比增长7.6%，约占全省GDP总量的48.4%。

一、2015年中小微企业发展主要工作

（一）进一步完善中小微企业扶持政策。

2015年，省政府出台了《关于印发海南省进一步增强小微企业融资能力构建政银保合作新机制方案（试行）的通知》《关于加快发展互联网产业的若干意见》《关于进一步做好新形势下就业创业工作的实施意见》，省工商行政管理局制定了《关于助力小微企业发展的十八条措施的通知》等，这些政策措施极大地在创新融资方式、实施“互联网+”战略、改革商事制度、鼓励创业创新等方面助推了中小微企业的发展。

（二）采取有效措施缓解融资难融资贵问题。

拓宽融资贷款渠道。推行“政银担”贷款（担保公司对企业贷款担保，银行发放贷款，政府资金奖补）的基础上，又推出了“政银保”、“政保贷”、“税贷通”业务，以银政合作、银保合作、企业互保、银税互动等方式，积极探索小微企业融资渠道多样化。

积极引导金融资源向小微企业倾斜。一是海南银监局严格执行银监会“七不准”、“四公开”和小微企业贷款“三个不低于”目标的要求，推动全年小微企业贷款余额较年初增长28.43%，高于各项贷款平均增速5.08个百分点，小微企业贷款户数比去年同期增加8065户，申贷获得率高于去年同期。二是人行海口分行继续降低中小企业融资成本。2015年辖区人民币各项贷款加权平均利率下降了1.30个百分点，全年共5次下调地方法人金融机构存款准备金率，释放可贷资金45.08亿元；全年累计办理中小微企业再贴现票据19.75亿元，占全部再贴现票据的85.06%；发放支小再贷款1亿元。三是省财政厅加大财政资金担保增信力度，并通过省金融发展专项资金对19家担保公司的业务增量、绩效评价等方面予以奖励，助力中小微企业担保融资业务。

支持优质企业直接融资。在省金融办的支持下，2015年我省在新三板新增挂牌企业14家，累计挂牌企业17家；中小企业在海南股权交易中心挂牌365家，其中交易板34家，展示板331家，累计14家企业在股交中心的撮合下获得6610万元银行授信贷款。在海南证监局积极指导下，2015年有3家本地中小企业拟上市融资，计划发行1.4亿股，拟募集资金 13.63亿元。

推进政银企保融资对接常态化。省工信厅会同省金融办、省财政厅宣传小微企业贷款政策和相关业务，在海口、三亚、儋州、万宁、屯昌5个市县分别组织召开片区政银企保对接会，共超过400家企业参会，促成43家中小微企业现场签约，取得较好成效。

（三）加大企业创业创新扶持力度。

打造小微企业创业载体。省工信厅、省人社厅、省科技厅鼓励社会力量，改造闲置地产等资源，建成海口国家高新区创业孵化中心、海口复兴城科技产业园等18家创业基地，总建筑面积约150万平方米，吸引入驻企业3000多家，实现就业5万多人。省工信厅指导海口市新华信息产业孵化园和海南生态软件园小微企业创新创业基地2家获批国家小微企业创业示范基地。

培育成长型小微企业发展。省工信厅通过成长性奖励专项资金对成长性好的20家企业进行奖励。省科技厅通过海南省科技型中小企业技术创新资金，引导科技型中小企业技术创新，支持21家科技型中小企业技术创新。

开展形式多样的创业创新活动。省人社厅、省教育厅、省工信厅共同组织全省创业大赛，642个项目或团队共计1883人参加；举办了海南省首届“科创杯”创新创业大赛和首届中国高校“互联网+”大学生创新创业大赛（海南赛区）；省工信厅会同海口市政府、澄迈县政府，组织举办2015年海南“互联网+”创新创业节，举办了28场相关活动，超过80家省内外投资机构和创业服务机构参与，对接达成意向的投资额接近2亿元。

（四）强化中小企业公共服务体系建设。

开展扶助小微企业专项行动。省工信厅依托中小企

业公共服务机构，开展抽样监测、创业创新、企业融资、管理培训等方面的11项专项服务活动。组织24家企业参加“中博会”，开展小微企业政策宣传月、小微企业“双创”活动周等活动。

加快省中小企业公共服务平台网络建设。按照工信部要求，基本完成省枢纽平台服务大厅建设，枢纽平台线下部分基本完成，启动海口等8个市县窗口平台建设。

建立健全中小微企业信用体系。省金融办牵头建设我省信用信息平台，整合21家单位30多万家企业和社团组织的信用信息。开通“信用海南”网站，实现了信用信息共享平台和“信用海南”网站与国家信用信息共享平台和“信用中国”网站的对接。省工商局建设小微企业名录系统，可与其他部门信息共享。

二、存在的问题和困难

政策落实力度仍需进一步加强。一是各市县对落实中小微企业政策熟悉和推进程度不一，新出台政策措施落实不到位。如部分市县小微企业对“政银保”贷款政策了解不透彻，“政银保”业务推广较为缓慢。二是中小微企业进入垄断行业和领域、实现公平准入还存在一些体制机制障碍。

融资难仍然是中小微企业发展的“瓶颈”。一是中小微企业中长期贷款不足，贷款抵押品单一，金融产品和服务尚需进一步创新。二是金融系统对轻资产型小微企业贷款偏好依然较低，2015年央行两次下调了贷款利率，部分银行认为贷款收益率和安全性不匹配，普遍对亟需资金的互联网企业放贷积极性不高。

市县中小微企业支撑服务体系尚不健全。一些特色产业小微企业较为集中的市县，在小微企业创业集聚配套、产业公共服务建设方面能力薄弱，省级中小企业公共服务资源向市县延伸也缺乏合作载体，难以及时地为市县中小微企业提供技术支持、市场开拓、创业指导等社会化服务。

2016年海南省中小微企业发展总体情况

截至2016年底，海南省市场主体超61万户。2016年，全省小微企业（注册100万元以下企业）约12.2万户，新增18480户，同比增长17.9%；个体工商户约40.6万户，新增70302户，同比增长21%。全年全省中小微企业实现增加值1931亿元，同比增长8.6%，约占全省GDP总量的47.8%。有关情况如下：

一、出台多项惠企政策，优化中小微企业政策环境

一是印发《海南省2016年促进中小企业发展重点工作》，作为全省全年中小微企业工作的指导性文件。二是落实国家“十三五”促进中小企业发展规划，委托中国电子信息产业发展研究院起草《海南省促进中小微企业发展“十三五”规划》，现已形成初稿。三是陆续出台了《海南省人民政府关于大力推进大众创业万众创新的实施意见》《海南省人民政府文件关于印发海南省先照后证改革后加强事中事后监管实施办法的通知》《海南省财政厅关于印发海南省贷款担保代偿补贴资金管理办法的通知》，制定了互联网产业、低碳制造业、医药产业等专项资金管理办法，研究起草了《海南省关于进一步扶持小微企业健康发展政策措施》，这些政策措施从鼓励创业创新、改革商事制度、创新融资方式、加大财政扶持等方面入手，有利助推中小微企业发展。四是收集汇总国家及全省中小微企业工作各相关部门政策措施，编制印发2016年国家及海南省中小微企业主要政策汇编，通过“大众创业、万众创新”活动周和企业减负宣传周等活动对中小微企业进行政策宣讲，同时在海南中小企业网等相关网站开设小微企业政策专题专栏，提供政策指导、互动问答等服务，扩大政策宣传面和惠及面。

二、加大政策落实力度，多措缓解企业融资瓶颈

（一）发挥专项资金杠杆作用，拓宽企业融资渠道。

修订《海南省中小企业发展专项资金管理暂行办法》，扩大资金支持范围、调整资金重点支持内容、增加资金支持方式。2016年以来，利用省中小企业发展专项资金，积极推行“政银担”、“政银保”、“政保贷”、“税贷通”政策，以银政合作、银保合作、企业互保、银税互动等方式，积极探索小微企业融资渠道多样化。截至2016年末，辖内银行业金融机构小微企业贷款余额1159亿元，较年初增加132亿元。

（二）开展产融对接，搭建企业融资平台。

一是根据国家相关文件精神，出台海南省加强信息共享促进产融合作行动方案，收集项目融资需求信息，组织4期产融对接活动，帮助企业获得融资达1.2亿元。二是开展金融试点城市申报推荐工作，推荐海口市为我省金融试点城市。

（三）优化金融资源配置，提高小微企业金融服务水平。

一是鼓励金融机构下沉网点，提高小微企业金融服务覆盖面。目前，海南省已在全国首批实现了村镇银行市县全覆盖，增加了各市县的金融供给。二是推进小微企业贷款投放稳定增长。海南银监会严格执行国家推进普惠金融发展工作的指导意见和“三个不低于”工作目标，小微企业贷款客户较2015年同期增加6953户。人民银行积极发挥支小再贷款、再贴现货币政策工具作用，引导商业银行加大对小微企业的信贷投放力度。三是持续降低企业融资成本。人民银行持续贯彻降息降准政策，不断降低贷款基准利率，有效释放银行流动性。

（四）加强资本市场建设，助推企业上市融资。

2016年，省政府金融办联合相关部门通过组织资本市场业务培训、走访后备企业等方式，助推企业在资本市场融资。全年省内企业在资本市场累计直接融资1331亿元，超过“十二五”期间资本市场直接融资总额。

（五）运用政府投资基金，支持重点产业发展。

2016年，通过我省创业投资引导母基金，合作设立了3支规模在2~2.5亿元之间的新兴产业创投子基金，已投资8个项目，共计1.7亿元（实际出资到位金额）；完成设立规模为3.5亿元的省文化体育产业发展基金，首期资金1.75亿元已到账；支持设立省热带农业产业投资基金和旅游产业投资基金，现已完成方案征集、合作机构初选、第三方专业机构尽职调查等工作。

三、强化中小微企业公共服务，推动中小企业服务体系建设

积极推进省中小企业公共服务平台网络建设。通过及时调整项目运作机制和部分项目建设单位、引入合作单位协助建设、建立联席会议制度等措施，构建1个枢纽平台，16个市县和行业窗口平台为支撑的省中小企业公共服务平台网络，2016年6月27日海南省中小企业公共服务平台网络已上线试运行，为全省中小微企业及时提供政策、融资、信息、创业、培训、管理等全方位一站式服务。目前，省枢纽服务平台服务大厅已经投入使用。

着力推进社会信用体系建设。2016年，省政府金融办牵头搭建省级企业信用信息共享平台，整合了61家单位37余万家企业和社团组织的信用信息，入库信息1452万余条；省政务中心牵头搭建省级政府信用信息系统，覆盖全省43个有审批权的省直单位，18个市县政务中心的重要信用信息。实施“信用海南”工程，通过共享平台做好统一社会信用代码信息交换共享工作。

打造公共服务平台和小微企业创业创新基地建设。省工信厅、省人社厅、省科技厅鼓励社会力量，整合改造闲置地产等资源，培育和建设多个小微企业服务平台和创业载体。截至2016年末，全省共有近70家省级中小企业公共服务示范平台和小型微型企业创业创新基地。连续两年组织市县申报国家小微企业创业创新城市示范试点，共争取中央中小企业发展专项资金2亿元用于海口市小微企业创业创新工作。

培育支持成长型中小微企业创新发展。省工信厅通过成长性奖励专项资金对成长性好的18家企业进行奖励。省科技厅安排省重点研发计划项目经费，围绕医药、海洋资源、热带特色高效农业、电子信息、低碳制造等领域，聚集全省高校、科研院所、科技型企业的科研条件和人才队伍，进行产学研联合协同攻关，推动企业技术创新、技术升级、结构调整。

开展多样中小微企业服务活动。举办2016年海南“互联网+”创新创业节，通过创业论坛、路演等活动，强化创业氛围，推动中小企业创新发展；组织省2016年创业大赛，做好“中国创业大赛海南初赛”的组织实施，我省节能环保汽车发动机润滑油等5个参赛项目入围全国200名；组织扶助小微专项行动，重点围绕创业创新、融资对接、展会展览、运行监测等方面开展6项活动，服务对象达600人次以上；组织70余家优质企业参加广交会、APEC中小企业技术交流暨展览会、中国国际中小企业博览会以及其他国际知名博览会和专业展销会，通过展示交流，提升我省中小企业技术创新能力，帮助企业开拓国内外市场。

（海南省工业和信息化厅中小企业处（海南省中小企业局）

重庆市

2015-2016年重庆市中小企业改革发展总体情况

2015年和2016年，面对复杂多变的国内外经济形势，在重庆市委、市政府的坚强领导下，重庆中小企业、非公经济系统认真贯彻落实“创新、协调、绿色、开放、共享”五大发展理念，按照“放开、减负、解难、引导”的总要求，围绕“大众创业、万众创新”新任务，积极适应经济发展新常态，深入实施完善小微企业扶持机制重点改革专项，加强对中小微企业指导服务，着力激发创新创业活力，有力促进了全市中小企业和非公经济持续健康发展。

一、2015年和2016年重庆市中小企业和非公经济发展概况

（一）基本情况

1.2015年基本情况

2015年，重庆中小企业实现增加值6215.7亿元，同比增长11.2%，增速高于全市GDP增速0.2个百分点，拉动全市GDP增长4.5个百分点，对全市GDP增长贡献率达到42.3%，比上年提高0.2个百分点。

2015年，重庆非公经济实现增加值9637.5亿元，同比增长11.1%，拉动全市GDP增长7.1个百分点，对全市GDP增长贡献率达到64.1%。其中，民营经济实现增加值7809.4亿元，按可比价格计算，同比增长12.2%，高于全市平均水平1.2个百分点，占全市GDP的比重达到49.7%，对全市GDP增长的贡献率达到57.9%，拉动全市经济增长6.4个百分点。

2.2016年基本情况

2016年，重庆中小企业实现增加值7020亿元，同比增长11.1%，增速高于全市GDP增速0.3个百分点，拉动全市GDP增长4.8个百分点，对全市GDP增长贡献率达到42.6%，比上年提高0.3个百分点。（非公有制经济数据，我局已不再统计分析）

（二）主要特点

——经济贡献不断增大。中小企业增加值总量从2010年的3061.5亿元增加到2015年的6215.7亿元，2016年达到7020亿元，年均增长13.3%，高于全市平均水平0.5个百分点；对全市GDP增长贡献率从37.9%提高到2015年的42.3%，2016年达到42.6%，较“十一五”末提高4.4个百分点。非公经济增加值实现翻番，总量从2010年的4846.6亿元增加到2015年的9637.5亿元，年均增长14.1%，高于全市平均水平1.3个百分点。民营经济占全市经济总量的比重由2010年的48.6%提高到2015年的49.7%。

——企业数量快速增长。2015年新设立中小微企业达39.2万户，年均增长24.8%，累计达到58.5万户；新增非公经济市场主体100.2万户，年均增长16.5%，累计达到187.4万户；在企业数量快速增长的同时，创业结构也不断优化，新办鼓励类企业占比近五成。2016年全市新设立中小微企业12.7万户，较上年多增1.0万户，期末登记户数67.0万户。从行业分布看，从行业分布看，电子商务、信息传输、软件和信息技术等鼓励类行业成为发展重点。

——就业主渠道作用凸显。2015年新增中小企业从业人员219万人，累计达到660万人，年均增长8.3%。新增非公经济从业人员273.4万人，累计达到1075.7万人，年均增长6.0%。中小企业人均工资由2010年2.9万元/年提高至4.1万元/年，为全市305万户家庭910万人提供了稳定的收入来源。2016年全年新增中小企业从业人员50万人，占全市新增就业人数超七成，累计达710万人。

（三）困难问题

虽然全市中小企业、非公经济这两年保持了稳中有进、稳中向好的发展态势，但运行过程中仍面临一些困难和问题，需引起高度关注。一是企业经营成本不断上升与产品竞争价格持续下降的矛盾，二是市场需求不足与产能过剩的矛盾，三是转型发展与基础薄弱的矛盾。面对上述困难和问题，我们将按照中央经济工作会议“三去一降一补” 和“稳中求进工作总基调，深化供给测结构性改革”精神，大力推进供给侧结构性改革，对有市场、有订单、有回款的中小微企业加大政策扶持力度。进一步加快职能转变，把推动“双创”和推

进供给侧结构性改革摆在更加重要的位置，进一步转变工作作风，加强部门联动，落实好扶持中小微企业各项政策措施，促进中小微企业健康发展。

（四）发展趋势

今后几年，重庆中小企业工作系统将全面贯彻落实国家和重庆出台的各项方针政策，坚持“创新、协调、绿色、开放、共享”发展理念，按照“放开、减负、解难、引导”要求，进一步优化发展环境，营造大众创业万众创新氛围，激发群众智慧和创造力，汇集发展新动力。以五大功能区域发展战略为统领，重点围绕“6+1”工业支柱产业和战略性新兴产业、现代服务业和农产品加工业，大力培育市场主体，加快载体建设，推动企业技术进步和转型升级，强化服务，促进全市中小企业和非公经济健康发展。主要工作一是继续深入推进专项改革，优化中小微企业发展环境；二是大力发展楼宇产业园和小企业创业基地，进一步引导企业集聚发展；三是进一步改善融资环境，为小微企业发展提供资金支持；四是推进创新驱动，进一步增强企业核心竞争力；五是立足企业需求，进一步优化完善中小企业服务体系；六是加强引导与扶持，进一步推动农产品加工业发展；七是搭好平台办好展会，进一步帮助企业拓展市场；八是加强规划与运行分析，进一步增强发展形势研判能力；九是强化人才培育，为中小企业发展提供智力支撑。

二、2015年和2016年主要工作开展情况

（一）全力推进改革，积极营造更优发展环境

一是不断完善扶持政策体系。坚持问题导向，先后出台了降低企业用工成本、新办鼓励类中小企业财政扶持、中小微企业转贷应急、小型企业贷款风险补偿、在区域性场外市场挂牌奖励等促进中小微企业发展的21个配套文件，构建了“1+21”较为完善的扶持中小微企业发展政策体系（详见附件）。二是牵头推进完善小微企业扶持机制专项改革。牵头建立了市级部门联席会议制度，集聚了共识，增强了协作，形成了合力。三是不断优化法制环境。充分发挥市政府民营企业维权投诉中心作用，切实维护中小企业合法权益。

（二）加强调查研究，为科学决策提供支撑

面对复杂多变的经济形势，更加注重和把控经济运行过程中出现的新情况，加强深度调研，为决策提供重要依据。一是聚焦企业热点难点问题，积极开展调查研究。针对多数中小微企业反映突出的社保缴费高、应急转贷难、税费负担重等问题，先后分5个组赴江北区等12个区县的17家困难企业进行实地调研，同时开展近300家企业的问卷调查，形成了《关于当前我市经营困难的民营企业生产经营状况有关情况的调研报告》，为《关于进一步落实涉企政策促进经济平稳发展的意见》（渝府办发〔2016〕8号）的出台提供重要依据。完成《重庆市创新型中小企业评价体系和激励政策研究》《重庆市楼宇产业园发展评价及对策研究》《重庆市中小企业劳动力供需趋势分析研究》等课题研究，更好地指导和服务企业发展。二是积极开展“一对一”问题诊断，解决企业实际困难。三是积极抓好统计监测工作。按照刘伟副市长提出的“重统计、重信息”要求，印发了《关于进一步加强统计监测工作的通知》（渝中小企〔2015〕166号）等5个规范文件。

（三）大力推动载体建设，拓展中小微企业集聚发展空间

通过市场化运作方式，引导支持运营机构利用存量工业闲置厂房、科研楼宇、商务楼宇打造楼宇产业园，指导和鼓励小企业创业基地规范发展，促进中小微企业集聚发展。一是先期介入，主动服务。围绕区域产业定位，突出工作重点，主动帮助楼宇产业园和小企业创业基地做好项目策划、选址、招商，指导其找准产业定位，实现产业集聚和差异化发展。重点指导运营管理机构立足产业定位，建立和完善公共服务平台，统一为入驻企业集中提供后勤、仓储物流等公共服务，降低了企业生产经营成本。重庆网商产业园、陶家都市工业园成功入选首批国家小型微型企业创业创新示范基地。二是规范引导，细化举措。制定出台了《重庆市楼宇产业园认定管理办法》《重庆市重点楼宇产业园租金补贴暂行办法》等配套实施细则，明确了楼宇产业园的发展目标和措施，建立了市区联动协作机制。立足为企业创业创新提供支撑和服务，完善《重庆市小企业创业创新基地认定管理办法》，引导小企业创业基地规范发展，提高服务能力。三是落实政策，惠及企业。

（四）加大培育示范与资金扶持力度，促进农产品加工业健康发展

一是积极培育示范。二是加大财政扶持。三是积极开展服务。2015年全市农产品加工企业累计达2.2

万，从业人员70万；农产品加工业实现产值3287亿元，同比增长11.1%。2016年全市农产品加工企业达2.6万户，从业人员达72万；农产品加工业实现产值3650亿元，同比增长11.0%。

（五）强化融资服务，努力缓解企业融资困难

融资难、融资贵一直困扰着中小微企业发展。我局从问题入手，推动“政银企”合作，解决信息不对称的问题，充分发挥政府调控“这只手”作用为小微企业提供融资增信，鼓励中小企业到资本市场融资。一是深化政银合作。我局牵头与市财政局等五部门、中国工商银行重庆分行等20家在渝银行机构建立中小企业银行融资工作联席会议制度。通过联席会议，进一步加强银行、企业和部门之间的交流沟通、信息共享、形成合力，努力缓解融资困难。二是支持中小微企业融资增信。认真落实36号文件精神，凡是为小微企业贷款担保收费在2%以下的担保业务，市财政给予0.5%的保费补助。三是支持资本市场融资。创新建立中小微企业挂牌奖励机制，有力地调动了企业在资本市场融资的积极性。四是创新融资举措。会同市财政局出台了《重庆市中小微企业转贷应急周转资金管理暂行办法》，建立小微企业应急转贷周转金（资金规模5亿元），降低企业“过桥融资”成本。建立小型企业风险补偿机制，进一步增强了银行服务小型企业的积极性。五是促进银行创新金融产品。我局与建行重庆分行联合推出“助保贷—购置贷”金融产品，量身定做楼宇产业园“购置贷”金融产品。六是建立产业引导基金项目对接机制，对接国家中小企业发展基金项目直投和母基金工作有序推进。

（六）不断完善中小企业服务体系，提升服务能力和水平

按照“找得着、用得起、有保证”工作思路，着力构建中小企业公共服务体系。一是不断完善“1+39+N”（即：一个市级网络平台、39个区县窗口平台、N个产业集群服务平台）三位一体的公共服务平台网络。坚持线上线下结合、网络实体互补，积极助推以中小企业云服务平台为核心的市级网络平台建设。二是加强服务资源的培育和管理。完善了《重庆市中小企业重点服务机构认定管理办法》。三是支持开展低成本服务，上。

（七）鼓励推广应用科技成果和信息化，推动企业转型升级

一是积极鼓励中小企业科技成果转化，推进企业科技创新转型升级。与市财政局联合制订《重庆市中小企业科技成果转化项目资金补贴办法（试行）》，积极鼓励中小企业推广和应用科技成果。二是引导和支持中小企业提升研发能力和创新水平。继续实施中小企业技术研发中心培育认定，积极落实研发费用税前加计扣除等政策，鼓励支持中小企业依托技术研发中心开展创新活动。三是鼓励中小企业信息化应用。支持中小企业应用安全软件和信息技术提高研发设计、生产加工和管理水平。四是推进产学研结合。通过产学研结合方式，整合利用科研院所等科技创新资源，为中小企业解决难题提供服务。

（八）加强合作与交流，帮助中小企业开拓国内外市场

一是加入了两岸企业家峰会，大力推进渝台经济交流与合作。我市原副市长吴家农担任两岸成长型企业合作推进小组副召集人，与台湾中小企业总会签订合作框架协议，加强了两地中小企业的交流与合作。二是认真组织企业参展参会，帮助企业开拓国内外市场。

（九）加强人才培育，为中小企业发展提供智力支撑

一是围绕全市中小企业人才需求，扎实开展各类专题培训。安排专项培训资金举办中小企业高级经营管理人才、二是搭平台，为企业输送人才。三是组织开展非公企业高级职称评定工作。全年审核了307人的非公企业工程技术类高级技术职务申报材料。

（重庆市中小企业局交流合作处）

四川省
2015-2016年四川省中小企业改革发展总体情况

一、中小企业及非公经济发展概况

（一）基本情况

市场主体总数突破400万户，中小企业突破百万大关。2015年和2016年，我省实有各类市场主体分别为398.7和427.4万户，同比分别增长12.33%和7.18%；扣除个体工商户和农民专业合作社的中小企业分别为91.4和105.2万户，同比分别增长18.22%和15.05%。

2015和2016年，中小工业企业分别达5.06万户和5.05万户。同期，规模以上中小工业企业分别达到12982户和13290户；新投产企业分别为426户和408户，升规企业分别为792户和934户；全年实现主营业务收入同比分别增长6.33%和11.48%；利润总额同比分别增长2.36%和11.88%。同期，规模以下工业企业分别达3.76户万和3.72万户。

非公经济实力持续增强。非公经济活力持续增强，呈现出稳中有进的发展态势。2015年我省非公经济增速为8.3%，比上年放缓，但高于同期GDP增速；非公经济占GDP的比重达60.7%，创新高；非公经济增加值突破1.8万亿元，达18266.02亿元。2016年，四川省非公经济增加值达到19863.3亿元，占GDP的比重达60.78%，再创新高，其中第一产业非公经济增加值为1562.7亿元，第二产业非公经济增加值达11399.2亿元，第三产业非公经济增加值为6901.4亿元。

（二）发展特点

提质增效高速成长，工业中小企业利润增速加快。2015年和2016年规上工业中小企业利润同比分别增长2.36%和11.88%，增速加快，效益明显好转。2016年规上工业中小企业万元增加值能耗下降5%以上。4个国家级标准化试点示范项目落户我省中小企业。1户中小企业上榜工信部发布的全国首批制造业单项冠军示范企业。成为我省工业企业增长的新动能。

创业力量蓬勃生长，万众创新活力迸发。2015年和2016年新设各类市场主体分别为64.4和74万户，同比分别增长20.74%和14.98%；其中新设企业分别达17.74和22.52万户，同比分别增长23.51%和26.91%。创新驱动和创业带动能力明显提升，中小企业孵化和梯度培育体系基本形成。建立各类形式的星创天地95家，全省51个星创天地纳入国家备案，总数居全国第三。企业创新主体建设成效显著，新增科技型中小微企业2万家，已认定中小高新技术企业2707家，省级以上企业技术中心达到727家，国家级小微企业创新基地4家，省级以上小企业创业示范基地92家。全省高新技术产业总产值达1.62万亿元，同比增长9%，科技创新对经济增长的贡献率达到52%。企业创新投入年均增长10%以上。在全国率先建设“互联网+中小微企业创新创业服务平台”、出台小微企业创新创业导师的管理办法。在“创客中国”创新创业大赛，入围项目和获奖项目数量均居全国第一。

结构调整和转型升级步伐不断加快。2015年，新一代信息技术、新能源、高端装备制造、新材料、生物、节能环保、新能源汽车七大战略性新兴产业分别拥有中小企业4.3万户、4.2万户、1.4万户、2.7万户、3.0万户、7.7万户、2.1万户。七大传统优势产业中位于中高端领域的中小企业数量持续增加，推动产业整体不断向高端领域演进。2016年新登记企业户数中，信息传输、软件和信息技术服务业、科学研究和技术服务业分别占9.28%、7.41%，分列行业三、五位。

集群发展态势明显。中小企业围绕各地主导优势产业和骨干龙头企业加快向园区、产业聚集区集中，集群发展初具规模，已形成成都电子信息和汽车、德阳重大装备制造、绵阳数字家电、攀枝花钒钛、川东北天然气、川南白酒“金三角”等重点产业集群以及自贡盐及盐化工、乐山陶瓷、资阳机车、凉山稀土等地区特色优势产业集群，成为我省制造工业的重要支撑力量。

（三）主要问题

整体发展实力与先进省市存在差距。我省中小微企业主要经济指标在全国排名并不占优，中小企业数量、主营业务收入和利税总额等均与先进省市存在较大差距。2016年，我省规模以上中小工业企业数和实现主营业务收入，分别居全国第11和12位，整体实力还有较大的提升空间。

供给侧结构调整与转型升级难度较大。我省中小微企业多处于产业链低端，传统产业比重高，技术创新能力不强；部分行业产能过剩严重，淘汰落后产能、转型升级任务艰巨。多数中小微企业技术装备水平不高，缺乏关键核心技术和自有品牌，创新投入不足，产品加工度与附加值较低，为大企业提供配套协作的能力不强。经济结构不甚合理，骨干龙头企业、创新型企业比重小，大部分是规模小、技术低、效益差、作坊式的微型企业，规模以下的小微工业企业占企业总数的90%以上。

成本费用上升过快。四川中小企业属低端制造业和传统劳动密集型产业的比重较大，用工成本上升、原材料和能源价格相对偏高、流动资金紧张、市场需求不足等问题都严重制约企业发展。2015年和2016年，规模以上工业中小企业主营业务成本同比分别上升6.49%和11.98%，销售费用同比分别上升10.12%和12.77%，均高于同期主营业务收入6.33%和11.48%的增长率，也高于同期利润总额2.36%和11.88%的增长率。规模以下工业企业所受成本费用压力相对规模以上工业中小企业更大。

中小微企业市场发展前景不容乐观。原材料和能源价格偏高、流动资金不足、劳动力成本上升和融资困难、市场订单不足等问题较为突出。根据运行监测问卷调查统计，总体上，规模以下小微企业面临的生产经营形势更为严峻。2016年底，重点监测的中小微工业企业产品出口订单和国内市场订单指数分别为59.26%和61.53%，其中规模以下小微企业产品出口订单和国内市场订单指数分别为59.13%和55.77%，低于60%的合理水平，反映出小微企业对市场前景较为担心。

“融资难、融资贵、融资慢”依然突出。运行监测问卷调查显示，34.3%的企业流动资金紧张，有过半的企业融资需求得不到满足，500万元以下融资需求中，小企业满足率不到10%，50万元以下获贷小微企业不到4%。调研发现，通过担保获贷的小微企业，银行针对其放贷的上浮利率普遍在30~80%之间，实际上50%以下的情况很少，小微企业融资综合成本在15~25%之间，有的还变相收取保证金，加上担保费、评估费、中介费等，企业不堪重负。

（四）发展趋势

2016年，我省中小微工业企业生产销售和经济效益指标保持平稳增长，企业经营者信心基本稳定；中央和各级政府不断加大对小微企业的扶持力度；创业者创业热情不断上升。综合各方面因素，预计2017年中小微企业生产经营环境将不断改善，生产销售处于合理区间，可望保持平稳较快发展。

主要依据：一是全国经济增长保持稳定。2017年全国GDP增长目标为6.5%。二是全省市场主体和新登记企业快速增长。2016年以来，随着我省“先照后证”和“三证合一、一照一码”等商事制度改革的不断推进，与国家创新创业政策形成叠加效应，催生市场主体发展新动能，全省创新创业显现出稳步增长的发展态势。三是我省固定资产投资保持平稳向上增长势头。2016年累计完成全社会固定资产投资增长12.1%，比去年同期（10.2%）上升1.9个百分点，其中工业固定资产投资增长10.9%，比去年同期（2.7%）上升8.1个百分点，可以支撑中小企业实现平稳向上发展。四是企业经营者信心指数稳定，一直保持在合理水平以上。据中小企业运行监测问卷调查结果，2016年12月份企业经营者信心指数为

67.41%，超过60%的合理水平，同比上升0.2个百分点。本月生产经营状况指数为72.24%，创一年来新高，同比上升2.31个百分点。

二、2015年和2016年主要工作

省委省政府一直把中小企业工作放在全省经济社会发展的总体格局下谋篇布局，把稳增长、调结构、促转型作为中小企业工作的主线，始终坚持目标问题双导向，不断创新工作思路，加大支持力度，优化服务环境，开拓进取，真抓实干，着力打造新常态下稳中求进，转型发展的新动能，为全省经济社会发展提供了有力支撑，为全省中小企业"十三五"开好局、起好步奠定了坚实基础。

（一）进一步优化企业发展环境，持续提升服务保障水平

加强组织领导，推动政策措施落实。充分发挥"一小组一制度"（四川省促进中小企业和小微企业发展工作领导小组、四川双创工作联席会议制度）对中小企业发展的引领指导和管理服务职能，围绕中小企业工作多次专题研究部署。抓好督促落实《关于支持中小微实体经济企业加快发展若干措施的通知》和《促进经济稳定增长和提质增效推进供给侧结构性改革》等促进中小企业发展的政策措施。编制"十三五"中小企业发展规划，为中小微企业发展提供指引。2016年省中小企业发展基金的股权投资子基金和全国首创的"创新融资子基金"均投入运营，实现项目投放。

构建新型政商关系，保障和促进非公有制经济健康发展。在依法保护民企合法权益、促进平等使用生产要素和引导民企闯关过坎顺利转型上下功夫，打破"玻璃门、弹簧门、旋转门"等障碍，逐步突破一批困扰民营企业发展的难点问题，不断推进我省非公有制经济健康发展和非公有制经济人士健康成长。为推动构建新型政商关系，保障和促进非公有制经济健康发展，四川省检察院与省工商联联合出台了保障非公经济发展"六项机制"和22条具体保障措施。这是全国省级检察机关第一个出台此类措施。"六项机制"是:建立常态化沟通联络机制、法律服务保障机制、平等法律保护机制、合法权益保障机制、风险预警防范机制、快速处理反馈机制。

聚集服务资源，强化中小企业服务体系支撑。发挥以平台网络、示范平台和广大专业化社会化服务机构为主体的"三圈层"服务体系作用，形成以"1+31"的中小企业服务体系总体架构，实现了"纵向覆盖省市县、横向覆盖多产业"的双向服务主线，中小企业公共服务触角实现有效延伸。秉持"多元化、差异化、优质化、成链化、共享化"思路，积极建设全省中小微企业创新创业服务生态圈，目前，通过平台网络、中小企业服务促进会、中小微企业创新创业服务联盟等为纽带聚合各类资源1250余家。

不断完善和创新服务方式。中小企业服务推陈出新，2016年累计培育22个国家级和61个省级中小企业公共服务示范平台，37.8万家次中小微企业享受到低成本、便利化、全要素的服务。创新方式，多措并举力克融资难。实施"万家千亿"诚信小微企业融资培育计划、设立65.03亿元的"应急转贷"资金、推"园区+担保+信贷"模式融资、抓应收账款融资服务平台试点，有效减低融资成本。截至2016年12月底，四川省中小微企业（全社会口径）贷款余额17997.94亿元，同比增长13.30%。其中：小微企业贷款余额8732.4亿元，同比增长18.73%。全省中小企业在中小板上市27家、创业板上市24家。落实降本增效措施，企业降本减负累计突破800亿元。

推进产融合作，缓解中小企业融资瓶颈。分行业开展"1+N"银政企融资对接会。在全省园区开展"园区+担保+信贷"模式，资金授信规模达到40亿元；截止到目前我省20个市（州）已设立总规模达到65.03亿元"应急转贷"资金。探索以长虹集团作为核心企业带动中小微企业融资的标准化模式，抓应收账款融资服务平台试点。鼓励符合条件的企业到"新三板"挂牌融资。配

合金融机构深入推进“小微企业金融服务提升工程”，推进“万家千亿”诚信小微企业融资培育计划。

优化资源配置，切实降低企业成本。2016年停征政府性基金4项，减征或免征行政事业性收费18项，已成为全国省级设立收费项目最少、收费标准最低的省份之一。全面实施“营改增”，据统计，全省国税系统促进小微企业发展减免税收38.62亿元，节能环保类减免税收26.14亿元；地税系统实施小微企业、个体工商户和其他个人税收优惠减免税收4.82亿元。降低企业养老保险、失业保险费率，实施困难企业缴纳住房公积金降比、缓缴、停缴等政策。

（二）夯实双创承载力，不断增强内生发展动力

推进企业创业创新载体建设，形成创业创新生态。借力产业技术联盟，通过产学研合作、推进科技成果转化、先进适用技术改造等手段，加强企业创新主体建设，企业创新投入年均增长10%以上。强化创业创新载体建设，提升创业孵化水平。目前国家认定小型微型企业创业创新示范基地5家，省认定小企业创业创新示范基地达到102家。现有国、省、返乡农民工创业园等各类孵化载体总数570余家。2016年依托西南科技大学、中物院等单位成立了“四川省军民融合产业战略研究院”，建成了全省唯一的军民融合创客空间。

推动企业实施“互联网+”战略，促进创新成长。按照《信息化和工业化融合发展规划（2016—2020）》要求，支持长虹集团等大型企业建立基于金融大数据、智慧社区大数据、智慧家庭大数据的双创平台，带动产业链上中小企业的创新创业。鼓励中小微企业依托第三方电子商务服务平台开展销售业务，推进企业基于互联网的大规模个性化定制、云制造等新型制造模式，推动企业供应链管理一体化电子商务应用。

（三）进一步完善梯度培育体系，提高专精特新水平

合力企业全过程培育，促进中小微企业梯度发展。以小微企业创业兴业为抓手激发市场活力；以成长型中小企业为抓手推动企业快速成长；以“小巨人”企业为抓手打造隐形冠军，全省中小企业铺天盖地发展，2015年和2016年新设各类市场主体64.4万户和74万户，年新增入规企业1218户和1342户。2016年培育专精特新中小企业920户，梯度培育企业主要经济指标占到全省规上工业中小企业10%以上。指导县（区、市）政府职能部门设立联络员制度，每位联络员分包若干企业，免费提供对口指导和行业信息，定期上门服务，有针对性地帮助企业排忧解难。

加大中小企业人才培训力度，增强企业发展后劲。整合国内部分知名高校、培训机构的优质资源，以“中小企业经营管理领军人才”、“四川省食品饮料产业”专题研讨班等内容开展培训，提升企业专业化素质与经营管理水平。指导全省技工院校、职业培训机构面向中小微企业提供职业培训服务，推广定向、定岗或订单式培训。在全省中小微企业中组织开展“青年劳动者技能培训行动”。

（四）进一步提升开放合作水平，提高市场开拓水平

抓住获批跨境电子商务综合试验区的契机，帮助中小微企业“走出去”。2016年我省中小企业在境外新设外经贸类网点216个。在第九届APEC中小企业技展会和十三届中国国际中小企业博览会暨“四川名优产品广东行”活动上创新“互联网+展会”，实现线上线下展览服务协同，共达成意向金额10亿元。指导中德（蒲江）中小企业合作园、中韩产业园等国别园区产业发展规划编制；支持中法成都生态园、中法农业科技园、新川创新科技园等国际合作园区建设，支持德阳建设中德应急产业园、川捷中小企业产业园的建设。

云南省

2015年云南省民营经济运行分析及2016年展望

2015年，面对经济下行压力持续加大的困难和挑战，全省民营经济暨中小企业工作围绕全面深化改革及转变经济发展方式这条主线，坚持改善环境、促小扶微、创新驱动、提质增效，全省民营经济缓中趋稳、稳中有进，中小微企业为主体的民营经济保持适度增长，为全省经济平稳较快发展作出了重要贡献。

一、运行态势及特点

全省民营经济主要指标多数保持增长，全面完成省委年初下达的目标考核任务（见下表）。

2015年全省民营经济主要指标完成情况表

指标名称	2015年	2014年		
民营经济户数（万户）	225	200.3	12.1	
其中：私营企业（万户）	39.5	29.3	34.8	
民营经济增加值（亿元）	6389.7	5958.8	可比价	9.3
			现　价	7.2
其中：第一产业	658.9	648.9	可比价	6.2
第二产业	2682.3	2588.4	可比价	8.8
民营工业增加值	1835	1824.1	可比价	6.8
第三产业	3048.5	2721.5	可比价	10.5
上缴税金（亿元）	500.5	521.5	-4	
民间投资（亿元）	5612.7	5176.1	8.4	
社会消费品零售额（亿元）	4140.1	3682.6	10.3	
外贸进出口总额（亿美元）	192.3	241.2	-42.7	
个私从业人员（万人）	672.1	547.4	22.8	

从2015年全省民营经济运行情况来看，主要呈现以下特点：

一是民营经济户数快速增长。到2015年底，全省民营经济户数达225万，比上年底增长12.1%。其中，个体工商户185.1万户，比上年底增长19.1%，私营企业39.5万户，新增企业数突破10万，超过去年全年的6.4万户，比上年底增长34.8%，增速比去年提高6.9个百分点，同比增速排名全国第一，也是全国唯一实现新增企业数量翻倍增长的省份。全省个私经济从业人员672.1万，其中，个体工商户从业人员337.7万，私营企业从业人员334.4万，全年累计新增就业124.7万。

二是民营经济增加值增长稳中趋缓。2015年民营经济完成增加值6389.7亿元，同比增长9.3%，占全省GDP的46.6%，比2014年提高0.1个百分点，拉动GDP增长4.3个百分点，对全省经济增长的贡献率达49.5%。其中，第一产业完成增加值658.9亿元，增长6.2%，占全省第一产业增加值的32.1%，拉动GDP增长0.2个百分点，对全省经济增长的贡献率达2.6%；第二产业完成增加值2682.3亿元，增长8.8%，占全省第二产业增加值的48.8%，拉动GDP增长2.1个百分点，对全省经济增长的贡献率达24.2%，其中工业实现增加值1835亿元，增长6.8%，高于全部工业增速0.1个百分点，占全省工业经济增加值的46.7%，拉动GDP增长1.2个百分点，对全省经济增长的贡献率达13.9%；第三产业完成增加值3048.5亿元，增长10.5%，占全省第三产业增加值的49.4%，拉动GDP增长2.0个百分点，对全省经济增长的贡献率达22.7%。

三是消费需求保持平稳增长。2015年全省民营经济消费品零售额4140.1亿元，增长10.3 %，增速比去年下降2.3个百分点，占全省社会消费品零售额的81.1%。

四是民间投资比重萎缩。2015年全省民间投资5612.7亿元，增长8.4%，比2014年提高了7个百分点，比全省固定资产投资增速低9.6个百分点，占全社会固定资产投资的42.9 %，比上年减少3.8个百分点。

五是民营企业进出口贸易增速大幅回落。2015年，全省民营企业共完成进出口总额192.3亿美元，比上年减少22.5%，增速比2014年下降42.7个百分点，占全省进出口总额的78.4%，比重比2014年下降3个百分点。其中，完成进口总额43.6亿美元，比上年减少41.1%，增速比2014年下降46.8个百分点，占全省进口总额的55.2%，比重比2014年下降7.1个百分点；完成出口总额148.8亿美元，比上年减少14.7%，增速比2014年下降101.4个百分点，占全省出口总额的89.4 %，比重比2014年下降3个百分点。

六是对中小微企业贷款的比重有所增加。2015年，全省中小微企业贷款余额为7929.2亿元，同比增长17%，增速高于各项贷款增速1.14个百分点；较年初增加1058.4亿元，占各项新增贷款的40.8%，比上年增加2.7个百分点，同比多增223.6亿元。其中，小微企业贷款余额为3457亿元，比上年增长16.73%，较年初增加442.2亿元，同比多增149.6亿元。

七是上缴税金呈负增长。2015年全省民营经济上缴税金500.6亿元，比上年减少4%，降幅比上年收窄2个百分点，相当于全省地方财政收入的27.7%，占全省税收的18.3%。

八是民营企业实现利润降幅较大。2015年，我省纳入财政统计民营企业3032户，实现营业收入1967亿元，由上年增长5.23%转为下降11.13%，同比降低20.8亿元，亏损面43.4%。企业资产负债率持续攀升，其中：钢铁、纺织、轻工、化工、房地产、商贸、供销资产负债率已分别达84.5%、94.5%、76%、83.2%、86.7%、75.1%、75.3%，处于较高风险水平。

九是规模以上中小微工业企业多个效益指标下降。2015年，纳入统计的全省规模以上中小微工业企业共有3730户，资产合计10246.9亿元，增长7.1%；主营业务收入5182.3亿元，下降 1.9%；利润总额252.5亿元，增长1.2%；利税总额462.4亿元，下降 0.9%；从业人员 63.3万，减少3.9%。

十是成长型中小企业总体较好。2015年，上报有效数据的316户省级成长型中小企业总体发展态势良好，营业收入达242.7亿元，增长9%；完成工业总产值167亿元，增长3.5%；利润总额为16.1亿元，增长8.4%；固定资产投资额达6.5亿元，增长7.6%；完成用电量15.2亿千瓦·时，增长0.4%；上缴税金8.3亿元，增长15.2%；从业人员为3.1万，增长8.9%；亏损面为15.5%，比上年收窄1个百分点。

二、主要工作措施

（一）省委省政府召开大会，表彰先进、出台政策措施

为深入贯彻落实习近平总书记考察云南重要讲话精神、国务院关于促进非公有制经济发展的决策部署，2015年7月28日，省委、省政府召开了全省加快民营经济发展工作会议，出台了《中共云南省委办公厅 云南省人民政府办公厅关于促进民营经济发展若干政策措施的意见》（云办发〔2015〕22号，以下简称22号文），意见涵盖了一系列支持民营经济、中小企业发展的政策措施。会议表彰了全省百户优强民营企业、百名优秀民营企业家。会后省民营办重点抓好政策的解读、宣传、落实等工作，编印政策图解20万册，并及时发送到企业，加大相关政策宣传落实力度。

（二）强化政策落实，营造发展环境

为落实国家和省促进民营经济发展相关政策，省民营办配合省非公经济发展督导组对14个州市（不含迪庆州、丽江市）及下属的49个县（市、区）和省国土厅等10个部门进行了督导，到215户民营企业实地调研，召开了由民营企业及商会负责人参加的座谈会63次，协调省有关部门解决问题1600多个；省国土厅积极开展民营企业历史遗留问题的处理，印发《云南省国土资源厅关于认真处理民营企业用地历史遗留问题促进民营经济发展的意见》，界定了民营企业用地历史遗留问题的界限，提出了10类处理意见；省统计局不断完善非公有制工业统计监测体系，初步建立了非公有制工业经济15个主要工业行业经济效益运行监测体系、非公有制工业经济增加值总量及增速核算体系。

（三）推进各项改革，拓宽发展领域

省民营办组织筛选了135个现金流比较充裕、有稳定回报预期的公开招股招商项目，向非国有资本开放，鼓励民间投资，项目总投资5039亿元；推出一批现代企业制度示范试点企业，印发了《省民营办关于引导和鼓励我省民营企业建立现代企业制度指导意见》；省水利厅针对2015年开工建设的水源工程开展了鼓励民间资本通过PPP模式参与水利工程领域重点项目建设的专项研究，推动我省民间资本参与重点水源工程建设；省教育厅完成了民办本科高校收费制度改革，开展全省民办学校办学隐患自查自纠，巩固全省民办学校安全管理大检查、大清理、大整治成果，改善了民办教育发展环境。

（四）实施微型企业培育工程，推动大众创业万众创新

2015年，全省共支持创办小微企业30084户；支持微型企业贷款3295户，共计发放贷款31997万元；带动全社会投资848762.9万元，带动就业166255人；全年新增私营企业111913户。省民营办将3万户目标任务分到各地各部门；完善政策措施，认真总结2014年工作经验，有针对性地对扶持政策进行了调整；加大第二个10万元扶持力度，成立了云南省“两个10万元”微型企业培育贷款担保基金管理

委员会；省人社厅、工商局、工商联、共青团、妇联5个承办部门积极宣传动员，发挥部门优势，共同完成了扶持3万户微型企业的工作目标任务，为全省稳增长、稳就业，培育市场主体，推进“大众创业、万众创新”发挥了重要的作用。

（五）创新工作方式，缓解融资难题

省财政厅对全省持有《融资性担保机构经营许可证》的414户融资担保机构资质和业务经营情况进行全面核查；省金融办推进私募股权基金发展，截至目前，全省工商注册合计482家股权投资类企业，管理公司今年新注册36家，基金新增15支，基金规模较上年增长66.6亿元。

（六）完善服务体系建设，提供多样化服务

省工信委依托省中小企业服务中心，以全省中小企业公共服务平台建设为抓手，加快全省企业服务体系建设，并发挥其协调、统筹社会中介服务组织的职能，开展协同服务，有效满足中小微企业不同发展阶段的服务需求；省国税局及省地税局通过对门户网站进行升级，完善多元化纳税服务平台建设，最大限度方便纳税人，切实减轻企业办税负担；省环保厅全面开放环评咨询服务市场，积极鼓励技术实力强的环评机构赴滇开展环评业务，除省内的32家环评机构外，已登记公布了127家省外环评机构，共计159家，并上网公开。

（七）减轻企业负担，加强权益维护

省减负办进一步细化了全省企业减负工作任务，明确了责任分工和完成时限；省发改委建立涉企收费清单制度，向社会公布了我省省级涉企经营服务收费等目录清单；省人社厅对生产经营遇到暂时困难的民营企业，允许在一定期限内缓缴应由企业缴纳的社会保险费，对符合条件的所有参保缴费企业给予稳岗补贴；省委政法委强化涉及民企的矛盾纠纷排查化解，加强征地拆迁、环境保护、劳动关系等领域专业性、行业性调解组织建设，支持商会、行业协会等开展调解工作；省教育厅以联合律师为基础，以联合公安等部门为保障，以多方设法为抓手，参与相关“热点”民办学校矛盾纠纷的调处；省国税局和省地税局进一步落实国家和我省扶持小微企业的税费政策，共计免征小微企业增值税额1.41亿元，共计减免营业税、所得税、印花税131.87亿元。

（八）加强党组织建设，开展多种培训

省委组织部着力推动非公经济组织党组织覆盖和工作覆盖，全省共派出非公企业党建指导员1600多人，成立了省委非公经济组织和社会组织党工委；省人社厅加强民营企业家队伍、专业技术人才队伍、熟练劳动个人队伍建设；省工信委指导省中小企业服务中心开展了多次以企业市场营销、小企业经营管理信息化与电子商务、云南省中小企业发展政策等为主题的企业经营管理人员知识更新培训；省工商联举办“云南省民营企业上市业务培训会”，组织云南省非公100强企业、企业代表以及各州市上市重点辅导企业参加培训；省商务厅举办了对外投资合作业务培训班，重点对民营企业走出去能力建设和风险防控进行了有针对性地指导和服务；省安监局进一步加大对民营企业的安全生产教育培训。

（九）帮助开拓市场，提高经济外向度

省商务厅深入实施“云品出滇”工程，推动与国内各省份和香港、台湾的商务合作与交流；省工信委组织参加了第十二届中国国际中小企业博览会，展会期间还组织滇、粤两地合作交流——广州市番禺区民营企业对接暨保山市隆阳区招商会；省工商联邀请四川、贵州等省区市民营企业代表团和华为、TCL等民营企业参加南博会；组织企业参加“民企助推海南县域经济发展—儋州行招商推介会”。

三、存在的困难和问题

从国际看，世界经济面临宏观经济不确定持续、大宗商品价格走低和贸易疲软、汇率和资本流动波动加剧、投资生产增长停滞以及金融与实体经济活动走势分离等困境，复苏乏力。从国内看，一是需求周期性放缓的趋势还在持续，投资需求可能继续放缓，消费增速提高的难度较大；二是结构性矛盾进一步凸显，受产能严重过剩等困扰，相关行业低价格、低效益和高产能、高库存“两低两高”的局面短期内难以扭转，升级转型压力巨大；三是动能转换衔接存在多重制约，要素流动不畅，企业加快转型升级能力不足，激发微观主体活力的激励机制不健全。

从我省看，在宏观经济下行压力加大的背景下，企业家信心不足，民间投资乏力，民营经济的增速明显放缓。特别是我省规模以上民营企业主要集中在黑色、有色、化工、煤炭等原材料行业和房地产行业，去产能、去库存、去杠杆、降成本、补短板压力较大。消化好、执行好国家和省支持民营经济、中小企业政策需一个较长期的过程。当前，融资难、用地难、审批难、办事难等制约我省民营经济、中小企业发展问题还未得到根本解决，乱收费、乱摊派、乱罚款等现象依然不同程度存在。加之我省中小企业公共服务体系不健全，中小企业发展所需要的资金、技术、人才、信息等要素资源不能及时有效获取，尚未形成较为规范的科技人才引进、培养和保障体系，信息化水平落后，转型升级难度大、创新驱动乏力、发展后劲不足。

四、工作思路和目标

（一）工作思路

全面贯彻党的十八大和十八届三中、四中、五中全会精神，以邓小平理论、"三个代表"重要思想、科学发展观为指导，深入贯彻习近平总书记系列重要讲话和考察云南重要讲话精神，按照省委九届十二次全会的安排部署，认真贯彻落实好省委省政府民营经济发展工作会议精神，坚持"五位一体"总体布局和"四个全面"战略布局，贯彻创新、协调、绿色、开放、共享五大发展理念，主动服务和融入国家战略，以扩大规模、提升质量为核心，以调整结构、转型升级为主线，以落实政策、放开放活为重点，以推动科技创新、提高企业素质为支撑，以优化发展环境、提升政府服务效能、加快社会化服务体系建设为基础，着力营造透明高效的政务环境、竞争有序的市场环境、公平公正的法治环境、宽松便利的营商环境，推动民营经济中小企业健康较快发展，带动社会就业，增加群众收入，为稳增长、调结构、惠民生，实现全面建成小康社会目标作出较大贡献。

（二）工作目标

2016年，力争全省民营经济增加值增长9%，高于全省GDP增速；力争民间投资占全社会投资比重达到50%；从业人员增长9%以上；扶持新创办微型企业3万户；新认定省级企业技术中心20个。

五、工作重点

2016年工作重点围绕"133"开展工作，即：编好一个规划，突出三个重点（优化环境、结构调整、创新驱动），实施三个工程（"两个十万元"微型企业培育工程、成长型中小企业培育工程、"行业小巨人"培育工程），抓好以下几个方面工作：

科学编制规划，绘制民营经济发展新蓝图。将民营经济发展作为云南经济社会发展的重要内容，纳入"十三五"全省经济社会发展总体规划，与相关规划相衔接，统筹推进云南民营经济发展。要站在全局的高度，在认真总结经验的基础上，深入研究新形势下我省民营经济的发展路径、体制创新、政策保障等重点问题，明确今后一个时期民营经济发展的目标任务，增强云南省民营经济发展"十三五"规划的前瞻性、科学性和引领性，通过规划明确各级党委政府发展任务和重点，提振民营企业家发展信心，促进民营经济健康快速发展。

优化发展环境，消除民营经济发展障碍。发挥省加快发展民营经济工作领导小组办公室协调机制作用，按季度通报各州市、各县（市、区）民营经济发展情况。省加快发展非公有制经济工作督导组强化对政策落实情况的督促和指导，并定期通报督导情况。引入第三方评估制度，对各州市政策落实情况及民营经济发展环境进行客观评估，并向社会公开发布，建立政策落实年度督查机制。营造公平竞争、促进企业健康发展的市场环境和制度环境，形成以大企业为龙头、中小企业为支撑、分工协作为基础的产业集群，实现国有、非公、外资、混合等多种所有制经济共同发展。加强非公党建工作，加强和密切党委、政府与民营企业的联系。加强典型引导宣传，推动社会转变观念，让劳动者、创业者、企业家得到应有的尊重，让他们的权益得到保障，贡献得到认可，营造民营经济发展的良好社会环境。

加快结构调整，推动民营经济转型升级。坚持需求牵引，注重供给侧改革，分业施策、分类指导、错位发展，通过产业结构调整增加有效供给，引导企业进入有效供给不足的行业。制定我省民营企业转型升级规划，明确路线图。通过支持企业加大技改投入，改造提升一批；引导传统加工企业向产业链高端延伸，向新一代信息技术、生物医药、节能环保等战略性新兴产业转型，转型升级一批；积极承接东部沿海和发达地区无污染、劳动密集型产业，承接转移一批；大力发展教育、健康、互联网+、电子商务等产业，培育壮大一批。推动实施"中国制造2025"、"互联网+"行动等战略，实施中小企业信息化推进工程，创新示范一批"互联网+"中小企业，推动企业向智能制造转型、向服务型制造转型，助推我省民营企业向开放型、创新型和绿色化、信息化、高端化转型发展。

实施创新驱动，加速民营经济提质增效。充分发挥企业创新主体作用，加大财税扶持力度，加大知识产权保护力度，支持企业开展新技术、新工艺、新产品的研发，提高核心竞争力。健全产学研协同创新机制，促进技术链、产业链双向融合和科技成果产业化。鼓励高校院所和大型企业开放创新资源，向中小企业提供人才培训、检验检测、研发设计等科技创新服务。加大创新专业人才培养和引进力度，鼓励民营中小企业与高等学校、职业院校建立定向、订单式的人才培养机制。积极引导银行、保险、风险投资等金融资本支持企业创新，建立以企业为主体、市场为导向、政府引导带动、社会金融资本相结合的多元化创新投入体系。

实施三个工程，夯实民营经济快速发展基础。继续推进“两个十万元”微型企业培育工程。组合利用好“贷免扶补”与“两个十万元”微型企业培育工程等扶持政策，通过支持3万户小微企业的创办，增加市场主体，推动大众创业、万众创新。实施大企业支持大众创业、万众创新示范推广工程，建设一批大企业、高校、科研院所与中小微企业、创客等对接的创新平台。引导和鼓励各类创业孵化器与天使投资、创业投资相结合，完善投融资模式。继续实施中小企业成长工程。2016年新增认定200户省级成长型中小企业，使省级成长型中小企业达到1500户。通过挂钩帮扶、要素保障、政策支持等措施，培育出一批竞争优势突出、特色鲜明、发展潜力大的骨干企业，提升我省中小企业发展水平和质量。启动实施“行业小巨人”培育工程。在积极调研基础上，研究出台支持“行业小巨人”发展的政策措施，集中各方资源，精准发力，培育打造一批处于细分行业领先地位的“行业小巨人”，发挥标杆引领作用。

提升企业管理，加大民营企业人才培养。实施企业素质提升工程，配合省委党校（云南行政学院）举办1~2期民营企业家专题培训班。举办2~3期民营企业领军人才培训班，组织民营企业家到广东、江苏、浙江、上海等沿海民营经济发达地区考察学习。依托云南财经大学设立云南民营经济研究院，为民营经济发展提供智力支持。建立院校人才培养与产业需求对接机制，引进“双元制”职业培训模式，搭建民营企业专业技工培训平台。引导企业完善人才培养开发、评价发现、选拔使用等相关机制，吸引高层次人才进入民营企业发展。制定出台引导企业建立现代企业制度的指导意见，提高经营管理水平。

转变扶持方式，建立中小企业发展基金。根据国务院设立国家中小企业发展基金的要求，创新财政资金扶持方式，推动云南省中小企业发展基金尽快建立并投入运营，配合相关部门做好制度设计、政策制定、项目储备等相关工作。基金坚持政策性导向、市场化运作、专业化管理。通过基金引导社会资本、各类投资基金，有效聚集技术、人才、资金等创新要素，为种子期、初创期、成长期中小企业发展注入动力，促进我省中小企业加快发展。

强化运行监测，完善民营经济发展考核制度。强化州（市）、县（市、区）党委和政府抓民营经济发展的主体责任，研究制定新常态下民营经济发展考核办法，更加注重增长的质量和效益，引导各地又好又快发展。继续完善成长型中小企业监测平台，有序推进成长型中小企业监测扩容，并与国家中小企业监测平台衔接。认真做好民营经济运行分析工作，按季度召开运行分析会议，及时发现运行中存在的困难和问题，提出有针对性的对策措施。针对民营经济、中小企业发展中存在的热点难点问题，组织专项调查研究，为党委、政府决策提供依据。

完善服务体系，提高服务企业能力。完善中小企业公共服务平台网络建设，不断在全省基本形成公共服务平台化、网络化以及专业化、特色化的发展格局。切实增强政策咨询、创业创新、投资融资、检验检测、管理咨询、人才培训、市场开拓、法律维权等服务功能，着力为中小企业创业创新发展提供“找得着、用得起、有保证”的公共服务。推进中小企业信用担保体系建设，创新推动银政企合作，切实加强对小微企业的金融服务。深入推动减轻企业负担工作，全面实施涉企收费目录清单管理，督促各地各部门加快公布行政审批、中介服务收费、执法检查、行政罚款等各类项目清单，建立常态化公示机制，加强对违规收费的查处和问责。

2016年云南省民营经济运行分析及2017年展望

2016年，面对更加错综复杂的国内外经济环境和经济下行压力，全省民营经济工作按照省委、省政府的安排部署，紧紧围绕创新、协调、绿色、开放、共享发展理念，认真贯彻落实国家和省有关促进民营经济、中小企业发展的政策措施，扎实推进稳增长、促改革、调结构、惠民生、防风险各项工作，进一步完善措施，改善环境，提振信心，释放活力，加大工作力度，破解发展难题，推进全省民营经济缓中趋稳，回升向好。

一、运行态势及特点

全省民营经济主要指标保持增长，全面完成省委年初下达的目标考核任务（见下表）。

2016年全省民营经济主要指标完成情况表

指标名称	2015年	2016年	2016年增长率（%）
民营经济户数（万户）	225.0	248.4	10.4
其中：私营企业（万户）	39.5	48.9	23.8
民营经济增加值（亿元）	6389.7	6967.8	9.9
其中：第一产业	658.9	709.16	6.5
第二产业	2682.3	2893.11	10.9
民营工业增加值	1835.0	1909.74	9.1
第三产业	3048.5	3365.49	9.6
上缴税金（亿元）	500.5	542.1	8.3
民间投资（亿元）	5612.7	5380.4	-4.1
社会消费品零售额（亿元）	4140.1	4643 .7	12.2
外贸进出口总额（亿美元）	192.3	127.9	-27.1
个私从业人员（万人）	672.1	748.7	18.4

从2016年全省民营经济运行情况来看，主要呈现以下特点：

（一）民营经济总量稳步提高。

2016年，全省民营经济完成增加值6967.8亿元，比上年增长9.9%，比上年提高了0.6个百分点，占GDP比重达到46.9%，比上年提高0.3个百分点，拉动全省经济增长4.6个百分点，对全省经济增长的贡献率达52.9%，比上年提高4个百分点左右。民营经济呈现出稳步回升向上的发展态势，有力地促进了全省经济平稳较快发展。

（二）民营经济结构不断优化。

分三次产业来看，2016年，第一产业完成增加值709.2亿元左右，增长6.5%，占全省第一产业增加值32.3%，比上年提高0.2个百分点，拉动全省经济增长0.3个百分点，对全省经济增长的贡献率在3.4%；第二产业完成增加值2893.1亿元，增长10.9%，占全省第二产业增加值的49.9%，拉动全省经济增长2.1个百分点，对全省经济增长的贡献率为24.2%，其中工业实现增加值预计为1909.7亿元，增长9.1%，高于全部工业增速2.6个百分点，占全省工业经济增加值的比重为47.7%，比重比上年提高1.3个百分点，拉动全省经济增长1.2个百分点，对全省经济增长的贡献率为13.8%；第三产业完成增加值3365.5亿元，增长9.6%，占全省第三产业增加值的比重达到48.9%，拉动全省经济增长2.2个百分点，对全省经济增长的贡献率在25.3%。三次产业中，第三产业的民营经济总量最大，第二产业次之，第一产业最低，民营经济的产业结构呈现“三、二、一”格局，比重为48.3： 41.5： 10.2。

（三）民营经济户数、从业人员快速增长。

按照国家“大众创业、万众创新”的总体部署，实施“两个10万元”微型企业培育工程和贷免扶补等措施，有效激发了创业创新活力，民营经济队伍不断壮大，吸纳就业能力持续增强。截至2016年12月底，全省民营经济户数达248.4万户，比上年底增加23.4万户，增长10.4%。其中，个体工商户199.1万户，比上年增长7.5%；私营企业48.9万户，比上年增长23.8%，净增9.4万户。全省个私经济从业人员748.7万，其中，个体工商户从业人员369万，私营企业从业人员379.7万。全年累计新增就业123.8万,增长18.4%。

（四）消费需求保持平稳增长。

2016年全省民营经济消费品零售额4643.7亿元，增长12.2%，增速比上年提高1.9个百分点，占全省社会消费品零售额的81.1%，比重与上年基本持平。

（五） 民间投资出现回落。

受经济下行压力、产能过剩行业投资需求放缓，融资难融资贵等因素的影响，民间投资有所滑落，2016年全省民间投资5380.4亿元，比上年下降4.1%，增速较上年下降了12.5个百分点；占全社会固定资产投资的34.4 %，比上年降低8.5个百分点。全省工业民间投资1497.7亿元，同比下降7.2，占全部非电工业投资的70.6%。

（六）民营企业进出口贸易增速下降较快。

受世界经济深度调整，总体复苏乏力的影响。民营企业出口压力较大，2016年，全省民营企业共完成进出口总额127.9亿美元，比上年下降27.1%，降幅比2015年扩大4.6个百分点，占全省进出口总额的64%，比重比上年降低14.4

个百分点。其中，完成进口总额30.7亿美元，比上年增长1.7%，占全省进口总额的36.5%，比重比上年降低18.7个百分点；完成出口总额97.2亿美元，比上年下降33.1%，占全省出口总额的83.9%，比重比上年降低5.5个百分点。

（七）上缴税金占比提升。

2016年，全省民营经济上缴税金542.1亿元，比上年增长8.3%，增幅比上年提升12.3个百分点，相当于全省地方财政收入的29.9%，占全省税收的18.3%，比重比上年提高2.3个百分点。

（八）规模以上中小微工业企业利润大幅下滑。

2016年，纳入统计的全省规模以上中小微工业企业共有4054户，比上年底增加324户；资产合计10470.4亿元，比上年增长5.3%；主营业务收入 5771.1亿元，比上年增长8.7%；利润总额67.7亿元，比上年下降69.7%；利税总额281.4亿元，比上年下降32.8%；从业人员 63.7万，比上年下降1.4%。

（九）成长型中小企业总体向好。

截至2016年12月底，纳入统计的365户省级成长型中小企业总体发展态势较好，营业收入达349.1亿元，比上年增长12.7%；完成工业总产值244.5亿元，比上年增长5.6%；完成用电量23.5亿千瓦·时，比上年增长8%；上缴税金10.7亿元，比上年增长11%；从业人员2.9万，比上年减少6.05%；利润总额为18.8亿元，比上年增长6.3%，亏损面为14.43%，比上年底收窄2.7个百分点。

（十）“两个10万元”微型企业培育工程有序推进。

2016年，全省共有3万户微型企业获得财政资金补助，带动就业17.6万人，带动社会投资94.3亿元。支持微型企业贷款4558户，贷款金额4.5亿元，累计贷款8.9亿元 。自2014年启动“两个10万元”微型企业培育工程以来，共扶持微型企业7万户。

（十一） 各州市发展情况。

2016年，民营经济增加值增速位列前三名的州市分别是楚雄、红河和保山，增速分别为12.8%、12.3%和12.1%，有力支撑了全省民营经济的发展。与2015年相比，丽江、普洱、红河、文山和版纳5个州市民营经济增加值增速出现下滑，增幅分别比2015年下降了2.1、0.6、2.7、0.8和1.8个百分点。昆明、玉溪、昭通、丽江、普洱、版纳、大理和迪庆8个州市的民营经济增速低于全省增速。从个私从业人员来看，昆明、昭通、丽江3个州市的增速低于全省，分别低5.4、4.1和0.7个百分点。

二、重点工作开展情况

一是加强顶层设计，编制《云南省民营经济（中小企业）“十三五”发展规划》，对“十二五”全省民营经济发展做了全面总结和回顾，明确了今后五年民营经济发展的目标任务，理清发展思路，明确重点任务，提出保障措施。确立以转型升级为主线，在突出加快发展、做大我省民营经济规模的同时，更注重民营经济的提质增效。

二是进一步完善政策。针对当前我省民营经济发展中存在的突出困难和问题，研究起草并报请省委省政府审定印发了《中共云南省委办公厅 云南省人民政府办公厅关于进一步抓好政策落实支持民营经济发展的通知》（云办通〔2016〕46号），从实施领导干部挂钩联系民营企业制度、加大政策落实督查督办力度、完善民营经济发展考核评议制度、建立促进民营经济发展联席会议制度、加大政策宣传力度等方面强化政策措施的落实。

三是实施领导干部挂钩联系民营企业制度。报请省委办公厅、省政府办公厅下发了《云南省领导干部挂钩联系民营企业工作方案》（云办通〔2016〕59号），明确要求省、州（市）、县（市、区）党委、人大、政府、政协四套班子领导成员，每人挂钩联系2户以上重点民营企业。筛选了1000户领导干部挂钩联系重点民营企业，并从中挑选了68户省级领导挂钩联系企业。据统计，截至11月底，全省共有3668名领导干部挂钩帮扶5930户民营企业，其中省级领导33人挂钩联系68户，州市级领导467人挂钩联系1080户，县级领导3168人挂钩联系4782户。领导干部暨主动帮助解决问题，又注重引导培育企业内生动力，挂钩联系制度为领导干部与企业之间搭建了正常的沟通渠道，有力推动“亲”、“清”新型政商关系的构建。

四是梯次培育市场主体。继续推进“两个10万元”微型企业培育工程，顺利完成全年扶持3万户目标任务。此项工程自2014年实施以来，共扶持微型企业创办7万户，支持8267户微型企业贷款，累计发放贷款8.14亿元，带动就业36.9万人，新增私营企业27.2万户，2015年、2016年同比增速排名全国前列，增加了市场主体，营造大众创业、万众创新的良好氛围；筛选培育200户省级成长型中小企业，省级成长型中小企业总量达到1500户，通过挂钩帮扶、要素保障、政策支持等措施，培育出一批竞争优势突出、特色鲜明、发展潜力大的骨干企业，提升我省中小企业发展水平和质量；启动民营小巨人培育工程，重点围绕我省八大产业发展，筛选培育处于细分行业领先地位的民营小巨人企业100家，通过集中政策支持，打造我省民营经济领军企业。

五是全省中小企业公共服务平台网络建设基本完成。组织全省30个中小企业公共服务平台网络建设项目竣工验收，使1个省级枢纽平台、16个州市综合服务窗口平台、13个省级重点产业集群专业服务窗口平台全面实现互联互通、资源共享和服务协同。推荐和指导昆明市完成国家小微企业创业创新基地城市示范并获得申报通过；3家创业服务机构获得国家级小型微型企业创业创新示范基地认定。

六是积极缓解中小企业融资难。根据省政府的有关要求，积极会同省金融办等相关部门制定完成了《关于进一步缓解小微企业融资难融资贵的意见》并下发实施，力求通过“落实四种责任、建立三项机制”，有效破解小微企业融资难、融资贵问题，印发了《云南省缓解小微企业融资难融资贵联席会议制度》，并督促各州市工信委尽快牵头成立州市级联席会议及推动当地小微企业融资服务工作的开展。根据国务院设立国家中小企业发展基金的要求，创新财政资金扶持方式，研究起草了《云南省中小企业发展基金设立方案》上报省政府，经省政府批复同意设立云南省中小企业发展基金（以下简称基金），成立了基金筹备组，启动开展筹集资金、遴选基金管理机构、起草相关规章制度、征集投资项目等工作。研究设立我省民营企业转贷资金，帮助企业渡难关，缓解企业生产经营面临的资金压力。

七是深入推进企业减负工作有新进展。协调省财政厅、省发改委再次公布了我省最新的涉企行政事业性收费目录清单及省级涉企经营服务性目录清单和政府定价的经营服务性清单目录清单，指导州市公布了州市政府定价的经营收费性收费目录清单。

八是开展政策落实专项督查和非公督导，优化发展环境。省民营办会同省政府督查室在全省开展支持民营经济发展各项政策落实情况进行了两轮专项督查，重点围绕贯彻落实云办发〔2015〕22号和云办通〔2016〕46号进行了自检自查和实地督查。省加快发展民营经济工作督导组分赴10个州（市）88个县（市、区）开展政策措施落实和优化发展环境督导，协调解决企业反映到省级层面的困难和问题35个。

九是成功组织第十三届中国国际中小企业博览会和第九届APEC中小企业技术交流大会暨展览会我省参展工作。省政府董华副省长率队组团参加中博会，我委共组织了包括轻工食品、生物医药、农机科技、高原特色农产品加工等行业为主的28家企业参展，参展企业现场达成的合作项目、供销合同等合计金额4856.2万元，取得了历年来我省参加中博会的最好成绩，并被组委会授予“最佳组织单位”奖。组织了包括轻工机械、生物医药、工艺艺术等行业的14家企业接近百个单品参加第九届APEC中小企业技术交流大会暨展览会，被组委会授予“最佳组织单位”、“最佳设计展区”奖。

三、存在的主要困难和问题

一是宏观经济环境中不确定的因素较多。从国际看，全球经济仍然难有起色，几大经济体经济在逆全球化的影响下，经济增长虽有微弱回升但仍将持续低迷。从国内看，一方面是“五大短板”制约经济复苏，民间投资弱、居民收入增速低、转型升级压力巨大、区域经济发展不平衡及出口形势的不确定将对明年经济回暖造成很大的压力；另一方面是动能转换衔接存在多重制约，出口、消费、投资“三驾马车”已经让位于制度变革、结构优化和要素升级“三大发动机”，而政策调整和增长方式的转变需要一个时期的过程，思想障碍、制度障碍和利益障碍的打破任重道远。

二是民营企业仍面临不公平待遇。民营经济以中小企业为主，投资领域、要素配置方面仍然存在“非国民待遇”问题，在基础设施、公用事业等领域，对民营企业的市场准入存在表面放开实则不放的各种隐性歧视，对民营企业办事效率低，人为因素干扰大。受这些因素影响，民营企业对未来市场的预期和信心不足，民间投资能力不足、意愿不强。2016年全省民间投资5380.4亿元，比上年下降4.1%，占全社会固定资产投资的比重仅达到34.4%，比上年减少8.5个百分点。

二是融资难融资贵问题突出。民营企业融资难问题由来已久，虽然国家和省采取多项措施，但多数民营企业仍然难以获得银行贷款,有企业自身的原因,也有银行基于自身风险控制的原因，抽贷、限贷、压贷，甚至断贷现象严重，不少民营企业已出现资金链断裂，让本已困难的企业雪上加霜。由于融资周期长、程序多、利率普遍上浮，导致融资成本高，部分企业只能借新还旧甚至借新还息，实体利润被债务蚕食，“失血”现象严重。产业链上下游企业互欠资金问题突出，三角债现象普遍。受融资观念、融资条件所限，企业融资渠道单一，直接融资比重低。

四是企业转型升级难度大。我省民营企业规模普遍偏小，基本处于"中小型化"的发展阶段，大多处于产业链低端，从事资源型、粗加工行业，产品附加值低，产品趋同现象明显，普遍存在创新能力弱、管理水平低等问题，大产业和大企业的带动作用非常有限，配套产业发展严重滞后，"专精特新"的民营企业数量少。2016年，我省战略性新兴产业增加值占规模以上工业增加值的比重还不到10%，培育新产业、新业态、新模式方面行动迟缓，楼宇经济、总部经济、现代物流、金融信息等现代服务业发展不充分，民营企业转型升级难度大。

四、2017年工作目标和重点

2017年力争实现民营经济增加值比2016年增长9%，占全省GDP的比重不低于47%；全省民间投资比上年增长1%，占全省固定资产投资的35%左右，个私从业人员增长8%左右。坚持以落实政策为核心，企业培育为重点，实施"双培双优"工程，进一步改善发展环境，增强企业竞争力，以培小微企业促创业、培骨干企业促转型、优化服务促落实、优化环境促发展为工作重点，抓好以下几个方面工作：

（一）筹备召开全省民营经济健康发展大会。

积极筹备召开全省民营经济健康发展大会，研究部署推动民营经济发展工作，形成各级各部门统一思想、群策群力服务民营经济的良好氛围，推动惠企政策落实到企业，坚定民营企业克难攻坚、加快发展的信心。会议将在梳理现有民营经济及中小企业相关政策措施的基础上，学习借鉴其他省（区、市）的好做法，进一步研究出台我省促进民营经济发展的政策措施。围绕民营经济转型发展、发展环境改善、构建"亲"、"清"新型政商关系、服务平台建设的先进典型进行交流，同时对阻碍民营经济发展的反面典型进行通报。

（二）推进民营经济法规政策落实。

深入推进领导干部挂钩联系民营企业工作，完善政企沟通机制，督促政策落实，帮助协调解决民营企业生产经营和项目建设中存在的困难和问题，及时收集汇总领导挂钩联系的情况，推动共性问题的解决。编制《民营经济中小企业政策汇编》，印制《民营企业（中小企业）法律问题百问百答》，向基层相关部门和广大民营企业发放，强化民营经济政策和法律法规宣传。按照工信部统一部署，推动开展中小企业志愿服务专项行动，调动社会力量，组织政策志愿者服务团，提高服务能力。继续开展对省级各部门、各州市政策落实情况及发展环境改善的督查督导，做好非公党建工作，密切党委政府与民营企业的联系。

（三）继续实施"三个工程"。

一是调整和完善扶持政策，制定出台《云南省2017年微型企业培育工程实施方案》，按照"三转变四叠加"的思路，继续实施新一轮微型企业培育工程，推动大众创业、万众创新向纵深发展。二是深入实施中小企业成长工程，引导企业走"专精特新"道路，新增认定100户省级成长型中小企业，总量达到1600户。三是集中政策资源培育好100家民营小巨人企业，鼓励和支持企业加大技术创新、技术改造、品牌培育投入力度，增强核心竞争能力，促进转型升级，带动民营经济提质增效。

（四）着力缓解民营中小企业融资难题。

云南省中小企业发展基金尽快投入运营，主要以股权投资的方式，支持以八大产业为重点的种子期、初创期中小企业、"专精特新"中小企业、民营小巨人企业。推动在具备条件的州（市）、县设立民营经济转贷资金，鼓励、引导和规范社会资本进入金融服务领域，促进银企之间协作和互信，有效缓解民营企业转贷难题，防范和化解企业资金链断裂风险，降低企业融资成本。

（五）强化公共服务体系建设。

切实开展三个专项行动和三个重点工程：中小企业志愿服务专项行动、小微企业成长陪伴专项行动、"互联网+"小微企业专项行动、体系从业人员服务能力提升工程、中小企业管理能力提升工程、"专精特新"中小企业培训工程。培育和认定一批国家级和省级小型微型企业创业创新示范基地，构建低成本、便利化、开放式的众创空间，积极发展众创、众包、众扶、众筹等新模式，改进中小微企业服务环境。

（六）强化运行监测分析。

继续完善成长型中小企业监测平台，有序推进成长型中小企业监测扩容，并与国家中小企业监测平台衔接。建立民营小巨人企业运行监测系统，完善微型企业培育工程工作平台，实现互联互通、资源共享。认真做好民营经济运行分析工作，及时发现运行中存在的困难和问题，提出有针对性的对策措施。针对民营经济、中小企业发展中存在的热点难点问题，组织专项调查研究，为党委、政府决策提供依据。

西藏自治区

2015年西藏自治区中小企业改革发展工作情况

2015年，坚持做精做优特色产业，改造提升传统产业，推进企业技术进步，积极促进非公经济和中小企业发展，着力打造产业发展新动力。

一、企业发展情况

工业发展质量得到新提升。2015年，全年全部工业实现增加值比上年增长13.3%。规模以上工业实现增加值比上年增长14.6%。产业结构不断优化，资源利用效率和清洁生产水平逐步提高。全区工业安全生产形势良好，民爆行业继续保持“零事故”。

投资项目建设取得新突破。全年完成工业投资350多亿元，增长24.5%。“十二五”重点工业和信息化项目竣工投产63个、基本竣工10个、在建8个，累计完成投资212.8亿元，提前两年超额完成规划投资目标。昌都、日喀则年产60万吨新型干法水泥熟料生产线竣工试生产。华泰龙甲玛二期、驱龙铜矿、帮浦铜钼矿、雄村铜矿等一批重点特色矿区建设进展顺利。

产业发展呈现新亮点。全区各类天然饮用水产量达30多万吨，增幅超过两倍，部分企业在产品设计、生产工艺、科技创新方面入围国际奖项，在培育战略支柱产业方面迈出坚实步伐。高原特色食品制造业增长一倍多，特色农畜产品加工业、藏医药业分别增长20%、6%，19家藏药生产企业完成新版GMP改造。新型干法水泥产能占比超过70%，新型墙体材料占全区市场50%以上。新兴产业发展取得突破，新能源汽车制造项目顺利落地。

企业发展呈现新活力。截至2014年底，全区非公经济主体增长9.2%、注册资金增长32.8%、从业人员增长11.9%，上缴税金占全区税收总额的93.4%。自治区中小企业融资信息平台上线运行。落实国家中小企业发展专项资金项目12个。获评国家中小企业公共服务示范平台1家，新建物联网项目2个。工业企业申请专利300件以上，新认定自治区著名商标23个。积极组织参加中国国际中小企业博览会、APEC中小企业技术交流暨博览会等。

二、面临的问题和发展趋势

世界经济仍处于金融危机后的深度调整期，国内投资增速持续放缓，消费需求难有明显回升。西藏经济受历史原因、资源禀赋等因素影响，经济发展主要依靠投资拉动，工业规模总量小、结构不合理；企业要素成本上升，瓶颈制约依然存在，环境约束更加强化，对企业健康发展带来更大挑战。同时，我们更要看到难得的机遇和优势。从转型升级和资源环境承载看，西藏没有化解产能严重过剩的包袱，也没有治理环境污染的历史欠账，结构调整难度小，环境保护有较大优势，为发展带来较好机遇；从要素保障看，西藏新兴产业、新型城镇化还处于起步期，投资、消费仍需求旺盛。随着一批大型能源基础设施陆续建成运行，电力支撑保障能力大幅提升，一批重大项目即将竣工投产，产业快速发展的基础更加牢固。

三、主要工作

盘活存量调优增量。发挥项目建设对产业的支撑带动作用，进一步加大招商引资、优化产业结构、壮大经济规模、增强发展后劲。“十二五”工业和信息化重点项目18个大项、78个子项，已竣工投产70个，累计完成投资263亿元，是规划投资目标的两倍多。两届藏博会共签约产业类项目23个，开工建设8个、开展前期工作15个，累计完成投资20.5亿元。严格行业准入审查，按照历史上最严格的环保和行业审查及其他相关标准，预核准7个矿业项目。去年首场“西藏好水·世界共享”推介活动在南京举行，签订销售合同近14万吨。

注重提高发展质量。一方面，立足“两屏两地一通道”战略定位，大力发展天然饮用水、高原种养等绿色富民兴藏产业，稳妥推进藏青工业园建设发展，积极推动我区资源优势转化为经济优势。另一方面，狠抓技术改造、节能与综合利用、安全生产和品牌培育，扎实推动产学研合作和科技成果转化，企业研发投入逐年增加，产业转型升级步伐不断加快。开展工业节水、节能、控制温室气体排放目标责任考核。淘汰水泥落后产能10万吨。17家药品生产企业完成新版GMP改造和认证。“高原之宝”被评为全国质量标杆。曲水标威建材公司铁尾矿综合利用项目被评为全国首批尾矿综合利用示范工程，实现尾矿工程化综合利用零的突破。完成三家水泥企业质量化验室审核发证。民爆行业连续多年实现安全生产零事故。

强服务优环境。一是继续完善政策体系。完成“4·25”地震灾后重建产业发展规划的编制工作，推动出台了《西藏自治区天然饮用水产业发展规划（2015–2025年）》《<西藏自治区人民政府关于加快天然饮用水产业发展的意见>实施细则》《藏毯（西藏产区）地理标志产品保护管理暂行规定》《关于促进西藏自治区融资担保行业加快发展的实施意见》等10多项政策措施，进一步营造优化良好的政策环境。二是全面深化行政审批制度改革。按照工信部清理规范涉企收费、减轻企业负担的要求，完善涉企收费目录清单制度，停征和免征一批涉企收费项目。制定权力清单，清理行政职权，取消行政审批3项，切实做到减政放权、放管结合。

促融合助发展。积极推进“互联网+”行动，扎实推动“互联网+三农”“互联网+政务”等新业态、新模式，取得了初步成果。圆满完成了“十二五”建设3000个农村综合信息服务站点的目标，尤其是全面改造升级的自治区农村综合信息服务平台正式运行，是我区唯一入选第二届世界互联网大会的展示项目，受到习近平总书记的赞许。自治区电子政务（一期）工程已基本完成全区929个接入单位的线路铺设工作，新建改造厅局门户网站10个。积极推进自治区电子商务工程支撑体系建设，西藏电子商务有限公司取得“淘宝特色中国—西藏馆”运营权，成功开展了“结缘西藏”等网上大型营销活动。

（西藏自治区工业和信息化厅中小企业处）

2016年西藏自治区中小企业改革发展工作情况

2016年坚持培育战略性新兴产业与发展新业态新模式相结合，打造增长极，调结构，增强内动力，取得了较好成绩，实现了发展质量和效益的双丰收。

一、企业发展情况

（一）工业经济增长快。

2016年，全区规模以上工业实现增加值75.26亿元，比上年增长12.7%，增速全国第一的可喜成绩，有力带动了中小企业快速发展；全区各类市场主体19.04万户，注册资本7884.4亿元，同比分别增长23.49%和86.93%，其中，非公经济市场主体达到18.32万户，同比增长22.71%，占全区市场主体的96.21%，注册资本（金）达到4931.27亿元，同比增长69.06%。

（二）转型升级成效多。

通过两化融合、技术改造、培育名企等重要抓手注入转型新动力，焕发升级新动能。5家企业成为贯标试点企业，5家企业确定为国家两化融合试点企业，5家企业获得计算机信息系统三级资质，高争建材、藏缘青稞等一批企业完成技术改造。新增规模以上工业企业7家、上市工业企业3家。华盛信息系统监理公司获得国家信息系统工程监理甲级资质，成为全国少数民族自治区第一。华泰龙矿业公司获得“全国十佳两化融合管理者代表奖”。新型干法水泥生产线等项目引入民营资本，混合所有制企业实现零的突破。珠峰冰川饮用水包装获得2016年世界工业设计大会优秀设计奖，西藏工业设计崭露头角。

（三）供给改革成果多。

关停7条共149.16万吨落后水泥生产线，新型干法水泥产能占比达到100%，比2015年提高26个百分点，产业结构明显优化。天然饮用水、高原特色食饮品、藏药和民族手工艺品日益丰富多样，形成多个产品系列，覆盖高中低端，一批“名、优、特、新”产品在区内外具有较高影响力和知名度，供给短板有效弥补。签订天然饮用水物流总包协议，拉萨—北京“库到库”运价降低9%。取消和下放行政审批事项3项，制定实施91项行政审批事项服务指南、流程图和权责清单，营销成本和制度性成本进一步降低。为53家中小微企业提供担保22.58亿元，占历年担保总额的41.7%，债务风险有效分散。

二、面临的问题和发展趋势

今年经济发展面临的内外部环境依然错综复杂，世界经济缓慢复苏，不稳定性、不确定性因素增多。国内经济运行仍存在不少突出矛盾和问题。同时也要看到，我国发展仍处在重要战略机遇期。党的十八大以来，国家初步确立了适应经济发展新常态的经济政策框架，形成了以新发展理念为指导、以供给侧结构性改革为主线的政策体系，引导经济朝着更高质量、更有效率、更加公平、更可持续的方向发展。随着供给侧结构性改革的深入推进，部分行业供求关系发生积极变化，市场预期得到改善，行业发展的有利因素正在增多，当前西藏工业和信息化发展正处于结构转型升级的关键时期，既有机遇也有挑战。同时，也存在工业投资增长放缓、要素成本制约明显、产业结构层次不高、传统产业比重大、产业竞争力不强、企业自主研发投入少的问题，企业发展面临诸多制约。

三、主要工作

（一）优化发展环境，完善政策制度。

继续深入贯彻《西藏自治区人民政府关于贯彻<国务院关于进一步促进中小企业发展的若干意见>的实施意见》《西藏自治区企业所得税税收优惠政策实施办法》《西藏自治区人民政府关于民族手工业若干政策的暂行规定》《关于加快发展民族手工业的决定》等文件，促进企业健康发展。

（二）搭建营销平台，积极开展各项推荐活动。

认真开展第九届APEC技展会、第十三届中博会西藏展区的组织工作和第三届藏博会“西藏好水”展览展示工作，均圆满完成工作任务，为区内企业、产品、品牌进行了卓有成效的宣传和推广，提升了西藏文化和特色产品的知名度，拓宽了市场销售渠道。

（三）加强行业指导，推动规范发展。

制定实施《关于促进西藏自治区融资担保行业加快发展的实施意见》和《西藏自治区融资性担保公司管理办法（试行）》，依法规范融资担保。有序推进园区和地市“双创”示范基地建设。继续做好国家新型工业化产业示范基地申报和管理。加大煤电油运等综合协调，做好水泥调运。扎实推进食品企业诚信体系建设。厅主要领导带队开展信息化、产业扶贫、建材、盐湖资源、青稞、天然饮用水等专项调研十余次。举办或参加两化融合、中小企业服务及机关业务等培训34场次、2346人次。

（四）挖掘发展潜力，壮大支柱产业。

以品牌培育为重点，推动天然饮用水产业健康快速发展。深入挖掘“西藏好水”品质特征和核心价值，加强天然饮用水资源保护和检验检测，保障“西藏好水”“净、优、特、安全、放心”的核心品质；坚持“政府引导、企业主体、市场主导”原则，搭建西藏天然饮用水电子商务平台，注册“西藏好水”集体商标，构建营销体系，抓好“西藏好水”整体宣传推介，打造“西藏好水”名片。发挥天然饮用水产业发展基金撬动和市场调节作用，整合资源，合理布局产能。加强沟通协调，研究制订促进天然饮用水产业发展的配套政策。

（西藏自治区工业和信息化厅中小企业处）

陕西省

2015-2016年陕西省中小企业及非公经济发展概况、特点、主要问题和发展趋势

2015、2016年，在经济下行压力不断加大和民间投资持续下滑的严峻形势下，省委省政府高度重视支持中小企业和非公经济发展，把民营经济作为补短板和追赶超越的重要着力点，各级政府和部门形成共识，加大工作力度，营造发展环境，全省中小企业系统突出重点，攻坚克难，做好推动落实工作，全省中小企业、非公经济发展呈现稳中趋快、快中显优、效益改善的良好发展态势，实现了“十三五”良好开局。

一、基本情况

（一）2015年基本情况。

2015年，全省中小企业增加值占全省GDP比重52.5%，较上年提高1个百分点；全省中小企业营业收入34508.1亿元，利润总额2237.2亿元，实缴税金1076.6亿元，同比分别增长14.8%、8.2%和6.8%，支付劳动者报酬同比增长11.28%。全省非公经济增加值9695.62亿元，比上年增长10.1%，占GDP的比重为53.4%，较上年提高0.7个百分点。其中，第一产业非公经济增加值490.92亿元，非公占比31.8%，较上年提高1.7个百分点；第二产业非公经济增加值4940.99亿元，非公占比52.8%，比上年提高0.6个百分点；第三产业非公经济增加值4263.71亿元，非公占比59.1%，与上年持平。重点建设县域工业集中区营业收入同比增长12%，规模以上中小工业企业主营业务收入同比增长8.6%左右，新增规模以上工业企业超过500户。主要特点：

1.增速持续放缓。2015年全省非公经济增加值占比较上年提高0.7个百分点，增速比同期GDP高2.1个百分点。但从2010年以来，全省非公经济增加值增速逐年放缓，从2011年的15.0%下降到2015年的10.1%，5年下降4.9个百分点。

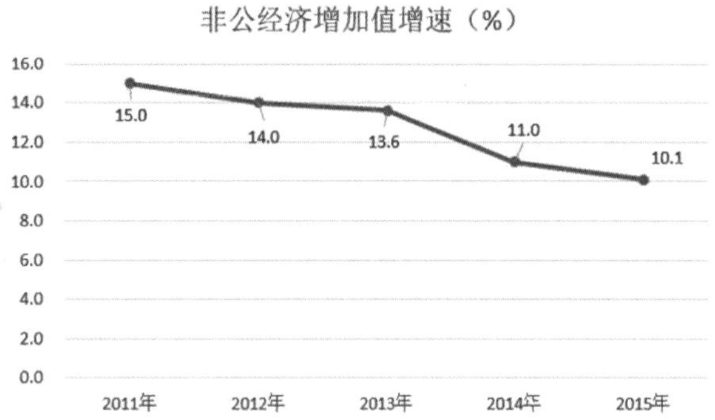

2.新增企业和就业人数多。2015年，全省新增私营企业8.77万个，为近年新高；全省私营企业总数39.43万个，个体工商户138.42万个。中小企业从业人员870万，比上年新增35万人，占全省新增就业人数的80%。

3.结构调整和转型升级加快。一是建成投产的中小重点项目数增多。2015年，全省中小企业系统建成投产固定资产投资千万元以上的中小重点项目1867个，比2014年增加110个，主要是非能制造业和第三产业项目。二是全省2015年新增以非能制造业为主的规模以上工业企业688户。改善了全省工业经济结构和增长质量，为全省工业增长贡献1个多百分点。三是成长梯队“三星企业”快速发展。第一批827户成长梯队“三星企业”2015年实现营业收入954亿元，同比增长超过20%，呈现高速发展态势。四是中小企业在新三板上市提速。全省挂牌新三板企业64户（截止到2016年2月16日81户），比年初增加了42户。新三板资源库有企业户数近500户，与券商签订协议的企业294户。促进了企业资产重组、管理规范和创新转型发展。五是194个重点县域工业集中区建设加快。2015年入区企业总数7968户，新入住企业420户，实现产值约占全省工业产值的25%，是县域经济和工业化发展及小微企业“双创”基地建设的重要载体。

4.第二产业非公增加值占比稳步提高。在工业、建筑业非公经济稳步增长的带动下，2015年全省第二产业非公经济继续保持平稳增长态势，二产非公增加值为4940.99亿元，增速为10.3%，非公占比达

到52.8%。

5.**第三产业非公增加值占比平稳发展**。尽管2015年消费市场增长较快，但受房地产业影响，总体上第三产业非公经济保持平稳态势，占比与往年持平。

（二）2016年基本情况。

2016年全省非公经济增加值1.03万亿元，同比增长9 %，占全省GDP53.8%，比去年提高0.4个百分点。市场主体发展到211万户，其中私营企业50.98万户，个体工商户149.63万户，新增私营企业10.2万户；培育规模以上中小工业企业新增758户；中小企业新增从业人员超过30万。主要特点：

1.**增速继续居全国第一方阵，成为推动工业稳增长的重要力量**。全省规模以上非公工业、中小工业主营业务收入增速分别增长16%和10%，位列全国各省市第2位和第6位，分别比去年前进了2位，继续保持在全国第一方阵。

2.**非公占比继续提高，市场主体平稳增长**。2016年全省非公经济增加值1.038亿元，占全省GDP53.8%，比去年提高0.4个百分点。市场主体发展到211万户，新增加私营企业10.2万户；培育规模以上中小工业企业新增758户；中小企业新增从业人员超过30万。

3.**技改投资增加，转型升级提速**。重点监测的7134户中小微企业完成固定资产投资（技扩改为主）同比增长14%，其中，6247户非公控股企业完成投资同比增长16%。

4.**县域工业集中区和梯队企业发展快中显优，带动作用增强**。2016年，全省重点建设县域工业集中区实现营业收入9873.69亿元，同比增长12.5%；入住法人企业8548户，同比净增595户；从业人数104.21万，同比净增4.3万人，集中区企业率先实现了企稳回升。2016年，我局重点监测的成长梯队“三星企业”实现营业收入同比增长17.1%，利润、税金分别增长13.5%和15.5%。其中，“行业之星”企业营业收入同比增长14.1%，“成长之星”企业增长19%，“创业之星”企业增长31.9%。

二、主要问题

一是非公经济占GDP的比重相对较低，制约了全省经济发展。2016年，我省非公经济增加值占GDP比重为53.8%，明显低于周边的内蒙（65%）、四川（60%）、重庆（60%）、河南（74%），以及安徽（58%）等省市。“十二五”期间，我省非公经济占GDP比重年均提高0.78个百分点，到2016年底，仅比2015年提高0.4个百分点，提高幅度逐年降低。

二是速度优势不明显，经济总量差距大。从发展速度上看，2016年，我省规上中小工业主营业务收入比2015年增长10.6%，增速居全国第6位，从经济总量上看，2016年全省规上中小工业主营业务收入1.03万亿元，总量在全国排名第20位，比总量第19位的重庆市少2983.2亿元，比总量第17位的内蒙少3491.2亿元。

三是企业少、规模小，县域经济竞争力不强。2015年，我省万人拥有企业是全国平均水平的85.5%；县均拥有企业是全国平均水平的62%；县均拥有规上工业企业是全国平均水平的37.3%。2016年，有4户企业进入《全国民营企业500强》，神木、府谷2个能源大县进入《全国县域经济百强县》。

四是支撑快速增长的基础还不稳固，经济运行容易出现大的波动。部分县区的中小企业、非公企业重点投资项目少，招商引资力度弱，工业经济增长点不多，一些县的规上工业企业数量多年来没有明显增加，县域工业没有突破性发展。县域工业集中区企业规模普遍较小，集群效应较弱，还有119个县域工业集中区企业营业收入小于30亿元。

五是一些地方政策落实不到位，企业发展环境不佳。融资难、用地难、审批难，税费负担重，有的民营企业家信心不足，影响了中小企业、民营经济健康发展。

三、2017年发展思路、目标和重点工作

2017年，是实施中小企业“十三五”发展规划的关键一年，全省中小企业工作总体要求是：紧紧围绕落实省委省政府“追赶超越”总要求，坚持问题导向和目标引领，加强系统谋划，按照“育小、扶中、抓大”的思路，着力推进中小企业、民营经济创业创新发展、专精特新发展、集聚集约发展、开放合作发展，聚力抓好政策落实，推动技术创新，解决融资难题，完善服务体系，营造良好环境，加强运行监测和考核，努力实现我省中小企业和民营经济总量质量

双提升，为全省追赶超越发展作出更大的贡献。预期目标是：2017年全省非公经济增加值占GDP比重达到54%左右，追赶内蒙和安徽。全省新增规上工业企业500户以上；新增私营企业6万户；中小企业新增从业人员25万。组织开展以下重点工作：

1.**开展大走访，构建新型政商关系**。组织省、市、县三级联动，开展“民营企业大走访大调研”活动，对大、中、小、微型企业开展分类调研和走访排查，准确掌握诉求和意见，建立企业问题清单、解决措施清单、部门责任清单。建立和完善民营企业投诉机制，畅通投诉渠道，及时回应合理诉求，构建“亲”“清”两全的新型政商关系。

2.**开展大帮扶，提振民营企业家信心**。建立各级领导干部和相关部门联系包抓重点民营企业工作制度，完善政企对接服务机制，深化联系帮扶民营企业的举措。深入各市县、重点园区和企业开展民营企业难题攻关等专项帮扶活动。推动政府购买服务，建立企业档案，做到“一企一策”和“点对点”个性化帮扶。

3.**开展大宣传，彰显促进发展正能量**。持续宣传政策。在陕西日报以《吹响民营经济追赶超越发展新征程的号角》为题，对全省促进民营经济发展会议精神和“民营经济22条若干意见”进行重点解读。开设“民营经济追赶超越”专栏，系列报道省级各部门、各地落实的新举措新做法新成效和追赶超越发展典型。举办中小企业政策巡回大讲堂、中小企业大讲堂，围绕民营企业调结构、转方式，促升级、增活力，推改革、提素质等主题，定期举办专题讲座。

4.开展大督查，形成落实政策合力。组织开展落实全省民营经济发展会议精神和“民营经济22条”督查活动，推动各地和省有关部门细化实化国家和省上支持民营经济和中小企业发展的政策措施，强化政策的跟踪问效、考核评估，激励先进、鞭策后进。

5.实施大攻坚，聚焦融资难精准施策。推动落实各级财政支持政策。省、市、县各级财政要加大对中小企业的投入，建立中小企业发展专项资金，并扩大规模。积极探索以市场方式放大省级中小企业发展基金规模，提高基金使用效益，引导和带动社会资金支持中小企业发展。推动市、县建立本级中小企业发展基金。制定以市场化方式设立县域工业集中区创业投资引导基金实施方案。

6.实施大载体，全面激发创业活力。抓好县域工业集中区创新转型发展，大力支持标准厂房建设，增强项目承载空间。着重抓好50个示范县域工业集中区建设，促进做大规模、提升效益、建立定期考核和进退制度。实施“小微企业创业创新基地建设行动计划”，培育认定一批省级小微企业创业基地，争创国家级小微企业创业创新示范基地4家。实施“中小企业成长梯队培育行动计划”，抓好“五个一批”措施落实。

7.实施大提升，做专做精做强做优。实施“互联网+中小企业创新行动计划”。大力推进“个转企、小升规、规改制、股上市”和“专精特新”企业发展，推进企业自主创新。联合有关部门举办科技成果与民营企业对接洽谈活动，实现技术转移和产业化项目300个。实施“千企示范万企转型行动计划”和“中小企业品牌提升培育行动计划”。推动民营企业参与国际产能合作，开展矿产资源开发、加工贸易、工程承包、劳务合作，带动相关行业生产技术、产品及设备出口。

8.实施大服务，搭建平台营造环境。抓好实施“全省中小企业服务体系建设行动计划”，壮大省级中小企业服务联盟，健全省、市、县三级中小企业公共服务平台网络，打造全省中小企业“服务淘宝”。实施“人才兴企培训行动计划”和企业家能力提升及“新生代”培养工程。加快省中小企业产品技术展示中心建设进度，打造亮点工程。改进和加强中小企业和县域工业集中区运行监测和考评工作。认真做好追赶超越指标定期点评工作。

甘肃省

2015年甘肃省中小企业发展情况报告

2015年底全省共有工业中小微型企业44711户（含个体工业企业），较去年减少了15007户，降幅为25.13%。其中：规模以上1988户（中型企业237户，小型企业1639户，微型企业112户），规模以下42783户；从业人员50.13万，其中：规模以上26.04万人，规模以下24.09万人。

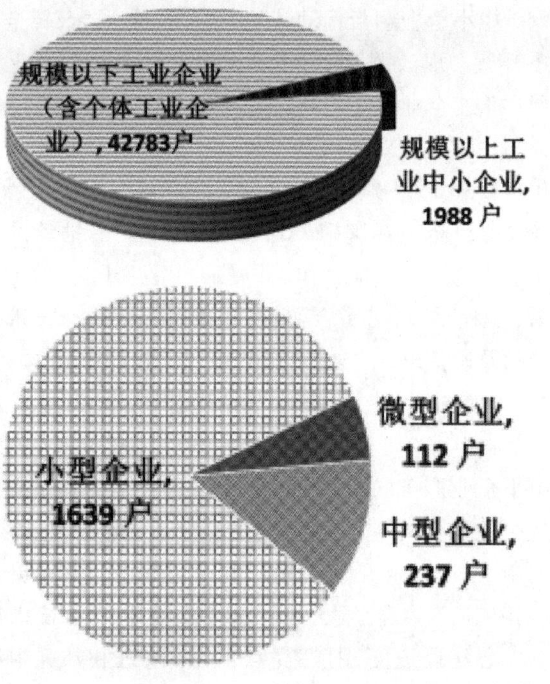

图1　2015年1-12月份全省工业中小微型企业户数情况（单位：户）

全省工业中小微型企业累计完成工业增加值687.81亿元，同比下降4.69%，其中：规模以上完成571.71亿元，同比下降7.11%，占全部规模以上工业企业增加值的34.40%，比全部规上工业增速低13.9个百分点；规模以下完成116.1亿元，同比增长9.3%。

1-12月份，全省规模以上工业中小微型企业实现主营业务收入2162.45亿元，同比下降9.5%；实现利润总额43.34亿元，同比下降38.4%；上缴税金59.87亿元，同比下降4.0%。

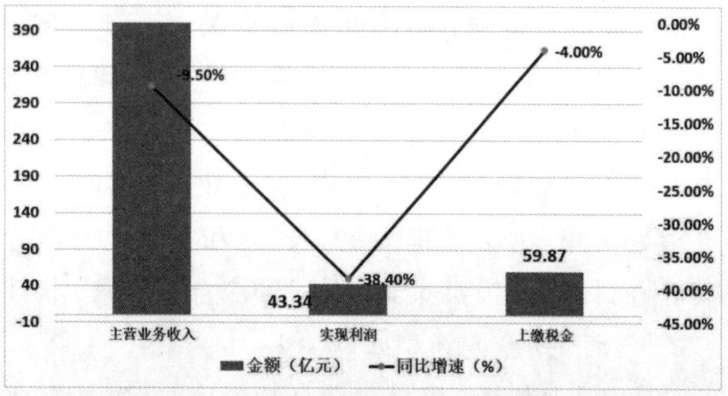

图2　2015年1-12月份规模以上工业中小微型企业部分效益指标（单位：亿元、%）

1-12月份，全省规模以上工业中小微型企业运行主要呈现以下特点：

1.生产增速下行，主营业务收入持续走低。1-12月份，全省规模以上工业中小微型企业累计完成工业571.71亿元，同比下降7.11%；实现主营业务收入2162.45亿元，同比下降9.5%。从全年各季度指标情况来看，工业增加值与主营业务收入增速持续负增长。

2.利润与税收同比减少。1-12月份，全省规模以上工业中小微型企业实现利润总额43.34亿元，同比下降38.4%；上缴税金59.87亿元，同比下降4.0%。亏损企业628户，与去年同期相比增加110户，亏损面达到31.56%；亏损总额为75.81亿元，同比增加61%。

3.企业资金周转滞缓，应收账款、产成品库存均增加。1-12月份，全省规模以上工业中小微型企业应收账款为440.46亿元，较上年同期增长11.6%；产成品库存229.68亿元，同比增长1.7%；应收账款平均回收期为36.7天，产成品存货周转天数为22.0天，均高于去年同期水平。

4.运营成本略有下降，盈利水平仍处低位。原材料等主营业务成本为1183.28亿元，同比下降8.9%；每百元主营业务收入中的成本为87.09元，主营业务收入利润率为2%，同比减少了0.95个百分点。

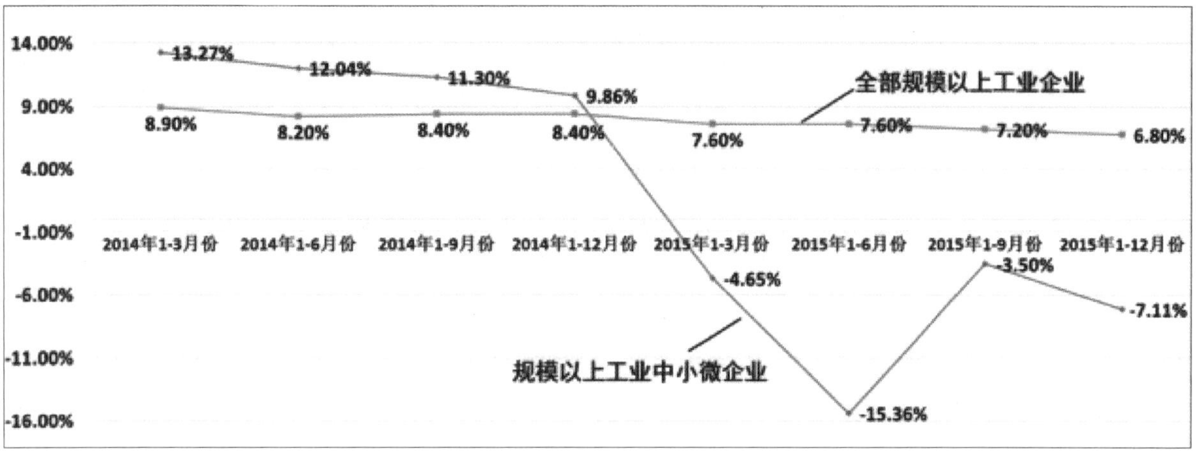

图3　2014–2015年规模以上工业中小微企业增加值增速趋势图

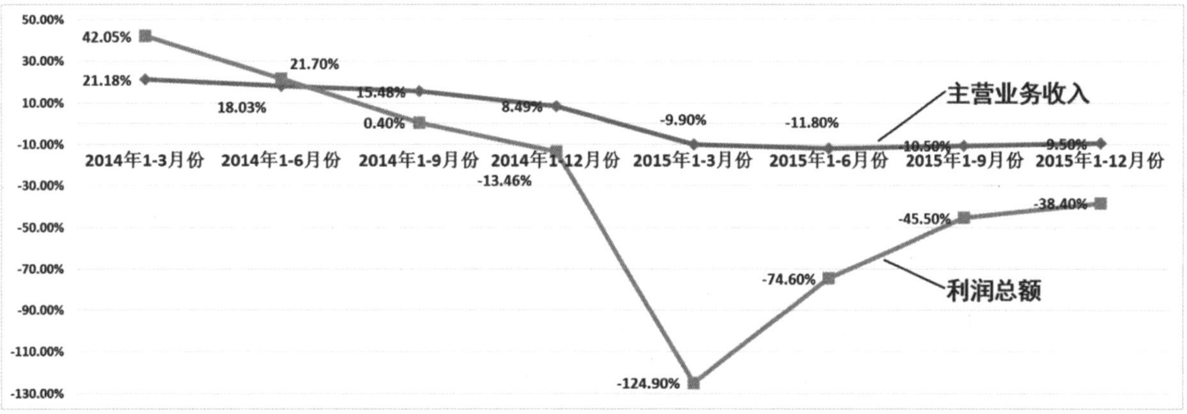

图4　2014–2015年规模以上工业中小微企业主要效益指标增速趋势图

分地区看，1~2月份规模以上工业中小企业实现利润总额负增长的市州达到了11个，降幅前三位的市州是嘉峪关、平凉和酒泉，降幅分别为-452.7%、-173.5%和-142.2。实现利润总额前三位的是兰州、陇南和武威，分别实现利润26.65亿元、6.86亿元和6.10亿元。嘉峪关、金昌、平凉、酒泉等市利润总额均为负。

分行业看，利润额比上年同期减少的行业达到26个，超过了行业分类总数的一半，其中：煤炭开采和洗选业、烟草制品业、废弃资源综合利用业和纺织业利润减幅较大。医药制造业、农副食品加工业和非金属矿物制品业实现利润情况较好，分别实现利润14.39亿元、8.81亿元、6.99亿元。

总地看来，全省工业中小微企业生产经营难度较大，收入下降、利润空间收窄等企业运行的不稳定因素增加。

一、2015年中小企业主要工作

（一）优化中小微企业发展环境，贯彻落实各项扶持政策。

1. 政策密集出台，发展环境不断优化

2003年，《中华人民共和国中小企业促进法》公布实施，旨在改善中小企业经营环境，促进中小企业健康发展，扩大城乡就业，发挥中小企业在国民经济和社会发展中的重要作用。2009年，《甘肃省促进中小企业发展条例》颁布实施，为我省中小企业的健康快速发展提供了强有力的法律和政策支持。

近年来，为扶持中小企业发展，围绕简政放权、商事改革、减轻企业负担、大众创业、万众创新等方面国家出台了一系列扶持政策。自2009年起，国务院相继出台了《国务院关于进一步促进中小企业发展的若干意见》（国发〔2009〕36号）、《国务院关于进一步支持小型微型企业健康发展的意见》（国发〔2012〕14号）、《国务院关于扶持小型微型企业健康发展的意见》（国发〔2014〕52号）、《国务院办公厅关于发展众创空间推进大众创新创业的指导意见》（国发〔2015〕9号）等文件。为落实好党中央、国务院扶持中小微企业发展的各项政策措施，加快完善我省扶持中小微企业的政策支持体系，充分发挥政策效应，帮助中小微企业攻坚克难、健康发展，省级层面出台了多项重大扶持政策，包括《甘肃省人民政府关于促进小型微型企业发展的指导意见》（甘政发〔2012〕39号）、《甘肃省人民政府关于进一步优化中小微型企业发展环境的意见》（甘政发〔2014〕111号）、《甘肃省人民政府办公厅关于印发甘肃省发展众创空间推进大众创新创业实施方案的通知》（甘政办发〔2015〕79号）。国家有关部委、省直有关机关也都出台了一系列扶持中小微企业发展的具体政策措施。从国家到地方，扶持中小微企业发展的政策体系日趋完善，营造了中小微企业发展的良好政策环境。

2. 加强工作指导，服务能力不断提升

一是加大政策宣传落实力度。采取发放《政策汇编》、开设政策专题专栏、集中培训、媒体解读、现场咨询、上门走访等多种方式进行广泛、深入地宣传贯彻，做到中小企业广为知晓。同时，切实加强中小企业公共服务平台建设和机制建设，建立宣传落实政策的长效机制，使“送政策到企业”服务工作常态化、系统化、制度化、规范化。今年，我委组织召开了14个市州和86县区工信系统工作人员参加的全省中小企业政策大讲堂，邀请工信部领导专家和省直税务、财政等14个部门相关负责人进行政策落地讲解；依托全省中小企业公共服务平台网络，对全省22个网络平台承建单位和90个省级中小企业服务平台和236个市级服务平台工作人员集中进行政策培训，由各市州、县区相关部门并各中小企业公共服务机构，对全省中小微型企业进行政策宣传宣讲，开展多种服务。同时，创新政策宣传方式，联合省移动公司、联通公司、电信公司，运用手机短信向全省中小微型企业从业人员和主管部门人员进行政策宣传和讲解。目前已发送39期，发送50万人次。

二是开展调研调查，强化政策落实督查。为加大对“两法五意见”（《中华人民共和国中小企业促进法》《甘肃省促进中小企业发展条例》《国务院关于进一步促进中小企业发展的若干意见》（国发〔2009〕36号）、《国务院关于进一步支持小型微型企业健康发展的意见》（国发〔2012〕14号）、《国务院关于扶持小型微型企业健康发展的意见》（国发〔2014〕52号）、《甘肃省人民政府关于促进小型微型企业发展的指导意见》（甘政发〔2012〕39号）、《甘肃省人民政府关于进一步优化中小微型企业发展环境的意见》（甘政发〔2014〕111号）和《关于培育发展规模以上工业企业的通知》（甘工信发〔2015〕7号）等有关政策的贯彻落实力度，督促省直相关部门，各市州、县区制定出台优化中小微型企业发展环境和“小升规”工作的政策措施，我委对全省14个市州中小微企业发展情况和政策落实情况进行了实地调研，形成了《全省中小微企业发展环境调研报告》并上报省委省政府。依托国家中小企业生产经营运行监测平台，开展了国发14号文件贯彻落实情况、大企业拖欠小微型企业资金、中小企业税费负担等专题调研，充分掌握全省中小企业发展现状和面临的问题。

三是不断提升中小企业公共服务水平。全省中小企业公共服务平台网络全面建成。全省以“1个省枢纽服务平台为核心，14个市州综合平台、7个产业集聚区服务平台为窗口的全省中小企业公共服务平台网络体系”已全面建成。平台网络实现了互联互通、资源共享、服务协同，可以为中小企业提供信息、投融资、创业、人才与培训、技术创新与质量、管理咨询、市场开拓、法律8个方面的服务。目前，平台网络建设已进入竣工验收整改阶段。同时，继续做好省级中小企业公共服务平台认定工作。今年新认定省级中小企业公共服务平台24家，考核淘汰了6家。同时，向国家申报了4户创业孵化基地，已经工信部中小企业局获批。目前全省已累计认定省级平台达到108个，其中国家级中小企业公共服务示范平台12个。截至日前，省级中小企业公共服务示范平台共有从业人员5728人，服务中小企业户数（签订合同数）49151户，组织开展了各类服务活动1020场次，参与服务活动的中小微型企业人数达到15310人次。其中创业服务类平台24家，从业人数662人，拥有创业孵化场所面积844693平方米，入孵企业数量1866户，累计出孵企业265户；融资服务类平台1家，从业人员62人，服务中小企业户数（签订合同数）248户。

四是继续做好中小微型企业运行监测工作。今年继续扩大我省在国家重点中小企业生产经营运行监测平台的监测企业数量，平台入库企业数量已达到875户，正常报送数据企业数也稳定在800户左右，超额完成了工信部下达我省的“十二五”末400户的目标任务。同时，按季度联合省统计局、国家统计局甘肃调查总队发布《甘肃省工业中小企业运行监测》。同时，会同省统计局、工信部中小企业局开始覆盖全省中小企业的统计运行监测方案的制定工作。

3. 扶助小微企业成长，转型升级不断推进

一是继续开展扶助小微企业专项行动。围绕“强化政策落实，推动企业发展”，为加快推动中小微型企业信息化应用，我委与西北中小企业云平台合作，为全省中小微型企业提供成本低、部署简单、管理容易、系统扩展灵活的信息化服务，首批确定了500家试点企业；为支持企业解决融资贵（难）问题。安排6000万元省级中小企业发展专项资金，重点对符合条件的中小微型企业技术改造、生产性流动资金贷款予以贴息支持，共拉动银行贷款扶持小微企业22.7亿元。举办了全省互联网+小微企业暨管理创新经验交流现场会，会议以互联网+形式下的小微企业信息化工作及管理创新为主题展开了讨论和经验交流，以点带面引导全省优化大众创业、万众创新的政策和制度的环境，推动互联网+形势下的小微企业信息化工作，提升小微企业管理创新能力，促进小微企业提质增效。各市（州）工（经）信委，各县（区）工信局相关负责人及企业家400多人参加了会议。

二是推动规模以下小微企业转型升级为规模以上企业。年初我委会同省统计局建立了“规下转规上”后备工业企业信息库，全省2015年入库企业351户。根据建库情况，下达了2015年规下转规上工业企业任务目标，2015年全省预计新增规模以上工业企业220户以上，实现工业增加值35亿元以上，带动就业2万人以上。同时加大了考核和支持力度，切实落实属地化责任，我委正在会同省财政厅抓紧制定转移支付办法，对“规下转规上”成绩突出的市州，在财政转移支付时给予奖励支持；对没有完成任务的市州，将在财政转移支付总量中进行扣减。

三是认定了一批“专精特新”中小企业。今年新认定“专精特新”中小企业45户，目前全省“专精特新”企业累计达到91户。对已认定“专精特新”企业，我们采取继续跟踪服务，在省级企业技术中心认定、省级中小企业公共服务技术示范平台认定、国家级中小企业公共服务示范平台推荐、省级中小企业发展专项资金支持、中小企业公共服务网络平台跟踪服务等方面给予优先扶持。

四是拓宽融资渠道，缓解中小企业融资难题。我委与全国股转系统达成了建立战略合作关系的意向，签署了合作协议，为我省中小企业股权融资开辟了新的渠道和更加广阔的空间。今年，我省中小微企业在全国股转系统挂牌14家，在上海股权交易托管中心挂牌10家，部分市州建立了企业上市后备库，完善了扶持政策，中小企业股权融资工作进展良好。同时，通过联合全国股转系统、上海股权交易托管中心、北京和君咨询等知名机构的优质培训资源，开展我省中小企业股权融资、管理咨询培训工作，对全省14个市州主管部门和180多家中小企业高管人员进行了中小企业股权融资、企业管理的专项培训。

五是实施创新驱动，成功举办了甘肃省首届“创新杯”工业设计大赛。由省工信委牵头，联合省教育厅、省科技厅、省文化厅，共同举办的这届大赛，水平较高，范围广泛，亮点突出，代表了我省工业设计的最高水平。大赛得到了省政府的高度重视和大力支持。刘伟平省长亲自命名“创新杯”，副省长黄强多次指导并对办好大赛提出具体要求。这届大赛历时半年，共征集产品、作品830件，基本涵盖机械装备与车辆、电子信息与家用电器、家居与办公用品、医疗保健与儿童用品、工艺与旅游品、产品包装、食品与加工新工艺等领域。经过专家评审，共有124件产品、作品分获不同奖项。11月9日，副省长黄强出席颁奖仪式并做重要讲话。本届大赛同时引起省内外新闻媒体的广泛关注，人民日报、新华通讯社、中央电视台、中央人民广播电台、经济日报、甘肃日报、甘肃电视台、凤凰卫视以及中央人民政府网站等20余家新闻媒体前来采访，并及时进行多角度、全方位的报道。本届"创新杯"工业设计大赛，在我省尚属首次举办，呈现出群众参与广，社会期望高，设计成果多，创新水平高，推广前景好的特点。

与此同时，不断加快工业设计中心建设，省机械科学研究院成为我省首家国家级工业设计中心。努力争取国家对我省工业设计产业发展的支持，推荐甘肃省机械科学院成功申报国家级工业设计中心，成为西北首家国家级工业设计中心。另外，2015年还推荐金川集团股份有限公司、甘肃大禹节水集团股份有限公司、甘肃省建材科研设计院和张掖市华盾服饰有限公司4户企业创建第二批工业产品生态（绿色）设计示范企业。

（二）全力推动大众创业、万众创新，营造良好生态环境。

1. 开展专题活动，营造创业创新良好环境

按照工业和信息化部《关于开展2015年扶助小微企业专项行动的通知》（工信部企业〔2015〕50号）要求，在全省开展了以"大众创业、万众创新"为主题、以"强化政策落实，推动企业发展"为重点的扶助小微企业专项行动，主要开展了以下五个方面的工作：一是狠抓政策落实，营造大众创业万众创新环境；二是加强中小企业公共服务平台建设，加大创业工作力度；三是提升中小微型企业创新能力和管理水平；四是实施中小企业成长工程，促进规模以下企业转型升级为规模以上企业；五是促进融资担保行业规范发展，不断拓宽融资渠道。明确了工作进度和保障措施，确保活动有序开展，在全社会营造了大众创业万众创新"听得见声音、看得见形象"的良好氛围。

2. 建设小微企业创新创业示范基地（城市），助力企业创新创业

一是根据《工业和信息化部国家小型微型企业创业示范基地建设管理办法》（工信部企业〔2015〕110号）、《工业和信息化部办公厅关于推荐第一批国家小型微型企业创业示范基地的通知》（工信厅企业函〔2015〕414号），我委积极组织申报，我省上报的白银科技企业孵化器孵化基地、兰州创意产业园、兰州高新区小微企业创业示范基地、民乐县生态工业园区创业基地4家顺利通过评审。二是推荐张掖市申报2015年国家小微企业创业创新基地城市示范。根据财政部、工业和信息化部、科技部、商务部、国家工商总局下发了《关于支持开展小微企业创业创新基地城市示范工作的通知》（财建〔2015〕114号）要求，我委会同省财政厅等五部门组织筛选和现场答辩，推荐张掖市申报2015年国家小微企业创业创新基地城市示范并成功入围国家2015年小微企业创业创新基地城市示范，成为全国首批15个国家小微企业创业创新基地城市之一。张掖市将在2015-2017三年示范期内获得总额为6亿元的中央财政奖励支持。

3. 开展"大众创业万众创新活动周"活动

根据工信部办公厅《关于开展推动大众创业万众创新活动的通知》（工信厅企业函〔2015〕617号）要求，2015年10月19日至25日，我委积极组织各市州工信委和中小企业公共服务平台开展了"双创活动周"服务活动，要求各市州工信委要做到"二个突出、一个确保"：要突出结合本地实际组织开展创业创新大赛、创客大赛、创新成果和企业项目展示推介、创业大讲堂、创业沙龙、创业训练营等丰富多彩的双创活动；要突出向社会大力宣传"草根"创新、大众创业，以及创业环境、创新支撑、小微企业服务等方面的双创先进经验和典型案例。确保窗口平台在双创活动周期间开展一次有特色的服务活动。活动周期间，举行各类服务活动52场（次），参加人员9659人次；举办展览展示活动32场（次），参加人员6579人次，1350多户中小微型企业参加了活动。

4. 中小企业对外开放合作力度不断加大

由我委、酒泉市人民政府、中国中小企业协会共同推动的以中国和以色列合作为特色的全省首家中小企业国际集群——丝绸之路甘肃酒泉水科技国际合作园区建设工作已全面展开，预计2016年5月挂牌。

（三）强化规范监管，积极推进融资性担保业健康发展。

今年以来，我们坚持发展和监管并重的原则，建立健全融资担保体系，着力完善风险防范机制，切实履行监管责任，深入推进融资担保业健康快速发展。截止到9月底，全省融资担保机构321户（法人机构）。新增融资担保额241亿元，为1.7万户中小微提供融资担保额128亿元，占担保总额的53.1%。

1. 加强行业管理，建立健全融资担保业管理制度

一是不断优化融资担保行业发展环境。主要包括：(1)完善融资担保行业扶持政策。我们始终把贯彻国务院及省委省政府精神作为工作的重中之重，国务院召开“全国融资性担保行业发展与监管经验交流电视电话会议”后，我委及时按照会议精神抓紧研究制定了《甘肃省人民政府关于加强融资担保业发展与监管工作的意见》(简称为《意见》)，《意见》共提出了10条有针对性的扶持政策，经过广泛征求意见和多次修改完善后于2月28日正式印发，《意见》的出台对促进全省融资担保业健康快速发展起到了积极作用；(2)建立健全融资担保体系。经我委积极协调，将甘肃省中小企业信用担保公司变更为甘肃省再担保集团，实现了我省再担保机构零突破。再担保集团的成立，将进一步提升行业担保能力、引导行业规范发展；(3)进一步提升行业监管及从业人员素质。举办了全省融资担保行业监管人员培训班，全省融资担保机构董事、监事、高级管理人员培训班，融资担保业务创新培训班，对150多名监管人员及250多名担保机构业务人员进行了培训，进一步提升了全省融资担保行业监管队伍及从业人员整体素质，促进融资担保行业规范有序健康发展。

二是建立健全融资担保监管机制。主要包括：(1)建立了融资担保机构准入机制。按照“控制数量、提高质量”的总体要求，审慎推进我省融资担保业市场准入，先后建立了现场核查制度、动态审批机制、协议银行验资制度、任职资格管理制度、政府大厅统一受理制度、行政审批AB角工作制度，进一步规范申报程序、强化审查，以严格市场准入，提升机构质量；(2)建立了注册资本托管制度。根据融资担保部级联席会议及省政府文件精神，我们在学习借鉴江苏等省份先进经验及充分吸纳我省银监、银行业金融机构、担保机构意见的基础上，结合我省实际，制定了《甘肃省融资担保机构注册资本金银行托管暂行办法》。同时，我委与协议托管银行联合下发了《关于贯彻落实甘肃省融资担保机构注册资本金银行托管暂行办法的通知》，确保融资担保机构注册资本金托管工作取得实效。目前各市州正在积极推进，前期最低托管注册资本金1500万元，2016年6月30日前完成全部托管工作；(3)建立了分类监管制度。为提高监管的科学性、有效性和针对性，完善融资担保机构科学监管机制，促进我省融资担保业规范健康发展，在借鉴外省经验的基础上，结合我省实际制定了《甘肃省融资担保机构分类监管暂行办法》，由各市州工信委在年度审计的基础上依据监测指标及现场检查和非现场监管中掌握的信息将融资担保机构评级分为ABCDE五类，针对不同分类采取相应监管措施，特别是对进入E类的机构，及时启动应急处置预案，采取责令暂停业务、通报辖内金融机构、劝导退出融资担保行业、移交司法机关等相应措施；(4)建立了年度审计制度。融资担保机构年度审计已经成为监管工作的主要手段。我委不断完善融资担保机构年审工作。通过公开招标方式遴选了一批资质较高、资信及实力较强的审计机构，按照《甘肃省融资担保机构年度审计办法》对全省融资担保机构财务状况、经营合规性、业务状况等进行了年度审计；(5)建立了市场退出机制。在分类监管及年度审计的基础上，科学合理控制辖区内融资担保

机构数量，对一年以上未开展融资担保业务、违法及严重违规的担保机构、分类监管进入E类的担保机构，依法合规将其清退。对无能力从事融资担保业务的机构，引导优质融资担保机构对其进行兼并重组，无兼并重组意愿的引导其退出市场，对于退出市场的融资担保机构，做好债权债务处理，确保其不影响社会稳定。全年共清退了49家不合格担保机构，进一步降低了行业风险；（6）建立了协同监管机制。非法集资形式多样，手段隐蔽，仅靠监管部门难以有效查处，为严厉打击融资担保业中存在的高利放贷、非法吸收公众存款等金融犯罪行为，我委与省公安厅联合下发了《关于加强融资担保机构协同监管的通知》（甘工信发〔2014〕461号），建立了案件线索移送及信息沟通制度、监管协作机制、联合检查制度、联络员制度。同时，经我委积极努力，于今年建立了全省融资担保业发展及监管联席会议制度；（7）制定了风险事件应急处置预案。根据融资性担保业务监管部际联系会议《关于建议加强融资性担保机构风险处置和建立监管责任制的函》精神，我委代拟了《甘肃省融资担保业风险事件处置预案》，9月28日以省政府办公厅名义印发执行；（8）建立了信息上墙公示制度。各市州监管部门督促融资担保机构建立统一的信息公示制度，公示内容包括：融资性担保机构经营许可证、企业法人营业执照、中华人名共和国组织机构代码证、税务登记证、开户许可证、董事、监事及高级管理人员照片及职务；制作“融资担保公司不得吸收存款、发售理财产品，非法集资不受法律保护”统一警示牌；融资担保机构签订的《融资担保机构依法合规经营承诺书》以及监督举报电话，全部张贴于办公地点的醒目位置处。

2. **积极作为，打击非法行为，提升融资担保业监管能力**

一是组织开展多种形式的打击非法集资专项行动。根据省打击和处置非法集资工作领导小组办公室的部署和要求，今年以来，我们先后开展了融资担保机构专项整治、宣传教育、广告资讯信息排查、非法集资风险排查四次活动，营造了良好的经济社会发展环境；二是有效处置非法集资风险事件。针对个别担保公司牵涉非法集资事件，我们主动作为，积极开展防范工作。一方面及时接访说明情况并妥善处理上访事件，另一方面及时约谈并报送案件情况，要求相关市州切实履行属地监管责任，加强担保机构监管。同时及时向部际联席会议办公室等单位上报了我省担保机构风险事件处置情况；三是及时开展风险提示。年初，我委向各市州下发了《关于警惕担保机构违法违规经营的风险提示函》，对担保行业可能存在的风险进行提示。10月份，经我委与中国移动积极协调，从2015年11月1日到2016年10月31日，用一年时间向全省重点区域的23个市区及兰州、酒泉等非法集资多发区域移动手机用户发送1845万条非法集资风险提示短信，构建非法集资风险提示长效机制。

二、2016年中小企业重点工作

为深入贯彻落实国家和省上出台的各项扶持中小微企业发展的政策措施，促进全省中小微企业科学发展、转型升级，2016年将围绕“4332”开展中小企业工作。

（一）围绕整体部署，突出4个一（一个基金、一个目标、一个规范、一个规划）。

设立一个基金：与省财政厅联合，在2016年省级财政预算安排了3亿元中小企业发展基金的启动资金，争取国家中小企业发展基金的投入，并从金融机构、地方政府、国有和民营企业等募集资金，设立我省中小企业发展基金。按照市场化运作、专业化管理，有偿使用、滚动发展模式，重点支持种子期、初创期成长型中小微型企业发展。

完成一个目标：确保完成规下转规上企业数量年度增长10%的目标。2016年，继续加大对各市（州）规下转规上目标任务完成情况的考核力度并进行全省通报。对目标任务超额完成的市州，在财政转移支付时给予奖励；对没有完成任务的市州，将在财政转移支付总量中进行扣减。

抓好一个规范：规范全省融资担保业监管工

作。一是强化风险防控，落实监管责任，坚决守住风险底线。重点是建立两项制度、两个机制和一个预案。尽快建立市级融资担保业发展及监管联席会议制度、风险事件责任追究制度，风险预警及市场退出机制，融资担保业风险事件应急处置预案。指导市州加快进度，尽快建立相应制度。同时，认真贯彻落实《国务院关于进一步做好防范和处置非法集资工作的意见》（国发〔2015〕59号），按照风险预警和稳妥处置相结合，强化重点、齐抓共管的原则，建立健全监测预警体系，将打击和处置关口前移，尽可能使非法集资不发生、少发生，对浮出水面的问题，依法、有序、稳妥处置；同时突出对存在虚报注册资本、股东虚假出资、抽逃资本金，变相收取、挪用或占用客户保证金以及从事非法吸储、非法集资、为非法集资提供担保、非法理财、高利放贷等融资担保业非法集资多发领域的打击力度，落实联动监管制度，强化跨区域、跨部门协作配合，加大宣传教育，切实防范系统性、区域性融资担保风险。二是切实落实融资担保机构注册资本金托管工作。融资担保机构注册资本金银行托管是一项重要且较为严厉的监管措施，我委将督导市州工信部门切实履行监管职责，落实监管责任，坚决杜绝抽逃托管资金行为，对未能有效履行托管职责的协议托管银行取消其托管资格，对涉嫌抽逃托管资金的担保机构责令其停业整顿，对拒不实施注册资本金银行托管的担保机构稳妥处理债权债务关系后，吊销其《融资性担保机构经营许可证》。市州将于2015年底前完成第一阶段的托管银行确定、托管协议签订、监管平台设立及托管资金到位等启动工作。2016年6月30日前全省所有融资担保机构按《甘肃省融资担保机构注册资本金银行托管暂行办法》相关要求，全面完成注册资本金托管工作。三是要完善担保机构年审及分类监管工作。2015年度融资担保机构年度审计工作即将开始，我委仍将通过政府采购入围的会计事务所对全省融资担保机构进行年度审计，确保审计工作的独立性、权威性与公正性及审计报告的真实性。同时，在全省范围内合理控制融资担保机构数量，根据审计报告及日常监管情况，按照《甘肃省融资担保机构分类监管暂行办法》，对担保机构进行分类评级，将一年以上未开展融资担保业务、存在违法违规行为、分类评级进入E类及违法经营担保机构依法合规进行清退，不断完善以年度审计、分类评级为核心的市场退出机制，降低行业风险隐患。

编好一个规划：编制好全省中小企业发展“十三五”规划。全省中小企业发展“十三五”规划编制工作以承前启后、综合着眼、兼顾“质”“量”（“质”“量”是指：落实创新创业的整体要求，既要促进中小企业转变发展方式、创新驱动，又要大力发展劳动密集型产业、服务业和小型微型企业，千方百计扩大就业创业规模）为基本原则，科学确定发展任务和目标，提高规划的可操作性。

（二）围绕企业发展，抓好3个服务（中小企业公共服务、产融对接服务、生产性服务）。

一是要抓好公共服务平台网络的运营。指导全省中小企业公共服务平台将自身业务融入全省整体平台网络，在平台网络体系下更大更好的地发挥服务能力，通过市场化经营实现不断壮大。平台网络体系要将1个省级枢纽平台、14个市州窗口平台、7个产业窗口平台、100个省级服务示范平台融合成为一个整体，发挥网络平台应有的特性，实现资源共享、整体响应。借助服务平台网络的信息服务功能，加快中小企业信息化推动工程，推动实施互联网+小微企业，使小微企业应用互联网的水平和两化融合能力不断提升，小微企业应用信息技术开展研发、管理和生产控制的能力不断提高。借助服务平台网络的培训服务功能，进一步开展好中小企业培训工作，对创业者开展创业知识和创业技能培训，对小企业经营管理及专业技术人员开展法律法规、产业政策和技术创新等培训。

二是做好产融对接服务。进一步推动完善实体产业与银行金融机构对接机制，继续做好产融对接服务的延伸和拓展，通过横向拓展到各银行、纵向延伸到各市州，不断扩大工作覆盖面和融资成功率。继续与北京全国股转系统、上海股权交易托管中心等多层次资本市场加强沟通合作，紧抓我省将要设立的中小企业股权投资基金的良好契机，完善财政资金股权投资的进入、退出机制，有效筛选管控企业、进入股份、市场退出等重要环节，将股权投资风险掌控在合理范围内，促进我省中小企业股权融资健康发展，为中小企业股权投资基金良性运作发展提供有力保障。加快推动实体产业与金融资产之间的相互渗透和日趋融合，通过产融对接，有效拓宽中小企业融资渠道，降低企业融资成本，促进实体经济发展。

三是做好生产性服务。继续做好生产性服务业企业入库工作，摸清家底，将符合条件的企业全部纳入统计范畴，我委将适时出台《全省生产性服务业考核办法》，从营业收入、营业利润、应交增值税等指标，按每半年对各市州进行考核排名。在此基础上，支持限额以下生产性服务业企业转型升级为限额以上企业，进一步挖掘潜力，通过积极培育扶持一批、改造提升一批、引导促进一批，力争到“十三五”末，全省规模以上生产性服务业企业规模和效益在现有基础上翻一番。同时，继续做好工业设计中心建设工作。着力构建工业设计中心与高等院校、科研机构之间的长效合作机制，加大宣传力度，对创新能力较强、特色鲜明、管理规范、业绩显著，特别是设计水平领先的企业工业设计中心，认定为省级工业设计中心，并进行奖励和扶持；全力推进生产性服务业功能示范区建设，认定首批生产性服务业功能示范区和示范企业。研究制定促进我省服务型制造发展的指导意见，着力破解服务型制造发展的制约因素，营造良好的市场环境，加大创新人才的培养力度，推动商业模式创新和业态创新，加快推动服务型制造与生产性服务业协同发展。

（三）围绕转型升级，推动3个创新（“专精特新”、小微企业创业创新示范基地（城市）、创新杯工业设计大赛）。

一是做好培育“专精特新”中小企业工作。继续认定一批“专精特新”中小企业，同时针对已认定的“专精特新”中小企业进行调研，了解企业的创新能力，并跟踪服务，对在创新方面确实有实力、有成果的，要在省级企业技术中心认定、省级中小企业公共服务技术示范平台认定、国家级中小企业公共服务示范平台推荐、省级中小企业发展专项资金支持、中小企业公共服务网络平台跟踪服务等方面给予优先扶持，在全省培育一批多品种、高品质、好品牌的“专精特新”中小企业。

二是推动小微企业创业创新示范基地（城市）建设。积极准备，争取1个市州通过国家答辩评审，入围国家小微企业创业创新基地城市示范。修订全省小微企业创业创新示范基地认定和管理办法，在全省范围内认定一批小微企业创业创新示范基地，培育一批发展前景好、具备核心竞争力的种子期、初创期成长型中小微企业。在抓好丝绸之路甘肃酒泉水科技国际合作园区建设工作的同时，启动中德白银通用航空器国际合作园区建设工作。

三是办好第二届“创新杯”工业设计大赛。第二届大赛拟将主办单位扩大到省人社厅、省国资委、省妇联、团省委等部门，动员更多的社会资源和力量参与到“双创”活动中来，并提高奖金额度，吸引更多的优秀设计人员参与大赛，不断扩大大赛规模，努力提升大赛水平。将“创新杯”工业设计大赛打造成为我省弘扬创新理念，激发创新热情，搭建展示平台，培养设计人才的一大品牌。

（四）围绕开拓市场，做好2个展示（第13届中国中小企业博览会、第9届APEC中小企业技展会）。

做好两会组织参展工作，提前筹划、合理安排、精心组织，筛选一批好的企业、产品积极参展，将我省中小企业的发展创新成果展示好、推出去。

2016年甘肃省中小企业发展情况报告

截至2016年底全省共有工业中小微型企业54149户（含个体工业企业），较去年增加了9438户，增幅为21.11%。其中：规模以上2049户（中型企业224户，小型企业1652户，微型企业173户），规模以下52100户；从业人员51.19万人，其中：规模以上25.73万人，规模以下25.46万人。

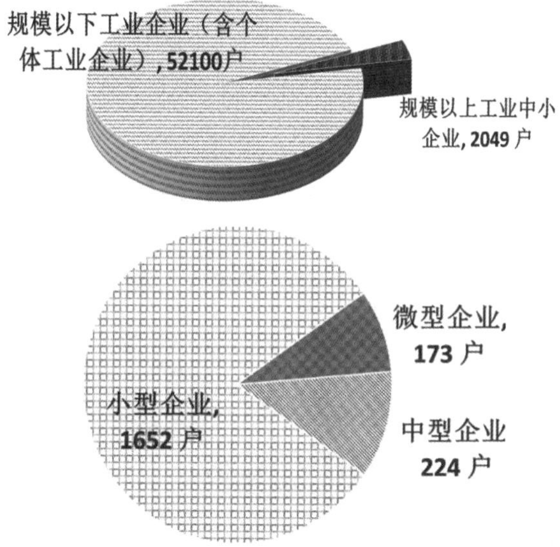

图1　2016年1~12月份全省工业中小微型企业户数情况（单位：户）

全省工业中小微型企业累计完成工业增加值1022.42亿元，同比增加9.36%，其中：规模以上完成578.96亿元，同比增加9.8%，占全部规模以上工业企业增加值的36.98%，比全部规上工业增速高3.6个百分点；规模以下完成443.46亿元，同比增长8.8%。

1~12月份，全省规模以上工业中小微型企业实现主营业务收入2274.74亿元，同比增加2.3%；实现利润总额23.19亿元，同比下降28.7%；上缴税金39.17亿元，同比增加40.6%。

1~12月份，全省规模以上工业中小微型企业运行主要呈现以下特点：

1.生产回暖企稳，主营业务收入小幅上涨。1~12月份，全省规模以上工业中小微型企业累计完成工业增加值578.96亿元，同比增加9.8%；实现2274.74亿元，同比增加2.3%。

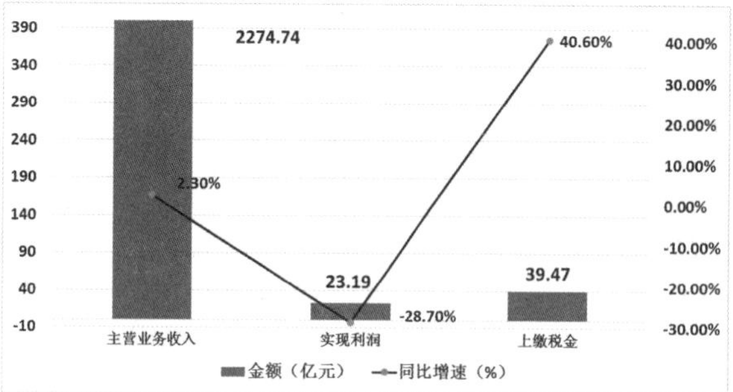

图2　2016年1-12月份规模以上工业中小微型企业部分效益指标（单位：亿元、%）

2.利润总额降幅收窄，主营业务成本小幅上涨。1~12月份，全省规模以上工业中小微型企业实现利润总额23.19亿元，同比下降28.7%；主营业务成本2000.07亿元，同比增加3.3%。亏损企业651户，与去年同期相比增加37户，亏损面为31.77%；亏损总额为95.3亿元，同比增加19.5%。

3.企业产成品库存略有增加，应收账款增多。1~12月份，全省规模以上工业中小微型企业应收账款为520.23亿元，较上年同期增长12.9%；产成品库存224.46亿元，同比减少5.9%；应收账款平均回收期为74.8天，产成品存货周转天数为37.6天。

分地区看，1~12月份只有5个市州的规模以上工业中小微型企业实现利润总额负增长，降幅与去年同期相比都有所收窄，降幅前三位的市州是嘉峪关、临夏和白银，降幅分别为-72.6%、-33.3%和-32.8。实现利润总额前三位的是兰州、陇南和张掖，分别实现利润12.87亿元、7.23亿元和5.24亿元。全省规模以上工业中小微企业户均实现利润113.18万元，户均实现利润前五位的市州分别是陇南、临夏、甘南、兰州、定西，分别为861.26万元、751.66万元、488.47万元、380.72万元和331.45万元，均高于全省平均水平。

分行业看，有19个行业的利润额比上年同期减少，其中：家具制造业、电气机械和器材制造业、和纺织业利

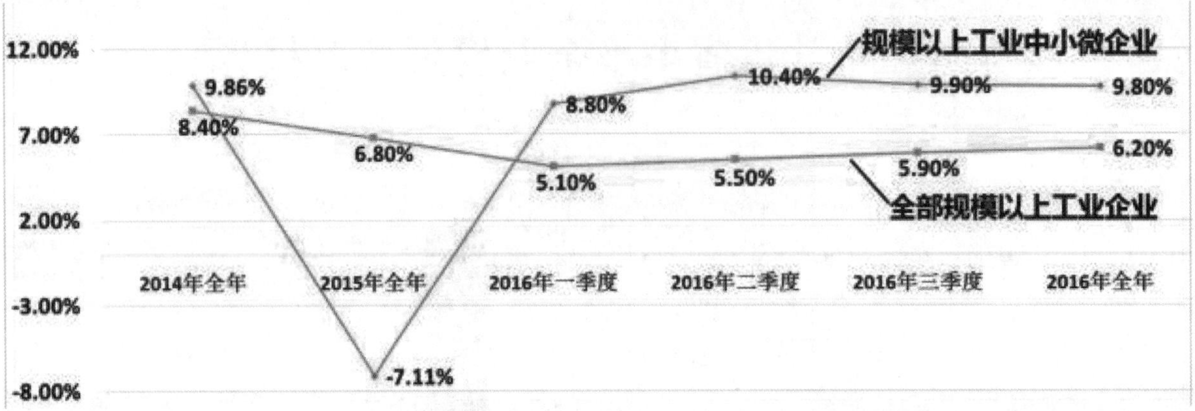

图3 2015-2016年规模以上工业中小微企业增加值增速趋势图

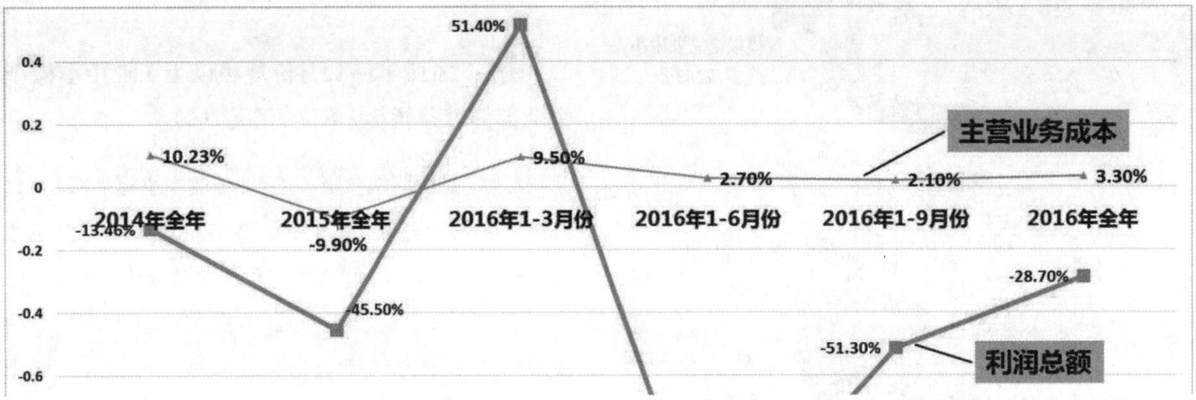

图4 2015-201年规模以上工业中小微企业主要效益指标增速趋势图

润降幅较大。医药制造业、农副食品加工业和非金属矿物制品业实现利润情况较好，分别实现利润13.03亿元、9.81亿元、9.61亿元。

总地看来，2016年全省工业中小微企业生产经营平稳运行，整体保持了平稳向好的发展态势。

一、2016年中小企业主要工作

2016年，我省中小企业工作以“4332”（围绕整体部署，突出4个一：一个基金、一个目标、一个规范、一个规划；围绕企业发展，抓好3个服务：中小企业公共服务、产融对接服务、生产性服务；围绕转型升级，推动3个创新：“专精特新”、小微企业创业创新示范基地（城市）、创新杯工业设计大赛；围绕开拓市场，做好2个展示：第13届中国中小企业博览会、第9届APEC中小企业技展会）为主线，以“营造发展环境，促进企业发展”为重点，主要开展了以下工作：

1.设立了甘肃省中小企业发展基金

根据《甘肃省人民政府关于甘肃省中小企业发展基金设立方案的批复》（甘政函〔2016〕48号），我委会同省财政、发改、科技、工商五部门设立了甘肃省中小企业发展基金。在我委设立了甘肃省中小企业发展基金理事会办公室，出台了《甘肃省中小企业发展基金管理办法》（甘财经一〔2016〕182号）、《甘肃省中小企业发展基金理事会章程》、《甘肃省中小企业发展基金理事会办公室工作规则》等，会同省财政厅与华龙证券签订省级财政出资受托管理协议，指导受托管理机构完成基金管理公司的设立工作，社会资本募集等工作也正加紧推动。组织对14个市州中小企业主管部门和企业开展了中小企业发展基金相关政策巡讲活动，并下发了《关于做好中小企业发展基金投资项目征集推荐工作的通知》（甘工信发〔2016〕454号）。

2.促进规模以下小微企业转型升级为规模以上企业

2016年初，经省统计局及国家统计局审核确认，完成2015年度小升规企业240户，超额完成年初确定的200户，增长10%的任务目标。截止2016年11月末，新增规模以上工业企业完成工业增加值55.9亿元，占规模以上工业总量的4.0%，同比增长2.2倍，拉动规模以上工业增长2.7个百分点，对规模以上工业增长的贡献率为45.2%。会同国家统计局甘肃调查总队，建立了2016年“规下转规上”后备工业企业信息库，向各市州下达了2016年规下转规上目标任务，经与省统计局沟通确认，2016年全省规下转规上达到200户。规下转规上工作是目前我们应对经济下行压力，培育新的工业增长点，增强工业经济可持续发展能力的重要举措，全省新增工业增加值部分，规下转规上企业发挥了重要作用。

3.开展了扶助小微企业专项行动

印发了《甘肃省2016年扶助小微企业专项行动实施方案》(甘工信发〔2016〕190号)，在全省范围内继续开展以“激发创业创新活力、提升企业内在素质”为主题，以“政策落实、优化环境、贴近服务、交流合作”为重点的扶助小微企业专项行动：一是抓好政策落实及调研工作。在全省14个市州进行了中小企业政策落实专项督查调研；配合省政协，完成了对民营企业存在突出问题的调研；配合省国资委，完成了国有企业混合所有制专题调研；召开了全省中小微企业经济运行座谈会，听取各市州中小微型企业运行情况及突出问题，撰写调研报告报送省政府、省政协及相关部门。二是创业创新工作有序推动。会同省教育厅转发了《工业和信息化部办公厅教育部办公厅开展中小企业与高校毕业生创业就业对接服务工作的通知》(甘工信发〔2016〕172号)；向工信部成功推荐认定了2家第二批国家小型微型企业创业创新示范基地；会同省人社厅加大省级创业孵化基地或园区的认定工作，已累计认定省级创业孵化基地或园区66家。三是继续认定一批专精特新中小企业。2016年新认定“专精特新”中小企业28户，目前全省“专精特新”中小企业达到119户。四是中小企业信息化工作逐步推进。下发了《关于做好2016年全省互联网+小微企业行动计划推广使用西北中小企业云平台有关工作的通知》(甘工信发〔2016〕204号)，在去年确定500家试点企业基础上，2016年继续确定1000家试点企业，推广企业达到1500家以上。

4.中小企业服务体系建设进一步完善

一是做好中小企业公共服务平台认定管理工作。修订并印发了《甘肃省中小企业公共服务示范平台认定和管理办法》(甘工信发〔2016〕122号)、《甘肃省中小企业公共服务示范平台考核细则》(甘工信发〔2016〕123号)。印发了《关于做好2016年省级中小企业公共服务示范平台申报工作的通知》(甘工信发〔2016〕151号)，今年新认定省级中小企业公共服务示范平台23家，考核淘汰6家，目前全省级中小企业公共服务示范平台达到125家；按照《关于开展国家中小企业公共服务示范平台运营情况检查工作的通知》(工企业函〔2016〕5号)，开展了11个国家级中小企业公共服务示范平台年度考核工作。二是抓好中小企业公共服务平台网络建设工作。全省中小企业公共服务平台网络全面建成，我省平台网络22家平台网络建设单位全部通过竣工验收，已全面开展服务业务，这标志着全省以1个省枢纽为核心、14个市州综合窗口平台和7个产业集聚区窗口服务平台为骨干架构、125家省级中小企业公共服务示范平台为支撑、236家市州级中小企业公共服务平台为触角的，多层次、多元化的中小企业公共服务体系已初步形成。为加大对平台网络的宣传力度，9月18日，我们在《甘肃日报》第七版全版、甘肃电视台经济频道、《每日甘肃网》等主流媒体上，专版专栏对甘肃省中小企业公共服务平台网络正式上线运营进行了集中宣传，积极探索平台网络“服务一体化、宣传一体化、利益一体化”的服务形式，逐步形成服务品牌。同时，为进一步发挥我省中小企业公共服务平台网络的作用，更好的服务于我省各类中小企业，我委还专门设计开发了22家网络平台及125家省级公共服务平台的线上考核软件，定期向工信部填报中小企业公共服务平台网络报送系统。

5.实施“走出去”战略，推动中小企业创业创新

一是西北地区首个中小企业中外合作园区开工建设。按照中国中小企业国际合作协会刘玉浦会长和省委王三运书记的指示，我委与酒泉市人民政府，大禹节水集团股份有限公司共同推动了中以（酒泉）中小企业节水产业国际合作园区建设，与中国中小企业国际合作协会（工信部中小企业促进中心）、酒泉市政府签订了中以酒泉中小企业节水产业国际合作园区《战略合作协议》，6月17日，《规划》通过国家评审，12月6日举办了甘肃酒泉节水科技国际论坛暨中以酒泉中小企业节水产业国际合作园区开工仪式。中以（酒泉）中小企业国际节水产业合作园区是由省工信委主导，会同中国中小企业国际合作协会、工信部中小企业发展促进中心和酒泉市人民政府，按照“政府引导、企业主导、市场化运作”的原则，以大禹节水集团为主建单位设立的西北地区首个中小企业中外合作园区。二是组织参加第九届APEC中小企业技展会。2016年7月14~16日，第九届APEC中小企业技术交流暨展览会召开，我省智能服务、新材料、生物科技、装备制造和陇绣等行业的中小企业参会，共展示产品5大类85个品种，同时进行了企业形象宣传展示及项目推介交流活动。共有3000多人次参观甘肃展馆，开展对接洽谈30次，天水华洋电子科技股份有限公司展会现场签约350万元；甘肃祥宇油橄榄开发有限公司与深圳家乐福、沃尔玛超市达成了初步进驻意向；定西高强度紧固件股份有限公司与中广核集团在原有合作基础上，进行了进一步的合作意向洽谈。2016年8月24日，我省被组委会评为“优秀组织单位”和“最佳设计展区”。三是组织做好第十三届中国国际中小企业博览会。2016年10月中旬我委按照“加强合作、扩大交流、互利共赢、携手发展”的主题，组成了以14个市州工信委、58户企业共130人的甘肃省代表团参加了本届中博会，在省区市主题展区设“甘肃馆”，以敦煌文化为背景，突出“一带一路、绚丽甘肃”丝绸之路文化底蕴，集中展示了我省中小企业发展成果，宣传了甘肃投资环境、经济发展、历史文化，取得较好的展示效果。此次中博会，我省参展企业通过展示推介，取得了较好的效果，创我省企业参加中博会签约项目历史新高，实现签约总额7.5亿元的好成绩。

6.积极推进融资性担保业健康发展

我委坚持发展和监管并重的原则，建立健全融资担保体系，着力完善风险防范机制，切实履行监管责任，深入推进融资担保业健康快速发展。截至2016年12月底，我省共有担保机构302户，其中：政策性担保机构102户，民营担保机构200户；总注册资金230亿元；融资担保业务再保余额250亿元，其中：政策性担保93亿元，民营担保157亿元；1~12月份新增担保额210亿元，新增担保额中小微企业业务137亿元，“三农”业务50亿元。一是完成了年报及年度发展报告上报工作。二是完成了年度审计、分类评级及会计事务所招标采购工作，对担保机构进行了分类评级，A、B、C、D、E类分别为73、90、25、88、38个，并清退了20户担保机构；三是完成了注册资本金托管工作。敦促各市州严格按照《甘肃省融资担保机构注册资本金银行托管暂行办法》（甘政办发〔2015〕141号），切实落实融资担保机构注册资本金托管工作；四是严格机构审批。切实落实协议银行验资、现场核查、动态审批、AB角等工作制度，不断规范申报程序、强化审查，严格市场准入，全年完成了90户机构的设立与变更审批及经营许可证到期换证工作；五是不断推进监管信息系统建设。完善升级甘肃省融资担保机构管理信息系统，实现了对担保机构的持续监测和动态分析，系统上线前举办了四期培训班，对市县工信部门监管人员及全省担保机构业务、财务人员近700人进行了培训；六是积极开展融资担保打非工作。在省打非办的统一部署下，组织各市州先后开展了融资担保机构风险排查、宣传教育、广告咨询信息排查、专项检查、互联网金融风险整治等5项打非专项行动。协调中国移动完成了1845万条融资担保业打击非法集资宣传短信发送工作，构建了非法集资风险提示长效机制。同时针对行业可能存在的风险，及时开展风险提示。2次向兰州市及各市州下发了风险提示函，全年未发生融资担保机构重大风险事件和上访事件。

7.举办全省工业设计大赛，积极推动生产性服务业发展

制定了《中国制造2025甘肃行动服务型制造专项实施方案（2016~2020）》，完成制定了甘肃省生产性服务业产业发展指导目录。认定甘肃长风电子科技有限责任公司工业设计中心等14家企业工业设计中心为2016年

（第二批）甘肃省省级工业设计中心。制定了《甘肃省生产性服务业功能示范区及示范企业认定管理办法》，认定酒泉经济技术开发区新能源装备制造产业基地等3家单位为2016年甘肃省生产性服务业功能示范区；认定酒钢筑诚有限公司等10户企业为2016年甘肃省生产性服务业示范企业。成功举办了全省第二届“创新杯”工业设计大赛。全省共有336家企业、高校院所参加，1122名设计人员参与，并吸引了省外高校和专业设计机构作品50多件，共征集产品、作品1190件，涵盖机械装备与车辆、电子信息与家用电器、医疗保健与儿童用品、工艺与旅游品、产品包装等10个领域。

8.完善中小企业运行监测统计体系

启动建设了全省全口径中小微型企业运行监测平台。委托工信部机械工业信息中心开发了甘肃省全口径中小微型企业生产经营运行监测平台，对市州县区进行了软件和业务培训。按月报送800户国家重点中小企业生产经营运行监测平台企业数据。会同省统计局、国家统计局甘肃调查总队按季度印发《全省中小企业运行监测》。

二、2017年重点工作

2017年，全省中小企业工作要以“促进中小企业发展”为主题，以“实施规划、优化环境、强化服务、加强监测”为重点，力争规模以上工业中小微型企业实现增加值同比增长9%以上，比全部规模以上工业增速高出2个百分点左右；新增规模以上企业数力争达到200户，同比增长10%左右。

重点突出，抓好10项工作：

1.充分发挥甘肃省中小企业发展基金作用，切实解决中小微型企业融资难（贵）的问题。严格履行基金监管职能，在注重经济效益和社会效益的前提下，努力提高基金对中小企业的惠及面，对符合基金支持条件的企业，加快尽职调查速度，提高资金使用效率和效益；加大社会资本的募集力度，进一步补充扩大基金规模，争取国家中小企业发展基金首批母基金配套投入。

2.加强全省中小企业公共服务体系运营监管和宣传力度。一要不断丰富服务内容，提高服务质量，强化服务平台网络和已认定省级示范平台的之间的协同服务，实现资源共享。二要加强运营监管，强化平台服务绩效考核评价机制。加强对全省中小企业服务体系的线上线下动态管理，建立考核评价机制，对服务业绩突出的平台给予扶持；做好省级中小企业公共服务平台认定和考核淘汰工作，新认定省级中小企企业公共服务平台10家以上；争取推荐认定国家小型微型创业创新示范基地2家以上；会同人社厅认定省级创业就业孵化基地（园区）15家以上。三要加大宣传力度。在省内各大报纸、网站、电视台等媒体宣传全省中小企业服务体系，提升知名度和影响力，为全省中小企业提供“找得着、用得起、有保障、能见效”的一站式服务。

3.抓好“规下转规上”工作。全面落实省工信委、省财政厅、省统计局等14个部门联合下发的《关于培育发展规模以上工业企业的通知》（甘工信发〔2015〕7号）精神，会同省财政等部门，完善“规下转规上”监测奖励机制，做好2017年企业入库和年度目标任务下达工作。

4.加大对中小微企业政策宣传贯彻落实力度，实施扶助小微企业专项行动。以贯彻落实新修订的《中华人民共和国中小企业促进法》为契机，加大对国家和省上已出台各项扶持中小微企业发展政策的宣传和落实力度。制订《甘肃省2017年扶助小微企业专项行动实施方案》，在全省范围内开展以“关注小微企业、强化创新创业”为主题，以“政策落实、强化服务、管理提升、市场开拓”为重点的扶助小微企业专项行动。

5.多措并举加强银行间接融资，积极推动资本市场直接融资。一是组织实施好《加强信息共享促进产融合作甘肃行动方案》、《加强信息共享促进产融合作行动白银试点方案》。建立重点企业和重点项目融资信息对接清单、产融信息对接服务平台，每半年至少举办1次银企洽谈会或金融产品推介会；联合人行兰州中心支行积极推动应收账款融资，进一步扩大融资机会。二是建立挂牌新三板及公司债发行后备企业资源库，推动中小企业积极利用上海证券交易所、新三板、区域性股权交易中心等开展直接融资。举办“中小企业利用资本市场发债培训班”，邀请上海证券交易所对有债券融资意向的重点企业进行培训辅导，推动小公募和私募等公司债发行工作，力争在主体债券市场融资取得新突破。

6.**加强中小企业信用体系建设**。推动中小企业信用培育，在市州筛选推荐的基础上，联合人行兰州中心支行及相关金融机构，共同开展信用评级及培育工作，建立中小微企业信用培育池，助推银企对接，同时做好融资担保机构的征信服务。联合人行兰州中心支行，继续筛选符合条件的融资担保机构将其接入征信系统。

7.**大力实施中小企业“走出去”战略**。一是加大全省中小企业国内国际交流合作工作力度，积极组织企业参加“中国中小企业博览会”等国内国际系列展会，认定和扶持1—2家综合性突出我省中小微企业产品特色的电商平台。二是加快中以（酒泉）中小企业国际节水产业合作园区建设。

8.**大力推动中小企业向“专精特新”转型发展**。修订《甘肃省“专精特新”中小企业认定管理暂行办法》（甘工信发〔2014〕306号），对已认定企业实施动态管理，新认定“专精特新”中小企业10户以上，全省累计认定“专精特新”中小企业达到120户以上。

9.**加强中小企业人才培训工作**。根据《工信部人才交流中心关于加大对甘肃省中小企业领军人才培训支持力度的函》要求，在省内启动第一期中小企业经营管理领军人才高级研修班培训。同时与工信部局建立完善我省中小企业人才国际国内学习培训机制。

10.**完善中小微型企业数据调查体系**。扩大和提高我省在国家重点中小企业生产经营运行监测平台的监测企业数量和报送率；按季度联合省统计局、国家统计局甘肃调查总队发布《甘肃省中小企业运行监测》，进一步完善全省全口径中小微型企业运行监测报送机制。

青海省

2015年和2016年青海省中小企业工作开展情况

2015年以来，青海省经济和信息化委员会中小企业发展局紧紧围绕委中心工作，全面贯彻落实国家和青海省扶持中小微企业发展的各项政策措施以及关于推动大众创业、万众创新的决策部署，努力营造良好的创新创业生态环境，激发全社会创造活力和小微企业发展动力，促进了全省中小微企业在经济发展新常态下稳定健康发展。

一、2015年和2016年重点工作开展情况

（一）完善扶持措施。

制定印发了《2015年青海省中小微企业创新服务年活动方案》和《青海省小微企业政策宣传月活动实施方案》，组织开展多种形式的服务活动，努力提升全社会服务中小企业的水平和质量，为中小企业提质增效、加快发展创造良好环境；研究制定了《青海省小型微型企业创业示范基地管理暂行办法》，鼓励和支持小型微型企业创业基地加快建设步伐，优化小型微型企业创业创新环境；会同省财政厅制定出台了《支持小微企业创业创新发展的实施意见》，从加快创业创新载体建设、着力缓解融资难等六个层面，采取股权投资、贷款贴息、奖励补助等多项有效措施，加大对中小企业和大众创业创新的支持力度；研究制定了《青海省中小企业创新能力提升工程实施方案》（青经信中〔2016〕68号），通过全面落实优惠政策、强化人才支撑体系等6个方面的具体措施，进一步改善经济新常态下中小企业创新发展环境，加快供给侧结构性改革步伐；根据省政府《青海省落实国务院促进民间投资专项督查反馈问题的整改方案》要求，研究制定了《青海省民营企业困难问题综合协调方案》，支持和帮助民营企业应对困难，提振企业投资和发展信心；全面梳理近年来我省出台的扶持中小微企业发展相关政策措施，对其进行修订和完善，确保各项措施

落实到位；根据省政府领导指示精神，为全面优化我省非公经济发展环境，激发非公经济活力和创造力，促进非公经济持续健康发展，牵头起草了《关于促进非公有制经济加快发展的意见（征求意见稿）》，并在多次征求各市州及相关部门意见的基础上，进行了修改完善并报省政府审批执行。

（二）提升服务效能。

牵头起草和制定了《青海省万名干部入企服务活动方案》，设立马上就办办公室，组织协调抽调人员做好万名干部入企服务，对入企服务梳理出的各类问题及时进行分类汇总，筹备召开专题会议研究解决，积极寻找破解的办法途径，为企业加速发展出谋划策，确保国家和我省各项扶持中小微企业发展政策落到实处。积极开展多种形式的宣传活动，努力营造全社会重视、关心、支持小微企业发展的舆论氛围，改善企业发展环境，提振企业发展信心。活动期间累计梳理问题2379条，已解决和提出解决方案的2368条，占问题总数的99.54%，需长期协调解决的问题11条，占总数的0.46%，入企服务活动取得了良好成效，得到各级领导和服务企业的高度认可。同时，为确保入企服务活动深入持久开展，研究制定了《后续阶段工作要点》，建立健全八项机制，形成常态化帮扶工作体制，充分调动各级干部职工的积极性和主动性，力求将企业问题解决在第一线，为全省工业稳步健康发展提供了有力支持。2016年为支持和帮助企业应对当前复杂多变的经济形势，提振企业发展信心，帮助企业攻坚克难，制定《2016年全省“千干帮千企”专项活动实施方案》，组织全省各级经信系统干部职工深入重点企业开展专项帮扶工作，全力推动工业经济稳定增长。帮扶活动累计抽调各级经信部门工作人员631人，确定重点帮扶企业1000家。活动期间，全省经信系统帮扶工作组累计梳理问题1178条，累计解决和提出解决方案1036条，占问题总数的87.9%，专项帮扶活动成效显著。

（三）加强企业培育工作。

加大中小微企业培育工作力度，加强与各州市中小企业主管部门的沟通衔接，强化培育措施，及时研究部署2015年和2016年规上企业培育工作，会同各州市分解落实年度培育目标任务和措施，在调查摸底的基础上确定重点培育企业名单。在培育过程中，采取逐户跟踪、逐个落实的措施，及时掌握培育企业的产值、主营业务收入等主要指标，会同各市州协调解决企业存在的问题，抓好企业入规各项前期服务工作，并组织条件成熟的企业及时申报入统。两年来共计新增规模以上企业119户。同时，为进一步扩大社会各界对我省扶持市场主体和中小企业发展政策措施的知晓率，帮助其用好用活相关政策，积极组织省内主流媒体对各地区（园区）扶持小微企业创业创新发展的创新举措和成效，以及涌现出的先进典型等进行集中宣传报道，取得了较好成效。

（四）加快服务体系建设。

研究出台《青海省中小企业公共服务平台网络窗口平台项目建设指南》，印发《关于报送中小企业公共服务平台网络项目建设方案实施意见的通知》，指导各窗口服务平台建设。组织完成省中小企业公共服务平台服务场地的装修改造、服务平台“互联网+”服务体验中心招标、服务机构筛选及平台网络项目设计方案评审工作，全面完成平台网络的构建和部署。目前，省枢纽平台已同步与全省20个窗口服务平台开展线上运行工作。加大对中小企业创业创新基地的培育和扶持，两年内新增8个省级和6个国家级小型微型企业创业创新示范基地。

（五）优化支持方式。

2015年以来，安排省级中小企业发展专项资金6530万元对62个固定资产建设项目、70户中小微企业流动资金贷款给予补助和奖励，兑现69户新入规企业及创业创新示范基地奖励和72户小微企业房租补贴，有效提振企业发展信心。安排省级专项资金1160万元，对业绩突出的29户中小企业融资担保机构进行奖补，鼓励和引导融资担保机构不断扩大对中小微企业的融资担保规模，降低收费标准，优化中小企业融资环境。安排省级中小企业发展基金9350万元对37户中小企业进行阶段性参股扶持，帮助和支持企业加快发展。根据国家财政部有关要求，会同省财政厅研究制定《青海省中小企业发展基金设立方案》，并报省政府批准同意。基金于2016年11月22日正式成立启动，采取市场化运行机制，由省级财政出资3亿元，吸引和撬动社会资本9亿元投资青海省中小企业，破解中小企业融资瓶颈，激发中小企业创业创新活力。

（六）强化人才培训工作。

两年来，积极邀请国内知名专家学者，举办2015年度、2016年度“青海企业家大讲堂”活动，组织省内1160余名中小微企业管理人员参加培训；开展全国中小企业网上百日招聘高校毕业生活动，活动累计组织293家企业提供318个职位参加了网上招聘活动，涉及招聘人数达2630人；积极开展银河工程培训工作，为提高培训实效，开拓我省中小微企业管理人员眼界，先后组织我省560余名中小微企业经营管理人员赴浙江、福建和深圳等地培训学习。同时，根据企业实际需求，分别组织开展了企业现代物流管理、中小企业管理技能能力提升、企业信息化管理与互联网+等多期培训，两年累计完成培训4000人次以上。

（七）其他工作。

制定印发《青海省非公有制企业建立现代企业制度规范》，督促和指导相关地区抓好非公经济组织建立现代企业制度试点工作；完成2016年青洽会中小企业发展论坛筹备组织工作，邀请当代著名经济学家黄卫平、普华永道资本市场与企业服务中国区主管雷熙文到会演讲；组织省内32家优秀中小企业分别赴深圳市和广州市参加第九届APEC中小企业技术交流暨展览会，第十二届、第十三届中国国际中小企业博览会，参展展品达到420余种，在有效拓展我省企业家视野和思路的同时，也提升了企业的知名度和品牌影响力。

二、2017年工作思路和措施

（一）工作思路。

全面贯彻落实国家和我省支持中小企业发展的各项政策措施，通过综合运用财税金融扶持政策，重点支持中小企业围绕我省特色优势产业、重点产业和新兴产业加快创新发展步伐，提高企业专业化生产、服务和协作配套能力，支持和促进企业转变发展方式，加快转型升级步伐，走以专补缺，以小补大的“专精特新”成长之路。鼓励和支持中小企业工业集中区（创业园）建设，进一步完善中小企业服务创新支撑体系，拓展企业融资渠道，加快推进中小企业信息化进程，不断优化发展环境，提升发展质量，努力培育中小企业新增量、新动能，为全省工业经济持续健康发展提供有力支持。

（二）主要措施。

1.**持续优化发展环境**。充分发挥省非公经济发展领导小组办公室的协调督查和各成员单位联动机制，确保国家和省委省政府支持中小企业发展各项政策措施落实到位；按照《青海省工业和信息化“十三五”规划》和工信部印发的《促进中小企业发展规划》《促进中小企业国际化发展五年行动计划》要求，结合我省实际，加快研究制定支持中小企业和非公经济发展的新措施；根据国家修订《中小企业促进法》工作进程，适时修改完善《青海省实施<中华人民共和国中小企业促进法>办法》，全面优化中小企业发展环境。

2.**实施三项重点工程**。组织实施“中小企业创新能力提升工程”、“专精特新中小企业培育工程”和“中小企业信息化推进工程”三项重点工程，在积极争取省级财政专项资金支持的基础上，综合运用资金扶持、政策引导、技术支持等措施，围绕新能源光伏、新材料、装备制造等新兴产业和纺织、生物医药、农畜产品加工等传统优势产业，在政策、资金、资源要素等方面予以倾斜支持，培育一批主业突出、创新能力强的“专精特新”骨干企业，做大做强特色优势产业，引领和带动区域、行业加快发展。培育“专精特新”中小企业30户，规模以上企业40户，为我省“百项创新攻坚”和“百项改造提升”工程培育和输送一批成长型好、创新能力强的中型企业；推进我省中小企业信息化进程，鼓励企业在生产经营环节应用互联网、云计算、大数据、物联网等技术，创新生产方式和营销方式，提高效率，形成发展新优势和新动能。鼓励和支持中小企业加大研发投入，建立技术研发中心，完善研发场地、设施、设备。组织开展中小企业技术对接活动，为省内高校院所、科研机构和中小企业搭建交流平台，促进技术对接和科技成果转化。

3.**提升服务承载能力**。完善全省中小企业公共服务平台网络，提高中小企业服务体系的服务效率，丰富服务内容，完善服务功能。依托平台网络加强对省内各类中小企业服务机构的指导和服务资源的整合，引导窗口平台不断提高集聚服务资源的能力，完善服务功能，推动线上线下服务相结合，服务与需求精准对接，加快完善政府主导的“找得着、用得起、有保证”的公共服务平台网络。组织开展3~5次特色企业和产品展示活动，服务中小企业2000家（次），开展创客空间技术创新服务50次以上；积极争取省级财政资金，鼓励和支持重点区域中小企业工业集中区（创业园）、创业创新基地加快基础设施建设，完善服务功能，提升服务水平，增强承载能力。

4.**强化企业人才培训**。继续开展国家中小企业银河培训、中小企业经营管理领军人才培训工作，组织开展“青海企业家大讲坛”等活动，结合现代市场经济和现代企业制度理论知识训练、案例分析研究、实践考察学习等多种方式方法，提高我省广大中小企业中高级管理人员整体素质，加快培育一批高素质的中小企业经营管理者队伍，全面增强中小企业核心竞争力。同时，依托青海省中小企业公共服务网络平台，利用互联网手段，组织开展各类专业知识和专业技能培训，强化中小企业技能型人才培训，为全省实现“十三五”战略目标提供有力发展支撑。年培训中小企业人才2000人次以上。

5.**缓解企业融资难**。一是加大基金支持力度。会同省财政厅及相关机构，完成青海省中小企业发展基金二期募集工作，努力破解中小企业融资瓶颈，助力成长型、科技型中小企业快速发展，激发中小企业创业创新活力。同时，加强与国家中小企业发展基金的对接，积极争取国家基金对我省中小企业的支持。二是积极争取财政资金，采取业务补助、低费率奖励等方式，鼓励和支持各类融资担保机构增强对中小微企业的融资担保能力。三是推动融资服务创新。大力发展应收账款、存货（仓单）等动产融资模式，推动开展供应链融资。继续开展银政企对接，推动各类金融机构加大服务中小企业的力度。四是加强中小企业信用体系建设，会同相关部门，逐步建立诚信守法的企业信用体系和企业信用激励约束机制，为广大中小企业融资创造良好的社会环境。

6.**引导中小企业“走出去”**。鼓励和支持有条件的中小企业拓展境内外市场和业务板块，支持中小企业技术、品牌、营销、服务“走出去”。支持中小企业在研发、生产、销售、采购等方面开展国际化合作，促进形成以技术、品牌、质量、服务为核心竞争力的新优势。加强与相关部门的协同合作，支持中小企业积极扩大与国内外相关地区和产业的接触与交流，积极开拓新的投资和发展领域。组织企业参加中博会、各类境内外商贸交流活动和青洽会期间的中小企业论坛等活动，为省内中小企业“走出去”创造良好条件。

7.**加强调查研究**。针对中小企业发展中存在的市场需求减弱、生产要素供应紧张、生产成本持续上升等问题和困难，深入基层、企业开展调查研究，了解和掌握产业、行业、企业发展的趋势、特点。围绕原材料供应、资金需求、用工状况、市场销售、产成品库存等情况，逐步建立重点地区、重点行业、重点企业生产经营监测制度，协调各方积极寻求帮助中小企业破解难题的途径与办法。

宁夏回族自治区

2015年和2016年宁夏回族自治区中小企业和非公经济改革发展总体情况

一、概况

近年来，宁夏非公经济和中小企业在拉动增长、增加税收、促进创新、扩大就业、改善民生等方面作出重要贡献。2016年新登记注册市场主体10.8万户，同比增长17.6%；新增注册资本2296.8亿元，同比增长33.6%。其中，新登记注册非公企业2.8万户，同比增长14.3%；新登记注册个体工商户7.7万户，同比增长18.3%。非公企业、个体工商户和外商投资企业分别达11.3万户、34.3万户和651户，较上年同期分别增长19.7%、10.8%和11.5%。全区非国有经济控股完成固定资产投资2118.9亿元，占全区全社会固定资产投资的55.2%。全区1242户规模以上工业企业中，非公企业1093家，占到88%，实现增加值459.3亿元，同比增长11.7%，高于全部工业4.2个百分点，占到规上工业增加值的44.2%。占比86%的小微企业实现增加值239.6亿元，同比增长9.9%，高出大中型企业3.1个百分点。

二、加强政策支持

自治区政府印发了《关于扶持小微企业健康发展的若干意见》，相关部门出台了政府采购促进中小企业发展、鼓励民间资金进入市政公用事业领域等一系列配套措施，为非公经济发展提供了有力的政策保障。自治区分领域设立总规模30亿元的产业引导基金，增加中小企业和非公经济发展专项资金额度至5000万元，积极创新资金使用方式，撬动民间资本投入，放大杠杆效应。自治区相关部门制定出台自治区小微企业贷款风险补偿、融资担保代偿补偿、自治区众创空间认定管理等《办法》，为促进小微企业融资、推进新型创业服务机构发展提供了保障。出台《自治区企业投诉处理服务暂行办法》，着手建立区市县三级投诉服务机构，及时受理、办理企业各类投诉。各级主管部门加大政策宣贯力度，组织开展“小微企业政策大讲堂”等多种形式的宣讲活动，集中解读国家、自治区近两年出台的减税费、降成本等惠企政策，编印发放《政策汇编》2000多册。系统梳理自治区出台的支持非公经济和中小微企业发展政策，委托第三方开展惠企政策落实情况评估和重点政策落实情况督查，努力使各项政策转化为促进非公企业发展的动力。

三、鼓励支持创业创新

大力培育骨干企业，示范引领非公企业转型升级。综合运用融资服务、品牌推广、资金奖励等手段支持企业提升综合竞争力，鼓励中小微企业加大技术改造投入，围绕优势产业协作配套，促进中小微企业壮大成长。全区非公经济领域累计培育506家“专精特新”企业，400家科技型中小企业，357户中小企业创业创新梯队企业。石嘴山市成功首批入选全国小微企业创业创新基地示范城市，将连续3年共获得国家部委6亿元资金扶持。筛选18家企业开展非公企业建立现代企业制度试点，开发建设产学研对接在线平台，征集企业技术需求和高校、科研机构研究成果，促进供求对接。实施非公领域领军人才培训和非公企业经营管理人才素质提升工程，分层次、分行业举办区内外专题培训班，培训各类经营管理人才9055人次，培训规模以上非公企业出资人900名，提升企业管理能力和创新发展水平。

四、完善中小企业服务体系

累计培育56家自治区级中小企业服务示范平台（其中国家级9个），建设1个自治区服务平台为核心枢纽、6个市级综合窗口服务平台、8个重点产业集群窗口平台的互联互通服务平台网络，集聚服务机构265家，注册企业1873家，发布服务产品1547款，为各类中小企业提供服务2040家次。出台《自治区中小微企业服务补贴券业务管理暂行办法》，发放服务补贴券，鼓励社会服务机构提升服务质量，共补贴小微企业服务618项（次）组织开展各类服务活动5483场次，服务人数50344人。培育认定28家小微企业孵化示范基地（其中国家级7个），涵盖高新技术、现代农业、食品加工、商贸物流等多个行业，共建设标准厂房554.1万平方米，入驻企业数2139户，吸纳就业人数30576人，为带动区内其他创业基地发展树立了典范。

五、努力缓解融资难题

截至2016年底，全区银行业金融机构小微企业贷款余额为1096.8亿元，同比增长11.9%；小微企业贷款户数达80473户，小微企业贷款申贷获得率为95.71%。创新金融服务模式，建立政府风险补偿机制，发挥政府资金在增信和风险补偿中的功能作用。累计投入政府引导资金2.05亿元，推进建立区市县三级“助保贷”、“财保贷”、保证保险等业务，帮助120家企业获贷4.25亿元，节约融资成本700多万元。分别设立3000万元小微企业贷款和融资担保风险补偿金，降低小微企业融资成本。探索200家小微企业信用评级试点，为逐步推进信用制度建设、推动企业信用资本化提供可资借鉴的经验和路径。支持非公企业在“新三板”、宁夏股权托管交易中心等股权市场挂牌上市融资，2015年新三板企业达36家，股份增发融资10亿元；2016年，宁夏新三板企业57家，总股本突破30亿股，市值超过100亿元，宁夏股权托管交易中心挂牌企业达500家。

六、鼓励开拓境内外市场

大力发展跨境电子商务，鼓励企业“走出去”发展。组织企业参加中国中小企业国际博览会、APEC技展会，搭建特装展区集中展览展示我区中小企业发展成果和区域品牌及优质产品，多家参展企业达成合作项目，找到了全国代理商和配套商。会同宁夏中小企业协会，组织区内12家企业赴摩洛哥、卡塔尔和阿联酋三国开展项目对接，宁夏大地循环发展股份有限公司与迪拜哈伊德公司达成年销售50万条轮胎的合作意向，鲁西石化与沙特国际石化公司等三家公司达成年采购20亿元化工原料合作意向。鼓励中小企业创建驰（著）名商标，中小企业拥有中国驰名商标、宁夏地理标志证明商标、宁夏著名商标占比达到60%以上。

七、优化政务服务环境

建立涉企收费清单常态化公示和负担监测评估制度，加快相关领域涉企收费目录清单动态化梳理，涉企行政事业性收费、政府性基金项目、区管经营服务性项目、行政审批中介服务项目、自治区先后对行政审批事项进行两轮清理，“五证合一、一照一码”商事制度改革，降低了企业的办事成本，新登记注册企业比去年同期增长18.5%。开展了“红顶中介”、违规收费、保证金清理等专项检查和清理整治。注销社会组织和挂靠单位41家，规范保留中介服务机构120家、收费项目69项。社会团体与行政机关脱钩38家。全区涉企行政事业性收费项目减至51项（其中46项为中央批准设立，地方设立的5项），政府性基金项目减为12项，区管政府定价（指导价）经营服务性收费项目19项。建设领域涉企保证金项目仅剩投标保证金、履约保证金、工程质量保证金、农民工工资保证金4项，2016年自治区新型工业化担保基金为企业担保贷款近13亿元，补贴保费2587万元，在建项目贷款贴息1.2亿元；输配电价改革和电力直接交易，降低企业用电成本26.7亿元；结构性减税、降低企业税负负担26.4亿元；降低养老、失业、工伤、生育保险费率，减轻缴费负担11.83亿元；铁路、公路物流成本减负8218万元；政府定价的中介服务的收费标准降幅10~20%，减轻企业负担290万元。全区企业负担下降明显，2016在全国31个省市区企业负担总指数排序中较上年上升3位，得到国务院减负办充分肯定。

（宁夏回族自治区非公有制经济服务局供稿）

新疆维吾尔自治区
2015-2016年本地中小企业改革发展总体情况

一、自治区中小企业发展基本情况

2015年，新疆规模以上中小微企业共有2619家，实现工业增加值为970.73亿元，同比增长2.3%。其中，全区315家中型企业工业增加值为355.98亿元，比上年减少7.28%；全区1964家小型企业工业增加值为566.81亿元，比上年增长7.07%；全区340家微型企业工业增加值为47.94亿元，比上年增长34.78%。从增加值总量和增速来看，规模以上微型工业企业为领先。

发展特点：

表1 2014-2015年规模以上中小微企业主要指标

2015年	工业增加值（亿元）	主营业务收入（亿元）	全部从业人员年平均人数（人）	企业个数（个）
中型	355.98	1113.82	171427	315
小型	566.81	2151.59	213750	1964
微型	47.94	172.72	14509	340
合计	970.73	3438.13	399686	2619
2014年	工业增加值（亿元）	主营业务收入（亿元）	全部从业人员年平均人数（人）	企业个数（个）
中型	383.93	1233.94	179051	334
小型	529.39	2045.54	205216	1827
微型	35.57	92.16	11528	218
合计	948.89	3371.64	395795	2379

数据来源：《新疆统计年鉴2015，2016》

一是企业总体规模和带动就业人数日益增加。2015年，新增企业个数240家，从业人员年平均数增加3891人。其中，中型企业的工业增加值、主营业务收入、全部从业人员年平均人数和企业个数指标都在下降，小型微型企业各个指标都在上升。2015年新疆中小微企业占全区企业总数的96.75%以上。中小微企业全部从业人员年平均人数占企业总数的55.51%以上。中小微企业成为一支数量巨大，就业人数较多的主力军。2015年，全区规模以上中小微企业实现主营业务收入3438.13亿元，比上年增长1.97%。

二是行业发展效益有升有降。分行业看，39个行业中有19个行业增加值实现增长。增加值实现增长的行业依次是：非金属矿采选业，增长9%，比2014年高于13.1个百分点；农副食品加工业，增长15.4%，比2014年低于17.6个百分点；食品制造业，增长5.3%，比2014年低于2.5个百分点；酒、饮料和精制茶制造业，增长13.5%，比2014年高于4.5个百分点；烟草制造业，增长11.6%，比2014年高于10.1个百分点；纺织业，增长21.6%，与2014年基本持平；纺织服装、服饰业增长2.77倍，比2014年高于2.65倍；木材加工及木、竹、藤、棕、草制品业，增长31.8%，比2014年高于56个百分点；家具制造业，增长1.22倍，比2014年高于1.07倍；造纸和纸制品业，增长16.1%，比2014年低于6.7个百分点；文教、工美、体育和娱乐用品制造业，增长20.7%，比2014年低于1.6个百分点；石油加工、炼焦和核燃料加工业，增长32.8%，比2014年高于34.5个百分点；橡胶和塑料制品业，增长2.3%，比2014年低于13.5个百分点；金属制品业，增长30.7%，比2014年高于47.6个百分点；铁路、船舶、航空航天和其他运输设备制造业，增长1.09倍，比2014年高于82.2个百分点；电器机械和器材制造业，增长43.3%，比2014年低于5.78倍；金属制品、机械和设备修理业，增长9.5%，比2014年低于21.8个百分点；电力、热力生产和供应业，增长5.7%，比2014年低于2.5个百分点；燃气生产和供应业，增长16.9%，比2014年低于8.6个百分点；水的生产和供应业，增长59.8%，比2014年高于34.3个百分点。

2015年，下降幅度较大的行业有：石油和天然气开采业下降47.6%；黑色金属矿采选业下降48%；有色金属矿采选业下降16.5%；皮革、毛皮、羽毛（绒）及其制品业下降60.6%；化学纤维制造业下降24.1%；黑色金属冶炼和压延加工业下降1.28倍；计算机、通信和其他电子设备制造业下降71.9%；汽车制造业下降17.1%；废弃资源综合利用业下降30.7%。（表2）

三是产销率略有上升。中小微企业实现销售产值3394.74亿元，增长1.3%；产销率95.9%，比2014年高于1.4个百分点。其中，中型企业销售产值1097.59亿元，下降9.6%，产销率95.48%，增长1.3个百分点；小型企业销售产值2129.76亿元，增长4.2%，产销率96%，增长1.4个百分点；微型企业销售产值167.39亿元，增长82.63%，产销率95.9%，增长1.4个百分点。

表2　2016年全疆中小微企业生产、销售情况

指标名称	计量单位	本年	同比年增减(%)
工业增加值	亿元	2440.94	3.7
在总计中：公有制经济	亿元	1507.78	-1.1
其中：国有控股企业	亿元	1463.63	-0.9
非公有制经济	亿元	933.16	13.4
在总计中：大型工业企业	亿元	1305.16	-4.1
中小微型工业企业	亿元	1135.78	11.27
其中：中型企业	亿元	367.89	1.2
小型企业	亿元	728.85	27
微型企业	亿元	39.04	-12.2

二、主要问题和发展趋势

（一）中小微企业经营活力不足、生存压力日益加大。

一是低端产业比重大、产品附加值普遍较低。我区中小微企业多属于农副产品加工、塑料加工、建材、机电等行业，处于产业链的低端，产品附加值不高，创新能力较弱。二是创业成活率不高，企业平均存续期短。根据自治区工商局数据，存续时间5年以下的企业占我区企业总量的55%。三是企业成本高居不下，盈利空间被压缩。随着国际、国内经济增速放缓，经济下行压力加大，原材料、用工、融资等要素成本上涨，进一步削弱了中小微企业的竞争优势，扩大外需难度进一步加大，面临严重的产能过剩压力，经营效益进一步下滑。

（二）中小微企业赖以生存的发展环境不完善。

一是市场准入存在多种壁垒。国家自治区下大力气简政放权，取消和调整了一批行政审批事项，如“非公36条”和民间投资36条，对中小微企业可进入的行业和领域给予进一步明确。但外部环境的改善与中小微企业的需求还有一定的差距，仍需要进一步提高审批效率，部分行业、领域存在市场准入门槛高，对中小微企业主体进入资格、职业资格的评定进行限制，“玻璃门”、“弹簧门”、现象仍然较为普遍，中小微企业发展环境很不完善。二是创业政策扶持力度有待加强，惠企政策落地难。中小微企业创业在资金融通、土地占用、市场准入、税费征收等方面需求较大，惠企政策落地困难，仍然是制约我区中小微企业发展的重要因素。

（三）中小微企业融资难、融资贵问题突出。

一是融资渠道单一，金融市场发展缓慢。我区企业融资仍以银行贷款为主，约在80%左右；二是综合融资成本高。各银行融资成本普遍在6~10%之间，民间小额借贷融资成本高达30~40%。三是小企业自身条件薄弱。我区小企业普遍自身规模较小、实力不强，信用度低，财务制度不健全、内部管理不规范，而达不到银行贷款准入条件，加之企业自有可抵押资产不足（这类企业占97%），中小微企业负债率高、资金回笼弱，偿债能力低，使银行对小企业普遍存在“惜贷”或“慎贷”现象。四是金融服务覆盖面不足，提供的少量金融资源难以满足自治区中小微企业的发展需求，导致自治区中小微企业获得金融资源在更加困难的同时，也推涨了融资成本。五是中小企业担保体系建设滞后。我区担保行业区域发展不平衡，主要集中在北疆片区，南疆地区少，担保机构放大倍数偏低，不足2倍。担保机构和银行之间未形成风险共担机制，均独自承担100%的风险责任。六是进入债券市场门槛高，进入困难。虽然国家出台了中小微企业增信扶持债的相关政策，一定程度上缓解了中小微企业融资困境，但是由于中小企业发债门槛高、环节多、难度大以及政策透明度不高，再加上相关政策趋紧、中小企业通过企业债券募集资金渠道不畅。

（四）中小微企业服务体系建设不完善。

当前自治区已有12个地州建立了中小企业公共示范平台，但是由于全区在税收、资金、项目、政策等方面对公共服务平台的支持较少，对从业人员的监督与激励不足，致使现有公共服务平台网络辐射范围和辐射面不能实现全覆盖，平台从业人员服务积极性和服务热情不高，服务质量远不能达到相关要求，致使各个平台之间缺乏沟通和协作，远不能满足各地州中小微企业的服务需求；多数县级没有中小微企业服务机构，南疆地区服务机构更少、能力弱，服务水平和效率不高。

（五）人才匮乏制约中小微企业发展。

一是我区中小微企业规模小、资金力量薄弱，有限的资金难以对企业人才提供高额的薪金，待遇低是中小微企业人才引进工作的重要瓶颈；二是中小微企业发展前景不明朗，难以对相关人才提供足够的晋升空间以及更好的学习和提高的机会；三是企业用人、分配和激励制度不优越，很难有力的留住人才，极大的限制了中小企业的发展。

三、我区中小微企业发展趋势

一是丝绸之路经济带核心区建设为中小微企业开放发展提供机遇。随着自治区的经济实力显著增强，对外开放水平不断提高，已经形成依托沿边口岸、沿桥和沿交通干线向国际、国内拓展的全方位、多层次、宽领域的对外开放格局，已成为自治区经济向西开放的重要力量。丝绸之路经济带核心区建设提出三大基地、三大通道、五大中心、十大产业集聚区，涉及基础设施建设、经贸合作、人文交流、产能合作、医疗健康服务等一系列领域，市场空间逐渐扩大，未来我区中小微企业在市场开拓、产能合作、技术创新等将呈现新一轮的发展势头。

二是互联网技术的快速发展、网络购物等催生的新业态、新模式为我区中小微企业发展带来的发展机遇。近年来我国互联网技术快速发展，互联网+成为中国最大的经济增长点。移动互联网时代将带来全新的商业模式的变革，不仅构建信息对称的商业机制，还面临大数据、去中心化、去平台化的新趋势。

三是国家实施“双创”战略，为中小微企业带来新的发展机遇。我国把加快转型发展和创新驱动提升到战略核心位置，并在科技创新体制、科技创新载体建设等方面做出了一系列重大战略部署，加快培育创业创新主体，“大众创业、万众创新”活力将被进一步激发。通过众创、众包、众扶、众筹新平台建设，帮助广大创业者聚集和链接各类创业资源的孵化，通过政府和公益机构支持、企业帮扶援助、个人互助互扶等多种途径，共助小微企业和创业者成长，构建创业创新发展良好生态的创新形式，个人或企业通过互联网向社会公众或组织募集资金，为自治区中小微企业创新发展提供了新的机遇。

四是对口援疆战略的实施为自治区中小微企业的发展带来新的发展机遇。随着国家丝绸之路经济带战略的实施，中国资源导向型和业态将向西转移。随着全方位对口援疆战略的持续推进，自治区中小微企业与援疆省市的交流交融交往进一步深化，将迎来资本、技术、人力等要素的充分流动。“十三五”期间，自治区中小微企业要紧抓新一轮产业技术革命与我国产业创新转型发展形成的历史交汇机遇，创新落实对口援疆举措，加快推动自治区中小微企业新一轮调结构、强创新、促转型。

四、2015年和2016开展中小企业发展所开展的年主要工作

（一）2016年开展的主要工作。

一是不断加大惠企政策措施落实力度，进一步优化中小企业发展环境。配合自治区人大常委会对《自治区中小企业促进法实施办法》落实情况开展执法检查，及时发现和解决问题，推动了各项惠企政策措施落实；组织专家编制《新疆维吾尔自治区中小微企业“十三五”发展规划（2016—2020）》，提出“十三五”时期促进中小微企业发展的指导思想、原则、目标、主要任务和保障措施，为“十三五”时期中小微企业发展指明了方向。认真贯彻落实自治区《关于大力推进大众创业万众创新若干措施的实施意见》（新政发〔2016〕88号），出台《新疆维吾尔自治区中小企业公共服务平台网络建设专项资金管理暂行办法》，加大对小微企业创业基地、示范平台和平台网络建设的支持力度，优化了中小企业创业环境。深入开展“送温

暖、送政策、送服务”活动。依托自治区中小企业公共服务平台网络，集合优质服务资源，组织专家26人次，深入伊犁、塔城、阿勒泰、克拉玛依、博州、哈密、吐鲁番、巴州、阿克苏、喀什、和田11个地州（市）中小企业，围绕企业发展中遇到的困难和问题，开展了南疆行、东疆行、北疆行、南疆民语行“三送”活动。

（二）深入实施“短平快”项目促就业工作，全力支持扶贫攻坚。

一是周密安排部署，项目稳步推进。为进一步放大“短平快”项目社会效应，更好地助力改善民生、脱贫攻坚，年初委领导向自治区建议2016年继续在喀什、和田、克州实施“短平快”项目，并将阿克苏纳入其中，突出对南疆四地州脱贫攻坚工作的支持力度。

二是严格审核把关，项目质量过硬。我们坚持按照自治区相关部门、地州、县市三级联动的原则，共同抓好项目申报、审核工作，会同自治区财政厅、人社厅、国资委、金融办等部门组成联合检查组，采取全覆盖、无遗漏的方式，对各地州市申报的2016年“短平快”项目，从实施条件、投资情况、新增就业人数等方面进行了现场核查。

三是持续跟踪指导，项目成效显著。为抓好项目落实，自治区于8月26日专题召开“短平快”项目促就业目标任务落实签约会，自治区政协副主席、政府党组成员、党委深改办常务副主任刘建新代表自治区人民政府与十四个地州市行署（政府）分别签订了目标任务落实责任书，并作了重要讲话，对抓好“短平快”项目实施提出了明确要求。

（三）切实用好中小企业发展专项资金，充分发挥财政补贴作用。

一是用好中小企业发展专项资金。二是出台《自治区“专精特新”中小企业认定管理办法》，促进中小企业加快转型升级，走专业化、精细化、特色化、新颖化之路，增强企业核心竞争力。三是设立中小企业发展基金。自治区人民政府已同意《自治区中小企业发展基金设立方案》，自治区财政将出资5亿元，从社会募集资金25亿元，设立总规模为30亿元的中小企业发展基金。

（四）大力推进“双创”工作，助力中小企业创业创新。

一是开展“创业创新服务地州行”活动。由上海申新科技创新基地、新疆米东创新孵化基地等国家级创业创新示范基地派出创业辅导师，组成创业专家服务团，先后前往伊犁、喀什、昌吉等地州（市），面向基层小微企业创业基地和公共服务示范平台进行政策解读、经验介绍、咨询诊断、精准帮扶。

二是举办2016“创客中国”新疆创新创业大赛。我委联合自治区商务厅、教育厅、科协、新疆电视台等部门，采取政府主导、企业运作的方式，成功举办了自治区第一届“大众创业、万众创新”大会暨“创客中国”新疆创新创业大赛。

三是做好小微企业创业创新基地城市示范工作。今年，我委会同自治区财政厅、科技厅、商务厅、工商局，指导乌鲁木齐市成功申报了第二批国家小微企业创业创新基地示范城市，国家给予了2亿资金的财政支持。

（五）稳步推进平台网络建设，不断完善中小企业服务体系。

一是认真开展自治区中小企业公共服务平台网络建设工作。

二是认真开展自治区小企业创业基地培育和认定工作。2016年新认定自治区级小企业创业基地13家。

三是认真开展自治区中小企业公共服务示范平台培育和认定工作。2016年新认定自治区级中小企业公共服务示范平台25家。

（六）不断加强中小企业信用担保体系建设，切实做好融资服务工作。

一是完善中小企业信用担保体系。为引导自治区融资担保机构加大对中小微企业融资担保力度，有效缓解中小微企业融资困难，配合自治区财政厅出台了《关于推进自治区中小微企业融资担保风险补偿工作的实施意见》和《自治区中小微企业融资担保风险补偿资金管理办法》等政策措施，委托新疆再担保（集团）有限公司做好融资担保风险补偿资金管理和代偿补偿工作。2016年对17家担保机构进行了代偿补偿，共计补助资金3480.41万元。

二是申报产融合作试点城市。根据工信部等五部门《关于组织申报产融合作试点城市的通知》（工信部联财〔2016〕237号）要求，我委会同自治区财政厅、人民银行乌鲁木齐中心支行、新疆银监局，对我区各地推进产融合作工作情况进行调查，从产融合作已具有一定基础、产业与金融互动较好的城市中优选，于8月底向工信部上报了《关于推荐新疆乌鲁木齐市、哈密市申报国家产融合作试点城市的报告》（新经信企〔2016〕486号），并前往工信部进行了专题汇报，目前正在等待审批。

三是做好中小企业融资服务工作。坚持每年年初开展中小企业融资需求调查，积极配合园区处开展“金融服务进园区”活动，持续深入做好银企对接服务，通过组织召开形式多样的银企对接会，通报经济运行情况，解读金融政策，交流融资信息，推动银企签约。

（七）持续抓好中小企业人才培养，着力提高企业经营管理水平。

一是深入开展银河培训。坚持以政府培养为主导，社会中介机构、高等院校、科研院所为补充，建设中小企业培训体系，打造中小企业培训品牌。今年银河培训工程共培训各类经营管理人员8155人，受到广大中小微企业的欢迎。

二是灵活运用培训模式。组织我区120名优秀中小企业经营管理人员赴浙江、北京进行培训调研，帮助企业高层丰富了管理经验，提高了管理能力。

三是抓好重点工程实施。继续实施企业经营管理人才素质提升工程，选派62名优秀企业家参加了我委与上海交通大学联合举办的领军人才培训。已与南京大学达成协议，将选派60名优秀企业经营管理人才赴南京大学参加领军人才培训。

（八）积极搭建展览展示平台，促进中小企业对外交流。

一是组织中小企业参加区外展会。7月份组织我区30多家中小企业赴深圳参加第九届APEC中小企业技术交流暨展览会，我委被技展会组委会评选为“最佳组织单位”和“最佳设计单位”。10月份组织我区60多家中小企业赴广州参加第十三届中国国际中小企业博览会，与国内外中小企业签订投资意向协议0.8亿元。

二是继续办好《企业之声》栏目。充分发挥新疆人民广播电台中小微企业宣传服务平台的桥梁和纽带作用，每天至少邀请一位企业家走进直播间进行对话访谈，帮助企业宣传，助力企业成长。经统计，今年已有近500名企业家做客《企业之声》栏目，展示了企业风采。

三是新疆中小企业期刊（季刊）和中小企业（月刊）继续按期发行，为小微企业提供了工作要情、政策咨询、企业动态、创业创新、融资服务、银河培训、运行监测、地州要情等信息服务，受到广大中小企业欢迎。

（九）认真做好分离企业办社会工作，切实减轻企业负担。

一是积极推进八钢分离企业办社会职能工作。按照自治区党委、人民政府关于推动钢铁行业脱困工作要求，成立分离企业办社会职能工作领导小组，制定了八钢医院、幼儿园、退休人员、城市公共服务四项社会职能的总体分离方案，并以自治区人民政府名义下发。按照新政阅〔2016〕67号会议纪要精神，八钢公司所属4家医院和4所幼儿园已于2016年9月29日与当地政府签订了分离移交协议，标志着八钢分离企业办社会工作又向前迈出了重要的一步，对促进八钢轻装上阵，集中精力做强钢铁主业具有重要意义。

二是牵头做好新化化肥有限公司医院和幼儿园移交地方管理工作。按照自治区人民政府《关于新化化肥有限公司医院和幼儿园移交地方管理工作会议纪要》精神，经多次征求自治区编办、国资委、财政厅、人社厅、卫计委、教育厅、乌鲁木齐市政府及企业意见，制定了新化化肥有限公司医院和幼儿园移交地方政府管理工作方案，已上报自治区人民政府。

三是解决企业改革遗留、分离企业办社会等涉及群众利益的热点难点问题。一年来接待群众访问400多人次，协调处理锅炉安装公司退休人员企业改制遗留问题、石油子校等单位退休教师享受待遇问题、驻吉尔吉斯斯坦务工人员因劳务纠纷回国等各类问题10余起，协调财政安排和落实各类补助资金1.5亿元。

五、2015年中小企业所开展的工作

（一）研究制定和落实促进中小微企业发展的政策措施。

起草并向人民政府上报了《自治区“大众创业、万众就业”行动方案》，并以新政办发〔2015〕34号印发；《自治区大力推进小微企业创业基地建设的指导意见》《自治区关于进一步支持小微企业健康发展的实施意见》。

（二）深入推进“短平快”项目工作。

一是制定《2015年自治区“短平快”项目实施方案》，方案从指导思想、工作原则、工作目标、重点扶持产业、支持方式、申报条件、实施步骤、保障措施等八个方面对“短平快”项目的实施过程进行了安排部署。二是自治区组织召开“短平快”项目目标任务落实签约会，落实目标任务签订责任书。三是会同有关部门先后两次对自治区“短平快”项目建设情况进行了全覆盖、无遗漏的实地督查，全面了解和掌握了项目建设进展情况。

（三）加大中小微企业发展专项财政扶持力度

安排自治区中小企业发展专项资金1.5亿元，支持自治区“短平快”项目6000万元；支持固定资产投资类项目70个，资金2562万元；支持服务体系项目139个，资金3315万元；支持中小企业融资担保机构代偿补偿资金3000万元。

（四）树立示范平台，助力企业发展。

起草了《新疆中小企业公共服务示范平台运行情况检查报告》，加强对已认定平台及创业基地运营情况的跟踪服务，鼓励率先为小微企业提供优质服务，推动众创空间的建设与发展。自治区经信委与自治区团委、人社厅、新疆广播电台等单位，启动了第二届“创业导师校园行”活动，计划组织100家企业进校园开展创业服务。

（五）创新合作方式，做好金融服务。

注重加强与银行的合作，落实好我委与10家银行签署的《中小企业金融服务战略合作协议》。一是开展了两次中小微企业流动资金需求调查，组织召开了自治区中小微企业银企对接会，通报当前经济、金融运行情况，交流信息、银企签约等工作，今年有12家银行与12家企业签约贷款3.25亿元。二是推动小微金融产品创新。

（六）加大担保补助力度，增强担保实力。

我委已与自治区财政厅联合出台了《关于推进自治区小微企业融资担保风险补偿工作的实施意见》及《操作规程》等一系列政策措施，自治区财政安排3000万元，专门支持中小企业融资担保机构代偿补偿资金，引导担保机构为创业创新企业提供融资担保服务。推动中小企业与小额贷款公司和融资性担保公司（简称“两类机构”）积极参与评级。

（七）创新培训模式，提高企业管理水平。

继续推动以中政府培养为主导，社会中介机构、高等院校、科研院所为补充的培训体系建设，着力培养中小微企业经营管理人才。一是深入开展银河培训。今年银河培训工程共培训各类经营管理人员7515人；二是积极创新培训模式。主动与北京理工大学、苏州大学、浙江中小企业培训中心合作，选派150多名中小微企业经营管理人员到北京、江苏、浙江学习培训。三是继续做好2014~2015年度与中山大学联合举办的领军人才培训，今年又和上海交通大学合作，开展2015~2016年度的领军人才培训，共培训学员62名。四是邀请合肥市中小企业服务中心来疆开展创业辅导师培训，80余人获得创业辅导师资格证书。

（八）搭好宣传平台，营造舆论氛围。

联合新疆人民广播电台搭建了新疆中小微企业宣传服务平台，发挥政府和企业之间的桥梁和纽带作用，为企业送政策、送服务、送温暖，助力企业成长。《企业之声》栏目每天邀请一位小微企业家走进广播电台直播间进行访谈，着力为新疆中小企业发展营造良好的舆论环境，目前已有多位疆内优秀小微企业家免费走进直播室宣传了企业，扩大了影响。组织新疆33家企业参加第十二届中国国际中小企业博览会，签订意向金额1.8亿元。新疆中小企业期刊（季刊）和中小企业（月刊）继续按期发行，为小微企业提供了工作要情、政策咨询、企业动态、创业创新、融资服务、银河培训、运行监测、地州要情等信息服务，受到广大中小企业欢迎。

大连市

2015年大连市民营经济（中小企业）发展情况

2015年，我市民营经济面临前所未有的困难，在经济因素与非经济因素双重叠加的不利影响下，民营经济运行主要指标出现较大幅度下滑。全年民营经济实现增加值4407亿元，同比下降17.94%；营业收入13824亿元，同比下降17.18%；上交税金510亿元，同比下降11.8%；利润总额完成930亿元，同比下降11.4%。指标下降原因主要是：一是外贸出口增长乏力。受国际市场环境变化影响和日元贬值，造成出口低迷，特别是对外依存度过高的家具、水产品、服装等行业冲击较大，再加上内需市场不旺，造成企业运营困难。二是成本高、价格走低因素影响较大。企业普遍感到经营成本压力大，加上产能过剩导致了企业产品价格竞争加剧，工业价格大幅下降，工业品销售不畅，企业利润空间缩窄。三是企业流动资金十分紧张。中小企业受货款拖欠影响，应收账款明显增多，导致企业资金周转缓慢，严重影响企业正常生产经营活动。此外，企业融资难、融资贵等问题也相当突出。

发展特点如下：

综合实力持续增强，竞争力进一步提升。2015年，全市民营经济实现增加值4407亿元，上缴税金512亿元。从规模工业上看，国有企业、民营企业、外商企业产值比重为26∶54∶20，民营工业主导地位更加突出，有力地拉动了全市工业经济增长。全年有5家民营企业进入中国企业500强行列；2家企业入选中国制造业企业500强；8家企业入选中国服务业企业500强；上市企业户数达到25家。

项目投资效果明显，发展后劲继续加大。2015年，全市民营经济完成固定资产投资2530亿元，其中民营工业企业完成固定资产投资1335亿元，占民营投资总额的52.7%。超亿元项目223项，一批大项目相继建设达产，全年新增产值200多亿元。

创业创新活力显现，发展质量逐步提升。2015年，全市新办企业达到2.99万户，实现个体工商户转企升级3903户。新认定高新技术企业和技术先进型服务企业137家，新认定企业“专精特新”产品76个，累计达493个；累计创建企业技术中心115个，认定创新成果200余项，涌现出一批创新成长型企业。民营经济对全市科技进步贡献率达到75%以上。

开放成效显著，国际合作不断深化。民营企业海外并购力度进一步加强，成效明显。截止到目前，民营企业实现海外并购项目66个，投资总额约7.47亿美元。通过产能合作，企业拓展了市场，技术水平得到迅速提高。

2015年是“十二五”收官之年，面对不断增大的经济下行压力，我们认真贯彻落实国家、省市的决策部署，知难而进，创新思路，创新举措，化挑战为机遇，扎实推进民营经济、中小企业健康发展。主要工作情况如下：

引导企业走创新发展之路

实施创新型中小企业发展育龙计划。建立育龙企业库，制定标准，筛选出千家企业进入“育龙企业”库；设立50亿元育龙（中小）企业发展基金，通过股权投资、债权投资等方式，支持创新型企业做优做强。

引导企业走“专精特新”发展道路。新认定中小企业“专精特新”产品76项，累计达493项，扶持创新典型企业发展。

培育创新成果。今年我市有4家企业入选中国中小企业创新100强；认定市级以上创新成果35项，其中，中国企业创新成果5项。

开展扶助小微企业专项行动

出台支持企业创新发展的政策。我们按照市领导指示精神，成立工作组，深入企业，开展专题调研，听取企业意见和建议，并形成调研报告，同时，加强与政府部门的沟通与协调，并以市委、市政府名义，出台了《支持企业创新和发展的政策措施》（大委发〔2015〕9号）文件，围绕推动企业创新、改善投资环境、减轻企业负担、支持民营中小企业发展等方面，提出了25条强有力措施。文件出台后，受到广大企业的普遍欢迎，极大地提振了企业发展的信心。

积极推动中小微企业公共服务平台网络建设，为企业提供一站式专业化综合服务。开通了“大连中小民营”公众微信平台，发布各类政策、经贸、管理等信息近200条。先后举办多期大连经信讲坛，开展“百名专家、百日巡诊”活动，进行了一对一的咨询，为近20家企业提供诊断和咨询服务。利用“96366”法律服务平台，为企业提供法律咨询和援助达2万多人次，免费为企业培训3.7万人次。

培育发展民营企业集团。按照省政府和省中小企业局的指示精神，在调研的基础上，组织各区市县和先导区精心策划、统筹安排，确定了年营业收入10亿元以上企业集团29个的培育目标，并将目标和工作任务进行了分解，按照季度时间节点进行考核。

帮助企业开拓市场

配合国家工信部在我市组织召开全国部分地区对外合作工作座谈会，探讨"一带一路"战略背景下中小企业对外合作思路。

搭建"互联网+外贸"和中国方舟"走出去"公共服务平台。重点引导中小企业沿"一带一路"选点促销、抱团发展。成功举办中国方舟上线发布暨第二届全球工业贸易投资合作（大连）峰会，大力支持中小企业走出去公共服务平台建设，初步建成1000余个海外服务网点雏形，平台海外终端50余个，为1000多家大中小企业提供了公共服务。平台对接协调或承担工程承包项目132个，超亿元项目30余个，合作意向金额近50亿美元，各类在跟踪新项目信息300多个。

积极推进企业间配套对接。成功举办了大连一长兴岛企业对接会，吸引200多户企业参加，同时，组织企业参加本溪、阜新全省大小企业配套对接活动。组织600多户企业参加各种国际、国内贸易展览洽谈会，推动企业主动参与市场竞争。成功举办2015中国（大连）国际服装纺织品博览会，展会期间举行多场专题对接会，来自国内外800余家企业、600余家采购商、代理商、零售商、专业买手等进行了商业对接。

支持企业参与政府采购。通过组织对接活动，帮助企业掌握政府采购优惠政策，已有83户小微企业享受政府采购评审优惠。

推动大众创业万众创新

成功举办了"大众创业、万众创新"活动周。集中宣传、解读推动双创活动的政策，通过开设创业实战微课堂、管理咨询开放日、项目评估会、天使行动、创客沙龙等一系列活动和信息发布、创业辅导、技术支撑、互动对接等服务，1000多人次参加活动。

先后开展创业实战特训等系列培训125班次，培训创业者7500人。积极推进创业基地、创业咖啡厅、创业工坊和蚂蚁创客等众创空间发展，为创业者提供宽广创业空间。全年新建小企业创业基地9个，中小企业公共服务平台5个。

推进孵化体系建立。全市市级以上科技企业孵化器达到33家，全市孵化场地总面积超过95万平方米，在孵企业1659家，累计孵化企业3529家。

帮助中小企业解决融资难问题

积极开展中小微企业融资促进行动。从发展融资服务体系、创新融资产品、拓宽融资渠道、搭建融资平台、优化融资环境等方面入手，支持金融资金、民间资金和社会资金加大对中小微企业的投入。

充分发挥中小企业发展基金和风险贷款的作用，帮助中小企业破解融资难、融资贵的发展瓶颈。累计为解决金融贷款40余亿元，引导担保机构为企业解决担保贷款280亿元，25家中小企业在新三板成功挂牌。

成功举办了2015银企对接电视行动。通过政府搭台、媒体牵线、银企零距离对接，进一步掀起关注实体经济、扶持中小微企业的金融热潮，100多家企业参与了电视行动，与银行及金融机构进行了融资对接。

2016年大连市民营经济（中小企业）发展情况

全年民营经济（中小企业）实现增加值4042亿元，同比下降8.29%；营业收入13121亿元，同比下降5.08%；上交税金518亿元，同比增长1.57%；利润总额完成865亿元，同比下降7.05%。主要特点如下：

企业综合实力进一步增强。全市规模以上民营企业超过1500户，销售收入超过10亿元的民营企业达到29个，其中逸盛大化、恒力石化、锦联集团、大机床等企业销售收入超百亿。29家企业实现境内外上市，占全市上市总户数64.4%；连城数控、皓月医疗等28家企业获得新三板挂牌，累计达到87家，占全省总数的44.2%；民营企业拥有省名牌71个，占全市总量的58.7%；拥有市名牌155个，占全市总量的60.1%。

企业创新能力进一步显现。今年，民营企业创建技术中心18个，累计达到132个，对全市科技进步贡献率达到75%以上。创新型企业继续保持强劲发展势头，表现出订单充足，创新能力突出，涌现出远东工具、光洋科技、融科储能、德豪光电、豪森设备等一批高成长型创新企业。民营企业研发的核泵、水源热泵、LED照明、新能源汽车等节能环保产品实现产业化，显现出巨大的创新带动作用。

企业项目拉动作用明显。恒力石化PTA第三条生产线、锦源石化烯烃项目顺利达产；融科储能调峰电站、德豪光电LED倒装芯片、宇宙电子8英寸半导体器件、维德公司智能视觉产业中心、乾亿重工隧道掘进机等超10亿元项目进展顺利，将成为新的增长点。派思燃气投资3亿元并购了德国RMG公司、美罗药业投资1400万美元并购了美国宝利金制药有限公司。

新办企业数量增长迅速。2016年，通过简政放权，优化服务，加大惠企力度，推行一系列商事制度改革，进一步激发了市场活力，全市新增私营企业32971户，注册资本（金）2629.70亿元，同比增长19.62%和65.99%。新登记个体工商户59926户，同比增长12.24%，注册资金达到43亿元。

全市民营经济虽然呈现出企稳回升态势，但所面临的困难和问题依然很多。一是受国内外市场环境影响，大多数传统类民营中小企业出口不畅，订单不足。二是民营固定资产投资呈现下降走势，并且有进一步扩大趋势。新的增长点还处于培育期，拉动作用还没有充分发挥出来。三是创新型民营中小企业融资问题依然是一个难点，特别是具有创新能力的轻资产型中小企业仍然难以获得金融机构支持。四是发展环境还需进一步优化，虽然出台多项政策，但仍不能完全享受到公平待遇。此外，企业还面临生产成本高、人才匮乏等问题。

主要工作措施：

2016年，面对经济下行压力，按照全市的决策部署，我们迎难而上，奋力拼搏，抓创新，抓创业，促成长，促振兴，扎实推进民营经济稳步健康发展。主要工作如下：

召开民营经济大会，营造创新环境。市委、市政府组织召开全市民营经济大会，评选出50强民营企业，制定出台《关于进一步促进民营经济发展的实施意见》（大委发〔2016〕7号），从改善投资环境、加大政策支持、提高公共服务效率、破解融资难题等方面提出20条有效措施，引领企业创新转型发展。通过出台40条税收优惠政策、给予企业稳岗补贴，帮助企业减轻经营负担；围绕《中国制造2025》行动计划，引领企业向智能化、品牌化方向发展。民营企业发展的政策、市场、金融、服务等环境得到显著改善，有力提振企业发展信心。

实施“育龙”计划，推动企业做优做强。积极推进“育龙计划”实施，建立千户育龙企业库，“育龙基金”为企业提供100多亿元融资支持，有效解决企业燃眉之急。全年评选出创新典型企业10户，新认定企业“专精特新”产品98个，累计达591个；新认定创新成果30余项；落实“研发费加计扣除”政策，全年为企业增加研发费用3.2亿元；完善了“科技指南针”综合服务平台，开放一批实验室，为企业科技创新提供优质服务。

开展“十百千”帮扶行动，帮助企业排忧解难。应对经济下行压力，积极开展“十百千”帮扶行动，组建15支专家服务团队，全市选派机关干部与2000家企业开展“结对子”帮扶，全年帮助企业解决多项历史遗留问题，对此，企业给予了高度评价。全年举办2016辽宁大连大小企业配套对接会等各项对接活动27场次，为企业争取订单2亿元。

开展融资对接活动，解决企业融资难题。成功举办“金融产品推介与企业项目展示签约大会”等银企对接活动43次，企业获得融资金额19.44亿元。并与大通证券、华脉基金联合组织的投融资研讨会，为创投机构和企业提供项目对接服务。

组织双创活动，营造企业双创氛围。全力落实国家关于大众创业万众创新战略措施，成功举办“双创活动周”，开展创业服务活动14场次，达成创业项目23个；累计创建小企业创业基地32个（其中国家级示范基地3个）、中小企业公共服务平台25个（其中国家级示范平台7个）。

加大新闻宣传，开展企业家培训活动。开辟专栏解读政策，通过开展“民营企业暖春行”活动，宣传企业创新典型，提振企业发展信心。实施新生代企业家培育计划，举办多期免费培训活动，先后组织200多位企业家到四川大学研修、“创二代”企业家培训活动，有效提升企业家管理水平。

搭建“互联网+外贸”和中国方舟“走出去”公共服务平台。初步建成1000余个海外服务网点雏形，平台海外终端50余个，为1000多家大中小企业提供了公共服务。组织企业参加第九届APEC技术交流暨展览会、第十三届中国国际中小企业博览会等各种国际、国内贸易展览洽谈会，引导企业沿“一带一路”选点促销、抱团发展。

厦门市

2015年厦门市中小企业改革与发展情况

一、加强政策宣贯，营造发展环境

制定扶持政策。制定出台《厦门市人民政府办公厅关于进一步扶持小微企业加快发展八条措施的通知》，修订出台《厦门市小微企业还贷应急资金管理办法》，优化小微企业发展环境。

加强惠企宣传。通过报纸、网络、政策宣讲会、中小企业服务月、小微企业政策宣传月、双创活动周系列活动及实地走访企业，宣传惠企政策，帮助企业了解掌握政策、用好用活政策。

二、培育“专精特新”，促进转型升级

开展厦门市成长型中小微企业认定工作。共认定765家，其中159企业获得“厦门市最具成长型中小微企业”、606家企业获得“厦门市成长型中小微企业”认定。

举办创业创新大赛。举办2015厦门小微企业创业创新大赛，前十名企业得到市中小企业发展专项资金210万元扶持及管理咨询义诊服务。本次创业大赛受到银行和风险投资基金的关注，市农商行对前十名企业给予最高300万元信用贷款。

开展专精特新培育工作。开展小微企业专精特新产品（技术）培育工作，认定一批专精特新小微企业，其中30家获得1050万元的补助。

培育创业示范基地。制定2015年厦门市小微企业创业示范基地认定工作方案和配套扶持政策，开展小微企业创业示范基地认定工作，认定5家市级示范基地，同时推荐2家申报首批国家级示范基地，引导、鼓励和规范小微企业创业基地健康有序发展。同时，积极争创“2015年小微企业创业创新基地城市示范”并获得成功。

加大企业资金扶持。开展市中小企业发展专项资金扶持工作，扶持821家次中小微企业和服务机构9562.1万元，主要用于成长型企业贷款贴息、服务体系建设和融资性担保公司补助及中小微企业信用评级认定补助等，其中261家成长型企业获得贴息4040万元。

三、拓展融资渠道，破解融资困境

开展金融服务考评工作。市经信局会同市财政局、人行、银监局开展2014年度银行业金融机构小微企业金融服务考评工作，对银行业金融机构小微企业金融服务工作先进单位和先进个人予以表彰，促进小微企业贷款增长。

开展还贷应急资金工作。小微企业还贷应急资金的使用金额累计61笔2.98亿元，帮助小微企业渡过难关，降低小微企业的融资成本。

开展信贷风险专项补偿资金工作。全年累计发放中小微企业信用贷款497笔约4.8亿元。

大力促进银企合作。会同银监局及相关银行举办融资产品宣讲会、“小微企业融资产品超市”对接会等各种活动，为有融资需求的企业推介、提供新的金融产品，促进银企行金融机构与小微企业现场业务对接。

四、构建服务平台，完善服务体系

创新升级“厦门市中小企业服务月活动”。服务月期间，通过论坛、沙龙、座谈会、推介会、对接会、产品展示会等形式，开展投融资、创业和技术创新、管理咨询、市场开拓、质量标准、法律、财会、信息化、人才等55场内容广泛的公益服务活动，为我市中小微企业和创业者奉上“服务盛宴”。本次活动吸引了6000多人次中小微企业人员参与现场对接，互联网及媒体关注度超过30万人次，社会反响显著。

举办“小微企业政策宣传月”活动。根据工信部统一部署，举办“2015年小微企业政策宣传月”活动。活动期间，举办系列辅导活动，并开通宣传月专题，通过网络、微信、视频、报纸等方式加强对小微企业政策宣讲，全面加强小微企业宣传力度。

推进市中小企业公共服务平台网络建设。按照“互联网+中小企业服务”的思路，加强“慧企云”及厦门市中小企业公共服务平台网络建设与运营。一是推进企服系统建设，5116871（我要一路帮企业）呼叫系统正式运行，逐步形成互联网、移动互联网、电话呼叫、现场服务

“四位一体”服务体系；二是加强窗口网络平台建设，初步实现与11个窗口平台的互联互通和资源共享；三是整合“中小在线”政府资金、政策资源，完善中小微企业“政策云”（政府资金分类检索平台）平台的建设。目前慧企云已经开通培训云、招聘云、创新云、金融云、服务云（服务商城）和政策云等六朵“云端”服务，为全市小微企业提供政务服务、投融资、技术创新等专业服务。

加强咨询义诊和培训工作，提升管理水平。组织管理咨询机构为中小微企业开展管理咨询义诊活动，对23家管理咨询单位238个诊断项目奖励286万元；完成2014年“厦门市中小企业总裁班”工作，培训中小微企业高管50人，2015年中小企业高级研修班如期开班；此外，还举办“小微企业管理提升系列培训”，开展“互联网+公益培训”工作，提升企业管理水平。

2016年厦门市中小企业改革与发展情况

一、扶持成长型中小微企业发展

开展成长型企业认定工作。完成2016-2017厦门市成长型中小微企业认定工作，共认定2016-2017厦门市成长型中小微企业492家。开展市中小企业发展专项资金工作，对270家企业予以贷款贴息2431.9万元。

开展专精特新培育工作。开展小微企业专精特新产品（技术）培育工作，认定55家专精特新小微企业。

举办创业创新大赛。开展2016年小微企业创业创新大赛，大赛前十名初创企业得到市中小企业发展专项资金300万元扶持。

二、拓宽中小微企业融资渠道，降低企业融资成本

修订出台《厦门市小微企业信贷风险资金管理办法》，将补偿比例从50%提高到最高70%，加大扶持力度，促进中小微企业融资；

修订出台《厦门市小微企业还贷应急资金管理办法》，进一步简化流程，优化专项资金使用，提高工作效率。

开展还贷应急资金工作。截止到2016年12月末，受理了56户企业申请，成功发放还贷应急资金78笔，共计3.29亿元，有效保障小微企业正常生产经营活动和健康发展。

开展信贷风险专项补偿资金工作。据“厦门市银行融资备案系统”统计，截止到11月末，共有10家银行为厦门市小微企业发放信用贷款513笔，发放金额4.76亿元。

申报国家产融合作试点城市。按照《关于组织申报产融合作试点城市的通知》要求，编制《厦门市产融合作试点城市实施方案》，并积极与国家有关部委沟通对接。最终，厦门市入选工业和信息化部、财政部、中国人民银行、中国银行业监督管理委员会四部委联合组织的《国家产融合作试点城市（区）公示名单》，是福建省唯一入选的城市。

三、建设公共服务平台，完善中小微企业服务体系

举办“厦门市中小企业服务月活动”。服务月于5月-6月举办，通过论坛、沙龙、座谈会、推介会、对接会、产品展示会等形式，开展投融资、创业和技术创新、管理咨询、市场开拓、质量标准、法律、财会、信息化、人才等50多场内容广泛的公益服务活动，为我市中小微企业和创业者奉上“服务盛宴”。

开展小微企业创业创新示范基地认定工作。认定12家市级小微企业创业创新示范基地，3家基地被认定为省级小微企业创业创新示范基地，2家基地被认定为国家级小微企业创业创新示范基地。

完成2016年市中小企业公共服务示范平台认定工作，认定10家市中小企业公共服务示范平台。5家平台被认定为省级中小企业公共服务示范平台。

完成厦门市中小企业公共服务网络平台之窗口平台验收工作，基本建成“1市级平台+11窗口平台”的市中小企业公共服务平台网络，形成以1个市级平台为枢纽、11个窗口平台为支撑的互联网、电话呼叫、现场服务和期刊服务“四位一体”、线上线下相结合的公共服务体系。

出台《关于印发厦门市小微企业服务补贴券管理办法的通知》，首次设立小微企业服务补贴券，为小微企业购买法律、财务等服务提供补贴。2016年小微企业服务补贴券已扶持小微企业1095户金额341万元，小微企业服务补贴券减轻了小微企业购买服务成本。

积极推进《厦门市中小企业公共服务平台网络运营管理办法》的起草与出台，为确保我市中小企业公共服务平台网络的持续化、规范化发展提供制度保障。

（厦门市经济和信息化局）

青岛市

2015年青岛市中小企业发展情况

2015年，青岛市认真贯彻落实国家、省扶助中小企业的决策部署，大力实施创新驱动战略，聚力打造"创新之城、创业之都、创客之岛"，充分激发中小微企业创业创新活力，初步形成发展有政策、服务有平台、融资有渠道、创新成长有梯队、创业集聚有载体的工作格局，全市中小企业总体保持稳速运行态势。

一、中小企业总体发展情况

中小企业数量稳步增长。截至2015年12月底，全市共有私营企业和个体工商户91.3万户，同比增长5.4%，其中，私营企业27.7万户，同比增长32.1%；个体工商户63.6万户，同比下降3.08%。

中小工业企业运行平稳、质量提升。全市4587户规模以上工业中小企业累计完成总产值12890.7亿元，同比增长10.4%。实现主营业务收入12040.5亿元、税金总额648.1亿元、利润658.3亿元，同比分别增长10.3%、16.1%和16.6%。其中，利润增速分别高于全国、全省12.2、13个百分点，发展质量优于全国、全省平均水平。

经济社会贡献更加突出。全市规上工业中小企业用规上工业53.6%的资产，实现了规上工业74.3%的产值，72%的主营收入，70.2%的利润总额，吸纳了73.2%的从业人员。

创新活力明显增强。2015年，全市新认定高新技术企业279家，净增218家，总数达到964家，增幅居副省级城市第一位。新认定高新技术企业中，中小企业占97%。全市502家市级以上企业技术中心，639个市级以上名牌中，中小企业占89.6%和75.4%。

二、主要工作开展情况

（一）完善政策支撑体系，优化中小企业政策环境。

以市政府名义研究出台了全市《关于进一步支持中小微企业发展的意见》（青政发〔2015〕14号）。政策的发力点聚焦于缓解融资难融资贵、引导企业"专精特新"发展、提升公共服务能力等关键环节，共提出了18条政策措施，涉及财政资金3.2亿元，年惠及中小微企业1.1万户以上。相关配套实施政策也已相继出台，政策资金年内到位。创新政策宣传方式，加大政策宣传力度。开展"小微企业政策宣传月"活动，连续举办10场政策宣讲会，听课企业近千家；根据企业需求，打破部门界限，分类汇总中小企业政策，依托中小企业云平台建立政策查询信息库，创新编发《中小企业政策速递》20期，一期一题、图文并茂；整合各单位涉企政策资源，编印《青岛市中小企业服务指南》，均受到企业好评。

（二）探索建立"互联网+小微服务"新模式，着力打造中小企业优质服务生态圈。

在全市中小企业三级公共服务平台网络体系基础上，利用云计算、大数据、移动互联等现代信息技术，打造中小企业云服务平台,逐步实现实体平台一网上平台一移动互联平台的三级跨越。目前，云服务平台已累计发展企业用户1.5万家、合作服务商221家，浏览量达347万次、完成服务对接20万户次、有效服务1.6万余户次。2015年开展的金牌服务"双抢惠"活动，把小微需求细分为"资金、技术、人才、场地"等6个门类，创新采用移动互联思维，通过移动微信公众号发单抢单，采用微信红包激励，小微服务对接活跃度大大提高。企业累计发单5718件次，抢单7879件次，三个月实际服务成交首次突破100万元。相关经验被国务院促进中小企业发展工作领导小组办公室在全国推广创新中小企业公共服务模式，举办了首届"市长杯"小微企业创新大赛，市内外130多家小微企业报名参赛，项目涉及信息技术、智能制造、生物医药等多个战略性新兴产业。

（三）加强专精特新引导培育，推进中小企业创新转型。

确定了274户企业的相关产品被列入2015年度“专精特新”产品（技术）培育计划，从政策资金、融资、技改、培训、市场开拓等方面有针对性地开展对接服务。新培育认定专精特新产品（技术）132个（累计585个），专精特新示范企业61家（累计158家）。争取市财政首次设立中小企业创新转型资金，对专精特新小微企业的技术改造、产业链配套和兼并重组项目给予资金补助。首批扶持80家小微企业通过加速设备更新、“机器换人”，或向海尔、中车等大企业配套，走小而专、小而强的发展路子，扶持资金2700多万元。着眼互联网工业发展要求，启动为中小微企业购买智能制造管理诊断系列服务。通过公开招标，选择百灵信息科技、紫文管理咨询等6家知名机构，首批为131家中小微企业免费提供管理诊断指导和创新驱动两大类6项服务。

（四）全方位拓展融资服务体系，缓解中小企业融资难题。

出台了《关于开展小微企业转贷引导基金试点工作的通知》，财政出资2亿元，投融资机构按1∶4比例配资，成立规模10亿元的小微企业转贷基金，业务启动以来，共为110家企业提供低成本转贷资金11.3亿元，为企业节约资金成本近2000万元。完善以“融资通”为枢纽的融资服务体系，共与14家银行合作建立了政府增信、最具融资价值和政府采购贷三类优惠贷款平台，平台利率上浮均不超过15%，信用放大比例达30~60%。2015年，通过政策性措施帮助4369家次企业解决低成本融资224亿元。积极拓展直接融资渠道，累计有210家企业在蓝海股权交易中心和齐鲁股权交易中心挂牌，累计挂牌企业348家，226家企业获得融资26亿元。

（五）加快小企业园和创业基地建设，推进中小企业集聚发展。

首次编制完成全市小企业产业园和创业基地发展规划，对全市小企业产业园和创业基地建设进行了科学布局。打通政策瓶颈，与国土、建委、公安消防四部门联合出台《关于优化小企业产业园工业标准厂房分割转让办理流程的通知》，破解小企业产业园工业标准厂房土地分割难题。加大扶持力度，出台《关于加强小企业产业园扶持资金股权投资管理的通知》，首批安排市级财政股权投资390万元，支持2个小企业产业园项目建设。截至2015年底，培育认定市级小企业产业园18个，在建拟建的小企业产业园累计已达到36个，总面积1400万平方米，计划总投资550亿元，入驻企业约3900户，预计产值800亿元；培育认定市级小企业创业基地累计50个，其中国家级创业创新基地2个，计划入驻小微企业约8000户，带动就业4.5万人。

（六）搭建展销平台，帮助中小企业开拓市场。

成功举办首届中小企业中外采购对接洽谈会。活动设置跨国采购洽谈会、大型商超采购洽谈会、电商合作洽谈会三大板块，共达成采购合作意向约6亿元。其中，跨国采购洽谈会顺应“一带一路”发展战略，邀请外商中来自“一带一路”沿线的国家占了六成，帮助200余家中小企业达成出口意向近亿美元。组织全市近百家中小企业参加“中国国际中小企业博览会”“转型升级·香港博览”“山东省网博会”等工信部、省重点展会，达成采购合作意向过亿元。

三、存在的问题

（一）中小企业发展政策环境有待优化。

广大中小企业对于各级简政放权、减免收费、优惠政策的知晓率和受惠面仍较低。各项有利于中小微企业发展的政策措施在执行层面上仍存在落实不及时、不到位的问题。一些区市和部门行政审批事项偏多、手续繁琐，影响了企业发展活力。另外，我市目前涉企部门的中小企业服务职能存在交叉现象，各部门间政策、信息交流渠道不畅，难以形成工作合力。中小企业扶持政策的碎片化现象较为严重，不利于企业了解掌握政策。如：扶持创新型中小企业，市经信委有“专精特新”培育认定、科技局有“千帆计划”；帮助小微企业融资，市经信委、金融办、银监局、科技局等都有各自的融资平台、资金和政策；支持中小企业创新创业载体建设，市人社局、经信委、科技局都有各自的扶持认定体系。

（二）中小企业负担仍然较重。

根据中国中小企业信息网《2015年全国企业负担调查评价报告》显示，中小企业企业总体毛利率达19%，但是平均利润率只有5.1%，扣除所得税之后的净利润更少，说明企业税费的负担还比较重。在企业负担之中，企业的营业费用、管理费用和财务费用三项费用在主营收入中占比是最高的，达到13.6%，企业已交税金占营业收入比重目前为7.8%，74%的被调查企业反映税收负担较重。另据近期对我市447家中小工业企业问卷调查反馈，过半数的企业建议减轻企业负担。具体有降低税负、降低社保缴费基数、减少涉企收费、加快财政项目的应付账款拨付速度、对政府允许的历史遗留问题不再追溯等。

（三）融资难、融资贵问题仍较为突出。

从1月份全市724家中小企业问卷调查反馈情况看，55.1%的企业反映有融资需求，较上月上升2.11个百分点；63.9%的企业反映流动资金紧张，较上月下降3.6个百分点，其中资金缺口在20%以上的占50.3%。主要原因是，企业过度依赖银行信贷，融资渠道仍比较单一，受经济增长趋缓影响，我市小微企业贷款增速较低，不良贷款率呈逐月攀升态势，有些银行对企业到期贷款续贷意向不确，新增贷款的难度加大。同时，近年来担保机构的代偿率不断上升，机构开展担保业务的积极性明显降低，2015年我市担保业务额比上一年减少了四成，加剧了企业的融资困难。

（四）企业人才队伍建设水平有待提升。

“人才是第一资源”，目前中小企业中具有创新精神的企业家人才稀缺，企业家精神缺失，影响了优秀高成长企业的涌现；人才资本的产出效益需要一个较长的周期，中小企业在人才培养、储备、使用上缺乏长远规划，在“聚才”与“效益”的链条上显得急功近利，企业发展活力不足、人才薪酬待遇不高，缺少“用才重才”的浓厚氛围，造成了企业经营管理人才“引不畅、育不足、储备少”的现象。

四、2016年中小企业工作重点

主要目标：全市规模以上工业中小企业主营业务收入同比增长8%。新培育认定80项以上专精特新产品（技术）、30家以上专精特新示范企业、20家以上隐形冠军；培育认定6个以上小企业产业园和创业基地；全市三级平台网络年服务中小企业22万户次；政策措施解决小企业融资240亿元。

（一）抓好政策宣传落实，优化中小企业政策环境。

一是加大政策宣传力度。以《青岛市中小企业服务指南》为范本，整合政策信息资源，通过媒体、网络、热线、微信、微博等多种途径，宣传中小企业政策，放大政策传播效率。集中开展“政策巡回宣讲”活动，深化打造“小企业之家”讲坛品牌，从企业需求出发，开展形式多样的政策宣传和解读。二是加大政策落实力度。把政策落实放在更加突出的位置，按照职能分工，重点抓好中小企业去产能、去库存、去杠杆、降成本、补短板政策落实；抓好降低企业税费负担、企业财务成本、电力价格、物流成本等政策的落实，形成工作合力，最大限度地释放政策红利。开展两次以上相关部门政策贯彻落实情况的督查调研，消除“中梗阻”，确保政策落地生根、发挥绩效。

（二）抓好供给结构调整，打造中小企业竞争新优势。

一是引导企业走“专精特新”发展之路。编制《青岛市中小企业“专精特新”产品（技术）案例汇集》，开展“专精特新”典型案例宣传报道。做好2016年度专精特新产品（技术）培育认定工作，新认定专精特新产品（技术）80项以上、示范企业30家以上，培育隐形冠军20家以上。二是全面提升制造业水平。结合青岛市互联网工业发展行动方案，重点引导一批中小微企业主动与互联网融合，充分理解和运用互联网思维；重点打造一批“互联网化中小微企业”，运用互联网、云计算、大数据、物联网等技术，逐步实现信息流、资金流、物流的有效集成和综合管理;重点支持一批互联网与工业相融合的创新转型项目，推动传统制造向智能制造、绿色制造、服务型制造升级，打造培育细分行业隐形冠军。

（三）抓好普惠公共服务，激发中小企业创业创新活力。

一是深化中小企业公共服务平台建设。打造升级版中小企业公共服务平台。积极探索和推进云服务平台市场化运营模式，拓展市中小企业云平台服务功能，加强三级平台网络单位协同联动，进一步完善大数据平台功能，引入第三方数据机构，共同打造企业信息数据分析平台。二是深入开展“互联网+小微企业服务”专项行动。制定服务小微企业活动方案，开展平台网络创业创新服务区市行活动，力争线上线下服务企业超过20万户次。开展政府为小微企业购买服务活动，重点培育智能制造、互联网+等创新转型示范企业。举办第二届青岛市“市长杯”小微企业创新大赛，打造以大赛为载体的小微企业创新服务平台。开展中小企业创新创业路演服务，建立服务生态圈，引入高端服务业态。三是开展企业管理提升行动。突出互联网工业思维，开展“企业管理企业行”活动，编印《第二届青岛市企业管理奖成果汇编》引导企业提升管理成效、强化管理创新。统筹协调高端院校资源，举办青岛市互联网工业高级研修班、企业高层人员专题强化培训班等培训活动，梯次培训100名企业高级管理人员、200名中高层管理者和1000名小微创业者。

（四）抓好融资体系建设，缓解民营中小企业融资难题。

一是创新融资服务模式。筛选优势企业，建立重点扶持企业名单库，试点开通重点企业贷款审批专项审批通道，简化程序，降低门槛。不断完善转贷引导基金各项制度，扩大转贷资金支持的覆盖面和业务规模，全年帮助企业实现低费资金周转120亿元以上。推广海尔信用资产交易平台经验，尝试建立产业链企业授信平台，解决产业链配套企业融资难题。二是完善多渠道融资体系。尝试建立政银担、政银保风险共担机制，推动银行与担保、保险机构合作，共同为发展前景较好的中小企业提供贷款支持。引导国有担保机构增资，民营担保机构引入国有股，建立以国有担保机构为主导的担保体系新格局。继续加大政策性优惠贷款平台推广力度，积极拓展股权、租赁、互联网等多渠道融资，力争全年各项政策性措施解决小企业融资240亿元。

（五）抓好园区基地建设，放大民营中小企业集聚量能。

一是加强小企业产业园、创业基地引导培育。积极参与国家双创基地城市示范争创工作，坚持规划指导与认定培育相结合，实施小企业产业园和创业基地发展规划和培育计划，新培育认定小企业产业园6个以上（累计24个以上）；新培育认定市级小企业创业基地6个以上（累计38个以上）；争创国家级创业基地1个。二是着力提高园区集聚发展水平。积极发展众创、众筹等新模式，搭建协同创新平台，促进生产与需求对接、传统产业与新兴产业融合、大企业与中小企业合作。完善小企业产业园建设投资和分割转让政策细则，落实标准厂房分割办证，搭建闲置厂房信息平台，为小企业提供“找场地”服务。引导成立小企业产业园、创业基地发展联盟，建设园区“双创”服务平台，促进小企业集聚发展。

（六）抓好运行保障服务，提升民营中小企业发展把控能力。

一是加强中小企业运行监测调研。完善千户中小企业运行监测直报体系，进一步提高统计数据的代表性和准确性；依托监测直报系统和云平台大数据信息系统，加强对困难行业、困难企业的分析预警和风险防控；落实“小升规、增长快”企业奖励补助等稳增长政策措施，跟踪挖掘新的增长点。二是帮助企业增加国内外订单。做好第二届“青岛市中小企业中外采购洽谈会”组织工作，加强与“一带一路”及新兴市场对接，进一步扩大采购商规模及采购品类，推动电商平台及电商服务企业模式创新及向移动电商转型。组团参加第十三届“中博会”，第九届“APEC技展会”和“中国（山东）网博会”等国家和省重点展会，组织6~10家行业协会深入开展“青岛名牌神州行”市场开拓活动，扩大青岛制造的影响力。

（青岛市经济和信息化委员会）

2016年青岛市中小企业发展情况

2016年，青岛市高度重视中小企业发展，牢固树立和贯彻落实新发展理念，主动适应经济发展新常态，以贯彻落实《中国制造2025》“互联网+”“大众创业、万众创新”等国家战略为指引，以深化供给侧结构性改革为主线，以推进国家“小微企业双创基地城市示范”工作为抓手，进一步营造和优化创业创新发展环境，突出能级提升、示范引领，不断培育新增量、新动能，引领中小企业创新驱动加快转型升级步伐，形成了发展有政策、创业有载体、服务有平台、融资有渠道、成长有梯队的中小企业发展格局。

一、中小企业总体发展情况

（一）中小企业数量稳步增长。

截至2016年12月底，全市共有私营企业和个体工商户96.6万户，同比增长15.7%，其中，私营企业32.3万户，同比增长15.2%；个体工商户64.1万户，同比下降0.5%。

（二）中小工业企业运行平稳、质量提升。

全市4459户规模以上工业中小企业累计完成总产值13630亿元，同比增长7.8%。实现主营业务收入11213.5亿元、利润628.3亿元，同比均增长4.1%。其中，利润增速分别高于全国、全省2.1、3.7个百分点，发展质量优于全国、全省平均水平。

（三）经济社会贡献更加突出。

全市规上工业中小企业用规上工业52.4%的资产，实现了规上工业73.5%的产值，70.2%的主营收入，67.2%的利润总额，吸纳了73.2%的从业人员。

（四）创新活力明显增强。

2016年，全市新认定高新技术企业384家，净增总数达到1348家，增幅居副省级城市第三位。新认定高新技术企业中，中小企业占97%。全市560家市级以上企业技术中心，709个市级以上名牌中，中小企业占93.4%和77%。

二、主要工作开展情况

（一）完善政策支撑体系优化发展环境。

认真贯彻落实国家、省促进中小企业发展工作的决策部署，相继出台了一系列政策文件。政策的发力点聚焦于引导企业“专精特新”发展、加大技术改造和创新发展力度、鼓励产业链大中小企业协作配套、加强创业创新载体功能建设、提升公共服务能力等关键环节，惠及广大中小微企业并促其健康发展；加强政策宣传和督查落实。发挥市促进小企业发展领导小组作用，会同全市20个涉企行政部门编写了《青岛市中小企业服务指南》，以企业需求为导向，分类整理综合扶持、财税减负、创业营商、创新转型等九大类120项最新实用的中小微企业扶持政策。创新编发《中小企业政策速递》，推出“青企微服务”微信平台，多渠道送政策、解难题、促发展，受到企业普遍好评。

（二）多措并举精准服务。

精心组织，积极开展中小微企业各项服务活动。一是创新开展小微企业创业创新能力提升服务工作。通过政府购买中介服务，为提升小微企业创业创新能力打下基础。二是创新开展技术志愿者服务中小企业活动。鼓励行业专家、企业家成为创业辅导志愿专家，建立技术服务志愿者队伍，开展技术培训、创业沙龙和志愿服务专项活动，为中小企业提供一系列质优价廉的服务和解决方案。三是持续开展扶助小微企业综合服务活动。建设实体路演中心和网上服务平台，加强与证交所、股交所和专业化服务机构的战略合作，开展路演培训、路演展示对接等服务，支持一批潜力大、成长性好，积累了一定资金、技术和管理经验的中小企业加快发展。举办“中小企业之家”讲坛，分专题、分层次开展培训研修和沙龙交流活动。按照“三进三送”服务理念（进街办、进园区、进企业，送理念、送政策、送服务），集中开展“中小企业政策巡回宣讲月”活动。四是搭建展会平台，助力企业、创品牌拓市场。连续举办了青岛市中小企业“专精特新”成果展、中小企业中外采购对接洽谈会，以及组织我市中小企业参加“中国国际中小企业博览会”“APEC技展会”“青岛名牌神州行”“山东省网博会”等，帮助企业走出去开拓市场，取得了良好成效。

（三）“专精特新”企业队伍日益壮大，企业核心竞争力明显增强。

实施“专精特新”中小企业培育工程，引导和鼓励中小企业走“专精特新”发展之路，从政策、资金、技术、服务等多方面给予“专精特新”企业积极扶持。截至目前，近万户中小微企业被列入“专精特新”备选培育对象，对其中近两千户成长型中小企业进行了重点滚动培育，已认定5批“专精特新”产品（技术）798项，4批“专精特新”示范企业200家，首批工业中小企业“隐形冠军”20家，初步构建起金字塔式中小企业成长梯队。目前，我市798项“专精特新”产品（技术）生产企业，在生产专业化、管理精细化、产品特色化、企业创新发展等方面各具特色，企业创新创造活力、核心竞争力进一步增强。从798项“专精特新”产品（技术）生产企业市场占有率来看，65%以上的企业达到全国细分市场占有率前十位或山东省市场占有率前5位，其中国内细分市场占有率排名第一位的有51家，已显现出“隐形冠军”的气质；从产品（技术）品牌创建来看，有12个产品获得国家驰名商标，77个产品获省著名商标或省名牌，143个产品获市名牌称号。

（四）全方位拓展融资服务体系，缓解中小企业融资难题。

2016年，小微企业贷款余额2948.19亿元，增幅5.23%，高于全部企业贷款增速1.15个百分点。其中：制造业小微企业贷款余额663.77亿元（占全部小微企业的22.5%），同比多增3.58亿元。在融资渠道创新方面，一是研发上线山东省融资服务网络平台，2016年为743家小微企业融资68.95亿元。推动辖区银行机构累计为4887户小微企业续贷171.26亿元；通过银税互动为785户企业贷款27.12亿元。二是联合14家银行建立了重点企业专项信贷支持机制，截至12月底共为179家企业融资48.24亿元。以海尔、海信集团为示范，建立以核心大企业为依托、面向上下游中小微企业的全产业链融资服务体系。两集团共为3067家（次）配套企业融资39.76亿元。三是在全国率先开展投保贷联动业务，与人保财险联合开展“政银保”贷款试点。完善专利权质押保证保险贷款模式，为33家企业授信贷款1.2亿元，科技信贷累计为328家次中小企业融资11亿元。在即墨市创建中小微企业融资服务示范区。近两年，即墨市中小微企业贷款年均增长18.1%，高于全市4.2个百分点。

（五）市级中小企业公共服务平台示范作用显著。

截至目前，云服务平台已拥有注册企业用户1.5万多家、合作服务商100多家，具有服务资源丰富、访问便捷和实时快速响应、服务定制和推送、在线双向评价等特色，可基本满足全市中小企业访问需求，年实现服务对接20万次以上。云服务平台开创了实体服务平台与云服务平台互为补充、线上服务载体与线下服务载体相结合、整合政务资源和社会资源、公益服务与市场化服务运作相结合的服务新模式。2016年三级服务体系共服务企业21.5万家次，市级平台服务入选“2016年全国中小企业创新创业服务典型案例”五个最佳案例，国务院促进中小企业发展工作领导小组刊发简报，省领导批示全省宣传推广。率先尝试大中小企业协同创新服务平台建设，围绕我市“三中心一基地”建设要求，以及家电、电子信息、服装、橡胶、船舶海工、轨道交通、汽车、食品、机械装备等千亿级产业链发展重点，发挥大企业“双创”和小微“双创”双动力优势，由产业链龙头大企业或其控股公司开展大中小企业协同创新公共服务平台的创建工作，首批计划启动海尔等3个大中小企业协同创新服务平台建设。推进特色化“双创”服务平台建设。

（六）运用互联网思维创新提升传统服务模式。

一是金牌服务“双抢惠”活动成为服务企业的品牌。金牌服务“双抢惠”活动，把小微企业服务需求细分为“资金、技术、人才、场地、产品、服务”6个门类，采用移动互联平台组织企业抢发服务需求，小微企业服务的对接活跃度大大提高，服务黏性明显增强。2016年双抢惠活动采用线上“一键抢单、一键呼出”的快捷方式和线下即时回访跟单机制的有机结合、服务企业800多家近1000人次，实现了全方位服务资源的整合与联动。二是融资通平台融资服务成效明显。企业在网上提报融资需求并能与银行、担保等机构进行动态、有序对接洽谈。通过政策支持、沟通协作、跟踪服务等措施，实体平台的线下服务与网络平台的线上服务有机结合，促进和加快了投融资机构与企业的融资对接成交。融资通平台开通以来，已为542家企业解决融资23.6亿元。三是“青企微服务”平台的创新服务理念和便捷成效初显。“青企微服务”平台依托手机微信号，具有企业随时提报需求、服务资源实时对接咨询互动等优势，整合政府资源与社会机构专家资源，可做到企业发单，平台服务资源即时响应，服务效率提高了十几倍，答复不超过1个工作日，服务更加便捷更加高效，实现了企业需求众包众扶和一呼百应。四是着眼目标定位，促进新形势下企业管理人才队伍建设。联合北京大学以全市互联网工业示范试点企业为重点，以“互联网工业思维拓展和战略创新”为主题，组织实施青岛（北京大学）互联网工业专题研修班，共有50名高层管理者参加研修班；联合清华大学和青岛大学，组织实施青岛互联网工业高级管理研修班和2016全市互联网工业企业管理者素质和能力提升培训班（第42期、43期）；会同市金融办、崂山区政府、李沧区政府顺利完成《供给侧改革背景下的资本运作与转型》专题讲座和全市亚马逊AWS学习报告会，举办完成第十五期“新发展大讲堂”专题讲座。全年共组织举办了22期次培训活动，对全市700余家企业、4500多人次企业高层管理人员进行了培训。

（七）精心塑造小微企业“双创”服务新名片。

2016年联合国家工信部信息中心、青岛华通国有资本运营（集团）有限公司共同举办了创客中国—青岛市第二届“市长杯”暨华通资本创业家小微企业创新大赛。本届大赛以“围绕产业链、打造创新链”为主题，强化产业创新导向，挖掘了一批附加值高、成长性好、带动性强的中小微企业，搭建起我市大中小企业协同创新对接渠道，着力营造小微企业的草根创新与全市千亿级产业链、战略性新兴产业等主导产业创新同频共振生态环境。大赛共征集322个创新项目，先后在我市11个区市举办了15场初赛、入围赛，大赛决赛产生金银铜奖11个。在大赛实施期间，已陆续促成20多项投资合作意向、100多个参赛项目获得工信部“创客中国”平台背书，5个项目入选前200名，3个项目参加了工信部“创客中国”创新创业大赛决赛并有1个项目获得优胜奖，在京受到苗圩部长亲切接见，我市还获得全国4个最佳组织奖之一。

（八）争创国家级示范成果丰硕。

2016年6月成功入围“国家第二批小微企业创业创新基地城市示范，财政部连续三年给予我市共9亿元专项扶持资金。这是近三年我市促进小微企业创业创新发展的重要抓手，重点推进战略性新兴产业等产业集聚创业创新发展、国家级小微企业创业创新基地培育扶持、大中小企业协同创新服务平台建设、小微企业创业创新能力提升、中小企业公共服务平台网络建设、小微企业贷款风险补偿、“专精特新”隐形冠军企业奖励等。根据《国家小型微型企业创业创新示范基地建设管理办法》要求，按照创新、协调、绿色、开放、共享的发展理念，培育一批基础设施完备、综合服务规范、示范带动作用强，以及运营模式双创化、物业服务智慧化、项目管理数字化、服务要素生态化的双创基地，前两批青岛市共被认定4个国家小型微型企业创业创新示范基地。

（九）培育认定小企业产业园和创业创新基地集聚创新发展。

制定青岛市小企业产业园发展规划，实施小企业产业园和创业创新基地培育认定计划，围绕我市十条千亿级产业链，采取锁定单子、分类指导、跟踪培育等措施分批推进，每年培育认定一批小企业创业基地（产业园），重点打造一批高端创业创新基地和园区，逐步形成以电子信息、海洋产业、轨道交通、时尚创意为产业特色的创业创新集聚载体。设立小企业创业基地（产业园）股权投资引导基金和补助资金，进行全方位引导培育，政策扶持。截至2016年，累计培育认定市级小企业产业园54个、小企业创业基地67个。按照国家“小微企业双创基地城市示范”实施方案要求，培育新兴产业集聚区，集聚催生创新型成长型小微企业，实现集聚区内关键骨干企业支撑，产业配套企业、科研机构、服务机构等集聚合作，形成战略性新兴产业集聚创新协作新模式，建立产业集聚项目建设智慧化创业创新公共服务平台，为集聚区内中小微企业提供市场、技术、融资、人才等信息和战略性新兴产业集聚创业创新服务。

三、存在的问题

（一）中小企业发展政策环境有待优化。

广大中小企业对于各级简政放权、减免收费、优惠政策的知晓率和受惠面仍较低。各项有利于中小微企业发展的政策措施在执行层面上仍存在落实不及时、不到位的问题。一些区市和部门行政审批事项偏多、手续繁琐，影响了企业发展活力。另外，我市目前涉企部门的中小企业服务职能存在交叉现象，各部门间政策、信息交流渠道不畅，难以形成工作合力。

（二）自主创新和转型升级能力相对较弱。

从我市的情况看，多数中小企业从事一般性加工制造，适应经济新常态下生产小型化、智能化、专业化趋势，小而优、小而强的企业还很少。全市中小企业研发投入占销售收入的比重普遍低于1.5%，中小企业拥有“专精特新”产品（技术）798项，市级以上企业技术中心628家占全市工业中小企业总数的3.8%。

（三）融资难、融资贵问题仍较为突出。

从12月份全市724家中小企业问卷调查反馈情况看，56.7%的企业反映有融资需求，较上月上升3.4个百分点；64.5%的企业反映流动资金紧张，较上月下降3.2个百分点，其中资金缺口在20%以上的占50.3%。主要原因是，企业过度依赖银行信贷，融资渠道仍比较单一，受经济增长趋缓影响，我市小微企业贷款增速较低，不良贷款率呈逐月攀升态势，有些银行对企业到期贷款续贷意向不确，新增贷款的难度加大。此外，小企业经营信息不透明，银行机构征信体系仍不完善，导致银行机构对小微企业贷款较为谨慎。

（四）企业布局分散等问题还有待解决。

小微企业单体投资规模小，用地指标难落实。产业布局较为分散，适合小微企业集约集聚的小企业产业园区和基地发展还不充分，随着市区工业项目逐步外迁，一些企业面临搬迁落地难问题。另外，部分重点工业中小企业因历史遗留问题用地手续不完善，导致土地证、房产证办理不到位，影响企业抵押融资。

（五）用工难、用工贵同时并存。

随着最低工资标准提高和物价水平较快上涨，自2015年以来，小微企业员工工资上涨超过2%，劳动力成本明显上升。纺织服装、食品加工等行业及部分工作条件艰苦、劳动强度大的企业缺乏吸引力难以招到工人。招工难和用工贵并存，导致部分企业因人手紧缺有单不敢接。另外，新一代打工者对福利待遇、人文关怀、工作环境等期望较高，员工流动性和管理难度加大，影响企业的正常生产经营。

四、2017年中小企业工作重点

主要目标：全市规模以上工业中小企业主营业务收入同比增长8%。新培育认定80项以上专精特新产品（技术）、30家以上专精特新示范企业、20家以上隐形冠军；培育认定6个以上小企业产业园和创业基地；全市三级平台网络年服务中小企业22万户次；政策措施解决小企业融资240亿元。

（一）抓好政策宣传落实，优化中小企业政策环境。

一是加大政策宣传力度。以《青岛市中小企业服务指南》为范本，整合政策信息资源，通过媒体、网络、热线、微信、微博等多种途径，宣传中小企业政策，放大政策传播效率。集中开展“政策巡回宣讲”活动，深化打造“小企业之家”讲坛品牌，从企业需求出发，开展形式多样的政策宣传和解读。二是加大政策落实力度。把政策落实放在更加突出的位置，按照职能分工，重点抓好中小企业去产能、去库存、去杠杆、降成本、补短板政策落实；抓好降低企业税费负担、企业财务成本、电力价格、物流成本等政策的落实，形成工作合力，最大限度地释放政策红利。开展两次以上相关部门政策贯彻落实情况的督查调研，消除“中梗阻”，确保政策落地生根、发挥绩效。

（二）抓好供给结构调整，打造中小企业竞争新优势。

一是引导企业走“专精特新”发展之路。编制《青岛市中小企业“专精特新”产品（技术）案例汇集》，开展“专精特新”典型案例宣传报道。做好2016年度专精特新产品（技术）培育认定工作，新认定专精特新产品（技术）80项以上、示范企业30家以上，培育隐形冠军20家以上。二是全面提升制造业水平。结合青岛市互联网工业发展行动方案，重点引导一批中小微企业主动与互联网融合，充分理解和运用互联网思维；重点打造一批“互联网化中小微企业”，运用互联网、云计算、大数据、物联网等技术，逐步实现信息流、资金流、物流的有效集成和综合管理；重点支持一批互联网与工业相融合的创新转型项目，推动传统制造向智能制造、绿色制造、服务型制造升级，打造培育细分行业隐形冠军。

（三）抓好普惠公共服务，激发中小企业创业创新活力。

一是深化中小企业公共服务平台建设。打造升级版中小企业公共服务平台。积极探索和推进云服务平台市场化运营模式，拓展市中小企业云平台服务功能，加强三级平台网络单位协同联动，进一步完善大数据平台功能，引入第三方数据机构，共同打造企业信息数据分析平台。二是深入开展“互联网+小微企业服务”专项行动。制定服务小微企业活动方案，开展平台网络创业创新服务区市行活动，力争线上线下服务企业超过20万户次。开展政府为小微企业购买服务活动，重点培育智能制造、互联网+等创新转型示范企业。举办第二届青岛市“市长杯”小微企业创新大赛，打造以大赛为载体的小微企业创新服务平台。开展中小企业创新创业路演服务，建立服务生态圈，引入高端服务业态。三是开展企业管理提升行动。突出互联网工业思维，开展“企业管理企业行”活动，编印《第二届青岛市企业管理奖成果汇编》引导企业提升管理成效、强化管理创新。统筹协调高端院校资源，举办青岛市互联网工业高级研修班、企业高层人员专题强化培训班等培训活动，梯次培训100名企业高级管理人员、200名中高层管理者和1000名小微创业者。

（四）抓好融资体系建设，缓解民营中小企业融资难题。

一是创新融资服务模式。筛选优势企业，建立重点扶持企业名单库，试点开通重点企业贷款审批专项审批通道，简化程序，降低门槛。不断完善转贷引导基金各项制度，扩大转贷资金支持的覆盖面和业务规模，全年帮助企业实现低费资金周转120亿元以上。推广海尔信用资产交易平台经验，尝试建立产业链企业授信平台，解决产业链配套企业融资难题。二是完善多渠道融资体系。尝试建立政银担、政银保风险共担机制，推动银行与担保、保险机构合作，共同为发展前景较好的中小企业提供贷款支持。引导国有担保机构增资，民营担保机构引入国有股，建立以国有担保机构为主导的担保体系新格局。继续加大政策性优惠贷款平台推广力度，积极拓展股权、租赁、互联网等多渠道融资，力争全年各项政策性措施解决小企业融资240亿元。

（五）抓好园区基地建设，放大民营中小企业集聚量能。

一是加强小企业产业园、创业基地引导培育。积极参与国家双创基地城市示范争创工作，坚持规划指导与认定培育相结合，实施小企业产业园和创业基地发展规划和培育计划，新培育认定小企业产业园6个以上（累计24个以上）；新培育认定市级小企业创业基地6个以上（累计38个以上）；争创国家级创业基地1个。二是着力提高园区集聚发展水平。积极发展众创、众筹等新模式，搭建协同创新平台，促进生产与需求对接、传统产业与新兴产业融合、大企业与中小企业合作。完善小企业产业园建设投资和分割转让政策细则，落实标准厂房分割办证，搭建闲置厂房信息平台，为小企业提供“找场地”服务。引导成立小企业产业园、创业基地发展联盟，建设园区“双创”服务平台，促进小企业集聚发展。

（六）抓好运行保障服务，提升民营中小企业发展把控能力。

一是加强中小企业运行监测调研。完善千户中小企业运行监测直报体系，进一步提高统计数据的代表性和准确性；依托监测直报系统和云平台大数据信息系统，加强对困难行业、困难企业的分析预警和风险防控；落实“小升规、增长快”企业奖励补助等稳增长政策措施，跟踪挖掘新的增长点。二是帮助企业增加国内外订单。做好第二届“青岛市中小企业中外采购洽谈会”组织工作，加强与“一带一路”及新兴市场对接，进一步扩大采购商规模及采购品类，推动电商平台及电商服务企业模式创新及向移动电商转型。组团参加第十三届“中博会”，第九届“APEC技展会”和“中国（山东）网博会”等国家和省重点展会，组织6~10家行业协会深入开展“青岛名牌神州行”市场开拓活动，扩大青岛制造的影响力。

深圳市

2015年深圳市中小企业发展情况报告

一、我市中小企业发展总体情况

截至2015年底，我市工商登记注册的中小微企业数量达112万家，较2014年增长了33%。在数量不断增长的同时，企业质量显著提高，在我市经济社会中的地位和贡献日益突出。我市中小企业的地位和贡献可以用"5.6.7.8.9"来概括，即全市约50%的企业纳税、60%的GDP、70%的出口企业、80%以上的就业岗位和99%的企业数量，均来自于中小微企业。中小微企业已经成为我市创建创新型城市、打造"深圳质量"的主力军，以及构建和谐深圳的重要群体。

我们以中小企业生产经营运行监测平台1750家企业为样本,对其运行情况进行了分析，分析结果如下。

（一）营业收入运行情况。

1.工业同比增速缓中企稳

2015年，工业企业累计营业收入同比增长3.4%,同比增速低于去年同期水平6.7个百分点。从今年以来的运行情况看，前5月工业企业营业收入同比增速逐月回升，但自本6月起，营业收入增速持续回落,最近4月出现企稳迹象。

工业运行的主要特点如下：

（1）工业用电量同比降幅出现趋稳迹象

2015年，工业企业累计用电量同比下降2.8%,同比降幅较前11月收窄0.21个百分点。今年以来，一季度，我市工业企业用电量一直处于下降水平；二季度各月同比增速逐月回升，前6月工业企业累计用电量同比增长0.9%；7月份以来，工业企业累计用电量总体处于下降水平。

（2）利润总额同比增长，亏损面较大

2015年，工业企业利润总额同比增长5.0%。今年前8月，工业企业累计利润总额同比一直处于下降水平，9月由降转增。从亏损情况来看，全部1097家工业企业中，有396家企业亏损，亏损面为36.1%。

2.商贸业同比增速低

2015年，商贸企业累计营业收入同比增长3.3%，增速较前11月回落了0.5个百分点。今年以来，商贸企业营业收入增长一直维持在较低增长水平。其中，批发企业累计营业收入同比增长0.2%；零售企业累计营业收入同比增长13.0%。

3.物流业同比增速持续回落

2015年，物流企业累计营业收入同比增长11.8%，增速较前11月回落了2.4个百分点。从运行趋势来看，自5月以来，物流业累计营业收入同比增速处于持续回落趋势。其中，仓储业同比增长10.7%、水上运输业同比增长49.5%、装卸搬运和运输代理业同比增长2.2%、道路运输业同比增长31.1%。

4.信息传输、软件和信息技术服务业同比增速回落

2015年，信息传输、软件和信息技术服务业企业累计营业收入同比增长11.6%。从运行趋势来看，自5月以来，信息传输、软件和信息技术服务业企业累计营业收入同比增速总体处于持续回落趋势。其中，软件和信息技术服务业企业累计营业收入同比增长14.4%，电信、广播电视和卫星传输服务同比增长23.8%，互联网及相关服务同比下降6.0%。

（二）生产经营成本变化情况。

2015年，工业企业成本费用合计同比增长5.2%，增速高于收入增长水平。其中，营业成本同比增长0.2%、财务费用同比下降21.3%、应交税费同比下降15.0%、应付职工薪酬同比增长10.5%。

（三）市场销售情况。

2015年，工业企业累计营业收入同比增长3.4%。其中，出口交货值同比增长1.0%，出口交货值同比由降转增。从今年以来的销售情况来看，中小企业国内市场销售方面的增长速度要明显快于出口销售，企业营业收入的增长主要依赖内销增长。分行业来看，2015年，我市主要工业行业中，电子信息产业、机械制造业、家具制造业、工艺礼品制造业（含黄金珠宝制造业）和纺织服装业营业收入分别增长了-2.1%、13.8%、-7.2%、-11.6%和-3.1%。总体来看，除机械制造业出现较快增长外，其他主要行业均出现不同程度的下降。其中黄金珠宝首饰制造业降幅较大。

二、存在问题

2015年，我市中小企业总体运行平稳，但运行中仍然存在一些困难和问题，尤以小微企业最为突出，具体如下：

（一）订单增加不足。

据抽样调查，从企业订单情况来看，国内订单方面，市场订单维持原状的占比49.1%、市场订单减少的占比26.9%、市场订单增加的占比17.3%；出口订单方面，没有出口业务的企业占比54.2%、出口订单维持原状的占比23%、出口订单减少的占比13%、出口订单增加的占比9.8%。总体判断，国内和出口订单，近一半的企业维持原状，另一半企业中，订单减少的企业要明显超过订单增加的企业，国内外销售订单表现出增加不足。

（二）招工难、用工贵，工人流动性大。

一是招工难。据抽样调查，认为招工达到满足的企业占比36.7%，不能满足的企业占比30%，其它企业表示无招工需求，即有近三分之一的企业反映招工紧张，尤以制造业比较突出；二是用工贵。深圳最低工资标准由2013年的1600元增加到2015年的2030元，两年间增加430元，增长了26.9%，另据对12个行业的问卷调查显示，企业实际用工成本普遍增长幅度更高，仅2014年增幅在15~20%之间。三是工人流动性大。近年来，受工厂工作环境、劳动强度、收入支出比相对劣势以及以80后和90后为主体的劳动力结构等因素影响，工厂工人流动性越来越大，增加了小微企业管理成本。

（三）微型企业税收负担相对较高。

一是从法定税率来看，自2012年起，我市企业所得税率由原来的15%增加至25%，城建税税率由原来的1%增加至7%，教育费附加率由原来的3%提高到5%（含2%的地方教育费附加），企业税负增加。二是从税负率来看，根据抽样调查，目前，我市小型工业企业税负率（年纳税额/年营业收入，享受小微企业税收优惠的除外）为2.54%，微型工业企业税负率为2.77%，微型企业的税负高出小型企业0.23个百分点。

（四）小微企业融资难问题更为突出。

据统计，全国中小微企业创造了80%的就业、60%的GDP和50%的税收，而小微企业获得的贷款在全部贷款中的比例仅20%多一点。小微企业融资难客观上与小微企业先天不足有关，许多没有足够的抵押资产，没有规范可信的会计账目，缺少信用记录，加大了与金融服务对接的难度。但金融机构服务不足也是重要原因，主要是民间资本进入金融业门槛高、限制多，直接融资比重过低，担保、信用、信息等中介服务体系发育不足，配套法律法规体系不完善；产品、业务、审批流程等还不能满足小微企业“短、小、频、急”的融资需求；一些金融机构和人员对小微企业抱有偏见，顾虑较多。

三、2015年我市中小企业主要工作

（一）着力优化中小企业政策环境。

1.开展小微企业政策宣传月活动。今年，按照国家工信部统一部署，组织开展了以“送政策、扶小微、助成长”为主题的小微企业政策宣传月系列活动，内容包括专项资金、税收优惠、劳动与社会保障等。期间共举办了35场宣讲活动，累计参会人数达到2797人次，参会企业2000多家次。

2.做好市领导挂点服务企业工作。根据《2015年市领导挂点服务企业活动方案》安排，牵头组织了市人大常委会丘海主任率队调研五家企业的挂点服务活动。根据市委、市政府党政领导挂点服务外贸企业活动安排，牵头组织了徐安良副市长挂点服务外贸企业活动座谈会。对服务企业提出的问题进行了专题研究和讨论，跟踪协调和推动解决企业发展难题。

3.加大专项资金支持企业发展的力度。完成2015年专项资金的年度使用计划，共对企业改制上市培育、企业国内市场开拓、企业信息化建设、企业管理咨询、产业紧缺人才培训、中小企业公共服务平台网络建设、中小企业公共服务、小微贷款担保费补贴和小微企业培育9类项目2489家次企业予以资助，金额达到2.02亿元。

（二）着力培育中小企业挂牌上市。

2015年我市有11家中小企业在境内外上市，其中上海主板、创业板各2家，中小板6家，香港交易所1家，募集资金合计57.08亿元人民币，我市境内外上市企业累计达到317家，首发募集资金合计2815.38亿元。其中境内上市企业206家（上交所主板14家，深交所主板67家，中小板79家，创业板46家），境外上市111家。我市中小板和创业板

上市企业总量继续保持国内大中城市首位。

全年我市新增新三板挂牌企业134家。我市累计挂牌新三板企业已达188家，累计发行股票99次，融资179.36亿元。

1.**强化上市培育力度**。梳理上市培育企业资源，加强宣传培训，有针对性地进行分类指导和梯度培育，推动企业加快规范整改与自我完善。截至2015年底，我市上市培育企业达到1075家，形成有序的培育梯队。继续强化辅导培训和协调服务，加强上市专家服务团与上市培育企业对接并提供个性化服务，对重点培育企业改制上市过程中涉及的立项、用地、工商、税务、海关等事项及相关历史遗留问题予以大力协调解决。

2.**解决企业空间需求**。一是开发建设并启动试运行上市企业（含重点培育企业）用房用地需求申报平台,目前已有23家企业在平台登记申报。二是引导上市和拟上市企业参与产业用地招拍挂，2015年共有14家备案企业竞得产业用地，其中上市企业6家，拟上市企业8家。三是积极为企业和产业园区搭建桥梁，帮助企业解决办公用房，先后组织企业参观考察讯美科技广场、泰华梧桐岛等市内重点产业园区，惠南高新园区、深汕特别合作区等市外产业园区。

（三）着力促进融资担保业健康发展。

1.**加强融资担保行业监管**。开展了融资性担保公司现场排查工作，对新成立和企业贷款担保余额较大的20余家融资性担保公司进行排查走访。融资性担保公司设立变更审批业务纳入深圳市行政审批服务综合管理系统，实现网上申报、网上查询进度、网上通知结果，提高了监管效率。开展全市融资性担保公司年审工作，在材料审核的基础上对35家融资担保公司进行了现场检查。撰写《深圳市融资性担保行业2014年度发展与监管情况报告》。共计受理88家（次）融资性担保公司的设立、变更审批事项。

2.**营造融资担保行业良好的发展环境**。为深入贯彻落实《国务院关于促进融资担保行业加快发展的意见》（国发〔2015〕43号）精神，结合我市实际，起草了《深圳市人民政府关于促进融资担保行业加快发展的实施意见（征求意见稿）》）。完成了小微企业贷款担保费用补贴的申报审核等工作，共受理了36家小微企业的申报，对符合条件的33家小微企业发放了补贴。

（四）着力优化中小企业公共服务体系。

1.**持续推进中小企业服务平台网络建设**。跟进平台网络在线服务系统升级建设，指导门户网站、移动终端以及特色服务产品的设计开发。组织平台网络建设单位及市中小企业公共服务联盟单位开展中小企业优秀雇主评选等各类公共服务活动。开展国家工业转型升级公共服务平台专项资金、市专项资金平台网络建设项目和中小企业公共服务项目资助工作,相关资金已拨付到位。

2.**积极帮助中小企业开拓市场**。全年累计资助1936家企业的3207个参展展会项目，资助总额5239万元。积极组织我市60余家企业优秀中小企业参加第十二届中国国际中小企业博览会。为帮助我市中小企业开拓国内市场，参加国内竞标活动，出具中小企业证明文件109份。

3.**继续深入开展企业家培育工程**。委托清华、北大、人大等五所大学承办企业家研修班，累计培育企业家496名，资助额585万元，培育企业家人数和资助金额均创历史新高。积极开展新一期企业家培育工程招生报名工作，共接受500多人报名。全年我市企业家培育工程已累计招收8期学员，开展了51个培训班次，培训企业家学员2700多人，取得了显著社会成效，有力推动了我市民营及中小企业的创新发展和转型发展。

4.**持续推进产业紧缺人才培训**。2015年累计资助40个培训机构117个培训项目，165个培训班次、15979人次的培训任务，资助总额768.26万元，为我市民营及中小企业持续培育高新技术、现代物流、金融、旅游、文化和先进制造业等产业紧缺的创新创业人才和生产、经营、人力资源、财务等方面管理人才。

5.**加强管理咨询服务**。持续开展企业管理项目资助，扶持更多中小微企业能够借助政策优势，抓管理、促转型、提质量、增效益。2015年完成资助企业28家，资助资金600万元。

6.**加强信息化建设**。进一步扩大专项资金信息化项目影响力，聚集一批中小微企业信息化应用服务商。提高专项资金申报覆盖面，更多中小型企业受益专项资金，2015年，信息化建设项目共完成214家企业4800万元的资助。以专项资金项目申报为纽带，储备一批信息化建设项目，聚集一批信息化服务提供商。整合信息化应用服务商资源，积极组织其参与全国双创活动周，向小微企业宣传展示合适的信息化应用产品，合计组织400多家小微企业参加小微企业信息化应用和示范推广活动。

（五）着力建设创新型中小微企业培育梯队。

1.组织开展创新型中小微企业备案确认和复核工作。力求将更多具有自主知识产权核心技术或独特的核心竞争力，产品或服务在行业或细分市场占一定规模，有明显创新特点，拥有相适应的创新团队和创新机制，具备持续创新能力的企业纳入创新型中小微企业培育梯队。

2.加大小型微型企业培育项目资助力度。开展了小微企业培育项目资助计划申报受理、现场考察和组织审计等工作。资助了118家创新型小型微型企业，资助金额2044.93万元。目前已累计资助361家创新型小型微型企业,占全部已备案小型微型企业数量的25.88%，资助金额5539.62万元，有力地扶持了一批创新型小微企业走“专精特新”之路。

（六）着力推动设立深圳市中小微企业发展基金。

进一步完善《深圳市中小微企业发展基金设立方案》。在去年工作的基础上，结合我市中小微企业发展情况，不断征求相关部门的意见建议，反复论证和讨论，完成了《深圳市中小微企业发展基金设立方案》并上报市政府。在国家中小企业发展基金启动之际，赴工信部汇报沟通基金工作事宜，争取国家中小企业发展基金在我市设立子基金。

（七）着力加强中小企业经济运行监测。

每月完成国家中小企业经济运行监测平台数据报送工作，今年以来，各月监测平台报送企业数量稳定在1800家左右。完成2014年中小企业经济运行情况分析报告、每月完成中小企业生产经营运行情况分析报告。向国家工信部报送一季度、上半年中小企业运行情况及工作开展情况。加强同LED产业联合会沟通，协助其完成相应的经济运行分析报告，支持帮助其设立中小企业创新研究院。

四、下一步工作

2016年，我市将重点做好以下几方面工作：

（一）设立一个基金。

根据《深圳市关于支持中小微企业健康发展的若干措施》（深府〔2013〕56号）的有关规定，我署正在积极研究设立深圳市中小微企业发展基金，有关设立方案进一步修改完善后将再次报市政府审定实施。此外，积极争取国家中小企业发展基金支持，在我市设立子基金。

（二）办好一会一节。

一是办好第九届APEC中小企业技术交流会暨展览会。按照2016年7月（初定）举办第九届APEC中小企业技术交流会暨展览会的时间安排，逐步完成宣传方案、现场工作方案、招商招展等各项工作。二是办好第十届中国中小企业节。按照下半年举办第十届中国中小企业节的时间安排，逐步落实前期的各项工作和小企业节的现场工作。

（三）强化三方面服务。

1.加强上市与融资服务。一是上市培育方面，继续做好拟改制上市及新三板挂牌备案登记工作，加强备案企业现场考察工作，继续跟踪统计我市上市和挂牌新三板企业情况，做好专项资金申报工作，做好企业无违法违规证明回函登计更新工作，做好上市和拟上市企业用地用房需求系统申报及已购买土地情况统计工作。二是融资担保监管方面，根据《融资担保公司管理条例》及其配套文件修订我市相关实施细则和行政许可办法，制定分类监管制度和评价机制；印发《深圳市人民政府关于促进融资担保行业加快发展的实施意见》，进一步促进融资担保行业健康发展；切实履行省政府赋予我市的审批监管权限。三是研究出台《深圳市中小微企业贷款联保增信平台管理暂行办法》，重点支持小微企业短期小额银行贷款需求。

2.加强监测与市场服务。一是做好2016年企业国内市场开拓项目的备案工作，为2016年企业国内市场开拓项目申报受理做好准备，同时做好第十三届中国国际中小企业博览会我市展团的组织工作。二是根据工信部要求，开展中小企业公共服务平台网络建设验收工作，开展2015年度平台网络建设项目国家专项资金资助工作，将平台网络工作重点从建设逐步转向服务，进一步指导完善服务产品，组织平台网络建设单位及市中小企业公共服务联盟单位开展各类公共服务活动。三是进一步加强对民营及中小企业的经济运行监测分析工作，充分利用我市运行监测平台的数据，按照中小企业分类标准，对已有的重点监测企业进行分类统计，定期完成我市中小企业生产经营运行情况分析，积极配合国家工信部开展的中小企业生产经营运行监测及各类调研调查工作。

3.加强创业与创新服务。一是继续开展创新型中小微企业备案工作，并继续通过财政资助扶持一批创新型小微企业走专精特新之路。二是深入开展创新帮扶活动，积极引导社会资源为中小微企业开展个性化的创新帮扶服务。三是以培养企业家创新创业能力，提高企业高级管理人员管理水平，提升中小企业紧缺人才工作技能为目标，继续推进中小企业家培训和产业紧缺人才培训。四是积极引导中小微企业提升管理，加快转型升级的步伐，2016年企业管理咨询项目预计投入资金1000万元。

2016年深圳市中小企业发展情况报告

一、我市中小企业发展总体情况

2016年，我市中小企业数量持续保持快速增长势头，至2016年底，我市工商登记注册的中小微企业数量达149.8万家，较2015年增长了33.7%。我市中小企业上市企业数量继续保持领先，2016年共有32家中小企业在境内外上市，我市境内外上市企业累计346家，首发募集资金合计2960.44亿元。中小板和创业板上市企业数量（156家）连续10年位居国内大中城市首位。我市累计新三板挂牌企业700家，在全国大中城市居第三位。

我们以中小企业生产经营运行监测平台1590家企业为样本，对其运行情况进行了分析，分析结果如下。

（一）营业收入运行情况。

1. 工业同比增速保持回升态势

2016年工业企业累计营业收入同比增长8.1%，同比增速高于去年同期4.5个百分点。其中，增长较快行业有专用设备制造业、电气机械和器材制造业、医药制造业和计算机、通信和其他电子设备制造业，同比分别增长14.9%、11.6%、11.2%和8.4%；家具制造业、文教、工美、体育和娱乐用品制造业及纺织服装业增长相对较慢，同比分别增长2.4%、2.8%和-2.7%。

工业运行的主要特点如下：

（1）利润总额同比增长，亏损面收窄

我市工业企业全年利润同比增长7.5%，增速较去年提高2个百分点。其中通用设备制造业、医药制造业增长较快，同比分别增长17.9%和11.8%；计算机、通信和其他电子设备制造业和家具制造业利润增长相对较慢，同比分别增长2.8%和-0.68%。

从亏损情况来看，2016年度亏损企业占全部工业企业的25%，较去年下降了3个百分点，企业亏损面继续收窄。

（2）固定资产投资保持增长

工业企业全年固定资产投资额同比增长4.5%。其中医药制造业、通用设备制造业增长较快，分别增长10.8%和9.4%。计算机、通信和其他电子设备制造业固定资产投资同比下降0.1%。

（3）出口略有下降

2016年，工业企业出口交货值同比下降0.8%，其中，家具制造业、电气机械和器材制造行业出口表现较好，分别增长11.2%和6.1%，计算机、通信和其他电子设备制造业出口下降7%。

2. 商贸业同比增速继续回升

商贸企业全年累计营业收入同比增长7.0%。前5个月，我市中小商贸企业营业收入一直处于小幅下降水平，到6月开始出现增长3.0%，并一直保持较快速度增长至12月。其中，批发企业累计营业收入同比增长9.4%，零售企业累计营业收入同比下降2.3%。

3. 物流业同比保持增长，增速回落

2016年物流企业累计营业收入同比增长5%，今年以来，物流业同比一直处于下降水平，自9月起开始增长，12月增幅较前11个月提高0.2个百分点。其中，仓储业同比下降1.8%、装卸搬运和运输代理业同比上升1%、道路运输业同比增长7.6%。

4. 信息传输、软件和信息技术服务业同比较快增长

信息传输、软件和信息技术服务业企业全年累计营业收入同比增长15.6%。其中，软件和信息技术服务业企业累计营业收入同比增长18.4%，互联网及相关服务业累计营业收入同比增长9.4%。

（二）生产经营成本变化情况。

工业企业成本费用合计同比增长3.06%。其中，营业

成本同比增长2.9%，财务费用同比下降10.4%，应交税费同比增长6%，企业应付职工薪酬同比增长2%。

二、存在问题

当前，国际竞争环境和国内要素成本结构正发生深刻变化，制约中小企业发展的问题依然突出，主要体现在三个方面：

一是企业综合运营成本高企。用工成本快速上涨，2015年最低工资标准较2010年增长84.5%，全行业人工成本占总成本的比重达到27.50%。房租成本居高不下，过去一年深圳房价涨幅超过50%，带动各类房屋租赁价格在高基数上继续水涨船高。

二是融资难融资贵仍然突出。银行贷款仍是中小企业融资的主要途径，但银行对中小微企业贷款利率普遍上浮30%以上，资产评估费、担保费、银行上浮利率等加总后，年化贷款利率高达15%，远高于正常市场利率。很多中小企业为了解决短、小、频、急的融资需求，不得不寻求月息3~5分的民间借贷高息融资。

三是生产经营场地瓶颈明显。产业空间紧约束与产业规模持续扩大间的不适应越来越突出。目前释放产业空间的一个重要途径就是旧工业区升级改造，但旧工业区改造协调难度大、进度慢，短期内难以填补产业空间缺口。

三、2016年我市中小企业主要工作

（一）推动设立深圳市中小微企业发展基金。

2016年，中小企业发展基金工作取得实质性进展。国家基金方面，《合伙协议》于6月份正式签订，投资工作进展迅速，截至2016年底已确定投资项目36个，拟投资金额9.855亿元。市级基金方面，已会同市创新投集团完成首批中小微基金管理机构公开遴选，首批基金总规模50亿元。

（二）成功申报国家小微企业创业创新基地城市示范。

深圳市政府高度重视国家小微企业创业创新基地城市示范申报工作，为此，陈彪副市长专门主持召开了《深圳市小微企业创业创新基地城市示范实施方案》（简称《实施方案》）起草工作协调会，成立了由深圳市中小企业服务署牵头，市财政委、科技创新委、市场和质量监管委组成的起草工作小组。2016年4月28日，《实施方案》上报国家财政部等五部委。5月13日，陈彪副市长带队参加了现场答辩会，我市顺利入围2016年国家小微创业创新基地城市示范。为支持此项工作，中央财政三年示范期（2016-2018）内累计安排9亿元专项资金支持我市小微企业创业创新工作。

（三）成功筹办第九届APEC技展会和第十届中国中小企业节。

7月14日至16日，我市成功举办第九届APEC中小企业技术交流暨展览会。本届APEC技展会按照“高、新、实”的要求，以国际化、专业化、市场化为目标，设立了1个主会场和4个分会场，展览面积逾5万平方米，展会参展企业共计1126家，其中境外成员体展位561个，参展企业209家，我市参展展位380个，参展企业126家；展会意向成交金额33.2亿元，协议投资金额10.8亿元。

12月21日至22日，我市成功举办第十届中国中小企业节，来自全国各省市的政府、服务机构和中小企业代表近千人参加，进一步提升社会对中小企业的关注和支持。

（四）做好企业服务工作。

一是做好市领导挂点服务企业工作，根据《2016年市领导挂点服务企业活动方案》安排，组织好有关市领导挂点服务企业调研活动，同时配合其他部门做好调研企业问题答复。二是加大惠企政策宣传，积极参与《关于支持企业提升竞争力的若干措施》的政策宣讲，以及参与“双创活动周”做好有关中小企业公共服务平台网络宣传，在“中小企业节”招商引资活动中对我市中小企业政策进行广泛宣传等，

（五）持续培育中小企业挂牌上市。

2016年我市有32家中小企业在境内外上市，首发募集资金合计151.66亿元。上市后备梯队方面，我市备案挂牌新三板企业1038家，备案拟上市企业475家。其中7家企业已通过证监会发行审核，等待挂牌上市；59家企业已向证监会递交股票发行申请文件；61家企业已在深圳证监局辅导备案；341家企业处于改制期或已完成改制尚未辅导。

1.强化上市培育力度。继续强化辅导培训和协调服务，全年分别与证券时报、平安银行、福田保税区服务中

心等单位合作举办3场企业改制上市及新三板挂牌培训会，参训企业200余家。对重点培育企业改制上市过程中涉及的立项、用地、工商、税务、海关等事项及相关历史遗留问题予以大力协调解决。2016年，起草印发《无违法违规证明协调函》45000份，协助企业领取无违法违规证明文件回函5579份，协调解决了130宗企业上市过程中遇到的困难和问题。

2.**解决上市拟上市企业空间需求**。一是收集上市拟上市企业用地需求信息。累计有25家企业在上市企业（重点培育企业）用地用房需求申报平台登记了用地需求信息，其中18家企业通过审核。二是引导上市和拟上市企业积极参与产业用地一般招拍挂。我市1家上市企业及1家已备案拟上市企业成功竞买土地。三是积极为企业和产业园区搭建桥梁。向宝安中心区上市企业总部基地推荐有用地需求企业25家。

（六）进一步促进融资担保业健康发展。

1.**加强融资担保行业监管**。根据国家、省和市的工作要求，对全市98家融资性担保公司（分公司）进行了现场检查，并对其中18家参与互联网金融业务或资金异常的融资担保公司进行了专项审计。按照省金融办要求，报送我市融资担保公司2014年机构概览和今年前三季度统计数据，并开展了融资担保公司经营许可证到期换证工作。完成52家到期融资担保公司的换证工作。根据国家银监会有关文件要求，完成我市融资性担保行业2015年度数据统计上报工作，并撰写《深圳市融资性担保行业2015年度发展与监管情况报告》。2016年，共计受理88家（次）融资性担保公司的设立、变更审批事项，已办结80项。

2.**营造融资担保行业良好的发展环境**。为深入贯彻落实《国务院关于促进融资担保行业加快发展的意见》（国发〔2015〕43号）精神，结合我市实际，起草了《关于促进深圳市融资担保行业加快发展的实施方案》，已经市政府审定颁布。完成了小微企业贷款担保费用补贴的申报审核等工作，对符合条件的40家小微企业发放了68.73万元补贴。此外，根据深圳市委市政府印发的《关于支持企业提升竞争力的若干措施》，试行小微企业融资担保风险补偿，对符合条件的融资担保公司以小微企业作为担保对象的，予以风险补偿。

（七）持续优化中小企业公共服务体系。

1.**进一步完善中小企业服务平台网络建设**。根据工信部要求，完成了市中小企业公共服务平台网络建设验收工作。开展了2016年度开市专项资金平台网络建设项目和中小企业公共服务项目资助工作，并完成拨付市专项资金平台网络建设项目资助资金61.4万元和中小企业公共服务项目资助资金562万元。将平台网络工作的重点从建设逐步转向服务，进一步指导完善服务产品。积极支持国家和广东省公共服务平台项目建设。组织企业积极参与国家和广东省示范平台的复核、总结和申请工作。截至目前，我市共有国家级公共服务平台9家，省级示范平台6家。

2.**积极帮助中小企业开拓市场**。一是完成了2016年度市民营及中小企业发展专项资金企业国内市场开拓项目企业申报受理等工作，资助了2144家企业的3229个参展项目，受资助的企业数量比去年增长了近10%，资助金额共计7574余万元，同比增长44.6%，扶持力度明显增强；二是组织我市60余家优质中小企业参加第十三届中国国际中小企业博览会，积极开拓国内外市场；三是为我市251家企业参与国内政府竞标活动出具了中小企业证明文件。

3.**继续深入开展企业家培育工程**。2016年度共实施完成清华大学、北京大学承办的第9期“民营及中小企业高级工商管理研修班”、中国人民大学承办的第7期“重点民营企业高级工商管理研修班”，共有440多名学员完成学业。自开展企业家培育工程以来，我市企业家培育工程已累计招收10期学员，完成了67个培训班次，培训企业家学员3620多人。

4.**持续推进产业紧缺人才培训**。2016年为我市高新技术、现代物流、金融、旅游、文化和先进制造业等产业紧缺的生产、经营、人力资源、财务等方面管理人才进行培训，全年共培训1.9万人次。

5.**助力中小微企业提高经营管理水平、提升两化融合能力**。持续开展企业管理咨询项目资助计划，通过降低管理咨询项目资助计划的准入门槛、提高资助标准，使更多中小微企业能够借助政策优势，抓管理、促转型、提质量、增效益。2016年，企业管理咨询项目计划资助企业33家，资助金额702.74万元。继续实施中小企业信息化建设项目资助计划，为222家中小微企业提升两化融合能力资助6000余万元；认定并资助了两家中小企业信息化应用服务示范平台。

（八）进一步建设创新型中小微企业培育梯队。

组织开展创新型中小微企业备案确认和复核工作，累计备案确认创新型中小微企业2670家。加大小型微型企业培育项目资助力度，扶持创新型小微企业走“专精特新”之路，不断壮大创新型小微企业培育梯队，2016年共对184家符合条件的小微企业进行资助，资助金额3097.246万元。

（九）加强中小企业经济运行监测工作。

每月完成国家中小企业经济运行监测平台数据报送工作，今年以来，各月监测平台报送企业数量稳定在2000家以上。依托运行监测平台数据，每月完成中小企业生产经营运行情况分析报告。开展我市中小微企业成本负担情况专题调研并完成调研报告。

四、2017年工作思路

2017年，我市中小企业工作将重点做好以下几方面工作：

（一）做好中小微企业发展基金运营监督工作。

制定2017年中小微基金年度投资计划，继续设立若干支子基金，同时制定子基金绩效考核方案，确保中小微基金按计划投资运作实现政策目标。另外，作为国家基金的地方出资人，将继续认真履行出资人职责，督促基金管理机构按要求开展投资工作。

（二）做好专项资金管理办法修订工作。

《深圳市民营及中小企业发展专项资金管理暂行办法》将于2017年年底届满5年，为确保企业服务工作平稳过渡，提前做好专项资金管理办法的修订准备工作。一是做好专项资金管理办法修订前期工作，尽快组织实施“十二五”期间专项资金绩效评估工作；二是根据专项资金绩效评估情况和新形势下工作需要，研究专项资金的扶持方向、资助方式，并修订管理办法。

（三）强化五方面工作。

1.加强企业服务工作。一是做好服务企业工作。继续为我市中小企业市场开拓开具中小微企业证明；为拟上市企业开具无违法违规证明协调函。二是加快专项资金支出工作。争取10月底前完成所有专项资金支出工作。

2.加强上市与融资工作。一是上市培育方面，为拟上市（新三板）备案企业改善融资环境、加快进入资本市场提供优质服务，继续做好拟改制上市及新三板挂牌备案登记工作；做好企业无违法违规证明回函登计更新工作；做好上市和拟上市企业用地用房需求统计工作。二是融资担保监管方面，全面梳理我市融资担保管理方面的现状和存在问题，适时修改完善我市融资性担保公司管理条例实施细则和行政许可实施办法；落实《融资担保公司管理条例》；做好融资性担保公司日常审批监管工作；适时开展融资担保行业风险排查和“减量增质”工作。三是落实我市小微企业贷款担保费用补贴和融资担保风险补偿政策。四是深入开展我市中小微企业融资现状调查摸底工作，提出进一步完善我市中小微企业融资环境的建议和政策措施。五是进一步做好银企融资对接工作。

3.加强监测与市场工作。一是继续加强企业国内市场开拓项目对我市企业开拓国内市场的扶持作用，做好相关各环节工作，同时组织我市企业参加2017年第十四届中博会和第四届中国（哈萨克斯坦）贸易博览会。二是根据工信部要求，开展市重点产业及有关行业组织调研工作，进一步完善市中小企业公共服务平台网络建设，增加新产业窗口服务平台。三是积极挖掘发挥社会组织的力量，探索行业组织开展中小企业运行监测分析；定期完成我市中小企业生产经营运行情况分析并积极配合国家工信部各类调研调查工作。

4.加强创业与创新工作。一是以培养企业家创新能力，提高企业高级管理人员管理水平，提升中小企业紧缺人才技能为目标，继续扩大民营及中小企业人才培训规模。二是以推动企业建立现代企业制度，提升服务和产品质量为目标，持续推进企业管理咨询服务。三是不断完善企业家交流平台。四是以引导企业走“专精特新”发展之路为目标，进一步完善创新型中小企业培育梯队。五是推进小企业创业基地规划和建设。

5.做好国家小微创业创新基地城市示范各项工作。根据《深圳市小微企业创业创新基地城市示范实施方案》和国家有关要求，按照市政府审定的《深圳市小微企业创业创新基地城市示范工作方案》，全面落实国家小微创业创新基地城市示范的各项工作。

新疆生产建设兵团

新疆生产建设兵团中小微企业改革发展总体情况

一、兵团中小微企业总体概况

2015年，在党中央、国务院重视关怀和自治区党委统一领导下，兵团党委、兵团团结带领广大职工群众，认真贯彻落实党的十八大、十八届三中、四中、五中全会和第二次中央新疆工作座谈会精神，按照兵团党委六届十四次全委（扩大）会议总体部署，围绕维护新疆社会稳定和长治久安总目标，坚持稳中求进、改革创新、提质增效总基调，推动产业援疆不断深化，协调推动各援疆省市在继续支持园区招大引强的同时，支持“大众创业、万众创新”，大力推进信息化与工业化深度融合，围绕年度发展目标任务，加快产业升级、结构调整，着力推进中小企业发展，切实提高企业发展质量和效益，促进兵团经济社会持续健康发展，实现了“十二五”圆满收官。

2015年，兵团共有中小微企业11504家，较2014年增加11.6%；实现营业收入4060.98亿元，较2014年增加13.9%；资产总值11832.85亿元，较2014年增加29.0%；从业人数82.7万，较2014年增加1.5%。兵团中小企业占全兵团企业总量的99%以上，中小企业在推动发展、增加就业、优化结构、升级产业以及促进社会稳定和构建和谐兵团等方面，发挥着重要作用。

二、兵团中小微企业特点

兵团中小企业经过数十年的发展，有了一定规模和积累，尤其是近20年迅速发展，为新疆屯垦戍边、民族团结、稳定就业做出巨大贡献，地位和作用不断提高，其发展历程特点如下：

投资主体和所有制结构呈现多元化，非国企业发展速度较慢。

从企业数量分析，私营企业占主导地位，占兵团企业总量80%以上，其中批发业、零售业、制造业占私营企业总量的70%以上。中小企业在保持国民经济平稳增长，提高人民生活质量层面起到积极作用。

经营范围具有广泛性、灵活性，能适应大众消费。

现代人们的消费需求理念越来越突出个性和特色需求，消费品生产要求多样化、分散化、小型化，这为中小企业发展提供有利条件。中小企业由于量大、点多、行业地域分布广、且贴近市场、靠近顾客，因此较好的适应和满足人们千变万化的消费需求。特别是在零售商业、居民日常生活领域的中小微企业占主体，其灵活服务方式为居民提供便捷、周到、全面服务。

发展不平衡，各师经济发展不同导致了当前中小企业的发展呈现区域特色。

各师经济发展水平存在较大差异，经济发展水平较高的是第八师、第六师、第一师，发展较慢的是第十师、第九师、第十四师。这与地理位置、区域特色、人口数量、经济发展有密切关系。第八师地处于北麓中断，312国道、第二条亚欧大陆桥分别从石河子市区南北两侧通过。以石河子市为中心，有41条公路网络通向14个农牧团场，交通便利。第六师处于昌吉州内，师部五家渠市与首府乌鲁木齐相邻，形成以乌鲁木齐为依托的商贸经济区，西部以芳新垦区为中心的棉花经济区，东部以奇台垦区为中心的粮草畜经济区，特色经济带动了该区域的经济快速发展。第一师处于天山山脉终端南麓、塔克拉玛干沙漠北缘，与吉尔吉斯斯坦、塔吉克斯坦和哈萨克斯坦共和国接壤，与巴基斯坦和印度临近。有丰富的自然资源与贸易资源，依托生态优势使经济得以快速发展。第九师、第十师位于边境地区，交通的不方便和资源的缺乏制约团场经济的发展；第十四师南疆偏远地区，经济发展基础条件较差，电力、交通、通信等基础设施落后，生活环境相对较差，难以吸引外部资金、技术、人才在此驻足发展。

中小企业自身基础薄弱，抵御经营风险能力差，资金薄弱，筹资能力差。

多数中小企业的形成主要有三种形式：一是从个体户发展起来或直接由家庭投资兴办的家族企业；二是由合伙人共同出资经营、共负盈亏、共担风险的企业；三是国有或集体企业通过买断转型的企业。多数企业经营管理水平有待于提高，个别企业甚至存在着决策意识不强、对人才重视程度较低、风险经营等管理漏洞，不利于企业长远发展。

三、中小企业主要问题

兵团中小企业以小微企业为主，其发展已到“战略转型期”，既面临国家政策大力支持的良好发展机遇，又面临“不平衡、不协调、不可持续”等问题与困难，尤其是筹资困难、转型慢、创新难等问题，尤为突出融资困难不仅造成生产企业紧张，而且也导致资金紧张，严重制约中小微企业的技术创新进步，成为企业转型发展的重要瓶颈。

融资渠道不畅。

这是中小企业面临长期的、普遍的问题。银行贷款难，融资困难等一系列问题严重制约企业的发展。

经营成本上升，利润减少。

由于原料、劳动力成本连年增长，导致经营成本越来越高，利润空间被挤得越来越小。

税务负担过重。

税费名目众多，包含增值税、消费税、营业税、所得税等，弹性空间大，综合税率在0.1~25%之间。在一定程度制约企业发展活力。

政策资金支持有限，不能满足中小企业需求。

财政资金导向性与择优扶持特点与众多企业需求存在较大矛盾。其次，由于兵团特殊性，兵团、师部专项资金重点投向国有、国有控股企业，对民营企业投入较少。

转型难、创新难。

多数中小微企业集中在劳动密集型、资源型、加工贸易型等传统行业，普遍存在技术门槛低，生产工艺落后，转型技术储备不足，加上资金匮乏，导致用于研发新产品的能力不足，从而制约其发展。

整体从业人员素质不高。

由于招工门槛较低，大量就业者业务素质较低，且相当一部分管理者缺乏经验，管理较粗放，存在一定的随意性及盲目性，导致企业生产力偏低。

四、中小企业发展趋势

据第十届中国中小企业家年会上发布的《中国中小微企业成长发展报告》称，当前我国中小微企业战略转型呈现多种模式，大批企业正在实践差异化战略转型、高新技术战略转型、商业模式创新转型、国际化经营战略以及市场补缺战略转型。当前兵团经济正在进行转型期，作为市场经济体系中最具创新活力的经济细胞，中小微企业转型主要围绕兵团资源优势、兵团“三化”建设、国家支持新疆兵团发展的一系列政策，将促进未来小企业“铺天盖地”、大企业“顶天立地”的发展格局。

五、非公有制发展情概况

兵团非公有制经济主要包括个体经济、私营经济、外资经济等。非公经济在支撑增长、促进创新、扩大就业、增加税收等方面具有重要作用，是社会主义市场经济体制的直接参与者和积极推动者，2015年，非公有制经济占兵团总量的40%，实现自我发展能力明显提高、综合实力快速增强、发展质量显著提升、贡献份额大幅增加，非公有制企业有对市场适应能力强、经营灵活、行业面广泛的特点，在增加兵团经济活力，新增劳动力就业，节约资源和提高效率方面都具有不可代替的作用。

六、非公经济主要问题

企业融资难。

非公有制经济多数创业起点低，经营范围小、规模小，服务对象具有局限性和区域性的特点。

产业层次不平衡。

一是产业结构不合理。目前，兵团非公有制经济大部分分布在加工工业、商业、餐饮业、运输业等传统产业，缺乏高新技术企业。二是产品科技含量不高。多数非公有制企业缺乏自主创新能力，基本没有研发投入，销售产品单一，管理理念落伍，品牌意识不强，市场竞争力较低。三是规模小，多以“小作坊”形式为主。

经营理念和管理方式落后，企业缺乏活力。

非公有制经济的管理者层次不一，某些管理者创新意识不强，缺乏长远规划，个人素质有待于提高。多数经营者主观意识对企业的发展影响深刻。发展意识薄弱，部分经营者目光短浅，唯利是图，不求长远发展、不重视员工的福利待遇，无奖励机制，导致员工工作积极性低，不思进取，长期遗留的这些问题最终导致企业发展活力不足。

缺乏人才。

非公企业人员流动性大，很难留住高质量的技术和管理人才，对企业的长足发展有很大影响。

企业投入科技资金不足。

对新技术重视程度不够，科研资金投入比例低，科技服务体系不完善。

企业用地受制约。

由于拆迁、置换、征用等具体工作环节困难加大，一些项目落地难度大，周期明显延长。

七、非公经济发展趋势

兵团非公有制中小企业发展规模、经济实力虽然在“十二五”期间有了较快的增长，但仍然是兵团经济中的一块“短板”，存在着总量不大、速度不快、结构不优、质量不高的特点。“十三五”期间，兵团非公有制中小企业将坚持创新突破，加快转型升级，增加企业数量，提高企业素质，走出一条规模、质量、效益齐头并进的路子。一是要着力做大总量，通过扩大招商引资扩大企业规模，以发挥兵团资源优势为目标，加强资源整合，降低创业门槛，减轻创业负担，减少创业风险，大力推动大众创业。二是做大做强现有企业，全面拓展发展空间，以优势优先战略为主导，落实“非禁即入”、“非禁即准”的政策，加快发展混合所有制经济。三是要加快产业转型，抓住国家实施“一带一路”战略的重大机遇，大力支持产业“走出去”，主动抢占国际市场。加大中小企业“专精特新”培育力度，鼓励非公有制经济进入战略性新兴产业等领域，加速由产业链中低端向高端进化。四是大力推进科技创新，全面提升中小企业创新能力，鼓励科研院校到中小企业创新创业，开发新产品、新模式、新品牌，提升企业核心竞争力。五是引导非公有制经济企业家摒弃“家族式管理”思维，突破管理瓶颈，加快由粗放管理向精细管理转变。

八、2015年工作情况

2015年，兵团成立促进中小微企业发展工作领导小组。下发《2015年兵团中小企业工作要点》，提出9个方面的重点工作。

组织开展“兵团扶助小微企业专项行动”、小微企业政策宣传月和“双创”活动周等活动。启动《兵团中小企业发展报告》编撰工作。

推动兵团中小企业公共服务平台网络枢纽平台建设，举办节能减排、安全生产、电子商务与信息化、项目管理与工业统计、工业技术和信息化等中小企业管理人员培训班15期，培训2683人，惠及1000余户企业。

开展兵团中小微企业政策落实监督检查，并针对工作中存在的问题向兵团提出了具体解决办法和整改措施。开展兵团产业集群发展情况摸底工作，向工信部上报了《兵团产业集群发展情况报告》。

2015年兵团工信委组织开展中小企业公共服务业平台和小企业创业示范基地认证工作，认定第八师石河子开发区石大科技投资有限公司和第十二师新疆希望电子有限公司两户企业为“兵团中小企业公共服务示范平台”；认定第六师五家渠金桥中小企业服务有限公司、第八师石河子开发区石大科技投资有限公司两户企业为“兵团小企业创业示范基地”。

九、2016年工作情况

认真贯彻落实兵团推进大众创业、万众创新工作领导小组会议分工安排，收集兵团小企业创业示范基地和公共服务示范平台典型案例，以园区为平台，积极承接产业转移，推进中小企业集聚发展。

鼓励和扶持中小企业积极为大企业、大集团配套服务，加快推进兵团产业体系建设。抓住“丝绸之路经济带”建设机遇，扶持面向国际市场的中小企业不断扩大市场、加快结构调整、实现产业升级。实现农业产业化全程服务，推进农产品加工中小企业加速发展。贯彻国务院化解产能过剩矛盾指导意见，落实和完成中小企业淘汰落后产能任务分解目标。

积极推动兵团出台《关于支持中小微企业健康发展的若干意见》，全面落实支持中小企业发展的政策措施。认真组织好支持中小企业发展的各项专项资金项目及补助资金的申报工作，争取更多政策资金支持中小企业发展。加大力度建设好“兵团中小企业服务平台网络”。加快推动以兵团中小企业服务中心为龙头的服务体系建设。按照国家“银河”培训工程的要求，认真做好2016年培训工作。

积极组织开展第二批国家小型微型企业创业创新示范基地的推荐工作和第二批兵团中小企业公共服务示范平台认定工作。认真做好信用担保企业数据库管理工作，重点组织信用担保企业数据库采集和填报工作，完成国家要求的数据上报任务。

（兵团工信委企业处供稿）

黑龙江省

2016年黑龙江省中小微企业改革发展总体情况

一、非公经济及中小企业基本情况

2016年，全省非公经济增加值达8176.6亿元，同比增长7.7%，增速较上年提高0.4%，占地区生产总值的53.1%，较上年提高0.5%，其中：企业非公有制经济增加值5290.2亿元，同比增长7.0%；个体非公有制经济增加值2886.4亿元，同比增长6.0%。非公经济户数186.4万户，与上年持平，其中：非公有制企业23.1万户，同比增长1.4%；个体经营户163.3万，同比减少0.2%。非公经济从业人员715.4万，同比增加0.7%，新增就业人员4.8万。其中：非公经济企业从业人数324.4万，同比增加0.9%，新增就业人员3.1万；非公经济个体户从业人数391万，同比增加0.4%，新增就业人员1.7万。私营企业投资者人数49万，同比增加22.1%。非公经济税收总额达942.9亿元，同比增长6.8%，占全社会税收总额的56.6%。全省民间固定资产投资7114.7亿元，同比增长7.9%，占全部固定资产投资的比重为68.2%；非公有固定资产投资7046.5亿元，同比增长8.1%，占全部固定资产投资的比重为67.5%；外商及港澳台投资92.3亿元，同比降低12.7%，占全部固定资产投资的比重为0.9%。非公经济进出口总额82.3亿美元，同比降低24.2%，占全省进出口总额的49.8%，其中：私营企业进出口总额70.1亿美元，同比降低26.7%，占全省进出口总额的42.4%，个体企业进出口总额820万美元，同比下降35.1%，外资企业进出口总额10.9亿美元，同比下降10.4%。私营企业注册资金总额15442.1亿元，同比增长29.3%，个体户注册资金总额1222亿元，同比增长32.7%。全省规模以上非公企业主营业务收入6141.5亿元，同比增加0.8%，占全省规模以上工业企业主营业务收入的55%；全省规模以上非公企业利润总额306.5亿元，同比下降1.6%，占全省规模以上工业企业利润总额的125.6%；全省规模以上非公企业利税总额433.3亿元，同比下降5.6%，占全省规模以上工业企业利税总额的47.9%。

二、非公经济发展的主要特点

非公经济探底回升、经济总量恢复平稳增长。

2016年，全省非公经济增加值达8176.6亿元，同比增长7.7%，增速较2014年提高0.6%，占地区生产总值的53.1%，占比较2014年提高0.8%，增速比全省高出1.6%。其中：企业非公有制经济增加值5290.2亿元，比上年增长7.0%，增速较全省高出0.9%，比2014年提高7.3%；个体非公有制经济增加值2886.4亿元，比上年增长6.0%，增速较全省低0.1%，比2014年低1.5%。总体来看，实现探底回升态势，非公经济总量恢复平稳增长。

非公经济户数下滑趋缓、企业和新增就业人员有所增加。

非公经济户数186.4万，与上年持平，但仍然比2014年低2.7%，其中：非公有制企业23.1万，同比增长1.4%，比2014年提高5.5%；个体经营户163.3万，同比减少0.2%，仍较2014年低3.77%。非公经济从业人员715.4万，同比增加0.7%，仍比2014年低3.1%，但新增就业人员增加4.8万。其中：非公经济企业从业人数324.4万，同比增加0.9%，比2014年增加8.64%，新增就业人员3.1万；非公经济个体户从业人数391万，同比增加0.4%，仍比2014年低11.1%，新增就业人员1.7万。从数据上看，非公经济户数与上年持平，但还没有回升到2014年水平，不过企业户数有所回升，超过2014年企业户数，只是个体经营户数量还在下滑，可喜之处在于就业人员数量结束多年下滑态势，新增就业人员有所增加。

规模以上非公企业增长乏力。

全省规模以上非公企业主营业务收入6141.5亿元，同比增加0.8%，仍然比2014年低1.11%，占全省规模以上工业企业主营业务收入的55%，比2014年提高7.5%；全省规模以上非公企业利润总额306.5亿元，同比下降1.6%，仍然比2014年低11.7%，但占全省规模以上工业企业利润总额的125.6%；全省规模以上非公企业利税总额433.3亿元，同比下降5.6%，仍然比2014年低15.24%，但占全省规模以上工业企业利税总额的47.9%。总体来看，规模以上非公企业增长乏力，下行压力较大，但与全省规模以上工业企业相比还是有些优势。

非公经济税收增长平稳，成为财政收入重要来源。

非公经济税收总额达942.9亿元，同比增长6.8 %，占全社会税收总额的56.6%，比2014年提高13.2%。尽管非公经济税收总额仍然比2014年低1.2%，但体现出平稳增长态势，成为经济下行态势下，财政收入的重要来源。

非公经济外贸持续大幅下滑。

非公经济进出口总额82.3亿美元，同比降低24.2%，占全省进出口总额的49.8%，其中：私营企业进出口总额70.1亿美元，同比降低26.7%，占全省进出口总额的42.4%，个体企业进出口总额820万美元，同比下降35.1%，外资企业进出口总额10.9亿美元，同比下降10.4%。连续多年下滑。总体来看，全球经济下滑，外需不足是导致我省非公经济外贸下滑的主要因素，同时，也反映出我省外贸产品结构不合理，产品档次低，缺乏市场竞争力。

三、非公经济及中小企业发展存在的主要问题

管理模式落后。

全省大部分中小企业都是家族式管理模式，部分企业老板都是业务型，缺乏战略眼光和管理理念，不注重企业整体构架和管理机制的建设，缺乏必要的管理制度和管理流程，喜欢"一言堂"的管理模式，致使企业管理效率低下，有限资源不能集聚，落后的管理模式是阻碍企业发展的重要因素。

企业创新能力不足，获取和整合资源能力差。

一些中小企业处于企业初创期和成长阶段，受人员、资金、技术等方面的限制，加之缺乏科学的管理机制，无法吸引高端人才加盟，使企业在技术创新、管理创新方面能力不足，吸纳高新技术的能力较弱，由于中小企业各方面的不足，致使企业获得各种公共资源的能力较差，不利于企业生存发展。

融资难、融资贵，企业借贷难。很多中小企业由于规模小、信用缺失、抵押物不足，致使企业通过正常渠道很难获得必要的发展资金，一些企业为了生存和发展，只有通过付出高额利息向个人、小贷公司、地下钱庄借贷，增加了企业融资成本，融资难、融资贵是阻碍企业发展的最大问题。

四、2016年主要工作

编制全省非公经济发展"十三五"规划。

结合我省对各行业"十三五"规划出台的总体安排，省工信委委托省政府发展研究中心，编制了《黑龙江省非公有制经济发展"十三五"规划（初稿）》（以下简称"规划"），后经反复磋商、讨论形成"规划"征求意见稿，分别征求了委内相关处室、非公经济发展领导小组成员单位和全省各市（地）等方面的意见建议，并按照各方面反馈意见对规划进行修改、充实和完善。同时，省工信委委托省政府发展研究中心对规划进行了评估论证，根据评估论证结果对规划进行了进一步调整完善。

组织召开全省加快民营经济发展工作会议。

为做好全省加快民营经济发展工作会议的筹备工作，由省工信委牵头重点落实两项任务。一是拟定《中共黑龙江省委黑龙江省人民政府关于加快民营经济发展的若干意见》。由委主要领导亲自主抓，在委内抽调若干名精干力量成立《意见》起草组，经过征求全省各方面意见建议和进行反复修改完善，于10月上旬分别经过省政府常务会议和省委常委会议讨论后，已对《意见》进行修改完善，年底前出台。二是评选全省民营企业营业收入100强和民营企业纳税100强。此项工作由省工信委牵头，统计、国税、地税、工商、质检、安检、食药监等部门配合，在统计、国税、地税等部门提供相关数据的基础上，省工信委进行汇总、整理和排序等工作，后经工商、质检、安检、食药监等部门把关认定后，形成了全省民营企业营业收入100强和民营企业纳税100强，经省委、省政府同意后，在全省加快民营经济发展工作会议上进行了表彰。

组织省内企业参加国内国际重要展会。

一是组织企业参加第十九届农产品加工业贸易投资洽谈会。第十九届农产品加工业贸易投资洽谈会9月6日~8日在河南省驻马店市举行。我省代表团共63人参展参会。组织26家"名优特新"农业产业龙头企业参展，展出农产品 58余种，数量比去年有所增加。二是组织企业参加第九届APEC中小企业技术交流暨展览会。第九届APEC中小企业技术交流暨展览会于2016年7月14~16日在深圳市举行。我省共有16家企业参展，我省参展范围以战略性新兴产业为主，主要展示机器人、激光焊接、激光通信、航空航天、舰船装备、水下探测定位、3D打印、精密铸造等方面有竞争力的产品、技术和设备，涉及高端装备制造、新材料、新一代信息技术、节能环保、生物五个领域，参展企业达成了6个意向性合作。三是组织企业参加第十三届中国国际中小企业博览会。第十三届中国国际中小企业博览会于2016年10月10日至13日在广东省广州市举行。我省共组织20家企业参展，其中新兴产业11家、食品企业9家，主要展示高端智能在线齿轮综合测量仪、石墨产品、建筑材料、碳纤维材料、高效节能减排剂、林下绿色产品等方面有竞争力的产品、技术和设备。我省参展林下绿色产品现场成交额约6万余元；新兴产业领域，哈尔滨创博科技有限公司与广东天罡设备有限公司达成了20万元的销售合同，鸡西奥宇石墨集团与肯尼亚政府在石墨开发方面达成了初步合作意向。

制定非公经济市场主体发展三年行动计划。

按照省委经济工作会议要求，年初以来，省工信委牵头草拟了《非公经济市场主体发展三年行动计划（2016年—2018年）》（初稿），在经过专题会议讨论、征求相关意见的基础上，结合习总书记来黑龙江视察调研讲话精神和省委、省政府最新部署，对行动计划加以完善，下一步计划征求省直相关部门意见。《非公经济市场主体发展三年行动计划（2016年~2018年）》（初稿）主要针对我省非公经济尤其是非公经济市场主体存在的问题，围绕新增非公经济市场主体、规上工业企业、龙头企业和上市挂牌企业等目标，采用推进创业培育、助力企业成长、促进对接协作、抓好创新驱动、推动多元融资、实施人力保障6条路径，实施推进措施，利用三年时间，进一步壮大全省非公经济市场主体数量和规模，提升非公经济发展质量。

制定全省中小企业成长专项行动实施方案。

按照省委经济工作会议要求，年初以来，省工信委牵头草拟了《中小企业成长专项行动实施方案》（初稿），在经过专题会议讨论、征求相关意见的基础上，结合习总书记来黑龙江视察调研讲话精神和省委、省政府最新部署，对实施方案加以完善，下一步计划征求省直相关部门意见。《中小企业成长专项行动实施方案》（初稿）针对个转企、小升规、规改股、股上市等企业成长的各个阶段，坚持以企业为主体、发挥政府服务作用，设定了“推动初创期企业数量扩张”、“推进成长期企业规模扩大”、“鼓励成熟期企业做大做强”三项重点任务，每项重点任务都明确了培育扶持对象、主要目标和扶持措施，力求做到梯度培育、精准扶持、要素集聚、合力推进，加速我省中小企业加快成长壮大。

推进产需对接专项行动。

为加强企业间产品供需、生产要素、人才信息、科技需求等方面的交流合作，省工信委牵头推进产需对接专项行动，重点围绕搭建大项目建设需求对接、产业链上下游协作对接、龙头企业配套对接、企业科技需求对接、人力资源需求对接、助力企业开拓市场、生产要素保障等方面，整合省工信委各处室力量强化推进。在具体工作方面：一是围绕企业产品销售进行对接。为加快我省包装印刷行业加强合作，由省工信委牵头于11月11日举办“全省包装印刷行业产需对接会”，主要内容包括展示推介我省包装行业技术、装备、产品，宣传一批知名企业，帮助企业拓展市场发展空间。二是组织工业项目推介对接。配合省商务厅承办2016年全国企业家活动日暨中国企业家年会活动。抓住在哈尔滨举办中国企业家年会契机，从市地收集汇总工业招商项目379个，提交给中国企业联合会，由中国企业联合会协助省工信委向会员企业推荐。会议期间，省工信委组织市地工信委及省内企业与参会企业“面对面”洽谈项目合作。三是围绕人才和用工推进需求对接。组织开展了“2016年全省中小企业网上百日招聘高校毕业生活动暨企业春招会”。截至10月底，网上点击浏览量达到万人次以上，企业人才和用工需求主要集中在制造业、信息传输、计算机服务和软件业等。四是推进融资需求对接。年初以来，在全省征集、梳理融资需求项目471个，推荐给银行、风投等投融资机构。五是初创企业创业创新活动。10月，由省工信委主办，团省委、新浪网协办的全省大学生初创企业创业创新沙龙在哈尔滨万众创业谷举办。此次沙龙是我省响应2016年全国大众创业万众创新活动周的重要活动之一，全省80多家大学生创业企业代表和部分创业大学生共计120余人参加了活动，活动交流互动气氛热烈、积极踊跃，取得了预期成效。

推进稳增长65条政策落实。

根据《黑龙江省落实支持小微企业创业载体运营单位和服务机构及公共服务平台政策工作实施细则》，通过全省公共服务平台网络即时数据汇总系统（此系统用于网上评价排序）组织服务平台、服务机构和创业载体在评价系统中及时录入服务信息。目前，按照实施细则的相关规定，通过数据系统对申报单位进行了分数排序，并按照差额比例原则，省工信委会同省财政厅、省科技厅共同组织项目单位申报纸质材料并组织专家进行项目审核，确定了38家单位为第二批小微企业创业载体运营单位和服务机构及公共服务平台奖励资金奖励对象，已经履行相关文件并进行公示。

推进公共服务平台建设。

进一步加强中小企业公共服务平台建设，截至10月底，入驻平台网络各类服务资源1335个，举办各类服务活动2164期，服务企业50345户。为进一步加强平台网络的产需对接、融资服务、智力支持、资源共享等功能，力求向企业提供“找得到、信得过、用得上”的精准服务，省工信委与工大软件公司合作，已着手对平台网络进行全面改版完善。一方面，对现有平台网络网站进行改版升级，充实完善相关服务内容和服务机构。对平台网络原有服务机构进行重新梳理细化，在此基础上进一步吸纳优质服务机构。另一方面，对平台网络中服务机构和服务资源的服务资质、服务内容、服务方式等相关信息进一步细化和公开，让企业一目了然，便于自主选择各类服务。

推进经济体制改革任务落实。

围绕鼓励非公有制企业围绕产业配套、生产要素合作等形式参与国有企业改革。省工信委配合省国资委，提出了《国务院关于国有企业发展混合所有制经济的意见》（国务院〔2015〕54号）文件的贯彻落实意见，重点从鼓励和引导民营企业发展混合所有制经济、引导非公资本进入基础设施和环境治理等领域、建立现代企业制度，壮大一批混合所有制企业集团、鼓励支持非公企业进入军工领域和赋予民营资本与国有资本同等权利和义务等方面推进工作开展。同时，在促进民营经济发展的若干意见和非公经济市场主体发展三年行动计划中，专门对产业配套、要素保障和协同参与国有企业改革等任务作出具体部署。

五、2017年工作思路和安排

总体工作思路和目标：深刻学习和领会习近平总书记到我省视察调研期间的重要讲话精神，围绕推动民营经济发展和振兴东北老工业基地重点工作任务，努力推进“双创”工作任务，以壮大非公经济市场主体和中小微企业群体为突破口，营造良好发展环境，落实各项政策措施，完善公共服务体系，着力解决突出问题，激发中小企业和民营经济的发展活力。争取到2017年年底全省非公有制经济增加值增速达到8%左右，占全省地区生产总值比重上升为53%。

贯彻落习近平总书记重要讲话精神营造良好的发展环境。

积极贯彻落实国家及我省扶持民营经济和中小微企业发展的各项政策措施，完善正在实施的政策，及时兑现现有的政策。落实好《黑龙江省促进经济稳增长的若干措施》中有关规定，做好第二批小微企业创业载体运营单位和服务机构及公共服务平台奖励资金奖励工作。落实即将出台的《中共黑龙江省委黑龙江省人民政府关于加快民营经济发展的若干意见》，推动民营经济发展，构建“亲”、“清”新型政商关系，积极作为、靠前服务企业发展。2017年，省工信委将着重加强对“若干意见”的广泛宣传和各项工作任务的落实。继续推进简政放权和放管结合，继续清理阻碍非公经济发展的政策法规和规章制度。多措并举提升服务效能，减轻企业负担，降低企业成本，为企业创造良好的发展环境，使非公经济成为龙江最具活力的增长点。

推动实施非公经济发展行动计划和中小企业成长工程。

在前期工作的基础上，注重学习借鉴天津、浙江、山东等省市的成功经验，广泛征求中省直有关部门、专家学者和中小微企业的意见建议，围绕发展非公经济市场主体和推动中小微企业成长壮大，细化发展目标、明晰发展路径和完善工作措施，对《非公经济市场主体发展三年行动计划（2016年—2018年）》和《中小企业成长专项行动实施方案》进一步修改和完善，明确责任目标，做好省直各部门任务分解，牵头组织实施两个方案中的重点工作任务，争取各项任务落到实处。

整合服务资源完善服务功能推动全省中小企业公共服务平台网络建设。

以版面清晰、方便快捷、信息全面的理念，继续对现有平台网络进行改版，强化平台网络的产需对接、融资服务、智力支持、资源共享等功能，为企业提供“找得到、信得过、用得上”的在线服务。宣传企业产品和服务，促进企业与企业之间的产品和服务的对接。对不同企业千差万别的融资需求，在线提供融资服务机构，为企业量身打造个性化融资服务。在智力支持对接上，通过政府购买服务，集中聘请一批水平较高、信誉较好的专家，通过服务券的形式，免费向企业提供法律法规、经营管理、创业创新等方面的智力服务。整合进入平台各类企业的闲置资源，重点在设备、技术、人才等方面，促进企业间有效合作。

积极组织产需对接专项行动推进全省民营经济体制改革任务落实。

整合省工信委各个处室力量，依托各类商会协会组织，梳理企业各类需求，统筹组织好产需对接相关活动。下半年，重点围绕产业链上下游对接、大项目需求、龙头企业配套、融资需求、人力资源需求、产品销售需求等重点环节，组织好相关产需对接会、培训会、展会等活动。继续鼓励和引导非公有制企业参与国企改革发展混合所有制经济。主动对接省国资委等相关部门，围绕国企改革的相关措施、计划、项目和重点改革任务，鼓励和支持有意向的非公企业积极参与国有企业改革，加快推进国有企业和民间资本、民营企业融合步伐，发展混合所有制经济。

第五篇·中小企业和民营经济统计数据

天津市

2015年天津市中小企业和民营经济统计数据

2015年中小企业主要经济指标完成情况

	单位	2015年	2014年	±%
一、全市中小企业				
市场主体	万户	34.08	27.65	23.26
企业个数	万户	31.07	24.98	24.39
从业人数	万人	499.23	450.65	10.78
注册资本金	亿元	45560.66	35450.41	28.52
规模以上工业企业增加值	亿元			18.60
外贸出口	亿美元	138.50	146.09	-5.20
税收收入合计	亿元	1973.56	2001.93	-1.42
二、限额以上中小企业				
企业个数	个	12640	17288	-26.89
从业人数	万人	182.61	126.31	44.57
总资产	亿元	65308.56	56557.33	15.47
营业收入	亿元	34751.40	32083.63	8.32
营业利润	亿元	1556.63	1451.65	7.23
税金总额	亿元	626.82	612.19	2.39

2015年限额以上中小企业分行业情况

	企业个数(个)	从业人员(万人)	营业收入(亿元)		营业利润(亿元)		税金总额(亿元)	
			2015年	±%	2015年	±%	2015年	±%
合　计	12640	182.61	34751.40	8.32	1556.63	7.23	626.82	2.39
一、第二产业	6874	117.74	17033.07	11.65	972.85	16.21	536.01	11.54
工业企业	5145	90.95	15302.94	7.84	928.79	15.21	484.96	8.50
建筑企业	1729	26.79	1730.14	62.41	44.06	42.40	51.04	52.01
二、第三产业	5766	64.87	17718.33	5.29	583.78	-5.00	90.82	-31.01

批发零售业	1076	10.83	11859.82	5.31	78.20	3.23	70.70	-36.30
住宿餐饮业	110	2.54	49.15	-4.52	-5.88		2.29	-6.75
交通运输业	1137	12.41	1584.76	-10.14	75.24	12.28	6.84	-20.38
房地产业	1247	3.47	1429.16	15.34	65.11	-38.33	3.11	9.14
社会服务业	2196	35.62	2795.43	11.29	371.11	0.83	7.88	16.53

2015年限额以上中小企业分区县情况

	企业个数（个）	从业人员（万人）	营业收入(亿元)		营业利润(亿元)		税金总额(亿元)	
			2015年	±%	2015年	±%	2015年	±%
合 计	12640	182.61	34751.40	8.32	1556.63	7.23	626.82	2.39
和平区	493	6.09	2318.37	-0.86	21.92	-52.87	3.89	4.09
河东区	350	3.95	501.44	-0.18	-5.06		2.32	1.87
河西区	608	6.33	1711.23	13.88	14.96	-35.45	9.64	235.22
南开区	490	9.28	1188.08	-3.24	25.44	-57.00	7.47	-4.13
河北区	285	2.39	371.60	8.95	17.04	2.79	2.05	3.46
红桥区	146	1.20	92.21	-2.38	2.05	-54.87	1.26	-1.64
东丽区	1192	15.76	3500.08	2.76	173.14	45.68	52.98	4.58
西青区	1327	21.57	3618.40	10.37	317.41	28.92	85.53	15.64
津南区	992	14.23	2760.36	22.47	129.09	85.85	59.22	40.89
北辰区	869	11.35	2682.64	9.21	131.60	16.19	65.47	26.63
武清区	992	15.43	1725.97	12.64	129.52	2.95	57.76	3.04
宝坻区	577	10.84	976.51	18.28	76.60	49.37	29.48	25.47
宁河区	338	6.02	729.64	11.95	61.46	13.66	18.12	93.53
静海区	733	8.91	1964.47	9.2	95.13	32.08	27.59	-12.34

蓟　县	315	5.03	332.46	9.46	17.93	31.41	10.16	11.15
滨海新区	2663	33.20	7828.75	4.91	266.31	−16.62	124.53	−17.91
中央企业	270	11.01	2449.20	16.15	82.08	−30.38		

2015年民营经济主要经济指标完成情况

	单位	2015年	2014年	±%
一、全市民营企业				
市场主体	万户	30.25	24.01	26.00
企业个数	万户	28.67	22.72	26.20
从业人数	万人	334.98	326.51	2.59
注册资本金	亿元	22479.63	15983.43	40.64
增加值（民营经济）	亿元	7781.42		13.50
外贸出口	亿美元	111.10	114.69	−3.13
税收收入合计	亿元	1169.57	1112.74	5.11
二、个体工商户				
户数	万户	35.61	31.26	13.91
从业人数	万人	66.64	57.60	15.69
注册资本金	亿元	314.88	245.93	28.04
税收收入合计	亿元	85.59	90.18	−5.09

2016年天津市中小企业和民营经济统计数据

2016年中小企业主要经济指标完成情况

	单位	2016年	2015年	±%
一、全市中小企业				
市场主体	万户	42.04	34.08	23.35
企业个数	万户	38.64	31.07	24.35

从业人数	万人	449.00	433.60	3.55
注册资本金	亿元	60980.74	45560.66	33.85
规模以上工业企业增加值	亿元			14.65
外贸出口	亿美元	155.34	164.38	-5.50
税收收入合计	亿元	2325.26	2007.48	15.83
二、限额以上中小企业				
企业个数	个	12999	12640	2.84
从业人数	万人	166.96	182.61	-8.57
总资产	亿元	20382.52	21288.25	-4.25
营业收入	亿元	34961.24	34131.33	2.43
营业利润	亿元	1324.45	1541.68	-14.09
税金总额	亿元	518.03	555.05	-6.67

2016年限额以上中小企业分行业情况

	企业个数（个）	从业人员（万人）	营业收入(亿元)		营业利润(亿元)		税金总额(亿元)	
			2016年	±%	2016年	±%	2016年	±%
合　计	12999	166.96	34961.24	2.43	1324.45	-14.09	518.03	-6.67
一、第二产业	6836	98.69	16043.31	2.12	879.04	1.32	482.10	-6.68
工业企业	5251	81.65	15237.72	8.99	855.23	3.85	463.93	-0.36
建筑企业	1585	17.03	805.59	-53.44	23.81	-45.97	18.17	-64.40
二、第三产业	6163	68.27	18917.93	2.70	445.41	-33.93	35.93	-6.50
批发零售业	1051	9.20	12410.51	-1.20	91.95	5.37	19.12	13.18
住宿餐饮业	95	2.19	45.25	2.66	-2.85	68.08	0.89	-60.80
交通运输业	1259	12.50	1547.43	-6.53	63.95	-10.54	4.59	-39.80
房地产业	1283	3.27	1817.59	41.91	21.03	-86.17	3.02	-6.84
社会服务业	2475	41.10	3097.16	7.57	271.32	-27.10	8.32	-1.08

2016年限额以上中小企业分区县情况

	企业个数（个）	从业人员（万人）	营业收入(亿元)		营业利润(亿元)		税金总额(亿元)	
			2016年	±%	2016年	±%	2016年	±%
合　计	12999	166.96	34961.24	2.43	1324.45	-14.09	518.03	-6.67
和平区	473	6.00	2684.21	-3.84	32.21	89.60	4.08	-12.46
河东区	347	3.45	665.77	17.55	-2.80	68.02	3.30	25.31
河西区	594	5.84	1236.24	-18.74	37.28	84.53	3.13	-58.37
南开区	483	8.73	1111.86	-1.44	34.92	51.61	4.30	-23.95
河北区	295	2.42	430.43	8.40	15.92	-2.19	1.64	-17.85
红桥区	135	1.00	113.81	23.26	12.36	364.20	1.00	-19.23
东丽区	1146	14.17	3069.68	8.76	52.24	-55.64	27.79	-41.16
西青区	1368	19.33	3982.23	9.76	321.10	-21.26	97.02	7.44
津南区	1055	10.97	2570.99	3.02	96.71	-23.09	45.83	-20.56
北辰区	866	10.59	2474.82	8.01	106.43	35.41	76.72	22.93
武清区	1069	13.92	2039.23	19.92	121.18	-1.99	59.37	5.02
宝坻区	622	10.22	1085.09	22.27	90.27	27.28	35.02	26.38
宁河区	350	5.91	719.89	6.13	44.73	-10.76	13.44	-24.15
静海区	724	8.24	1956.76	10.70	66.85	-15.89	23.45	-8.59
蓟州区	358	4.99	353.93	9.54	9.18	-48.20	10.70	8.88
滨海新区	2870	34.75	8581.48	5.34	216.03	-26.44	72.34	-7.50
中央企业	244	6.43	1884.80	-34.86	69.85	-33.97	38.90	-33.01

2016年民营经济主要经济指标完成情况

	单位	2016年	2015年	±%
一、全市民营企业				
市场主体	万户	38.00	30.25	25.61
企业个数	万户	36.06	28.67	25.76
从业人数	万人	337.20	325.00	3.75
注册资本金	亿元	34045.35	22479.63	51.45
增加值（民营经济）	亿元	8579.87	7579.39	13.20
外贸出口	亿美元	113.82	111.10	2.40
税收收入合计	亿元	1302.75	1092.82	19.21
二、个体工商户				
户数	万户	40.20	35.61	12.89
从业人数	万人	75.89	66.64	13.88
注册资本金	亿元	385.37	314.88	22.39
税收收入合计	亿元	19.47	20.78	-6.30

河北省

2015年河北省中小企业及非公有制经济统计数据

河北省民营经济主要指标综合表

指标名称	单位个数（个）	从业人员（人）	增加值（万元）	营业收入（万元）	利润总额（万元）	上缴税金（万元）	劳动者报酬（万元）
合　计	2755934	21323740	201864398	1005972034	71908535	24093515	46769429
按国民经济行业大类分组							
1.农、林、牧、渔业	75371	496483	3478806	17918140	1218920	229613	992920
2.工业	800727	11252693	121616252	618907006	45448214	11995608	26496150

其中：采矿业	40513	695910	9026614	42570027	3915496	804630	1614151
制造业	757324	10477367	110658360	567542788	40811700	10974554	24682138
其中：农产品加工业	77094	1176320	12224469	58227475	4019880	994048	2277538
电力、燃气及水的生产和供应业	2890	79416	1931278	8794191	721018	216424	199861
3.建筑业	84153	1387877	9588659	45826061	3750354	1827883	3038010
其中：具有资质等级的建筑业	6312	283441	3984269	19781766	899163	709383	720997
4.交通运输仓储业	327731	1333475	12142916	55571199	4250239	1000346	2821045
5.批发零售业	932364	3761114	31697105	152971471	9549029	4363466	7272623
6.住宿及餐饮业	243772	1497211	9308458	43989825	3383906	1185127	2913814
其中：餐饮业	78310	451687	2413291	12536647	1075980	325304	941326
7.居民服务、其他服务和娱乐业	210490	996291	5525641	29792327	2045646	1033316	1957252
8.其他	81326	598596	8506561	40996005	2262227	2458156	1277615

河北省各市民营经济主要指标综合表

	单位个数（个）	从业人员（人）	增加值（万元）	营业收入（万元）	利润总额（万元）	上缴税金（万元）	劳动者报酬（万元）
石家庄市	298480	2860524	33613325	170154031	12918147	4283425	5430970
唐山市	334704	2377682	41867000	175013671	11982354	3676230	5333570
秦皇岛市	111361	785817	8130100	38624936	1081687	1339431	2069376
邯郸市	357677	2808270	20513472	123587325	8550367	1686638	5550690
邢台市	249074	1893099	11720442	60615018	4598005	1191782	3495292
保定市	292390	2748784	20389500	95941444	7947245	2536501	5987514
张家口市	220722	1188025	8054723	33332711	2028240	1009937	2311580

承德市	204647	985700	8676328	47183156	2316536	1063808	2327031
沧州市	219393	2159868	21939082	109989557	8511258	2199893	4876800
廊坊市	200532	1583073	17561431	85457224	6497532	3622181	4973609
衡水市	220102	1295515	8542763	44332187	3938309	1087345	3034145
定州市	29559	396024	2037824	9473115	689794	178225	946914
辛集市	17293	241359	3044408	12267659	849061	160119	431938

2016年河北省中小企业及非公有制经济统计数据

河北省民营经济主要指标综合表

指标名称	单位个数（个）	从业人员（人）	增加值（万元）	营业收入（万元）	利润总额（万元）	上缴税金（万元）	劳动者报酬（万元）
合　计	2871289	21811328	215831137	1071057695	75421328	26662447	50162896
按国民经济行业大类分组							
1.农、林、牧、渔业	84660	531401	4269981	22066297	1337347	248016	1107728
2.工业	833095	11675925	126084415	658354022	47068939	13183520	27797152
其中：采矿业	38248	603754	7037529	38745750	4792861	784518	1426850
制造业	791867	10991723	117137799	610176452	41587251	12155512	26194451
其中：农产品加工业	84289	1193251	13114706	63910010	4241386	938050	2519973
电力、燃气及水的生产和供应业	2980	80448	1909087	9431820	688827	243490	175851
3.建筑业	93159	1504362	9580944	56909154	3881101	1902520	3288244
其中：具有资质等级的建筑业	12491	272634	4036815	20013232	960547	672969	748882
4.交通运输仓储业	331140	1276869	14755138	60829350	4654565	1485121	3052268
5.批发零售业	957201	3597687	32845642	153875995	10100143	4240295	7886327

6.住宿及餐饮业	258469	1581353	12135204	46491630	3674344	1303822	3222971
其中：餐饮业	80097	454447	3098635	13720081	1134317	319925	931786
7.居民服务、其他服务和娱乐业	227483	1057195	6961822	31749090	2197833	1141252	2163668
8.其他	86082	586536	9197991	40782157	2507056	3157901	1644538

河北省各市民营经济主要指标综合表

	单位个数（个）	从业人员（人）	增加值（万元）	营业收入（万元）	利润总额（万元）	上缴税金（万元）	劳动者报酬（万元）
石家庄市	308521	2922544	36124180	185284673	14004471	4622857	5175542
唐山市	348047	2322547	43386656	173602269	11783836	3654406	5414754
秦皇岛市	117732	793992	8724738	42894503	1331967	1308717	2397054
邯郸市	373061	2857353	21785601	128835609	8421620	1918607	5984659
邢台市	259672	2031789	13003798	66971971	4956453	1284216	3980851
保定市	305555	2802732	21304000	105503867	8601792	2887293	6683575
张家口市	232456	1228936	8633536	36090098	1918236	1222137	2304035
承德市	213109	1001116	9230937	49713399	2489641	1117118	2407351
沧州市	230088	2231558	24844688	118233145	9071973	2430869	5595088
廊坊市	208223	1624807	19468102	91830043	6920015	4726399	5314481
衡水市	226932	1326516	9956228	48874295	4305974	1144047	3300788
定州市	30720	415871	2072527	10521990	737740	185152	1112343
辛集市	17173	251567	3389646	12701833	877610	160629	492375

辽宁省

2015年辽宁省民营经济数据

民营经济主要经济指标表

表　　号:民经年综1表　　制表机关:辽宁省中小企业局
批准机关:辽宁省统计局　　批准文号:辽统制字〔2015〕9号
填报单位:辽宁省中小企业局　　有效期至:2016年12月　　单　　位:个、人、万元

甲	企业个数	从业人员年末数	增加值	总产值	营业收入	利润总额	上交税金	劳动者报酬
	1	2	3	4	5	6	7	8
总　计	1709717	10438700	163306548	627198281	608192023	38027927	16708001	28587290
一、按登记注册类型分组								
1.内资企业小计	1702393	10156869	154070867	590001583	572421567	35359498	15275029	27554626
其中:(1)集体企业	5940	241276	3320316	9980108	10436730	462815	321509	621917
(2)股份合作企业	7469	101633	3486446	12551818	12253526	625603	470676	285074
(3)联营企业	1439	19736	1088604	4596679	4295760	289233	187739	170274
(4)有限责任公司	65725	1548146	33176279	130874521	125900018	7824671	3850529	4523346
(5)股份有限公司	26352	535815	14238530	49477822	46068390	2620657	2130418	1805041
(6)私营企业	240656	3191728	56169191	220261761	213953892	12528041	5117123	9382170
(7)个体工商户	1354812	4518535	42591501	162258874	159513251	11008478	3197035	10766804
2.港、澳、台商投资企业	3032	89539	3716739	13803397	14749205	1271169	684425	386593
3.外商投资企业	4292	192292	5518942	23393301	21021251	1397260	748547	646071
二、按国民经济行业分组								
1.工业	224327	4397095	90121503	364409914	343394580	19779355	7726447	12629786
其中: 采矿业	10869	313188	6581354	28894533	28339043	1929361	677148	844642
制造业	210472	3999618	81903722	329139116	308632112	17468798	6883275	11498224
电力、燃气及水的生产和供应业	2986	84289	1636427	6376265	6423425	381196	166024	286920
2.建筑业	28209	665590	12012139	43185589	39569389	2637585	1520547	2106879
其中: 资质等级企业	3066	171239	3685707	10214307	10030344	568973	377792	594586
3.交通运输仓储业	202486	634998	7991916	29925119	32455292	1890536	930310	1550685

4.批发零售业	663717	2429872	27033224	96991391	100503849	6799848	3051882	6259617
5.住宿及餐饮业	193944	988470	8828267	34274380	32933978	2670623	1081089	2380282
其中：餐饮业	109021	569832	4321954	18011434	17264965	1356594	561616	1332830
6.居民服务、修理和其他服务业	251880	801115	9514045	30287258	33438965	2356841	1207309	2093061
7.其他	145154	521560	7805454	28124630	25895970	1893139	1190417	1566980

单位负责人:赵连生　统计负责人:姚东辉　制表人:魏来

民营经济主要经济指标对比表（分地区）

2015年　　　　计算单位：个、人、万元

地区	企业个数			从业人员年末数			增加值		
	2015	2014年	增幅%	2015	2014年	增幅%	2015	2014年	增幅%
甲	1	2	3	4	5	6	7	8	9
辽宁省	1709717	1827764	-6.46	10438700	11354744	-8.07	163306548	208518113	-21.68
沈阳市	379648	378145	0.40	2263266	2328644	-2.81	43550195	55344143	-21.31
大连市	284704	295310	-3.59	2356604	2518870	-6.44	44076459	53715569	-17.94
鞍山市	116329	145854	-20.24	780920	1022035	-23.59	12731584	20115824	-36.71
抚顺市	70494	89544	-21.27	401846	503638	-20.21	4519407	9125966	-50.48
本溪市	72965	72568	0.55	387637	386554	0.28	7593441	7211491	5.30
丹东市	58845	74614	-21.13	388408	508214	-23.57	2827920	5874114	-51.86
锦州市	148603	145363	2.23	721409	737980	-2.25	9561404	10766940	-11.20
营口市	107719	116149	-7.26	674966	668586	0.95	14700974	15124362	-2.80
阜新市	74981	81147	-7.60	409378	426886	-4.10	3037648	4410416	-31.13
辽阳市	54753	54346	0.75	454748	451447	0.73	5761143	5531177	4.16
铁岭市	83617	84978	-1.60	383345	403684	-5.04	2977698	3903010	-23.71
朝阳市	107602	116088	-7.31	493369	531710	-7.21	3652665	6888098	-46.97
盘锦市	57607	63849	-9.78	267547	273393	-2.14	6465108	7151863	-9.60
葫芦岛市	91850	109809	-16.35	455257	593103	-23.24	1850902	3355140	-44.83

民营经济主要经济指标对比表（分地区）

2015年　　　　计算单位：个、人、万元

地区	总产值			营业收入			利润总额		
	2015	2014年	增幅%	2015	2014年	增幅%	2015	2014年	增幅%
甲	10	11	12	13	14	15	16	17	18
辽宁省	627198281	790763703	-20.68	608192023	761337056	-20.12	38027927	45940087	-17.22
沈阳市	177314648	213364827	-16.90	165888280	196309309	-15.50	8529612	10795893	-20.99
大连市	136565885	168323161	-18.87	138246554	166914484	-17.18	9302942	10500443	-11.40
鞍山市	45352193	72091975	-37.09	44112582	68718944	-35.81	4943281	5345945	-7.53
抚顺市	13310877	29217577	-54.44	14815941	30480966	-51.39	1141767	2714184	-57.93
本溪市	33234858	32337811	2.77	30623646	30068298	1.85	1060254	1054375	0.56
丹东市	11608964	25435956	-54.36	12389424	25097443	-50.63	439472	1019283	-56.88
锦州市	44964885	49944246	-9.97	41481601	48017456	-13.61	3136567	3395844	-7.64
营口市	54874035	60488428	-9.28	52120474	57642468	-9.58	3374066	3204030	5.31
阜新市	11068639	17838267	-37.95	13505483	21269415	-36.50	832105	1190775	-30.12
辽阳市	23255357	22633466	2.75	23313695	22473659	3.74	1913276	1903186	0.53
铁岭市	14146241	18345368	-22.89	13900699	17866418	-22.20	959047	1268776	-24.41
朝阳市	17577138	27903464	-37.01	17522350	27868532	-37.12	1164146	1897486	-38.65
盘锦市	33914162	36296864	-6.56	30732430	32771040	-6.22	846597	896519	-5.57
葫芦岛市	10010399	16542293	-39.49	9538864	15838624	-39.77	384795	753348	-48.92

民营经济主要经济指标对比表（分地区）

2015年　　　　计算单位：个、人、万元

地区	上交税金			劳动者报酬			出口交货值		
	2015	2014年	增幅%	2015	2014年	增幅%	2015	2014年	增幅%
甲	19	20	21	22	23	24	25	26	27
辽宁省	16708001	20659837	-19.13	28587290	30405256	-5.98	15264121	21241646	-28.14
沈阳市	5001478	5783532	-13.52	7923627	6853449	15.62	1775572	1976420	-10.16
大连市	5108534	5792467	-11.81	7770881	8787081	-11.56	7315216	10359476	-29.39
鞍山市	883557	1588775	-44.39	1903424	2663285	-28.53	1045302	1547322	-32.44

抚顺市	602846	975394	-38.19	1064984	1146929	-7.14	280558	514379	-45.46
本溪市	698698	696635	0.30	784903	756376	3.77	83373	102484	-18.65
丹东市	306408	584682	-47.59	666919	961269	-30.62	1038601	2020456	-48.60
锦州市	833247	948038	-12.11	1187495	1326885	-10.51	669536	1137561	-41.14
营口市	868732	900426	-3.52	1609131	1625677	-1.02	1709074	1799203	-5.01
阜新市	261534	444942	-41.22	916530	1046912	-12.45	39322	108844	-63.87
辽阳市	648119	871824	-25.66	1174312	1173353	0.08	577757	704175	-17.95
铁岭市	297210	388488	-23.50	1148776	1190863	-3.53	60404	65754	-8.14
朝阳市	340726	754336	-54.83	988251	1103469	-10.44	219071	182292	20.18
盘锦市	673541	656770	2.55	720766	713252	1.05	112814	173269	-34.89
葫芦岛市	183371	273528	-32.96	727291	1056456	-31.16	337521	550011	-38.63

民营经济主要经济指标对比表（分地区）

2015年　　　　计算单位：个、人、万元

地　　区	固定资产投资		
	2015	2014年	增幅%
甲	28	29	30
辽宁省	103486849	142871654	-27.57
沈阳市	34182718	38115863	-10.32
大连市	25308059	38828202	-34.82
鞍山市	9185756	16445849	-44.15
抚顺市	2592870	4418470	-41.32
本溪市	4111735	5019347	-18.08
丹东市	1372358	3298104	-58.39
锦州市	5873343	6930994	-15.26
营口市	4554595	5044716	-9.72
阜新市	1244395	3023326	-58.84
辽阳市	2500089	5045529	-50.45
铁岭市	2155703	3883399	-44.49
朝阳市	1755467	2781698	-36.89
盘锦市	7502897	7282519	3.03
葫芦岛市	1146864	2753638	-58.35

2016年辽宁省民营经济数据

民营经济主要经济指标表

表　　号:民经年综1表　　制表机关:辽宁省中小企业厅
批准机关:辽宁省统计局　　批准文号:辽统制字〔2016〕11号
单位名称:辽宁省中小企业局　　有效期至:2017年12月31日　　单　　位:个、人、万元

甲	企业个数	从业人员年末数	增加值	总产值	营业收入	利润总额	上交税金	劳动者报酬
	1	2	3	4	5	6	7	8
总　计	1583293	9338687	110538773	419639952	415551657	25802783	13971072	24909675
一、按登记注册类型分组								
1.内资企业小计	1578067	9046116	102172600	390103004	384610174	23513439	12620075	23621249
其中:(1)集体企业	6402	194707	2759411	14952028	7395701	412004	332014	525652
(2)股份合作企业	6815	74219	2739941	8692072	8399504	578066	343322	266137
(3)联营企业	1268	16085	710676	3018776	2763970	84058	173925	42617
(4)有限责任公司	93631	1698346	27692456	105596584	108117425	5142348	3582914	4686113
(5)股份有限公司	16102	312755	7508323	28575961	26786435	1586033	994542	957806
(6)私营企业	230040	2722696	35616084	135606915	135717482	8321999	4503597	8130677
(7)个体工商户	1223809	4027308	25145709	93660668	95429657	7388931	2689761	9012247
2.港、澳、台商投资企业	1510	81999	2617362	8744806	10079025	1092762	554631	428886
3.外商投资企业	3716	210572	5748811	20792142	20862458	1196582	796366	859540
二、按国民经济行业分组								
1.工业	173353	3588327	49612661	195730506	190553400	10444322	5866837	10157112
其中：采矿业	5715	185117	2914317	10434376	11540100	1031152	623054	558864

制造业	165699	3330053	45317669	180274358	174784693	9083166	5091929	9337126
电力、燃气及水的生产和供应业	1939	73157	1380675	5021772	4228607	330004	151854	261122
2.建筑业	22836	593317	8651488	30405926	30151624	2175895	1186934	1828776
其中：资质等级企业	2581	168824	2650283	7983062	7722055	689104	385634	597493
3.交通运输仓储业	168590	566771	5711565	20081639	20192734	1447444	636177	1396652
4.批发零售业	674970	2429833	24883521	95839956	100790191	5754584	3073266	5908771
5.住宿及餐饮业	186594	952075	6821452	25393838	24435622	2142937	801021	2346875
其中：餐饮业	101753	535905	3349834	12794375	12535017	1142372	399210	1139146
6.居民服务、修理和其他服务业	214536	674983	7009914	24075482	24095519	1780727	927306	1783872
7.其他	142414	533381	7848172	28112605	25332567	2056874	1479531	1487617

民营经济主要经济指标对比表（分地区）

2016年　　　　计算单位：个、人、万元

地区	企业个数			从业人员年末数			增加值		
	2016	2015	增幅%	2016	2015	增幅%	2016	2015	增幅%
甲	1	2	3	4	5	6	7	8	9
辽宁省	1583293	1709717	-7.39	9338687	10438700	-10.54	110538773	163306548	-32.31
沈阳市	337452	379648	-11.11	2001489	2263266	-11.57	33244539	43550195	-23.66
大连市	306814	284704	7.77	2350707	2356604	-0.25	40421078	44076459	-8.29
鞍山市	110918	116329	-4.65	716763	780920	-8.22	5970737	12731584	-53.10
抚顺市	71189	70494	0.99	328766	401846	-18.19	2578270	4519407	-42.95
本溪市	76718	72965	5.14	297178	387637	-23.34	1878840	7593441	-75.26

丹东市	60351	58845	2.56	404251	388408	4.08	1887367	2827920	-33.26
锦州市	116276	148603	-21.75	529475	721409	-26.61	3470888	9561404	-63.70
营口市	65798	107719	-38.92	533542	674966	-20.95	6649053	14700974	-54.77
阜新市	68125	74981	-9.14	370222	409378	-9.56	1625533	3037648	-46.49
辽阳市	49550	54753	-9.50	396100	454748	-12.90	3279912	5761143	-43.07
铁岭市	80111	83617	-4.19	353689	383345	-7.74	2352485	2977698	-21.00
朝阳市	89085	107602	-17.21	380273	493369	-22.92	1140795	3652665	-68.77
盘锦市	63699	57607	10.58	257945	267547	-3.59	4544206	6465108	-29.71
葫芦岛市	87207	91850	-5.05	418287	455257	-8.12	1495070	1850902	-19.22

民营经济主要经济指标对比表（分地区）

2016年　　计算单位：个、人、万元

地区	总产值			营业收入			利润总额		
	2016	2015	增幅%	2016	2015	增幅%	2016	2015	增幅%
甲	10	11	12	13	14	15	16	17	18
辽宁省	419639952	627198281	-33.09	415551657	608192023	-31.67	25802783	38027927	-32.15
沈阳市	131154231	177314648	-26.03	122184707	165888280	-26.35	6882303	8529612	-19.31
大连市	129749231	136565885	-4.99	131219277	138246554	-5.08	8646734	9302942	-7.05
鞍山市	24162401	45352193	-46.72	24296148	44112582	-44.92	2322340	4943281	-53.02
抚顺市	7114968	13310877	-46.55	8930634	14815941	-39.72	577973	1141767	-49.38
本溪市	6743172	33234858	-79.71	6450897	30623646	-78.93	330623	1060254	-68.82
丹东市	10270684	11608964	-11.53	10915520	12389424	-11.90	663567	611746	8.47
锦州市	16804198	44964885	-62.63	16354943	41481601	-60.57	878344	3136567	-72.00
营口市	24739246	54874035	-54.92	24484388	52120474	-53.02	1693985	3374066	-49.79
阜新市	6500852	11068639	-41.27	8124238	13505483	-39.84	535368	832105	-35.66
辽阳市	12625846	23255357	-45.71	14225765	23313695	-38.98	1116691	1913276	-41.63
铁岭市	12718727	14146241	-10.09	12176973	13900699	-12.40	664165	959047	-30.75
朝阳市	6221829	17577138	-64.60	6236954	17522350	-64.41	351731	1164146	-69.79
盘锦市	22779049	33914162	-32.83	22065339	30732430	-28.20	804646	846597	-4.96
葫芦岛市	8055518	10010399	-19.53	7885874	9538864	-17.33	334313	384795	-13.12

民营经济主要经济指标对比表（分地区）

2016年　　计算单位：个、人、万元

地区	上交税金			劳动者报酬			出口交货值		
	2016	2015	增幅%	2016	2015	增幅%	2016	2015	增幅%
甲	19	20	21	22	23	24	25	26	27
辽宁省	13971072	16708001	-16.38	24909675	28587290	-12.86	11699860	15264121	-23.35
沈阳市	4124159	5001478	-17.54	6816585	7923627	-13.97	1894335	1775572	6.69
大连市	5188874	5108534	1.57	7392494	7770881	-4.87	5967401	7315216	-18.42
鞍山市	777152	883557	-12.04	1838418	1903424	-3.42	772620	1045302	-26.09
抚顺市	422771	602846	-29.87	729456	1064984	-31.51	286271	280558	2.04
本溪市	301156	698698	-56.90	641655	784903	-18.25	51572	83373	-38.14
丹东市	349247	306408	13.98	695876	666919	4.34	626123	1038601	-39.71
锦州市	407881	833247	-51.05	879001	1187495	-25.98	344715	669536	-48.51
营口市	503505	868732	-42.04	1212545	1609131	-24.65	558676	1709074	-67.31
阜新市	155893	261534	-40.39	703976	916530	-23.19	25782	39322	-34.43
辽阳市	583531	648119	-9.97	974120	1174312	-17.05	644959	577757	11.63
铁岭市	260768	297210	-12.26	1053881	1148776	-8.26	53092	60404	-12.11
朝阳市	233890	340726	-31.36	731170	988251	-26.01	199851	219071	-8.77
盘锦市	528148	673541	-21.59	602123	720766	-16.46	82398	112814	-26.96
葫芦岛市	134097	183371	-26.87	638375	727291	-12.23	192065	337521	-43.10

民营经济主要经济指标对比表（分地区）

2016年　　计算单位：个、人、万元

地区	固定资产投资		
	2016	2015	增幅%
甲	28	29	30
辽宁省	44454405	103486849	-57.04
沈阳市	13106556	34182718	-61.66
大连市	11205554	25308059	-55.72
鞍山市	4273012	9185756	-53.48
抚顺市	733746	2592870	-71.70
本溪市	964429	4111735	-76.54
丹东市	1641418	1779728	-7.77
锦州市	2678044	5873343	-54.40

营口市	1471223	4554595	-67.70
阜新市	479798	1244395	-61.44
辽阳市	876477	2500089	-64.94
铁岭市	739989	2155703	-65.67
朝阳市	868691	1755467	-50.52
盘锦市	4650546	7502897	-38.02
葫芦岛市	764922	1146864	-33.30

吉林省

2015年吉林省民营经济数据

2015年度吉林省民营经济主要指标完成情况表

指标 地区	主营业务收入（亿元）		上交税金（亿元）		民营企业户数（户）		"三上"企业单位数（个）		个体工商业户数（万户）		从业人员（万人）		民营经济增加值（亿元）	
	本期实际	同比增长%	本期实际	同比增长%	本期实际	同比增长%	本期累计	同比增长%	本期实际	同比增长%	本期实际	同比增长%	本期实际	占GDP比重（%）
全省	32634.2	8.8	741.8	-2.8	235833	19.8	12855	2.6	136.23	7.6	723.8	5.4	7336.9	51.4
长春市	11071.2	8.6	348.3	-1.3	115412	19.1	3403	5.7	35.75	16.5	222.8	6.8	2295.0	41.5
吉林市	5879.3	9.0	105.5	3.0	30807	16.7	2721	1.5	17.69	7.8	122.3	7.0	1163.8	47.4
四平市	2561.5	4.5	47.6	-10.2	15990	17.8	1097	7.8	16.13	5.2	57.3	6.9	674.9	53.3
其中：公主岭市	901.6	20.0	13.9	-2.1	5003	15.0	30	15.3	4.80	10.1	23.1	15.9	336.0	75.0
辽源市	1881.2	10.8	19.0	-0.2	7803	11.8	586	1.9	6.70	9.6	32.5	-1.8	433.5	57.8
通化市	3160.3	12.0	70.4	-2.7	13061	17.7	1200	2.3	12.76	8.1	72.3	0.6	554.5	53.6
其中：梅河口市	772.0	11.0	20.7	-9.0	2256	7.9	389	53.0	3.90	8.0	21.9	9.1	193.0	58.8
白山市	1783.8	7.5	29.7	-10.8	9033	19.9	754	0.4	6.26	-11.0	35.9	0.4	361.6	52.4

白城市	1190.5	11.4	31.3	-2.5	10037	49.2	603	9.6	11.44	7.7	30.1	6.4	300.5	42.0
松原市	2869.0	6.3	36.4	-18.3	13404	13.0	1227	-5.5	14.45	-1.7	87.4	9.3	789.7	47.0
延边州	2237.5	10.8	51.1	-0.8	19609	27.0	1249	0.1	14.47	7.7	62.8	3.3	454.5	51.3
其中:珲春市	340.1	7.5	8.0	11.2	2640	5.7	—	—	2.24	5.5	8.0	3.1	—	—
长白山管委会	43.7	10.2	2.4	16.5	677	60.8	39	0.0	0.59	24.1	2.1	0.7	18.4	58.7

2016年吉林省民营经济数据

2016年度吉林省民营经济主要指标完成情况表

指标	主营业务收入（亿元）		上交税金（亿元）		民营企业户数（户）		“三上”企业单位数（个）		个体工商业户数（万户）		从业人员（万人）		民营经济增加值（亿元）	
地区	本期实际	同比增长%	本期实际	同比增长%	本期实际	同比增长%	本期累计	同比增长%	本期实际	同比增长%	本期实际	同比增长%	本期实际	占GDP比重（%）
全省	36028.5	8.3	755.9	1.9	259606	10.1	13620	6.5	147.2	8.0	756.3	3.8	7651.5	51.4
长春市	11990.0	7.9	355.5	2.1	134433	16.5	3860	13.4	41.6	16.4	235.8	5.5	2460.3	41.5
吉林市	6427.1	9.0	99.5	-5.7	33310	8.1	2830	4.0	16.8	-4.9	123.7	-1.6	1199.9	47.4
四平市	2676.7	4.5	49.3	3.6	15346	-4.0	1212	10.5	17.7	9.8	55.0	-4.2	643.5	53.4
其中:公主岭	993.9	10.2	14.6	6.7	4078	-5.7			5.1	8.0	24.2	7.5	354.2	76.2
辽源市	2016.7	5.6	24.2	27.4	8055	3.2	594	1.4	7.2	7.5	32.9	0.8	447.8	58.4
通化市	3506.8	9.8	66.8	-5.1	13793	5.6	1277	6.4	14.1	10.2	74.5	2.3	570.5	53.8
其中:梅河口	849.0	10.0	22.4	8.2	2721	10.0	411		4.12	5.1	22.0	0.4	212.0	59.6
白山市	1963.9	7.6	34.4	15.8	8819	-2.4	761	0.9	6.9	11.0	36.6	1.9	375.8	52.5
白城市	1339.1	14.2	27.9	-10.8	11067	10.3	626	3.8	12.7	11.1	32.6	8.0	308.6	42.2
松原市	3585.1	8.4	42.5	16.7	14133	5.4	1241	1.1	14.4	-0.6	99.4	13.4	806.7	47.1
延边州	2490.5	10.0	52.8	3.3	19874	1.4	1202	1.6	15.1	4.2	65.6	4.3	471.3	51.5
其中:珲春市	381.1	7.5	7.2	-9.8	3606	-3.8			2.3	5	8	0.8	98.2	65.0
长白山	48.7	14.4	3.1	29.2	776	14.6	44	12.8	0.7	14.2	2.2	6.8	19.4	58.8

上海市

2015年上海市企业类型数据统计

全部法人企业情况				
	单位数（个）	从业人员（人）	营业收入（千元）	实收资本（千元）
#国 有	4309	695780	1324505719	1630240395
集 体	7943	180310	63434232	24821248
私 营	334513	5144719	4167323547	1021057381
私营独资	37837	286899	101714493	83819371
私营合伙	6628	66955	-958833	43081125
私营有限责任公司	286841	4647520	3932353848	860540007
私营股份有限公司	3207	143345	134214039	33616878
港澳台商及外商投资	34574	3011135	6218061577	1324918825
港澳台商投资	13185	1082764	1839554387	626177434
外商投资	21389	1928371	4378507190	698741391
其他	36368	2422491	5549404830	1204719977

大型法人企业情况				
	单位数（个）	从业人员（人）	营业收入（千元）	实收资本（千元）
#国 有	161	397110	753657866	398675273
集 体	7	4965	395649	14500
私 营	313	346489	309768940	11195746
私营独资	5	1636	2160454	82945
私营合伙	2	2517	-31397832	0
私营有限责任公司	281	316583	308318499	9482869
私营股份有限公司	25	25753	30687819	1629932
港澳台商及外商投资	824	1278876	3538350478	283734397
港澳台商投资	302	449301	893819654	85622005
外商投资	522	829575	2644530824	198112392
其他	534	816574	1721780941	202051329

中型法人企业情况				
	单位数（个）	从业人员（人）	营业收入（千元）	实收资本（千元）
#国 有	606	179860	361814290	138949083
集 体	138	40754	15552790	1194933
私 营	4473	915671	1154811325	142716905
私营独资	120	12638	14763437	845505
私营合伙	27	2968	2583867	44400

私营有限责任公司	4130	857677	1087261721	128697081
私营股份有限公司	196	42388	50202300	13129919
港澳台商及外商投资	3412	833268	1573984504	348723986
港澳台商投资	1334	307960	573716371	157643021
外商投资	2078	525308	1000268133	191080965
其他	3014	803734	2387247335	385719339

小型法人企业情况				
	单位数（个）	从业人员（人）	营业收入（千元）	实收资本（千元）
#国 有	1596	90251	170898633	1012022698
集 体	1904	84909	37826896	7148498
私 营	59996	2074750	1899467932	258971777
私营独资	3580	92974	41329717	4292024
私营合伙	1087	28207	19179226	16903657
私营有限责任公司	54208	1895151	1792729698	225464062
私营股份有限公司	1121	58418	46229291	12312034
港澳台商及外商投资	12142	728060	955283270	282844636
港澳台商投资	4243	252429	309147267	103857196
外商投资	7899	475631	646136003	178987440
其他	9571	561618	1156843282	266580686

微型法人企业情况				
	单位数（个）	从业人员（人）	营业收入（千元）	实收资本（千元）
#国 有	1946	28559	38134930	80593341
集 体	5894	49682	9658897	16463317
私 营	269731	1807809	803275350	608172953
私营独资	34132	179651	43460885	78598897
私营合伙	5512	33263	8675906	26133068
私营有限责任公司	228222	1578109	744043930	496895995
私营股份有限公司	1865	16786	7094629	6544993
港澳台商及外商投资	18196	170931	150443325	409615806
港澳台商投资	7306	73074	62871095	279055212
外商投资	10890	97857	87572230	130560594
其他	23249	240565	283533272	350368623

中小微				
	单位数（个）	从业人员（人）	营业收入（千元）	实收资本（千元）
#国 有	4148	298670	570847853	1231565122
集 体	7936	175345	63038583	24806748

私 营	334200	4798230		1009861635
私营独资	37832	285263	99554039	83736426
私营合伙	6626	64438	30438999	43081125
私营有限责任公司	286560	4330937	3624035349	851057138
私营股份有限公司	3182	117592	103526220	31986946
港澳台商及外商投资	33750	1732259	2679711099	1041184428
港澳台商投资	12883	633463	945734733	540555429
外商投资	20867	1098796	1733976366	500628999
其他	35834	1605917	3827623889	1002668648

江苏省

2015年江苏省民营经济数据

2015年江苏省规模以上中小工业主要经济指标

单位：个、亿元

主要经济指标	企业个数	主营业务收入		利税总额		利润总额	
		实绩	增长%	实绩	增长%	实绩	增长%
总 计	46585	92421.69	7.1	10061.64	11.1	6286.98	10.1
1.国有企业	95	216.98	5.8	32.96	16.2	22.46	18.2
2.集体企业	251	432.39	5.3	45.40	13.6	25.98	16.5
3.股份合作企业	85	132.48	12.7	16.25	11.5	9.74	11.8
4.股份制企业	33299	61825.00	9.0	6771.07	13.8	4139.04	13.8
5.外商和港澳台投资企业	10287	26405.11	2.5	2819.18	4.8	1864.89	2.4
6.其他企业	2568	3409.72	10.9	376.77	13.1	224.88	12.8
在总计中：国有控股企业	808	4178.11	–1.1	612.30	10.4	399.82	8.6
在总计中：民营工业	35588	62577.68	9.8	6743.35	14.0	4101.34	14.0
其中：私营工业	29599	49185.89	9.7	5248.71	13.8	3162.29	13.8

2015年江苏省规模以上中小工业主要经济指标（分地区）

单位：个、亿元

指标 地区	企业个数	主营业务收入		利税总额		利润总额	
		实绩	增长%	实绩	增长%	实绩	增长%
总　计	46585	92421.69	7.1	10061.64	11.1	6286.98	10.1
苏南地区	24075	40834.20	0.1	3910.83	4.6	2542.41	4.0
南京市	2606	6419.28	-1.4	859.76	2.3	577.86	4.0
无锡市	4921	7713.91	-1.4	660.26	-1.5	445.13	-3.6
常州市	3999	7262.98	6.0	696.70	10.3	427.43	9.4
苏州市	9721	13699.62	-3.9	1124.11	3.9	726.44	2.3
镇江市	2828	5738.41	7.3	570.00	11.1	365.55	12.2
苏中地区	10248	24262.21	12.4	2996.09	16.6	1810.71	14.6
南通市	4952	10161.36	10.4	1224.08	13.7	776.31	12.1
扬州市	2672	6389.51	8.1	760.33	9.9	452.57	7.7
泰州市	2624	7711.34	19.3	1011.68	26.2	581.83	24.5
苏北地区	12262	27325.28	14.3	3154.71	14.9	1933.88	14.8
徐州市	2794	9587.62	11.5	1346.12	13.7	814.75	14.0
连云港市	1610	3465.81	14.2	372.11	13.4	241.91	14.7
淮安市	2478	4881.34	18.9	406.90	18.3	259.22	18.7
盐城市	2937	6316.13	15.8	686.42	18.3	384.47	14.9
宿迁市	2443	3074.38	13.2	343.16	10.6	233.53	13.1

2015年江苏省规模以上中小工业主要经济指标（分行业）

单位：亿元、%

指标 行业	总产值		销售收入		利税总额		利润总额	
	本期	增长	本期	增长	本期	增长	本期	增长
总　计	95665.65	8.40	92421.69	7.10	10061.64	11.10	6286.98	10.10
冶金（有色）	8296.91	3.44	8016.03	1.69	620.59	4.00	359.63	-0.01
其中：冶金	4727.73	3.10	4541.57	1.30	409.25	2.70	233.51	-2.00
有色	3569.18	3.90	3474.46	2.20	211.34	6.60	126.12	3.90

机 械	28293.90	8.90	26944.01	7.40	3150.38	9.60	1983.74	7.60
建 材	5045.37	5.30	4887.33	4.30	490.91	0.60	285.54	1.00
石油石化	14393.01	8.80	13950.32	7.80	1502.02	13.30	930.91	10.80
轻工（烟草）	18334.02	11.20	17939.85	10.40	1923.28	13.59	1194.85	13.69
其中：轻 工	18320.29	11.20	17926.39	10.40	1920.94	13.60	1193.12	13.70
烟 草	13.73	10.30	13.46	11.50	2.34	8.30	1.73	6.50
纺 织	9891.71	7.30	9676.45	6.70	922.80	10.90	534.09	11.70
电 子	6493.25	9.20	6229.71	6.10	526.82	17.80	336.41	17.60
医 药	2374.22	16.20	2279.82	14.80	349.99	16.10	224.28	17.00
煤 炭	24.91	15.00	24.70	7.30	3.16	13.50	1.66	17.20
电 力	1242.47	-0.90	1231.21	-1.90	403.44	19.90	313.04	20.60
其 他	1275.87	3.90	1242.25	2.70	168.26	7.30	122.84	7.80

2015年江苏省私营企业注册情况（分市）

项 目	户数（户）				注册资本（万元）	
	本 期	比上年底增长（%）	今年新注册	同比增长（%）	本 期	比上年底增长（%）
全省合计	1821504	15.7	393647	41.8	729654271	30.7
省级	5693	2.8	254	11.4	14847496	4.5
南京市	307500	53.2	110554	185.6	88037537	56.0
无锡市	186537	16.6	29730	16.4	84288248	27.2
徐州市	123924	9.7	23629	28.3	39417002	38.0
常州市	114256	16.7	17925	13.4	46414326	33.7
苏州市	357214	20.9	64984	18.7	151136212	31.5
南通市	173373	-23.6	21783	21.6	78135404	5.2
连云港市	57677	25.9	12471	24.1	23244506	41.1
淮安市	64192	20.0	16173	13.6	32943319	87.0
盐城市	125486	10.0	33226	40.8	41445784	20.2

扬州市	96170	25.1	24278	19.5	39884700	26.1
镇江市	59894	16.0	9853	10.8	34227092	35.7
泰州市	77247	14.0	13627	7.5	33265364	26.1
宿迁市	72341	11.5	15160	−7.9	22367282	30.9

2015年江苏省个体工商户注册情况（分市）

项　目	户数（户）		注册资本（万元）	
	本　期	比上年底增长（%）	本　期	比上年底增长（%）
全省合计	3872210	4.4	35828138	12.5
南京市	382986	11.3	3274382	16.8
无锡市	281955	13.9	1536529	25.8
徐州市	318512	−10.0	2451902	13.5
常州市	248196	13.4	1732810	27.6
苏州市	559238	14.2	4109181	21.1
南通市	468127	−12.3	2880988	5.1
连云港市	150727	10.3	1235474	26.8
淮安市	220138	8.6	2304767	9.5
盐城市	358435	1.2	3129805	−13.8
扬州市	242979	18.5	2119172	20.2
镇江市	163248	9.4	2860018	12.4
泰州市	230508	7.7	6084373	11.8
宿迁市	247161	−5.1	2108738	22.4

2016年江苏省民营经济数据

2016年江苏省规模以上中小工业主要经济指标

单位：个、亿元

主要经济指标	企业个数	主营业务收入		主营业务成本		利润总额	
		实绩	增长%	实绩	增长%	实绩	增长%
总　计	46367	99929.2	9.7	85642.2	10.0	6906.4	10.9
1.国有企业	90	247.9	1.7	199.1	2.2	26.1	21.1
2.集体企业	215	409.3	1.2	355.3	1.2	24.3	−1.8
3.股份合作企业	80	159.3	12.8	136.9	13.4	11.0	13.0
4.股份制企业	33787	68406.5	11.3	59043.4	11.8	4517.6	9.4
5.外商和港澳台投资企业	9786	27060.4	6.1	22722.8	5.7	2086.0	14.4
6.其他企业	2409	3645.7	9.6	3184.6	10.2	241.6	9.3
在总计中：国有控股企业	856	4983.9	5.4	4113.0	7.2	529.1	−6.0
在总计中：民营工业	35827	69118.9	11.4	59759.5	11.8	4507.5	10.4
其中：私营工业	29470	54232.6	11.8	47089.7	12.2	3465.4	10.5

2016年江苏省规模以上中小工业主要经济指标（分地区）

单位：个、亿元

指标 地区	企业个数	主营业务收入		主营业务成本		利润总额	
		实绩	增长%	实绩	增长%	实绩	增长%
总　计	46367	99929.2	9.7	85642.2	10.0	6906.4	10.9
苏南地区	23392	41439.1	4.5	34964.2	4.1	2835.0	12.8
南京市	2566	6509.9	2.0	5386.0	2.5	567.4	−3.4

无锡市	4759	7551.1	1.7	6366.7	1.3	501.8	15.1
常州市	4011	7372.4	8.9	6333.2	8.6	483.0	18.5
苏州市	9365	14173.1	4.0	11813.7	2.8	914.5	24.9
镇江市	2691	5832.6	7.0	5064.7	7.0	368.3	4.9
苏中地区	10314	26936.5	11.8	23311.9	12.0	1974.9	10.6
南通市	4910	11072.3	10.8	9614.7	10.9	859.3	11.8
扬州市	2621	6815.5	8.5	5922.5	8.9	465.5	5.2
泰州市	2783	9048.7	15.8	7774.7	15.8	650.1	13.3
苏北地区	12661	31553.6	15.5	27366.1	16.7	2096.6	8.6
徐州市	2806	11218.0	17.6	9598.6	19.5	908.5	12.9
连云港市	1669	4077.4	15.2	3513.7	15.6	273.0	11.5
淮安市	2624	5852.0	20.8	5196.6	22.1	276.1	6.3
盐城市	3043	6938.3	10.3	6019.2	11.0	380.5	-1.0
宿迁市	2519	3467.9	11.3	3038.0	12.2	258.5	9.0

2016年江苏省规模以上中小工业主要经济指标（分行业）

单位：亿元、%

指标 行业	总产值		销售收入		主营业务成本		利润总额	
	本期	增长	本期	增长	本期	增长	本期	增长
总　计	102919.1	9.5	99929.2	9.7	85642.2	10.0	6906.4	10.9
冶金（有色）	8426.6	3.7	8297.7	5.2	7445.4	5.2	416.9	13.4
其中：冶金	4797.8	4.1	4653.1	4.4	4102.1	4.2	265.7	12.4
有色	3628.8	3.1	3644.7	6.3	3343.2	6.5	151.2	15.1
机械	30558.2	10.6	29179.5	10.8	24551.5	11.1	2176.0	12.3
建材	5239.4	7.5	5062.4	7.2	4397.7	7.6	286.1	5.6
石油石化	15318.5	10.9	14914.2	11.3	12929.5	11.7	1002.6	11.4
轻工（烟草）	20595.3	11.7	20183.6	11.7	17274.1	11.7	1391.4	14.7
其中：轻工	20580.7	11.7	20169.0	11.7	17264.1	11.7	1388.9	14.7
烟草	14.6	-6.0	14.7	-4.0	10.0	-8.1	2.5	25.9

纺 织	10457.4	6.7	10242.8	6.6	9021.9	6.7	565.4	5.6
电 子	7007.8	10.7	6889.8	10.7	5999.8	10.4	414.6	24.8
医 药	2613.1	10.1	2503.5	9.7	1911.4	10.4	250.2	8.8
煤 炭	21.9	–21.6	22.6	–20.2	19.0	–27.6	1.6	211.4
电 力	1286.1	2.2	1269.9	1.5	959.5	9.4	259.2	–18.4
其 他	1394.7	6.9	1363.1	7.0	1132.5	6.8	142.6	11.7

2016年江苏省私营企业注册情况（分市）

项 目	户数（户）				注册资本（万元）	
	本 期	比上年底增长（%）	今年新注册	同比增长（%）	本 期	比上年底增长（%）
全省合计	1821504	15.7	393647	41.8	729654271	30.7
省级	5693	2.8	254	11.4	14847496	4.5
南京市	307500	53.2	110554	185.6	88037537	56.0
无锡市	186537	16.6	29730	16.4	84288248	27.2
徐州市	123924	9.7	23629	28.3	39417002	38.0
常州市	114256	16.7	17925	13.4	46414326	33.7
苏州市	357214	20.9	64984	18.7	151136212	31.5
南通市	173373	–23.6	21783	21.6	78135404	5.2
连云港市	57677	25.9	12471	24.1	23244506	41.1
淮安市	64192	20.0	16173	13.6	32943319	87.0
盐城市	125486	10.0	33226	40.8	41445784	20.2
扬州市	96170	25.1	24278	19.5	39884700	26.1
镇江市	59894	16.0	9853	10.8	34227092	35.7
泰州市	77247	14.0	13627	7.5	33265364	26.1
宿迁市	72341	11.5	15160	–7.9	22367282	30.9

2016年江苏省个体工商户注册情况(分市)

项　目	户数(户)		注册资本(万元)	
	本　期	比上年底增长(%)	本　期	比上年底增长(%)
全省合计	3872210	4.4	35828138	12.5
南京市	382986	11.3	3274382	16.8
无锡市	281955	13.9	1536529	25.8
徐州市	318512	–10.0	2451902	13.5
常州市	248196	13.4	1732810	27.6
苏州市	559238	14.2	4109181	21.1
南通市	468127	–12.3	2880988	5.1
连云港市	150727	10.3	1235474	26.8
淮安市	220138	8.6	2304767	9.5
盐城市	358435	1.2	3129805	–13.8
扬州市	242979	18.5	2119172	20.2
镇江市	163248	9.4	2860018	12.4
泰州市	230508	7.7	6084373	11.8
宿迁市	247161	–5.1	2108738	22.4

安徽省

2015年安徽省民营经济、中小企业主要经济指标数据表（分地区）

地区名称	民营经济增加值 总量（亿元）	民营经济增加值 增幅（%）	民营经济增加值占地区生产总值比重 占比（%）	民营经济增加值占地区生产总值比重 提高幅度（%）	民营经济税收 总量（亿元）	民营经济税收 增幅（%）	民营经济进出口额 总量（千万美元）	民营经济进出口额 增幅（%）	民营经济固定资产投资 总量（亿元）	民营经济固定资产投资 增幅（%）	地区存贷款 贷款增速（%）	地区存贷款 存贷比（%）	直接融资 上市民营企业（户）	直接融资 “新三板”挂牌民营企业（户）	直接融资 民营企业股权融资额（亿元）	直接融资 民营企业债券融资额（亿元）	民营企业研发（R&D）经费支出 总量（亿元）	民营企业研发（R&D）经费支出 增幅（%）	民营企业发明专利授权量（个）	民营企业拥有省级以上（含省级）名牌产品、省著名商标和中国驰名商标（个）	每万人拥有私营企业数 总量（个/万人）	每万人拥有私营企业数 增幅（%）	每万人拥有个体工商户数 总量（个/万人）	每万人拥有个体工商户数 增幅（%）
合肥市	3022.1	11.1	53.4	0.2	639.0	9.0	599.1	12.8	4113.4	25.0	18.0	87.9	14	49	18.6	23.2	46.4	18.5	1411	569	220.3	25.7	326.7	18.6
芜湖市	1589.4	10.9	64.7	0.2	276.0	8.7	397.5	11.0	2187.4	17.0	14.6	99.1	11	33	96.4	10.0	40.9	36.5	1012	414	114.9	23.4	390.7	10.5
阜阳市	767.5	12.0	60.6	0.9	117.1	12.1	138.4	-7.3	672.3	26.1	23.5	48.4	0	4	0.9	0.0	4.8	28.2	223	157	49.9	39.0	276.1	17.6
蚌埠市	778.0	12.1	62.1	0.8	105.2	9.6	133.4	36.0	1047.4	24.1	18.8	73.7	0	10	7.7	0.0	14.5	18.2	455	183	73.4	27.5	331.4	16.5
滁州市	845.9	12.0	64.8	0.9	132.7	8.8	137.0	2.8	1057.5	16.1	15.8	72.2	3	8	3.5	0.6	16.1	19.5	462	208	82.8	20.1	312.7	6.3
宿州市	813.2	10.6	65.8	1.0	83.5	6.6	68.8	22.4	930.3	25.3	17.7	54.3	1	3	6.8	9.5	3.9	26.5	60	107	51.2	30.4	260.1	4.5
亳州市	572.3	9.7	60.7	0.4	84.9	12.4	42.8	37.0	490.2	11.5	22.0	62.1	0	4	3.7	0.0	2.3	5.2	70	167	57.2	35.3	348.8	9.3
马鞍山市	769.9	10.5	56.4	0.2	129.9	-0.2	131.7	30.3	1448.7	14.8	7.4	74.8	6	8	14.8	15.0	15.5	-0.2	520	264	130.3	15.2	378.3	10.3
宣城市	684.9	9.3	70.5	0.2	115.9	2.2	162.1	8.9	899.8	14.1	9.2	74.7	6	10	26.8	4.0	12.3	17.7	276	348	97.2	17.8	413.5	1.1
铜陵市	469.0	13.2	51.4	1.4	75.6	-4.4	38.0	-10.3	813.2	13.0	18.6	77.3	3	6	3.8	0.6	5.9	22.3	228	120	90.2	18.7	350.3	5.1
安庆市	936.4	8.2	66.1	-0.3	89.1	-8.8	212.8	12.3	1077.7	18.5	11.3	58.4	1	8	8.2	8.5	7.3	20.9	218	291	81.3	22.6	378.4	3.2
淮北市	425.9	7.9	56.0	1.3	54.6	-5.2	57.6	5.4	727.8	14.1	5.6	67.7	2	2	10.1	0.0	3.2	34.1	110	102	71.6	25.0	404.7	13.8
六安市	692.3	6.6	68.1	-0.5	100.4	1.0	56.1	-11.5	649.2	8.9	12.4	57.1	2	2	12.7	12.3	5.4	-5.2	171	222	62.5	31.9	288.0	-4.0
池州市	352.5	9.9	64.7	0.2	46.0	-12.1	35.6	13.1	421.3	5.6	3.6	63.9	0	2	0.6	0.0	3.9	23.2	165	161	90.3	16.3	460.6	10.0
黄山市	358.8	6.8	67.6	-0.1	51.1	-0.9	54.5	-17.1	262.6	-12.1	7.6	61.8	1	4	1.4	0.0	4.8	13.0	128	194	102.5	21.5	471.0	7.5
淮南市	412.9	4.1	45.8	0.8	73.0	-6.8	26.2	-46.6	461.6	5.5	9.3	65.9	1	3	1.7	0.0	1.6	-45.2	147	127	63.4	14.2	290.2	1.6

2015-2016年安徽省民营经济指标对比表

序号	指标名称	2015年		2016年	
		数值	增速	数值	增速
1	民营经济增加值（亿元）	12647.9	10.4		
2	民营经济增加值占GDP比重（%）	57.5			
3	民营经济对全省经济增长贡献率（%）	67.7			
4	民间投资（亿元）	17260.4	17.6	18371.5	6.5
5	民间投资占全省投资比重（%）	72		68.7	
6	民营经济缴纳税收（亿元）	2190.4	5.5	2154.5	-1.62
7	民营经济缴纳税收占全省税收比重（%）	68.2		64.2	
8	私营企业户数（万户）	57.4		73.3	
9	万人拥有企业数（户）	93		118.3	
10	个体工商户（万户）	204.6		235.7	
11	万人拥有个体工商户数（户）	333		380	

注：此表数据来源于安徽省统计局等相关单位。

福建省

2015年福建省中小企业及非公有制经济统计数据

2015年福建省规模以上中小微工业主要经济指标

单位：亿元

项目	中小微企业	中型企业	小型企业	微型企业
企业数	16789	2909	13105	775
工业总产值	28892.36	12510.19	15734.83	647.34
工业增加值	7000.87	3116.09	3729.61	155.17
资产总计	18833.93	9271.10	8919.62	643.21
固定资产原价	9090.50	4910.11	4059.36	121.03
固定资产合计	5826.64	3038.23	2696.75	91.66
流动资产合计	9762.28	4615.92	4823.18	323.18
主营业务收入	27822.13	11944.37	15274.16	603.60
利润总额	1681.74	800.05	871.17	10.52
利税总额	2541.36	1223.35	1297.92	20.09
所得税费用	183.17	99.30	82.99	0.88
应缴增值税	695.10	349.12	339.07	6.91

2015年福建省规模以上中小微工业主要经济效益指标

指标名称	中型企业	小型企业	微型企业
工业增加值率（%）	25.02	21.62	12.88
总资产贡献率（%）	14.48	15.78	4.36
资产负债率（%）	51.52	49.37	58.33
流动资产周转次数（次/年）	2.61	3.18	2.00
工业成本费用利润率（%）	7.18	6.06	1.66
产品销售率（%）	96.59	97.78	97.46

2015年福建省规模以下小微工业企业主要经济指标

项目	企业数（个）	工业总产值（亿元）	从业人员（人）
规模以下小微企业	49307	1763.72	873211
小型企业	13817	1151.20	586071
微型企业	35490	612.52	287140

2016年福建省中小企业及非公有制经济统计数据

2016年福建省规模以上中小微工业（含非公工业）主要生产指标

单位：亿元

指标名称	绝对数	占同口径工业比重（%）	同比增幅（%）	上年同期增幅（%）	增幅高出上年同期（个百分点）
规模以上工业总产值	44695.91	100.0	8.7	9.8	–1.1
#规模以上中小微工业	32248.58	72.2	9.6	9.6	0.0
规模以上非公有工业	39917.04	89.3	9.6	10.0	–0.4
规模以上工业增加值	11017.39	100.0	7.6	8.7	–1.1
#规模以上中小微工业	7843.82	71.2	8.3	8.7	–0.4
规模以上非公有工业	9721.70	88.2	8.7	9.0	–0.3
规模以上工业出口交货值	7322.72	100.0	4.1	1.8	2.3
#规模以上中小微工业	4473.77	61.1	7.9	7.8	0.1
规模以上非公有工业	7125.53	97.3	4.7	1.9	2.8

2016年福建省规模以上中小微工业（含非公工业）主要效益指标

单位：亿元

指标名称	绝对数	占同口径工业比重（%）	同比增幅（%）	上年同期增幅（%）	增幅高出上年同期（个百分点）
规模以上工业企业数（个）	17247	100.0	2.8	4.6	–1.8
#规模以上中小微工业	16801	97.4	2.9	4.7	–1.8
#规模以上非公工业	16571	96.1	3.0	4.7	–1.7
规模以上工业主营业务收入	42124.06	100.0	6.9	6.6	0.3
#规模以上中小微工业	30617.32	72.7	8.4	7.4	1.0
#规模以上非公工业	37711.27	89.5	8.5	7.0	1.5

规模以上工业利润总额	2643.25	100.0	19.5	4.7	14.8
#规模以上中小微工业	1769.66	67.0	13.3	7.0	6.3
#规模以上非公工业	2415.86	91.4	18.9	6.0	12.9
规模以上工业利税总额	4056.90	100.0	7.8	7.5	0.3
#规模以上中小微工业	2577.48	63.5	6.8	6.0	0.8
#规模以上非公工业	3447.65	85.0	10.5	4.2	6.3
规模以上工业资产总额	31317.48	100.0	6.1	5.0	1.1
#规模以上中小微工业	20209.17	64.5	4.0	4.4	−0.4
#规模以上非公工业	23313.53	74.4	6.6	4.6	2.0
规模以上工业负债总额	16375.34	100.0	4.3	2.7	1.6
#规模以上中小微工业	10102.70	61.7	2.0	1.8	0.2
#规模以上非公工业	11488.35	70.2	4.2	1.8	2.4
规模以上工业从业人员平均人数（万人）	402.72	100.0	−2.2	−1.2	−1.0
#规模以上中小微工业	296.78	73.7	−2.3	−1.5	−0.8
#规模以上非公工业	374.86	93.1	−2.1	−1.4	−0.7

山东省

2015年山东省中小企业经济统计数据

2015年全省新增中小企业35万户，总数达到149万户，平均每月新增2万多户，连续两年实现高速增长，企业户数跃居全国第三位。

2015年全省规模以上中小工业企业新增1375户，达到39387户实现增加值同比增长8.81%，高于全部规模工业企业1.3个百分点；实现主营业务收入、利润、利税分别同比增长5.13%、3.17%、3.55%，为全省经济发展和社会稳定做出了巨大贡献。

2015年全省规模以下中小工业企业达13.9万户，实现增加值为2159.6亿元，同比增长6.0%；实现主营业务收入为7581.8亿元，同比增长10.0%。其中，企业和个体工业主营业务收入分别为5235.7亿元和2346.1亿元，比上年增长11.1%和7.8%；规模以下工业企业实现营业利润392.5亿元，比上年同期下降4.1%。总体是全年生产稳步增长，但生产成本上升、市场需求不足、资金紧张、竞争能力较弱等不利因素仍然制约了进一步发展，融资难、招工难、劳动力成本上升等原因，导致企业经济效益有所下降。

江西省

2015年江西省规模以上工业企业（中小微）主要指标情况

主要指标/地市	企业数(户)	主营业务收入（亿元）		增加值（亿元）		利税总额（亿元）	
		本年实际	同比增长（%）	本年实际	同比增长（%）	本年实际	同比增长（%）
南昌市	1185.00	3174.95	8.46	853.88	11.9	275.53	3.91
景德镇市	312.00	814.86	8.28	229.05	11.5	80.78	3.63
萍乡市	641.00	1504.71	3.99	413.24	7.9	265.67	2.66
九江市	1237.00	4048.61	8.65	926.58	10.9	422.98	11.22
新余市	342.00	924.10	12.40	247.33	44.5	68.49	3.52
鹰潭市	226.00	1301.46	7.08	206.40	15.8	111.75	13.62
赣州市	1167.00	2832.53	3.61	736.99	10.8	295.17	1.20
吉安市	1068.00	2469.74	3.82	622.75	9.5	327.98	5.21
宜春市	1063.00	3044.21	9.50	772.18	11.9	382.22	6.17
抚州市	900.00	1464.24	1.65	358.92	7.9	154.87	1.74
上饶市	885.00	2318.99	5.23	573.51	10.8	319.43	-0.35
合计	9026	23898.39	6.56	5940.05	11.20	2704.87	4.72

2016年江西省规模以上中小工业企业主要经济指标情况

指标/地市	企业数(户)	主营业务收入（亿元）		增加值（亿元）		利润总额（亿元）	
		本年实际	同比增长（%）	本年实际	同比增长（%）	本年实际	同比增长（%）
南昌市	1259	3282	5.1	874	7.0	195	6.8
景德镇市	313	869	6.9	211	8.0	47	7.3
萍乡市	634	1481	3.7	393	6.3	194	0.4
九江市	1408	4365	7.9	911	10.7	354	13.9
新余市	380	1017	10.9	289	60.4	46	9.2
鹰潭市	263	1472	9.7	220	9.7	72	2.0
赣州市	1316	3211	12.6	740	11.3	202	14.7
吉安市	1137	2727	7.1	637	8.6	218	6.2
宜春市	1225	3437	11.6	810	11.2	292	14.6
抚州市	940	1569	7.3	376	9.4	97	12.1
上饶市	1026	2601	10.7	589	8.9	206	7.3
合计	9901	26032	8.6	6035	10.1	1925	9.4

湖北省

2016年湖北省中小企业情况统计（分地区）

注：湖北省统计局提供　　　　单位：亿元

指标名称	企业单位数	亏损企业数			年初存货			流动资产合计			其中：应收账款		
	1-本月（个）	1-本月（个）	上年同期（个）	增减（%）	1－本月（亿元）	上年同期（亿元）	增减（%）	1－本月（亿元）	上年同期（亿元）	增减（%）	1－本月（亿元）	上年同期（亿元）	增减（%）
湖北	16128	1333	1291	3.3	1687.79	1567.37	7.7	8926.86	8082.47	10.4	2589.60	2284.72	13.3
武汉	2427	346	331	4.5	468.10	479.09	-2.3	2752.50	2371.18	16.1	965.34	792.00	21.9
黄石	754	105	104	1.0	86.87	79.12	9.8	437.29	404.60	8.1	119.65	114.06	4.9
十堰	939	128	141	-9.2	79.50	73.65	7.9	438.75	387.07	13.4	164.40	143.67	14.4
宜昌	1515	102	102	0.0	135.45	144.50	-6.3	742.67	740.21	0.3	185.38	175.70	5.5
襄阳	1847	102	93	9.7	237.79	209.17	13.7	1065.01	1016.83	4.7	315.29	301.70	4.5
鄂州	511	42	28	50.0	44.16	32.04	37.8	240.55	154.94	55.3	54.24	46.21	17.4
荆门	1173	70	58	20.7	88.10	83.63	5.3	390.84	338.76	15.4	77.47	68.04	13.9
孝感	1259	87	76	14.5	96.53	83.27	15.9	476.55	472.13	0.9	133.35	131.25	1.6
荆州	1224	84	83	1.2	123.52	123.08	0.4	576.81	528.69	9.1	167.60	143.44	16.8
黄冈	1484	110	110	0.0	77.76	67.79	14.7	438.90	392.44	11.8	123.89	109.77	12.9
咸宁	880	67	75	-10.7	89.98	41.98	114.3	381.31	338.00	12.8	82.51	74.55	10.7
随州	663	33	28	17.9	55.13	52.05	5.9	260.77	219.16	19.0	72.14	65.12	10.8
恩施	556	21	21	0.0	29.89	26.91	11.1	170.34	156.46	8.9	33.88	31.43	7.8
仙桃	362	18	18	0.0	38.43	37.78	1.7	204.51	189.30	8.0	54.24	49.51	9.6
潜江	251	9	11	-18.2	15.02	12.08	24.3	172.74	206.89	-16.5	14.23	14.58	-2.4
天门	271	3	4	-25.0	20.27	20.43	-0.8	156.51	144.42	8.4	23.33	20.39	14.4
林区	12	6	8	-25.0	1.29	0.82	57.3	20.80	21.38	-2.7	2.67	3.30	-19.1

指标名称	存货			其中：产成品			资产总计			负债合计		
	1-本月（亿元）	上年同期（亿元）	增减（%）	1-本月（亿元）	上年同期（亿元）	增减（%）	1-本月（亿元）	上年同期（亿元）	增减（%）	1-本月（亿元）	上年同期（亿元）	增减（%）
湖北	2126.26	1992.63	6.7	988.67	970.98	1.8	18209.71	16446.77	10.7	9289.19	8321.75	11.6
武汉	533.72	531.48	0.4	219.85	241.10	-8.8	4619.30	3953.77	16.8	2638.90	2209.27	19.4
黄石	100.30	91.03	10.2	45.81	44.02	4.1	872.27	820.01	6.4	535.34	512.12	4.5
十堰	117.63	97.93	20.1	54.03	52.45	3.0	904.15	838.01	7.9	534.66	481.15	11.1
宜昌	192.40	186.38	3.2	92.60	94.58	-2.1	1699.66	1680.02	1.2	913.61	876.38	4.2
襄阳	337.80	307.66	9.8	164.76	149.08	10.5	2190.22	2007.20	9.1	1078.32	1017.20	6.0
鄂州	60.32	43.59	38.4	29.93	25.51	17.3	471.50	337.88	39.5	246.97	157.56	56.7
荆门	118.48	103.68	14.3	56.00	49.94	12.1	1019.11	887.54	14.8	425.51	372.10	14.4
孝感	110.63	116.96	-5.4	48.19	50.12	-3.9	1134.07	1079.09	5.1	512.63	509.26	0.7
荆州	156.29	145.34	7.5	79.52	78.89	0.8	1158.12	1049.23	10.4	541.35	492.24	10.0
黄冈	122.93	114.48	7.4	65.15	60.42	7.8	1026.33	912.74	12.4	505.12	451.00	12.0
咸宁	81.82	70.30	16.4	41.22	37.91	8.7	875.02	772.87	13.2	379.72	343.92	10.4
随州	72.05	66.45	8.4	34.75	31.56	10.1	629.91	533.63	18.0	261.76	224.24	16.7
恩施	37.97	35.10	8.2	17.64	16.47	7.1	498.28	470.84	5.8	270.99	259.76	4.3
仙桃	44.87	44.84	0.1	20.34	20.09	1.2	431.90	415.65	3.9	186.77	165.76	12.7
潜江	14.66	12.62	16.2	7.81	7.55	3.4	291.14	317.85	-8.4	68.30	62.63	9.1
天门	23.14	24.01	-3.6	9.94	10.61	-6.3	343.58	325.58	5.5	157.27	150.04	4.8
林区	1.25	0.77	62.3	1.12	0.67	67.2	45.18	44.86	0.7	31.96	37.11	-13.9

指标名称	营业收入			其中：主营业务收入			营业成本			其中：主营业务成本		
	1-本月（亿元）	上年同期（亿元）	增减（%）	1-本月（亿元）	上年同期（亿元）	增减（%）	1-本月（亿元）	上年同期（亿元）	增减（%）	1-本月（亿元）	上年同期（亿元）	增减（%）
湖北	29525.28	27052.25	9.1	29335.43	26850.55	9.3	25702.41	23390.99	9.9	25544.10	23223.01	10.0
武汉	4983.59	4377.88	13.8	4912.94	4304.60	14.1	4299.27	3730.52	15.2	4241.14	3664.92	15.7
黄石	1124.31	1008.81	11.4	1089.10	974.69	11.7	1014.75	898.14	13.0	980.86	867.65	13.0
十堰	925.25	852.21	8.6	916.43	844.81	8.5	799.44	740.28	8.0	792.63	733.56	8.1
宜昌	3315.90	3019.20	9.8	3298.00	2990.20	10.3	2872.75	2592.23	10.8	2858.74	2569.01	11.3
襄阳	4672.28	4241.62	10.2	4660.11	4221.76	10.4	4146.48	3752.98	10.5	4135.25	3740.74	10.5
鄂州	1211.24	1058.74	14.4	1210.00	1057.33	14.4	1046.84	905.80	15.6	1045.75	905.08	15.5

荆门	2467.77	2268.11	8.8	2463.60	2265.51	8.7	2162.20	1978.19	9.3	2159.05	1976.37	9.2
孝感	2326.70	2213.42	5.1	2320.62	2205.20	5.2	2005.63	1898.05	5.7	2003.42	1892.91	5.8
荆州	1826.99	1688.72	8.2	1818.16	1683.00	8.0	1630.13	1492.97	9.2	1624.11	1488.72	9.1
黄冈	1536.38	1443.75	6.4	1529.36	1436.66	6.5	1372.23	1289.18	6.4	1365.18	1281.05	6.6
咸宁	1552.11	1500.33	3.5	1544.40	1495.01	3.3	1346.56	1294.88	4.0	1339.49	1290.60	3.8
随州	1221.81	1095.90	11.5	1217.64	1093.89	11.3	1026.45	914.46	12.2	1022.84	912.98	12.0
恩施	391.22	376.05	4.0	388.92	374.17	3.9	313.46	305.56	2.6	312.08	304.19	2.6
仙桃	768.03	803.07	-4.4	767.39	801.96	-4.3	623.58	639.87	-2.5	623.31	639.59	-2.5
潜江	570.76	521.02	9.5	568.02	518.72	9.5	515.44	471.86	9.2	513.21	469.92	9.2
天门	624.89	576.30	8.4	624.69	575.95	8.5	521.31	480.27	8.5	521.16	479.99	8.6
林区	6.04	7.11	-15.0	6.04	7.09	-14.8	5.91	5.76	2.6	5.90	5.75	2.6

指标名称	财务费用			其中：利息收入			利息支出			资产减值损失		
	1-本月（亿元）	上年同期（亿元）	增减（%）	1-本月（亿元）	上年同期（亿元）	增减（%）	1-本月（亿元）	上年同期（亿元）	增减（%）	1-本月（亿元）	上年同期（亿元）	增减（%）
湖北	288.87	301.53	-4.2	7.11	10.21	-30.4	176.06	192.76	-8.7	-55.48	-71.34	-22.2
武汉	34.60	42.63	-18.8	1.77	3.55	-50.1	24.53	29.47	-16.8	6.48	-1.27	-610.2
黄石	11.89	13.75	-13.5	0.27	0.20	35.0	8.08	9.87	-18.1	0.89	0.43	107.0
十堰	12.73	13.56	-6.1	0.38	0.26	46.2	7.31	8.00	-8.6	0.63	0.61	3.3
宜昌	31.35	32.99	-5.0	0.43	1.18	-63.6	22.47	25.16	-10.7	-75.47	-80.11	-5.8
襄阳	38.43	39.49	-2.7	1.75	0.90	94.4	21.99	24.95	-11.9	1.61	0.31	419.4
鄂州	8.44	7.58	11.3	0.15	0.19	-21.1	4.25	4.86	-12.6	0.04	0.01	300.0
荆门	20.08	19.10	5.1	0.17	0.12	41.7	14.12	14.21	-0.6	6.89	5.52	24.8
孝感	28.84	30.36	-5.0	0.38	0.79	-51.9	11.31	12.24	-7.6	0.33	0.52	-36.5
荆州	18.52	19.41	-4.6	0.03	0.13	-76.9	9.76	10.80	-9.6	-0.85	-1.05	-19.0
黄冈	17.48	17.57	-0.5	0.38	1.32	-71.2	8.69	8.60	1.0	1.01	1.21	-16.5
咸宁	14.80	14.14	4.7	0.92	1.18	-22.0	7.66	7.75	-1.2	0.25	0.65	-61.5
随州	16.55	15.75	5.1	0.27	0.11	145.5	7.83	7.40	5.8	0.87	1.46	-40.4
恩施	10.25	11.31	-9.4	0.10	0.21	-52.4	8.08	9.93	-18.6	2.28	0.01	22700.0
仙桃	7.57	7.90	-4.2	0.03	0.04	-25.0	6.31	7.17	-12.0	0.03	0.04	-25.0
潜江	4.45	4.29	3.7	0.04	0.00	0.0	1.71	1.69	1.2	0.10	0.31	-67.7
天门	11.99	10.80	11.0	0.01	0.01	0.0	11.15	10.04	11.1	0.02	0.01	100.0
林区	0.93	0.90	3.3	0.01	0.02	-50.0	0.84	0.63	33.3	-0.59	0.00	0.0

指标名称	营业税金及附加			其中：主营业务税金及附加			销售费用			管理费用			其中：税金		
	1－本月（亿元）	上年同期（亿元）	增减（%）	1－本月（亿元）	上年同期（亿元）	增减（%）	1－本月（亿元）	上年同期（亿元）	增减（%）	1－本月（亿元）	上年同期（亿元）	增减（%）	1－本月（亿元）	上年同期（亿元）	增减（%）
湖北	212.04	218.25	-2.8	209.45	215.50	-2.8	858.58	799.21	7.4	1082.10	996.43	8.6	50.09	48.38	3.5
武汉	29.52	32.82	-10.1	29.11	32.30	-9.9	157.43	145.65	8.1	245.13	223.98	9.4	9.09	9.35	-2.8
黄石	6.23	5.58	11.6	6.20	5.50	12.7	24.04	23.06	4.2	35.37	33.04	7.1	1.87	1.65	13.3
十堰	6.80	5.51	23.4	6.59	5.43	21.4	27.51	24.59	11.9	38.63	34.33	12.5	2.07	2.08	-0.5
宜昌	26.70	30.29	-11.9	26.40	30.08	-12.2	108.50	96.56	12.4	127.11	116.45	9.2	9.22	8.78	5.0
襄阳	27.70	29.24	-5.3	27.47	28.99	-5.2	104.92	92.32	13.6	134.25	112.91	18.9	7.47	6.75	10.7
鄂州	7.54	7.17	5.2	7.53	7.15	5.3	53.33	48.64	9.6	58.57	52.49	11.6	1.10	1.38	-20.3
荆门	18.21	17.55	3.8	18.16	17.45	4.1	67.07	63.10	6.3	74.26	70.07	6.0	2.66	3.10	-14.2
孝感	33.24	32.77	1.4	32.90	32.32	1.8	73.56	67.23	9.4	82.43	77.15	6.8	3.70	3.58	3.4
荆州	9.25	9.71	-4.7	9.16	9.48	-3.4	41.21	40.31	2.2	51.44	50.12	2.6	2.67	2.99	-10.7
黄冈	11.13	11.61	-4.1	10.41	11.21	-7.1	31.42	29.63	6.0	43.80	39.85	9.9	3.25	3.23	0.6
咸宁	11.99	11.95	0.3	11.92	11.73	1.6	41.85	41.56	0.7	43.53	39.34	10.7	1.96	1.63	20.2
随州	8.19	7.07	15.8	8.17	7.05	15.9	40.71	39.13	4.0	44.41	41.49	7.0	1.50	1.27	18.1
恩施	3.55	3.78	-6.1	3.54	3.74	-5.3	15.20	14.18	7.2	16.01	15.62	2.5	0.73	0.67	9.0
仙桃	4.52	5.11	-11.5	4.48	5.06	-11.5	39.26	43.63	-10.0	45.44	51.97	-12.6	1.31	0.75	74.7
潜江	4.37	4.24	3.1	4.33	4.17	3.8	9.89	8.93	10.8	11.83	10.97	7.8	0.70	0.39	79.5
天门	2.74	3.37	-18.7	2.74	3.37	-18.7	22.57	20.62	9.5	29.35	26.13	12.3	0.71	0.69	2.9
林区	0.36	0.48	-25.0	0.35	0.48	-27.1	0.11	0.09	22.2	0.56	0.52	7.7	0.07	0.10	-30.0

指标名称	公允价值变动收益			投资收益			营业利润			营业外收入			其中：补贴收入		
	1－本月（亿元）	上年同期（亿元）	增减（%）	1－本月（亿元）	上年同期（亿元）	增减（%）	1－本月（亿元）	上年同期（亿元）	增减（%）	1－本月（亿元）	上年同期（亿元）	增减（%）	1－本月（亿元）	上年同期（亿元）	增减（%）
湖北	-81.66	-87.27	-6.4	17.47	17.22	1.5	1377.57	1347.07	2.3	84.84	73.51	15.4	42.84	35.27	21.5
武汉	-2.38	-6.42	-62.9	4.72	5.82	-18.9	213.56	202.84	5.3	32.37	26.92	20.2	16.50	11.57	42.6
黄石	0.03	0.14	-78.6	0.91	0.43	111.6	32.10	35.24	-8.9	2.70	2.86	-5.6	1.00	0.90	11.1
十堰	0.00	0.03	-100.0	1.81	2.09	-13.4	41.64	35.46	17.4	2.12	2.23	-4.9	0.80	0.96	-16.7
宜昌	-78.51	-79.89	-1.7	1.37	0.03	4466.7	147.82	150.96	-2.1	7.65	7.24	5.7	4.19	3.59	16.7
襄阳	0.11	0.00	0.0	0.91	2.27	-59.9	219.89	216.65	1.5	9.80	9.06	8.2	4.67	3.44	35.8
鄂州	0.00	-0.01	-100.0	0.01	0.35	-97.1	35.47	37.38	-5.1	0.81	0.78	3.8	0.31	0.39	-20.5

荆门	0.18	0.13	38.5	1.19	1.04	14.4	121.70	115.76	5.1	2.80	2.61	7.3	1.34	1.34	0.0
孝感	-0.03	-0.05	-40.0	-0.12	0.31	-138.7	107.07	107.73	-0.6	4.81	4.65	3.4	3.11	2.20	41.4
荆州	-1.87	-2.09	-10.5	3.19	3.98	-19.8	78.63	79.14	-0.6	6.90	6.84	0.9	3.21	4.13	-22.3
黄冈	0.02	0.05	-60.0	0.46	0.51	-9.8	59.66	55.26	8.0	3.88	3.02	28.5	1.48	1.82	-18.7
咸宁	0.00	0.00	0.0	2.20	0.40	450.0	95.31	98.24	-3.0	4.74	2.38	99.2	3.49	1.94	79.9
随州	0.78	0.83	-6.0	0.16	-0.01	-1700.0	85.57	77.38	10.6	2.41	2.03	18.7	1.13	1.09	3.7
恩施	0.01	0.02	-50.0	0.41	0.18	127.8	30.90	25.79	19.8	2.73	1.75	56.0	1.09	1.37	-20.4
仙桃	0.01	0.00	0.0	0.06	0.04	50.0	47.69	54.58	-12.6	0.66	0.65	1.5	0.34	0.38	-10.5
潜江	0.00	-0.02	-100.0	0.13	0.17	-23.5	24.82	20.57	20.7	0.32	0.34	-5.9	0.10	0.07	42.9
天门	0.00	0.00	0.0	0.00	0.00	0.0	36.91	35.11	5.1	0.08	0.11	-27.3	0.07	0.09	-22.2
林区	0.00	0.00	0.0	0.06	-0.40	-115.0	-1.16	-1.02	13.7	0.05	0.03	66.7	0.03	0.00	0.0

指标名称	营业外支出			利润总额			亏损企业亏损总额			税金总额			应交增值税		
	1－本月（亿元）	上年同期（亿元）	增减（%）	1－本月（亿元）	上年同期（亿元）	增减（%）	1－本月（亿元）	上年同期（亿元）	增减（%）	1－本月（亿元）	上年同期（亿元）	增减（%）	1-本月(亿元)	上年同期(亿元)	增减(%)
湖北	31.58	28.49	10.8	1430.23	1392.20	2.7	99.70	100.19	-0.5	729.21	771.79	-5.5	519.75	556.29	-6.6
武汉	6.58	5.98	10.0	239.28	223.80	6.9	41.35	38.59	7.2	115.03	111.24	3.4	85.92	78.94	8.8
黄石	1.85	0.98	88.8	32.95	37.19	-11.4	7.58	8.14	-6.9	23.58	25.29	-6.8	17.39	19.79	-12.1
十堰	0.76	0.76	0.0	43.00	36.92	16.5	5.32	5.17	2.9	25.26	21.79	15.9	18.67	16.36	14.1
宜昌	6.21	6.86	-9.5	149.20	151.29	-1.4	9.05	12.78	-29.2	103.44	119.53	-13.5	77.04	89.45	-13.9
襄阳	3.77	2.87	31.4	225.92	222.86	1.4	9.27	6.33	46.4	102.34	106.03	-3.5	74.88	77.04	-2.8
鄂州	1.73	2.41	-28.2	34.86	35.75	-2.5	4.17	2.99	39.5	24.31	25.52	-4.7	16.77	18.37	-8.7
荆门	3.43	2.80	22.5	121.07	115.56	4.8	2.94	3.07	-4.2	56.95	58.00	-1.8	38.79	40.55	-4.3
孝感	1.25	1.12	11.6	109.86	111.33	-1.3	4.69	3.82	22.8	78.96	74.90	5.4	46.05	42.58	8.1
荆州	1.59	0.65	144.6	83.95	85.34	-1.6	2.52	2.56	-1.6	40.21	46.69	-13.9	31.04	37.21	-16.6
黄冈	0.80	0.78	2.6	62.75	57.50	9.1	3.29	5.57	-40.9	29.64	32.85	-9.8	19.23	21.65	-11.2
咸宁	1.47	1.46	0.7	98.58	99.14	-0.6	2.01	3.79	-47.0	35.32	40.88	-13.6	23.40	29.15	-19.7
随州	1.39	0.94	47.9	86.58	78.47	10.3	2.67	3.56	-25.0	22.84	28.22	-19.1	14.66	21.17	-30.8
恩施	0.38	0.44	-13.6	33.24	27.10	22.7	0.49	0.63	-22.2	14.37	13.91	3.3	10.83	10.17	6.5
仙桃	0.17	0.27	-37.0	48.18	54.97	-12.4	1.80	0.71	153.5	31.24	34.98	-10.7	26.77	29.92	-10.5
潜江	0.08	0.08	0.0	25.06	20.83	20.3	0.39	1.10	-64.5	8.20	8.00	2.5	3.87	3.83	1.0
天门	0.03	0.01	200.0	36.97	35.21	5.0	0.08	0.08	0.0	16.69	22.79	-26.8	13.96	19.42	-28.1
林区	0.09	0.07	28.6	-1.20	-1.07	12.1	2.10	1.30	61.5	0.84	1.19	-29.4	0.48	0.71	-32.4

指标名称	平均用工人数			每百元主营业务收入中的成本			主营业务收入利润率			主营活动利润（新）			主营活动利润率（新）		
	1－本月（万人）	上年同期（万人）	增减（%）	1-本月（元）	上年同期（元）	增减（元）	1-本月（%）	上年同期（%）	增减（百分点）	1－本月（亿元）	上年同期（亿元）	增减（%）	1-本月（%）	上年同期（%）	增减（百分点）
湖北	230.20	227.20	1.3	87.08	86.49	0.59	4.88	5.18	-0.30	1386.28	1345.78	3.0	4.73	5.01	-0.3
武汉	38.30	38.70	-1.0	86.33	85.14	1.19	4.87	5.20	-0.33	217.70	202.17	7.7	4.43	4.70	-0.3
黄石	10.60	10.50	1.0	90.06	89.02	1.04	3.03	3.82	-0.79	32.05	35.10	-8.7	2.94	3.60	-0.7
十堰	9.60	9.40	2.1	86.49	86.83	-0.34	4.69	4.37	0.32	40.46	33.95	19.2	4.41	4.02	0.4
宜昌	22.50	23.10	-2.6	86.68	85.91	0.77	4.52	5.06	-0.54	149.49	150.71	-0.8	4.53	5.04	-0.5
襄阳	26.70	26.20	1.9	88.74	88.61	0.13	4.85	5.28	-0.43	220.48	214.69	2.7	4.73	5.09	-0.4
鄂州	7.50	7.20	4.2	86.43	85.60	0.83	2.88	3.38	-0.50	35.50	37.05	-4.2	2.93	3.50	-0.6
荆门	13.00	12.30	5.7	87.64	87.24	0.40	4.91	5.10	-0.19	127.22	120.11	5.9	5.16	5.30	-0.1
孝感	18.60	18.30	1.6	86.33	85.84	0.49	4.73	5.05	-0.32	107.55	107.99	-0.4	4.63	4.90	-0.3
荆州	16.00	16.00	0.0	89.33	88.46	0.87	4.62	5.07	-0.45	76.46	76.20	0.3	4.21	4.53	-0.3
黄冈	17.00	16.50	3.0	89.26	89.17	0.09	4.10	4.00	0.10	60.19	55.91	7.7	3.94	3.89	0.1
咸宁	12.20	11.50	6.1	86.73	86.33	0.40	6.38	6.63	-0.25	93.36	98.49	-5.2	6.05	6.59	-0.5
随州	9.30	9.20	1.1	84.00	83.46	0.54	7.11	7.17	-0.06	85.50	78.02	9.6	7.02	7.13	-0.1
恩施	4.70	4.90	-4.1	80.24	81.30	-1.06	8.55	7.24	1.31	32.76	25.60	28.0	8.42	6.84	1.6
仙桃	9.50	9.40	1.1	81.22	79.75	1.47	6.28	6.85	-0.57	47.65	54.58	-12.7	6.21	6.81	-0.6
潜江	5.10	5.10	0.0	90.35	90.59	-0.24	4.41	4.02	0.39	24.79	20.73	19.6	4.36	4.00	0.4
天门	9.50	9.00	5.6	83.43	83.34	0.09	5.92	6.11	-0.19	36.93	35.12	5.2	5.91	6.10	-0.2
林区	0.10	0.10	0.0	97.68	81.10	16.58	-19.87	-15.09	-4.78	-1.81	-0.62	191.9	-29.97	-8.74	-21.2

指标名称	三项费用			每百元主营业务收入中的三项费用			每百元资产实现的主营业务收入			产成品存货周转天数			应收账款平均回收期		
	1－本月（亿元）	上年同期（亿元）	增减（%）	1-本月（元）	上年同期（元）	增减（元）	1-本月（元）	上年同期（元）	增减（元）	1-本月（天）	上年同期（天）	增减（天）	1-本月（天）	上年同期（天）	增减（天）
湖北	2229.55	2097.17	6.3	7.60	7.81	-0.21	322.20	326.50	-4.3	7.00	7.50	-0.5	15.90	15.30	0.6
武汉	437.16	412.26	6.0	8.90	9.58	-0.68	212.70	217.70	-5.0	9.30	11.80	-2.5	35.40	33.10	2.3
黄石	71.30	69.85	2.1	6.55	7.17	-0.62	249.70	237.70	12.0	8.40	9.10	-0.7	19.80	21.10	-1.3
十堰	78.87	72.48	8.8	8.61	8.58	0.03	202.70	201.60	1.1	12.30	12.90	-0.6	32.30	30.60	1.7
宜昌	266.96	246.00	8.5	8.09	8.23	-0.14	388.10	356.00	32.1	5.80	6.60	-0.8	10.10	10.60	-0.5
襄阳	277.60	244.72	13.4	5.96	5.80	0.16	425.50	420.70	4.8	7.20	7.20	0.0	12.20	12.90	-0.7
鄂州	120.34	108.71	10.7	9.95	10.28	-0.33	513.30	625.90	-112.6	5.20	5.10	0.1	8.10	7.90	0.2
荆门	161.41	152.27	6.0	6.55	6.72	-0.17	483.50	510.50	-27.0	4.70	4.50	0.2	5.70	5.40	0.3
孝感	184.83	174.74	5.8	7.96	7.92	0.04	409.30	408.70	0.6	4.30	4.80	-0.5	10.30	10.70	-0.4
荆州	111.17	109.84	1.2	6.11	6.53	-0.42	314.00	320.80	-6.8	8.80	9.50	-0.7	16.60	15.30	1.3
黄冈	92.70	87.05	6.5	6.06	6.06	0.00	298.00	314.80	-16.8	8.60	8.50	0.1	14.60	13.80	0.8
咸宁	100.18	95.04	5.4	6.49	6.36	0.13	353.00	386.90	-33.9	5.50	5.30	0.2	9.60	9.00	0.6
随州	101.67	96.37	5.5	8.35	8.81	-0.46	386.60	410.00	-23.4	6.10	6.20	-0.1	10.70	10.70	0.0
恩施	41.46	41.11	0.9	10.66	10.99	-0.33	156.10	158.90	-2.8	10.20	9.70	0.5	15.70	15.10	0.6
仙桃	92.27	103.50	-10.9	12.02	12.91	-0.89	355.40	385.90	-30.5	5.90	5.70	0.2	12.70	11.10	1.6
潜江	26.17	24.19	8.2	4.61	4.66	-0.05	390.20	326.40	63.8	2.70	2.90	-0.2	4.50	5.10	-0.6
天门	63.91	57.55	11.1	10.23	9.99	0.24	363.60	353.80	9.8	3.40	4.00	-0.6	6.70	6.40	0.3
林区	1.60	1.51	6.0	26.49	21.30	5.19	26.70	31.60	-4.9	34.20	21.00	13.2	79.60	83.80	-4.2

湖南省

2015年湖南省非公有制经济统计报表

非公有制经济增加值

FG401表

	代码	增加值(亿元)		比上年增长(%)		非公有制占全部比重(%)
		全部	非公有制	全部	非公有制	
甲	乙	1	2	3	4	5
总　计	01	29047.21	17316.39	8.6	9.2	59.6
农林牧渔业	02	3461.989969	861.49	3.8	1.6	24.9
工业	03	11090.81	8429.02	7.5	8.9	76.0
建筑业	06	1877.7	982.04	7.3	4.9	52.3
批发和零售业	07	2344	2140.07	6.1	8.1	91.3
交通运输、仓储和邮政业	08	1267.79	628.82	3.2	5.6	49.6
住宿和餐饮业	09	595.06	564.71	7.5	7.7	94.9
金融业	10	1156.46	114.49	20.6	29.7	9.9
房地产业	11	722.76	663.49	7.6	10.7	91.8
其他服务业	12	6530.64	2932.26	14.4	15.2	44.9
第一产业	13	3331.62	731.12	3.6	0.4	21.9
第二产业	14	12955.39	9397.93	7.4	8.5	72.5
第三产业	15	12760.2	7187.34	11.2	11.1	56.3

注:本表按新的三次产业划分规定，第一产业不含农林牧渔服务业；第二产业不含开采辅助活动、金属制品、机械和设备修理业。

非公有制经济分市州增加值统计

	代码	增加值(亿元)		比上年增长(%)		非公有制占全部比重(%)
		全部	非公有制	全部	非公有制	
甲	乙	1	2	3	4	5
长沙	01	8510.13	5488.38	9.9	10.4	64.5
#不含中烟口径	02	7960.60	5488.38	10.2	10.4	68.9
株洲	03	2335.11	1332.22	9.5	9.5	57.1
湘潭	04	1703.10	1141.27	9.6	9.9	67.0
衡阳	05	2601.57	1678.02	8.7	10.3	64.5
邵阳	06	1387.00	880.83	9.6	9.0	63.5
岳阳	07	2886.28	1793.48	8.7	9.6	62.1
常德	08	2709.02	1437.78	8.7	9.1	53.1
张家界	09	447.70	285.91	8.5	18.4	63.9
益阳	10	1354.41	897.43	8.4	9.0	66.3
郴州	11	2012.07	1411.90	8.5	8.7	70.2
永州	12	1418.18	813.47	9.0	10.4	57.4
怀化	13	1273.25	735.48	8.5	8.8	57.8
娄底	14	1291.38	597.45	7.6	9.5	46.3
自治州	15	497.19	333.62	8.3	8.6	67.1

非公有制经济农林牧渔增加值

FG402表

指标名称	代码	本年实际（万元）		比上年增长（%）		非公有制占全部比重（%）
		全部	非公有制	全部	非公有制	
甲	乙	1	2	3	4	5
农林牧渔增加值（现价）	01	34619899.69	1996161.56	3.8	2.3	5.8
其中：农业增加值	02	21304176.38	0.00	4.0	0	0

林业增加值	03	2345997.42	51743.23	8.1	8.1	2.205596273
牧业增加值	04	7277845.75	1423038.68	−0.2	−0.2	19.55302058
渔业增加值	05	2388191.81	102952.63	7.0	7.0	4.31090293
农林牧渔服务业增加值	06	1303688.34	418427.02	9.0	9.0	32.09563241
第一产业(不包括农林牧渔服务业)增加值	07	33316211.36	1577734.54	3.8	0.6	4.7

规模以上非公有制工业企业主要生产指标

FG403表

	代码	本年实际(万元)		比上年增长(%)		非公有制占全部比重(%)
		全部	非公有制	全部	非公有制	
甲	乙	1	2	3	4	5
一、工业总产值(现价)	01	372588574	296097168	7.1	9.8	79.5
其中:新产品产值	02	66303157	42074301	29.7	47.7	63.5
二、工业销售产值(现价)	03	365898378	290742055	6.9	9.5	79.5
其中:出口交货值	04	14631127	12355883	16.3	16.5	84.4
三、工业增加值(现价)	05	106799199	80723641	7.8	9.5	75.6
其中:私营经济	06	68163292	68163292	9.4	9.4	100.0
港澳台经济	07	3587030	3587030	12.4	12.4	100.0
外商经济	08	1328817	1328817	7.4	7.4	100.0
其他经济	09	163757	163757	12.7	12.7	100.0

规模以上非公有制工业企业工业总产值

	代码	本年实际(万元)		比上年增长(%)		非公有制占全部比重(%)
		全部	非公有制	全部	非公有制	
甲	乙	1	2	3	4	5
全　省	1	372588574	296097168	7.1	9.8	79.5
长沙市	2	98503416	80610123	11.1	13.2	81.8

株洲市	3	32760811	20264442	9.3	12.4	61.9
湘潭市	4	30638160	24701355	6.4	9.9	80.6
衡阳市	5	20791889	16806127	-4.8	-4.1	80.8
邵阳市	6	19634486	18007743	11.6	12.6	91.7
岳阳市	7	50731332	40425877	5.9	9.6	79.7
常德市	8	25309709	16628467	9.0	15.1	65.7
张家界市	9	1268634	1031720	-9.5	-12.3	81.3
益阳市	11	20367946	18401746	8.5	10.4	90.3
郴州市	12	32370201	29024063	4.4	5.2	89.7
永州市	13	11306899	9324618	18.9	21.5	82.5
怀化市	14	9385176	7118088	5.8	9.2	75.8
娄底市	15	16712188	11602909	-3.5	3.6	69.4
湘西自治州	16	2607219	2149890	-6.0	-8.6	82.5

规模以上非公有制工业企业主要经济指标

FG404表

	计量	代码	本年实际		比上年增长(%)		非公有制占全部比重(%)
			全部	非公有制	全部	非公有制	
甲	乙	丙	1	2	3	4	5
企业单位数	个	01	13836	12655	1.9	10.4	91.5
流动资产合计	亿元	02	10062.01	5788.92	8.5	10.7	57.5
应收账款	亿元	03	2787.22	1592.26	8.6	14.1	57.1
存货	亿元	04	2645.23	1344.27	5.7	5.6	50.8
生产成品	亿元	05	891.86	570.22	3.4	2.0	63.9
资产合计	亿元	06	22732.22	13195.07	6.1	6.5	58.0
负债合计	亿元	07	11876.71	5942.01	6.1	6.5	50.0

主营业务收入	亿元	08	35152.16	27762.42	6.6	9.7	79.0
主营业务税金及附加	亿元	09	1017.13	314.77	13.0	8.5	30.9
利润总额	亿元	10	1548.60	1301.27	0.3	5.6	84.0
应缴增值税	亿元	11	1201.97	841.19	4.0	5.8	70.0

2016年湖南省非公有制经济运行基本情况

2016年，全省非公有制经济实现增加值18739.85亿元，占全省地区生产总值的60.0%，较上年提高0.4个百分点；同比增长8.7%，比上年回落0.5个百分点，比全省地区生产总值增速快0.8个百分点。

一、非公比重继续提高

在三大产业中，第一产业和第二产业中非公有制经济的比重不断提高。2016年，第一产业非公有制经济增加值807.52亿元，增长0.3%，增加值占全省第一产业的比重为22.6%，较上年提高0.7个百分点；第二产业非公有制经济增加值9817.01亿元，增长8.0%，增加值占全省第二产业的比重为74.5%，较上年提高2.0个百分点；第三产业非公有制经济增加值8115.33亿元，增长10.6%，增加值占全省第三产业的比重为56.0%。

二、工业活力不断增强

全省非公有制工业经济增长速度快于全部工业，发展活力较强。2016年，全省非公有制工业增加值8770.79亿元，增长8.0%，比全省工业增速快1.4个百分点；占全省工业增加值的78.5%，比上年提高2.5个百分点。全省规模以上非公有制工业增加值同比增长8.7%，增幅高于规模工业平均水平1.8个百分点；增加值总量占全省规模工业的77.0%，比上年提高1.4个百分点。非公有制规模工业企业实现主营业务收入30427.82亿元，增长9.6%，增幅比全部规模工业高2.0个百分点；盈亏相抵后实现利润1348.71亿元，增长2.9%，利润总额占全部规模工业的83.2%。

三、投资增速继续调整

2016年，全省非公有制经济实际完成投资总额18122.16亿元，占全省实际完成投资额的65.5%，比上年降低2.0个百分点；同比增长11.4%，增幅比全省平均水平低2.4个百分点。其中，非公有制工业投资9168.60亿元，增长6.5%，增幅比上年降低10.1个百分点；非公有制经济施工项目33622个，增长6.2%，增幅比上年降低14.2个百分点。

四、实缴税金平稳增长

2016年，全省非公有制经济实缴税金1657.49亿元，增长2.7%；总额占全省实缴税金的比重为53.6%，比上年提高0.1个百分点。其中，实缴国税增长明显，总额为801.75亿元，增长27.9%，同比加快27.0个百分点；实缴地税增速下降明显，总额为855.75亿元，下降13.3%。

湖南省非公有制经济增加值

指 标	增加值(亿元)		比上年增长(%)		非公有制占比(%)
	全部	非公有制	全部	非公有制	
总计	31244.68	18739.85	7.9	8.75	59.98
农林牧渔业	3725.9	955.04	3.5	1.5	25.6
工业	11177.25	8770.79	6.6	8.01	78.47
建筑业	2016.59	1059.09	6.7	7.15	52.52
批发和零售业	2481.55	2279.55	5.7	5.43	91.86
交通运输	1340.78	661	2.7	3.95	49.3
仓储和邮政业					
住宿和餐饮业	653.61	622.5	6	7.94	95.24
金融业	1268.28	136.97	8	12.49	10.8
房地产业	842.78	772.83	8.5	12.74	91.7
其他服务业	7737.94	3482.07	14.8	15.26	45
第一产业	3578.37	807.52	3.3	0.3	22.6
第二产业	13180.97	9817.01	6.6	7.96	74.48
第三产业	14485.34	8115.33	10.5	10.64	56.02

非公有制经济农林牧渔增加值

指标	总量(亿元)		比上年增长(%)		非公有制占比(%)
	全部	非公有制	全部	非公有制	
农林牧渔增加值	3725.9	955.04	3.5	1.5	25.6
农业增加值	2276.57		3.6		
林业增加值	237.83	8.8	8.2	8.2	3.7
牧业增加值	805.37	765.1	−0.1	−0.1	95
渔业增加值	258.61	33.62	6.5	6.5	13
农林牧渔服务业增加值	147.52	147.52	8.4	8.4	100

湖南省非公有制规模工业企业主要生产指标

指 标	比上年增长(%)		非公有制占比（%）
	全部	非公有制	
工业总产值	7.7	9.5	81.1
#新产品产值	5.5	14.2	69.1
工业销售产值	7.8	9.7	81.2
#出口交货值	–2.7	2.6	89.6
工业增加值	6.9	8.7	77
#私营经济	8.3	8.3	100
港澳台经济	15.7	15.7	100
外商经济	5.4	5.4	100
其他经济	15.2	15.2	100

湖南省非公有制规模工业企业主要经济指标

指 标	总量(亿元)		比上年增长(%)		非公有制占比（%）
	全部	非公有制	全部	非公有制	
企业单位数（个）	14350	13291	6.2	7.6	92.6
流动资产合计	10830.88	6424.05	7.3	9.4	59.3
应收账款	3172.7	1879.49	13.1	15.5	59.2
存货	2771.87	1490.45	4.4	9.2	53.8
生产成品	900.66	639.98	0.2	9.8	71.1
资产合计	24743.2	14812.08	10.1	14.2	59.9
负债合计	13057.46	6819.66	10.1	14.2	52.2
主营业务收入	37686.47	30427.82	7.6	9.6	80.7
利润总额	1620.52	1348.71	4.5	2.9	83.2

湖南省非公有制投资主要指标

指 标	总量(亿元)		比上年增长(%)		非公有制占比（%）
	全部	非公有制	全部	非公有制	
实际完成投资额	27688.45	18122.16	13.8	11.4	65.5
#工业	10274.71	9168.6	7.5	6.5	89.2

新增固定资产	16329.04	11177.32	-7.1	-5.4	68.5
施工项目个数(个)	49962	33622	4.8	6.2	67.295
#投产项目(个)	33375	23265	-5.8	-3.4	69.708
资金来源	29852.09	20210.98	9.9	8.5	67.7
#国内贷款	2612.11	1435.99	44.4	16.1	55
利用外资	46.99	30.19	41.6	24.8	64.2
自筹资金	20596.78	14440.2	4.1	3.1	70.1
其他资金	3553.19	2887.35	31.5	36.5	81.3

湖南省非公有制建筑业企业主要指标

指 标	企业单位数(个)	建筑业总产值(亿元)
总计	1485	3857.02
按资质等级分组		
施工总承包	1111	3613.6
#特级	6	167.97
一级	142	1628.81
二级	400	1108.85
三级及以下	563	707.96
专业承包	374	243.42
#一级	34	34.29
二级	89	81.64
三级及以下	251	127.48

湖南省非公有制交通运输企业(单位)主要指标

指 标	指标	单 位	总量		非公有制占比(%)
			全部	非公有制	
公路运输业	旅客周转量	亿人/公里	577	380.3	65.9
	货物周转量	亿吨/公里	2686.6	1550.2	57.7
水路运输业	旅客周转量	亿人/公里	3.2	2.7	85.3
	货物周转量	亿吨/公里	619.5	416.9	67.3

广东省

2015年广东省及各市民营经济主要经济指标

地区	民营经济生产总值（亿元）	增速（%）	各市增速与全省增速之差（%）	民营经济生产总值排位	增速排位	民营经济占比（%）	占比排位
全省	38846	8.4	—	—	—	53.4	—
广州	7201	8.2	-0.2	2	11	39.8	20
深圳	7489	8.3	-0.1	1	10	42.8	18
珠海	685	7.8	-0.6	15	16	33.8	21
汕头	1304	9.1	0.7	10	6	70.5	4
佛山	5064	8.5	0.1	3	7	63.3	12
韶关	589	6.6	-1.8	18	21	51.3	15
河源	527	9.3	0.9	19	5	65.0	10
梅州	595	7.6	-0.8	17	17	62.3	13
惠州	1341	11.5	3.1	9	1	42.7	19
汕尾	518	8.1	-0.3	20	12	68.1	6
东莞	3043	10.6	2.2	4	2	48.5	17
中山	1563	7.1	-1.3	6	19	51.9	14
江门	1134	6.8	-1.6	12	20	50.6	16
阳江	872	8	-0.4	13	14	69.8	5
湛江	1526	9.7	1.3	7	4	64.1	11
茂名	1593	10.4	2	5	3	65.2	9
肇庆	1286	8.4	0	11	9	65.3	8
清远	847	7.6	-0.8	14	18	65.9	7
潮州	651	8.4	0	16	8	71.6	2
揭阳	1494	7.9	-0.5	8	15	79.0	1
云浮	504	8.1	-0.3	21	13	70.9	3

2016年广东省及各市民营经济主要经济指标

地 区	民营经济生产总值（亿元）	增速(%)	各市增速与全省增速之差(%)	民营经济生产总值排位	增速排位	民营经济占比(%)	占比排位
全省	42578.76	7.8	—	—	—	53.6	—
广州	7821.43	8.0	0.2	2	13	39.88	20
深圳	8319.51	9.1	1.3	1	8	42.68	19
珠海	776.72	12.3	4.5	15	1	34.89	21
汕头	1480.88	10.4	2.6	10	3	71.18	4
佛山	5480.67	9.2	1.4	3	5	63.51	12
韶关	635.60	6.8	–1.0	18	18	52.17	15
河源	588.79	9.2	1.4	19	7	65.51	8
梅州	655.05	7.2	–0.6	17	14	62.65	13
惠州	1489.35	10.6	2.8	9	2	43.65	18
汕尾	564.62	6.3	–1.5	20	19	68.15	5
东莞	3347.78	9.2	1.4	4	6	49.03	17
中山	1693.73	8.2	0.4	6	11	52.88	14
江门	1251.31	8.0	0.2	12	12	51.73	16
阳江	892.88	4.1	–3.7	14	21	67.68	6
湛江	1646.96	8.5	0.7	7	9	63.72	11
茂名	1728.37	9.3	1.5	5	4	65.55	7
肇庆	1349.09	5.2	–2.6	11	20	64.74	10
清远	907.87	7.1	–0.7	13	17	65.40	9
潮州	695.55	7.2	–0.6	16	15	71.20	3
揭阳	1611.71	7.2	–0.6	8	16	79.29	1
云浮	555.86	8.3	0.5	21	10	71.42	2

广西壮族自治区

2015年广西壮族自治区中小企业及非公有制经济统计数据

2015年全区非公有制经济规模以上工业增加值4373.59亿元，同比增长10.3%，增速比全部规模以上工业增加值增速高2.4个百分点，占全部规模以上工业增加值71.7%，贡献率达到90.6%；其中总量排前三的行业分别为非金属矿物制品业440.15亿元，同比增长9.7%；农副食品加工业426.34亿元，同比增长2.7%；黑色金属冶炼和压延加工业391.30亿元，同比增长17.7%。

非公有制经济固定资产投资10108.71亿元，同比增长17.2%，比全部固定资产投资低0.6个百分点，占全部固定资产投资的64.6%，总量排前三的行业是制造业4792.97亿元，增长15.1%；房地产业1808.28亿元，下降0.7%；批发和零售业563.97亿元，增长36.6%。

全区非公有制经济实现进出口总额2647.98亿元，同比增长20.8%，增速快于国有制经济18.5个百分点，占全区进出口的83 %，其中出口1547.26亿元，增长18.22%；进口1100.72亿元，增长29.48%。

全区非公经济提供税收1442.42亿元，同比增长2.82%，占全区总税收的69.68%，其中提供地税收入723.10亿元，同比增长3.1%，占全区地税收入的77.30%；提供国税收入719.32亿元，同比增长2.49%，占全区国税收入的63.39%。从经济结构看，股份公司税收超过非公有制经济税收的半壁江山，比重接近60%；外资企业税收占比超过非公有制经济税收20%，同比增长近5%；私营企业税收略有增长，同比增长近2%，个体户税收持平，同比增长0.54%，主要原因是外资企业规模扩大，盈利能力、创税能力增强，而私营企业、个体户受税收优惠政策，企业规模小、创新能力、经营处于产业造成实际纳税额减少；其次是部分私营企业处于产业链低端的影响，造成盈利能力、创税能力较弱，增长乏力。

截至2015年12月底，全区共有私营企业43.58万户，从业人员338.49万人，注册资本（金）12689.68亿元，分别较去年同期增长24.99%、16.77%、46.75%；全区实有个体工商户149.32万户，从业人员307.94万人，注册资金878.54亿元，分别较去年同期增长8.53%、9.53%、22.25%；全区个体私营经济从业人员达646.63万人，同比增长13.21%；全区共有外商企业4215户，同比增长6.74%，投资总额为425.29亿美元，同比增长13.73%，注册资本214.65亿美元，同比增长10.79%。

2016年广西壮族自治区中小企业及非公有制经济统计数据

2016年全区非公有制经济规模以上工业增加值4782.87亿元，占全部规模以上工业增加值的72.3%，贡献率达到82.0%，同比增长8.7%，增速比全部规模以上工业增加值增速高1.2个百分点；其中，总量排前三的行业分别为非金属矿物制品业488.19亿元，同比增长14.4%；农副食品加工业451.35亿元，同比增长4.5%；黑色金属冶炼和压延加工业418.58亿元，同比增长5.4%。

非公有制经济固定资产投资10975.50亿元，占全部固定资产投资的62.2%，同比增长8.6%，比全部投资低4.2个百分点；总量排前三的行业是制造业为4805.13亿元，增长0.3%；房地产业2282.08亿元，增长26.2%；农、林、牧、渔业708.35亿元，增长29.6%。

全区非公有制企业实现进出口总额1982.8亿元，占全区进出口的62.6%，比上年同期下降13.5%；其中出口1277.7亿元，下降17.2%，进口705.1亿元，下降5.8%；民营企业进出口1340.04亿元，下降18.7%。2016年全球经济处于国际金融危机持的深度调整期、经济复苏乏力，国际市场需求疲弱，我区外贸下行压力加大，受此影响我区非公有制企业进出口下滑明显。

全区非公经济提供税收1231.31亿元，与去年基本持平，占全区总税收的62.3%，其中提供地税收入595.18亿元，同比下降16.5%，占全区地税收入的69.8%；提供国税收入636.13亿元，同比增长14.34%，占全区国税收入的54.41%。

截至2016年12月底，全区共有私营企业51.53万户，从业人员360.13万人，注册资本（金）19471.70亿元，分别较去年同期增长18.24%、6.40%、53.45%；全区实有个体工商户154.35万户，从业人员343.25万人，注册资金1091.04亿元，分别较去年同期增长3.37%、11.47%、24.19%；全区个体私营经济从业人员达703.38万人，同比增长8.8%；全区共有外商企业4485户，同比增长6.41%，投资总额437.26亿美元，同比增长2.8%，注册资本235.69亿美元，同比增长6.94%。

海南省

2015年海南省主要经济指标数据

2015年中小微型企业增加值及构成

	增加值(亿元)		同比增长(%)	构 成(%)	
	2015年	2014年		2015年	2014年
合计	1790.77	1695.81	7.6	100.0	100.0
工业	455.65	480.95	5.5	25.4	28.4
建筑业	388.43	361.22	8.4	21.7	21.3
交通运输邮政仓储业	61.24	60.46	8.1	3.4	3.6
批发和零售业	387.42	341.32	15.0	21.6	20.1
住宿和餐饮业	146.40	130.15	9.0	8.2	7.7
房地产业	170.10	161.71	6.9	9.5	9.5
其他服务业	181.53	160.00	12.0	10.1	9.4
#小微型企业	848.70	782.93	8.4	47.4	46.2

注：1. 小微型企业口径按照2011年《统计上大中小微型企业划分办法》进行了调整；2. 2015年全年全省中小微型企业增加值、小微型企业增加值分别占同期全省GDP总量的48.4%、22.9%，2014年全年全省中小微型企业增加值、小微型企业增加值分别占同期全省GDP总量的48.4%、22.4%；3.调查范围不包括农业、金融保险、行政事业单位；4. 交通运输邮政仓储业不包铁路业、管道运输业、航空运输业；5.房地产业不包括居民自有房地产经营活动；6. 行业增加值增长速度按可比价格计算。

2016年海南省主要经济指标数据

2016年中小微型企业增加值及构成

	增加值(亿元)		同比增长(%)	构 成(%)	
	2016年	2015年		2016年	2015年
合计	1931.36	1790.77	8.6	100.0	100.0
工业	453.55	449.77	5.0	23.5	25.1
建筑业	417.67	388.43	7.0	21.6	21.7
交通运输邮政仓储业	71.13	66.94	7.1	3.7	3.7
批发和零售业	428.48	395.60	8.6	22.2	22.1
住宿和餐饮业	160.71	146.40	9.4	8.3	8.2
房地产业	202.55	165.10	20.7	10.5	9.2
其他服务业	197.27	178.53	9.4	10.2	10.0
#小微型企业	1059.13	953.14	11.1	54.8	53.2

注：1. 中小微型企业口径按照2011年《统计上大中小微型企业划分办法》进行了调整；2. 2016年全省中小微型企业增加值、小微型企业增加值分别占同期全省GDP总量的47.8%、26.2%，2015年前三季度全省中小微型企业增加值、小微型企业增加值分别占同期全省GDP总量的48.4%、25.7%；3. 调查范围不包括农业、金融保险、行政事业单位；4. 交通运输邮政仓储业不包括铁路运输业、管道运输业、航空运输业；5. 房地产业不包括居民自有房地产经营活动；6. 行业增加值增长速度按可比价格计算。

数据来源：海南省统计局

西藏自治区

2015年西藏自治区全部工业产值情况表

指标	单位	2014年	2015年比2014年增长（±%）
工业总产值	万元	1791452	18.6
按轻重工业分			
轻工业	万元	799598	21
重工业	万元	991854	16.8
按经济类型分			
国有企业	万元	667985	27.7
集体企业	万元	15242	–53
其他经济类型企业	万元	1108225	14.9
按企业规模分			
大中型企业	万元	680004	8.4
小型企业	万元	1111448	25.8
主要产品产量			
铬铁矿	吨	91731	0.7
发电量	万千瓦时	447693	38.9
自来水生产量	万吨	19231	2.5
包装饮用水		425632	178.7
水泥	吨	4679049	36.7
中成药	吨	2459	23.8
啤酒	吨	158075	–0.3
食用植物油	吨	2503	40.1
地毯	平方米	62303	18.6
服装	件	15632	4.8

2015年西藏自治区七地市主要经济指标

地区	地区生产总值（亿元）	增长速度（%）	固定资产投资额（亿元）	增长速度（%）	社会消费品零售总额（亿元）	增长速度（%）
拉萨市	376.73	11.2	546.04	19.9	205.8	14.1
日喀则市	166.85	11	140.12	20.9	73.14	10.8
山南地区	113.62	11	145.91	6.2	39.61	9.8
林芝市	104.33	11.2	163.74	25.3	28.33	11
昌都市	132.02	11.2	172.65	13.1	35.75	11.7
那曲	94.94	10.8	122.18	39.6	17.24	5.7
阿里地区	37.12	10.8	51.53	27.8	8.61	4.4

陕西省

2015年陕西省中小企业非公经济统计数据

2015年陕西省中小微企业数量情况

市区	私营企业数（个）		个体工商户数（个）	
	小计	工业企业	小计	个体加工户
陕西省	394321	36675	1384174	61557
西安市	191839	10093	414270	21191
铜川市	6465	591	27246	1076
宝鸡市	31403	6522	116657	6185
咸阳市	25183	4378	119277	7473
渭南市	30533	4159	163482	6866
其中：韩城市	482	274	13661	288
汉中市	21085	2985	111458	6442
安康市	14036	1863	97662	4086
商洛市	9084	1571	56722	1964
延安市	18672	1070	86372	1819
榆林市	42858	2982	180267	4183
杨凌区	3163	461	10761	272

2015年陕西省中小工业主要指标

市区	每月统计监测的规模以上工业企业(个)		规模以上中小工业主营业务收入		规模以上中小工业利润总额		本年新增规模以上工业企业(个)
	小计	中小工业	亿元	同比增长(%)	亿元	同比增长(%)	
陕西省	5072	4899	9531.60	8.30	720	5.50	688
西安市	1098	1046	2071.20	6.80	99	10.60	110
铜川市	176	168	442.60	5.30	17	-6.00	36

宝鸡市	531	497	788.50	9.60	54	17.10	89
咸阳市	823	725	2377.00	13.10	238	13.70	126
渭南市	445	422	626.10	–1.60	20	8.70	70
其中：韩城市	100	100	150.90	–16.10	12	10.00	21
汉中市	420	420	417.50	17.10	27	52.70	55
安康市	505	505	843.60	21.70	105	33.60	74
商洛市	220	217	496.20	27.40	35	74.40	32
延安市	140	133	166.80	–7.70	–8	–81.50	22
榆林市	676	675	1204.70	–5.50	154	–34.10	59
杨凌区	96	91	97.10	–7.50	3.50	–8.30	15

2015年陕西省非公经济增加值占GDP比重情况

市 区	中小企业增加值占GDP比重（%）	非公经济增加值占GDP比重（%）
全 省	52.5	53.4
西安市	57.0	52.8
铜川市	69.2	50.2
宝鸡市	64.5	50.1
咸阳市	52.3	52.1
渭南市	60.2	48.6
汉中市	57.0	51.5
安康市	67.4	54.2
商洛市	62.9	53.1
延安市	24.2	23.4
榆林市	54.8	41.0
杨凌区	53.6	53.6
韩城市	55.8	54.8

2016年陕西省中小企业非公经济统计数据

2016年度陕西省中小微企业数量情况

市区	私营企业数（个）		个体工商户数（个）	
	小计	工业企业	小计	个体加工户
陕西省	509863	62166	1496298	104512
西安市	229923	12607	466797	29750
铜川市	7364	1303	30601	2798
宝鸡市	33399	7904	124165	9828
咸阳市	26213	5468	128297	11087
渭南市	26308	5395	135430	10936
韩城市	4230	730	16252	829
汉中市	23416	5407	123051	10534
安康市	17775	4250	110496	8046
商洛市	10532	2905	65163	4348
延安市	21507	2391	93798	3026
榆林市	45062	7370	157306	6914
杨凌区	3700	1182	8131	197

2016年陕西省中小工业主要指标

市区	每月统计监测的规模以上工业企业(个)		本年新增规模以上工业企业(个)	规模以上中小工业主营业务收入		规模以上中小工业利润总额	
	小计	中小工业		亿元	同比增长(%)	亿元	同比增长(%)
陕西省	5497	5325	758	10518.04	11.80	809.69	15.40

西安市	1153	1109	148	2116.38	16.26	103.22	24.01
铜川市	188	185	38	441.32	-2.00	10.03	-31.00
宝鸡市	590	567	101	880.03	10.80	66.04	28.90
咸阳市	909	877	110	2711.08	11.00	258.91	4.70
渭南市	479	457	74	667.48	7.90	19.33	12.70
韩城市	111	107	20	164.27	6.40	6.71	178.30
汉中市	438	427	53	487.85	15.80	32.82	18.10
安康市	544	544	83	1004.31	18.30	110.59	4.40
商洛市	229	226	24	605.66	18.90	41.13	21.40
延安市	142	136	21	128.68	-28.00	4.59	498.30
榆林市	707	684	93	1354.43	10.70	155.67	36.40
杨凌区	113	113	13	120.82	20.80	7.36	34.20

陕西省非公经济增加值占GDP比重情况

市 区	非公经济增加值占GDP比重（%）	非公经济增加值占GDP比重（%）
	2015年	2016年
全 省	53.4	53.8
西安市	52.8	52.8
铜川市	50.2	51.6
宝鸡市	50.1	50.4
咸阳市	52.1	53.0
渭南市	48.6	49.5
韩城市	54.8	56.0
汉中市	51.5	51.5

安康市	54.2	55.5
商洛市	53.1	54.2
延安市	23.4	26.1
榆林市	41.0	42.0
杨凌区	53.6	55.5

2016年陕西省各市县区中小微企业主要指标

市县区	非公经济增加值占当地GDP比重(%)	亿元	同比增长(%)	亿元	同比增长(%)	规模以上工业企业数(个)	私营企业数(个)		个体工商户数(个)	
							小计	其中：工业企业	小计	其中：个体加工户
全　省	53.80	10518.10	11.80	809.70	15.40	5497	509863	62166	1496298	104512
西安市	52.80	2116.38	16.26	103.22	24.01	1153	229923	12607	466797	29750
新城区	48.60	17.68	33.10	1.12	450.00	8	13703	206	48757	361
碑林区	52.20	30.21	25.80	5.02	138.10	13	31755	50	41233	989
莲湖区	45.80	26.85	13.60	3.42	325.00	30	6408	252	23360	686
灞桥区	53.20	105.97	–1.94	5.44	–9.82	84	4510	494	18405	2332
未央区	53.70	694.29	41.90	26.83	67.50	206	15357	498	36660	2322
雁塔区	57.00	342.44	3.60	18.38	2.15	236	30710	828	53359	1549
阎良区	37.10	144.66	4.27	5.94	15.70	93	2066	393	13560	790
临潼区	50.10	103.90	–13.62	4.85	11.60	57	3410	607	22037	1394
长安区	58.10	158.95	11.06	8.94	–5.30	129	8241	1995	37162	7994
蓝田县	59.10	37.56	44.67	1.78	–10.07	32	2252	416	14005	796
周至县	56.00	30.93	22.10	1.93	46.16	46	70284	43610	4940	3054

鄠邑区	54.40	66.63	5.50	5.62	9.80	81	2816	1953	17532	2298
高陵区	38.30	356.30	13.04	13.96	8.50	138	3596	3269	17614	906
铜川市	51.60	441.32	−2.00	10.03	−31.00	188	7364	1303	30601	2798
耀州区	54.70	175.40	−17.03	3.78	−32.01	70	1548	1329	9784	327
印台区	47.40	50.46	−5.42	1.39	25.23	29	743	52	5443	254
宜君县	46.50	33.59	19.96	1.84	20.22	14	401	123	3211	153
王益区	55.80	135.21	24.04	2.56	−24.81	50	1104	627	5168	102
高新区	46.00	34.96	7.74	13.39	30.55	29	803	6	506	460
宝鸡市	50.40	880.03	10.80	66.04	28.90	590	33399	7904	124165	9828
渭滨区	48.55	85.84	0.10	4.52	45.52	103	7286	873	14871	399
金台区	46.15	92.62	−4.80	7.28	1014.88	61	3393	681	11346	880
陈仓区	60.65	105.99	52.10	4.86	18.59	76	4506	1266	16725	1222
凤翔县	52.15	69.94	6.50	2.54	−58.83	74	2313	297	11683	498
扶风县	57.10	99.94	5.70	3.94	63.61	59	1399	307	12643	816
岐山县	54.15	50.71	22.70	2.71	131.48	87	2184	788	13882	1051
眉　县	71.05	152.81	19.50	17.33	22.32	79	2128	504	10589	798
太白县	44.60	8.00	4.60	0.58	6.12	9	348	118	2385	403
千阳县	48.30	59.30	19.70	3.26	−3.91	21	506	88	3795	287
陇　县	47.70	12.49	61.90	1.21	103.57	16	716	195	5894	450
凤　县	58.60	139.77	8.50	18.17	44.45	53	798	591	3404	100
麟游县	41.10	2.63	−85.50	−360.36	−115.22	7	70	23	4083	31
咸阳市	53.00	2711.08	11.00	258.91	4.70	909	26213	5468	128297	11087

秦都区	52.78	769.47	15.20	42.60	6.30	184	14178	7685	7813	141
渭城区	51.30	375.52	-3.80	20.80	40.60	104	1610	270	16920	3987
兴平市	56.11	318.65	16.50	13.32	17.00	131	598	123	14800	982
武功县	56.26	140.53	8.40	14.46	31.40	56	1448	776	4631	963
三原县	56.38	330.45	8.60	48.41	-3.60	128	1102	703	18943	5158
泾阳县	56.30	193.04	5.80	25.15	-8.20	96	2615	1415	8541	3731
礼泉县	50.93	139.04	12.60	35.13	26.40	38	584	195	1814	792
乾　县	54.99	202.55	11.90	41.70	1.70	48	2540	1364	8957	3738
永寿县	47.46	63.15	13.20	7.58	8.10	30	420	118	6900	2100
彬　县	55.01	54.05	27.40	6.50	29.60	33	925	332	8437	2102
长武县	48.33	36.55	33.90	-6.60	-273.30	21	353	31	2173	150
旬邑县	50.22	35.51	74.40	3.91	51.10	24	168	42	6923	172
淳化县	49.81	52.56	17.80	5.94	13.20	31	466	146	4214	1510
渭南市	49.50	667.48	7.90	19.33	12.70	479	26308	5395	135430	10936
临渭区	50.62	168.77	11.47	5.48	18.73	109	4357	652	13144	1865
韩城市	56.00	164.27	6.40	6.71	178.30	111	4230	730	16252	829
华阴市	49.47	7.60	-23.59	-0.19	-571.68	19	757	335	8382	872
华州区	24.76	9.07	9.22	0.59	3.47	20	1597	156	7991	302
潼关县	48.99	17.39	19.32	1.81	25.51	14	355	70	3721	380
大荔县	50.90	71.10	17.78	1.95	5.93	49	4222	338	18155	681
合阳县	51.96	32.89	10.73	2.08	77.58	30	1369	219	11439	486
澄城县	51.67	9.36	-16.59	-1.62	39.34	19	2221	304	9268	223
蒲城县	45.50	89.21	7.13	0.54	-88.52	52	1605	901	16245	1053
白水县	51.68	13.96	-30.93	0.51	156.73	30	1270	224	4796	328
富平县	52.98	83.85	11.87	1.48	13.79	44	2830	132	16506	265
汉中市	51.50	487.85	15.80	32.82	18.10	438	23416	5407	123051	10534
汉台区	56.20	126.35	17.80	14.16	12.71	103	4972	921	35286	2672
南郑县	49.40	65.80	39.90	2.28	24.02	57	1762	477	11945	2282

城固县	49.20	86.74	27.80	2.40	15.94	58	2380	836	14750	690
洋 县	50.00	42.31	15.00	2.08	15.20	48	2371	526	12252	917
西乡县	55.90	53.93	12.70	1.54	−12.22	55	1895	192	12149	1730
勉 县	55.00	23.11	−34.40	1.40	−6.82	36	1694	559	2433	421
宁强县	56.20	40.32	20.40	5.33	48.61	36	312	175	10650	966
略阳县	46.00	27.60	1.60	−0.01	–	6	514	144	4070	217
镇巴县	49.10	15.90	16.50	0.83	23.99	24	360	252	6254	815
留坝县	46.50	3.74	19.10	0.38	63.15	8	70	10	1310	15
佛坪县	41.20	2.56	19.40	0.05	−7.30	2	281	24	1758	78
安康市	55.50	1004.31	18.30	110.59	4.40	544	17775	4250	110496	8046
汉滨区	50.90	192.47	10.88	84.45	6.28	115	4326	373	36314	1302
汉阴县	59.30	132.34	16.77	21.72	9.98	77	1538	151	10554	252
石泉县	58.10	124.15	23.75	8.20	27.02	64	13257	411	1941	1874
宁陕县	56.40	24.96	19.05	2.87	24.58	17	332	12	3067	59
紫阳县	50.70	92.23	13.04	22.34	3.40	37	1355	126	13997	406
镇坪县	53.60	7.71	24.74	0.31	7.83	19	772	91	2722	186
岚皋县	54.60	61.16	10.94	2.94	13.08	34	848	410	7087	1417
平利县	56.20	111.50	14.01	7.60	1.33	75	668	276	8869	375
旬阳县	53.80	162.73	23.65	16.44	10.97	66	1815	266	12606	657
白河县	55.00	95.05	11.61	10.30	−19.16	40	1044	128	6981	188
商洛市	54.20	605.66	18.90	41.13	21.40	229	10532	2905	65163	4348
丹凤县	54.20	82.85	20.90	4.83	51.03	34	1234	390	6077	412
洛南县	54.60	129.40	32.00	2.08	85.36	40	859	268	12842	1085
山阳县	54.30	140.10	19.60	20.69	31.93	44	1343	341	10589	244
商南县	54.20	87.20	27.50	4.63	−45.27	32	1380	290	18004	4146
商州区	54.30	16.30	5.80	−2.94	–	24	2172	133	13298	507
镇安县	54.10	86.90	15.40	5.61	11.94	42	1458	110	8787	296
柞水县	54.10	62.90	−5.60	1.43	24.36	23	817	130	6896	1600

延安市	26.10	128.68	−28.00	4.59	498.30	142	21507	2391	93798	3026
宝塔区	40.50	33.46	−58.18	−1.21	−1629.29	24	13402	539	30404	677
延长县	28.10	0.51	23.49	0.05	79.41	3	314	74	2437	262
延川县	22.10	5.33	106.01	0.23	27.80	7	1055	287	5570	315
子长县	28.10	34.76	14.93	4.96	−515.25	21	583	126	7093	86
安塞县	20.50	6.40	−71.63	−0.51	−206.74	9	336	113	3756	156
志丹县	18.30	3.21	23.93	0.41	22.16	10	400	107	6604	88
吴起县	15.50	3.54	42.28	0.88	127.34	11	1116	166	4863	235
甘泉县	38.10	6.24	−26.72	0.25	56.85	7	533	70	3336	171
富　县	30.70	16.31	55.77	−1.04	−395.88	10	471	153	4088	29
洛川县	12.10	3.07	3.82	0.08	46.93	10	1415	30	7323	55
宜川县	33.60	2.22	19.05	0.19	35.12	5	528	68	5333	332
黄龙县	28.00	0.56	514.18	0.26	8124.14	1	216	36	2614	85
黄陵县	24.80	13.07	−5.55	0.02	−110.52	24	614	30	6863	362
榆林市	42.00	1354.43	10.70	155.67	36.40	707	45062	7370	157306	6914
榆阳区	51.08	290.87	12.63	44.38	48.04	117	6351	218	39920	900
神木县	34.94	518.01	25.27	70.49	89.18	196	10426	807	42786	1392
府谷县	64.32	394.81	−4.92	31.57	−19.00	226	4709	396	9204	362
横山县	35.52	30.73	27.43	−5.18	33.59	35	2775	239	7454	469
靖边县	25.76	27.03	4.07	3.76	26.98	51	4408	352	13708	709
定边县	24.08	11.90	−18.73	2.14	119.72	10	2493	381	14720	834
绥德县	53.84	6.01	13.28	0.48	12.48	16	514	170	6382	575
米脂县	53.34	8.22	48.42	0.64	3458.56	12	485	231	6061	541
佳县	57.25	15.06	13.04	1.15	−0.82	18	349	282	5951	2356
吴堡县	63.51	7.99	19.00	0.60	−27.52	12	536	41	3225	523
清涧县	52.09	22.30	13.45	4.29	6.02	32	785	263	160	15
子州县	58.92	21.49	0.07	1.35	−3.26	12	692	91	3063	238
杨凌区	55.50	120.82	20.80	7.36	34.20	113	3700	1182	8131	197
杨陵区	55.50	120.82	20.80	7.36	34.20	113	3700	1182	8131	197

甘肃省

2015年甘肃省民营经济统计数据

非公有制经济和中小企业主要指标统计表

一、主要经济指标

1. 企业单位数(个)	5. 出口创汇（亿美元）
2. 资产合计（亿元）	6. 税金总额（亿元）
3. 营业收入（亿元）	7. 从业人员期末数（万人）
4. 增加值合计（亿元）	

二、统计口径

1.分地区

中小企业：中型企业，小型企业

非公有制经济

2.分行业统计表行业划分

行业名称	行业代码	行业名称	行业代码
农业	0100	橡胶制品业	2900
林业	0200	塑料制品业	3000
畜牧业	0300	非金属矿物制品业	3100
渔业	0400	黑色金属冶炼及压延加工业	3200
农、林、牧、渔服务业	0500	有色金属冶炼及压延加工业	3300
煤炭开采和洗选业	0600	金属制品业	3400
石油和天然气开采业	0700	通用设备制造业	3500
黑色金属矿采选业	0800	专用设备制造业	3600
有色金属矿采选业	0900	交通运输设备制造业	3700
非金属矿采选业	1000	电气机械及器材制造业	3900
其他采矿业	1100	通信设备、计算机及其他电子设备制造业	4000
农副食品加工业	1300	仪器仪表及文化、办公用机械制造业	4100
食品制造业	1400	工艺品及其他制造业	4200
饮料制造业	1500	废弃资源和废旧材料回收加工业	4300
烟草制品业	1600	电力、热力的生产和供应业	4400
纺织业	1700	燃气生产和供应业	4500
纺织服装、鞋、帽制造业	1800	水的生产和供应业	4600
皮革、毛皮、羽毛(绒)及其制品业	1900	建筑业	E
木材加工及木、竹、藤、棕、草制品业	2000	交通运输、仓储及邮政业	F
家具制造业	2100	信息传输、计算机服务和软件业	G
造纸及纸制品业	2200	批发和零售业	H

印刷业和记录媒介的复制	2300	住宿和餐饮业	I
文教体育用品制造业	2400	金融业	J
石油加工、炼焦及核燃料加工业	2500	房地产业	K
化学原料及化学制品制造业	2600	租赁和商务服务业	L
医药制造业	2700	其他行业*	
化学纤维制造业	2800		

注：行业划分依据为国家统计局公布的国民经济行业分类标准

省、区、市中小企业主要经济指标统计表(分地区)

地区	企业单位数（个）		资产合计（亿元）		营业收入（亿元）		增加值合计（亿元）		出口创汇（亿美元）		税金总额（亿元）		从业人员期末数（万人）	
	中型	小型及微型	中型	小型	中型	小型	中型	小型	中型	小型	中型	小型	中型	小型
合计		1988			2162.45						43.34		26.04	
兰州市		350			612.78						26.65		6.46	
嘉峪关市		38			278.93						–3.2		0.71	
酒泉市		263			104.71						–2.79		1.09	
张掖市		182			271.11						4.09		2.19	
武威市		174			186.91						–3.61		2.48	
金昌市		64			123.57						0.28		1.28	
白银市		155			167.84						2.44		2.16	
定西市		117			75.17						–4.31		1.19	
平凉市		119			160.42						2.19		0.61	
庆阳市		99			106.83						6.11		1.34	
天水市		134			130.98						4.11		2.63	
陇南市		81			78.53						3.19		2.05	
甘南州		26			30.5						6.86		0.41	
临夏州		49			60.54						1.33		1.31	

注：省、区、市指省、自治区、直辖市及计划单列市；中小企业划分根据《中小企业标准暂行规定》执行。

省、区、市中小企业主要经济指标统计表(分行业)

行业代码	行业名称	企业单位数(个)		资产合计（亿元）		营业收入（亿元）		增加值合计（亿元）		出口创汇（亿美元）		税金总额（亿元）		从业人员期末数（万人）	
		中型	小型	中型	小型	中型	小型	中型	小型	中型	小型	中型	小型	中型	小型
0000	总计	1988				2162.45						43.34		26.04	
0100	农业														
0200	林业														
0300	畜牧业														
0400	渔业														
0500	农、林、牧、渔服务业														
0600	煤炭开采和洗选业	100				50.99						8.18		1.80	
0700	石油和天然气开采业	2				8.54						3.87		0.02	
0800	黑色金属矿采选业	37				56.31						0.23		0.43	
0900	有色金属矿采选业	50				59.14						1.84		1.31	
1000	非金属矿采选业	66				31.74						6.49		0.35	
1100	其他采矿业	0				0						0		0	
1300	农副食品加工业	302				260.64						11.22		1.95	
1400	食品制造业	52				47.52						1.61		0.88	
1500	饮料制造业	90				106.69						3.86		1.45	
1600	烟草制品业	1				0.91						−0.018		0.04	
1700	纺织业	23				20.19						0.42		0.61	
1800	纺织服装、鞋、帽制造业	8				6.88						0.18		0.17	
1900	皮革、毛皮、羽毛(绒)及其制品业	47				19.82						1.52		0.18	
2000	木材加工及木、竹、藤、棕、草制品业	2				0.042						−0.004		0.01	
2100	家具制造业	3				0.65						0.02		0.03	
2200	造纸及纸制品业	23				17.63						0.69		0.43	
2300	印刷业和记录媒介的复制	7				5.41						0.13		0.34	
2400	文教体育用品制造业	6				2.71						0.67		0.06	
2500	石油加工、炼焦及核燃料加工业	14				46.25						1.43		0.13	
2600	化学原料及化学制品制造业	121				174.02						0		2.49	

2700	医药制造业	66				73.98						10.16		0.92	
2800	化学纤维制造业	2				41.05						0.71		0.03	
2900	橡胶制品业	38				20.03						6.71		0.81	
3000	塑料制品业	60				10						1.52		2.95	
3100	非金属矿物制品业	254				247.18						1.14		1.26	
3200	黑色金属冶炼及压延加工业	97				108.41						0.61		0.87	
3300	有色金属冶炼及压延加工业	104				167.91						0.84		0.47	
3400	金属制品业	59				48.96						1.03		0.91	
3500	通用设备制造业	32				34.51						1.03		0.98	
3600	专用设备制造业	47				45.01						0.06		0.98	
3700	交通运输设备制造业	6				8.56						3.11		0.33	
3900	电气机械及器材制造业	51				125.93						0.08		0.09	
4000	通信设备、计算机及其他电子设备制造业	9				11.33						0.09		0.05	
4100	仪器仪表及文化、办公用机械制造业	8				4.38						0.12		0.06	
4200	工艺品及其他制造业	2				7.7						0.13		0.27	
4300	废弃资源和废旧材料回收加工业	7				3.43						13.69		2.53	
4400	电力、热力的生产和供应业	171				273.75						0.07		0.03	
4500	燃气生产和供应业	8				6.67						0.47		0.41	
4600	水的生产和供应业	11				7.58						0.63		0.68	
E	建筑业														
F	交通运输、仓储及邮政业														
G	信息传输、计算机服务和软件业														
H	批发和零售业														
I	住宿和餐饮业														
J	金融业														
K	房地产业														
L	租赁和商务服务业														
	其它行业*	2				0.35						40			
	*注：1、其他行业指上述行业以外的所有其他行业。2、如统计口径不同，请说明。	填表说明：1. 根据我省统计部门提供的规模以上1382户中小企业数据，将企业数量、主营业务收入、税金总额、从业人数等数据填报。2. 非公经济部分因我省部门职能调整，目前该项工作由省工商局负责，因未建立统计体系，故暂无数据。3. 我省规模以上中小企业分行业统计因统计体系尚不健全，故未区分中型、小型企业。4. 我省规模以下企业只有统计总数，无详细的行业统计数据。													

2016年甘肃省民营经济统计数据

非公有制经济和中小企业主要指标统计表

一、主要经济指标

1. 企业单位数(个)	5. 出口创汇（亿美元）
2. 资产合计（亿元）	6. 税金总额（亿元）
3. 营业收入（亿元）	7. 从业人员期末数（万人）
4. 增加值合计（亿元）	

二、统计口径

1. 分地区

中小企业：中型企业，小型企业

非公有制经济

2. 分行业统计表行业划分

行业名称	行业代码	行业名称	行业代码
农业	0100	橡胶制品业	2900
林业	0200	塑料制品业	3000
畜牧业	0300	非金属矿物制品业	3100
渔业	0400	黑色金属冶炼及压延加工业	3200
农、林、牧、渔服务业	0500	有色金属冶炼及压延加工业	3300
煤炭开采和洗选业	0600	金属制品业	3400
石油和天然气开采业	0700	通用设备制造业	3500
黑色金属矿采选业	0800	专用设备制造业	3600
有色金属矿采选业	0900	交通运输设备制造业	3700
非金属矿采选业	1000	电气机械及器材制造业	3900
其他采矿业	1100	通信设备、计算机及其他电子设备制造业	4000
农副食品加工业	1300	仪器仪表及文化、办公用机械制造业	4100
食品制造业	1400	工艺品及其他制造业	4200
饮料制造业	1500	废弃资源和废旧材料回收加工业	4300
烟草制品业	1600	电力、热力的生产和供应业	4400
纺织业	1700	燃气生产和供应业	4500
纺织服装、鞋、帽制造业	1800	水的生产和供应业	4600

皮革、毛皮、羽毛(绒)及其制品业	1900	建筑业	E
木材加工及木、竹、藤、棕、草制品业	2000	交通运输、仓储及邮政业	F
家具制造业	2100	信息传输、计算机服务和软件业	G
造纸及纸制品业	2200	批发和零售业	H
印刷业和记录媒介的复制	2300	住宿和餐饮业	I
文教体育用品制造业	2400	金融业	J
石油加工、炼焦及核燃料加工业	2500	房地产业	K
化学原料及化学制品制造业	2600	租赁和商务服务业	L
医药制造业	2700	其他行业*	
化学纤维制造业	2800		

注：行业划分依据为国家统计局公布的国民经济行业分类标准

省、区、市中小企业主要经济指标统计表(分地区)

地区	企业单位数(个)		资产合计(亿元)		营业收入(亿元)		增加值合计(亿元)		出口创汇(亿美元)		税金总额(亿元)		从业人员期末数(万人)	
	中型	小型及微型	中型	小型	中型	小型	中型	小型	中型	小型	中型	小型	中型	小型
合计		2049			2274.74						39.17		25.73	
兰州市		338			660.75						16		6.34	
嘉峪关市		43			201.99						0.83		0.68	
酒泉市		276			94.73						–0.48		0.97	
张掖市		224			260.82						3.29		2.22	
武威市		250			183.26						–2.09		2.61	
金昌市		84			123						–1.69		1.19	
白银市		150			183.71						2.66		1.79	
定西市		152			80.51						1.75		1.25	
平凉市		113			142.45						4.28		0.65	
庆阳市		111			133.09						2.41		2.27	
天水市		156			85.77						4.75		2.05	

陇南市		84			78.84						4.46		1.84	
甘南州		32			31.09						1.25		0.39	
临夏州		36			58.71						2.46		1.52	

注：省、区、市指省、自治区、直辖市及计划单列市；中小企业划分根据《中小企业标准暂行规定》执行。

省、区、市中小企业主要经济指标统计表(分行业)

行业代码	行业名称	企业单位数(个)		资产合计（亿元）		营业收入（亿元）		增加值合计（亿元）		出口创汇（亿美元）		税金总额（亿元）		从业人员期末数（万人）	
		中型	小型	中型	小型	中型	小型	中型	小型	中型	小型	中型	小型	中型	小型
0000	总计	2049				2274.74						39.18		25.74	
0100	农业														
0200	林业														
0300	畜牧业														
0400	渔业														
0500	农、林、牧、渔服务业														
0600	煤炭开采和洗选业	44				54.99						2.18		1.92	
0700	石油和天然气开采业	0				8.54						3.87		0.02	
0800	黑色金属矿采选业	35				56.31						0.23		0.43	
0900	有色金属矿采选业	46				59.14						1.84		1.31	
1000	非金属矿采选业	34				31.74						1.49		0.35	
1100	其他采矿业	0				0						0		0	
1300	农副食品加工业	319				280.64						1.22		1.25	
1400	食品制造业	77				47.52						1.61		0.88	
1500	饮料制造业	60				106.69						0.86		1.45	
1600	烟草制品业	1				0.91						-0.018		0.04	

1700	纺织业	23				20.19						0.42		0.61	
1800	纺织服装、鞋、帽制造业	8				6.88						0.18		0.17	
1900	皮革、毛皮、羽毛(绒)及其制品业	10				19.82						1.52		0.18	
2000	木材加工及木、竹、藤、棕、草制品业	2				0.042						−0.004		0.01	
2100	家具制造业	3				0.65						0.02		0.03	
2200	造纸及纸制品业	23				17.63						0.69		0.43	
2300	印刷业和记录媒介的复制	7				5.41						0.13		0.34	
2400	文教体育用品制造业	6				2.71						0.67		0.06	
2500	石油加工、炼焦及核燃料加工业	14				46.25						1.43		0.13	
2600	化学原料及化学制品制造业	121				174.02						−3.1		1.49	
2700	医药制造业	103				73.98						1.16		0.92	
2800	化学纤维制造业	2				41.05						4.71		0.03	
2900	橡胶制品业	38				20.03						6.71		0.81	
3000	塑料制品业	60				10						1.52		2.95	
3100	非金属矿物制品业	362				247.18						1.14		1.26	
3200	黑色金属冶炼及压延加工业	97				108.41						0.61		0.87	
3300	有色金属冶炼及压延加工业	54				167.91						0.84		0.47	
3400	金属制品业	59				48.96						1.03		0.91	
3500	通用设备制造业	32				34.51						1.03		0.98	
3600	专用设备制造业	47				45.01						0.06		0.98	
3700	交通运输设备制造业	6				8.56						3.11		0.33	
3900	电气机械及器材制造业	51				125.93						0.08		0.09	
4000	通信设备、计算机及其他电子设备制造业	9				11.33						0.09		0.05	
4100	仪器仪表及文化、办公用机械制造业	8				4.38						0.12		0.06	

4200	工艺品及其他制造业	2				7.7						0.13		0.27	
4300	废弃资源和废旧材料回收加工业	7				3.43						9.69		2.53	
4400	电力、热力的生产和供应业	244				273.75						0.07		0.03	
4500	燃气生产和供应业	12				6.67						0.47		0.41	
4600	水的生产和供应业	11				7.58						0.63		0.68	
E	建筑业														
F	交通运输、仓储及邮政业														
G	信息传输、计算机服务和软件业														
H	批发和零售业														
I	住宿和餐饮业														
J	金融业														
K	房地产业														
L	租赁和商务服务业														
	其它行业*	2				0.35						5			
	*注：1. 其他行业指上述行业以外的所有其他行业。2. 如统计口径不同，请说明。	填表说明：1. 根据我省统计部门提供的规模以上1382户中小企业数据，将企业数量、主营业务收入、税金总额、从业人数等数据填报。2. 非公经济部分因我省部门职能调整，目前该项工作由省工商局负责，因未建立统计体系，故暂无数据。3. 我省规模以上中小企业分行业统计因统计体系尚不健全，故未区分中型、小型企业。4. 我省规模以下企业只有统计总数，无详细的行业统计数据。														

青海省

2013～2015年青海省非公有制经济基本情况

2-9 青海省2013-2015年非公有制经济基本情况

指 标	户数(个) Number of Enterprises(unit)			从业人员(人) Employed Person(person)		
	2013	2014	2015	2013	2014	2015
总计	246560	284690	309122	1052372	1065555	1105452
按经济类型分						
股份合作企业	124	106	131	3551	2341	3058
联营企业	10	18	15	215	379	243
有限责任公司	2765	3036	3176	164336	123084	128766
股份有限公司	346	356	325	100465	13561	19370
私营企业	12548	15710	16665	274960	333085	316071
个体经济	227297	261840	284189	445688	529734	571976
港澳台商投资企业	45	53	42	5580	5096	5975
外商企业	68	78	74	7839	7471	7478
其他企业	3357	3493	4505	49738	50804	52515
按行业类别分						
农、林、牧、渔业	3515	5725	8417	35598	50777	64608
农林牧渔服务业	220	238	254	6411	2463	1825
工业	17474	18848	19556	305526	217728	208106
建筑业	2811	3411	3328	93561	101386	96012
批发和零售业	112589	136138	148294	251583	294290	298748
交通运输、仓储及邮政业	58247	58584	58675	102996	109394	102412
住宿和餐饮业	24657	29138	34568	107727	123417	148811
信息传输、软件和信息技术服务业	663	776	875	12267	5049	6336
金融业	131	154	161	1346	2361	2502

Basic ConditionS on Non-public Economy(2013-2015)								
注册资金(万元)			销售收入或营业收入(万元)			总产出(万元)		
Registered Capital(10 000 yuan)			Revenue from Principal Business(10 000 yuan)			Gross Industrial(10 000 yuan)		
2013	2014	2015	2013	2014	2015	2013	2014	2015
11146534	13099288	14223463	30174503	34307285	37896160	21708509	26217200	29858624
23342	19954	21666	183286	208390	226274	181823	222814	397078
19033	34259	37199	114	129	140	114	116	118
2258139	2479461	2692247	7222553	8211774	8916506	3670967	3823370	5148954
798529	821608	892118	2124956	2415996	2623336	2425103	1813487	1469138
5976860	7482983	7925170	13915965	15821933	17824401	10899840	15231715	16573176
563078	648651	904318	4926146	5600844	6081507	3482510	3832391	4244796
127883	150618	163544	1099942	1250593	1357918	447231	631389	1123645
245816	281965	306163	445131	506097	549530	350460	368591	516346
1133854	1179789	1281038	256411	291529	316548	250461	293327	385373
542979	638103	672862	925478	1020146	1122748	925478	1020146	1122748
31019	36453	39581	13419	14860	15885	13419	14860	15885
4928514	5791937	5888999	10488498	12344848	13404279	13979078	18261988	20830636
390823	459291	498707	1719175	1048513	1848056	1719175	1048513	1848056
2383073	2800562	3140905	13102181	15421124	16744560	1486183	1749540	1795444
177486	208580	226480	913288	1074930	1167180	915168	949557	954655
361243	424529	580962	350167	399705	466234	350167	399705	466234
95322	112021	121635	644619	707967	893250	644769	707967	893250

房地产业	1163	1321	1257	29851	32838	29119
租赁和商务服务业	3328	3807	4433	31364	34031	37448
科学研究和技术服务业	1036	1126	1139	12983	13927	12573
水利、环境和公共设施管理业	142	446	402	2298	3124	2655
居民服务、修理和其他服务业	16376	20334	22870	39847	53179	60378
教育	256	252	258	2702	2469	2426
卫生和社会工作	1154	1239	1275	5861	7105	6656
文化、体育和娱乐业	2798	3153	3360	10451	12017	24837
公共管理、社会保障和社会组织						
按产业结构分						
第一产业	3515	5725	8417	35598	50777	64608
第二产业	20285	22259	22884	399087	319114	304118
第三产业	222760	256706	277821	617687	695664	736726

注：1.2013年开始按照国民经济行业分类(GB/T4754-2011)标准执行。
2.按照2012年制定的《三次产业划分规定》，农林牧渔服务业、工业中的开采辅助活动和金属制品、机械和设备修理业划归为第三产业。

2013-2015年青海省非公有制经济增加值构成项目

2-10 青海省2013-2015非公有制经济增加值构成项目

单位:万元

指　标	增加值 Value added			劳动者报酬 Workers Compensation		
	2013	2014	2015	2013	2014	2015
总计	7176506	7844672	8491944	2614116	2938871	3262844
按经济类型分						
股份合作企业	60116	90696	139122	6993	5830	8607
联营企业	55	56	58	27	28	27
有限责任公司	1296157	1281670	1433785	370227	441379	408630
股份有限公司	1045523	452688	564838	305370	165440	245514
私营企业	2646993	3593726	3431838	707115	933169	1007941

1571467	1846771	2205260	879910	989571	1074496	536995	789571	795896
185392	217871	236569	545668	565949	501481	545668	565949	501481
286628	336842	365750	127088	149581	162418	127351	143460	147387
21313	25047	27197	16574	24710	24866	16574	24710	24866
107344	126150	136976	295082	371138	287213	295082	371138	287213
3029	3560	3866	10231	11208	12033	10231	11208	12033
5568	6543	7105	53456	57494	56863	53456	57494	56863
55334	65028	70609	89670	105541	114598	89716	101393	105976
542979	638103	672862	925478	1020146	1122748	925478	1020146	1122748
5319337	6251228	6387706	12207673	13393361	15252335	15698252	19310501	22678692
5284218	6209957	7162895	17041352	19893778	21521077	5084779	5886553	6057184

Components of Non-public Economy Value-Added(2013-2015)

(10 000 yuan)

固定资产折旧 Depreciation for Fixed Asset			生产税净额 Production Tax Net			营业盈余 Operating Surplus		
2013	2014	2015	2013	2014	2015	2013	2014	2015
1613786	2316541	3065674	990801	1121541	1144004	1957803	1467719	1019422
5442	21502	99178	4479	5329	9859	43202	58035	21478
8	8	9	8	8	9	12	12	13
431350	542828	503587	175012	220628	178770	319568	76835	342798
208025	114469	199370	249219	108291	122755	282909	64488	-2801
450472	1040212	1493808	476795	682880	672545	1012611	937465	257544

个体经济	1750258	1990946	2127163	1090831	1252175	1355675
港澳台商投资企业	97954	183557	409889	31980	31537	50391
外商企业	171243	117677	183544	31941	24508	44783
其他企业	108207	133656	201707	69632	84805	141276
按行业类别分						
农、林、牧、渔业	375748	419148	469694	348694	388969	435876
农林牧渔服务业	7828	8668	9266	7255	8034	8588
工业	3603809	3768031	4022414	695522	683171	847937
建筑业	465359	525035	542996	326540	354257	365936
批发和零售业	954578	1182653	1334028	480369	682564	711294
交通运输、仓储及邮政业	328689	341034	340490	189422	197526	197720
住宿和餐饮业	189312	223067	258912	143786	171172	199992
信息传输、软件和信息技术服务业	340340	373529	442391	63945	68565	98000
金融业						
房地产业	412413	445016	474059	62848	51348	40502
租赁和商务服务业	229313	236832	265785	126565	131640	148080
科学研究和技术服务业	60162	67717	69492	32280	36322	37219
水利、环境	5021	7626	7641	4445	6547	6606
和公共设施管理业						
居民服务、修理和其他服务业	135012	169509	175205	79674	99810	104098
教育	5518	6028	6460	4396	4788	5125
卫生和社会工作	18522	19966	19971	16006	17247	17167
文化、体育和娱乐业	44882	50813	53140	32369	36911	38704
公共管理、社会保障和社会组织						
按产业结构分						
第一产业	375748	419148	469694	348694	388969	435876
第二产业	4069168	4293066	4565410	1022062	1037428	1213873
第三产业	2731590	3132458	3456840	1243360	1512474	1613095

注：1. 2013年开始按照国民经济行业分类（GB/T4754-2011）标准执行。
2. 按照2012年制定的《三次产业划分规定》，农林牧渔服务业、工业中的开采辅助活动和金属制品、机械和设备修理业划归为第三产业

422009	463834	479618	17043	19689	22158	220375	255248	269712
45372	62085	145844	37762	56774	94292	–17160	33162	119362
36664	35538	95243	25512	22587	35922	77126	35044	7596
14444	36065	49017	4971	5356	7694	19160	7430	3720
27054	30179	33818						
573	634	678						
752705	1385210	2084804	688857	731662	823402	1466725	967988	266271
28391	33590	50553	55218	73887	67912	55210	63300	58595
40203	56119	37494	90179	132957	82258	343827	311012	502982
104617	109090	109433	13593	14844	15000	21057	19574	18337
17109	18435	18793	12191	13333	14379	16226	20127	25748
270771	299185	333457	20697	22861	25565	–15073	–17082	–14631
297326	295861	305339	73324	91803	71471	–21085	6005	56747
19691	20291	22754	20468	20935	23444	62589	63966	71507
9899	11125	11447	7539	8508	8769	10444	11762	12057
1589	2283	2316	1662	2455	2475	–2675	–3659	–3756
38013	48106	48211	4437	5328	6336	12888	16265	16560
248	274	296	418	466	506	456	500	533
1148	1260	1209	605	740	665	763	719	930
4449	4898	5072	1613	1763	1822	6451	7241	7542
27054	30179	33818						
781096	1418800	2135357	744075	805549	891314	1521935	1031289	324866
805636	867561	896499	246726	315992	252690	435868	436430	694556

宁夏回族自治区

2015年宁夏规模以上中小微工业企业主要经济指标

指标代码	指标名称	企业单位数	亏损企业数	年初存货	流动资产合计	其中:应收账款	存货	其中:产成品	资产总计	负债合计	营业收入	其中:主营业务收入	营业成本
01	总计	1186	388	6847821.5	29064136.8	4531697.9	7138926.4	2687745.1	77014036.1	52033690.2	35099326.8	34039264.8	30225037.5
02	其中:1.国有企业	22	10	23516.3	666035.2	46817.7	27708.2	6859.1	4082867.6	2632096.4	3818064.0	3808727.6	3545374.3
03	2.集体企业	1	1	560.4	1732.1	1530.0	180.4	49.5	1990.6	1182.6	741.8	741.8	719.6
04	3.股份合作企业	1	0	2642.7	6578.6	446.7	3136.6	2714.9	7458.6	1487.3	3529.5	3359.7	2810.5
06	4.有限责任公司	311	110	2448101.1	10366046.4	2039040.7	2529510.1	1060035.7	39259285.7	27238463.1	11587209.8	11352371.9	9758786.0
07	5.股份有限公司	31	8	534204.3	1618549.6	272253.6	495321.1	170653.3	5651243.3	3451606.7	4783827.9	4644381.7	3678096.7
08	6.私营企业	776	247	3496817.5	14883123.0	1973322.1	3746965.9	1339542.6	23438130.7	15923420.8	12057071.4	11510135.5	10869762.4
09	7.港澳台商投资企业	15	5	144661.6	936645.8	40348.0	84329.1	27244.1	3373499.0	2151975.5	2053710.1	1994183.0	1732762.9
10	8.外商投资企业	27	7	191821.0	563722.2	153625.2	241596.2	72631.0	1164522.7	610954.2	781288.0	711581.6	625374.0
11	9.其它企业	2	0	5496.6	21703.9	4313.9	10178.8	8014.9	35037.9	22503.6	13884.3	13782.0	11351.1
12	在总计中:股份制	1111	364	6477568.0	26844148.1	4274811.2	6768801.4	2568619.0	68226603.0	46522021.3	28389621.2	27468462.2	24275868.1
13	在总计中:大型企业	46	12	3808160.7	14708761.6	1383445.9	3585723.0	1119707.0	41870730.5	28919590.7	18285761.6	17657694.9	15693706.6
14	中型企业	140	67	1362475.5	6494246.5	1070314.3	1534608.4	642424.4	16461249.3	10971133.2	7962750.9	7670996.2	6852398.6
15	小型企业	889	284	1634282.9	7509248.6	1929342.5	1976066.1	900942.5	17316680.1	11227109.5	8523047.4	8387949.7	7440062.0
16	微型企业	111	25	42902.4	351880.1	148595.2	42528.9	24671.2	1365376.2	915856.8	327766.9	322624.0	238870.3

2016年宁夏规模以上中小微工业企业主要经济指标

指标代码	指标名称	企业单位数	亏损企业数	年初存货	流动资产合计	其中:应收账款	存货	其中:产成品	资产总计	负债合计	营业收入	其中:主营业务收入	营业成本
01	总计	1242	340	6804213.5	28381577.7	5816173.8	7476734.0	2751359.3	84770585.7	57320861.8	37287782.9	36360665.7	31551556.5
02	1. 国有企业	15	6	43574.0	673174.3	194833.7	44833.6	14697.7	4430182.2	3065925.2	3566574.2	3558621.6	3336720.5
04	2. 股份合作企业	1	0	3136.6	6482.8	682.7	2746.7	2263.9	7370.6	1419.3	4182.8	3961.4	3544.5
06	3. 有限责任公司	337	99	2232341.9	9586580.5	2727274.3	2166490.2	919430.5	41121901.5	28599987.5	12399472.6	12228673.9	10265290.1
07	4. 股份有限公司	39	11	448619.4	2306659.9	339786.8	555936.2	202515.7	7363480.8	4346137.0	4965687.7	4857773.2	3529838.2
08	5. 私营企业	803	214	3731532.8	13637139.7	2235662.2	4287203.1	1493229.4	26072919.4	17941507.5	12994323	12519252.6	11683712

其中：主营业务成本	销售费用	管理费用	财务费用	其中：利息收入	利息支出	营业利润	营业外收入	其中：补贴收入	营业外支出	利润总额	亏损企业亏损总额	平均用工人数
29361524.7	694981.4	1277132.9	1276962.5	142104.6	1246255.9	611076.0	338688.0	153306.1	157000.8	793156.2	890130.8	312318.0
3540099.9	6754.4	23620.2	68154.4	933.9	68314.9	96790.2	8112.7	4351.6	3316.3	101588.0	3150.1	14720.0
719.6	3.8	74.1	1.6	0.0	0.0	−69.5	5.2	5.2	0.0	−64.3	64.3	16.0
2652.2	485.2	194.0	21.5	0.4	21.4	1.0	275.4	273.3	2.9	273.4	0.0	58.0
9556726.3	262410.0	666308.1	659336.4	126556.3	726774.6	84697.1	116022.7	48052.3	70961.1	129945.9	517781.9	138635.0
3567088.1	89903.6	161977.9	105414.7	2758.5	103238.1	18342.0	78941.4	21914.8	37408.4	59875.2	126996.8	32398.0
10406026.3	260461.7	337141.9	363332.5	9477.0	276482.2	194911.9	113619.7	69917.5	23259.9	285478.2	217908.4	102565.0
1718222.7	27684.1	40528.4	63071.4	3136.6	55488.8	177862.5	10773.9	3505.8	20042.3	168593.0	9294.1	12832.0
558638.5	46635.5	46587.6	16360.9	−957.6	14742.3	38783.3	10467.0	4910.3	1966.1	47283.1	14935.2	10987.0
11351.1	643.1	700.7	1269.1	199.5	1193.6	−242.5	470.0	375.3	43.8	183.7	0.0	107.0
23499126.1	612567.9	1163865.5	1125445.6	138791.6	1103854.8	294833.5	307937.2	139738.7	131618.5	471547.6	862621.4	273183.0
15209949.6	301319.3	665230.4	607093.3	132104.6	666356.6	140407.2	157682.9	51454.5	88197.7	209893.8	454932.5	165993.0
6594958.2	176040.4	293944.5	319248.9	5074.6	279837.8	220946.7	77348.2	44369.1	35977.8	262520.9	241796.7	70705.0
7321266.5	211830.5	310491.5	311445.2	4425.4	261191.9	214580.0	99767.2	56549.5	32548.3	281986.7	189490.3	73997.0
235350.4	5791.2	7466.5	39175.1	500.0	38869.6	35142.1	3889.7	933.0	277.0	38754.8	3911.3	1623.0

其中：主营业务成本	销售费用	管理费用	财务费用	其中：利息收入	利息支出	营业利润	营业外收入	其中：政府补助	营业外支出	利润总额	亏损企业亏损总额	平均用工人数
30668899.5	773296.3	1415216.0	1383306.4	209922.8	1395519.5	1077112.6	434218.1	155606.3	133688.7	1377307.7	590589.8	307594.0
3332690.2	5624.4	20159.3	64473.3	558.0	65022.9	48778.0	6900.5	4259.9	1767.2	53911.2	4470.8	13983.0
3364.2	432.4	274.5	14.9	0.4	15.3	−108.4	207.4	207.4	86.6	12.3	0.0	58.0
10123935.3	272477.7	753897.7	739911.4	191680.6	873954.8	193087.1	210659.2	44654.1	47834.0	355916.5	345889.7	132765.0
3399612.9	105722.8	164024.9	117182.1	4222.3	106984.7	285410.6	37723.4	23934.3	19388.0	303745.8	31350.3	31199.0
11397249	281954.7	361556.5	367251.1	5033.7	278448.4	267169.0	155407.6	64767.8	34168.2	388070.1	190762.4	105415.0

09	6.港澳台商投资企业	20	6	95238.9	1056922.8	69893.9	115988.4	40314.0	3668788.6	2137009.6	1974681.2	1941172.2	1580949.8
10	7.外商投资企业	24	3	229413.5	712391.5	164521.6	270096.5	70865.1	1277873.5	699967.4	865746.2	739569.1	702197.4
11	8.其它企业	3	1	20356.4	402226.2	83518.6	33439.3	8043.0	828069.1	528908.3	517115.2	511641.7	449304.0
12	在总计中：股份制	1170	323	6395009.4	25267096	5230586.8	6993508.6	2610834.8	73981311.7	50717438.8	30159450.6	29405806.1	25322113.9
13	在总计中:大型企业	40	10	3560374.9	13022584.2	2082437.6	3797394.0	1060144.3	44878810.2	31690766.6	18265047.2	17862080.2	15030735.8
14	中型企业	132	42	1386344.3	6684022.1	1133495.2	1552951.5	638721.6	17022970.1	11285712	8138258.8	7819524.8	7089309.6
15	小型企业	923	265	1809328.8	7896064.8	2326054.5	2070401.0	1017963.3	20041959.8	12493041.2	10330351.9	10126320.7	9032327.2
16	微型企业	147	23	48165.5	778906.6	274186.5	55987.5	34530.1	2826845.6	1851342.0	554125.0	552740.0	399183.9

2016年宁夏市场主体基本情况表

项目				计量单位	2016年1-12月		2015年1-12月		期末实有同比增长(%)	本期登记同比增长(%)
					期末实有	本期登记	期末实有	本期登记		
企业	企业总数			户	121782	29090	102423	25368	18.9	14.7
	内资企业	户数		户	121131	28990	101839	25299	18.9	14.6
		注册资本		万元	111977034	20848104	76607182	15583758	46.2	33.8
		其中私营企业	户数	户	112345	27793	93802	24342	19.8	14.2
			注册资本	万元	74254016	15812156	52708463	13041484	40.9	21.2
			从业人员	人	855912	159881	716477	82436	19.5	93.9
	外商投资企业	户数		户	651	100	584	69	11.5	44.9
		注册资本		万美元	530847	73871	517528	42574	2.6	73.5
个体工商户	户数			户	342500	76738	309204	64870	10.8	18.3
	资金数额			万元	3184697	1048245	2691332	871676	18.3	20.3
	从业人员			人	665738	171357	642507	140056	3.6	22.3
农民专业合作社	户数			户	14663	2475	12034	1855	21.8	33.4
	出资总额			万元	3100478	565015	2386398	444798	29.9	27.0
	成员总数			人	113306	14609	101102	8118	12.1	80.0

1560831.6	42676.4	51561.1	52963.5	7722.0	55769.7	226818.3	10226.9	6363.3	25384.0	211661.7	9179.0	11717.0
580213.1	43243.1	44949.1	13479.4	−142.8	13849.4	56254.2	6395.6	4887.0	851.0	61798.5	8144.9	9998.0
271003.2	21164.8	18792.9	28030.7	848.6	1474.3	−296.2	6697.5	6532.5	4209.7	2191.6	792.7	2459.0
24764104.9	659627.7	1275411.4	1221647.0	200849.1	1257334.1	711677.2	403002.6	132518.3	100743.5	1013602.1	567939.4	267674.0
14578357.4	336677.4	794989.1	698668.9	199861.6	770874.1	474589.9	245760.4	44436.8	88389.9	631960.5	256697.5	156303.0
6857578.2	182865.4	279724.7	296579.0	5385.4	281362.5	164324.5	97379.0	57092.0	24733.3	236630.1	163096.5	67256.0
8835785.8	244141.4	326497.6	321216.5	3600.7	279824.9	374385.0	89151.9	53068.0	19820.6	443724.0	165476.7	81878.0
397178.1	9612.1	14004.6	66842.0	1075.1	63458.0	63813.2	1926.8	1009.5	744.9	64993.1	5319.1	2157.0

新疆维吾尔自治区

2015-2016年新疆维吾尔自治区中小企业及非公有制经济统计数据

2014-2015年规模以上中小微企业主要指标

2015年	工业增加值（亿元）	主营业务收入（亿元）	全部从业人员年平均人数（人）	企业个数（个）
中型	355.98	1113.82	171427	315
小型	566.81	2151.59	213750	1964
微型	47.94	172.72	14509	340
合计	970.73	3438.13	399686	2619
2014年	**工业增加值（亿元）**	**主营业务收入（亿元）**	**全部从业人员年平均人数（人）**	**企业个数（个）**
中型	383.93	1233.94	179051	334
小型	529.39	2045.54	205216	1827
微型	35.57	92.16	11528	218
合计	948.89	3371.64	395795	2379

数据来源:《新疆统计年鉴2015，2016》。

2016年全疆工业生产、销售情况（两千万以上企业）表

指标名称	计量单位	本年	比上年增减(%)
工业增加值	亿元	2440.94	3.7
在总计中:轻工业	亿元	366.2	11.7
重工业	亿元	2074.74	2.5
在总计中:公有制经济	亿元	1507.78	-1.1
其中:国有控股企业	亿元	1463.63	-0.9
非公有制经济	亿元	933.16	13.4
在总计中:大型工业企业	亿元	1305.16	-4.1
中小微型工业企业	亿元	1135.78	11.27
其中:中型企业	亿元	367.89	1.2
小型企业	亿元	728.85	27
微型企业	亿元	39.04	-12.2
在总计中:石油工业	亿元	741.44	-0.3
非石油工业	亿元	1699.5	5.9
在总计中:中央企业	亿元	1165.4	-2.2
地方企业	亿元	1275.54	10.6
工业产品销售率	%	98.1	0.7
其中:轻工业	%	96.3	1.1
重工业	%	98.5	0.7
出口交货值	亿元	68.66	6.4
其中:轻工业	亿元	49.04	3.5
重工业	亿元	19.62	14.5

2016年全疆各地州市工业增加值及增速表

地区	工业增加值(亿元)	增长速度（%）	增长速度排名
全区总计	2440.94	3.7	
博尔塔拉州	30.92	36.8	1
塔城地区	48	14.5	2
和田地区	7.16	13.6	3
克孜勒苏州	14.03	13.3	4
昌吉州	298.89	10.6	5
阿勒泰地区	38.99	10.6	6
喀什地区	29.31	9.4	7
阿克苏地区	115.95	9.0	8
哈密市	90.51	7.1	9
伊犁州直属县（市）	57.16	6.0	10
克拉玛依市	414.62	2.3	11
吐鲁番市	71.32	2.0	12
巴音郭楞州	319.05	0.4	13
乌鲁木齐市	481.36	-2.0	14

2016年全疆重点产业增加值及增速表

序号	行业名称	计量单位	本年	比上年增长%
1	纺织	亿元	80.4	47.1
2	化工	亿元	273.02	12.1
3	农副食品加工业	亿元	91.49	10.0
4	有色	亿元	233.18	9.2

5	钢铁	亿元	11.4	9.0
6	装备制造	亿元	101.55	5.6
7	电力	亿元	320.46	4.6
8	建材	亿元	120.31	3.2
9	煤炭	亿元	129.37	1.6
10	石油	亿元	741.44	–0.3

2016年全疆重点产业利润及增速表

序号	行业名称	计量单位	利润	比上年增长%
1	有色	亿元	103.46	801
2	建材	亿元	23.87	170
3	化工	亿元	40.12	120
4	纺织	亿元	31	100
5	钢铁	亿元	–28.58	减亏61%
6	农副食品加工	亿元	49.24	9.3
7	装备制造	亿元	47.17	–19.1
8	电力	亿元	44.22	–29.4
9	石油	亿元	–27.71	–117.12
10	煤炭	亿元	–6.27	–1263.04

大连市

2015年大连市民营经济统计数据

2015年民营经济主要经济指标表

单位名称:大连						单 位:个、人、万元		
甲	企业个数	从业人员年末数	增加值	总产值	营业收入	利润总额	上缴税金	劳动者报酬
	1	2	3	4	5	6	7	8
总 计	284704	2356604	44076459	136565885	138246554	9302942	5108534	7770881
一、按登记注册类型分组								
1.内资企业小计	282555	2244101	40797019	126929113	128604693	8669910	4665637	7316724
其中:(1)集体企业	1065	41247	452862	1520074	2304847	111294	70001	157120
(2)股份合作企业	2028	28204	549742	717864	1245801	115350	125236	41936
(3)联营企业	618	6247	549621	1862367	1864229	191244	119793	133304
(4)有限责任公司	18922	273356	7489618	23960008	24267961	1439129	1039771	924963
(5)股份有限公司	12842	251159	4013313	8152783	8576113	639840	654471	896722
(6)私营企业	48917	902257	18506777	61133073	60878646	3706454	1884658	3329696
(7)个体工商户	198163	741631	9235086	29582944	29467096	2466599	771707	1832983
2.港、澳、台商投资企业	598	16856	752791	1921500	2312111	171665	160137	120710
3.外商投资企业	1551	95647	2526649	7715272	7329750	461367	282760	333447
二、按国民经济行业分组								
1.工业	38871	950832	22714911	74776968	71111858	3772136	1885381	3244466
其中:采矿业	297	9867	206173	605323	521028	35567	15040	23573
制造业	38318	926023	22236885	73311519	69743932	3696779	1855744	3173953
电力、燃气及水的生产和供应业	256	14942	271853	860126	846898	39790	14597	46940
2.建筑业	6376	219280	4304360	13349510	13750871	1164782	586769	778324
其中:资质等级企业	692	51711	978969	3238195	3168742	193846	136109	190100
3.交通运输仓储业	27362	121802	1989403	6838404	6888045	462157	272089	362448
4.批发零售业	113475	503951	6240273	18748721	21067910	1688883	1035913	1628535
5.住宿及餐饮业	31554	203035	2033503	5468073	6538319	671815	311226	609551
其中:餐饮业	10610	71228	694762	2392618	2621619	226392	86161	208633
6.居民服务、修理和其他服务业	40659	202206	3581858	8105507	9827349	852352	619243	646747
7.其他	26407	155498	3212151	9278702	9062202	690817	397913	500810

2016年大连市民营经济统计数据

民营经济主要经济指标表

单位名称:大连　　　　单位:个、人、万元

甲	企业个数	从业人员年末数	增加值	总产值	营业收入	利润总额	上缴税金	劳动者报酬
	1	2	3	4	5	6	7	8
总　计	306814	2350707	40421078	1.3E+08	131219277	8646734	5188874	7392494
一、按登记注册类型分组								
1.内资企业小计	304796	2245556	37564850	1.21E+08	122553933	8041998	4692396	6990852
其中:(1)集体企业	1034	40406	438317	1640692	1740587	105273	72579	150553
(2)股份合作企业	756	13994	230144	397311	455731	36480	26711	46266
(3)联营企业	642	6402	508918	2034209	1985875	21053	139601	15191
(4)有限责任公司	20130	339255	8465568	27421232	27950016	1392215	976500	1050323
(5)股份有限公司	3038	79339	2012875	5820002	5602850	366503	187275	319026
(6)私营企业	58210	867347	16500986	54812074	55127854	3532942	2109623	3057259
(7)个体工商户	220986	898813	9408042	29085962	29691020	2587532	1180107	2352234
2.港、澳、台商投资企业	625	18968	642486	1600577	1947587	109098	167616	90198
3.外商投资企业	1393	86183	2213742	6937172	6717757	495638	328862	311444
二、按国民经济行业分组								
1.工业	38683	896157	19097525	64229069	61250652	3224887	1849998	3024694
其中:采矿业	293	9491	149016	441423	480356	21291	12190	24940
制造业	38111	872832	18653217	62818977	59846905	3158835	1817436	2954064
电力、燃气供应业	279	13834	295292	968669	923391	44761	20372	45690
2.建筑业	6815	207300	4080258	11700933	12343426	1206416	575588	742723
其中:资质等级企业	776	59015	1371273	3729261	3549285	419694	196785	245003

3.交通运输仓储业	28496	133833	2048941	6868409	6959522	506047	321791	395574
4.批发零售业	122816	526514	6816168	23085988	24673404	1643371	1201184	1410614
5.住宿及餐饮业	35414	182128	1867950	6078741	6750697	660624	284033	594183
其中：餐饮业	11112	74518	685024	2169203	2519155	249844	92608	187852
6.居民服务、修理和其他服务业	41220	195887	2851784	7637191	9115864	736395	492066	636827
7.其他	33370	208888	3658452	10148900	10125712	668994	464214	587879

青岛市

2015年青岛市中小企业有关数据

指标	单位	数额	增减%	占规上%
私营企业户数☆	万户	91.3	57	—
规上工业中小企业户数	个	4587	—	97.9
规上工业中小企业总产值	亿元	12890.7	10.4	70.8
规上工业中小企业利润额	亿元	628.3	4.1	67.2
规上工业中小企业主营业务收入	亿元	11213.5	4.1	70.2
规上工业中小企业亏损企业数	户	447.0	9	97.3
规上工业中小企业亏损额	亿元	43.0	-6.1	73.3

2016年青岛市中小企业有关数据

指标	单位	数额	增减%	占规上%
私营企业户数☆	万户	96.4	15.7	—
规上工业中小企业户数	个	4459	—	98.1
规上工业中小企业总产值	亿元	13630.0	7.8	74.6
规上工业中小企业利润额	亿元	628.3	4.1	67.2
规上工业中小企业主营业务收入	亿元	9582.0	4.4	71.4
规上工业中小企业亏损企业数	户	416.0	-5.2	97.6
规上工业中小企业亏损额	亿元	40.6	-7.1	76.4

新疆生产建设兵团

2015年新疆生产建设兵团中小企业及非公有制经济统计数据

兵团中小企业总体情况

2015年，兵团共有中小微企业11504家，较2014年增加11.6%；实现营业收入4060.98亿元，较2014年增加13.9%；实现资产总值11832.85亿元，较2014年增加29.0%；从业人数82.7万人，较2014年增加1.5%。

2015年中小企业（四上）发展情况

2015年中小企业（四上）为1789家、实现营业收入2354.53亿元、资产总值4007.23亿元、就业人数21.76万人。按行业结构看，主要集中在工业、建筑业、批发业、零售业、房地产开发经营业、租赁和商务服务业。

从企业数量情况看，工业企业数量占比为41.5%；建筑业企业数量占比为8.7%；批发业企业数量占比为12.1%；零售业企业数量占比为5.3%；房地产开发经营业企业数量占比为17.8%；租赁和商务服务业企业数量占比为3.7%；其余行业企业营业收入占比为10.8%。

从营业收入情况看，工业企业数量占比为41%；建筑业企业数量占比为19.7%；批发业企业数量占比为24.6%；零售业企业数量占比为4.4%；房地产开发经营业企业数量占比为5.7%；租赁和商务服务业企业数量占比为1.8%；其余行业企业营业收入占比为2.8%。

从资产总值情况看，工业企业数量占比为42.5%；建筑业企业数量占比为5.6%；批发业企业数量占比为11.3%；零售业企业数量占比为1%；房地产开发经营业企业数量占比为16.1%；租赁和商务服务业企业数量占比为20.3%；其余行业企业营业收入占比为3.2%。

从就业人数情况看，工业企业数量占比为48.6%；建筑业企业数量占比为28.4%；批发业企业数量占比为4.3%；零售业企业数量占比为2.2%；房地产开发经营业企业数量占比为3.6%；租赁和商务服务业企业数量占比为3.6%；其余行业企业营业收入占比为9.3%。

2015年分师情况

从各师中小企业（四上）占兵团中小企业（四上）情况来看，企业数量前三位的依次为八师21.7%、一师12.2%、六师10.5%；营业收入在前三位的依次为八师19.3%、一师12.2%、二师8.2%；资产总值占比在前三位的依次为八师18.5%、六师14%、一师11.1%；就业人数在前三位的依次为八师24.9%、一师11.4%、七师9.3%。

2015年分行业情况

从分行业企业数量情况看，工业企业数量中一师、八师、六师占比较高，分别占兵团中小企业（四上）工业企业总数的18.7%、15.9%、10.4%；建筑业企业数量中八师、建工师、六师占比较高，分别占兵团中小企业（四上）建筑业企业总数的20.5%、13.5%、12.8%；批发业企业数量中八师、二师、五师占比较高，分别占兵团中小企业（四上）批发业企业总数的21.2%、18.4%、12.9%，零售业企业数量中八师、国资公式、十二师占比较高，分别占兵团中小企业（四上）零售企业总数的52.6%、14.7%、11.6%，房地产开发经营业企业总数中八师、六师、七师占比较高，分别占兵团中小企业（四上）房地产开发经营业企业总数的22.6%、17.6%、11.9%，租赁和商务服务业数量中八师、十二师、六师占比较高，分别占兵团租赁和商务服务企业总数的22.4%、19.4%、13.4%，其余行业企业数量中八师、一师、六师占比较高，分别占兵团其余行业企业总数的28.5%、11.4%、8.3%。

（兵团工信委企业处供稿）

黑龙江省中小企业及非公经济统计数据

1. 2016年全省非公经济主要指标统计表

	计量单位	1~12月	增幅±%
一、 非公经济增加值	亿元	8176.6	7.7
1. 企业	亿元	5290.2	7.0
2. 个体	亿元	2886.4	6.0
二、非公有制经济户数	万户	186.4	0.0
1. 企业	万户	23.1	1.4
2. 个体	万户	163.3	-0.2
三、非公有制经济从业人员	万人	715.4	0.7
其中：新增就业人数	万人	4.8	
非公经济从业人员占全社会就业人员的比重*	%		
1. 企业	万人	324.4	0.9
其中：新增就业人数	万人	3.1	
企业从业人员占全社会就业人员的比重*	%		
2. 个体	万人	391	0.4
其中：新增就业人数	万人	1.7	
个体从业人员占全社会就业人员的比重*	%		
私营企业投资者人数（来源省工商局）*	万人	49.0	22.1
四、非公有制经济税收总额	亿元	942.9	6.8
占全省税收的比重	%	56.6	
五、全口径固定资产投资	亿元	10432.6	5.5
其中:(1)全省民间固定资产投资	亿元	7114.7	7.9
占全部固定资产投资的比重	%	68.2	
(2)非公有固定资产投资	亿元	7046.5	8.1
占全部固定资产投资的比重	%	67.5	
（3）外商及港澳台投资	亿元	92.3	-12.7
占全部固定资产投资的比重	%	0.9	
六、全省进出口总额	亿美元	165.4	-21.3
非公有制经济进出口总额	亿美元	82.3	-24.2
占全省进出口总额的比重	%	49.8	
1. 私营企业进出口总额	亿美元	70.1	-26.7
占全省进出口总额的比重	%	42.4	
2. 个体企业进出口总额	万美元	820.0	-35.1
3. 外资企业进出口总额	亿美元	10.9	-10.4
七、私营企业注册资金总额*	亿元	15442.1	29.3

个体户注册资金数额*	亿元	1222.0	32.7
八、规模以上工业非公企业主营业务收入	亿元	6141.5	0.8
全省规模以上工业企业主营业务收入	亿元	11166.5	–2.2
占全省规模以上工业企业主营业务收入比重	%	55.0	
规模以上工业非公企业利润总额	亿元	306.5	–1.6
全省规模以上工业企业利润总额	亿元	244	–40.6
占全省规模以上工业企业利润总额比重	%	125.6	
规模以上工业非公企业利税总额	亿元	433.3	–5.6
全省规模以上工业企业利税总额	亿元	904.4	–21.9
占全省规模以上工业企业利税总额的比重	%	47.9	

2. 2016年全省分市(地)非公有制经济总量及增幅

名　称	绝对值(亿元)	可比价速度(%)
	1	2
合　计	8176.6	7.7
哈尔滨	3244.0	9.2
齐齐哈尔	758.0	7.8
鸡西	199.2	8.5
鹤岗	72.7	0.9
双鸭山	152.7	4.2
大庆	807.0	4.1
伊春	106.7	2.9
佳木斯	379.8	8.4
七台河	123.6	2.3
牡丹江	767.2	8.6
黑河	127.1	8.0
绥化	720.4	8.7
大兴安岭	63.0	8.2
农垦	525.9	6.3
绥芬河	114.7	4.3
抚远	14.6	8.8

3. 2016年非公有制经济增加值占地区生产总值比重

名称	序号	地区生产总值（亿元）	非公有制经济增加值（亿元）	比重(%)	增速（可比价，%）
		新口径表	按产业分类		
甲	乙	1	2	3	4
合　计	01	15386.1	8176.6	53.1	7.7
一、第一产业	02	2670.5	985.9	36.9	5.7
二、第二产业	03	4441.4	2798.2	63.0	4.7
三、第三产业	04	8274.2	4392.5	53.1	10.2
下面为按行业分类					
农林牧渔业	01	2731.7	1030.9	37.7	5.7
工业	02	3686.1	2395.8	65.0	4.4
建筑业	03	874.2	445.8	51.0	6.0
批发和零售业	04	1795.8	1475.8	82.2	8.0
住宿和餐饮业	05	522.6	370.7	70.9	10.1
其他	06	5775.7	2457.7	42.6	11.8

注：1. 绝对额按现价计算，增长速度按不变价计算

2. 三次产业分类依据国家统计局2012年制定的《三次产业划分规定》

3. 行业分类采用《国民经济行业分类（GB/T4754-2011）》

4. 2016年全省非公有制经济总量分行业汇总表

综合机关:全省		2016年1~12月								表号: F301表			
	代码	本期累计				上年同期				比上年增长(±%)均为现价增长速度			
		总产出（万元）	增加值（万元）	单位数（个）	从业人员数（人）	总产出（万元）	增加值（万元）	单位数（个）	从业人员数（人）	总产出	增加值	单位数	从业人员
甲	乙	1	2	3	4	5	6	7	8	9	10	11	12
合　计	01	241284190.6	81765823.8	1863921	7153617	225420782.2	76677116.6	1863484	7105732	7.0	6.6	0.0	0.7
一、按行业分组	02												
（一）行业合计	03	20127610.0	10308450.0	561192	1581886	19458111.0	10009597.0	565700	1553179	3.4	3.0	−0.8	1.8
1. 林牧渔业	04	19401883.0	9858626.0	543412	1473783	18950661.0	9683802.0	549737	1500122	2.4	1.8	−1.2	−1.8
2. 农林牧渔服务业	05	725727.0	449824.0	17780	108103	507450.0	325795.0	15963	53057	43.0	38.1	11.4	103.7
（二）行业合计	06	111227849.6	28415826.2	130144	2130022	105018217.4	26841141.1	130617	2225255	5.9	5.9	−0.4	−4.3
1. 工　业	07	99887810.2	23957707.1	101029	1862657	93396074.2	22626902.0	100790	1924387	7.0	5.9	0.2	−3.2
（1）规模以上工业	08	60826233.2	14933650.1	2994	463551	56561202.8	14009579.1	3003	499477	7.5	6.6	−0.3	−7.2
① 装备制造业	09	7041465.3	1582521.9	482	65885	6397325.9	1454883.7	481	69098	10.1	8.8	0.2	−4.6
② 石油化工业	10	6113227.6	1176112.1	326	49288	5659737.5	1085838.6	327	57069	8.0	8.3	−0.3	−13.6
③ 能源工业	11	3200297.2	1076404.5	223	47167	2995094.0	1046116.3	223	48283	6.9	2.9	0.0	−2.3
④ 食品加工业	12	27104250.8	5951933.6	1099	152002	24515515.2	5429406.7	1099	166105	10.6	9.6	0.0	−8.5
⑤其它工业	13	17366992.3	5146678.0	864	149209	16993530.2	4993333.8	873	158922	2.2	3.1	−1.0	−6.1
（2）规模以下工业	14	39061577.0	9024057.0	98035	1399106	36834871.4	8617322.9	97787	1424910	6.0	4.7	0.3	−1.8
企业:	15	30668557.9	6307921.5	43223	911855	28947451.0	6049630.5	43009	939436	5.9	4.3	0.5	−2.9
① 装备制造业	16	3642133.5	1019674.5	11711	170327	3506172.7	974695.7	11641	171585	3.9	4.6	0.6	−0.7
② 石油化工业	17	1611598.0	282630.8	3167	61442	1472538.5	271673.6	3148	62164	9.4	4.0	0.6	−1.2
③ 能源工业	18	4791904.6	1134376.3	1269	72212	4667155.2	1154453.3	1281	74065	2.7	−1.7	−0.9	−2.5
④ 食品加工业	19	13543543.2	1704128.9	7724	160263	12460217.2	1575098.8	7666	185278	8.7	8.2	0.8	−13.5
⑤其它工业	20	7079378.6	2167111.0	19352	447611	6841367.4	2073709.1	19273	446344	3.5	4.5	0.4	0.3
个体:	21	8393019.1	2716135.5	54812	487251	7887420.4	2567692.4	54778	485474	6.4	5.8	0.1	0.4
2. 建筑业	22	11340039.4	4458119.1	29115	267365	11622143.2	4214239.1	29827	300868	−2.4	5.8	−2.4	−11.1
（1）有资质等级的建筑业	23	7050477.3	2434324.2	1780	181273	7668874.4	2327616.8	1850	215732	−8.1	4.6	−3.8	−16.0
（2）无资质等级的建筑业	24	4289562.1	2023794.9	27335	86092	3953268.8	1886622.3	27977	85136	8.5	7.3	−2.3	1.1
（三）行业合计	25	109928731.0	43041547.6	1172585	3441709	100944453.8	39826378.5	1167167	3327298	8.9	8.1	0.5	3.4
1. 批发和零售贸易业	26	36707601.2	14757606.8	631929	1532287	33726065.5	13765164.9	632140	1531939	8.8	7.2	0.0	0.0
2. 住宿和餐饮业	27	8728993.5	3707265.0	122533	449894	8747577.2	3478564.8	122953	446855	−0.2	6.6	−0.3	0.7
3. 其　他	28	64492136.3	24576675.8	418123	1459528	58470811.1	22582648.8	412074	1348504	10.3	8.8	1.5	8.2
二、按企业和非企业分组	29	241284190.6	81765823.8	1863921	7153617	225420782.2	76677116.6	1863484	7105732	7.0	6.6	0.0	0.7
（一）企　业	30	169062729.4	52901635.6	230985	3244112	158396056.7	49436029.4	227903	3213598	6.7	7.0	1.4	0.9
1. 民营企业	31	160619797.0	49145411.0	227645	3101471	149949539.4	45979336.9	224567	3071664	7.1	6.9	1.4	1.0
2. 港澳台及外商投资企业	32	8442932.4	3756224.6	3340	142641	8446517.3	3456692.5	3336	141934	0.0	8.7	0.1	0.5
（二）个体经营	33	72221461.2	28864188.2	1632936	3909505	67024725.5	27241087.2	1635581	3892134	7.8	6.0	−0.2	0.4

注:本表中增加值增速为现价。本表为行业数据,行业合计数不能作为产业数,国家新规定。

中国中小企业年鉴（2016）

第六篇・政策法规

2015年相关法律、法规、部门规章及规范性文件

关于印发《国家小型微型企业创业示范基地建设管理办法》的通知

工信部企业〔2015〕110号

各省、自治区、直辖市及计划单列市、新疆生产建设兵团中小企业主管部门：

为了深入贯彻落实国务院关于促进小型微型企业发展的政策措施，推动大众创业、万众创新，加快小企业创业基地建设步伐，优化小型微型企业创业创新环境，支持企业健康发展，我部研究制定了《国家小型微型企业创业示范基地建设管理办法》。现印发给你们，请遵照执行。

工业和信息化部
2015年4月13日

国家小型微型企业创业示范基地建设管理办法

第一章　总则

第一条　为贯彻落实国务院《关于进一步支持小型微型企业健康发展的意见》（国发〔2012〕14号）和《关于扶持小型微型企业健康发展的意见》（国发〔2014〕52号），推动大众创业、万众创新，引导和支持小企业创业基地规范发展、创新发展，培育一批示范带动作用强的国家小型微型企业创业示范基地，为小微企业的创立和发展提供良好的环境和条件，制定本办法。

第二条　本办法所指国家小型微型企业创业示范基地（以下简称示范基地）是指工业和信息化部公告的小型微型企业创业示范基地，是小微企业创业场所，是集聚各类创业服务资源，为创业企业提供有效服务和支撑的载体。具有基础设施完备、服务功能齐全、服务业绩突出、社会公信度高、示范带动作用强等特点。

第三条　工业和信息化部负责示范基地的公告和管理工作。各省（自治区、直辖市及计划单列市、新疆生产建设兵团）中小企业主管部门（以下简称省级中小企业主管部门）协助工业和信息化部对辖区内示范基地进行公告管理。

第四条　示范基地按照自愿原则进行申报。工业和信息化部对示范基地予以重点扶持。

第二章　申报条件

第五条　示范基地的申报主体须同时满足以下基本条件：

（一）经省级中小企业主管部门认定的小企业创业（示范）基地。

（二）入驻小微企业80家以上，从业人员1500人以上，小微企业数占入驻企业总数的80%以上。能够平稳运营，可持续发展。

（三）运营主体具有独立法人资格，成立时间3年以上，经营和信用状况良好；具有健全的管理制度，完整的创业服务流程、收费标准和服务质量保证措施；具有明确的发展规划、年度目标和实施方案。

（四）具有丰富的创业服务经验和较高的管理水平；从事创业服务的人员不少于10人，创业辅导师不少于3人。

（五）服务有特色，业绩突出。为小微企业提供的公益性服务或低收费服务占到总服务量的20%以上；能为小微企业提供一站式、全方位、多层次的服务。

西部地区的示范基地可适当放宽条件。

第六条　示范基地须至少达到以下6项服务功能要求：

（一）基本服务。为入驻小微企业提供生产经营场地、仓储物流、物业及后勤保障等基本服务。

（二）创业辅导。为创业人员或入驻小微企业提供创业咨询、开业指导、创业辅导和培训等服务，年服务企业50家次以上。

（三）信息咨询。充分利用信息网络技术手段，形成便于入驻企业查询的、开放的信息服务系统；具有在线服务、线上线下联动功能，线下年服务企业50家次以上，年组织开展的相关服务活动4次以上。

（四）政务代理。加强与中小企业主管部门、工商、税务、社保等部门沟通协调，提供政务代理服务，年服务企业50家次以上。

（五）投融资服务。与银行、担保、风投、小贷、融资服务等各类机构建立合作关系，年服务企业30家次以上，年组织融资对接会4次以上。

（六）人员培训。为创业人员、企业经营者、专业技术人员和员工提供各类培训，每年300人次以上。

（七）技术支持。具有组织技术服务资源的能力，并建立良好的协同服务机制，年开展技术服务活动4次以上。

（八）市场营销。组织企业参加各类展览展销、贸易洽谈、产品推介、技术交流与合作等活动，每年4次以上。

（九）管理咨询。为企业提供发展战略、财务管理、人力资源、市场营销等咨询服务，年服务企业20家次以上。

（十）专业服务。为企业提供法律、会计、专利、审计、评估等服务，年服务企业20家次以上。

第三章　申报程序

第七条　工业和信息化部每年组织开展一次示范基地申报、公告工作，具体时间及要求以当年申报工作通知为准。

第八条　省级中小企业主管部门按照本办法第五条、第六条规定的条件和要求，负责本地区示范基地的推荐工作。

第九条　省级中小企业主管部门对推荐的示范基地运营情况、服务业绩、满意度等进行测评，填写《国家小型微型企业创业示范基地推荐表》（见附件1），并附被推荐示范基地的申报材料，报工业和信息化部。

第十条　示范基地的申报主体需提交下列材料：

（一）国家小型微型企业创业示范基地申请报告（见附件2）；

（二）运营主体的法人证书和营业执照副本（复印件）；

（三）上一年度审计报告及服务收支情况的专项审计报告；

（四）土地使用权证和房屋所有权证（或租赁合同）复印件；

（五）开展相关服务的证明材料（通知、照片、总结等）；

（六）省级小企业创业（示范）基地认定文件（复印件）；

（七）主要管理人员和创业服务人员名单；

（八）能够证明符合申报条件的其他材料；

（九）对申报材料真实性的声明。

第十一条　工业和信息化部组织专家对申报材料进行评审，评审结果在工业和信息化部网站及有关媒体公示15个工作日。

第十二条　工业和信息化部对公示无异议的公告为“国家小型微型企业创业示范基地”。

第四章　示范基地管理

第十三条　示范基地名单及时在工业和信息化部门户网站及有关媒体公布。在工业和信息化部门户网站建立示范基地信息数据库，方便社会公众查询。

第十四条　工业和信息化部对示范基地实行滚动管理，每三年复核一次，对复核通过的示范基地予以确认，对不合格的予以撤销。

第十五条　示范基地要不断完善创业基础设施环境，增强创业服务能力，提高入驻企业创业成功率，提升示范基地品牌影响力，发挥示范带动作用。示范基地须每年将工作总结报省级中小企业主管部门，并自觉接受社会监督。

第十六条　建立年度报告制度，省级中小企业主管部门负责对所辖区内示范基地的服务质量、服务收费情况以及服务满意度等进行定期检查，每年底将示范基地工作总结和检查情况报告报工业和信息化部。工业和信息化部将委托第三方机构组织专家不定期对示范基地进行测评。

第十七条　示范基地公告管理工作接受审计、监察部门和社会的监督。

第五章　附则

第十八条　本办法由工业和信息化部负责解释。

第十九条　本办法自2015年5月10日起实施。

附件：1.国家小企业创业示范基地推荐表.xls

2.国家小企业创业示范基地申请报告.xls

工业和信息化部关于进一步促进产业集群发展的指导意见

工信部企业〔2015〕236号

各省、自治区、直辖市及计划单列市、新疆生产建设兵团中小企业主管部门：

产业集群是中小企业发展的重要组织形式和载体，对推动企业专业化分工协作、有效配置生产要素、降低创新创业成本、节约社会资源、促进区域经济社会发展都具有重要意义。经过多年的发展，我国产业集群已逐步发展壮大，一些地区产业集群销售收入已达到本地企业销售收入一半以上，产业集群对区域经济的支撑作用日益明显。但目前产业集群发展总体水平还不高，部分产业集群集聚度较低，创新能力弱、信息化水平低、品牌建设不够、公共服务滞后、基础设施不配套，亟待转型升级，提升发展能力。按照国务院促进中小企业发展和《中国制造2025》的要求，现就推动产业集群转型升级，进一步促进产业集群发展，提出以下意见。

一、加强规划引导 促进产业集群科学发展

（一）按照布局合理、产业协同、资源节约、生态环保的原则，对产业集群进行规划布局和功能定位。产业集群发展规划要纳入本地区发展规划，与城乡规划、土地利用总体规划等有机衔接。

（二）鼓励支持在产业集群中建设中小企业产业（工业）园区、小型微型企业创业创新基地、创客空间等中小企业创业创新集聚区，鼓励有条件的产业集群建设多层标准厂房，高效开发利用土地。

（三）加强产业集群基础设施保障，推进产业集群生态文明建设。完善产业集群能源供应、给排水、排污综合治理等基础设施，推广节能减排共性技术，鼓励企业参与节能减排投融资、合同能源管理、开展清洁生产审核，推动建立集群内废旧物回收处理、再制造工程咨询等第三方环境治理方式，加强节能管理和“三废”有效治理，推动绿色低碳循环发展。

二、提升龙头骨干企业带动作用 强化专业化协作和配套能力

（四）发挥龙头骨干企业的示范带动效应。每个产业集群应明确2~3家龙头骨干企业，并对其重点扶持。鼓励龙头骨干企业将配套中小企业纳入共同的供应链管理、质量管理、标准管理、合作研发管理等，提升专业化协作和配套能力。支持龙头骨干企业建立开放性研发平台向中小配套企业开放，推动协同制造和协同创新。

（五）鼓励和引导中小企业与龙头骨干企业开展多种形式的经济技术合作，建立稳定的供应、生产、销售等协作、配套关系，提高专业化协作水平，完善产业链，打造创新链，提升价值链，推动中小企业“专精特新”发展，培育和发展一批成长性好的企业。

三、加强区域品牌建设 推动要素聚集和价值提升

（六）组织开展区域品牌建设工作，发挥行业协会、技术机构、龙头骨干企业和中小企业作用，联合打造区域品牌。鼓励产业集群制定区域品牌发展规划，开展区域品牌策划与设计，申报注册国家地理标志、集体商标、原产地、证明标志等集体品牌，保护区域品牌知识产权，深化区域品牌内涵。建立健全区域品牌评价制度，加强区域品牌信誉和风险管理，确保区域品牌健康发展。

（七）支持建设产业集群展览展示平台、电子商务平台等公共营销渠道，推动线上电子商务与线下专业市场融合发展。支持开展区域品牌宣传推广，鼓励有条件的产业集群发展工业旅游和产业旅游，引导企业参与宣传区域品牌，共同扩大区域品牌和企业品牌的社会影响。

四、提高产业集群信息化水平建设智慧集群

（八）加强产业集群光纤宽带网络和移动通信网络建设，深化移动互联网、云计算、大数据、物联网等新一代信息技术在产业集群中的应用。加快信息技术改造传统产业，支持对企业设计、制造、管理、销售、服务等关键环节的信息化应用能力提升，发展网络制造等新型生产方式，开展网络实时诊断、流程优化再造、云服务等新型服务。

（九）实施互联网+产业集群建设行动，建设“智慧集群”。选择一批管理规范、产业集聚度高、创新能力强、信息化基础好、引导带动作用大的重点产业集群，开展百家“智慧集群”建设和认定工作，总结推广“智慧集群”发展经验。

五、提升创新能力增强集群竞争优势

（十）鼓励和支持产业集群与高校、科研机构建立产学研用协同创新网络，采取多种形式建立产业集群研发中心、设计中心和工程技术中心等。培育建设一批产业、产品协同研发平台，推动产业集群共性技术研发和推广应用，引导创新资源向集群集聚。鼓励和引导企业间联合组建产业联盟或研发联盟等新型合作模式，强化产业链整合和供应链管理。

（十一）引导企业采用国内外先进技术标准，推进可靠性管理体系建设，强化工艺、质量、节能、环保、卫生等标准化管理。推进产品国际标准认证，支持企业参与行业、国家和国际标准制订和修订。

（十二）建立产业集群知识产权服务机制，保护技术创新成果及知识产权。鼓励建立产业集群知识产权联盟，解决共性问题，推动知识产权共享，增强中小企业的知识产权创造、运用、管理和保护能力。

六、提升公共服务能力支撑产业集群转型升级

（十三）支持产业集群公共服务平台建设，发挥中小企业公共服务平台网络的作用，集聚优质服务资源，采取政府购买服务、无偿资助、业务奖励等形式，鼓励各类服务机构提供服务，扩大公共服务的覆盖面和受益面。加速先进制造技术的推广应用，支持新产品认证服务，增强产品检测服务能力。支持科研院所、高校向产业集群开放重大科研基础设施和大型科研仪器。建立创业创新项目库，提供技术应用、融资支持、商务和政务代理等服务。加快建立社会化、专业化的现代物流服务网络。

（十四）建立健全产业集群多层次、多类别的人才培养机制，鼓励利用社会培训资源开展产业集群人力资源培训。加强产业集群内企业科技创新人才、高技能人才培养。加大集群内“专精特新”企业经营管理人员培训，将其纳入企业经营管理人员素质提升工程。引进国内外职业培训机构，提升职业教育水平。支持集群内企业员工参与国内外职业技能比赛。

（十五）支持发展行业协会和产业联盟，引导和推动产业集群依法组建行业协会、商会。充分发挥行业协会行业自律、教育培训和品牌营销作用，开展行业标准制定、商业模式推介等示范活动。支持行业协会或联盟成员间实行集约化采购、共有品牌等多种合作共享模式，打造利益共同体。

七、加强指导和政策支持优化产业集群发展环境

（十六）各地要把提升产业集群发展能力、促进产业集群转型升级作为推动中小企业发展的重要工作内容。建立和完善促进产业集群发展工作协调机制，切实加强对产业集群发展的管理、指导和服务。要根据实际制定和完善本地产业集群发展规划，加强规划引导。

（十七）建立产业集群运行监测制度，鼓励有条件的地区和行业研究发布产业集群指数，加强预警和引导。建立产业集群评价机制，完善评价考核和分类指导。

（十八）各级企业技术改造或转型升级专项资金、中小企业发展专项资金、基金及服务体系建设资金，对产业集群龙头骨干企业转型升级、公共服务平台建设、智慧集群建设、集群企业或机构在产业链各环节的合作创新、产业集群发展规划制定等优先给予资金支持。符合条件的国家中小企业公共服务示范平台中的技术类服务平台，对其在合理数量范围内进口国内不能生产或者国内产品性能尚不能满足需要的科技开发用品，免征进口关税和进口环节增值税、消费税。

（十九）落实支持中小企业发展的金融政策，重点加强和改善产业集群中小企业金融服务。积极引导银行业金融机构创新金融产品和金融服务，以及知识产权质押、股权质押、仓单质押、商业信用保险保单等多种融资方式。建立和完善集群企业信用体系，推动信用信息共享。鼓励金融机构、投资机构、中小企业信用担保机构与产业集群建立项目对接，搭建合作平台。

（二十）推动产业集群合作交流。以培训、研讨、展览、项目对接等方式为媒介，促进人才、技术、资本、服务、信息等创新要素的流动和共享。建立产业集群国际合

作交流机制，鼓励有条件的产业集群"走出去"，加强国际合作。

工业和信息化部

2015年7月10日

工业和信息化部国家税务总局关于中小企业信用担保机构免征营业税审批事项取消后有关问题的通知

工信部联企业〔2015〕286号

各省、自治区、直辖市及计划单列市中小企业主管部门、地方税务局，新疆生产建设兵团中小企业主管部门，西藏、宁夏自治区国家税务局：

根据《国务院关于取消非行政许可审批事项的决定》（国发〔2015〕27号，以下简称《决定》），中小企业信用担保机构（以下简称担保机构）免征营业税审批已取消，现将有关后续事项通知如下：

一、符合条件的担保机构从事中小企业信用担保或再担保业务取得的收入（不含信用评级、咨询、培训等收入）三年内免征营业税。

上述免征营业税政策涉及的审核批准工作程序取消，改为备案管理。

二、第一条所称"符合条件"是指同时符合下列条件：

（一）已取得监管部门颁发的融资性担保机构经营许可证，依法登记注册为企（事）业法人，实收资本超过2000万元。

（二）平均年担保费率不超过银行同期贷款基准利率的50%。平均年担保费率=本期担保费收入/（期初担保余额+本期增加担保金额）×100%。

（三）连续合规经营两年以上，资金主要用于担保业务，具备健全的内部管理制度和为中小企业提供担保的能力，经营业绩突出，对受保项目具有完善的事前评估、事中监控、事后追偿与处置机制。

（四）为中小企业提供的累计担保贷款额占其两年累计担保业务总额的80%以上，单笔800万元以下的累计担保贷款额占其累计担保业务总额的50%以上。

（五）对单个受保企业提供的担保余额不超过担保机构实收资本总额的10%，且平均单笔担保责任金额最多不超过3000万元人民币。

（六）担保责任余额不低于其净资产的3倍，且代偿率不超过2%。

三、担保机构免征营业税政策采取备案管理方式。符合条件的担保机构应到所在地县（市）地方税务局和同级中小企业管理部门履行规定的备案手续，自完成备案手续之日起，享受三年免征营业税政策。三年免税期满后，符合条件的担保机构可按规定程序办理备案手续后继续享受该项政策。

具体备案管理办法由国家税务总局另行发布。

四、此前已列入工业和信息化部和国家税务总局下发的免征营业税的中小企业信用担保机构名单的担保机构，在剩余的免税期限内继续免征营业税；2014年10月1日（含）以后新办或免税期限已满但仍符合免税条件的，纳税人可以按照本通知规定到所在地县（市）主管税务机关及同级中小企业管理部门履行规定的备案手续。

五、本通知自发布之日起实施，《工业和信息化部国家税务总局关于中小企业信用担保机构免征营业税有关问题的通知》（工信部联企业〔2009〕114号）同时废止。

工业和信息化部国家税务总局

2015年8月13日

国务院办公厅关于加快融资租赁业发展的指导意见

国办发〔2015〕68号

各省、自治区、直辖市人民政府，国务院各部委、各直属机构：

近年来，我国融资租赁业取得长足发展，市场规模和企业竞争力显著提高，在推动产业创新升级、拓宽中小微企业融资渠道、带动新兴产业发展和促进经济结构调整等方面发挥着重要作用。但总体上看，融资租赁对国民经济各行业的覆盖面和市场渗透率远低于发达国家水平，行业发展还存在管理体制不适应、法律法规不健全、发展环境不完善等突出问题。为进一步加快融资租赁业发展，更好地发挥融资租赁服务实体经济发展、促进经济稳定增长和转型升级的作用，经国务院同意，现提出以下意见。

一、总体要求

（一）指导思想

深入贯彻党的十八大和十八届二中、三中、四中全会精神，认真落实党中央、国务院的决策部署，充分发挥市场在资源配置中的决定性作用，完善法律法规和政策扶持体系，建立健全事中事后监管机制，转变发展方式，建立专业高效、配套完善、竞争有序、稳健规范、具有国际竞争力的现代融资租赁体系，引导融资租赁企业服务实体经济发展、中小微企业创业创新、产业转型升级和产能转移等，为打造中国经济升级版贡献力量。

（二）基本原则

坚持市场主导与政府支持相结合，着力完善发展环境，充分激发市场主体活力；坚持发展与规范相结合，引导企业依法合规、有序发展；坚持融资与融物相结合，提高专业化水平，服务实体经济发展；坚持国内与国外相结合，在服务国内市场的同时，大力拓展海外市场。

（三）发展目标

到2020年，融资租赁业务领域覆盖面不断扩大，融资租赁市场渗透率显著提高，成为企业设备投资和技术更新的重要手段；一批专业优势突出、管理先进、国际竞争力强的龙头企业基本形成，统一、规范、有效的事中事后监管体系基本建立，法律法规和政策扶持体系初步形成，融资租赁业市场规模和竞争力水平位居世界前列。

二、主要任务

（四）改革制约融资租赁发展的体制机制

加快推进简政放权。进一步转变管理方式，简化工作流程，促进内外资融资租赁公司协同发展。支持自由贸易试验区在融资租赁方面积极探索、先行先试。对融资租赁公司设立子公司，不设最低注册资本限制。允许融资租赁公司兼营与主营业务有关的商业保理业务。

理顺行业管理体制。加强行业统筹管理，建立内外资统一的融资租赁业管理制度和事中事后监管体系，实现经营范围、交易规则、监管指标、信息报送、监督检查等方面的统一。引导和规范各类社会资本进入融资租赁业，支持民间资本发起设立融资租赁公司，支持独立第三方服务机构投资设立融资租赁公司，促进投资主体多元化。

完善相关领域管理制度。简化相关行业资质管理，减少对融资租赁发展的制约。进口租赁物涉及配额、许可证、自动进口许可证等管理的，在承租人已具备相关配额、许可证、自动进口许可证的前提下，不再另行对融资租赁公司提出购买资质要求。根据融资租赁特点，便利融资租赁公司申请医疗器械经营许可或办理备案。除法律法规另有规定外，承租人通过融资租赁方式获得设备与自行购买设备在资质认定时享受同等待遇。支持融资租赁公司依法办理融资租赁交易相关担保物抵（质）押登记。完善和创新管理措施，支持融资租赁业务开展。规范机动车交易和登记管理，简化交易登记流程，便利融资租赁双方当事人办理业务。完善船舶登记制度，进一步简化船舶出入境备案手续，便利融资租赁公司开展船舶租赁业务。对注册在中国（广东）自由贸易试验区、中国（天津）自由贸易试验区海关特殊监管区域内的融资租赁企业进出口飞机、船舶和海洋工程结构物等大型设备涉及跨关区的，在确保有效监管和执行现行相关税收政策的前提下，按物流实际需要，实行海关异地委托监管。按照相关规定，将有接入意愿且具备接入条件的融资租赁公司纳入金融信用信息基础数据库，实现融资租赁业务的信用信息报送及查询。

（五）加快重点领域融资租赁发展

积极推动产业转型升级。鼓励融资租赁公司积极服务"一带一路"、京津冀协同发展、长江经济带、"中国制造2025"和新型城镇化建设等国家重大战略。鼓励融资租赁公司在飞机、船舶、工程机械等传统领域做大做强，积极拓展新一代信息技术、高端装备制造、新能源、节能环保和生物等战略性新兴产业市场，拓宽文化产业投融资渠道。鼓励融资租赁公司参与城乡公用事业、污水垃圾处理、环境治理、广播通信、农田水利等基础设施建设。在公交车、出租车、公务用车等领域鼓励通过融资租赁发展新能源汽车及配套设施。鼓励融资租赁公司支持现代农业发展，积极开展面向种粮大户、家庭农场、农业合作社等新型农业经营主体的融资租赁业务，解决农业大型机械、生产设备、加工设备购置更新资金不足问题。积极稳妥发展居民家庭消费品租赁市场，发展家用轿车、家用信息设备、耐用消费品等融资租赁，扩大国内消费。

加快发展中小微企业融资租赁服务。鼓励融资租赁公司发挥融资便利、期限灵活、财务优化等优势，提供适合中小微企业特点的产品和服务。支持设立专门面向中小微企业的融资租赁公司。探索发展面向个人创业者的融资租赁服务，推动大众创业、万众创新。推进融资租赁公司与创业园区、科技企业孵化器、中小企业公共服务平台等合作，加大对科技型、创新型和创业型中小微企业的支持力度，拓宽中小微企业融资渠道。

大力发展跨境租赁。鼓励工程机械、铁路、电力、民用飞机、船舶、海洋工程装备及其他大型成套设备制造企业采用融资租赁方式开拓国际市场，发展跨境租赁。支持通过融资租赁方式引进国外先进设备，扩大高端设备进口，提升国内技术装备水平。引导融资租赁公司加强与海外施工企业合作，开展施工设备的海外租赁业务，积极参与重大跨国基础设施项目建设。鼓励境外工程承包企业通过融资租赁优化资金、设备等资源配置，创新工程设备利用方式。探索在援外工程建设中引入工程设备融资租赁模式。鼓励融资租赁公司“走出去”发展，积极拓展海外租赁市场。鼓励融资租赁公司开展跨境人民币业务。支持有实力的融资租赁公司开展跨境兼并，培育跨国融资租赁企业集团，充分发挥融资租赁对我国企业开拓国际市场的支持和带动作用。

（六）支持融资租赁创新发展

推动创新经营模式。支持融资租赁公司与互联网融合发展，加强与银行、保险、信托、基金等金融机构合作，创新商业模式。借鉴发达国家经验，引导融资租赁公司加快业务创新，不断优化产品组合、交易结构、租金安排、风险控制等设计，提升服务水平。在风险可控前提下，稳步探索将租赁物范围扩大到生物资产等新领域。支持融资租赁公司在自由贸易试验区、海关特殊监管区域设立专业子公司和特殊项目公司开展融资租赁业务。探索融资租赁与政府和社会资本合作（PPP）融资模式相结合。

加快发展配套产业。加快建立标准化、规范化、高效运转的租赁物与二手设备流通市场，支持建立融资租赁公司租赁资产登记流转平台，完善融资租赁资产退出机制，盘活存量租赁资产。支持设立融资租赁相关中介服务机构，加快发展为融资租赁公司服务的专业咨询、技术服务、评估鉴定、资产管理、资产处置等相关产业。

提高企业核心竞争力。引导融资租赁公司明确市场定位，集中力量发展具有比较优势的特定领域，实现专业化、特色化、差异化发展。支持各类融资租赁公司加强合作，实现优势互补。鼓励企业兼并重组。鼓励融资租赁公司依托适宜的租赁物开展业务，坚持融资与融物相结合，提高融资租赁全产业链经营和资产管理能力。指导融资租赁公司加强风险控制体系和内控管理制度建设，积极运用互联网、物联网、大数据、云计算等现代科学技术提升经营管理水平，建立健全客户风险评估机制，稳妥发展售后回租业务，严格控制经营风险。

（七）加强融资租赁事中事后监管

完善行业监管机制。落实省级人民政府属地监管责任。建立监管指标体系和监管评级制度，鼓励融资租赁公司进行信用评级。加强行业风险防范，利用现场与非现场结合的监管手段，强化对重点环节及融资租赁公司吸收存款、发放贷款等违法违规行为的监督，对违法违规融资租赁公司及时要求整改或进行处罚，加强风险监测、分析和预警，切实防范区域性、系统性金融风险。建立企业报送信息异常名录和黑名单制度，加强融资租赁公司信息报送管理，要求融资租赁公司通过全国融资租赁企业管理信息系统及时、准确报送信息，利用信息化手段加强事中事后监管。建立部门间工作沟通协调机制，加强信息共享与监管协作。

发挥行业组织自律作用。加快全国性行业自律组织建设，履行协调、维权、自律、服务职能，鼓励融资租赁公司加入行业自律组织。加强行业自我约束机制建设，鼓励企业积极承担社会责任，大力提升行业的国际影响力。

三、政策措施

（八）建设法治化营商环境

积极推进融资租赁立法工作，提高立法层级。研究出台融资租赁行业专门立法，建立健全融资租赁公司监管体系，完善租赁物物权保护制度。研究建立规范的融资租赁物登记制度，发挥租赁物登记的风险防范作用。规范融资租赁行业市场秩序，营造公平竞争的良好环境。推动行业诚信体系建设，引导企业诚实守信、依法经营。

（九）完善财税政策

为鼓励企业采用融资租赁方式进行技术改造和设备购置提供公平的政策环境。加大政府采购支持力度，鼓励各级政府在提供公共服务、推进基础设施建设和运营中购买融资租赁服务。通过融资租赁方式获得农机的实际使用者可享受农机购置补贴。鼓励地方政府探索通过风险补偿、奖励、贴息等政策工具，引导融资租赁公司加大对中小微企业的融资支持力度。落实融资租赁相关税收政策，促进行业健康发展。对开展融资租赁业务（含融资性售后回租）签订的融资租赁合同，按照其所载明的租金总额比照“借款合同”税目计税贴花。鼓励保险机构开发融资租赁保险品种，扩大融资租赁出口信用保险规模和覆盖面。

（十）拓宽融资渠道

鼓励银行、保险、信托、基金等各类金融机构在风险可控前提下加大对融资租赁公司的支持力度。积极鼓励融资租赁公司通过债券市场募集资金，支持符合条件的融资租赁公司通过发行股票和资产证券化等方式筹措资金。支持内资融资租赁公司利用外债，调整内资融资租赁公司外债管理政策。简化程序，放开回流限制，支持内资融资租赁公司发行外债试行登记制管理。支持融资租赁公司开展人民币跨境融资业务。支持融资租赁公司利用外汇进口先进技术设备，鼓励商业银行利用外汇储备委托贷款支持跨境融资租赁项目。研究保险资金投资融资租赁资产。支持设立融资租赁产业基金，引导民间资本加大投入。

（十一）完善公共服务

逐步建立统一、规范、全面的融资租赁业统计制度和评价指标体系，完善融资租赁统计方法，提高统计数据的准确性和及时性。依托企业信用信息公示系统等建立信息共享机制，加强统计信息交流。建立融资租赁业标准化体系，制订融资租赁交易等方面的标准，加强标准实施和宣传贯彻，提高融资租赁业标准化、规范化水平。研究制定我国融资租赁行业景气指数，定期发布行业发展报告，引导行业健康发展。

（十二）加强人才队伍建设

加强融资租赁从业人员职业能力建设，支持有条件的高校自主设置融资租赁相关专业。支持企业组织从业人员开展相关培训，采取措施提高从业人员综合素质，培养一批具有国际视野和专业能力的融资租赁人才。支持行业协会开展培训、教材编写、水平评测、经验推广、业务交流等工作。加大对融资租赁理念和知识的宣传与普及力度，不断提高融资租赁业的社会影响力和认知度，为行业发展营造良好的社会氛围。

各地区、各有关部门要充分认识加快融资租赁业发展的重要意义，加强组织领导，健全工作机制，强化部门协同和上下联动，协调推动融资租赁业发展。各地区要根据本意见，结合地方实际研究制定具体实施方案，细化政策措施，确保各项任务落到实处。有关部门要抓紧研究制定配套政策和落实分工任务的具体措施，为融资租赁业发展营造良好环境。商务部与银监会等相关部门要加强协调，密切配合，共同做好风险防范工作。商务部要做好融资租赁行业管理工作，会同相关部门对本意见的落实情况进行跟踪分析和督促指导，重大事项及时向国务院报告。

国务院办公厅

2015年8月31日

国务院关于加快构建大众创业万众创新支撑平台的指导意见

国发〔2015〕53号

各省、自治区、直辖市人民政府，国务院各部委、各直属机构：

当前，全球分享经济快速增长，基于互联网等方式的创业创新蓬勃兴起，众创、众包、众扶、众筹（以下统称四众）等大众创业万众创新支撑平台快速发展，新模式、新业态不断涌现，线上线下加快融合，对生产方式、生活方式、治理方式产生广泛而深刻的影响，动力强劲，潜力巨大。同时，在四众发展过程中也面临行业准入、信用环境、监管机制等方面的问题。为落实党中央、国务院关于大力推进大众创业万众创新和推动实施“互联网+”行动的有关部署，现就加快构建大众创业万众创新支撑平台、推进四众持续健康发展提出以下意见。

一、把握发展机遇 汇聚经济社会发展新动能

四众有效拓展了创业创新与市场资源、社会需求的对接通道，搭建了多方参与的高效协同机制，丰富了创业创新组织形态，优化了劳动、信息、知识、技术、管理、资本等资源的配置方式，为社会大众广泛平等参与创业创新、共同分享改革红利和发展成果提供了更多元的途径和更广阔的空间。

众创，汇众智搞创新，通过创业创新服务平台聚集全社会各类创新资源，大幅降低创业创新成本，使每一个具有科学思维和创新能力的人都可参与创新，形成大众创造、释放众智的新局面。

众包，汇众力增就业，借助互联网等手段，将传统

由特定企业和机构完成的任务向自愿参与的所有企业和个人进行分工，最大限度利用大众力量，以更高的效率、更低的成本满足生产及生活服务需求，促进生产方式变革，开拓集智创新、便捷创业、灵活就业的新途径。

众扶，汇众能助创业，通过政府和公益机构支持、企业帮扶援助、个人互助互扶等多种方式，共助小微企业和创业者成长，构建创业创新发展的良好生态。

众筹，汇众资促发展，通过互联网平台向社会募集资金，更灵活高效满足产品开发、企业成长和个人创业的融资需求，有效增加传统金融体系服务小微企业和创业者的新功能，拓展创业创新投融资新渠道。

当前我国正处于发展动力转换的关键时期，加快发展四众具有极为重要的现实意义和战略意义，有利于激发蕴藏在人民群众之中的无穷智慧和创造力，将我国的人力资源优势迅速转化为人力资本优势，促进科技创新，拓展就业空间，汇聚发展新动能；有利于加快网络经济和实体经济融合，充分利用国内国际创新资源，提高生产效率，助推“中国制造2025”，加快转型升级，壮大分享经济，培育新的经济增长点；有利于促进政府加快完善与新经济形态相适应的体制机制，创新管理方式，提升服务能力，释放改革红利；有利于实现机会公平、权利公平、人人参与又人人受益的包容性增长，探索一条中国特色的众人创富、劳动致富之路。

二、创新发展理念 着力打造创业创新新格局

全面贯彻党的十八大和十八届二中、三中、四中全会精神，按照党中央、国务院决策部署，加快实施创新驱动发展战略，不断深化改革，顺应“互联网+”时代大融合、大变革趋势，充分发挥我国互联网应用创新的综合优势，充分激发广大人民群众和市场主体的创业创新活力，推动线上与线下相结合、传统与新兴相结合、引导与规范相结合，按照“坚持市场主导、包容创业创新、公平有序发展、优化治理方式、深化开放合作”的基本原则，营造四众发展的良好环境，推动各类要素资源集聚、开放、共享，提高资源配置效率，加快四众广泛应用，在更大范围、更高层次、更深程度上推进大众创业、万众创新，打造新引擎，壮大新经济。

——坚持市场主导。充分发挥市场在资源配置中的决定性作用，强化企业和劳动者的主体地位，尊重市场选择，积极发展有利于提高资源利用效率、激发大众智慧、满足人民群众需求、创造经济增长新动力的新模式、新业态。

——包容创业创新。以更包容的态度、更积极的政策营造四众发展的宽松环境，激发人民群众的创业创新热情，鼓励各类主体充分利用互联网带来的新机遇，积极探索四众的新平台、新形式、新应用，开拓创业创新发展新空间。

——公平有序发展。坚持公平进入、公平竞争、公平监管，破除限制新模式新业态发展的不合理约束和制度瓶颈，营造传统与新兴、线上与线下主体之间公平发展的良好环境，维护各类主体合法权益，引导各方规范有序发展。

——优化治理方式。转变政府职能，进一步简政放权，强化事中事后监管，优化提升公共服务，加强协同，创新手段，发挥四众平台企业内部治理和第三方治理作用，健全政府、行业、企业、社会共同参与的治理机制，推动四众持续健康发展。

——深化开放合作。“引进来”与“走出去”相结合，充分利用四众平台，优化配置国际创新资源，借鉴国际管理经验，积极融入全球创新网络。鼓励采用四众模式搭建对外开放新平台，面向国际市场拓展服务领域，深化创业创新国际合作。

三、全面推进众创 释放创业创新能量

（一）大力发展专业空间众创。鼓励各类科技园、孵化器、创业基地、农民工返乡创业园等加快与互联网融合创新，打造线上线下相结合的大众创业万众创新载体。鼓励各类线上虚拟众创空间发展，为创业创新者提供跨行业、跨学科、跨地域的线上交流和资源链接服务。鼓励创客空间、创业咖啡、创新工场等新型众创空间发展，推动基于“互联网+”的创业创新活动加速发展。

（二）鼓励推进网络平台众创。鼓励大型互联网企业、行业领军企业通过网络平台向各类创业创新主体开放技术、开发、营销、推广等资源，鼓励各类电子商务平台为小微企业和创业者提供支撑，降低创业门槛，加强创业创新资源共享与合作，促进创新成果及时转化，构建开放式创业创新体系。

（三）培育壮大企业内部众创。通过企业内部资源平台化，积极培育内部创客文化，激发员工创造力；鼓励大中型企业通过投资员工创业开拓新的业务领域、开发创新产品，提升市场适应能力和创新能力；鼓励企业建立健全股权激励机制，突破成长中的管理瓶颈，形成持续的创新动力。

四、积极推广众包 激发创业创新活力

（四）广泛应用研发创意众包。鼓励企业与研发机构等通过网络平台将部分设计、研发任务分发和交付，促进成本降低和提质增效，推动产品技术的跨学科融合创新。鼓励企业通过网络社区等形式广泛征集用户创意，促进产品规划与市场需求无缝对接，实现万众创新与企业发展相互促动。鼓励中国服务外包示范城市、技术先进型服务企业和服务外包重点联系企业积极应用众包模式。

（五）大力实施制造运维众包。支持有能力的大中型制造企业通过互联网众包平台聚集跨区域标准化产能，满足大规模标准化产品订单的制造需求。结合深化国有企业改革，鼓励采用众包模式促进生产方式变革。鼓励中小制造企业通过众包模式构筑产品服务运维体系，提升用户体验，降低运维成本。

（六）加快推广知识内容众包。支持百科、视频等开放式平台积极通过众包实现知识内容的创造、更新和汇集，引导有能力、有条件的个人和企业积极参与，形成大众智慧集聚共享新模式。

（七）鼓励发展生活服务众包。推动交通出行、无车承运物流、快件投递、旅游、医疗、教育等领域生活服务众包，利用互联网技术高效对接供需信息，优化传统生活服务行业的组织运营模式。推动整合利用分散闲置社会资源的分享经济新型服务模式，打造人民群众广泛参与、互助互利的服务生态圈。发展以社区生活服务业为核心的电子商务服务平台，拓展服务性网络消费领域。

五、立体实施众扶 集聚创业创新合力

（八）积极推动社会公共众扶。加快公共科技资源和信息资源开放共享，提高各类公益事业机构、创新平台和基地的服务能力，推动高校和科研院所向小微企业和创业者开放科研设施，降低大众创业、万众创新的成本。鼓励行业协会、产业联盟等行业组织和第三方服务机构加强对小微企业和创业者的支持。

（九）鼓励倡导企业分享众扶。鼓励大中型企业通过生产协作、开放平台、共享资源、开放标准等方式，带动上下游小微企业和创业者发展。鼓励有条件的企业依法合规发起或参与设立公益性创业基金，开展创业培训和指导，履行企业社会责任。鼓励技术领先企业向标准化组织、产业联盟等贡献基础性专利或技术资源，推动产业链协同创新。

（十）大力支持公众互助众扶。支持开源社区、开发者社群、资源共享平台、捐赠平台、创业沙龙等各类互助平台发展。鼓励成功企业家以天使投资、慈善、指导帮扶等方式支持创业者创业。鼓励通过网络平台、线下社区、公益组织等途径扶助大众创业就业，促进互助互扶，营造深入人心、氛围浓厚的众扶文化。

六、稳健发展众筹 拓展创业创新融资

（十一）积极开展实物众筹。鼓励消费电子、智能家居、健康设备、特色农产品等创新产品开展实物众筹，支持艺术、出版、影视等创意项目在加强内容管理的同时，依法开展实物众筹。积极发挥实物众筹的资金筹集、创意展示、价值发现、市场接受度检验等功能，帮助将创新创意付诸实践，提供快速、便捷、普惠化服务。

（十二）稳步推进股权众筹。充分发挥股权众筹作为传统股权融资方式有益补充的作用，增强金融服务小微企业和创业创新者的能力。稳步推进股权众筹融资试点，鼓励小微企业和创业者通过股权众筹融资方式募集早期股本。对投资者实行分类管理，切实保护投资者合法权益，防范金融风险。

（十三）规范发展网络借贷。鼓励互联网企业依法合规设立网络借贷平台，为投融资双方提供借贷信息交互、撮合、资信评估等服务。积极运用互联网技术优势构建风险控制体系，缓解信息不对称，防范风险。

七、推进放管结合 营造宽松发展空间

（十四）完善市场准入制度。积极探索交通出行、无车承运物流、快递、金融、医疗、教育等领域的准入制度

创新，通过分类管理、试点示范等方式，依法为众包、众筹等新模式新业态的发展营造政策环境。针对众包资产轻、平台化、受众广、跨地域等特点，放宽市场准入条件，降低行业准入门槛。（交通运输部、邮政局、人民银行、证监会、银监会、卫生计生委、教育部等负责）

（十五）建立健全监管制度。适应新业态发展要求，建立健全行业标准规范和规章制度，明确四众平台企业在质量管理、信息内容管理、知识产权、申报纳税、社会保障、网络安全等方面的责任、权利和义务。（质检总局、新闻出版广电总局、知识产权局、税务总局、人力资源社会保障部、网信办、工业和信息化部等负责）因业施策，加快研究制定重点领域促进四众发展的相关意见。（交通运输部、邮政局、人民银行、证监会、银监会、卫生计生委、教育部等负责）

（十六）创新行业监管方式。建立以信用为核心的新型市场监管机制，加强跨部门、跨地区协同监管。建立健全事中事后监管体系，充分发挥全国统一的信用信息共享交换平台、企业信用信息公示系统等的作用，利用大数据、随机抽查、信用评价等手段加强监督检查和对违法违规行为的处置。（发展改革委、工业和信息化部、工商总局、相关行业主管部门负责）

（十七）优化提升公共服务。加快商事制度改革，支持各地结合实际放宽新注册企业场所登记条件限制，推动“一址多照”、集群注册等住所登记改革，为创业创新提供便利的工商登记服务。简化和完善注销流程，开展个体工商户、未开业企业、无债权债务企业简易注销登记试点。推进全程电子化登记和电子营业执照应用，简化行政审批程序，为企业发展提供便利。加强行业监管、企业登记等相关部门与四众平台企业的信息互联共享，推进公共数据资源开放，加快推行电子签名、电子认证，推动电子签名国际互认，为四众发展提供支撑。进一步清理和取消职业资格许可认定，研究建立国家职业资格目录清单管理制度，加强对新设职业资格的管理。（工商总局、发展改革委、科技部、工业和信息化部、人力资源社会保障部、相关行业主管部门负责）

（十八）促进开放合作发展。有序引导外资参与四众发展，培育一批国际化四众平台企业。鼓励四众平台企业利用全球创新资源，面向国际市场拓展服务。加强国际合作，鼓励小微企业和创业者承接国际业务。（商务部、发展改革委牵头负责）

八、完善市场环境 夯实健康发展基础

（十九）加快信用体系建设。引导四众平台企业建立实名认证制度和信用评价机制，健全相关主体信用记录，鼓励发展第三方信用评价服务。建立四众平台企业的信用评价机制，公开评价结果，保障用户的知情权。建立完善信用标准化体系，制定四众发展信用环境相关的关键信用标准，规范信用信息采集、处理、评价、应用、交换、共享和服务。依法合理利用网络交易行为等在互联网上积累的信用数据，对现有征信体系和评测体系进行补充和完善。推进全国统一的信用信息共享交换平台、企业信用信息公示系统等与四众平台企业信用体系互联互通，实现资源共享。（发展改革委、人民银行、工商总局、质检总局牵头负责）

（二十）深化信用信息应用。鼓励发展信用咨询、信用评估、信用担保和信用保险等信用服务业。建立健全守信激励机制和失信联合惩戒机制，加大对守信行为的表彰和宣传力度，在市场监管和公共服务过程中，对诚实守信者实行优先办理、简化程序等“绿色通道”支持激励政策，对违法失信者依法予以限制或禁入。（发展改革委、人民银行牵头负责）

（二十一）完善知识产权环境。加大网络知识产权执法力度，促进在线创意、研发成果申请知识产权保护，研究制定四众领域的知识产权保护政策。运用技术手段加强在线创意、研发成果的知识产权执法，切实维护创业创新者权益。加强知识产权相关法律法规、典型案例的宣传和培训，增强中小微企业知识产权意识和管理能力。（知识产权局牵头负责）

九、强化内部治理 塑造自律发展机制

（二十二）提升平台治理能力。鼓励四众平台企业结合自身商业模式，积极利用信息化手段加强内部制度建设和管理规范，提高风险防控能力、信息内容管理能力和网络安全水平。引导四众平台企业履行管理责任，建立用户权益保障机制。（网信办、工业和信息化部、工商总局等负责）

（二十三）加强行业自律规范。强化行业自律，规范四众从业机构市场行为，保护行业合法权益。推动行业

组织制定各类产品和服务标准，促进企业之间的业务交流和信息共享。完善行业纠纷协调和解决机制，鼓励第三方以及用户参与平台治理。构建在线争议解决、现场接待受理、监管部门受理投诉、第三方调解以及仲裁、诉讼等多元化纠纷解决机制。（相关行业主管部门、行政执法部门负责）

（二十四）保障网络信息安全。四众平台企业应当切实提升技术安全水平，及时发现和有效应对各类网络安全事件，确保网络平台安全稳定运行。妥善保管各类用户资料和交易信息，不得买卖、泄露用户信息，保障信息安全。强化守法、诚信、自律意识，营造诚信规范发展的良好氛围。（网信办、工业和信息化部牵头负责）

十、优化政策扶持 构建持续发展环境

（二十五）落实财政支持政策。创新财政科技专项资金支持方式，支持符合条件的企业通过众创、众包等方式开展相关科技活动。充分发挥国家新兴产业创业投资引导基金、国家中小企业发展基金等政策性基金作用，引导社会资源支持四众加快发展。降低对实体营业场所、固定资产投入等硬性指标要求，将对线下实体众创空间的财政扶持政策惠及网络众创空间。加大中小企业专项资金对小微企业创业基地建设的支持力度。大力推进小微企业公共服务平台和创业基地建设，加大政府购买服务力度，为采用四众模式的小微企业免费提供管理指导、技能培训、市场开拓、标准咨询、检验检测认证等服务。（财政部、发展改革委、工业和信息化部、科技部、商务部、质检总局等负责）

（二十六）实行适用税收政策。加快推广使用电子发票，支持四众平台企业和采用众包模式的中小微企业及个体经营者按规定开具电子发票，并允许将电子发票作为报销凭证。对于业务规模较小、处于初创期的从业机构符合现行小微企业税收优惠政策条件的，可按规定享受税收优惠政策。（财政部、税务总局牵头负责）

（二十七）创新金融服务模式。引导天使投资、创业投资基金等支持四众平台企业发展，支持符合条件的企业在创业板、新三板等上市挂牌。鼓励金融机构在风险可控和商业可持续的前提下，基于四众特点开展金融产品和服务创新，积极发展知识产权质押融资。大力发展政府支持的融资担保机构，加强政府引导和银担合作，综合运用资本投入、代偿补偿等方式，加大财政支持力度，引导和促进融资担保机构和银行业金融机构为符合条件的四众平台企业提供快捷、低成本的融资服务。（人民银行、证监会、银监会、保监会、发展改革委、工业和信息化部、财政部、科技部、商务部、人力资源社会保障部、知识产权局、质检总局等负责）

（二十八）深化科技体制改革。全面落实下放科技成果使用、处置和收益权，鼓励科研人员双向流动等改革部署，激励更多科研人员投身创业创新。加大科研基础设施、大型科研仪器向社会开放的力度，为更多小微企业和创业者提供支撑。（科技部牵头负责）

（二十九）繁荣创业创新文化。设立“全国大众创业万众创新活动周”，加强政策宣传，展示创业成果，促进投资对接和互动交流，为创业创新提供展示平台。继续办好中国创新创业大赛、中国农业科技创新创业大赛等赛事活动。引导各类媒体加大对四众的宣传力度，普及四众知识，发掘典型案例，推广成功经验，培育尊重知识、崇尚创造、追求卓越的创新文化。（发展改革委、科技部、工业和信息化部、中央宣传部、中国科协等负责）

（三十）鼓励地方探索先行。充分尊重和发挥基层首创精神，因地制宜，突出特色。支持各地探索适应新模式新业态发展特点的管理模式，及时总结形成可复制、可推广的经验。支持全面创新改革试验区、自由贸易试验区、国家自主创新示范区、战略性新兴产业集聚区、国家级经济技术开发区、跨境电子商务综合试验区等加大改革力度，强化对创业创新公共服务平台的扶持，充分发挥四众发展的示范带动作用。（发展改革委、科技部、商务部、相关地方省级人民政府等负责）

各地区、各部门应加大对众创、众包、众扶、众筹等创业创新活动的引导和支持力度，加强统筹协调，探索制度创新，完善政府服务，科学组织实施，鼓励先行先试，不断开创大众创业、万众创新的新局面。

国务院

2015年9月23日

关于做好国家中小企业发展基金实体基金(地方)管理机构申报工作的通知

各省、自治区、直辖市及计划单列市工业和信息化主管部门(中小企业主管部门)、财政厅(局),新疆生产建设兵团工业和信息化委员会、财务局:

为贯彻落实《国务院关于国家中小企业发展基金设立方案的批复》(国函〔2015〕142号),国家中小企业发展基金理事会(下称理事会)原则通过《国家中小企业发展基金首期基金设立方案》,为调动地方积极性,决定率先在地方启动实体直投基金设立工作,现将基金管理机构申报工作有关事项通知如下:

一、在国家中小企业发展基金实体基金设立过程中,申请地方政府参与出资的省(自治区、直辖市、计划单列市,下同),由省级中小企业主管部门、省级财政部门联合向国家中小企业发展基金理事会办公室(下称理事会办公室)提出发起设立基金申请并推荐1家基金管理机构,由理事会办公室组织开展评审,报理事会审定。

二、各省推荐的基金管理机构应于12月9日起在财政部(网址:http://www.mof.gov.cn)、工业和信息化部网站(网址:http://www.miit.gov.cn)下载《国家中小企业发展基金实体基金管理机构遴选指南》(简称《遴选指南》,见附件1),按照《遴选指南》要求编写相应文件。

三、各省应填写《推荐意见表》(见附件2),于12月14日提交申请文件(一式2份)、《遴选指南》要求的各项材料和表格,以及《推荐意见表》(一式2份),统一报送理事会办公室(工业和信息化部中小企业局,如邮寄以当地邮戳为准),包括纸质文本(A4格式)和电子文本(以U盘或光盘保存,请自行保留备份,不予退还)一份。邮寄地址:北京市西长安街13号,国家中小企业发展基金理事会办公室(工业和信息化部中小企业局),邮政编码:100804。

四、逾期递交或未按规定数量、形式递交的文件不予受理。国家中小企业发展基金理事会办公室将委托第三方机构组织开展资料审核、竞争性选拔工作。

联系方式:国家中小企业发展基金办公室(工业和信息化部中小企业局)(010)68205303 zcgh@sme.gov.cn

附件:1.国家中小企业发展基金实体基金管理机构遴选指南

2.国家中小企业发展基金推荐意见表

国家中小企业发展基金理事会办公室

2015年12月8日

2016年相关法律、法规、部门规章及规范性文件

关于组织申报2016年小微企业创业创新基地城市示范的通知

财办建〔2016〕17号

有关省(自治区、直辖市、计划单列市)财政厅(局)、中小企业主管部门、科技厅(委、局)、商务主管部门、工商行政管理局:

根据国务院关于工业稳增长调结构增效益重点工作部署和《中小企业发展专项资金管理暂行办法》(财建〔2015〕458号)规定,财政部、工业和信息化部、科技部、商务部、国家工商行政管理总局(以下简称五部门)决定启动第二批"小微企业创业创新基地城市示范"(简称两创示范)申报工作。现将有关事项通知如下:

一、申请城市示范的省(自治区、直辖市、计划单列市,下同),由省级财政部门联合工信、科技、商务、工商等部门向五部门提出申请。各省限推荐1个城市(省会城市、一般地级城市、直辖市所属区县),计划单列市单独申报。已有城市纳入两创示范的省份本次不再申报。

二、各省推荐的城市应按《2016年小微企业创业创新基地城市示范实施方案编制指南》(详见附件)的要求编制实施方案,应以推进"大众创业、万众创新"为主线,充分体现"企业主导、政府服务、政策集成、机制创新"的原则,科学谋划支持创业创新的总体思路,详细编制2016-2018年三年示范目标、示范内容、保障措施,突出区域特色和产业特色,明确部门职责分工。

三、各省应在2016年4月29日前提交申请文件和推荐城市的实施方案(含电子版)。五部门将组织开展竞争性选拔工作。

联系方式：财政部经济建设司010-68552506；

网络平台：两创示范门户网站/在线申报（http://www.csmec.org.cn）

附件：2016年小微企业创业创新基地城市示范实施方案编制指南

财政部办公厅

工业和信息化部办公厅

科技部办公厅

商务部办公厅

国家工商行政管理总局办公厅

关于开展中小企业与高校毕业生创业就业对接服务工作的通知

工信厅联企业〔2016〕194号

各省、自治区、直辖市及计划单列市、新疆生产建设兵团中小企业主管部门、教育厅（教委、教育局），有关省、自治区、直辖市人事厅（局）：

为贯彻落实党的十八大和十八届三中、四中、五中全会精神，做好高校毕业生创业就业工作，优化中小企业人才结构，推动大众创业万众创新，现将开展中小企业与高校毕业生创业就业对接服务有关工作通知如下：

一、集聚中小企业资源。各地中小企业主管部门要认真组织和帮助本地中小企业开展高校毕业生招聘工作，推动创建各类中小企业信息库（中小企业信息库包含但不限于：企业基本情况、招聘岗位、招聘人数、招聘区域等企业招聘和享受优惠政策所需要提供的信息），为中小企业与高校毕业生充分有效对接奠定工作基础。

二、集聚高校毕业生资源。各地高校毕业生就业工作部门要认真梳理汇总有就业需求的高校毕业生信息，推动创建各类高校毕业生信息库（高校毕业生信息库包含但不限于：创业就业人员基本信息、就业诉求、岗位需求、就业区域等高校毕业生应聘和享受优惠政策所需要提供的信息），为高校毕业生创业就业对接工作奠定基础。

三、各地中小企业主管部门和高校毕业生就业工作部门要围绕政策服务、创业服务、融资服务、培训服务等方面，整合各类服务资源，整合中小企业、高校毕业生资源，依托各类中小企业与高校毕业生创业就业对接服务窗口，为高校毕业生和创业者提供一站式服务。

四、推动开展创业大赛等各类创业活动。各地中小企业主管部门和高校毕业生就业工作部门要加强协调，积极推动和举办创业大赛等创业活动，要充分利用好各类创业资源，推荐和遴选参赛项目。对各类参赛项目，要充分利用好各类资金和基金资源予以支持，并提供技术成果转化、孵化场地、培训辅导等全方位服务。

五、继续联合举办“2016年全国中小企业网上百日招聘高校毕业生活动”（以下简称招聘活动）。时间为2016年4月1日至7月9日，中国中小企业网（www.sme.gov.cn）和全国大学生就业公共服务立体化平台（www.ncss.org.cn）将开辟活动专栏，免费发布用人单位招聘信息及毕业生求职信息。各地中小企业主管部门和高校毕业生就业工作部门应在本级门户网站上使用统一宣传图片为上述两个网站会场做链接（图片在上述网站活动专栏下载）；及时转发文件至本行政区域内下属单位；利用微博、微信、QQ等新媒体加大招聘活动宣传力度；积极组织中小企业、高校毕业生、各类创业就业服务机构等有关单位参加招聘活动。

六、为提高高校毕业生与企业对接成功率，各地中小企业主管部门和高校毕业生就业工作部门可根据当地实际情况，组织企业走进校园，举办校园现场招聘。各地中小企业主管部门要结合本地区院校分布、高校毕业生生源及就业意向等情况，推荐优质园区企业及“专精特新”企业，通过网络、现场、入校等线上线下不同的招聘形式，与高校毕业生实现顺利对接。

七、做好各项创业就业对接活动宣传工作。各地中小企业主管部门和高校毕业生就业工作部门要高度重视，大力做好创业就业对接活动的宣传和组织工作，提高知名度和影响力。鼓励各类媒体、服务平台、创业基地、高校、服务机构等积极参与和配合，为各类创业就业对接活动提供宣传服务。

八、做好监督管理和总结工作。各地中小企业主管部门和高校毕业生就业工作部门要明确对接活动相关工作责任领导，形成工作推进机制；严格履行招聘信息采集和发布程序，坚决杜绝虚假信息，确保有序开展对接活动；按半年度和年度做好工作成果和经验总结，及时将总结内容分别报送工业和信化部（中小企业局）、教育部（高校学生司）。

工业和信息化部办公厅

教育部办公厅

2016年3月17日

关于推进东北地区民营经济发展改革的指导意见

发改振兴〔2016〕623号

辽宁省、吉林省、黑龙江省、内蒙古自治区发展改革委、经信委（工信委、工信厅）、工商联、开发银行：

为贯彻落实《中共中央国务院关于全面振兴东北地区等老工业基地的若干意见》（中发〔2016〕7号）和《国务院关于近期支持东北振兴若干重大政策举措的意见》（国发〔2014〕28号）文件精神，深入推进东北地区民营经济发展改革，健全和完善促进民营经济健康发展的体制机制，优化民营经济发展环境，将民营企业培育成为增强经济活力、推动振兴发展的重要力量，制定本意见。

一、总体要求

（一）指导思想。全面贯彻落实党的十八大和十八届三中、四中、五中全会精神，深入学习贯彻习近平总书记系列重要讲话精神，坚持“四个全面”战略布局，按照党中央、国务院决策部署，紧扣东北发展基础和发展特色，围绕充分发挥市场在资源配置中的决定性作用，更好发挥政府作用，强化制度创新、领域拓展和发展方式转变，着力转变政府职能，形成推动民营经济发展的政策合力；着力保障民营企业平等获得生产要素，营造公平竞争的市场环境；着力支持民营企业提升核心竞争力，培育新的增长点。

（二）主要目标。经过五年左右时间，通过推动民营经济发展改革方面的锐意创新，初步形成具有东北地区区域特色的民营经济发展新模式，以“亲”、“清”为主要特征的新型政商关系基本建立，促进民营经济健康发展的体制机制和政策体系进一步完善，民营企业的市场经营和投资环境显著改善，民营企业家大量涌现，民营经济规模不断壮大，活力和创造力明显提升。

二、主要任务

（三）探索完善有利于民营经济长足发展的政策环境。加快推进行政审批制度改革，加大简政放权力度，优化行政审批流程，提高审批效率。支持有关地方政府探索建立在民营经济领域的权力清单、责任清单和负面清单，切实维护民营企业合法权益，清理和修改制约民营经济发展的地方法规、规章和规范性文件，取消各种形式的不合理规定。整合支持民营经济发展的各类专项基金，设立支持创新创业的公共平台。在基础设施、公用事业、公共服务等领域推出一批政府和社会资本合作（PPP）项目，支持引导民间资本平等参与。落实扶持小微企业有关税费优惠政策，清理和减少涉企行政事业性和经营服务性收费，切实减轻企业负担。有效整合公共服务资源，推进民营企业公共服务平台建设。

（四）探索营造有利于民营经济公平发展的市场环境。鼓励民营企业进入法律、法规未明确禁止的领域，取消股比、经营范围等限制，切实降低准入门槛，打破区域行政壁垒。推出一批鼓励民营企业和民间资本参与的重大工程和重大项目，在招标投标、政府采购、用地指标等方面对民营企业一视同仁。加快推进“三证合一”改革，提高商事登记便利化程度。健全归属清晰、权责明确、保护严格、流转顺畅的现代产权制度，依法保护非公有制财产权。保证各种所有制经济主体依法平等获取生产要素，公开公平公正参与市场竞争，同等受到法律保护，积极营造有利于保护产权的舆论环境和社会氛围。积极扶持培育行业协会、商会、产业联盟等产业中间组织，发挥他们在政策宣传、行业自律、信息共享、人才培养、协同创新、权益维护等方面的作用。

（五）探索创造有利于民营经济产融结合互为支撑的金融环境。鼓励依法合规设立主要服务于本地民营企业的民营银行、村镇银行、消费金融公司，鼓励符合条件的重点装备制造企业发起设立金融租赁公司。在防范风险的前提下，推动民营企业依法设立投资公司，搭建产融结合的投资运作平台。培养壮大创业企业，引进和培育天使投资人、创业投资基金、股权投资基金，鼓励有条件的地方设立中小企业发展基金。鼓励民营企业加大资本市场直接融资力度，扩大市场融资规模。支持民营企业通过应收账款、知识产权等动产和权利进行质押融资，鼓励金融机构发放信用贷款。推动银行依法合规落实民营企业无还本续贷政策。鼓励东北中小企业信用再担保股份有限公司加大对民营企业的支持力度。开发性金融机构和政策性金融机构要积极支持东北地区民营经济发展。加快建立金融服务信用信息共享平台。

（六）探索构建有利于民营企业增强创新发展动

力的创新环境。推动民营企业建立健全现代企业制度，引导民营企业进行股份制改革，优化股权结构。鼓励民营企业通过出资入股、收购股权、认购可转债、股权置换等多种方式，参与国有企业混合所有制改革。支持民营企业与中央企业开展深度合作，探索民营企业与中央企业合作发展的途径和模式。支持民营企业设立院士专家工作站、重点实验室、工程（技术）中心等研发机构，牵头承担重大科技项目，组建产业与技术创新联盟。与高校和科研机构推进协同创新，鼓励有实力的民营企业与科研院所合资建设关键技术、核心产品的研发中心，促进科技成果转化与产业化发展。引导民营企业树立品牌意识，积极申请专利、注册商标。切实加强知识产权运用、服务和保护，集聚创新资源，完善知识产权归属和利益分享机制，充分激发民营企业创新的内在潜力。大力发展众创空间，建立公共技术服务平台，鼓励和支持民营企业参与产业联盟。

（七）探索完善有利于民营经济转型升级的支持举措。推动民营企业改造提升传统产业数字化、网络化、智能化水平，引导民营制造企业智能、绿色、低碳发展。鼓励民营企业加入高端装备制造产业链，支持民营企业和国有企业围绕产业链实现融合发展。鼓励民营企业承接先进军用技术成果转化项目。推动民营企业提升农产品、矿产资源等原材料产业精深加工水平。以"互联网+"为驱动，加快培育电子商务、研发设计、互联网金融等新产业新业态。重点培育一批特色优势明显、技术水平先进、主营业务突出、具有较强竞争力的现代民营企业集团和以民营企业为龙头的产业集群。组织引导有条件的民营企业全方位融入"一带一路"建设，积极稳妥"走出去"。鼓励有实力的民营企业并购国外科技型企业。鼓励开展全产业链投资合作，建设境外产业集聚区、经贸合作园区、农业经济合作区。

（八）探索加强有利于民营经济可持续发展的人才队伍建设。各级政府应树立全方位服务理念，为民营企业提供信息发布、项目策划、财税代理、商标专利、政策法律咨询、人力资源、创业辅导等公益性服务，营造亲商安商惠商的发展环境。大力培育企业家精神，加强民营企业家队伍建设，拓宽培训渠道，将民营企业管理人员培训纳入各级人才发展规划。培育壮大职业经理人队伍，提高经营管理人员整体素质。借助各类平台，引导企业家参与国际交流合作。结合民营企业核心技术需求，大力培养和引进工程技术人才。鼓励民营企业通过产教融合、校企合作等方式举办或参与举办职业院校，培育高素质劳动者和技术技能人才。加大对创新创业的扶持力度，培育壮大创业者群体。

三、保障措施

（九）强化组织指导。加强顶层设计和整体谋划，国家发展改革委会同工业和信息化部、全国工商联、国家开发银行等有关部门建立东北地区民营经济发展改革工作组织协调机制，统筹研究部署改革相关事项。充分利用现有政策手段支持民营经济发展改革，及时协调解决改革过程中遇到的困难和问题。注重加强上下联动，强化地方政府主体责任，充分发挥地方首创精神，支持各地探索优化本地区民营经济发展环境的有效途径，定期进行总结评估，及时形成可复制、可推广的经验。

（十）鼓励试点先行。针对制约东北民营经济发展的瓶颈问题，选择若干城市开展试点，突出特色、重点推进。辽宁省可着重在机器人及智能制造、新能源装备、纺织服装、现代金融、电子商务等领域，吉林省可着重在汽车零配件、农产品加工、特色资源、健康养老、文化创意等领域，黑龙江省可着重在农产品加工、林下经济、生物医药、现代物流、生态旅游等领域，内蒙古自治区可着重在畜牧业、新能源等领域，选择若干产业特色鲜明、发展基础良好、改革意愿较强的城市开展试点。试点工作方案由申报城市编制，力争做到具特色、有突破、可操作。有关省（区）发展改革委会同经信委（工信委、工信厅）等有关部门结合实际对申报城市的试点方案进行指导，于2016年4月29日前将试点方案报国家发展改革委，抄送工业和信息化部。有关部门组织专家对试点方案进行全面指导和完善，选择若干城市开展民营经济发展改革试点工作。

（十一）狠抓贯彻落实。有关省级人民政府及相关部门要高度重视民营经济发展改革工作，加强对本省（区）试点工作的统筹指导，做好沟通协调，出台配套支持政策措施。有关城市要建立健全组织领导体系，认真落实各项工作任务。结合自身实际，在整合支持民营经济发展各类专项基金、设立创新创业平台、推动有条件的民营企业建立现代企业制度等领域进行探索创新。

（十二）营造改革氛围。坚持改革的市场化导向，尊重市场主体的改革意愿，广泛调动各方面积极性，形成改革合力。积极搭建跨区域交流合作平台，推动东北地区与国内其他地区建立民营企业交流合作机制。充分发挥媒体舆论宣传作用，进一步解放思想，破除制约民营经济发展的思维桎梏，最大限度凝聚改革共识，积极营造全社会支持改革、促进民营经济发展的良好氛围。

国家发展改革委
工业和信息化部
全国工商联
国家开发银行
2016年3月24日

工业和信息化部关于公布第二批国家中小企业公共服务示范平台复核意见的通知

工信部企业〔2016〕148号

各省、自治区、直辖市及计划单列市中小企业主管部门，部直属相关单位：

根据《国务院关于进一步支持小型微型企业健康发展的意见》（国发〔2012〕14号）和《国务院关于大力推进大众创业万众创新若干政策措施的意见》（国发〔2015〕32号）有关要求，按照《国家中小企业公共服务示范平台认定的管理办法》（工信部企业〔2012〕197号），经平台申报、省级中小企业主管部门测评、专家评审等程序，我部对第二批国家中小企业公共服务示范平台（以下简称示范平台）进行了复核。现将复核意见公布如下：

一、北京市石景山区产业促进中心、天津市中小企业服务中心、河北省中小企业服务中心等190家示范平台通过复核（具体名单见附件）。

二、通过复核的示范平台要进一步完善服务功能，不断提高服务能力和组织带动社会服务资源的能力，主动开展公益性服务，积极承担政府部门委托的各项任务，发挥示范带动作用。被提出整改意见（详见附件备注）的示范平台要针对存在的问题制定整改计划，并抓紧落实。我部将把被提出整改意见的示范平台作为2016年测评的重点，测评不通过的将撤销“国家中小企业公共服务示范平台”称号。

三、撤销江苏集群信息产业股份有限公司、数字金融服务（杭州）有限公司、宁海县盛源激光科技有限公司、安庆市天仙网络科技有限公司、共青城鸭鸭技术服务服务有限公司、河南久通电缆有限公司、三门峡市豫华职业安全科技有限责任公司、新乡太行工程技术有限公司、深圳市一达通企业服务有限公司、甘肃高科投资管理有限公司、黑龙江省联合物流信息咨询有限公司、福建省莆田市企业与企业家联合会、山东富利特药业有限公司、山东农友软件有限公司、河南天誉动力机械有限公司、黄石市中小企业服务中心、四川瑞驰投资管理有限公司、咸阳陶瓷研究设计院共18家单位“国家中小企业公共服务示范平台”称号。请上述单位所属省级中小企业主管部门协助收回我部授予的“国家中小企业公共服务示范平台”牌子。

四、我部对示范平台实行动态管理，各地中小企业主管部门协助做好管理工作，组织辖区内示范平台开展学习、交流活动；对示范平台的运营服务情况进行质量监督和检查测评。

附件：第二批国家中小企业公共服务示范平台复核通过名单

工业和信息化部
2016年4月20日

工业和信息化部关于印发《国家小型微型企业创业创新示范基地建设管理办法》的通知

工信部企业〔2016〕194号

各省、自治区、直辖市及计划单列市、新疆生产建设兵团中小企业主管部门：

为深入贯彻落实国务院关于促进小型微型企业发展的政策措施，推动大众创业、万众创新，加快小型微型企业创业创新基地发展步伐，优化小型微型企业创业创新环境，支持中小企业健康发展，我部研究制定了《国家小型微型企业创业创新示范基地建设管理办法》。现印发给你们，请遵照执行。

工业和信息化部
2016年6月2日

国家小型微型企业创业创新示范基地建设管理办法

第一章 总则

第一条 为贯彻落实国务院《关于进一步支持小型微型企业健康发展的意见》(国发〔2012〕14号)、《关于扶持小型微型企业健康发展的意见》(国发〔2014〕52号)和《关于大力推进大众创业万众创新若干政策措施的意见》(国发〔2015〕32号),切实推动大众创业、万众创新,进一步营造小微企业创业创新发展的良好环境,引导和支持小型微型企业创业创新基地按照创新、协调、绿色、开放、共享的理念发展,培育一批基础设施完备、综合服务规范、示范带动作用强的国家小型微型企业创业创新示范基地,制定本办法。

第二条 本办法所指国家小型微型企业创业创新示范基地(以下简称示范基地)是经工业和信息化部公告的小型微型企业创业创新示范基地,是由法人单位建设或运营,聚集各类创业创新服务资源,为小微企业提供有效服务支撑的载体和场所。示范基地具有基础设施完备、运营管理规范、商业模式清晰、创新链完整、产业链协同、服务功能齐全、服务业绩突出、社会公信度高、示范带动作用强等特点。

第三条 各类符合条件的服务小微企业创业创新的创业基地、创业园、孵化器;产业集群、中小企业国际合作区、经济技术开发区、高新技术产业开发区、新型工业化产业示范基地等产业集聚区中面向小微企业的园中园;依托高校和科研院所的大学科技园;行业龙头骨干企业设立的面向小微企业、创业团队、创客的创业创新基地均可申报示范基地。

第四条 工业和信息化部负责示范基地的公告和管理。各省(自治区、直辖市及计划单列市、新疆生产建设兵团)中小企业主管部门(以下统称省级中小企业主管部门)协助工业和信息化部对辖区内示范基地进行管理。

第五条 示范基地申报遵从自愿原则。工业和信息化部对示范基地予以重点扶持。

第二章 申报条件

第六条 示范基地申报需同时满足以下基本条件:

(一)经省级中小企业主管部门认定的小型微型企业创业创新(示范)基地。

(二)申报主体具有独立法人资格并运营管理本基地,基地成立时间3年以上。

(三)目前基地入驻小微企业80家以上,从业人员1500人以上。

(四)专职从事创业创新服务的人员不少于10人,其中创业辅导师不少于3人,引入或战略合作的外部专业服务机构不少于5家。

(五)服务有特色,业绩突出。为小微企业提供的公益性服务或低收费服务不少于总服务量的20%。

第七条 示范基地申报需同时满足以下运营条件:

(一)有良好的基础设施条件,有满足入驻企业生产经营、创业孵化、创业创新的场地和服务场所。

(二)基地运营主体治理结构完善、内部运营管理体系规范。具有明确的发展规划、年度发展目标和实施方案。

(三)基地具有健全的管理制度、完备的创业创新服务流程、收费标准和服务质量监督保证措施。基地具备清楚、明晰的服务台账(台账内容应包括但不限于:企业服务诉求、提供服务的记录,服务时间、地点、参与的企业及人数,企业对服务的意见反馈等)。

第八条 示范基地申报需同时具备不少于以下四种服务功能并达到相应的服务能力:

(一)信息服务。具有便于入驻企业查询的、开放的信息服务系统;具有在线服务、线上线下联动功能,线下年服务企业/团队100家次以上,年组织开展的相关服务活动6次以上。

(二)创业辅导。为创业人员或入驻小微企业提供创业咨询、开业指导、创业辅导和培训等服务。年服务企业50家次以上。

(三)创新支持。具有知识产权转化或组织技术服务资源的能力,能够进行研发项目、科研成果和资本等多方对接。年组织技术洽谈会和技术对接会6次以上。

(四)人员培训。为创业人员、企业经营者、专业技术人员和员工提供各类培训,年培训300人次以上。

(五)市场营销。组织企业参加各类展览展销、贸易洽谈、产品推介与合作等活动,每年2次以上;组织入驻企业与行业龙头企业的产品对接、合作交流等活动,每年2次以上。

(六)投融资服务。提供融资信息、组织开展投融资推介和对接等服务。年服务企业30家次以上，组织融资对接会4次以上。

（七）管理咨询。为企业提供发展战略、财务管理、人力资源、市场营销等咨询服务，年服务企业20家次以上。

（八）专业服务。为企业提供法律咨询及援助、代理会计、专利申请、审计、评估等服务，年服务企业20家次以上。

以上服务能力和次数的要求含基地引入的第三方专业机构的服务。

第九条 申报示范基地应当在物业服务智慧化、项目管理数字化、创业服务平台化、产业布局生态化等基地运营模式、管理模式上有创新，或在孵化效果、创新支持等方面具有突出的特色优势和示范性。

第十条 西部地区的示范基地可适当放宽条件，优先支持新型工业化产业示范基地内符合条件的基地申报。

第三章 申报程序

第十一条 工业和信息化部每年组织开展一次示范基地申报、公告工作，具体时间及要求以当年申报工作通知为准。

第十二条 示范基地的申报主体通过省级中小企业主管部门进行推荐。

第十三条 省级中小企业主管部门按照本办法第六条至第九条规定的条件和要求，负责本地区示范基地的推荐工作。省级中小企业主管部门对推荐的示范基地运营情况、服务业绩、满意度等进行测评，填写《国家小型微型企业创业创新示范基地推荐表》（见附件1），并附被推荐示范基地的申报材料，报工业和信息化部。示范基地的申报主体需提交下列材料：

（一）国家小型微型企业创业创新示范基地申请报告（见附件2）。

（二）运营主体的法人证书和营业执照副本（复印件）。

（三）上一年度与本基地相关的专项审计报告。

（四）土地、房屋的不动产权证书（或租赁合同）复印件。

（五）开展相关服务的证明材料（通知、照片、总结等）。

（六）省级小型微型企业创业创新（示范）基地认定文件（复印件）。

（七）基地主要管理人员、服务人员和创业辅导师名单及相应的资质证明材料。

（八）基地典型服务案例（不超过3000字，可附照片）。

（九）能够证明符合申报条件的其他材料。

（十）对申报材料真实性的声明（加盖申报单位公章）。

第十四条 工业和信息化部组织专家对申报材料进行评审，评审结果在工业和信息化部网站及有关媒体公示15个工作日。

第十五条 工业和信息化部对公示无异议的公告为“国家小型微型企业创业创新示范基地”，并及时在工业和信息化部门户网站及有关媒体公布。

第四章 示范基地管理

第十六条 在工业和信息化部门户网站建立示范基地信息数据库，方便社会公众查询。

第十七条 示范基地每次公告有效期为三年。

第十八条 示范基地要不断完善创业创新基础设施环境，增强服务能力，提高入驻企业创业成功率和创新能力，提升示范基地品牌影响力，发挥示范带动作用。示范基地须在每年2月底前将上一年度工作总结报省级中小企业主管部门，并自觉接受社会监督。

第十九条 建立年度报告制度。省级中小企业主管部门负责对辖区内示范基地的台账建立、服务质量、服务收费情况以及服务满意度等进行定期检查，并于每年3月底前将上一年度示范基地工作总结和检查情况报告报工业和信息化部。

第二十条 建立年度测评制度。工业和信息化部将委托第三方机构或省级中小企业主管部门组织专家对示范基地进行测评，测评不合格的基地将撤销示范基地资格。

第二十一条 示范基地公告管理工作接受审计、监察部门和社会的监督。

第五章 附则

第二十二条 本办法由工业和信息化部负责解释。

第二十三条 本办法自2016年7月1日起施行。

附件：1.国家小型微型企业创业创新示范基地推荐表

2.国家小型微型企业创业创新示范基地申请报告

工业和信息化部办公厅关于做好2016－2017年度中小企业经营管理领军人才培训工作的通知

各省、自治区、直辖市及计划单列市、新疆生产建设兵团中小企业主管部门，部人才交流中心，部中小企业发展促进中心，有关单位：

为贯彻落实《国家中长期人才发展规划纲要（2010-2020年）》和国务院促进中小企业发展的决策部署，深入实施企业经营管理人才素质提升工程，提高中小企业经营管理水平，现将开展2016-2017年度中小企业经营管理领军人才培训（以下简称领军人才培训）有关事项通知如下：

一、培训计划

（一）2016-2017年度计划培训中小企业经营管理领军人才不少于1000名，培训周期为一年。

（二）培训对象主要针对成长性好、创新能力强、在区域或行业中处于龙头骨干地位的中小企业经营管理者，发展潜力大的初创小微企业经营管理者。

（三）培训方式主要采用集中培训与学习实践相结合、课堂教学与实际应用相结合等多种方式，围绕中小企业经营管理的重点领域和薄弱环节，强化能力建设，着力提升中小企业经营管理者的综合素质。

二、培训任务承担机构

经第三方评估考核，确定清华大学、北京大学、北京理工大学、哈尔滨工业大学、西北工业大学、浙江大学、上海交通大学、武汉大学、中山大学、厦门大学、四川大学、南京大学、中国中小企业发展促进中心、工业和信息化部电子第五研究所、中国家用电器协会、中国电子信息产业发展研究院、中国企业评价协会、中国工业设计协会和中国汽车工业进出口有限公司等19家单位继续承担2016-2017年度培训任务。其中，工业和信息化部电子第五研究所、中国电子信息产业发展研究院、中国工业设计协会、中国家用电器协会、中国汽车工业进出口有限公司分别承担信息技术、装备制造、工业设计、家电及汽车行业培训班。经公开遴选，新增复旦大学、重庆大学、中国科学院大学、中国国际贸易促进委员会（中国国际商会）培训中心4家单位承担2016-2017年度培训任务，其中中国国际贸易促进委员会（中国国际商会）培训中心承担中小企业“走出去”专题培训班。各培训承担机构负责教学组织，部人才交流中心负责统筹组织学员复训、“巡回周”等学员所需服务，搭建联合培养全国互动平台。具体工作情况见我部中小企业经营管理领军人才公共服务平台官方网站（网址：http://leader.miitec.cn）。

三、工作安排

（一）领军人才培训工作由我部企业经营管理人才素质提升工程协调小组（以下简称协调小组）统筹安排。组长为部党组成员、副部长冯飞同志，中小企业局、人事教育司主要负责同志担任副组长，协调小组办公室设在部人才交流中心。请各地中小企业主管部门和培训任务承担机构，确定分管此项工作的负责同志和联络员各1名，于6月30日前将信息表报部（中小企业局）。

（二）部人才交流中心会同部中小企业发展促进中心，按照我部对企业经营管理人才素质提升工程的统一部署，积极发挥协调小组办公室综合协调作用，加强对培训工作全过程的跟踪管理。

（三）各地中小企业主管部门可以结合本地区经济发展与企业需求现状，采取联合或委托培养方式，任选一家培训承担机构（承担行业培训班的机构除外）为本区域企业家学员服务，并报部（中小企业局）统筹协调。

（四）2016-2017年度领军人才培训工作按照“政府引导、市场运作、面向企业、讲求实效、整合资源、共建共享”的基本原则，由协调小组办公室会同各地中小企业主管部门以及培训承担机构共同制定培训方案并组织实施。

（五）学员选拔方式采取培训承担机构自主选拔和各地中小企业主管部门推荐相结合。请各地中小企业主管部门协助做好学员的推荐工作，积极配合做好培训的组织管理。各培训承担机构须在12月底前完成学员推荐选拔工作，学员名单由协调小组办公室负责审核。

（六）为加强培训管理，在培训期间，我部将继续引入第三方考核机构，对培训承担机构的培训质量进行考核评估，考核结果低于80分（100分制）暂停下一年度培训任务。培训结束时，对按规定完成学业的参训学员，由协调小组办公室统一颁发结业证书。

（七）各培训承担机构要科学设置课程体系，突出培训特色，重点加强中国制造2025、“互联网+”、两化融合、产业政策、行业规划等方面的培训，通过组织学员参加跨区域交流，引导结业学员继续学习等方式，不断满足学员对于培训的新需求。积极配合开展领军人才培训体系建设各项工作，形成全国领军人才培训统一品牌。

工业和信息化部办公厅

2016年6月3日

工业和信息化部关于支持 2016 年高校毕业生就业创业促进中小企业创新发展的通知

各省、自治区、直辖市及计划单列市中小企业主管部门，部直属高校：

为贯彻落实2016年全国普通高校毕业生就业创业电视电话会议精神，按照国务院就业工作部际联席会议《重点工作分工方案》，现就做好2016年高校毕业生就业创业工作，促进中小企业创新发展，推动部属高校开展创新创业教育改革有关事项通知如下：

一、充分认识当前做好高校毕业生 就业创业工作的重要性

高校毕业生是我国宝贵人力资源，高校毕业生就业事关经济发展、民生改善和社会稳定。近年来，各地中小企业主管部门和部属高校主动作为，多措并举促就业扶创业，做了大量卓有成效的工作。今年经济下行压力依然较大，高校毕业生数量再创历史新高，各级中小企业主管部门要把促进高校毕业生就业创业作为当前十分重要而紧迫的任务，充分发挥中小企业、民营企业吸纳就业的重要作用，将高校毕业生就业创业与促进中小企业创新发展相结合，把吸纳高校毕业生就业作为优化中小企业人才结构的重要途径，积极配合有关部门，切实做好高校毕业生就业创业工作，措施要定得更实，工作要抓得更紧。部属高校要主动适应就业创业新格局，深化高校教育教学改革，推动人才培养与产业发展有效对接，为经济社会发展提供坚实的人才支撑。

二、促进高校毕业生就业创业工作的主要任务

（一）实施中国制造2025和“互联网+”行动，加快发展新经济，促进新技术、新产业、新业态、新商业模式加快成长，改造提升传统动能，推动中小企业加速转型升级，鼓励和引导中小企业在转方式、调结构的进程中，积极改善人才结构，创造更多适合高校毕业生的工作岗位，吸纳高校毕业生就业。

（二）优化创业创新环境，为高校毕业生创业创新清障减负，发挥创业带动就业的倍增效应。配合有关部门对自主创业高校毕业生进一步放宽准入条件，降低注册门槛，落实好创业担保贷款及贴息、税费减免、场地扶持等政策，鼓励高校毕业生自主创业。鼓励企业、行业协会、天使投资人和中小企业发展基金以多种方式向自主创业的大学生提供资金支持，设立重点面向扶持高校毕业生创业的天使投资和创业投资基金。

（三）加强创业创新服务。充分发挥小企业创业基地、中小企业公共服务示范平台和平台网络作用，提高服务能力，完善服务功能，为自主创业高校毕业生提供创业孵化场地，强化服务，深入园区（基地）、校区、社区，为高校毕业生精准推送就业政策、岗位信息和创业指导服务。

（四）大力宣传民营企业、非公有制经济组织对经济社会发展的重要意义和突出贡献，引导高校毕业生树立正确的就业观和择业观，到民营企业、中小微企业就业。

（五）做好2016年“全国中小企业网上百日招聘高校毕业生活动”的后续工作，积极开展中小企业与高校毕业生创业就业对接服务，推动建立各类中小企业信息库和高校毕业生信息库，开展创业大赛等各类创业活动。

（六）持续推进深化创新创业教育改革，健全课程体系，促进专业教育、实习实践等与创新创业教育有机融合。抓紧制定鼓励学生创新创业的学分转换、弹性学制、保留学籍休学创业等具体政策措施。要根据学生创新创业不同阶段的实际需求，不断提高指导服务的针对性和有效性。

（七）健全就业指导、服务体系，充分发挥校园招聘主渠道作用，主动“走出去，请进来”，采取网上网下相结合，多渠道收集发布就业信息，办好各类招聘活动。建立健全有就业意愿尚未就业毕业生统计机制，切实帮助解决就业中遇到的困难和问题。对家庭困难毕业生、少数民族毕业生等各类就业困难群体，要建立台账，通过发放求职创业补贴、开展个性化辅导、推荐岗位信息等多种方式，帮助尽快就业。

（八）加大在科技成果转化、场地建设、资金投入等方面的帮扶，开辟专门场地用于学生创新创业。组织学生积极参加第二届中国“互联网+”大学生创新创业大赛等活动，通过各类大赛激发学生创新创业热情。

三、工作要求

各地中小企业主管部门和部属高校要进一步增强促就业、稳增长、促发展的大局意识，积极做好高校毕业生就业创业相关工作，并将工作进展情况于2016年12月20日前书面报送我部（中小企业局），并将电子文档发送至cxfwc@sme.gov.cn。

联系电话：010-68205301；010-68205918

工业和信息化部

2016年6月8日

工业和信息化部关于印发促进中小企业发展规划（2016-2020年）的通知

各省、自治区、直辖市及计划单列市、新疆生产建设兵团中小企业主管部门：

为贯彻落实《中华人民共和国中小企业促进法》、《中华人民共和国国民经济和社会发展第十三个五年规划纲要》，推进供给侧结构性改革，优化发展环境，推动大众创业万众创新，促进中小企业实现持续健康发展，编制《促进中小企业发展规划（2016-2020年）》。现印发你们，请认真贯彻落实。

工业和信息化部

2016年6月28日

促进中小企业发展规划（2016-2020年）

本规划根据《中华人民共和国中小企业促进法》、《中华人民共和国国民经济和社会发展第十三个五年规划纲要》等编制，提出了“十三五”时期促进中小企业发展的总体思路、发展目标、主要任务和关键工程与专项行动，为促进中小企业发展提供指引，为中小企业主管部门履行职责提供依据。

第一章　发展环境

“十二五”时期，面对错综复杂的国际环境和艰巨繁重的稳增长、促改革、调结构、惠民生任务，在党中央、国务院的正确领导下，顺利完成了“十二五”中小企业成长规划确定的主要目标和任务，取得了显著成绩。

一、“十二五”中小企业发展回顾

发展实力显著增强。2015年末，全国工商登记中小企业超过2000万家，个体工商户超过5400万户，中小企业利税贡献稳步提高。以工业为例，截至2015年末，全国规模以上中小工业企业[从2011年起，规模以上工业企业起点标准由原来的年主营业务收入500万元提高到年主营业务收入2000万元]36.5万家，占规模以上工业企业数量的97.4%；实现税金2.5万亿元，占规模以上工业企业税金总额的49.2%；完成利润4.1万亿元，占规模以上工业企业利润总额的64.5%。中小企业提供80%以上的城镇就业岗位，成为就业的主渠道。

发展环境进一步改善。党中央、国务院高度重视中小企业发展，密集出台了一系列政策措施，取消和调整一批行政审批项目，实施“三证合一”登记制度，加大小微企业增值税、营业税，以及所得税优惠力度；金融管理部门引导银行业金融机构加大对小微企业信贷支持力度，实现小微企业贷款增速、户数、申贷获得率“三个不低于”目标；财政资金转变支持方式，开展小微企业创业创新基地城市示范。

创业创新能力进一步提升。创业领域不断拓宽，新业态、新模式不断涌现，小微企业数量年均增速超过10%。中小企业知识产权战略推进工程试点工作取得成效，全国32个试点城市的中小企业集聚区专利申请量年均增长53%，专利授权增速超过30%，中小企业在产业链和创新链中的作用日益凸显，产业集群取得了快速发展。

信息化应用水平进一步提高。中小企业信息化推进工程成效显著，电子商务等信息化应用不断扩展，研发、生产、财务、管理等各类软件及服务应用日益普及，

两化融合进一步深化。全国中小企业信息化服务网络基本形成，依托大型信息化服务企业建立6000多个分支服务机构，配备近10万名专业服务人员，汇聚60多万家软件开发商和信息化服务商，每年开展数万场宣传培训和应用推广等活动，参加线上线下培训的人数达千万人次。

服务体系进一步完善。构建了涵盖30个省市、5个计划单列市的中小企业公共服务平台网络，带动社会各类服务资源7万多个。认定511家国家中小企业公共服务示范平台。实施中小企业创新能力计划和创办小企业计划，启动国家小型微型企业创业创新示范基地公告工作。组织实施了中小企业银河培训工程和企业经营管理人才素质提升工程。

对外交流合作不断增强。中小企业领域的双边和多边合作取得重要进展。中国国际中小企业博览会和APEC中小企业技术交流暨展览会成为重要的对外合作平台。中德（太仓）中小企业合作示范区聚集230多家德资企业，中外中小企业合作区建设取得积极成效。围绕“一带一路”建设，中小企业与沿线国家和地区合作交流日益增加。

二、“十三五”中小企业面临的发展形势

“十三五”时期，国内外经济发展形势依然错综复杂。从国际看，世界经济深度调整、复苏乏力，外部环境的不稳定不确定因素增加，中小企业外贸形势依然严峻，出口增长放缓。从国内看，发展阶段的转变使经济发展进入新常态，经济增速从高速增长转向中高速增长，经济增长方式从规模速度型粗放增长转向质量效率型集约增长，经济增长动力从物质要素投入为主转向创新驱动为主。新常态对经济发展带来新挑战，中小企业遇到的困难和问题尤为突出。

面对国际国内经济发展新环境，“十三五”时期，中小企业依然面临着较大的经营压力，资本、土地等要素成本持续维持高位，招工难、用工贵以及融资难融资贵等问题仍有待进一步缓解，传统产业领域中的大多数中小企业处于产业链中低端，存在高耗低效、产能过剩、产品同质化严重等问题，盈利能力依然较弱，转方式、调结构任务十分艰巨。

“十三五”时期，中小企业发展面临挑战的同时，也面临着重大机遇。随着改革的深化，新型工业化、城镇化、信息化、农业现代化的推进，以及“大众创业、万众创新”、《中国制造2025》、“互联网+”、“一带一路”等重大战略举措的加速实施，中小企业发展基本面向好的势头更加巩固。通过深化商事制度改革，推进行政审批、投资审批、财税、金融等方面的改革，中小企业发展的市场环境、政策环境和服务环境将更加优化。以互联网为核心的信息技术与各行各业深度融合，日益增长的个性化、多样化需求，不断催生新产品、新业态、新市场和新模式，为中小企业提供广阔的创新发展空间。

综合判断，“十三五”时期，我国中小企业发展仍处于大有可为的重要战略机遇期。要准确把握国内外发展形势，利用好国际国内两个市场、两种资源，抓住发展机遇，转变发展方式，提高发展质量，依靠创业创新开辟发展新路径，赢得发展主动权，实现发展新突破。

第二章 发展思路和发展目标

一、指导思想

全面贯彻党的十八大和十八届三中、四中、五中全会精神，贯彻习近平总书记系列重要讲话精神，牢固树立并切实贯彻创新、协调、绿色、开放、共享的发展理念，以提质增效为中心，以提升创业创新能力为主线，降成本、补短板，推进供给侧结构性改革，完善法律政策，改善公共服务，优化发展环境，推动大众创业万众创新，不断培育新增量、新动能，促进中小企业实现持续健康发展。

二、基本原则

本规划立足当前我国基本国情和中小企业发展实际，在政府引导、市场主导、社会参与总体原则基础上，遵循以下基本原则。

——坚持创业兴业，促进就业。把推动创业兴业作为打造经济增长新引擎、培育壮大市场主体、促进就业的一项重要举措。大力扶持小微企业，扩大就业规模。弘扬创业精神，培育创业主体，完善创业服务，提高创业兴业能力和吸纳就业能力。

——坚持创新驱动，推动转型。鼓励加快中小企业从物质要素投入为主向创新驱动为主转变，提高中小企业全要素生产率，推动中小企业新旧动能转换和转

型升级，增强市场竞争力。

——坚持优化结构，提质增效。促进中小企业改变粗放型发展模式和管理方式，补齐生态环境保护不足和区域发展不协调的短板，走绿色、协调和可持续发展道路，不断优化供给结构，提高发展质量和效益。

——坚持推进改革，营造环境。充分发挥市场在资源配置中的决定性作用，破除各类体制机制障碍，不断改进服务方式，提高政府管理与公共服务能力，降低企业成本、减轻企业负担，营造更加有利于中小企业的发展环境。

三、发展目标

“十三五”时期，促进中小企业发展的总体目标是：

——整体水平进一步提高。中小企业整体发展质量和效益稳步提高，对经济发展的支撑作用进一步巩固；单位产值能耗逐年下降，高技术产品增加值占比显著提高，结构进一步优化；年均吸纳新增就业800万人左右，吸纳就业能力进一步得到发挥。

——创新能力进一步增强。创新型中小企业对国家创新能力的贡献进一步提高，科技型中小企业的创新带动作用进一步增强。中小企业研发支出占主营业务收入比重不断提高，发明专利和新产品开发数量保持较快增长；互联网和信息技术应用能力进一步提高，新产品、新技术、新业态、新模式不断涌现；与大企业协同创新、协同制造能力持续提高，在创新链中发挥更大作用。培育一批可持续发展的“专精特新”中小企业。

——企业素质进一步提升。中小企业管理水平进一步提高，人力资源结构进一步优化，人员素质进一步提升，安全生产意识和社会责任意识进一步增强，诚信经营水平进一步提高。完成不少于5000名中小企业经营管理领军人才、250万经营管理人员培训，培育一批具有企业家精神的经营管理者和一大批具有工匠精神的高素质企业员工。中小企业品牌影响力不断提升。

——发展环境进一步优化。简政放权、商事制度和财税金融改革等取得显著成效，企业负担进一步减轻，市场准入环境更加宽松，经营环境更加公平，对外合作更加务实，政务服务更加高效。服务体系进一步完善，扶持和培育300个国家小型微型企业创业创新示范基地，3000个省级小型微型企业创业创新基地。

第三章　主要任务

一、推进创业兴业，激发活力

培育创业主体。整合资源，协同推进，调动各方面的积极性，鼓励和支持创业者打破传统束缚和限制，采取各种合规、有效的方式努力创业。支持留学归国人员、大学生和高校毕业生、科研院所专业技术人才、返乡农民工等各类创业主体进入法律法规未明确禁入的行业和领域。

促进中小企业成长壮大。加大对种子期、初创期成长型小微企业支持力度，培育壮大新生小微企业群体。支持一批潜力大、成长性好，积累了一定资金、技术和管理经验的中小企业，顺应消费结构变化、产业结构调整带来的发展机遇加快发展。支持老少边穷地区、少数民族地区中小企业发展壮大。

加强创业载体建设。积极创造条件，合理安排必要的场地和设施，充分利用已有的各类园区，打造中小企业创业创新基地，为创业主体获得生产经营场所提供便利。发展新型众创空间，形成线上与线下、孵化与投资相结合的开放式综合服务载体，为中小企业创业兴业提供低成本、便利化、全要素服务。

鼓励大企业提供创业支撑。鼓励大企业提供新型创业平台，开展各类创业孵化活动，形成市场主导、风险投资参与、企业孵化的创业生态。鼓励和支持大型企业、行业领军企业发挥技术优势、人才优势和市场优势，为中小企业提供技术研发、成果转化、营销推广等合作机会，帮助产业链上下游中小企业创业兴业。

加强创业服务。鼓励服务机构提供创业信息、创业指导、创业培训等专业化服务。探索建立志愿者服务机制，鼓励退休政府官员、科学家、行业专家、企业家成为创业辅导志愿专家，组建高素质辅导师队伍。培育“鼓励创业、勇于创新”的创业文化，支持举办创业沙龙、创业训练营、创业大赛、创业项目展示推介等活动。

二、提升创新能力，增强动力

推进中小企业创新发展。鼓励中小企业加大研发投入，加强技术改造，引进先进适用技术、工艺和设备，改造传统工艺，优化生产流程。针对细分市场，开发差异化的产品和服务，推进技术、产品、管理模式和商业模式创新。加强公共技术服务平台建设，为中小企业技术创新与管理创新提供支持与服务。

推进中小企业信息化应用。建设和完善中小企业信息化服务平台，实施"互联网+"小微企业专项行动，推广适合中小企业需求的信息化产品和服务，促进互联网和信息技术在企业生产制造、经营管理、市场营销各个环节中的应用，支持中小企业通过信息化提高效率和效益。

推动中小企业与大企业协同创新。鼓励有条件的大企业搭建信息化服务平台，向中小企业开放入口、数据信息、计算能力。通过任务众包、生产协作、资源开放等方式，培育产业链，打造创新链，提升价值链，促进大企业带动产业链上下游中小企业协同研发、协同制造、协同发展。

构建以企业为主体的创新机制。推动中小企业开展产学研用合作，鼓励中小企业与各级各类重点实验室、制造业创新中心、工程研究中心，高校、科研院所等创新资源合作，增强中小企业创新发展能力。通过合作、转让、许可和投资入股等方式，推动技术成果转化和应用。创新政府支持方式，支持以企业为主体的技术创新。鼓励中小企业与境外研究机构建立合作伙伴关系，组建产学研跨境创新协同网络。

加强中小企业知识产权服务。继续实施中小企业知识产权战略，支持中小企业贯彻落实《企业知识产权管理规范》国家标准和《工业企业知识产权管理指南》，重视和推进服务业知识产权保护，提升中小企业知识产权创造、运用、保护和管理能力。完善知识产权管理和专业化服务，降低中小企业知识产权申请、保护、维权成本，推动知识产权转化。

三、推动转型升级，改善供给

推动中小企业提高产品和服务有效供给能力。支持中小企业参与标准制定，不断提升产品和服务质量。支持中小企业做强做精核心业务，打造具有竞争力和影响力的精品和服务。支持和引导中小企业开展个性化定制、柔性化生产。

推动中小企业"专精特新"发展。围绕《中国制造2025》重点领域，培育一大批主营业务突出、竞争力强的"专精特新"中小企业；打造一批专注于细分市场，技术或服务出色、市场占有率高的"单项冠军"。鼓励中小企业以专业化分工、服务外包、订单生产等方式与大企业、龙头骨干企业建立稳定的合作关系。

推动中小企业品牌建设。引导中小企业实施品牌战略，增强品牌意识，提升品牌管理能力，实现从产品经营向品牌经营转变。鼓励和扶持中小企业申报注册国家及本区域著名商标、原产地标志等，加强品牌策划与设计，丰富品牌内涵，不断提高自主品牌产品和服务市场份额。推进区域品牌建设，提高区域中小企业影响力。

推动中小企业绿色发展。运用法律、经济、技术等手段，促进高污染、高耗能和资源浪费严重的中小企业落后产能退出。按照绿色、低碳和循环经济发展要求，推动绿色、低碳中小企业园区建设。鼓励和支持传统行业中小企业采用先进适用技术实施清洁生产，降低能耗和污染排放，提高资源综合利用率。引导中小企业走资源集约、环境友好发展道路，不断把生态资源优势转化为产业发展优势。

促进产业集群发展。按照"布局合理、产业协同、资源节约、生态环保"的原则，加强规划引导，改善发展环境，推动智慧集群建设，形成一批产业集聚度高、创新能力强、信息化基础好、引导带动作用大的重点产业集群。加强产业集群对外合作交流，发挥产业集群在对外产能合作中的载体作用。

推动中小企业协调发展。建立中小企业跨区域交流合作机制，鼓励东中西部地区中小企业利用各自比较优势开展合作，缩小地区间发展差距。推进城乡中小企业协调发展。推动军民融合发展，促进中小企业进入武器装备科研、生产和服务领域。鼓励和引导中小企业承担社会责任，营造和谐发展环境。

四、拓展内外市场，开放发展

营造公平开放的市场环境。清理和废除妨碍公平竞争的各种规定，推进实行公平的市场准入制度和公平竞争审查制度，打破区域垄断，统一市场监管。

扩大开放领域。进一步推进电力、电信、民航、铁路、石油天然气、邮政、市政公用等行业的竞争性业务开放，推进金融、教育、文化、医疗等领域有序开放，消除各种隐性壁垒。

引导中小企业开拓市场。支持中小企业加强市场调研，顺应需求升级要求，创新营销模式，深耕细分市场，拓展发展空间。鼓励中小企业加强工贸结合、农贸结合和内外贸结合，利用电商平台等多种方式开拓市场，提高市场拓展效率。推进连锁经营、特许经营、物流配送等现代流通方式。

支持中小企业"走出去"和"引进来"。加强跨区域合作与协作配套，落实APEC第21次中小企业部长会议《促进亚太地区中小企业创新发展的南京宣言》。支持中小企业引进境外资金、技术、人才、管理经验，增强发展能力。促进中小企业拓展对外贸易、投资的广度和深度，融入全球产业链和价值链。

五、推进职能转变，改进服务

转变政府职能。简政放权，放管结合，优化服务。推动行政审批、投资审批等制度改革，减少政府对微观事务的管理，缩减政府审批范围。推动建立健全权力清单、责任清单、负面清单管理模式，为企业松绑减负。推动商事制度改革，创新管理方式，激发市场活力。

降低中小企业成本。发挥减轻企业负担工作机制的作用，进一步推进合理降低企业税负，全面实施涉企收费目录清单管理，规范涉企收费行为，减轻中小企业负担。优化行政审批流程和企业投资项目相关审批程序，推进降低制度性交易成本。推进降低企业融资成本，推动降低企业用能、用地成本等。

改进政务服务。构建规范高效的服务机制，完善法律、规划、政策，畅通信息发布渠道，建立健全服务信息系统，逐步实现网上受理、信息共享，着力解决政策服务"最后一公里"问题，营造受理程序简、办事效率高、服务成本低、中小企业满意的政务服务环境。

完善服务体系。提高中小企业服务体系的服务效率，丰富服务内容，完善服务功能。研究制定中小企业服务机构和平台的服务规范，加强小微企业创业创新基地、中小企业公共服务平台等载体能力建设，不断提高服务质量和水平。发挥中小企业服务平台网络骨干架构作用，加强互联互通，实现资源优势互补。

第四章 关键工程与专项行动

一、"互联网+"小微企业专项行动

提升互联网和信息技术应用能力。深入推进中小企业信息化进程，鼓励小微企业在研发设计、生产制造、市场营销、仓储物流、运营管理等环节应用互联网、云计算、大数据、物联网等技术，创新生产方式和营销方式，提高效率，形成发展新优势和新动能。推广小微企业运用互联网发展的成功案例，不断探索小微企业"互联网+"应用创新与发展路径。支持中小企业资源与互联网平台全面对接，提升中小企业特别是小微企业的快速响应和柔性高效的供给能力。

推动发展新业态和新模式。利用"互联网+"，发展众创、众包、众扶、众筹等新模式。推进专业空间众创、网络平台众创和大企业内部众创；推广研发设计、制造运维、知识内容和生活服务众包，推动小微企业参与线上线下生产流通分工；推动支持社会公共众扶、企业分享众扶和公众互助众扶；规范发展网络借贷、股权众筹和实物众筹。创新互联网和信息技术应用，不断催生新业态、新模式，培育新增量。

加强互联网和信息技术服务支撑。发挥云平台的作用，面向中小企业提供在线研发设计、优化控制、设备管理、质量监控与分析等应用服务。支持大型互联网企业、基础电信企业，以及信息技术服务商建设面向中小企业的"双创"服务平台，在研发、生产、管理、营销以及商业模式等方面，为中小企业特别是小微企业提供高水平、高质量、低成本、低门槛、灵活安全的互联网基础环境、信息技术和解决方案。支持第三方服务机构提供小微企业"互联网+"评估、诊断等服务。支持建设"创客中国"等公共服务平台。

二、"专精特新"中小企业培育工程

鼓励专业化发展。引导和支持中小企业针对专门的客户群体或市场，拥有专项技术或生产工艺，使其产品和服务在产业链某个环节中处于优势地位，利用自身特色和比较优势，为大企业、大项目和产业链提供优质零部件、元器件、配套产品和配套服务。

鼓励精细化发展。引导中小企业精细化生产、管理和服务，以美誉度好、性价比高、品质精良的产品和服务在细分市场中占据优势。鼓励中小企业抓住关键环节，量化标准，强化责任，不断提供优质的产品和服务。支持中小企业最大限度地发挥员工的优势和潜能，满足日益增长的个性化、定制化需求。

支持特色化发展。支持中小企业针对不同的消费群体，采用独特的工艺、技术、配方或特殊原料进行研制生产，提供特色化、含有地域文化元素的产品和

服务，形成具有独特性、独有性、独家生产特点，具有较强影响力和品牌知名度的特色产品、特色服务等。

支持新颖化发展。支持中小企业持续投入、持续创新，拥有自主知识产权。引导和支持中小企业树立新颖化理念，在样式、外观、规格、功能等方面加强个性化、艺术化等创意和设计，提供便捷化、人性化、细致化等产品和服务，以新产品、新服务满足需求，以新发明、新创造引领需求，通过技术、工艺、管理、服务的新颖化不断占据市场先机。

三、服务能力建设工程

培育和支持小型微型企业创业创新基地建设。支持各地利用闲置厂房、楼宇，各类园区、产业集群、孵化基地等，开展小型微型企业创业创新基地建设。培育和公告一批国家和省市小型微型企业创业创新示范基地，引导基地向平台化、智慧化和生态化方向发展。鼓励大企业发挥技术、人才和资金等方面的优势，建立面向企业内外的创业创新基地。推动创客空间、创新工场、社会实验室等新型众创空间发展。调动社会力量，不断完善创业创新环境和条件。

推动中小企业公共服务平台网络有效运转。发挥平台网络资源共享、服务协同优势，以中小企业集聚区或行业为重点，推动平台网络组织带动优质专业服务资源开展专业化、特色化服务，提高服务的及时性和有效性，增强平台网络品牌知名度和社会影响力，探索市场化运营模式，促进平台网络可持续发展。

提高中小企业公共服务平台的服务能力。继续支持建立和完善中小企业公共服务平台，引导平台不断提高集聚服务资源的能力、完善服务功能，推动线上线下服务相结合，服务与需求精准对接。继续对国家中小企业公共服务示范平台进行动态管理，组织开展经验交流，提高平台的服务能力。鼓励和支持利用互联网和信息技术，加强技术创新、智能制造、质量品牌等公共技术服务平台建设。到"十三五"末，培育和认定的省级平台达到3000家。

创新中小企业公共服务实现方式。通过政府购买服务以及引入PPP模式等，推动公共服务模式创新，探索"政府支持+社会投资+市场化运营"机制，建立和完善服务支撑和技术应用支持体系。

提升行业协会、服务联盟、综合性服务机构服务能力。推进行业协会、服务联盟、综合性服务机构整合资源，提高服务的针对性和有效性，提升服务能力和水平，发挥其引导和辐射作用，带动各类服务机构为中小企业提供优质服务。

四、产业集群发展能力提升工程

优化产业集群发展环境。改善产业和中小企业集聚条件，加强节能管理能力和"三废"有效治理。推动产业集群光纤宽带网络和移动通信网络等数字化基础设施建设。鼓励支持在产业集群中建设小型微型企业创业创新基地、创客空间等。鼓励有条件的产业集群建设多层标准厂房，高效开发利用土地。

推动智慧集群建设和试点。加快新一代信息技术在产业集群中的应用，实施互联网+产业集群行动，通过基础设施、集群管理与服务、生产性服务等的智能化发展，集群主体与内外部创新链、供应链、服务链的互联互通，形成创新、协同、精益、开放、共享的产业生态体系，提升产业集群系统效率和竞争能力。鼓励和支持有条件的地区开展"智慧集群"建设和试点，开展百家"智慧集群"建设和认定工作，总结推广"智慧集群"建设与发展经验。

提升产业集群协同创新能力。鼓励和支持集群企业与高校、科研机构建立产学研用协同创新网络，采用联合组建产业联盟或研发联盟等新型合作模式，推动共性技术研发和推广应用，引导创新资源向集群集聚。推动建立集群龙头企业与配套企业专业化协作体系，带动集群内中小企业"专精特新"发展。加强技术创新、智能制造等的公共技术服务平台建设，为集群产业链的延伸完善和中小企业创业创新提供支撑。强化产业集群知识产权服务机制，鼓励引导企业技术创新、产品创新和商业模式创新。

推动产业集群品牌建设。鼓励产业集群制定区域品牌发展规划，支持具有较高市场占有率的特色产业集群制定团体标准，将打造区域品牌作为树立产业集群整体优势和提高知名度的重要手段。加强区域品牌知识产权保护，支持以品牌共享为基础，大力培育地理标志、集体商标、原产地注册、证明标志等集体品牌。鼓励集群企业创建和培育企业品牌，推动区域品牌和企业品牌良性互动。

五、中小企业管理能力提升工程

推动中小企业建立现代企业制度。规范企业产权制度、治理结构和管理制度。引导中小企业树立现代企业经营管理理念，加强财务、质量、安全、用工、风险等基础管理，强化精益管理、现场管理，鼓励中小企业利用信息化手段提高管理水平，降本增效。激发企业家精神，增强企业内在活力和创造力。

推动开展中小企业管理咨询服务。探索建立中小企业管理咨询制度，鼓励和支持管理咨询机构和志愿者开展管理诊断、管理咨询服务，帮助中小企业改善管理。完善管理咨询专家库，为各地开展管理咨询工作提供指导和支撑。

推动中小企业管理创新。鼓励有条件的中小企业积极开展管理创新，及时总结经验，积极参加全国和地方企业管理现代化创新成果申报活动。加强管理创新实践和创新成果推广，鼓励和引导中小企业学习和借鉴国内外先进管理经验，提升管理水平。鼓励中小企业依法规范经营，履行社会责任。

加强人才培养和引进。继续实施国家中小企业银河培训工程，组织实施中小企业经营管理领军人才培训，探索订单培养等新型校企合作人才培养模式。利用互联网手段，组织开展各类专业知识和专业技能培训。搭建人才交流平台，加强人才引进。继续开展政府间合作培训，实施中小企业国际化人才培训计划。

六、中小企业国际化促进专项行动

发挥中小企业双边多边对外合作机制作用。继续深化与美国、德国、韩国和欧盟、东盟、APEC、金砖国家等双多边合作，探索合作共赢方式，深化在促进政策、贸易投资、科技创新等领域的交流与合作，促进中小企业发展。

加快中小企业“走出去”和“引进来”。鼓励有条件的中小企业到境外建立原材料基地、研发设计基地和营销网络，支持中小企业收购境外先进技术和最新科研成果，并购、参股境外创新型中小企业，支持中小企业技术、品牌、营销、服务“走出去”。支持有条件的地方建设中小企业中外合作区，吸引高端制造企业在园区落地，吸引境外企业在华设立研发机构，促进境外原创技术在中国孵化落地。深化“政银企”合作机制，鼓励开展多种形式的银企对接、跨境撮合等活动，为金融机构和中小企业提供沟通交流的平台，支持中小企业国际化发展。

鼓励和支持中小企业服务机构“走出去”。支持中小企业服务机构在境外设立分支机构，发挥行业协会和境外中资商会作用，在条件成熟的国家和地区探索设立“中国中小企业中心”，为境内外中小企业提供专业化服务。鼓励协会、商会与境外机构加强合作，组织开展企业走访、实习实践、商务对接等合作交流活动。

推动开展展览展示活动。支持建立各类中小企业产品技术展示中心，鼓励中小企业利用跨境网络交易平台、跨境电商等渠道拓展市场，继续办好中国国际中小企业博览会、APEC中小企业技术交流暨展览会，支持中小企业参加境内外展览展销活动。

第五章 保障措施

一、加强组织领导

发挥国务院促进中小企业发展工作领导小组及其办公室作用，完善跨部门协调联动工作机制，明确任务分工，强化责任考核，统筹政策、整合资源、协同创新。加强中小企业主管部门队伍建设，促进中小企业政策制定和服务工作迈上新台阶。加强规划宣传和工作指导，形成规划实施合力。

二、加大财税支持

发挥国家中小企业发展基金作用。通过国家中小企业发展基金，带动地方、创业投资机构及其他社会资本投资种子期、初创期成长型中小企业。鼓励有条件的省市设立地方中小企业发展基金。加强体制机制创新，引导各类社会资金支持传统产业改造升级、节能减排，以及现代服务业、战略性新兴产业、现代农业、文化产业和民族特色产业等领域初创期中小企业发展，支持中小企业“专精特新”发展。

加大财政资金支持。各级财政统筹安排各类服务于中小企业发展的资金，创新资金投入方式，对中小企业公共服务体系等市场薄弱环节予以支持。发挥财政资金杠杆作用，建立促进中小企业发展的市场化长效机制。继续完善促进中小企业发展的政府采购政策，加大政策执行监管力度，确保政策时效。

加强中小企业税收优惠政策支持。进一步落实好各项税收优惠政策，让广大中小企业知晓用足政策。结合新情况、新问题，统筹研究有利于中小企业发展的税收政策，加强政策储备。

三、加强融资保障

推动金融市场发展。支持民间资本发起设立银行等金融机构，大力发展中小金融机构及普惠金融，推动互联网金融规范有序发展。鼓励设立各类中小企业基金、创业投资引导基金、风险投资基金等，引导股权投资机构为中小企业提供融资支持。创新和扩大中小企业债券、信托、票据发行方式和规模。推进中小板、创业板、新三板和区域股权交易市场等发展。促进形成金融机构充分竞争市场格局，增加融资供给，便利中小企业融资选择及获取。

优化融资环境。推动形成中小企业融资政策体系，继续加强和深化各级中小企业主管部门与银行业金融机构合作，加大对中小企业融资支持力度。推动银行业金融机构创新适合中小企业特别是小微企业需求的金融产品和服务，发展应收账款、存货（仓单）等动产融资模式，推动开展供应链融资。建立和完善小微企业信贷风险补偿机制，扩大中小企业贷款规模和比重。

推进中小企业信用担保体系建设。推动设立国家融资担保基金，鼓励和推动有条件的地方设立政府性担保基金。加快组建省级再担保机构，完善以省级再担保机构（基金）为核心的担保体系建设，推进建立产权纽带关系，发挥其增信、分险作用。推动中小企业信用担保代偿补偿机制建设。推动发展国有及国有控股担保机构，鼓励国有资本参股民营担保机构。探索建立担保机构不良资产处置机制。完善银行与担保机构之间的合作，探索和推动在银行与担保机构间建立合理的贷款风险分担机制。鼓励和支持担保机构加强管理，创新业务，提高担保能力，扩大低收费中小企业担保规模。

推进中小企业信用体系建设。依托全国信用信息共享平台，推动建立中小企业信用信息共享机制。支持利用大数据以及各类信息资源，建立包括企业纳税信息、进销存信息、诚信经营信息等中小企业信用信息平台。鼓励各类平台畅通与银行业金融机构间的信用信息渠道，便于金融机构对中小企业进行评级及授信。鼓励各类信用服务机构提供有效服务，为中小企业融资提供便利。

四、加强服务支撑

贯彻落实《中小企业促进法》。加快推进《中小企业促进法》修订，围绕财税支持、融资促进、创业扶持、创新支持、市场开拓、社会服务、权益保护等重点领域推动贯彻落实。强化《中小企业促进法》实施情况监督检查，切实发挥法律对中小企业保障和促进作用。

推动建立跨部门政策信息发布平台。通过政策信息发布平台，汇集涉及中小企业的法律法规、创业、创新、金融、市场、权益保护等各类政府服务信息，为中小企业提供便捷服务。推动建立和完善各项政策的公开、共享和贯彻落实监督机制。

支持公共服务平台提供一站式服务。鼓励各类服务机构通过多种形式，为中小企业提供创业辅导、项目开发、风险评估、管理咨询、信息交流、信用服务、市场营销、投资融资、登记注册、财税代理、贷款担保、产权交易、技术支持、人才引进、人员培训、对外合作、展览展销、法律咨询和法律援助等专业化服务。建立服务机构绩效评价标准，开展服务对标与服务能力竞赛。

推动建立中小企业维权机制。推动各地重视和发挥中小企业维权服务机构作用，支持中小企业服务机构帮助中小企业提高维权的意识和能力，规范市场主体交易行为，防止大企业违约拖欠中小企业货款。

五、加强运行监测

推动建立和完善中小企业的分类统计、监测、分析和发布体系，逐步建立中小企业市场监测、风险防范和预警机制。利用互联网、大数据等手段，及时了解中小企业运行和发展情况，对中小企业发展态势及时进行研判、科学预警，为研究制定和完善促进中小企业发展的政策和决策提供基础支撑。

工业和信息化部关于印发《促进中小企业国际化发展五年行动计划（2016–2020年）》的通知

工信部企业函〔2016〕314号

各省、自治区、直辖市及计划单列市、新疆生产建设兵团中小企业主管部门：

为贯彻落实党中央、国务院关于支持中小企业发展的决策部署，推进“一带一路”建设和供给侧结构性改革，创新和完善投融资机制，支持中小企业利用全球要素，优化资源配置，积极融入全球产业链和价值链，鼓励中小企业把国外的先进技术、优质资产、高端人才和先进管理经验引到中国，促进中小企业转型升级和技术创新，工业和信息化部联合中国银行制定《促进中小企业国际化发展五年行动计划（2016–2020年）》。现予印发，请结合实际抓好贯彻落实。

工业和信息化部

2016年8月1日

促进中小企业国际化发展五年行动计划（2016–2020年）

为贯彻落实国务院关于支持中小企业发展的决策部署，推进“一带一路”建设和供给侧结构性改革，提高中小企业技术、品牌、营销、服务的国际竞争力，工业和信息化部、中国银行决定共同开展“促进中小企业国际化发展五年行动计划（2016–2020年）”，推进各地中小企业主管部门和中国银行各分支机构建立政银企合作机制，强化信息共享和政策协同，发挥中国银行“中小企业跨境撮合服务平台”的作用，创新金融支持方式，改善金融服务，促进中小企业融入全球市场，利用全球要素。

一、发挥各自优势，形成工作合力

（一）工业和信息化部继续深化中小企业领域的双多边政府磋商机制，鼓励各地中小企业主管部门、中小企业服务机构建立与境外重点投资贸易地区政府部门、行业协会、商会的合作机制，扩大利益汇合点，加强在促进政策、贸易投资、科技创新等领域的合作，探索更多更有效的互利共赢模式，为中小企业国际化发展营造良好环境。

（二）中国银行发挥国际化、多元化的优势，与其他国家和地区的政府、银行、商会等建立合作机制，为中小企业匹配对接国际资源提供信息。同时积极开发支持中小企业国际化发展的金融产品，提供全生命周期金融服务，并配套法律、会计、翻译等服务。为有跨境合作需求的中小企业开展远程网上交流、现场“一对一”洽谈、后期实地考察等服务，打造中小企业跨境交流合作平台。

二、打造服务平台，加强信息共享

（三）发挥各地中小企业主管部门的优势，会同有关部门及时发布产业政策、产业规划、监管动态、发展趋势等信息和对外投资的产业导向、国别指导政策，提高指导中小企业国际化发展的针对性和有效性。中国银行根据政策导向，制定有针对性的金融支持政策和跨境撮合服务重点。

（四）各地中小企业主管部门根据国家、地区产业发展战略要求，提出产业升级、技术引进及资产并购和引进需求，收集相关海外意向标的和中小企业投资贸易服务需求，建立跨境发展企业信息库，择优推介有基础、有实力、有意向的中小企业。中国银行据此收集境外市场和交易对象信息，提供匹配对接服务，支持中小企业在研发、生产、销售、采购等方面开展国际化合作，促进形成以技术、品牌、质量、服务为核心竞争力的新优势。

（五）搭建“政银企”对接网络平台，主要提供1.产业信息服务，为中小企业提供境外投资解读、产业动态、市场信息、行业研报、政策法规等信息；2.在线金融服务，实现企业融资需求网上申请、即时汇总、分类整理、及时推荐，提高银企信息对接效率；3.跨境撮合服务，方便有需求的中小企业在线提交跨境撮合意向和相关信息。经各地中小企业主管部门、中国银行各分支机构筛选后，择优参加跨境撮合活动。

三、聚焦重点领域，开展跨境撮合

（六）聚焦重点产业，对符合国际产能合作、中国制造2025、“互联网+”行动计划、国家产业结构调整方向的高端制造、生物医药、节能环保、信息技术、现代服务、现代农业、海洋经济等重点行业联合开展跨境专题撮合，积极引入国外先进技术和优质资产。

（七）聚焦重点国家和国内重点地区，围绕“一带一路”、京津冀协同发展、长江经济带、海西经济区、自贸区等战略，在“一带一路”沿线国家、京津冀地区、长三角地区、自贸区等重点区域联合开展专题跨境撮合活动，对接国外高新企业、战略性新兴产业、传统优势产业。

（八）发挥APEC中小企业技术交流暨展览会、中国国际中小企业博览会、中德中小企业合作交流会以及各地组织的展览会、洽谈会、项目对接会等对外交流合作平台的作用，与中国银行联合开展跨境撮合、金融产品推介等活动。

四、创新支持方式，优化金融服务

（九）进一步发挥中小企业中外合作区作为引进先进技术、管理经验和高素质人才的载体作用和示范作用，着力培育外向型产业集群。中国银行针对合作区、外向型产业集群、上下游产业链、商圈等开发批量贷款、授信保障等专属金融产品，支持特色产业做大做强。

（十）鼓励有条件的地方设立专项基金，或与中国银行探索联合成立投贷联动引导基金，开展投贷联动试点，引导跨国并购基金、风险投资基金等，支持国内中小企业与国外中小企业开展并购、合资、参股等合作，引进国外先进技术和最新科研成果，积极支持和引进国外中小企业原创技术在中国孵化落地。鼓励有条件的地方设立专项资金，与中国银行合作，对符合条件的中小企业跨境发展重点项目给予贷款贴息。

（十一）中国银行制定差别化信贷政策，积极开展针对不同行业、不同投资贸易目的地国家和地区的企业融资服务，开发内保外贷以及应收账款、仓单、知识产权等质押融资产品。

（十二）试点利用跨境人民币贷款支持中小企业融资，依托自贸区的政策优势，探索推进区内中小企业按规定从境外借用人民币资金，促进中小企业对外融资便利化。

（十三）加强政银担合作，通过建立完善再担保机制、风险补偿等多种方式加大对中小企业国际化发展支持力度。落实中小企业信用担保机构的财政促进政策，引导信用担保机构加大产品与服务创新。联合中国银行探索中小企业担保贷款保证保险业务，建立“政府+银行+担保+保险”多方参与、风险共担的融资模式。支持有条件的地方设立信贷风险补偿资金，对提供中小企业国际化发展融资服务的银行、担保、保险等机构给予贷款风险补偿。

（十四）中国银行在提供信贷支持和服务过程中，按照自主决策、风险可控、商业可持续原则，坚持独立审贷，切实防范金融风险。

五、落实保障措施，确保工作成效

（十五）加强组织领导。工业和信息化部中小企业局与中国银行总部中小企业部成立工作组，负责指导行动计划的落实，定期评估成效。各地中小企业主管部门、中国银行各分支机构要加强组织领导，建立促进中小企业国际化发展工作协调机制，及时沟通有关情况，协调解决推进过程中出现的问题。要结合本地实际制定年度工作计划，明确工作目标及责任人。要加强宣传发动，让广大中小企业了解行动计划，动员更多企业参与进来。要加强信息报送，及时将年度工作进展情况及经验报送工业和信息化部、中国银行。

（十六）强化企业管理。各地中小企业主管部门要积极推动纳入政银企合作信息平台的企业提升管理水平，指导企业完善内控制度和公司治理，强化企业诚信体系建设，提高企业资金管理水平和风险防控能力。加强对相关企业的融资能力培训，增强企业的投融资规划能力。引导企业加强财务状况、产品质量等方面的信息披露，减少银企信息不对称，防范企业逃废银行债务、虚假诈骗融资等失信行为，提高违约违法成本。

五部委关于推动小型微型企业创业创新基地发展的指导意见

工信部联企业〔2016〕394号

各省、自治区、直辖市及计划单列市、新疆生产建设兵团中小企业主管部门、发展改革委、财政厅（局）、国土资源主管部门、国家税务局、地方税务局：

为深入贯彻落实党中央、国务院关于大力推进大众创业万众创新和构建“双创”支撑平台的战略部署，进一步优化小型微型企业创业创新环境，促进小型微型企业创业创新基地规范发展，推动中小企业转型升级，制定本意见。

一、充分认识小型微型企业 创业创新基地的重要意义

小型微型企业创业创新基地（以下简称“小微企业双创基地”）是指各类为小型微型企业提供创业创新场所和服务的组织、机构的统称，包括各类创业基地、创业园、众创空间、孵化器和经济技术开发区、工业园区、高新技术园区、大学科技园区中面向小微企业的“园中园”，以及龙头骨干企业围绕主营业务方向设立的面向小微企业、创业团队、创客的创业创新基地（平台）等。

近年来，各地认真贯彻落实国务院支持小型微型企业健康发展的政策措施，实施创办小企业计划，全国共培育和支持创业基地4000余个，认定省级示范基地2200余个，基地入驻企业超过19万个，提供就业岗位超过500万个。为小微企业创业创新提供了有力支撑，在培育经济增长新动能中发挥了重要作用。

推动小微企业双创基地发展是贯彻落实党中央、国务院“双创”战略的重要举措，是推动中小企业健康发展的重要抓手。在分享经济快速发展的形势下，加强小微企业双创基地建设有利于集聚各类创业创新要素，集成创业创新资源，优化创业创新环境，降低创业创新成本；有利于规范服务标准，提升服务水平，提高创业创新成功率；有利于形成创业创新氛围，激发创业创新精神，催生企业主体，发挥创业带动就业的倍增效应。各地相关部门要把解决当前小微企业双创基地规模偏小、服务能力偏弱、运营模式有待创新等问题与培育经济发展新动能结合起来，进一步优化小微企业创业创新环境，解决创业创新企业场地难、融资难、服务难等问题。

二、总体要求

（一）指导思想

深入贯彻党的十八大及十八届三中、四中、五中、六中全会精神，树立创新、协调、绿色、开放、共享的发展理念，以促进企业孵化、成果转化、小微企业创新发展为目标，以构建创新与创业相结合、线上与线下相结合、孵化与产业化相结合的“双创”生态系统为重点，扶持培育和示范带动并举，推动小微企业双创基地向智慧化、平台化、生态化方向发展，为小微企业创业创新构建良好的发展环境，培育经济发展新动能。

（二）发展目标

到“十三五”末，公告300个国家小型微型企业创业创新示范基地，推动地方培育和建设3000个省级小型微型企业创业创新基地，形成一批特色鲜明、成果显著的小微企业双创基地，探索一套从孵化培育到产业化发展的有效机制。通过示范基地的辐射带动作用，提升小微企业双创基地建设和运营水平，不断提高创业创新服务能力，为各类创业创新主体健康发展提供有效支撑。

（三）基本原则

政府引导，科学布局。充分发挥政府部门在政策扶持、土地供应、财政支持、行政服务、公共宣传、优化环境等方面的职能作用，加强对小微企业双创基地的引导，结合现有工作基础和资源，制定小微企业双创基地发展规划，构建创业创新生态体系。

因地制宜，特色鲜明。充分发挥各地资源、人文、地理环境等方面的特长和优势，综合利用闲置厂房、城市楼宇、园区设施等场所条件，坚持建设和改造提升相结合，按照区域经济发展特点和产业结构调整要求，推动小微企业双创基地建设，形成地方特色。

市场主导，主体多元。充分发挥市场在资源配置中的决定性作用，树立开放、创新、发展的小微企业双创基地建设和运营新理念，调动各类园区、企业、科研院所、创业投资机构等主体的积极性和主动性，实现投资和运营主体多元化。

整合资源，融合创新。充分发挥各类服务资源的作用，以开放共享、合作共赢的理念，整合资源，补短板、强服务，完善功能。加强与开源社区、资源共享平台、创业沙龙等互联网创业创新平台对接合作，创新模式，提升孵化和产业化能力。

三、主要任务

（一）完善公共基础设施，实现服务信息化

推动小微企业双创基地完善信息网络基础设施，提高云计算、大数据、物联网等信息技术的应用能力，利用工业互联网、云计算平台、大数据中心等公共服务设施，为企业提供便捷、稳定、广覆盖、低成本的信息网络基础设施和研发、设计、制造、经营管理、营销、融资等全方位应用服务。

（二）集成内外部服务资源，实现服务平台化

推动小微企业双创基地以平台化的方式集聚优质创业创新资源。鼓励小微企业双创基地完善服务制度、提升服务水平、提高服务效率；鼓励各类服务机构入驻小微企业双创基地，提供专业化服务；鼓励发展众创、众包、众筹、众扶新模式，提高创业创新服务的能力和水平；鼓励建立并完善小微企业创业创新数据库，为入驻企业提供一站式、个性化服务。

（三）构建服务质量管理体系，实现服务规范化

引导小微企业双创基地建立规范的创业服务质量管理和评估体系，明确服务标准，规范服务流程，依据企业对服务效果满意度的评价意见对服务机构进行动态管理，推动小微企业双创基地服务质量不断提升。

（四）推动产业有机联动，实现小微企业双创基地生态化发展

引导小微企业双创基地构建各类创业创新主体紧密协作的网络，围绕产业链、打造创新链、优化供应链、完善资金链，形成产业资源集聚、企业多元互补、服务功能完备的创业生态环境。建设技术交易、信息技术服务、科技咨询、创业培训等公共服务平台，促进创新成果转化，加强知识产权保护和应用。构建入驻企业资源共享、原料互供机制，加强专业化协作。推动骨干企业与入驻企业合作共享，打造生产协同、创新协同、战略协同的创新产业圈。引导银行、投资机构、中小企业信用担保机构与入驻小微企业对接。引导和鼓励有条件的小微企业双创基地直接设立或引入专业股权投资基金，构建与创业创新相协调的资金链。

（五）打造环境友好型基地，引导小微企业双创基地绿色化发展

推动小微企业双创基地全面推行绿色发展理念。鼓励利用闲置厂房、楼宇等场所改建小微企业双创基地，完善“三废”集中处理等公共基础设施；鼓励小微企业双创基地为入驻企业开展能耗在线监测与预警服务，帮助入驻企业降能耗、降成本，开展清洁生产技术改造，提升能源资源利用效率。推动新能源的使用和节能减排，实现小微企业双创基地绿色发展。

（六）提升信息技术应用能力，推动小微企业双创基地智慧化发展

加强小微企业双创基地与“互联网+”融合。通过不断完善和提高汇集分析物业、企业、项目、技术、人才等信息的能力，加强智慧物流、智慧仓储、智能监控、智慧能源等平台建设，推动项目智能评估、健康体检、实时监控等精细化管理系统的应用，逐步提高小微企业双创基地智慧化水平。

（七）发挥各类主体优势，推动小微企业双创基地特色化发展

结合各种建设运营主体的特点和小微企业双创基地运营发展需求，有重点、有特色的打造小微企业双创基地核心竞争力，提高小微企业双创基地孵化和产业化能力。对于依托经济技术开发区、工业园区、产业集群（园区）等为基础建设运营的小微企业双创基地，要重点发挥产业资源集聚功能，构建从孵化到产业化的全链条企业培育能力。对于依托高校和科研院所建设运营的小微企业双创基地，要重点发挥科技创新的引领作用，提高科研成果转化率，打造科技含量高、影响力大、创新能力强、孵化效果好的小微企业双创基地。对于行业骨干企业设立运营的小微企业双创基地，要发挥骨干企业的带动作用，以及在研发资源、市场资源、信息资源等方面的优势，加强专业化协作和配套，支持入驻企业专精特新发展。

四、政策扶持

（一）推动用地政策落实

各级中小企业主管部门要积极协调有关部门，认真落实国务院关于促进小型微型企业发展和推动双创平台建设的政策措施，统筹规划建设小微企业双创基地，在用地计划指标上予以优先安排。

对利用闲置土地、厂房、楼宇建设创业创新基地有贷款需求的项目，各地中小企业主管部门应积极协调，组织金融机构进行对接并给予支持。

（二）加强财政支持力度

将小微企业双创基地建设和发展与现行支持政策做好衔接，统筹现有资金渠道，探索PPP、政府购买服务等模式支持小微企业双创基地基础设施改造、信息化建设、服务能力提升，以及对厂房场地租金予以补助，对优秀小微企业双创基地予以奖励。

（三）完善金融保障力度

创新金融工具，引导金融机构加大对示范基地建设和重点项目的支持力度。推动小微企业双创基地与银行、创业投资机构、股权投资机构对接，联合设立或引进创业投资基金、股权投资基金并优先投资于小微企业双创基地内企业和项目。鼓励小微企业双创基地与中小企业信用担保机构对接，为小微企业双创基地内中小企业提供增信和融资担保，支持保险机构在小微企业双创基地内积极发展产品和服务。

（四）落实税收优惠政策

切实落实创业孵化器税收优惠政策。小微企业双创基地符合科技企业孵化器、大学科技园税收政策条件的，可享受有关税收优惠。

五、组织实施

（一）研究制定实施计划

各地中小企业主管部门主动作为，加强引导，大胆探索，相互借鉴，有机衔接各地方、各部门已有工作基础，制定适合当地产业和经济发展的小微企业双创基地发展实施计划。科学组织，合理定位，设立计划推进工作组，建立计划推进时间表，完善配套支持政策。

（二）加强宣传，营造氛围

依托各地主要媒体和新媒体，加大对小微企业双创基地的宣传和推介，总结宣传示范基地运营的新模式、新思路，推广建设运营的成功经验，发挥示范基地的引领带动作用。组织各种类型的创业创新大赛、创业训练营、资本对接会等活动，营造创业创新氛围。

（三）加强与相关部门的协调沟通

各级中小企业主管部门要结合实际情况，建立与相关部门的联系协调机制，切实推动小微企业双创基地相关政策的贯彻落实，实现上下联动、统筹推进、务实高效的政策合力。

工业和信息化部 国家发展和改革委员会 财政部

国土资源部国家 税务总局

2016年12月5日

工业和信息化部办公厅关于开展第三批国家中小企业公共服务示范平台复核工作的通知

工信厅企业函〔2016〕788号

各省、自治区、直辖市及计划单列市中小企业主管部门，部直属相关单位：

根据《国家中小企业公共服务示范平台认定的管理办法》（工信部企业〔2012〕197号）规定，现就开展第三批国家中小企业公共服务示范平台（以下简称示范平台）复核工作有关事项通知如下：

一、本次复核范围为《工业和信息化部关于公布第三批“国家中小企业公共服务示范平台”名单的通告》（工信部企业〔2013〕510号）中的105个示范平台。原由协会推荐的示范平台按属地化原则通过当地省级中小企业主管部门申报。

二、示范平台要认真做好近三年工作总结（包括服务功能完善、服务能力提高情况，组织带动社会服务资源开展服务情况，开展公益性服务、承担政府部门委托的各项任务情况，为中小企业服务的主要业绩等），并将总结报告、2016年度审计报告和服务收支专项审计报告，以及《国家中小企业公共服务示范平台复核情况测评表》（附件1）报省级中小企业主管部门。

三、省级中小企业主管部门负责对辖区内示范平台的运营情况、服务质量、服务收费情况以及服务满意度等进行检查测评、填写测评意见，并于2017年2月28日前以文件形式将测评意见、《复核情况汇总表》（附件2），以及示范平台申请复核的相关纸质材料一式两份报送我部（中小企业局）。请各省级中小企业主管部门将具体经办人员名单及联系方式于12月30日前报我部（中小企业局）。

四、部直属单位根据上述相关要求，于2017年2月28日前将相关材料报我部（中小企业局）。

五、请示范平台和中小企业主管部门登录我部官网http://www.miit.gov.cn或中国中小企业信息网http://www.sme.gov.cn，在通知通告栏下载并填写附件1和附件2。所有材料的电子文档请发送至电子邮箱：cxfwc@sme.gov.cn。

联系人及电话：王兵010-68205301/68205309（传真）

柯贻文010-82292065/13611007270

附件：1.国家中小企业公共服务示范平台复核情况测评表

2.复核情况汇总表

2016年12月16日

2015-2016年地方性法规规章及规范性文件

北京市

北京市中小企业发展基金管理办法

第一章 总则

第一条 为促进本市中小企业发展，规范中小企业发展基金（以下简称“基金”）管理，根据《中华人民共和国中小企业促进法》、《北京市促进中小企业发展条例》、《北京市关于进一步支持小型微型企业发展的意见》（京政发【2012】40号）、《北京市新增产业的禁止和限制目录》及有关法律、法规和政策，制订本办法。

第二条 基金是专项用于支持符合首都城市功能定位和产业发展政策的中小企业，特别是小微企业发展的政策性基金。按照“政策性导向、市场化运作”原则设立，重点支持科技创新、新兴服务业等首都特色产业，以及因市场失灵或市场配置资源不足而影响中小企业发展领域。

第三条 基金的宗旨是创新政府资金使用方式，发挥财政资金杠杆放大效应，运用市场化手段，引导各类社会资金支持初创期、成长期中小企业发展，改善中小企业发展环境。

第四条 基金的资金主要来源于本市扶持中小企业发展的各专项资金及其它政府性资金、基金收益、社会捐赠和其它社会资金。

第二章 基金构成

第五条 基金由母子基金构成。中小企业发展基金为母基金，子基金由母基金以参股方式与社会投资机构共同设立。母基金初期资金主要来源于：中小企业创业投资引导基金；高端制造业担保代偿资金；中关村现代服务业专项资金；中小企业发展专项资金。

第三章 基金使用

第六条 基金遵循公共性原则，注重发挥引导性作用，按照“有偿使用、循环投入、滚动发展”的方式实现可持续发展。基金可与其它中小企业支持政策和资金配合使用，增强财政资金使用效果。

第七条 基金主要以参股支持方式与社会资金开展合作，在创业引导投资、股权投资、债权投资、担保投资、风险补偿等方面，根据业务开展、企业和市场需求适时设置调整子基金及其规模。子基金使用管理细则另行制定。

第八条 基金存续期。“母基金”存续期原则为12年，其中退出期2年。子基金存续期另行约定。

第九条 基金不得投资于股票、期货、外汇、房地产业以及国家和本市政策限制类行业。

第十条 基金闲置资金仅限用于银行存款、购买国债等保证本金安全的方式。

第四章 基金管理

第十一条 市经济信息化委、市财政局等部门联合设立“北京市中小企业发展基金领导小组”（以下简称“领导小组”），负责基金的决策、指导、监督、协调和管理。主要职能：

（一）审定基金使用的原则和方式；

（二）审议批准基金管理制度和基金实施方案；

（三）审议批准子基金管理机构和子基金合作机构；

（四）审议基金年度工作报告、工作计划；

（五）对基金使用情况进行跟踪评价和绩效考核；

（六）审定基金收益处置方案；

（七）决定基金续期、清算等其他重大事项。

第十二条 领导小组下设办公室（以下简称“领导小组办公室”），办公室成员由领导小组成员单位委派，负责基金日常管理工作。办公室设在市经济信息化委，主要职能：

（一）根据领导小组审定的基金管理制度和实施方案，制定子基金使用细则；

（二）根据领导小组安排，组织公开征集、评审、拟定子基金管理机构和合作机构；

（三）指导和监督基金受托管理机构日常工作；

（四）协调基金日常管理中出现的问题；

（五）领导小组交办的其他工作。

第十三条 市财政局代表市政府作为基金出资人，负责母基金资金筹集和履行出资职责。

第十四条 基金设立专家咨询委员会，由领导小组办公室公开聘任，在基金管理、风险控制、创新融资、重大事项等方面，向领导小组及管理人员提供咨询建议。

第十五条 北京市中小企业服务中心作为母基金受托管理机构，负责基金代持和管理工作。主要职能：

（一）受领导小组委托以出资额为限对子基金和参股公司行使权利义务；

（二）负责基金日常管理、议事规则等制度建设，协调子基金的运营管理，建立基金评审专家库，定期对各子基金业务进行统计、分析、汇总，按季度、年度出具基金运营报告；

（三）对基金账户进行监督，确保资金安全；

（四）组织开展政策研究、宣传推广及业务创新等；

（五）领导小组及办公室交办的其他工作。

第十六条 领导小组可通过设立或招标方式确定各子基金的运营管理机构（以下简称“子基金运营管理机构”），由该运营管理机构具体负责各子基金的运营管理工作。子基金运营管理机构主要职能：

（一）根据委托协议对受托管理子基金进行动态管理和监督考核；

（二）对子基金的运营情况进行统计分析和评价，定期报送基金进展情况；

（三）建立重大事项报告制度，及时向领导小组及办公室报告基金重大业务事项、重大财务事项以及其他对基金产生重大影响的信息。有下列事项之一的，应当报请领导小组批准：

1、提前终止基金；

2、基金合并或转换运作方式；

3、更换基金管理人或出资人；

4、基金合同的重大修改；

5、代表委托人行使表决权的事项。

（四）设立专职部门和专业人员进行基金管理，建立健全风险管理制度和内部控制机制，规范业务操作流程，有效控制基金风险，接受委托人的监督。

（五）领导小组及办公室交办的其他工作。

第十七条 综合考虑基金管理内容、模式、规模、业绩等因素，按不超过基金管理规模的1%安排基金管理费，从市中小企业发展专项资金中列支。

第十八条 领导小组公开委托一家商业银行作为基金托管银行，对基金进行专户管理。

第五章 基金收益和退出

第十九条 基金取得出资收益主要用于以下方面：

（一）弥补基金损失；

（二）扩大基金规模；

（三）对基金投资合作机构进行奖励。

第二十条 母基金到期清算后，基金本金及投资收益上缴市级国库，纳入市级财政预算管理。

第二十一条 基金投资形成的股权或债权退出时，应报请领导小组批准，按照协议约定可通过转让、企业回购、兼并收购、到期清算等方式退出，退出方式及价格应体现基金政策性和市场化原则，由子基金使用管理细则结合运作模式具体规定。

第六章 子基金合作机构的选择程序

第二十二条 子基金合作机构的选择原则上应遵循以下程序：

（一）公开征集。受领导小组办公室委托，子基金运营管理机构面向社会公开征集基金合作机构。

（二）机构申报。拟合作机构向子基金运营管理机构提交合作方案。

（三）专家评审。领导小组办公室组织有关专家对合作方案进行评审，对同类合作机构进行排名。

（四）社会公示。专家评审结果在有关媒体上公示，公示期为7天。对公示中发现问题的机构，基金不予合作。

（五）政府决策。领导小组根据基金规模，按照专家评审结果，择优选定合作机构，确定名单。

（六）实施方案。由子基金运营管理机构组织实施审定合作方案。

第七章 基金监督考核

第二十三条 基金按照国家有关财务规章制度进行管理，并纳入公共财政考核体系范围。

第二十四条 领导小组对基金使用实施监督和绩效考核，并可委托第三方中介机构对基金运营管理及其支持的项目进行绩效评价。

第二十五条 基金管理机构、基金合作机构及基金支持项目承担单位应严格按照国家有关法律法规、财务会计制度以及合同约定使用管理基金。对违规使用基金的，领导小组可撤销其受托管理资格，更换基金管理机构、基金合作机构，终止基金合作，对因违规操作造成基金资产损失的，按照相关法律法规进行处理处罚。

第二十六条 对于虚报、冒领、截留、挪用、挤占基金等违反财经法律法规的行为，依照《财政违法行为处罚处分条例》等相关法律法规进行处理。构成犯罪的，移交司法机关依法处理。

第八章 附 则

第二十七条 本办法由市财政局、市经济信息化委负责解释。

第二十八条 中小企业创业投资引导基金、高端制造业担保代偿资金、中关村现代服务业中小微投资基金、中关村现代服务业创业投资引导资金纳入中小企业发展基金管理，此前制定的《北京市中小企业创业投资引导基金实施暂行办法》（京发改〔2008〕1167号）、《北京市高端制造业担保代偿资金管理办法》（京财经一〔2009〕548号）、《中关村现代服务业中小微投资基金管理办法》（京财经一〔2013〕570号）等相关政策文件根据本办法的规定做相应的调整，与本办法相抵触的执行本办法。

第二十九条 本办法自发布之日起三十日后施行。

天津市

中共天津市委 天津市人民政府关于打造科技小巨人升级版的若干意见

津党发〔2015〕27号

为深入实施创新驱动发展战略，助推科技型中小企业发展，做优做强做大科技小巨人企业，促进产业转型升级和经济提质增效，提出如下意见。

一、总体要求和发展目标

（一）总体要求

全面贯彻落实党的十八大和十八届三中、四中、五中全会精神，深入贯彻习近平总书记系列重要讲话精神，抓住用好多重战略叠加机遇，创新发展理念，以推动科技小巨人企业能力升级为核心、规模升级为支撑、服务升级为保障，着力聚集国内外高端创新资源，着力促进协同创新和开放创新，着力构建科学完善的创新生态系统，努力形成创新要素充分涌流、科技活力竞相进发、科技小巨人企业顶天立地的生动局面，为推进国家自主创新示范区建设、基本建成全国产业创新中心和先进制造研发基地作出更大贡献。

（二）发展目标（2015–2020年）

——群体规模显著扩大。全市科技型中小企业总量达到10万家，科技小巨人企业达到5000家，国家高新技术企业达到5000家。

——企业实力显著增强。科技小巨人企业年主营业务收入超过5亿元的达到1000家、超过10亿元的达到350家，科技领军企业达到200家，实现“小巨人大品牌”。工业领域科技小巨人企业产值占规模以上工业总产值比重达到55%，增加值率、成长性和税收贡献率高于全市平均水平。

——创新水平显著提升。建成具有行业领先水平和国内外影响力的产业技术研究院5家，聚集国家级科研院所、海内外高水平研发机构及产业化基地200家，新建企业创新平台和研发机构300家，开发掌握一批具有国际先进水平的关键核心技术，“杀手锏”产品超过300项。

二、重点任务

（一）着力推进能力升级

一是实施领军企业培育工程。建立科技小巨人领军企业动态管理制度，每年遴选创新能力强、成长速度快的科技小巨人企业，重点开展领军企业创新转型试点，实行“一企一策”和定制化联系帮扶，支持企业与国内外高校、科研院所、研发机构等联合建立一批高水平的实验室、工程中心、跨境研发中心等，以企业为主体实施一批产业创新重大项目，开展专利消零和专利强企行动，加快关键核心技术突破和产品创新。实施科技小巨人大品牌培育计划，组织专业机构为企业进行品牌设计与策划。

二是实施“小升高”工程。建立高新技术企业培育备选库，每年选择一批具有成长性的科技型中小企业，在技术创新、专利创造、研发人员聚集等方面给予政策倾斜，重点支持企业与京津冀高校和科研院所建立共同开展技术研发、成果转化等持续创新的新机制。加大认定工作培训和服务力度，引导各类资源和服务向企业聚集，推动一批符合条件的科技型中小企业成为市级和国家级高新技术企业。每年认定市级高新技术企业800家，新增国家级高新技术企业600家。

三是实施高端人才引进培养工程。深入实施“千人计划”、“千企万人支持计划”、“特殊人才支持计划”、“创新创业人才推进计划”等人才引进培养计划，延伸人才“绿卡”服务，开展科技成果收益分配和股权激励等试点，加快建设“双创特区”，吸引聚集海内外高端人才来津创新创业。完善企业与高校高端创新人才联合培养和双向流动机制，加大科技特派员选派力度，建立校企协同创新推动成果转化的有效机制。在职科技人员在完成本职工作的基础上，可采取兼职兼薪方式创业或服务企业创新。强化新型企业家培养工程，建立天津领军企业家俱乐部，加强与国内外知名创新人士和企业家的交流合作，不断提升企业家创新发展的意识和能力。到2020年，企业聚集各类高水平创新人才万人以上。

（二）着力推进规模升级

一是实施“小壮大”工程。每年在科技小巨人企业中选择增速不低于20%的高成长企业，逐一确定培育目标，制定个性化帮扶方案，建立专门的政策性贷款担保基金，支持创新项目、融资对接、人才引进等，建立达标奖励制度，促进企业倍增式发展。支持200家企业开展“制造+服务”、内部创业和“龙头企业+引进培育”、互联网跨界融合等商业模式创新试点，推动企业从制造向服务延伸，支持企业“触网”，引导企业加速扩张或裂变式发展。

二是实施并购“双百”工程。鼓励企业充分利用境内外两种资源，加强与“一带一路”沿线国家的科技合作，通过收购、兼并、合作等方式快速获得国内外先进技术、人才团队、知名品牌、市场份额等，建立跨区域的生产基地、研发中心、跨境采购中心、离岸结算中心等，提升开放创新水平，促进企业集团化、规模化发展。设立并购基金，引导支持金融资本、社会资本参与企业并购活动，发挥资本市场在并购重组中的主渠道作用。组织开展企业并购专题培训，引导中介机构支持企业制定并购战略，提供法律、金融和风险管理咨询服务。支持企业参与国际知名专业组织、产业联盟、权威机构开展的相关活动，培育一批规模型、总部型、控股型企业。到2020年，并购国内外企业分别达到100家以上。

三是实施企业上市融资工程。鼓励企业利用资本市场，通过资本运作实现快速持续发展。支持企业实行股份制改造，完善治理机制，明晰股本结构，实施股权激励。支持企业利用境内外多层次资本市场实现上市和挂牌，扩大科技企业融资规模。实行市和区县联动，组织开展企业股改和上市培训，帮助企业引进金融人才，引导金融、法律、会计、评估、证券、股权投资等机构参与服务科技型中小企业股份制改造和上市工作。到2020年完成股份制改造科技型企业达到750家，上市和挂牌科技型企业达到400家。

（三）着力推进服务升级

一是优化政府公共服务。围绕服务企业创新发展，加大简政放权力度，强化科技、商事、人才等体制改革，抓好“一颗印章管审批”、“一张绿卡管引才”等“十个一”制度建设，建立完善一站式、全方位的公共服务平台和网络，推动政府服务高效化便利化。以区县为主，面向国家自主创新示范区分园和众创空间等载体建立政府服务专员制度，发挥政府购买服务作用，促进各类专业服务机构和中介机构向各类载体聚集。落实好政府采购支持中小企业发展政策，保证参与政府采购的科技小巨人企业充分享受优惠政策。

二是优化技术平台服务。围绕战略性新兴产业和优势支柱产业，支持企业与高校、科研院所合作建立产业公共技术平台，聚集科技研发、检测检验、技术转移、专利代理、财务和法律等专业服务机构，形成“创新服务不出园区”的科技创新与服务体系。支持“科淘网”等科技服务电商平台发展，引导发展一批众扶创业平台和众包创新平台，形成“互联网+科技服务”的新型科技服务模式，强化大型科研仪器等资源的开放共享。实施企业创新券制度，支持企业利用公共科技资源开展产学研合作。

三是优化科技金融服务。深入推进以“助小微、促创新、促创业”为内容的“一助两促”活动，着力解决中小微企业融资难问题。提高科技金融专营机构服务水平，提升区县科技金融对接平台功能，创新科技金融产品，设立科技担保基金，推动投保贷联动，引导企业利用各类债务工具融资。积极发挥各类财政资金引导和杠杆作用，通过母基金引导社会资金建立种子基金、天使投资基金、风险投资基金、新兴产业投资基金等，鼓励风险投资基金、银行、保险、证券、信托等机构合作，促进众筹、众创、众包、众扶与金融有效嫁接，构建满足科技型中小企业不同发展阶段需求的多层次、多渠道投融资保障体系。

四是优化园区服务。以国家自主创新示范区为依托，引导各类园区转变发展理念和模式，打造服务创新创业的软硬环境和富有活力的创新生态系统。围绕产业定位，拓展产业链，布局创新链，完善资金链和服务链，建设一批服务产业创新、孵化培育、产业集群的产业技术研究院和产业技术创新战略联盟。支持各类园区完善服务功能和提升服务能力，建设集创新、孵化、研发、金融、商务、教育、医疗、文化等于一体的创新社区。强化京津冀协同创新，支持各类园区吸引聚集高校和科研院所在津建立新型研发机构、研发转化与产业化基地，组建技术转移服务联盟，吸引首都资源提供延伸服务。

三、政策措施

（一）加大财政扶持力度

“十三五”期间，实施打造科技小巨人升级版“政策聚焦”，市财政每年统筹投入15亿元，滨海新区及各功能区每年投入15亿元，其他区县每年投入20亿元，全市每年共计投入财政资金50亿元。强化政策宣讲培训，帮助企业用足用好用到位，切实发挥支持引导作用。

（二）落实财政支持政策

一是支持各类基金设立。市财政每年安排资金6亿元，五年合计30亿元。设立10亿元政府担保基金，主要用于为高成长科技小巨人企业贷款提供担保；设立5亿元产业并购引导基金，主要用于带动社会资本参与企业境内外并购重组等；设立10亿元创业投资引导基金和5亿元天使投资引导基金，按30%参股引导社会资金设立产业投资基金，利用市场化机制筛选项目、投资新兴产业和科技型中小企业等。

二是支持企业能力建设。市财政每年安排资金5亿元，五年合计25亿元。主要用于市级产业技术研究院建设；对企业组织实施重大创新项目及开发“杀手锏”产品等，给予100~300万元资助，市和区县财政各负担50%；对企业引进的国家级科研院所及共建研发转化基地、企业重点实验室、工程中心、境外研发机构等，给予平均200万元补助，区县财政给予1∶1的配套资金支持；对实施京津冀协同创新项目、开展商业模式创新试点、购买海外先进技术、创建品牌等，给予一定资金支持。

三是奖励企业创新发展。市财政每年安排资金4亿元，五年合计20亿元。主要用于对首次获批的国家高新技术企业按照规模大小分别给予30~50万元奖励，其中：区县财政对于申请认定国家高新技术企业的先按上述标准50%的比例给予补助，待认定后市财政再按上述标准50%的比例给予奖励；对完成股份制改造的科技型企业，给予最高30万元奖励；对获评中国驰名商标、名牌产品等国家品牌的企业，给予50~100万元奖励，市和区县财政各负担50%；对组建产业技术创新战略联盟、开展大型科研仪器共享、创业大赛获奖项目等，给予一定资金奖励；对于企业利用公共科技资源开展创新活动，给予创新券奖励。

（三）加强区县财政投入

滨海新区及各功能区、其他区县要安排财政资金配套用于市级政策落实，并结合本地区实际制定相关措施，推动科技小巨人企业做优做强做大。

四、组织保障

（一）强化组织领导

市科技型中小企业发展工作领导小组要加强对打造科技小巨人升级版工作的领导。市科技型中小企业发展联席会议要加强调度协调，研究解决问题。各区县党委和政府要把打造科技小巨人升级版工作摆在突出位置，明确任务，落实责任，集中力量抓紧抓好。相关职能部门要制定具体实施方案和政策落实办法，加强协作，密切配合，提供优质服务和保障。

（二）严格督查考核

加强对各区县和各功能区打造科技小巨人升级版工作进展情况的指导服务和督促检查，完善科技小巨人企业统计分析制度，对企业发展情况及时进行跟踪监测和研究分析。建立考核制度，将打造科技小巨人升级版工作情况纳入各级领导班子考核范围。加强干部帮扶，对350家年主营业务收入超过10亿元的科技小巨人企业各安排1名局级领导干部、对1000家年主营业务收入超过5亿元的科技小巨人企业各安排1名处级领导干部，固定联系帮扶2年，建立工作台账，每半年进行一次考核评估。

（三）营造浓厚氛围

加强对打造科技小巨人升级版工作的宣传报道，树立一批企业与企业家典型，发挥示范带动作用。每年举办小巨人创新论坛，邀请国家部委领导同志、知名专家和企业家到会演讲交流，组织开展市领导同志与科技小巨人企业家互动活动等。鼓励社会团体、社会组织等开展各类创新创业主题活动，培育一批面向国际的创新创业文化品牌。继续组织好天津市创新创业大赛，弘扬创新创业精神，培育创客文化，增强全社会创新创业活力。

天津市人民政府办公厅关于印发天津市降低实体经济企业成本第一批政策措施的通知

津政办发〔2016〕13号

各区、县人民政府，各委、局，各直属单位：

经市人民政府同意，现将《天津市降低实体经济企业成本第一批政策措施》印发给你们，请照此执行。

2016年2月6日

天津市降低实体经济企业成本第一批政策措施

根据2015年中央经济工作会议精神和全市经济工作会议部署，为深入开展降低实体经济企业成本行动，结合本市实际情况，制定第一批20项政策措施。

一、降低企业税费负担

（一）全面实施“营改增”。落实国家扩大“营改增”试点政策，把试点范围扩展至建筑业、房地产业、金融业和生活性服务业，实现增值税全面替代营业税。做好征管衔接，完善配套政策，实现平稳过渡。

（二）落实固定资产加速折旧企业所得税优惠政策。对生物药品制造业，专用设备制造业，铁路、船舶、航空航天和其他运输设备制造业，计算机、通信和其他电子设备制造业，仪器仪表制造业，信息传输、软件和信息技术服务业等6个行业和轻工、纺织、机械、汽车等4个领域重点行业的企业新购进的固定资产，可由企业选择缩短折旧年限或采取加速折旧的方法。对上述行业的小型微利企业新购进的研发和生产经营共用的仪器、设备，单位价值不超过100万元的，允许一次性计入当期成本费用在计算应纳税所得额时扣除，不再分年度计算折旧；单位价值超过100万元的，可缩短折旧年限或采取加速折旧的方法。对所有行业企业新购进的专门用于研发的仪器、设备，单位价值不超过100万元的，允许一次性计入当期成本费用在计算应纳税所得额时扣除，不再分年度计算折旧；单位价值超过100万元的，可缩短折旧年限或采取加速折旧的方法。

（三）严格执行小微企业税收优惠政策。对年应纳税所得额在30万元以下（含30万元）的小微企业，减按50%计入应纳税所得，并按20%的税率缴纳企业所得税；对月销售额不超过3万元的小微企业，免征增值税和营业税。加大优惠政策的宣传和实施力度，让企业应知尽知、应享尽享。

（四）免征部分行政事业性收费。对符合条件的小微企业免征教育费附加、地方教育附加、水利建设基金、文化事业建设费、残疾人就业保障金等政府性基金。

（五）引导企业用足用好自由贸易试验区和自主创新示范区政策。鼓励企业向两个区域集聚，享受资产评估增值分期纳税、研发费用加计扣除、职工教育经费税前扣除、股权奖励个人所得税5年分期缴纳、有限合伙制创业投资企业法人合伙人企业所得税优惠、5年以上（含5年）非独占许可使用权转让所得税优惠、中小高新技术企业向股东转赠股本的个人所得税5年分期缴纳等优惠政策。

二、降低企业人工成本

（六）降低失业、生育、工伤保险缴费费率。企业缴纳失业保险费率由2%降至1%；缴纳生育保险费率由0.8%降至0.5%；缴纳工伤保险基准费率最低标准由0.5%降至0.2%，最高标准由2%降至1.9%，调整后综合费率水平由0.67%下调至0.54%。

（七）允许困难企业暂缓缴纳养老保险费。困难企业暂时无力足额缴纳养老保险费的，经申请并提供担保、抵押，可暂缓缴纳单位应缴部分，期限暂定1年。缓缴的养老保险费不计收滞纳金。

（八）允许困难企业阶段性调整医疗保险缴费模式。经职工大会或职工代表大会同意，困难企业可以将医疗保险缴费模式由统账结合改为大病统筹，缴费费率由11%调整为8%。生产经营好转后可再改为统账结合模式。

（九）合理控制企业最低工资标准调整幅度。2016年企业最低工资标准拟由1850元调整为1950元，增长5.4%，执行起始时间延后至7月1日。

（十）扩大稳岗政策实施范围。支持企业在去库存、去产能、实现优化升级过程中，多渠道分流安置富余人员。对暂时遇到困难但不裁员不减薪的企业，给予一定的稳岗补贴；补贴政策到期后生产经营仍存在困难的企业，享受补贴的次数由1次提高到3次。鼓励企业利用降低成本带来的部分收益提高一线职工收入，稳定就业岗位。

（十一）加大对企业的职业培训补贴力度。继续实施百万技能人才培训福利计划，落实职业培训补贴办法，安排10亿元资金，对企业职工参加职业培训的，按照人才需求紧缺程度，相应给予培训成本100%、90%、80%的培训费补贴和100%的技能鉴定费补贴。

三、降低融资成本

（十二）提高中小微企业信用贷款风险补偿比例。安排60亿元财政资金，对高新技术企业中的中小企业、科技小巨人企业、出口型外贸中小企业和涉农中小微企业的信用贷款本金损失，将风险补偿比例由50%提高至70%，带动全市中小微企业贷款增长30%、平均融资成本降低0.5至1个百分点。

（十三）降低企业融资租赁成本。安排30亿元财政资金，对1000家符合条件的中小企业和科研院所，采用融资租赁方式购置先进设备，给予租赁利息5个百分点的补贴。重点支持科技型中小企业、万企转型升级、智能工厂和智能车间、“机器换人”等智能化改造。

（十四）降低重大建设项目资金成本。争取国家专项建设基金支持，为棚户区改造、养老服务体系建设、重大水利工程、城镇基础设施和战略性产业等方面的重大建设项目提供长期低成本资金。

（十五）降低政府性投融资公司融资成本。利用置换债券、地方政府债券、各类企业债券、境外低息资金和社会资金，实现政府性投融资公司综合融资成本降低1个百分点以上。

四、降低能源资源成本

（十六）降低企业用气、用电价格。一般工商业企业用气价格下调至2.77元/立方米，集中供热企业用气价格下调至2.37元/立方米。自2016年1月1日起，一般工商业企业用电价格平均下调3.13分/千瓦时。

五、降低物流成本

（十七）降低企业通港通关费用。取消港口速遣费。企业在天津国际贸易单一窗口报关，免交报关信息传输费。

六、降低制度性交易成本

（十八）取消部分涉企收费。取消旧机动车交易综合服务费、机动车安全性能检测线行政事业性收费、动物及动物产品检疫费、森林植物检疫费、树木赔偿和补偿费。取消质量专业技术人员职业资格、企业法律顾问执业资格、注册资产评估师执业资格、助理广告师和广告师职业资格、咨询工程师（投资）职业资格、土地估价师、土地登记代理人职业资格、房地产经纪人执业资格、物业管理师资格、注册税务师执业资格等10项考试费用。

七、降低创新创业成本

（十九）降低科技型企业成长成本。安排50亿元财政资金，支持科技小巨人企业成长，用于设立政府担保基金、产业并购引导基金、创业投资引导基金和天使投资引导基金，支持市级产业技术研究院、企业重点实验室、重大创新项目建设和“杀手锏”产品开发等，对首次获批的国家高新技术企业、完成股份制改造的科技型企业和获评中国驰名商标、名牌产品等国家品牌的企业给予补贴与奖励。

八、降低生产经营成本和管理费用

（二十）降低企业办事成本。在市和区县行政许可服务中心建立企业代办服务中心，安排专门人员，拨付经费，采取政府购买服务方式，对企业办理相关审批手续提供无偿代办服务。

河北省

河北省人民政府关于扶持小型微型企业健康发展的实施意见

冀政发〔2015〕10号

各设区市人民政府，各县（市、区）人民政府，省政府各部门：

为贯彻落实《国务院关于扶持小型微型企业健康发展的意见》（国发〔2014〕52号）精神，破解小型微型企业（含个体工商户）发展面临的突出困难和问题，扶持小型微型企业健康发展，提出如下实施意见：

一、充分发挥财政资金的引导作用

逐步加大各级财政对小型微型企业的支持力度，完善中小企业发展专项资金管理办法，将小型微型企业纳入支持范围，明确支持方向和重点，逐年扩大规模，重点支持科技型企业创新发展。筛选和培育一批小型微型企业创业投资机构、担保机构、公共服务机构和科技型小型微型企业创新项目，择优向国家推荐，争取国家专项资金支持。发挥财政资金的引导作用，通过政府购买服务等方式，进一步引导各类机构服务小型微型企业。（省工业和信息化厅、省财政厅、省科技厅、省商务厅、省发展改革委、省工商局等部门负责）

二、打通税收政策落实“最后一公里”

认真落实国家有关减免企业增值税、营业税、企业所得税以及进口国家鼓励发展项目所需的国内不能生产的自用先进设备关税、固定资产加速折旧企业所得税等税收优惠政策，开展“送政策上门”服务，强化考核监督，确保小型微型企业应享受的优惠政策享受到位。（省财政厅、省国税局、省地税局、省工商局、省工业和信息化厅、石家庄海关等部门负责）

三、加大小企业创业基地建设力度

围绕产业发展特点，明确建设重点，增强中小企业创业辅导基地、科技企业孵化器、商贸企业集聚区吸纳和服务小型微型企业的能力，大力发展众创空间，支持小型微型企业参与“互联网+”行动，实现创新发展。支持在省级以上经济技术开发区、高新技术产业开发区内设立小型微型企业产业园和小型微型企业孵化器。推动建立京津冀科技企业孵化器联盟。充分发挥创业扶持资金的作用，通过政府购买服务等方式，扶持省级示范创业孵化基地（园区）建设。鼓励大中型企业带动产业链上的小型微型企业发展，对带动小型微型企业达到一定数量，产业集聚和抱团发展成效显著的，省级中小企业发展专项资金、中小企业科技专项资金予以支持。（省工业和信息化厅、省科技厅、省商务厅、省人力资源社会保障厅、省财政厅等部门负责）

四、支持小型微型企业吸纳就业人员

按照小型微型企业用工需求，积极为其提供招聘服务。指导小型微型企业开展订单培训、定向培训和岗前培训，落实好职业培训补贴和职业技能鉴定补贴。小型微型企业吸纳就业困难人员就业，签订1年以上期限劳动合同并缴纳社会保险费的，在相应期限内可给予不超过3年的社会保险补贴。毕业2年内高校毕业生、就业困难人员、残疾人、因化解过剩产能和治理大气污染涉及企业失业人员，初次创办小型微型企业的，可给予创业者不超过3年的社会保险补贴。自工商登记注册之日起3年内，对安排残疾人就业未达到规定比例、在职职工总数20人以下（含20人）的小型微型企业，免征残疾人就业保障金。（省人力资源社会保障厅、省财政厅、省残联等部门负责）

五、引导各类基金投资小型微型企业

支持省内股权投资、创业投资等基金发展，不断壮大投资基金实力，加大对小型微型企业的投资力度。逐步扩大省科技型中小企业创业投资引导基金规模，组织实施“苗圃”、“雏鹰”、“科技小巨人”三项工程，培育一批科技型中小企业。积极搭建国家各类基金与小型微型企业对接平台，大力引导创业投资基金、天使基金、种子基金投资我省小型微型企业。鼓励各级政府设立的创业投资引导基金投资小型微型企业。（省科技厅、省财政厅、省发展改革委、省工业和信息化厅、省商务厅、河北证监局等部门负责）

六、小额担保贷款支持小型微型企业发展

将创业者创办的小型微型企业纳入小额担保贷款扶持范围，对创业初期自筹资金不足的，可按规定申请最高额度10万元的小额担保贷款。创办劳动密集型小企业吸纳就业达到规定比例，签订1年以上期限劳动合同并缴纳社会保险费的，可按规定申请最高额度200万元、期限不超过两年的贴息贷款。（省人力资源社会保障厅、省财政厅等部门负责）

七、支持小型微型企业在资本市场融资

继续实施“个转企、小升规、规改股、股上市”扶持政策，鼓励小型微型企业在创业板、“新三板”和石家庄股权交易所等资本市场挂牌交易。组织开展债券融资，推动小型微型企业发行集合债券；鼓励符合条件的银行业金融机构发行金融债券，筹集资金专项用于小型微型企业贷款。（省金融办、河北证监局、人民银行石家庄中心支行、省发展改革委、省科技厅、省工业和信息化厅、省财政厅等部门负责）

八、组建省级再担保机构和促进银政担合作

加快组建省级融资性再担保机构。加大对小型微型企业融资担保的财政支持力度，综合运用业务补助、增量业务奖励、资本投入、代偿补偿、创新奖励等方式，引导担保、金融机构和外贸综合服务企业等为小型微型企业提供融资服务。探索实施政银合作新模式，按照国家政策先行运用10亿元以上间歇的财政国库资金进行增值运作，以增值收益引导设立小型微型企业贷款风险补偿资金，建立银政担支持小型微型企业风险分担机制。各级政府要将风险分担机制建设和运行情况作为对金融机构金融贡献奖评比的重要条件，进一步促进银政担合作。（省工业和信息化厅、省财政厅、省金融办、省发展改革委、省科技厅、省商务厅、省人力资源社会保障厅、人民银行石家庄中心支行、河北银监局等部门负责）

九、鼓励银行业金融机构增加小型微型企业信贷投放

建立健全政府、金融机构、小型微型企业会商机制，引导银行业金融机构增加对小型微型企业贷款投放，加大考核力度，采取多种方式给予奖励。打击恶意逃废银行债务行为，依法维护金融债权，构建良好金融生态环境。（省金融办、河北银监局、省科技厅、省工业和信息化厅、省财政厅、省商务厅、人民银行石家庄中心支行、省公安厅等部门负责）

十、大力发展小型金融机构

做好金融机构引进工作，吸引更多的金融机构入驻我省，增强金融市场活力。鼓励和引导金融机构在县域及以下增设机构网点，设立小微支行、社区支行等特色支行。积极发展村镇银行，推动县级信用联社改制为农村商业银行。稳步推进小额贷款公司试点工作，重点发展科技、扶贫等多形式小额贷款公司，适当提高小额贷款公司融资比例。（省金融办、河北银监局、人民银行石家庄中心支行、省财政厅、省科技厅、省工业和信息化厅、省商务厅等部门负责）

十一、创新小型微型企业金融产品

鼓励金融机构科学调整信贷结构，针对小型微型企业的特点和融资需求特征，积极开展贷款模式、产品和服务创新，加强研发和推广新型融资方式、服务手段、信贷产品和抵质押方式。支持金融机构与园区、行业协会、商会合作，开展产业链融资、商业圈融资和企业群融资，为小型微型企业开发特色产品，对小型微型企业贷款进行批量操作，有关地方政府要提供便利条件。充分利用互联网等新技术、新工具，创新网络金融服务模式。大力支持省小额票据贴现中心发展，推动小额票据贴现分中心市级全覆盖并向试点县延伸。支持具有出口信用保险业务资格的保险机构针对小型微型企业的特点和需求，创新产品和服务，扩大小型微型企业出口信用保险覆盖范围。

积极开展知识产权质押、应收账款质押、动产质押等抵质押贷款业务，以及应收账款、供应链保理融资和票据贴现等融资服务。支持银行业金融机构单列小型微型企业信贷计划，并报监管部门备案。（河北银监局、河北保监局、人民银行石家庄中心支行、省财政厅、省工业和信息化厅、省科技厅、省商务厅、省金融办等部门负责）

十二、加强对银行业金融机构的监管和绩效考核

引导商业银行落实国家“提前续贷审批、设立循环贷款、实行年度审核制度”等贷款措施，推动小型微型企业滚动融资，建立完善金融服务内部流程，提高贷款审批和发放效率。深入开展小型微型企业信贷政策导向评估。引导银行业金融机构设立并完善服务小型微型企业成效指标，监管部门将服务小型微型企业成效作为法人机构监管评级的重要参考因素，并在对高管履职考核中予以体现。（河北银监局、人民银行石家庄中心支行负责）

十三、吸引高校毕业生到小型微型企业就业

高校毕业生到小型微型企业就业的，其档案可由当地市、县公共就业人才服务机构免费保管。（省人力资源社会保障厅、省工业和信息化厅、省工商局等部门负责）

十四、建立支持小型微型企业发展的信息互联互通机制

依托工商行政管理部门的企业信用信息公示系统，建立小型微型企业名录，集中公开各类扶持政策及企业享受扶持政策的信息。通过统一的信用信息平台，汇集工商注册登记、行政许可、税收缴纳、社保缴费等信息，推进小型微型企业信用信息共享，促进小型微型企业信用体系建设。通过信息公开和共享，利用大数据、云计算等现代信息技术，推动部门和银行、证券、保险等专业机构提供有效服务。加强对重点小型微型企业的跟踪调查，强化运行监测分析。（省工商局、省发展改革委、省国税局、省地税局、省工业和信息化厅、省人力资源社会保障厅、人民银行石家庄中心支行、省质监局、省统计局等部门负责）

十五、开展小型微型企业信用评级

加强部门间信息沟通与共享，完善小型微型企业数据库，开展小型微型企业信用评级试点。大力培育发展信用信息评价机构，为企业增信提供服务。（省工业和信息化厅、人民银行石家庄中心支行会同省工商局、省发展改革委、省财政厅、省科技厅、省商务厅、省统计局、省金融办、河北银监局等部门负责）

十六、完善小型微型企业公共服务体系

继续加大中小企业公共服务平台建设力度，加强工作指导和监督。加快省中小企业公共服务平台网络建设，实现省枢纽平台与窗口平台互联互通，为小型微型企业提供“找得着、用得起、有保障”的服务。加大政府购买服务力度，引导服务机构为小型微型企业免费提供管理指导、技能培训、市场开拓、标准咨询、检验检测认证、远程教育、法律咨询等服务。（省工业和信息化厅、省财政厅、省科技厅、省商务厅、省质监局等部门负责）

十七、进一步减轻小型微型企业负担

按照“合情合理、合规合法、阳光透明”原则，针对小型微型企业成长发展需求和面临的困难，抓紧研究制定全省小型微型企业降费工作方案，在省、市、县三级同时推进。进一步清理规范行政事业性收费、政府性基金和行政审批前置中介服务收费，能取消的取消、能合并的合并，不宜取消、合并的，要创新工作方式，采取缓征、降低收费标准、财政代缴、减免地方留成等多种方式，最大限度为小型微型企业减轻负担。坚持减免收费与规范收费同步进行，尽快编制小型微型企业收费项目和收费标准清单，组织开展综合执法，对违规乱收费的坚决予以查处。各地要紧密结合各自实际，积极创造条件，研究制定降费减负的创新性措施，鼓励有条件的县（市、区）实行“零收费”，着力激发市场活力，推动大众创业、万众创新。（省工业和信息化厅、省发展改革委、省财政厅等部门负责）

各地各部门要切实落实好国家和省扶持小型微型企业政策，加大政策解读、宣传力度，简化办事流程，提高服务效率，确保各项政策落实到位。

河北省人民政府

2015年4月24日

中共河北省委 河北省人民政府关于促进民营经济又好又快发展的意见

冀发〔2016〕19号

为深入贯彻落实习近平总书记在全国政协十二届四次会议民建、工商联界委员联组会上的重要讲话精神，进一步完善政策措施，狠抓工作落实，促进民营经济又好又快发展，结合我省实际，提出如下意见。

一、明确民营经济发展的总体要求和主要目标

（一）总体要求。全面贯彻党的十八大和十八届三中、四中、五中全会精神，牢固树立创新、协调、绿色、开放、共享的发展理念，坚持协同发展、转型升级、又好又快的工作主基调，抢抓京津冀协同发展、环渤海地区合作发展和北京携手张家口举办2022年冬奥会等战略机遇，坚持目标导向、问题导向，以提高发展质量和效益为中心，着力优化发展环境，着力推进政策落地，着力加强供给侧结构性改革，着力壮大市场主体，着力提高创新能力，着力提振企业家发展信心，坚守发展、生态、民生"三条底线"，补齐城市经济、沿海经济、县域经济"三个短板"，为建设经济强省、美丽河北提供重要战略支撑。

（二）主要目标。到"十三五"末，全省民营经济力争实现四个稳步提高、三个成倍增长、三个显著增强。

"四个稳步提高"，即民营经济增加值占GDP比重稳步提高，达到72%以上；市场主体数量稳步提高，万人市场主体数量超过全国平均水平；上缴税金占全部税收收入的比重稳步提高，达到75%以上，纳税亿元以上企业数量达到200家以上；吸纳就业人员数量稳步提高，占全省二、三产业从业人员比重达到80%左右。

"三个成倍增长"，即民营经济固定资产投资成倍增长，达到3.5万亿以上；科技型中小企业数量成倍增长，达到8万家以上；年主营业务收入10亿元以上大企业集团成倍增长，达到450家以上。

"三个显著增强"，即创新发展能力显著增强，突破一批关键共性技术，形成一批知名品牌，科技型中小企业专利数量达到6万件，民营企业拥有河北省名牌产品占比达到85%以上；转型发展能力显著增强，战略性新兴产业和现代服务业加快发展，产业结构更趋合理，第三产业比重达到40%以上，战略性新兴产业和现代服务业企业入围中国民营企业500强占比达到60%以上；绿色发展能力显著增强，工业园区、大型企业深入推进循环化改造，全面实施清洁生产，主要污染物排放达到行业先进水平和特别排放限值要求。

二、完善扶持民营经济发展的政策措施

（一）拓宽市场准入。大幅放宽电力、电信、交通、石油、天然气、市政公用等领域市场准入，打破城市基础设施建设垄断经营，在项目核准、融资服务、财税政策、土地使用等方面对民营企业一视同仁。针对民营企业资金、技术、人才、规模等实际，每年推出一批重点建设工程和项目，定期向社会公布项目清单，及时公布招标结果。创新投融资方式，支持民营资本广泛参与社会公共服务与新型城镇化建设，县级以上交通、能源、市政、环保、水利、文化、体育、医疗和养老服务等基础设施、公共服务项目，优先选择PPP模式运作。支持民营资本参与国有企业改革，发展民营资本投资的混合所有制企业。

（二）降低企业成本。全面实施"营改增"，将试点范围扩大到建筑、房地产、金融、生活服务业，并将所有企业新增不动产所含增值税纳入抵扣范围，确保所有行业税负只减不增。积极争取京津冀全面创新改革试验先行先试试点，认真贯彻落实国家新出台的企业研发费税前加计扣除，以及在全国范围内实施的国家自主创新示范区有关税收试点政策。以审批为税收优惠前置条件的，在国家取消有关事项的审批后，研究落实衔接措施，加强后续管理。实施涉企收费目录清单制度，对国家和省公布的行政事业性收费、政府性基金和政府定价的经营服务收费及政府部门行政许可中介服务收费目录清单，建立常态化公示机制和政策跟踪监督机制，力争使我省成为全国涉企收费项目最少的省份之一。降低失业、生育、工伤保险缴费费率，企业缴纳失业保险费率由

2%降至1.5%；符合条件的统筹地区，企业缴纳生育保险费率降至0.5%；适度降低缴纳工伤保险基准费率，调整后全省平均费率水平由1.2%下调至1%以下。落实国家电价政策，下调一般工商业电价，推行大用户直购电试点，鼓励支持光伏发电、余压余热回收利用等自发电企业实施电力上网和就近售电。加快蒸汽集中供热站建设，打破企业蒸汽热力垄断局面，推动形成煤热价格联动机制。

（三）完善公共服务。各级政府要建立中小企业发展专项资金，重点支持中小企业公共服务体系建设。完善中小企业公共服务平台网络，设立中小企业公共服务热线和网络信箱，为中小企业提供全方位专业化服务。依托中小企业创业辅导基地、公共技术服务平台、人才培训基地、创业孵化基地、科技孵化器、众创空间等，打造一批资源共享、具有特色服务功能的中小企业公共服务示范平台。加快全省企业信用信息公示系统建设，构建全省企业信用一张网，推进工商、税务、公安、金融办等部门政务信息资源的开发和共享。利用市场化模式，支持骨干民营企业与科研院所、高等学校共建产业技术创新联盟，搭建共性技术研发平台，突破一批核心、关键技术。开展民营经济综合改革试点，完善公共服务体系，探索民营经济又好又快发展的试点经验。研究制定支持冀商回乡创业政策。

（四）加快创新转型。完善以企业为主体、市场为导向、产学研相结合的技术创新体系，鼓励企业联合研究机构通过委托研发、技术许可、技术转让、技术入股等多种形式，开展多要素、多样化的政产学研用合作。支持民营企业建立重点实验室、工程技术研究中心、工程实验室、企业技术中心等研发机构。引导大中型民营工业企业建立研发机构。对企业主导或参与国际标准、国家标准、行业标准制修订的，省级财政给予一次性奖励。大力发展知识产权服务业，支持社会组织建设知识产权交易和服务平台。实施科技型中小企业成长计划，按照种子期、初创期、成长期、壮大期等企业发展不同阶段，梯度培育、差异扶持，壮大一批科技型企业。实施“专精特新”中小企业提升计划，培育一批小而优、小而强的制造业单项冠军企业。实施《中国制造2025》和“互联网+”行动，引导民营企业建设“工业强基”项目，加强重大技术改造，促进“两化”深度融合，建设一批智能工厂/数字化车间。实施改善消费品供给、降本增效和制造业升级专项行动，推进民营企业转型升级。深化军民融合发展专项行动，支持军转民、民参军。支持民营企业主动对接京津科技资源，积极承接科技成果转化和产业转移，深化产业链精准合作。

（五）推进结构调整。综合运用市场、经济、法律、行政手段，严格环保、能耗、水耗、质量、技术、安全等标准，倒逼民营企业过剩产能退出市场。引导民营企业摆脱资源依赖，加快二次创业、“腾笼换鸟”，推动传统产业迈向中高端，大力发展战略性新兴产业、现代服务业和现代农业。指导、帮助民营企业提高环保治理能力和水平。支持民营企业发展冰雪产业，融入冬奥经济。钢铁企业要逐步退出城市，京津周边和远离资源地、港口的钢铁产能应通过整合提质，实现减量发展，有条件的要全部退出。鼓励民营企业参与“一带一路”建设，开展国际产能和装备制造合作。融合产业、文化、旅游、社区功能，为各类高端要素聚集打造平台，建设一批形态上“小而美”、产业上“专而强”、机制上“新而活”的特色小镇。在钢铁、装备、化工等行业推广物联网技术，大力发展农业物联网，促进电子商务农村全覆盖。积极发展众包设计、云制造等新型制造模式和产业组织方式，促进个性化定制、柔性化生产和社会化物流。引导民营企业利用产权市场组合民间资本，开展跨境、跨地区、跨行业兼并重组，并购国外技术和科研机构，培育一批特色突出、市场竞争力强的民营大企业集团。大力实施名企、名品、名牌战略，增品种、提品质、创品牌。完善产需衔接机制，扩大有效供给。

（六）搞好金融服务。探索推动应收账款、知识产权等证券化。建立产融信息对接工作机制。加大企业上市培育力度，扩大直接融资规模。推动设立服务中小企业的民营银行和各类信贷机构，支持符合条件的农村金融机构探索设立小额农贷和微贷中心等专营机构。探索实施“互联网+金融”模式，打造互联网小微贷款平台。创新做好抵押质押担保登记工作，进一步拓宽企业抵押质押担保范围。探索建立民间借贷登记服务平台，鼓励发展多种形式过桥基金运作模式，破解企业“倒贷”难题。设立融资性担保基金，构建政府主导的政策性融资担保体系，建立政银企保贷款风险分担机制，为企业贷款增信。加快省级中小企业发展基金运作。梳理筛选优先扶植、成长性好、管理规范的民营企业名单，定期向银行业金融机构提供。

（七）加强用地保障。积极探索建立补充耕地指标在省域范围内市场化转让机制。研究解决用地历史遗留问题，在符合土地利用总体规划和国家产业政策的前提下，为租用农村集体建设用地实际建厂10年以上的民营企业依法办理集体建设用地手续。鼓励采取租赁、先租后让、租让结合、弹性出让等多种供地方式，降低企业用地成本。对民营企业投资非营利性教育、科研、体育、公共文化、医疗卫生、社会福利等设施用地，符合国土资源部《划拨用地目录》规定的，可以划拨方式供地。对租用政府投资标准化厂房的小微企业，3年内给予租金优惠。对在符合控制性详细规划、安全要求、不改变工业土地用途的前提下，利用现有厂区改造、厂房加层、地下空间等途径，提高土地利用率和增加容积率的，不再增收土地价款。

（八）做强人才支撑。制定大规模培训民营企业家计划，利用3年时间对全省民营企业主要经营者轮训一遍，培育企业家精神，打造一支高素质企业家队伍。支持民营企业建设院士专家工作站、博士后工作站（博士后创新实践基地），引进“两院”院士、重点技术领域和行业学术技术带头人等高层次人才和团队，开展“专家学者企业行”活动，分领域加大专业技术人才培训力度，促进知识更新，打造一支高层次专业技术人才队伍。深化职业教育改革，加强职业教育规划，引进京津职业教育资源，完善校企订单式培训合作机制，开展技能大赛和劳动竞赛，推进技能大师工作室建设，推动高级技能传承，培育“工匠精神”，打造一支高技能人才队伍。

三、进一步加大民营经济政策落实力度

（一）解决措施操作性不强问题。及时跟进国家出台的政策措施，紧密结合本地本系统实际，突出问题导向、目标引路、成果检验，制定可操作、可量化、可督导的具体办法，推动政策“落细”。对有具体规定的，毫不走样地抓好落实；对允许差别化探索的，积极创新，努力实现效果最大化。对本地制定的政策，相关主管部门要出台实施细则，完善落实机制；定期组织“回头看”，引进第三方机构对政策落实情况进行评估，查漏补缺，解决“中梗阻”，推动政策“落地”。各级政策执行部门要对每条政策措施明确申报条件、办理流程、责任处室和联系方式，并向社会公开，推动政策“落实”。

（二）解决办事不便捷问题。探索实行多证合一，开展企业名称、经营范围、企业简易注销改革试点，推动工商登记注册更加便利化。构建全省统一的网上在线审批平台，打造网上受理、办理、反馈、查询在线审批“直通车”。省级机关行政许可大厅等服务基层服务群众窗口单位实行“四零”承诺服务（服务受理零推诿、服务方式零距离、服务质量零差错、服务结果零投诉）。完善“马上就办、办就办好”工作机制，推行并联审批，提高行政效能。完善政府权力清单、责任清单、投资负面清单，定期向社会发布。提高基层行政审批机关工作人员素质，做好取消和下放行政审批事项职能衔接。加强中介服务监管，规范中介服务行为。

（三）解决信息不对称问题。政策制定部门要主动、及时、全面、准确发布政策权威信息，组织开展政策解读和宣讲。各级主管部门要按照有关规定，及时公布本系统各项涉企政策，通过多种方式送到企业、园区。各级民营经济领导小组办公室要定期汇总编发《支持民营经济发展政策摘编》，统筹协调有关部门搞好政策推介。各级宣传部门要组织广播电视、报刊、网站等各类媒体，开设政策宣传专栏和板块，加强政策解读宣传；强化各级政务大厅政策宣传咨询功能，提高政策精准辅导能力。

（四）解决工作落实不力问题。建立民营经济发展市、县（市、区）长负责制和民营经济领导小组成员单位主要领导负责制。健全督导、评估机制，推动各项政策措施落地。在全省范围内选聘社情民意监督员，发挥各级人大代表、政协委员和民主党派人士监督作用，对各地各部门政策落实和服务企业情况明察暗访。依托河北省网络问政平台，搞好随机调查和问题反馈。省委督查室、省政府督查室适时组织督导检查，对措施不细、落实不力、进展迟缓的予以通报批评，对造成工作被动、影响经济社会发展的严肃问责。

四、营造有利于民营经济发展的良好环境

（一）加强党风政风建设。加大压力传导、执纪监督、公开曝光力度，坚决查处以权谋私、权钱交易等违规违纪行为，营造风清气正的政治生态。深入开展机关作风整顿，重点解决不作为、慢作为、乱作为和懒政怠政、失察失职渎职等“为官不为”问题，选树一批先进典型，查办一批典型案件，提振干事创业精气神，激发夙夜在公正能量。

（二）营造良好法治环境。规范市场监管执法主体，推进跨部门、跨行业综合执法，落实执法责任追究制度。推广随机抽取检查对象、随机选派检查人员的“双随机”抽查机制。完善纠纷多元化、快速化解决机制，提高诉讼案件审理、执行效率，降低企业诉讼和仲裁成本，严厉打击侵犯民营企业权益和民营经济人士人身、财产权利的刑事犯罪，依法保护各类所有制企业当事人合法权益。除法律规定外，不得随意对企业采取停电、停气等措施，禁止重复、多头检查，确保民营企业合法经营不受干扰。

（三）引导企业履行社会责任。树立绿水青山就是金山银山的生态理念，引导民营企业清洁生产、绿色发展。深入开展以“守法诚信、坚定信心”为重点的理想信念教育实践活动，组织实施“千企帮千村”精准扶贫行动，引导民营企业规范用工行为，改善劳动条件，维护职工合法权益；加强食品安全管理，提高产品质量，维护消费者利益；依法纳税、诚信经营，维护市场经营秩序；致富思源、义利兼顾，积极投身光彩事业和公益慈善事业。充分发挥行业协会作用，引导民营企业加强自律。

（四）构建“亲”“清”新型政商关系。建立党政领导干部联系民营企业制度，定期召开民营企业家座谈会，积极作为、靠前服务，帮助企业解决实际困难。各级党政领导干部既要亲商、安商、富商，又要守好纪律底线，保持“君子之交”。在民主党派、工商联和地方人大、政协换届时，对思想政治强、行业代表性强、参政议政能力强、社会信誉好的民营经济人士作出适当政治安排。健全民营企业党建工作机制，深化民营企业精神文明建设，引导民营企业家做爱国敬业、守法经营、创业创新、回报社会的典范。

山西省

山西省人民政府办公厅印发关于进一步支持小型微型企业健康发展措施的通知

晋政办发〔2015〕70号

各市、县人民政府，省人民政府各委、办、厅、局：

《关于进一步支持小型微型企业健康发展的措施》已经省人民政府同意，现印发给你们，请认真贯彻执行。

山西省人民政府办公厅

2015年7月17日

（此件公开发布）

关于进一步支持小型微型企业健康发展的措施

为深入贯彻落实《国务院关于扶持小型微型企业健康发展的意见》（国发〔2014〕52号），推进大众创业、万众创新，进一步促进我省小型微型企业（含个体工商户）健康发展，制定以下措施。

一、落实扶持小型微型企业发展各项政策。用好用活用足国家及我省已出台的支持中小微企业发展的财政、税收、金融、创新、就业、创业、土地及减负等各项政策；有关部门要利用多种形式广泛宣传，提高政策知晓度；建立政策落实第三方机构评估机制；加大政策落实督查力度。（省中小企业局牵头，各有关部门配合）

二、加大财政专项资金支持力度。从2015年起，省级财政每年安排中小企业发展专项资金3亿元，重点支持小型微型企业采用新技术、发展新产业、培育新业态、创造新模式；支持中小微企业公共服务平台建设；支持小型微型企业融资担保体系建设；支持小型微型企业创业基地和产业集聚区基础设施建设；支持小型微型企业技术创新和信息化建设等。（省财政厅、省中小企业局）

三、完善小型微型企业融资担保政策。建立完善以政策性担保机构为引领、多种所有制共同发展的小型微型企业融资担保体系。通过市场方式增资扩股，引入战略投资者，赋予省中小企业信用担保有限公司再担保职能，联合各市担保公司，为小型微型企业开展担保和再担保业务。对为小型微型企业提供担保和再担保业务的融资性担保机构，以业务补助、增量业务奖励、创新奖励及代偿补偿等方式给予支持。符合条件的小型微型企业可按规定享受小额担保贷款扶持政策。（省金融办、省财政厅、省中小企业局）

四、支持各类创业投资基金投资小型微型企业。鼓励各级政府设立的创业投资引导基金，通过阶段参股、跟进投资、风险补助（补偿）、投资保障、收益让渡等方式，引导各类创业投资基金、天使基金、种子基金等各类基金按照市场竞争原则和产业发展重点，投资初创期、种子期和孵化期的小型微型企业。（省财政厅、省金融办）

五、支持中小微企业直接融资。鼓励引导中小微企业改制上市。省级财政对在中小企业板、创业板上市的中小微企业给予100万元的一次性奖励；对在“新三板”上市的中小微企业给予50万元的奖励；对在山西省股权交易中心挂牌并融资成功的中小微企业给予10万元的奖励；鼓励中小微企业通过互联网平台以股权众筹等新模式进行融资，并探索建立风险防控机制。（省中小企业局、省财政厅、省金融办）

六、鼓励小型微型企业吸纳就业困难人员。对小型微型企业吸纳就业困难人员就业的，按照规定给予社会保险补贴。从2015年1月1日起，对小型微型企业安排残疾人员就业未达到规定比例、在职职工总数20人以下（含20人）的小型微型企业，自工商登记注册之日起3年内，免征残疾人就业保障金。（省人力资源社会保障厅、省财政厅、省残联）

七、完善“小升规”企业奖励办法。从2015年起，对年主营业务收入首次达到规模以上并纳入统计部门联网直报的小型微型工业企业，省级财政给予20万元的一次性奖励。（省中小企业局、省财政厅、省统计局）

八、支持小微企业创业基地建设。支持大众创业，鼓励社会资本利用闲置土地、厂房、楼宇等改造建设创客空间、众创空间、创业社区、创新工场、微型企业孵化园、科技孵化器、商贸企业集聚区等小微企业创业基地。对经认定的省级中小企业创业基地，给予其厂房、场地改造和创业辅导服务活动财政资金奖励。（省中小企业局、省商务厅、省科技厅、省人力资源社会保障厅、省财政厅）

九、支持小型微型企业集群化发展。支持产业集群基础设施和公共服务平台建设，鼓励和引导各类专业服务机构围绕产业集群开展公共服务。鼓励大中型企业带动产业链上的小型微型企业协作配套、品牌建设和专业化市场发展，引导企业走“专精特新”之路，实现产业集聚和抱团发展。（省经信委、省财政厅、省商务厅、省中小企业局、省工商局）

十、推进小型微型企业“两化”融合。支持小型微型企业利用信息化技术提升财务、安全、节能、环保、用工等管理水平。推动互联网+小型微型企业发展，鼓励小型微型企业在研发设计、生产制造、经营管理、销售服务等全流程和全产业链综合集成应用互联网、云计算、大数据等。（省经信委、省中小企业局、省财政厅）

十一、支持小型微型企业技术创新。支持万众创新，鼓励有条支持小型微型企业参与建立产业技术创新战略联盟，促进技术创新和科技成果转化和推广。建设和完善一批中小企业公共技术服务平台，面向小型微型企业开展技术研发、检验检测、技术评价、技术交易、质量认证、人才培训等专业化服务。（省科技厅、省中小企业局、省财政厅）

十二、加强对小型微型企业的公共服务。各级政府要为中小企业管理部门提升公共服务能力提供支持和保障。小型微型企业集聚较多的乡镇（街道）要依托现有机构改造建设小微企业服务站，工作力量薄弱的可采取政府购买公共服务岗位的形式，从高校毕业生中解决。将中小微企业公共服务列入政府购买服务目录，支持各类社会中介组织和服务机构为中小微企业开展全方位的公共服务。（省人力资源社会保障厅、省中小企业局、省财政厅）

十三、加强统计监测。建立和完善全省统一的小型微型企业统计调查、监测分析和定期发布制度，及时掌握运行动态。统计监测所需费用列入财政预算。（省中小企业局、省统计局）

各市人民政府、各有关部门要结合实际，研究制订具体贯彻落实办法，做好政策衔接，创造有利于小型微型企业健康发展的政策环境。

山西省人民政府关于印发山西省降低实体经济企业成本实施方案的通知

晋政发〔2016〕64号

各市、县人民政府，省人民政府各委、办、厅、局：

现将《山西省降低实体经济企业成本实施方案》印发给你们，请认真贯彻落实。

山西省人民政府

2016年12月6日

山西省降低实体经济企业成本实施方案

为贯彻落实《国务院关于印发降低实体经济企业成本工作方案的通知》（国发〔2016〕48号）精神，有效缓解实体经济企业困难，助推企业转型升级，增强经济可持续发展能力，结合我省实际，制定本实施方案。

一、总体要求

（一）指导思想。

全面贯彻党的十八大及十八届三中、四中、五中、六中全会精神，认真学习贯彻习近平总书记系列重要讲话精神，落实党中央、国务院决策部署及省委、省人民政府的总体要求，按照“五位一体”总体布局和“四个全面”战略布局，牢固树立和贯彻落实创新、协调、绿色、开放、共享的发展理念，推进供给侧结构性改革，采取针对性、系统性措施，有效降低实体经济企业成本，优化企业发展环境，助推企业转型升级，进一步提升产业竞争力，增强经济持续稳定增长动力，为不断塑造山西美好形象、逐步实现山西振兴崛起提供有力支撑。

（二）目标任务。

经过1~2年努力，我省降低实体经济企业成本工作取得初步成效，3年左右使实体经济企业综合成本合理下降，盈利能力明显增强。一是税费负担合理降低。根据国家统一部署，全面推开营改增试点，进一步落实好涉企政府性基金和行政事业性收费的清理规范工作并及时公布收费目录清单。二是融资成本有效降低。企业贷款、发债利息负担水平逐步降低，融资中间环节费用占企业融资成本比重合理降低。三是制度性交易成本明显降低。简政放权、放管结合、优化服务改革综合措施进一步落实，营商环境进一步改善，为企业设立和生产经营创造便利条件，行政审批前置中介服务事项大幅压缩，政府和社会中介机构服务能力显著增强。四是人工成本上涨得到合理控制。工资水平保持合理增长，企业“五险一金”缴费占工资总额的比例合理降低。五是能源成本进一步降低。企业用电、用气定价机制市场化程度明显提升，工商业用电和工业用气价格合理降低。六是物流成本较大幅度降低。社会物流总费用占GDP比重由目前的19%下降1.5个百分点，工商业企业物流费用率进一步降低。

（三）主要原则。

坚持全面系统推进和抓住关键环节相结合。妥善处理政府和市场的关系，按照中央的统一部署，结合我省实际，调动各方面积极性，全面推进降成本工作。创新工作思路和方法，针对造成实体经济企业成本居高不下的关键因素，制定可操作、可落地、可检查的系统性政策措施。

坚持解决当前问题与着眼长远发展相结合。坚持标本兼治、远近结合、综合施策，一方面及时出台并贯彻落实有针对性的政策措施，缓解当前的突出矛盾和问题；另一方面通过深化改革，营造良好发展环境，逐步解决造成实体经济企业成本过高的体制机制问题。

坚持支持企业发展与实现优胜劣汰相结合。突出政策措施的普惠性和差别化，既要有效降低实体经济企业成本，加快转型升级步伐，又要充分尊重市场经济规律，加快落后产能退出，提升经济可持续发展能力。

坚持降低外部成本与企业内部挖潜相结合。在加强制度设计、优化政策环境、发挥好金融系统支持作用、有效降低外部成本的同时，引导实体经济企业采取提升生产效率、提高管理水平、加快技术创新等挖潜增效措施，降低企业内部成本。

坚持降低企业成本与提高供给质量相结合。以增加有效供给、提高供给质量为前提，发挥好骨干管理人员、技术人员、广大员工的关键作用，加强质量管理，增强创新能力，进一步增加产品和服务供给，增强产业竞争力。

二、合理降低企业税费负担（牵头单位：省财政厅）

（四）全面推开营改增试点，确保所有行业税负只减不增。按照国家统一部署，全面推开营改增试点，将所有企业新增不动产所含增值税纳入抵扣范围。（责任单位：省财政厅、省全面推开营改增试点工作领导小组成员单位；责任单位排名不分先后，下同）

（五）落实好研发费用加计扣政策，提出修订完善节能环保专用设备税收优惠目录建议。加强协调配合，贯彻落实好国家研发费用加计扣除政策。积极向国家争取将新材料、关键零部件纳入首批次应用保险保费补偿机制实施范围。调研我省《环境保护专用设备企业所得税优惠目录》和《节能节水专用设备企业所得税优惠目录》实施情况，并向国家相关部委提出修订完善意见和建议。（责任单位：省财政厅、省经信委、省国税局、省地税局、省发展改革委、省环保厅、山西保监局）

（六）进一步做好涉企收费清理规范工作并及时公布收费目录清单。按照国家统一部署，进一步落实好涉企政府性基金和行政事业性收费的清理规范工作并及时公布收费目录清单。（责任单位：省财政厅、省发展改革委、省经信委、省民政厅）

三、有效降低企业融资成本（牵头单位：省金融办）

（七）加大资金支持力度，拓展融资渠道。加大与全国各银行机构总行的战略合作，积极争取信贷投放和资金支持。充分发挥中征应收账款融资服务平台作用，支持企业通过应收账款质押融资。加强与省内外保险公司、资产公司、基金公司的沟通，大力推介山西重点项目，扩大股权类、债权类和资管类资金在我省的投资。（责任单位：省金融办、人行太原中心支行、省发展改革委、省经信委、山西银监局、山西保监局）

（八）提高直接融资比例，合理扩大债券市场规模。发挥直接融资主渠道作用，支持企业通过发行企业债、公司债、短期票据、中期票据、永续债等债务融资工具，筹集低成本资金。发挥晋商信用增进投资有限公司作用，提供多样化信用增进及风险互换交易。（责任单位：人行太原中心支行、省金融办、省发展改革委、省国资委、山西证监局）

（九）加强行业监管，降低贷款中间环节费用。督促银行业依法依规收费，科学合理定价，切实降低企业融资成本。降低收费标准，加大收费减免力度，坚决取消无实质服务内容的不合理收费。清理不必要的资金“通道”和“过桥”环节，规范经营服务收费行为。（责任单位：山西银监局、省金融办、人行太原中心支行）

（十）大力发展股权融资，扩大股票市场融资。推动符合条件的企业在主板、中小板、创业板以及境外上市和在“新三板”挂牌融资。通过公开增发、定向增发、配股等方式，发挥上市公司再融资功能，推动企业通过并购重组，优化股权、资产、产品结构，提升竞争力，助力传统产业优化升级。加快股权融资发展，丰富直接融资手段。（责任单位：山西证监局、省金融办、省国资委）

（十一）稳妥推进民营银行设立，发展中小金融机构。推动设立民营银行，积极引导民间资本进入金融领域。支持符合条件的商业银行在县域发起设立村镇银行。优先支持在贫困县设立村镇银行。大力促进融资担保机构发展。（责任单位：山西银监局、省金融办）

四、着力降低制度性交易成本（牵头单位：省发展改革委）

（十二）打破地域分割和行业垄断，加强公平竞争市场环境建设。提出我省《关于在市场体系建设中建立公平竞争审查制度的实施意见》，进一步明确公平竞争审查范围、审查方式、审查标准等；按照“谁制定、谁清理”的原则，有序清理和废除妨碍统一市场和公平竞争的各种规定和做法。依照国家《反垄断法》《反不正当竞争法》《价格法》的有关规定，加大对行政垄断案件的查处，对发现实施地区封锁的行为要及时提出执法建议。加强对公用企业和依法具有独占地位的企业、行业协会的价格行为的监管，协调好竞争机制与行业管制的关系，排除和限制竞争的垄断行为。充分发挥12358价格监管平台作用，严肃查处行政垄断和行业垄断案件，加强公平竞争市场环境建设。对连锁企业要求设立非企业法人门店和配送中心的，所在地政府及有关部门不得以任何形式设置障碍。（责任单位：省发展改革委、省商务厅、省工商局、省经信委、省国资委、山西能监办）

（十三）深化“放管服”改革，为企业创造更好的营商环境。同步推进简政放权、放管结合、优化服务工作。按照国家统一部署，做好取消、下放和承接审批事项的衔接落实工作，提高政府公共服务能力和水平，为企业提供优质公共服务和公共产品。依托山西省投资在线审批监管平台，推动相关部门横向联通和纵向贯通，逐步将投资项目的审批、核准、备案以及开工前的报建事项，纳入到平台办理。推进行政审批制度和监管制度改革，优化行政审批流程，重点围绕生产经营领域取消和下放行政审批事项，合并具有相同或相似管理对象、管理事项的证照资质，实行联合审批。大幅压减各类行政审批前置中介服务事项，无法律法规依据的一律取消。保障各类市场主体在投资核准、政府扶持、参与政府投资项目等方面享受同等待遇。对民间投资进入自然资源开发、环境保护、能源、交通、市政公用事业等领域，除法律法规有明确规定的外，取消最低注册资本、股东结构、股份比例等限制。简化外商投资企业设立程序。研究推广对符合条件且不需要新增建设用地的技术改造项目实行承诺备案管理。规范涉企行政检查行为，落实“双随机”抽查机制，建立随机抽查事项清单。（责任单位：省发展改革委、省经信委、省国土资源厅、省商务厅、太原海关、省国税局、省地税局、省工商局、省质监局、省环保厅、省住房城乡建设厅、省交通运输厅、省国资委、山西能监办）

（十四）加快社会信用体系建设，加强知识产权保护。加快推进省信用信息共享平台和企业信用信息公示系统建设，实施统一的社会信用代码，加强信用信息归集、共享、公开和使用。加大信息公开力度，及时将行政许可、行政处罚等信息依法上网公示。积极开展守信联合激励和失信联合惩戒，规范各领域黑名单制度，鼓励政府部门在行政管理、公共服务、市场交易和投融资等领域带头使用信用产品和服务，对守信企业实施优惠便利措施，对失信企业依法严格限制和约束。加强知识产权保护，加大对专利、注册商标、商业秘密等方面知识产权侵权假冒行为的打击力度，降低企业维权成本。（责任单位：省发展改革委、人行太原中心支行、省工商局、省知识产权局、省经信委、省商务厅、太原海关、省国税局、省地税局、省质监局、山西银监局）

（十五）提升贸易便利化水平，合理降低服务收费标准。研究制定《山西省国际贸易“单一窗口”建设方案》，按照国家统一部署，2017年建成“单一窗口”（一期）并上线运行，推进口岸相关管理部门信息互认、执法互助，促进贸易便利化。按照《山西省全省性行业协会商会与行政机关脱钩试点总体方案》要求，积极稳妥推动行业协会商会与行政机关脱钩；健全行业协会商会退出机制，对职能不清、业务开展不正常、不适应经济社会发展的行业协会商会依法予以注销；建立健全行业协会商会信息公开和年度报告制度，主动接受社会监督；鼓励和引导行业协会商会积极参与政府购买服务。建立健全行业协会商会自律机制，扎实开展行业协会商会涉企收费清理规范，加大案件查处力度。进一步清理、精简、规范各级各类行业协会、商会等开展的考核评比表彰赞助捐赠等活动。（责任单位：太原海关、山西出入境检验检疫局、省发展改革委、省民政厅、省经信委、省人力资源社会保障厅、省财政厅、省国土资源厅、省环保厅、省住房城乡建设厅、省国资委）

（十六）加快剥离国有企业办社会职能和解决历史遗留问题，减轻企业负担。研究建立政府和国有企业合理分担成本的机制，坚持分类指导、分步实施，多渠道筹措资金，加快剥离国有企业办社会职能。全面推进我省国有企业职工家属区“三供一业”（水、电、暖和物业管理）分离移交，剥离企业办医疗、教育等公共服务机构，对国有企业退休人员实行社会化管理，解决好厂办大集体等国有企业历史遗留问题。（责任单位：省国资委、省财政厅、省人力资源社会保障厅）

五、合理降低企业人工成本（牵头单位：省人力资源社会保障厅）

（十七）降低企业社保缴费比例，采取综合措施补充资金缺口。从2016年5月1日起至2018年4月30日的两年内，在全省范围内阶段性降低企业职工基本养老保险缴费比例，凡参加我省企业职工基本养老保险的用人单位，基本养老保险单位缴费比例由现行的20%降至19%；同期内，再次阶段性降低失业保险费率，将失业保险单位缴费比例由现行的1.5%降至1%，进一步降低缴费单位负担，降低企业人工成本负担。综合采取实施渐进式延迟退休年龄、开展基金投资运营和划转部分国有资本充实社会保障基金，以及通过拍卖、出租政府公共资源资产等方式筹集资金，为降低企业社保缴费比例创造条件。（责任单位：省人力资源社会保障

厅、省财政厅、省国资委）

（十八）完善住房公积金制度，规范和阶段性适当降低企业住房公积金缴存比例。认真贯彻落实住房城乡建设部、发展改革委、财政部、人民银行《关于规范和阶段性适当降低住房公积金缴存比例的通知》（建金〔2016〕74号）精神，住房公积金缴存比例高于12%的，各市要一律予以规范调整，不得超过12%（含12%）。从2016年起两年内，各市可结合实际，阶段性适当降低住房公积金缴存比例。阶段性适当降低住房公积金缴存比例若低于5%或低于原城市制定的最低缴存比例的，由各市报省政府批准执行。各市要细化政策，明确申请条件、审核程序，并向社会公开。生产经营困难企业除可降低缴存比例外，还可依法申请缓缴住房公积金，待效益好转后再提高缴存比例或恢复缴存并补缴缓缴的住房公积金。（责任单位：省住房城乡建设厅、省发展改革委、省财政厅、人行太原中心支行）

（十九）完善最低工资调整机制，健全劳动力市场体系。结合当前经济下行压力较大、企业盈利能力下降的实际，准确把握最低工资标准制度的功能定位，合理确定最低工资标准调整幅度与频率，坚持稳慎原则，使最低工资标准增长平稳适度，对企业人工成本不产生负面影响。推进户籍制度改革，实现居住证制度全覆盖，将外来务工人员纳入当地教育、基本医疗卫生等公共服务覆盖范围，降低劳动力自由流动成本，加快形成统一开放、竞争有序的劳动力市场体系。（责任单位：省人力资源社会保障厅、省发展改革委、省公安厅、省财政厅）

六、进一步降低企业用能用地成本（牵头单位：省发展改革委）

（二十）加快推进能源领域改革，放开竞争性环节价格。按照国家统一部署，加快推进电力、天然气等领域市场化改革，建立主要由市场决定能源价格的机制。有序放开公益性以外的发电、售电价格，放开省内管输企业大用户直供销售价格（直供燃气热电企业除外）。在市场竞争较为充分的地区，各市可择机放开车用压缩天然气销售价格。2017年基本放开竞争性领域和环节价格管制，形成充分竞争的机制，使能源价格充分反映市场供求变化，提高价格灵活性。（责任单位：省发展改革委、山西能监办）

（二十一）加快推进电力体制改革，合理降低企业用电成本。加快输配电价改革，降低电网企业的输配电费用；建立优先发电权和优先购电权制度，进一步放开发用电计划，完善电力交易规则，扩大电力直接交易规模和范围；以大型园区为试点，用市场化方式建设以增量配电网为主的园区型区域电网，实现对区域电网内用户的低价、便捷、可靠供电；深化煤电联营，对煤矿和电厂属同一主体的煤电一体化企业，逐步探索将煤矿和洗煤厂的用电纳入配套电厂厂用电范围；探索对煤电联营企业与高载能企业组成同一投资主体，高载能项目用电纳入配套电厂厂用电范围，发电机组满足自用负荷后，余量电量参与市场竞争。落实企业调整计费方式和电力增容、减容、暂停、变更等政策措施，降低用电成本。（责任单位：省发展改革委、省经信委、山西能监办）

（二十二）完善土地供应制度，降低企业用地成本。积极推进工业用地长期租赁、先租后让、租让结合供应，工业用地的使用者可在规定期限内按合同约定分期缴纳土地出让价款，降低工业企业用地成本。保障物流业用地供应，科学合理确定物流用地容积率。（责任单位：省国土资源厅、省财政厅）

七、较大幅度降低企业物流成本（牵头单位：省发展改革委）

（二十三）改善物流业发展环境，大力发展运输新业态。健全现代物流标准体系，推进重点物流企业参与专业领域物流技术标准和管理标准的制定和标准化试点工作，强化物流实施标准。推动物流业与制造业等产业联动发展，鼓励制造企业改造业务流程，分离外包物流业务，释放物流需求。鼓励传统物流企业向上下游延伸服务，推进与其他产业互动融合。优化资源配置，完善城市物流配送体系，建立共同配送网络，提高“最后一公里”服务能力，提升物流效率。大力发展多式联运、甩挂运输、干线运输和城市共同配送等运输模式。开展无车承运人试点，加快推进无车承运人业务发展。（责任单位：省发展改革委、省质监局、省经信委、省商务厅、省国资委、省交通运输厅、太原铁路局、省公安厅）

（二十四）合理确定公路运输收费标准，规范公路收费管理和监督执法。严格按照《收费公路管理条例》规定，科学合理确定收费公路车辆通行费标准。坚决查处高速公路车辆救援服务中的各种乱收费行为，规范车辆超限处罚标准，减少各类执法中的自由裁量权，坚决杜绝乱罚款、“以罚代管”等行为。（责任单位：省交通运输厅、省财政厅、省发展改革委、省公安厅）

（二十五）规范机场铁路港口收费项目，清理不合理服务收费。民航、铁路等部门要认真贯彻落实国家有关清理机场、铁路经营性收费的各项政策措施，除法规规章规定的项目外，禁止指定经营、强制服务、强制收费行为。价格主管部门要严格查处民航、铁路部门对企业的各种乱收费行为以及地方政府设立的不合理涉及铁路收费。（责任单位：省发展改革委、省民航机场管理局、太原铁路局）

八、提高企业资金周转效率（牵头单位：省金融办）

（二十六）推进实体经济经营性资产证券化，推进投贷联动试点支持科技创新创业企业。增加权益类融资，加大永续债券等可纳入权益类资产的发行力度。支持重点骨干企业实施兼并重组，优化企业资产负债结构，积极探索企业通过资产证券化等方式盘活存量资源。按照国家要求，在依法合规、风险可控的前提下，开展科技创新创业企业投贷联动业务试点。（责任单位：省国资委、省金融办、省发展改革委、山西银监局、山西证监局）

（二十七）支持重点企业资金周转，多方筹资清偿拖欠工程款。加强协调，支持重点企业筹集周转资金，防范企业资金链断裂风险传导。统筹置换债券资金在内的预算资金，按照相关规定妥善偿还经清理核实属于地方政府债务的拖欠工程款；通过出让资产等方式获得的增量资金，优先用于清偿政府投资项目拖欠工程款。（责任单位：省发展改革委、省财政厅、人行太原中心支行、山西银监局、省住房城乡建设厅）

（二十八）清理规范工程建设领域保证金，减少资金占用。积极贯彻落实国家及我省有关清理规范保证金有关工作要求，按时完成违规收取的保证金清退工作，进一步完善保证金监管工作有关制度，减轻企业负担，激发市场活力。（责任单位：省住房城乡建设厅、省财政厅、省发展改革委、省人力资源社会保障厅、省法制办）

（二十九）加快重大债务风险处置，优化金融生态环境。推动重点企业负债结构优化重组，加大不良资产处置力度，提高处置效率。在省属七大煤炭企业加快推广中长期专项贷款。充分发挥债权人委员会作用，加强协作，有效化解债务风险。协助解决驻晋金融机构在发展中遇到的问题，优化金融生态环境。按季通报各市不良贷款情况，督促各市政府加大对恶意逃废银行债务的处置力度，维护良好信用环境。（责任单位：山西银监局、省金融办、省发展改革委、省财政厅、省国资委）

九、鼓励引导企业内部挖潜（牵头单位：省经信委）

（三十）引导企业管理创新和精益生产，利用信息技术手段降低成本。开展“两化”融合管理体系贯标试点，在推进国家级贯标试点的基础上，开展省级“两化”融合贯标试点，推动企业内部管理升级和创新发展。积极推进智能制造，提高产品生产效率。加快推进绿色制造，努力降低资源能源消耗。大力发展智慧流通，引导精准营销。推进小批量、多批次、低库存、少环节的柔性化生产和作业成本法应用，提高企业供应链管理水平。（责任单位：省经信委、省发展改革委、省商务厅）

（三十一）加强先进技术推广，鼓励企业加强目标成本管理。大力支持企业转型和技术创新，积极推广降低企业成本的先进技术，促进企业提高生产效率。贯彻落实国家关于鼓励企业创新管理提质增效的指导意见，坚持企业主导、政府引导，通过典型引领和示范推广，引导企业加强管理、内部挖潜、降本增效，创新生产经营模式，提升发展质量，增强企业竞争力。大力推进落实全省国有企业提质增效工作方案，鼓励企业增加有效供给，引导企业推进对标管理、精细化管理、成本管控和资金管理，不断推进国有企业做强做优做大。（责任单位：省发展改革委、省经信委、省国资委）

十、落实降成本工作配套措施

（三十二）推进体制机制改革。进一步推进简政放权、放管结合、优化服务改革，积极稳妥推进国企改革和企业兼并重组，有序推进财税、金融等领域体制机制改革，加快推进资源要素市场化改革，降低供给成本、提高供给效率，形成有利于企业降低成本和健康发展的制度环境。

（三十三）支持创新活动。加快实施创新驱动发展战略，深入推进大众创业、万众创新，加强科技创新、管理创新、机制创新、营销创新和商业模式创新。发展新兴产业，加大对企业创新活动的支持，提高创新资源产出率和全要素生产率。

（三十四）发挥“互联网+”作用。充分运用互联网、物联网、云计算等新一代信息技术，改进生产经营模式。通过“互联网+”协同制造，提升企业运营效率，降低运营成本。通过“互联网+”高效物流，提升运输效率，降低流通成本。通过“互联网+”政务服务，实现部门间数据共享，提高服务效率，降低交易成本。支持企业利用电子商务拓展市场，降低生产经营成本。

（三十五）利用两个市场。结合实施“一带一路”战略，加大支持企业“走出去”力度，鼓励企业充分利用国际国内两个市场、两种资源，提高资源利用效率，降低原材料成本。

（三十六）改进企业管理。完善现代企业制度，优化运营模式，培育企业家精神和工匠精神，发挥好广大企业职工的作用，激励挖潜增效。鼓励企业与国际先进企业对标，加强企业标准化建设，推进企业研发设计、物流、采购、安全生产、销售服务等管理标准化，提高运行效率。

（三十七）降低监管成本。加强反垄断、反不正当竞争、知识产权保护、质量安全监督等市场监管；充分运用大数据手段，加强对市场主体的监管，提高监管效率。整合优化执法资源，有效避免多层多头重复执法。

（三十八）改善公共服务。加强政府公共服务平台建设，扩大覆盖面，延伸服务终端，优化服务流程，提升服务效能。加强标准体系建设，开展强制性标准整合精简，加快制定公益类推荐性标准和满足市场、创新需要的团体标准，降低市场推广应用成本。推广政府购买服务方式，吸引社会资本参与提供公共服务。

（三十九）优化产业布局。加强规划引导，综合考虑资源、市场等因素，加快经济结构调整，优化产业布局。加大对国家级开发区、省级开发区、科技创新城等功能性平台建设支持力度，加强公共基础设施和服务平台建设，完善产业链、物流链，提高产业发展的配套、协作和集约化水平。

（四十）分行业降本增效。增强降成本工作的针对性，根据行业特点，研究制定具体政策措施，加快实施转型升级降本增效专项行动，有序推进并切实落实煤炭、化工、钢铁、有色金属、建材、机械、电子信息、消费品、物流等行业的转型升级降本增效工作。

十一、建立健全降成本工作推进机制

（四十一）加强组织领导。山西省降低实体经济企业成本领导小组下设综合办公室和四个专业办公室，统筹推进各项工作，跟踪督促落实。领导小组综合办公室设在省发展改革委，负责统筹协调降低实体经济企业成本工作，承担领导小组日常工作，并负责降低制度性交易成本、降低企业用能用地成本和降低企业物流成本等工作。降低企业税费负担办公室设在省财政厅，降低企业融资成本办公室设在省金融办，降低企业人工成本办公室设在省人力资源社会保障厅，鼓励和引导企业内部挖潜办公室设在省经信委。各专业办公室要建立相关工作机制，推进各自领域降成本工作，各责任单位要积极做好配合工作。（**责任单位：省降低实体经济企业成本领导小组成员单位**）

（四十二）强化责任落实。市、县政府及其有关部门是本行政区、本领域降低实体经济企业成本工作的第一责任主体。各地、各部门要按照党中央、国务院及省委、省政府的决策部署，根据本方案抓紧制定出台实施细则或具体政策措施。要加强工作指导，建立降低实体经济企业成本的长效机制，重点是建立健全常态化的组织协调和督促落实工作机制，建立效果评估和统计监测机制，建立根据形势变化动态调整政策措施机制。（**责任单位：各市、县人民政府，各有关部门**）

（四十三）加强督促检查。在领导小组的统筹协调下，各地、各部门要加强专项督查，并充分发挥各类行业协会和产业联盟等社会团体的作用，畅通企业意见和诉求反馈渠道，推动各项政策措施落实，并根据实际情况不断充实完善政策措施。适时将降低实体经济企业成本转为常态化工作，加强企业运行情况动态监测和常态化监督检查。（**责任单位：各市、县人民政府，各有关部门**）

（四十四）适时评估总结和推广经验。领导小组将在2017年3月底前进行一次政策落实情况及效果评估，积极推广效果良好的政策和做法，研究解决出现的问题，及时调整相应政策。从2017年起，每年6月20日前各级、各部门向领导小组报送一次政策落实情况。（**责任单位：各市、县人民政府，各有关部门**）

辽宁省

辽宁省人民政府关于印发辽宁省发展民营经济实施方案的通知

辽政发〔2015〕31号

各市人民政府，省政府各厅委、各直属机构：

现将《辽宁省发展民营经济实施方案》印发给你们，请结合本地区、本部门实际，认真贯彻执行。

各市政府要按照本实施方案的要求，编制本地区发展民营经济具体工作落实方案，全力以赴抓好落实，确保在完成各项工作任务上取得明显成效。各部门要按照要求，细化分解实施方案，明确具体工作计划及完成时限，根据职责分工，推进各项工作。

为切实做好这项重大战略实施方案的贯彻落实工作，在省委领导下，省政府成立由省长任组长、相关副省长任副组长、省政府常务会议组成人员和各市市长及相关部门主要负责同志为成员的领导小组，负责统筹规划、协调指导、扎实推进。领导小组下设具体推进工作办公室，办公室设在省中小企业局，省中小企业局局长兼任办公室主任。办公室负责做好跟踪协调、综合调度、具体落实工作，会同有关部门将发展民营经济工作落到实处。

辽宁省人民政府

2015年8月11日

辽宁省发展民营经济实施方案

为认真贯彻落实省委、省政府关于加快发展民营经济的决策和部署，进一步强化措施、改善环境、提振信心、释放活力，确保在发展壮大民营经济中形成新的经济增长点，为辽宁老工业基地新一轮振兴发展培育新动能，特制定本实施方案。

一、指导思想和总体目标

（一）指导思想

深入贯彻党的十八大和十八届三中、四中全会精神，认真落实党中央、国务院支持东北振兴发展战略举措，主动适应和引领经济发展新常态，推进支持民营经济发展政策落到实处，以改革激发活力，以创新驱动发展，着力打造大众创业、万众创新“双引擎”，着力优化发展环境，着力推动转型升级，着力改善服务，实现我省民营经济平稳健康发展。

（二）总体目标

到2020年，全省民营经济总体规模进一步扩大，民营企业创新发展动力进一步增强，转型升级取得显著成果。民营经济单位数达到230万户，企业法人单位达到50万户；民营经济增加值年均增长11.8%，总体规模达到3.5万亿元，占地区生产总值比重达到70%；规模以上民营工业企业达到2万户以上，增加值达到1.7万亿元；重点培育年营业收入超500亿元及以上企业2户，100亿元及以上企业20户，50亿元及以上企业30户，10亿元及以上企业300户。

二、主要措施

（一）改革创新民营经济发展体制机制。

1. 推动民营经济发展改革试点工作。扎实推进国务院在东北地区开展民营经济发展改革试点，积极拓展试点政策覆盖范围，力争年内取得实质性进展。

2. 推进非公有制经济综合配套改革示范区建设。研究制定支持示范区建设的政策意见，支持营口市开展先行先试，为全省发展非公经济提供可复制、可推广的经验。

3. 加快行政审批制度改革。进一步取消和下放一批行政审批事项。推行各级政府部门权责清单制度。开展投资领域负面清单管理模式改革试点，出台投资项目审批事项清单和流程图，让激发民营经济活力的源泉充分涌流。

4. 放开民营资本投资领域。根据国家发展改革委《基础设施和公用事业特许经营管理办法》，研究制定我省民营企业进入特许经营领域的具体办法。

5. 支持民营资本参与国企改革。鼓励国有资本投资项目吸收非国有资本参股。支持民营企业在推进国企改组改制、主辅分离、服务外包过程中，通过并购、控股、参股等形式参与国企股份制改造。

6. 参与金融创新。支持有条件的民营企业发起或参与设立民营银行、村镇银行、融资租赁公司等新型金融机构。鼓励民间资本进入消费金融领域。

（二）培育引导大型民营企业做优做强。

7. 促进企业增强核心竞争力。全面落实企业技术创新、科技创新重大专项相关政策，支持企业购买海外、省外企业股权或向海外、省外企业投资。支持企业应用自主核心技术，开发研制填补国内空白的重大技术装备或关键零部件产品。鼓励企业引进海外先进适用技术。

8. 加速重大项目研究开发。重点支持能源装备、智能化数控机床、智能型工业机器人、轨道交通装备、海洋工程装备等对我省经济发展有牵动作用的重大项目研究与开发，鼓励以企业为主体、产学研相结合的多学科、跨单位联合攻关。

（三）重点扶持科技型小微企业加快成长。

9. 创新专项资金支持方式。在部分国家级高新区试点开展“科技创新券”工作，通过后补助方式，支持科技型小微企业加强产学研合作。

10. 加强面向企业的科技服务。组织高校、科研院所专业技术人员，为民营企业提供制定技术发展战略、新技术转化、新产品研发、经营管理模式创新、技术人才培训等专项服务，搭建高校、科研机构与中小企业合作平台。

11. 支持创办科技型企业。对科研院所、科研人员创办科技型企业，经有关部门认定的高新技术企业、软件企业、符合国家规定的高新技术产品出口企业，按照相关规定享受财税优惠政策。

（四）持续加大小微企业创业发展支持力度。

12. 营造宽松便捷创业环境。全面推行企业工商营业执照、组织机构代码证、税务登记证“三证合一”登记制度，加快实行“一照一码”制度，提高市场主体准入便利化，激发小微企业创业热情。

13. 加大减税降费力度。全面清理涉企行政事业性收费、政府性基金、具有强制垄断性的经营服务性收费、行业协会商会涉企收费，落实涉企收费清单管理制度和创业负担举报反馈机制。

14. 加快推进科技企业孵化器建设。形成以综合孵化器为主体，专业孵化器为补充，大学科技园、留学人员创业园等各类孵化器协同发展的科技企业孵化体系。

（五）着力推进传统产业领域企业转型升级。

15. 支持企业技术中心及新产品（新技术）研制。重点对企业开展的重大新产品、新技术研制项目，企业技术中心新产品（新技术）研制项目和企业创新平台建设项目给予支持。

16. 支持企业利用信息技术集成创新应用。推动互联网产业应用示范，提高“两化”融合服务能力和水平，培育信息化和工业化相融合的新兴业态。

17. 促进企业走“专精特新”发展道路。支持引导中小微企业提高专业化生产、服务和协作配套的能力，实施精细化生产、管理、服务，发展特色产业、产品、技术工艺，开展技术、管理及商业模式创新。

18. 加强质量品牌建设。引导民营企业建立健全质量管理制度，实行质量管理体系认证，严格执行企业标准化体系规范，建立产品溯源管理制度。支持企业创建地方名牌、著名商标和驰名商标，争创国家名牌产品。鼓励企业商标国际注册，使用自主商标拓展市场。

（六）大力开拓国内外市场。

19. 推动民营经济新一轮对外开放。支持民营企业参与国际产能和装备制造合作，扩大对外合作交流。推进跨境电子商务发展，促进贸易平台和国际营销网络建设，鼓励企业的产品和技术大规模走出去。

20. 支持企业开展营销模式创新。鼓励民营企业利用“互联网+”等新技术、新载体，创新营销模式，整合线上、线下渠道，拓展国内外营销网络。

（七）加大金融支持力度。

21. 创新金融服务模式。启动产业金融服务体系建设，促进金融与产业深度融合。探索建立科技金融服务新模式，鼓励金融机构开展科技小额贷款、科技保险和科技担保业务，为产业技术创新活动提供全程金融支持。

22. 推动多渠道融资。落实企业上市奖励政策，积极鼓励民营企业通过境内外资本市场上市融资。推动中小企业在全国中小企业股份转让系统、辽宁股权交易中心挂牌融资；鼓励符合条件的民营企业通过发行公司债、企业债、中小企业私募债、非金融企业债务融资工具等方式直接融资。

23. 加大信贷支持力度。鼓励银行业金融机构为民营企业提供1年期以上的中长期贷款，对有足额抵押物或由担保机构提供足额担保的贷款，贷款利率给予适当优惠。推动各银行业金融机构加快完善和创新小微企业贷款服务，银行业金融机构同意续贷的，应当在原流动资金周转贷款到期前与小微企业签订新的借款合同，通过新发放贷款结清已有贷款等形式，允许小微企业继续使用贷款资金。

（八）培育高素质企业家队伍。

24. 建立人才培养和引进机制。将民营企业家培训作为年度培训计划重要内容，通过整合高校、服务机构资源，组织开展民营企业家培训。每年选送一批企业家到知名高校进修培训。积极引进海外研发团队，吸引国际高层次人才和海外留学人员来辽宁创业创新。

25. 积极培育“创二代”健康成长。围绕民营企业代际传承，积极开展“创二代”培育计划，帮助企业接班人掌握现代化企业管理知识，转变“家族式管理”思维，引导建立现代企业制度，增强依法经营意识。

（九）营造民营经济发展良好环境。

26. 规范市场秩序。依法惩处垄断行为和不正当竞争行为，保障市场公平竞争。保护各类知识产权，坚决打击侵犯知识产权和制售假冒伪劣产品行为。加快推进社会信用体系建设，建立守信激励和失信惩戒机制，促进信用信息有效应用。

27. 强化行政权力制约。全面推进行政权力运行制度系统、公共资源交易系统、行政绩效管理系统、行政权力电子监察系统、民意诉求反馈系统建设，切实解决在发展民营经济上的不作为、乱作为、慢作为等问题。

28. 保护合法权益。全面贯彻落实《辽宁省中小微企业权益保护条例》，建立民营企业维权投诉、处理和反馈机制，依法保护民营企业家合法权益。

三、统筹推进民营经济发展改革工作

29. 落实目标责任。省政府各部门、各单位根据国家相关政策，及时研究制定我省促进民营经济发展改革具体政策措施，明确工作重点和目标，分年度细化工作进度安排，加强分类指导，及时总结经验，确保各项任务扎实推进。各市负责各项政策的具体落实。省政府要将各项任务措施进行细化分解，配套制定考核评价指标体系，加强对各市发展民营经济任务落实情况的跟踪考核，确保各项措施早见成效。

30. 营造发展氛围。充分发挥政府引导推动作用，调动社会各界积极参与民营经济发展改革，加速在全省形成“小企业铺天盖地、大企业顶天立地”的良好发展局面。发挥新闻媒体和网络作用，广泛宣传我省促进民营经济发展政策举措和成效，大力营造大众创业、万众创新的良好社会氛围。

辽宁省人民政府办公厅关于印发辽宁省民营工业培育行动实施方案（2016–2018 年）的通知

辽政办发〔2016〕120号

各市人民政府，省政府各厅委、各直属机构：

《辽宁省民营工业企业培育行动实施方案（2016–2018年）》已经省政府同意，现印发给你们，请认真贯彻执行。

辽宁省人民政府办公厅

2016 年 11 月 8 日

辽宁省民营工业企业培育行动实施方案（2016–2018 年）

为认真贯彻落实《中共中央国务院关于全面振兴东北地区等老工业基地的若干意见》（中发〔2016〕7号）精神，进一步激发民营经济活力，促进民营企业快速健康发展，特制定本实施方案。

一、总体要求

（一）总体思路。贯彻落实党的十八大和十八届三中、四中、五中、六中全会精神，创新民营经济发展体制机制，充分发挥市场在资源配置中的决定性作用，突出企业创新发展主体地位，更好地发挥政府支持促进功能，落实各项政策，强化服务措施，着力培育一批大型民营企业集团、龙头企业，大力发展规模以上企业，促进个体工商户转型升级为企业，不断扩大民营工业总量规模，提升发展质量与效益，使民营工业在我省经济社会发展中发挥更加重要的作用。

（二）主要目标。经过3年培育，到2018年全省民营工业企业总量进一步扩大，发展质量与效益明显提高，创新发展动力显著增强，对全省经济发展贡献率进一步提升。

实施“大做强”工程。重点培育壮大一批主业突出、核心竞争力强的民营企业集团、龙头企业，促进企业向规模化、集团化方向发展，企业群体规模进一步壮大，核心竞争力进一步增强，对全省经济发展的贡献进一步提升。到2018年，培育形成主营业务收入500亿元及以上企业1家，100~500亿元（含100亿元）企业16家，50~100亿元（含50亿元）企业20家，10~50亿元（含10亿元）企业100家。

实施“小升规”工程。重点培育发展规模以上工业企业，着力促进企业转型升级，规模以上民营工业企业整体发展质量和效益进一步提高，企业数量进一步增多，梯队规模进一步扩大，对全省经济发展的支撑作用更加显著。到2018年，全省规模以上民营工业企业数量达到11000家，其中新兴产业企业达到1100家以上。

实施“个转企”工程。重点培育促进个体工商户转型升级为企业，实现小微企业整体发展水平进一步提高，创新活力进一步增强，对活跃经济、稳定就业的作用进一步巩固。计划到2018年，三年累计促进“个转企”达到30000家以上（包括非工业）。

二、主要任务

（一）着力推进企业转型发展、做优做强。

1. 支持大型民营企业跨地区、跨行业、采取混合所有制形式进行资产并购重组。以竞争类企业和新投资项目为重点，推进国有资本与集体资本、非公有资本交叉持股、相互融合，发展混合所有制经济。非公有资本投资主体可通过出资入股、收购股权、认购可转债、股权置换等多种方式，参与国有企业改制重组或国有控股上市公司增资扩股以及企业经营管理。

2. 放开民营资本投资领域。积极探索推广运用PPP模式的有效途径，鼓励支持民营资本平等参与PPP项目，拓宽民间资本投资领域和范围。鼓励民营企业进入金融服务领域，支持符合条件的民营企业参与城市商业银行、农村信用社等地方法人金融机构改革与改造。推动符合条件的民营企业发起设立民营银行、财险公司等各类金融机构。

3. 培育促进规模以上工业企业健康发展。充分发挥财政资金的引导作用，在积极争取国家工业转型升级有关专项资（基）金的基础上，利用省产业（创业）投资引导基金，加大对重点骨干企业的扶持力度，重点支持装备制造、冶金、石化等传统产业升级项目，支持利用信息技术改造提升传统产业、支持强化工业基础能力、支持国际产能合作和装备“走出去”。在省、市、县（市、区）开展工业纳税“百强企业”评选表彰活动，构建支持工业转型升级、健康发展的激励机制。优先支持政府重点扶持的战略性新兴产业和高技术产业，深入实施“互联网+”行动计划，推动“两化融合”，促进创新创业型中小微企业做大做强，培育一批新兴产业骨干企业。

4. 培育支持规模以下工业企业加快发展。鼓励引导传统制造业企业转型升级，支持企业采用新技术、新工艺、新设备、新材料进行改造提升。加大高新技术企业认定政策宣传力度，鼓励引导小微企业向高新技术企业方向发展，将基本符合国家重点支持高新技术领域发展方向的小微企业纳入高新技术企业培育库，加强跟踪指导和培育服务，推动小微企业认定为高新技术企业。进一步利用税收优惠政策的普惠性，促进小微企业快速发展壮大。

5. 培育促进个体工商户转型升级为企业。工商部门在办理“个转企”注册登记时，按照变更程序办理，无需办理个体工商户注销手续；不改变住所（经营场所）的，转型后企业设立无需重复提交住所（经营场所）使用证明即予以登记；个体工商户转型为个人独资企业和合伙企业的，允许继续使用原登记字号；个体工商户转型为有限责任公司的，允许沿用其名称加“有限公司”；个体工商户转型升级为企业领取营业执照后，在办理银行账户、资产过户、涉税事宜等相关后续手续，以及办理原有许可审批事项延续手续时，有关部门和相关许可审批部门凭工商部门出具的《个体工商户转型证明》，应按照变更程序办理相关手续，按照有关规定免收相关费用。符合条件的个体工商户转型升级为企业后，年应纳税所得额在30万元以内（含30万元）的，减半征收企业所得税，同时月销售额不超过3万元（含3万元）的小微企业在2017年底免征增值税。从转型升级为企业当年起，其企业基本养老保险统筹基金缴费比例可实行3年过渡，过渡期结束后，统一按企业缴费比例缴纳企业基本养老保险费。个体工商户转型升级为企业后，以上月工资总额作为企业基本养老保险单位缴费基数。

（二）促进企业创新发展。

1. 推进企业技术创新。支持企业自建或与高等院校、科研院所共建重点实验室、工程技术研究中心、企业技术中心等研发机构，搭建企业与高等院校、科研院所科技合作平台，创新科技成果对接机制，建立形成长期、紧密、系统合作，促进高等院校、科研院所的科技成果转化，为企业创新发展提供技术支撑。支持企业兼并收购境外拥有核心技术的企业和研发机构，提高企业集成创新和引进消化吸收再创新能力。

2. 鼓励引导民营企业加大研发投入。落实研究开发费用税前加计扣除政策，对符合条件的知识产权费用按规定实行加计扣除。对电子商务企业开发新技术、新产品、新工艺发生的符合税法规定的研究开发费用，形成无形资产的，按照无形资产成本的150%摊销。围绕先进装备制造、新材料、信息技术、生物医药、节能环保、海洋开发等领域，组织符合条件的重点企业申报国家重大专项和国家重点研发计划等国家科技项目，争取资金支持。

3. 促进企业提升自主创新能力。鼓励企业自主知识产权研发，对申请发明专利和申请国际PCT专利的给予相应资助。对取得显著成效的专利项目，获得中国专利金奖的给予一次性50万元奖励，获得中国专利优秀奖的给予一次性20万元奖励，获得省专利金奖的给予一次性5万元奖励，获得省专利优秀奖的给予一次性2万元奖励。

4. 鼓励引导中小微企业走“专精特新”发展道路。对标《中国制造2025》，培育一批核心基础零部（元器）件、先进基础工艺、关键基础材料和产业技术基础等领域的“专精特新”中小企业。推动中小企业与大企业协同创新，通过任务众包、生产协作、资源开放等方式，促进大企业带动产业链上下游中小企业协同研发、协同制造、协同发展。加大对中小微企业的资金扶持力度，进一步完善科技创新券制度，鼓励引导中小微企业开展技术创新。

5. 推动中小企业信息化应用。实施“互联网+”小微企业专项行动，促进互联网和信息技术在企业生产制造、经营管理、市场营销各个环节中的应用，支持中小企业通过信息化提高效率和效益。

6. 推进企业管理创新。实施民营企业建立现代企业制度引领计划，研究制定民营企业建立现代企业制度示范标准和认定办法等相关配套政策，树立民营企业管理创新示范，引导企业建立健全现代企业制度，完善法人治理结构和内控管理体系。加强企业经营管理知识培训与咨询服务，促进企业创新经营理念与经营方式，提升管理水平。实施“两化”融合管理体系贯标试点工作，推进企业“两化”融合管理体系发展。

7. 推进企业品牌创新。开展辽宁名牌产品认定工作，引导企业增加品牌意识，加强品牌建设，提升品牌知名度。培育树立企业先进质量管理典型，开展先进质量管理方法培训，鼓励引导企业争创省长质量奖。开展品牌价值评价活动，对符合条件的民营工业企业免费提供品牌价值评价，促进企业和产品品牌价值的提升。

8. 推动企业建立人才引进激励机制。鼓励企业充分运用市场手段引进高层次企业家领军人才及创新团队，支持企业探索实行高层次经营管理人才股权激励等中长期激励办法。鼓励各类企业专业技术人才申报人才工程、项目。在“百千万人才工程”人选选拔过程中，单独设置企业产业创新领军人才组别，加大对企业人才的支持力度。

（三）支持企业开拓国内外市场。

1. 支持企业“走出去”。充分利用省政府支持企业“走出去”专项资金政策，支持企业到境外，特别是到“一带一路”国家和地区投资建厂，参与国际产能合作和装备制造；支持企业资源回运，建设境外大型资源基地和境外经济贸易合作区；支持企业承接境外工程，发展对外劳务合作；提高对外投资合作项目融资能力，降低企业开展对外投资合作风险。充分发挥辽宁企业“走出去”大联盟作用，优化政府统筹协同和公共服务机制，整合各类要素资源，为企业“走出去”开拓国际市场提供全方位服务。

2. 支持企业扩大出口。深入推进区域通关一体化改革和加快国际贸易“单一窗口”建设，构建“信息互换、监管互认、执法互助、资源共享”的“3+1”新型通关模式，进一步提高贸易便利化水平。加强对出口企业分类指导，进一步降低海关出口查验率，对高资信企业实施0.5%出口商品查验率，对一般资信企业降低出口商品查验率至2%。对符合条件的货物实施“出口直放”和“进口直通”检验检疫工作模式，出口货物经原产地检验检疫合格后口岸不再查验，进口货物在口岸实施必要处理后，直接由目的地检验检疫机关实施检验检疫和监管。落实国家关于优化出口退税率结构，提高部分机电产品出口退税率等相关政策。

3. 支持企业应用电子商务开拓市场。鼓励企业利用自建平台或第三方平台开展跨境电子商务，开拓国内外市场。鼓励和支持各类专业性、综合性跨境电子商务服务平台建设，为企业应用电子商务提供一站式、全流程服务。充分发挥驻外经商机构和企业驻外机构的作用，为企业开展跨境电子商务提供信息服务。

4. 组织中小企业参加国内外大型展览展示、投资洽谈等经贸活动，搭建对外交流合作平台。鼓励有条件的企业开展商标境外注册，使用自主商标拓展国际市场。

5. 推动产业链协作配套。鼓励大型企业发挥产业龙头带动作用，与中小企业建立稳定的生产、研发等配套协作关系。支持中小企业不断提高配套能力和水平，为大企业、大项目提供配套，深化产业链合作。

（四）推进企业家队伍建设。

1. 加快推进民营企业家培养体制机制创新。针对辽宁产业发展和企业家培育需求，提升我省高等院校工商管理、应用经济学等相关学科建设水平，提高人才培养质量。投入专项资金，在东北财经大学和辽宁大学建设两个工商管理学科的省级一流特色学科和两个应用经济学的省级一流特色学科。推进高等院校深化供给侧结构性改革，优先支持高等院校面向民营工业企业发展需要增设的专业申请备案或审批。鼓励和支持高等院校与民营工业企业合作，建设二级学院，探索、实践校企协同育人的体制机制。

2. 培育高素质企业家队伍。通过整合高等院校、服务机构资源，每年选拔一批优秀企业家进入高等院校进修培训，分期举办企业高级管理人员短期培训班，培养造就一大批具有战略思维、创新能力和社会责任感的企业家和优秀经营管理者。

3. 促进“创二代”健康成长。围绕民营企业代际传承，实施“创二代”培育工程，推动民营企业建立接班人培养机制，组织“创二代”企业家到高等院校集中培训，帮助“新生代”企业家掌握现代企业管理新理念、新思维，增强爱国、敬业、诚信、守法意识。

（五）加大金融服务力度。

1. 加强银行信贷支持。引导银行机构稳步扩大小微企业贷款规模，在有效提高贷款增量的基础上，努力实现小微企业贷款增速不低于各项贷款平均增速、贷款户数不低于上年同期户数、申贷获得率不低于上年同期水平的“三个不低于”目标。鼓励银行机构开发符合小微企业资金需求特点的流动资金贷款产品，科学运用循环贷款、年审制贷款等业务品种，降低企业资金周转成本，缓解企业债务压力。鼓励银行机构加强小微企业金融产品创新、服务创新和渠道创新，为小微企业提供多样化授信、支付结算、资产管理、咨询等综合金融服务。

2. 大力发展多渠道融资。支持民营企业充分利用境内外各类资本市场、“新三板”、区域性股权市场募资发展。支持民营企业合理利用企业债、公司债、债务融资工具等债券募资发展。深化科技金融服务体系建设，加强对知识产权质押融资风险补偿资金池设立和运行的指导。完善融资担保体系，强化增信服务功能。鼓励小额贷款公司开展以信用贷款为主的差异化贷款服务模式，积极服务于小微、“三农”等重点领域。

3. 积极推广知识产权融资新模式。鼓励拥有自主知识产权的高新技术企业到境内外市场融资，支持已上市的高新技术企业通过增发、配股、公司债、可转债方式实现再融资，将自主知识产权等无形资产转化为直接生产力。鼓励具有知识产权的企业发行企业债、中小企业集合债、非金融企业债券融资工具等，扩大债券发行规模。完善知识产权质押融资政策，设立知识产权质押融资风险补偿基金，引导金融机构加强开展知识产权质押贷款业务。支持知识产权运营交易平台建设，运用省产业（创业）投资引导基金，引导和促进科技成果产权化、知识产权产业化。探索开展知识产权海外侵权责任保险工作。

（六）加快推进公共服务体系建设。

1. 大力推进全省中小企业公共服务平台网络建设。培育建设一批“窗口”服务平台，汇集相关政策信息，带动各类优秀服务资源开展线上线下协同服务，满足民营企业、中小企业多元化服务需求。

2. 积极搭建创业创新平台载体。鼓励政府、企业及社会各类资本投资建设中小微企业创业基地，进一步扩大中小微企业创业服务体系规模。大力发展科技企业孵化器、创业园、众创空间等创业载体，充分利用各类工业园区闲置厂房、楼宇等场所，构建一批低成本、便利化、全要素、开放式的众创空间。促进中小微企业创业基地完善公共服务设施，提高服务质量，加快形成基础设施完备、服务功能齐全、布局合理、运作规范的中小微企业创业服务体系。

3. 大力推进产业技术创新平台建设。依托省内高等院校、科研院所，重点建设一批围绕我省重点产业发展开展关键共性技术和前瞻性技术研发的产业共性技术创新平台。支持骨干企业联合高等院校和科研院所建立一批产业专业技术创新平台，深化产学研合作，提升企业技术研发实力。鼓励有条件的单位建立产业技术创新综合服务平台，围绕企业创新提供多元化服务。

（七）不断优化民营企业发展环境。

1. 提供高效的政务服务。进一步清理、精简涉企审批事项，简化审批流程，对企业投资项目核准阶段实行并联审批。创新政务服务机制，强化服务意识，推广"一站式"服务、"一窗式"办理新模式，全面实行政务公开制、业务办理限时制和服务承诺制，建立公开、优质、高效的政务服务新模式。

2. 切实维护公平竞争的市场环境。依法规范市场秩序，惩处垄断行为和不正当竞争行为，保障公平竞争。依法保护各类知识产权，坚决打击侵犯知识产权和制售假冒伪劣产品的行为。

3. 加快推进社会信用体系建设。不断完善省、市、县三级信用数据交换平台系统，推进企业信用信息的征集、整合、交换和共享。积极促进企业信用信息对外查询和信用产品服务应用，建立健全守信联合激励和失信联合惩戒机制。鼓励企业建立健全信用管理制度，提升自身诚信建设水平。

4. 规范涉企检查。严格执行涉企例行执法检查计划管理制度，对涉及食品安全、药品安全、生产安全、公共安全、金融安全、环境保护、工程质量安全及省、市、县政府临时部署的专项执法检查实行备案管理。

5. 依法保护民营企业权益。全面贯彻执行《辽宁省中小微企业权益保护条例》等政策法规，建立民营企业维权投诉、处理和反馈机制，建立健全各级维权服务体系，畅通企业反映诉求和举报的渠道，及时受理和协调督办企业反映的问题，提供法律维权服务，依法保护民营企业和企业家的权益。

6. 切实减轻企业负担。坚决取缔违规设立的收费基金项目，凡没有法律法规依据、越权设立的，一律取消；凡擅自提高征收标准、扩大征收范围的，一律停止执行。清理规范后保留的行政事业性收费、政府性基金和实行政府定价的经营服务性收费，实行收费目录清单管理，及时对外公布，接受社会监督。

三、保障措施

（一）加强组织领导。在省推进十三项重点工作领导小组的领导下，省发展民营经济实施方案推进工作办公室负责统筹协调推动本方案落实工作。各市、县（市、区）及省直有关部门要结合实际，明确年度工作目标和任务分工，充实加强人员力量，制定政策措施，建立重点培育企业库，实行省、市、县（市、区）领导定点培育联系制度，每1家入库企业有1名领导跟踪联系，切实帮扶企业解决实际困难，确保各项任务落到实处。

（二）大力营造发展民营经济的良好社会氛围。充分利用各类媒体，广泛宣传相关政策措施，大力营造政府和社会关心、支持民营企业发展的良好氛围。积极吸纳思想政治素质高、行业代表性强、参政议政能力强、社会信誉好的民营经济代表人士参与社会政治生活，努力构建形成以"亲"、"清"为主要特征的新型政商关系。

（三）完善民营经济统计运行监测分析机制。进一步完善民营经济统计调查制度，健全监测点和动态数据库，形成完善的分类统计监测体系。加强统计数据分析，及时发布民营经济运行监测统计报告，为省委、省政府提供决策依据。

（四）建立绩效考评体系。自2017年起，将民营企业培育行动落实情况纳入省政府对各市政府年度绩效目标考核内容，建立绩效考评制度和考评指标体系，实行定期评估报告，加强对培育行动的督查。

（五）加强非公有制企业党建工作。规模以上非公有制企业都要单独建立党组织，中小微企业实现党的组织和工作覆盖。以爱国、敬业、创新、守法、诚信、奉献为主要内容，努力构建民营企业家精神家园。对民营企业家的评先选优、政治安排，要事先征求企业党组织和非公有制企业党建工作机构、地方工会组织的意见。

吉林省

吉林省人民政府关于进一步促进全省民营经济加快发展的实施意见

吉政发〔2016〕36号

为深入贯彻习近平总书记关于促进非公有制经济发展的重要讲话精神，落实国务院促进民营经济发展的系列重大决策，按照全省突出发展民营经济推进会和加快软环境建设大会部署要求，切实把发展民营经济摆在更加突出位置，加大供给侧结构性改革力度，着力补齐短板，强化政策举措，集聚要素资源，优化投资和营商环境，增强民营企业政策获得感，现就进一步促进我省民营经济加快发展提出以下实施意见。

一、着力加强中小企业融资服务

（一）强化企业信贷服务。鼓励银行业金融机构在商业可持续和有效控制风险的前提下，单列小型微型企业信贷计划，优化贷款审批流程，提高审批效率。鼓励金融机构开展大额存单、可转换票据等业务，鼓励银行加大不良贷款核销力度，扩大企业贷款抵（质）押物范围，大力开展企业动产、股权和商标专用权“三押”融资，扩展存货、排污权、收费权等抵（质）押贷款业务。扩大小微企业“银税互动”签约范围，增加诚信纳税企业信贷规模。

（二）降低企业融资成本。鼓励金融机构开发适用于中小微企业的金融产品。省级财政连续三年列支5000万元资金，专项用于开展“助保金池”业务。引导银行业金融机构合理确定中小企业贷款利率水平。引导融资担保机构降低担保费率水平，支持政策性融资担保机构开展低保费担保业务。支持金融机构对符合条件的民营企业开展续贷、循环贷、分期偿还本金等业务，对市场前景好、诚信经营，暂时遇到困难的企业继续给予信贷支持，帮助企业渡过难关。

（三）加强融资担保体系建设。引导融资担保机构增加资本金规模，扩大担保比例。省级融资性担保机构风险补偿资金，根据融资担保机构担保业务额和费率水平给予一定的风险补偿。鼓励各市（州）建立应急转贷、风险补偿等机制，更好发挥融资担保和保险的增信分险作用。研究设立吉林省信用再担保公司，整合省内担保资源，以参股或控股方式支持融资担保机构发展。鼓励融资担保机构通过再担保、联合担保以及担保与保险相结合等多种方式，为中小企业提供融资服务。

（四）加强对企业直接融资的指导。开展企业融资能力培训，加强企业对利用新三板、区域股权市场等融资辅导，引导企业提升融资能力。鼓励有条件的企业直接融资，对成功发行中小企业集合债的企业，以及在银行间债券市场、上海证券交易所、深圳证券交易所等主要债券市场成功发行债券融资的企业，省级财政按照债券发行额度0.5‰，给予不低于10万元，最高不超过50万元奖励。加强拟上市民营企业培育，对成功上市、挂牌的企业落实资助奖励政策。

（五）支持民间资本进入金融领域。鼓励民间资本发起设立民营银行，鼓励符合条件的民间资本参与金融租赁公司和消费金融公司等金融机构的设立。支持民营企业参与地方银行业金融机构的设立和增资扩股，参与县级农信社改制或农村商业银行增资扩股。鼓励民间资本参与村镇银行发起设立或增资扩股，村镇银行主发起行的最低持股比例降为15%。

（六）鼓励发展股权投资基金。支持民间资本依法设立公司制、合伙制私募基金、创业投资基金、风险投资基金等，逐步扩大省产业投资引导基金、中小和民营经济发展基金、创新投资基金规模。鼓励有条件的市、县设立中小企业发展基金。鼓励民间资本参股政府设立的产业发展引导基金，发挥财政资金引导带动作用，引导各类种子基金、天使基金、股权投资基金及其他社会资金，支持处于种子期、初创期、成长期的民营企业发展。

（七）积极争取国家专项建设基金。鼓励地方政府建立或利用现有的政府性投资平台或担保机构，为民营企业建设项目争取国家专项基金提供增信和担保服务。建立民营企业项目申报储备库，省国开行、省农发行围绕储备项目提供信贷服务，开展申报审查等环节指导工作，提高民营企业项目签约率。

二、着力培育创新发展新动能

（八）支持创新型科技企业加快发展。发展壮大民营科技企业，着力培育1000户年主营业务收入在1亿元以上、年研发费用投入不低于主营业务收入3%的创新型科技企业。对经认定的创新型科技企业，按规定优先给予科技立项、知识产权抵（质）押贷款、贷款担保优惠费率等政策支持。省级财政专项资金重点支持企业技术研发、项目建设和市场开拓。

（九）支持企业加大研发投入。落实民营高新技术企业研发费用加计扣除、研发设备加速折旧等税收优惠政策。对R&D经费占主营业务收入达到3%以上企业，按规定优先给予研发投入、技术引进、发明专利授权等补助。对特别重大的民营科技创新项目，采取“一企一策”办法给予重点扶持。

（十）支持科技成果转化和技术转移。鼓励各地推广中关村自主创新先行先试政策。赋予高校、科研机构职务创新成果使用、处置和收益权。科技成果转化、服务收益中用于人员激励部分不计入工资总额基数。以科技成果作价入股企业所得股权，可按比例直接分配给科研人员和团队，并按股分红。依托省产业发展引导基金设立科技成果转化基金，鼓励社会资本、金融资本参与设立促进科技成果转化的天使、风投、创投等专业化基金，加大科技成果转化项目扶持。

（十一）鼓励新技术新产品首购、首用。对我省首台（套、批次）重大技术装备、关键零部件和新材料实行认定奖励和保险补偿。对取得认定并获得使用的省内首台（套、批次）生产企业给予奖励、保险补偿；对购买使用省内首台（套、批次）产品的企业给予奖励。

（十二）进一步落实科研人员“松绑”政策。鼓励高校、科研院所等事业单位科研人员离岗创业。对于离岗创业的人员，经原单位同意，可在3年内保留人事关系，与其他在岗人员同等享有参加职称评聘、岗位等级晋升和社会保险等方面的权利。探索建立弹性学制，允许在校学生休学创业。开展职称评审 “双试点”改革，对在高校或科研院所兼职专业技术工作的民营企业高技能人才和在企业中兼职专业技术工作的高校或科研院所复合型专业技术人才，可根据兼职专业岗位系列和实绩，专门予以职称认定。

三、着力引导民营企业转型升级

（十三）培育发展新产业新业态。实施新兴产业培育行动计划，支持民营企业发展工业机器人及智能装备、无人机、光电子、生物医药、新材料等新兴产业。支持发展电子商务、物流、文化创意产业等现代服务业，积极发展云计算、大数据、物联网、3D打印等新兴业态。省级重点产业发展专项资金对新兴产业重大项目给予重点支持。

（十四）促进发展高端制造业。启动新一轮技术改造升级工程，制定发布指导目录，建立重大项目库，围绕《中国制造2025吉林实施纲要》确定的重点领域，支持民营企业采用新技术、新工艺、新设备、新材料开展适应供给侧结构性改革和产业升级的重点项目建设。支持专注于市场细分，为大企业、大项目和产业链提供优质零部件、元器件、配套产品和服务的民营企业加快发展。对符合上述条件的企业技术改造项目给予省级专项支持。

（十五）引导智能制造业发展。开展互联网+制造业试点示范专项行动，滚动实施智能制造示范项目，支持民营企业推广基于互联网的产品开放式设计、柔性制造、个性化定制，鼓励智慧工厂、智能车间建设，打造协同研发设计、供应链管理和网络制造新模式。推进机器人和智能成套装备在机械、钢铁、危险化学品、民爆、医药等领域应用。对符合上述条件的企业智能制造项目给予省级专项支持。

（十六）开展民营企业建立现代企业制度试点。采取定向培育、专家辅导和咨询服务等方式，分别开展企业产权多元化、法人治理结构升级、内部管理规范化试点示范，省级重点产业、中小企业和民营经济发展引导资金对符合条件的试点企业给予专项支持。到2017年完成500家骨干企业产权多元化改造、100家骨干企业上市和挂牌交易，促进企业制度转型升级。

（十七）引导企业争创质量品牌。重点支持“专精特新”中小企业、“质量标杆”企业、科技型中小企业，实施品牌培育示范工程。对获得中国驰名商标、省著名商标、省质量奖、省名牌产品的企业，省政府按规定给予资金奖励。支持企业强化质量、标准化和计量等基础管理，对主导或参与国际标准制定且出台执行的企业和对主导或参与国家、行业标准制定并发布实施的企业，省政府按规定分别给予专项资金奖励。

（十八）鼓励企业“走出去”开拓市场。鼓励民营企业在境外设立生产基地、研发机构和合作园区，开展企业并购、资源开发以及营销网络建设；鼓励企业投保出口信用保险；鼓励企业申请境外专利、产品国际认证、境外商标注册。对企业发生的前期费用、贷款利息、资源回运等，积极予以支持。

（十九）培育民营大企业大集团。实施百强民营企业培育计划，集中打造一批产业链长、创新能力强、市场影响力大的行业领军大企业、大集团。鼓励民营企业开展强强联合、上下游整合等多种形式的并购重组，对营业收入首次达到10亿元、50亿元、100亿元的民营企业，在申报省级重点产业发展专项资金时给予重点倾斜。促进中小企业加速壮大，对当年首次升入规模统计的工业企业，省、市财政专项资金按规定给予优先支持。

四、着力激发民间投资活力

（二十）营造更加宽松的市场准入环境。持续推进工商登记注册便利化，加快推进电子营业执照和企业注册全程电子化，实现工商营业执照网上申请、受理、审核、发照和公示，降低创业准入制度性成本。全面放宽企业名称登记限制，最大限度释放企业名称资源。加快推进个体工商户“两证合一”。

（二十一）推进投资审批便利化。简化民营企业投资鼓励类、允许类项目备案手续，建立和完善项目立项、用地踏查、设计审查、施工许可等环节同步“并联”审批机制，为民营重大投资项目审批提供快速办理“绿色通道”。鼓励各级政务大厅设立中小企业服务窗口，通过各级中小企业服务中心，为中小企业提供审批事项代办服务。

（二十二）打通民间投资渠道。全面清理不利于民营企业公平竞争的省政府规章和规范性文件，与法律法规规定不一致的内容，一律加以修改或删除。积极推广政府与社会资本合作（PPP）模式，新增建设项目必须公开市场准入标准、技术经济条件和相关配套政策，支持民间资本平等参与项目建设。制定并颁布全省企业投资项目负面清单。地方政府制定年度高速公路、铁路及城市轨道交通、地下管廊、机场、供排水、污水处理、垃圾处理、电力、天然气等投资项目说明书，并向社会公布。

（二十三）持续推动企业降本减负。深入开展企业降成本专项行动，依据全省供给侧结构性改革推动企业降成本的意见和省政府关于清费减负优化发展软环境措施的通告要求，落实降低企业制度性交易成本、税费成本、财务成本、人工和物流成本、用电用地要素成本、管理成本等各项政策措施，切实减轻企业负担。深入推进简政放权、正税清费，进一步清理规范中介服务项目和收费，健全要素价格市场化形成机制，完善法制化营商环境。

（二十四）鼓励民间投资参与国企改制和军民融合。支持民间投资主体参与国企改制重组。在竞争性领域不设置股权比例限制，鼓励民间资本控股混合所有制企业。国企改制按照相关法律法规规定公开征集投资者。指导帮助民营企业获得国防科技工业建设所需相关资质。大力引导民营企业进入武器装备科研生产和维修领域。鼓励符合条件的民营资本参与军工企业股份制改造。在利用军工优势资源、享受国家优惠政策以及争取国家投资等方面加大支持力度。

（二十五）促进工业地产项目转型利用。引导未开发工业地产用地转型利用，用于文化、旅游、体育、养老产业等项目用途的开发建设。在建的或已竣工的工业地产项目，在符合条件情况下，通过调整土地用途、规划条件等，重新办理相关建设手续的，可依法转让，办理不动产登记。鼓励开发区、产业集聚区规划建设多层工业厂房、国家大学科技园、科技企业孵化器，供中小企业进行生产、研发、设计、经营多功能复合利用。标准厂房用地按工业用途管理，国家大学科技园、科技企业孵化器实行只租不售、租金管制、租户审核、转让限制的，其用地可按科教用途管理。

（二十六）深化民营经济改革试点。继续推进长春市民营经济综合配套改革，鼓励具备条件的地区申报国家东北地区民营经济改革试点城市和国家小微企业创业创新基地示范，对纳入国家试点示范的城市，省级专项资金给予重点支持。支持各地区针对制约民营经济发展的瓶颈问题，在体制机制改革、要素资源配置、创新体系建设和产业转型升级等方面开展试点，突出特色，重点推进。

五、着力加快公共服务体系建设

（二十七）建立中小企业云服务平台。以省级中小企业公共服务平台为枢纽，建立联接县以上和重点产业集群公共服务平台网络，为全省中小企业提供信息、技术、创业、培训、融资、管理、法律、市场、代理等公共服务。对经认定的省级中小企业公共服务平台，综合考虑服务民营企业数量、收费标准、客户满意度等因素，通过购买公共服务、业务补贴等方式，给予单个平台不超过30万元省级专项资金支持。

（二十八）建立人才培训服务体系。深入开展企业家素质提升工程，加大企业家和企业经营管理人才培训力度，建立全覆盖的云端培训平台，实施精益管理、品牌培育等专业化培训。深入开展“双万”培训，为民营企业发展提供和储备人才。鼓励手工艺人弘扬工匠精神，传承技艺、创新创业。支持高校和社会培训机构开展职业资格以及矿管、安全、消防、质监、食品卫生、检验检疫等特殊行业培训。对承担政府委托项目的培训机构给予一定资金补贴。

（二十九）建立企业信用评价服务体系。加快推进全省企业信用信息共享平台建设，完善信用信息征集制度、信用档案数据库和信用查询系统。推进全省企业信用评价体系建设，建立和完善信用信息征集、信息披露、信用评价、守信激励和失信惩戒机制。开展“诚信示范企业”创建活动，推广使用信用评级结果。指导民营和中小企业建立和完善信用管理制度，提高信用管理水平。

（三十）提升创业孵化基地建设水平。鼓励开发区、大专院校、科研院所、大型企业、民营资本等投资主体，建立各具特色的创业孵化基地、科技孵化器和众创空间，对符合条件的创业孵化基地，省级财政按规定给予适当专项资金支持。依托省创业孵化服务联盟，搭建科技创新、融资担保、成果转化和人才培养等公共服务平台，完善创业孵化功能。将省级以上（含省级）开发区创业孵化基地基础设施建设项目列入开发区引导资金支持范围。

（三十一）推进小微企业创新创业。支持各地依托产业园区、工业集中区、创业孵化基地等，建设培育一批小微企业创新创业示范基地。鼓励创业孵化基地扩大入驻企业容量，引导创业孵化基地向中小微企业聚集区发展。对符合条件的示范基地及入驻基地的重点企业，省级中小企业和民营经济发展引导资金给予优先支持，并积极帮助申报国家专项资金。

六、着力构建亲、清新型政商关系

（三十二）密切党委政府与民营企业的联系。建立省级领导联系吉商制度，畅通省领导与吉商对话交流渠道。弘扬吉商精神，培育吉商文化，全力建设投资营商环境，着力构建亲、清新型政商关系。引导商会、协会等社会组织依法规范开展工作，在政策宣传、行业自律、信息交流、人才培训、权益维护、招商引资等方面进一步发挥作用。对服务民营经济发展业绩突出的商会、协会在政府购买服务方面给予重点支持。

（三十三）建立重点企业帮扶解困机制。建立省市两级重点民营企业帮扶解困联席会议和省市领导班子成员联系重点民营企业工作制度。统筹安排或自主选择民营企业作为联系点，定期深入企业调研指导工作，听取企业家意见和建议。针对重点民营企业深入开展稳增长调结构增效益专项行动，帮助企业协调解决运行、投资和项目建设中遇到的困难和问题。

（三十四）切实维护民营企业合法权益。省工商联会同有关部门做好民营企业维权投诉的受理工作，对受理事项，有关部门要在30个工作日内给予办理回复。设立全省企业法律服务热线和网上法律咨询服务平台，引导企业依法经营、依法管理。大力推广“随机抽取检查对象、随机选派检查人员”的“双随机”抽查机制，规范监管行为，提高监管效能。

（三十五）完善推动民营经济政策落实机制。健全省突出发展民营经济工作领导小组。加强全省民营经济运行分析，完善统计指标体系，按月调度民营经济发展情况。建立民营经济考核机制，并纳入各级政府年度重点工作目标责任制考核。省政府每年开展民营经济政策落实专项督查，建立第三方评估机制，强化跟踪问效和考核评估，确保政策措施落实到位。加大民营经济政策宣传力度，利用各类新闻媒体，开展系列宣传，加强政策解读，提高企业对政策措施的知晓度，营造亲、清新型政商关系和全社会关心支持民营经济发展的舆论氛围。

上海市

关于进一步推动本市财政部门为小微企业购买代理记账服务的指导意见

各区县财政局：

为贯彻落实国务院《关于大力推进大众创业万众创新若干政策措施的意见》（国发〔2015〕32号）、《关于进一步建立健全本市政府购买服务制度的实施意见》（沪府发〔2015〕21号）、《关于印发〈关于进一步促进本市代理记账行业加快健康发展的指导意见〉的通知》（沪财会〔2012〕84号）的精神，按照有关加快对创业创新支持力度，推动本市科创中心建设，加大创新产品和服务的采购力度，把政府采购与支持创业创新发展紧密结合起来的工作要求，就本市财政部门为小微企业购买代理记账服务等有关问题提出如下指导意见：

一、指导思想

深入贯彻落实党的十八大和十八届三中、四中、五中全会的精神，紧紧围绕市委、市政府确定的“创新驱动发展、经济转型升级”的总体要求，紧密围绕深化改革主线，深化会计管理改革，以服务小微企业，提升小微企业竞争力为核心，加快推出服务小微企业创业创新的财政举措。

总体考虑，完善本市促进小微企业发展的财政购买代理记账服务政策，通过优化购买服务政策设计，增强政策对小微企业发展的支持力度和效果，提高小微企业会计信息质量和资信水平，缓解广大小微企业的“担保难、融资难”问题，减轻小微企业创业创新初期的经营压力，提升小微企业整体竞争力，打造本市有利于小微企业创业创新健康发展的良好环境。

二、基本原则

（一）依法依规，严格规范。财政部门为小微企业购买代理记账服务应当符合《中华人民共和国会计法》、《中华人民共和国政府采购法》、《代理记账管理办法》以及相关法律法规的规定，坚持依法办事，依规执行。

（二）公开公正，建章立制。财政部门为小微企业购买代理记账服务有关政策办法，招投标工作，小微企业资格标准等信息应当公开公正公平，工作实施应当建章立制，形成工作机制，工作开展应当程序化、规范化。

（三）围绕中心，重点突出。为小微企业购买代理记账服务应当结合本地区实际，以助推本地区小微企业创业创新为目标，突出重点地区、重点行业、重点领域，以点带面推进上海“创新驱动发展、经济转型升级”。

三、主要内容

（一）关于适用企业范围

区县财政局在研究制定本区县实施办法时，要求纳入代理记账服务的本市小微企业在符合《关于印发中小企业划型标准规定的通知》（工信部联企业〔2011〕300号）规定的小型、微型企业条件基础上，结合本区县小微企业的发展状况，围绕重点领域、重点地区、重点行业，研究确定本区县适用企业范围。支持方向可以参考以下方面：

一是结合本市自贸区改革试验和产业规划，突出重点地区。企业在本市自贸区或张江高科技园区（含一区二十二园）等发展规划区域，注册登记不满两年（含两年），实际已开展经营活动的；

二是结合本市科创中心建设，突出重点行业。符合本市战略新兴产业、现代服务业及建设科创中心发展方向的小微企业，且注册登记不满两年（含两年），实际已开展经营活动的；

三是缓解小微企业融资难，突出重点领域。企业有融资需求，经商业银行或小贷公司初审后有贷款意向，需要进一步提高财务会计信息质量的。

另外，区县财政局可以按照国家有关改革工作要求，鼓励和支持社会团体和其他经济组织进一步规范会计信息质量，发挥其在社会治理和经济建设中的作用。

（二）关于代理记账机构的选聘

为统筹规划全市财政部门购买代理记账服务整体目标，统一服务范围，统一服务价格，代理记账机构的选聘工作由市财政局统一组织实施。市财政局根据《政府采购法》等相关法律法规的规定，委托市政府采购中心，定期组织公开招标，并根据招标结果定期公布和调整一定数量的代理记账机构作为小微企业代理记账的定点供应商。区县财政局在定点供应商名单中选择代理记账机构为小微企业提供服务。

（三）关于购买服务的范围

为小微企业购买的代理记账服务包括：审核原始凭证、填制记账凭证、登记会计账簿、编制财务会计报告。小微企业接受代理记账机构提供上述范围以外的其他服务，不属于财政部门购买服务的范围。

（四）关于业务流程

区县财政局应研究制定本区县财政部门为小微企业购买代理记账服务申请审批业务流程，在形成制度化、程序化的工作机制的基础上，实现财政部门为小微企业购买代理记账服务工作的标准化，规范化：

一是明确申请所需要的申报材料，方便申请人提交申请；

二是加强资质审核，严格把关申请代理记账服务的小微企业的资格条件；

三是及时与代理记账机构签订委托协议，组织实施代理记账工作；

四是明确代理记账机构定期向区县财政局报送工作开展情况以及小微企业的会计报表；

五是按时支付代理记账机构服务费用；

六是加强信息公开。发布办事指南，公布办事流程，根据国家及本市有关法律法规的规定，公开经批准的有关申请代理记账服务的小微企业和为其提供服务的代理记账机构的相关信息。

（五）关于财政部门购买代理记账服务的期限、预算安排等

财政部门为小微企业购买代理记账的服务期限由区县财政局根据本区县情况研究决定。同时，区县财政局应根据定点供应商的有效服务期，选择相关代理记账机构为小微企业提供服务。

代理记账费用由区县财政部门负担并在年度预算中安排列支。

四、实施要求

（一）加强组织领导。区县财政局应提高服务小微企业的认识，加强组织领导，明确责任部门，抓好各项工作落实，及时制定本区县财政部门为小微企业购买代理记账服务实施办法，确保财政部门购买代理记账服务工作顺利实施。

（二）加大宣传力度。区县财政局应充分运用广播电视、报刊杂志、政府网站等各类媒体平台，借助代理记账行业协会、小微企业培训咨询基地等力量，积极宣传财政部门购买代理记账服务工作，逐步扩大政策覆盖面，发挥财政购买服务的优势，激发本地区小微企业创业创新活力。

（三）严格审核监督。区县财政局应按本意见及相关规定的要求，严格审核小微企业的资格条件，同时加强事中事后的监督管理，对代理记账机构执业行为、执业质量严格把关。必要时可委托中介机构开展监督检查，对发现的违法违规行为及时予以处理，并按照有关法律法规进行处罚。

上海市财政局

2015年12月3日

江苏省

关于印发《江苏省推进“互联网+小微企业”行动计划》的通知

苏中小科技〔2016〕328号

各市、县（市）经信委（中小企业局）：

现将《江苏省推进“互联网+小微企业”行动计划》印发给你们，请认真贯彻实施。

附件：江苏省推进“互联网+小微企业”行动计划

江苏省经济和信息化委员会

2016年6月6日

江苏省推进“互联网+小微企业”行动计划

为贯彻落实《工业和信息化部贯彻落实〈国务院关于积极推进“互联网+”行动的指导意见〉的行动计划》和《江苏省委、省政府关于加快发展互联网经济的意见》，推动小微企业应用互联网提升创新力和生产力，推进大众创业、万众创新，特制定本行动计划。

一、指导思想

遵循"政府引导、企业主体、社会参与"的基本思路，以提升小微企业质量和效益为核心，以促进互联网与小微企业深度融合为主线，以平台建设和完善服务为抓手，有效整合社会资源，培育互联网企业和骨干平台，推动小微企业利用互联网技术和资源实现转型升级、提质增效，为建设具有国际竞争力的先进制造业基地奠定坚实基础。

二、行动目标

到2020年，互联网与小微企业深度融合，全省小微企业信息化水平明显提高，基于互联网的新模式、新业态不断涌现，互联网成为大众创业万众创新的重要支撑平台。

——互联网应用水平进一步提升。全省小微企业研发设计、生产管理、营销服务等关键环节互联网应用覆盖率大幅提升，电子商务应用率超过90%，全省数字企业超过10万家。

——信息化服务体系进一步完善。建成布局合理、功能完善、便捷高效的中小企业信息化服务支撑体系，培育扶持10家基于云服务的全省性信息化应用平台，建成100家"互联网+小微企业"信息化应用服务站。

——支撑大众创新创业作用进一步增强。加快建设一批众创空间，全省培育"四众"（众创、众包、众扶、众筹）新平台50个，建设一批智慧型小微企业创新创业基地，培育一大批互联网与小微企业融合示范企业。

三、行动内容

（一）提升小微企业信息化水平。实施小微企业信息化推进工程，促进信息技术在企业研发设计、生产制造、经营管理等全流程的综合集成应用，提升小微企业运营效率。深入开展数字企业创建工作，每年认定一批星级数字企业，示范引领小微企业向"智慧小微"转型升级。支持举办"百场万企"信息化知识培训，普及信息化知识。

（二）推动互联网技术运用。集聚资源建设面向小微企业的云服务平台，为小微企业提供研发设计、优化控制、设备管理、质量监控与分析等应用软件和在线解决方案。举办"软件（服务）免费送"等活动，促进小微企业应用云平台，促进云平台做大做强。实施"上网触电"专项计划，推动小微企业依托专业化电商平台开展电子商务应用，支持小微企业利用APP、微博、微信、社交网络等创新电子商务服务模式。

（三）培育新模式新业态。组织开展"互联网+小微企业"融合试点示范，在开放式研发设计、网络化新型制造、平台经济等重点领域，培育和发现一批互联网与小微企业融合示范企业。分行业、分领域建设小微企业"互联网+"转型升级实训基地，帮助小微企业构建新型生产体系，发展网络制造新型生产方式。

（四）完善服务体系。实施中小企业公共服务平台网络建设工程，重点建设1个全省枢纽平台、31个市县综合窗口平台和29个产业集聚区窗口平台，实现服务资源的互联互通、信息共享和服务协同。鼓励电信企业和大型互联网企业打造开放共享的资源平台，为小微企业提供以租代建、支持核心业务发展的服务。探索供应链金融、电子商务信用融资等小微企业融资新模式和新渠道。

（五）促进信息化服务平台发展。实施小微企业信息化服务平台O2O（线上线下）推进计划。线上，重点发展工业云、"e企云"、虚拟软件园等平台，为企业提供网上信息化产品和服务。线下，整合电信运营商等产业链各方资源，在产业园区、商务楼宇、专业市场等小微企业集中的区域，建设一批"互联网+小微企业"信息化应用服务站，为小微企业提供信息化产品展示、体验、咨询、解决方案、培训沙龙等服务。

（六）支持小微企业创新创业。发挥"互联网+"的效应，实施小微企业"创新之家"培育计划，培育一批依托产业的专业化众创空间，建设一批智慧型小微企业创新创业基地，为小微企业提供互联网应用、创新创业等服务。深化省市共建互联网产业园、众创园，发展互联网创新创业服务机构，培育一批创新型互联网企业。

四、组织保障

（一）加强组织领导。各级经信（中小企业）部门要把推进"互联网+小微企业"行动作为"十三五"中小企业工作重点，建立健全推进机制，明确分管领导和牵头处室，结合本地区中小企业发展实际，制定工作方案，加强工作协调和督导，形成全省推动“互联网+小微企业”行动的合力。

（二）加大政策扶持。发挥省级工业和信息产业转型升级专项资金作用，加大对“互联网+小微企业”的支持力度。支持各地实施小微企业“信息化券”制度。鼓励开展设备融资租赁等商业模式创新，为小微企业“机器换人”、智能化改造提供有力保障。加强示范引导，培育一批小微企业信息化应用示范企业和信息化服务示范单位。支持发展小微企业信息化服务联盟。

（三）建立绩效评价体系。探索建立符合市场评价准则的“互联网+小微企业”评价体系。制定小微企业信息化服务平台评价标准，逐步建立平台信用体系。各地要做好“互联网+小微企业”发展政策落实情况调研、发展情况统计汇总等工作，及时反馈有关进展情况。

关于印发江苏省小型微型企业创业创新示范基地建设管理办法的通知

苏中小综合苏中小综合〔2016〕778号

各设区市经信委（中小企业局）：

为深入贯彻落实国家和省促进小型微型企业发展的政策措施，推动大众创业、万众创新，加快小型微型企业创业创新基地发展步伐，优化小型微型企业创业创新环境，支持中小微企业健康发展，依据工信部印发的《国家小型微型企业创业创新示范基地建设管理办法》（工信部企业〔2016〕194号），省经信委研究制定了《江苏省小型微型企业创业创新示范基地建设管理办法》。现印发给你们，请遵照执行。

各地要认真抓好本办法的贯彻落实，切实做好小型微型企业创业创新示范基地培育，加强指导和服务，全面提升基地建设和管理水平。

附件：江苏省小型微型企业创业创新示范基地建设管理办法

江苏省经济和信息化委员会

2016年11月29日

江苏省小型微型企业创业创新示范基地建设管理办法

第一章　总则

第一条　为贯彻落实国务院《关于进一步支持小型微型企业健康发展的意见》（国发〔2012〕14号）、《关于扶持小型微型企业健康发展的意见》（国发〔2014〕52号）、《关于大力推进大众创业万众创新若干政策措施的意见》（国发〔2015〕32号）和工信部印发的《国家小型微型企业创业创新示范基地建设管理办法》（工信部企业〔2016〕194号），营造创业创新的良好环境，引导和支持小型微型企业创业创新基地按照创新、协调、绿色、开放、共享的理念发展，培育一批示范带动作用强的省级小型微型企业创业创新示范基地，制定本办法。

第二条　本办法所指省级小型微型企业创业创新示范基地（以下简称示范基地）是经省经济和信息化委员会通过程序认定并公告的创业创新示范基地，是由法人单位建设或运营，聚集各类创业创新服务资源，为小微企业创业创新提供服务支撑的载体和场所。示范基地具有基础设施完备、运营管理规范、服务功能齐全、创业创新业绩突出、社会公信度高、具有示范意义与作用等特点。

第三条　各类符合条件的为小型微型企业创业创新提供服务的基地、创业园、孵化器、众创空间；产业集群、中小企业国际合作区、经济技术开发区、高新技术产业园区、乡镇工业集中区、城市文化创意产业园区、新型工业化产业示范基地等产业集聚区中面向小型微型企业的园中园；依托高校和科研院所的大学科技园；行业龙头骨干企业设立的面向小型微型企业、创业团队、创客的创业创新基地均可申报示范基地。

第四条　省经济和信息化委员会负责省级示范基地的认定、公告、管理与指导。各市县区中小企业主管部门协助省经济和信息化委员会对辖区内示范基地进行管理与指导。

第五条　示范基地申报遵从自愿原则。省经济和信息化委员会对省级示范基地予以重点扶持。

第二章 基本原则

第六条 鼓励和引导各地加快建设一批创业环境好、创新活力强、企业成长快、服务效率高的示范基地。示范基地应遵循以下建设原则：

（一）科学规划，生态发展。各地应结合城市、城镇发展规划和产业结构调整的总体要求，加强规划、合理布局、因地制宜、彰显特色，有序推进示范基地建设，努力营造适宜企业创业创新，政务商务便捷高效，生产、生活、生态协同发展的创业创新环境。

（二）政府引导，多元发展。强化市场化运行和政策推动发展，明确法人主体，广泛集聚社会资源，共同推进示范基地建设与服务。鼓励和支持民间资本广泛参与示范基地建设与服务，努力实现多元投资，多元发展。

（三）整合资源，共享发展。充分利用现有的园区、孵化场所及城镇楼宇、校舍、厂房、仓库等载体资源，新建或改造一批基地，完善基地的基础设施与配套服务功能，为小型微型企业创业创新提供多元化、专业化公共服务。

（四）分类指导，协调发展。鼓励和引导各地因地制宜培育一批高端装备制造、文化创意设计和软件、信息、以及电子商务等现代服务业、生产性服务业集聚发展的小型微型企业创新示范基地；鼓励和引导县域以下地区重点培育一批农副产品生产加工、机械制造、工业设计、电子商务等优势传统产业、先进制造业和生产性服务业集聚发展的示范基地。

第三章 申报条件

第七条 申报省级示范基地应满足以下基本条件：

（一）有良好的基础设施条件，有满足入驻企业生产经营、创业孵化、创业创新的场地和服务场所。基地入驻小型微型企业不少于50家，基地企业从业人员1000人以上（其中高端装备制造、文化创意设计和软件、信息、以及电子商务等现代服务业、生产性服务业集聚的基地从业人员不少于500人）。

（二）申报主体具有独立法人资格，运营主体内部有健全的管理制度和明确的发展规划、年度发展目标和实施方案。基地建设时间2年以上。

（三）运营主体专职服务人员不少于8人。其中创业辅导师不少于2人（可兼职），引入或战略合作的外部专业服务机构不少于4家。

（四）服务业绩突出。有完备的创业创新服务流程、收费标准和服务质量监督保证措施，服务台账齐备，信用良好。为小型微型企业提供的公益性服务或低收费服务不少于总服务量的20%。

（五）经设区的市中小企业主管部门组织考查推荐。

第八条 示范基地申报应具有相应的服务能力，需同时具备不少于以下服务功能中的四项服务：

（一）信息服务。具有开放的、便于入驻小型微型企业查询的信息服务系统和线上线下联动服务功能，年服务企业70家次以上，年组织开展的相关服务活动5次以上。

（二）创业辅导。为创业人员或入驻小型微型企业提供创业咨询、创业辅导等服务。年服务企业50家次以上。

（三）创新支持。具有知识产权转化或组织技术服务资源的能力，能够进行项目研发、科研成果和资本等多方对接。年组织技术洽谈或技术对接5次以上。

（四）人员培训。为创业人员、企业经营者、专业技术人员和员工提供各类培训，年培训300人次以上。

（五）市场营销。组织企业参加各类展览展销、贸易洽谈、产品推介与合作等活动，每年2次以上；组织入驻企业与行业龙头企业产品对接、合作交流等活动，每年2次以上。

（六）投融资服务。提供融资信息、组织开展投融资推介和对接等服务。组织融资对接会4次以上，年服务企业30家次以上。

（七）管理咨询。为企业提供发展战略、财务管理、人力资源、市场营销等咨询服务。年服务企业20家次以上。

（八）专业服务。为企业提供法律咨询及援助、代理会计、专利申请、审计、评估等服务。年服务企业20家次以上。

以上服务能力和服务要求含基地引入的第三方专业机构的服务。

第九条 基地应在物业服务智慧化、项目管理数字化、创业服务平台化、产业布局生态化等运营模式、管理模式上有创新，或在孵化效果、创新支持等方面具有突出的特色优势和示范性。

第十条 苏北经济薄弱地区、老区可适当放宽条件，优先支持新型工业化产业示范基地内符合条件的基地申报。

第四章 申报程序

第十一条 省经济和信委化委员会每年组织一次省级示范基地的申报、公告工作，具体时间及要求以当年申报工作通知为准。

第十二条 县（市、区）申报经当地中小企业主管部门推荐，由所辖设区市中小企业主管部门考查审核后推荐至省经信委。

第十三条 示范基地申报主体需提交下列材料：

（一）江苏省小型微型企业创业创新示范基地申请报告（见附件）。

（二）运营主体的法人证书和营业执照副本（复印件）。

（三）上一年度与本基地相关的专项审计报告。

（四）土地、房屋的不动产权证书（或租赁合同）复印件。

（五）基地服务流程（指南）、运营管理方面的制度文件以及开展相关服务的证明材料（包括服务协议、活动通知、照片、总结等）。

（六）市级小型微型企业创业创新（示范）基地认定文件（复印件）。

（七）基地主要管理人员、服务人员和创业辅导师名单及相应的资质证明材料。

（八）基地典型服务案例（1000字左右，可附照片）。

（九）能够证明符合申报条件的其他材料。

（十）对申报材料真实性的声明（加盖申报单位公章）。

第十四条 省经济和信息化委员会组织专家对申报材料进行评审，评审结果在省经济和信息化委员会网站及有关媒体公示7个工作日。

第十五条 公示无异议的，省经济和信息化委员会授予“江苏省小型微型企业创业创新示范基地”称号，并及时在省经济和信息化委员会门户网站及有关媒体公布。

第五章 管理与扶持

第十六条 各市、县（市、区）中小企业主管部门要加大对小型微型企业创业创新示范基地建设的推进力度，进一步完善政策措施，加强管理，建立基地培育信息库，及时掌握基地的建设和运营情况，并给予引导和扶持，符合条件的基地推荐申报省级示范基地。

第十七条 在省经济和信息化委员会门户网站建立省级示范基地信息数据库，方便社会公众查询。

第十八条 省经济和信息化委员会对省级示范基地实行动态管理制度，每次公告有效期为三年，每三年复核一次，对复核通过的示范基地予以确认，未能通过的予以撤销。

第十九条 示范基地要不断完善创业创新基础设施环境，增强服务能力，提高入驻企业创业成功率和创新能力，提升示范基地品牌影响力，发挥示范带动作用。

第二十条 建立年度报告制度。市级中小企业主管部门负责对辖区内示范基地的台账建立、服务质量、服务收费情况以及服务满意度等进行定期检查，并于每年2月底前将上一年度示范基地工作总结和检查情况报告报省经济和信息化委员会。

第二十一条 示范基地公告管理工作接受审计、监察部门和社会的监督。

第二十二条 建立年度测评制度。省经济和信息化委员会将委托第三方机构或组织专家对省级示范基地进行测评，测评不合格的将撤销省级示范基地资格。

第二十三条 省工业和信息产业转型升级专项引导资金对绩效显著的示范基地给予优先支持，同时择优推荐申报国家小型微型企业创业创新示范基地。

第六章 附则

第二十四条 本办法由江苏省经济和信息化委员会负责解释。

第二十五条 本办法自2016年12月1日起实施。原办法同时废止。

浙江省

浙江省人民政府办公厅关于印发浙江省“小微企业三年成长计划”（2015-2017年）的通知

浙政办发〔2015〕62号

各市、县（市、区）人民政府，省政府直属各单位：

《浙江省“小微企业三年成长计划”（2015—2017年）》已经省政府同意，现印发给你们，请认真贯彻执行。

浙江省人民政府办公厅

2015年6月1日

浙江省“小微企业三年成长计划”（2015-2017年）

为大力促进小型微型企业（不含“规上”企业、“限上”企业及个体工商户，以下简称小微企业）持续健康发展，更好地促进浙江经济转型升级和质量效益提升，根据《国务院关于扶持小型微型企业健康发展的意见》（国发〔2014〕52号）等精神和省委、省政府有关决策部署，制定本计划。

一、总体要求

深入贯彻落实“四个全面”战略布局、“八八战略”和“大众创业、万众创新”的决策部署，充分发挥小微企业在深化改革、搞活经济、保障民生、扩大就业等方面的重要作用，把“小微企业三年成长计划”作为经济转型升级“组合拳”的重要一招，牢牢把握扶优汰劣、结构优化的要求，着力推动小微企业由“低、散、弱”向“高、精、优”迈进。力争用3年的时间，构建起有利于小微企业成长、升级的有效工作机制和平台，有效破解制约小微企业发展的瓶颈和难题，显著优化小微企业整体发展环境；全省小微企业的科技创新活力与核心竞争力持续增强，产业结构不断优化升级，品牌意识和品牌创建能力明显提高，发展质量效益全面提升，经济社会贡献不断加大，为打造浙江经济“升级版”、加快建设“两富”现代化浙江和“两美”浙江作出新贡献。

二、具体目标

到2017年，全省新增信息经济、环保、健康、旅游、时尚、金融、高端装备制造等七大产业（以下简称七大产业）小微企业10万家（省工商局牵头）；整治淘汰不符合国家和我省产业政策的落后产能和安全生产、环境保护、节能降耗不达标以及其他违法生产的企业（作坊）3万家（省经信委牵头）。引导和支持2万户个体工商户转型升级为企业，其中新转公司制企业占比不少于50%（省工商局牵头）；新增“规上”和“限上”企业2万家，其中“规下”工业、服务业小微企业升“规上”1万家，“限下”批发零售、住宿餐饮业小微企业升“限上”1万家（省经信委、省发改委、省商务厅牵头）。组织3万家小微企业开展现代技术、现代金融“双对接”活动（省工商局牵头）；新增科技型小微企业1万家以上，总量达3万家以上（省科技厅牵头）。推动3000家小微企业在浙江股权交易中心挂牌，其中300家企业实现融资规模超30亿元；小微企业直接融资规模超50亿元（省金融办、浙江股权交易中心牵头）。培育1000家小微企业成为细分行业的领军企业（省经信委牵头）。重点打造100件具有影响力的小微企业著名商标，支持100家小微企业成为省级以上“守合同重信用”单位、100家小微企业成为省级信用管理示范企业（省工商局牵头）。组织小微企业专场培训3000场（省经信委、省工商局牵头）。

三、主要举措

（一）注重把握小微企业产业发展导向。深入推进“五水共治”“三改一拆”和“四换三名”决策部署，按照“改造提升一批、整合入园一批、合理转移一批、关停淘汰一批”要求，运用市场、行政、法律等综合手段，全面整治淘汰不符合国家和我省产业政策的落后产能和安全生产、环境保护、节能降耗不达标以及其他违法生产的企业（作坊）。重点引导小微企业从事七大产业，进入现代农业（家庭农场）、服务业、社会事业、基础产业和基础设施等领域。各地要根据国家和我省有关产业政策导向，摸清小微企业发展现状，分门别类明确扶持重点。

（二）建立健全有利于创业创新的准入机制。深入推进企业登记"五证合一""先照后证""全程电子化登记"等商事制度改革，加快实现"一照一码"，切实降低企业注册场所要求，继续简化企业登记和注销流程。继续以"四张清单一张网"为突破口，全面取消非行政许可审批。制订市场准入"负面清单"，严格禁止进入高污染、高耗能、高排放行业。

（三）持续推进小微企业主体升级。深化"个转企、小升规、规改股、股上市"工作，促进小微企业提质升级。重点引导、支持和培育个体工商户转型升级为企业，个人独资和合伙企业升级为公司，小微企业成长为"规上"和"限上"企业。以"转得来、稳得住、做得大"为目标，建立"个转企"工作常态化、规范化和长效化机制。围绕提升公司制比率、税务登记率、统计目录率、企业存活率、上规升级率，进一步提高"个转企"工作质量。依托浙江股权交易中心平台，加大小微企业股改培育力度，重点推进七大产业企业股改。创新小微企业产权机制和治理结构，鼓励符合条件的优质小微企业股权融资，支持小微企业在新三板、沪深交易所、港交所等境内外资本市场挂牌上市；推动小微企业在浙江股权交易中心挂牌和融资，增强产业引领和并购整合能力。建立健全小微企业发展跟踪联络机制和成长辅导机制，引导实施"品牌战略""电商换市""质量强企"等发展战略。开展示范品牌指导站建设，建立品牌梯级培育库，鼓励小微企业申报著名商标，形成一批拥有自主知识产权和核心技术的省级著名商标品牌。针对七大产业领域和"个转企"的小微企业，开展法律法规、建账建证、知识产权、经营管理、职业技能等专题培训。重视小微企业经营管理人才队伍、研发设计队伍和高级技工队伍建设，每年组织小微企业专场培训，重点培育一批"大众创业、万众创新"的优秀代表。

（四）强化小微企业资源要素支撑。着力破解小微企业发展中面临的融资、技术、人才等瓶颈和难点。建立政策性融资担保体系，为小微企业提供贷款融资担保、投保联动、商业性担保公司再担保等综合金融服务。实施和完善金融机构小微企业贷款风险补偿制度，鼓励金融机构增加小微企业信贷投放。鼓励互联网金融健康发展，提升互联网金融行业发展水平，为小微企业提供更多的规范服务。充分利用转型升级母基金、"浙民投"等投融资平台，推动产业整合特别是上市公司开展以小微企业为对象的并购重组。建立引导科技型创业健康发展的指导目录制度，按照"试点一批、示范一批、带动一批"的要求，实施创新型小微企业梯度培育计划。鼓励小微企业投身"互联网+"行动计划，推动互联网、云计算、大数据、物联网等与现代制造业结合。深入推进民企对接现代技术、现代金融"双对接"活动，帮助小微企业对接利用省内外高端创新资源，加快跨越式发展。

（五）优化小微企业公共服务。坚持政府投入和社会资本相结合，推进小微企业创业创新基地城市、特色小镇、科技孵化园区、众创空间、标准厂房和创业园（基地）、楼宇产业园、创业示范街、文化产业园区等建设，形成一批有效满足小微企业发展需求的创业创新服务平台。有条件的地方可对众创空间等新型孵化机构的房租、宽带接入费用和用于创业服务的公共软件、开发工具给予适当财政补贴，鼓励众创空间为创业者提供免费高带宽互联网接入服务。加大政府购买服务力度，为小微企业免费提供管理指导、市场开拓、标准咨询、检验检测认证、法律顾问等综合性服务。充分发挥省注册会计师协会、省律师协会、省期货行业协会和浙江股权交易中心等现代市场中介力量和专业服务的作用，帮助小微企业规范管理、维护权益、盘活资产、整合资源等。

（六）加快推进小微企业信用体系建设。完善企业信息基础数据库，依托浙江省政务服务网平台和浙江企业信用信息公示系统，形成覆盖小微企业及其投资人、负责人信息的全省统一的信用信息网络。建立完善联合信用约束惩戒机制，重点建立全省统一的经营异常企业名录库和严重违法企业名单库，在政府采购、工程招投标、国有土地出让、评先评优等工作中，对被列入经营异常企业名录和严重违法企业名单的企业依法予以限制或禁入。研究制订企业信用监管评价指标体系，探索分地域、分行业的企业信用监管评价标准。完善信息查询制度，实现企业信息共享。有针对性地组织开展保护知识产权、整治无照经营、打击合同欺诈、规范房地产市场秩序等专项行动，维护诚信守法、公平竞争的市场秩序，为小微企业健康发展营造良好的市场环境。

四、政策扶持

（一）认真落实小微企业减税政策。从2015年1月1日至2017年12月31日，对年应纳税所得额低于20万元（含20万元）的符合条件的小型微利企业，其所得减按50%计入应纳税所得额，按20%的税率缴纳企业所得税。

（二）加大小微企业科技创新扶持力度。积极鼓励大学生、科技人员和回国留学人员创办小微企业。支持科技人员领办创办科技型小微企业，省内高校、科研院所科技人员在完成本职工作和不损害本单位利益的前提下，征得单位同意后在职创业的，其收入在照章纳税后归个人所有；支持职务成果转化工作，应用职务发明成果转化所得收益，除合同另有约定外，高校和科研院所可按60~95%的比例划归参与研发的科技人员及其团队拥有。鼓励海外高层次人才团队回国创业，对入选领军型创新创业团队的首个资助周期为3年，资助期限内对每个团队投入经费不低于2000万元，其中省级财政投入不低于500万元。鼓励民间资本投资科技型创业，有限合伙制创业投资企业对外投资获得的利息、股息、红利，作为投资者个人所得，按“利息、股息、红利所得”项目，适用20%税率缴纳个人所得税。

（三）抓好小微企业扶持政策宣传和落地。依托企业信用信息公示系统，集中公开各类扶持政策及企业享受扶持政策的信息，加强政策宣传和政策解读。加强小微企业科技、税收、金融、专项资金扶持政策落实的统筹衔接，建立促进小微企业健康发展政策问题交办机制。加大小微企业税收优惠政策宣传和服务力度，分层分类细化操作，进一步简化程序和手续；对各种原因未及时享受优惠政策的小微企业，要跟踪服务，切实提高税收优惠政策覆盖面，实现应享尽享。建立政府、中介机构、小微企业三方共同参与的评价机制，开展政策评估督查，提高政策实施效率。

五、组织保障

（一）加强统筹协调。浙江省促进市场主体加快升级工作领导小组加挂浙江省“小微企业三年成长计划”工作领导小组牌子，统一组织协调和督促指导“小微企业三年成长计划”目标任务、工作举措、政策措施的落实。领导小组成员单位由省委宣传部、省发改委、省经信委、省科技厅、省财政厅、省人力社保厅、省国土资源厅、省环保厅、省建设厅、省商务厅、省地税局、省工商局、省统计局、省金融办、省国税局、人行杭州中心支行、浙江证监局、国家统计局浙江调查总队、省工商联等组成，办公室设在省工商局。领导小组办公室要切实承担牵头职责，各成员单位要各司其职、密切配合。各地要建立相应的“小微企业三年成长计划”工作协调领导机制。

（二）加强督促考核。建立全省“小微企业三年成长计划”目标责任考核体系，把相关目标任务分解到各市、各有关部门，纳入年度工作目标责任制考核体系。建立市对县（市、区），县（市、区）对乡镇（街道）的工作考核机制。加强对全省“小微企业三年成长计划”工作的督促检查，定期通报工作推进和完成情况，每年进行一次工作督查。省财政每年根据考评情况对工作成效显著的市、县（市、区）和特色产业园区给予适当的财力性奖励补助；各地要出台相应的配套措施。对执行政策不力、落实政策不到位、年度计划未完成的地方和单位进行通报批评。

（三）营造良好环境。总结推广小微企业成长范例和典型模式，示范带动更多的企业提升发展。省、市各级报刊、电台、电视台等主流媒体要加大对小微企业的宣传力度。建立完善“小微企业三年成长计划”企业信息库和省市县三级小微企业运行监测分析制度，综合使用大数据手段，对入库企业运行状况进行动态监测统计，及时掌握企业运行态势，了解企业诉求和困难，定期发布小微企业景气指数、品牌发展、风险预警等情况。组织开展“万名工商（市场监管）干部连万家小微企业”等系列活动，摸清小微企业成长需求、发展难题等，提供精准帮扶和服务。

各地要根据本计划要求，结合实际制订具体实施方案，落实人员和经费保障，确保当地“小微企业三年成长计划”顺利实施。省级有关单位要根据本计划，抓紧制订细化政策措施，认真抓好贯彻落实。要认真总结计划实施工作，适时组织制订新一轮“小微企业三年成长计划”，滚动实施。

浙江省人民政府办公厅

2015年6月8日

浙江省人民政府办公厅关于进一步降低企业成本优化发展环境的若干意见

浙政办发〔2016〕39号

各市、县（市、区）人民政府，省政府直属各单位：

为深入贯彻落实中央和省委、省政府关于加强供给侧结构性改革和全力打好去产能、去库存、去杠杆、降成本、补短板攻坚战的决策部署，进一步减轻企业负担，降低企业生产经营成本，优化发展环境，促进经济平稳健康创新发展，经省政府同意，提出如下意见：

一、切实降低企业税费负担

（一）全面实施"营改增"。从2016年5月1日起，将"营改增"试点范围扩大到建筑业、房地产业、金融业、生活性服务业，并将所有企业新增不动产所含增值税纳入抵扣范围，确保所有行业税负只减不增。（牵头单位：省国税局、省地税局）

（二）减征地方水利建设基金。按现有费率的70%征收地方水利建设基金。（牵头单位：省财政厅，配合单位：省水利厅、省地税局）

（三）完善新型墙体材料管理。简化新型墙体材料专项基金缴款结算程序。停止向水泥生产企业征收散装水泥专项资金，将预拌混凝土、预拌砂浆、水泥预制件列入新型墙体材料目录，纳入新型墙体材料专项基金支持范围。（牵头单位：省经信委、省商务厅，配合单位：省财政厅）

（四）全面落实减税清费政策。认真落实增值税、所得税等税收优惠政策，简化优惠办理手续，对符合规定条件的企业享受优惠政策，除法律、法规、规章另有规定外，只需备案，无须税务机关审核批准。国家和省明确取消或停止征收的涉企收费项目，任何地方、任何部门不得以任何理由拖延或拒绝执行，不得转为经营性收费，不得以其他名目变相继续收取。（牵头单位：省国税局、省地税局、省发展改革委，配合单位：省财政厅、省物价局）

二、切实降低企业用工成本

（五）合理把握最低工资标准调整节奏和力度。全省最低工资标准原则上每2年调整1次，调整幅度基本与劳动生产率相协调。（牵头单位：省人力社保厅）

（六）完善工资保证金制度。进一步降低建设领域企业工资支付保证金缴存比例。对自缴纳工资保证金之日起3年内未发生严重拖欠工资行为的建筑业企业，已缴纳的工资保证金予以返还。（牵头单位：省人力社保厅、省建设厅）

（七）降低社会保险费。根据国家部署，精简归并"五险一金"。对失业保险费单位缴费实行临时性下调，从2016年5月1日至2018年12月31日，费率由1.5%降为1%。继续贯彻执行工伤、生育保险费率下降政策。2015年底职工基本医疗保险基金支付能力达到12个月以上的统筹地区，对符合产业转型升级发展方向的企业，由当地政府确定2016年下浮职工基本医疗保险缴费比例，下浮幅度相当于企业单位缴费部分1个月的额度。允许符合产业结构调整方向的困难企业暂缓缴纳社会保险费，缓缴期限不超过1年。（牵头单位：省人力社保厅，配合单位：省财政厅、省地税局、省经信委）

（八）继续推进"机器换人"。鼓励企业加大以智能制造为主攻方向的"机器换人"投资，每年减少生产一线简单用工50万人以上，规模以上企业提高劳动生产率8%以上。（牵头单位：省经信委）

三、切实降低企业用能成本

（九）降低一般工商业及其他用电价格。从2016年1月1日起，全省一般工商业及其他用电价格每千瓦时降低4.47分。（牵头单位：省物价局）

（十）扩大电力用户直接交易范围和规模。支持电力用户与发电企业自主协商确定电价，全年直接交易电量争取扩大到200亿千瓦时左右。（牵头单位：省经信委）

（十一）对燃煤（油）锅炉电能替代改造完成后用电实行优惠电价。2016—2017年，燃煤（油）锅炉电能替代改造完成后用电价格，按大工业用电相应电压等级的电度电价执行，免收基本电费。（牵头单位：省物价局、省经信委）

（十二）对自备电厂关停后的企业用电实行优惠电价。对按规定期限全厂关停地方自备热电机组的企业，在关停后3年内，按其关停前3年机组的平均发电量享受用电电价优惠，标准为现行目录电价每千瓦时降低0.2元。（牵头单位：省物价局、省经信委）

（十三）降低企业用气价格。非居民用户用气省级门站价格每立方米下降0.1元。所有煤改气用户气价控制在省级门站价格加价每立方米0.6元以内。城市燃气管道输配价格下降20%以上，全省终端销售价格不得高于每立方米3.4元。企业生产经营场所内可以单独计量的职工集体宿舍、食堂生活用气，可选择执行居民气价；已实施阶梯气价的，可按当地居民第一档气价的1.1倍执行。（牵头单位：省物价局、省能源局）

四、切实降低企业融资成本

（十四）引导金融机构主动帮扶企业。规范存款及账户招投标定价行为。鼓励金融机构加强对困难企业的分类帮扶，对重点帮扶企业实行降低贷款利率等措施。严禁在存贷款利率以外附加条件、支付费用，加大对违规收费行为的查处力度。（牵头单位：省金融办、浙江银监局）

（十五）创新企业融资机制和方式。大力发展应收账款融资，进一步扩大应收账款质押融资规模。支持金融机构提高信用贷款比例。积极推广专利权质押、商标权质押和排污权抵押贷款等融资创新。大力发展设备融资租赁。支持符合条件的工业企业集团设立财务公司。探索开展企业集团财务公司延伸产业链金融服务试点。加快完善政策性融资担保体系。（牵头单位：浙江银监局、省财政厅，配合单位：省经信委）

（十六）提高企业直接融资比重。支持省内金融机构发行金融债券、信贷资产证券化产品、同业存单、大额存单等金融产品，利用成本更低、期限更长的主动负债工具，从全国金融市场筹集资金，替代高成本负债产品。扩大全省企业债务融资工具发行规模，大力支持企业发行新公司债。（牵头单位：浙江证监局、人行杭州中心支行、省发展改革委）

（十七）防范化解企业资金链担保链风险。进一步扩大市、县（市、区）政府应急转贷基金覆盖面和资金规模，加强对困难企业的贷款周转支持。推进小微企业贷款"以贷还贷"等续贷模式的增量扩面，加快推动"无还款续贷""年审制"等还款方式创新向中型企业延伸。建立省级金融机构与重点市、县（市、区）政府的对接协调机制，共同推进企业"两链"风险化解。推动银行用足用好现有核销政策，做到应核尽核。（牵头单位：省金融办、省经信委、浙江银监局）

五、切实降低企业用地成本

（十八）减免城镇土地使用税。对新建国家鼓励和扶持产业项目的企业、占地广的深加工农业龙头企业，可在一定期限内作为"确属发展前景较好，但目前亩产税收贡献不大"的纳税人，享受城镇土地使用税差别化减免优惠政策。（牵头单位：各市、县（市、区）政府，省地税局）

（十九）创新土地出让方式。积极推行工业用地弹性年期出让，鼓励各地采用出让年限小于50年、长期租赁、租让结合、先租后让等方式供地。（牵头单位：省国土资源厅）

（二十）下调土地出让竞买保证金和履约保证金。根据土地规模、土地估价结果、土地市场情况等，适当下调工业用地出让竞买保证金和合同履约保证金，合理确定工业用地出让金缴纳期限。（牵头单位：各市、县（市、区）政府）

（二十一）支持标准厂房建设。将标准厂房建设用地纳入各地年度土地供应计划。鼓励利用"三改一拆"拆改土地、城镇低效用地建设标准厂房，2016年新建标准厂房500万平方米。鼓励标准厂房微利出租或按土地出让合同约定分割转让。（牵头单位：省经信委、省国土资源厅）

六、切实降低企业物流成本

（二十二）全面规范港口、机场、公路经营性收费。禁止限定经营、强制服务、强行收费行为。规范国际标准集装箱运输车辆收费管理，推进全省高速公路整车式称重系统建设，完善公路计重收费办法。积极发展高速公路货车非现金支付业务和不停车电子收费系统（ETC），在提高使用率的同时，对货运车辆通行收费实行优惠。（牵头单位：省物价局，配合单位：省交通运输厅、省交通集团）

（二十三）大力发展多式联运。组织开展多式联运试点，加快构建海铁联运、铁水联运、公铁联运、陆空联运等多式联运体系。鼓励发展甩挂运输等先

进运输组织模式。推进重要港区、物流中心集疏运通道和重要产业集聚区物流通道建设。（牵头单位：省交通运输厅、省经信委）

七、切实降低企业外贸成本

（二十四）清理规范进出口环节和海关监管区服务收费。下调进出口环节经营服务性收费，降低10%收取安全产品制售费。（牵头单位：浙江检验检疫局、宁波检验检疫局、杭州海关、宁波海关）

（二十五）优化出口退税办理。对出口企业实行分类差异化管理，下放审批权限，简化审核手续，开展“互联网+便捷退税”创新试点，推进出口退税无纸化管理，加快出口退税进度。（牵头单位：省国税局）

（二十六）提高检验检疫通关便利化水平。全面推行“三通”（通报、通检、通放）、“两直”（出口直放、进口直通）一体化业务改革，加快推进检验检疫全流程无纸化工作方式。扩大采信第三方检验检测认证结果的范围。（牵头单位：浙江检验检疫局、宁波检验检疫局）

（二十七）支持跨境电子商务发展。鼓励企业直接与海外客商进行交易，积极培育中小企业外贸代理平台。简化企业在海外投资建厂自用产品和在国外设立批发展示中心、商品市场、专卖店、海外仓产品的相关出境程序，切实降低跨境电商企业结汇、退税、报关等相关成本。（牵头单位：省商务厅，配合单位：浙江检验检疫局、宁波检验检疫局、省国税局、省外汇管理局、杭州海关、宁波海关）

八、切实降低制度性交易成本

（二十八）深化“四张清单一张网”改革。进一步转变政府职能，深入推进简政放权。实行涉企行政事业性收费目录清单动态管理。组织开展项目区域能评、区域环评改革试点，逐步实行企业独立选址项目高效审批，开展非独立选址项目不再审批制度试点。深化推进“零土地”技改项目审批方式改革。加快电子政务公共服务平台建设。（牵头单位：省发展改革委、省物价局、省经信委、省环保厅）

（二十九）加强涉审中介治理。对实行市场定价的涉审中介服务，通过市场竞争促进中介服务收费合理下降；对实行政府定价或政府指导价的中介服务，开展收费成本评估，适当下调收费标准；适当下调属于行政事业性收费的中介服务收费标准。（牵头单位：省发展改革委，配合单位：省财政厅、省物价局）

（三十）降低企业纳税成本。大力推广网上办税，积极推行企业涉税事项全省通办，优化办税流程。简并申报缴纳次数，对增值税小规模纳税人实行按季缴纳增值税，对小型微利企业实行按季预缴企业所得税。（牵头单位：省国税局、省地税局）

各地、各有关部门要充分认识降低企业成本、优化发展环境的紧迫性，全面贯彻落实国家和省有关降成本的部署，结合实际，抓紧制订出台本地区和本部门降成本的政策措施。对各地、各部门出台和落实降低企业成本、优化发展环境的政策措施情况，省政府将适时开展督查。

浙江省人民政府办公厅

2016年4月5日

（此件公开发布）

安徽省

安徽省人民政府办公厅关于全面推进大众创业万众创新的实施意见

皖政办〔2016〕6号

各市、县人民政府，省政府各部门、各直属机构：

为贯彻落实《国务院关于大力推进大众创业万众创新若干政策措施的意见》（国发〔2015〕32号）、《国务院关于加快构建大众创业万众创新支撑平台的指导意见》（国发〔2015〕53号），进一步推进我省大众创业、万众创新，促进全省经济社会持续健康发展，经省政府同意，现提出以下实施意见：

一、总体要求

（一）指导思想。全面贯彻落实党的十八大和十八届三中、四中、五中全会和习近平总书记系列重要讲话精神，按照党中央、国务院的决策部署，加快实施创新驱动发展战略，充分发挥市场在资源配置中的决定性作用和更好发挥政府作用，进一步加大简政放权力度，创新体制机制，优化创新创业环境，积极构建众创、众包、众扶、众筹等支撑平台，深入实施“创业江淮”行动计划，推动创新创业热潮在江淮大地涌动，加快调结构转方式促升级，为打造创新型“三个强省”、建设美好安徽发挥更大作用。

（二）目标任务。到2020年，基本形成创业主体大众化、创业载体多元化、创业服务专业化、创业活动持续化、创业资源开放化的生态体系，力争全省新增注册企业70万家以上，规模以上工业企业突破30000家，规模以上工业企业研发机构覆盖率达到40%，国家级创新平台超过160家，高新技术企业达到5000家。

二、重点工作

（一）激发创新创业活力。

1. 支持高层次人才创新创业。加快培养集聚一大批高层次创新创业领军人才。支持携带拥有自主知识产权、具有国际先进或国内一流水平科技成果的省内外科技团队在皖开展科技成果转化、产业化，省对符合条件团队分类给予300万元、600万元、1000万元的参股支持。按照有关规定给予高层次人才经费资助、住房补贴、子女就学、配偶就业、参加社会保险等优惠政策。赋予高校、科研院所科技成果使用、处置和收益管理自主权，完善科技人员创业股权激励政策。建立健全科研人员双向流动机制，落实高校、科研院所等事业单位专业技术人员离岗创业政策。

2. 鼓励大学生创新创业。建立健全弹性学分制管理办法，支持大中专学生保留学籍休学创新创业。推动实施以大学生为重点的青年创业计划，对高校毕业生初始创办科技型、现代服务型小型微型企业的，给予一次性5000~10000元补助。每年支持新建4~5个青年创业园，培育1万名以上大学生自主创业。

3. 大力开展群众性创新创业活动。每年开展各类农民工职业技能培训100万人次以上。围绕休闲农业、农产品深加工、乡村旅游、农村电子商务等引导开展创业。激发大学生村官创业热情，每年重点扶持100名大学生村官创业，对符合条件的项目给予信用贷款、担保贷款支持，并按规定享受贴息政策，更好示范带动农民增收致富。

4. 打造系列创新创业活动品牌。高规格举办中国（安徽赛区）创新创业大赛、大学生创新创业大赛、青年创新创业大赛、“赢在江淮”创业大赛、工业设计大赛以及全国“双创”活动周活动。省里每年举办一次“创客之星”评选活动，选拔100名“创客之星”进行重点跟踪服务。

（二）夯实创新创业载体。

1. 打造一批众创空间。发挥行业领军企业、创业投资机构、社会组织等社会力量的主力军作用，支持构建一批低成本、便利化、全要素、开放式的众创空间。支持众创空间建立“月月有路演，周周有活动”的常态化工作机制，实现创新与创业相结合、线上与线下相结合、孵化与投资相结合。

2. 完善创新创业孵化体系。鼓励开发区、工业园区、产业集群专业镇，充分利用各类科技企业孵化器和加速器、人学科技园、留学人员创业园、小微企业创业基地等现有条件，将孵化业务向前端延伸、向后端扩展，逐步形成“创业苗圃+孵化器+加速器+产业基地”的孵化体系。

3. 建设创新创业示范基地。实施“双创”示范基地三年行动计划，依托战略性新兴产业集聚发展基地、高技术产业基地等各类创新创业资源集聚区域，以城市（区）、高校和科研院所、大中型企业为重点和抓手，建设一批高水平的创新创业示范基地。

（三）拓展创新创业途径。

1. 广泛运用应用研发创意众包。鼓励企业与研发机构等通过网络平台将部分设计、研发任务分发和交付，促进成本降低和提质增效。鼓励企业通过网络社区等形式广泛征集用户创意，促进产品规划与市场需求有效对接。鼓励服务外包示范城市、技术先进型服务企业和服务外包重点联系企业积极应用众包模式。

2. 大力实施制造运维众包。支持有能力的大中型制造企业通过互联网众包平台聚集跨区域标准化产能，满足大规模标准化产品订单的制造需求。结合深化国有企业改革，鼓励采用众包模式促进生产方式变革。鼓励中小制造企业通过众包模式构筑产品服务运维体系，提升用户体验，降低运维成本。

3. 鼓励发展生活服务众包。优化传统生活服务行业的组织运营模式，推动交通出行、快件投递、旅游、医疗保健、教育等领域生活服务众包，利用互联网技术高效对接供需信息。发展以社区生活服务业为核心的电子商务服务平台，拓展服务性网络消费领域。

（四）提升创新创业服务。

1. 建立政策集中发布平台。加强中小企业公共服务平台建设。深度打造创业服务云平台，将省相关部门创新创业政策统一到平台上，增强创新创业信息透明度。鼓励各市建设集创新政策、行政服务、创业辅导、交流培训、孵化培育、创业融资、知识产权质押、上市辅导等为一体的综合服务平台，通过政府和公益事业机构支持、企业帮扶援助、个人互助互扶等众扶方式，共助小微企业和创业者成长。

2. 推动技术资源开放共享。引导高校、科研院所以及各类重点（工程）实验室、工程（技术）研究中心、企业技术中心、质检中心、分析测试中心等向社会开放服务。鼓励大型科学仪器共享共用，省按出租仪器设备年度收入的20%给予仪器设备管理单位补助，最高不超过500万元；设备租用单位所在市（县）按租用仪器设备年度支出的20%给予租用单位补助，最高不超过200万元。

3. 加强创新创业培训辅导。在高等院校、职业学校、技工院校全面推行创业教育，开设创新课程。完善创业辅导师制度，鼓励拥有丰富经验和创业资源的企业家、天使投资人和专家学者担任创业导师到高校、园区、企业开展培训辅导活动。每年开展创业培训不少于7万人次。支持社会力量举办创业沙龙、创业大讲堂、创业训练营等培训活动，对定点培训机构开展创业意识培训、创办企业培训（改善企业培训）、创业模拟实训的，省分别按照100元/人、1000元/人、1300元/人的标准给予补贴。

4. 大力发展第三方服务。加快发展企业管理、财务咨询、市场营销、人力资源、法律顾问、知识产权、检验检测认证和技术转移等第三方专业化服务，不断丰富和完善创业服务。鼓励有条件的地方采用创新券、创业券等方式为创新创业者提供服务。

（五）促进金融与创新创业结合。

1. 壮大创业投资规模。支持各市设立天使投资引导基金或创业投资引导基金，引进一批天使投资人和创业投资机构。成立总规模800~1000亿元的安徽产业发展基金，发起设立若干子基金，形成覆盖企业种子期、初创期、成长期、成熟期等全生命周期的基金集群。

2. 创新金融服务模式。支持金融机构打造创新型互联网金融平台，支持符合条件的企业开展互联网金融业务。积极开展实物众筹，稳步推进股权众筹融资试点。规范发展P2P网络借贷。鼓励银行业金融机构成立科技信贷专营事业部，提供科技融资担保、知识产权质押、股权质押等方式的金融服务。对符合条件的城乡创业者，可在创业地申请最高额度10万元的担保贷款。对向个人发放的创业担保贷款，银行在基础利率基础上上浮3个百分点以内的，由财政给予贴息。扩大“青年之星”信用贷款试点，创新“债股联投”新方式，为创业青年提供融资支持。

3. 强化资本市场服务创新创业。针对主板、中小板、创业板、“新三板”、区域性股权交易市场等不同层次板块的特点和要求，分层次建立企业上市挂牌工作推进机制，加大奖补力度，加快企业上市融资挂牌步伐。拓展安徽省股权托管交易中心市场功能，支持创新产品和业务模式，为中小企业提供展示、上市交易、投融资、孵化等综合金融服务。

4. 完善政策性担保体系。健全省、市、县三级政策性融资担保体系，完善国有资本金持续补充机制，充实市、县符合条件的政策性融资担保机构国有资本金。深入推进“4321”政银担合作试点，积极推动政策性融资担保机构与银行业金融机构体系对接，建立上下贯通的政银担合作机制。

（六）落实财税扶持政策。

1. 加大财政资金支持和统筹力度。鼓励各地对众创空间、孵化器、创新创业示范基地的办公用房、用水、用能、网络等软硬件设施给予适当优惠，减轻创业者负担。发挥创新型省份建设专项资金、中小企业发展专项资金、青年创业引导资金的杠杆作用，通过市场机制引导社会资本和金融资本加大中小企业发展支持力度。

2. 落实普惠性税收措施。落实扶持小微企业发展的各项税收优惠政策，实行小微企业税收减免网上报税。企业吸纳失业半年以上人员和高校毕业生、登记失业人员创办个体工商户或个人独资企业的，可依法享受税收减免政策。落实创业投资企业享受投资额的70%抵扣应纳税所得额税收抵免政策。落实高新技术企业职工教育经费税前扣除、企业转增股本分期缴纳个人所得税、股权激励分期缴纳个人所得税等试点政策。落实促进残疾人、退役军人、返乡农民工等创业就业税收政策。

3. 发挥政府采购支持作用。落实促进中小企业发展的政府采购政策，加大对创新产品和服务的采购力度，增强政府采购对创新创业的支持效果。

（七）优化创新创业环境。

1. 深化商事制度改革。落实注册资本登记制度改革，放宽新注册企业场所登记条件限制，推动“一址多照”“集群注册”等住所（经营场所）登记改革。试行电子商务秘书企业登记注册。积极实施工商营业执照、组织机构代码证和税务登记证“三证合一”“一照一码”，落实“先照后证”改革，简化工作流程。

2. 清理规范涉企收费项目。严格按照涉企收费清单收费，不得擅自增设收费项目、扩大收费范围、提高收费标准，不得将取消和暂停的收费转交由下属单位、社会组织继续收费或变相收取，做到“涉企收费进清单、清单之外无收费”。整顿规范行业协会商会收费，各类行业协会商会不得强行要求企业入会、索要会费，不得向企业索要赞助、宣传费等。

3. 维护公平市场秩序。依法反垄断和反不正当竞争，鼓励交易主体依法申报经营者集中反垄断审查。规范企业信息公示，完善企业信用监管体系，将创业主体信用与市场准入、享受优惠政策挂钩，实现企业“一处失信、处处受限”。

4. 建立鼓励创业的保障机制。领取失业保险金期间自主创业的人员，可一次性领取未领的失业保险金、代缴的医疗保险费，创业成功后可领取一次性创业补贴。最低生活保障对象自主创业的，视其生产经营和家庭收入情况，可给予3个月的救助缓退期。新创业失败人员以个人身份续缴社会保险费的，根据其创业纳税情况给予一定的社会保险补贴。

三、保障措施

（一）加强组织领导。建立由省发展改革委牵头的推进大众创业万众创新联席会议制度，加强统筹协调，加大对各地、各部门创新创业工作的指导力度，及时总结推广好的经验做法。

（二）加强责任落实。各地、省有关部门要在系统梳理已出台的支持创新创业发展的各项政策措施基础上，结合实际制定具体实施方案，明确工作目标，落实任务分工，形成推进合力。

（三）加强示范引导。合肥、芜湖、蚌埠等地要积极探索推进大众创新、万众创业的新机制、新政策，不断完善创新创业服务体系，发挥好创新创业引导示范作用。

（四）加强督促检查。建立政策措施落实情况督查督导机制，全力打通决策部署的“最先一公里”和政策落实的“最后一公里”，确保各项政策措施落地生根。

附件：任务分工

安徽省人民政府办公厅

2016 年 2 月 1 日

安徽省人民政府关于降成本减轻实体经济企业负担的实施意见

皖政〔2016〕54号

各市、县人民政府，省政府各部门、各直属机构：

为深入贯彻中央经济工作会议和全省经济工作暨城市工作会议精神，全面落实习近平总书记视察安徽重要讲话精神，按照《中共安徽省委安徽省人民政府关于印发〈安徽省扎实推进供给侧结构性改革实施方案〉的通知》（皖发〔2016〕21号）要求，围绕增效益，推进降成本，促进经济持续健康较快发展，现提出以下实施意见：

一、降低制度性交易成本

1. 继续深化“放管服”改革，简政放权，激发活力，完善政府权力清单、责任清单和涉企收费清单，建立公共服务清单和中介服务清单，实行清单之外无收费。

2. 剥离依附行政机关的中介服务机构，清理和取消中介服务机构承担的行政职能，行政审批部门所属事业单位、主管的社会组织及其举办的企业不得开展与本部门行政审批相关的中介服务，需要开展的应转企改制，或与主管部门脱钩。

3. 严禁行政机关指定中介服务，打破公共服务和中介服务垄断。县以上单位公示任一许可中介服务，参与竞争的具备法定资质资格的市场主体不得少于3家，由企业自主选择。

二、降低企业人工成本

4. 落实国家阶段性下调社保费率政策，企业职工基本养老保险单位缴费费率降低至19%，失业保险单位缴费费率从1.5%下调至1%。进一步减轻符合条件的小微企业社会保险缴费负担。

5. 住房公积金缴存比例上限降低至12%，缴存基数上限降低至设区城市上一年度月平均工资的3倍。

6. 降低企业引进高科技人才成本，对企业引进科技人才年薪达50~150万元，并在我省缴纳个人所得税、工作半年以上、经推荐和公示无异议的，市、县（含市、区，下同）每年可按其年薪10%的比例奖励用人单位（150万元以上部分不予奖励），专项用于企业科技研发。奖励资金省财政承担30%。

三、降低企业税费负担

7. 全面落实固定资产加速折旧政策。按国家有关规定，对符合条件的小微企业，免征教育费附加、地方教育附加、水利建设基金、文化事业建设费和残疾人就业保障金。工业生产厂房及其配套设施免收人防工程易地建设费，厂区范围内直接为工业生产服务的其他配套设施人防工程易地建设费2016-2020年暂不征收。

8. 对上一年度未拖欠农民工工资的建筑施工民营企业，当年农民工工资保证金减按50%收取，连续两年未拖欠的减按40%收取，连续3年以上未拖欠的免缴保证金。

9. 对已认定的高新技术企业减按15%的税率征收企业所得税，并对研发费用按150%加计扣除。对已经认定的外省高新技术企业转移到我省落户的，有效期内不再重新认定，并享受高新技术企业政策。

四、降低企业财务成本

10. 大力推动企业股份制改造，增加资本金，降低负债率。鼓励有条件的企业发行中长期债券，降低财务费用。

11. 清理和规范金融机构的资金“通道”和“过桥”等环节收费，取消与贷款挂钩、没有实质性服务内容的顾问、咨询等收费项目；规范与贷款挂钩的评估、登记、审计、公证、保险等中介机构收费行为，企业自主选择中介机构，金融机构不得指定；清理取消质价不符和无实质性内容的收费项目。每半年组织开展银行业收费专项检查。

12. 大力推进“4321”政银担风险分担机制和“税融通”业务，将国有融资担保机构的贷款担保费率降低至不超过1.2%，省信用担保集团暂免收市、县担保机构的中小微企业再担保费，降低和免收费用期限暂定3年。

13. 开展企业应收账款资金占用压降行动，制定实施应收账款质押、转让融资业务管理办法，鼓励建立应收账款质押融资服务平台，支持商业银行开展应收账款质押融资业务；利用全国统一信用信息共享交换平台，完善守信联合激励和失信联合惩戒制度，对守信企业提供公共服务、市场交易和投融资等便利，对失信企业依法严格约束和限制。

五、降低企业用能用地成本

14. 从2016年1月1日起，一般工商业及其他用电类别价格每千瓦时下调4.28分；参与电力市场交易的大工业用户，直接交易电价在2015年基础上每千瓦时再降低1.87分。从2016年3月15日起，大工业与一般工商业用电价格在原有销售电价基础上，每千瓦时再降低0.143分。从2016年6月1日起，一般工商业及其他用电类别价格再降低4.272分。扩大电力用户与发电企业直接交易规模，2016年直接交易电量400亿千瓦时以上。

15. 推动大用户直供气试点，实行大用户直供气的用气价格由双方协商确定，并确保价格有所降低。

16. 大力推广合同能源管理模式，支持工商企业与专业的节能服务公司合作，签订能源管理合同，约定节能目标和节能效益分成，在前期零收费的情况下为工业企业提供节能诊断、技术改造等服务，建设绿色工厂，开发绿色低碳产品；深入实施省节能减排企业、技术、装备、项目、服务“五个一百”专项行动，鼓励企业使用高效节能产品。

17. 鼓励工业企业节约集约用地，对皖北地区上一年度亩均缴纳税收5万元、其他地区缴纳8万元以上的企业，土地使用税按当地最低标准征收，市、县原定奖励等政策继续执行。奖励资金在地税部门征税后1个月内，由同级财政部门拨付到位。

六、降低企业物流成本

18. 从2016年7月1日起，船闸收费在现行收费标准的基础上下调10%，降费期限暂定3年。

19. 对享受我省ETC卡收费优惠的货运车辆，在现行通行费95折的基础上，再给予降低10个百分点的优惠，优惠期限暂定3年。支持全省高速公路服务区（含服务区内加油站）、物流园区（含物流园区加油站）使用安徽交通卡，并给予优惠。

20. 积极推广多式联运、甩挂运输，鼓励从事车货匹配的物流信息平台类企业发展，建设物流公共信息平台，提高物流运行信息化、智能化水平；支持重大物流基地、城乡物流配送中心建设，完善全省物流综合服务网络，促进公路、铁路、水路、航空等运输方式有效衔接。

各地、各有关部门自本实施意见下发之日起1个月内制定具体实施办法，包括执行主体、执行对象、工作流程、执行时间等。省政府督查室要会同省经济和信息化、物价、财政等部门加强跟踪督查，并委托第三方进行评估，每半年公布一次评估结果。

附件：降成本减轻实体经济企业负担任务分工

安徽省人民政府

2016年6月13日

福建省

福建省人民政府办公厅关于进一步扶持小微企业加快发展七条措施的通知

闽政办〔2015〕1号

各市、县（区）人民政府，平潭综合实验区管委会，省人民政府各部门、各直属机构，各大企业，各高等院校：

为深入贯彻落实国务院扶持小微企业健康发展有关工作部署，进一步激发小微企业活力，经省政府同意，提出以下措施：

一、落实税收政策。自2014年10月1日至2015年12月31日，视纳税期限，对月度（季度）销售额或营业额不超过3万元（9万元，含）的增值税小规模纳税人和营业税纳税人，免征增值税或营业税。至2016年12月31日，对年应纳税所得额10万元以内（含10万元）的小微企业，其所得减按50%计入应纳税所得额，按20%的税率缴纳所得税。对小微企业从事国家鼓励类项目，进口自用且国内不能生产的先进设备，按照有关规定免征进口关税。对所有行业企业2014年1月1日后新购进用于研发的仪器、设备，单位价值不超过100万元的，允许一次性计入当期成本费用在税前扣除；超过100万元的，可按60%比例缩短折旧年限，或采取双倍余额递减等方法加速折旧。对所有行业企业持有的单位价值不超过5000元的固定资产，允许一次性计入当期成本费用在税前扣除。

（责任单位：各设区市人民政府，平潭综合实验区管委会，省财政厅、科技厅、地税局、经信委，省国税局、福州海关、厦门海关）

二、支持直接融资。省财政根据“小微企业发债增信资金池”使用情况和地市“资金池”组建情况，稳步扩大省级“小微企业发债增信资金池”规模。各设区市、平潭综合实验区要设立市级“小微企业发债增信资金池”，共同为小微企业在银行间债券市场、证券交易所市场和海峡股权交易中心等发债融资提供增信支持。海峡股权交易中心的增信资金池在为小微企业发债增信的基础上，进一步为小微企业股权质押融资、信贷融资、融资租赁、资产证券化和互联网金融方式融资等提供增信服务。鼓励和支持企业在全国中小企业股份转让系统和海峡股权交易中心挂牌和融资，对在全国中小企业股份转让系统和海峡股权交易中心挂牌交易的小微企业，省级财政在挂牌当年给予不超过30万元的补助。支持各金融机构在海峡股权交易中心登记托管、开展金融活动，通过信贷资产转让等方式盘活存量信贷资源，为小微企业提供资金支持；鼓励各类投资基金和产业引导基金优先将海峡股权交易中心挂牌企业纳入投资范围；政府主导的融资担保公司优先为在海峡股权交易中心挂牌企业融资提供担保服务。鼓励国有企业和地方政府投融资平台发行“小微企业增信集合债券”，募集资金通过银行委托贷款方式，支持小微企业发展。

（责任单位：各设区市人民政府，平潭综合实验区管委会，省发改委、财政厅、金融办、经信委，人行福州中心支行、福建证监局）

三、强化融资服务。鼓励民营融资性担保机构优化整合，支持县（市、区）政府整合资源，组建政府主导的融资性担保机构，形成政策性担保与民营担保协调发展、省市县协作联动的担保体系。设立省级代偿补偿资金，从省级财政每年安排的中小微企业发展专项资金中连续四年每年安排5000万元，与国家补助资金共同组成5亿元规模的省级代偿补偿资金，对省级再担保机构开展的比例分担再担保业务进行代偿补偿。省级再担保机构为政府主导的融资性担保机构提供的比例分担再担保业务，再担保费率减半收取。

研究建立政府、银行、保险三方合作机制，开展小微企业贷款保证保险试点，为我省符合条件的初创期小微企业、农业种养殖大户和城乡创业者的生产经营提供无抵押、无担保的小额贷款支持。拓宽小额贷款公司融资渠道，支持符合条件的小额贷款公司在境内外资本市场和区域性股权交易市场上市；监管评级合格的小额贷款公司可通过海峡股权交易中心开展同业拆借、资产收益权转让、发行私募债等业务。小额贷款公司呆账核销、抵债资产管理、风险准备金提取等财务行为执行金融财务管理制度。开展融资租赁企业风险补偿试点工作，对融资租赁企业向中小微企业提供租赁融资的，按当年季均融资额比上年净增加额的5‰给予风险补偿。

（责任单位：各设区市人民政府，平潭综合实验区管委会，省财政厅、金融办、经信委、地税局，人行福州中心支行、福建银监局、福建保监局、省国税局）

四、加强用工保障。2015年年底前，对小微企业新招用年度高校毕业生，签订1年以上劳动合同并按时足额缴纳社会保险费的，给予1年的社会保险补贴。高校毕业生到小微企业就业的，其档案可由当地市、县一级的公共就业人才服务机构免费保管。科技型小微企业当年新招用符合小额贷款申请条件的人员（含高校毕业生）达到企业现有在职职工总数的30%（超过100人的企业达15%）以上、并与其签订1年以上劳动合同的，可申请总额最高不超过200万元的（如职工人数达不到上述规定条件的，按人均2万元的额度）小额担保贴息贷款，贴息标准为中国人民银行公布的同期贷款基准利率的50%。自工商登记注册之日起3年内，对安排残疾人就业未达到规定比例、在职职工总数20人以下（含20人）的小微企业，免征残疾人就业保障金。小微企业招用就业困难人员，与其签订1年以上期限劳动合同并按规定缴纳基本养老保险费的，按其为就业困难人员实际缴纳的基本养老保险费给予补贴（不包括就业困难人员个人应缴纳的基本养老保险费）；补贴期限除对距法定退休年龄不足5年的人员可延长至退休外（以初次核定其享受社会保险补贴年龄为准，下同），其余人员最长不超过3年；各设区市和平潭综合实验区可根据本地实际情况，参照本规定制定相应补贴政策。

全面推行培训经费直补企业政策，小微企业组织本企业职工参加规定工种职业技能培训并取得国家职业资格证书的，可按规定获得财政培训经费补贴。对小微企业新招用高校毕业生按规定开展岗前培训的，各地要根据当地物价水平适当提高培训费补贴标准。各级公共就业服务机构与小微企业合作采取按项目运作培训模式组织新招收劳动力培训的，可按就业专项资金管理办法获得培训补贴。

（责任单位：各设区市人民政府，平潭综合实验区管委会，省财政厅、人社厅）

五、发展公共服务。支持各设区市、平潭综合实验区加快建设中小企业公共服务平台网络综合窗口和重点产业集群服务窗口，到2015年基本建成互联互通、资源共享、服务协同的福建省中小企业公共服务平台网络。鼓励各类服务机构、服务平台、创新平台入驻省中小企业公共服务平台网络，为小微企业提供管理指导、技能培训、市场开拓、标准咨询、检验检测认证等服务。省级财政资金以无偿资助、业务奖励、政府购买服务等方式，对入驻省中小企业公共服务平台网络、服务业绩突出、服务成效明显、服务满意度高的服务机构、服务平台进行奖励。对经省经信委、省财政厅联合确认的省级中小企业公共服务示范平台给予一次性奖励30万元。

（责任单位：各设区市人民政府，平潭综合实验区管委会，省财政厅、经信委）

六、支持基地建设。各设区市、平潭综合实验区要积极引导小微企业向工业园区集聚发展，加大对小微企业创业基地、大学生创新创业园、育成中心、商贸企业集聚区和各类孵化器建设的支持，并在场地租金等方面对入驻的小微企业予以优惠。鼓励大中型企业带动产业链上的小微企业集聚发展。继续做好省级小微企业创业基地的培育工作，加大省级中小企业发展专项资金对小微企业创业基地的支持力度，省级财政对经省经信委、省财政厅联合确认的省级小微企业创业基地给予一次性奖励30万元，引导小微企业创业基地完善配套设施，强化服务功能。鼓励和支持有助于小微企业创新创业的科技企业孵化器建设发展，通过备案的孵化器享受相关补助政策；对经认定的国家级科技企业孵化器，省级财政一次性奖励100万元。

（责任单位：各设区市人民政府，平潭综合实验区管委会，省财政厅、教育厅、科技厅、经信委）

七、完善信息平台。依托工商行政管理部门的企业信用信息公示系统，健全我省小微企业名录，集中公开各类扶持政策及企业享受扶持政策的信息。继续完善省企业信用信息平台，加快与工商登记、行政许可、税收缴纳、社保缴费等信息平台对接步伐，推进小微企业信用信息共享，促进小微企业信用体系建设。推广应用大数据、云计算等现代信息技术，提升政府部门和银行、证券、保险等专业机构的服务水平。进一步扩大中小企业运行监测样本，增加小微企业样本，提高运行监测的覆盖面和准确度。

（责任单位：各设区市人民政府，平潭综合实验区管委会，省发改委、经信委、工商局、人社厅、质监局、统计局、地税局，省国税局、人行福州中心支行、福建银监局、福建证监局、福建保监局）

以上措施从下发之日起执行，由省经信委会同有关部门组织实施，各级政府要督促相关部门予以落实。

福建省人民政府办公厅

2015年1月1日

福建省中小企业成长计划（2016-2018年）

为贯彻落实省委、省政府有关中小企业发展和大众创业、万众创新工作部署，引导中小企业在经济发展新常态下，深入实施创新驱动发展战略和供给侧结构性改革，加快转型升级步伐，培育发展新动能、激发发展新活力，特制定本成长计划。

一、工作目标

坚持“创新、协调、绿色、开放、共享”发展理念，进一步营造发展良好环境，优化公共服务供给，提升创新能力水平，壮大总量，推进我省中小企业快速健康成长，加快培育扶持一批高成长中小企业，为打造福建产业“升级版”、拉动全省经济中高速增长提供强有力的支撑。

——保持平稳较快增长。2016-2018年，期末中小企业户数同比增长10%，中小工业企业实现增加值年均增长8.2%、实现主营业务收入年均增长7.3%，到2018年末规模以上中小工业企业户数增加到1.8万家以上。

——创新能力显著增强。中小企业科技研发投入占主营业务收入比重不断提高，到2018年末培育科技小巨人领军企业500家以上、省行业技术开发基地50个以上、工程（技术）研究中心450家以上、国家重点（工程）实验室180家以上、科技孵化器50个以上、众创空间100个以上。培育一批“专精特新”和创业创新示范中小企业。

——产业结构不断优化。2016-2018年中小企业在生产性服务业、战略性新兴产业、高新技术产业、服务型制造中的比重持续提高。发挥龙头企业引领、中小企业产业集群公共服务载体平台作用，发展一批特色鲜明、生态环保、具有竞争力的中小企业产业集群。促进工业园区提升发展，推动一批智能装备专业园区建设。

——服务体系更加健全。推动全省创业创新平台提质增效，完善省市县三级中小企业服务中心组织机构，到2018年末培育认定省中小企业公共服务示范平台达130个以上、省级小微企业创业基地50家以上。

二、重点任务

（一）实施创新发展工程

1. 推进企业技术创新。实施创新驱动发展战略，引导广大中小企业充分利用6·18及海峡技术转移中心等各类中小企业技术创新公共服务平台，与国家重点实验室、工程研究中心、高校、科研机构等科研资源开展深度产学研合作，共建研发机构、合作技术攻关，共同开发一批符合供给侧结构性改革要求、具有核心竞争力的“专精特新”产品。深入实施培育科技小巨人领军企业行动计划，打造一批引导我省产业转型升级的骨干企业。在重点行业、重点领域培育认定一批“专精特新”和创业创新示范中小企业，为广大中小企业创新发展树立标杆。

2. 推进企业管理创新。鼓励中小企业开展生产、销售、人力资源、财务等方面的管理创新，实施中小企业管理提升专项工作，通过管理咨询诊断服务和管理提升培训，引导中小企业规范经营运作，提升管理水平，实现管理创新。推动中小企业与大企业协同创新，鼓励和支持大企业通过任务众包、生产协作、平台开放、资源共享、标准开放等方式带动产业链上下游中小微企业实现技术、产品创新。搭建大企业与中小企业创新合作平台，推动中小企业的产品、技术和创新成果融入大企业产业链和创新链。

3. 推进商业模式创新。支持和引导中小企业优化生产流程，开发满足客户需求的差异化、个性化、定制化的产品和服务。引导中小企业整合生产性服务业资源、延伸产业链条，在传统产品经营的基础上，以客户需求为中心，整合企业内外部资源，拓展产品+服务等新型商业模式，发展总集成总承包、个性化定制、在线支持服务、全生命周期管理、仓储物流、融资租赁、检验检测等服务型制造，创造企业新价值，实现商业模式创新升级。

（责任单位：省科技厅、经信委、发改委、商务厅，各设区市人民政府、平潭综合实验区管委会）

（二）实施“互联网+”工程

1. 强化信息化技术支撑。实施中小企业信息化推进工程，加快中小企业信息化服务平台建设，鼓励信息化系统提供商开发适合中小企业应用的信息技术产品和解决方案，推广面向中小企业的云计算、移动互联网等应用，为中小企业转型升级提供技术支撑。鼓励软件企业结合中小企业+互联网特点，加大信息化领域新产品和新技术研发，降低中小企业推广应用成本。

2. 推广信息化技术应用。实施“智慧企业”建设，推进物联网在中小企业的深化应用，引导中小企业依托物联网技术和系统，建立各生产要素间互联互通、全流程实时管控的物理信息系统平台，实现生产智能化升级。大力推广云服务模式，鼓励中小企业利用云平台、第三方服务提升信息技术运用能力，推进产品设计、生产管理、质量管理、销售服务等软件应用。鼓励大数据应用，支持中小企业通过互联网采集和分析数据，促进企业管理数据化、决策数据化，实现生产经营过程可确定、可优化、可定制，培育一批运用现代信息技术实现转型升级的标杆中小企业。组织互联网与工业融合创新试点，引导中小企业以新一代信息技术为手段，实现资源共享协同的生产组织创新、满足个性需求的制造模式创新、提升用户体验的产品及营销模式创新、支撑智能绿色的生产运营创新、支撑全业务全流程互联网转型的集成创新等新型模式创新，加快实现新型网络化生产模式。支持中小企业利用“互联网+”发展众创、众包、众筹等新模式，催生发展新业态，培育发展新动能。

3. 培育智慧集群。实施“互联网+产业集群”建设行动，加快云计算、大数据、物联网等新一代信息技术在中小企业及产业集群中的应用，通过基础设施、集群管理与服务、生产性服务等领域的智能化发展，推动中小企业在研发、设计、采购、制造、销售、服务等产业链各环节智能化应用，实现集群主体与内外部创新链、供应链、服务链的互联互通，形成创新、协同、精益、开放、共享的产业生态体系，创新产业集群发展模式，提升产业集群竞争力。

（责任单位：省经信委、发改委、科技厅，各设区市人民政府、平潭综合实验区管委会）

（三）实施提质增效工程

1. 推动技术改造。贯彻落实省政府新一轮技术改造专项行动计划，支持中小企业运用先进适用的新技术、新设备、新材料、新工艺、新标准实施新一轮技术改造。引导中小企业围绕产品升级换代、发展中高端产品，增加项目有效投资。鼓励中小企业设备更新和升级换代，提升装备水平，提高生产效率。大力推动中小企业围绕战略性新兴产业重点领域，开发技术含量高、市场竞争力强的产品和技术，扶持一批掌握核心技术、创新能力强、成长性高的战略性新兴产业科技型中小企业。

2. 加快智能化改造。全面实施“数控一代”、“机器换工”专项工作，促进数控技术和智能装备在中小企业中的应用，在传统优势产业中实施一批中小企业智能化改造示范项目，引导中小企业立足实际采用流程制造、离散制造、柔性生产、小批量定制等智能制造技术或制造模式进行改造。

3. 推进兼并重组。贯彻落实省政府推动企业兼并重组政策，加强服务管理，优化市场环境，建立信息平台，推进中小企业间、中小企业与大企业大集团间的兼并重组，实现资源整合、效率优化、竞争力提升。

（责任单位：省经信委、科技厅，各设区市人民政府、平潭综合实验区管委会）

（四）实施市场开拓工程

1. 推动“走出去”发展。加大中小企业省外市场拓展力度，鼓励企业组团参加全国性、区域性、行业性产品展销会，引导中小企业运用展会平台，推介“专精特新”产品，开拓省外市场，打造“闽货”品牌，支持中小企业参与省外项目竞标。支持中小企业开拓国际市场，鼓励企业参加境外展览会、申请境外专利、注册境外商标、参与境外竞标、开展境外宣传等活动。支持中小企业"走出去"发展，到境外传统优势市场、新兴经济体国家投资办厂，输出产能、整合资源，拓展发展空间。

2. 推进协同发展。引导中小企业坚持"专精特新"发展，弘扬"工匠精神"，提高生产工艺、产品和服务水平，推动大企业与中小企业"大手拉小手"协作配套；鼓励举办产品推介、供需对接、协作配套对接等活动，鼓励行业龙头企业将上下游中小企业纳入协作配套体系，同等条件下优先选用本省中小企业产品。

3. 拓展电商渠道。加快拓展电子商务市场，围绕我省传统优势产业，加快发展一批覆盖全产业链的行业垂直电商平台，培育一批独立运行的第三方电商，引导中小企业利用电商平台拓展市场，降低市场开拓成本，增强中小企业"专精特新"产品在全国市场的占有率和影响力。

（责任单位：省商务厅、经信委、财政厅，各设区市人民政府、平潭综合实验区管委会）

（五）实施服务提升工程

1. 优化政务服务。围绕中小企业需求，着力转变政府职能，进一步简政放权，推动行政审批和服务事项网上运行，提升"福建省网上办事大厅"功能，推广"一个窗口"受理、"一站式"审批等办法，进一步简化优化服务流程，提高政府效能。进一步优化涉及资金、项目等的政策审批程序，公开审批事项的受理、审核、决定等环节，接受社会监督。建立健全政务服务信息系统，逐步实现网上受理、信息共享，打造线上线下一体的政务服务平台，着力解决政务服务"最后一公里"问题，营造服务环节简、办事效率高、服务成本低、中小企业满意的服务环境。

2. 完善服务平台。加快推进中小企业公共服务示范平台、行业技术开发基地、工程（技术）研究中心和重点（工程）实验室、企业技术中心、科技孵化器、众创空间等各类中小企业公共服务平台建设，支持公共服务平台提升服务能力和水平。衔接国家小微企业创业创新基地城市示范和小型微型企业创业创新示范基地扶持政策，开展省级小型微型企业创业创新示范基地培育认定工作，加大财政支持力度，提升基地示范带动效应和服务大众创业、万众创新水平。充分发挥福建省中小企业公共服务平台网络功能，进一步整合集聚各类中小企业优质服务资源，通过现代信息技术，实现资源共享、服务协同，为中小企业提供找得到、用得起、有保障的一站式服务。加快推进我省重大科研设施仪器开放共享，服务中小企业创业创新。

（责任单位：省审改办、工商局、科技厅、发改委、经信委，各设区市人民政府、平潭综合实验区管委会）

（六）实施融资服务工程

1. 加大信贷支持。落实国务院《推进普惠金融发展规划（2016-2020年）》、金融支持实体经济和中小企业政策，大力引导银行业金融机构盘活存量信贷资产，开发符合中小企业创业创新发展需求的信贷新产品、新业务，针对不同类型中小企业提供多样化、个性化的融资服务。加强政银企对接，深入推进产融合作，建立重点企业和重点项目融资信息对接清单，为银行业金融机构实施差别化信贷政策提供参考。

2. 健全增信机制。加快设立并运作省中小企业信用保证基金，面向中小企业提供融资增信服务。充分发挥省级小微企业信用担保代偿补偿资金的作用，引导省再担保公司加强与各级政府主导的融资担保机构合作，以风险分担再担保业务模式为中小企业提供间接融资增信服务，完善省、市、县三级政府主导融资担保增信服务体系。

3. 支持直接融资。贯彻落实省政府《关于进一步扩大直接融资规模的若干意见》，筛选一批创业创新示范中小企业作为我省的重点上市后备企业，分类推动到主板、中小板、创业板、中小企业股份转让系统上市或挂牌，实现股权融资。稳步推进中小企业股权众筹，鼓励中小企业通过海峡股权交易中心开展股权众筹融资。

4. 发挥基金作用。发挥福建省创业创新天使基金、新兴产业创投引导基金、企业技术改造基金等财政出资设立的基金作用，优先投向中小企业创业创新、转型升级项目，支持中小企业成长壮大。鼓励有条件的股权投资基金、创业投资基金、科技成果转化基金等社会资本投入科技型中小企业，改善科技型中小企业的融资条件，增大企业获得创业投资的机会。

（责任单位：省金融办、省财政厅、人行福州中心支行、福建银监局、福建证监局、福建保监局、省发改委、省经信委，各设区市人民政府、平潭综合实验区管委会）

三、保障措施

（一）落实税费优惠政策。全面落实中小微企业增值税、所得税优惠政策。落实进口设备税收和重大技术装备及管件零部件进口免税、固定资产加速折旧、企业购进或自制机器设备等固定资产所发生的进项税额抵扣政策。落实和完善研发费用加计扣除、高新技术企业、科技企业孵化器等税收优惠政策，激发企业创新活力。全面清理行政审批前置服务项目及收费，督促落实行政事业性收费、政府性基金和政府定价或指导价经营服务性涉企收费项目清单公示制度。

（责任单位：省地税局、科技厅、财政厅、审改办、国税局、物价局、工商局）

（二）加大财政资金支持。整合省级财政主导的基金和专项资金，在福建省产业股权投资基金下，发起设立福建省中小企业发展基金，通过担保增信、创业创新项目股权投资、中小企业债权投资等方式，支持初创期、早中期中小企业发展。发挥省企业技术改造基金作用，重点支持中小企业在先进产能扩产增效、智能化改造、服务型制造、工业强基工程、提升质量品牌、绿色生态发展、公共服务平台等领域的重点技术改造项目。整合互联网经济新增引导资金、战略性新兴产业技术开发和产业化专项、新一轮技改专项中用于互联网经济发展以及物联网、两化融合、智能制造、信息消费项目方面财政专项资金，引导和支持中小企业加大信息化投入。支持中小企业设备更新、科技成果转化、产品升级换代、发展新兴产业等技术改造项目建设，省级财政对符合条件的项目给予专项资金补助。经认定的省级“专精特新”和创业创新示范中小企业，符合条件的优先列入省级工业和信息化高成长企业，享受省政府有关高成长企业的相关政策。支持中小企业依托6·18平台和海峡技术转移中心对接境内外高校、科研机构项目成果，战略性新兴产业技术开发和产业化专项资金、创新型企业补助资金对符合条件的中小企业创新成果转化项目予以重点支持。支持面向中小企业的各类公共服务平台建设，推动中小企业集聚的工业园区、产业集群公共服务平台提升发展，经认定的省级公共服务平台，由认定部门给予一次性专项资金奖励。

（责任单位：省财政厅、发改委、科技厅、经信委、金融办，各设区市人民政府、平潭综合实验区管委会）

（三）降低创业创新成本。深化简政放权，全面清理、调整与创业创新相关的审批、认证、收费、评奖事项，将保留事项向社会公布。进一步清理行政权力清单、公共服务事项清单、行政审批中介服务事项清单、收费清单中涉及企业的各种证明、年检、收费等事项。进一步规范涉企行政事业性收费管理，政府定价和指导价的涉企经营服务性收费，一律按下限执行；对涉企收费目录清单进行常态化公示，适时向社会公布涉企收费项目、标准、依据、期限以及收费优惠政策等，为企业缴费和拒绝违规收费提供查询依据。对初创企业免收登记类、证照类、管理类行政事业性收费。事业单位开展各类行政审批前置性、强制性评估、检测、论证等服务并收费的，对初创企业均按不高于政府价格主管部门核定标准的50%收取。

（责任单位：省审改办、经信委、工商局、物价局，各设区市人民政府、平潭综合实验区管委会）

（四）加强融资增信服务。深化创新政银企合作、完善会商机制，推动相关银行业金融机构加大对中小企业的信贷支持。拓宽“小微企业发债增信资金池”应用范围，调整为“中小微企业融资增信资金池”，支持中小微企业直接融资。支持小微企业在全国中小企业股份转让系统、海峡股权交易中心挂牌交易融资并给予费用补助。拓展“助保贷”等项目，发挥企业应急保障周转金作用，缓解中小企业融资难题。引导银行业金融机构加大对创业创新中小企业的间接融资支持，对经认定的省级“专精特新”和创业创新示范企业，优先纳入省再担保公司、政府主导融资担保公司再担保增信范围，省再担保公司可适当提高再担保代偿比例。鼓励中小企业通过融资租赁方式开展技术改造、设备更新，加快转型升级；对融资租赁公司为我省中小微企业提供融资服务的，按当年新增融资租赁合同额的一定比例予以风险补偿。

（责任单位：省经信委、发改委、财政厅、金融办、人行福州中心支行、福建银监局，各设区市人民政府、平潭综合实验区管委会）

（五）强化生产要素保障。对中小企业在符合规划和安全要求、不改变用途的前提下，在原有建设用地上增建生产性设施、进行厂房加层或翻建改建厂房，增加用地容积率的，不再增收土地价款，免收城市基础设施配套费。允许和鼓励中小企业将老厂区用地纳入“三旧”改造范围，享受“三旧”改造优惠政策。依托国家级和省级高新技术产业开发（园）区、其它各类产业园区等，对现有孵化器进行升级改造，拓展孵化功能，鼓励与上市公司、创投机构和专业团队合作，形成创业创新、孵化投资相结合的新型孵化器，对符合条件的国家级、省级孵化器和创业基地分别给予奖励。支持中小企业发挥就业主渠道作用，初创三年内的小微企业吸纳就业的，可享受创业带动就业补贴。深入实施“福建省人才兴企促进计划”、“海纳百川”高端人才集聚计划，进一步健全完善惠才惠企政策体系、企业人才公共服务体系、企业人才工作机制，重点培养引进高层次创业创新人才和各类紧缺人才，强化中小企业人才支撑。

（责任单位：省委人才办，省经信委、人社厅、国土厅、科技厅，各设区市人民政府、平潭综合实验区管委会）

（六）健全跟踪落实机制。由省经信委牵头会同省直有关部建立省中小企业发展联席会议制度，及时研究解决中小企业发展过程中的重大问题。各有关部门、各设区市要根据本计划，进一步细化责任、量化目标，制定配套措施，推动中小企业成长计划顺利实施。落实《福建省促进中小企业发展条例》，由统计部门会同有关部门建立中小企业生产经营情况统计机制和数据库，加强对中小企业运行情况的动态分析，定期发布中小企业发展情况报告，为制定针对性扶持政策提供参考。

（责任单位：省直各相关单位，各设区市人民政府、平潭综合实验区管委会）

江西省

江西省小型微型企业创业创新示范基地认定管理办法

第一章 总则

第一条 为贯彻落实省政府《关于贯彻落实国务院支持小型微型企业发展若干政策的实施意见》（赣府发〔2011〕30号）和《关于大力推进大众创业万众创新若干政策措施的实施意见》（赣府发〔2015〕36号），打造一批基础设施完备、综合服务规范、示范带动作用强的小型微型企业创业创新示范基地，加速小型微型企业创立、成长，推动大众创业、万众创新，特制定本办法。

第二条 本办法所指小型微型企业创业创新示范基地（以下简称示范基地）是指经省工信委认定的小型微型企业创业场所，是集聚各类创业创新服务资源，为小型微型企业提供有效服务支撑的载体。具有基础设施完备、运营管理规范、商业模式清晰、创新链完整、产业链协同、服务功能齐全、服务业绩突出、社会公信度高、示范带动作用强等特点。

第三条 各类符合条件的服务小型微型企业创业创新的创业基地、创业园、孵化器；工业园区、产业集聚区中面向小型微型企业的园中园；依托高校和科研院所的大学科技园；行业龙头骨干企业设立的面向小型微型企业、创业团队、创客的创业创新基地均可申报示范基地。

第四条 示范基地按照自愿原则进行申报。

第二章 申报条件

第五条 示范基地申报需同时满足以下基本条件：

（一）申报主体具有独立法人资格并运营管理本基地，基地成立时间2年以上。专职从事创业创新服务的人员不少于8人，其中创业辅导师不少于2人。

（二）基地入驻企业（含各类创业创新主体）50户以上，从业人员800人以上，且注册地为本基地。其中小型微型企业占80%以上。

（三）服务有特色、成体系。引入或战略合作的外部专业服务机构不少于3家；公益性服务或低收费服务占总服务量的20%以上。

第六条 示范基地申报需同时满足以下运营条件：

（一）基地集中在一个区域，基础设施条件良好，占地面积不超过500亩；有满足入驻企业生产经营、创业孵化、创业创新的场地和服务场所。

（二）基地申报主体治理结构完善、内部运营管理体系规范。具有5年发展规划、年度目标和实施方案。

（三）基地具有健全的管理制度、完备的创业创新服务流程、收费标准和服务质量监督保证措施。基地具备清楚、明晰的服务台账（台账内容应包括但不限于：企业服务诉求、提供服务的记录，服务时间、地点、参与的企业及人数，企业对服务的意见反馈等）。

第七条 示范基地申报需同时具备不少于以下四项服务功能并达到相应的服务能力。

（一）信息服务。具有便于入驻企业查询的、开放的信息服务系统；具有在线服务、线上线下联动功能，线下年服务企业（团队）80家次以上，年组织开展的相关服务活动5次以上。

（二）创业辅导。为创业人员或入驻小型微型企业提供创业咨询、开业指导、创业辅导等服务，年服务企业40家次以上。

（三）创新支持。具有知识产权转化或组织技术服务资源的能力，能够进行研发项目、科研成果和资本等多方对接。年组织技术洽谈会和技术对接会5次以上。

（四）人员培训。为创业人员、企业经营者、专业技术人员和员工提供各类培训，每年160人次以上。

（五）市场营销。组织企业参加各类展览展销、贸易洽谈、产品推介与合作等活动，每年1次以上；组织入驻企业与行业龙头企业的产品对接、合作交流等活动，每年1次以上。

（六）投融资服务。提供融资信息、组织开展投融资推介和对接等服务。年服务企业25家次以上，年组织融资对接会3次以上。

（七）管理咨询。为企业提供发展战略、财务管理、税务筹划、人力资源、市场营销等咨询服务，年服务企业15家次以上。

（八）专业服务。为企业提供法律咨询及援助、代理会计、专利申请、审计、评估等服务，年服务企业15家次以上。

以上服务能力和次数的要求含基地引入的第三方专业机构的服务。

第八条 申报示范基地应当在物业服务智慧化、项目管理数字化、创业服务平台化、产业布局生态化等基地运营模式、管理模式上有创新，或在孵化效果、创新支持等方面具有突出的特色优势和示范性。

第三章 申报程序

第九条 省工信委每年组织开展示范基地申报、认定工作，具体时间及要求以当年申报工作通知为准。

第十条 示范基地的申报主体通过各设区市、省直管试点县（市）工信委（中小企业主管部门）进行推荐。

第十一条 示范基地申报主体需提交下列材料：

（一）江西省小型微型企业创业创新示范基地申请报告（见附件）。

（二）运营主体的法人证书和营业执照副本（复印件）。

（三）上一年度与本基地相关的专项审计报告。

（四）基地5年发展规划及平面设计图。

（五）土地、房屋的不动产权证书（或租赁合同）复印件。

（六）开展相关服务的证明材料（通知、照片、总结等）。

（七）基地典型服务案例（不超过3000字，可附照片）。

（八）能够证明符合申报条件的其他材料。

（九）对申报材料真实性的声明（加盖申报单位公章）。

第十二条 省工信委对申报材料进行初审，并组织专家对通过初审的申报主体基本条件、运营条件、服务能力等进行评审，对通过专家评审的申报主体进行实地考察。对拟认定的江西省小型微型企业创业创新示范基地进行公示。

第十三条 省工信委对公示无异议的基地认定为“江西省小型微型企业创业创新示范基地”，并在省工信委网站公布。

第四章 管理考核

第十四条 建立示范基地信息数据库，相关信息在省工信委网站发布，方便社会公众查询。

第十五条 示范基地认定有效期为三年。

第十六条 建立年度考核制度。考核办法另行制定。连续两年考核不合格者，撤销示范基地资格。

第十七条 示范基地享受相应的扶持政策。统筹安排省级资金，对新认定的示范基地和年度考核优秀的示范基地给予奖励。

第十八条 建立示范基地信息报送制度。示范基地每年11月底前将本年度工作总结报各设区市、省直管试点县（市）工信委（中小企业主管部门）。各设区市、省直管试点县（市）工信委（中小企业主管部门）于12月底前将本地示范基地发展情况报省工信委。

第十九条 示范基地认定管理工作接受审计、监察部门和社会的监督。

第五章 附则

第二十条 本办法由江西省工信委负责解释。

第二十一条 本办法自即日起实施。

第二十二条 原省级小微企业创业园按本办法进行管理。《创建省级小微企业创业园实施办法（试行）》（赣中小企发〔2012〕2号）同时废止。

附件：江西省小型微型企业创业创新示范基地申请报告（内容略）

山东省

《2015年山东省扶助小微企业专项行动实施方案》的通知

鲁中小企局字〔2015〕18号

各市中小企业局（办）：

根据工信部的统一部署和要求，为进一步促进小微企业健康发展，现印发2015年山东省扶助小微企业专项行动实施方案，请结合本市实际，认真组织好行动。

山东省中小企业局

2015年3月31日

2015年山东省扶助小微企业专项行动实施方案

为深入贯彻党的十八大和十八届三中、四中全会以及中央、省经济工作会议精神，进一步落实好支持小微企业发展的各项政策措施，推动大众创业、万众创新，促进全省中小企业平稳健康发展。现制定2015年全省扶助小微企业专项行动方案。

一、指导思想

深入贯彻党的十八大和十八届三中、四中全会以及中央、省经济工作会议精神，围绕扶助小微企业，推动大众创业、万众创新，以落实好现有支持小微企业发展的政策为重点，以“加强帮扶、强化服务”为主题，更加注重改革创新、转变职能、改善服务，助力小微企业激发创业创新活力，促进中小企业和非公有制经济持续健康发展。

二、主要目标

省级“专精特新”企业总量达到1000家以上；省级“一企一技术”研发中心和创新企业达到1500家以上，小微企业比重占到70%；巡回大讲堂举办300期，培训人员2万人次；组织开展市场开拓及服务对接活动，带领1000家中小企业走出去开拓国际市场，办好2015山东创业创富项目博览会暨中小企业展洽会和第二届山东中小企业网络商品博览会。

三、重点工作

（一）加大工作力度，抓好扶持小微企业政策的落实

一是加大政策落实力度。认真贯彻落实国发〔2012〕14号、国发〔2014〕52号、鲁政发〔2012〕28号等支持小微企业健康发展的政策措施，加强对各市、各部门贯彻落实政策情况的跟踪检查和效果评估。配合有关部门开展严肃整治乱收费、乱罚款、乱摊派专项治理活动，切实减轻企业负担，依法维护企业合法权益。

二是加强调查研究。把调查研究作为谋划推动工作的重要抓手，进一步加强新常态下对中小企业发展问题的研究谋划工作。围绕中小企业发展热点难点和敏感问题开展专题调研，有针对性地提出对策建议，为省委、省政府决策提供重要依据。

三是充分发挥省促进中小企业发展领导小组统筹规划、组织领导和政策协调作用，主动借智借力，整合部门单位资源，形成工作合力。

四是实施小微企业发展考核，强化奖惩激励机制。根据省委办公厅、省政府办公厅《关于规范省级考核事项的意见》（鲁厅字〔2014〕56号）要求，按照简便、务实、管用原则，重新修订山东省小微企业发展考核办法和指标体系，采取年度考核和过程管理相结合的办法，注重对考核过程的优化和监管，促进政策落实。

五是加大政策宣传力度，营造浓厚舆论氛围。联合山东广播电视台、大众日报、齐鲁晚报等媒体，组织办好“山东中小企业之声”、“中小企业创富山东”、“大众创业、万众创新”等专题专栏节目，重点宣传各地在电子商务、公共服务平台、创业创新、产业集群等方面的好典型、好经验、好做法。充分发挥互联网传播快、覆盖广的独特优势，借助手机“轻快APP”、网络电视等新媒体传播平台，拓展政策宣传新路径。

（二）加快中小企业服务体系建设，推进电商和服务业发展

一是加强服务平台能力建设。进一步完善平台网络基础支撑系统和服务应用系统。支持融资、电商、创业、法律等专业子平台与优秀专业机构合作运营，增强省平台技术支撑、运营维护、专业培训等方面的保障能力。加快县级公共服务平台建设，实现全省平台网络县域全覆盖。大力推进服务机构与平台网络协同服务。认定省中小企业服务示范单位和省中小企业公共服务示范平台，组织申报国家中小企业公共服务示范平台。建立优秀服务机构向平台聚集和协同服务机制，面向国内外招标优秀服务机构和服务产品，推出一批优秀服务机构、服务产品和服务模式，推进优秀服务机构与各级平台的业务合作和协同服务。推广政府依托平台购买服务的做法，引导更多的市、县（市、区）利用中小企业专项资金向平台和服务机构购买服务。建立服务业绩考评体系。做好平台网络项目建设、验收及平台网络互联互通，加强对平台服务的统计、监督、考核和激励机制，实现平台和机构服务过程、服务信息、服务业绩的实时记录和及时上报。建立平台季度例会制度，定期调度平台运行情况，总结创新做法，推广典型经验，提高平台的运营服务能力。

二是深入开展电子商务推进年活动。抓好六项电商示范工程，组织实施2015—2017年山东省中小企业电子商务推进计划。依托公共服务平台网络，增强易商平台服务功能，联合电商服务机构，建立中小企业电子商务服务联盟，对小微企业、专业村、特色镇开展多层次电商和信息化推进培训、辅导、对接活动。适时召开电商工作经验交流会议，及时总结推广典型经验。实施中小企业信息化推进工程。聚集电信运营商和优秀服务商，组织社会专业力量，开发、筛选和普及中小企业信息化解决方案，帮助企业应用云计算、互联网、物联网等信息化产品和服务，推动研发、设计、制造、营销及管理与信息化的深度融合，全面提升中小企业信息化应用水平。

三是培育构建服务商群。制定出台培育构建服务商群加快生产性服务业发展的意见。统一思想认识，明确发展方向和重点领域，制定配套措施，发展平台经济，培育服务商群，加快生产性服务业发展。实施重点服务商群培育计划，带动生产性服务要素向平台集结。围绕中小企业转型升级关键环节和共性需求，认定培育一批商务咨询、人力资源、电子商务、信息技术、研发设计、创意创新、融资投资等服务业商群，形成机构成群、产品成系、服务协同的平台型服务业态。营造加快生产性服务业发展的环境。指导建设山东省中小企业服务机构促进会，召开全省中小企业服务商大会，动员和调动各类服务机构和要素资源向公共服务平台集聚，借助政府购买服务方式，让更多的服务组织加入到服务商群中来，实现协同发展。

（三）加强创业载体建设，引领和推动创业创新发展

一是筹备召开全省中小企业创业兴业工作会议。以“大众创业，万众创新”为指导，总结经验、分析形势、研究新常态下推动创业兴业工作的思路和措施。

二是加快培育创业载体建设。充分利用闲置厂房、楼宇、各类园区、孵化设施推动小企业创业基地建设，继续培育认定一批省级创业辅导基地。继续公布一批省级创业辅导师，提升创业辅导师的辅导能力，积极组织部分创业辅导师参加工信部举办的“赛飞”创业辅导师培训班。年内举办两期创业辅导基地管理人员培训班、两期创业人员培训班。拟选择有关大专院校联合成立山东省中小企业创业学院（大学）、山东省创业辅导师工作站，建立创业培训和导师培训长效机制。

三是推动企业科技创新。引导小微企业在产品质量、技术工艺、产业链条上寻求突破，创造更多适合自身发展的技术绝活和专有技术，攻克一批关键技术，开发一批高新技术产品，实现产品更新换代。扩大“一企一技术”研发中心和创新企业认定范围，今年力争新培育省市两级研发中心500家和创新企业600家。省级“一企一技术”研发中心和创新企业达到1500家以上，小微企业比重达70%以上。

四是继续组织实施发展“专精特新”、“育苗扶壮”工程。推动小微企业不断提高技术创新能力、提升产品质量，提高经营管理水平，增强核心竞争力。今年分两批公布省级“专精特新”中小企业不少于600家，省级“专精特新”企业总量达到1000家以上。

（四）改善融资服务，缓解小微企业融资难、融资贵

一是加强专项资金和引导基金监督管理。根据新的天使引导基金管理办法，建立投资项目备选库，制定年度扶持重点和方向，参与子基金参股评审方案，加强监督管理。优选一批“专精特新”高成长性科技型中小微企业纳入天使引导基金支持范围。积极争取国家专项资金，科学合理安排省级专项资金，继续实行按因素分配法切块安排到市和直管县，重点支持中小企业公共服务平台建设，将工作职能和公共资源有机结合、重心下沉，重点支持“大众创业、万众创新”。继续开展绩效评价工作，对已获得扶持的项目进行跟踪调度和绩效评价，确保中小企业专项资金的正确使用和效能，做到“花钱必问效，无效必问责”。

二是多措并举破解中小企业融资难题。联合有关部门加强中小企业融资情况的调查研究，摸清目前小微型企业融资现状，提出下一步工作针对性意见建议，积极会同金融管理部门和银行业金融机构大力支持中小企业创业创新发展。探索搭建全省中小企业融资服务平台，整合政银企各方资源，着力改善中小企业融资环境。7月中旬召开政银保合作助推小微企业融资现场会，借助保险资源放大信贷支持企业规模。加大对中小企业融资担保机构支持，制定出台中小企业信用担保代偿风险补偿办法，运用好国家9000万元和省配套6000万元专项资金，引导和调动担保机构创新服务方式、扩大服务范围、拓展服务业务，不断改善和提升服务中小企业的融资担保能力。力争年内为中小微企业提供信贷担保服务新增10%以上。充分发挥省担保协会作用，组织担保企业开展业务培训和素质提升活动，积极反映经济下行压力下担保机构遇到的突出困难和问题，协调金融办、银监局制定银保合作规范，扩展合作范围、加大合作力度，合理分担风险代偿。5月下旬筹备承办“转型升级 香港博览”山东中小企业融资大会，组织一批优质中小企业拟赴港上市对接。推动中小企业发行集合票据、私募股权债券和上市挂牌、股权交易等融资方式，提高直接融资比重。年内新增中小企业集合票据募集资金10%以上。

（五）抓好人才培养，提升中小企业管理水平和人员素质

一是实施管理者培训工程。广泛开展创业兴业人才培训，支持培训机构或大专院校创办中小企业创业创新大学。实施开展中小企业领军人才培训，与清华大学、浙江大学、山东大学、泰山管理学院联合举办高级工商管理研修班。组织好中小企业银河培训工程，提升巡回大讲堂品质，开展创业兴业、电子商务、公共服务、政策解读等培训项目。

二是拓宽人才引进渠道，会同省人社厅、教育厅组织开展中小企业高校毕业生百日招聘活动，创新中小企业人才招聘方式，以平台网络、现场招聘、企业入校等渠道，通过线上线下，实现企业与毕业生对接，确保参加招聘活动的中小企业和高校毕业生数量不低于上年。

三是加快开展精准服务，深化管理提升。引导企业创新商业模式和管理方式，培育一批新型商业模式企业、电子商务带动型管理模式创新企业和一批服务业特色企业。组织优秀服务机构，开展“一企一策”专家会诊和订单式咨询服务，帮助企业制定和实施个性化管理提升方案，改善经营管理，健全财务制度，提高管理水平。

（六）加强对外合作和对内创业创富活动开展，支持小微企业积极开拓市场

加强对我省中小企业对外交流合作平台的宣传和推介，引导企业积极参与平台活动。建设运行好山东省中小企业对外交流合作平台，充分发挥平台作用，组织企业抱团“走出去”，力争完成省政府交办的“2015年带领1000家中小企业走出去开拓国际市场”任务目标。继续开展好第十二届中博会、山东·山口县经贸洽谈会、2015香港中小企业博览会等重点展览展会，精选参展企业，降低参展成本，提高办展成效。配合省台办筹备好第21届鲁台经贸洽谈会主题活动“两岸中小企业创新发展论坛”，精心制定方案，加强前期沟通，把活动落到实处。积极响应“大众创业，万众创新”办好2015山东创业创富项目博览会暨中小企业展洽会，为“创客”提供更多的机会。

（七）进一步减轻企业负担

依法维护小微企业的合法权益，强化对涉企收费的监督和管理，引导企业对凡是没有列入政府收费清单的乱收费、乱罚款、乱摊派行为予以拒绝，并向政府有关部门反映举报。结合小微企业政策贯彻落实情况专项大检查，对“三乱”典型案例予以通报曝光。各级中小企业主管部门要探索建立企业维权工作机制，开辟意见反馈和投诉渠道，积极受理企业维权投诉，为企业排忧解难。同时，要积极会同财税部门，切实抓好企业所得税减半征收、研发费用加计扣除等结构性税收减免政策，做到应免尽免、应免必免。

四、工作进度

1. 2015年3月，启动2015年扶助中小微企业专项行动，印发专项行动方案。

2. 2015年7月，组织开展中期检查。依据专项行动实施方案确定的各项重点工作，由各地中小企业主管部门对工作进展情况进行自查，汇总自查情况，形成阶段性工作小结。

3. 2015年11月，开展年度工作总结。检查专项行动实施方案确定的各项重点工作和目标任务完成情况，总结经验、查找不足，提出下一步建议。

五、保障措施

1. 加强组织领导。成立由局长王兆春同志任组长，副巡视员邢亚民同志任副组长，相关处室主要负责人为成员的省扶助小微企业专项行动领导小组。领导小组办公室设在省局综合处。省局各处、各单位按照责任分工组织实施好专项行动。领导小组办公室对各项重点工作进展情况实行月调度、每季度结束后的第一周要进行季度通报。各市、县（市、区）中小企业主管部门要明确本地区扶助小微企业专项行动的领导责任主体和任务分工，保证全省的专项行动顺利进行。

2. 强化调查研究。各市、县（市、区）中小企业主管部门要加强对专项行动中有关情况和问题的调查研究，及时反映和解决小微企业发展的新情况、新问题。专项行动结束后，省局将向省政府和工信部上报专项行动工作总结。

3. 增强交流互动。在专项行动中，省局有关职能处室要与各市、县（市、区）中小企业主管部门加强联系和沟通，对全系统为小微企业服务方面存在的共性问题和解决的方法进行交流互动，有针对性的提出整改措施，做到立说立行，以实际行动落实好辅助小微企业专项行动，营造良好的社会氛围。

关于2016年全省中小企业工作安排意见

鲁中小企局字〔2016〕1号

各市中小企业局（办）：

根据中央、省经济工作会议和工信部、省经信工作会议精神，结合我省实际，研究制定2016年全省中小企业工作安排意见。

一、2016年工作总的要求和主要预期目标

总的要求：认真贯彻落实党的十八大和三中、四中、五中全会以及中央、全省经济、经信工作会议精神，以“四个全面”战略为引领，牢固树立和贯彻创新、协调、绿色、开放、共享的发展理念，主动适应经济新常态，坚持推进结构性改革为主线，坚持“走在前列”目标定位，坚持创新驱动，以更加积极作为的态度、更加勇于担当的魄力、更加扎实有效的措施，着力抓好大众创业万众创新、“中国制造2025”“互联网+”“一带一路”等重点任务落实，创造良好环境，推动全省中小企业实现新跨越。

主要预期目标：新增中小企业20万户，新增就业岗位200万个；新增“专精特新”中小企业1500家、“一企一技术”研发中心和创新企业1500家；新增年销售收入过100亿元的产业集群20个；规模以上中小工业企业增加值增长8%左右。

二、2016年主要工作措施

（一）着力抓好政策落实，营造中小企业发展新环境。

一是加大政策落实力度。充分发挥省、市促进中小

企业发展领导小组作用，会同有关部门、成员单位按照职能分工抓好去产能、去库存、去杠杆、降成本、补短板政策落实；抓好降低制度性交易成本、企业税费负担、制造业增值税税率、社会保险费、企业财务成本、电力价格、物流成本政策的落实，形成工作合力，最大限度地释放政策红利。二是加强政策督导检查。开展对政策落实工作的督导、检查、评估、考核，解决政策落实中的不作为、慢作为、懒作为现象，消除"中梗阻"。根据《山东省小微企业发展考核办法》，对各市2015年小微企业发展情况进行考核。三是抓好规划编制和实施。编制全省中小企业"十三五"发展规划及子规划， 明确发展目标、任务和措施。四是强化政策宣传。充分利用广播电台、电视台、报刊杂志、网络平台等社会媒体，开展形式多样的政策宣传和解读，提高政策的覆盖面和知晓率。继续与山东广播电台、大众日报、齐鲁晚报、山东卫视合作，办好《山东中小企业之声》、"中小企业创富山东"等专题栏目，营造有利于中小企业发展的舆论环境、政策环境。

（二）着力抓好大众创业万众创新，打造中小企业发展新引擎。

一是继续实施创业兴业计划。研究出台全省创业创新的意见。适时召开创业兴业经验交流会，推广典型经验，推动创业兴业工作向纵深发展。加大各类市场主体的培育力度，从源头上激发全民创业兴业活力，让众多"创客"创业、成业。二是加大创业载体建设。继续培育认定一批省级创业辅导基地，择优推荐国家小型微型企业创业创新示范基地，建设一批设施完备、功能齐全、服务业绩突出、社会公信度高、示范带动作用强的高端高效创业基地。总结推广创客空间、创业咖啡、创新工场等新型孵化模式，加快发展市场化、专业化、集成化、网络化的众创空间，实现创新与创业、线上与线下、孵化与投资相结合，为创业者提供低成本、便利化、全要素、开放式综合服务。三是强化创业创新培训。利用各类创业创新培训资源，开发针对不同创业创新群体、创业创新活动特点的培训项目，提高创业者的创业能力和成功率。有计划的创建一批中小企业创业大学，建立培训、实训、孵化、服务相结合的一体化创业培训机制。四是开展丰富多彩的创业创新活动。组织、动员各级各部门开展创新成果和创业项目展示推介、创客大赛、创业大讲堂、创业沙龙等活动，为大众创业、万众创新搭建平台。五是实施创业兴业扶贫计划。按照省委、省政府扶贫攻坚的总体部署和要求，制定中小企业精准扶贫的意见和措施，采取培训帮、创业促、产业带、集群扶等措施，推动贫困地区发展特色产业，提高贫困人口就业能力，以就业促脱贫。

（三）着力抓好产业结构调整，再造中小企业发展新优势。

一是推进企业发展"专精特新"。召开全省中小企业创新驱动转型升级工作会，培育壮大新动能，提升改造传统动能，引导企业走"专精特新"发展之路。继续开展"一企一技术"研发中心和创新企业活动，鼓励引导企业加大研发投入，掌握专有技术，攻克关键技术，开发新产品，实现产品更新换代，培育出一批行业"领头雁""小巨人""隐形冠军"。全年培育认定省级"专精特新"企业800家，"一企一技术"研发中心和创新企业500家。二是全面提升制造业水平。按照"中国制造2025"发展战略的总体部署，坚持创新驱动、质量为先、绿色发展、结构优化、人才为本的基本方针，大力发展先进制造业，改造提升传统产业，提高制造业智能化、网络化、服务化发展水平，使中小企业由"山东制造"转变为"山东创造""山东智造"。三是加快推动结构调整。大力培育中小企业品牌，加快淘汰落后产能，鼓励支持高新技术产业、先进装备制造业、环保产业、现代服务业等发展，推动生产要素从低效率领域转向高效率领域，增加市场有效供给，提高供给体系的质量和效率，形成新的增长极。四是推动产业集群向更高层次发展。出台促进产业集群发展的指导意见，重点打造一批产业特色鲜明、自主创新能力强、产业链条完整、公共服务健全、示范作用突出的高等级产业集群。2016年，在全省开展"智慧集群"规划建设和引导引领工作，组织重点产业集群外出学习考察，交流产业集群发展经验。五是积极推进规模中小企业规范化公司制改制。研究出台推进规模中小企业规范化公司制改制意见，促进中小企业个转企、小升规、规改股、股上市，壮大企业实力。

（四）着力抓好与"一带一路"对接，开辟中小企业发展新路径。

一是积极搭建国际交流平台。进一步完善山东省中小企业对外合作交流平台功能，发布国外产业政策、投资政策、市场需求、基础设施、合作意向等各类信息，开展政策咨询、风险防范、法律援助、项目推介等服务，为中小企业"走出去"铺路搭桥。重点搭建对外投融资平台，让企业更多了解亚投行、丝路基金、中国—中东欧投资合作基金、中国—东盟海上合作基金、中国—东盟投资合作基金等融资机构的运作模式、配额方式、选点方向等信息，拓宽中小企业的融资渠道。二是建立广泛交流合作关系。巩固西欧、东南亚、东亚、港澳台等传统市场，积极开辟东欧、非洲、中东、南美等新兴市场，开展全方位、宽领域、多层次的对外合作与交流。采取组织团队跟随政府代表团出访、自主专业出访、经贸洽谈会、项目推介会等方式，让更多的中小企业走出去，与国际有合作意向企业建立联系。鼓励引导中小企业加强与发达国家在产业技术交流、境外上市、品牌建设、企业并购等方面的合作。2016年，着力承办好“第七届中俄中小企业圆桌会议”和“鲁台中小企业创业创新论坛”。协调各方力量，与台湾中华两岸企业发展联合总会合作建设“两岸青年企业家创业基地”，力争打造成国家级创业示范基地。三是组织出境培训。实施“千户中小企业入岛培训”计划，分期分批组织中小企业负责人赴台参加以融资担保、企业管理、国际贸易等为主要内容的培训活动，拓宽视野，提升素质。

（五）着力抓好“互联网+”，培育中小企业发展新业态。

一是开展“互联网+”小微企业创业创新培育行动。制定中小企业互联网+制造、服务业、平台、产业集群示范培育计划，推动工业互联网、云计算、大数据等新一代信息技术与传统企业结合，加快研发、设计、制造、营销及管理与信息化的深度融合，提高小微企业信息化应用水平。二是推动“互联网+”与传统产业融合。以融合促创新，推动传统企业转型升级，大力发展工业设计、融资租赁、节能服务、信息技术服务等生产性服务业。三是促进“互联网+”电子商务。继续大力推进农村电商、行业电商和跨境电商，进一步扩大电子商务发展空间，引导企业利用新要素、新技术、新模式创造新产品、新业态。继续实施电商示范推进计划，培育提升一批电商镇村、电商市场、电商园区、电商“专精特新”、电商特色服务企业和电商平台。举办第三届中国（山东）网络商品博览会。四是加大工作推进力度。组织各级推进“互联网+”，增强互联网意识，掌握互联网理念，通过典型培育、经验推广、示范带动、专业培训、政府采购、资金支持等措施，把我省“互联网+”小微企业创业创新培育行动推向深入。

（六）着力抓好公共服务，筑牢中小企业发展新支点。

一是完善公共服务平台功能。加快省平台基础设施建设，针对中小企业的实际需求，不断拓展服务功能，做实“易商平台”“好采山东”、融资平台、法律平台、技术创新平台、咨询平台、交流合作平台，开发网络培训平台、质检认证服务平台、军民融合服务平台。继续做好省级示范平台的培育认定工作。推动县级平台建设，实现全省中小企业平台网络县域全覆盖。二是提升服务机构的服务能力。加强对省平台网络、服务机构促进会、电商服务联盟等指导，改进服务方法，丰富服务手段，为中小企业提供精准服务。召开全省中小企业公共服务体系建设工作会议，举办第二届服务商大会，推进平台聚集优质资源，开展协同服务。三是加强人才队伍建设。加大高级工商管理人才、企业领军人才、涉外人才、创新人才引进和培养力度，造就一大批素质优良的专业人才队伍。搞好院校与企业、院校与服务平台共建，发挥省中小企业创业创新学院、易商平台、中小企业巡回大讲堂的作用，开展专题培训。四是积极推动政府购买服务。落实《关于推进政府购买服务扶持中小企业的指导意见》，推广政府依托平台购买服务的做法，引导更多的市、县（市、区）利用中小企业专项资金向平台和服务机构购买服务。

（七）着力抓好经济运行分析，提供中小企业发展新保障。

一是探索建立中小企业指数发布制度。加强经济运行调度分析，建立和完善统计调查、监测预警分析和发布制度，充分利用直报系统和大数据分析功能，适时发布中小企业运行动态。依托“山东省中小企业生产运行监测平台”发布“山东中小企业指数”，指导中小企业运行。二是提高调查研究针对性和有效性。针对新常态下中小企业发展热点难点和敏感问题开展专题调研，提出破解问题的对策建议，为省委、省政府决策提供重要依据。三是创新工作指导方式。转变职能，转变作风，树立创新、服务、求是的理念，从思想、观念、方式、方法上实现新转变。综合运用政策、宣传、展示、导向等手段和方法，解决制约中小企业发展的重点问题，调动企业家、创新人才、各级干部的积极性、主动性、创造性，形成推动中小企业向中高端发展的合力。四是加强对中小企业安全生产的督促、指导和检查。建立完善工作机制，落实主管部门职责，压实企业主体责任，消除安全生产隐患，确保全省中小企业安全生产形势稳定。

山东省中小企业局

2016年2月15日

湖北省

关于印发《关于开展民营企业建立现代企业制度试点工作实施方案》的通知

鄂非公改组发〔2015〕1号

各市、州、直管市、神农架林区人民政府，领导小组各成员单位：

《关于开展民营企业建立现代企业制度试点工作实施方案》已经省人民政府同意，现印发给你们，请认真组织实施。

湖北省支持非公有制经济健康
发展体制机制创新专项领导小组
2015年10月23日

关于开展民营企业建立现代企业制度试点工作的实施方案

为贯彻落实《省政府关于引导和鼓励民营企业建立现代企业制度的若干意见》（鄂政发〔2015〕38号）（以下简称《意见》），以制度创新和管理创新加快民营经济发展，现就在全省开展民营企业建立现代企业制度试点工作（以下简称"试点工作"）制定工作方案如下：

一、总体思路

深入贯彻落实党的十八届三中和四中全会精神，以全面深化改革为动力，以体制机制创新为主线，以增强市场竞争力为核心，以解决民营企业发展中的突出问题为重点，有序开展试点工作，引导和鼓励有条件的民营企业建立以产权清晰、责权明确、治理规范、管理科学为特征的现代企业制度，促进企业法人治理结构和治理能力的现代化，为我省民营企业现代企业制度建设提供可复制、可推广的成果和经验，在全省营造企业管理科学、信息透明、规范发展的氛围，促进民营经济持续健康发展。

二、工作目标

坚持企业自愿和政府引导的基本原则，在全省范围内选择100家有条件的骨干民营企业开展试点工作。

产权清晰。重点推动试点企业加强产权制度建设，通过产权改造，实行股权多元化改革，实施规范的公司制改制，促进民营企业产权结构合理化，利用多层次资本市场，提升民营资本证券化水平。

治理规范。重点推动试点企业加强组织制度建设，推进所有权和经营权分离，建立健全股东会、董事会、监事会和经理层"三会一层"组织架构和重大决策制衡机制，形成权责明确、运转协调、有效制衡的决策执行监督体系。

管理科学。重点推动试点企业加强管理制度建设，完善基础管理标准和规范，健全企业内部控制体系，形成更加市场化的经营机制，增强企业资源共享和信息集成能力，促进企业决策科学化。

通过分类推进，试点企业基本建立起现代企业制度，资产证券化率明显提高、科学管理水平明显提升、活力和竞争力明显增强，试点示范工作取得明显成效，为全面推进全省民营企业现代企业制度建设工作奠定良好基础。

三、实施内容

（一）推动试点企业进行股份制改造

1.推动企业改制。将有意愿、有能力、有潜力进行股份制改造的民营企业作为试点企业，组织有关专家和中介服务机构，按照"一企一策"的个性化培育方式，推动企业自我完善和规范整改，进行资产清理和产权界定，明晰产权，明确投资主体，完成股份制改造。

2.支持企业产权多元化。鼓励试点企业在明晰产权关系，完善法人产权制度的基础上，通过企业内部股权调整和再分配，推进投资者、管理者、科技人员有差别持股，促进企业产权结构合理化；通过引进外部投资，吸引社会资金，推进企业产权的合理流动和资产的优化重组，逐步实现产权多元化，降低经营风险，放大资本带动功能。

3.推进企业对接多层次资本市场。认真落实《省政府关于加快多层次资本市场建设发展的若干意见》（鄂政发〔2013〕35号），建立已规范改制的民营企业上市和挂牌“绿色通道”，支持企业根据自身特点在主板、中小板、创业板、“新三板”和我省区域性股权市场—武汉股权托管交易中心等多层次资本市场上市、挂牌和融资，有效利用境内外资本市场持续、健康、快速发展。将试点企业纳入上市重点后备企业，对初步规范的试点企业应首先在武汉股权托管交易中心托管和挂牌；优选改制试点企业在全国中小企业股份转让系统挂牌交易；推动具备上市条件的试点企业采取首发、并购等多种方式实现整体上市或核心业务资产上市。通过对接多层次资本市场，提高试点企业资本证券化水平。

4.发挥中介服务机构促进作用。鼓励和支持会计、审计、资产评估、信用评级和法律咨询等中介服务机构发展，充分发挥其作用，为试点企业提供企业诊断、改制辅导、管理咨询和法律服务，建立中介服务机构宣传、推荐、评估和准入机制，规范、优化中介服务市场。

（二）推动试点企业发展混合所有制经济

1.推动民营资本与国有资本融合发展。选择部分有条件、有意愿发展混合所有制经济的企业作为试点企业，通过出资入股、收购股权、认购可转债、股权置换、融资租赁以及组建股权投资基金等多种形式参与国有企业改制重组、合资经营和股权多元化改革。鼓励国有资本通过市场化方式，以公共服务、高新技术、生态环保、战略性产业为重点领域，对发展潜力大、成长性强的非国有企业进行股权投资。鼓励国有企业通过投资入股、联合投资、重组等多种方式，与非国有企业进行股权融合、战略合作、资源整合。在推进民营资本与国有资本融合发展的过程中，注重分类施策，依法依规，严格程序，公正公开。实行同股同权，切实维护各类股东合法权益。推动省内股权交易市场建设民营资本对接平台，发布项目动态，举办专场对接活动，促进国有资本与民营资本融合对接。

2.探索推进公私合作（PPP）模式。按照国家发改委《基础设施和公用事业特许经营管理办法》，支持试点企业投资能源、交通运输、水利、环境保护、农业、林业、科技、保障性安居工程、医疗、卫生、养老、教育、文化等公共服务领域项目，以项目为纽带，促进政府资源和民营资本有机结合。

3.支持科技型企业率先推行员工持股。支持试点高新技术企业经营管理者、业务骨干和核心技术人员以现金、知识产权等出资参与企业改制，支持企业推进股权激励常态化，形成资本所有者和劳动者利益共同体。混合所有制企业员工持股要坚持试点先行，主要采取增资扩股、出资新设等方式，在取得经验基础上稳妥有序推进。要完善相关政策，健全审核程序，规范操作流程，严格资产评估，建立健全股权流转和退出机制，确保员工持股公开透明，严禁暗箱操作，防止利益输送。

（三）推动试点企业提升管理水平

1.完善企业法人治理结构。选择部分上市公司或挂牌企业作为试点企业，依据《公司法》进一步健全法人治理结构，明确股东会、董事会、监事会和经理层职权，推进所有权和经营权分离，加强“三会一层”结构优化和能力建设，形成权责明确、运转协调、有效制衡的决策执行监督机制。支持试点企业采用内部培养和外部引进相结合的方式建立健全职业经理人制度，实现治理模式由家族化向社会化转变。积极推动试点企业加强党组织和工会组织、职工代表大会制度建设，增强企业凝聚力。

2.建立健全市场化经营机制。试点企业在建立现代企业制度过程中，要建立健全以合同管理为核心、以岗位管理为基础、以公开招聘为路径的市场化选人用人机制；通过采取业绩股票、股票期权、限制性股票、岗位分红权、超额利润分享等激励方式，建立市场导向的差异化薪酬分配激励机制；健全与激励机制相配套的约束机制，逐步形成企业更加市场化的经营机制。

3.健全企业内部控制体系。结合试点企业实际，加强常规管理体系建设，完善基础管理标准和规范，建立健全以质量、安全、环保、财务、营销、品牌等为重点的企业内部管理制度；加强控制环境、风险评估、控制活动、信息与沟通以及监督等方面的建设，强化内部管理，防范投资经营风险。支持试点企业流程再造，加快信息技术在企业研发、生产制造和经营管理等环节的深度应用，推进管理层级扁平化和管理职能集约化，增强企业资源共享和信息集成能力，促进决策科学化。

4.打造企业软实力。试点企业要积极承担环境保护、安全生产、食品药品安全、职工社会保障等社会责任，依法合规经营，真实准确、完整及时披露相关信息，增强企业运营透明度；要加强企业文化建设，自觉维护利益相关者权益，参与社会公益事业，树立良好公众形象。

四、实施步骤

（一）宣传发动阶段。

2015年9-10月，制定全省民营企业建立现代企业制度试点工作实施方案，同时，大力宣传和解读《省政府关于引导和鼓励民营企业建立现代企业制度的若干意见》，扩大知晓面。

（二）制定实施方案阶段。

2015年11月中旬前，各地按照省试点工作要求，制定本地区试点工作实施方案，明确工作职责，选择并确定试点企业（各地试点企业分配名额见附件2），其选择应包括进行股份制改造、发展混合经济、提升管理水平等不同类型的企业，或者三种类型兼具的企业，确保其代表性。确定的试点企业，要按照对应的类型，填写试点示范项目书（见附件3），提出企业试点工作实施方案并上报。各地对试点企业项目书进行审核汇总后（见附件4），行文上报（一式两份纸质版及电子版）省支持非公有制经济健康发展体制机制创新专项领导小组办公室（省经信委）备案（联系人：中小企业发展处南海鸿027-87236829，13667135219，511615523@qq.com）。

（三）推进试点工作阶段。

2015年11月下旬起，试点企业实施试点工作；地方政府作为试点工作的推进主体，具体组织推进该项工作，及时解决试点企业的问题和困难；领导小组各成员单位要加强对试点工作的政策指导、协调服务和规范管理。

（四）总结评估阶段。

2016年12月，在各地对试点工作进行评估和总结的基础上，对全省试点工作进行总结评估，完善政策措施，有序推进全省民营企业现代企业制度建设工作。

五、保障措施

（一）加强组织领导

省支持非公有制经济健康发展体制机制创新专项领导小组（以下简称省领导小组）负责全省民营企业现代企业制度建设工作的组织领导；领导小组办公室（省经信委）负责牵头协调，制定试点工作方案，审核试点企业名单，推动政策措施落实，承担日常工作；领导小组各成员单位按照《意见》明确的工作职责（见附件1），要加强分类指导，确保各项措施落实到位；各市县政府作为试点工作的推进主体，要加强本地区试点工作组织领导，明确相应领导机构和协调工作机制，组织实施各项具体工作，制定和落实配套政策、措施和办法，细化工作方案，确保试点工作取得成效。

（二）建立工作机制

建立健全省民营企业现代企业制度建设联席会议制度和省、市、县三级联动工作机制，定期召开联席会议，听取各地试点工作进展情况汇报，协调解决试点工作中的困难和问题。要及时总结试点工作实践经验和有益做法，树立一批典型示范企业，通过编辑简报和召开现场会等方式进行交流学习，加以宣传推广，探索并总结出我省民营企业建立现代企业制度的有效途径和方法；要加强对工作进展情况的督办检查，对各地试点工作取得的实际成效要进行评估考核。

（三）加强政策扶持

认真落实《省政府关于推进企业上市的若干意见》（鄂政发〔2008〕42号）各项优惠和奖励政策，合理解决企业在改制、资产重组、上市申报等过程中涉及到的土地资产处置、未缴纳职工各类保险、拖欠银行贷款、历史债务、税费及环保等重大问题。加大对试点企业在财政、金融、政策扶持与倾斜力度，认真落实各项税收政策。各级政府创业投资引导基金、产业基金和股权投资基金等通过资本金投入、股权投资等方式，优先支持试点企业；对试点企业优先提供信用贷款，优先推荐申报发行企业债券，支持股权质押贷款、无形资产质押贷款等。支持试点企业建立完善企业为主体产学研用紧密结合的技术创新体系，依法保护企业和企业家的名誉权、经营权、企业字号、专利、商标、商业秘密等人身权和财产权。深入实施省重大人才工程“123”企业家培育计划，试点企业董事长和总经理都要纳入培育计划，打造全省领军民营企业家队伍。

附件:1. 全省民营企业现代企业制度建设试点工作领 导小组成员单位责任分工（内容略）

2. 各市州民营企业现代企业制度建设试点企业名额（内容略）

3. 民营企业建立现代企业制度试点示范项目书（内容略）

4. 各地试点企业基本情况汇总表（内容略）

省人民政府关于引导和鼓励民营企业建立现代企业制度的若干意见

鄂政发〔2015〕38号

各市、州、县人民政府，省政府各部门：

为贯彻落实《中共中央关于全面深化改革若干重大问题的决定》和《中共湖北省委关于深入贯彻党的十八届三中全会精神全面深化改革的意见》等文件精神，深化我省经济体制改革，更好发挥非公有制经济在全省经济社会发展中的重要作用，现就引导和鼓励民营企业建立现代企业制度、促进民营经济持续健康发展，提出如下意见。

一、总体要求

（一）充分认识重要性。

我省民营经济从小到大，快速发展，已经成为繁荣经济、推动创新、催生产业、扩大就业、改善民生的重要力量；但民营企业管理基础薄弱，产权开放化、治理规范化和管理科学化等方面存在的问题不同程度地制约着企业发展。引导和鼓励有条件的民营企业建立以现代产权制度、组织制度和管理制度为重要内容的现代企业制度，是企业适应现代市场要求和经济新常态特征加快转型发展的必然选择，是企业改善治理结构、提高科学管理水平、增强市场竞争力、不断做大做强的有效途径，是我省民营经济实现持续健康发展的重要保证。

（二）指导思想。

深入贯彻落实党的十八届三中、四中全会精神，坚持和完善公有制为主体、多种所有制经济共同发展的基本经济制度，以全面深化改革为动力，以体制机制创新为主线，以增强市场竞争力为核心，以解决民营企业发展中的突出问题为重点，充分发挥市场配置资源的决定性作用和更好发挥政府作用，引导和鼓励有条件的民营企业建立以产权清晰、责权明确、治理规范、管理科学为特征的现代企业制度，促进企业法人治理结构和治理能力的现代化，不断壮大规模总量，持续提质增效上水平，把民营企业打造成合格的现代企业和充满活力的企业群体，使民营经济成为我省“建成支点、走在前列”的重要支撑。

（三）基本原则。

市场主导。尊重市场规律，依据市场规则，发挥市场机制功能，加快企业产权制度创新，推动企业治理结构转型，完善更加市场化的企业经营机制，进一步释放企业发展活力。

企业自愿。充分尊重企业意愿，调动企业积极性，发挥企业主体作用，增强企业建立现代企业制度的自觉性和主动性。

创新驱动。把创新放在更加突出的位置，积极探索适合民营企业自身发展的经营管理模式，推进制度创新和管理创新，使创新真正成为民营企业发展的内生动力。

政府引导。加强规划引导、政策扶持、示范引领、分类指导，创造良好外部条件，突出工作重点，有序推进民营企业现代企业制度建设。

（四）主要目标。

到2020年，形成更加符合社会主义市场经济要求、适应我省经济社会发展需要、更加完善的民营经济现代企业制度体系，有条件的民营企业产权结构由单一向多元转变、治理模式由家族化向社会化转变、企业制度由传统型向现代型转变；民营企业内生动力明显加强、整体素质明显提升、活力和竞争力明显增强。推进一批民营企业通过产权改造，实行股权多元化改革，实施规范的公司制改制，使公司制股份制成为民营企业的主要组织形态，大力培育更加符合市场要求的民营经济市场主体；推进一批民营企业建立起现代企业制度，按照现代企业制度要求，加强产权制度、组织制度和管理制度建设，全面提升民营企业素质，加快形成具有更加市场化经营机制、充满活力的民营企业群体；推进一批民营企业上市，加大民营上市后备企业安排和培育力度，积极打造资本证券化水平显著提高、市场化经营机制真正形成、具有核心竞争力的现代企业。

二、主要任务

（五）推进产权制度创新。

鼓励有条件的民营企业，实现投资主体多元化；引导有条件的民营企业，在创业传承的基础上，推进产权制度创新，完善法人产权制度。

推进产权明晰。推动有条件的民营企业进行资产清理和产权界定，对无形资产进行评估界定，明晰产权，明确投资主体，为实现企业组织形态的进一步转变创造条件。

推进产权多元化。引进外部投资，吸引社会资金，通过投资主体多元化，逐步实现产权多元化，降低经营风险，促进企业做强做大。

促进企业产权结构合理化。通过企业股权调整和再分配，推进投资者、管理者、科技人员有差别持股，使经营层和骨干员工与企业紧密相连。通过产权结构优化，放大资本带动功能。

提高民营资本证券化水平。推动民营企业规范进行股份制改造。推动有条件的股份制民营企业上市和挂牌交易，充分利用境内、境外资本市场，根据企业特点选择在主板、中小板、创业板、“新三板”以及区域股权市场等多层次资本市场融资。对初步规范的改制企业可首先在武汉股权托管交易中心托管和挂牌，推进改制企业在全国中小企业股份转让系统挂牌交易；加大上市重点后备企业主要从建立现代企业制度的民营企业中遴选产生的力度，推动具备上市条件的民营企业采取首发、并购等多种方式实现整体上市或核心业务资产上市。

（六）推动混合所有制经济发展。

支持民营企业参与发展混合所有制经济，促进各类所有制经济融合发展，打造一批主营业务突出、收益水平高、社会形象好、竞争力强的混合所有制企业。

支持民营企业参与国有企业改制重组。支持民营企业通过出资入股、收购股权、认购可转债、融资租赁以及组建股权投资基金等多种形式参与国有企业改制重组、合资经营和股权多元化改革，投资自然垄断或特许经营行业、战略性新兴产业等，探索以项目为纽带，促进民营资本和国有资本融合发展的途径。在竞争性领域支持民营企业控股混合所有制企业。

探索混合所有制企业员工持股的有效方式。企业员工持股可以采取直接入股方式，也可采用员工持股公司等形式持股。鼓励高新技术企业率先推行员工持股，鼓励企业经营管理者、业务骨干和核心技术人员以现金、知识产权等出资参与企业改制，支持企业推进股权激励常态化，形成资本所有者和劳动者利益共同体。

（七）推动形成更加市场化的经营机制。

支持民营企业进一步完善法人治理结构，进一步规范内部管理，进一步确立市场经营机制，全面提升管理水平。

建立规范的法人治理结构。依据《公司法》建立并明确股东会、董事会、监事会和经理层的职权，推进所有权和经营权分离，形成权责明确、运转协调、有效制衡的决策执行监督体系。加强股东会建设，健全股东大会议事规则和决策程序。加强董事会建设，规范董事会运作，优化董事会结构，提升董事履职能力，逐步落实董事会业绩考核、薪酬管理和经理层选聘等职权，提高董事会决策效率和水平。加强监事会建设，完善履职内容，推动监事会监督与产权管理监督、财务审计监督、职工民主监督相结合，形成监督合力。积极推动和探索民营企业建立党组织并发挥政治核心作用的有效形式和途径，不断增强企业的凝聚力和内在发展动力。

建立市场导向的选人用人机制。建立健全以合同管理为核心、以岗位管理为基础、以公开招聘为路径的市场化选人用人机制，加快建立适应市场要求及企业发展的岗位体系，明确岗位职责，畅通晋升通道，推进人力资源管理的科学化。建立职业经理人制度，鼓励采用内部培养和外部引进相结合的方式，增加市场化选聘比例。积极推行企业管理人员任期制契约化管理，明确责任、权利、义务，严格任期目标管理和目标考核，探索建立退出机制，增强经营团队合力。强化职业道德意识，规范经营行为。

建立市场化的薪酬分配激励机制。建立和完善企业薪酬分配制度，探索实行具有激励性、导向性的绩效薪酬和中长期激励薪酬制度；因企制宜，鼓励采取业绩股票、股票期权、限制性股票、岗位分红权、超额利润分享等激励方式，打造企业利益共同体，使劳动、知识以及经营者的管理贡献和累积贡献得到体现，实现风险共担、利益共享；鼓励岗位分层分类管理，建立市场导向的差异化薪酬分配制度，健全与激励机制相配套的财务审计、信息披露、延期支付、追索扣回等约束机制，促进收入分配公平化。

建立适应现代市场要求的内控体系。面向产品市场、要素市场和资本市场需求，结合企业实际，加强常规管理体系建设，完善基础管理标准和规范，建立健全以质量、品牌、安全、环保、财务、营销等为重点的企业内部管理制度；引导和推动民营企业建立内部控制体系，从控制环境、风险评估、控制活动、信息与沟通和监督等方面加强建设，强化内部管理，防范投资经营风险；推动各项管理工作关口前移、重心下移，加大各项管理制度创新和落实力度；鼓励、支持有条件的民营企业流程再造，提高管理信息化水平，推进管理层级扁平化和管理职能集约化，增强企业资源共享和业务整合能力，促进决策科学化。

（八）推动企业争创发展新优势。

引导民营企业积极适应新常态，把握改革新机遇，争创发展新优势，加快转型升级。

支持企业主动调整结构。改造提升传统产业，抓好一批采用高新技术和先进适用技术提升改造项目。加快淘汰落后产能和严重危及生产安全的工艺和设备。引导企业加大研发投入，加强企业技术创新平台、创新能力和自主知识产权建设，促进科技成果转化和技术转移，建立完善企业为主体、产学研用紧密结合的技术创新体系。运用互联网思维，加快信息技术在企业研发、生产制造和经营管理等环节的融合渗透和集成应用，打造一批"数字企业"。深入推进质量强企和品牌建设。鼓励商业模式创新，支持企业发展战略性新兴产业、现代服务业和现代农业。以各类园区为载体，通过企业集中、产业集聚、资源集约、技术集成，降低能源消耗和污染排放量，促进民营企业集群发展、绿色低碳发展。

正确引导企业履行社会责任。支持民营企业积极承担环境保护、安全生产、食品药品安全、职工社会保障等社会责任，依法合规经营，真实准确、完整及时披露相关信息，增强企业运营透明度；自觉维护利益相关者权益，参与社会公益事业，建立社会责任报告制度，树立良好公众形象。

加快建设企业人才队伍。深入实施"123"企业家培育计划，加强市县民营企业家培育工作，年培养规模扩大至1000名，打造全省领军民营企业家梯队；建立现代企业制度的民营企业家都要纳入培育计划，加快推进职业经理人市场建设，加强经营管理人才、专业技术人才、高技能人才和员工队伍培训，继续实施"银河培训工程"，为民营企业发展提供人力资源保障。

培育企业文化。着眼提高企业软实力，打造愿景明确、职工认同、特色鲜明、务实管用的企业文化，形成以社会主义核心价值观为根本、以社会效益优先为基本价值取向、以诚实守信为基本道德精神、具有鲜明企业个性的企业核心价值观。支持民营企业文化建设，引导民营企业家提升文化素养，创新企业文化，加快实现由传统"家文化"向先进"企业文化"提升。建立健全工会组织和职工代表大会制度，充分尊重企业职工的主人翁地位，畅通职工利益诉求表达渠道，支持企业职工参与企业民主决策、民主管理、民主监督，维护合法权益，共谋企业发展。

三、保障措施

（九）加强组织领导。

省支持非公有制经济健康发展体制机制创新专项领导小组负责全省该项工作的组织领导。领导小组办公室（省经信委）及省直有关部门，要明确职责分工，制订工作方案，加强分类指导和工作协调，推进试点示范。各级政府对本地区民营企业建立现代企业制度工作承担组织领导责任，要结合本地实际，细化工作方案，营造良好环境，协调解决具体问题，认真组织实施。加强工作考核评价，将该项工作成效纳入各地区和各有关部门工作目标考核体系，实行年度考核，形成职责分工明确、合力稳步推进的工作格局。

（十）营造公平市场环境。

提升行政审批效能，坚持"非禁即入"，放宽市场准入，实施先照后证，加强事中事后监管；进一步精简下放行政审批事项，加强行政审批目录管理，推进简政放权；加快推行权力清单制度，积极探索负面清单管理模式，实施涉企收费目录清单管理，切实减轻企业负担。建立健全社会化服务体系，改进和完善会计审计、资产评估、信用评级和法律咨询等中介服务。加强信用体系建设，增强生产经营者主体责任意识，加快推进企业信用信息公示系统建设，全面推行企业信息公示和年度报告制度，建立健全守信激励和失信惩戒机制，积极促进信用信息的社会运用，强化信用监管和信用约束。营造崇企重商氛围，培育重商文化，营造良好舆论环境，让一切合法经营并为湖北发展作出贡献的民营企业家在社会上有地位、政治上有荣誉。开展"湖北省优秀中国特色社会主义事业建设者"和"湖北省优秀民营企业"评选表彰活动。

（十一）加大财税金融支持。

加大财税支持力度，统筹使用各级政府支持企业发展的各类专项资金，切实落实省推进企业改制上市和加快多层次资本市场建设的优惠和奖励政策，支持民营企业建立现代企业制度。支持各地财政与金融合作创新，通过多种方式建立完善风险分担和补偿机制，定向支持民营企业融资。对于民营企业改制或上市中涉及的以前年度税费，以及产权优化过程中涉及的税费，符合法定条件的，可以依法申请办理延期申报或延期缴纳税款。按照现行税收优惠政策，减免民营企业在建立现代企业制度过程中涉及的交易税费；涉及重组的，可以按照特殊重组业务进行税务处理。规范中介收费，切实降低企业建设和运行成本。创新金融服务。鼓励银行业金融机构建立完善企业信贷机制，优化审批流程，提高审批效率；对建立现代企业制度的民营企业给予信贷倾斜，增加信贷投放，发放信用贷款，推进股权质押贷款等；优化金融生态环境，加大金融创新力度，积极推动直接融资工具创新，不断创新网络金融服务模式，探索供应链金融服务，引导各类私募股权投资基金、创业投资企业投资建立现代企业制度的民营企业。支持申请组建民营银行。

（十二）强化法治保障。

加强对民营市场主体的立法保护，依法保护民营企业和民营企业家的名誉权、经营权、企业字号、专利、商标、商业秘密等人身权和财产权，完善产权保护制度，严厉打击侵害民营企业合法权益的各种违法犯罪行为。完善经济纠纷调解、仲裁、复议、诉讼协调解决机制，及时有效化解民营企业各类纠纷，提倡平等协商，依法妥善解决。严格规范各种涉企执法检查，约束自由裁量权，对行政不作为和乱作为损害民营企业利益的，依纪依法追究责任。加强法律援助服务，支持民营企业通过法律途径维护合法权益。充分发挥各级民营企业投诉中心作用，畅通民营企业反映诉求的渠道。大力宣传有关法律法规，为民营经济发展营造良好的法治环境。

2015 年 5 月 28 日

湖南省

中共湖南省委湖南省人民政府关于促进非公有制经济发展的若干意见

（2015年1月15日）

为贯彻落实党的十八大和十八届三中、四中全会精神，促进全省非公有制经济持续健康发展，根据《中共湖南省委贯彻落实〈中共中央关于全面深化改革若干重大问题的决定〉的实施意见》（湘发〔2014〕5号）精神，结合实际，现就促进全省非公有制经济发展提出如下意见。

一、深化思想认识

经过多年发展，全省非公有制经济总量规模逐步扩大，质量效益不断提升，发展活力明显增强，社会贡献显著提高，已成为全省稳增长、保稳定、促和谐的强力支撑。促进非公有制经济发展，是坚持和完善基本经济制度、全面建成小康社会的重要途径，是事关全省经济社会发展全局的重大任务。各级各部门要切实消除阻碍非公有制经济发展的体制机制障碍，有效破解市场准入瓶颈问题，确保民间资本进得去、留得住、发展得好。要牢固树立亲商富商理念，坚持国企民企公平竞争、平等发展，大企小企同等对待、相互促进，鼓励支持非公有制经济加快发展。

二、明确发展思路

全省非公有制经济发展，要坚持以邓小平理论、“三个代表”重要思想、科学发展观为指导，深入贯彻习近平总书记系列重要讲话精神，以调整优化结构、加快转型升级为主线，以落实完善政策法规为抓手，以放宽市场准入、建立公平开放透明的市场规则为重点，以推动科技创新、提高企业整体素质为支撑，以优化发展环境、提升政府服务效能、加快社会化服务体系建设为基础，全面提升非公有制经济发展的总量、质量和效益。

三、推动大众创业

鼓励各类社会主体创业。落实国家关于税费减免、信贷支持、用地保障、资金补贴等优惠政策，加大对小微企业、个体工商户的扶持力度，通过创业带动就业。

（牵头单位：省经信委、省人力资源和社会保障厅；参加单位：省科技厅、省财政厅、省国土资源厅、省地税局、省政府金融工作办、省国税局）

扶持创业基地建设。鼓励各类投资主体依托城镇、工业园区、产业集聚区建设中小企业创业基地，兴建标准厂房。支持建设一批功能完备、运作规范的省级中小企业创业示范基地。省中小企业发展专项资金等财政专项资金对符合政策条件的中小企业创业基地建设给予重点支持。

（牵头单位：省经信委；参加单位：省科技厅、省财政厅、省住房和城乡建设厅、省国土资源厅、省林业厅）

完善创业服务平台。发展创业服务组织。聘请具有创业实践经验的企业家、专家教授，组建创业专家服务队伍。建立创业项目资源库，完善创业项目征集、开发、论证、展示和推介工作机制。坚持创业服务重心下移，依托各级中小企业服务中心，为初创期企业提供各类服务。

（牵头单位：省经信委、省人力资源和社会保障厅；参加单位：省教育厅、省科技厅、省工商联）

四、培育发展大型企业集团

加大培育力度。培育一批主业突出、市场占有率高、自主研发能力强、技术装备先进的大型企业和企业集团。发挥大型企业集团的带动效应，促进大企业与中小企业分工协作，延伸产业链条，提升区域产业配套能力。

（牵头单位：省经信委；参加单位：省财政厅、省国资委、省工商联）

提升核心竞争力。强化企业技术创新主体地位，鼓励大型企业加大研发投入，促进企业技术中心和研发平台建设。对掌握核心技术、拥有发明专利或国家重大发明创造的大型企业，在技术攻关、产品研发、成果转化等方面，省战略性新兴产业、省新型工业化等相关专项资金给予重点支持。

（牵头单位：省科技厅；参加单位：省发改委、省经信委、省财政厅）

支持上市融资。将盈利能力强、科技含量高、有上市意愿的大型企业纳入上市后备企业资源库。落实相关政策，为上市后备企业提供咨询服务、税务辅导和信贷支持。

（牵头单位：省政府金融工作办；参加单位：省国土资源厅、省环保厅、省地税局、省国税局、人民银行长沙中心支行、湖南证监局）

加快资源整合。鼓励大型企业集团通过兼并、收购、联合等方式，整合一批产业相近、行业相关、主业互补的企业，提高资源配置效率。引导同行业企业建立产业联盟，制定行业标准，加强分工合作，提升专业化、精细化水平，避免同类产品恶性竞争。

（牵头单位：省经信委；参加单位：省发改委、省农委、省商务厅、省林业厅、省国资委）

实施“走出去”战略。鼓励有实力的大中型企业在国际市场获取资源、技术、人才、知识产权等要素，实现研发、生产、销售全球化。组织大中型企业参加国内外各类专业展会，引导其与国内外知名企业建立战略合作关系，实现合作共赢。

（牵头单位：省商务厅；参加单位：省发改委、省经信委、省工商联、省贸促会）

五、促进转型升级

加强分类指导。做大做强一批优势产业，加快构建多点支撑产业发展格局。引导非公有制企业进入战略性新兴产业、高科技产业、现代农业、军民融合产业和生产性服务业。鼓励传统产业领域的非公有制企业利用先进技术和新一代信息技术加快改造提升。促进新能源汽车、集成电路、汽车及零部件、移动互联网、信息消费、节能环保等产业领域非公有制企业加快发展。

（牵头单位：省经信委；参加单位：省发改委、省科技厅、省农委、省商务厅）

促进“两化”深度融合。加快重点行业生产装备数字化和生产过程智能化进程，全面普及企业供应链、客户关系等管理信息系统。实施信息化示范项目建设，引导非公有制企业业务应用向综合集成和产业链协同创新转变，支持面向非公有制企业的信息化公共服务平台建设。

（牵头单位：省经信委；参加单位：省科技厅、省商务厅、省质监局）

提升经营管理水平。引进、培育各类管理咨询机构，开展管理升级服务，帮助非公有制企业突破发展战略、营销、研发、精益生产、人力资源、供应链等方面的管理瓶颈。根据服务效果，省中小企业发展专项资金对管理咨询机构进行补助和奖励。

（牵头单位：省经信委；参加单位：省财政厅）

加强质量品牌建设。鼓励引导非公有制企业完善质量管理机制，实行质量管理体系认证，加强企业标准化体系建设，建立产品溯源管理制度。支持企业争创湖南名牌、著名商标和驰名商标，创建国家地理标志产品，依托产业优势，打造知名品牌。鼓励企业商标国际注册，使用自主商标拓展市场。

（牵头单位：省质监局；参加单位：省科技厅、省经信委、省商务厅、省林业厅、省工商局）

六、支持企业开拓市场

促进开放升级。充分发挥湖南区位优势，强化区域合作，引导非公有制企业主动承接境内外产业、资金、技术转移。通过精准招商、产业链招商、园区招商、以商招商等多种方式，引进实施一批投资规模大、产业链条长、集聚效应强、外向度高的招商引资项目。

（牵头单位：省商务厅；参加单位：省发改委、省经信委、省工商联）

支持开展营销模式创新。鼓励非公有制企业根据市场需求，利用电子商务等新兴载体，创新营销模式，整合线上、线下渠道，降低市场营销成本，带动消费升级。

（牵头单位：省经信委、省商务厅；参加单位：省发改

委、省工商局）

推动创新型产品进入市场。鼓励非公有制企业申报“两型”产品，同等条件下政府优先采购、推荐使用“两型”产品。鼓励订购和使用省产首台（套）重大技术装备。支持新材料首批次应用推广。企业在申报生产许可证期间，经有资质的检验机构批检合格的产品，允许标识“试制品”试产、试销。

（牵头单位：省质监局；参加单位：省发改委、省科技厅、省财政厅、省交通运输厅、省住房和城乡建设厅、省卫生和计生委、省工商局）

鼓励开拓国际市场。海关和检验检疫部门全面推行“一次申报、一次查验、一次放行”。加快跨境电子商务发展，积极推进贸易平台和国际营销网络建设。加快出口退税进度，保证及时足额退税。发挥出口信用保险作用，促进非公有制企业扩大出口。

（牵头单位：省商务厅；参加单位：省国税局、长沙海关、湖南出入境检验检疫局）

七、培育高素质的企业家队伍

建立人才培养机制。制定人才培养规划，把培养非公有制经济企业家作为全省人才发展规划的重点内容，纳入省委党校、湖南行政学院、省社会主义学院的培训计划。引导非公有制经济企业家摒弃“家族式管理”思维，掌握现代企业管理知识，提升管理水平。帮助知名企业建立接班人培养机制，增强企业家社会责任感和依法经营意识，不断做大做强。与高等院校、知名企业联合搭建培训平台，开展非公有制经济高级管理人员培训。每年选送一批非公有制经济企业家到知名高校进修培训，分期分批组织中小企业高级管理人员开展短期培训。

（牵头单位：省委组织部、省委统战部、省经信委；参加单位：省教育厅、省人力资源和社会保障厅、省工商联）

发挥企业家在经济社会发展中的积极作用。充分利用人大、政协、工商联和有关人民团体等渠道，通过聘请担任特约人员、参与行风评议和开展政企对话等形式，引导非公有制经济人士有序参与国家政治生活和社会事务；把综合评价作为必经程序，规范非公有制经济代表人士政治安排和社会安排程序。引导非公有制经济人士爱国、敬业、诚信、守法，增强对中国特色社会主义的信念、对党和政府的信任、对企业发展的信心、对社会的信誉，成为合格的中国特色社会主义事业建设者。

（牵头单位：省委统战部；参加单位：省经信委、省工商联）

八、加大财税支持力度

发挥省中小企业发展专项资金的支持和引导作用，逐步增加资金规模，重点支持中小企业服务体系建设和中小微企业“专精特新”发展。各市州、县市区应加大财政对中小微企业发展的支持力度。适时设立省中小企业发展基金，引导创业投资机构及其他社会资金支持处于初创期的小微企业，具体管理办法由省财政厅、省经信委研究制定。

（牵头单位：省财政厅；参加单位：省经信委）

落实国家关于扶持中小微企业发展的税收优惠政策。企业投资符合国家产业政策的技术改造项目，可按国家有关规定享受税收优惠政策。小微工业企业有特殊困难的，经依法批准可按规定延期缴纳税款。

（牵头单位：省地税局、省国税局）

九、加大金融支持力度

加大信贷支持力度。鼓励银行等金融机构为非公有制企业提供1年期以上的中长期贷款，对有足额抵押物或由担保机构提供足额担保的贷款，贷款利率给予适当优惠。严禁“以贷转存”“存贷挂钩”等变相提高利率的行为。鼓励政府出资的担保机构降低为中小企业提供担保的费率。

（牵头单位：省政府金融工作办；参加单位：人民银行长沙中心支行、湖南银监局）

提升金融服务水平。建立和完善省、市（州）中小企业融资信息服务平台，通过网上融资超市等形式，创新银企对接方式。鼓励符合条件的非公有制企业采取上市募集和发行企业债、公司债、中期票据、短期融资券、中小企业私募债券等方式融资，支持中小微企业积极运用全国中小企业股份转让系统和区域性股权交易市场开展融资。建立健全创业投资机制，支持中小创业投资公司发展。

（牵头单位：省政府金融工作办；参加单位：省经信委、省财政厅、人民银行长沙中心支行、湖南银监局、湖南证监局）

完善金融服务体系。鼓励民间资本投资入股金融机构和参与金融机构重组改造。鼓励民间资本发起设立自担风险的民营银行、金融租赁公司和消费金融公司等金融机构。探索设立民间融资服务中心和民间资本管理公司，规范民间借贷，引导各类资本服务实体经济。

（牵头单位：省政府金融工作办；参加单位：人民银行长沙中心支行、湖南银监局）

创新保险服务。引导各类保险机构根据非公有制企业的保险需求，积极推出适合企业需要的保险新产品，多层次、全方位为非公有制企业构建风险保护网。引导非公有制企业以出资入股、参股等形式设立保险代理公司、保险经纪公司等，积极推进保险兼业代理机构专业化。

（牵头单位：省政府金融工作办；参加单位：湖南保监局）

十、加强中小企业信用担保体系建设

进一步加大对中小微企业融资担保的财政支持力度。综合运用业务补助、资本投入、代偿补偿等方式，对中小企业信用担保机构、再担保机构给予支持，引导社会各类资本加大对中小企业信用担保机构的投入力度。

（牵头单位：省经信委、省财政厅）

完善再担保体系，创新再担保模式，开展按比例分担责任的再担保业务。争取国家专项资金支持，设立中小企业信用担保代偿补偿资金账户，委托湖南担保有限责任公司实行专户管理。

（牵头单位：省经信委、省财政厅）

建立银担风险分担合作机制。支持银行业金融机构积极开展银担合作业务，鼓励优先与加入再担保体系的融资性担保机构开展合作，并在放大倍数、风险分担比例和贷款利率等方面给予优惠。对民营担保机构授信应与政府控股的担保机构一视同仁，不得随意中止与民营担保机构的业务合作。

（牵头单位：省政府金融工作办；参加单位：省经信委、人民银行长沙中心支行、湖南银监局）

十一、加强要素保障

强化人才保障。引导相关企业深化与高等院校、科研院所的合作，加大人才培养力度。大力发展现代职业教育，加快生产服务一线技能人才培养，为非公有制企业发展提供人才支持。充分利用国家“千人计划”、“万人计划”和省“百人计划”等引才引智工程，组织实施重点引智项目，积极引进高层次创新创业人才及团队。

（牵头单位：省人力资源和社会保障厅；参加单位：省教育厅、省经信委）

切实保障非公有制经济发展用地。探索工业用地先租后让和租让结合用地制度，优先保障符合国家产业政策的非公有制企业项目、中小企业创业基地用地。非公有制企业用地的审批程序和税费缴纳应与国有企业、外商投资企业同等对待。

（牵头单位：省国土资源厅、省林业厅）

十二、落实企业投资自主权

根据《湖南省政府核准的投资项目目录（2014年本）》，取消和下放一批核准权限。对保留的核准事项，除国家明确规定须由省级政府核准的，以及涉及跨市州或跨流域、危废、垃圾焚烧发电等少数敏感领域外，一律下放到市级或县级人民政府核准。

（牵头单位：省发改委、省编办）

落实公司注册资本认缴登记制，企业年检制度改为年度报告公示制度，全面实施先照后证登记制度，探索开展“三证合一”登记制度改革试点工作。

（牵头单位：省工商局）

规范审批核准行为。制定实施《湖南省政府核准投资项目管理办法》，规范前置审批条件。对于国家法律、行政法规没有明确规定作为项目核准前置条件的审批手续，一律放在核准后、开工前完成。有关部门应按照便利、高效原则，对本部门实施的多个审批事项尽量简化或合并。

（牵头单位：省发改委、省编办）

十三、拓展发展空间

加快发展混合所有制经济。通过产（股）权转让、增资扩股、资产重组等多种方式积极引入各类社会资本，加快国有企业产权多元化改革，支持非公有制企业参与国有企业战略性重组，支持国有资本进入优势及高科技非公有制企业，促进混合所有制经济发展，创新体制机制，激发市场主体活力。非公有制企业并购国有企业，参与其分离办社会职能和企业改制，按有关规定执行国有企业改革的相关优惠政策。

（牵头单位：省国资委；参加单位：省经信委、省财政厅、省人力资源和社会保障厅、省国土资源厅、省商务厅、省工商联）

鼓励支持民间资本参与公共领域投资，推动非国有资本进入公共建设领域。市场准入标准和扶持政策实行公开透明，对各类投资主体同等对待，不得单独对民间资本和非公有制企业设置任何附加条件或准入门槛。

（牵头单位：省发改委）

定期向民间资本和非公有制企业开放一批政府投资项目。民间资本和非公有制企业可通过合作合资、直接建设、用地开发、股权并购、委托经营、政府购买公共服务等多种方式，全过程参与项目的投资建设、运营管理。

（牵头单位：省发改委）

加快县域非公有制经济发展。充分挖掘和发挥本地优势，培育特色产业，扩大对外开放，引导县域非公有制经济由封闭式发展向优势互补、产业配套、区域协作发展转变。

（牵头单位：省农委；参加单位：省发改委、省经信委、省财政厅、省林业厅）

十四、建设法治环境

规范市场秩序。强化生产经营者主体责任，严厉惩处垄断行为和不正当竞争行为。广泛运用科技手段实施监管，保障公平竞争。依法保护各类知识产权，坚决打击侵犯知识产权和制售假冒伪劣产品的行为。加快推进征信业发展，积极推进质量诚信体系建设，建立守信激励和失信惩戒机制，积极促进信用信息社会运用，营造诚实、自律、守信、互信的社会信用环境。大力推进电子商务可信交易保障试点工作。

（牵头单位：省工商局；参加单位：省高级人民法院、省发改委、省科技厅、省经信委、省公安厅、省质监局、人民银行长沙中心支行）

坚持依法行政。规范市场执法行为，公开市场监管执法信息，强化执法考核和行政问责，确保依法执法、公正执法、文明执法。解决多头执法，消除多层重复执法，规范和完善监管执法协作配合机制，做好市场监管执法与司法的衔接，整合优化执法资源，提高监管效能。切实解决行政不作为、乱作为、慢作为等问题。进一步减少涉企检查评比，减少一般性考察调研，精简与企业生产经营无关的论坛、研讨会议，最大限度减少对企业正常生产经营活动的干扰。

（牵头单位：省政府办公厅；参加单位：省公安厅、省司法厅、省环保厅、省工商局、省质监局、省政府法制办）

保护合法权益。按照“正税清费”的原则，建立和实施涉企收费目录清单制度，目录清单之外的涉企收费，一律取消。全面清理行政审批前置服务项目及收费，对没有法律法规依据的行政审批前置服务项目一律取消。建立支持小微企业的长效机制，将暂免小微企业管理类、登记类和证照类行政事业性收费改为长期措施。建立企业负担调查信息平台，完善举报和反馈机制，强化社会舆论监督，加大查处力度，切实减轻企业负担。坚决查处各种侵害非公有制企业和非公有制经济人士合法权益的行为，依法保护非公有制企业和非公有制经济人士的合法权益。

（牵头单位：省优化办；参加单位：省高级人民法院、省编办、省发改委、省经信委、省监察厅、省财政厅、省公安厅、省司法厅、省工商局、省政府法制办）

十五、加强服务体系建设

制定服务体系规划，科学布局服务资源。鼓励、引导社会资源在产业集群区、工业园区投资建设信息、技术、咨询、培训、融资、市场开拓、仓储物流等各类公共服务平台。支持各类科研院所和企业研发中心、工程技术中心对外开放，提供专业化服务。大力引进、培育服务机构和服务人才，整合服务资源，提升服务水平。加强中小企业公共服务平台网络建设，提升平台网络聚集资源、快速响应、组织协同、互联共享、在线记录等服务功能，提供“找得到、用得起、有保障”的服务。加强服务标准体系和服务考评体系建设，促进规范服务。建立政府购买社会服务机制，优化服务供给。

（牵头单位：省经信委；参加单位：省发改委、省科技厅、省财政厅、省人力资源和社会保障厅、省工商联）

十六、完善非公有制经济工作领导协调机制

省促进非公有制经济和中小企业发展工作领导小组统筹协调全省非公有制经济和中小企业发展工作。完善非公有制经济工作机制，加强工作力量，加大对全省非公有制经济发展协调服务力度。各市州、县市区要建立和完善促进非公有制经济和中小企业发展工作机制，研究解决非公有制经济发展中的重大问题。

（牵头单位：省政府办公厅、省经信委）

建立健全领导干部与非公有制经济代表人士交朋友制度，建立健全各级领导干部与非公有制经济企业家对话交流机制，建立健全非公有制经济企业家反映困难问题和提出意见建议的“绿色通道”。

（牵头单位：省委统战部、省经信委、省工商联）

十七、完善非公有制经济考核激励机制

进一步完善《湖南省非公有制经济和中小企业发展考核奖励办法》，优化考核指标体系，建立科学有效的考核激励机制。每年对各市州非公有制经济发展情况开展综合考核，每两年开展一次“民营企业百强”发布活动，每五年召开一次发展非公有制经济表彰会议。

（牵头单位：省经信委、省工商联；参加单位：省人力资源和社会保障厅、省工商局、省统计局）

十八、完善非公有制经济统计运行监测分析机制

统计部门要完善非公有制经济统计报表制度，增加规模以下非公有制企业统计指标，扩大规模以下非公有制企业抽样调查样本，全面反映非公有制经济发展状况。工商部门要及时分析、反映个体工商户、私营企业等市场主体发展动态。经信部门要加强重点非公有制企业生产经营情况调度和非公有制经济运行监测分析，及时掌握、反映全省非公有制经济运行状况。

（牵头单位：省统计局；参加单位：省经信委、省工商局、省工商联）

十九、构建惠企政策落实机制

建立政策措施贯彻落实督查机制。深入开展“惠企政策落实”活动和“扶助小微企业专项行动”，切实抓好近年来国家和省促进非公有制经济发展政策措施的贯彻落实，及时组织开展促进非公有制经济发展政策措施贯彻落实专项督查。

（牵头单位：省委督查室、省政府督查室）

建立非公有制企业问题交办机制。及时收集整理非公有制企业反映的政策性建议、具体问题和部门服务质量方面的意见，采取领导小组交办督办的形式，督促有关部门和单位限期整改落实。

（牵头单位：省经信委）

建立政策落实情况第三方评估机制。省人民政府适时委托省工商联等组织对近年来国家和省出台的促进非公有制经济发展政策措施贯彻落实情况开展第三方评估，受托单位要及时向省委、省人民政府报告第三方评估结果。

（牵头单位：省经信委、省工商联）

二十、发挥工商联和各类行业商会协会的作用

充分发挥各级工商联作为党和政府联系非公有制经济人士桥梁纽带作用、政府管理和服务非公有制经济的助手作用，为非公有制经济发展维护权益、献计献策、解决难题，促进非公有制经济健康发展和非公有制经济人士健康成长。发挥湖南省民营经济研究会的作用，加强工商联和商会建设的理论研究。

（牵头单位：省委统战部；参加单位：省经信委、省工商联）

发挥非公有制经济党工委、非公有制经济纪工委作用，加强行业商会协会党组织建设，充分发挥党组织在企业职工群众中的政治核心作用、在企业发展中的政治引领作用。支持各类行业商会协会发展和建设，注重发挥商会协会在市场开拓、质量提升、行业发展、招商引资、诚信自律等方面的积极作用。

（牵头单位：省委统战部、省工商联）

二十一、加强舆论宣传，形成促进非公有制经济发展的浓厚氛围

坚持正确的舆论导向，引导全社会树立正确的发展观、就业观、财富观。引导非公有制企业走转型发展、科学发展之路。引导广大非公有制经济人士增强发展信心。有关部门和新闻媒体要广泛宣传促进非公有制经济发展的方针政策，大力宣传非公有制经济的重要地位和作用，及时推介非公有制经济发展的成功经验和先进典型，及时曝光侵犯非公有制企业及非公有制经济人士合法权益、干扰非公有制企业合法经营活动的案例，努力营造有利于非公有制经济健康发展的良好社会舆论环境。

（牵头单位：省委宣传部）

各级各有关部门要认真抓好本意见的贯彻落实，加强调查研究，制定配套措施，认真解决非公有制经济发展中遇到的矛盾和问题，确保各项政策措施落到实处，促进全省非公有制经济健康发展。

（此件发至县团级）

关于印发《2015年全省非公经济和中小企业工作总结及2016年工作要点》的通知

湘非公经济办〔2016〕1号

领导小组各成员单位，各市州经信委：

为进一步促进非公有制经济和中小企业发展，总结成绩，部署工作，现将《2015年全省非公经济和中小企业工作总结及2016年工作要点》印发给你们，请你们根据各自职能，认真抓好工作落实。

省促进非公经济和中小企业

发展工作领导小组办公室

2016年1月4日

2015年全省非公经济和中小企业工作总结及2016年工作要点

2015年，全省非公有制经济和中小企业主动适应新常态，克服重重困难，继续保持平稳较快发展。前三季度，全省非公有制经济实现增加值12065.63亿元，同比增长9.4%，占全省地区生产总值的比重达59.6%，较上年同期提高0.3个百分点；全省新增中小企业7.2万户，新增个体工商户24.2万户。预计全年全省非公有制经济、中小企业增加值增速分别达到9.5%、8.5%左右，在全国各省市区中排名靠前。

一、2015年全省促进非公经济和中小企业发展工作情况

2015年，领导小组各成员单位深入贯彻落实省委省政府决策部署，按照深化经济体制改革总要求，坚持稳中求进总基调，紧密配合，通力协作，共同促进全省非公有制经济和中小企业企稳回升、健康发展。主要做了以下几个方面的工作：

（一）狠抓政落实策，着力优化非公有制经济和中小企业发展环境

一是抓政策制定。按照省委全面深化改革领导小组的工作部署并经省委、省政府领导同意，省经信委牵头、相关部门参与，出台了《省委省政府关于促进非公有制经济发展的若干意见》（湘发〔2015〕3号），围绕全面提升非公有制经济发展的总量、质量和效益的改革目标提出了50条政策意见；出台《湖南省人民政府关于进一步扶持小型微型企业健康发展的实施意见》（湘政发〔2015〕13号），提出了17条政策意见。省科技厅推动出台《湖南省人民政府关于加快科技服务业发展的落实措施》（湘政发〔2015〕25号），促进科技型中小企业创新创业。省人社厅推动出台《省委省政府关于促进创新创业带动就业工作的实施意见》（湘发〔2015〕7号），加强对创新创业人才的政策支持。株洲、益阳、郴州等市也出台了或即将出台促进非公有制经济和中小企业发展的政策文件。

二是抓政策宣传。各有关部门积极开展各种送政策到基层、到企业活动，加强政策宣传，帮助非公有制经济和中小企业及时了解政策，正确运用政策，切实享受实惠。长沙海关联合省商务厅、财政厅在邵阳举办全省加工贸易经验交流及政策宣讲会，引导加贸企业用好政策，加快转型升级。省国税局以税法宣传和纳税辅导为着力点，通过12366纳税服务热线、网上和实体纳税人学校、税收大讲堂活动、"网送税法"、"税收服务直通车"等，帮助纳税人及时了解国家最新的税收政策。省委宣传部组织省直主要新闻媒体，大力宣传促进非公有制经济和中小企业发展的方针政策，通过各种类型、不同层次的宣传，树立我省非公有制经济和中小企业的良好社会形象。省经信委牵头组织召开高规格的全省促进非公有制经济发展大会。省委书记、省人大常委会主任徐守盛，省委副书记、省长杜家毫出席会议并作重要讲话，省委副书记孙金龙主持。省领导黄建国、郭开朗、韩永文、孙建国、易炼红、张文雄、于来山、何报翔、黄兰香、欧阳斌出席。会议为全省非公有制经济发展指明了发展方向、明确了工作任务，促进了扶持政策的落实，营造了良好的发展氛围。

三是改善经济发展环境。省工商局深化商事制度改革，积极推进注册资本、前置审批、"三证合一"等方面登记制度改革，前3季度引导2.7万余家个体工商户转型升级为私营企业；通过全国企业信用信息公示系统（湖南）公示市场主体行政处罚信息4247条，列入

经营异常名单录和标注为经营异常状态的企业8.4万多户，通过企业信息公示提高企业诚信守法经营意识。省质监局加大打假制劣工作，组织重要消费品安全专项执法行动20余个，整治重点产品质量问题区域8个，为企业发展净化市场环境。省公安厅全力加强经济领域违法犯罪打击防控力度，建立经济犯罪预警防范机制，维护全省市场经济秩序。省高级人民法院积极开展知识产权法、税法、公司法、合同法等经济法律知识宣传，针对合同纠纷和侵权纠纷充分发挥审批职能，切实保护非公有制经济和中小企业权益。省交通运输厅加大交通基础设施建设力度，积极推进运输业转型升级，为非公有制经济和中小企业发展提供快捷便利的现代物流。长沙海关加速推进区域通关一体化改革区区联动，全面推广集中汇总纳税改革，大幅减轻企业负担，有力地促进了外贸发展。省统计局进一步完善非公有制经济统计监测报表制度，撰写《湖南非公有制经济发展研究》专题报告，为省委、省政府及相关管理部门判断非公有制经济形势、指导非公有制经济发展提供统计数据及信息支撑。

（二）加强金融财税支持，切实减轻非公有制经济和中小企业负担

一是加大财政资金扶持力度。2015年省财政筹集用于支持企业发展的各类专项资金约30亿元，70%投向非公有制经济和中小企业；研究设立规模为50亿元的新兴产业发展基金，支持战略性新兴产业发展；出资7.6亿元，按每个县1000万元的标准在76个县市设立担保业务机构，实现担保机构县域全覆盖；整合设立规模为3.6亿元的中小企业发展专项资金，用于支持中小企业公共服务体系建设，改善中小企业融资环境，促进中小企业转型升级。新设立“中小企业合作成长基金”、“中小企业合力专项资金”，每年为中小微企业提供资金支持超过5亿元；2014–2015年筹集资金30亿元，扶持全省100个创新创业园区建设，新建3000万平米以上标准厂房，引进5000家以上创新创业企业；2013–2015年，扶持特色农产品加工、特色制造、特色旅游产业28个重点县发展，每个重点县支持不低于1亿元、3年累计支持不低于3亿元；2014–2018年，每年筹集2亿元专项资金支持移动互联网产业发展；2013–2015年，安排新能源汽车推广补贴资金8.24亿元。

二是加强金融支持力度。各有关部门针对非公有制经济和中小企业融资难融资贵的突出困难，各司其职，各尽其责，加强融资服务，拓宽融资渠道，改善融资环境。人民银行长沙中心支行出台《湖南省金融“两支一扶”工作实施方案》，开展金融机构执行小微信贷政策情况评估，引导金融机构加大对科技创新领域的信贷投入，积极帮助中小企业发展直接融资；湖南银监局配套出台《关于深化小微企业金融服务的实施意见》以及《关于湖南银行业进一步支持实体经济发展的指导意见》，下发《关于湖南银行业金融机构健全企业成本负担加强要素保障工作的指导意见》等12条措施；省政府金融工作办制定《湖南股权交易所私募债业务管理暂行办法》；湖南证监局从政策引导、业务培训等方面协助地方政府做好上市企业培育；省经信委进一步完善全省中小企业信用担保体系，推进省中小企业融资超市网平台建设，召开2015年全省中小企业融资平台建设推进会，与建设银行、邮储银行合作开展“助保贷”业务；省地税局、省国税局联合9家商业银行签订“银税互动”协议，通过税银互动发放信用贷款13.24亿元，惠及企业742家。各相关部门从政策、工作措施、平台建设、指导服务各方面切实加强融资服务，缓解非公有制经济和中小企业融资困难。截止到10月末，全省小微企业贷款同比增长25.1%，高于全部贷款平均增速9.1个百分点；1–10月，新增小微企业贷款723.2亿元，同比多增362亿元，增速快于全部贷款增速1.7个百分点。新增6家企业首发融资共募集资金52.86亿元，中部六省排名第一，全国排名第6位；新三板挂牌企业91家、在审企业25家、储备企业172家，全国排名分别为第13、13、12位。

三是减轻企业税费负担。各部门全面落实深化改革要求，减负放权，帮助非公有制经济和中小企业轻装上阵，顺利渡过经济下行压力期。省人社厅出台失业保险稳岗政策，给企业发放稳定就业岗位补贴，允许困难企业一定期限内缓缴失业保险费，并将失业保险费率由现行条例规定的3%降至2%，将工伤保险平均费率由1%降至0.75%，生育保险费率从不超过1%降到不超过0.5%。省地税局树立“不落实税收优惠政策也是收过头税”的理念，将落实税收优惠政策、推进税收改革、优化纳税服务作为工作重心，全面落实营业税起征点调高、小型微利企业所得税优惠、重点群体创业就业税收优惠、产业优化升级税收优惠、科技服务业发展营业税税收优惠等政策，全年减免税额近8亿元；推进营改增试点，2015年上半年试点纳税人减税21.64亿元。省国税局全面规范税收办理与进户执法，推进多元办税，大幅度提高办税效率，即办事项达到73%，精简事项报送资料39%，压缩办理环节62%，缩减办理时限56%。省财政厅会同省发改委、省人社厅等相关部门取消9项行政事业收费（其中包括3项一级项目），对小微企业免征土地证书工本费等23项行政事业性收费、教育附加费等5项政府性收费等，每年预计减轻企业负担10亿元。省质监局暂停征收工业产品生产许可证审查费，对小微企业免征组织机构代码证书费等8项收费，同时降低检验检测收费标准，每年可为企业减少成本近1亿元。长沙海关取消积极海关预归类服务等收费项目，支持企业出口减免税、退税，1-9月办理减免税1615批次，减免税款2.78亿元，促成国家将湖南硬质合金出口退税率由9%提升至13%。

（三）大力推进创业创新，增强非公有制经济和中小企业发展活力

一是加强创业创新平台建设。省发改委着力推进“135”创新创业工程，省科技厅积极发展高新技术产业集群，省经信委加快小型微型企业创业基地建设步伐、实施中小企业“专精特新”发展行动，省人社厅大力推进创业型城市、创业示范基地和创业孵化基地建设，省国土厅加大新产业新业态土地供应，省质监局促进起重机械、烟花爆竹两个国际标准化组织和20个全国专业标准化技术委员会（秘书处）落户我省。全省已认定5个省级创业城市、17个特色产业园、4个国家级小型微型企业创业基地、73家省级中小微企业创业基地、431家创业孵化基地，新增3个企业国家重点实验室、16个省重点实验室、25个升级工程技术研究中心，国家级高新区达到6个、省级高新区9个，高新技术企业1817家，其中90%以上是非公有制企业和中小企业。长沙市出台加速转型创新法制的33条意见，并获批列入国家智能成套装备产业区域集聚发展试点和全国首批15个小微企业创业创新基地城市示范试点；长沙国家高新区获批成为国家首批25家科技服务业区域单位试点。株洲市建立规模为1亿元的科技成果转化基金，引进微软研究中心，建设动力谷自主创新园。湘潭市与深圳清华大学研究院合作共建长株潭清华创新中心。衡阳市培育创业基地23个，入驻企业500余家，孵化企业66家。常德市引进浪潮集团投资30亿元新建云计算中心，开展智慧城市建设。全省大众创业、万众创新基础不断夯实。

二是积极组织创业创新活动。省委统战部、省工商联牵头，会同省委宣传部、省经信委、省人社厅在全省组织创新创业先进典型巡回报告活动100场，企业家作报告588人次，现场听众4万余人；团省委等部门举办“挑战杯”湖南省大学生课外学术科技作品竞赛活动、湖南省青年创业创新大赛；省经信委组织市州、县市区和服务机构开展“双创活动周”活动，指导和支持潇湘晨报举办“2015年创富V计划暨湖南创新创业大赛”；省科技厅举办第四届中国创新创业大赛（湖南赛区）暨第二届湖南省创新创业大赛。益阳市、邵阳市分别举办青年创新创业大赛，取得积极反响。各种形式的创业创新活动有力地激发了全省上下创业创新的热情与活力，在社会掀起“大众创业、万众创新”的新浪潮。

（四）精准开展公共服务，帮助非公有制经济和中小企业提质增效

一是加强公共服务体系建设。省经信委积极培育和扶持技术创新、检验检测、仓储物流、人才培训、管理咨询、市场开拓等中小企业公共服务平台和服务机构，通过投资补助、服务后补助和政府购买服务等方式，支持公共服务平台和服务机构改善条件，拓展功能，为中小微企业提供优质服务。构建了覆盖14个市州、17个产业、122个县级窗口的中小企业公共服务平台网络，其中21家公共服务平台被认定为国家中小企业公共服务是示范平台。目前平台网络已聚集服务机构3902家（全国排名第二），服务产品6237个（全国排名第三），入库中小微企业67054家（全国排名第二）。

二是开展能力提升服务活动。各部门针对非公有制经济和中小企业人才缺乏、管理水平不高、融资能力较弱、法律意识不强等情况，进一步转变职能，积极开展各种服务活动，帮助提升素质和能力，增强发展后劲。省科技厅组织实施“科技领军人才培养计划”、“引进海外高层次人才百人计划”、“企业科技创新创业团队支持计划”等创新创业人才项目。省农委加大农产品加工龙头企业培育力度，全省新增规模以上农产品加工企业300家。省人社厅组织开展各类职业培训71.26万人次、创业培训8.83万人次。省教育厅积极发展职业教育，促进校企合作，为非公有制经济和中小企业输送技术技能人才33.9万余人。省委统战部、省工商联举办各种法律宣传培训活动和金融改革创新活动。省经信委举办中小企业"腾飞杯"管理升级活动，实施"携手行动2015—企业家志愿者助力小微企业大型公益活动"，帮助小微企业突破管理瓶颈。

三是促进市场开拓与对外交流。各有关部门加强引导和支持，帮助非公有制经济和中小企业"走出去"，缓解国内市场需求低迷困境，加大国际市场开拓力度。省商务厅努力扩大非公有制经济外贸经营主体，新增备案外贸非公企业500多家；积极支持优秀非公企业参与广交会、华交会、中国—东盟博览会、亚欧博览会等重点展会，前10月我省有进出口实绩的非公企业2852家，比上年同期增加288家。省工商联、省商务厅、邵阳市人民政府承办湖南经济合作洽谈会暨第七届湘商大会，197家境内外湖南异地商会负责人参会，发布重点招商项目470个，签约97个，总投资700亿元。省经信委组织举办"湖南—新疆吐鲁番中小企业对接会"、第十一届湘台经贸交流合作会"互联网+"促中小企业转型发展论坛。

组团参加第十二届中国中小企业博览会、APEC技展会，帮助中小企业开拓国内外市场。

二、2016年全省非公有制经济和中小企业工作要点

（一）工作目标

促进非公有制经济和中小企业发展政策进一步完善落实，发展环境进一步优化，发展质效进一步提高，发展后劲和活力进一步增强。2016年，全省非公有制经济完成增加值比上年增长9%左右，中小企业完成增加值比上年增长8.5%左右，新创办小微企业4万家以上。

（二）总体思路

紧紧抓住中国制造强国建设战略机遇，深入贯彻落实中央和省委经济工作会议、全国工业和信息化工作会议精神，以促进非公有制经济和中小企业转型升级为主线，以落实政策、优化环境、完善服务、提升素质为重点，引导中小企业专精特新发展，提升非公有制经济和中小企业的发展质量和水平。

（三）工作重点

1.以促进扶持政策贯彻落实为重点，优化非公有制经济和中小企业发展环境。继续深入开展"扶持小微企业专项行动"和政策落实年活动，立足新媒体开展形式多样的"送政策到企业"活动，为中小企业提供全方位的政策咨询辅导服务。组织开展中小企业和非公有制经济扶持政策贯彻落实督查活动，确保惠企业政策落地。以国家中小企业发展基金的设立为契机，积极向国家推荐国家中小企业发展基金（地方）管理机构。

2.以促进转型升级为重点，引导中小企业"专精特新"发展。出台《湖南省促进中小企业转型升级的实施意见》，按照培育催生一批、培养壮大一批、改造提升一批、重组淘汰一批的要求，调整优化全省中小企业结构，培育提升中小企业竞争力。贯彻落实"中小企业专精特新发展专项行动计划"，促进中小企业专业化、精细化、特色化、创新化发展。进一步推进中小企业信息化建设，引导中小企业与信息服务商对接，在生产、管理、研发、营销等各个环节加强信息化应用，促进两化融合，实现企业转型升级。继续深入开展管理升级活动，采取共性需求政府购买与个性需求市场对接相结合、集中辅导与深度服务相结合、线下服务与在线考评相结合的方式，引导中小企业建立现代管理制度，提升管理水平和经济效益。推进中小企业"银河培训工程"，加强中小企业人才培训，提升中小企业整体素质，继续与北京大学、人民大学等高校合作，举办中小企业高级管理人才培训班，与美国、德国的培训机构合作，举办境外智能制造、软件与集成电路培训班。组织举办"湖南省中小企业创新博览会"，展示中小企业创新成果，推介"专精特新"示范企业和创新产品。

3.以精准服务为重点，加快完善中小企业服务体系。进一步发挥省中小企业公共服务平台的核心枢纽作用，提升整合资源、活动引领、运营管理、可持续发展能力，广泛组织开展"精准服务进园区"、"精准服务进企业"活动。进一步加快市州中小企业公共服务平台建设进度，提高平台窗口、"96871"等综合接待协调处理能力。进一步支持产业窗口服务平台拓展服务功能，发挥平台资源优势，对中小企业在产业政策、精益生产、产品研发、技术创新、情报交流、品牌创建等提供多环节、全领域、深层次的专业服务。加快探索县市区、工业园区中小企业公共服务平台建设模式，遴选、培育一批县级中小企业公共服务示范平台，总结

推广经验，为全省中小企业公共服务平台网络全覆盖打基础。加大培育、扶持中小企业社会化服务机构力度，修订《湖南省中小企业核心服务机构管理办法》，复核、认定、规范管理省级中小企业核心服务机构，鼓励、支持、引导中小企业社会化服务机构，从“简单型、咨询型”向“复合型、创新型”转变，立足自身优势，创新服务方式、服务产品和服务手段，深入工业园区、中小企业开展法律法规、财经管理、金融投资、电子商务、人才培训、市场开拓等领域的精准服务。积极支持工业物流企业、物流园、物流平台的建设，提高社会化、专业化发展水平。

4.以提高创业基地服务能力建设为重点，推进大众创业万众创新。建立和完善中小微企业创业基地运行管理系统，推动创业基地信息化建设和规范化管理；鼓励和支持创业基地加强服务能力建设，创新创业基地运营管理模式，提升创业基地对小微企业创立、孵化、加速、发展等全生命链的辅导、服务水平。积极培育国家小型微型企业创业创新示范基地；加强创业创新宣传，积极开展创业创新竞赛，宣讲解读创业创新政策，树立创业创新先进典型，营造浓厚创业创新氛围。加强调研、总结长沙市国家小微企业创业创新基地城市示范工作经验，积极推广成功的做法和管理模式，推动全省大众创业万众创新上新的水平。

5.以中小企业信用担保体系建设为重点，着力缓解融资难融资贵问题。一是完善银担合作机制。推动构建可持续的银担商业合作模式，确保审批成立的融资担保公司能够与银行机构顺利开展贷款担保业务，推动建立银担合作风险分担机制。二是完善政策性融资担保机构财政扶持机制。加大财政投入力度，扩大省中小企业发展专项资金规模，加大对小微企业和“三农”融资担保业务奖励的力度。适时设立代偿补偿资金账户，鼓励再担保机构对融资担保机构开展的单户500万元以下的小微企业融资担保业务进行代偿分担。三是建好中小企业融资超市。不断完善融资超市服务功能，扩大服务覆盖面，构建省、市、县及园区多层次政府主导公益性的融资服务平台。四是继续深化与银行机构的合作。鼓励银行创新服务产品，扩大对中小企业的信贷规模，创新政银企合作机制，推广“助保贷”信贷模式，推动县市区和园区建立统贷平台。五是不断拓宽中小企业融资渠道。支持中小企业通过多层次资本市场、互联网金融、股权众筹、票据、债券、信托等多渠道融资，鼓励开展应收账款质押融资、供应链融资、贸易融资等，引导有条件的地方设立中小企业“过桥”资金。六是举办全省中小企业融资服务创新产品推介会。推介湖南省中小企业融资超市，建立“互联网+”促中小企业融资机制；组织银行机构、证券、保险、股权投资、融资租赁、互联网金融等各类融资服务机构，推介为中小企业融资服务的新产品、新模式，扩大中小微企业融资可获得性。

6.以充分利用两种资源两个市场为重点，加快中小企业走出去步伐。一是落实我委与台湾工业总会签署的《加强湖南与台湾中小企业交流合作框架协议》，组织部分中小企业赴台湾考察交流，加强湘台经济合作，促进中小企业转型发展。二是组织中小企业参加在广州举办的第十三届中国中小企业博览会、参加在深圳举办的第九届APEC中小企业技术交流暨展览会，推介我省中小企业“专精特新”创新产品，推动中小企业加快“走出去”步伐。三是配合有关方面做好我省中小企业与台湾电电公会的交流对接以及“埃塞俄比亚•湖南装备制造合作园区”建设协调等相关工作。

7.以完善长效机制为重点，抓好基础工作。充分发挥省促进非公有制经济和中小企业发展工作领导小组办公室的作用，修订“促进非公有制经济和中小企业发展工作考核奖励办法”，完善政策落实第三方评估机制、非公企业问题交办机制，促进全省非公有制经济和中小企业持续健康发展。进一步加强非公有制经济和中小企业统计运行监测分析工作，建立完善省、市、县三级非公有制经济和中小企业运行监测分析工作制度。加强与省工商联的合作，进一步完善“厅际合作机制”。加强中小企业队伍建设和党风廉政建设，组织市县两级中小企业服务中心、窗口平台负责人培训，提升工作人员业务素质，切实转变工作作风，增强工作的凝聚力和战斗力。

广东省

广东省人民政府关于创新完善中小微企业投融资机制的若干意见

粤府〔2015〕66号

各地级以上市人民政府，各县（市、区）人民政府，省政府各部门、各直属机构：

中小微企业是国民经济的重要组成部分，促进中小微企业健康发展，是稳增长促改革调结构惠民生防风险的重要举措。为深入贯彻落实国务院关于扶持中小微企业发展的决策部署，创新完善中小微企业投融资机制，切实缓解其面临的融资难、融资贵问题，现提出以下意见：

一、建立省中小微企业信用信息和融资对接平台。

按照统一系统、分市建设的模式，加快建设“省中小微企业信用信息和融资对接平台”，实现中小微企业的信用信息查询、信用评级、网上申贷以及融资供需信息发布、撮合跟进，推进各级政府部门以及为中小微企业融资服务的银行、保险公司、担保公司、小额贷款公司等金融机构共享信用评级及有关信息。各地级以上市政府要建设完善全市互联互通的政务信息资源共享平台，并与省信用信息和融资平台对接。具体建设方案由人行广州分行会同省经济和信息化委、财政厅另行制定。（人行广州分行牵头，省经济和信息化委、财政厅、省直有关部门、各地级以上市政府参与）

二、设立省中小微企业发展基金。

省财政安排专项资金，同时争取国家中小企业发展基金支持，吸引民间资本参与，共同设立省中小微企业发展基金；鼓励各地和有条件的金融机构出资设立子基金，以股权投资方式支持先进制造业、现代服务业、战略性新兴产业领域的中小微企业。各级财政出资部分，在退出时将50%的净收益依法让渡给基金的其他发起人。具体实施办法由省经济和信息化委牵头会同省财政厅另行制定。（省经济和信息化委牵头，省财政厅、有关地级以上市政府参与）

三、大力发展创投、风投等基金。

参照国家新兴产业创业投资引导基金运作模式，积极用好广东省战略性新兴产业创业投资引导基金，支持创办战略性新兴产业和高技术中小微企业，引导社会资本重点支持智能制造、高端装备、生物医药、新能源、节能环保等新兴产业领域的初创期中小微企业，基金退出时财政出资部分将50%的净收益依法让渡给其他投资方。提升省级创业投资引导基金使用绩效，鼓励各地设立一批产业投资基金和创业投资引导基金。充分发挥粤科金融集团有限公司、粤财投资控股有限公司、恒健投资控股有限公司等省属企业平台作用，壮大创投、风投及天使基金规模。鼓励和引导民间资本进入创业投资、私募股权投资、风险投资领域。依托产业园区、高新区、孵化器集群区引导各类基金集聚发展。（省发展改革委、财政厅牵头，省经济和信息化委、科技厅等部门参与）

四、完善中小微企业信贷风险补偿机制。

省财政安排专项资金，支持地级以上市设立中小微企业信贷风险补偿资金，对提供中小微企业融资服务的银行、担保、保险等机构给予贷款风险补偿。引导银行对重点产业集群、大型龙头企业上下游产业链、商圈等中小微企业集聚群体提供批量贷款，中小微企业信贷风险补偿资金提供增信支持。（省经济和信息化委牵头，省财政厅、人行广州分行、广东银监局、广东保监局、有关地级以上市政府参与）

五、建立健全中小微企业融资政策性担保和再担保机构。

省市财政安排专项资金，吸引民间资本参与，在各地级以上市分别建立1~2家政府主导的中小微企业政策性担保或再担保机构。支持各地级以上市现有政策性担保机构增加资本金。遴选试点合作银行，对政策性担保机构担保的中小微企业贷款，协商执行不高于上年度全省银行贷款的加权平均利率；政策性担保机构向中小微企业收取的担保费年化费率不超过2%，不收取贷款保证金。放宽政策性担保和再担保机构的业绩考核容忍度，财政资金净收益全额让渡给担保机构的其他投资方。省财政安排专项资金继续注资省再担保公司。省再担保公司开展中小微企业再担保业务的比例不低于60%，继续鼓励民间资本和外资依法进入融资担保行业，强化民营融资担保机构信用及风险管理，构建健康协调的银担关系。探索由规模较大、实力较强、规范稳健、具有一定品牌影响力的融资性担保机构发起组建专门服务中小微企业的金融集团。（省经济和信息化委牵头，省金融办、财政厅、人行广州分行、广东银监局、各地级以上市政府参与）

六、大力发展小额贷款保证保险业务。

发挥信用保证保险的融资担保和增信功能，遴选一批保险公司和银行，对中小微企业开展小额贷款保证保险融资服务。支持地级以上市设立小额贷款保证保险资金，对投保贷款保证保险的中小微企业，资金按一定比例补贴保险费用，对产生不良贷款的本金损失部分，保险公司、银行和资金按比例共同分担。具体实施办法由省金融办牵头会同有关部门另行制定。（省金融办牵头，省经济和信息化委、财政厅、人行广州分行、广东银监局、广东保监局、有关地级以上市政府参与）

七、强化银行机构对中小微企业的融资服务。

支持银行业金融机构加强中小微企业金融服务专营机构建设，拓展中小微企业信贷产品和创新服务方式，落实国家有关指标要求，单列小型微型企业信贷计划，实现小微企业贷款增速不低于全部贷款平均增速，小微企业贷款户数不低于上年同期户数，小微企业申贷获得率不低于上年同期水平。对获得人民银行每年小微企业信贷导向效果评估前三名的金融机构给予奖励。突出抓好地方金融机构对中小微企业的融资服务。人行广州分行新增支小再贷款额度，对符合条件的地方法人金融机构给予支小再贷款额度支持。支持符合条件的产业资本、民间资本依法发起设立民营银行、村镇银行、集团财务公司、金融租赁公司、消费金融公司等新型金融机构，强化小金融机构主要为中小微企业服务的市场定位，针对中小微企业经营特点和融资需求特征创新产品和服务。（人行广州分行、广东银监局牵头，省经济和信息化委、财政厅、金融办参与）

八、开展中小微企业转贷方式创新试点。

降低中小微企业“过桥融资”成本。鼓励各地级以上市设立中小微企业转贷资金池，引导社会资本参与，对试点银行审核符合续贷条件的中小微企业，由资金池提供转贷周转资金。支持银行在风险可控的情况下，通过提前进行续贷审批、设立循环贷款、合理采取分期偿还贷款本金等措施，提高转贷效率，减轻中小微企业还款压力。（各地级以上市政府、省金融办、人行广州分行、广东银监局负责）

九、积极稳妥发展小额贷款。

省财政安排专项资金，对小额贷款公司的小微企业贷款给予一定比例的风险补偿。各地政府对新设金融机构实行的财政补助奖励，将小额贷款公司列入奖励范围。鼓励优质小额贷款公司开展创新业务、提高融资比率、跨县域经营。简化小额贷款公司信贷资产证券化发行程序，降低发行费用。支持有实力的电商企业发起设立互联网小额贷款公司。（省金融办牵头，省财政厅、人行广州分行参与）

十、支持中小微企业利用多层次资本市场融资。

充分发挥广州、深圳前海、广东金融高新区等区域性股权市场作用，支持其通过在其他地区设立运营中心或服务机构，实现“四板”市场全省全覆盖，方便中小微企业直接融资。鼓励区域性股权市场运用信用信息和融资平台的信用评级，简化企业挂牌手续。在区域性股权市场推出“广东省高成长中小企业板”、“科技板”、“青创板”等，为中小微企业提供多元化融资和股权转让服务。引导区域性股权市场与新三板、创业板、中小板等加强对接，建立科学合理的转板机制，对能够达到新三板挂牌或创业板、中小板上市标准的企业进行重点培育、孵化，条件成熟后推荐转板。（省经济和信息化委牵头，省科技厅、金融办、广东证监局参与）

十一、拓宽中小微企业发债融资渠道。

重点依托区域性股权市场为中小微企业发行私募债，省再担保公司和各市政策性担保机构对中小微企业发行私募债予以担保增信。依托大型骨干企业发行供应链票据，对为其产业链配套的中小微企业提供融资，人行广州分行对相关贷款机构给予信贷额度、再贴现、准备金等货币政策支持。以各类产业基地（园区）、高新区和专业镇等为平台发行中小微企业区域集优债、区域集优票据、小微企业增信集合债。鼓励省市创投企业发行创投债。省财政安排专项资金对中小微企业发债融资给予支持。（人行广州分行、广东证监局牵头，省发展改革委、经济和信息化委、财政厅、金融办参与）

十二、依托互联网金融扩大中小微企业直接融资。

允许以第三方支付、点对点网络贷款（P2P）、众筹平台等为代表的互联网金融企业，在注册企业名称或营业范围中使用“互联网金融信息服务”、“互联网金融”等字样。开展互联网股权众筹试点，在区域性股权市场建设股权众筹交易板块，实现中小微企业股权众筹的登记确认和流转交易。支持供应链龙头企业为中小微企业提供包含融资在内的综合服务。规范发展互联网金融平台，切实防范金融风险。（省金融办牵头，省工商局、人行广州分行、广东银监局、广东证监局、各地级以上市政府参与）

十三、支持开展中小微企业设备更新融资租赁。

大力发展设备更新融资租赁，支持中小微企业固定资产融资。实行融资租赁设备产品目录制管理，省财政安排专项资金，对融资租赁公司向中小微企业租赁目录中设备的，按租赁合同设备投资额的一定比例给予贴息。（省经济和信息化委牵头，省财政厅、商务厅参与）

十四、加大对中小微企业票据贴现支持力度。

遴选3家银行设立“广东省中小微企业小额票据贴现中心”，对中小微企业持有的小额商业汇票进行贴现，人行广州分行对票据贴现中心优先办理再贴现，并根据贴现业务量安排再贴现额度，专项用于中小微企业融资。（省经济和信息化委、人行广州分行牵头，广东银监局参与）

十五、试点利用跨境人民币贷款支持中小微企业融资。

依托广东自贸试验区的政策优势，探索推动区内中小微企业按规定从境外借用人民币资金，促进中小微企业对外融资便利化。探索拓宽跨境人民币贷款的资金来源和使用范围，将放款主体扩大至境外金融机构，贷款用途向中小微企业融资倾斜。（人行广州分行牵头，省自贸办参与）

十六、激活中小微企业抵质押物。

盘活批而未供土地转用指标，对科技型、资金密集型、高成长中小微企业优先安排用地指标，简化土地使用权证办理手续。加快建立不动产统一登记制度，规范不动产权评估机构，探索设立评估、交易、处置平台。完善知识产权质押登记管理办法，发布知识产权质押评估技术规范。鼓励银行和融资性担保机构开展新型抵质押融资，各市政策性担保机构给予担保增信。具体实施办法由各牵头部门另行制定。（省国土资源厅、知识产权局牵头，省住房城乡建设厅、农业厅、林业厅、工商局、海洋渔业局参与）

十七、建立中小微企业投融资纠纷快速调解机制。

建立适应中小微企业涉案资产少、处置时限短的快速调解和处理纠纷的法律服务机制，加大对逃废债务等各类违法违规行为的打击力度。加强对中小微企业的司法救助力度，省财政支持设立国家司法救助专项资金，研究将确有困难的中小微企业纳入缓、减、免交诉讼费等司法救助范围。加强对中小微企业的法律服务。建立中小微企业投融资投诉平台。（省司法厅牵头）

十八、加大对中小微企业投融资的财政资金支持。

2015年至2017年，省财政统筹安排专项资金66亿元，主要运用于设立中小微企业发展基金，开展股权投资，安排支持小额贷款、担保、风险补偿等专项资金，并综合运用业务补助、增量业务奖励、贴息、代偿补贴、创新奖励等方式，发挥财政资金的杠杆效应，引导和带动更多的社会资本支持中小微企业投融资。（省财政厅牵头，省经济和信息化委、金融办参与）

广东省人民政府

2015 年 7 月 3 日

广东省人民政府办公厅关于印发广东省促进民营经济大发展若干政策措施的通知

粤府办〔2016〕58号

各地级以上市人民政府，各县（市、区）人民政府，省政府各部门、各直属机构：

《广东省促进民营经济大发展的若干政策措施》已经省人民政府同意，现印发给你们，请认真组织实施。实施过程中遇到的问题，请径向省经济和信息化委反映。

广东省人民政府办公厅

2016年6月21日

广东省促进民营经济大发展的若干政策措施

民营经济是推动我省经济发展的重要力量，在稳定增长、促进创新、增加就业、改善民生等方面具有不可替代的作用。为全面贯彻落实党的十八大和十八届三中、四中、五中全会及习近平总书记系列重要讲话精神，毫不动摇地鼓励、支持和引导我省民营经济发展，现制定以下政策措施：

一、着力缓解民营企业融资难融资贵

（一）创新完善中小微企业融资机制。落实《广东省人民政府关于创新完善中小微企业投融资机制的若干意见》（粤府〔2015〕66号），确保各项措施惠及中小微企业。2016年底前建成全省中小微企业信用信息和融资对接平台，中小微企业政策性融资担保机构、信贷风险补偿资金基本覆盖全省各地级以上市。注资省中小企业信用担保代偿补偿资金，支持中小微企业融资。鼓励大型民营骨干企业发起设立民营银行，重点向上下游产业链配套的小微企业提供融资服务。用好国家和省中小企业发展基金，支持先进制造业、现代服务业、战略性新兴产业等领域民营企业做大做强。（省经济和信息化委、财政厅、金融办、人行广州分行、广东银监局负责）

（二）支持直接融资。支持民营企业在广州、深圳前海、广东金融高新区等省内区域性股权市场挂牌和转板到主板、中小板、创业板及新三板上市融资。鼓励科技股权众筹，对新注册的科技股权众筹平台以及科技创业项目通过科技股权众筹平台成功融资的，各级财政视财力情况给予一定比例补助或奖励。（省金融办、科技厅、财政厅负责）

（三）创新发展动产登记融资。引导大型骨干企业应用中征应收账款融资服务平台确认应付账款，支持其上游中小微企业开展应收账款融资。推广中征动产融资统一登记系统，完善动产权利保护制度，支持民营企业用存货、设备、知识产权、金融资产等动产融资。（省金融办、经济和信息化委、工商局、新闻出版广电局、知识产权局、人行广州分行、广东银监局负责）

二、进一步放宽和规范市场准入

（四）落实企业投资项目负面清单。严格执行我省企业投资项目负面清单管理制度，定期调整公布企业投资项目负面清单，对投资负面清单外项目区别不同情况实行承诺准入和告知性备案管理。（省发展改革委负责）

（五）严禁擅自设置市场准入门槛。对企业投资项目负面清单中核准准入、投资承诺准入类项目，不得以制定规范性文件、印发会议纪要、公布歧视性招标公告等任何形式设置或提高民间资本的准入门槛。（省发展改革委负责）

（六）建立民营企业市场准入投诉协调解决机制。省民营企业投诉中心开通全省统一号码的投诉热线电话，针对民营企业反映的市场准入不公平等问题，建立并逐步完善投诉协调解决机制，督促责任主体进行整改，对因渎职、失职行为侵犯民营企业合法权益的，交由纪检监察部门、司法机关依纪依法处理。（省工商联、监察厅负责）

三、完善公共服务体系

（七）健全公共服务平台。出台中小企业服务中心建设指导意见，建立健全省、市、县三级服务中心体系。对省级公共技术服务示范平台直接购买或通过融资租赁等方式购买检验检测设备的，省财政给予一定比例补助或贴息。（省经济和信息化委、科技厅、财政厅负责）

（八）支持公共服务平台解决建设用地。各地每年安排一定比例的用地计划用于公共服务平台建设。将物流园区建设纳入城市总体规划，提供尽可能便利的交通条件，支持按规定调整用地性质、提高容积率。支持行业领军企业牵头建设产业转型升级基地，在符合规划报建和房产测量规范前提下，允许基地内研发用房和生产用房产权分割。（省住房城乡建设厅、国土资源厅、交通运输厅、商务厅，各地级以上市政府负责）

（九）发放中小微企业服务券。向中小微企业发放服务券，对中小微企业获得国家级和省级中小企业公共服务示范平台人才培训、投资融资、技术创新、管理咨询、市场开拓等服务的，各级财政视财力情况给予一定补贴。（省经济和信息化委、财政厅负责）

（十）支持民营企业内部创业创新。支持民营企业根据内部创业创新需要建设企业孵化器，重点孵化相关领域上下游企业或促进企业内部孵化，各级财政视财力情况给予一定补助或奖励。鼓励民间资本设立创业投资资金，重点投向孵化器内科技型中小微企业，对孵化器内创业投资失败项目，各级财政视财力情况按规定给予一定比例补偿。（省科技厅、财政厅负责）

（十一）完善创业创新培育服务。实施省新兴产业“双创”示范基地三年行动计划，2017年底前国家级和省级新兴产业“双创”示范基地达10家以上。支持民营企业与高校、科研院所等建立合作机制，建设制造业创新中心。支持民营企业与军工单位开展研发合作，对承担军工科研项目的民营企业，各级财政视财力情况给予一定补助。支持符合条件的高校、科研院所研究人员带科研项目和成果创办企业，给予保留基本待遇。完善促进科技成果转化机制，搭建省科技成果转化公共服务平台。（省经济和信息化委、发展改革委、科技厅、财政厅、人力资源社会保障厅负责）

（十二）强化知识产权的创造和运用。对小微企业首件发明专利授权的申请费、代理费给予全额补贴，对年授权发明专利达10件以上、增长率超过30%的中小微企业给予奖励。开展企业发明专利巡回审查及优先审查，面向民营企业培育认定一批专利审查员实践基地，组织和引导企业建立产业知识产权联盟。鼓励有条件的地市对民营企业优秀自主知识产权给予一定资助，对主导制定国际、国家、行业标准的民营企业给予奖励，对民营企业境外商标注册申请人给予资助。（省知识产权局、财政厅、工商局、质监局负责）

（十三）完善人才培训服务。将民营经济人才培训纳入省培训计划。支持技工院校与民营企业开展校企合作，建立实训基地，共建重点专业，实行技能人才定向培养、联合培养。实施民营企业“十百千万”培训工程，每年选送一批民营企业家到国内外知名高校进修培训。支持我省民营企业引进的海外人才申报国家“外专千人”计划、国家和省高端外国专家等项目。（省经济和信息化委、人力资源社会保障厅、工商联负责）

（十四）加大司法救助力度。加强“12348”公共法律服务热线及中小微企业法律服务平台建设，支持各地建立小微企业律师服务团等公益性法律服务组织，整合律师事务所、公证处等各类法律服务主体，开展线上线下法律服务，将确有困难的民营企业的律师费、公证费、司法鉴定费等法律服务费用纳入救助范围。（省司法厅、经济和信息化委、财政厅负责）

四、扶持民营企业做大做强

（十五）支持“个转企”、“小升规”。个体工商户转型为企业的，允许保留原字号和行业特点；对转型后办理土地使用权更名和房屋、设备等所有权更名时，投资主体、经营场所、经营范围不变的，免收交易手续费。对促进小微企业升级为规模以上企业成效显著的地区，各级财政视财力情况给予奖励。（省经济和信息化委、财政厅、农业厅、商务厅、工商局、统计局负责）

（十六）支持科技型中小企业加快发展。支持科技型中小企业研发行业关键技术或关键创新产品，对其研发及中试阶段科研费用，各级财政视财力情况给予一定补助。对纳入省高新技术企业培育库的企业，各级财政视财力情况按规定给予一定补助或奖励。（省科技厅、财政厅负责）

（十七）支持发展大型民营骨干企业。遴选并重点培育一批大型民营骨干企业。“十三五”期间，对首次入评“中国500强”、“中国民营500强”的民营企业，以及年销售收入首次达到1000亿元、500亿元、100亿元的民营企业，省财政分别给予奖励，支持民营企业建立中央研究院、开展品牌宣传等。（省经济和信息化委、财政厅、工商联负责）

（十八）支持民营企业升级改造。落实《广东省人民政府办公厅关于推动新一轮技术改造促进产业转型升级的意见》(粤府办〔2014〕51号),省市县财政要将事后奖补资金纳入本级财政预算,确保足额到位。对投入技术改造的固定资产投资,符合固定资产加速折旧政策的,计提的折旧可计入成本费用在计算企业所得税应纳税所得额时扣除。支持民营企业应用工业机器人,对符合省级工业与信息化发展专项资金扶持条件的,按规定给予一定比例补助。鼓励规模化农业养殖企业对养殖场所进行自动化、机械化改造,加大环保配套设施投入。(省经济和信息化委、财政厅、农业厅、地税局、国税局负责)

(十九)推动民营上市企业转型升级。鼓励社会资本设立和参与广东相关产业投资基金。对具备发展成为国际国内龙头企业潜力的上市公司,按照分类指导、区别对待、精准发力、市场运作的原则,制订具体工作方案,推动其加快转型升级。(省经济和信息化委、财政厅、金融办负责)

(二十)支持民营企业"走出去"。对民营企业境外投资、对外承包工程等,各级财政根据其前期投入视财力情况给予一定比例补助。对民营企业为降低境外项目风险而支出的海外投资保险保费、融资信用担保费用,各级财政视财力情况给予一定比例补助。对通过建立"走出去"公共服务平台或专业合作联盟,为民营企业"走出去"提供法律、税收、投资环境等综合信息服务的企业或机构,各级财政视财力情况给予一定奖励。继续办好中国国际中小企业博览会,为民营企业"走出去"搭建良好平台。(省商务厅、经济和信息化委、财政厅、农业厅负责)

五、强化服务保障

(二十一)提升政务服务水平。进一步提高省网上办事大厅的便民服务水平,加快完善省网上办事大厅手机版功能,积极拓展工商、税务、质监等面向企业的服务事项;建设完善网上统一申办受理平台,实现一网受理、分类审批、限时办结;加快推进行政审批标准化,2016年底前基本完成省市县三级行政审批事项标准编写录入工作;力争2017年底前开通全省民营企业专属网页。支持专业机构建设专业化、市场化的政府扶持政策网上"搜索引擎",扩大政策宣传面。积极推广"互联网+易通关"改革,构建公平、开放、协作、安全的新型通关模式。(省经济和信息化委、编办、商务厅、农业厅、工商局负责)

(二十二)切实减轻民营企业负担。认真落实国家税费改革措施和《广东省供给侧结构性改革降成本行动计划(2016-2018年)》。按国家部署全面推进营业税改增值税,确保所有行业税负只减不增。从2016年3月1日起,失业保险单位费率下调到0.8%;从2016年下半年起,推进基本医疗保险城乡一体化,逐步将基本医疗保险单位费率下调到5.5%左右;从2016年10月1日起,全面实现省定涉企行政事业性收费"零收费"。(省财政厅、发展改革委、人力资源社会保障厅、国土资源厅、住房城乡建设厅、地税局、国税局负责)

(二十三)加大财政支持力度。2016-2018年,各级财政统筹安排各类资金,综合运用多种支持方式,积极发挥财政的杠杆效应,引导和带动全省民营经济发展工作。(省财政厅、经济和信息化委负责)

(二十四)弘扬民营企业家精神。充分发挥主流媒体的舆论导向作用,积极宣传民营经济发展先进典型,深入解读国家和省促进民营经济发展的政策措施。每年召开一次粤商大会,表扬过去一年首次获得世界级、国家级奖项的民营企业,每两年表彰一批优秀中国特色社会主义事业建设者。(省经济和信息化委、人力资源社会保障厅、工商局、工商联负责)

(二十五)加强督查督办。各地、各有关部门促进民营经济大发展政策措施落实工作,列入省政府督办事项。省经济和信息化委每年会同省统计局等部门制定全省和各地级以上市民营经济发展目标,评估通报各地级以上市目标完成情况,对目标完成情况好的市给予奖励。建立政府部门联系重点民营企业制度,每年走访联系两次以上,协调解决实际问题。(省府办公厅,省经济和信息化委、统计局,各地级以上市政府负责)

广西壮族自治区

广西壮族自治区人民政府关于千方百计做好稳增长工作的意见

桂政发〔2015〕19号

各市、县人民政府，自治区人民政府各组成部门、各直属机构：

2015年一季度，我区经济开局总体平稳，但受复杂严峻的国内外环境影响，制约经济平稳运行的困难和问题仍然较多，经济下行压力持续加大。为贯彻落实中央和自治区关于稳增长工作的重要决策部署，切中要害，精准发力，确保经济运行保持在合理区间，全面完成全年各项目标，现提出如下意见。

一、以简政放权简化审批为抓手优服务

（一）精简行政审批事项。取消下放调整150项以上行政审批事项。9月底前，全面清理自治区设定的非行政许可审批事项，进一步规范行政审批事项“接、放、管”工作。（责任单位：自治区编办、法制办、政务服务监督管理办公室等部门）

（二）公开权力清单。6月底前，自治区梳理公开第一批（14个部门）权力清单，切实推进简政放权。9月底前，完成自治区本级各部门的权力清单和责任清单清理和公开工作。（责任单位：自治区编办、法制办、政务服务监督管理办公室等部门）

（三）改革商事制度。落实注册资本登记制度改革、“先照后证”改革，放宽企业名称登记条件和企业住所登记条件，降低市场准入门槛。积极推进工商营业执照、组织机构代码和税务登记“三证合一”和“一照一号”登记制度改革，简化办证程序，缩短办理时限。推行企业注册“全城通、就近办”登记制度改革，年内在桂林市试点取得经验后，在全区推开。推进电子营业执照和全程电子化管理，年内启动南宁、桂林、北海、防城港等市试点工作。（责任单位：自治区工商局、发展改革委、质监局、国税局、地税局、政务服务监督管理办公室）

（四）优化项目审批流程。颁布出台政府核准的投资项目目录（广西壮族自治区2015年本），进一步缩小核准范围，下放核准权限。建立自治区层面重大项目审核“快速通道”，二季度开展2次、下半年开展4次重大项目联合审批活动；对符合条件的重大项目实行“随报随审”。推动用地（用海）预审、规划选址、环评（海上环评）审批、节能审查等审批权限与投资项目审批核准事项同步下放，年底前建成投资项目在线审批监管平台，加快实现网上并联审批。（责任单位：自治区发展改革委、国土资源厅、住房城乡建设厅、环境保护厅等部门）

二、以重大基础设施建设为载体扩投资

（五）细化落实投资任务。将全年固定资产投资目标落实到各市各行业，落实责任主体，明确进度节点，采取强有力措施层层抓好落实，其中季度目标为：二季度完成投资4635亿元，上半年累计7090亿元，完成全年任务的46%；三季度完成投资3390亿元，前三季度累计10480亿元，完成全年任务的68%；四季度完成投资4930亿元，确保全面完成全年15410亿元的目标。（责任单位：自治区发展改革委等部门，各市县人民政府）

（六）统筹推进重大项目开竣工。重点推进“两路（铁路、公路）、两水（水运、水利）、两电（核电、煤电）、两保（民生保障、生态环保）”等重大基础设施项目建设，确保全年完成投资1417亿元，占自治区层面重大项目投资2018亿元的70%以上。其中季度目标：二季度开工北海铁山港西岗区7号—8号泊位、防城港江山半岛环岛东路扩建等47个项目，力争竣工投产梧州至贵港高速公路、第六届（梧州）园林园艺博览园等16个项目，自治区层面重大项目完成投资444亿元；三季度开工红沙核电二期、崇左至水口高速公路、柳州市中医院东院等25个项目，力争竣工桂林市西二环路、百色新山铝产业基础设施等12个项目，自治区层面重大项目完成投资545亿元；四季度开工合浦至湛江铁路（广西段）、落久水利枢纽工程等46个项目，力争竣工湘桂铁路柳州至南宁电气化改造、钦州国投煤炭码头工程等81个项目，自治区层面重大项目完成投资666亿元。（责任单位：自治区发展改革委、铁建办、交通运输厅、水利厅等部门，各市县人民政府）

（七）建立投资工程包。精准对接国家已推出的7个重大工程包和计划推出的科技创新、结构升级、文化旅游等新的重大工程包，筛选组织一批项目申报国家资金支

持，推出“一带一路”重要门户、特色产业发展、对民间投资开放等广西投资工程包。（责任单位：自治区发展改革委等部门，各市县人民政府）

（八）落实央企广西行签约项目。对各市县、企业等38家单位与中石化、中海油、华能集团、中铝、国家开发投资公司、招商局集团、华润集团、交通建设集团等32家央企签署的50个项目，认真履行各项合作协议内容，提供优质高效服务，确保项目顺利落地、尽快开工。（责任单位：自治区投资促进局、国资委、发展改革委等部门，各市县人民政府）

（九）创新投融资模式。梳理适合市场化运作、2015年和2016年可开工建设的PPP项目向社会公布，引导社会资本参与项目建设。加快落实《基础设施和公用事业特许经营管理办法》，在能源、交通运输、水利、环境保护、市政等基础设施和公共领域开展特许经营，吸引和扩大社会有效投资。加快筹备设立产业投资基金，6月底前完成珠江—西江产业投资基金组建方案。对于列入地方中期财政规划或年度财政预算确定的国家172项节水供水重大水利工程中的地方配套部分，支持农发行通过专项过桥贷款为地方开展水利、乡村道路建设提供过渡性资金安排。支持保障性住房、铁路、公路等项目建设，对于自治区批准的债券额度内且国库库款余额超过一个半月库款支付水平的市、县，允许财政按规定对到期债务本金予以垫付。（责任单位：自治区发展改革委、财政厅、住房城乡建设厅、金融办、水利厅，人民银行南宁中心支行，各市县人民政府）

（十）探索项目实施方式。对总投资200万元及以上、且政府投资占50%及以上的政府投资非经营性建设项目，原则上采取工程总承包建设模式加快进度。（责任单位：自治区发展改革委、财政厅等部门，各市县人民政府）

（十一）保障重大项目用地。自治区统筹推进的重大项目和实施“双核驱动、三区统筹”、生态扶贫异地搬迁等重大战略部署的重大投资项目，在用地指标安排、用地政策先行先试、耕地占补、用地规划调整完善、审批优先办理上提供优先保障。对列入滇桂黔石漠化范围的35个县（区），在优先保障本县（区）农民安置和生产发展用地的前提下，节余指标可在全区范围内有偿转让，收益用于扶贫生态移民。（责任单位：自治区国土资源厅、发展改革委、工业和信息化委等部门）

三、以降电价清收费为突破口减负担

（十二）降低工商业销售电价。从4月20日起，对全区一般工商业销售电价平均降低6.34分/每千瓦时。从5月1日起，对全区所有工商业用电户，暂停征收临时电力价格调节基金（1分/千瓦时）。对2015年5月1日至2016年4月30日期间新增的电力用户，免交临时接电费用。（责任单位：自治区物价局、商务厅、工业和信息化委、发展改革委等部门）

（十三）实施峰谷分时电价。先行在粤桂合作特别试验区、粤桂县域经济产业合作示范区实施峰谷分时电价，受电变压器容量在100千伏安以下且调峰能力强、对地区生产总值贡献大的企业（商场、超市、餐饮、宾馆、冷库等无法避峰用电的企业除外），可自主选择纳入政策实施范围，并择机在全区推广实施。在粤桂合作特别试验区、粤桂县域经济产业合作示范区实行与广东相邻地区相同的电价政策。（责任单位：自治区物价局、工业和信息化委、发展改革委等部门）

（十四）实施丰枯水期季节性电价。按照自愿原则，对提出申请的设区市继续执行丰枯水期季节性电价。（责任单位：自治区物价局、工业和信息化委、发展改革委等部门，各市县人民政府）

（十五）推进用电户与发电企业直接交易。合理核定电力直接交易的输配电价标准，积极推进区内符合准入条件的用电户和发电企业直接进行电力交易，降低用电户电费负担。（责任单位：自治区发展改革委、工业和信息化委、财政厅、物价局，广西电网公司等部门，各市县人民政府）

（十六）减轻企业减产停产期间基本电费负担。用户每个年度可申请全部（含不通过受电变压器的高压电动机）或部分用电容量的暂时停止用电由2次增加为4次，每次不得少于15天缩减为7天，1年累计暂停时间不得超过6个月延长为10个月。（责任单位：自治区物价局、发展改革委等部门）

（十七）对小微企业实施税收优惠。至2015年12月31日，增值税小规模纳税人和营业税纳税人，月销售额、营业额不超过3万元（含3万元）或季度销售额、营业额不超过9万元（含9万元）的，免征增值税、营业税。至2017年12月31日，对年应纳税所得额低于20万元（含20万元）的小型微利企业，其所得减按50%计入应纳税所得额，按20%的税率缴纳企业所得税；对年纳税所得额超过20万元不超过30万元（含30万元）的小型微利企业，减按20%的税率缴纳企业所得税。纳税人按期缴纳税款有困难，符合税收政策规定的，可申请延期缴纳，最长可延期3个月。

（责任单位：自治区财政厅、国税局、地税局等部门）

（十八）减轻企业和社会负担的收费。降低一批涉企收费标准，房地产网络信息服务费收费标准降低20%；产品质量监督检验收费按规定标准的90%执行。取消一批收费项目，包括征地管理费、纺织品原产地证明书费、货物原产地证书费和机动车驾驶培训许可证收费。对小微企业免征部分行政事业性收费，包括土地登记费、船舶港务费、国内植物检疫费、动物及动物产品检疫费、组织机构代码证书费、环境监测服务费、计算机软件著作权登记费、森林植物检疫费、新药审批费等42项全国性行政事业性收费；铁路运输治安联防费、道路运输证照工本费及农作物品种审定费等3项地方性行政事业性收费。暂停征收部分涉企收费，包括石油（天然气）勘查、开采登记费、矿产资源勘查登记费、采矿登记费、企业注册登记费、个体工商户注册登记费、工业产品许可证审查费、出口商品检验检疫费。（责任单位：自治区财政厅、物价局、国税局等部门）

（十九）对困难企业实施社会保险缴费政策支持。各社会保险统筹地区在确保当期社会保险待遇按时足额支付、社会保险基金不出现缺口的前提下，对生产经营困难、暂时无能力缴纳社会保险费的企业，2015年可以缓缴养老、医疗、工伤、生育保险费，缓缴期限为6个月内。失业保险费率由3%降至2%。对困难企业实施失业保险支持企业稳岗补贴支持，按该企业及其职工上年度实际缴纳失业保险费总额的50%给予稳岗补贴，所需资金从失业保险基金中列支。降低水利基金执收标准，按销售额的不同档次以0.01%~0.05%的费率缴交。（责任单位：自治区人力资源社会保障厅、财政厅、水利厅、工业和信息化委、发展改革委等部门，各市县人民政府）

（二十）降低物流运输成本。从广西北部湾经济区重大产业发展专项资金安排北部湾集装箱提升工程补助资金1亿元、海铁多式联运物流扶持资金5000万元，支持进一步降低沿海港口服务收费，对进出钦州、北海、防城港3个港口和东兴、友谊关、凭祥铁路口岸3个口岸的国际标准集装箱运输车辆减半收取车辆通行费，鼓励更多货物选择北部湾港出海。强化北部湾港车皮安排保障，对钦州、北海、防城港港口发往云贵川腹地的集装箱运费，给予最大权限的价格优惠，尽快开通防城港海铁联运和“五定班列”，进一步降低货物集港时间。（责任单位：自治区财政厅、北部湾办、发展改革委、交通运输厅、商务厅、物价局，南宁铁路局等部门）

（二十一）降低大众创业网络通信费用。对众创空间的房租、宽带接入费以及用于创业服务的公共软件、开发工具给予财政补贴，对众创空间创业者提供优惠的高带宽互联网接入服务。（责任单位：自治区通信管理局、工业和信息化委、发展改革委、财政厅等部门，各市县人民政府）

四、以扶持企业生产经营为导向促工业

（二十二）加大对工业的扶持力度。新增工业和信息化发展资金4亿元，其中自治区本级安排2亿元、市县安排2亿元，主要用于支持工业项目建设和工业企业流动资金贷款贴息。（责任单位：自治区工业和信息化委、财政厅等部门，各市县人民政府）

（二十三）扩大“信贷引导”资金规模。新增4亿元“信贷引导”资金，其中自治区本级安排2亿元、各市安排2亿元，扩大融资担保规模，支持中小工业企业发展。

（二十四）奖励重点工业项目建设。对2015年计划投资1.5亿元以上、超额完成年度投资计划15%以上、或累计完成总投资60%以上的重点工业项目，给予最高不超过100万元奖励。（责任单位：自治区工业和信息化委、财政厅等部门，各市县人民政府）

（二十五）推进广西产品产销对接。项目招投标中在同等质量和价格的条件下，对使用区内工业产品80%以上的企业实行1~3分的加分支持。对2015年采购使用区内产品比上年净增1000万元以上的我区企业，根据实际采购金额按比例给予一定奖励。（责任单位：自治区工业和信息化委、发展改革委、财政厅等部门，各市县人民政府）

（二十六）支持扩产促销区内首台（套）产品。对获得国内首台（套）产品认定的区内工业企业，按首台（套）产品销售价格50%给予奖励，单户企业奖励最高金额200万元。对购买区内企业生产的国内首台（套）重大技术装备的用户，按照购买价格60%给予补助，最高补助金额100万元。开展首台（套）重大技术装备保险补偿试点工作。（责任单位：自治区工业和信息化委、财政厅，广西保监局，各市县人民政府）

（二十七）支持企业新产品推广。对获得工业新产品认定并在广西新产品推介和交易平台自主发布信息的，自治区补助每个产品2万元，同一企业每年最高补助20万元。（责任单位：自治区工业和信息化委、财政厅等部门，各市县人民政府）

五、以促消费扩贸易为着力点推三产

（二十八）大力发展电子商务。引导扶持电子商务园区、公共服务平台、重点电子商务企业、跨境电子商务、农村和社区电子商务等加快发展，鼓励中小企业利用电子商务开拓国内外市场。对新进入我区投资的世界100强和国内前50强电子商务企业，实际到位注册资本金在5000万元以上的，按比例给予一次性落户奖励。对大宗商品电子商务交易平台企业暂停征收水利建设基金。（责任单位：自治区商务厅、财政厅、地税局、发展改革委）

（二十九）开展促销活动。利用重要节假日全面开展“消费促进月”活动。对区内50家大型零售企业开展集中促消费活动给予20万元补贴。在5-7月开展“汽车消费季”活动。（责任单位：自治区商务厅、工业和信息化委、财政厅）

（三十）加大住房公积金对住房消费的支持。职工购买、建造自有产权住房的，不论其房屋套数及贷款次数，均可提取住房公积金。对住房公积金缴存职工（以下简称缴存职工）的贷款申请，不再查询借款人家庭持有住房套数，职工家庭可申请两次住房公积金个人住房贷款。缴存职工回户籍所在地购买住房，可就地申请住房公积金贷款；无房缴存职工家庭在工作及户籍所在地以外的区内其他城市购房，可在缴存地申请住房公积金贷款。有条件的地方可为本地缴存职工发放异地改善型购房贷款，也可向在本地购房的外地缴存职工发放贷款。在北部湾经济区内4市购房，视为在同一城市提取和使用住房公积金贷款。对住房公积金贷款申请，住房公积金管理中心在10个工作日内完成审批，受委托银行在10个工作日内办结所有相关手续，房产管理部门在10个工作日内办结抵押登记手续。（责任单位：自治区住房城乡建设厅、住房公积金管理中心，各市县人民政府）

（三十一）促进存量商品房销售。全面清理不利于房地产市场发展的相关政策措施。商品房存量大的城市可出台财政补贴政策，吸引本地居民刚性自住和改善性住房需求以及外地购房者。各市可根据实际情况降低购房入户门槛，适时取消对境外机构、境外个人、港澳台和华侨的购房限制。（责任单位：住房城乡建设厅等部门，各市县人民政府）

（三十二）用好房地产土地利用政策。房地产供应明显偏多或在建房地产用地规模过大的市县，可通过调整土地用途、规划条件，引导未开发房地产用地转型利用，用于国家支持的新兴产业、养老产业、文化产业、体育产业等项目用途的开发建设，促进其他产业投资。对按照新用途或者新规划条件开发建设的项目，重新核定相应的土地价款，重新办理相关用地手续。（责任单位：国土资源厅、住房城乡建设厅）

（三十三）继续实施服务业百项工程。新增安排自治区服务业发展专项资金2亿元，6月份下达百项重点工程投资计划，重点支持园区基础设施、现代服务业集聚区、农产品批发市场、冷链、物流配送、电子商务等项目。对通过认定的现代服务业集聚示范区，给予专项资金补助。对集聚区内的项目，优先列入自治区重大项目，优先保障项目建设用地。（责任单位：自治区发展改革委、财政厅、商务厅等部门）

（三十四）积极推进“个转企、小上限”。鼓励更多的限上企业入库，对首次上规模的服务业小微企业在1年内补贴奖励5万元。（责任单位：自治区发展改革委、工业和信息化委、财政厅、商务厅、工商局）

（三十五）继续实施“加工贸易倍增计划”。新增安排外经贸发展资金1亿元，支持承接加工贸易产业转移能力建设。对进出口带动能力强的商务总部和生产企业落户我区，加大支持力度，争取在年内形成新的进出口增长点。继续支持边贸企业能力建设，做实边境贸易。（责任单位：商务厅、财政厅）

六、以发展特色优势产业为核心提农业

（三十六）推进特色农业提档升级。实施现代特色农业产业品种品质品牌“10+3”（即粮食、糖料蔗、水果、蔬菜、茶叶、蚕桑、食用菌、罗非鱼、肉牛肉羊、生猪等10个特色种养产业和富硒农业、有机循环农业、休闲农业三类农业）提升行动。深入创建现代特色农业（核心）示范区，每个涉农县启动建设1个示范区，自治区筹措资金2.1亿元，对验收考评达到要求的示范区给予奖励。新增建设“双高”糖料蔗基地80万亩，整合各级财政资金28亿元投入基地建设，同时通过调蔗种果带动特色水果新发展。自治区安排31亿元资金建设400万亩高标准农田。加快实施21个县（区）总投资66亿元的整县推进土地整治工程，提高耕地质量。（责任单位：自治区农业厅、国土资源厅、财政厅、林业厅、水利厅、水产畜牧兽医局、农机局，各市县人民政府）

（三十七）大力发展林业生态经济。抢抓季节，4月底完成全年80%以上的造林绿化任务。建设自治区级现代特

色林业（核心）示范区10家，打造一批名特优经济林示范县，新造油茶、核桃等名优经济林60万亩、乡土树种和珍贵树种60万亩。加快实施林下经济"十百千万"富民增收计划，力争全年新创建示范项目30个以上，林下经济发展面积达到5000万亩，惠及林农超过1600万人。（责任单位：林业厅）

（三十八）加快现代水产畜牧业建设。开展生态循环养殖以及设施化大棚养殖、工厂化集约养殖、设施化池塘养殖、深水抗风浪网箱养殖、大水面网箱养殖等高效设施养殖，推广大型沼气工程达标排放、散养农户粪污集中处理、发酵床养殖、利用畜禽粪便生产有机肥、种养结合生态循环等多种清洁养殖模式。扩大畜牧业政策性保险覆盖面，启动海水养殖业政策性保险试点工作。（责任单位：自治区水产畜牧兽医局）

（三十九）抓好农产品产销对接。鼓励支持农产品电商销售模式，引导各地开办网上专题农产品促销活动。组织第13届中国国际农产品交易会参展工作，举办第8、9届广西名特优农产品交易会，以及第12届中国—东盟博览会农业展、中国—东盟优质水果推介活动等节会。积极利用各种国际食品展平台及展销展会，推动我区优势农产品开拓国际市场。加大鲜活农产品运输"绿色通道"服务力度，促进农产品市场流通。（责任单位：自治区农业厅、商务厅、交通运输厅、水产畜牧兽医局、粮食局、供销社，广西博览局，各市县人民政府）

（四十）加大对扶贫生态移民的支持。安排扶贫生态移民资金7.5亿元，其中2015年新增1.8亿元，确保完成全年扶贫生态移民工程建设任务。（责任单位：自治区扶贫办、财政厅、发展改革委、住房城乡建设厅等部门，各市县人民政府）

七、以金融创新为手段扶实体

（四十一）充分发挥金融作为投资主要来源作用。加大信贷投放力度，引导鼓励多渠道资金投入，年内完成金融融资总量4300亿元以上，为完成全年投资任务、实现稳增长目标提供强有力的支撑。（责任单位：自治区金融办、财政厅，人民银行南宁中心支行，广西银监局，广西证监局，广西保监局，各市县人民政府）

（四十二）拓宽人民币双向流通金融融资渠道。鼓励银行业金融机构开展信贷资产证券化业务，对于实现信贷资产证券化的金融机构，按照当年累计实现信贷资产证券化总额的0.01%给予奖励。对引入保险资金投资于我区建设的项目业主，按照当年运用保险资金增量的0.5%给予贴息。扩大跨境人民币贷款规模，对引入跨境人民币贷款投资我区实体经济的金融机构，单笔引进资金超过1亿元（含1亿元）且贷款综合成本不超过境内同期贷款利率成本的，给予贷款总额0.1%的一次性奖励，对每家金融机构的奖励金额不超过300万元。（责任单位：自治区金融办、财政厅，人民银行南宁中心支行，广西银监局，广西保监局，各市县人民政府）

（四十三）支持企业直接融资。对在新三板市场成功挂牌的企业，自治区给予一次性工作经费补助50万元。对在广西北部湾股权交易所挂牌的企业，自治区给予每家企业20万元的一次性补助。对成功开展资产证券化和发行公司债、超短期融资券、项目收益票据新型债务融资工具的企业，自治区按实际发行金额的0.5%给予一次性奖励，对每家企业奖励金额不超过100万元。对金融机构为我区企业发行股票及债务融资工具提供主承销服务的，按年度累计发行额的0.01%给予奖励，每个金融机构奖励金额不超过100万元。出台自治区鼓励股权投资基金行业发展的政策。（责任单位：自治区金融办、财政厅，人民银行南宁中心支行，广西证监局，各市县人民政府）

（四十四）加大对中小微企业金融扶持。在市场准入、专项金融债发行、风险资产权重、存贷比考核及监管评级等方面落实差异化的监管政策。在小额贷款公司空白县申请设立机构的，取消第一大股东必须是企业法人的限制，单个自然人股东及其关联方持股比例由不超过小额贷款公司注册资本的10%提高到30%。（责任单位：自治区工业和信息化委、金融办，广西银监局，各市县人民政府）

（四十五）构建政府主导的融资担保体系。年内组建广西融资担保集团（再担保公司），同时通过参股10%及再担保的形式，支持市县政府出资成立融资担保公司。（责任单位：自治区金融办、财政厅，广西银监局，各市县人民政府）

（四十六）加大防范和化解金融风险的力度。制定规范民间融资机构的指导意见。对涉企金融风险问题，坚持区别对待，执行"一企一策"，不盲目抽贷、断贷、延贷。（责任单位：自治区金融办、人民银行南宁中心支行、广西银监局，各市县人民政府）

八、以加快资金下拨和盘活存量资金为重点强支持

（四十七）切实做好预算支出管理。加快2015年转移支付资金分配下达，除据实结算等特殊项目外，5月底前全部下达转移支付资金。分配下达并及早发行政府债券331亿元，缓解各级政府偿债压力。优化债务结构，支持保障性住房、铁路、公路等项目建设。（责任单位：财政厅，各市县人民政府）

（四十八）清理盘活存量资金。清理自治区本级和市县财政存量资金，及时调整用于重大项目、重大领域和民生项目。（责任单位：财政厅，各市县人民政府）

广西壮族自治区人民政府

2015年4月30日

广西壮族自治区人民政府关于降低实体经济企业成本若干措施的意见

桂政发〔2016〕20号

各市、县人民政府，自治区人民政府各组成部门、各直属机构：

为全面落实中央和自治区经济工作会议精神，深入推进我区供给侧结构性改革，切实降低我区实体经济企业成本，进一步改善企业发展环境，增强企业盈利能力和发展活力，现提出如下意见。

一、降低制度性交易成本

（一）进一步取消、下放和调整行政审批事项。

2016年完成取消、下放和调整行政审批事项200项以上。组织各部门对中央设定地方实施的行政许可事项，逐项研究确定需要取消审批的事项；重点围绕涉及投资、进出口、生产经营、创新创业、人员流动等领域的许可事项，研究降低门槛、放松管制，加大对涉企行政许可事项的清理规范力度。在创办企业、投资办项目等重点领域再取消下放一批行政审批事项。完善并公布我区行政许可事项目录，探索建立行政审批事项目录管理制度，实行标准化、动态化、信息化管理，不在目录中的事项一律不得实施。继续抓好探索相对集中行政许可权改革试点工作。（牵头单位：自治区编办；配合单位：自治区各有关单位）

（二）规范行政审批中介服务项目。

2016年完成清理规范150项以上行政审批中介服务事项，被清理的行政审批中介服务事项不再作为行政许可受理条件。切断中介服务利益关联，推动各部门开展中介服务去行政化工作。审批部门所属事业单位、主管的社会组织及其举办的企业，不得开展与本部门行政审批工作相关的中介服务，需要开展的应转企改制或与主管部门脱钩。行业协会商会类中介服务机构一律与审批部门脱钩，平等参与中介服务市场竞争。配合做好行政审批中介服务收费监管工作。对经清理规范保留的行政审批中介服务项目，制定并公布行政审批中介服务项目目录，明确项目名称、设置依据、服务时限等，凡未纳入目录清单的中介服务事项一律不得再作为行政审批的受理条件。（牵头单位：自治区编办；配合单位：自治区各有关单位）

（三）规范行政审批中介服务收费。

对绝大多数市场竞争充分规范的行政审批中介服务，一律通过市场调节价格。对确有必要的极少数垄断性较强、短期内无法形成充分竞争的行政审批中介服务，实行政府定价，并纳入政府定价目录，从严制定收费标准。各级人民政府审批部门在审批过程中委托开展的技术性服务活动，必须通过竞争方式选择服务机构，服务费一律由审批部门支付并纳入部门预算。各级人民政府审批部门能够通过征求相关部门意见、加强事中事后监管解决，以及申请人可按要求自行完成的事项，一律不得设定中介服务并收费。对无法定依据的收费项目，坚决取消。严禁利用优势地位，强制服务、强制收费，或只收费不服务、多收费少服务。该项工作在自治区编办明确行政审批中介服务项目后1个月内完成。（牵头单位：自治区物价局；配合单位：自治区各有关单位）

（四）加快推进广西国际贸易“单一窗口”建设。

搭建政府主导的口岸公共信息平台，力争在2016年率先建成全国首个陆路口岸“单一窗口”，用3年左右时间完成广西“单一窗口”建设。（牵头单位：商务厅；配合单位：南宁海关，广西出入境检验检疫局，广西海事局，武警广西边防总队，交通运输厅）

二、降低企业税赋负担

（五）全面推开营业税改征增值税改革。

从2016年5月1日起，将营业税改增值税试点范围扩大到建筑业、房地产业、金融业和生活服务业，实现货物和服务行业全覆盖，打通税收抵扣链条，支持现代服务业发展和制造业升级。（牵头单位：财政厅；配合单位：自治区国税局、地税局）

（六）支持房地产行业去库存。

1. 降低房地产企业所得税计税毛利率。从2016年4月1日起，将我区房地产开发经营业务企业所得税计税毛利率统一调低为：开发项目位于南宁市城区和郊区的，不低于15%；开发项目位于地级市所在地城区及郊区的，不低于10%；开发项目位于其他地区的，不低于5%；开发项目属于经济适用房、限价房和危改房的，不低于3%。（牵头单位：自治区国税局、地税局）

2. 适当调整房地产企业土地增值税预征率。自2016年2月5日起，降低进驻棚户区改造货币化安置房源信息平台房地产企业土地增值税预征率。非普通住宅、商业、车库的土地增值税预征率调整为1.5%，普通住宅土地增值税预征率按1%执行。（牵头单位：自治区地税局；配合单位：自治区国税局）

（七）落实缓缴税款政策。

纳税人符合《中华人民共和国税收征收管理法》及其实施细则规定，因有特殊困难不能按期缴纳税款的，经税务部门批准，可以延期缴纳税款。（牵头单位：自治区国税局、地税局）

三、降低行政事业性等项目的收费

（八）减免一批涉企行政事业性收费项目。

具体减免项目详见附件1。（牵头单位：自治区财政厅、物价局；配合单位：自治区各有关单位）

（九）停免征部分政府性基金。

1. 从2016年2月1日起，免征教育费附加、地方教育费附加、水利建设基金的范围，由现行按月纳税的月销售额或营业额不超过3万元（按季度纳税的季度销售额或营业额不超过9万元）的缴纳义务人，扩大到按月纳税的月销售额或营业额不超过10万元（按季度纳税的季度销售额或营业额不超过30万元）的缴纳义务人。

2. 从2016年2月1日起，将新菜地开发建设基金、育林基金征收标准降为零。

3. 从2016年2月1日起，全面停征价格调节基金。

4. 从2016年2月1日起，将散装水泥专项资金并入新型墙体专项基金，停止向水泥生产企业征收散装水泥专项资金。将预拌混凝土、预拌砂浆、水泥预制件列入新型墙体材料目录，纳入新型墙体材料专项基金支持范围，继续推动散装水泥生产使用。停免征有关收费基金后，相关单位依法履职所需经费由财政予以保障。（牵头单位：财政厅；配合单位：自治区各有关单位）

（十）减免一批涉企经营服务性收费和中介服务收费项目。

具体减免项目详见附件2。（牵头单位：自治区物价局；配合单位：自治区各有关单位）

（十一）实行土地价款优惠。

对现有工业用地，在不改变土地用途且符合城镇规划的前提下，工业企业通过技术改造提高工业用地容积率的，不再增收土地价款。（牵头单位：国土资源厅；配合单位：财政厅）

（十二）继续实施涉企收费清单管理。

自治区财政厅、物价局分别在其部门网站等媒体公布全区涉企行政事业性收费项目和政府性基金项目总清单。总清单内容包括收费项目名称、主管部门、收费依据等内容。各级涉企收费主管部门自本意见印发之日起30日内，根据经批准的收费权限，在部门网站等媒体公布本部门执收清单。执收清单内容包括征收项目名称、征收标准、征收依据、减免政策等内容。凡没有法律法规依据且未按规定批准、越权设立的涉企收费基金项目一律取消。（牵头单位：财政厅；配合单位：各市县人民政府，自治区物价局，中直、区直涉企收费基金执收单位）

（十三）建立企业收费负担投诉举报体系。

依托现有减轻企业负担工作平台和12358价格举报系统，构建网络、电话、信函等多渠道为一体的企业收费负担投诉举报和受理机制，向企业和社会公布收费负担投诉举报渠道，及时处理投诉举报意见，对企业反映的收费问题有疑必答、有错必究。（牵头单位：自治区物价局、工业和信息化委；配合单位：财政厅）

四、降低企业人工成本

（十四）降低企业职工基本养老保险缴费比例。

从2016年5月1日起两年内，企业缴纳的职工基本养老保险缴费比例由20%降至19%。从2016年5月1日起，阶段性地降低全区产业园区内企业养老保险缴费比例：对我区29家自治区重点产业园区（含4家生态产业园区）内企业，企业缴纳的基本养老保险缴费比例由20%降至14%；对29家重点产业园区外的84家其他产业园区（具体名单详见附件3）内的参保企业，企业缴纳的基本养老保险缴费比例由20%降低至16%。（牵头单位：人力资源社会保障厅；配合单位：自治区财政厅、工业和信息化委、科技厅、总工会等单位）

（十五）允许困难企业暂缓缴纳养老保险费。

对生产经营困难、暂时无能力缴纳养老保险费的企业，可依法依规暂缓缴纳单位应缴部分的养老保险费，期限不超过1年，缓交的养老保险费不计滞纳金。（牵头单位：自治区人力资源社会保障厅；配合单位：自治区财政厅、工业和信息化委、总工会等单位）

（十六）继续执行降低失业、生育、工伤保险费费率的政策。

在国家有关文件规定允许的范围内，调整降低我区参保企业缴纳失业保险、生育保险、工伤保险费的缴费比例。其中，生育保险费率从原来的0.5%~1%（各市费率不同）降至0.5%以内；失业保险费率从原来的3%（其中单位缴纳2%、个人缴纳1%）降至1%（其中单位缴纳0.5%、个人缴纳0.5%）；工伤保险费实际平均费率从原来的1%降至0.75%。（牵头单位：人力资源社会保障厅；配合单位：自治区财政厅、工业和信息化委、总工会等单位）

（十七）降低基本医疗保险费缴费比例。

各统筹地区在确保参保人员医疗保险待遇水平不降低、保证医疗保险制度平稳运行、基金收支平衡不出现缺口的前提下，可以阶段性降低企业缴纳职工基本医疗保险费的缴费比例，具体降费率政策由各设区市自行制定。（牵头单位：人力资源社会保障厅；配合单位：自治区财政厅、卫生计生委、工业和信息化委、总工会等单位）

（十八）继续实行失业保险支持企业稳岗政策。

在国家有关文件规定允许的范围内，从失业保险基金中给予符合条件的企业支付相当于该企业上年度企业及其职工缴纳失业保险费总额50%的稳岗补贴，支持企业稳定岗位和促进企业发展生产。（牵头单位：人力资源社会保障厅；配合单位：自治区财政厅、工业和信息化委、总工会等单位）

（十九）降低企业缴纳住房公积金成本。

明确企业住房公积金缴存比例的下限为5%，企业可结合自身的经济效益状况确定执行缴存比例。缴存确有困难的企业，经本单位职工代表大会或者工会讨论通过，并经住房公积金管理中心审核，报住房公积金管理委员会批准后，可以降低缴存比例或者缓缴；待企业经济效益好转后，再提高缴存比例或者补缴。（牵头单位：住房城乡建设厅；配合单位：自治区财政厅、工业和信息化委、发展改革委、总工会等单位）

（二十）加大对企业的职业培训补贴力度。

企业新录用四类人员（城镇登记失业人员、农村转移就业劳动者、毕业年度高校毕业生、城乡为继续升学的应届初高中毕业生），并与其签订6个月以上期限劳动合同或就业协议，在劳动合同或就业协议签订之日起6个月内，由企业依托所属培训机构或定点培训机构进行职业技能培训的，根据培训后继续履行劳动合同情况，对企业给予一定的职业培训补贴。企业在岗培训的培训补贴标准为就业技能培训同类职业（工种）补贴标准的50%。（牵头单位：人力资源社会保障厅；配合单位：自治区财政厅、工业和信息化委、发展改革委、总工会等单位）

五、降低企业融资和财务成本

（二十一）落实国家贷款利率政策。

引导金融机构根据贷款基准利率合理定价，主动降低利率水平，与企业共渡难关。争取2016年广西金融机构人民币贷款（不含贴现、个人住房贷款、信用卡透支等业务）加权平均利率在2015年的基础上下降50个基点以上。（牵头单位：人民银行南宁中心支行；配合单位：自治区金融办、广西银监局）

（二十二）落实小微企业流动资金贷款的无还本续贷政策。

科学运用循环贷款、年审贷等便利借款人的业务品种，合理采用分期偿还本金等灵活还款方式，减轻小微企业的还款压力，降低小微企业的高息“过桥”融资成本；鼓励金融机构对达到标准的企业直接进行滚动融资，优化审贷程序，缩短审贷时间。（牵头单位：广西银监局；配合单位：自治区物价局）

（二十三）进一步加大监督检查力度，严格规范合理收费，

禁止收费质价不符合和无服务的乱收费。银行业金融机构进一步清理服务收费项目及价格，梳理、简化收费目录清单，于本意见印发之日起2个月内在自治区人民政府门户网站上公布。（牵头单位：广西银监局；配合单位：自治区物价局）

（二十四）充分发挥政策性融资性担保和再担保公司作用。

支持各级政府推动建立政银代偿风险分担机制，按照原担保机构、再担保机构、银行、原担保机构所在市或县人民政府4：3：2：1比例分担融资担保代偿风险责任，实施代偿风险分担机制的融资性担保公司应考虑银行和政府分担风险的因素，担保费率在原来基础上下降30%。（牵头单位：自治区金融办；配合单位：广西银监局）

（二十五）增强支持困难企业扭亏、转型、发展、脱困的合力。

按照国家去产能的政策要求，全面排查需要帮扶的困难企业，制定分类标准，确定企业名单。对债务规模较大，并出现暂时性经营困难的企业，有三家以上债权银行的，组织成立债权人委员会，债权人委员会要切实做到“三稳”（稳定预期、稳定信贷、稳定支持），通过必要的、风险可控的收回再贷、展期续贷、并购重组、调低利率、联合增信等方式，最大限度地帮助困难企业实现近期解危、远期解困。对已确定的“僵尸企业”，及时与债权银行沟通，成立债权人委员会，制定清晰可行的资产保全计划，稳妥有序推动其重组整合或退出市场，以充分盘活沉淀在“僵尸企业”和低效领域的信贷资源。（牵头单位：自治区金融办；配合单位：自治区工业和信息化委、国资委，广西银监局，人民银行南宁中心支行）

（二十六）加大对企业直接债务融资的奖励力度。

对成功开展资产证券化和发行公司债、非金融企业债务融资工具的企业，自治区按实际发行金额的1.5%给予一次性奖励，对每家企业奖励金额不超过100万元。（牵头单位：自治区金融办；配合单位：自治区发展改革委、财政厅，广西证监局，人民银行南宁中心支行，广西银监局）

六、降低电力成本

（二十七）继续降低工商业销售电价。

在2015年降低一般工商业销售电价6.34分/千瓦时的基础上，从2016年1月1日起，继续降低全区一般工商业销售电价1.5分/千瓦时。（牵头单位：自治区物价局；配合单位：自治区发展改革委、工业和信息化委、财政厅、能源局，广西电网公司，广西水利电业集团公司，桂东电力股份有限公司，百色电力责任有限公司）

（二十八）继续免收新增电力用户临时接电费用。

将新增电力用户免交临时接电费用的执行时间延长至2017年12月31日。（牵头单位：自治区物价局；配合单位：自治区发展改革委、工业和信息化委、财政厅、能源局，广西电网公司，广西水利电业集团公司，桂东电力股份有限公司，百色电力责任有限公司）

（二十九）改进企业减产停产期间基本电费计费方式。

自2016年5月1日至2017年12月31日，企业办理用电减容手续的，不受次数限制。企业提前5天向供电企业提出申请，供电企业按变压器（电动机）台数办理减容手续，减容期间基本电费按实际使用的变压器（电动机）容量收取。企业办理用电容量暂停的，不受次数限制，但每次暂停时间不少于7天。新投产的大工业用户，在达产前基本电费按实际运行容量收取。同时，执行最大需量计费的用电企业，每年办理调整最大需量的次数不受限制，但需提前5天向供电企业提出申请。（牵头单位：自治区物价局；配合单位：自治区发展改革委、工业和信息化委、财政厅、能源局，广西电网公司，广西水利电业集团公司，桂东电力股份有限公司，百色电力责任有限公司）

（三十）继续实施临时丰枯水期季节性电价。

2016年对自愿参与的设区市继续实施临时丰枯水期季节性电价政策。（牵头单位：自治区物价局；配合单位：自治区发展改革委、工业和信息化委、财政厅、能源局，广西电网公司，广西水利电业集团公司，桂东电力股份有限公司，百色电力责任有限公司）

（三十一）继续对粤桂合作特别试验区、粤桂县域经济产业

合作示范区实施峰谷分时电价，并实行与广东省毗邻地区相同的电价政策。（牵头单位：自治区物价局；配合单位：自治区发展改革委、工业和信息化委、财政厅、能源局，广西电网公司，广西水利电业集团公司，桂东电力股份有限公司，百色电力责任有限公司）

（三十二）开展峰谷分时电价政策试点。

研究推进发电侧同步实施峰谷分时电价制度。2016年，按自愿原则，以设区市为单位开展峰谷分时电价政策试点。（牵头单位：自治区物价局；配合单位：自治区发展改革委、工业和信息化委、财政厅、能源局，广西电网公司，广西水利电业集团公司，桂东电力股份有限公司，百色电力责任有限公司）

（三十三）降低高可靠性供电费用。

从2016年1月1日起至2017年12月31日，对用户自建的两路及以上多回路供电（含备用电源、保安电源）用电户，按现有高可靠性供电费标准的70%执行。（牵头单位：自治区物价局；配合单位：自治区发展改革委、工业和信息化委、财政厅、能源局，广西电网公司，广西水利电业集团公司，桂东电力股份有限公司，百色电力责任有限公司）

（三十四）降低核电上网电价，执行煤电标杆上网电价。

（牵头单位：自治区物价局；配合单位：自治区发展改革委、工业和信息化委、财政厅、能源局，广西电网公司，广西水利电业集团公司，桂东电力股份有限公司，百色电力责任有限公司）

（三十五）推进电力市场化改革，积极推进电力直接交易。

1. 组建相对独立的电力交易机构。2016年7月挂牌运营。（牵头单位：自治区发展改革委（能源局）；配合单位：自治区工业和信息化委、财政厅、物价局，广西电网公司，广西水利电业集团公司，桂东电力股份有限公司，百色电力责任有限公司）

2. 完善电力直接交易制度。有序扩大电力直接交易规模，从2016年4月起，按广西电网公司上年度销售电量的10%左右开展第一批电力直接交易；结合电改推进情况，适时安排35亿千瓦时水电进行市场化交易试点。强化“三公”（公开、公平、公正）调度。有序放开发用电计划。放开售电侧市场。多途径培育配售电主体。允许用户自由选择售电公司，自由购电。（牵头单位：自治区工业和信息化委、能源局；配合单位：自治区发展改革委、财政厅、物价局，广西电网公司，广西水利电业集团公司，桂东电力股份有限公司，百色电力责任有限公司）

3. 积极稳妥推进输配电价改革。（牵头单位：自治区物价局；配合单位：自治区发展改革委、工业和信息化委、财政厅、能源局，广西电网公司，广西水利电业集团公司，桂东电力股份有限公司，百色电力责任有限公司）

七、降低企业物流成本

（三十六）继续推广甩挂运输发展。

鼓励运输企业使用甩挂车，建设实施“面向东盟跨境物流的甩挂运输主体性试点项目”，经交通运输部或交通运输厅认定的开展甩挂运输项目试点企业，享受自治区北部湾办、财政厅、交通运输厅《关于印发〈广西北部湾经济区港口物流发展补助实施细则〉的通知》（北部湾办发〔2016〕6号）规定的补助政策。（牵头单位：交通运输厅；配合单位：自治区发展改革委、财政厅、工业和信息化委、商务厅、物价局、北部湾港口管理局、北部湾办，南宁铁路局，广西民航机场管理局，广西北部湾国际港务集团有限公司，广西沿海铁路股份有限公司）

（三十七）积极发展多式联运。

全面打通铁路、公路、水运、航空运输方式的相互衔接障碍，完善不同运输方式之间的连接和转运设施，推进公、铁、水、民航等基础设施“最后一公里”的衔接，推动各种运输方式进港口、进园区、进集群、进市场；着力推进港铁物流工程，加快沿海和西江港口的多式联运设施建设；建立多式联运沟通协作机制，向交通运输部申报广西大西南出海通道海铁公多式联运示范工程和贯通欧亚大陆的公铁联运冷链物流通道示范工程，经批准后实施。（牵头单位：自治区发展改革委、交通运输厅；配合单位：自治区物价局、财政厅、工业和信息化委、商务厅，广西北部湾投资集团有限公司，广西交通投资集团有限公司，广西北部湾国际港务集团有限公司，广西民航机场管理局，南宁铁路局，广西邮政管理局，广西沿海铁路股份有限公司）

（三十八）继续执行对进出钦州、北海、防城港3个港口和东兴、友谊关、凭祥铁路3个口岸的国际标准集装箱运输车辆减半收取高速公路车辆通行费。

严格执行国家及自治区鲜活农产品绿色通道政策，保障整车合法装载的鲜活农产品运输车辆免费、快速通行。（牵头单位：自治区物价局；配合单位：自治区交通运输厅、发展改革委、财政厅、工业和信息化委、商务厅，广西北部湾投资集团有限公司，广西交通投资集团有限公司，广西北部湾国际港务集团有限公司，广西民航机场管理局，南宁铁路局，广西邮政管理局，广西沿海铁路股份有限公司）

（三十九）加大不停车电子收费系统（ETC）推广力度。

提高客运企业ETC用户覆盖面，进一步扩大ETC推广范围，给予ETC用户5%通行费优惠，降低客运企业高速公路车辆通行费支出。加大货运车辆通行费储值卡的推广使用，提高货运企业享受减免1%~2%高速公路车辆通行费优惠政策的覆盖面，降低货运企业高速公路车辆通行费支出。（牵头单位：自治区物价局；配合单位：自治区交通运输厅、发展改革委、财政厅、工业和信息化委、商务厅，广西北部湾投资集团有限公司，广西交通投资集团有限公司，广西北部湾国际港务集团有限公司，广西民航机场管理局，南宁铁路局，广西邮政管理局，广西沿海铁路股份有限公司）

（四十）全面规范港口、机场、铁路经营性收费项目。

对港口、机场、铁路实行政府定价、政府指导价和市场调节价的经营性收费项目进行清理规范，向社会公布收费项目。（牵头单位：自治区物价局；配合单位：自治区交通运输厅、发展改革委、财政厅、工业和信息化委、商务厅，广西北部湾投资集团有限公司，广西交通投资集团有限公司，广西北部湾国际港务集团有限公司，广西民航机场管理局，南宁铁路局，广西邮政管理局，广西沿海铁路股份有限公司）

（四十一）执行铁路运价政策。

继续对焦炭等九大类货物运价实行优惠，执行2014年运价水平；煤炭（吨公里）运价下调1分钱；积极推进实施竞争性一口价政策，按照项目制管理原则，对市场竞争性货物品类和方向等实施运价优惠政策；继续运营钦州港东线，为客户节约物流短途运输成本；对选择铁路运输的零散快运货物，实行运价动态调整。（牵头单位：南宁铁路局，广西出入境检验检疫局，广西沿海铁路股份公司；配合单位：自治区交通运输厅、发展改革委、财政厅、物价局，广西北部湾国际港务集团有限公司）

2016年4月22日

海南省

海南省人民政府关于印发海南省进一步增强小微企业融资能力构建政银保合作新机制方案（试行）的通知

琼府〔2015〕38号

各市、县、自治县人民政府，省政府直属各单位：

《海南省进一步增强小微企业融资能力构建政银保合作新机制方案（试行）》已经2015年5月27日六届省政府第38次常务会议审议通过，现印发给你们，请认真贯彻执行。

海南省人民政府

2015年6月5日

海南省进一步增强小微企业融资能力构建政银保合作新机制方案
（试行）

为贯彻落实《国务院关于扶持小型微型企业健康发展的意见》（国发〔2014〕52号）和保监会等五部委《关于大力发展信用保证保险服务和支持小微企业的指导意见》（保监发〔2015〕6号）等文件精神，充分发挥财政资金的导向和放大作用，省政府设立小微企业贷款风险保障专项资金（以下简称专项资金），引入小微企业贷款保证保险，构建"政银保"合作贷款体系，建立跨部门联合工作机制，鼓励和引导银行业金融机构通过银保合作或自主对小微企业发放限额以下、优惠利率信用贷款（以下简称优惠贷款），进一步增强小微企业融资能力。

一、主要目的

小微企业是新常态下我省稳增长、保民生的重要力量，是促进就业的主渠道，是实现创新发展的生力军，对于推动经济发展具有重要作用。长期以来，由于抵质押物缺乏、抗风险能力差等原因，小微企业面临融资难、融资贵问题。构建小微企业贷款风险保障体系，目的是提高银行发放信用贷款积极性，缓解小微企业融资难问题；鼓励银行以优惠利率放贷，降低小微企业融资成本；创建小微企业“讲诚信、低利率”的正向激励机制，引导其依法合规经营，建立良好的企业信用，减少违约失信行为。

二、基本原则

（一）政府支持，市场运作。政府提供相应的资金、政策支持，通过市场化运作，实现社会效益和经济效益的统一。

（二）依法合规，风险可控。金融机构遵守法律法规和监管要求，强化风险控制措施，防范金融风险。

（三）权责明确，公开透明。明确金融机构与政府的权责关系，加强专项资金监督管理，确保资金使用公开、公正、公平。

三、运作机制

（一）参与主体。

1.政府部门。由省级财政出资设立小微企业贷款风险保障专项资金，建立政府部门和监管单位跨部门联合工作机制。

2.金融机构。为小微企业发放优惠贷款的银行业金融机构；为小微企业优惠贷款提供保证保险的保险公司或共保体。

3.小微企业（含个体工商户）。在海南省注册运营，符合国家和我省宏观经济政策、产业政策和区域发展政策的小微企业。重点向具备较强创新性和较高技术水平，拥有良好市场前景和经济效益的轻资产型小微企业倾斜。

（二）资金来源和使用。

省政府每年从中小企业发展专项资金中拨付5000万元，设立小微企业贷款风险保障专项资金，并根据优惠贷款业务开展情况逐年增加，专项用于银保合作发放或银行自主发放小微企业优惠贷款的风险补偿及奖励。专项资金风险补偿后，金融机构追偿不良贷款所得返还注入专项资金。

（三）主要做法。

本方案所指小微企业优惠贷款为金额500万元（含）以下信用贷款，无抵（质）押、无担保，期限原则上不超过一年，仅限于生产经营性用途。不良贷款认定按照银监会有关规定执行。

1.银保合作信用贷款。小微企业获得贷款的综合成本不超过“贷款基准利率+利率上浮30%+保费费率2.5%”，鼓励金融机构对资信良好的企业降低利率和保费费率。银行与保险公司原则上按3∶7分担不良贷款，具体分担比例和方式由银行与保险公司协商确定。

2.银行自主信用贷款。银行业金融机构不与保险公司、担保公司合作，自主为小微企业发放的信用贷款，小微企业获得贷款的综合成本不超过银保合作信用贷款水平。

金融机构小微企业优惠贷款不良率超过2.5%以上部分的贷款本金损失，由专项资金予以补偿。其中，给予银保合作信用贷款的补偿资金，由银行与合作保险公司按风险分担比例分配。每年用于补偿及奖励的总额不超过当年实际拨付的专项资金金额。

对由省工业和信息化厅纳入统计范畴的创新型小微互联网企业、软件和信息服务类企业，获得首笔贷款金额200万元（含）以下的，发生不良时，由专项资金给予不良贷款本金金额50%的补偿。对此类贷款的风险补偿总额不超过年度专项资金的20%。

（四）基本流程。

1.业务备案。银监会海南监管局和保监会海南监管局牵头组织制定小微企业贷款保证保险合作协议框架文本，内容包括业务范围、合作期限、客户准入标准、业务操作流程、理赔及追偿约定、双方权利义务等。银行与保险公司参照协议框架文本自主签署小微企业贷款保证保险合作协议，报省金融办备案。

2.贷款备案。金融机构向小微企业发放优惠贷款，建立单独台账，妥善保管合同及相关业务凭证，按季将贷款明细表报省政府金融办、省工业和信息化厅和省财政厅备案。

3.专项资金补偿。每年4月30日前，专项资金管理部门受理金融机构上一年度优惠贷款的补偿申请。当年需补偿金额超过当年实际拨付专项资金金额时，依据金融机构的不良贷款占比进行分配。

4.返还追偿所得。对于专项资金风险补偿拨付到位后发生的不良贷款追偿所得，金融机构应及时返还、注入专项资金。

四、奖励措施

（一）资金奖励。

1.对年末小微企业优惠贷款余额在1亿元以上并且不良率在2.5%以下的银行，由专项资金给予其贷款余额0.5%

的奖励。银保合作信用贷款的奖励资金分配，由银行与合作保险公司按风险分担比例确定。

2.对于返还追偿所得的金融机构，给予其追偿返还资金30%的奖励。

（二）通报表彰。

每年一季度，省政府对上年度发放优惠贷款规模前五位的银行、承保优惠贷款保证保险规模前五位的保险公司予以通报表彰，并通报其总行或总部。

五、工作机制

（一）工作机构。省政府金融办会同省工业和信息化厅、省财政厅、省审计厅、人行海口中心支行、银监会海南监管局、保监会海南监管局成立小微企业贷款风险保障联合工作组（以下简称联合工作组），负责风险补偿和奖励的审核与认定，对专项资金使用情况进行监督检查。省政府金融办负责协调、督促优惠贷款发放、备案与统计；省工业和信息化厅和省财政厅负责专项资金管理。

（二）管理办法。省政府金融办会同省工业和信息化厅、省财政厅制定专项资金补偿及奖励相关管理办法，报省政府批准后执行。

六、监督管理

专项资金的使用坚持公开、公正、公平的原则。

（一）设立举报热线，对金融机构在放贷、承保过程中的违规行为，相关工作人员在专项资金使用管理中的滥用职权、玩忽职守、徇私舞弊行为进行监督。

（二）联合工作组每年组织对享受优惠贷款政策的金融机构进行检查，必要时可进行专项审计。

（三）金融机构弄虚作假或不按规定开展业务，合谋骗取专项资金的，除依法追回资金外，在全省通报批评；构成犯罪的，移送司法机关依法追究刑事责任。同时，向金融监管部门和金融机构总行或总部通报情况，两年内不得享受所有财税奖励政策。

（四）小微企业失信行为通报和惩戒机制。银行定期向人民银行、中小企业主管部门、工商行政管理部门通报小微企业优惠贷款欠款信息、借款人失信行为，并按照《海南省企业失信行为联合惩戒暂行办法》有关规定将其列入省企业信用信息共享平台“黑名单”，依法向社会公开。

海南省人民政府关于大力推进大众创业万众创新的实施意见

琼府〔2016〕48号

各市、县、自治县人民政府，省政府直属各单位：

为贯彻落实《国务院关于大力推进大众创业万众创新若干政策措施的意见》（国发〔2015〕32号）和《国务院关于加快构建大众创业万众创新支撑平台的指导意见》（国发〔2015〕53号）精神，进一步优化全省创业创新环境，加快实施创新驱动发展战略，激发全社会创业创新活力，现结合我省实际，提出如下实施意见。

一、指导思想

深入贯彻党的十八大和十八届三中、四中、五中全会精神，坚持“四个全面”战略布局，牢牢把握创新引领发展的战略要点，以激发创业创新活力、满足创业创新需求为导向，建立和完善创业创新生态体系、打造发展新引擎，不断推进资源整合和政策集成，着力构建有利于创业创新的政策环境、制度环境和公共服务体系，加快形成大众创业、万众创新新局面，以创业带动就业、创新促进发展，为海南国际旅游岛建设发展提供有力支撑。

二、总体目标

到2020年，基本形成“资源集聚、载体多元、服务专业、特色鲜明”的创业创新体系，形成一批服务体系完善、发展成效明显的众创空间，建成一批服务集聚度高、辐射能力强的科技企业孵化器和电子商务示范基地，涌现出一批创新创业企业，凝聚一批创新创业人才，全省创业创新型服务机构超过100家，孵化具有较强创新能力的科技企业500家以上。

三、主要任务

（一）创新体制机制，营造宽松有序的创新环境。

提升政府服务能力。加快转变政府职能，进一步简政放权，全面清理调整与创业创新不相适应的审批、认证、收费事项。落实国家取消和下放的行政审批事项，强化部门协同，推进土地预审、环评等事项同步放权。进一步贯彻落实《海南省取消和调整行政审批事项后续监管实施意见》的有关要求，坚持运用法治思维和法治方式履行监管职能，创新监管方式。完善涉企收费目录管理制度，继续贯彻落实涉企收费有关减免政策。

深化改革商事制度。全面推进营业执照、组织机构代码证、税务登记证"三证合一、一照一码"，推动"一照多址"、"一址多照"、集群注册等住所登记改革，进一步放宽企业住所登记条件，简化住所登记手续。小微企业住所（经营场所）设在科技园、孵化园、创业园、创意园、创新工场、创业基地等集中办公区楼宇内的，实行住所（经营场所）报备制，免予提交场地使用证明。依托电子营业执照应用平台，实行电商小微企业集群注册，为集群小微企业提供网上登记服务。研究制定"先照后证"改革后加强事中事后监管的意见。继续开展电子营业执照试点，积极推动企业设立、变更、注销等登记业务全程电子化管理服务。探索制定个体工商户、未开业经营企业及无债权债务企业简易注销程序实施办法，建立便捷的市场退出机制。

完善公平竞争市场环境。加强社会信用体系建设，建立全省统一的公共信用信息平台，推进企业信用信息公示系统、金融业征信平台等与公共信用信息平台的资源整合和信息共享，完善信用联合奖惩机制，定期分行业公布失信企业黑名单，把创业主体信用与市场准入、重大项目建设、政府采购、资金安排、银行贷款等政策挂钩，强化以信用管理为基础的监管模式。落实企业经营异常名录相关制度，推动构建跨部门执法联动响应及失信约束机制。加大反垄断和反不正当竞争力度，清除设置行业壁垒、市场分割的规定和做法，打击达成垄断协议、滥用市场支配地位、虚假宣传、仿冒、价格欺诈等不正当竞争行为，打破地方保护主义，为创业者提供公平竞争平台；监管滥用知识产权排除或限制竞争，促进竞争和创新，提高经济运行效率，发挥竞争改革在引导创新的作用，营造激励创新、公平开放的市场环境。

加强知识产权运用和保护。健全知识产权运用和保护制度，加强电商模式等新形态创新成果的知识产权运用和保护，开展创业企业商标注册指导服务。简化知识产权保护程序，探索专利、版权、商标"三合一"知识产权行政执法体制改革，加强对小微企业、科技人员知识产权的保护。健全知识产权维权援助体系。

（二）培育创新创业发展新形态。

促进"互联网+"创业创新。加快构建"互联网+"创业创新网络体系，集聚创业创新资源，推动"互联网+"创新平台与众创空间孵化载体的有效对接，加强政府数据开放共享，推进基础电信企业深化与阿里巴巴、腾讯、浪潮等大型互联网企业合作，发挥其产业整合和技术优势，向小微企业和创业团队开放平台入口、计算能力、存贮和数据资源，使创新资源配置更灵活精准，实现创新与创业相结合、线上与线下相结合、孵化与投资相结合，为小微企业提供低成本、便利化、全要素的工作空间、网络空间、社交空间和资源共享空间。建立完善海南省中小企业公共服务平台网络、市场主体信用信息公示系统等平台，运用互联网、云计算、大数据等技术为创业创新提供数据共享和高效服务，积极推广众包、用户参与设计等创业创新模式。

推动文化创意与相关产业融合发展。积极培育科技文化融合优势企业，形成一批有特色、有实力的骨干文化创意企业，鼓励科技型中小企业与骨干文化创意企业进行多层次合作，推动文化创意和设计服务与制造业、信息业、旅游业、农业和体育等产业深度融合发展。加强科技文化创新创业载体建设，搭建文化金融创新应用、多媒介综合信息服务等平台，支持建设以创意设计、动漫游戏、数字出版、新闻媒体、文化信息服务等为重点的文化产业众创空间。加快建设海南国际创意港，围绕文化产品与服务的创意创作、设计制作、展示传播、消费体验等环节，大力扶持各类中小微文化创意企业创新发展。支持消费类产品提升新产品设计和研发能力，推动海南特色资源、特色文化与现代创意设计理念融合，形成自主品牌。

（三）拓宽创新创业平台，强化创新创业服务支撑。

强化公共平台服务能力。充分发挥创新能力建设平台作用，加快国家和地方工程（技术）研究中心、工程（重点）实验室、企业工程（技术）中心等平台建设，集聚创新创业服务资源；支持社会力量围绕创新创业需求，搭建研发试验平台、中试平台、检验检测平台等市场化、专业化创新服务平台。充分发挥海南公共资源交易服务中心等平台作用，对接初创期科技型企业技术转移转化需求，促进科技成果转化落地。充分发挥大型科学仪器共享平台等公共平台作用，支持高等学校、科研院所、重点实验室、大型企业向社会开放共享科研仪器设备、科技成果、科技人才等资源，为初创期科技型企业提供联合研发、委托研发、中试试验等服务。

加快发展大众创业平台。鼓励各类开发区、产业集群、科技企业孵化器、创业辅导基地、大学科技园等创新体制机制，建设一批线上线下、孵化投资相结合的众创空间。鼓励各级政府盘活老旧厂房、闲置办公楼等设施，建设一批低成本、便利化、开放式的创业服务平台。鼓励行业领军企业、特色优势企业，建设一批需求明确、特色鲜明的创业孵化器。吸引省内外投资主体来我省创建一批众创空间或设立分支机构，对经认定的众创空间直接纳入省级建设计划，优先予以支持。

鼓励企业培育内部创新平台。鼓励大中型企业打造内部资源平台，通过投资员工开拓新业务领域，开发新产品，激发员工创造力，提升企业的市场适应能力和创新能力。

（四）加大政策扶持力度，加强创新创业保障。

构建多元化金融服务体系。支持符合条件的创业企业在中小板、创业板、新三板等多层次资本市场上市、挂牌融资，对上市、挂牌成功的分别给予不同程度的省级奖励。鼓励创业企业利用公司债、中期票据、短期融资券等方式融资。加快发展普惠金融，探索完善银行、保险、证券、信托、创业投资等机构间的合作模式，构建包括科技信贷、科技保险、集合融资、融资租赁在内的创业金融服务体系，鼓励银行业金融机构向创业企业提供一站式、系统化的金融服务。加快发展互联网金融，支持有条件的金融机构建设创新型互联网平台，依法依规设立互联网支付机构、网络借贷平台、网络金融产品销售平台等；引导和鼓励众筹融资平台规范发展，开展公开、小额股权众筹融资试点，加强风险控制和规范管理；大力发展创业投资，落实国家新兴产业“双创”三年行动计划，积极创建新兴产业“双创”示范基地；鼓励和引导社会资本开展天使投资，支持各类主体为投资人和创业者搭建天使投资对接平台；研究制定符合市场规律的各类资本投入、退出创业项目的配套政策，不断完善创业投资机构激励约束和监督管理机制。

加大财政资金投入。借鉴深圳、广州、上海等地做法，探索通过发放科技创新券、创业券等方式为创业者和创新企业提供社会培训、管理咨询、检验检测、软件开发、研发设计等服务，降低企业创新投入成本，促进产学研合作，激发创新活力；在确保公平竞争的前提下，鼓励对各类创新创业服务平台使用的办公用房、水电、宽带网络等软硬件设施给予适当补贴；扶持省属高等院校、科研院所独立或与国内外知名高校、科研院所、科技企业联合在我省建设技术转移转化中心、中试与转化基地、新型研发机构、产业技术创新战略联盟、科技园区、众创空间等科技成果转化创新平台；对产业带动大、市场前景好、成效显著的科技成果转化项目，以创投基金、后补助、政府股权投资、贷款贴息的方式给予一定比例的经费扶持。

落实税收优惠政策。严格落实国家扶持小微企业、高新技术企业、技术先进型服务企业、科技企业孵化器、大学科技园、技术转让、研发费用加计扣除等税收优惠政策。对符合条件的众创空间和投向创业创新活动的天使投资等可享受现行普惠性的税收优惠政策。有限合伙制创业投资企业采取股权投资方式投资于未上市的中小高新技术企业满2年的，其法人合伙人可按照对未上市中小高新技术企业投资额的70%抵扣该法人合伙人从该有限合伙制创业投资企业分得的应纳税所得额，当年不足抵扣的，可以在以后纳税年度结转抵扣。

充分发挥政府采购的引导作用。鼓励依法采用首购、订购、远期约定购买等非招标采购方式，促进创新产品的研发和规模化应用。同时加强对采购单位的政策指导和监督检查，督促采购单位改进采购计划编制和管理，增加对小微企业产品和服务的采购额度。

完善科技成果转化机制。强化科技成果转化政策激励，赋予高等学校、科研院所科技成果处置自主权。推进应用研究创新与市场需求对接，鼓励高等学校、科研院所拥有科技成果的科技人员创办科技型企业并持有股权。科技成果转让或许可他人实施的，高等学校、科研院所对完成人、共同完成人、科研负责人等的奖励和报酬比例原则上不低于科技成果转让净收入或许可净收入的70%，不超过95%；科技成果作价投资的，奖励和报酬比例不低于科技成果形成的股份或出资比例的50%。

（五）健全人才培养流动机制，激发创新创业活力。

鼓励科技人员创业。为符合条件的创新创业人才创办企业提供启动资金，完善医疗、住房、税收等相关优惠措施；加大对科技人员创业的支持，鼓励高等学校、科研院所增设科技成果转化岗位，允许拥有科技成果的教师和科技人员在一定期限内离开原岗位专职创办企业，允许教师兼职参与科技成果转移转化。

鼓励高校大学生创业。深入实施大学生创业引领计划，各高校应修订专业人才培养方案，使创新精神、创业意识和创新创业能力贯穿人才培养全过程，成为评价人才培养质量的重要指标；实施弹性学制，放宽学生修业年限，允许在校大学生调整学业进程，保留学籍休学创业；将学生开展创新实验、发表论文、获得专利和自主创业等情况折算为学分，将学生参与课题研究、项目实验等活动认定为课堂学分，建立创业创新档案和成绩单；构建大学生创业服务平台，从创业意识培养、创业技能的训练到创业资金的供给及创业孵化的落实等环节形成完整的支撑体系，为前景较好的大学生创业项目提供入驻孵化机构服务。

提升基层创业能力。鼓励开展各类创业创新讲座、论坛、创业创新大赛等活动，为创业者提供内容丰富、形式多样的公共服务和展示平台。在普通高等学校、职业学校、技工院校开设具有行业特点、与创业创新密切相关的专业课程，建设一批创业创新教育实践平台和实训基地。实行新型职业农民培育工程，培育一批生产经营型、专业技能和专业服务型农民。

四、组织保障

营造创新创业氛围。积极弘扬敢为人先、追求创新的创业精神，树立崇尚创新、宽容失败的价值导向，将创新创意转化为实实在在的创业活动。加强政策解读，汇编扶持指南、创业指引等宣传册，加强各类媒体尤其是互联网等新兴媒体对大众创新创业的新闻宣传和舆论引导，树立创新创业典型，广泛宣传，营造全社会浓厚的创业创新氛围。

加强组织领导。建立由省发展改革委、省科技厅牵头，各市县政府和省直各有关部门参与的大众创业、万众创新工作机制，加强对全省创新创业工作的统筹、指导和协调，强化部门协同和上下联动，切实形成合力，推动大众创业、万众创新工作开展。

狠抓责任落实。各部门、各市县政府要统一思想，提高认识，结合工作实际制定具体实施方案，明确工作任务，制定推进计划，切实加大资金投入、政策支持和条件保障力度，确保促进创新创业的各项政策落到实处。

海南省人民政府

2016年5月17日

四川省

四川省人民政府关于印发促进经济稳定增长和提质增效推进供给侧结构性改革政策措施的通知

川府发〔2016〕17号

各市（州）、县（市、区）人民政府，省政府各部门、各直属机构，有关单位：

现将《促进经济稳定增长和提质增效推进供给侧结构性改革政策措施》印发你们，请认真组织实施。

各地、各部门要认真贯彻落实中央经济工作暨城市工作会议、全国“两会”以及省委经济工作暨城市工作会议、省十二届人大四次会议精神，坚持稳中求进工作总基调，主动适应经济发展新常态，促进经济稳定增长和提质增效；扎实抓好去产能、去库存、去杠杆、降成本、补短板工作，推动供给侧结构性改革取得实效。

要把贯彻落实本通知精神作为各级政府当前稳增长、惠民生、促改革、增效益的重要抓手，结合实际研究制定具体实施方案，建立工作推进协调机制、信息数据报送机制、责任倒查机制。要加强政策解读和宣传引导，把政策措施讲清，把操作方法讲透，让社会和企业了解政策，充分发挥政策效应，坚定发展信心。

要加大政策措施执行力度。各牵头责任部门要在本通知下发后15日内制定出台工作实施方案、配套措施和操作办法，并分行业组织开展专题培训，加强跟踪调研，及时总结推广好的经验和做法。对原已出台且行之有效的政策措施，要继续抓好组织实施和督促指导；同时，根据国家和我省最新部署要求及时调整完善。

要强化激励约束，完善奖惩机制。将系列政策措施落实情况纳入全省重点政务督查事项，各市（州）人民政府和省直牵头部门每季度要向省政府报告贯彻落实情况，对落实成效明显的地区在预算资金、专项基金和新增建设用地计划指标安排上给予奖励，对庸政懒政怠政等不作为问题要加强问责，推动政策措施落地见效，促进经济持续健康发展，为决胜全面小康、建设经济强省作出积极贡献。

四川省人民政府

2016年3月31日

促进经济稳定增长和提质增效推进供给侧结构性改革政策措施

一、分类推进去产能

坚持“企业主体、政府推动、市场引导、依法处置”原则，鼓励有条件企业实施跨行业、跨地区、跨所有制减量化兼并重组，发展优势产业、提升优质产能。制定实施方案和工作计划，坚决淘汰钢铁、煤炭等行业落后、低效和过剩产能。由省级财政整合安排相关专项资金20亿元，支持地方政府、省属企业对主动压减产品无销路、能耗高、污染重、安全风险大、不符合产业政策的落后和过剩产能企业，综合考虑压减退出产能量、时间进度和职工安置人数实行梯级奖补。（责任单位：省经济和信息化委、省安全监管局，人行成都分行、省政府金融办、省发展改革委、财政厅、人力资源社会保障厅、环境保护厅、国土资源厅、住房城乡建设厅、省国资委、省总工会）

二、加快技术改造创新

实施新一轮大规模技术改造，加大对具有明显优势的产业技术改造和创新的支持力度，在省级工业发展资金中安排10亿元，专项用于技术改造和技术创新补助。对以民营企业为业主、政府采取先建后补、以奖代补给予资金支持的项目，凡项目业主依法能够自行建设、生产或提供的部分，按照法律法规规定可以不进行招标，有关部门不得强行要求招标。（责任单位：省经济和信息化委，财政厅、省发展改革委）

进一步放宽高新技术企业认定条件和支持领域，依法享受税收优惠政策。大力支持创新创业，加大省级科技计划、科技服务业等专项资金安排力度，用于资助各类创新创业载体建设、仪器设备采购、创业项目扶持、高层次创新人才引进。充分利用去产能形成的闲置厂房、空余仓库以及生产设施建设创新创业载体，对新建载体、改扩建载体分别给予最高不超过1000万元、100万元支持。对企业承接高校、科研机构且属于战略性新兴产业的具有有效职务发明专利的科研成果在省内成功转化的，根据产出效率，按企业购买研发服务合同交易额的10%以内给予后补助或贷款贴息支持，最高不超过100万元。科研人员带项目和成果到各类载体创新创业的，经原单位同意，可在3年内保留人事关系，与原单位其他在岗人员同等享有参加职称评聘、岗位晋升和社会保障方面的权利。（责任单位：科技厅，省发展改革委、省经济和信息化委、教育厅、财政厅、人力资源社会保障厅、省地税局、省国税局）

三、推进军民深度融合发展

推进以军民融合为重点的全面创新改革试验，设立军民融合产业发展基金，支持军民融合产业发展。创新军品市场准入机制，开展许可资质和承制资格联合审查试点。拓宽民参军渠道，新增100户具备条件的民口单位进入军品科研、生产和维修领域。改革军用技术成果使用、处置管理制度，允许军用技术成果在符合相关要求的前提下，按照市场规则流动和交易。启动200项军工技术成果再研发转民用项目，引导促进军工科技成果向民用领域转化。探索建立军工资源共享机制，分类推进国防科技实验室、军工重大试验设施、大型科研仪器等向社会开放。实施20个重大科技成果转化示范项目，建立5~10家产业技术创新战略联盟。（责任单位：省国防科工办，省发展改革委、省经济和信息化委、科技厅、财政厅、省知识产权局）

四、推动企业提品质创品牌

在省级行业主管部门中统筹安排相关专项资金，支持企业标准创新和质量提升，鼓励个性定制、柔性生产，加快培育本土产品品牌、企业品牌和区域品牌。开展品牌提升行动，对照国际国内先进标准，更加注重市场占有率和消费者满意度，提升四川品牌知名度和竞争力。对首次获得中国质量奖、提名奖的，分别奖励企业200万元、100万元；对开展质量对标提升行动产品达到国际先进标准经确认的，奖励企业50万元；对新注册中国驰名商标的，奖励企业50万元；对成功注册国际商标的，按注册费的70%、总额不超过20万元奖励企业；对新注册国家地理标志商标、新获得国家地理标志保护产品的，每件奖励企业20万元；对获得国家知名品牌示范区、国家生态原产地保护示范区、国家地理标志保护产品示范区、国家有机产品认证示范区、国家农产品地理标志核心示范区的，分别奖励50万元；对获得国家5A级旅游景区、国家级旅游度假区和国家级生态旅游示范区的，奖励经营管理单位100万元。（责任单位：省质监局，省经济和信息化委、科技厅、财政厅、农业厅、林业厅、省工商局、省食品药品监管局、省旅游发展委）

五、支持企业拓展市场

对销售收入增长15%及以上，且在省内行业排名前30位的工业制造业企业，从省级工业发展资金中按销售收入的0.5%给予扩销促产补助，单个企业补助最高不超过300万元。对参加“惠民购物全川行动”、“川货全国行”、“万企出国门”三大活动的省内参展企业，在场地租赁、公共布展等费用方面给予不低于70%的补贴。大力发展电子商务，重点支持发展一批覆盖产业链上下游的本土电商行业垂直平台和品牌企业，支持“互联网+四川制造”、“互联网+农业”发展，带动四川产品销售。（责任单位：省经济和信息化委，住房城乡建设厅、交通运输厅、农业厅、商务厅、林业厅、省工商局、省质监局）

制定四川省优质产品目录，从省级工业发展、服务业发展等专项资金中安排5亿元鼓励省内主要用户扩大利用四川产品。鼓励引导就地就近采购应用本省电子信息、汽车、钒钛优质钢材、绿色建材、医保类目录药物、节能环保装备等产品，对使用本省优质产品达到一定量的单位给予奖励。支持制造业龙头企业通过专业分工、服务外包、订单生产等形式带动省内中小微企业进入产业链或配套体系，对龙头企业采购省内中小微企业配套产品年累计在2000万元及以上的，按新增采购额的0.5%给予奖励，单个企业奖励金额不超过100万元。各地、各部门要按照《政府采购促进中小企业发展暂行办法》等相关规定，预留30%以上的政府采购预算份额采购中小企业产品。（责任单位：省经济和信息化委，省发展改革委、财政厅、省卫生计生委、商务厅）

六、大力推进农业转型升级

在省级农业发展专项资金中安排5亿元，支持农业转型升级。其中，安排3亿元支持农民合作社、家庭农场、种养大户、农业龙头企业发展，培育新型农业经营主体；安排1亿元支持农业全程社会化服务；安排1亿元支持农产品质量安全监管体系建设，全省农产品质量安全例行监测合格率稳定在96%以上。安排专项资金扶持道地药材规范化种植。设立省级农业产业发展引导基金，带动农业产业化，推进农产品优质化、绿色化、特色化、品牌化和消费便利化。拓展农业多种功能，落实农产品产地加工补助政策，促进精深加工及综合加工协调发展，加快发展创意农业、观光农业、休闲农业、体验农业。加快财政支农资金形成资产股权量化改革，推动资产收益扶贫。基本完成土地承包经营权确权颁证，大幅发展适度规模经营。安排30亿元支持森林、草原、湿地生态奖补，高效节水农业发展，农村面源污染治理和水生态文明建设，现代农业（林业、畜牧业）示范县建设等，促进农业绿色循环可持续发展。（责任单位：农业厅，省发展改革委、财政厅、环境保护厅、水利厅、林业厅、商务厅、省食品药品监管局、省扶贫移民局、省中医药局）

七、促进旅游餐饮业消费提升

安排省级旅游发展资金1亿元支持自驾游示范营地、旅游厕所、旅游度假区、乡村旅游重点示范项目、景区智慧旅游和景区清洁饮水设施等项目建设。其中，安排1500万元支持举办四川国际旅游交易博览会、四川国际文化旅游节等旅游节庆活动；安排500万元用于拓展入境游奖励。办好中国四川大熊猫国际生态旅游节。鼓励4A级及以上旅游景区实行淡旺季价格政策，除大小长假外，景区的门票、观光车、缆车票价实行价格优惠。优化旅游客运车辆结构，落实省内异地运营政策，提升现有30座及以上车型利用率，增加小型旅游客车市场供给。全面落实宾馆饭店、餐饮与一般工业企业同等用水、用电、用气价格，降低企业成本。（责任单位：省旅游发展委，省发展改革委、财政厅、交通运输厅、商务厅）

八、支持盘活土地资产

去产能退出的存量土地，依法转让或由地方政府收回后，土地出让收入按规定通过基金预算安排用于职工安置和债务处置。在符合城乡规划前提下，企业将退出后的工业用地可用于转产发展第三产业；转产为生产性服务业等鼓励发展行业的，5年内可继续按原用途和土地权利类型使用土地。工业企业技术改造升级项目不涉及改变土地用途的，增加建设容积率不再增收土地价款。实施建设用地总量和强度“双控行动”，对通过政府收回、收购等方式利用存量土地安排已列入省重点项目用地的，给予一定比例的年度用地计划指标奖励；对因实施低效利用再开发的存量建设用地改变用途、增加容积率，在符合规划、有关规定和土地出让合同（划拨决定书）未明确必须收回的前提下，经批准可采取协议出让方式办理用地手续；由政府收回、收购的存量建设用地，在依法依规前提下，由双方根据土地市场情况确定土地价款。由省政府确定的优先发展产业且用地集约的工业项目，出让底价可按不低于《工业用地出让最低价标准》的70%确定。（责任单位：国土资源厅，省经济和信息化委、财政厅、住房城乡建设厅）

九、推进房地产去库存

实施差别化落户政策，除成都市外全面放开落户限制。促进农业转移人口市民化，鼓励支持农民进城购房，地方政府可根据本地实际情况给予一次性奖补。继续释放居民刚性需求和改善性需求，组织房产推介，吸引省外人员、川商返乡创业人员来川购买房产。加大棚改货币化安置力度，棚改货币化安置比例保持在50%以上。对棚改以外的国有土地上房屋征收补偿、农村集体土地征收征用推行货币化安置，鼓励以购代建。推行公共租赁住房货币化，对公共租赁住房保障家庭发放租赁补贴，2016年不再开工新建公共租赁住房。积极培育专业化公司收购市场存量商品房经营租赁业务，鼓励房地产开发企业将持有的存量房源向社会出租，地方政府可给予一定奖励。（责任单位：住房城乡建设厅，省发展改革委、公安厅、财政厅、国土资源厅）

鼓励金融机构开发适应不同群体需求的购房金融产品，居民购买首套房的商业性个人住房贷款最低首付比例为20%，为改善居住条件再次申请贷款的最低首付比例为30%。充分发挥住房公积金去库存作用，推进住房公积金向城镇稳定就业新市民覆盖，支持就（创）业大学生、农民工、个体工商户等使用住房公积金贷款购房，全省住房公积金个贷率保持在80%以上。（责任单位：人行成都分行，财政厅、住房城乡建设厅、省政府金融办）

科学分类管控增量。按照五类调控要求，编制土地供应计划，将商品住房可售周期超过2年的县（市、区）纳入“减少直至暂停”类，暂停商品住宅用地供应；“适度减少、减少直至暂停”类型的县（市、区），可调整土地用途、规划内容，引导未开发房地产用地转型用于支持新兴产业发展。营业用房、办公用房等商业用房库存较大的城市，要严格控制新增商业用房土地供应和规划指标。已全部缴清土地出让金的待开发商业用地，可根据土地使用权人申请，在符合规划和有关规定条件下，经审批转型为商品住宅用地，重新核定出让价款；已建在建的商业用房在不改变其他规划条件的前提下，经法定程序批准并向社会公示无异议后，可改变建筑使用功能，用于教育培训、幼儿园、康养、文化、旅游等经营性、公益性用途。（责任单位：国土资源厅，住房城乡建设厅）

十、促进金融支持实体经济发展

引导银行业金融机构进一步完善信贷准入标准，提升中长期贷款比重；坚持区别对待、有扶有控、一户一策原则，对钢铁、有色、建材、光伏、煤炭等行业中产品有竞争力、有市场、有效益的优质企业继续给予信贷支持；对暂时经营困难但有市场竞争力的骨干企业，保持合理融资规模。研究制定2016年四川重点信贷支持企业名单，引导金融机构加大对名单内企业的金融支持，不抽贷、压贷，并执行优惠利率。创新金融产品和服务，引导金融机构根据企业生产经营特点合理设定流动资金贷款期限，丰富完善流动资金贷款产品。完善上市、挂牌企业后备资源库，做好股权托管、质押登记和企业股权变更登记服务，支持煤炭企业采矿权抵押贷款。充分发挥金融资产管理公司作用，有序处置不良信贷资产。争取投贷联动试点，优化科技型、创新型企业融资结构，支持开展应收账款质押融资。推动“银税互动”发展，建立完善银行类金融机构与融资性担保公司风险分担机制，加大对政策性担保机构扶持力度。搭建分行业、分区域、专题性的融资对接服务平台，建立健全差异化、针对性、精细化的融资对接协调机制。（责任单位：省政府金融办、人行成都分行，省发展改革委、省经济和信息化委、财政厅、省国资委、省工商局、四川银监局、四川证监局、省安全监管局、省地税局、省国税局）

加强财政金融互动。安排财政金融互动专项资金17亿元，通过激励奖补、风险分担、融资贴息等多种方式，引导带动金融资本加大对实体经济投入。对我省新兴产业发展壮大、传统产业改造提升、军民融合产业深度发展企业提供固定资产贷款的金融机构，按实际发放贷款额的0.5‰予以补贴。对有市场有回款有效益但资金周转暂时困难的中小微企业，给予一定比例的贷款贴息。对在境内主板、中小板、创业板和境外资本市场上融资的企业给予一次性费用补助80万元；对在新三板、成都（川藏）股权交易中心交易板挂牌的企业给予一次性补助50万元。支持金融机构与市（州）政府共建企业融资风险补偿基金，引导市（州）进一步优化企业应急转贷资金运作机制。发挥政府投资基金带动作用，进一步完善产业投资基金引导体系，督促已建投资基金加快投资进度，再新组建一批产业投资基金。用好用活地方政府债券资金，发行地方政府债券近3000亿元。（责任单位：财政厅，省政府金融办、省发展改革委、省经济和信息化委、人行成都分行、四川银监局、四川证监局、四川保监局）

降低企业融资成本。进一步用好宏观审慎评估政策、定向降准、支农支小再贷款、抵押补充贷款（PSL）等政策工具，降低企业融资成本。创新金融产品与服务，完善应收账款质押和转让、保证金质押、存货和仓单质押等登记服务，扩大融资抵质押物范围和种类。清理整顿不合理金融服务收费，加大对银行机构存贷挂钩、借贷搭售、转嫁成本等变相提高利率、加重企业负担行为的查处力度。进一步规范企业融资过程中担保、评估、登记、审计等中介机构收费行为。（责任单位：省政府金融办、四川银监局，省发展改革委、人行成都分行）

十一、降低税负成本

认真落实“营改增”全面扩围等结构性减税政策。实施高新技术企业、固定资产加速折旧、研发费用加计扣除等税收优惠政策。全面落实国家调整房地产交易环节契税、营业税优惠政策；清理规范房产开发和商品房交易环节税收政策，对省、市（州）层面有自主权的，可按下限标准执行。落实符合条件的困难企业依法依规享受税收“减、免、缓”政策。对企业合并、分立、破产等依法给予契税、土地增值税、印花税等税收优惠。落实小微企业税收优惠政策，对月销售额不超过3万元的小微企业免征增值税和营业税。进一步推进境外旅客购物离境退税政策实施，加快成都双流国际机场口岸进境免税店建设。（责任单位：财政厅，省发展改革委、省地税局、省国税局、成都海关）

十二、降低电力要素成本

落实工商业电价政策。实施煤电价格联动机制，一般工商业用电价格每千瓦时降低0.6分，国网直供区直购电、留存电量等特殊电价每千瓦时降低2.01分。暂停四川电网销售侧丰枯电价、上网侧火电丰枯峰谷电价和水电峰谷电价政策。对执行大工业和一般工商业电价的工业企业暂停征收城市公用事业附加；对企业利用余热余压发电的自备电厂系统备用费减半征收。调整企业基本电费计收方式，企业对变压器容量报停或减容每月可申报一次，降低企业基本电费。（责任单位：省发展改革委，省经济和信息化委、省能源局、四川能源监管办、国网四川电力）

加大直购电市场交易力度。全年直购电量规模不低于300亿千瓦时，扩大直购电试点参与范围，有序缩减发用电计划，扩大市场化交易电量比例。统筹使用2015年直购电、富余电量消纳政策等偏差电量结余资金对重点工业企业进行电价扶持。完善富余电量消纳政策，对用电量达到一定规模且用电增长的大工业用户，其用电增量部分实行市场化交易。推进大型水电企业与地方政府合作，通过直购电交易方式扶持地方经济发展，支持产业园区发展。（责任单位：省经济和信息化委、省发展改革委，省能源局、四川能源监管办、国网四川电力）

用好用足留存电量政策和外送电价差收入。编制实施好2016年度“三州”留存电量和雅安灾后重建留存电量方案，创新留存电量实施方式，50%留存电量通过市场化方式实施。充分利用丰水期外送电价差收入结余，落实大型困难钢铁企业和已确定的重点移民安置企业新增用电电价补贴政策。（责任单位：省发展改革委、省经济和信息化委，四川能源监管办、国网四川电力）

十三、降低非居民用天然气价格

严格执行非居民用天然气最高门站价格每立方米降低0.70元政策。全面清理整改“无管线、无计量、无配气设施、无人员”的天然气经营公司依附上游供气企业加价转供天然气问题。积极推进具备条件的天然气大用户“转供”改“直供”，减少中间环节，降低用气价格。（责任单位：省发展改革委，省经济和信息化委、四川能源监管办、中国石油西南油气田公司、中国石化西南油气分公司）

十四、降低企业用工成本

企业可根据生产经营情况与职工协商确定薪酬和实行弹性工时。对经营困难企业，按规定程序报批后可暂缓缴纳养老保险费1年，期间不收取滞纳金。继续执行40%的企业职工基本养老保险缴费基数下限政策。困难企业经申请批准，可降低住房公积金缴存比例或缓缴。不得强制或变相强制企业缴纳商业性质的保险等费用。（责任单位：人力资源社会保障厅，住房城乡建设厅、四川保监局）

十五、降低物流运输成本

继续对产成品、原材料铁路运输实行运价下浮政策，进一步健全完善并动态调整铁路运输价量互保、以价促量机制，严禁价外收费，降低铁路运输成本。对大件特种运输企业收取的道路损失补偿费、对道路运输企业收取的事故车辆拖车费、对进出港（场）企业收取的机场货站操作费和安检费、码头闸口费，以及港口、机场、铁路经营性收费等进行清理规范。（责任单位：省发展改革委，省经济和信息化委、财政厅、交通运输厅、省政府口岸物流办、成都铁路局）

十六、降低制度性交易成本

深入清理规范政府定价涉企经营服务性收费，重新核定煤矿在用设备安全检验检测、数字认证收费等服务成本，降低现行收费标准。继续清理规范行政事业性收费，及时公布四川省政府性基金目录清单、行政事业性收费目录清单和涉企行政事业性收费目录清单等三张目录清单，规范涉企收费行为。推动中介服务机构去行政化，清理规范中介机构收费。清理规范进出口环节收费，对查验没有问题的免除企业吊装、移位、仓储等费用。整顿规范市场秩序，开展部门联合执法专项检查，坚决打击生产假冒伪劣产品以及应当开具而未开具或虚开发票的违法行为，规范并严格监管“贴牌”生产，建立整顿规范市场秩序的长效工作机制。（责任单位：省发展改革委，省经济和信息化委、公安厅、财政厅、商务厅、省地税局、省工商局、省质监局、省国税局、省安全监管局、省食品药品监管局）

十七、营造良好政务服务环境

强化服务意识，积极作为、靠前服务，主动帮助企业解决实际困难，营造亲清政商环境。深入推进简政放权、放管结合、优化服务工作，大力推行省、市、县三级网上审查审批同步进行、办件内部流转、申请人选地取件的纵横联动审批机制。再取消下放一批企业投资项目审批事项，将法定前置审批事项和中介服务事项纳入清单管理，完善全省投资项目在线审批监管平台，推进省、市、县三级投资项目全面在平台上运行。全面落实“先照后证”改革措施，进一步扩大“三证合一”实施范围，探索试点个体工商户“二证合一”，推进简易注销登记改革试点，切实构建方便快捷的市场主体准入、退出通道，打造统一透明、公平公正、规范有序的市场环境。（责任单位：省政务服务管理办，省发展改革委、省经济和信息化委、财政厅、监察厅、省工商局、省地税局、省国税局、省法制办、省政务服务和资源交易服务中心）

四川省人民政府关于进一步促进民间投资健康发展的意见

川府发〔2016〕38号

各市（州）、县（市、区）人民政府，省政府各部门、各直属机构，有关单位：

促进民间投资健康发展，既利当前又惠长远，对稳增长、促就业具有重要意义，也是推进供给侧结构性改革的重要内容。为深入贯彻党中央国务院和省委的决策部署，充分挖掘民间投资潜力、提振信心、激发活力，推动我省经济持续健康发展，现提出如下意见。

一、进一步放宽民间投资市场准入

开展市场准入限制专项清理，坚决取消针对民间投资设置的歧视性附加条件和隐性条款，确保民间投资在市场准入条件、资源要素配置、政府管理服务等方面享有平等待遇。对照国家政策要求，坚持一视同仁，积极推进市场准入负面清单制度。〔责任单位：省发展改革委、省经济和信息化委、省工商局、财政厅、国土资源厅、省地税局，市（州）人民政府〕

推进省属国有企业混合所有制改革，在新增配电网、加油站、页岩气勘探开发、天然气管道建设与运营、地方铁路、通用机场等领域开展混合所有制改革试点。〔责任单位：省国资委、省发展改革委、省能源局）

在交通、水利、市政公用事业等领域，坚持存量调整、增量放开，鼓励民间资本参与投资运营。〔责任单位：交通运输厅、水利厅、环境保护厅、住房城乡建设厅、财政厅、省发展改革委，市（州）人民政府〕

在教育、卫生、养老、科技、文化、体育等社会事业领域，着力解决土地使用、财税支持、资质条件等方面问题，消除对民营企业的不合理规定，鼓励民间资本投资运营公共服务设施和建立新型研发机构。〔责任单位：教育厅、省卫生计生委、民政厅、科技厅、文化厅、省体育局、国土资源厅、财政厅、省地税局，市（州）人民政府〕

二、大力推动政府和民间资本合作

鼓励民间资本参与生态环保、工业企业环境污染治理、农林水利、污水垃圾处理、地下管廊、社会事业、旅游业等重点领域建设，政府通过投资补助、基金注资、融资贴息、股权投资等方式，支持民间投资项目。吸引民间资本广泛参与贫困地区水利、交通等基础设施建设和特色优势产业发展，推进脱贫攻坚。〔责任单位：林业厅、农业厅、水利厅、环境保护厅、住房城乡建设厅、教育厅、民政厅、文化厅、省卫生计生委、省旅游发展委、交通运输厅、财政厅、省发展改革委、省经济和信息化委，市（州）人民政府〕

建立合理投资回报机制和健全公共服务价格调整机制，实行价格和补贴动态调整，完善资本退出等配套政策，吸引更多民间投资参与公共服务领域建设。在交通、市政、水利、能源、教育、卫生、养老、文化等行业，分批推出政府和社会资本合作（ＰＰＰ）试点项目。鼓励各地选择部分领域优先向民间资本开放。统筹用好各级政府和企业设立的ＰＰＰ发展引导基金，加强ＰＰＰ项目库建设，加大对民间资本的推介力度，提高民间资本在ＰＰＰ项目中的比重。〔责任单位：财政厅、省发展改革委、省经济和信息化委、交通运输厅、住房城乡建设厅、水利厅、省能源局、教育厅、省卫生计生委、民政厅、文化厅，市（州）人民政府〕

三、充分发挥政府对民间投资的引导带动作用

用好四川省中小企业发展专项资金，从科技创新、能力提升、服务体系建设等方面支持民营中小企业发展。实施好促进小微企业贷款增量奖补、小微企业信用贷款风险补贴、鼓励直接融资等财金互动政策，定向引导金融资本支持民间投资。〔责任单位：财政厅、省政府金融办、人行成都分行、四川银监局，市（州） 人民政府〕

发展壮大政府产业投资引导基金，用好用活现有的多支股权投资基金，在军民融合、科技成果转化、新兴产业、农业产业、体育产业等方面再组建一批投资引导基金，充分发挥政府性基金杠杆和引导作用，撬动更多民间投资。〔责任单位：财政厅、省发展改革委、省经济和信息化委、科技厅、农业厅、省体育局〕

扎实做好国家专项建设基金支持省级政策性担保机构试点工作，切实帮助民营企业解决融资担保问题。帮助指导民营企业推进项目前期工作，争取更多民营企业项目获得国家专项建设基金支持。〔责任单位：省发展改革委、省经济和信息化委，市（州）人民政府〕

完善企业应急转贷资金，落实信贷风险补偿政策，增强政策性融资担保机构资本实力，多渠道、多层次增强民营企业融资可获得性。加大对民营企业技术创新的支持力度，搭建民间资本与科技计划成果的信息对接平台。〔责任单位：财政厅、省政府金融办、科技厅，市（州）人民政府〕

四、进一步降低民间投资要素成本

全面落实好西部大开发、“一带一路”和“长江经济带”建设等方面的促进和优惠政策，进一步降低民间投资要素成本，激发民间投资活力。深化油气、电力价格改革，推进非居民用电市场化交易，加快理顺天然气价格，开展四川电网输配电价改革试点，运用市场化手段促进四川丰水期富余水电消纳，降低用电用气成本。〔责任单位：省发展改革委、省经济和信息化委、财政厅、省地税局、省能源局，市（州）人民政府〕

阶段性降低“五险一金”费率，将全省企业职工基本养老保险单位缴费比例统一降低至19%，将全省失业保险总费率降低至1%。增加企业职工培训补贴支出，鼓励各类职业院校、培训机构免费为企业提供培训场所、设施和师资，降低企业职工培训成本。规范和阶段性适当降低企业住房公积金缴存比例，住房公积金缴存比例不得超过12%。〔责任单位：人力资源社会保障厅、财政厅、住房城乡建设厅，市（州）人民政府〕

全面清理和规范涉企收费项目，对国家规定收费标准有浮动幅度的行政事业性收费项目，按标准下限执行，到2018年底，省定涉企行政事业性收费实现“零收费”。对新办工业企业、小微企业实行事权范围内“零收费” 政策。对建筑企业在工程建设中需缴纳的保证金，除依法依规设立的投标保证金、履约保证金、工程质量保证金、农民工工资保证金外，其他保证金一律取消。〔责任单位：省发展改革委、财政厅、住房城乡建设厅，市（州）人民政府〕

在符合规划的前提下，对重点发展的新产业，优先安排用地供应。鼓励以租赁、先租后让、租让结合等多种方式向小微企业供应土地。鼓励小微企业入驻工业园区，租赁使用标准厂房。列入省级重点项目名单的民间投资项目，优先安排新增建设用地计划指标。对省政府确定的优先发展产业的工业项目，符合相关规定的，可按其所在地土地等别相对应工业用地出让最低价标准的70%确定出让底价。工业用地使用者可在规定期限内按合同约定分期缴纳土地出让价款。〔责任单位：国土资源厅、省发展改革委、省经济和信息化委，市（州）人民政府〕

五、着力缓解民营企业融资难融资贵问题

充分受理企业反映金融机构不合理不合法收费的各项诉求，依法及时核实查处。规范部门和中介机构在企业融资过程中的担保、评估、登记、审计、保险等收费行为，实现企业融资的担保、评估、登记等费用在融资成本中明显降低。〔责任单位：省发展改革委、财政厅、省政府金融办、四川银监局，市（州）人民政府〕

加大信贷支持力度，充分运用支小再贷款、再贴现等货币政策工具，引导金融机构加大对中小微企业定向支持力度。支持企业直接融资。鼓励金融机构在有效控制风险的前提下，创新金融产品和贷款担保抵押方式，开展知识产权、排污权、收费权、特许经营权、购买服务协议预期收益、出口退税等创新类贷款业务。积极推行“税易贷”等信用产品，对纳税信用记录良好的小微企业发放无抵押贷款。〔责任单位：省政府金融办、人行成都分行、四川银监局、四川证监局〕

推动银行与保险公司合作，引入贷款保证保险机制。进一步完善信贷担保体系和银政担风险分担机制，鼓励有条件的市（州）整合地方政府出资的担保基金，组建小微企业担保公司，按相关规定给予补贴，增强担保机构为民间投资担保的能力。鼓励金融机构优化信贷管理，通过开展循环贷款、年审制贷款等流动资产贷款产品和服务模式创新，进一步降低民营企业融资成本。〔责任单位：财政厅、四川保监局、四川银监局、省政府金融办，市（州）人民政府〕

六、深入推进“放管服”改革

进一步创优政务服务环境，为民间投资提供更加高效便捷的政务服务。做好国家取消下放事项的承接落实，及时修订我省政府核准的企业投资项目目录，最大程度缩小核准范围、下放核准权限。清理规范投资项目报建审批事项，进一步减少环节、简化手续。加快推进投资项目在线审批监管平台运行，通过平台办理投资项目行政审批事项。〔责任单位：省发展改革委、省经济和信息化委、省政务服务和资源交易服务中心，市（州）人民政府〕

开展企业投资项目承诺制和报建手续先建后验试点，逐步建立“多评合一”“统一评审”新模式，推行联合勘验、会商会审。加强事中事后监管，全面推行和细化“双随机、一公开”监管模式。非国家投资工程建设项目由建设单位依法自主决定是否招标发包，推行招投标事后备案制。〔责任单位：省政务服务管理办、

省政务服务和资源交易服务中心、省发展改革委、国土资源厅、环境保护厅、住房城乡建设厅、水利厅，市（州）人民政府〕

进一步完善省政府民营经济政策信息发布平台，及时公开发布国家产业政策、财税政策、发展建设规划、行业市场准入标准、国内外行业动态，以及促进民间投资的政策文件、办事指南等。〔责任单位：省工商局，市（州）人民政府〕

七、营造民间投资发展良好环境

发挥舆论宣传的导向作用，及时解读国家和省促进民间投资的政策措施，总结推广促进民间投资的好做法、好经验，积极宣传民间投资在促进经济发展、调整产业结构和扩大社会就业等方面的积极作用。〔责任单位：省政府新闻办、省发展改革委、省经济和信息化委、省工商局，市（州）人民政府〕

定期组织评选并表彰依法经营、诚实守信、认真履行社会责任的优秀民营企业家，激发企业家干事创业热情。建立民营企业投诉举报机制，在省工商局设立全省统一的民营企业投诉热线，对阻碍民间投资、不执行有关政策的投诉，及时核查处理。更好发挥各级工商联企业维权中心作用。加强和改进服务，鼓励和引导民营企业推进产权制度改革和现代企业制度建设。〔责任单位：省工商局、省工商联，市（州）人民政府〕

加快推进四川省社会信用信息平台建设，实现部门和地区间信用信息的互通共享，在投融资、用地、招投标、资质审核等方面对民营企业依法依规实施守信激励和失信惩戒。〔责任单位：省发展改革委、省工商局、省质监局、公安厅，市（州）人民政府〕

规范中介服务，编制公布全省各级保留的行政审批中介服务事项清单，进一步精简行政审批中介服务事项和申报材料；加快中介组织与审批部门脱钩改革，制定行政审批中介服务管理办法。〔责任单位：省政务服务管理办、省政务服务和资源交易服务中心，市（州）人民政府〕

加强行业协（商）会建设并充分发挥行业协（商）会作用，建立各级政府领导联系行业协（商）会制度，畅通与民营企业的交流沟通渠道。建立容错、纠错机制，鼓励干部理直气壮地为民营企业服务。积极开展投资促进工作，扩大民间投资增量。完善政府守信践诺机制，严格履行承诺，切实遵守在招商引资活动中与企业、投资人签订的各类合同协议，建立政府责任追究制。〔责任单位：省工商局、监察厅、省发展改革委、省经济和信息化委、省工商联、民政厅、省投资促进局，市（州）人民政府〕

八、加强民间投资促进工作考核督查

各市（州）人民政府、各有关部门要切实履行主体责任，主要负责同志负总责，分管负责同志具体抓督促落实。完善考核办法，加强对民间投资增长情况、提高民间投资比重的考核。强化督促检查，定期组织针对促进民间投资健康发展政策落实情况的专项检查，对执行政策不力、落实政策不到位的地区和部门进行通报。开展政府拖欠工程款专项督查。开展民间投资促进工作第三方评估。完善民间投资统计体系，加强民营经济与民间投资统计监测预测，特别是要适应新经济发展形势，加强对轻资产领域的投资统计工作。〔责任单位：省政府督查室、省工商局、省发展改革委、省经济和信息化委、财政厅、住房城乡建设厅、省统计局、省工商联，市（州）人民政府〕

各市（州）人民政府、省直有关部门要把推动民间投资工作摆在重要位置，进一步解放思想、改革创新，要根据本意见要求，对照任务分工，加强协调配合，抓紧研究制定具体措施，形成政策落实、工作有力、反馈及时的民间投资工作机制，实现我省民间投资持续健康发展。

四川省人民政府

2016年9月2日

西藏自治区

西藏自治区人民政府办公厅关于促进融资担保行业加快发展的实施意见

藏政办发〔2016〕28号

为贯彻落实《国务院关于促进融资担保行业加快发展的意见》（国发〔2015〕43号）和中国银监会、国家发展改革委、工业和信息化部、财政部、人民银行、中国证监会《关于融资担保机构支持重大工程建设的指导意见》（银监发〔2016〕1号）精神，切实提升自治区融资担保行业发展水平，解决中小微企业、“三农”、特色优势产业、基础设施建设融资难问题，促进融资担保行业加快发展，更好地服务经济社会发展大局，经自治区人民政府同意，提出以下实施意见。

一、指导思想和基本原则

（一）指导思想。全面贯彻落实党的十八大和十八届三中、四中、五中全会精神，认真落实自治区党委、政府决策部署，进一步统一思想、提高认识，建立健全融资担保组织体系，加大对融资担保行业的政策扶持力度，加快发展主要为中小微企业、“三农”、特色优势产业、基础设施建设服务的融资担保和再担保机构，缓解融资难问题，促进大众创业、万众创新，切实推进融资担保行业快速健康发展。

（二）基本原则。一是坚持政策扶持和市场主导相结合。对于以服务中小微企业、“三农”、特色优势产业、基础设施建设为主的融资担保业务，尊重其准公共产品属性的同时，遵循“政府出资、政策引导、企业化管理、市场化运作”的原则，集中有限的公共财政资源，为讲信守信企业提供融资服务，防止公共财政资源低效运行；对于其它融资担保业务，要发挥市场在资源配置中的决定性作用，鼓励按照市场规律创新发展。二是坚持发展与规范并重。坚持规范发展，加快行业制度建设、推进科学监管，在严守风险底线的同时拓宽发展空间，把握好规范经营和创新发展的平衡。

二、建立健全融资担保组织体系，积极促进融资担保行业发展

（三）加快发展再担保机构。通过新设方式，组建由国有资本和社会资本共同参与的自治区级再担保机构；也可对现有信誉好的政策性融资担保机构赋予再担保职能，通过市场方式增资扩股、引入战略投资者。政策性再担保业务要重点传导自治区中小微企业、“三农”、特色优势产业、基础设施建设产业政策，承担提升行业担保能力、引导行业规范经营、化解行业担保风险等政策性功能，原则上不进行直接的商业性融资担保。积极开展自治区再担保机构与国家融资担保基金在股权转让、技术支持等方面的业务对接，争取国家扶持，有效发挥再担保的增信、分险和稳定作用，提升行业抗风险能力。

（四）促进辖区内融资担保机构快速发展。以自治区、地市两级为重点，科学布局，通过国有控股、国有参股的方式，培育一批政府出资为主、主业突出、经营规范、实力较强、信誉较好、影响力较大的政策性融资担保机构，作为服务中小微企业、“三农”、特色优势产业、基础设施建设的重要力量；对专注服务中小微企业、“三农”、特色优势产业、基础设施建设的商业性融资担保机构，要支持开展兼并重组，发挥资本、人才、风险管理、业务经验、品牌等方面优势，做精做强，引领行业发展；对服务中小微企业、“三农”、特色优势产业、基础设施建设为主的融资担保业务，加大扶持力度，支持融资担保机构扩大业务规模。

（五）多种所有制互为依托，提升融资担保行业发展质量。推进融资担保机构“减量增质”、做精做强，政府引导和市场机制双管齐下，鼓励多种所有制共同发展。一方面，支持民营融资担保机构规范可持续发展，鼓励民营资本有序进入融资担保行业，引导民营融资担保机构通过引入国有资本，加强与国有融资担保机构的股权合作，提升规范化水平和抗风险能力；另一方面，国有独资及国有控股融资担保公司，可以通过转增资本、吸引民间资本、兼并重组等多种渠道，采用混合所有制、国有控股、股份制等多种方式，整合、培育出一批优质的、充分体现政策性效果的融资担保机构。政策性融资担保与商业性融资担保互为依托、互相促进，基本建

立数量适中、结构合理、竞争有序、稳健运行的行业体系。鼓励我区担保公司与在藏保险公司合作，充分发挥保险公司的增信作用，增强担保公司的抗风险能力和经营稳定性，增加担保公司抵抗风险和保障自身合规发展经营的要素。

三、强化融资担保政策支持，加大财税扶持力度

（六）完善抵质押登记办法。不动产登记主管部门要根据《中华人民共和国担保法》、《中华人民共和国物权法》及加强中小微企业信用担保体系建设的有关规定，积极提供他项登记。他项登记事项的主管机构不明确的，收到他项登记申请的部门应按程序向上级主管部门予以确定。融资担保机构需要查询与担保合同和客户有关的登记资料，他项登记部门要提供便利。债权人是非银行机构的（包括依法合规的小额贷款公司、民间资本或互联网金融点对点借贷平台等），他项登记部门要一视同仁予以支持。

（七）优化、强化财政扶持政策。整合完善现有支持融资担保业发展的财政政策，自治区已设立的涉企各类专项资金要向区内融资担保行业倾斜。通过资本注入、风险补偿、业务补助、费用补助等多种手段，引导融资担保机构更好地服务中小微企业、“三农”、特色优势产业、基础设施建设。完善我区中小微企业贷款担保代偿损失和风险控制激励机制，由财政适当补助担保机构为区内中小微企业提供融资担保而产生的风险损失。创新资金扶持方式，探索设立贷款风险控制保证金，研究开展贷款保证保险、安排贷款贴息等政策措施，加大对主要服务中小微企业、“三农”、特色优势产业、基础设施建设的融资担保机构的财政支持力度。

（八）积极落实对融资担保机构的税收扶持政策。按照国家、自治区相关税收政策规定，服务中小微企业、“三农”、特色优势产业、基础设施建设的融资担保机构，符合条件的享受税收优惠政策。进一步落实好行政审批制度。

四、切实深化政银担三方合作，构建可持续银担商业合作模式

（九）政银担要共同推进合作，探索建立合理的风险分担机制。融资担保行业监管部门要会同银行业管理部门、融资担保机构等建立促进银担合作的常态化工作机制，积极搭建政、银、担三方信息共享和沟通平台，重点推动解决银担合作中涉及的信息共享、合作准入、风险分担、担保公司资本金托管、保证金管理等问题。实现中小微企业、“三农”、特色优势产业、基础设施建设融资担保风险在政府、银行业金融机构和融资担保机构之间合理分担。

（十）完善银担合作政策。在藏银行业金融机构要根据政策导向，在风险可控、责任明晰的前提下，创建自愿平等、互信互利、长期稳定的银担合作新模式。在藏银行业金融机构要制定差异化的银担合作政策，放宽合作的融资担保机构、再担保机构的准入标准，实行名单制管理，不在业务保证金之外收取其他保证金，不要求担保机构在规章制度要求之外提供服务，提高放大倍数，控制贷款利率上浮幅度，提高对中小微企业、“三农”、特色优势产业、基础设施建设融资担保贷款的风险容忍度。对银行业金融机构不承担风险或者只承担部分风险的中小微企业、“三农”、特色优势产业、基础设施建设融资担保贷款，可以适当下调风险权重。

（十一）政银担各方要切实降低中小微企业、“三农”、特色优势产业、基础设施建设的融资成本。认真贯彻落实国务院关于着力缓解企业融资成本高等问题的一系列政策措施，提高贷款审批和发放效率，清理各种不必要的资金“通道”和“过桥”环节，强化贷款流向管理，取消不合理收费，严禁“以贷转存”“存贷挂钩”等变相提高利率、加重企业负担的行为。自治区再担保机构对商业性融资担保公司的收费标准和合作条件，要报区金融办、行业管理部门备案。融资担保机构收费要严格按照中国银监会等七部委《融资担保公司管理暂行办法》执行，凡由融资担保机构担保并承担全部风险的中小微企业、“三农”、特色优势产业、基础设施建设贷款，商业银行要科学合理确定贷款利率。

五、加强融资担保机构自身建设，提升服务水平

（十二）完善融资担保机构内部治理和内控机制。建立健全协调运作、有效制衡的法人治理结构，不断完善议事规则、决策程序和内部审查制度，提高公司治理的有效性。坚持以企业文化凝聚人才，制定科学合理的人才培养、储备和使用规划。建立符合审慎经营原则的

担保评估制度、决策程序、事后追偿和处置制度、风险预警机制和突发事件应急机制，制定严格规范的业务操作规程，加强对担保项目的风险评估和管理。充分披露经营管理信息，及时履行代偿义务，健全风险管理体系，强化内部制度约束，守住风险底线。 国有控股或参股的融资担保、再担保公司的出资人或控股股东，要遵守融资担保的相关法律法规及规章，不得干预公司年度规划、经营计划或日常担保业务，不得违反程序干涉公司自主经营。

（十三）聚焦主业，坚持合规经营，提升服务水平。融资担保机构要把做好融资担保主业放到首位，认真落实资本金托管制度。融资担保机构在业务中要严格做到“三严格、三不准”，即严格保证金管理，不准高额收取、挪用或占用客户保证金；严格规范收费，不准收取担保费用之外的其他费用；严格贷款流向管理，不准占用客户贷款。融资担保机构要探索符合自身实际的经营模式和盈利模式，准确把握市场定位，深入研究中小微企业、“三农”、特色优势产业、基础设施建设的经营特点，合理确定担保费率，特别是政策性融资担保机构要本着保本微利的原则，切实降低融资成本、提升服务水平。

（十四）积极为中小微企业参与重大工程建设提供担保服务。重大工程建设项目是指国际或自治区政府立项的项目及涉及“一带一路”、“面向南亚大通道建设”、西部大开发等国家和自治区重大战略的项目。融资担保机构要发挥担保增信作用，缓解中小微企业在投标重大工程建设项目中的信用不足问题，积极为中小微企业提供投标保函、履约保函等非融资担保服务。中小微企业凭重大工程建设项目招标文件向融资担保机构提出投标保函申请，中标后凭中标通知书向融资担保机构提出履约保函申请的，融资担保机构和合作银行为符合条件的中小微企业快速出具保函。中小微企业签订重大工程建设项目合同的，融资担保机构要简化操作流程，加快担保审批效率，执行优惠担保费率，为符合条件的中小微企业快速提供融资担保服务，合作银行要为中小微企业担保融资业务提供审批绿色通道。

（十五）积极开展产品服务创新，拓展经营空间。融资担保公司要充分发挥行业优势，积极开发适应中小微企业、“三农”、特色优势产业、基础设施建设特点的新业务、新产品。有实力的融资担保机构要建立综合化服务平台，积极为担保客户提供与担保业务有关的融资咨询、财务顾问等中介服务。按照《国务院关于创新重点领域投融资机制鼓励社会投资的指导意见》（国发〔2014〕60号）和自治区有关精神，灵活运用排污权、收费权、特许经营权、购买服务协议预期收益、集体林权以及试点地区的承包土地经营权、住房财产权等作为抵质押，不断创新反担保方式。探索利用工程供水、供热、发电、污水垃圾处理等预期收益质押作为反担保，允许利用相关收益作为还款来源。充分利用互联网、大数据等新技术、新工具，开展灵活的反担保，积极探索开展“信用无抵押”、互联网融资担保等业务模式。

（十六）鼓励融资担保机构为中小微企业发债提供担保服务。鼓励融资担保机构为中小微企业发债提供担保服务，支持其参与重大工程建设项目，有关部门要对有融资担保机构提供担保的企业发债提供审批绿色通道。

六、完善和加强监管，有效防范风险

（十七）科学制定政策性融资担保和自治区再担保机构的考核指标。对政策性融资担保机构的考核，要以保本微利、强化服务和风险防控为原则，结合当地实际情况，降低或取消盈利要求，重点考核对中小微企业、“三农”、特色优势产业、基础设施建设的业务规模和服务情况，适当结合利润或亏损控制、风险控制、放大倍数、业务总量、落实产业政策等情况，计算确定当年考核指标，并作为国有独资及国有控股融资担保公司董事长、总经理及其他高级管理人员任职资格的重要依据；对于自治区再担保机构，要坚持保本微利经营原则，在可持续经营的前提下，着力降低融资担保和再担保业务收费标准，突出公共服务属性，重点破解中小微企业、“三农”、特色优势产业、基础设施建设融资难的问题。

（十八）健全、完善行业监管体制。根据国家要求，结合我区实际，加强宏观金融政策研究，建立健全区域内行业规划、市场准入、运营管理、风险防控和监管机制。积极探索融资担保机构现场检查制度，实施融资担保机构年度常规性检查，切实提高监管效能，及时纠正违规行为；提高非现场监管工作水平，构建科学、系统、有效的非现场监管体系。严格落实融资担保机构资本金托管制度，提高资本金运用监管的有效性。各级监管部门要加强对从业人员的管理，提高从业人员的职业道德和专业素质，对董事长、总经理及高级管理人员的任职资格要严格审核，选聘懂经营、善管理、精通业务，具备良好职业操守的人员担任相应职务。融资担保、再担保公司股东大会、董事会等会议的重要决议，应当及时向监管部门报告。

（十九）加强行业综合监管，落实分级属地管理责任。建立自治区融资性担保业务监管联系会议制度，加强部门间信息沟通与协调联动，研究促进行业发展的政策措施，解决行业发展过程中重大问题。按照审慎监管原则，进一步加强分级属地监管制度建设，理顺自治区、地市监管职责。自治区级监管部门主要负责制定行业规划和政策、指导地市日常监管工作开展和机构准入退出审批。各地（市）行署（人民政府）负责行政区域内融资担保机构监管和风险防范，要坚持规范和发展并重，严格执行准入和退出，加强事中事后监管，建立融资担保机构重大风险事件的协调处置机制，编制应急处置预案，保护债权人和其他相关利益人合法权益，防范系统性、区域性金融风险，积极维护金融秩序和社会稳定。

（二十）建立失信名单制度，强化征信服务。对全区融资担保贷款中逾期不还的中小微企业，要将企业及其法定代表人、董事长、总经理列入失信名单，由人民银行、工商部门及其他有关信用信息系统上网公示，加强失信惩戒。列入失信名单的企业及自然人五年内不得享受中小微企业支持政策及贷款扶持。征信管理部门要不断健全信用信息体系，简化准入手续，减少附加条件，允许符合条件的融资担保公司尽快接入征信系统。

（二十一）加强融资担保行业监管评级工作。科学制定监管评级指标体系，充分考虑融资担保机构资本管理、主营业务、经营收益、经营风险、业务集中度等指标，适当提高融资担保机构对中小微企业、“三农”、特色优势产业、基础设施建设的指标权重。对社会商业评级要加强管理，防止加重企业负担。要通过监管评级，科学把握融资担保机构的经营水平和风险状况，提供融资担保机构享受政策支持、资金补助和开展银担合作的基本依据。

（二十二）加快建立信息管理系统。监管部门要加快建设联接自治区、各地市行业监管部门和各融资担保机构的全区融资担保行业综合信息管理系统，融资担保机构要运用管理系统完善内部业务流程，报送业务信息；充分发挥人民银行账户监管系统、反洗钱系统等监测功能，及时反映担保行业经营动态，逐步实现网上实时监控、风险预警和远程管理。

（二十三）成立行业协会，充分发挥作用。推动成立融资担保行业协会和中小微企业协会，制定自律公约、业务标准，完善维权、服务功能，推动开展从业培训、促进信息共享、培育企业文化。充分发挥行业协会作用，提高行业的专业化程度和服务水平，进一步规范行业秩序，维护融资担保行业的集体合法权益。

（二十四）提升行业监管效能，严密防控风险。综合运用年度检查、监管评级、第三方信用评级（审计）等多种手段，加快实施分类监管，对运作规范、业务良好、风险可控的融资性担保机构，在放大倍数、业务拓展、资本金运用等方面给予政策倾斜。加大监管力量、监管经费等投入，加强监管队伍建设，保障行业监管部门有效履行监管职责。建立健全政府统一领导、相关部门快速反应、协同配合的风险防控处置机制，严厉打击非法集资等违法犯罪活动，对区域内行业重大风险事件，按照事权，及时响应，及时上报，依法依规妥善处置。

西藏自治区融资性担保公司管理办法（试行）

第一章　总则

第一条 为加强对全区融资性担保公司的监督管理，规范融资性担保公司经营行为，促进融资担保行业健康发展，根据有关法律法规和规定，结合我区实际，制定本办法。

第二条 本办法所称融资性担保，是指担保人与银行业金融机构等债权人约定，当被担保人不履行对债权人负有的融资性债务时，由担保人依法承担合同约定担保责任的行为。

本办法所称融资性担保公司是指依法设立，经营融资性担保业务的有限责任公司、股份有限公司。

本办法所称再担保是指融资性担保公司为其他融资性担保公司的担保责任进行担保的行为；再担保公司是

指依法设立，经监管部门批准经营再担保业务的融资担保公司。

第三条 融资性担保公司应当以安全性、流动性、收益性为经营原则，建立市场化运作的可持续审慎经营模式。

融资性担保公司与企业、银行业金融机构等客户的业务往来，应当遵循诚实守信的原则，并遵守合同的约定。

第四条 融资性担保公司依法开展业务，不受任何机关、单位和个人的干涉。

第五条 融资性担保公司开展业务，应当遵守法律、法规和本办法的规定，不得损害国家利益和社会公共利益。

融资性担保公司应当为客户保密，不得利用客户提供的信息从事任何与担保业务无关或有损客户利益的活动。

第六条 融资性担保公司开展业务应当遵守公平竞争的原则，不得从事不正当竞争。

第七条 自治区人民政府授权自治区工业和信息化厅为融资性担保公司的监管部门。各地（市）工业和信息化局行使本行政区域内融资性担保公司的监管职责。各级监管部门，负责本行政区域内的融资性担保公司的准入、退出、日常监管和风险处置。

建立自治区融资性担保业务监管联席会议（以下简称联席会议）制度，负责研究制订促进我区融资性担保公司发展和监管的政策措施，指导全区融资性担保公司监管和风险处置，办理融资性担保业务监管部际联席会议和自治区人民政府交办的其他事项。

联席会议办公室设在自治区工业和信息化厅，具体负责日常工作。

联席会议由工信厅、发改委、财政厅、商务厅、工商局、国税局、金融办，西藏银监局、人行拉萨中心支行组成。联席会议设联络员，由联席会议成员单位相关处室负责同志担任。联席会议向自治区人民政府和融资性担保业务监管部际联席会议报告工作。

第二章 设立、变更和终止

第八条 设立融资性担保公司及其分支机构，应当经监管部门审查批准。

经批准设立的融资性担保公司及其分支机构，由自治区监管部门颁发经营许可证，并凭经营许可证向工商行政管理部门申请注册登记。

任何单位和个人未经监管部门批准，不得经营融资性担保业务，不得在名称中使用含“融资性担保”字样，法律、行政法规另有规定的除外。

第九条 设立融资性担保公司，应当具备下列条件：

（一）有符合《中华人民共和国公司法》规定的章程；

（二）有具备持续出资能力的股东；

（三）有符合本办法规定的注册资本；

（四）有符合任职资格的董事、监事、高级管理人员和合格的从业人员；

（五）有健全的组织机构、内部控制及风险管理制度；

（六）有符合要求的营业场所；

（七）监管部门规定的其他条件。

第十条 设立自治区级融资性担保公司，注册资本不得低于人民币5000万元；设立地（市）级及以下融资性担保公司，注册资本不得低于人民币2000万元。

注册资本为实缴货币资本。已在其他省（市、区）注册的融资性担保公司在西藏设立分支机构的，应当向拟设立的分支机构拨付不低于人民币5000万元的营运资金，并满足相关监管要求。

在西藏的融资性担保公司拨付给区外的分支机构营运资金的总和，不得超过公司注册资本金总额的50%。剩余资本金应满足自治区监管部门要求。

为加强融资性担保公司注册资本金的监督管理，规范注册资本金运用行为，对注册资本金实施银行托管办法进行管理，托管办法另行制定。

第十一条 设立融资性担保公司，应向所在地（市）监管部门提交下列文件、资料：

（一）申请书（应当载明拟设立的融资性担保公司的名称、住所、注册地、注册资本和经营范围等事项）；

（二）可行性研究报告（应载明主要业务区域经济金融发展情况、市场需求分析、风险控制措施、经济效益和社会效益分析等内容）；

（三）章程草案；

（四）股东名册及其出资额、股权结构及关联关系。股东出资的验资证明以及股东的资信证明和有关资料。

股东基本情况报告(包括法人股东近三年经营业绩、财务状况和资信等情况,以及自然人股东入股资金来源、资信等情况);

(五)拟任董事、监事、高级管理人员的简历和资格证明;

(六)经营发展战略和规划;

(七)营业场所证明材料;

(八)工商行政管理部门核发的《企业名称预先核准通知书》;

(九)监管部门要求提交的其他材料。

第十二条 融资性担保公司有下列变更事项之一的,应向所在地(市)监管部门提出申请。

(一)变更名称;

(二)变更组织形式;

(三)变更注册资本;

(四)变更公司住所;

(五)调整业务范围;

(六)变更董事、监事和高级管理人员;

(七)变更持有5%以上股权的股东;

(八)分立或者合并;

(九)修改章程;

(十)监管部门规定的其他变更事项。

融资性担保公司变更事项涉及公司登记事项的,经监管部门审查批准后,按规定向工商行政管理部门申请变更登记。

第十三条 在西藏依法设立的融资性担保公司拟在其他省(区、市)设立分支机构的,应满足以下条件:

(一)公司经营正常,符合各项监管指标要求;

(二)公司近两年内未发生担保诈骗、重大担保代偿损失或投资损失;

(三)公司董事、监事、高级管理人员近两年内未涉及严重违法、违规等重大事件;

(四)公司已设立两名以上的独立董事,以及首席风险官和首席合规官;

(五)监管部门规定的其他条件。

在其他省(区、市)依法设立的融资性担保公司拟在西藏设立分支机构的,除提交第十一条中所规定的材料外,须同时提交当地监管部门的批准文件。

第十四条 融资性担保公司及其分支机构的设立、变更由所在地(市)监管部门负责受理,提出初审意见,并将初审意见同全套申请材料报自治区监管部门审查。

自治区监管部门应在收到全套申请材料后15个工作日内,做出批准或不予批准的决定。

第十五条 融资性担保公司及其分支机构自批准设立之日起,无正当理由超过一年未开业,或开业后连续一年未经营融资性担保业务的,由自治区监管部门依法收缴经营许可证,并告知工商行政管理部门。

第十六条 融资性担保公司因分立、合并或出现公司章程规定的解散事由需要解散的,应当向所在地(市)监管部门提出申请,由地(市)监管部门提出初审意见,报自治区监管部门审查批准,并缴回《融资性担保机构经营许可证》,融资性担保公司凭批准文件及时向工商行政管理部门申请注销登记。

第十七条 融资性担保公司有重大违法经营行为,不予撤销将严重危害市场秩序、损害公众利益的,由自治区监管部门撤销其经营许可证。法律、行政法规另有规定的除外。

第十八条 融资性担保公司解散或被撤销的,应当依法成立清算组进行清算,按照债务清偿计划及时偿还有关债务。监管部门监督其清算过程。

担保责任解除前,公司股东不得分配公司财产或从公司取得任何利益。

融资性担保公司不能清偿到期债务,并且资产不足以清偿全部债务或者明显缺乏清偿能力的,应当依法实施破产。

第三章 业务范围

第十九条 融资性担保公司经自治区监管部门批准,可以经营下列部分或全部融资性担保业务:

(一)贷款担保;

(二)票据承兑担保;

(三)贸易融资担保;

(四)项目融资担保;

(五)信用证担保;

(六)其他融资性担保业务。

第二十条 融资性担保公司不得从事下列活动:

(一)吸收存款;

(二)发放贷款;

(三)受托发放贷款;

（四）受托投资；

（五）监管部门规定不得从事的其他活动。

融资性担保公司从事非法集资活动的，由有关部门依法予以查处。

第二十一条 融资性担保公司经自治区监管部门批准，可以兼营下列部分或全部业务：

（一）诉讼保全担保；

（二）投标担保、预付款担保、工程履约担保、尾付款如约偿付担保等履约担保业务；

（三）与担保业务有关的融资咨询、财务顾问等中介服务；

（四）以自有资金进行投资；

（五）监管部门规定的其他业务。

第二十二条 融资性担保公司经自治区监管部门批准，可以开展再担保业务。开展再担保业务应符合以下条件：

（一）连续经营两年以上；

（二）注册资本不低于人民币1亿元；

（三）公司近两年无违法、违规不良记录，未发生担保诈骗、重大担保代偿损失或投资损失；

（四）监管部门规定的其他审慎性条件。

第四章 经营规则和风险控制

第二十三条 融资性担保公司应当建立符合审慎经营原则的担保评估制度、决策程序、事后追偿和处置制度、风险预警机制和突发事件应急机制，并制定严格规范的业务操作规程，加强对担保项目的风险评估和管理。

融资性担保公司应当配备或聘请经济、金融、法律、技术等方面具有相关资格的专业人才，设立首席合规官和首席风险官。首席合规官、首席风险官应当由取得律师或注册会计师等相关资格，并具有融资性担保或金融从业经验的人员担任。

国有独资或国有控股、参股的融资性担保公司，须将当年代偿损失总额控制在担保资金的5%以内。若超过控制界限的，融资性担保公司应当及时向监管部门提交风险报告。

融资性担保公司应当依法建立健全公司治理结构，完善议事规则、决策程序和内审制度，保持公司治理的有效性。

跨自治区设立分支机构的融资性担保公司，应当设两名以上的独立董事。

第二十四条 融资性担保公司对单个被担保人提供的融资性担保责任余额不得超过其净资产的10%，对单个被担保人及其关联方提供的融资性担保责任余额不得超过净资产的15%，对单个被担保人债券发行提供的担保责任余额不得超过净资产的30%。

第二十五条 融资性担保公司的融资性担保责任余额不得超过净资产的10倍。

第二十六条 融资性担保公司以自有资金进行投资，限于国债、金融债券及大型企业债务融资工具等信用等级较高的固定收益类金融产品，以及不存在利益冲突且总额不高于净资产20%的其他投资。

第二十七条 融资性担保公司应当按照当年担保费收入的50%提取未到期责任准备金，并按不低于当年年末担保责任余额1%的比例提取担保赔偿准备金。担保赔偿准备金累计达到当年担保责任余额10%的，实行差额提取。

融资性担保公司收取的担保费可根据担保项目风险程度与被担保人自主协商确定，但不得违反国家有关规定。

监管部门可以根据融资性担保公司责任风险状况和审慎监管的需要，提出调高担保赔偿准备金比例的要求。

融资性担保公司应当建立健全内部担保风险评价体系，对担保责任实行风险分类管理，准确计量担保责任风险。

第二十八条 融资性担保公司应当按照金融企业财务规则和企业会计准则等要求，建立健全财务会计制度，真实地记录和反映企业财务状况、经营成果和现金流量。

第二十九条 融资性担保公司不得为其母公司或子公司提供融资性担保。

第三十条 融资性担保公司与债权人应当按照协商一致的原则建立业务关系，并在合同中明确约定承担担保责任的方式。

第三十一条 融资性担保公司办理融资性担保业务，应当与被担保人约定在担保期间可持续获得相关信息并有权对相关情况进行核实。

第三十二条 融资性担保公司与债权人应当建立担

保期间被担保人相关信息交换机制，加强对被担保人的信用辅导和监督，共同维护双方的合法权益。

第三十三条 融资性担保公司应当按照监管部门的规定，将公司治理情况、财务会计报告、风险管理状况、资本金构成及运用情况、担保业务总体情况等信息告知相关债权人。

第五章 监督管理

第三十四条 监管部门应当建立健全融资性担保公司信息资料收集、整理、统计分析制度。地（市）监管部门对本行政区域内融资性担保公司经营及风险状况进行持续监测，于每年5月底前完成所监管融资性担保公司上一年度机构概览报告，并报送自治区监管部门。自治区监管部门于每年6月底前完成全区融资性担保公司上一年度机构概览报告。

第三十五条 融资性担保公司应当按照规定及时向监管部门报送经营报告、财务会计报告、合法合规报告等文件和信息。

融资性担保公司向监管部门提交的各类文件和信息，应当真实、准确、完整。

第三十六条 融资性担保公司应当按季度向所在地（市）监管部门报告资本金运用情况。

监管部门应当根据审慎监管的需要，适时提出融资性担保公司的资本质量和资本充足率要求。

第三十七条 监管部门根据监管需要，有权要求融资性担保公司提供专项资料。

监管部门可根据监管需要与融资性担保公司董事、监事和高级管理人员进行监管谈话，要求就有关情况进行说明或进行必要的整改。地（市）监管部门在监管谈话后，应及时向自治区监管部门报送谈话记录。

监管部门认为必要时，可以向债权人通报所监管有关融资性担保公司的违规或风险情况。

第三十八条 监管部门根据监管需要，可以对融资性担保公司进行现场检查，融资性担保公司应当予以配合，并按照监管部门的要求提供有关文件、资料。

现场检查时，检查人员不得少于2人，并向融资性担保公司出示现场检查通知书和检查证件。

第三十九条 融资性担保公司发生担保诈骗、金额可能达到其净资产5%以上的担保代偿或投资损失，以及董事、监事、高级管理人员涉及严重违法、违规等重大事件时，应当立即采取应急措施并向监管部门报告。

第四十条 融资性担保公司应当及时向监管部门报告股东大会或股东会、董事会等会议的重要决议。

第四十一条 融资性担保公司应当聘请社会中介机构进行年度审计，并将审计报告及时报送所在地（市）监管部门。

第四十二条 监管部门应当会同有关部门建立融资性担保行业突发事件的发现、报告和处置制度，制定融资性担保行业突发事件处置预案，明确处置机构及其职责、处置措施和处置程序，及时、有效地处置融资性担保行业突发事件。

第四十三条 地（市）监管部门应当于每年年末全面分析评估本辖区融资性担保行业年度发展和监管情况，于每年1月底前报自治区监管部门。自治区监管部门，经整理汇总，于每年2月底前，向自治区人民政府报告和融资性担保业务监管部际联席会议上一年度融资性担保行业发展情况和监管情况。

监管部门应当及时向自治区人民政府和融资性担保业务监管部际联席会议报告辖区融资性担保行业的重大风险事件和处置情况。

第四十四条 融资性担保行业应建立行业自律组织，履行自律、维权、服务等职责。

自治区融资性担保行业自律组织接受区联席会议的指导。

第四十五条 人民银行征信管理部门应将融资性担保公司的有关信息纳入征信系统，并按规定为融资性担保公司查询相关信息提供服务。融资性担保公司按照人民银行征信系统接入条件，改善内部管理和系统建设，接入人民银行征信系统。

融资性担保公司要按照有关规定履行年报公示和即时信息公示义务。各有关部门应当将对融资性担保公司的经营活动的日常监管，行政许可和行政处罚信息通过全国企业信用信息公示系统（西藏）予以对外公示。

第四十六条 建立融资性担保公司信用评级制度，注重评级质量，并将信用评级结果通报银行类金融机构、财政、工商、税务等相关部门，并作为行业主管部门年审、监管部门分类监管、政府部门政策和资金扶持及招投标、国有土地出让，以及接入人民银行征信系统的重要依据。凡在我区设立的融资性担保公司，应当主动参加人民银行与相关部门共同组织的信用评级工作，并按相关要求及时将各类资料报备。

融资性担保公司的评级结果应及时在西藏自治区社会公共信用信息共享交换平台予以公示。

第六章 法律责任

第四十七条 监管部门从事监督管理工作的人员有下列情形之一的，依法予以处理；构成犯罪的，依法移送司法机关：

（一）违反规定审批融资性担保公司的设立、变更、终止以及业务范围的；

（二）违反规定对融资性担保公司进行现场检查的；

（三）未依照规定报告重大风险事件和处置情况的；

（四）其他违反法律法规及本办法规定的行为。

第四十八条 融资性担保公司违反法律、法规及本办法规定，有关法律、法规有处罚规定的，依照规定给予处罚，有关法律、法规未作处罚规定的，由监管部门责令改正，可以给予警告；构成犯罪的，依法移送司法机关。

第四十九条 未经监管部门审查批准，擅自经营融资性担保业务的，由监管部门依法予以查处；擅自在企业名称中使用“融资性担保”字样的，由监管部门责令改正并依法提请工商部门予以查处；监管部门应即时将吊销、撤销融资性担保机构经营许可证有关情况通报工商部门，由工商部门依法进行相应的吊销、撤销处理或责令企业履行注销手续。

第七章 附 则

第五十条 公司制以外的融资性担保机构从事融资性担保业务，参照本办法有关规定执行。

外商投资的融资性担保公司适用本办法，法律、行政法规另有规定的，依照其规定。

第五十一条 本办法施行前已经设立的融资性担保公司未达到本办法规定要求的，应于2017年6月30日前达到本办法规定要求。

第五十二条 本办法自公布之日起施行。

陕西省

陕西省人民政府关于扶持小型微型企业健康发展的实施意见

陕政发〔2015〕31号

各市、县、区人民政府，省人民政府各工作部门、各直属机构：

为贯彻落实《国务院关于扶持小型微型企业健康发展的意见》（国发〔2014〕52号）精神，促进我省小型微型企业（含个体工商户）加快发展，结合我省实际，现提出如下实施意见。

一、省、市、县三级要设立中小企业发展专项资金，重点支持小型微型企业创业创新和转型升级。（省财政厅、省工业和信息化厅、省商务厅、省科技厅、省中小企业局等负责）

二、加大省级中小企业专项资金对小企业创业基地（微型企业孵化园、科技孵化器、商贸企业集聚区等）建设的支持力度，重点建设100个创业基地。推动家庭工业发展，形成50~100个家庭手工业聚集区，带动“专精特新”小型微型企业发展。鼓励大中型企业带动产业链上的小型微型企业，积极开展小型微型企业配套产品的技术辅导和培训，支持小型微型企业为省内大企业（集团）提供协作配套。（省财政厅、省工业和信息化厅、省商务厅、省科技厅、省中小企业局等负责）

三、认真落实支持小型微型企业税收政策。小型微型企业从事国家鼓励发展的投资项目，进口项目自用且国内不能生产的先进设备，可按规定享受有关优惠政策。（西安海关、省国税局、省地税局等负责）

四、对安排残疾人就业未达到规定比例、职工总数20人以下（含20人）的小型微型企业，自工商登记注册之日起3年内，免征残疾人就业保障金。对小型微型企业吸纳就业困难人员就业的，按规定给予社会保险补贴。（省人力资源社会保障厅、省财政厅、省残联等负责）

五、鼓励市、县政府设立中小企业发展基金和创业投资引导基金。省级中小企业发展基金将参股各级政府设立的中小企业创业投资引导基金，要采取多种方式扩大基金规模；中小企业发展基金要积极参股国有融资性担保机构，帮助创新型、知识密集型小型微型企业从金融机构获得贷款。（省财政厅、省发展改革委、省中小企业局、省工业和信息化厅、省科技厅、省商务厅等负责）

六、大力发展政府支持的融资性担保机构，引导其提高小型微型企业担保业务规模，对符合条件的融资性担保机构给予不超过2000万元的参股扶持。综合运用股权投入、风险补偿等方式，引导各类所有制融资性担保机构为小型微型企业提供融资担保服务，新增融资担保额300亿元。省科技型中小企业贷款风险补偿资金对银行业金融机构为科技型中小微企业贷款形成的不良贷款按规定给予一定风险补偿，省融资性担保机构风险补偿资金对担保机构实际发生的代偿损失按规定给予风险补偿。（陕西银监局、省发展改革委、省财政厅、省中小企业局、省科技厅、省商务厅、人民银行西安分行、省地税局等负责）

七、鼓励驻陕银行业金融机构加大小型微型企业金融服务专营机构建设力度，增设扎根基层、服务小型微型企业的社区支行和小微支行。鼓励地方法人银行立足当地、服务小型微型企业，向县域和乡镇延伸网点和业务。鼓励大型商业银行在大中城市支行设立小型微型企业服务专柜、网点。大力推进民间资本参股村镇银行等小型金融机构，参与小额贷款公司重组整合。加强银保联动，鼓励保险公司面向小型微型企业积极开展贷款履约保证保险等融资性保险服务。鼓励设立小型微型企业保险融资风险补偿金，用于小型微型企业贷款保证保险的保费补贴和补偿试点期间保险机构赔偿额度超出保费比例的超额部分。全省各级政府要制定扶持奖励政策，大力支持中小企业上"新三板"和到陕西区域性股权交易中心挂牌，推动中小企业创新发展和直接融资。（省金融办、省财政厅、省中小企业局、陕西银监局、陕西保监局等负责）

八、建立全省小型微型企业信用信息互通机制。按照公开透明、信息共享、互通互信的原则，依托陕西省公共信用信息交换平台，汇集工商注册登记、行政许可、税收缴纳、社保缴费、安全生产、环保、质监等信息，建立全省企业信用信息平台。运用大数据、云计算等信息技术，提高政府部门和其他专业机构为小型微型企业的服务效率。按产业和行业抽选5000户并逐步增加到10000户小型微型企业，作为监测样本，对其生产经营运行变化情况进行跟踪、监测和分析。（省工商局、省发展改革委、省国税局、省地税局、省中小企业局、省人力资源社会保障厅、人民银行西安分行、省质监局、国家统计局陕西调查总队等负责）

九、支持中小企业公共服务平台发展。发挥省中小企业公共服务平台引领作用，加快推进省、市、县中小企业公共服务平台网络建设，线上线下为小微企业开展各类服务。加大政府购买服务力度，支持社会化服务机构为小型微型企业提供管理咨询、技能培训、市场开拓、标准咨询、检验检测认证等服务。（省中小企业局、省财政厅、省科技厅、省商务厅、省质监局等负责）

陕西省人民政府

2015年7月14日

甘肃省

甘肃省人民政府办公厅关于印发甘肃省发展众创空间推进大众创新创业实施方案的通知

甘政办发〔2015〕79号

各市、自治州人民政府，兰州新区管委会，省政府各部门，中央在甘有关单位，有关高校、科研院所、企业：

《甘肃省发展众创空间推进大众创新创业实施方案》已经省政府同意，现印发你们，请认真组织实施。

甘肃省人民政府办公厅

2015年5月29日

甘肃省发展众创空间推进大众创新创业实施方案

为了贯彻落实《国务院办公厅关于发展众创空间推进大众创新创业的指导意见》（国办发〔2015〕9号）精神，加快我省实施创新驱动发展战略，适应和引领经济发展新常态，顺应网络时代大众创业、万众创新的新趋势，加快发展众创空间等新型创业服务平台，营造良好的创新创业生态环境，推动产业优化升级，激发全社会创新创业活力，全面融入国家“一带一路”建设的大战略，倾力打造丝绸之路经济带甘肃段，积极探索西部欠发达地区依靠创新驱动、实现跨越发展的新模式，现结合我省实际，制定本实施方案。

一、总体要求

（一）指导思想。

以邓小平理论、“三个代表”重要思想和科学发展观为指导，认真贯彻落实党的十八大和十八届三中、四中全会以及《中共中央国务院关于深化体制机制改革加快实施创新驱动发展战略的若干意见》精神，以深入实施创新驱动发展战略为主题，以打造丝绸之路经济带甘肃黄金段和建设兰白科技创新改革试验区为契机，以营造良好创新创业生态环境为目标，以激发全社会创新创业活力为主线，以提高区域创新能力为核心，以构建众创空间等创业服务平台为载体，充分考虑我省资本、人才等区域特点，因地制宜，有效整合资源，集成落实政策，完善服务模式，优化体制机制，培养创新人才，厚植创新文化，积极培育和践行社会主义核心价值观，加快形成我省大众创业、万众创新的生动局面。

（二）发展目标。

到2020年，形成一批有效满足大众创新创业需求、具有较强专业化服务能力的众创空间等新型创业服务平台，全省孵化器数量达到50家以上，探索利用互联网建立虚拟孵化器。孵化培育一批创新型企业，并从中成长出能够引领未来经济发展的骨干企业。培育一批创业投资机构和天使投资人，进一步拓展投融资渠道。健全创新创业政策体系，完善配套服务体系，产生一批具有影响力和甘肃特色的众创空间。

二、重点任务

（一）加快构建众创空间。

总结推广创客空间、创业咖啡、创新工场等新型孵化模式，充分利用兰白科技创新改革试验区、国家高新区、国家农业科技园区、国家级经济技术开发区、科技企业孵化器、大学科技园、科技大市场、文化创意园、大学生创业见习基地和高校、科研院所等有利条件，构建一批综合性创业服务平台。充分发挥行业领军企业的主力军作用，鼓励企业建立专业化孵化器和平台，大中型企业带动产业链上的小微企业，实现产业集聚和抱团发展。各地要紧密结合区域资源禀赋、特色支柱产业和园区功能布局，重点在战略性新兴产业、现代服务业、现代农业、文化传媒等领域，建立形成“创业苗圃+孵化器+加速器+产业园”的全产业链孵化链条。鼓励创业投资机构、社会组织等形成多元化的创新服务平台建设模式，构建一批低成本、便利化、全要素、开放式的众创空间。发挥政策集成和协同效应，实现创新与创业相结合、线上与线下相结合、孵化与投资相结合，数量扩张和质量提升并举，为广大创新创业者提供良好的工作空间、网络空间、社交空间和资源共享空间。（责任单位：省科技厅、省发展改革委、省教育厅、省工信委、省人社厅、省文化厅、省商务厅、省新闻出版广电局、省政府国资委、各市州政府、兰州新区管委会）

（二）营造更宽松的创新创业政策环境。

充分发挥市场配置资源的决定性作用，制定和规范更为宽松的行业准入政策，改革产业准入制度，制定和实施产业准入负面清单，对未纳入负面清单管理的行业、领域、业务等，各类市场主体皆可依法平等进入。全面落实企业所得税研发费用加计扣除和高新技术企业税收优惠政策，促进企业创新发展。发挥金融创新对技术创新的助推作用，培育壮大创业投资和资本市场，提高信贷支持创新的灵活性和便利性。深化商事制度改革，针对众创空间等新型孵化机构集中办公等特点，简化住所登记手续，采取一站式窗口、网上申报、多证联办等措施为创业企业工商注册提供便利。对众创空间等新型孵化机构的房租、宽带接入费用和用于创业服务的公共软件、开发工具给予适当财政补贴，鼓励众创空间为创业者提供免费高带宽互联网接入服务。贯彻落实国家有关政府采购支持创新产品和服务、促进中小企业创新发展的相关政策措施。整合汇集各部门制定的支持小微企业发展和创新创业的优惠政策，建立健全由科技部门牵头的劳动协调机制，为企业提供系统的政策服务和辅导。（责任单位：省科技厅、省发展改革委、省工信委、省文化厅、省商务厅、省财政厅、省人社厅、省政府金融办、省工商局、省

国税局、省地税局、省知识产权局、各市州政府）

（三）鼓励全社会参与创新创业。

鼓励社会机构和个人积极投身创新创业，重点调动科技人员和大学生创业积极性。加快下放科技成果使用、处置和收益权，结合事业单位分类改革要求，尽快将财政资金支持形成的，不涉及国防、国家安全、国家利益、重大社会公共利益的科技成果的使用权、处置权和收益权，全部下放给符合条件的项目承担单位。科技成果转移转化所得收入全部留归单位，纳入单位预算，实行统一管理，处置收入不上缴国库。提高科研人员成果转化收益比例，完善职务发明制度，在利用财政资金设立的高等学校和科研院所中，将职务发明成果转让收益在重要贡献人员、所属单位之间合理分配，对用于奖励科研负责人、骨干技术人员等重要贡献人员和团队的收益比例，可以从现行不低于20%提高到不低于50%。加大科研人员股权激励力度，鼓励各类企业通过股权、期权、分红等激励方式，调动科研人员创新积极性，科技成果入股比例不设上线。财政资助的科研创新发展类项目，项目承担单位应结合一线科研人员实际贡献，公开公正安排绩效支出，充分体现科研人员的创新价值。推进实施大学生创业引领计划，鼓励高校开设创新创业类教育课程，逐步普及创业实训，建立大学生创业全程跟踪指导制度，制定创业服务公共财政购买实施办法，建立健全公共财政购买创业服务机制，建立健全大学生创业指导服务专门机构，加强大学生创业培训，为大学生创业提供场所、公共服务和资金支持，以创业带动就业。鼓励有技能和经营能力的农民工返乡创业，创办家庭农场，创办涉农龙头企业及农业社会化服务组织。实施科技特派员创业行动，鼓励科技特派员围绕我省产业发展进行创业服务，研究制定科技特派员创新创业服务财政购买办法。进一步营造尊重劳动、崇尚技能、鼓励创新的良好社会氛围，加大开展全省职工岗位技能提升行动力度，实施全省职工技能素质建设工程，积极创办劳模（技能人才）创新工作室，开展职工优秀技术创新成果评选表彰活动，为包括城镇失业人员和农民工在内的广大职工提供转岗就业培训、自主创业培训和职业技能培训，进一步营造尊重劳动、崇尚技能、鼓励创新的良好社会氛围。（责任单位：省科技厅、省发展改革委、省教育厅、省财政厅、省人社厅、省工信委、省政府国资委、省总工会、各市州政府）

（四）加强财政资金引导和税收优惠。

各级财税部门要严格落实税收优惠政策，充分利用各类专项资金支持中小企业发展，创新资金扶持方式，更多运用阶段参股、风险补助和投资保障等方式，引导创业投资机构投资于初创期科技型中小企业。按照政府引导、市场运作的原则，用好甘肃省战略性新兴产业创业投资引导基金和兰白科技创新改革试验区技术创新驱动基金，带动社会资本投入，重点支持战略性新兴产业和兰白科技创新改革试验区内高新技术产业早中期、初创期创新型企业发展。发挥财政资金杠杆作用，探索建立科技创新券制度，通过市场机制引导社会资金和金融资本支持创业活动。建立和增加财政支持科技担保的奖励和补偿资金，支持科技担保业的发展。建立知识产权质押融资市场化风险补偿机制，简化知识产权质押融资流程。发挥好技术创新驱动基金作用，吸引省内外投资机构共同发起成立天使投资、风险投资等，培育发展天使投资群体，设立专项资金，支持职工技术创新活动，推动大众创新。全面落实财政部和国家税务总局支持科技企业孵化器的税收优惠政策，鼓励孵化器创新发展。（责任单位：省财政厅、省发展改革委、省科技厅、省工信委、省人社厅、省国税局、省地税局）

（五）完善创业投融资机制。

发挥金融创新对技术创新的助推作用，培育壮大创业投资和资本市场，提高信贷支持创新的灵活性和便利性，形成各类金融工具协同支持创新创业的良好局面。推动省内银行业金融机构与创业投资和股权投资机构实施投贷联动，为企业创新活动提供股权、债权相结合的融资服务。发挥多层次资本市场作用，为创新型企业提供综合金融服务。建立创业投融资平台，开展互联网股权众筹融资试点，增强众筹对大众创新创业的服务能力。规范和发展服务小微企业的区域性股权市场，促进科技初创企业融资，完善创业投资、天使投资退出和流转机制。鼓励银行业金融机构设立服务科技型中小微企业的专业部门或分支机构。结合科技型企业轻资产、高技术含量的特点，积极开展知识产权质押、股权质押和融资担保服务。加快科技保险业的发展，推进专利保险试点。发挥政府投资机构的作用，加强对中小微企业的投资引导，并通过市场机制，撬动社会资本共同参与创业投资。继续加强甘肃省股权交易中心建设，充分发挥区域股权交易中心在股权融资、股份转让和产品创新等方面的功能。（责任单位：省政府金融办、银监会甘肃监管局、省发展改革委、省科技厅、省工信委、省财政厅、省人社厅、保监会甘肃监管局）

（六）积极发展电子商务。

放宽电子商务市场主体住所（经营场所）登记条件。按规定将网络从业人员纳入社会保险，给予同等就业创业扶持。建立适应电子商务发展的多元化投融资机制，引导创业投资基金加大对电子商务初创企业的支持，放开外商投资电子商务业务外方持股比例限制。加强网络、快递物流等电子商务基础设施建设，为创业者提供免费的项目展示平台。推动电子商务与贸易流通、工业生产、金融服务等相关领域联动发展，创新和拓展面向“三农”的服务，推进网络购物、网络化制造和经营管理、跨境电子商务等新业态成长，建设促进居民消费的电子商务平台，支持实体店与电商、线上与线下协同发展。营造公平竞争的环境和舞台，提升网上销售产品的质量和品质，完善网上交易投诉和维权机制，打击网络盗窃、诈骗等违法行为，保护知识产权和网络交易安全。引导全省连锁超市等传统企业积极应用电子商务升级发展模式，鼓励商贸企业发展网络零售，开展线上线下一体化创新应用，支持全省专业市场借助电子商务扩展交易渠道、升级交易模式，支持小微网商和个人创业者借助专业市场完整的产业链优势，依托第三方平台开展网络分销与零售业务。加强电子商务创业孵化基地和示范园区建设，在电子商务发展成熟的地区率先建立电子商务创业孵化基地和创业实训基地，依托有条件的高校和职业院校，成立我省电子商务学院。（责任单位：省商务厅、省工信委、省人社厅、省发展改革委、省文化厅、省工商局、省教育厅）

（七）建立完善的创新创业公共服务体系。

综合运用政府购买服务、无偿资助、业务奖励等方式，支持中小企业公共服务平台和服务机构建设。充分发挥创业服务中心、生产力促进中心、知识产权服务机构等公益性服务机构的作用，聚集服务资源优势，组建科技服务业联盟，完善中小企业创新服务体系，加快推进创业孵化、知识产权服务、第三方检验检测认证等机构的专业化、市场化改革，壮大技术交易市场。为中小企业提供全方位专业化优质服务，支持服务机构为初创企业提供法律、知识产权、创业导师、财务、咨询、检验检测认证和技术转移等服务，促进科技基础条件平台开放共享。着力发挥传统孵化器在基础设施方面和新型创业服务机构在专业服务方面的互补优势，促进传统孵化器与新型创业服务机构的深层合作，为初创企业提供全流程服务。鼓励孵化器建设公共实验室和研发平台，为入孵企业提供技术研发、产品或工艺设计服务，共享数据、软件、装备、设施等资源。与专业机构合作建立检验检测服务平台，提供检验、检测、认证等方面服务。联合本行业领军企业建立中试车间和厂房，提供技术集成、中试开发、小规模产品试制等方面服务。与省内外高校、科研院所合作建立各领域的成果转化和技术转移机构，提供成果转化、技术交易等方面服务。积极探索O2O服务模式，建立科技创业服务平台，把互联网基因注入科技服务业，实现创业大赛服务、科技创业咨询服务、中小企业信息服务、项目申报服务、技术交易服务、科技金融服务和创业培训服务。加快发展会计、审计、保险等各类专业服务机构。完善专利审查快速通道，对小微企业亟需获得授权的核心专利申请予以优先审查。优化重点实验室、工程（技术）研究中心布局，构建开放共享互动的创新网络，建立向企业特别是中小企业有效开放的机制。（责任单位：省财政厅、省科技厅、省发展改革委、省工信委、省教育厅、省政府国资委、省商务厅、省人社厅、省质监局、省知识产权局）

（八）营造创新创业文化氛围。

积极倡导敢为人先、宽容失败的创新文化，树立崇尚创新、创业致富的价值导向，大力培育企业家精神和创客文化，将奇思妙想、创新创意转化为实实在在的创业活动。鼓励孵化器精心营造以“服务创业、服务创意、服务创新”为主题的孵化生态文化环境，积极搭建各类对话交流平台，开展创意设计大赛、创业咖啡训练营、技术项目对接会、创业辅导培训、专题论坛讲座等各类活动。广泛宣传创新创业的先进人物和优秀团队，激发全社会关心支持创新创业的热情，营造人人支持创业、人人参与创新的舆论环境和良好氛围。加强各类媒体对大众创业、万众创新的新闻宣传和舆论引导，报道一批创新创业先进事迹，树立一批创新创业典型人物，让大众创业、万众创新在全社会蔚然成风。创新培养、用好和吸引人才机制。丰富创新创业活动，鼓励社会力量围绕大众创业、万众创新组织开展各类公益活动，组织开展甘肃省大学生创新创业大赛，提升大学生参与创业的积极性，继续办好中国创新创业大赛甘肃赛区活动，积极支持参与国际创新创业大赛，为投资机构与创新创业者提供对接平台。（责任单位：省文化厅、新闻出版广电局、省人社厅、省科技厅、省工信委、团省委、各市州政府）

（九）加快建立创业孵化人才队伍。

全面落实国家和我省各类人才激励扶持政策，大力引进相关技术领域的留学人才、领军人才和其他专业性技术人才在孵化器集聚发展。鼓励和支持孵化器与省内外高等院校、科研院所全方位、多领域广泛开展技术合作和成果转化交流，为入孵企业和创业人才提供专业技术服务和研发平台支持。建立健全创业辅导制度，培养一批创业培训师资，鼓励拥有丰富经验和创业资源的企业家、天使投资人和专家学者担任创业导师或组成辅导团队。将创业实训、创业孵化、创业辅导紧密结合，加强孵化器管理服务人员的业务培训，不断提高孵化器管理水平和创业孵化成功率。围绕全省经济建设重大需求，面向全球引进高层次科技创新人才到甘肃从事创新研究和创业。（责任单位：省人社厅、省科技厅、省工信委、省教育厅、团省委）

（十）以兰白科技创新改革试验区为重点区域，推进大众创业、万众创新。

兰白科技创新改革试验区要深入实施创新驱动发展战略，以深化科技体制改革为主线，营造创新环境和政策空间，不断引聚各类创新要素，激发各个创新主体和各类人才的创新创业活力，构建起有特色的区域创新体系和创新生态。鼓励大专院校、科研院所和各类科技人员在实验区内创新创业，科研院所可自主处置科技成果的合作转让、对外投资和实施许可等事项，科技成果转化所获收益可按不少于90%的比例用于对成果完成人员和成果转化突出贡献人员进行奖励。紧紧抓住丝绸之路经济带建设的重要机遇，加强同丝绸之路沿线国家的科技交流与合作，建立国际联合研究中心、国际科技合作基地、技术转移中心，加强人才引进和交流，吸引国内外、省内外企业积极参与兰白科技创新改革试验区发展和建设。加强同国内相关机构的合作交流，建立张江兰白科技创新改革试验区技术转移中心、北京大学等技术转移基地等，在项目实施、资源共享、人才交流等方面建立健全区域科技合作机制，扩大对外开放，强化引资引智，承接产业转移。制定“创业在家乡”计划，着力培养本地创业人才支持开展职工技术创新活动，鼓励职工“创新在岗位”，推动企业技术进步。（责任单位：兰州市政府、白银市政府、兰州新区管委会、省发展改革委、省教育厅、省科技厅、省工信委、省财政厅、省人社厅、省国土资源厅、省政府国资委、省地税局、省国税局、省政府金融办）

三、保障措施

（一）加强组织领导。

各地、各有关部门要高度重视推进大众创新创业工作，加强协调推进，积极研究完善推进大众创新创业的政策措施，认真做好大众创新创业政策落实情况调研、发展情况统计等工作，及时报告有关进展情况，切实抓好各项工作的组织落实。

（二）加强示范引导。

最大限度地盘活利用兰白科技创新改革试验区、兰州高新技术产业开发区、白银高新技术产业开发区、创新型试点城市、文化创意园、兰州大学国家大学科技园、兰州交通大学国家大学科技园、兰州理工大学国家大学科技园的创新创业资源，激励高校、院所开放科研仪器设备和科技服务，发挥创新创业资源的集聚效应和创新创业活动的规模优势。鼓励各地积极探索推进大众创新创业的新机制、新政策，不断完善创新创业服务体系，为创业者提供创业服务平台，让所有创业者都能“用其智、得其利、创其富”。

（三）加快政府职能转变。

各地、各有关部门要加强对大众创新创业的宏观引导、公共服务和市场监管，营造公平合理的市场竞争环境。凡是市场机制有效的领域，政府要顺势而为，充分发挥市场配置创新创业资源的决定性作用，坚持让市场选择大众创新创业的方向和路径，让价格机制和供需关系来调节大众创新创业的规模和形式，避免直接干预创新创业活动。要着力完善创新创业政策体系和制度体系，保障创新创业者合法权益和竞争秩序，不断夯实创新创业基础设施，提高政府公共服务水平。对初创企业的扶持方式要从选拔式、分配式支持向普惠式、引领式转变，发挥财政资金撬动社会资本的杠杆作用，用政府对创新创业的“小投入”吸引来社会资本的“大投入”，形成市场化的创新资源配置格局和公平竞争、优胜劣汰的市场经济秩序。

关于印发《甘肃省中小企业发展基金管理办法》的通知

甘财经一〔2016〕182号

省级有关单位、各市州财政局、工信委、科技局、发展改革委、工商局：

为规范甘肃省中小企业发展基金的运作，根据《甘肃省人民政府关于甘肃省中小企业发展基金设立方案的批复》（甘政函〔2016〕48号），省财政厅、省工信委、省科技厅、省发改委、省工商局联合制定了《甘肃省中小企业发展基金管理办法》，现印发你们，请遵照执行。

甘肃省财政厅　甘肃省工业和信息化委员会
甘肃省科学技术厅　甘肃省发展和改革委员会
甘肃省工商行政管理局
2016年9月13日

甘肃省中小企业发展基金管理办法

第一章　总　则

第一条　为发挥财政资金引导作用，拓宽企业融资渠道，促进我省中小企业健康发展，形成大众创业、万众创新的良好局面，根据《中华人民共和国中小企业促进法》、财政部《政府投资基金暂行管理办法》（财预〔2015〕210号）、《甘肃省中小企业促进发展条例》、《甘肃省人民政府关于甘肃省中小企业发展基金设立方案的批复》（甘政函〔2016〕48号）精神，制定本办法。

第二条　本办法所称甘肃省中小企业发展基金（以下简称“基金”）是由省级财政和社会资本共同出资设立，按市场化方式运作，支持我省工业、农业、科技、教育、文化等各行业领域的种子期、初创期、成长期中小企业发展的政府投资基金。

第三条　中小企业的认定按工业和信息化部、国家统计局、国家发展改革委、财政部等关于中小企业划型标准的规定执行。

第四条　基金按照“政府引导、专业管理、市场运作、科学决策、防范风险”的原则，委托专业投资管理机构管理，以股权投资方式，与社会资本发起设立中小企业发展子基金或通过增资方式参股现有支持中小企业发展的基金，也可直接投资中小企业。政府部门不干预基金的日常经营。

第二章　基金来源和投向

第五条　基金通过政府出资、争取国家中小企业发展基金参股、募集社会资本、参股子基金等方式筹集。主要来源包括：

（一）国家中小企业发展基金；

（二）省级财政预算资金；

（三）社会资本；

（四）基金回收的本金和产生的收益；

（五）个人、企业或社会机构无偿捐赠；

（六）基金利息等其他收入。

第六条　基金的存续期为10年。存续期满后，可根据中小企业发展实际需要和基金运行情况报经省政府批准后，适当延续。

第七条　基金投资应符合国家和我省产业政策和发展规划。主要投向为：

（一）经省级主管部门认定的“专、精、特、新”中小企业、“科技小巨人”企业，结构调整、产业升级、专业化发展、与大企业协作配套等中小企业；

（二）具有良好发展前景的种子期、初创期、早中期创业投资企业和小微企业创业创新示范基地；

（三）符合《中国制造2025甘肃行动纲要》确定的发展重点及突破方向的中小企业；

（四）利用互联网为企业提供创新与成果推广应用、完善拓展产业链科技支持、众创金融平台、创新资源共享与合作等服务的中小企业，以及利用互联网信息技术实现传统产业转型升级和提质增效、创新生产经营模式的中小企业；

（五）现代服务业中的中小企业；

（六）与社会资本发起设立中小企业发展子基金或通过增资方式参股现有支持中小企业发展的基金；

（七）基金理事会确定的其他投资。

第八条 基金在甘肃省境内的投资额不低于实际募资额的60%；用于中小企业的投资额不低于实际募资额的70%。

第九条 基金在运作过程中不得从事以下业务：

（一）担保、抵押、委托贷款等业务；

（二）投资二级市场股票、期货、房地产、证券投资基金、评级AAA级以下的企业债、信托产品、非保本型理财产品、保险计划及其他金融衍生品；

（三）向任何第三方提供赞助、捐赠（经批准的公益性捐赠除外）；

（四）吸收或变相吸收存款，或向第三方提供贷款和资金拆借；

（五）进行承担无限连带责任的对外投资；

（六）发行信托或集合理财产品募集资金；

（七）其他国家法律法规禁止从事的业务。

第三章 基金管理

第十条 基金设理事会，对省政府负责，由省财政厅、省工信委、省科技厅、省发展改革委、省工商局组成。基金理事会（以下简称“理事会”）确定政府出资受托管理机构（以下简称“受托管理机构”），并签订政府出资委托管理协议。受托管理机构负责组建或招募基金专业管理机构（以下简称“基金管理机构”），签订基金委托管理协议。基金管理机构按照协议约定负责基金的日常投资和管理，与其他出资人共同组建基金企业（以下简称“基金企业”）。基金企业为有限合伙制。

第十一条 理事会主要职责包括：

（一）审定理事会章程、基金管理办法、绩效评价办法、基金运行情况审计制度、办公室工作规则等制度文件；

（二）审定政府出资安排、政府出资部分基金收益处置等重大事项；

（三）审定受托管理机构的年度工作报告、绩效评价报告，以及基金管理机构的基金合伙协议、基金清算方案等；

（四）指导和监督受托管理机构工作；

（五）确定政府出资受托管理机构；

（六）决定基金其他相关事项。

第十二条 理事会下设办公室，负责理事会日常工作，其职责由省工信委承担。主要职责包括：

（一）组织理事会会议，执行理事会决议；

（二）起草修订理事会章程、理事会办公室工作规则、基金管理办法和绩效评价办法等规章制度，报理事会审定；

（三）起草受托管理机构遴选方案，报理事会审定后，组织开展遴选工作；

（四）监督受托管理机构执行委托协议；

（五）协助基金管理机构征集基金投资项目，对征集的基金投资项目是否符合基金投向和产业政策等进行审查；

（六）承办理事会交办的其他事项，定期向理事会报告基金运行情况。

第十三条 受托管理机构应具备以下条件：

（一）在甘肃省内注册，具有独立法人资格的省属国有企业，注册资本不低于1亿元人民币，具有基金管理相应资质；

（二）从事股权投资管理业务3年以上，有至少5名从事3年以上股权投资相关经历的从业人员；

（三）熟悉基金、投资等方面的行业政策和法律法规，以及国家和省上促进中小企业发展相关政策；

（四）有完善的股权投资管理制度，有3个以上股权投资项目运作的成功经验，有作为出资人参与设立并管理股权投资基金的成功经验；

（五）有一定募集资金能力；

（六）最近3年以上持续保持良好的财务状况，无行政主管机关或司法机关重大处罚的不良记录；

（七）理事会确定的其他条件。

第十四条 受托管理机构的职责主要包括：

（一）政府出资代表，负责政府资金的安全，以政府出资额为限对基金行使出资人权利并承担相应义务；

（二）及时将政府出资的分红、退出等资金（含本金及收益）上缴财政国库；

（三）组建或招募基金管理机构；

（四）每季度终了5日内，向理事会办公室报告基金运作、股本变化及其他重大情况；

（五）承办理事会交办的其他事项。

第十五条 省财政厅代表理事会与受托管理机构签订政府出资委托管理协议，并支付委托管理费，具体费率在委托协议中约定。

第十六条 基金管理机构由受托管理机构组建或公开招募，接受委托并签订基金委托管理协议，按照协议约定负责募集社会资本、基金的日常投资和管理。基金管理机构应符合以下条件：

（一）在甘肃省内注册，且注册资本不低于500万元人民币，具有基金管理的相应资质。有一定的资金募集能力，有固定的营业场所和与其业务相适应的软硬件设施，具备丰富的投资管理经验和良好的管理业绩，健全的股权投资管理和风险控制流程，规范的项目遴选机制和投资决策机制，能够为被投资企业提供创业辅导、管理咨询等增值服务；

（二）至少有3名具备3年以上股权投资或基金管理工作经验的高级管理人员；如是公开招募的，至少有对3个以上企业投资的成功案例；

（三）基金管理机构及其工作人员无行政主管机关或司法机关处罚的不良记录；

（四）理事会确定的其他条件。

第十七条 基金管理机构的职责主要包括：

（一）按照不低于基金募资规模1%的比例出资参股基金并募集其他社会资本，起草并与其它出资人签订基金合伙协议；

（二）根据基金合伙协议约定，与其他出资人按期缴付出资资金；

（三）负责基金投资项目筛选、尽职调查，拟定和组织实施投资方案；

（四）对基金投资形成的股权等相关资产进行后续管理，适时提出股权退出方案报投资决策委员会审议，并根据投资决策委员会审定的退出方案，实施退出的具体工作；

（五）以基金出资额为限，履行出资人权利与义务，向子基金和被投资企业派驻代表，参与重大决策；

（六）定期向基金合伙人大会报告基金运作情况，股本变化情况及其他重大情况；

（七）基金委托管理协议约定的其他职责。

第十八条 基金管理机构与其他出资人按照基金合伙协议约定，共同组建基金企业。基金企业依照《中华人民共和国合伙企业法》行使管理职权。基金企业委托基金管理机构负责基金的日常投资管理。

第十九条 基金管理机构设立投资决策委员会，负责基金的投资决策事项。理事会委派1~2名观察员，监督投资决策委员会相关工作，不拥有表决权；投资决策委员会其他成员由出资人根据基金合伙协议相关约定确定。

第二十条 托管银行由基金管理机构确定，并签订资金托管协议，按照协议约定对基金托管专户进行管理，托管银行应符合以下条件：

（一）成立时间在3年以上的股份制商业银行，在甘肃省有分支机构，资本充足率符合监管部门相关规定，具有相关资金托管经验；

（二）有专门托管机构和专职管理人员；

（三）具备安全保管和办理托管业务的设施设备及信息技术系统；

（四）最近3年无重大违法违规记录。

（五）理事会确定的其他条件。

第二十一条 按照资金托管协议约定，基金管理机构向托管银行支付日常管理费，费用从基金中列支。

第二十二条 托管银行依据托管协议约定负责账户管理、资产保管、监督管理、资金清算、会计核算等日常业务，对投资活动实施动态监管。托管银行应于会计年度结束后1个月内，向基金管理机构报送上年度资金托管报告。托管银行发现基金异动应及时保全资金，并向基金管理机构报告，必要时直接向理事会报告。

第二十三条 基金设立专家咨询委员会，由省财政厅、省工信委、省科技厅、省发展改革委、省工商局等有关部门推荐人选组成，负责向理事会提供投资及基金管理等方面的政策建议，发挥监督评价作用，不参与基金的投资决策。

第四章　投资运作

第二十四条 基金采取多元化、多层次股权投资方式进行投资。主要为：

（一）参股中小企业发展子基金，主要方式有：1. 与社会资本发起设立中小企业发展子基金（以下简称为“新设子基金”），子基金可为引导基金或直投基金；2. 通过增资方式参股现有支持中小企业发展的基金（以下简称为“增资子基金”）；

（二）直接投资中小企业；

（三）理事会确定的其他投资方式。

第二十五条 申请新设子基金的，应符合以下条件：

（一）子基金主要发起人（合伙人，下同）、子基金管理机构、托管银行已基本确定，并草签发起人协议、子基金章程（合伙协议，下同）、委托管理协议、资金托管协议；其他出资人（合伙人，下同）已落实，并保证资金按约定及时足额到位；

（二）每支子基金募集资金总额不低于2.5亿元人民币；主要发起人的注册资本或净资产不低于5000万元人民币；除本基金参股外的其他出资人出资额合计不低于2亿元人民币，其中除子基金管理机构外的单个出资人出资额不低于1000万元人民币；其他出资人数量一般多于3个（含），不超过15个（含）；

（三）子基金管理机构应对参股基金认缴出资，具体出资比例在参股基金章程中约定；

（四）子基金应按照国家基金行业管理有关规定进行备案；

（五）基金理事会确定的其他条件。

第二十六条 申请增资子基金的，应满足以下条件：

（一）子基金已按有关法律法规设立，并开始投资运作，设立时间不超过12个月；

（二）子基金全体出资人首期出资或首期认缴出资已经到位，且不低于注册资本或承诺出资额的20%；

（三）子基金全体出资人同意本基金入股（入伙），增资价格根据资产评估结果协商确定；

（四）子基金已按照国家基金行业管理有关规定进行备案；

（五）基金理事会确定的其他条件。

第二十七条 申请基金参股中小企业发展子基金的，应遵照以下申报程序：

（一）申报受理。子基金管理机构根据本办法规定要求，编制子基金组建（增资）方案，经基金管理机构审核后报基金理事会办公室；

（二）合规性审查。基金理事会办公室组织专家对子基金组建（增资）方案进行合规性审查；

（三）尽职调查。基金管理机构对通过合规性审查的拟参股子基金开展尽职调查和入股谈判；

（四）方案批复。基金理事会根据尽职调查意见，正式确认并批复子基金组建（增资）方案；

（五）基金出资。基金管理机构履行基金出资义务，向子基金派驻出资代表；

（六）退出。按本办法相关规定执行。

第二十八条 基金采用股权投资的方式直接投资中小企业的，应符合以下条件：

（一）被投资企业符合中小企业认定标准和本办法规定的基金投资方向；

（二）被投资企业股权清晰，财务管理规范；

（三）被投资企业从事的产业应当符合国家相关法律法规及产业政策；

（四）被投资企业银行资信和财务状况良好，无行政主管机关或司法机关重大处罚的不良记录；

（五）理事会确定的其他条件。

第二十九条 基金采用股权投资的方式直接投资中小企业的，应遵照以下申报程序：

（一）项目征集。主要来源为省级中小企业管理部门推荐和基金管理机构市场化公开征集基金投资项目；

（二）合规性审查。理事会办公室对征集的基金投资项目是否符合基金投向和产业政策等进行审查；

（三）尽职调查。基金管理机构对通过合规性审查的项目进行尽职调查，拟定基金投资方案；

（四）决策备案。基金管理机构投资决策委员会审定基金投资方案并报基金理事会办公室备案；

（五）基金出资。基金管理机构履行基金出资义务，向被投资企业派驻出资代表；

（六）退出。按本办法相关规定执行。

第三十条 基金对同一子基金和企业累计股权投资不超过子基金实际规模和企业总资产的20%，不能成为单一大股东。

第五章 投资退出及收益分配

第三十一条 基金对参股子基金的出资可通过股

权转让、子基金到期清算等方式退出。其他出资人不得先于本基金退出，其他出资人具有优先受让权。

第三十二条 基金直接股权投资企业形成的股权可通过到期清算、社会股东回购、股权转让（上市或非上市）等方式实现退出，社会股东回购基金出资形成的股权，转让价格以市场评估为基础协商确定。

第三十三条 基金合伙协议约定最低预期投资收益率（以下称“门槛收益率”），并根据基金投资运营情况，基金管理机构提取管理费和绩效奖励。管理费费率和绩效奖励在基金合伙协议中约定，绩效奖励须达到门槛收益率后方可提取。

第三十四条 基金遵循“先回本后分红”的原则，根据基金合伙协议等相关约定对基金收益或亏损进行分配或分担。对门槛收益率以内的收益，政府和基金管理机构出资部分最后参与分红；对超过门槛收益率的部分，基金管理机构先提取绩效奖励，剩余部分原则上由各出资人按出资比例分配。清算后形成亏损的，由出资人根据现行法律法规及基金合伙协议相关约定承担。

第三十五条 政府出资参股基金实现的收益可适当让利，调动社会资本的投资积极性，提高基金的募资能力。

第三十六条 有下述情况之一的，政府出资可无需其他出资人同意，选择提前退出：

（一）基金方案确认后超过一年，未按规定程序和时间要求完成设立手续的；

（二）政府出资拨付投资基金账户一年以上，基金未开展投资业务的；

（三）基金投资领域和方向不符合本办法基金投向的；

（四）基金未按合伙协议约定投资的；

（五）其他不符合合伙协议约定情形的。

第六章 风险控制

第三十七条 基金实行托管专户管理，专款专用，专账核算。基金管理机构运营管理的基金实行分账核算，对自有资产与基金资产实行分块管理，严格落实内部风险控制制度。

第三十八条 基金管理机构要加强对子基金和被投资企业资金使用的监管，密切跟踪其经营和财务状况，防范财务风险。

第三十九条 理事会要委托第三方机构对基金运行管理情况进行审计，审计结果纳入对基金管理机构的年度绩效评价。

第七章 监督管理

第四十条 理事会定期对基金投资运营情况实施绩效考核评价，对受托管理机构履职情况进行评估。对未通过考核的可予以更换。

第四十一条 理事会可向受托管理机构和基金管理机构派驻特别联络员。特别联络员对基金的日常运营管理履行监督、沟通职责，对基金运营管理的重大事项及时向理事会报告。特别联络员不干预基金的日常管理运营事务。

第四十二条 受托管理机构要将基金管理机构审议通过的直接股权投资方案、子基金组建（增资）方案在方案通过后30日内上报理事会备案。

第四十三条 基金运营情况应依法接受财政、审计等部门监督检查。管理人员在管理中出现违规行为，依照《财政违法行为处罚处分条例》（中华人民共和国国务院令第427号）等有关规定予以处理。涉嫌犯罪的，移交司法机关依法追究刑事责任。

第八章 附 则

第四十四条 本办法由省财政厅、省工信委、省科技厅、省发展改革委、省工商局负责解释。

第四十五条 本办法自发布之日起实施，有效期5年。

青海省

青海省人民政府关于进一步加快培育和发展市场主体的意见

青政〔2015〕33号

各市、自治州人民政府，省政府各委、办、厅、局：

为适应和引领新常态，打造经济发展新引擎，深入贯彻落实国家和省委、省政府一系列培育发展市场主体的政策措施，强化政策集成，支持各类市场主体加快发展，促进大众创业、万众创新，为我省与全国同步建成全面小康社会提供有力支撑，提出以下意见。

一、充分认识培育发展市场主体的重要性

市场主体是提供就业机会、创造社会财富的基本力量，是决定区域经济实力和竞争力的关键因素。近年来，我省不断深化商事制度等重点领域改革，推进简政放权，市场主体数量和质量大幅提升，截至2014年底，各类市场主体25万户。其中，各类企业4.5万户，规模以上工业、资质内建筑业、限额以上批零住餐业和规模以上服务业企业超过1600户，个体工商户达19.2万户，已成为推动经济社会发展的重要基础。但我省市场主体数量少，规模小，竞争力弱，发展环境需进一步改善。因此，各地区、各部门和各单位要充分认识培育和发展市场主体的重要意义，把加快促进市场主体发展作为当前和今后一个时期的重中之重，全力落实“四个全面”战略布局，深化体制改革，培育创新文化，发展市场主体，推动“四化同步”，立足新常态、发挥新优势，激发全社会创新创业活力，促进各类市场主体规模持续扩大，在推进经济繁荣和民生改善等方面的作用进一步增强。

二、总体要求和目标任务

总体要求：坚持以生态保护优先的理念来协调推进经济社会发展，坚持市场导向和问题导向，以扩大市场主体总量和提升发展质量为目标，以激发社会创新、促进大众创业为主线，以营造良好创新创业生态环境为途径，深化改革与依法行政同步，完善政策与强化服务共进，招商引资和大众创业并举，外引新量和内生增量并重，努力形成大企业“顶天立地”、小微企业“铺天盖地”、个体商户“枝繁叶茂”的生动局面，为推动全省经济社会持续健康发展筑牢坚实基础。

目标任务：到2017年，全省市场主体户数占人口比重提升到5%，总数超过30万户。其中，各类企业达到5.5万户，规模以上工业、资质内建筑业、限额以上批零住餐业和规模以上服务业企业达到1800户，个体工商户23万户，农牧民专业合作社1.5万户。到2020年，市场主体户数占人口比重提升到5.7%，达到全国平均水平，总数超过35万户。其中，各类企业达到7万户，规模以上工业、资质内建筑业、限额以上批零住餐业和规模以上服务业企业达到2200户，个体工商户26万户，农牧民专业合作社达到2万户，使全省市场主体总量和实力大幅提升，新产业、新业态、新优势得到有效聚合，形成推动发展新的竞争力。市场主体品牌意识明显增强，科技型、创新型、成长型市场主体蓬勃发展，全社会创业活力、创新能力持续增强，经济发展质量效益显著提高。

三、分类指导促进市场主体加快发展

（一）鼓励支持大众创业。放开市场主体准入限制，实行“非禁即入”，法律法规未禁止行业和领域向各类市场主体开放。从2015年起，省财政每年安排1.5亿元形成创业促进就业专项资金，重点支持创业就业，打造众创空间。支持高校毕业生、复转军人、城镇失业人员、返乡农民工、科技人员、归国留学人员创业，将初期创业者纳入创业培训补贴范围；将高校毕业生创业一次性奖励提高到1万元，城乡居民低保家庭和残疾高校毕业生在毕业年度内的一次性求职补贴提高到1000元；对创办领办农牧民合作社的大中专毕业生，3年内给予每人每月1000元生活补贴，并按基本养老、基本医疗和失业保险实际缴费的70%予以社保补贴；对城镇登记失业人员及就业困难人员、大中专毕业生、复转及退役军人、有自主经营能力的农牧区劳动者自主创业的，可申请小额担保贷款，贷款额度最高为10万元。对以上人员合伙创业的，按人数扩大贷款规模，最高不超过50万元，对符合条件的贷款，给予财政贴息支持。将失业保险费率由现行3%降至2%。其中，单位缴纳部分由2%降至1.5%，职工个人缴纳部分由1%降至0.5%。每年整合5000万元科技

资金，大力发展众创空间，优化众创空间发展环境。推广创客空间、创业咖啡、创新工场等新型孵化器，支持入孵企业项目前期启动资金以及研发费用。支持依托高新区、大学科技园、小企业创业基地和标准化厂房等，建设一批低成本、开放式众创空间。对众创空间等新型孵化机构房租、宽带接入费用和用于创业服务的公共软件、开发工具给予适当补贴，让创业者低成本或无成本进驻。农牧业、服务业等各类扶持资金要向众创空间倾斜，发挥政策集成和协同效应，实现创新与创业相结合、线上与线下相结合、孵化与投资相结合，为广大创新创业者提供良好的工作空间、网络空间、社交空间和资源共享空间。

（二）**加快培育小微企业**。整合并用好省财政每年4.2亿元中小微企业扶持资金，以入股、贴息、补助、奖励等方式，支持小微企业加快发展。重点支持微型企业上数量、小型企业上规模，加快小微企业“专精特新”发展；支持围绕上下游配套产业，培育一批小微企业；扶持现有科技型、成长型小微企业，提高科技创新能力；鼓励文化教育、家政服务、养老健康、旅游休闲、信息服务等小微企业发展，支持发展电子商务等新业态。各级部门降低科技项目申报准入门槛，鼓励小微企业申报政府相关项目；扩大政府向社会购买服务范围，支持小微企业扩大经营和服务；强化政策支持，引导社会融资规模持续向小微企业倾斜；鼓励小微企业加大品牌建设，加快特色化发展；对注册成立3年内、进入中小企业创业园（集中区）租用生产经营场地的小微企业，给予企业50~70%的厂房租金补助；对依法参加失业保险缴纳失业保险费的小微企业和列入千家中小微企业培育工程的中型企业，继续给予岗位补贴或职工培训补贴。

（三）**做大做强骨干企业**。整合省财政循环经济、工业“双百”、技术创新、节能减排等资金，支持骨干企业做大做强。重点通过支持企业技术改造和技术进步，推动骨干企业加快发展；通过股份、合作、兼并和重组等，促进骨干企业强强联合；通过十大产业补链延伸，强化骨干企业聚合拉动；通过加大培育和新增规模以上企业，推进骨干企业存量优化、增量扩容；通过引进国内外大企业，加快骨干企业外引内联、开放融合。对企业兼并重组涉及划拨土地符合划拨用地目录的，经批准可继续以划拨方式使用；对兼并收购破产、停产、困难企业的，免缴房地产产权、矿业权和知识产权变更交易费。对实施兼并重组、化解过剩产能、淘汰落后的企业，凡符合条件的，按照上年实际缴纳失业保险费总额的50%给予稳岗补贴；对生产经营困难，不能及时足额缴纳社会保险费的企业，可申请缓缴养老保险费，缓缴期间免缴滞纳金，不影响参保人员享受相关待遇。对新建吸纳就业超2000人，年交易额超5亿元的单个大型市场，财政资金安排上予以重点扶持。

（四）**壮大战略性新兴产业**。省财政整合并新设5亿元战略性新兴产业发展引导基金，提升自主创新能力，壮大新兴产业规模，支持“新技术、新产业、新业态、新模式”企业发展。加快实施锂电产业扩能提升、装备制造和轻工业发展、新材料产业链条延伸、关键技术突破、信息技术应用示范等五大工程，促进新能源、新材料、装备制造、生物医药、节能环保等战略性新兴产业加速崛起。精准实施“123”、“1020”科技支撑工程，鼓励大型企业设立研发中心，中小型企业联合设立研发中心和研发联盟，支持建立产学研合作的产业技术创新联盟，加快建设光伏产业、锂镁材料、特色生物资源等工程研发中心，推动核心关键技术攻关。建立全省企业技术创新成果目录，搭建面向全省企业的技术转移对接平台，加速科技成果省内转化。争取国家对我省“互联网+”行动的扶持，在工业、农牧、商业、物流等领域推动移动互联网、云计算、大数据、物联网等信息化建设，大力支持新产业、新技术、新模式、新业态发展。

四、完善培育市场主体各项扶持政策

（五）**减负松绑降低门槛**。建立涉企收费清单目录，并向社会公布。全面清理涉企行政事业性收费、政府定价或指导价经营服务性收费和行政审批前置事项收费项目。凡国家和我省确定取消、停征和减免的收费规定，不得以任何理由拖延或拒绝执行，不得变换名目继续收取。凡没有法定依据的行政审批中介服务及收费全部取消。全面放开环评、安评、能评等市场，破除各种指定机构实施的垄断行为，切实规范中介服务收费。严禁行业协会、商会擅自设立收费项目或提高收费标准，严禁强制企业入会并收取会费，严禁强制企业付费参加会议、培训、展览或赞助捐赠等行为。允许自然人、个体工商户、个人独资企业、合伙企业、农牧民专业合作社以及村（居）委会等作为投资主体，设立公司制企业。鼓励民间资本以独资、参股、控股等方式进入基础设施、基础产业、社会事业等行业和领域。鼓励社会资本以合资、独资、特许经营、公私合作等方式参与建设营运具有自然垄断性质、以政府资金和国企投资为主的领域，并享有同等公共服务价格、财政扶持、土地供给等政策待遇。

（六）**完善产业支持政策**。制定青海省产业结构调整指导目录，引导产业转型发展。土地、能源、排放等指标择优配置给十大特色优势产业、七大循环经济主导产业、重点企业和重点项目。省财政对符合条件的国家和省级工程研究中心、技术中心、创新示范企业、实验室给予资金补贴；对符合条件、由企业组建的产品质量检测认证中心予以资金支持。引导鼓励企业树立品牌意识，加强品牌建设，打造青海品牌竞争新优势。鼓励个体工商户转型升级为企业，在申报政策资金项目、使用土地、房屋权属（规定资产）等方面给予优惠，对符合条件的企业给予增值税、企业所得税等有关政策优惠。鼓励支持农牧区土地（林场、草场）采取转包、互换、租赁、入股等方式向种养大户、家庭农牧场和农牧民专业合作社集中，支持农牧民以土地（林场、草场）经营权入股农牧民专业合作社、农牧业产业化龙头企业。

（七）**加大财税政策扶持**。省财政通过地方政府债券等渠道安排一定资金，支持创新创业。采取股权投资等方式重点支持处在初创期、成长期的创新型企业，推动大众创业、万众创新；采取担保注资方式支持、引导担保机构强化服务，增强市场主体融资能力和盈利能力，降低融资成本。整合预算安排支持企业发展的各类专项资金，通过风险补助、贷款贴息、后补助等方式，加大对推动产业转型升级、实施科技创新驱动战略和扩大消费需求等方面的支持力度。支持全省中小企业公共服务网络平台建设，提升创业园、创业基地、孵化器等创业服务能力。认真贯彻落实国家西部大开发战略税收政策，对符合国家规定的鼓励类和高新技术企业减按15%的税率征收企业所得税；落实企业改制重组土地增值税、企业所得税税收优惠政策和支持文化企业发展的税收优惠政策；落实纳税人营业税、增值税“3万元”起征点政策；对年应纳税所得额低于20万元（含20万元）的小型微利企业在2017年12月31日前，其所得减按50%计入应纳税所得额，按20%的税率缴纳企业所得税；推动农村金融发展，对金融机构农户小额贷款的利息收入，在2016年12月31日前免征营业税，在计算应纳税所得额时，按90%计入收入总额。支持就业，鼓励创业，对持有《就业失业登记证》或《高校毕业生自主创业证》人员、自主就业退伍士兵从事个体经营的，在2016年12月31日前，3年内在每户每年按9600元为限额依次扣减营业税、城市维护建设税、教育费附加、地方教育附加和个人所得税，在2016年12月31日未享受满3年的，可继续享受到3年期满为止。贯彻执行《民族区域自治法》对自治地方税收减免的相关规定，支持自治地方经济发展。

（八）**创新金融支持政策**。省财政安排3亿元资金注资省信用担保集团，鼓励其做大政策担保和再担保规模。建立信贷风险补偿专项资金，发挥央行再贷款、再贴现等政策工具的作用，增加地方法人金融机构合意贷款规模，扩大对特色优势产业市场主体的信贷倾斜。创新财政性存款撬动信贷机制，试点在主办银行以财政专项存款转存数的75%为基准，按优惠利率向创新创业市场主体、小微企业、“三农三牧”等小客户发放贷款，省财政给予适当补贴。各级政府探索设立创业引导基金、股权投资基金，通过完善机制，促进风险投资基金支持市场主体创新创业。引导金融资本支持战略性新兴产业市场主体创新创业。支持市场主体在主板、中小板、创业板、“新三板”及银行间债券市场、青海股权交易中心等多层次资本市场上市、挂牌。探索灵活多样的担保和抵（质）押机制，扩大农房、大型农用生产设备和土地承包经营权、林权、水域、滩涂使用权等抵押贷款，以及应收账款、仓单、存单、股权、知识产权等权利质押贷款，支持市场主体融资。建设金融资产管理平台，探索推动信贷资产证券化，服务市场主体发展。分类搭建政策性农牧业担保平台，构建“政银企保担”共同参与的“五位一体”创新融资模式，盘活“三农三牧”主体资产，放大普惠金融服务和改善民生的效力。鼓励互联网金融等新业态加快发展。鼓励银行业金融机构积极争取差别化信贷政策，支持创业型、创新型、劳动密集型市场主体。监管部门要支持银行业金融机构创新扶持市场主体，在考核评价、风险容忍度等方面实施差异化监管。

（九）**强化人才智力支撑**。统筹专技人才、管理人才、职业技能人才优惠政策，对纳入“昆仑英才”计划的，按规定享受高原生活补贴、薪酬、税收、住房、社会保险以及创办企业、职称评定等方面优惠政策；签订3年以上聘用协议或已经启动招商引资、创业项目的，可享受30万元的一次性生活补助，“两院”院士还可享受20万元的一次性院士补助；引智项目人才与用人单位签订总服务期3年以上、每年短期服务不少于3个月的工作协议，可享受10万元的一次性生活补助，“两院”院士还可享受10万元的一次性院士补助；计划培养项目人才可享受5—10万元一次性特殊支持。强化激励措施，加大对推动重大技术突破、带动新兴产业发展的特殊人才和创新团队的培养和引进力度。优先支持科技人才、创新人才到国内重点院校、科研院所深造，参加国内外学术技术交流活动。注重发挥各类创新人才在创新团队中的骨干核心作用，在申报科研项目、配备科研力量、加速成果转化、大型科学仪器共享共用等方面给予倾斜扶持。支持在重点园区、骨干企业建设重点实验室、工程技术中心，设立院士工作站、博士后工作站等，为高层次人才创新、创业提供平台。

五、营造良好的市场主体发展环境

（十）坚持依法行政。按照“法定职责必须为，法无授权不可为”要求，全面实施权力清单、责任清单制度，积极推进负面清单制度。深化行政执法体制改革，推进综合执法，着力解决行政执法职责不清导致的执法“不作为”、“乱作为”现象。尊重企业的法人财产权，严禁介入或干预市场主体正常生产经营，严格依法使用强制和处罚手段，规范行政处罚自由裁量权。

（十一）提升服务水平。整合中小企业公共服务、中小商贸流通企业公共服务等平台资源，加快建设省、市（州）两级联动服务体系。支持运作规范、经验丰富的金融机构、高等院校、科研院所、专业服务商等，为市场主体提供融资担保、商业保理、管理咨询、法律服务、科技应用等特色服务。以市场化方式整合产业园区科技金融、人才服务、技术创新、市场营销等中介，以及公共设备设施、物业及配套服务等资源，推进资源共享。

（十二）提高办事效率。推进简政放权，全面公开审批服务、办理承诺期限等事项，推行网上申报、审批、登记，推广登记注册“零见面”工作机制。实行工商、税务、质监核发的营业执照、税务登记证、组织机构代码证“三证合一”。实施并联审批制改革，建立“一个窗口”集中受理、综合审批和高效运作的服务模式。建立信息服务共享平台，发布政策，公开信息，畅通企业诉求通道。除国务院明确保留的工商登记前置审批事项外，所有工商登记前置审批事项一律改为后置，加强事中事后监管。

（十三）优化服务环境。发挥政府诚信建设示范作用，严格履行政府向社会和各类市场主体作出的承诺，提高各级政府诚信度和执行力。加强社会治安综合治理，解决影响市场主体发展的突出问题。严厉打击侵犯知识产权、制售假冒伪劣商品和其他破坏市场秩序的违法行为。严肃处理妨碍政策落实、设置障碍门槛、损害市场主体合法权益的行为，打造行政审批事项最少、审批效率最高、创新创业环境最优的市场主体发展环境。

六、外引内联加大招商引资工作力度。

（十四）主动融入“一带一路”。鼓励市场主体围绕打造具有竞争力的战略性新兴产业，加强与“一带一路”沿线国家、地区战略投资者和社会资本合作，引进一批优质市场主体。加强海关特殊监管区和通关能力建设，促进对外贸易。放宽外资准入限制，外资管理逐步由审批制向备案制和“负面清单”模式转变，积极引进国（境）外大型企业集团、行业龙头企业。争取国家在西宁、海西、海东建立产业转移合作示范园区，扩大与各省（区、市）在资源精深加工、装备制造、生物医药、商贸流通、旅游文化等领域产业转移合作。

（十五）提升招商引资效率。省财政每年安排5000万元资金，对成功招商落地重大项目做出突出贡献的单位和个人予以奖励。招商工作坚持签约数量、规模和落地“三注重”，大中小企业引进“三并举”，支持围绕十大特色优势产业，开展产业链招商；围绕基础设施、农牧业产业化、文化旅游等重点领域，实施精准招商，倡导专业招商。完善招商引资目标责任制，健全考评奖惩机制和督办落实制度。

（十六）优化招商项目服务。通过优化政策导向，引导一批优质招商项目聚集。集中精力，分类指导，清理解决一批招商项目中的土地、环评等历史遗留问题。提前预留工业用地指标，建设用地向重点招商项目倾斜，对一次性缴纳土地出让价款有困难的，允许分期缴纳，原则上不超过1年。盘活要素资源，将置换出来的能耗指标和污染物排放指标，择优配置给招商引资重大产业项目。强化招商项目全程跟踪服务，着力解决立项、环评、安评以及征地拆迁、道路、供水、供电、供气等问题。

六、支持市场主体提升自身素质

（十七）培育企业家队伍。鼓励各级工商联和商会、协会为企业家提供资金、项目、人才、投融资资讯等服务，支持商会协会承接政府职能转移，更好发挥联系政府、市场和企业的桥梁和纽带作用。教育引导企业家加强企业民主管理，全面实行劳动合同制度，依法保障职工基本权益，构建和谐劳动关系。开展优秀企业家评选活动，加大物质奖励和精神激励，提高企业家社会地位。支持社会培训机构与企业合作，开展企业管理、领导能力提升培训，加快建设一支创业创新力强、善于开拓奋进、精于前沿技术、管理水平较高的企业家队伍。

（十八）**提高企业管理水平**。深化企业内部改革，支持企业加快建立现代企业制度，完善法人治理结构。引导企业健全财务管理制度，提高项目、技术、信贷资金获得率。加快建立健全国有企业薪酬分配激励约束机制，实现薪酬和责任、风险和贡献相匹配。加强品牌引导和品牌创建标准化管理。开展企业卓越绩效管理，做好全价值链、全生命周期的成本控制管理，推进生产方式、经营方式等规范化、制度化创新。积极稳妥推进民营企业法律顾问制度试点，健全企业法律咨询服务平台，开展依法治企。

（十九）**提升企业社会信用**。引导各类市场主体强化信用意识，维护公平竞争。在信贷、纳税、环保、产品和工程质量、食品药品安全、社会保障等重点领域建立信用档案，实行信用记录备案查询制度，通过建立政府与市场相结合、线上与线下相结合的信用约束机制，完善信用管理制度。建立以公民身份证号码和组织机构代码为基础的统一社会信用代码制度，将有违规行为的市场主体列入诚信经营“黑名单”并向社会公布，提高失信成本。

八、健全抓落实的有效保障机制

（二十）**贯彻宣传政策**。各地区、各部门、各单位要深入研究和坚决落实党的十八以来中央和我省支持市场主体的一系列政策。把握政策取向，抓住政策重点，明确操作方式，努力将政策红利转化为发展红利。运用各种媒体和多种手段，深入基层开展多种形式的政策宣传，使全社会了解熟悉、用好用足各项扶持政策。开展“创新创业在青海”主题活动，培育一批创业创富项目，培养一批创业创富人才，大张旗鼓表彰奖励创新创业示范典型，在全社会营造崇尚大众创业、万众创新的浓厚氛围。

（二十一）**明确责任落实**。各地区、各部门、各单位要牢固树立引导市场主体、依靠市场主体、服务市场主体的意识，各司其职，各负其责。经济和信息化部门协调落实本意见，并负责服务工业企业、中小微企业和物流企业；科技部门负责服务高新技术企业；工商部门负责服务个体工商户；农牧部门负责服务农牧业产业化龙头企业、农牧民专业合作社、家庭农牧场；工商联负责服务民营经济；文体部门负责服务文化体育企业；旅游部门负责服务旅游休闲企业；商务部门负责服务商贸流通、批零住餐、电子商务企业；住建部门负责服务工程建筑、房地产开发企业；国土、环保、质监、海关、出入境检验检疫等部门按职责做好企业对口服务。各级工商和统计部门要建立健全科学的市场主体统计体系，及时准确反映运行情况和各项发展指标。各有关部门要按照职责分工，将每年培育和发展市场主体的目标任务进行分解，狠抓落实。在省政府行政服务和公共资源交易中心设立投诉窗口，集中受理妨碍和干扰市场主体培育发展的各类投诉、举报。

（二十二）**加强督促检查**。各地区、各部门、各单位要健全并创新督办落实制度，完善企业投诉办理监督机制，建立政策落实评价体系。各级领导要强化责任担当，完善目标责任考核体系和奖惩机制，切实解决政策落实中环节多、进度慢的问题，切实解决重布置、轻落实，搞选择性落实、象征性执行的问题，畅通政策“最后一公里”，让政策落地生根。监察、审计、督查等部门要建立常态化督办检查制度，紧盯社会关注度高、群众反映问题多的部门单位开展针对性督促检查，对督查发现的问题，列出清单，明确时限、落实责任、逐项整改，对不作为、设障碍的，依法依规追究责任。通过强有力的督办问责措施，大力构建全省各级各部门关心市场主体、爱护市场主体、全心全意服务市场主体的良好工作格局。省委、省政府督查室要督促有关地区、部门和单位推进各项政策举措落实，每半年将落实进展汇总上报省委、省政府，并督促各地区、各部门探索建立政策落实动态发布机制，及时向全社会公示。

本意见自2015年4月16日施行，有效期至2020年4月15日。

2015 年 4 月 16 日

青海省经济和信息化委员会关于印发《青海省中小企业创新能力提升工程实施方案》的通知

各市、州经（商、发）委、工信委，西宁经济技术开发区、柴达木循环经济试验区、海东工业园区管委会，有关单位：

为贯彻落实国家和省委省政府支持中小企业发展的各项政策措施，进一步优化创业创新环境，激发创业创新活力，提升中小企业整体素质，经请示省政府领导同意，决定实施青海省中小企业创新能力提升工程。现将《青海省中小企业创新能力提升工程实施方案》印发给你们，请结合实际，认真组织实施，确保取得实效。

附件：青海省中小企业创新能力提升工程实施方案

青海省经济和信息化委员会

2016 年 3 月 21 日

青海省中小企业创新能力提升工程实施方案

为深入贯彻落实国务院、省委省政府一系列支持中小企业发展的政策措施，改善经济新常态下中小企业创新发展环境，加快供给侧结构性改革步伐，激发中小企业创业创新活力和动力，决定实施青海省中小企业创新能力提升工程（以下简称“创新能力提升工程”），并制定如下实施方案：

一、总体要求

全面贯彻落实党的十八届五中全会、省委十二届十次、十一次全会精神，牢固树立和落实创新、协调、绿色、开放、共享的发展理念，坚持以中小企业需求为导向，以深化供给侧结构性改革为契机，以提升中小企业创新能力为重点，全面实施创新能力提升工程，全面提升中小企业整体素质和市场竞争力，逐步培育和壮大一批创新能力显著提高、综合实力持续增强、吸纳就业能力不断扩大的中小企业群体，为全省经济稳步健康发展注入新动能。

二、工作目标

通过实施创新能力提升工程，促进中小企业转变经济增长方式，引导企业依靠质量求生存，依靠管理求效益，依靠创新求发展。一是通过建设企业人才队伍，提高研发投入，开发先进适用的技术、工艺和设备，研制适销对路的新产品，实现技术创新。二是通过引导和帮助企业根据发展规模和行业特点，选择合适的管理方式，强化创新激励，实现管理创新。三是通过引导中小企业提高生产制造、运营管理和市场开拓的信息化应用水平，创新企业发展和营销模式，实现模式创新。

具体目标：

——年培育创新能力建设示范企业20户；

——“银河工程”年培训人数达到2000人次；

——支持建设国家级企业技术中心1~2家，1个国家级小型微型企业创业创新示范基地；

——支持建设省级企业技术中心5个，2~3个省级小型微型企业创业创新示范基地；

——举办“青海企业家大讲堂”活动5期，培训企业管理人员1000人次以上；

——扩大非公经济建立现代企业制度试点范围，试点企业达到20家。

三、主要措施

（一）**全面落实优惠政策**。深入贯彻落实国家和我省扶持小微型企业发展、支持创业创新的各项政策措施，引导和帮助中小企业用足用好用活各项政策。研究制定《青海省中小企业创新能力建设示范企业认定办法》，出台配套措施，加大对企业创新能力建设的支持力度，鼓励和支持中小企业建立和完善创新机制、增强创新能力，提升企业创新发展积极性和主动性。

（二）**强化人才支撑体系**。针对企业实际需求，开展精准培训，采取个性化训练与工具性、实用性训练相结合，聘请国内外知名教授、专家来青授课、举办讲座和培训班，着力挖掘企业管理人员的潜能和培养创新精神；开展“青海企业家大讲堂”活动，采取现代市场经济和现代企业制度理论知识训练、案例分析研究等多种方法，提高中小企业管理人员整体素质，年培训企业管理人员1000人次；实施中小企业经营管理领军人才提升工程，继续组织企业经营管理骨干人才参与培训。依托青海省中小企业公共服务平台网络搭建企业自助学习系统，开通企业网络培训学校，引导和培养企业自主学习的能力，在提高组织能力、提升员工素质的基础上建立和谐发展的新型组织架构，增强中小企业竞争力，促进中小企业健康成长。

（三）加大资金支持力度。在省级中小企业发展专项资金中切块安排2000万元，专项用于推动企业创新能力提升工程深入实施。对获得青海省中小企业创新能力建设示范企业认定的给予50万元一次性奖励；对中小企业主营业务收入每上一个台阶（5000万元、1亿元、4亿元）分别给予20万元、50万元和100万元奖励；支持建设一批小微企业创业创新基地，改善创业创新环境，激发全社会创业创新活力，对获得省级和国家级创业创新示范基地认定的分别给予10万元和50万元一次性奖励；鼓励小微企业进行发明创造和技术创新，提升企业核心竞争力，对当年新获得国家知识产权局授权的专利给予奖励；支持成长型中小企业建立技术研发中心。加快青海省中小企业发展基金市场化运作步伐，吸引和撬动社会资本，支持创新型、成长型企业加快发展。

（四）提升企业管理水平。实施中小企业管理提升计划，扩大非公经济建立现代企业制度试点范围，引导中小企业加强财务、安全、节能、环保、用工等管理。开展企业管理创新成果推广和标杆示范活动。鼓励和支持中小企业借鉴、吸收国内外先进的管理经验，积极推行职业经理人理念，切实提高企业家素质，实现企业管理思想、管理体系、管理方式和管理手段的转变。落实小型微型企业产品质量主体责任，加强质量诚信体系建设，开展质量承诺活动。督促和指导小型微型企业建立健全质量管理体系，严格生产许可、经营许可、强制认证等准入管理，不断增强质量安全保障能力。鼓励信息技术企业、通信运营商为企业提供信息化应用平台，提升中小企业信息化应用水平。强化企业品牌意识，积极培育产品、企业和区域品牌，支持有条件的企业和产品争创国内国际知名品牌。落实企业知识产权战略，提升中小企业创造、运用、维护知识产权的能力。

（五）完善创新支撑体系。加快建设省级中小企业公共服务平台网络，实现省级枢纽平台和窗口平台互联互通，进一步完善服务功能、提升服务水平，为中小企业提供一站式、全方位服务。通过政策引导和鼓励，不断提升我省各类中小企业服务机构服务能力，提高服务意识和服务质量，扩大服务范围。鼓励和支持中小企业集中区（创业园）、众创空间等创业创新载体加快基础设施建设，提高规划建设和综合服务水平，优化创业创新环境，提升产业和创业创新承载服务能力。引导企业、产业向园区转移，促进产业集聚、集约发展。指导企业把创新、质量、品牌、信誉作为发展的重点，加强“产学研”联合，加大新产品、新技术开发和应用力度，提高自主创新能力。支持和鼓励广大中小企业走“专精特新”和与大企业协作配套路子。支持企业通过联合发展、集群发展，重组兼并等方式，奠定行业竞争优势。

（六）优化创业创新环境。指导和帮助西宁市做好国家小微企业创业创新基地城市示范申报工作，力争将西宁市纳入国家第二批小微企业创业创新基地示范城市，争取国家专项资金支持。加大“创新能力提升工程”宣传力度，充分利用各种媒体资源，宣传、解读省委省政府及相关部门扶持全省各类市场主体创业创新发展的政策措施。树立一批创业创新典型，总结推广典型经验，宣传报道创业创新先进人物事迹，营造弘扬创业创新精神，宽容失败、勇于开拓的社会氛围，不断激发中小企业创新活力。

四、组织保障

（一）加强组织领导。省经信委成立省中小企业创新能力提升工程领导小组，全面统筹和指导工作开展。由省经济和信息化委主任黄文俊任组长，副主任刘小宁任副组长。领导小组下设办公室，办公室设在中小企业发展局，领导小组办公室落实领导小组工作要求，加强工作协调，跟踪了解“创新能力提升工程”实施情况，落实相关政策措施等。

（二）形成工作合力。各级工信部门要认真抓好“创新能力提升工程”各项工作的组织落实，加强与相关职能部门的沟通协调，切实抓紧抓好。加强对“创新能力提升工程”的组织领导，要把做好“创新能力提升工程”工作摆上重要位置，加强对创新创业工作的调查研究，结合地方实际研究制定有效措施，推动各项工作落到实处。

（三）务求工作实效。各级工信部门要把推动 “创新能力提升工程”同其他工作有机结合起来，与促进区域经济平稳较快发展有机结合起来，坚决防止图形式、走过场，要通过完善工作机制，促进各项工作协调发展，确保“创新能力提升工程”取得实效。

宁夏回族自治区

自治区人民政府关于扶持小微企业健康发展的若干意见

宁政发〔2015〕52号

各市、县（区）人民政府，自治区政府各部门、直属机构：

为认真贯彻落实《国务院关于扶持小型微型企业健康发展的意见》（国发〔2014〕52号）精神，促进我区小微企业快速健康发展，进一步推动大众创业、万众创新，增强经济发展活力和动力，现制定以下意见。

一、加大财税支持力度

（一）**充分发挥中小企业发展类专项资金引导作用**。自治区扶持中小企业发展的各类专项资金应将小微企业纳入支持范围，加大对科技型、创新型、“专精特新”小微企业和小微企业公共服务体系、小企业创业基地（小微企业孵化园、科技孵化器、商贸企业聚集区等）建设的支持比例。（责任单位：自治区财政厅、发展改革委、经济和信息化委、科技厅、商务厅、非公经济局，五市人民政府）

（二）**设立中小微企业发展基金**。在自治区产业引导基金中设立中小微企业发展子基金，支持初创期、成长期小微企业发展。（责任单位：自治区非公经济局、经济和信息化委、财政厅）

（三）**加强涉企收费管理**。全面落实国家和自治区取消、停征和免征小微企业行政事业性收费、政府性基金以及降低中介服务收费标准的各项规定。进一步清理规范涉企收费项目，建立常态化公示制度，定期公布全区涉企行政事业性收费、政府性基金、经营服务性收费、行政审批前置收费目录清单，目录清单外的收费一律取消。开展小微企业负担监测评估，定期向社会公布监测评估结果。（责任单位：自治区财政厅、经济和信息化委、民政厅、物价局、非公经济局，五市人民政府）

（四）**全面落实减税优惠政策**。2014年10月1日至2015年12月31日，对增值税小规模纳税人和营业税纳税人，月销售额或营业额不超过3万元（含3万元），季度销售额或营业额不超过9万元（含9万元）的，免征增值税或营业税。2015年1月1日至2017年12月31日，对年应纳税所得额低于20万元（含20万元）的小型微利企业，其所得减按50%计入应纳税所得额，按20%税率缴纳企业所得税。对小微企业从事国家鼓励类项目，进口自用且国内不能生产的先进设备，按照有关规定免征进口关税。（责任单位：宁夏国税局，自治区地税局、财政厅，银川海关）

二、着力缓解融资难、融资贵问题

（五）**强化信贷支持**。加强对商业银行小微企业贷款增速、贷款户数、申贷获得率的考核，确保实现“三个不低于（贷款增速不低于各项贷款平均增速，贷款户数不低于上年同期户数，申贷获得率不低于上年同期水平）”的小微企业信贷目标。鼓励银行业金融机构扩大小微企业抵押担保物范围，开展动产、知识产权、应收账款、仓单、订单等“抵质押”信贷融资。支持商业银行加大小微企业金融服务专营机构建设力度，单列小微企业信贷计划。规范发展小额贷款公司和村镇银行，积极推进民间资本发起设立中小银行等金融机构，支持发展面向小微企业的互联网金融产品。（责任单位：宁夏银监局、人行银川中心支行，自治区金融办）

（六）**健全信用担保体系**。建立完善的区、市、县三级融资性担保服务体系。完善考核机制，降低对政府控股融资性担保机构开展小微企业融资担保业务的盈利要求，支持其降低小微企业担保收费。运用资本注入、业务补助、增资奖励等多种手段，引导融资性担保机构更好地服务小微企业。对运作规范且符合条件的融资性担保机构，实行未到期责任准备金、担保赔偿准备金所得税税前扣除政策，3年内免征营业税政策、西部大开发税收优惠政策。对担保费率控制在银行同期贷款基准利率50%以内的担保机构，在资本金注入上予以倾斜。（责任单位：自治区金融办、财政厅、国资委，宁夏国税局，自治区地税局、非公经济局，各市、县（区）人民政府）

（七）**扩大小微企业“助保贷”规模**。3年内将小微企业“助保贷”铺底资金增加到5000万元，鼓励引导各市、县（区）构建“助保贷”业务平台。（责任单位：自治区非公经济局、财政厅、金融办，宁夏银监局）

（八）**开展贷款保证保险试点**。鼓励保险机构提供小微企业贷款保证保险产品，引导保险机构和合作银行合理确定投保企业的保险费率、贷款利率，提高审贷效率，对小微企业保证保险贷款本金损失予以一定比例补偿。（责任单位：自治区金融办、非公经济局、财政厅，宁夏保监局、

宁夏银监局）

（九）鼓励直接融资。支持小微企业在“新三板”及区域性股权交易市场挂牌融资，对2015年、2016年成功在“新三板”挂牌的企业分别给予50万元、30万元的经费扶持；对在宁夏股权交易中心挂牌的前200家企业，给予一定的经费扶持。对成功发行公司债、企业债、集合债、集合票据等债券的非公有制小微企业，按发行额度给予2%的贴息。（责任单位：自治区金融办、财政厅、非公经济局，宁夏证监局）

三、大力支持创业创新

（十）鼓励创办小微企业。按照“非禁即入”原则，依法放宽市场主体住所（经营场所）登记条件，允许“一址多照”。实行注册资本认缴登记制，推行“先照后证”和“三证合一”。各市、县（区）盘活的建设用地要向小微企业倾斜。对新创办小微企业的房产税、城镇土地使用税实行“三免三减半”优惠政策。由受益财政出资，对新创办小微企业，自取得第一笔收入的纳税年度起，3年内享受与其缴纳企业所得税、增值税和营业税地方留成部分等额的财政补贴，后3年享受50%的补贴。（责任单位：自治区工商局，宁夏国税局，自治区地税局、财政厅、国土资源厅，各市、县（区）人民政府）

（十一）引导个体工商户转为企业。简化个体工商户转为企业登记注册程序，对“个转企”按照“一注一开”原则办理。因“个转企”发生的土地、房屋权属名称变更，不视为交易。对“个转企”的小微企业给予不低于5年的过渡期，在过渡期内企业社会保险保持原有缴费方式不变。（责任单位：自治区工商局，宁夏国税局，自治区地税局、人力资源社会保障厅）

（十二）支持小微企业升级为规模以上工业企业。对小微企业首次新增入库为规模以上工业企业的，每户给予一定的一次性奖励。（责任单位：自治区经济和信息化委、财政厅、统计局、非公经济局，各市、县（区）人民政府）

（十三）加快推进小微企业创业载体建设。引导社会资金投资发展工业地产，改造闲置房产，建设创业孵化器、小微企业创业孵化基地、创业街区和商务楼宇，构建低成本、便利化、全要素、开放式的众创空间。各市、县（区）每年新增建设用地指标安排时要统筹考虑创业孵化基地建设。做好自治区小微企业孵化示范基地培育工作，对新认定的示范基地给予50万元~100万元业务补助。（责任单位：自治区经济和信息化委、人力资源社会保障厅、科技厅、财政厅、国土资源厅、非公经济局，各市、县（区）人民政府）

（十四）引导企业加大设备更新和技术研发投入。落实固定资产加速折旧企业所得税减免、研发加计扣除和科技研发后补助政策，鼓励小微企业加速设备更新换代，提升智能制造水平。支持小微企业建立技术中心，开展产学研用协同创新。探索发放“创新券”等方式，对小微企业与指定科研单位围绕创新开展的测试检测、委托开发、研发设计、技术解决方案或购买新技术新产品（服务）等科研活动给予资助。（责任单位：自治区科技厅、经济和信息化委、财政厅，宁夏国税局，自治区地税局、非公经济局）

（十五）促进小微企业“两化”融合。培育一批“两化”融合示范小微企业。支持小微企业应用电子商务、物联网、云计算等现代信息技术，推进生产方式变革和营销模式创新。建立信息化服务商信用评估制度，鼓励信息化服务商为小微企业提供信息化诊断和应用服务。（责任单位：自治区经济和信息化委、商务厅、非公经济局）

四、加强和改善公共服务

（十六）建立支持小微企业发展的信息互联互通机制。依托自治区电子政务云平台，以工商行政管理部门的企业信用信息公示系统为基础，按照企业自愿申报原则，建立小微企业名录，集中公开各类扶持政策及企业享受扶持政策的信息。通过统一的信用信息平台，汇集工商注册登记、行政许可、税收缴纳、社保缴费等信息，推进企业信用信息共享，开展小微企业信用评级活动，促进小微企业信用体系建设，推动政府部门和银行、证券、保险等专业机构提供更有效的服务。（责任单位：自治区工商局、发展改革委、财政厅、经济和信息化委、人力资源社会保障厅，宁夏国税局，自治区地税局、非公经济局、金融办、信息化建设办，人行银川中心支行等部门）

（十七）加快建设服务平台。2015年年底基本建成全区中小微企业公共服务平台网络，通过政府购买服务、业务补助等方式，引导各类服务机构入驻服务平台网络，为小微企业提供管理指导、技能培训、市场开拓、标准咨询、检验检测认证等服务。继续开展中小微企业公共服务示范平台培育工作，对服务绩效评估优良的示范平台，给予一定的业务补助。支持银川市开展中小商贸流通企业服务体系建设试点，创新服务机制，建设功能完备的公共服

务平台。（责任单位：自治区非公经济局、商务厅、财政厅，银川市人民政府）

（十八）实施小微企业经营者素质和创新能力提升培训工程。每年培训100名小微企业优秀企业家、1000名有发展潜力的小微企业经营管理人才、3000名技能人才，引导企业提升创新创业能力和管理水平。（责任单位：自治区人力资源社会保障厅、非公经济局、财政厅）

（十九）做好用工保障。对新招用应届高校毕业生，签订1年以上劳动合同，并按时足额缴纳社会保险费的小微企业，自治区财政一次性给予5000元补贴，主要用于缴纳社会保险费或岗位培训。高校毕业生到小微企业就业的，其档案可由当地市、县（区）一级公共就业人才服务机构免费保管。对科技型小微企业招收毕业年度高校毕业生达到现有职工总数20%（超过100人的企业达到10%）以上，签订1年以上期限劳动合同并依法缴纳社会保险费的，可申请最高不超过200万元的小额担保贷款，并按有关规定享受财政贴息。（责任单位：自治区人力资源社会保障厅、科技厅、财政厅）

五、完善政策落实督导机制

（二十）加强政策宣传引导。自治区各相关部门要加强政策宣讲和咨询解读，梳理编印本系统、本部门扶助小微企业发展的政策汇编，细化并公示政策操作流程，深入开展“送政策下基层进企业”活动。开发政策宣传数据化平台和手机终端应用程序，及时将惠企政策推送到小微企业。（责任单位：自治区非公经济局、发展改革委、财政厅、经济和信息化委、人力资源社会保障厅、工商局，宁夏国税局，自治区地税局、金融办等部门）

（二十一）加强运行动态监测分析。逐步完善覆盖一、二、三产业的全区小微企业运行数据分类统计调查和定期发布制度。加强部门之间信息沟通和数据共享，构建区、市、县三级小微企业运行监测季度分析报告机制。（责任单位：自治区统计局、经济和信息化委、农牧厅、商务厅、工商局、金融办、非公经济局，人行银川中心支行、宁夏银监局，各市、县（区）人民政府）

（二十二）加强政策落实督导评估。自治区工业和非公有制经济发展领导小组要定期召开联席会议，及时协调解决小微企业扶持政策落实过程中的问题。每年组织开展政策落实情况检查和第三方评估，在区内主要媒体公开各部门、各市扶持小微企业发展情况。各地要把小微企业发展情况纳入考核指标，督促将相关政策措施落到实处。（责任单位：自治区经济和信息化委、非公经济局等部门，各市、县（区）人民政府）

（二十二）健全完善投诉维权机制。在区、市、县二级中小企业主管部门设立小微企业投诉维权电话，建立网上投诉渠道，健全投诉受理、承办、答复工作制度，对乱收费、乱罚款、不作为或刁难、损害小微企业合法权益的行为，一经核实，严肃查处。（责任单位：自治区经济和信息化委、非公经济局，各市、县（区）人民政府）

自治区各相关部门和各市、县（区）要按照职责分工，结合实际研究制定相应的实施细则，抓好贯彻落实。

宁夏回族自治区人民政府

2015年6月23日

自治区人民政府关于大力推进大众创业万众创新若干政策措施的实施意见

宁政发〔2016〕54号

各市、县（区）人民政府，自治区政府各部门、各直属机构：

为贯彻落实《国务院关于大力推进大众创业万众创新若干政策措施的意见》（国发〔2015〕32号），推动形成大众创业、万众创新的良好发展环境，激发全区创业创新动力，结合我区实际，提出如下实施意见：

一、营造良好发展环境

（一）提高行政效能。结合推行政府权力清单和责任清单制度，全面清理调整与创业创新相关的项目审批、中介服务、资格认证等事项，进一步减少行政审批事项和审批环节，保留的事项全部向社会公开，公开办理事项全部进驻政务服务大厅。继续深化投资体制改革，完善优化并联审批流程，加强和改进事中事后监管，全面运行宁夏投资项目在线审批监管服务平台，提高审批效率，提升监管水平。拓展“政务云”覆盖范围和应用深度，实现行政审批服务事项网上办理，全程监控服务动态，为创业创新主体提供更加高效优质的服务（自治区编办、政府法制办、发展改革委、财政厅、经济和信息化委、国土资源厅、住房城乡建设厅、环境保护厅、人力资源社会保障厅、信息化建设办、政务服务中心等部门负责）。

（二）**维护公平竞争市场秩序**。加快自治区公共信用信息共享平台建设，实现信用信息的互联互通，建立以信用为基础的新型市场监管机制。建立定期分行业公布失信企业黑名单制度，把创业主体信用与市场准入、享受优惠政策挂钩，加大失信惩戒力度，使失信者“一处失信、处处受限”。依法反垄断和反不正当竞争，严肃查处损害竞争、妨碍创业创新发展的垄断行为，严厉打击虚假宣传、哄抬价格、串通涨价、价格欺诈等不正当竞争行为，保护创业创新主体合法权益（自治区工商局、发展改革委、商务厅、地税局、质监局、物价局，宁夏国税局、人行银川中心支行等部门负责）。

（三）**深入推进商事制度改革**。做好工商营业执照、组织机构代码证、税务登记证“三证合一”、“一照一码”、“先照后证”登记制度改革实施工作，加快推进全程电子化登记和电子营业执照应用。支持各市、县（区）人民政府结合实际，继续放宽新注册企业场所登记条件限制，推动“一址多照”、集群注册等注册企业场所登记改革，持续推动工商登记注册便利化。推进吴忠市企业简易注销试点工作，总结经验，逐步向全区范围推广。进一步完善全区小微企业名录，增强创业企业信息透明度（自治区工商局牵头负责）。

（四）**加强创业知识产权保护**。推动落实自治区知识产权战略实施行动计划（2015年—2020年），发挥好知识产权制度对创业创新的保障作用。鼓励市场主体创造和运用知识产权，建立面向创业创新的知识产权服务绿色通道，促进创新成果知识产权化。利用好中阿博览会平台，建设中阿专利数据中心，推动创新创业知识产权流转和运用。加强文化创意等新形态创新成果的知识产权保护，充分调动权利人维权意识，加大对恶意侵权等行为的处罚力度（自治区知识产权局牵头负责）。

（五）**培养创新型人才队伍**。实施院士后备人才培养、领军人才培养、青年拔尖人才培养等人才工程和海外引才百人计划、国内引才312计划等人才引进计划，培养造就一批科技领军人才、企业家人才、金融高端人才和高技能人才，使创新型人才队伍基本适应经济社会发展需要。构建政府引导服务、市场有效配置、单位自主用人、人才自主择业有机统一的人才管理服务机制，建立健全人才培养、人才评价、人才引进、人才流动和激励保障机制，完善人才服务保障体系，在各级政务服务中心设立“一站式”人才服务窗口，为人才提供便捷高效服务。实施“塞上骄子回乡行”计划，支持宁夏籍人才返乡创业创新（自治区人力资源社会保障厅牵头负责）。

二、完善财税扶持政策

（六）**加大财政支持和统筹力度**。充分发挥自治区产业引导基金杠杆作用，引导社会资金和金融资本共同支持创业创新。积极支持中小企业参与政府采购，加大对创新产品和服务的购买力度，促进创新产品的研发和规模化应用。在确保公平竞争的前提下，鼓励各地对众创空间等孵化机构给予适当补贴，减轻创业者负担。各地要根据创业创新需要，统筹安排各类支持小微企业和创业创新的资金，逐步扩大资金规模，强化预算执行和监管，加强资金使用绩效评价（自治区经济和信息化委、财政厅等部门负责）。

（七）**落实税费支持政策**。严格执行国家扶持小微企业、高新技术企业、科技企业孵化器、大学科技园、技术转让、研发费用加计扣除、固定资产加速折旧等普惠性税收优惠政策。对符合条件的采取股权投资方式投资于未上市中小高新技术企业2年以上的创业投资企业，落实按其对中小高新技术企业投资额的70%抵扣该创业投资企业的应纳税所得额的政策。按照《自治区人民政府关于进一步做好新形势下就业创业工作的实施意见》（宁政发〔2015〕64号）和《自治区人民政府办公厅关于支持农民工等人员返乡创业的实施意见》（宁政办发〔2015〕164号），落实促进返乡农民工、高校毕业生、残疾人、退役军人、登记失业人员等创业就业税收政策。完善收费目录管理制度，规范涉企收费项目，取消除国家和自治区批准以外的政府性基金和行政事业性收费，收费标准有上下限的一律按下限收费，降低创业创新成本（自治区财政厅、地税局、人力资源社会保障厅、科技厅、发展改革委、物价局，宁夏国税局等部门负责）。

三、构建多元化投融资体系

（八）**建立创业投资引导机制**。在自治区产业引导基金范围内，引入国有企业、社会资本、创业投资机构等，组建自治区创业创新投资基金，与国家新兴产业、科技型中小企业创业、科技成果转化、中小企业发展等投资引导基金协同联动。基金重点支持市场主体开展科技创新、产品创新、服务创新，扩大创新产品和服务有效供给。积极支持创业企业起步成长，对基金参股的私募股权投资基金投资我区初创期中小企业、创业企业的，投资获利退出时，可以从政府产业引导基金收益中安排一定比例的投资奖励（自治区经济和信息化委、财政厅、人力资源社会保障厅、科技厅、发展改革委、民政厅、金融工作局等部门负责）。

（九）**拓宽投融资渠道**。落实改善金融发展环境支持金融业发展的奖励补助政策，充分利用资本市场融资功能，支持符合条件的创业创新企业在主板、中小板、创业板、“新三板”、区域股权交易市场上市、挂牌融资。支持创业创新企业采用公司债、中期票据、短期融资券、企业债等方式融资。发挥宁夏股权托管交易中心作用，为创业创新企业提供股权融资、债权融资等综合服务。扩大小微企业“助保贷”、科技型小微企业风险补偿贷款规模，开展小微企业贷款保证保险试点，优化小微企业金融服务。稳步推进股权众筹融资试点，支持小微企业和创业者通过股权众筹融资方式多渠道募集资金。支持天使投资基金、创业投资基金的设立和发展，大力培育本土创业投资团队，吸引和聚集国内外优秀创投企业到我区创业。鼓励担保机构面向创业创新企业积极开展担保业务（自治区金融工作局、科技厅、非公经济服务局、财政厅，人行银川中心支行、宁夏银监会、宁夏证监会、宁夏保监会等部门负责）。

（十）**创新金融支持方式**。支持银行、证券、保险等金融机构，开发符合大众创业万众创新特点的结构性、复合性金融产品和服务，探索采取投贷联动、投保联动、投债联动等新模式，加大对创业创新企业的融资支持。鼓励商业银行为企业创新活动提供股权和债权相结合的融资服务，扩大知识产权、股权、仓单、订单、应收账款和票据等质押贷款规模。引导地方商业银行创新组织架构、管理方式，面向创业创新企业，提供结算、融资、理财、咨询等一站式系统化的金融服务，提高针对创业创新企业的金融服务专业化水平（自治区金融工作局、科技厅，人行银川中心支行、宁夏银监会、宁夏证监会、宁夏保监会等部门负责）。

四、强化创业创新服务支撑

（十一）**打造创业创新平台**。建设银川区域性创业创新城市，加快推进石嘴山小微企业创业基地城市建设。建设集科技交流、技术转移转化服务等功能为一体的中阿技术转移中心，打造中阿科技合作与技术转移承载平台。进一步提升银川IBI育成中心、银川科技园创业创新孵化能力，将其建成西部重要的创业创新平台。研究制定众创空间认定管理办法，支持各类高新技术开发区、科技园区、文化产业园区及城市配套商业区引入创业咖啡、创新工场等新兴孵化器，建设一批特色化众创空间。鼓励企业发展新型创业平台，支持创业者创业，增强企业创业创新活力。建立创业政策集中发布平台、众创空间共享服务平台，为创业者提供低成本、便利化、开放式的公共服务。定期办好宁夏创新创业大赛，鼓励社会团体、行业协会举办创业训练营、创新成果展示、创业项目推介等公益活动（自治区科技厅、人力资源社会保障厅牵头负责）。

（十二）**加强创业创新孵化服务**。建立国家和自治区级科研平台向社会开放机制、全区大型科研仪器设备共享机制，高效利用科研技术平台，开展面向创业者的社会服务。支持宁夏大学等区内外高校和科研院所发挥人才和技术优势，为创业者提供技术支撑服务，促进创业孵化与技术成果转移相融合。大力发展企业管理、财务咨询、市场营销、人力资源、法律顾问、知识产权、检验检测、现代物流等第三方专业化服务，支持行业协会等社会组织开展咨询、评估、鉴定等服务，丰富和完善创业创新服务。不断提升孵化基地功能，对达到国家和自治区示范性创业孵化基地建设标准的，按照后补助的方式，根据孵化基地科技研发成果、技术成果转化、实际应用效益等给予一定奖补（自治区科技厅、人力资源社会保障厅、财政厅、教育厅、民政厅等部门负责）。

（十三）**发展“互联网+”创业服务**。加快构建自治区“互联网+”创业网络体系，推动创业创新资源集聚、开放和共享，促进创业与创新、创业与就业、线上与线下相结合，降低创业门槛和成本。完善全区统一的电子政务外网和电子政务公共云平台，建设政务大数据服务平台，拓展政务、社保、扶贫等“8+N”朵云应用，为创业者提供跨部门、一站式的便捷信息服务。推动互联网企业和基础电信企业向创业者开放计算、存储和数据资源。积极推广众包、用户参与设计、云设计等创业创新模式。加快建设网上丝绸之路，鼓励和引导区内外知名电商和云计算企业开展面向丝绸之路沿线国家的跨境电子商务、云服务等业务，带动我区“互联网+”创业创新服务向更高水平迈进（自治区发展改革委、科技厅、经济和信息化委、人力资源社会保障厅、网信办、信息化建设办等部门负责）。

五、激发创业创新主体活力

（十四）**支持科研人员创业**。建立完善高校、科研院所等事业单位在职创业、离岗创业政策，鼓励科研人员带头创业。对于离岗创业的，按人事管理权限，经上级主管部门审核批准，可在3年内保留人事关系和社会保险，离岗期间与原单位其他在岗人员同等享有参加职称评聘、岗位等级晋升等方面的权利。建立健全科研人员双向流动机制，鼓励有创新实践经验的企业家和企业技术人员到高校和科研机构兼职。推进农村科技特派员创业创新，落实科技特派员创业的各项优惠政策。完善创新型中小企业上市股权激励和员工持股计划制度规则，鼓励符合条件的企业按照有关规定，通过股权、期权、分红等激励方式，调动科研人员创业积极性（自治区人力资源社会保障厅牵头负责）。

（十五）**支持大学生创业**。全面实施自治区大学生创业引领计划，落实普及创业教育、开展创业培训、放宽准入条件、减免各项税费、给予财政补贴等各项政策措施。鼓励高校成立创业创新服务中心，创办大学生创业孵化园，搭建高校创业信息交流平台，聘请成功创业者、天使投资人、知名学者和企业家担任兼职创业导师，加强对大学生创业的辅导服务。研究制定弹性学制管理办法，建立学分积累与转换制度，支持大学生保留学籍休学创业。深化高等学校创新创业教育改革，把创新创业教育融入高校人才培养体系，鼓励支持高校建设一批创新创业学院和创客空间，增强学生的创新精神、创业意识和创业创新能力，提高人才培养的针对性、应用性（自治区人力资源社会保障厅、教育厅牵头负责）。

（十六）**支持农村劳动力创业**。支持平罗县、同心县作为国家第一批农民工返乡创业试点县，依托现有开发区，整合发展返乡创业园区，开展电子商务进农村示范，组建融资、融智、融商一体化创业服务中心，建立返乡人员创业联盟等协作创业模式，为构建多层次、多样化的农民工返乡创业就业格局，全面提升返乡创业参与率、成功率，探索可复制、可推广的经验。引导和支持农村劳动力因地制宜，围绕休闲农业、乡村旅游、农产品精深加工、特色种养殖等开展创业，主动融入各类特色专业市场，打造具有区域特点的创业集群。鼓励企业结合乡村特点，建立电子商务交易服务平台、商品集散中心和物流中心，加快电子商务向农村基层延伸。实施农村青年电商培育工程，支持农村青年开办特色农产品网店、创办电子商务服务点，推动农村青年网上创业。加强基层创业支撑服务，健全基层就业和社会保障服务体系，依托工业园区建设一批公共实训基地，支持职业院校扩大非学历教育培训规模，为农村劳动力提供优质、便捷、高效的职业技能培训服务（自治区人力资源社会保障厅牵头负责）。

（十七）**支持化解过剩产能企业职工创业**。按照中央和自治区推进供给侧结构性改革的总体部署，着力做好化解煤炭等行业过剩产能、淘汰落后产能和处置“僵尸”企业职工安置工作。有创业意愿的化解过剩产能企业需安置的员工，全部纳入年度城乡劳动力职业技能培训计划，提供创业指导、项目咨询和创业跟踪服务。从事个体经营或创办企业的，按照自治区有关规定，给予税费减免、创业担保贷款、创业补贴等支持。支持企业利用“互联网+”、开展产能合作等方式，培育适合行业特点的创业创新载体，开发新产品、新业态。将返乡创业试点范围扩大到矿区，拓展就业创业空间（自治区人力资源社会保障厅、发展改革委、经济和信息化委、财政厅、民政厅、国资委等部门负责）。

六、建立协同推进工作机制

（十八）**加强统筹协调**。建立由自治区发展改革委牵头的推进大众创业万众创新部门联席会议制度，对全区创业创新工作进行统筹协调，及时研究解决工作推进中的问题，遇重大事项及时向自治区人民政府报告。各地、各有关部门要系统梳理已发布的支持创业创新发展的政策措施，抓紧推进“立、改、废”工作，实现政策协调联动；要加强组织领导，制定工作方案，明确任务分工，抓好本实施意见的落实（自治区发展改革委等部门、五市人民政府负责）。

（十九）**加强监督检查和舆论引导**。建立推进大众创业万众创新工作督导机制，自治区人民政府适时对各地创业创新工作进行督查。加大对大众创业万众创新的宣传力度，加强舆论引导，营造鼓励创业、宽容失败的良好社会氛围（自治区政府督查室、发展改革委、宁夏日报报业集团、宁夏广播电视台负责）。

宁夏回族自治区人民政府

2016年6月11日

新疆维吾尔自治区

关于印发《新疆维吾尔自治区“专精特新”中小企业认定管理办法》的通知

伊犁哈萨克自治州经信委，各地、州、市经信委（经委）：

为鼓励和引导我区中小企业抓住“一带一路”核心区建设、“中国制造2025”和“互联网+”行动等重大历史机遇，促进企业加快转型升级，走“专业化、精细化、特色化、新颖化”之路（以下简称“专精特新”），根据工业和信息化部《关于促进中小企业“专精特新”发展的指导意见》（工信部企业〔2013〕264号）和自治区《关于印发〈自治区中小企业专精特新发展指导意见〉的通知》（新经信企业〔2014〕53号）精神，结合我区实际，制定《新疆维吾尔自治区“专精特新”中小企业认定管理办法》，现印发你们，请遵照执行。

新疆维吾尔自治区经济和信息化委员会

2016年11月30日

新疆维吾尔自治区“专精特新”中小企业认定管理办法

为鼓励和引导我区中小企业抓住“一带一路”核心区建设、中国制造2025和“互联网+”行动等重大历史机遇，促进企业加快转型升级，走“专业化、精细化、特色化、新颖化”之路（以下简称“专精特新”），进一步增强核心竞争力，根据工业和信息化部《关于促进中小企业“专精特新”发展的指导意见》（工信部企业〔2013〕264号）和自治区《关于印发〈自治区中小企业专精特新发展指导意见〉的通知》（新经信企业〔2014〕53号）精神，结合我区实际，制定本办法。

第一条 “专精特新”的涵义。

（一）“专”是指专注核心业务，具有专业化生产、服务和协作配套能力，采用专项技术或工艺生产制造的专业特点明显、市场专业性强的产品。其主要特征是产品用途的专门性、生产工艺的专业性、技术的专有性和产品在细分市场中具有专业化发展优势。

（二）“精”是指采用先进适用技术或工艺，按照精益求精的理念，建立精细高效的管理制度和流程，通过精细化管理，精心设计生产的精良产品。其主要特征是产品的精致性、工艺技术的精深性和企业的精细化管理。

（三）“特”是指采用独特的工艺、技术、配方或特殊原料研制生产的，具有地域特点或具有特殊功能的产品。其主要特征是产品或服务的特色化。

（四）“新”是指依靠自主、转化、联合或引进消化吸收等方式，开展技术创新、管理创新、商业模式创新，通过行业的交叉融合提供新的产品或服务，具有“新技术、新业态、新产业、新商业模式”经济发展特征。其主要特征是产品（技术）、管理、商业模式的创新性、先进性。

第二条 开展“专精特新”中小企业认定管理，旨在引导中小企业走“专精特新”发展之路，培育一批发展战略专业化、管理及生产精细化、产品或服务特色化、技术或经营模式新颖化，在细分行业内技术领先、产品质量优、市场份额高、发展前景好的新疆中小企业。

第三条 按照科学、公正、公平、公开、自愿申报的原则，由自治区经信委负责“专精特新”中小企业认定管理工作。

第四条 申报自治区“专精特新”中小企业应符合以下两项共性条件和任何一项专项条件，且不存在限制条件所列事项。

（一）共性条件

1. 规模效益。在我区登记注册两年以上，具有独立法人资格，符合《中小企业划型标准规定》（工信部联企业〔2011〕300号）的中小企业。年营业收入1000万元以上，近两年主营业务收入平均增长不低于15%，发展前景好，具有较好的经济、社会效益和较强的社会影响力。

2. 管理水平。企业经营管理者具有战略眼光和开放思维，能紧跟市场发展步伐，注重加强企业管理和企业文化建设；企业基础管理和专项管理科学规范，诚信经营，信用良好，积极履行社会责任；企业（项目）备案、环评、土地、规划等相关手续及附件齐全；近三年无质量事故、无重大安全责任事故。

（二）专项条件

1. 专业化：企业专注核心业务，具有较高专业化生产和协作配套的能力，是产业链中某个环节的强者，能为大企业、大项目和龙头企业提供关键零部件、元器件、配套产品和配套服务。某一产品或服务在细分市场处于领先地位，主导产品销售收入占本企业销售收入的60%以上。

2. 精细化：企业建立精细高效的管理制度和流程，开展精细化生产、管理和服务，装备水平居同行业领先，产品质量精良。企业取得质量管理体系认证，拥有省级（含）以上品牌1项以上。

3. 特色化：采用独特工艺、技术、配方或原料，研制生产具有地方或企业特色的产品。企业拥有专利、软件著作权或专有技术1项以上，并在生产中应用。

4. 新颖化：企业开展技术创新、管理创新和商业模式创新，培育新的增长点，形成新的竞争优势；积极发展新型业态，采用现代信息技术，通过行业的交叉融合提供新的产品或服务；企业研发投入占销售收入的比例不低于2%。

（三）限制条件

有下列情况之一的企业，不得确定为自治区“专精特新”中小企业：

1. 提供虚假信息的；

2. 近三年发生过安全、质量事故的；

3. 环保不达标或近三年发生过环境污染事故的；

4. 有偷税、漏税行为的；

5. 有其他违法违规行为的。

第五条 申报认定的企业，需提供以下材料，并由所在地县级中小企业主管部门审查汇总后逐级上报。

（一）《自治区“专精特新”中小企业基本情况表》；

（二）《自治区“专精特新”中小企业申报表》；

（三）企业法人营业执照和组织机构代码复印件；

（四）经会计师事务所审计的企业上年度财务报表；

（五）能够证明符合申报条件的有关资料和证书复印件；

（六）属于特殊行业的企业需提供特殊行业许可证或相关准入证明；

（七）对申报材料真实性的声明。

第六条 认定工作每年组织一次，并按照优中选优的原则每次评选出最多200家专精特新企业；自治区经信委（自治区中小企业局）牵头组织有关部门、专家对申报材料进行评审，必要时组织实地考察，并按程序对评审合格的“专精特新”中小企业10月份之前进行公示、公布和授牌。

第七条 经确定的自治区“专精特新”中小企业，自治区经信委整合相关公共服务资源，优先给予重点培育扶持。

（一）优先推荐国家、自治区中小企业发展相关专项资金、基金政策扶持。

（二）支持开展技术改造，提升企业技术装备水平和技术创新能力。

（三）向金融、担保机构重点推荐，加大金融服务力度。

（四）支持参加专业展会，在发展电子商务，开拓国内外市场方面加大支持力度。

（五）支持申报国家驰名商标、自治区著名商标以及名牌产品。

（六）开展跟踪服务，帮助企业解决在产学研合作、管理咨询、人才培养、市场开拓等方面的个性化诉求。

第八条 对自治区“专精特新”中小企业实行动态管理，每三年复核一次。对复核不合格的企业，取消 “专精特新”中小企业称号。

第九条 申报单位必须实事求是， 真实反映数据，如发现弄虚作假、虚报伪造数据，经调查属实的，撤销其称号，三年内不得重新申报，并将相关信息在自治区企业信用信息公示平台上发布，企业所在县市两年内不得重新申报。

第十条 自治区“专精特新”中小企业在有效期内发生重大违法违规事件，且被有关行政主管部门处理的，取消自治区“专精特新”中小企业称号，三年内不得再次申报。

第十一条 企业发生更名的，应在正式更名后一个月内将有关文件报自治区经信委办理更名等手续，逾期不报的，视为自动放弃“专精特新”企业资格。

第十二条 经认定公布的“专精特新”中小企业列入自治区中小企业运行监测体系，按要求定期报送相关信息。

第十三条 本办法由自治区经济和信息化委员会负责解释，本办法自发布之日起正式实施。

附件：自治区“专精特新”中小企业申报材料（略）

大连市

大连市企业专利补助实施办法

第一条 为贯彻落实《关于支持企业创新和发展的政策措施》（大委发〔2015〕9号）提出的“企业获得国内职务发明专利授权，每项补助0.5万元，通过PCT国际专利授权，每项补助5万元”的规定，制定本办法。

第二条 企业是指在大连市工商行政管理部门注册登记、具有独立法人资格、依法纳税的企业。国内职务发明专利授权是指获得国家知识产权局授权、企业拥有的有效发明专利。通过PCT国际专利授权是指通过专利合作条约（PCT）途径获得外国授权、企业拥有的有效外国专利。

第三条 申请条件

（一）自本办法施行之日起，国内发明专利、外国专利授权后，方可提出申请。

（二）两个以上企业共同申请专利的，应商定由其中一个符合申请资格的企业进行申请，其他企业应提供同意函。

第四条 有下列情况之一的，不予补助：

（一）有骗取专利补助资金记录的。

（二）被国家知识产权局认定为非正常专利申请的。

第五条 标准

（一）国内发明专利每项补助0.5万元。

（二）通过专利合作条约（PCT）途径获得的外国专利，单件专利每通过一个国家或地区授权补助5万元，总额最高不超过30万元。

第六条 受理、审核与发放

（一）市科技局（知识产权局）负责专利补助资金的受理、审核和发放（必要时可以组织专家进行审核）工作。

（二）每年的1月1日至3月31日期间，市科技局（知识产权局）受理上一年度（以发明专利授权日为准）的专利补助申请。

（三）市科技局（知识产权局）审核、确定专利补助名单和额度，并向社会公示（公示期7天）。

（四）公示无异议后，市科技局（知识产权局）向市财政局提交资金拨付申请，市财政局将资金拨付至市科技局（知识产权局），市科技局（知识产权局）负责发放专利补助资金。

第七条 申请程序及提交的材料

（一）网上申请

符合条件的企业在规定时间内登录大连科技指南针网站专利补助申请系统（网址：http://www.dlinfo.gov.cn/），注册成会员，网上申请，根据系统提示完成所有申请环节并提交申请材料。不接受现场申请。

（二）申请材料

1.按要求如实填写《申请表》、《同意函》等申请材料；

2.用A4纸打印系统自动生成的《申请表》、《同意函》等申请材料，单位法人签字并加盖单位公章；

3.将单位法人签字并加盖单位公章的《申请表》、《同意函》等申请材料扫描后，上传到“申请系统”；

4.《同意函》需其他共同申请人签字、盖章。

注：当专利权人为两个以上企业时，需提交《同意函》。

（三）证明材料

1.申请国内发明专利授权补助的，须将企业法人营业执照、专利证书或发明专利授权通知书、缴纳专利登记费及授权后第一年年费收据（国家知识产权局出具的原件）扫描后，上传到“申请系统”。

2.申请外国专利补助的，须将企业法人营业执照、外国专利审查机构出具的授权证书、当年缴费凭证、法律状态证明材料原件（国家知识产权局出具并加盖公章的法律状态检索报告）扫描后，上传到“申请系统”。

3.证明材料文本非中文的，还须将证明材料按A4标准以原文本格式翻译成中文，由单位法人签字并加盖单位公章，扫描后上传到“申请系统”。

4.用A4纸打印上传到“申请系统”中的全部证明材料，单位法人亲笔签字并加盖单位公章。

第八条 监督和检查

市科技局（知识产权局）负责对补助资金使用效果实行绩效评价。

第九条 申请补助的企业须提供真实的材料和凭证。如有弄虚作假骗取补助资金的，一经发现，取消其补助资格；已补助的企业收回全部补助费用；同时依法追究其法律责任。

第十条 本办法由市科技局（知识产权局）和市财政局负责解释。

第十一条 本办法自发布之日起施行，有效期5年。

大连市人民政府办公厅关于进一步优化企业融资服务支持实体经济发展的实施意见

大政办发〔2016〕180号

各区市县人民政府，各先导区管委会，市政府各委办局、各直属机构：

为积极适应经济发展新常态，有效推动我市金融业供给侧结构性改革，进一步优化企业融资环境，加大对企业的金融支持，有效防控金融债务风险，切实增强融资服务的针对性和有效性，满足实体经济发展的资金需求，经市政府同意，就进一步优化企业融资服务，支持实体经济发展，提出以下实施意见：

一、有效落实信贷政策

（一）坚持服务国家战略和区域经济发展，优化信贷管理政策，完善信贷准入标准，加大对战略性新兴产业、高新技术企业、重大技术装备和大众创业、万众创新等的信贷支持。坚持“区别对待、有扶有控”原则，对传统行业中的优质企业继续给予信贷支持，帮助有市场、有效益、有竞争力的企业渡过难关。

（二）在落实审慎监管的基础上，引导银行机构根据经济转型发展的客观需求，逐步调整客户准入、评级、授信等信贷标准，适当提高风险容忍度，提高实体企业信贷融资的可获得率。

（三）进一步加大对小微企业的扶持力度，银行机构要积极落实年度小微企业信贷投放计划，完善保障措施，优化存量结构，增强信贷支持的灵活性和针对性，不得以任何形式挪用、挤占小微企业信贷额度。

（四）落实差异化监管要求，按尽职免责原则，对小微企业不良贷款率高出当年全行各项贷款不良率目标2个百分点以内（含）的，不作为内部对小微企业业务主办部门考核评价的扣分因素。在无违反法律法规和有关监管规章行为的前提下，免予追究小微企业信贷人员的合规责任。

二、切实提高银企对接效率

（五）银企双方应建立畅通高效的双向信息互通机制，特别是在贷款到期前、授信政策调整、企业生产经营发生变化等关键节点要及时沟通信息，确保为银企双方提供足够的缓冲期。

（六）建立贷款到期回收提前告知制度，对正常还本付息且整体授信条件没有发生变化的企业，银行原则上不得抽贷、压贷，如确因银行授信政策调整及企业授信条件变化等原因，需要压降信贷额度或收回后不予再贷的，银行应明确告知企业原因。

（七）鼓励银行机构根据企业实际生产经营特点和融资需求合理确定贷款期限及还款方式，对于固定资产长期投资项目和企业，不允许银行通过发放短期贷款的方式为其提供融资，变相增加期限错配风险和企业资金压力。

三、强化对企业的续贷服务

（八）各银行机构要切实执行无还本续贷政策，积极向企业推介年审贷、循环贷等产品，原则上每家中资商业银行都要推出小微企业无还本续贷产品和服务，并定期向监管部门上报续贷产品和服务运行效果。

（九）各银行机构要明确续贷条件、办理时限并向社会公告。对于企业主动申请，且符合银行续贷条件和监管部门相关要求的小微企业流动资金贷款，银行应积极予以续贷。不得对企业变相追加授信条件而不予续贷，对经银行调查评审不符合续贷条件的，银行应明确告知企业原因。

（十）各银行机构应尽可能简化手续，对符合无还本续贷条件的企业，不得要求企业先还后贷，更不得参与倒贷，诱导企业通过其他途径“搭桥”融资。

四、降低企业融资成本

（十一）各银行机构在遵循市场化原则的基础上，要进一步完善贷款利率定价机制，合理确定利率水平，尽可能降低企业贷款成本。

（十二）严格执行“七不准”“四公开”要求，不得将新增贷款和续贷资金作为保证金以开具承兑汇票的方式对企业发放贷款，不得以任何名义捆绑收费、强制搭售、账外收费。监管部门将根据辖内实际情况适时开展专项治理工作，加大查处力度。

（十三）银行机构应积极与风险控制能力强、诚实守信的融资担保机构开展合作，通过银、担、企三方充分协商，确定合理的贷款利率和担保费率，降低企业融资综合成本。

（十四）积极协调抵押登记部门完善业务流程，减免相关业务收费，提高抵押登记便利化水平，支持银行落实无还本续贷政策。

五、完善企业融资增信服务

（十五）完善政策性融资担保体系，设立政策性再担保公司和担保专项资金，做大做强区市县（先导区）政策性担保公司，建立银行、担保、再担保三方合作机制，为重点扶持的企业提供担保服务。

（十六）鼓励金融机构创新开展企业贷款担保与保证业务，多措并举，为企业融资增信。鼓励发展以知识产权、股权、排放权和节能量等为抵（质）押物的新型融资方式。

（十七）鼓励银行、保险机构积极参与开展小微企业贷款保证保险业务，支持设立专门业务团队，扩大银保合作范围和业务覆盖面，支持小微企业融资。

六、推动企业多渠道融资

（十八）鼓励金融机构充分发挥资源和渠道优势，通过贷款、投资、债券、租赁、保险等综合性金融服务，积极帮助企业多渠道筹措资金。支持企业通过发行短期融资券、中期票据、公司债券等债务融资工具融资，培育和推动企业借助多层次资本市场融资并发展壮大。

（十九）完善大连股权交易中心服务功能，开展面向企业的直接融资业务培训，为企业提供上市、挂牌、发债等直接融资的政策解读、模拟实训和融资对接服务。

（二十）做实大连市中小企业投融资服务中心，组织开展融资产品推介、业务培训和对接活动，为企业提供融资策划和咨询服务，帮助企业拓宽融资渠道。

七、推进金融业务创新

（二十一）鼓励符合标准的法人机构根据中国银监会投贷联动融资试点指导意见有序开展试点申报。鼓励有条件的分支机构在总行的业务框架和产品体系下探索多模式开展投贷联动业务的可行途径。

（二十二）促进互联网金融健康发展，培育互联网金融骨干企业，创建互联网金融示范区，完善配套服务体系，加强监管和风险防控，引导互联网金融上下游企业、中介服务机构为实体经济提供全方位金融服务。

（二十三）支持符合条件的发起人设立财务公司、金融租赁公司等非银行金融机构，提升企业资金管理水平，探索延伸产业链金融服务，有效拓宽融资渠道。

八、有效防控金融债务风险

（二十四）妥善处置集团客户风险，充分发挥债权银行委员会的主体作用，将债委会的职能从事后处置风险向事前防范风险转变，加强对授信企业的风险研判和分类管理，制定风险预案，维护信贷格局稳定，避免因为个别银行抽贷、压贷而引发企业金融债务风险，维护区域金融稳定。

（二十五）对于符合产业政策、市场前景较好、暂时出现资金困难的企业，鼓励债权银行本着市场化和依法合规的原则，在融资方式、财务管理等方面给予指导，通过优化企业债务结构，帮助企业“瘦身减负”，助力企业保持正常的生产经营。

（二十六）鼓励银行机构积极稳妥推进并购贷款业务，结合产业政策，优化并购贷款投向，延长贷款期限，提高贷款比例，合理确定担保条件，支持传统行业整合，有效缓释金融风险，促进产业结构转型升级。

九、优化企业融资环境

（二十七）研究完善推动金融创新和支持企业融资的奖励、补贴、风险补偿等有关政策，鼓励金融机构为实体经济发展提供资金保障，有关办法另行制定。

（二十八）发挥金融机构融资顾问作用，引导企业规范财务管理，提升信用水平，满足融资条件，指导企业充分利用好各种金融工具。

（二十九）协调有关部门提高金融案件审理效率，缩短审理周期，制裁逃废金融债务行为，优化金融环境，维护金融机构合法权益。

（三十）各金融机构要对从业人员的道德风险进行常态化排查，对违规参与民间借贷、充当资金掮客、参与倒贷或因工作不尽职而对企业融资造成不便的人员严肃处罚。

厦门市

厦门市人民政府办公厅关于进一步扶持小微企业加快发展八条措施的通知

厦府办〔2015〕59号

各区人民政府，市直各委、办、局，各有关单位：

为贯彻落实好国务院和省政府关于扶持小微企业健康发展的有关工作部署，进一步激发小微企业活力，根据《福建省人民政府办公厅关于进一步扶持小微企业加快发展七条措施的通知》（闽政办〔2015〕1 号），结合我市实际，现提出如下实施意见。

一、减轻企业负担

（一）从2014年10月1日至2015年12月31日，视纳税期限，对月度（季度）销售额或营业额不超过3万元（9万元，含）的增值税小规模纳税人和营业税纳税人，免征增值税或营业税。（责任单位：国税局，地税局）

（二）从2015年1月1日至2017年12月31日，对年应纳税所得额20万元以内（含20万元）的小型微利企业，其所得减按50%计入应纳税所得额，按20%的税率缴纳所得税。（责任单位：国税局，地税局）

（三）落实好国务院关于将失业保险费率由3%统一降至2%的政策。（责任单位：人社局，地税局）

（四）对小微企业从事国家鼓励类项目，进口自用且国内不能生产的先进设备，按照国家有关规定免征进口关税。（责任单位：厦门海关，国税局）

（五）电力、水务等部门支持小微企业以银行承兑汇票缴纳水电等费用。（责任单位：国网厦门供电公司，市政集团）

二、促进转型升级

（一）加大对成长型小微企业的扶持力度，培养一批健康快速成长的示范企业，根据成长型小微企业的信用状况和项目贷款综合费率等因素给予贷款贴息，每个项目的贴息期限一般不超过2年，每年贴息额度最多不超过50万元。（责任单位：各区政府，火炬管委会，象屿管委会，经信局、财政局）

（二）促进小微企业走专业化、精细化、特色化、新颖化发展之路，培育一批“专精特新”小微企业并给予补助，每个企业最高补助额不超过50万元。（责任单位：各区政府，火炬管委会，象屿管委会，经信局、财政局、科技局）

（三）鼓励中小企业服务机构提高服务小微企业水平，对其开展管理咨询、企业诊断等活动，每个项目补助金额最高不超过该项服务实际发生费用的50%，最高不超过10万元。（责任单位：各区政府，火炬管委会，象屿管委会，经信局、财政局）

三、强化融资服务

（一）支持民营融资性担保机构整合重组，提高担保能力和抗风险能力。支持各区政府、火炬管委会、象屿管委会整合资源，组建政府主导的政策性融资担保机构，形成政策性担保与民营担保协调发展、市区协作联动的担保体系。（责任单位：各区政府，火炬管委会，象屿管委会，金融办、财政局）

（二）融资性担保机构为小微企业提供银行贷款融资担保，市财政给予适当业务补助和保费补贴，其中：业务补助根据不同情况按其年度担保额的5‰~1.6%给予补助，保费补贴按不超过银行同期贷款基准利率的50%与实际担保费率的差额给予补贴。（责任单位：经信局，财政局）

（三）2015年市级财政安排5000万元中小企业信贷风险补偿资金，对银行业金融机构为小微企业提供的免抵押免担保信用贷款给予风险补偿，风险补偿比例为贷款本金的40%。（责任单位：经信局，财政局，厦门银监局）

（四）2015年市级财政安排4000万元小微企业还贷应急资金，帮助资金周转暂时困难的中小微企业转贷“过桥”。（责任单位：经信局，财政局，厦门银监局）

（五）继续推进小微企业贷款保证保险工作，为我市符合条件的发展前景良好的小微企业、农业种养殖大户和城乡创业者的生产经营提供无抵押、无担保的小额贷款支持。（责任单位：金融办，财政局，厦门银监局，厦门保监局）

（六）拓宽小额贷款公司融资渠道，支持符合条件的小额贷款公司在境内外资本市场上市，或在区域性股权交易市场挂牌；监管评级合格的小额贷款公司可开展同业拆借、资产收益权转让、发行私募债等业务；小额贷款公司呆账核销、抵债资产管理、风险准备金提取等财务行为执行金融财务管理制度。（责任单位：金融办，人行厦门市中心支行，厦门证监局）

（七）融资租赁公司购入设备并被我市民营、中小企业租赁使用的，按照租赁合同及发票金额的5‰给予奖励，单一企业单笔业务奖励金额不超过20万元、总奖励金额不超过200万元。融资租赁公司购入我市企业生产的设备开展业务的，按照租赁合同及发票金额的6‰给予奖励，单一企业单笔业务奖励金额不超过30万元、总奖励金额不超过300万元。（责任单位：经信局，财政局）

四、加强用工保障

（一）对小微企业新招用的应届高校毕业生，签订1年以上劳动合同并按时足额缴纳社会保险费的，给予1年的社会保险费补贴。高校毕业生到小微企业就业的，其档案可由所在区的公共就业人才服务机构免费保管。（责任单位：各区政府，人社局，财政局）

（二）科技型小微企业当年新招用符合小额贷款申请条件的人员（含高校毕业生），达到企业现有在职职工总数的30%（超过100人的企业达15%）以上、并与其签订1年以上劳动合同的，可申请总额最高不超过200万元的小额担保贴息贷款。小额担保贷款利率可在同期贷款基准利率基础上上浮3个百分点，由市、区财政给予全额贴息。（责任单位：各区政府，人社局，财政局，科技局）

（三）自工商登记注册之日起3年内，对安排残疾人就业未达到规定比例、在职职工总数20人以下（含20人）的小微企业，免征残疾人就业保障金。（责任单位：各区政府，财政局，地税局）

（四）小微企业招用就业困难人员，且与其签订1年以上期限劳动合同并按规定缴纳社会保险费的，给予社会保险费补贴。补贴标准为用人单位以全市上年度社会平均工资的60%为缴费基数，计算应缴纳的基本养老保险、基本医疗保险和失业保险费用之和。在就业困难人员距国家法定退休年龄超过5年之前，补贴期限最长不超过三年；从距国家法定退休年龄不足5年起至法定退休年龄，不论此前是否已享受，均可申请享受此项待遇。（责任单位：各区政府，人社局，财政局）

（五）对小微企业组织本企业职工参加规定工种职业技能培训，并取得国家职业资格证书的，可按规定获得培训经费财政补贴，且培训经费直接补贴给企业。对小微企业职工参加我市定点培训机构培训，取得我市核发的职业资格证书的，按规定给予相应培训补贴。对小微企业新招用我市生源高校毕业生，按规定开展岗前培训的，根据物价水平适当提高培训费补贴标准。（责任单位：各区政府，人社局，财政局）

五、发展公共服务

（一）加快我市中小企业公共服务平台建设，优化提升“慧企云”云服务平台。力争到2015年底基本建成互联互通、资源共享、服务协同的中小企业公共服务平台网络。鼓励各类服务机构、服务平台、创新平台入驻市中小企业公共服务平台网络，为小微企业提供管理指导、技能培训、市场开拓、标准咨询、检验检测认证等服务。（责任单位：经信局，财政局）

（二）对经认定的公共服务平台进行设施更新改造和购置服务设备的项目，经认定符合条件的，按项目投资额的30%给予补助，单个项目补贴额最高不超过500万元。经认定的公共服务平台为中小微企业提供相关服务，综合考虑服务企业数量、收费标准、客户总体满意度等因素，市财政按不超过年度实际运营成本的40%予以奖励，单个平台最高不超过500万元。对小微企业使用公共服务平台收费项目减半收取的，市财政给予补助其优惠部分。（责任单位：经信局，财政局）

（三）对经认定的省级中小企业公共服务示范平台给予30万元扶持，对经认定的国家级中小企业公共服务示范平台给予50万元扶持。（责任单位：经信局，财政局）

六、支持基地建设

（一）积极引导小微企业向产业园区、专业园区集聚发展，加大对小微企业创业基地、大学生创新创业园、育成中心、商贸企业集聚区和各类孵化器建设的支持，并在场地租金等方面对入驻的小微企业予以优惠。（责任单位：各区政府，火炬管委会，象屿管委会，经信局，科技局，财政局）

（二）支持小微企业创业示范基地建设，对入驻示范基地的新设立民营企业，给予2年的免租或减租优惠；对经认定的省级小微企业创业基地，给予一次性奖励30万元。市小微企业创业示范基地认定办法由市经信局牵头负责制定。（责任单位：各区政府，火炬管委会，象屿管委会，经信局，财政局）

（三）支持科技企业孵化器建设，对经备案的科技企业孵化器可享受相关补助政策；对经认定的国家级科技

企业孵化器，市级财政给予一次性奖励100万元。（责任单位：各区政府，火炬管委会，象屿管委会，科技局，财政局）

七、完善信息平台

（一）完善企业信用信息平台，加快与工商登记、土地房产登记、行政许可、税收缴纳、社保缴费等信息平台对接，实现信息资源共享，促进小微企业信用体系建设。推广应用大数据、云计算等现代信息技术，提升政府部门和银行、证券、保险等专业机构的服务水平。进一步扩大中小企业运行监测样本，增加小微企业样本，提高运行监测的覆盖面和准确度。（责任单位：市场监管局，经信局，国土房产局，人社局，统计局，国税局，地税局，金融办，人行厦门市中心支行，厦门银监局，厦门证监局，厦门保监局）

（二）完善厦门中小在线企业信用信息平台，实现与企业信用信息平台、企业信用信息数据库及拟建的全市诚信信息共享平台实现互联互通。（责任单位：经信局，市场监管局，发改委）

（三）推动中小微企业信用评级体系建设，努力为中小企业提供增信服务，推广使用应收账款融资服务平台，有效解决银企间信息不对称问题。（责任单位：经信局，金融办、人行厦门市中心支行，厦门银监局）

八、支持直接融资

（一）加大中小企业发展专项资金对小微企业直接融资的支持力度，为小微企业在银行间债券市场、证券交易所市场等发债融资提供贴息增信支持。（责任单位：经信局，财政局，金融办，人行厦门市中心支行，厦门证监局）

（二）鼓励中小微企业发行集合债券、集合票据、短期融资券、私募债券或者通过集合信托等方式进行融资的，根据融资成本情况给予不超过融资额3%的财政补贴，同一年度同一企业补贴金额最高不超过80万元。（责任单位：经信局，财政局）

（三）鼓励和支持企业在全国中小企业股份转让系统挂牌和融资，对在全国中小企业股份转让系统挂牌交易的小微企业，市级财政在挂牌当年给予不超过30万元的补助。（责任单位：经信局，财政局，金融办）

（四）政府主导组建的融资担保公司要适当降低准入门槛，积极创造条件为发展前景良好、缺少有效抵押物的中小微企业融资提供担保服务。（责任单位：金融办）

（五）鼓励政府性投融资平台发行“小微企业增信集合债券”，募集资金通过银行委托贷款方式，支持小微企业融资需求。（责任单位：各区政府，火炬管委会，象屿管委会，发改委，金融办，财政局，国资委）

厦门市人民政府办公厅

2015年3月23日

厦门市人民政府关于印发全面推进大众创业万众创新创建小微企业创业创新基地示范城市实施意见的通知

厦府〔2015〕277号

各区人民政府，各开发区管委会，市直各委、办、局：

《关于全面推进大众创业万众创新创建小微企业创业创新基地示范城市的实施意见》经第89次市政府常务会议同意，现印发给你们，请结合实际认真贯彻执行。

厦门市人民政府

2015年9月28日

关于全面推进大众创业万众创新创建小微企业创业创新基地示范城市的实施意见

为实施创新驱动发展战略，创建小微企业创业创新基地示范城市，打造经济增长新引擎，增强发展新动力，根据《国务院关于大力推进大众创业万众创新若干政策措施的意见》（国发〔2015〕32号）、《财政部、工业和信息化部、科技部、商务部、国家工商行政管理总局关于批复小微企业创业创新基地城市示范工作目标的通知》（财建〔2015〕317号）、《福建省人民政府关于大力推进大众创业万众创新十条措施的通知》（闽政〔2015〕37号）等文件精神，提出以下实施意见。

一、拓展创业创新空间

（一）打造各种类型的众创空间。鼓励建设创客空间、创业咖啡、创新工场等新型孵化器，构建一批低成本、便利化、全要素、开放式的众创空间。经认定的市级众创空间，运营1年以内的给予20万元补助；运营满2年的补足至30万元；运营满3年的补足至40万元。对众创空间运营机构帮助创业项目融资或注册企业的，根据获得融资或注册企业的在孵项目或在孵创业团队数量给予奖励，5~10个以内的奖励20万元；10~20个以内的补足至30万元；20个以上的补足至50万元。

对利用国有场所设立的众创空间，给予2~5年的场租减免；对利用非国有场所设立的众创空间，自认定之日起3年内，每年依次按照每月每平方米30元、20元、15元的标准给予场租补贴，补贴标准不高于实际场租。

对众创空间运营机构购置的公共软件、设备，按照购置金额的50%予以补助，每年最高补助30万元；为创客提供免费宽带使用的，按照年资费的50%予以补助；对租用数据中心的，按照年资费的30%予以补助，每年最高补助30万元。（牵头单位：市科技局；协办单位：各区政府、自贸委、火炬管委会，市发改委、财政局、国资委）

（二）盘活资源打造新型集聚区。鼓励各类企业盘活闲置的商业用房，以及市政府划定的政策区内工业厂房、企业库房、物流设施等进行“微改造”，“变身”为创业创新基地。对改造项目，按照每平方米200元、最高200万元给予补助。

允许市政府划定的政策区内老工业厂房的使用功能临时变更，土地房屋权属人可根据需要增设夹层，增加配套设施、构筑物及其它功能建筑物，市区相关部门给予简化规划土地管理手续，减免相关土地费用。允许国有企业按照“规划限定，总量控制”的原则，利用自有工业仓储厂房改造成创客公寓。对使用原属划拨国有土地，改变用途后符合规划但不符合《划拨用地目录》的，除经营性商品住宅外，可补办出让手续。（牵头单位：市发改委；协办单位：各区政府、自贸委、火炬管委会，市国资委、国土房产局、规划委、财政局、建设局、消防支队）

（三）建设特色鲜明的创业基地。鼓励各区通过拓展空间、优化资源配置、搭建公共服务平台等，建设重点突出、资源集聚、专业服务、特色鲜明的创业创新载体，营造良好的创业创新生态圈。对获得国家级、省级、市级创业示范基地的，一次性分别予以100万元、50万元、30万元的奖励。

对示范基地进行更新改造、购置服务设备和设施的项目，按照投资额的30%给予补助，单个项目最高补助200万元；对示范基地为小微企业提供相关服务，综合考虑服务企业数量、收费标准、客户总体满意度等因素，按照不超过年度实际运营成本的40%予以奖励，单个基地最高奖励200万元。（牵头单位：市经信局；协办单位：各区政府、自贸委、火炬管委会，市科技局、发改委、商务局、人社局、文广新局、财政局）

二、打造创业创新平台

（四）建设公共服务平台。引导和支持高等学校、科研院所、行业领军企业创建科技服务平台，承担行业共性技术开发和推广应用，依托并融合“中小在线”资源，打造小微企业优质服务生态圈。对新建的公共技术服务平台，以无偿资助或贷款贴息的方式予以支持。

综合考虑公共服务平台服务企业数量、收费标准、客户总体满意度等因素，按照不超过年度实际运营成本的40%予以奖励，单个平台最高奖励500万元。小微企业使用平台收费项目按照价格的50%收取，优惠部分由财政补助。对列入国家级、省级、市级中小企业公共服务示范平台的一次性分别给予80万元、50万元、30万元的奖励。（牵头单位：市科技局、经信局；协办单位：市财政局）

（五）建立开放共享的服务模式。发挥各类科技创新平台作用，鼓励和引导各级重点（工程）实验室、工程（技术）研究中心等科技基础设施，以及利用财政资金购置的重大科学仪器设备按照成本价向创业创新企业开放。支持企业、高等院校和科研机构向创业创新企业开放其自有科研设施。

加强创业创新信息资源整合，建立全市统一的网络平台管理运营系统和数据资源共享系统，集中发布创业政策，实现各类公共服务平台互联互通、资源共享和服务协同，增强信息的透明度，为创业创新活动提供“一站式”整体解决方案。（牵头单位：市经信局、科技局；协办单位：各区政府、自贸委、火炬管委会、市财政局）

三、创新体制机制

（六）加大商事制度创新力度。整合行政资源，优化审批流程，简化准入手续，实行“三证合一”，完善“一照一码”登记制度，加快推进电子营业执照和全过程电子化登记管理。企业设立推行“一表申报”，允许“一址多照”、“一照多址”。探索对未开业企业、无债权债务企业简易注销程序，着力构建便捷有序的市场退出机制。提升完善商事主体登记及信用信息公示平台。（牵头单位：市市场监督局；协办单位：市国税局、地税局、质监局）

（七）强化“多规合一”整合功能。以“多规合一”为抓手，在试点成果基础上，丰富完善“一张图”的服务内容，强化“一个平台”的功能整合，发挥“一张表”的联动协同效应，健全“一套机制”的法规保障。通过审批流程再造优化，实现审批再提速，营造良好的政务环境。（牵头单位：市规划委、发改委、行政服务中心；协办单位：各区政府、自贸委、火炬管委会）

（八）改进科技成果转化机制。事业单位科技成果转化所获得的收益全部留归单位，收益不再上缴财政。事业单位的科技成果完成人和为科技成果转化做出重要贡献人员的奖励比例按转化金额的最低60%、最高95%予以奖励，其余部分用于本单位科研、知识产权管理和科技成果转化工作；允许以科技成果作价入股，用于奖励人员的股权不低于科技成果入股时作价金额的50%。（牵头单位：市财政局、科技局、知识产权局；协办单位：市人社局、经信局）

（九）加强信用服务体系建设。完善中小微企业信用信息标准和采集方式，鼓励和引导金融机构加强对中小微企业信用信息及信用等级评定结果的应用，推动解决中小微企业融资难问题。建立适应中小微企业特点的信用评价制度，通过市场化运作的中介服务机构，开展中小微企业信用等级评定工作。（牵头单位：市发改委、经信局；协办单位：人行厦门中心支行、市市场监督局）

四、发展创业服务体系

（十）加大创业教育培训。在普通高等学校、职业学校、技工院校、职业技能培训基地开设创业创新类课程，并融入专业课程、就业指导和创业指导课程体系。结合创业特点、紧缺人才需求和产业特色，采取面授、远程网络互动等方式开展创业培训。对开设创业课程及开展创业培训的学校，财政每年安排资金给予支持和奖补，到2020年，参加创业培训的大学生占本市应届高校毕业生总人数的5%以上。鼓励行业领军企业与高校相关院系建立公共实习实训基地，按照基地购置设备及装修费用的30%给予补助，单个基地最高补助500万元。（牵头单位：市教育局、人社局；协办单位：各区政府、自贸委、火炬管委会，市经信局、科技局、商务局、财政局）

（十一）加强创业导师队伍建设。吸纳有实践经验的创业者、职业经理人、知名企业家、专家学者、各类名师等加入创业师资队伍。建立创业导师信息库、绩效评估和优秀创业导师评选等激励机制，形成创业导师团队，对创业者分类、分阶段进行指导。（牵头单位：市科技局、人社局；协办单位：市教育局、团市委、经信局）

（十二）集聚创业创新资源。鼓励众创空间运营机构发挥聚合功能，整合优势资源，为创业者提供良好的工作空间、网络空间、社交空间和资源共享空间。支持众创空间举办创新创业大赛，按照参赛企业的数量给予运营机构补助，参赛企业在50~100家以内的，给予30万元补助；参赛企业在100家以上的，每增加1家给予2000元补助，每家运营机构最高50万元。（牵头单位：市科技局；协办单位：各区政府、自贸委、火炬管委会）

（十三）健全创业服务组织机构。引导社会力量参与创业服务，构建多层次、广覆盖、专业化的服务体系，充分发挥社团组织、行业协会和社会创业服务机构的作用。加大社会服务机构参与力度，通过公开招标等方式购买社会服务组织提供的创业服务。（牵头单位：市民政局；协办单位：市人社局、总工会、总商会、经信局、科技局、商务局、财政局）

（十四）培育发展专业服务机构。鼓励众创空间、创业基地运营机构建立“一站式”创业创新服务，为创业提供开办指导、融资服务、企业管理、市场营销、人力资源、法律服务、会计服务、知识产权代理、检验检测、现代物流等专业化服务，支持第三方专业服务机构为小微企业提供专业化运营服务。（牵头单位：市经信局、科技局；协办单位：市人社局、金融办、司法局、知识产权局、质监局、财政局）

（十五）实施“科创红包”制度。每年设立总额最高2500万元的科创红包，鼓励小微企业自主申领，抵扣购买研发设计及辅助服务、检验检测认证、知识产权代理、科技评估咨询、创新产品推广等科技创新服务费用。每项服务最高可抵扣实际发生额的20%，每年每家企业最高申领20万元；对服务机构按照收取科创红包总额的50%给予奖励，每年每个机构最高奖励20万元。（牵头单位：市科技局；协办单位：市财政局）

（十六）完善知识产权保护和运用。鼓励小微企业专利"清零"，按照现行政策优先为小微企业兑现专利补助。支持企业购买专利技术，交易额在20万元~200万元之间，属非关联交易并实施转化的，按照交易额的10%予以补助。对小微企业以发明专利权、实用新型专利权出质贷款，按同期银行贷款实际利率的60%予以贴息，最高补助60万元。（牵头单位：市知识产权局；协办单位：各区政府、自贸委、火炬管委会，市科技局、金融办、财政局）

（十七）推动技术交易发展。对开展技术开发、技术转让、技术咨询、技术服务的企业，按照技术交易额的1%予以奖励，每年每家企业最高奖励30万元；对引进技术成果并在厦实施转化的企业，按照技术交易额的1%予以奖励，每年每家企业最高奖励30万元，其中在厦成功实施校企合作项目，自取得经营收入起，连续3年按照企业税后净利润的10%给予奖励，每年每家企业最高奖励100万元；对开展网上技术交易服务的平台运营机构，按照技术交易额的1%予以奖励，每年每家机构最高奖励150万元；对技术交易合同进行认定的登记机构，按照合同登记额的0.6‰予以奖励。发挥自贸试验区优势，成立两岸技术交易和转移中心。（牵头单位：市科技局；协办单位：市经信局、财政局、知识产权局、自贸委）

五、加大财税扶持力度

（十八）加大财政资金扶持力度。3年内市、区财政统筹30亿元专项资金，通过无偿资助、贷款贴息、奖励等形式，在创业创新空间、公共服务平台、创业服务体系、创业融资体系等方面建设给予支持。（牵头单位：市财政局、各区政府、自贸委、火炬管委会；协办单位：市经信局、科技局、发改委）

（十九）切实落实税费减免政策。健全涉企收费目录清单管理机制。对小微企业免收登记类、证照类、管理类行政事业性收费等规费。事业单位开展各类行政审批前置性、强制性评估、检测、论证等服务并收费的，对小微企业按照政府价格主管部门核定标准的50%收取。推行小微企业增值税按季度申报纳税，切实执行有关增值税或营业税、所得税、失业保险费率等减税降费政策。抓紧推广上市后备企业转增股本和个人非货币性资产投资入股分期缴纳个人所得税。（牵头单位：市发改委、财政局、国税局、地税局；协办单位：各区政府、自贸委、火炬管委会，市经信局、科技局、商务局）

（二十）发挥政府采购支持作用。放宽小微企业参与政府采购的准入条件，取消注册资本金、资产总额、营业收入、从业人员人数、利润、纳税额等规模条件限制。加大创新产品和服务的采购力度，鼓励小微企业承接政府服务事项，对预算金额在300万元以下的，优先向小微企业采购。（牵头单位：市财政局；协办单位：市相关部门）

六、构建多渠道创业融资体系

（二十一）扩大创业投资规模。发挥市产业引导基金杠杆放大效应，广泛吸纳社会资本参股设立创业投资、天使投资、种子类投资等子基金，壮大创业资本规模。市产业引导基金阶段参股退出时，优先转让给其他合伙人，参股前3年为免息期，免息期内退出的，转让价格按照政府原始出资额确定；超出免息期后3年内，转让价格按照政府原始出资额以及超出年份同期人民银行公布的贷款基准利率计算的收益之和确定；6年后退出的，按照市场化方式协商确定。鼓励区级参股投资一定规模的天使、种子类投资基金。（牵头单位：市财政局、发改委；协办单位：市金融办，各区政府、自贸委、火炬管委会）

（二十二）支持资本市场融资。鼓励和支持两岸股权交易中心发展，引进创投、众筹、咨询、中介等机构为小微企业提供融资、融智、融资源服务。鼓励小微企业在区域性股权交易市场挂牌交易，对进入本地服务非上市公司股份交易市场挂牌交易的，一次性奖励20万元；对进入外地服务非上市公司股份交易市场挂牌交易的，一次性奖励10万元。鼓励小微企业在债券市场融资，对通过发行集合债券、集合票据、短期融资券、私募债券或者集合信托等方式进行融资的，根据融资成本给予不超过融资额3%的补助，每年每家企业最高补助80万元。（牵头单位：市金融办、财政局、经信局；协办单位：各区政府、自贸委、火炬管委会）

（二十三）增强融资风险补偿。加大风险补偿力度，提高年度信贷风险补偿金规模至1亿元，对银行业金融机构为小微企业提供的免抵押免担保信用贷款，按照贷款本金的50%给予风险补偿；提高年度还贷应急资金规模至6000万元，帮助资金周转暂时困难的中小微企业转贷"过桥"。

对创业投资机构、股权投资企业投资于我市初创期的中小微创新型企业，按当年实际投资额度的5%给予风险补偿，单个项目最高不超过100万元。

对获得银行贷款的成长型小微企业，根据其获得的中小企业信用等级，按照银行贷款利率的30%~50%予以贴息，最高补贴50万元。

融资性担保机构为小微企业提供银行贷款融资担保的，按年度担保额的5‰~1.6%予以业务补助，保费补贴按照不超过银行同期贷款基准利率的50%与实际担保费率的差额给予补贴，业务补助和保费补贴最高为500万元。（牵头单位：市经信局、财政局、厦门银监局；协办单位：各区政府、自贸委、火炬管委会，市金融办、科技局、人行厦门中心支行）

（二十四）创新融资渠道。发展互联网金融、众筹、融资租赁等新型融资模式，进行股权众筹融资试点。鼓励众创空间组织创新产品开展网络众筹，为大众创业创新提供融资服务。融资租赁公司购入设备租赁给小微企业，按照租赁合同及发票金额的5‰给予奖励，每家企业每笔业务最高奖励20万元，累计不超过200万元；购入本市地产设备的，按照租赁合同及发票金额的6‰给予奖励，每家企业每笔业务最高奖励30万元，累计不超过300万元。（牵头单位：市金融办、经信局；协办单位：各区政府、自贸委、火炬管委会，市财政局、科技局）

七、激发创业主体活力

（二十五）鼓励科研人员创业。建立科研人员双向流动机制，加快落实国有企事业单位科研人员离岗创业政策，在保留编制等方面予以弹性支持。经同意离岗的，可在3年内停薪保留人事关系，并与原单位其他在岗人员同等享有参加职称评定等方面的待遇；3年内要求返回原单位的，按原职级待遇安排工作，对创业期间按照规定参加企业职工基本养老保险的，所形成的实际缴费年限可并入原单位基本养老保险。支持高校科研院所高级科研人员带领团队参与企业协同创新，并给予生活津贴补助。（牵头单位：市人社局；协办单位：市科技局、国资委）

（二十六）鼓励大学生毕业生创业。支持在厦高校建立健全弹性学制管理办法，允许在校大学生休学创业、保留学籍，免修实习实训等实践教学课程并按规定计入学分。支持大学生、毕业生开展创业创新活动，培育大学生"创业先锋"，自主创业的大学生最高可申请30万元的创业担保贷款。对成为新型农业经营主体的，经营每满1年奖励10万元，最长不超过3年。（牵头单位：市人社局、教育局；协办单位：市财政局）

（二十七）吸引留学人才来厦创业。扎实推进"海纳百川"人才计划，积极引进重点产业紧缺型人才，大力引进高层次海外留学人才和团队带技术、带项目、带资金来厦创办科技型创业创新企业。（牵头单位：市科技局、人社局、发改委；协办单位：各区政府、自贸委、火炬高新区，市经信局）

（二十八）鼓励小微企业引进人才。科技型小微企业与硕士、博士签订3年以上劳动合同的，按照每月每个硕士2000元、博士3000元的标准给予补助，连续补助2年，每家企业累计不超过5人。（牵头单位：市科技局；协办单位：市人社局、财政局）

八、吸引台湾青年来厦创业

（二十九）打造两岸有影响力的创业基地。支持设立各具特色的台湾青年创业基地，重点建设台湾科技企业育成中心、两岸青年创业创新创客基地。为台湾青年创业提供必要场所的，给予3年场所租金补贴；根据创业基地引进台湾青年创业企业及人员规模，最高给予1000万元的奖励。鼓励台商参与创业基地建设、自主运营服务，将厦门打造成"台湾小微企业特区"。（牵头单位：市台办，各区政府、自贸委、火炬管委会；协办单位：团市委、市发改委、经信局、商务局）

（三十）多种形式支持台湾青年创业。鼓励和支持台湾青年以独资、合资或合伙等形式创办企业。对台湾青年从境外运抵厦门的必要生产设备和生活必需品等予以通关便利；对台湾青年创业初期给予10万元的资助、最高30万元的创业启动资金。

建立企业和台湾大学生实习需求的常态化对接机制，设立台湾大学生实习基地。简化台湾地区人才在厦申请和获取执业资格的相关程序，推动两岸学历和技能人员职业资格互认，促进两岸人才互动交流。（牵头单位：团市委、市科技局、人社局；协办单位：各区政府、自贸委、火炬管委会，市财政局、台办、厦门海关）

（三十一）为台湾青年创业提供生活保障。支持有条件的基地采用租赁等方式设立人才公寓，对自行租房的台湾青年人才给予不超过2年、每月最高2000元的租房补贴。支持台湾青年在厦购房，允许在厦缴存住房公积金、申请住房公积金贷款，对创业团队核心人才给予30万元的购房补贴或安家补贴。为台湾青年在厦办理基本养老、基本医疗、失业和工伤等社会保险服务，并对其创办企业聘用的就业困难人员提供社会保险补贴；提供台湾青年医疗保健服务；提供子女就学便利，在义务教育阶段享有市民待遇，按照就近入学原则负责办理入学、转学手续。（牵头单位：市国土房产局、人社局、卫计委、教育局；协办单位：各区政府、自贸委、火炬管委会，市台办）

九、强化统筹协调

（三十二）加强协同联动，形成工作合力。建立由市发改委牵头，各区政府、自贸委、火炬管委会、市财政局、经信局、科技局、台办等单位组成的“厦门市全面推进大众创业万众创新创建小微企业创业创新基地示范城市工作协调小组”。建立定期联席会议制度，加强部门之间、市区之间的组织协调联动，及时研究解决工作中面临的体制机制等问题。工作协调小组办公室设在市发改委，负责日常具体工作。（牵头单位：市发改委、财政局、科技局、经信局、台办；协办单位：各区政府、自贸委、火炬管委会，市有关部门）

（三十三）加强贯彻落实，形成政策合力。完善政策统筹协调机制，全面梳理已发布的有关支持创业创新发展的各项政策措施，建立政策措施配套服务体系，降低创业创新成本，激发全民创业热情。建立创业创新政策推行协调审查制度，保障政策落实到位，增强政策的连贯性、协同性、普惠性。（牵头单位：市发改委、财政局、科技局、经信局；协办单位：各区政府、自贸委、火炬管委会，市有关部门）

（三十四）加强执行督导，确保政策落地。建立定期报告、定期督查、考核评价等跟踪督办机制，由工作协调小组办公室对工作进展进行全程跟踪督促。实行季度通报制度，将“双创”工作列为单位年度工作考评内容，纳入全市年度效能绩效考评体系。（牵头单位：市发改委；协办单位：各区政府、自贸委、火炬管委会，市有关部门）

（三十五）加强宣传引导，弘扬创新精神。广泛利用各类媒体、微信微博、研讨培训等形式开展政策解读、咨询互动，开展多层次的创业创新交流活动，形成可复制可推广的先进典型。每年在全市范围内培养树立20个创业创新先进典型，让创业创新成为全社会共同的价值追求。（牵头单位：各区政府、自贸委、火炬管委会；协办单位：市有关部门）

本意见有效期3年，自发布之日起实施。

厦门市人民政府办公厅

2015年9月28日印发

青岛市

青岛市人民政府关于进一步支持中小微企业发展的意见

青政发〔2015〕14号

各区、市人民政府，市政府各部门，市直各单位：

为深入贯彻落实《国务院关于扶持小型微型企业健康发展的意见》（国发〔2014〕52号），推进大众创业、万众创新、培育和催生经济社会发展新动力，现就支持我市中小微企业加快发展提出以下意见。

一、加大融资支持力度

（一）多种方式保障企业资金接续。市级财政设立转贷引导基金，总规模2亿元，引导投融资机构按照1∶4比例放大成立转贷基金，帮助小微企业解决资金接续难题。继续实施中小企业转贷周转金财政扶持政策，积极引导各区、市设立多种形式应急周转金或转贷基金。建立银行、转贷资金服务机构和企业多方协调机制，提高银行续贷履约率，降低资金周转风险。

（二）鼓励银行业金融机构加大对小微企业的信贷支持力度。对在青岛市行政区域内设立的，取得金融许可证，且经营1年以上的各银行青岛分行、独立法人银行、驻青省行分行、新型农村金融机构等每年度对10个实体行业小微企业贷款额较上一年增量部分，分类按照不超过5‰的比例核算风险补偿金，用于处置小微企业不良贷款。

（三）搭建小微企业政府采购贷信用融资平台。建立采购人、中标人、贷款银行、政府采购融资平台和财政支付的对接确认机制。推动银行开发适合政府采购中标企业的融资产品和贷款方式，为企业提供流动资金贷款支持，化解政府采购中标企业的融资难问题。

（四）完善工业企业土地房产确权登记手续。研究制定专项工作方案，协助部分重点工业中小企业解决因历史遗留用地手续不完善导致的土地证、房产证办理不到位问题，通过盘活资产缓解抵押难。完善历史遗留的工业项目用地手续。对利用国有土地，符合土地利用总体规划、城市规划和环境保护相关法律法规，已建成投产、生产经营正常，经省、市政府批准农转用征收，但未办理供地手续的工业项目用地，进行全面普查登记，建立具体工作程序，依法协助企业办理项目用地手续。完善工业企业房屋产权确权登记手续。对因审批手续不全，已取得土地使用证、建设工程规划许可证但未办理房屋产权登记手续的重点工业中小企业，按照简化手续、方便企业的原则，明确登记受理范围和办理程序，支持企业从简补办手续，按照登记收费标准下限缴纳费用。

（五）支持企业利用资本市场加快发展。对中小微企业在全国中小企业股份转让系统和区域性股权交易市场挂牌后实现直接股权融资的，按实际到位资金3‰的比例给予一次性补助，每家最高不超过30万元。

二、推动创新转型升级发展

（六）支持中小微企业创新发展。引导中小微企业加快专业化、精细化、特色化、创新化发展。每年认定培育一批“专精特新”示范企业。重点帮扶培育一批“专精特新”中小微企业发展壮大，对企业在转型升级、创新发展中需要的管理咨询、股份制改造、工业设计、技术服务、教育培训等专业化服务，政府通过购买服务方式依法给予优先支持。

（七）鼓励小微企业加强技术改造。支持优势传统产业小微企业通过技术改造向高端化发展，运用智能化、信息化、网络化等先进适用技术以及新工艺、新设备、新材料，改造传统产业，提升智能制造水平。对“专精特新”小微企业新上设备投资额达到100万元以上的技改项目，符合《青岛市工业转型升级行动方案》中确定的“7+6”产业发展重点方向，且未列入国家发展改革委《产业结构调整指导目录》（当年最新版）的限制类和淘汰类目录的，按项目设备投资额的12%予以补助，最多不超过60万元。建立技改项目的政府、银行、企业三方对接机制，支持技改项目融资，进一步放大政策效应。

（八）鼓励产业链协作配套。对小微企业自主研发的“专精特新”产品（技术）为我市汽车、船舶海工、轨道交通装备等工业十条千亿级产业链重大项目、重点产品和重点企业配套的，按其新增配套额的5%，一次性给予最高不超过50万元的资金补助。

（九）鼓励优势企业兼并重组。支持企业通过合并重组盘活资产、发展壮大。中小微企业在资产重组过程中，通过合并、分立、出售、置换等方式，转让全部或者部分实物资产以及与其相关联的债权、债务和劳动力的，不属于增值税和营业税征收范围，不应视同销售而征收增值税和营业税。对中小微企业兼并重组发生的咨询费、审计费、评估费等中介服务费用，在其重组成功后，按30%给予补助，最多不超过10万元。

（十）鼓励企业发展新业态。鼓励采取市场化机制定期举办“市长杯”创新创业大赛、“市长杯”工业设计大奖赛，积极引导小微企业和广大“创客”进入战略性新兴产业和现代服务业领域，向各类新技术、新产业、新业态、新模式发展转型。对举办创新创业大赛和工业设计大奖赛的，给予一定费用补助，并对获奖作品和项目给予一定奖励。建立创新型小微企业与各类投资机构的信息对接平台，优先将大赛获奖项目纳入全市“专精特新”产品（技术）培育名单，支持其加速成长或在青落户。

三、拓展经营发展空间

（十一）支持老城区企业“退二进三”就地转型。对依法取得土地的老城区企业不改变用地性质，实施“退二进三”就地转型的，在符合城市规划总体要求，并保持主体建筑不变的前提下，利用现有厂房的整体或部分就地发展总部经济、现代物流、信息咨询、研发设计、文化创意、技术服务、电子商务、检测检验、产业孵化等服务业项目，可保持其用地性质不变，不征收土地年租金及土地收益差额。经规划主管部门批准，原有建筑可划定不高于20%的面积作为商业配套。

（十二）鼓励中小微企业退城进园。支持中小微企业集约用地、集聚发展，在全市工业园区规划中预留工业中小微企业的用地用房。市政府每年安排一定数量的工业用地指标，用于小企业产业园建设。落实小企业产业园工业标准厂房分割转让政策，分割转让的对象为符合规定条件的中小微企业或机构。

（十三）增强创业载体的创业创新扶持功能。对为小微企业和个人创业创新提供免费工位、优惠场所和宽带接入、公共软件、公共设备、公益性创业辅导活动的小企业产业园、创业基地等创业创新载体，市财政采取股权投资方式进行扶持， 单个项目最高不超过500万元，投资期限3~5年。

四、加大财税支持力度

（十四）设立中小微企业发展引导基金。按照“政府引导、市场运作、防范风险、滚动发展”的原则，设立青岛市中小微企业发展引导基金，争取国家中小企业发展基金支持，吸引社会资本参与设立子基金。引导基金参股设立的子基金重点支持符合我市产业导向的初创期、成长期中小微企业发展。

（十五）落实国家税费减免政策。2015年年底前，对月销售额或营业额不超过3万元（含3万元）的增值税小规模纳税人和营业税纳税人，免征增值税和营业税，无需税务机关审核批准。对填报月营业额3万元以下的纳税人，营业税申报系统自动判断、计算当月应纳营业税额为零。自2015年1月1日起至2017年12月31日，对年应纳税所得额低于20万元（含20万元）的小型微利企业（包括采取查账征收和核定征收方式的企业），其所得减按50%计入应纳税所得额，按20%的税率缴纳企业所得税。落实财政部、国家发展改革委《关于取消、停征和免征一批行政事业性收费的通知》（财税〔2014〕101号）要求，自2015年1月1日起，取消或暂停征收12项中央级设立的行政事业性收费，对小微企业（含个体工商户）免征42项中央级设立的行政事业性收费。自2015年1月1日起至2017年12月31日，对按月纳税的月销售额或营业额不超过3万元（含3万元），以及按季纳税的季度销售额或营业额不超过9万元（含9万元）的缴纳义务人，免征教育费附加、地方教育附加、地方水利建设基金、文化事业建设费。自工商登记注册之日起3年内，对安排残疾人就业未达到规定比例、在职职工总数20人以下（含20人）的小微企业，免征残疾人就业保障金。

五、提高公共服务能力和水平

（十六）加强督促检查和效果评估。将促进中小微企业发展工作纳入目标管理绩效考核，按照简便、务实、管用的原则，修订相关考核办法和指标体系。充分发挥青岛市促进小企业发展领导小组的作用，加强对各项政策落实情况的督查检查，探索建立政策执行效果第三方评估机制。

（十七）强化社会化专业服务。提高小微企业社会化专业服务水平和规模，采取政府购买服务方式，鼓励社会化专业服务机构、综合服务平台为小微企业提供管理咨询、技术服务、工业设计、信息化应用、检验检测、信用诊断等服务。

（十八）建立产业大数据服务平台。充分发挥市中小企业公共服务中心作用，依托市中小企业云服务平台，整合各部门行政服务和信息资源，加强与区（市）分平台和专业化平台的互联互通和服务联动，建立全市企业信息数据库和产业大数据服务平台。以工业十条千亿级产业链为主要应用方向，为全市中小微企业提供产业动态、行业数据及信用、供需、会展、投资、专利、招投标等基础信息，并根据需求逐步提供个性化定制服务，方便企业投资决策。市中小企业云服务平台日常运营维护和产业大数据服务开发支出，由市财政根据实际情况予以补助。

本意见自2015年7月20日起施行，有效期至2018年7月19日。相关政策国家和省有规定有实施年限的，按国家和省的规定执行。

关于实施就业优先战略行动进一步做好新形势下就业创业工作的实施意见

青政发〔2016〕1号

各区、市人民政府，市政府各部门，市直各单位：

为贯彻落实《国务院关于进一步做好新形势下就业创业工作的意见》（国发〔2015〕23号）、《山东省人民政府关于进一步做好新形势下就业创业工作的意见》（鲁政发〔2015〕21号）、《山东省人民政府办公厅关于印发山东省实施就业优先战略行动方案的通知》（鲁政办发〔2015〕37号），现就实施就业优先战略行动，进一步做好我市新形势下就业创业工作，提出以下实施意见。

一、推进就业优先战略与经济发展战略互动融合

（一）深入实施就业优先战略。将城镇新增就业、调查失业率作为宏观调控重要指标，纳入国民经济和社会发展规划及年度计划。建立公共投资、重点建设项目带动就业评估机制，同等条件下对创造就业岗位多、催生创业空间大的项目优先安排。深化重点建设项目与就业联动机制，各级人力资源社会保障部门要主动与投资项目对接，同步开展人力资源配置、技能

培训等服务，促进重点建设项目提供更多就业岗位。加强对市政府相关部门、各区市政府的就业创业工作责任制考核，细化目标任务、政策落实、就业创业服务、资金投入、群众满意度等指标，并层层分解，督促落实。到2018年年底，全市累计城镇新就业100万人，扶持创业10万人，城镇登记失业率控制在4%以内，就业形势保持总体稳定。（市发展改革委、市人力资源社会保障局负责）

（二）发展吸纳就业能力强的产业。加快创新驱动发展，推进产业转型升级，培育战略性新兴产业和先进制造业，提高劳动密集型产业附加值。加快开发科技含量高、吸纳就业能力强的智力密集型、技术密集型中高端岗位，促进更多高校毕业生、专业技术人员就业。创新服务业发展模式和业态，大力发展金融租赁、节能环保、电子商务、现代物流等生产性服务业和旅游休闲、健康养老、家庭服务、社会工作、文化体育等生活性服务业，提高服务业就业比重。加快转变农业发展方式，培养新型职业农民，鼓励有文化、有技术、有市场经济观念的各类城乡劳动者根据市场需求到农村就业创业。（市发展改革委、市经济信息化委、市科技局牵头，市人力资源社会保障局、市农委参加）

（三）发挥小微企业吸纳就业的主渠道作用。落实国家规定的小微企业增值税、营业税和企业所得税等税收优惠政策，以及金融机构与小微企业签订借款合同免征印花税政策，完善公共产品小微企业优先采购政策。发挥小微企业发展集聚优势，争创国家级小微企业创业创新基地示范城市。鼓励小微企业吸纳就业，对小微企业新招用劳动者的，按规定给予创业岗位开发补贴、社会保险补贴和岗位补贴。农民专业合作社、家庭农场以及社会化服务组织等可与小微企业同等享受就业创业扶持政策。（市人力资源社会保障局、市财政局、市国税局、市地税局牵头，市经济信息化委、市科技局、市农委、市工商局参加）

（四）积极预防和有效调控失业风险。落实降低失业保险费率政策，全市统一执行15%的失业保险缴费费率。将失业保险支持企业稳定岗位的政策适用范围由化解产能严重过剩、淘汰落后产能、节能减排、主辅分离、兼并重组5类困难企业，扩大到所有采取有效措施不裁员、少裁员、稳定就业岗位、依法足额缴纳失业保险费的企业。对符合条件的上述5类困难企业，按照企业及其职工上年度实际缴纳失业保险费总额的50%给予稳岗补贴；对其他企业按照企业及其职工上年度实际缴纳失业保险费总额的30%给予稳岗补贴，所需资金从失业保险基金列支。将淘汰落后产能奖励资金、依据兼并重组政策规定支付给企业的土地补偿费首先用于职工安置，妥善做好职工分流安置和再就业工作，避免发生规模性、区域性、行业性集中失业风险。（市人力资源社会保障局牵头，市财政局、市政府国资委参加）

二、大力推进大众创业

（五）搭建“互联网+就业创业”平台。实施“互联网+就业创业”行动计划，经工商登记注册的网络商户从业人员，可同等享受各项就业创业扶持政策。未进行工商登记注册的网络商户从业人员，可认定为灵活就业人员，按规定享受灵活就业人员扶持政策。在网络平台实名注册、稳定经营且信誉良好的网络商户创业者，可按规定享受创业担保贷款及贴息政策。（市人力资源社会保障局牵头，市工商局参加）

（六）搭建新型创业孵化平台。加快创新创业高端要素聚集，鼓励各区（市）、功能区、高等院校、企业、社会组织创建高层次创业孵化基地（园区），对认定为省级、市级创业孵化示范基地（园区）和小企业创业（孵化）基地的，按规定给予奖补。对符合国家规定条件的众创空间等新型孵化机构适用科技企业孵化器税收优惠政策。（市人力资源社会保障局、市经济信息化委、市科技局牵头，市财政局、市国税局、市地税局参加）

（七）搭建创业投融资平台。完善创业担保贷款政策，创新反担保方式，对创业园区、创业孵化基地以及大型商场、加盟连锁企业给予一定的创业贷款反担保信用额度，允许其在信用额度内为其所辖企业、商铺提供反担保。鼓励社会资本参与青岛市大众创业投资引导基金，有条件的区（市）、功能区要建立大众创业投资引导基金。鼓励创投机构、大型骨干企业参股创立天使投资基金，重点投向种子期或初创期科技型、创新型小微企业。鼓励支持创业企业在创业板、中小板上市融资或在新三板、区域股权交易市场挂牌融资。鼓励支持大中型企业参股创业企业或创业企业之间相互参股。依法开展股权众筹融资试点，积极探索和规范发展互联网金融等融资新模式。（市人力资源社会保障局、市财政局、市金融工作办牵头，人民银行青岛市中心支行、市发展改革委、市经济信息化委、市科技局、市政府国资委参加）

（八）搭建专业人员创业平台。支持驻青高校、科研院所等落实专业技术人员离岗创业政策，对经同意离岗的可在3年内保留人事关系。经与单位协商一致，专业技术人员可带着科研项目和成果离岗到企业开展创新工作或创办企业，或在完成本单位布置的工作任务前提下，兼职从事科技成果转化活动，兼职收入归个人所有。鼓励驻青高校允许全日制在校学生休学创业。凡创办企业的学生，所创办的企业与所学专业相关的，可视为其参加实习、实训或实践教育的时间，并按相关规定计入学分。完善科技人员创业股权激励政策，放宽股权奖励、股权出售的企业设立年限和盈利水平限制。在青高等院校、科研院所科技人员创办的企业，其知识产权等无形资产可按至少50%、最多70%的比例折算为技术股份。（市人力资源社会保障局牵头，市科技局、市教育局、市工商局参加）

（九）搭建返乡创业平台。整合创建一批农业创业创新示范基地和见习基地、返乡创业园。市及区（市）高科园区、科技园区可拿出部分空闲土地、楼宇、设施专门为大学生、返乡农民工、农村青年创业创新提供平台，符合条件的纳入省级、市级创业孵化示范基地（园区）奖补范围。加强农村电商服务体系建设，支持农村网上创业。对政府主导、财政支持的农村公益性工程和项目，可采取购买服务、政府与社会资本合作等方式，引导农民工等返乡人员创设的企业和社会组织参与建设、管护和运营。（市人力资源社会保障局牵头，市发展改革委、市科技局、市财政局、市国土资源房管局、市农委、市商务局参加）

（十）搭建新型创业教育培训平台。加强青岛创业大学建设，建成集创业培训、远程教育、创业孵化和创业服务等功能于一体的新型创业教育培训平台。针对各类创业群体，构建“普惠制+创业精英”相结合的创业培养模式，开展大学生创业能力培训及“项目遴选+精英培训+资金帮扶+导师推动”4大创业精英活动，建立“选一育一助一推”一条龙创业培养帮扶体系。调整创业培训补贴模式，同级财政部门按照成本补差的原则，对青岛创业大学及其分校（教学点）开展创业教育培训、课程开发、培训体系建设等给予一定补助。自2016年起，我市创业培训任务全部由创业大学承担，培训后创业活动参与率不低于90%，创业成功率不低于20%。（市人力资源社会保障局牵头，市财政局参加）

三、统筹推进高校毕业生等重点群体就业

（十一）实施高校毕业生基层就业计划。鼓励毕业生到镇特别是经济欠发达镇工作。“三支一扶”等服务基层项目毕业生到街道、镇等基层事业单位服务满1年后，如有岗位空缺，经考核合格，可与所在单位签订不少于3年的聘用合同。加大从服务基层项目人员中考录基层公务员力度，定向考录比例一般应达到当年乡镇公务员录用计划的30%以上。各区（市）事业单位招聘要结合服务期满基层项目毕业生数量，按不少于当年服务期满毕业生总数30%的比例，拟定定向招聘计划。推进购买基层公共管理和社会服务岗位，每年在基层特别是街道（镇）、社区（村）购买一批公共管理和社会服务岗位，吸纳派遣期内未就业高校毕业生长期在基层就业，所需资金按照现行“三支一扶”补助渠道予以保障。（市人力资源社会保障局牵头，市财政局参加）

（十二）实施高校毕业生就业见习计划。完善高校毕业生见习补贴政策，对见习期满留用率达到70%以上的见习单位，适当提高见习补贴标准。技师学院高级工班、预备技师班和特殊教育院校职业教育类毕业生可参照高校毕业生属地享受相关就业补贴政策。（市人力资源社会保障局牵头，市财政局参加）

（十三）实施困难人员就业援助计划。严格落实就业困难人员认定管理制度，确保应认尽认。加强实名制动态管理，实施“跟进式”“预约式”等就业帮扶，鼓励其到企业就业、自主创业或灵活就业。按照“总量控制、因需设岗”的原则，规范公益性岗位管理，对通过市场机制难以实现就业的困难人员，使用公益性岗位托底安置，并给予社会保险补贴及岗位补贴。完善就业困难人员享受扶持政策期满退出机制，做好退出后政策衔接和就业服务。加大困难人员就业援助力度，确保零就业家庭、最低生活保障家庭等困难家庭至少有1人就业。建立健全社会救助与就业联动机制，对实现就业或自主创业的最低生活保障对象，在核算家庭收入时，可以扣减必要的就业成本，在一定期限内的劳动所得不计入家庭收入。（市人力资源社会保障局、市民

政局负责）

（十四）实施农民工三项行动计划。深入推进落实青岛市农民工职业技能提升、权益保障、公共服务等三项行动计划，建立绩效评估体系，落实各部门工作目标责任。建立统计分析报告制度，对各项工作进展情况进行定期汇总分析，对任务措施落实情况进行定期通报。将农民职业化培训纳入加强就业培训提高就业与创业能力五年规划培训范围，制定职业农民认定标准，开展农机修理工、农作物植保员、水生物养殖工、栽培工等新型职业农民的职业培训及考核鉴定，颁发相应等级的国家职业资格证书。（市人力资源社会保障局、市农委牵头，各有关责任单位参加）

四、加强职业技能培训

（十五）统筹培训资源。统筹现有各类教育培训资源，整合职业培训项目和资金，建立统一的实名制信息管理平台和培训机构准入与退出机制。坚持就业导向，鼓励城乡各类劳动者参加针对不同劳动岗位的适应性职业技能培训，并逐步建立缴纳社会保险与培训补贴相衔接的机制。2016年年底前，全市实现农民工职业技能培训资源整合。建立政府购买职业技能培训服务机制，探索采取政府购买成果方式委托第三方加强培训全过程动态监管。发挥驻青高校和高职院校的作用，鼓励其承担大学生、农民工等职业技能培训。深化技工教育集团化改革，完善技工教育集团化改革扶持政策，探索发展股份制、混合所有制技工教育集团。（市人力资源社会保障局牵头，市教育局、市财政局、市城乡建设委、市农委参加）

（十六）搭建高层次培训平台。深入推进“金蓝领”培训项目，强化紧缺急需高技能人才培养，适当提高培训补助标准。鼓励劳动者提升技能素质，对符合职业技能培训补贴范围的人员参加中、高级职业技能培训并取得职业资格证书或创业培训合格证书的，按国家规定逐步完善全额补贴机制。对接创业齐鲁训练营项目，按照省统一计划，每年选拔一定数量有持续发展和领军潜力的初创企业经营者，参加高层次进修学习或交流考察。（市人力资源社会保障局牵头，市财政局参加）

（十七）搭建创新型培训平台。大力推进“互联网+”培训，鼓励社会力量创建线上与线下、集中与分散相结合的新型互联网培训模式，方便劳动者接受职业技能培训。对通过互联网移动在线培训学习的，记入学习课时。开展全国现代学徒制试点。推行新型学徒制培训，支持企业以新招用和转岗人员为重点开展培训，并按规定给予企业职业培训补贴，补贴资金从就业专项资金列支。鼓励开展“企业订单、劳动者选单、培训机构列单、政府买单”的订单式培训，企业与培训学员签订劳动合同并开展培训的，可先行拨付部分职业培训补贴。推广“创业教育+模拟实训+苗圃实践+跟踪扶持”创业培训模式，建立培训、实训、孵化、服务相结合的一体化创业培训机制。（市人力资源社会保障局、市教育局牵头，市财政局参加）

（十八）搭建培训能力提升平台。整合信息网络资源，构建职业技能培训大数据平台。建立紧缺技能人才需求、培训成本、技能人才工资指导价位调查发布等机制。实施职业培训机构教师素质提升计划，适当提高师资培训补贴标准。继续实施职业培训机构基础能力建设扶持项目，按现行规定给予奖补。实施职业技能鉴定所（站）、基地标准化、规范化建设，提高技能鉴定能力和水平。（市人力资源社会保障局牵头，市财政局参加）

五、健全就业创业公共服务体系

（十九）健全服务保障机制。建立政府购买公共就业服务制度，根据政府向社会力量购买服务指导目录，制定就业创业和职业技能培训具体明细目录，引入专业机构、咨询机构、行业协会等社会力量提供服务产品；建立公共就业创业和职业技能培训工作第三方评价制度，引入第三方社会机构，参与就业创业和职业技能培训绩效考核、创业示范平台评估认定、就业创业工作群众满意度调查等。建立公共就业创业政策清单、责任清单、服务清单制度，明确服务标准，精简办事流程，承诺办结时限，提高服务效能。强化各级公共就业服务机构创业服务功能，为创业者提供从项目推介到成功创业的全过程、“一条龙”创业服务。加快建设城区一刻钟就业服务圈、农村半小时就业服务圈，打造充分就业型、创业型、智慧就业型、标准服务型“四型”就业社区，对获评为省级、市级示范单位的，从创业带动就业资金中给予一次性奖补。健全公共就业创业服务经费保障机制，将区（市）级以上公共就业创业服务机构和区（市）级以下基层公共就业创业服务平台经费纳入同级财政预算。将职业介绍补贴和扶持公共就业服务补助合并调整为就业创业服务补贴，支持各区（市）向社会力量购买基本就业创业服务。（市人力资源社会保障局牵头，市财政局参加）

（二十）健全信息化服务机制。实施就业创业大数据战略和“智慧就业”工程，完善市公共就业一体化信息系统，实现与经济信息化、人力资源社会保障、教育、民政、公安、财政、工商、税务、统计等部门数据的互联互通，协同共享。启用青岛就业网，实现就业创业、技能培训、技能鉴定信息网上发布和业务办理。开发青岛就业创业微信平台、移动应用程序（APP）和电子地图等，提供个性化、定制化、精准化的线上服务。加快推进青岛创业云平台建设，打造网上创业大集、众创空间、投融资中心、人才超市、创业社交等于一体的网络互动载体。推广应用人力资源和社会保障自助服务一体机，到2017年，实现全市所有镇（社区）就业创业无人值守自助服务。建立公共就业创业信息公开发布制度，国有企业及国有控股企业招聘员工，除个别特殊岗位外，都要实行公开招聘，通过青岛市人力资源和社会保障网、青岛就业网向社会公开发布。对不执行相关制度的，予以媒体曝光，问题突出的，约谈企业负责人。（市人力资源社会保障局牵头，市发展改革委、市经济信息化委、市教育局、市科技局、市公安局、市民政局、市财政局、市统计局、市工商局、市政府国资委、市国税局、市地税局参加）

（二十一）健全失业登记管理机制。以常住地或户籍地为登记点，对法定劳动年龄内、有劳动能力、有就业事实或就业要求、符合我市就业失业登记条件的城乡劳动者，在常住地或户籍地的公共就业创业服务机构进行就业失业登记。将就业失业登记证更名为就业创业证，对就业失业登记的城镇常住人员在常住地连续居住6个月以上且在当地参加社会保险6个月以上的，保障其与本市户籍人员享受同等的就业创业扶持政策。（市人力资源社会保障局负责）

（二十二）健全统计监测机制。完善劳动力资源动态管理机制，依托市公共就业一体化信息系统，按产业、行业、区域选取一定数量样本企业，对其新增就业、减员裁员、工资报酬等进行动态监测，提供决策依据。健全资源需求预测、就业状况定期发布制度，加大就业统计调查监测人员、经费和软硬件等保障力度，推进就业统计监测信息化建设。建立失业动态监测、预测预警和预防调控“三位一体”工作机制和经费保障机制，健全完善应对失业风险的就业应急预案。（市人力资源社会保障局、市统计局牵头，市财政局参加）

六、强化组织领导

（二十三）健全协调机制。各区市政府要加强对就业创业工作的领导，把促进就业创业摆上重要议程，健全政府负责人牵头的就业创业工作协调机制，加强就业形势分析研判，落实完善就业创业政策，协调解决重点难点问题，确保完成各项就业目标。各有关部门要增强全局意识，齐抓共管、密切配合，加快形成共同推进实施就业优先战略的工作格局。进一步发挥各人民团体以及其他社会组织的作用，充分调动社会各方促进就业创业的积极性。（市人力资源社会保障局牵头，各有关部门参加）

（二十四）加强协同联动。各有关部门要各司其职、各尽其责、齐抓共管、通力合作。要结合本部门职能特点，围绕营造良好就业创业氛围、完善扶持政策、加快平台建设、拓宽融资渠道、健全服务体系等方面，创造性地开展工作，制定具体方案及配套措施，全面落实各项工作任务。要根据就业状况和工作目标，在财政预算中合理安排就业创业相关资金，形成广泛参与、共同推进落实就业优先战略的工作格局。（市人力资源社会保障局牵头，各有关部门参加）

（二十五）注重舆论引导。要大力宣传就业创业工作经验做法和典型事迹，引导全社会共同关心和支持就业创业工作。对在就业创业工作中取得显著成绩的单位和个人，按有关规定予以表彰奖励。选树“青岛百名创业明星”“青岛十大返乡创业明星”“十大最具发展潜力的小微创业企业”等创业典型，发挥引导示范作用。（市人力资源社会保障局牵头，各有关部门参加）

青岛市人民政府

2016年1月8日

黑龙江省

黑龙江省人民政府关于深化体制机制改革加快实施创新驱动发展战略的实施意见

黑政发〔2015〕32号

各市（地）、县（市）人民政府（行署），省政府各直属单位：

为贯彻落实《中共中央、国务院关于深化体制机制改革加快实施创新驱动发展战略的若干意见》（中发〔2015〕8号）精神，加快推进我省“五大规划”实施和“十大重点产业”发展，全面提升我省核心竞争力，加快产业转型步伐，结合我省实际，现提出如下意见。

一、总体思路

立足我省科教优势和潜力，紧紧抓住中央加快实施创新驱动发展战略的有利时机，发挥市场优化配置资源的决定性作用，强化企业技术创新主体地位，加快构建产学研用相结合的技术创新体系。深化体制机制改革，统筹产业、财税、金融及人才等政策资源，加大引导和扶持力度，积极营造有利于要素聚集、创新创业和成果转化的政策环境和制度环境，有效激发调动全社会的创新激情，推动我省由要素驱动、投资驱动向创新驱动的根本性转变。发挥创新对拉动发展的乘数效应，促进我省产业加快转型升级和经济社会全面协调可持续发展。

到2020年，基本形成适应我省创新体系发展的制度环境和政策体系，创新要素自由流动，创新活力得到释放，创新成果得到保护，各类创新主体协同合作能力不断增强。全社会研发经费占国内生产总值比例达到2.2%，政府科技经费增长幅度持续高于地方公共财政收入增速，科技进步对经济增长的贡献率达到55%，创新型省份建设取得突破性进展。

二、营造激励创新的优良环境

（一）**实行严格的知识产权保护制度。**加强专利执法、商标执法和版权执法，加大对重点产业、关键核心技术、基础前沿领域知识产权保护力度，强化行政执法与司法衔接。建立知识产权侵权纠纷快速调解机制和跨部门、跨区域知识产权执法协作机制。积极推进综合行政执法改革，完善行政执法体制，提高行政执法能力。

完善知识产权信用体系，将知识产权保护纳入“诚信龙江”建设内容。健全知识产权维权援助体系，建立和完善知识产权特派员和专家顾问制度，及时提供知识产权侵权判定咨询意见。

加强知识产权审判组织机构建设，争取设立知识产权法院。对社会影响较大的侵权案件，通过采取前往事发地公开审理等措施，依法加大对重复侵权、恶意侵权的打击力度。加强知识产权审判工作的法制宣传。积极推进“三审合一”试点，将涉及知识产权的民事、刑事和行政案件集中到知识产权庭统一审理。（牵头单位：省知识产权局，配合单位：省法院、省政府法制办）

（二）**打破制约创新的行业垄断和市场分割。**积极推进垄断性行业改革，放开自然垄断行业竞争性业务，重点查处垄断性企业违背市场竞争原则指定设计单位、指定设备采购单位、指定安装单位的“三指定”行为，建立鼓励创新的统一透明、有序规范的市场环境。

加强反垄断执法，防止行业协会从事垄断行为，加大对公用企业或其他依法具有独占地位经营者的限制竞争行为的查处力度，严格查处电力、信息领域企业垄断行为，加强行政部门规范性文件合法性审查，及时发现和制止垄断协议和滥用市场支配地位等垄断行为。

打破地方保护，清理和废除妨碍统一市场的规定和做法。完善举报投诉查处机制，鼓励企业和公众举报地区封锁、行业垄断行为。纠正政府不当补贴或利用行政权力限制、排除竞争的行为，探索实施公平竞争审查制度。（牵头单位：省商务厅、工商局、物价监管局）

（三）**改进新技术新产品新商业模式的准入管理。**改革产业准入制度，制定和实施产业准入负面清单，对未纳入负面清单的行业和领域，各类市场主体皆可依法平等进入。严格执行企业“四证合一”登记制度，强化事中服务和事后监管。

破除限制新技术新产品新商业模式发展的不合理准入障碍。积极做好药品、医疗器械的新技术新产品进入国家审批的程序政策解读、省内初审等服务工作，为缩短评审周期和提高通过率创造条件。优化市场准入管理，对能够市场化配置资源的风力发电、光伏发电等项目通过公开招标方式确定投资主体。

围绕各行业产品、生产线、供应链及营销服务等环节，开展跨界融合创新，促进农业、旅游、医疗、食品、文化、教育等领域新业态、新商业模式发展，开辟新的市场空间。加快建设城乡商业双向流通网络和物流体系，发展点对点营销、私人定制营销、全生产过程展示营销、网上超市营销、远距离视频体验式营销等多种互联网营销新模式，促进内外贸易、流通与生产、线上线下市场的融合，提高市场对接效率，降低物流成本。（牵头单位：省发改委、工信委，配合单位：省商务厅）

（四）**健全产业技术政策和管理制度**。改革产业监管制度，发挥企业的产业发展自主权，减少前置审批，形成有利于转型升级、鼓励创新的产业政策导向。

强化产业技术政策的引导和监督作用，完善生产环节和市场准入的环境、节能、节地、节水、节材、质量和安全指标及地方标准，形成统一、权威、公开、透明的市场准入标准体系。加强中俄标准化平台建设，促进中俄商贸重点产品标准互认。推动中蒙俄认证认可机制、规则和结果的协调互认，促进互联互通。

加强产业技术政策、标准执行的过程监管。强化环保、质监、工商、安全监管等部门的行政执法联动机制。（牵头单位：省发改委、工信委，配合单位：省科技厅）

（五）**形成要素价格倒逼创新机制**。运用主要由市场决定要素价格的机制，促使企业从依靠过度消耗资源能源、低性能成本竞争向依靠创新、实施差别化竞争转变。

积极落实资源税改革，抓好资源税清费征税，推动从价计征改革。完善市场化的工业用地价格形成机制，通过招标拍卖挂牌的方式出让国有建设用地使用权。健全企业职工工资正常增长机制，实现劳动成本变化与经济提质增效相适应。（牵头单位：省地税局，配合单位：省国土资源厅）

（六）**大力发展各类创业孵化平台**。加快发展科技企业孵化器、大学科技园、众创空间等各类创业孵化平台。支持科技企业孵化器创新服务模式，提升服务水平。支持大学科技园积极依托高校技术、人才优势，推进高新技术成果转化及产业化。大力发展市场化、专业化、集成化、网络化的众创空间。鼓励和推广创业咖啡、创新工场、创业训练营、虚拟孵化器、创业社区等新型孵化模式，注重营造浓厚的创业创新氛围。支持不同形式、不同模式的创业服务平台协同建设发展，为创业者和创业企业提供低成本、便利化、全要素、开放式的综合创业服务。支持各级政府部门、高等院校、科研院所及行业领军企业、创业投资机构、社会组织等社会力量，利用自身条件或闲置资产，创办和联合建立一批科技企业孵化器、大学科技园、众创空间，做大全省创业孵化平台总体规模。

积极吸纳股权投资协会、天使基金联盟、孵化器协会、创业者联盟等市场主体和社会主体参与创业体系建设。利用市场机制，采取补贴、奖励、创业投资、购买服务等方式，支持各类创业孵化平台建设和发展，提升服务功能。（牵头单位：省科技厅，配合单位：省教育厅）

三、建立技术创新市场导向机制

（七）**扩大企业在创新决策中的话语权**。建立多层次、常态化企业技术创新对话、咨询制度。在产业政策措施制定、发展规划编制和重大项目论证过程中，注重发挥企业在技术领域和市场信息方面的优势，充分吸纳不同行业、不同规模企业界专家意见建议。（牵头单位：省工信委，配合单位：省发改委）

（八）**完善企业为主体的产业技术创新机制**。市场导向明确的科技项目由企业牵头、政府引导、联合高等学校和科研院所实施。鼓励构建以企业为主导、产学研合作的“互联网+”产业技术创新战略联盟。促进技术标准产业化，使企业成为技术标准的创新主体，逐步试行企业产品标准自我公开声明制度，增强企业标准备案自主责任。

实施省级重点新产品开发鼓励计划，通过研发费用补助、科技服务项目补助和间接投入等方式，支持企业自主决策、持续创新，开展重大产业关键共性技术、装备和标准的研发攻关。进一步加大对科技型中小企业支持力度。推动完善中小企业创新服务体系，建立中小企业公共技术服务联盟。

整合重点实验室、工程实验室、科研院所实验室、检测中心等技术能力和资源，建立有效服务创新活动的开放共享机制。推动建设一批企业技术中心和工程技术中心，围绕市场、面向社会开展技术服务。

围绕绿色食品、煤化石化、矿业经济、林业等传统优势产业和新材料、生物医药、高端装备制造、石墨和钼、商贸物流、文化、旅游、信息服务、金融服务等战略新兴产业，采取企业主导、院校协作、多元投资、军民融合、成果分享新模式，大力开展产业创新活动，不断提高产业竞争力。（牵头单位：省工信委，配合单位：省科技厅、财政厅）

（九）**提高普惠性财税政策支持力度**。按照国家统一部署，深入推进结构性减税政策，扩大“营改增”试点，将政府对企业技术创新的投入方式向以普惠性财税政策为主转变。

落实减轻小微企业负担税收优惠、企业研发费加计扣除和高新技术企业15%企业所得税税率等税收优惠政策，最大程度发挥税收政策对企业研发的鼓励作用。（牵头单位：省财政厅，配合单位：省国税局、地税局）

（十）健全优先使用创新产品的采购政策。落实和完善政府采购促进中小企业创新发展的相关措施，加大对创新产品和服务的采购力度。对于经认定的自主创新产品参与政府采购投标，在采购评审时给予价格10%至15%的价格扣除。考虑提高服务效率，降低运输成本，减少运输过程的能源消耗等因素，在政府采购评审时以营业执照注册地为准，依据供货地距离给予相应照顾。鼓励采用首购、订购等非招标采购方式，以及政府购买服务等方式予以支持，促进创新产品的研发和规模化应用。

积极争取国家科技计划支持我省开展“互联网+”融合创新关键技术研发及应用示范。通过对生产企业进行奖励等方式，支持企业研究开发首台（套）产品。抓好国家推行的首台（套）重大技术装备保险补偿机制试点工作，鼓励用户购买和使用首台（套）产品。（牵头单位：省财政厅，配合单位：省科技厅、工信委）

（十一）推动科技服务业发展。以市场需求为导向，优化科技服务生态环境，创新科技服务模式，促进科技服务业发展。鼓励政府采用购买服务等方式，培育和壮大科技服务市场主体，构建省、市、县三级科技共享服务平台，重点围绕研究开发、技术转移、检验检测、创业孵化、知识产权、科技金融、科技咨询等领域打造新兴服务业态，促进科技服务业专业化、网络化、规模化、市场化发展。以科技创新创业共享服务平台为支撑，培育壮大一批服务黑龙江、面向全国的开放式科技服务企业和机构，服务创新、服务创业。加快推进哈尔滨、大庆等科技服务业创新发展示范城市建设。（牵头单位：省科技厅）

四、强化金融对技术创新的支撑作用

（十二）壮大创业投资规模。采取政府投入、金融机构投入和市场化募集的方式，进一步做大天使基金和创业投资基金，争取国家新兴产业创业投资引导基金参股支持。建立投资风险补偿机制，给予投资于我省企业的创业投资企业一定比例的风险补偿或补助。

引入竞争机制发展省内区域性股权交易市场，为创业投资企业进行项目对接、企业展示、投资融资、挂牌交易、转板上市及金融创新等提供服务。支持创业投资企业发行企业债券。鼓励通过债券融资方式支持“互联网+”发展，支持符合条件的“互联网+”企业发行企业债券。通过省政府网站及时向社会发布企业上市（挂牌）等信息。（牵头单位：省金融办，配合单位：省财政厅）

（十三）强化资本市场对技术创新的支持。建立与全国中小企业股份转让系统的合作机制，为我省中小企业在“新三板”挂牌提供便利。对总部和主营业务均在我省的企业，在境内主板、中小板、创业板和境外主板、创业板首发上市（境外首发上市融资2亿元以上）的，省财政一次性补助1000万元。在“新三板”挂牌的，省财政一次性补助200万元。引导上市公司通过并购重组等方式对创新创业项目实施产业整合、优化布局。支持上市公司通过配股、增发、发行公司债等方式再融资投资于创新创业项目。

引导证券公司及金融、中介机构创新金融产品和服务，以股权众筹、互联网金融、知识产权质押及证券化等方式，支持企业创业创新活动。（牵头单位：省金融办，配合单位：省财政厅）

（十四）拓宽技术创新的间接融资渠道。引导金融机构加大对企业技术创新活动的信贷支持力度。搭建企业与金融机构合作平台，为企业提供贴息、担保、质押、增信、投资等服务。鼓励商业银行开展订单融资、应收账款质押融资、存货质押融资、专利权质押融资、保单融资、产业链授信等金融服务，支持企业创新活动。

对为科技型和常规型中小企业提供贷款担保的担保机构，实施差别化的财政补助。推动政府性融资担保机构为创新型中小企业提供融资担保，给予低担保费率待遇。引导再担保公司重点对创新型中小企业提供担保的融资担保机构开展再担保业务。修订《中小企业担保机构贷款担保代偿风险省级财政补助办法》，完善科技型企业知识产权质押担保补偿机制。

发挥创业投资引导基金作用，引导和支持创业投资机构投资初创期科技型中小企业。探索利用财政资金与金融机构共同出资设立风险补偿基金，专项用于创新创业企业贷款风险补偿。继续做好企业助保金贷款风险补偿工作，加快设立工业企业贷款周转金，支持中小型创新创业工业企业按时还贷续贷。加快培育和规范专利保险

市场，优化险种运营模式。（牵头单位：省金融办，配合单位：省财政厅）

五、完善成果转化激励政策

（十五）**加快下放科技成果使用、处置和收益权**。制定和完善我省科技成果处置和收益管理相关规定，全面落实高等院校、科研院所对科技成果的使用权、处置权和收益权。财政性资金资助取得的科技成果的使用权、处置权和收益权，除涉及重大国家和社会利益外的一律下放承担单位，在国内处置科技成果不再审批或备案，处置收入全部留归本单位，纳入单位预算，实行统一管理，不上缴国库，不冲抵财政拨款。（牵头单位：省科技厅、财政厅）

（十六）**提高科研人员成果转化收益比例**。建立国有企事业单位科技成果收益分配制度，对科技成果完成人以及为科技成果转化做出重要贡献人员给予奖励。事业单位以转让或许可科技成果等方式获得的收益，可提取不低于转让收益的50%用于奖励上述人员。科技成果所有单位一年以上未启动转化的，成果完成人在不变更职务科技成果权属的前提下，依据双方协议有权在省内自主处置实现转化，转化收益的70%~90%归其所有。国有及国有控股企业自主投资实施转化的，自开始盈利年度3-5年内，每年应提取该成果净收益的30%用于奖励上述人员。建立健全职务科技成果权属及收益分配争议仲裁和法律救济制度，明确责任主体，完善相关程序和办法，保障成果所有人及完成人等相关人员的合法权益。（牵头单位：省科技厅，配合单位：省财政厅、国资委）

（十七）**加大科研人员股权激励力度**。鼓励企事业单位采取科技成果作价入股、股权期权激励、优先购买股份等方式奖励有突出贡献的科技人员。担任处级以下（含处级）领导职务的科技人员可以参与技术入股，具体事宜由科技人员所在单位自主决定。建立完善国有企业技术创新股权和分红权激励制度，对在创新中作出重要贡献的技术人员给予股权和分红权激励。国有企事业单位以技术作价入股方式合作转化职务科技成果的，所获股权或净收益的30%~90%可用于奖励有关科技人员。跟踪国家科技型中小企业认定工作，积极落实高新技术企业和科技型中小企业科技人员个人所得税分期缴纳政策。（牵头单位：省科技厅，配合单位：省工信委、国资委、财政厅）

六、构建高效的科研体系

（十八）**优化对基础研究的支持方式**。围绕我省产业发展需要，开展现代农业、环境保护、国土资源等领域基础和应用基础研究，提高重点基础研究项目支持强度，争取国家基础研究项目的支持。完善稳定支持和竞争性支持相协调的机制，鼓励高等院校、科研院所等研究机构围绕产业发展中关键、共性技术难题开展应用性基础研究，扩大高等院校、科研院所学术自主权和个人科研选题选择权，培养一批基础研究领域领军人才。在重点领域组织重点团队开展“非共识”创新项目研究。加强重点实验室等重大科研基础设施建设与投入，建立省级重点实验室考核与评估机制。支持哈尔滨工业大学积极承接空间环境地面模拟装置等国家重大科技基础设施，鼓励黑龙江省工业技术研究院探索支持创新创业发展的新模式。（牵头单位：省科技厅，配合单位：省财政厅、人社厅、教育厅）

（十九）**构建高效的农业科技创新体系**。推进种子加工企业并购重组和产业整合，引导种子企业与科研单位开展联合攻关，培育具有核心竞争力的“育繁推一体化”种子企业。加大新品种、优良品种引进和选育研究的支持力度，改革育种机制，构建商业化育种体制，重点支持优质种质资源收集，早熟耐密抗病玉米、优质超级稻、高产食用大豆、专用马铃薯、超强筋高产春小麦、奶牛性控繁育、和牛改良饲养、奶公犊直线育肥、全价饲料配方等领域技术研究。推动农业科技创新联盟建设，强化科技资源系统整合与协同创新，稳定支持农业和畜牧业基础性、公益性科技研究，加强前沿技术、关键共性技术、核心技术和系统集成技术攻关，重点支持节水、节肥、节药、节种、节地、节力、动物排泄物肥料化还田等资源高效利用技术以及农产品精深加工、动植物防疫、农产品质量安全等方面的科技攻关。加强农业、畜牧业科技领军人才培养，支持农技人员知识更新和新型职业农民培育。支持和鼓励建立推广教授、推广研究员制度和科技人员通过自主创业、技术入股等形式开展科技融资与创业。加强公益性和社会化服务相结合的现代农技推广体系建设。（牵头单位：省农委，配合单位：省科技厅、畜牧兽医局）

（二十）**加大科研工作的绩效激励力度**。完善事业单位绩效工资制度，赋予高等学校、科研院所等事业单位充分的用人自主权，落实全员聘用制，实行协议工资和绩效工资制，加大对科研人员的绩效考核和分配激励力度。完善科研项目间接费用管理制度，合理补偿项目承担单位间接成本和绩效支出。

改革高等学校和科研院所聘用制度，优化工资结构，保证科研人员合理工资待遇水平。完善内部分配机制，重点向关键岗位、业务骨干和做出突出成绩的人员倾斜。（牵头单位：省科技厅，配合单位：省教育厅、人社厅）

（二十一）改革高等学校和科研院所评价考核制度。积极推进高等学校评价考核制度改革，逐步建立以创新质量和实际贡献为导向的科技评价体系，在基础和前沿技术研究领域继续实行同行评价，针对科研人员、平台基地和科研项目等不同对象，按照基础研究、应用研究、技术转移、成果转化等不同工作的特点，突出中长期目标导向，建立涵盖科研诚信和学风、创新质量与贡献、科教结合支撑人才培养、科学传播与普及、机制创新与开放共享等的评价标准和评价方法。

建立和完善公益科研机构绩效考核评价制度，结合科研机构不同分类和所属行业特点，制定绩效考核指导意见和考核指标体系。定期组织或委托第三方机构对公益性研究机构开展绩效评价，重点考核其科技成果产出、人才团队建设、科技成果转化和创新服务情况，考核结果作为财政予以支持的重要依据，引导事业单位不断提高社会公益服务水平。（牵头单位：省教育厅、科技厅，配合单位：省财政厅）

（二十二）深化科研院所体制改革。科学划分科研单位类型，稳步推进省属科研单位改革。从事基础研究、应用基础研究的机构要坚持社会公益服务方向。从事开发应用科研的机构要继续坚持企业化转制方向，积极推进转企改制。坚持稳定支持一批公益类科研机构，整合重组做大做强一批行业工程技术研究院，支持一批条件成熟科研院所转制成企业，稳妥退出一批创新功能弱化科研院所。

根据我省产业发展需求，探索扶持有条件的转制院所通过整合创新资源、与产业资本联姻，组建产业技术研发集团。加大科技计划支持力度，保持政府公益科研任务对其开放，鼓励其承担行业共性科研任务，建设创新公共服务平台，依托产业技术创新联盟强化对行业技术辐射和成果转化，发挥产业创新与服务的龙头作用。建立健全现代科研院所制度，完善科研院所治理结构，全面落实人事管理、资产运营、收益分配等法人自主权，推进科研院所人事制度、分配制度、职称等方面的改革。探索实行理事会领导下的院（所）长负责制、学术委员会咨询制和职工代表大会监督制度。实施科研院所创新能力提升计划，提高科研院所创新团队建设和人才培养水平。（牵头单位：省科技厅，配合单位：省编办）

（二十三）建立高等学校和科研院所技术转移机制。理顺部分高等学校、科研院所事企关系，强化规范管理和运作。鼓励企事业单位建立健全科技成果转化规章制度、工作体系和管理机制，明确内部科技成果管理部门、转移转化机构、资产管理部门的各自职责，建立符合科技成果转化特点的岗位管理、考核评价和奖励制度，优化内部管理流程和权责机制。建立国有企事业单位科技成果转化报告制度，全面及时掌握国有企事业单位依法取得的科技成果数量、科技成果处置、收益及分配等情况。政府科技计划资助形成的科技成果，立项部门应当与项目承担单位约定转化期限，逾期两年未实施转化的，政府可以依法无偿或有偿许可他人实施转化，成果完成人在同等条件下享有优先实施转化权。（牵头单位：省科技厅，配合单位：省教育厅、财政厅）

七、创新培养、用好和吸引人才机制

（二十四）完善创新型人才教育体系。倡导敢于创新、勇于竞争和宽容失败的精神，按照“以人为本、因材施教”的原则和创新型人才成长的规律，构建以“个性化学习”为主导的创新人才培养模式，激发学生的创新热情和潜能。

以高层次、急需紧缺专业技术人才和创新型人才为重点，强化职业教育和技能培训，打造高素质专业技术人才队伍。大力实施优质高职院校建设计划，引领和带动高等职业教育整体水平提升。坚持校企合作、工学结合，积极推进学历证书和职业资格证书“双证书”制度，强化教学、实训相融合的教育理念，推广实践性教学模式，形成具有黑龙江特色的职业教育人才培养模式。鼓励校企、院企合作办学，推进“互联网+”专业技术人才培训。结合“十大重点产业”，建设高技能人才培训基地和技能大师工作室，培养高素质“龙江蓝领”队伍。

着力提高本科教育质量，合理确定人才培养服务面向和层次结构，重点加大信息技术、现代农业、食品工业、装备制造、能源化工、对俄经贸等领域人才培养力度，提升人才培养与区域发展的契合度。大力推进大学生创新创业教育工作，完善大学生创新创业课程体系和实训教学体系，发挥哈尔滨工业大学、哈尔滨理工大学、东北农业大学等高校大学生创业园、创业孵化园作用。以经济社会发展和学习者多样化需求为导向，以政府主导、企业主体、高校服务的“三方联动”为依托，积极探索继续教育人才培养新模式。继续实施卓越系列人才培养计划项目，启动现代学徒制试点工作，引导高校拓展校企合作育人的途径与方式，促进校企深度协作育人。加快我省高校分类发展，重点推进3~5所特色应用型本科院校建设，引导地方本科高校转型发展。深化研究生培养模式改革，促进教学科研与实践有机结合，创新产学研联合培养研究生机制，不断提高研究生学术水平、职业素养和创新能力。（牵头单位：省教育厅，配合单位：省科技厅）

（二十五）**培育企业经营管理人才队伍**。适应我省产业结构转型升级需要，以提高经营管理水平和企业竞争力为核心，进一步完善现代企业制度，健全激励机制，改进政府服务，优化发展环境，畅通交流渠道，培育一批具有战略思维、创新能力、管理水平、开拓精神和社会责任感的优秀企业家和高素质企业经营管理人才队伍。

发挥中国-俄罗斯博览会、亚布力中国企业家论坛等平台作用，引导企业家参与国际交流合作，提高国际视野。加大企业家培养力度，鼓励包括非公有制企业在内的各类企业，积极选送优秀经营管理人才到国家有关培训机构、国内知名的企业和大学研修，优先安排科技型企业经营管理人才参加境内外培训。积极创造条件，促进央企和我省企业、省属企业与地方企业、公有制企业与非公有制企业间的人才交流，使企业经营管理人才在多岗位锻炼中提高管理水平和能力。（牵头单位：省工信委，配合单位：省国资委）

（二十六）**建立健全科研人才双向流动机制**。鼓励事业单位按照实际需要科学合理自主设置岗位，组织开展竞聘上岗。在引进急需、短缺高层次科研人员时，可突破核定的高等级岗位结构比例，开展特设岗位聘用，待核定岗位出现空额时，优先转聘。加快研究科研人员薪酬制度改革，适时出台相关政策。

允许和鼓励科研人员离岗创业，高等院校、科研院所的科研人员经所在单位同意，可领办创办企业，5年内保留其原有身份和职称，档案工资正常晋升。5年内要求返回原单位工作的，原单位负责接收并安排重新上岗。建立企业与高等院校、科研院所人才联合聘用机制，允许兼职兼薪。

允许职业学校、高等学校、科研院所设立一定比例的流动岗位，吸引有创新实践经验的企业家和企业科技人才兼职。引导高等院校将企业任职经历作为新聘用工程类教师的必要条件。

破除社保关系转移在人才自由流动中的障碍和壁垒，科研人员在机关事业单位与企业之间流动时，可以正常接续、转移养老、失业以及医疗等保险关系。（牵头单位：省人社厅，配合单位：省教育厅、科技厅、编办）

（二十七）**实行更具竞争力的人才吸引制度**。实行更加开放的人才政策，加大重点产业急需紧缺高端人才引进力度。对院士、“长江学者”“千人计划”专家、“万人计划”入选者、年薪超过30万元的高层次人才以及外籍专家，签订不少于5年劳动合同并切实履行合同义务，突破我省重点产业关键技术，或领办创办参办高新技术企业、实现新增年税收500万元以上的，可根据不同层次分别给予每人50万元~100万元的生活资助和项目启动资助资金。从海外直接引进并入选国家“千人计划”特聘专家，按照国家规定的3年服务期限，给予50万元资助。鼓励各单位依托产业项目，采取联合攻关、项目顾问、技术咨询等方式柔性引进高层次科技人才和团队，为企业发展和地方财税增收做出突出贡献的，由本级财政给予奖励。

对符合条件的外国人才给予工作许可便利，放宽就业许可证的年龄限制，对国内紧缺的外国高级管理人员和高级技术人员取消来华就业许可的年龄限制。对外籍高层次人才给予工作许可便利，对高端外国人才及其随行家属给予签证和居留便利。对在我省工作的外籍高层次人才（外国专家），在创办科技型企业和从事社会公益性服务业的，以及外国专家在华进行项目申报、专利研究等方面取得成就的，给予国民待遇。

建立完善引进国外人才智力服务体系，落实《黑龙江和内蒙古东北部地区沿边开发开放规划》和《“中蒙俄经济走廊”黑龙江陆海丝绸之路经济带建设规划》，加强与国外人才机构合作，建设海外引进国外人才基地，吸引国外科研机构和专家入驻我省。鼓励引导具备一定条件的人力资源服务机构走出国门，到俄罗斯及远东地区设立分支机构，参与国际人才竞争与合作。支持哈尔滨市、大庆市开展人才引进改革试点工作。（牵头单位：省人社厅，配合单位：省外办）

八、推动形成深度融合的开放创新局面

（二十八）**鼓励创新要素跨境流动。**对开展国际研发合作项目所需付汇，实行研发单位事先承诺，商务、科技、税务部门事后并联监管。支持有条件的科研单位和科技人员开展国际科技合作与交流，对执行国家和省科技计划等相关科研人员因公出国开展科技交流与合作进行分类管理，放宽因公临时出国批次限量管理。企业、高等学校、科学技术研究开发机构根据国家和省产业、技术政策，进口科学研究、技术开发用品，或者关键设备、原材料、零部件，按照国家有关规定享受税收优惠。改革检验管理，对研发所需设备、样本及样品进行分类管理，在保证安全前提下，采用重点审核、抽检、免检等方式，提高审核效率。推进“联合查验、一次放行”的“一站式作业”通关新模式，实现东北四省区检验检疫一体化。支持和鼓励具有竞争优势的互联网企业联合制造、金融、信息通信等领域企业率先走出去，推进国际产能合作，构建跨境产业链体系。推进哈尔滨、绥芬河开展跨境电子商务（出口），支持当地非金融机构开展第三方支付业务。推进国际知识产权执法合作，加强与俄罗斯远东海关局在巩固和发展双边知识产权领域交流。积极发挥中俄认证认可、动植物检验检疫、卫生检疫、宝玉石领域合作机制的作用。（牵头单位：省科技厅，配合单位：省外办、黑龙江检验检疫局）

（二十九）**推动军民领域协同创新。**积极推进军民科技成果双向转化应用和重大科研生产装备、重要科研生产能力的开放共享，强化军民协同创新和联合科研攻关能力。加强服务平台建设，从单纯发布科技成果、提供资源信息向为成果转化提供项目筛选、成果评估、推介对接、风险投资等一揽子服务拓展；从多个专项服务平台各自为政向资源共享、服务互通发展。

积极帮助民口高校、科研院所和企业发挥在新材料、新工艺及装备制造等方面的优势，把大口径环焊、增材制造、机器人、海洋工程装备、石墨及石墨烯等先进适用技术和产品推广应用到军工领域，开拓高端应用市场；加强与军工集团战略合作，积极引进并推动军工航空航天、特种车、传感器等先进技术转民用，开发高技术特色产品，发展战略性新兴产业。对“军转民”“民参军”转化形成的新技术、研发的新产品、发展的新产业，积极提供政策支持和服务保障。（牵头单位：省工信委，配合单位：省科技厅、发改委）

（三十）**优化境外创新投资管理制度。**建立健全境外投资协调机制，发挥我省在交通、电力、航空航天、装备制造、新材料、食品、医疗等行业的比较优势，积极开展互利共赢的国际经济合作，加快推动“中蒙俄经济走廊”黑龙江陆海丝绸之路经济带建设。合力支持省内技术、产品、标准、品牌走出去，开拓国际市场。强化技术贸易措施评价和风险预警机制。

继续深化境外投资管理体制改革，不断提高境外投资便利化水平，努力创造更加有利于企业开展境外投资的政策环境。推进境外投资法制化管理，鼓励创新类企业海外上市。研究通过重点金融机构发起设立海外创新投资基金，推动我省投资创新类项目在海外上市。

建立投资信息公开制度，在相关部门确认不影响国家安全和经济安全前提下，按照中外企业投资合作实际，适时披露有关信息。（牵头单位：省商务厅，配合单位：省发改委）

（三十一）**扩大科技计划对外开放。**拓宽我省科技计划的国际合作渠道，按照对等开放、保障安全的原则，鼓励和引导外资研发机构参与承担省科技计划项目，对于符合国家发展战略，解决我省重大关键技术难题的项目，积极推荐申请国家科技计划项目。积极吸引我省急需的海外及省外人才和团队，参与我省各类科技计划实施，与省内研发机构、高等院校和科技型企业开展联合研究。支持省内研发机构、高等院校和企业等与境外企业、研发机构联合建立技术创新平台、研发机构、科技产业园区，鼓励境外、省外研发机构、高等院校和企业在省内设立具有法人资格的研发机构、分支机构或技术转移机构。（牵头单位：省科技厅，配合单位：省人社厅）

（三十二）**积极落实“互联网+”行动计划。**以“互联网+”促进我省创新创业和发展方式转变，促进互联网与我省经济社会各领域深度融合。应用物联网技术发展精准农业，支持农畜产品电子商务平台、质量追溯平台和农技推广服务云平台建设，推动农畜产品从种得好、养得好向卖得好转变。推动互联网与制造业融合，提升制造业数字化、网络化、智能化水平，加快传统产业智能化升级，开展智能工厂、数字车间建设，促进智能装备（产品）发展。建设完善旅游、商贸、物流等领域电子商务平台和公共服务平台，以改进服务促进产业发展。以互联网手段改进养老、医疗、教育、社保、政务、交通以及公共安全服务，建设智慧城市，促进惠民服务便捷化。推动我省互联网企业与金融机构开展产品、技术、服务创新，培养一批

互联网金融骨干企业，满足我省重点领域融资需求。（牵头单位：省发改委、工信委、科技厅）

九、加强创新政策统筹实施

（三十三）**加强创新政策的统筹**。紧紧抓住国家鼓励创新发展的政策机遇，全面落实国家发展改革委、科技部、人力资源社会保障部、中国科学院《关于促进东北老工业基地创新创业发展打造竞争新优势的实施意见》（发改振兴〔2015〕1488号）。深化体制机制改革，实施创新驱动发展战略，统筹制定并落实全省科技、经济、社会等规划及政策，促进全省发展由要素驱动、投资驱动向创新驱动的根本转变。建立健全科技创新政策监测评估制度、科技报告制度和科技规划动态调整机制。建设黑龙江省创新驱动发展高端智库，为创新驱动发展战略的实施提供决策和管理支持。围绕产业链部署创新链，集成各类科技计划、专项、基金，超前部署一批基础性、战略性、前沿性科学研究和共性技术研究，提升源头创新能力。组织开展创新政策清理，及时废止有违创新规律、阻碍新兴产业和新兴业态发展的法规政策，建立专项审查机制，对新制定政策是否制约创新进行审查。建立创新政策调查和评价制度，广泛听取企业和社会公众意见，定期对政策落实情况进行跟踪分析，并及时调整完善。（牵头单位：省科技厅，配合单位：省发改委、工信委、省政府法制办）

（三十四）**完善创新驱动导向评价体系**。注重科技创新、知识产权与产业发展相融合，研究建立以创新投入、创新环境、创新产出、创新成效为主要指标，以促进“十大重点产业”发展为导向的创新评价指标体系，系统测算，科学论证，适时启动对地方、行业和企业的创新驱动评价。在企业负责人业绩考核指标体系中，探索建立将国有企业研发费用视同业绩利润的考核政策。规范国有企业科技投入口径、范围。强化对科技投入和产出的分类考核，健全国有企业技术创新经营业绩考核制度。完善科技考核指标体系，探索将科技成果应用与转化纳入企业负责人的业绩考核。（牵头单位：省发改委，配合单位：省科技厅、统计局）

（三十五）**改革科技管理体制**。转变政府科技管理职能，发挥高层次专家对科技发展战略、规划和政策制定以及科技计划布局等重大事项的决策咨询作用。深化科技计划（专项、基金等）管理改革，优化整合资源，建立目标明确和绩效导向的管理制度。建立健全科技计划管理联席会议制度，做好科技计划重大项目的布局、设置、立项等事项，加强对科技计划重大项目的综合评审。完善科技计划管理、监督检查和责任倒查机制。委托符合条件的专业机构参与科技计划项目管理，强化对专业机构的监督、评价和动态调整。优化科技计划布局，整合科技资源配置。修订科技计划项目管理办法，完善各项管理制度，建立责权统一的协同联动机制，进一步提高管理效能。不断健全各类创新主体的自我管理和自我约束机制，大力清理、纠正违背科研创新规律，对科研单位及科技人员创新活动过度管理和行政干预的行为，赋予创新主体充分的自主权。取消省级以下涉及企事业单位创新创业活动的各类评比、认定、考核、授牌等活动，取消科技主管部门对孵化器的认定，为科研人员集中精力开展创新活动打造良好环境。（牵头单位：省科技厅）

（三十六）**推动全面创新改革试验**。依托哈尔滨、大庆、齐齐哈尔三个国家级高新技术产业开发区建设国家自主创新示范区，开展重点领域创新改革试验。建立健全协调机制，积极承接国家在自主创新、企业发展、人才集聚、金融支持、成果转化等方面相关政策的“先行先试”。培养和集聚一批优秀创新人才，催生和转化一批有影响力的科技成果，培育和做大一批具有国际竞争优势的产业和企业，打造和做强一批特色知名品牌。在知识产权、人才流动、国际合作、金融创新、激励机制、市场准入、“互联网+”等方面开展创新改革试验，努力把哈大齐国家自主创新示范区建设成为全面深化改革试验区、创新创业生态标杆区、实施创新驱动发展战略示范区。依托哈尔滨国家级新区、“大齐绥”产业合作发展与转型升级示范区、城区老工业区搬迁改造承接地，建设创新创业发展示范区。支持哈尔滨开展小微企业创业创新基地城市示范工作，积极推进哈尔滨创新型试点城市和军民融合发展示范园区工作，带动区域创新驱动发展。（牵头单位：省科技厅）

各市（地）要依据本意见精神，紧密结合本地实际，制定具体实施办法，创造性地抓好落实。省直各有关部门要按照任务分工，制定时间表，明确责任人，进一步做好细化分解工作，确保各项政策措施落到实处。

黑龙江省人民政府

2015年10月23日

黑龙江省人民政府印发关于促进全省融资担保行业健康发展意见（试行）的通知

黑政发〔2016〕17号

各市（地）、县（市）人民政府（行署），省政府各直属单位：

现将《关于促进全省融资担保行业健康发展的意见（试行）》印发给你们，请认真贯彻执行。

黑龙江省人民政府

2016年4月25日

关于促进全省融资担保行业健康发展的意见（试行）

为引领融资担保行业改革创新和转型发展，支持大众创业、万众创新，缓解小微企业和“三农”融资难融资贵，现就促进全省融资担保行业健康发展提出如下意见。

一、大力发展政府支持的市县融资担保机构。打造主要服务小微企业和“三农”发展的融资担保主力军，支撑行业发展。市级政府性融资担保机构要进一步明确市场定位、稳步扩充资本规模、配备专业化市场化管理团队；县级要组建政府出资为主、主业突出的政府性融资担保机构，对贫困地区和林区新设立的政府性融资担保机构，最低注册资本标准减半执行。

二、充分发挥特色鲜明的政策性和政府性行业融资担保机构作用。农业、科技、文化、森工、大学生创新创业等政策性和政府性行业融资担保机构要聚焦担保主业、聚神行业发展、聚力服务对象，做专做精做细产品和服务，集中力量解决现代农业发展、高新技术成果产业化、林区产业转型、文化产业发展和大学生、科技人员、农民创新创业等领域融资难融资贵问题。

三、给予政府性融资担保机构注入资本金支持。对服务小微企业和“三农”融资担保业务发生额及在保余额较大、增速较快、代偿率和损失率较低、担保放大倍数较高、公司治理结构完善的政府性融资担保机构，省级财政给予注入资本金支持。鼓励有条件的市（地）、县（市）政府（行署）对辖区政府性融资担保机构给予补充资本金支持。

四、吸引省外有实力的融资担保机构、投资机构和上市公司在我省设立法人融资担保机构。为支持其尽快开展业务，省政府可以优先股方式与其共同组建主要为小微企业和“三农”提供服务的融资担保公司。

五、对业绩优良的融资担保机构给予补助。完善《中小企业担保机构贷款担保代偿风险省级财政补助办法》，依据融资担保机构为小微企业和“三农”提供融资担保户数、担保总额、在保余额、增长速度、放大倍数、代偿率和损失率等指标，对业绩优良的融资担保机构给予业务补助。

六、完善再担保体系建设。推进再担保机构以股权投资和再担保业务为纽带，构建统一的融资担保体系。推动省鑫正担保集团和东北再担保公司黑龙江分公司进一步扩大再担保业务规模，提高再担保业务比重，实现转型发展，将有再担保需求的融资担保机构全部纳入再担保体系。

七、支持融资担保机构兼并重组。支持综合实力较强、从业经验丰富、产品品牌成熟、专注服务小微企业和“三农”、与银行机构持续深入合作的融资担保机构开展兼并重组，发挥资本、人才、品牌、业务经验、风险管理等方面的优势，做大做强做精，引领行业发展。

八、降低企业融资成本。政策性和政府性融资担保机构要坚持保本微利的经营原则，年化担保费率原则上不超过同期贷款基准利率的1/3；民营融资担保机构要守住风险底线，合理设置担保费率上限，年化担保费率原则上不超过同期贷款基准利率的80%。

九、创新融资担保服务和产品。鼓励融资担保机构在有效防范风险的前提下，结合普惠金融、互联网金融等新兴金融业态发展趋势，积极稳健开展民间融资担保、项目融资担保、互联网融资担保等多元化的融资担保业务，为小微企业和“三农”提供品种多样、成本合理、便捷高效的融资担保服务和产品。

十、完善政策性和政府性融资担保机构考核机制。坚持保本微利经营原则，在可持续经营前提下，降低或取消对政策性和政府性融资担保机构和再担保机构的盈利要求，重点考核小微企业担保户数和“三农”融资担保业务规模和服务情况。

十一、改善融资担保机构运行环境。融资担保机构办理在建工程抵押登记和商品房预告登记业务时给予与银行机构同等待遇，允许在建工程按套办理注销抵押登记、允许土地和房产办理第二顺位抵押登记、允许担保协议纳入抵质押范围、允许办理最高额抵质押业务。

十二、建立信息共享机制。加快推进融资担保机构加入人民银行征信系统进程；建立融资担保机构信用记录，及时在省金融办、黑龙江银监局等网站上公布；整合担保客户信用信息，在融资担保行业内实现互联共享。

十三、健全约束和退出机制。加强对融资担保机构超范围经营、抽逃资本金、挪用客户保证金、发放贷款、不按规定提取风险准备金、提供虚假信息或隐瞒重要事项等违规行为的监管，依法制定科学合理的监管尺度和惩罚措施。加大对风险隐患大、涉嫌违规经营的融资担保机构的持续监管力度。对涉及变相吸收公众存款、非法集资等违法行为的融资担保机构，依法对其实施市场退出，并移交有关部门追究法律责任。

十四、强化融资担保行业监管手段。建立融资担保行业信息化监管系统，完善现场监管和非现场监管、线下监管和线上监管、外部监管和内部约束配套制度。推进融资担保机构分类监管，建立融资担保机构动态信用评级制度，依据评级结果对融资担保机构实施差异化监管和差异化政策支持。

十五、加强融资担保行业监管能力建设。提升各级监管部门监管能力，加强监管资源配置，加强监管人员培训，提高监管队伍依法监管、合规监管水平，坚决守住不发生区域性、系统性风险的底线。

本意见自公布之日起施行。待国家有关规定出台后，再根据国家相关规定修订。

黑龙江省人民政府印发关于加快推进“互联网+”行动指导意见（2016 年版）的通知

黑政发〔2016〕31号

各市（地）、县（市）人民政府（行署），省政府各直属单位：

现将《关于加快推进“互联网+”行动的指导意见（2016年版）》印发给你们，请认真贯彻执行。

黑龙江省人民政府

2016 年 9 月 14 日

关于加快推进“互联网+”行动的指导意见（2016 年版）

为贯彻落实《国务院关于积极推进“互联网+”行动的指导意见》（国发〔2015〕40号）精神，加快推进“互联网+”行动，促进互联网与各领域的深度融合与创新发展，现提出如下指导意见。

一、总体要求

（一）指导思想。深入贯彻落实习近平总书记在我省考察调研时的重要讲话精神，按照加快创新驱动发展、促进经济转型升级的总体要求，顺应互联网发展趋势，抓住中央推进东北地区等老工业基地全面振兴的有利契机，突出我省特色产业和优势，推动传统产业地区的优势资源与新理念、新技术、新业态、新商业模式等各种创新要素相结合，重塑创新体系、激发创新活力、培育新兴业态，打造“互联网+”产业融合新模式，形成经济发展新动能，促进政府服务职能转变和民生改善，推动我省经济提质增效和转型升级。

（二）发展目标。到2018年底，互联网支撑大众创业、万众创新的作用进一步增强。基于互联网的新业态成为经济增长新动力，网络经济与实体经济协同互动的发展格局基本形成；打造若干个具有国内或区域影响力的“互联网+”平台；各领域互联网应用更加丰富多元，互联网创新成果与农业、工业、服务业等社会各领域的融合发展进一步深化，社会服务进一步便捷普惠，经济社会各领域发展质量和效益全面提升。

二、“互联网+”重点行动

（一）农业领域。加快推进我省优质绿色农产品和重要农资网上销售、大力发展精准农业、加强质量溯源监管，为广大农民提供便捷生产生活信息服务。引导农业、畜牧业、林业各类经营主体利用互联网创业创新，培育一批网络化、智能化、精细化的现代“种养加”生态农业新模式，加快实现由“种得好”“养得好”向“卖得更好”发展，推动我省从农业大省向农业强省跨越。及时总结推广“互联网+农业”领域已经出现的典型案例，在全省形成蓬勃发展的局面。重点实施“互联网+农业”“互联网+粮食”“互联网+现代牧业”“互联网+林业”“互联网+农业水利”“互联网+农垦”“互联网+森工”“互联网+供销”行动计划。（省农委、粮食局、畜牧兽医局、林业厅、水利厅、农垦总局、森工总局、供销社牵头负责）

（二）工业领域。以移动互联网、物联网、云计算、大数据等新一代信息技术为先导，以信息化和工业化深度融合为支撑，优化资源配置，创新产业组织，打造一批专业化公共服务平台，推动互联网技术应用向工业全产业链、全价值链集聚。推进“互联网+智能制造”，以电力装备、高档数控机床和机器人、智能传感器与控制、智能检测为重点，实施智能制造试点示范。加快工业大数据中心建设，提升哈尔滨市大数据交易中心的服务功能，完善黑龙江大数据产业联盟。提升中小企业公共服务平台功能，为创新创业主体提供“找得到、信得过、用得上”的精准服务。推广普及信息化和工业化融合管理体系贯标，在装备、石化、医药、食品等重点行业培育一批国家级信息化和工业化融合管理体系达标企业。重点实施“互联网+工业”行动计划。（省工信委牵头负责）

（三）能源领域。通过互联网促进能源系统扁平化，推进能源生产与消费模式革命，提高能源利用效率，促进节能减排。建设智能化能源生产消费基础设施，推动可再生能源生产、化石能源生产及能源消费智能化。开展分布式清洁能源试点示范，推进多能互补新能源微电网建设，加快电网智能化建设。发展储能网络化管理运营模式以及车网协同的智能充放电模式。推动能源大数据集成和安全共享，创新能源大数据的业务服务体系。重点实施“互联网+能源”行动计划。（省发改委、省电力公司牵头负责）

（四）交通运输及流通领域。加快互联网与交通运输领域的深度融合，通过基础设施、运输工具、运行信息等互联网化，推进基于互联网平台的便捷化交通运输服务发展，提高交通运输资源利用效率和管理精细化水平，推动电子商务与物流快递协同发展，逐步建成较为完善的交通出行信息服务体系和具有我省特色、专业化的物流公共信息平台。突出对俄跨境贸易、农村和农业、商贸流通、社会生活等重点领域，加快培育电子商务平台和电子商务服务企业。壮大电子商务产业园区，打造省级电子商务示范体系，提升电子商务服务能力，完善电子商务产业链条，促进电子商务产业集聚，推动传统企业应用电子商务拓展销售渠道。重点实施“互联网+交通”“互联网+流通”行动计划。（省交通运输厅、商务厅牵头负责）

（五）金融领域。促进互联网金融健康发展，全面提升服务能力和普惠水平，鼓励互联网与银行、证券、保险、基金的融合创新，为大众提供丰富、安全、便捷的金融产品和服务，更好满足不同层次实体经济的投融资需求。加快建设互联网金融服务平台，推动跨行业金融互联，培育具有行业影响力的互联网金融创新型企业，加强与国内领先的互联网金融企业合作。以哈尔滨市、牡丹江市为依托大力推进对俄跨境电子商务支付业务，积极建设对俄跨境电子商务支付中心。重点实施“互联网+普惠金融”行动计划。（省金融办、人民银行哈尔滨中心支行牵头负责）

（六）行政管理和服务领域。高度重视便民服务，创新政府网络化管理和服务。推动全省电子政务基础设施建设与整合，建立公共数据共享开放制度。加快推进政务新媒体建设发展，增强政务信息公开的针对性和时效性，提升政府科学决策能力和社会治理水平。加快哈尔滨市、大庆市和七台河市国家信息惠民试点城市建设。重点实施“互联网+信访”“发展改革委互联网+”“互联网+价格服务”“互联网+民族宗教”“互联网+知识产权”“互联网+公安政务服务”“互联网+法律服务”“互联网+城市生活”“互联网+精准扶贫”“互联网+文化”“互联网+食药安全”“互联网+审计”“互联网+新闻出版广电”“互联网+体育”“互联网+市场监督管理”“互联网+质量公共服务”“互联网+法制”“互联网+安全生产”行动计划。（省信访局、发改委、物价监管局、民委、知识产权局、公安厅、司法厅、住建厅、扶贫办、文化厅、食品药品监管局、审计厅、新闻出版广电局、体育局、工商局、质监局、省政府法制办、省安全监管局、有关市〔地〕政府〔行署〕牵头负责）

（七）新兴服务领域。创新政府服务模式，大力发展以互联网为载体、线上线下互动的新兴消费，加快发展基于互联网的医疗健康、养老、教育、社会保障、旅游等新兴服务。通过养老服务线上对接和线下保障，逐步扩大养老服务信息化网络覆盖范围；构建与教育现代化发展目标相适应的“互联网+教育”结构体系；建设全省人社系统窗口办理与网上服务相结合的一体化公共服务平台。重点实施“互联网+医疗健康”“互联网+养老”“互联网+教育”“互联网+人社”“互联网+旅游”行动计划。（省卫生计生委、民政厅、教育厅、人社厅、旅游发展委牵头负责）

（八）绿色生态领域。建设开放共享的生态环境保护基础信息资源库和信息共享服务平台，支撑面向生态环境保护各部门宏观决策和公共服务，逐步实现环境保护系统信息共享和业务协同。构建覆盖全省的“国土资源云”建设工程，深入挖掘国土资源数据的巨大潜能，推动互联网与生态文明建设深度融合，行政许可、综合执法、市场信用等国土资源核心业务应用全面实现在线化、平台化和协同化。重点实施“互联网+环境保护”“互联网+国土资源”行动计划。（省环保厅、国土资源厅牵头负责）

三、建设“互联网+”重要支撑平台

以交易特别是税收发生在我省为根本原则，力争在二次分配中能够有更大作为。加强与国内知名互联网企业合作，引入全国性“互联网+”应用平台在我省建设分支平台。建设多个有黑龙江省特色的专业网站，加快培育我省本土的“互联网+”行业应用平台，推进多主体多形式的互联网融合创新服务平台建设。

（一）大力发展市场化的“互联网+”应用平台。围绕农业、旅游、养老等重点领域和方向，推动形成集投资、技术、人才、孵化等多种服务于一体的各类新型创新平台，为各类消费群体提供直观、互动、方便、快捷的多样化服务。

1. 推动农业电子商务平台建设。发挥我省在农业以及由农业诱导出来的优质高效农业、畜牧业、食品工业方面的优势，在黑龙江大米网、黑龙江绿色食品官网、仓买网、北大荒购物网、好特网、生态龙江、中国大米网等一批本土农业电子商务平台的基础上，进一步优化农业电子商务发展环境，强化农业产业优势，加强质量溯源监管，充分发挥各类新型经营主体作用，促进互联网与农业的深度融合。通过市场化竞争方式，集中打造以网络交易为核心、以供应链管理为支撑、后台大数据分析与品牌建设协同发展的特色鲜明、定位清晰的我省优质农业电子商务平台。（省农委、商务厅、粮食局牵头负责）

2. 推动“互联网+旅游”平台建设。整合各类旅游信息资源，在现有旅游营销平台基础上，形成全方位、立体化的“互联网+旅游”平台，提供游前、游中、游后各环节的智能化旅游服务、旅游营销和旅游管理。平台运行采用政府采购服务与市场化运作相结合的方式，鼓励旅游企业、互联网企业及其他相关企业通过市场化方式融合发展，构建线上线下相融合、品牌和投资相结合的旅游服务业发展新模式。（省旅游发展委牵头负责）

3. 推动“互联网+养老”服务平台建设。构建以省级养老云服务平台为主干、以“智慧养老社区”“智慧养老机构”“智慧旅居养老网点”为分支的养老信息化服务网络。以互联网和物联网为基础，以云计算、大数据为服务升级的新手段，集成养老领域各类资源，建立养老数据库，集中打造能够满足企业创新需求、具备专业化服务能力的新型创新服务平台。注重吸引省内外优秀企业加入，不断拓展机构养老、居家养老、候鸟式养老等多种养老方式，依托平台形成线上线下的融合互动，全面提供各类养老综合服务。（省民政厅牵头负责）

4. 推动“互联网+教育”平台建设。探索省级教育信息化公共服务体系运行模式，促进教与学方法、内容、手段的现代化，为全省各级各类教育、教学和管理等方法创新提供有效支撑环境，为全国数字化教育资源开发单位落地黑龙江提供公共服务平台，实现省内优质教学资源动态整合与共享。（省教育厅牵头负责）

5. 推动“互联网+医疗健康”平台建设。建设省、市、县人口健康信息与管理三级平台，构建人口信息、电子健康档案和电子病历三大数据库，加强信息化在医疗服务、医疗保障、综合管理、药品管理、公共卫生、计划生育六大领域应用。建立黑龙江省全流程优化医疗服务平台和互联网医院，为城乡居民提供家庭医生签约服务、网上挂号、分级诊疗、精准预约、远程会诊、双向转诊、网上检验检查结果查询、网上医患交流等医疗惠民服务，解决医疗资源不均衡问题，提高医疗卫生服务效率和质量。（省卫

生计生委牵头负责）

（二）建立完善"互联网+"政务公共服务平台。整合线上线下政务服务功能，加强网上办事系统的互联和整合，打造高效、公开、便捷的行政权力运行平台，全面提升各级政府政务服务水平。

1. 推动政府公共数据共享开放平台建设。依托现有的全省电子政务外网网络体系，整合公共数据资源，建立公共数据共享开放制度，形成公共数据资源共享清单和开放清单，明确公共数据共享开放的范围、边界和使用方式，进一步完善全省电子政务网络，提高网络覆盖率。（省政府办公厅牵头负责）

2. 推动政府公共资源交易平台建设。依托全省电子政务外网及政务云平台建设黑龙江公共资源交易网，为全省工程建设招投标、土地使用权和矿业权出让、国有产权交易、政府采购、公立医院药品和耗材集中采购、二类疫苗集中采购等各类公共资源交易提供全流程电子化交易服务。实现招标采购等交易文件及资料在线下载、投标文件及相关资料在线递交、招标采购文件费及交易保证金在线缴纳、评标评审专家在线抽取、全过程电子化评标评审及竞价等功能，使招标人、投标人、竞拍人不需到现场即可完成相关交易活动，最大限度地为社会提供便捷交易服务。（省发改委牵头负责）

3. 完善投资项目在线审批监管平台。在实现投资项目在线审批的基础上，推动所有市、县投资项目纳入在线审批监管平台进行审批，大力推进投资项目并联审批，进一步完善全省投资项目统一代码生成平台功能，依托平台加强投资项目中后期监管，实现投资项目在线审批监管平台"上联国家、下通市县、横向贯通相关部门"。（省发改委牵头负责）

四、保障措施

（一）强化组织协调。建立健全全省"互联网+"行动联席会议制度，负责统筹推进各项工作，联席会议办公室设在省发改委。各有关部门要结合各自职能，围绕重点任务，研究细化落实方案，完善政策措施，及时调整和修订本行业"互联网+"行动计划，切实抓好组织实施，确保各项工作协调有序推进。要充分发挥各行业、各领域专家作用，为政府决策提供重要支撑。（省发改委牵头负责）

（二）优化应用基础。

1. 夯实网络基础。深入实施"宽带龙江"战略，落实网络提速降费工作，加快构建高速、移动、安全、泛在的新一代信息基础设施。推动4G网络优化覆盖，加快全光网络城市建设，实现县级以上城市、乡镇光纤网络全覆盖。搭建"互联网+"运营平台，服务地方发展。推进数据中心项目建设，促进云产业发展。加快推进"三网融合"工作，推动现代信息服务业发展。（省通信管理局牵头负责）

2. 加强应用支撑。组织实施云计算工程，大力提升公共云服务能力，引导行业信息化应用向云计算平台迁移，加快内容分发网络建设，优化数据中心布局。构建以骨干企业为核心，产学研用高效整合的技术产业集群，打造国际先进、自主可控的产业体系。支持行业骨干企业积极主导和参与国内外"互联网+"标准规范建设。（省工信委牵头负责）

3. 保障信息安全。实施信息安全专项，开展网络安全应用示范，提高"互联网+"安全核心技术和产品水平。按照信息安全等级保护制度和网络安全国家标准等相关要求，加强"互联网+"关键领域重要信息系统的安全保障，完善网络数据共享、利用等安全管理和技术措施，不断提升互联网安全管理、态势感知和风险防范能力。（省委网信办牵头负责）

（三）加强引导支持。

1. 加强引导示范。在精准农业、协同制造、电子商务和智慧能源等领域实施"互联网+"应用试点示范工程，加快培育发展一批"互联网+"示范园区、示范平台和示范企业。鼓励各地选择重点领域开展"互联网+"政策创新试点，破除新兴产业行业准入、数据开放、市场监管等方面政策障碍，研究制定扶持政策，及时总结推广好的做法和成功经验，发挥典型示范带动效应。（省发改委、各市〔地〕政府〔行署〕牵头负责）

2. 加强财政资金支持。统筹利用现有财政专项资金，重点投向战略性新兴产业和发展前景好的互联网相关产业领域，推动"互联网+"相关产业发展，支持"互联网+"相关平台建设和应用示范。（省财政厅牵头负责）

3. 创新投融资渠道。鼓励金融机构加强和改进金融服务，加大对"互联网+"企业的支持力度，引导社会资本加大对相关创新型企业的投资力度。积极推进企业通过上市、挂牌或引入股权投资方式融资，支持企业利用银行间市场发行中期票据和短期融资债券。（省金融办牵头负责）

（四）注重人才引进和培养。

1. 积极引进外部人才。落实《中共黑龙江省委、黑龙江省人民政府关于建立集聚人才体制机制激励人才创新创业若干政策的意见》（黑发〔2015〕6号）和《中共黑龙江省委、黑龙江省人民政府贯彻落实〈关于深化人才发展体制机制改革的意见〉的实施意见》（黑发〔2016〕20号），积极引入和培养一批“互联网+”领域高端人才，吸引互联网领域领军人才、特殊人才、紧缺人才在我省创业创新和从事教学科研等活动。鼓励企业采取高薪聘用、股权激励、兼职兼薪、特聘顾问等方式引进海内外互联网高层次人才和创新团队。（省人社厅、教育厅、科技厅牵头负责）

2. 加快复合型人才培养。面向“互联网+”融合发展需求，鼓励高校结合发展需要和学校办学能力设置相关专业，注重将国内外前沿研究成果尽快引入相关专业教学中。鼓励各类学校聘请互联网领域高级人才作为兼职教师，加强“互联网+”领域相关专业实践教学。加强制造业、农业、旅游业等重点领域人才特别是企业高层管理人员的互联网技能培训，鼓励互联网人才与传统行业人才双向流动。（省教育厅牵头负责）

3. 鼓励联合培养培训。鼓励校企、院企合作办学，鼓励互联网、云计算等企业依托我省高等院校、科研院所的智力资源，建立一批联合实训基地，推进“互联网+”专业技术人才培训。建立企业技术中心和院校对接机制，鼓励企业在院校建立“互联网+”研发机构和实验中心。（省教育厅牵头负责）

（五）组织开展宣传活动。深入宣传国家推进“互联网+”行动的重要意义和有关政策措施，突出互联网成果在产业转型升级、新型业态培育、政府公共服务、民生保障改善中的地位和作用，营造“互联网+”发展的良好舆论氛围和社会环境。组织开展“互联网+”专项系列宣传活动，挖掘梳理报道省内外新出现的各种“互联网+”商业模式，宣传“互联网+”贴近民生的重点产品和服务，普及“互联网+”有关技术知识，切实增强全社会对“互联网+”工作的认知度和参与度。（省政府新闻办牵头负责）

黑龙江省人民政府关于促进科技企业孵化器和众创空间发展的指导意见

黑政发〔2016〕33号

各市（地）、县（市）人民政府（行署），省政府各直属单位：

为实施创新驱动发展战略，加快推进“千户科技型企业三年行动计划”，推动科技企业孵化器和众创空间健康发展，指导民营孵化器和众创空间加快发展，形成大众创业、万众创新蓬勃发展局面，现提出如下指导意见：

一、鼓励多元发展

（一）鼓励高校、科研院所和高新技术产业开发区利用存量土地和存量房新建、扩建和改建孵化器和众创空间。

（二）鼓励国有企业充分利用淘汰落后产能、处置闲置厂房、空余仓库以及生产设施，改造建设孵化器和众创空间，通过集众智、汇众力等开放式创新，吸纳科技人员创业，创造就业岗位，实现转型发展。

（三）鼓励社会力量领办、协办或者以参股等方式建设孵化器和众创空间，积极投身大众创业、万众创新。

（四）鼓励国内外著名孵化机构通过承建、合作投资和服务外包等方式来我省自建或共建孵化器和众创空间。

二、促进体制创新

（一）孵化器和众创空间要转换运行机制，完善盈利模式，逐步提高增值服务在总收入中的比重。国有孵化器（包括国有、国有控股的孵化器）和众创空间主管部门应当积极支持和鼓励国有孵化器和众创空间进行规范的公司制改组，规范国有出资人权益，下放孵化器和众创空间财务、运营、人员聘用等各项经营自主权。

（二）国有孵化器和众创空间应当通过公开招投标等市场化方式选拔优秀运营团队及专业机构作为运营主体。对暂不具备招标条件的，可以聘请专业咨询机构管理和遴选入孵企业。鼓励以规范公司制运营的孵化器和众创空间通过股权多元化、引入战略合作者等方式做大做强。加强对运营管理团队的激励，鼓励以规范公司制运作的国有孵化器和众创空间开展管理人员年薪制、股权激励和持股孵化等试点工作。

三、完善规范管理

（一）国有孵化器和众创空间在孵企业应具备下列条件：

1. 在孵企业应当是符合新技术、新业态、新商业模式的企业；注册地在我省境内并依法在我省纳税；主要创新活动、办公场所在本孵化器和众创空间场地内。

2. 申请进入孵化器和众创空间的企业，成立时间一般不超过24个月。迁入的企业，其主导产品（服务）应当处于研发或试销阶段，上年营业收入不超过300万元人民币。

3. 一般企业在孵时限不超过3年。

4. 在孵企业开发的项目（产品），其知识产权界定清晰，无纠纷。国有孵化器和众创空间应当依照以上条件制定本孵化器和众创空间企业入孵标准和程序，公开发布标准、程序，吸引入驻信息要公开发布，公开公平筛选入孵企业。国有孵化器和众创空间符合在孵企业标准的企业数量应当不低于入驻企业总数的75%。

（二）国有孵化器和众创空间在孵企业使用的场地（含公共服务场地）和孵化服务机构使用的场地应当占孵化器和众创空间总使用面积的85%以上。国有孵化器和众创空间要高效集约利用孵化空间，为在孵企业提供一定比例的公共服务空间，不必设立专门对本孵化空间进行汇报展示的空间，把有效面积多提供给孵化企业。

（三）鼓励孵化器和众创空间对于达到毕业条件的在孵企业履行毕业程序，腾出孵化空间和资源为符合入孵条件的初创企业和团队服务。各级政府对孵化器和众创空间的补贴和奖励应当以符合条件的在孵企业数量和毕业企业数量作为依据。

（四）国有孵化器和众创空间应当承担扶持科技人员、大学生和农民创客创业孵化的公益任务，为符合入孵条件的科技人员、大学生和农民创客提供免费或优惠价格的创业工位和孵化服务项目，减免的条件和标准要面向社会公开，让符合条件的科技人员、大学生和农民创客等创业者公平、公正地享受优惠政策。

四、提升服务能力

（一）孵化器和众创空间以在孵企业和创业团队为服务对象，为其提供创业培训、辅导、咨询，提供技术研发、试制服务，开展政策、法律、财务、投融资、企业管理、人力资源、市场推广等服务，帮助降低创业风险和创业成本，提高企业的成活率和成长性。

（二）提高孵化器和众创空间综合服务水平，培养和引进一批具有先进孵化理念、专业知识和管理水平的优秀孵化服务团队。加强创业导师队伍建设，开展持股孵化。加强孵化器和众创空间品牌建设，整合创业孵化资源，打造创业服务产业链，构筑孵化载体、技术平台、人才培育、融资担保一体化的孵化服务体系。

（三）引导孵化器和众创空间向专业化发展。围绕我省优势技术和产业领域，重点扶持建设机器人、生物技术、现代农业、高端装备制造等专业孵化器和众创空间。鼓励高校、科研院所发挥科研设施、专业团队、技术积累等优势，建设以科技成果转移转化为主要内容的专业孵化器和众创空间。鼓励龙头骨干企业建设专业孵化器和众创空间，优化配置技术、装备、资本等市场化创新资源，形成辐射带动中小微企业成长发展的开放式创新生态。

五、加大政策支持

（一）各级政府要大力支持孵化器和众创空间发展，建立孵化绩效与政府补贴联动机制，根据孵化器和众创空间孵化企业、解决就业等主要绩效指标增长，不断加大对孵化器和众创空间的后补助力度。重点支持通过国家级孵化器和众创空间认定和国家级专业众创空间备案的孵化器和众创空间。国资管理部门对国有孵化器和众创空间的考核办法应有别于一般国有经营性资产，应当把服务能力、孵化绩效和社会贡献作为考核评价的主要指标。审计部门对国有孵化器和众创空间按规范程序和条件为创业企业和团队提供的孵化费用减免予以认可。

（二）引导金融资本支持。引导和鼓励各类天使投资、创业投资、担保机构、小额贷款公司等与孵化器和众创空间相结合，完善投融资模式。鼓励天使投资群体、创业投资基金入驻孵化器和众创空间开展业务，通过风险补偿方式引导天使投资、创业投资与孵化器和众创空间联合设立种子基金。鼓励高新技术产业开发区设立天使投资基金，支持孵化器和众创空间发展。选择符合条件的银行业金融机构，在试点地区探索为孵化器和众创空间内企业创新活动提供股权和债权相结合的融资服务，与创业投资、股权投资机构试点投贷联动。支持在孵企业通过资本市场进行融资。

六、加强组织领导

（一）各级政府要加强对孵化器和众创空间的扶持

和工作协调。各级科技管理部门要加强对孵化器和众创空间的业务指导与服务，研究制定和落实推进孵化器和众创空间发展的政策措施。鼓励各地、各类主体积极探索支持孵化器和众创空间发展的新政策、新机制和新模式，采取分类指导，重点突破，增强示范带动效应。

（二）国有孵化器和众创空间主管部门要加强监督检查，确保国有孵化器和众创空间规范发展。对于不符合上述有关规定的国有孵化器和众创空间，主管部门应当及时履行管理职责，及时责令其整改。对于运营不良的国有孵化器和众创空间，国有出资人和主管部门应当对孵化器和众创空间及时进行改组。

黑龙江省人民政府

2016 年 10 月 17 日

贯彻落实《国务院关于深入推进实施新一轮东北振兴战略加快推动东北地区经济企稳向好若干重要举措的意见》若干措施

党中央、国务院高度重视东北老工业基地振兴工作，11月1日《国务院关于深入推进实施新一轮东北振兴战略加快推动东北地区经济企稳向好若干重要举措的意见》（国发〔2016〕62号）正式印发。为抓好贯彻落实，加快推动我省经济企稳向好，现提出如下措施：

一、全面深化改革，激发内在活力

继续推进简政放权，深化行政审批制度改革，动态调整权力清单、责任清单和中介服务清单。推进市场准入负面清单制度试点，参照国家发展改革委和商务部确定的在天津、上海、福建、广东4个省市开展市场准入负面清单试点的做法，由省直相关部门分别制定行业准入负面清单。企业投资类项目核准只保留规划选址、用地预审两项前置条件。简化政府投资类项目审批程序，对建设内容单一、投资规模较小、技术方案简单的项目，只审批可行性研究报告，不再审批初步设计。充分运用好已建成的全省投资项目在线审批监管平台，按照国家规定动态调整审批流程，实行部门并联审批，做到“一平台受理、一站式办理、一流程导引、一代码贯通、一条龙服务”。继续清理投资项目开工前审批事项，与国内先进地区对标，把开工前审批事项减少到最低限度，能取消的一律取消，能合并的一律合并审查。（省编办、发改委、住建厅、国土资源厅、环保厅、工信委、交通运输厅、水利厅、林业厅、公安厅、安全监管局、省政府法制办、农垦总局、森工总局等相关中省直部门，各市〔地〕政府〔行署〕负责）

开展投资项目承诺制落地试点，在哈尔滨新区和部分有条件的国家级开发区及省重点产业园区内试行。投资项目根据产业政策要求，按照信用承诺、先建后审、宽进严管的原则进行建设，充分激发企业投资动力和活力。（省发改委、工信委、住建厅、国土资源厅、商务厅、安全监管局等相关中省直部门，相关市〔地〕政府〔行署〕负责）

推动“信用东北”建设，依托省信用信息平台，各中省直单位对失信人在申请政府投资和补贴、参与政府类投资项目建设和项目投资主体招标、获取自然资源、融资贷款等方面推行联合惩戒，营造良好信用环境。（省诚信体系建设领导小组成员单位负责）

按照国务院在东北三省各选择10~20户地方国企开展首批混合所有制改革试点的政策，在我省已申报5户地方国企试点基础上，再组织10~15户开展混合所有制改革。按照国务院关于组建若干省级国有资本投资运营公司的规定，组建3~5户省级国有资本投资运营公司，推进省属国有企业经营性国有资产集中统一监管。争取2017年底前基本完成全省厂办大集体改革，2018年底前基本完成国有企业“三供一业”移交工作。支持驻我省央企二、三级子公司实施混合所有制改革以及科研院所开展员工持股改革试点。（省国资委、人社厅、财政厅、森工总局，各市〔地〕政府〔行署〕负责）

加大政府和社会资本合作（PPP）模式推广力度，对省市县适合采用PPP模式建设且符合入库条件的各类项目应全部纳入全省PPP项目库。各级政府不得把纳入全省PPP项目库内的项目未经市场化公开招标自行确定投资主体。各地、各部门应开展多种形式的PPP项目推介，提升省内外社会资本方对我省PPP项目的认知度。建立健全相关制度机制，为社会资本参与项目建设营造公开公平公正的市场环境。对有吸引力的项目为民间资本留出适当的投资空间，鼓励民间资本进入。继续推动公共资源市场化改革，对供水、供热、供气、污水和垃圾治理，矿产资源及其精深加工，风电、光伏发电、生物质发电、水电、抽水蓄能电站等项目由省统一组织，采取公开招投标方式选择投资主体。加快建立“银政企保”合作机制，完善融资担保体系，为民营企业和中小企业贷款和融资提供担保。（省发改委、金融办、财政厅、农垦总局、森工总局、人民银行哈尔滨中心支行、黑龙江银监局、黑龙江保监局，各市〔地〕政府〔行署〕负责）

二、推进创新转型，培育发展动力

抓住国家支持东北地区开展“中国制造2025”试点的机遇，围绕提高我省智能制造、绿色制造、精益制造和服务型制造能力，运用“互联网+”、大数据等新一代信息技术，在装备制造、新材料、生物医药、高品质食品加工、石化等领域建设一批产业转型升级示范项目，加强电站成套设备、新型农机装备、石油机械装备、重型数控机床、高速重载铁路货车、汽车等领域对外合作，推动大庆市、齐齐哈尔市、绥化市建设产业转型升级示范区和示范园区。推动省内工业投资基金和各种产业基金加快实质性运行，发挥省级创业投资引导基金作用，支持各地设立天使创业投资基金。积极争取国家先进制造产业投资基金、新兴产业创业投资引导基金和即将设立的东北振兴产业投资基金支持。（省工信委、发改委、科技厅、金融办，大庆市、齐齐哈尔市、绥化市政府负责）

落实“市场化收购+补贴”粮食收储政策，指导农户科学储粮、均衡销售，发挥玉米收购贷款信用保证基金作用，引导多元化市场主体入市收购。推进绿色食品建立线上线下相结合的网络销售渠道，支持品牌企业、农产品批发市场、家庭农场、农村合作社等与绿色食品电子商务平台广泛开展合作。推动绿色食品生产和营销企业将地理标志、品牌和品种有机结合，通过产权股权重组、企业合同、特许经营等方式打造一批具有市场竞争力的农产品生产企业和品牌。争取国家在我省布局玉米燃料乙醇生产基地。（省农委、粮食局、商务厅、工信委、发改委、财政厅、农垦总局、森工总局、中储粮黑龙江分公司，各市〔地〕政府〔行署〕负责）

深化龙煤集团改革，强化内部管理、组织化分流安置职工、盘活非经营性和对外闲置资产、发展新产业等改革脱困工作。做好龙煤集团去产能工作，“十三五”期间退出产能1769万吨；加快推进龙煤集团接续矿井项目建设，争取到2020年形成新增产能330万吨。鸡西市、双鸭山市、七台河市、鹤岗市政府要按照国务院关于制定资源型城市转型攻坚行动计划的要求和《黑龙江省煤炭城市转型发展规划（2014-2020年）》，制定资源型城市转型攻坚行动计划，提出易地安置转移方案，统筹安排富余人员，争取国家政策支持。加快推进城区老工业区和独立工矿区搬迁改造。争取国家政策支持，推进城镇低效用地再开发和以鸡西市、双鸭山市、七台河市、鹤岗市为重点的工矿废弃地复垦利用，在我省开展生态综合补偿和生态移民试点。按照我省重点国有林区改革总体方案、国有林场改革实施方案，深入推进国有林区、国有林场改革，积极稳妥推动政事企管办分开，积极争取国家政策支持做好各类债务的分类化解等工作。支持林区发展林下经济，大力发展林业产业，重点发展食用菌、山野菜、林果、北药、花卉及苗木、森林动物驯养及加工等产业。结合林场布局优化调整，推动建设一批特色宜居小镇。（省国资委、龙煤集团、省发改委、财政厅、人社厅、工信委、国土资源厅、林业厅、森工总局、住建厅、金融办、黑龙江银监局、人民银行哈尔滨中心支行，相关市〔地〕政府〔行署〕负责）

实施好《黑龙江省培育和发展新兴产业三年行动计划》，打造哈尔滨—大庆—牡丹江生物医药、哈尔滨云计算、鸡西—鹤岗石墨新材料、哈尔滨机器人、哈尔滨—齐齐哈尔清洁能源装备5个新兴产业集群，到2018年重点新兴产业竞争能力明显提高。组织重点制造企业建设互联网双创平台，发展众包设计、协同设计和新型设计载体，争取国家支持我省打造制造业互联网双创平台。引导支持京东、阿里巴巴等知名互联网企业在我省设立分支机构。推动中国移动、中国联通、中国电信三大运营商在我省加快信息基础设施建设。支持哈尔滨市争取建设国家大数据综合试验区。争取国家支持，利用互联网就业服务机构促进科技人员、大学生、农民、城镇转移就业人员就业创业。（省工信委、发改委、科技厅、国土资源厅、商务厅、人社厅、通信管理局，相关市〔地〕政府〔行署〕负责）

充分利用国家将要出台《推动东北地区旅游业转型升级发展工作方案》的机遇，加快旅游服务设施建设和旅游产品供给侧转型升级，大力推进我省旅游业由单一观光型向观光与休闲度假型并重转变，由景点旅游模式向全域旅游模式转变。新建虎头——珍宝岛旅游区、哈尔滨万达文化旅游城、呼兰河口湿地公园、黑龙江省溪水国家森林公园等4个5A级景区和大兴安岭地区、伊春市、五大连池市、抚远市、漠河县等13个全域旅游示范区。利用夏季气候优势，融合养老和旅游等产业，积极发展“候鸟式”养老等新业态，创建全国北方夏季健康养老基地。对接争取国家扶持文化产业发展政策，积极开展哈尔滨国家文化消费试点，争取将哈尔滨和大庆文化创意产业园区纳入国家级文化产业示范园区创建范围，进一步扩大国家动漫企业、文化出口重点企业和重点特色项目认证数量，打造优势特色旅游驻场演出，推动文化文物单位有序有效开发文化创意产品。（省旅游发展委、民政厅、文化厅、新闻出版广电局、森工总

局、林业厅、发改委，相关市〔地〕政府〔行署〕负责）

加强创新载体和平台建设，争取国家尽快批复哈大齐工业走廊创建国家自主创新示范区，推动哈尔滨工业大学空间环境地面模拟装置国家重大科技基础设施项目尽快实施，争取以哈尔滨工业大学为董事长单位的国家机器人制造业创新中心落户哈尔滨，推动哈尔滨市、哈尔滨工业大学争取创建国家双创示范基地。争取国家在我省更多布局国家重点实验室、工程（技术）实验室（研究中心）、企业技术中心，为创新发展提供支撑。（哈尔滨工业大学，省工信委、发改委、科技厅、财政厅，相关市〔地〕政府〔行署〕负责）

加快推进通用航空业发展，争取我省成为国家通用航空试点省份。围绕通用航空短途运输、低空旅游、农林作业和通航产业示范区，制定我省通用航空试点工作方案，开展好短途运输、低空旅游和其他通用航空业务。（省发改委、工信委、旅游发展委、民航黑龙江监管局，相关市、县政府负责）

根据国家“研究建设新的特高压电力外送通道”政策，争取国家支持规划建设以我省为起点的特高压电力外送通道。开展电能替代示范，实施风电清洁供暖工程，鼓励风电企业在有条件地区进行试点。（省发改委、工信委、省电力公司负责）

加快我省电力体制改革进程，切实降低企业用电成本。做好国家已批复我省售电侧改革试点和增量配网改革试点，总结试点经验，扩大试点范围。向社会资本开放配售电业务。按照国家2020年全部放开发用电电量的要求，2017年起有序放开发用电计划，制定改革实施方案，统一规范售电公司、用电企业等各类市场主体市场化交易。（省发改委、工信委、物价监管局、省电力公司负责）

利用国家对东北地区新型城镇化试点、棚户区改造、老旧小区节能宜居综合改造、重点城市“煤改气”和燃煤机组改造等给予倾斜支持的政策机遇，抓好我省相关工作。全力推进鸡西市、双鸭山市、七台河市、鹤岗市采煤沉陷区棚户区改造，2017年完成全部14万户的棚户区改造任务。（省住建厅、发改委、财政厅，相关市、县政府负责）

三、扩大开放合作，转变观念理念

创新哈尔滨新区管理体制和运行机制，加快新区建设步伐。加快建设哈尔滨综合保税区、绥芬河—东宁重点开发开放试验区及黑河、绥芬河边境经济合作区，在大庆、牡丹江等市申请设立综合保税区等海关特殊监管区域，创新监管制度，复制推广自贸区可复制可推广经验。依托哈欧班列，争取国家赋予哈尔滨铁路货运口岸汽车整车进口功能。以哈尔滨国际航空产业园为基础，加快构建以航空、生物技术、现代农业为重点的中以（哈尔滨）高新技术产业园。（省商务厅、工信委、发改委、交通运输厅、科技厅、哈尔滨海关、黑龙江检验检疫局、哈尔滨铁路局，相关市〔地〕政府〔行署〕负责）

建立我省与广东省、哈尔滨市与深圳市对口合作机制，制定干部交流挂职和定向培训工作方案，与广东省协商做好对口合作相关工作。每年与广东省举办两次项目对接活动，吸引项目和投资。支持我省装备制造企业和高新技术企业与广东装备需求企业建立长效沟通机制，创新定制模式，带动我省装备制造业改造升级。组织省内相关人员到国内其他老工业城市、资源型城市学习成功经验。（省委组织部、省发改委、商务厅、工信委等相关中省直部门，哈尔滨市和相关市〔地〕政府〔行署〕负责）

四、加强组织领导，统筹协调推进

按照国务院要求，充分发挥黑龙江省振兴老工业基地领导小组作用，设立办公室，加强综合协调和调查研究，牵头推进重点任务落实。充实各级政府老工业基地振兴工作力量，明确责任，确保各项措施任务落实到位。（省编办、省振兴老工业基地领导小组成员单位，各市〔地〕政府〔行署〕负责）

按照国务院“对东北地区主导产业衰退严重的城市，比照实施资源枯竭城市财力转移支付”的政策，争取我省主导产业衰退严重的城市获得国家支持。积极推进地方政府性债务置换，引导银行业等金融机构加大对我省信贷支持力度，纾解暂时遇到困难的优质大中型骨干企业资金紧张等问题。鼓励建立应急转贷、风险补偿等机制，落实小微企业无还本续贷政策，支持企业和金融机构赴境外融资，探索发行企业债新品种，扩大融资规模，提高金融保障水平。鼓励银行机构通过依托专业子公司、与银行集团内部联动、与产业基金和第三方投资机构合作等方式探索投资联动服务模式，支持初创期科技企业发展。积极利用国家“对符合条件的东北地区企业申请首次公开发行股票并上市给予优先支持”的政策，争取我省更多企业上市。（省财政厅、金融办、发改委、人民银行哈尔滨中心支行、黑龙江银监局、黑龙江证监局负责）

强化统筹协调和督促检查，适时对相关政策措施部署落实情况开展专项督查，推进重点任务落实。加强政策宣传和舆论引导，建立振兴发展宣传沟通协调机制，加大信息发布力度，加强舆情监测，营造良好舆论氛围。（省委宣传部、省委网信办、省政府办公厅、省发改委、省政府新闻办等相关部门负责）

中国中小企业年鉴（2016）

第七篇·调研与实践

北京市

北京市清理整治“小散乱污”企业社会风险评估报告

为贯彻落实市委办公厅和市政府办公厅《关于加强疏解非首都功能重大决策社会稳定风险评估工作的意见》、市维稳办《关于建立重大事项社会稳定风险评估机制的实施办法（试行）》和市联席会议办公室《关于推进建立重大决策信访风险评估机制的指导意见》的要求，提高行政决策的科学性，预防和减少影响我市社会稳定的突出信访问题，保障非首都功能疏解的顺利进行，受市经信委委托，北京国际工程咨询公司对整治“小散乱污”的社会稳定风险进行了评估。现将社会稳定风险评估情况报告如下：

一、基本情况

（一）清理整治“小散乱污”概况。

近年来，虽然本市采取限号、清退高污染企业等举措，但雾霾现象仍时有发生。张高丽副总理在2016年1月4日调研北京市大气污染防治工作时作出重要指示，要以打好“治理农村散煤、治理高排放车、治理城乡结合部”三大战役为重点，通过关停并转等措施，彻底解决小企业、小作坊超标排放问题。

“小散乱污”企业是大气污染治理中的顽疾，为进一步加大大气污染防治力度，市政府召开常务会议专题研究了清理整顿“小散乱污”企业的问题，并做了工作部署。市经济信息化委会同市环保局组织各区对“小散乱污”企业情况进行了排查摸底，截至2016年3月底，各区累计汇总上报5000余家“小散乱污”生产和经营单位，其中，制造业2600余家，服务业2500余家，分布在全市100多个乡镇(街道)，500多个村。在摸底排查基础上，市经信委会同相关委办局制定了《北京市清理整治涉及违法违规“小散乱污”企业工作实施方案》，加快对环保不达标、无证无照、违规经营、安全隐患严重的一般制造和低端服务业等企业进行整顿，通过取缔、关停、改造等方式，拟在2016年完成2500家以上“小散乱污”企业清理整治工作（通州、大兴、房山、丰台等南部四区完成清理整治任务的70%以上，其他各区完成50%以上），在2017年底前完成50个重点区域、200个重点行政村的5000家左右企业的清理整治。

（二）评估目的。

在清理整治“小散乱污”政策执行过程中，会影响到违法违规排污及生产经营企业和其他利益相关者的生产运作与生活，存在发生危害社会稳定的可能性。为从源头上预防并减少社会矛盾和不稳定因素，规范政策执行过程，确保“小散乱污”清理整治的顺利实施，对该决策的社会稳定风险进行评估。

（三）评估过程及方法。

在市经信委的支持下，课题组开展了清理整治“小散乱污”企业的社会稳定风险评估工作。具体评估过程和方法如下：

按照《北京市重大事项社会稳定风险评估化解暂行办法》的有关要求，由相关领域专家组成社会稳定风险评估小组；

全面收集和查阅相关资料，包括相关法律法规及政策、各区提供的排查资料，以及本市绿隔腾退安置工作等类似项目的相关材料；

根据实际情况，课题组采取专家咨询、实地走访等多种形式，广泛征求各方面意见，赴通州、丰台、朝阳等区对百余家企业进行实地摸排调查，充分听取了意见和相关利益群体代表的利益诉求；

在梳理各方意见、参考类似工作引发社会稳定风险情况的基础上，重点对清理整治“小散乱污”工作涉及的风险因素进行了识别，对风险发生概率、可能引发的矛盾纠纷或产生的负面影响、相关风险的可控程度等进行了评估论证，确定社会稳定风险的等级；

在充分论证评估的基础上，就风险评估、防范化解措施、维稳工作建议等方面编制社会稳定风险评估报告。

二、清理整治“小散乱污”的社会稳定风险评估

（一）确定评估对象。

“小散乱污”清理整治重点范围是城乡结合部、郊区的中心城区周边区域、“城中村”、流动人口聚居等环境复杂、安全隐患突出区域以及镇村大院等，主要对象包括：对无环保处理设施、无组织排放、环保不达标等污染环境行为实施处罚、查封、扣押、限制生产、停产整治等措施，对无证无照、证照不全的生产经营行为进行依法取缔，对违法用地、违法建设、违规出租等行为进行处理，对不具备安

全生产条件、管理秩序混乱、存在安全隐患等行为按情节进行查处、取缔或关停。

在以上清理整治执行时，对“小散乱污”企业主及经营者、企业职工、企业所在社区及其居民等利益相关者的财产、生产或生活将带来一定的影响，如，关停无证无照企业使企业主失去收益性事业及收入来源，使之产生失落感、剥夺感等；对污染环境行为的处罚等增加了企业的生产经营成本。这些影响改变了相关人员的原有生产、生活方式和社会关系，对其切实利益造成影响和损失，导致存在发生上访、留置原地拒绝关停、暴力对抗甚至群体示威等社会稳定风险的可能性。因此，必须针对利益相关群体，结合其利益诉求判别社会稳定风险的成因、内涵及评级。

（二）主要社会稳定风险因素识别。

根据对清理整治过程中容易发生的社会风险的经验判断，结合各区企业清退的具体情形，对可能会诱发的异议、损失或不适的主要社会稳定风险类型和风险因素归纳如下：

1. 合法性、合理性和可行性风险

风险内容：是否与现行的法律、法规、政策相抵触，是否有充分的政策、法律依据；是否坚持严格的决策程序；是否经过严谨科学的可行性研究论证；是否充分考虑到时间、空间、人力、财力等制约因素；是否符合大多数群众意愿。

2. 环境影响风险

风险内容：对企业所在地的生态和景观等自然环境造成的影响，以及产生固体废弃物、噪声等对群众生活环境的影响。

3. 利益相关者抵制风险

风险内容：由于“小散乱污”的清理整治工作涉及企业主及经营者、企业职工、企业所在社区及其居民等群众的切身利益，取缔关停会直接导致居民收入的减少，处罚、改造、整顿会带来企业生产经营成本的增加。针对不同利益相关者进行抵制风险的具体分析如下：

企业主及经营者。无视整顿淘汰的期限，利用现有设备、技术和人员，在夜间等非正常工作时间实施存在安全隐患生产或污染物排放活动，进而引发一些安全事故以及相关社会问题；不配合排查整顿工作，对相关单位上门检查和清理工作消极抵触，并继续违法违规生产经营；鼓动职工和村民等进行集体上访、围堵基层政府办公场所、堵塞公路干道或者其他更为极端的闹事行为，形成大规模群体性事件。

企业职工。随同企业主和经营者采用参与集体上访、围堵政府办公场所等活动；对企业主施加压力，保障其正常的经济利益。

社区集体及当地居民。①部分乡镇工业企业在当地采购粮油、猪肉、鸡蛋、果蔬等农副食品，企业退出后，导致村民失去对应的经济来源。②部分企业就近雇用本地居民，被取缔关停后，造成居民面临失业的情况。③关停取缔部分与民生及服务关联较大的企业（如小加工、小作坊、小餐饮、小网吧、小洗浴、小旅馆、小市场等），可能会使其所在地区的居民失去便利的产品或服务，致使当地居民需要从更远的地方、付出更大的成本来获取，引起当地居民的不满，可能采取抗拒和抵制措施。

4. 群众对生活保障担忧风险

风险内容：“小散乱污”清理整治工作主要打击违法违规排污及生产经营行为，部分企业的取缔可能使企业主失去原有甚至是唯一收入来源，造成企业职工的暂时性失业，从而使其面临生存的压力。

5. 引发社会矛盾风险

风险内容：部分企业主可能借口政府突然关停造成经济危机为由，停止支付职工工资、各类货款和有关债务，甚至出现“跑路”现象，将矛盾转嫁到政府从而引发社会不满。暂时性失业的职工造成一定社会就业压力，失业后可能会采取极端方式来表达不满，也可能受生活所迫进行偷窃、抢劫等违法活动，带来社会治安问题。另外，在互联网高度普及和自媒体快速发展的情况下，可能会有极少数利益受损者利用微博、贴吧、论坛等高互动性的社交媒体平台渠道，发表煽动性言论，从而放大和激化个别矛盾，上升为群体矛盾。

（三）社会稳定风险评价。

在认真识别分析清理整治实施后可能引发社会不稳定风险因素的基础上，根据专家意见征询及走访调研结果，采取定性与定量相结合、单因素风险程度评判与综合风险指数评判相结合的方法，对五类主要风险因素的等级进行了评价。

1. 单因素风险程度评判

对上述五类风险发生的可能性大小分别进行定性评价。为便于评价表述准确，本报告把风险发生可能性的大小划分为5个等级，可能性由小至大依次表述为：很小、较小、中等、较大、重大，并根据专家经验以及对清理整治企

表1 主要社会稳定风险因素识别表

序号	风险类型	风险点
1	合法性、合理性和可行性风险	是否有充分的政策、法律依据； 是否坚持严格的决策程序； 是否经过严谨科学的可行性研究论证； 是否符合大多数群众意愿。
2	环境影响风险	对企业所在地的生态和景观等自然环境造成的影响； 产生固体废弃物、噪声等对群众生活环境的影响。
3	利益相关者抵制风险	可能引发利益相关者的消极抵抗、上访、闹事等行为，具体来看： 企业主及经营者。不配合排查整顿，继续违法违规生产经营；鼓动相关人员集体上访或闹事，形成大规模群体性事件。 企业职工。参与上访、闹事等。 社区集体及当地居民。因失去对应经济来源、面临失业、失去便利的产品或服务等，可能采取抗拒和抵制措施。
4	群众对生活保障担忧风险	使企业主失去原有甚至是唯一收入来源； 造成企业职工的暂时性失业。
5	引发社会矛盾风险	部分企业主将矛盾转嫁到府从而引发社会不满； 暂时性失业职工可能采取极端方式来表达不满，或引发偷窃、抢劫等社会治安问题； 极少数利益受损者利用社交媒体平台渠道，发表煽动性言论，激化个别矛盾上升为群体矛盾。

业利益相关群体的调研结果，界定各类风险发生可能性的大小。

合理性、合法性、可行性风险很小。清理整治“小散乱污”已经过多次的实地调研和充分的科学论证，其制定、审批和执行都严格依照《中华人民共和国大气污染防治法》和国务院《大气污染防治行动计划》以及当地的政策法规的要求，是本市改善空气质量、提高发展效益、有效保护生态环境的重要手段，与广大人民群众的“抗霾”、“治霾”等的迫切诉求息息相关。与此同时，《2016年市政府工作报告重点工作分工方案》、《北京市2013~2017年清洁空气行动计划重点任务分解2016年工作措施》均将“小散乱污”企业整治工作列入年度任务。2013年以来，本市对环保不达标、违法违规企业要求关停，以铸造、锻造、小家具等行业为主要领域，以镇村工业大院为重点，累计就地调整退出千家一般制造和污染企业，积累了丰富的污染行业、生产工艺的整顿工作经验，“小散乱污”清理整治是本市清洁空气行动计划的细化和延续，具有很强的操作性和可行性。

环境影响风险很小。“小散乱污”的清理整治工作不涉及新增用地指标问题，不需要征用耕地，不会对当地的生态和景观造成破坏。在拆除违法建设、违规出租期间，基本无废气排出，可能会对周围居民生活环境造成粉尘、机械作业噪声、废弃土石方、运土车辆渣土泄漏等影响，但通过采取必要的扬尘防治措施、选用低噪声施工设备、制定合规施工时间、循环利用有利用价值的废弃物、定期把无用废弃物垃圾送到指定垃圾场等措施，该类风险发生的可能性很小。

利益相关者抵制风险较小。为了赢得各利益相关者对“小散乱污”清理整治工作的支持，各区已在前期工业调整退出工作过程中摸索出了一套成熟的做法，较有效地化解各方对整顿工作的不理解、不支持。在调研的各区已开展清退整顿工作中，有关单位十分注重对企业的调查摸底，对调整退出工作的有关问题和方案进行了周密谋划和精心组织，积极采取分企施策，结合“小散乱污”企业特点分类实施深度治理、转型升级、转移转出、淘汰关闭等措施。同时，为防止“小散乱污”企业被关停后再次恢复生产经营，有关部门组织专门人员开展巡逻执法和突击勘察，加强对治理成果的巩固。

经实地调查发现，各部门主要负责人、一线工作人员高度负责，积极与群众联系沟通，除多次上门为企业讲解相关政策、听取企业存在的现实困难外，还通过张贴社区展示栏等方式，积极向民众宣传开展大气污染治理和安全生产经营的意义，对关系到群众切身利益的问题，积极帮助解决力所能及的问题，打下了较好的群众基础。在走访过程中，一些关停的污染制造业企业对上门的风险评估小组成员态度热情，并表示理解和支持政府开展的清理整治工作；一些污染扰民工业企业由于其周边企业均在当地政府的指导下实现产业转型发展，也顺应趋势、主动关停，积极谋求向符合当地产业规划的方向转型。

群众对生活保障担忧的风险较小。目前，市级及各区设有工业污染企业调整退出奖励资金，出台了失业人员创业优惠、城乡一体化的就业帮扶等扶持政策，鼓励绿地养护等公益性就业岗位向就业困难人员倾斜。另外，清理整治导致的生活保障担忧风险是短期的，随着不符合首都功能定位的旧业态退出，为高附加值、高带动能力的新业态腾出更大的发展空间，也为群众提高发展质量效益提供新的机会，居民的生活、就业等条件将得到明显改善。经实地走访发现，已有社区积极开展招商引资对接，积极争取从事文化创意、电子商务、智慧社区服务等领域的企业入驻当地，这将在一定程度上缓解就业难问题。

引发的社会治安风险较小。从各区基层施政情况和群众反映来看，乡镇村组干部工作能力较强，干部群众之间关系较为融洽，较少发生严重妨碍社会管理秩序的违法行为，社会环境良好。在调研的各区已开展清退整顿工作中，相关单位在具体工作执行中尽量做到不引发、少引发居民的不满情绪，以情感人，以理服人，一线业务人员对当地的企业和居民情况掌握充分，开展相关工作时态度亲切缓和。各有关部门已建立起舆情监测机制，对主流媒体、重点网站和平台等进行实时海量监测。各地还充分利用电视、广播、报纸、网络等新闻媒体积极开展宣传教育，针对居民所提意见和关心的问题进行答疑和沟通，及时消除误解，引导舆论支持"小散乱污"清理整治工作。

表2 社会稳定风险单因素评价表

序号	风险类型	风险发生可能性
1	合法性、合理性和可行性风险	很小
2	环境影响风险	很小
3	利益相关者抵制风险	较小
4	群众对生活保障担忧风险	较小
5	引发社会矛盾风险	较小

2.综合风险指数评判

在对可能引发不利于社会稳定五大类风险可能性大小单项评价的基础上，为便于度量清理整治"小散乱污"整体风险的大小，对各类风险的可能性大小进行量化。

首先，根据专家意见征询及调研结果确定每项风险因素的权重ω，取值范围为[0,1]，ω取值越大表示某类风险在所有风险中的重要性越大。其次，为单项评价中的风险发生的可能性确定等级值c，很小、较小、中等、较大、很大对应的等级值c分别为0.2、0.4、0.6、0.8、1.0。然后，将每类风险因素的权重与等级值相乘，求出该类风险因素的得分ω×c。最后，把各类风险的得分加总求和即得到综合风险的分值，即∑ω×c。综合风险的分值越高，说明社会稳定风险越大。一般而言，综合风险分值为0.2−0.4时，表示社会稳定风险低，有引发个体矛盾冲突的可能；分值为0.41−0.7时，表示社会稳定风险中等，有引发一般性群体事件的可能；分值为0.71−1.0时，表示社会稳定风险高，有引发大规模群体事件的可能。按照以上过程，对清理整顿"小散乱污"社会稳定综合风险值求取见下表：

表3 社会稳定风险综合评价表

风险类别	风险权重ω	风险发生的可能性c					ω×c
		很小 0.2	较小 0.4	中等 0.6	较大 0.6	很大 0.8	
合法性、合理性和可行性风险	0.2	√					0.04
环境影响风险	0.1	√					0.02
群众抵制风险	0.3		√				0.12
群众对生活保障担忧风险	0.2		√				0.08

引发社会矛盾风险	0.2		√				0.08
综合风险$\sum \omega \times c$							0.34

从上表可看出，清理整治“小散乱污”可能引发的不利于社会稳定的综合风险值为0.34，风险程度低。

根据对走访调研、专家意见征询等结果的定量与定性相结合的综合研判分析，本报告认为清理整治“小散乱污”可能引发的不利于社会稳定综合风险程度低，政策执行过程中出现群体性事件的可能性不大，但不排除因涉及群众切身利益问题处置不当引发个体矛盾冲突的可能。

三、社会稳定风险防范化解措施

尽管清理整治“小散乱污”发生不利于社会稳定的风险程度较低，但在具体工作开展过程中，仍要注意加强可能出现个体矛盾冲突的防范，并随时戒备可能出现的风险。根据对可能诱发社会稳定风险的识别及评价，采取了下述风险控制化解措施。

（一）加强政策宣传，营造良好舆论氛围。

加大对“小散乱污”企业有关生产经营许可、工业调整淘汰目录、环评、安全生产等法规、政策的宣贯力度，让企业经营者了解大环境、大形势以及各地整顿违法违规排污及生产经营行为、清退镇村大院的操作步骤，使企业提前谋划自己的发展方向，主动采取措施，达到要求。发挥新媒体凝聚社会共识的作用，充分利用“两微一端（微博、微信、客户端）”、广播、电视、报纸、网络等，建立良好的舆论导向，加大对“小散乱污”企业环境污染影响和负面事件及企业的曝光力度，积极宣传属地治理先进单位和典型事例，引导企事业单位和市民支持大气污染防治。

（二）坚持以人为本，维护社会和谐稳定。

各级政府部门及有关单位在清理整治“小散乱污”过程中要始终坚持以人为本，充分考虑居民的正常生活和休息诉求，严格执行相关法律法规，采取必要措施努力降低对周边居民生活环境的影响。加强与群众的沟通和交流，倾听群众声音、强化服务意识、及时给予反馈，并在可能范围内尽量向他们提供方便和支持。深入细致地开展思想政治工作和进行正确引导，有效地把矛盾化解在基层，化解群众不满情绪，引导有异议的群众采取合理合法的方式反映问题，避免矛盾激化或发生上访，有效维护社会和谐稳定。

（三）加大督查力度，强化联合联动执法。

建立市、区、乡镇（街道）、村多级考核机制，层层分解任务，严格落实责任，强化监督检查和考核问责。各区、各有关职能部门要明确参与人员、强化责任意识，在集中整治的基础上，开展日常巡查，进一步巩固治理成果。健全有奖举报制度，鼓励公众积极支持和参与清理整治工作，满足公众对环境保护的知情权、参与权、表达权和监督权，形成全社会打击“小散乱污”的合力。

（四）强化专项指导，搭建转移对接平台。

按照落实首都“四个中心”定位和非首都功能疏解的要求，以引导升级转移为重点，对有望通过生产工艺提升、设备更新实现改造升级的企业，引导其就地规范整治和提升发展。对“小散乱污”企业退出后腾退的土地资源，根据闲置资源实际情况，加强规划指导、进行有效整合，集成“高精尖”、文化创意等符合首都功能定位的产业用地。对因不符合首都功能定位、确有“抱团”转移退出的企业，在用好非首都功能疏解“4+N”承接平台的同时，进一步聚焦重点行业和区域，加强与津冀各县市搭建集中对接平台，实现集中转移和精准对接。

（五）出台配套措施，完善政策体系。

继续用好当前已有的激励政策，通过工业污染企业调整退出奖励资金、落实清洁空气行动计划、进一步规范污染扰民企业搬迁政策等，加快推动污染企业的调整退出；对经认定符合相关奖励或补偿标准的企业，确保资金加快落实到位。强化财税、规土等政策引导，完善激励和约束机制，积极研究“小散乱污”企业退出涉及的土地手续、人员安置、集体利益保障等问题，适时出台因地制宜的具体扶持措施，帮助加速淘汰“小散乱污”企业。

（六）编制应急预案，畅通信息渠道。

各有关职能部门按照各自职责分工，针对整治过程中可能出现的不稳定苗头，分领域做好应急预案的制定工作。各区要进一步加强对“小散乱污”企业的跟踪调查，建立风险事件应急制度和处置预案。强化应急资源保障，明确与应急工作相关联的单位或人员通信联系方式和方法，建立信息、通讯指挥系统及维护方案，确保突发事件发生后信息报送及时和指挥通讯渠道畅通，随时掌握各方面信息并上传下达。建立信息监测机制，加大与网信办、综治办等部门的沟通对接，进一步提升舆情监测和研判能力。

四、维稳工作相关建议

为确保清理整治“小散乱污”顺利开展，规范清理整治工作流程，及时发现和解决清理整治过程中可能出现的不稳定因素，建立快速、有序、高效维稳工作机制，提高化解矛盾的能力和水平，根据有关法律法规规定，做出以下维稳工作预案建议。

（一）不稳定因素预判。

根据对清理整治“小散乱污”的稳定风险预测评估，在取缔、关停、改造升级过程中，可以排除有较大群体性事件发生的可能，但不能排除以下几种情况的发生。

因一些具体问题或对政策的疑问可能会有极少数群众到有关部门询问甚至上访。如，部分企业关停后，因房租未到期且尚无明确转型发展思路，或原企业已取得土地证，但搬迁后原土地存在外租困难，导致原土地和厂房将长期闲置，远期可能会有群众因租金、土地证等问题进行上访。

极少数群众可能会存在资金困难、丧失收入来源、缺乏生活保障等问题，不按照规定时限进行关停、整改，或到现场阻挠取缔、关停。如，企业在进行整顿技术改造或向京外搬迁时，在固定资产投资、落地用地、员工赔偿等方面面临较高成本，或因期望政府给予资金支持、化解资金困难等对已承诺的关停整改时限进行拖延，甚至对执法人员在现场的监督执法工作进行阻挠。

极少数群众可能会影响受众面较大而集访。如，因拆除违法建筑造成的噪音问题，因较大规模企业关停退出而致使其原材料、生活配套供应方利益受损问题等，或有小部分群众组织起来进行集体上访。

（二）不稳定因素处置建议。

清理整治“小散乱污”工作已进入深入实施阶段，要把握好政策尺度，做到公平、公开、公正的阳光操作。如果发生预设的几种不稳定情况，则按下列开展工作：

第一，发生个访或几名群众一起到区、市有关部门咨询上访的，有关部门要热情接待，耐心解释答疑，在政策法律许可的范围内尽力协调各部门和街道办事处帮助群众解决问题，防止问题堆积，矛盾升级。一旦发生到市以上部门上访的，相关责任单位的主要负责人，必须在第一时间带队赶赴现场，耐心、深入细致地做好相关群众的思想工作，并承诺按政策、法律规定解决其利益关切，尽最大可能把矛盾化解在源头。

第二，发生群体性抗拒或阻挠关停清退情况的，相关责任单位应冷静对待，并采取妥善措施化解矛盾，恢复正常的整顿秩序。如果情况复杂、严重，责任单位应向公安机关报告，当地公安机关在接到报告后应迅速组织力量赶赴现场，维持现场秩序，控制局面，调查原因，并将情况报告市社会稳定风险防范领导小组。如因取缔关停工作未到位，群众确有困难没有解决的，则由市社会稳定风险防范领导小组指定相关部门负责解决问题。如果是因为不了解政策等而不听劝阻的，当地公安机关应采取适当措施恢复秩序，并会同有关方面做好群众的工作。

第三，纪律要求和责任追究。处置突发性事件要求各方面必须按照职责分工，有序进行。明确各项纪律和责任追究的办法，防止出现指挥不畅、信息不足的情况；对因工作不力、思想不重视造成信访问题扩大化，造成不良影响或越级上访、集访的，要严格追究相关责任人的责任。

（三）维稳工作建议。

一是开展各类不稳定因素动态摸排。各区、各街镇、各有关部门要集中开展深入细致的拉网式、滚动式排查，坚持随发现、随报告、随化解的原则，结合信访举报台账，对重点人、重点矛盾进行不稳定因素摸排，对各类苗头性、倾向性问题做到早发现、早防范，坚决把矛盾纠纷的重心从事后处理转移到事前排查化解上来。同时，对监测发现的有关社会稳定风险方面的舆情，各区、各部门要分类、及时处理，并通过发布权威信息、召开新闻发布会或吹风会、接受媒体采访等方式进行回应，避免错误舆论导向激化矛盾。

二是做好各类应急预案和防控措施。参考清理整顿“小散乱污”关联或类似工作的经验做法，对各领域、各部门已有的较成熟、常态化的应急预案和防控措施，要认真落实、加强启动。同时，结合清理整顿工作中的风险点，进一步明确维护社会稳定工作的重点环节、重点问题，根据各级相关规定，结合各区、各部门的具体情况和各自职能分工，制定出更具有针对性的切实可行的应急预案，明确指挥体系、信息报送流程、相应分级、现场处置措施、信息发布机制、应急保障措施等。包括但不限于：企业应急管理预案、拆违突发群体性事件预案、媒体危机管理预案、综合治安管理预案、环境风险应急预案、政务舆情回应预案等。

三是强化矛盾纠纷化解责任落实。对摸排梳理出的各类矛盾和问题，按照“谁主管，谁负责”的原则，明确责任主体，确保信息预警、矛盾纠纷化解、应急处置等措施落到实处。建立各部门协调联动机制，加强市级与区级之间、区级与街道乡镇之间的定期联络，对影响面较大、涉及部门较多的不稳定因素，各方要加强配合，集中力量化解。

五、评估结论

本报告对清理整治"小散乱污"过程中可能发生的社会稳定风险进行了识别与评价，并对主要风险因素的风险概率、风险影响程度进行了衡量，得出清理整治"小散乱污"工作的社会风险程度较小、但不排除发生个体矛盾冲突可能的结论，并指出通过采取相关风险预防、控制和化解措施可有效避免风险的发生。具体结论如下：

清理整治"小散乱污"可能引发的社会风险主要包括合法性、合理性和可行性风险，环境影响风险，群众抵制风险，群众对生活保障担忧风险，引发社会矛盾风险五类。

单因素风险程度评判认为清理整治"小散乱污"的合理性、合法性、可行性风险很小，环境影响风险很小，群众抵制风险较小，群众对生活保障担忧的风险较小，引发的社会治安风险较小；综合风险指数评判得出整治"小散乱污"的综合风险值为0.34，判定综合风险程度为低。

为加强对不稳定因素的防范，确保清理整治"小散乱污"的社会稳定风险处于低风险和可控范围内，采取以下风险控制化解措施：一是加强政策宣传，营造良好社会舆论氛围；二是坚持以人为本，切实维护社会和谐稳定；三是加大督查力度，强化联合联动执法；四是强化专项指导，搭建转移对接平台；五是出台配套措施，完善政策体系；六是编制应急预案，畅通信息渠道。

结合不稳定因素预判情况，提出维稳工作建议：强化各类不稳定因素动态摸排，根据各级相关规定，结合各区、各街镇、各有关部门的具体情况和各自职能分工，制定切实可行的应急预案并加强落实，强化责任落实和协调联动，对各类苗头性、倾向性问题做到早发现、早防范，坚决把矛盾纠纷的重心从事后处理转移到事前排查化解上来。

总体来看，清理整治"小散乱污"合法、合理、可行、可控，社会稳定风险较小，但有发生个体矛盾冲突的可能。该决策符合国家及本市相关法律、法规及政策要求，有利于改善空气质量和促进经济社会全面、协调、可持续发展，对生态环境、居民生活环境造成的影响很小，各区清理整治"小散乱污"企业所在乡镇（街道）治安稳定，民风淳朴，乡镇（街道）办等机构工作能力较强，加之清理整治工作是依法、合理的行政工作，只要有关职能部门在关停、整顿过程中讲究工作方法，依法公正进行，就能极大降低发生大规模群体性事件的可能性。对影响稳定的少数个案，若按维稳工作建议依法妥善处理，清理整顿及后续工作将会有序进行。

江苏省

江苏省工作推动965808"就让我帮您办"镇江市着力打造中小企业公共服务平台

近年来，镇江市响应大众创业万众创新的迫切需要，积极探索"互联网+政务服务"的新模式，以市中小企业公共服务平台为基础，整合政府部门和中介机构涉企服务资源，在国内地级市率先建设了全市统一的965808（谐音"就让我帮您办"）——企业网络服务平台，受到广大中小微企业的普遍欢迎。

一、畅通渠道，诉求"一键通"

"怎么也没想到，网上留个言，就解决了困扰我好多天的工作。"镇江正恺电子公司杨晓燕如是说。半年前，她负责为公司采购电动车，想申请补贴，但不知该找哪个部门，"找了一圈人，也没问到答案"。去年12月14日，镇江市企业网络服务平台试运营，杨晓燕上午10点多"试着"留言，不到下午5点，平台工作人员联系她，告知负责补贴的工作人员联系方式，"没想到效率这么高！"

面对镇江市面广量大的4.6万家中小微企业，仅靠过去"面对面、点对点"的传统式服务，越来越显得力不从心。急速膨胀的公共服务需求，与相对紧张的服务资源之间的矛盾日益加大，迫切需要我们创新服务方式，集聚服务资源，提供优质服务，助力企业发展。在这一背景下，企业网络服务平台应运而生。平台采用"1（市）+4（辖区）+X（政府涉企部门）+Y（各类中介机构）"模式，丹阳、句容、扬中3个辖市同步建设，两级平台无缝对接，实现网络服务全覆盖；平台精准聚焦企业群体，面向企业、创业和投资者提供服务；企业既可"实名制"注册提出诉求，也可"非实名制"反映问题；平台实行"135"限时办结制：1个工作日内受理回复、3个工作日内办结答复，疑难问题，通过多部门会办、高位批办，力争5个工作日内办结。平台推出了"965808"网络、电话、邮箱和微信公众号等系列服务举措，使记忆更简单、使用更方便。企业在创新和发展中遇到的任何问题，都可以登陆网站、拨打电话、发送邮件提出自己的诉求。

像杨晓燕这样感慨的人还有许多。过去企业找政府部门办事，大多要找熟人、凭关系，往往是"跑多个部门、办一件事情，有时还找不着人、办不成事"。现在有了企业网络服务平台，企业诉求随时随地"一键直通"，变以往的企业"奔波"为现在的信息"跑腿"，让企业"不进一扇门，不找任何人，办成所有事"，真正是"企业e点通，办事更轻松"。

二、服务集成，帮办"一体化"

今年3月2日，企业网络服务平台收到京口区企业中储粮公司"关于协调办理地块出让金返退"的诉求。接到诉求后，平台工作人员及时联系企业，详细了解情况，并先后协调京口区政府、市财政局、市国土局、市规划局等单位予以办理，但因时间久远、问题复杂，一直未能彻底解决，成为"疑难件"。3月11日，平台通过《企业网络服务平台周报》向镇江市政府作专题汇报。市领导高度重视，召开专题会议，协调解决中储粮公司的诉求，达成一致解决意见，解决了企业难题。

平台联合市纪委、市委组织部、市级机关工委、市政务服务办等部门，运用"互联网+政务服务"思维，集聚各涉企服务部门的政策资源和服务力量，建立跨部门的政务服务帮办机制，实现企业诉求的"一网受理、一站办结"。主要为企业提供：一是帮办服务。目前镇江市级机关帮办服务部门已从原来的41个增至76个，帮办员236名。市委组织部与平台联合组建了"疑难诉求红色攻坚团"和"红色帮办员"队伍。市级机关工委在平台发起了"企业点单我服务"助企兴业活动。对企业发展中遇到的困难和问题，各地各部门通过帮办体系及时帮助协调解决。二是政策服务。及时发布国家、省、市出台的最新政策，有针对性地帮助解读政策、争取政策。三是机构服务。218家优质服务机构入驻平台，提供信息咨询、人才培训、创业辅导等10大类公益性和商业性服务。四是项目服务。企业通过平台在线申报国家、省、市三级经信、科技等方面的项目，与行政审批平台互联互通，方便企业办理行政审批和项目申报。平台自去年12月22日开通以来，访问量突破10万次，注册企业5000余家，发布涉企政策信息2300余条。市级平台累计受理办结企业诉求近800件，其中协办、会办150余件，占20%；辖市平台累计办理企业诉求75件。企业诉求办结率100%、满意率98%。特别是在多部门的共同努力下，圆满解决了中储粮"关于协调办理地块出让金返退"等多个疑难诉求，受到企业一致点赞。

"诉求—帮办"机制改变了传统的服务模式，从企业需求出发，每个诉求都是一个工单，都由相关部门牵头，在规定时限内答复办结。对企业而言，无需东奔西走，节约时间、提高效率；对政府而言，服务供给与企业诉求实现了精准对接。线上接单、线下帮办，镇江涉企服务步入"就让我帮您办"时代。

三、贴近需求，政策"一张单"

今年2月，镇江经信委推出第一批涉企服务"菜单"，请全市企业"点菜"。这份"菜单"，是对去年以来国家、省、市鼓励企业发展政策的全面梳理，共50个涉企服务项目，并通过企业网络服务平台等渠道对外发布。"菜单"到了鸿泰钢铁手上，直购电服务项目尤具吸引力。然而，虽在近年实施了一系列节能减排举措，但这家用电大户仍在惩罚性电价企业名单中，而退出惩罚性电价，是其享受直购电等优惠政策的前置性条件。企业的诉求，通过"点菜单"递给了帮办部门——镇江市经信委。怎么办？工作人员立即兵分两路，一路赴企业现场核查，帮助进行节能减排的整改完善，在确定符合退出条件后，协助企业向省有关部门提出申请；另一路则帮企业向上级部门，争取提前开展直购电申请工作。鸿泰钢铁相关负责人刘宏妹说，退出惩罚性电价，企业节省电费144万元，直购电又能年节约用电成本70万元。"点单"服务点出了含金量，点到了我们心里。半年来，已为600余家企业提供了"点单"服务，500多个制约企业发展的"点菜单"，都已顺利办结，企业满意率达98%。其余32个问题，按照"一处接单、分责办理、限时办结"的工作要求正在有序推进中。

涉企政策的宣贯与落实是优化创新创业环境的重要举措。针对目前"政策太多、活动太多"，"政策咨询和申请不知道找谁"等疑问，镇江市经信委主动会商全市涉企服务部门按统一格式梳理汇集涉企服务菜单，现已汇总19个部门提供的近300项政策干货，为建设平台政策库打下了坚实基础，并将在平台上以"政策要点+责任部门+咨询电话"的形式进行条目式发布，以方便企业进行菜单式检索查询，力争使平台成为企业了解各类政策的新“百度”。

四、上下联动，全市“一盘棋”

今年以来，企业网络服务平台建设列入了镇江市委常委会工作要点、市委“效能革命”意见和市政府十大目标任务，要求把企业网络服务平台打造成为全方位帮办服务企业的“直通车”；镇江市政府系统廉政建设重点任务中，也明确要求加强企业网络服务平台建设，实现服务全天候、企业全覆盖，牵头落实部门为市经信委，协办部门为市发改委和政务服务办。

市纪委将网络服务平台建设情况作为推进“效能革命”的具体举措，予以考核问责；市产业“三集”发展领导小组将平台建设和运行情况纳入全市“三集”园区建设考核体系；市委组织部出台了《关于建设“企业党群综合体”的意见》，要求市、辖市区两级选派一批政治强、懂经济的党员领导干部和后备干部到综合体和平台担任助企帮办员，确保企业问题事事有回复、件件有落实，并建立亮绩式考评机制，对工作落实不力的，严格追责、严肃问责；市委市级机关工委为确保“助企兴业”点单服务活动的有效开展，专门成立了工作指导和监督机构，公布监督电话，接受企业投诉，同时把各部门的帮办服务情况纳入年度绩效考核和机关党建考核，促进服务优质高效；市级机关76个党组织均公开作出服务承诺，公布服务热线和举报电话；市级机关各部门均明确了分管领导、落实了帮办力量，对企业提交的需求，实行“网上受理承诺、线下办理回复、监督评议反馈”，帮办服务过程，全程留痕、一目了然，有据可查、责任可究，结果看得见、效能全呈现；相关部门印发了《关于建立企业网络服务平台部门帮办员制度的通知》《企业网络服务平台政务帮办服务管理办法（试行）》，《企业网络服务平台宣传推广工作考核办法》等制度性文件，建立了周报告、月通报、季汇报、年考核的监督反馈机制，开展了相应的帮办服务培训，基本形成了全方位、多部门联动解决企业诉求的服务体系和监督考核机制。

平台内部组建了技术支撑小组、诉求协调小组、内容保障小组和回访跟踪小组，通过制定《企业网络服务平台作业指导书》《部门受理企业诉求帮办服务流程》《企业诉求办理沟通规范》等一系列标准，规范平台的建设和运行。

镇江市965808（谐音“就让我帮您办”）——企业网络服务平台，得到了工信部和省经信委的充分肯定，平台成功升级为全省五星级公共服务平台，“线上受理，线下帮办”的服务模式，荣获2016年“全国中小企业创新创业服务优秀案例”。

（镇江市经信委、江苏省经信委中小企业综合协调处）

江苏省小微企业信息化券的探索与实践

服务券制度是发达国家扶持中小企业发展的通行做法。为更好发挥财政资金引导作用，提升小微企业信息化水平，促进信息化平台发展，江苏省经信委2015年探索开展了小微企业信息化券试点工作，取得了实实在在成效。

一、信息化券试点工作的主要做法

（一）加强调研，制定总体工作方案。在认真研究国内外创新券政策的成功做法，并听取中小微企业意见和建议的基础上，省经信委与试点城市南京和昆山市经信委共同制定了《省市合作开展小微企业信息化券试点工作方案》，明确了总体思路和具体操作流程。总的构想是，遵循“政府支持平台、平台服务企业”的思路，政府向小微企业发放信息化券，企业凭券向信息化平台购买信息化产品和服务，平台凭券向政府兑换财政补助。在具体工作中，着重把握好“四个原则”：一是“双促”原则，既促进小微企业信息化应用，又促进信息化服务平台发展；二是突出重点原则，发放对象以小微企业尤其是初创期小微企业为重点；三是注重绩效原则，做到绩效可量化、可追溯、可防控；四是省市合作原则，充分发挥地方熟悉企业的优势，共同推进试点工作。

（二）设计信息化服务券。鼓励南京、昆山采用不同方式开展试点探索。南京市采用纸质券方式，券面面值统一定为1万元/张；昆山市则采用电子券方式，小微企业信息化券以0.5万元和1万元的小面额为主，专精特新和科技小巨人等其他上规模企业以2万元、5万元及10万元的大面额为主。每家企业可享受一张，采取备案登记制。

（三）选好服务商和适用产品。综合考虑服务商信誉、产品实用性及价格优惠力度等因素，经公开征集、现场答辩、专家评审、法定公示等环节，确定了19家信息化服务商119款产品。服务商选定工作环节邀请纪检部门全程参与监督，确保公平公正。制定了“服务项目清单”，产品包括小型ERP应用、客户关系管理、智能制造、移动商务等，基本能满足小微企业的应用需求。

（四）建立较为完整的监管体系。开发“中小企业信息化券管理平台”，应用信息技术对信息化券的发放、使用、绩效评价等进行全程监控。

1. 实行实名制登记发放。各区（开发区、镇）主管部门负责向企业进行发放，发放对象以初创企业、小微企业和省市重点监测企业为主。企业凭营业执照复印件、所得税汇算清缴表等相关证明材料向所在地主管部门申请。审核登记后，企业在网上注册激活并确认领券，同时自主选择相关信息化产品和服务，并与服务商签约。

2. 确保服务真实有效。产品交付使用后，企业须进入平台系统对服务商的服务进行评价。服务商凭服务合同、服务评价回执、企业支付凭证等，申请兑换补助。

3. 抓好结算兑付与监督评价。委托第三方专业机构对服务商提交的兑现材料进行审核确认和绩效评价，作为兑现财政补助的依据。

二、初步成效

此次试点活动，企业积极性高，各方反响好，影响深度超过预期。一是促进了企业信息化应用。活动共惠及1769家小微企业，其中初创企业占1/4以上，为企业节约信息化成本3935万元，企业对服务商的满意率达95.9%。昆山宝裕吸塑厂过去都是靠手工来管理进销存，现在公司产品有上千种，根本适应不了，参加此次活动后，问题全解决了。二是探索了普惠性支持方式。采取“政府补一点、企业出一点、服务商让一点”的思路，最大限度调动社会资源，服务小微企业。对小微企业不设门槛，简化了项目申报流程和周期，资金安排依据更加客观公正。据统计，1000万元财政资金，带动信息化投入达4261万元，带动地方政府投入500万元，真正发挥了“四两拨千斤”的作用，放大比达1：5。三是调动了地方积极性。试点活动中，省经信委主要负责总体方案的审定、信息化券的兑换和绩效监管。地方负责信息化券的印制、发放、登记、申报等具体工作。省市共同确定一批有信用、服务好、适合小微企业的信息化服务平台。试点工作把省市有机联系在一起，开拓了上下协同联动、共同推进重点工作的新模式。南京市缪瑞林市长在接受媒体采访时对此项工作给予了肯定，昆山市副市长金健宏亲自参加服务券启动仪式。四是取得了良好的社会和经济效益。此次试点活动惠及面广，活动经南京日报、现代快报、龙虎网、昆山日报、苏州电视台及相关政府门户网站等多家主流媒体报道，引起社会热烈反响。各服务商热情高涨，在促进企业信息化水平提升的基础上，自身也开拓了市场，取得了可观的经济效益。

三、几点启示

服务券制度是政府服务企业的新模式，是财政资金支持方式的新变革。通过这次试点实践，加深了我们对推广信息化券制度的认识。

（一）推广信息化券制度是小微企业提升信息化水平的内在需求。小微企业企业信息化基础较为薄弱，整体水平偏低，与智能制造、“互联网+”的要求还有很大差距。目前中小企业有效应用ERP的比例不足10%，生产装备数字化率不到30%，迫切需要通过政府引导、社会化服务，来提升信息化水平。实践证明，信息化券制度，能够降低小微企业信息化成本，激发企业信息化内生动力，这对提升江苏小微企业信息化水平，是一项十分有效的工作抓手。

（二）推广信息化券制度符合财政资金改革创新的方向。今年以来，国务院和工信部分别提出要“研究探索创业券、创新券等公共服务新模式”、“积极完善和推广中小企业服务券制度”等有关要求，推广信息化券制度，体现了普惠式、引领式的改革方向，缩短了政府支持政策的传递距离，扩大了小微企业受益面，对提高财政资金使用效率和影响力都具有十分积极的意义。

（三）推广信息化券制度对我省制造强省建设具有重要现实意义。推广信息化券制度，既可助力面广量大的小微企业全面提升劳动生产率和综合竞争力，又可助推软件和信息服务业发展壮大，对于加快制造强省建设，做强先进制造业和现代服务业两大主干，建设具有国际竞争力的先进制造业基地具有重要的现实意义。

（江苏省经信委中小企业科技创新处）

安徽省
关于推动我省
动产融资工作的调研报告

为缓解中小企业融资难、融资贵的问题，根据《物权法》授权，中国人民银行征信中心于2007年在全国启动动产融资工作。为推动我省动产融资工作开展，根据省政府领导指示，我委会同人民银行合肥中心支行、徽商银行、省信用担保集团组成调研组，于5月16~17日赴人民银行征信中心，调研动产融资工作。现将动产融资工作基本情况、我省动产融资存在的问题、原因及建议报告如下：

一、动产融资工作基本情况

（一）动产融资的必要性。

融资难、融资贵长期制约了中小企业的发展。一方面企业信用等级低、缺乏有效抵质押品等，企业融资难；另一方面，大量动产闲置，长期挤占中小企业资金，增加了企业资金的使用成本，企业融资贵。中小企业亟需寻求、利用不动产以外的有效资源破解融资难题。

（二）动产融资的可行性。

1. 中小企业动产资源丰富，为动产融资工作开展奠定了内部基础。据统计，我国中小企业总资产中，大约60%是应收账款和存货等动产，动产资源丰富。以我省为例，至2015年底，全省规上工业企业应收账款3387亿元，产成品库存1257亿元。一方面，如果按照贷款年利率5.7%（基准贷款利率4.35%，平均上浮30%）计算，将这些动产折算为流动资金贷款，企业需支付贷款利息265亿元；另一方面，如果按照50%的贷款折扣率计算，这些动产可质押生成2322亿元的贷款。可见，动产融资将对缓解中小企业融资难、融资贵发挥了极其重要的作用。

2. 《物权法》的颁布实施，为推动动产融资工作开展提供了法律制度保障。2007年，《物权法》明确了应收账款作为质押品的法律地位，为动产融资业务开展奠定了重要法律基础。

3. 动产统一登记系统和应收账款融资服务平台的成功运行，为动产融资工作开展提供了技术保障。为推动动产融资工作开展，中国人民银行征信中心分别建立了动产融资统一登记系统和应收账款融资服务平台，从动产物权登记和融资供需信息服务两方面，推动中小企业动产融资特别是应收账款融资的发展与创新。

（三）动产融资工作开展成效。

为盘活动产资源，缓解中小企业融资难融资贵，中国人民银行征信中心于2007在全国启动了动产融资工作。

工作启动以来，以应收账款融资为主的动产融资业务顺利起步，并在全国逐步铺开。至2016年5月底，全国累计开展应收账款融资3.5万笔，服务中小微企业5万家，累计融资2万亿，有效帮助中小企业盘活了动产，拓宽了融资渠道。针对中小微企业用款“短频少快”的特点，业务最快可实现1天放款，贷款金额最少单笔5万元，贷款期限最短3个月。业务形成规模供应链94条，带动669家上下游企业实现融资3132笔，金额531亿元。

利用动产融资为缓解企业融资难提供了一条新路径，不仅缓解了实体经济供血不足的问题，而且为金融支持中小企业发展注入了新鲜血液。

二、我省动产融资存在的问题及原因

我省动产融资工作在人行合肥中支的积极推动下，取得了显著成绩，并多次在全国征信工作会议上受表彰。至2016年5月初，我省共有3886户企业开展动产融资2979笔，金额1109亿元。但随着工作的深入，动产融资在推进中仍存在四大难点：

1. **贸易背景的真实性确认难。**在金融机构要求核实核心企业与中小企业供应商交易信息时，核心企业配合度不高，金融机构缺乏核心企业真实贸易背景下的交易数据，融资风险评估难。

2. **核心企业应付账款确认难。**向金融机构确认账款会使核心企业的债务对象由弱势中小企业变为金融机构，加重了核心企业的履约义务，核心企业缺乏积极性。

3. **中小企业有顾虑，参与热情不高。**在同质化中小企业竞争激烈的当下，中小企业与核心企业的交易不平等，害怕一旦对核心企业的债权被转让给金融机构，将会在核心企业供应链中被割弃。

4. **法律制度尚不健全。**缺少统一的动产权属登记法律制度，导致除应收账款质押、租赁以外的其他的动产融资方式难以得到有效的法律保护。

三、下一步工作建议

根据我省动产融资工作开展情况及存在的问题，借鉴天津市经验做法，现提出以下四点建议：

1. **完善法规体系，从法律保障上给予效力确认。**以《安徽省中小企业促进条例》修订为契机，将“积极开展动产融资工作”写入《条例》，以法定形式明确辖内新型动产融资物权登记的法律效力，为动产融资业务开展提供司法保证，确保资金提供方的债权得以实现。在《条例》未修订前，借鉴天津市高院的做法，对存货与仓单质押、保证金质押、应收账款转让等业务，以恰当方式给予法律效力确认，维护交易安全。

2. **强化政府引导、部门联动，明确责任分工，动员核心企业积极参与。**建议由各级政府统筹，建立部门联动协调推广机制，明确责任分工，由经信、人行两部门牵头，国资部门负责动员省、市国有企业（我省核心企业多为国有企业），财政负责引导政府采购部门，经信部门负责动员大中型民营企业，重点将有社会责任担当的核心企业推选出来。企业自发在《支持中小企业动产融资倡议书》上签字，并向社会公开承诺，主动确认账款。对工作主动、成效显著的企业，省经济和信息化委、人行合肥中心支行授予“安徽省动产融资示范企业”称号，并给予一定的奖励。

3. **以产业配套供应链应收账款融资为突破口，带动核心企业上下游中小企业融资。**一是加大对核心企业的宣传，鼓励核心企业积极向金融机构推荐资信状况良好的供应商，支持供应链上的中小企业融资，引导核心企业践行社会责任，履行契约精神，积极配合金融机构做好账款确认和贸易真实性调查工作。二是加大对银行等金融机构的宣传，依托应收账款融资服务平台，寻找优质应收账款，及时回应企业的融资需求。三是加大对中小企业的宣传，引导企业健全财务制度，规范应收账款管理。四是加大对省内供应链融资模式典型案例的宣传，以成促效，扩大推广。

4. **改善金融环境，培育商业保理等第三方非银行类金融服务机构。**天津市动产融资的资金提供方除银行外，多为商业保理公司，不但为企业提供管理、结算、融资、担保等一系列综合服务，而且更专注于为某个行业或领域提供有针对性的服务，从而有效盘活中小企业动产。目前，我省已注册的商业保理公司仅安徽中安商业保理公司一家，亟待加快推动我省商业保理公司的培育和发展，形成金融市场充分竞争机制，为企业提供多样化的动产融资服务。

附件：1. 中征（天津）动产融资登记服务有限责任公司简介

2. 天津市为推动动产融资工作印发文件目录

附件1：

中征（天津）动产融资登记服务有限责任公司简介

一、公司基本情况

为健全我国动产融资服务体系，完善金融基础设施，促进动产融资业务开展，缓解企业融资难、融资贵，中国人民银行征信中心于2011年底在天津发起并出资设立了中征动产融资登记服务有限责任公司（以下简称中征公司）。

中征公司主要负责建设运营动产融资统一登记系统和应收账款融资服务平台，先后从动产物权登记和应收账款融资供需信息服务两方面，推动中小企业动产融资特别是应收账款融资的发展与创新。系统和平台的定位是金融基础设施，业务面向全国。

二、依托平台建设，拓展服务功能

（一）动产融资统一登记系统。

针对动产物权登记部门分散、新型动产融资登记空白并存的问题，征信中心于2014年建成基于互联网的动产融资统一登记系统。系统提供包括应收账款质押和转让、融资租赁、保证金质押、存货和仓单质押、保留所有权等10多项登记服务，并实现了上述登记信息的统一查询。该系统作为动产物权法定登记系统，是防范企业动产融资法律风险的重要金融基础设施。

图一　动产融资统一登记系统运行现状

截至2016年5月初，动产融资统一登记系统运行现状如图一。

（二）应收账款融资服务平台。

经《物权法》授权，人民银行征信中心将中小企业普遍存在且最接近于现金的动产资源——应收账款作为推动当前中小企业动产融资工作的突破口。为帮助中小企业盘活应收账款存量，人民银行征信中心于2013年建成全国性的应收账款融资服务平台。

1. 平台功能

平台通过互联网为应收账款融资交易中的债权人、债务人和资金提供方等参与机构提供应收账款信息合作服务，促成融资交易的达成。

2. 业务流程

具体的操作流程是：用户注册加入平台——债权人或债务人上传账款，对方确认——债权人选择账款，推送融资需求——资金提供方反馈融资意见——双方磋商达成合作后，资金提供方填写成交单，债权人发送质押或转让通知单给债务人——资金提供方完成动产物权登记。

3. 平台的优势

应收账款在平台已注册的债务人、债权人、资金提供方之间自动推送，线上完成账款确认、融资需求推送、融资意向反馈、债权质押通知和登记，不受时间、地域、账款金额大小以及法律障碍的限制，平台操作高效、快捷、安全。平台接入人行征信系统，通过对核心企业应付账款履约信息的采集，还可以丰富企业信用档案。

图二 应收账款融资服务平台运行成效

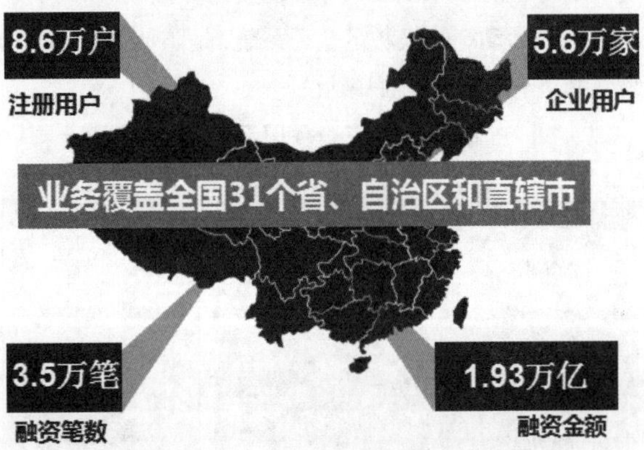

4. 运行成效

截至2016年5月初，应收账款融资服务平台运行成效见图二。

附件2：

天津市为推动动产融资工作印发的文件

1.《市金融局 人行天津分行 市商务局关于做好应收账款质押及转让业务登记和查询工作的通知》（津金融局〔2014〕8号）

2.《市金融局 人行天津分行 市商务委 天津银监局关于办理保证金质押、存货与仓单质押登记和查询工作的通知》（津金融局〔2015〕27号）

3.《市高级人民法院关于印发<天津市高级人民法院关于审理保理合同纠纷案件若干问题的审判委员会纪要（一）>的通知》（津高法〔2015〕224号）

4.《市高级人民法院关于印发<天津市高级人民法院关于审理保理合同纠纷案件若干问题的审判委员会纪要（二）>的通知》（津高法〔2015〕146号）

5.《市高级人民法院关于印发<天津市高级人民法院关于审理动产权属争议案件涉及登记公示问题的审判委员会纪要>的通知》（津高法〔2015〕224号）

国家连续降息 中小企业期值不足

针对近两年银行贷款利率降低情况，我们进行了专题调研，现报告如下。

一、政策推进与措施并举致中小企业贷款成本下降

党中央、国务院高度重视中小企业融资难、融资贵，自2014年以来连续6次降息，去年12月中央召开的经济工作会议明确提出“三去一降一补”重点工作任务，省里建立新型政银担合作模式等手段，全力降低中小企业融资成本，力度之大，措施之实。

今年4月份，我们对全省部分中小企业贷款实际承担银行利率情况进行专题调研，为打消企业顾虑，企业在填报调查表时可以隐去名称。在全省16个市随机调查了316户企业，其中：中型企业63户，小型企业229户，微型企业

24户，2015年实现销售收入3935713万元，上缴税金108239万元，实现利润194394万元，从业人员49609人，以工业制造业企业为主，少许养殖和商贸流通类企业。

自2014年下半到2016年3月底，316户企业向银行贷款1016笔，贷款额759237万元，平均单笔贷款747.28万元，实际支付利息53244万元，上浮多支付14195万元（按同期贷款基准利率应付利息39049万元），平均贷款利率是7.01%，高于基准利率36%（加权平均基准利率5.14%）。可以说，大量的中小企业在降息的“红利”中并没有得到实惠，银行不给“吃”。

表1 银行贷款利率情况汇总表（按金融机构划分）

	贷款笔	贷款额	应付实际利息	计算基准利息	平均实际利率	计算基准利率	上浮%
合计	1016	759237	53244	39049	7.01	5.14	36
国有行	327	246247	15820	12602	6.42	5.12	26
城商行	243	168258	11516	8430	6.84	5.01	37
股份行	68	52198	3467	2677	6.64	5.13	29
农商行	359	259784	20465	13709	7.88	5.28	49
政策行	17	31150	1736	1553	5.57	4.99	12
其他	2	1600	240	78	15	4.85	209

1. 从银行看，国家管控越强的银行执行政策力度越好，上浮利率越低。农村商业银行平均贷款利率是7.88%，上浮49%（加权平均基准利率5.28%），最高；城市商业银行平均贷款利率是6.84%，上浮37%（加权平均基准利率5.01%），次之；股份制商业银行平均贷款利率是6.64%，上浮29%（加权平均基准利率5.13%）；国有商业银行（5+邮储）平均贷款利率是6.42%，上浮26%（加权平均基准利率5.12%），在商业银行中上浮最少。政策性银行（农发+进出口行）严格控制上浮空间，上浮仅12%（详见表1）。农村商业银行、城市商业银行（以徽商行为主）是中小企业贷款的主要银行，贷款占比达56.4%，对中小企业发展起了较大支撑作用。

2. 从企业看，规模越大的企业，银行给予条件越好，上浮越低。销售收入2000万元以下的企业，平均利率，上浮43%；销售收入2000~5000万元之间的企业，平均利率7.29%，上浮41%；销售收入5000~10000万元之间的企业，平均利率7.25%，上浮40%；销售收入1亿元以上的企业，平均贷款利率7.0%，上浮利率在34%左右，这种类型企业一般单笔贷款大，管理规范，有的成为当地银行的优质客户，具有一定的定息话语权。销售收入2000万元以下的企业，一般单笔贷款500万元以下，平均贷款利率7.24%，平均上浮43%，这类企业贷款利率差异较大，获益于省“政银担合作”支持的企业相对优惠，反之较高。销售收入2000~1亿元的企业，规模不大，实力不强，又急缺资金，与银行的话语权少，贷款利率高于上述二者（详见表2）。银行“爱大嫌小”，小企业不但在市场中遭受挤压，而且承受银行的不公待遇，经营困难。

表2 银行贷款利率情况汇总表（按企业销售收入划分）

企业销售收入	小计		国有行		股份行		城商行		农商行	
	平均利率	上浮%	平均利率	上浮%	平均利率	上浮%	平均利率	上浮%	平均利率	上浮%
合计	7.01	36	6.42	26	6.64	29	6.84	37	7.88	49
2000万以下	7.24	43	6.29	26	7.55	35	7.23	47	7.89	52
2000-5000万	7.29	41	6.79	31	6.98	34	7.00	39	7.80	49
5000-1亿元	7.25	40	6.68	29	6.96	33	6.91	33	8.00	53
1亿元以上	7.00	34	6.29	23	6.48	26	6.74	37	7.86	48

3. 从政策看，国家数次降息，银行反映迟缓，落实力度欠缺。自2014年11月22日至2015年10月24日，国家在不到一年时间连续6次降息，一年期贷款基准利率由6.0%降至4.35%，下降1.65个百分点，而实际银行平均利率上浮幅度逐步提高，由降息前的上浮31%提高到去年底的40%，

图1 国家降息各时间段银行利率情况

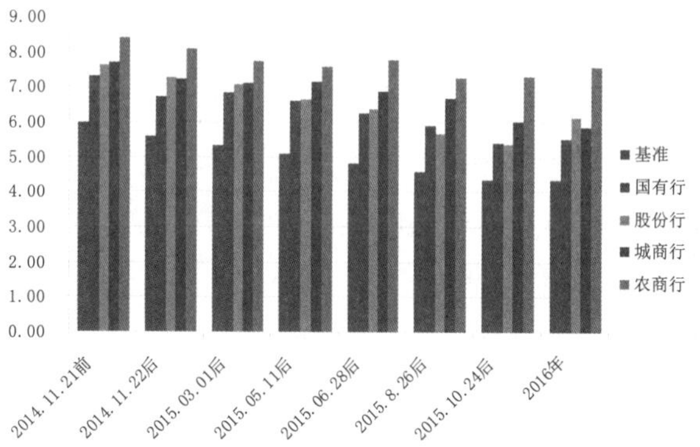

尤其农村商业银行上浮幅度更大，由降息前的上浮41%提高到去年底的72%。去年12月，中央经济工作会议明确提出“三去一降一补”的重点工作任务，降成本，尤其是降低企业融资成本。由于受房地产贷款等其他因素影响，银行不同程度提高了中小企业贷款利率，上浮幅度由去年底的40%，提高到今年一季度的44%，国有、城商、股份、农商银行一年期贷款利率分别达到5.52、5.89、6.15、7.58%，比基准利率分别提高27、35、41、74个百分点，尤其小微企业提高幅度更大。有部分银行对企业到期续贷资金利率要求扔按原贷款利率执行，以回避上浮的概念，有的银行采取附加条款，表像看贷款利率低，上浮少，实际很高，企业与银行是“卖方”市场，致使个别贷款上浮100%以上。虽然中小企业的贷款利率受货币政策的影响略有下降，但贷款利率上浮的比例在逐渐增大，企业的融资成本

下降不大。

4. 从经营看，企业流动资金依然偏紧，银行贷款不能真正解决企业资金需求，小微企业无利可赚。调查的316户企业期末累计应收账款776167万元，占销售收入的19.72%，应收账款与银行贷款额持平。可以说，企业的银行贷款主要被下游销售商占用，即供应链核心企业占用，大量贷款并没有发挥实质性作用——流动资金，企业生产所需流动资金靠自有资金支撑。316户企业期末产品库存469329万元，占销售收入的11.92%，平均销售利润率仅4.94%，企业盈利不足于产品库存，靠自有资金弥补，生产性流动资金被减少，如没有新的“血液”补充，有些企业将越来越困难，最终无力生存。如被调查的41户销售收入2000万元以下的企业中，盈利企业31户，亏损企业达10户，合计利润259万元，平均销售利润率仅0.55%，小微企业无利可赚。

二、资金供给与意愿的扭曲致中小企业贷款利率高企

1. 中小企业资金需求强烈影响贷款利率。据316户企业调查，企业所获贷款大量被应收账款和产品库存占用，用于维持正常生产和更新技术的资金更是少，有些优质企业、高成长性企业，短贷长用，投资于企业长远发展和扩大再生产所需资金，挪占流动资金，一旦银行限贷、停贷，企业将面临灭顶之灾。我省优质中小企业对资金需求十分强烈，资金的供求“天平”失去平衡，金融机构以抬高利率增加利息，获取超额的资本收益。

2. 中小企业贷款议价能力低影响贷款利率。从企业角度看，信用等级高、抵质押物充足、市场发展潜力大的大中型企业在与银行的合作中更容易培养成为银行的优质客户，贷款议价能力强，易获得低成本贷款，贷款利率少上浮、不上浮甚至下浮。反之，大批的中小企业规模小、实力弱、抗风险能力弱，资质差、信用不足、管理不规范、财务不规范，在与银行的价格博弈中处于弱势地位，不但没有过多享受到央行多次降息带来的利好，而且不得不被动接受银行贷款利率的上浮。调查显示，80%的金融机构要求中小企业提供不动产（土地、房产）作为抵押物，大量轻资产高成长性资金需求量大的企业被拒之门外。

3. 银行内部利益考核机制影响贷款利率。追求利益最大化是企业经营管理的出发点，银行内部考核均以此作为基本指标，但不同类型的银行差异性较大。政策性银行在利润考核方面较弱，执行贷款利率最为优惠，体现了较强的政策引导性；而商业银行特别是地方法人金融机构的农商行更强调利润最大化，呈现出国有商业银行、股份制银行、农商银行利率成本依次走高的特征。银行内部考核导向在一定程度上影响了企业贷款成本的构成，随着商业银行改革中间业务考核指标体系，清理不合理收费力度加大，有些银行将原收费的部分内容移植到对贷款利率的更多上浮上，企业贷款综合成本没有下降，但在构成上发生了变化。中小企业单笔贷款小，与大企业相比资金单位成本高，有的地方政府存款采取竞标方式选择银行，银行发行的理财产品占比过高，增加了银行吸储成本。

4. 银行对中小企业偏见影响贷款利率。客观上小微企业群体生得快、死得也快，有数据表明，我国中小企业平均寿命只有3.7年，其中小微企业还不到3年，存亡的风险大，这些企业重复走着“一年发家，二年发财，三年倒闭”之路，银行难以把握企业能存在多久，支持不积极。社会缺乏对小微企业成长性评价机制，好的企业与差的企业混合在一起，鱼龙混杂，大家一抹黑，不能把高成长性优质企业筛分出来，增加了银行寻找优质企业的机会成本和风险。中小企业贷款逾期损失风险大，“尽职免责”落实不到位，信贷员责任大，处罚重，积极性不高。

通俗讲，贷款对中小企业是卖方市场，价格就定这么高，你想低价“买”，我高价还不一定愿意“卖”。

三、有关政策建议

1. 建立多层次企业融资体系，优化融资结构。一是加大中小企业培植力度，规范企业自身经营行为，提升企业信用等级。二是加大财政扶持力度，完善各类风险补偿机制，建立贷款贴息机制，降低企业融资成本。三是鼓励金融产品创新，为中小企业量身定制一些“动产融资”产品，如大力推广“应收账款质押”“商标专用权质押”、“专利权质押”等符合企业阶段性发展需求的金融产品，拓展金融保理和商业保理业务。四是加快构建多层次资本市场，支持中小企业股权融资，构建天使投资、风险投资和股权投资的多层次股权融资体系，提高直接融资比重。五是政府支持企业增信，加大“政银担合作”力度，扩大政府“担保贷款”受众面，推进“政银保合作”（政府银行保险）试点，推广“保证保险贷款”应用于小微企业。

2. 建立多元化中小企业信贷服务机构体系，增加信贷供给。一是继续引导大中型银行加大对中小企业信贷支持，发挥其网点多、风险定价能力强、资金实力雄厚的特点。二是加快发展中小型金融机构，发挥其交易灵活和当地熟悉的优势，鼓励和引导民间资本发起或参与设立社区银行、村镇银行等，建立中小企业发展相匹配的新型金融机构，缓解信贷供给不足的矛盾。三是推动民间金融机构阳光化、规范化发展，发挥其对中小企业融资的补充作用。

3. 强化金融基础设施建设，改善融资环境。一是加强金融机构电子银行建设，支持符合融资条件的企业可通过网上银行端口实现贷款的发放与归还。二是加快完善中小企业征信系统建设，降低信贷市场信息不对称风险。三是发挥信用担保机构增信分险的作用，鼓励政策性担保机构支持中小企业发展，给予优惠担保政策和担保费率，切实降低中小企业融资成本。四是建立高成长性优质中小企业评价体系，为银行提供优质客户后备。

4. 适度提高贷款风险容忍度，降低融资门槛。一是建立适度监管的指标考核机制，对风险管理能力较强、资本与拨备充足、中小企业金融服务良好的商业银行，实行差异化考核。二是建立适度风险可控机制，在风险可控的条件下，适当降低中小企业获得信贷支持的准入门槛，对中小企业不良贷款率实行差异化管理，适当提高中小企业不良贷款率容忍度。三是建立适度定价机制，相关国有商业银行在经济资本回报率模型指标的设定上，应考虑中小企业的承受能力，适当降低利率上浮的比例，其他类型的银行也应完善贷款定价机制，适度降低中小企业贷款利率浮动水平，严格规范收费行为，减轻中小企业负担。

5. 落实“尽职免责”制度，提高信贷员积极性。一是合理界定责任，对中小企业贷款出现逾期、不良、损失，要分析发生的原因，对严格按照小微企业授信业务流程及有关法规勤勉尽职、因客观原因造成风险甚至损失的应予以“免责”，由于银行工作人员失误或道德风险的应严格“追责”，不应一棒子全部打在信贷业务员、审核员、发款行领导身上，消除信贷员多放不如少放、少放不如不放，不发款不担责的错误认识。二是规范“尽职免责”制度，完善相应的中小企业金融服务从业人员“尽职免责”管理办法，调整绩效考核导向，调动基层信贷员工作积极性，避免因责而形成惜贷、抽贷、压贷导致的中小企业融资难、融资贵问题的发生。

6. 加强监督考核，提高担当意识，限制贷款利率上浮空间。一是分类管控利率上浮空间，为扶助中小企业发展，支持大众创业、万众创新，人民银行及金融监管部门应发挥“特殊时期”的利率管控手段，分类监管，在近两年经济下滑期间，严格限制中小企业贷款利率上浮空间，对中小企业单笔贷款2000万元以下的利率上浮严格管控，提高各级银行为国、为民分忧意识和担当精神。对于政策性银行，严格执行基准利率，特殊情况可适当上浮；对于国有商业银行、股份制银行、城市商业银行、农村商业银行、民营银行、村镇银行、社区银行等分类管理，按贷款额度、增信条件等分类确定上浮控制线，严格考核，越红线者追责。具体控制建议标准（见表3）。

表3 中小企业贷款利率控制上限标准建议

单位：%

单笔贷款	国有、股份制、城商行			农商行、民营、村镇、社区银行		
	信用贷	抵质押贷	担保贷	信用贷	抵质押贷	担保贷
500万元以下	15	10	5	20	15	10
500—2000万元	20	15	10	25	20	15
2000万元以上	银企自由议价					
政策性银行，严格执行基准利率，特殊情况可适当上浮不得高于5%。						

去年底，全省小微企业贷款余额8100亿元，平均贷款利率比基准利率高2.2个点，如果利率降低1个点，可为企业减少81亿元的利息支出。

二是加大对银行“三个不低于”的考核，考核结果与管理人员的收入、使用直接挂钩，不能因为控制利率上浮而减少向中小企业发放贷款。三是对大中型企业单笔2000万元以上贷款利率放开，发挥银企直接对话定价的市场作用。把银行的超额利润还给实体经济，以产生更大的放大效应。

撰写人：刘成全、苏凯、夏晓萌、薛金奇

关于安庆市企业服务工作的调研报告

企业发展服务处

2015年4月8日，吴韦人副主任带领委企业服务组一行，就安庆市企业服务工作进行了专题调研。现将有关情况汇报如下：

一、基本情况

2014年，安庆市经济发展呈现争先进位的良好势头。实现GDP1544.3亿元，总量居全省第3位。实现财政收入230.8亿元，增长17.1%，总量超过马鞍山，再次跃居全省第3位，增幅排名全省第1。实现规模以上工业增加值686.8亿元，总量居全省第3位，同比增长12.6%，高于全省平均水平1.4个百分点，增速居全省第2位，较上年提升9个位次。规上工业企业实现主营业务收入2902.4亿元，同比增长13.3%，增幅高于全省3.6个百分点。实现利税337.84亿元，同比增长14.4%，增幅高于全省11个百分点，位居全省第3位。

今年1~2月份，因受宏观经济下行压力加大、中小企业资金面紧张和石化检修等因素影响，全市工业生产出现稳中趋缓情况，实现规模以上工业增加值85.79亿元，同比仅增长1.4%；工业固定资产投资61.21亿元，仍强劲增长36.4%。

二、主要做法

（一）安庆市委、市政府立行决断，主动作为，启动实施“支持中小微企业主动适应新常态、实现健康发展的专项行动”。

去年下半年以来，在宏观经济下行压力下，安庆市中小微企业经营发展面临许多困难和问题，最突出的是企业资金紧缺、负担较重。安庆市委、市政府对此高度重视，主动作为、勇于担当，快出手、出实招。今年3月初，果断启动实施“支持中小微企业主动适应新常态、实现健康发展的专项行动”，旨在提振企业信心，帮助中小微企业解决实际困难和突出问题，提高生存发展能力，促进经济平稳较快发展。成立了由市委书记为第一组长、市长为组长、分管副市长为常务副组长的安庆市支持中小企业主动适应新常态、实现健康发展工作领导小组。领导小组下设综合协调、市场拓展、企业用工、企业培训、财经政策、公共服务保障、驻企服务和环境建设8个工作组，由各牵头单位组建专门工作班子，分头、分工开展工作。同时，明确各县（市）、区是支持中小微企业健康发展的责任主体，按照属地原则对中小微企业进行划分和管理，做到管理规范、权责清晰，全力做好企业服务工作。

（二）聚焦问题，对准靶心，出台“20条政策”，各县（市区）积极响应、同频共振。

3月19日，安庆市委、市政府出台《关于主动适应新常态支持中小微企业健康发展二十条政策》，政策有效期半年（自2015年4月1日起至2015年9月30日止）。各县（市、区）积极响应、同频共振，配套出台了140条政策。在上述政策的基础上，4月8日，安庆市政府又召开专题会议，研究2015年度加快工业经济发展若干政策，决定2015年市本级财政安排2亿元工业发展专项资金，县区按一定比例配套，重点扶持企业上规模、工业固定资产投资、专精特新企业、产业集群发展等方面，进一步强化各县（市）区发展工业的主体意识。下一步，根据形势发展变化和实际需要，该市将适时出台新的政策措施。

梳理这些政策，其亮点和创新点主要体现在：

1. 聚焦市场难问题，实施支持地产品销售、鼓励龙头企业帮助销售、鼓励企业参加展会、鼓励名优特产品“五进”等政策，招招对路、招招实用。

一是支持地产品销售。按安庆市地产品目录，采购人应将符合条件的地产品生产企业纳入邀请招标方式或竞争性谈判方式的邀请对象；相关部门在招标文件中应明确地产品优先条款或投标价格折算条款；地产品生产企业中标的，履约保证金减半缴纳。工业企业采购全市工业企业产品及加工服务金额（不含税，下同）达到100万元以上的，按采购总额的2%给予支持；商贸企业采购全市工业企业产品及加工服务金额达到200万元以上的，按采购总额的1%给予支持；同一企业累计支持金额不超过200万元。

二是鼓励龙头企业帮助销售。市政府设立2000万元的专项经费，鼓励环新集团、华茂集团、安庆旺旺、申洲纺织等牵头企业主动担当，积极帮助全产业链企业推销相关产品。牵头企业帮助其他工业企业产品在市外销售的，按带动销售金额（不含税）的1%给予牵头企业支持。

三是鼓励企业参加展会。对市级及市级以上政府和部门（含全国性行业协会）组织宜城板块重点支持企业（以下简称“名单企业”）参加境内展销的，给予展位费全额支持；参加境外展销的，在中央财政补贴基础上再给予30%支持，同一企业累计参展支持不超过40万元。

四是鼓励名优特产品“五进”活动。名单企业开展安庆市名优地产品和老字号产品“五进”（进大型商场超市、主要宾馆酒店、高速服务区、机场车站和重点旅游景区等）活动、设立专区或专柜的，对其场地租金和广告宣传费用给予50%的一次性支持，同一企业累计支持金额不超过50万元。

五是帮助企业提高产品知名度。市直相关部门为全市中小微企业授牌1100个以上（其中授牌780个，包括安庆名牌、安庆市知名商标、重合同守信用企业；申报320个，包括安徽名牌、安徽省著名商标、中国驰名商标、国家高新技术企业、安徽“专精特新”企业等），帮助企业树形象。

2. 聚焦融资难问题，实施建立经济运行安全保障资金池，充实国有担保机构资本金、放大担保倍数、降低担保费率，可办理房产和土地分割，可容缺办证，可用在建工程为融资提供反担保、短期流动资金贷款贴息等政策，有破有立，推陈出新。

一是按属地原则建立经济运行安全保障资金池。各县（市、区）设立不少于2000万元的中小企业转贷应急专项资金，帮助名单企业解决转贷、续贷过桥资金等问题。

二是充实国有担保机构资本金、放大担保倍数、降低担保费率。将该市担保集团资本金扩充至10亿元。该政策有效期内该市担保集团新增担保额度达到20亿元以上，各县（市、区）国有担保机构新增担保额度要有较大增长。将中小企业担保费率降低到不超过2%。在防范风险的前提下落实省“政银担”合作和风险分担机制。

三是给予名单企业流动资金银行贷款以3月底贷款余额为基数、期限半年、按中国人民银行公布的贷款一年期基准利率计算的新增贷款余额利息的25%支持。

四是可办理房产和土地分割，可容缺办证，可用在建工程为融资提供反担保。依据工业企业的申请，工业用地可以办理土地、房产分割和抵押登记手续，分割后的土地证、房产证仅限于融资抵押。企业自建房在具备国有土地使用证、规划许可证及定位图、施工许可证、规划验收合格证、工程质量验收备案证明以及房屋测绘图纸等要件下，可以实行容缺办理房产证。正在生产且属于低效用地的工业企业，在企业出具履约承诺后可以办理土地抵押登记手续。工业企业可用在建工程（含有土地证的无证房产）、设备、股权、债权和专利、商标、知识产权等资产在市担保集团为融资进行反担保。

五是建立信用体系，为银行金融机构给予企业便捷、优惠服务提供导向信息。

3. 聚焦负担重问题，实施对标准化厂房租金补贴、财力支持企业资产重组、停止向企业收取水、电、气、热管网增容费、开户费、接口费、入网费等政策，体现了政府的关心、用心和贴心，有利于提振企业信心。

一是中小微企业暂缓执行《安庆市人民政府关于调整市区城镇土地使用税等级范围及税额标准的通告》（宜政秘〔2014〕124号）中的等级范围及税额标准，按照《安庆市人民政府办公室关于调整安庆市市区城镇土地使用税等级范围和税额标准的通知》（宜政办秘〔2008〕9号）的规定，依法申报缴纳城镇土地使用税。

二是允许企业缓缴养老、医疗、失业、工伤、生育保险费，缓缴期限6个月；失业保险费率由3%降低到2%；对参加失业保险、无欠费并承诺一年内不实施规模性裁员（裁减人员20人以上或者裁减不足20人但占企业职工总数10%以上）的企业，按规定给予全额岗位补贴；鼓励企业开展技能提升培训并给予培训补贴。

三是严格执行国家、省涉企收费优惠政策，市物价局发布2015年新增减、免、缓、停涉企收费项目目录。2015年内除国家和省要求价格改革项目外，一律停止上调市管涉企经营服务性收费标准。停止向企业收取水、电、气、热管网增容费、开户费、接口费、入网费等。气候可行性论证、雷电灾害风险评估收费减半收取。企业新建房屋白蚁预防费按标准减半收取。免收工业项目规划综合技术服务费。市区开发园区工业投资项目中的新建的民用建筑免收防空地下室易地建设费。企业土地收储首付比例提高到总补偿款的50%，净地交付后10个工作日付清补偿款，免收土地收储各类中介费用。企业安装DN40以下口径水表仅收取成本费。

四是对资产重组企业办理变更登记、证照过户提供快捷、方便服务。对并购重组工业企业的，将企业重组过程中新增的市区两级地方财力所得部分，按原入库级次全额给予支持。

五是名单企业进驻工业标准化厂房的，在本政策有效期内租金给予100%支持。

（三）着力优化发展环境，营造氛围，聚积能量，信息互通，服务到位，考核问责，兑现奖惩。

一是在地方各类媒体通过开设专栏、召开新闻发布会等形式，开展政策解读，宣传本地名优产品及生产企业，宣传服务中小微企业行动和举措，提高政策知晓率，积极营造支持中小微企业健康发展的良好舆论氛围。并将“3月20~4月20日”定为“支持中小企业健康发展宣传月”。

二是建立手机信息平台，每天将全市范围内支持中小微企业发展的举措和动态以短信的形式发给领导小组组长、成员和部分企业。每周召开一次工作组组长会议，对支企服务情况进行碰头对接，并安排下一步工作。

三是强化服务的精准与联动。深化干部驻企服务，健全服务企业长效机制。对工业项目优化、简化审批流程，对项目报批中存在的问题，有关部门加强服务，实行派单销号、限期办理。2015年4月底前开通华茂纺织工业城、经开区电子商务园、大桥开发区智慧产业园、大观化工园、高新区新材料园区公交线路，做好公交加密和线路优化工作。2015年4月底前推动快递企业完成城区网点设立，减免电商企业资费性收费。电信、移动、联通等通讯企业为名单企业建设信息化平台，提供优惠资费。4月至8月，在城区举办1000人次企业经营管理人员培训班1期，举办“皖江讲坛”2期，在国内知名高校举办工业企业负责人培训班、商贸流通企业负责人培训班各1期；举办“安庆创客”培训班、“营销精英”培训班各1期。建立企业法律顾问律师服务团，巡回开展法律服务。按照自愿原则，向名单企业推荐一名以上执业律师续聘、受聘法律顾问，为企业提供法律帮助。严格执行市政府制定的权力清单、责任清单、涉企收费清单。建立、完善政务服务平台，设立中小企业服务绿色通道。开通咨询电话、举报电话，及时受理企业咨询、业务帮办、建议、投诉，做到24小时内答复。

四是实施考核问责。对政策措施进行绩效评估，将支持中小企业专项行动纳入相关部门年度绩效考核。对各县（市、区）、市经开区、市高新区及各组牵头单位进行评先评优和表彰、奖励。对相关单位不作为、慢作为、乱作为、乱收费、乱罚款现象进行严格问责、整治。

三、几点启示

一是保持“抓第一要务”的定力不动摇。工业兴则经济兴，工业强则实力强。当前，我省工业经济正处在适应新常态、奋力爬坡过坎的关键阶段，保持战略定力，咬住工业发展不放松，仍是当前和今后一个时期推动经济发展保持中高速增长、向中高端迈进的“第一要务”。安庆市委、市政府近年来高度重视工业发展，不等不靠，见事早、出手快，围绕项目建设中的资金、土地、收费等突出问题加强调度、协同服务、精准发力，业绩不俗。如果全省都像安庆这样敢担当、善作为，大手笔抓工业，那么安徽工业这盘棋就全盘皆活了。

二是财政支持工业要“算大账”，不能“算小账”。安庆市在财力有限的情况下，仍挤出资金支持工业，支持小微企业走出困境，谋的是后劲，保的是增长。各级财政对支持工业发展都要算明白账，要算支持工业就是保就业、保税源、保稳定、保根本的大账，不能算政府和部门损失当前和局部利益的小账。

三是各地要有一批抓工业的“行家里手”。工业是干出来、抓出来的。领导干部抓工业，就要向安庆市学习，企业一个一个地跑，项目一个一个地抓，政策一项一项地落实。同时，市、县党委政府班子要充实配强“抓工业、懂工业、钻工业”的行家里手，通过干部提拔任用导向，提振各级领导干部特别是主要领导和主管工业的领导抓工业的精气神。

关于亳州市企业服务工作的调研报告

企业发展服务处

2015年4月16日，吴韦人副主任带领委企业服务组一行，就亳州市企业服务工作进行了专题调研。现将有关情况汇报如下：

一、基本情况

亳州市政府坚持“顶层设计、整体推动，先易后难、有序推进，整合资源、共建共享，需求主导、突出重点”的原则，以政府权力清单和责任清单为基础，通过对各级各职能部门的信息资源整合共享，全面推动实体性行政办事大厅功能向网上办事大厅迁移。

网上办事大厅根据行政审批权限不同，分为市直、谯城、涡阳、蒙城、利辛、市经开区6个厅，实行统一用户管理、统一办事项目、统一业务流程。根据办事业务性质不同，分为行政审批类和为民服务类事项。根据操作平台不同，分为电脑和手机APP客户端。根据申办途径不同，分为自己上网直接申办和到基层代办点申请代为办理，全市1200多个行政村（社区）均利用服务大厅开设代办点，以解决部分群众不会上网问题。形成了市县乡村四级互联互通协同办事体系，为个人、企业和社会组织提供“一站式、全天候”的网上办事服务，实现向市场放权、为企业松绑、给群众方便。

网上办事大厅自2014年12月1日上线运行以来，系统运行稳定。截至目前，日均受理群众申报件1000

多件，已累计受理9万多件，群众反映良好。

二、主要做法

一是强化互联网思维，建立“12333”技术支撑平台。建立“12333”工作机制。即：成立1个公司。市政府与科大讯飞公司签署了智慧城市建设战略合作协议，双方投资成立亳州讯飞信息科技有限公司，为网上办事大厅建设运行提供技保障。建设2个网络。积极开展电子政务外网建设，保障市、县区具有行政审批、服务管理职责的部门和乡镇（街道）审批端网络畅通；大力推进行政村（社区）互联网建设，确保个人、企业和社会组织申报端网络畅通，从而实现上下贯通、全面覆盖。建设3个基础数据库。致力打破信息“壁垒”，由市财政投资1300多万元，建设全市统一云计算中心机房，并以建设人口数据库群、法人数据库群和电子证照库群为主要内容，整合了公安等32个部门5000多万条数据资源信息，实现信息共享和业务协同，以解决上传申报资料过多等问题。建设3个支撑服务平台。数据交换平台实现各部门数据交换需求并独立于部门业务系统；信息资源服务管理平台以人口、法人、证照为核心主线，将数据交换平台汇集数据进行整合，并向网上办事大厅及其他部门开放；统一用户管理平台为政务应用提供统一身份认证和权限管理，实现各系统用户统一授权。建设3个应用系统。申报系统为申报主体提供服务，设置了网上申办、网上预审查、一站式登录、事项模糊检索、在线咨询、在线评价、短信提醒等功能模块，系统以电脑浏览器和手机移动终端应用两种形式实现；审批系统为政府审批人员提供规范化业务审批流程；电子监察系统对办事项的办理情况进行全方位监察。以先进的信息化手段，打造了功能完备、运行科学、高效便捷的网上办事平台。

二是梳理权力清单，确保服务类事项“一网揽尽”。亳州市政府按照深化行政审批制度改革和简政放权的要求，建立权力清单制度，对全面梳理出的9341项权力进行“瘦身”，共保留行政权力2878项。网上办事大厅进驻事项与权力清单相统一，在认真比对基础上，将权力清单中能在网上实现办理的行政审批、行政确认、行政备案、行政给付、审核转报5类权力事项和为民服务类事项“一网揽尽”。权力事项进驻网上办事平台后，实行最小颗粒度管理，共派生入驻具体办事项3307项，其中“5类权力”办事项2994项、为民服务类办事项313项，均可通过在线申办或在线预审查等方式办理，减少群众跑腿次数，不仅实现了依法设定行政权力，而且尽可能提供了服务便利。

三是以规则重塑权力运行，电子监察全程实时监控。网上办事大厅平台将入驻的每个具体办事项的法定依据、实施对象、办理流程、收费标准、收费依据、承诺时限、联系方式和申报材料的格式文本、材料样本等信息进行全部规范、统一录入，制定公开了清晰的运行流程图，实现了办理事项的电子化模块化、权力运行的公开化透明化、业务办理流程的规范化。同时，对每一个网上办事项，为所有市直、县（区）、乡（镇、街道）、行政村（社区）设置账户，配置功能权限，按权力属性设置受理岗、审查审批岗等办事岗位，确保权力运行的每个环节都有程序规定，以规则重塑权力运行，使其纳入程序化、规范化、法治化的正轨。同时，针对有权无责、权大责小、责任不清、追责不力等问题，网上办事大厅对每一个办事项均明确各个岗位的职责及其办理时限。网上办事信息自动留痕，把行政权力关进“数据笼子”。电子监察系统进行全程实时监控，设有提醒、预警、超时警告等自动提示功能，对违规审批及时纠错，并依据责任清单，针对不同追责情形予以相应的纪律处分。监察方式由事后监察变为事前、事中、事后监察，全程可视、可控、可查、可纠。通过在线评价和在线投诉，实现内部监督和社会监督相结合，有助于推动政府效能提高和党风廉政建设。

四是加强宣传培训，提高网上办事大厅的知晓率和使用率。加大专题宣传报道，拍摄了《网上办事大厅宣传片》并在市广播电视台反复播放。利用微信公众号、QQ群、手机短信、咨询热线和明白纸等积极推送宣传。加大培训力度，市县区共开展23期约3000余人次培训。制作网上办事教学专题片和用户操作手册电子档，在“中国·亳州”网上设置办事大厅悬浮窗口和图标链接，不断提高网上办事大厅的知晓率和使用率。同时加强监督检查，采取不定期暗访等方式，对各部门网上办事的事项进驻率、网上办理率、限时办结率、服务满意率等进行检查通报，并将结果纳入年度绩效综合考核。

三、实践价值

建设网上办事大厅是顺应“互联网+”、实现政府“瘦身”、推进治理能力现代化的创新实践。

亳州政府网上办事大厅运用互联网技术，开发了互联网智能，让互联网形成的新制度管人、管事，创建了权责一致、监察高效的制度新体系，为扁平化管理建立了新制度，为优化政治生态构建了新机制。例如自网上办事大厅建成运行以来，亳州市行政服务中心窗口已有45名工作人员返回原单位工作，使紧张的人力资源得到释放，机构编制配置得到优化。同时，针对审批事项过多、办事程序繁琐、行政效能低下等问题，亳州市政府结合网上办事大厅建设，以深化行政审批制度改革为突破口，坚持“应减必减、该放就放”，“瘦身”审批权力，简化办事程序，缩短办事期限，降低了行政成本和群众办事成本，优化了发展环境，真正实现为企业“松绑减负”，激发市场活力，调动大众创业积极性。例如上海必胜客公司华东市场部在南京通过互联网登陆亳州政府网上办事大厅，亳州市相关部门仅用1天时间就完成了项目审批，并依据法定程序到必胜客亳州营业点进行验收，两天内完成验收并将相关证件免费邮寄到该公司，为企业节省了大量时间和精力。

建设网上办事大厅是颠覆传统办事模式：由“群众跑腿”、“干部跑腿”变成“数据跑腿”的创新实践。针对“盖章跑断腿，办事磨破嘴”等社会关注、群众关切问题，网上办事大厅在制度设计上坚持人民主体、群众参与，对“为民服务全程代理”进行升级，建立“一站式、全天候”的便捷办事渠道。构建了“纵向到底、横向到边”的网上办事体系，做到服务范围“零盲区”；群众足不出户就可以享受到便利的政务服务，做到服务办理“零距离”；证件办好后城区24小时内通过邮政EMS免费邮寄到群众家中，做到服务获得“零花费”。由“群众跑腿”、“干部跑腿”变成“数据跑腿”，将传统的群众办事求政府现象转变为政府向群众、企业及社会组织推送便利服务，变“办事求政府”为“政府帮办事”，走出了群众办事“门难进、脸难看、话难听、事难办”的困境，打通了服务基层的“最后一公里”，真切地让办事者对政府改革有最现实的“获得感”。如谯城区老年优待证办理实现网上申办后，由原来每天办理3件左右变为每天办理50件以上，真正给群众提供了方便。从新公共管理角度看，网络与政府的融合改变着公民与政府的沟通方式，找到了融洽党群干群关系的良方，重塑了“主仆”关系。

建设网上办事大厅是让权力在阳光下运行、重构政府权责的创新实践。网上办事大厅将市、县区行政审批及为民服务事项全部纳入，对各单位办理情况、群众投诉情况进行网上实时在线监察，实现了审批透明化、痕迹数据化、监控实时化。办事人与经办人员“零接触”，设置了滋生腐败的屏障，有效消除和防范权力设租寻租空间，从根本上杜绝了行政不作为、乱作为和“吃拿卡要”的不正之风。结合建立责任清单制度，克服懒政怠政、坚决惩处失职渎职，对行政权力腐败行为“零容忍”，有助于政府部门实现勤政廉政、依法办事，传统模式下的关系审批、人情办事、暗箱操作等违规违纪行为在网上办事大厅的建设中失去“温床”，有助于从源头上预防腐败。网上办事大厅把“以公开为常态、不公开为例外”、“法无授权不可为、法定职责必须为”的理念贯彻工作始终，以权力清单和责任清单为基础，推进行政权力网上运行公开化、业务流程规范化，用法律和规则再造权力运行，限制了自由裁量权，让政府权力纳入了法治轨道，给“任性”的权力套上法治的“辔头”，实现了服务程序“零缺陷”，倒逼政府权责重构。

四、几点启示

亳州市网上办事大厅在全省处于领先地位，有好多先进的理念和创新的做法值得我们在下一步加强中小企业服务平台建设中借鉴学习。

一是必须以企业需求为平台服务导向。亳州市网上办事大厅在成立之初，就坚持“需求主导”原则，通过召开座谈会、问卷调查等形式，收集整理人民群众的服务需求，以此设计办事流程和办事规则，真正做到简便易行，切实管用，取得了人民群众的高度认可。目前我省各市、部分县都建立了中小企业服务平台，但在对接企业服务需求、开展网上服务上还需要进一步加强，要紧紧围绕企业融资难等迫切性需求，有针对性地开展如“百场万企·助力小微”系列线上线下活动，形成平台服务的强大影响力和向心力，真正将平台打造成全省中小企业离不了的“保姆”和“帮手”。

二是必须善于整合利用各类服务资源。亳州市投资1300多万元，建设了全市统一的云计算中心机房，包括人口数据库群、法人数据库群和电子证照库群三个基础数据库，整合了公安等32个部门5000多万条数据资源信息，实现信息的共建共享和互联互通，打造了功能完备、运行科学、高效便捷的网上办事平台。各市县中小企业企业服务平台要向亳州市学习，利用“互联网+”的机遇，加大对各类服务资源或专业服务机构的整合力度，做到网络互联互通、资源共享、服务协同，“一网揽尽”中小企业服务项目，打造我省中小企业的“服务淘宝”。

三是必须对平台及服务机构加强管理。亳州市网上办事大厅建立了电子监察系统，对办事全程实时监控，设有提醒、预警、超时警告等自动提示功能，对违规审批及时纠错，并依据责任清单，针对不同追责情形予以相应的纪律处分，推动了办事效能的极大提高。我们将加强对平台及入驻平台的服务机构的评价考核，建立服务标准和评价办法，开展服务满意度网上调查，实行分类管理、动态调整，支持服务优质、成长性好的平台做专做精，形成服务品牌，开展“连锁经营”服务，以此为标杆，全面提升中小企业服务平台的服务能力和水平。

四是必须发挥省平台的枢纽作用。省中小企业服务平台经过近几年的建设运营，搭建了“安徽省中小企业公共培训平台”、“安徽省产业大数据情报服务平台”、“安徽省中小企业融资对接服务平台”、“小微企业云管理平台”，初步具备资源统筹、信息共享、在线服务、服务拓展等功能。下一步，要充分发挥省中小企业服务平台的枢纽作用，支持其成为全省中小企业网上“服务淘宝”的引领者、先行者，并将现有的“1+44” 网络平台扩充至“1+100”，真正织就覆盖全省、服务中小企业的“一张网”。

山东省

山东省中小微企业创业创新需求调查研究报告

山东省中小企业局

2015年7月至12月，省中小企业局联合省民意调查中心运用专业规范的社会调查方法，对全省17市7943家中小企业开展了创业创新需求情况调研。其间电话调查企业经营者（含高管人员）7943个、普通员工22861个，完成有效样本4180个；对济南、枣庄、烟台、济宁、泰安、莱芜、聊城、菏泽等市的部分企业进行深入访谈和考察，形成调研报告如下。

一、调查分析情况与主要结论

（一）“大众创业、万众创新”政策知晓度及落实状况。

推进“大众创业、万众创新”重大举措广为人知、广受欢迎，扶持政策已然在路上，落地生根是广大企业主的热切期盼——超过半数中小微企业主和企业员工对“双创”政策有所了解，33.9%的中小微企业享受到税收优惠政策，24.1%获得过财政资金扶持，17.9%享受到技术创新方面的优惠政策，8.6%享受到中小微企业创新券补助。通过调查发现，企业规模越小，享受政策比例越低；鲁东、鲁北地区享受政策状况较好，鲁西地区较差；从事信息传输、软件和信息技术服务业等现代服务业以及农林牧渔业企业享受政策比例最高，制造业最低。

1. 政策知晓度及认同度

（1）半数以上的中小微企业主和企业员工对政府推进“大众创业、万众创新”重大举措有所了解。

调查发现，对于政府大力推进“大众创业、万众创新”的重大举措，55.7%的中小微企业主表示知道。同时，51.2%的企业员工也对此有所了解，48.8%的完全没听说过。调查同时发现，“大众创业、万众创新”受到广大公众的欢迎和认可，被访者纷纷表示，这是一项富民强民、利民惠民的好政策，为怀揣创业梦的人们实现梦想提供了千载难逢的机遇。

（2）从事信息传输、软件和信息技术服务业现代服务业以及农林牧渔业的中小微企业主对“双创”知晓度更高。

交叉分析发现，不同行业的中小微企业主对“双创”

的知晓度有明显差异。从事信息传输、软件和信息技术服务业现代服务业的企业主对“双创”的知晓度更高，达到72.7%；其次是农林牧渔业，为61.6%；制造业、批发零售业和建筑业分别为57.0%、51.2%和50.9%，从事交通运输、仓储和邮政业的企业主对“双创”政策知晓度最低，仅为38.6%。

2. “双创”政策落实情况

（1）“双创”政策已然在路上。

近年来，各级政府对创业创新的政策扶持力度不断加大，各项优惠政策层出不穷。我省积极贯彻落实中央部署，专门针对中小微企业制定了一系列政策措施。本调查重点选取了代表性较强、辐射面较广的几项政策，包括简政放权、税收优惠、财政支持、技术创新等方面。调查发现，上述优惠政策的效果已经开始显现。

调查表明，“简政放权、放管结合、优化服务”工作取得一定成效，政府办事效率和工作作风已有明显改善。64.2%的中小微企业主对简政放权工作感到满意，表示政府的办事效率比以前有所提高；20.1%的表示没有变化，5.0%的表示变慢了，10.7%的表示不清楚。与此同时，政府工作人员作风良好，92.3%的中小微企业主表示没有遇到过政府工作人员“吃拿卡要”的现象，有7.8%的表示偶尔遇到或经常遇到。90.8%的中小微企业主没有遇到过政府部门“乱收费、乱罚款、乱摊派”的现象，有9.1%的表示偶尔遇到或经常遇到。

调查同时发现，截止大片目前，33.9%的中小微企业享受到了税收方面的优惠政策，24.1%的中小微企业享受过财政资金扶持，17.9%的中小微企业享受技术创新优惠政策，8.6%享受到中小企业创新券补助。

（2）不同行业享受优惠政策差异较大，从事信息传输、软件和信息技术服务业现代服务业以及农林牧渔业的中小微企业享受优惠政策的比例更高。

交叉分析表明，在税收优惠政策方面，从事信息传输、软件和信息技术服务业现代服务业以及农林牧渔业的企业，享受比例稍高，占45.5%，其他行业则较低，尤其是制造业，仅为31.6%。

同时，在财政资金扶持方面，从事信息传输、软件和信息技术服务业现代服务业以及农林牧渔业的企业，享受的比例也略高，分别为34.5%和33.9%；其次是制造业以及交通运输、仓储和邮政业，分别为27.0%和22.9%；批发零售业和建筑业最低， 分别仅为13.4%和9.4%。

在技术创新优惠政策方面，从事信息传输、软件和信息技术服务业的企业，享受比例更高，为30.9%，制造业22.5%，农林牧渔业17.9%，远高于其他行业。

在创新券补助方面，从事信息传输、软件和信息技术服务业的企业，享受比例略高些，为18.2%；其次是农林牧渔业和制造业，享受比例为10.7%和10.2%；其他行业享受比例则更低，不超过10%。

（3）不同规模企业享受优惠政策差异较大，规模越小，享受比例越低。

交叉分析表明，企业是否享受财政资金扶持与其规模密切相关，规模越小，获得财政资金扶持的比例也越低。大型企业获得财政资金扶持的比例为46.3%，而该比例在中、小、微型企业中仅分别为32.2%、25.7%和14.1%。

同时，企业规模越小，享受技术创新优惠政策和创新券补助的比例也越低。大型企业享受创新优惠政策的比例为31.7%，而微型企业仅为10.2%；大型企业得到创新券补助的比例为17.1%，而微型企业仅为4.1%，差异较大。

（4）不同区域中小微企业享受优惠政策差异较大，鲁东、鲁北地区中小微企业享受优惠政策状况较好，鲁西地区较差。

调查发现，在财政资金扶持方面，鲁北、鲁东地区中小微企业获得比例最高，分别为31.8%和30.8%；其次是鲁南、鲁中，分别为27.5%和21.0%；鲁西地区获得财政资金扶持的比例仅为17.3%。

在技术创新优惠政策方面，鲁东、鲁中、鲁北地区的中小微企业享受比例较高，分别为24.7%、20.4%和20.2%；鲁西地区较低，为12.1%。

同时，在中小企业创新券补助方面，鲁北地区中小微企业享受比例较高，为11.2%；鲁西地区较低，仅为5.2%。

3. 扶持政策落实过程中存在的问题

本次调查发现，扶持政策在落实过程中存在如下问题：

首先，政策宣传不到位，企业主对政策不甚了解，是导致企业无法享受优惠政策的首要原因。本调查表明，在没享受到优惠政策的企业中，接近一半（48.1%）是由于“不了解相关扶持政策，也不知道找哪个部门申请”而错失良机。政策主体过于分散是造成企业主对政策知晓度低的重要原因。据有关部门不完全统计，目前全省散见于相关部门的扶持“双创”有效文件超过30件，分别掌握在不同部门，大部分处在信息孤岛状态。即便是相关政府部门的工作人员，尚且谈不上对“双创”政策全部精通，更何况普通的企业主，想对各项政策了如指掌，谈何容易！调查中，有企业主表示，“希望政府建立专门介绍小微企业扶持政策的网络平台，能让企业一键解决问题，而不是一个局一个厅地去搜索、去学习、去解读”。

其次，政策针对性不强，或申请门槛高，或吸引力不足，导致效果大打折扣。本次调查表明，28.8%的企业表示因“不符合条件”而未享受到相关优惠政策，10.9%的企业表示“政策用处不大，嫌麻烦，主动放弃”。调查中，被访者表示，有些含金量高的政策附带着许多限制性条件，自己的企业根本无法享受；还有些政策又不具吸引力，再加上申请政策程序复杂，需要耗费大量的人力、物力和时间成本，便不愿再去争取。

最后，政策执行难也是导致企业难以享受的关键原因。一方面，虽然国家出台相关政策，但地方政府（含省、市、县）并没有制定可操作性强的配套细则，导致政策无法落地。另一方面，由于缺少监督，有些政府部门没有严格按照规定执行相关政策，使得中小微企业在享受优惠政策时遭遇层层阻力。数据表明，有8%的企业表示符合条件，但最终没有申请成功。

4.政策落地生根是广大企业主的热切期盼

调查发现，对于政府出台的一系列扶持中小微企业发展的政策，“落实到位”是广大中小微企业主的最大期盼，达到50.9%；其次是“提高政策的针对性和可行性”，占27.7%；最后是“加大政策宣传解读力度”，占24.1%。

（二）中小微企业经营基本情况。

中小微企业目前经营状况稳中向好，动力足、热情高，勇于创新——近七成中小微企业处于“盈利”或“收支平衡”状态，六成以上无成本上涨压力；超过3/4的中小微企业主对未来发展前景充满信心，逾三成近期有扩大投资规模的打算；四成以上（43.2%）拥有新产品新技术的研发机构，近三成（28.9%）拥有自己的专利。企业规模越大，经营状况越好；从事农林牧渔业与信息传输、软件和信息技术服务业现代服务业的企业经营状况较好，建筑业经营状况较差；鲁东地区中小微企业经营状况较好。

1. 企业目前经营现状

（1）68.6%的中小微企业处于“盈利”或“收支平衡”状态。

调查发现，在当前宏观经济下行压力较大的形势下，我省中小微企业生产经营状况稳中向好。数据表明，24.9%的中小微企业目前处于“盈利”状态，43.7%的企业处于“收支平衡”状态，两者合计比例为68.6%。

交叉分析表明，企业规模越大，经营状况越好。大、中、小、微型企业处于“盈利”状态的比例依次降低，分别是31.7%、26.4%、25.5%和21.4%。

就行业而言，交叉分析发现，从事农林牧渔业与信息传输、软件和信息技术服务业的企业经营状况较好，表示“盈利”的比例分别为31.3%和30.9%；其次是交通运输、仓储和邮政业，批发零售业以及制造业，表示“盈利”的比例为27.7%、23.8%和23.6%；从事建筑业的企业经营状况较差，企业主表示“盈利”的比例仅为18.9%（见表1）。

表1 不同行业中小微企业目前的经营状况

所属行业	盈利	基本持平	亏损	停工或停产
农林牧渔业	31.3%	36.6%	29.5%	2.7%
制造业	23.6%	43.1%	30.8%	2.4%
建筑业	18.9%	56.6%	22.6%	1.9%
批发和零售业	23.8%	41.3%	33.1%	1.7%
交通运输、仓储和邮政业	27.7%	42.2%	27.7%	2.4%
信息传输、软件和信息技术服务业	30.9%	47.3%	21.8%	0.0%
其他	25.4%	49.2%	24.3%	1.1%

就区域而言，交叉分析发现，鲁东地区中小微企业经营状况较好，表示处于“盈利”状态的比例为30.8%，鲁中、鲁南、鲁西和鲁北分别为21.9%、21.6%、26.5%、26.0%。

（2）61.6%的中小微企业主表示生产经营总成本没有上涨。

调查发现，六成以上（61.6%）的中小微企业主表示，与往年相比，今年企业的生产经营总成本没有上涨，其中40.2%的企业主表示总成本没有变化，21.4%表示成本有所下降。

但是，不能忽视的是，也有接近四成（38.4%）的中小微企业面临成本上涨的压力。随着劳动力工资水平不断提高、社会保险制度不断完善，人力成本上涨成为必然，成为导致总成本上升最重要的因素。数据表明，在成本上涨的企业中，80.9%反映人力成本上涨，所占比例最高。

2. 中小微企业主再创业意愿

调查发现，中小微企业主普遍对未来前景抱有积极乐观的态度。数据表明，76.3%的中小微企业主对企业未来的发展前景充满信心，其中“很有信心”的占43.8%，“比较有信心”的占32.5%。

调查同时发现，30.6%的中小微企业主近期有扩大投资规模的打算，其中“已经开始着手准备”的占11.6%，“有这个想法”的占19.0%。

交叉分析发现，从事信息传输、软件和信息技术服务业现代服务业与农林牧渔业的企业主对未来更加积极乐观，对企业发展前景充满信心的比例分别高达87.3%和81.3%，近期有扩大投资规模打算的比例分别为40.0%和36.6%，均高于其他行业。

交叉分析同时发现，与大型企业相比，中小微企业主对未来的发展前景更加乐观，再创业的意愿更强。中、小、微型企业主对企业未来发展前景充满信心的比例分别为80.6%、75.9%和74.7%，该比例在大型企业为70.7%；中、小、微企业主近期有扩大投资规模打算的比例分别为33.3%、30.5%和29.1%，该比例在大型企业为21.9%。

3. 企业技术创新状况

中小微企业技术创新意识和水平较高——四成以上（43.2%）的中小微企业拥有新产品新技术的研发机构，近三成（28.9%）企业拥有自己的专利。

在市场竞争日益激烈的形势下，技术创新已经成为企业生存发展的关键因素，是企业形成核心竞争力的重要途径。近年来，山东省委省政府高度重视技术创新工作，大力实施创新驱动发展战略，激发中小微企业创新活力。从2011年开始，实施“一企一技术”计划，通过税收减免、专项投入等政策措施，鼓励中小企业科技创新，加大专利技术研发力度。有关资料表明，我省中小企业的创新能力有所增强，2014年中小企业技术创新项目达到3242项，占全省总量的78.7%。

本调查结果也印证了这一点。调查发现，四成以上（43.0%）的中小微企业拥有新产品新技术的研发机构，近三成（28.4%）企业拥有自己的专利。就专利数量而言，35.4%的企业拥有3项以内的专利，42%的企业拥有4-10项专利，14.3%的企业拥有11-20项专利，8.2%拥有20项以上的专利。

企业是否拥有研发机构和专利与其所属行业密切相关。交叉分析发现，从事信息传输、软件和信息技术服务业现代服务业和制造业的企业拥有研发机构的比例较高，分别为65.5%和54.5%，同时拥有专利的比例也较高，为38.2%和37.8%，远高于其他行业。

（三）中小微企业面临的困难及需求。

“用工贵”，“税费负担重”，“融资难、融资贵”是中小微企业普遍面临的难题；不同规模、行业、地域的企业所面临的困境及需求各有不同：

——就规模而言，企业规模越大，成本上涨压力越大；规模越小，“税费负担重”，“融资难、融资贵”，“技术创新不足”等问题愈加突出，“降低税费”、“加大财政扶持”、“督促银行降低贷款门槛”是中小微企业对政府的迫切期望。

——就行业而言，从事信息传输、软件和信息技术服务业现代服务业的中小微企业，“用工贵、用工难”问题尤为突出，迫切期望政府“加大人才支持”；从事农林牧渔业的中小微企业，“资金短缺”问题更加突出，希望政府“加大财政资金扶持”；从事制造业以及交通运输、仓储和邮政业的中小微企业，“税费负担重”是困扰其发展的难题，强烈期盼“降低税费”。

——就区域而言，鲁东地区中小微企业“用工贵、用工难”问题较为突出，期待政府加大人才支持；鲁北地区中小微企业“资金短缺”问题突出，迫切需要融资，希望政府加大财政资金扶持；鲁西地区中小微企业融资成本最高，同时技术创新意识和水平较低，期望政府优化融资环境，降低融资成本。

1. 中小微企业目前面临的主要困难

（1）用工贵——60.4%的中小微企业主反映人力成本过高。

调查表明，“用工贵”已成为中小微企业面临的突出问题。在被调查的所有中小微企业中，六成以上(60.4%)的企业主对高企的人力成本深感头痛，其中14%表示“人力成本太高，难以承受”，46.4%表示“人力成本比较高，勉强能承受”。

在用工方面，除成本高之外，还有23.6%的中小微企业面临“用工难”的问题，表现为对需要的人才“招不来、留不住”。

调查中，企业主纷纷表示，中小微企业受资金、规模的限制，员工的工资、福利、发展前景不及大型企业，很难吸引到优秀的人才。数据表明，“工资待遇低”、“工作环境差、压力大”，“社保、职称评定等配套政策不完善”是导致用工难的三大主要原因，分别为49.7%、34.1%和20.0%。

（2）税费负担重——近九成（89.5%）中小微企业主表示，近两年企业的税费负担并没有减轻。

近几年，为鼓励和支持中小微企业创业创新，政府专门制定面向中小微企业的税收优惠政策，并减免部分涉企收费。然而调查表明，近九成（89.5%）的中小微企业主表示，近两年企业的税费负担并没有减轻，其中67.6%的企业主表示税费负担“没什么变化”，更有21.9%的企业主表示税费负担非但没减轻反而加重了。

（3）融资难、融资贵——超过1/3的中小微企业有融资需求，15.9%有融资需求的企业没有融资成功，平均融资成本达到11.1%，民间借贷成本高于银行借贷。

——超过1/3的中小微企业有融资需求。

资金是企业的血液，更是企业开展生产经营活动的第一推动力。调查发现，我省1/3以上（34.8%）的中小微企业目前存在资金缺口，需要融资。其中，中小微企业主表示“资金非常紧缺，急需融资”的比例为16.3%，表示“资金比较紧缺”的比例为18.5%。

由此可见，我省中小微企业融资需求总体偏弱。分析原因，一方面受当前经济下行压力影响，企业经营状况欠佳，融资需求相应减弱。另一方面，这与我省中小微企业一贯的经营方式有关，长期习惯依靠自身内部积累，自给自足，导致食欲下降，胃功能萎缩，加上银行贷款难、民间借贷利息高，更不敢对外界资金抱有希望。

——在有融资需求的企业中，15.9%没有融资成功。

调查同时发现，中小微企业依然面临融资难的问题。在有融资需求的企业中，15.9%没有融资成功。

根据一般市场规律，中小微企业融资需求自然会催生相应的市场供给，但由于中小银行等金融机构发育缓慢，与中小微企业匹配的服务过少，面向中小微企业融资的激励政策也因缺乏载体而效率低下。总的来看，目前融资市场并不能满足中小微企业需求。

——融资渠道狭窄，银行贷款是中小微企业融资主渠道。

就融资方式而言，银行贷款是中小微企业的主要渠道。数据表明，85.5%的企业通过银行贷款来融资，19.5%的企业通过民间借贷的方式融资，另有10.7%的企业选择其他融资方式。另外，调查发现，35.5%的企业与别的企业联保贷款。

——平均融资成本达到11.1%。

调查表明，融资成本高也是中小微企业面临的突出难题。融资成本是指企业融资所支出的各项费用，包括贷款利息、中间业务费、第三方中介机构收取的评估费、担保费和审计费等。数据表明，从2014年底到现在，中小微企业的平均融资成本达到11.1%。其中，61.7%的企业融资成本在10%及以下；26.1%的企业融资成本为11~20%，5.0%的企业融资成本达到21~30%，甚至还有7.2%的企业融资成本高达30%以上。

调查同时表明，民间借贷成本高于银行贷款，企业从银行贷款的平均融资成本为10.5%，而民间借贷的平均融资成本高达14.1%。

——担保机构对中小企业融资作用有限。

本次调查发现，担保机构对中小微企业融资的作用有限。其一，45.1%的中小微企业对担保机构的职能作用并不了解。其二，对担保机构有所了解的中小微企业，普遍反映担保机构门槛高、手续繁琐、费用高。数据表明，八成以上（80.7%）的企业主认为担保机构门槛过高，近3/4（74.7%）的企业主认为担保机构手续繁琐，七成以上（71.0%）的企业主认为担保机构费用过高。

2. 不同规模企业面临的困境及需求

（1）大型企业成本上涨压力更大。

调查发现，企业规模越大，成本上涨压力也越大。大、中、小、微型企业表示今年总成本上升的比例分别为43.9%、38.0%、39.0%、36.7%。调查同时发现，导致大型企业成本上升的因素主要是人力成本、原材料成本和资金占用成本，分别为88.9%、50.0%和33.3%。

（2）与大型企业相比，中小微企业感觉税费负担更重，迫切期望“降低税费”。

调查发现，中小微企业主感觉税费负担比以往加重的比例高于大型企业。在大型企业，企业管理者表示近两年税费负担“有所加重”的比例仅为4.9%，而该比例在中型、小型、微型企业中却分别高达18.2%、23.7%和19.8%。

调查同时表明，中小微企业对“降低税费”的呼声远高于大型企业。中、小、微型企业表示希望政府“降低税费”的比例分别为20.1%、22.7%和21.2%；而该比例在大型企业仅为8.3%。

（3）企业规模越小，“融资难、融资贵”问题愈加突出；加大财政扶持、督促银行降低贷款门槛是中小微企业的迫切需要。

调查发现，企业规模越小，融资愈困难。交叉分析表明，大型企业能够成功融资的比例达到100%，中、小型企业成功融资的比例为84.6%和81.4%，而微型企业仅为71.3%。

调查同时发现，企业的融资成本与其规模呈反比。企业规模越小，融资成本越高。大型企业的平均融资成本为9.4%，中、小型企业的平均融资成本为10.2%和10.7%，微型企业的平均融资成本则最高，达13.3%，其中有13.8%的微型企业融资成本达到30%以上。

此外，不同规模的企业融资方式存在较大差异。企业规模越小，选择银行贷款的比例越低，而选择民间借贷和其他融资渠道的比例越高。数据显示，仅7.1%的大型企业通过民间借贷或其他方式融资，而中、小、微企业通过民间借贷或其他方式融资的比例分别高达20.4%、27.4%和47.7%（见表2）。

表2　不同规模企业的融资渠道

企业规模	银行贷款	民间借贷	其他渠道
微型企业	69.3%	31.8%	15.9%
小型企业	88.1%	18.0%	9.4%
中型企业	91.6%	10.8%	9.6%
大型企业	92.9%	7.1%	0.0%

相比银行贷款，民间借贷成本高、风险大。为何中小微企业会选择这种方式？根本症结在于，中小微企业获得银行贷款十分艰难。访谈中，不少中小微企业主反映，各银行为减少不良资产、防范金融风险，普遍推行抵押、担保制度，纯粹的信用贷款已经很少。中小微企业贷款难主要表现在抵押难和担保难上。抵押难，一是中小微企业可抵押物少，抵押物的折旧率高；二是评估登记部门分散、手续繁琐、收费高昂。担保难，主要表现为中小微企业难以找到合适的担保人。大型国营企业可以在上级行政主管部门的撮合下，由效益好的企业来担保，甚至由政府机构出面担保，而中小微企业则很难找到担保人。因此，银行不愿给中小微企业发放贷款。中小微企业选择民间借贷实属无奈之举。

“融资难、融资贵”严重制约着中小微企业的发展。调查中，中小微企业主纷纷希望政府能够多措并举，切实缓解融资问题。中小微企业主最希望政府采取的措施是“加大财政资金扶持”，占36.1%；其次是“督促银行降低贷款门槛”，占27.6%；“完善信用担保体系”、“拓宽融资渠道”分别占15.8%和14.7%（见表3）。

表3　中小微企业希望政府在融资方面加强的措施

企业规模	加大财政	督促银行降低贷款门槛	完善信用担保体系	拓宽融资渠道	其他
中型企业	34.2%	29.1%	15.4%	14.1%	7.2%
小型企业	32.3%	28.7%	18.2%	14.7%	6.1%
微型企业	41.7%	25.0%	13.7%	15.3%	4.3%
合计	36.1%	27.6%	15.8%	14.7%	5.8%

（4）企业规模越小，技术创新意识和水平越低。

交叉分析同时表明，企业规模越小，拥有研发机构的比例越低。51.2%的大型企业拥有新产品新技术的研发机构，中、小型企业拥有研发机构的比例分别为48.4%和46.0%，而微型企业拥有研发机构的比例仅为30.1%。

与此相对应，企业规模越小，拥有专利的比例也越低。51.2%的大型企业拥有自己的专利，中、小型企业拥有研发机构的比例分别为34.9%和30.7%，而微型企业拥有专利的比例仅为17.7%。

3. 不同行业中小微企业面临的困境及需求

（1）从事信息传输、软件和信息技术服务业现代服务业的企业，人力成本上涨压力较大，“用工贵、用工难”问题尤为突出，迫切期望政府“加大人才支持”。

调查发现，与其他行业比，“用工贵、用工难”在信息传输、软件和信息技术服务业现代服务业表现更为突出。数据表明，在从事信息传输、软件和信息技术服务业现代服务业的企业中，接近一半（49.1%）反映今年人力成本大幅上涨，远高于其他行业。同时，65.5%表示用工成本过高，给企业带来很大压力，49.1%反映“用工难”，均高出其他行业20多个百分点。

信息传输、软件和信息技术服务业现代服务业属于高新技术产业，对从业人员的素质和能力要求更高。调查中，从事该行业的中小微企业主纷纷表示，当地地理位置、经济发展水平、政策环境等外在因素，是造成企业招不来、留不住优秀人才的重要原因之一。因此，企业主普遍希望政府能够出台一系列扶持、奖励政策，支持企业引进、留住高端人才。

（2）从事农林牧渔业的中小微企业，“资金短缺”问题更加突出，“加大财政资金扶持”是其最大诉求。

调查发现，从事农林牧渔业的企业，表示“资金短缺，需要融资”的比例为42.9%，其中超过两成（23.2%）表示“资金非常短缺，急需融资”，高于其他行业（见表4）。

表4 不同行业中小微企业对资金需求状况

所属行业	资金非常紧缺，急需融资	资金比较紧缺，需要融资	不需要融资
农林牧渔业	23.2%	19.6%	57.1%
制造业	16.9%	20.5%	62.6%
建筑业	13.2%	20.8%	66.0%
批发和零售业	14.5%	13.4%	72.1%
交通运输、仓储和邮政业	8.4%	13.3%	78.3%
信息传输、软件和信息技术服务业	18.2%	16.6%	65.2%
其他	19.8%	16.4%	63.8%

对于资金短缺问题，从事农林牧渔业的中小微企业最希望政府能够加大财政资金扶持力度，比例达30.3%，高于其他行业。

（3）“税费负担重”，是困扰制造业以及交通运输、仓储和邮政业中小微企业发展的难题，“降低税费”是其强烈期盼。

调查发现，从事交通运输、仓储和邮政业以及制造业的企业主表示税费负担加重的比例较高，分别为27.7%和23.6%，明显高于其他行业（见表5）。

表5 不同行业中小微企业对税费负担变化的评价

所属行业	减轻了	加重了	基本没变化
农林牧渔业	11.6%	14.3%	74.1%
制造业	9.3%	23.6%	67.1%
建筑业	1.9%	15.1%	83.0%
批发和零售业	14.0%	19.8%	66.3%
交通运输、仓储和邮政业	9.6%	27.7%	62.7%
信息传输、软件和信息技术服务业	20.0%	10.9%	69.1%
其他	9.6%	22.0%	68.4%

与此同时，“降低税费”也成为从事交通运输、仓储和邮政业以及制造业中小微企业的热切期盼。两个行业企业主有此需求的比例分别占22.8%和21.1%，高于其他行业。

4. 不同区域企业面临的困境及需求

（1）鲁东、鲁中地区中小微企业人力成本上涨压力更大，“用工贵、用工难”问题较为突出。

调查发现，鲁东、鲁中地区中小微企业“用工贵、用工难”问题较为突出。

数据表明，鲁东地区中小微企业主表示今年人力成本上升的比例最高，为43.5%；其次是鲁中地区，为35.6%；鲁南、鲁西、鲁北地区人力成本上涨压力相对较小。

与此同时，鲁东和鲁中地区中小微企业表示“用工成本高，压力较大”的比例较高，分别达到67.1%、66.5%；同时，表示“用工难”的比例也较高，分别为28.1%和26.6%，均高于其他地区。

相比其他地区，鲁东、鲁中地区经济发展水平较高，劳动力工资水平较高，社会保障体系更为完善，企业人工成本自然随之升高。

（2）鲁北地区中小微企业“资金短缺”问题突出，迫切需要融资。

调查发现，鲁北地区中小微企业主表示“资金短缺，需要融资”的比例最高，为43.8%，高于其他地区。

（3）鲁西地区中小微企业融资成本最高，同时技术创新意识和水平较低，期望政府优化融资环境，降低融资成本。

调查发现，鲁西地区中小微企业融资成本最高，达到12.1%；鲁南为10.7%；鲁中、鲁北均为10.5%；鲁东为9.9%。

鲁西地区经济基础薄弱，高昂的融资成本对于资金短缺的小微企业而言，无疑是雪上加霜。访谈中，许多小微企业主纷纷呼吁，希望政府建立健全机制，为银行和企业搭建交流平台，使产品有市场、发展有前景的小微企业，能够得到没有附加条件的、平价的贷款。

此外，相比其他地区，鲁西地区中小微企业拥有新产品新技术研发机构的比例较低，仅为35.3%，同时拥有自己专利的比例仅为19.0%，均低于其他地区十多个百分点。

（四）中小微企业员工精神面貌与创业意愿。

1. 中小微企业员工精神面貌

中小微企业员工精神面貌昂扬向上，积极乐观，多数对所在企业感到满意，对未来充满希望——九成以上企业员工对岗位分配感到满意，八成以上对工资待遇感到满意，超过3/4表示员工成绩突出时企业给予奖励，近九成表示企业提供培训和学习的机会，六成以上员工表示收入随企业效益相应提高，近八成表示企业缴纳社会保险，八成以上认为自己在本企业有发展前途。

（1）97%的企业员工对自己的岗位分配感到满意

调查发现，中小微企业对员工的岗位分配比较合理。97%的企业员工对自己目前的岗位感到满意，其中33.3%感到“非常合适”，63.7%感到“比较合适”。

（2）85.3%的企业员工对收入感到满意

调查发现，中小微企业对员工的收入分配也比较合理。22.7%的员工对目前的工资待遇感到“非常满意”，62.6%感到“比较满意”，两者合计，85.3%的员工对收入感到满意。

（3）75.9%的员工表示成绩突出时，企业给予奖励

调查发现，75.9%的员工表示，如果员工工作努力，成绩突出，企业会给予奖励，包括奖金、升职、荣誉等。

（4）87.7%的员工表示企业提供培训和学习的机会

调查发现，中小微企业比较重视员工职业技能培训。87.7%的员工表示企业提供培训和学习的机会。

（5）79.2%的员工表示企业缴纳社会保险

根据《中华人民共和国劳动法》的规定，用人单位和劳动者必须依法参加社会保险，缴纳社会保险费。社会保险包括养老保险、医疗保险、失业保险、工伤保险和生育保险，俗称“五险”。调查发现，79.2%的中小微企业为员工缴纳“五险”。

（6）83.1%的员工认为在本企业有发展前途

调查发现，八成以上（83.1%）的员工认为自己在本企业有发展前途，其中49%的员工认为自己在本企业的发展前景“很好”，34.2%认为前景“较好”；只有6.5%认为没有前途，10.3%认为很难说。

2. 中小微企业员工创业意愿及需求

中小微企业员工创业意愿强烈，近三成（29.5%）的员工有自主创业的打算；男性、年轻人、从事农林牧渔业，信息传输、软件和信息技术服务业现代服务业以及住宿餐饮业等行业的企业员工创业意愿更强；提供项目指导、技术培训和资金扶持是想创业的员工对政府的热切期待。

（1）近三成企业员工有自主创业的打算

调查发现，在当前“双创”春风的鼓励之下，企业员工自主创业意愿强烈。24.7%的员工表示自己有创业的想法，希望开创出自己的一片天地，更有4.8%的员工已经付诸行动，为创业做实质性的准备，两者合计，接近三成（29.5%）的企业员工有自主创业的打算。

（2）男性、年轻人、从事农林牧渔业，信息传输、软件和信息技术服务业现代服务业以及住宿餐饮业等行业的企业员工创业意愿更强。

交叉分析发现，男性比女性创业意愿更强。33.1%的男性有创业的打算，而女性有创业打算的仅为22.4%。

交叉分析发现，不同年龄段的员工创业意愿有较大差异。年轻人的创业意愿更强。18~29岁、30~39岁年龄段的员工有创业打算的比例分别为33.3%和32.5%，而该比例在40~49岁和50岁以上年龄段的员工中分别为24.9%和16%。

从不同行业看，从事农林牧渔业、信息传输、软件和信息技术服务业现代服务业以及住宿餐饮业等行业的企业员工创业意愿更强，有创业打算的比例分别为39.4%、38.5%和38.1%。

就企业规模而言，所在企业规模越小，员工自主创业的意愿越强。交叉分析表明，在大型企业工作的员工，有自主创业打算的比例为17.8%；而在中、小、微企业工作的员工，有创业打算的比例均在30%左右。

（3）项目指导、技术指导和资金扶持是想创业的企业员工对政府的热切期盼。

调查同时发现，在有创业意愿的员工中，缺乏项目是他们面临的首要障碍，占62.1%；其次是缺乏经验，占47%，最后是缺乏资金，占24.8%。

与此相对应，企业员工迫切希望政府提供的帮助也主要集中于：项目指导、技能培训和资金扶持。数据表

明，69.2%表示希望政府提供项目指导，50.5%希望政府提供技能培训，38.5%希望政府提供资金扶持，另外，还有34.4%的员工表示希望政府能对初创期的企业给予税费减免的扶持。

（五）中小微企业开展电子商务状况。

中小微企业对电子商务的应用意识不强，利用率不高，电商发展任重道远——仅不足四成的中小微企业已经开展电子商务，缺乏专业人才、认识不足、缺乏资金是开展电子商务的主要障碍。

电子商务作为一种新兴业态，与传统商务活动相比，能够突破时空限制，具有方便快捷、迅速、成本低等优势，是未来的发展趋势，已成社会各界的广泛共识。尤其是对于中小微企业而言，电子商务具有特别重要的意义，为其拓展更大的市场空间，赢得与大企业同样公平的竞争环境，提供了重要契机。

1.仅37.1%的中小微企业目前已经开展电子商务。

调查发现，我省中小微企业对电子商务的应用意识不强，利用率不高。数据表明，仅37.1%的中小微企业目前已经开展电子商务；12%的企业表示有开展电子商务的打算，但尚未启动；一半以上（50.9%）的企业目前没有开展电子商务的意愿。

就电子商务的模式而言，企业更倾向于多种运营模式并用。调查表明，59.1%的企业通过自建网站开展业务，53.3%通过入驻第三方平台，如淘宝、京东等，开展业务，另有9.1%的企业选择其他渠道。

交叉分析发现，从事信息传输、软件和信息技术服务业现代服务业的企业开展电子商务的比例最高，超过一半（54.5%）；其次是农林牧渔业和制造业，分别占40.2%和39.4%；批发和零售业开展电子商务的比例为36.0%；其他行业开展电子商务的比例则较低。

2.缺乏专业人才、认识不足、缺乏资金是中小微企业开展电子商务面临的主要障碍。

调查发现，近九成企业开展电子商务面临多重障碍。其中最主要的障碍是缺乏专业人才，占33.3%；其次是对电子商务认识不足，缺乏明确的发展架构，占29.4%，最后是缺乏资金，占18.9%。

二、对策建议

1. 让政策精准落实到位。一是借助各种媒体资源，有针对性地开展政策解读、宣传活动，送政策下乡、送政策上门，提高政策知晓率。二是加强政策执行情况的审计、督查和评估。定期开展人大视察，经常组织政府督查和审计，还要引入第三方专业调查评估机构，对政策落实情况进行跟踪、分析和评价，为领导决策提供参考，打通政策落实的“最后一公里”。三是降低企业享受优惠政策的成本。各级各部门就进一步明确优惠政策流程，简化办事程序，减少申请手续，提高办事效率，坚决杜绝“三乱现象”。

2. 全力推动大众创业、万众创新。一是激活各类创业主体和资源。支持具有敏锐市场意识、经营本领的人率先创业，支持大专院校、科研院所单位和文化艺术专业人员大胆创业，支持大学生转变择业观念自主创业，支持城镇下岗失业人员、农民工回乡“草根”创业，支持孵化成功的企业“脱壳”再创业。二是创新和丰富财政扶持手段和方式。进一步加大财政对小微企业贷款支持，建议设立小微金融专项奖励基金，奖励工作突出的基层小微金融机构和人员。政策性财政存款更多地存放到风险控制能力强、效果好的小微金融机构。三是建设更多创业创新支撑平台。借助现有工业园区、高新区、经济开发区、大学科技园，建设一批创业孵化基地。综合利用城乡闲置楼宇、厂房、商场、仓库等闲置资源设施，改造建设一批众创空间。立足产业集群和特色产业镇，围绕拓宽和拉长产业链，建设一批具有产业特色和地域特色的创业基地。

3. 加快推进电子商务和“互联网+”应用。深化中小企业电子商务推进工作，制定中小企业互联网+制造、互联网+服务、互联网+平台试点计划，典型示范带动一批，培育扶持一批，特色成长一批。加强电子商务、互联网等知识培训，利用好全省中小微企业巡回大讲堂、中小企业银河培训工程和高级工商管理培训等活动平台，大力推广、普及中小企业上网上线，不断提高中小企业电子商务应用比率。

4. 加强中小企业管理体系建设。各地中小企业数量急剧增加，企业急需要政府的支持和服务。目前全省各级中小企业管理部门普遍存在着机构不健全、人员编制少、职能和服务手段弱等问题，远远不能适应和满足中小微企业发展和管理服务的需要。建议进一步加强中小企业管理机构和人员队伍建设，省、市、县三级设立独立的中小微企业管理机构，适当增加人员编制，强化部门职能和服务手段。

调研组成员：王兆春 张晓 刘会友 岳盈盈 郑楠等

湖南省
关于支持中小微企业
缓解融资难的调研报告

近年来，为缓解中小微企业融资难题，我省积极贯彻落实国家有关政策，出台了《湖南省人民政府关于进一步扶持小型微型企业健康发展的实施意见》（湘政发〔2015〕13号）、《湖南省人民政府办公厅关于进一步缓解企业融资成本高问题的实施意见》（湘政办发〔2015〕46号）等一系列的政策措施，加强中小企业信用担保体系建设，发挥中小企业融资超市网上平台的作用，不断改善中小微企业的融资环境。鼓励银行机构创新中小微企业产品和服务，引导银行机构扩大对中小微企业的信贷投放。与此同时，积极推动区域股权交易市场的建设，不断拓宽中小微企业直接融资渠道。尽管取得了一些进展，但在当前宏观经济下行的大背景下，中小微企业面临着诸多困难，最为突出的仍然是融资难、融资贵。为此，根据全国人大常委会办公厅《关于2015年全国人大代表专题调研有关事项的通知》和省人大常委会今年工作要点的安排，7月7日至9日，由省人大常委会副主任徐明华带队，组织部分在湘全国人大代表就“支持小微企业缓解融资难”开展了专题调研。现就调研的情况报告如下：

一、我省中小微企业融资难的主要表现

目前，湖南省中小微企业大约42万户，占全部企业户数的比重超过99%。当前，我省中小微企业发展面临的融资难问题主要表现在以下几个方面。

（一）**银行贷款难，中小微企业贷款可获得性不高。**今年1~6月份，全省金融机构贷款余额22922.6亿元，比年初新增2139亿元；中小微企业贷款余额8829.85亿元，比年初新增850.73亿元，增长18.5亿元。中小微企业贷款余额占全部贷款余额的38.52%，中小微企业新增贷款占全部新增贷款的39.77%。与中小微企业数量所占的比重以及GDP所占的比重不相称，与中小微企业融资需求相比，差距还很大。

（二）**融资担保弱，中小微企业信用不足难化解。**据调查，到2014年底，全省217家融资性担保机构，注册资本金257.4亿元，开展业务的156家，约占全部机构的67%；担保余额452亿元，资本金放大倍数不到2倍，仅占中小微企业贷款余额7979.12亿元的5.66%。可见担保机构的担保能力没有得到充分发挥，大量抵押物不足的中小微企业融资难以获得担保服务。

（三）**融资成本高，中小微企业经营压力大。**据调查，今年以来虽然多次降息，但中小微企业贷款的财务费用依然未能有效降低。虽然中小微企业在贷款过程中，都办理了抵押、担保或者是联保等手续，但银行依然要按照风险定价的原则，在基准利率基础上，上浮30%以上。在办理贷款过程中，手续繁杂，银行会收取信息公证费、财产保险费等各种费用。部分银行以控制风险为由，扣留一定比例作为保证金，有的扣留比例达到贷款总额的20%。有的银行中间业务较多，通过以贷转存、购买理财产品、配套承兑汇票等方式将银行涉企收费隐形化。银行仍然采取先还后贷，企业借高息民间资金过桥的成本高。据测算，银行贷款的平均综合融资成本达到年化利率12%以上，如果需要担保，还要加上担保费。

（四）**民间融资乱，中小微企业不堪其苦。**中小微企业特别是小微企业难以获得银行的支持，只能求助高利率的民间借贷，“僧多粥少”的资金配置格局不断推升民间借贷利率。在正规金融供给放缓与实体经济资金紧缺的背景下，民间融资日趋活跃，规模庞大。大量资金游离于金融体系外自我循环，民间融资风险积聚上升，直接影响到小微企业的生存发展。目前，民间借贷行为极不规范且十分隐蔽，真实规模难以估量，隐患很大。部分小微企业因高额的民间融资成本陷入经营困境；部分小微企业被暴力收贷、逼贷，导致企业资金链断裂，破产倒闭；甚至有部分小微企业主受到利益驱使，无心从事生产经营，将从银行获取的贷款转手挪用至民间借贷，赚取数倍利差，严重扰乱金融秩序，影响信贷安全。许多中介公司、理财公司打着“理财”的幌子，非法吸储，高利借贷，少则几亿、多则数十亿，一旦资金链断裂企业倒闭，则引发老板跑路、民间挤兑等社会稳定问题。

（五）**直接融资少，中小微企业融资渠道单一。**一是上市企业少，小微企业难以上市融资。目前我省上市后备企业305户，全部是大中型企业，而我省平均每年上市企业还不到10户，上市公司中还没有小微企业。二是挂牌融资刚起步，融资效果还不佳。我省在新三板、区域性股权交易平台挂牌企业还不多，融资量很小。截止到6月28日，新三板挂牌企业2587家，湖南34家，占1.3%。湖南股交所挂

牌企业385家，累计实现股权和债权融资2亿元，平均每家融资不足60万元。三是债务工具融资仍处于探索阶段。近年来，我省开展了中小企业集合债、中小企业集合信托计划发行的探索，有成功的案例，但没有形成长效机制。近期国家提出推广中小企业私募债、中小企业增信集合债等促进中小微企业融资的方式，我省还没有开展。四是面向中小微企业的融资租赁和金融租赁还刚起步。现有的融资租赁主要集中在大企业，金融租赁业务也是面向大企业开展的，中小微企业在技术改造过程中，难以得到这类服务。最近，台湾一家商业银行在长沙设立了一家面向中小微企业的融资租赁公司，开始面向全省中小企业开展融资租赁业务。

二、我省中小微企业融资难的主要原因

（一）**直接融资发展不够**。一是上市门槛高，证券市场还不能成为小微企业的融资渠道。二是区域性股权交易市场的功能还没有充分发挥。湖南股权交易所目前挂牌企业数量不多，配套服务的机构投资者也不多，挂牌企业融资效果还不佳。三是对股权投资引导不够。目前我省2009年开始设立的创业投资引导基金只有10亿元的规模，近年来陆续从其它资金不断充实，仍然还有缺口，对社会资本和创业投资的引导作用还不强。社会资本设立的创业投资企业很多，但关注初创企业的不多，加上天使投资不多，除少数技术含量高、创新能力强的中小企业，绝大多数中小微企业难以获得创业投资、风险投资机构的青睐。四是缺乏促进中小微企业债务工具融资的有效措施。近年来，我省出台的各种政策措施都提出要积极开展中小企业集合债、集合信托计划等债务工具融资，但没有具体落实，效果不佳。

（二）**银行现行信贷体制不适应中小微企业融资**。一是银行采取以资产抵押为主的防控风险机制，将大多数中小微企业拒之门外。据在我国商业银行现行的审贷条件、审贷流程、风险防控技术、组织架构和员工队伍建设都是针对大企业、大项目设计的，完全不适应中小企业特别是小微企业的现状。大多数小微企业没有足够的抵押资产，有些轻资产结构的中小企业经营业绩很不错，企业的利润和增长性都比较好，在以资产抵押为主的防控风险机制内，也难以获得贷款。中小企业贷款成本高、风险大，所以大中型商业银行缺乏为中小企业提供金融服务的动力，也缺少防范风险的技术手段。二是银行体系不够健全，为中小微企业提供信贷服务的小银行及小型非银行金融机构数量太少。大银行风险控制模式固化，分支机构少且灵活性不足，难以满足中小微企业分布较广、可抵押资产不足以及贷款需求“小、急、频”的特点。美国有8000家银行，香港有160家银行，台湾也有50家银行。大银行的功能应该是面向大企业、大项目，为中小银行批发资金。而小银行是小微企业的天然金融服务盟友。大小银行合理分工，整体效率才是最高。三是缺乏政策性小微企业银行，国家对小微企业信贷的政策性要求与商业银行的市场化取向的矛盾比较突出。小微企业寿命周期短，贷款风险高，虽然银行采取抵押、担保、利率上浮等各种措施，对风险的顾虑仍然难以消除。

（三）**社会信用体系建设滞后**。近年来，我省在社会信用体系建设方面做了大量工作，大力推进构建的“三库一网一平台”曾经被誉为“湖南模式”。但总体看，覆盖全社会的征信体系尚未形成，与各方面的需求，特别是中小微企业融资服务的需求还存在较大差距。一是中小微企业融资信息不完整，小贷公司、典当行、融资性担保公司等机构的借贷信息尚未全面纳入征信系统，信用记录严重缺失，民间融资包括网络金融信息更是游离于征信系统之外，许多小微企业负债信息失真，守信激励不足，失信成本偏低。二是有关部门和单位的政务信息公开力度不够，信息公开不完整、不及时、不系统，中小企业信用信息归集、整合难度大，银行得不到完整的中小微企业信用信息，无法提供信用贷款，更加关注中小微企业的第二还款来源，这已经成为银行对小微企业贷款要求抵押、担保的主要原因。三是信用法律体系不健全，有关信用信息安全和主体权益保护的立法还需加强。

（四）**政策落实效果不理想**。一是中小微企业金融服务政策落实不到位。2012年以来，国家出台了一系列旨在缓解中小微企业融资难、融资贵问题的政策，但整体来看，有的政策尚未落实到位，有助于推动中小企业融资的环境尚未形成，部分好的政策落地较难。如部分银行机构在小微企业金融服务方面还存在监管政策落实不到位、服务收费不规范、内部激励机制不完善等问题。二是银行续贷政策的实施效果有待进一步加强。目前银行机构对中小微企业到期贷款普遍采取先还后贷方式，不利于企业的持续经营，企业因高息借款“过桥”，不仅增加融资成本，一旦银行不再贷，企业将面临高利贷造成的灭顶之灾。三是财政政策激励机制未充分发挥。一方面，政府对

银行开展小微企业信贷的奖励政策没有对信贷人员产生实质性激励效果；另一方面，政府尚未建立小微企业信贷风险补偿机制，对小微企业贷款的高风险仍然是银行的“后顾之忧”。银行即便在主观上有向小微企业倾斜的意愿，做小微贷款高风险和高成本的事实却不可避免地造成了银行在客观上的慎贷和惜贷。

（五）**中小企业信用担保体系还不完善**。一是再担保尚未真正发挥为担保机构增信分险的功能。主要原因是再担保的法律体系不健全，再担保业务模式仍处于探索阶段，再担保业务尚未真正开展起来，担保机构的担保能力难以充分发挥出来。二是担保机构的担保能力未充分释放，担保资源闲置与小微企业难以获得担保服务的矛盾突出。由于银行提高了与民营担保机构的合作门槛，大部分银行已经停止了与民营担保公司的合作，民营担保机构基本难以发挥为中小微企业担保服务的作用。我省担保机构的注册资本中，政府出资仅占三分之一。各级政府存在“市场依赖”思想，政策性担保机构发展不充分，难以满足小微企业融资担保的需求。湘潭市13家担保机构，只有市政府出资5亿元的担保公司能够“稳中求进”，其余的业务下滑、代偿上升，有3家相继退出担保行业。三是融资性担保机构未被定位为金融机构，在运营中面临着各种障碍，担保业务开展不顺。如有关部门拒绝为担保公司设立反担保办理抵押登记；房产管理部门不给担保机构办理在建工程抵押登记等。四是财政对担保机构的扶持需要进一步加强。担保机构担保的中小微企业基本上是银行不能直接贷款的次级客户，承担的风险很大。大量的担保机构放大倍数都在3倍以下，不但担保收入难以覆盖担保风险，而且担保业务不出风险的情况下财务上都是亏损的。从实践看，财政的大力扶持是中小企业信用担保机构可持续发展的重要保障。

（六）**中小微企业自身素质有待提高**。一是小微企业普遍缺乏核心竞争力。小微企业大多是传统产业，整体上处于产业链底端，市场竞争能力不强，难以获得银行的支持。二是小微企业抵押物不足。小微企业初创期都是以轻资产为主，基本上缺乏可用于抵押的固定资产。三是小微企业信用基础差。不少小微企业为规避税费或争取优惠政策而有意不真实反映经营和财务状况，以致企业无账可查或者两套账、几套账，经营、财务数据等信息不真实，造成银行不敢贷款、担保机构不敢担保。四是中小微企业融资能力受税费影响大。当前，中小微企业税费总额占销售收入的比重较高，特别是实体企业，几乎没有利润空间，极大地削弱了中小微企业的融资能力。一方面“营改增”后，科技型中小企业由于价差较大，缴纳的增值税额较高，对科技型企业的所得税优惠政策效果不明显。一些加工类的企业由于进项税少甚至无进项税，缴纳的增值税额也较高。另一方面随着人员工资的不断提高，社保部门不断提高社保缴费基数，给中小微企业带来较大压力。

三、政策建议

（一）进一步加强社会信用体系建设。

近年来，国家开始构建“全国企业信用信息公示系统”。2015年3月1日，“全国企业信用信息公示系统（湖南）”正式运行。从目前该系统公开发布的信息看，还存在信用信息不全面、发布不及时等情况，涉及很多部门的信用信息没有整合进去，还无法满足银行机构开展中小微企业贷款对信用信息的需求。建议国家加大信用信息整合力度，实现全社会信用信息的互联互通，开放共享。《社会信用体系建设规划纲要（2014~2020年）》明确要实施小微企业信用体系建设工程，建议国务院责成有关部门，尽快提出实施细则，推动实施。

（二）在风险可控的前提下适度放开金融管制。

1. 建议下放小银行机构设立审批权。区域性比较突出的小银行机构，建议比照社区银行、村镇银行，将审批权下放到属地银监局。

2. 建议延长银行机构对中小微企业贷款的授信期限。银行机构对中小微企业的流动资金贷款授信期限要适度延长，确保企业经营的延续性。建议从目前的1年期调整为3年期以上，最长一次授信可到5年，期间根据企业经营情况，合理调整授信规模，到期可以续贷，也可以逐步收回贷款。

（三）全面落实金融支持小微企业发展的政策措施。

1. 切实解决小微企业反映强烈的过桥贷款的问题。关键是要落实国办发〔2014〕39号文件提出的“通过提前进行续贷审批、设立循环贷款、实行年度审核制度等措施减少企业高息“过桥”融资的具体要求。建议国务院责成银监会加强监管引导，要求各银行业金融机构加大政策执行力度，根据国办发〔2014〕39号文、银监发〔2014〕36号文的相关要求制定切实可行的实施细则。

2. 银监会切实督促银行机构落实“放宽小微企业不良贷款容忍度，对小微企业贷款实行尽职免责”的相关规定，出台具体的操作细则，并加强考核。

3. 中国人民银行对小微企业贷款利率上限适度管制。一是规定小贷公司对小微企业贷款的综合费率（包含利率在内的各类费用之和）上限不得超过银行同期贷款基准利率的4倍；二是对小微企业贷款有抵质押或者担保的，银行机构必须实行基准利率，一律不得上浮。

（四）规范和完善融资性担保的法律体系。

1. 建议国家理顺融资性担保行业与中小企业信用担保体系的关系。《中小企业促进法》明确提出县级以上人民政府和有关部门应当推进和组织建立中小企业信用担保体系，近年来国务院及有关部委的政策性文件都是支持完善中小企业信用担保体系和中小企业信用担保机构。今年8月7日，国务院出台了《关于促进融资担保行业加快发展的意见》（国发〔2015〕43号），将小微企业和“三农”放在同一个政策篮子里，明确了一系列强有力的政策措施。如何将促进融资性担保行业加快发展与完善中小企业信用担保体系有机统一，是当前亟需理顺的问题。

2. 建议完善融资性担保和再担保的法律体系，规范融资性担保机构和再担保机构开展业务的模式及法律关系，切实发挥再担保帮助担保机构增信和分险的功能。一是要明确融资性担保机构的法律定位，确定其是否为金融机构；二是要区分担保与再担保之间的法律关系和法律义务，否则在司法实践中，再担保与担保的责任是一样的。

3. 建议中央财政继续支持中小企业信用担保机构和再担保机构。财政部、工信部、科技部、商务部四部委联合印发的《中小企业发展专项资金管理暂行办法》（财企〔2014〕38号）文件明确支持中小企业信用担保机构开展小微企业融资担保业务，支持符合条件的省市建立担保代偿补偿资金账户。十多年的实践证明，中小企业信用担保机构提供准公共产品，难以通过市场化实现可持续发展，建议国家继续安排专项资金支持中小企业信用担保机构，支持地方政府建立担保代偿补偿资金。

4. 完善融资性担保机构的监管体系。目前，融资性担保已经发展成为一个相对独立的行业，然而其监管却不独立，不利于这个行业的发展。一方面是银监会是监管金融机构的，而融资性担保机构一直未认定为金融机构，银监会牵头的部际联席会议制度没有对融资性担保行业形成实质性监管效果。融资性担保机构的审批在地方，而银行的审批在国家，很多银行的总行都在北京，地方审批的担保机构与国家审批的银行之间难以形成平等合作关系；另一方面，银监会主要对银行实施监管，更多关注银行机构的风险管控和可持续发展。而担保机构与银行都是相对独立的市场主体，互相之间存在合作，但也存在博弈。把这样两个市场主体放在同一个监管机构的监管下，其公平性可想而知。从目前融资性担保机构发展的态势看，民营担保机构基本上难以有所作为，反映了监管存在失灵的地方。为此，根据《国务院关于促进融资担保行业加快发展的意见》（国发〔2015〕43号）的有关精神，建议国家设立一个独立的机构，对融资性担保行业实施监管，切实促进融资性担保行业发展。

（五）建议国家设立政策性小微企业银行。

在大力推进建立健全社会征信体系的同时，建议国务院责成负责中小企业发展的部委会同有关部门，就设立小微企业政策性银行开展专项调研，借鉴运用国外的经验做法，研究建立中央和地方共同出资、共担责任的小微企业政策性银行，从根本上缓解小微企业融资难的困局，真正掀起大众创业、万众创新的新热潮。一是在功能定位上，严格按照国家关于大中小微型企业划分标准执行，明确只为小微企业提供服务；要放宽贷款条件，简化贷款手续，强化服务措施，降低小微企业贷款成本。二是在风险防范上，设置贷款限额，每个企业贷款总额不得超过500万元；建立国家风险拨备和呆帐清算机制，避免风险积累；强化融资性担保体系建设，进一步防范和化解金融风险。

（六）切实减轻小微企业税费负担。

1. 鼓励创业。一是建议国家加大对创业的支持力度，对初创的小微企业自注册登记之日起3年内免征所得税，满3年后，再减半征收所得税3年。二是建议国家给于初创小微企业社保缴费2年宽限期，在宽限期内，企业免缴各类应为员工代缴的社保资金。对小微企业，养老保险企业代缴部分按职工工资的12%缴纳。

2. 支持创新。建议国家降低科技型小微企业的增值税率，从现有的17%调整为10%左右，以增强小微企业持续的创新能力。

（七）规范民间融资行为。

建议国家尽快出台《民间金融法》，将民间融资纳入法制化轨道。

湖南中小工业企业转型升级情况调研报告

湖南省经济和信息化委员会

2013年下半年来，受国内外复杂多变的经济环境影响，我省中小工业企业（以下简称中小企业）出现了发展速度明显下降、经营困难企业明显增多的严峻局面。中小企业增加值增速由2013年的12.7%下降到2014年的10.8%，今年1～9月进一步下降到8.2%。规模企业中，经营景气企业、经营下滑企业、停产半停产企业约各占三分之一。加快中小企业转型升级，既是积极适应经济新常态、实现中小企业平稳健康发展的当务之急，也是我省经济转方式调结构、实现全面小康的必然要求。为了解我省中小企业转型升级的现状、成功经验和问题，找准中小企业转型升级的着力点，我委于10月组织开展了专题调研，共发放并回收转型升级调查问卷200多份，在长沙、株洲、益阳、常德等9个市州召开13场次专题座谈会，与100多位企业负责人进行了面对面交流。现将调研情况报告如下：

一、中小企业转型升级成效明显

近几年来，面对增速放缓、竞争加剧的经济新常态，各地党委、政府和广大中小企业，积极认识、主动作为，采取各种举措加快中小企业转型升级发展，成效明显。主要表现在以下几个方面：

1. **中小企业技术创新力度明显加大。**所调查企业中，100%的企业认为研发创新是企业发展的根本，80%的企业加大了研发投入，研发投入占营业收入的比重平均达到6.7%，高的超过10%。常德昊天是家13年才成立的专用车生产企业，成立之初即组建了最低年薪12万元的14人研发团队，二年累计研发投入达2300多万元，占固定资产投资的20%。株洲日旺精工在保持钣金产品生产的同时，转型朝反渗透、纳滤、超滤、微滤膜材料发展，成立澳维环保科技有限公司，组建了2名博士、14名硕士、4名海归、12名学士的研发团队，累计研发投入1600多万元，主持和参与国家级项目3项、中科院项目1项，获得国家专利16项，正在建设环保新材料产业园，技术和产品将打破国外垄断。益阳富佳科技是个生产传统农机的传统型企业，2013年来组建了12人的研发团队，并与农大等科研院所长期合作，以营业收入的10%投入研发，成功开发出新一代棉花采摘机、履带拖拉机、喷杆喷雾机，成为了一家生产高效化、智能化农机产品的现代企业。宁乡楚天科技、益阳艾华电子等企业，依靠长期的研发创新，不断增强企业核心竞争力，成为全球行业领先企业。更为可喜的是，各地一批经营困难的中小企业，把研发创新作为走出困境的应对措施，加大了研发投入。

2. **中小企业股份制改造力度明显加大。**越来越多的中小企业将股份制改造作为打破家族企业局限、整合资源、对接资本市场的战略措施来抓，在全国资本市场和省股交所上市、挂牌企业迅速增加。今年以来，我省中小企业在上交所、深交所上市企业增加6家，在全国新三板挂牌企业由33家增加到73家，省股交所股改板挂牌企业由56家增加到85家，省重点上市后备企业达到311家。问卷调查显示，52.15%的企业计划在1至5年内完成股份制改造并挂牌上市。股份制改造使企业建立了现代公司治理制度，为企业跨越式发展打下了制度基础。

3、**中小企业信息化应用力度明显加大。**一是互联网意识明显提高。问卷调查表明，90%的中小企业接入了互联网，70%的企业建立或明确了负责企业信息化的机构和人员，近60%的企业已制定或正在制定“互联网+”行动计划。二是电子商务和互联网营销发展迅速。参加座谈会的企业中，接近70%的企业开展了电子商务和互联网营销，且效果良好。如成立仅二年多的益阳品尚电子，采用电子商务方式销售自主品牌童装并代理其他品牌销售，今年销售额可突破6亿元。莎丽袜业采用自建网站和阿里开店的方式，网络订单迅速上升，今年将占总订单的30%。前年投产的超胜电子建厂时同步建设电子商务系统，网络订单占全部订单的60%。问卷调查表明，55.8%的企业通过电子商务和网络营销实现了销售额提升。三是信息化技术应用广泛。参加座谈的企业中，已经单项或多项应用办公自动化、计算机辅助设计、计算机辅助制造、企业资源计划系统、制造管理系统、客户服务系统等信息化技术和系统的企业接近50%，主要设备采用采用自动化、智能化装备的企业达到60%。如旭荣制衣投资80万元建设CAD设计中心，投资30多万元建设智能吊挂系统，大幅提高了服装设计效率和生产效率，实现了公司由批量化生产向订制化生产转变，使公司在竞争十分激烈的情况下成长为校服名牌企业、“两型示范企业”。问卷调查表明，信息化技术和管理系统的应用，企业产品设计效率、生产效率、劳动生产率平均分别提升22.2%、22.8%、22.6%，产品设计成本、物料成本、人工成本平均分别降低了11.7%、13.3%、12.9%，是中小企业提质增效的利器。

4. **中小企业经营管理创新力度明显加大**。随着竞争的加剧，中小企业加速由生产型向管理型转变。一是企业高管高度重视知识更新。我委与北大、清华联合举办的企业总裁班、研修班，利用周末集中学习，学制一年，已连续举办7期，期期爆满，出现了老板参加学习后让妻子、儿子、其他高管参加的现象，总共参加学习人数已近1400 人。岳阳、常德、株洲等地与国内名校举办的高管班，也培训了大批高管人员。二是企业高度重视与专业机构合作，一些地区蔚然成风。如岳阳李文食品，因4个新建工厂同时投产而导致生产和质量跟不上，连续二年共投入480万元咨询费用，由广东欧博企业管理研究所辅导，全面实施精益生产，取得了成本下降、质量稳定、员工素质提高、企业营业收入由1.6亿元增长到7亿元的好成绩。在李文食品的示范带动下，岳阳出现了30家工厂同时由欧博指导实施精益生产的壮观场面，咨询费总额突破2000万元。长沙地区每年聘请专业机构开展技术、管理、营销、品牌等创新的中小企业超过100家。从2012年开始，参加全省“腾飞杯”管理升级活动的企业逐年增多，2012年为50家，2013年为150家，2014年和今年超过200家。这些企业通过与专业咨询机构合作，实现了经营管理创新，重构了战略目标、商业营销模式、技术创新模式和管理模式，生产成本大幅下降、质量稳定率大幅提高、人员流失状况大为好转，效益显著增加，更主要的是学习了新的经营理念和现代经营管理方法。三是高度重视员工队伍建设。有一定规模的中小企业，普遍与职业院校和其他培训机构合作开展员工培训。醴陵一家与轨道交通配套的企业聘请德国专家对员工进行培训，二两年投入达1200万元。同时，很多中小企业加大投入改善职工生活居住条件，加强员工文化建设。

5. **地方政府引导扶持力度明显加大**。长沙、株洲、湘潭、常德、郴州、岳阳等市州出台了支持企业登陆资本市场的引导扶持政策，按照不同层次给予10~100万元的奖励。赫山区政府在财政困难的情况下，为扶持汉森制药、艾华电子、黑美人上市，分别借给财政周转金1000万元、500万元。株洲天元区在出台《“创新奖”奖励办法》《瞪羚企业扶持暂行办法》对企业创新和转型进行扶持的同时，还出台了《“5211”人才计划》《“4215”企业上市计划》，计划用5年时间引进和培养20名行业国际国内领军人才、100名新兴产业创新优秀人才、1000名博士级人才；用5年时间培育重点上市企业40家、20家完成股份制改造、10家进入上市辅导、5家企业上市、挂牌。各地对中小企业技术研发中心建设、品牌建设、技术改造也普遍出台了奖励或补助政策，长沙、株洲还每年安排财政资金对企业管理创新项目予以补助，收到了良好效果。

二、中小企业转型升级压力极大

调查表明，中小企业转型升级压力极大。很多企业老板说“不转型升级是等死，转型升级不成功是找死”。主要困难有三个方面：

1. **人才难得**。转型升级的关键是人才，但中小企业人才极其难得。除省会人才聚集的长沙市反映较好外，其他地区90%的中小企业将人才问题列为转型升级的第一困难。常德德山开发区的金天钛业是国有湘投控股下属公司，地处城区，待遇不错，每周有班车往返长沙，但公司每年招聘的大学生能够留下干满三年的不到四分之一。常德纺机作为一家地处常德城区的实力老厂，多年没招到一个一本生，今年流失技术人才5人。怀化、邵阳等地则反映，不仅二本生难招，连职校生也难招难留。株洲天一自动焊接装备有限公司是一家由焊接设备贸易转型研发、生产的公司，2012年与唐山开元合资成立，因难以招到专业技术人才和素质较高的二本以上本科生加以培养，在今年唐山开元技术团队退出后，公司出现了人才断代危机。

2. **资金难求**。中小企业转型升级，需要在人才引进与培养、研发中心建设与研发费用、信息化软件开发与智能装备购置、股份制改造等各个方面投入大量资金。益阳莎丽袜业仅聘请一个兼职的顶尖设计师就支付年薪80万元，株洲宏大高分子以“房子+年薪50万元+利润提成+股份期权”引进一个博士后，公开上市和新三板挂牌的股份制改造成本高达数百万元，研发投入少则几百万元、多则上千万元且不确定性风险大，株洲南方阀门智能生产线和澳维环保第一期三条生产线投入都在2亿元以上。但是，企业转型升级资金很难筹集。一方面，大量的小微企业缺少抵押资产，有抵押资产的企业也因日常经营需要已将资产抵押给银行，无法获得转型升级需要的贷款。银行只发放短期贷款的做法，也不符合转型升级的长期资金需要。另一方面，股权、债券等直接融资条件更高，只有个别企业有望获得。

3. **环境难优**。企业反映环境虽然有所好转，但仍然存在很大问题。一是政策支持不够不到位。如对中小企业的财政、税收支持，面小、金额小，与中小企业地位不相称。各地反映，在今年企业经营困难的情况下，不仅有的税收减免得不到落实，而且有收过头税现象，土地使用税由过去的每平方米3~6元提高到了12元，给企业增加了很大负担。长沙新宇化工、益阳华翔翔能和桃花江游艇都反映用地周期达6年，极大地增加了成本、影响了发展。民营企业反映女工超过50岁无法继续在生产一线工作，国有企业可以办理退休，民营企业要等到55岁才能办理。一些管理规则如环评没有与国际接轨，导致企业无所适从、浪费投资和精力。二是社会环境仍然堪忧。知识产权被侵害情况普遍，侵权风险低，维权成本高，知识产权得不到有效保护，极不利于企业创新。益阳宇晶机器老板说，现在企业申请专利是为了形象，而不是为了得到保护。艾华电子作为益阳少有的上市公司、纳税大户，职工子女入托、入学问题多年无法解决，造成了人才难招、员工流失。项目建设拆迁难、成本高，阻工、强揽工程现象多。德日合资的常德胜美达电子公司，因综合环境影响，计划迁往东南亚。三是专业服务仍然短缺。主要是中小企业信息、技术研发、检测试验、培训等公共服务平台建设严重滞后，专业服务机构少，收费高但服务能力低，难以满足中小企业转型升级的服务需求。益阳富佳科技等企业反映，因省内平台缺乏或能力不足，一些研发、测试项目必须到上海、青岛等外地进行，增加了成本、降低了效率。

三、建议

虽然调查表明我省中小企业转型升级趋势明显、步伐加快，但总体上中小企业转型升级的面仍然较小，产业层次低、企业素质差、竞争力弱的总体格局急待改变，“十三五”期间必须进一步加大转型升级力度。为此，提出如下建议：

1. **高度重视中小企业发展**。国际金融危机以后，为重振实体经济，促进经济结构调整，沿海各省市不谋而合选择了以帮扶中小企业为突破口，推动高新技术与传统工业相结合，实现制造业转型发展，取得了十分理想的效果。中小企业一直是支持工业发展的主力军，特别是在经济不景气时，中小企业往往表现比大型企业优异，中小企业的大发展，是推动我省经济转型和产业升级的关键所在。面对当前工业经济下行压力加大的困难局面，解困的根本也在于大力发展中小企业，当务之急就是要从基础做起，重点地持中小企业创新转型，进而带动整个工业发展，为全省经济发展奠定坚实基础。

2. **加大政策支持力度**。一是加强政策宣传和落实，确保政策扶持到位，重点要落实好税费减免政策，严禁收取过头税。二是及时调整政策扶持重点。如将对以扩大产能为目的的技术改造的扶持，改为扶持企业创新、提质；将对单个企业的扶持，改为扶持公共平台和公共服务、共性技术、行业信息化解决方案；将经济好时税收征管松、经济差时税收征管严的逆向调节，改为经济好时从严征管、经济差时放宽少征的正向调节，以丰补欠。在企业经营明显好转前，土地使用税仍按低标准征收。三是加大政策支持力度。如增加中小企业发展专项资金，设立中小企业发展基金，加大对中小企业转型升级的财政支持研究出台鼓励中小企业转型升级的税收、土地供应等新的政策措施；适时降低企业不堪重负的“五险一金”缴纳标准。

3. **着力优化发展环境**。重点解决五个方面的问题：一是优化人才供给。一方面，要大力加强人才培养、积极引进人才，扩大人才总量。另一方面，要完善配套政策和服务，鼓励人才向基层、向中小企业倾斜流动，支持县级政府、产业园区、行业协会为企业提供共享人才，充分调动科研院所人才、离退休人才和其他人才为中小企业服务的积极性，提高人才利用效率。二是优化金融生态。要进一步加快建立和引进银行机构、投资机构和融资服务机构，加强中小企业信用担保体系建设，支持园区、行业协会、商会建立融资平台，强化信用征集和惩处，积极引导民间资本投资，以良好的金融生态支持中小企业转型升级。三是强化企业权益保护。各级政府应充分保障执法力量和执法经费，主动、严厉打击侵犯知识产权、强揽工程等不法行为，严格保护企业合法权益。对诸如不落实企业员工子女就近入托、入学等政策的人和事，也应及时严肃处理。四是优化专业服务。要进一步依托创新创业园区和产业集群，加强创业孵化、技术、信息情报、培训等公共平台建设，充分发挥全省中小企业公共服务平台网络作用，大力培育和引进专业服务机构，促进科研院所和大企业科研仪器、重大装备和其他资源开放共享，加强产学研合作、共性技术攻关和信息化应用推广、咨询辅导，为中小企业转型升级提供平台和智力支撑。五是改善政务服务。进一步简化行政审批事项和流程，规范行政行为，提高服务效率。进一步深化商事制度改革，破除市场障碍，提高市场配置资源效率，降低企业营商成本。

纽约科技创新对湖南中小企业创新转型的启示

湖南省经信委党组成员、副主任　黄东红

纽约位于美国东海岸的东北部，是美国最大的城市，美国银行、保险、零售、贸易、运输、旅游、地产、媒体、广告、法律服务、会计、戏剧、时尚和艺术产业的中心。联合国、世界前两大证券交易所、46家全球500强企业、14家全球排名前50的律师事务所，美联储、4家美国前十的保险公司、8家美国前十的公共关系公司、380家银行，时代华纳、新闻集团、华纳音乐、环球音乐等传媒大鳄，总部均设在纽约；华尔街是公认的世界金融中心，时代广场是“世界的十字路口”。纽约拥有包括哥伦比亚大学、纽约大学、洛克菲勒大学3所著名大学在内的91所可授予学士学位的高校、147所社区院校，平均每4个市民中就有1位拥有大学学士学位。纽约作为一座世界级城市，对全球政治、经济、金融、媒体、教育、娱乐时尚界有巨大影响力。

一、纽约市政府促进科技创新的主要做法

一直以来，纽约的支柱产业主要是金融、商业、娱乐、传媒等领域。近年来，纽约科技业强劲崛起，成为纽约发展最快、收入最高的一个行业，从业人数接近30万人，成为仅次于金融业的第二大产业，使得纽约超越波士顿成为仅次于硅谷的第二大科技重镇、美国“新创新中心”，赢得了“东部硅谷”、“世界创业之都”的新城市标签。截至2014年底，纽约接受风投资金的笔数及总额、科技公司IPO数量，均仅次于硅谷，位居美国第二；仅2014年上半年吸引的风险投资资金就达到21亿美元。

从2001年以来，纽约市政府积极扶持科技创新，促进纽约加快向创新产业转型，主要做法有：

一是转变产业发展思路。纽约的第一大产业一直是金融业，纽约人普遍对从事科技创业嗤之以鼻，认为它低华尔街一等，搞技术的大多不愿意加盟科技企业，风险投资资金热衷于硅谷的科技企业，纽约高昂的房价更使众多创业者望而却步。“911”事件、2008年金融危机使纽约金融业受到重创，纽约市政府意识到过度倚重金融业发展模式的风险，提出多元化发展思路，将科技创新纳入发展规划，并积极宣传，扭转了民众态度，创业创新氛围逐渐形成，谷歌、facebook、ebay、Twitter、微软等知名科技公司均在纽约开设了研发中心。

二是强化科技人才培养与引进。短期措施方面，向愿意在纽约建设应用科学和工程学院的大学提供免费土地和基础设施资金；开展各种人才引进和征集项目，资助创业企业高管去全美各大院校吸引毕业生，定期组织各大院校学生访问纽约企业，帮助企业建立人才梯队；与职业技术培训学校合作进行科技人才培训。中长期规划方面，引进康奈尔大学、以色列工学院在罗斯福岛投资20亿美元建设一个专门培养媒体、医疗、环保等相关领域高科技人才的研究生院，其研究重点是帮助各大公司解决实际问题，科技成果迅速转化为生产力，以带动纽约的科技发展、人才培养与就业。同时，为了留住人才，纽约市政府新建了大量公园，大力改进住房供给，改善城市交通和空气质量，创造健康宜居的生活环境。

三是加强场地与资金支持。建立74个政府资助的创业孵化中心和220个低租金的共享办公地点，为创业者提供办公场地和培训信息，配备导师提供创业辅导，并协助创业者吸引投资。实行房地产税、商业房租税减税计划、电费优惠计划；设立纽约种子基金、纽约合作基金2个政府基金，分别对软件、网络技术和金融、医疗健康IT、生命科学方面种子期或扩张期公司进行投资；举办应用大赛、制造大赛、创新大赛、起跳项目等各种创新培养活动，对优胜者给予资金或办公场地等方面的奖励。

四是改善信息基础设施建设。与IBM等公司合作打造一站式信息平台“数字纽约”网站，将全市创业相关的所有信息都汇总到该网站，提供高科技企业职位空缺、实时创业活动、投资机构等信息，促进投资者、创业者、求职者之间的交流；为中小企业、低收入社区提供免费宽带设施，在公园、公共电话亭、特定商区提供免费公共wifi网络，加快企业和住宅的光纤布线等。纽约还在2014年下半年启动域名“.nyc”，成为全美第一个拥有顶级域名的城市。

二、纽约科技创新的启示

纽约科技创新具有显著特点：一是注重将创新与已有产业的升级换代结合起来。硅谷创新是纯技术的创新，例如软件、硬件、网络，往往是对一个领域的颠覆。

而纽约创新更多的是利用硅谷的技术对特定行业进行创新和建立细分市场，比如将互联网等信息技术与时尚、传媒、商业、服务等传统产业结合，挖掘出新的经济增长点。二是以消费者为导向。最初绝大部分的软件都是为企业用户开发的，而现在软件的服务对象主要是消费者。纽约科技创新以媒体为中心，借助移动互联网、智能手机、社交网络等手段，为时尚、娱乐、广告、金融业等提供产品和服务。消费者是现有、成熟的，创业者能较快获利，企业能迅速壮大，进而容易获得资本和人才，进入良性发展循环。纽约的科技创新反映了科技创新思路的整体转型。

纽约市政府促进科技创新各项措施能够取得巨大成效，原因也是多方面的：一是连续而稳定的政策。从2001年纽约将创新纳入城市规划，到2015年新的十年发展规划明确继续保持"全球创新中心"的城市发展定位，纽约市政府一直坚持创新战略，并给予大量资源支持。二是基于企业体验的政府服务。通过实体+网络的方式，精简行政机构，综合多个政府部门职能，为企业注册、信息查询、罚单处理等活动提供一站式服务；采取"试检查"制度，帮助小企业规范经营；针对城市多族群特点，以多语言形式为企业提供市场规范信息。

三、支持我省中小企业创新转型路径思考

我省中小企业尚面临产业层次低、同质化严重、产能过剩，管理落后、人才匮乏、资金短缺等诸多问题，在当前经济下行、市场需求冷淡的严峻形势下，转型升级是获得生存发展的唯一途径，转型升级的关键在于创新。我们应该学习纽约市立足现有产业、契合消费者需求的创新路径，学习纽约市政府基于企业便利的服务方式，科学引导，精准扶持，促进我省中小企业创新转型，增强发展质量。

一是全力促进中小企业转型升级。中小企业是实体经济的主体，没有中小企业的转型升级就谈不上中国经济的转型升级。当前，中小企业要主动适应新常态，加快生产工艺、装备的升级换代，提升企业的科学化、精细化、信息化管理水平，加快向产业链高端延伸，向新一代信息技术、生物医药、节能环保、先进装备制造等战略性新兴产业转型，加快"两化融合"，不断开发新产品，形成自主知识产权，走"专精特新"的发展路子，加快淘汰落后产能，化解产能过剩，支持企业关停重组。

二是加大对创业创新的财税支持力度。尽快实行"五证合一"登记制度（浙江省已经实行），降低企业开办成本；简化中小微企业税费减免办理程序，让税费减免优惠政策真正落地；对初创企业实行优惠的水电、天然气价格；增加省中小企业发展专项资金规模，设立省中小企业发展基金，加大对初创期中小微企业的资金扶持和公共服务。

三是改善政府服务。规范涉企检查行为，正式检查前先进行"试检查"，试检查发现的违规行为不予处罚，再次检查仍旧违规的加大处罚力度；联合发改、科技、财政、商务、税务、工商、质检、统计等部门，建立"湖南中小企业"微信公众号，将国家、我省各部门扶持中小企业的工作动态、政策措施、办事流程汇总其中，并提供搜索查询、业务申请与受理、评价与反馈等功能，方便企业第一时间了解、掌握和运用各种惠企政策，及时反映企业发展问题和困难。

四是加强创业创新人才培育。推进校企合作，将教育、创新培养、就业结合起来，企业向学校委派企业家和客座讲师，提供商务培训，建立影响力的同时为自身开展人才招聘，学校为每位学生制定一名产业导师，提高学生的就业能力；提升中小企业公共服务平台、创业基地、孵化器服务能力，引进高等院校、科研院所为创新提供产学研对接，引进职业学校为创新提供专业技能培训，引进投资机构为创新提供资金，引进会计、法律等中介服务机构为创新提供财务法律辅导，帮助提高创业创新能力。

五是深入推进中小企业信息化建设。支持中小企业应用互联网、大数据、云计算等信息技术进行产品设计、技术研发、生产控制、内控管理，建立新的商业模式，淘汰落后产能，提高生产效率和产品品质，促进上下游产业链协同；支持中小企业开展电子商务，打造一站式的电子商务平台，将全省所有企业的信息纳入其中，加大宣传和推广力度，将其建设成我省中小企业统一对外的名片，拓宽国内外市场。鼓励中小企业利用移动互联网、智能手机等手段开发直接面向普通消费者、与衣食住行相关的细分产品和服务，建立新的需求点；引导中小企业将高新科技与所属行业结合起来，进行创新和技术变革，成为行业的颠覆者和引领者。

陕西省

陕西省非公经济发展现状、存在问题及对策研究

西安科技大学、陕西省中小企业促进局

一、陕西非公经济发展现状

“十二五”以来，在陕西省委、省政府的正确领导下，全省非公经济、中小企业深入贯彻党的十八大和十八届三中、四中、五中全会精神，紧紧围绕推进全省非公经济发展战略，精心筹划，突出重点，强化措施，狠抓落实，较好地完成各项目标任务，为全省稳增长求发展奠定坚实基础。

（一）非公经济体量不断增大。

2014年，全省中小企业营业收入30050亿元，比上年增长19.6%。全省中小企业实现利润总额2067.64亿元、实交税金1008.51亿元，分别增长10.05%和15.69%；总资产18785.86亿元，固定资产原值8708.49亿元，分别增长18.15%和4.76%。全省中小企业增加值、非公经济增加值分别占全省生产总值（GDP）的51.5%和52.7%，分别比上年提高了1.1和0.5个百分点。

据统计，2014年全省外商投资企业和私营企业进出口总值238.61亿美元，同比增长46.92%，占全省进出口总额的87.05%，占比较上年提高6.35个百分点。全省有61个县（市、区）中小企业增加值占GDP的比重超过50%，比上年增加2个。全省中小企业营业收入过100亿元的县（区、市）66个，增加6个，占全省县（区、市）总数的62%；过300亿元的县（市、区）27个，增加3个。中小企业营业收入过5亿元的乡（镇、街道办）477个，占全省乡（镇、街道办）总数的33.7%；过10亿元的乡（镇、街道办）315个，增加23个。中小企业营业收入过5000万元的村（社区）598个，占全省村（社区）总数的2.08%；过1亿元的村（社区）466个，增加41个。

2014年，全省有经营活动的中小企业152.53万户（其中：企业法人单位21.78万户，个体经营户131.75万户），比上年新增 5.53 万户。全省中小企业阵营中，第一产业占3.43%，第二产业占20.48%（其中，工业占16.63%，建筑业占3.85%），第三产业占76.09%，农业占3.43%。第三产业新增企业数中信息传输、软件和信息技术服务业等新兴

图1 2005~2014年陕西省中小企业营业收入、资产总额变动情况

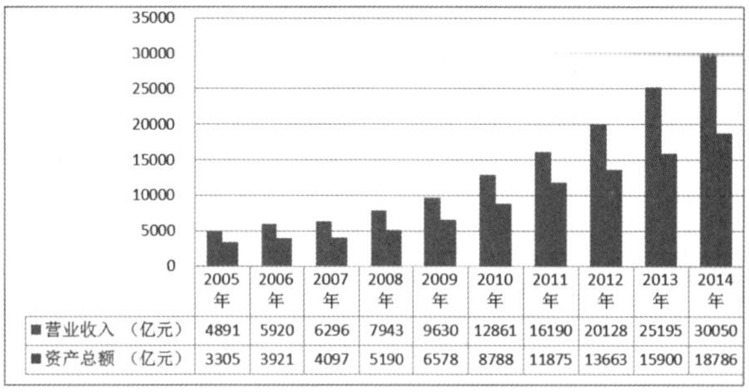

图2 2005~2014年陕西省非公经济、中小企业占GDP比重情况

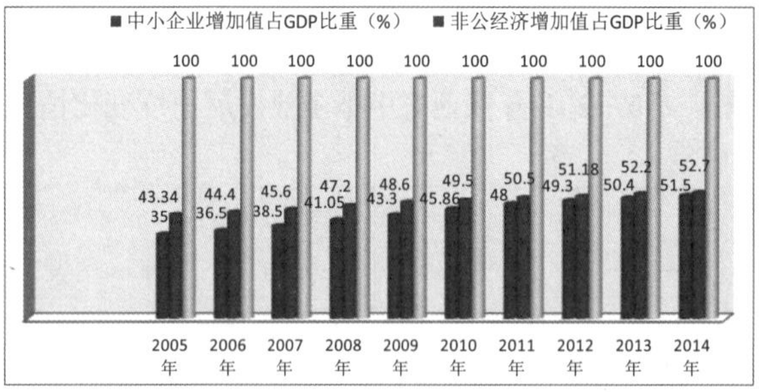

服务业领域市场主体增幅较快。全省规模以上非公工业企业4600户，占全省规上工业企业总数的90.0%，增加值占全省规上工业增加值的46.3%；亿元以上非公企业1550户，比上年新增187户。今年上半年，全省新登记各类市场主体18.75万户，同比增长34.14%；规模以上中小工业主营业务收入同比增长9.98%，增速位居全国第4位。

图3 2014年陕西省各市区非公经济、中小企业增加值占GDP比重

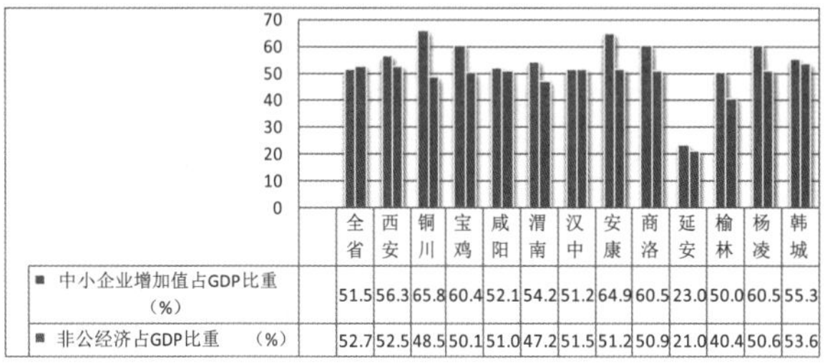

（二）非公经济发展速度加快。

近年来，省委、省政府高度重视中小微企业发展，加快商事制度改革，加大财政资金支持，落实税收、金融、服务等方面优惠政策，优化发展环境，全省中小企业取得较快发展。2014年全省非公经济增加值9324.42亿元，

比2013年增长11.0%，高出全省GDP增速1.3个百分点；规模以上非公工业增加值比2013年增长15.9%，高出全省工业增速1个百分点；非公经济增加值占全省GDP的比重为52.7%，比2013年提高0.5个百分点；非公经济对全省GDP的贡献率达到57.7%，拉动经济增长5.6个百分点。非公有经济实缴税金约占全省税收总额的54%。其中，全省非公控股企业上缴税收达838.84亿元，占全省地税收入的49.3%。全省民营企业实现进出口总额1465亿元，占全省进出口总值的87%。今年前8个月，中小微企业营业收入达18412亿元，同比增长15.06%，对全省工业稳增长发挥了重要支撑作用。

按中小企业划型标准分类，小型微型企业的个数、从业人数、营业收入分别约占全省中小企业相同指标的99%、56%和42%，非公经济对全省经济增长贡献加大。

图4 2007~2014年陕西省中小企业发展速度变化情况

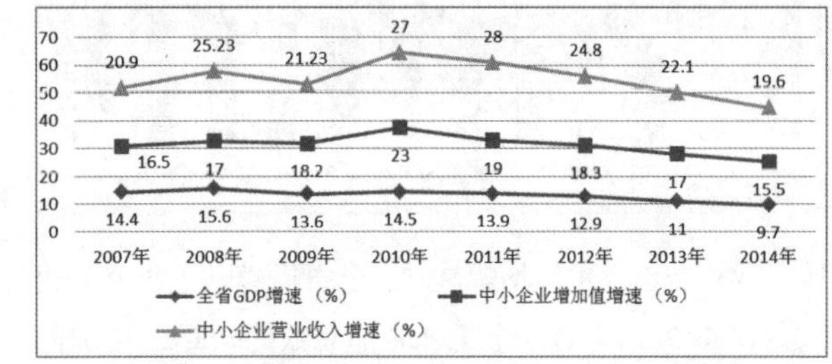

2014年，全省中小企业系统招商引资的固定资产投资100万元以上项目1966个，比上年增加131个；协议引进资金2729亿元，增长33.4%；其中，实际到位资金558亿元。各类园区招商引资中小企业项目1262个，协议引进资金1864亿元，本年度完成基础设施投资889亿元。

2014年，全省中小企业、非公企业新开工建设固定资产投资1000万元以上重点项目2158个，比上年增加141个。其中，投资5000万~1亿元的项目498个；亿元以上项目410个，增加80个。

2014年，全省中小企业、非公企业建成投产固定资产投资1000万元以上项目1757个，比上年增加238个；5,000万~1亿元的项目355个；亿元以上项目288个，增加120个。总投资中，非公企业投资占95.3%。工业企业投资来源中，企业通过各种渠道自筹资金占78.7%，金融机构贷款占21.3%。

（三）非公经济三产占比上升。

统计显示，2014年，我省非公经济第一产业占比略有下降。全年一产非公经济增加值455.75亿元，非公占比为30.1%，较上年减少2.1个百分点。第二产业占比稳步提升。2014年，全省第二产业非公经济增加值5,091.68亿元，非公占比为52.6%，较上年提高1.6个百分点，呈现出规上工业非公经济贡献提高、建筑业非公经济发展稳定的显著特点。第三产业占比小幅回落。2014年，全省第三产业非公经济增加值3,776.98亿元，非公占比为58.7%，比上年减少0.9个百分点。总体而言，

从非公经济占全省各行业的比重看，规模以上工业增加值占全省规上工业增加值比重为46.3%，比上年提高2.0个百分点；建筑业增加值占全省建筑业比重为65.9%，与上年基本持平。全省非公批发零售业增加值占全省该行业比重为80.5%，比上年提高0.2个百分点；住宿餐饮业非公增加值占全省该行业比重为85.8%，比上年回落3.8个百分点。全省非公房地产业增加值占全省该行业比重为90.9%，较上年提高0.7个百分点。金融业、交通运输、仓储、邮政业、其他服务业全年实现非公增加值分别占行业比重都与上年基本持平。

（四）非公经济专项投入增加。

近年来，中小企业促进局配合省财政等部门制定完善《陕西省中小企业发展专项资金管理办法》、《科技型中小企业技术创新资金管理暂行办法《关于加快中小企业、非公经济发展若干财税政策措施的通知》等文件，进一步完善扶持政策，推进各级建立中小企业发展资金。到2014年底，国家中小企业专项资金支持我省项目资金1.75亿元，省级中小企业发展专项资金达到4.43亿元， 2015年省级中小企业专项资金支持我省项目资金3.13亿元，其中：中小企业发展基金1亿元，县域工业集中区建设资金7500万元，中小企业服务体系建设资金2508万元，市场主体培育成长项目资金1.09亿元。在省级中小企业专项资金（“种子基金”）引导下，11市和多数县扶持企业专项资金逐步建立，资金规模突破10 亿元。

我局每年从中小企业扶持资金中列出1500万元科技资金，近两年通过支持中小企业技术创新项目，节能减排项目和创新研发中心建设项目，引导支持企业投入技改资金13亿元。据统计，“十二五”前四年，全省民营企业技改投资8,768亿元。从2011年开始，我局与省银监局、省知识产权局等部门联合制定出台《陕西省知识产权质押贷款管理办法（暂行）》，帮助科技型企业通过知识产权质押解决贷款难的问题，已有400多家民营企业获得银行贷款共计30多亿元，仅去年贷款总额就突破20亿元。

（五）非公经济质量稳步提高。

2014年，全省年营业收入1000~2000万元的企业法人单位2185个，较上年增加319个。1亿元以上的中小企业、非公企业1872个，增加187个；10亿元以上206个，增加66个。2000万元以上的企业5326个，营业收入占全部企业法人单位营业收入的62.2%。

2014年，全省中小企业引进各类专业技术和管理人才4.03 万人。企业法人单位从业人员中，中专或技校以上文化程度的人员占到23.05%（其中，大专及以上文化程度 45.37万人，占10.26%；中专及技校文化程度56.47万人，占12.78%）。有专业技术等级职称人员29.67万人，占6.71%（其中，高级技术职称3.2万人，中级技术职称8.92万人；初级技术职称17.54万人）。全省中小企业从业人员当年参加各类培训72.3万人次，其中，参加各级部门组织的培训23.7万人次。

2014年，全省中小企业、非公企业完成固定资产投资5900.82亿元，同比增长16.7%。工业完成固定资产投资1930.26亿元，增长10.49%。第一产业完成投资723亿元，占总投资的12.3%；第二产业完成投资2358亿元，占40.0%；第三产业完成投资2819亿元，占47.7%。新建投资2519亿元，占总投资的42.7%；技扩改投资3381亿元，占57.3%。

图5 2014年陕西省各市区中小企业固定资产投资增速

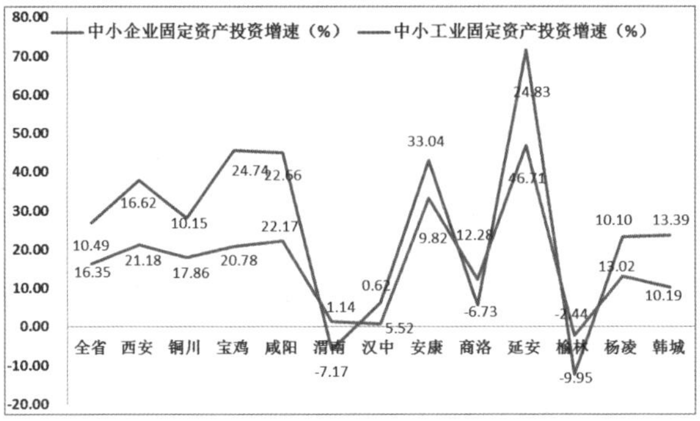

全省中小企业设立技术创新和研发机构2648个，其中国家农产品加工技术研发分中心5个、中小企业创新研发中心156个。全省60%以上的规模以上中小工业企业与高等院校、科研院所建立了技术合作关系，70%以上的规模以上中小工业企业对传统落后的生产技术进行了技术改造。认定了169个陕西省中小企业专利新产品。全省认定的高新技术企业，中小企业就占到80%以上,中小企业已成为推动陕西省企业科技创新和进步的重要力量。中小企业已先后创出中国名牌产品6个、中国驰名商标2个、陕西省名牌产品205个、国家免检产品58个、全国创名牌重点企业43个，对全省高新技术产业新增值的贡献率达80%以上。全省评定的陕西省名牌产品中，中小企业占到85%以上。

（六）非公经济结构布局优化。

全省中小企业个数中，关中地区占61.7% ,比上年度提高0.33个百分点；陕南占23.06%，下降1.34个百分点；陕北占15.26%，提高1.04个百分点。全省中小企业营业收入中，关中地区占74.21%，比上年提高0.24个百分点；陕南占12.49%，提高0.72个百分点；陕北占13.30%，下降0.96个百分点，占比继续下降，但下降幅度减缓。

据有关统计资料，2014年关中地区非公经济增加值占关中GDP的51.2%，较上年提高0.6个百分点；陕南占52.0%，较上年提高0.4个百分点；陕北占34.3%，较上年提高1.6个百分点。

图6 2014年陕西省各市区中小企业营业收入增长速度变化情况

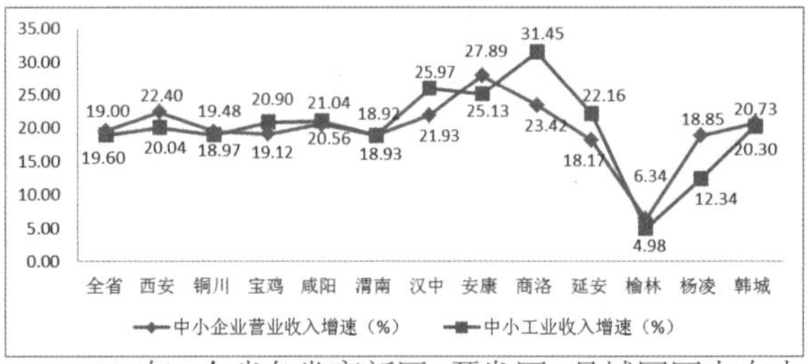

2014年，全省各类高新区、开发区、县域园区内有中小企业、非公企业法人单位2.16万个，工业企业单位1.2万个；实现营业收入占全省中小企业营业收入的比重47%。县域园区内有企业法人单位1.35万个，工业企业法人单位0.97万个。营业收入超过100亿元的县域园区18个，比上年增加7个；50亿元以上的48个，增加3个；30亿元以上的68个，增加2个；10亿元以上的128个，增加15个。

2014年，全省中小企业营业收入中，第一产业实现营业收入376.21亿元，增长25.57%，占全部中小企业营业收入的1.25%；第二产业中小企业营业收入19179.03亿元，增长18.27%，占63.83%（其中，建筑企业营业收入2453.66亿元，增长3.54%，占8.17%；工业营业收入16725.37亿元，增长19%，占55.65%）；第三产业中小企业营业收入10494.76亿元，增长20.18%，占34.92%。

2014年，全省中小企业增加值中，第一、二、三产业分别占1.64%、70.37%和27.99%；其中，工业占59.98%，建筑业占10.39%。与上年相比，第一产业占比提高0.15个百分点；第二产业占比提高1.4个百分点（工业占比降低0.9个百分点，建筑业占比提高2.3个百分点）；第三产业占比下降1.55个百分点。

图7 2014年陕西省各市区中小企业营业收入情况

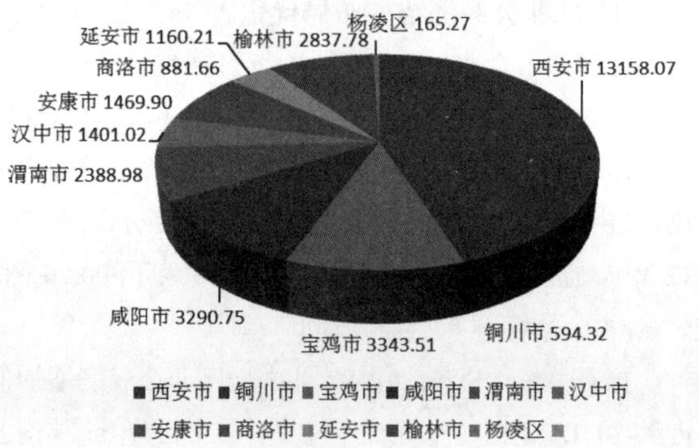

2014年全省生产总值（GDP）的第一、第二、第三产业增加值中，非公经济增加值分别占到30.1%、52.6%和58.7%。非公经济对全省GDP的贡献率达到57.7%，拉动经济增长5.6个百分点。

据统计，2014年，全省非公经济增加值中，第一、第二、第三产业分别占到4.89% 、54.60%和40.51%；与2013年相比，第一产业占比降低0.98个百分点，第二产业占比提高0.39个百分点，第三产业占比降低0.59个百分点。

图8 2014年陕西省各市区中小企业营业收入行业分布情况

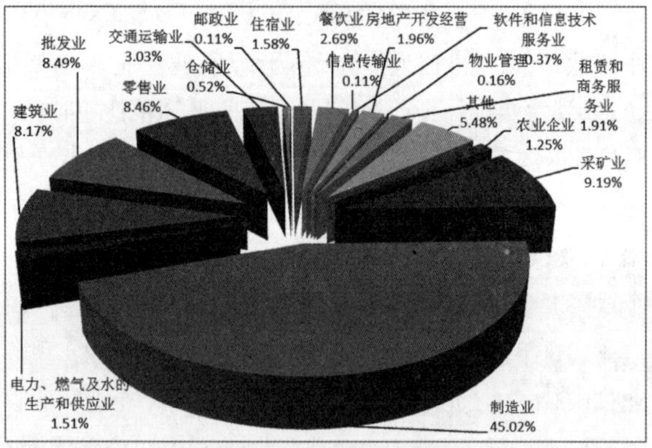

2014年，全省中小企业法人单位中，非公控股企业占98.03%，公有控股企业占1.97%；有限责任公司占45%。

另外，非公经济产品开发水平、生产装备水平以及产品质量均大幅提升。

（七）非公经济社会贡献突出。

2014年，全省中小企业从业人员835万人，比上年增加35万人，占全省新增就业人数的80%。全省中小企业从业人数中，第一产业从业人数占3.05%，比上年提高0.43个百分点；第二产业从业人数占51.01%，提高0.21个百分点（其中，工业占40.08%，提高0.83个百分点；建筑业占9.93%，降低0.62个百分点）；第三产业从业人数占45.94%，降低1.64个百分点。2015年1季度，全省非公中小企业新增从业人员8万人。非公企业数量增加，成为大众创业的主导力量。

2014年，全省纳税100万元以上的中小企业、非公企业4066个，较上年增加866个；纳税1000万元以上的企业838个，较上年增加168个。2014年全省地税非公控股企业上缴838.84亿元，是2011年的1.75倍，年均增收119.86亿元。全省中小企业本年度用于城镇建设、福利卫生、教育文化、农业水利等社会公益事业支出17.38亿元。

图9 2005~2014年陕西省中小企业户数与从业人数变化情况

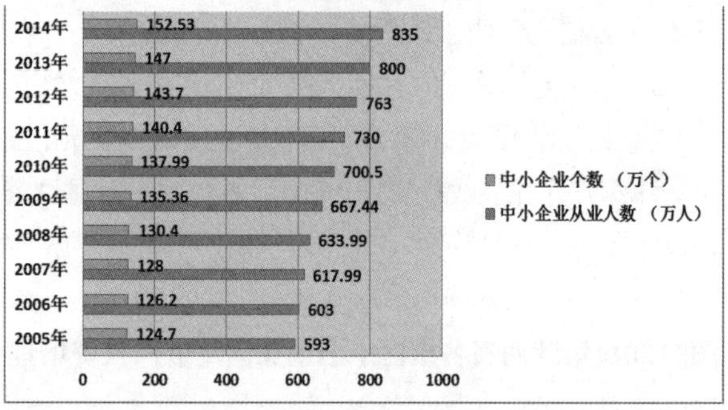

2014年，全省中小企业支付劳动者报酬1985.9亿元，增长12.55%。企业法人单位从业人员人均年工资收入2.79万元，比上年增加2000元，增长7.3%，其中，工业2.8万元，增长2.2%。纳入省局重点监测的5000户企业单位从业人员人均年工资收入3.09万元，比上年增长4.75%。其中，工业企业从业人员人均年工资收入3.3万元，增长3.13%。

（八）非公经济发展环境改善。

“十二五”以来，我省出台了《陕西省人民政府关于支持小型微型企业健康发展的实施意见》（陕政发〔2012〕36号）《全省中小企业服务体系建设指导意见》《关于扶持小型微型企业健康发展的实施意见》等一系列政策，各地配套出台了实施意见和具体措施，支持中小企业发展。省、市、县三级设立了中小企业发展专项资金，成立了陕西省中小企业发展基金，引导支持中小企业发展。中小企业公共服务体系不断发展完善。开通运营陕

图10　2005~2014年陕西省中小企业支付劳动者报酬情况

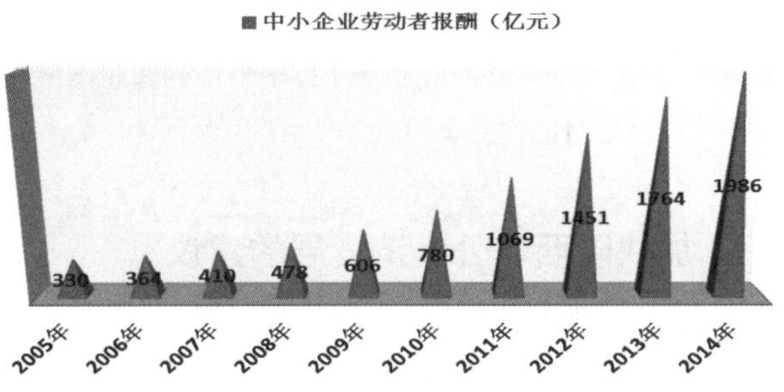

西省中小企业公共服务平台网络，实现了1个省级平台与12个市级综合“窗口”平台和17个产业集群“窗口”平台互联互通，带动服务机构368家，聚集服务电商458家，服务项目近7000项。认定了125家省级中小企业公共服务示范平台，建设了10个陕西省中小企业创业基地和小企业孵化平台。此外，“三证合一、一照一码”登记制度改革于10月1日起在全国正式实施。“三证合一”登记制度按照“一窗受理、互联互通、信息共享”模式，将原来企业、农民专业合作社登记时依次申请，分别由工商行政管理部门核发工商营业执照、质量技术监督部门核发组织机构代码证、税务部门核发税务登记证，改为一次申请、由工商行政管理部门核发一个加载统一社会信用代码的营业执照的登记制度。“三证合一”有利于推进政府简政放权，转变政府职能，提升政府服务效能，推动大众创业、万众创新。能够简化市场准入手续，营造宽松平等的准入环境，推进登记注册便利化，降低企业运行成本，缩短了企业创办周期，在一定程度上解决了企业办证难问题。各部门实现了信息共享，有利于提高失信成本，提升诚信收益，降低违约概率，推动建立完善的信用惩戒机制。

“十二五”是我省中小企业发展的最好时期之一，重要成就的取得，是在省委省政府正确领导下，认真贯彻落实科学发展观的结果，是大力实施富民强省战略的结果，是抓住西部大开发机遇加快发展的结果。关键在于“六个坚持”：坚持富裕三秦百姓，带动全民创业。围绕这个主题，下大力培育壮大中小企业、微型企业和成长型企业。坚持以县域为发展重点，全面规划启动建设县域工业集中区。根据县域工业薄弱的问题，在全省的107个县、区、市规划布局了县域工业集中发展区，现已全部建成投入运营，为县域工业发展创造了一个新平台。坚持规模化、集群化发展方式。围绕全省12大产业振兴规划和21个产业集群，大力发展配套型企业，在装备制造、煤化工、农产品深加工等领域构建了一批产业集群，推进中小企业做大规模、增强效益。坚持重点支持新兴产业、改造提升传统产业，加快发展优势特色产业的思路。采取技术改造，企业转型升级，淘汰落后产能等办法，为不同类型和不同层次的企业增强新的发展活力。坚持以改革开放为动力，注重破解中小企业招商难、融资难等矛盾。采取组建地方性银行、村镇银行、小额贷款公司、扶持农村信用联社、发展典当行业，扩大省市财政担保额度等措施，加大对中小企业的贷款支持，融资难问题有所缓解，增强了企业自主发展活力。坚持思想上与时俱进、工作上强力推进的发展理念，不断深化对非公经济和中小企业发展规律和特点的认识，走出了一条具有陕西特色的发展路子。

二、陕西非公经济发展存在的问题

“十二五”以来，我省非公经济发展虽然取得一定成效，但与发达地区和全国平均水平相比，整体水平依然较低，同时存在资金短缺、人才匮乏、管理粗放、创新能力不强、产品技术含量不高、资源利用率低、能耗高、污染严重、经济效益相对较低等诸多问题。

（一）产业结构老化，经济效益较低。

陕西非公经济结构存在的主要问题：①农业增长不稳定，农业结构升级缓慢。②传统工业产值所占比值偏高，新兴工业发展缓慢。③高科技企业少，产品科技含量低。资源型企业比重大，高新科技企业比重小。④第三产业发展不足，产业结构呈“橄榄形”。二次产业比重大，一次、三次产比重小，重工业重，轻工业轻。⑤技术创新能力差，产业竞争力不强。核心技术少，知名品牌少。⑥重工业化导致环境污染严重。由于重点产业关联度高，导致产业链上游企业“感冒”下游企业跟着“吃药”的骨牌效应。

（二）企业数量偏少，经营规模偏小。

受资源禀赋、地理条件及思维习惯约束，我省非公经济发育相对缓慢。全省非公企业数量上表现为“两少一小”：企业数量少、骨干企业少、经济总量小。发展水平上表现为“两低一少”：产业集中度低、产品科技含量低、知名品牌少。作为非公经济主体的中小企业和个体工商户，其抗击市场风险能力差，经营状况不稳定，多数企业长期处于微利或亏损状态。同时，非公企业人才缺乏、资信等级较低，部分企业发展潜力有限，加之管理不规范，甚至恶意逃债，“破窗效应”导致银企关系紧张。

2014年，中小企业增加值占全省GDP比重为51.75%，比全国（60%）低8.5个百分点，比浙江省低23.5个百分点。四川省非公企业数量居全国第五位，所创造的GDP是我省的5倍。我省县均拥有注册登记的私营企业3220个，比全国平均少2200个；我省县均拥有法人企业3012户，比全国（4706户）少1694户；县均拥有规模以上工业企业我省为47个，比全国（127个）少80个。

（三）产业组织松散，管理方式粗放。

在国内经济发达地区，非公经济发展的行业特色及技术优势非常突出，围绕重点行业形成的产业集群和块状经济特征非常清晰。“十二五”时期，我省在产业集群发展方面做了大量工作，引导和培育初见成效，但龙头型、主导型产业集群仍未完全形成，县域工业集中区建设水平参差不齐，小微企业创业基地建设缓慢，非公企业“散、弱、低、粗”问题突出。部分地区产业布局缺乏规划，规划、招商、配套设施和服务等不够完善，重复建设现象时有发生。

到2015年中期，我省民营企业上市家数共58户（主板除外），其中在全国中小企业股份转让系统（“新三板”）挂牌47户，创业板市场（“二板市场”）挂牌7户，中小企业板市场（深圳证交所）挂牌4户。与全国平均水平相比，差距为47%、89%和96%。

（四）创新能力不强，环境污染严重。

陕西非公经济多从事劳动密集型产业，技术密集型产业相对较少，且主要集中于传统行业，科技含量不高，创新动力不足。发明专利、专用技术、知名品牌等自主知识产权数量少，技术有机构成低，加工手段落后，花色品种单一，产品更新换代慢，以品牌为纽带的产业链尚不完善，电子商务、“互联网+”等新型业态推进较慢。全省第二产业产值中工业产值占80%以上，主导产业是以不可再生资源加工为主的重工业，附加值不高，高能耗、高污染物排放，第三产业（尤其是新型服务业）发展滞后，特色产业、优势产业竞争力不足，发展低碳经济任重道远。

（五）资源配置不公，竞争机制扭曲。

非公经济应现实中摆脱不了弱势群体的境遇，“玻璃门”、“弹簧门”、“旋转门”现象普遍。非公经济在土地资源分配、矿业资源获取、财政资金补贴、项目招投标以及融资贷款等方面处于劣势。征地难、征地慢，融资难、融资贵。政策待遇不公平——国有企业破产清算有政府出面主导，企业员工可重新安置，而非公企业一旦破产政府不管不问，员工安置更无从谈起。新环保法实施后，政府对国有企业推广煤电装置脱硫脱硝技术有补贴，而对非公企业没有补贴，也不提供有效的技术支持，连技改过渡期也不给予。凡此种种，破坏了公平公正的商业环境，加重了非公经济的运营负担。

三、加快陕西非公经济发展的建议

（一）解放思想，深化行政体制改革。

1. 加强统一领导

进一步完善促进非公经济发展联席会议制度，加强对非公企业发展的统筹规划、组织领导、政策协调和对口包抓，形成推动非公经济发展的合力。各市、县、区也要不断完善促进非公经济和中小企业发展工作机制，研究解决非公经济发展中面临的实际问题。进一步完善工作协调机制，加强上下之间、部门之间的相互配合与协作，形成全面推动中小企业加快发展的整体合力。调动行业协会、商会等社会服务组织的积极性，推动大政方针的贯彻和落实。

2. 实行分类指导

抓紧出台相关政策的配套实施细则，完善对不同区域、不同行业、不同类型和不同规模中小企业的差别化政策法规体系。推进中小型企业向规模化、特色化、专业化方向发展；加速培育创业型小企业；营造环境，改善服务，大力扶持中小企业。

3. 健全考评体系

以非公经济发展速度、企业增加数量、从业人员增加数量等为主要考核指标制定非公经济考评办法，奖励先进，帮扶中间，鞭策后进。进一步完善《陕西省目标责任考核办法》，将各市非公占比考核分值从2分提高到5分，将非公企业科技研发投入纳入非公经济GDP核算，优化考核指标，建立科学有效的考核激励机制，调动各级政府及企业创新积极性。省委、省政府每两年召开一次非公经济先进集体和先进个人表彰大会，省政府每两年开展一次“非公企业百强”评比发布活动。

4. 完善监测制度

建立“点线面”相结合的统计体系，健全统计指标，规范和完善统计范围和口径。完善多渠道反映中小企业运行的监测方法；加强对规模以下企业的统计分析和监测工作，扩大覆盖范围，更好地反映中小企业的特点，提高统计数据的科学性。

5. 激发改革动力

我省要以“一路一带”建设为契机，推动行政管理、经济体制、服务机制和社会管理等各个方面的改革，最大限度地释放发展潜能，为内陆省份向西开放探索新路径。加快转变政府职能，加快城乡一体化改革步伐，积极拓宽融资渠道，创新社会管理机制，为非公经济发展营造更加良好的社会环境。

（二）改善营商基础环境，激发经济增长活力。

1. 加强政策宣传引导

引导广大非公经济人士增强发展信心，走转型发展、科学发展之路。有关部门和新闻媒体要广泛宣传促进非公经济发展的方针政策，大力宣传非公经济的重要地位和作用，及时推介非公经济发展的成功经验和先进典型，及时曝光侵犯非公企业及非公经济人士合法权益、干扰非公企业合法经营活动的案例，努力营造有利于非公经济健康发展的良好社会舆论环境。通过报纸、网络、入企、分发《陕西省中小企业政策百问百答》等形式，唱响鼓励非公经济发展的各项政策，让全省非公企业所有者知晓政策，成为政策的受益者，掀起新一轮创业高潮。

2. 扩大投资准入领域

实行统一市场准入制度，按照“非禁即入”、“非禁即准”的原则，制定市场准入行业负面清单，积极引导中小微企业进入负面清单以外的行业和领域。降低准入门槛，减少行业限制，支持民间资本进入传统垄断行业和领域，打破所有制壁垒，切实落实国民待遇。以国务院《关于国有企业发展混合所有制经济的意见》为指南，全面推进民营资本进入电力、石油、天然气、铁路、民航、电信及军工领域，参与国有企业混合所有制改革试点，壮大我省经济实力。

3. 加大财政资金投入

各级政府要逐年增加对非公企业发展投入，省级有关专项资金要向符合条件的非公企业项目倾斜，重点支持非公企业技术改造，协作配套，节能减排，特色产品开发等。省中小企业发展专项资金要扩大规模，在现有扶持范围的基础上，重点支持大众创业万众创新项目，以及企业转型升级项目。设“1+7创业发展鼓励奖”。对初创企业或个体工商户，办理工商注册登记时即可领取“1元”的政府创业鼓励奖。企业直接带动7人以上（含7人）就业且签订劳动合同，并依法缴纳各项社会保险的，按照3万元/户标准给予一次性奖励。设创新发展鼓励奖。对获得发明专利的企业给予一次性5万元资金奖励；对企业开发的含发明专利的新产品，经认定后，根据其新增企业所得税和增值税地方留成部分，给予50%、最高不超过50万元的奖励。设立转型发展鼓励奖。对经认定的转型升级示范企业，按照转型升级效果，经认定后，根据其新增企业所得税和增值税地方留成部分，给予50%、最高不超过50万元的奖励。对新进入全国500强的非公经济，由省财政给予100万元奖励。

4. 完善民间投资机制

建立健全政府和社会资本合作机制。建立PPP项目库，分批向非公企业推出条件成熟的PPP项目，鼓励非公企业参与重点领域项目建设。按照民间投资“非禁即入”的原则，进一步完善民间资本在城镇污水垃圾处理、教育、医疗、公路、铁路、水利、养老等公共领域平等准入、公平待遇的机制。建立民间投资的合理回报机制。对经营性项目，逐步建立与实际成本相适应的价格形成机制，特许经营项目可按照中标或者协议价格进行结算；对准经营和非经营性项目，积极研究探索项目捆绑开发、政府补贴等支持机制，并通过项目法人招标优选投资者进入，既保证投资人合理回报，又切实降低政府和社会公众负担。大力推进民间投资试点示范。组织一批吸引民间投资项目，筛选建立吸引民间投资进入公共建设领域的重大项目库，向民间投资者和金融机构发布一批示范性项目，从财税、用地、金融方面重点支持，推动项目尽快落地，产生示范效应。

5. 深化商事制度改革

进一步简政放权，放管结合，打造公平规范便利的营商环境。简化注册资本登记，推行“一照多址”和“一址多照”，放松企业的经营范围；开放工商部门的企业名称库，试行由企业自主选择使用企业名称。按照“一表申请、一窗受理、联动审批、限时办结”的模式，全面实行工商营业执照、税务登记证、组织机构代码证和企业印章刻制许可证“四合一”登记制度。加快工商注册全程电子化，实现以电子营业执照为支撑的网上申请、网上受理、网上审核、网上发照和网上公示制度，推动工商注册便利化。以企为本，灵活多样。注册资本可分期到位；法人代表资格与婚姻状况与户籍关系脱钩；公司人员配备可逐步到位（如财务人员可兼职，倡导引入第三方专业服务）。贯彻落实《陕西省关于支持小微企业健康发展的实施意见》，对中小微企业在工商登记、财税管理、土地变更、信贷金融、公共服务等方面给予支持，借鉴浙江省政务改革推出的“四张清单一张网”管理办法，促进非公经济快速发展。

6. 减少企业税费负担

首先，坚决取缔违规设立的收费基金项目。凡没有法律法规依据、越权设立的，一律取消；凡擅自提高征收标准、扩大征收范围的，一律停止执行。取消政府提供普遍公共服务或体现一般性管理职能的行政事业性收费；对收费超过服务成本，以及有较大收支结余的政府性基金，降低征收标准；整合重复设置的收费基金；依法将具有税收性质的收费基金并入相应的税种。

其次，清理规范具有强制垄断性的经营服务性收费。对中介服务收费进行全面清理规范，中介服务机构要与审批部门彻底脱钩。不得将政府职责范围内的事项交由事业单位或中介组织承担并收费。

再次，整顿规范行业协会商会收费。坚决制止强制企业入会并收取会费，以及强制企业付费等行为；严禁行业协会商会依靠代行政府职能或利用行政资源擅自设立收费项目、提高收费标准。

复次，实行收费目录清单管理。清理规范后保留的行政事业性收费、政府性基金和实行政府定价的经营服务性收费，由中央和省两级编制目录清单，并向社会公布，清单之外一律不得收费。

最后，加强收费监管。实施涉企收费目录清单制度，逐步把涉企收费纳入政务公开范围，建立涉企收费目录清单公开、减轻企业负担工作长效机制。强化企业举报和查处、问责机制，对查实的乱收费，除依法依规予以处罚外，还要严肃追究相关部门和单位负责人的责任。

7. 加强创业培训指导

以行业协会、培训机构、服务中心等社会化服务体系为实施主体，采取多种形式，加大对创业人员的培训力度，提高其创业技能。

8. 加快创业基地建设

加快推进新型工业园区标准化厂房、企业孵化基地、创业大厦建设，推进各地市专业市场建设，完善公共设施和服务规程，提升服务质量。

9. 推行一企一策服务

如同“一村一品”、“一乡一业”一样，对于涉足新型业态的非公企业、高科技企业，可量身定制个性化扶持方案，帮助企业化解生存危机，度过成长瓶颈期。

（三）实施人才聚集工程，建设创新创业基地。

1. 完善要素保障，支持创新创业

各市、县（区）政府要统筹安排非公经济发展用地，非公经济年度建设用地份额应不低于其在区域经济发展中所占的份额比例；探索工业用地先租后让和租让结合用地制度，优先保障符合国家产业政策的非公企业项目、中小企业创业基地用地。非公企业用地的审批程序和税费缴纳应与国有企业、外商投资企业同等对待。

支持企业以新招用青年劳动者和新转岗人员为重点开展的新型学徒制培训，根据培训时间、培训工种、取得证书及劳动合同签订等情况，可给予企业一定比例的职业培训补贴。高校毕业生到非公企业工作享受大学生村官同等待遇，非公企业招聘的具有硕士或中高级职称以上的专业人才，在家属就业、子女入学、户口迁移、享受经适房、职称评定等方面，享有与国有企业引进人才同等待遇。组织实施重点引智项目，积极引进高层次创新创业人才及团队。

在生产要素的供给上，政府引导，市场调节，提高资源使用效率。同时，协调政府主管部门在制定和实施土地利用总体规划和年度土地供应计划时，统筹考虑非公企业投资项目用地需求，加大对重点非公企业发展用地的保障力度。做好项目配套服务，加强与有关职能部门的沟通联系，保障非公企业用电、用水、用煤、用油、用气等需求。完善重点物资运输协调机制，保障重点物资运输通道顺畅。

2. 吸引优秀人才，建设创新高地

创新人才引进模式，加大人才培养力度，完善人才激励保障。实行更加积极开放的引才政策，开辟高效便捷、公开透明的用才通道，完善知识产权、收益分配等惠才机制，营造和谐包容的爱才环境。提供和完善创业空间、天使基金、教练辅导及金融服务，使陕西成为“旅游胜地”、“投资宝地”、“成本洼地”、“人才高地”、“创业福地”，以吸引更多的青年才俊、有识之士到陕西施展才华，建功立业。实施“适用人才聚集工程”。进一步优化人才发展环境，加大人才引进力度，促进各类人才特别是高校毕业生到非公企业就业和创业。完善股权配置、职称评定、成果奖励、知识产权保护等措施，使民营企业成为人才聚集地。协调有关部门，举办多种形式的人才招聘、交流活动，为非公经济引进人才搭建平台，加大人力资源投入。

实施“重点人才培养工程”。依托高校和具备条件的教育培训机构建立若干个非公企业人才培训基地。对重点非公企业经营管理人员进行继续教育培训，大力开展适应性短期培训，以集中面授和远程教育为主要形式。组织新知识、新理论、新方法、新标准、新政策等各类短期培训，拓宽视野、更新观念、提升能力，强化素质。每年选送非公企业家到高等院校进行系统进修培训；对规模以上非公企业高级管理人才进行短期集中培训；对小微企业经营者进行专题培训。打造一支有抱负、懂经营、善管理、敢创新的非公企业家队伍。

实施"全员素质提升工程"。广泛开展普及性培训，立足于企业自主培训，指导企业开展在岗职工的全员培训。同时，开展非公企业职业技能资格鉴定工作，推行持证上岗制度，避免企业发展所需的高素质职业技能人才断层。

3. 做好典型示范，推动创新实践

做好创业创新示范基地建设，优化县域工业集中区服务功能。第一，加快创业创新示范基地县区建设，探索中小企业抱团取暖、协同创新的机制和经验，组织其他企业学习和体验，通过分享实现共同成长。第二，加大配套服务功能建设，完善道路、通信、供水、供电、标准厂房等基础设施以及物流、电子商务、检验检测、信息服务、融资担保、工业设计等服务平台建设，使其成为推进中小企业发展的动力引擎。第三，制定加强县域工业集中区创业创新建设的意见，依托工业集中区的创业基地孵化器和优势特色资源推动大众创业万众创新，发展和培育一批创业创新型企业，使工业集中区成为中小企业创业创新的平台，成为国家中小企业创业示范基地。加大招商引资力度，积极承接国际和国内发达地区产业转移，以项目带动中小企业发展。第四，省财政每年安排一定规模的资金，支持省级创业创新示范基地县区建设和重点工业集中区配套服务功能建设。同时，区县政府要积极探索县域工业集中区建设新途径，采取委托开发经营、引进投资公司、服务机构、担保公司等多种方式，吸引社会资金对工业集中区建设的投入，使其成为带动产业发展的重要载体。第五，加强工业集中区统计考核工作。以入区企业数、投资额、就业人数、招商引资额、新开工项目数、增加值等经济指标为重点，建立工业集中区统计制度，加强经济运行分析，推行工业集中区年度考核制度。

（四）推动金融改革创新，缓解民企融资困境。

1. 积极发展非公投融资机构。创新投融资机制，突破资金瓶颈，缓解融资困难。抓好担保公司、小额贷款公司、民间借贷登记中心的发展规范工作，鼓励发展非公投资公司。

2. 完善信用担保体系建设。建立中小企业贷款奖励和风险补偿机制，完善对中小企业信用担保的激励和风险补偿办法。加强融资性担保行业监管和服务，加大政策性担保，建立运作规范、服务高效、机制灵活的担保体系。引导金融机构加大对中小企业的信贷投放。

3. 加快推进"助保贷"、"千人创业贷"、"大学生互助贷"、"电商创业贷"、"微电影创业贷"等创新业务的落实。

4. 进一步拓宽中小企业直接融资渠道。抓住"新三板"挂牌机遇，采取有效措施，推动中小企业上"新三板"直接融资。

5. 鼓励中小企业与金融机构开展合作，发行集合债券、集合票据、信托基金、短期融资券和信贷资产证券等直接融资产品。

6. 创新抵押模式。进一步放宽贷款抵押条件，积极探索仓单、仓储等抵押模式。鼓励银行为转型升级企业开展股权、商标权、专利权、矿产权、林地权、应收账款、仓单质押以及把还款记录作为贷款依据等新型融资服务。支持企业运用中小企业私募债、小微企业集合债券、集合票据等进行融资。对企业通过融资租赁方式购置设备，给予适当的租金补贴。通过租转征依法解决非公企业用地难题，加快办理工业房产证等历史遗留问题，为企业抵押融资创造条件。

7. 逐步加大陕西省中小微企业发展专项资金创业投资数量，发挥对非公企业创业创新、转型升级的引导和催化作用。

8. 建立中小企业银行，进一步完善非公经济金融服务。

9. 积极参与国家中小企业发展基金。2015年9月1日，国务院常务会议决定设立国家中小企业发展基金，中央财政出资150亿元，吸引非公企业和国有企业、金融机构、地方政府等共同参与，建立总规模为600亿元的国家中小企业发展基金，通过设立母基金、直投基金等实体，重点支持种子期、初创期成长型中小企业发展。陕西将按照市场化原则，充分发挥中央资金的杠杆作用和乘数效应，撬动更大规模的社会资本投入，支持非公经济发展，扩大社会就业，推动大众创业、万众创新。

（五）完善服务保障体系，帮助企业稳健成长。

1. 加强队伍建设，切实转变工作作风

一要继续贯彻十八届三中、四中、五中全会精神，转变党员干部的工作作风，加强责任担当意识。“学在前，思在前，干在前，律在前”。二要建立领导和处室联系企业制度，经常深入基层调查研究，及时掌握第一手资料，帮助企业解决实际困难。三要全面贯彻落实中央“八项规定”和中省有关厉行节约文件的要求，加强反腐倡廉建设，规范领导干部日常行为，更好地服务中小企业。

2. 加强组织领导，强化绩效考评机制

①认真细化指标任务，加大目标考核力度。根据全省经济发展总体目标，结合非公经济发展现状，将非公经济发展总任务分解落实到全局每位干部身上，对口联系，定期检查，强化目标管理。②充分发挥省促进非公经济发展联席会议作用，加强对中小企业发展的统筹规划、组织领导和政策协调。③建立完善中小企业考核体系。把中小企业发展速度、企业增加数量、从业人员增加数量等作为主要考核指标，制定中小企业考核办法，提高工作效率。④完善中小企业统计监测制度。健全统计指标评价体系，规范和完善统计范围和口径。

3. 抓好中介机构，规范服务体系建设

按照“政府扶持中介、中介服务企业”的思路，通过3至5年努力，建立起以政府公共服务为引导、公益性服务为基础、市场化服务为支撑的中小企业社会化服务体系。①搞好公共服务平台建设。加快全省中小企业综合公共服务平台建设，年内实现省、市和园区平台互联互通，在促进小微企业创业创新和转型升级上取得新突破。中小微企业服务平台，主要用于呼叫中心系统运行、视频会议、视频会商、企业培训等，为中小微企业在信息服务、技术创新、融资担保、人才培训、市场开拓、创业辅导、产品检测、法律维权、商务代理等方面提供服务。同时，建立发展中小企业专业平台，加强对企业的专项服务。②认定一批公共服务示范平台。每年从我省中小企业发展专项资金中列出一定规模的资金，用于支持各级中小企业综合服务机构建设；帮助公共服务示范平台添置软硬件设备；以政府采购服务的方式对需求量大的服务资源实施集中采购；加大对重点服务内容的补助力度；通过奖励引导服务机构提升服务质量和水平。以认定服务示范平台为手段，以组建中小企业服务联盟为抓手，引导社会化中小企业服务机构规范发展。③规范社会服务机构经营行为。清理规范中介服务，行政审批部门所属事业单位、社会组织及其举办的企业不得开展与本部门行政审批事项相关的中介服务，确有必要开展的应当转企改制或与主管部门脱钩，严禁指定中介服务机构，行业协会商会类中介服务机构一律与审批部门脱钩，政府工作人员不得在中介服务机构兼职（任职）。中介服务事项实行清单管理，未纳入清单的不再作为行政审批的受理条件；清理政府定价的服务事项，凡是能通过市场调节的价格一律不再由政府定价。建立健全中介服务规范和标准，公开中介服务信息，建立信用体系和考核评价机制。④不断充实服务手段和内容。重点完善融资担保、技术创新、创业辅导、信息服务、人才培训、管理咨询、法律维权、事务代理八方面的内容，建立起基本满足中小企业发展需求、覆盖面广、功能健全、分工合理的服务网络。中小企业服务平台是政府服务企业的重要部分，需要不断完善提高。一是加大各级财政对中小企业公共服务平台的支持力度，每年列出一定资金支持平台建设及公益性服务和运行管理。二是各级服务平台要发挥资源优势，定期深入企业调研，了解企业服务需求，解决企业发展面临的共性问题。三是非公企业面广量大，而各级服务平台运行主体责任不明确，经费不足。建议各级政府设立非公经济发展服务中心，列为服务事业机构，给予人员编制和经费预算。

4. 转变工作方式，提供主动优质服务

政府有关职能部门要紧盯企业发展面临的突出问题，主动跟进，及时帮助，改过去“坐等上门”为“主动上门”。在生态、环保、土地等方面，不仅要对企业严格要求、出台负面清单、告诉企业“这不能办”，而且对一些符合支持条件的项目要告诉他们“怎么办”、缺少了哪些手续、从哪些方面改进。面对部分行业民营经济整体下滑的态势，可以围绕转型升级、投资融资、市场开拓等进行研判，提出有针对性的措施和办法，推动民营企业内部调整优化产业结构、推动转型升级发展，不断提高科技水平、完善治理结构。对处于行业上下游的国营和民营企业，要积极发挥政府作用，牵线搭桥、增进互信，双方互帮互助、建立利益共同体。为此，省中小企业促进局推行“101服务”理念——即在法律法规允许范围内为民营企业提供百分之百的服务，在此基础上还要为民营企业提供第101项服务即真诚服务。总之，所提供的服务超过企业的预期，让民营企业101%的满意。

5. 坚持目标导向，实施阶梯培育计划

按照个体工商户—法人企业—规上企业—大型企业

的阶梯式培育思路，服务引导与规范管理并举，通过建立企业培育库、提供辅导服务、实施个性化培育扶持政策，引导符合条件的个体工商户转型升级为法人企业、规下企业成长为规上企业、规上企业增强实力壮大规模，逐步成长为具有核心竞争力的大型企业集团。“十三五”期间，每年认定、公布一次高成长型中小企业，实行动态管理。集中资源，完善培育方案，确定培育重点，通过全员培训、政策引导、资金支持、创新奖励、统计分析等方式，帮助非公企业发展壮大。

多措并举促进中小企业创新发展

陕西中小企业创新发展研究报告

中小企业是国民经济和社会发展的重要力量。促进中小发展，是保持国民经济健康发展的重要基础，是关系民生和社会稳定的重要任务。“十三五”期间，我省必须把中小企业创新发展作为实现追赶超越的一项重大战略，多措并举，促进中小企业在新的起点上实现突破。

一、现状

“十二五”以来，我省中小企业发展成效显著，为稳增长、调结构、促转型、惠民生作出了重要贡献。

（一）经济总量明显增加。2015年，全省中小企业实现营业收入3.45万亿元，是2010年的2.7倍，“十二五”期间年均增长26%；中小企业增加值9540亿元，占全省GDP的比重由2010年的45. 9%提高到52. 5%；非公经济增加值9695.6亿元，占全省GDP比重由2010年的49. 5%上升到53.4%；中小企业营业收入超过100亿元的县（市、区）由2010年的35个增加到70个。中小企业成为支撑全省经济的“半壁江山”。

（二）数量规模贡献不断扩大。2015年，全省新增私营企业8.77万个，新增个体工商户12.85万个；全省私营企业达到45.52万个，个体工商户140.22万个；规模以上中小工业企业达到5182个，占全省规模以上工业企业总数的96.8%，实现主营业务收入占全省规模以上工业企业的52%。中小企业从业人数870万人，占全省二三产业从业人数的80%；支付劳动者报酬达到2070亿元，人均23793元/年。中小企业的发展为吸纳城乡就业和增加居民收入做出了重要贡献。

（三）新兴领域较快发展。“十二五”期间，我省中小企业加快向高新技术、计算机电子通信、互联网商务、现代物流、教育科研、医疗卫生、文化旅游、休闲娱乐、商务服务、金融等领域拓展。2015年全省规模以上七大类工业新兴产业中民营企业698个，占74%，工业总产值46.1%；全省第三产业中小企业数占比达到76.8%；各类科技型中小企业2万多个；有63个中小企业在新三板挂牌；中小企业三次产业营业收入占比为1.3：63.8：34.9，与2010年的1、03：63、38：35. 59相比较，第二产业占比略有提升。

（四）县域工业集中区成绩斐然。县域工业集中区数量从2010年的100个增加到193个；入住企业数量从2010年的3154个增加到7968个，分别在关中、陕南、陕北三大区域形成了具有资源禀赋优势的一批产业集群；实现营业收入从2010年的1844.5亿元上升到8624. 2亿元，营业收入100亿元以上的工业集中区数量由4个增加到20个；从业人数从2010年的42.34万人增加到99. 95万人。县域工业集中区成为中小企业创业创新发展的重要载体。

二、问题

“十二五”期间，虽然我省中小企业保持较快发展势头，但与全国平均水平相比差距较大，存在突出问题，“短板”明显。一是企业数量少、规模小，产业层次不高、质量不优。2015年，我省县均拥有企业4808个，仅是全国平均水平7669个的63%，县均拥有规模以上工业企业52个，是全国平均水平147个的35%；中小企业增加值占全省GDP比重比全国低7.5个百分点。中小企业主要集中在劳动密集型、传统产业等一般性竞争行业，附加值较高的行业和领域涉足不深，龙头企业不多，科技含量不高，产品档次较低，知名品牌少。二是经营效益下降、亏损增多。近年来，中小企业生产经营成本持续增加，盈利空间不断被挤压，多数企业处在微利经营、保本经营状况，相当一部分严重亏损。今年前6个月，全省规模以上中小工业企业亏损面达22.3%，高出全国6.2个百分点；重点县域工业集中区886个企业处于停产半停产状态，占12.6%，以能源资源为主的地区形势更加严峻，其中铜川市停产半停产企业占到36%，榆林市占到25.2%。三是技术创新能力薄弱。许多中小企业很少、甚至不开展研发活动，不少工业企业还是零专利，与在陕高校科研院所融合度低，跟不上形势需要。问卷调查显示，66.6%中小企业没有研发部门或固定科研合作单位，企业技术来源为购买或模仿占32.7%，联合开发占22%。中小企业选人难、留人难，高层次人才和优秀科技人才缺乏，特别是经营管理领军企业家更少。四是管理方式落后。大多数中小企业是土生土长起来的家族式、作坊式企业，先天形成了管理方式和制度上的缺陷，开放意识不强；许多企业内部组织关系不稳定，生产、质量、财务等管理不规范。五是融资困难依然突出。2014年，我省中小企业资金短缺的占87.5%，资金缺口在50%以上的占15%。2015年以来，融资难的问题更加严重。今年有67.2%的企业反映流动资金紧张，不少企业因缺少资金失去发展机遇，或因"倒贷"背上高利贷包袱，或因银行抽贷破产倒闭，一些项目建设处于停滞状态。

三、举措

实现我省追赶超越，"短板"是中小企业，潜力在加快中小企业创新发展，核心是培育市场主体，增加企业数量、扩大企业规模、提升企业质量。进入"十三五"，面对当前中小企业发展中的老问题新难题，全省上下必须坚定信心不动摇、抢抓机遇不懈怠、紧盯"短板"不放松，牢固树立新发展理念，以转型升级、提质增效为目标，谋划新产业、聚集新动能，打造新载体、拓展新空间，推动产学研合作，助力技术创新，解决融资困难、改进扶持手段，提高管理水平、完善公共服务，加快培植一批特色鲜明的中小企业，不断提升全省中小企业整体竞争力。今后5年，应采取八大举措，促进中小企业创新发展。

（一）**让新动能为创新发展开路**。要把发展中小企业实体经济和培育具有核心竞争力的优秀企业、名牌产品作为制定政策的出发点，科学确定中小企业发展领域和重点产业，精心谋划培育新的经济增长极，通过打造新产业解决投资约束，通过培育新企业打破市场约束。一是围绕战略性新兴产业部署创新链。聚焦新一代信息技术、高端及智能装备制造、节能环保、新材料和科技服务业等优势产业，实施"扩链、强链、补链"工程，抢占承接国际产业链的高端环节、龙头企业和核心项目先机。要在"互联网+"、3D打印、智能制造等技术领域取得突破及示范应用。二是积极促进军民互动融合创新。要发挥和利用我省军工产业竞争优势，重点抓好兵器工业园区、航空产业"两基地三园区"和西安航天产业基地建设，推进军民两用技术双向转移，做实产业，培植企业，民营中小企业发展领域。三是瞄准和研究时代发展涌现的新业态、新产品、新技术、新模式等新经济。围绕陕西工业基础，加快促进新经济与传统产业结合，催生新产业，打造新优势。重点支持工业互联网、大数据、虚拟化、网络化、智能化等新技术新产品的开发，支持网络众包、异地协同设计、规模化个性化定制、精准供应链管理等新业态发展，支持全生命周期管理、总集成总承包、互联网金融、电子商务等新模式的推广。

（二）**打造创新发展新载体**。一是创新县域工业集中区发展模式。根据各地区位特点、资源禀赋和产业基础，对工业园区的产业布局、发展方向、资金筹措、土地利用和环境评估等进行深入论证，高标准修编和完善工业集中区发展规划，大力发展主导产业带动型、专业配套协作型、关联合作型、综合循环利用型工业集中区，坚持走特色化、专业化道路，突出差异化、独特性，避免"大杂烩"、"千篇一律"的综合性园区。探索工业集中区开发建设新路径，加快推动工业集中区建设由政府主导型向企业主导型转变，资金投入由财政投资型向多元筹资型转变，运营管理由政府主导向市场化运作转变。二是加快建设小微企业创新基地。依托县域工业集中区和其他开发区，扎实推进小微企业创业创新基地建设，力争创业创新基地建设实现县（市、区）全覆盖，使其成为规划布局合理、基础设施齐全、创业群体高度活跃、服务功能标准规范、运行管理高效优良的创业创新载体。加快规划建设创业创新空间场所，引导社会资金投资建设创业创新基地，重点支持标准化厂房建设，配套公共设施，为小微企业提供生产经营场地、仓储物流、物业及后勤保障服务。加强创业辅导师、培训师队伍建设，引导创业创新基地向智能化、平台化、开放化发展，通过引进、联合、共建等多种形式，聚集优质服务资源，丰富创业创新活动，提升创业创新服务水平。

（三）**以"互联网+"拓展创新发展新空间**。一是深刻认识信息化、网络化、智能化对中小企业创新发展的重要推动作用，促进各类信息化资源与中小企业对接，全面提升中小企业信息化应用水平，形成创新发展新动力。二是中小企业部门要牵头联合信息技术企业和服务机构，帮助中小企业运用互联网技术、机器人技术和基础信息技术，对生产经营主要流程和关键环节以及商业模式进行改造升级。当前要重点推动信息化服务机构与中小企业建立协作互惠关系，促成更多的“互联网+”创新合作项目。三是以电子商务为突破，促进信息消费。重点支持和推动各地中小企业电子商务平台建设，实施名优特产上网工程，利用第三方电子商务平台建设陕西特色产品专区，重点推动特色食品、服装和旅游文化产品的网上营销。

（四）推动产学研合作。一是鼓励中小企业建立研发机构。引导有条件的中小企业自建或通过股权合作等方式，依托高校、科研院所合作建立研发机构。支持高校院所和各类研发机构面向中小企业开放实验仪器、装备和设施，展示技术创新成果，促进科技信息资源与中小企业对接。二是发挥各工业研究院技术创新优势。依托我省6家工业技术研究院，通过关键性、创新性以及前瞻性技术的开发与推广，向中小企业转移技术成果，培育输送人才，加速科技成果中试和产业化，支撑中小企业发展壮大。三是加快技术市场建设。鼓励发展各类技术中介服务机构，支持科技型中小企业及民营资本进入技术市场。提高技术市场从业人员业务素质，鼓励科技人员进入技术市场，充当技术经纪人。继续实施首席工程师派遣制度，在中小企业建立以首席工程师为领头人的技术创新及研发服务团队。

（五）推动转型升级。一是结合供给侧改革，下气力淘汰落后和过剩产能，对“僵尸企业”停止各种补贴、贷款输血，腾出资源，释放市场空间。二是对轻工、有色、纺织、食品等传统优势产业，实行“一业一策”的扶持办法，重点在技术改造、提高附加值、拉长产业链和形成具有陕西特色产业集群上有的突破。三是对汽车、生物医药、新型建材等战略性续接产业，重点在核心技术、知识产权、标准化生产、品牌和产品等方面，形成中高端价值链，掌握市场竞争主动权。四是围绕能源化工、电子信息、文化旅游、航空航天等战略性支柱产业，加大对产业链、创新链、营销链和项目链协作配套中小企业的支持，提高附加值，做成世界知名、国内一流产品，促进产业尽快形成中高端价值链。五是推进各类开发区、工业集中区转型发展，加快形成提质增效新板块。鼓励支持我省国家级、省级开发区托管县域工业集中区，促进技术、资金、人才和先进管理经验等生产要素向市、县转移。支持有条件的县域工业集中区晋升为省级开发区，提升区域资源利用和配套发展能力。

（六）健全现代企业制度。 是鼓励中小企业大力推行股份制，建立现代企业法人治理结构，加快进行公司制改造。当前要以“新三板”挂牌为抓手，抓一批中小企业现代企业制度试点，同时积极推进“个转企工程”，引导中小企业和个体工商户自觉运用现代企业制度进行管理。二是顺应国家大力推进混合所有制经济发展的机遇，鼓励和引导中小企业积极参与国企改制重组，推进各类所有制资本交叉持股、相互融合、优势互补、合作共赢。三是创新商业模式，鼓励中小企业大胆引入职业经理人和战略投资者，变革商业模式，积极对接新型金融和资本市场，深研市场需求，提升产品品质，促进生产经营智能化和企业管理现代化。

（七）切实解决融资难题。高度重视中小企业融资难问题，突破点是加快改进中小企业金融服务模式和环境。一是要建立政府协调引导、银行重点支持、小额贷款和担保机构积极合作、企业主动参与的融资服务体系和模式。当前要重点推动为中小微企业和个体工商户专业服务的中小银行等金融机构的建立和发展。二是促进企业与资本市场联系，大力推动企业直接上市融资。加强对中小企业改制上市工作的指导，落实奖励政策，特别是要抓住“新三板”挂牌机遇，采取激励措施推动更多中小企业在“新三板”融资。三是激活民间资本支持中小企业，重点支持融资性担保公司、小额贷款公司、村镇银行规范发展，发挥典当、信托等融资方式作用，拓宽中小企业融资渠道。联合高校智库和发达地区融资平台，给我省中小企业定期提供融资培训和指导，鼓励中小企业使用众筹、飞贷、蚂蚁金服等新型网络渠道融资。四是加大财政扶持，扩大中小企业专项资金和基金规模。各级政府都要设立中小企业发展专项资金，并不断扩大专项资金规模。扩大省级中小企业基金规模，发挥政府投资基金带动作用，完善产业投资资金引导体系，加快组建一批针对中小企业的产业基金。

（八）完善服务体系。一是大力推进政府服务社会化、便利化。优化办事流程，最大限度地做到环节最少、程序最简、时限最短。清理规范涉企收费和处罚行为，全面清理整顿行政事业性收费、政府性基金和行政处罚项目，坚决取消不合法、不合理项目，下功夫治理乱收费、乱摊派、乱罚款等问题。二是提升涉企行政审批的效率。坚定不移地减少行政审批，厘清政府与市场边界，加大“放管服”改革力度，进一步简政放权。及时研究管理新经济、新业态发展政策规定，建立适应新经济模式的商业制度，避免新业态、新项目找不到审批和办事部门的问题。三是积极发展各类服务平台。畅通中小企业投诉渠道，负责受理企业投诉，协调处理投诉事项，解决企业“投诉无门，维权无路”的问题。加快建立各级中小企业服务平台，形成体系完善、功能合理、覆盖主导产业和重点企业的服务体系。强化省、市中小企业公共服务平台的服务功能，带动社会化服务机构发展。依托各类开发区、工业集中区、小微企业创业基地，鼓励社会力量和专业资源参与服务中心建设。

四、建议

（一）加强对发展中小企业工作的领导。中小企业已占我省经济“半壁江山”，成为全省经济的主体力量，当前又面临严峻的挑战，推进创新发展任务十分艰巨。各级政府要把发展中小企业工作摆在更加突出的位置，像当年抓乡镇企业工作一样，下更大的决心、用更多的精力、想更切实的办法，齐心协力推进中小企业创新发展。省、市、县和大的乡镇，都应设立并强化负责中小企业工作的机构，充分发挥职能作用，切实推进中小企业创新发展。

（二）制定新的指导性文件。省委省政府1997年、2003年和2007年相继下发了促进非公有制经济发展的三个重要文件，对加快我省中小企业发展取得了比较好的效果。针对新形势新情况，有必要制定新的权威性政策文件。同时结合“放管服”改革，对已有的政策全面梳理，该废止的及时废止，该修订的及时修订。指导市、县党委和政府从实际出发，也尽快制定有针对性的配套措施，把省委省政府的部署和要求落到实处。

（三）切实促进民间投资。去年以来，民间投资减缓对中小企业发展影响较大，要进一步扩大民间投资领域，促进民间投资健康发展。坚持“非禁即入，公平待遇”，确保中小企业与国有企业享受同等待遇，及时修订政府核准的投资项目目录。重点支持中小企业投向军民融合、电子信息、生物医药、新材料、高端制造、文化旅游和现代物流领域，鼓励更多中小企业发展与贫困地区脱贫要求相适应的产业。要切实保障中小企业发展用地，对中小企业发展新产业、新业态等新经济项目，优先安排供地。支持各级开发区、工业集中区规划建设标准厂房，为中小企业提供生产经营场地。

（四）努力减轻企业负担。要把降低企业制度性成本作为减轻中小企业负担的重要工作来抓，建立长效机制，促进各级政府及相关部门履行本地区本部门降低企业制度性成本的主体责任。重点在降低行政审批成本、规范行政事业性收费，降低企业社会保险费率、住房公积金缴存比例，降低企业用地、用水、用电、用气、用热成本，降低交通运输和物流成本，减轻企业税费负担及融资成本等方面及关键环节抓好落实。

（五）切实抓好政策落实。针对扶持中小企业涉及面广、政策多、落实难等问题，加强政策落实的检查督查，定期组织对政策落实和发展环境情况进行评估，建立抓政策落实的常态化机制。发挥各级促进中小企业发展领导小组的作用，及时研究解决中小企业发展中的困难和问题，加强统筹协调，促进各有关部门配合协作，共同落实好扶持中小企业发展的各项政策措施，形成推动中小企业创新发展的强大合力。

（六）召开全省中小企业创新发展大会。以省委省政府名义召开全省中小企业创新发展大会，总结中小企业发展的经验，提出今后发展的目标、要求和措施，表彰一批为中小企业发展做出突出贡献的企业和企业家，宣传他们的事迹，形成全社会尊重支持中小企业发展的氛围。

甘肃省

我省支持中小微企业发展的主要措施

一、支持和推动中小微型企业发展的主要措施

（一）指导督促落实优化全省中小微型企业发展环境的意见措施。

一是开展调研调查，强化政策落实督查。为加大对“两法五意见”（《中华人民共和国中小企业促进法》、《甘肃省促进中小企业发展条例》、《国务院关于进一步促进中小企业发展的若干意见》（国发〔2009〕36号）、《国务院关于进一步支持小型微型企业健康发展的意见》（国发〔2012〕14号）、《国务院关于扶持小型微型企业健康发展的意见》（国发〔2014〕52号）、《甘肃省人民政府关于促进小型微型企业发展的指导意见》（甘政发〔2012〕39号）、《甘肃省人民政府关于进一步优化中小微型企业发展环境的意见》（甘政发〔2014〕111号）和《关于培育发展规模以上工业企业的通知》（甘工信发〔2015〕7号）等有关政策的贯彻落实力度，督促省直相关部门，各市州、县区制定出台优化中小微型企业发展环境和“小升规”工作的政策措施，我委对全省14个市州中小微企业发展情况和政策落实情况进行了实地调研，形成了《全省中小微企业发展环境调研报告》并上报省委省政府。依托国家中小企业生产经营运行监测平台，对近3000家中小微型企业开展了国发14号文件贯彻落实情况、大企业拖欠小微型企业资金、中小企业税费负担等专题调研，充分掌握全省中小企业发展现状和面临的问题。

二是加大政策宣传落实力度。采取发放《政策汇编》、开设政策专题专栏、集中培训、媒体解读、现场咨询、上门走访等多种方式进行广泛、深入的宣传贯彻，做到中小企业广为知晓。同时，切实加强中小企业公共服务平台建设和机制建设，建立宣传落实政策的长效机制，使“送政策到企业”服务工作常态化、系统化、制度化、规范化。2015年，我委组织召开了14个市州和86县区工信系统工作人员参加的全省中小企业政策大讲堂，邀请工信部领导专家和省直税务、财政等14个部门相关负责人进行政策落地讲解；依托全省中小企业公共服务平台网络，对全省22个网络平台承建单位和90个省级中小企业服务平台和236个市级服务平台工作人员集中进行政策培训，由各市州、县区相关部门并各中小企业公共服务机构，对全省中小微型企业进行政策宣传宣讲，开展多种服务。同时，创新政策宣传方式，联合省移动公司、联通公司、电信公司，运用手机短信向全省中小微型企业从业人员和主管部门人员进行政策宣传和讲解。目前已发送47期，发送80万人次。

（二）负责非公经济发展的综合协调、指导和服务，协调解决非公经济发展中的有关重大问题。

从2011开始，工信部连续4年开展了“中小企业服务年活动”和“扶助小微企业专项行动”。按照工业和信息化部《关于开展2015年扶助小微企业专项行动的通知》（工信部企业〔2015〕50号）要求，我委组织在全省开展了以“大众创业万众创新”为主题、以“强化政策落实，推动企业发展”为重点的扶助小微企业专项行动，全面支持非公经济、中小企业快速健康发展。

一是促进我省规模以下小微企业转型升级为规模以上企业。年初，我委起草下发了《关于建立2015年度规下转规上后备工业企业信息库的通知》（甘工信发〔2015〕40号），建立了“小升规”后备工业企业信息库，全省共入库后备企业351户。根据各市州入库企业和整体经济发展情况，我委联合省财政厅下发了《甘肃省工业和信息化委员会关于下达2015年规下转规上工业企业任务目标的通知》（甘工信发[2015〕138号），2015年全省新增规模以上工业企业250户，完成了省政府下达的新增规模以上工业企业10%的任务目标。

二是推动“专精特新”中小企业发展。按照《甘肃省“专精特新”中小企业认定管理暂行办法》（甘工信发〔2014〕306号）和《甘肃省工业和信息化委员会关于做好2015年“专精特新”中小企业申报工作的通知》（甘工信发〔2014〕649号）要求，引导和推动全省新能源、节能环保、生物医药、先进装备制造、新材料、有色冶金、现代煤化工等行业以及轻工、纺织等传统产业提升的中小企业向专业化、精细化、特色化、新颖化发展。2015年新认定“专精特新”中小企业45户。目前全省“专精特新”企业累计达到91户。同时我委对已认定的“专精特新”企业，继续跟踪服务，在省级企业技术中心认定、省级中小企业公共服务技术示范平台认定、国家级中小企业公共服务示范平台推荐、省级中小企业发展专项资金支持、中小企业公共服务网络平台跟踪服务等方面给予优先扶持。

三是加大专项资金扶持力度。省工信委工业强省“六

大行动”专项资金、中小企业发展专项资金、技术创新专项资金、陇药产业专项资金等全年共支持非公经济资金5.3亿元，占全委专项资金总额的96%以上，有力地促进了全省非公经济、中小企业发展。

四是不断拓宽融资渠道，缓解中小微型企业资金困难。我委与全国股转系统达成了建立战略合作关系的意向，签署了合作协议，为我省中小企业股权融资开辟了新的渠道和更加广阔的空间。2015年，我省中小微企业在全国股转系统挂牌14家，在上海股权交易托管中心挂牌10家，部分市州建立了企业上市后备库，完善了扶持政策，中小企业股权融资工作进展良好。同时，通过联合全国股转系统、上海股权交易托管中心、北京和君咨询等知名机构的优质培训资源，开展我省中小企业股权融资、管理咨询培训工作，对全省14个市州主管部门和180多家中小企业高管人员进行了中小企业股权融资、企业管理的专项培训。截止到2015年底，全省金融机构中小企业贷款余额达4970.37亿元，比年初增加964.31亿元，其中中型企业贷款余额2046.58亿元，比年初增加408.92亿元；小型企业贷款余额2561.95亿元，比年初增加529.48亿元；微型企业贷款余额361.84亿元，比年初增加25.91亿元。中小微型企业贷款占全省企业贷款的56.4%。

五是继续做好中小微型企业运行监测工作。2015年继续扩大我省在国家重点中小企业生产经营运行监测平台的监测企业数量，平台入库企业数量已达到875户，正常报送数据企业数也稳定在800户左右，超额完成了工信部下达我省的“十二五”末400户的目标任务。同时，按季度联合省统计局、国家统计局甘肃调查总队发布《甘肃省工业中小企业运行监测》。

（三）负责非公经济、中小微型企业公共服务体系建设、国家及省级中小企业公共服务平台的推荐、审核、认定工作。

一是公共服务平台认定有序推进。按照《关于印发甘肃省中小企业公共服务示范平台认定和管理暂行办法的通知》（甘工信发〔2013〕414号）和《关于印发甘肃省中小企业公共服务示范平台考核细则的通知》（甘工信发〔2013〕415号），继续做好省级中小企业公共服务平台认定工作。2015年新认定省级中小企业公共服务平台24家，考核淘汰了6家。4户创业孵化基地成功申报国家创业孵化基地。目前全省已累计认定省级平台达到108个，其中国家级中小企业公共服务示范平台12个。

二是全省中小企业公共服务平台网络全面建成。全省以“1个省枢纽服务平台为核心，14个市州综合平台、7个产业集聚区服务平台为窗口的全省中小企业公共服务平台网络体系”已全面建成。平台网络实现了互联互通、资源共享、服务协同，可以为中小企业提供信息、投融资、创业、人才与培训、技术创新与质量、管理咨询、市场开拓、法律8个方面的服务。目前，平台网络建设已进入竣工验收整改阶段。

三是不断提升为小微型企业的服务能力。省级中小企业公共服务示范平台共有从业人员5728人，服务中小企业户数（签订合同数）49151户，组织开展了各类服务活动1020场次，参与服务活动的中小微型企业人数达到15310人次。其中创业服务类平台24家，从业人数662人，拥有创业孵化场所面积844693平方米，入孵企业数量1866户，累计出孵企业265户；融资服务类平台1家，从业人员62人，服务中小企业户数（签订合同数）248户。

（四）大力推动双创工作。

一是建设小微企业创新创业示范基地（城市）。推荐张掖市申报2015年国家小微企业创业创新基地城市示范。根据财政部、工业和信息化部、科技部、商务部、国家工商总局下发了《关于支持开展小微企业创业创新基地城市示范工作的通知》（财建〔2015〕114号）要求，我委会同省财政厅、省科技厅、省商务厅、省工商局五部门组织筛选和现场答辩，推荐张掖市申报2015年国家小微企业创业创新基地城市示范并成功入围国家2015年小微企业创业创新基地城市示范，成为全国首批15个国家小微企业创业创新基地城市之一。张掖市将在2015~2017三年示范期内获得总额为6亿元的中央财政奖励支持。

二是助力企业创新创业。根据《工业和信息化部国家小型微型企业创业示范基地建设管理办法》（工信部企业〔2015〕110号）、《工业和信息化部办公厅关于推荐第一批国家小型微型企业创业示范基地的通知》（工信厅企业函〔2015〕414号），我委积极组织申报，我省上报的白银科技企业孵化器孵化基地、兰州创意产业园、兰州高新区小微企业创业示范基地、民乐县生态工业园区创业基地4家顺利通过国家评审，被批准为首批国家级创业创新基地。

三是实施创新驱动，成功举办了甘肃省首届“创新杯”工业设计大赛。由省工信委牵头，联合省教育厅、省科技厅、省文化厅，共同举办的这届大赛，水平较高，范围广泛，亮点突出，代表了我省工业设计的最高水平。大赛得到了省政府的高度重视和大力支持。刘伟平省长亲自命名“创新杯”，副省长黄强多次指导并对办好大赛提出具体要求。这届大赛历时半年，共征集产品、作品830件，基本涵盖机械装备与车辆、电子信息与家用电器、家居与办公用品、医疗保健与儿童用品、工艺与旅游品、产品包装、食品与加工新工艺等领域。经过专家评审，共有124件产品、作品分获不同奖项。本届大赛同时引起省内外新闻媒体的广泛关注，人民日报、新华通讯社、中央电视台、中央人民广播电台、经济日报、甘肃日报、甘肃电视台、凤凰卫视以及中央人民政府网站等20余家新闻媒体前来采访，并及时进行多角度、全方位的报道。本届“创新杯”工业设计大赛，在我省尚属首次举办，呈现出群众参与广、社会期望高、设计成果多、创新水平高、推广前景好的特点。

与此同时，不断加快工业设计中心建设，省机械科学研究院成为我省首家国家级工业设计中心。努力争取国家对我省工业设计产业发展的支持，推荐甘肃省机械科学院成功申报国家级工业设计中心，成为西北首家国家级工业设计中心。另外，2015年还推荐金川集团股份有限公司、甘肃大禹节水集团股份有限公司、甘肃省建材科研设计院和张掖市华盾服饰有限公司4户企业创建第二批工业产品生态（绿色）设计示范企业。

四是开展“大众创业万众创新活动周”活动。根据工信部办公厅《关于开展推动大众创业万众创新活动的通知》（工信厅企业函〔2015〕617号）要求，2015年10月19日至25日，我委积极组织各市州工信委和中小企业公共服务平台开展了“双创活动周”服务活动，要求各市州工信委要做到“二个突出、一个确保”：要突出结合本地实际组织开展创业创新大赛、创客大赛、创新成果和企业项目展示推介、创业大讲堂、创业沙龙、创业训练营等丰富多彩的双创活动；要突出向社会大力宣传“草根”创新、大众创业，以及创业环境、创新支撑、小微企业服务等方面的双创先进经验和典型案例。确保窗口平台在双创活动周期间开展一次有特色的服务活动。活动周期间，举行各类服务活动52场（次），参加人员9659人次；举办展览展示活动32场（次），参加人员6579人次，1350多户中小微型企业参加了活动。

五是举办了全省互联网+小微企业暨管理创新经验交流现场会。2015年8月，我委在张掖市民乐县举办了以“互联网+”形式下的小微企业信息化工作及管理创新为主题的经验交流现场会。省工信委、财政厅，各市（州）工（经）信委，民乐县四大班子，张掖各县（区）工信局相关负责人及企业家400多人参加了会议。下发了《关于做好互联网+小微企业行动计划推广使用西北中小企业云平台工作的通知》（甘工信发〔2015〕318号）首批在全省确定500家试点企业。其中，张掖市作为双创试点城市试点300家，其他市州试点200家（每个市州15家），西北中小企业云平台将给试点企业免费提供三款软件（“进销存”软件、财务软件、OA办公系统）使用一年，年租用云平台费用5000元（享用配置：4核CPU，4G内存，500G存储，100M共享带宽，windows/linux操作系统）。下一步我们将开展互联网+小微企业行动计划推广使用西北中小企业融资平台。今年，全省将继续确定1000家试点企业，累计确定1500家试点企业。

（五）积极履行“产业提升工程”牵头单位职责，作用发挥明显。

2015年，面对工业下行压力持续加大的困难与挑战，全系统认真贯彻落实省委省政府决策部署，迎难而上，主动作为，坚持问题导向，实施精准调度，强化综合施策，全省工业运行保持在合理区间，产业转型升级取得实效。全年规模以上工业增加值增长6.8%，电子信息产业实现主营业务收入增长30%，万元工业增加值能耗完成下降3.2%的目标任务。

1.工业经济保持平稳运行。始终把保增长作为首要任务来抓。强化监测和要素保障，加强运行调度，协调解决企业的困难和问题；努力降低企业要素成本，推进电力体制市场化改革，电解铝和铁合金实际用电价格每千瓦时平均下降0.11元和5~7分，稳定开行“兰州号”“天马号”等直达中亚货运班列，利用铁路运价下浮政策减收企业运费2亿元以上。积极扩大工业有效投资，2015年争取国家资金4.51亿元，支持17个强基工程、重点产业振兴和技术改造、军民结合等重大项目建设，下达省级专项5.6亿元支持444个装备提升、原材料深加工、产品升级换代、循环经济和企业技术创新项目，全年1087个重点技术改造项目完成投资600亿元，占总投资的66%。及时公布重大项目、企业材料设备需求和产品供应信息，协调督促建设单位开展省内产品互保共建和互为市场工作，促进省内煤电企业实施互保。支持359户企业进入规模以上，新增增加值70亿元，拉动规模以上工业增长2.2个百分点。

2.新经济增长点培育取得实效。2015年全年战略性新兴产业增加值在生产总值中的占比达到12.1%，对经济增长的贡献率达到17.4%。《中国制造2025甘肃行动纲要》已经省政府发布实施，配套的16个专项行动计划和10个专项实施方案正在抓紧制定。制定加快我省公共安全应急产业发展的实施方案，引导和推动应急装备制造产业发展和应用。抓好新材料、新能源装备制造、生物医药、信息技术等战略性新兴产业项目建设，天水华天多芯片多叠层先进集成电路技术研发及产业化等重点项目建成投产，北大"中国芯"项目在兰州新区启动建设，全力推动省内通航产业发展。推进我省与中国中车公司的战略合作，双方将在多领域开展深入对接。

3.传统产业转型升级步伐加快。积极推动两化深度融合，组织600户企业开展两化融合评估，推荐27户企业申报工信部第二批两化融合管理体系贯标试点和互联网与工业融合创新试点。制定有色、冶金、石化、建材和食品等传统优势产业转型升级实施方案上报省政府，向国家上报我省《未经国家核准在建项目产能置换方案》。推进以企业为主体的创新体系建设，认定省级企业技术中心20家、技术创新示范企业10家，组织实施技术创新项目546项，研发新产品新技术200多项，组建新能源应用企业研究院、电工电气企业研究院，成立了高端石油钻采装备、节能环保装备和大数据产业等4个技术创新联盟。完成承担的"甘肃省循环经济总体规划"七项指标任务，全年工业固体废物综合利用率在75%以上，淘汰落后产能提前一年完成"十二五"任务。

4.军民融合产业发展良好。中核甘肃核技术产业园已开工建设，军民融合公共服务能力建设得到加强，建成34个省级以上公共服务平台、21个市级公共服务平台。

5.各领域信息化工作稳步推进。出台《促进云计算创新发展培育信息产业新业态的实施方案》和《关于加快大数据、云平台建设促进信息产业发展的实施方案》，争取设立国家级互联网骨干直联点。在企业方面，省内最大的云计算中心甘肃广电网络阿里飞天云平台已上线运营，西北中小企业云服务平台接入企业超过1.8万家、使用成员达58万人；在政务方面，推进甘肃万维电子政务系统与兰州北科维拓三维数字社会管理系统联动推广应用，整合相关资源，推进政务信息化试点示范。制定《丝绸之路黄金段智能物流骨干网建设规划》和《甘肃省两化融合评估诊断和对标引导工作方案（2015~2018年）》，酒钢等6户企业被列为工信部第二批两化融合管理体系贯标试点，兰州和张掖被工信部确定为2015年度"宽带中国"示范城市。2015年，全省电子商务市场交易规模达到1600亿元，同比增长30%。

6.承接产业转移工作持续深入。利用各省工信系统的合作交流来推动产业协同发展，提升承接产业转移工作的质量和水平是进行产业结构调整的重要抓手。2015年，强化与江苏、上海等发达省份工信系统的沟通联系，举办了多场形式多样的产业对接活动，取得明显效果。与江苏省、上海市经信委签署产业合作框架协议，通过省际间联合建立分层推进的工作机制，推动多层次、全方位合作，搭建东西部产业合作平台。全年全省续建、新建承接产业转移项目1200项，当年累计引进资金到位额1100亿元，累计引进资金到位率55%。

（六）强化规范监管，积极推进融资性担保业健康发展。

今年以来，我们坚持发展和监管并重的原则，建立健全融资担保体系，着力完善风险防范机制，切实履行监管责任，深入推进融资担保业健康快速发展。截止到12月底，全省融资担保机构321户（法人机构）。新增融资担保额270亿元，为1.7万户中小微提供融资担保额150亿元，占担保总额的55.6%。

1. 加强行业管理，建立健全融资担保业管理制度。

一是不断优化融资担保行业发展环境。主要包括：①完善融资担保行业扶持政策。我们始终把贯彻国务院及省委省政府精神作为工作的重中之重，国务院召开"全国融资性担保行业发展与监管经验交流电视电话会议"后，我委及时按照会议精神抓紧研究制定了《甘肃省人民政府关于加强融资担保业发展与监管工作的意见》，《意见》共提出了10条有针对性的扶持政策，经过广泛征求意见和多次修改完善后于2月28日正式印发，《意见》的出台对促进全省融资担保业健康快速发展起到了积极作用；②建立健全融资担保体系。经我委积极协调，将甘肃省中小企业信用担保公司变更为甘肃省再担保集团，实现了我省再担保机构零突破。再担保集团的成立，将进一步提升行业担保能力、引导行业规范发展；③进一步提升行业监管及从业人员素质进一步。举办了全省融资担保行业监管人员培训班，全省融资担保机构董事、监事、高级管理人员培训班，融资担保业务创新培训班，对150多名监管人员及250多名担保机构业务人员进行了培训，进一步提升了全省融资担保行业监管队伍及从业人员整体素质，促进融资担保行业规范有序健康发展。

二是建立健全融资担保监管机制。主要包括：①建立了融资担保机构准入机制。按照“控制数量、提高质量”的总体要求，审慎推进我省融资担保业市场准入，先后建立了现场核查制度、动态审批机制、协议银行验资制度、任职资格管理制度、政府大厅统一受理制度、行政审批AB角工作制度，进一步规范申报程序、强化审查，以严格市场准入，提升机构质量；②建立了注册资本托管制度。根据融资担保部级联席会议及省政府文件精神，我们在学习借鉴江苏等省份先进经验及充分吸纳我省银监、银行业金融机构、担保机构意见的基础上，结合我省实际，制定了《甘肃省融资担保机构注册资本金银行托管暂行办法》。同时，我委与协议托管银行联合下发了《关于贯彻落实甘肃省融资担保机构注册资本金银行托管暂行办法的通知》，确保融资担保机构注册资本金托管工作取得实效。目前各市州正在积极推进，前期最低托管注册资本金1500万元，2016年6月30日前完成全部托管工作；③建立了分类监管制度。为提高监管的科学性、有效性和针对性，完善融资担保机构科学监管机制，促进我省融资担保业规范健康发展，在借鉴外省经验的基础上，结合我省实际制定了《甘肃省融资担保机构分类监管暂行办法》，由各市州工信委在年度审计的基础上依据监测指标及现场检查和非现场监管中掌握的信息将融资担保机构评级分为ABCDE五类，针对不同分类采取相应监管措施，特别是对进入E类的机构，及时启动应急处置预案，采取责令暂停业务、通报辖内金融机构、劝导退出融资担保行业、移交司法机关等相应措施；④建立了年度审计制度。融资担保机构年度审计已经成为监管工作的主要手段。我委不断完善融资担保机构年审工作。通过公开招标方式遴选了一批资质较高、资信及实力较强的审计机构，按照《甘肃省融资担保机构年度审计办法》对全省融资担保机构财务状况、经营合规性、业务状况等进行了年度审计；⑤建立了市场退出机制。在分类监管及年度审计的基础上，科学合理控制辖区内融资担保机构数量，对一年以上未开展融资担保业务、违法及严重违规的担保机构、分类监管进入E类的担保机构，依法合规将其清退。对无能力从事融资担保业务的机构，引导优质融资担保机构对其进行兼并重组，无兼并重组意愿的引导其退出市场，对于退出市场的融资担保机构，做好债权债务处理，确保其不影响社会稳定。全年共清退了49家不合格担保机构，进一步降低了行业风险；⑥建立了协同监管机制。非法集资形式多样，手段隐蔽，仅靠监管部门难以有效查处，为严厉打击融资担保业中存在的高利放贷、非法吸收公众存款等金融犯罪行为，我委与省公安厅联合下发了《关于加强融资担保机构协同监管的通知》（甘工信发〔2014〕461号），建立了案件线索移送及信息沟通制度、监管协作机制、联合检查制度、联络员制度。同时，经我委积极努力，于今年建立了全省融资担保业发展及监管联席会议制度；⑦制定了风险事件应急处置预案。根据融资性担保业务监管部际联系会议《关于建议加强融资性担保机构风险处置和建立监管责任制的函》精神，我委代拟了《甘肃省融资担保业风险事件处置预案》，9月28日以省政府办公厅名义印发执行；⑧建立了信息上墙公示制度。各市州监管部门督促融资担保机构建立统一的信息公示制度，公示内容包括：融资性担保机构经营许可证、企业法人营业执照、中华人名共和国组织机构代码证、税务登记证、开户许可证、董事、监事及高级管理人员照片及职务；制作“融资担保公司不得吸收存款、发售理财产品，非法集资不受法律保护”统一警示牌；融资担保机构签订的《融资担保机构依法合规经营承诺书》以及监督举报电话，全部张贴于办公地点的醒目位置处。

2. 积极作为，打击非法行为，提升融资担保业监管能力。

一是组织开展多种形式的打击非法集资专项行动。根据省打击和处置非法集资工作领导小组办公室的部署和要求，今年以来，我们先后开展了融资担保机构专项整治、宣传教育、广告资讯信息排查、非法集资风险排查四次活动，营造了良好的经济社会发展环境；二是有效处置非法集资风险事件。针对个别担保公司牵涉非法集资事件，我们主动作为，积极开展防范工作。一方面及时接访说明情况并妥善处理上访事件，另一方面及时约谈并报送案件情况，要求相关市州切实履行属地监管责任，加强担保机构监管。同时及时向部际联席会议办公室等单位上报了我省担保机构风险事件处置情况；三是及时开展风险提示。年初，我委向各市州下发了《关于警惕担保机构违法违规经营的风险提示函》，对担保行业可能存在的风险进行提示。10月份，经我委与中国移动积极协调，从2015年11月1日到2016年10月31日，用一年时间向全省重点区域的23个市区及兰州、酒泉等非法集资多发区域移动手机用户发送1845万条非法集资风险提示短信，构建非法集资风险提示长效机制。

青海省
青海省小微企业融资情况调研报告

青海省经济和信息化委员会 宋积晟

一、小微企业融资的基本情况

近两年来，我省银行业金融机构对小微企业的贷款量持续增加，但与小微企业的贷款现实需求仍不相适应。同时，银行为了完成对中小微企业的贷款计划，积极寻找小微企业贷款客户，但很多企业又不符合银行的现行贷款条件。

（一）金融机构对中小微企业放款规模增加。近年来，国内加大了对中小微企业发展政策的支持力度，对金融机构进行中小微企业放贷比例和贷款增长速度进行考核，省内各商业银行单列了中小微企业规模，并纷纷成立专门机构开展中小微企业贷款工作，使中小微企业贷款量明显增加。目前全省各级金融机构设立中小微企业金融服务机构上百个。截止到2014年8月底，全省金融机构对中小微企业贷款余额为 1598.81 亿元，比年初增加171.77亿元，比去年同期增长19.73%；其中：中小微型工业贷款746.62亿元，中型、小型和微型工业企业贷款分别比年初增加32.26亿元、21.55亿元和3.59亿元，较去年同期分别增长15.24%、27.43%和15.75%。

（二）中小微企业融资需求增长较快。近年来我省中小微企业进入了上规模、上档次的“二次创业”时期，突出表现为一是原有的工业企业完成了原始积累，从而进行产业和产品升级；二是一批商贸企业向工业领域投资；三是创业激情高涨，这是省委、省政府一直希望形成的良好局面，也是我省中小微企业调整结构、实现快速发展的必由之路。随着这种局面的形成和发展，中小微企业融资需求蓬勃增长，与现有的金融机构放款规模形成了较大的反差。在调查中，90%以上的企业有贷款需求。据测算，全省中小微企业贷款需求每年不低于700亿元，其中基本符合金融机构条件、向银行提出申请的约300亿元，还有约400亿元的资金需求进不了银行的大门。

银行不能满足的融资需求使小微企业转向了民间借贷和商业赊欠。在调查中，98%的中小微企业表示经常向个人和企业借钱，用于流动资金和项目建设，甚至用于归还银行贷款。特别是农产品加工企业在收购期更为普遍，个别的还向农民打白条。目前民间借贷的利率为10~50%，普遍在30%左右。据测算，每年民间借贷的总量在200~300亿元之间。

二、存在的主要问题和困难

（一）银行缺乏为小微企业服务的内在动力。由于我省大型企业相对较少，小微企业数量众多，商业银行的贷款主要集中面向国有企业或其他大企业，并且双方已经形成了稳定的合作关系。而小微企业借款“急、频、少”的特点，对银行的收益贡献不大，且手续繁琐。因此，银行为了追求规模效益和规避风险，资金大都投向我省大型和重点企业，对小微企业的贷款条件相对苛刻，而且量少。虽然近两年，国家力促小微企业发展，对银行业金融机构进行了“两个不低于” 的考核，取得了一些积极成效，但与小微企业的融资需求相比，仍有较大差距，我省小微企业贷款难问题并未得到明显缓解。

（二）贷款担保很难。中小微企业融资难的核心是担保难。由于规模小、资产少，往往无法提供符合要求的抵押物，或者因为自身抵押资源不足而难以获得第三方的担保，面对市场、订单，却无法获得必要的融资支持。一是缺乏担保资源，且担保物的折扣率过低。目前金融机构要求的抵押物多为土地、厂房、设备等固定资产，而中小微企业资产拥有的这类固定资产较少。同时，金融机构对担保物的折扣率也比较低，厂房、设备等抵押物的折扣率为30~40%，土地等抵押物的折扣率为50~60%，无法形成与贷款量相适应的抵押条件。更多的企业或没有自有土地，或没有自有厂房，也就失去了向银行提出贷款申请的资格。二是担保公司的条件也较高。由于担保公司是自负盈亏的企业单位，受风险和利润的制约，在提供担保时同样要求企业以土地、厂房、设备提供反担保，很多企业因此无法让担保公司为自己担保。同时担保公司的担保手续也相对比较复杂，对融资效率也有影响。

（三）利息和时间成本上升较快。近年来央行进一步紧缩市场流动性，推动了银行间拆借成本上升，推动了中小微企业贷款成本的走高。一是贷款资金成本高。银行对中小微企业贷款利率上浮一般为10~30%，且往往上浮较大（上浮的主要依据是企业的盈利能力和财务情况），实际贷款利率在7%左右。担保公司的担保费率在贷款基准利率的50%左右，实际担保费率约为3%，这样贷款成本通常在10%左右，部分担保机构还要收取每笔5000元的担保审验费，每年1%的贷款服务费，0.5%的担保咨询费，2‰的评估费。担保合同和银行贷款合同都需要公证，有时候要支出2份公证费用。我省企业获得银行流动资金贷款费率成本最高约为12%以上（一年期基准利率6%+基准利率上浮50%即3%+担保费率3%）；企业贷款费率成本平均为9.5%以上（一年期基准利率6%+基准利率上浮25%即1.5%+担保费率2%）；企业贷款费率成本较低的为7.6%以上（一年期基准利率6%+基准利率上浮10%即0.6%+担保费率1%）。以上费用尚未包含抵押担保产生的其他费用。二是贷款周期长。银行公示的贷款周期多为15天，但很多中小微企业反映，贷款从申请到放款短的约3~4个月时，长的需要半年，甚至10个月以上，贷款周期长的主要因素是贷前审查30~50天，等待定期召开的评审会15~30天，在评估和公证环节需15天，要在工商局办理设备或股权质押登记需20天，在土地局办理他项权利登记10天，甚至拨款环节也要10~30天时间。相比而言，农信社、青海银行、邮储银行、交通银行办理较快。贷款办理周期过长往往会导致企业错过商机，农产品加工企业还反映贷款期限与企业生产周期脱节，收购高峰到了，银行的还款期也到了，企业面临资金上的双重压力。

此外银行对国家产业政策较严格，与我省产业发展重点不相适应。如蚕豌豆提取蛋白是我省的产业空白项目，但被银行认定为淀粉项目而贷不上款，工业硅项目是我省光伏产业的重要环节，但被银行定位为“双高”项目，厂子建成了，流动资金贷款无法落实。

（四）附加条件多。中小微企业贷款不仅存在资金和时间成本高的问题，还存在着银企互不信任及其他附加条件。一般受理贷款的银行都会要求企业在本行开立基本户；银行一般都以推荐的方式指定公证、评估等相关中介机构，而这些机构费用普遍较高；每次申请贷款都需要重新进行资产评估，这样无论是贷得到款还是贷不到款，每次申请都需要承担前期费用。

（五）中小微企业管理行为亟待提高。中小微企业规模实力相对薄弱，抵御市场风险能力相应较差，导致金融机构放贷“谨慎”；中小微企业经营管理内控制度不健全，有相当部分企业没有建立起完整规范的财务制度，会计核算不健全，财务报表不规范，银行很难对其贷款的安全性和收益收入做出估量，故不敢轻易提供信贷支持；中小微企业债务偿还能力难以保障，可抵押资产少，且资产抵押率较低，金融机构出于还债能力的考虑，不愿接受其资产抵押；部分中小微企业信用意识不强，信誉度较低，导致银行对部分中小微企业采取严控信贷的方式降低资金风险。另外，信息不对称及融资渠道单一也是造成中小微企业融资难的重要原因。企业与银行之间、企业与其他投资机构之间缺乏了解，使得部分企业本来有条件获得贷款，但由于信息不对称，银行不了解真实情况而失去贷款的机会。同时，企业缺乏对金融租赁、票据融资、债务融资等新形式融资方式的了解，接受程度低，导致融资渠道单一，也是造成融资难的因素。

三、在中小微企业融资难方面开展的主要工作和成效

针对上述问题，今年以来我委主要采取了以下措施增进银企互信、解决融资难题，支持全省中小微企业加快发展。

（一）开展的主要工作。

一是突出重点，切实做好企业融资推介工作。3月份筛选并推荐664户中小微企业及579个项目开展与银行业金融机构的信贷对接，融资总需求达到134.77亿元，其中固定资产建设融资需求78.49亿元，流动资金融资需求56.28亿元。涉及食品加工、装备制造、轻工纺织、有色金属、生物医药、节能环保、信息产业、文化旅游、包装印刷等众多行业领域。特别是重点推介的579项中小微企业项目总投资近100亿，部分项目已经纳入全省、地区重点扶持范围，一批项目年内可建成投运，具有较大的发展潜力和成长空间。

二是强化跟进，及时疏通融资关键环节。制定了《关于进一步做好重点工业项目和中小微企业融资工作的通知》，强化跟进，成立了西宁、海东、海西3个专项融资对接工作组，分别由委主要领导带队，抽调相关处室人员，分赴各地实地调研，加强对各地区、园区企业融资对接工作指导。并召开现场专题银企对接会，搭建银企面对面对接平台，切实解决企业融资中存在的实际问题。

三是加强沟通，充分发挥桥梁纽带作用。建立了每月、每季度信息通报制度和银政联席会议制度，针对银政企合作中信息不对称的问题，我委逐户走访省内13家银行业金融机构，根据深入摸排到的信贷需求，分行业和企业类别进行梳理，有针对性地向银行进行积极推介，并邀请部分银行深入企业实地调研，加强银行信贷投放信心，

努力促成银企达成合作。同时针对我省电解铝、铁合金、钢铁等行业企业资金紧张问题，多次组织召开专题对接会，协调银行业金融机构向企业提供资金保障，渡过难关。7月，进行全省重点企业及工业项目融资需求调查，摸清西宁市、海东市、海西州重点企业及项目融资需求。并会同省金融办将全省工业企业融资需求情况分解至每家银行，进行一对一的银企对接活动。

四是积极配合，尽快落实融资推介成果。省内各银行业金融机构高度重视融资推介会议，对推介企业信息筛选分类，确定营销重点；行长亲自带队，对推介企业实地走访调研，采取"一对一、面对面"营销方式，对符合条件的企业及时放贷。创新金融服务，结合工业贷款特点和企业实际业务情况，"量身定做"金融产品，推出不同的信贷品种，开辟企业发展绿色金融通道。

五是督促落实，适时开展银企签约活动。5月，组织召开2014年第一次银企对接签约仪式，13家银行业金融机构与248户工业企业达成218.7亿元融资合作意向，其中现场签约26家工业企业，签约金额38.3亿元。截至7月底，已到位资金136.25亿元，履约率为62.3%。8月末，全省工业贷款余额为1651.21亿元，占各项贷款余额的41.84%，比年初增加123.83亿元，同比增长16.5%。根据省内各银行提供的数据：1~8月，全省各银行对工业企业贷款投放共计660.48亿元。各银行对260个重点项目的贷款投放总计227.58亿元，占企业资金需求额817.1 亿元的27.85%；对"千户"中小微企业的贷款投放总计75.04亿元，占企业资金需求额134.77 亿元的55.68%。

8月28日，我委组织开展第二次签约活动，意在强化银企协调发展、促进银企进一步互惠合作。13家银行业金融机构与128家工业企业达成123.11亿元的合作意向，现场签约26家，资金31.56亿元。

六是开拓思路，努力拓宽融资渠道。为做好我省直接融资工作，我委会同省金融办召开了全省2014年直接融资座谈会及2014年全省债务融资进度座谈会，听取企业在直接融资工作中存在的问题及建议，为确保完成2014年全省1300亿元社会融资及410亿元直接融资目标任务，加快推进直接融资工作进程奠定了良好基础。

七是加大对创新型、科技型、成长型中小微企业以及服务体系建设的支持力度。督促各级财政专项资金用于千家企业培育工程的比例不低于60%，并创新专项资金支持方式，切实提高专项资金使用效率。安排一定额度的专项资金支持中小微企业创业园、创业基地（孵化器）建设，着力提升创业园整体服务能力，鼓励和支持千户培育企业优先入驻园区和创业孵化基地，对入驻企业给予相应的资金补助或贷款贴息；对符合条件的融资性担保机构开展的500万元以下的担保业务给予一定奖补，引导和鼓励担保机构支持小微企业发展。

（二）取得的成效。

近年来，我省有序推进融资体系建设，初步形成了银政企协作、贷款担保、民间合法借贷、上市融资、企业集合债券、银行间接融资、金融新产品七位一体的中小微企业融资格局，有力推动了中小微企业融资工作，成为解决中小微企业融资的重要支撑。主要成效有：

一是银政企合作效能较显著。近年来，省经信委会同相关部门组织多次银政企对接活动，共向省内各商业银行推荐中小微企业工业建设项目以及流动资金贷款需求1000多个，成为推动中小微企业贷款的有效平台。

二是融资担保作用初显成效。据统计，目前全省经批准设立61家融资担保公司，注册资本达到87.04亿元，其中，正常开展融资担保业务的有37家，注册资金达到48.99亿元，累计为省内中小微企业和个体私营者提供融资担保375.8亿元。

三是小额贷款小试身手。在全省范围内开展融资性担保机构规范整顿工作，为符合条件的61家融资性担保机构发放经营许可证。52家小额贷款公司累计为小微企业、个体工商户及"三农"发放贷款余额30多亿元，同比增长38.10%。

四是积极拓宽企业直接融资渠道。省金融办、青海证监局、省经信委等部门加快了中小微企业上市工作，建立并完善了近百家企业组成的上市后备企业资源库，已形成梯队布局。2013年11月成立了青海省股权交易中心，是西北第二家成立的区域股权交易市场，2014年开展了大量企业股份制改造等前期培训和辅导工作，标志着青海省区域性股权交易市场建设迈出实质性步伐，对进一步健全青海省多层次资本市场体系，促进中小企业直接融资，加快经济发展方式转变和经济结构转型将发挥积极作用。

五是信用建设成果初显。省经信委会同有关部门积极推进工业企业、中小微企业以及非公有制经济信用体系建设，支持信用体系建设成果应用于扩大对中小微企业的信贷投入。目前，全省所有商业银行已同全国信用系统连接，形成了人民银行企业信用信息基础数据库系统，征集了近户中小微企业的信用信息资料，搭建了中小微企业信用贷款平台。

六是金融创新产品发挥作用。各银行业金融机构纷纷成立中小微企业贷款专门服务机构。贸易融资、债务融资、股权出质等金融新产品的试点工作也在逐步开展。

四、缓解中小微企业融资难的措施及建议

缓解中小微企业融资难，既要推进金融体制改革，也要强化政府职能转换，同时要适时调整现有政策，规范中小微企业管理行为，需要政府、银行、中介机构和企业的共同努力。

（一）**政府方面。**一是推进职能转换，强化银政企协调功能，确保政银企三方及时、有效、准确的信息共享；二是国土、工商等涉贷部门要提高办事效率；三是完善政策支撑体系，鼓励各类金融机构增加对中小微企业的信贷支持。对各类金融机构向中小微企业增加信贷额部分给予奖励，对向中小微企业贷款造成的风险给予补偿。对支持中小微企业贷款幅度大、额度高的银行业金融机构给予一次性奖励；四是要持续推进信用体系建设，发挥信用评价体系作用，支持银行扩大信用贷款发放规模。五是扩大政府国有担保机构的影响，专为中小微企业提供快捷、低价的贷款担保。

（二）**金融机构方面。**一是向各总行积极争取中小微企业贷款规模；二是加快向市、县（区）延伸中小微企业贷款专营机构，扩大专营机构的覆盖面；三是进一步改革贷款工作。坚持对贷款工作日的承诺，推行网上申报，缩短贷款周期；取消向申请者推荐评估、工作机构的做法；按比例分担担保公司的贷款风险；取消要求申请者在本行设立基本户的做法；适当提高中小微企业抵押物的折扣比例。四是降低中小微企业贷款成本，首先对中小微企业贷款采用较低的上浮利率；其次在同一年度内多次贷款时，只对企业评估一次；对担保公司提供担保的贷款，可采用担保公司的评估结论，不对企业再做一次评估；五是在坚持国家产业政策时，兼顾地方产业发展重点；六是利用信用评价成果，扩大信用贷款的发放比例；七是积极推出中小微企业融资工具，以信托模式、产权质押、贸易融资、银保合作、债务融资等方式为中小微企业提供融资服务；八是筹划创立由金融机构发起、政府支持的再担保机构，化解中小微企业融资风险。

（三）**中介机构方面。**中小微企业贷款主要涉及的中介机构是公证处、会计师事务所、审计事务所、担保公司、资信调查和信用评级机构等，一是要适当降低对中小微企业的取费标准；二是清理现有的收费事项，取消不合理收费；三是推行限时办结制，有效提高办事效率。

（四）**企业方面。**一是要增强内生发展动力，加快调整产品结构，积极进行技术改造，突出主业，控制规模，培育核心竞争力，做精做强；二是提高管理水平，要利用企业诊断咨询、信息化改造、ISO认证等方式规范管理行为，提高管理效率；三是强化财务管理，推广财务软件，通过细致科学的核算，积极消化成本上升因素，向社会和银行提供真实有效的财务信息；四是要熟悉办理贷款的流程和要求，避免无谓的奔波；五是要加强企业诚信建设，推行企业诚信体系建设；六是加强与政府有关部门、银行、中介机构的沟通，实现信息对称，同时要积极参与政府、银行推出的融资新产品试点工作，拓宽融资渠道；七是合理规划和挖掘担保资源，有效提高担保能力。

宁夏回族自治区

宁夏回族自治区2015年减轻企业负担工作报告

近年来，我区认真贯彻落实党中央、国务院减轻企业负担工作的总体部署，把减轻企业负担作为打造“两优”发展环境的重要抓手，强化组织协调，加强督促检查，着力在规范收费管理、落实惠企政策、优化服务环境、健全减负机制等方面开展工作，为全区经济稳定增长注入了新动力。我们主要做了四个方面的工作：

一、着力强化涉企收费清单管理，促进减负工作规范化

自治区把完善和实施涉企收费清单制度作为减负工作的核心环节，2014年首次公布了全区涉企收费目录清单，今年又制定了《涉企收费专项清理规范工作方案》，明确清理目标、范围、举措和责任单位，统筹推进各项清理工作，最大限度地减少收费项目，降低收费标准。全面落实中央减免行政事业性收费和政府性基金项目，并对自治区本级设立的23项

行政事业性收费和政府性基金项目进行清理，拟将经营服务性收费和中介服务收费从年初的50项减少到19项，已报自治区政府研究。截至目前，全区涉企行政事业性收费减至80项，其中自治区本级设立的收费项目剩下10项；政府性基金减至16项。保留的涉企行政事业性收费和政府性基金项目中，90%以上对小微企业免征或对所有企业按规定标准的50~70%收取。全区涉企行政事业性收费、政府性基金目录清单已于今年1月向社会公开，《区管中介服务收费目录和区管涉企经营性目录》将于近期重新发布。同时，全面清理进出口环节收费，目前政府定价项目只有中央行政事业性收费项目3项、地方1项，一并纳入区管经营服务收费目录管理。经过清理，全区涉企收费项目大幅减少，企业负担进一步减轻，仅行政事业性收费和政府性基金清理，每年就为企业和群众减轻负担约8亿多元。

二、着力落实各项惠企政策，促进减负效益普惠化

在认真落实国务院各项减税政策的基础上，结合自治区企业实际，出台优惠政策措施，努力扩大企业受惠面，做到应免尽免、应减尽减，激发市场活力。

围绕促进工业稳定增长、转型升级，出台“工业十八条”，提出了促进援企稳岗、扩大电力直接交易、缓解企业资金困难等减负举措。2014年，实行社会保险补贴、岗位补贴、职业技能培训补贴等援企稳岗政策，共为615户困难企业发放“三项补贴”5.84亿元，稳定了近20万人的就业岗位；今年又对依法参保缴费、不裁员或裁员率低于全区城镇登记失业率的所有企业，给予不超过该企业及职工当年度实际缴纳失业保险总额50%的稳岗补贴。1~10月，通过实行差别化电价和电力直接交易政策，为300多户企业累计降低用电成本18.25亿元。

围绕促进大众创业、万众创新，对新办小微企业城镇土地使用税、房产税实行“三免三减半”政策，累计共为209户小微企业减免8205.61万元。落实结构性减税政策，积极推进营改增试点，截止到9月底，为20651户营改增试点纳税人累计减税1.73亿元，为166390户小规模纳税人减免增值税4.12亿元；1~10月，为符合条件的8304户小微企业减免企业所得税3728.78万元，为67388户小微企业减免营业税19614万元，为87997户小微企业减免教育费附加、地方教育费附加、水利建设基金、文化事业建设费等基金4813.02万元。全区通过落实税收优惠政策，帮助一批企业有效降低了生产成本，缓解了经济下行带来的压力。

三、着力推进简政放权和优化服务，促进减负工作法制化

自治区坚持职权法定、简政放权、便民高效的原则，把推行简政放权、减少行政干预、转变政府职能、优化政务服务作为减轻企业负担的治本之策，加快推进体制机制改革，深挖企业减负根源。

一是加快行政审批制度改革。2013年以来，自治区先后对行政审批事项进行两轮清理，大力核减审批事项，压缩办理时间，简化办理流程。目前，自治区本级取消行政审批事项318项、精简39.16%，保留的行政许可项目只有304项，非行政许可事项已全面取消，对18类投资项目行政审批前置条件进行全面清理，目前只保留2项。

二是加快建立行政权力清单和责任清单。对自治区本级政府行政权力进行全面清理和调整，该取消的坚决取消，能下放的坚决下放，可以整合的坚决整合。经过清理，共取消行政职权100项，下放行政职权44项，转移给社会组织3项，暂停实施85项，交由市县属地管理1030项，不列入权力清单事项1029项。取消、下放和交由市县属地行使的1100多项事项中，70%涉及企业投资、生产经营和市场日常监管。目前，自治区本级政府部门行政权力由6264项减至1941项，减少了办事环节和“关口”、消减了权力寻租空间，也有效降低了企业办事的时间成本和经济成本。

三是加快企业投资项目管理体制改革。扩大企业投资项目备案制管理范围，优化外商投资与企业境外投资项目管理，改革投资项目备案管理方式、用地预审制度和环评制度，简化项目规划报批手续，整合减少评价评估事项，并对备案管理的企业投资项目，全面实行同步“并联”和限时办理，办理时限总体缩短了70%，事项压减50%。

四是加快商事制度改革。在继续做好注册资本认缴制、放宽经营场所等工作的基础上，大力推进“先照后证”和“三证合一、一照一码”登记制度改革。截止到10月底，各级工商部门共办理各类企业“先照后证”营业执照4250余份，发放一照一码营业执照9430份。各项改革有效激发了社会创业热情，1~10月份，全区新登记企业2万户，累计达到9.83万户，较上年年底增长了28%。

四、着力完善工作机制，促进减负工作常态化

自治区高度重视减负工作机制建设，不断完善组织协

调、监测调查、监督管理等关键环节工作制度，推动减轻企业负担工作常抓不懈。

一是建立协调联动机制。2013年，自治区清理协调议事机构，整合成立自治区工业和非公经济发展领导小组，由政府常务副主席任组长、25个相关部门负责人为成员，统筹推进减轻企业负担等工作。2014年7月，在领导小组下设立自治区减轻企业负担厅际联席会议，将减负工作办公室调整到非公经济局，进一步明确各相关单位减负工作分管领导和联络员，开通涉企收费投诉举报电话、投诉信箱，同时要求各市参照区上的框架，对其减负领导小组及办公室进行调整充实，进一步增强了减负工作影响力，推动了减负工作顺利开展。加强减负政策宣传，组织开展小微企业政策宣传月、减轻企业政策宣传周活动，通过深入市县开展惠企政策巡讲宣传、编印发放《小微企业扶持政策汇编》等多种方式，不断提高企业对减负政策的知晓度和运用能力。

二是建立监测分析机制。2014年底，制定全区企业负担调查指标体系，委托第三方组织开展企业负担和小微企业发展环境调查评价工作，按照行业、地域、规模等标准，选取560户样本企业，监测分析企业负担情况，形成了调查报告，近期将向社会发布，并同步启动2015年度企业负担第三方调查工作，为跟踪企业负担变化、制定调控措施提供决策依据。

三是建立监督检查和举报查访机制。自治区党委、政府对减轻企业负担工作高度重视，先后多次召开会议研究减负相关事宜。自治区纪委监察厅深入走访中小微企业，认真梳理并向自治区党委、政府反映企业诉求，李建华书记和刘慧主席对此作出专项批示，张超超常务副主席主持召开专题会议研究，自治区非公经济局会同政府办公厅对反映的问题逐项梳理分解到各地、各部门，逐一协调予以解决。自治区物价部门组织五个检查组，深入各地对涉企收费进行全面检查，对发现的问题及时纠正查处。自治区经信委等四部门开通宁夏经济环境网，建立微信服务平台，积极回应企业诉求。近期，非公经济局又起草上报了《自治区企业投诉处理服务暂行办法》，待自治区政府研究通过后，在全区整合建立分工协作、上下联动的企业投诉处理服务网络，确保企业诉求渠道畅通。同时，组织开展《宁夏促进中小企业发展条例》修订调研论证工作，为完善对减负维权的立法保护、依法依规做好减负工作提供法律保障。

一年来，我区减轻企业负担工作取得了明显成效，但也存在一些亟待解决的问题，例如：受政府机构改革职能调整的影响，市县级减负工作机构的职能衔接、沟通协调还不够顺畅；减轻企业负担监督检查机制还不健全，对违规增加企业负担事件发现和查处相对较少；部分企业对政策关注度不够，维权意识不强等。

下一步，我们将重点加强以下工作：一是完善减轻企业负担厅际联席会议制度，调整扩充成员单位，建立重点任务跟踪督促机制，指导各方有序开展工作；二是加大收费监管和减负政策宣传力度，严格涉企收费审批、收缴、使用以及公示、登记等制度，积极创造条件，进一步清理减免收费项目；三是持续做好企业负担监测，扩大减轻企业负担联系点，重新选聘企业负担监督员，委托第三方开展政策落实情况评估，及时了解掌握企业负担变化情况，适时提出进一步减负举措；四是进一步健全区市县三级企业投诉处理服务机构，完善负担投诉受理、承办、反馈、追责机制，对企业反映突出的问题集中专项治理，对典型事件定期曝光，不断巩固扩大减轻企业负担工作成果，努力创造更加宽松、公平、便利的企业发展环境。

（宁夏回族自治区非公有制经济服务局）

宁夏回族自治区2016年减轻企业负担工作情况报告

今年以来，按照党中央、国务院及自治区党委、政府对减轻企业负担、降低实体经济成本工作的部署安排，我区把减轻企业负担作为打造“两优”发展环境的重要抓手，强化组织协调，加强督促检查，着力在规范收费管理、落实惠企政策、优化服务环境、健全减负机制等方面开展工作，为全区经济稳定增长注入了新动力。主要做了四个方面的工作：

一、着力完善涉企收费清单管理，促进减负工作规范化

自治区把完善和实施涉企收费清单制度作为减轻企业负担工作的核心环节，自2014年以来，每年对《涉企行政事业性收费、政府性基金项目目录清单》、《区管经营服务性收费项目目录清单》梳理并进行公示，为查处各类违规收费提供依据。2016年新增《自治区工商登记后置审批事项目录清单》、《自治区行政审批中介服务项目清单》和《自治区涉企

保证金项目目录清单》。目前，2016年《涉企行政事业性收费、政府性基金项目目录清单》、《区管经营服务性收费项目目录清单》已调整完毕，在自治区财政厅物价局网站公示；《自治区工商登记后置审批事项目录清单》已印发公示；《自治区行政审批中介服务项目清单》、《自治区涉企保证金项目目录清单》预计年底前完成公示。

二、着力落实各项惠企政策，促进减负效益普惠化

自治区按照中央推进供给侧结构性改革、降低实体经济企业成本要求，先后出台了《自治区人民政府关于促进工业经济平稳增长的意见》、《自治区关于促进外贸回稳向好的意见》、《自治区人民政府关于鼓励加工贸易发展的意见》等惠企政策，从降低税费、融资、人工、物流、用能等方面，多措并举降低企业经营成本。截止到11月底，自治区新型工业化担保基金已为28户企业担保贷款近13亿元，补贴保费2587万元。共为符合条件的301个在建项目贷款贴息1.2亿元。通过输配电价改革和电力直接交易，降低企业用电成本26.7亿元；落实结构性减税、亏损企业城镇土地使用税等各类税收减免政策，累计降低企业税负负担26.4亿元；累计为企业和参保群众减轻缴费负担11.83亿元，其中：通过降低养老、失业、工伤、生育保险费率为企业减负6.5亿元，通过降低养老、失业保险缴费基数为企业和群众减负5.33亿元；今年1~9月份，全区社会物流总费用429亿元，同比下降11.9%。推动宁东铁路公司、交通部门分别为企业降低运输成本7692.8万元、减免普通公路通行费525.2万元；降低矿业权评估服务、雷击风险评估和气候可行性论证、公证服务、矿用安全产品检测检验、西部安全认证中心认证服务等5项中介服务的收费标准，降幅10~20%，减轻企业负担约290万元。

三、着力推进重点整治和优化服务，促进减负工作法制化

一是开展"红顶中介"专项清理整治。根据《自治区党委、政府办公厅关于深化"红顶中介"专项整治实施方案》要求，对自治区85个单位所属的事业单位、企业和本单位主办、主管和挂靠的社会组织，逐一进行对照自查，全面梳理。规范全区各类事业单位、企业和社会组织共616家，清理注销41家，保留575家；规范保留中介服务机构120家、收费项目69项，梳理干部任职兼职777人，退出190人，保留587人；完成全区性行业协会商会与行政机关脱钩第一批试点工作，实现38家社会团体与行政机关脱钩。

二是常态化开展涉企违规收费专项检查。贯彻落实国家部委《关于开展涉企收费专项检查工作方案》部署要求，由自治区财政厅、物价局、非公经济局、民政厅对自治区各部门、各地区普遍性降费政策落实不到位、违规设立收费基金项目、利用电子政务平台搭车收费等十四类违规行为进行了检查清理。清理后我区涉企行政事业性收费项目由2015年底的77项减至72项（其中67项为中央批准设立，地方设立的5项），政府性基金项目由去年底的16项减为12项，区管政府定价（指导价）经营服务性收费项目19项。

三是开展涉企保证金清理规范工作。2016年8月，按照国家对工程建设领域涉企保证金清理规范的要求，自治区住建厅、人社厅、财政厅对全区工程建设领域涉企保证金项目进行专项清理，清理后我区工程建设领域保证金仅剩投标保证金、履约保证金、工程质量保证金、农民工工资保证金4项。12月，按照国家部委工作部署安排，经自治区人民政府同意，由自治区非公经济局、财政厅对自治区涉企保证金开展清理整治工作，目前《宁夏回族自治区清理规范涉企保证金工作方案》已印发，清理工作已基本完成，预计年底前可形成全区涉企保证金目录清单。

四是提前完成商事制度改革。2015年9月1日，我区先于全国1个月提前启动实施"三证合一、一照一码"登记制度改革，降低了创业准入的制度性成本，优化了营商环境，激发了市场活力和社会创造力。工商登记数据显示，截止到12月9日，我区新登记注册企业28811户，注册资本金2094亿元，分别比去年同期增长18.5%和38.5%。按照《国务院办公厅关于加快推进"五证合一、一照一码"登记制度改革的通知》下发，我区于9月20日提前完成了"五证合一、一照一码"营业执照登记改革，企业只需提交一套材料，最短1小时、最长5个工作日就能拿到营业执照，降低了企业的办事成本。

四、着力完善工作机制，促进减负工作常态化

自治区高度重视减负工作机制建设，不断完善组织协调、监测调查、监督管理等关键环节工作制度，推动减轻企

业负担工作常抓不懈。

一是强化减负单位协调联动机制。2014年7月自治区减轻企业负担厅际联席会议办公室调整到非公经济局，经过两年来与减负各成员单位的沟通配合，进一步增强了减负工作影响力，推动了减负各项工作顺利开展。自2015年以来，由联席会议办公室牵头，联合自治区财政厅、人社厅、科技厅、地税局等减负成员单位，在全区范围内开展降成本减负担政策大讲堂活动。邀请专业人员对各类最新政策进行宣传解读，编印《小微企业扶持政策政策汇编》，畅通网络政策宣传渠道，推送最新政策信息，扩大企业对政策的知晓度，助推各类惠企政策发挥效力。

二是扩大企业调查评价工作范围。在2014年建立企业负担监测分析机制的基础上，每年筛选500余户样本企业，对企业负担情况进行调研，形成企业负担调查评价报告。2016年委托第三方机构针对小微企业负担状况、创业创新环境、融资情况、新设立企业生存现状及小微企业政策落实情况开展调查评价工作。目前，上述5项专题调查报告均已结题验收，形成了调查报告摘要版呈报自治区党委、政府，作为制定出台相关政策的参考依据。

三是畅通企业维权渠道。按照《宁夏回族自治区企业投诉处理服务暂行办法》规定，自治区在非公有制经济服务局设立企业投诉处理服务中心，负责全区企业投诉处理工作的协调、指导和监督工作。2016年5月6日，自治区企业投诉处理服务中心正式挂牌成立，在媒体刊登公示自治区及市、县（区）企业投诉处理服务机构相关信息。指导市、县（区）建立了相应的投诉处理服务机构，负责本辖区企业投诉受理、处理工作。企业合法权益受到侵害时，可通过面谈、政务窗口、电话、传真、电子邮件、网络投诉6种方式进行投诉，对确属乱收费、乱摊派、乱罚款、乱检查等违规行为坚决予以处理。截至目前，自治区企业投诉处理服务中心共接到企业投诉件8起，其中有效投诉件3起，已在规定时间内予以处理，对未受理的投诉件也对企业说明原因，并积极帮助企业寻求其他途径解决。各市县（区）企业投诉处理服务机构未接到企业投诉。

四是落实企业负担专项督查。贯彻落实国家、自治区关于降成本减负担工作的总体部署，充分发挥各级减轻企业负担工作机构的作用，重点督促各地区、各部门将惠企减负政策和重点工作任务落到实处。四季度由减负联席会议办公室牵头，对各成员单位及五市减负工作开展组织开展了自查及专项督查工作，对降低企业成本的各项措施逐项对照检查，确保政策落地生根，增强企业的政策获得感；对联席会议部署的各项重点任务，确保按时保质保量完成。

一年来，我区减轻企业负担工作取得了明显成效，根据中国中小企业发展促进中心对全国各地区企业负担调查评价报告显示，2016年我区企业负担总指数排名由去年的全国第23位上升至第20名（排名越靠前表示负担越轻），在西北五省排名由第3位上升为第2位，我区企业用电成本相关指数排在全国第三位，仅次于青海和新疆，表明在自治区党委、政府的正确部署及各部门的共同努力下，我区减轻企业负担工作确实取得了实效。但也存在一些亟待解决的问题，例如：受政府机构改革职能调整的影响，市县级减负工作机构的职能衔接、沟通协调还不够顺畅；减轻企业负担监督检查机制还不健全，对违规增加企业负担事件发现和查处相对较少；部分企业对政策关注度不够，对自身发展信心不足等。

下一步，我们将重点加强以下工作：一是强化各成员单位、各部门之间联系。减轻企业负担工作涉及部门众多，个别部门对企业减负工作认识不足，配合开展工作意愿不强。今后要强化部门间联系，特别是在涉企清单跟新维护、企业投诉受理转办、惠企政策宣传、减负检查督查工作上形成部门合力，将减轻企业负担厅际联席会议作用真正发挥出来。二是建立企业负担情况通报制度，对第三方形成的《企业负担调查情况报告》涉及五市的情况予以通报，为明确下一步减负工作方向提供数据支持。三是完善企业负担投诉受理、承办、反馈、追责机制，加大地方企业投诉处理服务机构宣传力度，要求属地投诉95%以上由当地减负机构处理办结，对企业反映突出的问题集中专项治理，对典型事件定期曝光，不断巩固扩大减轻企业负担工作成果，努力创造更加宽松、公平、便利的企业发展环境。四是注重对企业良性引导。在经济下行压力下，一方面需要政府出台优惠政策帮助企业渡过难关，另一方面要引导企业结合自身条件积极寻求发展，不盲目从众，挖掘企业内部潜力，力求突破，共渡难关。

（宁夏回族自治区非公有制经济服务局）

大连市
大连市为中小企业创新发展排忧解难

2015年以来，面对十分严峻的经济下行压力，围绕工作创新年的任务要求，紧扣全年工作重点，开展以“工作创新、服务创新、政策创新”为主题的工作创新年活动，扮演好“创优者”角色，全面加强自身建设，全面提高创新意识和服务水平，大力实施“育龙计划”，积极帮助中小企业解难题办实事。通过工作创新年的扎实开展，培育出一批创新型龙头企业，催生出一批创新型中小企业群体，推动一批中小企业创新转型发展，形成了“大众创业、万众创新”的新浪潮。措施如下：

一、落实政策，提振中小企业发展信心

今年以来，在经济下行压力持续加大的情况下，中小企业运行中遇到前所未有的困难和问题，为此，按照市领导指示精神，成立工作组，多次召开会议加以研究，并深入企业调研，听取企业意见和建议，并形成调研报告，同时，加强与政府部门的沟通与协调，并以市委、市政府名义出台了《市委、市政府关于支持企业创新和发展的政策措施》（大委发〔2015〕9号）文件，围绕推动企业创新、改善投资环境、减轻企业负担、支持民营中小企业发展等方面，提出25条强有力措施。文件出台后，受到广大企业的普遍欢迎，极大地提振了企业发展的信心。

二、创新引领，引导企业走创新发展之路

按照“抓创新型中小企业就是抓大连的未来”的思路，在全市实施创新型中小企业发展“育龙计划”，用5年的时间，培育一批创新领军型企业、扶植一批创新成长型企业、发展一批初创型创新小企业发展。现已选出近千家优秀企业进入育龙企业库，全年培育收入超百亿元民营企业集团4户、50亿元以上集团5户、10亿元以上集团20户；新认定中小企业“专精特新”产品76项，累计达493项；认定市级以上创新成果35项（其中中国企业创新成果5项）。为支持育龙企业技术创新、技术改造，与化物所、海事、理工、交大、工大建立5个产学研合作平台，民营中小企业创建企业技术中心115户，对全市科技进步贡献率达到75%，涌现出光洋科技、环宇移动、豪森设备、展翔海事等一大批高成长型创新企业。

三、主动作为，优化中小企业融资渠道

为解决中小企业融资难、融资贵问题，我们实施两手抓，一是充分发挥财政资金的引领作用，设立3亿元信贷风险补偿专项资金，为企业提供融资支持，为企业解决担保贷款285亿元，新设立50亿元育龙中小企业发展基金，重点解决中小企业资金周转问题，降低企业融资成本。二是全方位开展各类融资对接活动，支持企业加强与风投、创投，私募、商业银行等金融机构进行融资对接，成功举办2015银企对接电视行动，通过政府搭台、媒体牵线、银企零距离对接，进一步掀起关注实体经济、扶持中小微企业的金融热潮。

四、用心服务，推动中小企业创业成长

一是大力营造创业氛围，通过举办“双创”周、创业大赛等活动，组织各类创客活动15次，参加人员1893人；组织创业展示活动7次，参加人数828人，有效地引领创业活动深入开展。

二是搭建平台，积极推进创业基地、创业咖啡厅、创业工坊和蚂蚁创客等众创空间发展，为创业者提供宽广创业空间。目前，累计创建小企业创业基地29个，中小企业公共服务平台26个，其中国家级公共服务平台6个。

三是加强培训工作，全年开展创业系列培训125班次，培训创业者7500人，并免费为企业培训各类人员3.7万人次。

四是加强信息服务，开通“大连中小民营”公众微信平台，先后举办多期“大连经信”讲坛、政策解读等活动，通过线上线下等形式，为企业提供高效便捷的创业服务。

五是加强维权服务，利用“96366”法律服务平台，为企业提供法律咨询和法律援助达2万人次。

五、创建平台，为企业开拓市场提供强力支撑

为解决好当前企业订单减少、开工不足等问题，我们积极引领企业开拓国内外市场，抢市场、抓订单。一是推动“中国方舟”走出去公共服务平台建设，支持中小企业沿“一带一路”选点促销，抱团发展。平台已形成千余个海外服务网点，为近千家企业提供很好的市场服务。二是推进企业间配套对接合作，先后组织600户企业参加中国绿公司年会、中博会等多项展会和经贸对接活动。三是积极支持小微企业参与政府采购，扩大企业市场份额。

推进供给侧改革 加快大连工业转型升级

大连作为去产能、调结构、转方式任务较重的城市，更要深入贯彻落实中央精神,牢固树立和贯彻落实创新、协调、绿色、开放、共享的发展理念，主动适应、积极引领经济发展新常态,以提高发展质量和效益为中心，坚持协同发展、转型升级、又好又快的工作主基调,着力加强供给侧结构性改革，迈出打好大连工业发展翻身仗的坚实步伐,实现“十三五”的良好开局。

一、充分认识推进供给侧改革的重要意义

所谓供给侧结构性改革是指从供给侧入手，针对结构性问题而推进的改革。相对需求侧改革的措施，供给侧改革更侧重于提升经济增长效率，更侧重于增强企业长期发展活力，更注重经济长期持续平衡和可持续发展。

供给侧改革是大连工业转型升级的重要手段。大连作为一个沿海开放城市，贸易对外依存度较高，出口比重在金融危机前一度高达35%。近年来，受各种因素影响，全市工业产品出口大幅萎缩，目前比重仅为18%左右；此外，国内市场内需乏力，企业库存增加，装备、石化等重点支柱产业的传统优势被削弱，成为工业经济下行的典型表征。新形势下，要摆脱经济的不利局面，必须要大力实施供给侧改革，优化企业、产业结构，化解过剩产能，提升发展档次，助推全市工业转型升级。

供给侧改革是适应经济新常态的必然要求。当前经济新常态下，经济增速放缓，结构性矛盾凸显，更需调整产业结构。适应新常态、引领新常态，更重要的就是要企业、产业转型调整，这是供给侧的结构性改革。只有当企业、产业适应了增速有所降低、要求更高的新常态之后，企业效益、财政收入、金融债务链条、就业形势等才会处于健康可持续的状态，社会再生产才能进入水平更高的新轨道。

供给侧改革是顺应市场需求特点的现实需要。随着经济社会的不断发展，受消费理念、品质要求、资源配置等诸多因素影响，市场需求特点也发生变化。一是市场逐渐从供不应求转变为供大于求，企业之间竞争加剧，市场空间份额变小；二是随着消费水平的提高，公众对价格的关注度逐步下降、对质量和品牌信誉的关注度逐步提高。综合看，从强调“有没有”转向强调“好不好”。供给侧结构性改革就是要引导企业从满足“有没有”的粗放低水平数量扩张，转向满足“好不好”的集约和质量效益型发展。这是我国经济发展方式的根本性转变，为适应这种市场需求特点的变化，推进供给侧改革势在必行。

二、牢牢把握推进工业供给侧改革的几项原则

推动供给侧改革工作要与大连建设工业强市的战略部署相适应，与当前大连工业发展的重点任务相适应，为此，要牢牢把握以下几项原则。

注重市场主导与政府引导相结合。推进供给侧改革要充分发挥市场在资源配置中的决定性作用，强化企业主体地位，激发企业内生动力和创新活力，使其更加自主地转型调整。同时要着力创新政府管理方式，简政放权，放管结合，推动政府职能向创造良好发展环境、提供优质公共服务转变，营造公平竞争的市场环境。

注重基础提升与融合发展相结合。推进供给侧改革要坚持问题导向、产需结合、协同创新、重点突破，着力破解制约重点产业发展的瓶颈难题，紧跟形势，出台针对性措施，夯实制造业产业基础，促进信息化和工业化深度融合、制造业与生产性服务业有机融合。

注重创新引领与开放合作相结合。充分利用和整合科技创新资源，完善制造业创新体系，推动跨领域、跨行业协同创新，加快工业产业向数字化、网络化、智能化转变。始终把开放合作作为供给侧改革的重要动力，加大对外产业合作力度，实现与全球产业链、创新链和价值链的高位嫁接，优化供给侧结构。**注重绿色发展与质量效益相结合。**把可持续发展作为供给侧改革的重要着力点，发展生态友好型工业，坚持节约集约发展，推动资源利用方式的根本转变，促进工业产业规模、质量和效益协调发展，实现绿色发展与质量效益的有机统一。着力改善供给结构，包括增品种、提品质、创品牌，更好地满足国民消费结构向中高端升级。

注重整体优化与重点突破相结合。彻底打破传统产业发展格局，大力发展先进制造业，加快改造提升传统产业步伐，推动供给侧产业结构持续优化，促进产业向中高端发展。大力培育战略性新兴产业，突破重点领域和关键环节，抢占产业发展制高点。

三、以推进供给侧改革推进大连工业转型升级

面临新形势新任务，全市要认真贯彻落实市委、市政府决策部署，以实施《中国制造2025大连行动计划》为牵动，大力推进供给侧结构性改革，着力实现由低水平供需平衡向高

水平供需平衡的跃升，推动产业产品向中高端迈进，促进全市工业转型升级。

认真贯彻落实国家宏观调控政策。全面落实国家和省市关于优化产业布局和结构调整的政策措施，积极争取中央工业企业结构调整专项奖补资金，推动工业产业改造升级。认真贯彻落实国家工信部发布的行业准入标准等政策措施，切实规范市场秩序和产业标准。该类准入标准主要从节能、环保、安全、资源利用率以及技术方面做了明确规定，通过采取市场的办法，把达到标准的企业向市场公布，没有任何指令性或者审批的职能，公布以后让这些企业得到市场的认同，没有公布的企业由于不达标，在市场销售、市场信誉方面便会造成损失，形成压力，以倒逼机制推动企业产业升级，也逼迫一些企业在市场竞争中自我淘汰或涅槃重生。通过主动减量置换和处理好"僵尸企业"等措施，加快退出一批无效和落后产能，加快产品升级换代，以新要素新技术新模式创造出新产品新业态新产业。

大力支持企业创新和发展。促进企业用足用好现有政策，释放企业活力。认真贯彻落实市委、市政府《关于支持企业创新和发展的政策措施》、《大连市支持高层次人才创新创业若干规定》等政策措施。落实企业研究开发费用税前扣除管理办法，简化企业申报流程。鼓励支持企业进行高新技术企业认定申报，建设高水平研发机构；组织开展企业专利"护航"专项行动；支持企业参与制定重大技术标准，提升管理水平；积极实施科技成果转化促进工程，推广应用重点地工产品。进一步优化投资环境，推进项目建设和企业发展。特别是针对历史遗留问题，深入梳理，采取超常规措施，下大力气推动解决，为企业发展增添新动能。

深入实施《中国制造2025大连行动计划》。坚持分业施策，切实优化存量，促进装备制造业高端化发展。一是加快推进制造业创新中心建设工程。围绕造船、轴承、机床、制冷设备等领域创新发展的共性需求，建设一批制造业创新中心。二是加快推进智能制造工程，推动新一代信息技术与制造技术融合发展。三是加快推进工业强基工程。重点推进"四基"研发能力提升。四是加快推进绿色制造工程。加快制造业绿色化改造，大力发展绿色制造产业。五是加快推进高端装备创新工程，开发一批具有核心竞争力的重点产品和重大装备，突破一批共性关键技术。六是加快实施质量品牌工程。鼓励企业、行业协会参与行业标准、国家标准和国际标准的制定与修订，培育一批叫得响的知名品牌。通过实施六大工程，力争在新一代信息技、高档数控机床和机器人、石油和化学工业、海洋工程装备及高技术船舶等12个重点领域取得重大突破，提升工业发展质量。

着力培育壮大战略性新兴产业。加大对我市优势战略新兴产业扶持力度，促进我市战略性新兴产业向高端化规模化发展。要重点推动软件和信息技术服务业转型升级，全力促进高端化发展。以中国软件名城建设为引领，深入实施软件创新中心成长计划，积极培育一批有自主创新能力的龙头骨干企业。瞄准工业软件、云计算、大数据等重点领域，推动新兴技术的自主研发应用。促进软件服务云等一批重点平台建设，全面提升我市软件和信息技术服务业产业竞争力。深入实施《促进集成电路产业发展的实施意见》，研究设立半导体产业发展基金，支持一批具有自主知识产权的集成电路产品快速占领市场。研究出台《储能产业发展实施意见》，力争以融科储能等骨干企业为依托，抢占储能新技术产业发展制高点，推动储能产业及风电等相关产业加快发展。

切实加强国际交流与合作。一是要加大招商引资力度。重点围绕战略新兴产业完善产业链条，尤其在集成电路和储能产业等重点领域加强国际交流与合作，力争引进一批国外先进技术和高端项目，促进产业集群化发展。二是要积极实施"走出去"战略。主动对接"一带一路"，支持重点产品、优势产能开拓国际市场。三是要搭建经贸合作平台。组织工业企业参加经贸推介会和国际知名展会，提高国际合作交流水平。

优化扶持中小民营经济发展措施。中小企业是实施大众创业、万众创新的重要载体，也是推进供给侧改革的主要对象。就大连而言，今后一是要大力实施"育龙计划"。切实发挥好大连育龙中小企业发展基金作用，进一步拓展在经济运行、创新创业领域的应用，推动银团广泛合作，扩大服务领域范围，培育壮大一批创新型中小企业。二是要重点开展民营中小企业"创新、创业"专项活动，按照大众创业、万众创新的总体布局，着力抓好企业的核心技术研发，建设完成企业牵头、政府引导、高校和科研院所共同参与的技术创新体制。三是要支持民营中小企业服务体系建设，加大对用于创新创业和招商引资的扶持力度。四是要改善民营企业经营环境，打破限制民营经济发展的体制机制障碍，使民营企业成为推动创新创业的重要力量。五是要简政放权，减轻企业负担。通过进一步简政放权，降低创业门槛。全面实施涉企收费清单管理，进一步减轻企业负担。创新金融服务模式，引导企业多渠道融资。

促进民营经济健康发展的对策

大力发展民营经济，是加快改革、进一步释放市场活力的主要目标，是新一轮东北振兴政策的主要着力点，也是稳增长、调结构、促就业的重要举措。推进民营经济加快发展，对大连建设"产业结构优化的先导区、经济社会发展的先行区"，提升大连总体经济和实现老工业基地全面振兴具有十分重要的现实意义。提出措施建议如下：

（一）实施创新驱动，做大做强民营企业总体实力。

实施创新转型升级行动，结合《中国制造2025》大连行动计划，进一步推动"育龙计划"实施，充分发挥育龙中小企业发展基金的作用，重点培育一批创新成长型中小企业。进一步加大政策支持力度，对企业技术创新、技术研发给予重点支持。实施产学研协同创新，推进科技成果转化，激发企业科技创新的积极性和主动性。实施信息化推进工程，支持企业利用互联网、移动终端、云计算、大数据等信息化手段，提升创新能力和水平。建立制造业创新中心，突破和掌握一批具有明显带动作用的核心关键技术和产品，推动民营企业做优做强。

（二）加大政策支持，强化公共服务。

落实国家、省市创业扶持政策，实施万众创业专项行动，继续加大对小企业创业基地、孵化器资金扶持力度，大力发展市场化、专业化、集成化、网络化的"众创空间"，实现创新与创业、线上与线下、孵化与投资相结合，为小微创新企业成长和个人创业提供低成本、便利化、全要素的综合性服务。强化公共服务，搭建中小企业公共服务平台网络，建成一批中小企业信息化服务平台和技术研发、检验检测公共服务平台，向中小企业全部开放。健全创业辅导指导制度，支持举办创业训练营、创业创新大赛等活动，培育创客文化，让创业创新蔚然成风。进一步加大人才培训力度，实施企业家素质提升工程，增强企业家的战略思维和把握市场的能力。全年再新增一批民营企业。

（三）强化权力制约，打造宽松的发展环境。

建立公共资源及生产要素平等使用制度，整合公共资源，突破政出多门，进行统一归口管理。全面推进行政权力运行制度系统、公共资源交易系统、行政绩效管理系统、行政权力电子监察系统、民意诉求反馈系统建设。发挥民心网监控平台作用，加强行政部门效能监察，突出事后监管，建立责任追究制度，切实解决行政不作为、乱作为、慢作为问题。进一步加大简政放权力度，全面推行政府部门权责清单制度，再取消和下放一批影响民营企业生产和投资活动事项，进一步向市场和社会放权，激发民营经济发展活力。建立营造亲商、敬商、荣商的文化制度，通过制度引导，树立平等物权、平等竞争的公平发展意识，营造亲商、敬商、荣商的人文气氛。

（四）实施公平待遇，创新政府政策扶持方式。

建立公平市场准入制度，按照非禁即入的原则，除法律法规明令禁止的，全部向民营投资主体开放。颁布企业平等准入的"负面清单"，制定出台我市基础设施和公用事业特许经营管理办法，鼓励民营企业进入特许经营领域，消除行业垄断壁垒。积极引导民营资本参与国企改革，鼓励民营资本参与金融创新。

改善财政政策支持方式，研究扶持民营企业的股权投资基金、投资基金运营办法，放大财政资金杠杆作用和乘数效应，通过市场化手段，撬动金融资金、社会资金，共同扩大对民营企业股权投资规模，支持民营企业加快发展。探索建立天使投资风险补偿机制。

（五）推动金融创新，引导企业多渠道融资。

建立有效解决融资难、融资贵的金融机制，设立政策性再担保公司和行业性专业担保公司，设立担保专项资金，通过银行、担保、再担保三方合作，为企业提供融资需求。建立小微企业贷款保证保险机制，以购买保险方式为小微企业提供信用贷款。建立中小微企业信用档案，鼓励银行金融机构为中小微企业提供股权质押贷款服务。财政出资设立政策性小额贷款公司，与金融机构建立合作机制，以低成本周转贷款的方式，帮助经营正常的中小企业解决周转资金问题。创新开发专门针对民营企业的贷款产品，在授信条件、贷款期限、还款方式等方面给予民营企业更加宽松的融资政策。发展创业投资、融资租赁，扩大集合债券和短期融资券的发行规模，鼓励和引导民营企业运用上市、"新三板"、"四板"挂牌等资本市场融资工具直接融资。

（六）支持企业开拓市场，培育企业人才队伍。

打造一批网络零售平台、大宗商品电子商务交易平台及综合性电子商务平台，拓展国内外营销网络。做强并依托中国方舟等具备开拓国际市场能力的走出去公共服务平台，支持企业沿"一带一路"开拓市场。支持中小微企业参与政府采购，扩大市场份额。

贯彻落实我市人才政策意见，帮助民营企业引进高层次人才。制定加强以情聚才工作和营造良好人才生态环境的意见，建立人才目录年度发布制度，引进我市民营企业发展急需的各类紧缺人才；将民营企业人才纳入培训范畴，建立人才培训基地，推动民营企业专业技术人员继续教育。

厦门市

2015年厦门市成长型中小微企业生产运行监测样本企业分析报告

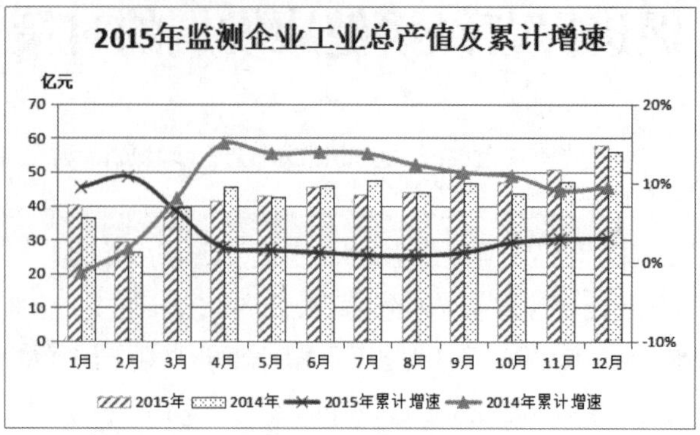

截至2015年12月27日，纳入统计分析范围的企业共计1121家。按三次产业结构划分，第一产业14家；第二产业745家，其中工业企业690家，占样本企业的61.6%；第三产业362家。按企业规模划分，中型企业238家，占21.2%，小微型企业883家，占78.8%。

2015年度，我市中小企业营业收入增速处于逐月放缓态势，比上年低4.4个百分点；利润总额增速震荡上行，比上年上升3.8个百分点。工业总产值总体保持低速平稳增长，与2014年相比，工业总产值增幅缩窄6.4个百分点，减产面扩大11.8个百分点，中小工业经济明显下行；营业收入小幅增长，但利润总额保持较快增长，比上年高1.7个百分点；通过问卷调查显示，1月份认为经营情况良好的企业数量、国内市场订单增加的企业数量和出口订单增加的企业数量比例继续同步上升。与2014年相比，第三产业营业收入增速放缓，但利润总额增速加快；软件和信息服务业营业收入、利润总额均保持两位数增长，而批发零售业营业收入、利润总额均处于下滑态势，特别是利润总额下滑近两成。

一、经济运行主要指标

（一）全年工业总产值增长3.0%。

12月份，690家工业企业完成工业总产值58.10亿元，同比增长4.0%；全年完成工业总产值540.38亿元，比上年增长3.0%，增幅比上年低6.4个百分点，比1~11月上升0.1个百分点。2015年度，实现增产的企业360家，占监测工业企业总数的52.2%，累计增产62.15亿元；减产20%以上的企业144家，占监测工业企业总数的20.9%，累计减产33.67亿元，占总减产量的72.5%；减产50%以上的企业36家，占监测工业企业总数的5.2%，累计减产11.57亿元，占总减产量的24.9%；累计减产上千万的企业121家，占监测工业企业总数的17.5%，累计减产38.92亿元，占总减产量的83.8%。

12月份，监测企业工业用电10108万度，同比增长14.5%，全年工业用电11.39亿度，比上年增长3.5%。

（二）全年出口交货值增长2.5%。

12月份，工业企业完成出口交货值13.14亿元，同比下降1.7%；全年完成出口交货值136.32亿元，比上年增长2.5%。2015年度，出口交货值占销售收入的26.2%，比上年高0.1个百分点。

（三）全年营业收入增长2.4%，利润总额增长10.5%。

2015年度，监测企业实现营业收入787.75亿元，比上年增长2.4%，其中：工业企业实现营业收入520.70亿元，比上年增长2.0%；第三产业实现营业收入217.68亿元，比上年增长4.0%。

2015年度，监测企业实现利润总额49.00亿元，比上年增长10.5%；亏损企业数219家，亏损面19.5%，比上年扩大4.0个百分点；亏损额5.67亿元，比上年增长51.4%。其中：工业企业实现利润总额36.74亿元，比上年增长9.1%，亏损企业数118家，亏损面17.1%，比上年扩大3.9个百分点，亏损额3.39亿元，比上年增长59.8%；第三产业实现利润总额10.28亿元，比上年增长16.5%，亏损企业数96家，亏损面26.5%，比上年扩大4.4个百分点，亏损额2.22亿元，比上年增长43.8%。

2015年度，监测企业营业成本636.88亿元，比上年增长1.1%，其中：工业企业营业成本414.66亿元，比上年增长0.5%；第三产业营业成本180.38亿元，比上年增长3.0%。

2015年度，监测的工业企业每百元营业收入的成

2015年样本企业收入、成本、利润统计表

月份	营业收入		营业成本		利润总额		亏损额	
	累计（亿元）	同比（%）	累计（亿元）	同比（%）	累计（亿元）	同比（%）	累计（亿元）	同比（%）
1月	60.24	6.38	49.28	6.41	3.13	15.05	1.09	-10.08
1~2月	107.18	11.09	88.17	11.14	3.97	26.17	2.45	-2.02
1~3月	166.37	8.78	137.30	9.29	6.26	5.99	3.00	1.81
1~4月	231.67	6.65	190.53	6.81	9.46	-3.24	3.76	18.3
1~5月	297.25	5.61	243.57	5.55	14.64	5.95	3.95	17.49
1~6月	363.42	4.93	296.77	4.45	18.79	9.09	4.13	13.74
1~7月	432.25	4.36	352.94	3.7	23.56	5.45	4.41	10.29
1~8月	494.11	3.72	402.87	2.72	27.40	13.91	4.79	15.63
1~9月	561.64	2.49	456.77	1.29	31.94	13.24	5.08	20.65
1~10月	626.64	2.15	511.38	1.09	35.02	6.81	5.70	36.39
1~11月	704.62	2.26	572.92	1.16	41.60	4.2	5.67	35.24
1~12月	787.75	2.38	636.88	1.07	49.00	10.54	5.67	51.36

本79.64元，比上年低1.23元；收入利润率7.06%，比上年高0.45个百分点。

（四）重点产业链培育情况。

1. 计算机、通信和其他电子设备制造业72家。全年完成工业总产值82.12亿元，比上年增长4.4%；实现营业收入81.95亿元，比上年增长9.1%；实现利润总额6.79亿元，比上年下降6.0%。

2. 机械装备制造业192家。全年完成工业总产值127.27亿元，比上年增长3.5%；实现营业收入120.80亿元，比上年增长3.4%；实现利润总额11.66亿元，比上年增长26.9%。

3. 软件和信息服务业119家。全年实现营业收入39.60亿元，比上年增长12.8%；实现利润总额5.90亿元，比上年增长15.5%。

4. 批发零售业153家。全年实现营业收136.72亿元，比上年下降0.6%；实现利润总额1.30亿元，比上年下降19.6%。

（五）企业流动资金情况。

2015年度，工业企业应收账款129.57亿元，比上年增长6.9%，产成品存货49.32亿元，比上年增长5.5%；第三产业应收账款36.14亿元，比上年增长25.7%。

2015年度，监测企业期末借款余额154.77亿元，比上年增长7.2%，财务费用8.05亿元，比上年下降13.7%。工业企业期末借款余额103.98亿元，比上年增长3.2%，财务费用5.47亿元，比上年下降18.6%；第三产业期末借款余额42.99亿元，比上年增长22.2%，财务费用1.99亿元，比上年下降1.1%。

（六）全年固定资产投资额下降3.2%。

2015年度，监测企业完成固定资产投资38.87亿元，比上年下降3.2%。工业企业完成固定资产投资33.85亿元，比上年增长7.2%，其中：投资100万以上的企业278家（中型企业76家，小型企业202家），比上年减少22家；投资500万以上的企业103家（中型企业39家，小型企业64家），比上年减少21家；投资1000万以上的企业58家（中型企业26家，小型企业32家），比上年减少10家。第三产业完成固定资产投资1.70亿元，比上年下降36.1%。

二、经济运行主要特点

（一）工业总产值低速平稳增长，减产面大幅度扩大。

2015年度，工业总产值总体保持低速平稳增长，四个季度累计产值增幅分别为6.4%、1.2%、1.2%、3.0%；与2014年相比，工业总产值增幅缩窄6.4个百分点，减产面扩大11.8个百分点，中小工业经济明显下行。从企业规模划分来看，中型工业企业总产值增长3.4%，比上年下降12.8个百分点，减产面为48.4%，比上年扩大25.1个百分点，对工业企业产值增长贡献率为52.3%，拉动工业总产值增长1.6个百分点；小微工业企业总产值增长2.7%，比上年下降0.8个百分点，减产面为47.7%，比上年扩大8.5个百分点，对工业企业总产值增长贡献率为47.7%，拉动工业总产值增长1.4个百分点。

（二）工业企业营业收入增速放缓，利润总额保持平稳增长。

2015年度，工业企业经营情况喜忧参半。一是全年营业收入总体保持低速平稳增长，比上年低3.8个百分点，但营业收入增速高于营业成本增速1.5个百分点，在经营环境不景气的情况下，利润总额保持较快增长，比上年高1.7个百分点；二是亏损额增幅逐月扩大，从一季度的6.6%攀升到四季度的59.8%；三是亏损面为17.1%，比上年扩大3.9个百分点，但仍处于合理水平。在690家工业企业中，利润下滑的企业共计334家，比重48.4%，其中：下滑50%以下的企业175家，下滑50～100%的企业82家，下滑100%以上的企业77家。从企业规模划分来看，中型工业企业营业收入增长2.3%，比上年下降7.8个百分点，利润总额增长7.1%，比上年下降10.3个百分点，亏损面11.9%，比上年扩大4.0个百分点；小微工业企业营业收入增长1.8%，比上年下降0.3个百分点，利润总额增长12.3%，比上年上升18.8个百分点，亏损面18.3%，比上年扩大3.9个百分点。

（三）第三产业营业收入增速放缓，利润总额增速加快。

2015年度，第三产业营业收入增速逐月放缓，四个季度累计营业收入增幅分别为15.9%、10.5%、5.7%、4.0%，全年累计增速比上年低7.2个百分点；利润总额增速逐步加快，四个季度累计利润总额增幅分别为-12.0%、-3.5%、18.1%、16.5%，全年累计增速比上年高4.1个百分点。软件和信息服务业营业收入增速逐步放缓，比上年低8.4个百分点，比第三产业高8.8个百分点；利润总额增速加快，比上年高2.3个百分点，比第三产业低1.0个百分点，亏损面为32.8%，比上年扩大6.7个百分点。批发零售业营业收入、利润总额均处于下滑态势，特别是利润总额下滑近两成，亏损面为20.9%，比上年扩大3.3个百分点。

三、中小企业经济月度调查

1月份，参与调查的中小工业企业有690家，其中：中型企业占18.3%；小型企业占78.3%；微型企业占3.4%。问卷调查结果如下：

（一）企业生产经营状况。

本月，厦门市监测中小工业企业中（以下简称企业），41.2%的企业认为生产经营状况良好，较上月上升2.9个百分点；53.2%的企业认为生产经营状况一般，较上月下降2.9个百分点；5.7%的企业认为生产经营状况较差，与上月持平。

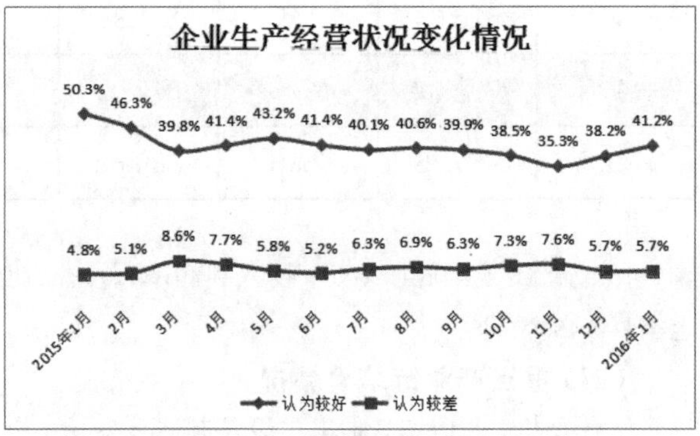

（二）企业国内市场订单。

本月，23.4%的企业表示国内市场订单增加，较上月上升3.3个百分点；25.3%的企业表示国内市场订单减少，较上月下降1.9个百分点。

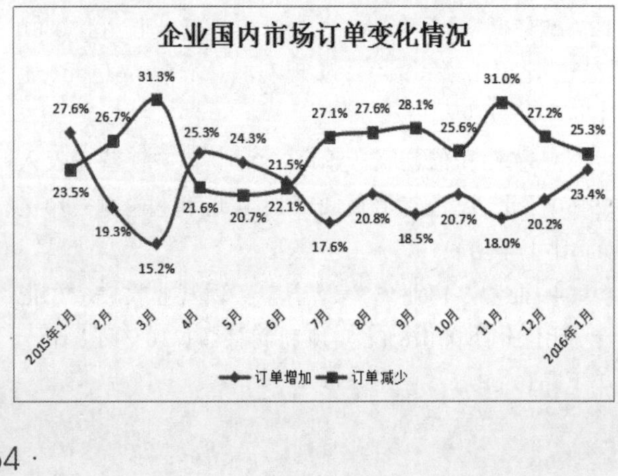

（三）企业出口订单。

本月，在有出口订单的350家企业中，24.0%的企业出口订单增加，较上月上升2.5个百分点；23.4%的企业出口订单减少，较上月下降1.5个百分点。

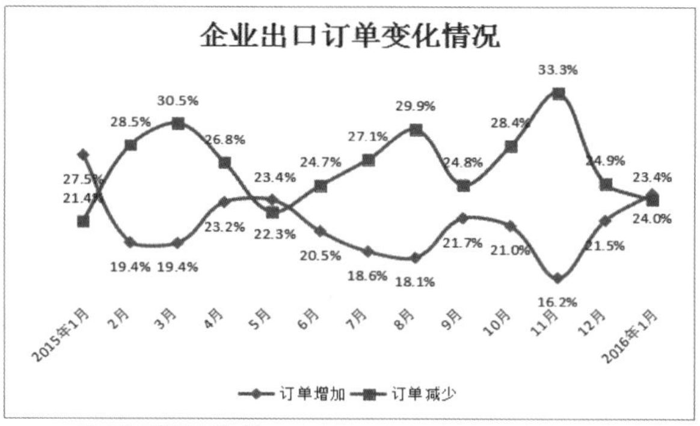

（四）融资需求。

本月，56.7%的企业反映有融资需求，较上月下降0.9个百分点。在有融资需求的企业中，71.1%的企业融资需求能够得到满足，较上月上升0.4个百分点；28.9%的企业融资需求不能得到满足，较上月下降0.4个百分点。

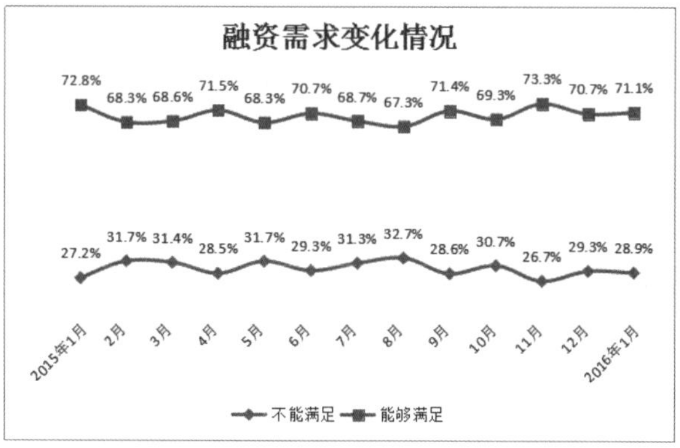

（五）企业流动资金。

本月，35.4%的企业反映流动资金紧张，较上月上升0.2个百分点，其中资金缺口在20%以上的占21.6%，缺口在20%以下占13.8%。45.1%的企业流动资金基本正常；19.6%的企业流动资金充裕。

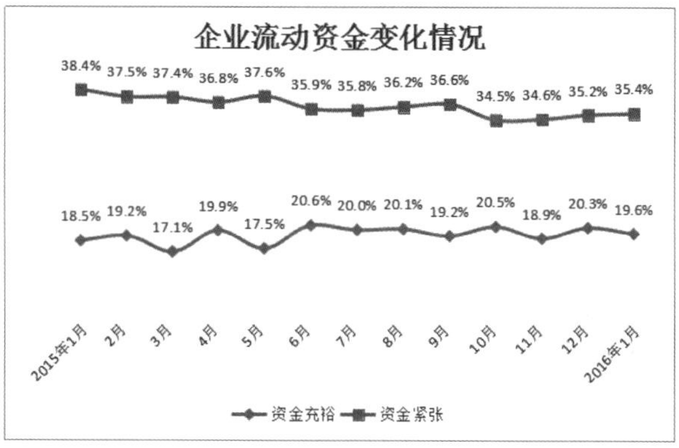

（六）企业用工。

本月，73.6%的企业反映存在用工短缺，较上月下降0.5个百分点。招工短缺的企业中，招到不足25%的企业占10.0%，招到25～50%的企业占6.3%，招到50–75%的企业占12.8%，招到75～90%的企业占32.5%，招到90%以上的企业占38.4%。

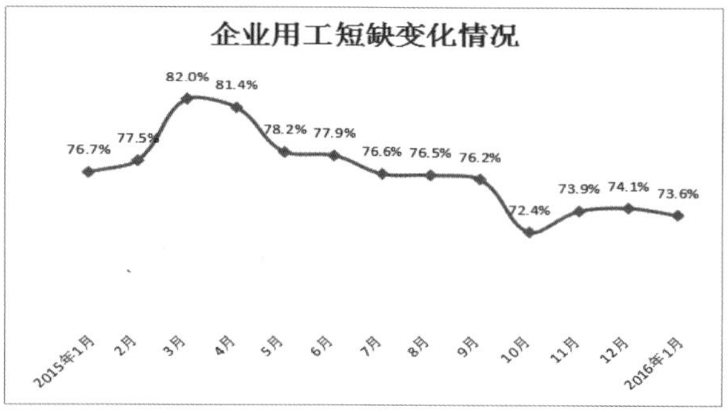

（七）原材料购入价格。

本月，13.7%的企业认为原材料购入价格上涨，较上月上升2.5个百分点；8.9%的企业认为原材料购入价格下降，较上月下降1.0个百分点；77.4%的企业认为原材料购入价格较为稳定，较上月下降1.5个百分点。

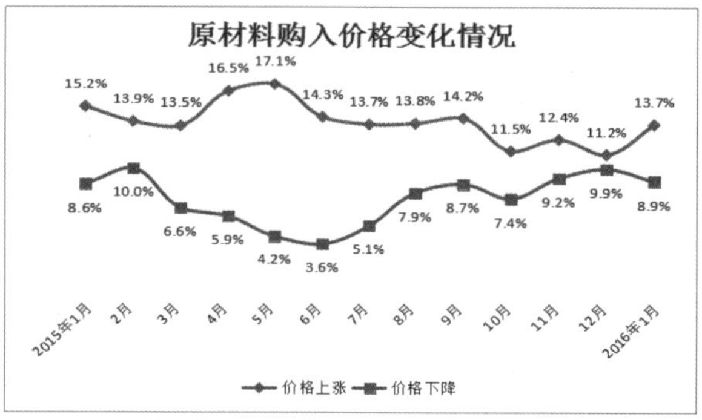

（八）能源购入价格。

本月，7.4%的企业认为能源购入价格上涨，较上月上升0.5个百分点；5.2%的企业认为能源购入价格下降，较上月下降1.2个百分点；87.4%的企业认为能源购入价格平稳，较上月上升0.7个百分点。

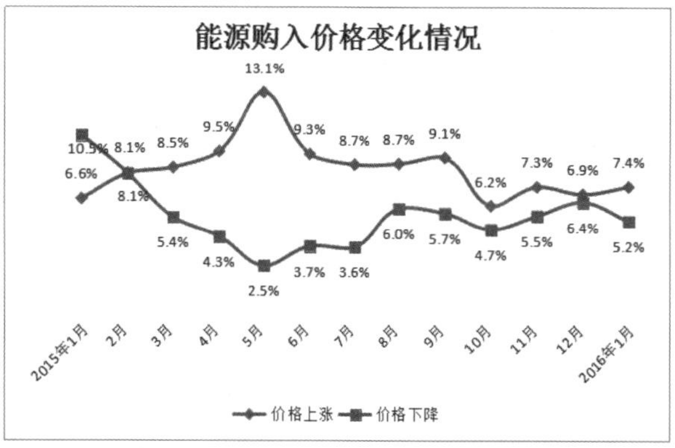

2016年厦门市成长型中小微企业生产运行监测样本企业分析报告

截至2017年1月26日，纳入统计分析范围的企业共计1293家。按三次产业结构划分，第一产业14家；第二产业833家，其中工业企业778家，占样本企业的60.2%；第三产业446家。按企业规模划分，中型企业241家，占18.6%，小微型企业1052家，占81.4%。

2016年，我市中小企业营业收入在一季度探底后逐步回升，全年增长4.3%，比上年上升1.9个百分点；利润总额增长16.5%，比上年上升6.0个百分点，中小微企业经济运行平稳。工业总产值保持稳中有升的态势，比上年上升1.3个百分点，企业经济效益较上年有所好转，营业收入和利润总额分别增长5.0%、17.1%，均高于上年增长速度，其中中型工业企业贡献率进一步提升，而小微工业企业略显乏力；通过问卷调查显示，1月份认为经营情况良好的企业数量、认为国内市场订单增加的企业数量比例均有所上升，认为出口订单增加的企业数量比例保持稳定，原材料及能源价格逐渐趋于平稳。第三产业营业收入和利润总额增速较上年有所放缓，其中软件和信息服务业保持高速增长，而批发零售业处于持续低迷态势。

一、经济运行主要指标

（一）工业总产值累计增长4.2%。

12月份，778家工业企业完成工业总产值62.19亿元，同比增长2.9%；累计完成工业总产值579.15亿元，比上年增长4.2%，增速比1~11月下降0.2个百分点，比上年高1.3个百分点。全年实现增产的企业446家，占监测工业企业总数的57.3%，比1–11月上升1.9个百分点，累计增产69.18亿元；减产20%以上的企业142家，占监测工业企业总数的18.3%，累计减产33.68亿元，占总减产量的73.9%；减产50%以上的企业38家，占监测工业企业总数的4.9%，累计减产11.92亿元，占总减产量的26.1%；累计减产上千万的企业109家，占监测工业企业总数的14.0%，累计减产37.64亿元，占总减产量的82.5%。

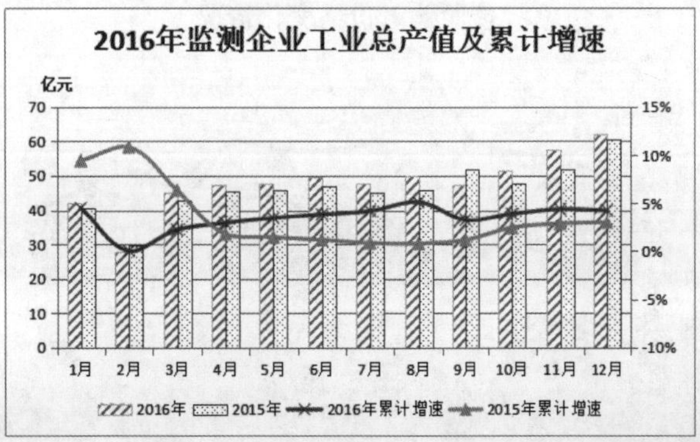

12月份，监测企业工业用电1.18亿度，同比增长14.5%，累计用电12.54亿度，比上年增长6.4%。

（二）出口交货值累计增长5.0%。

12月份，工业企业完成出口交货值14.86亿元，同比增长8.0%；累计完成出口交货值147.25亿元，比上年增长5.0%。2016年，出口交货值占销售收入的26.2%，与上年持平。

（三）营业收入累计增长4.3%，利润总额累计增长16.5%。

2016年，监测企业实现营业收入867.26亿元，比上年增长4.3%，其中：工业企业实现营业收入561.96亿元，增长5.0%；第三产业实现营业收入255.46亿元，增长2.7%。

2016年，监测企业实现利润总额60.27亿元，比上年增长16.5%；亏损企业数263家，亏损面20.3%，比上年扩大2.0个百分点；亏损额6.62亿元，比上年增长37.1%。其中：工业企业实现利润总额42.97亿元，增长17.1%，亏损企业数143家，亏损面18.4%，比上年扩大1.8个百分点，亏损额4.15亿元，增长44.2%；第三产业实现利润总额14.33亿元，增长12.3%，亏损企业数107家，亏损面24.0%，比上年扩大0.9个百分点，亏损额2.32亿元，增长22.6%。

2016年，监测企业营业成本697.21亿元，比上年增长3.3%，其中：工业企业营业成本447.03亿元，增长4.0%；第三产业营业成本208.13亿元，增长1.5%。

2016年，监测的工业企业每百元营业收入的成本79.55元，比上年低0.78元；收入利润率7.65%，比上年高0.79个百分点。

（四）重点产业链培育情况。

1. 计算机、通信和其他电子设备制造业80家。2016年完成工业总产值111.38亿元，比上年增长18.5%；实现营业收入105.65亿元，增长14.8%；实现利润总额12.30亿元，增长39.0%。

2016年样本企业收入、成本、利润统计表

月份	营业收入		营业成本		利润总额		亏损额	
	累计（亿元）	同比（%）	累计（亿元）	同比（%）	累计（亿元）	同比（%）	累计（亿元）	同比（%）
1月	59.81	-0.1	48.18	-1.8	3.47	15.1	1.30	8.8
1-2月	99.49	-7.1	80.36	-8.8	3.82	4.1	2.65	-1.1
1-3月	175.84	-3.6	141.93	-6.1	7.21	13.6	3.89	15.2
1-4月	243.56	-2.5	196.57	-4.6	11.84	27.4	4.15	0.2
1-5月	310.85	-1.6	250.69	-3.4	17.42	20.8	4.47	2.2
1-6月	387.52	-0.4	311.80	-2.3	23.19	21.6	4.43	1.7
1-7月	457.27	0	368.30	-1.7	27.32	15.0	5.12	12.7
1-8月	531.59	1.7	429.38	0.4	32.74	17.8	5.80	6.9
1-9月	604.74	1.7	488.57	0.6	37.47	15.8	6.21	17.9
1-10月	677.30	3.5	546.99	2.4	43.83	21.1	6.30	14.1
1-11月	762.85	3.6	614.72	2.4	50.33	19.0	6.96	21.9
1-12月	867.26	4.3	697.21	3.3	60.27	16.5	6.62	37.1

2. 机械装备制造业220家。2016年完成工业总产值140.79亿元，比上年增长7.8%；实现营业收入134.46亿元，增长8.2%；实现利润总额14.80亿元，增长34.5%。

3. 软件和信息服务业156家。2016年实现营业收入58.13亿元，比上年增长22.1%；实现利润总额8.06亿元，增长14.1%。

4. 批发零售业176家。2016年实现营业收150.07亿元，比上年下降3.9%；实现利润总额2.07亿元，下降9.0%。

（五）企业流动资金情况。

2016年，工业企业应收账款147.95亿元，比上年增长12.5%，产成品存货52.36亿元，增长2.7%；第三产业应收账款48.58亿元，增长13.2%。

2016年，监测企业期末借款余额159.33亿元，比上年下降4.7%，财务费用7.07亿元，下降15.2%。工业企业期末借款余额102.01亿元，下降5.1%，财务费用4.50亿元，下降21.1%；第三产业期末借款余额51.17亿元，下降1.8%，财务费用2.06亿元，下降0.2%。

（六）固定资产投资额下降30.8%。

2016年，监测企业完成固定资产投资29.97亿元，比上年下降30.8%。工业企业完成固定资产投资23.73亿元，下降35.8%，远低于全市工业投资12.2%的增长速度，其中：投资100万以上的企业305家（中型企业87家，小型企业218家），比上年减少12家；投资500万以上的企业98家（中型企业46家，小型企业52家），比上年减少20家；投资1000万以上的企业46家（中型企业26家，小型企业20家），比上年减少20家。第三产业完成固定资产投资5.95亿元，增长10.4%。

二、经济运行主要特点

（一）工业总产值稳中有升，中型工业企业贡献率进一步提升。

2016年，工业总产值保持稳中有升的态势，增速比第一季度、上半年、前三季度分别上升2.0、0.4、1.0个百分点，比上年高1.3个百分点；减产面为42.7%，比上年缩小

5.1个百分点。从企业规模划分来看，中型工业企业总产值同比增长6.1%，比上年上升2.7个百分点，对工业企业总产值增长贡献率为58.1%，比上年上升5.8个百分点，拉动工业总产值增长2.4个百分点；小微工业企业总产值同比增长3.0%，比上年上升0.3个百分点，对工业企业总产值增长贡献率为41.9%，拉动工业总产值增长1.8个百分点。

（二）中小工业企业经济效益有所好转。

2016年，中小工业企业经济效益有所好转，主要表现在：一是营业收入增长加快，比上年上升3.0个百分点，二是利润总额呈两位数增长，比上年高8.0个百分点，三是利润率比上年上升0.79个百分点。尽管如此，在错综复杂的国内外经济环境中，仍有部分中小工业企业无法适应新常态，全年亏损面为18.4%，比上年扩大1.8个百分点，亏损额4.15亿元，增长44.2%，其中：亏损100万以上的企业比重8.6%，比上年上升1.8个百分点；亏损额3.88亿元，占总亏损额的93.3%。778家工业企业中，利润下滑的企业共计351家，比重45.1%，其中：下滑50%以下的企业168家，下滑50~100%的企业102家，下滑100%以上的企业81家。

（三）第三产业营业收入、利润总额增速放缓。

2016年，受批发零售业的拖累，第三产业营业收入增速放缓，比上年下降1.3个百分点；利润总额增速同步放缓，比上年低4.3个百分点。软件和信息服务业营业收入增长强劲，比上年上升9.3个百分点，比第三产业增速高19.4个百分点；利润总额增速有所放缓，比上年下降1.4个百分点，但比第三产业增速高1.8个百分点，亏损面为31.4%，比上年同期扩大1.9个百分点。批发零售业营业收入自2015年初逐步下滑，2016年初企稳回升，最大降幅达21.5%，全年下降3.9%，降幅比上年扩大3.3个百分点，亏损面为19.9%，与上年基本持平。

三、中小企业经济月度调查

1月份，参与调查的中小工业企业有778家，其中：中型企业占14.0%；小型企业占81.0%；微型企业占5.0%。问卷调查结果如下：

（一）企业生产经营状况。

本月，厦门市监测中小微型工业企业中（以下简称企业），45.1%的企业认为生产经营状况较好，较上月上升0.5个百分点；50.0%的企业认为生产经营状况一般，较上月上升0.4个百分点；4.9%的企业认为生产经营状况较差，较上月下降1.0个百分点。

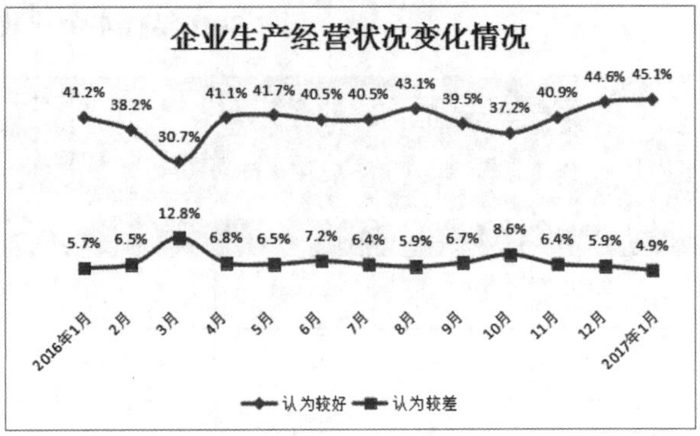

（二）企业国内市场订单。

本月，30.3%的企业表示国内市场订单增加，较上月上升1.6个百分点；20.8%的企业表示国内市场订单减少，较上月下降0.7个百分点。

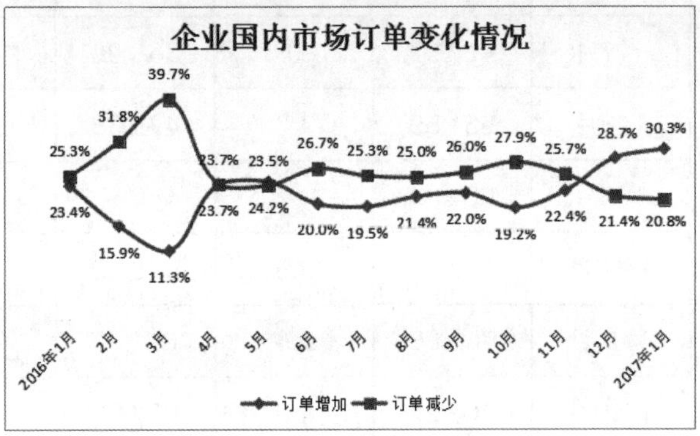

（三）企业出口订单。

本月，在有出口订单的380家企业中，27.4%的企业出口订单增加，较上月下降0.1个百分点；22.9%的企业出口订单减少，较上月上升0.5个百分点。

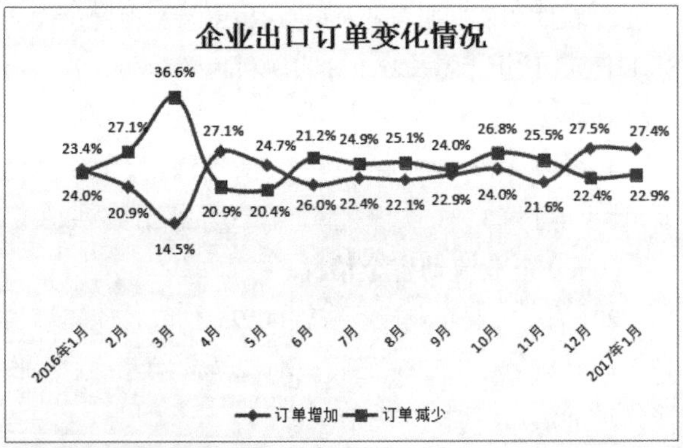

（四）融资需求。

本月，54.4%的企业反映有融资需求，比上月上升0.5个百分点。在有融资需求的企业中，75.2%的企业融资需求能够得到满足，较上月上升4.3个百分点；24.8%的企业融资需求不能得到满足，较上月下降4.3个百分点。

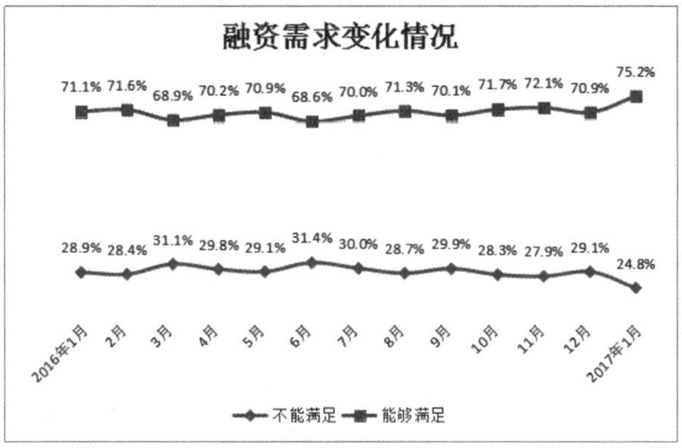

（五）企业流动资金。

本月，33.4%的企业反映流动资金紧张，较上月下降1.5个百分点，其中资金缺口在20%以上的占19.7%，资金缺口在20%以下的占13.8%；45.6%的企业流动资金基本正常；21.0%的企业流动资金充裕。

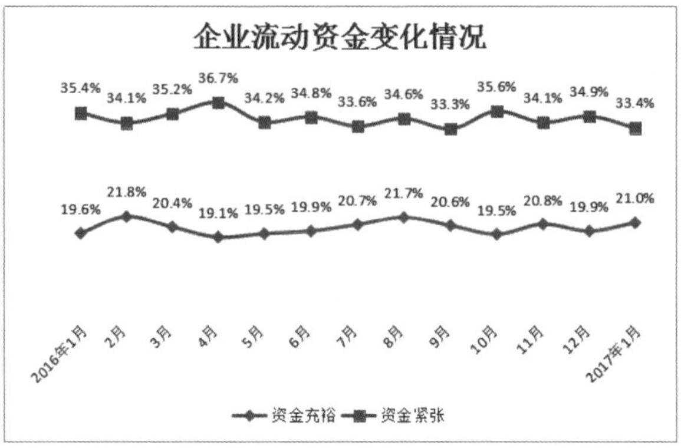

（六）企业用工。

本月，75.7%的企业反映存在用工短缺，较上月上升1.6个百分点。招工短缺的企业中，招到不足25%的企业占13.6%，招到25~50%的企业占6.6%，招到50~75%的企业占11.2%，招到75~90%的企业占33.6%，招到90%以上的企业占35.0%。

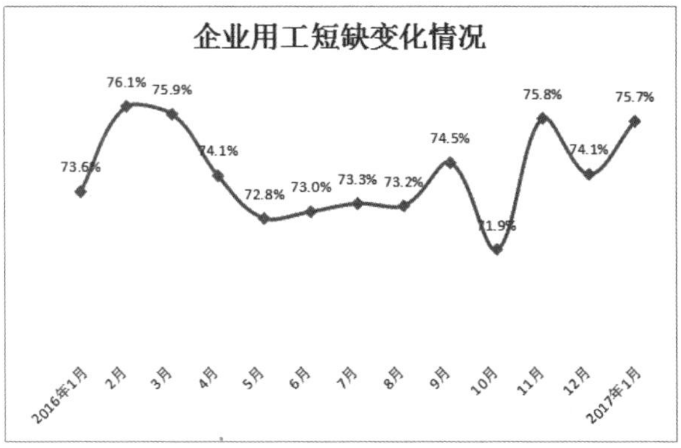

（七）原材料购入价格。

本月，64.2%的企业认为原材料购入价格上涨，较上月上升3.2个百分点；1.3%的企业认为原材料购入价格下降，较上月下降0.2百分点；34.4%的企业认为原材料购入价格较为稳定，较上月下降3.0个百分点。

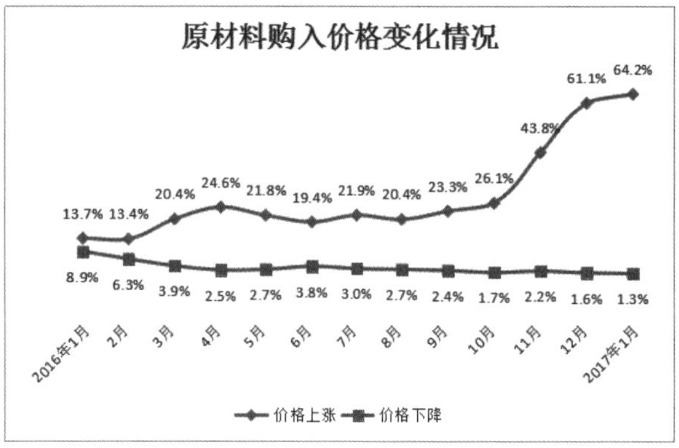

（八）能源购入价格。

本月，36.0%的企业认为能源购入价格上涨，较上月下降0.3个百分点；1.2%的企业认为能源购入价格下降，较上月下上升0.1个百分点；62.8%的企业认为能源购入价格平稳，较上月上升0.2个百分点。

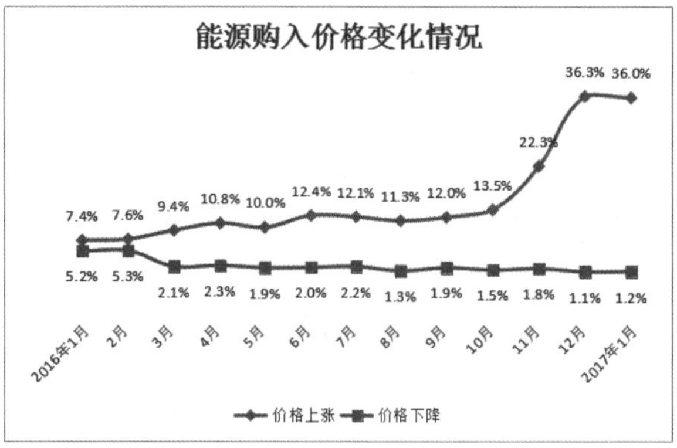

青岛市
关于青岛市中小企业发展分析研判报告的汇报

规划发展处

近日，根据委领导要求，我处通过全国中小企业生产经营运行监测平台，开展了青岛市重点工业中小企业生产经营形势问卷调查活动。共有447家中小工业企业参加了问卷调查，回收筛选有效问卷427份，经整理分析现已形成《青岛市中小企业发展分析研判报告》，有关情况汇报如下：

一、参与调查企业基本情况

（一）区域分布。

市南区12家占2.8%，市北区23家占5.5%，李沧区21家占5%，崂山区25家占5.9%，黄岛区63家占14.8%，城阳区58家占13.6%，胶州市66家占15.5%，即墨市41家占9.7%，平度市64家占14.9%，莱西市38家占8.9%，高新区16家占3.7%。

图1 参与调查企业区域分布情况

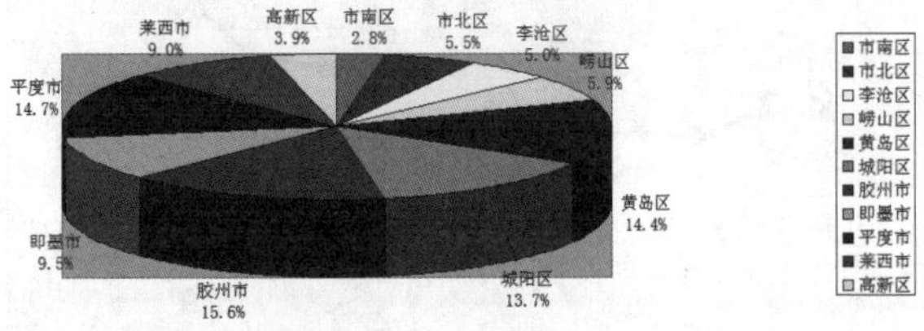

（二）企业规模。

中型企业97家占23%，小型企业273家占64.7%，微型企业52家占12.3%。

图1 参与调查企业规模情况

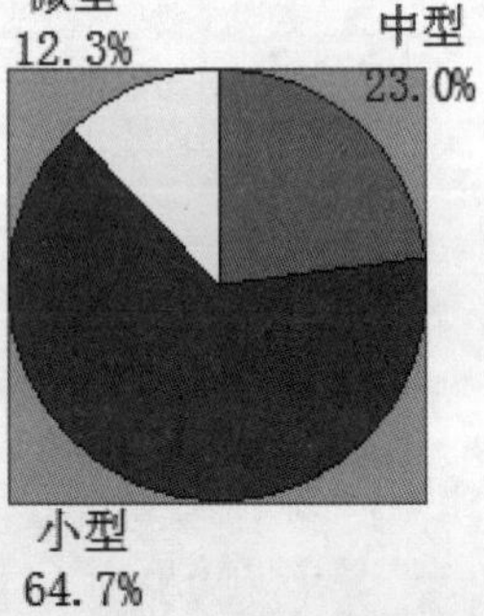

二、总体分析预测

（一）产值增减预测。

1. 2015年预计产值同比增减：持平的占15.9%（67家），增长的占55.2%（233家），减少的占28.9%（122家）。

图1 2015年预计产值同比增减情况

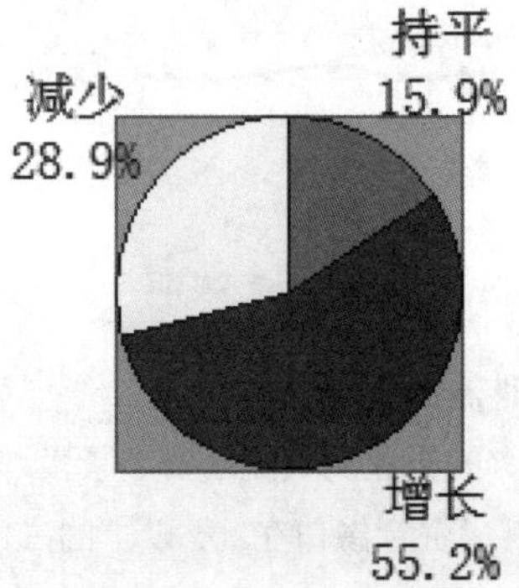

预计增长的企业中，增长0~10%的有125家占29.6%，增长10~40%有84家占20%，增长40%以上的有24家占5.6%。

预计减少的企业中，减少0~10%的有61家占14.4%，减少10~40%有47家占11.1%，减少40%以上有15家占3.6%。

2. 2016年一季度预计产值同比增减：持平的占20.1%（85家），增长的占67.1%（283家），减少的占12.8%（54家）。

图2 2016年一季度预计产值同比增减情况

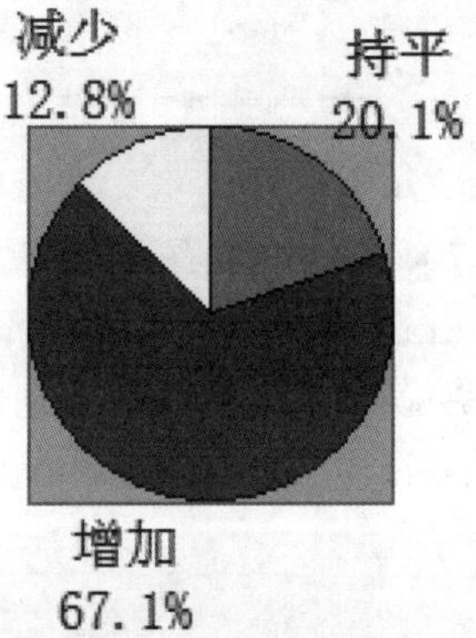

预计增长的企业中，增长0~10%的有191家占44.8%，增长10~40%的有74家占17.3%，增长40%以上的有23家占5.9%。预计减少的企业中，减少0~10%的有37家占8.6%，减少10~40%的有14家占3.3%，减少40%以上的有3家占0.7%。

3. 2016年全年预计产值同比增减：持平的占17.1%（72家），增长的占72%（304家），减少的占10.9%（46家）。

图3 2016年全年预计产值同比增减情况

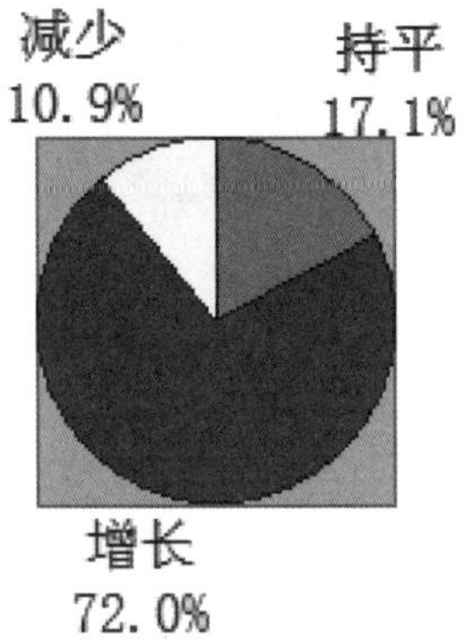

预计增长的企业中，增长0~10%的有146家占34.6%，增长10~40%的有121家占28.7%，增长40%以上的有37家占8.8%。

预计减少的企业中，减少0~10%以下的有31家占7.3%，减少10~40%的有14家占3.3%，减少40%以上的有1家占0.2%。

（图1）2015年、2016年一季度、2016年全年预计产值同比增减情况

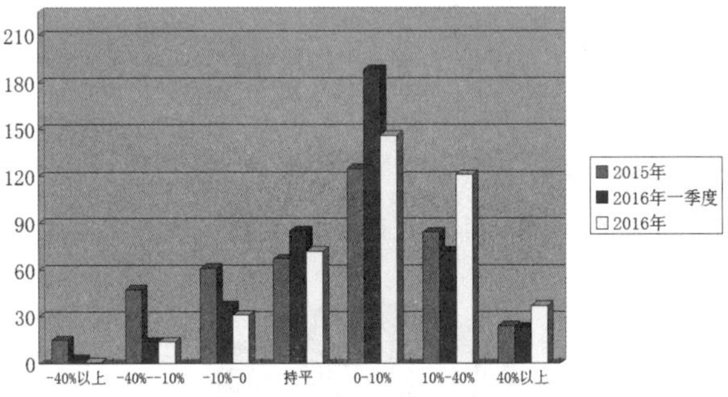

另，根据422家调查企业产值数据显示，2015年全年预计产值456亿元，2016年全年预计产值531亿元，增幅16.4%。

预测结论：2016年全年预计产值增长，增幅高于2015年。

（二）生产经营状况总体预测。

预计2015年好于去年的121家占28.7%，与去年基本持平的162家占38.4%，不如去年的139家占32.3%。

图1　2015年生产经营状况与2014年相比情况

预计2016年好于今年的149家占35.3%，与今年基本持平的214家占50.7%，不如今年的59家占14%。

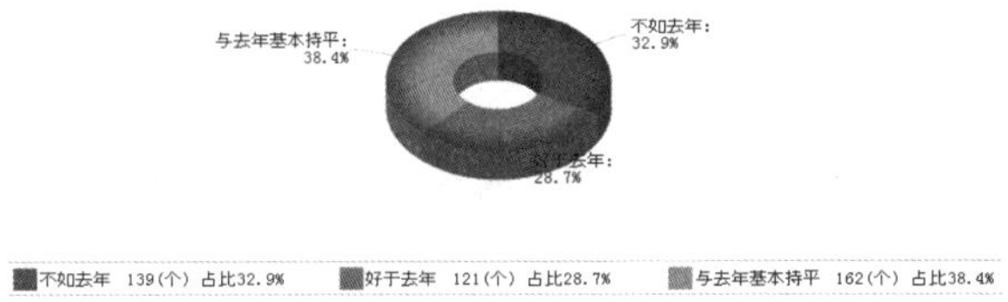

（图2）预计2016年生产经营状况与2015年相比情况

预测结论：2016年企业生产经营状况总体好于2015年。

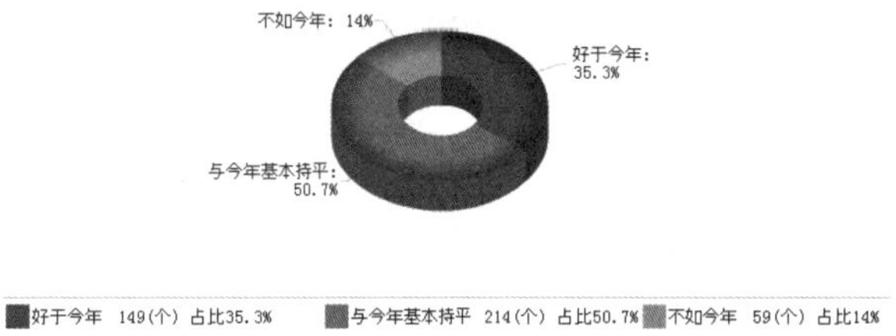

三、具体分析研判

（一）市场订单情况分析。

27.3%的企业（115家）表示企业订单情况与好于去年，40.5%的企业（171家）表示企业订单情况与去年基本持平，32.2%的企业（136家）表示企业订单情况不如去年。其中，在有出口订单的企业中，13.9%的企业表示企业出口订单情好于去年；58.6%的企业表示企业出口订单情况与去年持平；27.5%的企业表示企业出口订单情况与不如去年。

图1 2015年企业订单与2014年相比情况

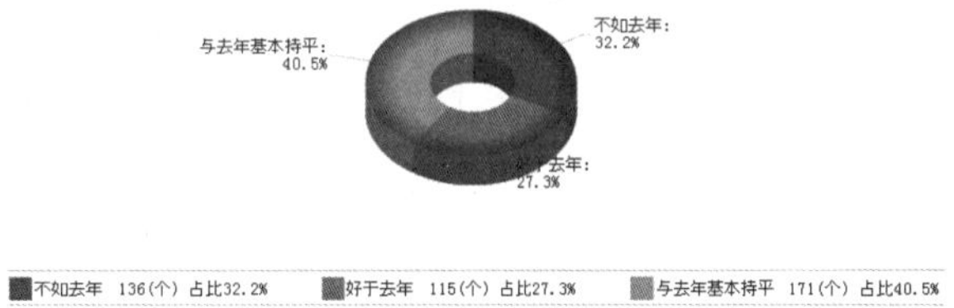

41.7%的企业（176家）预计2016年订单情况好于今年；45.7%的企业（193家）预计2016年订单情况与今年基本持平；12.6%的企业（53家）预计2016年订单情况不如今年。

图2 预计2016年企业订单与2015年相比情况

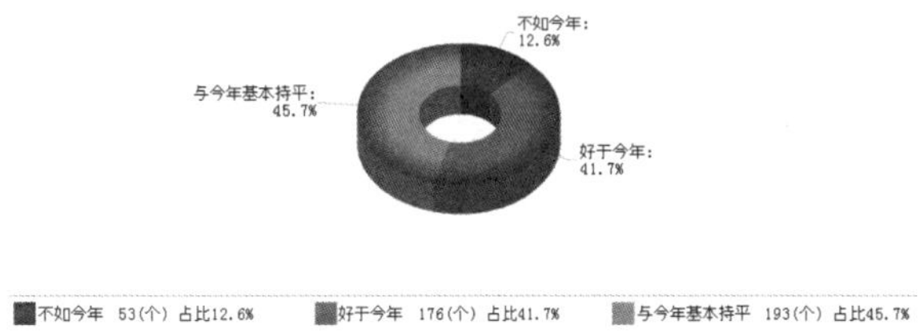

目前企业手持订单可保证连续生产的时间，能连续生产12个月以上企业（21家）占5%；连续生产6~12个月的企业（45家）占10.7%；连续生产3~6个月的企业（74家）占17.5%；连续生产1~3个月的企业（195家）占46.2%；连续生产1个月的企业（87家）占20.6%。

图3 目前企业手持订单可保证连续生产的时间情况

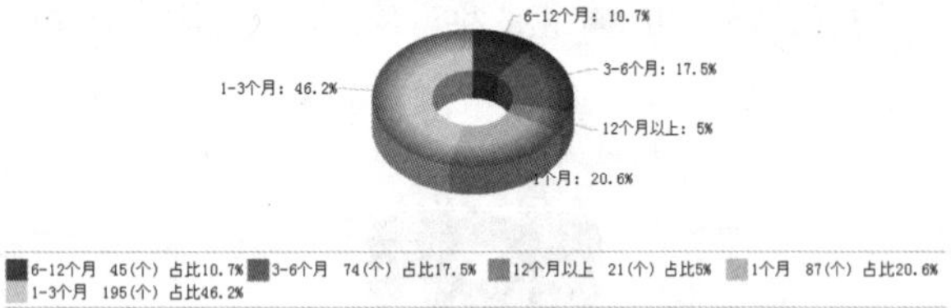

预测结论：2016年市场订单预期好于2015年；目前在手订单三分之二为短单。

（二）产品价格、产能利用率情况分析。

5.9%的企业（25家）表示今年企业主要产品价格高于去年；60.7%的企业（256家）表示今年主要产品价格与去年基本持平；33.4%的企业（141家）表示今年主要产品价格低于去年。

图4 2015年企业主要产品价格与2014年相比情况

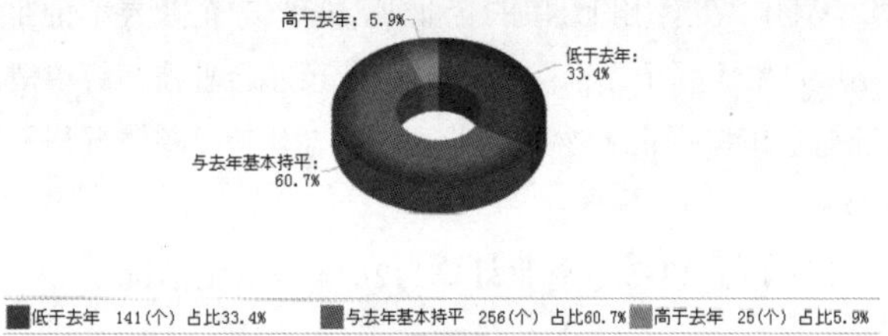

11.4%的企业（48家）预计2016年企业重点产品价格高于今年；70.9%的企业（299家）预计预计2016年企业重点产品价格与今年基本持平；17.8%的企业（75家）预计2016年企业重点产品价格低于今年。

图5 预计2016年企业重点产品价格与2015年相比情况

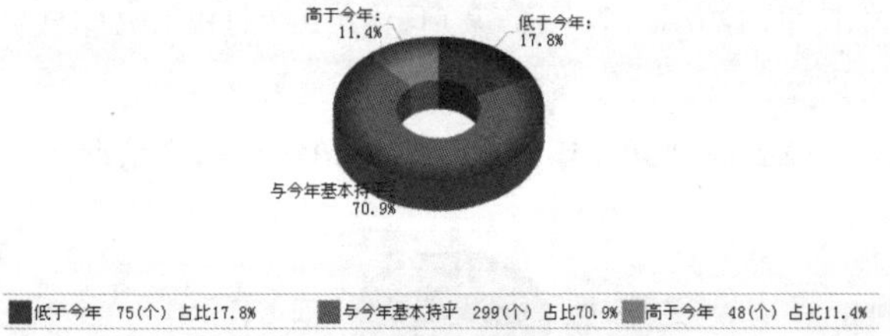

预测结论：2016年产品价格与2015年基本持平或略有回升。

目前企业生产能力利用率，能达到100%的企业（24家）占5.7%；能达到90~100%的企业（99家）占23.5%；能达到80~90%的企业（102家）占24.2%；能达到70~80%的企业（85家）占20.1%；能达到50~70%的企业（78家）占18.5%；达到50%以下的企业（34家）占8.1%。

图6 目前企业的生产能力利用率情况

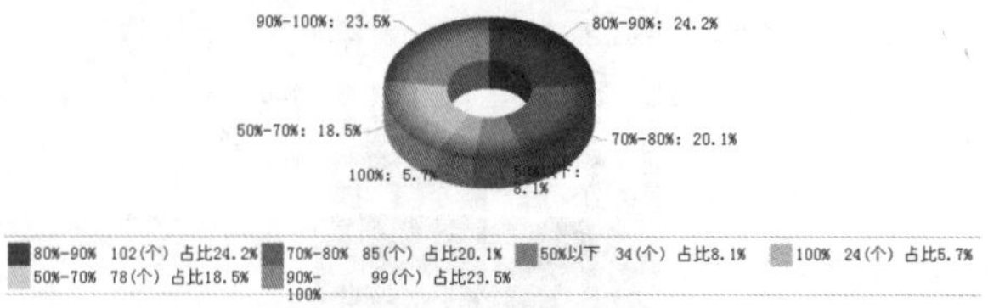

27%的企业（114家）预计2016年企业生产能力利用率高于今年；64%的企业（270家）预计2016年企业生产能力利用率于今年基本持平；9%的企业（38家）预计2016年企业生产能力利用率不如今年。

图7 预计2016年企业的生产能力利用率与2015年相比情况

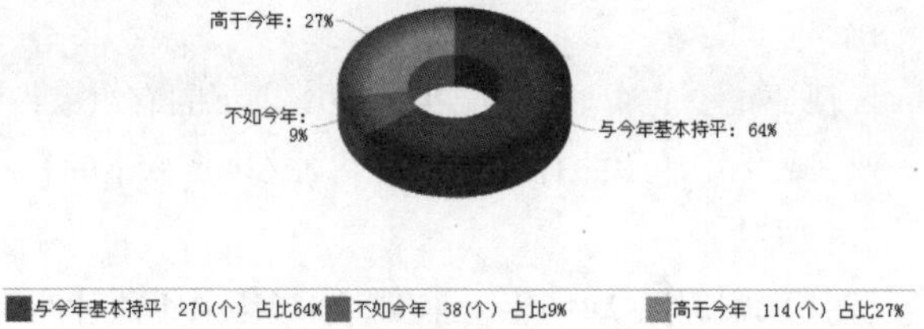

预测结论：目前四分之三企业产能利用率高于70%，2016年企业产能利用率有所提升。

（三）用工及用工成本情况分析。

80.3%的企业反映不存在用工紧张情况，19.7%的企业反映存在用工紧张情况。

图8 目前用工紧张问题情况

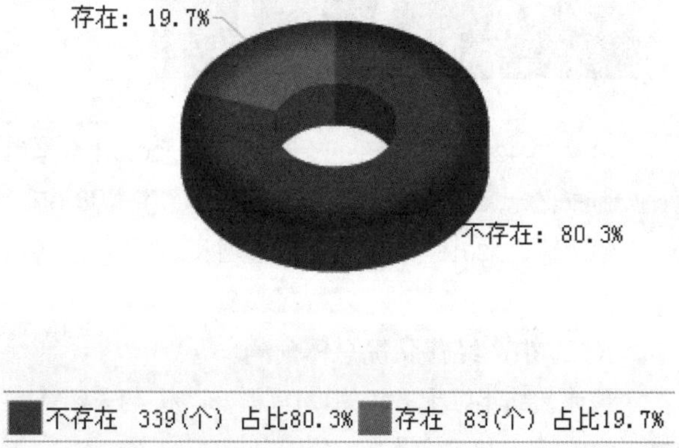

52.6%的企业（222家）认为今年综合用工成本与去年同期相比上涨；41.7%的企业（176家）认为今年综合用工成本与去年同期相比持平；5.7%的企业（24家）认为今年综合用工成本与去年同期相比下降。

图9 2015年综合用工成本与2014年相比情况

预测结论：用工紧张问题不突出，用工成本上升

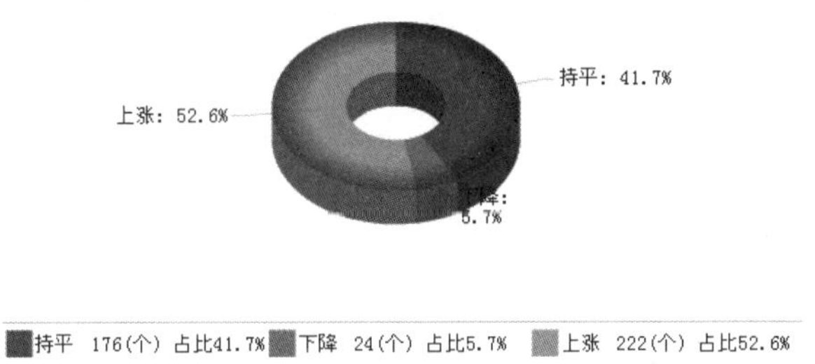

（2015年半数以上企业反映用工成本上升）。

（四）原材料、能源价格及项目投资情况分析。

9.7%的企业（41家）认为今年原材料价格与去年同期相比价格上涨；55.7%的企业（235家）认为今年原材料价格与去年同期相比持平；34.6%的企业（146家）认为今年原材料价格与去年同期相比下降。

图10 2015年原材料价格与2014年相比情况

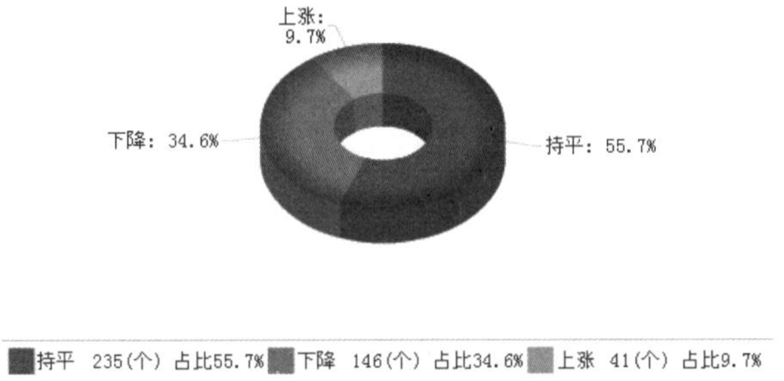

6.9%的企业（29家）认为今年能源购进价格与去年同期相比上涨；77.7%的企业（328家）认为今年能源价格与去年同期相比持平；15.4%的企业（65家）认为今年能源购进价格与去年同期相比下降。

图11 2015年能源购进价格与2014年相比情况

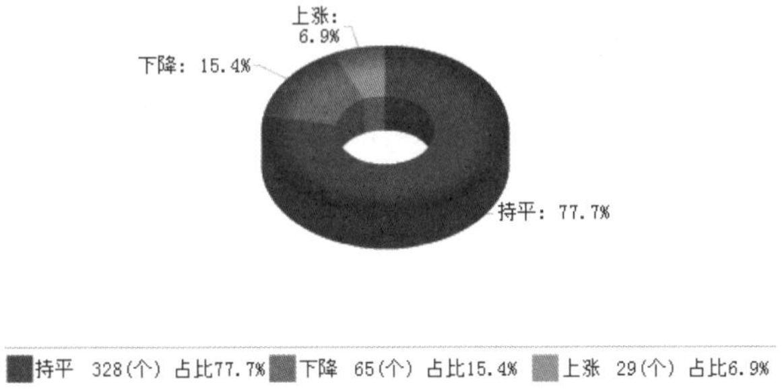

预测结论：生产原材料和能源价格稳中趋降。

24.6%的企业（104家）表示2016年有新投产或扩大产能的计划；75.4%的企业（318家）表示2016年没有新投产或扩大产能的计划。

预测结论：仅约四分之一企业有新投产项目或扩大产能计划，企业投资意愿不强。

（五）资金、银行贷款及财务成本情况分析。

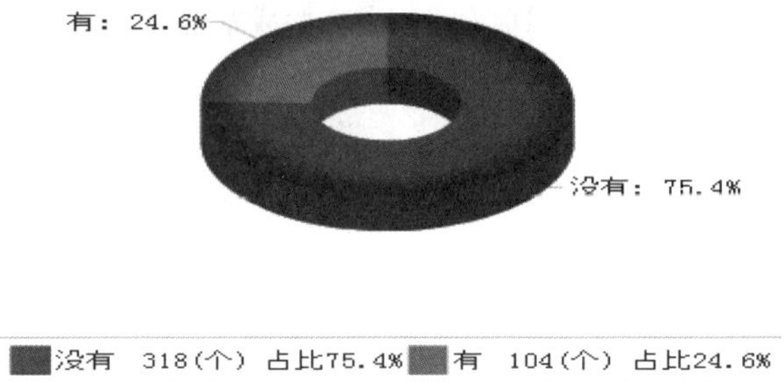

图12 预计2016年企业新投产项目或扩大产能计划情况

7.8%的企业(33家)表示流动资金充裕；48.8%的企业（206家）表示流动资金基本正常；17.1%的企业（72家）表示流动资金有所紧张；16.4%的企业（69家）表示流动资金明显紧张；10%的企业（42家）表示流动资金严重紧张。

图13 2015年企业流动资金情况

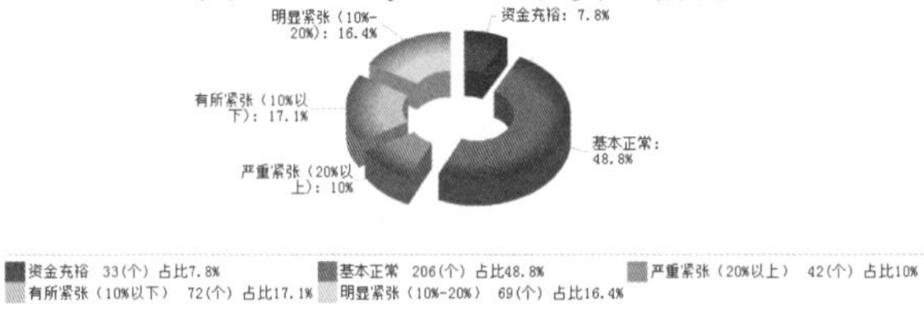

预测结论：约半数企业流动资金紧张。

32%的企业（135家）表示不需要贷款；32.5%的企业（137家）表示正常利率贷款；4.3%的企业（18家）表示利率上浮10%以下；12.3%的企业（52家）表示利率上浮10%-20%；9.2%的企业（39家）表示利率上浮20%以上；9.7%的企业（41家）表示贷不到款。

图14　目前企业银行贷款情况

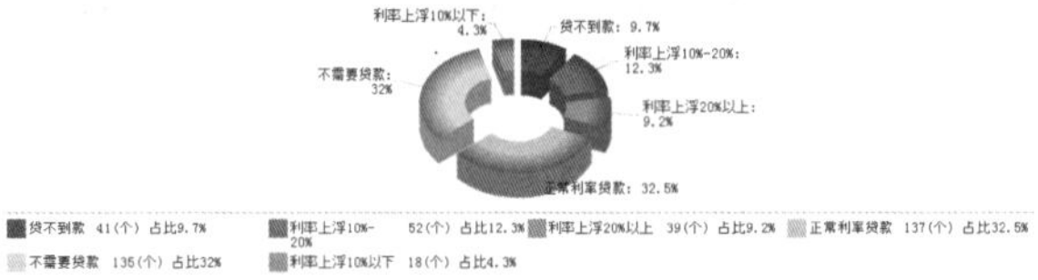

预测结论：目前四成企业无银行贷款,有贷款企业近半数利率上浮。10.2%的企业（43家）表示当前企业财务成本下降；62.8%的企业（265家）表示当前财务成本持平；27%的企业（114家）表示当前财务成本上升。

预测结论：目前近三分之一企业财务成本上升。

四、影响企业生产经营的主要问题

根据企业反馈，当前影响企业生产经营的主要因素

图15 目前企业财务主要成本情况

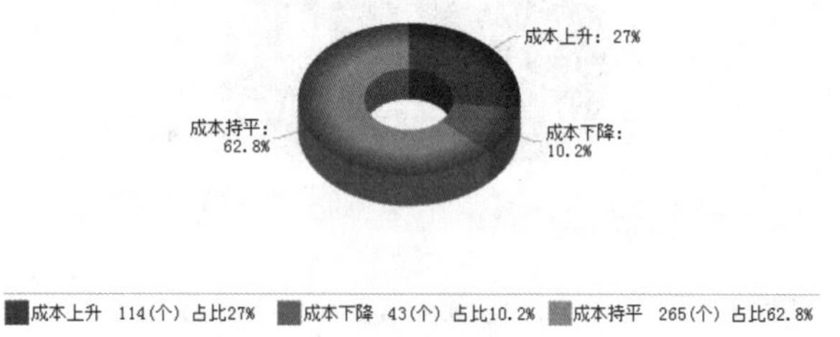

分别是：56.1%的企业（237家）认为产品市场竞争激烈；54.7%的企业(231家)认为劳动成本上升；49%的企业（207家）认为订单减少；46.7%的企业（197家）认为国内市场需求减少；28.9%的企业（122家）认为国际市场不景气；28.2%的企业（119家）认为资金不足；3.08%的企业（13家）认为如缺水等其他因素。

五、企业反馈建议和要求

图16 目前影响企业生产经营主要因素情况

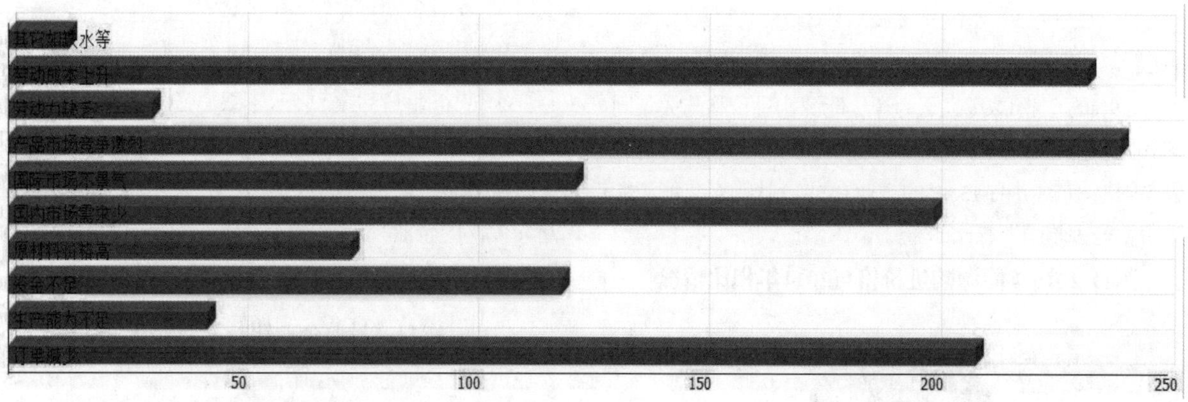

1.**缓解中小微企业融资难、融资贵问题。**在提出建议的220家企业中，有近六成的企业提出了融资方面的建议，位居企业建议和要求第一。主要建议由政府出面成立资金协调委员会或基金会解决企业融资难题、降低贷款利率、降低银行贷款上浮比例、降低融资扶持政策门槛、增加信用贷款比重、拓宽融资渠道、鼓励股权融资、搭建融资对接平台、简化贷款手续、提供低息流动资金贷款、解决续贷资金周转问题等。

2.**减轻企业负担。**过半数的企业提出了减轻企业负担的建议。具体有降低企业税负、降低社保缴费基数、减少涉企收费、加快财政项目的应付账款拨付速度、简化行政审批手续、对政府允许的历史遗留问题不再追溯等。

3.**加大政策资金扶持力度。**约半数企业希望政府能加大政策资金扶持力度，如出台优惠扶持政策、加大政策宣传和落实力度、增加财政扶持资金、国家和地方出台中小企业专项资金支持，特别是加大对创业企业、工业中小企业、高新技术企业及战略新兴产业、互联网+等的支持力度，部分企业提出对纺织等困难行业企业加大资金扶持力度。

4.**加大中小微企业创新转型支持力度。**调查发现中小微企业存在转型升级的强烈需求。企业提出“加快企业转型是目前企业可持续发展的出路”“制造业转型升级面临很大的困难”“希望在转型升级的道路上，能够获得政府方面相关的扶持政策”等。企业建议采取一揽子综合措施支持企业创新转型：一是加大政策引导和扶持力度；二是对中小微企业自主研发、技术创新投入给予补贴和融资支持；三是帮助企业引进高层次专家人才和专业技术人才，加大人才培养支持力度；四是搭建平台帮助企业与高校和国外企业进行合作，形成产学研一体化格局；五是对新产品新技术加大宣传推广力度；六是扶持民族品牌企业；七是加强企业创业创新政策业务知识培训。

5.**优化市场环境，增加企业订单。**围绕市场和订单，众多中小微企业提出了建议和要求。宏观方面，企业提出加强市场调控，鼓励刺激内需；稳定外汇市场，扩大出口规模；保持原材料及能源价格稳定；规范市场秩序，引导行业自律，避免恶性竞争；进一步吸引外资，支持企业走出去。微观方面，企业希望搭建供需见面平台，多举办一些对接洽谈等贸易合作交流活动；提供免费或优惠的渠道，帮助企业扩大宣传；给予电子商务的培训和指导；支持境外参展，拓展海外市场。

“专精特新”打造青岛“新动能”

青岛市经信委中小企业发展局

近年来，市委、市政府主动适应经济发展新常态，大力实施创新驱动战略，聚力打造“创新之城、创业之都、创客之岛”。市经信委以实施“三创”战略为契机，对标“中国制造2025”行动方案，多措并举支持引导中小微企业走专业化、精细化、特色化、新颖化的“专精特新”发展之路，发挥以“专精特新”中小企业为引领的一大批中小微企业的创新主体作用，加快推进中小微企业创新转型，促进产业优化升级，初步形成了发展有政策、服务有平台、融资有渠道、成长有梯队、集聚有载体的“专精特新”发展工作格局。

一、“专精特新”是中小企业转型升级的必由之路

纵观发达国家中小企业的发展路径，各国实际情况不同，中小企业发展条件迥异，但都不约而同地选择了“专精特新”的发展道路。德国积极培育“隐形冠军”，支持中小企业国际化，成为细分行业领域的强者，在美国次贷危机、欧洲主权债务危机期间，这些作为隐形冠军的中小企业支撑德国经济经受住了欧洲衰退的考验；日本实施“一町一品”计划，大大提升了日本产品的地位和地方经济的发展，造就了大批坚守本业、执着耕耘、诚信经营和持续创新的“长寿企业”，帮助日本经济从20世纪80年代的日元强势和90年代的经济不景气中摆脱出来。从实践来看，上述国家中小企业真正具有持久的生命力。它们的发展路径具有共同特点，即能够专注于某一行业领域，做精做强，建立起独具特色的品牌，做细分市场的领导者；能够坚持持续的投入、持续的创新，逐渐成长为具有国际化视野、优秀企业文化、先进管理水平的隐形冠军。

当前我国经济增长趋缓，产能相对过剩有所加剧，中小微企业生产经营成本上升和创新能力不足的问题较为突出。中小微企业必须要坚定树立走“专精特新”发展之路的理念，坚持专业化、精细化、特色化和新颖化发展方向。所谓“专”，即专业化，专注核心业务，具有专业化生产、服务和协作配套的能力，对特定的用户、特定的产品和技术领域依赖性非常强；“精”，即精细化，具备精细化的生产、管理或服务，掌握自主知识产权或先进知识，要求做到精心设计、精心制造、精心服务，打造精品；“特”，即特色化，采用独特的工艺、技术、配方或特殊原料进行研制生产，产品或服务具有独特性、独有性、独家生产的特点；“新”，即新颖化，开展技术创新、管理创新和商业模式创新，通过行业的交叉融合提供新的产品或服务，形成新的竞争优势。

二、“专精特新”引领我市中小企业发展成为“新常态”

（一）我市“专精特新”企业发展呈现四大亮点。

1.“专精特新”企业队伍日益壮大。近年来，市委、市政府大力推动中小企业的技术创新，2012年出台了《青岛市中小企业“专精特新”产品（技术）认定办法》，提出实施“专精特新”中小企业培育工程，引导和鼓励中小企业走“专精特新”发展之路，从政策、资金、技术、服务等多方面给予“专精特新”企业积极扶持。截至目前，近万户中小微企业列入区市两级“专精特新”备选培育对象，对其中近两千户成长型中小企业进行了重点滚动培育，已认定5批“专精特新”产品（技术）827项，4批“专精特新”示范企业207家，初步构建起“万户初创、千户成长、百户示范”的金字塔式中小企业成长梯队。

2.“专精特新”引领新兴产业唱主角。827项已认定“专精特新”产品（技术）中，战略性新兴产业产品（技术）440项，占比达到53%，占了半壁江山，主要集中在高端装备、新材料、电子信息技术、节能环保、生物医药和新能源六大领域。高端装备101项，主要包括航空装备、卫星制造与应用、轨道交通设备、海洋工程装备和智能制造装备等；新材料90项，主要包括新一代非晶材料、稀土永磁、高分子材料、碳纤维复合材料、纳米粉体材料等；电子信息技术115项，主要包括计算机技术、通信技术、微电子技术和传感技术等；节能环保88项，主要包括节能、资源循环利用和环保装备等；生物医药49项，主要包括制药、生物酶工程、生物医学工程、生物信息技术等；新能源17项，主要包括太阳能、风能、生物质能、地热能和海洋能等。这批企业对全市加快推进工业转型升级和优化产业结构，起

到重要的引领作用。

3.“专精特新”企业核心竞争力明显增强。在一系列“组合拳”支持下，目前我市827项“专精特新”产品（技术）生产企业，在生产专业化、管理精细化、产品特色化、企业创新发展等方面各具特色，企业创新创造活力、核心竞争力进一步增强。一是技术创新能力进一步增强。已认定的827项“专精特新”产品（技术）生产企业中，有307家被认定为国家高新技术企业，占比达37.1%；拥有市级及以上企业技术中心达324家，占比39.2%，其中国家级12家，省级48家，市级264家；近三年年均研发投入占销售收入比例达4.12%，远高于全市中小企业平均1.5%的水平。二是掌握核心自主知识产权的能力大幅提高。从827项“专精特新”产品（技术）生产企业专利数量来看，拥有专利授权总量达11369件，其中发明专利授权数量达2489件，实现了企业自主知识产权的量、质双提升。三是产品技术水平整体提升。已认定的827项“专精特新”产品（技术）技术水平全部达到国内先进及以上，其中达到国际领先水平的有40项，国际先进的有75项，国内领先的有262项，其中不乏卫星、飞机、军工、3D打印、生物工程、新材料、智能装备等领域的关键产品和技术。四是市场竞争能力进一步增强。从827项“专精特新”产品（技术）生产企业市场占有率来看，65%以上的企业达到全国细分市场占有率前十位或山东省市场占有率前五位，其中国内细分市场占有率排名第一位的有51家，已显现出“隐形冠军”的气质；从产品（技术）品牌创建来看，有12个产品获得国家驰名商标，77个产品获省著名商标或省名牌，143个产品获市名牌称号。

4.“专精特新”带动引领作用更加突出。一是呈现出快速的成长性。2012年以来认定的827项“专精特新”产品（技术）生产企业中，资产总额1亿元以上的企业从17家增长到175家；2015年，在国内经济下行压力不断增大的情况下，其中226家企业年主营业务收入增幅达15%以上，软控股份有限公司、青岛特锐德电气股份有限公司、青岛华仁药业股份有限公司等一批中小企业已发展成为大型企业。二是呈现出向高端制造发展的态势。已认定的机械装备、船舶海工、汽车机车、橡胶轮胎和家电电子等行业的众多“专精特新”产品（技术）生产企业，瞄准生产制造关键环节，不断开发使用智能制造技术装备或生产线，推广应用智能数控设备，使传统生产向“数控一代”、“智能一代”不断升级。特别是涌现出一批以青岛海德马克智能装备有限公司、青岛科创智能装备有限公司等企业为代表的装备制造企业，专门致力于为广大企业普及数字化车间和自动化生产线，提供关键岗位“机器换人”服务，使众多企业关键工序数控化率明显提高，全市信息化与工业化融合发展指数达到85以上。三是呈现出向新业态、新模式发展的趋势。近年来，面对复杂的国际国内经济环境，众多“专精特新”产品（技术）生产企业直面困境谋发展，大力发展新业态、新模式，在转方式、调结构方面取得了扎实成效。青岛海丽花边织带有限公司是一家典型的传统产业企业，1998年曾一度资不抵债，重组后调整思路，大力发展新型生产经营模式，从劳动密集型转向技术密集型，不断诞生出深海勘测绳索、登山绳、救生缓降器等高端产品，200余人的企业，拥有专利1600多件，为蛟龙号生产的专用缆绳一举打破国际技术壁垒。青岛红妮制衣有限公司、青岛好事中制衣集团有限公司、青岛恩玛秀丹服饰有限公司等企业开始普遍推广个性化定制、工业化生产全流程解决方案，建立先进的服装个性化定制云服务平台，推动传统制造方式向柔性制造、敏捷制造转型升级。特锐德自主开发国际技术领先的电动汽车群智能充电系统，深化与各大新能源汽车制造商的战略合作，以充电网、车联网、互联网“新三网融合”为支撑，打造了全国最大的新能源汽车智能充电服务平台。明月海藻集团搭建产品生产销售与价值交互共享平台，吸引中小企业参与营销，建设线下品牌加盟体验店，推广众创营销，打造共享经济新模式。青岛海德威科技有限公司、青岛德盛机械制造有限公司、青岛张氏机械有限公司等企业以互联网工业为特色，在建设智能生产线的同时，开展众创研发、众包设计，拓展基于互联网的营销模式，搭建行业电商、跨境电商等新型营销平台，使企业发展驶入快车道。

（二）我市促进中小企业走“专精特新”道路的实践。

1. 完善政策支撑体系，优化“专精特新”发展环境

一是完善政策体系。近年来，我们密切跟踪国家以及其他先进省市扶持小微企业发展的政策措施，在出台《关于进一步支持小微企业发展的若干意见》和《青岛市人民政府关于进一步支持小微企业发展的若干意

见》，构成我市推进中小企业发展的“双20条”政策框架基础上，研究出台了《青岛市中小企业“专精特新”产品（技术）认定办法》，明确了“专精特新”的内涵、认定的标准和程序，出台了《关于进一步支持中小微企业发展的意见》（青政发〔2015〕14号），把政策的发力点聚焦于引导企业“专精特新”发展、加大技术改造和创新发展力度、鼓励产业链大中小企业协作配套、加强创业创新载体功能建设、提升公共服务能力等关键环节，涉及财政资金3.2亿元，年惠及中小微企业1.1万户以上。与此同时，还配套出台了《关于开展小微企业转贷引导基金试点工作的通知》（青经信字〔2015〕50号）、政府购买服务等系列文件。由市政府出资设立转贷引导基金，引导国有投融资机构资金参与，按市场化方式运作，为小微企业提供低成本资金周转服务的专项资金，规模2亿元。投融资机构按1：4比例配资与转贷引导基金共同组成转贷资金，总规模10亿元。

二是加强政策宣传落实。发挥市小企业发展领导小组的合力，每年组织2次以上全市支持小微企业健康发展政策落实情况的督查调研，打通政策落实“最后一公里”。出台了全市《关于促进中小微型企业发展工作考核意见》，将“专精特新”发展情况纳入考核，督促各区市加大专精特新工作力度。建立并完善小微企业诉求解决机制和中小企业热线对部门区市服务评价机制，每月对成员单位进行服务评价通报。梳理当前中小企业适用的融资担保、创新扶持等12大类政策，通过中小企业云服务平台及时更新发布，方便企业进行分类查询；汇总21个市政府部门的相关中小企业政策，编写《青岛市中小企业服务指南》，面向全市企业推出；根据中小微企业创新创业需求，采取图文并茂、易于企业理解的解读方式，分专题编发了《中小企业政策速递》，免费发放至“专精特新”企业，受到好评。

2. 建立开源全流程工作体系，打造“专精特新”成长梯队。实施中小企业“百千万”成长工程，摸索建立起一整套“专精特新”发现、培育、认定、扶持、监测工作体系。市、区、街道（乡镇）三级联动，线上、线下立体互动，每年滚动进行“五个一批”（发现一批、储备一批、培育一批、认定一批、扶持一批）的“专精特新”培育扶持计划。

一是运用大数据建立中小微企业信息数据库。依托中小企业云服务平台，运用大数据技术，整合各方资源，建立动态的全市中小微企业信息数据库。同时，依托市促进小企业发展领导小组协调机制，初步与市工商局建立信息共享机制，目前已收录近5万户工业中小微企业基础信息。

二是建立前端开源的培育认定系统。依托青岛市中小企业云服务平台，建立常态化、开放式“百千万成长工程及专精特新产品（技术）培育认定申报系统”，所有企业在网上完成申报、认定，由区（市）、街道（乡镇）进行对接核实及服务，并进行初审。由市主管部门每年组织专家对企业申报产品（技术）进行评审认定。

三是实施动态滚动培育。每年底组织下一年度的培育工作，依托企业信息数据库和区市储备库，进行筛选，提前确定培育对象，编制年度培育计划，针对企业“专精特新”发展需求，为企业提供融资上市、技术研发、市场开拓、品牌创建、企业管理等综合培育服务。通过培育服务，重点支持“专精特新”企业采用新技术、新工艺，提高产品竞争力；支持“专精特新”企业围绕节能环保、新一代信息技术、生物技术、高端装备制造、新能源、新材料和新能源汽车等产业方向，实施“互联网+”战略，加快创新转型。

四是建立运行监测体系。依托工信部中小企业监测直报系统，将“专精特新”中小企业纳入运行监测直报体系，每月跟踪监测企业生产经营情况，并完成全国、全市中小企业运行监测分析报告及监测企业问卷调查快报，及时、全面、准确地掌握“专精特新”中小企业运行状况。

五是精准发力，扶优扶强。2015年首次设立了中小企业创新转型资金，对“专精特新”小微企业新上设备投资额达到100万元及以上的技改项目，按项目设备投资额的12%（最高60万元）予以补助；对小微企业自主研发“专精特新”产品技术为我市汽车、船舶海工等工业十条千亿级产业链重点企业进行配套的，按其新增配套额的5%（最高50万元）给予补助。启动实施政府为小微企业购买服务，重点围绕互联网工业企业创新发展，确定为中小微企业购买管理诊断指导和创新服务两类服务。同时，对有发展潜力、成长性好的“专精特新”企业积极向技改贴息、名牌认定、上市储备、优惠融资等政策执行部门推荐。开展青岛市工业中小企业“隐形冠军”认定工作，自2016年开始，计划每年认定20家左右“隐形冠军”企业，通过资金奖励，促进“隐形冠军”企业进一步做优做强。

3. 探索建立“互联网+小微服务”新模式，打造“专精特新”中小企业优质服务生态圈。在全市中小企业三级公共服务平台网络体系基础上，利用云计算、大数据、移动互联等现代信息技术，创新建立了中小企业云服务平台，逐步实现实体平台-网上平台-“互联网+”平台的三级跨越，为全市“专精特新”发展工作提供强大服务支撑。云平台充分发挥互联网在资源整合、互联互通方面的强大优势，整合联通161个实体服务平台，优选政务服务和社会服务合作服务商，构建了在线服务、在线呼叫、大数据和运维四大中心，可提供政务、技术、融资、培训创业等12大类、千余个服务产品（项目），可容纳5万人同时在线。目前云服务平台已累计注册用户1.6万家、发展合作服务商近200家、浏览量达578万次、完成服务对接36万户次、有效服务2.4万余户次。云平台积极创新主打产品，先后开展了云服务平台特惠服务、小微企业双创大赛、金牌服务产品评选等活动，小微企业金牌服务双抢惠活动，创新性地采用互联网思维，引入线上发单抢单、微信公众号发红包、线下活动微信直播等功能，收到明显成效。双抢惠活动累计总访问量达24万次，企业累计发单6391件次，抢单9591件次，促成服务成交900件次。开展“市长杯”小微企业创新大赛活动，为小微企业创新创业项目提供展示交流平台，并对优秀项目给予全方位服务扶持。

4. 拓展融资服务体系，缓解“专精特新”发展融资难题。针对中小企业“专精特新”发展普遍面临的融资难、融资贵问题，通过加大政策扶持力度、搭建低息贷款平台、拓宽融资渠道，不断完善融资服务体系。一是落实中央和省决策部署，进一步修订、完善了中小企业融资扶持政策，根据金融机构小微企业新增贷款的规模，按照不高于0.5%的比例设立风险补偿金；规范了股权挂牌补助政策；健全了融资担保补助政策；增加了债券融资补助的票据种类。出台《关于加大融资支持力度促进“专精特新”示范企业转型升级的通知》和《关于建立重点企业专项信贷机制的通知》，加大专精特新企业支持力度。出台了《关于开展小微企业转贷引导基金试点工作的通知》，设立2亿元转贷引导基金，与国有投融资机构配资组成10亿元转贷资金，缓解中小微企业贷款资金接续难题。二是完善以“融资通”为枢纽的融资服务体系，与银行合作建立了政府增信、最具融资价值和政府采购贷三类优惠贷款平台，平台利率上浮均不超过15%，信用放大比例达30~60%。三是积极推进企业通过区域性股权交易平台融资。累计挂牌企业407家，为284家次企业融资31.17亿元。四是以海尔、海信集团为示范，建立以核心大企业为依托，免洗那个上下游企业的全产业链融资服务体系，解决配套企业融资难题。

5. 加快小企业园和创业基地建设，推进“专精特新”集聚发展。建立并完善促进小企业集聚发展的政策体系，采取分类指导和跟踪培育的办法，加大对小企业产业园、创业基地支持力度。印发《关于加强小企业产业园扶持资金股权投资管理的通知》。与国土、建委、公安消防四部门联合出台《关于优化小企业产业园工业标准厂房分割转让办理流程的通知》，逐步破解小企业产业园工业标准厂房土地分割难题。在中小企业云服务平台开通“找场地”服务子平台，为企业入驻园区、基地牵线搭桥。截至今年10月份，培育认定市级小企业产业园18个，在建拟建的小企业产业园累计已达到48个，总面积1400万平方米，计划总投资616亿元，入驻企业约4024户，预计达产后产值1000亿元；培育认定市级小企业创业基地累计57个，其中国家级小型微型企业创业创新示范基地2个；市级小企业创业基地总面积248万平方米，可入驻小微企业约1.2万家，已入驻小微企业3634家，带动就业人数4.6万人。围绕我市十条千亿级产业链，重点打造了博士创业园、托普创新工场、国际服装城等一批高端创业创新基地和园区，形成以电子信息、海洋产业、轨道交通、时尚创意为产业特色的创业创新集聚载体。

6. 搭建展会平台，助力“专精特新”企业开拓市场。自2012年起，连续举办了三届青岛市中小企业专精特新成果展，500余家专精特新企业参展，累计达成贸易合同额约4.3亿元。连续举办两届中小企业中外采购对接洽谈会，邀请中外采购商近百人来青现场采购，帮助我市400余家中小企业签订出口订单近4000万美元，达成采购合作意向约6.5亿元。每年组织我市近百家专精特新中小企业参加“中国国际中小企业博览会”“APEC技展会”“青岛名牌神州行”“山东省网博会”等工信部、省、市重点展会，帮助企业“走出去”开拓市场。

三、十三五“专精特新”发展目标及措施

（一）发展目标。

以“研发一流技术、制造一流产品、培育一流企业家、实施一流管理”为目标，打造一支在技术、产品、市场、管理等方面具有核心竞争优势的中小企业群体。争取“十三五”末，实现100户“专精特新”隐形冠军引领，300户“专精特新”示范企业带动，1000个“专精特新”产品技术支撑的中小企业创新转型“131工程”奋斗目标。

（二）主要措施。

1. 启动实施中小企业创新转型“131工程”。在全市已认定827个“专精特新”产品技术，207家示范企业的基础上，开展青岛市工业中小企业“隐形冠军”认定工作，引导企业树立“十年磨一剑”的精神，长期专注于细分产品市场的创新、产品质量提升和品牌培育，带动一批“专精特新”中小企业成长为国内“隐形冠军”企业，促进“隐形冠军”企业进一步做优做强，提升我市制造业核心竞争力，推动制造业提质增效升级。

2. 建立完善“挖掘发现—培育认定—扶持提升—示范推广”四位一体的工作体系。准确把握“专精特新”企业发展需求，科学制订“专精特新”企业服务内容，不断完善“专精特新”企业扶持政策，积极引导中小微企业加快创新转型，提升核心竞争力。

3. 优化专精特新发展环境。紧跟国家政策导向，贯彻落实好国务院支持中小微企业创新发展的系列政策文件，积极推进市政府《关于进一步支持中小微企业发展的意见》（青政发〔2015〕14号）等政策落实工作，抓紧政策落地，放大政策扶持效应。根据中小微企业“专精特新”发展需求，研究出台进一步支持中小微企业创新转型的意见。加大优惠政策宣传力度，通过政策宣讲、《政策速递》、半月讲坛、网络、新媒体等形式和渠道，进行中小企业政策宣传解读。

4. 创新融资服务模式。完善银行信贷、担保、资金周转、股权融资、产业链融资五大板块统计分析系统，加大银行小企业贷款风险补偿力度，探讨建立政银担风险共担机制。支持“专精特新”中小企业在各级资本市场上市融资。集聚优秀的VC、PE机构，组织融资路演等活动，支持“专精特新”企业开展股权融资、并购贷款、债权融资、融资租赁，帮助企业引入战略投资者。大力推广政策优惠贷款平台、政府采购贷平台、最具融资价值企业贷款平台和重点企业专项信贷机制。

5. 提升中小微企业公共服务水平。实施政府为小微企业购买服务。以政府招标的形式向服务机构购买小微企业管理诊断指导、创新指导等服务。通过普惠性财政政策，帮助我市小微企业解决创新转型升级过程中的普遍性、关键性环节问题。开展市级中小企业云服务平台扩能升级与服务提质行动。优化云平台服务功能，强化市级平台服务引领作用，增加专业化平台与云服务平台互联互通数量，拓展小微企业“金牌服务”双抢惠对接平台和品牌，年实现中小企业服务对接10万次以上。

6. 推动中小微企业技术创新。促进企业技术改造，重点支持专精特新中小企业运用智能化、信息化、网络化等先进适用技术以及新工艺、新设备、新材料，改造提升传统产业，提升智能制造水平。重点围绕节能环保、生物技术、高端装备制造、新能源、新材料等新兴产业，培育扶持细分行业龙头。依托“市长杯”小微企业创新大赛平台，发现培育创新项目，推广创新典型，营造鼓励支持中小微企业创新发展的良好氛围。

7. 推进中小微企业创新集聚载体建设。制定全市小企业产业园创业基地发展规划。细化推广小企业产业园标准厂房分割出让操作办法，完善企业网上找场地平台功能，打通创业基地、孵化器转出企业的承接通道。研究完善小企业园和创业基地股权投资扶持、项目用地保障、房屋租赁补贴等政策措施，优选投资项目，加大资金扶持力度。

黑龙江省

哈尔滨市服务业发展现状分析

哈尔滨市统计局

2016年前三季度，哈尔滨市经济保持平稳运行态势，经济发展速度高于全国平均水平。在国民经济三次产业中，服务业总体运行较好，对全市经济增长的贡献明显提升，在稳增长、调结构、转方式、促升级中发挥了重要作用。但受国内经济下行压力加大等不确定因素的影响，服务业持续稳定增长仍面临较大的困难与挑战。

一、总体运行情况

（一）服务业对经济增长的支撑作用明显。

前三季度，全市完成服务业增加值2467.5亿元，同比增长7.9%，高于全市GDP增速0.4个百分点，高于第二产业0.9个百分点。服务业增加值占全市GDP的61.0%，比上年同期提高1.1个百分点，高于第二产业29.4个百分点，对全市GDP增长的贡献率达63.1%。

（二）服务业固定资产投资持续保持平稳增长。

前三季度，在投资增速总体趋缓的形势下，服务业投资仍保持平稳增长。完成服务业固定资产投资1429.9亿元，同比增长9.5%，增速高出全市固定资产投资1.0个百分点，高出第二产业5.8个百分点；占全部固定资产投资的60.3%，比上年同期提高0.5个百分点。

（三）服务业用电量不断增加。

前三季度，全市服务业用电43.6亿千瓦时，同比增长8.1%，增速高于全社会用电3.1个百分点，高于工业用电8.2个百分点。服务业用电量占全社会用电量的比重为28.0%，其中，交通运输、仓储和邮政业用电量增速最快，同比增长26.1%；信息传输、计算机服务和软件业增长17.4%，批发零售和住宿餐饮业增长7.6%。

（四）服务业吸纳了更多从一、二产业转移出的劳动力。

前三季度，全市城镇非私营单位从业人员138.4万人，其中，服务业从业人员89.2万人，占64.5%，比上年同期提高1.6个百分点，而第一、第二产业比重分别下降0.2个、1.4个百分点。在全市城镇非私营单位从业人员中，增速前三位的行业依次为：租赁和商务服务业15.6%、金融保险业9.3%、房地产业7.0%。

二、重点行业运行情况

（一）商品房销售面积持续增长。

年初以来，去库存、降首付和房地产契税优惠等房地产政策作用下，商品房销售面积呈上升态势。前三季度，全市商品房销售面积620.9万平方米，同比增长19.7%，增速分别高于一季度、二季度13.5个和7.2个百分点，高于去年同期32.6个百分点。前三季度，全市规模以上物业管理和房地产中介企业实现营业收入6.7亿元，同比增长3.7%，高于上年同期6.2个百分点，分别高于一季度、二季度10.2个和3.4个百分点。

（二）规模以上服务业稳步发展。

前三季度，全市441户规模以上服务业企业实现营业收入362.5亿元，同比增长7.9%；营业成本279.9亿元，同比增长9.4%；利润总额21.2亿元，同比增长21.8%。从行业看，五大门类营业收入增速超过全市平均水平，依次为卫生和社会工作31.6%、文化体育和娱乐业28.3%、科学研究和技术服务业19.8%、居民服务修理和其他服务业18.1%、租赁和商务服务业13.0%。

（三）消费品市场总体平稳。

前三季度，全市社会消费品零售总额2568.3亿元，同比增长10.3%。其中，餐饮业零售额338.6亿元，同比增长12.2%；零售业零售额1850.8亿元，同比增长9.9%，占全市社会消费品零售总额的72.1%。城镇乡村消费市场协调发展，乡村市场零售额254.2亿元，同比增长11.8%，高于全市1.5个百分点；城镇市场零售额2314.1亿元，同比增长10.2%，占全市社会消费品零售总额的90.1%。消费升级类相关商品增长较快，文化办公用品类同比增长22.3%，家具类同比增长16.0%，中西药品类同比增长13.7%，书报杂志类同比增长13.7%。

（四）邮政电信业保持增长。

随着网络消费方式的普及发展，在网购及快递业的带动下，邮政业保持增长。前三季度，全市邮政业业务量7.1亿元，同比增长7.4%，邮政业业务收入10.3亿元，增长15.3%。在“提速降费”政策和“互联网+”等新技术模式下，电信业的增长较快。前三季度，全市电信业业务量176.4亿元，增长45.8%，电信业务收入70.7亿元，增长7.6%。

（五）旅游业发展较好。

前三季度，全市大力发展旅游产业，全市积极整合优势资源，实现旅游业平稳较快增长。全市实现旅游总收入851.7亿元，同比增长16.4%，接待入境游客14.8万人次，同比增长11.1%，接待国内游客5559.8万人次，同比增长10.3%。

（六）金融机构存款增速加快。

前三季度，全市金融业实现增加值334.6亿元，同比增长6.6%。截至9月末，全市金融机构本外币各项存款余额10308.8亿元，同比增长7.9%，增速比去年同期提高2.9个百分点，分别比一季度、二季度提高1.3个和4.1个百分点。

（七）货运量实现正增长。

今年以来，全市货运量扭转上年负增长态势，开始回暖回升。前三季度，全市货运总量6295.6万吨，同比增长0.6%，比上年同期提高18.6个百分点。其中，铁路货运量增长最快，增速为19.7%，比上年同期提高60.3个百分点；公路货运量占比最多，比重为83.9%。

三、存在的问题

（一）生产性服务业层次不高。

全市传统生产性服务业占比较高，前三季度，全市交通运输、仓储和邮政业增加值204.7亿元，同比增长2.0%；金融业增加值334.6亿元，同比增长6.6%；房地产业增加值140.4亿元，同比增长7.6%，三个行业的增加值合计占全市第三产业增加值的27.6%。而新兴生产性服务业份额依然偏小，尤其是互联网和相关服务产业、科技服务业等新兴服务业规模偏小、层次不高，服务业行业结构有待优化。前三季度，规模以上计算机软件信息服务业营业收入13.8亿元、专业技术服务业营业收入9.5亿元、科技推广和应用服务业营业收入0.3亿元，合计占全市规模以上服务业营业收入的6.5%；并且节能环保、鉴证咨询等生产性服务业还有巨大的市场发展空间，潜力未得到充分利用。

（二）传统业态面临较大挑战。

前三季度，限额以上百货零售业零售额同比增长0.3%，低于全市限额以上批零业零售额增速9.2个百分点；限额以上大型超市零售额下降7.1%，低于全市限额以上批零业零售额增速16.6个百分点。全市传统百货零售实体经营模式和经销商品结构还没有完全适应需求的转变，企业经营面临较大困难。

（三）房地产开发投资持续下降。

自5月份以来，全市房地产开发投资呈逐月下降趋势，前三季度，完成投资340.7亿元，同比下降13.9%，降幅比1~8月份扩大1.2个百分点；占全市投资比重由1~8月份的16.6%下降为14.4%，降低了2.2个百分点。受房地产去库存压力大、企业投资意愿不强的影响，新开工项目个数、土地购置面积、施工面积、新开工面积均呈下降趋势。

（四）银行贷款增速放缓。

前三季度，全市金融机构本外币各项贷款余额9024.7亿元，同比增长7.8%，比上年同期回落8.6个百分点，分别比一季度、二季度回落8.1个和3.1个百分点。境内贷款中，住户贷款余额增长22.5%，主要是由个人房贷迅速增长拉动；非金融企业及机关团体贷款增长3.6%，分别低于一季度、二季度11.5个和5.1个百分点，主要是由房地产开发贷款增速放缓所致。

四、稳定全市服务业发展的建议

（一）推动生活性和生产性服务业全面发展。

大力推动生活性服务业的发展，重点完善社区服务设施，建立新型社区管理机制，引导与居民生活密切相关的养老、托幼等服务行业服务网点建设，形成广覆盖、多层次的服务体系。加快生产性服务业重点和薄弱环节发展，促进产业结构调整升级，大力发展电子商务、数字通讯、软件开发、系统集成，推进各行业和企业的信息化，加快建设科技创业类园区和企业研发中心、设计中心、技术中心、检测中心等，为制造业发展提供多元化的信息服务和技术服务。

（二）抓住契机推进传统经营模式转型。

当前传统零售企业面临巨大挑战，但同时也迎来了快速发展的调整契机，通过采取有效措施，化危机为契机，在逆势中谋求更快发展。一是积极推进传统经营模式转型，加强精细化管理，采取多种措施增收节支，提高整体经营绩效；寻求供应链变革，带动流通效率提升，引导生产发挥积极作用。二是加强管理，通过共建物流中心、联合采购、联合谈判和经营互助等方式提高企业竞争实力。三是发挥规模优势，组建一批连锁经营集团扩张发展，鼓励具备条件的零售企业通过兼并、联合等形式进行重组，实现低成本扩张和跨地区发展。四是进一步调整零售业态结构，大力提高零售市场档次。既要在区域上进行合理布局和总量控制，又要用业态的多样化满足消费需求的多层次和差异化。

（三）优化环境加大项目谋划落地力度。

要按照市委市政府的要求，利用老工业基地振兴、“东丝路带”、扩大对俄合作等重大机遇，进一步简政放权，优化服务业投资环境，简化审批流程，提升服务质量。根据区域发展规划布局，围绕民用航空、海洋工程、机器人与智能装备、生物医药、健康医疗、新材料等重点领域，积极做好项目的谋划工作。加大招商引资力度，吸引更多有实力的企业落户全市。合理调配现代服务业投资规模和比重，提升服务业投资对服务业经济的整体带动效益，切实增强发展后劲。

（四）创新思维应对信贷需求下降。

面对贷款增速下滑的现状，金融系统应该以创新的思维主动迎接挑战。积极搭建互联网金融平台，创新负债资金来源。商业银行可借鉴互联网企业经验，针对小微企业搭建线上金融平台，提供一揽子金融服务。商业银行必须加快转型，调整资产负债结构、客户与业务结构，提升非息收入占比，有效管控资金成本和运营成本，这样才能最大程度规避经济下行期经营风险，走出一条轻资本的发展模式，实现可持续健康发展。

（撰稿人：刘丽俊）

哈尔滨市规模以上工业产值前20强企业发展现状的研究与探讨

哈尔滨市统计局

哈尔滨市规模以上工业产值前20强企业占全市规模以上工业产值的比重超四成，对全市工业经济具有较强的带动作用。研究这些重点大型企业生产经营情况，有利于全面、细致地了解和掌握工业经济运行状态及存在的主要问题。本文透过大企业生产形势分析当前工业经济面临的压力，并提出相应建议，仅供参考。

一、产值前20强企业发展状况

（一）企业构成有所变化，新兴产业企业数量增加。

随着经济发展步入新常态，支撑全市工业经济的传统骨干企业生产经营出现困难，规模以上工业中，原产值前20强企业构成有新变化。目前，既有九三集团、中石油哈石化集团、哈药集团、“三大动力”、烟草集团等老牌传统行业龙头企业，同时又涌现出国家重点战略支持的战兴企业，主要集中在装备、食品、医药、新材料等行业。从企业构成看，2015年与2011年相比，新增的企业有：从事高分子复合材料研发和生产的黑龙江鑫达企业集团，以抗生素、心脑血管、营养类药物为重点产品的哈尔滨誉衡药业股份有限公司。退出的企业有：属于高耗能行业的西林钢铁集团阿城钢铁有限公司，由于产能严重过剩，企业资金链断裂，于2014年破产；哈尔滨哈飞汽车工业集团有限公司由于产品比较低端，整车生产锐减，相关产业链被长安福特汽车公司收购，退出全市规模以上工业统计；汉枫缓释肥料黑龙江有限公司近年来生产形势不佳，排名下滑至20名之外。从行业构成看，前20强企业主要分布在食品、装备、医药、石化、电力等行业，其中近一半为资源型企业，占45.0%。

（二）企业规模扩张较慢，占比下降。

2011~2015年全市规模以上工业产值前20强企业产值占全市规模以上工业总产值比重呈下降趋势。其中2011年，20户企业完成产值1529.2亿元，占全市规模以上工业总产值的52.5%，2015年完成产值1572.7亿元，占40.0%，比2011年降低12.5个百分点。

（三）生产波动较大，带动作用减弱。

2011~2015年前20强企业产值增速低于全市水平，部分企业生产波动较大。2015年，前20强企业完成产值1572.7亿元，同比下降8.2%，低于全市4.2个百分点。2011年和2012年增长较快，分别增长8.2%和9.2%，分别低于全市6.5个百分点和5.2个百分点。2013年以来增速明显放缓，特别是2015年，在经济“三期叠加”背景下和极度复杂严峻的经济形势下，大企业生产低迷，呈现负增长。2016年全市工业生产形势企稳回升，大企业生产形势转暖，转为正增长，但由于传统行业增长动力不足，哈药集团处于转型升级期产值大幅下降，1~9月份大企业完成产值1155.4亿元，增速仅为2.4%，低于全市0.7个百分点。部分企业生产波动较大，与2011年相比，哈尔滨东安汽车发动机制造有限公司、哈尔滨锅炉厂有限责任公司、哈尔滨东安发动机（集团）有限公司产值增速有所提高，分别提高68.9个百分点、28.1个百分点、11.0个百分点；黑龙江省北大荒肉业有限公司、中国石油天然气股份有限公司哈尔滨石化分公司、黑龙江烟草工业有限责任公司、哈药集团有限公司、黑龙江九三粮油工业集团有限公司增速回落明显，分别回落62.5个百分点、39.0个百分点、38.7个百分点、38.0个百分点、31.3个百分点。

从拉动作用看，2011~2015年，20户企业产值对全市的拉动作用呈现减弱态势，其中2015年为负向拉动3.4个百分点，比2011年降低5.7个百分点，比2012年最高拉动力降低8.3个百分点。2016年1~9月份转为正向拉动1.0个百分点。

（四）中直企业占六成，地方企业占四成。

全市规模以上工业产值前20强企业中，中直企业主要是能源资源产业和军工企业，经济处于上行周期时，资源品价格较高，可以保持高速增长，而一旦经济陷入下行周期，资源品价格下降，企业生产将出现下滑态势。

2015年前20强企业中，中直企业12户，占比近六成，与2011年持平，完成产值992.4亿元，比2011年增加23.5亿元，但个别企业产值减少，主要原因：中国石油天然气股份有限公司哈尔滨石化分公司受原油市场影响价格下降，需求减少，柴油出货受阻，2015年比2011年减少产值52.8亿元；“三大动力”由于国家宏观调控政策及经济周期等因素影响，2015年比2011年共减少产值62.1亿元；华电能源股份有限公司哈尔滨第三发电厂受全国经济下行压力的持续影响，社会用电量减少，加之风电水电容量增加、挤占火电发电空间，2015年比2011年减少产值3.8亿元。上述数据表明，全市中直企业发展后劲明显不足。

前20强企业中，地方企业产值占比四成左右，2015年完成产值190.9亿元，比2011年增加20.5亿元，主要原因：创新驱动型企业生产形势较好，哈尔滨誉衡药业股份有限公司2010年6月23日在深交所挂牌上市，目前已经成长为一家市值200多亿元的上市公司，在A股179家上市公司中市值排名第21位，2015年荣获中国中小板上市公司价值50强，2015年产值比2011年增加24.1亿元；黑龙江鑫达企业集团有限公司，是专业从事高分子复合材料研发、生产和销售的纳斯达克上市公司，通过引进材料领域的专家及前沿科技项目，推动石油基材料的轻量化、生物基材料的产业化、3D打印耗材的核心技术突破与保护，实现解决行业技术瓶颈问题、填补材料领域空白，不断形成自主知识产权产品，实现新材料在汽车、高铁、船舶、食品包装、医疗器械、增材制造等领域的应用，2015年产值比2011年增加16.0亿元。2016年1~9月份，前20强企业中，中直和地方企业分别完成产值736.9亿元、139.1亿元。

（五）中直企业生产整体好于地方企业。

2015年受哈药集团调整营销模式，产值大幅下降影响，地方企业增速较上年大幅回落，由2011年增长9.6转为下降，低于中直企业增速，而2011~2014年增速均高于中直企业。2016年地方企业生成形势有所好转，1~9月份仍下降5.4%，低于中直企业6.1个百分点。

从对全市的拉动作用看，2015年地方企业下拉全市规模以上工业产值1.1个百分点，由2011年正向拉动0.7个百分点转为负向拉动，低于中直企业0.4个百分点。2011~2014年，地方企业对全市正向拉动作用较为平稳，分别拉动0.7个百分点、0.9个百分点、0.8个百分点、0.6个百分点，而中直企业在2013年负向拉动1.9个百分点。2016年1~9月份地方企业负向拉动0.4个百分点，低于中直企业0.6个百分点。

（六）资产和收入占全市比重超四成。

2015年，全市规模以上工业产值前20强企业资产和主营业务收入占全市规模以上工业比重超四成，2015年共有资产2261.1亿元，占全市规模以上工业46.4%，实现主营业务收入1721.5亿元，占42.7%，资产负债率68.1%，高于全市1.4个百分点。20强企业资产主要集中在电力生产供应业、通用设备制造业、专用设备制造业等行业。从盈利状况看，2015年20户实现利润47.7亿元，占34.1%；主营业务收入利润率2.8%，低于全市0.7个百分点，3户企业亏损，亏损面为15%，分别为国网黑龙江省电力有限公司、哈尔滨汽轮机厂有限责任公司、哈尔滨电机厂有限责任公司。从纳税情况看，20强企业是全市规模以上工业企业纳税主力，2015年上缴税金148.3亿元，占72.9%，处于较高水平。

（七）科技实力较强，人才资源具有较大优势。

2015年，全市规模以上工业产值前20强企业中，16

户有R&D活动，占80.0%，高于全市规模以上工业64.9个百分点，没有科技活动的4户企业分别为黑龙江省北大荒肉业有限公司、黑龙江九三粮油工业集团有限公司、双城雀巢有限公司和临沂新程金锣肉制品集团有限公司兴隆分公司，均为食品工业企业；共吸纳R&D从业人员1.2万人，占全市规模以上工业的56.6%，占20户企业全部从业人员的11.2%，高于全市4.8个百分点，R&D活动经费支出40.1亿元，占73.3%，R&D项目1064项，占51.9%，整体科技实力较强，领先于全市平均水平。2015年，20户企业拥有从业人员10.7万人，占33.0%，其中国网黑龙江省电力有限公司、哈药集团有限公司从业人员数量超万人，仅双城雀巢有限公司、哈尔滨誉衡药业股份有限公司、临沂新程金锣肉制品集团有限公司兴隆分公司从业人员不足1000人。从调研情况看，哈药集团在职员工中，享受国务院或黑龙江省政府特殊津贴9人，博士研究生14人，硕士研究生494人；哈尔滨誉衡药业股份有限公司在职员工中，专业技术人才超过30%，硕士研究生占13%左右，67位管理者均为本科以上学历，建立自主培养与内部竞争等方式建立完善的培训体系，满足人才内部需求；黑龙江鑫达企业集团有限公司利用公共研发平台与哈尔滨工业大学、吉林大学、中科院等知名大学和科研院所的高分子专业领域形成了人才战略储备和产学研合作关系。

二、透过产值前20企业挖掘全市工业发展中的问题

全市规模以上工业产值前20企业发展基础好，对全市工业带动作用强，具有优先发展的优势，通过对其进行深入研究，可以更深入地挖掘出全市工业面临的增长动力不足、行业结构单一、创新力差等方面问题。

（一）企业规模偏小，发展后劲不足。

全市工业企业规模普遍偏小。1~9月份，全市规模以上工业共1340户企业，其中大中型企业仅170户，占12.7%，小微型企业1170户，占87.3%。而前20户企业产值、收入、资产均占比均超过了四成甚至接近五成，其他企业特别是小企业对全市工业的支撑作用不强。

全市工业缺乏高技术创新型企业引领。产值前三名企业分别为国网黑龙江省电力有限公司、黑龙江九三粮油工业集团有限公司、中国石油天然气股份有限公司哈尔滨石化分公司，均属于传统行业，易受宏观政策、气候条件等客观因素制约，不确定因素较大，一旦生产波动，对全市工业会产生较大影响。

（二）工业结构层次低，传统行业转型升级步伐缓慢。

从食品工业看，20户企业中，5户为食品工业企业，1~9月份完成产值359.8亿元，占20户企业的31.1%，食品企业产值同比下降0.1%，低于20户企业整体水平2.5个百分点。其中黑龙江烟草工业有限责任公司受国家政策限制及供应商湖北中烟产值大幅下降影响，双城雀巢有限公司受国外市场冲击等因素制约，生产下降幅度较大，对食品企业产值影响较大，全市食品工业增加值增长3.2%，低于全市规模以上工业2.3个百分点。长期以来，食品工业在全市规模以上工业中占绝对的主导地位，增加值占全市比重接近四成，其中农副食品加工业增加值在37个大类行业中长期处于首位，而全市农副食品加工业又尤以大米加工、谷物磨制、植物油加工等以本地农产品为原材料的初级加工业为主，生产受原材料收成等非可控因素影响大，产品附加值极低，企业多数缺少技术创新，竞争力微弱。在一定程度上反映出全市工业结构层次低，发展后劲不足。

从装备工业看，前20强企业中，9户为装备制造业企业，1~9月份完成产值293.7亿元，占20户企业的25.4%，其中拥有高端技术的军工企业以及新兴产业企业东安汽车动力股份有限公司、光宇电源股份有限公司增长势头强劲，相比之下传统装备制造业企业哈尔滨电机厂有限公司和哈尔滨汽轮机厂有限公司增长乏力。全市通用设备制造业、汽车制造业等传统制造业在全市工业中占据重要地位，这些行业的企业普遍缺乏核心技术和自主品牌，对市场需求变化和国家政策调整敏感而脆弱，抵御市场风险能力较差。以哈轴集团、一工具厂、锅炉厂、汽轮机厂为代表的通用设备制造业企业曾为全国同行业中的佼佼者，如今由于设备老化、缺少科技创新力等原因，使得这些企业发展动力减弱。传统装备制造业企业在生产、销售、经营管理、产品研发等环节难以适应当前国内外宏观经济趋紧和市场竞争加剧等形势。

（三）民营企业增长动力强，但比重较小，支撑能力弱。

20户企业中，民营企业7户，产值占比仅为三分之一左右。从全市看，2011~2015年，全市规模以上工业中，

民营经济增加值从154.7亿元扩大到341.8亿元，增速分别为60.1%、35.5%、30.6%、19.7%、15.1%，总量虽有所发展，但总体规模偏小，增加值占全市规模以上工业比重不足四成，分别为20.8%、24.4%、31.9%、34.4%、36.0%；2016年1-9月份民营经济实现增加值235.9亿元，同比增长17.1%，占35.3%。民营经济未能在创新体制、激励创业等方面发挥其巨大优势，反而出现资本向市外流失、转移的趋势，是造成全市工业经济增长后续动力不足的重要因素之一。

（四）企业研发、创新能力普遍较弱。

科技发展水平和自主创新能力代表了一个地区经济发展的潜力，并在一定程度上决定了该地区发展的水平。2015年，全市规模以上工业企业中仅208户企业有科技创新活动，仅占企业总数的15.1%，R&D活动经费6.0亿元，R&D人员2.1万人。企业不搞创新，意味着缺乏做大做强、长远发展的后劲。2015年，部分企业由于效益不好，无稳定的经费来源，缺少经常性、连续性的研发项目，全市123户规模以上工业企业共办科技机构（含一个企业办多个机构）133个，较上年增加14个，有科技机构的企业仅占总数的8.9%。全市工业企业创新能力差也表现在高技术产业发展较慢，战略性新兴产业比重较低，新产品开发迟缓，占全市规模以上工业比重较低。2015年，全市规模以上工业高技术产业实现增加值130.0亿元，占全市规模以上工业14.0%，同比增长5.0%；七大战略性新兴产业完成产值289.0亿元，占7.3%，下降0.1%；新产品产值27.8亿元，占0.7%，下降10.3%。

三、全市工业经济稳增长的几点建议

（一）发挥骨干企业引领作用，加大培育规模以上工业企业力度。

认真落实好相关领域政策，加强对重点领域重点企业监测调度，保障生产要素供给，确保核心骨干企业运行平稳。建立培育规模以上工业企业机制，帮扶规模以下成长型企业做大规模，着力培育一批特色骨干企业。要优先扶持本地有潜力的高技术企业或战略新兴产业，帮助企业融资，辅导企业上市及资本运营。运用资本的手段引导企业向国家政策倾斜的行业发展。

（二）继续推进深化国有企业改革，增强民营经济活力。

全市应深化国有企业改革，改革国企的运营方式和盈利水平，不仅要着眼于当前，更要着眼于未来；不仅要进一步发展好当前行业，更要善于捕捉新的机遇。允许将部分国有资本转化为优先股，在少数特点领域探索建立国家特殊管理股制度。一是要进一步解放思想，以宽广的视野和极强的规模优势进入和占领新兴行业，培育新的经济增长点和增长极。二是要依靠科学技术，将传统产业和基础行业培育成为地区和民族的支柱产业。积极引入各类投资者实现股权多元化，大力推动国有企业改制上市，创造条件实现集团公司整体上市。根据不同企业的功能定位，逐步调整国有股权比例，形成股权结构多元、股东行为规范、内部约束有效、运行高效灵活的经营机制。

供给侧结构性改革在减少无效和低端供给上，有利于推动民营企业进一步转型升级，在扩大有效和中高端供给、增加公共产品和公共服务供给上，民营企业可以大有作为。国企、民企都是民族企业，目标、利益具有一致性，在所有制层面的深度融合和长短互补，能较好地释放改革的协同效应、规模效应，实现大国强企、基业常青的正路。2015年全国500强民营企业中我省只有3家，其中全市2家，而浙江一省就有超过百家民营企业名列500强之列。从目前全市情况看，发展民营经济是全市促进经济转型升级、化解产能过剩的重要手段。落实好近期国家发改委下发的《关于推进东北地区民营经济发展改革的指导意见》明确指出，要保障民营企业平等获得生产要素，营造公平竞争的市场环境，支持民营企业提升核心竞争力，为化解落后产能提供动力支持。

（三）增强产业集聚效应，提升县域工业发展水平。

1. 优化县域投资环境。政府及有关部门要健全完善和有效落实工业项目建设的优惠政策，切实做到兑现招商承诺，努力提升政府部门的公信力和执行力。在土地供给、市政配套、税费征收、行政审批等方面，研究制定出台更加优惠、更加简便、操作性强的政策措施，并要确保政令能下县，对“准项目”、“搁浅项目”扶上马、送一程，及时研究解决项目建设中的实际问题。做到引得进、活得好、留得住，引进一个，带来一批，增强招商引资的跟进效应和扎堆效应。

2. 增强县域工业产业集聚效应。加快工业园区和中小工业项目集聚区建设，积极扶持中小企业发展，大力发展民营工业经济。工业园区和中小工业项目集聚区是工业经济发展的载体，也是推进工业化带动城镇化的有效途径。要充分利用全市重点区县产业园区的土地（面积）优势，拓展县域工业发展空间，合理规划布局，鼓励三环内搬迁的工业企业和有条件的中小企业向县域产业园区集聚，支持将同类产业和相关配套产业的产业园区进行合并集中，比如巴木通方依一体化建设应该在地域特色的基础上加强合作互通有无，实现养殖—屠宰—高附加值肉制品加工业、皮毛加工业—服装业以及水稻种植—谷物磨制—绿色食品加工的产业分工，避免集中程度不高、布局分散，规模小的低水平重复建设。

3. 立足于农业资源加快发展农产品、畜产品加工工业，以农业产业化和城镇化促进工业化。县域都拥有丰富的农产品资源，立足于农业资源发展工业，是县域工业的自然选择，也是带动新农村建设的有效途径。农牧产品加工业投资相对少、成本相对小、加工层次多、加工潜力大，是县域现实的工业化带动农业产业化、城镇化道路，应大有可为。要谋划更多的有规模、有品牌、能前延后伸拉长产业链的农产品、畜产品加工工业项目。出台优惠和鼓励政策，降低项目准入门槛，推行承诺服务，简化办事程序，提高行政效率，广泛吸引外来资本和社会资本投入项目建设，在项目的前期投入和服务上要给予更多的财政支持。

（四）抓住政策机遇，积极稳妥化解结构性过剩产能。

要从根本上化解产能过剩的矛盾，妥善处置“僵尸企业”是关键环节。2015年12月，国务院常务会议提出，清理处置僵尸企业，对不符合国家能耗、环保、质量、安全等标准和长期亏损的产能过剩行业企业实行关停并转或剥离重组，对亏损三年以上且不符合结构调整方向的企业采取资产重组、产权转让、关闭破产等方式予以“清除”，到2017年末实现经营性亏损企业亏损额显著下降。国务院提出对僵尸企业的处置方法主要是兼并重组和破产两类，实际上兼并重组往往遭受并购和被并购方两方压力难以进行，破产清算则由于程序复杂冗长困难重重。李克强总理在今年的政府工作报告中提出要出台清理“僵尸企业”的相关扶持政策，并安排1000亿元专项补资金，全市应抓住这次机遇，积极稳妥多兼并重组、少破产清算、分类有序、循序渐进处置，明确标准科学评判，基于国务院僵尸企业标准，参照其他地区相关研究成果，结合全市僵尸企业的实际情况，全面科学评判僵尸企业。突出重点、分类化解，积极发挥财税政策作用，在帮扶解决僵尸企业问题的过程中，积极发挥财税政策作用。妥善做好职工安置，保障社会稳定。

去产能，既要做减法又要做加法。中央经济工作会议在提到产能过剩问题时，明确指出是“结构性产能过剩”。因此，“去产能”一方面是部分重复投资，供大于求；另一方面是科技含量低，高污染、高能耗的低端产业。而在结构性产能过剩的同时，全市在创新发展中仍有巨大的潜力可挖掘，作为东北老工业基地，基础好、底子厚，从全市规模以上工业企业R&D经费支出情况看，R&D经费支出主要集中在通用设备制造业、铁路、船舶、航空航天和其他运输设备制造业两大行业及军工领域，占规模以上工业的68%。要依托军品和民品两方面科技创新优势，以国防安全和市场需求为导向，开拓发展民、军两用高端装备制造业，推动全市装备制造业向中高端发展。

（五）加快传统产业改造升级，大力培育战略性新兴产业。

国务院于4月26日出台了《关于全面振兴东北地区等老工业基地的若干意见》，全市应切实落实好相关政策，改造升级传统产能。充分利用市场、能源、资源、环境等倒逼机制，推进食品工业兼并重组、嫁接改造，千方百计把食品工业等传统优势产业做大做强，着力拉长产业链、做深精加工、提升附加值、提高科技含量，形成上、中、下游产业衔接配套的产业发展新格局。要大力振兴装备制造业。通过深度的结构调整优化和产业布局，加快发展智能装备，推动装备制造业向高端发展。

当前是全面实施创新驱动发展战略的关键时期，培育和发展战略性新兴产业已经成为抢抓时代机遇、推动跨越发展的关键。一是突破核心技术，升级节能环保产业。突破能源高效与梯次利用、环境污染防治、循环利用等关键核心技术，以节能环保重点工程建设为依托，以提升产业装备水平、推广节能环保产品、创新产业经营模式为重点，加大政策支持力度，壮大产业规模，提升产业整体实力。二是把握战略机遇，发展新一代信息技术产业。把握信息技术升级换代和产业融合发展的重大机遇，加快建设全市宽带、泛在、融合、安全的新一代信息网络基础设施；积极发展关键性的行业应用软件，培育新兴服务业态，开发一批拥有自主知识产权、具有国际竞争力的电子信息产品，重点建设哈尔滨国家电子商务示范城市、哈尔滨国家云计算产业基地、数字集群通信产业基地、汽车电子产品生产基地、敏感器件生产基地、LED产业基地；重点发展高端软件产业和服务外包产业。三是研发先进技术，做强生物产业。强化基因资源利用、生物合成、抗体工程、生物反应器等共性关键技术与工艺装备开发，推进生物制造规模化发展，加速构建全市具有国内先进水平的现代生物产业体系。以培育发展生物化工产业和做强现代发酵产业为重点，大力推进酶工程、发酵工程技术和装备创新。四是实现智能转型，革新高端装备制造产业。突破新型传感器与智能仪器仪表、自动控制系统、工业机器人等感知、控制装置及其伺服、执行、传动零部件等核心关键技术。依托哈尔滨电气集团公司、中国船舶重工集团第703研究所建设的高效、清洁发电设备基地，依托中航工业哈尔滨飞机工业集团有限责任公司、中航工业哈尔滨东安发动机集团有限公司建设直升机和支线飞机制造基地；依托中国长安哈飞汽车集团有限公司建设新能源汽车研发制造中心，依托哈尔滨量具刃具集团有限责任公司、哈尔滨轴承集团公司、哈尔滨第一工具有限公司建设高端工量具、轴承和高档功能部件研发制造中心。五是依托资源条件，开发新能源产业。因地制宜，统筹规划，做大做强风电产业，加快水电开发，发展洁净煤技术及应用和城市生活垃圾发电及相关技术，适时发展光伏产业，稳固发展生物质能、地热能、煤层气等新能源和可再生能源，将资源优势转化为经济优势和竞争优势，不断提高新能源在能源消费中的比重。大力发展利用生物基因技术手段的生物质能源产业。六是发挥基础优势，壮大新材料产业。充分发挥哈尔滨市新材料资源和技术优势以及产业基础作用，突破关键技术，开发成套装备，生产航空航天材料、道路交通装备材料、新能源材料、信息材料、生物材料、环境与节能材料等高端产品。集中建设哈尔滨国家铝镁合金材料产业化基地、哈大齐化工新材料产业带等国家级新材料产业基地。着力打造先进复合材料产业群、焊接材料、技术与装备产业群、光电材料产业群。

（六）加强产学研结合，提高全市科技创新力。

1. 实现企业、高校和科研院所之间资源有效配置和科技成果高效转化。引导、鼓励和扶持国内外技术转移企业参与全市科技市场建设，逐步培育形成集技术转移、知识产权管理和投资功能于一体，实行专业化管理、市场化运营的若干个大型科技服务企业。推进黑龙江省工业技术研究院、哈工大机器人产业集团，以农大为主，商大、黑大、省市农科院参股的哈尔滨市食品产业技术研究院等科技成果转化平台，填补科技成果转化及产业化的中间地带，实现更多科技成果转化落地。

2. 实现产业链上各个环节的合作创新。鼓励建立企业、高等院校和科研单位以及公共财政参与的，行业性公共技术创新服务平台，重点为中小企业开展创新活动提供服务，加大关键技术和核心技术攻关力度，增强合作双方或多方的竞争力，解决中小企业因资金不足和抵御创新风险能力弱而造成创新能力不足或缺失问题。鼓励符合条件的企业承担或参与企业国家重点实验室、工程实验室、工程中心以及中试和技术转移平台建设，鼓励企业承担国家和地方科技计划项目。

3. 强化政策支持。进一步支持企业充分利用国家关于创新和科研成果产业化的财税金融政策，全面落实激励政策，加快建立和完善知识产权质押贷款、风险投资等投融资政策。以科技创新城为主体，积极支持高新区争取国家科技服务业区域试点示范的建设项目。完善科技创新城配套功能，深化与中关村合作，更多地引进中科院、中国工程院重大技术成果落地产业化，努力争创国家级自主创新示范区。建立健全以技术交易市场为核心的技术转移和产业化服务体系。完善科技成果转化激励机制，健全科技成果科学评估和市场定价机制。完善科技成果转化协同推进机制，引导政产学研用按照市场规律和创新规律加强合作。加快形成政府推动、市场主导、社会参与的创新服务体系。加强企业人才队伍建设，建立完善奖励报酬机制，根据产业发展需要，加快推行一系列政策吸引国内外专业人才，加大对优秀人才的表彰和奖励力度。鼓励各类企业通过股权、期权、分红等激励方式，调动科研人才创新积极性。

（撰稿人：杨祺）

第八篇・附录

工业和信息化部中小企业局

工业和信息化部中小企业局承担中小企业发展的宏观指导，会同有关方面拟订促进中小企业发展和非国有经济发展的相关政策和措施；促进对外交流合作，推动建立完善服务体系，协调解决有关重大问题。

处室设置：综合处
政策规划处
非国有经济处
融资和担保服务处
创业创新服务处
交流合作处

工业和信息化部中小企业发展促进中心

工业和信息化部中小企业发展促进中心是工业和信息化部专门从事中小企业服务的直属事业单位，是国家层面综合性中小企业服务机构，对外称“中国中小企业发展促进中心”（以下简称“中心”）。

一、成立背景

1978年我国实行改革开放政策以来，中小企业迅猛发展，成为国民经济和社会发展的生力军，逐步成为对外贸易和吸引外资的重要主体，受到世界各国的重视。

为加强对中小企业对外合作工作的宏观指导，1985年8月21日国务院领导批示成立中小企业对外合作协调（指导）小组。协调小组于1986年3月30日正式成立，由时任国家经委党组副书记、副主任的朱镕基同志担任组长，成员包括原国家经委、原对外经济贸易部及上海市有关单位的领导同志。协调小组设立中小企业对外合作协调办公室，对外名称为“中国中小企业对外合作协调中心”。中心的主要任务是协调各地区及各主管部门有关中小企业的对外合作业务，为国内外中小企业合作开辟渠道，调查研究国外中小企业的基本情况，向国内外中小企业提供服务。

2010年1月，为顺应发展变化的形势和中心实际工作情况，经工信部审核并报中编办批准，中心正式更名为“中国中小企业发展促进中心”。

二、发展目标

中心是在国务院领导直接关怀下成立的一个专司中小企业服务工作的事业单位。经过20多年的发展，形成了一支经验丰富、熟悉政策、了解规则、精于谋划、善于协调、踏实做事的干部队伍。面对新的机遇和挑战，中心将坚持以邓小平理论、三个代表重要思想为指导，深入贯彻科学发展观，适应新型工业化发展要求，坚持眼前与长远结合、国际与国内结合、服务政府与面向市场结合、业务发展与职工福祉结合，坚持以需求为导向、以服务为核心、以能力为基础、以制度创新为前提、以资源整合为手段做好各项工作。努力成为政府认可、企业满意、国内领先、国际知名的国家层面综合性中小企业服务机构。

三、主要业务范围

1.宣传落实国家有关促进中小企业发展的法律法规、政策措施，承担政府委托的相关工作。

2.开展国内外中小企业法律法规、政策措施及发展状况的调查研究，承担相关课题研究任务。

3.组织实施或受政府委托具体执行中外中小企业交流合作项目。

4.受政府委托，承担有关中小企业服务体系建设事项。

5.组织实施或受政府委托开展国内外中小企业商务洽谈及产品展览活动。

6.开展管理及技术人员培训、信息、咨询、技术创新及融资服务。

7.负责《中国中小企业》杂志、《中国中小企业年鉴》的编辑、出版、发行。

8.承办工业和信息化部交办的其他事项。

各地中小企业主管部门

北京市经济和信息化委员会中小企业处

一、主要职责

指导和促进本市中小企业、镇村企业发展；会同有关部门拟订促进中小企业、镇村企业和非国有经济发展的相关政策和措施；推动中小企业和镇村企业服务体系和信息化建设；会同有关部门负责北京市中小企业创业投资引导基金使用的决策、监督和管理；指导城镇集体企业改革，协调解决有关重大问题；负责镇村产业监测、统计和运行综合分析；负责镇村产业生产集中地（农民就业产业基地）发展和“一村一品”建设；指导镇村企业的技术进步和技术改造；负责组织减轻企业负担工作；组织开展镇村企业人才培训。

二、领导班子成员

任世强 市经济信息化委委员

李 巍 处 长

三、联系方式

办公地点：北京市朝阳区慧新东街6号

邮政编码：100029

电　　话：010-57587756

传　　真：010-57587761

网　　址：www.bjsme.gov.cn

天津市中小企业发展促进局

一、主要职责

（一）贯彻执行国家有关发展中小企业、非国有经济的法律、法规和方针、政策，研究起草促进中小企业、非国有经济发展的地方性法规、规章草案，并组织实施。研究提出扶持中小企业、非国有经济发展的政策措施。负责中小企业、非国有经济发展的综合协调、指导和服务。

（二）会同有关部门研究拟定中小企业、非国有经济发展战略、中长期发展规划。分析、监测、评价中小企业、非国有经济运行情况和发展态势，协调解决中小企业、非国有经济发展中的重大问题。

（三）会同有关部门制定中小企业发展产业指导目录，指导和推进中小企业、非国有经济产业结构、产品结构的调整。引导和扶持中小企业开展技术改造、技术创新、新产品开发、新技术推广、市场开拓、专业化发展及与大企业的协作配套。

（四）负责对中小企业专精特新产品（技术）认定工作。负责管理中小企业发展专项资金，会同有关部门对区县工业技术改造贷款贴息扶持资金及乡镇工业区、示范工业园区基础设施建设贷款贴息专项扶持资金使用管理情况进行监督检查。组织协调中小企业招商引资、对外合作与交流。

（五）会同有关部门引导中小企业建立现代企业制度、提高产品质量和经营管理水平。协助有关部门做好中小企业的安全生产、节能减排和环境保护工作。依法维护中小企业、非国有经济的合法权益。协调减轻中小企业、非国有经济负担工作。

（六）会同有关部门推进区县重大项目建设，引导促进中小企业加大固定资产投入，建立完善中小企业固定资产投资项目库，跟踪、监测、分析项目建设进度及投资完成情况。

（七）引导中小企业集聚发展，培育中小企业产业集群。协助推动乡镇工业区、示范工业园区建设和发展。加强中小企业、非国有经济服务体系建设。联系、引导和支持各类中介机构为中小企业、非国有经济发展提供服务。

（八）协调有关部门研究制定楼宇经济发展的有关政策、发展规划。牵头组织有关部门对纳入全市重点支持的商业楼宇的申报进行审核，制定相关检查、考核和验收标准，并开展考核工作。

（九）配合有关部门推进中小企业科技进步、质量管理、人才培训工作。协调有关部门做好中小企业、非国有经济名牌产品、驰名商标和著名商标的推荐和评议工作。

（十）会同有关部门组织推动中小企业信用担保体系建设、建立信用担保风险补偿机制，推进中小企业信用制度和信用担保机构评级制度建设，健全中小企业信用评价服务体系。

（十一）负责指导推进全民创业工作，推动和扶持小型微型企业创业基地建设，建立完善创业辅导服务体系，改善中小企业创业和非国有经济发展环境。

（十二）负责中小企业公共服务平台建设。协助有关部门推进中小企业、非国有经济信息化和电子商务信息技术应用。

（十三）承办市委、市政府交办的其他事项。

二、内设机构

根据上述职责，市中小企业发展促进局设8个内设机构：

综合处	调研处
科技创新服务处	服务体系发展处
非公经济发展处	区县经济服务处
规划统计处	经济合作处

三、班子成员

局长、党组书记：尉永久

副局长：华长虹（党组成员）

副局长：任鹏（党组成员）

副局长：王云齐（党组成员）

副巡视员：司志强

四、对外联络方式及网址

地址：天津市河东区十一经路88号

邮编：300171

电话：022-24308235

传真：022-24305108

网址：www.smetj.gov.cn

河北省工业和信息化厅

一、中小企业处（省民营经济领导小组办公室）

负责全省中小企业和民营经济的宏观指导、综合协调和服务工作；拟订促进中小企业和民营经济的发展规划和政策措施；拟订并组织实施中小企业发展专项资金年度计划和固定资产投资计划；指导河北省中小企业发展基金管理工作，协调解决相关问题；负责中小企业公共服务体系建设工作，指导中小企业公共服务平台网络，拟定并组织实施中小企业产业集群发展规划及建设；负责推进中小企业专精特新发展，促进中小企业管理能力提升；拟定并组织实施小微企业创业创新基地的规划与建设，统筹指导创业辅导机构和辅导队伍的建设和管理；负责中小企业、民营经济统计网络建设、运行监测和统计分析；承担省民营经济领导小组办公室的日常工作。

二、政策法规处

组织拟定全省中小企业、民营经济的地方性法规、规章草案并组织实施职责。

三、规划处

负责组织工业技术改造投资项目核准、备案工作；承担民族区域自治地区的帮扶职责。

四、财务处

负责中小企业专项资金预算管理，指导市、县（市、区）专项资金的设立和使用；组织实施内部审计、专项资金检查和绩效评价；负责指导企业融资工作，组织推进工业产融合作、银企对接工作。

五、产业政策处

组织拟订全省工业产业政策并监督执行，提出推进产业结构调整、产业聚集、工业与相关产业融合发展及管理创新的政策建议。

六、科技与节能综合利用处

组织实施有关国家和省科技重大专项，推动技术创新和产学研相结合；指导中小企业技术进步，参与开展“三下乡”活动；组织实施全省中小企业知识产权战略、质量和品牌发展战略，指导行业质量管理和品牌培育工作，推动区域品牌和中小企业品牌建设。

七、融资担保处

实施对融资性担保机构的监督管理和政策支持，

拟订并组织实施对融资性担保机构的风险补偿计划；推动中小企业信用担保体系建设；指导参与企业上市培育；承担省融资性担保业务监管联席会议办公室日常工作。

八、两化融合处

负责实施中小企业信息化推进工程，全面提升中小企业信息化发展水平和两化深度融合能力。

九、对外经济合作处

指导和推动中小企业和民营经济开展国际化经营和海外投资；指导中小企业对外开放、经济技术交流与合作，组织中小企业开拓市场。

十、人事处

研究拟订中小企业和民营经济人才队伍建设发展规划并组织实施；承担指导中小企业、民营企业人才引进、使用和培养，组织实施民营经济组织人才队伍提高工程，负责中小企业、民营企业人才培训项目实施和基地建设等职责。

十一、河北省工业和信息化厅领导班子成员名单

龚晓峰　厅长、党组书记，省国防科技工业党委书记
徐振川　省国防科技工业局局长、省国防科技工业党委副书记
刘永亭　副厅长、党组成员
段润保　副厅长、党组成员
周军堂　副厅长、党组成员
郝竹山　副厅长、党组成员
王学军　副厅长、党组成员（挂职）
郝莉笑　副厅长、党组成员
王士英　厅纪检组组长、党组成员、厅监察专员
邵建华　党组成员、省无线电管理局局长
王建分　副巡视员
苏会彬　总经济师
宋立功　总工程师

十二、对外联系方式及网址

联系电话：0311-87908778（白天）
　　　　　0311-87908738（夜间）
传真电话：0311-87908748（白天）
　　　　　0311-87801583（夜间）
地　　址：石家庄市和平西路402号
邮　　编：050071
网　　址：www.ii.gov.cn/
　　　　　www.smehb.gov.cn/

山西省中小企业局

山西省负责指导、管理、服务中小企业的政府职能部门是省中小企业局。2003年政府机构改革中，中共山西省委、山西省人民政府下发了《关于印发山西省人民政府机构改革方案的通知》（晋发〔2003〕27号），根据文件精神，山西省乡镇企业管理局（民营经济发展局）改组为山西省中小企业局（保留山西省乡镇企业管理局的牌子），为正厅级建制，是省人民政府指导、管理、服务中小企业、乡镇企业和非国有经济的直属机构。2004年4月，山西省中小企业局正式挂牌。

2009年政府机构改革，根据《中共山西省委、山西省人民政府关于印发〈山西省人民政府机构改革方案〉的通知》（晋发〔2009〕13号），设立山西省中小企业局，副厅级建制，由山西省经济和信息化委员会管理。

2009年9月，山西省人民政府办公厅印发了《关于印发山西省中小企业局主要职责内设机构和人员编制规定的通知》（晋政办发〔2009〕147号），方案规定：

一、职责调整

1.取消国务院及省人民政府已公布取消的行政审批事项。

2.将省中小企业局承担的农产品加工及质量监督管理职责划入省农业厅。

二、主要职责

1.贯彻执行国家和省有关中小企业和非公有制经济（以下统称为中小企业）的法律法规和方针政策；指导、服务中小企业；研究提出扶持全省中小企业发展的政策，组织或参与起草有关中小企业的地方性法规

和规章，并组织实施。

2.贯彻执行国家及省的产业政策，研究拟定全省中小企业的发展战略和发展规划，指导和推进中小企业产业结构的调整，指导全省中小企业发展园区建设。

3.监测、分析、预测全省中小企业运行态势，编制并组织实施中小企业近期发展调控目标和措施，协调解决中小企业发展中的重大问题。

4.指导全省各类中小企业的改革、改组、改造，推进现代企业制度的建立；指导中小企业融资上市工作；促进建立和发展中小企业产权及相关要素市场，指导中小企业的股份制改造。

5.对全省各种经济成分的中小企业实行宏观指导、协调和服务，规范企业行为；研究提出中小企业技术进步的政策，指导中小企业技术改造和新技术、新设备、新产品开发等工作；建立完善中小企业技术创新支撑体系，指导中小企业创新基地建设，推动中小企业信息化工作；参与指导、管理民营科技企业，向有关部门推荐、申报符合资格认定条件的民营科技企业和科技型中小企业创新基金项目。

6.研究提出改善中小企业融资环境的政策措施，协调解决中小企业融资的有关重大问题；提出政府扶持中小企业资金的筹集、管理、使用建议，负责省级中小企业发展基金和省级财政对中小企业扶持资金的管理使用，并向有关部门推荐、申报其他相关资金项目。

7.指导全省中小企业经营管理人员和职工的教育培训及人才、智力引进工作；指导全省中小企业外事、外经、外贸工作；组织中小企业开展国内外经济技术交流与合作；指导中小企业外资引进、利用工作。

8.指导中小企业服务体系建设，建立和完善创业辅导体系，改善创业环境；协调落实中小企业获得政府采购份额的有关工作。

9.配合有关部门做好中小企业环保节能、环境监测、安全生产、劳动用工、职业卫生、质量管理、社会保障等工作。

10.对非公有制经济发展进行规划、指导、监督、协调和服务。保护非公有制经济的合法权益，鼓励、支持和引导非公有制经济的发展。

11.提出促进县域经济发展的具体政策和措施，指导各县（市）确定符合本地实际的经济发展思路，研究县域经济发展中遇到的问题，推动县域经济发展。

12.配合有关部门做好全省中小企业党建、工会等工作和精神文明建设工作；指导本系统各类协会、学会和社团工作。

13.承担省人民政府及省经济和信息化委员会交办的其他事项。

三、内设机构

根据上述职责，省中小企业局设8个内设机构和离退休人员工作处。

办公室（省推动非公有制经济办公室）

综合协调机关日常工作；负责机关文电、会务、信息、宣传、督查、档案、机要、信访、提案、保密、保卫、财务、行政、后勤等工作。提出促进非公有制经济发展的政策措施和改革方案，对全省非公有制经济发展提出近期规划和远景目标，并在实施中进行指导和督促。协调工商、金融等部门支持非公有制经济诚信守法经营。

人事处（机关党委）

负责机关和直属单位的人事工作和机构编制工作；承担本系统出国人员的政审工作；配合有关部门做好全省中小企业党建、工会等工作和精神文明建设工作；负责机关和直属单位的党群工作。

政策法规处

起草有关中小企业的地方性法规、规章草案；承办规范性文件的合法性审核工作；监督检查有关法律法规的执行情况；研究提出扶持中小企业改革与发展的综合性政策建议；承办行政复议、行政应诉、行政赔偿及其他法律事务；指导各类中小企业改革，引导中小企业建立现代企业制度；促进建立和发展中小企业产权及相关要素市场，指导中小企业的股份制改造和上市工作；指导中小企业服务体系建设；指导本系统各类协会、学会和社团工作。

发展规划处

研究提出中小企业发展战略、中长期规划和年度目标；负责省级中小企业发展基金和省级财政对中小企业扶持资金的管理使用；负责本系统基建项目管理；指导中小企业的外事、外经、外贸工作；组织中小企业开展国际经济合作与交流，参与组织中小企业国际市场开拓资金项目的申报工作。

管理指导处

贯彻执行国家和省的产业政策，研究提出中小企业的产业发展方向、重点和有关政策，指导中小企业的产业结构和布局结构调整，指导全省中小企业发展园区建设；指导地区间、企业间的协作联合，协助有关部门开展招商引资；组织产品展销等活动；负责中小企业类型划分和认证工作；指导中小企业诚信建设工作；配合有关部门做好中小企业环保节能、安全生产、劳动用工等工作。

经济监测处

监测、分析、预测全省中小企业运行态势，组织对中小企业经济运行中出现的重大问题进行调查研究，并提出对策和建议；会同有关部门研究制定中小企业统计制度并组织实施；负责中小企业统计数据、报表的汇总、分析工作；负责中小企业经济信息的收集、整理、分析和发布工作；研究提出中小企业创业辅导服务体系建设的政策措施，建立和完善创业辅导体系，配合有关部门做好再就业工作；根据城镇化进程提出县域经济发展的具体政策和措施，指导县域经济走新型工业化道路，推动发展特色经济和民营经济；承担县域经济发展的监测和统计工作。

科教质量处

指导全省中小企业人才开发、引进以及教育培训、职称评审、技术进步、产品开发等工作；建立完善中小企业技术创新支撑体系，指导中小企业创新基地建设，参与中小企业新技术、新产品鉴定的有关工作和重大科技成果的推广应用；组织开展国际、国内技术交流与合作，推进中小企业的产学研联合工作；参与指导、管理民营科技企业，负责民营科技企业的申报工作和科技型中小企业创新基金项目的申报；配合做好中小企业质量管理工作。

融资财务处

研究提出改善中小企业融资环境的政策措施，协调解决中小企业融资的有关重大问题；指导中小企业直接融资工作，引导、推动民间资金和风险投资机构投资中小企业；负责推进中小企业信用制度建设，会同有关部门建立和完善信用征集及评价体系；指导中小企业信用担保体系建设工作，引导和规范信用与担保行业发展，制定并实施中小企业信用担保支持计划；协调落实中小企业获得政府采购份额的有关工作；负责局直属单位的财务管理工作。

四、人员编制

省中小企业局机关行政编制为45名（含离退休人员工作处编制4名）。其中：局长1名，副局长3名；正副处级领导职数19名（含机关党委专职副书记1名、离退休人员工作处领导职数2名）。

五、其他事项

省中小企业局不再保留省乡镇企业管理局的牌子。

所属事业单位的设置、职责和编制事项另行规定。

六、领导班子

李东洪　局党组书记、局长

王怀荣　副局长

闫龙江　局党组成员、副局长

武晨阳　局党组成员、副局长

冯志山　局党组成员、副局长

王斌副　巡视员

七、对外联系方式及网址

联系电话：0351-5607109

传真电话：0351-5607109

网　　址：www.sxsme.gov.cn/

另　　外：

2012年，根据山西省机构编制委员会办公室《关于省中小企业局增设服务体系建设处的通知》（晋编办字〔2012〕156号），山西省中小企业局增设服务体系建设处，正处级建制，核定处级领导职数1正1副。

主要职责是：研究中小企业服务体系建设的保障措施，培育服务队伍，规范中小企业服务市场；指导省级中小企业公共服务示范平台的建设；负责省级服务体系建设资金的管理和使用；总结推广服务体系建设典型经验和发展模式；协调中小企业获得政府采购份额的工作。

辽宁省工业和信息化委员会

辽宁省负责指导、协调和综合管理中小企业的政府部门是辽宁省工业和信息化委员会。

近两年，辽宁省中小企业工作部门多次变化。2016年4月，辽宁省机构编制委员会下发《关于组建省企业服务局的通知》（辽编发〔2016〕15号）将辽宁省中小企业局更名为辽宁省企业服务局（辽宁省中小企业局），不再由省经济和信息化委管理。2017年1月，辽宁省机构编制委员会下发《关于调整省软环境建设领导小组办公室设置等事项的通知》（辽编发〔2017〕2号），将省企业服务局承担的中小微企业、乡镇企业、民营经济、城镇集体经济发展促进和宏观指导等职责划入省工业和信息化委，并增设中小企业局。

2017年2月，辽宁省人民政府办公厅印发《关于辽宁省工业和信息化委员会（辽宁省国防科技工业办公室）主要职责内设机构和人员编制规定的通知》（辽政办发〔2017〕18号），具体规定如下：

一、主要职责

负责中小微企业、乡镇企业、民营经济、城镇集体经济发展的宏观指导和综合协调，拟订并组织实施发展规划和相关政策措施，监测分析发展动态，推动建立完善服务体系，协调解决有关重大问题。

二、处室设置及其职责

中小企业局：负责中小微企业、乡镇企业、民营经济、城镇集体经济发展的宏观指导和综合协调，拟订并组织实施发展规划和相关政策措施，监测分析发展动态，推动建立完善服务体系，协调解决有关重大问题，拓宽融资渠道，组织开展融资服务，推动中小微企业信用担保体系建设，宏观指导全省企业法律顾问和企业改革工作，组织相关企业经营管理人员培训等工作。按分工承担企业帮扶工作。

行政编制8名，局长职数1名（正处级）、副局长职数2名（副处级）。

三、领导班子成员名单

主　任：谭成旭（党组书记）

副主任：赵凤民（纪检组长） 陈汝义 高　巍 冯文胜 薛　亮（分管中小企业局）

四、对外联系方式及网址

联系电话：024-86906657、86906664、86892639

网　　址：www.lneic.gov.cn

吉林省工业和信息化厅（吉林省中小企业局）

一、主要职责

负责中小企业发展的宏观指导，会同有关部门拟订促进中小企业发展和非国有经济发展的相关政策和措施，协调解决有关重大问题。

二、涉及中小企业工作处室设置

中小企业处

负责中小企业的宏观指导，会同有关方面拟订促进中小企业发展和非国有经济发展的相关政策和措施；协调解决有关重大问题。具体职能：一是负责中小企业宏观指导，会同有关方面拟定促进中小企业、非国有经济发发展的相关政策措施，编制中小企业中长期发展规划；二是负责统计监测中小企业情况用运行趋势；三是组织申报国家中小企业专项资金扶持项目，审核省中小企业发展专项资金扶持项目；四是拓宽中小企业市场合作渠道，引导中小企业加快“走出去”步伐；五是推进中小企业信息建设。

融资服务处

提出改善工业企业和中小企业融资环境的政策措施，协调解决工业和中小企业融资的有关重大问题；负责提出企业发行债券的初审意见，引导和推动民间资金和风险投资机构投资中小企业；促进中小企业信用担保体系建设。

创业服务处

负责指导全民创业工作；指导中小企业广泛吸纳社会人员就业工作；指导中小企业加强经营管理；负责服务体系建设，整合社会资源为中小企业、非公有经济发展服务。

民营经济处

会同有关部门研究拟订促进民营经济发展的相关政策、措施，以及民营经济发展规划，并协调组织实施；推动建立、完善促进民营经济发展的相关服务体系；协调解决民营经济发展过程中的重大问题；完成省突出发展民营洗衣机领导小组交办的其他工作。

三、领导班子成员名单

厅　长：朱天舒（党组书记）

副厅长：马　军 翟宪枝 张　毅 宫　毓 刚步民 孙大维 卢大明 姚忠龙 王　君

四、对外联系方式和网址

联系电话：0431-88904501 、88904518

网　　址：gxt.jl.gov.cn

上海市中小企业服务机构

一、市促进中小企业发展工作领导小组

参照国家促进中小企业发展工作领导小组设置情况，2010年5月19日，本市成立了上海市促进中小企业发展工作领导小组（沪府办发〔2010〕20号）。（组长：分管副市长；副组长：市政府副秘书长、市经信委主任、市财政局局长；成员单位：市政府23个委办局和机构；领导小组办公室：设在市经济和信息化委，委分管副主任任办公室主任。市中小企业办承担领导小组办公室日常工作。）不少区设立有区促进中小企业发展工作领导小组或联席会议。

二、市中小企业工作主管部门

上海市经信委

区层面为区经委（科经委、商务委）

江苏省经济和信息化委员会

根据《中共中央办公厅国务院办公厅关于印发〈江苏省人民政府机构改革方案〉的通知》（厅字〔2009〕21号）和《中共江苏省委江苏省人民政府关于印发〈江苏省人民政府机构改革实施意见〉的通知》（苏委〔2009〕252号），设立省经济和信息化委员会，为省政府组成部门，挂省中小企业局、省乡镇企业局牌子。

一、涉及中小企业工作的主要职责

制定贯彻国家产业政策的实施意见，推进产业结构调整和优化升级。研究提出产业发展方向和重点行业发展的政策措施。提出优化产业结构、所有制结构和企业组织结构的政策建议。负责信息产业园区、乡镇工业和中小企业集中区规划建设的指导与服务。参与各类工业园区的业务指导工作。联系和指导有关行业协会及其他社会中介组织的工作。

负责中小企业（含民营经济、乡镇企业，下同）发展的综合指导与协调。拟订发展中小企业的地方性法规、规章和政策措施并组织实施。拟订全省中小企业发展专项规划并组织实施。监测分析中小企业运行态势，协调解决中小企业发展的重大问题。指导创业基地建设，推进中小企业自主创新，促进产业结构和产品结构调整。指导中小企业开展国内外经济技术交流与合作，推进中小企业与大企业协作配套发展。指导和推进中小企业服务体系与融资担保体系建设。促进金融机构建立与中小企业的融资渠道，承担或参与中小企业发展基金、担保基金的建立和管理方面的有关工作。负责融资性担保机构的监管。

二、主要领导及分管领导

谢志成　省经济和信息化委员会党组书记、主任

祁　彪　省经济和信息化委员会党组成员、副主任

陆元刚　省经济和信息化委员会巡视员

三、涉及中小企业工作的主要处室

中小企业综合协调处（省民营经济投诉中心）：负责全局业务综合协调工作；落实国家和省有关中小企业法规、方针、政策；拟订促进和扶持中小企业发展的地方性法规及政策；承担中小企业系统的行政复议工作；组织中小企业发展与改革中重大问题的调查研究，提出中长期发展战略和规划；承担中小企业发展扶持资金的预算、管理与监督工作；承担民营经济投诉工作。

中小企业改革发展处（融资担保处）：指导中小企业改革和制度创新，提高经营管理水平，组织企业家队伍培训工作；推进中小企业服务体系建设；研究提出中小企业融资、担保的政策措施；承担全省融资性担保机构的设立与变更审批、关闭和日常监管；开展中小企业创业辅导，指导创业基地建设。

中小企业科技创新处：承担中小企业经济信息的统计、汇总、分析与发布工作，监测中小企业发展态势；指导中小企业信息化建设，推动中小企业应用信息技术化；指导中小企业科技进步、技术创新工作；指导中小企业的财务、会计和内部审计工作。

四、对外联系方式

单位地址：南京市北京西路16号苏兴大厦

邮政编码：210008

联系电话：025-86635039

传真电话：025-83328173

网　　址：www.jseic.gov.cn

安徽省经济和信息化委员会

一、主要职责

贯彻执行国家有关经济、信息化和无线电管理的方针政策和法律法规，拟订相关地方性法规规章草案；拟订并组织实施经济和信息化的发展规划，推进产业结构战略性调整和优化升级，推进信息化与工业化融合；制定并组织实施工业、信息化相关行业的规划、计划和产业政策，提出优化产业布局、结构的政策建议；拟订行业技术规范与行业标准并组织实施，指导行业质量管理和安全生产管理工作；监测、分析经济运行态势，调节经济日常运行；制定和实施近期经济运行调控目标和政策措施，提出解决经济运行中重大问题的意见和建议；收集、整理、分析和发布经济信息；承担工业、信息化相关行业应急管理、产业安全和国防动员有关工作；负责提出工业、信息化技术改造投资规模和方向的建议，提出行业投资布局建议；按照规定权限，审批、核准国家和省规划内及年度计划规模内工业和信息化固定资产投资项目，并对重点项目进行监管和督查；拟订并组织实施高技术产业中涉及生物医药、新材料等的规划、政策和标准；组织推动企业技术创新；指导企业技术进步、技术引进和重大技术装备研制，推进高新技术与传统工业改造结合；推动产学研联合；拟订并组织实施工业、信息化相关产业的能源节约、资源综合利用、清洁生产促进政策；参与拟订能源节约和资源综合利用、清洁生产促进规划；组织协调示范项目和新产品、新技术、新设备、新材料的推广应用；指导和协调工业环境保护和节能环保产业的发展；负责墙体材料革新和建筑材料节能管理、散装水泥推广等工作；承担煤炭和非煤矿山安全生产监督管理责任，负责煤炭工业生产管理和非煤矿山行业管理工作；负责煤炭固定资产投资规划和年度计划规模内有关技术改造投资年度计划编制工作，衔接平衡煤炭重点企业发展规划和生产建设计划；编制和实施年度煤炭计划，协调煤炭生产和安全管理中的重大问题；指导检查非煤矿山标准化建设和安全生产管理工作；拟订并组织实施煤电运等要素保障的政策措施，协调重要物资的紧急调度和综合运输；承担电力工业管理与运行监测工作，监督指导电力调度，指导电力生产安全管理，协调电力生产的重大问题；负责全省盐业行政管理和省级医药储备管理；负责中小企业和非公有制经济发展的宏观指导，拟订促进中小企业和非公有制经济创业创新的政策措施，协调解决有关重大问题；统筹推进全省信息化工作，组织拟订相关政策措施并协调信息化建设中的重大问题，促进通信网、广播电视网和计算机网融合发展，指导协调电子政务发展，推动跨行业、跨部门的互联互通和重要信息资源的开发利用、共享；承担信息安全管理的责任，指导和监督政府部门、重点行业的重要信息安全系统与基础信息网络的安全保障工作，协调全省信息安全保障体系建设，指导信息安全防范工作；协调处理网络与信息安全重大事件；负责无线电频率资源管理，依法监督管理无线电台（站）；负责无线电监测、检测和干扰查处，维护空中电波秩序；协调军地无线电管理相关事宜，协调处理无线电干扰事宜，依法组织实施无线电管制；承办省政府交办的其他事项。这些职责涵盖了全省工业经济、信息化发展、无线电管理等。

二、处室设置

办公室、综合法规处、政策研究室、经济运行局、产业政策处、规划处、技术改造处、科技处、节能与综合利用处、中小企业局（推进民营企业合作发展处）、企业发展服务处、电力处、安全生产处、煤炭工业办公室、非煤矿山管理办公室、装备工业处、原材料工业处、消费品工业处、电子信息处、软件服务业处、信息化推进处、信息资源与基础设施处、信息安全协调处、无线电管理处、重点项目督查办公室、人事教育处、财务处、离退休工作局、机关党委。

三、省经信委领导班子成员名单

牛弩韬　省经济和信息化委员会党组书记、主任
徐成然　省经济和信息化委员会党组副书记、副主任，省国防科工办党组书记、主任
王有军　省经济和信息化委员会党组成员、副主任
吴韦人　省经济和信息化委员会党组成员、副主任
王灯明　省经济和信息化委员会党组成员、副主任
廖为真　省经济和信息化委员会党组成员、省纪委驻省经信委纪检组组长
王厚亮　省经济和信息化委员会党组成员、副主任
徐文章　省经济和信息化委员会党组成员、总工程师
展　岩　省经济和信息化委员会党组成员、离退休工作局局长

陈家宝　省经济和信息化委员会副巡视员

四、对外联系方式及网址

地　　址：合肥市包河区屯溪路306号金安大厦
邮　　编：230001
值班电话：0551-62871122
传真电话：62871004
网　　址：http://www.aheic.gov.cn

福建省经济和信息化委员会

一、机构名称

福建省经济和信息化委员会，属于福建省人民政府组成部门，正厅级。

二、主要职责

（一）贯彻执行国家工业和信息化发展战略、法律法规和政策；起草并组织实施我省相关地方性法规、政府规章；拟订并组织实施新型工业化、信息化的战略、规划、计划及政策措施，推进现代产业体系建设，指导、监督、检查执行情况；参与拟订全省国民经济和社会发展战略、中长期规划和年度计划。

（二）负责监测分析全省经济运行态势，并发布相关信息；拟订并组织实施工业、信息化运行调控目标、政策和措施；协调解决工业和信息化运行中的有关问题；建立并组织实施重点行业、重点企业、重点产品运行调度机制和经济运行应急调度机制；拟订并组织实施全省重点支农产品、重要工业品、重要生产原材料等的调控方案，组织协调煤电油气运等重要生产要素、重要原材料的调控方案；牵头协调各种交通运输方式；建立工业企业服务机制。

（三）负责拟订并组织实施我省产业发展、结构调整升级的政策措施；负责提出工业和信息化领域固定资产投资方向和目录；按规定负责管理工业和信息化领域企业投资项目，指导推进企业技术改造；拟订并组织实施工业和信息化领域企业投资项目利用政府资金的政策和使用管理办法；负责拟订指导推进民营经济发展的政策措施；牵头承担民营企业产业项目对接；指导、推进工业和信息化领域闽台、闽港、闽澳和对外产业交流与合作；拟订产业龙头促进计划、产业集群建设发展意见和政策措施，统筹、规划、指导、协调全省工业产业园区（基地）建设。

（四）负责相关能源行业管理；负责监测分析能源运行情况并发布能源信息；衔接能源生产和供需平衡，协调解决能源运行中的重大问题；培育和监管能源市场；提出能源价格调整建议；负责煤炭、电力、石油、天然气等能源产品的应急保障工作；负责全省电力运行与调度管理；负责天然气调度及管道安全管理；依法负责全省发电企业并网运行条件审查；依法承担全省电力行政执法工作。

（五）负责全省节能监督管理；组织协调、监督管理循环经济发展工作；组织协调清洁生产促进工作；指导资源综合开发和合理利用；依法承担节能等相关行政执法工作。

（六）负责原材料工业、装备工业、消费品工业、电子信息工业、软件和信息服务业等行业管理工作；拟订并组织实施行业技术规范、标准、行业准入和产业政策；指导行业质量和品牌工作；协调解决行业运行发展中的重大问题；按规定负责盐业行政管理；负责传统工艺美术行业管理；依法负责农药生产的监督管理；依法管理稀土资源综合开发和合理利用。

（七）负责国防科技工业的综合协调和管理，拟订并组织实施行业发展规划，引导行业布局；推进军民融合发展的武器装备科研生产体系建设；负责民爆器材行业管理和生产经营环节的安全监管；承担国家国防科技工业局交办的任务。

（八）负责指导和服务企业改革和发展；牵头拟订促进中小企业发展的政策措施；负责建立和完善中小企业服务体系和融资担保体系；引导和支持企业提升经营管理水平；负责指导和服务全省乡镇企业的有关工作；依法指导企业法律顾问工作。

（九）负责牵头协调推进战略性新兴产业发展；负责拟订并组织实施企业技术创新的政策措施；指导引进重大技术装备的消化创新；承担指导协调企业技术创新公共服务平台建设有关工作；指导和推动产学研联合，组织实施重大产业示范工程。

（十）负责协调、指导生产性服务业发展，研究提出相关政策措施，推进制造业和服务业融合发展；统筹规划、指导现代物流、工业设计、典当、融资租赁、小额贷款机构等生产性服务业发展；指导推进科技服务、售后服务、服务外包等工作。

（十一）负责全省无线电频率资源的分配和管理；依法监督管理无线电台（站）；负责无线电监测和检测；负

责协调处理军地间无线电管理相关事宜；负责协调处理无线电干扰事宜，维护空中电波秩序；依法组织实施无线电管制；承担福建省无线电管理委员会的日常工作。

（十二）负责指导全省信息产业发展；统筹、规划、协调工业化和信息化深度融合工作；依法承担信息系统工程建设市场的监督管理。

（十三）组织开展省际、区际间的经济技术协作活动；指导协调省际、省内、区域、企业的经济技术协作；联系外省政府驻闽办事机构；承担省政府有关对口支援工作。

（十四）负责组织协调有关部门做好支前工作，承担省国防动员委员会支前办公室的具体工作。

（十五）负责协调推进信息消费工作，会同有关部门研究提出相关政策措施并组织实施。

（十六）承办省委、省政府交办的其他事项。

三、处室设置

办公室
综合处
政策法规处（省减轻企业负担办公室）
计划财务处
投资和规划处
产业协调处（省民营企业对接办公室）
技术进步处
中小企业处
能源处（省电力执法办公室）
环境和资源综合利用处（省节能监察办公室）
装备工业处
国防科技工业处
原材料工业处（省稀土办公室）
石化工业处（省履行禁止化学武器公约事务办公室）
消费品工业处
电子信息处
软件服务业处
无线电频率台站管理处
无线电监督检查处
信息化推进处
生产服务业处
经济技术协作处（省政府对口支援办公室）
支前工作处
产业研究室
人事处
直属机关党委
离退休干部工作处
经济运行局
信息产业工会及驻委纪检组

四、领导班子成员名单

翁玉耀　省经信委主任、党组书记
郭恒明　省经信委副主任（正厅长级）、党组成员、省国防动员委员会支前办公室主任、直属机关党委书记
谢超雄　省经信委副主任（正厅长级）、党组成员、省国防科技工业办公室主任
李长根　省经信委党组成员、纪检组长
陈建业　省经信委副主任、党组成员
李志忠　省经信委总工程师、党组成员
兰　文　省经信委副主任、党组成员
余须东　省经信委副巡视员

五、对外联络方式及网址

办公地点：福建省政府大院8号楼一、二、三、四层
通讯地址：福州市华林路76号省政府大院8号楼
邮　　编：350003
传真/电话：0591-87833668
网　　址：www.fjetc.gov.cn

江西省工业和信息化委员会

一、主要职责

（一）贯彻执行国家工业和信息化发展战略、法律法规和政策；拟订工业和信息化地方性法规、规章和政策并组织实施，对政策法规的执行情况进行监督检查。

（二）研究提出全省新型工业化发展战略，协调解决新型工业化进程中的重大问题；在全省经济社会发展总体规划框架内，拟订并组织实施工业和信息化发展规划，提出优化产业布局、结构调整的政策建议；协调推进有关战略性新兴产业发展。

（三）监测分析工业、信息化运行态势并发布相关信息，协调解决有关问题并提出政策建议；承担综合运输协

调的职责，指导协调现代物流工作；负责工业应急管理、产业安全和国防动员有关工作。

（四）拟订并组织实施工业行业技术规范、标准、行业准入和产业政策，推进行业技术基础、知识产权、质量品牌管理，协调行业发展中的重大问题；指导工业和信息化领域加强安全生产管理，参与主管领域安全事故调查处理；负责盐业行政管理；负责农药生产的监督管理，办理国家履行《禁止化学武器公约》有关事项；承担省级药品储备管理工作；依法管理稀土资源综合开发和合理利用；协调烟草工业生产和专营管理工作。

（五）拟订并组织实施企业技术创新的政策措施，以先进适用技术改造提升传统产业，指导引进重大技术装备的消化吸收再创新；组织推进企业创新体系建设和产学研相结合，指导协调企业技术创新公共服务平台建设；组织实施有关科技重大专项，推进相关科研成果产业化。

（六）按省政府规定权限，审批、核准规划内和年度规模内工业和信息化固定资产投资项目（主要指技术改造投资项目）；承担国家工业和信息化部审批、核准的投资项目的审核、申报工作；指导推进企业技术改造。

（七）拟订并组织实施工业的能源节约和资源综合利用、清洁生产促进政策；参与拟订能源节约和资源综合利用、清洁生产促进规划和污染控制政策；组织协调相关重大示范工程和新产品、新技术、新设备、新材料的推广应用；负责新型墙体材料、散装水泥和预拌混凝土、干粉砂浆的管理工作。

（八）负责中小微企业和非公有制经济发展的综合指导和协调，拟订并组织实施中小微企业和非公有制经济发展政策和措施，协调解决有关重大问题；负责中小企业成长工程和国家扶持中小企业发展专项资金项目的组织实施。

（九）推进企业融资服务体系建设，提出政策建议；强化信用管理，配合有关部门指导融资性担保行业发展，搭建投融资平台；促进金融机构与企业建立合作机制，协调解决企业融资问题；负责建立和完善中小微企业服务体系。

（十）依法管理工业园区，组织、指导特色产业园区、生态工业园区及数字化园区建设，协调解决园区发展中的重大问题，承担省工业园区工作领导小组办公室的工作。

（十一）促进工业设计发展；配合有关部门，推动工业、信息化领域电子商务应用与发展；指导推进科技服务、售后服务等工作。

（十二）建立服务省内工业企业的工作体系；指导企业管理创新，制定企业经营管理人员培训规划，组织实施企业（不含省国资委所监管企业）经营管理人员培训工作，加强企业家队伍建设。

（十三）统筹推进全省信息化工作，组织制定相关政策并协调解决信息化建设中的重大问题；推进信息技术和互联网的普及应用，推进信息化和工业化融合；推进信息消费发展；统筹推进电子政务。

（十四）按照规定权限，负责信息网络发展规划，协调推进信息化基础设施建设；协调推进通信网、广播电视网和互联网“三网融合”发展；依法监督管理信息服务市场。

（十五）承担相关信息安全管理的责任；负责协调信息安全及其保障体系建设；指导监督政府部门、重点行业的重要信息系统与基础信息网络的安全保障工作；协调处理网络与信息安全的重大事件。

（十六）依照权限统一配置和管理无线电频谱资源，依法监督管理无线电台（站）；负责无线电发射设备的管理；协调处理军地无线电管理相关事宜；负责无线电干扰监测、检测及查处工作，协调处理电磁干扰事宜；维护空中电波秩序，依法组织实施无线电管制。

（十七）开展工业和信息化的对外合作与交流。

（十八）承办省人民政府交办的其他事项。

二、主要领导和分管领导

杨贵平　省工业和信息化委员会党组书记、主任

辛清华　省工业和信息化委员会党组成员、总工程师

三、工作承担处室

中小企业处：负责全省中小微企业的综合协调、指导和监测分析，提出发展规划和政策措施建议；承担中小企业成长工程的具体实施、服务体系建设工作。监测分析全省非公有制经济发展态势，提出促进非公有制经济发展的政策措施建议；指导非公有制企业加强管理；承担小企业创业基地建设推进工作。

处长：杨金娥

四、对外联系方式

办公地点：南昌市卧龙路999号省行政中心西3栋414室

邮　　编：330038

联系电话：0791-88916358

山东省中小企业局

一、机构概况

根据《中共山东省委、山东省人民政府关于山东省人民政府机构改革实施意见》(鲁发〔2000〕9号),在省经济贸易委员会内设立山东省中小企业办公室,同时挂山东省乡镇企业办公室牌子,负责全省乡镇企业、个体私营企业的规划、指导、协调、服务工作。2012年12月,山东省中小企业办公室(挂山东省乡镇企业办公室牌子)更名为山东省中小企业局(挂山东省乡镇企业局牌子)。2015年,下设综合人事处、政策调研处、规划发展处、科技管理处、创新服务处;机关党委;机关服务中心、发展促进中心。

二、主要职责

贯彻国家有关发展中小企业的方针、政策和法律法规,研究提出全省中小企业的发展战略、规划和政策法规,会同有关部门监督实施;根据国家的产业政策,指导中小企业合理布局和产业、产品结构调整,提高产品质量和经营管理水平;指导中小企业体制改革,对全省中小企业发展中的重大问题提出政策建议;指导全省个体私营经济的发展,研究拟定有关发展规划、鼓励政策和管理办法;指导中小企业的财务会计、内部审计、质量、安全、环境保护、资产管理和资产评估等工作;组织指导中小企业对外经济技术交流与合作,协调和指导中小企业利用外资和出口创汇工作;负责全省中小企业统计工作;研究掌握中小企业的生产动态,汇集、分析和发布有关经济技术信息,提供信息咨询服务;组织指导中小企业的科技进步和技术创新,负责乡镇企业技术改造项目审核申报工作;指导中小企业的职工教育培训工作;组织指导直属企事业单位的改革,推动直属事业单位逐步走向社会、进入市场;组织实施机关人员分流工作;承办省经济贸易委员会交办的其他事项。

三、领导成员

王兆春 局长、分党组书记

邢亚民 副巡视员

杨亚强 副局长、分党组成员

四、联系方式及网址地址

地 址:山东省济南市玉函路25号

联系电话:0531-82037297

传真电话:0531-82037201

网 址:www.sdqy.gov.cn/

湖北省经济和信息化委员会

一、主要职责

(一)贯彻落实国家和省关于新型工业化和信息化的方针、政策和法规,拟订相关地方性法规、政府规章;提出新型工业化发展战略和政策建议,协调解决新型工业化进程中的重大问题,推进信息化和工业化融合。

(二)拟订并组织实施工业行业规划、计划和产业政策,提出优化产业布局、结构的政策建议,拟订行业技术规范和标准并组织实施,指导行业质量管理工作,负责企业负担监督工作。

(三)监测分析工业经济运行态势,进行预测预警和信息引导,协调解决行业运行发展中的有关问题并提出政策建议;组织重要物资的紧急调度和参与紧急运输协调工作,协调日常经济运行中的突出和重大问题;负责工业应急管理、产业安全和国防动员有关工作。

(四)负责提出工业和信息化固定资产投资规模和方向的意见,按省政府规定权限审核、批准省政府规划内和年度计划内固定资产投资项日。

(五)承担振兴装备制造业组织协调的责任;依托国家和省重点工程建设协调有关重大专项的实施,推进重大技术装备国产化,指导引进重大技术装备的消化创新。

(六)主管电力行政工作;负责编制全省年度电力电量平衡计划并组织实施;履行《电力法》授予的电力监督检查权和行政执法权。

(七)提出企业技术进步政策的建议,组织推动企业技术改造、技术创新;推进产学研结合,促进相关科研成果产业化,推动软件服务业和新兴产业发展。

(八)组织拟订县域经济发展规划和政策,指导县域培育发展特色产业和产业集群;监测分析县域经济发展动态,协调解决县域经济发展中的重大问题;负责县域经济目标考核工作。

(九)负责中小企业发展的宏观指导,会同有关部门拟订促进中小企业发展和非公有制经济发展的相关政策和措施,推进中小企业服务体系建设,协调解决有关重大问题;负责编制中小企业发展资金使用计划和中小企业统计工作。

(十)拟订并组织实施工业能源节约和资源综合利用、清洁生产促进政策,参与拟订能源节约和资源综合利用、清洁生产促进规划,组织协调相关重大示范工程和新产品、新技术、新设备、新材料的推广应用。

（十一）负责机械、汽车、石化、信息、轻工、纺织、冶金、建材、磷化、盐业、食品、医药、煤炭、包装等工业行业管理和医药储备管理，指导相关行业加强安全生产管理；承担省履行《禁止化学武器公约》工作领导小组的日常工作。

（十二）统筹推进信息化工作，拟订信息化发展战略、政策；负责信息化建设的统一规划、组织协调和监督管理；指导和促进信息技术在国民经济和社会各领域的推广应用；负责规划和组织电子政务建设，协调电子商务发展，协调推动跨地区、跨行业、跨部门的互联互通和重要资源的开发利用、共享；承担省信息化领导小组、省电子政务工作领导小组的日常工作。

（十三）负责协调维护信息安全和网络与信息安全保障体系建设；指导监督政府部门、重点行业的重要信息系统与基础信息网络的安全保障工作；协调处理网络与信息安全的重大事件；承担省网络与信息安全协调小组的日常工作。

（十四）拟订并组织实施信息资源开发利用和信息基础设施建设中长期规划和年度计划，参与制定相关的支持政策；协调推进通信、广播电视和计算机网络融合发展，跟踪推进信息基础设施重大项目建设；协调通信市场涉及社会公共利益的重大事宜。

（十五）负责无线电和电子电器产品维修行业管理工作。

（十六）为大企业提供“直通车”服务，承担省大企业“直通车”服务领导小组的日常工作。

（十七）承办上级交办的其他事项。

二、处室设置

办公室（财务处）
政策法规处（企业负担监督办公室）
规划和技术改造处
产业政策处
科学技术处
经济运行处
中小企业发展处
融资担保服务处
节能与综合利用处
县域经济处
运输协调
电力处
煤炭管理处
机械汽车产业处
重化产业处
轻工纺织产业处
医药产业处
电子信息产业处
软件和信息服务业处
信息化推进处
电子政务处
信息安全协调和基础设施管理处
对外经济合作处
人事处
机关党委
监察室
离退休干部工作办公室

三、对处联系方式

地址：湖北省武汉市武昌水果湖省委大院
邮编：430071
电话：027-87233838
网址：www.hbeitc.gov.cn

湖南省经济和信息化委员会

一、主要职能

根据《中共湖南省委湖南省人民政府关于印发〈湖南省人民政府职能转变和机构改革方案的实施意见〉的通知》（湘发〔2014〕12号）和《中共湖南省委湖南省人民政府关于湖南省人民政府机构设置的通知》（湘发〔2014〕13号），设立湖南省经济和信息化委员会（挂湖南省国防科技工业局牌子），为省人民政府组成部门。

二、职能转变

（一）行政审批事项。

取消、下放、调整、增加由省人民政府公布予以变动的行政审批事项。

（二）整合的职责。

1. 将原省国防科工局的职责划入省经济和信息化委员会。

2. 将原省石化行业管理办公室承担的负责禁止化学武器有关职责及会同有关方面实施农药准入管理的职责划入省经济和信息化委员会。

3. 将省经济和信息化委员会的国民经济运行调节职责、节能监管职责划入省发展和改革委员会，能源规划与建设职责划入省能源局。

（三）增加的职责。

承担盐业和国家储备盐管理工作。

三、主要职责

（一）贯彻落实国家和省有关经济和信息化的方针政策和法律法规；起草工业、信息化领域的地方性法规、规章草案并对相关法律法规的执行情况进行监督检查。

（二）拟订并组织实施工业、信息化发展规划、计划及产业政策；研究提出推进产业结构调整、工业与相关产业融合发展及管理创新的政策建议；指导工业和信息化领域加强安全生产、质量管理和应急管理工作；会同有关部门做好全省维护企业稳定工作。

（三）负责全省工业和信息化领域的日常经济运行调节，编制并组织实施近期工业和信息化领域的经济运行调控目标、政策和措施；监测分析近期工业和信息化领域的经济运行态势，统计并发布相关信息，统筹协调解决经济运行中的突出矛盾和问题并提出政策建议。

（四）拟订全省新型工业化的发展战略，协调解决有关重大问题；推进信息化和工业化融合，推进高新技术与传统工业改造结合；推进全省国民经济和社会信息化。

（五）负责工业和信息化领域的国防动员有关工作；指导工业和信息化领域技术进步、技术创新；推进工业行业体制改革和管理创新，推进产学研结合和科研成果产业化；编制和组织实施技术改造规划，提出工业和信息化固定资产投资规模和方向（含利用外资和境外投资）。

（六）负责中小企业和非公有制经济发展的宏观指导；制订全省中小企业和非公有制经济中长期发展规划并组织实施；推进中小企业服务体系建设和全民创业；综合协调有关部门拟订促进中小企业和非公有制经济发展的改革措施，协调解决有关重大问题。

（七）参与拟订能源节约和资源综合利用规划；拟订并组织实施工业能源节约和资源综合利用政策；承担工业企业的节能考核和监察工作；组织推进清洁生产工作；组织协调相关重大示范工程和相关新产品、新技术、新设备、新材料的推广应用。

（八）负责煤炭、电力、石油、天然气和原材料等经济运行保障要素的工业经济运行；促进企业内部物流社会化。

（九）统筹推进经济和社会领域信息化工作；指导协调电子政务发展；推动跨行业、跨部门的互联互通和重要信息资源的开发利用、共享；推进全省信息化建设；协调全省公用通信网、互联网、广播电视网和其他专用通信网的规划和建设，促进网络资源共享。

（十）拟订全省信息安全发展战略、规划，指导、协调信息安全保障体系建设；指导监督政府部门、重点行业重要信息系统与基础信息网络的安全保障工作；协助处理网络与信息安全的重大事件。

（十一）统一配置和管理无线电频谱资源，依法监督管理无线电台（站），协调处理军地间无线电管理相关事宜，负责管理无线电监测、检测、干扰查处，协调处理电磁干扰事宜，维护空中电波秩序，依法组织实施无线电管制。

（十二）负责推动软件业和信息服务业的发展，协调解决重大问题；推动软件公共服务体系建设，推进软件服务外包；指导、协调技术开发和相关产业发展；依法监督管理信息服务市场。

（十三）负责国防科技工业的综合协调和管理，组织推进军民两用技术双向转移及产业化工作。

（十四）略。

（十五）承担全省民用爆炸物品的行业管理工作，负责民用爆炸物品安全生产许可和销售许可的监督管理；承担核事故应急管理职责。以下略。

（十六）指导、协调全省工业、信息化领域的对外交流与合作；指导全省工业和信息化领域人才开发和培训工作。

（十七）承办省人民政府交办的其他事项。

四、内设机构

根据上述职责，省经济和信息化委员会设28个内设机构：

（一）办公室。

负责委机关文电、会务、机要、档案等日常工作，承担信息、安全、保密、信访、政务公开、重大事项及决定的督办工作；承担财务、机关资产、车辆、基建及维修等管理工作，指导、监督直属单位的财务工作；组织实施全委的政府信息公开和信息化建设。

（二）综合研究室。

研究加速推进全省新型工业化的战略性问题、近期经济运行和产业发展的重大问题；组织研究工业和信息化发展战略并提出政策和措施；汇总分析工业经济运行数据；参与编制工业、信息化领域中长期发展规划；组织起草重要文件、报告；承担宣传和新闻发布工作。

（三）法规处。

起草有关地方性法规、规章草案；承担有关规范性文件的合法性审核工作；承担行政复议、行政应诉、行政审批制度改革等工作；指导工业企业（除省国资委监管的企业）的法制宣传教育和依法治理工作；承担省减轻企业负担领导小组办公室的日常工作；指导中小企业法律援助工作，维护中小企业合法权益。

（四）产业政策处。

贯彻落实国家产业政策，组织协调全省工业和信息化产业政策的制定并监督执行，研究提出产业结构调整实施意见，工业和信息化与相关产业融合发展及管理创新的政策建议；拟订工业和信息化产业的布局规划、产业结构调整升级的政策措施；依法组织实施国家相关行业的准入管理，并指导其发展；依据国家产业结构调整目录，参与投资项目审核；负责包装和室内装饰业的行业管理；拟订并组织实施工业设计发展的相关政策措施。

（五）运行监测协调处。

负责全省工业和信息化领域的日常经济运行调节，协调解决经济运行中的突出矛盾和重大问题；编制并组织实施近期工业和信息化领域主要预期经济目标、政策和措施；监测分析工业和信息化领域的日常运行态势，统计并发布相关信息，进行预测预警和信息引导；指导工业和信息化领域的应急管理工作。

（六）投资规划处。

负责全省工业和信息化领域技术改造工作；拟订工业经济发展规划和推进新型工业化计划，协调工业、信息化领域相关行业规划编制工作；编制工业、信息化领域年度固定资产投资计划，提出投资规模和方向（含利用外资和境外投资）并组织实施；拟订工业、信息化固定资产投资目录；按规定权限做好省规划内和年度计划规模内固定资产投资项目的核准和备案工作。

（七）科技处。

组织拟订全省企业技术进步的发展战略、规划和政策措施；组织开展全省产业关键共性技术开发、重大技术装备研制开发和重大产业化示范工程；组织推进企业技术创新体系建设；指导企业技术中心建设；组织新技术、新产品、新工艺的研发推广；推进实施行业技术规范和标准；组织拟订行业质量发展战略、规划和政策，指导行业质量管理工作，推进产学研合作。

（八）节能与综合利用处。

拟订并组织实施工业能源节约和资源综合利用政策，参与拟订能源节约和资源综合利用规划；组织推进工业企业节能、资源综合利用和清洁生产；承担工业企业节能目标的考核；参与节能行动方案；指导工业企业节能示范工程和相关新产品、新技术、新设备、新材料的推广应用；研究提出由政府审批和核准投资的重大工业项目的能耗、水耗审核意见；组织实施工业企业节能监察工作。

（九）能源运行处。

协调煤炭、电力、石油和天然气等重要生产运行要素的供应；实施煤电油气应急管理；会同有关部门拟订全省煤炭、石油、电力工业（含水电）的行业发展规划及行业规范，编制并实施全省年度发用电计划和全省电力运行调度；承担电力应急工作，参与电力生产安全事故调查处理；指导协调电力生产调度，监测电力运行，发布市场信息。

（十）消费品工业处。

承担轻工、纺织、医药、食品、家电等行业的管理工作；承担盐业和国家储备盐的相关管理工作；组织拟订消费品工业发展规划，研究提出相关产业发展的政策；参与消费品工业重大固定资产投资项目的审核，跟踪推进重大项目建设；指导消费品工业相关企业的调整和重组；承担全省药品储备工作。

（十一）装备工业处。

指导通用机械、汽车、民用飞机、轨道交通机械制造业、船舶的行业管理工作；提出重大技术装备发展和自主创新规划、政策建议并组织实施；指导、协调并实施装备工业重大专项，推进重大技术装备国产化；指导引进重大技术装备的消化创新；参与装备工业重大固定资产投资项目的审核，跟踪推进重大项目建设；负责全省船舶设计资质认证和生产许可管理；指导装备工业相关企业的调整和重组。

（十二）原材料工业处。

承担冶金、有色、黄金、稀土、石化（不含炼油）、化工（不含煤制燃料和燃料乙醇）、建材行业的管理工作；组织拟订原材料工业发展规划，研究提出促进相关产业发展的政策；负责禁止化学武器有关职责；会同有关方面实施全省农药的准入管理事项；参与原材料工业重大固定资产投资项目的审核，跟踪推进重大项目建设；指导原材料工业相关企业的调整和重组。以下略。

（十三）军工发展计划处。

（十四）军民结合推进处。

（十五）军品研制监管处。

（十六）民用爆炸物品管理处。

编制全省民用爆炸物品行业发展规划并组织实施；负责全省民用爆炸物品生产和销售许可、安全生产许可；负责全省民用爆炸物品科技成果、生产线验收工作；负责全省民爆器材综合统计和经济分析工作。

（十七）安全生产与保密处。

（十八）电子通信产业处。

承担电子信息通信产业（含军工电子）的行业管理工作；拟订全省电子信息通信产业发展战略，协调解决发展中的重大问题和事项；拟订相关行业规划、重点专项规划、产业政策和行业准入条件并组织实施；推进电子信息通信产业企业技术改造和行业服务体系建设；参与实施国家电子信息产业发展基金项目、国家高技术发展重大专项和国家科技重大专项中的电子信息产品项目；管理省信息产业发展专项资金项目；跟踪推进全省信息产业重大项目建设；指导电子信息技术的推广应用；承担电子信息产业分析汇总工作。

（十九）软件和信息服务业处。

承担软件产业和信息服务业的行业管理工作；拟订软件和信息服务业发展战略、产业政策和行业相关规划、技术标准并组织实施；承担软件和信息服务业相关专项资金管理工作，组织实施有关软件和信息服务项目。指导、协调软件和信息安全技术开发、产品研发及产业化；推动软件服务外包等信息服务业发展；指导软件服务业公共服务体系建设。

（二十）信息化推进处（省国防动员委员会信息动员办公室）。

拟订全省信息化发展战略及政策措施；编制信息化与工业化融合发展规划，承担利用信息技术改造提升传统产业、推进企业信息化的工作；组织实施信息化相关计划及重点项目，做好信息化试点示范、标准规范化、宣传培训工作；协调推进网络基础设施建设；指导全省电子政务和信息资源开发利用工作；拟订电子政务、信息资源开发利用的发展规划和标准规范；协调跨地区、跨部门电子政务业务系统建设；组织全省电子政务绩效评估；推动信息资源开发利用和共建共享；协调、指导互联网域名的使用。

（二十一）信息安全处。

协调全省信息安全保障体系的建设；协调推进信息安全等级保护等基础性工作；指导监督政府部门、重点行业的重要信息系统与基础信息网络的安全保障工作；承担信息安全应急协调工作，协调处理重大事件。

（二十二）新型工业化推进处。

拟订全省新型工业化发展战略并组织实施；协调解决新型工业化进程中的重大问题；会同有关部门对有关新型工业化的工作进行考核、督查；负责综合分析全省新型工业化发展情况；指导、协调工业、信息化领域的对外交流与合作；承担省加速推进新型工业化领导小组办公室的日常工作。

（二十三）中小企业发展促进处。

研究提出促进全省中小企业发展的政策措施；拟订中小企业发展战略、中长期发展规划和年度计划并组织实施；监测与分析非公有制经济和中小企业的运行；拟订政策重点扶持中小企业的项目及资金投入方向，会同有关部门管理中小企业发展专项资金。会同有关部门，指导全省非公有制经济的发展。

（二十四）中小企业服务指导处。

承担中小企业的综合管理、指导、协调和服务工作；负责中小企业社会化服务体系建设；做好中小企业融资和融资担保的服务与协调工作；负责综合分析全省新型工业化发展情况；协调解决新型工业化进程中的重大问题；会同有关部门对有关新型工业化的工作进行考核、督查。

（二十五）无线电管理处（省无线电管理委员会办公室）。

拟订地方无线电管理法规规章和规范性文件；负责无线电频率指配；依法监督管理无线电台（站）；协调处理军地间无线电管理相关事宜；负责无线电监测、电磁环境测试、无线电设备检测、技术审查、干扰查处，协调处理电磁干扰事宜，维护空中电波秩序；依法组织实施无线电管制；负责全省无线电管理基础设备和技术设施的建设及其运行维护；承担省无线电管理委员会的日常工作。

（二十六）教育培训处。

承担全省工业和信息化领域教育培训工作；拟订人才

开发与培训规划并组织实施；指导相关行业职业培训工作；承担人才和智力对外合作交流工作，指导企业智力引进。

（二十七）行业事务管理处。

归口管理已撤销省直行管办的离退休人员管理服务机构；会同有关部门做好全省维护企业稳定工作；协调处理归口管理企业有关重大不稳定事件；会同有关部门做好归口管理企业职工解困和思想政治工作；承担省委、省政府交办的有关国企改革督办任务。

（二十八）人事处。

负责机关、直属单位干部人事、机构编制、劳动工资、社会保险、队伍建设等工作；会同有关部门做好全省工程、经济系列的职称评审有关工作；协助管理中央军工集团公司在湘单位和有关省属军工单位领导班子建设。

离退休人员管理服务处。负责委机关离退休人员管理、服务工作，指导直属单位离退休人员管理、服务工作。

机关党委。负责机关和直属单位的党群工作。

纪检（监察）机构按有关规定设置。

五、其他事项

（一）归口管理湖南省黄金管理局。

（二）省经济和信息化委员会与省发展和改革委员会有关职责分工。

1. 关于经济运行调节。省发展和改革委员会负责监测全省宏观经济和社会发展态势，承担预测预警和信息引导，研究宏观经济运行、总量平衡、经济安全和总体产业安全等重要问题并提出宏观调控政策建议；负责协调解决经济运行中的重大问题，调节国民经济运行。省经济和信息化委员会负责工业经济的日常运行调节工作，监测分析工业运行态势，统计并发布相关信息，进行预测预警和信息引导；协调解决工业经济运行发展中的有关问题并提出政策建议，负责煤电油气运等日常生产保障性职责。

2. 关于工业规划。省发展和改革委员会负责工业发展专项规划与国民经济和社会发展总体规划、高技术产业系列发展规划、其它产业发展专项规划的衔接平衡。省经济和信息化委员会负责编制工业行业发展专项规划。

3. 关于工业和信息化领域固定资产投资项目（含利用外资项目）的核准、备案和审核。按规定权限由国家工业和信息化部审批、核准的项目由省经济和信息化委员会负责申报。由国家发展和改革委员会安排资金（含需要省配套）的产业化、信息化、创新能力建设项目，由省发展和改革委员会审批安排；重大技术装备推广应用和重大产业基地建设由省发展和改革委员会负责，需国家发展和改革委员会审批、核准的工业投资管理职能，由省发展和改革委员会承担。

4. 关于推进战略性新兴产业。省发展和改革委员会负责制定发展战略性新兴产业规划。省经济和信息化委员会负责协调推进发展战略性新兴产业。

5. 关于节能工作。省发展和改革委员会负责节能减排的综合协调工作；组织拟订节约能源资源及综合利用的规划和政策措施并协调实施。省经济和信息化委员会负责工业、通信业能源节约和资源综合利用工作；承担工业企业的节能监察工作。

（三）关于电力运行调度的职责分工。

省能源局负责衔接电力供需平衡，会同有关部门拟订电力价格政策，参与电价整顿、调整和改革工作。省经济和信息化委员会负责编制并实施全省年度发用电计划和全省电力运行调度；承担电力应急工作，参与电力生产安全事故调查处理；指导协调电力生产调度，监测电力运行，发布市场信息。

（四）关于物流管理的职责分工。

省发展和改革委员会牵头负责全省物流发展工作，拟订现代物流业发展战略、规划和政策，协调物流业发展重大布局。省经济和信息化委员会负责指导生产企业的物流外包工作，促进企业内部物流社会化，指导协调电子政务和电子商务发展。省商务厅负责推动流通标准化和连锁经营、商业特许经营、物流配送、电子商务等现代流通方式的发展，拟订运用电子商务开拓国内市场的相关政策措施，拟订商务领域电子商务相关标准和规划。省交通运输厅参与拟订全省物流业发展战略和规划，拟订有关物流发展的政策和标准并监督实施。

（五）关于电子商务管理的职责分工。

省经济和信息化委员会负责指导协调电子政务和电子商务发展。省商务厅负责推动流通标准化和连锁经营、商业特许经营、物流配送、电子商务等现代流通方式的发展；拟订运用电子商务开拓国内市场的相关政策措施；拟订商务领域电子商务相关标准和规划。

（六）省经济和信息化委员会后勤服务中心，正处级，后勤服务事业编制暂维持现状，其中主任1名，副主任3名，人员只出不进。

六、附则

本规定由湖南省机构编制委员会办公室负责解释，其调整由湖南省机构编制委员会办公室按规定程序办理。

地　　址：湖南省长沙市天心区新韶路467号

邮　　编：410004

传真号码：0731-88955348

值班电话：0731-88955310

网　　址：www.hnjxw.gov.cn

广东省中小企业局

一、主要职责

贯彻实施国家有关中小微企业和民营经济发展的政策、法规，提出促进中小微企业和民营经济发展的政策、措施；综合协调有关部门搞好中小微企业和民营经济的管理、服务；指导中小微企业和民营经济的改革与创新，推进中小微企业和民营经济服务体系建设；指导中国国际中小企业博览会工作；指导中小微企业与大企业协作配套发展；指导城镇集体企业经营管理工作。

二、处室设置

1.民营经济处

（电话：020-83135951；传真：020-83133281）

主要职责：提出营造中小微企业和民营经济公平发展环境、激发中小微企业和民营经济活力和创造力、促进混合所有制经济发展的法规草案、政策措施；研究分析中小微企业和民营经济运行情况，协调解决中小微企业和民营经济发展的重大问题；指导中小微企业和民营经济开展国外经济技术交流与合作；培育发展民营骨干企业；承担省促进中小企业发展领导小组办公室日常工作。

2.服务体系建设处

（电话：020-83133383；传真：020-83135859）

主要职责：研究提出中小微企业和民营经济服务体系建设相关法规草案、政策措施，组织拟定中小企业服务体系建设发展规划和计划；统筹中小企业服务体系建设，建立和完善创业辅导、人才培训、市场开拓、信息化应用、管理咨询等服务平台，负责推进中小企业公共服务平台建设；推动中小企业信息化应用；指导小企业创业服务；指导为中小企业提供服务的各类服务机构和中介组织开展工作。

3.技术进步处

（电话：020-83135804；传真：020-83133261）

主要职责：研究提出促进中小微企业和民营经济自主创新和创新成果产业化法规草案、政策措施；研究提出中小微企业和民营经济融资政策措施；指导中小微企业和民营经济产业转型、结构优化升级、技术进步；指导中小微企业和民营经济公共技术服务平台建设和推动产学研合作；引导金融机构加强和改善对小微企业和民营经济的服务；推动中小微企业和民营经济的服务；推动中小微企业信用担保行业发展；指导中小微企业和民营经济与大企业配套发展。

4.领导班子成员

局　长：姚德洪

副局长：何佐贤　黄建明　程有根

5.对外联系方式及网址

地　址：广东省广州市吉祥路100号

邮　编：510030

网　址：www.gdei.gov.cn

广西壮族自治区
工业和信息化委员会

根据《广西壮族自治区人民政府办公厅关于印发广西壮族自治区工业和信息化委员会主要职责内设机构和人员编制规定的通知》（桂政办发〔2010〕173号）文件精神，广西壮族自治区中小企业的行政管理部门为广西壮族自治区工业和信息化委员会，增挂自治区中小企业局和自治区乡镇企业局牌子。

一、工信委主要职责

（一）提出全区新型工业化发展战略和政策，协调解决新型工业化进程中的重大问题，拟订并组织实施全区工业、信息化的发展规划，推进产业结构战略性调整和优化升级，推进信息化和工业化融合发展。

（二）拟订并组织实施全区工业、信息化的行业规划、计划和产业政策，提出优化产业布局、结构调整的政策建议，研究起草相关地方性法规、规章草案，组织实施行业技术规范和标准，指导行业质量管理工作。

（三）监测、分析全区工业和信息化相关产业运行态势，统计并发布相关信息，进行预测预警和信息引导，协调解决行业运行发展中的有关问题并提出政策建议，建立煤、电、油等重要物资的运行调控机制并组织实施；负责工业和信息化相关行业应急管理、产业安全和国防动员有关工作。

（四）负责提出工业和信息化固定资产投资规模和方向（含利用外资和境外投资）、财政性建设资金安排的意见，负责全区工业和信息化相关产业投资的组织实施，按规定权限审批、核准和备案规划内和年度计划规模内固定资产投资项目及节能项目评估，指导工业和信息化投资项目的招标管理工作。

（五）拟订高技术产业中涉及生物医药、新材料、信息产业等的规划、政策并组织实施，指导行业技术创新和技术进步，以先进适用技术改造提升传统产业，组织实施有关国家和自治区科技重大专项，推进相关科研成果产业化；推动软件业、信息服务业和新兴产业发展。

（六）承担振兴全区装备制造业组织协调的责任，组织拟订技术装备发展和自主创新规划、政策，依托国家和自治区重点工程建设协调有关重大专项的实施，推进重大技术装备国产化；指导引进技术装备的消化创新。

（七）拟订并组织实施全区工业和信息化相关产业的能源节约、资源综合利用、清洁生产、循环经济规划和促进政策；组织协调相关重大示范工程和新产品、新技术、新设备、新材料及散装水泥的推广应用。

（八）推进工业和信息化相关行业体制改革和管理创新，提高行业综合素质和核心竞争力，指导相关行业加强安全生产管理。

（九）负责全区中小企业、乡镇企业发展的宏观指导，会同有关部门拟订促进中小企业、乡镇企业以及非国有制经济发展的相关政策和措施，协调解决有关重大问题；推进农产品加工业发展；负责组织协调减轻企业负担工作。

（十）统筹推进全区信息化工作，拟订相关政策并协调信息化建设中的重大问题，促进电信、广播电视和计算机网络融合，指导协调电子政务发展，推动跨行业、跨部门的互联互通和重要信息资源的开发利用、共享。

（十一）依法统一配置和管理无线电频谱资源、依法监督管理无线电台（站），负责无线电发射设备的管理，协调处理军地无线电管理相关事宜，负责无线电监测、检测、干扰查处，维护空中电波秩序，依法组织实施无线电管制。

（十二）承担相关信息安全管理的责任。负责协调全区信息安全和信息安全保障体系建设，指导监督政府部门、重点行业的重要信息系统与基础信息网络的安全保障工作，协调处理网络与信息安全的重大事件。

（十三）负责全区工业和信息化相关行业的管理工作，研究提出电力工业发展建议，负责全区茧丝绸管理工作，负责电力、煤炭、石油天燃气的工业行业管理，负责无线电管理执法监管工作，负责全区铁路、公路、水路、航空、邮电年度运输和生产的综合协调。

（十四）负责全区国防科技工业的综合协调和管理，承担全区国防科技工业、民用船舶工业、盐业行业的管理，负责民用爆破器材生产、经销的安全生产监督管理，负责拟订烟花爆竹行业规划和有关标准、规范，承担国家国防科技工业局和各军工部门需要地方政府办理的业务，联系自治区二轻城镇集体工业联合社。

（十五）负责全区工业园区管理，牵头研究拟订全区工业园区的布局规划和发展规划，组织拟订全区工业园区管理办法和奖惩措施并组织实施，指导、协调、督促工业园区建设，指导全区承接产业转移工作。

（十六）承办自治区人民政府交办的其他事项。

二、内设机构

办公室、政策法规处、综合处、规划处、科技处、投资处、经济运行处、中小企业发展处、节能与循环经济处、能源处、原材料工业处、装备工业处、轻纺工业处、食品医药工业处、自治区国防科学技术工业办公室、工业园区处、电子信息和软件处、信息化推进处、信息安全协调处、人事处、教育培训处等职能处室。其中，中小企业发展处具体负责对全区中小企业、民营企业发展实行宏观指导和管理。

三、领导班子成员名单

莫　桦　自治区工信委党组书记、主任
潘　峰　自治区工信委党组成员、副主任
彭健铭　自治区工信委副主任
区柱天　自治区纪委驻自治区工信委纪检组组长、自治区工信委党组成员
侯　刚　自治区工信委党组成员、副主任
陈　清　自治区工信委党组成员、副主任
徐莉青　自治区工信委党组成员、副主任

马义生 自治区工信委党组成员、总工程师

陆建科 自治区工信委副巡视员

四、联系方式

广西壮族自治区工业和信息化委员会/广西中小企业局

地　　址：广西南宁市民族大道113号工信大厦

联系电话：0771-8095219、8095050（委办公室）

传　　真：0771-2800166（委传真室）

邮　　编：530028

网　　址：www.gxgxw.gov.cn

中小企业发展处联系电话：0771-8095258（传真），8095070

邮　　箱：xqjgx@163.com

海南省工业和信息化厅中小企业处（海南省中小企业局）

一、主要职责

承担全省中小企业发展的宏观指导，会同有关方面拟订并组织实施促进中小企业和非国有经济发展的相关政策措施；指导和推动全省中小企业的对外交流合作；推动建立完善服务体系；协调解决全省中小企业和非国有经济发展中出现的有关重大问题。

二、处室设置

海南省中小企业管理机构为海南省工业和信息化厅，业务处室为中小企业处（海南省中小企业局）。

三、领导班子成员名单

林　敏 厅党组成员、副厅长（分管中小企业）

王　民 中小企业局局长

邱锦秀 中小企业局副局长

四、联系方式

网址：www.iitb.hainan.gov.cn

海南中小企业网www.smehi.gov.cn

电话：0898-65239272

传真：0898-65362210

四川省促进中小企业和小微企业发展工作领导小组

为进一步加强我省中小企业和小微企业发展工作组织领导，协调推进全省中小企业和小微企业发展工作，2012年省政府成立了四川省促进中小企业和小微企业发展工作领导小组。

一、主要职责

贯彻落实党中央、国务院和省委、省政府关于促进中小企业和小微企业发展的政策措施和决策部署；统筹协调全省中小企业和小微企业发展工作，了解掌握中小企业和小微企业发展情况，协调解决发展过程中的重大问题；提出发展中小企业和小微企业的政策意见和建议，为省委、省政府提供决策参考；指导、检查、督促有关政策措施的落实；完成省委、省政府交办的其他工作。

二、工作机构

领导小组组长由省政府分管副省长担任。

省发展改革委、省经济和信息化委、科技厅、财政厅、人力资源社会保障厅、农业厅、商务厅、省国税局、省地税局、省工商局、省质监局、省统计局、成都海关、省工商联、人行成都分行、四川银监局、四川证监局、开发行省分行等18个省级单位为成员单位。

领导小组办公室设在省经济和信息化委，承担领导小组的日常工作，负责承担领导小组有关会议的具体组织、联络和协调工作；根据领导小组组长的提议或成员单位的建议，研究提出领导小组会议讨论议题；汇总并通报有关工作情况；协调、督促、检查成员单位履行工作职责和落实领导小组决定事项；承办领导小组交办的其他事项。

西藏自治区工业和信息化厅中小企业处办公室

一、主要职责

1.承担中小企业和非国有经济的宏观指导、综合协调和服务工作；2.会同有关部门拟订并组织实施促进中小企业、非国有经济发展的政策措施；3.引导中小企业转变发展方式，推动结构优化；4.指导中小企业开展对外经济交流与合作；5.承担中小企业服务体系建设工作，协调解决有关重大问题；6.承担指导民族手工业发展的职责。

二、联系方式

办公地点：拉萨市北京西路62号

邮政编码：850000

电　　话：0891-6198880

传　　真：0891-6198800

网　　址：xzgxzxqyc@163.com

陕西省中小企业促进局

根据《中共中央办公厅国务院办公厅关于印发〈陕西省人民政府职能转变和机构改革方案〉的通知》（厅字〔2014〕39号），设立省中小企业促进局（副厅级），由省工业和信息化厅管理。

一、职能转变

（一）强化推进全省县域工业化的工作职责。

（二）强化推进全省非公有制经济发展的职责。

（三）强化建设中小企业服务体系的职责。

二、主要职责

（一）贯彻执行有关中小企业、非公有制经济、县域工业化的法律法规和方针政策，研究拟订相关地方性法规和规章草案及政策措施。

（二）负责协调、指导和服务全省中小企业、非公有制经济发展，培育市场主体，促进企业成长。

（三）负责拟订并组织实施全省中小企业、非公有制经济发展战略、中长期发展规划和年度目标计划，促进结构调整和转型升级。

（四）负责全省中小企业、非公有制经济发展运行情况的统计、分析、监测、评价和考核；负责中小企业信息化建设。

（五）负责全省县域工业化、县域工业集中区的发展和考核；负责中小企业招商引资与合作交流。

（六）负责企业自主创新和技术创新，开展技术改造、新产品开发、新技术推广、市场开拓、专业化发展和品牌建设；负责中小企业、非公有制经济人才队伍建设。

（七）承担省促进非公有制经济发展联席会议办公室、省民营经济转型升级试验工作领导小组办公室的工作，引导非公有制企业建立现代企业制度。

（八）负责全省中小企业服务体系建设；组织服务机构对创业者和中小企业开展服务。

（九）负责中小企业信用担保体系建设，指导企业直接融资和间接融资。

（十）承办省政府、省工业和信息化厅交办的其他事项。

三、内设机构

根据上述职责，省中小企业促进局设8个内设机构。

办公室、人事处、发展规划处、企业经济运行处、县域工业处、非公经济发展处、技术创新处、融资服务处；另外，按有关规定设置设机关党委、离退休人员服务管理处、纪检组、监察室。

办公地址：西安市新城区新城大院省政府前大楼四层西侧

电　　话：029-87291898；87291897

邮政编码：710006

网　　址：www.smte.gov.cn

甘肃省工业和信息化委员会（中小企业局）

一、处室设置

中小企业处。“三定方案”中规定的主要职责是：负责全省中小企业和非公有制经济发展的综合协调、指导和服务，拟订相关政策、规划并组织实施；负责中小企业社会化服务体系建设及服务机构的市场准入、资质认证等管理工作；会同有关部门负责中小企业专项资金、基金的管理使用；负责监测分析全省中小企业和非公有制经济发展动态；指导和组织企业开展招商引资。

融资服务处。“三定方案”中规定的主要职责是：“拟订促进中小企业融资业务发展的政策措施，拟订融资性业务监督管理制度，会同金融机构解决融资性业务监管中的重大问题；协调金融机构建立企业融资体系，引导民间资金和风险投资机构投资中小企业；负责中小企业融资试点工作，指导中小企业产权交易、股权融资，推动中小企业发行债券和上市。”

信用担保体系建设处。“三定方案”中规定的主要职责是：拟订中小企业信用担保行业的规划和政策措施并组织实施；负责审批中小企业信用担保机构设立与变更，建立完善风险补偿和防范机制；会同财政部门负责中小企业信用担保项目审核和相关扶持资金的监督管理；负责中小企业信用体系建设，建立和完善信用信息征集及评价体系，指导担保行业自律组织建设和中小企业内部信用管理制度建设。

二、领导班子成员名单

分管副主任：张富奎

三、对外联系方式及网址

电话/传真：0931-8818361

网　　址：www.gsec.gov.cn

青海省经济和信息化委员会中小企业发展局

一、主要职责

中小企业发展局成立于2000年5月，从成立到2003年年底，主要围绕省属国有企业结构调整和指导、促进全省中小企业改革与发展等职能开展各项工作。随着政府职能转变和机构改革的需要，2004年4月，将原省乡镇企业局相关职能划入中小企业处，成立了中小企业指导局，编制由5人扩大为8人，2008年经省编办同意更名为中小企业发展局，并挂非公有制经济服务局牌子。主要职能为：

拟定扶持非公有制经济发展的地方性政策和法规规章；组织实施全省非公有制经济发展规划；提出中小企业结构调整、产业升级的指导意见；指导推动中小企业跨地区、跨行业的交流与合作；组织推进中小企业服务体系建设；负责中小企业发展专项资金的使用管理；指导乡镇企业统计工作。

二、领导班子

陶兴德　中小企业发展局局长

雷　海　中小企业发展局副局长

杨守文　中小企业发展局副局长

三、联系方式

办公室：0971-6150716（传真）

邮　箱：6151750@163.com

网　址：www.smeqh.gov.cn

宁夏回族自治区中小企业非公有制经济服务局

一、机构名称

宁夏回族自治区非公有制经济服务局（宁夏回族自治区中小企业发展局）。

二、主要职责

（一）贯彻实施有关法律、法规、规章，执行国家和自治区关于非公有制经济和中小企业发展的方针、政策；研究提出自治区促进非公有制经济和中小企业发展的政策建议，牵头拟订配套措施并协调落实。

（二）负责全区非公有制经济和中小企业的宏观指导、综合协调和服务；编制全区非公有制和中小企业经济发展规划并组织实施；监测、分析非公有制经济和中小企业运行情况及发展趋势，发布相关信息。

（三）指导全区非公有制经济和中小企业转变发展方式，推动结构调整优化；促进中小企业技术创新、市场开拓、专业化发展及与大企业协作。

（四）培育非公有制经济市场主体，推进非公有制经济和中小企业集聚集群发展；协调推进全区中小企业服务体系建设和创业基地建设；指导中小企业做好节能减排工作。

（五）提出自治区非公有制经济和中小企业发展专项资金的分配使用意见，并组织实施；协调推动中小企业融资、信用制度建设和经济技术交流合作；协调推进中小企业产权及相关要素市场化建设。

（六）承办自治区人民政府和自治区经济和信息化委员会交办的其他事项。

三、处室设置

（一）办公室

负责协调和督办机关日常工作；承担机关文电、会务、机要、档案、信息、宣传、保密、信访、财务和政务公开等工作；承担机关人事工作、机构编制及有关法律事务工作；承担机关重要文件及综合性材料起草工作。

（二）规划发展处

拟订全区非公有制经济和中小企业发展的战略、规划和政策措施；提出非公有制经济和中小企业发展专项资金年度预算及安排建议；协调指导非公有制经济和中小企业改革发展，推动结构调整优化和特色产业集群建设；承担非公有制经济和中小企业运行情况监测分析和信息发布工作。

（三）企业服务处

承担推进中小企业服务体系建设相关工作，引导和支持中介机构为非公有制经济和中小企业发展提供服务；协调推进中小企业创业基地和创业街区建设；协调配合建立完善政府、企业、金融和担保机构信贷合作机制，推进中小企业信用担保体系和信用制度建设；协调指导中小企业拓宽融资渠道。

（四）交流合作处

协调推动全区非公有制经济和中小企业对外交流与合作；协调做好非公有制经济和中小企业人才培训和引进工作；推动非公有制经济和中小企业技术创新支持体系建设；组织开展相关的管理咨询和技术咨询工作；协调指导中小企业做好节能减排工作。

四、领导班子成员名单

（一）2015年度

马立廷　宁夏回族自治区经济和信息化委员会党组副书记、非公有制经济服务局局长

尤学忠　宁夏回族自治区非公有制经济服务局党组成员、纪检组组长

魏继义　宁夏回族自治区非公有制经济服务局党组成员、副局长

尹　君　宁夏回族自治区非公有制经济服务局副巡视员

（二）2016年度

马立廷　宁夏回族自治区经济和信息化委员会党组副书记、非公有制经济服务局局长

尤学忠　宁夏回族自治区非公有制经济服务局党组成员、纪检组组长

魏继义　宁夏回族自治区非公有制经济服务局党组成员、副局长

李怀马　宁夏回族自治区非公有制经济服务局副局长

宁晓娟　宁夏回族自治区非公有制经济服务局副局长

尹　君　宁夏回族自治区非公有制经济服务局副巡视员

五、对外联系方式及网址

联系方式：0951－5043156

联系地址：宁夏回族自治区银川市金凤区新昌西路65号紫荆花商务中心A座4层（邮编：750002）

门户网站：https：//www.smenx.gov.cn/index.shtml

新疆维吾尔自治区经济和信息化委员会企业处

一、机构名称

新疆维吾尔自治区经济和信息化委员会企业处（自治区中小企业局）

二、主要职责

负责对自治区各类经济成份企业的宏观指导和服务；组织推进自治区大企业大集团战略的实施；拟订促进自治区重点企业、中小企业和非国有经济发展的政策措施；监测分析各类企业发展态势，发布相关信息；引导企业转变发展方式，推动结构调整优化和管理创新；拟订促进自治区中小企业服务体系发展的政策措施，指导中小企业服务体系建设；负责推进自治区中小企业信用制度和担保体系建设，引导和规范中小企业担保行业发展；负责自治区中小企业专项资金的使用和管理；负责推进自治区企业信息化建设工作；负责促进中小企业对外交流合作，协调解决中小企业和非国有经济发展中的重大问题。

三、领导班子成员名单

处长（局长）：陈辰

副处长（副局长）：苏勇、贾娜尔·旦拜

四、对外联系方式及网址

电话：0991－4523436

网址：www.xjeic.gov.cn

大连市经济和信息化委员会（中小企业局）

一、主要职能

（一）贯彻国家新型工业化发展战略和政策，协调解决新型工业化进程中的有关问题；拟订工业和信息化的发展规划并组织实施；推进产业结构调整和优化升级，推进信息化和工业化融合。

（二）制定并组织实施工业、信息产业的行业规划、计划和产业政策，提出优化产业布局、结构的政策建议，起草相关法规和规章草案；拟订行业技术规范和标准并组织实施；负责工业行业管理。

（三）分析工业经济发展趋势，提出调节政策建议和调控目标；负责日常工业经济的调控；监测分析工业运行态势，发布相关信息，进行预测预警和信息引导；协调解决工业运行发展中的有关问题并提出政策建议；负责工业应急管理、产业安全工作。

（四）承担工业和信息化固定资产投资管理相关工作，提出市级财政性建设资金安排的意见，依照有关规定，管理项目建设和资金使用。

（五）拟订高技术产业中涉及工业和信息产业的规划、政策和标准并组织实施；指导行业技术创新和技术进步；指导企业新产品开发和新技术推广工作；组织实施科技重大项目，推进相关科研成果产业化，推动软件业、信息服务业和工业设计产业等新兴产业发展。

（六）承担振兴装备制造业组织协调的责任；拟订重大技术装备发展和自主创新规划、政策，协调重大专项的实施；推进重大技术装备国产化，指导引进重大技术装备的消化和再创新。

（七）拟订工业和信息化的能源节约和资源综合利用、清洁生产促进政策、规划并组织实施，组织相关重大示范工程和新产品、新技术、新设备、新材料的推广应用；负责组织企业节能监察和合理用能评估、审查工作。

（八）开展工业和信息化的对外合作与交流，依照有关规定，实施工业企业合资合作项目和境外投资项目管理，推进企业开展招商引资、技术引进、国际化经营和开拓国际市场。

（九）依照有关规定，组织制定和实施委（局）属企业改革方案，协调解决改革中重大问题和遗留问题；负责对企业实行宏观管理和指导，规范企业行为；宏观指导企业法律顾问工作；参与指导企业融资工作。

（十）依法行使全市电力、煤炭行业行政管理、行政执法和监督工作；负责经济运行资源保障工作，优化资源配置。

（十一）依法行使全市盐业行政管理，负责全市食盐专营、食盐生产企业管理和行政稽查；负责黄金行业管理工作。

（十二）负责制定全市中小企业、民营经济发展规划；拟订促进其发展的法规、政策和措施，协调解决发展中的重大问题；指导全市集体企业、乡镇企业改革与发展。

（十三）推进全市信息化工作，贯彻国家相关政策并协调信息化建设中的重大问题；指导、协调、促进电信、广播电视和计算机网络融合；指导协调电子政务发展，推动跨行业、跨部门的信息化工程项目建设和重要信息资源的开发利用、共享。

（十四）负责信息安全工作，协调推进信息安全和信息安全保障体系建设；指导监督政府部门、重点行业的重要信息系统与基础信息网络（除公共电信网）的安全保障工作。

（十五）依照有关法规，管理无线电频率资源，依法监督管理无线电台（站）；依法组织实施无线电管制，协调无线电干扰事宜，维护空中电波秩序；协调处理军地间无线电管理相关事宜。

（十六）贯彻执行国家有关国防科技工业的方针、政策；负责军工单位与地方之间的服务协调工作；拟订地方性有关发展国防科技工业的配套政策与法规；协调推进军民结合的武器装备科研生产体系建设。

（十七）承办市委、市政府交办的其他事项。

二、内设机构

办公室

综合法规处

财务处

投资与规划处

产业政策处（大连市行业协会办公室）

经济运行处
科学技术处
资源节约和综合利用处
中小企业处
企业发展协调指导处
工业园区项目协调处
国际合作处
电力煤炭处
机械装备处
交通运输装备处
军工处
原材料工业处(大连市履行禁止化学武器公约工作领导小组办公室、大连市黄金管理办公室)
消费品工业处(大连市盐业管理办公室)
电子信息产品管理处
半导体产业处
软件与信息服务管理处
信息化推进处
信息安全与网络业务协调处
民爆处
无线电台站管理处
无线电监督检查处
党委办公室(人事处、机关党委)

三、领导班子成员

张乙明　大连市经济和信息化委员会主任、大连市中小企业局局长、大连市国防科工办主任
刘　刚　大连市经济和信息化委员会副主任、大连市中小企业局副局长、大连市国防科工办副主任
于德虎　大连市经济和信息化委员会副主任、大连市中小企业局副局长、大连市国防科工办副主任
韩　广　大连市经济和信息化委员会副主任、大连市中小企业局副局长、大连市国防科工办副主任
李云生　大连市经济和信息化委员会副主任、大连市中小企业局副局长、大连市国防科工办副主任

四、联系方式

网址：www.jxw.dl.gov.cn
联系电话：83635164

厦门市中小企业政府职能部门

一、厦门市经济和信息化局

(一)贯彻执行国家经济和信息化发展战略、法律法规和政策；起草并组织实施我市相关地方性法规、政府规章；拟订并组织实施新型工业化、信息化的战略、规划、计划及政策措施，推进现代产业体系建设，指导、监督、检查执行情况；参与拟订全市国民经济和社会发展战略、中长期规划和年度计划。

(二)负责监测分析全市工业、信息化经济运行态势，并发布相关信息；拟订并组织实施工业、信息化运行调控目标、政策和措施；协调解决工业和信息化运行中的有关问题；建立并组织实施重点行业、重点企业、重点产品运行调度机制和经济运行应急调度机制；拟订并组织实施全市重要工业品、重要生产原材料等的调控方案；建立工业企业服务机制。

(三)负责拟订并组织实施我市产业发展、结构调整升级的政策措施；负责提出工业和信息化领域固定资产投资方向和目录，按规定负责管理工业和信息化领域企业投资项目，指导推进企业技术改造；拟订并组织实施工业和信息化领域企业投资项目利用政府资金的政策和使用管理办法；指导、推进我市工业和信息化企业与央属企业合作；指导、推进工业和信息化领域对台、港、澳地区和对外产业交流与合作；拟订产业龙头促进计划、产业集群建设发展意见和政策措施，统筹、规划、指导、协调全市工业和信息化产业布局和产业园区(基地)建设。

(四)负责全市相关能源行业管理；负责监测分析能源运行情况并发布能源信息；衔接能源生产和供需平衡，协调解决能源运行中的重大问题；培育和监管能源市场；提出能源价格调整建议；负责煤、电、油、气的应急调度和保障工作；负责全市电力运行与调度管理；负责能源行业安全管理；依法负责全市发电企业并网运行条件审查；依法承担全市电力行政执法工作。

(五)负责全市节能监督管理；组织协调、监督管理循环经济发展工作；组织协调清洁生产促进工作；指导资源综合开发和合理利用；依法承担节能等相关行政执法工作。

(六)负责原材料工业、装备工业、都市产业(消费品工业)、电子信息产业、软件和信息服务业等行业管理工作；拟订并组织实施行业技术规范、标准、行业准入和产

业政策；指导行业质量和品牌工作；协调解决行业运行发展中的重大问题；负责传统工艺美术行业管理；依法负责农药生产的监督管理。

（七）负责有关军品的管理，承担市军品生产企业的基本建设、技术改造、科研开发、新产品研制等的审核工作；负责促进军民融合发展和军工技术转民用的工作。

（八）负责指导和服务企业改革与发展；牵头拟订促进中小企业发展的政策措施；负责建立和完善中小企业服务体系；引导和支持企业提升经营管理水平；负责指导和服务全市乡镇企业的有关工作。

（九）负责牵头协调推进战略性新兴产业发展；负责拟订并组织实施企业技术创新的政策措施；指导引进重大技术装备的消化创新；承担指导协调企业技术创新公共服务平台建设有关工作；指导和推动产学研联合，组织实施重大产业示范工程。

（十）负责协调、指导生产性服务业发展，研究提出相关政策措施，推进制造业和服务业融合发展；统筹规划、指导现代物流、工业设计等生产性服务业发展；指导、推进科技服务、售后服务、服务外包等工作。

（十一）统筹推进全市信息化工作；组织拟订相关政策并协调信息化建设中的重大问题，指导协调电子政务发展；统筹、规划、协调工业化和信息化深度融合工作；依法承担信息系统工程建设市场的监督管理；负责协调推进信息消费工作；负责协调全市信息安全保障体系建设。

（十二）负责指导和组织工业和信息化企业开拓国内外市场，拟订工贸结合的政策，开展工业和信息化产品市场分析调研。

（十三）负责制定全市国内合作交流工作规划，指导、组织开展市际间的经济技术协作活动；指导协调市际、区域、企业的经济技术协作；联系外省市政府驻厦办事机构；承担市对口支援和区域经济合作工作。

（十四）承办市委、市政府交办的其他事项。

办公地点：厦门市湖滨北路61号市府东楼七至九层

联系电话：0592-2896783

邮编：361022

二、厦门市中小企业管理办公室

根据厦委发〔2003〕14号文精神和市政府常务会研究意见，为整合政府管理中小企业职能，顺应了中小企业提出的有关政府工作部门协调管理中小企业工作，在市经济发展局增挂“厦门市中小企业管理办公室”（简称中小办）。中小办作为全市负责中小（民营）企业管理工作的机构，根据《中小企业促进法》的有关精神，综合考虑全市贯彻实施《中小企业促进法》的工作进展情况，进一步调动和依托经发局企业处“宏观协调和管理各经济成分企业”的职能，以及直接与工信部中小企业司对口争取国家扶持中小企业发展专项资金等优惠政策对全市中小（民营）企业的扶持。

办公地点：厦门市湖滨北路61号市府东楼九层911室

联系电话：0592-2896783

邮编：361022

青岛市经济和信息化委员会
中小企业发展局

一、处室设置

规划发展处：拟订促进中小企业发展的政策措施并组织实施；监测分析中小企业发展态势，发布相关信息；提出中小企业发展专项资金年度预算建议，并参与组织实施；推动建立中小企业发展基金；组织实施中小企业成长工程；负责全市中小企业的统计；负责促进小企业发展领导小组办公室日常工作。

电话：0532-85912658、85912657

传真：0532-85912659

网址：www.qdeic.gov.cn

邮箱： 85912658@163.com

创业服务处：组织完善中小企业发展的服务体系建设；建立中小企业公共服务平台，为中小企业创业、发展提供政策咨询和信息服务；指导中小企业创新发展，鼓励其参与大企业配套合作；推进中小企业特色产业基地建设和转型升级；推进中小企业信息化建设；参与组织中小企业开展国内外经济技术交流合作。

电话：0532-85912662、85912830（传真）

网址：www.qdeic.gov.cn

邮箱：qd85912662@126.com

二、领导班子成员

张琳 市经济信息化委副主任、中小企业发展局局长

深圳市中小企业服务署

一、主要职责

（一）贯彻落实国家和省、市有关发展中小企业的法律法规和方针政策，配合相关部门拟订发展中小企业的地方性法规、规章与政策。

（二）掌握中小企业运行态势，为相关部门制定调控目标和措施提出意见建议；承担有关信息收集与发布等工作。

（三）促进中小企业发展和建立现代企业制度；根据产业发展政策及投资导向目录，引导中小企业调整产业结构和产品结构，推进技术创新；推动中小企业与大型企业开展协作配套。

（四）协助主管部门与财政部门管理市民营及中小企业发展专项资金和专项基金；负责组织中小企业申报国家扶持中小企业发展的各类专项资金及专项基金。

（五）协调联系行业协会、相关部门及其他机构，推进为中小企业提供融资担保、市场开拓、人才培训、创业创新、科技孵化、信息化应用、技术支持、品牌培育、经营管理以及信息咨询等多方面、多层次的服务体系建设。

（六）协助促进完善中小企业投融资市场，牵头引导和推动中小企业改制上市。

（七）扶持中小企业拓展国内外市场；鼓励和扶持中小企业加强技术进步、信息化应用、人才培育和经营管理等工作。

（八）负责中小企业投诉受理工作，维护中小企业合法权益。

（九）承办主管部门等交办的其他事项。

内设机构：综合部、上市与融资服务部、监测与市场服务部、创新与创业服务部。

二、领导班子成员名单

顾宏伟、杨宇清、冯德崇、李光文

三、对外联系方式及网址

地址：深圳市福田区新洲路4009号七楼

联系电话：82975925

传真：82975804

网址：www.szsmb.gov.cn

新疆生产建设兵团工业和信息化委员会

一、主要职责

负责扶持、指导中小企业发展的相关工作，会同有关方面拟定促进中小企业发展和非国有经济发展相关政策措施，推进中小企业服务体系建设，推进企业改革、改组和企业重组，指导团场工业发展，协调解决有关重大问题。

组织制定工业和信息化领域技术进步及自主创新的政策措施，组织实施重大科技项目，指导行业技术创新和技术进步以及技术改造，推进新兴产业发展，协调落实相关政策。

二、处室设置

兵团工信委企业处

三、领导班子成员名单

副主任：赵世民

处　长：龙睿

调研员：张榕

副主任科员：李燕

四、对外联系方式及网站

电话：0991-2896812

邮箱：btgxwqyc@163.com

网址：www.btgxw.gov.cn

黑龙江省工业和信息化委员会

一、主要职责

负责中小企业发展的宏观指导，会同有关部门拟订促进中小企业发展和非国有经济发展的相关政策措施，协调解决有关重大问题；指导和推动全省中小企业创业、融资、担保、创新、培训、配套服务体系建设。承担省发展非公有制经济工作领导小组的日常工作。

二、处室设置及其职责

黑龙江省工业和信息化委员会是中小企业的管理部门，其内设机构中有中小企业局、对外合作处、创业处、融资服务处、培训与交流处等五个处室具体负责全省中小企业管理工作。

1.中小企业局。研究提出扶持乡镇企业发展的政策措施，指导乡镇企业布局及结构调整；协调解决中小企业、乡镇企业和非公有制经济发展中的重大问题；规划指导中小企业产业集群、园区和公共服务平台工作，负责中小企业、非有公制经济统计、分析及成长性企业认定工作；会同财政部门组织国家中小企业专项资金申报、评审工作。承担省发展非公有制经济领导小组的日常工作。

2.对外合作处。组织开展工业、信息化的对外合作与交流，推动经济技术协作；参与拟定工业、信息化企业利用外资的有关政策及工业利用外资的重点领域、重点项目规划，并组织实施；负责外商投资工业和信息化项目以及工业、信息化企业境外投资项目有关管理工作；协调解决外商投资工业企业运行过程中的有关问题；指导企业市场营销，组织协调工业企业参加重要产品展销活动。

3.创业处。负责组织开展创业服务工作，指导创业（孵化）基地建设；建立和完善创业辅导体系；制定并组织实施支持创业、创新相关政策；争取相关资金支持企业创业工作，培育微小企业向规模企业发展。

4.融资服务处。提出改善各类企业融资环境的政策措施，协调解决企业融资的有关重大问题；推动中小企业集合发债和投资公司发展，引导民间资本和风险投资机构投资各类企业；负责中小企业信用担保行业发展的指导、综合组织和协调服务工作，参与中小企业信用担保机构的培训、信用评级、备案工作；组织开展企业上市融资的相关工作；指导中小企业产权交易市场建设。

5.培训与交流处。负责全省工业和信息化系统管理干部、企业中层以上管理者和专业技术人员的教育培训，组织落实国家和省有关中长期培训规划和年度培训计划；负责企业经营管理人员职业资格管理及人员素质的调查研究；指导企业职业技能培训，负责开展人才合作与交流，指导企业开展校企对接和引进国外智力工作；指导培训基地建设工作；负责本委所属院校的管理工作。

三、黑龙江省工业和信息化委员会领导班子成员名单

聂云凌	党组书记、主任
沈宏宇	党组副书记、副主任
方安儒	党组成员、副主任
刘爱丽	党组成员、副主任
王　涛	党组成员、纪检组长
杜　毅	党组成员、副主任（挂职）
高玉学	巡视员
陈　杰	巡视员
臧　毅	副巡视员
于艳善	副巡视员
李红兵	副巡视员

四、对外联系方式及网址

黑龙江省工业和信息化委员会门户网站

www.hljiic.gov.cn/pages/MainPortal.aspx

各地中小企业服务机构

北京市中小企业服务中心

中心成立于2000年12月，是按照北京市"建立健全市、区县中小企业服务中心，构建市、区县两级协同、区域和行业全覆盖的中小企业服务体系"的要求设立。其主要职能：一是向北京市政府有关部门反映本市各类中小企业经营、发展情况；二是配合市政府有关部门，落实北京市扶持中小企业发展的方针政策；三是负责中小企业素质提升、创新创业、法律援助、管理咨询、培训等方面的服务工作；四是负责中小企业公共服务平台运维管理；五是负责"北京市中小企业创业投资引导基金"管理工作；六是负责我市小企业创业基地、中小企业公共服务平台的认定、管理；七是组建及管理"北京市中小企业专家委员会"；八是指导区（县）中小企业服务中心建设工作；九是接受政府有关部门的委托，联系北京地区各类社会服务组织，逐步完善中小企业服务体系，成为全国中小企业社会化服务体系的组成部分。

地 址：北京市朝阳区工体北路6号　邮 编：100027
联系电话：010-84018989　传 真：010-64065056
网 址：www.beijing.sme.org
E-mail：Bjsme2005@sina.com

北京市农民就业服务指导中心

北京市农民就业服务指导中心（以下简称中心）隶属于北京市经济和信息化委员会，为全额拨款公益性事业单位，2012年荣获国务院授予的"全国就业先进单位"称号。目前主要承担促进农民就业以及中小企业用工招聘服务指导、农业行业特有工种职业技能鉴定，北京市镇村企业统计、中小企业运行监测，中小企业及农民创新创业导师培训，《北京中小企业》杂志编印等工作。内设企业综合服务部、职业技能鉴定部、就业服务指导部和办公室等4个部门。

中心具有人力资源和社会保障部和农业部核准颁发的《职业技能鉴定许可证》，是北京市唯一的农业行业特有工种职业技能鉴定机构，为北京中小企业（镇村企业）职工和非农就业农民开展职业技能培训和鉴定考核，鉴定考核合格者将获国家人力资源和社会保障部、农业部联合颁发的《中华人民共和国职业资格证书》。

中心积极为企业招聘职工和城乡劳动者求职提供公益性中介和信息服务。中心主办的"城乡就业信息网"（www.jiuyexinxi.cn）为企业发布招聘信息，为劳动者发布求职信息。目前，网站可提供电工、缝纫工、保安、保洁、财务、司机等上百个工种供求职者选择，已经成为北京郊区企业用工招聘和城乡劳动者求职的重要信息来源平台。

地址：北京市朝阳区工体北路6号　邮编：100027
联系电话：010-85235995（兼传真）
网址：www.jiuyexinxi.cn
E-mail：nongminjiuye@126.com

北京国融工发投资管理有限公司

国融工发前身为北京市银拓资信评估事务所，系北京市城市金融学会于1994年经人民银行北京市分行批准投资设立的集体所有制企业。2005年5月，北京工业发展投资管理有限公司通过北京产权交易所以公开拍卖的形式取得了该事务所的整体产权。2005年12月，该事务所进行改制，组建了北京市银拓资信评估事务所有限公司。2008年5月，公司更名为北京国融工发投资咨询有限公司。2017年2月，公司更名为北京国融工发投资管理有限公司，注册资本1350万元，是北京工业发展投资管理有限公司全资子公司。法定代表人、董事长冯长征，总经理孙志刚。国融工发具有工程咨询综合甲级资质，北京市高新技术企业，通过了ISO 9001质量管理体系认证。国融工发办公地址在朝阳区北京乡企大厦6层，目前拥有员工67人。70%以上拥有硕士学历，其中大部分员工拥有基金从业资格、注册咨询工程师、注册会计师、注册造价工程师、注册资产评估师、信用评级分析师及高级工程师、高级经济师等专业证书。

国融工发自成立以来，经过十几年的发展，坚持以专心、专业服务政府为导向，聚集北京市经信委等主要委办局及区县产业、财政各类部门软件资源、市场化投融资服务机构及各类专业服务组织，致力于建设一个政府和市场、财政资金全产业链有形市场。国融工发作为北工投资全资子公司，实行北工投资的部门化管理。公司主要业务包括基金管理、股权管理、政府资金评估评审、企业项目咨询、中小企业服务。公司现为北京市高精尖母基金管理人、工美基金管理人、潍坊高新区产业基金管理人。2014年9月，公司通过公开竞聘成为北京市中小企业公共服务平台运营管理单位，通过征集服务机构为平台网络认定的基地、平台及全市中小微企业提供服务。

办公地址：北京市朝阳区惠新东街6号乡企大厦6层

邮　　编：100029

平台地址：北京市海淀区新建宫门路2号会议中心1层

联 系 人：杨继宏

联系电话：82176901，传真：82176907

公司网址：www.bjsidic.com

平台网址：www.smebj.cn

天津市中小企业生产力促进中心

（天津市中小企业发展促进中心）

一、基本情况

天津市中小企业生产力促进中心和天津市中小企业发展促进中心（2011年12月23日由天津市中小企业人才交流服务中心更名）系天津市中小企业发展促进局直属事业单位，是天津市中小企业发展促进局为解决中小企业“两难”（融资难、创业难）和“三缺”（缺人才、缺技术、缺管理）问题，切实加强中小企业发展促进服务工作的一大举措。中心以为中小企业“创业、创新、转型、发展”提供全程服务为宗旨，联合多家进驻中心的服务机构，为中小企业在金融、法律、信息、创业、科技创新、市场开拓、人力资源培训、诚信等方面提供全程全方位服务，加快中小企业的技术进步，提高市场竞争能力，打造具有公信力的天津市中小企业的服务平台。

二、主要职能

1、协助政府部门贯彻落实国家和本市中小企业发展的法律法规和方针政策；

2、整合社会资源，推进并落实天津市中小企业八大服务平台建设；

3、负责中小企业信息收集和发布，协助主管部门掌握中小企业经济形势；

4、协调和组织中小企业开展国内外经济技术合作与交流，促进国内外先进技术的推广应用；

5、协助中小企业组织开展各类专项资金的申报工作。

三、部门设置

天津市中小企业发展促进中心、天津市中小企业生产力促进中心

下属四个部门：

综合部：人事管理、行政管理、财务管理

运营部：平台管理、会展服务

培训部：企业培训、管理咨询、管理诊断、人才交流

服务部：咨询服务、后勤服务、接待服务

四、联系方式

地址：东丽区榕洋金城A座7楼712室

邮编：300399 电话：022-84399591

天津市中小企业协会

天津市中小企业协会（Tianjin Association of Small and Medium Enterprises， 英文缩写TASME）是天津市中小企业、企业经营者及为中小企业服务的机构自愿组成的联合性、非营利性的社会团体。

天津市中小企业协会的前身是天津市乡镇企业协会（天津市乡镇企业协会成立于1992年11月）。2009年天津市中小企业发展促进局成立，2010年10月，经天津市社团管理部门批准，天津市乡镇企业协会更名为天津市中小企业协会。

天津市中小企业协会现有会员单位1084家，由来自不同行业、不同所有制中小企业及其他相关单位组成。接受天津市中小企业发展促进局的业务指导和天津市社团局的监督管理。

协会自成立以来，受到了市委、市政府领导同志和有关领导机关的高度重视与关心支持，使协会工作得到各

界的广泛关注和强有力的指导。协会本着“搭建平台、服务企业、合作共赢、创新发展”的宗旨，团结带领广大会员单位，认真贯彻执行党和国家的政策、法规，积极配合政府部门开展各项工作，努力维护企业和企业家的合法权益，及时提供信息、人才、教育培训、创业、科技、管理咨询、金融、出国考察、法律等方面服务及交流合作活动，为促进中小微企业成长，保障民营经济持续、快速、健康发展，推动物质文明、精神文明和政治文明建设同结硕果，付出了辛勤的劳动，受到广泛好评，连续十年（四次）被天津市政府授予“先进社团组织”称号，2011年在中国中小企业协会、中国企业创新成果案例审定委员会主办的“中国创新成果征集活动”中被评为“中国中小企业创新服务先进机构”，2012年被天津市中小企业发展促进局授予 “天津市中小企业公共服务示范平台”称号。

协会秘书处设会员服务部、人力资源部、联络交流部、信息服务部、咨询服务部等五个职能部门，以为中小企业服务为宗旨，搭建十个平台，开展注重实效的工作和丰富多彩的活动。

通信地址：东丽区榕洋金城A座7楼709室

邮政编码：300399

联系电话：022-24305128 13072000842

电子邮箱：tjzxqyxh@tjzxqyxh.com

传　　真：022-24303412

协会网站：www.tjzxqyxh.com

天津市城市集体经济联合会

天津市城市集体经济联合会始建于1992年8月，是由多种形式集体经济组织和中小企业及其服务人员自愿组成的联合性、非营利性社会组织，为独立社团法人，主管机关是天津市经济和信息化委员会。目前拥有会员2000家，理事366人，常务理事93人。

联合会以支持促进中小企业和集体经济成长发展为历史使命，以强烈的事业心、责任感，以联合的优势、创新的理念、自律的机制、诚信的作风为会员和中小企业提供热诚、有效、卓越的服务。联合会的目标是努力创建一个“四满意协会”：让会员满意，每个会员都能从联合会分享到联合与服务的价值，在联合会有“家”的亲切感；让企业满意，更多的中小企业从联合会的服务中有所收益，在联合会分享到“朋友”的情意；让政府满意，发挥“桥梁纽带”作用，努力成为政府支持促进中小企业和集体经济成长发展的“帮手”、“助手”；让合作者满意，真诚合作，诚信为本，平等互利、实现共赢。

联合会工作人员服务远不能适应中小企业成长发展的需求，联合会服务团队的主体是志愿服务团。我们搭建中小企业服务平台，组建律师服务团40人，管理咨询服务团70人，技术支持服务团35人，创业辅导服务团50人，人才培训服务团30人。让志愿为中小企业服务的专家、企业家和管理者200多人进入服务平台，用知识、智慧和辛勤劳动为会员和中小企业提供“贴紧实际、切实有效”的公益性服务。

联合会设立集体经济法律政策服务热线022－23304892已有10年；编印《中小企业和集体经济适用法律法规政策选编》一年一册，已免费为会员提供10年。

联合会先后创办《联合与创新》（2006年前）、《天津中小企业》（2007—2010年）、《企业成长》（2011—2013年）刊物，先后创办《天津中小企业成长网》（2008—2012年）、《集体经济创新网》（2009—2013年）、（企业成长网）（2013年），及时传播政策法律、调研成果、典型经验，发展趋势、成长规律、成长案例、成长知识以及转型升级、企业文化、团队建设等方面信息。

联合会从2003年开始实施国家和天津市中小企业银河培训项目，10年来，先后举办入世、改制、营销、转型升级、企业文化、修炼提升、财务税收等各类培训班121个，培训中小企业经营管理骨干18000多人（次）。享受政府补贴200余万元。联合会的培训以企业发展需求为中心，以提高三支队伍（领导团队、管理骨干、骨干员工）的品质、素质、能力为主体，已形成“实用为先、专业为主、基础性与战略性相结合”的培训结构，整优化师资网络，完善合作培训机制，打造公益性强、支撑力强、实用性强的培训服务品牌。

联合会从2001年开始对中小企业免费开展政策法律、改革改制及经营管理方面的咨询服务。从2004年开始实施政府支持的公益性半公益性管理咨询服务项目，先后实施了战略、营销、财务、重组、品牌建设、转型升级等48个管理咨询服务项目。已建立70多人参加的管理咨询服务团。联合会的管理咨询服务，注重实用与实效，目的是为中小企业提升管理水平服务，在服务中起帮手和助手作用。

联合会吸收盈科、击水等著名律师事务所的律师免费为中小企业提供法律咨询服务；联合会的技术支持服务团既有退休科技人才，又有在职科技人才，他们量身为中小企业提供科技创新的支持服务，专利与知识产权的支持服务，支持联合开发，促进交流合作；联合会的创业辅导服务团队可为创业者和企业提供注册、资金、立项、招商、财会、劳动关系、法律、信息等方面的创业支持服务，侧重于创业后的管理提升服务。

办公地址：天津市和平区建设路青岛道13号
邮　　编：300040
联系电话：022-23329470、022-23304892
电子邮箱：tucea@163.com

河北省中小企业服务中心

河北省中小企业服务中心，是河北省工业和信息化厅下属事业单位，为河北省中小企业公共服务平台网络承建单位之一，完成了省级枢纽平台的主要建设任务，现为省平台运营单位。中心成立于2003年9月，编制15人，内设办公室、综合服务部、服务协调推进部、培训和职业技能开发部。主要承担中小企业创业辅导、法律咨询、对外合作服务，企业宣传、形象策划、广告制作服务，产权交易服务，教育培训服务和相关技能鉴定等。2007年经省编办批准，河北省中小企业服务中心加挂河北省中小企业培训中心牌子，经国家劳动部批准在服务中心建立河北省乡镇企业特有工种职业技能鉴定站，被农业部确定为“高技能人才金蓝领试点单位”，是国家和省级中小企业公共服务示范平台、河北省民营企业人才培训基地、河北省中小企业法律服务平台、全国中小企业服务联盟核心成员单位。

中心近年来结合基本职能和工作实际，打造了具有自身特色的服务品牌，“订单式”服务被国家工信部授予创新服务奖。中心协调省内外专业服务机构、行业协会、大专院校、知名专家，倡导成立了全省中小企业服务联合会，以中小企业服务需求为导向，开展各类公益性服务。以“订单式”服务活动为抓手，通过分层分类的协约式培训、“V”咨询服务、送课下乡、特色职业技能鉴定等独具特色的服务形式，充分满足了中小企业专业化、个性化的服务需求。

电话（传真）：0311-87803322
网　　址：www.smehb.cn；
地　　址：石家庄市自强路105号
邮　　箱：hbsme@126.com

河北省中小企业信息中心

河北省中小企业信息中心成立于2004年3月，是河北省工业和信息化厅下属事业单位，为全省中小企业公共服务提供技术支撑。中心内设技术部、综合信息部、运行监测部，现有正式员工10人，劳务派遣人员4人。主要职责是：为中小企业的发展提供技术、项目、物资、设备、资金、人才等信息；建立“河北省中小企业数据库”，调查分析中小企业现状，负责“河北省中小企业网”网站的设计制作及运营维护，建立中小企业信息服务平台，推动企业信息化和“企业上网工程”，为企业提供全方位的信息增值服务；为中小企业提供信息管理与应用的解决方案，提供电子商务、资源整合的窗口。充分利用河北省工业和信息化厅网站、中小企业河北网、河北工信微信微博开展民营经济中小企业宣传活动，发布全省民营经济中小企业重大会议活动、政策、重点工作部署、我省企业发展的新情况、新动态，服务全省中小企业和公众。开展中小企业运行监测工作，通过中小企业生产经营运行监测平台对全省注册3600多家中小企业、共62个监测县进行运行监测和数据分析。编写全省中小监测企业运行情况季度期刊，深入反映重大、热点问题对中小企业的实际影响，为我省中小企业的发展在决策方面提供参考依据和有力支撑。

联系人：高晓莉
电话：0311-87803229
E-mail：gxl@ii.gov.cn；
中小企业运行监测联系人：王鸿泉
电话：0311-87903240；
E-mail：whq@ii.gov.cn；

河北省再担保有限责任公司

河北省再担保有限责任公司是河北省人民政府批准并出资设立的省属国有企业，以河北省中小企业信用担保服务中心为主体组建，是全省唯一的政府主导，承担再担保职能的省级政策性融资再担保机构。2015年11月挂牌运营，初期注册资本金10亿元，其中省担保中心出资5亿元。现有员工54人，按照省政府组建方案，建立现代企业法人治理结构，实行董事会领导下的总经理负责制。公司设董事会，由7人组成，含董事长1人；公司设总经理1人，副总经理3人，总会计师1人；公司设监事会，由3人组成。公司设有综合办公室、计划财务部、规划发展部、风险管理部、法律合规部、担保业务一部、担保业务二部、再担保业务部等八个部室。

按照"政府主导、公司化管理、市场化运作"的原则运行，负责为全省依法合规经营的融资性担保机构和全省中小微企业、科技创新型企业、"三农"提供再担保、直接担保及其他相关业务。经营业务范围：融资再担保，贷款担保、票据承兑担保、贸易融资担保、项目融资担保、信用证担保；诉讼保全担保，投标担保、预付款担保、工程履约担保、尾付款如约偿付担保等履约担保业务，与担保业务有关的融资咨询、财务顾问等中介业务；以自有资金进行投资等。

河北省再担保有限责任公司致力于联合各家银行和担保机构，积极探索中小微企业融资担保新模式和新品种，打造全省政策性、战略性、创新性、专业性金融发展新平台，力争建设成担保机构体系的核心、扶持政策的平台、银担合作的窗口，带动全省各类融资担保机构主要为中小微企业和"三农"服务，降低其融资成本，更好地支持实体经济发展。

地址：河北省石家庄市中华北大街50号军创国际6层

联系人：刘筱悦

联系电话：0311-85366953

河北省新技术推广站

河北省新技术推广站是经省编办批准，隶属于河北省工业和信息化厅的事业单位。主要职责是：为中小企业提供各类技术项目信息服务；帮助中小企业研究开发新技术、新产品，负责对成熟技术的推广应用；组织新技术交流与培训；开展技术咨询服务，承担技术创新项目的可行性论证和新技术推广优秀项目的评审组织工作；参与新技术推广计划的制定并组织实施，对国家重点推广的新技术，建立示范点并组织推广工作；提供模具技术服务。

河北省新技术推广站以"技术为本、服务至上"为工作理念，坚持"开拓创新、真抓实干"的宗旨，扎实为全省企业提供多层次、全方位、高质量的专业化技术性服务。2001年和2004年相继增挂了"河北省企业技术创新服务中心"和"河北省中小企业模具技术中心"的牌子，在原来职能的基础上增加了技术成果转让；技术创新项目咨询、论证、鉴定；各类技术服务；模具研发设计、改造、试模和检测等服务内容，具备为中小企业提供综合技术服务、组织技术创新及新产品鉴定的资质和功能。2004年被全国电刷镀协会确定为理事单位，是河北省表面工程协会牵头单位；是国家和省级中小企业公共服务示范平台。2006年被省中小企业局确定为省级中小企业服务机构；2010年被省中小企业局确定为省级中小企业公共服务示范平台；2011年被国家工信部确定为国家级中小企业公共服务示范平台（技术），成为我省唯一一家服务全省的国家级综合性技术服务机构。

联系人：谭明

地址：河北省石家庄市桥西区工农路368号

网址：www.ctihe.com

电话：0311-66030776

河北省电子信息技术研究院

河北省电子信息技术研究院（原河北省电子技术研究所）成立于1972年，2000年转制为科技型国有企业，科研、办公经营场所建筑面积7014平方米。现有职工人数78名，专业技术人员71名，其中高中级职称的人员占科技专业人员的85%以上，高职以上22人，硕士以上学历15人。

主要从事于计算机应用软件的研究与应用，企业信息化研究与咨询服务；面向政府部门和中小企业提供信息化建设全面解决方案、技术服务和培训服务、工业自动化控制产品；在电子政务、工业自动化领域具有丰富的项目实施和管理经验；面向食品行业开展食品工业企业开展诚信体系建设服务工作。

研究院是经过国家认定的软件企业和高新技术企

业，具有计算机信息系统集成资质、安防设计施工资质、信息系统安全集成资质、工程咨询单位资质，是省内唯一一家经认定的食品工业企业诚信管理体系建设与评价机构，是河北省“十二五”制造业信息化科技工程组织实施单位，国家信息化测评中心河北省中心也设在我院。

河北省科技厅授予我院“河北省中小企业技术创新公共服务示范机构”，河北省工信和信息化厅授予我院“河北省中小企业公共服务示范平台”和“河北省中小企业公共技术服务平台”。

联系人：高峰

电话：0311-85866007

传真：0311-85862315

网址：www.hbsdzjs.com

山西省中小企业服务中心

山西省中小企业服务中心成立于2002年9月，经省政府批准设立的为全省中小企业提供公益性、扶持性等综合服务的公共服务机构。为正处级全额事业单位，隶属山西省中小企业局。系国家工信部首批命名的“国家中小企业公共服务示范平台”。

中心的主要工作职责：配合政府相关部门贯彻落实中小企业扶持促进政策；反映中小企业的呼声，维护中小企业合法权益；承担山西省中小企业公共服务平台建设运营工作，联系引导各类中介机构为中小企业的创立、生存和发展提供多形式、全方位的服务，在全省中小企业公共服务体系中发挥核心和引领作用。

联系人：张毅斌

电话（传真）：0351-7031926

电子邮件：shw324@163.com、sxsme@163.com

网址：www.sme8718.com

地址：太原市迎泽大街329号山西省中小企业服务平台

辽宁省中小企业公共服务平台网络

中小企业公共服务平台网络建设工程是“十二五”期间工信部着力打造的重点工程之一。

辽宁省中小企业公共服务平台网络是以省服务平台为中心，13个市、15个产业集群服务平台为基础，汇聚全省优质服务资源，集信息服务、投融资、创业辅导、人力资源与培训、技术创新和质量、管理咨询、市场开拓、法律等社会化专业服务机构及服务项目，提供互联网门户、在线交流、呼叫服务、开放式“窗口”服务大厅等多种便捷服务通道，面向广大中小微企业、服务机构、咨询服务专家、窗口平台等用户，形成资源共享、互联互通、服务协同、供需对接便捷的中小企业服务资源网络，是为我省中小企业提供全方面服务的骨干服务架构。

辽宁省中小企业公共服务平台网络由辽宁省中小企业联合会负责建设运营省平台，各市中小企业综合服务机构和部分产业集群建设窗口服务平台。

联系电话：024-86206501

服务平台网络资源门户网站：www.lnsme.gov.cn

辽宁省中小企业联合会

辽宁省中小企业联合会成立于2002年5月20日，是由辽宁省行政区域内民营和中小企业组成的社团组织，目前，已形成了以省中小企业联合会为龙头，各市、县区中小企业联合会、服务中心为基础，覆盖全省的中小企业服务体系。

内设机构有辽宁中小企业服务中心、辽宁省小企业创业基地、辽宁中小在线信息有限公司、辽宁融资与信用促进会、辽宁省中小企业国际合作交流中心、辽宁现代班组出版传媒有限公司、辽宁省中小企业网。

主要为中小企业提供创业辅导、信用与融资服务、信息化建设、管理咨询、综合培训、市场开拓、企业维权及承办政府委托事宜等服务。

辽宁省中小企业联合会先后荣获国家民政部“全国先进民间组织”；工信部“国家中小企业公共服务示范平台”、“国家小型微型企业创业创新示范基地”；辽宁省民政厅“辽宁省示范社团”、辽宁省“AAAAA级社会组织”；“全国中小企业信息服务先进单位”等称号。

联系电话：024-86906421

传真：024-86906856

吉林省促进中小企业发展服务中心

吉林省促进中小企业发展服务中心隶属于吉林省工业和信息化厅，是在2009年省直机构改革中，在原省中小企业发展局8家直属事业单位的基础上，经吉林省编委批准设立的副厅级建制公益一类事业单位，是政府政策扶持的大型公益性综合服务机构。中心已通过ISO 9001质量管理体系认证，并先后被认定为吉林省中小企业公共服务平台、首批国家中小企业公共服务示范平台、首批中国中小企业首选服务商、吉林省精神文明建设先进单位、国家工信部评选出的“工信先锋”；2009年、2010年、2011年连续三年被吉林省政府授予“吉林省十佳中小企业社会服务机构”称号；2011年、2012年、2013年、2014年连续四年在全国中小企业服务联盟能力竞赛活动中被评为全国“优秀综合服务机构”，2015年又获得“突出成就机构”奖。中心是全国中小企业服务联盟执委会副主任单位，吉林省政府批准成立的吉林省中小企业融资服务平台、吉林省信用担保协会会长单位、吉林省中小企业服务机构联合会常务副会长单位。

中心列事业编制58名，大专以上及专业技术职称人员占中心人数的68%，是一支集聚了法律、经济、管理、计算机、英语、会计等专业人才的高素质、专业化的服务团队。中心内设8个部门，即综合部、网络管理服务部、财务部、融资服务部、创业服务部、技术服务部、市场服务部、管理咨询与维权服务部。中心承担着贯彻落实中小企业法律法规和方针政策，集聚、带动、指导社会服务机构为中小企业提供优质服务，推进中小企业服务体系建设，建设、运营、管理、指导吉林省中小企业公共服务平台网络等重要职责。

中心从组建伊始，就以打造全国一流中小企业综合服务机构为目标，加强中小企业服务体系建设，打造服务品牌。坚持业务工作项目化、项目实施品牌化，针对企业需求设计服务项目，做到程序化、标准化、专业化；对内进行管理制度创新，建立项目责任制和人才激励制度，不断提升服务能力和服务水平。通过建设全省中小企业公共服务平台网络及成立吉林省中小企业服务机构联合会，整合了省内400多家金融机构、大专院校、科研院所、培训机构、公共技术服务平台及法律、管理等社会化中介服务机构，为我省中小微企业提供公益性和补贴形式的政策宣贯、融资担保、人才培训、创业辅导、技术支持、信息服务、市场开拓、管理咨询、法律维权等服务工作。年服务企业3万户次，服务人数5万人次。

对外联络：网管部，联系人：丛妍

电话：0431-81151152、13089131588；传真：0431-81151157；邮箱：cjfwzx@126.com；地址：长春市朝阳区建设街2838号，130021。网址：www.smejl.cn

上海市中小企业工作服务机构

市促进中小企业发展工作领导小组：参照国家促进中小企业发展工作领导小组设置情况，2010年5月19日，本市成立了上海市促进中小企业发展工作领导小组（沪府办发〔2010〕20号）。（组长：分管副市长；副组长：市政府副秘书长、市经信委主任、市财政局局长；成员单位：市政府23个委办局和机构；领导小组办公室：设在市经济和信息化委，委分管副主任任办公室主任。市中小企业办承担领导小组办公室日常工作。）不少区设立有区促进中小企业发展工作领导小组或联席会议。

市中小企业工作主管部门：上海市经信委。区层面为区经委（科经委、商务委）。

市中小企业工作机构：上海市促进中小企业发展协调办公室（设在市经信委）。区层面由区经委（科经委、商务委）内设科室具体承担。

市中小企业服务机构：上海市中小企业发展服务中心、上海市中小企业上市促进中心。区层面为区中小企业服务中心。

上海市促进小企业发展协调办公室职能定位：是上海市人民政府批准设立的专司全市中小企业发展事务的行政机构。承担本市中小企业发展的宏观指导；会同有关方面拟订促进中小企业发展和非国有经济发展的相关政策和措施；研究中小企业的融资、担保、信用环境，拟订改善中小企业融资环境的政策措施；促进对外交流合作，鼓励和支持中小企业开拓国际市场，支持其参与国内外展览、展销活动，引进外资、技术和智力；负责组织与国外政府和国际组织间的合作交流。推动建立完善服务体系；协调解决有关重大问题。承办市委、市府及上级主管部门交办的其他事项。

上海市促进中小企业发展协调办公室内部不设处室，目前在编11人。

领导班子成员名单

主任郑晓东、副主任曹晴晴、副主任赵一、副处级调研员吴敏。

对外联系方式

地址：上海市大木桥路108号7楼

电话：021-64225579

江苏省镇江市中小企业服务中心

镇江市中小企业服务中心（以下简称“服务中心”）成立于1999年，是经镇江市人民政府批准设立的公益性服务类事业法人，直属于镇江市经济和信息化委员，是联合国开发计划署、原国家经贸委、中国国际经济技术交流中心在镇江实施的“中小企业改革与发展”项目和健全社会服务体系试点的重要产出，多年来，服务满意率一直保持在95%以上，创造出了“超市+保姆”服务模式、镇江市创业信息服务平台、中小企业服务联盟等知名的服务品牌。获“江苏省中小企业社会化服务示范机构”、“江苏省创新创优服务中心”、“江苏省企业公共服务示范平台”、“镇江市中小企业服务体系建设示范单位”等多项荣誉称号。服务中心现有办公及服务场所共计4920多平方米，固定资产529万元，员工34人。2015年，被省经信委认定为“江苏省五星级中小企业公共服务平台”。

地址：镇江市长江路33号市政服务中心

邮编：212002

电话：0511-88698049

网址：www.smezj.com

太仓市科技创业园有限公司

太仓市科技创业园有限公司由苏州登创科技集团有限公司、苏州科技创业投资有限公司、太仓港港口开发建设总公司、太仓经济开发区投资发展有限公司、太仓市生产力促进中心和太仓市人力资源有限公司于2004年9月12日共同出资组建成立。位于太仓市城区东部，孵化面积3700平方米，是集办公、科研为一体的智能化、多功能、花园式的高新技术产业孵化基地。从创立之初到现在，太仓创业园始终坚持政府支持、市场运作、专业服务的运营模式，本着打造成为“科技企业的热土，企业成长的摇篮”的宗旨，吸引了各种类型的研发机构入驻并且从事高科技企业的孵化工作。目前在园企业120家，累计引进孵化企业300余家，园内企业拥有专利及软件著作权800余件。太仓创业园先后被认定为国家级科技企业孵化器、国家大学生科技创业见习基地、华侨华人服务点、省级留学人员创业园、省级博士后科研工作站、省级小企业创业示范基地。2015年，被省经信委认定为“江苏省五星级中小企业公共服务平台”。

地址：太仓市经济开发区北京西路6号

邮编：215400

电话：021-53990555

网址：www.kjcyy.com

安徽省合肥市中小企业服务中心

合肥市中小企业服务中心由合肥市节能监察中心、北京中小在线信息服务有限公司共同出资成立，公司注册资金500万元，隶属于合肥市经信委。合肥市中小企业服务中心现有人员20人，其中高级职称4人，中级职称9人，其他7人。中心是全省第一家成立的中小企业服务中心，是中国中小企业服务联盟发起单位之一，是专职为中小企业服务的运营机构，汇聚了一批专业的技术研发、网络设计、软件开发、国际赛飞高级培训师、省级创业辅导师、国家职业技能鉴定高级督导师等中高级技术人才，技术实力雄厚。

联系人：高博

联系电话：0551- 63717604

网址：www.smehf.gov.cn

安徽祥源科技股份有限公司

安徽祥源科技股份有限公司成立于2005年12月，是新三板挂牌的现代服务业高新技术企业，专业从事安全、环保、节能、健康领域的技术开发、技术转移、技术咨询、检验检测等服务。公司承建了国家精细化工研发服务平台、国家中小企业公共服务示范平台、国家精细化工技术转移示范中心、国家精细化工出口贸易公共服务平台，安徽省工程实验室、安徽省绿色高分子材料重点实验室，公司现为安徽省化工新材料产业技术创新战略联盟盟主单位、蚌埠市化工行业协会会长单位。

公司研究中心现有检测实验室1200平方米，中试工程中心20000平方米，配备了各类仪器设备860台/套，满足有机硅新材料、精细化学品、节能环保、职业卫生等领域产品开发、检测检验、人员培训等方面的需求。

公司为社会提供第三方公正性技术服务，现有安全评价、环境影响评价、职业卫生评价、节能评估等方面9类国家授权资质，可以为社会提供新建、改建、扩建项目的各类工程咨询和技术评价服务，缩短企业运作周期，促进企业快速发展。

联系人：王若宇，联系电话：0552-3127238

网址：www.yuanx.net/default.asp

黄山市中小企业服务中心

黄山市中小企业服务中心是经黄山市经济和信息化委员会批准，旨在服务黄山市中小企业的社会综合服务机构。中心依托安徽省中小企业公共服务网络服务资源和社会专业服务机构，秉承“服务中小企业，助推经济发展”使命，坚守“诚信、合作、创新”服务理念，为黄山市中小企业和创业主体提供企业管理、会计、税务、法律、信息、人才培训、融资、担保、技术、政务代理等多功能、全方位服务。

联系人：张年根，联系电话：0559-2531448

网址：www.hssme.cn

安徽网才信息技术有限公司

安徽网才信息技术有限公司是新安人才网的运营主体，服务范围包括：网络招聘、现场招聘、高级猎头、职业培训、企业培训、人才测评等众多方面。公司旗下已成立新安人才网人才服务中心、合肥新安人才网职业培训学校、芜湖市新安人才网职业培训学校等多家人才服务机构。2000年成立至今，新安人才网服务企业超过38000家，占据全省网络招聘市场70%以上的份额，成为众多企业和求职者心目中的知名品牌。

联系人：朱文颖，联系电话：0551-65666550

网址：www.goodjobs.cn

安徽恒明工程技术有限公司

安徽恒明工程技术有限公司是一家面向机械装备、生态农业、节能环保、智能制造、互联网+、高新技术、创新创业等产业发展提供全程化、一体化解决方案的专业服务机构，提供专业的、定制式的解决方案。公司成立于2006年6月，注册资本1000万元，具有国家级高新技术企业，国家级中小企业公共服务示范平台、工程咨询资质（其中甲级12个，乙级3个）、安徽省固定资产投资节能评估机构、政府投资项目第三方评审机构、政府投资项目第三方培训机构、ISO9000：2008标准质量管理体系认证。公司在芜湖、铜陵、马鞍山、宣城、滁州及六安等市设有“区域中小企业服务中心”。

联系人：钱伟，联系电话：0551- 65844661

网址：www.hm-ah.com

阶梯项目咨询有限公司

阶梯项目咨询有限公司自成立伊始，致力于打造国内大型专业型咨询服务平台，逐步形成独具特色的PPP咨询服务、工程项目全过程咨询服务和两化融合管理咨询三大服务体系。经过近二十年的发展，目前具有甲级工程咨询资质、甲级招标代理资质、甲级工程造价咨询资质和工程监理资质，被列入工信部两化融合管理体系咨询服务机构名单，具有安徽省民营科技企业、安徽省重合同守信用企业、安徽省中小企业公共服务示范平台等荣誉称号，目前不仅安徽省内黄山、淮北、安庆、芜湖等10市县，而且在海南、河南、广西、浙江、福建、江苏、山东、重庆、成都均设有分支机构，年咨询服务千余项。

联系人：钱捍，联系电话：0566-2125633

网址：www.jet-ok.com

安徽航天信息有限公司

安徽航天信息有限公司是安徽航天信息科技有限公司全资子公司，成立于2009年1月，是国家“金税工程”增值税防伪税控系统在安徽省的技术和服务提供商、国家密码管理局指定商用密码产品销售商。

公司运用先进的管理理念和方法，先后通过了ISO 9001：2000质量管理体系认证、高新技术企业认定、守合同重信用、双软认定单位等。公司下设客户服务管理事业部、系统集成事业部、产品销售事业部、市场拓展事业部、金盾事业部、产业培训事业部、工程技术部、财务部、商务部、总经办10大部门和全省17个分公司、办事处。

联系人：于秀静，联系电话：0551-65721073

网址：www.965432.com

安徽省新世纪认证咨询有限责任公司

公司是从事企业管理、信息化软件推广、政务代理、两化融合、智能技术辅导咨询的合作性专业公共服务平台。国内第一家通过ISO 9001：2008认证的两化融合管理体系贯标服务机构，公司与北京、上海4所大学、研究院牵手在企业设立硕士、博士工作站。公司拥有20多名国家、国际注册的管理咨询师、审核员、软件工程师、理财师、经营战略管理策划师和具有多年的品质、环保、信息及安全管理体系等辅导、认证经验的资深专家，是集国际最先进的经营管理理念与中国国情结合于一体的咨询顾问辅导服务机构。

联系人：宋说，联系电话：0551- 63628228

网址：www.xkzzz.org

福建省中小企业服务机构

一、设立省市县三级中小企业服务中心

我省把各级中小企业服务中心建设作为提升中小企业服务的重要载体和抓手，截至2016年年末，全省设立省级中小企业服务中心1个、市级中小企业服务中心9个，此外，有三分之一的县（区）设立县级中小企业服务中心或类似服务机构。省、市、县中小企业服务中心作为各级服务中小企业的龙头单位，以服务中小企业为主业，在整合服务资源、组织开展服务活动方面，发挥了牵头引领作用，近年来为提升我省中小企业发展质量、推进各地中小企业服务体系建设作出了积极贡献。

二、培育“双创”服务载体

我省自2012年起开展省级中小企业公共服务示范平台和小微企业创业基地培育认定工作，截至2016年年末，全省已培育认定省级中小企业服务公共服务示范平台117个（其中国家级13个）、省级小微企业创业基地49家（其中国家级9家）。省级中小企业公共服务示范平台主要为中小企业创业创新提供信息、人才与培训、技术创新和质量管理、融资、管理咨询、法律等服务，2016年省级示范平台共服务企业21.09万家（次）。省级小微企业创业基地，主要为入驻企业提供信息、技术、投融资、政务代理等服务，截至2016年年末，省级小微企业创业基地共有服务人员2387人，入驻服务机构431家，入驻企业3278家，其中入驻小微企业2868家。从总体运营情况看，两类“双创”服务载体，发挥示范作用，整合集聚服务资源，开展了丰富多样的服务活动，取得了较好的服务成效，为我省中小企业发展、大众创业万众创新提供了有力的服务支撑。

三、搭建中小企业公共服务平台网络

着眼为中小企业提供“找到到、用得起、有保障”的一站式服务，我省搭建由1个省枢纽平台、9个市级综合窗口平台、32个重点产业集群和专业窗口平台构成的福建省中小企业公共服务平台网络，通过信息化手段，实现各窗口平台间的互联互通、资源共享、服务协同。2016年7月1日，福建省中小企业公共服务平台网络开通运行，构建了实体服务大厅、网上服务大厅、968871服务热线、手机软件终端、微信公众号等5种服务方式，为中小企业提供信息、投融资、创业、人才培训、技术创新、管理咨询、市场开拓、法律等服务。截至2016年年末，在平台网络上注册的服务机构1515家、入驻实体服务大厅服务机构261家，各平台共提供服务2349项，注册中小企业7657家，开展服务活动（参加活动10人以上）10579场，服务人数达373153人。

福建省中小企业服务中心

福建省中小企业服务中心，成立于2005年9月，是隶属于福建省经济和信息化委员会的财政全额拨款事业单位，2012年被省经信委、省财政厅认定为省级中小企业公共服务示范平台，被工信部认定为国家中小企业公共服务示范平台。

一、主要职责

宣传贯彻国家和省有关中小企业法律法规和方针政策，配合政府有关部门拟订发展中小企业的地方性法规、规章与政策。

负责建设完善福建省中小企业公共服务平台网络，负责省级中小企业公共服务大厅建设与管理。

协调相关部门、行业协会及其他机构；联系和引导各类社会服务机构为中小企业创立、发展提供全面的社会服务。规范中小企业服务内容，推进为中小企业提供融资担保、创业创新、技术支持、管理咨询、市场开拓、法律服务和人才培训等多方面、多层次的服务体系建设，在全省中小企业服务体系建设中发挥核心和引领作用。

配合对福建省中小企业公共服务示范平台和省级小微企业创业基地进行动态管理，发挥服务示范作用。

构建多层次分行业监测分析平台，动态掌握中小企业运行态势，为上级部门制定政策提供意见建议。

组织中小企业开展国内外经济技术合作与交流，促进先进技术的推广应用；帮助中小企业拓展国内外市场。

承办主管部门等交办的其他事项。

二、2016年主要服务情况

2016年，中心积极整合优势资源，创新服务模式，开展了一系列中小企业服务活动，取得积极成效。

一是全力抓好企业管理提升系列活动。在省经信委指导下，组织相关管理咨询专家免费为食品加工、纺织服装、软件IT、机械制造、陶瓷五个行业的50家企业进行驻厂三天面对面的管理咨询诊断；组织17名优秀企业管理人才（福建省突出贡献企业家、福建省企业高级经营管理人才、工信部中小企业经营管理领军人才）在全省举办了11场管理经验分享活动，为583家中小微企业的827名管理者分享他们成功的企业管理经验；联合海峡股权交易中心，邀请国内知名专家举办了7场上市融资辅导活动，近300家成长型企业参加受益。

二是帮助企业拓展国内外市场。组织15家企业参加第九届APEC技术交流暨展览会，成交金额500多万元，意向合同金额 700多万元。组织35家中小企业参加第十三届中国国际中小企业博览会“福建馆”的展示推介及融资核技术等对接活动，现场对接洽谈达成意向合作协议500多万元。

三是举办福建省助力小微企业八闽行系列活动。分别在福州、宁德、三明举办了4期“助力小微企业八闽行”活动，邀请省内优秀融资、法律、信息化服务机构与当地中小企业进行供需对接，并进行惠企政策解读，活动吸引到200多家中小微企业积极参与并取得良好对接效果。

四是推动融资对接工作。开展境内企业和香港有关银行进行融资对接，邀请香港南洋商业银行7位金融专家顾问团为我省中小企业讲解如何到香港融资的课题，共吸引100多家企业参与对接；联合香港集友银行、香港邹陈律师行为中小企业讲授香港上市涉及的法律和财务等相关知识，帮助我省中小企业进一步了解向香港商业银行融资要点、拓宽融资渠道，共吸引到69家企业参与对接。协助省经信委开展融资租赁融资对接活动，组织我省12家优秀融资租赁机构为我省43家企业进行融资对接，达成40亿元的融资对接。

五是推进中小企业人才服务工作。配合海峡人才市场，开展了4期福建省高级人才招聘会，组织近300家企业提供了1800多个中高级管理和专业技术岗位，吸引了上千名求职者参加，促进了企业与人才的有效对接。组织了200多家企业进入工程学院和福州大学举办了两期大学生专场招聘会，帮助解决大学生就业问题。通过自愿报名、面试、专家评审环节，组建福建省创业就业公益服务导师团，为中小企业和创业者提供各类创业服务，初步征集了242人报名。

六是做好惠企政策宣传。梳理编印《2016年惠企政策文件选编》书本3000册、光盘2000张，赠送给全省企业，努力解决政策落地的“最后一公里”问题。利用平台网站、微信公众号、968871呼叫热线等方式，广泛发布惠企政策等相关信息， 2016年共推送出政策服务信息2002条。

七是举办中小企业服务机构服务能力提升培训。先后在2月和7月举办了二期培训班，邀请省内优秀管理咨询机构给大家讲解《中小企业服务机构服务模式创新与能力提升》，安排优秀服务机构介绍服务经验，平台战略合作机构和各窗口平台近百家机构参与了培训。

三、对外联系方式

电话：0591-88023380，88016036（传真）

邮箱：zxqyfwzx@fjetc.gov.cn

网址： www.fujiansme.com（福企网）

江西省中小企业社会化服务体系主要组成单位名单

江西省中小企业服务中心、江西省食品工业办公室、南北联合林业产权交易股份有限公司、江西财智名家论坛有限公司、南大中德食品工程中心、南昌市中小企业服务中心、南昌大学科技园发展有限公司、江西师大科技园发展有限公司、青山湖区中小企业服务中心、南昌金庐软件园软件评测培训有限公司、江西尚通科技发展股份有限公司、九江市中小企业服务中心、景德镇中小企业培训中心、江西省陶瓷检测中心、江西省陶瓷知识产权信息中心、萍乡市中小企业服务中心、农业部烟花爆竹质量检验测试中心、萍乡市火炬创业服务公司、新余市中小企业服务中心、新余市综合检验检测中心、鹰潭市中小企业服务中心、鹰潭市生产力促进中心、鹰潭市瑞锦微型元件技术有限公司、赣州市中小微企业服务中心、赣州市企业技术创新促进中心有限公司、江西钨与稀土研究院、赣州科睿特软件股份有限公司、南康市中小企业促进中心、江西中药生产力促进中心、吉安市中小企业服务中心、新干县箱包皮具产业促进办公室、上饶市中小企业服务中心、江西玉山县轴承工业协会、抚州市中小企业服务中心、金溪县天然香料研究所。

江西省中小企业服务中心

江西省中小企业服务中心为江西省工业和信息化委员会直属的正处级全额拨款公益性事业单位，法定代表人为张爱民，下设综合工作部、运行监测部、教育培训部、体系服务部、协调合作部、后勤保障部六个部门。在省工信委领导下，主要承担全省中小企业运行监测、中小企业公益类教育培训、中小企业公共服务平台网络（省枢纽平台）的建设及运行维护等工作。

中心拥有一支高素质服务团队，其中研究生学历10人、大专以上学历23人，高级职称1人、中级职称14人，服务场地面积约1700余平方米，软、硬件服务设施完善。近年来，围绕打造省级中小企业优势综合服务平台目标，主要开展了以下工作：

一、着力承建运营全省中小企业公共服务平台网络

自2012年以来，利用国家政策支持，遵照“政府引导、市场运作，面向产业、服务企业、资源共享、注重实效”的原则，建设了在线服务和呼叫服务系统、共享数据资源中心和网络运营管理系统，不断完善平台网络的线上服务功能，实现与各窗口平台、服务机构、企业之间的信息互通、资源共享，开通了“968969”全省统一的中小企业服务热线，并与各专业服务机构合作建设专业应用版块，整合全省各类服务资源，为省内中小企业有效提供信息咨询、人员培训、技术支持、创业辅导、市场开拓、管理咨询、融资担保、法律维权等全方位、宽领域、多层次服务。到2015年，以省枢纽平台为核心的“1+10+22”（1家枢纽平台+10家综合服务平台+22家产业服务平台）（赣佑网 www.jx968969.cn）基本建成，实现互联互通和上线运行。2016年度，省枢纽平台开展服务活动392次，服务中小企业27576户，服务人数61512人次。

二、积极开展中小企业人才培训服务

一是按照国家工信部和省工信委要求，积极抓好中小企业经营管理领军人才培训，先后举办第二期领军人才浙大电商班和第三期领军人才“互联网+传统产业”升级班。二是依托省工信委工作职能，对接相关业务处室、延续承担创业大学相关工作；联系中小企业协会、联盟等社团组织，创新举办有特色的行业培训。三是通过加强横向合作开展中小企业各类人才培训，争取列入了省人社厅专业技术人才知识更新工程2016年高级研修项目计划，承担了中小企业经营管理人才创新创业培训；与南康区中小企业促进中心联合举办中小企业领军人才研修班。

三、切实搞好中小企业经济运行监测预警

认真承担工信部“全国中小企业生产经营运行监测平台”江西省企业直报运行数据审核上报、催报工作。为增加监测企业数量，积极配合省工信委中小企业处召开专门会议，研究提出有效对策，目前该平台江西省企业活跃数（直报企业生产经营数据）有160余家。对监测获得数据及时通过赣佑网等渠道进行了上报和发布，为企业运行提供预警服务，为政府研判小微企业提供决策依据。

四、努力帮助中小企业开拓市场

为加快我省中小企业产品和服务走出去步伐，让外界更多了解江西企业，中心先后多次配合省工信委中小企业处组织具有代表性的中小企业参加由工业和信息化部、广东省人民政府举办的一年一度的中国中小企业博览会，帮助全省广大“专精特新”中小企业利用展会集中广泛宣传展示自己，收到良好效果。与此同时，中心还积极与省商务厅、省贸促会合作，努力推选亮点企业走出国门，亮相世界经济舞台，展现江西产业发展成果，筹划推进跨境电商企业的海外建仓工作，有力响应国家“一带一路”发展战略。

五、积极探索中小企业征信服务

中心积极创新服务内容，针对政府和企业对信用信息需求，探索开展了中小企业信用服务体系建设。经过一年多努力，上线运行了“企业征信系统”，获得了人民银行总行备案的《企业征信业务经营备案证》。该备案结束了江西省无合法的第三方企业征信机构的历史。目前企业征信相关工作在稳步推进。一是加大企业信用信息的采集。从政府部门采集信息（如工商、税务、法院等）、与省电力公司合作采集企业适时用电数据、与其他征信机构合作采集数据、利用大数据技术在互联网抓取企业信息等。二是出具企业信用报告，为企业融资提供帮助。三是尝试开展为全省工业园区及企业进行评价评级服务。四是与湖北省信用管理培训中心建立了业务联系，合作开展一 二级信用管理师培训，并逐步与各设区市加强联系，将信用服务推进至全省各地。

中心的工作得到多方面肯定，先后获得工信部“国家中小企业公共服务示范平台”称号，中国中小企业发展促进中心“优秀综合服务机构” 称号，省直机关工委创先争优“先进基层党支部”称号、全国中小企业服务联盟创新项目奖。

六、联系方式

地址：江西省南昌市高新大道8号
网址：www.jx968969.cn
电话：0791-968969
传真：0791-82136753

南昌市中小企业服务中心

南昌市中小企业服务中心根据国家工信部中小企业公共服务平台网络建设要求，配合江西省中小企业服务平台网络建设工作需要，在南昌市政府与南昌市工信委的大力支持下，建立并完善了南昌市中小微企业综合化服务体系，建设了南昌市中小企业综合服务窗口平台，于2013年获得国家示范服务平台称号。

南昌市中小企业综合窗口服务平台建设一流综合化办事服务大厅；开设了实体与网络媒体互联互通的中小企业技术成果与产品成就的综合展示大厅；开放了超市化的中小企业综合服务超市；拥有投融资服务平台、技术创新平台、培训教育平台、信息咨询平台、信用建设平台、中介服务平台这六大服务平台和覆盖市、县（区）、部分乡镇（街道）、重点企业的四级服务网络；打造了全省领先的南昌创业大学、南昌市中小企业网上综合服务超市、南昌市中小企业综合服务平台网站；组建了涵盖全市中小微企业的南昌市中小企业协会、南昌市中小企业信用促进会、南昌市中小企业专家服务团、南昌创业大学导师团等优质的服务抓手。整合带动社会服务资源已达93家，现场入驻服务机构16家，形成了“窗口服务、在线服务、实地现场服务”三位一体的服务解决方案。通过对接江西省中小企业服务平台网络，实现了全省中小企业服务功能的互联互通、共享协作。同时，向下延伸至全南昌市各区、县、部分乡镇、部分街道以及重点企业的现场，形成超远程的延伸服务网络。截至目前已接待企业问询11121次，达成服务3400余件，服务转交专业机构办结1771件，服务回访率满意度达97%以上。举行培训、座谈、技术支持、专家寻访企业实地等各类活动约550余次，服务涉及企业达11000余家。

南昌中小企业服务中心循着打造全新服务品牌，助力当地中小企业发展的清晰思路，充分发挥自身的体量优势，把创新型、创业型中小微企业作为服务的重点对象，立足综合化服务创新思路的理念，不断整合社会资源，激活和带动社会优质专业服务力量，积极探索中小企业服务中心服务企业的新模式，初步走出了一条符合南昌本地服务需求的助力中小企业发展之路。

一、开辟了一条为中小微企业融资开渠的新路径。中心中小企业投融资服务平台，截至2015年6月，南昌平台共为近450户企业累计融资达55亿元，增加企业销售收入102亿元，为地方财政提供税金近6亿元，累计新增就业岗位2.68万个。半年新增四户1810万担保业务。

二、建设了一个增强南昌市中小微企业的核心竞争力的“摇篮”。南昌平台在实现树立起精品化短期培训品牌的同时，联合南昌大学、江西财经大学、江西师范大学创建了南昌创业大学。实现了一年制长期培训和精品化短期培训相结合的丰富办学模式。为确保创业成功率，缩短企业成长周期，避免企业经营弯路，南昌中小企业培训服务平台建立了一条龙的创业扶持流程，在南昌创业大学先后开设了高级总裁研修班、商业模式创新班、品牌营销班、投融资班、创业孵化班等5个一年制专业班型。围绕企业关注的高层管理、财税政策解析、宏观经济、人力资源等方面，年均开设短期精品班8个。平台累计教学达10000多个课时，培训总人数累计5000余人。

三、整合社会专业力量，组建了一支南昌市中小企业专家服务团、南昌创业大学导师团。南昌平台不断打造全新的南昌市中小企业服务品牌链，为南昌市中小微企业发展提供专业、高效、实用、独具特色的专业化服务。为此，平台集合了一大批专家技术资源，将在技术领域有极强实力，且愿意为中小企业服务的专家学者集合在一起，分设工业、农业等六个服务队，采用“窗口坐诊、网络咨询、实地巡访”相结合的形式，为企业提供技术支持与工艺指导。每年还将结合各自的一线服务实际，为市政府提交六份产业分析调研报告，帮助政府在产业决策时，掌握第一手的信息资源。目前，专家技术团在近三年间已对接我市600多家高新技术企业，服务解决了500余项企业生产工艺、运营管理、技术开发等方面的难题。每月提供50余次的技术咨询应答服务。

四、推广赣商企业，建设了一个南昌市中小企业优秀产品与技术成果展示大厅。展示厅面积达100平方米，陈列南昌市优秀中小企业产品与技术成果百余项。每季度进行产品陈列更新，备选产品近千个。月均参观140余人次。展示厅创造了实体展示与网络媒体互联互通的长期展览模式的先河。利用多媒体手段，将南昌企业的优秀产品成果，通过图片、视频与实物相结合的形式，进行最完美的呈现。观摩者既可以在实体展示大厅看到实物展品，更可以通过多媒体手段，了解企业咨询和展品的基本信息、规格、联系方式等。使企业产品展示推广更加高效便捷。

山东省中小企业发展促进中心

山东省中小企业发展促进中心是经山东省编委批准，2013年2月由原山东省乡镇企业科技服务中心和山东省乡镇企业职工中等专业学校整合而成的省级公共服务机构，主管部门为山东省中小企业局。“中心”下设综合科、科技创新科和培训咨询科3个科室，代表中心开展工作，并向山东省中小企业家协会、山东担保协会、山东管理咨询协会、山东中小企业信息中心等单位派驻工作人员，加强横向合作，共同组成省局中小企业服务体系。

主要职责。(1)宣传落实促进中小企业发展的法律法规及方针政策，调查研究中小企业存在的问题及发展需求，承担中小企业发展政策研究和政府委托的相关工作。(2)按照构建“以企业为主体、市场为导向、产学研相结合的技术创新体系”要求，依托山东省中小企业公共服务平台建设政策库、专家库、科技成果库等资源贮备，搭建中小企业科技创新服务平台，为中小企业提供政策解读、技术创新、科技成果转化等公益性服务和电子商务工作特别是移动电子商务工作。(3)组织带动中小企业系统及社会服务资源，构建中小企业服务体系，搭建公共服务平台，充分发挥省级服务平台的龙头作用，全面开展中小企业人员培训、信息咨询、交流合作等服务活动，重点做好银河培训、领军人才培训、巡回大讲堂、管理提升等服务工作，为中小企业提供综合性的公益服务和智力支持。

山东省中小企业信息中心

山东省中小企业信息中心是山东省中小企业局的直属单位，于2006年1月在山东省工商局登记注册成立，经营范围包括计算机系统集成；网络建设服务；信息技术开发、咨询、培训服务；国内广告；软件开发、数据处理和存储服务；呼叫中心业务等。下设综合运营部、编辑部和技术部。建设维护的中国中小企业山东网连续多年被评为中国中小企业信息网“中国中小企业信息网优秀分站奖”和“优秀新闻原创奖”，2012年被认定为山东省中小企业公共服务示范平台，同年被工信部认定为国家级中小企业公共服务示范平台。2012年被工信部发展促进中心评选为信息服务行业中小企业“首选服务商”。自2011年起，中心承担了山东省中小企业公共服务平台网络省 平台的建设运营工作。

主要职责。自2011年信息中心承担“山东省中小企业公共服务平台网络”建设项目以来，我中心与山东省计算中心合作建设运营山东省中小企业公共服务平台，依托云服务平台，为整个公共服务平台网络提供基础支撑服务和技术支持服务。采用云服务模式，建设了站群系统、视频服务系统、呼叫中心等应用系统和信息化、投融资、法律咨询、电子商务等业务应用专业服务平台。中心先后建成了体验中心、多媒体培训教室以及拥有30多个坐席的呼叫中心，为全方位做好中小企业的各项服务工作打下了较好的基础。

山东省中小企业协会

山东省中小企业协会1995年成立，是全省中小企业自愿结成，经民政部门核准登记的全省性、联合性社团法人。2007年由山东省乡镇企业协会改名为山东省中小企业协会，业务主管部门为山东省中小企业办公室。注册资金36万元，成立时没有注册资金要求，1996年对社团法人有注册资金要求时，以当时会费余额作为注册资金，故没有具体的出资人。协会为全省中小企业最具代表性的社会团体，现有会员单位3000家，是全省中小企业杰出协会代表，具有一定的影响力和号召力。理事单位987家，常务理事单位211家，副会长单位46家，常务副会长单位5家，会长1名。现任会长为方圆集团董事局主席高秀。

山东省担保行业协会

山东省担保行业协会2005年10月22日成立，是依照国家有关法律法规和省委、省政府关于建立完善信用担保体系建设，促进中小企业、民营企业发展的一系列政策措施的要求，为实现担保行业实现自律管理和担保机构的可持续发展，经山东省中小企业办公室、山东省民政厅批准成立的非营利性社会团体法人。现有会员单位195家，设立风险控制专业委员会、法律事务专业委员会、业务创新专业委员会。2015年，全省共有担保机构421家，注册资金547.5亿元，累计为48万户中小微企业担保贷款8033亿元。其中2015年担保中小企业7万户，担保贷款1100亿元。至2015年，协会多次被主管部门评为“优秀社会团体”“山东省先进社会组织”和“山东省校企合作先进单位”等。

山东省中小企业管理咨询协会

山东省中小企业管理咨询协会是2011年7月，由山东省民政厅批准成立，受山东省中小企业局和省社会组织管理局监督管理的非营利性服务机构。协会以“搭建服务平台、规范咨询行业、助力企业发展”为宗旨，秉持“专注、专业、专心，实战、实用、实效”的工作作风，汇聚省内最具专业实力的战略规划、企业文化、组织管控、人力资源、财务管理、营销管理、品牌战略、生产运营、资本运作、风险管理、企业信息化等多领域的管理咨询机构及相关专家，服务中小企业、助力山东经济。

湖北省中小企业服务中心

湖北省中小企业服务中心成立于2003年，隶属于湖北省经济和信息化委员会。为推动大众创业、万众创新，服务广大创业者和企业家，中心牵头建设了由1个省枢纽平台、17个市州综合窗口服务平台和15个产业窗口服务平台共同组成、全省统一的中小企业公共服务平台网络，并同步开通了手机APP、微信平台和企业服务电话96500，形成了“一心（以各级中小企业服务中心为中心）两业（依托行业协会和专业机构）三层次（省市县三级贯通）”的服务体系，实现了服务资源共享、互联互通、服务协同。

中心运用互联网+技术，打造中小企业服务云，采用线上线下O2O模式，全面提供投融资、技术创新、信息化、创业辅导、人才培训、管理咨询、市场开拓、法律维权等八大类基础服务和更多增值服务，全力打造“123企业家培育工程”、“中小企业领军人才培训”、“支柱产业支撑人才培训”、“两化融合升级湖北智造”、“管理咨询促进提质增效”、“产融合作助推转型升级”、“创业创新推动结构优化”、“八七”集中帮企日等服务品牌，为广大创业者和企业家提供找得着、用得起、有保证，优质、高效、便捷的服务。

武汉市中小企业服务中心

武汉市中小企业服务中心（以下简称“中心”）是武汉市经济和信息化委员会直属的公益性事业单位。其主要职能是：为中小企业提供融资撮合、管理咨询、上市辅导、技术推广、产业对接、创业帮扶、市场引导、法律维权、人才培育和财税代理等方面的服务。作为公益性服务机构，引领182家社会化专业服务机构结成中小企业服务联盟，共同为企业提供服务，具有较强的服务资源整合力、公信力和号召力。

武汉市中小企业服务中心是“国家银河培训工程武汉培训机构”、“全国重点支持的创业服务机构”；被湖北省经济和信息化委员会认定为“中小企业服务体系建设示范单位”，被中国中小企业协会评选为“中国中小企业创新服务先进机构”；是APEC中小企业服务联盟中国委员会副主任单位、全国中小企业服务联盟副秘书长单位。

由中心建设运管的武汉中小企业公共服务平台，被国家工信部授予首批“国家中小企业公共服务示范平台”称号。

主要职能：

1. 贯彻落实国家和省、市有关发展中小企业的法律法规和方针政策；

2. 承担中小企业有关信息收集与发布等工作，协助主管部门掌握中小企业经济形势；

3. 运营管理武汉中小企业公共服务平台，整合社会化服务资源，为中小企业提供融资撮合、管理咨询、上市辅导、技术推广、产业对接、创业帮扶、市场引导、法律维权、人才培育和财税代理等方面的服务；

4. 搭建全民创业信息服务平台，提供资讯服务，指导各区，为创业者提供各类服务。

联系方式：

地址：湖北省武汉市江汉区汉口青年路560号企业服务大楼

邮编：430022

联系电话：027-85316805

网址：www.whsme.net.cn

仙桃市中小企业服务中心

仙桃市中小企业服务中心位于仙桃市主城区，是经仙桃市机构编制委员会批准的公益性事业单位，隶属于市经济和信息化委员会。2012年底，仙桃市中小企业服务中心根据湖北省经信委统一部署，将仙桃市中小企业服务中心纳入湖北省中小企业服务枢纽平台建设整体规划，平台以政府引导与市场化运作相结合的方式，通过统筹规划、整合各类社会优质服务资源，逐步形成功能完善的中小企业服务链，为广大中小企业提供全方位一体化的专业服务。

目前，服务平台已经签约服务机构25家，入驻企业服务机构18家，为中小企业提供事务代理、创业辅导、人才培训、管理咨询、法律服务、融资服务、技术创新、信息服务、电子商务、企业形象设计等专业服务。同时，在公共服务区域设立了服务大厅、中心机房，开通了96500服务热线电话和微信公众号，设立了政策法规、双创动态、服务机构三个栏目，建立了中国无纺布交易网。

在平台营运的同时，仙桃市经信委党组对服务中心提出了“一基地、五区域”的发展思路，即在企业公共服务平台的基础上，建设“仙桃市小微企业创业创新示范基地”，通过逐步改造，形成五大功能分区，即企业公共服务区、信息化体验区、人才培训区、电商孵化区、“双创”示范区。目前，人才培训区有会议室、多媒体培训教室和电脑培训机房。信息化体验区为双创企业提供信息服务与信息保障。电商孵化区拥有独立的3000多平方米的电商孵化大楼。

基本职能：

政策咨询。收集整理国家、省、市有关帮扶企业的政策和措施，并及时更新政策信息，供广大中小企业查询。

人才培训。举办民营经济暨中小企业大讲堂系列讲座、123人才计划、领军人才素质提升工程等，全面提升企业质量。

信息化推广。中小企业信息化体验厅，帮助中小企业开展“两化”融合，提升智能制造水平。

大众创业、万众创新。建设仙桃市小微企业创新创业示范基地，开展电商孵化、创客空间等系列特色创新创业活动。

企业服务。为企业提供多层资本市场、会计审计、融资担保、企业形象设计、管理咨询、创业辅导等全方位服务。

联系方式：

地址：仙桃市沔阳大道113号

电话：96500、0728-3609650

E-mail：xt96500@163.com

襄阳市中小企业发展服务中心

襄阳市中小企业发展服务中心于2014年9月成立，隶属于襄阳市经济和信息化委员会管理。中心包含网上服务平台和线下服务平台。网络平台主要通过平台网站（www.xy96500.cn）、“96500”服务热线为企业提供政策宣传、问题流转（政府帮困）、工业信息查询、企业生产性服务、产融对接、企业信息化办公支持、项目网上申报、企业产品网络营销等。线下平台位于民发盛特区D座二楼，通过引进专业中介服务机构，为中小企业提供事务代理、创业辅导、人才培训、管理咨询、法律服务、融资服务、技术创新、信息服务、市场开拓、产业人才需求对接等十项专业服务。

我中心秉承公益服务的宗旨，充分发挥各项功能，通过各类公益性活动的举办以及服务补贴等相关扶持资金的积极引导，鼓励各类专业服务机构为中小企业提供优质高效的服务，推动我市广大中小微企业加快转型升级和提质增效，持续健康发展。

中心主要职能：

贯彻落实国家、省、市有关促进中小企业发展的法律法规和方针政策，配合政府相关部门制定促进我市中小企业发展的相关政策措施。

推进中小企业服务体系建设，促进政府、中介机构和企业间的信息交流，引导全市各类中介机构面向中小企业开展创业扶持、融资担保、技术创新、政策咨询、信息化建设、法律援助和人才培训等多方面、多层次的社会化服务。

开展与中小企业的项目合作。

负责市中小企业信息平台的建设和运营工作，确保与省平台的联系对接；建立面向全社会开放的中小企业信息服务系统，为中小企业提供政策、市场等各类信息的采集、分析、加工和传播服务。

负责涉企问题流转平台建设和运行工作，联系对接“12345”政府服务热线，协调解决企业反映的生产经营中存在的困难和问题；建立、完善与中小企业的沟通协调机制；负责收集、分析热线反映的各类问题，为市委市政府决策提供依据。

积极推进中小企业的管理创新和技术进步，促进中小企业开展技术创新、技术改造和产品开发等工作。

负责中小企业服务补贴券管理和发放工作。

负责对全市（区）、县中小企业服务中心的业务联系和工作指导。

地址：襄阳市樊城区春园西路，民发盛特区D座2楼

联系电话：0710-3807394

邮编：441000

E-mail：646110235@qq.com

网址：www.xy96500.cn

宜昌市中小企业服务中心

一、基本情况

宜昌市中小企业服务中心是宜昌市经济和信息化委员会直属事业单位，作为主管部门工作职能的延伸和助手，是优化发展环境，壮大实体经济，服务中小企业的有效载体。中心在政策信息、财税服务、管理咨询、创业辅导、法律援助、人力资源及培训、信息化服务和市场开拓服务等八大基础服务板块的基础上，结合宜昌产业特点，推出了生物医药、食品饮料、精细化工、电子信息、装备制造、新型材料、民用航空等特色服务板块。

中心努力建设“一站、一页、一号”线上线下的服务模式，让广大中小企业“找得到、用得起、有保障”的各种优质公益服务。“一站”就是以宜昌中小企业服务公共服务大厅优质的软硬件设施为依托，为中小企业开展一站式的服务。“一页”就是以宜昌中小企业公共服务网络平台为载体，打造集各类服务资源和大数据为依托，具有检索、互动功能，可以在平台内找到中小企业所需的政策、项目、资金、人才、技术等生产性服务业全产业链服务。“一号”就是全省统一的中小企业服务热线96500，当中小企业遇到问题时随时可以拔打热线咨询、解决。

二、中心基本职能

1. 协助政府部门贯彻落实各级政府发布的促进中小企业发展的法律法规和政策方针；

2. 整合优质社会服务资源，推进并落实宜昌市生产性服务业全产业链的服务体系建设；

3. 承担宜昌市企业中高层人才培育工作，重点落实“宜昌市‘111’企业家培育工程”；

4. 组织引导企业建立现代企业制度，规范经营，进而进入多层次资本市场，帮助企业融资；

5. 推动企业"走出去"方式转型升级，加强国际产能和技术合作，融入"一带一路"建设；

6. 协助中小企业组织开展各类专项资金申报工作.

三、部门设置

办公室：负责人事、行政、财务管理、后勤服务、接待服务；

平台管理部：负责服务体系建设、平台管理；

人力资源及培训部：负责企业培训；

投融资部：负责企业间接、直接融资服务；

国际合作部：负责组织企业国内外参展、国际产能和技术合作；

管理咨询部：负责管理咨询与诊断。

四、联系方式

地址：宜昌高新区大连路33号

电话：（0717）6558778

网址：www.yc-sme.com

QQ：1079650066

广东省中小企业服务中心

广东省中小企业服务中心（以下简称"中心"）是在原广东省技术推广站基础上成立的公益一类事业单位，直属于广东省经济和信息化委员会。2016年2月1日，为贯彻落实广东省委、省政府关于广东供给侧结构性改革、产业转型升级的重大战略部署，经广东省编办同意，新增了"广东省生产服务业促进中心"的牌子。

目前，中心的主要职能为：一是为中小企业开发新技术、新产品提供信息、资金等方面的咨询服务；二是推广先进、成熟、适用技术，促进中小企业的技术创新；三是联系和引导社会各类中介机构为中小企业提供服务；四是承担广东省生产服务业公共服务平台建设、产业推广、人才培训、发展研究等服务工作。

近年来，中心开展了一系列技术服务、人才培训、信息服务以及市场开拓等公益性服务工作，得到了政府、同行以及广大中小微企业的一致好评，是国家工信部认定的首批"国家中小企业公共服务示范平台"（2011年），是广东省经济和信息化委、广东省中小企业局认定的"广东省中小企业公共服务十佳单位"、"广东省中小企业综合服务机构示范单位"、"广东省中小企业培训示范机构"，被中国中小企业发展促进中心评为"2012中国中小企业首选服务商"，中国职业经理人考试测评标准化技术委员会认定为"职业经理人国家标准学习示范基地"，同时也是中共广东省直属机关工作委员会认定的"2011-2013年度精神文明建设先进单位"。

地址：广东省广州市越秀区连新路11号

邮箱：fuwu@gdzxzx.com

网址：www.gdsme.com.cn

电话：020-83353339

广州市中小企业服务中心

广州市中小企业服务中心（以下简称"中心"）成立于2005年10月，是广州市经贸委领导下的中小企业公益性综合服务机构，也是上百家产学研权威机构共同打造的中小企业专业服务平台，中心凭借逾百名核心专家资源、逾千名外围专家资源及18多万家中小企业服务项目资源，倾力推动广州市中小企业成长工程，通过开发适合中小企业成长需求的系列服务产品，为中小企业提供高效的投资融资、技术支持、创业辅导、财务税务、法律援助与咨询、会展营销、信息化工程、管理咨询、人才培训、品牌培育、竞争力评估、产业集群升级服务等涵盖中小企业整个生命链的系统服务。

地址：广州市麓景路7号7楼

电话：020-83598316

传真：83508477

网站：www.smegz.org.cn

邮箱：smegz@163.com

珠海市中小企业服务中心

珠海市中小企业服务中心前身是珠海市个体私营经济投资促进中心，成立于2000年1月，根据《关于成立市中小企业服务中心的批复》（珠机编〔2004〕44号），2004年10月，市个体私营经济投资促进中心从市非公党工委分离出来，作为财政核拨事业单位划归市经贸局管理，并更名为珠海市中小企业服务中心，加挂珠海市民营企业服务中心、珠海市内联企业服务中心牌子。市中小企业服务中心内设五个工作部门：综合服务部、培训服务部、融资服务部、市场拓展服务部、技术服务部。“为企业服务、服务于企业”是中心的服务指南，“协调、指导、服务、咨询”是中心的服务宗旨，中心将努力为全市中小企业提供优质、高效的服务，充分发挥企业与政府之间的纽带和桥梁作用。

地址：珠海市政府大院3号楼一楼

邮政编码：519000

综合服务部：0756-2219380，黄中坚

E-mail：zxlz@zhuhai.gov.cn

网址：zh.gdsme.com.cn

韶关市中小企业服务中心

韶关市中小企业服务中心于2005年4月20日经市编委批准成立。该中心为韶关市经济和信息化局下属事业单位，是全市中小企业综合服务机构，致力于为中小企业提供公益性、扶持性等综合服务。其基本职能是：向政府有关部门反映中小企业情况，配合政府有关部门落实中小企业扶持政策；维护中小企业合法权益；为中小企业的创立、生存和发展提供全面的社会服务；接受政府及其部门的委托，联系或委托区域、行业和各类社会服务组织为中小企业提供服务。

地址：韶关市风度北路125号市政府大楼703室

电话：0751-8883221

传真：8883221

邮箱：sg8883221@163.com

网址：sg.gdsme.com.cn（中国中小企业广东韶关信息网）

揭阳市中小企业服务中心

揭阳市中小企业服务中心成立于2007年（原为揭阳市经贸信息中心并加挂揭阳市中小企业服务中心牌子，以上两个中心于2012年6月21日整合并入新设立的民营经济服务中心，加挂揭阳市中小企业服务中心和揭阳市经贸信息中心牌子），属市经信局属下社会公益性一类正科级事业机构，编制人数8人，设主任一名，副主任二名，主要职能是：贯彻落实上级有关发展民营经济的法律法规和方针政策；做好民营经济信息、情报资料收集、整理，为民企提供政策、法律、管理咨询等服务；为企业提供创业辅导、企业诊断、信息咨询、市场营销、融资担保、技术支持、人才引进、人员培训、对外合作、展览展销、信用和技术评估等服务；建立民营企业数据库，完善民营经济发展网络平台等。

地址：揭阳市区新河路沟口村市妇女儿童活动中心10楼

电话：0663-8221475

网址：www.jieyang.net

邮箱：jczx@jieyang.net

江门市中小企业服务中心

江门市中小企业服务中心（以下简称“服务中心”），于2005年4月经江门市机构编制委员会办公室批复同意设立，是江门市经济和信息化局（江门市中小企业局）属下正科级、公益三类事业单位。经机编办认定的专业服务资质主要包括：负责为中小企业提供融资、创业辅导、市场开拓、技术支持等社会服务，承担中小企业信息平台建设等。目前，服务中心设副主任1名（法人代表），共有工作人员15人，其中包括1名博士学历，2名在读硕士生，有5名工作人员拥有中高职称，大专以上人员占总人数的100%。中心下设3个部。

地址：广东省江门市蓬江区白沙大道西36号109

邮编：529000

电话：0750-3279859

邮箱：jmsme2013@126.com

河源市中小企业服务中心

河源市中小企业服务中心2006年12月成立，是河源市政府指定的负责全市中小企业、民营经济服务的综合服务机构。2011年8月起，中心承担广东省中小企业公共服务平台网络——“河源市中小企业综合窗口服务平台”项目建设，目前项目进入验收阶段。2012年中心被省中小企业局认定为“广东省中小企业公共服务示范平台”。中心以服务为宗旨，通过优化、整合，利用各类专业服务资源，已初步建成人才培训、投资融资、技术支持、信息咨

询和市场开拓等五大服务平台。近年来，中心加大硬件、软件基础建设，实施中小微企业公共服务平台网络、自主创新能力提升、企业家素质提升等六大工程。组织开展了中小企业银担企、政担企融资推介会，中小企业服务推广日、中博会等服务活动。对缓解我市中小微企业融资难、融资贵问题，开拓国内外市场，提升企业整体竞争力等方面，都取得良好的效果。

地址：河源市红星路145号

网址：sme.heyuan.gov.cn

电话：0762-3888766

传真：0762-3886301

邮箱：hyzhongyj@163.com、

肇庆市中小企业服务中心

肇庆市中小企业服务中心（肇庆市技术推广站）是于1999年8月5日依肇庆市编制委员会肇编办〔1999〕13号文件批准成立，事业单位法人登记证号事证第244120000013号。宗旨和业务范围是：为我市中小企业提供创业辅导、信息咨询、市场营销、资金融通、技术创新、对外合作、人才培训、法律咨询、展览展销、物业管理等方面服务。服务功能定位为“服务肇庆、对接珠三角，联通全国”的网络窗口平台，着力打造面向我市广大中小微企业多层次的综合性公共服务平台网络体系。

肇庆市中小企业服务中心（肇庆市技术推广站）

地址：肇庆市端州区古塔中路23号

电话：0758-2723077

传真：0758-2240778

邮箱：zq2240778@163.com

网址：fwzx.zhaoqing.gov.cn

梅州市综合“窗口”服务平台

梅州市综合“窗口”服务平台承建单位是梅州市中小企业服务中心，是梅州市唯一一家经市政府批准成立的市级中小企业综合服务机构，先后被国家认定为“中小企业综合‘窗口’服务平台”，获得了“广东省中小企业公共服务示范平台”、“广东省中小企业综合服务机构示范单位”、“广东省中小企业公共服务十佳单位”和“广东省中小企业培训示范机构”等荣誉称号。

梅州市综合“窗口”服务平台主要为全市中小企业提供人才培训、管理咨询、信息化服务、创业辅导、投资融资、技术支持、法律服务和市场开拓等服务。

地址：广东省梅州市梅龙路41号

电话（传真）：0753-2241022

网址：www.mzzxqy.com

广东省小微企业服务机构联合会

广东省小微企业服务机构联合会（简称联合会）成立于2013年8月8日，是在广东省中小企业局的指导下，由省内中小企业服务机构自愿加入组成的全省性联合会组织，是一个为中小企业提供企业管理咨询、创业辅导、市场开拓、知识产权维护、法律维权、企业信息化、人才培训社会化、专业化的服务平台，协助中小企业提升核心竞争力，协助政府管理部门加强对我省中小企业服务机构的指导和协调，引导中小企业服务机构提升服务能力，促进我省中小微企业平稳健康发展。

联合会由指导委员会、执行委员会组成，下设专业委员会、秘书处等部门，指导委员会由省中小企业局相关人员组成，执行委员会由省及各地市中小企业服务中心组成。联合会整合了全省118家中小企业综合服务机构，专业服务机构及15个领军人服务团队，设立了7个地市服务工作站。服务专业委员会由综合、投融资、财税、法律、管理咨询、市场开拓、技术、人才、信息化等专业委员会组成；服务领军团队由信息、投融资、创业、人才、技术创新和质量、管理咨询等多方面的专家队伍组成，服务工作站是地市中小企业服务中心与联合会共同建立的服务站点。

为帮助企业健康成长，联合会开展了多项服务活动：举承办了全国中小企业服务联盟能力竞赛表彰总结及经验交流工作会议、省级财政中小微企业发展专项资金申报工作培训、服务机构市场化运作实务培训、黑马创二代企业家创业大赛、创业者如何向投资人融资专题讲座、企业长青基于顶层设计的股权激励专题讲座、解读国家《新商标法》培育企业品牌讲座等活动，为企业提供实质性的服务，并取得了良好的满意效果。

地址：广州市越秀区连新路11号二楼

电话：020-83383233；传真：020-83396770

邮箱：gdsmesa@163.com

广东省中小企业发展促进会

广东省中小企业发展促进会成立于2005年12月，在广东省经济和信息化委员会、广东省中小企业局支持与指导下，锐意进取，不断创新，迄今已获“国家中小企业公共服务示范平台”“广东省5A级社会组织”“广东省青年文明号”“广东省中小企业公共服务十佳单位”等荣誉。

十一年来，促进会成功组织策划了中博会高峰论坛、珠三角投融资论坛等各类面向全省中小企业服务的大型活动，中国制造2025等系列政府培训类活动，以及私人董事会、上市培育研修班、工业标杆学习、精益制造先锋班等品牌服务活动，年服务中小企业达8000人次，不断推动企业转型升级，打造广东制造新品牌。

如今，促进会已成为华南最具成长性的创新企业家社群。1000多家服务企业中，超过100家企业是国内乃至国际制造业的行业龙头、隐形冠军，其中70余家是上市和新三板挂牌公司。

地址：广东省广州市越秀区应元路32号5201

电话：020-83484768（办公室）

传真：020-83484400

邮编：510030

邮箱：gdsme@gdsme.org

网址：www.gdsme.org

广东省企业管理咨询协会

广东省企业管理咨询协会（简称为“省咨协”）成立于2005年，业务指导单位是广东省经济和信息化委员会，接受广东省社会组织管理局的登记和监督。协会具有独立法人资格，是国内最早开展管理咨询行业资质认证和制定地方行业标准的省级社团组织，主要负责全省企业管理咨询服务机构和咨询行业的归口管理工作，与国际上知名咨询机构，如：麦肯锡、埃森哲、普华永道等建立长期的合作关系，多次受国际管理咨询协会理事会（ICMCI）组织邀请，参加国内外企业管理经典案例交流和经验分享。

协会坚持“团结业界、规范行业、服务社会、实现共赢”的服务宗旨，主要职能：组织研究国内外先进企业管理理论、方法、技术及交流成果；制定和发布行业发展分析报告；制定行业标准及规范行业发展；表彰行业先进单位和先进工作者；建立诚信、公平机制维护企业合法权益；承接政府相关课题研究及购买服务；帮助中小企业解决生产经营中遇到的相关问题，为中小企业提供常年管理咨询顾问服务。

电话：020-83494413、020-83494459

传真：020-83580496

邮箱：mcahuiyuan@163.com

网址：www.gdmca.org

广东省电子商务协会

广东省电子商务协会是省民政厅注册登记的法人社团组织，2003年成立。目前是华南地区最大、最有影响力的电子商务行业组织。业务指导单位：广东省经济和信息化委员会、广东省商务厅。社会资质：广东省中小企业服务机构；“承接政府职能资质单位”；广东省省级专业技术人员继续教育基地（施教机构）；“广东省电子商务综合服务平台”入选工信部2013年电子商务集成创新试点工程项目。开展了丰富多彩的活动：中国（广东）国际电子商务大会”“广东电子商务与中小企业发展论坛”“华南信用管理论坛”“华南电商博览会暨华南电商联盟峰会”“广东电商大讲堂”“广东电商节”“中国（广东）APEC中小企业峰会暨广东省跨境电商高峰论坛”“广货网上行O2O购物狂欢节”“2015年广东省专业镇论坛”“2015广东省农村电商大会”“2015广东省专业市场转型升级大会”“2015广东省自贸区论坛”等活动。每年组织百余场活动。建立了资源库和专家库，搭建了“省电子商务综合服务平台”：正搭建的“广东省电子商务综合服务平台”是国家电子商务集成创新服务示范工程和广东省电子商务中长期发展规划重点项目。协会建立了300多位专家组成的“专家库”。组织专家先后完成数十项省部级电子商务业发展研究课题，完成研究成果二十余项，为30余家地方政府、产业园区、专业镇、企业提供优质咨询服务。发起成立华南电商联盟，进行紧密交流合作，每年共同开展广东电商节、“华南电商联盟峰会暨华南电商博览会”等活动，全联盟会员2万余家。

地址：广州市越秀区东风中路300号金安大厦东座4F

（510034）

电话：020-83725071、83540237

传真：020-83540237

邮箱：gddzswxh@126.com

微信公众号：GDECA2003

网址：www.gd-eca.org.cn

广东省现代服务业联合会

广东省现代服务业联合会是经省政府批准、省民政厅注册登记的法人社团组织（粤社证字第1214号），2010年7月成立。是由从事现代服务业的各类协会、商会和各种所有制的企事业单位等自愿参加的新型社会组织。业务指导单位：省发改委、省经信委、商务厅等。中国民建副主席、广东省原副省长、华南理工大学现代服务业研究院院长宋海为名誉会长。主要会员单位有：广州毅昌科技、广东中旅集团、广州岭南国际企业集团、广东联通、广东电网、广东国旅、东风日产、广东邮政、友邦保险、深圳国贸、广州地铁、东莞银行、中信银行、银达担保、东莞发展控股、深圳华南城、富力地产、佛山创意产业园、河源高新区等企业（单位），广东物流行业协会、省人力资源管理协会、省创意产业协会、省信用担保协会等千余家会员。

“省服联”成立以来，以“团结业界、规范行业、倡导诚信、交流发展、服务社会”为指针，坚持“增强服务创新，促进服务交流，提升服务价值，推进服务强省”的宗旨，在省发改委、省经信委、省商务厅、省民政厅的领导指导下，在华南理工大学现代服务业研究院的大力支持下，团结进取，扎实工作，创新发展，把联合会建成“会员之家、企业之友、行业之窗、政企之桥”。

地址：广州市越秀区越华路116号轻化集团副楼513-516室

邮编：510034

网址：www.gdmsia.com/

邮箱：gdmsia@163.com

电话/传真：020-83543434

海南省中小企业服务中心

海南省中小企业服务中心（以下简称“中心”）成立于2011年5月，是海南省政府为改善对中小企业的服务，带动社会服务资源共同构建的服务中心企业的公共服务平台，是海南省中小企业公共服务体系的核心机构，其性质为民办非企业单位。

自建立以来，中心以“服务企业，助力成长”为宗旨，积极将自身优势资源和平台对外开放，引领汇聚海南省中小企业服务产业链中各方力量，横向协调整合社会服务资源，打造品牌服务，纵向组织拉通地方各级服务机构资源，形成良性的中小企业服务生态环境，为全省中小微企业和服务商搭建了服务平台。

2015年中心承担了省中小企业公共服务枢纽平台的建设任务，并承担为16家子平台建设的指导工作，2016年6月实现了网上平台“1+10+6”（ 即1个枢纽平台、10个行业窗口子平台和6个市县窗口子平台）线上互联互通。其主要职能是整合全省各公共服务窗口平台单位的服务资源，统筹构建全省中小企业公共服务平台，为我省中小微企业提供融资担保、人才培训、信息服务、创业辅导、技术创新、市场开拓、检验检测、管理和法律咨询等多项服务。

通讯地址：海南省海口市美兰区国兴大道61号华夏银行5楼

联系电话：0898-66738729

网址：www.0898sme.com

西藏自治区中小微企业（民营企业）发展服务中心

西藏中小微企业（民营企业）发展服务中心（以下简称“发展服务中心”）经自治区民政厅批准，于2013年9月注册，直属西藏自治区工业和信息化厅，是面向中小微企业提供综合性专业服务的民办非企业法人机构。其业务范围包括：宣传国家非公有制经济（中小企业）法律、法规及政策；向政府部门反映非公有制经济（中小企业）的情况，维护非公有制经济（中小企业）的合法权益；协助政府有关部门落实非公有制经济（中小企业）的扶持政策；整合社会资源，构建非公有制经济（中小企业）服务体系；开展创业辅导、融资担保、技术支持、管理咨询、信息服务、市场开拓、人才培训、法律援助等社会化服务；组织非公有制经济组织（中小企业）开展经济技术合作与交流，促进先进技术的推广应用，帮助中小企业拓展国内外市场；建设、管理、营运西藏中小企业信息网站；承办主管部门交办的其它事项。业务上受自治区工信厅中小企业处的管理和指导。

联系电话：0891-6198880

邮箱：xzgxzxqyc@163.com

陕西省中小企业服务中心

陕西省中小企业服务中心是陕西省中小企业促进局下属单位，是为我省中小企业提供综合性服务的机构，成立于2002年12月，以“搭建政企桥梁，整合社会资源，创新发展平台，服务中小企业”为服务宗旨。其主要职能是：配合政府有关部门落实中小企业扶持政策，依法维护中小企业合法权益，同时为政府部门产业政策决策提供基础调研辅助服务；为中小企业提供项目申报咨询、融资服务、业务辅导、管理咨询、信用管理、信息服务、公益性人才培训、达标认证、法律援助、市场开发、技术产品展示、国内外合作交流服务。管理运营面积为6150平米的省级中小企业服务平台，目前正在筹建陕西省中小企业产品技术展示中心。2010年通过了ISO 9000体系认证，2009年被评选为全国中小企业服务联盟副主任单位。

单位地址：西安市长安北路1号会展国际大厦2606、2607、2608室

邮编：710061

电话：029-85201091-8031、029-87435118

传真：029-87435118

陕西省中小企业协会

陕西省中小企业协会是在省民政厅正式登记注册的社团法人，协会成立于2002年6月。

陕西省中小企业协会是陕西省中小企业、企业经营者自愿组成的全省性、综合性、服务性的社会团体。协会的宗旨是“会员至上、服务第一”，以促进中小企业健康发展为中心，在进行行业自律和管理的同时，围绕提升中小企业竞争能力和自主创新能力、提高经营管理水平、维护中小企业和企业家合法权益、反映中小企业建议和要求，开展各项配套服务。

陕西省中小企业协会共设立综合部、咨询部、融资部、培训部、信息部、会员部等六大部门，为中小企业提供创业辅导、企业诊断、管理咨询、投资融资、技术支持、企业信息化、人员培训、人才引进、对外合作、展览展销和法律援助等服务。

单位地址：西安市长安北路一号会展国际大厦2707室

电话：029-85201091-8070、029-85201876

传真：029-85201876

邮箱：sxzxqyxh@126.com

陕西省创业促进会

陕西省创业促进会是全省创业公共服务平台，是由省政府主要领导倡导，省民政厅批准，省中小企业促进局主管，省财政厅等13个厅局支持，我省知名企业和企业家共同发起组建的具有独立法人资格、非营利性的公益社团组织。

陕西省创业促进会是旨在扶持创业者成功创业的公共创业服务机构，通过为准备创业者提供创业训练，为初始创业者提供启动资金，为成长型中小企业提供融资支持，为创业者提供企业家创业导师辅导，引导创业者进入商业网络，扶持成长型中小企业做大做强，对接龙头企业制定集群创业扶持计划带动创业者集群创业，构建从选择创业者、培训创业者、启动创业项目、扶持成长型中小企业和集群创业等一套我省阶梯扶持创业的模式和标准。

平台位置：平台2703室

单位地址：西安市环城南路西段18号，金花豪生国际大酒店2楼

电话：029-85201091-8048、029-88422127

传真：029-88422722

邮箱：bpas001@126.com

网址：www.bpas.org.cn

陕西贝易达现代科技有限公司

陕西贝易达现代科技有限公司成立于2007年，是一家致力于为中小企业提供电子商务、软件开发、IT应用以及企业资讯服务的高新技术企业。

公司致力于打造中小企业电子商务公共服务示范平

台，利用现代信息科技手段帮助中小企业实现高效运营、快速发展。目前已经形成集信息、信用、金融、会展、科技成果转化、物流、交易于一体，融贝易达“陕西模式”和共性衍生项目为两翼的区域型电子商务综合服务平台体系，旗下网站有“陕西中小企业商务网”、“融资超市”、“软件超市”、“乐购陕西”等。

地址：西安市长安北路1号会展国际大厦2705室

邮编：710061

邮箱：sxbyd@smesw.com

电话：029-85201091-8049、029-88227766 、88332007

传真：029-88319848

陕西中小在线信息服务有限公司

陕西中小在线信息服务有限公司成立于2004年9月，为贯彻落实国家发改委（发改办企业〔2004〕830号、〔2004〕1465号）文件精神，在省委、省政府指导下公司负责运营的中国中小企业陕西网（www.smeshx.gov.cn）于2005年5月18日正式开通，网站由陕西省中小企业促进局主办，作为我省中小企业综合信息服务平台，网站自开通以来以助力中小企业可持续健康成长为使命，遵循“政府支持、资源整合、资讯领先、服务制胜”的理念，为我省中小企业提供及时、高质量的综合信息服务。目前，网站已形成覆盖全省78%的省—市—县三级架构的中小企业综合服务平台网络，是陕西省访问量最大、最专业的中小企业门户网站。

公司地址：西安市长安北路1号会展国际大厦2701、2702室

电话：85201091-8046、400-6017-518

邮箱：info@smeshx.gov.cn

陕西省中小企业信用担保有限公司

陕西省中小企业信用担保有限公司隶属于陕西金融控股集团有限公司，是陕西省内成立最早、唯一面向全省中小企业提供融资担保的国有控股担保公司。

公司坚持“政府引导，企业参与，规范化经营，市场化运作”的指导思想，秉持服务全省中小企业宗旨，坚持稳健、高效、务实、创新的经营理念，与省内数十家金融机构合作开展了担保业务，有效地解决了我省部分中小企业融资难的问题。公司先后荣获陕西省信用协会评选的“陕西省信用建设先进单位”荣誉称号、西安市经济委员会颁发的“西安市中小企业特约服务机构”奖牌等诸多荣誉。

公司地址：西安市北二环西段金泰财富中心B座1801室

电话：029-85201091-8076、

029-8162 9433/6861、2288/6861 2299

传真：86-029-6893 2669

邮箱：sgtbrand@163.com

网站：www.sgtbrand.com

陕西彼岸企业管理咨询有限公司

陕西彼岸企业管理咨询有限公司是一家专业的企业人员培训机构，公司成立于2005年，至今已有7年的历史，先后为我省数千家中小企业，近十万人次实施了培训，受到了客户的一致好评。公司通过整合社会上具有竞争力的讲师资源，现已形成了一支专业的师资团队，服务于因战略决策、企业经营管理方法和企业员工素质滞后造成发展困境的各中小企业。

7年的时间里彼岸已成为陕西省杰出的人员培训公司之一，依靠科学先进的管理工具引导企业铸造强大的创新能力；使企业经营管理人员掌握科学的管理方法；协助企业培养符合其战略思想的员工队伍；使企业实现可持续发展。

地址：西安市长安北路一号国际会展大厦2807B室

邮编：710061

电话：029-85201091-8070、029-85200306、86570319

邮箱：bi-port@126.com

陕西启迪科技园发展有限公司

陕西启迪科技园发展有限公司成立于1998年，由启迪控股股份有限公司、西安蓝溪科技投资控股有限公司、

西安清华校友会三家股东共同创建，注册资本16000万元，主要承担着清华科技园（陕西）西安园区和咸阳园区的开发、经营与管理工作。公司以科技园的开发、经营、管理和服务为主业，以科技投资业务为辅，构成公司业务发展格局，并且拥有一支高素质的经营队伍。

清华科技园（陕西），是以促进医疗器械领域的科技成果转化、高新技术企业孵化和创新创业人才培养为宗旨的科技创业辅导机构，是陕西省人民政府、北京清华科技园发展中心重点支持建设的国家高新技术创业服务中心，是清华大学科技园在中国西部最早的辐射园区和重要的有机组成部分。

清华科技园（陕西）依靠所拥有的丰富的科研优势和人才优势，通过“官、产、学、研、金融、中介、贸、媒”的结合，为中小企业提供代办企业注册、项目融资、技术支持、管理咨询、人才引进、平台搭建等一系列完善的创业辅导服务，以及高新技术项目认定、专利申报、中小企业专项资金及科技部创新基金项目申报等增值服务，营造适宜科技型中小企业创业和发展的优良环境。基于“聚集、聚合、聚焦、聚变”四聚模式，致力成为中国最具创新活力的“科技创新创业环境解决方案提供商”和“科技创新增值服务运营商”。

平台位置：平台28层06B室

公司地址：西安高新区科技二路65号清扬国际大厦B座

电话：029-85201091-8068、029-33691687

邮箱：zyj@landsea.net.cn

甘肃省中小企业服务机构

我省启动建设以省级综合服务平台为“枢纽”，14个市州及7个产业集聚区服务平台为“窗口”，重点县（市、区）综合服务平台为“触角”的全省中小企业公共服务体系。目前，有省级中小企业公共服务示范平台108家，其中国家中小企业公共服务示范示范平台11家，国家小型微型企业创业创新示范基地4家。

甘肃新一工程咨询有限公司

甘肃新一工程咨询有限公司成立于2005年，位于“中国旅游标志之都”、“中国葡萄酒城”——甘肃省武威市，注册资金609万元，是按照现代企业模式创办的一家专业性工程咨询服务单位，是甘肃省工程咨询协会会员单位。

公司具有发改、工信、城建、财政等资质主管部门审批颁发的工程咨询甲级、工程招标代理乙级、政府采购代理乙级、工程造价乙级、工程监理乙级及节能评估、工程项目管理等资质，并通过ISO 9001：2008质量管理体系认证。专业涵盖建筑、市政、水利、农业、移民、轻工、新能源、生态、旅游、公路工程等多种行业。业务涉及投资项目管理、编制发展规划、编制产业规划、政策研究、经济形势研究、编制项目建议书、编制可行性研究报告、项目评估、节能评估、工程概、预结算、招标标底及投标报价的编制、工程造价审查、工程招标代理、政府采购代理、工程监理、环境影响评价、社会稳定风险评估等。为业主的建设项目提供满意的整体解决方案，为业主提供“一站式”全过程策划咨询服务。公司历经10年发展历程，已聚集了一大批技术精湛、经验丰富，长期从事工程咨询的专家型人才队伍。现有专业技术人员156人，其中：注册咨询工程师23人，注册造价工程师14人，注册招标工程师6人，注册监理工程师15人，注册一级建造师3人，甘肃省省内造价工程师6人，全国造价员23人；有高级工程师22人，中级职称29人，形成了比较雄厚的专业技术力量，建立了以能力和业绩为导向的专家库系统。专家库成员参与公司进行的重大项目的编制，提供项目可行性研究报告、项目建议书、项目资金申请报告等工程咨询服务；参加公司进行的固定资产投资项目的评估和论证，并提出评审意见；参与公司进行的区域经济发展战略、重要发展规划、重大建设项目决策过程中的研究和工程咨询工作，开展学术交流工作。

公司在2014年建立了项目库，项目库以业主为主体、项目为载体、园区为轴线、科学发展观为指导，与国家、省、市、县（区）及园区的各类产业政策和发展规划相衔接，从武威市及各区、县的实际发展状况出发，结合各园区产业功能、发展优势及园区入驻优惠政策，现已经编制入库项目1000多个。逐步形成了项目的筛选、论证、储备、推介、落地、实施“六位一体”的工作机制，基本形成“规划一批、储备一批、建设一批、投产一批”的良性滚动发展态势。公司成立以来，本着“以人为本，以信立业，用心服务”的经营理念，坚持“以客户满意为中心，品牌经营，服务取胜”的服务理念，遵循“独立、科学、公正”的原则，以“服务业主、回报社会”为宗旨，以“专业化、系列化、规范化”为目标，客观、科学地为政府项目决策服务、为业主工程建设服务、为社会投资领域服务。

近年来，公司累计提供工程咨询服务3150多项，项目总投资1600多亿元，其中争取国家项目资金220.5亿元；项目实施中，为政府及业主节约建设资金18.3亿元，取得了良好的社会效益和经济效益，得到了客户认可，深受社会好评。公司连年获省、市级“守合同重信用企业”；2012年被武威市工信息化委员会认定为“武威市中小企业公共服务示范平台”，2013年被省工信委认定为“甘肃省中小企业公共服务示范平台”，2014年被甘肃省建设工程造价管理协会认定为“甘肃省工程造价咨询企业执业诚信评价优秀企业”。

十年来，公司在改革中谋发展，以质量求生存，业务领域不断扩大，服务足迹遍布甘肃省二十余个市、县（区）。公司先后在武威市天祝县、民勤县、古浪县，以及庆阳、陇南、白银、兰州、金昌、张掖、嘉峪关等市分别成立了分公司或办事处，极大地促进了公司各项事业的发展。近年来，公司深入贯彻落实科学发展观，积极顺应国家投资体制改革的要求，主动投身于武威市及甘肃省的工程项目建设。借西部大开发东风，抢抓丝绸之路经济带建设机遇，努力走集团化、集约化之路，以工程咨询、工程造价为抓手，完善工程监理、工程项目管理，做大做强工程招标代理、政府采购，逐步形成“各业并举、多业发展”的“多条腿”跑路新局面。争取在“十三五”时期形成 “专业发展有特色、服务能力有提升”的咨询服务企业。在“培育特色、打造品牌、面向市场”方面上一个新台阶，极大地推动公司综合实力跨越式发展。在甘肃省工程咨询行业形成影响大、作用强、实力雄厚的综合咨询服务机构。

公司联系方式：

0935-2316831（行政办公室）

0935-6991968（人力资源部）

0935-2316832 （业务经营部）

公司网站：www.gansuxinyi.com/index.asp

公司微信公众号：gsxygczx

甘肃省轻工研究院

甘肃省轻工研究院（原甘肃省轻工业科学研究所）始建于1959年，是甘肃省最早成立的以轻工、化工研究开发为主的科研院所，2001年9月转制为科技型企业。目前是集科研开发、技术服务、成果转化、工程咨询、工程设计、产品检验、人员培训于一体的应用开发研究单位，是甘肃省重点科研院所。在职职工93人，其中高级工程师20人，中级职称28人；甘肃省农产品加工行业领军人才2名，省级学科带头人1名；相关农产品加工、食品、发酵、造纸等轻化工行业知名专家8名，注册咨询工程师11名。内设机构有食品发酵研究室、分离中心、工艺设计室、造纸室、轻工产品质检站、中试车间及华瑞新技术开发公司和行政职能部门。甘肃省特色农产品（食品）加工行业科技创新服务平台、天然产物提取科技创新团队、甘肃省天然产物萃取分离工程技术研究中心，甘肃省农副产品深加工中小企业服务平台都设在我院。具有工程咨询甲级资质、工程设计乙级资质、清洁生产审核资质等。拥有办公、科研、中试车间面积7500平方米，拥有超临界二氧化碳萃取设备、亚临界萃取设备、分子蒸馏设备、液相色谱仪、气相色谱仪、生化培养箱等天然产物提取、食品发酵、精细化工、产品检测等试验和中试科研仪器设备400多台套。可开展天然产物的提取分离、农副产品加工、食品、发酵、造纸、日化、香精香料等轻工行业的科研及新产品开发、成果转化、技术推广、工程咨询、工程设计、技术服务、产品检测等工作。是西北民族大学、甘肃农业大学、兰州理工大学研究生和大学生联合培养及实习基地。

对外联系方式及网址：

联系电话：0931-8126511 、0931-8126510

网址：www.gsqgyjy.com/

甘肃省科学院生物研究所

甘肃省科学院生物研究所成立于1978年，是以生物资源的生物技术研究开发与可持续利用研究和成果转化为主，为地方经济和社会发展提供科技支撑和技术服务的应用型省属重点科研院所。拥有甘肃省微生物资源开发利用重点实验室、甘肃省工业微生物工程技术研究中心、甘肃省生物催化与生物转化工程实验室、甘肃省工业生物技术产业行业技术中心、中国工业微生物菌种保藏管理中心甘肃分中心、国家中小企业公共服务示范平台等重要科研平台，也是省内外部分企业的兰州技术研发中心依托单位，部分高校的人才联合培养基地。我所依托以上优质研发平台、一个工程咨询中心（具有农业和轻工领域咨询资质）和占地30多亩的中试试验基地，开展面向国内外经济社会层面的应用基础研究和成果转化，以及面向企业的技术及产品中试、产品研发、工业设计、工程设计、产品检验检测、技术及检测人员培训等技术服务。

服务行业包括农林牧、医药、轻工食品、环保等，服务领域涉及生物医药、循环经济、生态环境、生物质能源等。全所现有科研人员50人，平均年龄38岁，中、高级以上职称占61%，有国务院特贴专家、甘肃省领军人才、甘肃省优秀专家、甘肃省省属院所学科带头人、“甘肃青年科技奖”获得者、中科院“西部之光”等各类人才8人；博士、硕士占46%；兼职教授、硕导4人，拥有甘肃省首批科技创新团队（工业生物技术研究与应用创新团队）。建所以来共承担完成包括国家自然科学基金、国家科技支撑计划、国家“863”计划等项目和省部级计划项目130多项；在国内外各类学术期刊上，共发表学术论文200多篇，撰写专著8部；申报国家专利28项；获得国家技术创新奖1项，国家食品科技进步优秀项目奖2项，省科技进步奖15项。

对外联系方式及网址：

联系电话：0931-8613554、0931-8768420（传真）

网址：www.gsmsc.cn

甘肃省建材科研设计院

甘肃省建材科研设计院成立于1976年，2005年整体转制为国有独资科技型企业，现隶属甘肃省工业和信息化委员会。院有各类职工近200人，其中：正高级工程师5人，高级工程师25人，省委省政府专家顾问团顾问1名，甘肃省领军人才3名，兰州市领军人才1名，国家专业技术执业资格注册人员50人（次）。主要从事建筑、建材行业的新材料研究开发、工程设计、工程咨询、工程监理、建材产品质量监督检验、科研成果产业化、节能环保工程总承包等工作。现拥有建筑工程设计、建材工程设计、建材工程咨询、建筑和冶炼工程监理、建筑材料检验检测认证等7个甲级资质和国家中小企业公共服务示范平台、国家工信部工业产品质量控制和技术评价实验室、甘肃省节能墙体屋面材料重点实验室、甘肃省建筑材料标准化委员会等20个技术创新服务机构与平台。在绿色建筑、新型建筑材料、建筑节能、太阳能热利用、工业项目节能减排、固体废弃物资源综合利用等方面的研究开发能力居全国先进水平，是国家太阳能光热产业技术创新战略联盟的副理事长单位。

对外联系方式及网址：

联系电话：0931-4687421、0931-4680740

网　址：www.gssjcy.com

兰州鑫标管理咨询有限公司

兰州鑫标管理咨询有限公司始创于2001年，是西北地区最具规模和实力的综合管理咨询及服务公司，公司业务开展立足甘肃辐射西北，秉承“承担社会责任、提升企业管理、推进西北地区发展”的宗旨为企业提供优质、专业化服务，经过15年的不懈努力，公司规模不断发展，业务范围逐步拓展，服务质量不断提高，目前服务企业1000多家，获得了业界同仁和顾客以及政府主管部门的广泛认可及好评，并获得了多项荣誉证书，营造了西北咨询行业的良好影响和信誉。

公司主要开展业务包括管理咨询、认证咨询、企业培训、工程项目评价、信息技术、服务代理，是首批取得国家专业咨询机构资质和甘肃省首家批准的能源评价的公司，公司注册资本金500万元，拥有1700多平方米自有办公场所，专兼职人员150多名，其中咨询师35名，培训师18名，评价师12名，并取得国家工信部专家库咨询专家资格人员2名，注册咨询工程师5名，并且与国内多家管理咨询、培训、信息技术服务机构建立了合作关系。公司凭借15年的专业服务实践，潜心研究企业经营管理问题，总结了一套科学企业管理咨询方法，能够系统、规范、有效地为企业提供个性化管理咨询服务，公司服务覆盖了建筑、勘查、钢铁、化工、电力、制造、食品、运输、服务等多个行业，形成了系统的符合行业特点，实用性强的咨询、培训、评价体系，信息技术依托管理基础进行软件开发及信息化平台建设，充分体现了国家“工业化和信息化融合管理体系建设”战略导向。公司通过不断努力，在西北打造了一批具有先进管理理念、较高管理水平、管理成效显著、竞争实力稳固的企业，公司立足为西部企业提供全方位管理咨询服务，为企业发展奠定坚实基础。

公司联系方式:

电话: 0931-8186400、8186401、8186402

网站: www.lzxbzx, com

微信公众号: lzxbgs

青海省西宁市中小企业窗口服务平台

西宁市经委中小企业发展服务中心成立于2012年12月，是西宁市中小企业窗口服务平台建设单位。窗口服务平台于2016年10月28日正式揭牌运行。现有职工17人，下设项目服务部、金融服务部、信息服务部、综合服务部，为我市中小微企业提供创业辅导、电子商务、融资担保、管理咨询、法律服务、评估设计、科技服务、信息化建设等8类社会化服务。

2016年为15家企业提供创业辅导服务；为23家企业提供市场开拓等电子商务服务。完成融资39.52亿元，协助西宁（省级）高新技术产业开发区22户企业与青海银行对接，放款7455万元。举办北川工业园区银企对接会，签约2户900万元，融资咨询企业315户；成功举办13场（次）培训共395人参加；为85户企业提供法律服务；为24家企业提供环评报告服务；完成科技服务3项；为9家企业提供网页搭建服务；完成项目建议书、可研报告等51项，咨询企业320多户；承担《西宁市“双创”环境及政策研究》等7项研究报告；开展8次企业调研活动，全年服务企业786户。

2017年开展以下服务活动：创业辅导为20户企业提供服务；电子商务为13户企业提供服务；融资担保为同德县贫困村社基础设施建设项目、湟源县丹噶尔古城旅游开发建设项目融资9.7亿元；管理咨询完成10期“营改增”专题培训班，培训882家企业1044人次；法律服务为15户企业提供服务；评估设计为3户企业提供服务；科技服务为15户企业商标注册、高新技术企业申请服务；信息化建设为8户企业提供服务。累计完成959户企业服务，是全年目标任务的95.9%。

联系人: 马明汉 电话: 0971-96871

网址: xn.smeqh.cn/cms/

青海之也科技咨询服务有限公司

2013年1月，本着“诚者天之道也，诚之者人之道也”的服务理念，青海之也科技咨询服务有限公司在青海国家高新技术生物产业园区注册成立。

公司服务项目为：新产品开发；专利、商标代理及版权服务；生产性技术服务；工艺设计、项目申报、工程咨询、资质荣誉申请和技术培训等。

历经4年发展，公司累计为百余家中小微企业开发新产品65个、攻克技术难题20项、转移技术8项、编制产业发展规划6项，组织项目申报135项、实现成果转化24项、形成省级科技成果22项、代理商标305件，专利200件，解决了中小微企业因缺乏科技人才带来的科技工作难题。

公司建立了“青藏高原特色植物资源产业化研究中心”和产业化研究与技术创新服务平台。2013年被评为西宁市科技型企业并被认定为西宁市科技研发中心；2014年被评为青海省科技型企业和青海省创新方法示范基地；2015年与天津科技大学建立科技服务合作关系；2016年被认定为国家级高新技术企业。已累计取得国家级奖项3项、省市级奖项2项。

之也科技打造职业团队，为新老客户提供专业化服务。之也科技竭诚为您服务，为您的企业发展尽绵薄之力。

电话: 0971-5361193

网址: www.qhzhiye.cn www.xnzhiye.com

地址: 青海生物科技产业园经四路26号办公楼1楼（国家级科技孵化器内）

青海省中小企业公共服务平台

青海省中小企业公共服务平台是经工业和信息化部批复，受青海省经济和信息化委员会指导，由青海省中小企业人才服务中心承办，以中国电信青海分公司和亚信科技（南京）有限公司为技术支撑而建设的全国性服务网络体系之一，于2017年1月10日建成并运营。包括1个省级枢纽平台、9个市（州）综合窗口平台和11个产业集群窗口服务平台为骨架，覆盖全省范围、各平台互联互通共21个中小企业公共服务平台网络体系。平台通过汇聚提升整合规范社会各类服务机构资源，给广大中小企业提供政策咨询、投融资、人才培训、技术转化、创业辅导、市场开拓、法律维权、信息化建设等8大服务和电子商务、项目申报、软件超市等3大特色服务，线上、线下可同时为中小企业提供全方位的服务。

省枢纽平台按照“互联网+”思路，运用云计算、大数据技术，采取“线上+线下”、“窗口+平台”、“传统+移动”、“公益+市场”等方式，增强了信息支撑软硬件设施；总投资3894.42万元，主要装修改造包括服务大厅、信息化体验厅、中小企业及地方特色产品展览区、商务洽谈区、创客空间、多功能会议室、视频会议室、培训室、网络机房、呼叫中心及服务机构办公区等场地4060平方米。省枢纽平台重点在统筹、协调市州“窗口”服务平台和重点产业集聚区“窗口”服务平台开展培训、融资、咨询等服务。

青海省中小企业公共服务平台省枢纽平台是服务全省中小企业的服务平台，是联系全省各类社会服务机构的桥梁和纽带，是全省中小企业服务机构的核心机构。省枢纽平台线下设有综合服务窗口、法律服务窗口、管理咨询窗口、服务代办窗口、知识产权窗口、融资担保等窗口。主要服务范围涵盖法律、财税、管理咨询、融资担保、知识产权、服务代办、电子商务等领域。带动全省各级各类社会服务机构，为全省中小企业提供多渠道、多功能、多层次、全方位的服务，建立服务跟踪体系和评价机制，保证服务质量。真正实现公共服务找得到、信得过、用得起、有保证。

2017年，为提高省枢纽平台、西宁市窗口平台服务人员服务能力及服务亲和力，特举办政务礼仪培训，共有30余人参加培训班；针对中小企业知识产权和法律知识欠缺的问题，开展了中小企业知识产权培训班和法律维权培训班，共计为100家中小企业的120余人参加了培训班；为西宁市四区三县的中小企业财务人员开展9期“营改增”专题培训班，共计700余户中小企业的800余人参加了相关培训。

网址：www.smeqh.cn

联系人：宋永朋　　联系电话：0971-6334719

地址：青海省西宁市五四大街虎台二巷16号

青海省创业发展孵化器有限公司

青海省创业发展孵化器有限公司成立于2002年3月，注册资本240万元，是国有独资企业，隶属于青海省科技厅。公司位于青海省西宁经济技术开发区东川工业园区金桥路36号，是孵化面积超过2万平米的综合型孵化器，包括文化创意类产业孵化基地、生物医药专业孵化平台、互联网+智慧产业孵化基地、综合型服务平台、投融资服务平台及其他产业孵化基地。公司2009年被认定为省级科技企业孵化器，当年年底国家科技部授予“大学生科技创业见习基地”称号，2010年被科技部认定为“国家级科技企业孵化器”，2016年8月被青海省经信委评定为青海省小型微型企业创业创新示范基地，10月被评为国家小型微型企业创业创新示范基地。

公司始终以“发展高科技，实现产业化”为宗旨，以“孵化项目、培育企业、培养人才”为己任，积极为入孵企业不断优化软硬件设施及环境，为每一家入孵企业提供全方位创业培育、以创新孵化模式，为“创客”提供开放、共生、合作、共赢的孵化平台。公司拥有四大服务体系，包括孵化服务体系、创新有效体系、创业辅导体系及投融资服务体系，拥有八大孵化平台，包括政府项目申报平台、融资平台、科技服务平台、信息网络服务平台、培训服务平台、营销平台、公共服务平台及技术服务平台。公司始终以完善的孵化服务体系及丰富的运营经验及成熟的运营管理团队投身于“双创”事业。公司拥有专业的管理团队，目前管理团队有17人，其中硕士及以上4人，本科13人，多人接受过科技部及国家工信部等多部门的创业导师专业培训并取得相关证书。

例如，毕业企业青海久实虫草生物科技有限公司自2009年9月该公司入驻，当时只有不到10个人，启动资金仅有30万元。经过公司专业的孵化及孵化资金的支持，企业资产从最初的30万元启动资金发展到目前总资产3480万元。孵化企业是冬虫夏草人工替代品生产行业里唯一具有自主知识产权的生产企业。先后被评为青海省“优秀青年创业”“高新技术企业”“国家优秀高新技术企业”“市级龙头企业”等”，已经申请注册国家保健食品5项，2014年和2016年分别取得国家保健食品批复1项。先后承担、完成省、部级科研及产业化项目9项，获得2项省级科研成果，申请了6项国家发明专利技术，其中2项已授权，已经注册“久实”、“久实宝”商标十余项。

在孵企业青海创鑫工程咨询股份有限公司（新三

板上市企业）成立于2009年4月，通过公司的专业扶持及管理培训和指导，2016年企业营业收入达7000万元以上。2017年1月20日，公司成功挂牌新三版，股票代码870589。

网　　址：www.qhfhq.com

负 责 人：谢岩

联系电话：0971-8817616/13997051166

青海生科中小企业创业有限公司

青海生科中小企业创业有限公司2006年5月经西宁经济技术开发区生物科技产业园区管理委员会批准设立，位于青海省高新技术产业开发区经四路26号。依据高新区的产业平台和总要求，创业园以科技型创业企业为服务对象，为初创期科技企业孵化提供场所、政策扶持和配套服务，形成以生物医药、特色资源、绿色食品和保健品、高精加工、印刷为导向的产业发展方向；注重发展高端服务业，重点引进生物医药、新能源产业、新材料、信息产业、物联网应用、电子商务、软件开发、文化传媒等现代服务业和高新技术产业，形成以孵化新业态为主的中小企业聚集区。与西北高原生物研究所、青海省藏医药研究院、上海中医药大学、青海省生产力促进中心等专业机构合作为入园企业搭建研发平台，助力企业健康、快速发展。

2009年被青海省经委认定为“省级中小企业发展创业基地”；2010年被青海省科技厅认定为“省级高原动植物与藏药科技企业孵化器”；同年被西宁市人力资源和社会保障局确定为“西宁市中小企业孵化基地”；2011年12月通过国家科技部评审认定，正式升级为“国家级科技企业孵化器”；2015年7月被青海省经委评为“青海省首批小型微型企业创业示范基地”；同年11月被国家工信部评为“首批国家小型微型企业创业创新示范基地”。

青海生科中小企业创业园在发展中不断探索、探索中不断发展的过程，针对目前我省现代服务业集聚区的发展现状，加强引导，加快培育，提升建设和管理水平，通过合理规划，整合资源，吸引创业者，已形成“一器一间一平台”的格局。“一器”即国家级科技孵化器；“一间”即生科众创空间；“一平台”即网络窗口服务平台。以信息化技术与孵化器为载体，形成“并联服务”的新格局。

网址：www.gxq.qh.zcy365.com/cms

联系人：冯娅君　马玉德

联系电话：0971-5226486、0971-5316514

传　真：0971-5226486

海西州中小企业服务中心

海西州中小企业服务中心于2013年10月11日正式成立。服务中心办公楼总建筑面积5800平方米，中心内部配备了专业健全的软硬件设施设备，包括可容纳120人同时会议或培训的大型多功能会议厅，可容纳36人召开小型会议的多功能会议室，可容纳近30人同时办公的大型综合办公室，以及电视网络宽带洗卫浴一体的专家公寓和人性化的员工餐厅等。目前中心内设8个部门，分别为综合服务部、市场开拓部、财税资产部、融资服务部、法律事务部、培训咨询部、信息技术部、工程咨询部等。

中心于2014年3月创建了州内首个中小企业网络公共服务平台—中小企业海西网（hx.smeqh.gov.cn），网站与中国中小企业网、中小企业青海网联网。2016年12月以省平台为枢的海西州中小企业窗口服务平台hx.smeqh.cn/cms上线试运行并与分布在全省9个州地市县综合“窗口”服务平台和11个重点产业集聚区“窗口”服务平台联通，带动聚集省内外服务资源，畅通渠道，资源共享，协同服务。

经省文化和新闻出版厅批准，由州经济和发展改革委员会主办、服务平台承办的州内首份中小企业公共刊物《海西中小企业》（双月刊），于2014年6月1日正式创刊发行，本刊物于2016年1月改版为《海西经信导刊》（双月刊）。刊物主要面向省、州、市（县）行委经济主管部门和工业园区以及中小企业、金融机构等单位免费赠阅，同时在中小企业海西网、柴达木日报等相关媒体上进行公开宣传。

地　　址：青海省德令哈市长江路29号

联系电话：0977-8203517

联系传真：0977-8330555

联 系 人：孔令霞

网　　址：hx.smeqh.gov.cn

hx.smeqh.cn/cms

Email：hxsme2013@126.com

宁夏回族自治区中小企业服务中心

宁夏回族自治区中小企业服务中心成立于1978年12月，是自治区经信委直属事业单位，中心是原国家经贸委确定的承担企业领导人员工商管理培训资格院校，是自治区党委组织部确定的承担全区企业经营管理人员培训的定点院校，是自治区人社厅确定的自治区公务员、专业技术人员继续教育基地和经济管理干部培训教育基地（2015年被确认为自治区首批5个重点建设继教基地之一）。2010年5月被自治区经信委确定为宁夏中小企业公共服务示范平台，2011年3月被国家工信部确定为国家中小企业公共服务平台，2013年9月被国家工信部、财政部认定为“自治区中小企业公共服务平台网络枢纽平台”。

中心占地面积23905平方米，建筑面积17037平方米，其中培训服务占地面积20000平方米，建筑面积10000平方米，其中服务大厦建筑面积7037平方米，占地3900平方米，拥有功能比较完善的办公服务设备、场地和设施。主要设置枢纽平台服务大厅、多功能厅，呼叫中心、培训教室、视频教室、会议室、综合机房、综合监控室等服务设施。

中心现有工作人员30人，其中具有大专以上学历的占95%，具有中级以上专业技术职称的占85%，形成了一支具有丰富经验的培训组织管理、创业孵化辅导和信息化技术咨询等方面的专业服务团队。中心针对中小微企业实际需求，量身打造相关服务产品，面向全区中小企业长期开展经营管理人才培训、创业服务、政策宣贯和管理咨询等服务，近年来积极拓展提供信息咨询、法律服务、技术支持、投资融资、展览展示等服务功能，是我区集中方便解决中小企业共性需求、反映诉求、获取信息、学习交流、提升素质等服务的主要渠道和场所。

办公地址：银川市兴庆区凤凰北街兴仁巷19号

办公电话：0951-5023289

固原银海科技有限责任公司

成立于2003年，注册资金518万元。现有办公、经营等场地1500多平方米，设有人事部、技术部、安防部、培训部、养老部和中小企业服务中心等五部一中心。公司软、硬件服务设备齐全，现有软、硬件资源68类202项，其中硬件设施32类145项，软件设施36类57项，建有信息数据中心，以双百兆光纤接入互联网。

公司现有员工28人，研究生3人，本科学历人员17人，大专学历人员6人，中专学历2人。与大专院校、科研机构及中小企业建立了长期的合作关系，组建了36人的专家团队，成立了专家咨询委员会（企业管理、市场营销、信息技术、工农业产品加工、财务管理等专业），专业形成互补，为公司的发展奠定了基础。

公司主要从事计算机及外设、软硬件销售，系统集成，中小企业及政府网络信息系统软硬件建设及研发、网站建设、电子商务服务（六盘山电商网www.lpsecb.com和百姓易购网www.baixeg.com）、智慧养老服务系统建设及服务、安防联网报警系统建设及服务、物联信息服务、中小企业公共技术服务、互联网增值服务及推广、技术培训与咨询等多项业务。各业务均为“互联网+产业”型，从战略的角度讲，具有产业转型升级的前瞻性。公司秉承以用户需求为中心，以优质、高效的服务博得了众多客户的信任和好评，取得了良好的业绩，得到了各级党委政府的肯定和赞誉。

电话：0954-2029768

网址：www.nxyhkj.com

宁夏创业促进会

是由宁夏有志创业青年、青年企业家、青年经营管理者、有关企业以及辅助青年创业的人士自愿组成的联合性、非营利性的具有独立法人资格的社会团体。2008年1月15日促进会经自治区民政厅（宁民发〔2008〕19号）核准成立，业务主管单位是宁夏经济和信息化委员会，主要业务是在全区实施青年创业服务工作，为全区青年创业提供咨询、培训、巡诊辅导、项目评价、融资等综合性、专业化、多元化、个性化的创业服务。宁夏创业促进会作为一家公益性的扶持青年创业的社团组织，共募集资金521万元，8年来，共孵化创业项目473个，发放创业启动金2214万元，创业青年累计还款2100多万元，体现出了良好的诚信意识，这473个创业项目拉动社会投资近1.9亿元，创造就业岗位1万多个，年销售额超过3亿元，利润近7000万元，扶持效果明显；办公室发展创业导师450多人，年志愿服务时间超过10000小时；为创业青年提供创业意识培养类、管理经营类、个人素质提升等各类创业培训超过120期，培训创业青年超过1万人，很好地提升了创业青年的各项素质；与金融机构合作，推荐创业青年、创业导师获得担保融资超过一亿元，有效地解决了创业青年、创业导师企业发展融资难问题。

宁夏创业促进会不断探索创新服务模式和服务内容，服务全区创业青年，宁夏多家创业服务类机构都借鉴宁夏创业促进会的模式，作为一个NGO组织，已经成为宁夏公益扶持创业的领跑者。

电话：0951-5024289

网址：www.nxqncy.cn

宁夏装备制造业技术服务与质量检验检测服务平台

依托宁夏机械研究院股份有限公司建立，是自治区认定的第一批公共服务示范平台之一，2012年被认定为国家中小企业公共服务示范平台。服务平台拥有总资产2900万元，场地面积3100平方米，仪器设备150多台套，从业人员35人，全部拥有大专以上学历，专业配套齐全。

平台下属的宁夏机械产品质量监督检验站是自治区技术监督局授权的质检机构，技术力量雄厚，软硬件环境好，建立了信息化经营管理模式，实现了数字化质检。下设产品检验室、无损检测室、样品加工室、计量检定室、化学分析室、物理检测室、综合业务室。通过ISO 9001：2008质量管理体系认证、CMA/CAL计量认证、国家实验室（CNAS）认证、获得司法鉴定中心司法鉴定许可证、建设工程质量检测机构资质证书。

平台依托“宁夏质检·中国”网站，通过数字质检平台实现信息查询及汇总、检测项目时间过期预警、检测报告完成签收管理等功能。平台检测及质量鉴定涉及金属材料理化检测、通用设备、工业专用设备、通用零部件性能及无损检测、钢结构工程等11大领域，包括该领域的司法鉴定、建设工程质量检测等。可为顾客提供科学、准确、公正的检测报告及有效的技术服务，出具的检测及质量鉴定报告具有法律效力并承担相应法律责任。

平台将装备制造业的中小企业作为服务对象，利用在宁夏机械行业内形成的技术与品牌优势，针对中小企业技术相对薄弱的现状，提供专用设备、自控系统、实验装备的研发设计、试验试制、技术改造及技术咨询；同时为中小企业提供产品质量检测、新产品质量鉴定、质量仲裁以及标准化等技术服务。

电话：0951-5065244

网址：www.nxjixie.cn

宁夏交通物流行业中小企业公共服务示范平台

宁夏交通物流行业中小企业公共服务示范平台是宁夏交通国际物流港投资建设的为了满足宁夏交通物流行业的货物配载、北斗定位安全监控需求，服务于行业中小企业，改善中小企业经营环境的公共服务示范平台。项目总投资330多万元。平台的主要职能有：一是与自治区总平台进行互联互通，资源共享，投资开发相关软件；二是实现手机与宁夏物流网的连接，建设特色手机配货服务平台；三是宁夏中小普货业户货运车辆动态监控公共服务示范平台与宁夏地区五家北斗监控运营商合作，对中小货运业户进行定位跟踪服务，有效掌握货车车源信息，为其提供配货等物流信息的增值服务。

平台的发展目标是满足交通运输物流行业专业化信息需求，服务行业中小企业，为货运信息交易业户提供配载，带动了监控服务商和监控服务平台资源，为全区零散货运车辆提供实时动态监控。拓宽物流信息交流渠道，促进社会物流资源的有效整合。

电话：0951-6150321

网址：www.nxjtwl.com/

宁夏低碳减排中小企业公共服务平台

平台依托单位是宁夏清洁发展机制环保服务中心（以下简称“中心”），主要为宁夏区内外中小企业开展碳资产开发与交易技术服务、碳盘查技术服务、企业能源审计与能源管理体系技术服务、技术转移与融资服务、培训服务、碳交易和节能减排信息服务、碳交易法律咨询服务。

现有专职人员60余人，其中专业技术人员50名，管理人员8名。形成了一支具备环境、能源、电力、机械、工业工程、工程技术、国际贸易、国际金融、法律及外语等不同专业结构的、高素质的低碳减排中小企业公共技术服务专家团队。在专业技术人员中，全部大学以上学历。具有高级技术职称人员12人，中级技术职称人员25人，留学归国人员4人；美国注册能效评估师6名，科技部与欧盟联合认证的碳资产管理师5名，人社部认证的碳核查师5名，具备ISO 14064培训师资质的人员2名，德国TÜV-NORD颁发的基于CDM机制下的PoA项目开发工程师1名，国家一级注册结构师1名，国家节能减排项目管理经理3名，通过国家人力资源和社会保障部联合美国认证协会考试认证的注册高级能源管理师、注册高级能源审计师、注册高级节能评估师3名，自治区能源审计师4名。具备了在节能减排和碳资产开发与交易领域为中小企业提供公共技术服务的强大支撑能力。

“中心”拥有独立固定的经营场所及与所提供技术服务相适应的条件和设施，为提供各项技术研发和服务奠定了扎实的基础条件。“中心”总部设在银川市兴庆区凤凰北街田园巷100号城市1号花园6号楼A座19层，总办公面积1200平方米。同时，为扩大服务范围，提升“中心”在信息、技术与人才方面的统筹能力，分别在北京、上海、广州、澳大利亚悉尼设立了分支服务机构，各分支机构充分发挥其自身特点，为区内外企业提供节能减排和碳资产开发与交易的相关技术与服务。“中心”与各分支机构队伍建立了地区优势互补的研发与服务机制，通过互联网等先进的信息手段实现了统一的研发服务工作调度与信息交流。

电话：0951-6193263

网址：www.kp-cdm.com

宁夏世纪信通信息安全有限公司

宁夏电通集团全资子公司，致力于集团信息安全和物联网应用事业的发展。公司拥有完善的信息安全风险评估与安全集成服务体系，有专业的信息安全队伍和技术储备，并获得了中国信息安全认证中心颁发的服务资质。公司与宁夏大学信息中心展开合作和交流，通过了自治区公安厅网监备案，是绿盟、任子行、迪普等国内一线信息安全企业的区域总代理或合作伙伴。公司可以为政府机关、企事业单位提供计算机应用系统工程和网络系统工程的安全需求界定、安全设计、建设实施、安全保证的工作，通过对信息系统提供风险评估服务，为客户系统地分析网络与信息系统所面临的威胁及其存在的脆弱性，评估安全事件一旦发生可能造成的危害程度，提出有针对性的抵御威胁的防护对策和安全整改措施，防范和消除信息安全风险，为网络和信息安全保障提供科学依据。

依靠集团强大的研发实力，公司着力于物联网技术的应用。公司负责建设、运营的电通集团“上德谷”品牌，基于产品全程溯源的理念，通过物联网技术，从技术角度、管理角度解决了食品安全问题。公司为中宁枸杞、灵武长枣、贺兰山东麓葡萄酒、中卫硒沙瓜等名优特产量身定制了溯源方案，成为相关政府部门行业管理的技术提供商和合作伙伴。在园区智能化领域，公司和中国移动、中国电信合作，在校园一卡通、园区智能化、手机支付等业务上有诸多成功案例。在防伪领域，公司有着深厚的积淀。公司拥有国家级防伪技术专家三人，取得了防伪标识工业生产许可证和防伪票证工业生产许可证，是宁夏移动、宁夏民政、宁夏工商、宁夏农牧等机构防伪业务提供商。2010~2012年，公司担任宁夏防伪行业协会会长单位。

人才是企业发展的核心动力。公司拥有国家级防伪技术专家三人，CISP工程师两名、高级网络工程师数名。公司还组建了以国家级食品安全专家为核心的顾问团队，指导公司业务发展。

以技术求发展，以客户为中心，公司秉承为客户提供有价值的行业解决方案的服务宗旨，设计、开发出针对广大中小企业为对象的产品管理、信息安全产品，持续改进、日益完善。基于此经营理念和运营实践，2011年公司被政府授予宁夏中小企业公共示范平台（技术），2012年，被工信部授予国家级中小企业公共服务示范平台。

电话：0951-5177071

网址：www.ccxb315.com

宁夏建筑材料研究院

成立于1972年，原组织关系隶属于宁夏建材总公司，2000年7月在科技厅的领导下，作为自治区第一批转制的应用类科研机构，转制为科技型企业。2005年11月在国资委进一步深化科技体制改革的指导下，彻底改制为由46个职工持股的有限责任公司，国有净资产890万元全部退出。由于股权过于分散，于2010年12月又一次进行了股权优化重组。现拥有宁夏自治区政府批准的“宁夏石膏工程技术研究中心”、宁夏自治区质量技术监督局授权的“宁夏建材产品质量监督检验站”、“宁夏建筑材料防火质量监督检验中心”； 宁夏自治区人事和保障厅批准许可的“宁夏建材职业技能培训中心”和国家原劳动和社会保障部批准的“建材职业技能鉴定站”；是宁夏自治区住房和城乡建设厅授权的建设工程质量检测机构和国家发改委授权的工程咨询机构。注册资本890万元，截至2016年底资产总额达到10989万元，从事为中小企业服务人员达98人，其中：大专及本科以上学历人员为87人（研究生8人）。质检人员及职业技能培训人员72人。服务场所面积近1万平方米，拥有各类研发及检测设备仪器达550余台件。主要从事建筑材料及新型建材的研究、技术咨询，建材产品及建筑工程质量监督检验检测、建材职业技能培训与鉴定等相关业务。

电话：0951-5049518

网址：www.nxjcyzx.com/

宁夏三木创业园服务有限公司

作为自治区贯彻落实国家促进中小企业发展，推动自治区中小企业服务平台建设的重点单位，经盐池县工业和商务局推荐自治区经济和信息化委员会认定，成立为国家级中小企业公共服务平台，旨在为盐池地区中小企业发展提供服务支持。盐池中小企业服务中心，是整合各类公共服务平台并统筹全县服务资源的枢纽服务平台，与若干“窗口”服务平台通过互联互通、资源共享，承担受理中小企业服务诉求，提供现场咨询、事务代理、技术推广、人员培训等直接服务并整合社会服务资源的综合服务“窗口”和产业服务“窗口”。 形成一个覆盖盐池县内各层级的、具有高度的产业适应性和地区适应性的国家级中小企业公共服务平台体系，以国家服务平台和地区服务平台两个层次，并结合当地社会经济发展，组织带动社会服务资源解决中小企业共性需求，为盐池县内企业提供一体化、集成化、协同化的公共服务平台。做到畅通信息渠道，改善经营管理，提升发展质量，增强盐池县中小企业的市场竞争力的服务平台。

电话：0953-6614813

网址：www.qyfwzx.com

新疆维吾尔自治区中小企业服务中心

主要职责：

贯彻落实国家和自治区扶持中小企业发展的方针政策，研究区域中小企业服务体系发展规划。向政府有关部门反馈各类中小企业经营、发展中的动态信息，为政府部门及时制定经济调控措施提供依据。

为中小企业的创业和发展直接提供创业辅导、管理咨询、人才培训、投融资顾问、技术创新和技术引进、信息化、区内外及国际合作等综合服务。

维护中小企业的合法权益，协调解决中小企业在发展过程中所遇到的问题和困难，并对有发展潜力和特色的创业项目及成长性较好的中小企业给予金融、法律、政策信息等多方面的扶持和引导。

在政府主管部门的指导下，协调和引导各类社会中介组织为中小企业提供社会化综合服务，以提升和改善新疆中小企业管理和技术水平，提高企业的核心竞争力；同时，协助政府部门规范社会中介机构的服务行为，建立起对社会中介机构为中小企业提供服务的监督和评价体系。

与国内外企业服务和金融机构合作，通过市场化运作，面向企业开展技术创新项目融资担保和相关咨询、策划业务，促进新疆中小企业技术进步。

建立中小企业信息服务平台，管理新疆中小企业信息网，完善新疆中小企业的三个数据库（基础资料库、新产品与新技术库、专业人才和社会中介服务机构库），为我区中小企业架起沟通政府部门、服务机构之间的“网上桥梁”。

负责新疆中小企业协会的建设和管理，承担协会秘书处的日常事务，为中小企业和企业家搭建交流与合作平台。

通过发行有关中小企业服务刊物和宣传资料，宣传国家方针、政策和法律、法规；通报产业发展和经济运行动态；介绍我区中小企业的成功案例和特色产品；向政府有关部门反映中小企业的呼声，并提出工作建议。

机构设置：

综合管理部：负责组织起草中心各项规章制度、年度总结和计划，负责内部管理，处理文秘、人事、档案、法律等日常事务，做好服务保障、对内协调、对外联络等综合协调业务工作。

资产与财务管理部：负责中心财务、资金、有价证券、专项资金使用及资产管理工作。包括预算管理，成本、费用控制，进行会计核算、风险管理、统计汇总、资产管理以及理财筹划等工作；负责对中心参、控股公司进行稽核审计，对控股公司的财务工作进行监督和指导；配合完成上级有关部门的年审工作；参与中心投资项目的评价工作；监督各部门降低消耗，节约费用，更好地利用中心资产和资源，提高资金的利用效益。

咨询和培训业务部：咨询服务部是中心的业务职能部门，承担中心对全区中小企业开展的管理咨询、战略规划设计、市场策略研究、并购重组策划、内部激励设计、政策法律咨询等方面的咨询服务业务；推动中小企业建立现代企业制度；指导中小企业开展开拓国内外市场；同时负责组织和协调社会中介服务机构开展上述服务业务，拓展新的服务领域。

技术创新和信息服务部：技术创新和信息服务部是中心的业务职能部门，承担国家和自治区下达的新技术推广计划，组织指导中小企业技术创新、技术改造和产品开发工作；推动中小企业与大专院校及科研机构的产、学、研联合及国内外经济技术交流与合作，开展对中小企业新投和技改项目的技术咨询和项目评价，为中小企业技术创新提供综合服务。

大连市中小企业服务中心

服务中心宗旨是：创建服务平台，发展中小企业。基本职能为：落实政府扶持中小企业和民营经济健康快速发展，营造政府支持中介、中介服务企业的良好发展环境。

服务中心共设立5个部门，分别为培训部、信息部、协调部、投诉部及综合部。

职能：为全市中小、民营企业在创业辅导、人才培训、网络信息、信用评级、管理咨询、产权交易、融资担保、法律服务、市场开拓、技术创新等方面提供十大平台服务。

网址：www.smedl.gov.cn/

联系电话：84507299

大连市中小企业联合会

大连市中小企业联合会是中小企业和企业家的联合组织，被市政府确立为中小企业的服务平台。现有团体会员近千户，涵盖了我市各行业、各种不同所有制的经济组织，是我市影响最大、联系范围最广、服务功能最强的综合性社团组织之一。

大连市中小企业联合会自成立以来，在市中小企业局的领导下，始终坚持面向中小企业、为中小企业和企业家服务的宗旨，充分发挥桥梁和纽带作用，将实践性、社会性和服务性融为一体，围绕中小企业、企业家的需求开展服务，搭建高水准的服务平台：

交流合作服务平台。组织中小企业参加国内外商务考察、经贸洽谈、项目对接、经济交流与合作等。为有发展前途、有偿债能力的中小企业或项目寻找资金支持，帮助企业破解融资难题。

政策信息发布平台。开展政策咨询、信息服务工作，为中小企业提供国家、省、市等各级政府发布的政策信息。编辑出版内部刊物《企业之窗》，推介企业的产品、品牌与形象，宣传优秀企业经营者的新经验、新智慧与新思想。建设协会网站，为会员企业提供互联网链接服务。

管理创新服务平台。组织专家对中小企业在管理制度、管理方法和管理手段等方面的经验，进行培育、总结、跟踪、指导，评选企业管理进步成果，并进行推广交流，推动中小企业扎实、持续地开展管理创新。

提升管理素质服务平台。针对中小企业需求，突出实践性和可操作性，采取集中办班、专题讲座、现场观摩、企业间经验交流等形式，开展培训与研讨。联合大专院校、管理咨询公司、律师事务所、会计师事务所等智力支持机构，为中小企业开展管理咨询活动。

维持合法权益服务平台。帮助中小企业妥善处理劳动争议个案，指导企业维护自身合法权益；引导中小企业尽快建立健全各项劳动规章制度，依法规范劳动管理，做好劳动争议防范工作。开展调查研究，发挥沟通、协调的作用，及时反映中小企业的意见和呼声。

大连市中小企业联合会在今后的工作中，将进一步完善服务功能，提高服务层次，更加有效地连接政府、企业、机构和市场，及时集成、转换和传播信息，助推企业增强核心竞争能力，把自身架构成一个更具影响力的社团组织。

地　　址：大连市甘井子区商城花园街2号

电　　话：39651108、39651105

网　　址：www.dlec.org.cn

电子邮箱：dlqixie2000@163.com

大连市信用担保协会

大连市信用担保协会成立于2006年1月9日，是全市信用担保机构自愿结成的地方性、行业性、非营利性的社团组织。协会接受业务主管单位大连市金融发展局、社团登记管理机关大连市民政局的业务指导和监督管理。

大连市信用担保协会宗旨是：遵守宪法、法律法规和国家政策，遵守社会道德风尚，独立负责地开展各种社会活动；发挥桥梁和纽带作用，反映会员呼声，维护会员合法权益；加强行业自律管理，规范担保行业行为，逐步完善全市中小企业信用担保体系；推广和宣传大连市信用担保，提供信用担保配套服务，促进行业健康发展，改善信用环境，服务经济建设。

协会倡导恪守诚信、文明经营的理念，对违反《自律公约》行为、扰乱市场秩序行为，将会加强制度上的约束。

目前，全市有130家担保机构已成为协会会员，其中大连市企业信用担保有限公司、联合创业担保有限公司等30家担保机构为协会理事单位。

协会的主要业务范围：

（一）组织制定自律性行规行约；制定会员间业务合作的技术标准和业务规范；研究担保行业发展问题，参与制订行业发展规划；

（二）建立担保行业客户信息系统和客户信用评估系统；

（三）为担保机构会员单位提供担保业务推介服务，为企业会员单位提供担保推荐和相关服务；为会员单位提供资信评定、资产评估、会计审计等社会中介服务及政策法规、科技创新、国际合作等信息咨询服务。

（四）组织和参与担保行业统计、调查，收集发布行业信息；组织经验交流，开展企业管理、专业技术、信息化建设及法律事务等的咨询服务。

（五）组织开展银行、担保及企业合作与发展的学术研讨及经验交流活动；组织协会会员的业务培训和考察调研活动。

（六）编辑行业出版物，建立主网站，举办行业研讨活动，加强信息化建设。

（七）促进会员间的业务合作，维护会员合法权益，维护担保行业内的公平竞争，协调会员关系；发展与有关团体和组织的合作关系。

（八）其它服务或活动。

厦门市中小企业服务中心

厦门市中小企业服务中心（以下简称“中心”）是厦门市中小企业综合服务平台的建设运营单位，该中心是依据《中小企业促进法》，经厦门市编委批准设立的财政核拨经费事业单位，主要职责有：1. 制定全市中小企业服务体系建设发展规划，提出政策建议。2. 为中小企业直接提供融资担保、信息、培训、市场开拓、技术创新、信用评价、政务代理和法律维权等服务。3. 联系、引导各类社会中介机构为中小企业提供服务；沟通与政府的联系，反映情况，提供信息，促进服务机构良好运作。4. 组织各类中介机构间交流与协作，指导和促进其开展业务活动，提高服务水平。

中心下设综合部、监测与市场服务部、融资与上市服务部、创新与创业服务部等内设机构，现有职工29名，其中高级职称9名，中级职称10名，大专以上学历和中级以上职称人员占全体工作人员的96.55%，现有办公、服务场所面积2，300平方米，硬件服务设施齐全。

中心成立后努力加强自身建设，不断创新工作机制，积极整合社会服务资源，想方设法解决中小企业共性需求问题，采取灵活多样的方式，为全市中小企业提供融资、信息化、管理提升、技术创新、公益培训、创业等服务工作。是国家级、省级（福建省）、市级（厦门市）“中小企业公共服务示范平台”。

单位地址：厦门湖滨南路83号港澳中心6楼

联系人：梁兴全 联系电话0592-2237763

邮箱：LXQ361@126.COM

网址：www.xmsme.cn

厦门中小在线信息服务有限公司

厦门中小在线信息服务有限公司是按照工信部中小企业司关于建设运营中小企业公共信息服务平台的统一部署，由厦门市中小企业服务中心（厦门市经发局下属事业单位）与中国中小企业信息网（工信部中小企业司下属机构）联合投资设立的企业实体。公司成立于2004年9月，主要承担厦门中小在线网（中国中小企业厦门网）建设，为中小企业提供信息服务以及推进中小企业信息化建设等。

“厦门中小在线网”（www.xmsme.gov.cn）是厦门市民营经济工作领导小组办公室（市中小企业管理办公室）的官方网站，是工信部认定的首批“国家中小企业公共服务示范平台”、国家发改委确认的中国中小企业信息网首批一级地方分网（发改办企业〔2004〕1465号）、科技部火炬高技术产业开发中心认定的“中国创新驿站厦门基层站点”（国科火字〔2012〕164号），也是福建省经贸委、财政厅认定的“福建省中小企业公共服务示范平台”和厦门市经发局、财政局认定的“厦门市中小企业公共服务示范平台”。

公司主要以“厦门中小在线网慧企云”服务平台和《厦门中小企业》杂志为载体，借助于网络平台，着力为中小企业解决政策信息不对称、获取专业服务不便捷、市场开拓能力不强、人力资源匮乏等问题，为全市范围内的中小企业提供政务云、金融云、招聘云、创新云和服务商场等“一站式”中小企业公共云服务。目前，“厦门中小在线网慧企云”日均访问量达10万次，注册用户数达12000多，是厦门市规模最大、服务最全面的中小企业公共信息服务平台，已经成为厦门市中小企业第一门户网站。

公司地址：厦门湖滨南路83号港澳中心5楼

联系人：杨双，电话：0592-2207107

邮箱：info@xmsme.gov.cn

网址：www.xmsme.gov.cn

厦门中开信息技术有限公司

厦门中开信息技术有限公司成立于2007年5月，由两位股东林国海、辜永民投资创建，注册资金为人民币900万元，是专注服务于“中小企业创新服务体系建设”的高科技民营企业。公司位于厦门海沧区内，现使用办公场所占地面积11000 平方米，四层办公综合楼总建筑面积2714.29 平方米。

公司主营科易网（www.1633.com），科易网作为处于技术贸易领域领军地位的门户网站，率先提出并建设了真正意义上的全国技术交易市场平台。

平台聚合了专利技术在线市场、专家在线工作平台、第三方服务平台、在线会展等四大核心平台，并对技术交易过程中各个关键环节进行深入研究的基础上，自主开发出完善的技术交易全流程服务体系，包括信用管理体系、对接交流体系以及在线交易体系等，实现从项目匹配、对接洽谈、技术评估、关联服务、合同签订、技术转移直至款项支付的一站式全流程服务，打通技术交易的绿色通道。为全国中小企业及专利技术拥有者提供社会化服务，解决企业技术创新、难题解决以及其他各类科技服务相关问题。

目前，科易网拥有专业服务人员75人，大部分具有本科以上学历，大都为拥有5年以上经验的高级科技服务人才、技术人才，公司在中小企业创新服务领域取得了卓越的成绩，得到各级领导高度肯定，并获得了“国家现代服务业创新发展示范企业”、“国家科技成果转化服务（厦门）示范基地”、“国家技术转移示范机构”、“中国创新驿站区域站点”、“中国技术市场协会金桥奖”等多个国家级荣誉。

单位地址：厦门市海沧新阳工业区阳明路728号

联系人：厉雪雯

联系电话：0592- 3908678

邮箱：lixuewen@k8008.com

网址：www.k8008.com

厦门市中小企业服务行业协会

厦门市中小企业服务行业协会于2015年正式注册成立，是中小企业服务机构自愿组成的具有法人资格的地方性、综合性、非营利性的社会团体。接受厦门市经济和信息化局的业务指导和厦门市民政局的监督管理。

本协会的宗旨为：倡导会员单位遵守宪法、法律、法规和国家政策，遵守社会道德规范，促进会员单位在遵守商业道德的基础上对中小企业开展服务，搭建厦门市中小企业服务资源平台，探索中小企业服务机构发展模式和策略，促进厦门市中小企业的健康发展。加入本协会的会员单位将成为协会乃至政府部门的重点联系和服务对象，优先被推荐获得各级中小企业服务体系项目的支持。主要工作内容：

（一）为厦门中小微型企业提供政策咨询、信息化、法律服务、财税审计、市场开拓、创新创业、投资融资、金融服务、资产评估、人才开发、品牌服务、管理提升等培育和规范企业发展的专业化服务。

（二）组织包括交流学习、政策宣讲、大型公开课、行业论坛等培训项目；组织相关政府资金扶持项目的申报辅导；组织承办中小企业各类展览会等会展服务。

（三）促进中小企业服务机构与中小企业之间的协调与交流，鼓励成员实现双边和多边形式的联合、互补、创新、发展，增进会员之间的了解和支持，实现沟通和互惠共赢。

（四）跟踪研究我市中小企业服务行业发展情况，举办产业发展论坛，发布有关产业发展的综合或专题分析研究报告，为政府制定政策提供建议。

（五）承办政府有关部门委托的其他事项。

公司地址：厦门市湖滨南路83号港澳中心5楼

网址：www.xmsme.gov.cn

厦门投融汇网络有限公司

厦门投融汇网络有限公司成立于2012年，由知名大学研究机构、银行界、投资机构资深人士联合创立。公司致力于搭建资金方与企业方的投融资信息化专业平台，以“线上平台为依托，线下服务相结合”，促进及改善中小企业金融服务水平，为中小企业提供多元化融资服务。

平台运营至今得到专业的评定：获得2012年度和2013年度本项目的科技查新报告；获得中华人民共和国国家版权局对“银品超市”“信托超市”“融资管家”“基金超市”四个系统的计算机软件著作权及银品超市系统的软件产品登记证书；获得厦门大学经济学院、王亚南经济研究院授予“金融创新示范基地”的荣誉。

投融汇旗下在线平台——厦门市中小微企业云金融服务平台（trhui.xmsme.gov.cn），站隶属于厦门中小在线旗下，由厦门市经信局、人民银行厦门中心支行、银监会厦门银监局联合指导，厦门中小企业管理办公室主办。2014年该平台服务被评选入厦门中小在线网|慧企云之“云金融”，并入驻厦门中小企业公共服务平台大厅的融资窗口。2014～2015年度获得厦门市经信局、财政局“厦门市中小企业公共服务示范平台”认定。目前“云金融服务平台”线上与线下联动服务至今，服务需求方会员达3585个，其中个人有1843个，企业有1742个，融资需求达到371亿元，共服务了506个融资项目，入驻平台的投融机构达1473 家。这种以“线上平台为依托、线下服务相结合”的投融资服务体系，共同为中小微企业创造社会经济效益。。

公司地址：厦门市思明区鹭江道266号世侨中心23楼

联系人：易惠平

联系电话：0592-5908738

邮箱：info@trhui.com

网址：www.trhui.com

青岛市中小企业公共服务中心

青岛市中小企业公共服务中心（以下简称“中心”），是青岛市市级中小企业综合公共服务平台，由青岛市经济和信息化委员会主管，定位于打造青岛“小企业之家”，建设国内一流、面向全市中小微企业的一站式、综合性服务平台。是企业反映诉求、获取信息、学习交流、提升素质，享受公益性和低费优质服务，集中快捷解决中小微企业共性需求的主要渠道和场所。

“中心”以实体服务平台和中小企业云服务平台为依托，汇聚了优质的专业服务机构和专家资源，能够最大限度满足中小微企业服务需求。实体服务平台于2010年11月启用，总面积近5000平方米，设有开放式服务大厅、商务洽谈厅、展览交易厅、各种会议室及大型培训教室，功能齐全，设施完备，吸引了投融资、法律、管理、技术、电子商务等一批特色服务机构入驻。

云服务平台利用青岛市电子政务共享平台的网络和服务器资源，采用先进的云计算技术，整合政务资源和优质社会服务资源，构建了在线服务、在线呼叫、数据和运维四大中心，于2013年11月上线运营，云服务平台设置了12项大类服务功能、近200个服务项目，扩容升级了实体平台服务功能，具有“应用技术先进”、“服务资源丰富”、“ 访问便捷和实时快速响应”、“服务定制和推送”、“在线双向评价”等特点，可容纳5万人同时在线，年点击量3000万次以上，满足全市25万家中小企业访问需求，年实现服务对接20万次以上。

公司地址：青岛市市北区辽源路257号7#楼

邮　　编：266034

青岛市中小企业服务热线：0532-55585558

青岛市中小企业云服务平台：www.smeqd.gov.cn

官方微博：weibo.com/u/1622528225

微信公众号：青岛市中小企业云服务平台（sme5558）

深圳市商业联合会

深圳市商业联合会（SGCC，简称“深商联”）是深圳市中小企业公共服务平台网络枢纽平台的建设及运营单位。作为中国颇具影响力的商会组织，目前会员企业2300多家，通过承接政府委托的公共服务平台，服务和辐射全市各类中小微企业。下设深商投融资、物联网、低碳环保、生命健康、专利运营、高端制造、文化、法律、婚庆、东盟等十大产业联盟和12大深商国内外服务中心，在编工作人员100余人。现任会长为深圳市委原副书记庄礼祥，常务会长为深圳人大常委会原副主任邱玫，理事会主席为世界500强企业正威集团董事局主席王文银，法人代表、执行会长为广东省人大代表、深圳市人大常委林慧。

深商联围绕建设“影响世界的新锐商帮”和“国际化商会”目标，通过组织开展中国深商大会、“改革开放三十年影响深圳30个经济人物”评选、“深商风云人物”和“影响中国的深商领袖”评选、“深圳老字号”评选、“德勤—深圳高科技高成长20强”评选、深商黄埔军校等品牌活动，以及通过建立深商档案馆、深商史记、深商口述史，《深商》大型纪录片的录制等系列宣传活动，有效提升了深商的影响力和凝聚力；2009、2014年连续两次高分通过获评“深圳市AAAAA级协会”，2010年被国家民政部授予“全国先进社会组织”称号。2015年荣获“中国最受尊重的十大商协会”殊荣。

电话：0755-83175956

传真：0755-83643450

网址：www.shenshangtong.com

地址：深圳市南山区高新中二道生产力大楼D座一楼

新疆生产建设兵团中小企业服务中心

兵团中小企业服务中心（兵团工业节能服务中心）（以下简称“中心”），是兵团机构编制委员会2012年6月批准设立，隶属于兵团工业和信息化委员会的正团级差额拨款事业单位，编制4人。中心以社会性、公益性、服务性为基本准则，以为中小企业提供公平、公正、公开的规范服务为宗旨，体现兵团扶持中小企业发展战略部署，有效地协调融资、技术创新、培训、咨询等各类专业服务机构服务于中小企业，发挥兵团中小企业服务中心搭建起的公共示范平台作用，推进兵团中小企业技术进步，转换经营机制，提高经济效益。并且提高兵团工业节能水平和能源利用率，降低企业成本，提高企业竞争力。建立健全中小企业服务体系，为兵团中小企业发展营造良好的氛围，促进兵团中小企业又好又快发展。

基本职能：

1. 接受兵团委托，对兵团中小企业服务体系建设制定发展规划，提出政策建议。

2. 配合兵团落实有关促进中小企业发展的扶持政策，维护中小企业合法权益。

3. 根据兵团授权，对兵团中小企业服务机构，中介机构进行行业管理，规范服务行为。

4. 沟通中介服务机构与兵团的联系，促进其良好运作和成长。

5. 组织中介服务机构间的交流与协作，指导和促进其开展业务活动，提高服务水平。

6. 组织企业间的交流与协作，实现资源共享和优势互补。

7. 负责对兵团工业重点用能单位实施节能监测，定期上报能源统计报表。编制节能规划，推进工业领域开展合同能源管理，培育工业领域节能服务企业。对工业固定资产投资项目进行节能评估和审查。负责工业节能宣传和培训；开展节能新技术、新产品推广应用。

8. 完成兵团工信委交办的相关工作任务。

办公地点：新疆维吾尔自治区乌鲁木齐市新兴街112号

服务热线：0991-2634280

传真：0991-2634280

邮箱：btzxqyfwzx@163.com

网址：www.xjbtsme.gov.cn

石河子市中小企业服务有限公司

石河子市中小企业服务有限公司是2011年经石河子市批准设立的一家国有控股的服务型公司。其股东构成为：石河子市信用投资担保有限责任公司，占本公司股本的51%；新疆公信天辰有限责任会计师事务所，占本公司股本的49%。

公司在政府指导下对广大中小企业开展综合服务，是政府联系中小企业的桥梁，公司已初步在政府与中小企业之间搭建起了以融资、信息化、培训、创业服务，咨询为一体的服务平台。公司在2012年10月被兵团科技局批准为“石河子中小企业服务中心”。在2013年5月9日被自治区经济和信息化委员会授予“自治区中小企业公共服务示范平台”称号。

服务职能

1. 信息服务：为中小企业免费提供各类信息查询服务，建设电子商务平台、办公OA平台、中小企业网站；完善远程教育培训平台、中小企业资源分析平台、知识产权服务平台。

2. 技术创新：开展技术咨询、知识产权等服务，帮助企业增强创新能力；推动产学研联合，促进技术成果转化、技术推广和创新资源共享。

3. 质量管理：推广先进质量管理方法和产品标准，指导企业建立质量管理体系；帮助企业申请相关体系和产品认证，参与质量评奖活动。

4. 管理咨询：提供发展战略、财务管理、人力资源、市场营销、企业现场管理等咨询诊断。帮助企业提高科学决策和经营管理水平。

5. 培训业务：为中小企业开办企业管理提升、采购营销策划、人力资源管理、计算机信息管理等素质培训；为拟创业人员开办创业培训，提供创业信息、商务计划书编制以及工商登记手续等代理和相关行政许可申报服务；为新上岗员工提供岗前技能和安全培训；组织失地农民开办各类实用技术培训。

6. 市场开拓：组织企业开展各类展览展销、贸易洽谈、产品推介、国内外经济技术交流与合作活动。帮助企业建立广告营销网络。

7. 项目推荐：针对中小企业申报项目工作中存在的问题，为中小企业提供专业的政策咨询、项目资料编写申报跟踪、专家答辩等一系列综合服务。

8. 融资服务：开展灵活多样的经营性和权益性（包括金融租赁、现金对价收购应收款项）融资、担保服务，帮助无抵押物的中小企业解决融资担保难题，为企业快速获取流动资金贷款提供便捷通道。

地　址：新疆石河子市城区北环路46号

传　真：(0993) 2701602

联系电话：(0993) 2701602

14799003925　15199381688

电子邮箱：26721728@qq.com
29849696@qq.com
服务网址：www.shzsme.com
服务QQ群：250151086

五家渠市金桥中小企业服务有限公司

五家渠市金桥中小企业服务有限公司（以下简称金桥公司）成立于2011年2月8日，注册资金300万元，注册地址：五家渠市博峰路999号74幢101号。金桥公司内设人力资源部、财务部、信息部、培训部，培训部下设培训一部、培训二部等部门，现有职工21人，全部为大专以上学历，专业涉及化工、环境科学、食品卫生、社会区域、工程技术、建筑施工等多个领域。本科学历18人，硕士2人，具有工程师及各种执业资格证书7人，大中专学历及以上占总人数的95%。公司具有500平方米服务场地以及先进的电算化教室。

一、服务宗旨

金桥公司通过整合社会资源为中小企业提供多品种、全方位的综合服务，以促进中小企业在制度、管理和技术等方面的创新，从而提高企业的核心竞争力和综合实力，促进中小企业健康发展。

二、服务范围

金桥中小企业服务有限公司服务范围包括以下几个方面：中小微企业技能培训、管理培训、管理咨询、中小企业创业辅导、项目申报、投融资顾问、企业信息化解决方案服务、产权交易咨询、中小企业信用征集、评价、查询、信息发布等。

三、主要职能

执行国家、自治区、兵团和五家渠师市扶持中小企业发展的方针政策，研究区域中小企业服务体系发展规划。向政府有关部门反馈各类中小企业经营、发展的动态信息，为政策部门及时制定经济调控措施提供依据。同时，为五家渠市中小企业的创业和发展搭建服务平台。

与疆内外企业服务机构及金融机构合作，通过市场化运作，面向企业开展技术创新项目咨询及业务策划和融资担保服务，促进五家渠市中小企业产品更新和技术进步。

协助政府部门开展中小企业运行监测和质量分析，承担中小企业分类信息的收集和发布工作。

四、服务业绩

金桥公司自成立3年以来，坚持高标准严要求，服务内容主要是中小微企业融资平台搭建、信息服务（法律、政策、市场、管理信息）、创业服务（创业辅导、政务代理）和培训服务（管理培训、营销培训、技能培训、岗位培训、企业信息化操作系统培训）等。

2013年主要的服务业绩概括如下：

举办了中小企业新员工入场、安全教育、职业健康、职业道德、财务知识、创业知识、电工上岗证、电焊上岗证、特种设备上岗证、销售技能等19项培训。管理培训和技能培训910人，其中技能培训13个班，培训人数600人，平均培训97.5课时；管理培训5个班，培训人数310人，培训课时131小时，客户满意度达100%。

为企业提供法律咨询等服务112次，协调处理法律纠纷30案例，其中通过网络在线咨询62次，处理案件12例。

为58家企业领办、代办工商执照、税务登记、年检、土地、规划、建设消防、环保等前期手续。没有出现信息泄露问题，累计节约72个工作日。

2013年公司通过整合优势资源，集聚了5家知名中介服务机构：山东省工程咨询院（咨询单位）、中国工程物理研究院（环评单位）、山东征信环保节能与工程咨询有限公司、新疆百域君鸿律师事务所、山东大学等，并与之建立了良好的战略合作关系，为中小微企业提供优质、专业、全方位的业务服务。

黑龙江省中小企业服务中心

一、中心情况简介

黑龙江省中小企业服务中心（加挂黑龙江企业技术创新中心牌子）隶属于黑龙江省工业和信息化委员会，是财政全额预算拨款公益性事业单位，按处级事业单位管理，核定编制15名。办公地点分别在黑龙江省政府第二办公区和哈尔滨市宣化街412号，使用面积820平方米，其中办公用房9间，会议室1间，服务大厅580平方米。现有工作人员23人，其中：正处级和副处级各1名，正科级干部9名，副科级干部1名，一般干部3名，聘用人员8人。具有正高级职称5人，副高级职称6人，中级职称9人，初级职称2人。博士1人，研究生学历6人，本科10人，大专5人。

二、主要承担的工作

在全省范围内推广应用和实施国家级重大新技术，指导企业开展重大的新技术推广，接受政府和有关部门的委托整合社会资源为企业技术创新提供支持。

利用我中心“黑龙江省技术创新网”，加强产、学、研之间的联合，促进科研成果向生产力转化，为企业提供政策法规、科技成果、技术需求、 企业管理、市场营销、行业发展等信息服务。

建立了“黑龙江省企业资源库”和“黑龙江省科技人才资源库”。以省内外高校、科研院所、大中型企业技术研发中心的专家、教授和科技人员为依托，成立了专家咨询委员会，为企业解决各种难题。

为中小企业提供各种有效服务，如开展工业设计、技术研发、知识产权保护、信息化应用、产品性能和质量检测等工作；为企业提供各种信息服务。

组织承办全省车用乙醇汽油推广使用工作。主要负责乙醇汽油宣传工作；组织技术培训和咨询服务；统计分析乙醇汽油的使用情况；协助工商等行政执法部门对市场运行进行监管；协调乙醇汽油在销售和使用过程中出现的相关问题。

受省工信委委托开展全省优秀新产品评审工作，每两年组织一期评审工作，目前，已完成4期评审工作。

开展全省企业技术工程中心的评审认定工作，协助委科技处对全省企业技术工程中心进行管理。

协助省工信委开展黑龙江省中小企业科技成果推广应用奖评审工作。

三、联系方式和网址

联系人：周大伟

电话：0451－82513238

传真：0451－82513238

Email：zdw29@163.com

网址：www.hljeis.com.cn

黑龙江省中小企业技术创新服务中心

一、单位基本情况

黑龙江省中小企业技术创新服务中心（原黑龙江省乡镇企业技术开发中心）是1984年由原国家科委和黑龙江省编委批准成立的，为中小企业提供公益性服务的财政全额拨款的事业单位。按处级事业单位管理，核定编制15名，实有在编14人。下设3个部门：综合部、网络信息部、培训鉴定部。其中：高级技术人员4人，中级技术人员5人，初级技术人员和工勤人员5人。办公地点在黑龙江省工信委第四办公区大楼二楼，办公室7间，办公场所300多平方米。

二、单位目前承担的主要工作

网站信息服务工作。以中国中小企业黑龙江网（www.smehlj.gov.cn）为龙头，市（地）、县（区）分网为支撑，骨干企业网站为网点，面向全省中小企业、非公有制企业以及中小企业服务机构为重点服务对象的政府公益型信息网络平台。

中小企业生产运行监测平台工作。2009年11月，按照国家工信部中小企业司关于建立中小企业生产运行监测平台的部署，受省工信委委托，黑龙江省中小企业技术创新服务中心承担全省中小企业生产运行监测数据收集、平台管理和数据录入工作。

全国农产品（大豆）加工预警工作。2008年，经农业部乡镇企业局批准，中心成为全国农产品（大豆）加工预警项目承建单位。为农业部农产品加工所按时提供准确的大豆加工企业预警信息，为农产品加工企业提供及时的市场走势及价格浮动等信息。

技术推广和咨询服务。一是开发技术交流服务系统，为技术项目供求双方搭建平台。开发建设中小企业新技术新项目数据库，建立技术成果网上交易平台。二是积极开展科技成果推广服务，利用宣传资源优势，采取网络发布、开办和参加展会、搭建展厅等各种方式为企业提供科技成果推广服务，促进产学研对接。三是整合资源，积极开展技术咨询服务。联合大专院校、科研院所，组建专家组，根据企业实际需求为企业提供各种项目技术咨询服务。

职业技能培训鉴定工作。2004年经农业部乡镇企业局批准建立黑龙江省中小企业职业技能鉴定站，中心为原国家劳动部核准的22个农业工种五个等级进行职业技能鉴定。

三、联系方式

电话：0451-53630946　0451-53637478-19

传 真：0451-53630946

Email：53637478@163.com

网址：www.smehlj.gov.cn

鹤岗市中小企业服务中心

鹤岗市中小企业服务中心是按照国家工信部和黑龙江省工信委的总体要求，借鉴先进地区的经验和作法，结合鹤岗市中小企业实际，经市政府批准成立的市级综合性服务机构。中心定位于“鹤岗市中小企业之家”，面向全市中小企业提供一站式综合性服务，重点在“小企业催生、保姆式服务”两个方面发挥作用，以补充和完善各职能部门为企业服务缺失和断层问题。是我市集中解决中小企业共性需求、获取信息、提升素质、融资担保、人力资源、技术支持、法律服务等综合性服务平台，为全市中小企业平稳快速发展起到助推作用。

一、基本情况

鹤岗市中小企业服务中心成立于2012年8月，是经市政府批准设立的综合服务性事业法人单位，位于鹤岗市南山区铁西路，隶属于市工信委。服务中心平台面积800平方米，其中，办公区300平方米，服务大厅内设培训中心及信息服务、融资服务、创业服务、投资合作、法律援助、政务服务等6个窗口和综合办公区。培训中心设有投影仪配套的音响设备，中心门前设有条形滚动字幕式电子显示屏，一楼大厅和6楼大厅设有大型电子显示屏等，办公设施配套齐全。

二、主要职责

贯彻执行国家和省有关中小企业和非公制经济（以下统称为中小企业）的法律法规和方针政策；指导、服务中小企业；研究提出扶持全市中小企业发展的政策，起草有关中小企业的地方性规章草案。

贯彻执行国家及省的产业政策，研究拟定全市中小企业的发展战略和发展规划，指导和推进全市中小企业产业结构的调整，指导全市中小企业发展园区建设。

监测、分析、预测全市中小企业运行态势，编制并组织实施中小企业近期发展调控目标和措施，协调解决中小企业发展中的重大问题。

指导全市各类中小企业的改革、改组、改造，推进现代企业制度的建立；指导中小企业融资上市工作；促进建立和发展中小企业产权及相关要素市场，指导中小企业的股份制改造。

对全市各种经济成分的中小企业实行宏观指导、协调和服务，规范企业行为；研究提出中小企业技术进步的政策，指导中小企业技术改造和新技术、新设备、新产品开发等工作；建立完善中小企业技术创新支撑体系，指导中小企业创新基地建设，推动中小企业信息化工作；参与指导、管理民营科技企业，向有关部门推荐、申报符合资格认定条件的民营科技企业和科技型中小企业创新基金项目。

研究提出改善中小企业融资环境的政策措施，协调解决中小企业融资的有关重大问题；提出政府扶持中小企业资金的筹集、管理、使用建议，负责市级中小企业发展基金和市级财政对中小企业扶持资金的管理使用，并向有关部门推荐、申报其它相关资金项目。

指导全市中小企业经营管理人员和职工的教育培训及人才、智力引进工作；指导全市中小企业外事、外经、外贸工作；组织中小企业开展国内外经济技术交流与合作；指导中小企业外资引进、利用工作。

指导中小企业服务体系建设，建立和完善创业辅导体系，改善创业环境；协调落实中小企业获得政府采购份额的有关工作。

配合有关部门做好中小企业环保节能、环境监测、安全生产、劳动用工、职业卫生、质量管理、社会保障等工作。

三、内部机构及职能

服务中心下设“六部一办一中心”，即信息服务部、融资服务部、人力资源服务部、创业服务部、交流合作部、政务服务部、法律咨询服务部、综合办公室和培训中心。

信息服务部：负责建立项目库，推介专家团为中小企业提供国家、省、市重点扶持项目申报系统的技术支持和服务，推介重点支持项目，为中小企业开发项目建设提供前期市场预测服务；负责设立中小企业服务热线，开展政策发布、咨询解答、企业投诉等服务工作；负责建立企业信息化体验中心，系统介绍各类信息化技术和产品，普及相关信息化技术，搭建信息化和产品供需桥梁。

融资服务部：负责帮助企业拓展融资渠道，策划融资方案，寻找融资机构，协助融资谈判，落实抵押、质押或担保条件，实现融资贷款；负责为中小企业提供专业化的融资顾问、财务顾问、管理顾问服务；其他融资业务。

人力资源与创业服务部：负责开展各类人员工培训工作；负责组织企业进行用工招聘和人才库建设工作。负责为中小企业提供有关项目建设前期咨询、立项和相关行政许可的申报，指导企业编制项目可研，定期发布工业和信息化投资指导目录和项目信息；负责企业入驻创业基地工作；为中小企业提供创业辅导、管理咨询、催生小企业等智力服务。

交流合作部：负责发布技术供求信息，开展产学研交流活动。负责建立中小企业之间的技术交流、对接、合作平台，建立以对俄贸易为重点的中小企业经贸合作服务平台。

政务服务部：负责发布政策信息，受理中小企业政策咨询和投诉求助，组织政企恳谈。负责与纪检监察部门联合组织“中小企业评议涉企部门”活动，优化经济发展环境。

法律咨询服务部：与司法局合作，为中小企业提供民商经济纠纷、合同争议、知识产权保护法律咨询服务，优惠帮助中小企业维权和诉讼服务。

综合办公室：负责综合协调本单位日常工作，负责本单位文电、会务、督查、档案、机要、信访、提案、保密、保卫、行政、后勤等工作。

根据服务窗口和实际工作需要，中心设主任1人，工作人员22人，大专以上学历为100%。

四、发展目标

以电子信息技术为手段，以网络为平台，以知识管理为核心，有效整合各类社会资源，全面建设服务于中小企业的网络工作平台。为广大中小企业提供政策法律和技术经济信息咨询，项目合作服务，融资担保服务，国际交流/合作服务、人才培训/招聘、信息化建设、管理咨询诊断、新产品设计开发、市场开发/推广等信息资源和业务服务，建成具有综合性、开放性特点的一站式综合性信息服务系统。

将服务平台打造成贯彻执行国家及省、市关于中小企业的发展方针、政策和法律法规的中心；打造成研究企业发展战略、发展规划，研究企业发展中的问题并提出相应对策、建议和措施的中小企业之家；打造成推动全民创业，促进扩大就业，提供融资服务，改善企业运行质量，提供法律援助，保护企业及职工合法权益的职工活动之家。切实为企业解决实际问题，让企业得到实惠，最大限度地发挥服务平台的作用。

五、服务基础条件

服务场地：为满足中小企业快速发展的需要，按照国家和省工信委的要求，2012年鹤岗市中小企业服务中心承建了中小企业服务平台项目，项目已于2012年8月完工并运行。平台服务场所面积800平方米，其中服务大厅及培训室500平方米，办公区300平方米。服务大厅设立六个服务窗口，即信息服务，融资服务、创业服务、投资合作服务、政务服务、援助诉求服务、综合办公室。多功能培训室可容纳70人进行培训。

服务设施：购置安装“窗口”服务所需的软、硬件设备59台（套）。主要用来满足网络接入、信息查询与发布、项目发布、产品展示、商务交流、培训等服务。

人员设置及人员结构：

主任1人、工作人员22人。

合作资源：服务中心以不同的形式与相关中介机

构合作，有6家金融机构、9家律师事务所、5家会计师事务所分别与中心鉴定合作协议。遇到重大项目，还可以咨询鹤岗市专家顾问组。除此之外，还广泛联系政府部门、大专院校、科研院所等，中心具备强大的技术业务后援。服务中心不仅拥有一支高级的管理人才和专业的技术人才队伍，并且有完善的激励机制，保证了服务中心运营发展的长期性和稳定性，为全市中小企业提供优质、高效的综合性服务。

齐齐哈尔市中小企业服务中心

齐齐哈尔市中小企业服务中心，是经齐齐哈尔市政府正式批准成立的事业单位，隶属于齐齐哈尔市工业和信息化委员会，是为中小企业、微企业及社会各界人士提供公益性服务的政府机构。

服务宗旨：整合一切资源，为中小企业提供全方位服务。

业务范围：信息服务、人力资源、融资担保、政府服务、交流合作、法律咨询援助、中介服务、扶持项目咨询、创业指导、商务代办、会展服务、企业并购、专家服务、项目对接等服务。

齐齐哈尔市中小企业服务中心分为服务窗口和办公场所两部分，服务窗口设在齐齐哈尔市党政办公中心的政务大厅内，包括：服务窗口和会议中心；办公场地包括：中心人员办公室和中心机房，主要有主任办公室、副主任办公室、办公室、财务室、档案管理室、信息处理部、技术支持部、金融服务部、综合业务部、外联部、培训中心等。中心实行主任负责制，设有主任1名、副主任1名、其他工作人员多名，均为大学以上学历。

在市委、市政府的指导下，在市工信委的具体领导下，齐齐哈尔市中小企业服务中心联合政府相关部门，整合社会服务机构，搭建综合性服务平台，以市场化运作和信息化保障为手段，重点突出对中、小、微企业及社会各界提供服务的持续性、准确性、全面性。在企业的创业、发展、壮大的每个阶段，提供公益、免费的帮扶服务，推动中小企业的健康、快速发展，提升企业竞争力，帮助企业解决发展中的瓶颈，促生更多新企业，推动中、小、微企业成为我市经济发展中的重要力量。

佳木斯市中小企业公共服务中心

佳木斯市中小企业公共服务中心是经市政府批准成立的综合类公益性事业单位，定位于“中小企业之家”，面向全市中小企业提供一站式、综合性服务平台。按照开放性和资源共享性的原则，为中小企业提供信息查询、技术创新、融资担保、政策法规、管理咨询、创业指导、市场开拓、人员培训和农机协作配套等服务，是集中解决中小企业共性需求的综合性服务中心。按照开放性和资源共享性的原则，为佳木斯市区内以及所辖十个县（市）区的中小企业提供信息查询、技术创新、融资担保、政策法规、管理咨询、创业指导、市场开拓、人员培训和农机协作配套等服务，是集中解决中小企业共性需求的综合性服务中心。

服务功能：佳木斯市中小企业公共服务平台建设以“政府引导、无偿服务、市场运作”为发展思路，最大限度地发挥政府服务功能和商业服务功能作用。在组建初期突出重点，按照总体规划、分阶段实施的原则，先行启动“信息网络、融资担保、人力资源、催生创业、农机协作、政务窗口、法律咨询”7个服务平台和18家中介服务机构，并逐步向“9+1”服务平台领域扩展，形成“以服务中心为主体，以中小企业协会和入驻中介部门为两翼，以各职能部门联动为助推”的多角度、多方位、多层次的运营模式。

主要职能：集中解决中小企业共性需求，中小企业反映诉求、获取信息、学习交流、催生企业、提升素质、融资担保、人力资源、技术支持、政务窗口、法律咨询等综合性服务，逐步建立超市式、全过程、系列化的服务体系平台，与有关部门联系向全市中小企业推介金融服务、创业指导和开展各类专业技术人员的培训服务，服务中心将成为企业家与政府的桥梁、企业与市场的纽带，为全市的中小企业健康发展起到助推作用。

需求服务程序：企业或创业者可以通过电话、书面和网络申请需求服务，本中心接到申请后协调办理登记服务手续，程序简便、快捷。

从事中小企业服务的26名工作人员均为大学以上学历，组成了一支高级的管理人才和专业的技术人才队伍。服务中心还广泛联系政府部门、大专院校、科研院所、授权投资主体等，具备强大的技术业务后援，为全市中小企业提供优质、高效的综合性服务。

伊春市中小企业服务中心

伊春市中小企业服务中心，成立于2005年1月20日，是隶属于伊春市工业和信息化委员会的科级事业单位，单位性质为全民所有制事业单位，单位地址伊春市新兴西大街（伊春市行政服务中心一楼）。伊春市中小企业服务中心是伊春市中小企业综合性、公益性服务机构，现有人员23人，其中管理人员3人，技术服务人员20人。其中从事中小企业信息化服务技术人员、大专及中级以上职称人员19人，占全员比例78.3%以上。中小企业服务中心的配套条件包括交通、供电、供热、通讯、通风、消防、环保、国际互联网络服务平台等设施条件齐备。

伊春市中小企业服务中心现有办公及服务场所500平方米。服务中心实行主任负责制，设主任1人、副主任2人、高级专职网管1人，专业服务工作人员20人。中小企业服务中心现下设企业策划服务部、培训部、信息服务部、法律咨询和服务部、产业技术公共服务部，各业务部门负责相应服务业务。

项目实施前，伊春市中小企业服务中心依托伊春市工业和信息化委员会网站，伊春市行政服务中心网站，承担伊春市行政管辖区内的中小企业服务网络业务，到目前为止，为全市中小企业提供融资、信息等各项窗口服务100次，服务企业13000户，服务人数26000人次，为中小企业协调解决融资贷款累计8.5亿元，有力促进了项目建设的进程。

伊春市小企业服务中心是不以营利为目的窗口单位，可以为全市中小企业提供各项法律咨询、政策、技术等方面的综合服务，是伊春市政府指导联系和推动伊春市中小企业技术创新工作的纽带和桥梁。为促进全市中小企业的发展开辟了新的服务领域和强有力的支持。

目前伊春市中小企业7.9万户、规模以上企业183户和八大工业园区企业93户，伊春市中小企业和规模以上企业的创业和发展亟须解决整合服务资源、畅通信息渠道、改善经营管理、提高发展质量、增强市场竞争实力、实现创新发展等共性需求，需要在政务、创业、人力资源、信息来源、企业发展、创新与合作、财经服务、法律咨询和服务、金融、市场发展和公共技术支持等公共服务方面提供直接、全面、优质、免费的综合服务。

目前，伊春市为中小企业和规模以上企业提供综合服务的机构较少、能力较弱，而且没有专职的中小企业窗口平台。伊春市中小企业服务中心只有通过市工信委、伊春市行政服务中心、市科技局等网站，扶持市内少数企业，这些信息平台主要为规模以上企业提供研究开发等技术类服务，面向中小企业开展多方位、多种类的综合性服务还很不够。

伊春市中小企业窗口平台的建立，将极大地解决伊春市中小企业发展中的管理升级、产业升级和效益升级的问题，解决中小企业发展的难题，如企业管理、人才招聘、企业认证、专利代理、科技成果推广、工程项目咨询、财务会计审计、产品检测和计划统计等方面的实际问题。

“十二五”期间，是实现全面建设小康社会目标承前启后的关键时期，是深化改革、加快转变经济发展方式的攻坚时期，也是工业和信息化发展的加力提速期。加速建设中小企业窗口平台，对于保持全市工业快速发展的良好态势，提升工业发展水平，构筑现代产业体系至关重要。按照科学发展观和新型工业化的要求，依据《伊春市国民经济社会发展及生态建设第十二个五年规划纲要》，围绕调整和优化结构、进一步扩大总量规模、提高自主创新能力、实现可持续发展做好基础的窗口平台建设。

工业和信息化部中小企业工作大事记（2015年）

二月

6日

工业和信息化部总工程师朱宏任一行赴天津调研天津市中小企业创新转型试点工作情况。

8-11日

工业和信息化部总工程师朱宏任在江苏调研中小企业对台合作情况。

10日

工业和信息化部印发《工业和信息化部关于开展2015年扶助小微企业专项行动的通知》（工信部企业〔2015〕50号）。

28日

工业和信息化部印发《工业和信息化部办公厅关于开展2015年国家中小企业公共服务示范平台（技术类）享受科技开发用品进口免税政策资格申报工作的通知》（工信厅企业函〔2015〕122号）。

三月

6日

工业和信息化部部党组成员、副部长毛伟明一行到北京市中小企业公共服务平台和中关村创业大街调研中小企业创新创业服务工作情况。北京市经信委有关领导等陪同调研。

16日

工业和信息化部部党组成员、副部长毛伟明一行在河南郑州调研中小企业创业创新服务平台。

17日

工业和信息化部印发《关于进一步促进中小企业信用担保机构健康发展的意见》（工信部企业〔2015〕83号）。

23日

工业和信息化部部党组成员、副部长毛伟明与天津市副市长王宏江就中小企业创新试点工作等进行座谈。

24日

工业和信息化部部党组成员、副部长毛伟明与欧盟中小企业副特使德瑞克女士在北京共同主持召开了第6次中欧中小企业政策对话会议，双方就支持中小企业发展最新政策、融资担保和国际化、产业集群及中小企业发展机遇等议题进行了交流和研讨。

26日

全国中小企业工作暨扶助小微企业专项行动电视电话会议在京召开，会议全面总结2014年工作，对2015年中小企业工作和扶助小微企业专项行动作出安排部署。工业和信息化部部长苗圩出席主会场会议并作重要讲话，总工程师王黎明主持会议。

四月

13日

工业和信息化部印发《国家小型微型企业创业示范基地建设管理办法》（工信部企业〔2015〕110号）。

16日

第十二届中国国际中小企业博览会组委会第一次全体会议在京召开，中博会组委会副主任、工业和信息化部副部长毛伟明出席会议并讲话。

第十二届中国国际中小企业博览会全国动员会在京召开，中博会组委会执行副主任、工业和信息化部总工程师王黎明出席并讲话。

17日

中央编办印发《关于工业和信息化部有关职责和机构调整的通知》（中央编办〔2015〕17号），中小企业司更名为中小企业局。

五月

5日

工业和信息化部在京举办“2015中小企业信息化服务信息发布会”，工业和信息化部副部长毛伟明以“新常态下中小企业信息化大有可为”为题做书面发言，来自地方政府部门、信息化服务商和服务机构、行业协会，以及在京部分新闻媒体的代表参加发布会。

14日

工业和信息化部党组成员、副部长毛伟明考察了北京市中小企业公共服务平台网络建设情况，出席了平台网络开通仪式。

16日

工业和信息化部党组成员、副部长毛伟明在广东揭阳出席首届中德中小企业合作交流会议。

26日

工业和信息化部党组成员、副部长毛伟明陪同张高丽副总理赴重庆考察。张高丽副总理强调，要做好创业就业工作，推动大众创业、万众创新，打造经济社会发展“新引擎”。要坚持简政放权、放管结合、优化服务，用改革的办法为各类市场主体搭建创业创新平台，用市场的力量创造更多就业机会。要落实好中央促进中小企业发展的各项政策措施，不断优化中小企业发展环境，推动中小企业转型升级。要深入实施创新驱动发展战略，突出企业在技术创新中的主体地位，加快培育一批具有创新能力、知识产权和知名品牌的创新性企业，推动我国从经济大国迈向创新大国、经济强国。

29日

工业和信息化部党组成员、副部长毛伟明主持召开国务院促进中小企业发展工作领导小组办公室会议，听取各成员单位落实政府工作报告任务分工有关情况。

六月

2日

工业和信息化部党组成员、副部长毛伟明出席了在天津市召开的全国中小企业创新转型经验交流暨电视电话会议并作重要讲话。会议总结交流了天津市和各地推动中小企业创新发展的做法和经验，并对进一步营造“大众创业、万众创新”良好环境，促进中小企业创新转型工作进行部署。天津市人民政府副市长王宏江出席会议，工业和信息化部总工程师王黎明主持会议。

七月

1日

工业和信息化部党组成员、副部长毛伟明与中国建设银行副行长章更生就新形势下深化中小企业金融服务战略合作，缓解中小企业融资难等工作进行座谈。

8日

工业和信息化部印发《关于进一步促进产业集群发展的指导意见》（工信部企业〔2015〕236号）。

八月

13日

工业和信息化部与税务总局联合印发《关于中小企业信用担保机构免征营业税审批事项取消后有关问题的通知》（工信部联企业〔2015〕286号）。

九月

1日

国务院召开常务会议，研究《国家中小企业发展基金设立方案》等工作。会议决定，中央财政通过整合资金出资150亿元，创新机制发挥杠杆作用和乘数效应，吸引民营和国有企业、金融机构、地方政府等共同参与，建立总规模为600亿元的国家中小企业发展基金，通过设立母基金、直投基金等，用市场化的办法，重点支持种子期、初创期成长型中小企业发展。

6日

由中国民主建国会中央委员会、工业和信息化部、中国侨联、湖南省人民政府共同主办的“2015”中国（湖南）非公有制经济发展论坛暨海外侨领侨商三湘行活动”在湖南省长沙市开幕。本届论坛主题为“适应新常态 促进新转变 谋划非公经济新发展”。全国人大常委会副委员长、民建中央主席陈昌智出席论坛并致辞。工业和信息化部党组成员、办公厅主任莫玮出席论坛并发表主旨演讲。湖南省委副书记、省长杜家豪出席论坛，湖南省委副书记孙金龙致辞，湖南省副省长何报翔、中国侨联副主席乔卫等发表主旨演讲。来自海内外的民建会员和企业家代表等共1200余人参加论坛开幕式。

8日

第十二届中国国际中小企业博览会第二次全国联络员会议在广州召开。

22日

工业和信息化部党组成员、副部长辛国斌会见墨西哥国家企业局局长恩里克·雅克布·罗察，就加强中小企业领域合作交换意见。

23-25日

工业和信息化部部长苗圩陪同李克强总理赴河南省考察。李克强总理强调，大众创业、万众创新不仅是小微企业生存和兴盛之道，大企业通过“双创”更能够集聚全员智慧，迸发更大能量。大企业也要用“双创”与小企业更好对接，合作放出创业创新的连环炮，放大“双创”效应，要把国企改革和“双创”结合，发展混合所有制经济，让各类企业共同撑起中国经济的蓝天。

十月

9日

由工业和信息化部、工商总局、广东省共同主办的第十二届中国国际中小企业博览会在广州开幕。工业和信息化部部长苗圩、副部长辛国斌，广东省省长朱小丹、副省长刘志庚，工商总局副局长刘玉亭，马来西亚对外贸易发展局主席诺莱妮等共同出席了开幕招待会，苗圩部长发表致辞并宣布第十二届中国国际中小企业博览会开幕。

工业和信息化部副部长辛国斌会见了率团出席第十二届中国国际中小企业博览会的马来西亚对外贸易发展局主席诺莱妮一行。

10日

中共中央政治局委员，广东省省委书记胡春华，工业和信息化部部长苗圩，广东省省长朱小丹，工业和信息化部副部长辛国斌，国家工商总局副局长刘玉亭，广东省副省长刘志庚等领导和各省代表团团长共同参观了第十二届中国国际中小企业博览会。

第十二届中国国际中小企业博览会—中国中小企业高峰论坛在广州举办，工业和信息化部副部长辛国斌、广东省副省长刘志庚以及马来西亚—中国总商会总会长、拿督黄汉良出席论坛并发表演讲。中国工程院院士李培根等专家学者，马来西亚有关部门、各国驻穗总领事馆代表等出席论坛。

19日

全国大众创业万众创新活动周启动仪式在北京举办，中共中央政治局常委、国务院总理李克强出席启动仪式并作重要讲话，之后参观了大众创业万众创新主题展示。工业和信息化部党组成员、副部长冯飞出席了启动仪式并参观了主题展示。

2015年大众创业万众创新高峰论坛在北京举办，中共中央政治局常委、国务院副总理张高丽出席论坛并作重要讲话，工业和信息化部党组成员、副部长怀进鹏出席论坛并陪同参观了大众创业万众创新主题展示。

十一月

1日

由国家工业和信息化部、国家工商行政管理总局、广东省人民政府联合主办，广东省服饰文化促进会联合广东省纺织协会承办的第十二届中国国际中小企业博览会智造纺织与服装展在广州国际采购中心展馆开幕。

20日

工业和信息化部党组成员、副部长冯飞主持召开国务院促进中小企业发展工作领导小组办公室会议。

十二月

3日

国家中小企业发展基金工作会议在北京召开。工业和信息化部部长苗圩、财政部部长楼继伟出席会议并作重要讲话，会议由财政部副部长刘昆主持。工业和信息化部副部长冯飞、科技部副部长侯建国、工商总局副局长刘俊臣，国务院办公厅、发展改革委，各省市人民政府及财政部门、工业和信息化主管部门、科技主管部门等相关领导，以及中央金融机构、基金管理机构代表约300人参会。

3-4日

国家中小企业创业创新基地建设座谈会在浙江杭州召开。

11日

第九届APEC中小企业技术交流暨展览会新闻发布会在深圳举行。会议宣布第九届APEC中小企业技术交流暨展览会将于2016年7月14日至16日在深圳举办。工业和信息化部副部长冯飞和深圳市人民政府副市长陈彪出席了会议。

10-12日

工业和信息化部党组成员、副部长冯飞一行到广东省调研中小企业发展及对外合作情况，并在江门、广州分别召开座谈会，听取广东省、江门市中小企业创业创新发展、中欧合作情况及广州市关于中国（广州）中小企业先进制造业中外合作区工作情况汇报。

10-11日

全国促进产业集群发展工作座谈会暨培训班在青岛召开。

21日

工业和信息化部印发《工业和信息化部关于公布第一批国家小型微型企业创业创新示范基地名单的通告》（工信部企业〔2015〕470号）。

工业和信息化部中小企业工作大事记（2016年）

一月

19日

工业和信息化部副部长冯飞与德国经济和能源部议会国务秘书伊丽斯·格莱克在广东省揭阳市共同主持召开第五次中德中小企业政策磋商会，中德双方围绕两国中小企业最新政策、初创企业政策及融资支持、商协会合作项目和活动、中小企业发展环境四个议题进行交流、探讨。

29日

工业和信息化部副部长冯飞主持召开国家中小企业发展基金首支实体基金成立会议，会议签署了基金实体合伙协议及首批投资项目协议，正式启动了首支实体基金的运营，并就相关工作提出了要求，进行部署。

二月

2日

为加快推动国家中小企业发展基金设立子基金工作，近日，财政部、工业和信息化部、科技部、发展改革委和工商总局联合开展子基金管理机构公开招标。

6日

工业和信息化部与财政部等部门联合发布《关于组织申报2016年小微企业创业创新基地城市示范的通知》（财办建〔2016〕17号）。

26日

工业和信息化部副部长冯飞与美国商务部助理部长库玛在广东省广州市共同主持召开了第三次中美中小企业政策对话会。中美双方围绕两国中小企业发展情况及促进政策、制造创新与中小企业、中小企业案例分享、商协会合作项目和活动四个议题进行了深入的交流探讨。双方就构建多层次合作机制、支持双方中小企业加强创新合作等领域达成了共识。

三月

17日

工业和信息化部副部长冯飞主持召开了国务院促进中小企业发展工作领导小组办公室会议，财政部、发展改革委等18个领导小组成员单位相关司局负责同志参加了会议。会议传达学习了国务院领导同志重要批示精神，总结了2015年工作，对下一步做好促进小微企业发展工作进行了部署。

工业和信息化部与教育部联合发布《关于开展中小企业与高校毕业生创业就业对接服务工作的通知》（工信厅联企业〔2016〕194号）。

四月

8日

工业和信息化部副部长冯飞出席第十三届中国国际中小企业博览会新闻发布会。

19日

工业和信息化部副部长冯飞出席全国人大财经委第44次全体会议审议《中小企业促进法（修改草案）》（送审稿），会议审议并原则同意送审稿的基本原则、主要内容和框架，建议修改完善后提请全国人大常委会审议。

20日

工业和信息化部发布《工业和信息化部关于公布第二批国家中小企业公共服务示范平台复核意见的通知》（工信部企业〔2016〕148号）。

26日

工业和信息化部副部长冯飞出席中小企业政策大讲堂全国巡讲报告会暨2016年首讲式并做主旨报告。

27日

工业和信息化部副部长冯飞出席《发挥中小企业在创新链中的作用推动大众创业万众创新》课题汇报会，听取了中小企业局、中国中小企业发展促进中心和浙江工业大学中小企业研究院关于课题研究工作和研究报告的汇报，并作重要讲话。

五月

5日

“2016中小企业信息化服务信息发布会”在京召开。工业和信息化部副部长冯飞以《“互联网+”助力中小企业创新发展》为题书面致辞。

21-27日

根据第132次国务院常务会议精神和《国务院办公厅

关于开展促进民间投资专项督查的通知》（国办发明电〔2016〕10号）的部署，工业和信息化部副部长冯飞担任国务院促进民间投资专项督查第三督查组组长，带队对吉林省、黑龙江省促进民间投资进行了实地督查。

六月

2日

工业和信息化部发布《工业和信息化部关于印发〈国家小型微型企业创业创新示范基地建设管理办法〉的通知》（工信部企业〔2016〕194号）。

3日

工业和信息化部副部长冯飞主持召开专题会议，研究审议《“十三五”促进中小企业发展规划》（送审稿）。会议原则通过《规划》送审稿。

7日

工业和信息化部副部长冯飞参加国务院新闻办举行的促进民间投资健康发展专项督查情况吹风会，介绍促进民间投资健康发展专项督查有关情况，并答记者问。

8日

工业和信息化部发布《工业和信息化部关于支持2016年高校毕业生就业创业促进中小企业创新发展的通知》（工信部企业函〔2016〕214号）。

13日

工业和信息化部副部长冯飞出席第9届APEC中小企业技术交流暨展览会组委会会议并讲话。

14日

工业和信息化部副部长冯飞出席2016·中国（河南）非公有制经济发展论坛并致辞。本届论坛以“非公有制经济创新发展与中部崛起”为主题，邀请了政府官员、专家学者、民营企业家等嘉宾，共同探讨非公有制经济发展大计。来自全国30个省（自治区、直辖市）的民建会员、专家学者、企业界人士等近1600人参加了论坛。

24日

工业和信息化部副部长冯飞出席国家中小企业发展基金理事会第二次专题会议。会议审议了国家中小企业发展基金新设子基金管理机构中标候选人尽职调查报告等事项，听取了国家中小企业发展基金首支实体基金关于近期投资工作情况的汇报。

28日

工业和信息化部发布《工业和信息化部关于印发促进〈中小企业发展规划（2016-2020年）的通知》（工信部规〔2016〕223号）。

七月

11日

工业和信息化部副部长冯飞与中国银行副行长高迎欣举行会谈，探讨联合开展促进中小企业国际化发展行动相关工作。

14日

工业和信息化部副部长冯飞出席第九届APEC中小企业技术交流暨展览会开幕式，致辞并宣布开幕。冯飞在致辞中指出，APEC中小企业技术交流暨展览会自1996年创办以来，已经成为APEC框架下规模最大、规格最高、影响力最广的中小企业展会，在促进亚太地区中小企业经贸交流、科技合作、人文交往等方面，取得了丰硕的成果。本届技展会以“创新推动发展、合作创造未来”为主题，设置了“两展两区”，即创新成果展、创新企业展和洽谈对接区、论坛活动区。APEC所有21个经济体均派代表和企业参展参会。

工业和信息化部副部长冯飞出席第九届APEC中小企业技术交流暨展览会主论坛——“开放的中国与APEC”创新大会并发表演讲。大会以“创新实现梦想”为主题，围绕“一带一路”、“互联网+”、“中国制造2025”、“5G时代”等议题，共同探讨新形势下如何激发APEC中小企业创新活力，促进亚太经济共同繁荣发展。

25日

工业和信息化部副部长冯飞出席全国中小企业工作电视电话会议主会场会议并作重要讲话。冯飞指出，“十三五”时期，我国中小企业仍处于可以大有作为的重要战略机遇期，各级中小企业主管部门要站在全局和战略的高度，进一步增强责任感和使命感，坚定发展信心。把思想和行动统一到党中央、国务院的重大决策部署上来，牢固树立和落实“创新、协调、绿色、开放、共享”五大发展理念，把促进中小企业发展和推动经济提质增效、促进民生持续改善结合起来，把推动“双创”和推进供给侧结构性改革摆在更加重要的位置，进一步解放思想，创新理念，完善措施，扎实推进中小企业各项工作，努力开创“十三五”中小企业发展新局面。

27日

工业和信息化部副部长冯飞主持召开了中国电信集团公司双创示范基地工作方案专题会，分别听取了中小企业局和中国电信集团公司对双创示范基地工作情况和工作方案的汇报，并作重要讲话。

八月

1日

工业和信息化部发布《工业和信息化部关于印发〈促进中小企业国际化发展五年行动计划（2016-2020年）〉的通知》（工信部企业函〔2016〕314号）。

九月

9日

第23次亚太经合组织（APEC）中小企业部长会议在秘鲁利马举行。工业和信息化部副部长辛国斌率团出席会议并围绕中小企业创新、数字化转型以及绿色发展等议题进行了主旨发言。

12日

工业和信息化部副部长辛国斌在比利时布鲁塞尔与欧盟企业和工业总司副总司长安迪·佩尔托马奇共同主持了第7次中欧中小企业政策对话会议。会议期间，辛国斌重点向欧方介绍了中国的供给侧结构性改革和“十三五”促进中小企业发展规划的相关情况。双方还就中小企业发展的最新政策、中小企业融资渠道和国际化、中小企业商协会合作等议题进行了交流。

十月

9日

第十三届中国国际中小企业博览会开幕招待会在广州举行，工业和信息化部副部长辛国斌致辞并宣布第十三届中国国际中小企业博览会开幕。

工业和信息化部副部长辛国斌在广州会见了率团出席第十三届中国国际中小企业博览会的科特迪瓦企业事务、手工业及中小企业部部长阿祖马纳·穆塔耶一行和印度中小微企业部部长卡尔拉吉·米什拉一行。

10日

工业和信息化部副部长辛国斌与广东省省长朱小丹、工商总局副局长王江平、广东省副省长袁宝成等领导和各省代表团团长共同参观了第十三届中国国际中小企业博览会。

工业和信息化部副部长辛国斌出席第十三届中国国际中小企业博览会国际产业合作与投资对接洽谈会、第十三届中国国际中小企业博览会中国中小企业高峰论坛和2016年“创客中国”创新创业大赛决赛启动仪式并致辞。

十一月

1日

工业和信息化部部长苗圩主持召开部长办公会，会议审议通过了第二批国家小型微型企业创业创新示范基地名单。

3日

第十二届全国人大常委会第二十四次会议分组审议《中小企业促进法（修订草案）》（一审）。

11日

工业和信息化部发布《工业和信息化部关于公布第二批国家小型微型企业创业创新示范基地名单的通告》（工信部企业〔2016〕371号）。

十二月

5日

工业和信息化部与发展改革委、财政部、国土资源部和税务总局联合发布《关于推动小型微型企业创业创新基地发展的指导意见》（工信部联企业〔2016〕394号）。

8日

工业和信息化部总工程师张峰出席2016中小企业服务高峰论坛暨“互联网+”中小企业平台上线活动并致辞。

22日

工业和信息化部与知识产权局联合发布《国家知识产权局 工业和信息化部印发〈关于全面组织实施中小企业知识产权战略推进工程的指导意见〉的通知》（国知发管字〔2016〕101号）。

23日

工业和信息化部副部长徐乐江主持召开国务院促进中小企业发展工作领导小组办公室会议，会议传达了国务院领导同志重要批示精神，对做好2016年工作总结和研究提出2017年重点工作进行了部署。

28日

工业和信息化部部长苗圩在部机关综合楼参观了“‘创客中国’国家创新创业公共服务平台成果展”。苗圩听取了“创客中国”国家创新创业公共服务平台建设情况和取得成果的汇报，参观了参展作品，与创客和小微企业代表进行了交流。工业和信息化部副部长徐乐江、总工程师张峰先后参观了展览。

30日

工业和信息化部发布《工业和信息化部关于进一步推进中小企业信息化的指导意见》（工信部企业〔2016〕445号）。

2016年工业和信息化部中小企业发展促进中心工作大事记

2016年，在部党组的正确领导下，在相关司局特别是中小企业局的大力支持下，在中心协会全体同志的共同努力下，中心领导班子认真学习贯彻十八大及十八届三中、四中、五中、六中全会精神，落实全面从严治党责任，紧紧围绕国家促进中小企业发展部署和部重点工作，积极开拓创新，稳中求进，完成了各项目标任务和重点工作并取得积极成效。

一、加强中小企业服务体系建设

立足于建设中小企业服务体系，规范服务机构发展，提高服务机构服务能力和服务水平，开展以下工作：一是协助中小企业局对中小企业服务示范平台进行动态管理。支撑中小企业局，对我部认定的500多家中小企业示范平台建立监督评价机制，组织专家进行抽查评测，2016年开展了30家平台开展抽查测评，2013年以来已累计完成130家平台测评工作，对符合要求的示范平台继续认定，不符合要求的示范平台提出整改直至撤销的建议。还对省级主管部门报送的472家示范平台检查材料及有关数据进行汇总分析，编写了国家示范平台运营情况检查报告。二是发挥全国中小企业服务联盟的作用。在中小企业局指导下，我们会同各省中小企业主管部门下属的中小企业综合服务机构等组成了全国中小企业服务联盟，联盟成员单位100多家。我们充分发挥联盟牵头单位的作用，组织开展业务交流、专题培训和服务能力竞赛等各种活动，对各地服务机构进行联系、合作、指导、管理，整合、共享各类服务资源。三是向中小企业推荐优秀服务商。为培育中小企业服务品牌，积极引导服务商为中小企业提供“诚信、优质、创新”服

2017年5月28日，在首届中国国际大数据产业博览会期间，全国中小企业服务联盟在贵阳市举办了“借力大数据金融 为中小企业谋发展高峰论坛”，得到了参加论坛的200多代表的一致好评。

2016年12月8日-10日，由工业和信息化部中小企业发展促进中心与湖南省中小企业服务中心联合主办，长沙中电软件园和湖南省中小企业公共服务平台承办、腾讯众创空间（长沙）协办的“工信部‘创扶汇—中小企业创业创新扶助计划’全国行湖南专场活动暨湖南省中小微企业创业创新基地运营能力培育工程第三期实训班”在长沙中电软件园隆重举行。

务，自2012年开始每年组织开展 “中国中小企业首选服务商”工作，推荐一批服务机构，同时组织部分服务机构提供公益性服务，帮助中小企业提升创业创新能力。2016年，入围49家，涵盖金融服务、工业和信息化、法律会计服务、物流服务、综合服务等领域，入选8家。

二、加强中小企业服务平台网络建设

立足于构建中小企业服务平台网络，发挥互联网+在服务中小企业中的作用，建成并运行了4个平台：一是国家中小企业信息化公共服务平台。整合各类资源，提供电子商务、呼叫服务、在线招商、智能制造、信用评估培训、投融资信息、远程教育培训、创业创新、法律咨询、食品溯源、共享采购等多个领域的服务合作。二是中小企业政策信息综合服务平台。旨在发挥国家平台作用，打通政策落实最后“一公里”，为各地服务机构和中小企业打造线上线下一体化的公益性政策服务窗口。三是中小企业远程创新合作平台。立足于推动海外创新企业、技术和产品与国内优秀中小企业进行对接。四是减轻企业负担综合信息平台。实现企业负担在线调查、涉企收费数据库查询、企业负担问题投诉反馈、政策信息及时更新等功能。

三、促进中小企业创业创新

一是协助中小企业局开展国家小型微型企业创业创新示范基地的认定工作。为引导和支持小型微型企业创业创新基地向平台化、智慧化和生态化方向发展，培育一批基础设施完备、综合服务规范、示范带动作用强的小型微型企业创业创新示范基地，支撑中小企业局，2015-2016年组织专家认定两批共194家国家小型微型企业创业创新示范基地，2016年认定第二批国家示范基地99家。二是开展中小企业创业创新研究。2015-2016年，承担了部重大软课题《发挥中小企业在创新链中的作用，推动大众创业万众创新》研究，通过对仅3000家中小企业的调查分析，揭示了发挥中小企业在创新链中

中德政府合作培训项目，自2008年实施以来，由单方合作发展为双向交流，成效显著，带动了双方中小企业在贸易投资、技术交流等方面的务实合作。图为2016年10月24日，第五期德国中小企业经理人来华交流班在广东揭阳合影留念。

作用存在的问题，总结了国外的成功经验和做法，提出了新时期发挥中小企业在创新链中作用，推动大众创业万众创新的基本思路和政策建议。三是实施中小企业创业创新扶助计划（“创扶汇”计划）。搭建中小企业创业创新服务平台，集聚优质服务资源，在服务机构、创业创新园区、产业基地和中小企业之间，构建交流沟通渠道，探索线上平台线下服务相结合，形成协同创业创新的机制，组织开展公益性创业创新服务，引导市场化服务加强对中小企业创业创新支持。四是开展创业创新服务能力建设培训。举办了多期“创业创新服务能力建设与政策解读高级研修班”，围绕国家推动创新创业的相关政策措施，结合案例分析和交流考察活动，务实解决创业创新服务的各类问题，搭建学习、交流、合作的平台，累计培训千余人。五是开展制造业单项冠军遴选工作。受产业政策司委托，组织各地申报和专家评审，在各地申报1200多份材料的基础上，提出制造业单项冠军初步入围名单。

四、推进中小企业国际合作及国际化发展

一是协助做好APEC经济体中小企业交流合作。承担与APEC中小企业工作组日常联系工作，参加APEC中小企业工作组会议和部长会议，开展APEC中小企业服务联盟组织建设。二是协助中小企业局开展国际间多双边交流合作机制建设。包括金砖国家框架机制内开展中小企业合作、中欧中小企业政策对话、中德中小企业第五次政策磋商、中法中小企业工作组会议、第二次亚欧中小企业生态创新能力工作组研讨会、东盟10+3中小企业服务联盟筹建、韩国中小企业振兴公团交流合作等。三是开展中小企业国际化服务和研究工作。与具备条件的相关地方驻外机构合作，研究设立中小企业海外服务工作窗口，为境内外中小企业提供专业化服务。与中国人民大学共建中小企业国际合作案例中心，研究推荐有代表性的国际合作案例。会同国务院参事室组织中小企业走出去50人论坛，研究中小企业走出去的途径。

五、加强中小企业培训

一是按照部里安排和要求，组织实施中德政府中小企业合作培训项目。选派60名中国中小企业经营管理者到德国培训交流，德国选派约20名企业经理人到中国学

2015-2016年度中小企业经营管理领军人才高级研修班开班典礼。工业和信息化部时任副部长冯飞、中小企业局局长马向晖、工业和信息化部中小企业发展促进中心主任苗长兴出席并与学员合影。

习交流，总结跟进交流培训效果，召开中德政府合作培训项目指导委员会第七次工作会。二是开展中小企业经营管理领军人才培训。在部指导和支持下，2016年组织四次集中培训，110多名企业家参加培训。三是开展多种服务培训。适应中小企业发展需求，开展双创服务能力提升、创业辅导师、股权激励、新三板上市等培训。

六、加强中小企业政策研究和宣传

一是加强政策研究。受工信部、发展改革委、国资委、质检总局等国家有关部门和地方政府的委托，开展了中小企业创业创新、转型升级、国际合作和国际化发展、企业负担和涉企收费、发展规划、管理提升、市场开拓、品牌培育等方面的课题研究。其中，2015-2016年部重大软课题《发挥中小企业在创新链中的作用，推动大众创业万众创新》得到部领导肯定，并在部系统交流学习。二是开展中小企业政策大讲堂全国巡讲活动。突出中小企业政策解读、互联网+、智能制造、电子商务等，举办了郑州、武汉、天津、长春、柳州、泉州等重点班，组织巡讲活动53场，参加企业代表超万人。三是编辑出版《国家扶持中小企业政策指南》《海外知识产权风险防范百问百答》等宣传册。利用《中国中小企业》杂志刊发扶助中小企业转型升级、创新发展、解读有关政策等专题。编辑出版《中国中小企业年鉴》，展示我国中小企业事业发展成就，加强各地中小企业工作交流和借鉴。

七、推进中小企业国际合作区建设

一是参与或共建中小企业国际合作区。在中小企业局指导下，与地方政府合作，参与或共建了一批中小企业国际合作区。包括：中欧中小企业（江门）国际合作区、中韩（启东）中小企业合作园、中以（甘肃酒泉）中小企业节水科技园等。此外，还与安徽滁州、甘肃兰州新区等筹备共建中小企业国际合作区等。二是加强对国际合作区发展的服务指导。组织专家制定合作区发展规划，搭建国际合作交流平台，拓展合作交流渠道，为合作区引入项目，推进人才技术交流，提供创业创新、人才培训、管理效益提升等方面服务。同时，加强合作区的交流，相互借鉴，协助中小企业局召开国际合作区建设经验交流会。

第九届APEC技展会主论坛题为“开放的中国和APEC创新大会”，工信部冯飞副部长、深圳市副市长、秘鲁驻华大使、韩国中小企业厅次长莅临主论坛发表主旨演讲。图为时任工业和信息化部副部长冯飞在开放的中国与APEC创新大会发表主旨演讲。

八、开展中小企业交流展览展示

一是承办APEC中小企业技术交流暨展览会。APEC技展会是由我国发起的APEC系列活动，两年举办一次，由工信部主办。2016年7月在深圳成功举办了第九届APEC中小企业技术交流暨展览会，21个APEC经济体参加，开展展览、论坛、商务考察、对接洽谈、历届技展会回顾展等系列活动，展览面积5万平方米，意向成交金额33.2亿元，协议投资金额10.8亿元，发布2016

2016年10月24日，国务院减轻企业负担部际联席会议召开全国电视电话会议，正式启动第五届全国减轻企业负担政策宣传周活动，并发布了《2016年全国企业负担调查评价报告》。

2016年10月18日，由工业和信息化部为指导单位，工业和信息化部中小企业发展促进中心等单位发起组建的全国应急产业联盟在湖北省随州市正式成立。

年度APEC中小企业最佳创新实践评比结果。二是11月在四川内江举办第九届中国国际中小企业交易会，为全国中小企业协作配套与国际合作提供平台。三是12月在北京举办第五届中国中小企业服务大会，为全国中小企业服务机构与广大中小企业之间提供交流平台，促进中小企业服务机构的创新与发展，发挥中心作为服务体系领头羊的作用。四是5月在福州举办亚洲合作对话组织（ACD）工商大会，进一步扩大了中心和协会的影响，增进了国际交流与合作。

九、优化中小企业发展环境

一是支撑运行局开展减轻企业负担工作。开展企业负担调查和评价，发布2016年企业负担调查评价报告，开展2016年减负宣传周活动，承担国务院减轻企业负担联席会办公室的支撑工作。建设完善全国涉企收费目录清单数据库并在网上公布，接受社会公开监督。二是研究建立了企业信用评价指标体系，开展企业信用评价工作，引导中小企业不断增强信用意识、提高信用管理水平。

十、积极开展应急产业发展工作

在运行局的指导下，研究落实国务院关于促进应急产业发展意见的措施，组织召开2016年应急产业大会，开展应急产业国际合作交流，推动应急产业园区和示范基地建设，搭建应急产业综合信息服务平台，牵头成立全国应急产业联盟。

2015-2016年各地中小企业工作大事记

2015、2016年北京市中小企业工作大事记

2015年5月14日，北京市中小企业公共服务平台开通。5月14日，北京市中小企业公共服务平台正式开通。平台联通了全市16个区县、33个委办局、138家优质服务机构和154家社会服务平台，形成了“1+16+N”的服务平台网络体系，覆盖了全市各区、各产业集群的中小企业，可为企业提供政策、信息、人才、资金、管理、技术、法律等全方位、全品类、全生命周期的服务。

2015年10月19日，北京市中小企业公共服务平台参展全国首届“双创周”。10月19日至25日期间，北京市中小企业公共服务平台受工业和信息化部委托，代表全国工业和信息化系统在主会场参展全国首届“大众创业万众创新活动周”。参展期间，多位国家领导人、国家各部委、北京市领导以及市有关委办局、企业、服务机构等到平台展区参观，参观人数次达2000多人次。平台为参观人员免费发放了各类政策汇编手册，还为128家企业提供了价值4万元的免费服务包，节约企业资金300余万元，并举办了“北京市小微企业成长大赛”预热活动等多项主题服务活动，受到了大会组委会、各有关部门的高度评价，对展示我市中小企业服务工作起到了重要作用。

2015年3月5日，发布了《北京市中小企业发展基金管理办法》。

2015年11月27日，制定了《北京市小微企业风险补偿基金日常管理规定》、《北京市中小企业债权融资基金日常管理规定》。

2015年12月18日，制定了《北京市中小企业创业投资引导基金日常管理规定》。

2015年5月26日，我市完成市中小企业公共服务平台信息化建设整体项目最终验收；同年7月完成平台服务热线知识库系统、平台服务热线系统验收工作。

2016年3月，市经信委组织召开专家会，完成北京市中小企业枢纽平台及联网平台的验收工作；同时聘请北京中平建华浩会计师事务所有限公司完成枢纽平台竣工财务决算审计工作。

2015年天津市中小企业工作大事记

2015年1-2月，市民营办对16个区县民营经济发展工作绩效进行考核，前5名分别为滨海新区、武清区、北辰区、津南区、宝坻区。

2015年1月4日-2月28日，市中小企业局在31个示范工业园区集中开展安全生产大检查活动，对示范工业园区安全生产事故隐患进行全面排查和治理。

2015年1月6日，市委巡视五组召开对市中小企业局巡视工作动员会。市委巡视组全体成员，局领导班子成员、局机关及局属事业单位全体员工、各区县中小企业局负责同志出席会议。

2015年1月8日，天津市中小企业局印发《关于印发2014年度天津市区县示范工业园区考核办法的通知》。

2015年1月16日，全市万企转型升级行动工作推动会召开，总结交流工作经验，研究部署新一年度重点任务。副市长王宏江出席会议并作重要讲话。市政府副秘书长朱清相主持会议。

2015年1月16日，市民营经济发展工作领导小组召开民营企业“走出去”座谈会，市委常委、市委统战部部长、领导小组副组长刘长喜，市政协副主席、市工商联主席、领导小组副组长黎昌晋出席并讲话。市委统战部、市商务委、市发展改革委、市财政局、市中小企业局、市工商联、滨海新区等有关单位及6家民营企业参加会议。

2015年1月23日，薄云同志不再担任天津市中小企业发展促进局副局长、党组成员职务，退休。

2015年1月22日-2月10日，天津市中小企业局与市政府督查室、市规划局、市国土房管局、市环保局、市财政局等部门组成联合考核组，对2014年度31个示范工业园区开发建设、招商引资、产业集聚、产出贡献、发展环境等情况进行考核。评定天津华明高新技术产业区等15个园区为优秀园区，海河工业区等14个园区为达标园区，茶淀工业区、滨海物流加工区为未达标园区。

2015年2月4日，市中小企业局司志强副巡视员参加我市安全生产工作会议，代表我局向市政府递交安全生产

责任书。何树山副市长出席会议并讲话。

2015年2月6日，国家工业和信息化部党组成员、总工程师朱宏任，工信部中小企业司司长郑昕专程莅临天津，调研天津市中小企业创新转型试点工作情况。副市长王宏江陪同调研考察。

2015年2月16日，市委常委、市政协副主席、统战部长刘长喜带领市中小企业局、市工信委、市安监局等部门负责人深入西青区检查安全生产工作。

2015年2月28日，召开全市中小企业工作会议，总结2014年中小企业工作取得的成效，交流经验，分析问题，部署安排2015年重点任务。副市长王宏江出席会议并讲话，市政府副秘书长朱清相主持会议。市中小企业局领导班子成员及各处室负责同志，各区县主管中小企业工作的区县长及中小企业、亿元楼宇、民营经济主管部门负责同志等约80人参加会议。

2015年3月6日，召开全市民营经济发展工作会议，市委副书记、市民营经济发展工作领导小组组长王东峰出席并讲话。市委常委、市委统战部部长、市民营经济发展工作领导小组副组长刘长喜主持会议。副市长、市民营经济发展工作领导小组副组长王宏江总结部署工作。市政协副主席、市工商联主席、市民营经济发展工作领导小组副组长黎昌晋出席。市民营经济发展工作领导小组及其办公室成员，市级有关部门负责同志，各区县长，各区县民营经济发展工作领导小组及办公室负责人，民营企业代表，有关协会、商会负责人参加会议。市中小企业局、市市场监管委、武清区、天津聚龙嘉华投资集团、天津大站集团等部门、区县和企业代表作了交流发言。

2015年3月16日，市万企转型升级行动工作现场推动会在东丽区召开。副市长王宏江主持会议并讲话。

2015年3月－21日，经济合作处随同高新区代表团赴德国、瑞典开展招商引资活动。团组在外期间紧张有序开展工作，参加德国汉诺威国际信息及通讯技术展（CEBIT）、举办两场招商对接会并推动多个具体招商项目。吸引瑞典国能电动汽车有限公司、德国HAMMELMANN泵业、德国CP autosport等公司有意来我市发展，拟投资项目涉及新能源电动汽车、汽车配件、高压泵及高压水清洗系统等。

2015年3月23日，天津市中小企业发展促进局机关总支部委员会改建为中共天津市中小企业发展促进局机关委员会。

2015年3月23日，王宏江副市长率队赴京拜会国家工信部党组成员、副部长毛伟明，就工信部、财政部和科技部等在天津市开展中小企业创新转型试点工作进行了深入交流。市中小企业局局长尉永久汇报了天津市中小企业创新转型试点工作开展情况。

2015年3月25日，市委副书记王东峰深入河西区调研民营企业发展情况并召开座谈会。副市长王宏江，市政协副主席、市工商联主席黎昌晋参加。市委办公厅、市委统战部、市科委、市场监管委、市财政局、市金融局、市中小企业局、市工商联等部门负责同志参加座谈。

2015年3月26日，市人大副主任、民进市委会主委张俊芳带领民进市委会调研组一行就中小企业科技创新发展情况到市中小企业局调研。民进市委会副主委、天津大学化工研究所所长袁希钢，民进市委会专职副主委沙红参加。市中小企业局局长尉永久、副局长任鹏汇报了有关情况。

2015年3月26日，王宏江副市长、朱清相副秘书长和市督查室、市财政局、市中小企业局等部门负责同志调研河北区楼宇经济发展情况，听取楼宇建设情况、主要做法、存在突出问题及今后工作着力点。

2015年3月27日，市中小企业局举办法制专题讲座，为全市中小企业系统干部讲解法制理念精神。市中小企业局局机关全体干部职工、市中小企业生产力促进中心、市中小企业协会、各区县中小企业主管部门、各区县楼宇经济主管部门及各区县园区主管部门参加讲座。

2015年3月31日，市民营经济发展工作领导小组印发了《天津市民营经济发展工作领导小组2015年工作要点》，提出了2015年民营经济发展目标，明确六个方面22项重点工作。

2015年4月1日-5月31日，市中小企业局成立安全生产大检查领导小组，制定《区县示范工业园区春季安全生产大检查实施方案》，采取区县自查和市中小企业局抽查相结合方式，对31个示范工业园区集中开展安全生产大检查活动。

2015年4月2日，王宏江副市长和市政府督查室、市财政局、市中小企业局等部门负责同志调研南开区楼宇经济发展情况，听取楼宇建设情况、主要做法、存在突出问题及今后工作着力点。

2015年4月8日，市政府督查室和市中小企业局相关负责同志赴和平区、河西区、河东区和红桥区督查调研楼宇经济发展情况，听取楼宇建设情况、主要做法、存在突出问题及今后工作着力点。

2015年4月9日，市委常委、市政协副主席、市委统战部部长、市民营经济发展工作领导小组副组长刘长喜到市中小企业局调研民营经济运行情况。市民营办主任、市中小企业局局长尉永久和市民营办副主任、市中小企业局副局长王云齐及市中小企业局有关处室负责人参加。

2015年4月13日，天津市人民政府办公厅发布了《天津市人民政府办公厅关于2014年度天津市依法行政考核结果的通报》（津政办发〔2015〕22号），我局由调研处牵头的依法行政工作得到了肯定，被评定为2014年度天津市依法行政考核优秀单位。

2015年4月17日，市中小企业局召开区县工业一季度运行分析会，总结一季度区县规模工业运行情况，分析全年经济形势，明确季度工作目标；通报小微企业运行监测情况和景气状况调查报告；部署编制中小企业“十三五”规划和示范工业园区春季安全生产大检查等二季度重点工作。

2015年4月21日，中小微企业转型升级专场融资对接会召开，副市长王宏江同志出席会议并讲话，20家金融机构参加会议并推介自己的特色金融产品，市政府有关部门代表、各区县中小企业工作部门负责同志和中小企业代表近200人参加了会议。

2015年4月28日-29日，市中小企业局参加工信部在成都市举办的全国中小企业运行监测培训会议，并做典型发言，介绍了我市在编制中小微企业监测统计制度、建设基层监测队伍和搭建监测直报平台工作中取得的好经验、好做法。

2015年5月14日，市中小企业局在津南区召开重点工业企业生产运行座谈会，对企业生产运行经营情况进行深入调研，针对企业提出的困难问题逐一解答，提出意见建议，讲解扶持政策。荣程钢铁、大站阀门、立白日化等10家工业企业参加座谈。

2015年5月15日，王宏江副市长带队出访德国、英国、西班牙开展招商引资和经贸促进活动。出访期间，通过举办小型对接会，吸引了一批有意到我市投资发展的欧洲企业并建立与西班牙马德里企业家联合会等机构的长期合作关系，推动西门子、海德堡等企业对示范工业园区的投资。我局尉永久局长及经济合作处李延明、王强同志陪同出访，通过招商引资与德国西门子、德国弗劳恩霍夫协会、德国工商会（IHK）、西班牙巴塞罗那中华总商会、西班牙CASA中心、法国ABE商务公司建立了良好的关系，为企业海外投资、拓展搭建了渠道。

2015年5月18日，经济合作处组织我市相关区县和企业与和田代表团在津召开产业对接会，推动具体援助项目落实。

2015年5月25日-26日，市政府研究室组织市农委、市中小企业局对31个示范工业园区五年建设发展情况开展调研，编制了《关于区县示范工业园区发展情况的调研报告》。

2015年5月27日，市中小企业局召开“三严三实”专题教育征求意见座谈会。会议由党组书记尉永久同志主持，局党组成员、副局长任鹏，局副巡视员司志强及各处室和事业单位负责人参加了座谈会。

2015年6月2日，全国中小企业创新转型经验交流暨电视电话会议在天津召开，国家工信部党组成员、副部长毛伟明出席会议并讲话，副市长王宏江出席并讲话。工信部总工程师王黎明主持。工信部中小企业司司长郑昕、科技部火炬中心副主任盛延林、市政府副秘书长朱清相等出席会议。

2015年6月4日，贵州省经济和信息化委员会杨静副主任率有关人员来局考察学习。

2015年6月10日，市委副书记、市民营经济领导小组组长王东峰深入民营企业，就坚持创新驱动调整优化产业结构和推动民营经济持续健康发展进行调研。市委常委、市政协副主席、市委统战部部长、市民营经济领导小组副组长刘长喜参加。市中小企业局、市金融局、天津证监局等单位主要负责同志参加调研。

2015年6月12日，浙江省经济和信息化委员会党组成员、副主任杜华红一行三人来我局学习考察。党组书记、局长尉永久亲切会见了杜华红一行，副局长任鹏主持召开了学习考察座谈交流会，市中小企业局相关处室负责同志参加了调研活动。

2015年6月18日，《2015中国天津中小企业发展报告》编印发行。

2015年6月18日，经济合作处举办全国知名民企天津行活动，来自全国各地的110余家全国知名民企代表参会，吸引了北京龙河湾投资管理公司、上海绿地集团、广州立白集团、河北天山集团等知名项目来我市投资发展。

2015年6月22-24日，尉永久局长率我局经济合作处、科技创新服务处负责同志赴上海拜访西门子中国研究院和上海市中小企业发展中心，推动西门子公司在天津设立分支机构，加强为天津市中小企业在技术、融资、市场等方面的服务力度。

2015年6月24日，重庆市中小企业局尹华川一行12人来我局调研考察。

2015年6月30日，市中小企业局参加工信部在京召开的中小企业运行形势分析座谈会，任鹏副局长参加会议并做会议发言，介绍了我市中小企业发展发展现状，万企转型升级、促进民营经济发展、"一助两促"、加强载体建设等工作开展情况，以及缓解中小企业融资难的经验做法。

2015年6月，市国土房管局、市财政局和市中小企业局联合公布天津市亿元楼宇项目物业管理服务达标验收结果。在124个实行物业管理项目中，和平区赛顿大厦等7个项目符合国家示范项目标准，西青区赛达新兴产业园E座等31个项目符合市优标准，南开区奥城商业广场4号楼等86个项目符合达标标准。

2015年6月，《天津市万企转型升级典型案例》完成第1次辑编撰工作并印发1000册。《天津市万企转型升级典型案例》从2014年成功转型升级的企业中，筛选100家特色鲜明、亮点突出、成效明显、典型示范性强的成功转型升级企业，为每家企业撰写一篇典型案例，重点突出企业围绕转型升级子路径的成功做法、成效和经验，集中收录编印《案例》。

2015年7月6日，市政府召开示范工业园区和楼宇经济发展推动会，段春华常务副市长、王宏江副市长出席会议并讲话，尉永久局长做会议发言，通报了31个示范工业园区发展成绩，提出问题和不足。会议下发了示范工业园区与空置楼宇项目年度考核办法。

2015年7月16日，本市召开推动企业上市工作会议。市委副书记王东峰出席会议并讲话。副市长阎庆民作工作部署。市国资委、市科委、市中小企业局、市金融局、天津证监局主要负责同志，北辰区、滨海高新区有关负责同志和上市企业代表作了发言。市上市工作领导小组各成员，各区县政府主要负责同志，全市各上市、挂牌公司主要负责人，市属国有企业集团和民营拟上市企业负责人，相关行业协会和专业协会以及部分上市中介机构代表参加会议。

2015年7月17日，召开中心城区空置楼宇座谈会（中心城区空置楼宇盘活工作推动会），副市长王宏江出席会议并讲话。

2015年7月22日，召开全市中小企业系统年中工作会议。市中小企业局领导班子成员，各处处长、市中小企业发展促进中心负责同志和各区县中小企业主管部门、中心城区楼宇经济主管部门主要负责同志参加。

2015年7月23日，部分省市人民政府驻广州办事处领导11人来局座谈。

2015年7月23日，市民营经济发展工作领导小组第四次会议召开，深入贯彻落实市委十届七次全会和市委常委扩大会议精神，总结上半年民营经济发展工作，部署下半年重点任务。市委副书记、领导小组组长王东峰出席并讲话。市委常委、市政协副主席、市委统战部部长、领导小组副组长刘长喜，市政协副主席、市工商联主席、领导小组副组长黎昌晋出席。副市长、领导小组副组长王宏江主持会议。市政府副秘书长朱清相参加。市民营办、市科委、市教委、市金融局和河西区、北辰区、静海县政府作交流发言。市民营经济发展工作领导小组成员，市有关部门和单位以及各区县负责同志参加会议。

2015年7月24日，市中小企业局组织召开建议提案办理工作座谈会，市政府副秘书长张嘉华、市政协提案委专职副主任金超、市中小企业局局长尉永久、市中小企业局副巡视员司志强出席座谈会。建议提案办、市人大代表联络室议案处、市政协提案委提案处，以及市中小企业局相关处室负责人参加了会议。

2015年7月30日，由尉永久局长带队赴河北省工业和信息化厅探讨京津冀中小企业协调发展合作事宜。

2015年8月5日，王宏江副市长赴南开区、红桥区调研楼宇经济发展情况，听取楼宇建设情况、主要做法、存在突出问题及今后工作着力点。

2015年8月7日，副市长王宏江、市政府副秘书长朱清相带领市中小企业局、市财政局、市农委、市国土局、市规划局等部门负责同志到津南区调研示范工业园区及企业转型升级工作。

2015年8月11日，召开滨海新区及涉农区县示范工业园区和空置楼宇座谈会。王宏江副市长、朱清相副秘书长和中小企业局任鹏副局长、王云齐副局长出席会议，就滨海新区和涉农区县空置楼宇工作进行深入交流，听取各区县意见。

2015年8月14日市中小企业局组织局机关全体干部学习先进典型、观看反面警示教育学习活动，局党组书记、局长尉永久同志主持并讲话。

2015年8月17日，市中小企业局召开局党组扩大会议，传达习近平总书记关于天津港“8·12”瑞海公司危险品仓库特别重大火灾爆炸事故重要指示和李克强总理重要批示精神，传达全国安全生产电视电话会议和本市安全生产工作会议精神。

2015年8月18日，市中小企业局组织了向天津港“8.12”爆炸事故中牺牲、遇难、受伤人员捐款的活动，大家慷慨解囊，踊跃捐款，共捐献善款共计人民币8800元。

2015年8月21日，在今晚报大厦新厦3楼0311会议厅举办智能楼宇综合节能管理新技术研讨会。王云齐副局长出席会议并讲话。天津安捷公共设施服务有限公司为到场的各位楼宇及物业主管部门领导及嘉宾介绍了楼宇综合节能的新技术。中心城区和环城四区楼宇经济主管部门负责同志和亿元楼宇业主管单位及物业管理单位负责同志参加会议。

2015年8月24日，市中小企业局召开保密工作大会，尉永久局长做了专题讲话，市中小企业局全体职工参加。

2015年8月25日，在泰达MSD C2 1501会议室召开中心城区空置楼宇盘活推动会，中小企业局尉永久局长通报近一阶段空置楼宇盘活工作进展情况，中心城区各区分管区长发言，秘书长提出几点建议，王宏江副市长出席并讲话。

2015年8月25–31日，市中小企业局领导班子成员带队，组成四个安全生产检查组，深入涉农区县和滨海新区，对31个示范工业园区进行全面检查。重点检查区县主管部门属地责任、园区管委会监管责任和企业主体责任落实情况，危险化学品和易燃易爆物品、危险货物仓储、涉氨及粉尘涉爆企业、建筑施工项目及特种设备等重点领域、重点行业、重点企业安全隐患的排查整治情况，召开园区主管部门、园区管委会及重点企业座谈会，听取安全生产工作情况汇报及意见建议。

2015年8月28日，在天津大礼堂召开空置楼宇和示范工业园区工作座谈会，就滨海新区及涉农区县近一阶段空置楼宇盘活工作进展情况，包括责任状、考核办法修订，数据核实等进行座谈。滨海新区及涉农区县分管区县长，楼宇和园区主管部门领导参加会议，副秘书长朱清相，中小企业局任鹏副局长，王云齐副局长出席会议。

2015年9月9日天津市中小企业发展促进局调整局领导班子成员分工。

2015年9月16日，华长虹同志任市中小企业发展促进局副局长。

2015年9月28日，王云齐同志任天津市中小企业发展促进局副局长。

2015年9月28日，经市纪委党委会议审议并报市委批准，因违法违纪给予蒋颖开除党籍处分决定。

2015年9月30日，副市长王宏江，副秘书长朱清相，中小企业局尉永久局长，王云齐副局长赴河西区、河东区调研空置楼宇盘活情况，调研了河西区美年广场、天津国际贸易中心和河东区中铁油料总部大厦、渤海银行总部大厦。

2015年10月10–13日，由市中小企业局副局长华长虹率领的天津市中小企业代表团参加了在广州举办的第十二届中国国际中小企业博览会。来自我市近20家“专精特新”成长型中小企业参展，涉及机械制造、汽车配件、电子科技、生物医药、医疗器械、食品饮料、冶金机械、煤炭化工、新型材料等多个行业，展品100余件。参展企业与客商达成多项合作意向，合同金额达800万元，意向协议金额达1900余万元。

2015年10月15–17日，举办第三届全国民企贸易投资洽谈会，来自全国各地的400多位知名民营企业家、18余家异地商会、行业商会代表参会，签约项目211个，总投资额1826.36亿元，其中民企500强投资项目18个。

2015年10月19日，市中小企业局、市财政局下达示范工业园区拓展区基础设施建设贷款市财政贴息资金（第三批）计划。

2015年10月19日，中共天津市委办公厅发布了《关于表彰2013年至2014年度向市委报送信息先进单位和优秀信息员的通报》（津党厅〔2015〕52号），我局调研处被评为向市委报送信息先进单位，并颁发荣誉证书。

2015年10月20日，市中小企业局在河西区“460国际设计园区”召开中心城区“双创活动周”推动会暨季度中小企业工作片会，华长虹副局长主持会议。市中小企业局全体局领导、处长及市内六区中小企业主管部门主要负责同志参加会议。

2015年11月2日，天津市示范工业园区和万企转型升级工作推动会在天津大礼堂召开，副市长王宏江就万企转型升级工作做了重要讲话。

2015年11月3日市政府召开空置楼宇盘活工作座谈会，中小企业局尉永久局长汇报全市空置楼宇盘活情况，各区汇报本区空置楼宇盘活情况及主要举措，王宏江副市长讲话并就下一步加强盘活力度提出要求。副秘书长朱清相，王云齐副局长，中心城区分管区长和楼宇主管部门领导出席会议。

2015年11月5日至6日，市委统战部、市中小企业局、市工商联举办区县民营经济观摩交流活动。市委常委、市政协副主席、市委统战部部长、市民营经济发展工作领导小组副组长刘长喜出席并在座谈会上讲话。副市长、市民营经济发展工作领导小组副组长王宏江主持，市政协副主席、市工商联主席、市民营经济发展工作领导小组副组长黎昌晋出席。

2015年11月11日，按照市委关于干部轮岗的有关要求，结合机构改革和我局情况，经党组决定，对部分处室进行干部轮岗和人员调整。

2015年11月12日，市政府召开示范工业园区和万企转型升级推动会议，王宏江副市长出席会议并讲话，尉永久局长通报了示范工业园区建设和万企转型升级工作进展情况，部署了下一步重点工作。

2015年11月16日，市中小企业局举办“弘扬烈士精神 共建美丽天津”主题演讲比赛活动。市中小企业局全体职工参加。

2015年11月18日，副市长王宏江，副秘书长朱清相，中小企业局尉永久局长，王云齐副局长赴河北区、红桥区调研楼宇经济，察看了河北区茂业大厦、万科中心大厦和红桥区科教产业大厦、青年创业园。

2015年11月19－21日，任鹏副局长带领我市中小企业代表团参加2015京津冀产业转移系列对接活动，通过先进装备制造暨新能源汽车产业专题对接会、新一代信息技术专题对接会、新材料产业专题对接会等8场专业对接活动，支持浩年节能、赛诺科技、广顺源机械等我市高新技术企业在河北省建立科技成果转化基地，同时吸引了大城丰能集团、天成企业集团等河北省企业在我市设立研发中心、区域总部。

2015年11月26日，市中小企业局举办“三严三实”第三专题党课辅导讲座。局副巡视员司志强同志以“严以用权，始终勤政廉政”为主题，为全局处以上领导干部上了一场生动的党课。局党组书记尉永久同志结合个人学习体会进行了辅导讲话。

2015年11月29－12月12日，由市财政资金支持，市中小企业局主办，市企业教育协会承办的2期天津市民营企业高级职业经理人资格认证培训班成功举行。来自16个区县不同行业的共80名民营企业高管参加培训。

2015年12月7日，市中小企业局召开“三严三实”专题教育“严以用权，始终勤政廉政”专题学习研讨会。局机关正处级以上领导干部参加会议。

2015年12月8日，副市长王宏江，副秘书长朱清相，中小企业局尉永久局长，王云齐副局长赴和平区调研楼宇经济，察看了和平创新大厦、环贸商务中心和世纪都会商厦。

2015年12月15-30日，进行第三批亿元楼宇和转型升级楼宇考核验收工作。市中小企业局王云齐副局长为考核组组长，财政局、发改委、政府督察室、国土房管局、金融局等部门相关工作人员参加，对全市16个区县第三批亿元楼宇（中心城区还包括2015年转型升级楼宇）进行考核验收。

2015年12月18日，市民营经济发展工作领导小组召开第五次（扩大）会议，总结今年工作，交流情况，部署明年重点任务。市委副书记、市民营经济发展工作领导小组组长王东峰出席并讲话，市委常委、市政协副主席、市委统战部部长、领导小组副组长刘长喜出席，副市长、领导小组副组长王宏江主持。市民营办主任、市中小企业局局长尉永久汇报了2015年民营经济工作要点落实情况，并就《天津市民营经济发展工作领导小组2016年工作要点（讨论稿）》作了说明。市发展改革委、商务委、科委、市场监管委、金融局、行政审批办等部门和河西区、东丽区负责同志作了交流发言。

2015年12月23日，经天津市统计局审核批准，市中小企业局印发2015年度《天津市中小微企业经济运行监测报表制度》，规定对天津市16个行政区域内小型微型企业、涉农区县年主营业务收入500~2000万元工业企业、区县示范工业园区及园区内全部企业等运行情况进行统计监测。

2016年天津市
中小企业工作大事记

2016年1月7日，局长办公会审议楼宇经济发展信息服务平台建设情况，区县处、综合处及天津卓朗科技发展有限公司等相关人员参加会议。

2016年1月8日，市中小企业局召开中小企业统计工作暨年报培训工作会议，九个涉农区工业经委分管领导、科室负责人参加会议。会议总结了2015年区县规模以上工业统计及小微企业运行监测工作，讲解了2016年度规模以上工业及小微企业运行监测报表制度和联网直报程序，部署了2016年重点工作任务。

2016年1－9月，经济合作处会同局相关处室同志，开展全市促惠上活动。活动期间，六次赴各区开展调研和帮扶工作，起草上报了各类总结和简报、半月报等文件，有力地推动了我局促惠上工作的开展。活动共帮扶企业105家，解决企业各类难题205个，与企业建立了长期协调服务机制，有力地推动帮扶企业尽快享受政策红利，实现转型发展。

2016年1月12日，经济合作处赴深圳参加深圳市投资商会十周年年会暨“一带一路”深企投资中东（约旦）市场启航仪式活动并开展招商引资和中小企业对外开放工作。参会期间，我处同志积极推介宣传天津，开展针对先进制造业、大众创业平台等行业的招商引资活动，并洽谈多家优秀企业来津投资发展。

2016年1月14日，召开促进中心城区加快发展楼宇经济联席会议，审议第五批49个空置亿元楼宇项目。李树起副市长和李森阳副秘书长出席；市发改委、市商务委、市工信委、市科委、市城建委、市财政局、市国土房管局、市规划局、市国税局、市市场和质量监督委、市中小企业局、市合作交流办、市金融局、市投资促进办公室分管负责同志参加。

2016年1月19日，市中小企业局召开中小企业发展“十三五”规划企业家征求意见座谈会，副市长李树起出席会议并讲话。

2016年1月22日，李树起副市长和李森阳副秘书长、市中小企业局尉永久局长、王云齐副局长，赴和平区调研楼宇经济，现场察看和平区信达广场、世纪都会商厦、富马特大厦并举行座谈会。

2016年2月，局机关党委完成换届。

2016年2月1日，市中小企业局印发《天津市示范工业园区年度考核办法的通知》（津中小企〔2016〕5号）。

2016年2月3日，市中小企业局任鹏副局长陪同李树起副市长、李森阳秘书长慰问梨园头监狱、东丽区交警及华明高新技术产业区北车集团职工，并检查安全生产工作。

2016年2月4日，尉永久局长代表市中小企业局在全市安全生产工作会议上向市政府递交安全生产责任书。

2016年2月6日，任鹏副局长带领局有关处室赴静海区唐官屯加工物流园区开展春节期间安全生产检查。

2016年2月24日，我市召开楼宇经济发展和示范工业园区建设工作点评会，全面总结点评两项工作，安排部署下一步重点任务。市委常委、常务副市长段春华出席会议并作重要讲话，副市长李树起作工作点评。市政府副秘书长李森阳主持会议，各区县楼宇经济、示范工业园区分管负责同志以及主管部门主要负责同志，市发展改革委、市财政局、市金融局、市中小企业局等有关部门分管负责同志参加会议。

2016年2月24日，在天津大礼堂召开天津市楼宇经济发展和示范工业园区建设工作点评会。常务副市长段春华、副市长李树起同志，副秘书长李森阳同志，市内六区分管楼宇经济的副区长，滨海新区和涉农区县分管示范工业园区的副区县长，各区县楼宇经济和示范工业园区主管部门主要负责同志，市发改委、市财政局、市国土房管局等相关部门分管负责同志约70人出席会议。

2016年2月24日，市政府召开楼宇经济发展和示范工业园区建设点评会，全面总结点评两项工作，安排部署下一步重点任务。市委常委、常务副市长段春华出席会议并讲话，副市长李树起作工作点评，市政府副秘书长李森阳主持会议。市中小企业局尉永久局长参加会议。

2016年2月25日，任鹏副局长带队深入东丽华明高新技术产业区内企业，对企业车体车间总组平台无踢脚板、氧气瓶和乙炔瓶定置距离不符合安全要求、部分线路线盒不符合防爆要求、部分配电箱无跨接PE线和标识、防护栏损坏、防火门闭门器损坏等安全生产检查中发现的隐患整改情况进行复查。

2016年2月29日，召开全市中小企业工作会议，总结2015年中小企业工作成效，交流经验，分析问题，部署安排2016年重点任务。市中小企业局副局长华长虹主持会议；副局长任鹏传达市领导批示；副局长王云齐、副巡视员司志强及全局处级干部参加会议。各区县中小企业主管部门、楼宇经济和示范工业园区主管部门主要负责人，市中小企业协会、市中小企业发展促进中心负责人参加会议。

2016年3月根据《天津市人民政府办公厅关于2015年度天津市依法行政考核结果的通报》（津政办发〔2016〕36号），我局被评定为2015年度天津市依法行政考核优秀单位，由调研处牵头组织的依法行政工作得到了肯定。

2016年3月，《天津市中小企业发展促进局行政规范性文件管理办法》经第3次局长办公会审议通过，在全局印发施行。该《管理办法》共三十七条，明确了本局规范行政规范性文件的制定权限以及起草、审核、决定、公布、解释、备案、清理与评估等程序，为确保我局行政规范性文件管理工作有章可循、程序严谨，更好地服务企业和社会组织等，提供了有效的制度保障。

2016年3月，完成2015年度民营经济绩效考核工作。市民营办牵头组织考核组对2015年度全市民营经济发展工作情况进行考评，3月23日，市民营经济发展工作领导小组印发了《关于2015年度区县民营经济发展工作绩效考评结果及表彰先进单位的通报》，排在前五名的区分别是滨海新区、武清区、北辰区、津南区、东丽区。

2016年3月1–14日，由市政府督查室、市中小企业局牵头示范工业园区工作联席会议成员单位和第三方评估机构组成联合考核小组，由任鹏副局长带队，对31个示范工业园区2015年度建设发展情况开展现场考核，查看园区基础设施建设、项目建设、创业（孵化）基地、科技研发中心、企业一站式服务、职工公寓、商业配套、安全、消防、环保设施建设等情况，听取园区年度建设发展情况汇报。

2016年3月7日，市中小企业局印发《关于印发进一步加强示范工业园区安全生产工作的指导意见的通知》（津中小企〔2016〕11号）。

2016年3月9日，副市长李树起率市中小企业局局长尉永久及相关处室负责人一行，专程赴北京拜访中国中小企业协会会长李子彬并进行会谈。中国中小企业协会常务副会长张竞强、秘书长金德本、副秘书长马彬以及部门负责人参加会谈。

2016年3月15日，任鹏副局长带领局有关处室赴北辰区“天津海胜源铜业有限公司”开展科技小巨人企业帮扶工作。

2016年3月17日，市中小企业局召开中小企业与民营经济“十三五”规划专家论证会。

2016年3月21日，天津市人民政府召开第67次常务会审议天津市第五批亿元楼宇项目，市政府有关部门负责同志参加会议。

2016年3月23日，李树起副市长赴河西区和河东区调研楼宇经济工作。察看了河西区鑫银大厦、北方金融大厦、河东区万海大厦、棉三创意产业园。市政府副秘书长李森阳同志、市中小企业局负责同志以及河西、河东区政府负责同志陪同参加了调研活动。

2016年3月31日，市中小企业局召开示范工业园区安全生产工作会议，尉永久局长、任鹏副局长、市安监局高家明副局长参加会议并讲话。

2016年4月，穆欣全同志任副局级巡视员

2016年4月，李树起副市长率领市有关部门负责人和天津大学专家团队赴静海区、西青区和津南区调研推动企业精益管理创新工作。实地查看了海钢板材、捷威动力工业、立林机械等精益管理创新试点企业，详细听取相关区和有关部门以及企业对做好精益管理创新的意见建议。

2016年4月7日，天津市中小企业公共服务平台网络建设工作联席会议扩大会召开，市中小企业局局长尉永久、副局长华长虹参加会议并讲话。市财政局经建一处负责同志、市中小企业局服务体系发展处、市中小企业发展促进中心主要负责同志及各区中小企业工作主管部门参加了本次会议。

2016年4月11–12月，经济合作处余莹同志作为市帮扶三组工作成员，进驻天津冶金集团（以下简称“集团”）开展专职帮扶。帮扶工作期间，余莹同志深入下属企业调研29次，与集团对接研究专项方案32次，开展业务对接、政策宣讲等50余次，报送工作简报及信息38期。余莹同志深入基层开展工作并取得较好工作成效，树立了良好服务形象和严谨务实的工作作风，为帮扶工作顺利完成做出了突出的贡献。

2016年4月15日，经济合作处参加2016年中国天津投资贸易洽谈会暨PECC国际贸易投资博览会，开展招商引资活动。与会期间，我处同志积极对接参会企业，重点接洽了苏宁云商集团股份有限公司、香港贸易发展局等多家企业，涉及电子商务、外资外贸服务、智能制造等多个领域。

2016年4月22、29日，市中小企业局分别组织市内六区、滨海新区及各涉农区县召开市中小企业第一季度工作会议，传达市委一季度经济分析会和黄兴国代理书记讲话精神并对二季度工作提出要求。各区中小企业、楼宇经济主管部门负责同志，市中小企业局局领导，局机关处以上干部，市中小企业生产力促进中心、市中小企业协会主要负责同志参加了会议。

2016年5月，《天津市中小企业发展促进局信息报送和发布工作考核制度》经第9次局长办公会审议通过，在全局印发施行。制度明确了需要报送和发布的重点信息内

容，细化了重要信息载体，严格规范了工作职责分工和审批流程，规定了信息时效性、准确性、全面性和安全性等4个原则要求，健全了相关工作机制及通报考核机制。有效夯实了政务公开和依法行政基础，有利于更好地发挥中小企业和民营经济发展的“千里眼”和“顺风耳”作用。

2016年5月3日，市财政局、市中小企业局联合印发《市财政局市中小企业局关于印发天津市楼宇经济发展专项资金管理暂行办法的通知》（津财建一〔2016〕22号）。

2016年5月5日，市政府下发《天津市人民政府关于同意实施津湾广场等49个亿元楼宇项目的批复》（津政函〔2016〕46号）。

2016年5月4日，李树起副市长赴红桥区、河北区调研楼宇经济工作。考察天津百度开发者创业中心、红桥云计算科技产业园、河北区科技创新大厦和医药大厦；考察了“天津市楼宇经济信息化平台”。市中小企业局负责同志、红桥、河北区政府负责同志陪同参加了调研活动。

2016年5月6日，第50次市长办公会审议通过2015年度示范工业园区考核结果，尉永久局长参加会议。

2016年5月10日，市政府召开2015年度示范工业园区考核工作总结会，李树起副市长、李森阳副秘书长出席会议，示范工业园区工作联席会议成员单位、相关区政府园区工作分管领导、31个示范工业园区主要领导参加会议。会议通报了2015年度示范工业园区考核结果，评定天津医药医疗器械工业园等10个园区为优秀园区，天津武清汽车产业园等19个园区为达标园区，茶淀工业区、滨海物流加工区为未达标园区，宣布了对考核优秀园区的奖励决定。

2016年5月24日，市中小企业局召开社区帮扶工作座谈会，根据全市统一安排，帮扶工作组联系河东区中山门街道互助西里社区服务工作圆满结束。局党组书记、局长尉永久出席并讲话。局领导班子成员，局帮扶工作组、河东区街道办事处主要负责同志以及互助西里社区主要负责同志参加会议。

2016年5-9月，先后牵头完成了国务院对我市促进民间投资三次专项督查工作。组织协调市有关部门进行自查自纠，并及时总结上报了《天津市关于落实国务院促进民间投资政策和有关工作情况的自查报告》《天津市关于促进民间投资政策措施宣传解读情况的报告》《天津市关于贯彻落实国务院办公厅要求进一步做好民间投资有关工作情况的报告》《天津市关于落实国务院第三次督查要求促进民间投资持续健康发展的自查报告》《天津市关于对“民营经济发展依然不足”问题整改落实情况的报告》等7个情况报告。

2016年5月26-27日，华长虹副局长带队，市中小企业局会同市商务委一行4人赴广东省东莞市考察学习转型升级先进经验和做法。考察组撰写专项报告，总结东莞市促进制造业转型的“电商换市”“机器换人”“品牌建设”相关经验，并报市领导审阅。

2016年5月31日，在第十届融洽会期间经济合作处成功举办了全国知名民企天津行活动，有来自全国各地的94家知名民营企业117名代表、9家驻津异地商会代表和相关知名专家学者参会，吸引了苏宁集团、黑龙江珍宝岛药业集团、江苏龙蟠集团等知名项目来我市投资发展。

2016年5月，经济合作处经过网络公开征集、局领导审议推荐、市领导审批通过等程序，最终确定了全国民企贸易投资洽谈会会标。全国民企贸易投资洽谈会会标取“民”字为主题元素，同时蕴含了“民企投资贸易”英文字头“PT”，体现民洽会主题内涵。纽带、浪潮、飞凤等元素象征着民洽会共赢的纽带连接着八方民企、共享发展成果，凸显了我国民企企业蓬勃发展的精神面貌，彰显了全国民洽会的文化内涵和特点，寄寓着民洽会交流合作，共赢发展的美好期盼。

2016年6月，落实民营企业奖励和资助政策。对2015年入选中国企业500强、中国民营企业500强，获得中国驰名商标以及建立院士专家工作站、博士后工作站的共计43家民营企业，落实奖励和资助资金2300万元。

2016年6月2日，李树起副市长赴南开区调研楼宇经济工作。考察了融创奥城商业广场、E谷创想世界项目、C92文化创意产业园。市中小企业局负责同志，南开区政府负责同志陪同参加了调研活动。

2016年6月2日，市财政局、市中小企业局联合印发《天津市示范工业园区年度考核奖励资金管理办法》（津财农〔2016〕72号）。

2016年6月2日，市中小企业局安全生产大检查领导小组深入宝坻区、宁河区示范工业园区，督查春季安全生产大检查工作，听取园区春季安全生产大检查工作汇报，深入企业生产一线进行安全检查。

2016年6月7日，市委常委、统战部部长王宏江，副市长李树起分别带队深入企业一线检查安全生产工作，市中小企业局尉永久局长，司志强副巡视员分别陪同。王宏江带队深入滨海高新区检查企业，李树起带队深入津南区、河西区检查企业。现场听取了企业安全生产工作汇报，与企业负责人深入交流，要求企业严格落实安全生产主体责任，加强日常监管和培训，加大隐患排查治理力度，把安全生产措施落实到各个环节，不留安全死角。

2016年6月18日，《2016中国天津中小企业发展报告》编印发行。

2016年6月21日，市中小企业局完成天津市中小企业发展“十三五”规划编制工作，市发改委以津发改规划〔2016〕533号予以印发。

2016年7月13–15日，经济合作处赴深圳参加第九届APEC中小企业技术交流暨展览会。参会期间，参加APEC技展会相关活动，积极拓展招商渠道；拜访深圳市投资商会和深圳市中小企业署，进行招商引资合作交流，取得了积极成果。

2016年7月14–16日，市中小企业局局长尉永久率天津代表团参加第九届APEC中小企业技术交流暨展览会。我市共有27家“专精特新”中小企业企业参展，市财政局经建一处、市中小企业局服务体系发展处、经济合作处、市中小企业生产力促进中心及部分区中小企业工作主管部门参加了本届展会。

2016年7月20日，经济合作处赴北京参加第四届中国中小企业投融资交易会，积极开展招商对接活动。会议期间，参加大众创业、万众创新国际高峰论坛等相关活动，广泛接触参会企业家，寻找招商项目信息，重点接洽了涉及互联网金融、大数据技术服务等行业的多家优秀企业。

2016年7月26–27日，召开“打造楼宇经济升级版”现场推动会。总结前一阶段取得的成绩，安排部署下一步楼宇经济升级发展重点任务。副市长李树起出席会议并讲话。26日下午，李树起带领市内六区和市有关部门负责人实地察看市内六区宝能大厦、E谷创想世界、创新大厦、意式风情区中央商务区、天星河畔广场、北方国际金融大厦等优质楼宇运营情况。27日在天津礼堂召开打造楼宇经济升级版推动会，会议由副秘书长李森阳主持，市中小企业局和联席会议成员单位以及市市容委和公安交管局、各分管楼宇经济区县长、楼宇主管部门和楼宇代表（中心城区每区10个楼宇代表）共计120人出席会议。

2016年7月28日，市中小企业局召开示范工业园区安全管理人员培训，涉农区中小企业局相关科室负责人及工作人员、各示范工业园区管委会负责安全生产工作人员80余人参加培训。

2016年7月29日，组织召开了全市民营经济创新发展工作座谈会，深入贯彻习近平总书记在全国科技创新大会上的重要讲话精神和市委十届九次全会部署要求，认真落实创新驱动发展战略，总结上半年工作，交流经验做法，部署下半年重点任务，推动民营经济创新发展。市委副书记、市民营经济发展工作领导小组组长王东峰出席并讲话，市委常委、市委统战部部长、市民营经济发展工作领导小组副组长王宏江主持会议，副市长、市民营经济发展工作领导小组副组长李树起总结部署工作，市政协副主席、市工商联主席、市民营经济发展工作领导小组副组长黎昌晋出席。

2016年7月29–30日，市民营办、市工商联、市委统战部联合举办了全市民营经济发展互比互学活动。由市委常委、市委统战部部长、市民营经济发展工作领导小组副组长王宏江，副市长、市民营经济发展工作领导小组副组长李树起，市政协副主席、市民营经济发展工作领导小组副组长、市工商联主席黎昌晋相继带队，率领全市民营办和工商联系统负责同志及部分民营企业家代表实地察看了河东、南开、东丽、西青、津南、宝坻和蓟州等7个区共9个不同类型的民营经济点位。参观结束后，召开了总结交流会，副市长、市民营经济发展工作领导小组副组长李树起同志出席并讲话。黎昌晋、李森阳等领导出席。

2016年8月9–12日，市中小企业局安全生产大检查领导小组深入滨海新区和9个涉农区示范工业园区，督查夏季安全生产大检查工作，听取园区夏季安全生产大检查汇报，深入企业生产一线进行安全生产检查。

2016年8月10日，市委常委、统战部部长王宏江，副市长李树起分别带队深入企业一线检查安全生产工作，市中小企业局尉永久局长，任鹏副局长分别陪同。王宏江带队检查了武清区有关企业，李树起带队深入西青区企业检查。

2016年8月11日，召开天津市精益管理创新培训会。李树起副市长到会并作了重要讲话，天津大学齐二石教授就“精益管理创新与企业转型发展”进行了讲解。各区分管副区长、相关综合部门负责同志；各区中小企业工作部门负责同志以及近100多家中小企业参加了培训。

2016年8月19日，市中小企业局组织召开建议提案办理工作座谈会，邀请了今年提出建议提案的部分市人大代表、政协委员和民主党派人士以及市政府办公厅建议提案处、市政协提案委提案处、市人大代表联络室议案处的负责同志出席座谈会。市中小企业局副局长华长虹、副巡视员司志强就建议提案办理工作与各位代表委员进行了交流和沟通，市中小企业局各处处长参加了会议。

2016年8月26日，尉永久局长陪同李树起副市长调研滨海新区农业合作示范园和示范工业园区建设。

2016年9月8-11日，经济合作处会同北辰区、宝坻区同志赴厦门参加第十九届中国国际投资贸易洽谈会，积极开展招商引资活动，洽谈多家优秀企业来津投资发展。会议期间，会同市商务委、市政府驻福州办事处、北辰区政府召开了天津北辰-厦门企业促进楼宇经济发展座谈会，共促成签约项目9个，签约金额15亿元，天津汇丝路电子商务项目，天津益力康项目等一批优质项目落户北辰。

2016年9月18-19日，尉永久局长率经济合作处及静海区、宝坻区、蓟州区招商人员赴江苏南京开展招商活动。期间，尉永久局长一行拜访了江苏省工商联、中国太平洋建设集团有限公司，介绍了近年来天津民营经济发展所取得的成绩，推介了静海区、宝坻区、蓟州区的优秀合作项目，促进了津苏两地民营企业对接交流，吸引世界500强太平洋建设集团等一批有实力的外地知名企业来津投资发展。

2016年9月22日，任鹏副局长参加国家工信部中小企业局在上海组织召开的部分省市中小企业生产经营运行情况调研座谈会，介绍了全市中小企业发展取得的成绩，存在困难和问题，介绍了万企转型升级、促进民营经济发展、“一助两促”、加强载体建设等工作开展情况，以及缓解中小企业融资难的经验做法。

2016年9月，编制完成《天津市民营经济发展“十三五”规划》，提出了“十三五”期间我市民营经济12个发展目标、8项重点工作和8项保障措施。2016年9月6日经市政府批准同意实施（津政函〔2016〕88号）。

2016年9月23日，向市审计局反馈《市中小企业局关于对〈天津市审计局关于天津市2016年二季度贯彻落实国家重大政策措施跟踪审计情况〉整改情况的报告》。

2016年10月10-13日，市中小企业局副局长华长虹率领天津市代表团参加了第十三届中国国际中小企业博览会。我市共有20家“专精特新”成长型中小企业参展，市财政局经建一处、市中小企业局服务体系发展处、市中小企业生产力促进中心及部分区中小企业工作主管部门参加了本届展会。

2016年10月18日，市政协召开专题协商会，围绕“盘活空置楼宇资源”议题开展协商。市发改委、城乡建设委、国土房管局、财政局、规划局等单位负责人到会与委员们面对面交流。

2016年10月18-20日，经济合作处负责举办了第四届全国民企贸易投资洽谈会，来自全国各地的500多位知名民营企业家、18余家异地商会、行业商会代表参会，签约项目达到174个，总投资1889亿元，其中，全国500强和全国民企500强投资172亿元。新浪集团、海尔集团、清华启迪、王府井百货、途牛旅游、猪八戒网、新城控股、红星美凯龙等众多知名民企看好天津民营经济发展环境，抢抓天津机遇，推动一批大项目、好项目落地，助推天津社会经济实现跨越发展。

2016年10月20日，按照市政府办公厅印发《关于化解钢铁过剩产能实现脱困发展支持政策的通知》（津政办发〔2016〕48号）精神，就支持渤钢集团发展楼宇经济向市发该委反馈情况报告。

2016年10月25日、11月1日，市中小企业局分别组织市内六区、滨海新区及各涉农区县召开市中小企业第三季度工作会议，传达学习李鸿忠书记在市委工作会议和中央巡视组“回头看”巡视整改动员大会上的讲话精神，贯彻市委市政府工作部署，确保全面完成全年各项目标任务。各区中小企业、楼宇经济主管部门负责同志，市中小企业局局领导，局机关处以上干部，市中小企业生产力促进中心、市中小企业协会主要负责同志参加了会议。

2016年10月26日，组织召开了市民营经济发展工作领导小组（扩大）会议，深入学习贯彻习近平总书记对天津工作提出的“三个着力”重要要求，认真落实市委书记李鸿忠在市委工作会议上的讲话精神。市委常委、市委统战部部长、市民营经济发展工作领导小组副组长王宏江出席并讲话。副市长、市民营经济发展工作领导小组副组长李树起，市政协副主席、市工商联主席、市民营经济发展工作领导小组副组长黎昌晋出席。

2016年11月7-11日，应日中协会邀请，华长虹副局长率相关企业访问日本，组织我市精益管理创新试点企业学习日本丰田的精益生产方式，并进行经济合作交流。团组先后参观了名古屋丰田总公司并进行TPS培训，走访了静冈富士通循环利用工厂和养乐多工厂，拜访日中协会并与协会部分企业进行座谈。

2016年11月18日，组织企业赴深交所参加天津市企业专场上市仪式暨体验式培训活动。该活动由闫庆民副市长带队，我市有关部门、相关区和部分企业参加。司志强副巡视员带领宜科（天津）电子有限公司、天津创世生态股份有限公司和天津联博化工股份有限公司负责同志参加并接受深交所专家的培训授课。

2016年11月23日，组织召开市“民营经济发展不充分问题”整改落实工作会议。落实中央第三巡视组巡视“回头看”反馈意见和市委、市政府部署要求，研究制定“民营经济发展不充分问题”整改措施。副市长、市民营经济发展工作领导小组副组长李树起同志出席会议并讲话。市政府副秘书长李森阳同志出席，21个市有关部门单位参加会议。

2016年11月24-26日，尉永久局长、任鹏副局长率经济合作处、规划统计处赴承德六沟产业园区实地调研建设、招商和管理情况。期间，与承德市委常委、常务副市长李晋宇，副市长薛寒及承德市相关委办局、六沟产业园区负责同志召开了支援建设工作推动交流会，洽谈了相关合作事宜。

2016年11月25日，市中小企业局尉永久局长率队赴河北省承德市六沟产业园区实地考察。

2016年11月30-12月1日，工业和信息化部中小企业局在河北省石家庄市召开全国中小企业运行监测工作座谈会。市中小企业局参会代表受邀作典型发言，介绍了天津市在编制中小微企业监测统计制度、建设基层监测队伍、搭建监测直报平台方面的好经验好做法。

2016年12月1日，组织企业参加国办督查室小微企业转型升级座谈会。为贯彻落实李克强总理三次来津调研的指示精神，国办督查室督查专员傅卿德带队，会同工信部、财政局、银监会有关同志组成督查组在天津迎宾馆召开了部分小微企业转型升级座谈会，天津亚星世纪股份有限公司、天津市鸿远电器股份有限公司等八家企业参加了座谈。

2016年12月6-8日，市中小企业局安全生产隐患大排查大整治领导小组深入各示范工业园区开展安全生产检查。

2016年12月16日，经天津市统计局审核批准，市中小企业局印发2016年度《天津市中小微企业经济运行监测报表制度》，规定对市16个行政区小微型企业、涉农区年主营业务收入500-2000万元企业实施抽样监测。

2016年12月20日，由市中小企业局牵头，市政府督查室、市发展改革委、市财政局、市国土房管局和市金融局等部门抽调专门人员组成联合考核组，开始进行2016年楼宇经济年度考核工作。

2016年12月，《市中小企业局关于落实政府法律顾问制度的办法》《市中小企业局政府法律顾问工作规则》经第26次局长办公会审议通过，在全局印发施行，标志着市中小企业局法律顾问制度的正式建立。该办法和规则分别从原则性、指导性和具体性、可操作性的角度对我局政府法律顾问相关工作进行了规定，健全了法律顾问参与中小企业和民营经济工作的途径和机制，为推进我局法律顾问工作制度化、规范化，保障各项工作依法依规、扎实有效进行起到了积极的促进作用。

2016年12月，《天津市中小企业发展促进局关于〈天津市人民政府办公厅关于加强和改进行政应诉工作的实施意见〉的实施方案》经第26次局长办公会审议通过，在全局印发施行。该实施方案明确了局领导出庭应诉制度、诉讼代理人制度和行政应诉工作职责，规范了应诉流程，细化了工作时限、提高答辩质量、履行司法文书等要求，强化了学习培训制度。该制度的制定完善成为提升我局行政应诉工作能力、有效预防和化解行政争议的切入口，为支持服务中小企业和民营经济发展创造良好法治环境。

2016年12月20-23日，尉永久局长率经济合作处及我市中小企业代表赴深圳参加第十届中国中小企业节并开展招商引资活动。在中国中小企业协会成立十周年大会上，我局被评为全国优秀中小企业管理部门，尉永久局长受邀发言。与会期间，出访团组走访调研了华为、腾讯、大族激光等深圳优秀企业，对接了深圳电子商会、深圳投资商会、深圳天津商会等招商机构，推动了一批优秀项目来津投资发展。

2016年12月30日，市委常委、市民营经济发展工作领导小组副组长王宏江同志召集市民营办部分成员单位负责同志，传达市委十届十一次全会暨全市经济工作会议精神，认真学习鸿忠书记讲话、东峰市长工作部署，修改完善《关于促进民营经济创新发展做优做强做大的意见》，研究落实会议精神推动我市民营经济创新发展有关工作。

2015年山西省中小企业工作大事记

1月12日，山西省晋中市与上海股权交易托管中心签订战略合作协议，设立上海股权交易托管中心山西企业孵化基地。

1月18–20日，2014–2015年度工业和信息化部中小企业经营管理领军人才（山西班）在清华大学正式开班。

1月20日，山西省运城市召开2015年政银企洽谈会，889户企业与各银行机构达成664亿元融资担保合作意向。

2月6日，山西省中小企业法律维权服务专业联盟成立暨第一次成员代表大会在太原召开。

3月17日，山西盛世龙星电子科技有限公司在上海股权托管交易中心Q版挂牌，成为山西省首家在沪Q板成功挂牌的IT企业。

3月18日，全国中小企业股份转让系统正式发布三板成指、三板做市两只市场指数，山西大同新成新材料股份有限公司（新成新材）同时入选两大指数样本股，成为进入“新三板”指数的唯一晋企。

3月20日，山西省民营经济发展工作领导小组召开成立会议暨第一次会议。

3月20日，山西省中小企业局印发《关于公布2015年“山西省中小企业创业基地”的通知》（晋企发〔2015〕38号），万昌物流园中小企业创业基地等14家单位被认定为“山西省中小企业创业基地”。

3月24日，在2015年中国国际酒业博览会最佳新产品发布会和“国酒香·2015中国酒业20大明星新品发布盛典”上，由山西杏花村汾酒厂股份有限公司生产的“春酿清”和“青花汾酒15年”分别荣获“2015年度白酒最佳新产品奖”和“国酒香·2015年度中国酒业20大明星新品——名酒星锐奖”。

3月24日，山西省运城市芮城县总投资1.5亿元的中小微企业创业孵化基地举行开工奠基仪式。

3月26日，山西省人民政府印发《关于减轻企业负担促进工业稳定运行的若干措施》（晋政发〔2015〕11号），从4个方面提出60条减轻企业负担的具体措施。

4月15日，全国工商联医药业商会主办的“2014中国医药行业最具影响力榜单发布会暨2015中国医药健康产业发展论坛”，揭晓了2014中国医药行业最具影响力榜单，山西省亚宝药业共获得5个奖项，即2014年度中国医药行业百强企业、中国医药行业成长50强、中国医药上市公司20强、中国优质道地中药材十佳规范化种植基地4个奖项。同时，亚宝药业董事长任武贤还荣膺“2014年度中国医药行业10大新锐人物”奖。

4月20日，山西高新普惠资本投资服务有限公司旗下的“普惠投资网”“普惠众筹网”上线试运行，标志着山西省最大的互联网众筹平台诞生。

4月20日，山西·临汾帝尧古都文化旅游节招商引资项目推介会和旅游专题推介会成功举办，签约项目总投资107.7亿元。

4月20日，山西晋煤集团昆山晋桦豹胶轮车制造有限公司在全国中小企业股份转让系统上市，开创了山西国资监管系统登陆“新三板”的先河。

4月22日，斯迈夫山西太原体育产业孵化基地揭牌仪式暨孵化企业推介会在太原举行，标志着山西体育产业步入快车道。

5月5日，山西省经济和信息化委员会（山西省中小企业局）与山西省农村信用社联合社签订战略合作协议，实施资源融合、优势互补，服务中小企业发展。

5月6日，2015年度山西省100名小微企业优秀经营者高端培训在北京大学正式开班。

5月12日，山西省中小企业局印发《关于认定2015年山西省中小企业技术中心的通知》（晋企发〔2015〕63号），认定山西山大合盛新材料股份有限公司技术中心等46家中小企业技术中心为（第四批）山西省中小企业技术中心。

5月12日，山西阳光小额贷款股份有限公司宣布，正式在全国中小企业股权转让系统挂牌，成为山西省乃至华北地区第一家进入“新三板”的小贷公司。

5月13日，上海股权托管交易中心—太原市民营经济发展促进会企业挂牌孵化基地在并揭牌。

5月15日，第九届全国中小企业协会联席会议在太原召开。

5月15日，山西股权交易中心临汾运营中心正式揭牌运行，这是该中心在省内设立的首个运营中心。

5月19日，山西永东化工股份有限公司（永东股份）在深圳证券交易所正式上市，打破山西三年无首发上市企业纪录。

5月25日，山西省第十二届人民代表大会常务委员会第二十次会议举行第一次全体会议，听取《关于全省民营企业发展情况的报告》。

6月1日，国家财政部对2015年小微企业创业创新基地城市示范名单进行公示，太原市入围首批“国家小微企业创业创新基地城市示范”。

6月2日，由中国信息通信研究院正式发布的2014年中国工业百强县（市）发展报告出炉，孝义市荣登榜单第60位，成为山西省唯一入围城市。

6月8日，山西省委、省政府印发《关于促进山西金融振兴的意见》，从5个方面出台26条举措，支持产业转型升级，服务实体经济发展。

6月16日，山西省光伏产业联盟成立，该联盟将对加强光伏产业链各环节的资源整合与交流合作起到重要作用。

6月18日，山西首届互联网金融高峰论坛暨山西互联网金融联盟成立仪式、山西互联网金融总部基地揭牌仪式在太原举行。

6月26日，长治市政府常务会议通过了《长治市企业资金链应急周转保障资金管理暂行办法》，成立规模为1亿元的企业资金链应急周转保障资金。

6月30日，山西东杰智能物流装备股份有限公司在深圳证券交易所挂牌上市，成为太原市首家创业板上市企业。

7月12日，第12届中国企业发展论坛暨首届“一带一路”园区建设国际合作峰会上，侯马经济开发区荣登2015中国产业园区成长力百强榜。

7月13日，第32届全国医药工业信息年会发布“2014年度中国医药工业百强榜”，山西亚宝药业、振东集团荣登榜单第90名、93名。

7月17日，山西省人民政府办公厅印发《关于进一步支持小型微型企业健康发展的措施》（晋政办发〔2015〕70号），提出了13条支持小型微型企业健康发展的政策措施。

7月31日，山西三水能源股份有限公司在全国中小企业股份转让系统挂牌上市，成为山西首家在“新三板”上市的供热节能企业。

8月6日，阳泉市在山西省率先启动“税易贷”业务，阳泉市北方大业建安有限责任公司、北方锅炉成套设备有限公司与建设银行签订贷款协议，成为阳泉市“税易贷”推出后首批享受贷款便利的纳税人。

8月18日，首届太原青年创业创新大赛落幕，15个创业项目分获正式创业类和意向创业类比赛一、二、三等奖。

8月19日，山西省委、省政府印发《关于实施科技创新的若干意见》，从10个方面出台35条措施，支持科技创新，助推产业升级。

8月22日，中郡研究所发布《2015县域经济发展报告》，第十五届全国县域经济与县域基本竞争力百强县（市）名单揭晓，孝义市位列86位，成为山西省唯一入围城市。

8月28日，太原不锈钢产业园区政务大厅发出山西省首张“三证合一”营业执照。

9月1日，山西省召开全省民营经济发展推进大会，省委书记王儒林出席会议并作重要讲话，省委副书记、省长李小鹏主持会议。

9月8-9日，山西省中小企业局在太原举办中小企业改制上市暨新三板挂牌实务操作高级研修班。

9月10-13日，山西省中小企业局组织14家企业、30多种产品，参加了在宁夏银川市举办的2015中国—阿拉伯国家博览会。

9月14日，山西省人民政府办公厅印发《关于发展众创空间推进大众创新创业的实施意见》（晋政办发〔2015〕83号），提出10条推进大众创业万众创新的政策措施。

9月14日，山西省首届“互联网+”大学生创新创业大赛在太原理工大学举行。

9月16日，山西省经济和信息化委员会、山西省中小企业局印发《关于加快发展中小企业产业集群的实施意见》（晋经信产业字〔2015〕218号）。

9月17日，山西民营经济促进会成立。该会着眼于核心技术创新、管理模式创新、产业升级创新和企业文化创新，旨在引领民营企业走创新发展之路。

9月18日，山西省人民政府办公厅印发《关于山西省民营企业创新转型投资基金设立方案的通知》（晋政办发〔2015〕86号），未来将设立总规模50亿元的基金，助力省内民营企业创新转型发展。

9月23日，山西省粉煤灰行业协会等在太原举行新闻发布会，宣布中国工业固废交易平台正式上线。

9月24-26日，美国纽约州中小企业发展中心总署商务代表团在山西进行商务考察访问，寻求双边经贸合作。

9月26日，山西省委、省政府印发《关于加快民营经济发展的意见》（晋发〔2015〕15号），从6个方面提出33条鼓励大众创业、万众创新，推动民营经济突破发展的政策措施。

9月28日，太原市50家小微企业共同发起的山西青年创客合作联盟成立，首尝本土小微企业跨行业紧密合作新模式。

9月29日，山西省在太原举办中小企业固定资产投资政策专题培训。

9月30日，山西省人民政府办公厅印发《关于加快多层次资本市场发展的实施意见》（晋政办发〔2015〕90号），提出支持企业进行股份制改造、财政奖励支持企业上市等多政策措施。

10月10至13日，山西省中小企业局组织100多家企业、230多种产品参加了在广州举办的第十二届中国国际中小企业博览会。

10月16日，为期5天的长治制造展销推介周活动闭幕，218家企业、800余种产品参展，签订销售合同总额127.2亿元。

10月17日，山西省中小企业服务中心、上海股权托管交易中心等共同成立的山西省中小企业挂牌孵化基地正式启动。

10月19日，山西金粮饲料股份有限公司正式登陆全国中小企业股份转让系统，成为晋中市首家“新三板”挂牌企业。

11月16日，中国民营企业联合会、中国管理科学研究院企业研究中心联合发布《2015中国民营500强企业榜单》，山西省美锦能源集团有限公司等9家民营企业上榜。

11月18日，山西股权交易中心正式实施“分板”机制，按不同挂牌条件划分的展示板、培育板、晋兴板亮相。

12月9日，2015山西企业百强榜单在太原发布，山西焦煤、同煤集团、潞安集团排名前三。

12月10日，山西省人民政府印发《关于山西省大力推进大众创业万众创新实施方案的通知》（晋政发〔2015〕49号）。

12月15日，山西省国税、地税部门与省内18家银行业金融机构共同签订银税合作意向书，标志着全省范围内助力小微企业发展、银税互动合作模式全面开启。

12月28日，山西成功通用航空股份有限公司登陆全国中小企业股份转让系统，成为长治市首家“新三板”挂牌企业。

2016年山西省中小企业工作大事记

1月3日，山西省小额再贷款股份有限公司举行挂牌仪式，这是山西深化金融改革和创新的重要举措。

1月7日，山西省科技厅公布首批认定省级众创空间名单，清控众创空间、创领空间等35家众创空间被认定为首批山西省众创空间。

1月15日，晋陕豫黄河金三角金融创新与发展专家讲座暨运城市第十二届政银企洽谈会召开，14家银行与部分县市政府、22户中小民营企业签订了140亿元的信贷融资协议。

1月16日，运城市促进民营经济发展工作领导小组办公室举办“金融创新暨中小民营企业投融资高峰会”。

1月26日，同煤集团朔州煤电公司控股的宏力再生公司正式登陆“新三板”，实现了朔州市“新三板”挂牌上市零突破。

1月27日，太原高新区“双百”企业启动暨太原高新股权服务中心挂牌仪式在并举行。

2月24日，吕梁市青年创业园暨惠淘168商城正式启动。

2月26日，山西省中小企业工作暨中小企业系统党风廉政建设会议在太原召开。

3月10日，山西股权交易中心举行2016年第三批企业挂牌仪式。

3月11日，中南铁路吕梁市第一条煤炭集运铁路专运线（兴县蔡家崖煤炭集运铁路专运线）投入运营。

3月18日，山西省省长李小鹏主持召开省促进民营经济发展工作领导小组会议，学习贯彻习近平总书记参加全国政协十二届四次会议民建、工商联界委员联组会时的重要讲话精神。

3月26日，山西省网上电子发票正式运行启动仪式在大同举行，由大润发商业有限公司成功开具出全省第一张增值税电子普通发票。

4月1日，运城市举行产业引导基金暨政府与民营融资担保战略合作启动仪式。

4月5日，山西省检察院出台《关于贯彻落实〈最高人民检察院关于充分发挥检察职能依法保障和促进非公有制经济健康发展的意见〉的实施意见》。

4月5日，山西省中小企业局印发《关于公布2016年“山西省中小企业创业基地”的通知》（晋企发〔2016〕56号），确定山大艺道众创空间、太原市清控创新基地等19家创业基地为2016年“山西省中小企业创业基地”。

4月13日，国家质检总局公布第三批国家级出口工业产品质量安全示范区名单，运城稷山县翟店出口纸箱包装产品质量安全示范区榜上有名，这是山西首个获批的国家级出口工业产品质量安全示范区。

4月15日，吕梁市国税局、地税局与市工商银行等银行业金融机构共同签订《银税互动》合作框架协议，全面深化银税合作，助推小微企业发展。

4月26日，在2016中国反侵权假冒经验交流会暨北京侵权伪劣物品检验鉴定技术创新联盟会员大会上，汾酒集团被授予全国“2015年度十大维权打假先进单位”称号，这也是中国酒类企业及山西省企业中唯一获奖单位。

4月29日，山西省促进民营经济发展工作领导小组召开会议，听取推动民营经济发展情况调研检查工作汇报。

4月29日，山西华夏天润农业股份有限公司正式在上海股权托管交易中心E板挂牌，成为山西首家在上股交E板挂牌的现代农业企业。

5月5日，吕梁市召开银行业服务实体经济推进会议。

5月8日，山西省小微企业优秀经营者（清华大学）高级研修班举行开学典礼。

5月10日，山西华青活性炭集团有限公司正式登陆“新三板”，成为山西首家活性炭行业“新三板”挂牌企业。

5月12日，由山西鸿鹰恒一文化传媒有限公司自主开发的跨境垂直电商B2C平台“中国小杂粮·商城”正式上线运行。

5月16日至21日，山西省“大众创业万众创新”科技成果展在太原高新区清控创业基地举办，216个单位或项目集中参展。

5月17日至20日，晋城市组织22家中小企业参加第14届中国国际铸造博览会，金工铸业有限公司生产的“机器人关节”铸件、清慧机械制造公司生产的“转子支架”铸件荣获“优质铸件金奖”；泽州铁器公司所产的“自在”铁壶和晋韵堂公司生产的“仙人指路”铁壶荣获“艺术铸品金奖”；泽州县冶铸加协会被授予“全国铸造行业先进社会组织”称号。

5月19日，山西唐是文化创意股份有限公司正式登陆“新三板”，成为山西首家文化创意类“新三板”挂牌企业。

5月20日，在第14届中国国际铸造博览会暨中国铸造协会成立30周年表彰大会上，山西华翔集团有限公司获“中国绿色铸造企业”“优质铸件金奖”等16项奖牌。

5月21日至24日，以科技部副部长侯建国为组长的国务院督查组，对山西省贯彻落实促进民间投资政策情况进行专项督查。

5月25日，在第3届中国县域电子商务峰会上，阿里研究院发布了“2015年中国大众网购消费最活跃的50个县”排行榜，侯马市排名第34位，这是山西省2015年电子商务唯一上榜县（市）。

5月27日至30日，由香港新华商会理事长蔡忠伟带领的“两岸三地”知名民企考察团，在长治市进行了为期4天的投资考察和项目对接，达成I1个合作意向，总投资52亿元。

6月4日，临汾市政府和中国物流与采购联合会联合主办的“2016中国公路货运行业发展论坛暨临汾“互联网+”物流创新发展峰会”隆重开幕。

6月14日，临汾市举行铸造工业云创新服务平台启动仪式暨铸造协会和铸造联盟成立大会。

6月18日，全国中小企业股份转让系统公布了首批进入创新层的挂牌公司名单，山西精英科技股份有限公司首批闯入创新层。

6月20日，山西省首家致力于资产置换的专业服务组织、山西省民营企业资产置换协会在太原成立。

6月23日，吕梁市召开民营企业实施就业精准扶贫行动工作会议。

6月23日，山西省中小企业局印发《关于认定2016年山西省中小企业技术中心的通知》（晋企发〔2016〕86号），认定平定莹玉陶瓷有限公司技术中心等45家中小企业技术中心为2016年山西省中小企业技术中心。

6月23日，运城市宇达集团、巨安电子技术有限公司、佳维建材有限公司3家企业在“新三板”集中挂牌，标志着该市资本市场工作迈上新台阶。

6月25日，吕梁市“迎老乡、邀客商、兴吕梁”系列活动举行现场签约仪式，共签约15个，金额328.38亿元。

6月26日至28日，山西省组织39户中小微企业、100余种产品，参加第12届中俄蒙经贸洽谈暨商品展销会。

6月28日，民营企业助推山西转型创新发展大会在太原举行，签约项目298个，总投资4152亿元。

6月28日，运城市召开银行业小微企业金融服务推进会，举行银税合作集中签约仪式。

6月28日至29日，在2016年全国工业和信息化系统规划和投资工作座谈会上，长治市城南工业园区被授予国家级新型工业化产业示范基地称号，成为山西首个国家军民结合产业示范基地。

6月29日，长治市召开民营经济发展大众创业创新政银企对接会，10户企业与7家农商行签约，金额2.39亿元。

6月30日，2016年全国“中小企业创业创新服务典型案例”评选落下帷幕，朔州慧源创业孵化器有限公司作为山西省唯一一家企业入选。

6月30日，山西省首家文创主题的众创空间和文创产业双创孵化基地“88聚投—鼎盛”众创空间在省城太原启动。

6月底，世界品牌实验室发布2016年《中国500最具价值品牌》排行榜，山西省杏花村、太钢、东湖上榜，品牌总价值达到308.13亿元。

7月9日，吕梁市政府与国内知名电商企业阿里巴巴、苏宁云商、京东集团、贡天下、乐村淘举行战略合作框架协议签约仪式。

7月14日，孝义市鹏飞集团年产60万吨甲醇联产4亿立方LNG项目一期正式投产，该项目是山西首家、全国最大在同一工艺技术路线上生产甲醇联产LNG项目。

7月14-16日，山西省组织30家中小微企业、100多种产品，参加第9届APEC中小企业技术交流暨展览会。

7月21日，临汾市召开民营经济暨金融合作座谈会，11家银行与26家重点企业（项目）签订总额54.7亿元的贷款协议。

7月23-25日，在第33届全国医药工业信息年会上，山西亚宝药业获评2015年度中国医药工业百强企业、2015年中国医药研发产品线最佳工业企业称号，成功跻身中国医药企业研发20强。

7月27日，山西润东农业科技有限公司在深圳前海股权交易中心成功挂牌上市，是山西首家在前海股权交易中心挂牌的农业科技企业。

7月27日，山西杏花村举行汾酒商学院建设启动以及挂牌仪式。

7月29日，山西皇城相府药业有限公司在“新三板”正式挂牌，这是继“兰花科创”后近18年来又一家进入全国性资本市场的晋城企业。

8月9日，山西投贷联盟在太原正式成立，探索“投贷联动”新模式，缓解省内科技创新企业和初创期企业融资之困。

8月16日，第三届“创青春”山西青年创新创业大赛晋级赛决赛在太原高新区举办。

8月25日，全国工商联发布“2016中国民营企业500强”，山西潞宝集团、山西立恒钢铁集团股份有限公司、山西通达（集团）有限公司、山西通才工贸有限公司4家民营企业入围。

8月29日，山西股权交易中心“晋兴板”正式开板亮相，山西比比网络信息技术股份有限公司成为首家挂牌企业。

8月29日，中国信息通信研究院发布《2016年中国工业百强县（市）发展报告》，孝义市位列中国工业百强县（市）第95位，是山西省唯一入围县（市）。

9月1日，山西省国有投融资管理有限公司在山西省政务服务中心领到首张“五证合一、一照一码”营业执照。

9月8日，山西青年创业板在太原市高新区清控创新基地开板，首批30家中小企业挂牌。

9月9日至13日，运城市举办“迎双节”第六届食品博览会暨“创品牌、惠民生、推动食品工业健康发展”活动，该市100余家特色食品行业中小企业参展。

9月19日，国家质检总局公布了2016年国家级出口食品农产品质量安全示范区名单，山西省新增沁县、天镇县、右玉县3个国家级出口食品农产品质量安全示范区。

9月28日，山西省第一个创客社区“Dream+创客社区”在太原市正式启动，开创了山西青年公寓行业新模式。

9月29日，科技部印发《关于公布第三批众创空间的通知》（国科发〔2016〕292号），山西省创领空间、清控众创空间等10家众创空间成为国家级众创空间。

9月30日，工信部公示了第二批国家小型微型企业创业创新示范基地，山西清控创新基地（太原）名列其中，这是山西省唯一入选的示范基地。

10月10日，长治市召开民营经济发展推进会，对15名功勋企业家和45名优秀企业家进行重奖。

10月10日至13日，山西省组织56家中小企业、100余种产品参加第13届中国国际中小企业博览会，签订各类合同、意向12个，金额2110.8万元。

10月12日至18日，2016年全国大众创业万众创新活动周山西分会场活动在太原国家级高新技术产业开发区清控创新基地举办。

10月14日，山西省在太原清控创新基地举行中小微企业创业创新转型升级高峰论坛。

10月15日，2016第2届长治制造展销推介周开幕，357家企业，1000余种产品参展。

10月16日，2016年度山西省小微企业优秀经营者（清华大学）高级研修班举行结业典礼。

10月20日，第24届中国（深圳）国际礼品及家居用品展览会在深圳开幕，山西祁县5家玻璃器皿企业参展，达成合作意向1600多万元。

10月26日至28日，运城市在上海举办承接产业转移推介活动，签约项目16个，总投资116.2亿元。

10月底，山西省科技厅公布了“2016年度省级科技企业孵化器”认定结果，确定迎联智慧大健康产业科技孵化器、平定县金潭企业孵化基地等8家孵化器为省级科技企业孵化器。

11月4日，吕梁市光能产业协会在文水县正式成立。

11月4日，2016中国“互联网+”创新大会暨2016中国“互联网+”创业创新大赛（西北+山西）赛区决赛在太原进行。

11月7日，第12届中国中小城市科学发展指数研究成果发布，山西省孝义市、柳林县入选2016年度中国中小城市综合实力百强县市榜，孝义市、柳林县、阳高县、沁源县入选2016年度中国最具投资潜力中小城市百强县市榜，孝义市入选2016中国中小城市创新创业（双创）百强县市榜。

11月8日，晋中大学生创业园举行开园仪式，这是晋中市首个集创业孵化、创业服务、创业培训和创业实训等功能于一体的综合性创业示范基地。

11月17日，山西凯康电梯股份有限公司正式登陆“新三板”，成为山西首家在“新三板”挂牌的电梯销售安装企业。

11月22日，山西省在运城市星河中小企业创业基地召开全省中小企业创业基地现场会。

11月29日，吕梁市机械制造行业协会正式成立，将对该市机械制造行业振兴崛起、转型升级发挥积极推动作用。

11月30日，2016百度云智峰会及“百度（阳泉）创新中心”签约仪式举行，阳泉市成为百度公司首批在全国布点创新中心的城市之一。

12月2日，吕梁市中小企业服务联盟正式成立。

12月9日，山西出入境检验检疫局正式将省级“出口产品质量安全示范区”牌匾授予定襄县，标志着定襄县成为全国法兰锻件行业首个出口产品质量安全示范区。

12月14-19日，山西省中小企业系统领导干部领导力提升研修班在清华大学成功举办。

12月15-16日，山西省在太原市举办全省中小微企业品牌营销战略培训班。

12月16日，山西股权交易中心“晋兴板”迎来5家科技创新企业挂牌，这是“晋兴板”开板后首次有企业集中挂牌。

12月18日，中国工程院院士卢秉恒教授与山西国控产业技术设计研究院在太原签署院士工作站建站协议，这是山西首个3D打印材料院士工作站。

12月20日，山西省首家金融云平台在长治上线，致力于解决中小企业融资难题，这是长治金融改革创新的重要成果。

12月20日至21日，山西省在太原市举办全省中小企业改制上市培训班。

12月23日，晋中市举行中小企业投融资项目洽谈对接会，签约各类项目6个，总投资84.3亿元。

12月27日，在“2016中国城市物流发展年会暨中国城市物流配送大奖”颁奖仪式上，长治成功新能源汽车荣获中国城市物流推荐用车。

12月27日，山西天元绿环科技股份有限公司正式登陆“新三板”，成为阳泉市首家在“新三板”上市的企业。

12月28日，2016山西省“四新”中小企业评价活动名单揭晓，侯马市东鑫机械铸造有限公司等174家中小企业榜上有名。

12月29日，科技部发布《关于公布2016年度国家级科技企业孵化器的通知》（国科发〔2016〕418号），启迪（太原）科技园投资发展有限公司被确定为国家级科技企业孵化器，是2016年山西省唯一入选该项目的企业。

2015年江苏省中小企业民营经济工作大事记

4月28日至30日，省经信委（省中小企业局）在清华大学举办全省中小企业运行监测与分析培训班。全省52个市、县（市）经信委（中小企业局）从事中小企业运行监测工作的同志参加了培训。省经信委副主任陆元刚出席开班仪式并讲话。

5月7-8日，省经信委副主任陆元刚赴无锡对中小企业“专精特新”发展情况进行了专题调研。陆元刚一行先后调研了无锡智能自控股份有限公司等3家“科技小巨人”企业和无锡雪浪环境科技股份有限公司等5家“专精特新”企业，考察了江苏海宝软件股份有限公司公共技术服务示范平台建设情况。

5月，由省经信委（省中小企业局）、江苏省中小企业协会联合举办的公益性巡回讲座——“新常态下中小企业发展之路”在全省各地顺利启动。本次巡讲活动先后在盐城、徐州、常州、响水、滨海、射阳、建湖等市、县开展，累计参加培训的中小企业经验管理人员超过2000人。

5月18-19日，2015中国江苏中小企业创新创业大赛在苏州隆重举办。本次大赛由省经信委主办，苏州高新区管委会、太湖金谷（苏州）信息技术有限公司承办。省经信委有关处室负责同志，各有关市、县（市）经信委分管领导和业务处室负责人，评审专家、部分服务机构代表以及参赛企业选手共计100多人参加了大赛。省经信委副主任陆元刚出席大赛并致辞。

5月26日，由省经信委（省中小企业局）、省中小企业发展中心联合举办的“江苏省中小企业竞争力大讲堂”活动在宿迁市委党校第一报告厅举行。宿迁市宿豫区、宿城区、市开发区、湖滨新区、洋河新区等地400多名中小企业负责人参加大讲堂培训。

6月2日，工信部召开全国中小企业创新转型经验交流电视电话会议，工信部毛伟明副部长出席会议并作重要讲话，部署了营造“大众创业、万众创新”良好氛围，推进中小企业创新转型有关工作。省经信委陆元刚副主任在天津主会场参加会议，各省辖市、县（市、区）经信委（中小企业局）分管领导及处室负责人，相关中小企业服务机构负责同志共300多人在各省辖市分会场参加了会议。

6月6日，由省人才办、省经信委、省教育厅、省人社厅、省文化厅、省团委、省科协等9家单位联合举办的第三届中国江苏创新创业大赛在南京举行总决赛。省经信委于5月18日至19日在苏州举办“2015中国江苏中小企业创新创业大赛”，评选出30名优秀选手推荐参加本次总决赛。参赛项目表现优异，取得辉煌战果，有17个参赛项目获奖，占全部获奖项目近三分之一。

6月26日下午，省经信委（省中小企业局）在南京召开上半年中小企业（民营经济）运行分析座谈会，交流今年以来中小企业（民营经济）运行情况，预测下半年发展趋势。7个市、县（市）经信委及6个省级相关部门参加了会议。

7月，由江苏省经信委（中小企业局）与南京师范大学联合举办的《卓越女性领导力高级研修班》第5期班在南京举行开学典礼，来自全省60多名女性企业家及省经信委部分女干部参加了开学典礼及首场课程，聆听了由江苏省委党校教授、“非诚勿扰”点评嘉宾黄菡女士带来的《幸福，从心开始》专题讲座。

7月8至10日和7月15至17日，省经信委副主任陆元刚带领中小企业科技创新处和中小企业综合协调处同志，围绕当前中小微企业运行和发展情况，先后赴吴江、江阴、靖江、金湖、建湖、江都6个县（市、区）开展专题调研。

7月21至24日，省经信委副主任陆元刚率中小企业改革发展处赴苏州、泰州和宿迁三地就融资担保行业发展情况进行专题调研，研究分析当前融资担保行业发展状况，听取促进行业健康发展的意见建议。

7月24日，省经信委和南京市经信委在南京共同召开江苏（南京）中小企业信息化服务券试点工作布置会，标志着中小企业信息化服务券试点工作正式启动。省经信委副主任陆元刚出席会议并讲话，省财政厅工贸处、南京市财政局企业处相关同志参加了会议。

8月，省经信委（省中小企业局）在苏州、南通等地陆续开展中小企业专精特新发展咨询诊断活动。活动中，诊断专家组采取现场跟班作业体验，访谈企业高层和部门负责人，对公司资料收集、研读、分析等多种手段，全面了解公司经营管理现状，帮助查找问题，提出改进建议、对策和实施步骤等。

8月8日至12日，由省经信委（省中小企业局）和清华大学联合举办的中小企业产业升级专题研修班在清华大学顺利举办，本次研修班主要面向全省机械和汽车行业的规模中小企业、“专精特新”和“科技小巨人”企业，来自全省各地的60余名中小企业负责同志及经信系统相关处室部分同志参加了研修培训。

8月26-28日，2015年第2期江苏省中小企业转型发展专题培训班在南通举办，本期培训班由省经信委主办、南通市经信委协办，旨在提升企业互联网思维和创新发展能力，推动全省中小企业转型发展。来自全省各地中小企业主及高管共160余人参加了培训，省中小企业改革发展处有关同志参加了培训班。

8月27日，省经信委副主任陆元刚率中小企业产业与合作处赴无锡调研产业集聚发展情况。陆主任一行先后参观了宜兴光电产业园和无锡鹅湖彩印包装集聚区，在走访相关代表性企业后召开了两场座谈会，与当地经信部门负责人和园区工作人员就主导产业发展现状和未来规划进行了交流。

9月8日，省中小企业人才培训“百千万”工程的重点项目—“江苏省万企升级总裁高级研修班”在南京市委党校如期举行。全省各地重点企业、成长型企业董事长、总经理共80名学员参加了本期研修班。省经信委中小企业改革发展处、南京市经信委、中小企业服务中心有关同志出席开班活动。

9月14日至18日，2015年第二期“江苏省中小企业产业升级专题研修班”在清华大学举办。本期研修班面向全省药品、医疗器械及健康行业的中小企业的企业主和高层管理人员，共有50名学员参加学习培训。研修班由省经信委（省中小企业局）主办，省民营企业发展促进会协办。

9月18日，省经信委（省中小企业局）、南京理工大学在高邮市举办高校中小企业技术平台服务行——走进高邮活动。省经信委中小企业科技创新处、扬州市中小企业局和高邮市电缆行业40多家骨干企业负责人出席活动。

9月21日，连云港市中小企业服务中心新服务大厅正式启动对外服务，省经信委副主任陆元刚，连云港市委常委、政法委书记王加培，副市长徐家保共同出席启动仪式。省经信委、省教育厅相关处室、连云港市有关部门和40家海洋生物产业中小企业负责人参加活动。

9月21日至26日，由省经信委（省中小企业局）主办的标杆企业学习交流活动在深圳顺利举行，来自全省各地50多名中小企业高层管理人员参加了此次学习交流和培训活动。省经信委中小企业改革发展处负责活动组织工作，办公室、机关党委、省中小企业发展中心有关同志参加了培训活动。

10月13日至18日，由省经信委（省中小企业局）主办的标杆企业学习交流活动在福建泉州等地顺利举行，来自全省各地80名中小企业高层管理人员参加了此次学习交流和培训活动。省经信委中小企业改革发展处、省中小企业发展中心负责活动组织工作。

10月17日，江苏中小企业经营管理领军人才高级研修班开学典礼在南京大学报告厅隆重举行，共有47名企业家学员参加了本次培训，国家工信部人才交流中心、省经信委中小企业改革发展处、南京大学商学院有关同志出席了开学典礼。

10月27日，省经信委联合南京师范大学、南京工业大学、南京财经大学、淮阴师范学院共同在邳州市举办高校中小企业技术平台服务行——走进邳州活动。邳州市委副书记张克参加活动并致辞，省经信委中小企业科技创新处、徐州市中小企业局和邳州市食品产业40多家骨干企业负责人出席活动。

10月30日，由省经信委（省中小企业局）主办，博济科技园承办的江苏省中小企业创业创新服务联盟成立大会在南京J6软件创意园举行，并对博济科技园等18家企业授予苏省中小企业示范基地。中国2015创客邦江苏行”创客集市和创客路演资本对接会、《小微企业创业创新政策解读200问》新书发布会等活动同期举行。

10月30日，“江苏省青年企业家领导力高级研修班”在南京大学举行开学典礼仪式。全省各地重点企业、成长型企业董事长、总经理共80名学员参加了本期研修班。省经信委中小企业改革发展处、南京大学商学院院长领导和教师有关同志出席开班活动。

11月19日至20日，工信部中小企业局在南京召开全国中小企业运行监测工作座谈会，各省市交流开展中小企业运行监测工作情况，研究做好2016年工作。工信部中小企业局许科敏副局长、黄利斌副局长到会并讲话，省经信委副主任陆元刚参加会议。

2016年江苏省中小企业民营经济工作大事记

1月12日，省经信委副主任陆元刚率中小企业改革发展处、中小企业科技创新处赴江苏股权交易中心调研区域性资本市场建设和服务小微企业创新转型情况。

1月25日，省经信委副主任陆元刚率中小企业科技创新处赴中国电信江苏分公司江苏鸿信系统集成有限公司调研“e企云”平台建设情况。

3月15-17日，陆元刚副主任带队赴常州市开展“进企业送服务解难题”专题调研。委中小企业综合协调处、中小企业科技创新处、原材料工业处、装备工业处、省经济和信息化研究院等相关部门和单位的同志参加了调研。

4月12-14日，省经信委副主任陆元刚一行赴江阴、海安、东台等地专题调研中小企业经济运行情况。

6月1-17日，省经信委陆元刚巡视员一行赴无锡等地调研专精特新小巨人企业发展情况。

7月19日，省经信委在常州组织召开全省上半年融资性担保行业监管工作座谈会。省经信委巡视员陆元刚出席会议并讲话，对促进融资担保行业健康发展提出了明确要求。

9月1日下午，全省中小企业工作暨“互联网+小微企业”行动推进电视电话会议召开。会议深入贯彻全国中小企业工作电视电话会议精神，落实省委省政府抓好经济工作，支持中小企业发展的部署，分析当前形势，研究做好下一阶段工作，同时在全省进一步推进互联网+小微企业行动的开展。省经信委巡视员陆元刚、省电信公司副总经理陈国忠出席会议并讲话，省经信委中小企业综合协调处处长韩立春主持会议。

9月22-23日，省经信委巡视员陆元刚赴无锡、苏州对中小企业创新发展情况进行了专题调研。陆元刚一行先后调研了无锡石墨烯技术及应用研发中心等单位，并与企业负责人座谈，重点了解企业创新发展，培育增长新动力及今年以来生产经营、市场开拓等情况。中小企业科技创新处有关同志参与调研。

10月25-28日，省经信委副主任祁彪带领中小企业综合协调处、消费品工业处、机关党委相关人员，赴泗洪县、沭阳县、睢宁县和连云港赣榆区开展产业帮扶和访贫问苦调研活动。

11月16-17日，工业和信息化部中小企业局马向辉局长、刘怡副巡视员一行来我省泰州市和扬州市，就中小企业创新发展和小企业创业创新基地建设情况进行专题调研。省经信委巡视员陆元刚陪同调研。

11月15-18日，省经信委副主任祁彪率调研组赴浙江省、上海市和苏州地区考察调研。中小企业综合协调处、消费品工业处有关同志参与调研。祁彪副主任一行先后与浙江省、上海市经信部门的有关领导进行了座谈，交流了中小企业发展情况，了解当地促进中小企业发展的政策措施和特色工作。

11月18日，全省中小企业人才培训工作座谈会在南京举行。各设区市经信委、15个县（市、区）经信委（局）、省中小企业发展中心相关工作负责同志参加了会议，会议由中小企业改革发展处主持，陆元刚巡视员出席座谈会，并对有关工作提出具体要求。

11月22日，省经信委在南京召开2016年中小企业专精特新发展咨询诊断工作汇报会，总结咨询诊断工作开展情况，交流诊断工作成果。12家咨询诊断机构和省中小企业协会参加会议。省经信委巡视员陆元刚出席会议并讲话。

11月25日，中国科学院国家纳米科学中心、江阴市人民政府在江阴共同主办石墨烯应用技术产业论坛。无锡市人民政府市长汪泉，无锡市委常委、江阴市委书记陈金虎参加论坛。省经信委陆元刚巡视员出席论坛并致辞。

12月2日，陆元刚巡视员带领中小企业改革发展处、中小企业科技创新处和人事处、机关党委有关负责同志专程赴涟水县开展访贫问苦调研活动。

12月5日，由工信部投资规划司和新疆自治区经信委共同主办的东部加工贸易向南疆转移政策研讨暨项目推进会在新疆自治区克州召开，省经信委祁彪副主任应邀出席会议并参加项目签约仪式。

12月27日，省经信委、江苏股权交易中心在南京共同举办江苏省“专精特新板”开板仪式。陆元刚巡视员出席活动并致辞，华泰证券副总裁姜健出席活动。各设区市、县（市）经信委分管中小企业工作领导、挂牌企业、券商、银行、投资机构和媒体代表等370多人参加了开板仪式。

2015年安徽省中小企业工作大事记

2015年3月19日，安徽省经济和信息化委员会召开新闻通气会，通报2014安徽省民营经济发展情况、2014安徽省产业集群镇发展情况，发布《2014年安徽省十大高成长性产业发展报告》，省内外20余家主流媒体参加会议。

2015年3月18日，安徽省中小企业投资协会成立。

2015年3月27日，省政府召开省发展民营经济领导小组会议。

2015年4月24日，安徽省经济和信息化委员会与建设银行安徽省分行签订中小企业金融服务战略合作协议，深化政府与金融机构合作，缓解中小企业融资困难。

2015年5月，合肥市成功入选首批国家小微企业创业创新基地城市示范。

2015年9月6日，2015安徽省民营企业百强排序新闻发布会在合肥举行。

2015年9月18日，安徽省中小企业暨民营经济发展专题新闻通气会召开。

2015年10月10日，安徽省组团参加第十二届中国国际中小企业博览会

2015年10月30日，安徽省小额票据贴现中心揭牌仪式暨新闻发布会举行，标志着安徽省小额票据贴现中心正式成立。

2015年11月19日，全省“网融e+服务万家”扶助企业专项行动——融资服务培训班开班，培训班旨在帮助企业增进对新融资工具的了解，提高融资风险防范意识，掌握资本市场、银行体系融资的操作策略，开拓视野，增强融资能力和水平。

2015年12月9–10日，2015中国安徽中小企业跨境投资与贸易合作对接会在合肥举办，会议以“跨境对接、助力中小、创新合作、共谋发展”为主题，共有100多家海外企业，700多家省内企业参会。

2015年12月17日，工信部中小企业局在合肥召开政策落实座谈会。

2016年安徽省中小企业工作大事记

2016年2月19日，安徽省经济和信息化委员会承办全国中小企业信用担保代偿补偿管理工作座谈会。

2016年3月29日，由安徽省委组织部、安徽省经济和信息化委员会和安徽省工商联共同举办的全省民营经济提升工程研讨班在安徽组织干部学院顺利开班。

2016年4月22日，省政府召开省发展民营经济领导小组会议。

2016年5月10日，安徽省与全国知名民营企业推动长江经济带战略发展洽谈会在合肥举行，标志着我省与全国知名民企新一轮合作发展拉开序幕。会议共签约合作项目806个，投资额7355亿元。

2016年5月23日，安徽省经济和信息化委员会召开民营经济专题新闻通气会，会议通报了安徽省与全国知名民企合作发展推进情况、我省2015年度全省推进中小企业和非公经济发展的重大举措和主要成就，重点从我省民营经济、专精特新中小企业、产业集群专业镇和中小企业服务体系四个方面发布了发展报告。

2016年5月30日，安徽省经济和信息化委员会发布支持民营经济政策“干货”29条。比照广东省佛山市做法，全面梳理近年来国家和省支持民营经济发展的系列政策，从促双创、降成本、助融资、拓市场、强保障五大方面精选政策“干货”29条，并制作了政策咨询联系表，旨在方便企业“按图索骥”，充分了解政策，促进政策落实。

2016年7月14–16日，安徽省组团参加第九届APEC中小企业技术交流暨展览会。

2016年7月29日，工业和信息化部批复同意设立中德（芜湖）中小企业合作区，成为继太仓、连云港、揭阳后，获批的国内第4家、中部地区首家国家级中德中小企业合作区。

2016年8月24日，《全省民营经济考核评价办法》经省政府常务会议研究通过。

2016年9月，2016年度“创客中国”安徽省创新创业大赛在合肥举办，来自全省200多个项目报名参加，涵盖了应用软件、生物医药、节能环保、新材料等行业的一系列科技新成果。经多轮角逐，小微企业和创客组共有20个项目脱颖而出，代表安徽参加全国大赛并获大赛创客组优胜奖，安徽省经济和信息化委获得全国大赛最佳组织奖。

2016年9月27日，2016安徽省民营企业百强排序新闻发布会在合肥举行。

2016年10月10日，安徽省组团参加第十三届中国国际中小企业博览会。

2016年10月28日，安徽省经济和信息化委员会与邮储银行安徽省分行签订中小企业金融服务战略合作协议，重点在产融合作类、产业支持类、政银合作类、金融创新类、平台服务类及能力提升类等领域开展深度合作。

2016年11月17日，全省中小企业直接融资暨产融合作政策解读培训班开班。

2015年福建省中小企业工作大事记

1月1日，省政府办公厅以“一号文”形式出台《进一步扶持小微企业加快发展七条措施》，从落实税收政策、支持直接融资、强化融资服务、加强用工保障、发展公共服务、支持基地建设、完善信息平台等七个方面支持小微企业发展。

3月5日，省经信委部署开展2015年“扶助小微企业专项行动”。

4月13日，省经信委、省教育厅、省人社厅联合组织开展全国中小企业百日招聘高校毕业生活动（“百日招聘”）。

4月23-24日，省经信委举办“2015年福建省中小企业公共服务平台网络工作培训班”。

5月13日，省经信委、省财政厅出台《福建省中小企业公共服务示范平台认定管理办法》和《福建省省级小微企业创业基地管理办法》。

5月13日，省经信委、省财政厅组织开展2015年福建省中小微企业发展专项资金项目申报工作。

6月12日，省经信委部署加快推进福建省中小企业公共服务平台网络建设。

6月29日，省经信委组织开展第一批国家小型微型企业创业示范基地申报工作。

7月20日，省经信委部署开展2015-2016年度中小企业经营管理领军人才培训工作，计划培训中小企业经营管理领军人才65名。

7月28日，省经信委组织开展“优环境、优服务，助力创业创新”专项行动。

8月20-9月20日，省经信委组织开展“中小微企业政策宣传月”活动，重点宣传促进中小微企业发展的政策措施和经验做法。

8月31日，省经信委、省财政厅公布新认定的44个福建省中小企业公共服务示范平台和5家福建省省级小微企业创业基地名单。

9月6-8日，省经信委组织15家中小企业参加第十八届中国农产品加工业投资贸易洽谈会。

9月8日，省经信委、省财政厅出台《关于加强企业应急资金保障工作的指导意见》。

10月10-13日，省经信委组织19家“专精特新”中小企业参加第十二届“中博会”。

10月19-23日，省经信委组织开展大众创业万众创新活动（双创活动周）。

11月12-15日，省经信委举办“2015年企业高级经营管理人才研修班”，省企业高级经营管理人才和部分龙头骨干企业高管等40多名学员参加培训。

11月18日，省经信委建立省级中小企业公共服务示范平台和小微企业创业基地运营情况季度统计报告制度。

12月10日，省政府出台《促进全省工业经济稳定增长若干措施》。

12月28日，省经信委与兴业银行签订《战略合作协议》，“十三五”期间，兴业银行将新增1000亿元资金支持福建省智能制造产业发展，并为中小微企业发展提供总额不低于300亿元的意向性融资支持。

2016年福建省中小企业工作大事记

1月11日，省经信委印发《2016年福建省中小企业发展和类金融机构监管工作要点》，部署优化企业发展环境、完善公共服务平台、规范类金融机构发展、提升融资服务水平、提升企业管理水平、助力企业市场开拓、深化供给侧改革七大重点工作。

1月20日，省经信委在厦门召开全省中小企业发展及类金融机构监管工作座谈会。

1月27日，省经信委公布公布2家第一批国家小型微型企业创业创新示范基地名单。

1月29日，省经信委组织开展国家中小企业公共服务示范平台运营情况检查。

3月22日，省经信委、省财政厅组织开展2016年福建省中小企业公共服务示范平台和小微企业创业基地认定工作。

3月24日，省经信委公布2015年度省级中小企业公共服务示范平台和小微企业创业基地季度运营情况。

4月8日，省经信委在福州召开第三批福建省中小企业公共服务平台网络项目建设工作座谈会。

4月下旬-5月中旬，省经信委在全省开展中小企业公共服务平台网络项目建设及类金融机构发展情况调研。

4月25日，省经信委、省财政厅组织开展2016年福建省中小微企业发展专项资金（省属）项目申报工作。

6月12日，省经信委公布2016年一季度省级中小企业公共服务示范平台和小微企业创业基地运营情况。

6月12日，省经信委部署加强中小企业运行监测工作。

6月15-7月5日，省经信委组织开展中小企业发展和类金融机构监管工作调研。

6月22-8月12日，省经信委组织开展第二批国家小型微型企业创业创新示范基地申报工作。

6月23日，经省政府同意，省经信委出台并组织实施《福建省中小企业成长计划（2016-2018年）》。

6月29日，省经信委、省财政厅部署做好福建省中小企业公共服务平台网络项目建设整改工作。

6月30日，省经信委部署加强福建省中小企业公共服务平台网络协同服务工作，出台《福建省中小企业公共服务平台网络协同服务考核指标体系（试行）》。

6月30-7月1日，省经信委在福州举办2016年福建省中小企业公共服务平台网络建设培训班（第一期）。

7月1日，福建省中小企业公共服务平台启动仪式暨新闻发布会在福州举行，中小企业需求服务再添公益性新渠道。

7月7日，省经信委、省财政厅公布新认定的21个福建省中小企业公共服务示范平台和18家福建省省级小微企业创业基地名单。

7月14-16日，省经信委组织15家新一代信息技术、精密机械、新能源汽车部件、工业设计等领域中小企业参加第九届APEC技展会“福建馆”展示推介。

8月3日，省经信委在福州召开2016年上半年全省中小企业发展及类金融机构监管工作座谈会。

8月18日，省经信委公布2016年第二季度省级中小企业公共服务示范平台和小微企业创业基地运营情况。

8月29日，福建省中小企业发展联席会议制度建立，成员单位由省经信委等19个省直单位组成。

9月18日，省经信委批复调整福建省中小企业公共服务平台网络项目实施方案。

10月10-13日，省经信委组织新一代信息技术、智能制造、高端装备、节能环保、创新设计等五个领域30多家中小企业参加第十三届中博会“福建馆”展示推介及系列对接活动。

10月12-18日，省经信委组织举办2016年大众创业万众创新活动周（双创活动周）活动。

10月19日，省经信委、省财政厅部署开展福建省中小企业公共服务平台网络项目验收工作。

10月26日，省经信委、省金融办、人行福州中心支行、福建银监局在福州举办“2016年福建省产融合作政银企对接会”。

12月中旬，省经信委在浙江大学举办“2016年高成长企业经营管理人才培训班”和“2016年企业高级经营管理人才研修班”，共有100名企业经营管理人才参训研修。

2015年江西省中小企业工作大事记

3月30日，省财政厅、省工信委印发《江西省小微企业创业园创业风险补偿引导基金管理办法（试行）》（赣财建〔2015〕23号），正式启动小微企业创业园创业风险补偿引导基金试点工作。

4月17日，国家工信部中小企业司韦向群副巡视员一行到我省调研中小企业运行和政策落实情况。

5月16日，国家工信部中小企业司副司长许科敏一行到我省调研指导小企业创业基地工作。

5月26日，我省组织推荐南昌市参加全国小微企业创业创新基地城市示范竞争性申报公开答辩，最终南昌市入选全国首批15个小微企业创业创新基地示范城市。

6月12日，第三期全省科技型中小企业总裁MBA研修班开学典礼在南昌举行，省工信委主任胡世忠出席并讲话。

6月24日，全省小微企业创业园创业风险补偿引导基金试点工作集中交办会在南昌召开，省工信委副巡视员万俊明出席并讲话。

8月15日，全省中小企业公共服务平台网络项目验收工作结束，全省1（省枢纽平台）+10（设区市综合窗口平台）+22（产业集群窗口平台）的平台网络架构基本建成。

9月15日，省工信委副主任谢光华出席“中国创翼”（2015）青年创业创新大赛华中赛区复赛晋级赛及颁奖仪式，并为获得“银翼之星”的选手颁奖。

9月28日，全省民营企业建立现代企业制度暨集中上市辅导活动在南昌启动。

10月10日，省工信委副主任谢光华在广州参加第十二届中国国际中小企业博览会，并视察江西展台。

11月2日，省工信委发文认定19家省级小微企业创业园和8家省级小微企业创业园创建单位。

11月24日至26日，全省民营企业建立现代企业制度暨集中上市辅导集训营第一次游学活动在丰城举办，谢光华副主任出席活动并讲话，并视察了丰城小微创业园及园内部分中小企业。

12月9日，省工信委发文认定2015年全省“专精特新”中小企业，南昌永棋科技发展有限公司等290家企业获得认定。

12月16日，省工信委副主任谢光华带队赴鹰潭调研中小企业发展及小微企业创业园建设情况。

12月22日，国家工信部中小企业局郑昕局长一行到我省调研中小企业运行和政策落实情况。

2016年江西省中小企业工作大事记

1月8日，第二期江西省科技型中小企业总裁MBA高级研修班的毕业典礼在南昌举办，省工信委副主任谢光华出席并讲话。

5月18日，2016年全省中小企业工作会在南昌召开。会议总结了2016年工作，对2017年工作作了部署，并就江西省中小企业“十三五”发展规划进行了讨论。省工信委副主任谢光华出席会议并讲话。

6月17日，第四期全省科技型中小企业总裁MBA高级研修班开学典礼在南昌举行，省工信委副主任谢光华出席并讲话。

6月27日，省工信委修订出台《江西省创业大学培训辅导管理暂行办法》（赣工信企业字【2016】289号）。

6月29日，省工信委修订出台了《江西省“专精特新”中小企业认定管理暂行办法》（赣工信企业字【2016】288号）。

7月14日，工信部副部长冯飞视察2016年中小企业APEC技展会（深圳）江西展台。

8月4日，省工信委修订出台《江西省小型微型企业创业创新示范基地认定管理办法》（赣工信企业字【2016】353号）。

10月10日–13日，第十三届中博会在广州举行，我省组织32家企业参展。

11月15日，省工信委修订出台《江西省中小企业公共服务示范平台认定办法》（赣工信企业字【2016】534号）。

11月21日，江西省小型微型企业创业创新示范基地（省级小微企业创业园）运营商培训班在北京举办。

11月16日，省工信委组织推荐的九江恒盛科技园等4家省级小微企业创业园被公告为国家小型微型企业创业创新示范基地。

12月6日，促进江西中小企业国际化发展合作推进会在南昌召开，省工信委与中行江西省分行签署合作协议，共同发布中小企业专属融资产品“中小通”。李贻煌副省长全程出席会议并领头启动“中小通”系统、见证签约仪式。

12月15日，省工信委与省非公办联合主办的2016江西创业创新大赛（首届）总决赛在南昌举行，产生的10强项目达成投资机构邀约金额13.51亿元。

12月23日，省工信委发文认定2016年江西省小型微型企业创业创新示范基地，樟树林小型微型企业创业创新基地等6家基地获得认定。

2015年和2016年湖北省中小企业工作大事记

2015年

5月11日至15日，湖北省重大人才工程“123”企业家培育计划“民营企业创新管理培训班”在中国浦东干部学院成功举办，40多位“123”民营企业家参加了此次专题培训，陈明珠、庄联森、何畔、何邵强、罗时华等5名企业家被学院评为优秀学员。本次培训是按照《“123”企业家培育计划三年培育方案》和委领导的要求，为应对当前市场改革新浪潮、“互联网+”带来的产业新变革，同时结合我省民营企业发展实际而组织的专题培训活动，是“123”企业家培育计划“省内、国内、国外”链条式培训举措中的重要环节。

5月28日，为贯彻落实《中共中央关于全面深化改革若干重大问题的决定》和《中共湖北省委关于深入贯彻党的十八届三中全会精神全面深化改革的意见》等文件精神，深化我省经济体制改革，更好发挥非公有制经济在全省经济社会发展中的重要作用，促进民营经济持续健康发展，省人民政府出台了《关于引导和鼓励民营企业建立现代企业制度的若干意见》（鄂政发〔2015〕38号）（以下简称《意见》），《意见》包括总体要求、主要任务和保障措施三大部分，共十二条。总体要求阐述了指导思想、基本原则和主要目标；主要任务包括推进产权制度创新、推动混合经济发展、实行更加市场化的经营机制、推动企业争创发展新优势等四项具体内容；保障措施围绕加强组织领导、营造公平市场环境、加大财税金融支持和强化法治保障对民营企业现代企业制度建设提供支撑。

6月3日，全省中小企业工作会议在汉召开，会议的主要任务是贯彻落实国家和省支持小微企业发展和推动大众创业、万众创新政策措施，贯彻落实工信部6月2日在天津召开的“全国中小企业创新转型经验交流电视电话会议”精神，总结过去一年的工作，对做好新常态下全省中小企业工作进行再动员、再部署。会议安排现场参观了省中小企业公共服务枢纽平台、武汉理工大学国家级创业孵化示范基地，观摩了武汉光谷创业咖啡创业创新服务活动；武汉、十堰、仙桃、光谷创业咖啡分别在会上交流了支持“大众创业，万众创新”、实施中小企业成长工程、推进中小企业公共服务平台建设和打造众创空间、服务创业创新的经验。

9月25日至26日，湖北省重大人才工程——“123”企业家培育计划（第四批）新兴产业领域培养人选答辩评审会在武汉顺利举行。评审会由省委组织部和我委共同组织实施，我委胡树华副主任、省委组织部人才处徐小兵处长主持了现场评审工作。本次答辩评审拟从各地推荐的82人中遴选培养对象50人，对入选的培养对象，以三年为一个培养周期，采取理论集中授课、专家结对指导，企业岗位挂职、国内外高端交流，高级学位攻读、典型专业考察等形式进行强化培训，同时通过建立健全入选企业家及所在企业信息档案，搭建交流互动平台，实行跟踪回访，加强服务支持，促进企业发展和企业家成长。

10月23日，为贯彻落实《省政府关于引导和鼓励民营企业建立现代企业制度的若干意见》（鄂政发〔2015〕38号）（以下简称《意见》），以制度创新和管理创新加快民营经济发展，省非公有制改革领导小组印发了《关于开展民营企业建立现代企业制度试点工作实施方案的通知》（鄂非公改组发〔2015〕1号），有序开展试点工作，引导和鼓励有条件的民营企业建立以产权清晰、责权明确、治理规范、管理科学为特征的现代企业制度，促进企业法人治理结构和治理能力的现代化，为我省民营企业现代企业制度建设提供可复制、可推广的成果和经验，在全省营造企业管理科学、信息透明、规范发展的氛围，促进民营经济持续健康发展。

10月29日，省委、省政府召开电视电话会，动员部署全省“万名干部进万企，创优服务稳增长”活动。受省委书记李鸿忠、省长王国生委托，省委常委、常务副省长王晓东，省委常委、组织部部长贺家铁作动员部署，副省长许克振主持会议。会议要求，“万名干部进万企”是对干部担当作为的重要检验，要扎扎实实履职尽责，以严实作风为企业排忧解难，以“工匠”精神落实各项任务，以主人翁姿态贴心服务。要落实单位责任，为活动开展提供坚强保证，单位要当好后盾，选好工作组人员，严肃工作纪律。

11月7日，湖北省“123”企业家培育计划（民营企业）第四批培养人选集中培训班开班仪式暨首批培养人选结业成果报告会在华中科技大学管理学院举行。我委欧阳万坤主任，华中科技大学校长助理袁汉桥、管理学院院长王宗军等同志出席开班仪式，仪式由我委胡树华副主任主持。“123”企业家培育计划首批和第四批全体学员、第二批、第三批学员班委会成员、市州经信委同志参加了开班仪式，首期班八位学员代表围绕企业安全发展、海外拓展、战略营销、专精特新、全员创新、打造民族品牌和感恩社会等话题分享了结业成果。

11月12-14日，由国家工信部、科技部、知识产权局、中科院、中国贸促会等中央部委和湖北省人民政府共同主办，省经信委、武汉东湖高新区管委会等单位承办的第十一届中国·湖北产学研合作项目洽谈会在武汉国际博览中心盛大召开。大会继续突出“创新·合作·发展”主题，推动知识与产业结合，技术与市场互动，创业与投资共赢，筑起一个立足服务湖北、辐射中部、面向全国的创新服务平台。工信部副部长陈肇雄，国家知识产权局副局长何志敏，中国工程院党组成员，秘书长钟志华，美国驻武汉总领事周重山，俄罗斯激光协会秘书长柳德米娜，中国工程院院士赵梓森，刘经南。德国通快公司大中华区总裁乐安德出席开幕式并巡馆。

2016年

4月15日上午，全省企业减负工作座谈会在武汉召开。会议对2015年全省企业减负工作情况进行了总结，对2016年减负工作进行了动员部署，开展了企业负担网上调查培训。会上，省财政厅、省物价局，宜昌市、荆门市分别作交流发言。省经信委副主任吴方军出席会议并作重要讲话。省减轻企业负担专项治理工作领导小组成员单位联络员及各地市州（林区）经信委分管副主任、减负办主任（科长）参加了会议。

4月28日，“2016年中小微企业上市融资大讲堂”活动在宜昌成功举办，这是今年“产融合作助推转型升级”系列服务活动的第二站。中国中小企业上市服务联盟、天逸金融服务集团、湖北银行宜昌分行、北京融马盛武汉分公司及当地150余家中小微企业的董事长或高层管理人员参加了培训和对接。

6月1日，省政府召开全省“万名干部进万企，创优服务稳增长”活动总结电视电话会议，94家省直有关单位、中央在鄂有关单位负责同志在洪山礼堂主会场参加会议，17个市（州），100多个县（市、区）设置分会场，各市、州、县政府分管领导、“双万”活动办及相关部门负责同志在分会场参加会议。“双万”活动期间，各地、各部门精准施策，精心组织，扎实推进，深入企业摸实情、解难题、优服务，取得了显著成效。全省共成立工作组10433个，挂牌服务企业17929家，规模以上工业企业实现全覆盖；解决困难问题23951个，问题解决率达77.6%，广大企业切切实实有“获得感”。

7月15日，第九届APEC中小企业技术交流暨展览会在深圳开幕，我省23家中小企业、武汉中小企业公共服务平台等2家服务中心组团参展。鄂企带来的新产品、新技术琳琅满目，吸引了各地采购商前来洽谈。

7月26—28日，由省经信委主办，省中小企业服务中心承办，省高新技术发展促进中心、光谷创业咖啡协办的“2016年全省创业辅导师培训班”在武汉成功举办。来自全省各市州小微企业创业创新基地的管理和服务人员共80余人参加了本次培训。本次培训是我省面向创业辅导师队伍的首次系统性、专业化、针对性培训，旨在引导小型微型企业创业创新基地规范化发展，提升基地管理和服务人员的业务能力和服务水平，进一步完善中小企业服务体系，推动中小微企业持续健康发展。

8月25日，全国工商联发布“2016中国民营企业500强”榜单，18家鄂企入围（2015年16家），数量并列全国第五，中部第一。九州通、稻花香分别以495.89亿元、435.52亿元的年营收，排名第68位、86位，进入百强。我省入围的18家企业分别是：九州通、稻花香、卓尔控股、山河建设集团、新八建设集团、新七建设集团、金澳科技、福星集团、程力专汽、金马凯旋、枝江酒业、襄大农牧、骆驼股份、康顺集团、宝业湖北建工、三宁化工、新十建设集团、东圣化工。

11月29日，湖北省“123”企业家（民营企业）培育计划第五批培养人选集中培训开班暨第二期班学员结业成果报告会在华中科技大学管理学院举行。欧阳万坤主任出席活动并作重要讲话，全国政协委员贾康、省委组织部部务委员、省人才办主任周业军、华中科技大学党委副书记马建辉、管理学院院长王宗军等出席，开班典礼及结业仪式由胡树华副主任主持。“123”企业家（民营企业）培育计划第二期、第五期全体学员和第三、四期班委会成员、各市州经信委同志参加了活动。第二期班8位学员代表围绕创新、品牌、传承等与学员们分享了结业成果。

2015年湖南省非公有制经济工作大事记

1月，印发《湖南省中小企业公共服务平台网络运行管理办法》。

2月，黄东红副主任、黄学工局长赴省工商联开展厅际合作座谈，签署印发《2015年省经信委省工商联厅际合作计划》。

2月至6月，开展省中小企业信用担保资金项目申报和专家评审工作，与省财政厅联合下发项目申报通知，确定支持业务补助项目57个，信息化建设项目5个，资金已于6月底全部下达。

2月至7月，开展省中小企业发展专项资金服务体系项目申报和专家评审工作，与省财政厅联合下发项目申报通知，确定支持93个，资金已于7月底全部下达。

3月，全省中小企业工作会议在长沙召开，黄东红副主任、黄学工局长出席会议，并对全年工作进行部署。

3月，组织参加全国中小企业工作暨扶助小微企业专项行动电视电话会议，谢超英主任作为4个省市代表之一在会上作典型发言。

3月至12月，组织开展“扶助小微企业专项行动”。下发《关于印发〈湖南省2015年扶助小微企业专项行动实施方案〉的通知》，围绕政策落实、市场营销、投资融资、创业创新、转型升级、管理提升、舆论宣传等方面组织开展系列服务活动。

3月至12月，开展中小企业管理升级活动。印发《关于深入开展2015年“腾飞杯”管理升级活动的通知》，举办“腾飞杯”管理升级讲座16场，参加企业超过2080家，深度服务企业230家。

4月，与省财政厅联合开展全省担保体系检查，抽查部分市州担保公司业务开展情况。

4月，建立各公共服务平台主要运行指标情况通报制度，每季度公布各市州平台、产业平台的主要运行指标及运营情况，充分发挥中小企业公共服务平台网络作用。

4月至5月，开展2014年度省中小企业发展专项资金使用情况核查工作。

5月，省委、省政府召开全省促进非公有制经济发展大会，会议以电视电话会的形式开到乡镇一级。省委书记、省人大常委会主任徐守盛，省委副书记、省长杜家亳出席会议并作重要讲话，省委副书记孙金龙主持，谢超英主任作大会典型发言。

5月，机关机构改革完成。原中小企业局改设为中小企业发展促进处、中小企业服务指导处两个正处级处室。

5-6月，与省委宣传部、省委统战部、省工商联等部门联合举行创新创业先进典型巡回报告活动。

5月，向工信部呈送《湖南省中小企业融资和担保情况汇报》。

6月，与建设银行、邮储银行联合召开全省中小企业融资平台建设推进会，推动县市区和工业园与银行合作建立风险补偿资金池，开展“助保贷”业务。

6月至8月，修订、印发《湖南省中小微企业创业基地管理办法》。

6月至12月，组织申报、评审、推荐第一批“国家小型微型企业创业创新示范基地”。工信部认定株洲高新区留学人员创业园、岳阳经济技术开发区创业孵化基地、湘潭火炬创新创业园、麓谷科技孵化器4家创业基地。

7月，召开湖南—新疆吐鲁番中小企业对接会。

7月，举办2015年国家中小企业银河培训工程湖南省中小企业创业基地负责人培训班。

7月至9月，配合省人大组织部分在湘全国人大代表就“支持小微企业缓解融资难”开展了专题调研，代拟了报国家的和报省里的调研报告。

8月，完成第二批国家中小企业公共服务示范平台复核工作。

8月，举办“小微企业政策宣传暨服务月”启动及服务机构服务中小企业对接活动。

8-10月，开展中小企业服务体系实地调研，每个市州选定3~4个县市区，实地考察服务中心、窗口平台、创业基地、物流企业（园区、平台）等，召开服务机构建设和中小企业需求座谈会，了解中小企业服务需求。

8月至12月，举办“精准服务进园区”系列活动七场。

8月至12月，组织编制《湖南省组织中小企业服务体系建设“十三五”规划》，通过实地调研、问卷调查、资料搜集、文本编制以及反复修改，将于2016年一季度印发实施。

9月，工信部中小企业局局长郑昕在湘召开中小微企业经济运行形势座谈会，参观考察省中小企业公共服务平台、长沙市雨花经开区创业基地、国际企业中心，唯科拓科技等企业。

10月，组织开展全省中小企业和非公经济发展情况调研，形成《湖南中小工业企业转型升级情况调研报告》，省委办公厅《内参》刊发。

10月，与省财政厅联合印发《湖南省中小企业发展专项资金管理办法》。

10月，举办第十一届湘台经贸交流合作会“互联网+”促中小企业转型发展论坛。

10月，开展“推动大众创业万众创新活动周”活动。

10月，组织部分中小企业赴广州参加第十二届中国国际中小企业博览会。我省41家中小企业及1家省级核心服务机构1家省级中小企业公共服务平台参展，参展展位共计48个，参展人员110余人，参展企业共签订意向销售合同10200万元。

11月，参加工信部在江苏南京举办的“全国中小企业运行监测工作会议”。

11月，举办湖南省创业辅导师培训班，工信部中小企业局许科敏副局长出席开班仪式并调研我省中小企业服务体系建设情况。

11月，开展湖南省中小企业融资超市建设调研，选择益阳、株洲、长沙三地进行了现场调研，形成《关于湖南省中小企业融资超市建设情况及下一阶段工作思路的汇报》的调研报告，确定了我省下一阶段融资超市的运营和发展思路。

11月，向省政府呈报《关于加强中小企业信用担保体系建设促进融资担保行业加快发展的报告》。

11月，报送长沙市中小微企业创业创新基地城市示范三年工作计划，指导长沙市经信委根据职责分工制定本部门3年工作计划。

11-12月，开展第二批国家中小企业公共服务示范平台复核工作。

12月，公布湖南省第二批中小企业“专精特新”示范企业名单，全省中小企业“专精特新”示范企业增加到520户。

12月，参加工信部在山东青岛举办的“全国中小企业产业集群工作会议”，并做了《湖南省产业集群发展基本情况汇报》。

12月，联合省委讲师团举办“大众创业万众创新”座谈会。

12月，下发《关于公布“湖南省中小微企业创业创新基地”认定名单的通知》，认定了长海创业等73家创业创新基地。

12月，做好部分中小企业赴台湾考察交流前期准备工作，加强湘台经济合作，促进中小企业转型发展。

2016年湖南省中小企业大事记

1月21日，省经信委、省工商联召开厅际合作暨补齐非公经济短板座谈会，签署并实施了《2016年省经信委、省工商联厅际合作计划》。

2月，全省中小企业工作会议在长沙召开，省经信委黄东红副主任在会上作工作报告并对全年工作进行部署，省工商联李曦副主席应邀出席并讲话。

2-12月，组织开展“腾飞杯”管理升级活动。印发了《关于“十三五”期间持续开展中小企业“腾飞杯”管理升级活动的通知》，切实帮助中小微企业加强管理、提高素质、增加效益，促进中小微企业转型升级发展，组织开展了30场“腾飞杯”专题活动，参加企业达到1836家，后续签约深度服务企业392家。

2-12月，组织开展“中小企业+互联网”专项行动。印发了《关于开展“中小企业+互联网”专项行动的通知》，帮助中小企业在研发设计、生产加工、内部管理、市场开拓等方面加强信息化建设。组织开展了18场专题活动，参加企业达到1316家，后续签约深度服务企业140家。

2-12月，组织开展“扶助小微企业专项行动”。下发《关于印发〈湖南省2016年扶助小微企业专项行动实施方案〉的通知》，围绕政策落实、转型升级、精准服务、创业创新、投资融资、对接合作等方面组织开展系列服务活动。

3月，印发《湖南省中小企业服务体系建设“十三五”规划》，从全省战略高度，规划我省中小企业服务体系建设总思路、发展目标和主要建设任务，为全省服务机构、中小微企业的发展方向和目标。

3月，为落实省委、省政府加强湘台合作的决策部署，学习台湾地区中小企业发展经验，加强两地中小企业合作，组织市州中小企业主管部门负责同志、中小企业和服务机构负责人共49人，赴台湾进行了8天的培训交流活动。

3-4月，省经信委、省工商联组成联合调研组开展关于补齐非公经济短板的专题调研，并形成了《关于补齐非公经济短板的调研报告》。

4月至7月，开展“精准服务进园区”活动。以“需求摸底+自主申报”的形式开展财税辅导、营销、工业设计等专场培训和深度对接。

5月，按照2016年上半年全省全面深化改革第一梯次督察工作的部署，联合省财政厅、省科技厅等省直部门分别对长沙、湘潭等6市进行督察，并形成了促进非公有制经济发展督察情况汇报。

5月，汇编《非公有制经济和中小微企业发展重要政策文件汇编》，收集和整理国家和省里近三年出台的促进非公有制经济和中小微企业发展的重要政策文件41个。

5月，编发《扶持中小微企业发展政策指南》。收录近三年来国家、省里有关创业创新、中国制造2025、企业转型升级、税收优惠、财政资金申报等12类中小微企业惠企政策411个，并对其中110多项政策进行了解读。

6月，举办2016年“湖南省第二届中小企业服务对接会”。组织“政策直通车”和“服务对接”两大主题活动。吸引到54家省内外优秀服务机构，400家企业共计700余人参会。发布了76个公益服务产品和210个公共服务产品，340个项目达成了合作意向。

6月至12月，修订出台了新的《湖南省中小微企业核心服务机构管理办法》（湘经信中小服务〔2016〕334号），全省认定170家省级中小微企业核心服务机构。

7月，根据促进非公有制经济发展的新形势、新要求，省委、省政府及时调整充实全省促进非公有制经济和中小企业发展领导小组，由陈向群常务副省长任领导小组组长，黄兰香、何报翔、张剑飞三位省领导任副组长，进一步加强对非公有制经济发展工作的组织领导，组织召开领导小组会议，专题研究部署当前非公有制经济降成本、促转型等重点工作。

7月，举办全省县市区、工业园区中小企业公共服务平台能力提升培训班。

7月，组织20家科技型企业参加了第九届APEC中小企业技术交流暨展览会，我省参展的企业共签订意向合同20份，合同金额5000余万元，我委获“优秀组织单位”称号。

8月，按工信部、财政部、中国人民银行、中国银监会联合印发的《关于组织申报产融合作试点城市的通知》要求，经有关城市申报，我委会同有关部门共同评审筛选，联合推荐了长沙市、株洲市申报国家产融合作试点城市。

8月至12月，举办“精准服务进园区”系列活动。

9月，省经信委、省财政厅等七部门联合出台《关于鼓励民营企业建立现代企业制度的意见》（湘经信中小发展〔2016〕469号），对民营企业进行股份制改造给予资金和政策支持，提升民营企业经营管理水平，促进转型升级。

10月，举办“携手行动—湖南省企业家志愿者助力小微企业”公益活动。

10月，组织42家中小企业及省中小企业公共服务平台参加了第十三届中国中小企业博览会，我省参展企业共获得意向客户400余家，签订各类合同、协议或意向656份，合同金额1.35亿元，我委获“最佳组织单位”称号。

10月，开展“推动大众创业万众创新活动周”活动。

10月至12月，开展省改善中小企业融资环境（第二批）项目申报和专家评审工作，与省财政厅联合下发项目申报通知，确定支持融资超市、“助保贷”平台、应急转贷平台项目共33个，资金已于8月底全部下达。

11月29日，召开省委非公有制经济工作会议，许达哲省长出席并讲话，陈向群常务副省长主持，省领导易炼红、傅奎、黄关春、黄兰香、何报翔、张剑飞、杨维刚出席会议，深入学习贯彻习近平总书记系列重要讲话特别是3月4日在全国政协联组会议上的重要讲话精神，落实党的十八届六中全会和省第十一次党代会精神，全面部署湖南非公有制经济工作，推进各项政策贯彻落实，将促进非公经济发展工作提升到重要位置。

2015年广东省中小企业及民营经济工作大事记

3月19日，由广东省经济和信息化委员会、揭阳市人民政府和佛山市人民政府共同举办，主题为“牵手工业4.0，创办百年企业”的中德中小企业合作培训班在广州正式开班，迈出了实现首届中德中小企业合作交流会“4个100”工作目标的重要一步。省政府副秘书长吴悬出席开班仪式并致辞。省经济和信息化委党组成员、省中小企业局局长张文献，揭阳市市长陈东，佛山市投资服务中心叶金林，德国驻广州领事馆总领事吕海慕，德国工商大会广州代表处首席代表冉礼文等参加开班仪式。

4月16日，第十二届中国国际中小企业博览会全国动员会在北京召开。会上，中博会组委会副主任、工业和信息化部总工程师王黎明做了动员讲话，中博会组委会秘书处副主任、广东省中小企业局局长张文献通报了第十二届中博会筹备工作情况，中博会组委会副秘书长、广东省经济和信息化委员会主任赖天生出席了会议。会议由中博会组委会秘书处副主任、工业和信息化部中小企业司副司长田川主持。来自各省、自治区、直辖市及计划单列市、新疆生产建设兵团的中小企业主管部门、有关单位分管领导、专业展承展机构负责人等70余人参加会议。

5月13日，省中小企业局局长张文献与意大利艾米利亚-罗马涅大区（简称“罗马涅大区”）主席斯坦法诺·波那奇尼一行进行广东-罗马涅中小企业合作交流座谈。双方就推动两省区中小企业合作交流特别是以罗马涅大区为重点继续开展粤意中小企业高管培训项目（简称GIT项目）合作事宜进行了友好商谈。

5月26日，省中小企业局局长张文献、省信息中心主任陈少媚以及相关处室负责同志上线广东“民声热线”节目，广东人民广播电台进行现场直播。本期“民生热线”的主题是“小微企业的政策和服务及网上办事大厅建设”。张文献向广大听众介绍了广东省支持中小微企业持续发展的政策和措施，就企业代表提出的小微企业发展中遇到的困难和问题进行了回应。

6月16日，由工业和信息化部装备工业司主持召开的第十二届中博会智能制造与装备展招展招商工作座谈会在北京召开。工业和信息化部装备工业司副司长王卫明、中小企业司副司长田川、广东省中小企业局局长姚德洪出席会议并讲话。来自北京、天津、上海、江苏、浙江等17个省市工业和信息化主管部门装备工业处室及第十二届中博会智能制造与装备展承展机构的相关负责同志约50人参加了会议。

7月6日，《广东省人民政府关于创新完善中小微企业投融资机制的若干意见》（下称《意见》）正式对外公布。省政府召开新闻发布会，就《意见》有关情况答记者问。省政府有关领导、省中小企业局局长姚德洪出席发布会并答记者问。为全力抓好当前稳增长工作，力促中小微企业健康发展，《意见》从平台建设、政府基金支持、增信支撑、间接融资、直接融资、创新融资工具、政府服务7个方面提出18条措施。2015年至2017年，省财政将统筹安排专项资金66亿元用于支持中小微企业投融资。

7月9日，由省中小企业局主办，省中小企业服务中心、省小微企业服务机构联合会承办，在广州举办为期10天的“2015年广东省中小企业赛飞创业辅导师培训研修班”。来自全省23个省级小企业创业基地的52名中高层管理人员参加本次培训班。培训班学员完成了各项培训科目并通过考核，获得由德国赛飞国际培训机构颁发的“赛飞创业辅导师证书”。培训班学员将为小企业创业基地的创业者和创业企业提供专业的创业辅导服务。这是省中小企业局组织培育的第一批具有资质的创业辅导师。

7月31日，省政府在广州召开全省中小微企业工作会议。省长朱小丹出席会议并讲话。省委常委、常务副省长徐少华主持会议。会上通报了全省中小微企业发展情况并对省政府《关于创新完善中小微企业投融资机制的若干意见》作说明。省经济和信息化委主任赖天生参加会议并就贯彻落实省政府扶持中小微企业决策部署、推进中小微企业发展发言，省中小企业局局长姚德洪参加会议。

8月4日，2015广东省中小微企业“上网触电”启动仪式在广州举行。“上网触电”项目由广东省级中小微企业发展专项资金给予支持，经省经济和信息化委和省财政厅共同审核确定由京东商城和苏宁易购两家电商平台实施。每家平台均必须在项目实施期内帮助1500家以上中小微企业首次“上网触电”，实现网络营销。

9月8日，第十二届中国国际中小企业博览会第二次全国联络员会议在广州召开。中博会组委会秘书处副主任、工业和信息化部中小企业局副局长田川，中博会组委会秘书处副主任、广东省中小企业局局长姚德洪出席会议。

9月24日，省中小企业局在江门召开全省中小企业局局长座谈会，落实全省中小微企业工作会议精神，研究部署下一阶段重点工作。省中小企业局局长姚德洪出席座谈会，并作总结讲话。省中小企业局副局长、各地级以上市及顺德区中小企业行政主管部门主要负责同志参加了会议。

9月28日，中博会组委会在广州主持召开第十二届中博会广东省筹办工作会议，检查落实各项筹备工作，协调解决有关问题，强调要把各项筹备工作抓紧抓细抓好，努力把本届中博会办出水平、办出实效。

10月8日，第十二届中国国际中小企业博览会组委会在广州举行新闻发布会。中博会组委会秘书长、广东省人民政府副秘书长卢炳辉通报了第十二届中博会的筹备情况，中博会组委会秘书处副主任、工业和信息化部中小企业局副局长田川，中博会组委会秘书处成员、国家工商总局个体私营经济监管司综合处调研员李重，马来西亚驻广州总领事馆商务领事苏莱仕·古玛出席会议。新闻发布会由广东省政府新闻办公室副主任王永清主持。

10月9日，第十二届中国国际中小企业博览会组委会在广州举办开幕招待会。工业和信息化部部长、中博会组委会主任苗圩在招待会上致辞并宣布本届中博会开幕。广东省省长、中博会组委会主任朱小丹，国家工商总局副局长、中博会组委会副主任刘玉亭，马来西亚对外贸易发展局主席诺莱妮出席招待会并致辞。工业和信息化部副部长、中博会组委会副主任辛国斌，云南省副省长刘慧晏，西藏自治区政府副主席姜杰，新疆维吾尔自治区政协副主席刘建新，新疆生产建设兵团党委常委田建荣等出席招待会。

第十二届中博会于10月10日-11月4日在广州举办，联合主办国为马来西亚，展览面积共11万平方米，展位近

5000个，有包括中国和马来西亚在内的34个国家和地区的2200多家中小企业参展。马来西亚作为联合主办国组织了约150家企业参展，行业涉及食品、服装、生活用品、服务及医药等。本届中博会除举行中小企业产品、技术、服务的展示、洽谈和交易活动，还将举行中国中小企业高峰论坛、中小企业发展国际研讨会、中小企业信息化应用推广、创客中国大赛华南赛事活动、产业集群与创业创新论坛，以及专业展论坛等活动。

10月10日，中央政治局委员、广东省委书记胡春华、工业和信息化部部长苗圩，广东省省长朱小丹在广州出席第十二届中国国际中小企业博览会，会见马来西亚对外贸易发展局主席拿督诺莱妮率领的马来西亚政府代表团，并参观博览会展馆。

10月10日，第十二届中博会中国中小企业高峰论坛（主论坛）在广州花园酒店举行。本届高峰论坛以"创新驱动，智造未来"为主题，积极响应"中国制造2025"战略部署，结合当前中小企业发展的新形势，聚焦中国制造业的创新与转型。中博会组委会副主任、工业和信息化部副部长辛国斌以及联合主办国马来西亚代表团代表、马中总商会会长黄汉良出席论坛并致辞。国家工商总局个体私营经济监管司巡视员刘小平，省中小企业局局长姚德洪，联合主办国马来西亚代表团嘉宾、有关国家驻穗总领事馆代表出席论坛。

10月11日，第十二届中博会中小企业发展国际研讨会暨2015驻穗总领事圆桌会议在广州花园酒店举行。中博会组委会秘书长、广东省政府副秘书长卢炳辉，中博会组委会秘书处副主任、中国工业和信息化部中小企业局副局长田川，中博会组委会秘书处副主任、广东省中小企业局局长姚德洪，广东省外事办公室副主任罗军等出席会议。

10月12日，"广东省高成长中小企业板"（简称"高成长板"）首批企业挂牌暨开板鸣锣仪式在第十二届中国国际中小企业博览会论坛活动上隆重举行。工业和信息化部中小企业局副巡视员陈滨、工业和信息化部信息中心主任孙蔚敏、广东省中小企业局局长姚德洪、广州股权交易中心总经理黄成共同为首批高成长板挂牌企业授牌，并为高成长板开板鸣锣。高成长板由省中小企业局与广州股权交易中心共同建设，目标是打造中小企业上市培育平台。

10月23日，按照工业和信息化部关于集中开展推进大众创业万众创新活动（"双创活动周"）的统一部署，省中小企业局在国家小微企业创业创新基地示范城市——江门市举办了"大众创业万众创新活动周政策宣讲日"活动。省中小企业局有关领导、各地市和江门市各县区的中小企业行政主管部门负责人以及46个省小企业创业基地的中高层管理人员等共超过100名代表参加了会议。

11月1日，由国家工业和信息化部、国家工商行政管理总局、广东省人民政府联合主办，广东省服饰文化促进会联合广东省纺织协会承办的第十二届中国国际中小企业博览会智造纺织与服装展在广州国际采购中心展馆开幕。工业和信息化部中小企业局局长、中博会组委会副秘书长郑昕出席开幕式并致辞。省经济和信息化委副主任郑勇明，省中小企业局局长、中博会组委会秘书处副主任姚德洪，广东省服饰文化促进会会长汤敏仪出席开幕式并巡视展馆。此外，出席开幕式的还有韩国设计协会副会长洪恩珠女士、俄罗斯咪亚英希格娜服装协会伊莲娜碧格女士等境外嘉宾。开幕式由省中小企业局副局长、中国国际中小企业博览会事务局局长何佐贤主持。

12月11日，工业和信息化部副部长冯飞来粤出席第九届APEC中小企业技术交流暨展览会新闻发布会，会上，冯飞宣布第九届APEC中小企业技术交流暨展览会展会将于2016年7月14日至16日在深圳举办。随后，冯飞出席了第十届中国工业设计周开幕式活动。省经济和信息化委副主任何荣、省中小企业局局长姚德洪参加相关活动。12月12日，冯飞一行赴江门和广州调研小微企业双创工作和中小企业对外合作情况。实地调研江门市小微企业创业创新基地示范城市建设和中小企业对外合作情况以及中国（广州）中小企业先进制造业中外合作区核心区——广州开发区建设情况后，冯飞对相关工作给予了充分的肯定，指出江门市开展的小微双创和对外合作工作"有成效、有特色、有力度"，广州创新推进中外合作区广州中外合作区"起点高、基础好、模式新"。

12月22日，首家省担保股权投资基金出资的市级中小微企业政策性担保机构——云浮市粤财普惠融资担保股份有限公司揭牌运作。当日，在云浮市"四平台四基金"发布会暨新金融工具融资推介会上，省有关部门领导及云浮市委市政府主要领导为该公司揭牌。

12月29日，省经济和信息化委、人民银行广州分行、省财政厅联合向3家银行（邮储银行广东省分行、招商银行广州分行、平安银行广州分行）授予"广东省中小微企业小额票据贴现中心"牌匾。三家银行将启动运作"广东省中小微企业小额票据贴现中心"，面向中小微企业提供小额商业汇票（票面金额100万元以下）贴现融资服务。省中小企业局局长姚德洪出席授匾仪式并致辞。

2016年广东省中小企业及民营经济工作大事记

1月18至20日，工业和信息化部副部长冯飞出席工业和信息化部和德国经济和能源部共同举办的“第五次中德中小企业政策磋商会”，并调研揭阳、汕头两市中小企业发展情况。副省长温国辉在揭阳会见冯飞及德国经济和能源部国务秘书伊丽斯·格莱克一行，并共同为“德国先进技术推广中心”揭牌。省经济和信息化委主任赖天生、省中小企业局局长姚德洪参加相关活动。

3月4日，由省经济和信息化委、省商务厅支持，中国国际中小企业博览会事务局与日本贸易振兴机构广州代表处联合主办的中日中小企业（广东）论坛在广州举行。广东省经济和信息化委党组成员、中小企业局局长、中博会组委会秘书处副主任姚德洪代表广东省经济和信息化委、中小企业局和中博会组委会秘书处向中日来宾致欢迎辞，介绍了广东省中小企业发展情况以及日本中小企业参加中博会的情况。日本贸易振兴机构北京代表处所长田端祥久代表日方致辞。

3月28日，省委、省政府在广州召开民营经济工作座谈会，学习贯彻习近平总书记在参加全国政协十二届四次会议民建、工商联界委员联组会时的重要讲话精神，听取民营企业家对发展民营经济的意见建议，研究部署我省民营经济工作。中央政治局委员、广东省委书记胡春华主持会议并讲话，强调要认真学习贯彻习近平总书记重要讲话精神，毫不动摇坚持我国基本经济制度，鼓励、支持、引导民营经济健康发展，充分发挥民营经济的强大活力和创造力，促进我省在适应和引领经济发展新常态上走在前列。省长朱小丹出席会议并对我省民营经济工作作具体部署。省人大常委会主任黄龙云、省政协主席王荣出席会议。

4月8日，第十三届中国国际中小企业博览会（以下简称中博会）新闻发布会在北京举行。中博会组委会副主任、工业和信息化部副部长冯飞，中博会组委会副主任兼执行主任、广东省人民政府副省长袁宝成，中博会组委会秘书长、广东省人民政府副秘书长钟旋辉，工商总局个体私营经济监督管理司副司长张霞以及科特迪瓦共和国驻华使馆特命全权大使多索·阿达马出席发布会。中博会组委会副秘书长兼秘书处主任、广东省经济和信息化委员会主任赖天生，中博会组委会秘书处副主任、广东省中小企业局局长姚德洪出席了发布会。

4月8日，第十三届中国国际中小企业博览会组委会会议在北京召开。中博会组委会副主任、工业和信息化部副部长冯飞，中博会组委会副主任兼执行主任、广东省人民政府副省长袁宝成，中博会组委会秘书长、广东省人民政府副秘书长钟旋辉，中博会组委会副秘书长兼秘书处主任、广东省经济和信息化委员会主任赖天生，中博会组委会秘书处副主任、广东省中小企业局局长姚德洪等领导出席会议。工业和信息化部、工商总局、发展改革委、财政部、质检总局等有关部委司局，以及中国中小企业国际合作协会、中国个体劳动者协会、香港贸易发展局代表参加了会议。会议由中博会组委会秘书处副主任、工业和信息化部中小企业局副局长田川主持。

4月19日，全省小微企业创业创新基地城市示范工作座谈会在江门市召开。省中小企业局局长姚德洪、江门市副市长许晓雄等出席会议并讲话。国家级和省级小微企业创业创新基地城市示范的代表和省财政厅、科技厅、商务厅、工商局的相关处室负责同志参加了会议。

6月6-7日，由广东省人民政府、国家工业和信息化部、德国工商大会联合主办，揭阳市人民政府和省经济和信息化委共同承办的第二届中德中小企业合作交流会在揭阳成功举办。省委书记胡春华，省委常委、秘书长邹铭，副省长袁宝成，工业和信息化部中小企业局副局长田川，德国工商大会主席史伟哲，揭阳市委书记严植婵、市长陈东，省经济和信息化委主任赖天生、省中小企业局局长姚德洪等出席了相关活动。

6月28日，省政府在佛山召开全省民营经济工作现场会，深入贯彻落实中央和省委、省政府关于促进民营经济发展的决策部署，总结推广佛山、江门、深圳等市经验，分析当前民营经济发展面临的新形势新要求，对促进民营经济更好更快发展进行再动员再部署。省长朱小丹出席会议并作讲话，省委常委、常务副省长徐少华主持会议，副省长袁宝成在会上通报了《广东省促进民营经济大发展的若干政策措施》。省经济和信息化委主任赖天生，省中小企业局局长姚德洪，省经济和信息化委副巡视员官维平参加会议。

7月14日，由工业和信息化部、深圳市政府共同主办的第九届APEC中小企业技术交流暨展览会在深圳隆重开幕。本届技展会以“创新推动发展合作创造未来”为主题，以“高、新、实”为标准，努力打造成为APEC各成员经济体中小企业交流合作的平台。工业和信息化部副部长冯飞宣布本届技展会开幕。广东省副省长袁宝成，深圳市市长许勤，中国中小企业国际合作协会执行会长刘玉浦，广东省经济和信息化委员会主任赖天生，广东省中小企业局局长姚德洪出席了开幕式。韩国中小企业厅次长崔寿圭，秘鲁驻华大使胡安·卡普纳伊，智利大使馆参赞卡洛斯·梅里诺，巴布亚新几内亚驻华大使克里斯多夫·梅罗等外宾一同出席。

8月15–22日，“2016年第二期广东省中小企业赛飞创业辅导师培训研修班”在广州成功举办。本次培训班由省中小企业局主办，省中小企业服务中心、省小微企业服务机构联合会承办，来自省小企业创业基地的中高层管理人员50人参加了培训。

8月22–23日，“广东省中小企业运行监测综合能力提升培训班”在广州成功举办，本次培训班由省中小企业局主办，省中小企业服务中心承办，来自省各地市（顺德区）中小企业运行监测平台主要负责人和全省中小企业监测直报点负责人共60多人参加了培训。

8月31日，第十三届中国国际中小企业博览会全国联络员会议在广州召开。中博会组委会秘书处副主任、工业和信息化部中小企业局副局长田川，中博会组委会秘书处副主任、广东省中小企业局局长姚德洪，工业和信息化部信息中心总工程师童晓民，中国中小企业发展促进中心副主任张晓峰出席会议。

9月12日，广东省中小企业公共服务平台在线法律服务正式启动。广东省中小企业局（民营经济发展服务局）局长姚德洪，省司法厅副厅长梁震出席会议并讲话。项目负责单位、中小企业代表和新闻媒体等参加启动仪式。

9月20日，第十三届中国国际中小企业博览会论坛活动媒体通报会在广州召开，中博会主要论坛及活动承办机构代表出席会议通报了相关情况。

9月23日，第十三届中国国际中小企业博览会广东省筹办工作会议在广州召开。中博会组委会副主任兼执行主任、广东省副省长袁宝成出席会议并讲话。

10月8日，第十三届中国国际中小企业博览会（以下简称“中博会”）新闻发布会在广州召开。中博会组委会秘书长、广东省人民政府副秘书长钟旋辉通报了第十三届中博会的筹备情况，工业和信息化部中小企业局副局长田川、国家工商总局个体私营经济监督管理司监督管理处处长杨力军、科特迪瓦共和国驻华使馆特命全权大使多索·阿达马，印度小企业实业集团市场策划处处长贝切姆德·乌达亚古马拉出席会议。新闻发布会由广东省政府新闻办公室王永清副主任主持。

10月8日，第十三届中国国际中小企业博览会第三次全国联络员会议在广州召开。工业和信息化部中小企业局副局长田川、广东省中小企业局局长姚德洪出席会议。

10月9日，第十三届中国国际中小企业博览会开幕招待会在广州举行。广东省省长、中博会组委会主任朱小丹，科特迪瓦国家企业事务、手工业及中小企业部部长阿祖马纳·穆塔耶，印度微中小企业部部长卡尔拉吉·米什拉，工业和信息化部副部长、中博会组委会副主任辛国斌，国家工商总局副局长、中博会组委会副主任王江平等出席招待会并致辞。副省长袁宝成主持招待会。省经济和信息化委主任赖天生，省中小企业局局长姚德洪参加招待会。

10月10日，由中国银行、中国工业和信息化部和广东省人民政府联合主办的第十三届中国国际中小企业博览会国际产业合作与投资对接洽谈会在广州开幕。广东省省长朱小丹，科特迪瓦国家企业事务、手工业及中小企业部部长阿祖马纳·穆塔耶，印度微中小企业部部长卡尔拉吉·米什拉，工业和信息部副部长辛国斌，广东省副省长袁宝成，中国银行副行长刘强等出席活动。省经济和信息化委主任赖天生，省中小企业局局长姚德洪参加活动。

10月10日，以“变革的力量”为主题的第十三届中博会中国中小企业高峰论坛（主论坛）在广州花园酒店举行。中博会组委会副主任、工业和信息化部副部长辛国斌，中博会组委会副主任、国家工商总局副局长王江平，中博会组委会副主任兼执行主任、广东省副省长袁宝成及联合主办国科特迪瓦国家企业事务、手工业及中小企业部部长阿祖马纳·穆塔耶、印度微中小企业部部长卡尔拉吉·米什拉出席论坛并致辞。省经济和信息化委主任赖天生，省中小企业局局长姚德洪参加论坛。

10月10日，省长朱小丹到第十三届中国国际中小企业博览会展馆参观，并考察了由工业和信息化部主办、工业和信息化部信息中心与广东省经济和信息化委员会联合承办的“创客中国”创新创业大赛现场。

10月11日，第十三届中博会中小企业发展国际研讨会暨2016驻穗总领事圆桌会议在广州花园酒店举行。中博会组委会秘书长、广东省政府副秘书长钟旋辉，中博会组委会秘书处副主任、工业和信息化部中小企业局副局长田川，中博会组委会秘书处副主任、广东省中小企业局局长姚德洪，广东省外事办公室副主任罗军，中国银行中小企业部总经理王建，中国银行广东省分行副行长蔡兴华，广东省中小企业局副局长、中博会事务局局长何佐贤，科特迪瓦工商会主席法曼·图尔，印度小企业实业集团市场策划处处长贝切姆德·乌达亚古马拉等出席会议并致辞。

10月25日，省经济和信息化委和人民银行广州分行联合在广州举办广东省中小微企业融资推进会。袁宝成副省长出席会议并讲话。

10月24日，第十三届中国国际中小企业博览会（简称中博会）智能制造与装备展在广州国际采购中心展馆开幕。中博会组委会秘书长、广东省人民政府副秘书长钟旋辉，中博会组委会秘书处主任、广东省经信委主任赖天生，中博会组委会秘书处副主任、工业和信息化部中小企业局副局长田川，国机智能科技有限公司董事长黄兴，中国矿业大学校长葛世荣，国际机器润滑理事会（ICML）首席执行官Suzy Hitchcock（希区柯克女士，美国），西西延森公司（C.C.JENSEN）中国区总经理Thomas Moller Andersse（托马斯·穆纳·安德林先生，丹麦）等出席开幕式。

11月30日，为贯彻落实《广东省人民政府办公厅关于印发广东省促进民营经济大发展若干政策措施的通知》（粤府办〔2016〕58号）提出“发放中小微企业服务券”的工作部署，省中小企业局在广州召开了中小微企业服务券试点工作座谈会，省经济和信息化委党组成员、省中小企业局局长姚德洪出席会议并讲话。

2015年广西壮族自治区中小企业工作大事记

1月14日，在南宁举办广西企业上市及股权众筹经济论坛暨中小企业代表挂牌上市签约仪式。工信部中小企业司许科敏副司长参加会议并作《国家支持中小企业的政策》主旨演讲；上海股权交易所郭洪俊副总经理作《中小企业融资途径——上海股权交易市场业务介绍》重要演讲；15家有意向挂牌上市的企业与上海股权交易所当场举行了签约仪式。自治区工信委和各市工信委分管领导、中小企业科科长、服务中心主任，广西乡镇企业培训中心、广西中小企业联合会负责人，有关企业代表、媒体记者约900人参加签约仪式。

1月14日，广西中小企业公共服务平台网络建设项目座谈会在南宁召开，会议旨在加快推进广西中小企业公共服务平台——自治区中心服务平台及14个市窗口服务平台网络建设。工信部中小企业司副司长许科敏出席了座谈会，并作了重要指示。

1月30日，组织召开广西中小企业1+N+14网络公共服务平台建设专家咨询会，听取专家们对市中小企业公共服务平台建设的建言献策。

3月3日，开展2015年扶助小微企业专项行动。

3月6–7日，组织召开2015年第一批自治区中小企业发展专项资金项目评审会，组织有关专家对申报2015年自治区中小企业发展专项资金项目进行评审。

3月20日，在南宁举行广西中小企业网络公共服务福金贷P2P平台上线启动仪式，委领导王萍副巡视员主持仪式；委领导曹坤华副主任、百色市政府市长助理陈汝雄出席仪式并致辞；百色福地金融集团董事长黄炳建发言介绍了公司近年来在金融服务工作中取得的成绩，及其独具特色的中小企业金融服务模式——“福地金融模式”；首批在P2P平台上线获得融资的百色和南宁两家企业的代表介绍了融资体会。自治区财政厅、金融办、商务厅、百色市工信委，国开行广西分行、桂林银行、广西中小企业担保公司、广西乡镇企业培训中心、我委有关处室及有关媒体、企业的代表130余人参加会议。

3月26日工信部在北京（主会场）召开《全国中小企业工作暨扶助小微企业专项行动电视电话会议》，部中小企业司王黎明司长主持会议；江苏、湖南、重庆、广东等4省市作经验交流发言；苗圩部长作主旨讲话，总结2014年工作情况和存在问题，并布置今年工作计划。我委领导侯刚副主任，中小企业处全体同志、南宁市工信委副主任李永红、中小科科长，广西乡镇企业培训中心、广西中小企业联合会、广西中小企业担保公司、南宁市中小企业服务中心的代表约30人在广西分会场（中国电信广西分公司电视电话会议室）参加了会议。

4月14日，委领导率队赴全区各市开展调研工作，了解各市工业运行及重点、重大项目进展、中小企业发展等情况。

4月27日，在南宁组织召开自治区工业中小企业信贷引导资金业务和信息化培训班，委领导曹坤华副主任出席会议并作指示，自治区财政厅、邮储银行广西分行、中国联通广西分公司等的专家讲授有关业务知识。各市工信委工业和信息化委（中小企业局）分管领导、中小企业科科长，市中小企业服务中心主任、业务员及有关企业代表逾100人参加了培训活动。

4月30–5月3日，自治区工信委承办的为期4天的“广西首届工业博览会”在南宁国际会展中心隆重举行，自治区主席陈武出席会议并参观展厅，广西工业博览会以树立品牌、扩大内需为目标，通过集中展示、宣传我区工业和信息化的发展成就及成果，提高企业及产品的知名度、美誉度和影响力，搭建产业商贸平台，促进产销对接，营造“做品牌、推品牌、爱品牌”的社会氛围，让更多的朋友认识广西工业产品、了解广西工业产品、喜爱广西工业产品，为广西工业产品打开更为广阔的市场！

本次工业博览会包下了南宁国际会展中心的6个展馆，全区约500家名优特新工业企业参展，展示面积两万平方米，参展工业产品包括电子信息、智能设备、新一代信息技术、新能源汽车、新材料、生物医药等高新技术产品，汽车、工程机械、动力机械、工业装备类产品，以及稀土、高性能铝合金、食品、医药、纺织等。

5月10–16日，自治区工信委副主任曹坤华率中小企业处长、广西中小企业联合会有关同志赴京到工信部汇报广西中小企业公共服务网络平台项目建设工作，随后赴太原市参加第九届全国中小企业协会联席会议。

5月25日，组织召开2015年广西中小企业公共服务平台网络建设项目评审会。

5月29日，组织召开广西2014年度担保机构风险补偿资金项目评审会。

6月18–20日，自治区工信委副主任曹坤华带队赴上海，在上海股权托管交易中心参加由广西壮族自治区工信委、广西中小企业联合会与上海股权托管交易中心联合举办的“广西中小企业专场挂牌仪式”，广西7家企业在上海股权托管交易中心Q版即中小企业股权报价系统成功挂牌。我区7家挂牌企业的负责人及其部分员工约100人参加了挂牌仪式。Q版挂牌是利用多层次资本市场这个有利的金融工具，帮助中小企业解决融资难、融资贵的一条新渠道，它有利于推动我区中小企业通过规范企业管理、增长融资常识，发挥自身优势来赢得资本市场认可，从而更好地把企业品牌做大做强。

6月26日，开展2015年度民营企业系列高、中、初级专业技术资格申报培训班，委领导曹坤华出席培训会并作指示；各市工信委分管领导、中小企业科科长、服务中心主任和拟申报职称企业的代表约250人参加培训；

7月1–3日，组织广西企业代表共15人参加中国中小企业投融资交易会。自治区工信委曹坤华副主任作为受邀嘉宾出席了会议。开幕会上还举办了颁奖仪式，广西中小企业联合会获得2015全国中小企业服务体系创新典型案例优秀案例奖。中国中小企业投融资交易会由国家发展和改革委员会、工业和信息化部、中国人民银行、中国证券业监督管理委员会、中国银行业监督管理委员会指导，由中国中小企业协会、中国银行业协会、中国融资担保业协会、中国开发区协会、中国投资协会、新华网联合主办的2015第三届中小企业投融资交易会（以下简称投融会）在北京国家会议中心举行。著名经济学家厉以宁、国务院发展研究中心副主任刘世锦、中国中小企业协会会长李子彬、中国入世首席谈判专家龙永图等嘉宾出席同期“小企业大梦想”论坛并发表主旨演讲。本届投融会为期3天，以“多样化普惠金融+创新创业”为主题，汇集了150余家金融机构、中介机构、地方产业园区、高成长型项目、海外招商引资项目等参展，同时，也吸引了来自全国各地的2万余家企业和3000余个优质项目前来参加对接洽谈。

7月10日，组织召开全区第二批申报国家农产品及加工副产物综合利用试点县、试点园区和试点企业评审会。

7月27–31日，派员赴柳州、贵港2市参加自治区党委督查室组织的中小微企业扶持发展资金使用及产生经济社会效果情况督查调研。

7月28日，组织召开全区申报国家第一批小型微型企业创业示范基地评审会。

7月29日，中国人民银行南宁中心支行黄碧琴处长一行到自治区工信委座谈如何促进中小微企业稳增长的措施，我委建议开展广西中小企业创业创新金融服务活动，银行业金融机构应加大推进“惠企贷”业务工作。

8月3日，审计署驻长沙办事处到我区调研，我委根据审计署长沙办调研组要求组织了10余家企业的代表召开中小企业融资难融资贵调研座谈会。

8月9日，下发有关市《关于组团参加第18届中国农产品加工业投资贸易洽谈会的通知》（桂工信企业〔2015〕590号）；

8月21–23日，自治区工信委承办的2015中国500强企业高峰论坛在南宁荔园山庄召开。彭清华书记代表广西壮族自治区致欢迎辞并发表了演讲，王忠禹会长做了主旨发言，刘强副主任、辛国斌副部长分别代表国务院国资委、工业和信息化部讲话。来自中国500强企业的领导人、世界500强企业中国区的高层领导人、韩国工商界代表、著名专家学者、政府部门和新闻单位的代表共1000余人参加了会议。

8月19日，组织召开《第七届广西名特优农产品交易会产品奖评审会》，确定产品金、银奖。

9月6-8日，自治区工信委率领相关企业赴河南驻马店参加农业部召开的全国2015农产品加工贸易洽谈会。

9月7日，自治区工信委组织召开全区中小企业工作座谈会，委领导侯刚副主任出席会议并作指示；广西北部湾股权交易所总裁蒙金伟介绍了股权交易所有关业务情况及企业如何在股交所挂牌进行股权融资的有关工作程序；处领导布置相关工作并与各市工信委负责人就组织企业挂牌融资交流了意见。各市工信委分管领导、中小企业科长、服务中心主任，北部湾股权交易所正副总裁及部分员工，广西中小企业联合会负责人，我处工作人员，共计40余人出席会议。

9月22日上午，工信部中小企业发展促进中心主任助理（副司长级）周平军一行5人组成的工信部调研组到广西开展调研，召开了中小企业发展情况调研会，自治区工信委陈清总工程师出席会议并汇报广西中小企业发展情况，南宁市工信委分管领导、科长、服务中心主任，有关县区工信局，行业协会、工业园区管委会的负责人及我处有关同志等参加调研座谈会。调研组还与南宁市15家中小企业座谈调研。

9月28日，自治区工信委与北部湾股权交易所、中小企业联合会等联合举办“中小企业挂牌上市孵化基地”授牌仪式及中小企业股权融资培训会。会上，自治区财政厅企业处梁宝敏处长作中小工业企业财政项目和金融知识政策解读；北部湾股权交易所总裁蒙金伟发言；自治区工信委束华主任作重要讲话；广西中小企业联合会与北部湾股权交易所签署战略合作协议；委领导为广西中小企业联合会与北部湾股权交易所授予《中小企业挂牌上市孵化基地》牌匾；广西中小企业联合会与北部湾股权交易所为14个中小企业服务中心授予《中小企业挂牌上市孵化基地》牌匾；自治区工信委为中小企业联合会等单位举行“中小企业挂牌上市孵化基地”授牌仪式；束华主任宣布“广西中小企业大众创业万众创新活动周”正式启动！北部湾股权交易所会员服务部总经理曾晓艳作《广西中小企业如何登陆资本市场》培训讲座。全区各市、县（市区）和工业园区的工信委（局）领导等200余人参加会议。

9月29日上午，在南宁荔园山庄举办北部湾金融大讲堂活动，邀请桂林理工大学证券研究所王若晨教授讲课。9月29日下午，在南宁荔园山庄组织召开全区中小企业股权融资经验交流会。会上，自治区常务副主席唐仁健、自治区副主席陈刚一起敲响铜锣，150家企业集中在广西北部湾股权交易所挂牌！自治区党委常委、自治区常务副主席唐仁健，自治区副主席陈刚，自治区人民政府副秘书长金坚强、黄胜杰、黄敏，各市分管工信或金融工作的副市长，自治区促进中小企业发展领导小组成员单位领导出席会议；在北部湾股权交易所挂牌的150家挂牌企业、262家已挂牌企业和500家拟挂牌企业的代表及有关媒体工作者等共约1000人左右参加会议。

10月9-11日，自治区工信委副主任侯刚带队率广西代表团200多人赴广州参加第十二届中国中小企业博览会。第十二届中国国际中小企业博览会于2015年10月10日至13日在广州市保利世贸博览馆举行。本届中博会分二期举行，第一期主题展于10月10-13日举办，主要展示各省中小企业近年来取得的成就。第二期专业展，于10月10-13日、10月15-11月4日分三场举办，由专业展览公司举办，展位按市场运作方式招展。今年广西的展位共15个，在保利世贸博览馆3楼6号展厅。展示广西贯彻落实习近平总书记提出的形成“21世纪海上丝绸之路”与“丝绸之路经济带”有机衔接的重要门户”以及李克强总理“让北部湾经济区成为向东盟开放的一个战略支点”的指示取得的成绩。展示广西经济、北部湾经济区发展和中小企业发展取得的成就及宣传广西投资环境。由南宁、北海、防城港和钦州市参展，以展示形象为主兼顾招商引资宣传。企业不展产品，以纸质材料宣传企业，同时通过中博会平台；一是增加企业间沟通与合作的机会。采购商、供应商和生产商之间形成的产业链能够实现信息互通和资源共享；二是及时掌握国内外的发展趋势。博览会将众多的优势企业和知名品牌汇聚起来，可以通过博览会了解各行业的先进产品和技术；三是找到市场与产业的最佳结合点。企业需要并掌握更多的客户，客户也需要面对更多的厂商，博览会正是为双方合作经营提供了最佳契机，要充分利用好这个机会；四是博览会客商云集的地方，抓住时机做好招商引资工作。

10月13日，中小企业处张杰处长主持会议，与广西中小企业联合会、中国联通广西分公司有关负责人，研究我区中小企业公共服务平台建设工作。5中国500强企业高峰论坛，于2015年8月21-23日在南宁举行。

10月19日，我委与邮储银行广西分行等部门共同主办的《大众创业、万众创新、青年创富2015年"邮储银行杯"广西赛区》比赛决赛活动。

10月20-22日，国家税务总局调研组到广西开展专题调研并召开座谈会。自治区主席陈武，国家税务总局局长王军出席座谈会并讲话。王军表示，面对经济下行压力，广西能保持"稳中向好"的发展势头，实为不易。自治区各级国税、地税部门应坚持依法征税，坚决不收过头税，同时还要不折不扣落实国家税收优惠政策，帮助企业特别是中小微企业切实减轻负担，进一步优化纳税服务，加大政策宣传力度，为"大众创业、万众创新"营造良好的发展环境，为地方经济社会发展做好服务。座谈会上，调研组还就相关问题与我区有关部门进行了交流。调研期间，调研组一行分别深入南宁、柳州，围绕"大众创业、万众创新"税收政策落实等情况，实地走访多家创新型企业，并与企业家进行座谈。

10月27日，委领导邱东副主任参加广西金融投资集团在南宁荔园山庄举办的《广西金融投资集团互联网金融（P2P网贷）支持中小微企业融资业务座谈会》，自治区常务副主席唐仁健出席会议并讲话，自治区政府副秘书长、金融办主任金坚强，自治区政府副秘书长黄胜杰，及自治区有关委办厅局领导、部分企业代表、媒体工作者等约350人参加会议。

11月11-12日，在南宁沃顿国际大酒店举行2016年全区工信系统第一期项目申报暨股权融资培训班。邀请自治区财政厅、工信委、北部湾股权交易所和广西万通律师事务所等相关处室负责人、专家为学员授课，全区14个地市工信委（中小企业局）分管中小企业领导及400多家企业、500余名代表参加了培训。会上，31家广西本土企业与广西中小企业联合会签署了关于北部湾股权交易所挂牌推荐服务协议，这充分说明越来越多的中小企业意识到资本运营的重要性，主动踏入资本市场，积极利用资本市场进一步拓宽融资渠道、解决资金问题，融资不再局限于银行贷款和政府补助，实现了新突破。培训会还集中学习了自治区节能、循环经济和清洁生产项目专项资金申报要求，信息服务业和发展专项资金申报政策，企业技术改造专项资金项目申报与验收，中小企业发展专项资金项目申报政策四个文件。工信委中小企业处、节能与循环经济处、电子信息和软件处、投资处等业务处室负责人对专项资金项目申报的支持范围、条件、支持方式和要求等做了具体解读。

11月17日，委领导兰红星巡视员参加自治区党委统战部召开的《第四届广西非公有制经济人士优秀中国特色社会主义事业建设者评选会议》，自治区党委统战部副部长、自治区工商联党组书记熊春寒主持会议，自治区党委统战部部长赖德荣抽空会见了与会代表；自治区非公经济协调领导小组成员单位领导和处室负责人参加会议；最终由各市推荐的49名非公有制经济人士优秀中国特色社会主义事业建设者候选人经投票通过评选，将报领导审批和在自治区主要媒体进行公示。我处派员陪同兰巡视员参加会议。

11月30日，委领导兰红星巡视员参加了自治区统战部召开的第四届广西非公有制经济人士优秀社会主义建设者表彰大会，全区49位非公有制经济人士优秀社会主义建设者获得表彰。自治区党委常委、统战部长李康出席会议并作总结讲话，自治区人大副主任高雄、自治区政协副主席赖德荣，自治区政协副主席、自治区工商联主席磨长英出席会议；区直有关单位领导参加会议。全区各界非公有制经济人士代表、各市党委统战部、市工商联领导和科室负责人，区直有关单位处室负责人、媒体代表等200余人参加会议。

12月9-13日，第九届广西名特优农产品（桂林）交易会（以下简称：农交会）在桂林市举办。9日上午，农交会在桂林会展中心开幕。自治区副主席张秀隆出席开幕式并讲话，桂林市市长致欢迎词，农业部领导，有关国家部委、司局领导，有关省市领导，各主办单位领导，桂林市四大班子领导，各市展团领导及代表团成员，特邀客商、参展企业代表等300余人参加开幕式；委领导徐莉青副主任带队出席开幕式，并陪同自治区副主席张秀隆一行进行巡馆活动。开幕式结束后，我委与自治区商务厅等主办单位联合举办了第九届广西名特优农产品（桂林）交易会产销对接会，桂林市副市长王建毅、有关厅局领导和各市展团领导、有关展销客商100余人参加会议，会上21对客商成功签订了产销合同。9日下午，我委派员参加了由广西名特优农产品交易会组委会主办，桂林市农业局、广西农业信息中心承办的"'互联网+'现代农业发展研讨会"，自治区农业厅副厅长谢东、桂林市副市长王建毅出席会议并讲话，有关农业信息化的专家、企业家代表介绍了如何利用"互联网+"发展现代农业的知识和经验。

12月31日，广西壮族自治区机构编制委员会批复设立广西中小企业服务中心，《关于设立广西中小企业服务中心及有关机构编制事项的批复》（桂编〔2015〕222号）。

2016年广西壮族自治区中小企业工作大事记

1月19日，召开全区中小企业工作座谈会，自治区工信委委领导徐莉青副主任出席会议并讲话，卓英子处长主持会议。中国邮政储蓄银行广西分行、广西北部湾股权交易所、南宁市中小企业服务中心在会上作典型发言；各市工业和信息化委（中小企业局）分管领导、中小企业科科长、中小企业服务中心主任，邮储银行广西分行、北部湾股权交易所、中国联通广西分公司、广西乡镇企业培训中心等单位有关领导，自治区工信委有关业务处室负责人等60余人参加会议。

2月2日，自治区工信委徐莉青副主任参加自治区政府办公厅召开的研究在香港举办第10届广西农交会有关事宜会议。

2月19日，召开2016年自治区中小企业发展专项资金项目评审会。

3月1日，召开广西中小企业公共服务平台网络二期试运行培训会。

3月11日，自治区工信委徐莉青副主任带领中小企业处、广西中小企业服务中心同志，广西银监局、人行南宁中心支行负责人，国家开发银行、进出口银行、工商银行、农业银行、中国银行、建设银行、交通银行、光大银行、中信银行、民生银行、邮政储蓄银行等广西分行的负责人，南宁市工信委、南宁中小企业服务中心有关同志等40余人在广西分会场参加工信部在京召开的加强银企对接促进产融合作工作电视电话会议。

3月16日，自治区工信委纪检组长袁煌到广西中小企业服务中心召开党风廉政建设暨领导干部落实两个责任制工作调研座谈会。

4月6-7日，参加工信部第九届APEC中小企业技术交流暨展览会组委会召开的第九届APEC中小企业技术交流暨展览会第二次全国联络员会议。

4月12日，自治区工信委中小企业处参加自治区财政厅召开的2016年小微企业创业创新基地城市示范推进会。

4月15日，自治区工信委中小企业处参加广西分会场工信部信息化和软件服务业司组织召开的全国大企业“双创”典型经验交流电视电话会议。

4月29日，自治区工信委主办的2016年广西工业和信息产品展示会开幕式在南宁会展中心举行。

5月10日，自治区工信委徐莉青副主任率队赴京向工信部汇报柳州市申报全国中小企业创业创新基地城市示范有关情况。

7月11-16日，自治区工信委徐莉青副主任带队赴深圳参加工信部和深圳市人民政府主办的第九届APEC中小企业技术交流暨展览会。自治区工信委、各市工信委负责同志、及有关企业总计共60人参加会议。

7月12-14日，根据自治区党委统战部《关于开展民营企业参与扶贫优惠政策贯彻落实情况督查的通知》要求，由自治区工信委牵头，自治区财政厅、国税局、非公办参加，组成第三督查组，对北海、防城港、钦州市贯彻落实民营企业参与扶贫优惠政策情况进行督查，督查组通过召开座谈会形式，分别听取三个市关于民营企业参与扶贫优惠政策贯彻落实情况汇报，查阅相关文档资料，实地察看防城港市港口区、钦州市钦北区、北海市合浦县等有关参与扶贫企业项目现场点，了解企业开展扶贫、享受优惠政策情况。

7月25日，工信部在北京召开《全国中小企业工作电视电话会议》，自治区工信委领导莫桦主任、彭健铭副主任、欧纪检组长、王萍副巡视员在广西分会场参加会议。莫桦主任代表广西在会上作了重点交流发言。我委各处室负责人、广西中小企业服务中心、南宁市工信委、南宁中小企业服务中心等约130人参加会议。我区桂林、梧州等13个市分会场共约180人参加会议。

8月2日，自治区工信委陈清副主任到自治区政府参加张晓钦副主席召开的“会见中国工商银行总行副行长胡浩一行座谈会”。

8月9日，自治区工信委徐莉青副主任率队赴香港参加第十届广西名特优农产品（香港）交易会。第十届广西名特优农产品（香港）交易会8月11日在香港会展中心开幕，自治区副主席张秀隆带队出席。

8月30-9月1日，派员赴广州市参加中博会组委会召开的第十三届中国国际中小企业博览会全国联络员会。

8月31日，参加广西银监局召开的小微企业融资难融资贵专项督导座谈会。

9月2日，组织召开中小企业公共服务平台建设情况汇报会，自治区工信委领导彭健铭、徐莉青副主任出席会议听取汇报并作指示，中国联通广西分公司介绍平台一、二期建设情况及第三期建设计划。

10月11日上午，委领导潘峰副主任在田阳参加自治区政府召开的全区农民增收、农产品加工系列会议，会上，潘峰副主任作了典型发言，自治区副主席张秀隆出席会议并作总结讲话。下午，潘峰副主任到平果县考察广西平果富泰工贸有限公司和平果博导铝镁线缆有限公司等企业。

10月15日，自治区工信委与自治区财政厅联合下发《关于变更广西中小企业公共服务平台网络项目承建单位的通知》（桂工信企业〔2016〕749号）给广西中小企业服务中心和广西中小企业联合会，并上报工信部、财政部《关于变更广西中小企业公共服务平台网络项目承建单位的备案报告》（桂工信企业报〔2016〕234号）。

11月1日，自治区工信委莫桦主任为团长带领由南宁、桂林市政府和各市工信委以及有关工业企业代表组成的广西代表团赴上海参加第十八届中国国际工业博览会，博览会11月1-5日在国家会展中心（上海）隆重举办，广西代表团180人参加了盛会。

11月10日，为提升各市“惠企贷”业务能力，我委于2016年11月10日和11月16日分别在南宁市举办了“惠企贷”业务培训班（共两期）。培训班采取实地参观学习和理论教学相结合的方式进行。邀请南宁市中小企业服务中心、中国建设银行广西区分行及中国邮储银行广西区分行的专家为学员们讲授了一些有关开展“惠企贷”业务工作的经验及相关产品的介绍，同时还参观了南宁市中小企业服务中心行政办公地点及下设机构。各市工信委分管领导及业务科长，各市中小企业服务中心领导及业务骨干共56人参加培训。

期间，彭健铭副主任还组织各市工信委分管领导、业务科长召开了“惠企贷”工作座谈会，研究、布置“惠企贷”相关工作。

11月11日，我委在南宁举办2017年中小企业发展专项资金项目申报培训班。邀请自治区财政厅、南宁市中小企业服务中心及我委业务处室的领导为学员们对新的中小企业发展专项资金管理办法、中小企业项目库的建立及2017年中小企业发展专项资金项目申报的要点进行了讲解。通过培训增强了各市、县申报中小企业项目的责任心和积极性。各市工信委分管领导及业务科长、各县工信局分管领导及业务骨干共222人参加了培训。

11月25日，参加工信部在西安召开的全国中小企业融资和担保工作座谈会。座谈会由工信部中小企业局主办，陕西省中小企业局协办，旨在贯彻落实国务院关于进一步加强中小企业融资服务，缓解企业融资困难，降低融资成本有关文件精神，分析和把握当前中小企业融资和担保面临的新形势，开拓中小企业融资和担保工作新局面。

11月29日，自治区工信委彭健铭副主任参加中国人民银行南宁中心支行主办的2016年广西金融市场投融资者教育主题宣传活动暨广西黄金交易系统上线启动仪式。

12月8日，参加第11届广西名特优农产品交易会预备会；自治区工信委领导徐莉青副主任出席自治区副主席张秀隆召开的会见来桂准备第11届农交会的重要嘉宾活动。

12月9日，委领导徐莉青副主任带队参加由自治区政府和农业部主办，自治区农业厅、工信委等部门协办的在桂林市国际会展中心召开的第11届广西名特优农产品交易会开幕式、巡馆活动和产销对接会等。

12月10日，在桂林市召开“第11届广西名特优农产品交易会产品奖组织申报推荐现场工作会议”和“2016年全区乡镇企业统计工作会”，布置相关工作。

12月11日，参加由广西青年创业创新协会、广西青年企业家协会主办，南宁学院承办，共青团广西区委、自治区工信委等部门为指导单位的“中国梦+青年力量——2016广西青年创业创新大赛总决赛”活动。

12月15-16日，委领导侯刚副主任在来宾市忻城县参加“全区现代农业示范区建设、农村土地确权暨休闲农业现场会”，自治区副主席张秀隆出席会议，各市分管副市长、有关部门负责人，自治区有关厅局领导参加会议。

2015年陕西中小企业发展大事记

1月28日，陕西省中小企业公共服务平台网络正式开通运营上午，省中小企业服务中心分别与陕西省创业促进会、陕西省电子商务行业协会等10家旗舰服务机构签订了战略合作协议。

2月10日，全省中小企业工作会议在西安召开。省中小企业局党组书记、局长丁义安出席会议并讲话。会议明确，2015年全省中小企业发展预期目标：全省中小企业营业收入增长16%左右，中小企业增加值占GDP比重提高1个百分点。

6月16日，全省中小企业融资工作及新三板培训会议在西安召开，各市、区中小企业主管部门负责同志、部分重点县域工业集中区负责人和70户拟挂牌后备培育企业主要负责人参加了会议。

7月2日，陕西省全面推行“三证合一”登记制度改革。今年年底前，由“一照三码”过渡到“一照一码”。即启用统一的社会信用代码，促使企业、行业在社会各方监督下不断提升诚信水平，推动形成“企业自治、行业自律、社会监督、政府监管”社会共治新格局。

7月18日，陕西省中小企业名优新特产品电商孵化基地启动，首期入驻的11家电商创业企业和团队完成组建并顺利签约。

7月22日，陕西省促进中小企业发展工作领导小组成立，副省长姜锋任组长，省政府副秘书长张宗科、省工业和信息化厅厅长蒋跃和省财政厅厅长张社年分别任副组长。成员单位有省中小企业促进局、省发展改革委、省科技厅等18个省级部门。领导小组办公室设在省中小企业局，办公室主任由党红忠同志兼任。

9月9日，第十八届中国农产品加工业投资贸易洽谈会在河南省驻马店市举行。陕西省中小企业促进局组织30余家企业共百余人参展参会。

9月28日起，陕西省将全面实施“一照一码”登记模式，即通过“一窗受理、互联互通、信息共享”，将由工商行政管理、质量技术监督、税务三个部门分别核发不同证照，改为由工商行政管理部门核发一个加载法人和其他组织统一社会信用代码的营业执照的登记模式，全部工作流程不超过5个工作日。

9月24日至9月30日，第七期全省中小企业市县局长创新管理高级研修在清华大学成功举办。

10月11日至13日，国务院发展研究中心一行6人来陕开展小微企业发展政策落实情况评估工作。省中小企业促进局局长、省促进中小企业发展工作领导小组办公室主任党红忠受省政府委托，主持召开了省政府部门座谈会。座谈会上，省发改委、财政厅等13个政府部门和西安市政府就各自支持小微企业发展政策落实情况作了汇报发言。

10月19日至23日，陕西省中小企业局“双创”活动周启动仪式在西安举行，按照工业和信息化部的统一部署，省中小企业促进局组织中小企业系统集中开展大众创业万众创新活动（简称“双创”活动周），主要开展中小企业人力资源论坛、中小企业政策解读、创业辅导、“新三板”挂牌培训、信息技术入企服务、中小企业专场招聘、互联网营销创新培训、校企项目成果转化对接等12项活动。

党红忠局长率陕西省中小企业参展第十二届中博会。全省参展参会企业81户，参展产品120余种，人数近200人。参展产品涵盖了智能机械、装备制造、新电子产品、生物制药、特色农产品等行业。其中，陕西北宸航天科技有限公司生产的无人机系列产品，吸引了众多参展商的目光，成为我省展区的一大亮点。

11月12-13日，陕西省小微企业创业基地建设座谈会在西安召开。省中小企业促进局局长党红忠出席会议并作重要讲话，副局长李玉怀主持会议。

12月17日，省中小企业促进局发布陕西首批省级中小企业成长梯队企业名单，全省共有827家企业入选，其中“行业之星”企业132个，“成长之星”企业376个，“创业之星”企业319个。

12月8日，陕西省中小企业服务平台联合招商银行西安分行，创办的小微企业融资专柜，辟出专门通道定岗专人，为我省小微企业提供便捷、优质服务。目前，首批“小微企业融资经理”已在西安、咸阳等23家网点派驻。同时，招商银行西安分行还将根据小微企业贷款中遇到的其他问题，定制专业金融产品供小微企业选择，帮助企业解决融资难、融资贵等问题。

2016年陕西中小企业发展大事记

1月14日，“陕西民营企（事）业楷模、陕西民营企（事）业英杰”授牌表彰大会暨陕西省民营企业协会2015年年会在咸阳召开，来自全省的220多家民营企业代表参加了会议。太白青峰峡森林公园有限公司等17户民营企（事）业单位被授予“陕西民营企（事）业楷模”荣誉称号；陕西山利科技发展有限责任公司董事长王文等37位民营企业单位带头人被授予“陕西民营企（事）业英杰”荣誉称号并予以表彰。

1月29日，陕西省中小企业工作会议在西安召开。党红忠局长作了《攻坚克难奋发有为在激发中小企业“双创”新动能上取得新突破》的工作报告。

4月17日，由陕西省中小企业促进局、陕西省中小企业专家顾问团主办，陕西省中小企业协会、陕西省中小企业服务中心承办的《首届陕西省中小企业大讲堂》在省委党校大礼堂成功举办。

4月25日，陕西省中小企业、非公经济工作座谈会在西安召开。省促进中小企业、非公经济发展领导小组组长、副省长姜锋主持会议并做重要讲话，领导小组成员28个部门的负责人参加会议。

4月29日，陕西省政府办公厅印发《关于成立省促进中小企业（非公有制经济）发展工作领导小组的通知》（陕政办函〔2016〕117号），将原促进非公有制经济发展联席会议和省促进中小企业发展领导小组合并为陕西省促进中小企业发展工作领导小组。组长由姜锋副省长担任，领导小组办公室设在省中小企业促进局，办公室主任由省中小企业促进局党红忠局长兼任，小组成员由原有的20家厅局和单位扩大到28家。

5月13-17日，2016丝绸之路博览会暨第20届中国东西部合作与投资贸易洽谈会在西安举行。省中小企业促进局参与承办了中国陕西中小企业跨境投资与贸易合作洽谈会和绿色生态产业板块中小企业展区。

5月13日上午，由中国银行和陕西省政府主办，中国银行陕西分行、省金融办、省商务厅和省中小企业促进局共同承办的中国陕西中小企业跨境投资与贸易合作洽谈会在西安大唐芙蓉园举行。省委书记娄勤俭，中国银行董事长田国立，省委常委、秘书长刘小燕，副省长杜航伟，中国银行副行长高迎欣，陕西省分行行长李瑞强，省政府相关厅局及中国银行总行相关部门负责人出席了开幕式。会议邀请了100余家海外企业和500余家省内中小企业，为我省中小企业提供专业的“跨境撮合”服务，支持企业“走出去”“引进来”，布局海外市场跨境合作。

5月19日，“中小企业国家高新技术企业培育计划及首批辅导企业签约”活动在陕西省中小企业服务平台举行。

5月19日，陕西省中小企业领军企业家座谈会在西安召开，省中小企业局党红忠局长主持座谈会，来自全省各地、各行业的20余位领军企业家参加座谈交流。

6月20-22日，中央改革办陈一新副主任一行5人在陕西调研推进供给侧结构性改革，降低企业制度性成本情况。6月22日，姜锋副省长主持召开座谈会，陈一新副主任一行听取了省发改的汇报，省国资委和省中小企业局，中国西电集团公司、陕煤集团、西安美光半导体有限责任公司、西安比亚迪汽车有限公司、陕西步长制药集团、陕西艾尔肤组织工程等国有、民营企业代表在会上发言。

6月24日，由省工信厅、省财政厅、省金融办和省中小企业促进局联合召开的陕西省推进企业新三板挂牌座谈会在西安召开，会议由省工信厅许蒲生副厅长主持，姜锋副省长出席会议并讲话。

6月27-30日，韩国世宗市副市长韩经浩一行考察访问陕西中小企业（乡镇企业），先后参观考察了西安新天地草业有限公司和富平县骐进生态农业科技开发有限公司。6月28中午，省委常委、宣传部长梁桂会见韩市长一行，并就加强双方中小企业的合作交流达成了意向，签订了中小企业合作意向书，韩方邀请我省中小企业代表团9月份赴韩参加“中、日、韩乡镇企业博览会”。

7月14日，以“创新推动发展，合作创造未来”为主题的第九届APEC中小企业技术交流暨展览会在深圳开幕。工业和信息化部冯飞副部长出席大会并作重要讲话。我省组织150家中小企业携200余种新技术、新产品参展，产品涵盖了高端装备制造、新材料、节能环保、电子产品、生物医药等行业，是国内最大的参展代表团。

7月26日，胡和平省长在西安和咸阳就发展壮大民营经济、激活社会有效投资进行调研。胡省长分别考察了西安天和防务技术有限公司、陕西艾尔肤组织工程公司、西安迈科金属国际集团和咸阳市陕西步长制药有限公司等企业，并于7月26日下午在咸阳召开了全省民营企业座谈会。

8月4日，由省中小企业促进局、省工商联指导，省中小企业协会主办的陕西中小制造企业转型发展论坛在西安举行。

8月18日，姜锋副省长在省政府常务会议室主持召开了省促进中小企业（非公经济）发展工作领导小组专题会议，针对省人大常委会反馈中小企业发展中的问题，组织28个成员单位同志，研究解决对策措施。

9月28日下午，省政府召开全省促进民营经济发展会议。省长胡和平出席并讲话，省委常委、常务副省长姚引良传达国务院有关会议精神，对“十三五”期间加快全省民营经济发展重点工作作了安排部署。

10月10-13日，由工业和信息化部主办的第13届中国国际中小企业博览会在广州举行。由省政府副秘书长张宗科任团长，省中小企业促进局局长党红忠、副局长李玉怀带队，共组织我省71家企业、100多种产品、160余人参展参会。

10月14日，省政府出台《关于促进民营经济加快发展的若干意见》。《意见》提出，加快培育一大批民营经济骨干企业。到2020年，民营经济在数量、规模、结构、效益上实现新的突破，非公有制经济增加值占全省GDP比重达到58%左右，对全省发展的支撑、促进作用显著增强。

11月15日，省中小企业局、省国税局、省地税局和陕西银监局联合启动“银税互动助力小微”活动。

11月25日，全国中小企业融资和担保工作座谈会在西安召开。座谈会由工信部中小企业局主办，陕西省中小企业局协办，各省、自治区、直辖市及计划单列市、新疆生产建设兵团中小企业主管部门，工信部、人民银行、中国企业金融研究院、上海联合产权交易所等相关单位共70余人参加会议。座谈会上，陕西、广东、浙江等地区，人民银行、中国农行、中国建行等相关部门和单位就改善融资环境、促进小微企业发展的经验做法进行了交流发言。

12月6日，“第二届陕西省中小企业大讲堂”在西安唐隆国际酒店举办。活动特邀陕西省中小企业专家顾问团专家、国内著名产业互联网专家、中国网库集团创始人王海波董事长作为演讲嘉宾，主讲《产业互联网带给实体企业增量经济的策略思考》。

2015年甘肃省中小企业发展大事记

3月10日，我委印发了我委印发了《甘肃省工业和信息化委员会关于做好2015年扶助小微企业专项行动有关工作的通知》（甘工信发〔2015〕84号），2015年全省扶助小微型企业专项行动将以“大众创业万众创新”为主题，以“强化政策落实，推动企业发展”为重点，推动小微企业平稳健康发展。

4月7–12日，为贯彻落实《国务院关于扶持小型微型企业健康发展的意见》（国发〔2014〕52号）、《甘肃省人民政府关于进一步优化小微型企业发展环境的意见》（甘政发〔2014〕111号）和省工信委、省财政厅、省统计局等14个部门联合下发的《关于培育发展规模以上工业企业的通知》（甘工信发〔2015〕7号）精神，努力营造有利于大众创业、万众创新的政策环境，打通中小微型企业政策措施落地的“最后一公里”，我委在兰州举办了中小企业政策大讲堂。全省14个市（州）工信委分管领导和分管科长；86个县（区）工信局局长；22家平台网络承建单位负责人和技术人员；90家省级中小企业公共服务示范平台负责人约260人参加了本次中小企业大讲堂培训。

中小企业政策大讲堂邀请了工信部中小企业司许科敏司长讲解中小微型企业相关政策；邀请了省发改委、省财政厅、省科技厅、省人社厅、省国土资源厅、省商务厅、省环保厅、省国税局、省地税局、省工商局、省政府金融办、兰州银行、甘肃银行等部门的专家，结合各部门职能，就扶持中小微型企业发展的各项政策进行细化讲解。省工信委张富奎副主任在中小企业政策大讲堂上提了三点要求：一是培训回去后，市州工信委要向当地党委、政府的领导汇报这次政策大讲堂的主要情况，要结合正在开展的扶助小微企业专项行动，制定各市州、县区的政策落实计划并抓紧实施。二是中小微型企业工作涉及方方面面，作为中小企业工作的主管部门，要加强与财政、税务、金融、发改、科技、人社、工商、国土等部门的联系，建立协同机制，形成合力推动政策的宣传落实。三是要做好中小企业公共服务平台网络全面运营的各项准备工作，确保平台网络按规定时间、按批复标准建成并联通运营。

同时，我委编印了《中小企业政策大讲堂》《中小企业政策法规汇编》《中小企业收费目录清单》等资料发送至各市州和企业。

8月2–3日，举办了全省互联网+小微企业暨管理创新经验交流现场会。会议以互联网+形式下的小微企业信息化工作及管理创新为主题展开了讨论和经验交流，以点带面引导全省优化大众创业、万众创新的政策和制度的环境，推动互联网+形势下的小微企业信息化工作，提升小微企业管理创新能力，促进小微企业提质增效。各市（州）工（经）信委，各县（区）工信局相关负责人及企业家400多人参加了会议。为加快推动中小微型企业信息化应用，我委与西北中小企业云平台合作，为全省中小微型企业提供成本低、部署简单、管理容易、系统扩展灵活的信息化服务，首批确定了500家试点企业。

11月30日，为深入贯彻党的十八届五中全会精神，进一步落实支持小微企业健康发展的各项政策措施，省工信委在兰州召开中小企业工作座谈会，总结2015年全省中小企业工作经验，研究部署下一阶段重点工作。省工信委副主任张富奎出席座谈会并作总结讲话，各市州工信委分管领导分别就中小企业发展情况进行了交流座谈，省工信委相关处室负责人结合本处室工作进行了发言。

会议要求，各市州工信委要围绕“4322”来谋划和开展明年的中小企业工作，即4个一：设立一个基金、完成一个目标、抓好一个规范、编好一个规划；3个服务：中小企业公共服务、融资服务和生产性服务；2个创新：推动专精特新中小企业和创新创业基地建设、办好创新杯工业设计大赛；2个展示：第13届中国中小企业博览会和第9届APEC中小企业技展会的组织参展工作。通过一系列政策措施，全力保证我省中小企业平稳健康发展，为全省经济社会发展做出应有的贡献。

2016年甘肃省中小企业发展大事记

为贯彻落实《关于加快推进中小企业服务体系建设的指导意见》（工信部联企业〔2011〕575号）、《关于印发国家中小企业公共服务示范平台认定管理办法的通知》（工信部企业〔2012〕197号）、《工业和信息化部关于印发国家小型微型企业创业示范基地建设管理办法的通知》（工信部企业〔2015〕110号）和《甘肃省人民政府关于印发甘肃省大力推动大众创业万众创新实施方案的通知》（甘政发〔2015〕98号）等文件精神，加快我省中小企业公共服务示范平台建设，实现我省中小企业公共服务平台规范有序发展，我委修订了《甘肃省中小企业公共服务示范平台认定和管理办法》（甘工信发〔2016〕122号）和《甘肃省中小企业公共服务示范平台考核细则》（甘工信发〔2016〕123号）。

为深入贯彻落实扶助中小微企业发展的政策措施，推动“大众创业、万众创新”，激发广大中小微企业的“双创”主体活力，促进全省中小微型企业提质增效和转型发展，4月我委印发了《甘肃省2016年扶助小微企业专项行动实施方案》（甘工信发〔2016〕190号），在全省范围内开展以“激发创业创新活力、提升企业内在素质”为主题，以“政策落实、优化环境、贴近服务、交流合作”为重点的扶助小微企业专项行动。

7月14日至16日我委组团在深圳参加了第九届APEC技展会，突出了“精品丝路、绚丽甘肃”的主题，组织智能服务、新材料、生物科技、特色消费品、装备制造和陇绣等行业的10户中小企业代表参会，共展示产品5大类85个品种，同时进行了企业形象宣传展示及项目推介交流活动。参展期间，共有3000多人次参观甘肃展馆，发放企业形象展示和宣传资料、招商手册2000多份，共开展对接洽谈30次，参加论坛活动6场次，充分展示了我省中小企业的行业特点和产品特色，代表性强，地区特色明显，技展会取得丰硕成果。会后，我委被组委会授予最佳设计展区和最佳组织奖。

2016年11月19日至12月14日，会同华龙证券股份有限公司在全省范围内进行了为期一个月的中小企业发展基金相关政策巡讲活动。各市（州）工信委分管领导和分管科长、县（区）中小企业主管部门负责人和业务负责人、市（州）辖区内工业、农业、科技、教育、文化等各行业领域的重点中小企业负责人等参加了此次宣讲活动。参加本次巡讲活动的中小微型企业达到3000户以上，参会人数达到4000人以上。巡讲活动就《甘肃省中小企业发展基金管理办法》、中小企业发展基金投资运作政策进行了详尽的宣传和解读，并对基金的使用、申报等方面的问题进行了现场解答，编印了《甘肃省中小企业发展基金宣传手册》，累计发放10000册。

2015年青海省中小企业发展局大事记

1月15日，省经信委印发《青海省中小微企业创新服务年活动方案》（青经信中〔2015〕12号），通过开展政策咨询服务、转型升级服务、企业培育服务、投资融资服务、管理创新服务、全民创业服务、市场开拓服务、人才培训服务、服务能力提升等九项活动，实现扶持中小微企业的措施创新、服务创新、制度创新。

1月16日，按照工信部通知要求，省经信委对省内6家国家级中小企业公共服务示范平台开展运营情况检查工作，并及时将检查情况上报工信部，6家示范平台单位全部获得工信部审查认可。

3月3日，省经信委在西宁组织召开全省乡镇企业统计年报汇总会议，总结2014年度统计年报及2014年定点报表的报送情况，点评上一年度报表中存在的主要问题，汇总2014年乡镇企业统计年报。各市州乡镇企业主管部门统计报表负责人参加会议。

3月24日，省经信委会同省财政厅下发《关于做好青海省2015年中小企业发展专项资金申报工作的通知》（青经信中〔2015〕83号），组织各地区（园区）做好中小企业项目申报工作，充分发挥财政资金引导作用，合理引导中小微企业投资方向，提高产业衔接、协作配套能力和产业集聚水平，促进企业加快结构调整和转变经济增长方式，实现平稳较快发展。

4月13日，省经信委组织开展“国家中小企业银河培训工程”2015年青海省中小企业电子商务之移动互联网新媒体营销专题培训班，省内中小企业负责人及信息化管理人员、中小企业服务机构管理人员、县级以上中小企业管理部门工作人员共300余人参加培训，通过培训有力提升了省内中小企业信息化管理水平，同时也拉开了“国家中小企业银河培训工程”全年培训工作的序幕。

4月19日至30日，为提高培训实效，开拓我省中小微企业管理人员眼界，学习和借鉴先进经验和做法，提升企业发展水平，先后组织我省460余名中小微企业经营管理人员赴浙江和福建等地培训学习。

4月23日，根据省委办公厅、省政府办公厅下发《关于印发〈青海省万名干部入企服务活动方案〉的通知》（青办字〔2015〕25号）要求，省经信委设立全省“万名干部入企服务”活动领导小组“马上就办”办公室，省委常委、常务副省长骆玉林任活动领导小组组长，省经信委主任黄文俊任副组长，办公室主任由省经信委副主任张春楠担任。办公室的设立标志着青海省“万名干部入企服务”活动正式启动。

4月29日，全省万名干部入企服务培训班在西宁举行，省委常委、省政府常务副省长骆玉林同志出席会议并做动员讲话。省经信委主任黄文俊同志主持会议，省委党校常务副校长武伟生和省委组织部副部长张学天同志参加会议。各市（州）政府、中央驻青单位、金融机构、科研院所和园区负责人，以及省直相关部门511名抽调干部参加会议。

4月30日，省委书记骆惠宁赴中石油青海油田分公司参加“万名干部入企服务”活动看望慰问奋战在生产一线的职工，向全省广大职工祝贺“五一”国际劳动节。

5月4日，省委常委、常务副省长、省万名干部入企服务活动领导小组组长骆玉林，深入西宁特钢集团开展入企服务活动，宣讲政策、梳理问题，帮助企业解决生产经营和发展中的困难。

5月6日，郝鹏省长深入万名干部入企服务联系企业省投资集团所属桥头铝电公司调研，并强调：“稳增长是首要任务，省属企业一定要坚定信心，迎难而上，奋发有为，确保企业平稳生产。”

5月10日，“马上就办”办公室组织29家“万名干部入企服务活动”牵头单位63名同志，在西宁市中心广场开展以“宣传各项扶持政策，激发创业创新活力”为主题的集中宣传活动。

5月13日，省委常委、副省长张建民一行深入万名干部入企服务活动联系企业西部矿业集团有限公司调研，了解所属天泰制纳公司、锌业分公司生产经营情况。

5月14日，省委副书记王建军赴中国铝业青海分公司和青海中利光纤技术有限公司开展调研和服务，并与企业和有关部门同志认真商讨了企业如何“稳”和“进”的问题。

5月15日，省“马上就办”办公室组织召开全省万名干部入企服务活动工作进展座谈会。省委组织部副部长张学天、省经信委黄文俊主任、张春楠副主任，省委督查室副主任李祥林、省政府督查室副主任金晓明出席会议，8个省级督导组、37个省级工作组带队人等100余人参加会议。

5月26日，为加快推进青海省中小企业公共服务平台网络项目建设工作，省经信委组织工程建设、经济技术等相关专家对青海东亚工程建设管理咨询有限公司、青海华博工程建筑规划设计有限公司4套方案进行了评审，经专家评审，确定青海东亚工程建设管理咨询有限公司设计的《方案一》为最终方案。

6月8日，召开全省万名干部入企服务活动阶段工作总结会，总结通报前一阶段工作，安排部署下阶段重点任务，省委常委、常务副省长骆玉林出席会议并作重要讲话，省经信委主任、省国资委副主任黄文俊主持会议。

7月1日，李克强总理对青海省万名干部入企服务活动作出重要批示：“青海省万名干部入企服务，帮助企业解难题、办实事，推动政策落地，是简政放权、放管结合、优化服务的具体体现。请国办注意总结相关经验做法，供各地交流借鉴。”

同日，省经信委、省财政厅联合印发了《青海省中小企业公共服务平台网络窗口平台项目建设指南》（青经信中〔2015〕194号），为科学规范推进各地区、各园区窗口平台建设提供了政策指导。

7月2日，骆惠宁书记批示：“郝鹏、玉林同志，我们要悉心领会克强总理重要批示精神，继续优化为企业的服务，推动中央稳增长、调结构、促改革政策措施落地生根、开花结果”。

7月7日，省经信委印发《青海省小型微型企业创业示范基地管理暂行办法》，为推动我省大众创业、万众创新，加快小型微型企业创业基地建设步伐，优化小型微型企业创业创新环境，提供了制度保障。组织开展了第一批青海省小型微型企业创业示范基地推荐申报工作，通过申报培训、材料初审、专家评审、公示4个环节，认定青海省中小企业创业（西宁经济技术开发区）基地等5家为青海省小型微型企业创业示范基地，对引导和支持我省小型微型企业创业示范基地规范发展、创新发展起到了重要的推动作用。

同日，省经信委（省国资委）组织召开全省“万名干部入企服务”活动总结大会，省委常委、常务副省长骆玉林出席并作出重要讲话，省委组织部副部长王志明、省委宣传部常务副部长王向明、省委督查室副主任李祥林、省政府督查室副主任金晓明出席会议，省经信委主任、省国资委副主任黄文俊主持会议，各市州代表、8个省级督导组负责人、37个省级工作组负责人、省直相关部门、企业代表、省垣媒体等100余人参加会议。入企服务活动期间共梳理问题2379条，已解决和提出解决方案的2368条，占问题总数的99.54%，需长期协调解决的问题有11条，占总数的0.46%，入企服务活动取得了良好成效。

7月31日，按照工信部通知要求，省经信委组织开展了第一批国家小型微型企业创业示范基地推荐申报工作，组织有关专家对申请单位的申报材料进行了严格细致的审核，初步选定了青海省中小企业创业西宁（国家级）经济技术开发区基地、青海生科中小企业创业园、青海青年创业园3家符合申报条件、具有示范带动作用的小型微型企业创业示范基地，推荐申报第一批国家小型微型企业创业示范基地。

7月28日，省经信委下发《关于下达2015年青海省中小企业发展专项资金项目计划的通知》（青经信中〔2015〕223号），安排省级中小企业发展专项资金6100万元对62个固定资产建设项目、29户中小企业融资担保机构、70户中小微企业流动资金贷款给予补助和奖励，有效提振了企业的发展信心。

7月31日，青海省中小企业发展基金投放签约仪式在西宁举行，青海泉汪投资管理有限公司分别与我省9家中小企业签订入股协议，首批共投放基金2700万元，省经信委、省财政厅有关负责同志出席签约仪式。

8月5日，省经信委组织各市州经（商、发）委、各经济开发区管委会及各窗口平台建设单位负责人，召开了全省中小企业公共服务平台网络建设方案编报专题会议，进一步统一思想、明确目标，全面安排部署平台建设事宜。

8月7日，按照工信部通知要求，省经信委下发《关于印发〈青海省小微企业政策宣传月活动实施方案〉的通知》，活动从8月20日开始到9月20日结束，期间共组织集中宣传活动40余场，设置展板700余块、发放宣传材料5000余份，接受企业咨询2000余人次。活动切实提高了小微企业政策知晓度，营造了良好的舆论氛围，增强了我省小微企业的发展信心。

8月12日，经省经信委主任碰头会研究，下发《关于成立虎台二巷综合办公楼及食堂装修改造项目领导小组的通知》（青经信办〔2015〕246号）。成立项目建设领导小组，由省经信委副主任陈志忠任领导小组组长，全面负责装修改造项目的推进和实施。

8月15日，人民日报以《万名干部入企服务市场主体健康发展青海让好政策落地生根》、《万名干部入企业解决卡脖子问题青海政策不再“只到膝盖不落地”》等为标题专版报道青海万名干部入企服务活动。

9月5日，青海省中小企业公共服务平台网络建设按照改造设计方案，完成施工方案设计、外立面装修报批、施工图设计、项目招投标、办公楼搬迁等各项事宜，施工单位按计划组织队伍入场施工。计划于12月31日前，完成综合办公楼装修改造工作。

9月29日，省经信委会同省财政厅制定印发了《支持小微企业创业创新发展的实施意见》（青财企字〔2015〕1824号），针对加快创业创新载体建设、强化创业创新公共服务、支持小微企业科技创新、有效缓解融资难问题、支持小微企业壮大发展、推动小微企业信息化建设6个方面的主要任务，出台多项有效措施，多方面全方位支持小微企业发展。

10月10日至13日，第十二届中国中小企业国际博览会在广州隆重举办，中共中央政治局委员、广东省委书记胡春华，工业和信息化部部长苗圩，广东省省长朱小丹出席博览会并参观各省区市展馆。省经济和信息化委员会副主任张春楠带领青海参展团参加展会，组织具有地方特色和良好发展前景的22家民营企业参加展会，各类参展商品达到150多个品种，深受各地来宾的欢迎，为我省中小企业进一步开拓市场提供了良好的平台。

10月19日至23日，按照工信部通知要求，省经信委印发了《关于开展推动大众创业万众创新活动的通知》，组织各地中小企业主管部门和各园区集中开展推动大众创业万众创新活动，编印政策（文件）汇编、政策解读、政策问答等5000余册；依托省中小企业服务平台网络，并整合各园区孵化基地、创业基地等公共服务平台，线上线下广泛宣传小微企业关注度较高的财税、融资、用工等优惠政策和创业创新典型案例；帮助初创企业与各大银行进行专题对接，部分企业已成功融资；举办小微企业金融服务银企洽谈会，27家企业与银行签订了贷款意向书，贷款额达6亿元。活动营造了大众创业万众创新的良好氛围，有力促进了我省小微企业健康发展。

10月23日，我委会同相关部门举办的以“创业青海、放飞梦想”为主题的青海省首届创新创业大赛决赛拉开帷幕，来自全省两市六州和高校的27个创业项目从341个参赛项目中脱颖而出，根据不同组别和名次，组委会设置了2万元至10万元的创业奖金，在公布参赛项目得分后现场颁奖。

同日，省经济和信息化委组织召开了由青海省中小企业发展基金管理委员会各成员单位参加的项目审查会议，省经济和信息化委副主任张春楠、基金管理委员会各成员单位负责人参加了会议。会上共审查了27家参评企业，研究了对拟参股投资企业进行实地考察以及下一步工作计划等工作，对基金管理委员会各成员单位进行了任务分工。

11月4日，在西宁市远东大酒店举办了《2015年青海省企业现代物流管理专题培训班》，各州县物流行业的100余家企业的207人参加了此次培训。11月25日，在西宁市城南可可西里国际饭店举办了《青海省2015年中小企业管理技能能力提升培训班》，全省各州县的200余家企业、政府工作人员以及服务机构管理人员的357人参加了此次培训。12月2日，在西宁市城南可可西里国际饭店举办了《青海省2015年中小微企业信息化管理与互联网+专题培训班》，全省各州县的170余家中小企业的负责人、中层以上信息化管理人员、中小企业服务机构管理人员以及县级以上政府经信部门工作人员306人参加了此次培训。

12月11日，第九届APEC中小企业技术交流暨展览会第一次新闻发布会在深圳举行，会议由工信部中小企业局副局长田川主持，工业和信息化部副部长冯飞出席并作了重要讲话。会议对第九届APEC中小企业技术交流暨展览会组展工作进行了安排部署，并对第十二届中国中小企业国际博览会进行了总结奖评，我省获得第十二届中博会优秀组织奖。

12月14日，按照青海省全面深化改革领导小组的安排部署，省经信委下发了《关于印发〈青海省非公有制企业建立现代企业制度规范〉的通知》。

12月22日，省经信委下发《关于下达2015年青海省中小企业发展专项资金项目计划的通知》（青经信中〔2015〕384号），安排省级中小企业发展专项资金900万元对17个新入规奖励项目、72个标准化厂房租金补助项目给予补助和奖励，进一步提振规模以下企业发展信心，为初创型小微企业入驻创业园、孵化器减轻压力。

2016年青海省中小企业发展局大事记

1月10日，在西宁市小岛基地举办著名经济学家白永秀教授报告会，组织400余名企业经营管理人员参加。报告会上，白永秀先生结合青海经济发展实际，深入分析了2016年经济走势及企业应对之策，为青海省中小企业家及部分中小企业主管部门同志上了生动的一课。

1月20日，工业和信息化部中小企业局田川副局长一行赴青海省进行中小企业工作调研。在两天的调研过程中，调研组深入生物园区部分企业进行了考察，并召开了中小企业负责人座谈会，听取了省经信委中小企业工作汇报和企业家们的意见建议，为下一步国家出台有关支持政策措施进行了深入交流。

2月22日，组织人员开展国家中小企业公共服务示范平台（首批复核通过的、第三批和第四批）运营情况检查工作，同时对第二批国家中小企业公共服务示范平台复核的有关情况进行了调查、核实和补充说明，经委领导审定后上报工信部中小企业局。

3月21日，省经信委印发《青海省中小企业创新能力提升工程实施方案》（青经信中〔2016〕68号），并组织各地区积极开展各项工作，通过全面落实优惠政策、强化人才支撑体系等6个方面的具体措施，进一步改善经济新常态下中小企业创新发展环境，加快供给侧结构性改革步伐。

3月29日，在前期调研摸底的基础上，编印《千家中小微企业融资推介会材料汇编》，积极同省内各银行业金融机构对接沟通，为中小微企业融资搭建信息平台。

4月8日，省政府批复省经信委、省财政厅制订的《青海省中小企业发展基金设立方案》，同意设立市场化运作的青海省中小企业发展基金，支持省内种子期、初创期成长型中小企业发展。省经信委、省财政厅积极着手开展各项工作。

4月18日，省经信委制订《2016年全省“千干帮千企”专项活动实施方案》，组织全省各级经信系统干部职工深入重点企业开展专项帮扶工作，全力推动工业经济稳定增长。帮扶活动累计抽调各级经信部门工作人员631人，确定重点帮扶企业1000家。期间累计解决和提出解决方案1036条，占问题总数的87.9%，专项帮扶活动成效显著。

4月24日至28日，省经信委会同省财政厅组织全省各市、州中小企业管理部门、中小微企业中高层管理人员100余人赴深圳参加培训，进一步加强我省中小企业与省外企业的沟通交流，学习和借鉴国内优秀企业管理经验，提升我省中小企业管理和发展水平。

5月18日，为深入贯彻落实国务院和我省支持中小微企业健康发展的各项政策措施，省经信委下发《关于推荐申报第二批青海省小型微型企业创业创新示范基地的通知》，组织各地区坚持公开、公平、择优的原则进行推荐申报工作。

5月24日，省经信委中小企业发展局组织人员赴循化县、尖扎县就县域中小企业发展情况进行了深入调研，并对各县提出的困难和问题进行了协调解决。

6月21日，由省政府主办、省经济和信息化委承办的中小企业专题论坛在西宁市举行，论坛邀请了中国人民大学世界经济研究中心主任、著名经济学家、博士生导师黄卫平，普华永道资本市场与企业服务中国区总裁雷熙文作主题报告。副省长王黎明、省政协副主席鲍义志出席论坛。

7月14日，省经信委组织省内16家优秀中小企业分别赴深圳市参加第九届APEC中小企业技术交流暨展览会，在有效拓展我省企业家视野和思路的同时，也提升了企业的知名度和品牌影响力。

8月3日，省经信委根据省政府《青海省落实国务院促进民间投资专项督查反馈问题的整改方案》要求，研究制订了《青海省民营企业困难问题综合协调方案》，支持和帮助民营企业应对困难，提振企业投资和发展信心，同时对近年来青海省出台的扶持中小微企业发展相关政策措施进行全面梳理，对其进行修订和完善，确保各项措施落实到位。

8月17-19日，工信部中小企业发展促进中心组织有关专家赴我省抽查测评3家国家级中小企业公共服务示范平台，通过深入细致的考察和调研，我省3家示范平台均顺利通过专家检查评审。

9月3日，省经信委制订第13届中国中小企业国际博览会参展方案，并上报省政府审批，同时上报参展企业信息及参展产品名单，会同相关单位研究确定展会设计方案。

9月20日，省经信委制定2016年中小企业银河培训工程实施计划，细化工作方案，确定于第四季度举办中小企业管理能力提升培训班、中小企业信息化管理培训班、中小企业财务管理培训班三期培训工作，培训人员1000人。

10月10日，第13届中国中小企业国际博览会在广州隆重举办，广东省省长朱小丹、工信部副部长辛国斌、国家工商总局副局长王江平出席了中博会相关活动。省经济和信息化委员会副主任刘小宁带领青海参展团参加展会，青海省具有地方特色和良好发展前景优秀中小企业展出各类独具特色的产品，深受各地来宾的欢迎，进一步开拓了国内国际市场。

10月19日至23日，根据工信部有关通知要求，省经信委组织相关地区（园区）集中开展推动大众创业万众创新活动（双创活动周），活动期间，全省共举办各类活动45场，累计辐射26100余人次。其中举办展览21场，共接待观众10000余人次；举办论坛18场，参与人员6368人次；开展项目路演2场，路演项目54个，辐射观众200余人次；开展群众竞赛2场，涉及71个参赛项目、创客700余人；举办专业服务2场，为2000人次提供创业创新服务。

11月8日，省经信委起草制订《2016年促进全省非公有制经济发展大会筹备建议方案》，报送省委省政府审批。会议的主要目的是全面总结我省非公有制经济工作经验，表彰和鼓励优秀，营造良好的政策、舆论、金融、法制、服务环境，不断推动青海省非公有制经济健康快速发展。

11月22日，青海省中小企业发展基金正式成立启动，省政府副省长王黎明出席启动仪式并讲话，工信部中小企业局局长马向晖莅临会议指导，对青海省率先设立中小企业发展基金给予了高度评价，并就管好用好基金提出了具体要求。工信部中小企业局，省经济和信息化委、省财政厅和省直有关部门、相关专家，及企业界、金融界代表200余人参加了启动仪式。

11月23日，省经信委、省财政厅为使新设立的青海省中小企业发展基金作用得到有效发挥，举办了首期青海省中小企业发展基金推介会，省内的80余户优秀中小企业负责人等参加了推介会。

12月20日，省经信委进一步加快省中小企业公共服务平台网络建设，征集整理展厅展品及企业展示资料，完成平台三、四楼会议室设备安装及一层大厅设备安装和调试，并制定了省枢纽平台开业仪式方案，计划2017年1月10日正式启动运营。

2015年宁夏中小企业及民营经济工作大事记

3月22日，自治区人民政府印发《关于促进工业经济平稳运行的若干意见》，提出发挥煤电支撑作用、缓解企业资金困难、减轻企业负担等六个方面18条措施，深入推进产业和结构调整，为工业经济平稳运行、完成年度工业增长目标任务奠定了基础。

6月23日，自治区人民政府印发了《关于扶持小微企业健康发展的若干意见》，从五个方面提出了23条扶持小微企业发展的具体措施，更好地释放改革红利，帮助全区小微企业尽快成长，进而在全社会带动形成创业创新的热潮。

10月10-14日，宁夏回族自治区非公有制经济服务局组织31家中小企业参加第十二届中国国际中小企业博览会，20家参展企业共洽谈合作项目16个，意向协议金额2010万元，合同金额1450万元。

2015年10月14日，自治区小微企业贷款保证保险业务启动仪式在银川悦海宾馆举行。自治区非公有制经济服务局联合邮储银行宁夏分行、人保财险宁夏分公司搭建“政银保”合作平台，开展小微企业贷款保证保险业务，可为无抵押无担保的小微企业贷款300万元。

11月25日，国务院减负督查组对宁夏开展专项督查。督查组对宁夏减轻企业负担工作给予充分肯定。

2016年宁夏中小企业及民营经济工作大事记

3月3日，全区银企对接暨政策解读会在银川召开。自治区经济和信息化委党组副书记、非公有制经济服务局局长马立廷出席并致辞。

4月11-21日，宁夏回族自治区非公经济转型升级暨出资人培训班在银川举办。培训期间，自治区党委书记李建华、自治区主席刘慧、自治区政协主席齐同生、自治区党委副书记崔波等领导分别与部分企业家进行了座谈交流。

4月27日，全区中小企业公共服务机构能力提升培训班在银川举行。自治区经济和信息化委党组副书记、自治区非公有制经济服务局局长马立廷出席开班仪式，并为银川市IBI育成中心等3家小微企业创业基地颁授了国家小型微型企业创业创新示范基地牌匾。

5月6日，宁夏回族自治区企业投诉处理服务中心挂牌成立，该中心将在自治区各市中小企业和非公经济主管部门设立投诉处理服务机构，负责本辖区企业投诉的受理、处理工作。

5月10日，国务院减负办在长沙召开全国减轻企业负担工作座谈会，自治区非公有制经济服务局代表宁夏就减轻企业负担工作的经验做法作了交流。

7月，宁夏中小企业公共服务平台上线运行。该平台网络以自治区中小企业服务平台为枢纽，与6个市级综合窗口服务平台和8个重点产业集群集聚区窗口服务平台互联互通，统筹全区优势服务资源，为全区中小微企业提供“找得着、用得起、有保证”的服务。

7月14-16日，宁夏回族自治区经济和信息化委党组副书记、非公有制经济服务局局长马立廷任团长，五市及所辖市县非公经济及中小企业主管部门相关人员及25家中小企业，共60人组成宁夏代表团参加了第九届APEC技术交流暨展览会。我区参展企业共达成12项合作和销售意向，合作金额1300多万元。自治区非公有制经济服务局荣获第九届APEC中小企业技术交流暨展览会最佳组织单位和最佳设计单位两项大奖。

7月20日，石嘴山市非公经济服务中心荣获“2016全国中小企业创业创新服务平台优秀案例奖”。

7月29日，澳门公共行政管理学会代表团参观了宁夏中小企业公共服务平台体系建设情况，自治区非公有制经济服务局领导陪同考察。

8月17日，经宁夏回族自治区机构编制委员会批复同意，自治区非公有制经济服务局加挂自治区中小企业发展局牌子。

9月1日，全国中小企业服务联盟2016年度业务交流会在银川举行，全国23个省市联盟代表50多家单位参加大会。中国中小企业发展促进中心主任苗长兴、秘书长周平军和业务交流委员会主任王洪博等主要领导参加了会议并作重要讲话，自治区经信委党组副书记、宁夏中小企业发展局马立廷局长出席大会并致辞。

9月27日，宁夏回族自治区非公有制经济服务局组织召开小微企业贷款风险补偿业务启动仪式。通过建立政府风险补偿机制，发挥政府资金在增信和风险补偿中的功能作用，提高银行等金融机构的风险承担能力，加大对小微企业的信贷支持力度。

10月10-13日，宁夏回族自治区非公有制经济服务局副局长魏继义任团长，五市中小企业主管部门、26家中小企业，共计46人组成宁夏代表团参加了第十三届中国国际中小企业博览会，达成5项合作意向1500多万元，自治区非公有制经济服务局被组委会表彰为先进集体“优秀组织单位”。

11月，宁夏回族自治区非公有制经济局会同经信委、财政厅、国税局等减轻企业负担厅际联席会议成员单位，深入五市工业园区和小微企业创业孵化基地，巡回开展2016年“小微企业降成本减负担政策大讲堂”活动。

2016年新疆维吾尔自治区中小企业工作大事记

1月13日，向自治区人民政府上报《关于加大对“短平快”项目建设资金支持的请示》（新经信〔2016〕10号），积极争取“短平快”项目资金支持。

1月20日，公布首批自治区中小企业公共服务示范平台复核意见，乌鲁木齐高新技术产业开发区（新市区）创业服务中心、新疆米东科技创新服务基地有限责任公司等6家单位通过复核；阿克苏易通网络科技有限责任公司、新疆克拉玛依红有软件有限责任公司等2家单位复核不通过，被撤销“自治区中小企业公共服务示范平台”称号。

2月、6月、7月、9月，先后四次下发通知，组织南疆四地州和其他10个地州市（不含石河子市）各申报“短平快”项目两次。

3月、6月、8月、11月，先后4次组织专家深入全区11个地州（市）中小企业，开展“送温暖、送政策、送服务”活动，帮助企业解决发展中遇到的困难和问题。

4月20日，工信部公布第二批国家中小企业公共服务示范平台复核意见，我区的新疆申新科技合作基地有限公司、新疆生产力促进中心、新疆大学科技园有限公司等三家单位通过复核。

4月25日，授予伊犁哈萨克自治州中小微企业服务中心、博尔塔拉蒙古自治州融业中小企业服务有限公司等25个平台为“自治区中小企业公共服务示范平台”称号。

4月25日，授予新疆奎屯创业国有资产投资经营有限公司、于田县科克亚乡人民政府等13个小企业创业基地为“自治区小企业创业基地”称号。

4月，配合自治区人大常委会对《自治区中小企业促进法实施办法》落实情况开展执法检查，及时发现和解决问题，推动了各项惠企政策措施落实。

4月、6月、8月、9月，先后四次会同自治区财政厅、人社厅、国资委、金融办等部门组成联合检查组，采取全覆盖、无遗漏的方式，对各地州市申报的2016年“短平快”项目，从实施条件、投资情况、新增就业人数等方面进行了现场核查。

5月19-6月3日，组织我区60多名中小微企业管理人员赴浙江考察培训，提升了中小企业经营管理水平。

5至9月份，联合自治区商务厅、教育厅、科协、新疆电视台等部门，采取政府主导、企业运作的方式，成功举办了自治区第一届“大众创业、万众创新”大会暨“创客中国”新疆创新创业大赛。全疆共有563个项目参赛，经过初选、分站赛、半决赛、决赛，共有16名选手取得优胜，获得了共计50万元的大赛奖金。

上半年，组成创业专家服务团，先后前往伊犁、喀什、昌吉等地州（市），开展“创业创新服务地州行”活动，帮助基层创业服务机构提高建设水平和服务能力。

上半年，组织专家编制《新疆维吾尔自治区中小微企业“十三五”发展规划（2016-2020）》，提出“十三五”时期促进中小微企业发展的指导思想、原则、目标、主要任务和保障措施，为“十三五”时期中小微企业发展指明了方向。

7月14－16日，组织我区30多家中小企业赴深圳参加第九届APEC中小企业技术交流暨展览会，我委被技展会组委会评选为“最佳组织单位”和“最佳设计单位”。

7月，配合自治区财政厅出台《新疆维吾尔自治区中小企业公共服务平台网络建设专项资金管理暂行办法》（新财企〔2016〕85号），加大对小微企业创业基地、示范平台和平台网络建设的支持力度，优化了中小企业创业环境。

8月26日，组织召开自治区“短平快”项目促就业目标任务落实签约会，自治区政协副主席、政府党组成员、党委深改办常务副主任刘建新代表自治区人民政府与十四个地州市行署（政府）分别签订了目标任务落实责任书。

8月，根据工信部等五部门《关于组织申报产融合作试点城市的通知》（工信部联财〔2016〕237号）要求，我委会同自治区财政厅、人民银行乌鲁木齐中心支行、新疆银监局，对我区各地推进产融合作工作情况进行调查，从产融合作已具有一定基础、产业与金融互动较好的城市中优选出乌鲁木齐市和哈密市，推荐申报国家产融合作试点城市。

8月27－9月8号，组织我区60名优秀中小企业经营管理人员前往北京理工大学进行学习培训，提升了中小企业经营管理水平。

9月29日，推动八钢公司所属4家医院和4所幼儿园与当地政府签订了分离移交协议。

10月，会同自治区财政厅起草并向自治区人民政府报送了《自治区中小企业发展基金设立方案》。

10月10－13日，组织我区60多家中小企业赴广州参加第十三届中国国际中小企业博览会，与国内外中小企业签订投资意向协议0.8亿元，取得丰硕成果。

10月13日，推送新疆短电弧科技开发有限公司的《让世界不再有难加工的导电材料》项目参加2016年“创客中国”创新创业大赛全国总决赛，获得企业组最高奖项一等奖。

11月11日，工信部公布第二批国家小型微型企业创业创新示范基地名单，我区的新疆软件园有限责任公司、伊宁市国有资产投资经营有限公司等两家单位被授予“国家小型微型企业创业创新示范基地”称号。

11月23日，推动新化化肥有限公司医院和幼儿园与乌鲁木齐市达坂城区政府签订了分离移交协议。

11月，选派60多名优秀企业家参加我委与南京大学联合举办的第三期领军人才培训，提升我区中小企业经营管理人才素质。

11月底，自治区人民政府下达《关于同意设立自治区中小企业发展基金的批复》（新政函〔2016〕290号）。根据《自治区中小企业发展基金设立方案》，自治区财政将出资5亿元，从社会募集资金25亿元，设立总规模为30亿元的中小企业发展基金，重点扶持处于种子期、初创期的成长型中小微企业。

11月30日，出台《自治区“专精特新”中小企业认定管理办法》（新经信企业〔2016〕598号），促进中小企业加快转型升级，走专业化、精细化、特色化、新颖化之路，增强企业核心竞争力。

12月，组织认定了自治区首批175家“专精特新”中小企业。经过认定的“专精特新”中小企业将得到自治区中小企业发展专项资金的优先支持，并推荐给银行业金融机构，为企业贷款融资提供便利。

12月，工信部印发《关于下达2016年工业转型升级（中国制造2025）资金计划的通知》（工信部规〔2016〕441号），安排新疆中小企业公共服务平台网络建设项目资金50万元。

12月29日，会同自治区财政厅、人社厅、金融办、国资委等部门联合印发《关于对全区“短平快”项目促就业企业命名授牌的决定》（新经信企业〔2016〕652号），对“短平快”项目企业及小微产业园进行命名并授牌。经统计，2014年以来自治区共安排财政资金17.7亿元，实施“短平快”项目2923个（含143个村级惠民生项目），实现新增就业16万人。其中：2016年自治区财政补助资金6.9亿元（0.5亿元由自治区妇联实施巾帼项目），实施“短平快”项目1756个，截至年底完成投资89亿元，实现新增就业9万人。

12月29日，工信部、财政部、中国人民银行、中国银监会印发《关于同意北京市海淀区等37个城市（区）列为国家产融合作试点城市的通知》（工信部联财〔2016〕437号），将乌鲁木齐市、哈密市列为国家产融合作试点城市。

下半年，会同自治区财政厅、科技厅、商务厅、工商局，指导乌鲁木齐市申报第二批国家小微企业创业创新基地城市示范，得到国家2亿元财政资金支持。

自治区安排中小企业发展专项资金1.6亿元，其中：支持服务体系类项目125个2597万元，支持固定资产类项目57个3273万元，支持银河培训类项目29个700万元，支持自治区中小企业公共服务平台网络建设项目1500万元，支持中小企业融资担保机构风险代偿补偿资金2000万元；用于小升规奖励1000万元，用于组织企业参加第九届APEC技展会和第十三届中博会130万元，切块中小企业发展基金4800万元。

2016年，自治区中小企业公共服务平台网络框架基本建成，90%以上的窗口单位已建设完成，95%以上的窗口单位已经过自治区初步验收，自治区枢纽平台接受了国家财政部专项检查，总体评价良好。

2016年，配合自治区财政厅出台《自治区中小微企业融资担保风险补偿资金管理办法》（新财企〔2016〕76号），委托新疆再担保（集团）有限公司开展融资担保风险补偿资金管理和代偿补偿工作。全年对17家担保机构进行了代偿补偿，共计补助资金3480.41万元。

2016年，持续深入开展银河培训，着力抓好中小企业人才培养，不断提高中小企业经营管理水平，全年共培训各类中小企业经营管理人员8000多人，受到广大中小微企业的欢迎。

2016年，继续和新疆人民广播电台一起举办《企业之声》栏目，每天至少邀请一位企业家走进直播间进行对话访谈，帮助企业宣传，助力企业成长。经统计，全年有近500名企业家做客《企业之声》栏目，展示了企业风采。

2016年，继续按期发行新疆中小企业期刊（季刊）和中小企业（月刊），为小微企业提供了工作要情、政策咨询、企业动态、创业创新、融资服务、银河培训、运行监测、地州要情等信息服务，受到广大中小企业欢迎。

2016年，全年接待群众访问400多人次，协调解决锅炉安装公司退休人员企业改制遗留问题、驻吉尔吉斯斯坦务工人员因劳务纠纷回国等各类问题10余起，协调财政安排和落实各类补助资金1.5亿元。

2015年大连市中小企业大事记

2月2日，与大连市企业联合会、大连电视台财经频道、新商报合作，成功举办第一期“大连经信讲坛”，邀请国务院参事室特约研究员姚景源为我市400多位企业管理人员解读了新常态下的经济形势。通过讲坛活动，让广大中小企业更好地适应新常态，提振了企业发展信心。

从3月份开始，开展以激发创新创业活力为主线，以“强化服务、扶助小微”为主题的扶助小微企业专项行动。努力做好贯彻落实各项政策、完善服务平台、拓宽融资渠道、帮助企业开拓市场、提高小微企业管理素质、进一步减轻企业负担等六项工作，受到企业欢迎。

4月10日，与财政局共同组织中小企业内部控制问卷调查。全面了解我市中小企业内部控制建设情况，筹备制定小型企业内部控制规范，帮助中小企业搞好企业内部控制，降低企业经营风险。

5月19日，举办大连-长兴岛企业间配套对接交流活动，主要以企业产品、技术协作配套进行洽谈对接，实现地区内企业间合作，降低企业运营成本，200余家企业参加。

6月10日，开始组织申报创新型中小企业“育龙计划”评选，制定了评选标准，建立育龙企业库。经各区市县、先导区筛选推荐，专家评审认定，到目前已有882户企业入选。对入选企业实现动态管理，并集中各项优惠政策向育龙企业倾斜，帮助企业做优做强。

6月27日，中国方舟走出去公共服务平台实现全球上线，中国方舟上线发布会暨第二届全球工业贸易投资合作（大连）峰会召开。作为我市企业走出去公共服务平台，搭建一年来，已吸引国内外7000多户企业加盟，建成近千个海外服务网点。

6月30日，大连市政府召开新闻发布会，宣布大连市育龙中小企业发展基金设立，由政府出资与社会资本、金融资本合作，总规模50亿元，其中30亿元用于开展周转性业务，20亿元用于债权股权投资，破解融资瓶颈，助力中小企业健康发展。第一批资助资金已发放，共5笔1.52亿元。

从7月到10月，组织开展“百名专家、百日巡诊”活动，建立了技术、管理、政策咨询专家库，通过走访企业、了解需求，对20多家企业进行一对一咨询服务。并以培训、讲座、观摩等形式，解读政策，交流管理经验，提高技术应用水平。

7月26日，为促进企业人才引进，加快企业创新步伐，与国务院军转办共同举办军转干部与企业对接交流会。由企业发布人才招聘信息，企业与军转干部进行现场对接洽谈，近百人参加了交流活动。

8月组织企业参加在本溪市、11月组织企业参加在阜新市由省中小企业局举办的本溪、阜新大小企业协作配套对接活动。省内几十家大企业和高等院校、科研院所携带众多配套项目参加，通过对接，实现资源共享、利益共赢。

辽宁省中小企业局于8月份公布了2015年辽宁省中小企业“专精特新”产品技术项目，我市共有76项产品（技术）获2015年辽宁省中小企业专精特新产品（技术）。

9月19日，2015中国（大连）国际服装纺织品博览会盛装启幕。本届服博会以全新的理念进行资源整合，实现跨界合作，成为宣传大连设计、品牌、产品发展特色，弘扬大连城市形象和文化品位的重要载体。国内外800余家企业，600余家采购商、代理商、零售商、专业买手等在这里进行商业对接，服博会成为国际流行趋势新风向标。

10月13日，中国国际中小企业博览会在广州落幕，我市中小企业依靠专精特新，主打自主创新和绿色制造产品，在中博会上引起广泛关注。独具特色的大连海洋休闲食品、高效节能产品、绿色环保产品等吸引了众多客户，获取了市场认可。

10月19日，举办大众创业万众创新活动周，“双创周”期间组织各类服务活动15次，参加人数1893人；组织展览展示活动7次，参加人数达828人。

11月19日，组织2015银企对接电视行动，政府搭台、媒体牵线、银企零距离对接，活动迎合了企业对融资的需求，推动银企向更高层次、更广领域开展互利合作，100多户企业参加了活动。

2016年大连市中小企业大事记

1月4日，全市工业和信息化工作会议在棒棰岛宾馆召开。这次会议的任务是，贯彻党的十八届三中、四中、五中全会及中央经济工作会议、工信部全国工作会议精神，全面落实市委十一届十次全会暨全市经济工作会议具体部署，按照省、市工作要求，总结2015年和“十二五”时期工业和信息化工作，分析当前形势，研究“十三五”时期工作思路和重点任务，安排部署2016年工作。副市长刘岩出席会议并作重要讲话，市经信委主任张乙明作工作报告。2015年，我市采取有针对性措施，有效遏制工业经济下行走势，稳增长成效明显，工业经济基本面保持平稳。

1月21日，2015年大连理工大学（大连）校企合作委员会年会在大连理工大学伯川图书馆多功能厅召开，刘岩副市长，市经信委主任张乙明、副主任于德虎，大连理工大学副校长宋永臣及51家校企合作委员会成员单位代表、学校专家共计100余人参加会议。

3月10日，刘岩副市长出席全省“百支专家团队千名机关干部帮扶万家民营企业和外资企业”专项行动启动仪式暨工作部署电视电话会议。

全省“百支专家团队千名机关干部帮扶万家民营企业和外资企业”专项行动启动仪式暨工作部署电视电话会议主会场设在省政府，大连在市政府国际会议厅设分场，市人社局、市外经贸局、市金融局、市工商联、市统计局等政府部门主要领导及各区市县（先导区）政府主管领导、中小企业局局长及相关工作人员参会。

6月29日，刘岩副市长出席中国智能制造与仿真云平台论坛暨“中国仿真云平台”成立大会，并为“中国仿真云平台”揭牌，有力促进和推动了大连工业软件和中国CAE产业发展。

8月26日，辽宁省工业互联网应用推广培训会议（大连站）在市经信委三楼第一会议室召开。省政协经济委主任李兵、省工信委主任谭成旭到会，刘岩副市长出席会议并致辞，我市工业园区、产业集聚区、工业企业、各级经信工作负责人和政协企业家委员130多人参加了会议。

9月18日“大连杯”国际青年服装设计大赛在Z28时尚硅谷举行。本次大赛以“信息时代”为主题，共收到来自法国、日本、韩国、新加坡等8个国家和地区的1025份作品。6月23日，经过专家评委（中国服装设计师协会主席李当岐等评委）的初评，共有30名选手（职业组10名、专业组20名）入围本届“大连杯”决赛。经过两天的答辩赛与作品展示的赛事评选，来自大连工业大学的栗宇鹏携《想象之中……》获得本次大赛院校组金奖，来自浙江印象股份实业有限公司的胡铭方设计作品《新维度》成功问鼎职业组金奖。

9月22日，刘岩副市长出席辽宁大连大小企业协作配套对接会并讲话。2016辽宁大连大小企业协作配套对接活动于9月22日在大连奥利加尔大酒店举行，沈阳、大连、鞍山、本溪、营口、锦州、阜新、葫芦岛等地的200多家中小企业与20多家大企业进行现场对接，签约项目金额1.1亿元。

10月9日，刘岩副市长陪同肖盛峰市长先后来到大连新锐天地传媒有限公司、大连三科航空科技有限公司、大连连城数控机器股份有限公司、大连豪森设备制造有限公司和Z28时尚硅谷调研。每到一处，肖盛峰都详细了解企业自主创新能力、人才队伍建设、管理模式、产品和市场营销等方面的情况，并与有关部门现场办公，协调解决企业发展中遇到的困难和问题。

2016年11月3日，刘岩副市长在星海会展中心出席第八届中国（大连）轻工商品博览会（“轻博会”）开幕式。本届“轻博会”为期5天，标准展位近700个，面积近15000平方米。展示了北京、上海、天津、武汉、黑龙江、大连等地有代表性的轻工企业、商品及工艺美术品，参展企业200余家。

11月9日，刘岩副市长在市政府国际会议厅主持召开规下工业考核工作会议，各区市县（先导区）主管领导及其统计、经信部门主要领导参加会议。会上，市经信委通报三季度各区市县（先导区）规下工业考核指标完成情况；市统计局通报三季度规下工业运行情况；保税区、高新园区作典型发言。

12月6日，大连市副市长刘岩、市经信委副主任刘刚到北京北京千方科技股份有限公司调研，并与千方科技公司签署了关于智能交通领域的战略合作协议。

12月22日，华为软件开发云上线大会在连举行，市政府相关部门领导及200户中小企业参加了会议。此次大会标志着华为大连软件开发云正式向全球发布，大连和华为的战略合作进入了崭新的阶段。

12月23日，辽宁省工业互联网产业联盟成立大会在大连市高新园区海创（大连）科技交流中心举行。省市相关部门领导和联盟会员企业、其他企事业代表200余人参加会议。

2015年厦门市中小微型企业工作大事记

1月15日，工信部中小企业司副巡视员韦向群一行，到厦门市中小企业公共服务平台，并专题听取了我市中小企业融资服务工作情况汇报。

1月30日，厦门市中小企业服务行业协会第一次会员大会在厦门市中小企业公共服务大厅培训室举行。

6月17日，2015年厦门市小微企业创业创新大赛决赛暨2015中小企业服务月成果通报会，在金雁酒店隆重举行，为期一个多月的服务月活动圆满落下帷幕。

7月24日，市经信局企业处、市中小企业服务中心、市经济管理咨询协会举办义诊对接会，组织我市部分优秀管理咨询机构与2015年小微企业创业创新大赛优秀企业为主的小微企业义诊对接。

8月21日，厦门国际动漫节在厦门国际会展中心拉开帷幕，工信部、福建省经信委、厦门市政府、市经信局以及动漫产业协会的领导嘉宾出席，并见证了咪咕动漫原创工作室成立暨重磅画家签约、厦门软件园三期企业意向落地、亚洲动漫版权保护联盟成立等签约仪式。

9月18日，“小微企业创业示范基地政策宣贯会”在市中小企业服务中心举行。

10月22日，市中小企业服务中心在服务大厅沙龙室举办我市新三板挂牌和拟挂牌企业座谈会。

11月13日，厦门市中小企业协会召开2015年第一次理事会扩大会议暨政策宣讲会。

11月26-27日，第十一届海峡两岸信息化论坛暨闽台智慧产业项目对接会在厦召开，今年的主题是"推进产城融合，打造智慧产业园区"。

12月18日，我市首次举办的“机器换人”论坛在科协大厦举行，主题为“推动机器换人，促进智能制造”。

12月22日，在市中小企业公共服务大厅，厦门市非银金融机构全阵营向小微企业做集中融资推介和对接交流。

12月31日，厦门创新创业联盟（简称“厦门双创联盟”）正式成立，首批97家创新创业服务机构加入联盟。

2016年厦门市中小微型企业工作大事记

1月6日下午，市经信局会同市财政局、市银监局、市仲裁委、市中小企业服务中心，与18家银行的相关负责人，就小微企业融资召开座谈会。

1月8日，在市经信局指导下，市中小企业服务中心、厦门仲裁委员会联合发起的“厦门市中小企业法律服务团”正式成立。

1月26日下午，2015年厦门市中小企业生产经营运行监测工作会议在厦门市中小企业公共服务服务大厅举行。

2月29日下午，市经信局、市中小企业服务中心召集20家我市中小微企业代表座谈，调研企业生产运营情况，倾听企业主心声，了解中小微企业实际困难，为下一步制定有针对性的扶持政策和服务举措做准备。

4月8日，福建省互联网经济创业创新大赛动员会在市中小企业服务中心举行。

4月19－21日，2016厦门银行杯小微企业创业创新大赛初赛上演，经报名遴选出来的48家初创期小微企业，为20个复赛名额展开了激烈角逐。

5月5日，2016厦门市中小企业服务月首场活动——邮储银行创业创新高峰论坛在市中小企业公共服务平台培训室举办；“开场大课”在厦门宾馆举行，市经济管理咨询协会邀请到余世维教育集团（中国）有限公司董事长余世维博士，为企业界奉上了精彩演讲，标志着为期一个月的服务月活动正式拉开帷幕。

5月12日，厦门市智能制造产业协会举行成立大会，目前会员企业达到130家左右；当天协会承办的厦门市首届智能制造产业论坛举行，是今年中小企业服务月的一项新活动。

6月1日，我市人才公共服务平台“i人才”上线运行。

6月1日，2016厦门银行杯小微企业创业创新大赛总决赛10强名单的揭晓，为期一个月的2016厦门市中小企业服务月圆满落下帷幕。

6月15日，市经信局主持开展的我市"中小企业座谈会"结束。在连续5个工作日里，先后组织召开了10场不同行业共100家中小微企业主（或企业代表）参加的座谈会，密集调研企业发展近况、经营中的困难和问题，听取企业代表提出的政策诉求和意见建议。

7月14日，第九届APEC中小企业技术交流暨展览会在深圳开幕，市经信局组织我市18家企业参加了本次展会。

8月4日，市经信局等多部门召集厦门本地银行单位代表，在市中小企业公共服务平台召开小微企业银行融资服务座谈会，政府部门和银行单位共商加强合作、共担风险的机制落实，以促进我市小微企业获得更多信用贷款支持。

9月12日，厦门市中小企业服务行业协会第一届第二次会员代表大会在厦门航空金雁酒店三楼鲲鹏厅圆满举办。

9月22日，市经信局、财政局等部门联合举办小微企业融资产品对接和推介会。

10月10日，第十三届中国国际中小企业博览会在广州开幕，厦门市经信局组织我市12家中小企业参展了本次为期4天的博览会。

10月11－15日，厦门市经济和信息化局、厦门市中小企业服务中心联合香港贸易发展局组织了来自我市中小企业服务机构和中小企业的代表一行25人在市经信局企业处骆秀春处长的带领下赴香港参加厦门市中小企业高管赴港研讨班。

11月30－12月4日，应香港贸易发展局邀请，市经信局张潘正副局长带领市经信局企业处、市中小企业服务中心、市担保典当小贷公司协会、福建省工业互联网协会、厦门银行、厦门农商银行以及部分成长型中小企业代表一行14人，赴香港参加了“2016年国际中小企业博览会”、香港国际特许经营展和设计创新科技博览会等系列活动，并拜访了香港贸发局、香港富邦银行。

12月15日，2016年小微企业还贷应急资金及银行融资座谈会在市中小企业服务中心召开，会上围绕我市小微企业信用贷款风险补偿金政策的落实，政府和银行展开深入交流。

2015年青岛市中小企业工作大事记

1. 出台《关于进一步支持中小微企业发展的意见》（青政发〔2015〕14号）。6月19日，为支持引导我市中小微企业适应经济新常态，加快创新转型步伐，实现平稳健康发展，以市政府名义研究出台了《关于进一步支持中小微企业发展的意见》（青政发〔2015〕14号）。《意见》突出稳增长、促转型，针对中小微企业当前普遍面临的实际困难问题，把政策的发力点聚焦于加大融资支持力度、推动创新转型升级发展、拓展经营发展空间、加大财税支持力度、提高公共服务水平5个方面，提出了十八条有较强针对性、创新性和较高含金量的政策措施，涉及财政扶持资金3.2亿元，预计年惠及中小微企业1.1万户以上。相关配套实施政策也已相继出台，2015年政策资金已到位。

2. 启动小微企业转贷引导基金试点工作。6月19日，印发《关于开展小微企业转贷引导基金试点工作的通知》（青经信字〔2015〕40号）。财政出资2亿元，投融资机构按1∶4比例配资，成立规模10亿元的小微企业转贷基金，业务启动以来，共为110家企业提供低成本转贷资金11.3亿元，为企业节约资金成本近2000万元。

3. 设立支持小微企业创新转型专项资金。突出“专精特新”路径引导，争取市财政支持设立了中小企业创新转型专项资金，对专精特新小微企业的技术改造、产业链配套和兼并重组项目给予资金后补助支持。首批扶持80家小微企业通过加速设备更新、“机器换人”，或向海尔、中车等大企业配套，走小而专、小而强的发展路子，扶持资金2700多万元已拨付到位。

4. 成功举办首届青岛中小企业中外采购洽谈会。4月24–25日，为切实帮助我市中小企业抢抓订单、创造更多贸易机会，市经济信息化委在青岛国际会展中心举办了“2015首届青岛中小企业中外采购洽谈会”。本届洽谈会设置了“跨国采购洽谈会”“大型商超采购洽谈会”“电商合作洽谈会”三个板块，两天时间，三场洽谈会全市300余家中小企业分别与16家外商、5家大型商超、13家电商共进行了近千次面对面洽谈，现场签订出口订单逾3000万美元，达成采购意向约5.3亿元，初步电子商务合作意向84个，取得圆满成功。有关经验得到国务院促进中小企业发展工作领导小组办公室的肯定。

5. 开展扶助小微企业专项行动。年初印发了《2015年全市平台网络服务专项行动实施方案》，详细制定了“市级中小企业公共服务平台和区市、专业化服务平台服务行动计划表”，统一调度推进，确保各项服务行动按时间节点实施并取得成效。其中2015青岛市平台网络联合服务区市行暨送政策进企业活动，共在9个区市举办了15场服务活动，2000多企业人员参会；2015年青岛市中小企业百日招聘高校毕业生活动，利用云服务平台开设招聘服务窗口，企业招聘岗位需求220多项，大学生应聘信息800余条，为我市近百家中小企业及大学生就业者提供信息和服务。

6. 创新开展云平台“金牌服务”双抢惠活动。依托云服务平台整合优质服务资源，创新性开展中小企业云服务平台小微企业“金牌服务”双抢惠活动，全力打造“互联网+小微服务”生态圈服务品牌，并首次在手机移动端成功实现了搭建企业供需平台的新尝试，通过云服务平台微信服务号来实现操作，具有方便参与、供需交互和发单抢单激励等特点。截止活动结束，云服务平台页面访问量近12万次，企业共发单5718个，抢单7879次，线下成交215笔，为200多家企业解决了生产经营和服务需求，打造了新的服务品牌。该活动得到国务院促进中小企业发展工作领导小组办公室的肯定，在《中小企业》简报第16期摘要刊发，并上报国务院分管领导和工信部、财政部等部门主要领导同志。

7. 成功举办首届 “市长杯”小微企业创新大赛。9月23日，“市长杯”青岛市首届小微企业创新大赛于正式启动。大赛由市经济信息化委和大众报业集团指导，青岛市中小企业公共服务中心、半岛都市报、青岛天安数码城有限公司联合主办。分报名海选、初赛、复赛和总决赛4个阶段。市内外130多家小微企业报名参赛，项目涉及信息技术、智能制造、生物医药等多个战略性新兴产业。相关媒体对大赛路演和项目企业进行专题跟踪报道，扩大了大赛的影响，营造了万众创新的良好氛围。

8. 编制完成《青岛市小企业产业园发展规划》。在对全市现有小企业产业园调研的基础上，完成了《青岛市小企业产业园建设规划》，对青岛市小企业产业集聚发展进行了科学布局。规划到2020年，青岛市小企业产业园将达到100个，建筑面积1250万平米，总投资400亿元；到2025年小企业产业园将达到152个，建筑面积2000万平米，总投资将达到600亿元。其中规划年收入10亿元以上小企业产业园20个，5亿元以上50个。

9. 启动为中小微企业购买智能制造管理诊断系列服务。首次实施政府购买中小微企业管理诊断指导和创新驱动两类服务，兼顾行业集中与需求集中，重点支持中小微企业向互联网工业企业创新发展。管理诊断主要分为三个服务包：一是装备制造行业企业智能制造诊断服务包，为装备制造类中小微企业，围绕自动化生产线、智能工厂改造和信息化应用进行诊断。二是家电电子行业企业智能制造诊断服务包，为家电电子类中小微企业，围绕自动化生产线、智能工厂改造和信息化应用进行诊断。三是企业精益生产诊断服务包，为机械行业的“专精特新”企业围绕互联网工业发展，运用互联网思维和现代信息技术对产品生命周期管理等精益生产情况进行诊断。通过公开招标，选择百灵信息科技、紫文管理咨询等6家知名机构，首批为131家中小微企业免费提供管理诊断指导和创新驱动两大类6项服务。

10. 小企业产业园股权投资项目突破抵押障碍稳妥落地。根据《关于加强小企业产业园扶持资金股权投资管理的通知》规定，在不断完善投资程序和制度的基础上，破解了抵押担保难题，进一步强化了投资风险控制，首批安排市级财政股权投资390万元，支持2个小企业产业园项目建设。同时，进一步明确重点、落实责任，加强对投资项目实施的监督。

11. 组团参加第十二届中国国际中小企业博览会。10月10–13日，第十二届中国国际中小企业博览会（以下简称“中博会”）在广州成功举办。市经济信息化委结合青岛企业实际和行业特点，组织海普润机械、海蓝生物等12家中小企业参加了本次展会，集中展示了“专精特新”技术和产品，并借此平台进行了一系列合作交流推介招商，初步达成贸易合同及意向订单5260 余万元，取得了良好成效。本届中博会青岛市组织得力，得到工信部和中博会组委会的肯定。

12. 组团参加2015中国（山东）网络商品博览会暨中小企业电商展洽会。10月21-23日，“2015中国（山东）网络商品博览会暨中小企业电商展洽会”在济南舜耕国际会展中心举办。市经济信息化委本着帮助企业提升理念、开拓市场的原则，精心组织了12家生产型和电商中小企业参加了本次展会。参展企业不仅现场促销产品、宣传推介企业，而且还积极寻找电商代理，获得了组委会的好评，得到传媒界大力推介，大众报社记者现场采访，齐鲁电视台在22日晚间新闻中给予宣传报道。全市参展企业总计签订意向合同3700余万元。

13. 云服务平台培训与会议视频系统、企业信息数据库建成并试运行。市中小企业云服务平台培训与会议视频系统设置了市经济信息化委、市中小企业公共服务中心和11个区市（含高新区）经济和信息化主管部门13个连接点，实现了各连接点之间音视频互联互通，且具有视频录播存储与点播、会议材料同步显示等功能，可满足全市行业视频会议和远程视频培训的需要；企业信息数据库于9月份通过验收，采用可视化查询技术，建立了平台网络可查询的数据分析系统，实现了云平台外部数据与委内办公数据自动导入，初步将全市12340户中小企业信息整合入库并上线试运行。

2016年青岛市中小企业工作大事记

1. 印发《青岛市中小企业服务指南》。为更好地帮助我市中小微企业了解掌握国家、省、市扶持中小微企业发展的最新优惠政策，提高政策知晓率，由市经济信息化委牵头会同全市20个涉企行政部门编写的《青岛市中小企业服务指南》，并正式发布。

此次《服务指南》的编写完全以企业需求为导向，针对中小企业反映的政策知晓率低、政策查询繁琐及不易理解和政策宣传碎片化等方面问题，在政策汇编的框架、内容、形式等方面做出了一些有益的创新尝试。全书共分为三大部分：第一部分简要介绍全市21个涉企行政部门服务理念、单位职责、本单位中小企业重点服务事项；第二部分是分类政策汇编，收录了综合扶持、财税减负、创业营商、创新转型、融资担保、公共服务、市场开拓、园区土地等九大类120项最新实用的中小微企业扶持政策；第三部分对各部门推荐的信誉良好、影响力较大的38家服务机构及重点产业园区、创业基地、众创空间、孵化器等进行宣传推介。《服务指南》呈现出含金量高、实用性强、通俗易懂三大特点。

2. 成功举办首届青岛第二届中小企业中外采购洽谈会。4月27日在青岛市中小企业公共服务中心成功举办“2016青岛市第二届中小企业中外采购洽谈会”。本次洽谈会由19家中外采购商约30人组成的买手团与我市200余家中小企业的销售人员，进行了300多次面对面的洽谈。现场成交约1000万元，达成出口意向逾4.3亿元，商超采购意向约6000万元，会后验厂26家次，取得圆满成功。国家工信部中小企业局、中国银行总行的领导出席了本次活动。

3. 青岛市入围国家小微企业创业创新基地城市示范。5月22日，青岛市成功入围“国家第二批小微企业创业创新基地城市示范”名单，从2016年起连续3年将获得中央财政扶持资金9亿元，专项用于创建小微企业创业创新基地示范城市，为促进小微企业发展，推动大众创业、万众创新提供了新机遇。青岛市的入围标志着我市的小微企业创业创新工作迈上了一个新的台阶，在3年示范期内，将获得中央财政给予的9亿元扶持资金，同时将撬动地方财政和社会资金投入75亿元，全力推进创业创新，促进小微企业健康快速发展。

4. 设立支持工业中小企业“隐形冠军”专项资金。为鼓励工业中小企业，全面提升中小企业质量，培育精益求精、追求卓越的“工匠精神”已是时代所需、大势所趋。青岛市探路工业中小企业“隐形冠军”，旨在围绕《中国制造2025》重点领域，打造一批专注于细分市场，技术或服务出色、市场占有率高的，主营业务突出、竞争力强的“专精特新”中小企业，推进青岛市中小企业创新转型发展，引导中小企业树立“十年磨一剑”的工匠精神。专门支持设立了工业中小企业“隐形冠军”专项资金，首批奖励20家工业中小企业，奖励资金1000万元已拨付到位。

5. 成功举办第二届“市长杯”小微企业创新大赛。大赛自7月22日启动以来，在国家工信部信息中心和市华通集团的大力支持下，在各区市工信主管部门、市重点功能区管理机构的密切配合下，圆满完成了大赛各项赛程，达到了预期效果。大赛共征集322个创新项目，其中企业组先后在我市11个区市举办了13场初赛路演，有76个项目入围复评环节，最终有25个项目晋级决赛；创业团队组通过海选赛有21个项目晋级入围赛，最终有9个项目晋级决赛。在大赛实施期间，已陆续促成20多项投资合作意向、100多个参赛项目已获得工信部“创客中国”平台背书、三个项目参加了工信部“创客中国”创新大赛决赛展示并获得山东省唯一一个优胜奖、2个项目获邀参加第三届世界互联网大会创客中国优秀项目对接会。

6. 开展扶助小微企业专项行动。开展了2016全市扶助小微企业专项行动。制订印发“2016全市扶助小微企业专项行动计划”，引导全市中小企业服务机构紧紧围绕中小微企业重点需求，开展各类公益及优惠服务活动。组织“全市中小企业政策巡回宣讲月”活动，先后密集举办了7次专场活动，共有780余家中小微企业的1060多名负责人参与，收集企业各类服务需求近3000条。云服务平台双抢惠活动累计有约1万户次企业参与，累计发布93条服务需求和580条服务产品，抢单1712次，服务成交1018笔，成交额15.95亿元。双抢惠找场地平台现有供选场地115个，面积330万平方米。与齐鲁股权交易中心、深圳证券信息公司合作举办了7场次路演活动，为企业实现融资2.2亿元。

7. 组团参加第九届APEC中小企业技术交流暨展览会。我市根据企业实际及行业特点精选了12家有代表性中小企业参加了展示，参展企业涉及智能制造、电子芯片、生物制品、节能环保设备、特色食品、工艺产品等几大门类。展会期间，我市参展企业与国内外客商进行了一系列洽谈沟通、合作交流，并参加了中小企业技术需求与对接等一系列活动，成效显著。初步统计，我市参展企业先后与70余家国内外客商进行了技术交流和商业洽谈，会上签订了意向技术合作和融资协议28项，签订意向产品销售合同23项，合同金额3737万元。

本届展会我市组织得力，布展方式突出产品亮点，工信部冯飞副部长、中小企业局马向晖局长、深圳市领导、中国工业经济联合会会长及组委会领导、各省市领导分别到我市展台，对我市参展产品技术给予关注。

8. 组团参加第十三届中国国际中小企业博览会。10月10-13日，第十三届中国国际中小企业博览会（以下简称“中博会”）在广州成功举办。市经济信息化委结合青岛企业实际和行业特点，组织我市13家专精特新中小企业组团参加第十三届中国国际中小企业博览会。展会期间，我市参展企业与国内外参会客商进行了洽谈交流，并参加了中小企业高峰论坛、中小企业产品技术服务展示、“创客中国”创新创业大赛、国际产业合作与投资对接洽谈活动等系列活动，初步达成贸易合同及意向订单5295万元，取得了良好成效。本届中博会我市推荐的“石墨烯功能性3D打印材料”在2016创客中国创新创业大赛中获小微企业组优胜奖。

9. 组团参加2016中国（山东）网络商品博览会暨中小企业电商展洽会。11月18-20日，“2016中国（山东）网络商品博览会暨中小企业电商展洽会”在济南舜耕国际会展中心举办。市经济信息化委本着帮助企业提升理念、开拓市场的原则，精心组织了15家生产型和电商中小企业参加了本次展会。本届展会中，我市参展企业积极与参会客商及电商、微商、平台网络等企业充分对接和洽谈，进一步拓宽了市场销售渠道，初步统计参展的15家企业共达成意向合同1600余万元。

10. “青企微服务平台”上线 政府服务开启新模式。12月16日，由政府搭建的中小企业微信服务平台——青企微服务平台（微信号：sme5558）正式上线启用。青企微服务平台是我市“互联网+小微企业服务”工作的新渠道和新平台，也是我市双创服务从深化“互联网+”模式，整合资源实现小微服务“众包众扶”模式的新探索和新举措。

目前，青企微服务平台拥有涉企政府部门及各区市中小企业主管部门的服务人员60多位、各行业服务专家100多位、专业服务机构120家、各行业企业家微信群188个，可以提供政务、融资、技术、培训与创业、信息化、市场开拓、法律、管理、人力资源、检验检测、认证认可、商务及找场地等服务，预计每年可快速解答和办理中小企业5万次以上服务需求。企业只需要在微信上添加青企微服务公众号（sme5558），选择青企微服务，在微信上输入企业具体的服务需求，青企微服务平台的服务专家将给予精准、快捷的答复与办理。

2016年黑龙江省非公经济大事记

1月1日，省科技服务业联盟首家服务基地落户牡丹江。“互联网+科技服务业联盟+青年创业创新”暨雪城青年创业创新主题活动日在省科技大厦举行。省科技服务业联盟首家服务基地揭牌并落户牡丹江市青创大厦，这标志着我省科技服务业向基层服务迈出了新步伐，也代表着“互联网+科技服务业+共青团”这种跨界融合开展青年创新创业的服务迈上了新台阶。

1月7日，非公经济和县域经济是重要引擎，四谈精准发力千方百计稳定经济增长。经济能不能稳中求进，不仅要在薄弱环节上补短板，也要在成长性好的领域求突破。非公经济和县域经济，是我省最具潜力、最具活力的增长点。我们要聚焦发力、增强新动能，使非公经济和县域经济成为经济发展的重要引擎。

1月11日，方正推介哈尔滨华侨创新创业园。1月5日，方正县哈尔滨华侨创新创业园招商项目推介会在哈尔滨举行，与会的60余位侨商与方正县政府就其推荐的8个公共基础设施PPP（公私合作）项目和18个产业项目进行了项目对接洽谈。

1月17日，“2016新型城镇化与东北振兴论坛”举行。1月16日，由中国城市和小城镇改革发展中心主办，齐齐哈尔市人民政府和讷河市人民政府承办的“2016新型城镇化与东北振兴论坛”在齐齐哈尔市举行。

1月17日，全国青年创客社群经济论坛在哈召开。日前，由黑龙江省经济贸易促进委员会和“青二”创客社群主办的全国青年创客社群经济论坛在哈尔滨举办。本次论坛吸引了来自全国的400多“创客”，分享“互联网+”时代的创业经验，创新运营方式。

1月19日，我省将实施“互联网+商务”10大行动计划。1月18日，全省商务工作会议召开。会议提出，2016年，将继续推动电子商务发展，打造新的经济增长点。实施“互联网+商务”行动计划，加快形成以开放、共享为特征的商务运行新模式。

1月19日，哈尔滨26项举措优化经济发展环境。为切实加强发展环境问题整治，加快推动大众创业、万众创新，日前，哈尔滨市委、市政府研究制定了《关于进一步优化全市发展环境的意见》（哈发〔2015〕8号）。从八个方面通过26项举措，大力营造风清气正、公平正义、开放文明、服务高效的发展环境。

1月20日，道外大项目引领工业转型。2016年，道外区将依托中石油哈分公司420万吨扩能等央企项目建设，大力发展配套产业；加快促进哈一机混合所有制改革进程，推动军民产品融合发展，以项目建设为引领，大力发展工业经济，努力补齐工业经济发展短板。

1月21日，培育和发展新兴产业三年实施方案出台。《黑龙江省培育和发展新兴产业三年实施方案》近日出台，将进一步优化创新创业环境和政策措施，依托产业基础，充分发挥资源、科技、人才优势，优化存量，引入增量，多点培育，合力推进新兴产业发展。

1月24日，哈尔滨股交中心敲响2016年第一锣。日前，哈尔滨股权交易中心举行2016年首场企业挂牌仪式，哈尔滨本地一家发展迅速的互联网公司成为2016年在哈股交敲响挂牌锣的首家企业。

1月28日，搭好中小企业创新创业平台。1月27日上午，一场有关龙台科技创新创业的“头脑风暴”正在省科技大厦展开。

2月4日，推进“千户科企行动计划”。2016年，我省将继续大力推进“千户科技型企业三年行动计划”，新注册成立科技型企业2000家，新形成主营业务收入超500万元的科技型企业500家。这是省政府在3日召开的2016年全省科技工作电视电话会议上提出的。

2月4日，哈尔滨“元丰小贷”新三板挂牌。2月3日，哈尔滨市元丰小额贷款股份有限公司正式在全国中小企业股份转让系统挂牌上市，成为东三省第三家、黑龙江省第二家在新三板上市的小贷公司。

2月4日，深化青年创业助航计划促进大学生创新创业。2016年，团省委将继续通过创业大赛、孵化器培育、“青”字号金融产品等多方面助推青年创新创业，并不断帮助农村贫困青年走上创业致富路。

2月7日，龙江工业向新业态新模式悄然转型。随着“互联网+工业”的发展，在智能制造、大数据、工业云的支撑下，我省工业正向新业态、新模式悄然转型，已经涌现了一批具有引领示范作用的典型企业。

2月7日，“信用黑龙江”网站全新上线运行。日前，“信用黑龙江”网站全新上线。作为我省信用信息统一对外发布的官方网站，全新上线的“信用黑龙江”突出交换共享，在全国首批实现与国家信用信息共享交换平台对接，为中省直各部门信息共享交换、政府部门决策和实施信用监管提供有力支撑。

2月8日，大企业大项目合作引领对俄投资新突破。受国际市场原油价格断崖式下降，特别是俄罗斯卢布贬值多重影响，我省对俄贸易额出现了近年来较大幅度的下降，但从全方位对俄交流合作总体趋势看，呈现了投资结构更加优化、口岸过货量保持增长、全方位交流合作成效凸显、通关便利化水平进一步提升的良好势头。

2月14日，全省金融机构力促经济企稳回升。人民银行哈尔滨中心支行积极引导金融机构创新金融产品和服务方式，多措并举为实体经济发展提供资金支持，促进我省实体经济企稳回升。

2月21日，全省企业创新能力明显增强。根据国家知识产权局统计数据显示，2015年我省企业的专利申请量为14236件，同比增长4.78%。其中，企业发明专利申请量为7364件，同比增长4.53%。全省企业授权量为5709件，同比增长34.17%；其中，最能体现创新能力的发明专利授权量为842件，同比增长86.28%。

2月23日，创业带动2.3万人实现就业。齐齐哈尔市积极在扶持创业上寻找突破口，以创业带动就业，破解就业难题。2015年全市发放创业担保贷款4.29亿元，扶持7987人开展自主创业，带动2.3万人实现就业。

2月24日，"银税合作"为守信小微企业贷款近3亿元。省国税局与多家省内金融机构签订"征信互认、银税互动"合作框架协议。银税双方建立征信互认机制和纳税信用评价结果共享机制，以信授信，以信促信，破解小微企业融资难题。2015年"银税合作"银行共为守信小微企业发放贷款29592万元。

2月25日，鼓励各种资本创办家庭服务业。近日我省出台《关于进一步推动我省家庭服务业发展的实施意见》，鼓励各种资本投资创办家庭服务企业，推进家庭服务领域对外开放，优化我省家庭服务业的结构和层次，提升家庭服务业的经营管理水平，构筑满足城乡、家庭之间不同消费需求的多层次、多样化的家庭服务体系。

2月26日，省内最大俄货批发市场启动电商平台。2月25日，全省最大的俄货贸易批发"航母"——哈尔滨南极国际俄罗斯商品城正式启动俄货批发O2O模式，打造跨境电子商务平台。

2月28日，银税互动合作机制助力小微企业发展。支持小微企业发展，促进大众创业、万众创新，推动纳税信用与信贷信用有机结合，省国税局联合省地税局、银监会黑龙江监管局共建"银税互动"合作新机制。

2月28日，省政府出资25亿元，吸引社会资本76亿元设立黑龙江省工业投资基金。

3月12日，我省6家企业上海股权托管交易中心挂牌。日前，上海股权托管交易中心企业挂牌仪式举行，我省六家企业成功在中小企业股权报价系统挂牌。

3月15日，今年将新增千户科技企业。全年新增科技企业1000户左右，新增销售收入500万元以上的科技企业200户以上……2016年，哈市科技工作将深入实施创新创业创投工程、中国制造2025科技支撑工程、科技成果转化机制创新工程等八大工程，打造哈市经济发展新引擎，培育哈市经济发展新业态，引领和支撑哈市经济发展新常态。

3月30日，鹤城发展基金助优势产业加速跑。为破解企业融资难题，近日齐齐哈尔市与中国银行黑龙江省分行、中国农业银行齐齐哈尔分行合作设立工业、农业和节能减排三支产业发展引导基金。日前已首批筛选出可供基金投贷联动投资的黑龙江恒阳牛业、齐齐哈尔华工机床、泰来飞鹤奶山羊项目、依安象屿、甘南玉米加工等14个项目，共约17.7亿元待基金投入，届时还可联动引导银行贷款41.3亿元。

3月30日，多层次资本市场助力中小企业发展。日前，我省金融服务类企业普兰中联在深圳前海股权交易中心新四板正式挂牌，成为我省又一家成功登陆资本市场的中小企业。随着国内主板、创业板、新三板等多层次资本市场的不断完善以及省市各级企业挂牌上市孵化基地的引导、孵化，我省中小企业资本意识逐步被唤醒，不断加速与资本市场对接。

3月31日，大学生创业最高可获30万元经费资助。对携带项目在哈尔滨市创业的大学生，如果该项目属科技含量高、市场潜力大、能在短时间内形成经济增长点的重点创业项目，经评审将给予20万元至30万元经费资助。

3月31日，为科技企业装上资本助推器。1月30日，我省19家企业无需远赴上海，仅在哈尔滨科技创新城内就完成了在上海股权托管交易中心Q板的挂牌。这样的便利缘于上海股权托管交易中心在科技创新城内设立了哈尔滨高新技术产业开发区孵化基地，而更深层次的原因是：近年来，哈高新区高度重视并积极推动科技与金融结合，全力构建多元化、多层次、多渠道的科技投融资体系，在促进自身企业发展的同时，也为全省中小企业搭建了对接资本市场的平台。

3月31日，19户企业在上股交Q板集体挂牌。在1月30日举行的黑龙江省中小企业上市（挂牌）仪式、2016金融资本论坛暨产业项目展示对接会上，来自全省的19户企业通过上海股权托管交易中心哈尔滨高新技术产业开发区孵化基地成功在Q板挂牌。

4月2日，25家企业获绿色食品品牌奖励资金。为进一步激励我省绿色食品品牌创新发展，省发改委和省财政厅对涉及中国名牌产品及省名牌产品的飞鹤乳业、完达山乳业等25家企业下发了从50万元至1000万元不等的绿色食品品牌奖励资金。这是省委、省政府贯彻《质量发展纲要（2011–2020）》，推进“质量强省”战略实施的重要举措，为我省名牌企业提升核心竞争力创造条件。

4月2日，2016年中国企业家年会6月将在哈尔滨举行。4月1日上午，省委副书记、省长陆昊在哈尔滨会见了中国企业联合会驻会副会长李明星、常务副理事长于吉一行。

4月4日，借贷宝金融创新服务龙江。日前，由人人行科技股份有限公司主办的黑龙江省中小微企业创新融资服务恳谈会在哈尔滨举行。来自全省200多家中小微企业家汇聚一堂，就金融创新如何助力当地实体经济、改善中小微企业融资等话题进行研讨。

4月7日，哈尔滨打造石墨烯新材料产业集群。在新能源新材料领域拥有多项世界级核心技术优势的北京中博鑫源科技股份有限公司，携手8家世界知名石墨烯及相关新材料生产研发企业，共同进驻南岗区新材料工业园区，投资186.1亿元，构建南岗区石墨烯新材料产业基地，打造国际领先、国内唯一的寒地电动车全产业链生产及配套基地，力争到2020年实现总产值突破500亿元。

4月9日，青年创新创业大赛启动。1月8日，2015年度黑龙江省创新创业大赛举行颁奖仪式，并启动2016年青年创新创业大赛。

4月11日，我省新增两家国家级科技企业孵化器。日前，国家科技部公布了2015年度国家级科技企业孵化器名单，我省有省信联企业管理服务有限公司、哈尔滨哈以孵化器管理有限公司两家科技企业孵化器榜上有名。至此，我省国家级科技企业孵化器增至13家。

4月15日，黑河中小企业上市融资步伐加快。近日，刚刚完成上市的金禾股份和北亿农科两家公司分别获得了100万元和80万元的政府奖励。

4月15日，小微企业有了专属融资平台。日前，哈尔滨市小微企业融资专属平台成立仪式在哈尔滨友谊宫举行，哈市财政首期注入2.4亿元，用于为哈市小微企业提供融资担保支持，它的成立不仅是推动小微企业创业创新基地示范城市建设的重大举措，也是破解小微企业融资难、融资贵瓶颈，助力小微企业加速成长壮大的有效途径。

4月22日，新技术新业务推广应用联盟成立。为加快我省互联网+行动计划的实施，助力“大众创业、万众创新”蓬勃发展，提升我省互联网+应用水平，新技术新业务推广应用联盟21日在哈尔滨市成立。这是依托于黑龙江省通信学会，联合省内47家实力强、质量高、资信好的互联网、电子商务、大数据等与现代信息相关的企业、研究机构成立的联盟组织。

4月26日，“十二五”我省非公经济发展平稳。“十二五”时期，在省委省政府的正确领导下，在各市（地）的共同努力下，全省非公有制经济取得了较快发展，成为全省经济发展的一支重要推进力量。

4月28日，省工信委三招优化非公经济发展环境。2016年，省工信委将与全省相关部门共同出台实施非公经济发展三年行动计划和中小企业成长工程，支持非公经济和中小企业加快发展。其中，在优化非公经济发展环境上总体把握三个方向。

4月29日，冰城“两创示范”护航小微企业成长路。聚焦小微企业实际需求，着力为小微企业发展营造良好的政策环境和制度环境。

5月3日，我省金融业多举措为工业企业助力。为贯彻落实八部委联合出台的《关于金融支持工业稳增长调结构增效益的若干意见》，促进金融更好地支持我省工业发展，全省金融机构将密切关注我省工业领域融资需求的新变化，并采取多种举措积极支持全省工业信贷总量平稳增长。

5月20日，哈尔滨市建设高效公共服务平台。近日哈市出台了《关于进一步加快推进中小企业公共服务平台建设的指导意见》，明确指出哈市将按照“1+8+N”结构框架，建设多功能、立体化的公共服务平台网络，通过实现公共服务资源和信息的互通共享，来解决中小企业共性需求，畅通信息渠道，改善经营管理，从而推动中小企业发展，实现产业升级。

5月25日，我省与瑞士合作开展中小企业培训。5月24日下午，我省与瑞士西北应用科学与艺术大学签署合作备忘录，继续开展为期五年的中小企业培训项目，未来五年，瑞士将为我省培养至少500名中小企业管理者。

5月25日，大学生创业经营模拟大赛结束。日前，由省教育厅主办、哈尔滨商业大学承办、新道科技股份有限公司协办的2016年“新道杯”黑龙江省大学生创业经营模拟大赛在哈尔滨商业大学落下帷幕。

5月26日，我省力促民间投资稳增长，认真贯彻国家有关政策。我省出台配套落实措施，放宽民间投资市场准入，加强和改善政府服务，加大金融支持力度，激活壮大现有非公有制经济存量，多措并举促进民间投资持续稳定增长。

7月19日，我省企业参加第九届APEC中小企业技术交流暨展览会。

7月22日，哈尔滨市力促小微企业快速发展。哈尔滨市出台《哈尔滨市推进小微企业创业创新基地城市示范工作若干政策意见》。

8月12日，哈市鼓励民营企业到贫困地区投资兴业。日前，哈尔滨市政府办公厅出台《关于深入动员社会力量参与精准扶贫的实施意见》，将通过深入落实定点扶贫、大力倡导民营企业扶贫、积极引导社会组织扶贫、广泛动员个人扶贫等方式培育多元主体，通过推动智力扶贫、开展扶贫志愿行动、开展公益行动扶贫等手段创新参与方式，进一步发掘社会各方面力量参与精准扶贫的巨大潜力，坚决打赢脱贫攻坚战。

8月12日，商标品牌可质押贷款。为有效盘活企业商标无形资产，支持具有品牌优势的企业拓宽融资渠道，近日，由哈尔滨市市场监督管理局联合中国人民银行哈尔滨中心支行、哈尔滨市金融工作办公室共同制定的《哈尔滨市注册商标专用权质押贷款管理暂行办法》正式实施。

8月17日，上半年全省非公经济增加值同比增长7.5%。今年上半年，全省非公经济实现增加值3332亿元，同比增长7.5%，增速高于上年同期0.6个百分点，高于全省地区生产总值增速1.8个百分点，占全省地区生产总值的59.2%。

8月19日，上半年我省新增科技型企业1231家。据悉，今年以来，全省科技战线认真贯彻落实习近平总书记系列重要讲话精神，紧密围绕我省"五大规划"、"龙江丝路带"和"十大重点产业"建设，向高新技术成果产业化要发展，着力激发大众创业、万众创新活力，提高科技创新供给的质量和效率，为加快龙江老工业基地振兴发展提供坚实的科技支撑。

8月29日，我省推进工商登记制度改革。今年以来，我省紧紧围绕简政放权放管结合优化服务，深入推进工商登记制度改革，加快信用监管综合执法，着力优化经济发展环境。

8月31日，服务业成哈尔滨经济增长首要拉动力。激情"哈马"过后，许多来自天南海北的运动选手也加入到哈尔滨的游客队伍，伏尔加庄园作为近郊游的景点，延续着年初以来的喜人势头。

9月5日，我省9月起实施企业和个体工商户简易注销登记。从9月1日起，全省范围内实施企业和个体工商户简易注销登记。

9月5日，2015年度黑龙江省民营企业百强揭晓。按照《中共黑龙江省委、黑龙江省人民政府关于进一步优化全省发展环境的意见》(黑发〔2016〕8号)有关要求，省委统战部牵头协调各方力量，在去年工作基础上，不断总结经验，完善评定方法，开展了2015年度民企百强评定工作。

9月6日，哈尔滨市推进"五证合一、一照一码"登记制度落地。做好"四证合一"向"五证合一"的过渡衔接，按照"一套材料、一表登记、一窗受理"的工作模式，做好信息共享、系统升级改造、企业登记工作，确保10月1日起实施"五证合一、一照一码"。

9月27日，青年电商发展论坛举办。9月23日，以"新产品·新营销"为主题的省青年电商发展论坛暨省青年电商联盟成立仪式在哈尔滨市举行。来自全省的电商创业青年代表、团干部和农垦系统青年代表共计300余人参加论坛。

9月30日，三千中小企业共享平台创业。9月28日，由我省3000余家中小企业和各行业精英共同加盟的黑龙江黄埔汇东升科技企业孵化有限公司成立。

10月10日，我省实施"两证整合"登记制度改革。从10月1日起，我省先行实施个体工商户营业执照和税务登记证"两证整合"登记制度改革。

10月13日下午，省委副书记、省长陆昊主持召开省政府常务会议，研究讨论省委省政府关于支持民营经济发展的若干意见。

10月14日，陆昊主持召开省政府常务会议，研究支持民营经济发展若干意见。

10月17日，小微企业引进博士硕士可获安家费。哈尔滨市近日出台大力促进小微企业健康发展政策，助力小微企业引进高层次和紧缺实用人才。根据这些政策，小微企业引进博士硕士可分别获安家费10万元、5万元。

10月21日，我省公安机关进一步优化发展环境便民利企三十条。

11月1日，《黑龙江省支持养老项目贴息贷款管理暂行办法》出台。

11月8日，全省促进民营经济发展研讨会召开。11月4日下午，为贯彻落实全省加快民营经济发展工作会议精神，研讨我省民营经济发展的相关政策、解决民营企业发展困难、优化民营经济发展环境等事宜，黑龙江省民营经济发展促进会在和平宾馆多功能厅组织召开全省促进民营经济发展研讨会。

11月10日，海伦帮助企业解决融资难题。人民银行海伦市支行不断改善金融环境，针对中小企业融资难问题，他们推进银企对接，切实帮助企业解决融资难题，受到企业欢迎。

11月11日，我省个体工商户"两证整合"顺利运行。作为全国4个试点省市之一，我省个体工商户"两证整合"先行先试工作顺利运行。工商部门与国税、地税等部门实现了一窗受理、互联互通、信息共享，简化了个体工商户登记注册程序。10月1日"两证整合"工作启动至目前，全省共发放营业执照34015张。

11月14日，借助互联网从"养得好"转向"卖得好"，我省成立北方畜牧业展示交易中心。11月11日，中国北方畜牧业展示交易中心在哈尔滨市成立。该中心作为畜牧业综合服务平台，通过线上评鉴与线下体验，为生产企业、养殖场户提供畜产品在线交易、信息交流、技术指导、资金结算、互联网金融服务等，推动我省畜牧业从“养得好”向“卖得好”转变，进而实现“卖得好”助推“养得更好”。

11月16日，绥芬河中俄跨境电商智慧园从俄罗斯进口的第一批俄罗斯食品到货。在智慧园门口，一个装着20吨3000件俄罗斯食品的集装箱刚到，工人们就开始迅速卸货。

11月18日，全省推进“龙女电商”创业。为推进城乡妇女电商创业致富进程，11月17日，省妇联召开了全省巾帼电商创业工作推进会。推进会上，哈尔滨、明水、延寿分别做经验分享，汇报“龙女电商”典型创业事迹，展示妇女电商抓住机遇、坚持不懈、勤奋努力的创业精神。

11月22日，哈尔滨“两创示范”服务券助力小微企业。近日，《哈尔滨市小微企业“两创示范”服务券管理实施细则（试行）》正式印发，在两创示范期间（2015年-2017年），哈尔滨市将通过发放“两创示范”服务券的形式，对小微企业购买服务机构提供的签约服务项目给予资金补助。

11月24日，松北跨境电商平台入驻千户俄企。哈尔滨俄斯路电子商务有限公司是国内首家专注俄罗斯市场、从事进出口贸易的跨境电子商务平台。平台运行一年已实现在线交易五六百万元；与哈巴罗夫斯克签订战略合作协议，将哈巴优质企业的商品销往中国，作为进口平台的俄斯路俄货店已集纳哈巴为主及周边近千家企业入驻。

11月25日，冠省名企业名称核准全程电子化办理。目前，我省对依法须经省工商局核准的企业名称预先核准工作试行全程电子化办理。这是我省实施注册资本登记制度、企业住所简化登记、年检改年报、“五证合一”、简易注销等一系列改革后，再次推出的优化办事流程新举措。

11月25日，绥芬河中俄跨境电商智慧园吸引200家电商入驻。

11月25日，万众创业谷“互联网+”助中小企业转型升级。在一些传统产业利润不断下滑的当下，打造“互联网+实体”的社群化商业生态系统，帮助我省中小企业及创客群体搭上“互联网+”的时代快车，是黑龙江万众创业谷孵化器创立的初衷。

11月25日，我省外商投资审批服务一条龙。11月9月，黑龙江省外商投资服务中心上门招商对接，两个月后，中国先锋金融集团投资互联网小贷项目——“中新（黑龙江）互联网小额贷款公司”已经获得批筹，项目实缴注册资本金25亿元；金融资产交易中心项目——“网信（黑龙江）金融资产交易中心”，实缴注册资本金1亿元，预计年交易额将达1600~1800亿元人民币规模，目前正在批筹过程中。

11月29日，出台《关于推进国内贸易流通现代化建设法治化营商环境的实施意见》，深化内贸流通供给侧结构性改革。省政府近日出台《关于推进国内贸易流通现代化建设法治化营商环境的实施意见》，进一步深化内贸流通供给侧结构性改革，创新现代流通方式，完善城乡流通网络，积极挖掘消费潜力，做大做强商贸服务业。《意见》提出，到2020年，全省基本形成规则健全、统一开放、竞争有序、监管有力、畅通高效的内贸流通体系和比较完善的法治化营商环境，将内贸流通打造成经济转型发展的新引擎、优化资源配置的新动力和推动创新创业的新平台。

12月9日，哈尔滨设立1.5亿元中小企业发展基金。近日，按照哈尔滨市政府批准的《哈尔滨市中小企业发展基金实施方案》，哈市财政积极筹措资金1.5亿元，支持设立中小企业发展基金。该基金将在哈市“两创示范”期间募集资金3~5亿元，并按照“政府引导、市场运作、科学决策、防范风险”的原则运作。

12月16日，我省出台支持民营经济发展措施50条。为解决我省民营经济偏弱问题，支持民营企业创新发展、转型发展，加快做大做优做强，《中共黑龙江省委、黑龙江省人民政府关于支持民营经济发展的若干意见》近日出台。《意见》涉及进一步放开民营经济进入领域、培育壮大市场主体、支持民营企业转型升级、帮助民营企业开拓市场、降低民营企业生产经营成本、加大金融和财税支持力度、完善公共服务、优化发展环境等8大方面共50条。

12月20日，齐齐哈尔市工信委助力企业降低生产成本。齐齐哈尔市工信委积极抢抓贯彻落实省政府“65条”稳增长措施的政策机遇，努力为企业降成本、增效益、稳增长争取政策支持。在全省组织实施直供电工作中，针对本市重点企业情况，多次与省工信委沟通，努力争取使一重、北钢、昊化等高载能企业纳入直供电政策范围。

年度推荐企业

阳光凯讯(北京)科技有限公司

【概况】阳光凯讯(北京)科技有限公司(简称阳光凯讯)成立于2003年,是民营高新技术企业,主要从事通信系统设备的研发、生产和技术服务。通过多年的发展,公司在无线通信、卫星通信、数据通信、指挥调度和安全保密等领域取得了显著的成就。公司拥有一支由博士、硕士等高技术人才组成的研发队伍,公司有员工100余人,本科及以上学历员工占公司员工总数的90%以上。阳光凯讯资产总额1.80亿元,2015年,阳光凯讯完成工业总产值7012.88万元,实现营业收入7425.72万元,实现利润101.70万元。

【科技创新】阳光凯讯是北京市高新技术企业、纳税A级企业、丰台区文明单位、北京市博士后(青年英才)创新实践基地,具备军工产品科研、生产及服务的资质与能力。拥有专利、软件著作权、北京市自主创新产品、北京市科技进步奖等80余项。其中,公司的核心产品"CDMA机动式移动通信系统"获得"国家重点新产品"证书、"新技术新产品(服务)"证书。公司还是《全军物资供应商采购名录》企业和工信部《军民两用产品与技术信息备案采购名录》企业。

【自主研发】年内,阳光凯讯自主研发成功了一系列产品,主要有CDMA机动式移动通信系统、TETRA数字集群通信系统、轻型宽带移动通信系统,多模移动交换机、区域交换中心、业务管理服务器、自适应综合接入网关、智能用户身份卡等。

公司地址:北京市丰台区丰台科学城航丰路9号颐安鑫鼎科技企业孵化中心6层

邮编:100071

电话:010-59795061

网址:www.sunkaisens.com

同方威视技术股份有限公司

【概况】同方威视技术股份有限公司(简称同方威视)成立于1997年,位于北京市海淀区双清路同方大厦,是清华控股成员企业。同方威视是全球领先的安检产品和安全检查解决方案供应商,立足于自主创新,紧贴客户需求,为全球140多个国家和地区的客户提供安检领域最先进的创新技术、品质卓越的产品以及综合的安检解决方案和服务。2015年,同方威视实现销售收入34.66亿元,同比增长9%。

【基地建设】年内,同方威视生产基地配备了先进的生产、安装、检测和调试设备,采用同方威视自主创新的MRC生产模式,实现了模块化、快速化、定制化的高效产品生产制造。同方威视持续改进制造工艺技术,按照国际认证标准对产品的各个环节进行质量控制,为客户提供品质卓越的安检产品。

【科技创新】年内,同方威视与清华大学建立了优势互补的长期战略合作关系。双方建立了安全检测技术联合研究院,共同投入资源、共同面向需求、共同研究开发、共享知识产权、共担风险、共享收益。联合研究院与同方威视的研发中心在前瞻性技术研究与产品开发方面各有侧重又联系紧密,形成了具有同方威视特色的以企业为主体、以市场为导向、产学研相结合的创新机制。同方威视充分发挥技术创新的核心竞争优势,在计算机断层扫描成像、X射线辐射成像、痕量爆炸物与毒品分析检测、放射性物质监测识别等领域,拥有全部核心技术的自主知识产权。同方威视通过持续的技术创新以及与清华大学产学研战略合作企业·181·机制的有效运行,研制出一系列填补国际空白、核心技术居国际领先水平的技术和新产品。

【产业布局】年内,同方威视紧跟国际先进技术发展前沿,利用信息通信技术以及互联网平台将云计算、大数据、物联网与安检技术和产品深度融合,为客户提供智能查验、互联互通的新一代高科技安全检查解决方案。

【重点产品】年内,同方威视关注行业发展,紧贴市场需求,丰富产品系列,拓展新业务领域,陆续研发出了货物及车辆安全检查、行李及包裹安全检查、人体安全检查、爆炸物及毒品探测、液体安全检查、放射性物质监测等170多个品种的具有市场竞争力和技术领先的安全检查产品与系统解决方案,可根据客户不同需求,对走私货物、枪支武器、放射性物质、爆炸物和毒品等各类违禁品、危险品进行查验。

【应用领域】年内，同方威视安检产品及服务已进入民航、海关、铁路、公路、城市轨道交通、邮政物流、公安司法、环保、核电、辐照质检、冶金、金融、大型活动赛事等众多领域，在打击恐怖行为和非法贸易、保护人民生命和财产安全、提高查验能力、加快通关速度、增加税收等各方面发挥了重要作用，得到世界各国用户的广泛认可。“同方威视”已成为国际业界的知名品牌。作为安检解决方案和产品的主要供应商，参与了美洲首脑峰会、意大利世博会等多项大型活动的安保工作，为重要场馆、新闻中心和物流仓储等场所提供了3000余套多种型号的安检产品和技术服务。

【获得荣誉】年内，同方威视获得国家科技进步一等奖1项，中国专利金奖3项，北京市发明专利奖特等奖1项以及其他技术创新奖项数十项。同方威视的商标和品牌的影响力持续提升，深受海内外客户的关注和好评。同方威视拥有安检领域最先进的创新技术，起草制定相关行业技术标准，抢占业内技术制高点，以进一步固化同方威视产品的国际竞争优势。由同方威视主责起草的国际标准1项、国家标准3项及行业标准2项已正式发布并实施。

公司地址：北京市海淀区双清路同方大厦A座2层

邮编：100084

电话：010－62780909

网址：www.nuctech.com

北京合锐清合电气有限公司

【概况】北京合锐清合电气有限公司（简称合锐清合）是一家专注于智能配电设备、配电网故障监测与定位系统以及配电网自动化集成系统的研发、生产和销售的高科技企业。公司总部位于中关村科技园区上地信息产业基地，生产基地位于北京新能源产业基地——延庆八达岭经济开发区，占地面积2.67万平方米，拥有现代化生产车间1.8万平方米、办公楼3000平方米，拥有国内最先进的自动化生产线以及完整的产品研发、试验检验设备。2015年主营业务收入2.2亿元，利润1362万元。

【产品研发】年内，合锐清合产品包括单元式智能环网柜、共箱式智能环网柜、固体绝缘环网柜、电缆分支箱、智能箱式（预装式）变电站、智能柱上开关、配电网故障监测与定位系统等，公司可提供完整的配电网自动化系统解决方案。公司自主研发的智能环网柜产品具有三工位可视端口、一体化气体浇铸、全绝缘和全密封等开关本体技术优势，并且实现了馈线保护、测控、故障监测及自愈控制等功能的优化整合。公司研发的电力电缆在线监测系统采用先进的传感器技术、现代微电子技术和通信技术，通过超高速实时采集、记录和分析电缆屏蔽层和金属护层接地线电流信号，提前发现、预报电缆绝缘故障隐患，并可进行精准故障定位。

【企业认证】年内，合锐清合先后通过ISO 9001质量管理体系认证、ISO 14001环境管理体系认证、GB/T 28001－2001职业健康安全管理体系认证、中国国家强制性产品“CCC”认证、AAA级资信等级认证，获得国家专利几十项，拥有专有技术多项，公司还获得了多项部级和北京市、延庆区及中关村科技园区的荣誉证书和奖励，成为北京市高新技术企业、海淀区创新企业、中关村高新技术企业、北京中关村科技园区“瞪羚企业”、北京市中关村创业联盟理事单位、延庆区重点企业、北京中关村企业信用促进会会员单位、北京中关村企业信用促进会优秀会员、中关村企业信用培育双百工程最具发展潜力企业。

公司地址：北京市延庆区八达岭经济开发区长城一路1号（中关村延庆园）

邮编：102101

电话：010－56767388

网址：10024592119.qymgc.com

北京京仪科技孵化器有限公司

【概况】北京京仪科技孵化器有限公司（简称京仪科技孵化器）隶属北京京仪集团有限责任公司，是以京仪集团雄厚实力和资源为背景建立的大型专业孵化器，总孵化面积9万平方米。京仪科技孵化器秉承“支持创新创业，培育高新企业，整合产业资源，加速成果转化，促进产业发展”的宗旨，围绕仪器仪表、智能制造、电子信息技术三大重点产业方向，为入驻企业提供科技条件、专业咨询、技术转移、市场推广、北京工业年鉴专业投融资等方面的专业孵化服务。通过将京仪集团产业化资源、科技型小微企业的研发成果和社会资源进行结合，实现产、学、研、用联合，促进专业化协作，培育更多的战略性新兴企业，逐步将京仪科技孵化器打造成为京仪集团新兴产业的培育平台以及展示“双创”科技成果的窗口。截至年底，京仪科技孵化器共有员工53人，专科以上学历占人数总数的70%，45周岁以下员工占51%。

【生产经营】年内，京仪科技孵化器工业总产值1006万元，全年实现主营业务收入7497万元，实现利润总额155万元，净利润116万元，净资产收益率为4.33%，总资产报酬率为1.94%。

【启动众创空间建设】年内，京仪科技孵化器启动“京仪创新港”众创空间的建设，打造低成本、便利化、开放性、全要素的创业环境，搭建综合服务多功能厅，建立实验测试加工平台和创业导师咨询服务平台，努力将自身打造成为京仪集团技术创新体系与孵化器所在区域的创新体系之间协同发展的重要枢纽。初步形成创新带动创业、创业引领创新的良性互动，有力地推动创新创业的协同发展。

【探索新业务模式】年内，京仪科技孵化器探索“投资+孵化”的业务模式，延展科技创新服务链，逐渐由租赁收入主导型向服务收入和投资收入主导型转变，努力打造成为支撑京仪集团现代服务业板块的核心产业。

公司地址：北京市海淀区大钟寺东路9号B座B1层

邮编：100098

电话：010－62272425

网址：www.bgspark.com

北京布莱迪工程技术有限公司

【概况】北京布莱迪工程技术有限公司（简称布莱迪工程）隶属北京京仪集团有限责任公司，其旗下有3个子公司：北京布莱迪仪器仪表有限公司、重庆布莱迪仪器仪表有限公司、浙江布莱迪仪器仪表有限公司。主要经营范围为生产仪器、仪表、电子元器件、仪表制造设备和仪表工程成套服务；技术推广服务；货物·164·北京工业年鉴进出口、代理进出口；销售仪器仪表。年实现销售收入1.5亿元，员工480人，占地面积1万平方米。

【生产经营】年内，布莱迪工程按合并口径，实现工业总产值1.34亿元，工业增加值4293万元，营业收入1.47亿元，销售收入1.44亿元，利润61万元，完成科技投入494万元，占营业收入的3.4%。

【开拓市场】年内，布莱迪工程以京津冀协同发展为契机，成为北京北排建设有限公司合格供应商，并参与了北京市高碑店污水处理厂污泥高级消化工程、北京市清河第二再生水厂泥区工程、北京市小红门污水处理厂泥区改造工程、北京市郑王坟再生水厂工程污泥高级消化工程等项目，为上述工程项目提供了BLD压力表、温度计、球阀等产品。与北京燃气绿源达清洁燃料有限公司签订了定向服务协议，服务该公司10个LNG加气站，主要服务项目为在线仪表现场信息采集、建立专项服务数据库、仪表维修、检验、巡检等。

【获得荣誉】年内，布莱迪工程拥有注册商标5个，取得国家专利21项，其中发明专利1项；旗下的职工创新工作室获2015年北京市模范集体称号。

公司地址：北京市朝阳区南三环成寿寺路甲135号

邮编：100164

电话：010－67633539、010－67690039

网址：www.bj-brighty.com/cn

北京太空板业股份有限公司

【概况】北京太空板业股份有限公司（简称太空板业，股票代码300344），于2000年12月改制设立，2012年8月1日在深圳交易所挂牌上市，注册资金24124.8万元，公司位于北京市丰台区科学城中核路1号3号楼12层。太空板业资产总额8.06亿元，2015年，太空板业完成工业总产值8482.98万元，实现营业收入1.13亿元。

【发明专利】年内，太空板业拥有国内发明专利23项，美国发明专利3项，国内实用新型专利3项，国内外观设计专利4项。

【获得荣誉】年内，太空板业获评“国家级高新技术企业”“北京市循环经济试点企业”“中关村国家自主创新示范区创新型试点企业”“中关村国家自主创新示范区‘十百千工程’企业”。2011年12月31日获批“绿色建筑北京市工程研究中心”。2014年再次通过“质量管理体系”“环境管理体系”认证，同年还通过“职业健康安全管理体系”的初次认证。公司是全国工商联直属会员、中国循环经济协会会员、中国节能协会会员、装配式钢结构建筑联盟常务理事单位、北京市节能和资源综合利用协会副理事长单位、北京市建设工程物资协会建筑节能专业委员会会员、北京节能环保促进会会员、北京中关村企业信用促进会会员、北京进出口企业协会会员、中关村上市公司协会会员、北京市高校大学生就业促进会会员。

公司地址：北京市丰台区科学城中核路1号3号楼12层

电话：010-63789321

网址：www.taikong.cn/index.asp

天津华盛绿能农业科技有限公司

天津华盛绿能农业科技有限公司成立于2014年，位于西青区精武镇独流减河北岸，占地1000亩，注册资金四千万元。公司投资建设的20兆瓦光伏农业园，是华北地区首个光伏农业项目，园区将光伏与现代农业有机结合，打造光伏新能源与现代农业、现代农业与生态旅游相结合的新兴特色园区，实现多层叠加效益，增加土地综合收益，成为现代农业发展的新模式。作为一个工业反哺农业的全新尝试，在农业大棚上安装光伏设施，在光伏设施大棚下种植蔬菜，将光伏产业顺利延伸到农业领域，在不改变土地性质的同时大大提高土地利用率和整体收益。园区分为光伏茶种植区、CSA采摘区、蚯蚓养殖区、循环农业生产区、苗木区五个区域。同时，园区定位为以“茶文化”为主体的休闲观光项目，将农业生产、旅游观光、休闲垂钓、儿童娱乐、房车营地、科普教育融为一体。

天津凯兰德电动自行车有限公司

天津凯兰德电动自行车有限公司坐落在津南开发区东区，占地面积30.3亩，总投资9000万元，建筑面积1.9万平方米，是一家专业从事自行车及电动自行车生产与销售的企业，公司不断开发新材料，依靠新技术来打造高品质低碳电动自行车，从事外贸出口近20年，主要年产电动型自行车和健身型自行车50万辆，通过国际机构的连锁销售网络，产品远销欧洲、美洲、非洲、亚洲、大洋洲等30多个国家和地区，2015年完成产值6778万元。

天津海信广场

天津海信广场于2007年9月29日开业，坐落于天津市地标建筑——信达广场的裙楼部分，地上6层，地下2层，总建筑面积5.8万平方米，拥有3000余平方米的室内中央共享空间，被称为“天津第一中庭”。海信广场秉承“一切以客户为中心”的服务理念，让购物休闲成为舒适怡然的尊贵享受。海信广场作为时尚潮流聚集地，拥有600多个国际国内著名品牌：Cartier、Gucci、Prada、Salvatore Ferragamo、BURBERRY、Maxmara、Ermenegildo Zegna、Armani、Loewe、Versace、AUDEMARS PIGUET、Breguet……以高贵品位引领高端时尚。作为海信广场的投资方，青岛海信实业有限公司在青岛拥有成功运营十年的高级百货店的丰富经验，坚持“精品名店、引领时尚”的经营理念，曾被评为中国商业联合会高级百货店分会三大执行理事长单位、“中国年度行业十佳最佳雇主”及商务部“中国金鼎百货店精品店”等称号。海信广场不仅是青岛店的延伸与发展，更是高端百货界一颗正在冉冉升起的璀璨之星。开业仅2年，便荣获“2008年最具市场影响力诚信品牌”、“2009年天津市国际消费者权益日百家信誉企业”称号，迅速成为津城首屈一指的顶级百货店。

天津东盛油脂有限公司

天津东盛油脂有限公司坐落于盘山脚下，宝平公路东侧，京、津、唐三地之间，距首都机场仅60公里，北临102国道，南接京沈、东临津蓟高速公路直达天津港口，交通便利。公司成立于2006年，是专业生产精炼、灌装食用植物油脂的中型企业。占地面积1万平方米，现有职工130人，固定资产46000万元，总资产达7071万元。主要以生产、加工玉米油、葵花籽油、花生油、大豆油、调和油等系列食用植物油为主，注册商标为“祝福”。公司技术力量雄厚，检测手段完备，有资深高级工程师6名，各工种技术人员30名。公司具备国内先进的精炼食用植物油生产线，和全自动小包装灌装线，生产能力为年精炼植物油50000吨、日灌装50吨小包装食用植物油。2015年，生产精炼食用植物油42000吨，灌装小包装23000吨；年销售收入21035万元，年利税781万元。

天津创天网络科技有限公司

天津创天网络科技有限公司是一家从事B2B、B2C、O2O业务的互联网整合营销企业，可为企业提供电商代运营、营销策划、项目托管等一体化服务。企业成立于2012年10月，坐落在河西区解放南路376号富裕中心2号楼21层。公司以成为领先的互联网整合营销方案提供商为愿景，独创电商运营类平台“助商宝”和O2O整合平台“易客来”，致力于帮助国内中小型企业快速启动互联网项目，占领电商市场，抢占行业市场份额。B2C助商宝是创天网络根据市场需求打造的电商代运营平台，将天猫、淘宝、京东等主流电商平台平行接入创天的管理渠道，将复杂的电商网店运营管理流程化、规范化、高效化，彻底解决电商经营者从店铺开设、店面设计、产品管理、市场推广、流量导入、高效转化、专注盈利等重要经营节点问题。

网店维护能力还是转化盈利效果，都成为新的行业标杆，被广大客户称赞为“电商盈利发动机”。目前已服务客户1000家以上，为客户创造超过10亿营业额。O2O易客来，是创天网络为传统企业能够转型“互联网+”打造的全网营销服务的总称，主要为传统企业提供“互联网+”中的一站式优质解决方案，并辅助实施，帮助企业顺利转型，拥抱互联网时代。其中涵盖企业从策划营销、经营管理到高效供应链的各项需求，逐步实现企业和互联网的深度融合。B2B则致力于为天津的中小型企业提供电子商务、互联网与移动互联网整合营销解决方案等多项服务，客户涵盖自行车、地毯、五金、绢花等行业，累计服务客户4000余家。创天网络科技有限公司的目标是整合上下游产业链，构建商圈，扩展人脉，实现资源共享，提高整体竞争力。聘请专业人士，培训企业电商知识，培养企业电商意识，教会企业电商操作技巧，成为企业电商知识学习平台和人才孵化基地。以代运营服务为基础，帮助企业搭建淘宝、天猫、京东等主流电商平台，实现传统企业互联网转型升级。创天网络历时3年多发展，积累大量的实践经验。未来，企业计划年培育优质电商企业1万家，实现GMV100亿/年交易额的服务规模。帮助环渤海传统企业的电子商务良性成长；构建环渤海互联网+产业生态圈；让更多优质的环渤海产品销往全国、走向世界。

天津市东方中滨农业科技有限公司

天津市东方中滨农业科技有限公司于2008年成立，注册资金1010万元，占地351亩，位于天津蓟州区，目前主要从事蛹虫草的研发、种养殖以及相关技术服务工作。公司拥有恒温、恒湿、全热式新风交换、补光控制等全天候功能的现代化厂房和现代化的冻干、烘干生产线设备，有效地保证了蛹虫草产品的质量，是天津市农业产业化经营市级重点龙头企业。

联系电话：022-83691546

天津生隆纤维制品有限公司

天津生隆纤维制品有限公司于2005 年成立，坐落于天津宝坻区，注册资金1100 万元，占地40 亩。主营产品是弹性植物纤维材料，产品主要特点为天然、环保、可再生，是海绵的最佳替代品，已广泛应用于家具、汽车内饰等行业，公司已经占据了弹性植物纤维材料行业市场的50%市场份额，是植物纤维细分市场领域的龙头企业。

联系电话：022-22557992

曙光信息产业股份有限公司

曙光公司成立于2006年，坐落在天津华苑产业区，注册资本22500万元，是一家在科技部、中科院大力推动下，以国家“863”计划重大科研成果为基础组建的高新技术企业，主要从事研究、开发、生产制造高性能计算机、通用服务器及存储产品，并围绕高端计算机提供软件开发、系统集成与技术服务。公司在国产高性能计算机位居市场第一，拥有国产高性能70%以上的份额。

联系电话：022-23785586

天津市东方红太阳门业有限公司

天津市东方红太阳门业有限公司成立于1994年，位于天津市蓟州区，注册资本600万元，主要生产豪华木门、高档楼梯、高档橱柜等，公司多年来一直致力于引进世界各地各种高品质的木材，把现代高新技术和欧洲新古典主义文化品位相结合，生产豪华木门和楼梯，为客户提供高品质和高品位的生活产品，特别是自主研发的环保型可循环利用阻燃防水木塑板烤漆门，填补了国内该项技术的空白，在细分市场占据了主导地位。

联系电话：022-82868758

天津齐明环保设备有限公司

天津齐明环保设备有限公司注册于2010年6月，位于天津市蓟州区，专门从事砌块成型机的研发、生产及销售，公司具备ISO 9001：2008质量管理标注体系认证、行业协会会员等资质荣誉。公司在国内设立16个办事处，在非洲安哥拉和刚果（布）设有分厂。产品以废渣、废料为原材料，采用全自动技术生产，具有低碳环保、高效率、低成本、低劳动强度等特点，各项性能指标均受到客户的广泛好评，产品覆盖天津市及周边省市。

联系电话：022-59130588

河北萌帮水溶肥料有限公司

河北萌帮水溶肥料有限公司是一家集研发、生产、销售、服务于一体的全球专业水溶肥料制造商和服务商，专注于从事水溶肥料的研发、生产与销售。公司自2009年成立以来，紧盯市场需求，持续推进产品升级，不断实现自我突破，公司从成立之初的小作坊发展到如今业内享有知名度，拥有自主知识产权的公司。至2016年12月31日，已建成年产20万吨水溶性肥料生产线，实现销售收入4.56亿元。

对外联系方式：0311-85941238、85941052

廊坊百冠包装机械有限公司

廊坊百冠包装机械有限公司是河北省高新技术企业和省级企业技术中心。致力于饮料工艺技术的深入研究，掌握了液体灌装的核心技术并拥有多项专利，成功开发了GWJX系列PET瓶无菌冷灌装、DGY系列饮用水灌装、DGP系列碳酸饮料灌装等一系列中大型灌装机组，填补了国内空白，形成了独特的市场竞争优势，在行业中处于领先地位，特别是无菌灌装技术水平在国内同行业位居第一。公司建立了网络远程监控运维服务云平台和用户移动检测系统，此项技术的应用目前在国内食品饮料包装机械行业的研发与应用领域尚属首例。产品畅销全国各省、市、自治区，并远销到日本、美国、英国、法国、俄罗斯等40多个国家和地区。公司产品在国内外已有较大的市场份额，目前市场占有率达30%。

联系电话：0316-6069305、6069303

钢诺新材料股份有限公司

钢诺新材料股份有限公司成立于2010年6月，注册资金1.213亿元，现有员工385人，占地面积140亩。主要生产各类矿山用球磨钢球，年产能20万吨，是一家集球磨钢球研发、制造、检测、销售、服务于一体的国家高新技术企业、国家知识产权优势企业、河北省产业集群龙头企业、河北省技术创新示范企业、河北省管理创新示范企业，拥有省级企业技术中心、河北省球磨钢球工程技术研究中心、省级院士工作站、河北省博士后创新实践基地等研发平台，拥有30余项核心专利技术。2016年被认定为河北省“专精特新”企业，企业规模、生产能力、研发水平同行业领先，2016年7月在新三板挂牌上市。2016年公司销售收入突破3.9亿元，上缴税金1423万元。

联系电话：0310-8746046

秦皇岛康姿百德高新技术开发有限公司

康姿百德集团有限公司成立于2004年，是一家集磁性健康及医疗器械产品研发、生产、销售于一体的高新技术企业，拥有5家下属子公司。集团秉承“推广健康科技、造就百岁民族”的宗旨，以“打造全球健康产业第一科技品牌”为目标，已在全国范围内开设了600多家销售门店。最近

5年，集团销售收入和利税均持续快速增长，2016年全年上缴税金超亿元，创造了巨大的经济效益和社会效益。

康姿百德集团成立至今，始终备受各级政府的高度关注，先后获得了“河北省高新技术企业”“河北省著名商标”“河北省名牌产品”“河北省管理创新示范企业”“河北省创业功臣”“河北省科技型中小企业”“河北省专精特新中小企业”等多项荣誉。

联系方式：0335-7610001

欧伏电气股份有限公司

欧伏电气股份有限公司是一家志在为全球客户提供电气产品及解决方案的研发、制造、销售、服务的高新技术企业。公司成立于2007年，于2014年12月26日在全国中小企业股份转让系统（新三板）成功挂牌，开创了公司新的发展机遇和起点。据2016年6月18日全国股转公司《全国中小企业股份转让系统挂牌公司分层管理办法（试行）》要求，公司位居创新层之列。

公司具有配电与控制、精密钣金、电磁、电力电子、冷却五大核心技术，目前可向目标市场及客户供应90余种型号的产品。自主研发的发电机冷却装置及低压成套开关设备先后被评为省名牌产品、优质产品。公司市场涵盖新能源、电信、数据中心、工业自动化和智能电网领域，客户多为500强和行业龙头企业，产品销往全国并出口欧洲和美国。公司成立至今陆续获得“国家高新技术企业”“河北省管理创新示范企业”“河北省对标示范企业”“河北省信息化与工业化融合重点企业”等称号。

对外联系电话：010-80841499

长春日新车身车架零部件制造有限公司

长春日新车身车架零部件制造有限公司，成立于1996年，坐落于长春市汽车经济技术开发区，已获得ISO 9002国际质量体系认证，2015年后，正在进行IS 16949认证的通过。是研发、生产、制造汽车车身及模具开发和汽车涂装为一体的综合性企业。我公司下设6个职能部门和4个生产车间，生产部、技术部、采购部、销售部、计财部、从事部，六大职能部门，公司分属冲压车间、焊装车间、涂装车间、总成装配车间。

公司占地面积40000平方米，建筑面积18400平方米，共有生产设备128台，冲压线2条，焊装线，内饰装配线及涂装车间。其中冲压线包括100吨冲台，160吨冲床、250吨冲床、400吨冲床。冲压机包括2000吨、1600吨、500吨、350吨冲床。8台机器臂，主要生产能力为汽车模具开发、车身研发、冲压件生产及驾驶室的装配生产。

公司先后为一汽轻型车厂、一汽四环联合改装车厂、一汽解放特种车公司、一汽解放柳州特种汽车有限公司配套。解放牌汽车驾驶室总成、壳体及全套汽车驾驶室钣金件，产品受到主机厂的高度评价。

多年来公司坚持科技兴企、人才强企、诚信守信为本的方针，在国内卡车汽配市场占据领先地位。而且我公司以优质的产品质量、诚信为本的方针，打进国际汽配市场。先后出口朝鲜、俄罗斯、埃塞俄比亚、伊朗等国家，受到国际友人的高度评价，为公司今后的发展打下了良好的发展基础，成为一个以研发、生产、制造、经营为主的高新技术企业。

我们始终坚持提供优质产品，信守承诺质量第一、客户至上的服务方针，生产出优而精的产品。满足广大客户需要的方针，坚持诚信务实、开拓创新、坚信一个希望、坚持一种态度、保证一流质量、保证一级信誉，打造企业品牌形象，为广大的客户服务。

2006年为一汽解放特种车公司配套生产驾驶室，2007年为一汽四环联合改装车厂配套生产驾驶室，2011年为一汽轻型车厂配套生产驾驶室，2014年起为一汽解放柳州特种汽车有限公司配套生产驾驶室。

公司主要生产产品：J6高顶驾驶室、J6P平顶驾驶室、J6M驾驶室、J6P带尾翼驾驶室、J6L平顶驾驶室、J6M高顶驾驶室、B27驾驶室、B27高顶驾驶室、解放汽车高顶顶盖总成、侧围总成及散件、后围内板总成及散件、车门、杠头、大底、卧铺外皮、门框等。

联系人：董晶（经理）

电话：0431-85976939、13804317227

模式创新　新能源与互联网深度融合

——国电微网信息技术有限公司

国电微网信息技术有限公司（以下简称“国电微网”），旗下包括亚泽屋顶、泽高新能源、美橘售电、多啦爱萌移动光伏应用等多家全资子公司。公司业务横跨多个领域，涵盖了传统建筑屋面、新能源、互联网、智能售电等诸多行业。国电微网成立十余年来已成长为国内行业中的领军企业，连续多年获评为中国金属围护系统行业十强企业、中国建筑金属屋（墙）面十强企业、中国建筑钢结构行业推荐品牌（信誉AAA）企业、中国建筑钢结构行业（5A）诚信企业、全国行业最高荣誉金禹奖、上海市高新技术企业、上海市专精特新企业、上海智造品牌、上海市奉贤区科技小巨人企业等荣誉。2007年，国电微网在国内率先引进美国GPS定位测量系统和CATIA三维制图软件等国际先进技术，先后完成了鄂尔多斯博物馆、特立尼达和多巴哥国家艺术中心、上海东方体育中心、烟台渔人码头、南昌国际体育中心、福州海峡奥体中心、张家界机场航站楼等一系列特殊造型建筑屋面精品工程。

技术创新　航空航天先进制造系统

——上海拓璞数控科技有限公司

上海拓璞数控科技有限公司（以下简称“上海拓璞”）成立于2007年5月，是一家由机械制造、自动化、计算机信息多学科的专家、博士与机床行业的资深企业家和工程技术人员联合创立的有限责任公司，主要从事数控科技领域的技术开发、装备生产和技术服务。公司集聚了国内一流的研发团队、管理团队和高级技工队伍，致力于具有国际一流水平的数控装备制造企业的建设。上海拓璞现有在职员工183人，其中本科及以上学历124人，占公司总人数的67.8%。公司于2011年成为上海市高新技术企业，2012年批准建立“上海特种数控装备及工艺工程技术研究中心”。

上海拓璞的技术源于十多年自主创新的积累，累计获得发明专利39项，实用新型专利16项，软件著作权24项，并承担研制完成了国家04重大科技专项项目4项、国家智能制造专项1项，省市级科研项目17项，区级科研项目5项。研发的新项目获多项国家荣誉：五轴加工中心和工艺获中国国际工业博览会铜奖；运载火箭箭体结构精确高效制造技术及装备荣获国家国防科学进步一等奖和国家科学技术进步一等奖；航天大型复杂结构件特种成套制造装备及工艺或上海市科学技术进步一等奖；运载火箭整体舱段自动钻铆装备及工艺技术获中国机械工业科学技术三等奖。

上海拓璞在高端装备的研发上不仅突破了国外的技术垄断，填补了多项国内空白，也极大满足了国家重大项目的加工需求，为提升我国航空航天装备制造业水平的整体提升做出重要贡献。

传统创新　智能+健康 产业升级

——上海荣泰健康科技股份有限公司

上海荣泰健康科技股份有限公司（以下简称“荣泰”）始创于1997年，是一家集研发、制造和营销于一体且专注于健康产业的按摩器具、科技养生解决方案供应商和品牌服务商，是中国按摩器具行业龙头民营企业。公司设有8大中心，企划中心、技术中心、国际贸易营运中心、中国市场营运中心、制造中心、生产营运中心、财务中心、行政中心；2个管理部门，O2O事业部、品管部；及总经办1个科室，在国内设有300多个营销网点和100多个服务网点，产品远销东南亚、中东、欧洲和北美等地，成为业内出口占有率第二、国内销售率第一的龙头企业。

公司荣获上海小巨人企业、上海高新技术企业、上海名牌、上海市出口名牌、苏浙皖赣沪名牌产品50佳企业、中国驰名商标、上海著名商标、上海市企业技术中心、上海市创新型企业、上海市重点新产品、上海市专利工作试点企业、按摩器具出口十强企业等荣誉，还获得了ISO 9001质量管理体系、ISO 13485医疗器械—质量管理体系、ISO 14001环境管理体系证书，以及CE、ETL等产品认证证书。

信息化创新　新领域探索者

——上海科匠信息科技有限公司

上海科匠信息科技有限公司（以下简称“科匠中国”），是中国移动方案服务商和科技创新领域探索者，上海市高新技术企业著名代表、“双软”认证（软件产品认定及软件认定型企业）企业代表，拥有“上海市小巨人”、“上海市专精特新”等多项荣誉和软件著作权12项。

核心团队组建于2005年，旗下拥有“蓝色互动”和“创新中心”两大核心业务线，形成“蓝色互动”、“微匠”、“数匠”、“APPolls”、“梦连网”、“应用联盟”、“科匠创投”等七大自主品牌。

公司以上海总部为中心，北京、武汉、深圳、沈阳、西安五大分公司作为基地，在全国建立起“一个中心，五大战略基地”的营销和技术服务网络，公司业务几乎遍及全中国。已上线项目千余款，用户累计下载应用数量达数亿次，服务知名企业客户超1000家，其中不乏万达集团、西门子集团、麦当劳、宜家、百威啤酒、可口可乐、中国农业银行、中国移动、中国联通、中国电信、华夏基金、安吉物流、大众点评、联合利华、一汽大众、宝洁、捷豹路虎、康师傅、周大福、联合国环保组织等国内外一线知名企业和机构。出色的运营数据和业绩表现让科匠中国获得了资本市场的青睐，科匠中国于2015年与A股上市公司信雅达完成并购重组（股票代码：SH600571），最高市场估值曾超过40亿。2016年企业员工数量突破1500人，其中70%以上为行业资深工程师，是国内重量级技术服务中心和科技创新中心。

新材料技术 聚焦核心 打破垄断

——上海宇昂水性新材料科技股份有限公司

上海宇昂水性新材料科技股份有限公司（以下简称“上海宇昂”）是全国功能高分子行业委员会牵头创建的以水溶性高分子为特色的集研发、生产、营销及应用为一体的创新型、科技型、成长型、外向型的高新技术企业。公司总部位于上海浦东张江国家高新技术园区，为上海市高新技术企业，全国功能高分子行业委员会理事单位，秘书处所在单位，水溶性高分子PVP国标撰写单位。作为全国功能高分子行业领头羊的上海宇昂，于2012年12月20日在深圳证券交易所进行新三板挂牌，证券代码为“430179”，证券简称“宇昂科技”，为上海市首批新三板挂牌企业。

公司主营业务为水溶性高分子材料技术、环保技术、新能源技术及其相关产品的研究开发、生产和销售，以及提供相关技术服务。经营产品包括新型医药缓控释材料、水处理膜材料、新型抗真菌剂和其他水溶性高分子材料，产品涉及的行业领域为医药、化妆品、食品饮料、水处理等新兴或蓬勃发展的产业。

公司成立之初，便立志于打破国际巨头的垄断，推动中国国内水溶性高分子行业的发展。作为全国功能高分子行业委员会秘书处所在单位，凭借多项具有领先水平的自主知识产权的技术实力，上海宇昂受全国功能高分子行业委员会的委托，在进行PVP全部系列产品的国家标准及行业标准的编制任务，是中国打破BASF、ISP等世界巨头在水溶性高分子领域长达60多年的垄断的重要工作，对中国乃至世界的水溶性高分子领域来说，都是具有历史性意义的。

绿色创新 解决环境问题

——上海同臣环保股份有限公司

上海同臣环保股份有限公司（以下简称“同臣环保”）以“创新，解决环境问题”为使命，创于上海，源于同济，作为行业领先的污水、污泥处理设备及技术服务提供商，提供专业的叠螺式污泥脱水机、超高压弹性压榨机和高效纤维滤布滤池等设备及系统解决方案。同臣环保注册资本3433.1451万元，现有员工300人左右，大专及以上占80%，预计2016年可实现收入3.5亿元。叠螺式污泥脱水机和竖片纤维滤布滤池细分领域市场占有率行业排名第一，其中叠螺式污泥脱水机全国市场份额达30%以上。

同臣环保注重研发与自主技术创新，被认定为国家高新技术企业、上海市科技小巨人企业和AAA级守合同重信用企业。公司目前已申请并拥有近50项专利，并获得“上海市著名商标”荣誉称号。通过短短几年的发展，在行业内也树立了较高的行业地位：国家污泥处理处置产业技术创新战略联盟首批发起会员单位；同济环保产业（联盟）促进中心主要发起单位，副理事长单位。

同臣环保的产品已应用于世界500强的中国石化、中国石油、中海油、中核集团、可口可乐、百事可乐、家乐福集团，亚洲最大的生活垃圾填埋场——上海老港垃圾填埋场、国家级重点生态建设示范区项目——崇明岛陈家镇污水处理厂、中国最大的啤酒企业——青岛啤酒，亚洲第一大新药研发外包企业——药明康德公司，亚洲第一、世界第三大酵母公司——安琪酵母，亚洲最大的客车生产基地——宇通集团等多项重大项目中。另外公司产品还广泛应用于多个市政污水处理厂、化工制药、石油石化、食品饮料、造纸、印染、涂料、畜牧等行业中。

江苏安德信超导加速器科技有限公司

江苏安德信超导加速器科技有限公司（简称：安德信科技）是由国家“千人计划”孙安博士及其团队创办的一家专业从事带电粒子加速器及其应用、微波设备、固态放大器及相关设备研发与制造的高科技企业。目前是江苏省高新技术企业、江苏省科技型中小企业、江苏省民营科技企业、江苏省研究生工作站、江苏省质量服务诚信AAA级品牌企业、镇江市强流质子加速器工程技术研究中心、镇江市企业技术中心，中核集团合格供应商。公司注册资金1000万元。公司拥有1000平方米的研发中心和17000余平方米的研制中心。共申请专利39项，高新技术产品2件，企业标准2部，通过了ISO 9001质量管理体系、ISO 14001环境管理体系、GB/T 28001职业健康安全管理体系认证。

公司的主要产品有：质子加速器（离子源、射频四级加速器（RFQ）、漂移管加速器（DTL）和椭球腔超导加速器）、中子发生器、边耦合腔电子加速器（CCL）、医用电子加速管（6.0和12.0MeV）、辐照加速器、电子辐照源、P波段到Q波段中大功率固态放大器、TR组件（L和S波段）、束测设备（BPM、Prifile、Faraday Cup和刮束器等）、大功率微波器件（功分器和滤波器）、低能质子注入器系统、环保设备（秸秆处理、污水处理）等。

公司注重产学研合作，已与南京大学、中国科技大学、兰州大学、南京航空航天大学、江苏大学、长安大学和美国杰弗逊实验室等高校与科研单位建立了紧密的技术合作关系，目前是江苏省研究生工作站和江苏大学研究生培训基地。公司技术团队现有：国家“千人计划”特聘专家2人、教授与研究员9人，副教授与高级工程师5人、工程师6人。该团队长期从事洁净核能源技术的研究开发，在超导舱、超导加速器及精密设备、部件研发等方面，具有领先的地位和水平。多人在国内外领导主持过大项目，拥有多项专利。公司获得了江苏省各级政府的大力支持。先后获得江苏省“双创人才”重点，镇江市“331计划”优先，国家“千人计划”、江苏省“双创团队”等人才项目支持。承担国家级项目3项，省部级项目4项，市级项目5项；重大成果转化项目1项。

公司地址：江苏省镇江市京口区宗泽路98号归国博士创业园3楼

邮编：212009

电话：0511-88790011

传真：0511-88795911

网址：www.andesun.com

江苏金门能源装备有限公司

江苏金门能源装备有限公司（以下简称公司）是国家高新技术企业，坐落于句容市空港新区，自然风景秀丽，交通运输方便。公司二十余年专注从事石油化工成套装备的研究、开发、设计和制造，现已具备原油电脱盐脱水成套装备、工业有机废气处理及资源化成套装备、废气除尘脱硫脱硝成套装备、工业含油污水处理成套装备的技术开发、工程设计和装备制造能力，获得发明专利和实用新型专利授权十余项，是江苏省首台（套）重大装备、江苏省“专、精、特、新”装备设计、制造单位。目前已形成国际领先技术一项，多项技术在行业内具有竞争优势。产品荣获上海市科学技术奖、江苏省机械工业科技进步奖、江苏省装备制造业专利新产品优秀奖、镇江市科技进步奖等多项省、市级奖励。

公司技术中心为“镇江市绿色高效过程装备工程技术研究中心”，配备了电脱盐脱水模拟试验平台、油气回收与排放控制实验平台、烟气（废气）除尘脱硫脱硝实验平台、污水处理实验装置等数十台（套）模拟实验设备，先后承担科技部、江苏省、镇江市、句容市科技计划多项。

网址：www.jinmengroup.com

邮箱：jinmenxsb@163.com

地址：江苏省句容市空港新区18号

电话：0511-87899900

传真：0511-87899912

江苏凯德电控科技有限公司

公司走专、精、特、新发展道路的一点探索：

江苏凯德电控科技有限公司成立于2013年4月，注册资本1200万元。公司坐落于镇江高新技术开发区桑蚕路北，占地面积15000平方米，建筑面积30000余平方米，现有员工90余人。公司专业开发、制造、销售高端风冷智能型冰箱用电动风门、化霜定时器、制冰机水泵、电磁阀等，目前是国内最大、全球第二大的电动风门、制冰机水泵和化霜定时器的制造厂商。2015年10月被授予国家级高新技术企业，公司通过ISO 9000/14000/18000质量、环境、职业健康体系认证，美国UL、德国VDE、CE、CB质量及安全认证。2015年公司成立并获批镇江市家电控制部件工程技术研究中心，与江苏大学开展了广泛的产学研合作，2016年末公司拥有已授权专利发明5项、实用新型19项。目前公司在冰箱自动制冰关键部件取得突破，公司正在向以冰箱为主的白色家电零部件行业拓展。

公司先后获得：Whirlpool技术创新奖、二洋技术创新奖、LG技术创新奖、三菱优先供应商、韩国大宇优秀供货商、美菱技术创新奖。

邮编：212004

电话：0511-88786878

传真：0511-88786870

网址：www.jskind.cn

江苏科海生物工程设备有限公司

江苏科海生物工程设备有限公司是国内规模化专业制造、销售成套发酵设备和生物反应器企业，具有成套发酵设备容积从3升至800立方米（现场制作）的设计、制造、安装能力和交钥匙工程服务。为客户提供发酵工程全面的技术方案，是生物发酵设备制造行业最具综合实力的“国家高新技术企业”。

企业制造各种规格的全自动控制液体发酵罐、气升式搅拌发酵罐、植物细胞培养光照发酵罐、动物细胞培养发酵罐、食用菌发酵罐、固态发酵罐、特殊要求新型生物反应器等。企业销售的成套发酵设备已经遍及全国各高等院校及研究所实验室、生物制药、生物农药、保健品、酿酒业、食用菌、药用菌、酶制剂、有机酸、生物饲料、生物肥料等企业。

企业技术力量雄厚，生产设备先进，检测设备齐全，并采用高品质的材料，生产的发酵设备完全优于国家GMP认证的要求。并拥有一批机械设计与制造、电气自动化研制及开发、生物工程等专业的技术人才，组成集产品开发、设计、制造于一体的团队，为企业的产品质量提供了坚强的保障。

企业在发酵设备制造行业中资质齐全，具有《特种设备制造许可证》（压力容器）D1、D2类；《特种设备设计许可证》；《特种设备安装改造维修许可证》（压力管道安装）GC类GC3级。在同行业中率先实施并通过GB/T19001-2000 idt ISO 9001：2000国际质量管理体系认证，GB/T 24001-2004/ISO 14001：2004国际环境管理体系认证。经江苏省高新技术企业认定管委会评审为“国家高新技术企业”，经江苏省科技企业协会评审为“江苏省民营科技企业”，经江苏省技术监督局审查并通过，颁发“江苏省企业计量合格确认证书”，被镇江市工商行政管理局评为“重合同守信用企业”。被扬中市人民政府评为“文明单位”。

销售热线：0511-88325883、0511-88357888

联系人：施总18921560399，陈总18921560088

传真：0511-88321078

售后服务：0511-88336369

邮箱：kehai818@163.com

网址：www.kehai818.com

地址：江苏省扬中市油坊镇明珠南路6号

邮编：212218

江苏图南合金股份有限公司

江苏图南合金股份有限公司成立于1991年5月，坐落于江苏省丹阳市吕城镇，占地300余亩，注册资本13608万元，2015年7月挂牌“新三板”，是一家专业从事高温合金、精密合金、特种不锈钢等高性能合金材料及其制品的研发、生产与销售的高新技术企业，是国家级新型工业产业示范基地、江苏省高性能合金材料科技产业园中的骨干企业，公司坚持以“专、精、特、新”的产品特性服务市场，以差异化竞争开拓市场，致力于向航空航天、舰船、核电、能源等高端应用领域提供高性能合金材料和制品。

公司拥有先进的特种冶炼、精密铸造、制管和检验检测设备，建立了特种冶炼、锻轧、拉丝、轧管、铸造的全产业链生产流程，形成棒材、丝材、管材、锻件和铸件等较完整的产品结构，是国内少数能同时批量化生产变形和铸造高温合金、高温合金母合金和高温合金精密铸件产品的企业。公司拥有生产国内80%以上牌号高温合金的技术和能力，年冶炼能力达到5000吨，具备年产200件大型复杂薄壁高温合金结构件、40000件燃气轮机用涡轮叶片的批量生产能力，具备年产150吨高温合金、不锈钢无缝管材以及年产2000吨特种焊丝的生产能力。公司通过了GB/T 19001-2008/ISO 9001：2008质量管理体系认证、AS 9100C航空航天质量管理体系认证、GB/T 24001-2004/ISO 14001：2004环境管理体系认证、GB/T 28001-2011职业健康安全管理体系认证。

公司设有独立的检测中心，能承担公司各类产品的理化检测（包括化学成分、力学性能、金相组织等）与无损检测（包括超声波探伤、X射线、荧光检测等）任务。2012年正式通过"中国合格评定国家认可委"（简称CNAS）的认可审核，中心实验室能力已获得国内外相关特定领域的认可。

对外联系方式：

公司董事会秘书：万捷

电话：0511-86165566

传真：0511-86165938

邮箱：toland@toland-alloy.com

公司网址：www.toland-alloy.com

联系地址及邮政编码：丹阳市吕城镇运河军民西路1号，212352

江苏扬碟钻石工具有限公司

——专精特新企业成功法宝

江苏扬碟钻石工具有限公司创建于1992年，位于素有"江中明珠"之称的江苏省扬中市，是一家专业从事各类金刚石工具、超硬刀具的设计与制造的企业。1999年，企业在同行业率先通过ISO 9001国际质量体系认证。2005年，企业被中国中轻产品质保中心授予"全国金刚石制造行业质量放心满意单位"和十佳名优名牌。2014年，企业荣获"国家高新技术企业"的称号。2015年，获镇江市纳税优秀企业、亩均纳税最好企业。2016年，企业更是收获了"江苏省民营科技企业"、"江苏省科技小巨人企业"的荣誉称号。

公司主营产品包括：PCD、PCBN超硬刀具，孔加工系列超硬刀具，天然金刚石、金刚石支撑器系列。产品广泛应用于航天、航空、汽车、电子、风电、摩托车、军工等行业的高精密加工，并出口欧洲、东南亚诸国。公司产品先后被评为全国金刚石工具产品十佳名优产品、国家标准合格产品。2010年的"高效耐磨抗冲击性汽车发动机专用工具"，2015年的"变速箱PCD复合钻铰刀"和2016年的"航空、汽车发动机、汽车变速器及复杂汽车模具用高效精密超硬刀具"均获国家科技创新基金支持和省高新技术产品的称号。

近年来，江苏扬碟积极响应国家科技创新的政策，建立技术研究中心和高性能刀具研发中心，积极研发专精特新产品。先后投入设备80余台（套），主要设备从日本、瑞士、英国、德国等国家进口。同时，扬碟与哈尔滨工业大学、哈尔滨理工大学、江苏大学等国内高校和院所签订了产学研协议，建立紧密的合作关系。经过不断的研发与改进，扬碟生产的刀具，切削时间、使用寿命和产品加工精度均有大幅提升，性能达到或优于国际同类产品。

联系人：丁基章

手机：13805294892

电话：0511-88322587、88358910

传真：0511-88321679、88133188

邮箱：yd@jsyangdie.com

邮编：212200

地址：江苏省扬中市中兴路88号

天奈（镇江）材料科技有限公司

天奈（镇江）材料科技有限公司位于镇江新区青龙山路113号，成立于2011年，注册资金1800万美元，累计获得三轮国际知名投资公司融资3500万美元。天奈科技是专业从事碳纳米材料的研发、生产以及销售的高新技术企业，先后承担国家863项目（"轻质高强碳纳米管/铝基复合材料宏量制备技术研究"）和省科技成果转化项目（"千吨级纳米碳管及万吨级导电浆料关键技术研发及产业化"），是首个将碳纳米管大规模推广应用到电池行业的企业，拥有全世界最大的碳纳米管浆料生产线，是全球最大的碳纳米管生产基地。

天奈科技于2012年通过ISO 9001：2008国家质量体系认证，2015年通过国家安全生产标准化三级企业认证，今年即将申请TS 16949认证。2016年获批成为江苏省博士后研究基地，同年获批江苏省碳纳米材料工程技术研究中心。公司占地面积74亩，在职员工190余人，其中包含1名加拿大工程院院士、6名海归博士、18名硕士。天奈科技为了更好地发展，在2015年开始二期项目建设，2016年底顺利竣工，大大提升了产线产能。

公司主营产品为：碳纳米管、石墨烯以及碳纳米复合材料。产品主要应用在锂电池领域，是锂电池的“大力丸”。在实际使用中，1/3到1/6的公司产品能代替传统的导电炭黑，电池生产合格率大幅提高；同时增加电池容量，大幅提高电池的能量密度，大幅缩短电池的充电时间，降低电池电阻从而延长电池循环使用寿命。

天奈科技拥有40项碳纳米管相关的国内、国际专利，预计每年新增发明专利3~4项，并领导参与了2项碳纳米管相关国家标准制定（编号：GB 20120939-T-491），国际标准已在ISO/TC 229（纳米技术分委会）立项。同时，公司与清华大学、东华大学等国内高等院校签订了长期的产学研合作协议，为公司研发提供了技术支持。先进的技术加上一流的高效反应器设计及高原料利用率，使天奈科技成为了碳纳米管产业中的领导者。我们生产的碳纳米管产品只需少量添加便可达到较好的导电效果，与传统电池相比更加环保、续航能力更强，将其应用于锂电池领域可显著提高电池容量、降低导电剂用量、增强电解液吸收、降低电池内阻、提高倍率放电功率密度、改善循环寿命。碳纳米管产品可以完全替代高级导电炭黑、气相生长碳纤维（VGCF）的进口，打破国外对我国高级锂电池导电剂的垄断，填补国内碳纳米管复合导电高分子特种材料的空白。“锂离子电池用高效碳纳米管导电浆料”产品于2016年获得江苏省高新技术产品认证。

目前，公司产品在碳纳米管产品市场处于领先地位，在中国销售的iPhone 6S/7系列手机的电池中，普遍使用我们的产品。长期供货的主要客户包含比亚迪、东莞新能源、天津力神、光宇、中航锂电、中聚以及力信等。

联系人：孙敏

联系方式：0511-81989973

公司网址：www.cnanotechnology.com

镇江大力液压马达股份有限公司

镇江大力液压马达股份有限公司2008年被认定为江苏省高新技术企业；2011年通过复审、2014年重新申报通过认定；2009年认定为国家火炬计划重点高新技术企业；2010年认定为江苏省创新型企业；2011年认定为江苏省中小企业创新能力建设示范企业；江苏省高成长型中小企业和江苏省企业知识产权管理标准化示范单位创建工作先进企业；2012年被江苏省科技厅批准建设江苏省（大力）液压驱动与控制工程技术研究中心和江苏省企业技术中心；镇江市首批知识产权工程师工作站。

公司具有40年丰富经验研发、生产的专业团队，技术力量雄厚。承担了多项国家级、省级、市级的科技计划项目。主持修订了行业标准JB/T 10206-2010《摆线液压马达》，已于2010年十月实施。

公司现有职工405人，大专以上学历职工123人。其中从事产品研究开发人员46人，高级职称7人，中级职称29人，初级职称7人。

公司共有摆线液压马达40几个系列400多个品种规格，具有代表性的有轴配流摆线液压马达、平面摆线液压马达、高速配流摆线液压马达、数字配流摆线液压马达。

公司产品主要应用于：工程、起重、农业、林业、渔业、食品、塑料、建筑、环卫、石油等机械和数控机床。太阳能行业、军工各类回转机械、航天等领域，销售地全世界各地；注塑机械的调模与预塑；食品机制的食品输送线、肉类食品分割装置；环卫机械的公路清扫车、洒盐车等；机床行业：电动刀架及辅助传动；农业机械：联合收割机、油菜、番茄等收割机；路面机械：沥青滩铺机、路机铣刨机。其他行业：起吊、渔业机械等行业。

联系人：总经理张智敏

电话：0511-84453049、84451049

手机：13505281150

传真：0511-84455040

电邮：ZJ-MD-CB@ZJYYJ.COM

地址：江苏省镇江市丹徒区谷阳镇西麓新街280号

邮编：212127

镇江同舟螺旋桨有限公司

镇江同舟螺旋桨有限公司是国内最大的民营船用推进系统生产企业，隶属于中国高速传动设备集团有限公司（香港联交所上市公司，股票代码为0658.HK），注册资金5000万，江苏省高新技术企业。公司位于镇江市丁卯经济开发区，占地面积120亩，生产厂房35000平方米，科研楼4000平方米。

公司主要从事船用固定距螺旋桨、船用可调距螺旋桨、船用轴、套及各类船舶推进系统配件等产品的技术研发与制造销售。产品销往全球各大船厂及航运公司，公司规模及销售量位居全国前三位。

公司拥有现代化的生产车间，配备了国内大规格螺旋桨的生产设备：125T起重行车、中频熔化电炉、8米数控立车、大型镗孔机、16米数控卧床、FPP及CPP加工中心，各类大小设备百余台套。从材料控制、过程控制到成品检验，公司配备了光谱分析仪、8米三坐标数显螺距仪、100T大型液压静平衡仪等先进检测设备。

公司秉承技术来自全球、服务面向世界的设计理念，运用先进的水动力软件设计各种型式的螺旋桨，实现船—机—桨匹配，提高螺旋桨推进效率，有效降低空泡和振动。产品已通过中国船级社认证中心CSQA质量体系认证和CCS、BV、ABS、RINA、KR、LR、GL、DNV、NK九大船级社工厂认可。

公司现有专利30多项，待授权发明专利10项，江苏省高新技术产品5项，2013年被江苏省经济和信息化委员会评为两化融合示范企业，被江苏省科技厅认定为科技型中小企业，2016年公司实施的全回转推进系统项目获国家级科技进步二等奖公司。公司建有省级工程技术研究中心，每年均投入销售收入的5%用于科技创新研发，开展了与华中科技大学、哈尔滨工程大学、上海交通大学、江苏科技大学、中船重工702研究所、708研究所等高校及科研院所的产学研合作，在引进人才、成果转化、技术研发等多个方面取得了较大的突破。

联系人：研发部总监徐高峰

联系方式：0511-81982865、13861356675

xugaofeng@zjtpp.com

公司网址：www.zjtpp.com

福建省鑫港纺织机械有限公司

鑫港纺机的前身是2000年创办的长乐航港针织品有限公司，2004年更名为鑫港纺织机械有限公司，2005年鑫港自主研发的第一代产品HGF43-124多梳栉带压纱板经编机面世，经专家鉴定，总体技术水平国内领先，产品填补国内空白。从最早从事纺织业转向做纺机，从“追赶者”到“领跑者”，鑫港纺机克服技术和人才的掣肘，经历自主创新的阵痛，10多年来在创新转型的道路上不断探索。为突破技术难题，鑫港联合东华大学、武汉纺织大学等科研院校，瞄准经编机最重要的技术指标——转速，投入数千万元科研攻关。数年磨砺，终有所成，技术上比肩世界一流水平，成本上拥有巨大的比较优势。同样转速的经编机，鑫港纺机的售价比德国卡尔迈耶便宜一半，使得鑫港纺机快速打开国内市场，目前，鑫港纺织机械已占据国内一半以上的市场份额。

网址：www.xin-gang.com

电话：0591-38855779

福建新大陆支付技术有限公司

福建新大陆支付技术有限公司由福建新大陆电脑股份有限公司投资成立。公司定位于物联网+领域，主要从事电子支付核心技术自主创新技术和产品的研发、销售以及电子支付技术、产品、服务全面解决方案的提供，是国内业界领先的技术、产品、服务及解决方案的综合提供商。

近年来，公司坚持自主创新和技术攻关，研发团队的科研人员占比超过总人数的60%，推出了一系列拥有自主知识产权的产品和技术，科研成果的转化率和产业化成功率达90%以上。目前，公司已获得授权专利34项，并获得“高新技术企业”“福建省科技型企业”“福州市知识产权示范企业”“福建电子支付企业工程技术研究中心”“福州市市级企业技术中心”“福州市服务外包企业”等资质，并通过“质量体系ISO 9001认证”和“环境体系14000认证”，是全亚洲第一家通过POS业界最高安全级别的PCI2.0认证的POS厂商，2015年被权威机构尼尔森评为“全球第四大POS供应商”。

公司不仅在金融电子支付安全技术、支付芯片技术、移动相关技术方面处于国内同行的领先或先进水平，在物联网、终端设备、电子支付、移动支付、基于国密安全芯片的云支付、各类行业和系统解决方案等信息化领域，也正作为行业专家承担起重要角色。目前，公司自主开发的移动支付产品占有国内市场70%以上的份额，技术水平处于国内领先地位，并在金融行业技术规范方面有着深入的研究和理解。

为了更好地实现客户价值，公司打造了一支从事金融信息化建设的专业应用软件技术服务团队，致力于大型行业应用软件的开发及服务，成功开发了兴业银行网上银行、外汇交易系统、个人贷款管理系统、企业贷款管理系统等，积累了丰富的经验，成为国内为数不多的集电子支付技术、产品、金融应用、移动应用、个人应用及整体解决方案于一体的金融IT服务商。同时，公司的产品及行业解决方案已广泛应用于多家金融机构，并与快钱、支付宝、财付通、拉卡拉等知名第三方支付公司保持着良好合作关系，行业影响力渗透到电信、保险、物流、税务、电力、石油等多个领域。

网址：www.newland.com.cn

电话：0591-83979754

厦门市美亚柏科信息股份有限公司

美亚柏科信息股份有限公司（以下简称“美亚柏科”）是电子数据取证行业龙头企业、网络空间安全与信息化专家，主要服务客户为国内各级司法机关以及行政执法部门。成立于1999年，2011年3月在深交所创业板正式挂牌上市。目前员工1400余人，3家全资子公司、5家控股子公司、8家参股子公司，在北京成立1家分公司，在全国建立了22个分支机构，为全国客户提供技术支持服务。美亚柏科十六年的稳健发展主要得益于思维创新、技术创新、服务创新和模式创新等战略，总结公司的创新之路和成功经验。

网址：kezhenghome.cn.china.cn

电话：0592-3547248

漳州市恒丽电子有限公司

漳州市恒丽电子有限公司创立于1996年，是一家从事精密钟表、电子计时产品为主，集研发、品牌运营、制造销售、技术服务于一体的国家级高新技术民营企业，设有省级企业技术中心、研发中心，形成机械手表、石英手表、石英钟、电波钟表等系列产品。该公司是全国钟表标准化技术委员会会员单位、时钟分技术委员会副主任委员单位，福建省钟表行业的龙头企业，漳州市钟表协会会长单位，参与了多项国家标准及国际标准的制修订工作。

漳州市恒丽电子有限公司通过提高产品品质，提升品牌知名和附加值，由传统的ODM模式向自主品牌建设转型，由批量外贸生产向生产中高端产品转变。在推进企业转型升级过程中，企业不断发展壮大。

网址：movebest.cn.china.cn

电话：0596-2100234

泉州市微柏工业机器人研究院有限公司

泉州市微柏工业机器人研究院有限公司是一家从事工业机器人研发、生产、销售的专业化公司。它是我省唯一一家为传统产业服务的非标工业机器人和智能化解决方案的综合型研究院。研发的六关节串联式机械手、并联式机械手其综合技术达到同类产品的国内领先水平，研发的四关节自由度水平式、摇摆式、串联式等产品，可作为冲压、喷涂、焊接、搬运、弧焊、涂胶、切割、研磨抛光、激光加工等生产作业领域的非标专用机械手。针对传统产业转型需求，公司致力于为生产流程自动化、智能化及改造提升提供全方位解决方案，已应用于机床、家电、汽车、摩托车、卫浴、轻工、电子、食品、包装等多个领域。

开发的“全自动瓷砖分拣包装线”，该生产线配备四轴并联式机器人10台，可替代工人35人；同时开发出“注塑自动化生产线”、“轻工缝纫自动化智能生产线”、“智能仓储”等智能化生产线。公司与华中科技大学、厦门大学、福州大学、华侨大学等高校开展产学研合作，秉持“突破科技，创造未来”的企业精神，正直的企业文化，凭借雄厚的技术实力，引领行业前沿科技，开创以技术为核心的工业自动化的新篇章。公司积极参与泉州市“数控一代”示范工程，成为科技示范企业，其产品列入省、市重点推荐的“数控一代”产品目录。

网址：wbskgroup.gengfu.net

电话：0595-22710008

福建省三明市三洋造纸机械设备有限公司

福建省三明市三洋造纸机械设备有限公司成立于2000年，注册资本5000万元，主要从事制浆装备的研发、生产、服务，是“十二五”期间福建省唯一一家列入国家重大装备新兴产业的企业，并获得国家战略性新兴产业专项扶持资金1200万元。公司通过了中国方圆委权威机构的ISO 9001质量体系认证，获得福建省著名商标，并被评为福建省科技型企业。公司开发制造出了具有自主知识产权与多项专利的XJ 1557型洗浆机。目前，公司研发洗浆机已系列化：由年产10~100万吨，是国内唯一有能力研发生产此设备的工厂，产品填补国内空白，处于世界领先地位。除此公司还制造CLO2混合器，DN3500氧漂塔，YS6800-YS800系列悬挂式木片筛选及洗涤设备，ZNS24A多压区双网挤浆机和800T-4000T中浓泵系列产品，在国内外主要客户使用中获得了较高的评价。

企业在转型升级、技术创新、人才引进等方面未雨绸缪、积极进取结出了累累硕果。2015年尽管国内外经济形势低迷不振，但是企业销售收入和纳税额均逆势增长，均比2014年增长30%。

网址：z218649.hc23.com

电话：0598-8245329

福建德至贤环保新材料有限公司

福建德至贤环保新材料有限公司是一家集科研、生产、销售、服务于一体的涂料生产企业。主要生产环保水性木器漆、水性玻璃漆、水性烤漆、水性塑料漆、UV系列漆等产品。公司于2015年6月15日在上海股交中心成功挂牌，成为福建省第一家挂牌的水性涂料企业。近年来，公司从优化企业管理、提升产品质量、强化技术开发等方面入手，推进企业转型升级，取得积极成效。

网址：nanping048790.11467.com

电话：0599-6789100

福建广生堂药业股份有限公司

福建广生堂药业股份有限公司创建于2001年，是一家集药品研发、生产、销售于一体的专注肝药领域现代化制药企业，也是目前国内唯一同时拥有阿德福韦酯、拉米夫定、恩替卡韦三大核苷类抗乙肝病毒药物品种的企业。截至2015年年底，获授权专利35件，其中发明专利29件。1项发明专利通过PCT途径进入8个国家，目前该专利已获得美国、韩国、欧盟、加拿大的专利授权。

网址：www.cosunter.com

电话：0591-28378999

江西飞达电气设备有限公司

江西飞达电气设备有限公司坐落于美丽的生态城市——宜春市，是以高校和企业产学研联合科技创新团队为支撑。公司成立于2004年，是集专业制造起重机械安全保护装置、安全监控管理系统的研发、销售、系统集成、云计算服务于一体的高新技术企业。

公司拥有一支以新世纪百千万人才工程国家级人选为带头人，由3位博士生导师、4位博士、5位高级工程师、多名硕士研究生组成的研发团队。公司于2004年通过了ISO 9001：2000质量管理体系认证，于2008 年参与国家标准GB 12602-2009《起重机械超载保护装置》的起草、制定，于2012 年参与国家标准GB/T 28264-2012《起重机械 安全监控管理系统》的起草、宣贯工作，于2012年建立江西省起重机械安全监控管理系统工程技术研究中心，于2013年入选为全国起重机械臂架起重机标准委员会委员单位。公司基于国家标准研制出起重机械安全保护装置、起重机械安全监控管理系统，产品经国家指定型式试验机构检验合格。公司与江西省物联网与智能计算高水平工程研究中心合作，研制基于物联网的起重机械监管云服务平台，为政府、企业提供信息服务。

为全面贯彻执行国家相关法规、行业技术标准，在“以人为本、科技创新”原则的指导下，公司致力于发展起重设备安全预防、保护的物联网管理和云监控平台，为政府监管部门、设备管理部门、设备使用企业等综合客户提供高端产品和服务。公司研制的安全保护产品，配套于全国800多家企业生产的单双梁桥（门）式起重机、港口起重机、建筑起重机等起重设备。

南昌同心紫巢生物工程有限公司

南昌同心紫巢生物工程有限公司成立于2007年，是由多名生命科学领域硕士研究生自主创业而发展起来的民营企业。公司专注于蜂产品、灵芝相关产品尤其是软胶囊类保健品行业，以“立足生命科学、传播健康文化”为宗旨，是一家集蜜蜂养殖、生物制品、保健食品的研发、生产、销售与服务于一体的高新技术企业。产品在广东、山东、上海、广西、山东等省份占据了良好的市场份额。

公司拥有自营养蜂场、灵芝种植基地、保健食品生产加工基地、蜂蜜加工基地、同心紫巢南昌大学合作研发中心以及100家自营店。本公司拥有先进的软胶囊自动生产线、蜂胶乙醇超声波提取生产线、超临界二氧化碳萃取生产线及大型全自动冷冻干燥生产线，其中软胶囊生产线年生产能力达到数亿粒的规模。拥有国家食品药品监督管理局批复的保健食品证书10多个国家授权发明专利2个，在报2项，授权实用新型专利6项，承办国家级、省级创新基金项目2项，拥有省著明商标1项，公司员工人数超过100人，其中大专以上学历超过60%，硕士研究生6人，本科12人。

地址：南昌小蓝工业园金沙一路西A区2支路

联系人：章晋武

邮箱：574468939@qq.com

电话：0791-85297571

江西林恩茶业有限公司

林恩茶业有限公司成立于2001年，经过10多年发展壮大，目前已成为一家集种植、生产、加工、分装、研发、销售于一体的现代茶叶企业。下辖林恩实业、亚曼茶业、林恩茶研园、林恩浮梁县现代农业种植基地。位于南昌望城新区的生产基地拥有10000多平方米的食品级茶叶生产加工厂房，120多人的产、学、研、销一体化的团队，控股、合作链接专业合作社、茶叶经纪人30多家，茶农4000多户，上游加工企业80多家，涉及茶园面积50000多亩，建立起横跨国内长江以南茶叶主产区的战略伙伴货源基地和遍及5大洲的海外销售网络。产品包括定位于国内中端市场的林恩商礼茶，服务老南昌百姓老字号的“春蕾”茉莉花茶系列，面向白领和时尚人士准备的亚曼英式红茶三大系列50多个品种，在南昌、北京有直营店、加盟店5家，林恩子品牌慢享、随享的休闲便利系列，目前已上架江苏苏果、北京首航、中石化易捷、南昌西站动车高铁等2000多家门店终端。通过海外食品进口监管当局的连续3年验厂认定，产品5个类40多个品种80%以上以品牌小包装方式进入海外终端市场如麦德龙、沃尔玛、欧尚等，部分品种的市场占有率在20%以上， 2011、2012、2013年连续实现年经营茶叶4500吨，企业在所在工业园作为劳动密集型农产品的亩均纳税在16万元以上，名列前茅，招收的失地农民工年收入以25%的速度上涨。

地址：南昌新建望城新区兴业大道81号

电话：0791- 83670929

传真：0791- 83670919

网址：www.riantea.com

微信公众号：林恩茶研园

电子信箱：ydyuan@chinaspringtea.com

江西尧泰供应链管理有限公司

江西尧泰供应链管理有限公司（以下简称“公司”）成立于2014年5月份，公司法定代表人陈云俊，公司注册资本1000万元人民币。

公司目前拥有一支30多人的集技术开发、项目运营、产品营销职能于一体的高效团队。2015年承担南昌省级城市共同配送信息平台试点项目，2016年打造完成南昌市城市共同配送公共信息交易服务平台线上网站www.56tp.cn、移动互联网APP“风快”及线下“南昌城市共同配送调度中心”。

风快平台整合城市配送标准车辆、社会闲散车辆，为商贸物流企业、生产制造企业提供“零担专线+城市配送”的一站式物流服务，具有线上交易、在线支付、标准化运输价格、标准化运输线路、诚信认证等功能，并衍生出金融、集采团购等业务。自开通以来，市场反响良好，客户体验性强，目前已实现交易金额1638万余元，单日最大交易117万元，月均增长率超230%，服务商贸物流企业1110家、城市配送车辆324辆。

公司发展业绩得到了社会各界的认可，先后获得江西省重点商贸物流企业、南昌市电子商务示范企业、市级中小微企业公共服务示范平台、江西省首批无车承运物流试点企业、全国城市物流APP最佳解决平台等荣誉。

地址：南昌市西湖区孺子西路“梦想小街”电商产业园利宁街12栋裙楼（56众创空间）

联系电话：0791-82205656

邮箱：huanglw@56tg.cn

江西森源科技有限公司

江西森源科技有限公司，是江西省南昌市国家级高新技术开发区招商引进的企业之一，成立于2006年，注册资本3008万元，专注于配电网高低压成套设备的研发、生产及销售。目前员工50多名，厂房面积3000多平方米，经过近几年的发展，公司与江西省50多个市、县建立了业务往来关系，为顾客提供优质的产品和服务。公司产品还远销湖南、贵州、广西、山东、云南、辽宁等省。

公司自创立以来，对产品的质量层层把关，并不断完善和升级产品，获得了北京兴国环球“ISO 9000”质量体系认证证书，相关产品取得“3C”国家强制性产品认证证书。公司所有产品均通过国家权威检测机构检测合格，2008年被南昌市工商行政管理局授予“重合同守信用单位”荣誉称号。

提供卓越的配电设备是森源的兴企之本，满足顾客的需求是森源的永恒追求。近年来公司不断加大科研投入，取得20多项专利；公司自主研发的ZW32-12F型户外分界真空断路器被江西省科技厅评为“江西省自主创新产品”，属国内领先技术水平；2014年4项新产品经过江西省科技厅、江西省工信委以及资深电力专家的鉴定，属于国内先进的新产品，其中户外高压喷射式熔断器经鉴定属于国内领先水平；并在同年取得了“江西省专精特新中小企业”及“高新技术企业”证书；2015年上半年成功申报3项省级重点新产品并通过鉴定。

电话：0791-87700229/87700230

传真：0791-87700270

邮箱：mayy1008@163.com

地址：江西省南昌市高新区天祥大道2799号佳海产业园26栋

江西凯顺科技有限公司

江西凯顺科技有限公司成立于2012年10月，是江西省目前唯一一家专业从事铜材加工智能装备研发与制造的企业。现有员工32人，教授级高工1人，高级工程师3人。主要产品有铜杆上引炉、铜铝材连续挤压机、连续挤拉机、连续拉拔机、双缸液压拉拔机、液压拉拔拉直机、链式拉拔机、制头机、锯切机、校直机、工装模具配件等共有30多个品种，服务于铜、铝、钢等有色金属制造行业，客户遍及国内十余省市及海外七个国家、地区。

公司以打造全球智能铜加工厂的整体运营商为目标，本着“创新、品质、诚信、专业”的管理理念，坚持技术创新，注重科技投入，获得了一系列科技成果。目前已获得2项国家发明专利及50余项实用新型专利。今年已得到3项国家发明专利和2项外观专利受理通知书。2014年通过ISO 9001质量管理体系认证；鹰潭市科技发明一等奖；2015年获得江西省科技发明二等奖；通过高新技术企业认定；2016年获得省科技厅重大专项科技协同创新体；通过省级专精特新企业认定。

公司始终坚持“质量第一，用户至上”原则，为满足消费者的个性化需求，走软性制造+个性化定制道路，现阶段我们正在对行业传统工艺进行改造升级，引进工业4.0概念，采用互联网+模式，实现远程监控，远程服务，远程操控的智能化改造，继续研究开发超宽厚比铜材挤压机、铜材连挤连拉机、铜材连挤连轧机等新的高效、短流程铜材加工装备。将传统的铜加工企业与物联网结合在一起，形成物联网智能化生产企业，物联网智能铜材加工技术与成套装备，全面提升铜材加工产品质量和效率、实现铜材产品挤压、拉拔生产的短流程工艺、智能化显著提升、实现了高端铜材产品的开发功能、加速淘汰相关领域的落后产能，同时为行业产品的智能化制造提供条件。

本着打造铜材加工装备部件及模具工装配件生产、销售和售后的服务平台为经营思路，下一步我们还将从以下方面着力做精做强企业：与大专院校合作，建设超宽厚比铜排及超大规格无氧铜排棒中试生产线，根据用户提供产品要求，进行产品免费试制和一些高新技术产品的开发试验，实现设备和模具的定型批量生产，充分利用远程运维平台对设备的控制及数据的分析，加大智能化、无人化铜材加工设备研发。新建10条铜排棒生产线，采用设备租赁、人员配备、提供配件整体合作，按生产量收取加工费的互联网新模式，打造江西省铜材加工成套装备生产和研发平台、铜材加工模具工装配件生产销售中心、铜材加工成套装备生产用户示范基地和培训中心；搭建国内铜加工装备行业首家租赁平台。

地址：江西省贵溪市经济开发区

电话：0701-7185999

邮箱：ksjx2010@163.com

山东泉港药业有限公司

山东泉港药业有限公司成立于2001年4月，位于济南市历下区浆水泉路225号，是以生物高新技术产品为主的药品生产经营企业，属于科研型高科技企业。公司占地面积1.6万平方米，建有GMP标准车间4000平米，配套有动物房、锅炉房等；现有员工118人，技术人员95人，其中：高级职称32人，占总人数的27%；中级职称48人，占总人数的41%；初级职称15人，占总人数的13%。公司下设生物技术研究所、能源研究所、航空技术研究所等科研机构。公司连年受到各级政府的表彰，被认定为省、市、区三级"科技先进单位""山东省诚信守法企业""济南市诚信守法企业"。

山东泉港药业有限公司是山东省科技厅重点联系单位，被认定为"高新技术企业"。其下属单位山东泉城生物技术研究所，是被省科技厅认定的"山东省首批十家高新技术企业"之一，研发设备齐全，配套技术先进，有五年免检的GMP生产车间和良好的高科技产品研发基础。2008年被济南市科技局认定为"济南市工程技术中心"；2010年被国家认定为"国家综合性新药研究开发技术大平台产业化示范企业"；2010年被山东省科学技术厅认定为"山东省蛋白药物纯化工艺工程技术研究中心"。

岜山集团有限公司

岜山集团有限公司位于山东省博山经济技术开发区中心地段。现拥有20余家子公司，近5000名职工，是以医疗医药、健康养老、化纤织造、能源铸造为主导产业，多业并举、综合发展的现代企业集团。集团医疗医药产业包括淄博万杰肿瘤医院、胡大一心血管病医院、北京中医医院淄博协作医院、淄博博山老年病医院、淄博万杰糖尿病医院和淄博万杰中医药研究所等4家研究所及淄博万杰制药有限公司。

岜山集团淄博万杰制药有限公司以"拥抱科技、服务健康"为宗旨，致力于打造全国控释药、肿瘤药生产基地，是国内最早通过国家GMP认证的企业之一。2012年，公司与上海药科所共同研发的"药物制剂缓控释技术的开发与产业化"项目，获得国家科学技术进步奖二等奖、上海市科技进步奖一等奖。

岜山集团集团积极探索实践"医养结合"养老服务模式，以博山老年人养护院为依托，打造出中国淄博"药膳调理、文体娱乐、健康查体、预防治未、中西诊治、康复理疗、无陪医养"的特色医疗、养老新模式，赢得政府和社会各界的一致好评。集团化纤织造产业稳步发展。化纤织造产业已形成年产各类细旦、超细旦涤纶长丝10万吨；聚酯切片46万吨、涤纶短纤维35万吨的生产规模，已成为目前国内最大的化纤生产基地之一。拥有4000台喷水织机的织造产业，年产各类布料6亿米，共计600多个品种，充分适应市场需求并开发附加值高、市场销量好的新产品，备受客户青睐。目前公司已被批准为"中国化纤长丝塔夫绸面料精品生产基地"。集团不断强化环保治理促生态文明建设。各企业认真贯彻执行环保法律法规，环保治理工作取得可喜成果。近年来，相继完成岜山热电厂脱硫除尘、脱硝项目、焦化公司脱硫除尘项目、污水处理与回用项目、焦化公司固废处理、织造公司污水处理工程等一系列环保减排项目，实现经济建设和综合环境治理的协调发展。能源产业是以焦化、热电为主导，响应国家清洁能源的号召，实现焦化煤气发电，安全环保生产。

山东泰和水处理科技股份有限公司

山东泰和水处理科技股份有限公司位于枣庄市市中区，始建于1998年，是一家集研制、生产、销售和技术服务于一体的水处理药剂专业生产商，是全国水处理协会理事长单位，国家和行业标准化委员会委员及标准起草单位之一，国家火炬计划重点高新技术企业、山东省高新技术企业。

公司现拥有一支近百人的高素质研发团队，中、高级职称以上专业研发人员30余人，建有国内先进的合成与应用实验室、化学分析室和中试室，并购置凝胶色谱仪、液相色谱仪、气相色谱议等先进的检验、实验和化学分析设备，使公司的质量控制和检验检测能力达到国际领先水平。公司已通过ISO 9001质量管理体系认证、ISO 14001环境管理体系认证、18001职业健康安全管理体系认证。

公司将自己定位为药剂生产商，承诺永不做终端客户，做水处理行业的生产车间。公司采用独创的国际领先的连续化水处理药剂生产技术，DCS自动化生产控制，以ERP为管理工具，形成以客户需求-原料采购-生产排产-品质控制-产品入库-物流发货-客户反馈为一体的供应链管理模式，为每个产品的可追溯性及产品质量提供了保障。公司连续多年全国销量第一。2015年公司实现销量15.16万吨，同比增加18.7%。被评为中国专利山东明星企业、中国质量诚信企业、中国专利山东明星企业；获山东省中小企业生产力促进奖。

烟台金海药业有限公司

烟台金海药业有限公司成立于1998年，是一家专业从事动物保健品研发、生产和销售为一体的技术型企业。公司新建中桥厂区于2009年1月通过农业部兽药GMP认证，现拥有GMP标准厂房面积1.6万平方米，含粉剂、散剂、预混剂、片剂、颗粒剂、口服溶液剂、固体消毒剂及液体消毒剂等十几条生产线。公司注册资本3200万元，总资产2186万元，固定资产477万元，负债率5.7%。2015年，实现销售收入3020万元，销售净利润率为9.21%，净利润281万元，上缴税金178万元，在全国同行业中名列前茅。

公司起点高、技术力量雄厚，每年将销售收入的8%投入到新产品研发工作中，目前获授权专利14项，另有2项实用新型专利、2项发明专利正在申报，已成为全国兽药保健品行业的骨干企业和技术创新的领导者。随着公司2009年新建GMP厂房的落成，同时投资700万元新建总面积达300平米的工程中心研发实验室，拥有国内动物保健品行业一流的研发检测设备，先进的仪器设备确保新药研发工作的精确性和准确性。

公司在跨越式发展的过程中，一直坚持"人才是企业发展之源"的思路，在人才培养方面，坚持培养德、智、体全面发展的高级专业人才，为技术创新工作创造良好的发展空间和条件，保证技术创新工作顺利进行。在学术团队建设上，集中力量培养学术思想新颖、科研成果突出、社会贡献显著的优秀青年学术带头人。通过不断引进和培养，现已经建立起一支在动物保健品领域比较完备的专业化人才队伍。公司现有硕士生3人，本科生26人，中级职称3人，专科以上专业技术人员占职工总数的比例达70%。同时还聘请4名大专院校的专家教授充实到研发队伍，聘请5名专家教授作为技术顾问，对新产品研发进行定期技术指导，增强了公司的研发力量。

山东胜伟园林科技有限公司

山东胜伟园林科技有限公司成立于2003年，位于国家级经济技术开发区——潍坊滨海经济技术开发区，是一家集盐碱地治理与综合利用、景观生态系统规划设计与施工运营于一体的高新技术企业。公司科研实力雄厚，拥有一支涵盖土壤学、植物营养、种子科学与工程、环境科学与工程、风景园林、城乡规划、电气自动化、给排水科学与工程、市政工程等多专业多学科的高学历研发队伍。先后荣获40余项国家专利，《滨海盐碱地工程降盐技术体系研究》等多项科技成果通过省级科技成果鉴定，经鉴定均达到了国际领先水平。公司建立了协同创新制度，积极推行与国内知名高等院校、科研院所的产学研合作，先后与中国科学院南京土壤研究所、山东农业大学等单位签署了战略合作协议，共同致力于盐碱地改良技术的研发与应用。深厚的技术积淀，健全的管理体制和科学的管理模式，使公司深得社会各界的广泛认可，获得多项殊荣：山东省林业产业化龙头企业、山东省农业产业化重点龙头企业、山东省林木树苗示范基地、山东省守合同重信用企业、山东省文明诚信民营企业。

山东金曼克电气集团股份有限公司

山东金曼克电气集团股份有限公司创建于1967年，具有40年的电力变压器的生产历史，历经改组改制，已经成长为一家大型民营中外合资股份制企业。早在1996年，公司就通过ISO 9001质量认证和ISO 14001环境体系认证，荣获"产品质量国家免检"证书。公司先后荣获"中国明星企业""中国驰名商标""中国名牌产品""中国电气机械制造业100家最佳经济效益企业""山东省工交财贸100家利润大户""山东省管理示范企业""山东省AAA级信誉企业"等荣誉称号。

公司是中国唯一向青藏铁路提供35kV级干式变压器的企业、亚洲唯一通过IEC 60076-11：2004试验的企业、世界唯一量产110kV级干式变压器的企业。主导产品干式变压器，年生产能力300万kVA。产品主要有：输变电和输配电干式变压器、IE级核岛用干式变压器、船用干式变压器、整流牵引干式变压器，接地干式变压器、干式消弧线圈、大型火、水电励磁变压器、高海拔干式变压器（〉4000M）等。

公司主导产品环氧树脂浇注干式电力变压器系引进德国曼克瑞斯特公司专有技术、海得里希公司线圈真空浇注设备、比利时索能公司全数控硅钢片剪切生产线等国际一流的技术和装备生产制造。在消化吸收的基础上，先后开发出SC、SC8、SC9、SC10四代产品，并生产制造出有载调压、船用、海洋平台用、整流励磁、核电专用290多个的干式变压器，填补国家空白12项、荣获国家专利16项，创造了中国电气行业著名“金曼克”品牌。

威海西港游艇有限公司

威海西港游艇有限公司始建于1986年，前身是威海竹内玻璃钢船舶制造有限公司。公司注册资金1100万元，资产5000万元，厂区占地面积5万平方米，建有恒温车间1500平方米，拥有专用游艇码头、下水坞道、恒温车间、玻璃钢成型车间、舾装车间等设施设备，具有年建造35m以下玻璃钢船舶200艘的生产能力，是北方地区最大的玻璃钢船艇制造基地，是率先通过ISO 9001国际质量体系认证的造船企业之一；是集玻璃钢游艇、钓鱼艇、渔船设计制造，钓渔用品和滑雪用品的开发生产于一体的多元化生产经营企业。现有职工155人。拥有7项专利，属高新技术企业。

多年来，公司专注于中国玻璃钢船艇的开发，具有优秀的研发、设计、生产、售后服务队伍，可以建造5~35米的各类型玻璃钢船艇，并保持建造最大尺寸玻璃钢渔船的记录。近年来公司将符合国人的特色休闲习惯与游艇生活巧妙结合，通过精工细作打造出最适合国人使用的游艇、钓鱼艇。2014年，公司开发的115尺玻璃钢豪华游艇，成为国内第一艘自主设计建造的最大尺度玻璃钢游艇，单价3500万元。2015年，公司实现主营业务收入6620万元，利税396万元，利润311万元。公司鱼竿分厂下属车间5个，可以独立设计、制造、销售各种规格档次海竿、手竿、插竿，年销售量超过300万支。

公司拥有一支训练有素、技术娴熟的玻璃钢造船专业队伍，曾先后派40人次去日本进行技术研修。为加大技术开发能力，公司先后与澳大利亚、日本公司进行战略合作，共同打造中国北方游艇制造基地。新建成的3万平方米国际化标准游艇车间，具有同时建造20艘20米以上游艇的能力。

东升地毯集团

东升地毯集团成立于1998年，是一家以地毯制造业为主的现代化企业集团，是中国大型机织地毯生产和出口基地之一；主要生产家饰和商用各类机织、手工地毯，年生产能力2300万平方米，产销量连续10年居中国地毯同行业首位。2015年9月，中国纪念抗日战争暨世界反法西斯战争胜利70周年大阅兵所用的3.5万平方米红毯均由东升地毯集团生产。

东升地毯拥有所辖全资或控股日照东升地毯公司、滨州东升地毯公司、东升百瑞地毯公司等11家生产企业。企业拥有从毛纺、染整、丙纶纺丝、锦纶纺丝、加捻、定型到地毯织造、地毯精加工的产业链。主要生产设备全部从德国、英国、意大利、瑞士和比利时进口，其中有18条地毯织造生产线、6条化纤丝生产线和1条地毯高清数码印花线处于目前世界先进水平。

东升地毯研究与设计开发中心技术力量雄厚，在国内同行业中处于领先地位。东升地毯技术中心被山东省政府认定为省级重点技术中心，常年与清华大学美术学院等国内外高等院校和研发机构合作，拥有国内同行业顶尖水平的产品设计与研发能力，目前国内知识产权注册数量在同行业中名列前茅。

东升地毯分别在美国、俄罗斯等国家注册设立本土销售公司，并在国内各大中城市设立57个销售机构，产品销售覆盖国内各大中城市，并出口美国、俄罗斯、日本、欧盟、中东等31个国家和地区。东升地毯分别通过ISO 9001国际质量体系认证、ISO 14001国际环境管理体系认证和美国地毯协会室内空气质量检测环保认证，获得国际环保地毯绿色通行证和新西兰纯羊毛证书。

东升地毯连续12年被国家工商行政管理总局评为“全国守合同重信用企业”。“东昇”牌地毯，2006年获得“中国名牌产品”称号，2007年被国家工商行政管理总局认定为“中国驰名商标”。

海汇集团有限公司

海汇集团有限公司位于山东莒县山东北路36号，是集节能环保装备制造、重型机械制造、金属材料、环境工程设计总承包、生物工程和能源化工、新型建材、文化旅游、物流商贸、房地产和建工、电商和小贷等于一体的企业集团。目前，已发展成为中国环保产业骨干企业、中国环保机械制造业十强企业、中国建材行业烟尘治理装备制造重点企业、中国民营企业500强、山东民营企业100强、山东省环保产业龙头企业。

公司被认定为国家高新技术企业，设有博士后科研工作站、山东省破碎与粉磨工程技术研究中心、山东省散状物料输送工程技术研究中心、省级企业技术中心。先后在北京、上海、济南、青岛等城市设立研发与市场服务中心，与北京大学、清华大学、天津大学、山东大学、大连理工大学、济南大学、青岛大学及中国环境科学研究院、中国电力环保研究院、天津水泥设计院等院校建立良好的战略合作关系，形成以企业为主体、市场为导向、产学研结合的环保科技创新体系。

公司率先通过ISO 9001质量管理体系认证、ISO 14001环境管理体系认证、OHSAS18001职业健康安全管理体系认证、GB/T 29490-2013知识产权管理体系认证、安全生产标准化三级企业认证；获得国家住建部颁发的环境工程（大气污染防治工程、水污染防治工程）设计、建设工程总承包、项目管理和技术咨询服务甲级资质。主导产品包括除尘、脱硫、脱硝、污水污泥处理、工业输送、破碎粉磨、金属耐磨材料等七大系列100多个品种，广泛服务于电力、冶金、建材、煤炭、石油化工、港口、粮食等行业。“海汇HaiHui”为中国驰名商标。“海汇”牌脱硫除尘一体化设备、袋式除尘器、带式输送机、破碎机被评为“山东名牌产品”；DTⅡ型带式输送机获得国家生产许可证和MA/KA认证，产品销往全国20多个省、市、自治区，并出口东南亚、欧美等国家和地区。

公司先后被授予“全国五一劳动奖状”“中国百佳创新企业”“中国企业培训教育示范基地”“山东省富民兴鲁劳动奖状”“中国专利山东明星企业”“山东省首批创新型企业”“山东省管理创新十佳企业”“山东省质量管理先进单位”“山东省企业信息化建设示范单位”“山东省文化建设十佳企业”“山东省特色企业文化建设50强”“山东省守合同重信用企业”等称号。

山东力创科技股份有限公司

山东力创科技股份有限公司成立于2001年8月，是一家专注于能源计量与节能控制相关产品研发、生产与销售的国家重点高新技术企业，在电测控与热计量领域处于引领地位。现有外聘技术专家/高级顾问8人，高/中级职称48人，专科及以上学历员工占职工总数的84%；有享受国务院政府津贴专家1人、山东省有突出贡献中青年专家3人，省市劳动模范/首席技师6人；直接从事技术研发的达到120余人 。

公司坚持以科技创新引领企业发展，已经形成集成电路、电测控、热计量、智能电工四大系列产品体系，其产品已成功应用于首都国际机场航站楼、北京奥运鸟巢及国家新闻中心、济南园博园科技馆、辽宁省大型公建能耗监测系统、电信移动基站能耗检测项目、台企富士康全球生产线能耗检测项目等国家及行业重大工程项目。

2007年起，公司重点调整发展战略，凭借电子产品板级设计经验，开始进军微电子领域——集成芯片研发。先后投资5000余万元，启动数字化仪器仪表系列SOC芯片研发项目，目前已有7款芯片产品通过省科技厅组织的成果鉴定，1款达国际领先水平，3款达到国际先进水平，其中超声波测量芯片，打破国外技术垄断，替代进口，促使进口芯片价格大幅下降，凸显了自主创新支撑民族产业发展的重要价值。

公司已通过QEO（质量、环境、职业健康安全）三大体系认证；建有博士后科研工作站、省级企业技术中心、省级电测控工程技术研究中心、省级仪器仪表专用芯片工程实验室、省级供热计量与温控一体化工程技术研究中心、省级嵌入式系统服务平台和中美集成电路合作研究中心等国家及省级科研平台。截止到2015年，公司先后承担国家创新基金、国家国际科技合作等国家及省级以上科研和产业化项目35项，获省级科技进步奖8项，拥有60余项自主知识产权。公司超声波热量表、大型公建能耗检测分析与自动控制系统、供热计量与温控一体化智能系统先后列入住房和城乡建设部的全国建设行业科技成果推广目录。

广州亿航智能技术有限公司

广州亿航智能技术有限公司成立于2014年8月，是一家以技术创新为导向，集研发、生产和销售于一体的智能飞行器公司。总部设在广州，在北京、硅谷、上海、德国均设有分公司。2016年1月6日在美国拉斯维加斯2016年CES国际消费类电子产品展览会上发布了全球第一款全电力低空自动驾驶载人飞行器-Ehang184，引爆全场，各国媒体争相报道。翌日获得“2016 CES最佳产品”及“最佳创新产品”的荣誉。

亿航通过首创GHOSTDRONE智能应用傻瓜式操控、阿凡达体感飞行、与VR眼镜相结合的沉浸式航拍观感体验，改变了民用无人机市场上普遍依靠传统航模遥控器操控方式的行业格局，由此大大降低了普通用户的操控门槛，并且基于移动互联网拓展出巨大的应用空间，产品可以广泛应用在地理测绘、新闻采集、能源勘探、应急救灾、侦查监控、物流快递等多个领域。2014年被美国知名商业杂志《快公司》评选为中国50强创业公司的第二名，获评美国硅谷高科技创业峰会年度创新之星、美国CES国际消费电子展最佳无人机奖，作为广州市创新8强企业、国内的无人机知名企业，亿航还与谷歌、亚马逊、GoPro等公司一同创立全球无人机联盟，并主导成立云体系产业创新战略联盟无人机专委会。

地址：广州市天河区奥体路11号辅楼4楼402室

广州道动新能源有限公司

广州道动新能源有限公司于2015年在广州开发区成立，是一家研发、生产、销售新一代多价金属离子电池及其终端产品的高科技创业企业。公司创始团队是以刘富德为核心的多位海归组成。经过多年的研发，公司开发出具有核心技术的新一代储能电池。与传统的电池相比，公司的新型电池具有容量高、充放次数多、便宜、安全、环境友好等优点。另外，公司将储能电池与其他领域交叉，目标在于打造高端能源生态系统，解决我们国家面临的能源和环境问题。

能源是推动人类社会发展的基本动力，而储能是解决能源供给和需求平衡的根本之道，尤其是新一代电池已经成为解决电动汽车和新能源（太阳能、风力发电）储能的迫切要求。传统的以铅酸电池和锂电池为代表的电化学储能已经无法全面满足储能的要求。铅酸电池便宜，但是基本没有其他优点，而锂电池存在安全性低、价钱高、回收困难等缺点。因此，由于具有天然的优势，广州道动新能源有限公司开发的新一代储能电池在电动交通、新能源储能、军事等方面具有广阔的市场空间。目前公司已开发出性能优异的电可充放多价金属离子电池、机械式可充放金属/空气电池等产品，并申请专利四十多项，获得授权23个，在广州开发区2016年度PCT排名中名列第七，多次得到国家、省、市、区各级领导的莅临指导。

地址：广州高新技术产业开发区科丰路31号自编一栋华南新材料创新园G2栋320号

邮编：510670

广东中盈盛达融资担保投资股份有限公司

广东中盈盛达融资担保投资股份有限公司创立于2003年5月。2015年12月23日，中盈盛达成功在香港主板H股挂牌上市（股票代码：01543.HK），成为全国首家真正以融资担保为主体实现上市的担保机构。中盈盛达股权多元分散，成立以来坚持“政府引导、社会参与，专业化经营，市场化运作”的原则，创新性地探索出融资担保行业的混合所有制模式。公司现有股东包括以粤财控股和粤科金融为代表的省级国资，以富思德为代表的佛山市国资，以禅城城建为代表的区国资，以及以科明达、乐华陶瓷、美思内衣、正野电器等为代表的本土优秀民营企业、民营企业家，北上广深战略投资和经营管理层。

成立十四年来，中盈盛达始终专注于为中小微企业提供系统化融资服务，现有产业包括担保、小额贷款、典当、基金管理、创投、咨询、信息技术等，分支机构遍布珠三角并逐步延伸至长三角。

地址：广东省佛山市禅城区汾江中路215号创业大厦22楼

邮编：528000

电话：0757-83303188

传真：0757-83200228

网址：www.join-share.com

邮箱：zysd@join-share.com

广东东方精工科技股份有限公司

广东东方精工科技股份有限公司成立于1996年12月，厂区面积达12万平方米，2011年8月在深圳A股上市，股票代码002611。公司以“智能制造”为战略愿景和业务核心，主营业务主要划分为智能包装设备、智能自动化设备、高端核心零部件三大板块。其中，智能包装设备的业务以“智能瓦楞纸箱包装自动化设备”的设计、研发、生产、销售与服务为主营产业。智能自动化设备的业务以智能物流仓储设备为主营产业，主要产品包括AGV搬运机器人、自动垂直升降式仓储货柜、自动回转式仓储货柜、智能自动化立体仓库等包含全套软件和现场实施在内的智能物流仓储系统解决方案。高端核心零部件板块的业务以动力设备为主营产业。

公司将坚定不移地继续深化布局三大业务板块，采取内生式+外延式相融合的方式，实现集团资源在全球范围内的配置，实现集团产品在三个业务板块的配置，以“智能制造”为核心，在工业4.0领域持续、稳健地发展。

地址：广东省佛山市南海区狮山镇（街道）强狮路2号

邮编：528225

电话：86-757-86695482/86695483

传真：86-757-86695471

网址：www.vmtdf.com

佳都新太科技股份有限公司

佳都新太科技股份有限公司（原新太科技股份有限公司，以下简称佳都新太）成立于1986年，坐落于国家级软件产业基地广州天河软件园内，办公面积8000多平方米，拥有一个技术研究院，一个市级重点工程中心，一个市级技术中心，研究开发机构占地3千多平方米，现有员工400多人，学士以上学位占80%以上，拥有博士学位或高级技术职称近20人。1999年佳都新太在国内A股上市（股票代码：600728）。

佳都新太是中国最早进入电信增值业务和拥有语音增值业务产品的企业，先后推出了语音增值业务平台、综合应用交换平台、企业应用构建平台、融合通信平台、多媒体呼叫中心、电信增值应用软件、视频安防监控系统等150多项自主知识产权的软件产品，在电信运营商、政府信息化、大中型企业等行业客户领域得到了广泛应用。20多年积累使新太科技成为信息和通讯技术（ICT）领域中通讯增值业务软件开发与服务的龙头企业。

公司连续多年被认定为国家规划布局内重点软件企业、国家高新技术企业、广州软件园骨干企业、国家计算机信息系统集成一级资质企业、重信用守合同企业、省级安全技术防范一级企业。2003年获得由美国SEI认可的CMM（软件能力成熟度模型）3级证书，2011年被认定为“广东省创新型试点企业”。

2007年底，通过资本运作，国内最大的IT分销与服务企业之一广州佳都集团有限公司和广州市番禺区国资委下属番禺管道通信投资建设有限公司成为佳都新太的第一、第二大股东。新股东的入主和资源整合，为佳都新太在高科技信息产业创造了稳健发展的平台。2009年，公司顺利完成股权分置改革及重整事项，迈入高速成长的新阶段，通过产业升级，公司业务从单一的电信增值跨越性扩展到通讯增值领域、智能安防领域、呼叫中心领域、移动互联网和云计算领域，并在2009－2010年中得到了全面提升和快速发展：参与制定第五代“呼叫中心业务”NGCC业务规范；运用众多自主研发技术，在与广州亚运会的合作中承建了全国最大的视频监控系统；承担了“十二五规划”五个云计算试点项目中的三个，与全球桌面虚拟化第一品牌Citrix以及诺西、AVAYA、ORACLE、BEA等建立了云计算产品战略合作伙伴关系，与Ctrix、HP、McAfee、华为等全球多个通信企业、ICT高增值产品领导厂商建立了战略合作。公司已发展成为中国ICT增值服务领域可持续发展的领军企业之一。

地址：中国广州市天河软件园建工路4号

传真：020-85531069

网址：www.pci-suntektech.com

海南山海润工艺品有限公司

海南山海润工艺品有限公司创立于2006年，经历了十年的努力已发展成为海南旅游业的龙头企业，企业重教兴教，着重培养艺术专业技术人才，是海南省技师学院的教学实践基地。公司在海南省海口市设有1000多平方米的展厅，和4000多平方米的工厂，及5000多平方米参观式的流水线，公司年产各种贝雕、椰雕、玉雕、木雕等手工艺品约1000万件，是一家集非物质文化遗产的旅游工艺品产业和技术人才培养于一体的综合性公司。

公司致力于传承海南非物质文化遗产和本土文化，制作各类海南特色工艺品走向旅游市场，面向游客。公司已携手多家正规大型的旅行社合作，更好地传播弘扬海南本土文化产品。本公司还结合线上线下，全面发展，是海南首家入驻京东和淘宝的本土旅游企业。通过OTO模式发展企业，把线上的消费者带到我们线下的店铺中去，在线支付购买线上商品，再到线下去享受服务。我们注重售后服务，线上购买的工艺品都可以来我们线下的店做保养，让顾客更信任更放心。涉足电商只是我们企业发展的一个模块，而不是企业发展的全部，未来公司将从实际出发，全面发展。我们分为线上线下两个团队，有线上运营部门，也有线下经验丰富的销售团队和大量长久积累的客户群体。同时我们也在线上接受产品定制，充分做到线上线下联合发展企业。

山海润工艺品企业重教兴教，着重培养艺术专业技术人才，传承非物质文化，教导学生学习制作非物质文化旅游产品。协助学生就业，残疾人就业，配合学校招聘技能教师。实践基地是为了满足建设海南国际旅游岛对本土特色旅游工艺品日益增加的市场需要，也是宣传海南风情，传播海南非遗文化的名片。公司充分利用海南丰富而独特的自然资源，在海南省政府的大力支持和推广下，从省外聘请贝雕画传承人金阿山国大师、吴鉴峰大师、曹世莲大师来本校教学、指导、制作，加上学校配备的多名美术老师和经验丰富的管理人员建立起教学实践基地。我们每年除了可以培养四十至五十名具有熟练功底的优秀贝雕、椰雕工艺生产的技术人员外，还巧用椰雕自身的优势创造生产贝雕画、贝壳作品、椰雕、椰子壳作品、玉雕、木雕等纯手工工艺品。我们的贝雕画是精湛的贝雕传统手工技艺与粳米的现代装备相结合的结晶，同时我们还融入了丰富多彩，富有海南本土特色风情的海南元素，从而使贝壳工艺品这一独特的传统技艺在创新中散发着灵性的光芒，也让广大的游客感受到海南的人文风情，和美丽灿烂的无限风光！

联系电话：0898-66558555、13379875555

联系人：叶倩云

地址：海南省海口琼山区大园路77号

海南口味王科技发展有限公司

海南口味王科技发展有限公司位于风景秀丽的滨海城市海南省万宁市，公司成立于2010年1月，注册资本3010万元，隶属于全国最大的食用槟榔生产企业湖南口味王集团有限责任公司，专业从事槟榔种植、收购、加工和销售；公司先后通过了QS食品生产许可认证、ISO 22000食品安全管理体系认证、ISO 9001质量管理体系认证；是海南省农业产业化重点龙头企业和万宁市重点工业企业；“口味王”商标被评为“中国驰名商标”、“口味王”牌槟榔被评为“海南省名牌产品”。

海南口味王科技发展有限公司在海南省万宁市拥有后安、东澳两个厂区：后安厂区位于万宁市后安镇，占地104.8亩，总建筑面积3万多平方米，固定资产超过2亿元，员工2100多人；东澳厂区位于万宁市东澳镇，正在建设当中，占地228.83亩，总建筑面积18万多平方米，固定资产投资近4亿元，项目全部建成后预计可安排就业人员4000多人；目前东澳厂区一期已进入试生产阶段，吸收就业人员1600多人。2016年，两基地加工槟榔干果1万吨，实现工业产值5.5亿元，税收3300多万元。

海南口味王科技发展有限公司聚焦于食用槟榔产业，致力于开拓全国食用槟榔消费市场，先后与中国农科院农产品加工研究所、华南理工大学建立了战略合作关系，通过产学研模式充分挖掘槟榔资源，加速槟榔技术创新成果的转化，引领槟榔产业健康发展：先后获得国家专利15项，推出了“口味王”、“味赢天下”、“椰朗爽口”、“一品口味王”、“青果榔”、“和成天下”等不同口味系列的食用槟榔产品，不断为消费者带来丰富的口味享受。海南口味王科技发展有限公司生产的食用槟榔因其独特的现代化十八道生产工艺，保证了产品“可口、爽口、不烧口”，赢得了广大消费者的高度认可，被消费者誉为“中国槟榔领导者”。

联系地址：海南省万宁市后安镇七星村

联系电话：0890－62267187

联系人：李征

海南海力医生药业集团有限公司

海南海力医生药业集团有限公司（以下简称“公司”或“海力医生药业”）成立于1992年，现为深交所上市企业“特一药业集团股份有限公司”的全资子公司。公司坐落于中国最大的经济特区、国际旅游岛、健康长寿之乡——海南省海口市，在覆盖产业链上下游的集团中承担合作产品的经营平台。

海力医生药业自成立以来，合法经营，诚信纳税，多次获得海南省纳税信用A级企业证书，并于2016年荣获海南省科工信厅中小企业成长性奖励一等奖！

海力医生药业始终以“民众健康，市场需求”为己任，依托集团上市公司平台，坚持“市场保护、价格第一、直供终端、专业推广、精细控销、塑造品牌”为核心的价值链营销售模式，不断引进和推广创新药品，致力于打造“海力医生”品牌。公司与集团公司资源共享、优势互补，现与国内十多个优秀生产厂家合作，形成了心脑血管类、消化类、抗感染类、儿科类、妇科类、呼吸系统用药等产品线（附公司产品目录），覆盖全国300多个地区，服务于全国60000余家药品零售终端。

海力医生药业坚持“品质创造品牌、合作创智价值”的经营理念，迎合市场趋势，把握医药变革机遇，与药界同仁坚定前行。

公司地址：海南省海口市秀英区永桂工业开发区海力路9号

邮编：570310

电话：0898－68716530

传真：0898－68718310

三亚百泰生物科技有限公司

三亚百泰生物科技有限公司成立于2010年4月27日，是一家集研发、生产、销售于一体的高科技企业。公司以“资源优化整合，发挥联动互效”为宗旨，努力促进以科技与产业接轨、产品与市场接轨的系统工程，公司积极开展国际化技术转化的同时，致力于培育自主创新能力，多年来组织多学科专家连续进行前期试验和研发工作，在纳米专家张立德教授、生物资深研究员陈清轩教授、正元纳米研究所高东升教授、原东风汽车装备部鲍绍勤总工程师等一批学者的共同努力下，先后研制出L－天门冬氨酸纳米螯合钙、土壤保墒材料和果蔬保鲜技术等一系列科研成果。公司注册资金2000万元人民币，现有员工40名，其中大专及以上学历占85%。

公司生产基地位于三亚市创意产业园，并在北京和三亚两地设有研发机构和试验室。公司现有科研成果有：发明专利2项，分别为：“一种金属螯合物制备技术”，专利号200510090071.6；“液态湍流瞬间高压剪切法规模化分散纳米材料装置”，专利号201210490984.7；实用新型专利2项及外观专利2项。

企业网址：www.sanyabaitai.com

生产厂址：海南省三亚市创意产业园A39－2

办公地址：海南省三亚市海航学院北门东方广场3008

联系电话：0898－38215525

传真：0898－38215526

邮箱：baitai168@163.com

四川英杰电气股份有限公司

四川英杰电气股份有限公司，成立于1996年。公司注册资金4750万元，主要从事工业自动化控制装置系统的开发、设计、生产及销售，产品包括功率控制器、功率控制系统、电机软启动系统等。二十年来，公司始终以自主研发、技术创新为核心，以质量提升为突破口，持续开展管理优化，提升公司综合实力和核心竞争力，为客户提供优质的产品和高效的服务。

四川迈克生物科技股份有限公司

四川迈克生物科技股份有限公司（以下简称迈克生物）是医疗器械行业的高新技术企业。公司位于四川成都高新西区，成立于1994年，总股本55800万，2015年5月在深交所创业板成功上市（股票代码

300463)。目前拥有迈克实业、迈克电子等13家控股公司,公司服务涵盖体外诊断行业中试剂和器械的研发、生产、销售、及医学检测领域。公司20多年来一直专注于体外诊断产品的研究、生产、销售和技术服务产业,至今公司注册并生产的产品290余个,位处全国前列。

作为科技服务型公司,迈克生物一直非常注重对国产体外诊断试剂的研发,对研发的投入和国产体外诊断产品的创新,我们将公司利润的25~30%用于研发投入,2015年研发投入5700万元,2016年研发投入将超过1亿元。目前已经拥有近三百人的国际一流的诊断产品研发团队。多个平台、多个系统共同发展,不断丰富公司产品类别以服务大众。公司拥有自主知识产权的i3000全自动化学发光免疫分析仪已经研发结题,目前正在进行注册审批,预计2017年获批上市销售。该产品将是中国唯一双模块检测速度达到600测试每小时的超高通量化学发光分析仪,也是中国第一台能够真正实现不停机更换所有试剂耗材的化学发光分析仪、中国第一台可以连接主流水线的联机化学发光分析仪。

四川成都极米科技有限公司

四川成都极米科技有限公司是一家刚成立三年,正处于高速成长期的沉浸式互联网公司。极米率先提出了"无屏电视"的产品概念,并在市场上开创了这一新品类,随后一直专注于无屏电视的设计、研发和生产,致力于打造极致的产品,让科技真正改善人们的生活。成立以来,公司共完成三轮融资,目前估值约15亿元。2015年,中国知名主持人汪涵也投资极米,成为极米梦想合伙人。极米现有员工250人,创始团队来自晨星半导体(MStar)、华为、毕马威等公司,后又陆续引进了小米、腾讯、英特尔等著名公司的高素质人才。

汉中精测电器有限公司

汉中精测电器有限责任公司始建于1989年,是一家集传感器的设计、开发、生产于一体的民营科技型企业。企业主要生产传感器、应变计、仪器仪表等产品,主要应用于工业自动化控制、航空航天等领域。企业原名三星电器厂,2003年11月更名为汉中精测电器有限责任公司,注册资金1000万元。

公司主要生产测力传感器、扭矩传感器、压力传感器、位移传感器、称重传感器,电阻应变计、风动天平、仪器仪表等产品。目前,公司已经自主创新研发了分量风洞天平技术,该技术已经通过中国直升机设计研究所的检测,技术水平达到国内领先。通过小批量试生产后计算该产品和技术工艺能够降低生产成本,提高工作效率,经济效益十分可观。产品通过实际的使用表明性能可靠、耐久性强、安全可靠。

陕西华圣企业(集团)股份有限公司

陕西华圣企业(集团)股份有限公司旗下分别有陕西华圣实业有限责任公司、陕西华圣果品营销管理有限责任公司、延安华圣三农科技服务有限公司等。

华圣集团成立来,先后获得"全国农业产品出口示范企业""果业先进企业""陕西省出口品牌企业"等荣誉称号。主导产品"华圣牌"苹果以其无公害、高品质、可追溯、耐储运、货架期长等特点荣获"99中国国际农业博览会名牌产品""中国名牌农产品""陕西省名牌产品"等称号。

华圣集团自1998年首次引进苹果套袋技术以来,一直引领着陕西苹果产业的发展,2001年在同行业中率先通过ISO 9000质量体系认证。2003年在中国鲜果行业首家通过欧洲良好农业操作认证,成功带领陕西苹果冲破国际贸易技术壁垒,进军国际高端市场。十几年来鲜苹果出口量一直在全国同行业中名列前茅,稳居我省出口贸易苹果第一位。

青海益洁生物工程公司

青海益洁生物工程有限公司成立于2008年,位于青海生物科技产业园,拥有GMP食品生产洁净厂房,通过

ISO 22000体系认证，取得了出口食品生产企业备案，具有核心专利（专利号：ZL201220044319.0）的生产工艺和技术设备。公司立足世界第三极的青藏高原，致力于研发高原生态无污染绿色资源，打造高品质的健康产品。以青藏高原优质牦牛骨明胶为原料，生产吉利丁片、可食用薄膜、口气清新含片等高科技产品，是目前国内生产此类产品的新型高科技企业。

青海益洁生物秉持“纯净品质，追求卓越”的企业理念，适应绿色食品的市场需求，开展多种产品项目的研究，对青藏高原天然纯净的特色资源进行精深加工、高效开发，以国际化的标准打造系列优质健康产品。公司主营产品“迪利斯”吉利丁片，广泛运用于慕斯蛋糕、提拉米苏、果冻、布丁等食品领域。公司从2015年开始进行科技攻关，从产品配方、生产工艺和技术设备进行研发，于2016年6月成功研制出拥有自主知识产权的“迪利斯”吉利丁片产品，打破了意大利、德国等国对我国吉利丁片市场的垄断，填补了国内无吉利丁片生产的历史空白。产品不仅具有与国外产品相媲美的效能，还有原料纯净、无污染，产品无异味、亲水性好、凝冻后稳定性高等独特优点，制作的蛋糕甜点水分多、柔软、口感好。目前，在青海省有关部门和生物园区领导的关注支持下，已实现规模化生产，产品销往北京、上海、广州等全国各大城市。

公司集研发、生产和销售于一体。多学科的专业化团队具有顽强的创新精神和严谨的工作作风。公司除了自主开发，还与北京大学、青海大学、青海民族大学、中科院西北高原生物研究所等高等学府及专业研究机构展开多层次、多方位的项目研究和合作。公司通过高科技的研发和工艺转化，严格细致的质量控制，科学完善的生产工艺，全面系统的环保和安全质量体系建设，为生产各个环节提供了有效的保证，实现产品创新科技化、产品标准国际化、产品品质完美化。

目前，“迪利斯”吉利丁片产品已被列入青海省百项攻坚工程项目，获得中国青年创新创业大赛铜奖。公司于2016年10月起先后参加了成都、上海、西安的烘焙展会，受到了众多烘焙行业人士和企业的极大关注，成为展会上的一大亮点。随着我国烘焙业的快速发展，“迪利斯”吉利丁片的市场前景将更加广阔。

企业地址：青海生物科技创业园经四路26号
联系电话：0971-6516861、13897283679 袁东平
网址：www.chinagelatine.com

青海三江沃土生态农业科技有限公司

青海三江沃土生态农业科技有限公司成立于2014年3月，注册资本2000万元，系青海省首家规模化藜麦种植企业，青海省农牧厅藜麦产业重点扶持龙头企业，青海省唯一取得藜麦品种自主知识产权的企业。技术合作单位：阿根廷布宜诺斯艾利斯大学、美国加州大学科尼农业研究与推广中心、西北农林科技大学、中科院西北高原生物研究所、青海省农林科学院。公司下设：办公室、财务规划部、种植技术部、加工厂、营销策划部、销售部等6个部门。聘有客座外籍专家2名，研究员2名，高级农艺师1名，技术员2名，经营管理人员12人，生产一线员工70人，其中大专以上学历占15%，高中以上学历占70%。

三江沃土藜麦作为国际藜麦的重要组成部分，选择生态环境优良，水质纯净，空气清新的高山区建立藜麦种植区。采用原生态安全管理理念，注重可持续农业，立志为消费者提供优质、安全、营养健康藜麦。

青海三江沃土生态农业科技有限公司现资产规模8000余万元，计划总投资2.76亿元人民币，分两期实施重点项目建设。一期主要建成育种基地一处、种植面积1万亩、年加工能力6000吨的藜麦加工厂一座，新建厂房及办公区总建筑面积9915平方米。二期规划建设年加工1.5万吨秸秆饲料加工厂一座，1000吨藜麦精深加工厂一座，藜麦附属品皂甙萃取技术实验室一处。

2016年公司总种植规模达11090亩，总产量达2500吨，总产值达到2个亿，2017年公司种植面积预计将近2万亩，产量预计达5000吨，届时总产值将达5个亿。公司规划在未来2年内在全省以“公司+合作社+农户”的模式种植面积达到3万亩，并逐步将藜麦育种、种植、加工、产品延伸、皂苷萃取、秸秆利用等形成一条健康优化的产业链。

2016年2月，经海西州农牧业产业化协调领导小组批准，公司成为农牧业产业化州级重点龙头企业，这是对三江沃土不懈努力的肯定和支持。2016年4月15日，公司培育的“青藜1号”藜麦品种审定合格，并被青海省农作物品种审定委员会授予“品种合格证书”，截至目前，三江沃土是国内唯一一家取得藜麦品种自主知识产权的企业。2016年9月19日，公司取得“出口食品生产企业备案证明”，从此以后，三江沃土将走出国门，进军海外市场。

2016年12月12日，公司产品获得“有机转换认证证书”，这是对三江沃土坚守生态化农业的最大肯定。

电话：18097175266、18935671688、18009771770

网址：www.sjwtlm.com

微信公众号：sjwtlimai

淘宝：三江沃土藜麦品牌店（店铺号：50040008）

青海睿元药物研究所有限责任公司

青海睿元药物研究所有限责任公司成立于2000年4月11日。注册资金1000万元人民币。公司地址位于青海省生物科技产业园经四路26号5号楼，是一家集营养食品、保健食品、药品研究开发、生产经营于一体的生物科技专业机构。

公司一直致力于青藏高原珍贵稀缺药用、食用资源的研究利用和精深加工。所生产的产品功效显著、安全可靠。公司秉承“以善为本，以仁爱之心生产产品”的理念，从源头开始精选绿色、天然的原料，生产过程严控工艺，严格对出厂产品进行全项检验，以确保每一粒产品都有利于辅助人体的健康。

公司现拥有两个国家保健食品批号、食品五大申证单元（固体饮料、食用植物油、糖果制品、其他粮食加工品、水果干制品）、十多个批准文号产品及中药饮片（净制、切制、粉碎）GMP证书，有包括提取浓缩、超微粉碎、真空冷冻干燥、双层压片机、自动数片机在内的多种先进生产设备。

为了研发创新和保证产品质量，公司引进了美国PE公司的原子吸收分光光度仪（型号900T）及原子荧光仪、日本岛津公司的高效液相色谱仪等多台先进进口设备对出厂的产品质量进行严格的控制。

公司注重科技创新，在配备了先进的研发设备的同时，聘请数位行业专家作为公司的科技创新顾问，大大增强了公司在食品、药品、保健食品技术中研发的实力和技术支撑。公司的科研人才队伍建设也正日趋壮大，科研实力不断增强。目前，公司已获得“国家高新技术企业”、 “青海省科技型企业”、“西宁市科技研发中心”等荣誉称号。

企业网址：www.qhryyys.com

联系人：罗生辉

联系电话：0971-5160062

青海高健生物科技有限公司

青海高健生物科技有限公司于2012年7月在青海省西宁市成立，注册资金2300万元。公司致力于高原特色生物资源的开发和利用，实施“公司+基地+农户”的产业化经营战略，公司带动高原农户种植生产青藏高原特色农作物——青稞、燕麦、亚麻籽三大主原料；公司现已成为集研发、生产、销售为一体的专业食品深加工企业。拥有先进的原材料梳理、筛选、清洗、磨粉设备、包装设备、生物提取设备和先进的食品加工生产线，整个生产流程严格按国际GMP标准操作，并以取得ISO 9001质量管理体系认证、HACCP体系管理认证、绿色食品认证、清真食品认证。

公司与中国科学院西北高原生物研究所合作成立“联合研发中心”，与浙江大学生物系统工程与食品科学学院合作，研发出多种系列中高端的原生态食品及功能性食品；研发的部分产品获得专利证及省级科学技术成果奖；产品以其高营养、高能量的特点成为第十二届环青海湖国际公路自行车赛运动员唯一指定营养餐。

公司传承3500年藏地饮食文化，遵“食以自然为尊”之道，将青藏高原所产的富含天然产物的黑青稞、亚麻籽、枸杞、人参果与现代化高科技工艺相结合，进行科学配方研制出四大系列、十五种产品，包括沃垚青稞系列饼干、沃垚黑食膳、沃垚原粮及专为运动人群量身打造的“开路运动系列”。公司以“服务于人类健康”为理念，以大健康之核心——“食育观“为产品导向，以“安全、健康、营养、原生态”为产品定位，奉行“零合成香精、香料、零色素、零激素、零防腐剂”的原则，矢志不渝地肩负着青藏高原健康食品的倡导者和资源整合者的使命。公司立足青藏高原，有效利用青藏高原丰富的天然生物资源和特殊的生态条件，结合公司科技力量，合理地保护、开发利用生物资源，力争为经济发展较为滞后的青藏高原地区带来可观的经济效益及明显的社会效益和原生态效益。

联系人：严得凤

联系电话：13139076120

公司网站：www.gaojianchina.com

宁夏希望信息产业有限公司

宁夏希望信息产业有限公司成立于1992年，核心价值观“让平凡的人达成非凡的业绩”，是宁夏本地信息产业的领军企业。希望公司位于银川IBI育成中心4号自建楼，面积10000平方米，主要从事应用软件研发、互联网应用、电子商务等业务。公司现有宁夏中阿电子商务有限公司、上海福城网络有限公司两个子公司和一个新疆分公司，员工180名，平均年龄27.5岁，其中，大学本科及以上研发技术人员占80%，硕士学历以上6人，中高级项目经理23人。希望公司是国家高新技术企业，国家级“守合同重信用企业”，银川市“小巨人”企业，公司具有涉密信息系统集成乙级资质、信息系统集成三级资质、安防工程二级资质、CMMI3、ISO 9001质量管理体系认证等多项资质，是自治区认定的“宁夏软件技术创新中心”“宁夏云试验平台基地”“宁夏企业技术中心”“宁夏科技创新团队”。希望公司研发应用软件近百套，已取得80余项计算机软件著作权、70余项软件产品登记、7项自治区级科技成果登记。

公司部分产品通过科技成果鉴定并获得国家电子基金、创新基金、科技计划支持。《HOPE电子政务套件》实现区、市、县、乡（镇）、村（社区）五级平台的建设。横向实现自治区33个厅局、459项行政审批事项，跨部门、跨平台全程网上审批以及数据大集中的互联网+政务体系；“小事儿”城市生活服务平台，以服务最基础、最迫切的百姓需求入手，通过市场需求撬动企业和社会力量投入，协同政府有效整合资源的“智慧城市建设”理念，让市民足不出户即可享受水、暖、电、气费的缴纳、医疗挂号、诊间支付的移动服务，以及网上受理办证等30多项服务。形成智慧城市最“接地气”的便民服务，实现“少跑腿，好办事，不添堵”。目前，“小事儿”市民服务平台已有50万名注册用户；为全区统一建设的公积金12329大数据平台，聚集全区公积金数据，形成覆盖人口信息等多种数据的大数据处理中心，并担负起全区个人公积金网上咨询系统、网上办事、短信平台服务、公积金指数、信息协查等相关公积金便民服务。通过全省覆盖，集中管理公积金数据，成为政府公共服务外包的典型，并得到国家住建部的高度认可。2014年7月，住建部全国公积金信息工作会议在希望公司召开，成为全国公积金信息化建设的成功典型。

宁夏神州好易信息发展股份有限公司

宁夏神州好易信息发展股份有限公司成立于2009年，从于事互联网信息、企业大数据及服务平台开发应用，公司基于公共资源和社会资源交易平台，致力于搭建运营企业大数据服务平台，为“互联网+传统企业”运营、转型、升级提供优质可靠的产品、服务和技术支持。公司是国家双软认定企业，在业内得到了同行企业及广大客户的认可和赞誉。公司具有完善的技术支持体系和自主研发能力，先后通过了美国CMMI ML3、ISO/IEC 27001：2013信息安全管理体系和ISO 9001：2008质量管理体系认证。凭借业内领先的研发水平及尖端高效的软件、平台产品，公司成为宁夏公共资源交易管理局电子招标投标系统建设项目的实施单位，并陆续为宁夏其他五个地市级公共资源交易中心搭建了符合要求的电子招标投标系统，是宁夏唯一一家专业从事公共资源交易平台软件运营和服务支持的本土企业。公司坚持“一切以客户的需求为根本”，本着“真诚面对服务，让用户满意”的理念，成功研发了《好易公共资源交易平台》《好易计算机辅助评标系统》等十余项拥有自主知识产权的软件及平台产品，取得《好易智慧交易云系统》等十六项国家软件著作权，拥有宁夏及全国企业用户30000多家，获得宁夏“专精特新”中小企业荣誉称号。在DT时代的发展背景下，公司凭借强大的软件研发能力和完善的企业信息化服务水平，成功与清华EMBA互联网协会、清华同方、中兴通讯等知名互联网研究机构及大型企业建立深层次的合作伙伴关系。公司以大数据分析整合为核心，搭建大数据平台，打造信息化智慧城市管理体系，推进国家信息化发展建设。随着人才、技术的积累和业务的迅速扩张，公司将计划在西安、北京、深圳、杭州等地区建立分公司，扩大规模、强化市场地位，促进公司可持续发展。公司以大数据分析技术为支撑，以互联网+企业资源为核心发展方向，应用云计算、移动互联网及物联网技术，搭建运营《好易智慧交易云系统》《好易互联网+企业资源共享云系统》等全新大型信息化综合平台，致力于企业大数据建设，汇聚互联网行业资源和创新理念，为传统企业提供“互联网+”模式的企业信息化技术解决方案，努力成为“互联网+”招投标行业的领军企业，争做大数据时代信息服务的行业领导者，把好易做成国际知名品牌！

好易智慧交易云系统是基于“互联网+”思维，为整合公共资源交易信息和解决社会资源交易，同时满足工程交易、采购、产权等多行业的电子招投标业务的全新信息化平台。系统通过招投标业务信息推送、免费交易平台应用、免费使用好易造价软件等行业应用软件、网上培训社区、全景企业推广等子模块的全面支撑，提高企业招投标业务水平，推动信息化管理水平，促进企业信息化建设。好易“互联网+”企业资源智慧共享系统是好易智慧交易云系统的完美升级，应用于企业资源信息共享，使得企业资源信息可以最大限度地共享和利用。企业成为会员后可以将闲置资源（人、才、物）放置于系统。免费使用好易通用版OA、进销存等系统软件，还可以享受定制动景技术、尖端TRIS创新理论培训、定制自己的招投标交易平台等特色服务。同时有需求的企业提出需求，系统打包组团，由系统统一以最优惠的价格（全市最低价）获取资源。系统诚信体系会对各角色企业进行诚信评价，以保证质量。系统立足为企业解决各种信息不对称问题，满足企业不同的定制化需求，实现资源、信息共享，多方共赢。

宁夏金河科技股份有限公司

宁夏金河科技股份有限公司是一家集奶牛养殖、乳品加工、市场销售、科技研发于一体的现代化乳品科技企业，是国家农业产业化重点龙头企业、宁夏农业产业化重点龙头企业、全国清真乳制品定点生产企业、宁夏明星企业，是中国西北地区最大的发酵酸奶生产基地。公司主导产品“金河”牌发酵酸奶是宁夏名牌产品，全国知名品牌，被评选为“中国商品质量信誉之星”，银川小巨人企业，畅销宁夏、甘肃、陕西、青海、内蒙、山西、河南、四川等省区。公司注册地址德胜工业园区伊园路5号，法人闫建国。截至2016年2月底，公司注册资本金4221.05万元，资产总额4亿元；现有员工400多人，银行信用等级为AAA级。自2012年以来销售收入平均增幅已连续三年超过30%。2015年实现销售收入29825万元。2016年1月已向全国中小企业股转中心申请新三版上市挂牌，现已受理。根据金河科技整体发展规划，预计2020年，公司年销售收入将达到10亿元，年实现利税1.2亿元。目前公司现有生产能力已无法满足需要，为保证预期目标的实现，经公司董事会慎重研究，决定筹建“互联网+乳业智能生产建设项目”年产10万吨系列乳制品生产基地，概算投资4.8亿元。运用互联网通过设备、产品、数据库的感知、传输和分析，实现互联网智能化生产流程动态控制与管理等新信息技术，改进制造模式，并通过线上线下融合，整合物流资源，规模配送，提高制造业智能化能力，降低成本，提升生产效率，保障食品安全，构建支撑互联网与制造业融合发展。未来公司将在严格确保乳制品质量的前提下，从牧草种植、饲料加工、奶牛养殖、生鲜奶处理加工、奶粉、奶酪、蛋白粉生产等全产业链统一规划开发，进一步完善与广大奶农利益共享机制，提高奶户收入，增加社会效益，成为宁夏第一个大型产业链高新技术的乳品集团公司，打造享誉全国、闻名世界的宁夏清真奶产品。

宁夏青龙管业股份有限公司

宁夏青龙管业股份有限公司始建于1975年，由国家原水利电力部投资建设，隶属于宁夏水利厅，2010年在深交所挂牌上市。四十年来，公司专注于高品质输水管道及相关产品的研发、设计、生产、安装和服务，并提供智能节水灌溉整体解决方案，承接综合管廊的设计与制造业务。公司始终秉承“质量为本、精益求精”的质量理念，承接了上百项国家级、省市级的重点工程项目，优质的产品和良好的服务赢得了政府和用户的信赖与好评。特别是在南水北调工程建设中，公司在产品质量、安全生产、供货进度和施工协调等方面的综合评比中名列前茅，受到了各项目业主的嘉奖。公司在宁夏、北京、天津、河北、河南、湖北、福建、山西、陕西、甘肃、内蒙古、新疆等地设有多家子公司和生产基地，产品被广泛应用于水利、电力、城市供排水、节水灌溉、城市燃气输配、供热和交通等多个领域。公司现为中国混凝土与水泥制品协会副会长单位，中国预应力钢筒混凝土管质量联盟首届理事长单位，中国塑料管道专业委员会副理事长单位，多次被评为“全国优秀水利企业”和全国“守合同重信用”单位，“青龙”商标荣获“中国驰名商标”。四十年来，企业和产品获得多项荣誉和嘉奖。公司将大力进行输水管道技术、智能节水灌溉技术的创新和开发，向着世界一流管道公司的目标奋进，为我国现代化建设和社会进步做出更大的贡献。

宁夏小牛自动化设备有限公司

宁夏小牛自动化设备有限公司是一家集研发、制造、销售、服务于一体的民营企业。公司成立于1999年，专注于自动化技术的创新。总部位于银川市金凤区工业园区通达南街宝湖路6号，占地面积2668平方米，总建筑面积1800平方米的厂房，目前有员工230多人，现已在无锡建立分厂。公司购置世界先进水平MAZAK加工中心5台、数控车3台、西铁城数控车铣中心1台、兄弟数控钻攻中心1台、AMADA的转塔数控冲床1台、激光切割机1台、五轴数控折弯机1台、数控折弯机2台，还有静电喷涂系统，具有加工高质量产品能力，并且拥有一支优秀的研发、制造队伍，以创新的理念和精湛的加工技术，在国内同行业中处于领先地位。公司自2008年进入光伏行业，一直致力于串焊机的研发及生产，从低产能串焊机到高产能串焊机，从可焊三栅到可焊多栅串焊机，紧密与客户合作，把客户的需求放在首位，客户也从原来的几家发展到现在的七十多家，至今市场投放有八百多台。主要客户有阿特斯、浙江晶科、南京中电、盐城天合、银星能源、连云港神舟、金坛正信、连云港盛康、林洋光伏、乐叶光伏、宁波华顺等。目前，我公司售后人员已本土化，在无锡及客户厂内都设有备件库，保证了江浙地区客户最快的服务响应速度。为了解除客户的后顾之忧，质保期后我公司还推出了年度包修制度，客户可享受质保期内同等的服务。

宁夏爱丽纳地毯有限公司

宁夏爱丽纳地毯有限公司是一家以羊绒汽车坐垫为主，地毯、夏凉四季垫、包装箱等系列产品加工、销售、为一体的现代化综合型企业。公司尊崇“踏实、拼搏、责任”的企业精神，并以诚信、共赢、开创的经营理念，创造良好的企业环境、以全新的管理模式、完善的技术、卓越的品质为生存根本，服务客户。公司投资1600万元从比利时购进最先进机织地毯RCI-400型1台，德英合资剪毛背胶机1套，海绵复合机1台，可生产宽度任意循环的多种图案，毯面图案可由12种不同的纱线构成，不论在质量上还是花色上，与普通的织机相比，都有着意想不到的飞跃，弥补了普通织机图案不清晰、密度低、容易掉色、倒伏、缩水、掉毛等缺点。公司年生产各种地毯10万平方米，汽车坐垫3.5万套，包装箱4万个，为提高人们的生活质量贡献出了一份力量。宁夏爱丽纳地毯有限公司成立于2013年公司产品远销新疆、青海、内蒙、甘肃、陕西等东西北地区员工超过200人西北羊绒汽车座垫龙头企业旗下有“爱丽纳”“陇原红”“苹果”等知名产品，被评为国家民贸民品企业。

宁夏科捷锂电池股份有限公司

宁夏科捷锂电池股份有限公司位于宁夏石嘴山市大武口区经济开发区，注册资金3291.2万元。成立于2013年10月24日。主要从事新型高能量密度锂离子电池正极材料的生产。主要生产产品为完全拥有自主知识产权的高能量密度锂电池正极材料镍钴锰三元氧化物正极材料。企业自2013年11月成立初期组建3条生产线，截止2014年9月10日共建成7条生产线，达到月产能150吨，年产值2.88亿人民币。随着市场的需求和高科技产品的不断的更新换代，我司也不断研发新产品，以满足市场的要求。引进各大同行业的技术人才，同时组织人员外出参加技术培训和同行业学习，技术水平已位于同行业前列。企业凭借引进的高技术人才已经自主研发新产品，目前拥有9项发明专利，获得了宁夏自治区“科技型中小企业”称号。高端客户群主要有：TCL、万利达、欣旺达、飞毛腿、中兴、华为、酷派、三星、联想、小米及出口国外的亚马逊等高端客户。

宁夏北方乳业有限责任公司

宁夏北方乳业有限责任公司创建于1997年，位于银川市望远工业园区。公司经过近二十年的发展，如今已成为集牧草种植、奶牛养殖、乳品及乳品饮料加工、牛奶配送、科研、房地产开发于一体的综合性科技民营企业。公司占地100亩，现有总资产1.1亿元，职工200余人，年销售额7000万元，公司拥有5000亩牧草基地、两个大型全机械化良种奶牛养殖场和一个年产能力7万吨液体奶的乳品加工厂。公司通过了ISO 9001：2000国际质量体系和HACCP认证，并通过了国家无公害食品认证，计量合格认证，被评为全国食品安全示范单位、自治区食品卫生量化分级A级单位，并且持有的“银泉”牌商标被评为宁夏自治区著名商标，“银泉”牌液体奶也被评为自治区名牌产品。企业产品以品质优良、奶香浓郁深受广大消费者的青睐，畅销宁夏全区和甘肃、青海、陕西、山西、内蒙古等地区。

宁夏晓鸣农牧股份有限公司

宁夏晓鸣农牧股份有限公司（简称晓鸣农牧）现已发展成为集祖代和父母代蛋种鸡饲养、蛋鸡养殖工程技术研发、种蛋孵化、雏鸡销售、技术服务于一体的育、繁、推一体化种禽企业。注册资金5646.6万元，总资产3.04亿元。其前身为宁夏晓鸣生态农牧有限公司，2011年度成功完成股改并重组为宁夏晓鸣农牧股份有限公司，现为中国畜牧业禽业分会副会长单位、国家蛋鸡产业技术体系银川试验站、国家家禽工程技术研究中心宁夏分中心、宁夏家禽工程技术研究中心依托单位、宁夏回族自治区农业产业化重点龙头企业、后备上市重点培育企业。2014年10月30日，晓鸣农牧成功登陆新三板资本市场，成为国内首家登陆资本市场的蛋鸡企业（股票名称：晓鸣农牧；股票代码：831243）。晓鸣农牧及其前身历经20年的技术沉淀和跨越发展，在宁夏回族自治区境内建有2大现代标准化生态养殖基地，14座父母代养殖场、2座祖代养殖场；在宁夏、新疆、河南、吉林分别建有大型孵化场四座，创立科技创新平台4处。现祖代蛋种鸡存栏6.5万套，父母代蛋种鸡存栏150余万套，年可向市场提供美国海兰褐商品健母雏1.2亿羽，销售网络遍及中国30个省区（直辖市），辐射范围3000余公里，并通过欧盟认证，各类雏鸡、蛋品出口蒙古、吉尔吉斯斯坦等国。企业目前建成国内首家生物安全隔离小区，是全国首批蛋鸡良种扩繁推广基地、国家首批动物疫病净化示范场，并专注于种鸡养殖生物安全，已在生物安全方面做到了全国同业最高水平，并在不断提高该竞争优势。

宁夏白浪包装股份有限公司

宁夏白浪包装股份有限公司成立于2011年12月5日，目前注册资金3118万元。公司住所位于宁夏回族自治区吴忠市红寺堡区弘德慈善产业园区，是一家专业从事瓦楞纸板及各种黑白、彩色包装纸箱、纸盒等相关产品生产、加工和销售的企业。公司成立至今先后获得了2012年度骨干企业“先进集体”、2013年度“青年安全示范岗”，2014年“宁夏中小型企业50强”，2014年“宁夏回族自治区科技型中小企业”，2014年自治区工业企业履行社会责任优秀企业，2015年“最具成长力品牌”，2015年“宁夏中小型企业50强”等荣誉称号。公司是宁夏吴忠市红寺堡弘德慈善产业园区首家入驻的以生产、销售为一体的加工制造企业。目前，公司已经具备年生产瓦楞纸板5000万平方米、日生产纸箱6万只（套）和日生产彩箱彩盒10万只（套）产能。公司凭借一流的产品质量得到了市场用户的一致认可和好评，现有产能已不能满足当前市场需求，经公司董事会多次论证，进行二期扩建。白浪包装二期工程总投资1.2亿元，新建办公、生活、仓库、车间及辅助功能间3万多平方米、购置国内最先进的七层瓦楞纸板生产线、瑞士进口高速八色水性印刷机等精良的设备、国际领先的胶印设备和模切、钉箱、粘箱设备；购置安装贴面机、粘箱机、碰线机、胶水机、手动钉箱机等机箱成型辅助设备；国内外先进设备三十余台套，项目建成后，白浪包装将成为西北规模最大，设备最先进的纸质包装加工企业，年可加工瓦楞纸板1.5亿平方米，日达加工瓦楞纸箱20万只、彩箱30万只的生产能力。公司秉承“团结、开拓、敬业、奋进”的企业精神，以“质量第一，专注服务，高效运作，快速反应，追求卓越”为经营理念，以一流的管理、一流的技术、一流的服务，向客户提供优质的包装产品和服务，打造优质的包装产品品牌，立足宁夏，并积极开拓西北地区市场，努力提高公司的市场覆盖程度，注重包装产品品牌的打造，力争成为西北地区包装产品制造行业的龙头企业之一。

宁夏晶润生物食品科技有限公司

宁夏晶润生物食品科技有限公司是一家致力于为消费者提供美味、健康的食用油食品的企业。自成立以来，其品牌“晶润老油翁”紧紧围绕以消费者满意为中心，坚持走有质量的规模扩张道路，并以造就21世纪最优秀的食用油加工队伍为己任，实现了跨越式飞速发展。企业位于永宁望远工业园区，目前，企业形成食品加工、贸易等领域的产业格局，生产规模和经济效益位居区内同行业前茅。2006年10月被银川市政府授予“产业化龙头企业”荣誉，2007年度被宁夏消费者协会授予“诚信企业”荣誉，2008年12月获得“宁夏名牌产品”荣誉，2012年“晶润老油翁”获得宁夏著名商标证书。2013年获得第十一届中国农产品交易会参展金奖，2014年被自治区人民政府授予“产业化龙头企业”荣誉。

大连豪森设备制造有限公司

大连豪森设备制造有限公司成立于2002年9月，公司坐落于营城子工业园区，占地面积16.5万平方米，拥有员工900余人，其中研发人员325人，是集科研开发、技术设计、生产制造于一体的科技先导型企业。2015年公司销售收入达到6.8亿元人民币，实现利税1.1亿元人民币。2016年是汽车行业回暖的一年，豪森公司2016年经营情况比较乐观，预计全年可接8~10条整线订单。

公司长期与大连理工大学、大连工业大学进行产学研合作、共同研发科技项目。现有企业技术中心一个，于2006年通过大连市企业技术中心认证，2008年通过辽宁省企业技术中心认证，并于2009年、2014年分别获得“辽宁省优秀新产品二等奖”。

公司的主导产品为发动机/变速箱装配生产线、车身装配线及专用设备，产品在智能化、柔性化、信息化方面均处于技术领先地位。

近年来公司为用户提供了一批技术先进、性能可靠的替代进口产品，填补了国内空白，为用户节省了投资，得到了业界同仁的一致好评和认可，成为宝马、通用、卡特彼勒、康明斯等国际一流汽车企业的供货商，目前公司已经发展成为中国动力总成设备行业技术实力最强的企业。

联系人：燕雷

联系电话：13478727140

大连华阳密封股份有限公司

大连华阳密封股份有限公司（以下简称“华阳”）成立于2004年，注册资金4600万元人民币，于2014年8月22日成功登陆全国中小企业股份转让系统（新三板）。是一家专业从事密封产品及配套设备的研发、生产及销售的高新技术企业，公司产品主要定位于机械密封的中高端市场，即干气密封和高压、高速、高低温、大轴径等高参数机械密封。华阳自主研发、生产的大型搅拌釜机封、压缩机干气密封等产品已经出口到欧盟、英国及中东市场。

华阳先后通过DNV ISO 9001质量体系认证、美国石油协会API质量体系认证。现为辽宁省企业技术中心，中石油、中石化一级网络供应商，国家级高新技术企业，产品荣获中国驰名商标。2011年，在中石油首次“高危泵机械密封厂家综合评比”中名列第一；在中石化首次“高温泵机械密封厂家综合评比”中名列第一。2014年，在中石化第二次国内外机械密封厂家综合评比中，泵用高端波纹管密封及压缩机用高压干气密封名列第一。华阳现有员工300余人，70%以上本科学历。工程技术人员100余人，其中高级职称8人，博士2名，硕士9名，主要技术人员均来自国际知名公司、国外留学人员以及国内重点院校。目前，公司拥有66项专利，6项发明专利，60项实用新型专利，3项国家级科技成果鉴定。

联系人：王连滨

联系电话：18698699731

大连连城数控机器股份有限公司

大连连城数控机器股份有限公司成立于2007年，致力于光伏和半导体行业多线切割设备的技术研发、生产和制造。获国家高新技术企业，辽宁省大连连城晶硅材料工程技术研究中心、辽宁省大连市光伏与半导体硅材料切割设备工程实验室等称号，公司拥有厂房22000多平方米，员工290多人。公司产品的张力控制技术、收放线电机和主电机的同步技术居于国际领先水平。上年销售额达2.8亿元。

2008年公司研制出我国第一代具备自主知识产权的多线切方机，国内市场占有率达40%；2010年推出用于截取单多晶硅棒的多线切断机；2011年研制出高产能的QP20100型切片机；2013年在国内首次推出金刚砂线切片机；2014年研制出全自动磨床。至此，公司完成了光伏行业多线切割机全系列设备的开发，在全国范围内树立起连城机器技术过硬、服务迅速的良好价值品牌形象。2013年公司积极实施战略结构调整，由光伏行业向半导体行业进一步延伸，收购了美国500强公司斯必克（SPX）旗下凯克斯（Kayex）单晶炉事业部，并努力实现Kayex单晶炉的国产化，降低国内光伏和半导体厂商的生产成本，极大地提升单晶片的质量，从而提高国内光伏及半导体企业的国际竞争力。2015年公司成立电站事业部，利用办公楼屋顶800平方米建立了50kW的自发自用、余电上网的光伏电站，首年年发电量6万度，所发电力可为公司厂区提供太阳能清洁能源。

几年来，公司培养了一支多线切割领域的专业研发队伍，拥有研发人员75人，高级工程师10人，麻省理工学院博士1人，国外技术指导专家1人，享受国务院政府津贴专家2人。累计获得国家专利65项，发明专利5项，软件著作权4项，其专利技术打破了以日本、德国为首的发达国家对我国多线切割设备的技术垄断，开创了国内多线切割设备的低成本时代。公司曾获得国家四部委颁发的“重点新产品”“大连市科技计划”“大连市技术创新专项资金”等10多次立项和资助，以及“技术创新先进单位”等多项荣誉，通过了ISO 9000质量管理体系的认证。

联系人：赵欧

联系电话：18524114213

锦联集团

锦联集团——中国民营企业500强，创立于1990年。历经二十余年发展，凭借不懈的创新精神、前瞻的发展战略和卓越的企业文化，现已成为以国际物流为主导，地产园区、金融服务为辅助，一体化运营的跨国和跨地区经营的企业集团。锦联控股集团及旗下企业是锦州银行和大连银行最大及最重要的股东之一，同国内外多家银行和其他金融机构建立了长期战略合作关系。锦联控股集团通过战略投资、战略管理和战略运营，支持和服务产业健康发展。

锦程国际物流集团（www.jctrans.cn）创立于1990年，是中国最大的国际物流企业之一，连续十余年国际货代物流百强排名民营第一，中国交通运输协会、中国国际货运代理协会、中国外经贸企业协会副会长单位。目前在国内主要口岸城市、内陆城市和海外设有600家分支及海外代理，与数十家国内外大型船公司和航空公司建立了战略合作关系，形成了覆盖全球的物流服务网络。

铭源控股集团有限公司

铭源控股集团有限公司（下简称“铭源集团”）成立于1998年，注册资金2亿元，现已成为一家集石化生产、石化贸易、港口物流、信息科技、金融服务于一体的综合性集团公司。具有国家商务部核发的成品油批发经营资质和国家危险化学品经营许可资质，是中国中小企业协会、中国石油流通协会副会长单位，是中国石油和化学工业联合会理事单位。2015年实现营业收入350亿元，资产规模达120亿元。

铭源集团项下还拥有信息科技、石化贸易、港口物流、金融服务等业务，其中大连量天科技发展股份有限公司是国家信息产业部和大连市政府认定的“双软企业”，并于2014年1月24日成功登陆新三板。

大连服装纺织产业发展促进中心有限公司

大连服装纺织产业发展促进中心有限公司由大连市服装纺织协会投资，于2007年5月成立，公司注册资本300万元，坐落于大连市沙河口区振工街28号，取意为Z28时尚硅谷。在市政府的大力支持下，截至2015年末，资产总额4670万元，总占地面积4446.3平方米，总建筑面积9574.53平方米。在职员工33人，其中大专以上学历27人，占81.8%；中级职称8人，占24.2%；高级职称6人，占18.2%。具有检测仪器及专业设备320台（套），3400多平方米时装创意、新闻发布中心等，为提升服务功能和水平奠定了强有力的技术基础支撑。

大杨集团

大杨集团有限责任公司创建于1979年9月，是一家专注于生产和营销各类中高档服装正装产品的大规模集团化公司。经过多年的发展，现已成为中国最具竞争实力的国际化服装企业之一。集团现有直属（控股）成员企业30多家，员工9000多人。其中，由大杨集团控股的大连大杨创世股份有限公司于2000年6月在上海证券交易所上市。目前，集团年服装综合生产加工能力1100万件/套。产品畅销英、美、德、意、日、韩等20多个国家和地区，并享有盛誉。年西服出口量600万件/套，连续多年全国排名第一。集团现拥有创世、凯门、YOUSOKU三大自主品牌，其中创世品牌已成为当今中国高级男装的代表品牌之一，并拥有股神沃伦·巴菲特、微软主席比尔·盖茨等众多国际精英客户。被认定为辽宁省第十二批省级企业技术中心，下设检验检测中心、服装研发设计中心、服装培训中心三个分中心。

大连机床集团

今天的大连机床集团麾下拥有全资、合资、控股及参股子公司40多个，其中与德国、日本、韩国、美国、瑞士等国家成立的合资公司有8个，并购美国英格索尔两个子公司（全资），并且已经由过去单一的机床产业发展成今天的现代化新厂区及"一个中心"、"两个基地"、"一个园区"，多种产业并举、走出国门向全球发展的大型产业化集团。至"十一五"期末，已为国家汽车、航天航空、军工、核工业、IT产业、风电核电及船舶、轨道交通、工程机械等行业提供了重大装备累计45万台（套）、自动线600余条，是国内为重点企业提供整套装备数量最多、规模最大、水平最高的厂家。

组合机床及自动线、柔性制造系统产品，产销量居全国第一，国内市场占有率达30%以上，技术水平国内领先；五轴立式加工中心产品、MDH高档卧式加工中心产品、MDV高档立式加工中心产品、HDR卧式加工中心产品、VDL、VDF系列立式加工中心产品、IA系列五轴联动卧式镗铣加工中心、BK系列桥式龙门加工中心、VX系列龙门加工中心、数控车床及车削中心、车铣中心产品等都具备国内领先水平。

大连智云自动化装备股份有限公司

大连智云自动化装备股份有限公司（以下简称"智云公司"）成立于1992年，经过二十多年的发展，智云公司现已成为拥有一个省级研发中心、三个大型制造基地、掌握五大类核心技术的国家级高新技术企业，并已于2010年7月28日在深交所创业板上市，成为大连市第一家在创业板上市的企业。目前，智云公司发展为以上市公司为龙头，大连捷云自动化有限公司、大连戈尔清洁化工程技术有限公司为两翼的智能装备产业集团。

智云公司是国内领先的成套自动化装备方案解决商，目前为国内95%以上汽车动力总成客户提供智能制造技术及系统集成服务。过硬的质量和优质的服务使智云得到了客户的青睐和认可，主导产品自动检测气密侧漏设备市场占有率全国第一，自动装配设备市场占有率全国第三。

智云公司掌握着智能制造的自动在线检测、自动装配、清洗过滤、物流搬运、多工位专用加工等五大关键技术环节，拥有一支百人以上的研发和设计团队，拥有发明专利9项，授权专利58项，是辽宁省省级企业技术中心。公司技术和产品多次获得辽宁省、大连市的科技进步奖。2015年，智云公司实现销售收入4.2亿元，净利润5369万元。

大连创业工坊科技服务有限公司

创业工坊创建于2011年末，是一家创新与创业综合服务机构，2014年被科技部认定为创新型"国家级孵化器"。创业工坊致力于以创业活动为核心的创业文化推广、发掘并投资于种子期和初创期项目、提供全方位创业服务，旨在培育高科技企业和企业家，通过他们的成长而成功。创业工坊的主要业务分为创业文化推广、小微企业服务和投资融资管理三个部分。

创业工坊认为，创业项目固然重要，但更重要的是人、是创业者，比人更重要的则是创业文化环境。创业文化与创新精神是创业者和企业家的摇篮、是创新创业项目生长的土地、是区域经济发展的发动机。因此，创业工坊以弘扬创业文化和创新精神为己任，也形成了"以人为本、投资于人"的投资理念。

传统孵化器和小微服务平台注重场地服务等硬件，创业工坊则更注重场外孵化、虚拟孵化、孵化服务等软件。创业工坊旗下咖啡厅、苗圃、孵化基地是硬件，品牌活动、互联网社区、投资人资源、技术市场人才培训等服务是软件。创业工坊力图以"虚实互补、软硬结合、打造创业服务生态"的服务理念，联合专业服务资源和第三方机构的能力，完善服务内容，打造尽可能大的平台。

创业工坊聚合了一批以企业家和投资人为主的创业导师、公益服务者，为早期的创业者提供包括创业教育、创业辅导、创业投资、团队融合、产品构建、技术与商业模式创新等多方面的服务内容，致力于实现与创业相关的知识流、资金流、人才流、信息流等流动性资源的最大化利用。

创业工坊已成为大连市创新与创业思想最活跃、最具创新活力的人才和项目聚集地，也必将成为优秀创业项目和成功创业家的摇篮。

大连华信计算机技术股份有限公司

大连华信计算机技术股份有限公司成立于1996年5月，为中外合资民营企业，面向全球客户提供领先的应用软件产品、信息服务及行业解决方案，总部位于大连，在日本东京及国内北京、济南、天津、昆山、深圳、沈阳、长春、成都、广州、苏州、泰州等地设有分支机构。多年来，大连华信始终保持健康发展，拥有员工近6000人，为中国第二大软件出口企业，中国自主品牌软件产品收入前十企业。

大连华信长期以来坚持“以应用软件开发和服务为核心，国内、国外市场同步发展”的战略。通过不同市场的借鉴和互动，不断吸收国际化管理经验和先进技术经验，促进技术和业务的相互转化，实现公司产品和技术的不断创新。目前，公司业务覆盖国内、日本、美国、中亚、南亚等国家和地区的政府及公共事业、金融、产业、通信、医疗卫生等各行业领域。为日本信息服务市场起步最早、规模最大的企业之一，被日本业界评为“质量最受信赖的企业”，连续多年被评为出口示范企业。在中国国内市场，业务覆盖所有经济发达的核心城市，在住房公积金、银行IC卡领域市场占有率第一。

PE万达大厦

大连西岗PE万达大厦于2014年12月1日正式启用，是大连市首个以私募股权投资（PE）为主导，容纳各类非银行金融机构的特色专业商务楼宇，是大连市西岗区在经济发展新常态下，探索以市场化为导向、以转变发展方式为目标的一次金融创新，在完善大连市作为区域性国际金融中心的城市功能的同时，激发现代金融服务业的发展潜力，实现区域经济结构调整和产业升级，为区域经济发展注入新的活力。

截至目前，PE大厦已入驻企业64家，注册企业120余家，入驻率69%，注册资金总额65亿元人民币，管理资金规模约160亿元。PE大厦在为大连市非银行金融机构提供集聚式发展载体的同时，着力“三大平台”建设：一是搭建股权投资交流发展平台，通过“论道金融·PE百家讲坛”系列活动，活跃和提升私募股权投资业发展氛围，巩固和提升大连市作为东北地区金融中心的核心地位；二是建立多元对接合作平台，通过项目路演和对接中心，实现项目、资金、人才等高端金融要素全方位、多角度、宽领域对接，进一步发挥股权投资业资本集聚效应，打造东北地区私募基金业发展中心；三是构建上市孵化和金融服务平台，依托大连股权交易中心，建立包括优化企业管理、解决融资渠道、提供上市前辅导和上市后服务的全产业链的金融服务平台。

青岛吉之美商用设备有限公司

公司是全球领先的集研发、生产、销售、服务四位于一体的大型商用、家用饮水饮料电器制造商。通过为全球众多国家和地区的客户提供饮用水设备与解决方案，让全世界用户享有健康、安全、卫生的饮水体验。公司成立于2004年，注册资本1200万元，总部位于中国青岛，在全国设有25个办事处。2011年，随着坐落于青岛市城阳区流亭空港产业聚集区的建筑面积13000平方米新厂房的正式投产，吉之美成为了中国最大的开水器生产制造企业。

吉之美拥有雄厚的自主研发技术积淀，是开水器国家标准和行业标准的起草和修订单位，拥有24项自主研发专利，先后获得了山东省著名商标、山东名牌、青岛名牌、中央国家机关开水器节能改造首选品牌等数十项荣誉称号并被评为青岛市高新技术企业。本着高起点、高技术、高标准的三高原则，不断创新开水器技术，经过多年的发展，吉之美成功研发出国内首台步进式逐层沸腾开水器、国内首台智能变容开水器、国内首台临界沸腾开水器、国内首台超级节能开水器、国内首台海拔自适应型开水器、国内首台智能变频开水器、国内首台ICE BANK商用饮水机，智控技术全球领先，在开水器行业树立了专精特新的优良形象和口碑。

联系电话：0532-87066123

传真：0532-87067070

邮箱：gemi@gemi.com.cn

公司网站：www.gemi.com.cn

公司地址：青岛市城阳区流亭街道空港产业聚集区

青岛海纳光电环保有限公司

公司成立于2009年11月，是一家有限责任制的国家高新技术环保企业。公司位于青岛市高新技术产业开发区河东路379号，注册资本3000万元，占地面积60亩，拥有4.3万平方米的光电环保产业园，员工总数180人。

企业主要精工制造环境大气监测、水质监测、污染源在线监测、应急监测等方面的高科技精密仪器仪表。主导产品有PM2.5/PM10手持式在线直读监测仪、大气采样器、油气回收检测仪、智能遥测降水监测仪等，其中智能遥测降水监测仪荣获国家重点新产品荣誉，并获得国家科技部中小企业创新基金支持，油气回收多参数检测仪被列入国家重点火炬计划项目。企业目前已拥有5项发明专利、25项实用新型专利、4项外观专利和2项软件著作权，另有8项发明专利已被受理。企业目前总资产1.9亿元，资产负债率37%，银行信用等级AA级，企业2015年度销售收入1.8亿元，净利润2840万元，缴税2739万元，销售收入连年增长。作为国家产业政策大力鼓励发展的环保领域行业，公司凭借多年来的创新研发和科技成果转化，已成为国内环境监测技术仪器仪表领域的领军企业，在山东省乃至全国已经具备较强的市场竞争能力。

企业地址：青岛市高新区河东路379号

联系电话：0532-68687678-6130

邮箱：duadu2008@aliyun.com

企业网址：www.hainahuanbao.com/

青岛海泰新光科技股份有限公司

公司是成立于2003年的中美合资企业。于2015年9月进行股份制改革，并于2016年2月在中小企业股份转让系统上市。其旗下的青岛奥美克医疗科技有限公司成立于2010年，为其全资子公司。截至2015年底共有员工132人，总资产18739万元，主营业务收入7316万元、净利润1551万元，贡献税金182.8万元。

海泰新光专注于大功率LED照明、精密光学、高清成像光学在生物医疗、环境分析、激光技术以及微投影显示领域的应用，是一家集设计、研发、生产和销售于一体的高新技术企业。公司营销网络遍及全球，产品以出口欧美为主。海泰新光多年来在精密光学制造、纳米级光学镀膜，大功率LED散热封装和驱动，以及高性能光学系统集成等技术上不断开拓创新，获得专利二十余项，先后承担了十余项国家及省市重点科技项目。公司现已具备光、机、电等多学科综合自主研发和生产能力，能够迅速响应市场需求，为客户提供从光学照明、光学传输到光学成像和探测的全套光学解决方案。

企业地址：青岛市崂山区科苑纬四路100号

联系电话：0532-88706015

邮箱：wfh@novelbeam.com

企业网址：www.novelbeam.com

青岛爱尔家佳新材料股份有限公司

公司成立于2006年，总部位于青岛市李沧区，注册资本1200万元，总资产1.62亿元，2015年销售收入近亿元，是集研发、制造、售后服务于一体的新型环保材料专业生产企业。

公司多年来一直致力于高品质水性阻尼涂料、喷涂聚脲、耐烧蚀涂料等环保型、功能型新材料的研发、生产、销售和服务。爱尔家佳秉承“专注绿色化工技术、提供系统解决方案”经营理念，为客户提供专业、系统的一体化解决方案。作为国内最早研发水性功能涂料、喷涂聚脲、耐烧蚀涂料的先行者之一，爱尔家佳多年来一直走在行业的前沿。产品处于国内领先、国际先进水平，在高速列车、船舶舰艇、机械、体育场馆看台、防水防腐工程、市政工程等多个行业取得了广泛的应用。公司非常注重知识产权的保护，自2010年以来，公司已申请并被受理的专利达30余项，包括快干型水性阻尼涂料、水性保温隔热涂料、高温域水性阻尼涂料、低温域水性阻尼涂料、水性静音环保涂料、喷涂聚脲、耐高温烧蚀涂料等。现拥有授权发明专利11项、实用新型专利9项。

公司地址：青岛市城阳区春海路2号

联系电话：0532-87907987

邮箱：qdairjj@163.com

网址：www.qdairjj.com

青岛东海药业有限公司

公司成立于2003年，注册资本8000万元，厂区面积280亩。属生物医药行业，主营业务为微生态药品、保健食品等创研、生产和销售。2015年企业职工总人数220人，固定资产12840万元，主营业务收入11050万元，利润2379万元，实际上缴税金906.9万元。若能进入国家医保和基药，年销量可突破20亿元，实现利税3亿元。

公司主持承担了科技部立项的5项微生态药品863项目；成功创研9个新药，其中微生态药品6个，占我国微生态药品总数的占1/3；授权新药发明专利15项，其中2项美国发明专利，证明技术领先于美国。荣获2014年山东省科技进步奖一等奖，成为当年获此殊荣的唯一一家药企。青岛市首批“专精特新”企业示范单位，公司药品宝乐安被评为青岛名牌。拥有微生态药品等GMP车间6个。也是国内微生态药品领域唯一国家微生态药品产业化示范工程基地、唯一国家博士后科研工作站、唯一的国家微生态工程研究中心，在微生态药品创研和产业化方面处于国际领先地位。

公司地址：青岛市黄岛区胶州湾西路1377号

联系电话：0532-87199011

邮箱：donghaiyaoye2010@126.com

企业网址：www.qdeastsea.net

青岛骐骥光电有限公司

公司成立于2009年12月，注册资金500万元，是一家显示类光学材料全系列供应商，专注于设计制作导光板、扩散板、光学膜片、光学照明等产品的高科技企业。公司自创始之初就持续致力于研发投入，涵盖新产品、新材料、新工艺、新结构等诸多方面。拥有完全自主知识产权的光学软件，可为客户提供全系列光学解决方案。

为了保证产品品质，企业顺利通过了SGS公司组织的ISO 9001：2008质量管理体系ISO 14000环境管理体系/QC 08000：2012管理系统认证审核。在绿色环保方面，公司经过严格的程序选择供应商，所有物料都符合ROHS及REACH要求，确保产品符合环保要求。企业的技术研发团队具备8年的模组行业经验，各类技术研发人员52人。熟悉光学设计和结构设计，具有丰富的整体方案设计经验，负责过15.6寸至70寸的项目开发工作。并且，有2年以上LED中大尺寸模组开发团队管理经验。截至2015年，公司已申请完成15项自主研发的光学设计软件和配套技术专利，彻底摆脱了国内企业光学设计软件依靠国外进口的局限性，完全具备了自主网点设计的能力，可为客户提供全系列光学解决方案。

企业地址：青岛市城阳区玉皇岭工业园3091号

联系电话：0532-80969602

邮箱：cuimei@qijiopto-electronics.com

企业网址：www.qijo-opto.com

青岛澳润商用设备有限公司

公司是国内最早进行制冰机研发的企业之一，有着十余年的出口历史，是国内最大的制冰机生产和出口基地，年生产能力在10万台以上，目前已形成拥有商用制冰机、欧式展示柜、厨房冰箱三大系列，30多个品种的产业链，在行业内率先通过ISO 9001质量保证体系、EH&S认证，产品通过UL、CE、ETL、PSE、KTL、NSF认证等多项国际认证，多项产品成果经鉴定达到国际领先水平。

公司秉承科技创新的发展理念，坚持走自主研发之路，2013至2015年底，每年的研发投入占销售收入的6%以上，高新技术产品销售收入占销售收入总额90%以上。凭借专业的技术研发团队，目前公司已经有12个系列产品经鉴定达到国际领先水平，制冰机产品被国家经信委认定为国家重点新产品，被科学技术部列入国家级火炬计划。公司近年来共申请专利80项，其中6项发明专利，是山东省专利明星企业。现有90%以上的科技成果经过转化应用在产品中，多项产品达到国际领先水平，为公司和社会取得了很好的经济和社会效益。其中全自动电子智能制冰机系列产品采用集成电路模糊控制技术，实现了系统进水、制冰、脱冰、冰满停机及取冰后自动开机全自动智能运行，该系列产品打破了长期以来高端制冰机由国外垄断的局面，产品已出口美国、加拿大、澳大利亚、日本、韩国、南美等国家和地区，取得了很好的经济效益和社会效益。

企业地址：青岛市黄岛区松花江路32号

联系电话：0532-86765047

邮　箱：postmaster@orien.com.cn

企业网址：www.orien.com.cn

青岛征和工业股份有限公司

公司成立于1999年，2013年12月改制为股份公司，属于机械通用零部件制造行业，主要从事农机链传动部件及车辆链系统的研发、制造和销售，产品广泛应用于各类农机、摩托车及汽车的发动机及传动系统。公司年产“征和”品牌车辆链条3000多万套，产品畅销东欧、南美等四十多个国家和全国三十多个省市，是亚洲重要的链传动系统生产基地。

征和公司于2009年通过了德国莱茵TUV集团ISO 9001和TS 16949体系认证。近几年，公司先后获得中国驰名商标、国家级企业技术中心、高新技术企业、首届青岛市市长质量奖、青岛市链传动研究专家工作站等荣誉称号。迄今为止，公司已获得90余件国家专利授权，其中发明专利10件；由我公司参加或牵头制定的链条国家和行业标准已有20余项。此外，我公司还在《机械传动》《机械设计》等行业期刊上发表多篇专业论文，与全国链传动标准化技术委员会合作翻译出版了《日本链传动标准译文集》，为行业追赶国际先进水平做出了应有的贡献。

企业地址：平度市香港路112号
联系电话：0532-83305956
邮　　箱：690265922@qq.com
企业网址：www.chohogroup.com

青岛厚科信息工程有限公司

公司成立于2010年8月，是专门从事地下埋设物（主要是管线）空间信息技术研究的民营企业，也是全面提供城市地下管网安全运行保障应用解决方案的国家高新技术企业。公司在全世界范围内，率先利用卫星定位系统、GIS地理信息系统，采用电子标识装置与标识系统、地下管线破损冒漏自动预警系统，对地下管线进行非开挖式的“可视化”和信息化管理，采用“三位一体的智能化管理技术对地下已铺管线和正在铺设管线进行同一界面的管理。

厚科目前拥有专利118件，发明84件，实用新型28件，外观设计6件。厚科紧跟智慧城市建设步伐，抢抓地下设施安防管理国计民生的重要环节，扎实推进技术研发，形成一条技术创新产业链，衍生后续产品，包括地下管线行踪跟踪产业、北斗卫星导航定位的地下设施信息采集产业、安全自动预警系统产品（涉及100多种传感器）和地下空间信息与地上城市管理信息融合应用平台系列产品。建立了《地下埋设物智能化管理知识产权联盟》《城市地下管线安全保障产业联合会》《青岛市地下管线安全产业技术创新战略联盟》。以成员单位身份参与中国智慧城市产业技术创新战略联盟和国家智慧城市标准化工作总体组，成为中国智慧城市发展研究中心、中国城市科学研究会智慧管网学组成员单位。厚科已经参入到国家层面的体系建设，积极为国家智慧城市建设献计献策。

企业地址：青岛市市南区香港中路6号B栋526室
联系电话：0532-85910508
传真：0532-85910507
企业邮箱：Hoc@cnhoc.com
企业网址：　www.wisdom-hoc.com

青岛前哨精密机械有限责任公司

公司成立于1969年6月，注册资金6208.99万元，位于青岛市市北区洛阳路11号，现有员工85人，主要从事气动、电动工具，测量机械，量具仪器及成套机电设备的生产与销售。公司现有研发技术人员35名，拥有发明专利2项、实用新型9项。2013年11月，公司成立“增材制造技术中心”，以推动现代高端产业快速集聚发展为目标，以增材制造产业化为突破口，中心秉承“航空报国、强军富民”的宗旨，践行“协同创新、协作开发”的理念，提出了“研发具有自主知识产权的增材制造专用材料和装备；突破零件制造和工程化应用关键技术；实现材料、工艺、装备和技术服务的全方位发展”的发展战略。高端技术的革新与创造需要雄厚的科研力量，中心现有35名科研骨干，设备固定资产5000余万元。中心拥有多种型号3D打印装备，包括国内配套设施最为齐全的进口金属3D打印机；自主研制开发了QM260、QM450系列化金属3D打印机，产品通过ISO 9001认证。

公司地址：青岛市市北区洛阳路11号
联系电话：0532-86962602
邮箱：qdlyh@qianshao.com
网址：www.qianshao.com

哈尔滨交联电力电缆制造有限公司

哈尔滨交联电力电缆制造有限公司创建于2002年，位于哈尔滨市新榆树工业园区，占地面积3万平方米，年生产能力10亿元。公司于2010年荣列“中国电线电缆综合实力200强”，是具有独立研发和制造能力的现代化电缆企业。公司主要产品包括：电力电缆，控制电缆，架空绝缘电缆，裸铜、铝绞线和钢芯铝绞线，弹性体绝缘和护套电缆。公司还根据市场需求开发了变频器专用电缆，高强度稀土铝合金电缆。公司于2012年投资建立了黑龙江省唯一的专业检测电线电缆阻燃、耐火和无卤低烟性能的燃烧实验室，并于2013年5月通过黑龙江省质量技术监督局计量认证，为企业产品研发和产品质量控制提供了可靠保障。

公司先后通过了ISO 9001质量管理体系认证和CCC安全认证。多次荣获“中国电线电缆行业用户满意企业”“黑龙江名牌产品”“黑龙江质量诚信单位”“企业文化建设示范单位”“哈尔滨市名牌”等荣誉。公司实行科学管理和全过程质量控制，以一流的服务赢得了良好的信誉和广阔的市场。曾为哈尔滨大剧院、哈尔滨国际会展中心、卓展购物商城、哈尔滨第一百货商店、索菲亚教堂、哈尔滨地铁2号线、北京地铁10号线、哈尔滨工业大学、哈尔滨工程大学、哈尔滨理工大学、黑龙江大学、黑龙江电力公司500kV前锋变电站、220kV花马变电站和浩良河变电站、哈尔滨太平国际机场、内蒙古伊敏电厂、哈尔滨第三发电厂、中俄铁路大桥、中船重工第703研究所中小型燃气轮机产业园、哈尔滨飞机制造有限公司、中美合资哈尔滨汽车轴承有限公司等提供了大批优质的电缆产品，得到了广大用户的一致好评。

地址：哈尔滨道里区新榆树工业园区江南中环路
邮编：150078
座机：0451-82935252
传真：0451-84306262
网址：www.hjlcable.com

哈尔滨和鑫实业（集团）有限公司

哈尔滨和鑫集团是一家集包装、印刷、造纸、物流为一体的多元化的民营企业集团。哈尔滨和鑫彩色印刷有限公司连续多年获评国家高新技术企业从而成为集团支柱企业。2015年，为调整产业布局、扩大产能、占领产业制高点，和鑫彩印在原基础上增加投资4亿元人民币，在哈尔滨国家级经济技术开发区哈南工业新城建设成东北地区规模最大、综合实力最强的包装印刷企业——哈尔滨和鑫彩色印刷有限公司哈南新厂，被中国包装联合会评为中国新型纸包装产业试验基地。新厂毗邻百威英博哈尔滨工厂、可口可乐、雀巢、统一食品、麦肯食品等国际知名企业。在多变的市场环境中，和鑫彩印始终秉承“质量、信誉、朋友”的经营理念，不断开拓、创新进取，已将“和鑫”缔造成为黑龙江乃至东北印刷行业的领军品牌。

二十几年来，和鑫公司获得了全国先进包装企业、中国百强包装企业、中国包装龙头企业、全国重合同守信用企业、黑龙江省优秀民营企业、黑龙江省最具成长性企业、黑龙江省文明单位、黑龙江省诚信示范企业、黑龙江省诚实守信单位、哈尔滨市文明单位标兵及被银行系统评为AA+企业等荣誉。

和鑫彩印以品牌拓展市场，用品质服务客户，与入驻黑龙江省的世界500强、中国500强及当地知名企业95%以上形成合作关系。当百威英博、可口可乐、雀巢、益海嘉里、麦肯、统一、哈药总厂、三精制药、制药六厂、青岛啤酒、华润雪花啤酒、伊利、光明、双汇、完达山、九三集团、华泽集团、老村长酒业、北大仓等这些耳熟能详的名字划过您的视线时，您可曾知道，和鑫彩色印刷有限公司用包装这门时尚艺术成就了这些企业的业绩，同时也演绎了自己的一个又一个辉煌，用经典的设计传达了包装文化的精髓。公司先后与黑龙江省中烟、云南红塔集团、湖北中烟、陕西中烟、浙江中烟、河南中烟合作，产品有白灵芝、兰灵芝、世纪哈尔滨、红塔山、延安、红金龙、黄金叶等知名品牌，为烟标印刷市场创造新的奇迹，引领黑龙江省烟标印刷先锋，并跻身中国印刷行业百强企业。

地址：哈尔滨市平房区哈啤路10号
邮编：150066

座 机：0451-85987333
传 真：0451-85987344
邮 箱：hexinbaozhuang@163.com
网 站：www.hexincy.com

哈尔滨秋林饮料科技股份有限公司

哈尔滨秋林饮料科技股份有限公司坐落于黑龙江省哈尔滨市哈南工业新城，占地面积21万平方米，是一家生产、销售秋林格瓦斯饮料的股份制企业，也是发酵类饮料产品的价值挖掘者和品牌运营商。

公司拥有黑龙江秋林格瓦斯饮料销售有限公司和黑龙江小蝌蚪互联网科技有限公司两家全资子公司。产品生产基地位于黑龙江省哈尔滨市和天津市，销售网络覆盖东北区、华北区、南方区等国内外市场，其发酵饮料类生产能力和规模位居全国第一！

悠久的文化历史和不断满足消费者的需求趋势是秋林格瓦斯品牌发展的核心竞争力，一方面，格瓦斯最早起源于俄国，是俄罗斯饮食文化的灵魂；另一方面，随着人们对自身健康的关注和对绿色健康食品的热衷追求，促使国内外绿色食品产业的不断发展，格瓦斯饮料有着巨大潜在的市场需求空间。同时，秋林格瓦斯饮料成功开创了中国饮料市场的发酵型饮料新品类，掀起我国饮料市场的第六次浪潮，铸就了中国发酵饮料领导者地位。

哈尔滨秋林饮料科技股份有限公司近年来荣获多项殊荣：秋林格瓦斯商标认定为中国驰名商标；秋林格瓦斯饮料制作技艺评为省级非物质文化遗产；秋林格瓦斯饮料荣获哈尔滨市名牌产品；秋林格瓦斯荣获品牌中国饮料行业新锐奖；秋林格瓦斯荣获黑龙江首届非遗博览会一等奖；秋林格瓦斯荣获2013年度黑龙江精品饮料；中国消费日报授予格瓦斯消费者满意度调查第一名；2014年荣获饮料行业领军品牌；2015年荣获全国饮料行业重点保护品牌，同年新三板挂牌上市。

地址：黑龙江省哈尔滨市哈南工业新城东兴路151号
邮编：150069
座机：400-666-1900

齐齐哈尔华工机床有限公司

齐齐哈尔华工机床股份有限公司是“哈-大-齐”工业走廊示范性建设的国家级高新技术企业，是齐齐哈尔市第一家新三板挂牌的工业装备企业。企业成立于2009年，注册资金3237万元，企业现有员工180人，企业总部坐落于齐齐哈尔市国家级开发区内，子公司坐落于昂昂溪工业园区内，企业共占地14万平方米。企业法人代表周立富是国家钢铁标准委员会委员，物理测试力学试样加工委员会副主任委员，是国内机床行业、材料检测专业、物理试样加工专业有突出贡献科技人员，是黑龙江省第十届劳动模范，2012年“全国五一劳动奖章”获得者。企业2015年实现销售额4200万元，利税达1200万元。

企业通过了GB/T 19001-2008/ISO 9001：2008质量管理体系认证、ANAB认证，被中国企业联合会、中国企业家协会授予“中国优秀企业”。本企业2010年还被授予《中国中小企业优秀创新成果企业》，被黑龙江省科技厅、发改委、工信委、财政厅等七个部门认定为“创新型企业”，被黑龙江省工业和信息化委员会评为“创新驱动型企业”，被黑龙江省工商行政管理局评为省级“连续十年守合同重信用企业”，被齐齐哈尔市人民政府评为“先进集体”。

本企业多年来不断努力提高自身的科技创新能力，大力加强了与全国知名科研机构的合作。企业目前已与国家钢铁研究总院、国家钢铁产品质量监督检验中心、全国冶金物理测试信息网等科研学术单位建立了长期合作关系，同哈尔滨工业大学、哈尔滨理工大学等高校签署了技术合作协议。企业聚集了全国机床设计精英，在研制开发物理测试专用设备方面创造了辉煌的业绩，获得了多项技术发明与实用新型专利权，不断填补国际、国内在物理测试、试样加工专用机床设备领域的空白，被黑龙江省工业和信息化委员会认定为“省级企业技术中心”。企业五年累计纳税额达到3000多万元，年平均利税在1000万元以上。目前，华工专用机床拥有国家专利22项，研究所以每年研发3~6种具有自主知识产权的新产品的速度，为钢铁物理测试、试样加工行业不断提供先进、高效、便捷的试样加工设备。

齐齐哈尔华工机床有限公司，已经形成了从“试样下料”——“成品加工”——“在线检测”全套专用机床设备研制生产的产业化生产能力，是我国唯一的物理测试专用设备研发基地。其主导产品是以"钢铁板材试样节材加工生产线"、"棒材试样加工生产线"、"低倍试样检测生产线"为代表的8个系列、32个品种专用机床设备。

这些物理测试、试样加工专用机床设备与产品，主要服务于钢铁、军工、航天、船舶、汽车、机械制造等行业。企业于2015年12月23日正式上市挂牌登录新三板，并预期在3年内进入主板市场。齐齐哈尔华工机床有限公司一贯秉承"创新、团结、奋斗"的企业精神，正在与时俱进，积极筹备企业转板上市，跻身国际化经济大舞台，不断迎接一次又一次新的挑战，攀登一个又一个新的高峰。

地 址：齐齐哈尔市高新区鹤城路88号

邮 编：161000

座 机：0452-2334824

传 真：0452-2334823

邮 箱：hgjc@hotmail.com

网 站：www.hgjc13.com

安泰生物工程股份有限公司

安泰生物工程股份有限公司是黑龙江丰源实业集团有限公司的子公司，总部座落于美丽富饶的北国疆城、丹顶鹤的故乡——齐齐哈尔。公司拥有占地面积12万余平方米，建筑面积32000平方米的现代化厂房和具有先进的自动化生产装置，是一家集科研、生产、经营于一体的国家级高新技术企业。

安泰生物工程股份有限公司于2006年9月份成立，注册资金6940万元，总资产5.6亿元，银行信誉等级AAA，2015年4月公司在"新三板"正式挂牌上市。是黑龙江省省级龙头企业、省高新技术企业、黑龙江大学研究生基地、生物防腐剂院士工作站。公司依靠自主创新，近几年完成20多项国家和省重大科技专项和示范工程，拥有发明专利11项，省级科技成果12项，乳酸链球菌素生产工艺有多项自主核心技术，是国内同行业技术进步的引领者。

企业本着"以市场为导向、以质量求生存、以服务为根本、以创新求发展"的经营理念，不断提高核心竞争力、完善机制、深化管理，使企业快速发展。公司先后通过ISO 9001质量管理体系认证、ISO 22000食品安全管理体系认证、HALAL清真认证、KOSHERT犹太洁食认证。主导产品乳酸链球菌素产能750吨/年，纳他霉素100吨/年、蛋白酶100吨/年、乳酸钠6500吨/年。生物防腐剂乳酸链球菌素、纳他霉素不仅占领国内市场 ，并远销荷兰、西班牙、土耳其等国家。2015年销售收入1.56亿元，其中出口1778万元；2016年销售收入1.47亿元，其中出口1489万元。是目前国内同行业产能最大的生产企业。

2016年新建年加工玉米15万吨的玉米车间和葡萄糖车间，为公司发酵产品（乳酸链球菌素、纳他霉素、聚赖氨酸、酵母）提供配套原料——葡萄糖，不仅解决原料的供给，而且解决当地玉米销售难的问题。

多年来，公司以科技进步，促进企业发展，坚定不移地走科技发展之路。经过三年的技术攻坚，成功研制出新型牛乳房炎生物多肽药物，用于牧场奶牛挤奶前后乳房的消毒，是一种不含碘的新型生物兽药，其主要功能成分就是具有抑菌功能的乳酸链球菌素，一种由34个氨基酸组成的生物多肽，既高效又安全。年产3万吨新型牛乳房炎生物多肽药物及配套设施产业化项目于2016年6月开工建设，计划于2019年12月达产达效，届时将使牧场奶牛消毒将迎来一个暂新的局面。

通过科技进步与创新，提升了技术、装备和管理水平，走出了一条高起点、快产出、高效益的自主创新之路。尤其是近年来，公司在技术创新、科技强企方面凸显发展强势，企业走上了健康发展的快车道。

公司在加快科技研发和科研成果向现实生产力的转化，在具有共性、前瞻性技术开发方面，形成了拥有公司品牌和自主知识产权的关键性技术。公司是生物食品防腐剂行业的领军企业，拥有行业的龙头地位，生产规模和市场占有率位居行业第一。

地址：齐齐哈尔市昂昂溪区水文委

座机：0452-6325556

传真：0452-6325551

邮箱：aemtek@163.com

网站：www.amtechbio.com

创业创新服务案例

探索互联网背景下的数字交易银行新路

平安银行橙e网

艾瑞统计数据显示，2013年中国电子商务市场交易规模为9.9万亿元，其中网络购物占18.6%，企业B2B占77.9%。到2016年，上述三个数据分别是20.2万亿元、23.3%和72.1%。虽然2016年中国电子商务市场交易规模中企业B2B占比略有下降，但交易规模增长了近一倍。目前国内中小企业电子商务转型升级热情高涨，B2B电商加速增长态势仍将继续保持。产业的互联网化转型有助于提升企业的作业效率和与交易对手的协同能力，提升链条的整体可视化程度，有利于扩大企业的销售渠道和市场份额。

平安银行橙e网于2014年7月9日正式上线，基于客户日益增长的在线商务需求，提供与之相匹配的在线支付、在线融资、在线增信/见证、在线理财增值和账户管理等一站式服务。同时，橙e网还开发"生意管家""平安易宝"等产品服务，以免费的SaaS云服务方式，支持中小企业快速实现交易、物流的电商化，为中小企业提供在线"订单-运单-收单"的交易闭环服务。橙e网超前的设计与强大的平台功能，经过国家多部委信息化专家专门会议的评审，得到了中央网信办、国家工信部、商务部、银监会等部委的高度认可，被工信部信息化推进司、中小企业司确立为"国家中小企业电子商务与互联网金融协同创新的重要示范平台"，助力中小企业转型升级。

三大挑战
对供应链金融服务机构提出新要求

在中国经济全面去产能、去库存、买方市场主导的发展态势和"互联网+实体经济"趋势下，供应链金融的服务需求发生了新的变化，要求供应链金融服务机构必须具备"供给侧驱动"的全新能力，直面新挑战。

挑战之一，是产业形态调整对供应链金融市场的挑战。在经济新常态下，主要产业"去库存、去产能"，终端市场有效需求萎缩，供应链金融面临大量中小企业经营难以为继的信用风险，传统货押业务面临押品处置变现困难的市场风险，亟待进行商业模式的再造与创新。

挑战之二，是"互联网+"供应链变革对供应链金融服务能力的挑战。"互联网+"供应链组建电商平台直销对接终端用户，大量中间商被挤出市场。这就面临过往由中间商通过当地银行贷款为供应链"输血"，现在随着中间商退出而导致"缺血"的风险。

挑战之三，是跨界融合创新对供应链金融风险的挑战。"互联网+供应链金融"被认为是互联网金融实践中最创新的领域，也是资本最看好、跨界抢滩者众、创新模式多、风险积聚也较多的领域之一。众多市场新进入者对于供应链金融风险的识别、对流程的控制、对业务合规运营的设计等，是否行之有效，仍有待跨越经济周期的时间考验。

近年来，互联网+供应链金融迎来了更多参与者，更多金融主体，更多核心企业，更有物流、互联网公司、供应链服务公司、第三方平台纷至沓来。这些市场新进入者，都在集中抢占"商流"场景入口，以期叠加其他功能与增值服务。

因此，"供应链电商"成为"互联网+供应链金融"发展的必争之地和第一入口。

供应链电商是基于互联网技术，继承与变革供应链线下"熟客交易"的一类特殊的B2B或B2C电商平台，是传统产业互联网化融合发展过程中，核心企业与外界合作伙伴"供-产-销"协同活动的主要载体。供应链电商的"熟客交易"特征，与淘宝或电子交易市场等"陌生交易"的显著区别在于，前者可以继承既往的线下交易规则、以线下业务迁移到线上为主，同时扩展新产品和新客户，后者则需要第三方居间"担保支付"来撮合交易拓展新客户。显然，供应链电商是典型的供应链商务活动信息化过程，但同时也打开了内外拓展的空间：对内，供应链电商平台可以打通ERP等管理系统和智能制造等生产系统，实现内部的工作流、信息流的集成创新；对外，可以将其供应链电商平台沉淀的行业服务能力社会化，服务于同类供应链的商务电子化，晋升为行业交易的主入口。

四流合一 平台式供应链金融取得重大突破

自2000年来，平安银行持续引领供应链金融发展，从确立贸易融资经典模式，到供应链金融综合服务平台橙e网面市，平安银行将供应链金融从1.0升级到3.0时代，构建了“四流合一”的“互联网+金融”服务平台，协同商流、物流、资金流、信息流等伙伴搭建供应链金融生态，在平台式供应链金融方面取得重大突破。

第一，平安银行以供应链融资助力供应链“互联网+”补血。

面对供应链向“互联网+”转型过程中，中间商退出渠道导致供应链“缺血”的问题，橙e网依据供应链电商平台线上交易信息和过往交易记录做印证，通过“信息+信用”的模型给予远端中小微企业新型的融资支持。以平安银行与海尔集团等大型核心企业合作为例，橙e网2014年9月实现与海尔电商官网日日顺系统对接，根据线上订单数据以及过往月均销售额，给予远端的小企业分销商不超过月均销售额2.4倍的融资，这种融资可以在线申请、在线审批、在线放款、在线还款，做到了互联网金融的良好体验。此外，橙e网还与一达通等第三方服务平台合作，拓展在线数据贷款业务，基于一达通平台进出口企业的海关报关、纳税相关数据给予融资。

第二，平安银行创新供应链电商与金融融合，助力构建供应链电商“订单-运单-收单”闭环交易体系，促进交易增长。

橙e好电商金融服务，以“支付结算、资金管理、融资、财资管理”等金融服务为基础支撑，为各类型B2B、B2C和O2O类电商平台提供包括平台用户网络支付、平台集中收款、平台交易资金管理、担保支付、平台用户网络融资、平台自营融资、平台用户和平台账户资金增值、平台用户引流、平台物流服务、平台风险投资、电商运营咨询顾问服务等在内的一站式、全方位综合服务。

橙e好电商金融的主要服务与客群如下图所示。

第三，率先设立供应链电商俱乐部，协同各类独特能力伙伴，增强供应链电商的供给侧一站式服务。

2016年6月末，平安银行与中国电子商务创新推进

联盟联合发起成立了金橙（供应链）电商俱乐部，秉承“交流、发展、合作、共赢”的宗旨，搭建连接平台，连接供应链体系内的供需各方，连接各个行业的优质企业与供应链电商服务厂商，连接“互联网+”时代的供应链“商流-物流-资金流-信息流”及外围服务流，增进会员间相互交流、促进资源协同和跨界融合，加速供应链电商发展，共同挖掘多赢机遇。首批俱乐部成员包括100家单位，其中的20家厂商组成了从“供给侧”推进供应链“电商+金融+增值服务”的能力共生体，成员包括浪潮、商派、中国银联、恒生电子、中国追溯、金蝶等，有供应链管理系统供应商、交易信息服务商、软件服务商、交易信息安全服务商，还有上下游对账核销、报关报检、会计服务等增值商务服务商。同时，以中铁-鲁班电商、中石化-易派客电商、海尔等为代表的核心企业会员，可以将自身电商化实践中的难题，在此俱乐部平台找到对接优化的服务。

第四，以SaaS服务方式，帮助中小企业免费、快速实现供应链商务互联网转型。

橙e网提供免费的电商平台“生意管家”，帮助中小企业轻松实现“1+N”链条在线订货，管理进销存、订单-运单-收单，快速、零成本实现生意电商化，目前注册用户已超过50万。同时“橙e生活”APP和“橙e网”微信号，为企业提供新产品宣传、分销、品牌推广的免费渠道；橙e资讯提供20多个行业行情动态与政策分析、金融行情、会计课堂等资讯服务；橙e网还可以为用户提供上下游订单信息、结算信息、对账核销信息、资金流水与欠款信息等决策信息服务。

平安银行“橙e网”目的在于构筑“最惠待遇、开放领域、交投放量”的“自贸区”，让整个“生态圈”的各个平台合作方得以实现功能互补、客户共享、价值共创，达到规模经济和范围经济效应。

截至目前，橙e网注册用户超过500万元，其中企业用户超过92万户，实施合作项目1500多项，服务互联网交易平台800多家并间接服务此类平台过亿用户，累计在线融资金额超过7500亿元，在线交易笔数超过50万笔，有效降低了中小企业融资成本。

植根产业
平安租赁助力中小企业崛起

平安国际融资租赁有限公司

中小企业的发展是我国国民经济发展中十分重要的部分，传统的融资方式远不能满足中小企业的融资需求，而融资租赁作为一种新型投融资方式和产融结合的有效手段，在服务实体经济，特别是中小型实体企业上具有更大优势，为中小企业融资提供了新的道路。

平安国际融资租赁有限公司（以下简称“平安租赁”）创立之时，就把为中小企业提供专业融资租赁服务作为努力目标，帮助企业改造、扩大产能、提高设备质量。平安租赁是平安集团下属专门从事融资租赁业务的全资子公司，是集团投资板块内的重要成员。公司成立于2013年1月，注册资本93亿元人民币。立足于平安集团综合金融服务平台之上，平安租赁通过融资租赁的形式助力中国产业发展，并致力于满足不同行业和企业的金融需求。

贴合客户需求 细分行业拔头筹

平安租赁经过三年多发展，业务垂直起飞，迅速完成市场布局与深化，实现了产业租赁的行业化探索。2014年底，仅成立一年的平安租赁已经实现盈利。截至2016年11月，公司总资产已突破1000亿元，成为行业仅有的10余家破千亿资产的租赁公司，成功晋升租赁第一梯队。

公司总部设立在上海浦东新区陆家嘴金融中心，业务网络遍及全国各地。目前，平安租赁以上海为中心，形成了8大子公司、18个办事处辐射全国的业务版图和战略布局；健康卫生、能源冶金、制造加工、工程建设、城市发展、教育文化、机构融资、航空等19条纵深的大业务条线引领产业市场，以超行业平均增速的加速度，在多个业务领域形成“厚势”——其中健康卫生、能源冶金、工程建设、教育文化等四大条线已做到市场第一，成为行业标杆，并持续探索新的行业方向和业务领域，持续创造贴合客户需求的多样化金融产品。

目前，公司已成立平安国际融资租赁（深圳）有限公司、平安国际融资租赁（天津）有限公司、平安好医投资管理有限公司、平安网赢通信科技有限公司、平安商业保理有限公司、平安航空租赁有限公司等多家子公司，助力产业发展。主要业务模式包括设备租赁、售后回租赁、转租赁、杠杆租赁、委托租赁、项目租赁、经营租赁等。

中小企业服务的产品类型与案例

一、小微金融业务

作为平安租赁在中小企业融资方向上的延伸，小微金融事业部深入了解企业类客户需求，持续提供差异化、标准化、快捷灵活的金融服务，积极为中小民营企业适应市场变化、实现产能升级提供资金解决方案。

一是持续推出满足中小企业小设备采购需求的融资租赁金融产品。根据中小企业“数量少、要求急、次数频”的融资租赁需求特点，推出“任意租”、“融租宝”、“致富宝”等特色产品，覆盖企业从30万到300万的不同资金需求。

二是利用遍布全国的100家门店网络，搭建专业化的中小企业金融服务体系。依托2000多家国内外高端设备商合作网络和平安集团综合金融服务平台，涉足全行业领域的专家资源，为中小企业提供定制化的金融服务，以更好地匹配企业的金融需求。

三是充分调动资源，积极拓展中小企业融资租赁渠道。与集团内其他专业子公司完美契合，共同探索新型融资租赁方式的可行性。同时与高新技术园区、平台公司、政府扶持基金等渠道进行广泛合作，实现圈链类渠道的客户迁徙和资源互补。

（一）特色产品介绍

1.任意租。解决中小企业扩大经营和技术更新过程中的新设备资金需求，帮助企业在转型升级期内占得发展先机。产品额度最高150万，期限最长3年。由小微金融事业部出资向企业指定的供货人购买指定设备，企业使用设备并按时还租，租期结束，企业取得设备所有权。

2.融租宝。企业扩大经营规模、土地厂房建设、投资并购及替代银行贷款的理想融资选择，给予中小企业更好的经营现金流保障。产品额度灵活，30~100万区间自由选择。企业转让设备所有权并签订回租合同取得资金，还可继续使用该设备，合同期内按期支付租金，租期结束重新获得设备所有权。

3.致富宝。为企业扩大经营规模提供设备采购及中长期营运资金融资服务，最大化帮助中小企业改善资金结构，确保经营稳定持续。额度最高300万，期限最长3年，还款方式可依据客户需求和经营特点灵活设计。

（二）产品特点

（1）区域广、行业全、额度高：全国除新疆和西藏外其余全覆盖，可满足制造加工、消费服务和医疗教育等全行业中小民营企业30~300万的融资租赁需求。

（2）审批速度快：通过大数据库校验核对和信贷生产线，完成模块化审批和自动化审批同步，若资料齐全1~3个工作日可完成审批。

（3）手续简单办理便捷：客户无需提供企业报表、无需房产抵押、无需担保公司。在线申请后，如符合产品标准，则24小时内会有融资专员到现场服务。

（4）产品标准易于理解：客户可在线自主选择产品类型，融资期限最长3年，并匹配还租节奏。

（5）手机业务快捷办理：客户可注册绑定微信号或下载APP在移动端申请业务、查询订单、管理租金等。

（三）办理流程

（1）项目初审：客户需求初步判断；（2）资料收集：客户提交相关资料；（3）尽调授信：客户经理现场尽调，内部资信审核确定授信结果；（4）签约放款：按合同约定支付款项。

二、轻工业务

在纺织、食品、造纸、鞋服、家具、家化等中小企业较为集中的轻工领域，平安租赁不仅能帮助国内众多轻工企业解决融资难的问题，也能助力机械设备生产商拓宽营销渠道，提高资金回笼速度。

（一）创新产品介绍

1.厂商租赁。解决设备厂商的销售压力，捆绑设备厂商为中小企业提供授信。通过给设备厂商授信，为其意向客户提供融资租赁服务。在厂商授信完成后，融资租赁流程更加便捷，简化对资金使用方的评审，提升效率。

2.生物租赁。以生物资产，包括但不限于奶牛、种猪、经济作物等作为租赁物件，搭建融资租赁结构，为企业提供生物资产融资租赁服务。该产品走在国内创新前沿，帮助企业盘活生物资产，增加融资手段，优化财务报表。

3.保理业务。解决企业流动资金压力问题，通过应收账款的转让获取短期资金，提升应收账款周转率，降低资金损耗。相对于银行保理，该产品门槛低、手续简便、操作灵活。

（二）产品特点

1.区域广：覆盖全国多数区域。

2.专注轻工领域：扎根轻工产业运营，根据轻工产业特点，匹配客户专项需求，匹配最具产业化、行业化产品。

3.竞争优势：走在产品创新前沿，厂商租赁、生物租赁行业内较少操作，形成独特的差异化、竞争型产品策略。

（三）服务案例

位于浙江省的A纺织公司，是一家以服装面料生产为主业的中小企业。以A公司为典型代表，该企业所在地有着上千家大大小小的纺织企业。该企业发展初期只有60余台喷气织机的规模，根据行业特点，设备更新周期约为3年。纺织行业属于重资产行业，资金量需求较大，在平安租赁介入当地市场之前，当地企业大多采用银行融资方式实现设备更新，但仅仅通过银行融资，往往不能满足其设备更新需求。一些贷款需要增加第三方担保，无疑增大了企业的筹资风险。

平安租赁在当地进行进一步调研，虽然该公司属于中小企业，但公司专注本业，有着先进的管理经验，同时依靠当地较好的纺织工业基础和高效管理，在市场中颇具竞争力。但是受限于银行政策及企业控制互联互保风险的考虑，企业发展比较缓慢。与此同时，当地纺织企业采用的设备多为全进口的先进机器，单价较高，如不批量采购则无法达到控制单位成本的目的，市场竞争力被削弱。即使在企业能够满足部分流动资金的情况之下，固定资产投资的设备部分，对其资金而言仍是比较大的缺口。

在介入A纺织公司时，公司生产规模为600多台喷气织机。平安租赁在调研之后，决定大力支持以该公司为代表的地区纺织企业，A公司新投资了600台左右生产规模的车间，平安租赁支持了70%左右的设备款，企业自付30%的首付款，后续分3年还款。既达到了企业快速发展的目的，又优化了财务结构，避免短贷长投的现象，规避了互联互保的风险，达到共赢。在平安租赁的支持下，当地又有20多家纺织企业实现了设备的升级换代，企业收入实现50%以上的增长。

创新探索缔造商业生命力和延展力

平安租赁目前已获得国内主体3A评级的认定，形成了被资本市场认可的资产。来自平安集团的93亿资本金，为平安租赁持续构建优质的资金获取能力、资产形成能力和资产交易能力，提供了雄厚的资金后盾，平安租赁也迅速搭建起成熟而完善的多渠道矩阵化融资体系。公司创新风控机制，采取双线风控、动态风控等方式，形成了健全、成熟的风控体系，不良率远优于同业。

公司不断探索创新领域的发力空间，在产业租赁1.0时代基础上，在行业内率先提出“产业租赁+创新租赁”的2.0租赁模式，延展出四大创新方向：租赁+互联网、经营性租赁、个人消费端租赁和运营租赁，核心是要成为创新租赁市场的领先者，即在多个专业领域，成为具备个人和互联网、物件和运营特色的轻资本租赁公司。

平安租赁致力于为客户提供更灵活多样的资金产品和更综合全面的增值服务，矢志于成为中国融资租赁行业具有独特商业生命力和延展力的中小客户领域和专业市场的专家型领导者，助力中小企业腾飞。